trans Werro
sept. 90

CODE CIVIL

CODE CIVIL
1990

La présente édition a été réalisée par
André LUCAS
Professeur à la faculté de droit de Nantes

Avant-propos de
Pierre CATALA
Professeur à l'Université de droit, d'économie
et de sciences sociales de Paris

27, place Dauphine - 75001 PARIS

**Textes à jour au
1er juin 1990**

© Editions LITEC, 1990
Tous droits réservés pour tous pays

I.S.B.N. 2-7111-1050-8
I.S.S.N. 0248-580X

AVANT-PROPOS

La France possède, dans le domaine juridique, un des meilleurs systèmes documentaires du monde, que lui envient légitimement bien des pays aussi prospères qu'elle. Cette qualité tient, pour l'essentiel, à la pluralité qui caractérise les instruments de l'information. Pluralité, d'abord, des sources du droit, parfois présentées séparément dans des recueils de textes, d'arrêts et de doctrine, parfois intégrées dans de grands ensembles encyclopédiques. Pluralité, aussi, des auteurs dont les commentaires expriment toujours la libre opinion, sans préjudice, suivant les cas, d'une dominante pratique ou scientifique. Pluralité, enfin, des produits eux-mêmes, imprimés ou informatiques, visant à l'adaptation la meilleure, par leur format et leur contenu, à des populations diverses d'usagers : magistrats, avocats et officiers ministériels, fonctionnaires, juristes d'entreprise, enseignants et étudiants...

Tout ceci traduit la vitalité de l'édition juridique nationale. Qui ne s'en féliciterait (et qui ne redouterait qu'elle dépérisse sous le coup d'initiatives qui en méconnaîtraient le prix) ? En un temps où le droit enfle et se complique sans cesse, la valeur du dispositif documentaire recule le moment où le système juridique ne pourra plus être maîtrisé par ceux qui sont chargés de l'appliquer. La cause et l'effet, d'ailleurs, sont réversibles. S'il est vrai que la qualité de l'appareil documentaire tend à dissimuler une certaine dégradation du droit, ce déclin même, comme eût dit Ripert, appelle en retour un renforcement et un renouvellement constants de la documentation disponible.

Aussi les grandes maisons d'édition s'appliquent-elles à offrir à leur clientèle, comme tous les producteurs d'aujourd'hui, des gammes complètes de produits, voire de services. Le groupe Éditions Techniques – Litec, particulièrement équipé en doctrine et en jurisprudence par la combinaison des Juris-Classeurs, de Juris-Data et de ses périodiques, pour s'en tenir aux

Avant-propos

collections les plus générales, avait jusqu'ici cantonné son action, dans le domaine des textes, au recueil des Codes et Lois augmenté du Fichier législatif et réglementaire et à quelques Codes commentés. Avec le présent Code civil, il aborde une nouvelle étape.

Il existe, en effet, trois manières de présenter les dispositions de la loi. On peut les reproduire sans adjonction, comme font les Journaux officiels et les Codes d'audience. On peut les assortir de gloses analytiques et critiques : ce sont les codes commentés. On peut enfin, solution intermédiaire, les illustrer de références aux études doctrinales et, surtout, aux applications jurisprudentielles : ce sont les codes annotés.

Le Code civil LITEC appartient à ce troisième genre, dont il offre un visage rajeuni. Ses adeptes apprécieront la substance des notes figurant au pied des articles, dont la richesse en information tient au soin avec lequel a été sélectionnée et ordonnée la jurisprudence la plus significative et la plus récente. Ce souci d'organisation méthodique se retrouve également dans l'index alphabétique particulièrement développé qui procure au chercheur un grand nombre d'accès par mots-clés aux textes et aux notes elles-mêmes.

Conçu et réalisé avec une telle rigueur par le Professeur André Lucas, le Code civil LITEC constitue en soi un instrument documentaire autonome, homogène et performant, dont praticiens et étudiants ne seront pas longs à éprouver l'efficacité.

Pierre CATALA
Professeur à l'Université de Droit,
d'Économie et de Sciences sociales de Paris.

AVERTISSEMENT

I. – Outre le texte même du Code civil, le code LITEC reproduit un grand nombre de textes complémentaires indispensables à la connaissance du droit civil. Les textes ont été répartis en fonction de leur contenu. Ceux qui ont été pris pour l'application d'un article ou qui n'ont de signification que par référence à un article du Code figurent immédiatement après cette disposition. Ceux qui ont un rapport direct avec un ensemble d'articles sont regroupés à la suite de ces articles, à la fin du chapitre ou du titre selon les cas. Enfin on a reproduit en Annexe les textes qui abordent les matières non traitées dans le Code plutôt que de les rattacher artificiellement à un ou plusieurs articles.

II. – Les notes qui figurent sous les articles du Code résument l'état de la jurisprudence, l'accent ayant été mis sur les décisions les plus récentes. Elles sont divisées par numéro. Chaque numéro traite d'un problème spécifique. Pour une analyse plus approfondie, il convient de se reporter au Juris-classeur Civil auquel chaque article renvoie implicitement.

III. – L'ouvrage comprend quatre tables :
– une table analytique des matières qui figure en tête,
– un index alphabétique qui renvoie aux articles du Code, aux notes qui figurent sous ces articles et aux textes complémentaires,
– une table chronologique des textes complémentaires rapportés dans le corps de l'ouvrage ou en Annexe, ainsi que des textes les modifiant ou modifiant des articles du Code civil dans sa teneur actuelle.

TABLE DES MATIÈRES

I. — CODE CIVIL

	ARTICLES
TITRE PRÉLIMINAIRE. — DE LA PUBLICATION, DES EFFETS ET DE L'APPLICATION DES LOIS EN GÉNÉRAL	1 à 6
LIVRE PREMIER. — DES PERSONNES	7 à 514
TITRE I — DE LA JOUISSANCE ET DE LA PRIVATION DES DROITS CIVILS	7 à 33
Chapitre I. — Jouissance des droits civils	7 à 16
Chapitre II. — Privation des droits civils	17 à 33
TITRE II. — DES ACTES DE L'ÉTAT CIVIL	34 à 101
Chapitre I. — Dispositions générales	34 à 54
Chapitre II. — Actes de naissance	55 à 62
Chapitre III. — Actes de mariage	63 à 76
Chapitre IV. — Actes de décès	77 à 92
Chapitre V. — Actes concernant les militaires et marins, cas spéciaux	93 à 97
Chapitre VI. — État civil des personnes nées à l'étranger .	98 à 98-4
Chapitre VII. — Rectification des actes de l'état civil	99 à 101
TITRE III. — DU DOMICILE	102 à 111
TITRE IV. — DES ABSENTS	112 à 132
Chapitre I. — Présomption d'absence	112 à 121
Chapitre II. — Déclaration d'absence	122 à 132
TITRE V. — DU MARIAGE	144 à 228
Chapitre I. — Qualités et conditions requises	144 à 164
Chapitre II. — Formalités de célébration	165 à 171
Chapitre III. — Oppositions au mariage	172 à 179
Chapitre IV. — Demandes en nullités de mariage	180 à 202
Chapitre V. — Obligations nées du mariage	203 à 211
Chapitre VI. — Devoirs et droits respectifs des époux	212 à 226
Chapitre VII. — Dissolution du mariage	227
Chapitre VIII. — Seconds mariages	228
TITRE VI. — DU DIVORCE	229 à 310
Chapitre I. — Cas de divorce	229 à 246
Section I. — Divorce par consentement mutuel	230 à 236
§ 1. Sur demande conjointe des époux	230 à 232
§ 2. Demandé par un époux et accepté par l'autre	233 à 236
Section II. — Divorce pour rupture de la vie commune .	237 à 241
Section III. — Divorce pour faute	242 à 246
Chapitre II. — Procédure	247 à 259-3
Section I. — Dispositions générales	247 à 250

Table des matières

	ARTICLES
Section II. — Conciliation	251 à 252-3
Section III. — Mesures provisoires	253 à 258
Section IV. — Preuves	259 à 259-3
Chapitre III. — Conséquences du divorce	260 à 295
Section I. — Date des effets du divorce	260 à 262-2
Section II. — Conséquences pour les époux	263 à 285-1
§ 1. Dispositions générales	263 à 264-1
§ 2. Suites propres aux différents cas de divorce	265 à 269
§ 3. Prestations compensatoires	270 à 280-1
§ 4. Devoir de secours après le divorce	281 à 285
§ 5. Logement	285-1
Section III. — Conséquences pour les enfants	286 à 295
Chapitre IV. — Séparation de corps	296 à 309
Section I. — Cas et de la procédure	296 à 298
Section II. — Conséquences de la séparation de corps	299 à 304
Section III. — Fin de la séparation de corps	305 à 309
Chapitre V. — Conflit des lois relatives au divorce et à la séparation de corps	310
TITRE VII. — DE LA FILIATION	311 à 342-8
Chapitre I. — Dispositions communes à la filiation légitime et à la filiation naturelle	311 à 311-18
Section I. — Présomptions relatives à la filiation	311 à 311-3
Section II. — Actions relatives à la filiation	311-4 à 311-13
Section III. — Conflit des lois relatives à l'établissement de la filiation	311-14 à 311-18
Chapitre II. — Filiation légitime	312 à 333-6
Section I. — Présomption de paternité	312 à 318-2
Section II. — Preuves de la filiation légitime	319 à 328
Section III. — Légitimation	329 à 333-6
§ 1. Par mariage	331 à 332-1
§ 2. Par autorité de justice	333 à 333-6
Chapitre III. — Filiation naturelle	334 à 342-8
Section I. — Effets et modes d'établissement en général	334 à 334-10
Section II. — Reconnaissance des enfants naturels	335 à 339
Section III. — Actions en recherche de paternité et de maternité	340 et 341
Section IV. — Action à fins de subsides	342 à 342-8
TITRE VIII. — DE LA FILIATION ADOPTIVE	343 à 370-2
Chapitre I. — Adoption plénière	343 à 359
Section I. — Conditions	343 à 350
Section II. — Placement et jugement d'adoption plénière	351 à 354
Section III. — Effets de l'adoption plénière	355 à 359
Chapitre II. — Adoption simple	360 à 370-2
Section I. — Conditions et jugement	360 à 362

Table des matières

	ARTICLES
Section II. — Effets	363 à 370-2
TITRE IX. — DE L'AUTORITÉ PARENTALE	371 à 387
Chapitre Ier. — Quant à la personne de l'enfant	371 à 381
Section I. — Exercice de l'autorité parentale	372 à 374-2
Section II. — Assistance éducative	375 à 375-8
Section III. — Délégation de l'autorité parentale	376 à 377-3
Section IV. — Déchéance et retrait partiel de l'autorité parentale	378 à 381
Chapitre II. — Quant aux biens de l'enfant	382 à 387
TITRE X. — DE LA MINORITÉ, DE LA TUTELLE ET DE L'ÉMANCIPATION	388 à 487
Chapitre I. — Minorité	388
Chapitre II. — Tutelle	389 à 475
Section I. — Cas d'administration légale ou de tutelle	389 à 392
Section II. — Organisation de la tutelle	393 à 448
§ 1. Juge des tutelles	393 à 396
§ 2. Tuteur	397 à 406
§ 3. Conseil de famille	407 à 416
§ 4. Autres organes de la tutelle	417 à 426
§ 5. Charges tutélaires	427 à 448
Section III. — Fonctionnement de la tutelle	449 à 468
Section IV. — Comptes de tutelle et responsabilités	469 à 475
Chapitre III. — Émancipation	476 à 487
TITRE XI. — DE LA MAJORITÉ ET DES MAJEURS QUI SONT PROTÉGÉS PAR LA LOI	488 à 514
Chapitre I. — Dispositions générales	488 à 490-3
Chapitre II. — Majeurs sous la sauvegarde de justice	491 à 491-6
Chapitre III. — Majeurs en tutelle	492 à 507
Chapitre IV. — Majeurs en curatelle	508 à 514
LIVRE II. — *DES BIENS ET DES DIFFÉRENTES MODIFICATIONS DE LA PROPRIÉTÉ*	516 à 710
TITRE Ier. — DE LA DISTINCTION DES BIENS	516 à 543
Chapitre I. — Immeubles	517 à 526
Chapitre II. — Meubles	527 à 536
Chapitre III. — Les biens dans leur rapport avec ceux qui les possèdent	537 à 543
TITRE II. — DE LA PROPRIÉTÉ	544 à 577
Chapitre I. — Droit d'accession sur ce qui est produit par la chose	547 à 550
Chapitre II. — Droit d'accession sur ce qui s'unit ou s'incorpore à la chose	551 à 577

Table des matières

	ARTICLES
Section I. — Droit d'accession relativement aux choses immobilières	552 à 564
Section II. — Droit d'accession relativement aux choses mobilières	565 à 577
TITRE III. — DE L'USUFRUIT, DE L'USAGE ET DE L'HABITATION	578 à 636
Chapitre I. — Usufruit	578 à 624
Section I. — Droits de l'usufruitier	582 à 599
Section II. — Obligations de l'usufruitier	600 à 616
Section III. — Fin de l'usufruit	617 à 624
Chapitre II. — Droits d'usage et d'habitation	625 à 636
TITRE IV. — DES SERVITUDES OU SERVICES FONCIERS	637 à 710
Chapitre I. — Servitudes dérivant de la situation des lieux .	640 à 648
Chapitre II. — Servitudes établies par la loi	649 à 685-1
Section I. — Mur et fossé mitoyens	653 à 673
Section II. — Distance de certains ouvrages	674
Section III. — Vues sur la propriété voisine	675 à 680
Section IV. — Égout des toits	681
Section V. — Droit de passage	682 à 685-1
Chapitre III. — Servitudes du fait de l'homme	686 à 710
Section I. — Différentes servitudes sur les biens	686 à 689
Section II. — Etablissement des servitudes	690 à 696
Section III. — Droits du propriétaire du fonds dominant	697 à 702
Section IV. — Extinction des servitudes	703 à 710
LIVRE III. — DES DIFFÉRENTES MANIÈRES DONT ON ACQUIERT LA PROPRIÉTÉ ...	711 à 2283
DISPOSITIONS GÉNÉRALES	711 à 717
TITRE I. — DES SUCCESSIONS	718 à 892
Chapitre I. — Ouverture des successions et saisine des héritiers	718 à 724
Chapitre II. — Qualités requises pour succéder	725 à 730
Chapitre III. — Divers ordres de succession	731 à 767
Section I. — Dispositions générales	731 à 738
Section II. — Représentation	739 à 744
Section III. — Successions déférées aux descendants	745
Section IV. — Successions déférées aux ascendants	746 à 749
Section V. — Successions collatérales	750 à 755
Section VI. — Droits successoraux résultant de la filiation naturelle	756 à 764
Section VII. — Droits du conjoint survivant	765 à 767
Chapitre IV. — Droits de l'État........................	768 à 773
Chapitre V. — Acceptation et répudiation des successions ..	774 à 814
Section I. — Acceptation simple	774 à 783

Table des matières

	ARTICLES
Section II. — Renonciation aux successions	784 à 792
Section III. — Acceptation sous bénéfice d'inventaire	793 à 810
Section IV. — Successions vacantes	811 à 814
Chapitre VI. — Partage et rapports	815 à 892
Section I. — Action en partage	815 à 842
Section II. — Rapports, imputation, réduction des libéralités faites aux successibles	843 à 869
Section III. — Paiement des dettes	870 à 882
Section IV. — Effets du partage et garantie des lots	883 à 886
Section V. — Rescision en matière de partage	887 à 892
TITRE II. — DES DONATIONS ENTRE VIFS ET DES TESTAMENTS	893 à 1100
Chapitre I. — Dispositions générales	893 à 900-8
Chapitre II. — Capacité de disposer ou de recevoir par donation ou testament	901 à 912
Chapitre III. — Quotité disponible et réduction	913 à 930
Section I. — Quotité disponible	913 à 919
Section II. — Réduction des donations et legs	920 à 930
Chapitre IV. — Donations entre vifs	931 à 966
Section I. — Forme	931 à 952
Section II. — Exceptions à la règle de l'irrévocabilité des donations entre vifs	953 à 966
Chapitre V. — Testaments	967 à 1047
Section I. — Règles générales sur la forme des testaments	967 à 980
Section II. — Règles particulières à certains testaments	981 à 1001
Section III. — Institutions d'héritier et legs	1002
Section IV. — Legs universels	1003 à 1009
Section V. — Legs à titre universel	1010 à 1013
Section VI. — Legs particuliers	1014 à 1024
Section VII. — Exécuteurs testamentaires	1025 à 1034
Section VIII. — Révocation et caducité des testaments	1035 à 1047
Chapitre VI. — Dispositions en faveur des petits-enfants et des neveux et nièces	1048 à 1074
Chapitre VII. — Partages d'ascendants	1075 à 1080
Section I. — Donations-partages	1076 à 1078-3
Section II. — Testaments-partages	1079 et 1080
Chapitre VIII. — Dispositions faites par contrat de mariage aux époux et aux enfants à naître du mariage	1081 à 1090
Chapitre IX. — Dispositions entre époux	1091 à 1100
TITRE III. — DES CONTRATS OU DES OBLIGATIONS CONVENTIONNELLES EN GÉNÉRAL	1101 à 1369
Chapitre I. — Dispositions préliminaires	1101 à 1107
Chapitre II. — Conditions de validité	1108 à 1133
Section I. — Consentement	1109 à 1122
Section II. — Capacité des contractants	1123 à 1125-1

Table des matières

	ARTICLES
Section III. — Objet des contrats	1126 à 1130
Section IV. — Cause	1131 à 1133
Chapitre III. — Effets des obligations	1134 à 1167
Section I. — Dispositions générales	1134 et 1135
Section II. — Obligation de donner	1136 à 1141
Section III. — Obligation de faire ou de ne pas faire	1142 à 1145
Section IV. — Dommages et intérêts pour inexécution	1146 à 1155
Section V. — Interprétation des conventions	1156 à 1164
Section VI. — Effets des conventions à l'égard des tiers	1165 à 1167
Chapitre IV. — Diverses espèces d'obligations	1168 à 1233
Section I. — Obligations conditionnelles	1168 à 1184
§ 1. De la condition en général	1168 à 1180
§ 2. Condition suspensive	1181 et 1182
§ 3. Condition résolutoire	1183 et 1184
Section II. — Obligations à terme	1185 à 1188
Section III. — Obligations alternatives	1189 à 1196
Section IV. — Obligations solidaires	1197 à 1216
§ 1. Solidarité active	1197 à 1199
§ 2. Solidarité passive	1200 à 1216
Section V. — Obligations divisibles et indivisibles	1217 à 1225
§ 1. Effets de l'obligation divisible	1220 et 1221
§ 2. Effets de l'ocligation indivisible	1222 à 1225
Section VI. — Obligations avec clauses pénales	1226 à 1233
Chapitre V. — Extinction des obligations	1234 à 1314
Section I. — Paiement	1235 à 1270
§ 1. Paiement en général	1235 à 1248
§ 2. Paiement avec subrogation	1249 à 1252
§ 3. Imputation des paiements	1253 à 1256
§ 4. Offres de paiement et consignation	1257 à 1264
§ 5. Cession de biens	1265 à 1270
Section II. — Novation	1271 à 1281
Section III. — Remise de dette	1282 à 1288
Section IV. — Compensation	1289 à 1299
Section V. — Confusion	1300 et 1301
Section VI. — Perte de la chose due	1302 et 1303
Section VII. — Action en nullité ou en rescision	1304 à 1314
Chapitre VI. — Preuve des obligations et du paiement	1315 à 1369
Section I. — Preuve littérale	1317 à 1340
§ 1. Titre authentique	1317 à 1321
§ 2. Acte sous seing privé	1322 à 1332
§ 3. Tailles	1333
§ 4. Copie des titres	1334 à 1336
§ 5. Actes recognitifs et confirmatifs	1337 à 1340
Section II. — Preuve testimoniale	1341 à 1348
Section III. — Présomptions	1349 à 1353

Table des matières

	ARTICLES
§ 1. Présomptions établies par la loi	1350 à 1352
§ 2. Présomptions non établies par la loi	1353
Section IV. — Aveu	1354 à 1356
Section V. — Serment	1357 à 1369
§ 1. Serment décisoire	1358 à 1365
§ 2. Serment déféré d'office	1366 à 1369
TITRE IV. — DES ENGAGEMENTS QUI SE FORMENT SANS CONVENTION	1370 à 1386
Chapitre I. — Quasi-contrats (gestion d'affaires et répétition de l'indu)	1371 à 1381
Chapitre II. — Délits et quasi-délits (responsabilité civile)	1382 à 1386
TITRE V. — DU CONTRAT DE MARIAGE ET DES RÉGIMES MATRIMONIAUX	1387 à 1581
Chapitre I. — Dispositions générales	1387 à 1399
Chapitre II. — Régimes en communauté	1400 à 1535
Première partie. — Communauté légale	1400 à 1496
Section I. — Composition de la communauté	1401 à 1420
§ 1. Actif de la communauté	1401 à 1408
§ 2. Passif de la communauté	1409 à 1418
Section II. — Administration de la communauté et des biens propres	1421 à 1440
Section III. — Dissolution de la communauté	1441 à 1496
§ 1. Clause de dissolution et séparation des biens	1441 à 1466
§ 2. Liquidation et partage de la communauté	1467 à 1481
§ 3. Obligation et contribution au passif après la dissolution	1482 à 1496
Deuxième partie. — Communauté conventionnelle	1497 à 1535
Section I. — Communauté de meubles et acquêts	1498 à 1501
Section II. — Clauses relatives à l'administration	1503 à 1510
§ 1. Clause de la main commune	1503
§ 2. Clause de représentation mutuelle	1504
§ 3. Clause d'unité d'administration	1505 à 1510
Section III. — Clause de prélèvement moyennant indemnité	1511 à 1514
Section IV. — Préciput	1515 à 1519
Section V. — Stipulation de parts inégales	1520 à 1525
Section VI. — Communauté universelle	1526
Dispositions communes	1527 à 1535
Chapitre III. — Régime de séparation de biens	1536 à 1568
Chapitre IV. — Régime de participation aux acquêts	1569 à 1581
TITRE VI. — DE LA VENTE	1582 à 1701
Chapitre I. — Nature et forme de la vente	1582 à 1593
Chapitre II. — Capacité d'acheter ou de vendre	1594 à 1597
Chapitre III. — Choses pouvant être vendues	1598 à 1601
Chapitre III-I. — Vente d'immeubles à construire	1601-1 à 1601-4

Table des matières

	ARTICLES
Chapitre IV. — Obligations du vendeur	1602 à 1649
Section I. — Dispositions générales	1602 et 1603
Section II. — Obligation de délivrance	1604 à 1624
Section III. — Obligation de garantie	1625 à 1649
§ 1. Garantie en cas d'éviction	1626 à 1640
§ 2. Garantie des défauts de la chose vendue	1641 à 1649
Chapitre V. — Obligations de l'acheteur	1650 à 1657
Chapitre VI. — Nullité et résolution de la vente	1658 à 1685
Section I. — Faculté de rachat (vente à réméré)	1659 à 1673
Section II. — Rescision pour cause de lésion	1674 à 1685
Chapitre VII. — Licitation (vente de biens indivis)	1686 à 1688
Chapitre VIII. — Transport des créances et droits incorporels	1689 à 1701
TITRE VII. — DE L'ÉCHANGE	1702 à 1707
TITRE VIII. — DU LOUAGE	1708 à 1831
Chapitre I. — Dispositions générales	1708 à 1712
Chapitre II. — Louage des choses	1713 à 1778
Section I. — Règles communes aux baux à loyer et aux baux à ferme	1714 à 1751
Section II. — Règles particulières aux baux à loyer	1752 à 1762
Section III. — Règles particulières aux baux à ferme	1763 à 1778
Chapitre III. — Louage d'ouvrage et d'industrie	1779 à 1799
Section I. — Louage des domestiques et ouvriers	1780 et 1781
Section II. — Voituriers par terre et par eau	1782 à 1786
Section III. — Devis et marchés	1787 à 1799
Chapitre IV. — Bail à cheptel	1800 à 1831
Section I. — Dispositions générales	1800 à 1803
Section II. — Cheptel simple	1804 à 1817
Section III. — Cheptel à moitié	1818 à 1820
Section IV. — Cheptel donné par le propriétaire	1821 à 1830
§ 1. Cheptel donné au fermier	1821 à 1826
§ 2. Cheptel donné au colon partiaire	1827 à 1830
Section V. — Contrat improprement appelé cheptel	1831
TITRE VIII bis. — DU CONTRAT DE PROMOTION IMMOBILIÈRE	1831-1 à 1831-5
TITRE IX. — DE LA SOCIÉTÉ	1832 à 1873
Chapitre I. — Dispositions générales	1832 à 1844-17
Chapitre II. — De la société civile	1845 à 1870-1
Section I. — Dispositions générales	1845 et 1845-1
Section II. — Gérance	1846 à 1851
Section III. — Décisions collectives	1852 à 1854
Section IV. — Information des associés	1855 et 1856
Section V. — Engagement des associés à l'égard des tiers	1857 à 1860
Section VI. — Cession des parts sociales	1861 à 1868
Section VII. — Retrait ou décès d'un associé	1869 à 1870-1

Table des matières

	ARTICLES
Chapitre III. — De la société en participation	1871 à 1873
TITRE IX bis. — DES CONVENTIONS RELATIVES A L'EXERCICE DES DROITS INDIVIS	1873-1 à 1873-18
Chapitre I. — Des conventions relatives à l'exercice des droits indivis en l'absence d'un usufruitier	1873-2 à 1873-15
Chapitre II. — Des conventions relatives à l'exercice des droits indivis en présence d'un usufruitier	1873-16 à 1873-18
TITRE X. — DU PRÊT	1874 à 1914
Chapitre I. — Prêt à usage ou commodat	1875 à 1891
Section I. — Nature	1875 à 1879
Section II. — Engagements de l'emprunteur	1880 à 1887
Section III. — Engagements du prêteur à usage	1888 à 1891
Chapitre II. — Prêt de consommation ou prêt simple	1892 à 1904
Section I. — Nature	1892 à 1897
Section II. — Obligations du prêteur	1898 à 1901
Section III. — Engagements de l'emprunteur	1902 à 1904
Chapitre III. — Prêt à intérêt	1905 à 1914
TITRE XI. — DU DÉPÔT ET DU SÉQUESTRE	1915 à 1963
Chapitre I. — Du dépôt en général	1915 et 1916
Chapitre II. — Dépôt proprement dit	1917 à 1954
Section I. — Nature et essence du contrat de dépôt	1917 à 1920
Section II. — Dépôt volontaire	1921 à 1926
Section III. — Obligations du dépositaire	1927 à 1946
Section IV. — Obligations du déposant	1947 et 1948
Section V. — Dépôt nécessaire	1949 à 1954
Chapitre III. — Séquestre	1955 à 1963
Section I. — Diverses espèces	1955
Section II. — Séquestre conventionnel	1956 à 1960
Section III. — Séquestre ou dépôt judiciaire	1961 à 1963
TITRE XII. — DES CONTRATS ALÉATOIRES	1964 à 1983
Chapitre I. — Jeu et pari	1965 à 1967
Chapitre II. — Contrat de rente viagère	1968 à 1983
Section I. — Conditions de validité du contrat	1968 à 1976
Section II. — Effets du contrat entre les contractants	1977 à 1983
TITRE XIII. — DU MANDAT	1984 à 2010
Chapitre I. — Nature et forme	1984 à 1990
Chapitre II. — Obligations du mandataire	1991 à 1997
Chapitre III. — Obligations du mandant	1998 à 2002
Chapitre IV. — Fin du mandat	2003 à 2010
TITRE XIV. — DU CAUTIONNEMENT	2011 à 2043
Chapitre Ier. — Étendue et nature du cautionnement	2011 à 2020
Chapitre II. — Effets du cautionnement	2021 à 2033
Section I. — Entre le créancier et la caution	2021 à 2027

Table des matières

	ARTICLES
Section II. — Entre le débiteur et la caution	2028 à 2032
Section III. — Entre les cofidéjusseurs	2033
Chapitre III. — Extinction du cautionnement	2034 à 2039
Chapitre IV. — Caution légale et caution judiciaire	2040 à 2043
TITRE XV. — DES TRANSACTIONS	2044 à 2058
TITRE XVI. — DU COMPROMIS	2059 à 2061
TITRE XVII. — DU NANTISSEMENT	2071 à 2091
Chapitre I. — Gage	2073 à 2084
Chapitre II. — Antichrèse	2085 à 2091
TITRE XVIII. — DES PRIVILÈGES ET HYPOTHÈQUES	2092 à 2203
Chapitre I. — Dispositions générales	2092 à 2094
Chapitre II. — Privilèges	2095 à 2113
Section I. — Privilèges sur les meubles	2100 à 2102
§ 1. Privilèges généraux	2101
§ 2. Privilèges sur certains meubles	2102
Section II. — Privilèges spéciaux sur les immeubles	2103
Section III. — Privilèges généraux sur les immeubles	2104 et 2105
Section IV. — Conservation des privilèges	2106 à 2113
Chapitre III. — Hypothèques	2114 à 2145
Section I. — Hypothèques légales	2121 et 2122
Section II. — Hypothèques judiciaires	2123
Section III. — Hypothèques conventionnelles	2124 à 2133
Section IV. — Rang des hypothèques	2134
Section V. — Hypothèque légale des époux	2135 à 2142
Section VI. — Hypothèque légale des personnes en tutelle	2143 à 2145
Chapitre IV. — Inscription des privilèges et hypothèques	2146 à 2156
Chapitre V. — Radiation et réduction des inscriptions	2157 à 2165
Section I. — Dispositions générales	2157 à 2162
Section II. — Hypothèque des époux et des personnes en tutelle	2163 à 2165
Chapitre VI. — Effet des privilèges et hypothèques contre les tiers détenteurs	2166 à 2179
Chapitre VII. — Extinction des privilèges et hypothèques	2180
Chapitre VIII. — Purge des privilèges et hypothèques	2181 à 2192
Chapitre IX. — Purge des hypothèques quand il n'existe pas d'inscription sur les biens du mari ou du tuteur	2193 à 2195 (abrogés)
Chapitre X. — Publicité des registres et responsabilité des conservateurs	2196 à 2203
TITRE XIX. — DE L'EXPROPRIATION FORCÉE ET ORDRES ENTRE LES CRÉANCIERS	2204 à 2218
Chapitre Ier. — Expropriation forcée	2204 à 2217
Chapitre II. — Ordre et distribution du prix entre les créanciers	2218

Table des matières

	ARTICLES
TITRE XX. — DE LA PRESCRIPTION ET DE LA POSSESSION	2219 à 2283
Chapitre I. — Dispositions générales	2219 à 2227
Chapitre II. — De la possession	2228 à 2235
Chapitre III. — Causes empêchant la prescription	2236 à 2241
Chapitre IV. — Causes de suspension ou d'interruption de la prescription	2242 à 2259
Section I. — Causes d'interruption	2242 à 2250
Section II. — Causes de suspension	2251 à 2259
Chapitre V. — Temps requis pour prescrire	2260 à 2281
Section I. — Dispositions générales	2260 et 2261
Section II. — Prescription trentenaire	2262 à 2264
Section III. — Prescription par dix et vingt ans	2265 à 2270-1
Section IV. — Prescriptions particulières	2271 à 2281
Chapitre VI. — Protection possessoire	2282 et 2283

II. — TEXTES ANNEXES

	ARTICLES
I. — Textes codifiés	
Code de la nationalité française	1 à 161
Loi n. 73-42 du 9 janvier 1973, complétant et modifiant le Code de la nationalité française et relative à certaines dispositions concernant la nationalité française	22 à 30
Décret n. 73-643 du 10 juillet 1973, relatif aux formalités qui doivent être observées dans l'instruction des déclarations de nationalité, des demandes de naturalisation ou de réintégration, des demandes tendant à obtenir l'autorisation de perdre la nationalité de Français, ainsi qu'aux décisions de perte et de déchéance de la nationalité française	1 à 51
Code des assurances	
Partie législative	L. 111-1 à L. 132-31
	L. 140-1,
	L. 160-6 à L. 160-9
	L. 211-1 à L. 230-1
	L. 421-1 à L. 422-3
Partie réglementaire	R. 111-1 à R. 140-8
	R. 160-9 à R. 160-12
	R. 211-1 à R. 211-21-6
	R. 211-29 à R. 211-45
	R. 214-1 à R. 220-8
	R. 230-1,
	R. 421-1 à R. 422-8

Table des matières

	ARTICLES
II. — Textes non codifiés	
Loi du 1er juillet 1901, relative au contrat d'association	1 à 21 bis
Décret du 29 juillet 1939, relatif à la famille et à la natalité française	63 à 74
Loi n. 57-298 du 11 mars 1957, sur la propriété littéraire et artistique	1 à 82
Loi n. 64-678 du 6 juillet 1964, tendant à définir les principes et les modalités du régime contractuel en agriculture	17 à 21
Loi n. 65-557 du 10 juillet 1965, fixant le statut de la copropriété des immeubles bâtis	1 à 48
Décret n. 67-223 du 17 mars 1967, portant R.A.P. pour l'application de la loi n. 65-557 du 10 juillet 1965 fixant le statut de la copropriété des immeubles bâtis	1 à 65
Loi n. 70-632 du 15 juillet 1970, relative à une contribution nationale à l'indemnisation des Français dépossédés de biens situés dans un territoire antérieurement placé sous la souveraineté, le protectorat ou la tutelle de la France	49 à 61
Loi n. 70-9 du 2 janvier 1970, réglementant les conditions d'exercice des activités relatives à certaines opérations portant sur les immeubles et les fonds de commerce	1 à 8
Loi n. 72-626 du 5 juillet 1972, instituant un juge de l'exécution et relative à la réforme de la procédure civile (astreinte) ...	5 à 8
Décret n. 72-678 du 20 juillet 1972, fixant les conditions d'application de la loi n° 70-9 du 2 janvier 1970 réglementant les conditions d'exercice des activités relatives à certaines opérations portant sur les immeubles et les fonds de commerce	1 à 95
Loi n. 72-1137 du 22 décembre 1972, relative à la protection des consommateurs en matière de démarchage et de vente à domicile	1 à 10
Loi n. 75-1349 du 31 décembre 1975, relative à l'emploi de la langue française	1 à 9
Loi n. 76-1181 du 22 décembre 1976, relative aux prélèvements d'organes	1 à 5
Loi n. 78-17 du 6 janvier 1978, relative à l'informatique, aux fichiers et aux libertés	1 à 48
Loi n. 78-22 du 10 janvier 1978, relative à l'information et à la protection des consommateurs dans le domaine de certaines opérations de crédit	1 à 33
Loi n. 78-23 du 10 janvier 1978, sur la protection et l'information des consommateurs de produits et de services	35 à 38
Décret n. 78-464 du 24 mars 1978, portant application du chap. IV de la loi n. 78-23 du 10 janvier 1978 sur la protection et l'information des consommateurs de produits et services ...	1 à 5

Table des matières

	ARTICLES
Décret n. 78-509 du 24 mars 1978, pris pour l'application des articles 5 et 12 de la loi n. 78-22 du 10 janvier 1978 relative à l'information et à la protection des consommateurs dans le domaine de certaines opérations de crédit	1 à 4
Décret n. 78-501 du 31 mars 1978, pris pour l'application de la loi du 22 décembre 1976 relative aux prélèvements d'organes	1 à 22
Loi n. 79-596 du 13 juillet 1979, relative à l'information et à la protection des emprunteurs dans le domaine immobilier	1 à 40
Loi n. 84-595 du 12 juillet 1984, définissant la location-accession à la propriété immobilière	1 à 44
Loi n. 85-660 du 3 juillet 1985, relative aux droits d'auteur et aux droits des artistes-interprètes, des producteurs de phonogrammes et de vidéogrammes et des entreprises de communication audiovisuelle	1 à 66
Loi n. 85-1097 du 11 octobre 1985, relative à la clause pénale et au règlement des dettes	1 à 8
Loi n. 86-18 du 6 janvier 1986, relative aux sociétés d'attribution d'immeubles en jouissance à temps partagé	1 à 36
Loi n. 88-14 du 5 janvier 1988, relative aux actions en justice des associations agréées de consommateurs et à l'information des consommateurs	1 à 8
Loi n. 88-21 du 6 janvier 1988, relative aux opérations de télépromotion avec offre de vente dites de « télé achat » ..	1 à 3
Loi n. 88-1202 du 30 décembre 1988, relative à l'adaptation de l'exploitation agricole à son environnement économique et social	1 à 28
Loi n. 89-421 du 23 juin 1989, relative à l'information et à la protection des consommateurs ainsi qu'à diverses pratiques commerciales	4 à 7, 10-11, 13-14
Loi n. 89-1008 du 31 décembre 1989, relative au développement des entreprises commerciales et artisanales et à l'amélioration de leur environnement économique, juridique et social	14.1
Loi n. 89-1010 du 31 décembre 1989, relative à la prévention et au règlement des difficultés liées au surendettement des particuliers et des familles	1 à 34
Décret n. 90-175 du 21 février 1990, relatif à l'application du titre Ier de la loi n. 89-1010 du 31 décembre 1989 relative à la prévention et au règlement des difficultés liées au surendettement des particuliers et des familles	1 à 20

LISTE DES ABRÉVIATIONS

A., A. min.	Arrêté, arrêté ministériel
Adde	Ajouter
A.J.P.I.	Actualité juridique propriété immobilière
Al.	Alinéa
Ann. propr. ind.	Annales de la propriété industrielle, littéraire et artistique
Art.	Article
Banque	Revue Banque
Bull.	Bulletin des arrêts des Chambres civiles de la Cour de cassation
Bull. crim.	Bulletin des arrêts de la Chambre criminelle de la Cour de cassation
Cah. dr. auteur	Cahiers du droit d'auteur
Cass. Ass. plénière, Ch. mixte, Ch. réunies	Arrêt de la Cour de cassation siégeant en Assemblée plénière, en Chambre mixte, toutes Chambres réunies
Chron.	Chronique
Civ. 1re, 2e, 3^e	Arrêt de la Cour de cassation, 1re, 2e, 3e chambres civiles
C. adm.	Code administratif
C. assurances	Code des assurances
C. caisses épargne	Code des caisses d'épargne
C. civ.	Code civil
C. com.	Code de commerce
C. constr. et hab.	Code de la construction et de l'habitation
C. domaine	Code du domaine de l'État
C. famille	Code de la famille et de l'aide sociale
C. for	Code forestier
C.G.I.	Code général des impôts
C. minier	Code minier
C. navig.	Code du domaine public et de la navigation intérieure
C. nationalité	Code de la nationalité
C. org. jud.	Code de l'organisation judiciaire
C. pénal	Code pénal
C. pensions mil.	Code des pensions d'invalidité et des victimes de guerre
C. proc. civ.	Code de procédure civile
C. proc. pén.	Code de procédure pénale
C. P. et T.	Code des Postes et télécommunications
C. rural	Code rural
C. santé pub.	Code de la santé publique
C. séc. soc.	Code de la sécurité sociale
C. trav.	Code du travail
C. urb.	Code de l'urbanisme
Com.	Arrêt de la Cour de cassation, chambre commerciale
Comp.	Comparer

Liste des abréviations

Concl.	Conclusions
C.E.	Arrêt du Conseil d'État
Clunet	Journal de droit international privé
Cons. const.	Décision du Conseil constitutionnel
Contra	En sens contraire
Crim.	Arrêt de la Cour de cassation, chambre criminelle
D., D.A., D.C., D.H., D.P., D.S., I.R.	Recueil Dalloz, analytique, critique, hebdomadaire, périodique, Dalloz-Sirey, Informations rapides
D., D.-L.	Décret, décret-loi
Defrénois	Répertoire général du notariat
Dr. soc.	Droit social
Gaz. Pal.	Gazette du Palais
Infra	Voir plus loin
Instr., Instr. min.	Instruction, Instruction ministérielle
J.C.P.	Juris-Classeur Périodique (Semaine juridique). Voir plus loin le mode de présentation des références
J.-Cl. Adm., Civil, Com., Not. Form., Not.-Rép., Pénal, Proc. pén., Proc. civ.	Juris-Classeur Administratif, Civil, Commercial, Notarial-Formulaire, Notarial-Répertoire, Pénal, Procédure pénale, Procédure civile
J. not.	Journal des notaires
J.O., J.O.N.C., rectif.	Journal officiel, numéro complémentaire, rectificatif
Juris-Data	Juris-Data, banque de données juridiques Éditions-techniques-Gazette du Palais
L.	Loi
Mod.	modifié(e)
n.	numéro
Nouv. C. proc. civ.	Nouveau Code de procédure civile
Ord.	Ordonnance
p.	Page
Préc.	Précité(e)
R.A.P.	Règlement d'administration publique
Rec. Lebon	Recueil des arrêts du Conseil d'État
Réf.	Référé
Req.	Arrêt de la Cour de cassation, chambre des requêtes
Rev. loyers	Revue des loyers
Rev. crit. dr. int. privé	Revue critique de droit international privé
Rev. dr. imm.	Revue trimestrielle de droit immobilier
Rev. dr. rural	Revue de droit rural
Rev. soc.	Revue des sociétés
Rev. trim. dr. civ., com., dr. sanit. et soc., dr. eur.	Revue trimestrielle de droit civil, de droit commercial, de droit sanitaire et social, de droit européen
R.I.D.A.	Revue internationale du droit d'auteur
R.J.O.	Revue juridique de l'Ouest
S.	Recueil Sirey
Sem. jur.	Semaine juridique (avant 1937)
Soc.	Arrêt de la Cour de cassation, chambre sociale
Somm.	Sommaire
Supra	Voir plus haut
Trib. adm., confl.	Décision du tribunal administratif, du tribunal des conflits

Liste des abréviations

Trib. civ., corr.   Jugement du tribunal civil, du tribunal correctionnel, du tribunal d'instance
T.G.I.   Jugement du tribunal de grande instance
V.   Voir
V^o Au mot

    N.B. — Les arrêts des cours d'appel sont référencés par le seul nom de la ville, siège de la juridiction. Par ex. Bordeaux 11 oct. 1978, Lyon 4 janv. 1980...

JURIS-CLASSEUR PÉRIODIQUE (OU SEMAINE JURIDIQUE)

PRÉSENTATION DES RÉFÉRENCES

Le premier nombre donne **le millésime** de l'année concernée.
Le second (en chiffres romains) indique **la partie** de la revue :
    I : articles de doctrine
   II : jurisprudence commentée ou annotée
  III : textes législatifs ou réglementaires
  IV : sommaires de jurisprudence, informations pratiques, bibliographies...
 Prat. : Pratique professionnelle (édition N depuis 1970)

Le troisième nombre (numéro ou page) précise **la place de la référence** à l'intérieur de la partie.
Sans autre précision, dans le présent code, la référence concerne toujours l'édition **G (Générale)**. S'il s'agit de l'édition **N (Notariale et immobilière)** ou **C.I. (Commerce et Industrie)** devenue **E (Entreprise)**, il est indiqué : éd. N ou éd. C.I. (éd. E).

Exemples :
J.C.P. 80, II, 19 391, signifie : Juris-Classeur Périodique, année 1980, édition Générale, 2e partie, numéro 19 391
J.C.P. 78, IV, 109, signifie : Juris-Classeur Périodique, année 1978, édition Générale, 4e partie, page 109
J.C.P. 80, éd. N, Prat., 7754, signifie : Juris-Classeur Périodique, année 1980, édition Notariale, Pratique professionnelle, numéro 7754

TITRE PRÉLIMINAIRE. – DE LA PUBLICATION, DES EFFETS ET DE L'APPLICATION DES LOIS EN GÉNÉRAL

Art. 1. – Les lois sont exécutoires dans tout le territoire français, en vertu de la promulgation qui en est faite par le président de la République *(Constitution 4 oct. 1958, art. 10)*.

Elles seront exécutées dans chaque partie de la République du moment où la promulgation en pourra être connue.

La promulgation faite par le président de la République sera réputée connue dans le département où siège le Gouvernement, un jour après celui de la promulgation ; et dans chacun des autres départements, après l'expiration du même délai, augmenté d'autant de jours qu'il y aura de fois dix myriamètres (environ vingt lieues anciennes) entre la ville où la promulgation en aura été faite et le chef-lieu de chaque département.

I. Promulgation

1) Sur les formes de la promulgation, V. D. n. 59-635 du 19 mai 1959 *mod. D. n. 90-218 du 8 mars 1990*. Sur la promulgation locale dans les territoires d'outre-mer, V. L. n. 76-1222 du 28 déc. 1976 (Nouvelle Calédonie), L. n. 77-772 du 12 juil. 1977 (Polynésie Française), Ord. n. 81-295 du 1er avril 1981 (Mayotte).

2) Le décret de promulgation est un acte de gouvernement et ne peut donc faire l'objet d'un recours pour excès de pouvoir (C.E. 3 nov. 1933 : *S.* 1934, III, 9, note Alibert).

3) Une loi régulièrement promulguée devient exécutoire dès que la publication peut en être connue, à moins qu'elle ne contienne une disposition formelle reportant son exécution à une autre époque ou la subordonnant, expressément ou nécessairement, à une condition déterminée (Civ. 1er déc. 1931 : *S.* 1932, I, 66. – Soc. 7 oct. 1970 : *Bull.* V, n. 501, p. 409). Cette subordination peut être implicite et résulter de ce que le texte de la loi ne se suffit pas à lui-même et a besoin d'être complété (Civ. 16 déc. 1942 : *J.C.P.* 43, II, éd. C.I., 2223). Mais l'application doit être immédiate pour les dispositions qui se suffisent à elles-mêmes (Amiens 28 mars 1968 : *J.C.P.* 68, II, 15663, note P.L.).

II. Publication

4) La publication d'une loi comprend l'ensemble des faits qui ont pour objet de porter à la connaissance du public le texte de la loi, c'est-à-dire son insertion au *Journal officiel* et l'écoulement du délai de publicité (Soc. 2 déc. 1948 : *Bull.* III, n. 987, p. 1101). A Paris le délai de publicité est d'un jour franc après la publication au *Journal officiel.* Partout ailleurs, il est d'un jour franc après l'arrivée du *Journal officiel* au chef-lieu de l'arrondissement (D. 5 nov. 1870, art. 2 : *D.P.* 1870, IV, 101 modifiant implicitement l'art. 1, al. 3 du Code civil) ; l'insertion au *Bulletin des lois* qui est prévue par des textes législatifs ou réglementaires est remplacée par l'insertion au *Journal officiel* de la

Art. 2

République française (L. 19 avril 1930, art. 1 ; *D.P.* 1930, IV, 200).

5) Une loi publiée dans un numéro du *Journal officiel* non parvenu au chef-lieu de l'arrondissement ne peut être réputée connue des intéressés (Cass. Ass. plén. 1er mars 1950 : *D.* 1950, 363. – Soc. 30 juin 1949 : *Bull.* III, n. 626, p. 720).

6) Sur la publication d'urgence prévue par les ordonnances des 27 novembre 1816 et 18 janvier 1817, V. Req. 6 juil. 1931 (*Sem. Jur.* 1932, p. 174) ; Com. 5 juil. 1950 (*Bull.* II, n. 238, p. 167) ; Crim. 8 janv. 1953 (*J.C.P.* 53, IV, 34).

III. Rectificatifs

7) La rectification d'une erreur purement matérielle dans la publication d'un texte de loi, insérée dans un numéro postérieur du *Journal officiel*, s'incorpore à la rédaction initiale (Com. 5 avril 1960 : *J.C.P.* 60, IV, 78 ; *Bull.* III, n. 141, p. 127. – V. en ce sens Crim. 7 fév. 1961 : *J.C.P.* 61, IV, 42 ; *Bull. crim.* n. 78, p. 149. – Crim. 28 mai 1968 : *J.C.P.* 68, II, 15615. – Civ. 3e, 12 juil. 1976 : *J.C.P.* 76, IV, 300). Au contraire, le rectificatif est inefficace lorsqu'il constitue en réalité une disposition nouvelle modifiant la portée du texte initial (Cass. ch. réunies 5 fév. 1947 : *J.C.P.* 47, IV, 54 ; *S.* 1947, I, 67. – Com. 14 juin 1950 : *Bull.* II, n. 214, p. 147).

Art. 2. – La loi ne dispose que pour l'avenir ; elle n'a point d'effet rétroactif.

J. HÉRON, *Etude structurale de l'application de la loi dans le temps* : Rev. trim. dr. civ. 1985, 277.

I. Maintien des droits acquis

1) Toute loi nouvelle s'applique aux situations établies et aux rapports juridiques formés avant sa promulgation dès lors que cette application n'a pas pour résultat de léser des droits acquis (Civ. 23 déc. 1914 : *S.* 1917, I, 85. – V. en ce sens Cass. ch. réunies 13 janv. 1932 : *D.P.* 1932, I, 18, rapport Pilon. – Civ. 2e, 23 fév. 1962 : *J.C.P.* 62, IV, 50 ; *Bull.* II, n. 235, p. 165. – Civ. 3e, 17 juil. 1968 : *Gaz. Pal.* 1969, 1, 16. – Civ. 3e, 29 janv. 1980 : *Bull.* III, n. 25, p. 17. – Civ. 1re, 17 juin 1981 : *Bull.* I, n. 224 ; *Defrénois* 1981, 1330, obs. Champenois). Ainsi, les droits de réservataires résultant des nouvelles règles sur la filiation naturelle ne peuvent être exercés au préjudice des donations entre vifs consenties avant l'entrée en vigueur de la loi du 3 janvier 1972 (art. 14, al. 2, *infra,* sous art. 342-8).

2) L'article 2 du Code civil est une disposition d'ordre public qui peut être invoquée pour la retenue d'office à tout instant de la procédure (Civ. 2e, 24 nov. 1955 : *J.C.P.* 55, IV, 181 ; *Bull.* II, n. 533, p. 325).

3) Lorsque le législateur allonge un délai de prescription, cette loi n'a point d'effet sur la prescription définitivement acquise (Soc. 5 janv. 1962 : *J.C.P.* 62, IV, 22 ; *Bull.* IV, n. 9, p. 7. – Civ. 1re, 27 sept. 1983 : *Bull.* I, n. 215, p. 193).

4) Les effets des contrats en cours demeurent déterminés par la loi en vigueur au moment où ils ont été formés (Civ. 27 mai 1861 : *S.* 1861 I, 507. – Civ. 22 avril 1947 : *J.C.P.* 47, II, 3722. – Civ. 1re, 30 oct. 1967 : *J.C.P.* 68, II, 15530, note P.L. – Civ. 3e, 7 nov. 1968 : *J.C.P.* 69, II, 15771, note P.L. – Civ. 3e, 3 juil. 1979 : *J.C.P.* 80, II, 19384, note Dekeuwer-Défossez). L'obligation au rapport successoral et ses modalités étant principalement d'ordre contractuel, le rapport est régi par la loi en vigueur au moment de la libéralité (Req. 5 mai 1943 : *D.C.* 1944, 109, note Flour. – Civ. 1re, 12 mars 1968 : *J.C.P.* 68, IV, 70 ; *Bull.* I, n. 97, p. 78).

5) Tout jugement frappé d'appel constitue un titre susceptible de recouvrer rétroactivement tous ses effets en cas de mise à néant de l'appel, de sorte que le bénéficiaire

LOIS EN GÉNÉRAL   Art. 3

du jugement dispose d'un droit acquis qui ne peut lui être retiré par une loi promulguée au cours de l'instance d'appel (Civ. 3 nov. 1941 : *J.C.P.* 42, II, 1768. – Com. 3 juil. 1950 : *J.C.P.* 51, II, 6031, note Roubier. – Civ. 24 mars 1952 : *J.C.P.* 52, IV, 77 ; *Bull.* I, n. 115, p. 95. – Com. 26 mars 1962 : *J.C.P.* 62, IV, 70 ; *Bull.* III, n. 193, p. 155. – V. cpdt. en matière de divorce Civ. 29 déc. 1942 : *J.C.P.* 43, II, 2128 ; *D.C.* 1943, 85, note Carbonnier, et, plus généralement pour les situations non contractuelles Com. 27 fév. 1962 : *Bull.* III, n. 130, p. 105. – Comp. Paris 15 juin 1956 : *J.C.P.* 56, II, 9411, note Rouast. – V. sur ce problème Raynaud, *L'effet dévolutif de l'appel et l'application d'une loi nouvelle aux instances en cours* : *J.C.P.* 42, I, 291. – Roujou de Boubée, *La loi nouvelle et le litige* : *Rev. trim. dr. civ.* 1968, 479).

6) Une décision rendue conformément aux textes en vigueur ne peut être annulée par la Cour de cassation du fait d'une loi votée et promulguée postérieurement (Soc. 11 mars 1955 : *Bull.* IV, n. 238, p. 177). Cependant, en cas de cassation, la juridiction de renvoi doit faire application d'une loi postérieure à la décision cassée mais applicable aux instances en cours (Soc. 26 oct. 1960 : *Gaz. Pal.* 1961, 1, 13, 1er arrêt).

II. Effet immédiat de la loi nouvelle

7) Les lois civiles de compétence sont applicables aux instances en cours, sauf si ces instances ont déjà fait l'objet d'une décision au fond (Civ. 2e, 6 mars 1953 : *D.* 1953, 460). Il en va de même pour les lois nouvelles de procédure (Soc. 7 juin 1951 : *D.* 1951, 509). Mais ne fait pas obstacle à l'application immédiate une décision par défaut régulièrement frappée d'opposition

(Crim. 4 avril 1960 : *J.C.P.* 60, IV, 78 ; *Bull. crim.*, n. 204, p. 427) ou un jugement cassé (Soc. 15 juil. 1953 : *Bull.* IV, n. 566, p. 406).

8) Les lois qui gouvernent les droits réels s'appliquent immédiatement aux situations juridiques existantes et dont les effets se produisent successivement (Paris 7 nov. 1963 : *J.C.P.* 64, II, 13804, note Bulté).

9) Les lois modifiant l'état et la capacité des personnes en instituant des procédures permettant de telles modifications par justice s'appliquent immédiatement aux situations existantes, peu important que ces situations résultent de faits ou d'actes antérieurs à la promulgation de la loi nouvelle (Paris 26 nov. 1968, 2 arrêts : *J.C.P.* 69, II, 16028, note Raynaud). Sur les incapacités politiques, V. Soc. 13 avril 1951 : *D.* 1951, 362.

III. Lois rétroactives

10) Le caractère rétroactif d'une loi ne peut résulter que d'une prescription formelle du législateur (Civ. 2e, 5 mai 1955 : *Gaz. Pal.* 1955, 1, 400). L'effet rétroactif ne peut se déduire du seul fait que la loi est d'ordre public (Com. 17 nov. 1954 : *J.C.P.* 54, IV, 174 ; *Bull.* III, n. 353, p. 266 ; Civ. 3e, 1er juil. 1987 : *Bull.* III, n. 138, p. 81). En toute hypothèse, les dérogations au principe de non rétroactivité doivent être interprétées restrictivement (Com. 25 juil. 1949 : *Bull.* II, n. 304, p. 782).

11) Une loi ne peut être considérée comme interprétative, et donc échapper au principe de non-rétroactivité, que si elle se borne à reconnaître, sans rien innover, un droit préexistant qu'une définition imparfaite a rendu susceptible de controverse (Soc. 3 oct. 1957 : *D.* 1957, 672). V. J. Normand : *Rev. trim. dr. civ.* 1984, 147.

Art. 3. – Les lois de police et de sûreté obligent tous ceux qui habitent le territoire.
Les immeubles, même ceux possédés par des étrangers, sont régis par la loi française.
Les lois concernant l'état et la capacité des personnes régissent les Français, même résidant en pays étranger.

V. *J.-Cl. Droit international*, Fasc. 530 et s.

Art. 3 LOIS EN GÉNÉRAL

I. Lois de police et de sûreté

1) Les dispositions sur l'enfance en danger sont applicables sur tout le territoire français à tous les mineurs qui s'y trouvent, quelle que soit leur nationalité ou celle de leurs parents (Civ. 1re, 27 oct. 1964 : *D.* 1965, 81) ; V. en ce sens pour les articles 375 à 375-8 du Code civil relatifs à l'assistance éducative, Civ. 1re, 16 janv. 1979 : *Clunet* 1981, 65, note Jacques Foyer. La loi du 15 novembre 1887 sur la liberté des funérailles s'applique en France à l'exclusion de la loi personnelle du *de cujus* (Civ. 1re, 12 fév. 1957 : *D.* 1959, 47, note Malaurie. – V. en ce sens Paris 12 sept. 1980 : *D.* 1982, I.R., 74). L'article 61 de la loi du 31 mars 1928 selon lequel les jeunes gens âgés de moins de vingt ans peuvent contracter un engagement militaire à condition d'être pourvus du consentement de leur représentant légal, en raison de la généralité de ses termes, s'applique à tous les engagements conclus par des étrangers (Civ. 1re, 2 déc. 1968 : *Rev. crit. dr. int. privé* 1969, 281, note P.L. – Comp. pour le statut des V.R.P. : Soc. 9 déc. 1960 : *J.C.P.* 61, II, 12029, note Simon-Depitre).

2) Les dispositions édictées par l'ordonnance du 22 février 1945 relatives à l'institution d'un comité d'entreprise dans toute entreprise industrielle et commerciale employant au moins cinquante salariés doivent être appliquées par toute personne physique ou morale exerçant en France les responsabilités de l'employeur. La circonstance qu'une entreprise employant en France plus de cinquante salariés a son siège social à l'étranger ne saurait la faire échapper à l'application de la législation sur les comités d'entreprise (C.E. 29 juin 1973 : *Rev. crit. dr. int. privé* 1974, 344, concl. Questiaux ; *Clunet* 1975, 538, note Simon-Depitre. – V. Franceskakis, *Loi d'application immédiate et droit du travail* : *Rev. crit. dr. int. privé* 1974, 273).

3) Les dispositions des articles 214 à 226 du Code civil, dites en droit français régime impératif primaire, doivent être comprises au nombre des lois de police au sens de l'article 3, alinéa 1, du même Code puisque leur observation est nécessaire à la sauvegarde de l'organisation sociale et économique du pays (T.G.I. Paris 25 juin 1976 : *Rev. crit. dr. int. privé* 1977, 708, note Poisson-Drocourt ; *Clunet* 1978, 325, note Lequette). V. cependant dans le sens de l'indivisibilité du régime matrimonial Paris 3 déc. 1980 : *J. not.* 1981, 739, note Droz ; *Rev. crit. dr. int. privé* 1981, 501, note Gaudemet-Tallon.

4) Sur le problème de l'application des lois de police étrangère, V. Paris 10 juin 1967 : *Clunet* 1968, 100, note Dayant ; *D.* 1969, 221, concl. Granjon ; Paris 15 mai 1975 : *Rev. crit. dr. int. privé* 1976, 690, note Batiffol. – P. Mayer, *Les lois de police étrangères* : *Clunet* 1981, 277.

II. Statut réel

5) La loi applicable aux meubles est, comme pour les immeubles, celle du lieu de leur situation (Req. 24 mai 1933 : *D.H.* 1933, 378). Jugé que le droit à la marque de fabrique se trouve localisé dans le pays dont la législation lui a donné naissance et assure sa protection (Com. 15 mars 1966 : *Rev. crit. dr. int. privé* 1967, 147 ; *Clunet* 1966, 622, note Le Tarnec). Spécialement, s'agissant de marques déposées en France par une firme allemande, une telle localisation rend inopérantes en France toutes les mesures d'appropriation intervenues en République démocratique allemande à l'encontre de cette entreprise (même arrêt. – Comp. Civ. 1re, 15 mars 1961 : *Clunet* 1961, 1072, note Françon).

6) Les modes d'acquisition des droits réels sont soumis à la loi réelle (Civ. 1re, 9 déc. 1974 : *Rev. crit. dr. int. privé* 1975, 504, note Mezger ; *Clunet* 1975, 534, note Ponsard [possession]). Mais si, en dehors de toute concurrence d'une autre loi, la loi de situation de l'immeuble est compétente pour déterminer les prérogatives du titulaire du

LOIS EN GÉNÉRAL — Art. 3

droit réel, l'acquisition qui résulte d'un acte juridique est en principe soumise à la loi choisie par les parties (Civ. 1re, 21 juil. 1987 : *Bull.* I, n. 239, p. 174). La loi française étant seule applicable aux droits réels dont sont l'objet les biens mobiliers situés en France, est légalement justifié l'arrêt qui refuse de faire produire en France effet à un pacte commissoire conclu en Allemagne entre deux sociétés allemandes, conformément à la loi allemande, mais prohibé par la loi française, portant sur un véhicule situé et immatriculé en Allemagne, mais ultérieurement introduit en France où il a fait l'objet d'une saisie conservatoire de la part d'un tiers (Civ. 1re, 8 juil. 1969 : *J.C.P.* 70, II, 16182, note Gaudemet-Tallon ; *Clunet* 1970, 916, note Derruppé). Jugé en ce sens que la banque hollandaise qui, par un acte se présentant comme une vente à crédit avec réserve de propriété au profit du vendeur banquier non payé, a en réalité consenti un prêt à un acheteur de matériel industriel moyennant constitution sur ce matériel d'un gage sans dépossession de l'emprunteur, ne fait pas la preuve d'un droit opposable aux tiers sur ledit matériel introduit en territoire français (Civ. 1re, 3 mai 1973 : *Rev. crit. dr. int. privé* 1974, 100, note Mezger ; *Clunet* 1975, 74, note Fouchard).

7) Dès lors que l'auteur d'une œuvre littéraire ou artistique puise dans la législation du pays d'origine de l'œuvre un droit privatif sur celle-ci, la protection civile contre les atteintes portées en France au droit dont il a la jouissance doit être exercée par application de la loi française qui ne distingue pas suivant le lieu de première publication ou représentation de l'œuvre (Civ. 1re, 22 déc. 1959 : *D.* 1960, 93, note Holleaux ; *Rev. crit. dr. int. privé* 1960, 361, note Terré ; *Clunet* 1961, 420, note Goldman).

III. Statut personnel
A. Capacité
8) Si en principe l'état des étrangers reste régi en France par leur loi nationale, celle-ci ne saurait cependant faire échec aux lois françaises d'ordre public qui s'imposent même aux étrangers (Civ. 26 mars 1935 : *D.P.* 1935, 1, 57, note R. Savatier, 2e esp.). Tel est le cas des lois concourant à l'organisation de la défense du pays, y compris leurs dispositions relatives à la capacité des mineurs à s'engager dans l'armée (Paris 16 fév. 1966 : *Rev. crit. dr. int. privé* 1966, 453, note Lagarde et, sur pourvoi, Civ. 1re, 2 déc. 1968 : *Rev. crit. dr. int. privé* 1969, 281, note P.L.).

9) L'incapacité établie par la loi nationale étrangère est inopposable au Français qui a traité sans légèreté, sans imprudence et avec bonne foi (Req. 16 janv. 1861 : *D.P.* 1861, 1, 193).

10) L'insanité d'esprit et la démence d'un contractant étant des cas d'incapacité naturelle soumis à la loi personnelle et non à celle qui régit l'acte juridique incriminé comme les vices du consentement, la sanction de cette incapacité, notamment le délai d'exercice de l'action en nullité, sont soumis à la loi personnelle (Civ. 1re, 25 juin 1957 : *J.C.P.* 57, IV, 117 ; *Rev. crit. dr. int. privé* 1957, 680, note Batiffol).

11) Les règles habilitant un mineur à la conclusion d'un contrat de mariage sont une simple modalité de son incapacité générale de contracter, édictée comme celle-ci dans son seul intérêt et ressortissant à sa loi personnelle à la date du contrat (Civ. 1re, 15 mai 1963 : *J.C.P.* 63, II, 13366, note Motulsky ; *Clunet* 1963, 996, note Malaurie ; *Rev. crit. dr. int. privé* 1964, 506, note Lagarde. – V. en ce sens Civ. 1re, 16 juil. 1971 : *D.* 1972, 633, note Malaurie, 1re esp. ; *Clunet* 1972, 287, note Lehmann).

12) Le contenu des formalités destinées à habiliter des mineurs à procéder à un partage amiable est déterminé par leur loi nationale (Civ. 13 avril 1932 : *D.P.* 1932, 1, 89, concl. Matter, note Basdevant). La tutelle d'enfants étrangers étant régie par la

loi nationale, les immeubles de ces enfants, même sis en territoire français, sont aliénés selon cette loi et non selon la loi française (Civ. 1re, 13 juin 1960 : *D.* 1960, 597, note Malaurie).

13) V. Circ. 1er juil. 1966 relative à la tutelle et à l'émancipation (*J.O.* 7 et 27 juil. ; *J.C.P.* 66, III, 32156) ; D. n. 73-490 du 15 mai 1973 portant publication de la convention concernant la compétence des autorités et la loi applicable en matière de protection des mineurs, ouverte à la signature à La Haye le 5 oct. 1961 (*J.O.* 24 mai ; *J.C.P.* 73, III, 40562. – V. Droz, *La protection des mineurs en droit international privé français depuis l'entrée en vigueur de la convention de La Haye du 5 octobre 1961 : Clunet* 1973, 603).

B. Mariage

14) Les conditions de fond nécessaires à la validité du mariage sont déterminées par la loi personnelle des époux (Paris 2 fév. 1956 : *J.C.P.* 56, II, 9229, note P.G.). La question de savoir si un élément de la célébration du mariage appartient à la catégorie des règles de forme ou des règles de fond doit être tranchée par les juges français suivant les conceptions du droit français selon lesquelles le caractère religieux ou laïc du mariage est une question de forme (Civ. 1re, 22 juin 1955 : *D.* 1956, 73, note Chavrier. – V. en ce sens T.G.I. Paris 18 mars 1968 : *Clunet* 1969, 633, note Ponsard).

15) La preuve du mariage peut être faite selon les modes de preuve prévus par la loi du for ou par ceux qu'admet la loi du lieu de célébration (Civ. 1re, 24 fév. 1959 : *D.* 1959, 485, note Malaurie. – V. en ce sens Civ. 1re, 12 fév. 1963 : *D.* 1963, 325, note G. Holleaux).

16) Les effets d'un mariage nul sont ceux de la loi d'où résulte la nullité et qui en régit les conséquences comme les tempéraments qu'elle y apporte (Civ. 1re, 6 mars 1956 :

J.C.P. 56, II, 9549, note Weill ; *D.* 1958, 709, note Batiffol (mariage putatif). – V. en ce sens Paris 2 déc. 1966 : *J.C.P.* 67, II, 15278, note R.B. ; *Rev. crit. dr. int. privé* 1967, 530, note Malaurie. – Versailles 3 juil. 1978 : *Clunet* 1980, 316, note Kahn). Mais la loi applicable à la liquidation du régime matrimonial sera la loi d'autonomie (Civ. 1re, 20 nov. 1958 : *Clunet*. 1959, 1146. – Civ. 1re, 15 janv. 1980 : *Clunet* 1980, 316, note Kahn). V. *infra*, n. 35 et s.

17) Les effets d'un mariage mixte sont régis par la loi du domicile des époux (Civ. 1re, 19 fév. 1963 : *J.C.P.* 63, II, 13112 ; *Rev. crit. dr. int. privé* 1963, 559, note G.H.). Il suffit que les époux soient domiciliés dans le même pays même si leur établissement est séparé (Civ. 1re, 30 oct. 1967 : *Rev. crit. dr. int. privé* 1969, 479, note Jacques Foyer). A défaut, la loi du for est applicable (Civ. 1re, 15 mai 1961 : *D.* 1961, 437, note G. Holleaux, 3e esp. ; *Clunet* 1961, 734, note Goldman, 2e esp.).

18) Les donations entre époux sont soumises à la loi régissant les effets personnels du mariage (Civ. 1re, 15 fév. 1966 : *D.* 1966, 370, note Malaurie. – 12 juin 1979 : *Rev. crit. dr. int. privé* 1980, 322, note Legier ; *Clunet* 1980, 644, note Wiederkehr).

19) L'obligation alimentaire entre époux découlant des devoirs de secours et d'assistance est une règle fondamentale de l'ordre public français. Si celle-ci peut se concilier avec des modalités différentes d'attribution édictées par une loi étrangère, elle ne saurait être rejetée dans son principe (Civ. 1re, 16 déc. 1958 : *D.* 1959, 51).

20) Doit être cassée la décision qui rejette la demande de pension alimentaire formée en France par la deuxième épouse d'un Tunisien mariée selon la loi mosaïque sous prétexte que la loi tunisienne qui accorde des aliments à la deuxième femme, se heurtant à l'ordre public français, n'est pas applicable en France, alors que la demande tendait

LOIS EN GÉNÉRAL

Art. 3

uniquement à voir reconnaître en France une créance alimentaire découlant de la qualité d'épouse légitime, qualité acquise sans fraude en Tunisie (Civ. 1re, 28 janv. 1958 : *J.C.P.* 58, II, 10488, note Louis-Lucas et, après renvoi, Civ. 1re, 19 fév. 1963 : *Rev. crit. dr. int. privé* 1963, 559, note G.H.). Sur les droits successoraux en France de la deuxième épouse en cas de mariage polygamique régulièrement contracté à l'étranger conformément à la loi personnelle des époux (V. Civ. 1re, 3 janv. 1980 : *Rev. crit. dr. int. privé* 1980, 331 note Batiffol ; *Clunet* 1980, 327, note Simon-Depitre). L'épouse survivante peut exercer ses droits successoraux même si hors de France sa loi personnelle ou son régime matrimonial ne lui confère pas de droits semblables (Paris 8 nov. 1983 : *Rev. crit. dr. int. privé* 1984, 477, note Lequette). Mais jugé que la deuxième épouse ne peut prétendre au bénéfice de l'assurance maladie et maternité (Soc. 1er mars 1973 : *Rev. crit. dr. int. privé* 1975, 54, note Graulich, 2e esp.).

C. Divorce

21) Sur le domaine d'application de la loi française en matière de divorce, V. *infra*, art. 310.

22) Jugé avant la loi du 11 juillet 1975 que lorsque l'application des règles de conflit de lois conduit, par combinaison de la loi nationale des époux avec la loi du lieu de célébration du mariage, à laquelle la première a ordonné un renvoi limité à la question de l'admissibilité du divorce, à l'impossibilité à la fois du divorce et de la séparation de corps, l'ordre public international français autorise le prononcé de la séparation de corps par substitution de la loi du for aux droits étrangers normalement compétents (Civ. 1re, 15 mai 1963 : *J.C.P.* 63, II, 13365, note Motulsky ; *Clunet* 1963, 1016, note Malaurie ; *Rev. crit. dr. int. privé* 1964, 532, note Lagarde). Mais n'est pas contraire à la conception française de l'ordre public international l'application de lois étrangères qui ne connaissent que le divorce ou la séparation de corps (Civ. 1re, 8 nov. 1977 : *Clunet* 1978, 587, note Alexandre ; *Rev. crit. dr. int. privé* 1979, 395, note Loussouarn [loi tunisienne]) ou qui ignorent le divorce sans interdire tout moyen de mettre fin à la vie commune (Civ. 1re, 10 juil. 1979 : *Clunet* 1979, 601, note Alexandre ; *Rev. crit. dr. int. privé* 1980, 91, note Gaudemet-Tallon [loi espagnole]). Il en va différemment en revanche de la loi qui opère une discrimination entre le mari et la femme quant à la possibilité d'invoquer l'adultère pour obtenir le divorce (Paris 28 juin 1973 : *Rev. crit. dr. int. privé* 1974, 505, note Jacques Foyer ; *Clunet* 1974, 120, note Kahn).

23) La loi nationale qui régit en principe l'action en divorce de la femme mariée est celle de la demanderesse à la date de l'introduction de l'instance (Civ. 25 fév. 1947 : *D.* 1947, 161, note P. L.-P.).

24) Une disposition contraire à l'ordre public interne n'est pas nécessairement privée d'effet en France dès lors que le droit a été acquis sans fraude à l'étranger, conformément à la loi reconnue compétente par les règles françaises du droit international privé. Il en résulte que rien ne s'oppose à l'exécution de la convention passée entre deux époux en instance de divorce devant un tribunal allemand et répartissant entre eux la charge de la dette alimentaire envers l'enfant commun, valable au regard du droit allemand qui la régit (Civ. 1re, 7 nov. 1972 : *Rev. crit. dr. int. privé* 1973, 691, note Wiederkehr. – V. aussi Civ. 1re, 17 avril 1953, *Rivière* : *J.C.P.* 53, II, 7863, note Buchet). Ne justifie pas légalement sa décision la cour d'appel qui refuse de reconnaître les effets d'une répudiation intervenue conformément au statut personnel commun des époux, lequel, s'il fait de la répudiation un mode de dissolution du mariage laissé à la discrétion du mari, est tempéré par les garanties pécuniaires qu'il assure à la femme

23

Art. 3

(Civ. 1ʳᵉ, 3 nov. 1983 : *J.C.P.* 84, II, 20131, concl. Gulphe ; *Rev. crit. dr. int. privé* 1984, 325, 1ʳᵉ esp., note Fadlallah).

D. Filiation

25) Sur la loi applicable en matière de filiation légitime et naturelle et en matière de légitimation, V. *infra*, art. 311-14 à 311-18.

26) Les conditions comme les effets de l'adoption sont régis, lorsque l'adoption est demandée par une seule personne, par la loi nationale de celle-ci, la loi de l'enfant devant seulement déterminer les conditions du consentement ou de la représentation de l'adopté (Civ. 1ʳᵉ, 7 nov. 1984 : *Bull.* I, n. 294, p. 251 ; *Rev. crit. dr. int. privé* 1985, 533, note Simon-Depitre). Lorsque le consentement à l'adoption par un Français d'un enfant étranger ne précise pas en considération de quel type d'adoption il a été donné, ce consentement vaut pour l'une ou l'autre des formes d'adoption que connaît le droit français (même arrêt). La révocation d'une adoption est soumise à la loi de l'adoptant, alors d'ailleurs que l'adopté a acquis la nationalité française de celui-ci (Paris 11 juil. 1975 : *D.* 1976, 682, note Poisson, 2ᵉ esp. ; *Rev. crit. dr. int. privé* 1976, 695, note Jacques Foyer, 2ᵉ esp.).

27) L'obligation alimentaire est soumise à la loi du lien de famille sous réserve de l'ordre public, lequel peut intervenir pour assurer le minimum d'assistance de la loi française (Civ. 1ʳᵉ, 19 oct. 1971 : *D.* 1972, 633, note Malaurie, 2ᵉ esp.). Sur l'application à la créance alimentaire de l'enfant de la loi de sa résidence habituelle, V. D. n. 63-646 du 3 juil. 1963 portant publication de la convention du 24 octobre 1956 sur la loi applicable aux obligations alimentaires envers les enfants (*J.O.* 9 juil. ; *J.C.P.* 63, III, 29236).

28) L'autorité parentale est rattachée à la loi nationale des parents (Civ. 13 janv. 1873 : *D.P.* 1873, 1, 297). Mais en matière de filiation naturelle, c'est la loi nationale de l'enfant qui s'applique (Paris 28 nov. 1968 : *Rev. crit. dr. int. privé* 1969, 266, note Bischoff. – Paris 3 mars 1981 : *Rev. crit. dr. int. privé* 1981, 496, note Lequette). Jugé que les règles relatives à l'attribution du nom sont commandées par le statut personnel de l'intéressé (T.G.I. Paris 9 nov. 1982 : *Rev. crit. dr. int. privé* 1983, 99, note Huet). V. H. J. Lucas, *La loi applicable à l'attribution du nom de famille, in : Le droit non civil de la famille,* 1983, 186.

29) Les lois étrangères qui prohibent l'établissement de la filiation naturelle ne sont pas contraires à la conception française de l'ordre public international dont la seule exigence est d'assurer à l'enfant les subsides qui lui sont nécessaires (Civ. 1ʳᵉ, 3 nov. 1988 : *J.C.P.* 89, IV, 3).

IV. Autres matières

A. Successions

30) La dévolution successorale des immeubles est régie par la loi du lieu de leur situation (Civ. 5 juil. 1933 : *D.P.* 1934, 1, 133, note Silz. – Civ. 1ʳᵉ, 14 mars 1961 : *Rev. crit. dr. int. privé* 1961, 774, note Batiffol). Mais la dévolution des biens mobiliers est régie par la loi du dernier domicile du défunt (Civ. 19 juin 1939 : *D.P.* 1939, 1, 97, note L.-P. – Civ. 1ʳᵉ, 22 déc. 1970 : *Rev. crit. dr. int. privé* 1972, 467, note A.P.). – Civ. 1ʳᵉ, 18 oct. 1988 : *Bull.* I, n. 293, p. 199 ; *J.C.P.* 89, II, 21259, note Prévault).

31) La loi successorale détermine la réserve héréditaire (Civ. 19 juin 1939 : *D.P.* 1939, 1, 97, note L.-P. – Civ. 1ʳᵉ, 18 oct. 1988 : *Bull.* I, n. 293, p. 199 ; *J.C.P.* 89, II, 21259, note Prévault). – Paris 3 juil. 1946 : *Gaz. Pal.* 1946, 2, 147. – Paris 22 mars 1974 : *Rev. crit. dr. int. privé* 1975, 430, note Audit), la saisine des héritiers (Civ. 1ʳᵉ, 22 déc. 1970 : *Rev. crit. dr. int. privé* 1972, 467, note A.P.), les pouvoirs des personnes habilitées à administrer ou à liquider la succession (T.G.I. Paris 1ᵉʳ juil. 1972 : *J.C.P.*

LOIS EN GÉNÉRAL   Art. 3

73, IV, 107). Mais s'il appartient à la loi successorale de désigner les personnes appelées à la succession et de dire notamment si le conjoint figure parmi elles et pour quelle part, il ne lui appartient pas de dire si une personne a la qualité de conjoint ni de définir selon quelle loi doit être appréciée cette qualité (Civ. 1re, 22 avril 1986 : *J.C.P.* 87, II, 20878, note Agostini). Jugé que l'exécuteur testamentaire d'une succession mobilière ouverte à l'étranger peut, conformément aux dispositions de la loi successorale étrangère, être investi d'un mandat non révocable par les héritiers lui conférant le pouvoir de représenter la succession à l'exclusion de ceux-ci sous réserve des exigences de l'ordre public français dans les relations internationales (Crim. 4 juin 1941 : *D.C.* 1942, 4, note Nast).

32) Les successions testamentaires obéissent aux mêmes règles que les successions *ab intestat* du point de vue de la loi applicable (Besançon 10 avril 1933 : *D.P.* 1934, II, 89, note Nast. – V. aussi Civ. 1re, 14 mars 1961 : *Rev. crit. dr. int. privé* 1961, 774, note Batiffol. – V. en ce sens pour l'institution contractuelle, Req. 7 mai 1924 : *Gaz. Pal.* 1924, 2, 161. – Paris 26 fév. 1964 : *Rev. crit. dr. int. privé* 1965, 334, note Le Bris). Mais c'est à la loi d'autonomie qu'il convient de se référer lorsque la matière est abandonnée à la volonté du testateur par la loi successorale (Paris 16 mai 1960 : *J.C.P.* 60, II, 11763, note Gavalda ; *Clunet* 1961, 762, note Sialelli). Jugé que les libéralités réalisées au moyen d'une convention de trust relèvent de la loi d'autonomie (Paris 10 janv. 1970 : *D.* 1972, 122, note Malaurie).

33) Si la loi française régit la dévolution successorale des immeubles sis en France, la qualité de conjoint et l'établissement de la parenté nécessaire pour le jeu de la dévolution successorale relèvent de la loi personnelle (Civ. 1re, 3 janv. 1980 : *Rev. crit. dr. int. privé* 1980, 331, note Batiffol ; *Clunet* 1980, 327, note Simon-Depitre. – V. en ce

sens Paris, 8 nov. 1983 : *Defrénois* 1984, 570, note Revillard).

34) V. D. n. 67-1122 du 12 déc. 1967 portant publication de la convention du 5 oct. 1961 sur les conflits de lois en matière de forme des dispositions testamentaires (*J.O.* 24 déc. ; *J.C.P.* 68, III, 33870). Jugé que la prohibition du testament conjonctif relève des conditions de forme que l'article 1er de la convention de La Haye soumet à la loi du lieu de rédaction (T.G.I. Paris 24 avril 1980 : *Rev. crit. dr. int. privé* 1982, 684, note Batiffol).

35) Sur le droit de prélèvement de l'héritier français, V. L. 14 juil. 1819, *infra* sous art. 726.

B. Régimes matrimoniaux

36) Il appartient aux juges du fond d'apprécier souverainement, d'après les circonstances de la cause, le statut que les époux étrangers mariés sans contrat ont eu la volonté d'adopter pour le règlement de leurs intérêts pécuniaires. Le seul fait que les conjoints étaient de même nationalité et ont contracté mariage dans le pays d'origine ne saurait suffire à faire présumer qu'ils ont entendu se placer sous le régime légal prévu par leur loi nationale dès lors que d'autres éléments et spécialement la fixation du domicile matrimonial peuvent conduire à une appréciation différente (Civ. 1re, 7 nov. 1961 : *Clunet* 1962, 422, note Sialelli ; *Rev. crit. dr. int. privé* 1962, 681, note Batiffol ; – 31 janv. 1968 : *Rev. crit. dr. int. privé* 1968, 680, note Ponsard ; – 12 nov. 1986, 1er arrêt : *Bull.* I, n. 256, p. 245). Pour des exemples de la recherche de la volonté tacite des parties, V. Civ. 1re, 27 janv. 1969 : *J.C.P.* 70, II, 16407, note Jacques Foyer. –Civ. 1re, 16 janv. 1973 : *J.C.P.* 73, IV, 86 ; *Bull.* I, n. 22, p. 20. La cour d'appel, qui relève que des époux ont, de façon fixe et durable, au moment de leur mariage, établi leur domicile en Russie qu'ils n'ont quittée qu'à la suite de circonstances contraignantes et se sont de

la sorte placés sous le régime légal de la séparation de biens alors en vigueur dans ce pays, peut déduire de cette analyse que les époux n'ont pu se référer qu'à la loi interne russe, à l'exclusion des règles russes de conflits de loi dont elle déclare qu'il n'est pas raisonnable de penser qu'ils aient soupçonné l'existence (Civ. 1re, 1er fév. 1972 : *Rev. crit. dr. int. privé* 1972, 644, note Wiederkehr ; *Clunet* 1972, 594, note Kahn).

37) La liquidation et le partage des biens des époux doivent se faire selon les règles de fond et de preuve de la loi qui régit leur régime matrimonial sans qu'il y ait à distinguer entre les meubles et les immeubles (Civ. 1re, 12 juin 1979 : *D.* 1980, 202, note Boulanger ; *Rev. crit. dr. int. privé* 1981, 491, note Batiffol). Mais les époux peuvent convenir dans leurs rapports réciproques d'une liquidation sur des bases différentes (Civ. 1re, 3 janv. 1985 : *J.C.P.* 85, IV, 101 ; *Bull.* I, n. 3, p. 3).

38) Le rattachement du régime matrimonial légal ou conventionnel à la loi choisie par les époux à la date de leur union est permanent et un changement de leur nationalité est sans effet à cet égard (Civ. 1re, 19 déc. 1973 : *J.C.P.* 75, II, 18116, note Simon-Depitre), de même qu'un changement ultérieur du domicile des époux (Paris 3 déc. 1980 : *J. not.* 1981, 739, note Droz ; *Rev. crit. dr. int. privé* 1981, 501, note Gaudemet-Tallon).

39) La possibilité de modifier le régime matrimonial dépend de la loi applicable au régime (Req. 4 juin 1935 : *D.P.* 1936, 1, 7, note R. Savatier. – Colmar 7 mars 1973 : *Rev. crit. dr. int. privé* 1973, 524, note A.P. – V. cependant Paris 29 juin 1968 : *J.C.P.* 69, II, 15845, concl. Souleau ; *Rev. crit. dr. int. privé* 1970, 298, note Ponsard. – V. aussi rép. min. Justice n. 7240, 21 déc. 1967 : *Rev. crit. dr. int. privé* 1968, 169).

40) Les modifications de la loi étrangère régissant le régime matrimonial ne s'appli-

quent pas aux réfugiés (Civ. 1re, 1er déc. 1969 : *Rev. crit. dr. int. privé* 1970, 95, note P.L ; *Clunet* 1970, 306, note Ponsard).

41) La loi d'autonomie ne saurait s'appliquer aux donations entre époux eu égard aux règles particulières auxquelles elles obéissent ; elles sont soumises à la loi des effets personnels du mariage (Civ. 1re, 15 fév. 1966 : *D.* 1966, 370, note Malaurie. – V. aussi Civ. 1re, 12 oct. 1982 : *Bull.* I, n. 283, p. 243). Jugé en ce sens que la loi du domicile commun régissant les effets du mariage est applicable à la révocation des donations entre époux de biens présents sans excepter la détermination de l'existence même de ces donations (Civ. 1re, 12 juin 1979 : *Rev. crit. dr. int. privé* 1980, 322, note Legier ; *Clunet* 1980, 644, note Wiederkehr).

C. Contrats

42) Tout contrat international est nécessairement rattaché à la loi d'un État (Civ. 21 juin 1950 : *J.C.P.* 50, II, 5812, note Lévy ; *D.* 1951, 749, note Hamel). Jugé qu'un contrat passé entre Français domiciliés en France qui soumet au droit français les rapports des parties entre elles n'a pas, même si l'un des contractants est appelé à s'expatrier, le caractère d'un contrat international (Civ. 1re, 7 oct. 1980 : *Bull.* I, n. 242, p. 195).

43) La loi applicable aux contrats, soit en ce qui concerne leur formation, soit quant à leurs effets et conditions, est celle que les parties ont adoptée (Civ. 31 mai 1932 : *D.P.* 1933, 1, 169, note Crémieu. – Civ. 1re, 6 juil. 1959 : *Rev. crit. dr. int. privé* 1959, 708, note Batiffol). Jugé qu'il appartient aux juges du fond d'interpréter la commune intention des parties quant à la « localisation » de leur contrat (Civ. 1re, 29 oct. 1974 : *Clunet* 1975, 314, note Fouchard ; *Bull.* I, n. 287, p. 246. – V. aussi Civ. 1re, 25 mars 1980 : *Bull.* I, n. 101, p. 83 ; *Rev. crit. dr. int. privé* 1981, 576, note Batiffol. – Civ. 1re, 4 nov. 1981 : *J.C.P.* 82, IV, 30 ; *Bull.* I, n. 326, p. 276). S'agissant d'un contrat conclu en langue

anglaise devant le consul des États-Unis d'Amérique, ayant pour objet des biens situés dans ce pays et empruntant une institution propre à la loi américaine (trust), il est manifeste que les contractants ont entendu se placer sous l'empire de cette loi (Paris 10 janv. 1970 : *D.* 1972, 122, note Malaurie).

44) Sur la loi applicable à la vente à caractère international d'objets mobiliers corporels à défaut de choix par les parties, V. D. n. 64-839 du 6 août 1964 portant publication de la convention de La Haye du 15 juin 1955 (*J.O.* 13 août ; *J.C.P.* 64, III, 30355). V. aussi Gaudemet-Tallon, *Le nouveau droit international privé européen des contrats* (commentaire de la convention C.E.E. n. 80/934 sur la loi applicable aux dispositions contractuelles, ouverte à la signature à Rome le 19 juin 1980) : *Rev. trim. dr. eur.* 1981, 215.

45) Les rapports entre le cédant et le cessionnaire d'une créance relèvent de la loi d'autonomie régissant la cession, mais les droits et obligations du débiteur cédé sont soumis à la loi sous l'empire de laquelle la créance a pris naissance (Paris 11 fév. 1969 : *D.* 1970, 523, note Larroumet ; *Rev. crit. dr. int. privé* 1970, 459, note Dayant). Sur la loi applicable au cautionnement, V. Civ. 1re, juil. 1981 (*J.C.P.* 81, IV, 338 ; *Bull.* I, n. 241, p. 198).

46) La prescription extinctive d'une obligation est soumise à la loi qui régit celle-ci (Civ. 1re, 21 avril 1971, 2 arrêts : *J.C.P.* 71, II, 16825, note Level ; *Rev. crit. dr. int. privé* 1972, 74, note Lagarde). Jugé cependant que si en principe, pour ce qui est de la prescription extinctive, le débiteur doit trouver une protection suffisante de ses intérêts légitimes dans la loi du contrat qu'il est censé connaître pour avoir concouru à la formation de celui-ci, les juges du fond peuvent estimer opportun d'examiner la loi du domicile plus protectrice pour le débiteur et invoquée par ce dernier (Paris 23 janv. 1975 : *Rev. crit.*

dr. int. privé 1976, 97, note Dayant. – V.F. Hage Chahine, *La vérité jurisprudentielle sur la loi applicable à la prescription extinctive de l'obligation,* Etudes Weill, p. 303).

47) La forme d'un contrat relève de la loi du lieu où il a été passé lorsque n'est pas établie la volonté des parties de soumettre la forme de leur contrat à la loi qui régit au fond celui-ci ou à leur loi nationale (Civ. 1re, 10 déc. 1974 : *D.* 1975, 480 ; *Rev. crit. dr. int. privé* 1975, 475, note A.P. ; *Clunet* 1975, 542, note Kahn).

D. Délits

48) La loi applicable en matière de responsabilité civile extracontractuelle est la loi du lieu où le fait dommageable s'est produit (Civ. 25 mai 1948 : *J.C.P.* 48, II, 4542, note Vasseur. – Civ. 1re, 30 mai 1967 : *D.* 1967, 629, note Malaurie. – Civ. 1re, 16 avril 1985 : *Bull.* I, n. 114, p. 105). Les conséquences de l'atteinte à la vie privée d'une personne ou de la violation du droit qu'elle possède sur son image relèvent de la loi du lieu où ces faits ont été commis et non de la loi personnelle de l'intéressé (Civ. 1re, 13 avril 1988 : *Bull.* I, n. 98, p. 67 ; *J.C.P.* 89, II, 21320, note Putman). En cas d'abordage en haute mer de deux navires ne battant pas le même pavillon, la loi applicable est la loi du for (Com. 9 mars 1966 : *J.C.P.* 67, II, 14994, note de Juglart et du Pontavice).

49) V. D. n. 75-554 du 26 juin 1975 portant publication de la convention sur la loi applicable en matière d'accidents de la circulation routière, ouverte à la signature à La Haye le 4 mai 1971 (*J.O.* 3 juil. ; *J.C.P.* 75, III, 43097) ; D. n. 77-1210 du 10 oct. 1977 portant publication de la convention sur la loi applicable à la responsabilité du fait des produits, faite à La Haye le 2 oct. 1973 (*J.O.* 3 nov. ; *J.C.P.* 77, III, 46417).

50) Lorsque le fait générateur de responsabilité est localisé dans un pays différent de celui où le préjudice se réalise, la loi

applicable est celle du lieu de réalisation du préjudice (Paris 18 oct. 1955 : *Rev. crit. dr. int. privé* 1956, 484, note H.B. – Contra T.G.I. Seine 22 juin 1967 : *Rev. crit. dr. int. privé* 1969, 474, note Loussouarn).

51) La prescription extinctive d'une obligation est soumise à la loi qui régit celle-ci (Civ. 1re, 21 avril 1971, 2 arrêts : *J.C.P.* 71, II, 16825, note Level ; *Rev. crit. dr. int. privé* 1972, 74, note Lagarde). Mais jugé que l'application de la loi étrangère ne fait pas obstacle à l'application de la règle générale fixée par l'article 2252 du Code civil selon laquelle la prescription ne court pas contre les mineurs non émancipés (Civ. 1re, 21 mars 1979 : *J.C.P.* 80, II, 19311, note Monéger ; *Clunet* 1980, 92, note Huet).

52) L'action directe de la victime contre l'assureur du responsable est soumise à la loi du délit (Req. 24 fév. 1936 : *D.P.* 1936, 1, 49, rapp. Gazeau, note R. Savatier. – Civ. 1re, 20 mars 1962 : *Clunet* 1964, 100, note B.G.).

E. Procédure et preuve

53) La procédure est régie par la loi du for (Paris 7 juil. 1959 : *Clunet* 1960, 814, note Sialelli. – V. aussi Civ. 9 janv. 1951 : *D.* 1952, 33, note Ponsard). Mais les délais de prescription sont régis par la loi du fond (Civ. 1re, 21 avril 1971, 2 arrêts : *J.C.P.* 71, II, 16825, note Level ; *Rev. crit. dr. int. privé* 1972, 74, note Lagarde).

54) S'il appartient au juge français d'accueillir les modes de preuve de la loi du for, c'est néanmoins sans préjudice du droit pour les parties de se prévaloir également des règles de preuve du lieu étranger de l'acte (Civ. 1re, 24 fév. 1959 : *D.* 1959, 485, note Malaurie).

55) La charge de la preuve est régie par la loi gouvernant le fond du droit (Civ. 10 janv. 1951 : *Rev. crit. dr. int. privé* 1952, 95). La force probante d'un acte relève de la loi du lieu où il a été rédigé (même arrêt).

Art. 4. – **Le juge qui refusera de juger, sous prétexte du silence, de l'obscurité ou de l'insuffisance de la loi, pourra être poursuivi comme coupable de déni de justice.**

P. GULPHE, *A propos de la présente réforme de la Cour de cassation* : *J.C.P.* 81, I, 3013.

1) Ne fait pas usage de son pouvoir et viole l'article 4 du Code civil le tribunal qui, tout en admettant le bien-fondé d'une demande, refuse soit de prescrire une mesure d'instruction soit de chiffrer lui-même le montant des dommages (Civ. 4 fév. 1920 : *D.P.* 1924, 1, 62). Mais ne commet pas un déni de justice la cour d'appel qui, loin de refuser de juger la demande, la rejette au motif qu'elle ne contient pas les précisions nécessaires à en déterminer l'objet (Civ. 1re, 15 fév. 1965 : *Bull.* I, n. 129, p. 95).

2) Il y a déni de justice lorsque le juge, tout en admettant qu'un immeuble appartient nécessairement à l'une des deux personnes qui en revendiquent la propriété, rejette l'ensemble des demandes sous prétexte qu'aucune des parties n'a prouvé la supériorité de son droit et que les données de l'expertise ne permettent pas d'appliquer les titres sur le terrain (Civ. 3e, 16 avril 1970 : *J.C.P.* 70, II, 16459 ; *D.* 1970, 474, note Contamine-Raynaud). Mais les juges du fond peuvent refuser aux deux parties tout droit sur la parcelle qu'elles revendiquent chacune pour son compte dès lors que cette parcelle n'appartient pas nécessairement à l'une ou à l'autre (Civ. 3e, 14 juin 1972 : *Bull.* III, n. 402, p. 294. – Civ. 3e, 3 déc. 1980 : *Gaz. Pal.* 1981, 2, 481, note Piedelièvre).

3) Le juge répressif admet une excuse illégale et viole l'article 4 du Code civil en s'abstenant, au motif d'obscurité ou d'incertitude, de résoudre un point de droit et en déclarant faire profiter l'inculpé du doute (Crim. 10 nov. 1959 : *Bull. crim.* n. 476, p. 920).

LOIS EN GÉNÉRAL   Art. 6

4) Sur la suppression de la prise à partie, V. Ord. n. 58-1270 du 22 déc. 1958, art. 11-1, réd. L. n. 79-43 du 18 janv. 1979 : *J.O.*

19 janv. ; *J.C.P.* 79, III, 48077. – Civ. 1re, 4 nov. 1980 : *J.C.P.* 81, IV, 32 ; *Bull.* I, n. 281, p. 224.

Art. 5. – Il est défendu aux juges de prononcer par voie de disposition générale et réglementaire sur les causes qui leur sont soumises.

1) Ne statue pas par voie de disposition générale et réglementaire le juge qui se réfère à sa jurisprudence lorsque cette référence ne constitue pas l'argument déterminant de sa décision (Crim. 14 janv. 1958 : *Bull. crim.* n. 58, p. 65), mais il en va autrement du tribunal qui énonce pour tout motif qu'il statue « conformément à sa jurisprudence » (Crim. 24 juil. 1967 : *J.C.P.* 68, II, 15339).

2) Le fait pour le juge correctionnel de se référer pour l'application de la loi du 6 mai 1919 sur les appellations d'origine à un jugement rendu en matière civile qui définit lesdites appellations ne constitue pas une violation de l'article 5 du Code civil (Crim. 18 juin 1958 : *Bull. crim.* n. 466, p. 327).

3) L'article 5 n'empêche pas que les tribunaux non seulement peuvent mais encore doivent indiquer les règles et principes généraux de droit sur lesquels ils fondent leurs décisions, sans qu'il soit interdit de faire figurer cette indication dans le dispositif si cela ne vise qu'à justifier la solution d'espèce (Req. 1er fév. 1882 : *D.P.* 1882, 1, 113. – V.

aussi Paris 23 mars 1956 : *J.C.P.* 56, II, 9332, concl. Turlan).

4) Une juridiction ne peut pas, par une décision de principe, se prononcer sur le point de savoir si l'ensemble des représentants de commerce d'une société doit être ou non affilié à la sécurité sociale (Civ. 2e, 16 juin 1955 : *Bull.* II, n. 346 p. 213).

5) Il y a disposition réglementaire à interdire à une société d'édition non seulement toute publicité d'un produit pharmaceutique faisant l'objet du litige mais également de tous les produits fabriqués et mis en vente par l'un quelconque des membres de la Chambre syndicale des fabricants de produits pharmaceutiques (Com. 13 janv. 1971 : *J.C.P.* 71, II, 16932, note Hauser), ou à édicter un règlement de procédure relatif au recouvrement simplifié de petites créances commerciales (Civ. 1re, 22 oct. 1957 : *J.C.P.* 57, II, 10278) ou encore à décider de façon générale que les tribunaux de droit commun demeurent compétents pour retenir à leur barre les ventes mobilières (Civ. 2e, 19 déc. 1958 : *Bull.* II, n. 885, p. 583).

Art. 6. – On ne peut déroger par des conventions particulières aux lois qui intéressent l'ordre public et les bonnes mœurs.

I. Sources

1) Les règles posées par une convention collective s'imposent à l'employeur et à l'employé nonobstant toute stipulation contraire du contrat individuel de travail qui les unit (Civ. 17 nov. 1937 : *D.H.* 1938, 68).

2) Il appartient au juge du fond de se prononcer sur le caractère licite ou illicite d'une condition (Soc. 9 mars 1950 : *D.* 1950,

som. 51. – V. cependant Civ. 18 nov. 1913 : *D.P.* 1917, I, 161).

II. Contenu

3) Sont d'ordre public les règles relatives à l'organisation de l'État et des services publics, par exemple le statut des établissements publics, même de caractère commercial (Paris 7 fév. 1950 : *Gaz. Pal.* 1950, I, 365).

29

4) Est contraire à l'ordre public toute renonciation au droit d'agir en justice (Req. 19 janv. 1863 : *D.P.* 1863, I, 248).

5) Ne porte pas atteinte à l'ordre public la décision qui déclare nulle pour absence de cause la donation-partage à laquelle ont recouru les parties à des fins fiscales dès lors que l'application rétroactive d'une loi de finances a eu pour conséquence que l'acte ne se trouvait plus justifié par le mobile qui avait incité les parties à y recourir (Civ. 1re, 11 fév. 1986 : *Bull.* I, n. 25, p. 21 ; *J.C.P.* 88, II, 21027, note C. David ; *Rev. trim. dr. civ.* 1987, 586, obs. Patarin).

6) La législation des changes (L. 28 déc. 1966) est d'ordre public (Civ. 1re, 22 janv. 1975 : *J.C.P.* 75, IV, 79) de même que la législation douanière (Com. 3 mai 1950 : *D.* 1950, 682).

7) L'autorité de la chose jugée est une règle d'intérêt privé (Civ. 24 oct. 1951 : *J.C.P.* 52, II, 6806, note Perrot. – Soc. 3 fév. 1977 : *J.C.P.* 77, IV, 80) sauf pour le jugement statuant sur des droits qui échappent à la libre disposition des parties, par exemple en matière d'état des personnes (Civ. 1re, 19 mai 1976 : *D.* 1976, I.R., 224) ou lorsqu'il est statué au cours d'une même instance sur les suites d'une précédente décision passée en force de chose jugée (Soc. 4 juil. 1967 : *Gaz. Pal.* 1967, 2, 217. – Civ. 1re, 29 juin 1977 : *Bull.* I, n. 304, p. 240).

8) Un engagement de non-concurrence ne viole pas le principe de la liberté du travail si l'interdiction formulée n'est pas illimitée dans le temps, dans l'espace et quant à la nature de l'activité exercée, la restriction devant être appréciée en fonction de ces trois critères (Com. 7 nov. 1977 : *Bull.* IV, n. 250, p. 212). Ainsi, doit être annulée la clause qui empêche le salarié d'exercer dans tous les pays pendant cinq ans l'activité d'expert dans laquelle il est spécialisé depuis sept ans (Com. 17 fév. 1982 : *Gaz. Pal.* 1982, 2, 249). Mais la validité de la clause de non-concurrence n'est pas subordonnée à l'octroi au salarié d'une compensation pécuniaire si celle-ci n'est pas prévue par une convention collective (Soc. 9 oct. 1985 : *Bull.* V, n. 442, p. 319 ; *Rev. trim. dr. civ.* 1986, 342, obs. J. Mestre. V. en ce sens Soc. 6 mai 1982 : *Bull.* V, n. 279, p. 206).

9) Le droit au mariage est un droit individuel d'ordre public auquel il ne peut être dérogé dans un contrat à titre onéreux sauf raison impérieuse (Paris 30 avril 1963 : *J.C.P.* 63, II, 13205 bis). Mais les juges du fond peuvent ordonner la restitution de la somme d'argent versée par le futur mari au père de la future épouse sous la condition résolutoire de la non-célébration du mariage civil, dès lors qu'il n'est allégué aucune atteinte à la liberté de l'un ou l'autre des futurs conjoints de donner ou de refuser son consentement au mariage civil projeté (Civ. 1re, 4 avril 1978 : *Bull.* I, n. 137, p. 110). Sur l'illicéité de la clause du règlement intérieur d'une entreprise disposant que des conjoints ne peuvent être employés simultanément dans l'entreprise, V. Soc. 10 juin 1982 : *J.C.P.* 84, II, 20230, note Hennion-Moreau.

10) Toute convention visant à réaliser des expériences sur le corps humain est nulle comme contraire à l'ordre public dès lors que l'opération ne présente aucun intérêt pour le patient (Lyon 27 juin 1913 : *D.P.* 1914, II, 73, note Lalou). Sur la nullité d'une convention relative au prélèvement du tatouage, V. T.G.I. Paris 3 juin 1969 : *D.* 1970, 136, note J.P. Sur les essais, études ou expérimentations organisés et pratiqués sur l'être humain en vue du développement des connaissances biologiques ou médicales, v. Code de la Santé publique, art. L. 209-1 à L. 209-21 (L. n. 88-1138 du 20 déc. 1988).

11) V. Ch. Atias, *Le contrat de substitution de mère* : *D.* 1986, chron. 67. – P. Kayser, *Les limites morales et juridiques de la procréation artificielle* : *D.* 1987, chron. 189. J.-L. Baudouin et C. Labrusse-

LOIS EN GÉNÉRAL — Art. 6

Riou, *Produire l'homme. De quel droit ?* Etude juridique et éthique des procréations artificielles : P.U.F., 1987. – A. Sériaux, *La procréation artificielle sans artifices : illicéité et responsabilités :* D. 1988, chron. 201. – F. Terré, *L'enfant de l'esclave. Génétique et droit,* Flammarion, 1987. – A la différence du don d'organe, le don de sperme aboutit à donner à l'enfant à naître l'être même du donneur, et l'autoriser aboutit à faire de la personne humaine une chose ; pareil don heurte en outre de front le principe de l'indisponibilité de l'état des personnes, celui-ci ne pouvant faire l'objet de cessions à titre onéreux ou gratuit ; dès lors, l'objet d'une convention passée entre époux ou concubins tendant à un recours à un tiers donneur de sperme ou à une femme donnant ses ovules présente un caractère illicite tout comme la cause en est également illicite (Toulouse 21 sept. 1987 : *J.C.P.* 88, II, 21036, note de la Marnierre). En l'état du droit positif et des mœurs, une convention portant sur un enfant qui est un être humain et non une chose, est contraire à la loi et heurte le sens moral commun. Une association qui favorise une telle convention poursuit un objet illicite, contraire aux lois et aux bonnes mœurs (Aix 29 avril 1988 : *J.C.P.* 89, II, 21191, note Pédrot).

12) Celui qui a servi d'intermédiaire en vue d'une adoption est seulement en droit de réclamer le remboursement de ses frais et débours. Toute convention ayant pour objet de déterminer la somme qui devra lui être versée en rémunération de ses services a une cause illicite et ne peut avoir aucun effet (Civ. 1re, 22 juil. 1987 : *Bull.* I, n. 252, p. 183 ; *D.* 1988, 172, note J. Massip).

13) Lorsque la cause impulsive et déterminante d'un contrat est et de permettre l'exercice du métier de deviner et de pronostiquer, une telle cause, puisant sa source dans une infraction pénale, revêt un caractère illicite (Civ 1re, 12 juil. 1989 : *Bull.* I, n. 293, p. 194).

14) L'atteinte aux bonnes mœurs a surtout été retenue en jurisprudence à propos des contrats relatifs à l'exploitation d'une maison de tolérance : nullité du bail (Civ. 27 déc. 1945 : *Gaz. Pal.* 1946, I, 88) ou du contrat de services domestiques (Soc. 8 janv. 1964 : *D.* 1964, 267). V. en sens inverse pour le contrat d'assurance de l'immeuble, Req. 4 mai 1903 : *Gaz. Pal.* 1903, 2, 394. S'agissant des conventions contraires à la morale sexuelle, a été annulée la convention ayant pour objet des relations sexuelles hors mariage (Colmar 9 janv. 1958 : *D.* 1958, 163). De même il a été jugé que le caractère scandaleux de l'hypothèse de l'exécution forcée révèle l'absence d'obligation juridique et la nullité de la convention de strip-tease, contraire aux bonnes mœurs (T.G.I. Paris 8 nov. 1973 : *D.* 1975, 401, note Puech).

III. Sanctions

15) La renonciation à une règle d'ordre public est en principe entachée de nullité (Civ. 9 juin 1939 : *Gaz. Pal.* 1939, II, 199. – Cass. ch. réunies 17 mars 1954 : *J.C.P.* 54, II, 8208, note Ourliac et de Juglart). Mais il est possible de renoncer valablement à des droits acquis conférés par la législation relative aux baux commerciaux (Soc. 19 oct. 1944 : *Gaz. Pal.* 1944, 2, 140) ou par le statut des baux ruraux (Soc. 27 mai 1949 : *J.C.P.* 49, II, 5144, note Ourliac et de Juglart. – comp. Soc. 18 mars 1955 : *D.* 1956, 517, note Malaurie).

16) Sur la portée de l'interdiction de compromettre dans les matières intéressant l'ordre public, v. Com. 29 nov. 1950 : *S.* 1951, I, 120, note Robert ; Paris 24 nov. 1955 : *J.C.P.* 56, II, 9079, note Motulsky ; Paris 9 janv. 1962 : *J.C.P.* 62, II, 12478 ; concl. Desangles – V aussi *infra,* art. 2060.

17) On ne peut transiger dans des matières intéressant l'ordre public (Civ. 25 nov. 1901 : *D.P.* 1902, I, 31 (transaction sur l'état des personnes), mais il est possible aux parties d'interpréter valablement une dispo-

sition d'ordre public (Soc. 24 avril 1952 : *D.* 1952, 721, 2 arrêts, note R. Savatier).

18) La nullité encourue est une nullité absolue (Req. 9 déc. 1946 : *Gaz. Pal.* 1947, 1, 62), sauf pour certaines règles de protection qui ne sont sanctionnées que par une nullité relative (Soc. 13 mars 1953 : *S.* 1954, I, 7, violation du droit de préemption du preneur). Sur le pouvoir du juge de soulever d'office la nullité, v. Malaurie, note sous Soc. 18 mars 1955 : *D.* 1956, 517. V. aussi en matière d'atteinte aux bonnes mœurs T.G.I. Paris 8 nov. 1973 : *D.* 1975, 401, note Puech. Sur le droit d'agir du ministère public, V. Civ. 4 mai 1931 : *Gaz. Pal.* 1931, 1, 872, concl. Matter.

19) L'action en restitution peut être paralysée par l'exception d'indignité dans le contrat violant les bonnes mœurs (Civ. 27 déc. 1945 : *Gaz. Pal.* 1946, I, 88 [bail d'une maison de tolérance]. – Req. 17 avril 1923 : *D.P.* 1923, I, 172 [contrat ayant pour objet le maintien de relations d'adultère]) mais non en cas de simple illicéité (Civ. 1re, 14 déc. 1982 : *Rev. trim. dr. civ.* 1983, 342, obs. Durry). Comp. pour le refus de l'action en garantie contre la venderesse d'un fonds de commerce en raison des « turpitudes réciproques des deux parties » : Com. 27 avril 1981 : *D.* 1982, 51, note Le Tourneau. V. cependant pour le refus de l'adage *« nemo auditur »* malgré la cause immorale : Civ. 1re, 25 janv. 1972 : *D.* 1972, 413, note Le Tourneau. – Civ. 2e, 10 janv. 1979 : *Bull.* II, n. 10, p. 7. – Rouen 2 oct. 1973 : *D.* 1974, 378, note Le Tourneau. Mais il en va autrement lorsque la convention incriminée constitue un délit pénal ; ainsi la prostituée a été admise à répéter contre son souteneur (Crim. 7 juin 1945 : *J.C.P.* 46, II, 2965, note Hémard. – Comp. pour un contrat de marché noir, Crim. 15 juil. 1948 : *J.C.P.* 48, II, 4488).

20) Une stipulation faisant dépendre la validité d'un bail du maintien d'une clause d'indexation illicite peut être considérée comme une fraude à la loi et les juges peuvent donc estimer que l'annulation de la clause d'indexation n'entraîne pas la nullité du bail même si les parties l'ont qualifiée de déterminante (Civ. 3e, 6 juin 1972 : *D.* 1973, 151, note Malaurie. – V. en ce sens Civ. 3e, 9 juil. 1973 : *D.* 1974, 24, note Ph. M.).

ABC# LIVRE PREMIER

DES PERSONNES

TITRE PREMIER. – DE LA JOUISSANCE ET DE LA PRIVATION DES DROITS CIVILS

CHAPITRE 1er. – DE LA JOUISSANCE DES DROITS CIVILS

Art. 7 *(L. 26 juin 1889).* – **L'exercice des droits civils est indépendant de l'exercice des droits politiques, lesquels s'acquièrent et se conservent conformément aux lois constitutionnelles et électorales.**

Art. 8 *(L. 26 juin 1889).* – **Tout Français jouira des droits civils.**
Fin de l'article abrogée L. 10 août 1927, art. 13.

Art. 9 *(L. n. 70-643 du 17 juil. 1970, art. 22).* – **Chacun a droit au respect de sa vie privée. Les juges peuvent, sans préjudice de la réparation du dommage subi, prescrire toutes mesures, telles que séquestre, saisie et autres, propres à empêcher ou faire cesser une atteinte à l'intimité de la vie privée ; ces mesures peuvent, s'il y a urgence, être ordonnées en référé.**

I. Conditions de la protection

1) V. Loi n. 78-17 du 6 janvier 1978 relative à l'informatique, aux fichiers et aux libertés, Annexe.

2) La vie professionnelle relève en principe de la vie publique (T.G.I. Bayonne (réf.) 29 mai 1976 : *J.C.P.* 76, II, 18495, note Bonnais). Mais se rendent coupables du délit d'atteinte à l'intimité de la vie privée (C. pénal, art. 368) l'employeur qui capte les conversations de ses employés dans le local servant de cantine (T.G.I. Saint-Etienne 19 avril 1977 : *D.* 1978, 123, note Lindon. – Comp. Crim. 27 janv. 1981 : *J.C.P.* 82, II, 19742, 1re esp., note Bécourt), ou qui divulgue devant l'ensemble du personnel l'enregistrement d'une conversation confidentielle entre deux salariés tenue en dehors des heures de service (Paris 22 mars 1989 : *D.* 1989, Somm. 356, obs. Amson), ou les salariés d'une entreprise qui, au moyen d'un magnétophone, enregistrent les communications d'ordre personnel du directeur (Crim. 8 déc. 1983 : *J.C.P.* 84, IV, 55).

3) La divulgation échappe à la critique si elle porte sur des faits qui appartiennent à l'histoire (Paris 30 juin 1961 : *D.* 1962, 208), ou qui relèvent de l'actualité judiciaire (T.G.I. Paris [réf.] 27 fév. 1970 : *J.C.P.* 70, II, 16293. – T.G.I. Paris [réf.] 6 déc. 1979 : *D.* 1980, 150, note Lindon), mais, dans cette dernière hypothèse, l'atteinte doit être limitée aux nécessités de l'actualité (Paris 27 avril 1971 : *J.C.P.* 71, II, 16804, note Toulemon. – T.G.I. Marseille 11 mai 1988 : *J.C.P.* 88, II, 21156, note N.S.). L'utilisation dans une œuvre qui n'est que partiellement de fiction des prénoms et noms de personnes existantes victimes d'une séquestration constitue à elle seule une atteinte à l'intimité de leur vie privée dès lors que l'œuvre est censée les représenter dans leur existence quotidienne à l'intérieur de leur domicile (Civ. 1re, 13 fév. 1985 : *D.* 1985, 488, 2e esp., note Edelman). Comp. pour un film retraçant le déroulement d'une affaire criminelle et prêtant des réactions à l'un des parents de la victime (Paris 6 oct. 1982 : *D.* 1983, 185, note Lindon).

4) Constitue une atteinte illicite à la vie privée d'une personne la divulgation de faits intéressant sa vie sentimentale (Civ. 2e, 26 nov. 1975 : *J.C.P.* 78, II, 18811, note Revel. – Civ. 1re, 13 fév. 1985 : *D.* 1985, 488, 1re esp., note Edelman). Ainsi, les conditions de la rupture d'un couple relèvent de l'intimité de la vie privée des intéressés, et le droit à l'information invoqué par une société de télévision ne saurait justifier la révélation de tels faits (Paris 3 oct. 1986 : *D.* 1987, Somm. 137, obs. Lindon et Amson).

5) Constitue une atteinte illicite à la vie privée d'une personne la divulgation de faits intéressant sa santé (Civ. 2e, 12 juil. 1966 : *D.* 1967, 181, note Mimin. – Paris 9 juil. 1980 : *D.* 1980, 72, note Lindon. – Comp. pour la révélation d'une grossesse, Paris 27 fév. 1981 : *D.* 1981, 457, note Lindon et, sur pourvoi, Civ. 2e, 5 janv. 1983 : *Bull.* II, n. 4, p. 3).

6) Le domicile appartient au domaine de la vie privée (T.G.I. Paris 8 janv. 1986 : *D.* 1987, Somm. 138, 1re esp., obs. Lindon et Amson). Viole également l'intimité de la vie privée celui qui révèle l'endroit où se trouve exposé un objet d'art de valeur (T.G.I. Tours 7 août 1986 : *D.* 1987, Somm. 138, 2e esp., obs. Lindon et Amson) ou qui divulgue des détails indiscrets sur le mode et le lieu de sépulture d'un aristocrate et de sa famille (même jugement).

7) Relèvent de la vie privée des informations relatives à l'importance de l'héritage que l'intéressé peut recevoir (Paris 12 janv. 1987 : *D.* 1987, Somm. 86, obs. Lindon et Amson). Mais jugé que la divulgation par voie de presse d'informations concernant le patrimoine individuel n'est pas en elle-même de nature à porter atteinte au respect de la vie privée, dès lors que s'agissant de personnalités du monde des affaires, ayant une position que les signale à l'attention générale par l'influence qu'elles exercent sur la vie économique et financière, une nécessaire transparence s'instaure quant à l'état de leurs avoirs qui prend un caractère public dans les limites qu'imposent toutefois certaines données touchant à leur personne même, à leur mode de vie ou à celui de leur famille (Paris 23 janv. 1989 : *D.* 1989, 471, note Lindon. – V. aussi T.G.I. Paris (réf.) 12 et 23 janv. 1987, et Paris 15 janv. 1987 : *D.* 1987, 231, note Lindon. – Paris 12 oct. 1988 : *D.* 1989, Somm. 359, obs. Amson).

8) La révélation d'une participation publique aux pratiques religieuses d'un culte ne porte pas atteinte à la vie privée dès lors qu'elle n'est pas inspirée par la volonté de nuire ou de susciter des attitudes discriminatoires ou agressives (Paris 11 fév. 1987 : *D.* 1987, Somm. 385, obs. Lindon et Amson ; – comp. T.G.I. Paris (réf.) 15 avril 1987 : *D.* 1987, 551, note Hassler).

9) Sur le droit de la famille au respect de la dépouille mortelle d'un proche, V. T.G.I. Paris (réf.) 11 janv. 1977d : *J.C.P.* 77, II, 18711, note Ferrier.

JOUISSANCE DES DROITS CIVILS — Art. 9

10) Sur l'interdiction de capter les conversations téléphoniques (C. Postes et télécom., art. L. 42), V. Besançon 5 janv. 1978 : *D.* 1978, 357, note Lindon ; *J.C.P.* 80, II, 19449, note Becourt, 1re esp.

11) Toute personne peut interdire la reproduction de ses traits (Paris 14 mai 1975 : *D.* 1976, 291, note Lindon, et, sur pourvoi, Civ. 2e, 17 mars 1977 : *D.* 1977, I.R., 316. V. aussi T.G.I. Paris 29 janv. 1986 et Paris 26 juin 1986 : *D.* 1987, Somm. 136, obs. Lindon et Amson, et, sur pourvoi, Civ. 1re, 10 juin 1987 : *Bull.* I, n. 191, p. 141. – T.G.I. Paris 8 janv. 1986 : *D.* 1987, Somm. 137, obs. Lindon et Amson), à plus forte raison lorsque cette reproduction est utilisée à des fins publicitaires (T.G.I. Paris [réf.] 4 avril 1970 : *J.C.P.* 70, II, 16328. – T.G.I. Aix 24 nov. 1988 : *J.C.P.* 89, II, 21329, note Henderycksen). La reproduction d'une photographie d'un coureur cycliste à des fins mercantiles (support publicitaire) constitue une atteinte au droit de le coureur a sur l'utilisation de son image (Paris 3 avril 1987 : *D.* 1987, Somm. 384, 1re esp., obs. Lindon et Amson). Il en va de même pour la publication d'un cliché représentant une artiste dans une autre revue que celle pour laquelle elle a donné son autorisation (Paris 14 mai 1975 : *D.* 1976, 291), ou pour l'utilisation sur la page de couverture d'une revue d'un cliché représentant un présentateur de télévision (Paris 20 mai 1987 : *D.* 1987, Somm. 384, 2e esp., obs. Lindon et Amson).

12) Le fait qu'une personne intéressant l'actualité se trouve dans un lieu public ne vaut pas renonciation au droit qu'elle a sur son image et sur sa vie privée (Paris 16 juin 1986 : *D.* 1987, Somm. 136, obs. Lindon et Amson. V. aussi Civ. 2e, 8 juil. 1981 : *D.* 1982, 65 note Lindon ; *J.C.P.* 82, II, 19830, note Langlade. – Paris 10 janv. 1985 : *D.* 1985, I.R. 321, obs. Lindon).

13) L'agence de photographie qui ne s'est pas assurée du consentement de la personne photographiée à la publication du cliché a commis une faute en vendant ce cliché et doit être tenue de garantir l'entreprise de presse des condamnations prononcées contre elle (Civ. 1re, 15 déc. 1981 : *J.C.P.* 83, II, 20023, note Jourdain).

14) C'est à celui qui reproduit l'image d'apporter la preuve de l'autorisation et il ne suffit pas d'avoir acquis les droits du photographe (Paris 9 nov. 1982 : *D.* 1984, 30, note Lindon).

15) Les vedettes du spectacle ne peuvent se voir opposer une tolérance qui justifierait les atteintes à leur vie privée (Paris 16 fév. 1974 : *J.C.P.* 76, II, 18341, note R.L. – Paris 19 fév. 1985 : *D.* 1985, I.R. 321, obs. Lindon. – Paris 26 mars 1987 et T.G.I. Paris 4 mars 1987 : *J.C.P.* 87, II, 20904, note Agostini ; *D.* 1987, Somm. 386, obs. Lindon et Amson). Jugé cependant que les nombreuses déclarations accordées par un chanteur à d'autres journaux à propos de sa vie sentimentale sont de nature à atténuer l'atteinte qu'il affirme avoir subie du fait de la publication litigieuse (Paris 28 fév. 1989 : *J.C.P.* 89, II, 21325, 2e esp., note Agostini).

II. Modalités de la protection

16) Sur les sanctions pénales encourues en cas d'atteinte à l'intimité de la vie privée, V. C. pénal, art. 368 et s. Jugé qu'un article de presse ne peut constituer atteinte à la vie privée d'une personne, dès lors que cette personne est décédée au moment de la publication (Paris 22 oct. 1986 : *D.* 1987, Somm. 140, obs. crit. Lindon et Amson).

17) Nul ne peut être contraint à produire en justice des documents relatifs à des faits dont il a eu connaissance dans l'exercice de ses fonctions et touchant à l'intimité de la vie privée des personnes (Civ. 2e, 29 mars 1989 : *D.* 1989, Somm. 356, obs. Amson, déclarations faites par le mari devant la juridiction ecclésiastique au cours d'une procédure d'annulation de mariage).

Art. 10   JOUISSANCE DES DROITS CIVILS

18) Jugé que le droit au respect de la vie privée ne fait pas partie des droits civils constituant l'état des personnes (Crim. 16 avril 1980 : *D.* 1981, 68, note Mestre).

19) Les juges du fond peuvent ordonner la suppression de certains passages de la publication incriminée (T.G.I. Paris [réf.] 28 fév. 1973 : *J.C.P.* 73, II, 17401, note Lindon. V. pour des coupures dans un film Paris 6 oct. 1982 : *D.* 1983, 185, note Lindon), ou même sa saisie (Civ. 2e, 12 juil. 1966 : *D.* 1967, 181, note Mimin), mais cette dernière mesure a un caractère exceptionnel (T.G.I. Paris 8 mai 1974 : *D.* 1974, 530, note Lindon. – Paris 28 déc. 1987 : *D.* 1989, Somm. 91, obs. Amson). A la place de la saisie demandée, ils peuvent ordonner la publication de leur décision (Paris 13 nov. 1986 : *D.* 1987, Somm. 139, obs. Lindon et Amson).

20) La publication de communiqués judiciaires est l'une des modalités de la réparation des préjudices causés par voie de presse. L'auteur du dommage ne saurait se substituer à la victime pour apprécier l'utilité, l'opportunité et les conséquences des formes de l'indemnisation, et la juridiction saisie n'a pas à s'assurer si la publicité donnée à sa décision est appropriée à la nature du fait dommageable et ne risque pas d'en aggraver la portée, dès lors que la mesure demandée et ordonnée est proportionnelle au préjudice subi (Paris 28 nov. 1988 : *D.* 1989, 410, note Aubert).

21) Le licenciement ne peut être fondé sur un motif tiré de la vie privée du salarié (Soc. 5 avril 1965 : *Bull.* IV, n. 294, p. 241. – V. cependant Soc. 19 juil. 1965 : *D.* 1965, 764). Sur le cas des enseignants employés par des établissements catholiques, V. Cass. ch. mixte 17 oct. 1975 : *J.C.P.* 76, II, 18238, note Lindon ; Cass. Ass. plén. 19 mai 1978 : *J.C.P.* 78, II, 19009, rapp. Sauvageot, note Lindon ; *D.* 1978, 541, concl. Schmelck, note Ardant ; V. aussi Bedoura, *Le licenciement des maîtres dans les établissements confessionnels* : *D.* 1978, chron. 51.

22) Sur le principe que les dommages-intérêts sont destinés à réparer le préjudice subi et ne doivent pas varier en fonction de la gravité de la faute commise, V. Paris 26 avril 1983 : *D.* 1983, 376, note Lindon.

23) Jugé qu'en cas d'atteinte au droit à l'image, la réparation adéquate du préjudice, de caractère moral, ne doit pas se traduire par l'octroi d'une indemnité suggérant l'indemnisation d'un manque à gagner (Paris 20 mai 1987 : *D.* 1987, Somm. 384, 2e esp., obs. Lindon et Amson).

24) Les mesures prévues à l'article 9, alinéa 2, ne peuvent être ordonnées en référé que dans le seul cas d'une intrusion dans la vie privée qui porte atteinte à l'intimité de celle-ci, et non lorsqu'il s'agit de renseignements d'ordre purement patrimonial exclusifs de toute allusion à la vie et à la personnalité de l'intéressé (Civ. 1re, 4 oct. 1989 : *J.C.P.* 89, IV, 388).

Art. 10 *(modifié L. 26 juin, 1889 ; abrogé, L. 10 août 1927, art. 13 ; rétabli L. n. 72-626 du 5 juil. 1972, art. 12 et 19, avec effet à compter du 16 sept. 1972).* – **Chacun est tenu d'apporter son concours à la justice en vue de la manifestation de la vérité.**
Celui qui, sans motif légitime, se soustrait à cette obligation lorsqu'il en a été légalement requis, peut être contraint d'y satisfaire, au besoin à peine d'astreinte ou d'amende civile, sans préjudice de dommages et intérêts.

1) Les articles 73 à 77 du décret du 20 juillet 1972, auxquels l'article 10 du Code civil donne une assise législative, ont posé en principe général le pouvoir du juge d'astreindre une partie ou un tiers à produire une pièce qu'ils détiennent (Paris 7 mars 1972 : *J.C.P.* 72, éd. A, IV, 6163, obs. J.A. ; éd. G., IV, 202. – V. Marraud, *Le droit à*

JOUISSANCE DES DROITS CIVILS — Art. 11

la preuve. La production forcée des preuves en justice : *J.C.P.* 73, I, 2572). Mais si le juge peut ordonner la production de pièces détenues par un tiers, il s'agit pour lui d'une simple faculté dont l'exercice est laissé à son pouvoir discrétionnaire (Civ. 2e, 14 nov. 1979 : *D.* 1980, 365, note Lemée).

2) L'obligation qui peut incomber au tiers requis d'apporter son concours à la justice en vue de la manifestation de la vérité en vertu de l'article 10 du Code civil n'a pas pour conséquence d'en faire un véritable défendeur au sens de l'article 59, alinéa 4, du Code de procédure civile (Nouv. C. proc. civ., art. 4. – Civ. 2e, 16 juil. 1975 : *J.C.P.* 76, II, 18313, note Daigre).

3) L'article 10 du Code civil, malgré les termes généraux qu'il emploie, ne vise que les cas où la condamnation à une astreinte est légalement admissible, non ceux dans lesquels une telle mesure de contrainte aboutirait à la violation d'un principe essentiel de notre droit, par exemple celui de l'inviolabilité du corps humain (Paris 24 nov. 1981 : *D.* 1982, 355, note Massip).

4) L'obligation d'apporter son concours à la justice pour la manifestation de la vérité s'impose aussi bien aux personnes privées qu'aux personnes publiques. Le juge civil, dès lors qu'il est compétent pour connaître du litige à l'occasion duquel une partie lui demande d'ordonner à un tiers de produire un élément de preuve, peut, sans méconnaître le principe de la séparation des pouvoirs, prescrire une telle mesure, même si le tiers est une personne publique (Civ. 1re, 21 juil. 1987 : *Bull.* I, n. 248, p. 181).

5) Le pouvoir du juge d'ordonner à un tiers de produire tout document qu'il estime utile à la manifestation de la vérité n'est limité que par l'existence d'un motif légitime tenant soit au respect de la vie privée, sauf si la mesure s'avère nécessaire à la protection des droits et libertés d'autrui, soit au secret professionnel (Civ. 1re, 21 juil. 1987, préc.).

Art. 11. – **L'étranger jouira en France des mêmes droits civils que ceux qui sont ou seront accordés aux Français par les traités de la nation à laquelle cet étranger appartiendra.**

I. Principe de l'assimilation

1) Il est de principe que les étrangers jouissent en France des droits qui ne leur sont pas spécialement refusés (Civ. 27 juil. 1948 : *D.* 1948, 535). V., pour des applications en matière de prorogation des baux commerciaux, Com. 21 juil. 1953 : *J.C.P.* 53, II, 7749, note F.G., ou de propriété littéraire (avant la loi du 8 juil. 1964 sur l'application du principe de réciprocité en matière de protection du droit d'auteur), Civ. 1re, 22 déc. 1959 : *D.* 1960, 93, note Holleaux. Jugé qu'en matière d'hypothèque légale la femme de nationalité étrangère jouit en France de tous les droits dont dispose la femme française, à condition que la loi régissant les effets de son mariage ne s'y oppose pas (T.G.I. Seine 19 janv. 1966 : *J.C.P.* 67, II, 15015, note Brulliard. – V. en ce sens Trib. civ. Nantes 22 fév. 1955 : *J.C.P.* 55, II, 8586, note R. Savatier. – V. aussi Paris 16 oct. 1975 : *Rev. crit. dr. int. privé* 1976, 495, note Fadlallah). De même les étrangers peuvent se prévaloir de la théorie du mariage putatif (Paris 15 fév. 1950 : *J.C.P.* 50, II, 5578, note R. Savatier), ou du droit de reprise prévu par la législation relative aux baux ruraux (Soc. 30 juil. 1948 : *J.C.P.* 48, II, 4650 *bis*). Sur la possibilité pour les étrangers ayant leur résidence habituelle en France d'obtenir l'aide judiciaire, V. L. n. 72-11 du 3 janv. 1972 instituant l'aide judiciaire, art. 1er : *J.O.* 5 janv. ; *J.C.P.* 72, III, 38614.

2) Aux termes de l'article 7 de la déclaration de principe du 19 mars 1962 relative à la coopération économique et financière entre la France et l'Algérie, les ressortissants

Art. 11 — JOUISSANCE DES DROITS CIVILS

algériens résidant en France, notamment les travailleurs, ont les mêmes droits que les nationaux français, à l'exception des droits politiques. Cette dernière expression englobe la jouissance et l'exercice de tous les droits civiques et d'une façon générale l'exercice de toutes fonctions qui par leur nature ou par leur objet comportent une participation à la gestion d'un service public ou assimilé. Tel n'est pas le cas des fonctions des membres du comité d'entreprise (Soc. 18 mai 1971 : *J.C.P.* 71, II, 16887, note Simon-Depitre, 1re esp.).

II. Discriminations maintenues

3) Sur les discriminations ne pouvant être levées qu'en cas de réciprocité diplomatique, V. par exemple L. 12 juil. 1909 sur la constitution d'un bien de famille insaisissable, art. 1er, al. 2, *infra* sous art. 2093 ; L. 10 fév. 1942, art. 10 : *J.C.P.* 42, III, 5838, usage d'un pseudonyme. V. pour une application, T.G.I. Seine 2 avril 1963 : *Rev. crit. dr. int. privé* 1963, 720, note Simon-Depitre ; L. n 48-777 du 4 mai 1948, art. 2 : *D.* 1948, L. 184 ; L. n. 49-1098 du 2 août 1949, art. 2 : *D.* 1949, L. 361, majoration de certaines rentes viagères ; V. aussi pour l'immatriculation des aéronefs, bateaux et navires, Code de l'aviation civile, art. L. 121-3 ; Code du domaine public fluvial et de la navigation intérieure, art. 79 ; L. n. 67-5 du 3 janv. 1967, art. 3 : *J.C.P.* 67, III, 32616.

4) Sur les discriminations pouvant être levées en cas de réciprocité législative, V. L. 28 mai 1943 relative à l'application aux étrangers des lois en matière de baux à loyer et de baux à ferme (*J.C.P.* 43 III, 7559) ; C. rural, art. L. 413-1 (statut des baux ruraux) ; D. n. 53-960 du 30 sept. 1953, art. 38 (baux commerciaux) ; L. 14 juil. 1909, art. 13 (dessins et modèles) ; L. n. 64-1360 du 31 déc. 1964, art. 15 et 23 (marques) ; L. n. 68-1 du 2 janv. 1968, art. 5 (brevets d'invention) ; C. proc. pén., art. 706-15 (L. n. 81-82 du 2 fév. 1981, recours en indemnité ouvert à certaines victimes de dommages résultant d'une infraction). Comp. en matière de propriété littéraire et artistique L. n. 64-689 du 8 juil. 1964, art. 1er. V. aussi pour la protection spéciale des topographies de produits semi-conducteurs D. n. 89-816 du 2 nov. 1989, art. 8. La réciprocité peut être invoquée lorsque le droit reconnu par la législation étrangère est sensiblement identique à celui institué en France (Soc. 21 juil. 1958 : *Rev. crit. dr. int. privé* 1959, 287, note Simon-Depitre, 2e esp.).

III. Entrée et séjour des étrangers en France

5) Sur les conditions d'entrée et de séjour des étrangers en France, V. Ord. n. 45-2658 du 2 nov. 1945 ; L. n. 89-548 du 2 août 1989 ; D. n. 46-1574 du 30 juin 1946 ; V. N. Guimezanes, *La nouvelle loi sur l'entrée et le séjour des étrangers en France* : *J.C.P.* 90, I, 3424. Sur les conditions d'entrée et de séjour en France des ressortissants des États membres de la Communauté économique européenne bénéficiaires de la libre circulation des personnes et des services, V. D. n. 81-405 du 28 avril 1981.

IV. Réfugiés et apatrides

6) Sur la condition des réfugiés, V.D. n. 54-1055 du 14 oct. 1954 portant publication de la convention de Genève du 28 juil. 1951 sur le statut des réfugiés, signée le 11 septembre 1952 à New York : *J.O.* 29 oct. ; *J.C.P.* 54, III, 19286. Sur la condition des apatrides, V. D. n. 60-1066 du 4 oct. 1960 portant publication de la convention relative au statut des apatrides, ouverte à la signature le 28 septembre 1954 : *J.O.* 6 oct. ; *J.C.P.* 60, III, 26145. Pour une application des dispositions en matière de baux ruraux, V. Civ. 3e, 28 oct. 1968 : *J.C.P.* 69, II, 15786, note Ourliac et de Juglart. V. aussi L. n. 52-893 du 25 juil. 1952 portant création d'un Office français de protection des réfugiés et apatrides (*J.O.* 27 juil. ; *J.C.P.* 52, III, 17233) ; D. n. 53-377 du 2 mai 1953 (*J.C.P.* 53, III, 17837 et 17893) mod. D.

Art. 14

n. 80-683 du 3 sept. 1980 (*J.C.P.* 80, III, 50342) ; D. n. 82-352 du 19 avril 1982 (*J.C.P.* 82, III, 52604) ; D. n. 85-81 du 23 janv. 1985 (*J.C.P.* 85, III, 56714) ; D. n. 71-289 du 9 avril 1971 portant publication du protocole relatif au statut des réfugiés, signé à New York le 31 janv. 1967 : *J.O.* 18 avril ; *J.C.P.* 71, III, 37824.

Art. 12 et 13. – *Modifiés L. 26 juin 1889 ; abrogés, L. 10 août 1927, art. 13.*

Art. 14. – **L'étranger, même non résidant en France, pourra être cité devant les tribunaux français, pour l'exécution des obligations par lui contractées en France avec un Français ; il pourra être traduit devant les tribunaux de France, pour les obligations par lui contractées en pays étranger envers des Français.**

V. D. n. 73-63 du 13 janv. 1973 portant publication de la convention concernant la compétence judiciaire et l'exécution des décisions en matière civile et commerciale, signée à Bruxelles le 27 sept. 1968 (*J.O.* 17 et 28 janv. ; *J.C.P.* 73, III, 40158). - D. n. 88-979 du 11 oct. 1988 portant publication de la convention tendant à faciliter l'accès international à la justice, faite à La Haye le 25 oct. 1980 (*J.O.* 15 oct. ; *J.C.P.* 88, III, 620005).

DROZ, *Réflexions pour une réforme des articles 14 et 15 du Code civil français* : *Rev. crit. dr. int. privé* 1975, 1. – JUENGER, *La convention de Bruxelles du 27 septembre 1968 et la courtoisie internationale* : *Rev. crit. dr. int. privé* 1983, 27.

I. Domaine du privilège de juridiction du Français demandeur

1) Les articles 14 et 15 ont une portée générale s'étendant à toutes matières (Civ. 1re, 1er fév. 1955 : *J.C.P.* 55, II, 8657, note Louis-Lucas ; *Rev. crit. dr. int. privé* 1955, 327, note H.B. ; – 16 juin 1959 : *D.* 1959, 377, note G. Holleaux, 2e esp. ; *Rev. crit. dr. int. privé* 1959, 501, note H.B., 2e esp. ; – 27 mai 1970 : *Rev. crit. dr. int. privé* 1971, – 113, note Batiffol). V. pour des applications : Civ. 1re, 23 avril 1959 : *D.* 1959, 377, note G. Holleaux, 3e esp. – Civ. 1re, 15 nov. 1988 : *Bull.* I, n. 320, p. 217 (divorce). – Soc. 23 mai 1973 : *Rev. crit. dr. int. privé* 1974, 354, note Lagarde, 2e esp. (contrat de travail). – Civ. 1re, 5 déc. 1972 : *Rev. crit. dr. int. privé* 1973, 356 (responsabilité délictuelle). – Civ. 11 mai 1976 : *Rev. crit. dr. int. privé* 1977, 352, note D. Mayer, 2e esp ; *Clunet* 1977, 481, note Gaudemet-Tallon (contribution aux charges du ménage).

2) Sur l'exclusion du privilège de juridiction en cas de demande concernant un contrat de caractère administratif, V. Paris 5 nov. 1969 : *J.C.P.* 70, II, 16334, note Ruzié, 2e arrêt ; *Rev. crit. dr. int. privé* 1970, 703, note Loussouarn, 1er arrêt.

3) Les articles 14 et 15 ne sont pas applicables aux actions immobilières ou actions en partage se référant à des immeubles situés à l'étranger (Civ. 1re, 1er fév. 1955, 16 juin 1959, 27 mai 1970, préc.). Il importe peu pour l'action en partage d'immeubles que la succession se soit ouverte en France et que tous les héritiers soient Français (Civ. 24 nov. 1953 : *Rev. crit. dr. int. privé* 1955, 698, note Mezger). Mais les articles 14 et 15 sont applicables à l'action en nullité de testament et en pétition d'hérédité (Civ. 1re, 5 mai 1959 : *D.* 1959, 377, note G. Holleaux, 1re esp. ; *Rev. crit. dr. int. privé* 1959, 501, note H.B., 1re esp. – T.G.I. Paris 6 mars 1975 : *Rev. crit. dr. int. privé* 1975, 512).

4) Si les tribunaux français ont seuls qualité pour donner la force exécutoire à une décision d'une juridiction étrangère qui, à défaut de l'exequatur, resterait sans effet en France, ils ne peuvent, sans porter atteinte au principe de l'indépendance et de la souveraineté respectives des États, connaître

39

en dehors de l'exequatur d'une demande en nullité ni en mainlevée d'une saisie-arrêt pratiquée en pays étranger en vertu d'une décision de l'autorité judiciaire de ce pays, ladite saisie fût-elle intervenue à la requête d'un créancier français au préjudice de la partie saisie, elle-même française (Civ. 12 mai 1931 : *D.P.* 1933, 1, 60, note Silz.
– V. en ce sens Civ. 1re, 4 mai 1976 : *Rev. crit. dr. int. privé* 1977, 352, note D. Mayer, 1re esp.). Mais les tribunaux français peuvent statuer sur une action en contribution aux charges du ménage même si le jugement à intervenir est destiné à être exécuté à l'étranger au moyen d'une saisie-arrêt entre époux (Civ. 1re, 11 mai 1976 : *Rev. crit. dr. int. privé* 1977, 352, note D. Mayer, 2e esp. ; *Clunet* 1977, 481, note Gaudemet-Tallon).

II. Conditions d'application du privilège de juridiction du Français demandeur

5) Le privilège de juridiction de l'article 14 n'appartient qu'au demandeur de nationalité française (Paris 29 juin 1972 : *Rev. crit. dr. int. privé* 1973, 550, note Simon-Depitre.
– V. pour une société, Paris 21 mai 1957 : *Rev. crit. dr. int. privé* 1958, 128, note Franceskakis). Mais jugé que les réfugiés peuvent invoquer ce privilège (Paris 27 juin 1957 : *Rev. crit. dr. int. privé* 1958, 144. – 12 déc. 1967 : *Rev. crit. dr. int. privé* 1969, 502, note Loussouarn). Il suffit que le demandeur possède la nationalité française au moment de l'instance (Civ. 9 mars 1863 : *D.P.* 63, 1, 176). Il importe peu qu'il n'ait en France ni domicile ni résidence (Civ. 1re, 23 avril 1959 : *D.* 1959, 377, note G. Holleaux, 3e esp. ; *Rev. crit. dr. int. privé* 1959, 495, note Franceskakis). Il importe peu que le défendeur soit Français ou étranger (Paris 29 avril 1958 : *Gaz. Pal.* 1958, 2, 27).

6) Sur les immunités de juridiction, V. *J.-Cl. Droit international*, Fasc. 581-E ; V. D. n. 71-284 du 29 mars 1971 portant publication de la convention sur les relations diplomatiques ouverte à la signature à Vienne le 18 avril 1961 (*J.O.* 17 avril ; *J.C.P.*

71, III, 37811, art. 31 et s.) ; D. n. 71-288 du 29 mars 1971 portant publication de la convention sur les relations consulaires, ouverte à la signature à Vienne le 24 avril 1963 (*J.O.* 18 avril ; *J.C.P.* 71, III, 37813, art. 43 et s.).

7) La compétence internationale des tribunaux français est fondée non sur les droits nés des faits litigieux mais sur la nationalité des parties (Civ. 1re, 21 mars 1966 : *D.* 1966, 429, note Malaurie ; *Rev. crit. dr. int. privé* 1966, 670, note Ponsard), indépendamment de la nationalité des personnes dont elles tiennent leurs droits (Civ. 1re, 16 janv. 1973 : *Gaz. Pal.* 1973, 1, 371). Doit être cassé l'arrêt qui décide que l'assureur français, ne possédant aucun droit propre distinct de celui de son assuré étranger, ne pouvait invoquer le bénéfice de l'article 14 (Civ. 1re, 21 mars 1966, préc.).

8) Aucune disposition légale n'interdit à un Français de renoncer au privilège de juridiction que lui confère l'article 14 (Com. 13 fév. 1950 : *D.* 1950, 317).

9) La clause compromissoire désignant un arbitre étranger et valablement stipulée dans un contrat international vaut renonciation aux articles 14 et 15 (Com. 21 juin 1965 : *Rev. crit. dr. int. privé* 1966, 477, note Mezger. – Comp. Civ. 12 juil. 1950 : *Rev. crit. dr. int. privé* 1952, 509, note Franceskakis).

10) L'insertion d'une clause attributive de compétence dans un contrat international fait partie de l'économie de la convention et emporte renonciation à tout privilège de juridiction (Civ. 1re, 25 nov. 1986 : *Rev. trim. dr. civ.* 1987, 548, obs. Mestre).

11) Le cessionnaire français d'une créance n'est pas en droit de se prévaloir des dispositions de l'article 14 lorsque cette créance fait l'objet d'un litige devant un tribunal étranger saisi par le cédant ou dont le cédant a accepté la compétence (Civ. 1re, 24 nov. 1987 : *Bull.* I, n. 304, p. 218 ; *J.C.P.*

89, II, 21201, note Blondel et Cadiet ; *Rev. trim. dr. civ.* 1988, 544, obs. Mestre)

12) Une clause attributive de juridiction peut être valablement insérée dans un contrat de travail conclu par un salarié français dans la mesure où ce contrat n'est pas soumis aux dispositions des lois françaises de compétence interne (Cass. Ch. mixte 28 juin 1974, 2 arrêts : *J.C.P.* 74, II, 17881, note G. Lyon-Caen ; *Rev. crit. dr. int. privé* 1975, 110, note P.L. ; *Dr. soc.* 1975, 458, note H.-J. Lucas).

13) La renonciation au privilège de l'article 14 peut être tacite (Com. 13 fév. 1950 : *D.* 1950, 317). Mais elle ne se présume pas et doit découler d'une intention formelle exprimée et des faits de la cause (Colmar 9 déc. 1960 : *J.C.P.* 61, II, 12257, note J.-C. – V. aussi Paris 16 fév. 1979 : *Gaz. Pal.* 1979, 2, 385, note R.S.).

14) Jugé que la référence à une loi étrangère comme loi du contrat de travail ne peut à elle seule constituer une renonciation non équivoque à l'application du privilège de juridiction institué par l'article 14 (Soc. 20 juin 1979 : *J.C.P.* 79, IV, 287 ; *Bull.* V. n. 551, p. 405 ; *Clunet* 1979, 852, note A. Lyon-Caen).

15) Si la saisine d'un tribunal étranger par le plaideur français crée une présomption en faveur de la renonciation, encore faut-il que l'intéressé ait agi sciemment et librement et non forcé par les circonstances (Paris 20 janv. 1965 : *Gaz. Pal.*1965, 2, 141. – T.G.I. Seine 28 fév. 1961 : *Rev. crit. dr. int. privé* 1961, 572, note Loussouarn), et que l'action intentée à l'étranger soit la même que celle que le demandeur entend faire trancher par le tribunal français (Paris, 1er déc. 1969 : *Rev. crit. dr. int. privé* 1971, 295, note Huet. – Comp. Civ. 1re, 5 déc. 1978 : *D.* 1979, I.R., 337 ; *Bull.* I, n. 375, p. 292). En toute hypothèse, la saisine ne vaut pas renonciation si elle peut se justifier par l'urgence (Versailles 20 déc. 1988 : *D.* 1989, Somm. 258, obs. Audit).

16) L'article 14 n'est pas d'ordre public et le privilège de juridiction qu'il institue ne peut être appliqué d'office par le juge (Civ. 1re, 21 mai 1963 : *Rev. crit. dr. int. privé* 1964, 340, note Loussouarn. – Civ. 1re, 19 juil. 1989 : *Bull.* I, n. 296, p. 196).

III. Effets du privilège de juridiction du Français demandeur

17) La compétence d'attribution est déterminée par les règles du droit français interne (Soc. 6 nov. 1968 : *Bull.* V, n. 486, p. 404. – T.G.I. Seine 1er juin 1960 : *Rev. crit. dr. int. privé* 1961, 193, note Simon-Depitre. – Trib. com. Paris 12 juin 1972 : *J.C.P.* 72, II, 17223, note N.S.).

18) L'article 14 n'a lieu de s'appliquer et ne permet au demandeur français de saisir le tribunal de son choix que lorsque aucun critère ordinaire de compétence territoriale n'est réalisé en France (Civ. 1re, 19 nov. 1985 : *J.C.P.* 87, II, 20810, note Courbe).

19) Le privilège de juridiction édicté par l'article 14, qui a pour seul fondement la nationalité française du demandeur, ne peut être tenu en échec par les règles de compétence territoriale lorsque celles-ci ne donnent pas compétence aux tribunaux français (Civ. 1re, 6 déc. 1988 : *Bull.* I, n. 345, p. 235 ; *D.* 1989, 257, obs. Audit). Dans l'hypothèse où les règles de compétence interne ne permettent pas de déterminer la juridiction française compétente, le demandeur français peut valablement saisir le tribunal français qu'il choisit en raison d'un lien de rattachement de l'instance au territoire français, ou, à défaut, selon les exigences d'une bonne administration de la justice (Civ. 1re, 13 juin 1978 : *Rev. crit. dr. int. privé* 1978, 722, note Audit. – V. aussi Civ. 1er, 29 janv. 1980 : *Bull.* I, n. 38, p. 31).

20) Les décisions des juridictions d'Andorre n'émanent pas de juridictions étrangères (Civ. 1re, 8 fév. 1977 : *D.* 1977, 690, note Boyer, 2e esp.). Jugé au contraire que

les juridictions andorranes ne sont pas françaises et que le demandeur français peut donc citer devant les tribunaux de France des Andorrans pour des obligations contractées en Andorre envers des Français (Toulouse 20 déc. 1976 : *D.* 1977, 690, note Boyer, 1re esp.).

21) L'exception de litispendance ne peut être invoquée lorsque le litige met en cause un Français qui n'a pas renoncé au privilège de juridiction des articles 14 et 15, lesquels confèrent aux tribunaux français une compétence exclusive rendant radicalement incompétente une juridiction étrangère (Versailles 20 déc. 1988 : *D.* 1989, Somm. 258, obs. Audit).

Art. 15. – Un Français pourra être traduit devant un tribunal de France, pour des obligations par lui contractées en pays étranger, même avec un étranger.

Sur le domaine de l'article 15 quant aux actions visées et sur la détermination du tribunal français spécialement compétent, V. *supra* sous art. 14.

I. Application directe (privilège de l'adversaire du Français défendeur)

1) Le demandeur peut saisir un tribunal français même si le défendeur français n'a en France ni domicile ni résidence (Civ. 1re, 5 mai 1959 : *D.* 1959, 377, note G. Holleaux, 1re esp. ; *Rev. crit. dr. int. privé* 1959, 501, note H.B., 1re esp. – 9 déc. 1964 : *Rev. crit. dr. int. privé* 1966, 72, note Weser. – Grenoble 13 fév. 1973 : *Gaz. Pal.* 1973, 1, 372). Il importe peu que le demandeur soit Français ou étranger (Civ. 1re, 9 déc. 1964, préc.).

2) Peut invoquer le bénéfice de l'article 15 l'assureur étranger qui, ayant indemnisé un assuré étranger se trouve subrogé dans les droits qu'avait celui-ci de réclamer réparation au responsable français du dommage (Civ. 1re, 16 janv. 1973 : *Gaz. Pal.* 1973, 1, 371), de même que la victime d'un accident causé à l'étranger par un étranger, assuré auprès d'une compagnie d'assurances française, qui exerce l'action directe contre celle-ci (Civ. 1re, 9 oct. 1968 : *Rev. crit. dr. int. privé* 1969, 316). V. cependant pour un refus d'appliquer l'article 15 en cas de fraude du demandeur, T.G.I. Paris 12 nov. 1969 : *Clunet* 1971, 816, note Malaurie.

3) L'article 15 conférant un droit aussi bien à l'étranger demandeur qu'au Français défendeur, la renonciation à son bénéfice doit nécessairement émaner à la fois du demandeur et du défendeur (Civ. 1re, 7 déc. 1971 : *Clunet* 1972, 840, note Bigot. – Paris 18 oct. 1972 : *Clunet* 1973, 371, note Deby-Gérard. – Grenoble 13 fév. 1973 : *Gaz. Pal.* 1973, 1, 372).

II. Application indirecte (privilège du Français défendeur)

4) L'article 15 édicte une règle de compétence exclusive fondée sur la nationalité française du défendeur et, dans le cas où celui-ci possède en outre une autre nationalité, seule la nationalité française peut être prise en considération (Civ. 1re, 27 janv. 1987 : *Bull.* I, n. 27, p. 19).

5) Si l'acceptation, dans un contrat international, d'une clause attributive de compétence à un tribunal étranger emporte en principe renonciation au privilège de juridiction fondé sur la nationalité, il cesse d'en être ainsi lorsque le caractère imprécis, équivoque ou ambigu des termes de cette clause ne permet pas d'affirmer qu'il existe une volonté certaine de l'intéressé de renoncer au bénéfice de ce privilège (Civ. 1re, 18 oct. 1988 : *Bull.* I, n. 292, p. 198, à propos de contrats de travail).

6) L'article 15 donne au défendeur français le droit de n'être cité que devant des tribunaux français (Civ. 1re, 5 mai 1976 : *Rev. crit. dr. int. privé* 1977, 137, note Huet, 1re esp.). Il doit recevoir application même si le débiteur français est tenu avec ou pour

un autre qui n'a pas la même nationalité, la compétence de la juridiction française étant fondée sur la nationalité française des parties ou de l'une d'elles (Civ. 1re, 10 déc. 1974 : *Rev. crit. dr. int. privé* 1975, 299, note Mezger).

7) L'article 15 n'est pas d'ordre public et ne peut être appliqué d'office par le juge (Com. 9 oct. 1967 : *Clunet* 1968, 918, note Bredin). Le défendeur français peut renoncer à son privilège (Civ. 1re, 9 nov. 1971 : *D.* 1972, 178), sous réserve de l'inefficacité d'une renonciation unilatérale au regard du demandeur (*supra*, n. 3).

8) Le seul fait pour le défendeur de revendiquer la compétence exclusive des juridictions françaises en invoquant d'autres textes que l'article 15 ne vaut pas renonciation implicite à se prévaloir de ce texte (Civ. 1re, 10 déc. 1974 : *Rev. crit. dr. int. privé* 1975, 509, note Huet), pas plus que le fait pour une femme de soulever une exception de litispendance devant le tribunal étranger que son mari avait saisi postérieurement à la demande en divorce par elle présentée en France (Civ. 1re, 18 mai 1976 : *Bull.* I, n. 173, p. 138). De même le fait pour le défendeur français régulièrement assigné à l'étranger de ne pas se présenter devant le tribunal étranger ne vaut pas renonciation (Civ. 1re, 5 mai 1976 : *Rev. crit. dr. int. privé* 1977, 137, note Huet, 1re esp. V. cependant pour une utilisation frauduleuse de l'article 15, T.G.I. Paris 20 mai 1976 : *Rev. crit. dr. int. privé* 1977, 137, note Huet, 2e esp.). Il appartient aux juges du fond de rechercher si, du fait de sa comparution devant un tribunal étranger, le Français a renoncé au bénéfice du privilège de juridiction (Civ. 1re, 25 mai 1987 : *Bull.* I, n. 167, p. 127).

9) Jugé que le défendeur français qui, dans l'action en exequatur, se borne en première instance à exciper de l'irrégularité de la procédure suivie devant le tribunal étranger et ne se prévaut de l'article 15 qu'en cause d'appel a renoncé à contester la compétence de la juridiction étrangère (Civ. 1re, 25 oct. 1966 : *Rev. crit. dr. int. privé* 1967, 557, note Franceskakis. – V. aussi Civ. 1re, 4 oct. 1967 : *J.C.P.* 68, II, 15634, note Sialelli). Mais jugé que le fait pour un Français d'avoir soutenu en première instance la compétence des tribunaux français et l'incompétence corrélative des tribunaux étrangers en se fondant sur son domicile en France mais sans invoquer le privilège de juridiction de l'article 15 ne peut valoir renonciation à ce privilège dont il a pu ainsi se prévaloir devant la juridiction du second degré (Civ. 1re, 13 juin 1978 : *D.* 1979, 133, note Santa-Croce). Jugé que lorsque le défendeur français a décliné la compétence de la juridiction étrangère, il n'est plus possible de prétendre qu'il s'est ainsi renoncé au bénéfice dont il s'est ainsi prévalu, autrement que par une renonciation expresse (Paris 26 mars 1968 : *J.C.P.* 69, II, 15948, note Audinet. – V. aussi Aix 16 fév. 1971 : *D.* 1972, 239, note Prévault).

10) Une renonciation à l'article 15 est sans effet en tant qu'elle concerne l'application des règles françaises de droit international privé désignant la juridiction étrangère internationalement compétente pour connaître le litige dans une matière intéressant l'ordre public français (Paris 22 oct. 1970 : *Clunet* 1972, 77, note de la Pradelle).

11) Si, au cours d'une instance, un jugement étranger est invoqué pour s'opposer à la demande, le demandeur peut contester par voie d'exception la régularité internationale de cette décision au regard du droit international privé français, notamment de l'article 15 (Civ. 1re, 27 mars 1984 : *Bull.* I, n. 115, p. 95).

Art. 16. – *Modifié L. 5 mars 1895 ; abrogé, L. n. 75-596 du 9 juil. 1975, art. 6.*

CHAPITRE II. – DE LA PRIVATION DES DROITS CIVILS

SECTION I. – DE LA PRIVATION DES DROITS CIVILS PAR LA PERTE DE LA QUALITÉ DE FRANÇAIS

Art. 17 à 21. – *Abrogés, L. 10 août 1927, art. 13.*

V. Code de la nationalité française ; L. n. 73-42 du 9 janv. 1973 complétant et modifiant le Code de la nationalité française et relative à certaines dispositions concernant la nationalité française ; D. n. 73-643 du 10 juil. 1973 relatif aux formalités qui doivent être observées dans l'instruction des déclarations de nationalité, des demandes de naturalisation ou de réintégration, des demandes tendant à obtenir l'autorisation de perdre la qualité de Français, ainsi qu'aux décisions de perte et déchéance de la nationalité française, *infra* Annexe. Sur les dispositions de procédure civile concernant la nationalité des personnes physiques, V. Nouv. C. proc. civ., art. 1038 à 1045 (D. n. 81-500 du 12 mai 1981).

SECTION II. – DE LA PRIVATION DES DROITS CIVILS PAR SUITE DE CONDAMNATIONS JUDICIAIRES

Art. 22 à 33. – *Abrogés, L. 31 mai 1854.*

TITRE II. – DES ACTES DE L'ÉTAT CIVIL

CHAPITRE 1er. – DISPOSITIONS GÉNÉRALES

Art. 34 *(L. 28 oct. 1922).* – Les actes de l'état civil énonceront l'année, le jour et l'heure où ils seront reçus, les prénoms et nom de l'officier de l'état civil, les prénoms, noms, professions et domiciles de tous ceux qui y seront dénommés.

Les dates et lieux de naissance :

a) Des père et mère dans les actes de naissance et de reconnaissance ;
b) De l'enfant dans les actes de reconnaissance ;
c) Des époux dans les actes de mariage ;
d) Du décédé dans les actes de décès,

seront indiqués lorsqu'ils seront connus. Dans le cas contraire, l'âge desdites personnes sera désigné par leur nombre d'années, comme le sera, dans tous les cas, l'âge des déclarants. En ce qui concerne les témoins, leur qualité de majeur sera seule indiquée.

ACTES DE L'ÉTAT CIVIL — Art. 36

1) Le maire et les adjoints sont officiers d'état civil (C. communes, art. L.122-25). Dans le cas de communes associées, V. art. L.153-3, et pour la ville de Paris, V. art. L.184-11. Sur la possibilité pour le maire de déléguer à un ou plusieurs agents communaux majeurs et titulaires dans un emploi permanent les fonctions qu'il exerce en tant qu'officier d'état civil, V. D. n. 62-921 du 3 août 1962, art. 6 mod. D. n. 77-207 du 3 mars 1977, *infra* sous art. 4. Une irrégularité dans la délégation n'entraîne pas la nullité de tous les actes reçus par le délégué (Civ. 7 août 1883 : *S*. 84, 1, 5).

2) Les officiers de l'état civil doivent transcrire en caractères romains les noms et prénoms étrangers dont l'écriture d'origine utilise d'autres alphabets, mais pour ce faire, ils doivent observer dans la mesure du possible les règles morphologiques de la langue française (Trib. civ. Marseille 13 fév. 1957 : *J.C.P.* 57, IV, 99).

3) Tout officier de réserve a le droit, sur la production d'une pièce officielle établissant sa qualité, de requérir qu'il en soit fait mention sur les actes de l'état civil le concernant (L. 1er août 1936, art. 31, al. 4, mod. Ord. n. 59-106 du 6 janv. 1959 (armée de l'air) ; L. n. 56-1221 du 1er déc. 1956, art. 14, al. 4 (armée de terre).

4) L'acte d'état civil ne fait foi que jusqu'à preuve du contraire quant aux déclarations des témoins à l'acte (Civ. 9 déc. 1924 : *S.* 1925, I, 24).

5) Sur la tenue des registres et la publicité des actes, V. D. n. 62-921 du 3 août 1962 mod. D. n. 77-207 du 3 mars 1977, *infra* sous art. 54 ; V. aussi Instr. min. 26 avril 1974 (*J.O.* 17 mai). Sur le répertoire civil constitué par l'ensemble des extraits des demandes, actes et jugements, V. Nouv. C. proc. civ., art. 1057 à 1061 (D. n. 81-500 du 12 mai 1981).

6) Le ministère public peut agir d'office pour faire assurer le respect des règles légales sur l'établissement des actes de l'état civil (Poitiers 28 juin 1966 : *D.* 1967, 13, note Gilbert).

7) Sur le rôle du livret de famille, de la carte nationale d'identité et de la fiche d'état civil, V. D. n. 53-914 du 26 sept. 1953 portant simplification des formalités administratives ; D. n. 74-449 du 15 mai 1974 relatif au livret de famille, *infra* sous art. 54.

Art. 35. – Les officiers de l'état civil ne pourront rien insérer dans les actes qu'ils recevront, soit par note, soit par énonciation quelconque, que ce qui doit être déclaré par les comparants.

1) La nationalité ne figure pas parmi les renseignements mentionnés par l'article 34 du Code civil et il ne doit donc pas en être fait mention dans l'acte de naissance (Trib. civ. La Rochelle 24 juin 1913, sous Poitiers 14 juin 1914 : *D.P.* 1916, 2, 1). Il en va de même pour l'attribution de paternité à une personne non présente et non représentée (Toulouse 16 mai 1899 : *D.P.* 1901, 2, 116).

2) Comment une infraction à l'article 50 du Code civil, l'officier de l'état civil qui refuse de porter en marge de l'acte de décès la mention « mort pour la France », même si le Conseil d'État a été saisi d'une requête en annulation de la décision du ministre (Limoges 24 oct. 1949 : *J.C.P.* 50, IV, 76) ; V. sur ce point, Code des pensions militaires d'invalidité et des victimes de la guerre, art. L. 488 et s.

Art. 36. – Dans les cas où les parties intéressées ne seront point obligées de comparaître en personne, elles pourront se faire représenter par un fondé de procuration spéciale et authentique.

Art. 37   ACTES DE L'ÉTAT CIVIL

Art. 37 *(L. 7 déc. 1897).* – Les témoins produits aux actes de l'état civil devront être âgés de dix-huit ans au moins, parents ou autres, sans distinction de sexe ; ils seront choisis par les personnes intéressées. *Deuxième al. abrogé, L. 27 oct. 1919.*

Art. 38 *(Ord. n. 58-779, 23 août 1958, art. 1er).* – L'officier de l'état civil donnera lecture des actes aux parties comparantes, ou à leur fondé de procuration, et aux témoins ; il les invitera à en prendre directement connaissance avant de les signer.

Il sera fait mention sur les actes de l'accomplissement de ces formalités.

Art. 39. – Ces actes seront signés par l'officier de l'état civil, par les comparants et les témoins ; ou mention sera faite de la cause qui empêchera les comparants et les témoins de signer.

1) L'acte est nul si le défaut de signature est volontaire (Req. 28 nov. 1876 : *D.P.* 77, I, 367), mais il est valable si le défaut n'est dû qu'à une inadvertance (Req. 23 juin 1869 : *D.P.* 71, I, 327). La nullité pour défaut de signature est imprescriptible (Douai 21 déc. 1885 : *S.* 87, II, 151).

2) Est dépourvu d'authenticité l'acte d'état civil reçu par le seul secrétaire de mairie en l'absence du maire et signé postérieurement par celui-ci (Com. 27 mai 1952 : *J.C.P.* 53, II, 7348, note Laurent ; *D.* 1953, 125, note J. Savatier), ou l'acte signé par le nouveau maire mais dressé par son prédécesseur (Trib. civ. Seine 28 fév. 1919 : *D.P.* 1920, II, 83. – Comp. Trib. civ. Seine 18 oct. 1929 : *Sem. jur.* 1930, p. 127).

Art. 40 à 45. – *Abrogés, D. n. 62-921, 3 août 1962, art. 14 (V. infra sous art. 54).*

Art. 46. – Lorsqu'il n'aura pas existé de registres, ou qu'ils seront perdus, la preuve en sera reçue tant par titres que par témoins ; et dans ces cas, les mariages, naissances et décès pourront être prouvés tant par les registres et papiers émanés des pères et mères décédés, que par témoins.

1) Peut être assimilée aux deux cas visés par l'article 46 du Code civil (inexistence ou perte) l'hypothèse où, par suite d'un usage intensif, serait constatée une usure rendant les actes illisibles (Trib. civ. Seine 31 oct. 1952 : *J.C.P.* 53, II, 7367). Plus généralement, l'article 46 permet de suppléer à l'impossibilité matérielle de produire un acte de l'état civil (Req. 14 nov. 1922 : *S.* 1924, I, 71. – Civ. 1re, 12 juil. 1960 : *J.C.P.* 60, IV, 138 ; *Bull.* I, n. 386, p. 316). V. en ce sens, pour le cas d'un enfant né dans un camp de concentration en Allemagne, Montpellier 26 oct. 1955 (*Gaz. Pal.* 1955, 2, 423). Mais il a été jugé que l'impossibilité de produire l'acte manquant doit elle-même être établie par un document officiel (Paris 26 oct. 1962 : *D.* 1963, Somm. 32).

2) Sur le point de savoir si l'article 46 est applicable aux actes de reconnaissance, V. Civ. 2 nov. 1938 : *D.P.* 1939, I, 89, note R. Savatier ; Lyon 28 janv. 1960 : *J.C.P.* 61, IV, 47.

3) La preuve permise par l'article 46 peut résulter de certificats émanant d'un office de réfugiés (Paris 17 juil. 1948 : *J.C.P.* 48, II, 4608, note Lisbonne. – Comp. L. n. 52-893 du 25 juil. 1952, portant création d'un office français de protection des réfugiés et apatrides, art. 4 : *J.O.* 27 juil. ; *J.C.P.* 52, III, 17233). La preuve peut résulter aussi de présomptions graves, précises et concordantes (Paris 21 fév. 1938 : *D.H.* 1939, Somm. 13). Les juges du fond sont souverains pour apprécier la force probante des témoignages ou des présomptions (Civ. 2 nov. 1938 : *D.P.* 1939, I, 89, note R. Savatier).

ACTES DE L'ÉTAT CIVIL — Art. 49

Art. 47 *(L. 10 mars 1938).* – **Tout acte de l'état civil des Français et des étrangers, fait en pays étranger, fera foi, s'il est rédigé dans les formes usitées dans ledit pays.**
Deuxième, troisième et quatrième al. abrogés, D. n. 62-921, 3 août 1962, art. 14 (V. infra sous art. 54).

1) Le certificat de baptême constatant la naissance d'un enfant au Portugal dans les formes usitées dans ce pays fait foi des énonciations qu'il contient (Civ. 1ʳᵉ, 5 déc. 1955 : *J.C.P.* 56, IV, 5 ; *Bull.* I, n. 425, p. 342. V. en ce sens, pour un acte de naissance dressé en Russie, Civ. 1ʳᵉ, 9 janv. 1974 : *J.C.P.* 74, II, 17834, note Aymond, ou pour un acte reçu par un administrateur des colonies, Poitiers 20 avril 1937 : *S.* 1937, II, 240.

2) L'article 47 du Code civil ne concerne que les actes de l'état civil et non les décisions influant sur l'état civil (Civ. 21 fév. 1933 : *S.* 1933, I, 361, note Niboyet).

3) Les actes de l'état civil concernant des Français et dressés à l'étranger peuvent être transcrits à la demande des intéressés sur les registres consulaires mais cette formalité étant facultative, l'abstention des époux ne saurait affecter la validité du mariage célébré régulièrement à l'étranger (Civ. 1ʳᵉ, 9 déc. 1963 : *J.C.P.* 64, IV, 10 ; *Bull.* I, n. 542, p. 456).

Art. 48. – **Tout acte de l'état civil des Français en pays étranger sera valable, s'il a été reçu, conformément aux lois françaises, par les agents diplomatiques ou par les consuls.**
(L. 8 juin 1893) **Un double des registres de l'état civil tenus par ces agents sera adressé à la fin de chaque année au ministère des affaires étrangères, qui en assurera la garde et pourra en délivrer des extraits.**

1) Manque de base légale l'arrêt qui déclare valable la reconnaissance d'un enfant naturel français né à l'étranger et faite devant un consul sans préciser si les formalités prescrites par le décret du 18 septembre 1946 ont été respectées (Civ. 1ʳᵉ, 9 nov. 1971 : *Bull.* I, n. 283, p. 242). Sur les attributions des agents diplomatiques et consulaires en matière d'état civil, V. D. n. 46-1917 du 19 août 1946, *infra* sous art. 54.

2) Sur le rôle du service central d'état civil au ministère des affaires étrangères, V. D. n. 65-422 du 1ᵉʳ juin 1965, *infra* sous art. 54.

3) Sur l'état civil des Français ayant vécu en Algérie ou dans les anciens territoires français d'outre mer ou sous tutelle devenus indépendants, V. L. n. 68-671 du 25 juil. 1968 *(J.O.* 26 juil. ; *J.C.P.* 68, III, 34510).

Art. 49 *(L. 17 août 1897 ; L. 10 mars 1932).* – **Dans tous les cas où la mention d'un acte relatif à l'état civil devra avoir lieu en marge d'un acte déjà dressé ou transcrit, elle sera faite d'office.**
L'officier de l'état civil qui aura dressé ou transcrit l'acte donnant lieu à mention effectuera cette mention, dans les trois jours, sur les registres qu'il détient, et, si le double du registre où la mention doit être effectuée se trouve au greffe, il adressera un avis au procureur de la République de son arrondissement.
Si l'acte en marge duquel doit être effectuée cette mention a été dressé ou transcrit dans une autre commune, l'avis sera adressé, dans le délai de trois jours, à l'officier de l'état civil de cette commune et celui-ci en avisera aussitôt, si le double du registre est au greffe, le procureur de la République de son arrondissement.
Si l'acte en marge duquel une mention devra être effectuée a été dressé ou transcrit dans une colonie ou à l'étranger, l'officier de l'état civil qui a dressé ou transcrit l'acte

Art. 50 ACTES DE L'ÉTAT CIVIL

donnant lieu à mention en avisera, dans les trois jours, le ministre des colonies ou le ministre des affaires étrangères.

Loi n. 89-18 du 13 janvier 1989
portant diverses mesures d'ordre social

Art. 75. – Nonobstant toutes dispositions contraires, les mentions marginales ne seront plus apposées, à compter du 1er janvier 1989, sur l'exemplaire des registres de l'état civil conservé au greffe du tribunal de grande instance.

Les dispositions de l'alinéa précédent ne sont pas applicables dans les départements d'outre-mer, dans les territoires d'outre-mer et dans la collectivité territoriale de Mayotte.

Sur les transcriptions et mentions en marge des actes d'état civil des personnes nées à l'étranger et acquérant ou recouvrant la nationalité française, V. C. civ., art. 98 à 98-4 (réd. L. n. 78-731 du 12 juil. 1978).

Art. 50 *(L. n. 46-2154, 7 oct. 1946, art. 38 ; L. n. 56-780, 4 août 1956, art. 94-1°).* – **Toute contravention aux articles précédents de la part des fonctionnaires y dénommés, sera poursuivie devant le tribunal de grande instance, et punie d'une amende de 2 000 à 20 000 francs (20 F à 200 F).**

LE ROY, *Des amendes prévues par le Code civil pour sanctionner les infractions commises en matière d'état civil et de mariage :* J.C.P. 50, I, 886.

1) L'amende prévue par l'article 50 a un caractère civil (Civ. 27 déc. 1892 : *D.P.* 93, I, 305. – Crim. 23 nov. 1949 : *J.C.P.* 50, II, 5615, note Magnol).

2) Les contraventions prévues par les articles 50 et 63 du Code civil sont par exception de la compétence des tribunaux civils (Crim. 23 nov. 1950 : *J.C.P.* 51, II, 5970), mais en dehors des cas précis visés par ces articles, la juridiction répressive est seule compétente (Crim. 23 nov. 1949 : *J.C.P.* 50, II, 5615, note Magnol).

3) La responsabilité du maire est seule engagée par le fait de son secrétaire de mairie rédacteur d'un certificat attestant inexactement qu'une formalité relative à l'état civil a été remplie (Req. 15 juin 1909 : *D.P.* 1911, I, 113).

Art. 51. – **Tout dépositaire des registres sera civilement responsable des altérations qui y surviendront, sauf son recours, s'il y a lieu, contre les auteurs desdites altérations.**

Sur la responsabilité du secrétaire de mairie ayant omis de restituer les registres d'état civil de la commune, V. Nancy 23 déc. 1965 : *J.C.P.* 67, II, 14949, note de Lestang.

Art. 52. – **Toute altération, tout faux dans les actes de l'état civil, toute inscription de ces actes faite sur une feuille volante et autrement que sur les registres à ce destinés, donneront lieu aux dommages-intérêts des parties, sans préjudice des peines portées au Code pénal.**

1) En dehors des cas visés à l'article 52, l'officier de l'état civil répond de toute négligence entraînant un dommage pour les tiers (Douai 10 avril 1940 : *S.* 1941, II, 39).

2) Sur la possibilité d'inscrire les actes de l'état civil sur les feuilles volantes, V. D. n. 62-921 du 3 août 1962, art. 1er, al. 1 et 2, mod. D. n. 77-207 du 3 mars 1977, *infra* sous art. 54.

ACTES DE L'ÉTAT CIVIL — Art. 54

Art. 53. – **Le procureur de la République au tribunal de grande instance sera tenu de vérifier l'état des registres lors du dépôt qui en sera fait au greffe ; il dressera un procès-verbal sommaire de la vérification, dénoncera les contraventions ou délits commis par les officiers de l'état civil, et requerra contre eux la condamnation aux amendes.**

Sur les modalités de vérification des registres, V. Ord. 26 nov. 1823 ; D. n. 60-833 du 6 août 1960 (*J.O.* 11 août ; *J.C.P.* 60, III, 25959).

Art. 54. – **Dans tous les cas où un tribunal de grande instance connaîtra des actes relatifs à l'état civil, les parties intéressées pourront se pourvoir contre le jugement.**

Décret n. 46-1917 du 19 août 1946
sur les attributions des agents diplomatiques et consulaires en matière d'état civil

Art. 1er. – Les fonctions d'officier de l'état civil sont exercées à l'étranger par les chefs de mission diplomatique pourvus d'une circonscription consulaire et les chefs de poste consulaire.

Les titulaires de chancellerie détachée peuvent être autorisés à suppléer, d'une manière permanente, le chef de poste consulaire par décision du ministre des affaires étrangères prise sur la proposition de ce dernier.

Les agents consulaires de nationalité française peuvent être autorisés par arrêté du ministre des affaires étrangères, soit à recevoir les déclarations de naissance et de décès, soit à exercer les pouvoirs complets d'officier de l'état civil.

(mod. D. n. 71-873 du 22 oct. 1971) En cas de gérance ou d'empêchement momentané du chef de poste, les pouvoirs d'officier de l'état civil passent à l'agent qui assure son remplacement, sans autre formalité, s'il s'agit d'un agent de carrière et, dans le cas contraire, sous réserve de l'autorisation préalable du ministre des affaires étrangères.

(mod. D. n. 71-873 du 22 oct. 1971) A titre exceptionnel, les chefs de certaines missions diplomatiques pourvues d'une circonscription consulaire et les chefs de certains postes consulaires pourront, avec l'accord préalable du ministre des affaires étrangères, déléguer tout ou partie de leurs pouvoirs d'officier de l'état civil à un de leurs subordonnés.

Art. 2. – Les agents mentionnés à l'article premier dressent, conformément aux dispositions du Code civil, dans la mesure où les conventions et les lois locales le permettent, les actes de l'état civil concernant les ressortissants français, dont le statut personnel est régi par ledit code, sur des registres tenus en double.

Ils transcrivent également sur les mêmes registres les actes concernant ces ressortissants qui ont été reçus par les autorités locales dans les formes usitées dans le pays.

Les actes concernant des ressortissants français, dont le statut personnel n'est pas régi par le Code civil, peuvent être transcrits sur le registre des actes divers.

Art. 3. – Les registres de l'état civil sont cotés par première et dernière et paraphés sur chaque feuille par le chef de poste.

En fin d'année, ils sont clos et arrêtés par lui et l'un des exemplaires est adressé au ministre des affaires étrangères qui en assure la garde ; l'autre est conservé dans les archives du poste.

A ce dernier registre, qui peut contenir les actes de plusieurs années, restent annexées les pièces produites par les intéressés, telles qu'expéditions et traductions des actes étrangers transcrits et procurations.

Lorsqu'au cours d'une année, aucun acte n'a été dressé ou transcrit, le chef de poste adresse au ministre des affaires étrangères un certificat pour néant.

Art. 54 ACTES DE L'ÉTAT CIVIL

Les formalités de clôture et de réouverture des registres sont, en outre, obligatoires à chaque changement de chef de poste.

Art. 4. – En cas de perte ou de destruction des registres, le chef de poste en dressera procès-verbal et l'enverra au ministre des affaires étrangères qui lui adressera toutes instructions utiles pour la reconstitution des registres manquants.

Art. 5. – Aucun acte de l'état civil reçu dans un poste diplomatique ou consulaire ne pourra, pour motif d'erreurs ou d'omissions, être rectifié que par une décision des tribunaux compétents.

Si un acte transcrit sur les registres de l'état civil est rectifié par une décision judiciaire étrangère, celle-ci devra recevoir l'exequatur d'un tribunal français.

Art. 6. – De même, lorsque, pour une cause quelconque, des actes n'auront pas été dressés, il ne pourra y être suppléé que par un jugement des tribunaux compétents.

Art. 7. – Toutefois, les agents exerçant les fonctions d'officier de l'état civil auront soin de recueillir et de transmettre au ministre des affaires étrangères, soit au moyen d'actes de notoriété, soit de toute autre manière, les renseignements qui pourraient être utiles pour rectifier les actes qu'ils ont dressés ou transcrits, ou pour y suppléer.

Ces actes de notoriété seront dressés sur le registre des actes divers et des expéditions pourront en être délivrées aux intéressés.

Art. 8. – Des copies conformes des actes de naissance ne peuvent être délivrées à des personnes autres que celles mentionnées à l'article 57 du Code civil que sur demande écrite adressée à l'argent qui a dressé l'acte. En cas de refus, la demande peut être portée par le requérant devant le ministre des affaires étrangères.

Art. 9. – L'acte de consentement à mariage dressé dans la forme des actes de l'état civil est passé en brevet et mention en est faite sur le registre des actes divers.

Art. 10. – Lorsqu'un Français contractera mariage à l'étranger dans les formes usitées dans le pays, les agents exerçant les fonctions d'officier de l'état civil lui délivreront un certificat de capacité à mariage attestant que la publication prescrite par l'article 63 du Code civil a été effectuée et que l'intéressé remplit les conditions prévues au chapitre premier du titre V dudit code.

Art. 11. – Lorsque les agents exerçant les fonctions d'officier de l'état civil reçoivent le dépôt d'un acte de naissance, de reconnaissance ou de décès ou d'un procès-verbal de disparition reçu à bord d'un navire français, pendant une traversée, celui-ci est fait en double expédition. L'une d'elles est adressée, selon le cas, au ministre chargé de la marine ou au ministre chargé de la marine marchande et l'autre reste déposée dans les archives du poste. Mention des envois et dépôts effectués est faite en marge de l'acte original inscrit à la suite du rôle d'équipage.

Art. 12. – L'agent exerçant les fonctions d'officier de l'état civil ne dresse, dans le cas prévu à l'article précédent, un procès-verbal de dépôt que s'il a pu, soit par le rapport ou par l'interrogatoire des hommes d'équipage ou des passagers, soit par tout autre moyen, relever des irrégularités qui sont alors consignées dans ledit procès-verbal dont une expédition est adressée au ministre compétent en même temps que l'expédition de l'acte.

Art. 13. – L'ordonnance du 23 octobre 1833 est abrogée.

ACTES DE L'ÉTAT CIVIL — Art. 54

Décret n. 53-914 du 26 septembre 1953
portant simplification des formalités administratives

Art. 1er *(remplacé avec effet à compter du 1er mai 1972, D. n. 72-214 du 22 mars 1972, art. 1er et 3).* – Dans les procédures et instructions conduites par les administrations, services et établissements publics ou par les entreprises, les organismes et les caisses contrôlés par l'Etat :
a) La présentation du livret de famille régulièrement tenu à jour tient lieu de remise ou de présentation, selon le cas :
de l'extrait de l'acte de mariage des parents ;
de l'extrait de l'acte de naissance des parents ou des enfants ;
de l'extrait de l'acte de décès des parents ou des enfants morts avant leur majorité.
b) La présentation de la carte nationale d'identité en cours de validité tient lieu de remise ou de présentation, selon le cas :
du certificat de nationalité ;
de l'extrait de l'acte de naissance du titulaire.

Art. 2 *(remplacé avec effet à compter du 1er mai 1972, D. n. 72-214 du 22 mars 1972, art. 1er et 3).* – Dans les procédures et instructions mentionnées à l'article 1er, les nom et prénoms, la date et le lieu de naissance et, s'il y a lieu, la filiation peuvent être enregistrés au vu d'un extrait de l'acte de naissance de l'intéressé quelle que soit la date de la délivrance de cet extrait.

Art. 3 *(remplacé avec effet à compter du 1er mai 1972, D. n. 72-214 du 22 mars 1972, art. 1er et 3).* – Pour l'application des articles 1er et 2 qui précèdent, le requérant présente à l'agent chargé de la procédure ou de l'instruction son livret de famille ou sa carte nationale d'identité ou un extrait de son acte de naissance. Au vu de l'une ou l'autre de ces pièces, l'agent inscrit immédiatement les renseignements nécessaires sur une fiche dont les diverses mentions seront fixées par des modèles établis par arrêté conjoint du garde des sceaux, ministre de la justice, et du ministre chargé des réformes administratives. L'agent signe cette fiche sous la mention de sa qualité. Le demandeur signe également ladite fiche et certifie sur l'honneur la véracité, à la date d'établissement de la fiche, des mentions qui s'y trouvent portées. La fiche est jointe au dossier.
Le requérant peut également présenter dans toute mairie les pièces visées aux articles 1er et 2. Au vu de ces pièces, l'agent habilité enregistre les renseignements nécessaires au moyen de la fiche définie à l'alinéa précédent, signe cette fiche sous la mention de sa qualité et la remet au demandeur pour valoir, auprès de l'organisme chargé de la procédure ou de l'instruction de la requête, présentation du livret de famille ou de la carte nationale d'identité ou de l'extrait de l'acte de naissance. Avant remise de cette fiche à l'organisme chargé de la procédure, le demandeur la signe et certifie sur l'honneur la véracité, à la date de la remise, des mentions qui s'y trouvent portées.
Lorsque la fiche est établie au vu de la carte nationale d'identité, ses mentions doivent nécessairement comporter, outre les nom, prénoms, date et lieu de naissance du requérant, l'indication de l'autorité qui a délivré cette carte ainsi que la date de cette délivrance.

Art. 54 ACTES DE L'ÉTAT CIVIL

Dans tous les cas les pièces présentées par le demandeur doivent lui être restituées après l'établissement de la fiche.

Art. 4 *(abrogé, D. n. 81-1003 du 6 nov. 1981, art. 24).*

Art. 5 *(remplacé avec effet à compter du 1ᵉʳ mai 1972, D. n. 72-214 du 22 mars 1972, art. 1ᵉʳ et 3).* – Les dispositions des articles précédents ne font pas obstacle à l'application des règles visées à l'article 70 du Code civil. Elles ne sont pas applicables aux procédures de naturalisation ou de délivrance d'un certificat de nationalité.

Elles n'excluent pas, le cas échéant, l'obligation pour l'intéressé de produire d'autres justifications d'état civil ou de nationalité, lorsque celles-ci sont nécessaires pour l'application de dispositions législatives ou réglementaires spéciales, notamment en matière de pensions, de registre du commerce et de recrutement des fonctionnaires et agents des administrations, services, établissements, organismes ou caisses visés à l'article 1ᵉʳ.

Art. 6 *(modifié D. n. 74-450 du 15 mai 1974, art. 1ᵉʳ).* – Dans les procédures et instructions des requêtes visées à l'article 1ᵉʳ, les certificats de vie, de non-divorce, de non-séparation de corps sont remplacés par une fiche d'état civil établie dans les conditions prévues à l'article 3.

(D. n. 87-362 du 2 juin 1987, art. 1ᵉʳ). – Les certificats de célibat et de non-remariage sont remplacés par une attestation sur l'honneur.

Il en est de même des certificats de domicile et de résidence, sauf en ce qui concerne les procédures d'établissement de la carte nationale d'identité et du passeport. Dans ces procédures, il appartient au demandeur d'apporter la preuve de son domicile ou de sa résidence.

Art. 7. – Sans préjudice de toutes autres dispositions légales ou réglementaires, éventuellement applicables, l'inexactitude d'une déclaration faite sur l'honneur en application des articles 3 et 6, peut, sauf dispositions légales contraires, entraîner l'ajournement d'une année de la décision à intervenir sur la requête à l'appui de laquelle a été faite la fausse déclaration.

Il en est de même en cas de présentation d'un livret de famille falsifié ou incomplet.

Art. 8. – Les administrations, services, établissements, organismes et caisses visés à l'article 1ᵉʳ, ne peuvent exiger la légalisation ou la certification matérielle des signatures apposées sur les pièces qui leur sont remises ou présentées.

Art. 9. – Sans préjudice des dispositions du présent décret, un décret en Conseil d'Etat prescrira les règles nécessaires pour assurer la tenue du livret de famille.

Décret n. 62-921 du 3 août 1962
modifiant certaines règles relatives aux actes de l'état civil

TITRE 1ᵉʳ. – DISPOSITIONS CONCERNANT LA TENUE DES REGISTRES

Art. 1ᵉʳ *(Deux premiers al., remplacés, D. n. 77-207 du 3 mars 1977, art. 1ᵉʳ).* – Les actes de l'état civil sont inscrits dans chaque commune sur un ou plusieurs registres tenus en double.

Ils peuvent aussi, sauf opposition du procureur de la République ou du ministre des affaires étrangères en ce qui concerne les agents diplomatiques et consulaires, être inscrits sur des feuilles mobiles, également tenues en double qui sont ensuite reliées en registre.

ACTES DE L'ÉTAT CIVIL — Art. 54

Les règles relatives à l'inscription des actes de l'état civil sur les feuilles mobiles prévues à l'alinéa précédent seront déterminées par arrêté conjoint du garde des sceaux, ministre de la justice, et du ministre des affaires étrangères en ce qui concerne les agents diplomatiques et les consuls.

Art. 2 *(D. n. 68-148 du 15 fév. 1968, art. 1er)*. – Les feuilles destinées à l'inscription des actes de l'état civil doivent être numérotées. Elles sont, en outre, revêtues d'un timbre spécial ou, à défaut, paraphées par le juge du tribunal d'instance.

Elles sont utilisées dans l'ordre de leur numérotation.

Art. 3 *(D. n. 68-148 du 15 fév. 1968, art. 2)*. – Les actes seront dressés sur-le-champ, à la suite les uns des autres. Des espaces suffisants seront réservés pour l'apposition ultérieure des mentions.

Les ratures et les renvois seront approuvés et signés de la même manière que le corps de l'acte.

Il n'y sera rien écrit par abréviation. La date de la naissance, du mariage, du décès ou de la reconnaissance que l'acte constate sera écrite en lettres.

Un arrêté déterminera les conditions d'application du présent article et de l'article précédent.

Art. 4. – Les registres seront clos et arrêtés par l'officier de l'état civil à la fin de chaque année, et dans le mois, l'un des doubles sera déposé aux archives de la commune, l'autre au greffe du tribunal de grande instance.

Art. 5. – Les procurations et les autres pièces qui doivent demeurer annexées aux actes de l'état civil seront déposées, après qu'elles auront été paraphées par celui qui les aura produites, au greffe du tribunal, avec le double des registres dont le dépôt doit avoir lieu audit greffe.

Art. 6 *(Premier al. mod. D. n. 77-207 du 3 mars 1977, art. 2)*. – Le maire peut déléguer à un ou plusieurs agents communaux majeurs et titularisés dans un emploi permanent les fonctions qu'il exerce en tant qu'officier de l'état civil pour la réception des déclarations de naissance, de décès, d'enfants sans vie, de reconnaissance d'enfants naturels, pour la transcription, la mention en marge de tous les actes ou jugements sur les registres de l'état civil, de même que pour dresser tous actes relatifs aux déclarations ci-dessus. Les actes ainsi dressés comportent la seule signature du fonctionnaire municipal délégué.

Cette délégation est exercée sous la surveillance et la responsabilité du maire.

L'arrêté portant délégation est transmis tant au préfet ou au sous-préfet qu'au procureur de la République près le tribunal de grande instance dans le ressort duquel se trouve la commune intéressée.

Le ou les agents communaux délégués pour la réception des déclarations, la rédaction, la transcription et la mention en marge des actes de l'état civil prévus par le présent article peuvent valablement, sous le contrôle et la responsabilité du maire, délivrer toutes copies, extraits et bulletins d'état civil, quelle que soit la nature des actes.

Art. 7. – Les actes de l'état civil dressés en pays étranger qui concernent des Français sont transcrits soit d'office, soit sur la demande des intéressés, sur les registres de l'état civil de l'année courante tenus par les agents diplomatiques ou les consuls territorialement compétents ; cette transcription est mentionnée sommairement dans les fichiers tenus au ministère des affaires étrangères et dans les postes diplomatiques et consulaires.

Seules sont transcrites les indications qui doivent être portées dans les actes de l'état civil français correspondant.

Art. 54 ACTES DE L'ÉTAT CIVIL

Lorsque, par suite de la rupture des relations diplomatiques ou de la fermeture du poste diplomatique ou consulaire territorialement compétent, la transcription ne peut être faite dans les conditions prévues à l'alinéa précédent, l'acte sera exceptionnellement déposé au ministère des affaires étrangères, qui pourra en délivrer expédition. Dès que les circonstances le permettront, le ministère fera procéder à la transcription de l'acte dans les conditions précitées.

Les actes de mariage reçus en France par les agents diplomatiques ou les consuls d'une nation étrangère et concernant les étrangers dont l'un au moins est devenu Français postérieurement au mariage sont transcrits soit d'office, soit sur la demande des intéressés, sur les registres de l'état civil du lieu où le mariage a été célébré. Mention de la transcription sera portée en marge de l'acte de naissance qui, le cas échéant, devra être préalablement transcrit dans les conditions prévues au premier alinéa du présent article.

TITRE II. - DISPOSITIONS CONCERNANT LA PUBLICITE DES ACTES

Art. 8 *(D. n. 68-148 du 15 fév. 1968, art. 3)*. - Les registres de l'état civil datant de moins de cent ans ne peuvent être directement consultés que par les agents de l'Etat habilités à cet effet et les personnes munies d'une autorisation écrite du procureur de la République.

La publicité des actes de l'état civil est assurée par la délivrance de copies intégrales ou d'extraits.

Art. 9 *(D. n. 68-148 du 15 fév. 1968, art. 4)*. - Toute personne, majeure ou émancipée, peut obtenir des copies intégrales de son acte de naissance ou de mariage. Peuvent également obtenir des copies, les ascendants ou descendants de la personne que l'acte concerne, son conjoint, son représentant légal et le procureur de la République.

Les copies intégrales des actes de reconnaissance ne sont délivrées qu'aux personnes ci-dessus visées, aux administrations publiques et aux héritiers de l'enfant.

Les autres personnes ne peuvent obtenir la copie intégrale d'un acte de naissance, de reconnaissance ou de mariage qu'en vertu d'une autorisation du procureur de la République.

En cas de refus, la demande sera portée devant le président du tribunal de grande instance, qui statuera par ordonnance de référé.

Les copies d'actes de décès peuvent être délivrées à toute personne.

Art. 10 *(D. n. 68-148 du 15 fév. 1968, art. 5)*. - Les dépositaires des registres seront tenus de délivrer à tout requérant des extraits des actes de naissance et de mariage.

Les extraits d'acte de naissance indiqueront, sans autres renseignements, l'année, le jour, l'heure et le lieu de naissance, le sexe, les prénoms et le nom de l'enfant tels qu'ils résulteront des énonciations de l'acte de naissance ou des mentions portées en marge de cet acte. *(D. n. 68-856 du 2 oct. 1968)* En outre, ils reproduiront les mentions de mariage, de divorce, de séparation de corps, de décès.

Les extraits d'acte de mariage indiqueront, sans autres renseignements, l'année et le jour du mariage, ainsi que les noms et prénoms, dates et lieux de naissance des époux, tels qu'ils résulteront des énonciations de l'acte de mariage ou des mentions portées en marge de cet acte. En outre, ils reproduiront les énonciations et mentions relatives au régime matrimonial ainsi que les mentions de divorce et de séparation de corps.

Art. 11 *(D. n. 68-148 du 15 fév. 1968, art. 6 ; D. n. 68-856 du 2 oct. 1968)*. - Les extraits des actes de naissance précisant, en outre, les noms, prénoms, dates et lieux de naissance des

ACTES DE L'ÉTAT CIVIL — Art. 54

père et mère de l'enfant ne pourront être délivrés que dans les conditions des alinéas 1, 3 et 4 de l'article 9, à moins que la délivrance n'en soit demandée par l'enfant lui-même, par ses héritiers ou par une administration publique.

Les extraits d'actes de mariage précisant les noms et prénoms des père et mère ne pourront être délivrés que dans les mêmes conditions.

Art. 11-1 *(D. n. 68-856 du 2 oct. 1968, art. 4 et 5 avec effet du 1ᵉʳ nov. 1968).* – Lorsqu'en marge d'un acte de naissance figure la mention R. C., les copies et les extraits de l'acte indiqueront qu'une inscription a été prise au répertoire civil et reproduiront son numéro.

Lorsque ces mentions auront été radiées, elles ne seront plus indiquées sur les copies et extraits, sauf autorisation du procureur de la République.

Art. 12 *(D. n. 68-148 du 15 fév. 1968, art. 7).* – Lorsqu'un enfant a fait l'objet d'une adoption plénière, d'une légitimation adoptive ou d'une adoption comportant rupture des liens avec la famille d'origine, les extraits des actes le concernant doivent, sans aucune référence au jugement, indiquer comme père et mère les adoptants.

De même, en cas d'adoption simple, lorsque les seuls parents légalement connus sont les adoptants ou l'adoptant de son conjoint, ceux-ci seront, sans aucune référence au jugement, indiqués comme père et mère de l'enfant sur les extraits des actes le concernant.

Art. 13 *(D. n. 68-148 du 15 fév. 1968, art. 8).* – Les copies et les extraits des actes de l'état civil portant la date de leur délivrance et revêtus de la signature et du sceau de l'autorité qui les aura délivrés feront foi jusqu'à inscription de faux.

Art. 14. – Sont abrogés :
Les articles 40 à 45, les deuxième, troisième et quatrième alinéas de l'article 47, les quatrième, cinquième, sixième, septième et huitième alinéas de l'article 57 du Code civil ;
Les deuxième, troisième, quatrième et cinquième alinéas de l'article 79 du Code d'administration communale.

Décret n. 65-422 du 1ᵉʳ juin 1965
portant création d'un service central d'état civil au ministère des affaires étrangères

TITRE Iᵉʳ. – SERVICE CENTRAL D'ETAT CIVIL

Art. 1ᵉʳ. – Il est créé au ministère des affaires étrangères un service central d'état civil établi à Nantes.

Art. 2. – Le service central d'état civil reçoit en dépôt :
1° Les registres de l'état civil consulaire et les autres registres d'état civil tenus au ministère des affaires étrangères ;
2° Les registres datant de moins de cent ans établis dans les territoires des Etats antérieurement placés sous la souveraineté ou l'autorité de la France, détenus par le ministre chargé des affaires culturelles (dépôt des papiers publics d'outre-mer) ;
3° Les registres de l'état civil dressés en Algérie antérieurement à l'accession de cet Etat à l'indépendance ou établis par reconstitution desdits registres ;
4° *(D. n. 69-1125 du 11 déc. 1969, art. 1ᵉʳ)* Les registres d'état civil établis en application de l'ordonnance n. 59-68 du 7 janvier 1959 pour les Français par acquisition nés à l'étranger.

Art. 54 ACTES DE L'ÉTAT CIVIL

Les registres visés aux 2°, 3° et 4° ci-dessus seront versés par tranches successives aux Archives de France quand ils auront une ancienneté supérieure à cent ans.

Il n'est pas dérogé par le présent décret aux attributions du ministre d'Etat chargé des affaires culturelles (dépôt des papiers publics d'outre-mer) en ce qui concerne les actes de l'état civil afférents aux départements d'outre-mer et aux territoires d'outre-mer.

Art. 2-1 *(aj. D. n. 80-308 du 25 avril 1980, art. 8).* – Le service central de l'état civil tient les registres des actes prévus aux articles 98 à 98-2 du Code civil.

Art. 3 *(D. n. 69-1125 du 11 déc. 1969, art. 2).* – Le service central d'état civil tient également des registres où sont transcrits :

1° Les jugements français tenant lieu d'actes de l'état civil lorsque ceux-ci ont été ou auraient dû être dressés à l'étranger ;

2° Les jugements d'adoption simple concernant les personnes nées à l'étranger lorsque leurs actes de naissance ne sont pas conservés sur des registres français ;

3° Les jugements de divorce et de séparation de corps lorsque le mariage a été célébré à l'étranger ;

4° Les actes dressés au cours d'un voyage maritime ou aux armées.

Ce service adresse chaque année à la mairie de Nantes pour inscription d'office, le cas échéant, sur les tableaux de recensement de cette commune la liste des jeunes gens dont les actes de naissance ou de reconnaissance ont été ainsi transcrits et qui doivent être recensés en application de la législation sur le recrutement de l'armée.

Art. 4 *(D. n. 69-1125 du 11 déc. 1969, art. 3).* – Le service central d'état civil tient le répertoire civile des personnes nées à l'étranger.

Il tient aussi un répertoire où sont conservés des extraits des jugements dont la mention en marge d'un acte de l'état civil ne peut être effectuée parce que cet acte ne figure pas dans les registres français.

Art. 5. – Le service central civil assure la garde et la mise à jour des registres qu'il détient et délivre des copies et extraits des actes qui y sont contenus.

Art. 6. – Un arrêté du ministre des affaires étrangères désigne les fonctionnaires du service central d'état civil ayant qualité d'officier de l'état civil.

TITRE II. – DISPOSITIONS RELATIVES AUX TRANSCRIPTIONS ET MENTIONS MARGINALES SUR LES REGISTRES DE L'ETAT CIVIL

Art. 7. – En cas de naissance pendant un voyage maritime, l'officier instrumentaire est tenu de déposer au premier port où le bâtiment aborde trois expéditions de chacun des actes de naissance dressés à bord.

Ce dépôt est fait, savoir : si le port est français, au service du commissariat de la marine pour les bâtiments de l'Etat, et au bureau des affaires maritimes (*) pour les autres bâtiments ; si le port est étranger, entre les mains du consul de France. Au cas où il n'existe pas dans ce port d'autorité compétente pour recevoir le dépôt, celui-ci est ajourné au plus prochain port où il s'en trouve une.

Une des expéditions est adressée au service central d'état civil pour transcription sur les registres.

La seconde est transmise, pour information et selon les cas, au ministre chargé de la marine nationale ou au ministre chargé de la marine marchande.

ACTES DE L'ÉTAT CIVIL   Art. 54

La troisième demeure déposée aux archives du service du commissariat de la marine, du bureau *des affaires maritimes* (*) ou du consulat.

Mention des envois et dépôts effectués conformément aux prescriptions du présent article est portée en marge des actes originaux par les commissaires de la marine ou par les administrateurs *des affaires maritimes* (*) ou par les consuls.

(*) *D. n. 67-431 du 26 mai 1967.*

Art. 8. – Les dispositions de l'article 7 ci-dessus sont applicables au cas de reconnaissance reçue pendant un voyage maritime et dans les circonstances prévues à l'article 59 du Code civil.

Art. 9. – En cas de décès pendant un voyage maritime et dans les circonstances prévues à l'article 59 du Code civil les dépôts et transmissions des originaux et des expéditions sont faits conformément aux distinctions prévues par l'article 7 ci-dessus.

La transcription des actes de décès est faite sur les registres du service central d'état civil et sur les registres de l'état civil du dernier domicile du défunt conformément aux dispositions de l'article 80 du Code civil.

Art. 10. – Dans les cas prévus aux alinéas 2 et 3 de l'article 93 du Code civil, l'officier de l'état civil militaire qui reçoit un acte en transmet, dès que la communication est possible et dans le plus bref délai, des expéditions à l'autorité compétente qui est désignée par décret contresigné du ministre *d'Etat chargé de la défense nationale* et du ministre des anciens combattants et victimes de guerre.

Cette autorité adresse une expédition au service central d'état civil pour transcription sur les registres.

En ce qui concerne les actes de décès une seconde transcription est faite conformément aux dispositions de l'article 80 du Code civil, sur les registres de l'état civil du dernier domicile du défunt.

TITRE III. – DISPOSITIONS DIVERSES

Art. 11. – Les dispositions de l'article 1er, du premier alinéa de l'article 3 et celles du titre II du présent décret entrent immédiatement en vigueur.

Des arrêtés conjoints du ministre des affaires étrangères et des autres ministres intéressés fixent les dates d'entrée en vigueur des autres dispositions du présent décret.

Art. 12. – Les articles 60 et 61, le troisième alinéa de l'article 62, les deuxième et troisième alinéas de l'article 86, l'article 94 et le deuxième alinéa de l'article 97 du Code civil sont abrogés ainsi que les dispositions de l'ordonnance n. 59-68 du 7 janvier 1959 dans la mesure où elles sont contraires à celles du présent décret.

Dans la deuxième phrase de l'article 251 du Code civil, les mots « de la mairie du 1er arrondissement de Paris » et, dans la troisième phrase du deuxième alinéa de l'article 357 du Code civil, les mots « sur les registres de la mairie du 1er arrondissement de Paris » sont supprimés.

Art. 13. – Les articles 7 à 12 du présent décret sont applicables dans les territoires d'outre-mer.

Art. 14. – Le présent décret ne peut être modifié que par décret en Conseil d'Etat.

Art. 54 ACTES DE L'ÉTAT CIVIL

Décret n. 74-449 du 15 mai 1974
relatif au livret de famille

Art. 1er. – Lors de la célébration du mariage, l'officier de l'état civil établit un livret de famille qu'il remet aux époux.

Ce livret de famille comporte l'extrait de l'acte de mariage des époux.

Il est ultérieurement complété par :
Les extraits des actes de naissance des enfants issus du mariage et des enfants légitimés par ce mariage ; ceux des enfants adoptés par les deux époux soit en la forme de l'adoption plénière, soit en la forme de l'adoption simple lorsque leurs parents d'origine étaient inconnus ; ceux des enfants issus d'un des deux époux et d'un autre parent légalement inconnu, et qui ont été adoptés par l'autre époux ;
Les extraits des actes de décès de ces enfants morts avant leur majorité ;
Les extraits des actes de décès des époux.

Art. 2. – Un livret de famille est remis à la mère d'un enfant naturel, sur sa demande, lorsque la filiation maternelle est établie.

Ce livret de famille comporte un extrait de l'acte de naissance de la mère et un extrait de l'acte de naissance de l'enfant.

Il est ultérieurement complété par :
Les extraits des actes de naissance des autres enfants naturels ;
Les extraits des actes de décès des enfants naturels morts avant leur majorité ;
L'extrait de l'acte de décès de la mère.

Art. 3. – Un livret de famille est aussi remis sur sa demande au père d'un enfant naturel lorsque la filiation paternelle est établie.

Ce livret comporte les extraits des actes de naissance et de décès du père et des enfants selon les règles et conditions fixées à l'article précédent.

Art. 4. – Le père et la mère d'un enfant naturel peuvent demander conjointement qu'il leur soit délivré un livret de famille commun.

Il comporte des extraits des actes de naissance et de décès du père, de la mère et de leurs enfants communs selon les règles et conditions fixées à l'article 2.

Art. 5. – Les dispositions des articles 2, 3 et 4 sont applicables lorsque l'enfant a fait l'objet d'une légitimation par autorité de justice.

Art. 6. – Lorsqu'une adoption a été prononcée à la requête d'une seule personne, l'adoptant peut demander qu'il lui soit délivré un livret de famille conforme au modèle prévu aux articles 2 et 3 ci-dessus s'il y a eu adoption plénière ou si les père et mère de l'adopté sont légalement inconnus.

Art. 7. – Les livrets prévus aux articles 2 à 6 sont établis à la diligence de l'officier de l'état civil du lieu de naissance de l'enfant ou de celui de la résidence du parent qui en fait la demande.

Art. 7-1 *(aj. D. n. 80-308 du 25 avril 1980, art. 7).* – Les livrets de famille des personnes pour lesquelles il a été dressé un acte prévu par les articles 98 à 98-2 du Code civil sont, le cas échéant, délivrés par l'officier de l'état civil qui a établi l'acte.

ACTES DE L'ÉTAT CIVIL — Art. 54

Art. 8. – L'extrait de l'acte de l'état civil d'un enfant déclaré présentement sans vie figure sur le livret de famille si les parents le demandent. Dans ce cas l'officier de l'état civil indique expressément qu'il s'agit d'un enfant « déclaré présentement sans vie ».

Art. 8-1 *(aj. D. n. 80-308 du 25 avril 1980, art. 7).* – Les extraits des actes de naissance des enfants étrangers pour lesquels l'acte de naissance n'est pas conservé par une autorité française peuvent, si les parents le demandent, être portés sur les livrets de famille au vu d'une copie ou d'un extrait de l'acte étranger déposé au service central de l'état civil du ministère des affaires étrangères.

Art. 9. – Les actes ou jugements qui ont une incidence sur un acte dont l'extrait figure au livret de famille doivent être mentionnés par l'officier de l'état civil à la suite de cet extrait.

Les déclarations conjointes faites par application des articles 334-2 et 334-5 du Code civil peuvent être portées sur le livret de famille par le greffier du juge des tutelles ou par l'officier de l'état civil du lieu de naissance de l'enfant.

Aucune autre mention ne peut être apposée sur les pages du livret de famille.

Art. 10. – La conservation du livret est assurée par les père et mère auxquels incombe le soin de le faire tenir à jour.

Art. 11. – L'officier de l'état civil qui reçoit ou transcrit un acte ou une décision judiciaire devant être porté ou mentionné sur le livret de famille est tenu de réclamer au déclarant ou à la personne chargée de faire opérer la transcription la présentation de ce livret en vue de le compléter sans délai.

Si le livret ne peut être présenté, l'acte est néanmoins dressé ou la transcription ou la mention opérée.

Art. 12. – Les extraits des actes de mariage portés sur le livret de famille sont établis conformément aux dispositions de l'article 11 du décret du 3 août 1962. Il en est de même des extraits des actes de naissance des père et mère naturels sans toutefois qu'il y soit fait mention de leur situation matrimoniale.

Les extraits des actes de naissance des enfants sont établis conformément aux dispositions de l'article 10 dudit décret. Ils mentionnent en outre, pour les enfants naturels, la reconnaissance souscrite par celui des parents qui n'est pas titulaire du livret.

Les extraits des actes de décès indiquent, sans autre renseignement, le lieu et la date du décès.

Art. 13. – Chacun des extraits, chacune des mentions portées sur le livret de famille a la force probante qui s'attache aux extraits des actes de l'état civil et aux mentions portées en marge.

Art. 14. – Un second livret peut être remis à celui des deux époux qui est dépourvu du premier livret, notamment en cas de divorce ou de séparation de corps. La demande en est faite à l'officier de l'état civil de la résidence du requérant.

Ce second livret est établi par reproduction du précédent.

Si le premier livret ne peut être présenté, l'officier de l'état civil adresse, après, le cas échéant, y avoir inscrit les extraits des actes dont il est dépositaire, un nouveau fascicule aux officiers de l'état civil ayant transcrit ou dressé les autres actes dont les extraits doivent figurer au livret.

Ce livret porte sur la première page la mention « Second livret ».

Les dispositions du présent article sont applicables aux père et mère naturels qui se sont fait délivrer un livret de famille commun.

Art. 55 ACTES DE L'ÉTAT CIVIL

Art. 15. – En cas de perte, de vol ou de destruction du livret de famille, sa reconstitution est opérée selon les règles prévues à l'article précédent.

Art. 16. – Un nouveau livret peut pareillement être remis aux intéressés, en échange du précédent, en cas de changement dans la filiation ou dans les noms ou prénoms des personnes qui figurent sur le livret.

Il fait état de la nouvelle filiation ou des nouveaux noms et prénoms sans aucune référence aux anciennes mentions.

Art. 17. – En pays étranger, le livret de famille est délivré par l'agent diplomatique ou consulaire compétent.

Dans le cas où les actes dont les extraits doivent figurer au livret de famille sont dressés par une autorité étrangère, ils doivent préalablement être transcrits.

Art. 18. – Le ministre chargé du dépôt des papiers publics d'outre-mer peut délivrer le livret de famille des père et mère naturels lorsque l'acte de naissance de l'enfant figure sur ses registres. Il est également habilité à compléter le livret lorsque l'acte de naissance du père et de la mère naturels figurent sur ses registres.

Il peut aussi procéder ou faire procéder à la délivrance d'un second livret si l'un des actes dont l'extrait doit être porté figure sur ses registres.

Art. 19. – L'établissement du livret de famille ne donne lieu à la perception d'aucun droit.

Art. 20. – Les modèles de fascicules constituant le livret de famille sont définis par arrêté conjoint du ministre d'Etat, garde des sceaux, ministre de la justice, et du ministre de l'intérieur, et pour les territoires d'outre-mer, par arrêté du délégué du Gouvernement.

Art. 21. – Le présent décret est applicable dans les territoires d'outre-mer à l'exception de l'article 19.

Dans le territoire des Comores et dans le territoire français des Afars et des Issas, les livrets de famille prévus aux articles 1er à 6 ci-dessus sont délivrés dans les centres de l'état civil de droit commun.

Art. 22. – Le décret du 17 mai 1954, modifié par le décret n. 60-393 du 9 avril 1960, et le décret n. 58-251 du 1er mars 1958, relatif au livret de famille dans les territoires d'outre-mer, sont abrogés.

Art. 23. – Le présent décret prendra effet le premier jour du quatrième mois qui suivra sa publication au *Journal officiel* de la République française, soit le 1er septembre 1974.

CHAPITRE II. – DES ACTES DE NAISSANCE

Art. 55 *(L. 21 juin 1903; L. 20 nov. 1919; L. n. 55-1391 du 24 oct. 1955; L. n. 58-308 du 25 mars 1958).* – **Les déclarations de naissance seront faites dans les trois jours de l'accouchement, à l'officier de l'état civil du lieu.**

Lorsqu'une naissance n'aura pas été déclarée dans le délai légal, l'officier de l'état civil ne pourra la relater sur ses registres qu'en vertu d'un jugement rendu par le tribunal de

ACTES DE L'ÉTAT CIVIL — Art. 57

l'arrondissement dans lequel est né l'enfant, et mention sommaire en sera faite en marge à la date de la naissance. Si le lieu de la naissance est inconnu, le tribunal compétent sera celui du domicile du requérant.

En pays étranger, les déclarations aux agents diplomatiques ou aux consuls seront faites dans les dix jours de l'accouchement. Toutefois, ce délai pourra être prolongé dans certaines circonscriptions consulaires en vertu d'un décret du Président de la République qui fixera la mesure et les conditions de cette prolongation.

Décret n. 60-1265 du 25 novembre 1960, art. 1ᵉʳ
relatif au mode de calcul du délai de trois jours prévu à l'article 55 du Code civil

Art. 1ᵉʳ. – Le jour de l'accouchement n'est pas compté dans le délai de trois jours fixé par l'article 55 de Code civil.
(D. n. 76-944, 15 oct. 1976, art. 1ᵉʳ) Lorsque le dernier jour dudit délai est un samedi, un dimanche, un jour férié ou chômé, ce délai est prorogé jusqu'au premier jour ouvrable suivant.

1) Si la naissance n'est pas déclarée dans le délai légal, il appartient au Parquet de requérir le président du tribunal de grande instance à l'effet d'établir un jugement en tenant lieu (T.G.I. Paris 18 mai 1973 : *D.* 1974, 472, note Massip).

2) Sur le délai de déclaration des naissances à l'étranger devant les agents diplomatiques, V. D. n. 71-254 du 30 mars 1971, art. 2 (*J.O.* 6 avril ; *J.C.P.* 71, III, 37766).

3) Un intérêt d'ordre public s'attache à ce que toute personne vivant habituellement en France, même si elle est née à l'étranger et possède une nationalité étrangère, soit pourvue d'un état civil. Le tribunal français du domicile de cette personne est alors compétent pour déclarer sa naissance (Paris 24 fév. 1977 : *D.* 1978, 168, note Massip).

4) Sur le cas des enfants présentés sans vie à l'officier de l'état civil, V. D. 4 juil. 1806, *infra* sous art. 79.

Art. 56. – La naissance de l'enfant sera déclarée par le père, ou, à défaut du père, par les docteurs en médecine ou en chirurgie, sages-femmes, officiers de santé ou autres personnes qui auront assisté à l'accouchement ; et lorsque la mère sera accouchée hors de son domicile, par la personne chez qui elle sera accouchée.
(L. 22 juil. 1922 ; L. 7 fév. 1924) **L'acte de naissance sera rédigé immédiatement.**

1) En l'absence du père, l'obligation de déclarer la naissance pèse sur toutes les personnes ayant assisté à l'accouchement et non successivement dans l'ordre indiqué par le texte (Crim. 12 nov. 1859 : *D.P.* 60, I, 50). Dans le cas où la mère accouche en dehors de son domicile, l'obligation de déclarer la naissance qui pèse sur la personne chez qui elle a accouché n'exclut pas l'obligation pesant sur ceux qui ont assisté à l'accouchement (Crim. 28 fév. 1867 : *D.P.* 67, I, 190).

2) Les médecins et sages-femmes ne peuvent se retrancher derrière le secret professionnel pour s'abstenir de déclarer les naissances auxquelles ils ont assisté (Trib. corr. Vesoul 27 janv. 1920 : *D.P.* 1920, II, 151).

3) L'acte de naissance fait preuve de l'accouchement de la mère désignée dès lors qu'il renferme toutes les mentions exigées par la loi (Civ. 1ʳᵉ, 8 janv. 1958 : *Bull.* I, n. 21, p. 16).

Art. 57 *(L. 30 nov. 1906 ; L. 7 fév. 1924 ; D.-L. 29 juil. 1939, art. 108 ; L. n. 55-1465 du 12 nov. 1955 ; D. n. 62-921 du 3 août 1962, art. 14).* – **L'acte de naissance énoncera le jour, l'heure**

Art. 57 ACTES DE L'ÉTAT CIVIL

et le lieu de la naissance, le sexe de l'enfant et les prénoms qui lui seront donnés, les prénoms, noms, âges, professions et domiciles des père et mère et, s'il y a lieu, ceux du déclarant. Si les père et mère de l'enfant naturel, ou l'un d'eux, ne sont pas désignés à l'officier de l'état civil, il ne sera fait sur les registres aucune mention à ce sujet.
Si l'acte dressé concerne un enfant naturel, l'officier de l'état civil en donnera, dans le mois, avis au juge du tribunal d'instance du canton de la naissance.
Les prénoms de l'enfant figurant dans son acte de naissance peuvent, en cas d'intérêt légitime, être modifiés par jugement du tribunal de grande instance prononcé à la requête de l'enfant ou, pendant la minorité de celui-ci, à la requête de son représentant légal.
Le jugement est rendu et publié dans les conditions prévues aux articles 99 et 101 du présent code. L'adjonction de prénoms pourra pareillement être décidée.
Al. 4 à 8 abrogés, D. n. 62-921 du 3 août 1962, art. 14 (V. supra, sous art. 54).

1) Le maire n'a pas à vérifier la valeur juridique et matérielle des renseignements visés à l'article 57, sauf le cas de déclaration manifestement irrégulière (Douai 10 avril 1940 : *S.* 1941, II, 39).

2) La mention de sexe portée dans l'acte de naissance sur les indications du déclarant jouit d'une présomption de vérité qui la rend opposable jusqu'à preuve du contraire (T.G.I. Seine 18 janv. 1965 : *J.C.P.* 65, II, 14421, concl. Fabre). Sur la procédure et les conditions de rectification au cas de changement de sexe, V. *infra,* sous art. 99.

3) Sur le choix des prénoms par le déclarant, V. L. 11 germinal an XI, art. 1er, *infra.* Pour le prénom « Cerise », V. Civ. 1re, 10 juin 1981 : *D.* 1982, 160, note Agostini et sur renvoi Bourges 2 mars 1983 : *Gaz. Pal.* 1983, II, 378, concl. Petit. Pour le refus du prénom « Manhattan », V. Civ. 1re, 17 juil. 1984 : *D.* 1984, 609, note Massip. Comp., laissant aux juges du fond le soin de déterminer si le prénom choisi risque de nuire à l'intérêt de l'enfant, Civ. 1re, 1er oct. 1986 : *J.C.P.* 87, II, 20894, note Agostini. – V. aussi Nerson, *Rev. trim. dr. civ.* 1979, 115.

4) Il résulte de l'article 57 que l'acte de naissance doit énoncer le lieu de naissance réel. Viole cette disposition la cour d'appel qui dit que, par application de l'article 47 et conformément aux autorités étrangères, l'enfant devait être réputé né en France (Civ. 1re, 12 nov. 1986 : *Bull.* I, n. 258, p. 247 ; *Défrénois* 1987, 317, obs. Massip).

5) Seul l'acte de naissance fait foi de la réalité des prénoms donnés lors de la naissance, et non le livret de famille (T.G.I. Nevers 30 oct. 1972 : *D.* 1973, 147, note G.A.).

6) Sur l'intérêt légitime exigé par l'article 57, al. 3 pour demander le changement de prénom, V. Civ. 1re, 16 déc. 1975 : *J.C.P.* 76, IV, 50 ; *Bull.* I, n. 376, p. 313. – Civ. 1re, 3 fév. 1981 : *D.* 1981, 550, 1re esp., note Massip. – T.G.I. Montluçon 12 avril 1974 : *D.* 1974, 639, note Ayache. – T.G.I. Nevers 4 déc. 1974 : *D.* 1975, 567, note Malaurie. Jugé que l'intérêt légitime peut résulter d'un usage prolongé remontant à la première enfance (Paris 7 déc. 1982 : *Défrénois* 1983, 766, obs. Massip). – *Adde* Parisot, *Le changement de prénom : D.* 1966, chron. 41 ; Nerson, *Rev. trim. dr. civ.* 1979, 115. – Sur la possibilité de changer de prénom en cas de changement de sexe subi, V. *infra,* art. 99.

Loi du 6 fructidor an II
portant qu'aucun citoyen ne pourra porter de nom ni de prénom autres que ceux exprimés dans son acte de naissance

Art. 1. – Aucun citoyen ne pourra porter de nom ni de prénom autres que ceux exprimés dans son acte de naissance : ceux qui les auraient quittés seront tenus de les reprendre.

ACTES DE L'ÉTAT CIVIL — Art. 57

Art. 2. – Il est également défendu d'ajouter aucun surnom à son nom propre, à moins qu'il n'ait servi jusqu'ici à distinguer les membres d'une même famille, sans rappeler des qualifications féodales ou nobiliaires.

Art. 3. – *Abrogé.*

Art. 4. – Il est expressément défendu à tous fonctionnaires publics de désigner les citoyens dans les actes autrement que par le nom de famille, les prénoms portés en l'acte de naissance, ou les surnoms maintenus par l'article 2, ni d'en exprimer d'autres dans les expéditions et extraits qu'ils délivreront à l'avenir.

Loi n. 85-1372 du 23 décembre 1985
relative à l'égalité des époux dans les régimes matrimoniaux
et des parents dans la gestion des biens des enfants mineurs

Art. 43. – Toute personne majeure peut ajouter à son nom, à titre d'usage, le nom de celui de ses parents qui ne lui a pas transmis le sien.

A l'égard des enfants mineurs, cette faculté est mise en œuvre par les titulaires de l'exercice de l'autorité parentale.

V. Circulaire du 26 juin 1986 relative à la mise en œuvre de l'article 43 de la loi du 23 décembre 1985 : *J.C.P.* 86, III, 58959.

V. *J.-Cl. Civil,* Annexes, V^o *Nom.*

1) Ne donne pas de base légale à sa décision l'arrêt qui fait droit à une requête en rectification d'état civil visant à compléter le patronyme du requérant en énonçant que jusqu'à son trisaïeul le nom patronymique de tous les ancêtres était bien celui revendiqué, alors qu'il lui appartenait de rechercher si, à défaut de titre de naissance, la filiation du trisaïeul était établie par la possession d'état (Civ. 1re, 5 mai 1987 : *Bull.* I, n. 141, p. 111).

2) L'usage dans les familles dont le nom est multiple de ne porter que la dernière partie ne saurait prévaloir contre une disposition légale présentant un caractère d'ordre public (Civ. 1re, 19 nov. 1957 : *D.* 1958, 283, note Ponsard). Sur le droit, consacré par l'usage avant la loi du 6 fructidor an II, d'incorporer le nom de terres nobles au nom patronymique, V. Civ. 1re, 23 juin 1982 : *J.C.P.* 82, IV, 316 ; *Bull.* I, n. 239, p. 204. Un titre de baron enregistré par l'autorité française sous le roi Louis XVI ne pouvait être transmis à des héritiers français que de mâle en mâle, suivant les règles du droit nobiliaire français (C.E. 25 fév. 1983 : *D.* 1984, 161, note Texier). La défense contre toute usurpation d'un titre de noblesse ne peut appartenir qu'à celui qui le porte lui-même ou fait partie d'une famille à laquelle a été exclusivement reconnue cette distinction honorifique (T.G.I. Paris 21 déc. 1988 : *J.C.P.* 89, II, 21213, note Ourliac, à propos du titre de Duc d'Anjou).

3) Si une société a qualité pour défendre l'utilisation commerciale de sa dénomination par un tiers, elle ne la possède pas pour s'opposer à l'usurpation du nom patronymique de son fondateur (Com. 28 avril 1987 : *Bull.* IV, n. 100, p. 75)

4) Le nom est imprescriptible (Req. 14 avril 1934 : *D.H.* 1934, 265). Mais le principe de l'immutabilité du nom ne fait pas obstacle à ce que la possession prolongée d'un nom puisse en permettre l'acquisition

dès lors que cette possession n'a pas été déloyale (Civ. 1re, 31 janv. 1978 : *J.C.P.* 79, II, 19035, note Nerac ; *D.* 1979, 182, note R. Savatier).

5) Si la possession loyale et prolongée d'un nom est propre à conférer à l'individu qui le porte le droit à ce nom, elle ne fait pas obstacle à ce que celui-ci, renonçant à s'en prévaloir, revendique le nom de ses ancêtres, qu'il n'a pas perdu en raison de l'usage d'un autre nom par ses ascendants les plus proches (Civ. 1re, 15 mars 1988 : *D.* 1988, 549, note Massip ; *J.C.P.* 89, II, 21347, note Agostini).

6) Le principe de l'inaliénabilité et de l'imprescriptibilité du nom patronymique, qui empêche son titulaire d'en disposer librement pour identifier au même titre une autre personne physique, ne s'oppose pas à la conclusion d'un accord portant sur l'utilisation de ce nom comme dénomination sociale ou nom commercial (Com. 12 mars 1985 : *D.* 1985, 471, note Ghestin).

7) Sur les exceptions au principe posé par l'article 1er de la loi du 6 fructidor an II, V. les textes rapportés *infra*.

8) Sur l'interdiction faite aux étrangers d'user en France d'un pseudonyme, V. L. 10 fév. 1942, art. 10 : *J.C.P.* 42, III, 5838.

9) Sur la preuve de l'identité des personnes qui, par suite de différences existant entre les législations de certains Etats, ne sont pas désignées par le même nom de famille, v. D. n.88-978 du 11 octobre 1988 portant publication de la convention relative à la délivrance d'un certificat de diversité de noms de famille, signée à La Haye le 8 septembre 1982 (*J.O.* 15 oct.).

Loi du 11 germinal an XI
relative aux prénoms et changements de noms

TITRE Ier. – DES PRENOMS

Art. 1er. – A compter de la publication de la présente loi, les noms en usage dans les différents calendriers, et ceux des personnages connus dans l'histoire ancienne, pourront seuls être reçus, comme prénoms, sur les registres de l'état civil destinés à constater la naissance des enfants ; et il est interdit aux officiers publics d'en admettre aucun autre dans leurs actes.

....

TITRE II. – DES CHANGEMENTS DE NOMS

Art. 4. – Toute personne qui aura quelque raison de changer de nom en adressera la demande motivée au gouvernement.

Art. 5. – Le gouvernement prononcera dans la forme prescrite pour les règlements d'administration publique.

Art. 6. – S'il admet la demande, il autorisera le changement de nom, par un arrêté rendu dans la même forme, mais qui n'aura son exécution qu'après la révolution d'une année, à compter du jour de son insertion au *Bulletin des Lois*.

Art. 7. – Pendant le cours de cette année, toute personne y ayant droit sera admise à présenter requête au Gouvernement pour obtenir la révocation de l'arrêté autorisant le changement de nom ; et cette révocation sera prononcée par le Gouvernement, s'il juge l'opposition fondée.

ACTES DE L'ÉTAT CIVIL — Art. 57

Art. 8. – S'il n'y a pas eu d'oppositions, ou si celles qui ont été faites n'ont point été admises, l'arrêté autorisant le changement de nom aura son plein et entier effet à l'expiration de l'année. *(Ord. n. 58-779 du 23 août 1958, art. 6)* Mention du nouveau nom sera portée, soit d'office, soit à la demande du bénéficiaire du changement de nom, sur réquisition du procureur de la République du lieu de son domicile, en marge des actes de l'état civil de l'intéressé et, le cas échéant, de son conjoint et de ses enfants mineurs.

Art. 9. – Il n'est rien innové par la présente loi aux dispositions des lois existantes relatives aux questions d'état, entraînant changement de nom, qui continueront à se poursuivre devant les tribunaux dans les formes ordinaires.

....

Loi du 2 juillet 1923
perpétuant le nom des citoyens morts pour la patrie

Art. 1ᵉʳ. – Au cas où le dernier représentant mâle d'une famille, dans l'ordre de la descendance, est mort à l'ennemi sans postérité, le droit de relever son nom en l'ajoutant au sien appartient au plus proche de ses successibles, et, si celui-ci ne l'exerce pas, aux autres successibles dans l'ordre légal, jusques et y compris le sixième degré, vivant lors de son décès, agissant tant pour eux que pour leurs enfants nés ou à naître.

(L n. 57-133, du 8 fév. 1957) Pour l'exercer, le demandeur devra se pourvoir par voie de requête devant le tribunal de *grande instance* du lieu de l'ouverture de la succession : s'il est majeur, dans les cinq ans de l'établissement ou de la transcription de l'acte de décès du défunt sur les registres de l'état civil ; s'il est mineur, dans les cinq ans qui suivront sa majorité, si ce droit n'a pas été revendiqué au cours de sa minorité par ses représentants légaux.

Art. 2. – La requête est déposée au greffe ; copie en est affichée pendant trois mois dans l'auditoire du tribunal, ainsi qu'à la mairie du dernier domicile du défunt et à la mairie du domicile du demandeur à la diligence des procureurs de la République.
Passé ce délai, aucune opposition ne sera plus recevable.
Dès l'expiration du délai de trois mois et si aucune opposition n'a été formée, le tribunal, en chambre du conseil, sur les justifications qui lui seront apportées, ordonnera la rectification des actes de l'état civil qui sera poursuivie à la diligence du procureur de la République.

Art. 3. – Au cas d'opposition, il est statué par le tribunal de *grande instance* siégeant en audience publique, le ministère public entendu.
La requête, qu'il y ait ou non opposition, peut être rejetée, même d'office, pour des motifs tirés de la volonté expresse ou tacite du défunt ou de l'indignité du requérant.

Art. 4. – Tout individu, s'il est dans l'ordre de la descendance le dernier représentant mâle d'une famille, peut, en prévision du cas où il serait tué à l'ennemi sans postérité, transmettre son nom patronymique par disposition de dernière volonté à l'un de ses parents au degré successible, même non appelé à sa succession.
Cette disposition étant acceptée a pour effet d'exclure tous autres ayants droit aux termes de l'article premier.
La personne désignée par le testateur devra exercer son droit dans les délais et sous les conditions déterminées par les articles précédents.

Art. 57   ACTES DE L'ÉTAT CIVIL

Le présent article est rétroactivement applicable dans les conditions prescrites aux dispositions de dernière volonté par lesquelles un soldat « mort pour la France » aurait, depuis le 1er août 1914, déclaré vouloir transmettre son nom.

Loi n. 72-964 du 25 octobre 1972 *(J.O. 26 oct.)*
relative à la francisation des noms et prénoms des personnes qui acquièrent ou recouvrent la nationalité française

Art. 1er *(L. n. 73-42 du 9 janv. 1973, art. 29-I)*. – Peut demander la francisation de son nom seul, de son nom et de ses prénoms ou de l'un d'eux, de ses prénoms ou de l'un d'eux lorsque leur caractère étranger peut gêner l'intégration dans la communauté française de celui qui les porte :

1° Toute personne en instance de naturalisation ou en instance de réintégration dans la nationalité française par décision de l'autorité publique ;

2° Toute personne qui souscrit une déclaration de réintégration dans la nationalité française ;

3° Toute personne qui souscrit une déclaration en vue d'acquérir la nationalité française ;

4° Toute personne qui acquiert la nationalité française du fait de sa naissance et de sa résidence en France ;

5° Toute personne qui acquiert la nationalité française du fait de sa naissance en France et de son incorporation dans l'armée française.

Art. 2. – La francisation d'un nom consiste dans la traduction en langue française de ce nom ou dans la modification nécessaire pour faire perdre à ce nom son caractère étranger.

La francisation d'un prénom consiste dans la substitution à ce prénom d'un prénom français.

Art. 3. – Toute personne mentionnée à l'article 1er qui ne possède pas de prénom peut demander l'attribution d'un prénom français même lorsqu'elle ne demande pas la francisation de son nom.

Art. 4 *(L. n. 73-42 du 9 janv. 1973, art. 29-II)*. – Les personnes mentionnées à l'article 1er peuvent demander la francisation des prénoms ou de l'un des prénoms de leurs enfants mineurs bénéficiaires de l'effet collectif prévu dans le Code de la nationalité française. Elles peuvent également demander l'attribution à ces enfants d'un prénom français, s'ils ne possèdent aucun prénom.

Art. 5. – Lorsqu'une demande de francisation de nom est faite par ou pour une personne qui ne possède pas de prénom, elle doit être assortie d'une demande d'attribution d'un prénom français.

Art. 6. – En cas de demandes de francisation du nom et de francisation des prénoms ou de l'un d'eux ou de l'attribution d'un prénom, les deux requêtes doivent être formées conjointement sous peine d'irrecevabilité de la seconde en date.

Art. 7 *(L. n. 73-42 du 9 janv. 1973, art. 29-III ; L. n. 74-631 du 5 juil. 1974, art. 8)*. – Les personnes mentionnées à l'article 1er peuvent, lorsqu'elles sont mineures, demander la

ACTES DE L'ÉTAT CIVIL   Art. 57

francisation de leur nom, de leurs prénoms ou de l'un d'eux et l'attribution d'un prénom français si elles sont autorisées ou représentées dans les conditions déterminées par le Code de la nationalité française.

Art. 8 *(L. n. 73-42 du 9 janv. 1973, art. 29-IV à VI)*. – La demande de francisation du nom ou des prénoms ou d'attribution de prénom doit être faite :
1° Dans les cas prévus au 1° de l'article 1er lors du dépôt ou au cours de l'instruction de la demande de naturalisation ou de réintégration ;
2° Dans les cas prévus aux 2° et 3° de l'article 1er le jour où la déclaration est souscrite en vue d'acquérir ou de recouvrer la nationalité française ;
3° Dans les cas prévus aux 4° et 5° de l'article 1er soit avant l'acquisition de la nationalité française, soit dans les dix mois qui suivent cette acquisition.
Dans tous les cas prévus aux 1°, 2° et 3° du présent article, la demande de francisation devient sans objet si le postulant n'obtient pas l'acquisition de la nationalité française.

Art. 9 *(L. n. 73-42 du 9 janv. 1973, art. 29-VII)*. – La francisation du nom et des prénoms ainsi que l'attribution de prénom sont accordées sur le rapport du ministre chargé des naturalisations, soit par le décret conférant la naturalisation ou la réintégration, soit par un décret postérieur à l'acquisition de la nationalité française.

Art. 10. – La francisation du nom s'étend de plein droit, sans qu'il soit nécessaire d'en faire mention dans le décret relatif à leur auteur, et sous réserve que ces enfants n'aient pas usé de la faculté qui leur est ouverte par l'article 7 :
1° *(L. n. 73-42 du 9 janv. 1973, art. 29-VIII)* Aux enfants mineurs bénéficiaires de l'effet collectif prévu dans le Code de la nationalité française ;
2° Aux enfants mineurs, français à un autre titre, lorsque le parent dont ils portent le nom requiert ou recouvre la nationalité française.

Art. 11. – Dans le délai de six mois suivant la publication au *Journal officiel* du décret portant francisation du nom et sans préjudice du recours pour excès de pouvoir devant le Conseil d'État ouvert aux tiers dans les conditions ordinaires, il appartient à toute personne justifiant qu'elle subit un préjudice moral ou matériel du fait de cette francisation de faire opposition audit décret qui peut être rapporté après avis conforme du Conseil d'Etat dans le délai de six mois suivant l'opposition.
Aucune opposition ne peut être formée contre la francisation du ou des prénoms ou l'attribution d'un prénom.

Art. 12. – Le décret portant francisation de nom prend effet, s'il n'y a pas eu d'opposition, à l'expiration du délai de six mois pendant lequel l'opposition est recevable dans les termes de l'article précédent, ou dans le cas contraire après le rejet de l'opposition.
Le décret portant seulement francisation ou attribution de prénom prend effet au jour de sa signature.
Mention du nom et, éventuellement du ou des prénoms francisés ou attribués sera portée soit d'office, soit à la demande du bénéficiaire, sur réquisition du procureur de la République du lieu de son domicile, en marge des actes de l'état civil de l'intéressé et le cas échéant de son conjoint et de ses enfants mineurs.

Art. 13. – La loi n. 65-526 du 3 juillet 1965 est abrogée, à l'exception des dispositions de son article 11.

Art. 58 — ACTES DE L'ÉTAT CIVIL

Art. 58 *(Ord. n. 58-779 du 23 août 1958, art. 1ᵉʳ)*. – **Toute personne qui aura trouvé un enfant nouveau-né est tenue d'en faire la déclaration à l'officier de l'état civil du lieu de la découverte. Si elle ne consent pas à se charger de l'enfant, elle doit le remettre, ainsi que les vêtements et autres effets trouvés avec lui, à l'officier de l'état civil.**

Il est dressé un procès-verbal détaillé qui, outre les indications prévues à l'article 34 du présent code, énonce la date, l'heure, le lieu et les circonstances de la découverte, l'âge apparent et le sexe de l'enfant, toute particularité pouvant contribuer à son identification ainsi que l'autorité ou la personne à laquelle il est confié. Ce procès-verbal est inscrit à sa date sur les registres de l'état civil.

A la suite et séparément de ce procès-verbal, l'officier de l'état civil établit un acte tenant lieu d'acte de naissance. En plus des indications prévues à l'article 34, cet acte énonce le sexe de l'enfant ainsi que les prénoms et nom qui lui sont donnés : il fixe une date de naissance pouvant correspondre à son âge apparent et désigne comme lieu de naissance la commune où l'enfant a été découvert.

Pareil acte doit être établi, sur déclaration des services de l'assistance à l'enfance, pour les enfants placés sous leur tutelle et dépourvus d'acte de naissance connu ou pour lesquels le secret de la naissance a été réclamé.

Les copies et extraits du procès-verbal de découverte ou de l'acte provisoire de naissance sont délivrés dans les conditions et selon les distinctions faites à l'article 57 du présent code.

Si l'acte de naissance de l'enfant vient à être retrouvé ou si la naissance est judiciairement déclarée, le procès-verbal de la découverte et l'acte provisoire de naissance sont annulés à la requête du procureur de la République ou des parties intéressées.

Art. 59 *(L. 7 fév. 1924)*. – **En cas de naissance pendant un voyage maritime, il en sera dressé acte dans les trois jours de l'accouchement sur la déclaration du père, s'il est à bord.**

(L. 8 juin 1893) **Si la naissance a lieu pendant un arrêt dans un port, l'acte sera dressé dans les mêmes conditions, lorsqu'il y aura impossibilité de communiquer avec la terre, ou lorsqu'il n'existera pas dans le port, si l'on est à l'étranger, d'agent diplomatique ou consulaire français investi des fonctions d'officier de l'état civil.**

Cet acte sera rédigé, savoir : sur les bâtiments de l'État, par l'officier du commissariat de la marine ou, à son défaut, par le commandant ou celui qui en remplit les fonctions ; et sur les autres bâtiments, par le capitaine, maître ou patron, ou par celui qui en remplit les fonctions.

Il y sera fait mention de celle des circonstances ci-dessus prévues, dans laquelle l'acte a été dressé.

L'acte sera inscrit à la suite du rôle d'équipage.

Art. 60 et 61. – Mod. *L. 8 juin 1893* ; abrogés, *D. n. 65-422 du 1ᵉʳ juin 1965, art. 12 (V. supra sous art. 54)*.

Art. 62 *(D.-L. 29 juil. 1939, art. 109)*. – **L'acte de reconnaissance d'un enfant naturel sera inscrit sur les registres à sa date ; il en sera fait mention en marge de l'acte de naissance, s'il en existe un et il en sera donné avis, dans le mois, au juge du tribunal d'instance du canton de la naissance.**

(L. 8 juin 1893) **Dans les circonstances prévues à l'article 59, la déclaration de reconnaissance pourra être reçue par les officiers instrumentaires désignés en cet article, et dans les formes qui y sont indiquées.**

ACTES DE L'ÉTAT CIVIL | Art. 63

Troisième al. abrogé, D. n. 65-422 du 1ᵉʳ juin 1965, art. 12 (V. ce texte et notamment ses art. 7 et 8, supra sous art. 54).

CHAPITRE III. – DES ACTES DE MARIAGE

Art. 63 *(L. 21 juin 1907 ; L. 9 août 1919 ; L. 8 avril 1927).* – **Avant la célébration du mariage, l'officier de l'état civil fera une publication par voie d'affiche apposée à la porte de la maison commune. Cette publication énoncera les prénoms, noms, professions, domiciles et résidences des futurs époux, ainsi que le lieu où le mariage devra être célébré.**
(L. 16 déc. 1942 ; Ord. n. 45-2720 du 2 nov. 1945, art. 5 ; L. n. 56-780 du 4 août 1956, art. 94-1°) **L'officier de l'état civil ne pourra procéder à la publication prévue à l'alinéa ci-dessus, ni en cas de dispense de publication, à la célébration du mariage, qu'après la remise, par chacun des futurs époux, d'un certificat médical datant de moins de deux mois, attestant, à l'exclusion de toute autre indication, que l'intéressé a été examiné en vue du mariage.**
L'officier d'état civil qui ne se conformera pas aux prescriptions de l'alinéa précédent sera poursuivi devant le tribunal de grande instance et puni d'une amende de 2 000 à 20 000 francs (20 F à 200 F).

1) Sur la compétence des tribunaux civils pour prononcer la sanction prévue par l'article 63, V. Crim. 23 nov. 1950 : *J.C.P.* 51, II, 5970.

2) Encourt la sanction prévue à l'article 63 du Code civil l'officier de l'état civil qui procède à la publication d'un mariage sans exiger de certificat médical (Montpellier 22 nov. 1948 : *J.C.P.* 50, II, 5615, note Magnol).

3) Encourent les peines de l'article 147 du Code civil ceux qui font de fausses déclarations au sujet des énonciations que doit contenir l'acte de publication (Crim. 28 mai 1857 : *D.P.* 1857, 1, 317).

Décret n. 62-840 du 19 juillet 1962
relatif à la protection maternelle et infantile
....

Art. 6-1 *(Remplacé, D. n. 78-396 du 17 mars 1978, art. 1ᵉʳ).* – Le médecin ne devra délivrer le certificat prénuptial prévu au deuxième alinéa de l'article 63 du Code civil qu'au vu du résultat :
1° D'un examen sérologique pour le dépistage de la syphilis datant de moins de trois mois ;
2° Dans le cas où des indications particulières le justifient, d'un examen radiologique pulmonaire, radiographique ou radiophotographique, à l'exclusion de tout examen radioscopique ;
3° En outre, pour les femmes âgées de moins de cinquante ans :
a) Des examens sérologiques respectifs de la rubéole et de la toxoplasmose : ceux-ci doivent obligatoirement être effectués à nouveau si les résultats d'un examen qui aurait été effectué au moins trois mois avant la consultation prénuptiale n'apportaient pas la preuve d'un état d'immunité ;
b) Du groupe sanguin. Si celui-ci ouvre une possibilité d'iso-immunisation, le groupe sanguin du futur conjoint doit aussi être déterminé ; le cas échéant, ces examens seront complétés par une recherche des agglutinies irrégulières dans le sang de la femme.

Art. 64 ACTES DE L'ÉTAT CIVIL

Art. 64 *(L. 21 juin 1907; L. 9 août 1919; L. 8 avril 1927)*. – **L'affiche prévue à l'article précédent restera apposée à la porte de la maison commune pendant dix jours.**
Le mariage ne pourra être célébré avant le dixième jour depuis et non compris celui de la publication.
Si l'affichage est interrompu avant l'expiration de ce délai, il en sera fait mention sur l'affiche qui aura cessé d'être apposée à la porte de la maison commune.

Art. 65 *(L. 21 juin 1907)*. – **Si le mariage n'a pas été célébré dans l'année, à compter de l'expiration du délai de publication, il ne pourra plus être célébré qu'après une nouvelle publication faite dans la forme ci-dessus.**

Art. 66. – **Les actes d'opposition au mariage seront signés sur l'original et sur la copie par les opposants ou par leurs fondés de procuration, spéciale et authentique ; ils seront signifiés, avec la copie de la procuration, à la personne ou au domicile des parties, et à l'officier de l'état civil, qui mettra son visa sur l'original.**

A peine de nullité, l'opposition à mariage doit être signifiée par huissier (Paris 18 déc. 1868, sous Civ. 21 août 1872 : *D.P.* 1872, I, 345. – V. aussi *infra*, art. 172 et s.).

Art. 67 *(L. 8 avril 1927)*. – **L'officier de l'état civil fera, sans délai, une mention sommaire des oppositions sur le registre des mariages ; il fera aussi mention, en marge de l'inscription desdites oppositions, des jugements ou des actes de mainlevée dont expédition lui aura été remise.**

Art. 68 *(L. n. 46-2154 du 7 oct. 1946, art. 38)*. – **En cas d'opposition, l'officier de l'état civil ne pourra procéder à célébrer le mariage avant qu'on lui en ait remis la mainlevée, sous peine de 3 000 francs (30 F) d'amende et de tous dommages-intérêts.**

La contravention prévue à l'article 68 du Code civil est de la compétence des juridictions répressives (Crim. 23 nov. 1949 : *J.C.P.* 50, II, 5615).

Art. 69 *(L. 9 août 1919)*. – **Si la publication a été faite dans plusieurs communes, l'officier de l'état civil de chaque commune transmettra sans délai à celui d'entre eux qui doit célébrer le mariage un certificat constatant qu'il n'existe point d'opposition.**

Art. 70 *(L. 17 août 1897; L. 11 juil. 1929; L. 2 fév. 1933)*. – **L'expédition de l'acte de naissance remis par chacun des futurs époux à l'officier de l'état civil qui doit célébrer leur mariage est conforme au dernier alinéa de l'article 57 du Code civil, avec, s'il y a lieu, l'indication de la qualité d'époux de ses père et mère ou, si le futur époux est mineur, l'indication de la reconnaissance dont il a été l'objet.**
Cet acte ne devra pas avoir été délivré depuis plus de trois mois, s'il a été délivré en France, et depuis plus de six mois, s'il a été délivré dans une colonie ou dans un consulat.

Art. 71 *(L. 11 juil. 1929)*. – **Celui des futurs époux qui serait dans l'impossibilité de se procurer cet acte pourra le suppléer en rapportant un acte de notoriété délivré par le juge du tribunal d'instance du lieu de sa naissance ou par celui de son domicile.**
L'acte de notoriété contiendra la déclaration faite par trois témoins de l'un ou de l'autre sexe, parents ou non parents, des prénoms, nom, profession et domicile du futur époux, et de ceux de ses père et mère, s'ils sont connus ; le lieu, et, autant que possible, l'époque de sa naissance, et les causes qui empêchent d'en rapporter l'acte. Les témoins signeront

ACTES DE L'ÉTAT CIVIL   Art. 75

l'acte de notoriété avec le juge du tribunal d'instance ; et s'il en est qui ne puissent ou ne sachent signer, il en sera fait mention.

L'article 71 ne vise pas l'hypothèse où aucun acte de naissance n'a été dressé par suite de l'omission de la déclaration de naissance (Trib. civ. Seine 3 juil. 1936 : *D.H.* 1936, 486).

Nouveau Code de procédure civile *(D. n. 81-500 du 12 mai 1981)*

Art. 1157. – Avant de dresser un acte de notoriété, le juge, s'il estime insuffisants les témoignages et documents produits, peut faire recueillir d'office par toute personne de son choix des renseignements sur les faits qu'il y a lieu de constater.

Art. 72 *(L. n. 72-3 du 3 janv. 1972, art. 3).* – **Ni l'acte de notoriété ni le refus de le délivrer ne sont sujets à recours.**

Art. 73 *(L. 20 juin 1896 ; L. 9 août 1919).* – L'acte authentique du consentement des père et mère ou aïeuls ou aïeules ou, à leur défaut, celui du conseil de famille, contiendra les prénoms, noms, professions et domicile des futurs époux et de tous ceux qui auront concouru à l'acte, ainsi que leur degré de parenté.

(L. 28 fév. 1922) Hors le cas prévu par l'article 159 du Code civil, cet acte de consentement est dressé, soit par un notaire, soit par l'officier de l'état civil du domicile ou de la résidence de l'ascendant, et, à l'étranger, par les agents diplomatiques ou consulaires français, Lorsqu'il est dressé par un officier de l'état civil, il ne doit être légalisé, sauf conventions internationales contraires que lorsqu'il y a lieu de le produire devant les autorités étrangères.

Art. 74 *(L. 21 juin 1907).* – Le mariage sera célébré dans la commune où l'un des deux époux aura son domicile ou sa résidence établie par un mois au moins d'habitation continue à la date de la publication prévue par la loi.

Art. 75 *(L. 15 déc. 1929 ; L. 22 sept. 1942, validée Ord. 9 oct. 1945 ; Ord. n. 58-779 du 23 août 1958, art. 2 ; Ord. n. 59-71 du 7 janv. 1959, art. 1er ; L. n. 63-758 du 30 juil. 1963 ; L. n. 66-359 du 9 juin 1966).* – Le jour désigné par les parties, après le délai de publication, l'officier de l'état civil, à la mairie, en présence d'au moins deux témoins, ou de quatre au plus, parents ou non des parties, fera lecture aux futurs époux des articles 212, 213 (al. 1 et 2), 214 (al. 1er) et 215 (al. 1er) du présent code.

(L. 9 août 1919) Toutefois, en cas d'empêchement grave, le procureur de la République du lieu du mariage pourra requérir l'officier de l'état civil de se transporter au domicile ou à la résidence de l'une des parties pour célébrer le mariage. En cas de péril imminent de mort de l'un des futurs époux, l'officier de l'état civil pourra s'y transporter avant toute réquisition ou autorisation du procureur de la République, auquel il devra ensuite, dans le plus bref délai, faire part de la nécessité de cette célébration hors de la maison commune.

Mention en sera faite dans l'acte de mariage.

L'officier de l'état civil interpellera les futurs époux, et, s'ils sont mineurs, leurs ascendants présents à la célébration et autorisant le mariage, d'avoir à déclarer s'il a été fait un contrat de mariage et, dans le cas de l'affirmative, la date de ce contrat, ainsi que les nom et lieu de résidence du notaire qui l'aura reçu.

Art. 76 — ACTES DE L'ÉTAT CIVIL

(L. 10 juil. 1850 ; L. 2 fév. 1933) Si les pièces produites par l'un des futurs époux ne concordent point entre elles quant aux prénoms ou quant à l'orthographe des noms, il interpellera celui qu'elles concernent, et s'il est mineur, ses plus proches ascendants présents à la célébration, d'avoir à déclarer que le défaut de concordance résulte d'une omission ou d'une erreur.

Il recevra de chaque partie, l'une après l'autre, la déclaration qu'elles veulent se prendre pour mari et femme : il prononcera, au nom de la loi, qu'elles sont unies par le mariage, et il en dressera acte sur-le-champ.

Art. 76 *(L. 21 juin 1907 ; L. 9 août 1919 ; L. 28 avril 1922 ; L. 4 fév. 1928).* – L'acte de mariage énoncera :

1° Les prénoms, noms, professions, âges, dates et lieux de naissance, domiciles et résidences des époux ;
2° Les prénoms, noms, professions et domiciles des pères et mères ;
3° Le consentement des pères et mères, aïeuls ou aïeules, et celui du conseil de famille, dans le cas où ils sont requis ;
4° Les prénoms et nom du précédent conjoint de chacun des époux ;
5° *Abrogé, L. 13 fév. 1932* ;
6° La déclaration des contractants de se prendre pour époux, et le prononcé de leur union par l'officier de l'état civil ;
7° Les prénoms, noms, professions, domiciles des témoins et leur qualité de majeurs ;
8° *(L. 10 juil. 1850)* La déclaration, faite sur l'interpellation prescrite par l'article précédent, qu'il a été ou qu'il n'a pas été fait de contrat de mariage, et, autant que possible, la date du contrat, s'il existe, ainsi que les nom et lieu de résidence du notaire qui l'aura reçu ; le tout à peine, contre l'officier de l'état civil, de l'amende fixée par l'article 50.

Dans le cas où la déclaration aurait été omise ou serait erronée, la rectification de l'acte, en ce qui touche l'omission ou l'erreur, pourra être demandée par le procureur de la République, sans préjudice du droit des parties intéressées, conformément à l'article 99.

(L. 17 août 1897 ; Ord. n. 59-71 du 7 janv. 1959, art. 1er) En marge de l'acte de naissance de chaque époux, il sera fait mention de la célébration du mariage et du nom du conjoint.

1) L'énonciation selon laquelle il n'a pas été fait de contrat de mariage fait foi jusqu'à preuve du contraire (Civ. 1re, 6 mai 1985 : *Bull.* I, n. 138, p. 128).

2) Lorsqu'une personne n'exerce pas de profession, seule la mention « sans profession » peut être portée et non celle de « demandeur d'emploi » (Rép. min. n. 17112, *J.O.* déb. Ass. nat. 23 mars 1987, p. 1701).

CHAPITRE IV. – DES ACTES DE DÉCÈS

Art. 77. – *Abrogé D. n. 60-285 du 28 mars 1960, art. 1er*.

Art. 78 *(L. 7 fév. 1924).* – L'acte de décès sera dressé par l'officier de l'état civil de la commune où le décès a eu lieu, sur la déclaration d'un parent du défunt ou sur celle d'une

ACTES DE L'ÉTAT CIVIL　　　　　　　　　　　　　　　　Art. 79

personne possédant sur son état civil les renseignements les plus exacts et les plus complets qu'il sera possible.

Sur les délais de l'inhumation, V. Code des communes, art. R. 361-13.

Art. 79 *(L. 7 fév. 1924)*. – L'acte de décès énoncera :
1° Le jour, l'heure et le lieu du décès ;
2° Les prénoms, nom, date et lieu de naissance, profession et domicile de la personne décédée ;
3° Les prénoms, noms, professions et domiciles de ses père et mère ;
4° Les prénoms et nom de l'autre époux, si la personne décédée était mariée, veuve ou divorcée ;
5° Les prénoms, nom, âge, profession et domicile du déclarant et, s'il y a lieu, son degré de parenté avec la personne décédée.
Le tout, autant qu'on pourra le savoir.
***(Ord. 29 mars 1945)* Il sera fait mention du décès en marge de l'acte de naissance de la personne décédée.**

1) Sur le problème posé par la mention « mort pour la France », V. *supra* sous art. 35.

2) Le nom de l'époux survivant, prédécédé ou divorcé est une énonciation substantielle de l'acte de décès imposée par la loi (Alger 28 oct. 1949 : *J.C.P.* 50, II, 5318).

3) Les mentions relatives à l'âge du défunt ainsi qu'à l'heure et au jour du décès ne font foi que jusqu'à preuve du contraire (Civ. 9 déc. 1924 : *S.* 1925, I, 24). A défaut de toute autre indication, le décès est présumé jusqu'à preuve du contraire s'être produit le jour où il est constaté par l'officier de l'état civil (Civ. 1re, 28 janv. 1957 : *J.C.P.* 57, IV, 38 ; *Bull.* I, n. 43, p. 36).

4) Les actes dressés en vertu de l'article 3 de l'ordonnance du 30 octobre 1945 par les fonctionnaires du ministère chargé des prisonniers, déportés et réfugiés, conformément à l'article 79 du Code civil, constituent des actes de l'état civil dotés de la même force probante que ceux dressés par l'officier de l'état civil normalement compétent (Civ. 1re, 11 déc. 1956 : *J.C.P.* 57, II, 9741). V. L. n. 85-528 du 15 mai 1985 sur les actes et jugements déclaratifs de décès des personnes mortes en déportation (*J.O.* 18 mai ; *J.C.P.* 85, III, 57218).

Décret du 4 juillet 1806
concernant les enfants présentés sans vie à l'officier de l'état civil

Art. 1er. – Lorsque le cadavre d'un enfant dont la naissance n'a pas été enregistrée sera présenté à l'officier de l'état civil, cet officier n'exprimera pas qu'un tel enfant est décédé, mais seulement qu'il lui a été présenté sans vie. Il recevra de plus la déclaration des témoins touchant, les noms, prénoms, qualités et demeure des père et mère de l'enfant, et la désignation des an, jour et heure auquel l'enfant est sorti du sein de sa mère.

Art. 2. – Cet acte sera inscrit à sa date sur les registres de décès, sans qu'il en résulte aucun préjugé sur la question de savoir si l'enfant a eu vie ou non.

Art. 80   ACTES DE L'ÉTAT CIVIL

Art. 80 *(L. 8 juin 1893 ; L. 20 nov. 1919 ; Ord. n. 58-779 du 23 août 1958, art. 4).* – Lorsqu'un décès se sera produit ailleurs que dans la commune où le défunt était domicilié, l'officier de l'état civil qui aura dressé l'acte de décès enverra, dans le plus bref délai, à l'officier de l'état civil du dernier domicile du défunt, une expédition de cet acte, laquelle sera immédiatement transcrite sur les registres. Cette disposition ne s'applique pas aux villes divisées en arrondissements, lorsque le décès est survenu dans un arrondissement autre que celui où le défunt était domicilié.

En cas de décès dans les hôpitaux ou les formations sanitaires, les hôpitaux maritimes, coloniaux, civils, ou autres établissements publics, soit en France, soit dans les colonies ou les pays de protectorat, les directeurs, administrateurs ou maîtres de ces hôpitaux ou établissements devront en donner avis, dans les vingt-quatre heures, à l'officier de l'état civil ou à celui qui en remplit les fonctions.

Celui-ci s'y transportera pour s'assurer du décès et en dressera l'acte, conformément à l'article précédent, sur les déclarations qui lui auront été faites, et sur les renseignements qu'il aura pris.

Il sera tenu, dans lesdits hôpitaux, formations sanitaires et établissements, un registre sur lequel seront inscrits ces déclarations et renseignements.

Art. 81. – Lorsqu'il y aura des signes ou indices de mort violente, ou d'autres circonstances qui donneront lieu de le soupçonner, on ne pourra faire l'inhumation qu'après qu'un officier de police, assisté d'un docteur en médecine ou en chirurgie, aura dressé procès-verbal de l'état du cadavre et des circonstances y relatives, ainsi que des renseignements qu'il aura pu recueillir sur les prénoms, nom, âge, profession, lieu de naissance et domicile de la personne décédée.

Art. 82. – L'officier de police sera tenu de transmettre de suite à l'officier de l'état civil du lieu où la personne sera décédée, tous les renseignements énoncés dans son procès-verbal, d'après lesquels l'acte de décès sera rédigé.

L'officier de l'état civil en enverra une expédition à celui du domicile de la personne décédée, s'il est connu : cette expédition sera inscrite sur les registres.

Art. 83. – Les greffiers criminels seront tenus d'envoyer, dans les vingt-quatre heures de l'exécution des jugements portant peine de mort, à l'officier de l'état civil du lieu où le condamné aura été exécuté, tous les renseignements énoncés en l'article 79, d'après lesquels l'acte de décès sera rédigé.

Art. 84. – En cas de décès dans les prisons ou maisons de réclusion ou de détention, il en sera donné avis sur-le-champ, par les concierges ou gardiens, à l'officier de l'état civil, qui s'y transportera comme il est dit en l'article 80, et rédigera l'acte de décès.

Art. 85. – Dans tous les cas de mort violente, ou dans les prisons et maisons de réclusion, ou d'exécution à mort, il ne sera fait sur les registres aucune mention de ces circonstances, et les actes de décès seront simplement rédigés dans les formes prescrites par l'article 79.

Art. 86 *(L. 7 fév. 1924).* – En cas de décès pendant un voyage maritime et dans les circonstances prévues à l'article 59, il en sera, dans les vingt-quatre heures, dressé acte par les officiers instrumentaires désignés en cet article et dans les formes qui y sont prescrites.

ACTES DE L'ÉTAT CIVIL — Art. 90

Deuxième et troisième al., mod. L. 8 juin 1893 ; abrogés, D. n. 65-422, du 1ᵉʳ juin 1965, art. 12 (V. ce texte, supra, sous art. 54).

Art. 87 *(L. 8 juin 1893 ; Ord. 30 oct. 1945, art. 1ᵉʳ, Ord. n. 58-779 du 23 août 1958, art. 1ᵉʳ).* – **Lorsque le corps d'une personne décédée est retrouvé et peut être identifié, un acte de décès doit être dressé par l'officier de l'état civil du lieu présumé du décès, quel que soit le temps écoulé entre le décès et la découverte du corps.**

Si le défunt ne peut être identifié, l'acte de décès doit comporter son signalement le plus complet ; en cas d'identification ultérieure, l'acte est rectifié dans les conditions prévues à l'article 99 du présent code.

Art. 88 *(L. 8 juin 1893 ; Ord. 30 oct. 1945, art. 1ᵉʳ ; Ord. n. 58-779 du 23 août 1958, art. 1ᵉʳ).* – **Peut être judiciairement déclaré, à la requête du procureur de la République ou des parties intéressées, le décès de tout Français disparu en France ou hors de France, dans des circonstances de nature à mettre sa vie en danger, lorsque son corps n'a pu être retrouvé.**

Peut, dans les mêmes conditions, être judiciairement déclaré le décès de tout étranger ou apatride disparu soit sur un territoire relevant de l'autorité de la France, soit à bord d'un bâtiment ou aéronef français, soit même à l'étranger s'il avait son domicile ou sa résidence habituelle en France.

La procédure de déclaration judiciaire de décès est également applicable lorsque le décès est certain mais que le corps n'a pu être retrouvé.

1) L'ordonnance du 23 août 1958 a abrogé toutes les dispositions antérieures contraires (Paris 1ᵉʳ déc. 1972 : *Juris Data* n. 371).

2) La loi n'interdit pas au juge de déclarer le décès d'une personne dont le corps a été retrouvé. Il peut notamment en être ainsi lorsqu'aucune déclaration de décès n'a été faite à l'officier de l'état civil ou lorsqu'il existe une contestation quant à l'identité du corps qui a été découvert (Civ. 1ʳᵉ, 30 avril 1985 : *D.* 1985, 451).

3) V. L. n. 85-528 du 15 mai 1985 sur les actes et jugements déclaratifs de décès des personnes mortes en déportation (*J.O.* 18 mai ; *J.C.P.* 85, III, 57218).

4) Sur le cas de la disparition sans nouvelles d'un aéronef, V. Code de l'aviation civile, art. L.142-3.

Art. 89 *(L. 8 juin 1893 ; Ord. 30 oct. 1945, art. 1ᵉʳ ; Ord. n. 58-779 du 23 août 1958, art. 1ᵉʳ).* – **La requête est présentée au tribunal de grande instance du lieu de la mort ou de la disparition, si celle-ci s'est produite sur un territoire relevant de l'autorité de la France, sinon au tribunal du domicile ou de la dernière résidence du défunt ou du disparu, ou, à défaut, au tribunal du lieu du port d'attache de l'aéronef ou du bâtiment qui le transportait. A défaut de tout autre, le tribunal de grande instance de Paris *(D. n. 67-914 du 16 oct. 1967, art. 6)* est compétent.**

Si plusieurs personnes ont disparu au cours du même événement, une requête collective peut être présentée au tribunal du lieu de la disparition, à celui du port d'attache du bâtiment ou de l'aéronef ou, à défaut, au tribunal de grande instance de Paris *(D. n. 67-914 du 16 oct. 1967, art. 6)*.

Art. 90 *(L. 8 juin 1893 ; Ord. 30 oct. 1945, art. 1ᵉʳ ; L. 30 avril 1946 ; L. n. 52-26 du 7 janv. 1952 ; Ord. n. 58-779 du 23 août 1958, art. 1ᵉʳ).* – **Lorsqu'elle n'émane pas du procureur**

Art. 91 ACTES DE L'ÉTAT CIVIL

de la République, la requête est transmise par son intermédiaire au tribunal. L'affaire est instruite et jugée en chambre du conseil. Le ministère *d'avocat* n'est pas obligatoire et tous les actes de la procédure, ainsi que les expéditions et extraits desdits actes, sont dispensés du timbre et enregistrés gratis.

Si le tribunal estime que le décès n'est pas suffisamment établi, il peut ordonner toute mesure d'information complémentaire et requérir notamment une enquête administrative sur les circonstances de la disparition.

Si le décès est déclaré, sa date doit être fixée en tenant compte des présomptions tirées des circonstances de la cause et, à défaut, au jour de la disparition. Cette date ne doit jamais être indéterminée.

Art. 91 *(L. 8 juin 1893 ; Ord. 30 oct. 1945, art. 1ᵉʳ ; Ord. n. 58-779 du 23 août 1958, art. 1ᵉʳ).*
– Le dispositif du jugement déclaratif de décès est transcrit sur les registres de l'état civil du lieu réel ou présumé du décès et, le cas échéant, sur ceux du lieu du dernier domicile du défunt.

Mention de la transcription est faite en marge des registres à la date du décès. En cas de jugement collectif, des extraits individuels du dispositif sont transmis aux officiers de l'état civil du dernier domicile de chacun des disparus, en vue de la transcription.

Les jugements déclaratifs de décès tiennent lieu d'actes de décès et sont opposables aux tiers, qui peuvent seulement en obtenir la rectification, conformément à l'article 99 du présent code.

Art. 92 *(L. 8 juin 1893 ; L. 20 nov. 1919 ; Ord. 30 oct. 1945, art. 1ᵉʳ ; Ord. n. 58-779 du 23 août 1958, art. 2).* – Si celui dont le décès a été judiciairement déclaré réapparaît postérieurement au jugement déclaratif, le procureur de la République ou tout intéressé peut poursuivre, dans les formes prévues aux articles 89 et suivants, l'annulation du jugement.

(Deuxième et troisième al. abrogés et remplacés avec effet à compter du 31 mars 1978, L. n. 77-1447 du 28 déc. 1977, art. 2 et 6) (*) Les dispositions des articles 130, 131 et 132 sont applicables, en tant que de besoin.

Mention de l'annulation du jugement déclaratif sera faite en marge de sa transcription.
(*) *V. L. n. 77-1447 du 28 déc. 1977, art. 7 à 10, infra sous art. 132.*

CHAPITRE V. – DES ACTES DE L'ÉTAT CIVIL CONCERNANT LES MILITAIRES ET MARINS DANS CERTAINS CAS SPÉCIAUX

Art. 93 *(L. 20 déc. 1922 ; L. 11 déc. 1924 ; L. n. 57-1232 du 28 nov. 1957, art. 1ᵉʳ ; Ord. n. 58-779 du 23 août 1958, art. 2).* – Les actes de l'état civil concernant les militaires et les marins de l'État sont établis comme il est dit aux chapitres précédents.

Toutefois, hors de la France métropolitaine, et en cas de guerre, d'expédition, d'opération de maintien de l'ordre et de pacification ou de stationnement des troupes françaises en territoire étranger, en occupation ou en vertu d'accords intergouvernementaux, ces actes peuvent être également reçus par les officiers de l'état civil militaires désignés par arrêté du ministre des armées. Lesdits officiers de l'état civil sont également compétents à l'égard des non-militaires lorsque les dispositions des chapitres précédents sont inapplicables.

ACTES DE L'ÉTAT CIVIL — Art. 97

En France métropolitaine, les officiers de l'état civil ci-dessus visés peuvent recevoir les actes concernant les militaires et les non-militaires, dans les parties du territoire où, par suite de mobilisation ou de siège, le service municipal de l'état civil n'est plus régulièrement assuré.

Les déclarations de naissance aux armées sont faites dans les dix jours qui suivent l'accouchement.

Les actes de décès peuvent être dressés aux armées par dérogation à l'article 77 ci-dessus, bien que l'officier de l'état civil n'ait pu se transporter auprès de la personne décédée et, par dérogation à l'article 78, ils ne peuvent y être dressés que sur l'attestation de deux déclarants.

Sur la transcription des actes dressés par l'officier de l'état civil militaire, V. D. n. 65-422 du 1er juin 1965, art. 10, portant création d'un service central d'état civil au ministère des affaires étrangères, *supra* sous art. 54.

Art. 94. – *Mod. L. 8 juin 1893 ; L. n. 57-1232 du 28 nov. 1957, art. 1er ; abrogé D. n. 65-422 du 1er juin 1965, art. 12 (V. supra sous art. 54).*

Art. 95 *(L. 28 fév. 1922 ; L. n. 57-1232 du 28 nov. 1957, art. 1er).* – **Dans les cas prévus aux alinéas 2 et 3 de l'article 93, les actes de l'état civil sont dressés sur un registre spécial, dont la tenue et la conservation sont réglées par arrêté conjoint du ministre de la défense nationale et des forces armées et du ministre des anciens combattants et victimes de guerre.**

V. Arr. 19 juil. 1958, art. 2 (*J.O.* 31 juil. ; *J.C.P.* 58, III, 23364).

Art. 96 *(L. 8 juin 1893 ; L. n. 57-1232 du 23 nov. 1957, art. 1er).* – **Lorsqu'un mariage est célébré dans l'un des cas prévus aux alinéas 2 et 3 de l'article 93, les publications sont faites, dans la mesure où les circonstances le permettent, au lieu du dernier domicile du futur époux ; elles sont en outre assurées, dans l'unité à laquelle l'intéressé appartient, dans les conditions fixées par arrêté du ministre de la défense nationale et des forces armées.**

V. Arr. 19 juil. 1958, art. 3 (*J.O.* 31 juil. ; *J.C.P.* 58, III, 23364).

Art. 97 *(L. 8 juin 1893 ; L. n. 57-1232 du 28 nov. 1957, art. 1er).* – **Les actes de décès reçus par l'autorité militaire, dans tous les cas prévus à l'article 93 ci-dessus, ou par l'autorité civile pour des membres des forces armées, des civils participant à leur action, en service commandé, ou des personnes employées à la suite des armées, peuvent être l'objet d'une rectification administrative dans des conditions fixées par décret, dans les périodes et sur les territoires où l'autorité militaire est habilitée, par ledit article 93, à recevoir éventuellement ces actes.**

Deuxième al. abrogé, *D. n. 65-422 du 1er juin 1965, art. 12 (V. supra sous art. 54).*

Décret-loi du 9 septembre 1939 *(J.O. 14 sept.)*
ayant pour objet de permettre en temps de guerre le mariage par procuration des militaires et marins présents sous les drapeaux

Art. 1er *(L. 5 mars 1940).* – En temps de guerre, pour causes graves et sur autorisation, d'une part, du ministre de la justice et, d'autre part, du *ministre d'État chargé de la défense nationale,*

Art. 97 — ACTES DE L'ÉTAT CIVIL

il peut être procédé à la célébration du mariage des militaires et des marins sans que le futur époux, s'il est présent sous les drapeaux, comparaisse en personne et même si le futur époux est décédé, à la condition que le consentement au mariage ait été constaté dans les formes ci-après :

En territoire français, le consentement au mariage du futur époux est constaté par un acte dressé par l'officier de l'état civil du lieu où le militaire ou le marin se trouve en résidence par suite de son affectation.

Hors du territoire français ou dans tous les cas où le service municipal ne serait plus assuré dans le lieu où le militaire ou le marin se trouve en résidence par suite de son affectation, l'acte de consentement est dressé par les autorités désignées à l'article 93 du Code civil.

(L. 25 janv. 1941) En ce qui concerne les militaires et marins prisonniers de guerre ou internés, ce consentement pourra être donné par les agents diplomatiques ou consulaires de la puissance étrangère chargée des intérêts français dans les cas où ces militaires et marins sont retenus en captivité ou par les autorités diplomatiques ou consulaires françaises accréditées dans les pays où ils sont internés ; il pourra également être établi soit par deux officiers ou sous-officiers français, soit par un officier ou un sous-officier français assisté de deux témoins de même nationalité.

Cet acte de consentement, dont il sera donné lecture par l'officier de l'état civil au moment de la célébration du mariage, sera dispensé des droits de timbre et d'enregistrement (*).

Art. 2. — Les effets du mariage célébré remontent à la date à laquelle le consentement du futur époux a été reçu.

Art. 3. — Les actes de procuration, les actes de consentement au mariage de leurs enfants et l'autorisation maritale à consentir ou passer par des militaires et marins, prisonniers de guerre, pourront être dressés dans les mêmes conditions que l'acte de consentement visé à l'article premier du présent décret.

Ils seront dispensés des droits de timbre et d'enregistrement (*).

(*) *Les dispositions relatives aux droits de timbre et d'enregistrement ont été abrogées, L.n. 63-254 du 15 mars 1963, art. 56.*

Art. 4 *(L. 5 mars 1940).* — A titre exceptionnel, seront considérés comme valables les actes de consentement dressés par application du décret du 9 septembre 1939 antérieurement à la promulgation de la présente loi par un notaire, par un officier de l'état civil non compétent, ou par un officier ou fonctionnaire militaire non qualifié aux termes de l'article premier.

Art. 5 *(L. 5 mars 1940).* — En ce qui concerne les militaires décédés aux armées avant le 1er novembre 1939, les ministres désignés à l'article premier pourront, pendant un délai qui expirera deux mois après la promulgation de la présente loi, autoriser la célébration du mariage sur la production de documents émanant du défunt et qui établiraient sans équivoque son consentement, tels que : demande d'autorisation de mariage adressée à l'autorité militaire, publication requise par lui, invitation adressée par lui soit à ses parents, soit à la future épouse ou à la famille de celle-ci de faire établir les pièces nécessaires à la célébration du mariage. Ces documents seront mentionnés dans l'autorisation ministérielle. Ils pourront être retenus même s'ils sont antérieurs à la publication du décret du 9 septembre 1939.

Dans le cas où il serait fait application de la disposition ci-dessus, la lecture de l'acte de consentement par l'officier de l'état civil au moment de la célébration du mariage sera remplacée par la lecture de l'autorisation ministérielle.

ACTES DE L'ÉTAT CIVIL — Art. 97

Dans le même cas, les effets du mariage remonteront à la date du jour précédant celui du décès du militaire ou marin.

Art. 6 *(L. 5 mars 1940)*. – La loi du 4 avril 1915 est abrogée.

Art. 7 *(L. 2 nov. 1941 ; D. 14 avril 1945)*. – Les mariages contractés en application des dispositions qui précèdent et célébrés postérieurement au décès du futur époux produisent néanmoins tous leurs effets au point de vue de la légitimation des enfants et du droit du conjoint, conformément aux dispositions des articles 201 et 202 du Code civil.

Loi n. 57-1232 du 28 novembre 1957 *(J.O. 29 nov.)*

relative, d'une part, aux actes de l'état civil dressés par l'autorité militaire et à la rectification de certains actes de l'état civil, d'autre part, au mariage sans comparution personnelle des personnes participant au maintien de l'ordre hors de France métropolitaine

Art. 1er. – *V. C. civ., art. 93 à 98.*

Art. 2. – Les dispositions du décret du 18 novembre 1939, relatif à la rectification administrative de certains actes de l'état civil dressés pendant la durée des hostilités, sont applicables aux actes de décès dressés, depuis le 1er janvier 1952, et jusqu'à une date qui sera fixée par décret, soit par l'autorité civile, en Algérie, en Tunisie et au Maroc, pour des membres des forces armées françaises, des civils participant en service commandé au maintien de l'ordre et à la pacification ou des personnes employées à la suite des armées, soit par l'autorité militaire conformément à l'article 93, alinéa 2, du Code civil.

La rectification de ces actes est faite à la diligence de l'autorité qui, aux termes de l'article 94, du Code civil, a compétence pour recevoir expédition de ces actes et pour en assurer la transcription.

Art. 3. – I. – Sont applicables aux militaires des forces armées françaises employées au maintien de l'ordre et à la pacification hors de la métropole, les dispositions des articles 1er, 2, 3 et 7 du décret du 9 septembre 1939, modifié par les lois des 5 mars 1940, 25 janvier 1941 et 2 novembre 1941 ayant pour objet de permettre en temps de guerre le mariage par procuration des militaires et marins présents sous les drapeaux.

Le champ d'application du présent article sera défini par des arrêtés pris conjointement par le ministre d'État, garde des sceaux, chargé de la justice, et le ministre de la défense nationale.

II. – Sont déclarés valables les actes de consentement dressés antérieurement à la présente loi dans les formes prévues aux articles ci-dessus énumérés du décret du 9 septembre 1939.

III. – En ce qui concerne les militaires et marins décédés au cours des opérations de maintien de l'ordre et de pacification en Tunisie, en Algérie ou au Maroc depuis le 1er janvier 1952, le garde des sceaux, ministre de la justice, et le ministre de la défense nationale pourront, pendant un délai qui expirera un an après la promulgation de la présente loi, autoriser la célébration du mariage sur la production de documents émanant du défunt et qui établiraient sans équivoque son consentement, tels que demande d'autorisation de mariage adressée à l'autorité militaire, publication requise par lui, invitation adressée par lui soit à ses parents, soit à la future épouse ou à la famille de celle-ci de faire établir les pièces nécessaires à la célébration du mariage. Ces documents seront mentionnés dans l'autorisation ministérielle.

Lorsqu'il sera fait application de la disposition ci-dessus, la lecture de l'acte de consentement par l'officier de l'état civil au moment de la célébration du mariage sera remplacée par la lecture de l'autorisation ministérielle.

Art. 98 — ACTES DE L'ÉTAT CIVIL

Dans le même cas, les effets du mariage remonteront à la date du jour précédant celui du décès du militaire ou du marin.

CHAPITRE VI. – DE L'ÉTAT CIVIL DE PERSONNES NÉES A L'ÉTRANGER QUI ACQUIÈRENT OU RECOUVRENT LA NATIONALITÉ FRANÇAISE
(inséré, L. n. 78-731 du 12 juil. 1978, art. 1er)

Art. 98 (*). – Un acte tenant lieu d'acte de naissance est dressé pour toute personne née à l'étranger qui acquiert ou recouvre la nationalité française à moins que l'acte dressé à sa naissance n'ait déjà été porté sur un registre conservé par une autorité française.

Cet acte énonce les nom, prénoms et sexe de l'intéressé et indique le lieu et la date de sa naissance, sa filiation, sa résidence à la date de l'acquisition de la nationalité française.

Art. 98-1 (*). – De même, un acte tenant lieu d'acte de mariage est dressé lorsque la personne qui acquiert ou recouvre la nationalité française a contracté mariage antérieurement à l'étranger, à moins que la célébration du mariage n'ait déjà été constatée par un acte porté sur un registre conservé par une autorité française.
L'acte énonce :
- la date et le lieu de la célébration ;
- l'indication de l'autorité qui y a procédé ;
- les noms, prénoms, dates et lieux de naissance de chacun des époux ;
- la filiation des époux ;
- ainsi que, s'il y a lieu, le nom, la qualité et la résidence de l'autorité qui a reçu le contrat de mariage.

Art. 98-2 (*). – Un même acte peut être dressé portant les énonciations relatives à la naissance et au mariage, à moins que la naissance et le mariage n'aient déjà été constatés par des actes portés sur un registre conservé par une autorité française.
Il tient lieu à la fois d'acte de naissance et d'acte de mariage.

Art. 98-3 (*). – Les actes visés aux articles 98 à 98-2 indiquent en outre :
- la date à laquelle ils ont été dressés ;
- le nom et la signature de l'officier de l'état civil ;
- les mentions portées en marge de l'acte dont ils tiennent lieu ;
- l'indication des actes et décisions relatifs à la nationalité de la personne.
Mention est faite ultérieurement en marge :
- des indications prescrites pour chaque catégorie d'acte par le droit en vigueur.

Art. 98-4 (*). – Les personnes pour lesquelles des actes ont été dressés en application des articles 98 à 98-2 perdent la faculté de requérir la transcription de leur acte de naissance ou de mariage reçu par une autorité étrangère.

ACTES DE L'ÉTAT CIVIL — Art. 98-4

En cas de désaccord entre les énonciations de l'acte de l'état civil étranger ou de l'acte de l'état civil consulaire français et celles de l'acte dressé selon les dispositions desdits articles, ces dernières feront foi jusqu'à décision de rectification.

(*) *Dispositions en vigueur à compter du 1er janv. 1979; elles s'appliqueront aux personnes qui acquerront ou recouvreront la nationalité française après cette date, L. n. 78-731 du 12 juil. 1978, art. 11 et 13.*

Décret n. 80-308 du 25 avril 1980 *(J.O. 3 mai)*

portant application des articles 98 à 98-4 et 99-1 du Code civil relatifs à l'état civil des personnes nées à l'étranger qui acquièrent ou recouvrent la nationalité française et des articles 115 et 116 du Code de la nationalité relatifs aux mentions intéressant la nationalité portées en marge des actes de naissance

Art. 1er. – Les actes tenant lieu d'actes d'état civil aux personnes nées ou mariées à l'étranger qui acquièrent ou recouvrent la nationalité française, prévus par les articles 98 à 98-2 du Code civil sont établis et mis à jour par les officiers de l'état civil du service central de l'état civil du ministère des affaires étrangères, qui en assure la conservation.

Art. 2. – Les noms propres, les prénoms et les noms de lieux devant figurer dans les actes mentionnés à l'article 1er sont inscrits dans la forme et avec l'orthographe résultant des documents justificatifs produits par l'intéressé ou pour lui et, notamment, des traductions des actes de l'état civil étranger.

Art. 3. – Il est dressé un seul original des actes mentionnés à l'article 1er. Il est toutefois établi de cet original, ainsi, éventuellement, que de l'extrait des mentions marginales portées par la suite sur ceux-ci, un microfilm, authentifié par un officier de l'état civil.

Art. 4. – Le ministre chargé des naturalisations transmet au service central de l'état civil du ministère des affaires étrangères tous les documents permettant l'établissement des actes. Ces documents sont conservés en pièces annexes par ce service.

Art. 5. – Les rectifications prévues par l'article 99-1 du Code civil sont portées en marge des actes auxquels elles s'appliquent et signées comme le corps de l'acte.

Art. 6. – Les actes administratifs, les déclarations et les décisions des juridictions administratives ayant trait à la nationalité sont notifiés par le ministre chargé des naturalisations aux officiers de l'état civil détenteurs de l'acte de naissance de l'intéressé.
Les décisions des juridictions judiciaires ayant trait à la nationalité sont notifiées aux mêmes personnes par le ministère public.

Art. 7. – Il est inséré dans le décret n. 74-449 du 15 mai 1974 relatif au livret de famille un article 7-1 et un article 8-1 ainsi conçus. *(V. supra sous art. 54).*

Art. 8. – Il est ajouté au décret n. 65-422 du 1er juin 1965 l'article 2-1 ci-après. *(V. supra sous art. 54).*

Art. 9. – Le présent décret est applicable à Mayotte et dans les territoires d'outre-mer.

CHAPITRE VII. – DE LA RECTIFICATION DES ACTES D'ÉTAT CIVIL

Art. 99 *(L. 8 juin 1893 ; L. 20 nov. 1919 ; L. 10 mars 1938 ; Ord. n. 58-779 du 23 août 1958, art. 1er ; D. n. 81-500 du 12 mai 1981).* – La rectification des actes de l'état civil est ordonnée par le président du tribunal.

La rectification des jugements déclaratifs ou supplétifs d'actes de l'état civil est ordonnée par le tribunal.

La requête en rectification peut être présentée par toute personne intéressée ou par le procureur de la République ; celui-ci est tenu d'agir d'office quand l'erreur ou l'omission porte sur une indication essentielle de l'acte ou de la décision qui en tient lieu.

Le procureur de la République territorialement compétent peut procéder à la rectification administrative des erreurs et omissions purement matérielles des actes de l'état civil ; à cet effet, il donne directement les instructions utiles aux dépositaires des registres.

Nouveau Code de procédure civile *(D. n. 81-500 du 12 mai 1981)*

Art. 1046. – La demande en rectification d'un acte de l'état civil est présentée soit au président du tribunal de grande instance dans le ressort duquel l'acte a été dressé ou transcrit, soit au président du tribunal de grande instance du lieu où demeure l'intéressé.

Art. 1047. – La demande en rectification des jugements déclaratifs ou supplétifs d'actes de l'état civil est présentée soit au tribunal de grande instance qui a rendu le jugement, soit à celui dans le ressort duquel le jugement a été transcrit, soit à celui du lieu où demeure l'intéressé.

Art. 1048. – Lorsque l'intéressé demeure hors de France, il peut aussi saisir, selon le cas, le président du tribunal de grande instance de Paris ou ce tribunal.

Art. 1048-1 *(D. n. 85-1330 du 17 déc. 1985, art. 16).* – La demande en rectification des actes de l'état civil détenus par le service central de l'état civil du ministère des relations extérieures est présentée au président du tribunal de grande instance du lieu où est établi ce service.

Art. 1048-2 *(D. n. 85-1330 du 17 déc. 1985, art. 16).* – La demande en rectification des pièces tenant lieu d'actes d'état civil à un réfugié ou à un apatride est présentée au président du tribunal de grande instance de Paris.

Art. 1049. – Le président ou le tribunal territorialement compétent pour ordonner la rectification d'un acte ou d'un jugement est également compétent pour prescrire la rectification de tous les actes, même dressés ou transcrits hors de son ressort, qui reproduisent l'erreur ou comportent l'omission originaire.

Art. 1050 *(D. n. 85-1330 du 17 déc. 1985, art. 17).* – Le procureur de la République territorialement compétent pour procéder à la rectification administrative des erreurs et omissions purement matérielles des actes de l'état civil est celui du lieu où l'acte a été dressé.

Le procureur de la République territorialement compétent pour procéder à la rectification administrative des erreurs et omissions purement matérielles des actes de l'état civil détenus par le service central de l'état civil du ministère des relations extérieures est celui du lieu où est établi ce service.

ACTES DE L'ÉTAT CIVIL — Art. 99

Le procureur de la République territorialement compétent pour procéder à la même rectification des pièces tenant lieu d'actes d'état civil à un réfugié ou à un apatride est celui établi près le tribunal de grande instance de Paris.

Toutefois, la demande peut toujours être présentée au procureur de la République du lieu où demeure l'intéressé afin d'être transmise au procureur de la République territorialement compétent.

Art. 1051. – La demande en rectification des actes de l'état civil et des jugements déclaratifs ou supplétifs d'actes de l'état civil est formée, instruite et jugée comme en matière gracieuse.

Art. 1052. – Lorsqu'elle n'émane pas du ministère public, la demande en rectification peut être présentée sans forme au procureur de la République qui, s'il y a lieu, la transmet à la juridiction compétente.

La demande peut aussi être présentée directement par requête à la juridiction.

Art. 1053. – Le juge peut ordonner et le ministère public demander la mise en cause de tout intéressé ainsi que la convocation du conseil de famille.

Art. 1054. – L'appel est formé, instruit et jugé comme en matière gracieuse. Les voies de recours sont, dans tous les cas, ouvertes au ministère public.

Art. 1055. – Le dispositif de la décision portant rectification est transmis immédiatement par le procureur de la République au dépositaire des registres de l'état civil du lieu où se trouve inscrit l'acte rectifié. Mention de ce dispositif est aussitôt portée en marge de cet acte.

Art. 1056. – Toute décision dont la transcription ou la mention sur les registres de l'état civil est ordonnée, doit énoncer, dans son dispositif, les prénoms et nom des parties ainsi que, selon le cas, le lieu où la transcription doit être faite ou les lieux et dates des actes en marge desquels la mention doit être portée.

Seul le dispositif de la décision est transmis au dépositaire des registres de l'état civil. Les transcription et mention du dispositif sont aussitôt opérées.

1) L'article 99 ne distingue pas selon le caractère volontaire ou non des erreurs contenues dans les actes de l'état civil (Civ. 1re, 2 juin 1987 : *Bull.* I, n. 175, p. 132).

2) La rectification de la mention relative au sexe est possible s'il y a eu erreur, au moment de la déclaration de la naissance, sur le sexe (Paris 8 déc. 1967 : *J.C.P.* 68, II, 15518 *bis*, note P. N.). En dehors de cette hypothèse, la rectification de la mention relative au sexe ne peut être admise que si les juges du fond constatent l'existence d'un changement de sexe par l'effet d'une cause étrangère à la volonté de l'intéressé (Civ. 1re, 3 mars 1987 : *Bull.* I, n. 79, p. 59 ; *J.C.P.* 88, II, 21000, 1re esp., note Agostini ; *D.* 1987, 445, 1re esp., note Jourdain. Comp. Agen 2 fév. 1983 : *J.C.P.* 84, II, 20133, note Penneau). Mais la demande doit être rejetée dès lors que l'état du sujet n'est pas le résultat d'éléments préexistants à l'opération et d'une intervention chirurgicale commandée par des nécessités thérapeutiques, mais relèvent de sa volonté délibérée (Civ. 1re, 31 mars 1987 : *J.C.P.* 88, II, 21000, 2e esp., note Agostini ; *D.* 1987, 445, 2e esp., note Jourdain. V. aussi Civ. 1re, 30 nov. 1983 : *J.C.P.* 84, II, 20222, concl. Sadon et note Penneau). Les juges du fond qui estiment que les considérations psychologiques et sociales invoquées sont insuffisantes pour justifier un changement de sexe n'ont pas porté atteinte au droit au respect de la vie privée et

familiale reconnu à toute personne par l'article 8, al. 1er, de la Convention européenne de sauvegarde des droits de l'homme et des libertés fondamentales (Civ. 1re, 7 juin 1988 : *Bull.* I, n. 176, p. 122. – Civ. 1re, 10 mai 1989 : *J.C.P.* 89, IV, 257 ; *Bull.* I, n. 189, p. 125). – V. M. Gobert, *Le transsexualisme, fin ou commencement ?* : *J.C.P.* 88, I, 3361.

3) Sur la rectification à la requête du ministère public pour faire supprimer le nom du mari de la mère lorsque l'enfant est né plus de trois cents jours après l'ordonnance de non-conciliation, V. T.G.I. Paris 11 mai 1973 et 4 janv. 1974 : *D.* 1974, 491, note Massip.

4) Le droit d'agir en rectification est imprescriptible (Caen 23 fév. 1965 : *Gaz. Pal.* 1965, 2, 169).

5) Sur la distinction entre les actions en rectification d'état civil et les actions d'état, V. Civ. 1re, 26 janv. 1983 : *D.* 1983, 436, note Massip. L'action ayant pour objet de faire supprimer de l'acte de naissance la mention erronée que la mère était à l'époque de la naissance l'épouse du père (alors qu'elle était divorcée) est une action en rectification d'état civil et non une action en contestation d'état (Civ. 1re, 14 mai 1985 : *Bull.* I, n. 150, p. 137).

6) V. D. n. 83-883 du 27 sept. 1983 portant publication de la convention relative aux décisions de rectification d'actes de l'état civil, signée à Paris le 10 sept. 1964 (*J.O.* 6 oct. ; *J.C.P.* 83, III, 54796).

Art. 99-1 *(inséré, L. n. 78-731, 12 juil. 1978, art. 7) (*).* **– Les personnes habilitées à exercer les fonctions d'officier de l'état civil pour dresser les actes mentionnés aux articles 98 à 98-2 peuvent procéder à la rectification administrative des erreurs et omissions purement matérielles contenues dans ces actes.**

Art. 100 *(L. 20 nov. 1919 ; Ord. n. 58-779 du 23 août 1958, art. 1er).* **– Toute rectification judiciaire ou administrative d'un acte ou jugement relatif à l'état civil est opposable à tous.**

Art. 101 *(L. 8 juin 1893 ; L. 20 nov. 1919 ; Ord. n. 58-779 du 23 août 1958, art. 1er ; D. n. 81-500 du 12 mai 1981).* **– Expédition de l'acte ne peut plus être délivrée qu'avec les rectifications ordonnées, à peine d'amende édictée par l'article 50 du Code civil et de tous dommages-intérêts contre le dépositaire des registres.**

(*) *Dispositions en vigueur à compter du 1er janvier 1979 ; elles s'appliqueront aux personnes qui acquerront ou recouvreront la nationalité française après cette date, L. n. 78-731 du 12 juil. 1978, art. 1 et 13.*

TITRE III. – DU DOMICILE

Art. 102 *(L. 12 nov. 1938 ; Ord. n. 58-923 du 7 oct. 1958, art. 1er).* **– Le domicile de tout Français, quant à l'exercice de ses droits civils, est au lieu où il a son principal établissement.**

Les bateliers et autres personnes vivant à bord d'un bateau de navigation intérieure immatriculé en France, qui n'ont pas le domicile prévu à l'alinéa précédent ou un domicile

DOMICILE
Art. 102

légal, sont tenus de choisir un domicile dans l'une des communes dont le nom figure sur une liste établie par arrêté du garde des sceaux, ministre de la justice, du ministre de l'intérieur et du ministre des travaux publics, des transports et du tourisme. Toutefois, les bateliers salariés et les personnes vivant à bord avec eux peuvent se domicilier dans une autre commune à condition que l'entreprise qui exploite le bateau y ait son siège ou un établissement ; dans ce cas, le domicile est fixé dans les bureaux de cette entreprise ; à défaut de choix par eux exercé, ces bateliers et personnes ont leur domicile au siège de l'entreprise qui exploite le bateau et, si ce siège est à l'étranger, au bureau d'affrètement de Paris.

Troisième al. abrogé avec effet à compter du 1er janv. 1971, L. n. 69-3 du 3 janv. 1969, art. 13 et 14.

V. MARTIN-SERF, *Du domicile à la résidence* : Rev. trim. dr. civ. 1978, 535.

I. Caractères

1) La perte d'un domicile existant ne peut se réaliser que par l'acquisition d'un domicile nouveau (Civ. 23 janv. 1850 : *D.P.* 50, 1, 61. – Civ. 25 mai 1951 : *D.* 1951, 509).

2) L'obligation d'habiter mise à la charge du légataire ne peut être considérée comme une condition illicite si elle ne présente qu'un caractère temporaire et est de nature à donner satisfaction à un sentiment légitime du testateur (Req. 17 mars 1925 : *S.* 1927, 1, 281, note Morel).

3) Nul ne peut avoir plus d'un domicile (Req. 1er fév. 1911 : *D.P.* 1913, 1, 400). V. cependant Code électoral, art. L. 11 (domicile électoral), Code de la famille et de l'aide sociale, art. 193 (domicile de secours), Code civil, art. 74 et 165 (domicile matrimonial), Code civil, art. 111 (domicile élu) ; V. aussi pour l'admission d'un domicile commercial, Soc. 10 mars 1965 (*Bull.* IV, n. 212, p. 174) ; Comp. pour le domicile fiscal C.G.I., art. 164-1 (C.E. 24 oct. 1973 : *D.* 1974, 444, note Tixier).

II. Détermination

4) La détermination du lieu du principal établissement est une question de fait relevant de l'appréciation souveraine des juges du fond (Req. 24 juil. 1941 : *D.A.* 1941, 357. – Civ. 1re, 29 mai 1961 : *J.C.P.* 61, IV, 106 ; *Bull.* I, n. 274, p. 217. – Civ. 3e, 18 fév. 1971 : *Bull.* III, n. 121, p. 87). Ceux-ci ne sont pas tenus de suivre les parties dans le détail de leur argumentation (Civ. 1re, 5 nov. 1958 : *Bull.* I, n. 474, p. 385), mais ils doivent motiver leur décision (Civ. 9 mai 1951 : *D.* 1951, 472).

5) Pour déterminer le domicile réel, il faut tenir compte avant tout de l'intention manifestée par l'intéressé de fixer son établissement principal dans un lieu donné (Req. 11 avril 1910 : *D.P.* 1913, 1, 159. – Req. 29 juil. 1935 : *D.H.* 1935, 556. – Civ. 17 juil. 1963 : *Bull.* I, n. 403, p. 344).

6) Les juges du fond peuvent localiser le principal établissement en utilisant différents critères, notamment en considérant la résidence habituelle de la personne, le siège de ses intérêts familiaux et pécuniaires ainsi que le lieu d'exercice de sa principale activité professionnelle (Soc. 15 juin 1956 : *Bull.* IV, n. 556, p. 414). Sur la distinction entre la résidence et l'habitation, V. Soc. 5 mars 1954 : *Bull.* IV, n. 165, p. 128. Au cas où ces différents critères ne se recoupent pas, certaines décisions font prévaloir le lieu de la résidence effective (Soc. 14 oct. 1955 : *D.* 1956, 42), d'autres le centre des affaires de l'intéressé (Paris 28 oct. 1935 : *D.H.* 1936, 25), et notamment le lieu d'exercice de l'activité professionnelle (Req. 11 avril 1932 : *D.H.* 1932, 249. – Com. 15 nov. 1965 : *J.C.P.* 65, IV, 162 ; *Bull.* III, n. 575, p. 517).

7) Malgré le principe de l'unité du domicile, le défendeur peut être valablement assigné devant le tribunal du domicile apparent (Req. 7 juin 1885 : *D.P.* 87, 1, 12. – Soc. 24 mars 1949 : *J.C.P.* 49, II, 4957. – Civ. 1re, 31 janv. 1968 : *Bull.* I, n. 41, p. 32. – Comp. L. n. 66-537 du 24 juil. 1966, sur les sociétés commerciales, art. 3, al. 2.

8) Sur la commune de rattachement des personnes circulant en France sans domicile ni résidence fixe, V. L. n. 69-3 du 3 janv. 1969 (*J.O.* 5 janv. ; *J.C.P.* 69, III, 34960) mod. L. n. 77-532 du 26 mai 1977 (*J.O.* 27 mai ; *J.C.P.* 77, III, 45743) ; D. n. 70-708 du 31 juil. 1970 (*J.O.* 7 août ; *J.C.P.* 70, III, 36998) mod. D. n. 84-45 du 18 janv. 1984 (*J.C.P.* 84, III, 55248) et D. n. 85-684 du 8 juillet 1985 (*J.C.P.* 85, III, 57408) ; Arr. 21 août 1970 (*J.O.* 2 oct. ; *J.C.P.* 70, III, 37126).

Art. 103. – Le changement de domicile s'opérera par le fait d'une habitation réelle dans un autre lieu, joint à l'intention d'y fixer son principal établissement.

1) Le déplacement de l'habitation doit être effectif (Soc. 8 juin 1951 : *D.* 1951, 510 2e esp. – V. cependant, Civ. 1re, 17 juil. 1963 : *Bull.* I, n. 403, p. 344). Cette condition n'est pas remplie dans le cas de la location d'une chambre ne comportant qu'un mobilier sommaire (Civ. 2e, 4 juil. 1956 : *Bull.* II, n. 428, p. 277) ou dans le cas d'une visite à l'étranger prolongée de quelques mois (Civ. 2e, 24 juin 1965 : *Bull.* II, n. 562, p. 392).

2) L'intention de transférer le principal établissement doit être réelle (Soc. 25 mai 1951 : *D.* 1951, 509). Peu importe que le nouveau domicile ne soit que temporaire (Civ. 2e, 4 juin 1966 : *Bull.* II, n. 645, p. 456). Mais si la preuve de l'intention n'est pas rapportée, la nouvelle habitation ne constitue qu'une simple résidence, l'intéressé conservant son domicile ancien (Civ. 2e, 20 janv. 1966 : *Bull.* II, n. 505, p. 359. – Paris 25 nov. 1948 : *D.* 1949, 35). Il en va de même si le transfert de l'habitation est imposé par la fonction (Civ. 1re, 21 juil. 1966 : *Bull.* I, n. 128, p. 97), ou par l'état de santé (Soc. 17 mai 1947 : *D.* 1947, 385). Sur le cas du placement dans un établissement psychiatrique, V. Code de la santé publique, art. L.352-2, al. 1.

3) Les juges du fond disposent d'un pouvoir souverain pour apprécier si les conditions posées par l'article 103 sont réunies (Civ. 1re, 24 juil. 1973 : *J.C.P.* 73, IV. 335 ; *Bull.* I, n. 253, p. 223. – Civ. 2e, 26 fév. 1976 : *Bull.* II, n. 69, p. 54. – Poitiers 11 janv. 1967 : *Gaz. Pal.* 1967, 1, 71).

4) Sur l'obligation de notifier le changement de domicile qui pèse, après divorce, séparation de corps ou annulation du mariage, sur la personne ayant la garde de ses enfants ou sur la personne tenue, envers son conjoint ou ses enfants, de prestations ou pensions de toute nature, V. Code pénal, art. 356-1 et 357-3. Sur l'obligation pour les hommes soumis aux obligations du service national de faire connaître tout changement de domicile et de résidence, V. Code du service national, art. L. 21.

Art. 104. – La preuve de l'intention résultera d'une déclaration expresse, faite tant à la municipalité du lieu que l'on quittera, qu'à celle du lieu où on aura transféré son domicile.

1) Une déclaration faite seulement à la mairie du domicile ancien est inopérante au sens de l'article 104 du Code civil (Civ. 7 déc. 1885 : *D.P.* 86, 1, 159. – Civ. 18 juil. 1933 : *S.* 1933, 1, 328).

2) Si la preuve de l'intention résulte de la double formalité prévue par l'article 104, celle de l'habitation réelle ne peut résulter que des circonstances appréciées souverainement par le juge du fond (Soc. 11 mai 1945 : *D.* 1945, 308).

DOMICILE — Art. 108-2

Art. 105. – **A défaut de déclaration expresse, la preuve de l'intention dépendra des circonstances.**

A défaut d'une manifestation expresse de volonté, les juges du fond doivent indiquer les circonstances qui leur paraissent démontrer l'intention de transférer le domicile (Civ. 1re, 9 mai 1951 : *J.C.P.* 51, IV, 101 ; *Bull.* I, n. 145, p. 113). Ces circonstances doivent être claires et non équivoques (Civ. 2e, 26 fév. 1965 : *Bull.* II, n. 208, p. 145), faute de quoi le domicile d'origine doit prévaloir (Civ. 2e, 20 janv. 1966 : *Bull.* II, n. 505, p. 359).

Art. 106. – **Le citoyen appelé à une fonction publique temporaire ou révocable, conservera le domicile qu'il avait auparavant, s'il n'a pas manifesté d'intention contraire.**

Les fonctionnaires révocables n'ont pas de domicile légal. V. pour les membres de l'enseignement Civ. 2e, 15 déc. 1960 (*Bull.* II, n. 776, p. 529) ; Comp. pour les militaires Civ. 1re, 21 fév. 1966 (*Bull.* I, n. 128, p. 97) ; mais le lieu d'exercice des fonctions peut être pris en considération parmi d'autres indices pour déterminer le domicile volontaire (Civ. 2e, 4 nov. 1965 : *Bull.* II, n. 844, p. 599).

Art. 107. – **L'acceptation de fonctions conférées à vie emportera translation immédiate du domicile du fonctionnaire dans le lieu où il doit exercer ces fonctions.**

On ne peut considérer comme conférées à vie au sens de l'article 107 du Code civil les fonctions de maître de conférences dans une faculté (T.G.I. Caen 31 oct. 1962 : *J.C.P.* 63, IV, éd. A, 4192, 2e esp.).

Art. 108 *(L. 6 fév. 1893 ; L. n. 75-617 du 11 juil. 1975, art. 2 et 25 avec effet à compter du 1er janvier 1976).* – **Le mari et la femme peuvent avoir un domicile distinct sans qu'il soit pour autant porté atteinte aux règles relatives à la communauté de la vie.**
Toute notification faite à un époux, même séparé de corps, en matière d'état et de capacité des personnes, doit également être adressée à son conjoint, sous peine de nullité.

Ancien art. 108. – *La femme mariée n'a point d'autre domicile que celui de son mari.*
Le mineur non émancipé aura son domicile chez ses père et mère ou tuteur ; le majeur interdit aura le sien chez son tuteur.
(L. 6 fév. 1893) La femme séparée de corps cesse d'avoir pour domicile légal le domicile de son mari.
Néanmoins, toute signification faite à la femme séparée, en matière de questions d'état devra également être adressée au mari à peine de nullité.

BRUNET, *Les incidences de la réforme du divorce sur la séparation de fait entre époux* (D. 1977, chron. 191).

Art. 108-1 *(L. n. 75-617 du 11 juil. 1975, art. 2 et 25, avec effet à compter du 1er janvier 1976).* – **La résidence séparée des époux, au cours de la procédure de divorce ou de séparation de corps, entraîne de plein droit domicile distinct.**

Art. 108-2 *(L. n. 75-617 du 11 juil. 1975, art. 2 et 25, avec effet à compter du 1er janvier 1976).* – **Le mineur non émancipé est domicilié chez ses père et mère.**
Si les père et mère ont des domiciles distincts, il est domicilié chez celui des parents avec lequel il réside.

Art. 108-3 — DOMICILE

1) Le placement des enfants dans un établissement scolaire, même éloigné, n'a pas pour effet de modifier leur domicile légal (Civ. 2e, 6 déc. 1968 : *Bull.* II, n. 299, p. 212) ; Comp. pour l'application de l'article L. 511 du Code de la sécurité sociale, Civ. 2e, 25 mai 1962 (*Bull.* II, n. 475, p. 337) ; Civ. 2e, 24 nov. 1964 (*Bull.* II, n. 759, p. 556).

2) Une décision de justice ne peut imposer à une personne le choix d'un domicile, mais la décision qui fait obligation au titulaire de la garde résidant à l'étranger de placer les enfants dans un établissement en France en observant que sa situation de fortune et ses propriétés immobilières l'autoriseraient à fixer sans difficulté sa résidence en France et ainsi à ne pas perdre le contact avec ses enfants se réfère à la notion de résidence et non à celle de domicile (Civ. 2e, 6 déc. 1968 : *Bull.* II, n. 299, p. 212).

Art. 108-3 *(L. n. 75-167 du 11 juil. 1975, art. 2 et 25, avec effet à compter du 1er janvier 1976).* **– Le majeur en tutelle est domicilié chez son tuteur.**

Art. 109. – Les majeurs qui servent ou travaillent habituellement chez autrui, auront le même domicile que la personne qu'ils servent ou chez laquelle ils travaillent, lorsqu'ils demeureront avec elle dans la même maison.

1) Étant généraux et absolus, les termes de l'article 109 du Code civil visent tous ceux qui se trouvent sous la dépendance et la direction du chef de la maison chez lequel ils demeurent et s'appliquent donc à un régisseur (Req. 28 fév. 1924 : *D.H.* 1924, 201) mais non aux personnes qui travaillent de façon indépendante, par exemple les fermiers (Civ. 13 avril 1897 : *S.* 98, 1, 285, 3e esp.).

2) L'article 109 ne s'applique que s'il y a communauté d'habitation (Civ. 20 avril 1901 : *S.* 1901, 1, 293) mais il importe peu que la cohabitation soit temporaire (Civ. 3 avril 1913 : *D.P.* 1915, 1, 93, 2e esp.).

3) La règle légale suivant laquelle le domestique a le même domicile que l'employeur ne peut priver une bonne à tout faire du droit au maintien dans les lieux dans une chambre louée par elle (Soc. 6 avril 1957 : *Bull.* IV, n. 252, p. 191).

Art. 110. – Le lieu où la succession s'ouvrira sera déterminé par le domicile.

Art. 111 *(D. n. 75-1122 du 5 déc. 1975, art. 1er et 41, avec effet à compter du 1er janvier 1976).* **– Lorsqu'un acte contiendra, de la part des parties ou de l'une d'elles, élection de domicile pour l'exécution de ce même acte dans un autre lieu que celui du domicile réel, les significations, demandes et poursuites relatives à cet acte, pourront être faites au domicile convenu, et, sous réserve des dispositions de l'article 48 du Nouveau Code de procédure civile, devant le juge de ce domicile.**

1) L'élection de domicile peut être tacite (Soc. 10 mars 1965 : *Bull.* IV, n. 212, p. 174), mais le choix d'un avocat ne fait pas présumer l'élection de domicile en son cabinet (Crim. 23 déc. 1926 : *Gaz. Pal.* 1927, 1, 217).

2) Lorsque l'élection de domicile a été stipulée dans l'intérêt commun des deux parties ou dans l'intérêt exclusif de celui qui s'oblige, la clause s'impose au cocontractant qui doit signifier au seul domicile élu (Civ. 14 juin 1875 : *D.P.* 75, 1, 289. – Civ. 17 juil. 1950 : *D.* 1950, 682. – Civ. 2e, 10 mars 1977 : *D.* 1977, I.R., 410). Mais si l'élection est faite dans l'intérêt exclusif d'une partie, celle-ci pourra signifier au domicile ordinaire (Civ. 1re, 7 oct. 1962 : *Gaz. Pal.* 1962, 2, 337). La question de savoir si la clause d'élection de domicile a été introduite dans l'intérêt

ABSENCE

commun relève du pouvoir souverain des juges du fond (Civ. 2e, 23 janv. 1974 : *Bull.* 2, n. 34, p. 27), lesquels peuvent même décider qu'il s'agit d'une clause de pur style (Civ. 1re, 14 janv. 1952 : *Bull.* I, n. 16, p. 13).

3) Les effets de l'élection de domicile doivent être limités aux significations, demandes et poursuites relatives à l'exécution de la convention, à l'exclusion de la signification des décisions par défaut rendues pour l'exécution de ladite convention (Civ. 2e, 21 janv. 1970 : *Bull.* II, n. 22, p. 16). De même, on ne saurait étendre l'effet d'une élection de domicile à une autre procédure que celle pour laquelle elle a été prévue (Civ. 1re, 6 mai 1963 : *J.C.P.* 63, IV, 82 ; *Bull.* I, n. 241, p. 203), spécialement à l'instance d'appel lorsqu'elle a été prévue pour la procédure de première instance (Civ. 2e, 6 janv. 1977 : *Gaz. Pal.* 1977, 1, Somm. 153).

4) L'élection de domicile s'impose non seulement à l'huissier désigné mais aussi à son successeur et au suppléant de celui-ci (Civ. 2e, 27 mai 1961 : *Bull.* II, n. 386, p. 278).

TITRE IV. – DES ABSENTS
(L. n. 77-1447 du 28 déc. 1977)

B. TEYSSIÉ, *L'absence*, Litec 1980. – A. BRETON : *D.* 1978, chron. 241. – M. VIVANT, *Le régime juridique de la non-présence* : Rev. trim. dr. civ. 1982, 1.

CHAPITRE PREMIER. – DE LA PRÉSOMPTION D'ABSENCE

Art. 112. – **Lorsqu'une personne a cessé de paraître au lieu de son domicile ou de sa résidence sans que l'on en ait eu de nouvelles, le juge des tutelles peut, à la demande des parties intéressées ou du ministère public, constater qu'il y a présomption d'absence.**

Art. 113. – **Le juge peut désigner un ou plusieurs parents ou alliés, ou, le cas échéant, toutes autres personnes pour représenter la personne présumée absente dans l'exercice de ses droits ou dans tout acte auquel elle serait intéressée, ainsi que pour administrer tout ou partie de ses biens ; la représentation du présumé absent et l'administration de ses biens sont alors soumises aux règles applicables à l'administration légale sous contrôle judiciaire telle qu'elle est prévue pour les mineurs, et en outre sous les modifications qui suivent.**

En cas de pluralité d'absents ayant des intérêts opposés, il convient de désigner autant de représentants que d'absents (Pau 19 oct. 1953 : *D.* 1953, 640).

Art. 114. – **Sans préjudice de la compétence particulière attribuée à d'autres juridictions, aux mêmes fins, le juge fixe, le cas échéant, suivant l'importance des biens, les sommes qu'il convient d'affecter annuellement à l'entretien de la famille ou aux charges du mariage.**

Art. 115 — ABSENCE

Il détermine comment il est pourvu à l'établissement des enfants.

Il spécifie aussi comment sont réglées les dépenses d'administration ainsi qu'éventuellement la rémunération qui peut être allouée à la personne chargée de la représentation du présumé absent et de l'administration de ses biens.

Art. 115. — **Le juge peut, à tout moment et même d'office, mettre fin à la mission de la personne ainsi désignée ; il peut également procéder à son remplacement.**

Il résulte des dispositions combinées des articles 113 et 115 que le juge des tutelles a la faculté de désigner, pour administrer les biens du présumé absent, soit un parent ou allié de ce dernier, soit toute autre personne, en fonction des intérêts de l'absent, et qu'il dispose d'un pouvoir souverain pour apprécier s'il doit procéder ou non au remplacement de l'administrateur précédemment désigné (Civ. 1re, 17 mars 1987 : *Bull.* I, n. 93, p. 71).

Art. 116. — **Si le présumé absent est appelé à un partage, il est fait application de l'article 838, alinéa 1er, du Code civil.**

Toutefois, le juge des tutelles peut autoriser le partage, même partiel, et désigner un notaire pour y procéder, en présence du représentant du présumé absent, ou de son remplaçant désigné conformément à l'article 115, si le représentant initial est lui-même intéressé au partage. L'état liquidatif est soumis à l'homologation du tribunal de grande instance.

Art. 117. — **Le ministère public est spécialement chargé de veiller aux intérêts des présumés absents ; il est entendu sur toutes les demandes les concernant ; il peut requérir d'office l'application ou la modification des mesures prévues au présent titre.**

Art. 118. — **Si un présumé absent reparaît ou donne de ses nouvelles, il est, sur sa demande, mis fin par le juge aux mesures prises pour sa représentation et l'administration de ses biens ; il recouvre alors les biens gérés ou acquis pour son compte durant la période de l'absence.**

Art. 119. — **Les droits acquis sans fraude, sur le fondement de la présomption d'absence, ne sont pas remis en cause lorsque le décès de l'absent vient à être établi ou judiciairement déclaré, quelle que soit la date retenue pour le décès.**

Art. 120. — **Les dispositions qui précèdent, relatives à la représentation des présumés absents et à l'administration de leurs biens, sont aussi applicables aux personnes qui, par suite d'éloignement, se trouvent malgré elles hors d'état de manifester leur volonté.**

Art. 121. — **Ces mêmes dispositions ne sont pas applicables aux présumés absents ou aux personnes mentionnées à l'article 120 lorsqu'ils ont laissé une procuration suffisante à l'effet de les représenter et d'administrer leurs biens.**

Il en est de même si le conjoint peut pourvoir suffisamment aux intérêts en cause par l'application du régime matrimonial, et notamment par l'effet d'une décision obtenue en vertu des articles 217 et 219, 1426 et 1429.

ABSENCE

Art. 127

CHAPITRE II. - DE LA DÉCLARATION D'ABSENCE

Art. 122. - Lorsqu'il se sera écoulé dix ans depuis le jugement qui a constaté la présomption d'absence, soit selon les modalités fixées par l'article 112, soit à l'occasion de l'une des procédures judiciaires prévues par les articles 217 et 219, 1426 et 1429, l'absence pourra être déclarée par le tribunal de grande instance à la requête de toute partie intéressée ou du ministère public.

Il en sera de même quand, à défaut d'une telle constatation, la personne aura cessé de paraître au lieu de son domicile ou de sa résidence, sans que l'on en ait eu de nouvelles depuis plus de vingt ans.

Art. 123. - Des extraits de la requête aux fins de déclaration d'absence, après avoir été visés par le ministère public, sont publiés dans deux journaux diffusés dans le département ou, le cas échéant, dans le pays du domicile ou de la dernière résidence de la personne demeurée sans donner de nouvelles.

Le tribunal, saisi de la requête, peut en outre ordonner toute autre mesure de publicité dans tout lieu où il le juge utile.

Ces mesures de publicité sont assurées par la partie qui présente la requête.

Art. 124. - Dès que les extraits en ont été publiés, la requête est transmise, par l'intermédiaire du procureur de la République, au tribunal qui statue d'après les pièces et documents produits et eu égard aux conditions de la disparition, ainsi qu'aux circonstances qui peuvent expliquer le défaut de nouvelles.

Le tribunal peut ordonner toute mesure d'information complémentaire et prescrire, s'il y a lieu, qu'une enquête soit faite contradictoirement avec le procureur de la République, quand celui-ci n'est pas lui-même requérant, dans tout lieu où il le jugera utile, et notamment dans l'arrondissement du domicile ou dans ceux des dernières résidences, s'ils sont distincts.

Art. 125. - La requête introductive d'instance peut être présentée dès l'année précédant l'expiration des délais prévus aux alinéas 1 et 2 de l'article 122. Le jugement déclaratif d'absence est rendu un an au moins après la publication des extraits de cette requête. Il constate que la personne présumée absente n'a pas reparu au cours des délais visés à l'article 122.

Art. 126. - La requête aux fins de déclaration d'absence est considérée comme non avenue lorsque l'absent reparaît ou que la date de son décès vient à être établie, antérieurement au prononcé du jugement.

Art. 127. - Lorsque le jugement déclaratif d'absence est rendu, des extraits en sont publiés selon les modalités prévues à l'article 123, dans le délai fixé par le tribunal. La décision est réputée non avenue si elle n'a pas été publiée dans ce délai.

Quand le jugement est passé en force de chose jugée, son dispositif est transcrit à la requête du procureur de la République sur les registres des décès du lieu du domicile de l'absent ou de sa dernière résidence. Mention de cette transcription est faite en marge des registres à la date du jugement déclarant l'absence ; elle est également faite en marge de l'acte de naissance de la personne déclarée absente.

La transcription rend le jugement opposable aux tiers qui peuvent seulement en obtenir la rectification conformément à l'article 99.

Art. 128. - Le jugement déclaratif d'absence emporte, à partir de la transcription, tous les effets que le décès établi de l'absent aurait eus.

Les mesures prises pour l'administration des biens de l'absent conformément au chapitre 1er du présent titre prennent fin, sauf décision contraire du tribunal ou, à défaut, du juge qui les a ordonnées.

Le conjoint de l'absent peut contracter un nouveau mariage.

Art. 129. - Si l'absent reparaît ou si son existence est prouvée postérieurement au jugement déclaratif d'absence, l'annulation de ce jugement peut être poursuivie, à la requête du procureur de la République ou de toute partie intéressée.

Toutefois, si la partie intéressée entend se faire représenter, elle ne pourra le faire que par un avocat régulièrement inscrit au barreau.

Le dispositif du jugement d'annulation est publié sans délai, selon les modalités fixées par l'article 123. Mention de cette décision est portée, dès sa publication, en marge du jugement déclaratif d'absence et sur tout registre qui y fait référence.

Art. 130. - L'absent dont l'existence est judiciairement constatée recouvre ses biens et ceux qu'il aurait dû recueillir pendant son absence dans l'état où ils se trouvent, le prix de ceux qui auraient été aliénés ou les biens acquis en emploi des capitaux ou des revenus échus à son profit.

Art. 131. - Toute partie intéressée qui a provoqué par fraude une déclaration d'absence, sera tenue de restituer à l'absent dont l'existence est judicairement constatée les revenus des biens dont elle aura eu la jouissance et de lui en verser les intérêts légaux à compter du jour de la perception, sans préjudice, le cas échéant, de dommages-intérêts complémentaires.

Si la fraude est imputable au conjoint de la personne déclarée absente, celle-ci sera recevable à attaquer la liquidation du régime matrimonial auquel le jugement déclaratif d'absence aura mis fin.

Art. 132. - Le mariage de l'absent reste dissous, même si le jugement déclaratif d'absence a été annulé.

Loi n. 77-1447 du 28 décembre 1977
portant réforme du titre IV du livre 1er du Code civil : Des absents

....

Art. 6. - La présente loi entrera en vigueur le 31 mars 1978.

Art. 7. - La présente loi sera applicable à l'égard des personnes qui, avant son entrée en vigueur, ont cessé de paraître au lieu de leur domicile ou de leur résidence sans que l'on ait eu de leurs nouvelles, sous les exceptions résultant des articles ci-dessous.

Art. 8. - Lorsqu'il aura été statué selon les anciens articles 112 et 113 du Code civil, en vue de pourvoir à l'administration de tout ou partie des biens laissés par une personne présumée

ABSENCE — Art. 132

absente ou à la représentation de cette dernière, les mesures prescrites pourront être modifiées, s'il y a lieu, dans les formes et conditions fixées par les nouveaux articles 112 à 118 du Code civil.

Art. 9. – Lorsque la requête aux fins de déclaration d'absence aura été présentée avant l'entrée en vigueur de la présente loi, la demande sera instruite et jugée selon la loi ancienne ; la déclaration d'absence produira alors les effets prévus par cette loi, sous réserve des dispositions de l'article 10.

Art. 10. – A l'expiration d'un délai d'un an à compter de l'entrée en vigueur de la présente loi, tout jugement déclaratif d'absence rendu selon la loi ancienne, qui aura été publié depuis plus de dix ans en application de l'article 118 ancien du Code civil, produira les effets que la loi nouvelle y aurait attachés. Dans ce cas, les cautions sont déchargées et tous les ayants droit peuvent demander le partage des biens de l'absent.

Art. 11. – Sont abrogées toutes les dispositions contraires à la présente loi, et notamment le 5° de l'article 28 du décret n. 55-22 du 4 janvier 1955 portant réforme de la publicité foncière, ainsi que la loi du 22 septembre 1942 relative aux militaires, marins et civils disparus pendant la période comprise entre le 3 septembre 1939 et le 25 juin 1940, validée et modifiée par l'ordonnance du 5 avril 1944.

Nouveau Code de procédure civile (*D. n. 81-500, 12 mai 1981*)

Art. 1062. – Les demandes relatives à la présomption d'absence sont présentées au juge des tutelles qui exerce ses fonctions au tribunal d'instance dans le ressort duquel la personne dont il s'agit de constater la présomption d'absence demeure ou a eu sa dernière résidence.

A défaut, le juge compétent est celui du tribunal d'instance du lieu où demeure le demandeur.

Art. 1063. – La demande est formée, instruite et jugée selon les règles applicables à la tutelle des mineurs.

Art. 1064. – Un extrait de toute décision constatant une présomption d'absence ou désignant une personne pour représenter un présumé absent et administrer ses biens ainsi que de toute décision portant modification ou suppression des mesures prises est transmis au secrétariat-greffe du tribunal de grande instance dans le ressort duquel est née la personne présumée absente, à fin de conservation au répertoire civil et de publicité par mention en marge de l'acte de naissance, selon les modalités prévues aux articles 1057 à 1061. La transmission est faite au service central d'état civil pour les personnes nées à l'étranger.

Art. 1065. – Lorsque la décision a été rendue par le juge des tutelles, la transmission est faite par le secrétaire-greffier du tribunal d'instance dans les quinze jours qui suivent l'expiration des délais de recours.

Lorsque la décision a été rendue par le tribunal de grande instance, la transmission est faite par le secrétaire-greffier du tribunal de grande instance dans les quinze jours du jugement.

Section II. – La déclaration d'absence

Art. 1066. – Les demandes relatives à la déclaration d'absence d'une personnne sont portées devant le tribunal de grande instance dans le ressort duquel celle-ci demeure ou a eu sa dernière résidence.

A défaut, le tribunal compétent est celui du lieu où demeure le demandeur.

Art. 132 ABSENCE

Art. 1067. – La demande est formée, instruite et jugée comme en matière gracieuse.

Art. 1068. – Le délai dans lequel doivent être publiés les extraits du jugement déclaratif d'absence ne peut excéder six mois à compter du prononcé de ce jugement ; il est mentionné dans les extraits soumis à publication.

Art. 1069. – L'appel est formé, instruit et jugé comme en matière gracieuse.

Le délai d'appel court à l'égard des parties et des tiers auxquels le jugement a été notifié, un mois après l'expiration du délai fixé par le tribunal pour l'accomplissement des mesures de publicité de l'article 127 du Code civil.

Le délai de pourvoi en cassation suspend l'exécution de la décision déclarative d'absence. Le pourvoi en cassation exercé dans ce délai est également suspensif.

TITRE IV (ANCIEN). – DES ABSENTS

CHAPITRE Iᵉʳ. – DE LA PRÉSOMPTION D'ABSENCE

Art. 112. – S'il y a nécessité de pourvoir à l'administration de tout ou partie des biens laissés par une personne présumée absente et qui n'a point de procureur fondé, il y sera statué par le tribunal de grande instance sur la demande des parties intéressées.

Art. 113. – Le tribunal, à la requête de la partie la plus diligente, commettra un notaire pour représenter les présumés absents, dans les inventaires, comptes, partages et liquidations dans lesquels ils seront intéressés.

Art. 114. – Le ministère public est spécialement chargé de veiller aux intérêts des personnes présumées absentes ; et il sera entendu sur toutes les demandes qui les concernent.

CHAPITRE II. – DE LA DÉCLARATION D'ABSENCE

Art. 115. – Lorsqu'une personne aura cessé de paraître au lieu de son domicile ou de sa résidence, et que depuis quatre ans on n'en aura point eu de nouvelles, les parties intéressées pourront se pourvoir devant le tribunal de grande instance, afin que l'absence soit déclarée.

Art. 116. – Pour constater l'absence, le tribunal, d'après les pièces et documents produits, ordonnera qu'une enquête soit faite contradictoirement avec le procureur de la République, dans l'arrondissement du domicile, et dans celui de la résidence, s'ils sont distincts l'un de l'autre.

Art. 117. – Le tribunal, en statuant sur la demande, aura d'ailleurs égard aux motifs de l'absence, et aux causes qui ont pu empêcher d'avoir des nouvelles de l'individu présumé absent.

Art. 118. – Le procureur de la République enverra, aussitôt qu'ils seront rendus, les jugements tant préparatoires que définitifs au ministre de la justice, qui les rendra publics.

Art. 119. – Le jugement de déclaration d'absence ne sera rendu qu'un an après le jugement qui aura ordonné l'enquête.

CHAPITRE III. – DES EFFETS DE L'ABSENCE

Section I. – Des effets de l'absence relativement aux biens que l'absent possédait au jour de sa disparition

Art. 120. – Dans le cas où l'absent n'aurait point laissé de procuration pour l'administration de ses biens, ses héritiers présomptifs, au jour de sa disparition ou de ses dernières nouvelles,

ABSENCE   Art. 132

pourront, en vertu du jugement définitif qui aura déclaré l'absence, se faire envoyer en possession provisoire des biens qui appartenaient à l'absent au jour de son départ ou de ses dernières nouvelles, à la charge de donner caution pour la sûreté de leur administration.

Art. 121. – *Si l'absent a laissé une procuration, ses héritiers présomptifs ne pourront poursuivre la déclaration d'absence et l'envoi en possession provisoire, qu'après dix années révolues depuis sa disparition ou depuis ses dernières nouvelles.*

Art. 122. – *Il en sera de même si la procuration vient à cesser ; et dans ce cas, il sera pourvu à l'administration des biens de l'absent, comme il est dit au chapitre Ier du présent titre.*

Art. 123. – *Lorsque les héritiers présomptifs auront obtenu l'envoi en possession provisoire, le testament, s'il en existe un, sera ouvert à la réquisition des parties intéressées, ou du procureur de la République près le tribunal ; et les légataires, les donataires, ainsi que tous ceux qui avaient, sur les biens de l'absent, des droits subordonnés à la condition de son décès, pourront les exercer provisoirement à la charge de donner caution.*

Art. 124. – *L'époux commun en biens, s'il opte pour la continuation de la communauté, pourra empêcher l'envoi provisoire, et l'exercice provisoire de tous les droits subordonnés à la condition du décès de l'absent, et prendre ou conserver par référence l'administration des biens de l'absent. Si l'époux demande la dissolution provisoire de la communauté, il exercera ses reprises et tous ses droits légaux et conventionnels, à la charge de donner caution pour les choses susceptibles de restitution.*
Deuxième al. abrogé à compter du 1er fév. 1966, L. n. 65-570, du 13 juil. 1965, art. 9 et 23 (Dispositions antérieures restant applicables aux mariages conclus avant l'entrée en vigueur de ladite loi) La femme, en optant pour la continuation de la communauté, conservera le droit d'y renoncer ensuite.

Art. 125. – *La possession provisoire ne sera qu'un dépôt, qui donnera, à ceux qui l'obtiendront, l'administration des biens de l'absent, et qui les rendra comptables envers lui, en cas qu'il reparaisse ou qu'on ait de ses nouvelles.*

Art. 126. – *Ceux qui auront obtenu l'envoi provisoire, ou l'époux qui aura opté pour la continuation de la communauté, devront faire procéder à l'inventaire du mobilier et des titres de l'absent, en présence du procureur de la République près le tribunal de grande instance, ou d'un juge de tribunal d'instance requis par ledit procureur de la République.*
Le tribunal ordonnera, s'il y a lieu, de vendre tout ou partie du mobilier. Dans le cas de vente, il sera fait emploi du prix ainsi que des fruits échus.
Ceux qui auront obtenu l'envoi provisoire, pourront requérir, pour leur sûreté, qu'il soit procédé, par un expert nommé par le tribunal, à la visite des immeubles, à l'effet d'en constater l'état. Son rapport sera homologué en présence du procureur de la République ; les frais en seront pris sur les biens de l'absent.

Art. 127. – *Ceux qui, par suite de l'envoi provisoire, ou de l'administration légale, auront joui des biens de l'absent, ne seront tenus de lui rendre que le cinquième des revenus, s'il reparaît avant quinze ans révolus depuis le jour de sa disparition ; et le dixième, s'il ne reparaît qu'après les quinze ans.*
Après trente ans d'absence, la totalité des revenus leur appartiendra.

Art. 128. – *Tous ceux qui ne jouiront qu'en vertu de l'envoi provisoire, ne pourront aliéner ni hypothéquer les immeubles de l'absent.*

Art. 129. – *Si l'absence a duré pendant trente ans depuis l'envoi provisoire, ou depuis l'époque à laquelle l'époux commun aura pris l'administration des biens de l'absent, ou s'il s'est écoulé cent ans révolus depuis la naissance de l'absent, les cautions seront déchargées ; tous les ayants droit pourront demander le partage des biens de l'absent, et faire prononcer l'envoi en possession définitif par le tribunal de grande instance.*

Art. 130. – *La succession de l'absent sera ouverte du jour de son décès prouvé, au profit des héritiers les plus proches à cette époque ; et ceux qui auraient joui des biens de l'absent seront tenus de les restituer, sous la réserve des fruits par eux acquis en vertu de l'article 127.*

Art. 131. – *Si l'absent reparaît, ou si son existence est prouvée pendant l'envoi provisoire, les effets du jugement qui aura déclaré l'absence cesseront, sans préjudice, s'il y a lieu, des mesures conservatoires prescrites au chapitre Ier du présent titre, pour l'administration de ses biens.*

Art. 132. – *Si l'absent reparaît, ou si son existence est prouvée, même après l'envoi définitif, il recouvrera ses biens dans l'état où ils se trouveront, le prix de ceux qui auraient été aliénés, ou les biens provenant de l'emploi qui aurait été fait du prix de ses biens vendus.*

Art. 133. – *Les enfants et descendants directs de l'absent pourront légalement, dans les trente ans à compter de l'envoi définitif, demander la restitution de ses biens comme il est dit à l'article précédent.*

Art. 134. – *Après le jugement de déclaration d'absence, toute personne qui aurait des droits à exercer contre l'absent ne pourra les poursuivre que contre ceux qui auront été envoyés en possession des biens, ou qui en auront l'administration légale.*

Section II. – Des effets de l'absence relativement aux droits éventuels qui peuvent compéter à l'absent

Art. 135. – *Quiconque réclamera un droit échu à un individu dont l'existence ne sera pas reconnue, devra prouver que ledit individu existait quand le droit a été ouvert : jusqu'à cette preuve, il sera déclaré non recevable dans sa demande.*

Art. 136. – *S'il s'ouvre une succession à laquelle soit appelé un individu dont l'existence n'est pas reconnue, elle sera dévolue exclusivement à ceux avec lesquels il aurait eu le droit de concourir, ou à ceux qui l'auraient recueillie à son défaut.*

Art. 137. – *Les dispositions des deux articles précédents auront lieu sans préjudice des actions en pétition d'hérédité et d'autres droits, lesquels compéteront à l'absent ou à ses représentants ou ayants cause, et ne s'éteindront que par le laps de temps établi pour la prescription.*

Art. 138. – *Tant que l'absent ne se représentera pas, ou que les actions ne seront point exercées de son chef, ceux qui auront recueilli la succession, gagneront les fruits par eux perçus de bonne foi.*

Section III. – Des effets de l'absence relativement au mariage

Art. 139. – *L'époux absent, dont le conjoint a contracté une nouvelle union, sera seul recevable à attaquer ce mariage par lui-même, ou par son fondé de pouvoir, muni de la preuve de son existence.*

MARIAGE   Art. 146

Art. 140. – *Si l'époux absent n'a point laissé de parents habiles à lui succéder, l'autre époux pourra demander l'envoi en possession provisoire des biens.*

CHAPITRE IV. – DE LA SURVEILLANCE DES ENFANTS MINEURS DU PÈRE QUI A DISPARU

Art. 141 *(L. 23 juil. 1942).* – *Si le père a disparu, laissant des enfants mineurs issus d'un commun mariage, la mère en aura la surveillance et exercera tous les droits de l'autorité parentale.*

Art. 142. – *Six mois après la disparition du père, si la mère était décédée lors de cette disparition, ou si elle vient à décéder avant que l'absence du père ait été déclarée, la surveillance des enfants sera déférée, par le conseil de famille, aux ascendants les plus proches et, à leur défaut, à un tuteur provisoire.*

Art. 143. – *Il en sera de même dans le cas où l'un des époux qui aura disparu laissera des enfants mineurs issus d'un mariage précédent.*

Art. 133 à 143. – *Abrogés, L. n. 77-1447 du 28 déc. 1977, art. 1er.*

TITRE V. – DU MARIAGE

CHAPITRE PREMIER. – DES QUALITÉS ET CONDITIONS REQUISES POUR POUVOIR CONTRACTER MARIAGE

Art. 144. – **L'homme avant dix-huit ans révolus, la femme avant quinze ans révolus, ne peuvent contracter mariage.**

Art. 145 *(L. n. 70-1266 du 23 déc. 1970).* – **Néanmoins, il est loisible au procureur de la République du lieu de célébration du mariage, d'accorder des dispenses d'âge pour des motifs graves.**

Art. 146. – **Il n'y a pas de mariage lorsqu'il n'y a point de consentement.**

1) Le mariage doit être annulé s'il est établi que, même à l'insu de l'officier de l'état civil ou de la fiancée, le futur conjoint n'était plus, au moment de la célébration, consentant au mariage (Trib. civ. Pau 6 fév. 1948 : *J.C.P.* 48, II, 4337, note Laurens et Seignolle).

2) Le mariage est nul si l'un des conjoints est hors d'état de donner un consentement réfléchi (Paris 1er juil. 1955 : *J.C.P.* 56, IV, 66). La démence est appréciée souverainement par les juges du fond (Civ. 1re, 29 janv. 1975 : *D.* 1975, 668, note Hauser. – Civ. 1re, 28 mai 1980 : *J.C.P.* 81, II, 19552, note Raymond). Elle ne peut être déduite du seul fait qu'un expert conclut à l'irresponsabilité d'un des conjoints pour des actes commis antérieurement à son internement et susceptibles d'être retenus comme causes de divorce (Paris 31 janv. 1967 : *J.C.P.* 67, II, 15036, note R.B.)

Art. 147

3) Il appartient au juge si, lors de la célébration du mariage, l'un des époux ne peut parler, de relever et interpréter les signes par lesquels il a entendu affirmer sa volonté (Civ. 1re, 22 janv. 1968 : *J.C.P.* 68, II, 15442, note R.B.)

4) Un mariage doit être annulé si la preuve est rapportée qu'il n'a constitué qu'un acte simulé et une simple apparence, ayant été conclu uniquement dans le but de permettre à l'un des conjoints d'acquérir une nationalité (Paris 16 oct. 1958 : *J.C.P.* 58, II, 10897). Plus généralement, la nullité est encourue si les conjoints ne se sont prêtés à la cérémonie qu'en vue d'un effet secondaire du mariage, étranger aux buts de l'institution, avec la volonté délibérée de se soustraire à toutes ses autres conséquences légales (Paris 11 juin 1974 : *Gaz. Pal.* 1974, 2, somm. 293). Mais le mariage est valable lorsque les conjoints ont cru pouvoir limiter ses effets légaux et notamment n'ont donné leur consentement que dans le but de conférer à l'enfant commun la situation d'enfant légitime (Civ. 1re, 20 nov. 1963 : *J.C.P.* 64, II, 13498, note Mazeaud. – V. sur ce problème Foulon-Piganiol, *Mariage simulé ou mariage à effets limités : D.* 1965, Chron. 9). Jugé que l'article 37-1 du code de la nationalité française, aux termes duquel l'étranger qui contracte mariage avec une personne de nationalité française peut acquérir cette nationalité par déclaration, ne peut être appliqué lorsque les époux ne se sont prêtés à la cérémonie du mariage qu'en vue d'atteindre un résultat étranger à l'union matrimoniale (Civ. 1re, 17 nov. 1981 : *J.C.P.* 82, II, 19842, note Gobert et, sur renvoi, Grenoble 31 mars 1983 : *Rev. trim. dr. civ.* 1983, 334, obs. Nerson et Rubellin-Devichi).

Art. 147. – On ne peut contracter un second mariage avant la dissolution du premier.

1) La bigamie existe et le mariage doit être annulé si, par suite d'une erreur, les registres de l'état civil font mention d'un divorce qui n'a pas été prononcé ou d'un décès qui ne s'est pas produit (T.G.I., Nanterre 15 janv. 1975 : *Gaz. Pal.* 1975, 2, 577) ou si la preuve d'une répudiation coranique n'est pas rapportée (Lyon 21 mai 1974 : *D.* 1975, 9, note Guiho). Mais la nullité ne peut être prononcée lorsqu'il existe une incertitude sur la question de savoir si le précédent mariage était dissous par le décès du mari au moment où la femme s'est remariée (Paris 18 mai 1956 : *J.C.P.* 57, IV, 31).

2) Le mariage doit être annulé pour bigamie si le divorce mettant fin au précédent mariage a été prononcé à l'étranger dans des conditions frauduleuses et se trouve ainsi inopposable en France (T.G.I. Seine 1er juil. 1965 : *Gaz. Pal.* 1965, 2, 411).

3) L'épouse de bonne foi est fondée à réclamer au mari bigame de mauvaise foi une pension destinée à compenser le préjudice résultant pour elle de la perte du devoir de secours (Civ. 1re, 2 oct. 1984 : *Bull. I*, n. 242, p. 204).

Art. 148 *(L. 21 juin 1907 ; L. 17 juil. 1927).* – Les mineurs ne peuvent contracter mariage sans le consentement de leurs père et mère ; en cas de dissentiment entre le père et la mère, ce partage emporte consentement.
Deuxième et troisième al. abrogés, L. 2 fév. 1933.5

Le pouvoir des parents de consentir au mariage de leurs enfants mineurs est discrétionnaire (Rouen 26 juil. 1949 : *D.* 1951, 532, note Lebrun) mais les parents peuvent engager leur responsabilité en retirant à la légère leur consentement (Lyon 23 janv. 1907 : *D.P.* 1908, 2, 73, 3e esp., note Josserand).

MARIAGE — Art. 154

Art. 149 *(L. 7 fév. 1924).* – **Si l'un des deux est mort ou s'il est dans l'impossibilité de manifester sa volonté, le consentement de l'autre suffit.**

Il n'est pas nécessaire de produire l'acte de décès du père ou de la mère de l'un des futurs époux lorsque le conjoint ou les père et mère du défunt attestent ce décès sous serment.

Si la résidence actuelle du père ou de la mère est inconnue, et s'il n'a pas donné de ses nouvelles depuis un an, il pourra être procédé à la célébration du mariage si l'enfant et celui de ses père et mère qui donnera son consentement en font la déclaration sous serment.

Du tout, il sera fait mention sur l'acte de mariage.

Le faux serment prêté dans les cas prévus au présent article et aux articles suivants du présent chapitre sera puni des peines édictées par l'article 363 du Code pénal.

Art. 150 *(L. 17 juil. 1927).* – Si le père et la mère sont morts, ou s'ils sont dans l'impossibilité de manifester leur volonté, les aïeuls et aïeules les remplacent ; s'il y a dissentiment entre l'aïeul et l'aïeule de la même ligne, ou s'il y a dissentiment entre les deux lignes, ce partage emporte consentement.

(L. 7 fév. 1924) Si la résidence actuelle des père et mère est inconnue et s'ils n'ont pas donné de leurs nouvelles depuis un an, il pourra être procédé à la célébration du mariage si les aïeuls et aïeules ainsi que l'enfant lui-même en font la déclaration sous serment. Il en est de même si, un ou plusieurs aïeuls ou aïeules donnant leur consentement au mariage, la résidence actuelle des autres aïeuls et aïeules est inconnue et s'ils n'ont pas donné de leurs nouvelles depuis un an.

Art. 151 *(L. 20 juin 1896 ; L. 21 juin 1907 ; L. 9 août 1919 ; L. 28 avril 1922 ; L. 7 fév. 1924 ; L. 2 fév. 1933).* – La production de l'expédition, réduite au dispositif, du jugement qui aurait déclaré l'absence ou aurait ordonné l'enquête sur l'absence des père et mère, aïeuls ou aïeules de l'un des futurs époux équivaudra à la production de leurs actes de décès dans les cas prévus aux articles 149, 150, 158 et 159 du présent code.

Art. 152 *(modifié, L. 20 juin 1896 ; L. 21 juin 1907 ; abrogé, L. 17 juil. 1927).*

Art. 153 *(L. 20 juin 1896).* – Sera assimilé à l'ascendant dans l'impossibilité de manifester sa volonté, l'ascendant subissant la peine de la relégation ou maintenu aux colonies en conformité de l'article 6 de la loi du 30 mai 1854 sur l'exécution de la peine des travaux forcés. Toutefois, les futurs époux auront toujours le droit de solliciter et de produire à l'officier de l'état civil le consentement donné par cet ascendant.

Art. 154 *(L. 21 juin 1907 ; L. 9 août 1919 ; L. 7 fév. 1924 ; L. 17 juil. 1927 ; L. 2 fév. 1933).* – Le dissentiment entre le père et la mère, entre l'aïeul et l'aïeule de la même ligne, ou entre aïeuls des deux lignes peut être constaté par un notaire, requis par le futur époux et instrumentant sans le concours d'un deuxième notaire ni de témoins, qui notifiera l'union projetée à celui ou à ceux des père, mère ou aïeuls dont le consentement n'est pas encore obtenu.

L'acte de notification énonce les prénoms, noms, professions, domiciles et résidences des futurs époux, de leurs pères et mères, ou, le cas échéant, de leurs aïeuls, ainsi que le lieu où sera célébré le mariage.

Il contient aussi déclaration que cette notification est faite en vue d'obtenir le consentement non encore accordé et que, à défaut, il sera passé outre à la célébration du mariage.

Art. 155 — MARIAGE

Art. 155 *(L. 21 juin 1907; L. 7 fév. 1924; L. 2 fév. 1933; L. 4 fév. 1934).* – **Le dissentiment des ascendants peut également être constaté, soit par une lettre dont la signature est légalisée et qui est adressée à l'officier de l'état civil qui doit célébrer le mariage, soit par un acte dressé dans la forme prévue par l'article 73, alinéa 2.**
Les actes énumérés au présent article et à l'article précédent sont visés pour timbre et enregistrés gratis.

Art. 156 *(L. 21 juin 1907).* – **Les officiers de l'état civil qui auraient procédé à la célébration des mariages contractés par des fils ou filles n'ayant pas atteint l'âge de dix-huit ans accomplis sans que le consentement des pères et mères, celui des aïeuls ou aïeules et celui du conseil de famille, dans le cas où il est requis, soit énoncé dans l'acte de mariage, seront, à la diligence des parties intéressées ou du procureur de la République près le tribunal de grande instance de l'arrondissement où le mariage aura été célébré, condamnés à l'amende portée en l'article 192 du Code civil.**

Art. 157 *(L. 21 juin 1907; L. 11 déc. 1924; L. 4 fév. 1934).* – **L'officier de l'état civil qui n'aura pas exigé la justification de la notification prescrite par l'article 154, sera condamné à l'amende prévue en l'article précédent.**

Art. 158 *(L. 21 juin 1907; L. 10 mars 1913).* – **L'enfant naturel légalement reconnu qui n'a pas atteint l'âge de dix-huit ans accomplis ne peut contracter mariage sans avoir obtenu le consentement de celui de ses père et mère qui l'a reconnu, ou de l'un et de l'autre s'il a été reconnu par tous deux.**
(L. 17 juil. 1927) **En cas de dissentiment entre le père et la mère, ce partage emporte consentement.**
(L. 7 fév. 1924) **Si l'un des deux est mort ou s'il est dans l'impossibilité de manifester sa volonté, le consentement de l'autre suffit. Les dispositions contenues aux alinéas 3, 4 et 5 de l'article 149 sont applicables à l'enfant naturel mineur.**
Quatrième al. abrogé, L. 2 fév. 1933.

Art. 159 *(L. 21 juin 1907; L. 10 mars 1913; L. n. 64-1230 du 14 déc. 1964, art. 2).* – **S'il n'y a ni père, ni mère, ni aïeuls, ni aïeules, ou s'ils se trouvent tous dans l'impossibilité de manifester leur volonté, les mineurs de dix-huit ans ne peuvent contracter mariage sans le consentement du conseil de famille.**
L'enfant naturel qui n'a point été reconnu, et celui qui, après l'avoir été, a perdu ses père et mère ou dont les père et mère ne peuvent manifester leur volonté, ne pourront, avant l'âge de dix-huit ans révolus, se marier qu'après avoir obtenu le consentement du conseil de famille.

Sur le cas de l'aliénation mentale de la mère non interdite d'un pupille constatée par le conseil de famille, V. Paris 5 mai 1964 : J.C.P. 65, II, 14272.

Art. 160 *(L. 10 mars 1913; L. 7 fév. 1924; L. n. 64-1230 du 14 déc. 1964, art. 2).* – **Si la résidence actuelle de ceux des ascendants du mineur de dix-huit ans dont le décès n'est pas établi est inconnue et si les ascendants n'ont pas donné de leurs nouvelles depuis un an, le mineur en fera la déclaration sous serment devant le juge des tutelles de sa résidence, assisté de son greffier, dans son cabinet, et le juge des tutelles en donnera acte.**

MARIAGE   Art. 164

Le juge des tutelles notifiera ce serment au conseil de famille, qui statuera sur la demande d'autorisation à mariage. Toutefois, le mineur pourra prêter directement serment en présence des membres du conseil de famille.

Art. 161. – En ligne directe, le mariage est prohibé entre tous les ascendants et descendants légitimes ou naturels, et les alliés dans la même ligne.

Art. 162 *(L. 1er juil. 1914)*. – En ligne collatérale, le mariage est prohibé entre le frère et la sœur légitimes ou naturels.
Deuxième phrase abrogée avec effet à compter du 1er janvier 1976, L. n. 75-617 du 11 juil. 1975, art. 9 et 25.

Art. 163 *(L. n. 72-3 du 3 janv. 1972, art. 3)*. – Le mariage est encore prohibé entre l'oncle et la nièce, la tante et le neveu, que la parenté soit légitime ou naturelle.

Art. 164 *(L. 16 avril 1832 ; L. 10 mars 1938)*. – Néanmoins, il est loisible au Président de la République de lever, pour des causes graves, les prohibitions portées : 1° par l'article 161 aux mariages entre alliés en ligne directe lorsque la personne qui a créé l'alliance est décédée ; 2° *Abrogé avec effet à compter du 1er janvier 1976, L. n. 75-617 du 11 juil. 1975, art. 9 et 25 ;* 3° par l'article 163 aux mariages entre l'oncle et la nièce, la tante et le neveu.

La nullité résultant de la violation des articles 161 à 163 du Code civil étant absolue et d'ordre public, la dispense accordée après la célébration n'a pas pour effet de valider le mariage (Trib. civ. Seine 26 juil. 1894 : D.P. 1895, 2, 6).

Loi n. 72-662 du 13 juillet 1972
portant statut général des militaires

....

Art. 14. – Les militaires peuvent librement contracter mariage. Doivent, cependant, obtenir l'autorisation préalable du ministre :
1° *supprimé, L. n. 75-1000 du 30 oct. 1975, art. 1er-III.*
2° lorsque leur futur conjoint ne possède pas la nationalité française, les militaires en activité de service ou dans une position temporaire comportant rappel possible à l'activité, à l'exception des personnels servant au titre du service national ;
3° les militaires servant à titre étranger.

Décret n. 69-222 du 6 mars 1969
relatif au statut particulier des agents diplomatiques et consulaires

....

Section 6. – Mariage des agents diplomatiques et consulaires

Art. 68. – *(D. n. 85-375 du 27 mars 1985, art. 3)* Les agents diplomatiques et consulaires désirant contracter mariage doivent informer le ministre de leur intention au plus tard un mois avant la date prévue pour les publications légales et lui communiquer les renseignements relatifs à l'état civil et à la nationalité du futur conjoint.

Art. 165   MARIAGE

CHAPITRE II. – DES FORMALITÉS RELATIVES A LA CÉLÉBRATION DU MARIAGE

Art. 165 *(L. 21 juin 1907)*. – Le mariage sera célébré publiquement devant l'officier de l'état civil de la commune où l'un des époux aura son domicile ou sa résidence à la date de la publication prévue par l'article 63, et, en cas de dispense de publication, à la date de la dispense prévue à l'article 169 ci-après.

Art. 166 *(L. 21 juin 1907 ; Ord. n. 58-779 du 23 août 1958, art. 1er)*. – La publication ordonnée à l'article 63 sera faite à la mairie du lieu du mariage et à celle du lieu où chacun des futurs époux a son domicile ou, à défaut de domicile, sa résidence.

Sur l'obligation pour le commerçant de déclarer son mariage dans les deux mois au greffe du tribunal de commerce en vue de la mention au registre du commerce et des sociétés, V. D. n. 84-406 du 30 mai 1984, art. 8, A, 4°.

Art. 167 *(modifié, L. 21 juin 1907 ; abrogé, Ord. n. 58-779 du 23 août 1958, art. 8)*.

Art. 168 *(modifié, L. 21 juin 1907 ; L. 9 août 1919 ; abrogé, Ord. n. 58-779 du 23 août 1958, art. 8)*.

Art. 169 *(L. 21 juin 1907 ; L. 8 avril 1927)*. – Le procureur de la République dans l'arrondissement duquel sera célébré le mariage peut dispenser, pour des causes graves, de la publication et de tout délai ou de l'affichage de la publication seulement.
(L. 29 juil. 1943 ; Ord. n. 45-2720 du 2 nov. 1945, art. 7) Il peut également, dans des cas exceptionnels, dispenser les futurs époux, ou l'un d'eux seulement, de la remise du certificat médical exigé par le deuxième alinéa de l'article 63.
Le certificat médical n'est exigible d'aucun des futurs époux au cas de péril imminent de mort de l'un d'eux, prévu au deuxième alinéa de l'article 75 du présent code.

Art. 170 *(L. 21 juin 1907)*. – Le mariage contracté en pays étranger entre Français et entre Français et étranger sera valable, s'il a été célébré dans les formes usitées dans le pays, pourvu qu'il ait été précédé de la publication prescrite par l'article 63, au titre *Des actes de l'état civil*, et que le Français n'ait point contrevenu aux dispositions contenues au chapitre précédent.
(L. 29 nov. 1901) Il en sera de même du mariage contracté en pays étranger entre un Français et une étrangère, s'il a été célébré par les agents diplomatiques, ou par les consuls de France, conformément aux lois françaises.
Toutefois, les agents diplomatiques ou les consuls ne pourront procéder à la célébration du mariage entre un Français et une étrangère que dans les pays qui seront désignés par décrets du Président de la République.

1) Sur la sanction de l'inobservation des formalités de publicité prescrites par l'article 170, V. *infra,* sous art. 191.
2) Pour la liste des pays où les agents diplomatiques et consulaires sont autorisés à célébrer le mariage d'un Français avec une étrangère, V. D. 26 oct. 1939 : *D.P.* 1939, IV, 521 ; V. aussi D. 15 déc. 1958 : *J.C.P.* 58, III, 23782.

MARIAGE — Art. 174

Art. 171 *(Modifié, L. 29 nov. 1901 ; L. 20 nov. 1919 ; abrogé, L. 10 mars 1938 ; rétabli, L. n. 59-1583 du 31 déc. 1959, art. 23).* **— Le Président de la République peut, pour des motifs graves, autoriser la célébration du mariage si l'un des futurs époux est décédé après l'accomplissement de formalités officielles marquant sans équivoque son consentement.**

Dans ce cas, les effets du mariage remontent à la date du jour précédant celui du décès de l'époux.

Toutefois, ce mariage n'entraîne aucun droit de succession ab intestat au profit de l'époux survivant et aucun régime matrimonial n'est réputé avoir existé entre les époux.

1) L'enfant naturel dont la filiation est établie en justice après le décès du père peut être légitimé par le mariage posthume (T.G.I. Seine 25 mai 1964 : *D.* 1964, 546, note Esmein).

2) Est irrecevable la demande en nullité du mariage posthume, fondée sur le défaut de consentement du conseil de famille, dès lors que le régime de la tutelle auquel était soumis le futur époux a pris fin à son décès, et que son mariage posthume pouvait être contracté sans autre autorisation que celle du Président de la République (Civ. 1re, 6 déc. 1989 : *J.C.P.* 90, IV, 43).

CHAPITRE III. — DES OPPOSITIONS AU MARIAGE

Art. 172. — Le droit de former opposition à la célébration du mariage appartient à la personne engagée par mariage avec l'une des deux parties contractantes.

Seul le conjoint non divorcé peut former une opposition fondée sur l'article 172 du Code civil (Civ. 14 avril 1902 : *D.P.* 1903, 1, 380), réserve faite du ministère public. (Civ. 21 mai 1856 : *D.P.* 1856, 1, 208).

Art. 173 *(L. 21 juin 1907 ; L. 9 août 1919).* **— Le père, la mère, et, à défaut de père et de mère, les aïeuls et aïeules peuvent former opposition au mariage de leurs enfants et descendants, même majeurs.**

Après mainlevée judiciaire d'une opposition au mariage formée par un ascendant, aucune nouvelle opposition, formée par un ascendant, n'est recevable ni ne peut retarder la célébration.

Une nouvelle opposition est recevable lorsque la mainlevée de la première a été prononcée pour vice de forme (Trib. civ. Dinan 25 août 1952 : *Gaz. Pal.* 1952, 2, 305).

Art. 174. — A défaut d'aucun ascendant, le frère ou la sœur, l'oncle ou la tante, le cousin ou la cousine germains, majeurs, ne peuvent former aucune opposition que dans les deux cas suivants :

1° *(L. 2 fév. 1933)* **Lorsque le consentement du conseil de famille, requis par l'article 159, n'a pas été obtenu ;**

2° Lorsque l'opposition est fondée sur l'état de démence du futur époux ; cette opposition, dont le tribunal pourra prononcer mainlevée pure et simple, ne sera jamais reçue qu'à la charge, par l'opposant, de provoquer la tutelle des majeurs, et d'y faire statuer dans le délai qui sera fixé par le jugement.

Art. 175 — MARIAGE

1) A défaut d'engager une procédure d'interdiction, les frères et sœurs sont sans droit pour faire opposition au mariage de leur sœur et pour intervenir dans une instance sur le bien fondé de l'opposition faite par leur père (Paris 4 juil. 1959 : *D.* 1960, 15).

2) Le ministère public pouvant attaquer un mariage qu'il croit avoir été contracté en contravention aux dispositions de la loi a le droit et même le devoir de s'opposer à sa célébration (Req. 28 nov. 1877 : *D.P.* 1878, I, 209).

Art. 175. – Dans les deux cas prévus par le précédent article, le tuteur ou curateur ne pourra, pendant la durée de la tutelle ou curatelle, former opposition qu'autant qu'il y aura été autorisé par un conseil de famille, qu'il pourra convoquer.

Art. 176 *(L. 8 avril 1927).* – Tout acte d'opposition énoncera la qualité qui donne à l'opposant le droit de la former ; il contiendra élection de domicile dans le lieu où le mariage devra être célébré ; il devra également contenir les motifs de l'opposition et reproduire le texte de loi sur lequel est fondée l'opposition : le tout à peine de nullité et de l'interdiction de l'officier ministériel qui aurait signé l'acte contenant opposition.
(L. 15 mars 1933) Après une année révolue, l'acte d'opposition cesse de produire effet. Il peut être renouvelé, sauf dans le cas visé par le deuxième alinéa de l'article 173 ci-dessus.

L'opposition, même formée par un ascendant, ne peut être simplement fondée sur des considérations d'ordre moral et familial, quelques graves et respectables qu'elles puissent paraître (Trib. civ. Seine 29 juin 1948 : *D.* 1948, 545. – Trib. civ. Dinan 29 avril 1952 : *D.* 1952, 446. – Paris 4 juil. 1959 : *D.* 1960, 15. *Contra* : Douai 27 août 1943 : *Gaz. Pal.* 1943, 2, 212).

Art. 177 *(L. 15 mars 1933).* – Le tribunal de grande instance prononcera dans les dix jours sur la demande en mainlevée formée par les futurs époux, même mineurs.

1) L'action en mainlevée appartient simultanément aux deux futurs conjoints (Trib. civ. Seine 15 avril 1897 : *D.P.* 1898, II, 419. – T.G.I. Clermont-Ferrand 5 fév. 1964 : *J.C.P.* 64, IV, 116. V. cependant Trib. civ. Dinan 29 avril 1952 : *D.* 1952, 446).

2) Le juge des référés est incompétent pour accorder mainlevée (Angers 15 janv. 1879 : *D.P.* 1880, II, 116).

3) Le délai de dix jours prévu par l'article 177 n'est pas prescrit à peine de nullité (Req. 26 juin 1911 : *D.P.* 1912, I, 149).

Art. 178 *(L. 15 mars 1933).* – S'il y a appel, il y sera statué dans les dix jours et, si le jugement dont est appel a donné mainlevée de l'opposition, la cour devra statuer même d'office.

Le jugement qui donne mainlevée de l'opposition ne peut être déclaré exécutoire par provision (Trib. civ. Seine 15 avril 1897 : *D.P.* 1898, II, 419. – Trib. civ. Dinan 25 août 1952 : *Gaz. Pal.* 1952, 2, 305).

Art. 179. – Si l'opposition est rejetée, les opposants, autres néanmoins que les ascendants, pourront être condamnés à des dommages-intérêts.
(L. 20 juin 1896) Les jugements et arrêts par défaut rejetant les oppositions à mariage ne sont pas susceptibles d'opposition.

MARIAGE
Art. 181

CHAPITRE IV. - DES DEMANDES EN NULLITÉ DE MARIAGE

Art. 180. - **Le mariage qui a été contracté sans le consentement libre des deux époux, ou de l'un d'eux, ne peut être attaqué que par les époux, ou par celui des deux dont le consentement n'a pas été libre.**
(L. n. 75-617 du 11 juill. 1975, art. 5 et 25, avec effet à compter du 1er janvier 1976) **S'il y a eu erreur dans la personne, ou sur des qualités essentielles de la personne, l'autre époux peut demander la nullité du mariage.**

1) Doit être annulé pour violence le mariage d'un époux ayant subi une contrainte morale émanant de ses père et mère ainsi que de son supérieur hiérarchique (Trib. civ. Montpellier 16 juil. 1946 : *Gaz. Pal.* 1946, 2, 183), ou ayant reçu des menaces de mort (Bastia 27 juin 1949 : *J.C.P.* 49, II, 5083, note J.S.). La preuve de la violence est appréciée souverainement par les juges du fond (Civ. 1re, 17 déc. 1968 : *D.* 1969, 410).

2) L'erreur sur l'identité civile du conjoint ne peut entraîner la nullité du mariage que si elle a été déterminante (Bordeaux 21 déc. 1954 : *D.* 1955, 242, note Esmein. - Paris 12 juin 1957 : *J.C.P.* 57, II, 10110, note Lindon). C'est au demandeur d'apporter la preuve qu'il n'aurait pas contracté mariage s'il avait connu l'état civil réel de son futur conjoint (Paris 7 juin 1973 : *J.C.P.* 73, II, 17539, note Goubeaux, et, sur pourvoi, Civ. 1re, 19 fév. 1975 : *J.C.P.* 75, IV, 119 ; *Bull.* I, n. 70, p. 63).

3) A été considéré comme une erreur sur une qualité essentielle entraînant la nullité du mariage, le fait pour un époux nourrissant des sentiments religieux profonds d'ignorer que son conjoint se trouvait précédemment dans les liens d'un mariage religieux (T.G.I. Basse-Terre 25 oct. 1973 : *D.* 1974, somm. 44), ou qu'il s'agissait d'un condamné de droit commun (T.G.I. Paris 8 fév. 1971 : *J.C.P.* 72, II, 17244, note Raymond. - T.G.I. Paris 23 mars 1982 . *Defrénois* 1983, 313, obs. Massip, ou qu'il était atteint d'impuissance (T.G.I. Avranches 10 juil. 1973 : *D.* 1974, 174, note Guiho. - Paris 26 mars 1982 : *Defrénois* 1982, 1240, obs. Massip, ou d'une maladie mentale (T.G.I. Rennes 9 nov. 1976 : *D.* 1977, 539, note Cosnard. - T.G.I. Tarascon 8 juil. 1981 : *Defrénois* 1982, 1240, obs. Massip, mais la preuve de l'existence des troubles mentaux à l'époque du mariage est appréciée souverainement par les juges du fond (Civ. 1re, 29 janv. 1975 : *D.* 1975, 668, note Hauser). Doit être rejetée la demande en référé aux fins d'expertise psychiatrique présentée par le mari pour lui permettre de réunir les preuves qui appuieront sa demande en nullité du mariage pour erreur sur l'intégrité psychique de sa femme (T.G.I. Arras, réf., 9 oct. 1981 : *J.C.P.* 82, II, 19852, note Raymond). Jugé en ce sens qu'une telle expertise, portant atteinte à l'intégrité physique et à la dignité de la personne concernée, ne peut être imposée en l'absence de fondement légal ou de motif justifiant cette atteinte à la liberté individuelle (Paris 1er déc. 1988 : *J.C.P.* 89, IV, 188).

4) Dès lors que le mari n'avait pas du tout l'intention de constituer un foyer, l'épouse, qui était animée de sentiments religieux profonds, a été trompée sur une des qualités essentielles de son conjoint (T.G.I. Le Mans 7 déc. 1981 : *J.C.P.* 86, II, 20573, note Le Mouland).

5) L'article 248 du Code civil relatif au divorce étant d'interprétation stricte, l'action en nullité est soumise à la règle générale de la publicité des débats (Civ. 1re, 25 fév. 1964 : *Bull.* I, n. 112, p. 83).

Art. 181. - **Dans le cas de l'article précédent, la demande en nullité n'est plus recevable, toutes les fois qu'il y a eu cohabitation continuée pendant six mois depuis que l'époux a acquis sa pleine liberté ou que l'erreur a été par lui reconnue.**

Art. 182

1) L'action en nullité n'est pas recevable si le mari, par une cohabitation continuée, autant que les circonstances de guerre l'ont permis, et par une abondante correspondance ensuite, a confirmé librement le mariage (Paris 4 nov. 1954 : *D.* 1955, 43).

2) L'action en nullité est recevable s'il s'est écoulé moins de six mois entre la célébration du mariage et l'ordonnance autorisant les époux à résider séparément (T.G.I. Paris 8 fév. 1971 : *J.C.P.* 72, II, 17244, note Raymond).

3) A défaut de cohabitation continue pendant six mois, l'action en nullité se trouve soumise à la prescription de droit commun prévue par l'article 1304 du Code civil (Civ. 1re, 17 nov. 1958 : *J.C.P.* 59, II, 10949, note Esmein. – Bastia 24 oct. 1955 : *Gaz. Pal.* 1956, 1, 78).

Art. 182. – Le mariage contracté sans le consentement des père et mère, des ascendants, ou du conseil de famille, dans les cas où ce consentement était nécessaire, ne peut être attaqué que par ceux dont le consentement était requis, ou par celui des deux époux qui avait besoin de ce consentement.

Art. 183. – L'action en nullité ne peut plus être intentée ni par les époux, ni par les parents dont le consentement était requis, toutes les fois que le mariage a été approuvé expressément ou tacitement par ceux dont le consentement était nécessaire, ou lorsqu'il s'est écoulé une année sans réclamation de leur part, depuis qu'ils ont eu connaissance du mariage. Elle ne peut être intentée non plus par l'époux, lorsqu'il s'est écoulé une année sans réclamation de sa part, depuis qu'il a atteint l'âge compétent pour consentir par lui-même au mariage.

1) Sur la confirmation tacite de la part des parents, V. Req. 8 mars 1875 : *D.P.* 1875, 1, 482. – Req. 5 juil. 1905 : *D.P.* 1905, 1, 471. – T.G.I. Troyes 9 nov. 1966 : *Gaz. Pal.* 1967, 1, 81.

2) Il résulte des articles 183 et 514 du Code civil que le curateur, dont le consentement est requis pour le mariage du majeur en tutelle, ne peut plus intenter l'action en nullité du mariage pour défaut de ce consentement lorsqu'il s'est écoulé une année sans réclamation de sa part depuis qu'il a eu connaissance du mariage (Civ. 1re, 17 mai 1988 : *J.C.P.* 89, II, 21197, note Boulanger).

Art. 184 *(L. 19 fév. 1933).* – Tout mariage contracté en contravention aux dispositions contenues aux articles 144, 146, 147, 161, 162 et 163, peut être attaqué soit par les époux eux-mêmes, soit par tous ceux qui y ont intérêt, soit par le ministère public.

1) Le conjoint divorcé a un intérêt au moins moral à demander l'annulation de son mariage (Paris 12 juin 1957 : *J.C.P.* 57, II, 10110, note Lindon. – T.G.I. Paris 8 fév. 1971 : *J.C.P.* 72, II, 17244, note Raymond).

2) Les créanciers et tiers acquéreurs peuvent, s'ils y ont intérêt, faire constater la nullité du mariage (Civ. 30 juil. 1900 : *S.* 1902, I, 225, note Wahl).

Art. 185. – Néanmoins, le mariage contracté par des époux qui n'avaient point encore l'âge requis, ou dont l'un des deux n'avait point atteint cet âge, ne peut plus être attaqué : 1° lorsqu'il s'est écoulé six mois depuis que cet époux ou les époux ont atteint l'âge compétent ; 2° lorsque la femme, qui n'avait point cet âge, a conçu avant l'échéance de six mois.

MARIAGE Art. 193

Art. 186. – Le père, la mère, les ascendants et la famille qui ont consenti au mariage contracté dans le cas de l'article précédent, ne sont point recevables à en demander la nullité.

Art. 187. – Dans tous les cas où, conformément à l'article 184, l'action en nullité peut être intentée par tous ceux qui y ont un intérêt, elle ne peut l'être par les parents collatéraux, ou par les enfants nés d'un autre mariage, du vivant des deux époux, mais seulement lorsqu'ils y ont un intérêt né et actuel.

Art. 188. – L'époux au préjudice duquel a été contracté un second mariage, peut en demander la nullité, du vivant même de l'époux qui était engagé avec lui.

Art. 189. – Si les nouveaux époux opposent la nullité du premier mariage, la validité ou la nullité de ce mariage doit être jugée préalablement.

Art. 190. – Le procureur de la République, dans tous les cas auxquels s'applique l'article 184 et sous les modifications portées en l'article 185, peut et doit demander la nullité du mariage, du vivant des deux époux, et les faire condamner à se séparer.

Art. 191. – Tout mariage qui n'a point été contracté publiquement, et qui n'a point été célébré devant l'officier public compétent, peut être attaqué par les époux eux-mêmes, par les père et mère, par les ascendants et par tous ceux qui y ont un intérêt né et actuel, ainsi que par le ministère public.

1) Le mariage célébré au domicile de l'un des époux après dispense de publication accordée par le procureur de la République n'est pas un mariage clandestin dès lors qu'il a eu lieu dans les formes régulières, les portes étant ouvertes (Civ. 1re, 10 mai 1955 : *J.C.P.* 55, IV, 90 ; *Bull.* I, n. 192, p. 164).

2) L'inobservation des formalités de publicité prescrites par l'article 170 du Code civil pour le mariage contracté en pays étranger par un Français ne peut en entraîner la nullité que si les parties ont entendu faire fraude à la loi française et éluder la publicité prescrite par elle (Civ. 1re, 13 fév. 1961 : *D.* 1961, 349, note G. Holleaux – Paris 2 déc. 1966 : *J.C.P.* 67, IV, 70 ; *Rev. crit. dr. int. privé* 1967, 530, note Malaurie, 1re esp.)

3) L'incompétence de l'officier de l'état civil n'entraîne qu'une nullité facultative (Crim. 18 fév. 1942 : *D.A.* 1942, 83). Sur la nullité de l'union célébrée par-devant le consul général de l'Equateur entre une Française et un Equatorien, V. T.G.I. Paris 24 fév. 1975 : *D.* 1975, 379, concl. Paire, note Massip.

Art. 192 *(L. 21 juin 1907 ; L. n. 46-2154 du 7 oct. 1946, art. 38).* – Si le mariage n'a point été précédé de la publication requise ou s'il n'a pas été obtenu des dispenses permises par la loi, ou si les intervalles prescrits entre les publications et célébration n'ont point été observés, le procureur de la République fera prononcer contre l'officier public une amende qui ne pourra excéder 3 000 francs (30 F) et contre les parties contractantes, ou ceux sous la puissance desquels elles ont agi, une amende proportionnelle à leur fortune.

Les amendes prévues par l'articles 192 ne peuvent être prononcées que par les juridictions pénales (Crim. 23 nov. 1949 : *J.C.P.* 50, II, 5615, note Magnol).

Art. 193. – Les peines prononcées par l'article précédent seront encourues par les personnes qui y sont désignées, pour toute contravention aux règles prescrites par l'article 165, lors même que ces contraventions ne seraient pas jugées suffisantes pour faire prononcer la nullité du mariage.

Art. 194. — Nul ne peut réclamer le titre d'époux et les effets civils du mariage, s'il ne représente un acte de célébration inscrit sur le registre de l'état civil ; sauf les cas prévus par l'article 46, au titre *Des actes de l'état civil.*

Art. 195. — La possession d'état ne pourra dispenser les prétendus époux qui l'invoqueront respectivement, de représenter l'acte de célébration du mariage devant l'officier de l'état civil.

Art. 196. — Lorsqu'il y a possession d'état, et que l'acte de célébration du mariage devant l'officier de l'état civil est représenté, les époux sont respectivement non recevables à demander la nullité de cet acte.

1) Sur les éléments de la possession d'état d'époux, V. Civ. 7 fév. 1860 : *D.P.* 1860, I, 126. – Civ. 1re, 11 oct. 1960 : *Bull.* I, n. 428, p. 350.

2) La fin de non-recevoir édictée par l'article 196 est opposable à toute action par laquelle l'un des époux demande l'annulation du mariage à raison d'un vice de forme (Civ. 1re, 1er août 1930 : *D.P.* 1931, I, 169, note Lalou) sauf s'il s'agit d'un mariage contracté à l'étranger en fraude de la loi française (Paris 2 déc. 1966 : *J.C.P.* 67, IV, 70 : *Rev. crit. dr. int. privé* 1967, 530, note Malaurie, 1re esp.). Mais les époux ne peuvent se prévaloir de cette fin de non-recevoir à l'encontre d'un tiers agissant en nullité (Req. 16 juin 1915 : *S.* 1920, I, 107).

Art. 197. — Si néanmoins, dans le cas des articles 194 et 195, il existe des enfants issus de deux individus qui ont vécu publiquement comme mari et femme, et qui soient tous deux décédés, la légitimité des enfants ne peut être contestée sous le seul prétexte du défaut de représentation de l'acte de célébration, toutes les fois que cette légitimité est prouvée par une possession d'état qui n'est point contredite par l'acte de naissance.

1) La possession d'état peut exister pour l'enfant sans que ses père et mère aient vécu publiquement comme mari et femme et la preuve du premier de ces faits ne dispense pas de la preuve du second (Civ. 19 juin 1867 : *D.P.* 1867, I, 342).

2) Le ministère public peut se prévaloir de l'article 197 à l'encontre de l'enfant (Civ. 1re, 8 janv. 1974 : *D.* 1975, 160, note Guimezanes).

Art. 198. — Lorsque la preuve d'une célébration légale du mariage se trouve acquise par le résultat d'une procédure criminelle, l'inscription du jugement sur les registres de l'état civil assure au mariage, à compter du jour de sa célébration, tous les effets civils, tant à l'égard des époux, qu'à l'égard des enfants issus de ce mariage.

Art. 199. — Si les époux ou l'un d'eux sont décédés sans avoir découvert la fraude, l'action criminelle peut être intentée par tous ceux qui ont intérêt de faire déclarer le mariage valable, et par le procureur de la République.

Art. 200. — Si l'officier public est décédé lors de la découverte de la fraude, l'action sera dirigée au civil contre ses héritiers, par le procureur de la République, en présence des parties intéressées, et sur leur dénonciation.

MARIAGE
Art. 201

Art. 201 *(L. n. 72-3 du 3 janv. 1972, art. 3).* — **Le mariage qui a été déclaré nul produit, néanmoins, ses effets à l'égard des époux, lorsqu'il a été contracté de bonne foi.**
Si la bonne foi n'existe que de la part de l'un des époux, le mariage ne produit ses effets qu'en faveur de cet époux.

1) Encourt la cassation l'arrêt qui a accordé les effets prévus par les articles 201 et 202 du Code civil à un mariage dont le caractère putatif n'avait pas été attribué par la juridiction ayant déclaré la nullité dudit mariage (Civ. 1re, 8 mai 1963 : *Bull.* I, n. 250, p. 211).

2) Il importe peu pour l'application des articles 201 et 202 du Code civil que la nullité du mariage ait été préalablement prononcée (Civ. 1re, 18 oct. 1955 : *J.C.P.* 55, IV, 162 ; *Bull.* I, n. 345, p. 283). Jugé au contraire qu'un mariage ne pouvant être considéré comme putatif qu'à la condition d'avoir été préalablement annulé, l'article 201 ne peut être utilement invoqué, même par un époux de bonne foi, lorsque la nullité du mariage est opposée par voie d'exception (Paris 3 juin 1947 : *J.C.P.* 48, II, 4237, note critique J. Savatier).

3) Il n'appartient pas aux juges du fond qui ont prononcé la nullité d'un mariage de déclarer ce mariage putatif à l'égard du second conjoint du bigame, dès lors que celui-ci n'en a pas sollicité le bénéfice (Civ. 1re, 15 oct. 1958 : *Bull.* I, n. 432, p. 347).

4) La bonne foi est une condition nécessaire et suffisante (Civ. 1re, 14 juin 1957 : *D.* 1957, 557). Elle doit être présumée (Civ. 5 nov. 1913 : *D.P.* 1914, 1, 281, note Binet. — Paris 23 déc. 1958 : *D.* 1959, 271). La mauvaise foi peut être déduite d'agissements antérieurs, concomitants ou postérieurs au mariage (Civ. 2 nov. 1949 : *J.C.P.* 49, IV, 178 — V. aussi Bastia 27 juin 1949 : *J.C.P.* 49, II, 5083, note J.S.) La fraude à la loi n'exclut pas nécessairement la bonne foi (Paris 16 déc. 1959 : *J.C.P.* 60, II, 11460, concl. Combaldieu ; *D.* 1961, 241, note Cornu et, sur pourvoi, Civ. 1re, 8 janv. 1963 : *J.C.P.* 64, II, 13470, note Ph. F).

5) Le bénéfice du mariage putatif peut être accordé aussi bien en cas d'erreur de droit qu'en cas d'erreur de fait (Civ. 30 juil. 1900 : *D.P.* 1901, I, 317, concl. Desjardins. — Civ. 1re, 14 déc. 1972 : *D.* 1972, 179. — Paris 15 fév. 1950 : *J.C.P.* 50, II, 5578, note R. Savatier).

6) La théorie du mariage putatif s'applique même aux mariages inexistants (Civ. 1re, 18 oct. 1955 : *J.C.P.* 55, IV, 162 ; *Bull.* I, n. 345, p. 283. — T.G.I. Seine 13 juin 1966 : *Gaz. Pal.* 1966, 2, 270. — Comp. Civ. 30 juil. 1900 : *D.P.* 1901, 1, 317, concl. Desjardins. — Bordeaux 16 juin 1937 : *D.H.* 1937, 539), mais l'époux qui invoque le bénéfice de la putativité doit faire la preuve de la réalité de la célébration (Lyon 13 nov. 1924 : *D.P.* 1925, II, 73, note Rouast. — Aix 19 nov. 1947 : *J.C.P.* 48, IV, 19).

7) L'octroi du mariage putatif dépend de la loi d'où résulte la nullité du mariage (Civ. 1re, 6 mars 1956 : *J.C.P.* 56, II, 9549, note Weill ; *D.* 1958, 709, note Batiffol. — Civ. 1re, 8 janv. 1963 : *J.C.P.* 64, II, 13470, note Ph. F. — T.G.I. Seine 13 juin 1966 : *Gaz. Pal.* 1966, 2, 270. — Paris 2 déc. 1966 : *Rev. crit. dr. int. privé* 1967, 530, note Malaurie, 1re esp.).

8) Lorsqu'un mariage annulé est déclaré putatif, tous les effets civils que produirait un mariage valable à l'égard des époux de bonne foi et de leurs ayants cause sont maintenus pour toute la période précédant la nullité (Req. 9 juil. 1935 : *D.H.* 1935, 43). La nullité du mariage ne peut donc anéantir les droits héréditaires antérieurement acquis (même arrêt). L'épouse putative peut demander réparation du préjudice que lui a causé l'auteur de l'accident dont son conjoint a été victime alors que le mariage n'était pas encore annulé (Crim. 6 mars 1958 : *Gaz. Pal.* 1958, 2, 72).

Art. 202

9) La pension alimentaire allouée préalablement à l'annulation demeure acquise lorsque le bénéfice du mariage putatif est accordé (Paris 17 fév. 1961 : *J.C.P.* 61, II, 12020, concl. Nepveu, note R.B.). Jugé que l'épouse de bonne foi conserve le bénéfice du devoir d'aide et d'assistance né du mariage annulé (Paris 8 mai 1964 : *J.C.P.* 64, éd. A, IV, 4466, note J.A.). Sur le droit pour la femme de continuer à porter le nom de son ex-mari en cas de mariage putatif, V. Bordeaux 16 juin 1937 : *D.H.* 1937, 539.

10) Sur les effets de l'annulation du mariage quant à la nationalité de l'époux de bonne foi, V. C. nationalité, art. 42.

11) Sur la liquidation du régime matrimonial en cas de conflit entre les épouses de bonne foi d'un bigame, V. Toulouse 22 mars 1982 : *J.C.P.* 84, II, 20185, note Boulanger.

Art. 202 *(L. n. 72-3 du 3 janv. 1972, art. 3).* **– Il produit aussi ses effets à l'égard des enfants, quand bien même aucun des époux n'aurait été de bonne foi.**
Il est statué sur leur garde comme en matière de divorce.

V. pour une application T.G.I. Paris 24 fév. 1975 : *D.* 1975, 379, concl. Paire, note Massip. – V. C. nationalité, art. 43, *infra* en Annexe.

CHAPITRE V. – DES OBLIGATIONS QUI NAISSENT DU MARIAGE

Art. 203. – Les époux contractent ensemble, par le fait seul du mariage, l'obligation de nourrir, entretenir et élever leurs enfants.

1) L'obligation que l'article 203 du Code civil met à la charge des père et mère n'exclut celle que les articles 205 et 207 imposent aux autres ascendants que dans la mesure où les parents peuvent y faire face (Civ. 1re, 6 mars 1974 : *D.* 1974, 329, note Gaury. – V. aussi Riom 21 mars 1989 : *J.C.P.* 90, IV, 58).

2) L'obligation prévue par l'article 203 est unique au regard des enfants mais divisible entre les parents qui, dans leurs rapports entre eux, doivent en supporter les charges proportionnellement à leurs facultés respectives (Civ. 27 nov. 1935 : *D.P.* 1936, I, 25, note Rouast. – Paris 3 nov. 1960 : *D.* 1961, 32), en prenant en compte leurs ressources réelles, le montant des impositions correspondant à leurs revenus pouvant légitimement être déduit mais non les abattements forfaitaires admis par l'administration fiscale (Paris 27 janv. 1961 : *J.C.P.* 61, II, 12037).

3) Si l'obligation prévue par l'article 203 cesse en principe à la majorité des enfants, les parents demeurent cependant tenus, après cette date, de leur donner, à proportion de leurs ressources, les moyens de poursuivre les études correspondant à la profession vers laquelle ils se dirigent (Civ. 2e, 18 mai 1967 : *D.* 1967, 633. – Civ. 1re, 18 mai 1972 : *J.C.P.* 72, II, 17234. – V. aussi Gebler, *D.* 1976, chron. 131). Cette obligation s'analyse non seulement en une obligation envers les enfants majeurs eux-mêmes mais également en une obligation entre époux permettant à celui qui en assume la charge entière de recourir contre l'autre pour la part lui incombant compte tenu de ses ressources (Civ. 2e, 18 mai 1967 : *D.* 1967, 633. – Civ. 2e, 12 juil. 1971 : *D.* 1971, 689. – T.G.I. Paris 4 fév. 1972 : *Gaz. Pal.* 1972, 1, 308 ; V. en ce sens en cas d'émancipation, Civ. 2e, 9 juil. 1973 : *J.C.P.* 73, IV, 328 ; *Bull.* II, n. 222, p. 174. – V. aussi en matière de divorce, *infra*, art. 295).

4) Les père et mère peuvent fixer amiablement le montant de la part contributive à

MARIAGE Art. 205

l'entretien de l'enfant commun de celui qui n'en a pas la garde, avec cette réserve que l'aménagement des susdites modalités soit en cas de conflit arbitré par les tribunaux qui peuvent soit les maintenir, soit les révoquer conformément à l'équité (Rouen 8 juin 1971 : *D.* 1971, 736, note Huet-Weiller).

5) L'obligation d'entretenir et d'élever les enfants résulte d'une obligation légale à laquelle les parents ne peuvent échapper qu'en démontrant qu'ils sont dans l'impossibilité matérielle de le faire. Par suite, viole l'article 203 l'arrêt qui déboute la femme de sa demande en pension alimentaire pour l'entretien de l'enfant en relevant que la convention homologuée par le juge qui a prononcé le divorce sur requête conjointe ne peut être révisée que pour des motifs graves, ceux-ci devant consister dans la survenance d'événements indépendants de la volonté des souscripteurs de la convention (Civ. 2e, 4 mars 1987 ; *Bull.* II, n. 60, p. 34).

6) L'effet déclaratif attaché au jugement décidant qu'un homme n'est pas le père d'une enfant prive cette dernière de la qualité d'enfant légitime et fait donc disparaître rétroactivement l'obligation d'entretien qui pesait sur le mari de sa mère, en sorte que les paiements faits pour subvenir aux besoins de l'enfant se trouvent dépourvus de cause (Civ. 1re, 13 fév. 1985 : *Bull.* I, n. 62, p. 60). Mais dès lors qu'une reconnaissance a été librement souscrite, son annulation ne saurait priver de cause les aliments versés antérieurement et la répétition doit donc être refusée (Versailles 29 mai 1985 : *D.* 1987, Somm. 318, obs. Huet-Weiller, et sur pourvoi, Civ. 1re, 21 juil. 1987 : *Bull.* I, n. 246, p. 179).

7) Le père, la mère et les ascendants d'un enfant pris en charge par le service de l'aide sociale à l'enfance restent tenus envers lui des obligations prévues aux articles 203 à 211 (C. famille, art. 83).

8) Sur la compétence du tribunal d'instance pour connaître des actions fondées sur l'article 203, V. C. org. jud., art. R. 321-9.

Art. 204. – L'enfant n'a pas d'action contre ses père et mère pour un établissement par mariage ou autrement.

1) Sur la distinction entre l'établissement visé à l'article 204 et l'obligation d'entretien prévue par l'article 203, V. Civ. 2e, 19 oct. 1977 : *Gaz. Pal.* 1978, 1, Somm. 8.

2) En faveur de l'existence d'une obligation naturelle d'établissement, V. Paris 26 avril 1923 : *D.P.* 1923, II, 121, note R. Savatier. Pour la négative, V. Poitiers 22 déc. 1924 : *Gaz. Pal.* 1925, 1, 272.

Art. 205 *(L. 9 mars 1891 ; L. n. 72-3 du 3 janv. 1972, art. 3).* **– Les enfants doivent des aliments à leurs père et mère ou autres ascendants qui sont dans le besoin.**

1) Le droit des parents à une pension alimentaire est d'ordre public, et par suite inccessible, mais si des garanties particulières ont été consenties par le débiteur, les parties peuvent, par une entente commune, les supprimer puisque c'est leur seul accord qui les a créées et qu'il n'existe aucun texte de loi qui s'y oppose (Civ. 11 janv. 1927 : *D.P.* 1927, I, 129, note Capitant).

2) Aucune disposition n'impose au demandeur d'une pension alimentaire une action commune ou des actions successives suivant un ordre déterminé contre les divers débiteurs d'aliments (Civ. 2 janv 1929 : *D.P.* 1929, I, 137, note R. Savatier. – Paris 26 janv. 1963 : *J.C.P.* 63, II, 13123, note J.A.). Mais l'autonomie et l'indivisibilité du ménage interdisent à l'un des époux de demander des aliments à une autre personne s'il peut les obtenir de son conjoint (Douai

28 juil. 1953 : *D.* 1954, 477, note R. Savatier. – V. en ce sens Paris 20 mars 1952 : *J.C.P.* 52, II, 7219).

3) L'obligation édictée par l'article 205 du Code civil présente les caractères d'une obligation *in solidum* (Paris 28 oct. 1960 : *J.C.P.* 61, IV, 48). Celui qui a payé dispose d'un recours contre ses co-obligés pour les sommes excédant sa part contributive compte tenu des facultés respectives des débiteurs (Civ. 1re, 29 mai 1974 : *D.* 1975, 482, note Magnin).

4) Le droit de demander la révision ou la suppression d'une pension alimentaire, droit incessible et insaisissable qui a son fondement dans un intérêt moral, doit être considéré comme exclusivement attaché à la personne du titulaire et ne peut être exercé en vertu de l'article 1166 du Code civil par le créancier du débiteur (Req. 26 mai 1941 : *D.C.* 1942, 133). Jugé cependant que l'organisme qui a rapatrié une personne à la suite d'un accident peut, sur le fondement de l'article 1166, agir contre les parents de cette personne en invoquant les articles 205 et 207 (T.G.I. Lyon 20 juin 1975 : *J.C.P.* 76, IV, 364).

5) Sur l'action des hôpitaux et hospices contre les personnes désignées par les articles 205, 206, 207 et 212 du Code civil, V. C. santé pub., art. L.708. – P. Gulphe, *A propos d'une nouvelle lecture de l'article L.708 du Code de la santé publique* : *J.C.P.* 88, I, 3329. Jugé que le recours prévu par ce texte constitue une action directe contre les débiteurs d'aliments et non une action contre la succession de l'hospitalisé (Civ. 1re, 3 juin 1980 : *Bull.* I, n. 171, p. 140).

6) Sur l'action du préfet en cas de carence du bénéficiaire de l'aide sociale, V. C. famille, art. 145. La pension sollicitée par le préfet en vertu de ce texte ne peut être accordée qu'à compter du jour de la demande en justice (Civ. 1re, 18 janv. 1978 : *Bull.* I, n. 26, p. 21. – Civ. 1re, 18 janv. 1989 : *D.* 1989, 383, note Massip). L'action ne peut être intentée que du vivant du créancier d'aliments (Civ. 1re, 3 nov. 1977 : *J.C.P.* 78, IV, 1 ; *Bull.* I, n. 399, p. 319).

7) Les pupilles de l'Etat élevés par le service de l'aide sociale à l'enfance sont normalement dispensés, jusqu'à la fin de leur scolarité obligatoire, des obligations énoncées aux articles 205 à 207 (C. famille, art. 63).

8) Quelles qu'en soient les modalités, et alors même qu'il s'agirait du recours direct prévu par l'article 708 du Code de la santé publique, l'action exercée contre un débiteur d'aliments a toujours pour fondement les dispositions du Code civil régissant la dette d'aliments ; eu égard à la nature exclusivement civile de l'obligation alimentaire, il n'appartient qu'aux tribunaux de l'ordre judiciaire de se prononcer sur l'existence de cette obligation, tant en ce qui concerne son principe que son étendue (Civ. 1re, 1er déc. 1987 : *Bull.* I, n. 314, p. 225). La pension qu'ils fixent ne peut en principe être attribuée au créancier ou à celui qui est subrogé dans ses droits que pour la période postérieure à l'assignation en justice. Par suite, il n'y a pas lieu de fixer la dette alimentaire du débiteur dès lors que le créancier d'aliments est décédé avant que le juge compétent ait été saisi (Civ. 1re, 11 oct. 1989 : *J.C.P.* 89, IV, 393).

9) Les enfants restent tenus vis-à-vis de leurs parents même si ceux-ci se trouvent dans le besoin par leur propre faute (Bordeaux 20 janv. 1927 : *D.P.* 1927, II, 95. – V. cependant *infra* art. 207).

Art. 206 *(L. 9 août 1919).* – **Les gendres et belles-filles doivent également et dans les mêmes circonstances, des aliments à leur beau-père et belle-mère, mais cette obligation cesse lorsque celui des époux qui produisait l'affinité et les enfants issus de son union avec l'autre époux sont décédés.**

MARIAGE — Art. 207

1) L'article 206 assimile entièrement les gendres et belles-filles aux enfants quant à l'obligation de fournir des aliments à leurs beau-père et belle-mère qui sont dans le besoin (Civ. 2 janv. 1929 : *D.P.* 1929, I, 137, note R. Savatier). Jugé que le législateur n'a pas entendu exclure du nombre des débiteurs les conjoints des petits-enfants du créancier d'aliments (Paris 31 oct. 1980 : *Defrénois* 1981, 370, note Massip). Jugé au contraire que l'obligation ne s'applique qu'au premier degré, les gendres et belles-filles n'étant pas tenus de fournir des aliments aux grands-parents de leur conjoint (Angers 5 fév. 1974 : *D.* 1974, 585, note Martin), bien que leurs propres ressources doivent être prises en considération pour la détermination des facultés respectives de chacun des petits-enfants dans la mesure où lesdites ressources contribuent à procurer à ces derniers des moyens d'existence ou un train de vie analogues à ceux que leur fourniraient des revenus personnels (Amiens 13 mai 1974 : *J.C.P.* 75, IV, 41).

2) Si la communauté doit supporter à titre définitif les aliments dus par les époux, le créancier alimentaire ne peut agir, au cas où la dette est personnelle à la femme, que sur les biens propres de celle-ci (Angers 5 fév. 1974 : *D.* 1974, 585, note Martin). L'époux qui est personnellement obligé a qualité pour défendre à une action en paiement dirigée contre lui seul (Civ. 1re, 29 janv. 1974 : D. 1974, 308).

3) L'obligation prévue par l'article 206 ne cesse qu'en cas de décès de l'époux qui produisait l'affinité et des enfants issus du ménage (Lyon 25 janv. 1967 : *D.* 1967, 443), ou en cas de divorce (Orléans 7 oct. 1964 : *Gaz. Pal.* 1964, 2, 409), mais les effets de l'alliance ne cessent pas dès la date de l'ordonnance de non-conciliation (Bordeaux 4 mai 1972 : *Gaz. Pal.* 1972, 2, 567).

Art. 207 *(L. n. 72-3 du 3 janv. 1972, art. 3).* - **Les obligations résultant de ces dispositions sont réciproques.**
Néanmoins, quand le créancier aura lui-même manqué gravement à ses obligations envers le débiteur, le juge pourra décharger celui-ci de tout ou partie de la dette alimentaire.

1) La déchéance prévue par le nouvel article 207, alinéa 2, sera encourue même pour des causes antérieures à son entrée en vigueur (L. n. 72-3 du 3 janv. 1972, art. 17, *infra,* sous art. 342-8).

2) Si, lorsque le créancier a lui-même manqué gravement à ses obligations envers le débiteur, le juge peut décharger celui-ci de tout ou partie de sa dette, c'est seulement quand celle-ci est une dette alimentaire résultant des dispositions des articles 205, 206 et 207, al. 1er. Cette faculté ne s'étend pas à l'obligation d'entretien et d'éducation qui pèse sur les père et mère à l'égard de leurs enfants (Civ. 2e, 17 juil. 1985 : *Bull.* II, n. 139, p. 93).

3) Une mesure d'assistance éducative ne prouve pas les manquements de la mère (Civ. 1re, 27 mars 1979 : *D.* 1979, I.R. 428). Sur le pouvoir souverain des juges du fond, V. Civ. 1re, 3 janv. 1980 : *J.C.P.* 1980, IV, 99. Sur les effets de la déchéance de l'autorité parentale, V. *infra*, art. 379, al. 2.

4) Jugé que le délai se prolonge non pas dans tous les cas où il y a lieu à partage mais seulement au cas de partage jusqu'à son achèvement, c'est-à-dire au cas où il y a eu commencement d'opérations de partage dans l'année du décès (Amiens 16 juin 1980 : *D.* 1981, I.R., 466).

5) L'autorité de chose jugée attachée à un jugement ayant fixé le montant de la pension alimentaire due par les enfants n'empêche pas ceux-ci de demander par la suite l'application de l'article 207, alinéa 2 (Civ. 1re, 25 mai 1987 : *D.* 1987, 605, note Massip).

Art. 207-1 — MARIAGE

Art. 207-1 *(L. n. 72-3 du 3 janv. 1972, art. 3).* — **La succession de l'époux prédécédé doit les aliments à l'époux survivant qui est dans le besoin. Le délai pour les réclamer est d'un an à partir du décès et se prolonge, en cas de partage, jusqu'à son achèvement.**
La pension alimentaire est prélevée sur l'hérédité. Elle est supportée par tous les héritiers et, en cas d'insuffisance, par tous les légataires particuliers, proportionnellement à leur émolument.
Toutefois, si le défunt a expressément déclaré que tel legs sera acquitté de préférence aux autres, il sera fait application de l'article 927.

1) La loi n'a nullement subordonné l'exercice de la demande contre la succession à celui des actions dirigées contre les enfants (Civ. 1re, 17 mars 1964 : *Gaz. Pal.* 1964, 2, 56), mais dans l'appréciation des besoins du créancier les juges peuvent tenir compte de l'existence de recours possibles contre d'autres débiteurs d'aliments (même arrêt. – V. R. Savatier, *Concours des héritiers du cujus avec les créanciers alimentaires de la succession* : *D.* 1971, chron. 51).

2) Le conjoint survivant n'est habilité à demander des aliments à la succession de son conjoint qu'à la condition que ses besoins aient été antérieurs au décès de ce dernier (Colmar 16 avril 1964 : *J.C.P.* 64, IV, 123).

3) Le délai d'un an ne peut être prorogé par le juge (Civ. 18 oct. 1932 : *D.H.* 1932, 553). Sur le principe que ce délai se prolonge jusqu'à l'achèvement du partage, V. Civ. 1re, 10 janv. 1979 : *Bull.* I, n. 18, p. 14.

4) Le droit de l'époux survivant à des aliments ne s'éteint pas avec le partage de la succession de l'époux prédécédé (Civ. 1re, 1er mars 1988 : *D.* 1988, 447, note J. M. ; *Rev. trim. dr. civ.* 1989, 117, obs. Patarin).

Art. 208 *(L. n. 72-3 du 3 janv. 1972, art. 3).* — **Les aliments ne sont accordés que dans la proportion du besoin de celui qui les réclame, et de la fortune de celui qui les doit.**
Le juge peut, même d'office, et selon les circonstances de l'espèce, assortir la pension alimentaire d'une clause de variation permise par les lois en vigueur.

1) L'objet de l'obligation alimentaire est d'assurer au créancier tout ce qui est nécessaire à la vie (Civ. 28 fév. 1938 : *D.H.* 1938, 241), ce qui inclut, outre la nourriture, le vêtement et le logement, mais non l'éducation (Douai 28 juil. 1953 : *D.* 1954, 477, note R. Savatier. – Aix 20 mai 1970 : *D.* 1971, Somm. 109).

2) La preuve des ressources réelles du débiteur de l'obligation alimentaire n'incombe pas au créancier (Grenoble 18 janv. 1960 : *D.* 1960, 273). Les déclarations fiscales du débiteur ne s'imposent pas au juge (Paris 6 oct. 1959 : *D.* 1960, 143). Sur le droit pour les créanciers d'aliments, dont la qualité est reconnue par une décision de justice de consulter la liste détenue par la direction des services fiscaux dans le ressort de laquelle l'imposition du débiteur est établie, V. nouveau Code des impôts, Livre des procédures fiscales, art. L. 111, dernier al.

3) Les juges du fond apprécient souverainement les ressources du débiteur d'aliments et peuvent tenir compte du legs dont il a été gratifié (Civ. 1re, 17 fév. 1971 : *J.C.P.* 71, IV, 77), ou des revenus qu'une gestion utile de son capital pourrait lui procurer (Civ. 2e, 21 janv. 1976 : *Bull.* II, n. 17, p. 12), mais on ne saurait exiger du débiteur qu'il change de profession et se livre à des occupations plus lucratives (Paris 13 nov. 1962 : *J.C.P.* 62, II, 12964). De son côté, le créancier d'aliments ne saurait profiter du fait qu'il laisse ses capitaux improductifs (Civ. 1re, 17 déc. 1965 : *D.* 1966, 465, note R. Savatier).

4) Si les pensions alimentaires ne s'arréragent pas, c'est parce que le créancier qui n'a pas réclamé les termes échus peut être considéré comme s'étant trouvé à l'abri du besoin et ayant renoncé à un paiement qui n'était pas indispensable à sa subsistance (Req. 30 janv. 1933 : *Gaz. Pal.* 1933, 1, 618, rapp. Castet. – Civ. 1re, 28 avril 1969 : *D.* 1969, 411), mais il ne s'agit que d'une présomption cédant devant la preuve contraire (mêmes arrêts), notamment devant la preuve de réclamations répétées et d'actes de poursuite exclusifs de toute inaction de la part du créancier (Civ. 1re, 9 mai 1975 : *J.C.P.* 75, IV, 199 ; *Bull.* I, n. 152, p. 131). Il appartient aux juges du fond de relever dans leur décision les faits de nature à tenir la présomption en échec (Civ. 1re, 28 janv. 1963 : *Gaz. Pal.* 1963, 1, 420).

5) La règle « aliments n'arréragent pas » ne saurait s'appliquer aux sommes que le débiteur d'aliments a été condamné à payer pour la période postérieure à la demande formée par le créancier (Civ. 1re, 1er juin 1976 : *Bull.* I, n. 203, p. 164). En cas de condamnation, les arrérages de la pension fixée par le juge ne peuvent se prescrire que par le délai de cinq ans prévu par l'article 2277, sauf au débiteur à démontrer que le créancier n'était plus dans le besoin, ou avait entendu renoncer à poursuivre l'exécution du jugement (Civ. 1re, 5 juil. 1988 : *D.* 1989, 51, rapp. Massip).

6) La règle « aliments n'arréragent pas » est sans application lorsque la pension a été accordée au titre de la contribution de l'autre époux à l'entretien et à l'éducation des enfants mineurs issus du mariage (Civ. 2e, 29 oct. 1980 : *Bull.* II, n. 226, p. 154 ; *J.C.P.* 81, II, 19665, note Jambu-Merlin – V. en ce sens pour la participation aux charges du mariage, Angers 6 oct. 1983 : *J.C.P.* 85, IV, 91).

7) Les juges du fond disposent d'une liberté complète pour le choix de l'indice et peuvent décider d'indexer la contribution à l'entretien de l'enfant sur le S.M.I.C. (Civ. 2e, 12 janv. 1977 : *Bull.* II, n. 6, p. 5). Ils peuvent recourir d'office à l'indexation sans encourir le reproche d'avoir modifié les termes du débat et statué pour l'avenir en méconnaissant le principe du dessaisissement du juge après le prononcé de sa décision (Civ. 2e, 2 oct. 1975 : *J.C.P.* 75, IV, 336 ; *Bull.* II, n. 233, p. 193). Mais lorsque le juge assortit la pension d'une clause de variation, il ne peut soumettre celle-ci à la condition que la variation annuelle de l'indice retenu soit égale ou supérieure à un certain taux (Civ. 2e, 28 juin 1989 : *J.C.P.* 89, IV, 328).

8) Si, en application de l'article L. 708 du Code de la santé publique, les hôpitaux et hospices disposent, par voie d'action directe, d'un recours contre les débiteurs des personnes hospitalisées, et spécialement contre leurs débiteurs d'aliments, ce recours est à la mesure de ce dont ces débiteurs sont redevables par application de l'article 208 (Civ. 1re, 3 mars 1987 : *Bull.* I, n. 80, p. 60).

Art. 209. – **Lorsque celui qui fournit ou celui qui reçoit des aliments est replacé dans un état tel, que l'un ne puisse plus en donner, ou que l'autre n'en ait plus besoin en tout ou partie, la décharge ou réduction peut en être demandée.**

1) Les décisions de justice qui définissent l'obligation alimentaire en fonction des facultés du débiteur et des besoins du créancier sont essentiellement révisables, comme le sont les données qui les fondent (Paris 26 janv. 1961 : *D.* 1961, 514, note R. Savatier). Le juge peut tout aussi bien augmenter que réduire ou supprimer la pension (Civ. 2e, 20 mai 1954 : *Bull.* II, n. 172, p. 122).

2) Si la pension alimentaire ne cesse pas de plein droit avec sa cause, rien ne s'oppose à ce que cette suppression soit ordonnée en

justice à dater de l'événement qui justifie cette suppression (Civ. 1re, 14 janv. 1969 : *D.* 1969, 217).

3) Les juges ne sauraient prendre en considération les dépenses exceptionnelles exposées par le créancier de l'obligation alimentaire pour augmenter la pension (T.G.I. Seine 19 fév. 1966 : *D.* 1966, 428).

4) S'il est d'ordinaire légitime d'apprécier le montant de l'augmentation d'une prestation d'aliments en raison directe de l'accroissement des besoins du créancier et des ressources du débiteur, il en est autrement lorsque contribution et revenus se situent à un niveau si élevé que toute prestation supplémentaire ne servirait qu'à accroître la fortune personnelle du conjoint bénéficiaire et serait ainsi détournée de son but (Paris 17 fév. 1966 : *D.* 1966, 546).

5) Est nulle d'une nullité d'ordre public la convention comportant renonciation de la part du créancier d'aliments à toute augmentation de la pension pendant trois ans (Paris 20 déc. 1977 : *Gaz. Pal.* 1978, 2, Somm. 10, note Bricout).

Art. 210. — **Si la personne qui doit fournir des aliments justifie qu'elle ne peut payer la pension alimentaire, le tribunal pourra, en connaissance de cause, ordonner qu'elle recevra dans sa demeure, qu'elle nourrira et entretiendra celui auquel elle devra des aliments.**

L'article 210 est inapplicable au cas où les enfants sont confiés en vertu de l'article 287 à la suite d'un divorce ou d'une séparation de corps (Civ. 2e, 26 nov. 1980 : *J.C.P.* 81, IV, 58 ; *Bull.* II, n. 245, p. 167).

Art. 211. — **Le tribunal prononcera également si le père ou la mère qui offrira de recevoir, nourrir et entretenir dans sa demeure, l'enfant à qui il devra des aliments devra dans ce cas, être dispensé de payer la pension alimentaire.**

Loi n. 73-5 du 2 janvier 1973 *(J.O. 3 janv.)*
relative au paiement direct de la pension alimentaire

Art. 1er. — Tout créancier d'une pension alimentaire peut se faire payer directement le montant de cette pension par les tiers débiteurs de sommes liquides et exigibles envers le débiteur de la pension. Il peut notamment exercer ce droit entre les mains de tout débiteur de salaires, produits du travail ou autres revenus, ainsi que de tout dépositaire de fonds.
La demande en paiement direct sera recevable dès qu'une échéance d'une pension alimentaire, fixée par une décision judiciaire devenue exécutoire, n'aura pas été payée à son terme.
(Troisième alinéa remplacé avec effet à compter du 1er janvier 1976, L., n. 75-618 du 11 juil. 1975, art. 18 et 22). Cette procédure est applicable au recouvrement de la contribution aux charges du mariage prévues par l'article 214 du Code civil. Elle l'est aussi au recouvrement de la rente prévue par l'article 276 et des subsides prévus par l'article 342 du même code.

1) L'action directe est recevable même si le débiteur est soumis à une procédure collective (Com. 15 juil. 1986 : *Bull.* IV, n. 158, p. 133 ; *D.* 1987, 192, note Massip ; *Defrénois* 1987, 313, obs. Massip).

2) L'action directe ne peut porter que sur les sommes liquides et exigibles dues par le tiers débiteur au débiteur de la pension (Civ. 2e, 24 juin 1987 : *Bull.* II, n. 138, p. 79 ; *D.* 1988, 357, note P. Ancel et M.-C. Rondeau-Rivier).

3) La demande en paiement direct est recevable dès qu'une échéance d'une pension

MARIAGE   Art. 211

alimentaire fixée par une décision judiciaire devenue exécutoire n'a pas été payée à son terme (Civ. 2e, 10 fév. 1988 : *Bull.* II, n. 37, p. 20).

Art. 2. – La demande vaut, sans autre procédure et par préférence à tous autres créanciers, attribution au bénéficiaire des sommes qui en font l'objet au fur et à mesure qu'elles deviennent exigibles.

Le tiers est tenu de verser directement ces sommes au bénéficiaire selon les échéances fixées par le jugement.

Art. 3. – La demande de paiement direct peut être contestée en justice, sans préjudice de l'exercice d'une action aux fins de révision de la pension alimentaire. Cette contestation ne suspend pas l'obligation incombant au tiers de payer directement les sommes dues au créancier de la pension alimentaire.

Art. 4. – Sauf convention contraire, les sommes payées au créancier de la pension alimentaire doivent être versées à son domicile ou à sa résidence. Les frais du paiement direct incombent au débiteur de la pension.

Art. 5 *(Remplacé avec effet à compter du 1er janvier 1976, L. n. 75-618 du 11 juil. 1975, art. 19 et 22).* – La procédure de paiement direct est applicable aux termes à échoir de la pension alimentaire.

Elle l'est aussi aux termes échus pour les six derniers mois avant la notification de la demande de paiement direct. Le règlement de ces sommes est fait par fractions égales sur une période de douze mois.

Art. 6. – La demande de paiement direct est faite par l'intermédiaire d'un huissier de justice.

Lorsqu'une administration publique est subrogée dans les droits d'un créancier d'aliments, elle peut elle-même former la demande de paiement direct et se prévaloir des dispositions de l'article 7 ci-dessous. *(L. n. 84-1171 du 22 déc. 1984, art. 6-III)* Lorsqu'un organisme débiteur de prestations familiales agit pour le compte d'un créancier d'aliments, il peut lui-même former la demande de paiement direct.

Art. 7 *(Premier alinéa remplacé avec effet à compter du 1er janvier 1976, L. n. 75-617 du 11 juil. 1975, art. 16-I et 25).* – Sous réserve de l'article 6 de la loi n. 51-711 du 7 juin 1951 relative au secret en matière de statistiques, les administrations au service de l'État, et des collectivités publiques, les organismes de sécurité sociale et les organismes qui assurent la gestion de prestations sociales sont tenus de réunir et de communiquer, en faisant toutes les diligences nécessaires, à l'huissier de justice chargé par le créancier de former la demande de paiement direct, tous renseignements dont ils disposent ou peuvent disposer permettant de déterminer l'adresse du débiteur de la pension alimentaire, l'identité et l'adresse de son employeur ou de tout tiers débiteur ou dépositaire de sommes liquides ou exigibles.

Un décret en Conseil d'État précisera, en tant que de besoin, les conditions d'exécution de cette obligation et les sanctions qu'entraînera sa violation.

L'obligation de communiquer imposée au tiers saisi, soit par l'article 559 du Code de procédure civile, soit par décret du 18 août 1807, est, pour le surplus, applicable au tiers débiteur faisant l'objet d'une demande de paiement direct.

Art. 7-1 *(ajouté avec effet à compter du 1er janvier 1976, L. n. 75-617 du 11 juil. 1975, art. 16-II et 25).* – Les dispositions de la présente loi sont applicables toutes les fois qu'un époux divorcé

Art. 211   MARIAGE

ou séparé de corps est créancier d'une prestation en forme de rente visée à l'article 276 du Code civil.

Art. 8. – Un décret en Conseil d'État fixera les conditions d'application de la présente loi.

Art. 9. – A la fin du premier alinéa de l'article L. 56 du Code des pensions civiles et militaires de retraite, les mots : « et dans les circonstances prévues par les articles 203, 205, 206, 207 et 214 du même code », sont remplacés par les mots : « et pour le paiement des dettes alimentaires prévues par le Code civil ou l'exécution de la contribution aux charges du mariage ».

Art. 10 *(Abrogé D. n. 73-1406 du 15 nov. 1973, art. 1er).*

Art. 11. – La présente loi entrera en vigueur le premier jour du troisième mois qui suivra sa publication au *Journal officiel.*
(Deuxième alinéa ajouté avec effet à compter du 1er janvier 1976, L. n. 75-618 du 11 juil. 1975, art. 20 et 22) Elle est applicable dans les territoires d'outre-mer.

Décret n. 73-216 du 1er mars 1973 *(J.O. 2 mars)*
pris pour l'application de la loi n. 73-5 du 2 janvier 1973 relative au paiement direct
de la pension alimentaire

Art. 1er. – Le créancier de la pension alimentaire peut charger tout huissier de justice du lieu de sa résidence de notifier la demande de paiement direct au tiers visé à l'article 1 de la loi n. 73-5 du 2 janvier 1973.

(Deuxième et troisième alinéas remplacés avec effet à compter du 1er janvier 1976, D. n. 75-1339 du 31 déc. 1975, art. 15 et 25) Dans les huit jours qui suivent, l'huissier procède à cette notification par lettre recommandée avec demande d'avis de réception.

Si les documents présentés par le créancier de la pension ne permettent pas de procéder à la notification, l'huissier doit mettre en œuvre, dans le même délai de huit jours, les moyens lui permettant d'effectuer cette notification, compte tenu notamment des dispositions du premier alinéa de l'article 7 de la loi du 2 janvier 1973 susvisée.

Le tiers débiteur accuse réception à l'huissier de la demande de paiement direct dans les huit jours suivant la notification, en précisant s'il est ou non en mesure d'y donner suite.

Lorsqu'il notifie la demande de paiement direct au tiers débiteur, l'huissier en avise simultanément le débiteur par lettre recommandée.

Art. 2 *(Premier alinéa modifié avec effet à compter du 1er janvier 1976, D. n. 75-1339 du 31 déc. 1975, art. 16 et 25).* – La demande de paiement direct produit effet pour le recouvrement des termes à échoir de la pension alimentaire et, le cas échéant, des termes échus pour les six derniers mois avant la notification de cette demande.

Elle cesse de produire effet, si l'huissier du créancier en notifie au tiers la mainlevée par lettre recommandée. Elle prend fin aussi à la demande du débiteur, sur production d'un certificat délivré par un huissier attestant qu'un nouveau jugement a supprimé la pension alimentaire ou constatant qu'en vertu des dispositions légales la pension a cessé d'être due.

Art. 3. – Si une nouvelle décision change le montant de la pension alimentaire ou les modalités d'exécution de l'obligation, la demande de paiement direct se trouve de plein droit modifiée en conséquence à compter de la notification de la décision modificative qui est faite au tiers dans les conditions prévues aux alinéas 1er et 2 de l'article 1er.

MARIAGE Art. 211

Art. 4. – Le tiers débiteur est tenu d'aviser dans les huit jours le créancier de la pension alimentaire de la cessation ou de la suspension de la rémunération ainsi que de la clôture de compte du débiteur ou de l'insuffisance de provision de ce compte.

Art. 4-1 *(ajouté avec effet à compter du 1er janvier 1976, D. n. 75-1339 du 31 déc. 1975, art. 17 et 25).* – Le tiers débiteur qui, tenu au paiement direct, ne verse pas la pension alimentaire due au créancier sera puni d'une amende de 600 à 1 000 F qui pourra être portée au double en cas de récidive.

Le banquier qui détient au nom de son client des sommes liquides et exigibles sur la base d'une convention de découvert et qui règle certaines sommes sans payer le créancier d'aliments tombe sous le coup de l'article 4-1 du décret du 1er mars 1973 (Crim. 29 mai 1984 : *D.* 1987, 226, note Desprez).

Art. 5. – Les contestations relatives à la procédure de paiement direct sont portées devant le tribunal d'instance du domicile du débiteur de la pension.

Art. 5-1 *(ajouté avec effet à compter du 1er janvier 1976, D. n. 75-1339 du 31 déc. 1975, art. 18 et 25).* – Les frais du paiement direct d'une pension alimentaire incombant au débiteur, aucune avance ne peut être demandée au créancier pour la mise en œuvre de la procédure. Si le débiteur ne peut être retrouvé ou si le paiement direct ne peut être obtenu, les émoluments de l'huissier sont avancés par le Trésor Public selon les modalités prévues à l'article R. 93 (11°) du Code de procédure pénale.

Art. 6. – Le créancier d'aliments qui, de mauvaise foi, aura fait usage de la procédure de paiement direct sera condamné par le tribunal d'instance à une amende civile de 100 à 10 000 F.

Art. 7. – Devant le juge saisi d'une demande de pension alimentaire, le débiteur peut accepter que la pension donne lieu à paiement direct. En ce cas, il indique le tiers débiteur qui sera chargé du paiement.

L'extrait du jugement constatant l'accord des parties est notifié au tiers débiteur selon les règles prévues aux alinéas 1er et 2 de l'article 1er.

Art. 8 *(remplacé avec effet à compter du 1er janvier 1976, D. n. 75-1339 du 31 déc. 1975, art. 19 et 25).* – Les dispositions du présent décret, et notamment celles de son article 7, sont applicables au recouvrement de la contribution aux charges du mariage prévue par l'article 214 du Code civil. Elles le sont aussi au recouvrement des rentes prévues par l'article 276 du même code et des subsides de l'article 342.

Art. 9 *(V. C. proc. civ., art. 864-1, al. 1 et 5).*

Art. 10. – Le présent décret entrera en vigueur le 1er avril 1973.
(Alinéa ajouté avec effet à compter du 1er janvier 1976, D. n. 75-1339 du 31 déc. 1975, art. 20 et 25) Il est applicable dans les territoires d'outre-mer.

Loi n. 75-618 du 11 juillet 1975 *(J.O. 12 juil.)*
relative au recouvrement public des pensions alimentaires

Art. 1er. – Toute pension alimentaire fixée par une décision judiciaire devenue exécutoire dont le recouvrement total ou partiel n'a pu être obtenu par une des voies d'exécution de droit privé peut être recouvrée pour le compte du créancier par les comptables directs du Trésor.

Art. 2. – La demande de recouvrement public des pensions alimentaires est adressée par le créancier au procureur de la République près le tribunal de grande instance dans le ressort duquel se trouve son domicile.

Cette demande est admise si le créancier justifie qu'il a eu recours effectivement à l'une des voies d'exécution de droit privé et que ce recours est resté infructueux.

Art. 3. – Le procureur de la République établit un état exécutoire qu'il transmet au Trésor pour le recouvrement des termes à échoir de la pension alimentaire, et, le cas échéant, de ceux qui sont échus à compter du sixième mois ayant précédé la date de la demande.

Le procureur doit apporter à cet état exécutoire, soit de son propre chef, soit sur demande du créancier ou du débiteur, les modifications nécessaires, notamment en cas d'augmentation, de réduction ou de suppression de la pension alimentaire.

Art. 4. – En cas de contestation relative à l'application des articles 2 et 3, il est statué, comme en matière de référé, par le président du tribunal.

Le président se prononce sur la contestation qui lui est soumise par le procureur de la République. Celui-ci prend, s'il y a lieu, toutes dispositions utiles pour l'exécution de l'ordonnance du président.

Les décisions rendues en application du présent article ne sont susceptibles ni d'opposition, ni d'appel.

La procédure est gratuite et dispensée des droits de timbre et d'enregistrement.

La contestation n'interrompt pas le recouvrement public.

Art. 5. – Dès le dépôt de la demande d'admission à la procédure de recouvrement public et jusqu'à la cessation de celle-ci, le créancier ne peut plus exercer aucune autre action pour le recouvrement des sommes qui font l'objet de cette demande.

Art. 6. – Pour les sommes qu'il est chargé de recouvrer, le Trésor est subrogé dans les actions et garanties dont dispose le créancier pour le recouvrement de sa pension alimentaire.

Art. 7. – Le recouvrement public des sommes à percevoir est effectué par les comptables directs du Trésor selon les procédures applicables en matière de contributions directes.

Le montant de ces sommes est majoré de 10 % au profit du Trésor à titre de frais de recouvrement.

Les frais de poursuites mis à la charge du débiteur sont calculés dans les conditions prévues à l'article 1912 du Code général des impôts.

Art. 8. – Sous réserve des dispositions de l'article 6 de la loi n. 51-711 du 7 juin 1951 relative au secret professionnel en matière de statistiques, les administrations ou services de l'État et des collectivités publiques, les organismes de sécurité sociale et les organismes qui assurent la gestion des prestations sociales sont tenus de réunir et de communiquer, en faisant toutes les diligences nécessaires, au comptable du Trésor les renseignements dont ils disposent ou peuvent disposer et qui sont utiles à la mise en œuvre de la procédure de recouvrement public.

Art. 9. – A compter de la notification au débiteur des sommes faisant l'objet du recouvrement public, le débiteur ne peut plus s'en libérer valablement qu'entre les mains du comptable du Trésor.

Art. 10. – En cas de décès du débiteur ou lorsque l'impossibilité de recouvrer la créance a été constatée par le comptable du Trésor, ce dernier renvoie le titre exécutoire au procureur

MARIAGE — Art. 211

de la République qui met fin à la procédure de recouvrement public et décharge le comptable public.

Art. 11. – Agissant seul ou conjointement avec le débiteur, le créancier de la pension alimentaire peut renoncer à la procédure de recouvrement public. Il adresse sa demande au procureur de la République qui met fin à la procédure de recouvrement public et décharge le comptable public.

Art. 12. – Le débiteur qui, ayant acquitté les arriérés de la créance pris en charge par le Trésor, a versé, durant douze mois consécutifs, le montant des termes courants de la pension à la caisse du comptable du Trésor, sans que celui-ci ait à exercer des poursuites, peut demander de se libérer à l'avenir directement entre les mains du créancier de la pension. Il adresse sa demande au procureur de la République qui met fin à la procédure de recouvrement public et décharge le comptable public.

En cas de contestation, il est fait application de l'article 4.

Art. 13. – Dans le cas d'une nouvelle défaillance du débiteur dans le délai de deux ans après la cessation du recouvrement public, le créancier peut, dès lors que le retard dans le paiement est supérieur à un mois demander à nouveau au procureur de la République la mise en œuvre de la procédure de recouvrement public sans avoir à recourir préalablement à une voie d'exécution de droit privé.

Si la nouvelle demande est admise, il est procédé au recouvrement de toutes les sommes dues depuis l'interruption du recouvrement public. Le montant des termes échus avant cette admission est majoré de 10 % au profit du créancier.

Toutefois, la remise de cette majoration peut être accordée au débiteur par le président du tribunal de grande instance statuant dans les conditions prévues à l'article 4, s'il y a de juste motifs.

Art. 14. – Les caisses d'allocations familiales sont habilitées à consentir sur leur fonds d'action sanitaire et sociale aux créanciers d'aliments auxqueles la présente loi est applicable, des avances sur pensions. Elles sont alors subrogées de plein droit dans les droits des créanciers, à concurrence du montant des avances, tant à l'égard du débiteur qu'éventuellement à l'égard du Trésor.

Art. 15. – Les dispositions de la présente loi sont aussi applicables pour le recouvrement des sommes dues en exécution d'une décision judiciaire au titre des contributions aux charges du mariage prescrites par l'article 214 du Code civil, des rentes prévues par l'article 276 du même code ou des subsides de l'article 342.

Art. 16. – *Abrogé, L. n. 85-772 du 25 juil. 1985, art. 3. III.*

Art. 17. – Le créancier d'aliments qui, de mauvaise foi, aura obtenu la mise en œuvre de la procédure de recouvrement public sera condamné par le président du tribunal de grande instance, statuant dans les conditions prévues aux alinéas 1er, 2 et 4 de l'article 4, à une amende civile de 200 à 20 000 F et au remboursement au débiteur des sommes qui auraient été perçues au titre de majorations pour termes échus non payés, des frais de recouvrement et des frais de poursuite, sans préjudice de tous dommages et intérêts.

Art. 18 à 20. – *V. L. n. 73-5 du 2 janv. 1973, art. 1er, al. 3, art. 5 et 11, al. 2.*

Art. 21. – Un décret en Conseil d'État fixera les modalités d'application de la présente loi.

Art. 22. – La présente loi entrera en vigueur le 1er janvier 1976.
Elle est applicable dans les territoires d'outre-mer.

Décret n. 75-1339 du 31 décembre 1975 *(J.O. 3 janv.)*
relatif aux modalités d'application de la loi n. 75-618 du 11 juillet 1975 relative au recouvrement public des pensions alimentaires

TITRE Ier. – PROCÉDURE D'ADMISSION

Art. 1er. – Le créancier de la pension alimentaire adresse sa demande de recouvrement public au procureur de la République près le tribunal de grande instance dans le ressort duquel se trouve son domicile.

La demande du créancier présentée sur papier libre est envoyée par lettre recommandée avec demande d'avis de réception ; elle peut être également déposée directement auprès du ministère public qui y porte sans délai la date du dépôt.

La demande est réputée faite soit à la date d'expédition de la lettre recommandée, soit à la date du dépôt au parquet.

Art. 2. – Le créancier joint à sa demande une expédition ou la copie certifiée conforme du jugement fixant la pension alimentaire. Il y joint également une attestation du secrétaire-greffier de la juridiction compétente ou d'un huissier de justice, établissant qu'une voie d'exécution de droit privé n'a pas permis le recouvrement de la pension alimentaire.

A défaut de cette attestation le créancier peut produire tous autres documents établissant qu'il n'a pu obtenir le recouvrement de sa créance par une voie d'exécution de droit privé.

L'attestation ou les autres documents produits doivent comporter la justification des diligences effectuées et de leurs dates, ainsi que les résultats obtenus ; ils doivent en outre indiquer sur quels biens ou revenus le recouvrement a été tenté et, si possible, leur importance.

Art. 3. – Le créancier doit aussi fournir au procureur de la République les renseignements en sa possession relatifs au débiteur et concernant son identité, son adresse ou sa dernière adresse connue, sa profession, les nom et adresse de son employeur, la nature, la situation et l'importance de son patrimoine, ainsi que la source de ses revenus.

Art. 4. – Le procureur de la République avise, par lettre simple, le créancier de la pension alimentaire de la suite qu'il a réservée à sa demande.

Le procureur de la République notifie au débiteur, par lettre recommandée, avec demande d'avis de réception confirmée ce même jour par lettre simple, qu'il a admis la demande de recouvrement public ; il lui précise, dans cette notification, les sommes sur lesquelles porte le recouvrement public et fait connaître au débiteur qu'il ne peut plus s'en libérer qu'entre les mains d'un comptable public, suivant des modalités de paiement qui lui seront précisées ultérieurement par ce dernier.

En outre, le procureur de la République informe, suivant les cas, le créancier ou le débiteur que le refus d'admission ou l'admission à la procédure de recouvrement public peut être contesté par lettre simple adressée au ministère public.

Art. 5. – Les dispositions des articles 1er, 3 et 4 du présent décret sont également applicables à une nouvelle demande de recouvrement public présentée en application de l'article 13 de la loi du 11 juillet 1975 susvisée.

MARIAGE   **Art. 211**

Cette demande doit être accompagnée de toutes justifications établissant que les conditions requises par le premier alinéa de cet article 13 sont réunies.

Art. 6. – En cas d'admission à la procédure de recouvrement public, le procureur de la République adresse au trésorier-payeur général du département de son ressort un état exécutoire émis à l'encontre du débiteur de la pension alimentaire.

L'état mentionne le jugement qui a attribué la pension. Il précise, d'une part, le montant des termes échus et non versés par le débiteur au titre de la période de six mois ayant précédé la date de la demande de recouvrement public et, d'autre part, le montant des termes échus ou à échoir à compter de cette même date ; il fait apparaître, en outre, le montant des frais de recouvrement perçus au profit du Trésor.

L'état est revêtu de la mention « pour valoir titre exécutoire conformément à la loi n. 75-618 du 11 juillet 1975 ».

Art. 7. – Lorsqu'un nouvel état exécutoire est émis à l'encontre d'un débiteur défaillant, en application de l'article 13 de la loi du 11 juillet 1975 susvisée, cet état doit comporter les précisions mentionnées à l'article précédent ; il précise le montant des sommes dues et non versées depuis l'interruption de la procédure de recouvrement public, et le montant de la majoration de 10 % perçue au profit du créancier.

TITRE II. – CONTESTATIONS RELATIVES A L'ADMISSION AU RECOUVREMENT PUBLIC
ET A LA CESSATION DE CE RECOUVREMENT

Art. 8. – Le procureur de la République transmet sans délai la lettre de contestation mentionnée au troisième alinéa de l'article 4 ci-dessus au président du tribunal de grande instance avec, le cas échéant, les pièces qui y sont annexées.

Le président statue, sans formes de procédure ni frais, dans un délai de quinze jours, sur convocation adressée par le secrétaire-greffier au créancier et au débiteur d'aliments par lettre recommandée avec demande d'avis de réception.

La décision est transmise le jour même par le secrétaire-greffier au procureur de la République qui, dans les trois jours à compter de la réception, la notifie aux parties par lettre recommandée avec demande d'avis de réception, et au trésorier-payeur général en lui adressant éventuellement un état exécutoire ou un titre de réduction.

La notification faite au créancier ou au débiteur rappelle le délai dans lequel un pourvoi en cassation peut être formé.

Art. 9. – L'ordonnance du président peut être déférée à la Cour de cassation par les parties à l'instance dans un délai de deux mois à compter de sa notification par le procureur de la République. Les règles de la procédure d'urgence sont applicables.

Art. 10. – Si le président du tribunal de grande instance accorde la remise de la majoration dans les conditions prévues à l'article 13 de la loi du 11 juillet 1975 susvisée, le procureur de la République émet à due concurrence un titre de réduction ; les dispositions des articles 8 et 9 du présent décret sont applicables aux demandes de remise de majoration.

TITRE III. – RECOUVREMENT PAR LES COMPTABLES DU TRESOR

Art. 11. – Le trésorier-payeur général assignataire de l'état exécutoire le confie pour recouvrement au comptable public du domicile ou de la résidence du débiteur.

Art. 211 MARIAGE

Art. 12. – Pour décharger du recouvrement de la créance le comptable public dans les conditions prévues aux articles 10, 11 et 12 de la loi du 11 juillet 1975 susvisée, le procureur de la République qui a établi l'état exécutoire émet un titre de réduction après s'être assuré, s'il y a lieu auprès du trésorier-payeur général que les conditions requises sont réunies.

Le procureur notifie sans délai, par lettre simple, aux parties intéressées, qu'il est mis fin au recouvrement public.

TITRE IV. – RECOURS EN CAS DE CONDAMNATION POUR USAGE ABUSIF DE LA PROCEDURE DE RECOUVREMENT PUBLIC

Art. 13. – L'ordonnance du président du tribunal de grande instance rendue en application de l'article 17 de la loi du 11 juillet 1975 susvisée est notifiée aux parties par le procureur de la République dans les conditions prévues au troisième alinéa de l'article 8 du présent décret.
Cette notification rappelle le délai d'appel.

Art. 14. – L'ordonnance du président du tribunal est susceptible d'appel en tant qu'elle condamne le créancier d'aliments à l'amende civile et au remboursement des majorations et frais. L'appel n'est recevable que s'il est formé, dans les quinze jours de la notification, par lettre recommandée avec demande d'avis de réception adressée au procureur général.

Le premier président de la cour d'appel, saisi par le procureur général, statue comme en matière de référé et dans les conditions prévues à l'article 4 de la loi du 11 juillet 1975 susvisée ainsi qu'à l'article 8 du présent décret.

L'ordonnance est notifiée par le procureur général selon les modalités fixées aux deux derniers alinéas de l'article 8 ci-dessus. L'article 9 est applicable à cette ordonnance.

TITRE V. – MODIFICATIONS DES DISPOSITIONS APPLICABLES A LA PROCEDURE DE PAIEMENT DIRECT DE LA PENSION ALIMENTAIRE

Art. 15 à 20. – *V. D. n. 73-216 du 1er mars 1973, art. 1er, al. 2 et 3, art. 2, al. 1, art. 4-1, 5-1, 8 et 10, al. 2.*

TITRE VI. – DISPOSITIONS DIVERSES

Art. 21. – Les frais exposés en exécution des dispositions de l'article 4, du deuxième alinéa de l'article 12, du troisième alinéa de l'article 13, et de l'article 17 de la loi du 11 juillet 1975 susvisée sont avancés par le Trésor public selon les modalités prévues à l'article R. 93 (11°) du Code de procédure pénale.

Art. 22. – Les dispositions du présent décret s'appliquent aussi pour le recouvrement des sommes dues en exécution d'une décision judiciaire au titre des contributions aux charges du mariage prescrites par l'article 214 du Code civil, des rentes prévues par l'article 276 du même code et des subsides de l'article 342.

Art. 23. – *V. D. n. 67-1210 du 22 déc. 1967, art. 33, al. 2.*

Art. 24. – Le présent décret est applicable dans les territoires d'outre-mer.
Dans ces territoires, les attributions dévolues aux magistrats du siège et du parquet appartenant aux tribunaux de grande instance ou aux cours d'appel sont exercées par les magistrats du siège et du parquet en fonction dans les tribunaux de première instance ou dans leurs sections détachées et dans les juridictions d'appel.

MARIAGE Art. 211

Art. 25. – Le présent décret entrera en application le 1ᵉʳ janvier 1976.

Code de la Sécurité sociale

TITRE VIII. – DISPOSITIONS RELATIVES AU RECOUVREMENT DES CRÉANCES ALIMENTAIRES – DISPOSITIONS DIVERSES – DISPOSITIONS D'APPLICATION

CHAPITRE 1ᵉʳ. – DISPOSITIONS RELATIVES AU RECOUVREMENT DES CRÉANCES ALIMENTAIRES

Art. L. 581-1. – Les organismes et services auxquels incombe le service des prestations familiales sont habilités à apporter leur aide au recouvrement des créances dues au titre de l'entretien d'enfants, dans les conditions prévues par les dispositions relatives à l'intervention des organismes débiteurs des prestations familiales pour le recouvrement des créances alimentaires impayées.

Art. L. 581-2. – Lorsque l'un au moins des parents se soustrait totalement au versement d'une créance alimentaire pour enfants fixée par décision de justice devenue exécutoire, l'allocation de soutien familial est versée à titre d'avance sur créance alimentaire.

L'organisme débiteur des prestations familiales est subrogé dans les droits du créancier, dans la limite du montant de l'allocation de soutien familial ou de la créance d'aliments si celle-ci lui est inférieure.

Lorsque l'un au moins des parents se soustrait partiellement au versement d'une créance alimentaire pour enfants fixée par décision de justice devenue exécutoire, il est versé à titre d'avance une allocation différentielle.

Cette allocation différentielle complète le versement partiel effectué par le débiteur, à hauteur de la créance alimentaire susvisée sans toutefois pouvoir excéder le montant de l'allocation de soutien familial.

L'organisme débiteur de prestations familiales est subrogé dans les droits du créancier.

Art. L. 581-3. – Pour le surplus de la créance, dont le non-paiement a donné lieu au versement de l'allocation de soutien familial, et pour les autres termes à échoir, la demande de ladite allocation emporte mandat du créancier au profit de cet organisme.

L'organisme débiteur des prestations familiales a droit, en priorité sur les sommes recouvrées, au montant de celles versées à titre d'avance.

Avec l'accord du créancier d'aliments, l'organisme débiteur des prestations familiales poursuit également, lorsqu'elle est afférente aux mêmes périodes, le recouvrement de la créance alimentaire du conjoint, de l'ex-conjoint et des autres enfants du débiteur ainsi que les créances des articles 214, 276 et 342 du Code civil.

Art. L. 581-4. – Le titulaire de la créance est tenu de communiquer à l'organisme débiteur des prestations familiales les renseignements qui sont de nature à faciliter le recouvrement de la créance.

Le titulaire de la créance peut à tout moment renoncer à percevoir l'allocation de soutien familial. L'organisme débiteur demeure subrogé aux droits du titulaire de la créance jusqu'au recouvrement complet du montant des sommes versées dans les conditions fixées à l'article L. 581-2.

L'organisme débiteur de prestations familiales peut suspendre le versement de l'allocation de soutien familial en cas de refus par le créancier d'aliments de donner le pouvoir spécial de saisie en matière immobilière.

Lorsque le débiteur reprend le service de sa dette, cette dernière peut être acquittée directement au parent créancier, avec l'accord de l'organisme débiteur de prestations familiales.

Art. L. 581-5. – Sauf dans le cas où il est fait application du premier alinéa de l'article 7 de la loi n. 75-618 du 11 juillet 1975 relative au recouvrement public des pensions alimentaires, les sommes à recouvrer par l'organisme débiteur sont majorées de frais de gestion et de recouvrement dont le montant est fixé par décret en Conseil d'Etat.

Ces frais ne peuvent être mis à la charge du créancier d'aliments.

Art. L. 581-6. – Le titulaire d'une créance alimentaire fixée par décision de justice devenue exécutoire en faveur de ses enfants mineurs, s'il ne remplit pas les conditions d'attribution de l'allocation de soutien familial et si une voie d'exécution engagée par ses soins n'a pas abouti, bénéficie, à sa demande, de l'aide des organismes débiteurs de prestations familiales pour le recouvrement des termes échus, dans la limite de deux années à compter de la demande de recouvrement, et des termes à échoir.

Ce recouvrement est exercé dans les conditions et pour les créances mentionnées aux articles L. 581-2 et suivants.

Art. L. 581-7. – Par dérogation aux articles 2 et 3 de la loi n. 75-618 du 11 juillet 1975, le directeur de l'organisme débiteur de prestations familiales intervenant au titre des articles L. 581-2 et suivants établit et certifie l'état des sommes à recouvrer et l'adresse au représentant de l'Etat dans le département. Celui-ci rend cet état exécutoire dans un délai de cinq jours ouvrables et le transmet au trésorier-payeur général du département.

Art. L. 581-8. – Les organismes débiteurs de prestations familiales peuvent se prévaloir des dispositions de l'article 7 de la loi n. 73-5 du 2 janvier 1973, pour l'exercice de la mission qui leur est confiée en vue du recouvrement des créances alimentaires impayées.

Art. L. 581-9. – Les caisses d'allocations familiales sont habilitées à consentir sur leur fonds d'action sanitaire et sociale aux créanciers d'aliments auxquels la loi n. 75-618 du 11 juillet 1975 est applicable, des avances sur pensions. Elles sont alors subrogées de plein droit dans les droits des créanciers, à concurrence du montant des avances, tant à l'égard du débiteur qu'éventuellement à l'égard du Trésor.

Art. L. 581-10. – Le recouvrement sur le débiteur d'aliments de toute avance sur pension alimentaire fixée par une décision judiciaire devenue exécutoire et consentie par les organismes débiteurs de prestations familiales peut être confié, pour le compte de ces organismes, aux comptables directs du Trésor.

Le directeur de l'organisme débiteur de prestations familiales établit et certifie l'état des sommes à recouvrer et l'adresse au représentant de l'Etat dans le département. Celui-ci rend cet état exécutoire dans un délai de cinq jours ouvrables et le transmet au trésorier-payeur général du département.

Dès qu'ils ont saisi le représentant de l'Etat dans le département, les organismes débiteurs de prestations familiales ne peuvent plus, jusqu'à ce qu'ils soient informés de la cessation de la procédure de recouvrement par les comptables du Trésor, exercer aucune action en vue de récupérer les sommes qui font l'objet de leur demande.

En cas de contestation relative à l'application des premier et deuxième alinéas du présent article, il est procédé comme à l'article 4 de la loi n. 75-618 du 11 juillet 1975.

Le recouvrement des avances est poursuivi selon les procédures et dans les conditions prévues par les articles 7 à 9 de la loi du 11 juillet 1975 précitée. Les comptables directs du Trésor

MARIAGE Art. 211

peuvent également mettre en œuvre les actions et garanties dont dispose le créancier pour le recouvrement de sa pension alimentaire.

En cas de recours à une procédure de recouvrement public par le créancier de la pension alimentaire, les sommes recouvrées sont affectées par priorité au règlement de la créance de l'organisme débiteur de prestations familiales.

En cas de décès du débiteur ou lorsque l'impossibilité de recouvrer la créance a été constatée par le comptable du Trésor, ce dernier renvoie le titre exécutoire à la caisse d'allocations familiales qui en décharge le comptable public et informe de sa décision le représentant de l'Etat dans le département.

Lorsqu'un organisme débiteur de prestations familiales poursuit le recouvrement d'une créance alimentaire au titre des articles L. 581-2 à L. 581-5, le présent article est applicable à la totalité de la créance.

....

Art. R. 581-1. – Pour l'application du premier alinéa de l'article L. 581-4, le titulaire de la créance doit fournir à l'organisme débiteur de prestations familiales les éléments prouvant son droit à la créance.

Il fournit également à l'organisme mentionné au premier alinéa les renseignements en sa possession relatifs au débiteur, notamment l'identité, le numéro d'immatriculation à la sécurité sociale, l'adresse ou la dernière adresse connue, la profession, les nom et adresse de l'employeur, la nature, la situation et l'importance du patrimoine ainsi que les sources de revenus du débiteur.

Art. R. 581-2. – Lorsque le créancier fait une demande d'aide au recouvrement fondée sur l'article L. 581-6, il joint à sa demande les documents prévus à l'article 2 du décret n. 75-1339 du 31 décembre 1975, ou une attestation d'échec de la procédure de recouvrement public établie par le procureur de la République.

Art. R. 581-3. – Pour l'application du troisième alinéa de l'article L. 581-3, l'enfant majeur créancier d'une pension alimentaire fixée par décision de justice devenue exécutoire doit donner mandat à l'organisme débiteur de prestations familiales de recouvrer cette créance pour son compte.

Art. R. 581-4. – L'organisme débiteur de prestations familiales notifie au débiteur, par lettre recommandée avec demande d'avis de réception, qu'il a admis la demande au recouvrement faite par le créancier.

Par lettre mentionnée au premier alinéa, l'organisme débiteur de prestations familiales rappelle au débiteur les obligations auxquelles celui-ci est tenu envers le créancier et lui fait connaître qu'à défaut d'exécution volontaire, le recouvrement de la créance sera poursuivi au moyen de toute procédure appropriée. L'organisme débiteur de prestations familiales précise à cet égard que les termes à échoir et les arriérés pour lesquels il n'y a pas subrogation peuvent, avec l'accord de cet organisme, être acquittés directement entre les mains du créancier et qu'à défaut de ce paiement amiable, le débiteur sera tenu de s'acquitter auprès de l'organisme des arriérés de pension ainsi que des termes à échoir pendant une période de douze mois consécutifs à compter du premier versement ainsi effectué.

Art. R. 581-5. – L'organisme débiteur de prestations familiales notifie au débiteur l'apurement définitif des arriérés de la dette et la fin de l'obligation de se libérer auprès de lui.

L'organisme débiteur de prestations familiales rend compte au créancier d'aliments des actes effectués pour son compte. Il l'informe, le cas échéant, de l'abandon des poursuites lorsqu'elles s'avèrent vaines ou manifestement contraires aux intérêts du créancier.

Art. 211 — MARIAGE

Art. R. 581-6. – Exception faite des créances recouvrées en application de l'article 7 de la loi n. 75-618 du 11 juillet 1975, le montant des sommes versées à l'organisme débiteur de prestations familiales est majoré, à son profit, de 7,5 % ainsi que du montant des frais effectivement payés aux officiers ministériels et aux auxiliaires de justice ; lorsque l'organisme débiteur de prestations familiales ne recourt pas aux services d'un officier ministériel ou d'un auxiliaire de justice une majoration supplémentaire de 2,5 % est appliquée.

Art. R. 581-7. – Les majorations mentionnées à l'article R. 581-6 sont recouvrées par les voies et moyens applicables au recouvrement de la créance principale. En cas de difficulté, le recouvrement forcé est soumis aux règles prévues aux articles 704 à 718 du Nouveau Code de procédure civile. Le tribunal compétent est celui dans le ressort duquel l'organisme de prestations familiales a son siège.

Art. R. 581-8. – Les majorations mentionnées à l'article R. 581-6 constituent une recette de la gestion administrative des organismes débiteurs de prestations familiales.

Art. R. 581-9. – Dans tous les cas, le dernier terme échu de la pension alimentaire et des créances des articles 214, 276 et 342 du Code civil est imputé par priorité sur les sommes recouvrées et est reversé au créancier.

Décret n. 86-1073 du 30 septembre 1986 *(J.O. 2 oct.)*
relatif à l'intervention des organismes débiteurs des prestations familiales
pour le recouvrement des créances alimentaires impayées

TITRE Ier. – PROCÉDURE D'ADMISSION

Art. 1er. – Le directeur de l'organisme débiteur des prestations familiales établit et certifie, en trois exemplaires, l'état des sommes à recouvrer. Cet état mentionne le jugement qui a fixé la pension alimentaire.

Pour la mise en œuvre de la loi du 11 juillet 1975 précitée, la demande est réputée faite à la date d'établissement de l'état. Celui-ci précise, d'une part, le montant des termes échus et non versés par le débiteur au titre de la période de six mois ayant précédé la date de la demande de recouvrement public et, d'autre part, le montant des termes échus ou à échoir à compter de cette même date.

Pour la mise en œuvre de la loi n. 80-1055 du 23 décembre 1980 portant loi de finances rectificative pour 1980 *, l'état précise le montant des termes échus et non versés par le débiteur dans la limite de deux ans à compter de la demande d'aide faite à l'organisme débiteur des prestations familiales en vertu de l'article L. 581-6 du code de la sécurité sociale ou des périodes de versement de l'allocation de soutien familial versée à titre d'avance.

L'état des sommes à recouvrer fait apparaître, en outre, le montant des frais de recouvrement perçus au profit du Trésor.

* C. séc. soc., art. L. 581-10

Art. 2. – L'état des sommes à recouvrer est accompagné d'une copie du jugement fixant la pension alimentaire et, si nécessaire, des documents justifiant du caractère exécutoire de celui-ci conformément aux articles 504 et 505 du nouveau code de procédure civile.

Il mentionne également l'identité et l'adresse du créancier de la pension alimentaire, ainsi que tous renseignements relatifs au débiteur et concernant son identité, son adresse ou sa dernière

MARIAGE Art. 211

adresse connue, sa profession, les nom et adresse de son employeur, la nature et l'importance de son patrimoine, la situation de ses biens et la source de ses revenus.

Il précise également les diligences entreprises pour obtenir le paiement de la pension et les motifs de leur échec. Pour l'application de la loi du 23 décembre 1980, ces mentions sont facultatives.

Art. 3. – Le directeur de l'organisme débiteur des prestations familiales adresse sans délai l'état des sommes à recouvrer au représentant de l'État dans son département.

Celui-ci rend exécutoire cet état, dans un délai de cinq jours ouvrables, et le transmet au trésorier-payeur général du département. Il avise de sa décision le directeur de l'organisme débiteur des prestations familiales.

Art. 4. – Dès réception de l'avis adressé par le représentant de l'État, le directeur de l'organisme notifie la décision au débiteur de la pension alimentaire par lettre recommandée avec demande d'avis de réception, confirmée ce même jour par lettre simple. Cette notification précise les sommes sur lesquelles porte le recouvrement public et fait connaître au débiteur qu'il ne peut plus s'en libérer qu'entre les mains d'un comptable du Trésor, suivant les modalités de paiement qui lui seront précisées ultérieurement par ce dernier. Elle indique également au débiteur que la procédure de recouvrement public peut être contestée par lettre simple adressée au procureur de la République du lieu où est établi l'organisme.

Le directeur de l'organisme débiteur des prestations familiales informe également sans délai, par lettre simple, le créancier de la suite réservée à la demande de recouvrement public et lui indique, le cas échéant, que le refus d'admission peut être contesté par lettre simple adressée au procureur de la République du lieu où est établi l'organisme.

Pour l'application de l'article 4 de la loi du 11 juillet 1975, la décision du président du tribunal est notifiée au représentant de l'État dans le département qui établit, le cas échéant, un nouvel état exécutoire.

TITRE II. – RECOUVREMENT PAR LES COMPTABLES DU TRÉSOR

Art. 5. – Le trésorier-payeur général assignataire de l'état exécutoire le confie pour recouvrement au comptable du Trésor du lieu où demeure le débiteur.

Après déduction des frais de poursuites éventuellement engagés et des frais de recouvrement revenant au Trésor, ces derniers étant réduits à due concurrence en cas de recouvrement partiel, les sommes encaissées sont versées à l'organisme débiteur des prestations familiales.

Art. 6. – Le représentant de l'État, qui a rendu exécutoire l'état, émet un titre de réduction, après s'être assuré s'il y a lieu auprès du trésorier-payeur général que les conditions sont réunies, s'il y a renonciation du créancier à la procédure de recouvrement public, décès du débiteur, impossibilité de recouvrer la créance constatée par le comptable du Trésor ou acquittement par le débiteur des arriérés de la créance prise en charge par le comptable du Trésor ainsi que des termes courants durant douze mois consécutifs.

Le représentant de l'État en avise le directeur de l'organisme débiteur des prestations familiales.

La renonciation du créancier de la pension alimentaire à la procédure de recouvrement public n'emporte pas renonciation de l'organisme débiteur des prestations familiales pour le montant d'allocation de soutien familial versé à titre d'avance. Dans ce cas, la procédure est poursuivie du seul chef de l'organisme débiteur des prestations familiales et le titre de réduction n'est émis que pour la créance à laquelle il a été renoncé.

Le directeur de l'organisme notifie sans délai, par lettre simple au créancier et au débiteur, qu'il est mis fin au recouvrement public pour tout ou partie de la dette.

TITRE III. – DISPOSITIONS DIVERSES

Art. 7. – Les dispositions des articles 5 et 7, 10, 13, 14, 21, 22 du décret n. 75-1339 du 31 décembre 1975 sont applicables à la mise en œuvre par l'organisme débiteur des prestations familiales de la loi du 11 juillet 1975 précitée.

Art. 8. – Le décret n. 81-184 du 26 février 1981 relatif au recouvrement par les comptables directs du Trésor des avances consenties par les caisses d'allocations familiales ou les caisses de mutualité sociale agricole aux créanciers de pensions alimentaires est abrogé.

CHAPITRE VI. – DES DEVOIRS ET DES DROITS RESPECTIFS DES ÉPOUX

Art. 212 *(L. 22 sept. 1942).* – **Les époux se doivent mutuellement fidélité, secours, assistance.**

1) L'obligation alimentaire prévue par l'article 212 du Code civil subsiste entre les époux séparés de corps, même au profit de l'époux coupable envers qui le conjoint garde le devoir d'assistance (Civ. 2e, 20 juin 1962 : *D.* 1963, Somm. 14). Elle subsiste jusqu'à ce que la décision prononçant le divorce soit devenue définitive (Civ. 2e, 12 juil. 1972 : *D.* 1973, 185, note Groslière. – Civ. 2e, 25 oct. 1973 : *D.* 1974, 92).

2) A la suite de la séparation de corps, l'obligation de secours subsiste mais ne peut plus consister que dans le versement d'une pension alimentaire en faveur de l'époux qui est dans le besoin. La contribution aux charges du mariage prévue par l'article 214 du Code civil est distincte par son fondement et son but de l'obligation alimentaire. Par suite, une pension alimentaire ayant été allouée sur le fondement de l'article 212, la saisie-arrêt sur les arrérages d'une pension civile de retraite proportionnelle pour paiement des mensualités de pension alimentaire échues et impayées et des arrérages à échoir ne saurait être admise, l'article L. 56 du Code des pensions civiles et militaires de retraite, en sa rédaction antérieure à la loi du 2 janvier 1973, ne prévoyant une telle saisissabilité que dans les circonstances prévues par les articles 203, 205, 206, 207 et 214 du Code civil (Civ. 2e, 5 janv. 1973 : *Bull.* II, n. 3, p. 2).

3) La pension accordée par le magistrat conciliateur dans le cadre d'une procédure de séparation de corps n'a pas à être imputée sur la part de la femme dans le partage de la communauté, alors même que l'ordonnance de non-conciliation a précisé qu'elle était « à valoir sur la communauté », dès lors que l'arrêt prononçant la séparation de corps laissait subsister le devoir de secours et que l'ordonnance, qui n'avait qu'un caractère provisoire, était dépourvue de l'autorité de chose jugée (Civ. 1re, 18 nov. 1986 : *Bull,* n. 271, p. 259).

4) Sur le principe que les droits et devoirs des époux sont régis par la loi territoriale V. Civ. 1re, 20 oct. 1987 : *J.C.P.* 87, IV, 399.

Art. 213 *(L. 18 fév. 1938 ; L. 22 sept. 1942 ; L. n. 70-459 du 4 juin 1970, art. 2 et 9).* – **Les époux assurent ensemble la direction morale et matérielle de la famille. Ils pourvoient à l'éducation des enfants et préparent leur avenir.**

MARIAGE   Art. 214

Art. 214 *(L. 18 fév. 1938 ; L. 22 sept. 1942 ; L. n. 65-570 du 13 juil. 1965, art. 1ᵉʳ et 9).* - **Si les conventions matrimoniales ne règlent pas la contribution des époux aux charges du mariage, ils y contribuent à proportion de leurs facultés respectives.**
Si l'un des époux ne remplit pas ses obligations, il peut y être contraint par l'autre dans les formes prévues au Code de procédure civile.
(Deuxième et troisième al. abrogés avec effet à compter du 1ᵉʳ janvier 1976, L. n. 75-617 du 11 juil. 1975, art. 6 et 25) Les charges du mariage incombent au mari, à titre principal. Il est obligé de fournir à la femme tout ce qui est nécessaire pour les besoins de la vie selon ses facultés et son état.
La femme s'acquitte de sa contribution en la prélevant sur les ressources dont elle a l'administration et la jouissance, par ses apports en dot ou en communauté, par son activité au foyer ou sa collaboration à la profession du mari.

Nouveau Code de procédure civile *(D. n. 81-500 du 12 mai 1981)*

Art. 1282. – Si l'un des époux ne remplit pas son obligation de contribuer aux charges du mariage dans les conditions pévues aux articles 214, 1448 et 1449 du code civil, l'autre époux peut demander au tribunal d'instance de fixer la contribution de son conjoint.

Art. 1283. – La demande est formée par déclaration écrite ou verbale enregistrée au secrétariat-greffe de la juridiction ou par lettre simple. Elle mentionne l'adresse ou la dernière adresse connue du défendeur.
Le secrétaire-greffier convoque les époux par lettre recommandée avec demande d'avis de réception. La convocation mentionne l'objet de la demande et précise que les époux doivent, sauf empêchement grave, se présenter en personne.

Art. 1284. – Le jugement est, de droit, exécutoire à titre provisoire.
La notification faite à la diligence d'un huissier de justice, par lettre recommandée avec demande d'avis de réception, au conjoint débiteur et à l'un des tiers mentionnés à l'article 1ᵉʳ de la loi n. 73-5 du 2 janvier 1973 vaut, en ce cas, demande de paiement direct.

Art. 1285. – La fixation de la contribution peut faire l'objet d'une nouvelle instance à la demande de l'un des époux, en cas de changement dans la situation de l'un ou de l'autre.

1) Il résulte de l'article 214 du Code civil que chacun des époux est tenu de contribuer aux charges du ménage selon ses facultés, même si son conjoint n'est pas dans le besoin (Civ. 1ʳᵉ, 23 juin 1970 : *D.* 1971, 162, note Larroumet). La contribution des époux aux charges du mariage est distincte par son fondement et son but de l'obligation alimentaire (Civ. 1ʳᵉ, 8 nov. 1989 : *J.C.P.* 90, IV, 1). Elle peut donc inclure des dépenses d'agrément (Civ. 1ʳᵉ, 20 mai 1981 : *J.C.P.* 81, IV, 281 ; *Bull.* I, n. 176, p. 143).

2) Le refus par l'un des époux de cohabiter avec son conjoint n'exclut pas nécessairement qu'il puisse obtenir de celui-ci une contribution aux charges du mariage (Civ. 1ʳᵉ, 18 déc. 1978 : *Bull.* I, n. 393, p. 306), l'article 214 alinéa 2 n'impliquant pas l'existence d'une communauté de vie (Civ. 1ʳᵉ, 1ᵉʳ juil. 1980 : *Bull.* I, n. 206, p. 168. V. cependant pour un mariage de complaisance Paris, 25 sept. 1986 : *D.* 1987, 134, note Mayer et Cale), sauf la possibilité pour les juges du fond de tenir compte à cet égard des circonstances de la cause (Civ. 1ʳᵉ, 6 janv. 1981 : *Bull.* I, n. 6, p. 4. – V. aussi Civ. 1ʳᵉ, 16 fév. 1983 : *D.* 1984, 39, note Revel). Jugé

qu'une épouse, séparée de fait de son mari, vivant depuis trente-deux ans en concubinage, ne saurait reprocher à une cour d'appel de l'avoir déboutée de sa demande tendant à la condamnation de celui-ci au paiement d'une contribution aux charges du mariage, alors qu'elle n'établissait pas que son mari ait abandonné le domicile conjugal ou lui en ait refusé l'accès (Civ. 1re, 8 mai 1979 : *Bull.* I, n. 135, p. 109. – V. aussi Civ. 1re, 14 mars 1973 : *J.C.P.* 73, II, 17430, note Lindon ; *D.* 1974, 453, note Rémy. – Civ. 1re, 27 oct. 1976 : *Bull.* I, n. 314, p. 252). C'est au conjoint tenu par principe du devoir de secours de rapporter la preuve des circonstances particulières qui peuvent permettre de le dispenser des obligations qui en découlent (Civ. 1re, 17 juil. 1985 : *Bull.* I, n. 230, p. 205 ; *D.* 1987, Somm. 122, obs. D. Martin).

3) L'engagement librement pris par un époux et accepté par l'autre, en dehors du contrat de mariage, pour déterminer la contribution aux charges du ménage est valable et son exécution peut être demandée en justice, sous réserve de la possibilité pour chacun des époux d'en faire modifier le montant à tout moment en considération de la situation des parties (Civ. 1re, 3 fév. 1987 : *Bull.* I, n. 41, p. 30).

4) Les facultés contributives de chaque époux sont déterminées en fonction des ses ressources et des dépenses lui incombant. Les juges du fond sont donc fondés à tenir compte du fait que le mari n'a à supporter aucun frais pour se loger, étant hébergé gracieusement par sa concubine (Civ. 1re, 21 déc. 1981 : *J.C.P.* 82, IV, 96 ; *Bull.* I, n. 392, p. 330). Mais le mari séparé de fait ne saurait faire état de sa situation actuelle de demandeur d'emploi qu'il a contribué à créer, ayant volontairement quitté son emploi quinze jours après la décision l'ayant condamné au versement d'une contribution (Paris 16 mars 1988 : *D.* 1988, 467, note Philippe). Le juge doit prendre en considération l'ensemble des charges du débiteur correspondant à des dépenses utiles ou nécessaires (Civ. 1re, 15 nov. 1989 : *J.C.P.* 90, IV, 15).

5) Le tribunal d'instance est compétent pour fixer la contribution aux charges du mariage ; en cas de procédure de divorce ou de séparation de corps, les décisions statuant sur la pension alimentaire n'ont d'effet que pour l'avenir (Civ. 2e, 4 oct. 1974 : *D.* 1975, 701, note Hébraud. – V. aussi Civ. 2e, 10 déc. 1975 : *Bull.* II, n. 331, p. 266).

6) Il résulte de l'article 214 du Code civil que le juge doit apprécier le bien-fondé de la demande de contribution aux charges du mariage au jour où il statue (Civ. 1re, 18 fév. 1976 : *Bull.* I, n. 77, p. 63), mais la règle ne vaut que lorsqu'il s'agit de fixer cette contribution pour l'avenir (Civ. 1re, 5 juil. 1983 : *Bull.* I, n. 197, p. 174), et elle n'implique nullement que la juridiction saisie ne puisse statuer sur le montant de cette contribution pour une période antérieure à sa décision (Civ. 1re, 14 fév. 1984 : *Bull.* I, n. 63, p. 53).

7) Si la loi ne prévoit le recouvrement de la part contributive de l'époux débiteur que par la voie de la saisie-arrêt sur ses salaires et revenus, rien n'interdit de tenir compte, dans le règlement des sommes que les époux peuvent se devoir, du montant total des échéances que l'un d'entre eux s'est abstenu de régler (Civ. 1re, 7 juin 1974 : *J.C.P.* 75, II, 17974, note Patarin ; *D.* 1975, 461, note R. Savatier).

8) Tenu de fournir à sa femme, jusqu'à la dissolution du mariage, ce qui est nécessaire à son entretien, le mari ne peut, lors de la liquidation, que retenir à titre de compensation les revenus propres de la femme et sa part dans les biens communs, sans pouvoir prétendre au rapport des arrérages de la pension si ceux-ci excèdent lesdits revenus (Civ. 2e, 10 juil. 1975 : *Gaz. Pal.* 1976, 1, 77, note Plancqueel).

MARIAGE — Art. 215

9) L'activité de l'époux séparé de biens dans la gestion du ménage et la direction du foyer peut, quand, en raison de son importance excédant la contribution aux charges du mariage et de sa qualité, elle a été pour le conjoint une source d'économies, constituer la cause de versements de fonds faits par celui-ci au nom dudit époux à l'occasion d'achats de biens faits indivisément par les deux (Civ. 1re, 2 oct. 1985 : *D.* 1986, 325, note Breton. V. aussi Civ. 1re, 4 mars 1980 : *Bull.* I, n. 76, p. 63. – Civ. 1re, 20 mai 1981 : *J.C.P.* 81, IV, 281 ; *Défrénois* 1981, 1324, obs. Champenois). Comp. admettant une demande d'indemnité fondée sur l'enrichissement sans cause du mari : Civ. 1re, 9 janv. 1979 : *D.* 1981, 241, 1re esp., note Breton – Aix 6 sept. 1984 : *Gaz. Pal.* 1985, 2, 756, note Lachaud. V. A. Sinay-Cytermann, *Enrichissement sans cause et communauté de vie. Incidences de la loi du 10 juillet 1982* : *D.* 1983, chron. 159. – J. Revel, *L'article 214 du Code civil et le régime de la séparation de biens* : *D.* 1983, chron. 21. Jugé que pour évaluer l'appauvrissement de la femme séparée de biens qui a aidé sans rémunération son mari dans l'exercice de sa profession, ainsi que pour évaluer l'enrichissement du mari, il convient de se placer à la même date : celle de la demande en divorce, en raison de l'impossibilité morale pour la femme d'agir antérieurement contre son mari (Civ. 1re, 26 oct. 1982 : *J.C.P.* 83, II, 19992, note Terré).

10) L'impôt sur le revenu constitue la charge directe des revenus personnels d'un époux, étrangère aux besoins de la vie familiale, et ne figure pas au nombre des charges du mariage auxquelles les deux époux doivent contribuer (Civ. 1re, 22 fév. 1978 : *D.* 1978, 602, 1re esp., note Martin).

11) La règle « aliments n'arréragent pas » ne peut recevoir application en matière de participation aux charges du mariage (Angers 6 oct. 1983 : *J.C.P.* 85, IV, 91).

Art. 215 *(L. n. 70-459 du 4 juin 1970, art. 2 et 9).* – **Les époux s'obligent mutuellement à une communauté de vie.**

(L. n. 75-617 du 11 juil. 1975, art. 3 et 25) – **La résidence de la famille est au lieu qu'ils choisissent d'un commun accord.**

(L. n. 65-570 du 13 juil. 1965, art. 1er et 9) – **Les époux ne peuvent l'un sans l'autre disposer des droits par lesquels est assuré le logement de la famille, ni des meubles meublants dont il est garni. Celui des deux qui n'a pas donné son consentement à l'acte peut en demander l'annulation : l'action en nullité lui est ouverte dans l'année à partir du jour où il a eu connaissance de l'acte, sans pouvoir jamais être intentée plus d'un an après que le régime matrimonial s'est dissous.**

(Anciens deuxième et troisième al.) La résidence de la famille est au lieu qu'ils choisissent d'un commun accord ; faute d'accord, au lieu choisi par le mari.

Toutefois, si la résidence choisie par le mari présente pour la famille des inconvénients graves, la femme peut être autorisée par le tribunal à avoir une résidence distincte. Le tribunal statue, s'il échet, sur la résidence des enfants.

I. L'obligation de cohabitation

1) Manigne, *La communauté de vie* : *J.C.P.* 76, I, 2803.

2) Le rejet d'une demande en séparation de corps n'implique pas l'absence de griefs de nature à justifier une dispense de cohabitation des époux (Civ. 1re, 24 oct. 1973 : *D.* 1975, 724, note Bénabent).

3) Devant le refus de l'un des époux de poursuivre la vie commune, une procédure de coercition, soit par condamnation à des dommages-intérêts, soit par astreinte, ne peut déboucher sur une réconciliation véritable et ne peut être inspirée que par une

volonté malicieuse ou vindicative, si ce n'est pas par un esprit de profit ; par suite, il convient de débouter le mari d'une telle demande (T.G.I. Brest 9 juil. 1974 : *D.* 1975, 418, note Prévault).

II. La détermination du logement familial

4) *Le logement de la famille ne s'identifie pas nécessairement avec le domicile conjugal* (Civ. 1re, 22 mars 1972 : *J.C.P.* 72, éd. N, II, 17182 *bis,* note J. A. ; *Bull.* I, n. 93, p. 82).

5) En droit, lorsque le mari, désireux de recouvrer sa liberté, sans recourir à justice, installe sa femme dans un logement où elle mène une vie séparée, mais où il continue à avoir accès, ce logement doit être considéré comme le logement de la famille au sens de l'article 215, alinéa 4, du Code civil (Paris 29 sept. 1972 : *J.C.P.* 74, II, 17620, note Théry ; *D.* 1975, 540, note Foulon-Piganiol, 1re esp.).

III. La protection du logement familial

6) M. Grimaldi, *Le logement de la famille* : Defrénois 1983, 1025 et 1105.

7) La protection de l'article 215 ne cesse qu'avec le mariage. Ces prescriptions s'appliquent même au cas où la vente de meubles meublants a été réalisée par le mari après l'ordonnance de non-conciliation et où le logement familial lui a été attribué (Colmar 11 juin 1974 : *D.* 1975, 540, note Foulon-Piganiol ; *Gaz. Pal.* 1974, 2, 871, note Viatte).

8) Un époux agissant seul ne peut consentir une hypothèque sur un immeuble servant au logement de la famille mais, en l'absence d'allégation ou de constatation d'une fraude, son engagement de caution reste valable (Civ. 1re, 17 nov. 1981 : *J.C.P.* 82, IV, 48 ; *Bull.* I, n. 337, p. 285. – V. en ce sens Civ. 1re, 4 oct. 1983 : *J.C.P.* 83, IV, 339 ; *Bull.* I, 216, p. 194 ; *Defrénois* 1983, 1593, obs. Champenois). Jugé que le mari qui s'est prévalu, à l'insu de son épouse, pour être agréé comme caution, de la propriété d'un bien commun assurant le logement de la famille dont il ne pouvait disposer sans l'accord écrit de son épouse a commis une fraude susceptible d'entraîner la nullité de l'engagement de caution (Civ. 1re, 21 juin 1978 : *D.* 1979, 479, 1re esp., note Chartier). Il en va de même pour le mari qui s'est porté fort dans l'acte de vente que son épouse a refusé de ratifier (Civ. 1re, 11 oct. 1989 : *J.C.P.* 89, IV, 396).

9) L'article 215 n'interdit pas la disposition du logement familial à cause de mort (Civ. 1re, 22 oct. 1974 : *J.C.P.* 75, II, 18041, note Chartier ; *D.* 1975, 645, note Foulon-Piganiol. – Civ. 1re, 3 déc. 1985 : *D.* 1987, Somm. 45, obs. Bénabent).

10) L'article 215 ne peut faire échec à la vente forcée du bien, sur demande du syndic, après un jugement de liquidation des biens (Civ. 3e, 12 oct. 1977 : *D.* 1978, 333, note Chartier).

11) Les dispositions de l'article 215 alinéa 3 doivent, hors le cas de fraude, être considérées comme inopposables aux créanciers sous peine de frapper les biens d'une insaisissabilité contraire à la loi (Civ. 1re, 4 juil. 1978 : *D.* 1979, 479, 2e esp., note Chartier – Civ. 1re, 18 juin 1985 : *D.* 1986, 485, note J. Mouly). La banque bénéficiant d'un cautionnement donné par le mari séparé de biens peut donc inscrire une hypothèque judiciaire sur l'immeuble servant au logement familial (Civ. 1re, 4 oct. 1983 : *J.C.P.* 83, IV, 339 ; *Bull.* I, n. 216, p. 194 ; *Defrénois* 1983, 1593, obs. Champenois – Civ. 1re, 5 fév. 1985 : *Bull.* I, n. 53, p. 51. – Civ. 1re, 1er juil. 1987 : *Bull.* I, n. 191, p. 187).

12) La fraude qui peut rendre inopposable à un époux l'acte de cautionnement de son conjoint suppose un concert frauduleux entre celui-ci et le créancier (Civ. 1re, 1er juil. 1986 : *Bull.* I, n. 191, p. 187).

13) Le créancier qui demande le partage au nom de son débiteur sur le fondement de l'article 815-17 ne peut se voir opposer

l'article 215 (Paris 20 nov. 1984 : *J.C.P.* 86, II, 20584, note Dagot ; *Rev. trim. dr. civ.* 1987, 133, obs. Patarin).

14) Sur la non-application de l'article 215, alinéa 3, au logement de fonctions, V. Civ. 1re, 4 oct. 1983 : *Bull.* I, n. 217, p. 195 ; *Defrénois* 1983, 1596, obs. Champenois.

15) Le consentement de l'époux non propriétaire peut résulter d'un mandat de vente donné à un agent immobilier (Lyon 5 nov. 1980 : *D.* 1982, I.R., 238).

16) L'article 215 n'exige pas que pour un acte de nature à priver la famille de son logement, le consentement de chaque conjoint soit constaté par écrit, il suffit que ce consentement soit certain (Civ. 1re, 13 avril 1983 : *Bull.* I, n. 120, p. 104). Il doit porter non seulement sur le principe de la disposition des droits par lesquels est assuré le logement de la famille, mais aussi sur les conditions de leur cession (Civ. 1re, 16 juil. 1985 : *Bull.* I, n. 223, p. 200).

17) L'assignation dont la caducité a été constatée n'a pu interrompre le cours de la prescription. La demande est donc irrecevable si la seconde assignation a été délivrée hors du délai prévu par l'article 215 (Ass. plén. 3 avril 1987 : *J.C.P.* 87, II, 20792, concl. Cabannes).

Art. 216 *(L. n. 65-570 du 13 juill. 1965, art. 1er et 9).* – **Chaque époux a la pleine capacité de droit ; mais ses droits et pouvoirs peuvent être limités par l'effet du régime matrimonial et des dispositions du présent chapitre.**

Art. 217 *(L. n. 65-570 du 13 juill. 1965, art. 1er et 9).* – **Un époux peut être autorisé par justice à passer seul un acte pour lequel le concours ou le consentement de son conjoint serait nécessaire, si celui-ci est hors d'état de manifester sa volonté ou si son refus n'est pas justifié par l'intérêt de la famille.**

L'acte passé dans les conditions fixées par l'autorisation de justice est opposable à l'époux dont le concours ou le consentement a fait défaut, sans qu'il en résulte à sa charge aucune obligation personnelle.

J.-C. MONTANIER, *L'autorisation de justice en droit matrimonial* : *Rev. trim. dr. civ.* 1984, 1.

1) L'autorisation prévue par l'article 217 pour la passation d'un acte déterminé et isolé est distincte de l'habilitation judiciaire prévue par l'article 219, laquelle repose sur le mécanisme de la représentation du conjoint dans l'impossibilité de fait ou de droit demanifester sa volonté. L'époux demandeur peut invoquer l'état mental ou l'aliénation mentale de son conjoint sans avoir au préalable à obtenir l'autorisation du juge des tutelles ou la mise en œuvre de telle ou telle procédure destinée à assurer la protection de l'incapable majeur (T.G.I. Nevers 29 nov. 1972 : *D.* 1973, 415, note G.A.).

2) Il n'y a pas lieu de faire droit à la demande du mari, séparé de fait de son épouse, tendant à être autorisé à vendre seul l'appartement qu'occupe son épouse, sur le fondement de l'article 217, si le refus de la femme est justifié par l'intérêt de la famille (Paris 29 sept. 1972 : *J.C.P.* 74, II, 17620, note Théry).

3) Pour un désaccord entre époux sur la perception du prix de vente d'un fonds de commerce, v. T.G.I. Grenoble 25 juil. 1989 : *D.* 1989, 536, note Champenois.

4) Jugé, s'agissant de deux époux âgés de 75 et 69 ans, sans enfant commun, qu'il n'est pas de l'intérêt de la famille d'aliéner un immeuble qui constitue une garantie pour l'avenir (T.G.I. Paris 16 oct. 1981 : *D.* 1983, I.R. 173, obs. D. Martin).

Art. 218 — MARIAGE

5) Sur le cas d'un désaccord entre les époux, présumés colocataires (C. civ. art. 1751), au sujet de l'opportunité d'un échange d'appartements, V. Paris 18 fév. 1964 : *J.C.P.* 64, II, 13598, note R.D..

6) Un époux séparé de biens peut invoquer l'article 217 pour solliciter l'autorisation de vendre un immeuble acquis indivisément au cours du mariage (T.G.I. Paris 12 fév. 1982 : *Defrénois* 1983, 1344, obs. Champenois).

7) C'est à l'époux demandeur de rapporter la preuve que le refus de son conjoint n'est pas justifié par l'intérêt de la famille (Grenoble 7 nov. 1972 : *Gaz. Pal.* 1973, 1, 286. – Comp. Civ. 1re, 31 janv. 1974 : *J.C.P.* 74, IV, 92 ; *Bull.* I, n. 37, p. 32).

Art. 218 *(L. n. 65-570 du 13 juill. 1965, art. 1er et 9).* – **Un époux peut donner mandat à l'autre de le représenter dans l'exercice des pouvoirs que le régime matrimonial lui attribue.**
(L. n. 85-1372 du 23 déc. 1985, art. 1er). – **Il peut, dans tous les cas, révoquer librement ce mandat.**

Art. 219 *(L. n. 65-570 du 13 juill. 1965, art. 1er et 9).* – **Si l'un des époux se trouve hors d'état de manifester sa volonté, l'autre peut se faire habiliter par justice à le représenter, d'une manière générale, ou pour certains actes particuliers, dans l'exercice des pouvoirs résultant du régime matrimonial, les conditions et l'étendue de cette représentation étant fixées par le juge.**
A défaut de pouvoir légal, de mandat ou d'habilitation par justice, les actes faits par un époux en représentation de l'autre ont effet, à l'égard de celui-ci, suivant les règles de la gestion d'affaires.

1) Quel que soit le régime matrimonial, le mariage crée entre les époux une association d'intérêts à raison de laquelle chacun d'eux a vocation à représenter l'autre sous le contrôle du juge ; l'article 219 vise tous les pouvoirs d'ordre patrimonial sans exclure ceux de l'époux séparé de biens sur ses biens personnels (Civ. 1re, 1er oct. 1985 : *Bull.* I, n. 237, p. 212).

2) Les règles de la gestion d'affaires ne pouvant avoir pour effet de contraindre les tiers à accepter un débat judiciaire engagé par un demandeur agissant comme gérant d'affaires, doit être cassé l'arrêt qui déclare recevable l'action introduite par la femme en remboursement d'une créance dépendant de la communauté au motif que les actes faits par l'époux ont, aux termes de l'article 219, effet à l'égard de la communauté suivant les règles de la gestion d'affaires, alors que le mari avait seul qualité pour réclamer en justice le paiement de la créance et n'avait pas donné à sa femme mandat exprès de le représenter (Civ. 1re, 19 déc. 1973 : *J.C.P.* 74, IV, 46 ; *Bull.* I, n. 363, p. 320).

3) L'article 219, alinéa 1 est applicable même si le conjoint dont la représentation est demandée aurait pu, en raison de son état, être placé sous le régime de la tutelle (Civ. 1re, 9 nov. 1981 : *J.C.P.* 82, II, 19808, note Prévault). Il est également applicable si ce conjoint est déjà placé sous l'un des régimes de protection de la loi du 3 janvier 1968 (Civ. 1re, 18 fév. 1981 : *Bull.* I, n. 60, p. 49 ; *Rev. dr. rural* 1981, 483, obs. Le Guidec).

Art. 220 *(L. n. 65-570 du 13 juill. 1965, art. 1er et 9).* – **Chacun des époux a pouvoir pour passer seul les contrats qui ont pour objet l'entretien du ménage ou l'éducation des enfants : toute dette ainsi contractée par l'un oblige l'autre solidairement.**

MARIAGE Art. 220

La solidarité n'a pas lieu, néanmoins, pour des dépenses manifestement excessives, eu égard au train de vie du ménage, à l'utilité ou à l'inutilité de l'opération, à la bonne ou mauvaise foi du tiers contractant.
(L. n. 85-1372 du 23 déc. 1985, art. 2). Elle n'a pas lieu non plus, s'ils n'ont été conclus du consentement des deux époux, pour les achats à tempérament ni pour les emprunts à moins que ces derniers ne portent sur des sommes modestes nécessaires aux besoins de la vie courante.

Ch. Atias, *Le sort des dettes de ménage non solidaires en régime légal* : D. 1976, chron. 191.

1) L'article 220 n'est pas applicable en cas de concubinage (Civ. 1re, 11 janv. 1984 : *Bull.* I, n. 12, p. 11 ; *D.* 1984, I.R. 275, obs. D. Martin). Il ne concerne que les époux ou, le cas échéant, ceux offrant l'apparence d'un ménage régulier, et n'est pas applicable lorsque le contrat précise que les signataires vivent maritalement (Paris 30 juin 1981 : *Juris-Data* n. 023424). V. J. Prothais, *Dettes ménagères des concubins : solidaires,* in solidum, *indivisibles ou conjointes ?* : *D.* 1987, chron. 237.

2) La femme mariée se voyant reconnaître un droit personnel sur le local occupé par le ménage, il est équitable de lui faire supporter l'obligation au paiement des loyers née du contrat de bail ; par suite, à défaut de paiement des loyers par le mari en état de liquidation des biens, le bailleur est fondé à demander le paiement à la femme bien que le bail ait été consenti au mari seul (Rouen 22 déc. 1970 : *D.* 1971, 429, note Belhumeur. – Paris 31 janv. 1980 : *D.* 1980, I.R., 258). Jugé que l'ordonnance de non-conciliation met fin à la solidarité de l'article 220 à l'égard du bailleur informé de cette situation nouvelle (Aix 18 déc. 1985 : *D.* 1987, Somm. 122, obs. crit. D. Martin).

3) Justifient légalement leur décision, confirmant la validité d'une saisie-arrêt des salaires de l'épouse, en remboursement des emprunts contractés par le mari, les juges qui constatent que les prêts répétés avaient manifestement pour objet de faire face au jour le jour aux besoins les plus pressants du ménage (Civ. 1re, 24 mars 1971 : *D.* 1972, 360, note Abitbol). Sur le cas d'un emprunt excessif au regard du train de vie du ménage, V. Paris 9 mai 1970 : *Gaz. Pal.* 1970, 2, 177. – Metz 14 nov. 1978 : *J.C.P.* 79, IV, 278 ; V. aussi Monéger, *L'emprunt contracté par un époux pour l'entretien du ménage et l'éducation des enfants* : *D.* 1975, chron. 165.

4) L'article 220 a vocation à s'appliquer à toute dette même non contractuelle ayant pour objet l'entretien du ménage ou l'éducation des enfants (Civ. 1re, 7 juin 1989 : *D.* 1990, 21, note Massip, indemnités d'occupation après cessation du bail).

5) La créance d'une caisse d'allocations familiales ayant pris naissance au cours du mariage, font une exacte application de l'article 220 les juges qui décident que les ex-époux sont tenus solidairement (Soc. 25 oct. 1972 : *Bull.* V, n. 589, p. 535).

6) Les cotisations à une caisse de retraite au paiement desquelles un médecin a été condamné et dont le plafond est réglementairement fixé ne sont pas manifestement excessives eu égard au train de vie des époux tel qu'il résulte du lieu de leur domicile, de la nature et de la qualité des meubles saisis. Leur utilité est certaine puisqu'elles ont pour objet de leur assurer une pension de retraite que le législateur a estimé devoir rendre obligatoire (T.G.I. Paris 10 déc. 1973 : *D.* 1975, 265, note Martin. – V. en ce sens, T.G.I. Paris 13 juin 1973 : *J.C.P.* 74, IV, 412). – Comp. pour une police d'assurance contre la maladie, Reims 7 janv. 1980 : *D.* 1980, I.R., 457.

7) Les contrats conclus par la femme pour assurer le fonctionnement d'une entreprise commerciale, industrielle ou agricole ne peuvent donner lieu à l'application de la solidarité prévue par l'article 220, même si les revenus de l'exploitation servent indirectement à l'entretien du ménage et à l'éducation des enfants (Amiens 19 avril 1977 : *J.C.P.* 78, IV, 318).

8) Les opérations d'investissement d'un ménage, et notamment celles qui ont pour objet de lui permettre de se constituer un patrimoine immobilier, n'entrent pas dans la catégorie des actes ménagers d'entretien ou d'éducation auxquels l'article 220 attache la solidarité de plein droit (Civ. 1re, 11 janv. 1984 : *Bull.* I, n. 13, p. 11 ; *D.* 1984, I.R. 276, obs. D. Martin).

Art. 220-1 *(L. n. 65-570 du 13 juil. 1965, art. 1er et 9).* **— Si l'un des époux manque gravement à ses devoirs et met ainsi en péril les intérêts de la famille, le président du tribunal de grande instance peut prescrire toutes les mesures urgentes que requièrent ces intérêts.**

Il peut notamment interdire à cet époux de faire, sans le consentement de l'autre, des actes de disposition sur ses propres biens ou sur ceux de la communauté, meubles ou immeubles. Il peut aussi interdire le déplacement des meubles, sauf à spécifier ceux dont il attribue l'usage personnel à l'un ou à l'autre des conjoints.

La durée des mesures prévues au présent article doit être déterminée. Elle ne saurait, prolongation éventuellement comprise, dépasser trois ans.

1) Rien n'interdit d'utiliser les articles 220-1 et suivants du Code civil au moment où s'engage une instance en divorce, dès l'instant où le magistrat conciliateur, au moment de la comparution des époux, n'a pas pris immédiatement certaines dispositions dont l'utilité peut n'apparaître que postérieurement (Nancy 12 déc. 1968 : *D.* 1969, 300, note Foulon-Piganiol. – V. en ce sens T.G.I. Paris (ord. J.A.M.) 14 juin 1976 : *J.C.P.* 76, IV, 322).

2) Sur la possibilité de prescrire des mesures à caractère extra-patrimonial, V. Nancy 12 déc. 1968 : *D.* 1969, 300, note Foulon-Piganiol. – T.G.I. Saintes 21 oct. 1969 : *J.C.P.* 70, IV, 223. – Contra T.G.I. Pontoise 23 mars 1966 : *D.* 1966, 516.

3) Les dispositions de l'article 220-1 ne sauraient conduire l'épouse requérante à s'immiscer dans le fonctionnement et la gestion d'une société anonyme dont l'époux défendeur est président-directeur général (T.G.I. Annecy 13 mai 1966 : *Gaz. Pal.* 1966, 2, 87). Mais lorsqu'il est démontré que, subjugué par une jeune maîtresse, le mari a entrepris de dilapider à son profit les biens de la communauté, l'épouse est fondée à s'inquiéter de son action au sein de la société anonyme dans laquelle la communauté possède d'importants intérêts, et il convient de faire droit à sa demande sollicitant l'autorisation de faire immatriculer à son propre nom trente-cinq mille soixante et onze actions de la communauté (T.G.I. Digne 1er juil. 1972 : *J.C.P.* 73, II, 17443, note Mayer ; *D.* 1973, 259, note Foulon-Piganiol. – Comp. T.G.I. Nevers 9 nov. 1973 : *J.C.P.* 74, IV, 195, note J.A.).

4) L'article 220-1, alinéa 4, n'est pas limitatif et ne restreint pas les pouvoirs du président aux seuls actes de disposition puisqu'il lui permet d'interdire le déplacement des meubles. La requête de la femme tendant à ce qu'il soit fait défense à son mari alcoolique d'utiliser la voiture automobile dépendant de la communauté entre dans l'esprit du texte susvisé et il convient d'y faire droit (T.G.I. St Brieuc 1er juin 1967 : *Gaz. Pal.* 1967, 2, 13).

5) L'obligation faite au juge par l'article 220-1 de déterminer la durée des mesures de sauvegarde qu'il ordonne n'est pas prévue à peine de la nullité de la décision qui a un caractère provisoire et dont les dispositions

MARIAGE   Art. 222

peuvent à tout moment être rapportées ou modifiées (Civ. 1re, 25 oct. 1972 : *J.C.P.* 72, IV, 279 ; *Bull.* I, n. 222, p. 194).

6) Sur la mention au registre du commerce et des sociétés des ordonnances rendues en application de l'article 220-1 du Code civil et prescrivant l'une des mesures spécialement prévues au deuxième alinéa de cet article, V.D. n. 84-406 du 30 mai 1984, art. 8, A, 4°.

Art. 220-2 *(L. n. 65-570 du 13 juil. 1965, art. 1er et 9).* – **Si l'ordonnance porte interdiction de faire des actes de disposition sur des biens dont l'aliénation est sujette à publicité, elle doit être publiée à la diligence de l'époux requérant. Cette publication cesse de produire effet à l'expiration de la période déterminée par l'ordonnance, sauf à la partie intéressée à obtenir dans l'intervalle une ordonnance modificative, qui sera publiée de la même manière.**

Si l'ordonnance porte interdiction de disposer des meubles corporels, ou de les déplacer, elle est signifiée par le requérant à son conjoint, et a pour effet de rendre celui-ci gardien responsable des meubles dans les mêmes conditions qu'un saisi. Signifiée à un tiers, elle le constitue de mauvaise foi.

Art. 220-3 *(L. n. 65-570 du 13 juil. 1965, art. 1er et 9).* – **Sont annulables, à la demande du conjoint requérant, tous les actes accomplis en violation de l'ordonnance, s'ils ont été passés avec un tiers de mauvaise foi, ou même s'agissant d'un bien dont l'aliénation est sujette à publicité, s'ils sont simplement postérieurs à la publication prévue par l'article précédent.**

L'action en nullité est ouverte à l'époux requérant pendant deux années à partir du jour où il a eu connaissance de l'acte, sans pouvoir jamais être intentée, si cet acte est sujet à publicité, plus de deux ans après sa publication.

Art. 221 *(L. n. 65-570 du 13 juil. 1965, art. 1er et 9).* – **Chacun des époux peut se faire ouvrir, sans le consentement de l'autre, tout compte de dépôt et tout compte de titres en son nom personnel.**

(L. n. 85-1372 du 23 déc. 1985, art. 3). – **A l'égard du dépositaire, le déposant est toujours réputé, même après la dissolution du mariage, avoir la libre disposition des fonds et des titres en dépôt.**

D. MARTIN, *L'indépendance bancaire des époux* : *D.* 1989, Chron. 135.

Jugé sous l'empire du droit antérieur à la loi du 23 décembre 1985 que si la règle de l'article 221 cesse d'être applicable après la dissolution du mariage, les effets qu'elle a produits antérieurement doivent être respectés, d'où il suit que le dépositaire, s'il n'a pas reçu d'opposition des héritiers, ne peut prendre aucune initiative en ce qui concerne le fonctionnement du compte (Ass. Plén. 4 juil. 1985 : *Bull.*, n. 4, p. 7 ; *J.C.P.* 85, II, 20457 rapport Ponsard ; *D.* 1985, 421, concl. Cabannes et note D. Martin ; *Rev. trim. dr. civ.* 1986, 709, obs. Rubellin-Devichi, et 754, obs. Patarin.

Art. 222 *(L. n. 65-570 du 13 juil. 1965, art. 1er et 9).* – **Si l'un des époux se présente seul pour faire un acte d'administration, de jouissance ou de disposition sur un bien meuble qu'il détient individuellement, il est réputé, à l'égard des tiers de bonne foi, avoir le pouvoir de faire seul cet acte.**

Cette disposition n'est pas applicable aux meubles meublants visés à l'article 215, alinéa 3, non plus qu'aux meubles corporels dont la nature fait présumer la propriété de l'autre conjoint conformément à l'article 1404.

Art. 223 — MARIAGE

Pour une application, V. Lyon 30 mai 1973 (*J.C.P.* 74, II, 17681, note Boulanger ; *D.* 1974, 264, note Massip). Jugé que la co-location d'un coffre en banque par une femme mariée et sa fille ne saurait faire échec aux droits du mari, unique administrateur de la communauté, de prendre toutes mesures utiles pour vérifier la consistance de l'actif commun et notamment d'être autorisé judiciairement à faire procéder à l'inventaire des biens en dépôt dans le coffre (Versailles 27 janv. 1982 : *Defrénois* 1982, 1093, obs. Champenois).

Art. 223 *(L. n. 85-1372 du 23 déc. 1985, art. 4)*. — **Chaque époux peut librement exercer une profession, percevoir ses gains et salaires et en disposer après s'être acquitté des charges du mariage.**
Ancien art. 223 *(L. n. 65-570 du 13 juil. 1965, art. 1er et 9)*. — *La femme a le droit d'exercer une profession sans le consentement de son mari, et elle peut toujours, pour les besoins de cette profession, aliéner et obliger seule ses biens personnels en pleine propriété.*

PH.SIMLER, *La mesure de l'indépendance des époux dans la gestion de leurs gains et salaires* : *J.C.P.* 89, I, 3398

1) L'article 223 (ancien) ne contient aucune disposition sur la charge éventuelle pour la communauté des dettes contractées par la femme dans l'exercice d'une profession ; il faut donc nécessairement, et en dehors de la limite purement formelle tracée par le législateur, se reporter à l'article 1420 du Code civil qui seul règle la question (Aix 5 nov. 1974 : *D.* 1975, 477, note de Poulpiquet).

2) Lorsque la femme a acheté un billet de loto à l'aide de deniers provenant de sa retraite, c'est-à-dire des revenus différés de son travail ou de son industrie, le gain qui en provient participe de la même nature et compose dès lors potentiellement la masse active de la communauté (T.G.I. Créteil 18 janv. 1988 : *J.C.P.* 89, II, 21385, note Simler ; *D.* 1989, 37, note Champenois).

Art. 224. — *Abrogé, L. n. 85-1372 du 23 déc. 1985, art. 5 et 56).*
(L. n. 65-570 du 13 juil. 1965, art. 1er et 9). — *Chacun des époux perçoit ses gains et salaires et peut en disposer librement après s'être acquitté des charges du mariage.*
Les biens que la femme acquiert par ses gains et salaires dans l'exercice d'une profession séparée de celle de son mari sont réservés à son administration, à sa jouissance et à sa libre disposition, sauf à observer les limitations apportées par les articles 1425 et 1503 aux pouvoirs respectifs des époux.
L'origine et la consistance des biens réservés sont établies tant à l'égard des tiers que du mari, suivant les règles de l'article 1402.

1) L'article 224 (ancien), alinéa 1, est venu donner à chaque époux, sous la seule condition de s'être acquitté des charges du mariage, le pouvoir de disposer librement de ses gains et salaires, sans qu'aucune distinction soit faite suivant le régime matrimonial adopté ou selon que la disposition a eu lieu à titre onéreux ou à titre gratuit. Dès lors, les restrictions apportées aux pouvoirs du mari sur les biens communs par les articles 1421 et 1427 ne trouvent leur application qu'en ce qui touche les biens de communauté autres que les gains et salaires (Paris 19 nov. 1974 : *D.* 1975, 614, concl. Cabannes ; *J.C.P.* 76, II, 18412, note Synvet. — V. en ce sens Civ. 1re 29 fév. 1984 : *D.* 1984, 601, note D. Martin). Mais jugé que les bons de caisse acquis avec le salaire du mari et les économies réalisées sur les fruits et revenus de ses biens propres constituent au sens de l'article 1401 des acquêts de communauté auxquels ne s'appliquent pas les dispositions

de l'article 224 (Civ. 1re, 22 oct. 1980 : *J.C.P.* 82, II, 19757, note Le Guidec).

2) En vertu des articles 224 (ancien), alinéa 3, et 1402, alinéa 2 du Code civil, l'origine et la consistance des biens réservés, si elles sont contestées, sont établies par écrit, mais le juge, s'il constate qu'un époux a été dans l'impossibilité matérielle ou morale de se procurer un écrit, peut admettre la preuve par témoignage ou présomption (Civ. 1re, 7 juil. 1976 : *D.* 1977, 225, note Rémy, et, sur renvoi, Orléans 22 juin 1978 : *D.* 1979, 226, note Rémy). Le bien acquis par la femme mariée commerçante n'est pas présumé réservé (Civ. 1re, 22 mai 1984 : *Bull.* I, n. 168, p. 143). La charge de la preuve du caractère de bien réservé ne peut se trouver inversée par la production d'un écrit auquel le mari n'a pas été partie et qui ne peut trouver place que parmi les présomptions de fait souverainement appréciées par le juge (Civ. 1re, 17 nov. 1981 : *J.C.P.* 82, IV, 49 ; *Bull.* I, n. 340, p. 287).

3) S'agissant d'une acquisition conjointe faite par deux époux communs en biens, les paiements invoqués par la femme sur ses deniers ne constituent que l'exécution d'une obligation solidairement contractée avec le mari pour l'achat d'un bien commun et ne peuvent suffire à établir le caractère réservé du bien (Civ. 1re, 19 janv. 1982 : *J.C.P.* 83, II, 20020, note crit. Rémy ; *D.* 1983, 324, note D. Vidal).

4) Il résulte des dispositions de l'article 224 (ancien), éclairées par les travaux préparatoires de la loi du 13 juillet 1965, dont l'une des finalités a été d'assurer la protection des gains et salaires de la femme exerçant une profession séparée, que lesdits gains et salaires ne constituent pas des biens communs ordinaires, mais des biens communs réservés, et ne peuvent donc être saisis par les créanciers du mari que si l'obligation a été contractée pour l'entretien du ménage ou l'éducation des enfants (Versailles 30 sept. 1988 : *J.C.P.* 89, II, 21311, note Simler ; *D.* 1989, 27, note Champenois).

Art. 225 *(L. n. 85-1372 du 23 déc. 1985, art. 6 et 56).* **- Chacun des époux administre, oblige et aliène seul ses biens personnels.**

Ancien art. 225 *(L. n. 65-570 du 13 juil. 1965, art. 1er et 9).* - *Les créanciers envers lesquels la femme s'est obligée peuvent exercer leurs poursuites sur les biens réservés, lors même que l'obligation n'a pas été contractée par elle dans l'exercice de sa profession.*

Art. 226 *(L. n. 65-570 du 13 juil. 1965, art. 1er et 9).* **- Les dispositions du présent chapitre, en tous les points où elles ne réservent pas l'application des conventions matrimoniales, sont applicables, par le seul effet du mariage, quel que soit le régime matrimonial des époux.**

CHAPITRE VII. - DE LA DISSOLUTION DU MARIAGE

Art. 227. - Le mariage se dissout :
1° Par la mort de l'un des époux ;
2° Par le divorce légalement prononcé ;
3° *(Abrogé, L. 31 mai 1854).*

CHAPITRE VIII. – DES SECONDS MARIAGES

Art. 228 *(L. 9 août 1919).* – **La femme ne peut contracter un nouveau mariage qu'après trois cents jours révolus depuis la dissolution du mariage précédent.**
(L. 9 déc. 1922; L. n. 75-617 du 11 juil. 1975, art. 7 et 25, avec effet à compter du 1ᵉʳ janvier 1976) Ce délai prend fin en cas d'accouchement après le décès du mari. Il prend fin également si la femme produit un certificat médical attestant qu'elle n'est pas en état de grossesse.
(L. 4 fév. 1928; L. 19 fév. 1933; L. n. 75-617 du 11 juil. 1975, art. 7 et 25, avec effet à compter du 1ᵉʳ janvier 1976) Le président du tribunal de grande instance, dans le ressort duquel le mariage doit être célébré, peut, par ordonnance, sur simple requête, abréger le délai prévu par le présent article, lorsqu'il résulte avec évidence des circonstances que, depuis trois cents jours, le précédent mari n'a pas cohabité avec sa femme. La requête est sujette à communication au ministère public. En cas de rejet de la requête, il peut être interjeté appel.

TITRE VI. – DU DIVORCE
(L. n. 75-617 du 11 juil. 1975)

CHAPITRE 1ᵉʳ. – DES CAS DE DIVORCE

Art. 229. – **Le divorce peut être prononcé en cas :**
– **soit de consentement mutuel ;**
– **soit de rupture de la vie commune ;**
– **soit de faute.**

SECTION I. – DU DIVORCE PAR CONSENTEMENT MUTUEL

J. Massip, *Le divorce par consentement mutuel et la pratique des tribunaux* : D. 1979, chron. 117. – R. Nerson, *Du divorce par consentement mutuel* : Rev. trim. dr. civ. 1980, 554.

§ 1. – Du divorce sur demande conjointe des époux

Art. 230. – **Lorsque les époux demandent ensemble le divorce, ils n'ont pas à en faire connaître la cause ; ils doivent seulement soumettre à l'approbation du juge un projet de convention qui en règle les conséquences.**

DIVORCE — Art. 234

La demande peut être présentée, soit par les avocats respectifs des parties, soit par un avocat choisi d'un commun accord.
Le divorce par consentement mutuel ne peut être demandé au cours des six premiers mois de mariage.

1) Sur la nécessité de la forme authentique devant notaire lorsque la liquidation porte sur des biens soumis à la publicité foncière, V. Nouv. C. proc. civ., art. 1097, *infra,* sous art. 310 ; V. pour une application du principe Civ. 2e, 28 mars 1979 : *J.C.P.* 79, II, 19231, note Lindon.

2) La convention temporaire judiciairement homologuée ne saurait servir de base à une poursuite pour abandon de famille (Rouen 7 fév. 1980 : *J.C.P.* 80, IV, 229).

Art. 231. – Le juge examine la demande avec chacun des époux, puis les réunit. Il appelle ensuite le ou les avocats.
Si les époux persistent en leur intention de divorcer, le juge leur indique que leur demande doit être renouvelée après un délai de réflexion de trois mois.
A défaut de renouvellement dans les six mois qui suivent l'expiration de ce délai de réflexion, la demande conjointe sera caduque.

Art. 232. – Le juge prononce le divorce s'il a acquis la conviction que la volonté de chacun des époux est réelle et que chacun d'eux a donné librement son accord. Il homologue, par la même décision, la convention réglant les conséquences du divorce.
Il peut refuser l'homologation et ne pas prononcer le divorce s'il constate que la convention préserve insuffisamment les intérêts des enfants ou de l'un des époux.

S'il est certain que le divorce met fin à la communauté, il est toujours possible aux époux de maintenir l'indivision en se conformant aux règles édictées par les articles 1873-2 et suivants (Nîmes 9 mars 1983 : *Gaz. Pal.* 1983, 2, 410, note Brazier).

§ 2. – Du divorce demandé par un époux et accepté par l'autre

G. PIGNARRE, *Les mésaventures du divorce sur demande acceptée* : Rev. trim. dr. civ. 1980, 690.

Art. 233. – L'un des époux peut demander le divorce en faisant état d'un ensemble de faits, procédant de l'un et de l'autre, qui rendent intolérable le maintien de la vie commune.

Art. 234. – Si l'autre époux reconnaît les faits devant le juge, celui-ci prononce le divorce sans avoir à statuer sur la répartition des torts. Le divorce ainsi prononcé produit les effets d'un divorce aux torts partagés.

La rétractation de l'aveu du mari avant la clôture des débats ne prive pas la demande de la femme de son fondement, le double aveu des époux ayant été constaté par l'ordonnance du juge aux affaires matrimoniales et se trouvant ainsi définitivement acquis (Civ. 2e, 26 janv. 1984 : *J.C.P.* 84, II, 20310, note Blaisse). Mais l'aveu des époux peut être rétracté tant que l'ordonnance du juge qui le constate n'est pas devenue définitive (Civ. 2e, 16 juil. 1987 : *Bull.* II, n. 157, p. 89 ; *D.* 1987, 582, note Groslière).

Art. 235 DIVORCE

Art. 235. — Si l'autre époux ne reconnaît pas les faits, le juge ne prononce pas le divorce.

Art. 236. — **Les déclarations faites par les époux ne peuvent être utilisées comme moyen de preuve dans aucune autre action en justice.**

SECTION II. — DU DIVORCE POUR RUPTURE DE LA VIE COMMUNE

B. MONSALLIER, *Le divorce pour rupture de la vie commune* : *Rev. trim. dr. civ.* 1980, 266 et 468.

Art. 237. — **Un époux peut demander le divorce, en raison d'une rupture prolongée de la vie commune, lorsque les époux vivent séparés de fait depuis six ans.**

1) L'article 237 n'effectuant aucune distinction quant aux circonstances ayant accompagné la séparation, il suffit que la communauté de vie tant matérielle qu'affective ait cessé entre les époux (Civ. 2e, 2 oct. 1980 : *D.* 1981, I.R., 70, 3e esp.) Jugé qu'il y a séparation de fait au sens de l'article 237 quand un mari a quitté le foyer conjugal pour vivre avec sa maîtresse dont il avait eu un enfant, le fait de conserver avec son épouse de bonnes relations ne comportant ni cohabitation ni intimité d'existence et n'impliquant pas chez le mari l'intention de vivre autrement que séparé de sa femme (Civ. 2e, 11 juil. 1979 : *Bull.* II, n. 206, p. 142). L'ordonnance du magistrat conciliateur autorisant les époux à résider séparément est sans incidence sur l'existence de la séparation (Civ. 2e, 31 janv. 1980 : *Gaz. Pal.* 1980, 1, 299, note Viatte).

2) Le prononcé du divorce pour rupture de la vie commune n'est pas contraire aux dispositions de l'article 8 de la Convention européenne de sauvegarde des droits de l'homme et des libertés fondamentales (Civ. 2e, 25 mars 1987 : *Bull.* II, n. 76, p. 42).

3) Le rejet d'une première demande en divorce à raison de la durée insuffisante de la séparation ne peut interdire à l'époux d'en introduire une seconde lorsque cette séparation a atteint la durée de six ans prévue à l'article 237 du Code civil (Civ. 2e, 12 oct. 1988 : *Bull.* II, n. 195, p. 105).

Art. 238. — **Il en est de même lorsque les facultés mentales du conjoint se trouvent, depuis six ans, si gravement altérées qu'aucune communauté de vie ne subsiste plus entre les époux et ne pourra, selon les prévisions les plus raisonnables, se reconstituer dans l'avenir.**
Le juge peut rejeter d'office cette demande, sous réserve des dispositions de l'article 240, si le divorce risque d'avoir des conséquences trop graves sur la maladie du conjoint.

1) Sur l'exigence d'une grave altération des facultés mentales, V. T.G.I., Lyon 15 déc. 1977 : *D.* 1978, 201, note Breton.

2) Lorsque le divorce est demandé en application de l'article 237, les parties ne peuvent substituer à cette demande une autre fondée sur l'article 238 (Reims 15 mars 1979 : *J.C.P.* 80, II, 19414, note Lindon).

3) Pour un exemple de « psychose délirante » justifiant le rejet de la demande, V. Civ. 2e, 28 janv. 1982 : *Gaz. Pal.* 1982, 2, 570.

4) La requête non accompagnée du document établissant la réalité de la situation prévue par l'article 238 est, par application de l'article 1124 du Nouveau Code de procédure civile, irrecevable (Poitiers 29 avril 1981 : *D.* 1983, I.R., 108, obs. Groslière).

DIVORCE — Art. 240

Art. 239. — **L'époux qui demande le divorce pour rupture de la vie commune en supporte toutes les charges. Dans sa demande il doit préciser les moyens par lesquels il exécutera ses obligations à l'égard de son conjoint et des enfants.**

1) Sur le principe que les dépens de l'instance sont à la charge de l'époux qui a pris l'initiative de la demande, V. Nouv. C. proc. civ., art. 1127, *infra*, sous art. 310. Jugé qu'il doit en être ainsi pour les dépens d'appel lorsque le défendeur à l'instance succombe dans l'appel dont il a pris l'initiative (Civ. 2e, 11 juil. 1979 : *J.C.P.* 80, II, 19400, note Lindon). Mais jugé que les frais non inclus dans les dépens ne constituent pas une charge du divorce au sens de l'article 239 (Civ. 2e, 15 oct. 1980 : *J.C.P.* 81, II, 19658, note Lindon).

2) Les dépens doivent rester à la charge de l'époux qui a pris l'initiative de la demande, même si le divorce est prononcé sur la demande reconventionnelle du conjoint (Civ. 2e, 21 janv. 1987 : *J.C.P.* 87, II, 20819, note Lindon et Bénabent).

3) Le demandeur a satisfait aux obligations légales lorsque l'ensemble des précisions apportées, le montant de la pension alimentaire offerte et le rappel des dates et du contenu des décisions antérieures permettent au conjoint de connaître les propositions de son époux et de les discuter et au juge de les apprécier en fonction de la situation de celui qui a pris l'initiative de la demande (Paris 23 juin 1977 : *J.C.P.* 77, II, 18742, note Lindon). Jugé que satisfait à l'article 239 du Code civil et à l'article 52 du décret du 5 décembre 1975 (Nouv. C. proc. civ., art. 1123, *infra*, sous art. 310) l'indication dans sa requête par l'époux demandeur de ses ressources et des raisons pour lesquelles il estime ne pas être astreint à l'exécution du devoir de secours (Civ. 2e, 26 nov. 1980 : *J.C.P.* 81, IV, 58 ; *Bull.* II, n. 243, p. 166. – Comp. Civ. 2e, 4 fév. 1981 : *J.C.P.* 81, IV, 133 ; *Bull.* II, n. 22, p. 15).

4) Il résulte des articles 239, 260, 281 du Code civil et de l'article 52 du décret du 5 décembre 1975 (Nouv. C. proc. civ., art. 1123, *infra*, sous art. 310) que le juge ne peut prononcer le divorce pour rupture de la vie commune sans fixer par la même décision les conditions dans lesquelles l'époux demandeur assumera son devoir de secours ainsi que ses obligations à l'égard des enfants (Civ. 2e, 24 oct. 1979 : *Bull.* II, n. 247, p. 170 ; *J.C.P.* 80, II, 19426, note Lindon, V. en ce sens Civ. 2e, 2 déc. 1982 : *D.* 1983, I.R. 455, obs. Bénabent ; *Bull.* II, n. 247, p. 114. – Civ. 2e, 10 déc. 1986 : *Bull.* n. 184, p. 126). Jugé que le moyen tiré du non-respect de l'article 52 (Nouv. C. proc. civ., art. 1123) constitue une fin de non-recevoir (Civ. 2e, 25 fév. 1981 : *J.C.P.* 82, II, 19737, note Lindon).

Art. 240. — **Si l'autre époux établit que le divorce aurait, soit pour lui, compte tenu notamment de son âge et de la durée du mariage, soit pour les enfants, des conséquences matérielles ou morales d'une exceptionnelle dureté, le juge rejette la demande.**
Il peut même la rejeter d'office dans le cas prévu à l'article 238.

1) Pour des applications de la notion d'exceptionnelle dureté, V. *D.* 1981, I.R. 72. Sur le pouvoir souverain des juges du fond, V. Civ. 2e, 16 juil. 1979 : *Bull.* II, n. 218, p. 150. Jugé que l'atteinte aux convictions religieuses ne constitue pas en elle-même une conséquence d'une dureté exceptionnelle (Paris 1er juin 1979 : *J.C.P.* 81, II, 19565, note Lindon. – V. en ce sens Civ. 2e, 15 oct. 1980 : *J.C.P.* 81, IV, 4 ; *Bull.* II, n. 209 p. 142). V. cependant dans le cas d'une épouse « farouchement opposée au principe du divorce » et faisant état de profondes convictions religieuses, Montpellier 9 juil. 1986 : *D.* 1988, 5, 2e esp., note Villacèque.

Art. 241 — DIVORCE

2) Les juges du fond peuvent estimer que le divorce n'a pas pour l'épouse des conséquences matérielles ou morales d'une exceptionnelle dureté en relevant l'ancienneté de la séparation de fait, l'absence de toute considération morale ou religieuse alléguée par la femme et le fait qu'elle disposera d'un important capital auquel s'ajoutera la pension alimentaire et la jouissance de l'ancien domicile conjugal (Civ. 2e, 9 juil. 1986 : *Bull.* II, n. 109, p. 77 ; *D.* 1988, 5, 1re esp., note Villacèque).

3) Les juges du fond ne peuvent écarter l'existence de conséquences matérielles d'une exceptionnelle dureté sans avoir au préalable déterminé les conditions dans lesquelles l'époux demandeur exécuterait son obligation de secours (Civ. 2e, 12 juin 1987 : *Bull.* II, n. 126, p. 72).

Art. 241. – La rupture de la vie commune ne peut être invoquée comme cause du divorce que par l'époux qui présente la demande initiale, appelée demande principale.

L'autre époux peut alors présenter une demande, appelée demande reconventionnelle, en invoquant les torts de celui qui a pris l'initiative. Cette demande reconventionnelle ne peut tendre qu'au divorce et non à la séparation de corps. Si le juge l'admet, il rejette la demande principale et prononce le divorce aux torts de l'époux qui en a pris l'initiative.

1) Il résulte de la combinaison des articles 237, 240 et 241 du Code civil qu'il ne peut être statué sur la demande reconventionnelle en divorce pour faute formée à titre subsidiaire par l'époux défendeur qu'après qu'aient été rejetées ses défenses à la demande principale en divorce pour rupture de la vie commune. (Civ. 2e, 20 mai 1981 : *Bull.* II, n. 125, p. 80). Mais le juge ne peut prononcer le divorce pour rupture de la vie commune que s'il a également rejeté la demande reconventionnelle (Civ. 2e, 10 oct. 1984 : *Bull.* I, n. 145, p. 102 ; *J.C.P.* 85, II, 20453, note Lindon et Bénabent).

2) La femme qui se borne en première instance à demander au juge de constater que les conditions légales du divorce pour rupture de la vie commune se trouvent réunies, n'a pas pour autant renoncé à son droit de former une demande reconventionnelle (Civ. 2e, 14 nov. 1984 : *J.C.P.* 85, II, 20488, note Lindon et Bénabent).

SECTION III. – DU DIVORCE POUR FAUTE

Art. 242. – Le divorce peut être demandé par un époux pour des faits imputables à l'autre lorsque ces faits constituent une violation grave ou renouvelée des devoirs et obligations du mariage et rendent intolérable le maintien de la vie commune.

1) Sur le principe que les caractères de gravité et de répétition sont alternatifs, V. Civ. 1re, 21 janv. 1970 : *J.C.P.* 70, II, 16307.

2) Sur le principe que les torts invoqués doivent à la fois constituer une violation (grave ou renouvelée) des devoirs du mariage et rendre intolérable le maintien de la vie commune, V. Civ. 2e, 21 avril 1982 : *Bull.* II, n. 56, p. 39.

3) Les faits reprochés au conjoint ne peuvent pas être pris en considération s'ils ont été commis en état de démence (Req. 5 août 1890 : *D.P.* 1891, I, 365. – Comp. Civ. 2e, 12 juin 1963 : *Bull.* II, n. 437, p. 325), mais il en va autrement s'ils ont été commis dans une période de lucidité (Civ. 2e, 4 janv. 1964 : *Bull.* II, n. 12, p. 9).

4) Il n'est pas nécessaire que l'auteur des faits ait eu l'intention de nuire à son conjoint,

il suffit qu'il ait agi avec discernement (Civ. 2e, 2 mai 1958 : *D.* 1958, 509, note Rouast).

5) Sur la nature des faits pouvant justifier le prononcé du divorce, V. *J.-Cl. Civil*, art. 242 à 246. Jugé que l'adultère peut, compte tenu des circonstances, ne pas présenter le caractère de gravité requis (Paris 30 juin 1978 : *Gaz. Pal.* 1980, 1, 231, obs. J.M. – Chambéry 29 mai 1984 : *J.C.P.* 85, II, 20347. – V. Mayaud, *L'adultère, cause de divorce depuis la loi du 11 juillet 1975* : *Rev. trim. dr. civ.* 1980, 494). La constatation de la condamnation définitive d'un époux à une peine afflictive et infamante suffit à justifier le prononcé de la séparation de corps à ses torts (Civ. 2e, 11 janv. 1989 : *J.C.P.* 89, II, 21212, note Bénabent).

6) Il appartient au juge d'apprécier si les torts de l'époux demandeur ne sont pas de nature à excuser ou à atténuer ceux du conjoint défendeur (Civ. 2e, 9 oct. 1959 : *Gaz. Pal.* 1960, 1, 120. – Comp. Civ. 2e, 3 oct. 1963 : *Bull.* II, n. 577, p. 431). Mais les juges du fond ne sont pas tenus, en l'absence de conclusions les y invitant, de rechercher d'office si les torts de l'un des époux ne sont pas dépouillés de leur caractère fautif du fait du comportement de l'autre époux (Civ. 2e, 11 juil. 1979 : *J.C.P.* 79, IV, 315 ; *Bull.* II, n. 208, p. 143). Pour une excuse tirée de la maladie mentale, V. Civ. 2e, 31 janv. 1979 : *D.* 1979, I.R., 284.

7) Peuvent justifier le prononcé du divorce des faits commis postérieurement à l'introduction de l'instance (Civ. 2e, 20 oct. 1955 : *J.C.P.* 55, II, 8982. – Civ. 2e, 31 janv. 1973 : *D.* 1974, 3, note L'Huillier). Jugé que l'existence d'une séparation de fait entre époux, même imputable à la faute de l'un d'eux, et l'introduction consécutive d'une demande en divorce ne confèrent pas aux époux, encore dans les liens du mariage, une immunité privant de leurs effets normaux les offenses dont ils peuvent se rendre coupables l'un envers l'autre (Civ. 2e, 15 déc. 1982 : *Bull.* II, n. 164, p. 119). Pour un défaut de paiement des pensions alimentaires allouées par le juge conciliateur, V. Civ. 2e, 2 fév. 1977 : *J.C.P.* 77, IV, 80 ; *Bull.* II, n. 23, p. 18.

8) Viole l'article 242 la cour d'appel qui prononce le divorce aux torts partagés en se fondant uniquement sur l'existence d'une « véritable incompatibilité entre les époux » et d'une « rupture totalement consommée », tout en relevant que la situation ne peut être imputée avec certitude à l'un ou à l'autre (Civ. 2e, 8 oct. 1986 : *Bull.* II, n. 144, p. 98).

Art. 243. – Il peut être demandé par un époux lorsque l'autre a été condamné l'une des peines prévues par l'article 7 du Code pénal en matière criminelle.

1) La constatation de la condamnation définitive d'un époux à une peine afflictive et infamante suffit à justifier le prononcé de la séparation de corps à ses torts (Civ. 2e, 11 janv. 1989 : *Bull.* II, n. 8, p. 4 ; *J.C.P.* 89, II, 21212, note Bénabent).

2) Jugé avant la loi du 11 juillet 1975 que la loi ne fait aucune distinction entre la condamnation pour infraction politique et la condamnation pour infraction de droit commun (Lyon 27 mai 1947 : *J.C.P.* 47, II, 3933, note J. Mazeaud).

Art. 244. – La réconciliation des époux intervenue depuis les faits allégués empêche de les invoquer comme cause de divorce.
Le juge déclare alors la demande irrecevable. Une nouvelle demande peut cependant être formée en raison de faits survenus ou découverts depuis la réconciliation, les faits anciens pouvant alors être rappelés à l'appui de cette nouvelle demande.
Le maintien ou la reprise temporaire de la vie commune ne sont pas considérés comme une réconciliation s'ils ne résultent que de la nécessité ou d'un effort de conciliation ou des besoins de l'éducation des enfants.

Art. 245 — DIVORCE

1) La simple continuation de la vie commune n'implique pas nécessairement le pardon et n'équivaut pas à une réconciliation (Civ. 2e, 4 avril 1962 : *Bull.* II, n. 370, p. 264). La certitude acquise par la femme ou la croyance de ses parents ou amis d'une reprise normale de la vie conjugale n'est pas démonstrative de la réconciliation dont elle se prévaut (Paris 13 mars 1974 : *D.* 1974, 733, note A.D.).

2) Le moyen tiré de la réconciliation est d'ordre public et doit être soulevé d'office par le juge (Civ. 2e, 30 nov. 1962 : *Bull.* II, n. 765, p. 560).

Art. 245. — **Les fautes de l'époux qui a pris l'initiative du divorce n'empêchent pas d'examiner sa demande ; elles peuvent, cependant, enlever aux faits qu'il reproche à son conjoint le caractère de gravité qui en aurait fait une cause de divorce.**

Ces fautes peuvent aussi être invoquées par l'autre époux à l'appui d'une demande reconventionnelle en divorce. Si les deux demandes sont accueillies, le divorce est prononcé aux torts partagés.

Même en l'absence de demande reconventionnelle, le divorce peut être prononcé aux torts partagés des deux époux si les débats font apparaître des torts à la charge de l'un et de l'autre.

1) Peuvent excuser les faits reprochés au défendeur, l'adultère du conjoint (Civ. 2e, 6 nov. 1974 : *J.C.P.* 74, IV, 415 ; *Bull.* II, n. 278, p. 231), son inconduite notoire et prolongée (Civ. 28 mai 1952 : *Gaz. Pal.* 1952, 2, 92), ses mauvais traitements (Civ. 2e, 20 fév. 1963 : *Bull.* II, n. 163, p. 119).

2) Jugé avant la loi du 11 juillet 1975 que le juge peut écarter l'adultère en cas de connivence entre les époux (Civ. 2e, 29 janv. 1969 : *Bull.* II, n. 27, p. 19), même si la connivence n'a pas été réciproque (Civ. 2e, 4 juil. 1973 : *J.C.P.* 73, IV, 317 ; *Bull.* II, n. 214, p. 169).

3) En l'absence de conclusions les y invitant, les juges du fond ne sont pas tenus de rechercher d'office si les torts d'un époux ne sont pas dépouillés de caractère fautif du fait du comportement de l'autre époux (Civ. 2e, 11 juil. 1979 : *Bull.* II, n. 208, p. 143).

4) Il résulte de l'article 245 alinéa 3 que si, même en l'absence de demande reconventionnelle, le divorce peut être prononcé aux torts partagés des deux époux lorsque les débats font apparaître des torts à la charge de l'un et de l'autre, c'est seulement si ces torts remplissent respectivement la même double condition (Civ. 2e, 21 avril 1982 : *Bull.* II, n. 56, p. 39).

5) Le juge saisi d'une demande en séparation de corps présentée par la femme et d'une demande reconventionnelle en divorce formée par le mari ne peut prononcer d'office le divorce aux torts exclusifs de la femme (Civ. 2e, 27 janv. 1983 : *J.C.P.* 84, II, 20199, note Lindon).

Art. 246. — **Lorsque le divorce aura été demandé en application des articles 233 à 245, les époux pourront, tant qu'aucune décision sur le fond n'aura été rendue, demander au tribunal de constater leur accord et d'homologuer le projet de convention réglant les conséquences du divorce.**

Les dispositions des articles 231 et 232 seront alors applicables.

L'article 246 alinéa 1er prévoit une variante du divorce sur demande conjointe en donnant compétence au tribunal (T.G.I. Lyon 30 juin 1983 : *J.C.P.* 85, II, 20333, note Lindon).

DIVORCE **Art. 249**

CHAPITRE II. – DE LA PROCÉDURE DU DIVORCE

SECTION I. – DISPOSITIONS GÉNÉRALES

Art. 247. – Le tribunal de grande instance statuant en matière civile est seul compétent pour se prononcer sur le divorce et ses conséquences.
Un juge de ce tribunal est délégué aux affaires matrimoniales. Il est plus spécialement chargé de veiller à la sauvegarde des intérêts des enfants mineurs.
Le juge aux affaires matrimoniales a compétence exclusive pour prononcer le divorce lorsqu'il est demandé par consentement mutuel.
(L. n. 87-570 du 22 juil. 1987, art. 1er). **– Il est également seul compétent, après le prononcé du divorce, quelle qu'en soit la cause, pour statuer sur les modalités de l'exercice de l'autorité parentale et sur la modification de la pension alimentaire, ainsi que pour décider de confier les enfants à un tiers.**

1) Sur la compétence du juge aux affaires matrimoniales pour statuer après le prononcé du divorce sur la garde des enfants ou la modification de la pension alimentaire, V. Nouv. C. proc. civ., art. 1084, *infra,* sous art. 310. – V. aussi T.G.I. Arras 22 fév. 1978 et Paris 26 janv. 1978 : *J.C.P.* 78, II, 18936, note Lindon. Cette compétence exclut celle du juge des référés (T.G.I. Compiègne [réf.] 28 fév. 1978 : *D.* 1978, I.R., 267).

2) L'article 16 du décret de 1975 (Nouv. C. proc. civ., art. 1084, *infra,* sous art. 310) n'a pas confié au juge aux affaires matrimoniales la mission de confirmer ou de réformer la décision d'origine mais seulement de considérer celle-ci et d'examiner si, depuis qu'elle a été rendue, des éléments nouveaux sont apparus de nature à créer une situation différente ou à entraîner une modification du jugement ou de l'arrêt antérieur (Paris 4 janv. 1977 : *J.C.P.* 77, II, 18592, note Lindon). Jugé que la modification de pension visée à l'article 247, dernier alinéa, doit s'entendre non seulement de la modification de la pension en ce qui concerne son montant mais aussi en ce qui concerne ses modalités et sa durée et que la compétence du juge aux affaires matrimoniales s'étend même à la suppression d'une pension alimentaire ou à l'octroi d'une telle pension si le jugement de divorce n'en a point prévu (Paris 26 juin 1979 : *D.* 1980, 78, note Massip).

3) Sur la contradiction entre l'article 247 du Code civil et l'article 64 du décret de 1975 (Nouv. C. proc. civ., art. 1135, *infra,* sous art. 310), V. T.G.I. Besançon 18 janv. 1977 : *J.C.P.* 78, II, 18798, note Dufour.

Art. 248. – Les débats sur la cause, les conséquences du divorce et les mesures provisoires ne sont pas publics.

Art. 248-1. – En cas de divorce pour faute, et à la demande des conjoints, le tribunal peut se limiter à constater dans les motifs du jugement qu'il existe des faits constituant une cause de divorce, sans avoir à énoncer les torts et griefs des parties.

M. Dagot, *L'article 248-1 du Code civil* : *J.C.P.* 87, I, 3302.

Art. 249. – Si une demande en divorce doit être formée au nom d'un majeur en tutelle, elle est présentée par le tuteur avec l'autorisation du conseil de famille, après avis du médecin traitant.
Le majeur en curatelle exerce l'action lui-même avec l'assistance du curateur.

Art. 249-1. – Si l'époux contre lequel la demande est formée est en tutelle, l'action est exercée contre le tuteur; s'il est en curatelle, il se défend lui-même, avec l'assistance du curateur.

R. LINDON et PH. BERTIN, *Un conflit fâcheux en matière de tutelle du conjoint assigné en divorce* : *J.C.P.* 80, I, 2995.

Art. 249-2. – Un tuteur ou un curateur spécial est nommé lorsque la tutelle ou la curatelle avait été confiée au conjoint de l'incapable.

Art. 249-3. – Si l'un des époux se trouve placé sous la sauvegarde de justice, la demande en divorce ne peut être examinée qu'après organisation de la tutelle ou de la curatelle.

Art. 249-4. – Lorsque l'un des époux se trouve placé sous l'un des régimes de protection prévus à l'article 490 ci-dessous, aucune demande en divorce par consentement mutuel ne peut être présentée.

Art. 250. – En cas d'interdiction légale résultant d'une condamnation, l'action en divorce ne peut être exercée par le tuteur qu'avec l'autorisation de l'époux interdit.

SECTION II. – DE LA CONCILIATION

Art. 251. – Quand le divorce est demandé pour rupture de la vie commune ou pour faute, une tentative de conciliation est obligatoire avant l'instance judiciaire. Elle peut être renouvelée pendant l'instance.

Quand le divorce est demandé par consentement mutuel des époux, une conciliation peut être tentée en cours d'instance suivant les règles de procédure propres à ce cas de divorce.

Art. 252. – Lorsque le juge cherche à concilier les époux, il doit s'entretenir personnellement avec chacun d'eux séparément avant de les réunir en sa présence.

Les avocats doivent ensuite, si les époux le demandent, être appelés à assister et à participer à l'entretien.

Dans le cas de l'article 238 et dans le cas où l'époux contre lequel la demande est formée ne se présente pas devant le juge, celui-ci doit néanmoins s'entretenir avec l'autre conjoint et l'inviter à la réflexion.

Les dispositions de l'article 252 ne s'opposent pas à ce qu'un avocat représente une partie avant la tentative de conciliation proprement dite, même en l'absence de son client, pour saisir le juge de moyens préalables relatifs à la compétence et à l'impossibilité pour le client de se présenter (Civ. 2e, 20 mars 1989 : *J.C.P.* 89, IV, 194 ; *Bull.* II, n. 83, p. 39).

Art. 252-1. – La tentative de conciliation peut être suspendue et reprise sans formalité, en ménageant aux époux des temps de réflexion dans une limite de huit jours.

Si un plus long délai paraît utile, le juge peut décider de suspendre la procédure et de recourir à une nouvelle tentative de conciliation dans les six mois au plus. Il ordonne, s'il y a lieu, les mesures provisoires nécessaires.

DIVORCE — Art. 255

Art. 252-2. – Lorsqu'il ne parvient pas à les faire renoncer au divorce, le juge essaye d'amener les époux à en régler les conséquences à l'amiable, notamment en ce qui concerne les enfants, par des accords dont le tribunal pourra tenir compte dans son jugement.

Art. 252-3. – Ce qui a été dit ou écrit à l'occasion d'une tentative de conciliation, sous quelque forme qu'elle ait eu lieu, ne pourra pas être invoqué pour ou contre un époux ou un tiers dans la suite de la procédure.

SECTION III. – DES MESURES PROVISOIRES

Art. 253. – En cas de divorce sur demande conjointe, les époux règlent eux-mêmes les mesures provisoires dans la convention temporaire qui doit être annexée à leur requête initiale.

Toutefois, le juge pourra faire supprimer ou modifier les clauses de cette convention qui lui paraîtraient contraires à l'intérêt des enfants.

Art. 254. – Lors de la comparution des époux dans le cas visé à l'article 233, ou de l'ordonnance de non-conciliation dans les autres cas, le juge prescrit les mesures qui sont nécessaires pour assurer l'existence des époux et des enfants jusqu'à la date à laquelle le jugement prend force de chose jugée.

1) Le juge qui statue au titre des mesures provisoires telles qu'elles sont définies à l'article 254 n'a pas à réglementer, s'agissant d'un chien, des « droits de visite et d'hébergement » imaginés par une référence abusive à la législation sur l'enfance (Paris 11 janv. 1983 : *Gaz. Pal.* 1983, 2, 412, note Dorsner-Dolivet et Scemama).

2) Sur le principe que les mesures provisoires ne peuvent plus être ordonnées lorsque l'instance en divorce a pris fin par une décision devenue irrévocable, V. Civ. 2e, 20 avril 1983 : *Bull.* II, n. 95, p. 64.

3) La pension alimentaire allouée au conjoint pour la durée de l'instance en divorce, fondée sur le devoir de secours, ne peut, sauf changement intervenu dans les ressources respectives des époux, être supprimée tant que le lien conjugal n'est pas rompu par une décision devenue définitive (Civ. 2e, 26 janv. 1984 : *Gaz. Pal.* 1984, 2, Pan. 247, obs. Grimaldi).

Art. 255. – Le juge peut notamment
1° Autoriser les époux à résider séparément ;
2° Attribuer à l'un d'eux la jouissance du logement et du mobilier du ménage, ou partager entre eux cette jouissance ;
3° Ordonner la remise des vêtements et objets personnels ;
4° Fixer la pension alimentaire et la provision pour frais d'instance que l'un des époux devra verser à son conjoint ;
5° Accorder à l'un des conjoints des provisions sur sa part de communauté si la situation le rend nécessaire.

1) Seul le tribunal est compétent pour concéder le bail à l'un des conjoints (V. T.G.I. Arras 5 mai 1977 : *D.* 1978, I.R., p. 267) ou pour autoriser un époux à vendre sans l'accord de l'autre un bien dépendant de la communauté (T.G.I. Paris 14 juin 1976 : *Gaz. Pal.* 1976, 2, 718, note Brazier).

2) Sur la possibilité de condamner le mari à verser directement entre les mains des organismes prêteurs, à titre d'obligation alimentaire, les arrérages des emprunts faits pour l'habitation de la famille, V. Civ. 2e, 16 juil. 1976 : *D.* 1977, 333, note Chartier.

3) Pour fixer le montant de la pension alimentaire allouée à un époux pour la durée de la procédure du divorce, il est tenu compte du niveau d'existence auquel il peut prétendre eu égard aux facultés du conjoint (Civ. 2e, 7 mai 1980 : *Bull.* II, n. 97, p. 71).

4) Pour un exemple d'attribution à la femme d'une somme à titre d'avance sur sa part de communauté, Civ. 1re, 15 janv. 1983 : *J.C.P.* 83, IV, 87 ; *Bull.* I, n. 8, p. 6. – Civ. 2e, 1er mars 1984 : *Bull.* II, n. 44, p. 31.

Art. 256 *(L. n. 87-570 du 22 juil. 1987, art. 2).* – **S'il y a des enfants mineurs, le juge se prononce sur les modalités de l'exercice de l'autorité parentale. Il peut également décider de les confier à un tiers. Il se prononce également sur le droit de visite et d'hébergement et fixe la contribution due, pour leur entretien et leur éducation, par l'époux qui n'a pas l'exercice de l'autorité parentale ou chez lequel les enfants ne résident pas habituellement.**

V. *infra*, art. 287.

Art. 257. – **Le juge peut prendre, dès la requête initiale, des mesures d'urgence.**

Il peut, à ce titre, autoriser l'époux demandeur à résider séparément, s'il y a lieu avec ses enfants mineurs.

Il peut aussi, pour la garantie des droits d'un époux, ordonner toutes mesures conservatoires telles que l'apposition de scellés sur les biens communs. Les dispositions de l'article 220-1 et les autres sauvegardes instituées par le régime matrimonial demeurent cependant applicables.

1) V. pour la nomination d'un administrateur judiciaire, T.G.I. Paris 10 mai 1976 : *Gaz. Pal.* 1976, 2, 468.

2) En vertu de l'article 220-1, auquel renvoie l'article 257, une cour d'appel peut imposer au mari d'obtenir, jusqu'à la fixation de la prestation compensatoire, le consentement de sa femme pour disposer de ses biens propres (Civ. 2e, 6 mai 1987 : *Bull.* II, n. 99, p. 59).

Art. 258. – **Lorsqu'il rejette définitivement la demande en divorce, le juge peut statuer sur la contribution aux charges du mariage, la résidence de la famille et** *(L. n. 87-570 du 22 juil. 1987, art. 3)* **les modalités de l'exercice de l'autorité parentale.**

La cour d'appel qui rejette la demande ne fait qu'user de la faculté que lui donne l'article 258 en fixant la part contributive du mari aux charges du mariage, alors que la femme ne sollicitait que l'octroi d'une pension alimentaire pour le cas où le divorce serait prononcé (Civ. 2e, 1er juin 1983 : *Bull.* II, n. 119, p. 83). Mais jugé que les parties doivent être invitées au préalable à présenter leurs observations (Civ. 2e, 20 juin 1984 : *Bull.* II, n. 114, p. 81).

SECTION IV. – DES PREUVES

Art. 259. – **Les faits invoqués en tant que causes de divorce ou comme défenses à une demande peuvent être établis par tout mode de preuve, y compris l'aveu.**

DIVORCE **Art. 260**

1) Sur le principe que les descendants ne peuvent jamais être entendus sur les griefs invoqués par les époux à l'appui d'une demande en divorce, V. Nouveau Code de procédure civile, art. 205, al. 2. Ne peut être retenue la déposition d'un témoin ne faisant que rapporter un propos tenu par l'enfant (Civ. 2e, 23 mars 1977 : *D.* 1978, 5, note Meerpoel). Mais l'article 205 du Nouveau Code de procédure civile ne peut faire échec à la production de documents dont les descendants ont été les destinataires, telle une lettre adressée par le mari à l'enfant commun (Civ. 2e, 19 janv. 1983 : *Bull.* II, n. 12, p. 8).

2) La prohibition de l'audition des descendants d'un époux s'applique aux conjoints de ces descendants (Civ. 2e, 18 nov. 1987 : *Bull.* II, n. 230, p. 128).

Art. 259-1. – **Un époux ne peut verser aux débats les lettres échangées entre son conjoint et un tiers qu'il aurait obtenues par violence ou fraude.**

1) Doit être considérée comme irrégulière l'interception d'une lettre par un des époux avant qu'elle soit parvenue à l'autre (Civ. 25 juil. 1950 : *D.* 1951, 68).

2) C'est à l'époux destinataire de la lettre qu'il appartient de rapporter la preuve de l'appréhension frauduleuse par son conjoint (Civ. 28 avril 1949 : *Gaz. Pal.* 1949, 2, 98. – Civ. 2e, 29 mars 1966 : *Bull.* II, n. 432, p. 308).

3) Sur le pouvoir souverain des juges du fond pour apprécier si la lettre a été régulièrement versée aux débats, V. Civ. 2e, 26 nov. 1975 : *D.* 1976, 371, note Bénabent.

Art. 259-2. – **Les constats dressés à la demande d'un époux sont écartés des débats s'il y a eu violation de domicile ou atteinte illicite à l'intimité de la vie privée.**

1) Sur la licéité de principe du constat d'adultère dressé sur autorisation du président du tribunal, V. Civ. 2e, 5 juin 1985 : *Bull.* II, n. 111, p. 74.

2) Sur les conditions de l'intervention d'un serrurier à l'occasion de l'établissement d'un constat d'adultère, V. Paris 14 nov. 1985 : *J.C.P.* 86, II, 20643, note Lindon ; *D.* 1986, 296, note Vassaux-Vanoverschelde.

Art. 259-3. – **Les époux doivent se communiquer et communiquer au juge ainsi qu'aux experts désignés par lui, tous renseignements et documents utiles pour fixer les prestations et pensions et liquider le régime matrimonial.**
Le juge peut faire procéder à toutes recherches utiles auprès des débiteurs ou de ceux qui détiennent des valeurs pour le compte des époux sans que le secret professionnel puisse être opposé.

CHAPITRE III. – DES CONSÉQUENCES DU DIVORCE

SECTION I. – DE LA DATE A LAQUELLE SE PRODUISENT LES EFFETS DU DIVORCE

Art. 260. – **La décision qui prononce le divorce dissout le mariage à la date à laquelle elle prend force de chose jugée.**

1) Sur l'effet suspensif du délai de pourvoi et du pourvoi en cassation, V. Nouv. C. proc. civ., art. 1121 et 1122, *infra,* sous art. 310.

2) Si l'un des époux décède après le prononcé du divorce mais avant que le jugement soit devenu définitif, le divorce devient caduc faute d'objet, le mariage étant dissous par le décès (Civ. 2e, 14 mars 1962 : *Bull.* II, n. 298, p. 210).

3) Aucune exécution provisoire ne peut être ordonnée quant à la disposition faisant défense à la femme de porter le nom de son mari (Civ. 2e, 12 juil. 1972 : *Bull.* II, n. 216, p. 175).

4) Sur le principe que la prestation compensatoire doit être fixée en tenant compte de la situation des époux au moment du divorce et non à la date de leur séparation de fait, V. Civ. 2e, 4 fév. 1987 : *D.* 1987, 497, 1re esp., note Bianco-Brun.

Art. 261. – Pour contracter un nouveau mariage, la femme doit observer le délai de trois cents jours prévu par l'article 228.

Art. 261-1. – Si les époux ont été autorisés à résider séparément au cours du procès, ce délai commence à courir à partir du jour de la décision autorisant la résidence séparée ou homologuant, en cas de demande conjointe, la convention temporaire passée à ce sujet.

La femme peut se remarier sans délai quand le divorce a été prononcé dans les cas prévus aux articles 237 et 238.

Art. 261-2. – Le délai prend fin si un accouchement a lieu après la décision autorisant ou homologuant la résidence séparée ou, à défaut, après la date à laquelle le jugement de divorce a pris force de chose jugée.

Si le mari meurt, avant que le jugement de divorce n'ait pris force de chose jugée, le délai court à compter de la décision autorisant ou homologuant la résidence séparée.

Art. 262. – Le jugement de divorce est opposable aux tiers, en ce qui concerne les biens des époux, à partir du jour où les formalités de mention en marge prescrites par les règles de l'état civil ont été accomplies.

Art. 262-1. – Le jugement de divorce prend effet dans les rapports entre époux, en ce qui concerne leurs biens, dès la date d'assignation.

(L. n. 85-1372 du 23 déc. 1985, art. 20 et 56). – **Les époux peuvent, l'un ou l'autre, demander, s'il y a lieu, que l'effet du jugement soit reporté à la date où ils ont cessé de cohabiter et de collaborer. Celui auquel incombent à titre principal les torts de la séparation ne peut pas obtenir ce report.**

Ancien al. 2. – L'un des époux peut demander que l'effet du jugement soit avancé à la date où, par la faute de l'autre, leur cohabitation et leur collaboration ont cessé.

1) Les effets du divorce ne sauraient remonter à une précédente assignation suivie d'un désistement ou d'une autre instance qui n'avait pas abouti au prononcé du divorce (Civ. 1re, 5 déc. 1967 : *Bull.* I, n. 355, p. 267).

2) Au cas où la demande principale est rejetée et la demande reconventionnelle accueillie, c'est à la date de la demande reconventionnelle qu'il faut faire rétroagir les effets du divorce (Paris 21 juil. 1941 : *D.C.* 1942, 84, note Carbonnier).

3) Sur l'interprétation jurisprudentielle de l'article 262-1, alinéa 2, V. *infra* sous art. 1442.

DIVORCE Art. 264

4) L'article 262-1 est applicable en cas de divorce pour rupture de la vie commune

(Montpellier 10 nov. 1980 : *D.* 1982, 203, note Massip).

Art. 262-2. – Toute obligation contractée par l'un des époux à la charge de la communauté, toute aliénation de biens communs faite par l'un d'eux dans la limite de ses pouvoirs, postérieurement à la requête initiale, sera déclarée nulle, s'il est prouvé qu'il y a eu fraude aux droits de l'autre conjoint.

1) Sur l'interprétation jurisprudentielle de la notion de fraude, V. *infra*, sous art. 1421.

2) Si le tiers contractant n'est pas complice de la fraude du conjoint, l'acte est régulier à son égard et est seulement inopposable au conjoint victime de la fraude

(Civ. 1re, 22 juin 1965 : *Bull.* I, n. 417, p. 310).

3) L'action en nullité pour fraude est soumise à la prescription trentenaire et non à celle de deux ans prévues par l'article 1427 (Paris 9 juil. 1982 ; *D.* 1983, I.R., 346, obs. Martin ; *J. not.* 1983, 46, obs. Raison).

SECTION II. – DES CONSÉQUENCES DU DIVORCE POUR LES ÉPOUX

§ 1. – Dispositions générales

Art. 263. – Si les époux divorcés veulent contracter entre eux une autre union, une nouvelle célébration du mariage est nécessaire.

Art. 264. – A la suite du divorce, chacun des époux reprend l'usage de son nom.
Toutefois, dans les cas prévus aux articles 237 et 238, la femme a le droit de conserver l'usage du nom du mari lorsque le divorce a été demandé par celui-ci.
Dans les autres cas, la femme pourra conserver l'usage du nom du mari soit avec l'accord de celui-ci, soit avec l'autorisation du juge, si elle justifie qu'un intérêt particulier s'y attache pour elle-même ou pour les enfants.

A. BRETON, *Le nom de l'épouse divorcée, Etudes Rodière*, Dalloz, 1981, p. 17.

1) La femme qui a adopté le pseudonyme de son mari mais avec un prénom différent au cours de son activité professionnelle conserve le droit de l'utiliser après le divorce (Paris 20 nov. 1969 : *D.* 1970, 194, concl. Lecourtier).

2) Jugé avant la loi du 11 juillet 1975 que l'autorisation donnée par le mari est précaire et peut être retirée à tout moment (Civ. 1re, 13 oct. 1964 : *D.* 1965, 209, note Foulon-Piganiol. – Paris 25 mai 1971 : *J.C.P.* 71, II, 16950, concl. Granjon. – V. cependant, dans la même affaire, Orléans 18 déc. 1979 : *D.* 1981, 263, note Lindon). Jugé, au contraire, depuis l'entrée en vigueur de la loi nouvelle, que le mari ne peut révoquer son consentement que si l'épouse fait un usage abusif de l'autorisation qui lui a été donnée (Paris 9 mars 1979 : *D.* 1980, 471, note Massip). Jugé que l'accord entre les époux est devenu de plein droit caduc par le remariage de l'ex-époux (T.G.I. Paris 10 fév. 1981 : *J.C.P.* 81, II, 19624, note Huet-Weiller).

3) Les juges du fond déboutent à bon droit la femme de sa demande dès lors qu'elle ne justifie pas de l'existence pour ses enfants d'un intérêt précis, fondé sur des considérations d'ordre matériel, psychique ou affectif qui leur soient propres et surajoutées à la situation ordinaire dans laquelle se trouvent-sur ce point tous les enfants de parents di-

vorcés (Civ. 1re, 26 mars 1980 : *J.C.P.* 80, IV, 224 ; *Bull.* I, n. 104, p. 85). Sur l'intérêt pour la femme de conserver le nom à consonance française de son mari, V. Agen 28 mai 1985 : *D.* 1987, Somm. 43, obs. Bénabent.

4) Viole l'article 264 alinéa 3 la cour d'appel qui a exigé une condition qu'il ne comporte pas en énonçant que l'intérêt particulier auquel il se réfère doit s'entendre de l'utilisation du nom dans une profession ou une activité où la femme a acquis une certaine renommée sous le nom de son mari (Civ. 2e, 16 juil. 1982 : *J.C.P.* 82, IV, 338 ; *Bull.* II, n. 106, p. 78).

5) Dès lors que le mari a formé une demande en divorce pour rupture de la vie commune, le prononcé du divorce sur la demande reconventionnelle de la femme ne fait pas obstacle à l'application de l'article 264, alinéa 2 (Civ. 2e, 4 juin 1986 : *J.C.P.* 87, II, 20751, note crit. Lindon et Bénabent.– Civ. 2e, 16 nov. 1988 : *J.C.P.* 89, IV, 21 ; *Bull.* II, n. 221, p. 119).

6) Sur l'application immédiate de l'article 264, al. 3, V. L. n. 75-617 du 11 juil. 1975, art. 24-I, *infra*, sous art. 310. – V. aussi Civ. 2e, 20 déc. 1977 : *Bull.* II, n. 244, p. 177. – Paris 9 mars 1979 : *D.* 1980, 471, note Massip.

Art. 264-1 *(L. n. 85-1372 du 23 déc. 1985, art. 44).* **– En prononçant le divorce, le tribunal ordonne la liquidation et le partage des intérêts patrimoniaux des époux et il statue, s'il y a lieu, sur les demandes de maintien dans l'indivision et d'attibution préférentielle.**

§ 2. – Des suites propres aux différents cas de divorce

Art. 265. – Le divorce est réputé prononcé contre un époux s'il a eu lieu à ses torts exclusifs. Il est aussi réputé prononcé contre l'époux qui a pris l'initiative du divorce lorsqu'il a été obtenu en raison de la rupture de la vie commune.
L'époux contre lequel le divorce est prononcé perd les droits que la loi ou des conventions passées avec des tiers attribuent au conjoint divorcé.
Ces droits ne sont pas perdus en cas de partage des torts ou de divorce par consentement mutuel.

L'article 265 est inapplicable à une donation consentie à un époux par ses beaux-parents, laquelle est irrévocable hormis les cas d'inexécution des conditions sous lesquelles elle a été faite, d'ingratitude du donataire ou de survenance d'enfant (Paris 27 fév. 1984 : *J.C.P.* 85, II, 20481, note R.L.).

Art. 266. – Quand le divorce est prononcé aux torts exclusifs de l'un des époux, celui-ci peut être condamné à des dommages-intérêts en réparation du préjudice matériel ou moral que la dissolution du mariage fait subir à son conjoint.
Ce dernier ne peut demander des dommages-intérêts qu'à l'occasion de l'action en divorce.

D. GUITON, *Les dommages-intérêts en réparation d'un préjudice résultant du divorce* : *D.* 1980, chron. 237.

1) A légalement justifié sa décision la cour d'appel qui condamne le mari à payer des dommages-intérêts en relevant que le prononcé du divorce n'était pas pour la femme une simple officialisation de la situation de fait, mais le déchirement d'une longue vie conjugale, que de surcroît elle s'était vue expulser comme occupant sans droit ni titre du domicile conjugal auquel elle était très attachée et qu'elle avait souffert de l'inconduite affichée de son mari (Civ. 2e, 16 nov. 1988 : *J.C.P.* 89, IV, 21).

2) Le seul élément d'appréciation doit être le préjudice subi, les ressources respectives des parties n'ayant pas à être prises en compte (Civ. 2e, 4 juil. 1968 : *D.* 1969, 114. – Civ. 2e, 21 juil. 1982 : *Bull.* II, n. 109, p. 80).

3) L'époux demandeur en divorce pour rupture de la vie commune ne peut être condamné à des dommages-intérêts sur le fondement de l'article 266 du Code civil (Civ. 2e, 23 janv. 1980 : *J.C.P.* 80, II, 19369, note Lindon ; *D.* 1980, 281, note Revel), sauf si la faute invoquée par l'époux défendeur lui a causé un préjudice distinct de celui visé par ledit article (Civ. 2e, 27 fév. 1980 : *J.C.P.* 80, IV, 183 ; *Bull.* II, n. 45, p. 32. – V. aussi Civ. 2e, 25 juin 1980 : *J.C.P.* 80, IV, 339 ; *Bull.* II, n. 161, p. 111. – Civ. 2e, 11 fév. 1981 : *Bull.* II, n. 30, p. 20). Ce préjudice distinct peut être causé par le détournement d'une partie de la communauté par le conjoint et l'inconduite de celui-ci (Civ. 2e, 15 oct. 1981 : *Bull.* II, n. 186, p. 120), ou résulter du fait que la femme se trouve délaissée au profit d'une maîtresse plus jeune qu'elle (Civ. 2e, 5 juin 1984 : *Bull.* II, n. 106, p. 75).

4) L'épouse ne peut prétendre à titre de dommages-intérêts à l'usufruit d'un immeuble, mais les juges du fond sont souverains pour apprécier les modalités de la réparation, et peuvent lui attribuer, pour une durée limitée, la jouissance à titre gratuit de deux immeubles (Civ. 2e, 11 oct. 1989 : *J.C.P.* 89, IV, 395).

Art. 267. – **Quand le divorce est prononcé aux torts exclusifs de l'un des époux, celui-ci perd de plein droit toutes les donations et tous les avantages matrimoniaux que son conjoint lui avait consentis, soit lors du mariage, soit après.**

L'autre conjoint conserve les donations et avantages qui lui avaient été consentis, encore qu'ils aient été stipulés réciproques et que la réciprocité n'ait pas lieu.

1) La déchéance joue pour les donations indirectes (Civ. 1re, 14 juin 1967 : *Bull.* I, n. 216, p. 258), mais non pour les cadeaux d'usage (V. pour la bague de fiançailles Civ. 1re, 19 déc. 1979 : *D.* 1981, 449, note Foulon-Piganiol – V. cpdt Civ. 1re, 22 fév. 1983 : *Gaz. Pal.* 1983, 2, Pan. 306, obs. Grimaldi). Sur la notion de cadeau d'usage, V. Civ. 1re, 30 déc. 1952 : *J.C.P.* 53, II, 7475, note Mihura. Sur la distinction entre cadeau d'usage et souvenir de famille, V. Civ. 1re, 20 juin 1961 : *J.C.P.* 61, II, 12352, note Ponsard. – Civ. 1re, 19 déc. 1979, préc.

2) Sur la distinction entre don manuel et prêt à usage de bijoux de famille, V. Civ. 1re, 23 mars 1983 : *J.C.P.* 84, II, 20202, note Barbicri.

3) L'article 267 s'applique à tous les avantages que l'un des époux peut tirer d'une communauté conventionnelle et, notamment, de l'adoption, tant au moment du mariage que postérieurement, du régime de la communauté universelle (Civ. 1re, 26 janv. 1988 : *Bull.* I, n. 24, p. 16).

4) La déchéance n'est pas applicable à une donation déguisée faite aux époux par le père de la femme (Civ. 1re, 18 nov. 1968 : *D.* 1969, 151).

5) L'article 267 suppose qu'il est prouvé que l'avantage consenti à l'époux coupable lui a été fourni sans contrepartie et avec une intention libérale, non en compensation de la contribution du mari aux charges du mariage ou encore de la participation de la femme aux mêmes charges dans des proportions supérieures à ses propres obligations (Paris 27 fév. 1984 : *J.C.P.* 85, IV, 84).

Art. 267-1. – **Quand le divorce est prononcé aux torts partagés, chacun des époux peut révoquer tout ou partie des donations et avantages qu'il avait consentis à l'autre.**

L'article 267-1 a vocation à s'appliquer, comme l'article 1527, à tous les avantages que l'un des époux peut tirer des clauses d'une communauté conventionnelle, et notamment de l'adoption du régime de la communauté universelle (Civ. 1re, 19 oct. 1983 : *D.* 1984, 229, note Massip).

Art. 268. – **Quand le divorce est prononcé sur demande conjointe, les époux décident eux-mêmes du sort des donations et avantages qu'ils s'étaient consentis ; s'ils n'ont rien décidé à cet égard, ils sont censés les avoir maintenus.**

Art. 268-1. – **Quand le divorce est prononcé sur demande acceptée par l'autre conjoint, chacun des époux peut révoquer tout ou partie des donations et avantages qu'il avait consentis à l'autre.**

Art. 269. – **Quand le divorce est prononcé en raison de la rupture de la vie commune, celui qui a pris l'initiative du divorce perd de plein droit les donations et avantages que son conjoint lui avait consentis.**
L'autre époux conserve les siens.

§ 3. – Des prestations compensatoires

J. de POULPIQUET, *Les prestations compensatoires après divorce* : *J.C.P.* 77, I, 2856.

Art. 270. – **Sauf lorsqu'il est prononcé en raison de la rupture de la vie commune, le divorce met fin au devoir de secours prévu par l'article 212 du Code civil ; mais l'un des époux peut être tenu de verser à l'autre une prestation destinée à compenser, autant qu'il est possible, la disparité que la rupture du mariage crée dans les conditions de vie respectives.**

1) Il résulte du rapprochement des articles 270 et 282 que la prestation compensatoire n'est due qu'au cas où le divorce met fin au devoir de secours (Civ. 2e, 18 avril 1980 : *Gaz. Pal.* 1980, 2, 491, note Viatte). La pension due en cas de divorce pour rupture de la vie commune ne peut être cumulée selon l'article 270 avec une prestation compensatoire (Civ. 2e, 26 nov. 1980 : *J.C.P.* 81, IV, 18 ; *Bull.* II, n. 244, p. 167).

2) La suppression du devoir de secours n'a pas pour effet de priver de valeur l'obligation naturelle contractée dans un acte sous seing privé (Civ. 2e, 9 mai 1988 : *D.* 1989, 289, note crit. Massip).

3) Les juges du fond peuvent refuser une prestation compensatoire à l'épouse dès lors que celle-ci, divorcée aux torts partagés, est appelée à recevoir lors du partage de biens indivis acquis des seuls deniers du mari des valeurs importantes équivalant largement à la prestation compensatoire à laquelle elle aurait pu prétendre (Civ. 2e, 13 fév. 1980 : *J.C.P.* 80, IV, 166 ; *Bull.* II, n. 33, p. 23). Sur le pouvoir souverain des juges du fond pour apprécier la disparité que la rupture du mariage peut créer dans les conditions de vie respectives des époux, V. Civ. 2e, 23 avril 1980 : *J.C.P.* 80, IV, 248 ; *Bull.* II, n. 79, p. 59. Il doit être tenu compte du fait que le mari bénéficie de la nue-propriété d'un important patrimoine immobilier dans la succession de son père (Civ. 2e, 14 juin 1989 : *J.C.P.* 89, IV, 303 ; *Bull.* II, n. 128, p. 64).

4) Il résulte des articles 260 et 270 que la prestation compensatoire n'est due qu'à compter de la date à laquelle la décision prononçant le divorce prend force de chose jugée (Civ. 2e, 18 oct. 1984 : *Bull.* II, n. 155, p. 108. – Civ. 2e, 10 oct. 1985 et 28 mai 1986 : *D.* 1987, Somm. 47, obs. Bénabent).

DIVORCE Art. 273

5) Sur le régime fiscal de la prestation compensatoire, V. Instr. 17 fév. 1977 sur les conséquences fiscales du divorce : *J.C.P.* 77, éd. C.I., I, 5959 – *J.-Cl. civil,* art. 265 à 285-1, fasc. 4. V. aussi *infra,* sous art. 280-1, n. 6.

6) Sur la nature indemnitaire ou alimentaire de la prestation compensatoire, V. Rép. min. Just. n. 44835 : *J.O.* déb. Ass. nat. 11 mai 1981, p. 2051; *J.C.P.* 81, IV, 292.

Art. 271. – La prestation compensatoire est fixée selon les besoins de l'époux à qui elle est versée et les ressources de l'autre en tenant compte de la situation au moment du divorce et de l'évolution de celle-ci dans un avenir prévisible.

1) Il ne peut être statué sur une demande de prestation compensatoire que si elle est formée au cours de l'instance en divorce (Paris 14 nov. 1980 : *D.* 1982, 361, note Beauchard. *Contra* : Besançon 9 déc. 1982 : *D.* 1983, I.R., 451, obs. Bénabent). Mais étant l'accessoire de la demande en divorce, elle peut être formée pour la première fois en cause d'appel (Civ. 2e, 25 juin 1986 : *D.* 1987, Somm. 46, obs. Bénabent).

2) La prestation compensatoire doit être fixée en tenant compte de la situation des époux au moment du divorce et non à la date de leur séparation de fait (Civ. 2e, 4 fév. 1987 : *Bull.* II, n. 35, p. 20 ; *D.* 1987, 497,

1re esp., note Bianco-Brun) ni à une date postérieure au prononcé du divorce (Civ. 2e, 25 mars 1987 : *Bull.* II, n. 74, p. 41).

3) Sur la nécessité de prendre en compte les besoins de l'époux créancier, V. Civ. 2e, 4 juin 1980 : *J.C.P.* 80, IV, 310 ; *Bull.* II, n. 128, p. 90.

4) La prestation compensatoire est à la charge personnelle de l'époux qui la doit. Il ne peut donc être tenu compte, dans le partage de bénéfices commerciaux, de la prestation compensatoire perçue par l'épouse (Civ. 1re, 3 nov. 1988 : *Bull.* I, n. 299, p. 204 ; *J.C.P.* 89, IV, 3)

Art. 272. – Dans la détermination des besoins et des ressources, le juge prend en considération notamment :
– l'âge et l'état de santé des époux ;
– le temps déjà consacré ou qu'il leur faudra consacrer à l'éducation des enfants ;
– leurs qualifications professionnelles ;
– leur disponibilité pour de nouveaux emplois ;
– leurs droits existants et prévisibles ;
– la perte éventuelle de leurs droits en matière de pensions de réversion ;
– leur patrimoine, tant en capital qu'en revenu, après la liquidation du régime matrimonial.

1) Les droits prévisibles de l'époux comprennent les droits successoraux (Civ. 2e, 25 juin 1986 : *D.* 1987, Somm. 46, obs. Bénabent).

2) L'énumération de l'article 272 n'étant

pas limitative, les juges du fond peuvent tenir compte, dans la détermination des besoins et des ressources des époux, d'éléments d'appréciation non prévus par ce texte (Civ. 2e, 1er avril 1987 : *Bull.* II, n. 77, p. 45).

Art. 273. – La prestation compensatoire a un caractère forfaitaire. Elle ne peut être révisée même en cas de changement imprévu dans les ressources ou les besoins des parties, sauf si l'absence de révision devait avoir pour l'un des conjoints des conséquences d'une exceptionnelle gravité.

Y. BOYER, *La révision de la prestation compensatoire :* D. 1980, chron. 263. – S. DURRANDE, *Le contentieux de la prestation compensatoire après divorce :* D. 1983, chron., 191.

Art. 274

1) L'impropriété du terme « pension alimentaire » employé dans la convention homologuée n'empêche pas qu'il s'agit d'une prestation compensatoire ; il s'ensuit que la demande en révision doit être rejetée si les époux n'ont convenu ni de l'indexation de la rente ni de sa révision en cas de changement imprévu dans leurs ressources et besoins (Civ. 2e, 22 mai 1979 : *D.* 1980, 507, note Massip, 1re esp.).

2) La révision de la prestation compensatoire suppose que le droit à cette prestation ait été antérieurement reconnu judiciairement ou conventionnellement. Il en résulte que l'ex-épouse ne peut être déclarée fondée en sa demande de révision dès lors qu'elle a, par une convention dont la validité n'est pas contestée, renoncé à une telle prestation (Civ. 2e, 28 janv. 1987 : *Bull.* II, n. 29, p. 15). Dans le cas où la prestation compensatoire allouée par un jugement de divorce a cessé d'exister trois ans après son prononcé, la demande de la femme présentée sept ans plus tard, tendant à la condamnation du mari à lui verser à titre de prestation compensatoire une nouvelle rente viagère mensuelle ne constitue pas non plus une demande de révision susceptible d'être accueillie sur le fondement de l'article 273 (Civ. 2e, 8 nov. 1989 : *J.C.P.* 90, IV, 2).

3) L'article 273 n'exclut pas que les conséquences d'une exceptionnelle gravité résultent de changements imprévus dans les ressources et les besoins des parties (Civ. 2e, 18 juin 1986 : *D.* 1987, Somm. 46, obs. Bénabent). Mais jugé que l'état de chômage ne revêt pas le caractère d'exceptionnelle gravité (Pau 14 mai 1985 : *D.* 1987, Somm. 48, obs. Bénabent).

4) Jugé qu'une prestation compensatoire attribuée sous forme de rente ne saurait être assortie d'une clause de suppression en cas de remariage ou de concubinage, une telle clause n'étant pas prévue parmi les modalités détaillées contenues dans les articles 273 et suivants (Grenoble 20 mai 1981 : *J.C.P.* 83, II, 20086, note de la Marnierre).

5) Si seul le principe d'une prestation compensatoire a été admis, mais que le montant n'en est pas déterminé, le mari peut présenter une demande en diminution de l'avance en justifiant qu'il a perdu sa situation et que ses ressources ont diminué (Riom 15 mai 1986 : *D.* 1987, Somm. 47, 2e esp., obs. Bénabent). Si la prestation définitive n'est pas accordée, la prestation provisionnelle doit être restituée (Civ. 2e, 5 mai 1986 : *D.* 1987, Somm. 47, 1re esp., obs. Bénabent).

6) L'obligation d'entretenir et d'élever les enfants résulte d'une obligation légale à laquelle les parents ne peuvent échapper qu'en démontrant qu'ils sont dans l'impossibilité matérielle de le faire. Par suite, doit être cassé l'arrêt qui déboute la femme de sa demande en pension alimentaire pour l'entretien de l'enfant en relevant que la convention homologuée par le juge qui a prononcé le divorce sur requête conjointe ne peut être révisée que pour des motifs graves (Civ. 2e, 4 mars 1987 : *Bull.* II, n. 60, p. 34).

Art. 274. – Lorsque la consistance des biens de l'époux débiteur de la prestation compensatoire le permet, celle-ci prend la forme d'un capital.

La prestation compensatoire revêt en principe la forme d'une maintenance en capital, à défaut la forme d'une rente (Paris 9 juil. 1982 : *D.* 1983, I.R., 451, obs. Bénabent).

Art. 275. – Le juge décide des modalités selon lesquelles s'exécutera l'attribution ou l'affectation de biens en capital :
1. Versement d'une somme d'argent ;
2. Abandon de biens en nature, meubles ou immeubles, mais pour l'usufruit seulement, le jugement opérant cession forcée en faveur du créancier ;

DIVORCE Art. 276-1

3. Dépôt de valeurs productives de revenus entre les mains d'un tiers chargé de verser les revenus à l'époux créancier de la prestation jusqu'au terme fixé.

Le jugement de divorce peut être subordonné au versement effectif du capital ou à la constitution des garanties prévues à l'article 277.

1) Sur le principe que le juge ne peut ordonner l'abandon de biens en nature que pour l'usufruit, V. Civ. 2e, 11 mars 1982 : *Bull.* II, n. 43, p. 29. – Civ. 2e, 29 sept. 1982 : *Bull.* II, n. 115, p. 85. Mais il ne découle pas de l'article 275 que le juge ne puisse pas, en cas d'accord des parties, décider que le bien sera abandonné en pleine propriété (Civ. 2e, 18 mars 1981 : *J.C.P.* 81, IV, 198 ; *Bull.* II, n. 64, p. 42. – V. en ce sens Paris 10 nov. 1978 : *D.* 1979, 128, note Massip. – Comp. Amiens 11 juin 1979 : *J.C.P.* 80, II, 19294, note Dagot).

2) Les dispositions des articles 274 et 275 relatives à l'attribution d'une prestation compensatoire sous la forme d'un capital ne sont pas applicables à la pension alimentaire allouée en cas de divorce pour rupture de la vie commune (Civ. 2e, 28 juin 1989 : *J.C.P.* 89, IV, 328).

Art. 275-1. – Si l'époux débiteur de la prestation compensatoire ne dispose pas de liquidités immédiates, il peut être autorisé, sous les garanties prévues à l'article 277, à constituer le capital en trois annuités.

Art. 276. – A défaut de capital ou si celui-ci n'est pas suffisant, la prestation compensatoire prend la forme d'une rente.

1) L'article 276 ne prohibe pas le cumul d'un capital et d'une rente au titre de la prestation compensatoire (Civ. 2e, 13 nov. 1981 : *J.C.P.* 82, IV, 39 ; *Bull.* II, n. 195, p. 127).

2) Les juges ne sont pas tenus de prévoir la réduction de la rente à partir de l'année de la mise à la retraite du mari (Civ. 2e, 11 fév. 1981 : *J.C.P.* 81, IV, 144 ; *Bull.* II, n. 30, p. 20).

Art. 276-1. – La rente est attribuée pour une durée égale ou inférieure à la vie de l'époux créancier.

Elle est indexée ; l'indice est déterminé comme en matière de pension alimentaire.

Le montant de la rente avant indexation est fixé de façon uniforme pour toute sa durée ou peut varier par périodes successives suivant l'évolution probable des ressources et des besoins.

1) Sur le principe que la rente attribuée à titre de prestation compensatoire doit être indexée, V. Civ. 2e, 6 mai 1987 : *Bull.* II, n. 102, p. 60. Mais jugé que si la prestation compensatoire prévue dans la convention n'est pas indexée, le juge ne peut ordonner l'indexation sur le fondement de l'article 276-1, alinéa 2, ce texte n'étant applicable que dans le cas où la prestation compensatoire a été ordonnée judiciairement (Aix 12 fév. 1981 : *Defrénois* 1983, 316, obs. Massip).

2) La rente attribuée à titre de prestation compensatoire devant obligatoirement être indexée, l'omission par le juge de déterminer l'indice applicable constitue une simple omission matérielle et ne donne pas ouverture à cassation (Civ. 2e, 8 oct. 1980 : *Bull.* II, n. 202, p. 138).

3) Il résulte de l'article 276-1 que si le juge peut faire varier la prestation compensatoire par périodes successives suivant l'évolution probable des ressources et des besoins, c'est à la condition de fixer pour chaque période le montant de ladite rente (Civ. 2e, 2 mai 1984 : *Bull.* II, n. 77, p. 56).

4) Il résulte de la combinaison des articles 271, 273 et 276-1 que lorsque la prestation

Art. 276-2 — DIVORCE

compensatoire prend la forme d'une rente, elle peut être attribuée pour une durée inférieure à la vie de l'époux créancier mais ne peut être subordonnée à la condition de non-remariage (Civ. 2e, 2 mai 1984 : *Bull.* II, n. 76, p. 55 ; *J.C.P.* 85, II, 20494, note Philippe. – T.G.I. Saint-Nazaire 25 nov. 1985 : *D.* 1987, Somm. 45, obs. Bénabent, ni être attribuée pour une durée laissée incertaine (Civ. 2e, 27 fév. 1985 : *Bull.* II, n. 49, p. 35).

5) Viole l'article 276-1 l'arrêt qui soumet le jeu de l'indexation à la condition d'une variation annuelle de l'indice retenu égale ou supérieure à un certain taux (Civ. 2e, 18 janv. 1989 : *Bull.* II, n. 15, p. 7).

6) Sur les procédures de recouvrement, V. L. n. 73-5 du 2 janv. 1973, art. 1er, al. 3 et L. n. 75-618 du 11 juil. 1975, art. 15 (*supra*, sous art. 211).

Art. 276-2. – **A la mort de l'époux débiteur, la charge de la rente passe à ses héritiers.**

C. SAUJOT, *Les héritiers des époux divorcés ou séparés de corps* : *J.C.P.* 76, I, 2776.

Art. 277. – **Indépendamment de l'hypothèque légale ou judiciaire, le juge peut imposer à l'époux débiteur de constituer un gage ou de donner une caution pour garantir la rente.**

Art. 278. – **En cas de demande conjointe, les époux fixent le montant et les modalités de la prestation compensatoire dans la convention qu'ils soumettent à l'homologation du juge.**

Le juge, toutefois, refuse d'homologuer la convention si elle fixe inéquitablement les droits et obligations des époux.

L'article 278 n'est pas applicable en cas de divorce pour faute, et les parties peuvent, une fois le divorce devenu irrévocable, transiger et conclure tous accords sur le montant de la prestation compensatoire (Paris 17 déc. 1985 : *D.* 1987, Somm. 46, obs. Bénabent).

Art. 279. – **La convention homologuée a la même force exécutoire qu'une décision de justice.**

Elle ne peut être modifiée que par une nouvelle convention entre les époux, également soumise à homologation.

Les époux ont néanmoins la faculté de prévoir dans leur convention que chacun d'eux pourra, en cas de changement imprévu dans ses ressources et ses besoins, demander au juge de réviser la prestation compensatoire.

1) Aux termes de l'article 279, la modification de la prestation compensatoire ne peut intervenir que si la possibilité d'une révision a été prévue dans la convention homologuée ou encore à l'occasion d'une nouvelle convention entre les parties, convention soumise, comme la convention initiale, à l'homologation du juge (Poitiers 7 mai 1979 : *J.C.P.* 80, II, 19448, note Lindon ; *D.* 1980, 507, note Massip, 2e esp. – V. en ce sens Paris 22 avril 1982 : *Defrénois* 1982, 1245, obs. Massip). Mais jugé que l'article 279 alinéa 3 n'exclut pas la possibilité reconnue aux parties par l'article 273 de demander la révision si l'absence de révision devait avoir pour l'un des conjoints des conséquences d'une exceptionnelle gravité (Civ. 2e, 6 fév. 1985 : *Bull.* II, n. 31, p. 23 – Civ. 2e, 6 fév. 1985 : *J.C.P.* 86, II, 20580, note Lindon et Bénabent ; *D.* 1986, 452, note Potiron).

2) Le prononcé du divorce et l'homologation de la convention définitive ont un caractère indissociable et ne peuvent plus être remis en cause hors des cas prévus par la loi, d'où il résulte que la convention définitive ne peut faire l'objet d'une action en rescision pour lésion (Civ. 2e, 6 mai 1987 : *Bull.* II, n. 103, p. 60 ; *D.* 1987, 358, note Groslière).

3) La convention homologuée par le juge qui prononce le divorce sur demande conjointe a la même force exécutoire qu'une décision de justice. Par suite, si elle précise qu'une soulte a déjà été versée hors de la comptabilité du notaire, une demande en paiement ne peut plus être formée ultérieurement à ce titre (Civ. 2e, 19 fév. 1986 : *D.* 1987, 441, note Théry).

4) Sur la possibilité pour les créanciers de l'un et de l'autre époux de former tierce opposition contre la décision d'homologation, V. Nouv. C. proc. civ., art. 1104, *infra,* sous art. 310.

5) Sur la procédure à suivre lorsqu'il y a lieu à révision de la prestation compensatoire dans le cas prévu à l'alinéa 3, V. Nouv. C. proc. civ., art. 1084 modifié *infra,* sous art. 310.

Art. 280. - **Les transferts et abandons prévus au présent paragraphe sont considérés comme participant du régime matrimonial. Ils ne sont pas assimilés à des donations.**

Art. 280-1. - **L'époux aux torts exclusifs de qui le divorce est prononcé n'a droit à aucune prestation compensatoire.**

Toutefois, il peut obtenir une indemnité à titre exceptionnel, si, compte tenu de la durée de la vie commune et de la collaboration apportée à la profession de l'autre époux, il apparaît manifestement contraire à l'équité de lui refuser toute compensation pécuniaire à la suite du divorce.

1) L'époux aux torts exclusifs de qui le divorce est prononcé n'a droit à aucune prestation compensatoire bien qu'il ait été autorisé à rapporter par voie d'enquête la preuve des faits qu'il allègue contre son conjoint (Civ. 2e, 21 juil. 1980 : *D.* 1981, I.R., 273 ; *Bull.* II, n. 188, p. 128).

2) La cour d'appel qui alloue une indemnité sur le fondement de l'article 280-1 en retenant la collaboration de la femme à l'exploitation agricole n'a pas à rechercher si cette collaboration a enrichi le mari et appauvri la femme (Civ. 2e, 20 mars 1989 : *J.C.P.* 89, IV, 194 ; *D.* 1989, 582, note Massip. - V. cependant, décidant que l'indemnité repose sur la notion d'enrichissement sans cause, Caen 13 mars 1980 : *Defrénois* 1981, 1236, obs. crit. Massip).

3) L'article 280-1, qui prévoit seulement l'attribution à titre exceptionnel d'une indemnité, exclut que la compensation allouée puisse revêtir les autres formes prévues pour les prestations destinées à compenser la disparité que la rupture du mariage crée dans les conditions de vie respectives des époux, et notamment la forme d'un usufruit (Civ. 2e, 9 mars 1983 : *J.C.P.* 83, IV, 162 ; *D.* 1984, 17, 2e esp., note Massip).

4) L'indemnité visée par l'article 280-1 ne peut être accordée si elle n'est pas sollicitée (Civ. 2e, 24 mai 1984 : *Bull.* II, n. 93, p. 66).

5) L'épouse n'a pas droit à l'indemnité pour la seule raison qu'elle était restée au domicile pendant que son mari faisait carrière (Civ. 2e, 8 juin 1983 : *D.* 1985, I.R., 175, obs. Bénabent).

6) L'article 757-A du Code général des impôts déroge, en ce qui concerne les droits d'enregistrement, aux dispositions de l'article 280, et il en résulte que la remise ou l'abandon de droits de propriété à titre de prestation compensatoire doivent être soumis aux droits de mutation à titre gratuit (Com. 8 juil. 1986 : *D.* 1987, 183, note J.M.).

§ 4. - Du devoir de secours après le divorce

Art. 281. - **Quand le divorce est prononcé pour rupture de la vie commune, l'époux qui a pris l'initiative du divorce reste entièrement tenu au devoir de secours.**

Art. 282   DIVORCE

Dans le cas de l'article 238, le devoir de secours couvre tout ce qui est nécessaire au traitement médical du conjoint malade.

Art. 282. – L'accomplissement du devoir de secours prend la forme d'une pension alimentaire. Celle-ci peut toujours être revisée en fonction des ressources et des besoins de chacun des époux.

1) Les besoins de l'époux créancier de la pension alimentaire ne se limitent pas aux nécessités matérielles de la vie mais doivent être évalués en fonction, notamment, du niveau social des époux (Civ. 2e, 11 juil. 1979 : *Bull.* II, n. 207, p. 143).

2) Sur la prise en charge par l'époux débiteur de la pension des cotisations d'assurance volontaire permettant l'affiliation à la sécurité sociale, V. Lyon 8 oct. 1980 : *D.* 1981, 289, note Moussa.

3) Aucune disposition légale n'interdit de faire varier, avant indexation, le montant de la pension par périodes successives en fonction des changements futurs mais certains affectant à compter d'une date déterminée la situation respective des parties (Civ. 2e, 21 mars 1984 : *Bull.* II, n. 52, p. 36).

4) Sur la valeur de l'engagement d'honneur pris par le demandeur de renoncer à solliciter toute modification du montant de la pension, V. Civ. 2e, 27 nov. 1985 : *D.* 1987, Somm. 48, obs. Bénabent.

Art. 283. – **La pension alimentaire cesse de plein droit d'être due si le conjoint qui en est créancier contracte un nouveau mariage.**
Il y est mis fin si le créancier vit en état de concubinage notoire.

Art. 284. – **A la mort de l'époux débiteur, la charge de la pension passe à ses héritiers.**

Art. 285. – **Lorsque la consistance des biens de l'époux débiteur s'y prête, la pension alimentaire est remplacée, en tout ou partie, par la constitution d'un capital, selon les règles des articles 274 à 275-1 et 280.**
Si ce capital devient insuffisant pour couvrir les besoins du conjoint créancier, celui-ci peut demander un complément sous forme de pension alimentaire.

Sur la possibilité de l'abandon de la pleine propriété d'un bien en cas d'accord des époux, V. *supra,* sous art. 275.

§ 5. – Du logement

Art. 285-1. – **Si le local servant de logement à la famille appartient en propre ou personnellement à l'un des époux, le juge peut le concéder à bail à l'autre conjoint :**
1° *(L. n. 87-570 du 22 juil. 1987, art. 4).* Lorsque l'autorité parentale est exercée par celui-ci sur un ou plusieurs enfants ou, en cas d'exercice en commun de l'autorité parentale, lorsqu'un ou plusieurs enfants ont leur résidence habituelle dans ce logement ;
2° Lorsque le divorce a été prononcé à la demande de l'époux propriétaire, pour rupture de la vie commune.
Dans le cas prévu au 1° ci-dessus, le juge fixe la durée du bail et peut le renouveler jusqu'à la majorité du plus jeune des enfants.
Dans le cas prévu au 2°, le bail ne peut être concédé pour une durée excédant neuf années, mais peut être prolongé par une nouvelle décision. Il prend fin, de plein droit,

DIVORCE · Art. 287-2

en cas de remariage de celui à qui il a été concédé. Il y est mis fin si celui-ci vit en état de concubinage notoire.

Dans tous les cas, le juge peut résilier le bail si des circonstances nouvelles le justifient.

J. BEAUCHARD, *Le bail forcé du logement de la famille à la suite du divorce* : *J.C.P.* 82, éd. N, I, 63.

L'article 285-1 peut être appliqué à un local dans lequel l'un des époux vit de façon habituelle avec les enfants issus du mariage, même séparément de son conjoint (Paris 4 mai 1979 : *D.* 1980, I.R., 437).

SECTION III. – DES CONSÉQUENCES DU DIVORCE POUR LES ENFANTS.

Art. 286. – **Le divorce laisse subsister les droits et les devoirs des père et mère à l'égard de leurs enfants, sous réserve des règles qui suivent.**

Art. 287 *(L. n. 87-570 du 22 juil. 1987, art. 5).* – **Selon l'intérêt des enfants mineurs, l'autorité parentale est exercée soit en commun par les deux parents après que le juge ait recueilli leur avis, soit par l'un deux. En cas d'exercice en commun de l'autorité parentale, le juge indique le parent chez lequel les enfants ont leur résidence habituelle.**

1) Sur le pouvoir souverain des juges du fond pour apprécier l'intérêt de l'enfant, V. Civ. 2e, 14 nov. 1975 : *Bull.* II, n. 291, p. 234. Sur les éléments de fait pris en compte par la jurisprudence, V. *J.-Cl. Civil,* art. 286-295.

2) L'article 210 du Code civil qui dispose que si la personne qui doit fournir des aliments justifie qu'elle ne peut payer la pension alimentaire, le tribunal peut en connaissance de cause ordonner qu'elle recevra dans sa demeure, qu'elle nourrira et entretiendra celui auquel elle devra des aliments est inapplicable au cas où les enfants sont confiés en vertu de l'article 287 (Civ. 2e, 26 nov. 1980 : *J.C.P.* 81, IV, 58 ; *Bull.* II, n. 245, p. 167).

3) Les juges ne peuvent confier alternativement la garde des enfants communs au père et à la mère (Civ. 2e, 2 mai 1984 : *Bull.* II, n. 78, p. 56 ; *J.C.P.* 85, II, 20412, note A. Dekeuwer – Civ. 2e, 20 nov. 1985 : *Bull.* II, n. 174, p. 116).

4) V. D. n. 83-724 du 27 juil. 1983 portant publication de la convention européenne sur la reconnaissance et l'exécution des décisions en matière de garde des enfants et le rétablissement de la garde des enfants, signée à Luxembourg le 20 mai 1980 : *D.* 1983, L. 432.

Art. 287-1 *(L. n. 87-570 du 22 juil. 1987, art. 6).* – **A titre exceptionnel et si l'intérêt des enfants l'exige, le juge peut décider de fixer leur résidence soit chez une autre personne choisie de préférence dans leur parenté, soit, si cela s'avérait impossible, dans un établissement d'éducation. La personne à qui les enfants sont confiés accomplit tous les actes usuels relatifs à leur surveillance et à leur éducation.**

Art. 287-2 *(L. n. 87-570 du 22 juil. 1987, art. 7).* – **Avant toute décision, provisoire ou définitive, fixant les modalités de l'exercice de l'autorité parentale et du droit de visite ou confiant les enfants à un tiers, le juge peut donner mission à toute personne qualifiée d'effectuer une enquête sociale. Celle-ci a pour but de recueillir des renseignements sur la situation matérielle et morale de la famille, sur les conditions dans lesquelles vivent et sont élevés les enfants et sur les mesures qu'il y a lieu de prendre dans leur intérêt.**

Art. 288 — DIVORCE

Si l'un des époux conteste les conclusions de l'enquête sociale, il peut demander une contre-enquête.
L'enquête sociale ne peut être utilisée dans le débat sur la cause du divorce.

T. GARÉ, *L'enquête sociale dans la désunion des parents* : Rev. trim. dr. civ. 1987, 692.

Art. 288 *(L. n. 87-570 du 22 juil. 1987, art. 8. I).* – Le parent qui n'a pas l'exercice de l'autorité parentale conserve le droit de surveiller l'entretien et l'éducation des enfants et doit être informé, en conséquence, des choix importants relatifs à la vie de ces derniers. Il y contribue à proportion de ses ressources et de celles de l'autre parent.
Un droit de visite et d'hébergement ne peut lui être refusé que pour des motifs graves.
Il peut être chargé d'administrer sous contrôle judiciaire tout ou partie du patrimoine des enfants, par dérogation aux articles 372-2 et 389, si l'intérêt d'une bonne administration de ce patrimoine l'exige.
(L. n. 87-570 du 22 juil. 1987, art. 8. II). – En cas d'exercice en commun de l'autorité parentale, le parent chez lequel les enfants ne résident pas habituellement contribue à leur entretien et à leur éducation à proportion de ses ressources et de celles de l'autre parent.

1) L'existence d'un droit de surveillance au bénéfice de l'époux non gardien fait implicitement obligation à l'époux gardien d'informer son ex-conjoint des décisions importantes qu'il prend en ce qui concerne leur enfant commun (T.G.I., Nanterre 28 juin 1977 : *Gaz. Pal.* 1977, 2, Somm. 391).

2) Le juge peut interdire à l'époux non gardien de faire sortir les enfants du territoire français métropolitain (Civ. 2ᵉ, 12 janv. 1972 : *Bull.* II, n. 8, p. 6).

3) Sur l'absence de valeur juridique des documents médicaux ou para-médicaux sur lesquels le parent gardien se fonderait pour faire obstacle à l'exercice du droit de visite et d'hébergement de l'autre parent, V. Rép. min. Justice, n. 23971 : *J.O.* déb. Ass. nat., 11 avril 1983, p. 1737.

Art. 289 *(L. n. 87-570 du 22 juil. 1987, art. 9).* – Le juge statue sur les modalités de l'exercice de l'autorité parentale ou décide de confier l'enfant à un tiers, à la demande de l'un des époux, d'un membre de la famille ou du ministère public.

Art. 290. – Le juge tient compte :
1° Des accords passés entre les époux ;
2° Des renseignements qui ont été recueillis dans l'enquête et la contre-enquête sociale prévues à l'article 287-1 ;
3° *(L. n. 87-570 du 22 juil. 1987, art. 10).* – Des sentiments exprimés par les enfants. Lorsque ceux-ci ont moins de treize ans, ils ne peuvent être entendus que si leur audition paraît nécessaire et ne comporte pas d'inconvénients pour eux ; lorsqu'ils ont plus de treize ans, leur audition ne peut être écartée que par décision spécialement motivée. Cette décision n'est susceptible d'appel qu'avec la décision qui statue sur l'autorité parentale.

1) Le juge n'est pas lié par l'accord des parents (Civ. 2ᵉ, 3 mai 1974 : *Bull.* II, n. 147, p. 124), pas plus que par les conclusions de l'enquête sociale (Civ. 25 janv. 1949 : *J.C.P.* 50, II, 5473, note Laurent). Il peut estimer que l'intérêt de l'enfant justifie la modification de la convention par laquelle la garde a été confiée à la mère à la condition que celle-ci continue à résider dans deux départements déterminés (Civ. 2ᵉ, 17 déc. 1984 : *Bull.* II, n. 197, p. 139).

DIVORCE — Art. 293

2) L'opinion des enfants intéressés, si elle ne doit pas dicter la décision du magistrat, n'en doit pas moins être connue de celui-ci lorsque les enfants sont en âge de comprendre et de se décider. (T.G.I. Nevers 28 avril 1976 : *D.* 1977, 326, note Almairac. – Comp. pour la prise en considération de l'avis exprimé par un enfant de 13 ans, Paris 13 mars 1980 : *D.* 1980, I.R., 294.).

3) Sur la désignation d'un médiateur de couple en vue de l'élaboration par les parents d'une convention portant sur l'exercice conjoint de l'autorité parentale, v. T.G.I. (ord. J.A.M.) Argentan 23 juin 1988 : *D.* 1989, 411, 1re esp., note Lienhard.

Art. 291. – **Les décisions relatives à l'exercice de l'autorité parentale peuvent être modifiées ou complétées à tout moment par le juge, à la demande d'un époux, d'un membre de la famille ou du ministère public.**

1) La requête présentée par un procureur de la République pour demander au juge aux affaires matrimoniales de modifier les dispositions d'un jugement de divorce qui ont organisé l'exercice de l'autorité parentale entre dans les prévisions de l'article 291 du Code civil (Caen 20 déc. 1977 : *Gaz. Pal.* 1978, 1, 287).

2) Le droit de visite étant une contrepartie accordée à l'époux non attributaire de la garde des enfants, c'est le juge aux affaires matrimoniales, compétent pour modifier le droit de garde après le prononcé du divorce, qui est également compétent pour statuer sur la modification du droit de visite (T.G.I. Toulouse 6 janv. 1977 : *J.C.P.* 77, II, 18729).

3) Sur les circonstances de fait pouvant justifier une modification, V. *J.-Cl. Civil*, art. 286-295.

Art. 292. – **En cas de divorce sur demande conjointe, les dispositions de la convention homologuée par le juge relatives à l'exercice de l'autorité parentale peuvent être révisées, pour des motifs graves, à la demande de l'un des époux ou du ministère public.**

V. pour une application Civ. 2e, 18 juin 1981 : *D.* 1982, I.R., 37 ; *Bull.* II, n. 139, p. 89. Viole l'article 292 l'arrêt qui révise la convention en énonçant qu'il existe des motifs graves sous réserve du résultat de l'examen médico-psychologique de l'enfant, alors qu'en subordonnant son appréciation sur l'existence d'un motif grave aux résultats de la mesure d'instruction qu'elle ordonnait, la cour d'appel n'a pas retenu en l'état l'existence d'un tel motif (Civ. 2e, 20 juil. 1983 : *J.C.P.* 83, IV, 315 ; *Bull.* II, n. 154, p. 107).

Art. 293. – **La contribution à l'entretien et à l'éducation des enfants prévue à l'article 288 prend la forme d'une pension alimentaire versée** (*L. n. 87-570 du 22 juil. 1987, art. 11*), **selon le cas, au parent qui a l'exercice de l'autorité parentale ou chez lequel les enfants ont leur résidence habituelle ou à la personne à laquelle les enfants ont été confiés.**

Les modalités et les garanties de cette pension alimentaire sont fixées par le jugement ou, en cas de divorce sur demande conjointe, par la convention des époux homologuée par le juge.

1) La règle « aliments n'arréragent pas » est sans application lorsque la pension a été accordée au titre de la contribution de l'autre époux à l'entretien et à l'éducation des enfants mineurs issus du mariage (Civ. 2e, 29 oct. 1980 : *Bull.* II, n. 226, p. 154 ; *J.C.P.* 81, II, 19665, note Jambu-Merlin).

2) Même si la convention homologuée prévoit qu'il n'y a pas lieu à pension alimentaire pour l'enfant, la femme peut ultérieurement assigner son époux en paiement d'une pension alimentaire (Civ. 2e, 17 oct. 1985 : *D.* 1987, Somm. 43, obs. Bénabent).

3) En cas de divorce prononcé sur demande conjointe, aucune disposition légale ne supprime ni ne soumet à des conditions particulières le droit pour les parties de modifier en considération des changements intervenus, le montant de la contribution à l'entretien et à l'éducation des enfants communs, mise par la convention homologuée à la charge de celui des parents qui n'en a pas la garde (Civ. 2e, 21 avril 1982 : *D.* 1983, 198, note Floro).

Art. 294. – Lorsque la consistance des biens du débiteur s'y prête, la pension alimentaire peut être remplacée, en tout ou partie, selon les règles des articles 274 à 275-1 et 280, par le versement d'une somme d'argent entre les mains d'un organisme accrédité chargé d'accorder en contrepartie à l'enfant une rente indexée, l'abandon de biens en usufruit ou l'affectation de biens productifs de revenus.

Art. 294-1. – Si le capital ainsi constitué devient insuffisant pour couvrir les besoins des enfants *(L. n. 87-570 du 22 juil. 1987, art. 12),* **le parent qui a l'exercice de l'autorité parentale ou chez lequel les enfants ont leur résidence habituelle ou la personnne à laquelle les enfants ont été confiés peut demander l'attribution d'un complément sous forme de pension alimentaire.**

Art. 295. – Le parent qui assume à titre principal la charge d'enfants majeurs qui ne peuvent eux-mêmes subvenir à leurs besoins peut demander à son conjoint de lui verser une contribution à leur entretien et à leur éducation.

1) Sur la compétence du juge aux affaires matrimoniales pour statuer sur la demande présentée par l'un des parents, V. Civ. 2e, 7 oct. 1981 : *D.* 1983, I.R., 36, obs. Groslière.

2) Sauf dispositions contraires du jugement qui, après divorce, condamne l'un des époux à servir une pension alimentaire à titre de contribution à l'entretien des enfants mineurs dont l'autre a la garde, les effets de la condamnation ne cessent pas de plein droit à la majorité de l'enfant. Il appartient au débiteur de solliciter la suppression de l'obligation devant le juge compétent en faisant valoir que les enfants ne sont plus à la charge de l'autre parent (Civ. 2e, 8 fév. 1989 : *J.C.P.* 89, IV, 131 ; *Bull.* II, n. 32, p. 16).

CHAPITRE IV. – DE LA SÉPARATION DE CORPS

SECTION I. – DES CAS ET DE LA PROCÉDURE DE LA SÉPARATION DE CORPS

Art. 296. – La séparation de corps peut être prononcé à la demande de l'un des époux dans les mêmes cas et aux mêmes conditions que le divorce.

Art. 297. – L'époux contre lequel est présentée une demande en divorce peut former une demande reconventionnelle en séparation de corps. L'époux contre lequel est présentée une demande en séparation de corps peut former une demande reconventionnelle en divorce.

DIVORCE Art. 303

Si une demande en divorce et une demande en séparation de corps sont simultanément accueillies, le juge prononce à l'égard des deux conjoints le divorce aux torts partagés.

Art. 298. – En outre, les règles contenues au chapitre II ci-dessus sont applicables à la procédure de la séparation de corps.

SECTION II. – DES CONSÉQUENCES DE LA SÉPARATION DE CORPS

Art. 299. – La séparation de corps ne dissout pas le mariage mais elle met fin au devoir de cohabitation.

Art. 300. – La femme séparée conserve l'usage du nom du mari. Toutefois, le jugement de séparation de corps, ou un jugement postérieur, peut le lui interdire. Dans le cas où le mari aurait joint à son nom le nom de la femme, celle-ci pourra également demander qu'il soit interdit au mari de le porter.

Art. 301. – En cas de décès de l'un des époux séparés de corps, l'autre époux conserve les droits que la loi accorde au conjoint survivant. Il en est toutefois privé si la séparation de corps est prononcée contre lui suivant les distinctions faites à l'article 265. Lorsque la séparation de corps est prononcée sur demande conjointe, les époux peuvent inclure dans leur convention une renonciation aux droits successoraux qui leur sont conférés par les articles 765 à 767.

Art. 302. – La séparation de corps entraîne toujours séparation de biens.
En ce qui concerne les biens, la date à laquelle la séparation de corps produit ses effets est déterminée conformément aux dispositions des articles 262 à 262-2.

Art. 303. – La séparation de corps laisse subsister le devoir de secours ; le jugement qui la prononce ou un jugement postérieur fixe la pension alimentaire qui est due à l'époux dans le besoin.
Cette pension est attribuée sans considération des torts. L'époux débiteur peut néanmoins invoquer, s'il y a lieu, les dispositions de l'article 207, alinéa 2.
Cette pension est soumise aux règles des obligations alimentaires ; les dispositions de l'article 285 lui sont toutefois applicables.

1) La pension accordée par le magistrat conciliateur dans le cadre d'une procédure de séparation de corps n'a pas à être imputée sur la part de la femme dans le partage de la communauté, alors même que l'ordonnance de non-conciliation a précisé qu'elle était « à valoir sur la communauté », dès lors que l'arrêt prononçant la séparation de corps laissait subsister le devoir de secours et que l'ordonnance, qui n'avait qu'un caractère provisoire, était dépourvue de l'autorité de chose jugée (Civ. 1re, 18 nov. 1986 : *Bull.* I, n. 271, p. 259).

2) Pour un exemple d'application de l'article 207, alinéa 2, du Code civil à la pension due en cas de séparation de corps, V. Civ. 2e, 11 fév. 1981 : *Bull.* II, n. 34, p. 23.

3) Sur le régime fiscal de la pension alimentaire, V. Instr. 17 fév. 1977 sur les conséquences fiscales du divorce : *J.C.P.* 77, éd. C.I., I, 5959.

Art. 304 — DIVORCE

Art. 304. – Sous réserve des dispositions de la présente section, les conséquences de la séparation de corps obéissent aux mêmes règles que les conséquences du divorce énoncées au chapitre III ci-dessus.

SECTION III. – DE LA FIN DE LA SÉPARATION DE CORPS

Art. 305. – La reprise volontaire de la vie commune met fin à la séparation de corps. Pour être opposable aux tiers, celle-ci doit, soit être constatée par acte notarié, soit faire l'objet d'une déclaration à l'officier d'état civil. Mention en est faite en marge de l'acte de mariage *(L. n. 85-1372 du 13 déc. 1985, art. 45)* des époux, ainsi qu'en marge de leurs actes de naissance.

La séparation de biens subsiste sauf si les époux adoptent un nouveau régime matrimonial suivant les règles de l'article 1397.

Art. 306. – A la demande de l'un des époux, le jugement de séparation de corps est converti de plein droit en jugement de divorce quand la séparation de corps a duré trois ans.

La loi applicable à la conversion de séparation de corps en divorce est celle en vigueur lors de la requête initiale en séparation de corps (Civ. 2e, 27 nov. 1980 : *Bull.* II, n. 248, p. 170).

Art. 307. – Dans tous les cas de séparation de corps, celle-ci peut être convertie en divorce par une demande conjointe.

Quand la séparation de corps a été prononcée sur demande conjointe, elle ne peut être convertie en divorce que par une nouvelle demande conjointe.

Les articles 306 et 307 n'excluent pas la possibilité d'une demande principale en divorce, formée pour d'autres causes, après le jugement de séparation de corps, spécialement celle formée pour rupture de la vie commune (Civ. 2e, 11 oct. 1989 : *J.C.P.* 89, IV, 395).

Art. 308. – Du fait de la conversion, la cause de la séparation de corps devient la cause du divorce ; l'attribution des torts n'est pas modifiée.

Le juge fixe les conséquences du divorce. Les prestations et pensions entre époux sont déterminées selon les règles propres au divorce.

Art. 309. – La femme peut contracter un nouveau mariage dès que la décision de conversion a pris force de chose jugée.

CHAPITRE V. – DU CONFLIT DES LOIS RELATIVES AU DIVORCE ET A LA SÉPARATION DE CORPS

Art. 310. – Le divorce et la séparation de corps sont régis par la loi française :
– lorsque l'un et l'autre époux sont de nationalité française ;
– lorsque les époux ont, l'un et l'autre, leur domicile sur le territoire français ;

DIVORCE   Art. 310

— lorsque aucune loi étrangère ne se reconnaît compétence alors que les tribunaux français sont compétents pour connaître du divorce ou de la séparation de corps.

Jean FOYER, *Tournant et retour aux sources en droit international privé* : *J.C.P.* 76, I, 2762.

1) Sur la compétence du juge aux affaires matrimoniales pour déterminer la loi applicable au divorce et prescrire en application de cette loi les mesures provisoires, V. Versailles 18 janv. 1982 : *Rev. crit. dr. int. privé* 1983, 442, note Gaudemet-Tallon.

2) Lorsque deux époux sont étrangers, dont un seul est domicilié en France, leur divorce est régi par la loi étrangère qui se reconnaît compétence (Civ. 1re, 25 mai 1987 : *Bull.* I, n. 168, p. 127 ; *J.C.P.* 88, II, 20976, note Courbe).

3) Toutes les fois que la règle française de solution des conflits de juridiction n'attribue pas compétence exclusive aux tribunaux français, le tribunal étranger doit être reconnu compétent si le litige se rattache d'une manière caractérisée au pays dont le juge a été saisi et si le choix de la juridiction n'a pas été frauduleux (Civ. 1re, 6 fév. 1985 : *D.* 1985, 469, note Massip ; *Rev. crit. dr. int. privé* 1985, 369. V. aussi Versailles 18 nov. 1986, Paris 25 fév. et 4 mars 1987 : *D.* 1987, Somm. 346, obs. Audit.

4) L'article 24 I de la loi du 11 juillet 1975 (disposant que les affaires introduites avant l'entrée en vigueur de la réforme sont poursuivies et jugées selon la loi ancienne) pose seulement des règles transitoires spéciales de la lois interne et ne régit pas la règle de conflit de lois, laquelle reste déterminée par les principes généraux du droit transitoire commandant l'application immédiate de la règle de conflit unilatérale exprimée par l'article 310 (Civ. 1re, 13 janv. 1982 : *Rev. cr. dr. int. privé* 1982, 551, note Batiffol. V. en ce sens Paris 23 fév. 1987 : *D.* 1987, Somm. 348, obs. Audit).

5) L'article 310 n'édicte pas une compétence exclusive empêchant le recours au juge national et à la loi d'origine (Douai 9 mars 1989 : *J.C.P.* 89, II, 21388, note X.L.).

Loi n. 75-617 du 11 juillet 1975 (*J.O.*12 juil.)
portant réforme du divorce

Art. 1er. — Le titre sixième du livre 1er du Code civil « Du divorce » est remplacé par les dispositions suivantes :
V. C. civ., art. 229 à 310.

Art. 2 à 5. — *V. C. civ., art. 108, 108-1, 108-2, 108-3, 215, al. 2 et 3, 389-4, 389-6 et 180, al. 2.*

Art. 6. — Les deuxième et troisième alinéas de l'article 214 du Code civil sont abrogés.

Art. 7 et 8. — *V. C. civ., art. 228, al. 2 et 3, art. 1397-1, 1450 et 1451.*

Art. 9. — Sont abrogées les dispositions suivantes du Code civil :
— la deuxième phrase de l'article 162 ;
— le 2° de l'article 164.

Art. 10. — L'article 1463 ancien du Code civil ne s'appliquera pas aux mariages contractés avant l'entrée en vigueur de la loi n. 65-570 du 13 juillet 1965 portant réforme des régimes matrimoniaux et dissous postérieurement à l'entrée en vigueur de la présente loi.

Art. 11. – I. – *V. C. séc. soc., art. L. 351-2.*
II. – *V. C. rural, art. 1122-2.*

Art. 12. – Le Gouvernement prendra les dispositions nécessaires pour adapter aux régimes de retraite légaux et réglementaires les dispositions de l'article précédent.

Art. 13 et 14. – *V. C. pens. civ. mil., art. L. 44 et L. 45.*

Art. 15. – *V. C. civ., art. 1542.*

Art. 16-I et II. – *V. L. n. 73-5 du 2 janv. 1973, art. 7, al. 1 et art. 7-1.*

Art. 17. – Les articles 324, alinéa 2, et 336 à 339 du Code pénal sont abrogés.

Art. 18 à 21. – *V. C. pénal, art. 357, 357-2, 357-3 et 356-1.*

Art. 22. – *V. L. 29 juil. 1881, art. 39, al. 1.*

Art. 23. – Le divorce et la séparation de corps peuvent être demandés dans les cas prévus par la présente loi, même si les faits se sont produits avant son entrée en vigueur.

Art. 24. – I. – Toutes les fois que la requête initiale a été présentée avant l'entrée en vigueur de la présente loi, l'action en divorce ou en séparation de corps est poursuivie et jugée conformément à la loi ancienne. Dans ce cas, le jugement rendu après l'entrée en vigueur de la présente loi produit les effets prévus par la loi ancienne.

Toutefois, sont immédiatement applicables les dispositions des articles 264, alinéa 3, et 295 nouveaux du Code civil ainsi que des nouveaux articles 356-1 et 357-3 du Code pénal.

II. – Le bénéfice des dispositions de l'article 285-1 du Code civil pourra être demandé même par un époux dont le divorce a été prononcé avant la date d'entrée en vigueur de la présente loi, à la condition qu'il réside encore dans le local à cette date.

Il en sera de même des dispositions de l'article 1542, à la condition que le partage des biens indivis n'ait pas encore été conclu à cette date.

Art. 25. – La présente loi entrera en vigueur le 1er janvier 1976.

Nouveau Code de procédure civile *(D. n. 81-500 du 12 mai 1981)*

CHAPITRE V. – LE DIVORCE ET LA SÉPARATION DE CORPS

Section I. – Dispositions générales

Sous-section I. – La compétence

Art. 1070. – Le tribunal territorialement compétent dans les affaires de divorce est :
– le tribunal du lieu où se trouve la résidence de la famille ;
– si les époux ont des résidences distinctes, le tribunal du lieu où réside celui des époux avec lequel habitent les enfants mineurs ;
– dans les autres cas, le tribunal du lieu où réside l'époux qui n'a pas pris l'initiative de la demande.

En cas de demande conjointe, le tribunal compétent est, selon le choix des époux, celui du lieu où réside l'un ou l'autre.

DIVORCE

Art. 1071. – La compétence territoriale est déterminée par la résidence au jour où la requête initiale est présentée.

Art. 1072 *(Al. 1er modifié. D. n. 87-578 du 22 juil. 1987, art. 1er).* – Si, après le prononcé du divorce, un litige s'élève entre les époux sur l'une de ses conséquences, le tribunal compétent pour en connaître est celui où, lors de l'introduction de l'instance, réside l'époux qui a l'exercice de l'autorité parentale ou, en cas d'exercice en commun, l'époux chez qui a été fixée la résidence habituelle des enfants mineurs ; à défaut, le tribunal du lieu où réside l'époux qui n'a pas pris l'initiative de la demande.

Toutefois, lorsque le litige porte seulement sur la pension alimentaire ou la prestation compensatoire, la juridiction compétente peut être celle du lieu où réside l'époux créancier ou le parent qui assume à titre principal la charge des enfants même majeurs.

Ce tribunal peut demander communication du dossier à la juridiction qui a prononcé le divorce.

Art. 1073. – Les demandes tendant à la modification des mesures prises par le juge en application de l'article 258 du Code civil sont portées devant les juges qui auraient été normalement compétents pour en connaître en l'absence de demande en divorce.

Sous-section II. – Le juge aux affaires matrimoniales

Art. 1074. – Outre les pouvoirs qui lui sont dévolus par l'article 247 du Code civil, le juge aux affaires matrimoniales a pour mission de tenter une conciliation entre les époux avant ou pendant l'instance.

Il est juge de la mise en état.

Il exerce aussi les fonctions de juge des référés.

Il statue, s'il y a lieu, sur les exceptions d'incompétence.

Sous-section III. – Les demandes

Art. 1075. – Dès le début de la procédure, les époux font, le cas échéant, connaître, avec les indications nécessaires à leur identification, la caisse d'assurance maladie à laquelle ils sont affiliés, les services ou organismes qui servent les prestations familiales, les pensions de retraite ou tout avantage de vieillesse ainsi que la dénomination et l'adresse de ces caisses, services ou organismes.

(Al. 2 Abrogé, D. n. 85-1330 du 17 déc. 1985, art. 21)

Art. 1075-1 *(D. n. 85-1330 du 17 déc. 1985, art. 18).* – Les époux doivent, à la demande du juge, justifier de leurs charges et ressources, notamment par la production de déclarations de revenus, d'avis d'imposition et de bordereaux de situation fiscale.

Art. 1076. – L'époux qui présente une demande en divorce peut, en tout état de cause, et même en appel, lui substituer une demande en séparation de corps.

La substitution inverse est interdite.

Art. 1076-1 *(D. n. 85-1330 du 17 déc. 1985, art. 19).* – Lorsqu'une des parties n'a demandé que le versement d'une pension alimentaire ou d'une contribution aux charges du mariage, le juge ne peut prononcer le divorce sans avoir invité les parties à s'expliquer sur le versement d'une prestation compensatoire.

Art. 1077. – En cours d'instance, il ne peut être substitué à une demande fondée sur un des cas de divorce définis à l'article 229 du Code civil, une demande fondée sur un autre cas.

Toutefois, s'ils parviennent à un accord en cours d'instance, les époux peuvent saisir le juge, dans les conditions prévues par l'article 246 du Code civil, d'une requête établie selon les formes réglées à la section II du présent chapitre.

Sous-section IV. – L'enquête sociale et les décisions relatives à
(D. n. 87-578 du 22 juil. 1987, art. 2) l'exercice de l'autorité parentale

Art. 1078. – L'enquête sociale, prévue par l'article 287-2 du Code civil, peut être ordonnée même d'office par le juge aux affaires matrimoniales ou par le tribunal s'ils s'estiment insuffisamment informés par les éléments dont ils disposent.

Art. 1079. – L'enquête sociale donne lieu à la rédaction d'un rapport où sont consignées les constatations faites par l'enquêteur et les solutions proposées par lui.

Le juge ou le tribunal donne communication du rapport aux parties en leur fixant un délai dans lequel elles auront la faculté de demander un complément d'enquête ou une contre-enquête.

Art. 1080 *(Al. 1er mod. D. n. 87-578 du 22 juil. 1987, art. 4).* – Quand il y a lieu de statuer sur l'exercice de l'autorité parentale, l'époux à qui cet exercice n'avait pas été précédemment confié peut établir un projet détaillé des moyens qu'il mettrait en œuvre pour assurer l'entretien et l'éducation des enfants si cet exercice lui était attribué ; il en est de même lorsque l'époux demande à exercer seul l'autorité parentale qui était précédemment exercée en commun. Des tiers, parents ou amis, peuvent se porter caution de la bonne exécution du projet.

L'enquête sociale porte, le cas échéant, sur les possibilités de réalisation du projet aussi bien que sur la situation actuelle, sans préjudice de toute mesure d'instruction.

Sous-section V. – La prestation compensatoire

Art. 1080-1 *(D. n. 84-618 du 13 juil. 1984, art. 21).* – La prestation compensatoire fixée par la décision qui prononce le divorce ne peut être assortie de l'exécution provisoire.

Sous-section VI. – La publicité des jugements de divorce

Art. 1081. – Le dispositif de la décision énonce, le cas échéant, la date à laquelle les époux ont été autorisés à résider séparément. Il est lu en audience publique.

Art. 1082 *(mod. D. n. 89-511 du 20 juil. 1989, art. 30).* – Mention du divorce est portée en marge de l'acte de mariage, ainsi que de l'acte de naissance de chacun des époux, au vu d'un extrait de la décision ne comportant que son dispositif et accompagné de la justification de son caractère exécutoire conformément à l'article 506.

Si le mariage a été célébré à l'étranger, le dispositif de la décision est transcrit sur les registres de l'état civil et mentionné en marge de l'acte de naissance de chacun des époux.

Sous-section VII. – La modification des mesures accessoires

Art. 1083. – Lorsque le jugement prononçant le divorce est frappé d'appel, la modification des mesures accessoires assorties de l'exécution provisoire, en cas de survenance d'un fait nouveau, ne peut être demandée, selon le cas, qu'au premier président de la cour d'appel ou au conseiller de la mise en état.

Art. 1084 *(Remplacé, D. n. 84-618 du 13 juil. 1984, art. 22).* – Quand il y a lieu de statuer, après le prononcé du divorce, sur *(D. n. 87-578 du 22 juil. 1987, art. 12)* l'exercice de l'autorité

DIVORCE   Art. 310

parentale ou la modification de la pension alimentaire, la demande est présentée, même si un pourvoi en cassation a été formé, au juge aux affaires matrimoniales par les personnes intéressées, soit dans les formes prévues pour les référés, soit par simple requête.

Il en est de même, lorsque le divorce a acquis force de chose jugée, s'il y a lieu à révision de la prestation compensatoire dans le cas prévu à l'article 279, alinéa 3, du Code civil.

Art. 1085. – Lorsque la demande est formée par simple requête, elle doit à peine d'irrecevabilité être datée et signée par celui qui la présente ou son avocat. Sous la même sanction, elle précise l'adresse du demandeur, indique l'objet de la demande et expose brièvement les raisons qui la justifient. La requête mentionne en outre l'adresse ou la dernière adresse connue du défendeur.

Le juge est saisi par cette requête qui vaut conclusions.

Art. 1086. – Dans les quinze jours du dépôt de la requête, le secrétaire-greffier la notifie au défendeur par lettre recommandée avec demande d'avis de réception et lui indique la date retenue pour l'audience.

Le même jour, le secrétaire-greffier lui adresse par lettre simple une copie de la requête et de la lettre recommandée.

Il informe également de la date de l'audience par lettre simple celui qui a pris l'initiative de la demande et, s'il y a lieu, son avocat.

Art. 1087. – Dans tous les cas, le juge aux affaires matrimoniales statue, sans formalité, sur les demandes respectives. Sa décision est, de droit, exécutoire à titre provisoire.

Le délai d'appel est de quinze jours ; il court à compter de la notification. Lorsqu'il a été saisi sur simple requête, le juge peut décider soit d'office, soit à la demande de l'un des intéressés, qu'il ne sera pas procédé à la signification de la décision mais que celle-ci sera notifiée par le secrétaire-greffier par lettre recommandée avec demande d'avis de réception.

                    Section II. – Le divorce sur demande conjointe des époux

Art. 1088. – Le divorce sur demande conjointe relève de la matière gracieuse.

Art. 1089. – La demande conjointe en divorce est formée par une requête unique.

Art. 1090. – La requête, qui n'indique pas les motifs du divorce, doit contenir, à peine d'irrecevabilité :

1° Les nom, prénoms, profession, résidence, nationalité, date et lieu de naissance de chacun des époux ; la date et le lieu de leur mariage ; les mêmes indications, le cas échéant, pour chacun de leurs enfants ;

2° Les renseignements prévus à l'article 1075 ;

3° L'indication de la juridiction devant laquelle la demande est portée ;

4° Le nom des avocats chargés par les époux de les représenter, ou de celui qu'ils ont choisi à cet effet d'un commun accord.

Sous la même sanction, la requête est datée et est signée par chacun des époux et leur avocat.

Art. 1091. – A peine d'irrecevabilité, la requête comprend en annexe :

1° Une convention temporaire par laquelle les époux règlent, pour la durée de l'instance, leur situation réciproque sur les différents points qui pourraient faire l'objet de mesures provisoires au sens des articles 255 et 256 du Code civil ;

2° Un projet de convention définitive, portant règlement complet des effets du divorce, avec l'indication, s'il en est besoin, d'un notaire chargé de liquider le régime matrimonial.

Art. 310   DIVORCE

Sous la même sanction, chacun des documents est daté et est signé par chacun des époux et leur avocat.

Art. 1092. – Le tribunal est saisi par la remise au secrétariat-greffe de la requête initiale, qui vaut conclusions.

Le juge aux affaires matrimoniales convoque chacun des époux par lettre simple expédiée quinze jours au moins avant la date qu'il fixe pour leur audition. Il avise le ou les avocats.

Art. 1093. – Au jour fixé, le juge entend les époux d'abord séparément, puis ensemble, et leur adresse les conseils qu'il estime opportuns.

En présence du ou des avocats, après avoir vérifié la recevabilité de la requête et éventuellement fait supprimer ou modifier les clauses de la convention temporaire qui lui paraîtraient contraires à l'intérêt des enfants, il attribue, par ordonnance, à cette convention, la force exécutoire attachée à une décision de justice.

Art. 1094. – Le juge examine ensuite avec les époux et leur avocat le projet de convention définitive qu'ils lui ont présenté.

Il leur fait connaître, le cas échéant, que l'homologation de la convention, et, en conséquence, le prononcé du divorce, seront subordonnés à telles conditions ou garanties qu'il estime utiles, notamment quant à la garde des enfants et aux prestations et pensions après le divorce.

Si le projet de convention a été établi avec le concours d'un notaire, le juge peut consulter ce dernier.

Art. 1095. – Au terme de l'examen, le juge indique aux époux qu'ils devront présenter à nouveau leur requête dans les délais prévus à l'article 231 du Code civil.

Art. 1096. – Cette requête fait simplement référence à la requête initiale sauf à y ajouter la mention des changements qui auraient pu survenir dans l'intervalle.

Art. 1097. – A peine d'irrecevabilité, la requête comprend en annexe :

1º Un compte rendu d'exécution de la convention temporaire ;

2º Une convention définitive portant règlement complet des effets du divorce et comprenant notamment un état liquidatif du régime matrimonial ou la déclaration qu'il n'y a pas lieu à liquidation. L'état liquidatif doit être passé en forme authentique devant notaire lorsque la liquidation porte sur des biens soumis à la publicité foncière.

Sous la même sanction, chacun des documents est daté et est signé par chacun des époux et leur avocat ainsi que, le cas échéant, par le notaire.

Art. 1098. – Le juge procède alors à une nouvelle convocation en observant les formes et le délai de l'article 1092.

Art. 1099. – Au jour fixé, le juge vérifie la recevabilité de la requête ; il s'assure du libre accord persistant des époux et appelle leur attention sur l'importance des engagements pris par eux, notamment quant à *(D. n. 87-578 du 22 juil. 1987, art. 12)* l'exercice de l'autorité parentale.

Il rend, sur-le-champ, un jugement par lequel il homologue la convention définitive et prononce le divorce.

Art. 1100. – Si la convention lui paraît préserver insuffisamment les intérêts des enfants ou de l'un des époux, le juge peut refuser de l'homologuer, ne pas prononcer le divorce et ajourner par ordonnance sa décision jusqu'à présentation d'une convention modifiée.

L'ordonnance mentionne le délai d'appel et le point de départ de ce délai.

DIVORCE — Art. 310

Art. 1101. – Toute la procédure est caduque faute par les époux d'avoir présenté une convention modifiée dans les six mois de l'ordonnance d'ajournement.
Le délai de six mois est suspendu en cas d'appel.

Art. 1102. – Les décisions du juge aux affaires matrimoniales sont susceptibles d'appel, à l'exception de celles qui homologuent les conventions des époux ou qui prononcent le divorce.
Le délai d'appel est de quinze jours ; il court à compter de la date de la décision.

Art. 1103. – Le délai de pourvoi en cassation est de quinze jours à compter du prononcé de la décision qui homologue la convention des époux. Il suspend l'exécution de cette décision.
Le pourvoi exercé dans ce délai est également suspensif.

Art. 1104. – Les créanciers de l'un et de l'autre époux peuvent faire déclarer que la convention homologuée leur est innopposable en formant tierce opposition contre la décision d'homologation dans l'année qui suit l'accomplissement des formalités mentionnées à l'article 262 du Code civil.

Art. 1105. – Les dépens de l'instance sont partagés par moitié entre les époux, si leur convention n'en dispose autrement.

Section III. – Le divorce demandé par un époux

Sous-section I. – Règles communes

§ 1. – La requête initiale

Art. 1106. – L'époux qui veut former une demande en divorce présente par avocat une requête au juge. Il est tenu de se présenter en personne quand il sollicite des mesures d'urgence.
En cas d'empêchement dûment constaté, le magistrat se rend à la résidence de l'époux.

Art. 1107. – Au bas de la requête, le juge indique les jour, heure et lieu auxquels il procédera à la tentative de conciliation.
Il prescrit, s'il y a lieu, les mesures d'urgence prévues à l'article 257 du Code civil.
L'ordonnance ne peut faire l'objet d'aucun recours.

§ 2. – La tentative de conciliation

Art. 1108. – L'époux qui n'a pas présenté la requête est convoqué par le secrétaire-greffier à la tentative de conciliation, par lettre recommandée avec demande d'avis de réception, confirmée le même jour, par lettre simple. A peine de nullité, la lettre recommandée doit être expédiée quinze jours au moins à l'avance et accompagnée d'une copie de l'ordonnance. Le secrétaire-greffier avise l'avocat.
A la notification par lettre recommandée est également jointe, à titre d'information, une notice exposant, notamment, les dispositions des articles 252 à 252-3 du Code civil.

Art. 1109. – En cas d'urgence, le juge aux affaires matrimoniales peut autoriser l'un des époux, sur sa requête, à assigner l'autre époux à jour fixe à fin de conciliation.

Art. 1110. – Au jour indiqué, le juge statue d'abord, s'il y a lieu, sur la compétence.
Il rappelle aux époux les dispositions de l'article 252-3 du Code civil ; il procède ensuite à la tentative de conciliation selon les prescriptions des articles 252 à 252-2 du même code.

Si l'un des époux se trouve dans l'impossibilité de se rendre au lieu indiqué, le juge peut en fixer un autre, se transporter, même en dehors de son ressort, pour entendre sur place le conjoint empêché ou donner mission à un autre magistrat de procéder à cette audition.

Art. 1111. – La conciliation des époux est constatée par procès-verbal.

A défaut de conciliation ou si l'un des époux n'est pas présent, le juge rend une ordonnance par laquelle il peut, soit renvoyer les parties, conformément à l'article 252-1 du Code civil, à une nouvelle tentative de conciliation, soit autoriser immédiatement l'époux qui a présenté la requête initiale à assigner son conjoint.

Dans l'un et l'autre cas, il peut ordonner tout ou partie des mesures provisoires prévues aux articles 254 à 257 du Code civil.

Le juge, lorsqu'il autorise à assigner, rappelle dans son ordonnance les délais de l'article 1113 dans lesquels l'assignation doit être délivrée.

Art. 1112. – L'ordonnance rendue en application des articles 1110 et 1111 est susceptible d'appel dans les quinze jours de sa notification, mais seulement quant à la compétence et aux mesures provisoires.

Art. 1113. – Si l'époux n'a pas usé de l'autorisation d'assigner dans les trois mois du prononcé de l'ordonnance, son conjoint pourra, dans un nouveau délai de trois mois, l'assigner lui-même et requérir un jugement sur le fond.

Si l'un ou l'autre des époux n'a pas saisi le tribunal à l'expiration des six mois, les mesures provisoires sont caduques.

§ 3. – L'instance

Art. 1114. – Les demandes reconventionnelles sont recevables même en appel.

Art. 1115 *(D. n. 87-578 du 22 juil. 1987, art. 5).* – La seule intervention recevable est celle d'un membre de la famille agissant en application des articles 289 et 291 du Code civil.

Art. 1116. – Le juge aux affaires matrimoniales peut, même d'office, charger un notaire ou un professionnel qualifié d'établir un projet de règlement des prestations et pensions après divorce. Il peut aussi donner mission à un notaire de dresser un projet de liquidation du régime matrimonial.

§ 4. – Les mesures provisoires

Art. 1117. – Lorsqu'il ordonne des mesures provisoires, le juge peut prendre en considération les arrangements que les époux ont déjà conclus entre eux.

Art. 1118. – En cas de survenance d'un fait nouveau, le juge peut, jusqu'au dessaisissement de la juridiction, supprimer, modifier ou compléter les mesures provisoires qu'il a prescrites.

Art. 1119. – La décision relative aux mesures provisoires est susceptible d'appel dans les quinze jours de sa notification.

En cas d'appel, les modifications des mesures provisoires, s'il y a survenance d'un fait nouveau, ne peuvent être demandées, selon le cas, qu'au premier président de la cour d'appel ou au conseiller de la mise en état.

DIVORCE Art. 310

§ 5. – Les voies de recours

Art. 1120. – Le jugement qui prononce le divorce est susceptible d'acquiescement, sauf lorsqu'il a été rendu contre un majeur protégé ou en application de l'article 238 du Code civil.

Dans ces mêmes cas, le désistement de l'appel est nul.

Art. 1121. – Le délai de pourvoi en cassation suspend l'exécution de l'arrêt qui prononce le divorce. Le pourvoi en cassation exercé dans ce délai est également suspensif.

Art. 1122 *(remplacé, D. n. 84-618 du 13 juil. 1984, art. 23).* – L'effet suspensif qui s'attache au pourvoi en cassation ainsi qu'à son délai ne s'applique pas aux dispositions de la décision qui concernent les pensions *(D. n. 87-578 du 22 juil. 1987, art. 12)* l'exercice de l'autorité parentale, la jouissance du logement et du mobilier.

Sous-section II. – Le divorce pour rupture de la vie commune

Art. 1123. – Quand le divorce est demandé pour rupture de la vie commune, la requête initiale, présentée par avocat, n'est recevable que si elle précise les moyens par lesquels l'époux assurera, tant durant l'instance qu'après la dissolution du mariage, son devoir de secours ainsi que ses obligations à l'égard des enfants.

Art. 1124. – Dans le cas de l'article 238 du Code civil, la requête doit, à peine d'irrecevabilité, être accompagnée de tout document établissant, selon l'auteur de la requête, la réalité de la situation prévue par cet article.

Art. 1125. – Le tribunal ne peut prononcer le divorce dans le cas de l'article 238 du code civil qu'au vu d'un rapport médical établi par trois médecins experts qu'il choisit sur la liste prévue à l'article 493-1 du Code civil.

Art. 1126. – Lorsque le divorce est prononcé pour rupture de la vie commune, le dispositif du jugement ne doit faire aucune référence à la cause du divorce.

Art. 1127. – Les dépens de l'instance sont à la charge de l'époux qui en a pris l'initiative. Sur le sort des dépens d'appel et des frais non inclus dans les dépens, V. *supra* sous art. 239.

Sous-section III. – Le divorce pour faute

Art. 1128. – La demande tendant à dispenser le tribunal d'énoncer dans les motifs de sa décision les torts et griefs des époux doit être formulée de façon expresse et concordante dans les conclusions de l'un et l'autre époux.

Le tribunal se borne à constater qu'il existe les faits constitutifs d'une cause de divorce selon le code civil, titre « Du divorce », section III, du chapitre Ier.

Section IV. – Le divorce demandé par un époux et accepté par l'autre

Art. 1129. – Quand la cause invoquée est celle de l'article 233 du code civil, la requête initiale est présentée par avocat ; elle n'est recevable que si elle est accompagnée d'un mémoire personnel établi, daté et signé par l'époux qui prend l'initiative de la demande.

Art. 1130. – Dans son mémoire, l'époux s'efforce de décrire objectivement la situation conjugale sans chercher à qualifier les faits ni à les imputer à l'un ou à l'autre conjoint.

Art. 1131. – Dans les quinze jours de la présentation de la requête et du mémoire, le secrétaire-greffier en adresse copie à l'autre époux par lettre recommandée avec demande d'avis de réception.

Art. 310 — DIVORCE

Le secrétaire-greffier adresse le même jour à cet époux une lettre simple l'informant du contenu de la lettre recommandée.

Art. 1132. – Par ces même lettres, l'autre époux est informé qu'il peut, à son choix :
– rejeter le mémoire, soit expressément, soit tacitement en s'abstenant d'y répondre dans le mois de la réception de la lettre recommandée. Dans ce cas, la requête devient caduque et la procédure ne peut être poursuivie ;
– déclarer accepter le mémoire. Dans ce cas, la procédure se poursuit.

Art. 1133. – La déclaration d'acceptation établie, datée et signée par l'autre époux, doit être déposée, par avocat, au secrétariat-greffe dans le mois qui suit la réception des documents adressés par la lettre recommandée.

L'époux peut joindre un mémoire où, sans contester la relation des faits, il en propose, dans les mêmes formes, sa version personnelle.

Art. 1134. – Après examen, le juge aux affaires matrimoniales convoque les époux par lettre recommandée avec demande d'avis de réception expédiée quinze jours au moins à l'avance et confirmée le même jour par lettre simple. Il avise les avocats.

L'auteur du mémoire initial est invité à confirmer celui-ci, son conjoint à confirmer sa déclaration d'acceptation et, le cas échéant, son mémoire. Si le juge aperçoit dans ces documents ou même dans leur confrontation des indices qui laissent présumer la persistance d'une communauté de sentiments entre les époux, il oriente leurs réflexions en ce sens.

Les règles posées pour la tentative de conciliation par les articles 1110 et 1111 sont alors applicables.

Art. 1135. – A défaut de conciliation, le juge aux affaires matrimoniales rend une ordonnance par laquelle il constate qu'il y a eu un double aveu de faits qui rendent intolérable le maintien de la vie commune. Il renvoie les époux à se pourvoir devant le tribunal pour qu'il prononce le divorce et statue sur ses effets, la cause de divorce demeurant acquise. Il prescrit, s'il y a lieu, tout ou partie des mesures provisoires prévues aux articles 255 et 256 du Code civil.

L'ordonnance est susceptible d'appel dans le délai de quinze jours à compter de sa notification.

Art. 1136. – L'un ou l'autre des époux introduit l'instance devant le tribunal par voie d'assignation.

Le tribunal prononce le divorce dont la cause a été définitivement constatée sans autre motif que le visa de l'ordonnance du juge.

Il statue sur les effets comme en cas de divorce aux torts partagés.

Art. 1137. – Les dépens de la procédure, jusques et y compris l'assignation devant le tribunal, sont partagés par moitié entre les époux, sauf décision contraire du juge.

Art. 1138. – Les dispositions des articles 1106 à 1122 sont, pour le surplus, applicables au divorce demandé par un époux et accepté par l'autre.

Section V. – La séparation de corps

Art. 1139. – La procédure de la séparation de corps obéit aux règles prévues pour la procédure du divorce.

Art. 1140. – La déclaration de reprise de la vie commune est mentionnée en marge de l'acte de mariage et *(D. n. 89-511 du 29 juil. 1989, art. 31)* de l'acte de naissance de chacun des époux.

Les mêmes mentions sont opérées à la diligence du notaire qui a dressé l'acte constatant la reprise de la vie commune.

FILIATION — Art. 311

Section VI. – Le divorce sur conversion de la séparation de corps

Art. 1141. – La compétence territoriale est déterminée selon les règles de l'article 1070.

Art. 1142. – Hors le cas où il y a demande conjointe, la demande en conversion est formée, instruite et jugée selon la procédure en matière contentieuse.

Aucune demande reconventionnelle n'est recevable, sauf sur les conséquences du divorce.

Art. 1143. – En cas de demande conjointe, la requête aux fins de conversion, à peine d'irrecevabilité, contient les mentions requises par l'article 1090, l'indication de la décision qui a prononcé la séparation de corps, et est accompagnée d'un projet de convention définitive sur les conséquences du divorce.

Sous la même sanction, la requête et le projet de convention sont datés et signés par chacun des époux et leur avocat.

Art. 1144. – Dans le cas prévu à l'article précédent, le juge peut ne pas entendre les époux et se borner à examiner avec leur avocat le projet de convention.

En l'absence de difficulté, il homologue la convention et prononce le divorce.

Sinon il peut, sans autres formes, demander aux époux de présenter à nouveau la requête dans le mois, après modification de la convention ; s'il n'est pas déféré à cette demande, le juge rend une ordonnance par laquelle il refuse d'homologuer la convention.

L'ordonnance mentionne le délai d'appel et le point de départ de ce délai.

Art. 1145. – L'ordonnance est susceptible d'appel dans les quinze jours de la décision.

L'appel est formé, instruit et jugé selon les règles applicables à la matière gracieuse.

Art. 1146. – L'instruction de l'affaire et l'audition des époux sont limitées, en toute hypothèse, aux effets de la décision.

Art. 1147. – Les dépens de l'instance en conversion sont répartis comme ceux de l'instance en séparation de corps.

Les dépens afférents à l'instance d'appel sont traités comme ceux d'une instance nouvelle.

Section VII. – Dispositions diverses

Art. 1148. – Il est justifié, à l'égard des tiers, d'un divorce ou d'une séparation de corps par la seule production d'un extrait de la décision l'ayant prononcé ne comportant que son dispositif, accompagné de la justification de son caractère exécutoire conformément à l'article 506.

TITRE VII. – DE LA FILIATION
(L. n. 72-3 du 3 janv. 1972)

CHAPITRE I. – DISPOSITIONS COMMUNES À LA FILIATION LÉGITIME ET À LA FILIATION NATURELLE

SECTION I. – DES PRÉSOMPTIONS RELATIVES A LA FILIATION

Art. 311. – La loi présume que l'enfant a été conçu pendant la période qui s'étend du trois centième au cent quatre-vingtième jour, inclusivement, avant la date de la naissance.

Art. 311-1 — FILIATION

La conception est présumée avoir eu lieu à un moment quelconque de cette période, suivant ce qui est demandé dans l'intérêt de l'enfant.
La preuve contraire est recevable pour combattre ces présomptions.

1) Sur l'appréciation *in concreto* de l'intérêt de l'enfant, V. Civ. 1re, 29 juin 1965 : *J.C.P.* 66, II, 14641, note I. Tallon.

2) Si les conditions d'application du contrat d'assurance-décès doivent être appréciées au moment de la réalisation du risque, la détermination des enfants à charge vivant au foyer doit être faite en se conformant aux principes généraux du droit, spécialement celui d'après lequel l'enfant conçu est réputé né chaque fois qu'il y va de son intérêt (Civ. 1re, 10 déc. 1985 : *D.* 1987, 449, note Paire ; *Rev. tr. dr. civ.* 1987, 309, obs. Mestre).

Art. 311-1. — La possession d'état s'établit par une réunion suffisante de faits qui indiquent le rapport de filiation et de parenté entre un individu et la famille à laquelle il est dit appartenir.
La possession d'état doit être continue.

M. REMOND-GOUILLOUD, *La possession d'état d'enfant* : Rev. trim. dr. civ. 1975, 459.

Art. 311-2. — Les principaux de ces faits sont :
Que l'individu a toujours porté le nom de ceux dont on le dit issu ;
Que ceux-ci l'ont traité comme leur enfant, et qu'il les a traités comme ses père et mère ;
Qu'ils ont, en cette qualité, pourvu à son éducation, à son entretien et à son établissement ;
Qu'il est reconnu pour tel, dans la société et par la famille ;
Que l'autorité publique le considère comme tel.

1) Sur le principe que la possession d'état, pour constituer une présomption légale, doit être continue et non équivoque, V. Civ. 1re, 7 déc. 1983 : *Bull.* I, n. 289, p. 259. – Civ. 1re, 19 mars 1985 : *D.* 1986, 34, note Massip.

2) La réunion de tous les éléments énumérés par l'article 311-2 n'est pas nécessaire pour que la possession d'état puisse être considérée comme établie (Civ. 1re, 5 juil. 1988 : *D.* 1989, 398, concl. Charbonnier).

3) La possession d'état doit être appréciée en fonction des faits certes non limitativement énumérés par l'article 311-2 mais ayant un caractère objectif et déterminé en fonction de l'entourage familial et du milieu social (Pau 17 mars 1975 : *D.* 1975, 597, note Huet-Weiller). S'agissant d'un nouveau-né dont la reconnaissance litigieuse est intervenue au 14e jour de la naissance, la possession d'état d'enfant légitime ne peut se déduire que d'un ensemble de faits ne recouvrant pas complètement l'énumération donnée à titre indicatif par l'article 311-2 (Paris 5 fév. 1976 : *J.C.P.* 76, II, 18487, note Groslière). Il y a lieu de prendre en considération notamment les faits qui ont immédiatement précédé l'accouchement (même arrêt).

Art. 311-3. — Les parents ou l'enfant peuvent demander au juge des tutelles que leur soit délivré, dans les conditions prévues aux articles 71 et 72 du présent code, un acte de notoriété faisant foi de la possession d'état jusqu'à preuve contraire ;
Sans préjudice de tous autres moyens de preuve auxquels ils pourraient recourir pour en établir l'existence en justice, si elle venait à être contestée.

V. pour une application Civ. 1re, 7 fév. 1989 : *Bull.* I, n. 66, p. 42 ; *D.* 1989, 396, note Massip.

FILIATION Art. 311-8

Nouveau Code de procédure civile

Art. 1157. – Avant de dresser un acte de notoriété, le juge, s'il estime insuffisants les témoignages et documents produits, peut faire recueillir d'office par toute personne de son choix des renseignements sur les faits qu'il y a lieu de constater.

SECTION II. – DES ACTIONS RELATIVES À LA FILIATION

Art. 311-4. – **Aucune action n'est reçue quant à la filiation d'un enfant qui n'est pas né viable.**

Ph. SALVAGE, *La viabilité de l'enfant nouveau-né* : Rev. trim. dr. civ. 1976, 725.

Art. 311-5. – **Le tribunal de grande instance, statuant en matière civile, est seul compétent pour connaître des actions relatives à la filiation.**

La règle suivant laquelle le ministère public doit avoir communication des causes relatives à la filiation (Nouv. C. proc. civ., art. 425-1) est d'ordre public (Civ. 1re, 12 mai 1987 : *Bull.* I, n. 150, p. 117). Elle est applicable à l'action à fin de subsides (Civ. 1re, 12 mai 1987 : *Bull.* I, n. 149, p. 117), mais non lorsque la contestation, sans mettre en cause l'état de la personne, tend seulement à contester, dans le cadre d'une action en pétition d'hérédité, la continuité de la chaîne des parentés la reliant au *de cujus* (Civ. 1re, 2 juin 1987 : *Bull.* I, n. 179, p. 134).

Art. 311-6. – **En cas de délit portant atteinte à la filiation d'un individu, il ne peut être statué sur l'action pénale qu'après le jugement passé en force de chose jugée sur la question de filiation.**

Art. 311-7. – **Toutes les fois qu'elles ne sont pas enfermées par la loi dans des termes plus courts, les actions relatives à la filiation se prescrivent par trente ans à compter du jour où l'individu aurait été privé de l'état qu'il réclame, ou a commencé à jouir de l'état qui lui est contesté.**

R. SAVATIER, *Parenté et prescription civile* : Rev. trim. dr. civ. 1975, 1.

1) La prescription trentenaire d'une action en contestation d'état commence à courir du jour où l'état contesté a été créé (Civ. 1re, 13 nov. 1979 : *Bull.* I, n. 277, p. 225).

2) Sur l'application dans le temps de l'art. 311-7, V. L. n. 72-3 du 3 janv. 1972, art. 5, *infra,* sous art. 342-8.

Art. 311-8. – **L'action qui appartenait à un individu quant à sa filiation ne peut être exercée par ses héritiers qu'autant qu'il est décédé mineur ou dans les cinq années après sa majorité ou son émancipation.**

Ses héritiers peuvent aussi poursuivre l'action qu'il avait déjà engagée, à moins qu'il n'y ait eu désistement ou péremption d'instance.

1) Pour une application du principe de l'intransmissibilité des actions d'état, V. T.G.I. Paris 14 mai 1974 : *D.* 1977, 152, note Fauchère.

2) Le désistement visé à l'article 311-8, alinéa 2, est le désistement d'instance et non le désistement d'action (Civ. 1re, 20 janv. 1981 : *J.C.P.* 81, IV, 116 ; *Bull.* I, n. 22, p. 17).

Art. 311-9

Art. 311-9. — Les actions relatives à la filiation ne peuvent faire l'objet de renonciation.

1) Est nul le désistement d'une action relative à la filiation par application de l'article 311-9 (Civ. 1re, 20 janv. 1981 : *J.C.P.* 81, IV, 116 ; *Bull.* I, n. 22, p. 17).

2) Le fait pour le concubin d'avoir consenti à l'insémination artificielle de la mère par le sperme d'un donneur anonyme ne peut être considéré comme emportant renonciation à contester par la suite sa paternité en vertu des dispositions de l'article 311-9 (Toulouse 21 sept. 1987 : *J.C.P.* 88, II, 21036, note E.S. de la Marnierre ; *D.* 1988, 184, note D. Huet-Weiller).

Art. 311-10. — Les jugements rendus en matière de filiation sont opposables même aux personnes qui n'y ont point été parties ; mais celles-ci ont le droit d'y former tierce opposition.

Les juges peuvent d'office ordonner que soient mis en cause tous les intéressés auxquels ils estiment que le jugement doit être rendu commun.

1) Un jugement de légitimation, fût-il rendu par une décision accueillant en même temps une action en contestation de paternité formée par la mère, est susceptible de tierce-opposition par toute personne qui y a intérêt (Civ. 1re, 27 oct. 1981 : *D.* 1982, I.R., 253 ; *Bull.* I, n. 309, p. 261).

2) Il ne résulte nullement de la loi du 3 janvier 1972 que la tierce-opposition puisse, par dérogation aux principes généraux qui la régissent, être exercée par les ayants cause d'une personne qui avait intérêt à contester la paternité d'un enfant (Civ. 1re, 29 janv. 1975 : *J.C.P.* 75, IV, 87 ; *Bull.* I, n. 41, p. 39).

Art. 311-11. — Pareillement quand, sur l'une des actions ouvertes par les articles 340 et 342 ci-dessous, il est opposé une fin de non-recevoir ou une défense tirée de ce que la mère a eu, pendant la période légale de la conception, des relations avec un tiers, le juge peut ordonner que celui-ci soit appelé en la cause.

Art. 311-12. — Les tribunaux règlent les conflits de filiation pour lesquels la loi n'a pas fixé d'autre principe, en déterminant par tous les moyens de preuve la filiation la plus vraisemblable.

À défaut d'éléments suffisants de conviction, ils ont égard à la possession d'état.

Art. 311-13. — Dans le cas où ils sont amenés à écarter la prétention de la partie qui élevait en fait l'enfant mineur, les tribunaux peuvent, néanmoins, compte tenu de l'intérêt de l'enfant, accorder à cette partie un droit de visite.

1) L'article 311-13 du Code civil ne peut être invoqué par celui qui a succombé à l'action en contestation de paternité lorsqu'il n'a jamais élevé l'enfant, que celui-ci a vécu, pendant les premières années de sa vie, avec ses grands-parents maternels et qu'il vit actuellement au foyer de sa mère et de son second mari (Paris 16 déc. 1976 : *D.* 1977, 133, note Massip).

2) Le Code civil ne donnant aucune définition du droit de visite, les juges du fond en déterminent les modalités, lesquelles n'excluent pas un droit de séjour de courte durée (Paris 11 janv. 1980 : *Gaz. Pal.* 1980, 2, 781, 2e esp.).

FILIATION## Art. 311-15

SECTION III. – DU CONFLIT DES LOIS RELATIVES A L'ÉTABLISSEMENT DE LA FILIATION

M. SIMON-DEPITRE et Jacques FOYER, *La loi du 3 janvier 1972 et le droit international privé* : *J.C.P.* 73, I, 2566.

Art. 311-14. – La filiation est régie par la loi personnelle de la mère au jour de la naissance de l'enfant ; si la mère n'est pas connue, par la loi personnelle de l'enfant.

1) L'article 311-14 a entendu déterminer le droit applicable en considération de la nationalité de la mère. En cas de modification ultérieure de la loi étrangère désignée, c'est à cette loi qu'il appartient de résoudre les conflits dans le temps (Civ. 1re, 3 mars 1987 : *Bull.* I, n. 78, p. 59 ; *J.C.P.* 89, II, 21209, note Agostini).

2) L'article 311-14 ne souffre d'exception que dans les cas spécialement prévus par les articles 311-15 à 311-18 et se trouve dès lors applicable, sous réserve des effets éventuels de la possession d'état, en cas de contestation d'une reconnaissance d'enfant naturel pour défaut de sincérité selon l'article 339 du Code civil, cette action ne se confondant pas avec l'action en nullité qui relève de l'article 311-17 (Paris 11 mai 1976 : *D.* 1976, 633, note Massip).

3) La mère non connue au sens de l'article 311-14 peut être une mère seulement identifiée en fait (T.G.I. Paris 18 nov. 1980 : *J.C.P.* 81, II, 19540, note Huet-Weiller et Huet).

4) L'article 311-14 ne laisse pas à la loi personnelle de la mère la faculté de déterminer les règles de conflit applicables à la filiation mais contient une désignation directe et impérative de la loi applicable et par suite l'application d'une loi différente de celle ainsi désignée aboutirait à violer la règle française de conflit (Lyon 31 oct. 1979 : *Clunet* 1981, 54, note Jacques Foyer).

5) La contestation de la paternité du premier mari par le nouveau mari de la mère relève de la loi de la mère au jour de la naissance (T.G.I. Paris 12 juil. 1982 : *Rev. crit. dr. int. privé* 1983, 461, note Santa-Croce ; *Clunet* 1983, 374, note Huet).

6) La conception française de l'ordre public international n'interdit pas la recherche en France de la paternité naturelle selon une loi étrangère compétente qui ne prévoit pas les cas d'ouverture énumérés par l'article 340 du Code civil français, dès lors que cette loi présente de sérieuses garanties en ce qui concerne le respect de la vérité biologique et permet au père d'assurer efficacement sa défense (Civ. 1re, 9 oct. 1984 : *Bull.* I, n. 250, p. 213).

7) Les lois étrangères qui prohibent l'établissement de la filiation naturelle ne sont pas contraires à la conception française de l'ordre public international dont la seule exigence est d'assurer à l'enfant les subsides qui lui sont nécessaires (Civ. 1re, 3 nov. 1988 : *Bull.* I,n. 298, p. 204).

8) Les juges du fond ont l'obligation de rechercher d'office quelle suite doit être donnée à l'action en recherche de paternité exercée par la mère en application de la loi nationale de celle-ci (Civ. 1re, 11 oct. 1988 : *Bull.* I, n. 278, p. 190 ; *J.C.P.* 89, II, 21327, note Courbe).

Art. 311-15. – Toutefois, si l'enfant légitime et ses père et mère, l'enfant naturel et l'un de ses père et mère ont en France leur résidence habituelle, commune ou séparée, la possession d'état produit toutes les conséquences qui en découlent selon la loi française, lors même que les autres éléments de la filiation auraient pu dépendre d'une loi étrangère.

Art. 311-16   FILIATION

Art. 311-16. — **Le mariage emporte légitimation lorsque, au jour où l'union a été célébrée, cette conséquence est admise, soit par la loi régissant les effets du mariage, soit par la loi personnelle de l'un des époux, soit par la loi personnelle de l'enfant.**
La légitimation par autorité de justice est régie, au choix du requérant, soit par la loi personnelle de celui-ci, soit par la loi personnelle de l'enfant.

Sur l'obligation pour le juge de rechercher, au besoin d'office, si l'enfant n'a pas été légitimé par la loi personnelle d'un de ses parents, V. Civ. 1re, 25 nov. 1986 : *Bull.* I, n. 278, p. 266 : *J.C.P.* 88, II, 20967, note Courbe ; *D.* 1987, Somm. 351, obs. Audit.

Art. 311-17. — **La reconnaissance volontaire de paternité ou de maternité est valable si elle a été fait en conformité, soit de la loi personnelle de son auteur, soit de la loi personnelle de l'enfant.**

Il résulte de l'article 311-17 que, pour pouvoir être déclarée non valable, une reconnaissance doit être entachée de nullité à la fois selon la loi personnelle de l'enfant et selon la loi personnelle de son auteur (Paris 11 mai 1976 : *D.* 1976, 633, note Massip).

Art. 311-18. — **L'action à fins de subsides est régie, au choix de l'enfant, soit par la loi de sa résidence habituelle, soit par la loi de la résidence habituelle du débiteur.**

CHAPITRE II. – DE LA FILIATION LÉGITIME

SECTION I. – DE LA PRÉSOMPTION DE PATERNITÉ

G. CHAMPENOIS, *La loi du 3 janvier 1972 a-t-elle supprimé la présomption « pater is est quem nuptiae demonstrant »* ? : *J.C.P.* 75, I, 2686. – P. SALVAGE-GEREST, *Le domaine de la présomption « pater is est » dans la loi du 3 janvier 1972* : *Rev. trim. dr. civ.* 1976, 233.

Art. 312. — **L'enfant conçu pendant le mariage a pour père le mari.**
Néanmoins, celui-ci pourra désavouer l'enfant en justice, s'il justifie de faits propres à démontrer qu'il ne peut pas en être le père.

1) La volonté du mari ne jouant aucun rôle positif dans l'établissement de la filiation d'un enfant conçu pendant le mariage, l'autorisation donnée par un mari à son épouse de recevoir une insémination artificielle hétérologue ne rendrait pas irrecevable l'action en désaveu (T.G.I. Nice 30 juin 1976 : *J.C.P.* 77, II, 18597, note Harichaux-Ramu ; *D.* 1977, 45, note Huet-Weiller). V. N. Mazen, *L'insémination artificielle : une réalité ignorée par le législateur* : *J.C.P.* 78, I, 2899. – G. Raymond, *La procréation artificielle et le droit français* : *J.C.P.* 83, I, 3114 ; P. Kayser, *Les limites morales et juridiques de la procréation artificielle* : *D.* 1987, chr. 189. – J. Rubellin-Devichi, *Les procréations assistées : état des questions* : *Rev. trim. dr. civ.* 1987, 457.

2) Pour un exemple d'impossibilité matérielle de cohabitation révélée par le livret professionnel maritime du mari, V. T.G.I. Paris 23 janv. 1973 : *Gaz. Pal.* 1973, 2, 928.

3) Jugé que toute contestation de légitimité et en conséquence l'action en désaveu engagée par le mari de la mère est interdite

FILIATION LÉGITIME — Art. 313-2

si le titre dont bénéficie par son acte de naissance l'enfant est conforté par sa possession d'état (Rouen 21 nov. 1979 : *D.* 1981, 30, note Huet-Weiller).

4) L'article 312 ne subordonne pas la preuve de la non-paternité du mari par l'examen des sangs à l'existence de présomptions ou d'un commencement de preuve de la non-paternité (Civ. 1re, 18 mai 1989 : *J.C.P.* 89, IV, 266 ; *D.* 1989, Somm. 362, obs. Huet-Weiller).

Art. 313. – **En cas de jugement ou même de demande, soit de divorce, soit de séparation de corps, la présomption de paternité ne s'applique pas à l'enfant né plus de trois cents jours après l'ordonnance autorisant les époux à résider séparément, et moins de cent quatre-vingt jours depuis le rejet définitif de la demande ou depuis la réconciliation.**

La présomption de paternité retrouve, néanmoins, de plein droit, sa force si l'enfant, à l'égard des époux, a la possession d'état d'enfant légitime.

1) L'action tendant à faire constater que l'enfant est né plus de trois cents jours après l'ordonnance autorisant les époux à résider séparément ne s'attaque pas à la présomption de paternité édictée par l'article 312 (Civ. 1re, 10 mai 1988 : *Bull.* I, n. 137, p. 95).

2) L'enfant né plus de trois cents jours après l'ordonnance autorisant les époux à résider séparément doit être considéré comme un enfant naturel même s'il a été inscrit à l'état civil comme né du mari de la mère (Colmar 20 nov. 1974 : *J.C.P.* 75, IV, 186). Sur le cas de l'enfant né très exactement trois cents jours après l'ordonnance de non-conciliation, V. T.G.I. Paris 2 déc. 1975 : *Gaz. Pal.* 1976, 1, 156.

Art. 313-1. – **La présomption de paternité est écartée quand l'enfant, inscrit sans l'indication du nom du mari, n'a de possession d'état qu'à l'égard de la mère.**

1) L'indication du nom du mari au sens de l'article 313-1 est l'indication du nom de celui-ci dans l'acte de naissance en qualité de père (Civ. 1re, 3 juin 1980 : *D.* 1981, 119, note Massip).

2) L'article 313-1 ne doit pas recevoir application dans le cas où l'acte de naissance, passant sous silence aussi bien le nom de la mère que celui du père, met en cause non pas la légitimité de l'enfant mais sa filiation même et où les demandeurs ayant conjointement et très tôt après la naissance de l'enfant manifesté leur volonté d'être tenus pour ses père et mère et ayant expressément persévéré dans cette intention, une possession d'état partielle a commencé à se constituer à leur égard (T.G.I. Paris 18 nov. 1980 : *D.* 1981, 80, note Raynaud).

3) Pour une application à la demande du mari en défense à une action alimentaire concernant l'enfant conçu avant le mariage, V. Paris 25 sept. 1986 : *D.* 1987, 134, note Mayer et Cale ; *D.* 1987, Somm. 314, obs. Huet-Weiller.

4) Dans le cas prévu à l'article 313-1, la présomption de paternité est écartée de plein droit, sans qu'il y ait à intenter une action en justice (Civ. 1re, 7 juin 1989 : *J.C.P.* 89, IV, 293 ; *D.* 1989, 1re esp., Somm. 362, obs. Huet-Weiller).

Art. 313-2. – **Lorsque la présomption de paternité est écartée dans les conditions prévues aux articles précédents, la filiation de l'enfant est établie à l'égard de la mère comme s'il y avait eu désaveu admis en justice.**

Chacun des époux peut demander que les effets de la présomption de paternité soient rétablis, en justifiant que, dans la période légale de la conception, une réunion de fait a eu lieu entre eux, qui rend vraisemblable la paternité du mari.

1) L'action en rétablissement de la présomption de paternité n'est ouverte qu'à chacun des époux et non à l'enfant devenu majeur (Civ 1re, 3 juin 1980 : *D.* 1981, 119, note Massip).

2) L'action en rétablissement de la présomption de paternité doit être accueillie s'il y a eu réunion de fait pendant la période de conception et s'il résulte des documents versés aux débats la preuve de la vraisemblance de la paternité (T.G.I. Angers 21 mars 1974 : *D.* 1975, 323, note Souleau). En outre, dans ce cas, les époux demandeurs doivent conformément à l'article 328 du Code civil, lorsque l'enfant a déjà une autre filiation établie, en démontrer préalablement l'inexactitude (Paris 15 mars 1977 : *D.* 1978, 266, note Massip ; *J.C.P.* 79, II, 19084, note Salvage-Gerest).

3) La réunion de fait requise par l'article 313-2, al. 2 n'exige pas la réconciliation des époux (Civ. 1re, 31 janv. 1978 : *Bull.* I, n. 38, p. 32). Elle peut être prouvée par tous moyens (Civ. 1re, 3 oct. 1978 : *J.C.P.* 79, II, 19134, note Huet-Weiller).

Art. 314. – L'enfant né avant le cent quatre-vingtième jour du mariage est légitime et réputé l'avoir été dès sa conception.

Le mari, toutefois, pourra le désavouer selon les règles de l'article 312.

Il pourra même le désavouer sur la seule preuve de la date de l'accouchement, à moins qu'il n'ait connu la grossesse avant le mariage, ou qu'il ne se soit, après la naissance, comporté comme le père.

Art. 315. – La présomption de paternité n'est pas applicable à l'enfant né plus de trois cents jours après la dissolution du mariage, ni, en cas d'absence déclarée du mari, à celui qui est né plus de trois cents jours après la disparition.

Art. 316. – La mari doit former l'action en désaveu dans les six mois de la naissance, lorsqu'il se trouve sur les lieux.

S'il n'était pas sur les lieux, dans les six mois de son retour.

Et dans les six mois qui suivent la découverte de la fraude, si la naissance de l'enfant lui avait été cachée.

Le délai de six mois prévu par l'article 316 ne court, lorsque le mari ne se trouvait pas sur les lieux, qu'à partir du jour où celui-ci a acquis la connaissance certaine et personnelle de la naissance de l'enfant dont il entend désavouer la paternité (Civ. 1re, 21 déc. 1981 : *J.C.P.* 82, IV, 95 ; *Bull.* I, n. 391, p. 329. – Civ. 1re, 17 janv. 1984 : *Bull.* I, n. 21, p. 17). La preuve de cette date incombe aux défendeurs à l'action (même arrêt).

Art. 316-1. – Si le mari est mort avant d'avoir formé l'action, mais étant encore dans le délai utile pour le faire, ses héritiers auront qualité pour contester la légitimité de l'enfant.

Leur action, néanmoins, cessera d'être recevable lorsque six mois se seront écoulés à compter de l'époque où l'enfant se sera mis en possession des biens prétendus paternels, ou de l'époque où ils auront été troublés par lui dans leur propre possession.

1) L'action en contestation de paternité ne peut être exercée par l'auteur de l'accident ayant causé le décès du mari (Civ. 1re, 3 janv. 1984 : *Bull.* I, n. 3, p. 2 ; *D.* 1984, I.R., 317, obs. Huet-Weiller).

2) Sur la question de savoir si l'expertise sanguine peut porter sur la comparaison du sang de l'enfant avec celui de ses grands-parents paternels, V. Civ. 1re, 16 nov. 1983 : *J.C.P.* 84, II, 20235, note Durry. V. sur cet arrêt C. Atias, *Les paradoxes du réalisme biologique en matière de filiation* : *J.C.P.* 84, I, 3165 ; G. Durry, *Brève réplique* : *J.C.P.* 84, I, 3171.

FILIATION LÉGITIME — Art. 317

Art. 316-2. – **Tout acte extrajudiciaire contenant désaveu de la part du mari ou contestation de légitimité de la part des héritiers, sera comme non avenu, s'il n'est suivi d'une action en justice dans le délai de six mois.**

Le législateur ne pouvant ordonner des choses contradictoires ou inutiles, les articles 316 et 316-2 du Code civil doivent être interprétés de telle sorte que les dispositions de l'un n'annulent pas nécessairement celles de l'autre ou les rendent sans portée (Basse-Terre 20 mai 1974 : *J.C.P.* 75, II, 17953, note Gebler). Dès lors, l'acte extrajudiciaire formé par le mari, s'il est fait dans le délai de six mois imposé a pour effet d'ouvrir un nouveau délai de pareille durée (même arrêt).

Art. 317. – **L'action en désaveu est dirigée, en présence de la mère, contre un tuteur *ad hoc* désigné à l'enfant par le juge des tutelles.**

Art. 318. – **Même en l'absence de désaveu, la mère pourra contester la paternité du mari, mais seulement aux fins de légitimation, quand elle se sera, après dissolution du mariage, remariée avec le véritable père de l'enfant.**

M. C. BOUTARD – LABARDE, *Réflexions sur la contestation de la paternité légitime* : Rev. trim. dr. civ. 1983, 457.

1) L'action en contestation de paternité prévue par l'article 318 du Code civil est ouverte même à l'enfant ayant la possession d'état d'enfant légitime (Civ. 1re, 16 fév. 1977 : *J.C.P.* 77, II, 18663, 2e esp. ; *D.* 1977, 328, 1re esp., note Huet-Weiller. – Riom 2 mars 1989 : *J.C.P.* 90, IV, 59. – V. H. Mazeaud, *Une dénaturation de la loi par la Cour de cassation* : *J.C.P.* 77, I, 2859).

2) L'action en contestation de paternité et l'action en légitimation prévues par les articles 318 à 318-2 ne concernent que les enfants légitimes et la filiation légitime implique que l'enfant ait été conçu ou soit né pendant le mariage (Civ. 1re, 27 janv. 1982 : *Bull.* I, n. 48, p. 41). Jugé que l'action fondée sur l'article 318 du Code civil est sans objet dès lors que la présomption de paternité est écartée par application de l'article 313-1, l'enfant ayant été déclaré sous le nom de jeune fille de la mère (T.G.I. Bobigny 26 juin 1973 et T.G.I. Nantes 8 mars 1973 : *D.* 1973, 570, note Massip).

3) Sur le principe que la mère ne peut contester la paternité de son premier mari que lorsqu'elle s'est remariée avec le véritable père, V. Civ. 1re, 6 déc. 1983 : *D.* 1984, 337, note Raynaud. V. cependant Paris 2 déc. 1977 : *D.* 1978, 141, note Massip ; Bourges 28 mai 1984 : *D.* 1986, 236, note D. Huet-Weiller. La double preuve de la non-paternité du premier mari et de la paternité du second peut se faire par tous moyens, même par présomptions (Civ. 1re, 5 fév. 1985 : *Bull.* I, n. 52, p. 51).

4) Jugé que les juges du fond doivent ordonner l'examen comparatif des sangs même si la mère et son nouveau conjoint ne l'ont pas demandé (Civ. 1re, 24 fév. 1987 : *Bull.* I, n. 67, p. 49 ; *D.* 1987, Somm. 313, obs. crit. Huet-Weiller).

5) L'effet déclaratif attaché au jugement qui a accueilli l'action en contestation de paternité fait disparaître rétroactivement l'obligation d'entretien qui pesait sur le premier mari, en sorte que les paiements faits par lui pour subvenir aux besoins de l'enfant se trouvent dépourvus de cause (Civ. 1re, 1er fév. 1984 : *D.* 1984, 388, note Massip ; V. en ce sens Aix 14 janv. 1975 : *J.C.P.* 76, II, 18302, note Villa).

6) Un jugement de légitimation, fût-il rendu par une décision accueillant en même temps une action en contestation de paternité formée par la mère, est susceptible de tierce-opposition de toute personne qui y a intérêt (Civ. 1re, 27 oct. 1981 : *D.* 1982, I.R., 253 ; *Bull.* I, n. 309, p. 261).

Art. 318-1   FILIATION LÉGITIME

Art. 318-1. – **A peine d'irrecevabilité, l'action, dirigée contre le mari ou ses héritiers, est jointe à une demande de légitimation formée dans les termes de l'article 331-1 ci-dessous.**
Elle doit être introduite par la mère et son nouveau conjoint dans les six mois de leur mariage et avant que l'enfant n'ait atteint l'âge de sept ans.

1) Il résulte des articles 318-1 et 331-1 du Code civil que la possession d'état d'enfant commun n'est pas exigée dans le cas d'une légitimation *post nuptias* liée à une action en contestation de paternité (Civ. 1re, 16 fév. 1977 : *J.C.P.* 77, II, 18663, 1re esp. ; *D.* 1977, 328, note Huet-Weiller, 2e esp. – V. H. Mazeaud, *Une dénaturation de la loi par la Cour de cassation* : *J.C.P.* 77, I, 2859).

2) Il y a lieu de faire droit à la demande de légitimation sur requête conjointe de la mère et des deux maris successifs dans le cadre de l'action en contestation de paternité légitime d'un enfant du premier mari au profit du second (T.G.I. Fontainebleau 27 sept. 1978 : *J.C.P.* 79, II, 19079, note J.A.).

3) L'action en contestation de paternité aux fins de légitimation formée par la mère et les héritiers du père naturel est recevable (Paris 11 juil. 1978 : *D.* 1979, 422, note Massip).

4) L'action doit être dirigée contre le précédent mari ou ses héritiers mais l'administrateur *ad hoc* de l'enfant doit être mis hors de cause (T.G.I. Paris 14 mai 1973 : *D.* 1973, 620, note Massip, 4e esp.).

5) Les dispositions de l'article 318-1, al. 2, étant d'ordre public, l'irrecevabilité de l'action en raison de l'expiration des délais qu'elles prévoient peut être soit soulevée par le ministère public, soit relevée d'office par le juge (Civ. 1re, 24 nov. 1987 : *D.* 1988, 101, note Huet-Weiller).

Art. 318-2. – **Il est statué sur les deux demandes par un seul et même jugement qui ne peut accueillir la contestation de paternité que si la légitimation est admise.**

SECTION II. – DES PREUVES DE LA FILIATION LÉGITIME

Art. 319. – **La filiation des enfants légitimes se prouve par les actes de naissance inscrits sur les registres de l'état civil.**

Art. 320. – **A défaut de ce titre, la possession de l'état d'enfant légitime suffit.**

Ne donne pas de base légale à sa décision l'arrêt qui fait droit à une requête en rectification d'état civil visant à compléter le patronyme du requérant en énonçant que jusqu'à son trisaïeul le nom patronymique de tous les ancêtres était bien celui revendiqué, alors qu'il lui appartenait de rechercher si, à défaut de titre de naissance, la filiation du trisaïeul était établie par la possession d'état (Civ. 1re, 5 mai 1987 : *Bull.* I, n. 141, p. 111).

Art. 321. – **Il n'y a de possession d'état d'enfant légitime qu'autant qu'elle rattache l'enfant indivisiblement à ses père et mère.**

Art. 322. – **Nul ne peut réclamer un état contraire à celui que lui donnent son titre de naissance et la possession conforme à ce titre.**
Et réciproquement, nul ne peut contester l'état de celui qui a une possession conforme à son titre de naissance.

FILIATION LÉGITIME — Art. 327

1) Sur le principe que la contestation de la paternité comme de la maternité légitime est recevable en l'absence de possession d'état conforme au titre, v. Civ. 1re, 27 fév. 1985, 2 arrêts : *J.C.P.* 85, II, 20460, note Fortis-Monjal et Paire ; *D.* 1985, 265, note Cornu – V. en ce sens Civ. 1re, 14 mai 1985 : *Bull.* I, n. 152, p. 139 – V. D. Huet-Weiller, *Requiem pour une présomption moribonde :* D. 1985, chron. 123 ; P. Raynaud, *Le démantèlement de la présomption de paternité légitime :* D. 1985, chron. 205. V. pour une application T.G.I. Paris 4 mars 1986 : *D.* 1987, Somm. 313, obs. Huet-Weiller.

2) Dès lors qu'un enfant n'a jamais joui de la possession d'état d'enfant légitime, la non-paternité du mari de la mère peut être établie quand bien même les époux auraient repris la vie commune au moment de la conception (Civ. 1re, 30 juin 1987 : *Bull.* I, n. 212, p. 156).

Art. 322-1. – **Toutefois, s'il est allégué qu'il y a eu supposition d'enfant, ou substitution, même involontaire, soit avant, soit après la rédaction de l'acte de naissance, la preuve en sera recevable et pourra se faire par tous moyens.**

J. P. BRILL, *L'article 322-1 du Code civil :* D. 1976, chron. 81.

V. pour une application T.G.I. Paris 24 juin 1986 : *D.* 1987, Somm. 314, obs. Huet-Weiller.

Art. 323. – **A défaut de titre et de possession d'état, ou si l'enfant a été inscrit, soit sous de faux noms, soit sans indication du nom de la mère, la preuve de la filiation peut se faire par témoins.**
La preuve par témoins ne peut, néanmoins, être admise que lorsqu'il existe, soit un commencement de preuve par écrit, soit des présomptions ou indices assez graves pour en déterminer l'admission.

Art. 324. – **Le commencement de preuve par écrit résulte des titres de famille, des registres et papiers domestiques, ainsi que de tous autres écrits publics ou privés émanés d'une partie engagée dans la contestation ou qui y aurait intérêt si elle était vivante.**

Art. 325. – **La preuve contraire peut se faire par tous les moyens propres à établir que le réclamant n'est pas l'enfant de la mère qu'il prétend avoir, ou même, la maternité prouvée, qu'il n'est pas l'enfant du mari de la mère.**
Si le mari n'a pas été mis en cause dans l'instance en réclamation d'état, il peut contester sa paternité dans un délai de six mois à compter du jour où il a eu connaissance du jugement passé en force de chose jugée accueillant la demande de l'enfant.

Art. 326. – **Sans attendre qu'une réclamation d'état soit intentée par l'enfant, le mari peut, par tous moyens, contester sa paternité dans un délai de six mois à compter du jour où il a connu la naissance.**

Art. 327. – **Après la mort du mari, ses héritiers auront pareillement le droit de contester sa paternité soit à titre préventif si le mari était encore dans le délai utile pour le faire, soit en défense à une action en réclamation d'état.**

L'action des héritiers tendant à faire juger que l'individu inscrit à l'état civil comme étant issu du *de cujus* et de son épouse n'était pas le fils de celui-ci ne constitue pas une action en défense à une réclamation d'état dès lors que l'intéressé, dont la filiation

Art. 328   FILIATION LÉGITIME

légitime était établie par son acte de naissance conformément à l'article 319, n'avait pas à rapporter la preuve de cette filiation et l'article 327 n'est donc pas applicable (Civ. 1re, 28 fév. 1978 : *J.C.P.* 78, IV, 143 ; *Bull.* I, n. 82, p. 68).

Art. 328. – Les époux, séparément ou conjointement, peuvent, en rapportant la preuve prévue à l'article 323 ci-dessus, réclamer un enfant comme étant le leur ; mais si celui-ci a déjà une autre filiation établie, ils doivent préalablement en démontrer l'inexactitude, à supposer que l'on soit dans l'un des cas où la loi autorise cette démonstration.

SECTION III. – DE LA LÉGITIMATION

Art. 329. – La légitimation peut bénéficier à tous les enfants naturels, pourvu que, soit par reconnaissance volontaire, soit par jugement, leur filiation ait été légalement établie.

Art. 330. – La légitimation a lieu, soit par mariage des parents, soit par autorité de justice.

§ 1. – De la légitimation par mariage

V.D. n. 76-228 du 2 mars 1976 portant publication de la convention sur la légitimation par mariage signée à Rome le 10 septembre 1970 (*J.O.* 10 mars ; *J.C.P.* 76, III, 44052).

Art. 331. – Tous les enfants nés hors mariage sont légitimés de plein droit par le mariage subséquent de leur père et mère.
Si leur filiation n'était pas déjà établie, ces enfants font l'objet d'une reconnaissance au moment de la célébration du mariage. En ce cas, l'officier de l'état civil qui procède à la célébration constate la reconnaissance et la légitimation dans un acte séparé.

Art. 331-1. – Quand la filiation d'un enfant naturel n'a été établie à l'égard de ses père et mère ou de l'un d'eux que postérieurement à leur mariage, la légitimation ne peut avoir lieu qu'en vertu d'un jugement.
Ce jugement doit constater que l'enfant a eu, depuis la célébration du mariage, la possession d'état d'enfant commun.

1) La possession d'état d'enfant commun n'est pas exigée dans le cas d'une légitimation *post nuptias* liée à une action en contestation de paternité légitime (Civ. 1re, 16 fév. 1977 : *J.C.P.* 77, II, 18663, 1re esp. ; *D.* 1977, 328, note Huet-Weiller, 2e esp. – V. en ce sens Civ. 1re, 3 juil. 1979 : *Gaz. Pal.* 1980, 1, 224, note J.M. – V. cependant Rouen 21 nov. 1979 : *D.* 1981, 30, note Huet-Weiller. Jugé également qu'il résulte de la combinaison des articles 331-1 et 332 que la condition de possession d'état d'enfant commun depuis la célébration du mariage n'est pas exigée dans le cas d'une demande de légitimation *post nuptias* concernant un enfant décédé avant le mariage de ses parents naturels et laissant des descendants (Civ. 1re, 9 déc. 1980 : *Bull.* I, n. 318, p. 252 ; *D.* 1981, 136, note H. Mazeaud).

2) La règle selon laquelle l'adoption plénière fait obstacle à toute déclaration de filiation et à toute reconnaissance ne s'oppose pas à ce que soit proclamée la véritable nature du lien de filiation unissant l'adoptant lui-même à l'adopté (Paris 8 oct. 1976 : *D.* 1977, 42, note Raymond). L'enfant ayant été inscrit sans indication du mari et n'ayant pas la possession d'état d'enfant légitime, la légitimation par mariage est possible (même arrêt).

FILIATION LÉGITIME — Art. 333-2

3) Une femme en instance de séparation de corps peut assigner son mari et le tuteur *ad hoc* des enfants pour légitimation *post nuptias* de ceux-ci (T.G.I. Fontainebleau 12 nov. 1975 : *D.* 1976, 310, note Huet-Weiller).

Art. 331-2. – Toute légitimation est mentionnée en marge de l'acte de naissance de l'enfant légitimé.
Cette mention peut être requise par tout intéressé. Dans le cas de l'article 331, l'officier de l'état civil y pourvoit lui-même, s'il a eu connaissance de l'existence des enfants.

Art. 332. – La légitimation peut avoir lieu après la mort de l'enfant, s'il a laissé des descendants ; elle profite alors à ceux-ci.

Il résulte des dispositions combinées des articles 331-1 et 332 que la condition de possession d'état d'enfant commun depuis la célébration du mariage n'est pas exigée dans le cas d'une demande de légitimation *post nuptias* concernant un enfant décédé avant le mariage de ses parents naturels et laissant des descendants (Civ. 1re, 9 déc. 1980 : *Defrénois* 1982, 253, note Massip).

Art. 332-1. – La légitimation confère à l'enfant légitimé les droits et les devoirs de l'enfant légitime.
Elle prend effet à la date du mariage.

§ 2. – De la légitimation par autorité de justice

Art. 333. – S'il apparaît que le mariage est impossible entre les deux parents, le bénéfice de la légitimation pourra encore être conféré à l'enfant par autorité de justice pourvu qu'il ait, à l'endroit du parent qui la requiert, la possession d'état d'enfant naturel.

P. RAYNAUD, *Réflexions sur la légitimation par autorité de justice* : *D.P.* 1974, chron. 167.

Le mariage doit être considéré comme impossible lorsque l'un des deux parents se trouve engagé dans les liens d'un précédent mariage au moment où le juge statue (Civ. 1re, 17 janv. 1978 : *J.C.P.* 78, II, 18819, note Huet-Weiller), ou si l'un des deux est décédé (T.G.I. Strasbourg 13 juin 1973 : *D.* 1974, 69, note Colombet). Jugé que le mariage peut être considéré comme impossible lorsque le père et la mère de l'enfant ont définitivement mis fin à leur liaison et qu'en raison de leurs sentiments devenus antagonistes aucune communauté de vie et d'affection n'est plus concevable entre eux (Paris 7 déc. 1976 : *D.* 1977, 297, note Massip, 2e esp. – V. en ce sens Paris 13 fév. 1979 : *D.* 1980, 164, note Massip. – *Contra* Paris 10 janv. 1974 : *J.C.P.* 74, II, 17768, note Thuillier. – T.G.I. Paris 18 mars 1975 : *J.C.P.* 75, IV, 171, note J.A.). Comp. dans un sens plus nuancé T.G.I. Paris 22 oct. 1986 : *D.* 1987, Somm. 315, obs. Huet-Weiller.

Art. 333-1. – La requête aux fins de légitimation est formée par l'un des deux parents ou par les deux conjointement devant le tribunal de grande instance.

Art. 333-2. – Si l'un des parents de l'enfant se trouvait, au temps de la conception, dans les liens d'un mariage qui n'est pas dissous, sa requête n'est recevable qu'avec le consentement de son conjoint.

Art. 333-3 — FILIATION LÉGITIME

Les requérants ne sauraient être dispensés du consentement exigé par l'article 333-2, cette disposition, à la différence de l'article 343-1, ne visant pas l'hypothèse où l'époux dont le consentement est requis serait dans l'impossibilité de manifester sa volonté (T.G.I. Bobigny 6 fév. 1973 : *D.* 1973, 528, note Massip).

Art. 333-3. – Le tribunal vérifie si les conditions de la loi sont remplies et, après avoir reçu ou provoqué, le cas échéant, les observations de l'enfant lui-même, de l'autre parent quand il n'est pas partie à la requête, ainsi que du conjoint du requérant, il prononce, s'il l'estime justifiée, la légitimation.

Même lorsque les conditions d'application de ce texte sont réunies, l'intérêt de l'enfant, eu égard aux intérêts légitimes des tiers intéressés, tel le conjoint du requérant, peut justifier le rejet d'une requête aux fins de légitimation par autorité de justice (Civ. 1re, 31 mars 1981 : *J.C.P.* 81, IV, 221 ; *Bull.* I n. 110, p. 93).

Art. 333-4. – La légitimation par autorité de justice prend effet à la date de la décision qui la prononce définitivement.
Si elle a eu lieu à la requête d'un seul des parents, elle n'a point d'effet à l'égard de l'autre ; elle n'emporte pas modification du nom de l'enfant, sauf décision contraire du tribunal.

La légitimation par autorité de justice à la seule requête du père ne prive pas la mère naturelle de l'autorité parentale que la loi lui attribue de plein droit, le transfert de cette autorité ou de son principal attribut, le droit de garde, ne devant être prononcé que si l'intérêt de l'enfant l'exige impérieusement (Paris 15 fév. 1974 : *D.* 1975, 290, note Massip).

Art. 333-5. – Si la légitimation par autorité de justice a été prononcée à l'égard des deux parents, l'enfant prend le nom du père ; s'il est mineur *(L. n. 87-570 du 22 juil. 1987, art. 13)* le tribunal statue sur les modalités d'exercice de l'autorité parentale comme en matière de divorce.

Art. 333-6. – Les dispositions des articles 331-2, 332 et 332-1, alinéa 1er, sont applicables à la légitimation par autorité de justice.

Nouveau Code de procédure civile *(D. n. 81-500 du 12 mai 1981)*

Art. 1150. – La requête aux fins de légitimation après mariage ou par autorité de justice est formée par l'un des deux parents devant le tribunal de grande instance du lieu où il demeure ou par les deux conjointement devant le tribunal où demeure l'un des deux.

Art. 1151. – La légitimation relève de la matière gracieuse.

FILIATION NATURELLE — Art. 334-3

CHAPITRE III. – DE LA FILIATION NATURELLE

SECTION I. – DES EFFETS DE LA FILIATION NATURELLE ET DE SES MODES D'ÉTABLISSEMENT EN GÉNÉRAL

Art. 334. – L'enfant naturel a en général les mêmes droits et les mêmes devoirs que l'enfant légitime dans ses rapports avec ses père et mère.
Il entre dans la famille de son auteur.
Si, au temps de la conception, le père ou la mère était engagé dans les liens du mariage avec une autre personne, les droits de l'enfant ne peuvent préjudicier que dans la mesure réglée par la loi, aux engagements que, par le fait du mariage, ce parent avait contractés.

Art. 334-1. – L'enfant naturel acquiert le nom de celui de ses deux parents à l'égard de qui sa filiation est établie en premier lieu ; le nom de son père, si sa filiation est établie simultanément à l'égard de l'un et de l'autre.

Art. 334-2. – Lors même que sa filiation n'aurait été établie qu'en second lieu à l'égard du père, l'enfant naturel pourra prendre le nom de celui-ci par substitution, si pendant sa minorité, ses deux parents en font la déclaration conjointe devant le juge des tutelles.
Si l'enfant a plus de quinze ans, son consentement personnel est nécessaire.

Nouveau Code de procédure civile *(D. n. 81-500 du 12 mai 1981)*

Art. 1152. – Les déclarations conjointes prévues aux articles 334-2 et 334-5 du code civil faites devant le juge des tutelles du lieu où demeure l'enfant.
Le juge des tutelles en donne aussitôt avis au procureur de la République du lieu de naissance de l'enfant qui fait procéder aux mentions nécessaires *(D. n. 89-511 du 20 juil. 1989, art. 32)* en marge de l'acte de naissance de celui-ci.
En cas de refus, le juge statue par ordonnance motivée.

Art. 1153. – Le changement de nom de l'enfant naturel par déclaration conjointe relève de la matière gracieuse.

Si la reconnaissance d'un enfant, auquel son titre de naissance attribue une filiation légitime qui n'est pas corroborée par une possession d'état conforme, est validée par la jurisprudence interprétant *a contrario* l'article 334-9, il n'en reste pas moins que coexistent les paternités légitime et naturelle et que le juge des tutelles n'a pas à donner arbitrairement une prépondérance de fait à la filiation naturelle en recevant une déclaration afin de changement de nom (T.I. Puteaux 17 juin 1986 : *D.* 1987, 531, note Gisserot).

Art. 334-3. – Dans tous les autres cas, le changement de nom de l'enfant naturel doit être demandé au tribunal de grande instance.
L'action est ouverte pendant la minorité de l'enfant et dans les deux années qui suivront, soit sa majorité, soit une modification apportée à son état.

Art. 334-4

1) Si l'article 334-3 permet au tribunal de grande instance d'autoriser sur requête l'enfant naturel à substituer, non seulement le nom de son père à celui de sa mère, comme le prévoit l'article 334-2 en cas de déclaration conjointe des parents de l'enfant mineur, mais encore éventuellement le nom de sa mère à celui de son père, il ne saurait permettre à l'enfant d'ajouter un des noms à l'autre (Civ. 1re, 16 nov. 1982 : *D.* 1983, 17, note Huet-Weiller ; *J.C.P.* 83, II, 19954, rapp. Ponsard et note Gobert, V. en ce sens Civ. 1re, 12 avril 1983 : *J.C.P.* 83, IV, 192 ; *Bull.* I, n. 115, p. 101). Sur la possibilité pour toute personne d'ajouter à son nom, à titre d'usage, le nom de celui de ses parents qui ne lui a pas transmis le sien, V. Loi n. 85-1372 du 23 déc. 1985, art. 43, *supra* sous art. 57.

2) Les juges du fond doivent se prononcer en fonction des intérêts en présence et notamment de l'intérêt de l'enfant (Civ. 1re, 21 mars 1978 : *J.C.P.* 78, IV, 167 ; *Bull.* I, n. 121, p. 98. – Civ. 1re, 5 avril 1978 : *J.C.P.* 78, IV, 186 ; *Bull.* I, n. 149, p. 118). Cet intérêt peut changer avec les circonstances, notamment avec l'âge de l'enfant, de sorte que la décision qui a rejeté une première demande de substitution de nom n'a pas, à l'égard d'une seconde demande, l'autorité de la chose jugée et ne fait pas obstacle à sa recevabilité (Civ. 1re, 18 déc. 1979 : *Gaz. Pal.* 1980, 1, 249, note J.M.). Les juges peuvent rejeter la demande tendant à ce qu'un enfant naturel porte le nom de son père en se fondant d'une part sur l'intérêt de l'enfant, d'autre part sur l'intérêt du père en relevant que ce dernier était marié et avait eu de cette union un enfant légitime (Civ. 1re, 10 juil. 1984 : *Bull.* I, n. 224, p. 188).

3) Qu'il s'agisse du changement de nom par simple déclaration des père et mère au juge des tutelles durant la minorité de l'enfant ou de la demande portée par ce dernier à sa majorité devant le tribunal de grande instance, la substitution du nom du père marié à celui de la mère qui a reconnu l'enfant en premier lieu n'est pas subordonnée par la loi au consentement du conjoint de l'auteur marié ou à l'acceptation de sa famille (Lyon 20 nov. 1975 : *D.* 1976, 647, note Menjucq).

4) L'enfant légitimé ne peut se prévaloir de l'article 334-3 pour obtenir la substitution de son patronyme d'origine au nom patronymique paternel acquis de plein droit par la légitimation, la faculté de changement de nom étant réservée au seul enfant naturel (T.G.I. Paris 9 janv. 1980 : *J.C.P.* 80, II, 19425, 2e esp., note Huet-Weiller).

5) Jugé que la modification de l'état visée par l'article 334-3, alinéa 2, *in fine,* ne peut être limitée à la seule modification de l'état d'enfant naturel et que la condition doit être considérée comme remplie en cas de mariage de l'enfant naturel (Fort-de-France 3 juin 1983 : *D.* 1983, 631, note Diener).

Art. 334-4. – La substitution de nom s'étend de plein droit aux enfants mineurs de l'intéressé. Elle ne s'étend aux enfants majeurs qu'avec leur consentement.

Art. 334-5. – En l'absence de filiation paternelle établie, le mari de la mère peut conférer, par substitution, son propre nom à l'enfant par une déclaration qu'il fera conjointement avec la mère, sous les conditions prévues à l'article 334-2 ci-dessus.

L'enfant pourra toutefois demander à reprendre le nom qu'il portait antérieurement par une demande qu'il soumettra au tribunal de grande instance, dans les deux années suivant sa majorité.

Art. 334-6. – Les règles d'attribution du nom prévues aux articles précédents ne préjudicient point aux effets de la possession d'état.

FILIATION NATURELLE — Art. 334-8

L'article 334-6 ne prévoit pas que la possession d'état peut déterminer le nom de l'enfant naturel ; sa finalité est de pallier, quant à leur incidence sur la possession d'état, les aléas auxquels est soumis le nom de l'enfant naturel. En conséquence, la demande tendant à faire attribuer à une personne, par décision judiciaire, le nom patronymique de la mère par substitution à celui du père acquis de plein droit par l'effet de la légitimation, est dépourvue de fondement juridique (T.G.I. Paris 9 janv. 1980 : *J.C.P.* 80, II, 19425, 2e esp., note Huet-Weiller).

Art. 334-7. - Dans le cas prévu au troisième alinéa de l'article 334 ci-dessus, l'enfant naturel ne peut être élevé au domicile conjugal qu'avec le consentement du conjoint de son auteur.

Art. 334-8 *(L. n. 82-536 du 25 juin 1982, art. 1).* **- La filiation naturelle est légalement établie par reconnaissance volontaire.**

La filiation naturelle peut aussi se trouver légalement établie par la possession d'état ou par l'effet d'un jugement.

Loi n. 82-536 du 25 juin 1982

Art. 2. - Les dispositions de la présente loi sont applicables aux enfants naturels nés avant son entrée en vigueur. Ceux-ci ne pourront néanmoins demander à s'en prévaloir dans les successions déjà liquidées.

Ancien art. 334-8. - La filiation naturelle est légalement établie, soit par reconnaissance volontaire, soit par déclaration judiciaire, à la suite d'une action en recherche de paternité ou de maternité.

La filiation naturelle peut aussi se trouver légalement établie par l'effet nécessaire d'un jugement, notamment à la suite d'une action en désaveu ou en contestation de légitimité.

D. HUET-WEILLER, *L'établissement de la filiation naturelle par la possession d'état* : *D.* 1982, chron. 185. - J. MASSIP, *La preuve de la filiation naturelle par la possession d'état* : *Defrénois* 1982, 1265. - Ph. THERY, *La possession d'état d'enfant naturel : état de grâce ou illusion ?* : *J.C.P.* 84, I, 3135.

1) L'article 334-8, dans sa rédaction antérieure à la loi du 25 juin 1982, ne fait pas obstacle à la constatation, en vertu de l'article 311-3, de la possession d'état d'enfant naturel, fondée sur des éléments de pur fait, d'où résulte une présomption légale, commune aux filiations légitime et naturelle, instituée par les articles 311-1 et 311-2 du Code civil (Ass. plén. 9 juil. 1982 : *J.C.P.* 83, II, 19993, concl. Cabannes).

2) Pour des applications de l'article 334-8, alinéa 2 nouveau, V. Civ. 1re, 27 janv. 1987 : *D.* 1987, 378, note Massip. - Grenoble 28 oct. 1986 : *D.* 1987, Somm. 316, 3e esp.

obs. Huet-Weiller. Jugé que le procédé dit de fécondation *in vitro*, s'il ne peut être assimilé à l'acte authentique de reconnaissance de l'article 335, constitue l'un des éléments de fait de la possession d'état dont les enfants peuvent se prévaloir et qui se trouve corroboré par la reconnaissance de cette paternité tant auprès des médias et de la société qu'auprès de la famille et du proche entourage (T.G.I. Nanterre 8 juin 1988 : *D.* 1989, 248, note Paillet).

3) La possession d'état d'enfant naturel rend équivoque la possession d'état d'enfant légitime dont se prévaut le mari (Civ. 1re, 23 juin 1987 : *D.* 1987, 613, note Massip).

Art. 334-9

4) La loi du 25 juin 1982 permet d'établir par la possession d'état la filiation de tous les enfants naturels, quelle que soit la date de leur naissance, sans qu'il y ait lieu de distinguer selon que la succession de leur auteur a ou non été liquidée. Il leur est seulement interdit de se prévaloir de cette filiation pour remettre en cause les successions déjà liquidées à la date de l'entrée en vigueur de la loi (Civ. 1re, 12 mai 1987 : *Bull.* I, n. 147, p. 115). Par succession liquidée, il faut entendre une succession pour laquelle est intervenu un acte de partage définitif entre les parties (Civ. 1re, 3 nov. 1988 : *Bull.* I, n. 301, p. 205 ; *J.C.P.* 89, IV, 5). Les juges du fond estiment à bon droit que, du fait des réclamations formulées par un enfant naturel, la succession de son père était litigieuse, et que, par voie de conséquence, les certificats et attestations de propriété, qui n'auraient pas dû être délivrés, ne pouvaient emporter liquidation de la succession (Civ. 1re, 7 fév. 1989 : *Bull.* I, n. 66, p. 42 ; *D.* 1989, 509, note Massip). Il importe peu, malgré les termes de l'article 14 de la loi du 3 janvier 1972, que la succession ait été ouverte avant l'entrée en vigueur de ladite loi (Civ. 1re, 27 janv. 1987 : *D.* 1987, 378, note Massip ; *Rev. trim. dr. civ.* 1988, 152, obs. Patarin).

Art. 334-9. — **Toute reconnaissance est nulle, toute demande en recherche est irrecevable, quand l'enfant a une filiation légitime déjà établie par la possession d'état.**

1) Lorsqu'un enfant né des relations adultérines de la mère a été inscrit à l'état civil sous le nom du mari de la mère mais qu'il n'a pas la possession d'état d'enfant légitime, la reconnaissance souscrite par le père naturel est valable (Civ. 1re, 9 juin 1976 : *J.C.P.* 76, II, 18494, note Cornu ; *D.* 1976, 593, note Raynaud. – V. en ce sens Civ. 1re, 25 nov. 1980 : *J.C.P.* 81, II, 19661, note Paire. – V. aussi Champenois, *L'interprétation de l'article 334-9 par la Cour de cassation* : *Gaz. Pal.* 1976, 2, doctr. 656. – Salvage-Gerest, *Proposition pour une interprétation nouvelle de l'article 334-9 du Code civil* : *J.C.P.* 76, I, 2818. – Groslière, *Les conflits de filiation de l'article 334-9* : *D.* 1978, chron. 25). Pour des applications, v. T.G.I. Colmar 19 oct. 1987 et TGI Paris 13 sept. 1988 : *D.* 1989, Somm. 361, obs. Huet-Weiller.

2) L'article 334-9 du Code civil n'interdit pas la reconnaissance si l'enfant est né avant le mariage de la mère (Civ. 1re, 21 juin 1977 : *Bull.* I, n. 288, p. 227. V. en ce sens Civ. 1re, 17 fév. 1982 : *Bull.* I, n. 78, p. 67).

Art. 334-10. — **S'il existe entre les père et mère de l'enfant naturel un des empêchements à mariage prévus par les articles 161 et 162 ci-dessus pour cause de parenté, la filiation étant déjà établie à l'égard de l'un, il est interdit d'établir la filiation à l'égard de l'autre.**

SECTION II. – DE LA RECONNAISSANCE DES ENFANTS NATURELS

Art. 335. — **La reconnaissance d'un enfant naturel sera faite par acte authentique, lorsqu'elle ne l'aura pas été dans l'acte de naissance.**

1) Une reconnaissance d'enfant naturel peut être reçue par tout notaire dès lors que cet officier public agit dans les limites de sa compétence territoriale (Civ. 1re, 13 nov. 1973 : *D.* 1974, 156), mais une reconnaissance contenue dans un testament olographe déposé chez un notaire ne satisfait pas aux exigences de l'article 335 qui prévoit un acte authentique (Civ. 1re, 2 fév. 1977 : *Bull.* I, n. 63, p. 49).

2) Il résulte de l'article 334 ancien du Code civil dont les dispositions ont été reprises dans l'article 335 nouveau que l'acte authentique prévu par ce texte pour la reconnaissance volontaire d'un enfant naturel peut être constitué par un aveu de paternité judiciairement constaté (Civ. 1re, 1er juil. 1981 : *J.C.P.* 81, IV, 340 ; *Bull.* I, n. 244, p. 201). Mais il en va autrement si le jugement rendu ne donne pas acte d'un aveu exprès (Limoges 27 fév. 1986 : *D.* 1987, Somm. 319, obs. Huet-Weiller).

3) La reconnaissance peut résulter d'une déclaration faite dans un acte authentique tel un acte de décès (Civ. 1re, 1er juil. 1981 : *D.* 1982, 105, note Huet-Weiller).

4) Le procédé dit de fécondation *in vitro*, s'il révèle, de façon certaine, la filiation paternelle des enfants, ne peut être assimilé à l'acte authentique de reconnaissance de l'article 335, mais il constitue l'un des éléments de fait de la possession d'état permettant de faire application de l'article 334-8 (T.G.I. Nanterre 8 juin 1988 : *D.* 1989, 248, note Paillet).

5) La validité de la reconnaissance d'un enfant naturel faite dans les conditions de forme de l'article 355 ne peut être subordonnée à l'existence d'une mention en marge de l'acte de naissance dès lors qu'il n'existe aucun doute sur l'identité de l'enfant faisant l'objet de cette reconnaissance avec celui dont la mère est accouchée (Civ. 1re, 17 fév. 1982 : *Bull.* I, n. 78, p. 67).

6) V. D. n. 62-833 du 19 juillet 1962 portant publication de la convention du 14 septembre 1961 portant extension de la compétence des autorités qualifiées pour recevoir les reconnaissances d'enfants naturels (*J.O.* 24 juil. ; *J.C.P.* 62, III, 28217).

Art. 336. – La reconnaissance du père, sans l'indication et l'aveu de la mère, n'a d'effet qu'à l'égard du père.

Art. 337. – L'acte de naissance portant l'indication de la mère vaut reconnaissance, lorsqu'il est corroboré par la possession d'état.

Art. 338. – Tant qu'elle n'a pas été contestée en justice, une reconnaissance rend irrecevable l'établissement d'une autre filiation naturelle qui la contredirait.

1) Sur la distinction entre l'action en contestation de reconnaissance (art. 339) et l'action en nullité de reconnaissance fondée sur l'article 338, V. T.G.I. Colmar 6 juin 1977 : *D.* 1978, 106, note Huet-Weiller.

2) Une femme peut reconnaître l'enfant dont elle a accouché et qu'elle a remis par l'intermédiaire d'une association à un homme marié qui l'a déclaré et reconnu sans que l'auteur de la reconnaissance puisse lui opposer l'article 338, inapplicable lorsque la prétendue mère est une femme mariée (T.G.I. Paris 20 déc. 1988 : *D.* 1989, Somm. 368, obs. Huet-Weiller).

Art. 339. – La reconnaissance peut être contestée par toutes personnes qui y ont intérêt, même par son auteur.

L'action est aussi ouverte au ministère public, si des indices tirés des actes eux-mêmes rendent invraisemblable la filiation déclarée.

Quand il existe une possession d'état conforme à la reconnaissance et qui a duré dix ans au moins depuis celle-ci, aucune contestation n'est plus recevable, si ce n'est de la part de l'autre parent, de l'enfant lui-même ou de ceux qui se prétendent les parents véritables.

1) La preuve du caractère mensonger d'une reconnaissance peut être faite par tous moyens et incombe au demandeur (Civ. 1re, 13 oct. 1970 : *J.C.P.* 70, IV, 284 ; *Bull.* I, n. 256, p. 210). L'examen comparé des sangs qui constitue en matière de contestation de

reconnaissance non une fin de non-recevoir mais un moyen de preuve au fond n'est pas obligatoire pour le juge (Civ. 1re, 12 fév. 1985 : *Bull.* I, n. 57, p. 56).

2) La faute commise par l'auteur d'une reconnaissance mensongère justifie l'allocation de dommages-intérêts au profit de l'enfant, mais la cessation pour l'avenir du paiement de la pension alimentaire destinée à l'enfant ne peut constituer pour la mère un préjudice indemnisable (Paris 13 fév. 1975 : *Gaz. Pal.* 1975, 1, 320, note Viatte).

3) Dès lors que la reconnaissance a été librement souscrite, son annulation ne saurait priver de cause les aliments versés antérieurement et la répétition doit donc être refusée (Versailles 29 mai 1985 : *D.* 1987, Somm. 318, obs. Huet-Weiller, et sur pourvoi, Civ. 1re, 21 juil. 1987 : *Bull.* I, n. 246, p. 179 ; *D.* 1988, 225, note Massip). Jugé qu'un reconnaissant volontairement et en légitimant une enfant qu'il savait ne pas être la sienne, l'homme contracte, vis-à-vis de l'enfant et de la mère, l'obligation de se comporter comme un père, en subvenant notamment aux besoins de celle qu'il a reconnue, et que l'inexécution de cet engagement résultant de l'annulation de la reconnaissance et de la légitimation subséquente, peut être sanctionnée par l'octroi de dommages-intérêts (Civ. 1re, 6 déc. 1988 : *Bull.* I, n. 348, p. 236 ; *D.* 1989, 317, note Massip).

4) Si seul un tuteur *ad hoc* doit être désigné pour défendre à l'action en désaveu, il y a lieu en matière d'action en contestation de reconnaissance de désigner un administrateur *ad hoc,* par application de l'article 389-3, alinéa 2, du Code civil, lorsque les intérêts de l'administrateur légal sont en opposition avec ceux du mineur (Civ. 1re, 18 mars 1981 : *J.C.P.* 81, IV, 199 ; *Bull.* I, n. 95, p. 81).

5) Sur l'application dans le temps de l'art. 339, al. 3, V. L. n. 72-3 du 3 janv. 1972, art. 16, *infra,* sous art. 342-8.

6) Pour l'admission d'une action en contestation exercée par le ministère public au cas de stérilité de la mère prétendue, V. T.G.I. Marseille 27 janv. 1982 : *J.C.P.* 83, II, 20028, note Penneau.

7) La reconnaissance mensongère, déclaration unilatérale qui n'est pas susceptible de nuire à des tiers, ne constitue pas une infraction de faux (Crim. 8 mars 1988 : *J.C.P.* 89, II, 21162, note Jeandidier ; *D.* 1989, 528, note de la Marnierre).

SECTION III. — DES ACTIONS EN RECHERCHE DE PATERNITÉ ET DE MATERNITÉ

Art. 340. — **La paternité hors mariage peut être judiciairement déclarée :**

1° Dans le cas d'enlèvement ou de viol, lorsque l'époque des faits se rapportera à celle de la conception ;

2° Dans le cas de séduction, accomplie à l'aide de manœuvres dolosives, abus d'autorité, promesse de mariage ou fiançailles ;

3° Dans le cas où il existe des lettres ou quelque autre écrit émanant du père prétendu, propres à établir la paternité d'une manière non équivoque ;

4° Dans le cas où le père prétendu et la mère ont vécu pendant la période légale de la conception en état de concubinage, impliquant, à défaut de communauté de vie, des relations stables et continues ;

5° Dans le cas où le père prétendu a pourvu ou participé à l'entretien, à l'éducation ou à l'établissement de l'enfant en qualité de père.

1) Il est possible d'invoquer globalement l'article 340 du Code civil sans viser un cas d'ouverture particulier (Civ. 1re, 5 nov. 1957 : *D.* 1958, 149, note Rouast. — Civ. 1re, 6 nov. 1974 : *J.C.P.* 74, IV, 45 ; *Bull.* I, n. 299, p. 256), mais les juges doivent

s'expliquer sur les circonstances permettant de faire application de l'un des cas prévus par ce même article 340 (Civ. 1re, 15 juin 1977 : *Bull.* I, n. 282, p. 223). Viole l'article 340 l'arrêt qui affirme que l'action en recherche de paternité doit être reçue lorsque le lien de paternité biologique est établi par un examen comparé des sangs ou toute autre méthode médicale certaine (Civ. 1re, 5 juil. 1988 : *J.C.P.* 89, II, 21353, note Agostini ; *D.* 1989, 227, note Massip).

2) Le juge civil peut déclarer la paternité du défendeur pour viol même si le tribunal correctionnel n'a retenu que la qualification d'outrage public à la pudeur (Civ. 1re, 18 janv. 1972 : *J.C.P.* 72, IV, 53 ; *Bull.* I, n. 20, p. 18).

3) Les juges du fond apprécient souverainement si la promesse de mariage a déterminé les relations qui ont entraîné la conception de l'enfant (Civ. 1re, 6 nov. 1974 : *J.C.P.* 74, IV, 415 ; *Bull.* I, n. 300, p. 257). Dès lors que la cour d'appel s'est fondée, pour déclarer la paternité du défendeur, sur le seul motif tiré de la séduction au moyen d'une promesse de mariage, elle n'avait à rechercher ni l'existence des manœuvres dolosives ni celle d'un état de concubinage (Civ. 1re, 29 avril 1981 : *J.C.P.* 81, IV, 249).

4) Pour des exemples d'aveu implicite mais non équivoque de paternité, V. Civ. 1re, 5 mai 1976 : *J.C.P.* 76, IV, 209 ; *Bull.* I, n. 159, p. 126. – Civ. 1re, 24 mai 1976 : *J.C.P.* 76, IV, 239 ; *Bull.* I, n. 189, p. 151. Jugé que l'aveu implicite peut résulter de la demande faite par l'homme de bénéficier du doute existant quant à la stabilité et à la continuité des relations qu'il a eues avec la mère (Civ. 1re, 25 nov. 1981 : *Bull.* I, n. 351, p. 297).

5) Si elles ne peuvent être constituées par des relations sexuelles simplement passagères et accidentelles, les relations « stables et continues » ne supposent pas pour autant la preuve d'un quelconque engagement pour l'avenir qui serait incompatible avec la notion même de concubinage (Civ. 1re, 23 fév. 1982 : *J.C.P.* 82, IV, 169 ; *Bull.* I, n. 86, p. 74). Le fait que la mère ait eu des rapports avec d'autres pendant la période légale de conception n'exclut pas l'état de concubinage (Civ. 1re, 1er juil. 1986 : *Bull.* I, n. 189, p. 185 ; *D.* 1987, Somm. 318, obs. Huet-Weiller). L'existence du concubinage peut être établie par tous moyens et il peut être tenu compte du fait que le défendeur a payé pendant trois ans le loyer de l'appartement occupé par la demanderesse (Civ. 1re, 9 juin 1976 : *J.C.P.* 76, IV, 257 ; *Bull.* I, n. 212, p. 172). Il importe peu que le concubinage ait débuté alors que la demanderesse était déjà enceinte (Civ. 1re, 7 juil. 1971 : *J.C.P.* 71, IV, 222 ; *Bull.* I, n. 231, p. 194).

6) L'article 340-5° du Code civil n'exige pas cumulativement une participation à l'entretien et à l'éducation de l'enfant (Civ. 1re, 9 juin 1976 : *J.C.P.* 76, IV, 257 ; *Bull.* I, n. 212, p. 172). Les juges qui relèvent que le défendeur a souscrit une police d'assurance-vie au profit de l'enfant peuvent en déduire que ces libéralités ne s'expliquent que parce que l'intéressé se considérait comme le père de cet enfant (même arrêt). Les actes de participation, en qualité de père, à l'entretien ou à l'éducation d'un enfant sont souverainement appréciés par les juges du fond en fonction des circonstances et notamment de l'âge et des besoins de l'enfant (Civ. 1re, 17 mai 1982 : *J.C.P.* 82, IV, 266 ; *Bull.* I, n. 183, p. 161).

7) Le juge saisi d'une action en recherche de paternité peut ordonner d'office un examen comparatif des sangs (Civ. 1re, 29 juin 1965 : *D.* 1966, 20, note Rouast. – Civ. 1re, 28 avril 1986 : *Bull.* I, n. 102, p. 104 ; *D.* 1987, Somm. 318, obs. Huet-Weiller).

Art. 340-1 FILIATION NATURELLE

Art. 340-1. – L'action en recherche de paternité ne sera pas recevable :
1° S'il est établi que, pendant la période légale de la conception, la mère était d'une inconduite notoire ou qu'elle a eu commerce avec un autre individu, à moins qu'il ne résulte d'un examen des sangs ou de toute autre méthode médicale certaine que cet individu ne peut être le père ;
2° Si le père prétendu était, pendant la même période, soit par suite d'éloignement, soit par l'effet de quelque accident, dans l'impossibilité physique d'être le père ;
3° Si le père prétendu établit par un examen des sangs ou par toute autre méthode médicale certaine qu'il ne peut être le père de l'enfant.

B. HENO, *Le déclin des fins de non-recevoir dans le droit de la filiation* : *J.C.P.* 75, I, 2706.

1) A la différence de l'inconduite notoire, le commerce avec un autre individu implique l'identification d'un ou plusieurs hommes déterminés (Civ. 1re, 20 janv. 1981 : *J.C.P.* 81, IV, 116 ; *Bull.* I, n. 22, p. 17). Jugé que l'activité de « barmaid » ne saurait, en l'absence de tous autres faits précis, constituer l'inconduite notoire exigée par la loi (Civ. 1re, 26 janv. 1982 : *J.C.P.* 82, IV, 132 ; *Bull.* I, n. 41, p. 35).

2) Pour constituer une fin de non-recevoir, il n'est pas nécessaire que l'inconduite notoire soit établie pendant la totalité de la période légale de la conception (Civ. 1re, 28 avril 1981 : *J.C.P.* 81, IV, 249 ; *Bull.* I, n. 135, p. 113).

3) Il résulte de la combinaison des articles 311 et 340-1, 1°, que lorsque le défendeur soulève l'irrecevabilité de la demande à raison du commerce de la mère avec un autre individu pendant une partie de la période légale de conception, le demandeur peut écarter la fin de non-recevoir en rapportant la preuve que la conception a eu lieu à une époque où la mère n'entretenait pas ce commerce (Civ. 1re, 12 janv. 1983, 2 arrêts : *J.C.P.* 84, II, 20204, note Salvage-Gerest ; *D.* 1984, 97, note Massip, et 201, note Boulanger ; *Bull.* I, n. 18, p. 15).

4) La méthode médicale certaine visée par l'article 340-1, 3°, doit s'entendre d'examens dont les conclusions scientifiques seraient de nature à exclure, par elles seules, toute possibilité de paternité du père prétendu, sans qu'il soit nécessaire de les rapprocher de circonstances de faits particulières à la cause (Civ. 1re, 1er fév. 1983 : *D.* 1983, 397, note Massip). Jugé que l'expertise sanguine présente un caractère scientifique et est de nature à apporter des éléments déterminants pour la solution du litige et qu'il n'y a pas lieu de faire droit à la demande du défendeur de subir une expertise visant à établir sa stérilité à une époque remontant à dix années (T.G.I. Paris 18 avril 1989 : *D.* 1989, Somm. 365, 3e esp., obs. Huet-Weiller).

5) Il résulte de l'article 340-1, 3° que lorsque le lien de paternité biologique est établi par une méthode médicale certaine, l'action en recherche de paternité doit être reçue (Paris 21 fév. 1986 : *D.* 1986, 323, note Huet-Weiller. – Paris 11 juil. 1986 : *D.* 1987, Somm. 317, obs. Huet-Weiller).

6) L'examen des sangs demandé ne peut être refusé par le juge, même si les autres éléments de la cause sont de nature à faire admettre la possibilité de paternité (Civ. 1re, 28 avril 1986 : *D.* 1986, 484, note Massip).

7) La demande d'examen des sangs tendant à établir l'impossibilité de paternité ne peut être refusée par le juge, même si elle est présentée pour la première fois en cause d'appel (Civ. 1re, 21 juil. 1987 : *Bull.* I, n. 245, p. 179).

FILIATION NATURELLE — Art. 340-4

Art. 340-2. – **L'action n'appartient qu'à l'enfant.**
Pendant la minorité de l'enfant, la mère, même mineure, a seule qualité pour l'exercer.
Si la mère n'a pas reconnu l'enfant, si elle est décédée ou si elle se trouve dans l'impossibilité de manifester sa volonté, l'action sera intentée conformément aux dispositions de l'article 464, alinéa 3, du présent code.

1) La mère est réputée agir au nom de l'enfant mineur même si elle ne l'a pas indiqué expressément dans son assignation (Civ. 1re, 23 nov. 1977 : *J.C.P.* 78, IV, 28 ; *Bull.* I, n. 441, p. 348. – Versailles 16 déc. 1986 : *D.* 1987, Somm. 317, obs. Huet-Weiller).

2) L'action ayant été engagée par le père de la demanderesse, et celle-ci, devenue majeure, ayant elle-même repris l'instance au nom de son enfant, une cour d'appel peut décider que la procédure a ainsi été régularisée (Civ. 1re, 22 fév. 1972 : *J.C.P.* 72, II, 17111, note Lindon).

3) Il résulte du deuxième alinéa de l'article 340-2 que pendant la minorité de l'enfant, la mère a, en sa seule qualité de mère, le droit d'agir en recherche de paternité, sans avoir à solliciter l'autorisation du juge des tutelles (Civ. 1re, 12 oct. 1983 : *Bull.* I, n. 230, p. 207).

Art. 340-3. – **L'action en recherche de paternité est exercée contre le père prétendu ou contre ses héritiers ; si les héritiers ont renoncé à la succession, contre l'État.**

Art. 340-4. – **L'action doit, à peine de déchéance, être exercée dans les deux années qui suivent la naissance.**
Toutefois, dans les quatrième et cinquième cas de l'article 340, elle peut être exercée jusqu'à l'expiration des deux années qui suivent la cessation, soit du concubinage, soit des actes de participation à l'entretien et à l'éducation de l'enfant.
Si elle n'a pas été exercée pendant la minorité de l'enfant, celui-ci peut encore l'exercer pendant les deux années qui suivent sa majorité.

1) Le délai de deux ans prévu par l'article 340-4 est un délai préfix excluant toute possibilité de suspension (Lyon 3 janv. 1974 : *J.C.P.* 75, II, 17916, note Bismuth). La forclusion de l'action en recherche de paternité est d'ordre public et ne saurait être couverte par l'accord des héritiers du père prétendu (T.G.I. Paris 25 mars 1975 : *D.* 1976, 126, note Agostini. – V. cependant Aix 17 juin 1974 : *D.* 1974, 629, note R. Savatier).

2) La disposition contenue à l'article 340-4, al. 3, et limitant aux deux années qui suivent sa majorité le droit pour l'enfant d'agir en recherche de paternité est générale et absolue, faute de comporter une référence à l'exception prévue à l'al. 2 qui proroge le délai d'exercice de l'action que dans le cas où celle-ci est engagée pendant la minorité de l'enfant (Civ. 1re, 17 janv. 1978 : *J.C.P.* 78, IV, 93 ; *Bull.* I, n. 23, p. 19 ; *D.* 1978, 670, note Massip. – V. en ce sens Civ. 1re, 20 janv. 1981 : *J.C.P.* 81, IV, 116 ; *Bull.* I, n. 22, p. 17).

3) Le délai prévu à l'article 340-4, al. 3, court à l'encontre du mineur émancipé à compter de sa majorité (Civ. 1re, 14 mars 1978 : *J.C.P.* 78, IV, 160 ; *Bull.* I, n. 104, p. 85. – Nancy 20 juin 1979 : *D.* 1980, I.R., 424).

4) Sur les dispositions spéciales concernant les enfants adultérins ou incestueux nés avant l'entrée en vigueur de la loi du 3 janvier 1972, V. L. n. 76-1036 du 15 novembre 1976, art. 1 et 3, complétant les dispositions transitoires de la L. 3 janv. 1972, *infra*, sous art. 342-8. Jugé que ces dispositions ne sont pas applicables à un

enfant dont la mère, eu égard à la durée de la période légale de conception, avait la faculté de fixer la date de conception à un moment où son enfant avait la qualité d'enfant naturel et non adultérin (Civ. 1re, 13 nov. 1985 : *D.* 1987, Somm. 317, obs. Huet-Weiller).

5) Les actes de participation à l'entretien ou à l'éducation de l'enfant visés par l'article 340-4, al. 2, doivent être effectifs (Civ. 1re, 24 nov. 1987 : *D.* 1988, 425, note Massip).

6) L'article 340-4, al. 2 peut recevoir application bien que les actes de participation à l'entretien d'un enfant naturel soient postérieurs au décès du père prétendu lorsque ces actes ininterrompus émanent des héritiers de celui-ci et résultent directement de la volonté par lui expressément manifestée et déjà concrétisée de remplir ses devoirs paternels (T.G.I. Paris 9 janv. 1978 : *D.* 1978, 465, note Paire).

7) L'état de concubinage au sens de l'article 340-4 se caractérise par l'existence entre les parties de relations stables et continues (Civ. 1re, 18 nov. 1980 : *J.C.P.* 81, IV, 51 ; *Bull.* I, n. 295, p. 235).

Art. 340-5. – Lorsqu'il accueille l'action, le tribunal peut, à la demande de la mère, condamner le père à lui rembourser tout ou partie de ses frais de maternité et d'entretien pendant les trois mois qui ont précédé et les trois mois qui ont suivi la naissance, sans préjudice des dommages-intérêts auxquels elle pourrait prétendre par application des articles 1382 et 1383.

Art. 340-6. – Le tribunal statue, s'il y a lieu, sur l'attribution du nom et sur l'autorité parentale, conformément aux articles 334-3 et 374.

Art. 340-7. – En rejetant la demande, les juges pourront, néanmoins, allouer des subsides à l'enfant, si les relations entre la mère et le défendeur ont été démontrées dans les conditions prévues aux articles 342 et suivants.

Les juges peuvent allouer des subsides, même sur une demande formée en cause d'appel, lorsqu'ils rejettent une action en recherche de paternité (Civ. 1re, 27 nov. 1979 : *J.C.P.* 80, IV, 58 ; *Bull.* I, n. 298, p. 241). Mais ils n'ont pas l'obligation d'examiner d'office le moyen (Civ. 1re, 30 oct. 1979 : *J.C.P.* 80, IV, 14 ; *Bull.* I, n. 267, p. 214).

Art. 341. – La recherche de la maternité est admise.
L'enfant qui exerce l'action sera tenu de prouver qu'il est celui dont la mère prétendue est accouchée.
Il sera reçu à le prouver en établissant qu'il a, à l'égard de celle-ci, la possession d'état d'enfant naturel.
A défaut, la preuve de la filiation pourra être faite par témoins, s'il existe, soit des présomptions ou indices graves, soit un commencement de preuve par écrit, au sens de l'article 324 ci-dessus.

SECTION IV. – DE L'ACTION A FINS DE SUBSIDES

Art. 342. – Tout enfant naturel dont la filiation paternelle n'est pas légalement établie peut réclamer des subsides à celui qui a eu des relations avec sa mère pendant la période légale de la conception.

FILIATION NATURELLE — Art. 342

(L. n. 77-1456 du 29 déc. 1977) L'action peut être exercée pendant toute la minorité de l'enfant ; celui-ci peut encore l'exercer dans les deux années qui suivent sa majorité si elle ne l'a pas été pendant sa minorité (*).

L'action est recevable même si le père ou la mère était au temps de la conception engagé dans les liens du mariage avec une autre personne, ou s'il existait entre eux un des empêchements à mariage réglés par les articles 161 à 164 du présent Code.

(*) *Ces dispositions sont applicables aux enfants nés avant l'entrée en vigueur de la loi du 29 déc. 1977 ; toutefois, elles ne remettent pas en cause la chose jugée à l'égard des actions à fins de subsides rejetées pour un autre motif qu'une forclusion, L. n. 77-1456 du 29 déc. 1977, art. 3.*

A. MEERPOEL, *Les interférences entre l'action à fins de subsides de l'article 342 nouveau du Code civil et la recherche de paternité naturelle* : Rev. trim. dr. civ. 1978, 782.

1) L'action à fins de subsides tend à réparer le préjudice subi par un enfant dont la filiation paternelle n'est pas établie en mettant son entretien à la charge de celui ou de ceux qui ont pris le risque de l'engendrer en ayant des relations intimes avec la mère durant la période légale de conception et implique ainsi seulement une paternité possible (Paris 27 sept. 1974 : *Gaz. Pal.* 1975,1, 285, note Viatte). Le rejet de la demande principale en recherche de paternité, dès lors qu'il n'est pas motivé par une exclusion de paternité, ne fait donc pas obstacle à une expertise sanguine susceptible de confirmer ou d'infirmer des présomptions graves de relations intimes entre le défendeur et la mère durant la période légale de conception (T.G.I. Paris 22 avril 1986 : *D.* 1987, Somm. 315, obs. Huet-Weiller).

2) Il résulte de la combinaison des articles 311-5, 342 et 342-2 du Code civil et de l'article 46 du Nouveau Code de procédure civile que si l'action à fins de subsides est assimilable à une action relative à la filiation relevant de la compétence exclusive du tribunal de grande instance, elle tend à l'attribution d'aliments au profit de l'enfant, d'où il suit que le demandeur peut, à son choix, soit saisir le tribunal de grande instance du lieu où il demeure, soit celui du lieu où demeure le défendeur (Civ. 1re, 27 oct. 1981 : *D.* 1982, 305, note Massip).

3) La preuve des relations prévues à l'article 342 du Code civil peut être faite par tous moyens et notamment par des attestations non conformes aux exigences de l'article 202 du nouveau Code de procédure civile (Civ. 1re, 21 oct. 1980 : *J.C.P.* 81, IV, 13 ; *Bull.* I, n. 262, p. 209) ou par présomptions (Civ. 1re, 25 nov. 1981 : *J.C.P.* 82, IV, 61 ; *Bull.* I, n. 351, p. 297).

4) Il résulte de la combinaison des articles 311 et 342 du Code civil que le défendeur à une action à fins de subsides est recevable à combattre la présomption d'après laquelle la conception de l'enfant est réputée avoir eu lieu à un moment quelconque de la période légale de cette conception (Civ. 1re, 27 nov. 1979 : *J.C.P.* 80, IV, 58 ; *Bull.* I, n. 297, p. 240).

5) L'effet déclaratif de la reconnaissance précédant une légitimation s'oppose à ce qu'une action à fins de subsides soit accueillie pour la période allant de la naissance de l'enfant au jour de sa légitimation (Civ. 1re, 17 juil. 1980 : *Bull.* I, n. 224, p. 181).

6) La décision accordant des subsides est, à la différence d'un jugement statuant sur un lien de filiation, constitutive et non déclarative de droit, d'où il résulte que le défendeur ne peut se voir réclamer des sommes pour une période antérieure à la date de l'assignation (Civ. 1re, 19 mars 1985 : *Bull.* I, n. 100, p. 92 ; *D.* 1985, I.R., 319 ; *J.C.P.* 86, II, 20665, note Joly).

Art. 342-1 — FILIATION NATURELLE

7) Le droit pour la mère de réclamer des subsides est indépendant de sa situation matérielle (Civ. 1re, 22 juil. 1986 : *Bull.* I, n. 220, p. 210).

8) La règle selon laquelle le ministère public doit avoir communication des causes relatives à la filiation est applicable à l'action à fin de subsides (Civ. 1re, 12 mai 1987 : *Bull.* I, n. 149, p. 117).

9) Sur l'application de l'article 342, al. 2 aux enfants nés avant l'entrée en vigueur de la loi du 29 décembre 1977, V. Massip, *La loi du 29 décembre 1977 relative aux délais d'exercice de l'action à fins de subsides* : D. 1978, chron. 139.

Art. 342-1. — L'action à fins de subsides peut aussi être exercée par l'enfant d'une femme mariée, si son titre d'enfant légitime n'est pas corroboré par la possession d'état.

L'action accordée par l'article 342-1 du Code civil à l'enfant né d'une femme mariée si son titre d'enfant légitime n'est pas corroboré par la possession d'état ne peut être étendue à l'enfant légitimé par mariage subséquent (Civ. 1re, 25 mai 1977 : D. 1978, 145, note Massip, 1re esp.).

Art. 342-2. — Les subsides se règlent, en forme de pension, d'après les besoins de l'enfant, les ressources du débiteur, la situation familiale de celui-ci.

La pension peut être due au-delà de la majorité de l'enfant, s'il est encore dans le besoin, à moins que cet état ne lui soit imputable à faute.

Sur le recouvrement des subsides, V. L. n. 73-5 du 2 janv. 1973, relative au paiement direct de la pension alimentaire, art. 1er, al. 3 et L. n. 75-618 du 11 juil. 1975, relative au recouvrement public des pensions alimentaires, art. 15 (*supra*, sous art. 211).

Art. 342-3. — Quand il y a lieu à l'application de l'article 311-11 ci-dessus, le juge, en l'absence d'autres éléments de décision, a la faculté de mettre une indemnité destinée à assurer l'entretien et l'éducation de l'enfant à la charge des défendeurs, si des fautes sont établies à leur encontre, ou si des engagements ont été pris antérieurement par eux.

Cette indemnité sera recouvrée par l'aide sociale à l'enfance, une œuvre reconnue d'utilité publique, ou un mandataire de justice tenu au secret professionnel, qui la reversera au représentant légal de l'enfant. Les conditions de ce recouvrement et de ce reversement seront fixées par décret.

Les dispositions régissant les subsides sont, pour le surplus, applicables à cette indemnité.

Les dispositions combinées des articles 311-11 et 342-3 du Code civil ne peuvent être appliquées que lorsqu'un ou plusieurs tiers sont appelés ou susceptibles d'être appelés en la cause en vue de la condamnation éventuelle des divers défendeurs au paiement d'une indemnité destinée à assurer l'entretien et l'éducation de l'enfant (Civ. 1re, 1er fév. 1977 : D. 1978, 145, note Massip, 2e esp. – V. en ce sens Civ. 1re, 22 mai 1979 : D. 1980, I.R., 64, 1re esp.).

Art. 342-4. — Le défendeur peut écarter la demande, soit en faisant la preuve, conformément à l'article 340-1, 2° et 3°, qu'il ne pouvait être le père de l'enfant, soit en établissant que la mère se livrait à la débauche.

1) La débauche, au sens de l'article 342-4 du Code civil, est une notion différente de l'inconduite notoire visée à l'article 340-1, 1°, du même code (Civ. 1re, 1er fév. 1977 : *D.* 1978, 145, note Massip, 2e esp.). Elle ne se confond pas nécessairement avec la prostitution (Civ. 1re, 17 juil. 1979 : *D.* 1980, 185, note Massip et, sur renvoi, Agen 7 janv. 1981 : *Defrénois* 1982, 1251, obs. Massip), mais elle implique, dans le dévergondage sexuel, une multiplicité de partenaires (T.G.I. Paris 15 janv. 1979 : *D.* 1979, 274, note Paire). Jugé que la circonstance que la mère a eu plusieurs amants pendant la période légale de conception est insuffisante pour caractériser la débauche au sens de l'article 342-4 (Civ. 1re, 15 mars 1978 : *D.* 1978, 553, note J.M. – Civ. 1re, 8 oct. 1986 : *Bull.* I, n. 237, p. 225 ; *Defrénois* 1987, 315, obs. Massip). La débauche doit être invoquée de façon non équivoque pour que les juges du fond soient tenus de se prononcer à son sujet (Civ. 1re, 3 juin 1980 : *Bull.* I, n. 170, p. 139).

2) La demande d'expertise sanguine est laissée à la seule appréciation du défendeur, le tribunal n'ayant pas le pouvoir de la soulever d'office (T.G.I. Paris 15 janv. 1979 : *D.* 1979, 274, note Paire).

Art. 342-5. – **La charge des subsides se transmet à la succession du débiteur suivant les règles de l'article 207-1 ci-dessus.**

Art. 342-6 (*). – **Les articles 340-2, 340-3 et 340-5 ci-dessus sont applicables à l'action à fins de subsides.**

(*) *Ces dispositions sont applicables aux enfants nés avant l'entrée en vigueur de la loi du 29 déc. 1977 ; toutefois, elles ne remettent pas en cause la chose jugée à l'égard des actions à fins de subsides rejetées pour un autre motif qu'une forclusion, L. n. 77-1456 du 29 déc. 1977. art. 3.*

L'action doit, pendant la minorité de l'enfant, être exercée seulement par la mère, même mineure (Paris 27 sept. 1974 : *Gaz. Pal.* 1975, 1, 285 ; *D.* 1975, 507, note Massip).

Art. 342-7. – **Le jugement qui alloue les subsides crée entre le débiteur et le bénéficiaire, ainsi que, le cas échéant, entre chacun d'eux et les parents ou le conjoint de l'autre, les empêchements à mariage réglés par les articles 161 à 164 du présent code.**

Art. 342-8. – **La chose jugée sur l'action à fins de subsides n'élève aucune fin de non-recevoir contre une action ultérieure en recherche de paternité.**
L'allocation des subsides cessera d'avoir effet si la filiation paternelle de l'enfant vient à être établie par la suite à l'endroit d'un autre que le débiteur.

A. MEERPOEL, *Plaidoyer pour l'abrogation de l'article 342-8, alinéa 1er, du Code civil :* D. 1983, chron. 183.

Loi n. 72-3 du 3 janvier 1972 *(J.O. 5 janv.)*
sur la filiation

Art. 1er. – *V. C. civ., art. 311 à 342-8.*

Art. 2. – Les premier et second alinéas de l'article 311 du Code civil, au livre 1er (titre VI, Du divorce) formeront désormais l'article 310-1 ; le troisième alinéa formera l'article 310-2 ; le quatrième alinéa formera l'article 310-3.

Art. 342-8 — FILIATION NATURELLE

Art. 3 à 6. – *V. C. civ., art. 72, 163, 201, 202, 205, 207, 207-1, 208, 733, 744, 747, 756 à 767, 908 à 915-2, 1094 à 1094-3, 1097, 1097-1 et 1098.*

Art. 7. – *V. C. pén., art. 357-2.*

Art. 8. – Au premier alinéa de l'article 39 de la loi du 29 juillet 1881 sur la liberté de la presse, les mots : « ainsi que des débats de procès en déclaration de paternité, en divorce et en séparation de corps », sont remplacés par les mots : « ainsi que les débats de procès concernant l'application des titres VI (Du divorce) et VII (De la filiation) au livre 1er du Code civil ».

Art. 9. – *V. C. pén., art. 400, al. 2.*

Art. 10. – Dans tous les textes où sont actuellement visés les articles 205 et 207 du Code civil, il y aura lieu d'entendre ce renvoi comme s'appliquant selon les cas aux articles 205 à 207-1.

Art. 11. – La présente loi entrera en vigueur le premier jour du septième mois qui suivra sa publication au *Journal officiel* de la République française.

Art. 12. – La présente loi sera applicable aux enfants nés avant son entrée en vigueur ;
Les actes accomplis et les jugements prononcés sous l'empire de la loi ancienne auront les effets que la loi nouvelle y aurait attachés ;
Sous les exceptions résultant des articles 13 à 16 ci-dessous.

Art. 13. – La chose jugée sous l'empire de la loi ancienne ne pourra être remise en cause par application de la loi nouvelle ;
Les instances pendantes au jour de l'entrée en vigueur de la loi nouvelle seront poursuivies et jugées en conformité de la loi ancienne ;
Sans qu'il soit préjudicié aux droits qu'auront les parties d'accomplir des actes ou d'exercer des actions en conformité de la loi nouvelle si elles sont dans les conditions prévues par celle-ci.

Une instance doit être regardée comme pendante, au sens de l'article 13, alinéa 2 dès lors que l'action a été introduite avant le 1er août 1972 (Civ. 1re, 9 mai 1978 : *Bull.* I, n. 180, p. 144).

Art. 14. – Les droits successoraux institués par la présente loi ou résultant des règles nouvelles concernant l'établissement de la filiaition ne pourront être exercés dans les successions ouvertes avant son entrée en vigueur.
Les droits de réservataires institués par la présente loi ou résultant des règles nouvelles concernant l'établissement de la filiation ne pourront être exercés au préjudice des donations entre vifs consenties avant son entrée en vigueur.
Les donations entre vifs consenties avant l'entrée en vigueur de la loi nouvelle continueront de donner lieu au droit de retour légal, tel qu'il est prévu par l'ancien article 747 du Code civil.

1) L'entrée en vigueur de la loi du 3 janvier 1972 n'a pas eu pour effet de priver les enfants naturels des droits qui leur étaient accordés, en application de la législation antérieure, dans les successions ouvertes avant le 1er août 1972 (Civ. 1re, 4 juil. 1978 : *Bull.* I, n. 255, p. 201).

2) L'article 14, alinéa 1, ne distingue pas selon qu'il s'agit de successions légales ou testamentaires (Civ. 1re, 14 oct. 1981 : *Défrénois* 1982, 430, obs. Champenois ; *Bull.* I, n. 294, p. 247).

FILIATION NATURELLE — Art. 342-8

3) L'article 14, alinéa 2, ne prive pas les héritiers de leurs droits à succession, notamment de leur droit au rapport des libéralités, lequel n'a pour fin que d'assurer l'égalité entre les héritiers (Civ. 1re, 7 déc. 1982 : *Bull.* I, n. 351, p. 300 ; *D.* 1983, 176, note Morin).

4) L'institution contractuelle consentie entre époux est une libéralité à la fois révocable et de biens à venir. Ce double caractère implique qu'elle ne soit pas traitée comme une donation entre vifs au regard des dispositions de l'article 14, alinéa 2, de la loi du 3 janvier 1972 (Civ. 1re, 8 nov. 1982 : *D.* 1983, 445, note Flour et Grimaldi). Il n'en est pas de même pour l'institution contractuelle consentie par contrat de mariage (Civ. 1re, 23 juin 1987 : *Bull.* I, n. 206, p. 153 ; *D.* 1988, 122, note Grimaldi ; *Rev. trim. dr. civ.* 1988, 559, obs. Patarin).

Art. 15. – La prescription trentenaire, en tant que le nouvel article 311-7 du Code Civil la rend applicable aux actions concernant la filiation, ne commencera à courir, pour les actions déjà ouvertes, qu'à partir de l'entrée en vigueur de la présente loi.

Art. 16. – La possession d'état de dix ans requise par le nouvel article 339 du Code civil n'éteindra l'action en contestation de la reconnaissance qu'autant qu'elle se sera entièrement accomplie après l'entrée en vigueur de la présente loi.

Art. 17. – La déchéance prévue par le nouvel article 207, alinéa 2, du Code civil sera encourue même pour des causes antérieures à son entrée en vigueur.

Art. 18 *(L. n. 73-603 du 5 juil. 1973).* – Par dérogation au nouvel article 318-1 du Code civil, l'action en contestation de légitimité sera ouverte à la mère et son second mari pendant un délai de trois ans à partir de l'entrée en vigueur de la présente loi, quand bien même il se serait écoulé plus de six mois depuis la célébration du mariage et plus de sept années depuis la naissance de l'enfant.

Art. 19. – Les limitations que les nouveaux articles 759 et 767 du Code civil apportent aux droits du conjoint survivant, tels qu'ils étaient antérieurement prévus, ne pourront être invoquées que dans les successions qui s'ouvriront plus de deux années après l'entrée en vigueur de la présente loi.

Art. 20. – Sont abrogées toutes les dispositions contraires à celles de la présente loi et notamment la loi du 25 juillet 1952.

Loi n. 76-1036 du 15 novembre 1976 *(J.O. 16 nov.)*
complétant les dispositions transitoires de la loi n. 72-3 du 3 janvier 1972 sur la filiation

Art. 1er. – L'action en recherche de paternité prévue par les articles 340 et suivants du Code civil pourra être exercée, sans que puisse être opposée aucune forclusion même constatée par une décision de justice devenue irrévocable, dans le délai d'un an à compter de l'entrée en vigueur de la présente loi, par les enfants adultérins ou incestueux qui, nés avant le 1er août 1972, n'ont pas disposé à partir de cette date d'un délai de deux années pour exercer ladite action ; toutefois, le présent article ne déroge pas aux alinéas 1er et 2 de l'article 14 de la loi n. 72-3 du 3 janvier 1972 sur la filiation.

Art. 2. – L'action à fins de subsides pourra être exercée dans les mêmes délais et conditions par les enfants visés aux articles 342 et 342-1 du Code civil qui, nés avant le 1er août 1972, n'avaient pas à cette date l'âge de vingt et un ans accomplis.

Art. 3. – Dans les instances en cours, y compris celles qui sont pendantes devant la Cour de cassation, la déchéance prévue aux articles 340-4 et 342-6 du Code civil ne peut être prononcée lorsque l'action en recherche de paternité ou l'action à fins de subsides a été introduite par les personnes visées aux articles 1er et 2 durant la période comprise entre le 1er août 1972 et l'entrée en vigueur de la présente loi.

Nouveau Code de procédure civile *(D. n. 81-500 du 12 mai 1981)*

Art. 1154. – Lorsqu'il y a lieu, pour le paiement des subsides, à l'application de l'article 342-3 du code civil, le tribunal peut désigner en qualité de mandataire de justice toute personne qui lui semble pouvoir s'intéresser à l'enfant.

Art. 1155. – Le représentant légal de l'enfant peut demander à la personne chargée du recouvrement de l'indemnité toutes informations utiles.
S'il s'élève un désaccord entre eux, le tribunal, saisi par la remise au secrétariat-greffe d'une note motivée, statue sans formalité après avoir provoqué les explications des intéressés.

Art. 1156. – Le service de l'aide sociale à l'enfance, l'œuvre ou le mandataire désigné par le tribunal sont, pour le recouvrement des subsides, subrogés dans les droits du créancier.
Les sommes dues à l'enfant sont reversées à son représentant légal dès que possible et au plus tard dans le mois de leur réception.

TITRE VIII. – DE LA FILIATION ADOPTIVE
(L. n. 66-500 du 11 juil. 1966)

CHAPITRE I. – DE L'ADOPITION PLÉNIÈRE

P. RAYNAUD : *D.* 1967, chron. 77. – F. BOULANGER : *J.C.P.* 77, I, 2845.
J. HAUSER, *L'adoption à tout faire* : *D.* 1987, chron. 205.

SECTION I. – DES CONDITIONS REQUISES POUR L'ADOPTION PLÉNIÈRE

Art. 343 *(remplacé, L. n. 76-1179 du 22 déc. 1976, art. 1er).* – L'adoption peut être demandée après cinq ans de mariage par deux époux non séparés de corps.

Art. 343-1. – L'adoption peut être aussi demandée par toute personne âgée de plus de trente ans *(L. n. 76-1179 du 22 déc. 1976, art. 2).*
Si l'adoptant est marié et non séparé de corps, le consentement de son conjoint est nécessaire à moins que ce conjoint ne soit dans l'impossibilité de manifester sa volonté.

FILIATION ADOPTIVE — Art. 346

Il résulte du rapprochement des articles 343 et 343-1 que l'adoption peut être demandée par deux époux, même mariés depuis moins de cinq ans, s'ils sont l'un et l'autre âgés de plus de trente ans (Civ. 1re, 5 mai 1982 : *J.C.P.* 83, II, 20084 ; *D.* 1983, 227, note J.M. – V. en ce sens Civ. 1re, 16 oct. 1985 : *Bull.* I, n. 261, p. 233).

Art. 343-2 *(Aj., L. n. 76-1179 du 22 déc. 1976, art. 3)*. – **La condition d'âge prévue à l'article précédent n'est pas exigée en cas d'adoption de l'enfant du conjoint.**

Art. 344. – **Les adoptants doivent avoir quinze ans de plus que les enfants qu'ils se proposent d'adopter. Si ces derniers sont les enfants de leur conjoint, la différence d'âge exigée n'est que de dix ans.**
(Deuxième al. remplacé, L. n. 76-1179 du 22 déc. 1976, art. 4) **Toutefois, le tribunal peut, s'il y a de justes motifs, prononcer l'adoption lorsque la différence d'âge est inférieure à celles que prévoit l'alinéa précédent.**

L'article 344 n'exige pas que le conjoint soit encore vivant au moment de la demande pour que l'adoptant puisse se prévaloir de la réduction à dix ans de la différence d'âge entre l'enfant à adopter et le demandeur à l'adoption (Rouen 26 nov. 1968 : *D.* 1969, 66).

Art. 345. – **L'adoption n'est permise qu'en faveur des enfants agés de moins de quinze ans, accueillis au foyer du ou des adoptants depuis au moins six mois.**
Toutefois, si l'enfant a plus de quinze ans et a été accueilli avant d'avoir atteint cet âge par des personnes qui ne remplissaient pas les conditions légales pour adopter ou s'il a fait l'objet d'une adoption simple avant d'avoir atteint cet âge, l'adoption plénière pourra être demandée, si les conditions en sont remplies, pendant toute la minorité de l'enfant.
S'il a plus de treize ans, l'adopté doit consentir personnellement à son adoption plénière *(L. n. 76-1179 du 22 déc. 1976, art. 5)*.

1) Si l'enfant âgé de plus de treize ans est inapte à exprimer valablement son consentement, il y a lieu, à la requête du procureur de la République, de nommer un administrateur *ad hoc* et de l'autoriser à donner au nom de l'enfant le consentement nécessaire (Ord. Juge des tutelles Châlons-sur-Marne, 1er juin 1977 : *Gaz. Pal.* 1978, 1, 175, note Decheix).

2) La législation actuellement applicable en France a pour objet d'unifier la situation des enfants légitimes, naturels et adoptifs. Il est constant que la reconnaissance d'un enfant naturel après son décès est possible, sauf le droit pour le juge de vérifier la sincérité de l'acte. Il apparaît donc que le prononcé d'une adoption après le décès de l'enfant peut également intervenir, sans qu'il y ait lieu de distinguer selon que le décès est survenu avant ou après le dépôt de la requête (Lyon 29 janv. 1987 : *D.* 1988, 13, note C. Watine-Drouin).

Art. 345-1. – *Abrogé L. n. 76-1179 du 22 déc. 1976, art. 6.*

Art. 346. – **Nul ne peut être adopté par plusieurs personnes si ce n'est par deux époux.**
(Deuxième al. mod. L. n. 76-1179 du 22 déc. 1976, art. 7) **Toutefois, une nouvelle adoption peut être prononcée soit après décès de l'adoptant, ou des deux adoptants, soit encore après décès de l'un des deux adoptants, si la demande est présentée par le nouveau conjoint du survivant d'entre eux.**

Art. 347

Art. 347. – Peuvent être adoptés :
1° Les enfants pour lesquels les père et mère ou le conseil de famille ont valablement consenti à l'adoption ;
2° Les pupilles de l'État ;
3° Les enfants déclarés abandonnés dans les conditions prévues par l'article 350.

Art. 348. – Lorsque la filiation d'un enfant est établie à l'égard de son père et de sa mère, ceux-ci doivent consentir l'un et l'autre à l'adoption.
Si l'un des deux est mort ou dans l'impossibilité de manifester sa volonté, s'il a perdu ses droits d'autorité parentale, le consentement de l'autre suffit.

Art. 348-1. – Lorsque la filiation d'un enfant n'est établie qu'à l'égard d'un de ses auteurs, celui-ci donne le consentement à l'adoption.

Le consentement doit être donné personnellement par le père ayant reconnu l'enfant, même si, avant la reconnaissance, le conseil de famille avait donné son consentement par application de l'article 348-2 (T.G.I. Avesnes-sur-Helpe 29 sept. 1972 : *J.C.P.* 74, IV, 336).

Art. 348-2. – Lorsque les père et mère de l'enfant sont décédés, dans l'impossibilité de manifester leur volonté ou s'ils ont perdu leurs droits d'autorité parentale, le consentement est donné par le conseil de famille, après avis de la personne qui, en fait, prend soin de l'enfant.
Il en est de même lorsque la filiation de l'enfant n'est pas établie.

Art. 348-3. – Le consentement à l'adoption est donné par acte authentique devant le juge du tribunal d'instance du domicile ou de la résidence de la personne qui consent, ou devant un notaire français ou étranger, ou devant les agents diplomatiques ou consulaires français. Il peut également être reçu par le service de l'aide sociale à l'enfance lorsque l'enfant lui a été remis.
Le consentement à l'adoption peut être rétracté pendant trois mois. La rétractation doit être faite par lettre recommandée avec demande d'avis de réception adressée à la personne ou au service qui a reçu le consentement à l'adoption. La remise de l'enfant à ses parents sur demande même verbale vaut également preuve de la rétractation.
Si à l'expiration du délai de trois mois, le consentement n'a pas été rétracté, les parents peuvent encore demander la restitution de l'enfant à condition que celui-ci n'ait pas été placé en vue de l'adoption. Si la personne qui l'a recueilli refuse de le rendre, les parents peuvent saisir le tribunal qui apprécie, compte tenu de l'intérêt de l'enfant, s'il y a lieu d'en ordonner la restitution. La restitution rend caduc le consentement à l'adoption.

La rétractation régulière d'un consentement à adoption équivaut à un refus de consentement et lorsque la filiation d'un enfant est établie à l'égard de son père et de sa mère, la rétractation du consentement de la mère fait obstacle à l'adoption (Civ. 1re, 22 avril 1975 : *D.* 1975, 496).

Art. 348-4. – Les père et mère ou le conseil de famille peuvent consentir à l'adoption de l'enfant en laissant le choix de l'adoptant au service de l'aide sociale à l'enfance ou à l'œuvre d'adoption autorisée qui recueillerait provisoirement l'enfant.

FILIATION ADOPTIVE Art. 350

Art. 348-5. – **Sauf le cas où il existe un lien de parenté ou d'alliance jusqu'au sixième degré inclus entre l'adoptant et l'adopté, le consentement à l'adoption des enfants de moins de deux ans n'est valable que si l'enfant a été effectivement remis au service de l'aide sociale à l'enfance ou à une œuvre d'adoption autorisée.**

Le consentement donné par un père à l'adoption de sa fille n'est pas valable dès lors qu'à l'époque où il a été donné, l'enfant n'avait pas encore deux ans et n'était plus confiée, même temporairement, au service de l'Aide sociale à l'enfance (Civ. 1re, 5 juil. 1973 : *D.* 1974, 289, note Raynaud).

Art. 348-6. – **Le tribunal peut prononcer l'adoption s'il estime abusif le refus de consentement opposé par les parents légitimes et naturels ou par l'un d'entre eux seulement, lorsqu'ils se sont désintéressés de l'enfant au risque d'en compromettre la santé ou la moralité.**

Il en est de même en cas de refus abusif de consentement du conseil de famille.

1) Si l'article 348-6 a pour principal fondement l'intérêt de l'enfant, son application est subordonnée à la réalisation des conditions qu'il prévoit (Civ. 1re, 16 déc. 1980 : *J.C.P.* 81, IV, 83 ; *Bull.* I, n. 334, p. 264).

2) Le désintérêt prévu par l'article 348-6 doit être volontaire (Civ. 1re, 19 juil. 1989 : *Bull.* I, n. 298, p. 197).

Art. 349. – **Pour les pupilles de l'État dont les parents n'ont pas consenti à l'adoption, le consentement est donné par le conseil de famille de ces pupilles.**

Art. 350 *(remplacé, L. n. 76-1179 du 22 déc. 1976, art. 8).* – **L'enfant recueilli par un particulier, une œuvre privée ou un service de l'aide sociale à l'enfance, dont les parents se sont manifestement désintéressés pendant l'année qui précède l'introduction de la demande en déclaration d'abandon, peut être déclaré abandonné par le tribunal de grande instance.**

Sont considérés comme s'étant manifestement désintéressés de leur enfant les parents qui n'ont pas entretenu avec lui les relations nécessaires au maintien de liens affectifs.

La simple rétractation du consentement à l'adoption, la demande de nouvelles ou l'intention exprimée mais non suivie d'effet de reprendre l'enfant n'est pas une marque d'intérêt suffisante pour motiver de plein droit le rejet d'une demande en déclaration d'abandon.

L'abandon n'est pas déclaré si, au cours du délai prévu au premier alinéa du présent article, un membre de la famille a demandé à assumer la charge de l'enfant et si cette demande est jugée conforme à l'intérêt de ce dernier.

Lorsqu'il déclare l'enfant abandonné, le tribunal délègue par la même décision les droits d'autorité parentale sur l'enfant au service de l'aide sociale à l'enfance, à l'établissement ou au particulier gardien de l'enfant.

La tierce opposition n'est recevable qu'en cas de dol, de fraude ou d'erreur sur l'identité de l'enfant.

1) Le manque d'intérêt doit découler d'un comportement volontaire et conscient (Paris 8 juin 1973 : *J.C.P.* 74, II, 17660, note Betant-Robet. – Paris 6 janv. 1977 : *J.C.P.* 77, II, 18762, note Fournié). Tel n'est pas le cas si les enfants ont été retirés aux parents par des décisions de justice contre lesquelles tous les recours possibles ont été exercés (Civ. 1re, 23 oct. 1973 : *D.* 1974, 135, note Gaury. – Lyon 27 fév. 1985 : *D.* 1987, 349, 1re esp., note Maymon-Goutaloy). Mais les juges du fond peuvent décider que la mère

s'est manifestement désintéressée de l'enfant si en trois ans elle ne lui a rendu que deux visites, si elle a pris des nouvelles de plus en plus rarement et si elle a omis de se présenter au rendez-vous qui était fixé sur sa demande en restitution de l'enfant (Civ. 1re, 23 oct. 1973 : *D.* 1974, 616, note Raynaud). Le désintérêt des parents doit être apprécié à la date de présentation de la requête (Civ. 1re, 1er mars 1977 : *J.C.P.* 77, II, 18763, note Fournié. – V. aussi Civ. 1re, 8 mai 1979 : *Bull.* I, n. 133, p. 107. – Civ. 1re, 29 oct. 1979 : *J.C.P.* 80, II, 19366). Même lorsque les conditions d'application de ce texte sont réunies, l'intérêt de l'enfant peut justifier le rejet de la requête (Civ. 1re, 6 janv. 1981 : *Bull.* I, n. 5, p. 3. – Lyon 27 fév. 1985, préc.).

2) Les enfants recueillis au sens de l'article 350 du Code civil dont la portée sur ce point est précisée par l'article 1er du décret n. 66-903 du 2 décembre 1966 (Nouv. C. proc. civ., art. 1158, *infra*, sous art. 370-2) sont ceux dont un particulier, une œuvre privée ou l'Aide sociale à l'enfance ont la charge et ont ainsi qualité pour présenter une requête aux fins de déclaration d'abandon (Civ. 1re, 4 janv. 1978 : *J.C.P.* 78, IV, 73 ; *Bull.* I, n. 1, p. 1). Jugé qu'un membre de la famille ne peut être considéré comme un particulier au sens de l'article 350 (T.G.I. Paris 2 juin 1978 et Paris 8 juin 1979 : *J.C.P.* 80, II, 19297, note Fournié).

3) Il résulte du 4e alinéa de l'article 350 que l'abandon ne peut pas être déclaré lorsqu'un membre de la famille (beau-frère et belle-sœur) assume déjà la charge de l'enfant (Civ. 1re, 24 mars 1987 : *Bull.* I, n. 107, p. 79 ; *J.C.P.* 88, II, 21076, note P. Salvage-Gerest ; *D.* 1988, 153, note M.E. Roujou de Boubée).

4) Sur la procédure à suivre pour parvenir au jugement déclaratif d'abandon, V. Nouv. C. proc. civ., art. 1158 et s., *infra*, sous art. 370-2. Le délai d'appel est d'un mois (Nancy 26 oct. 1976 : *J.C.P.* 78, IV, 67).

SECTION II. – DU PLACEMENT EN VUE DE L'ADOPTION PLÉNIÈRE ET DU JUGEMENT D'ADOPTION PLÉNIÈRE

Art. 351. – Le placement en vue de l'adoption est réalisé par la remise effective aux futurs adoptants d'un enfant pour lequel il a été valablement et définitivement consenti à l'adoption, d'un pupille de l'État ou d'un enfant déclaré abandonné par décision judiciaire.
Lorsque la filiation de l'enfant n'est pas établie, il ne peut y avoir de placement en vue de l'adoption pendant un délai de trois mois à compter du recueil de l'enfant.
Le placement ne peut avoir lieu lorsque les parents ont demandé la restitution de l'enfant tant qu'il n'a pas été statué sur le bien-fondé de cette demande à la requête de la partie la plus diligente.

L'article 351, à la différence de l'article 350, ne prévoit pas la requête d'un membre de la famille en vue d'assumer la charge de l'enfant et l'intervention des grands-parents est donc irrecevable (Paris 16 fév. 1972 : *D.* 1972, 449, note Fergani). La restitution doit être demandée en commun par les deux parents (même arrêt).

Art. 352. – Le placement en vue de l'adoption met obstacle à toute restitution de l'enfant à sa famille d'origine. Il fait échec à toute déclaration de filiation et à toute reconnaissance.
Si le placement en vue de l'adoption cesse ou si le tribunal a refusé de prononcer l'adoption, les effets de ce placement sont rétroactivement résolus.

FILIATION ADOPTIVE — Art. 353-1

1) Une mesure d'assistance éducative prise à l'occasion d'une procédure d'adoption ne saurait priver celui à qui un enfant a été régulièrement confié des droits qu'il tient de l'article 352 (Crim. 30 juin 1981 : *J.C.P.* 81, IV, 337).

2) Sur la nullité de la reconnaissance, souscrite par un mari en instance de divorce, de l'enfant qui avait été précédemment placé chez les époux en vue de son adoption plénière, V. Paris 16 avril 1982 : *D.* 1983, I.R., 331, obs. Huet-Weiller.

3) Il résulte de la combinaison des articles 350, 351 et 352 que les parents d'un enfant déclaré judiciairement abandonné peuvent en demander la restitution lorsque l'enfant n'a pas été placé en vue de l'adoption (Civ. 1re, 2 juin 1987 : *Bull.* I, n. 176, p. 132).

Art. 353. – **L'adoption est prononcée à la requête de l'adoptant par le tribunal de grande instance qui vérifie si les conditions de la loi sont remplies et si l'adoption est conforme à l'intérêt de l'enfant.**

(Deuxième al. inséré, L. n. 76-1179 du 22 déc. 1976 art. 9) **Dans le cas où l'adoptant a des descendants le tribunal vérifie en outre si l'adoption n'est pas de nature à compromettre la vie familiale.**

Si l'adoptant décède, après avoir régulièrement recueilli l'enfant en vue de son adoption, la requête peut être présentée en son nom par le conjoint survivant ou l'un des héritiers de l'adoptant.

Le jugement prononçant l'adoption n'est pas motivé.

1) Le fait pour l'adoptant de révéler qu'il considère être le père par le sang de l'enfant qu'il projette d'adopter ne peut avoir pour effet de lui interdire de recourir à l'adoption pour parvenir à créer un lien de filiation entre lui-même et l'enfant concerné ; il reste en effet à la juridiction saisie à vérifier si cette adoption est conforme à l'intérêt de l'enfant (Paris 4 mai 1984 : *D.* 1985, 278, note Bétant-Robet). Sur la notion d'intérêt de l'enfant, V. Paris 26 fév. 1985 et T.G.I. Aix 5 déc. 1984 : *J.C.P.* 86, II, 20561, note Boulanger.

2) L'adoption plénière ne saurait avoir pour but d'ériger une fin de non-recevoir à l'encontre d'une reconnaissance éventuelle du mineur par le père et de le déchoir préventivement de ses droits (Bordeaux 21 janv. 1988 : *D.* 1988, 453, note J. Hauser).

3) L'article 353, alinéa 3, n'est pas applicable lorsque le décès de l'adoptant survient après qu'il ait lui-même déposé la requête en adoption (Civ. 1re, 3 fév. 1981 : *J.C.P.* 81, IV, 131 ; *Bull.* I, n. 39, p. 31 ; *D.* 1981, 548, note J.M.).

4) La règle posée par l'article 353, al. 4 s'applique aux décisions du tribunal mais non aux arrêts statuant sur l'appel d'une décision de rejet (Paris 22 sept. 1972 : *D.* 1974, 199, note Foulon-Piganiol).

5) Sur la procédure d'adoption, V. Nouv. C. proc. civ., art. 1166 et s. (*infra,* sous art. 370-2).

Art. 353-1. – **La tierce opposition à l'encontre du jugement d'adoption n'est recevable qu'en cas de dol ou de fraude imputable aux adoptants.**

1) Est irrecevable la tierce opposition formée contre une décision prononçant l'adoption plénière d'une enfant si le dol est imputé à la directrice de l'œuvre à qui l'enfant avait été initialement confié (Civ. 1re, 23 oct. 1973 : *J.C.P.* 74, II, 17689, note de la Marnierre, 3e esp.).

2) Les descendants de l'adoptant pouvant être victimes de dol ou de fraude sont recevables à se prévaloir de l'article 353-1 du Code civil (T.G.I. La Rochelle 16 oct. 1973 : *J.C.P.* 74, II, 17689, note de la Marnierre, 4e esp.).

3) Constitue un dol au sens de l'article 353-1 le fait de s'être abstenu sciemment d'informer le tribunal appelé à statuer sur la requête en adoption de circonstances qui auraient pu influer de façon déterminante sur sa décision, comme le fait de dissimuler la procédure d'adoption aux grands-parents par le sang des adoptés, alors que ces grands parents entendaient maintenir avec leurs petites-filles des liens affectifs (Civ. 1re, 7 mars 1989 : *Bull.* I, n. 112, p. 73 ; *D.* 1989, 477, note Hauser).

Art. 354. – Dans les quinze jours de la date à laquelle elle est passée en force de chose jugée, la décision prononçant l'adoption plénière est transcrite sur les registres de l'état civil du lieu de naissance de l'adopté, à la requête du procureur de la République.

La transcription énonce le jour, l'heure et le lieu de la naissance, le sexe de l'enfant ainsi que ses prénoms, tels qu'ils résultent du jugement d'adoption, les prénoms, noms, date et lieu de naissance, profession et domicile du ou des adoptants. Elle ne contient aucune indication relative à la filiation réelle de l'enfant.

La transcription tient lieu d'acte de naissance à l'adopté.

L'acte de naissance originaire et le cas échéant, l'acte de naissance établi en application de l'article 58 sont, à la diligence du procureur de la République, revêtus de la mention « adoption » et considérés comme nuls.

1) Doit être transcrite la décision convertissant en adoption plénière une adoption emportant rupture du lien avec la famille d'origine (ancien C. civ., art. 354) (Paris 28 janv. 1969 : *J.C.P.* 69, II, 16008, note Rajon).

2) L'adopté même majeur ne peut obtenir de copies intégrales de son acte de naissance originaire (Rép. min. Justice n. 13436 : *J.O.* débats Sénat 31 oct. 1973, 1556).

3) La décision prononçant l'adoption plénière doit, sauf les cas prévus par l'article 58 du Code civil, mentionner le lieu de naissance réel de l'adopté (Civ. 1re, 12 nov. 1986 : *Bull.* I, n. 258, p. 247).

SECTION III. – DES EFFETS DE L'ADOPTION PLÉNIÈRE

Art. 355. – L'adoption produit ses effets à compter du jour du dépôt de la requête en adoption.

1) Le décès de l'adoptant, survenu postérieurement au dépôt de la requête, ne dessaisit pas le tribunal qui a l'obligation de statuer en vérifiant la légalité et l'opportunité de l'opération au jour où elle doit produire ses effets (Paris 26 janv. 1978 : *J.C.P.* 80, II, 19324, note Chartier. – Civ. 1re, 3 fév. 1981 : *J.C.P.* 82, II, 19771, note Chartier ; *D.* 1981, 548, note J.M.).

2) Il résulte de l'article 355 qu'aucune adoption ne peut être prononcée lorsque l'enfant dont l'adoption est envisagée est décédé antérieurement (Civ. 1re, 4 oct. 1988 : *Bull.* I, n. 267, p. 184 ; *D.* 1989, 304, note Massip).

3) La capacité de l'adoptant s'apprécie au jour de la présentation de la requête (Civ. 1re, 10 juin 1981 : *Bull.* I, n. 202, p. 167).

4) L'adopté ne peut prétendre à aucune vocation successorale à l'égard de sa mère adoptive dont la succession s'est ouverte avant dépôt de la requête (Versailles 3 nov. 1987 : *D.* 1989, 458, note Nicolas-Maguin).

Art. 356. – L'adoption confère à l'enfant une filiation qui se substitue à sa filiation d'origine : l'adopté cesse d'appartenir à sa famille par le sang, sous réserve des prohibitions au mariage visées aux articles 161 à 164.

FILIATION ADOPTIVE — Art. 362

(Al. aj. L. n. 76-1179, du 22 déc. 1976, art. 10) **Toutefois l'adoption de l'enfant du conjoint laisse subsister sa filiation d'origine à l'égard de ce conjoint et de sa famille. Elle produit, pour le surplus, les effets d'une adoption par deux époux.**

P. SALVAGE-GEREST, *L'adoption plénière de l'enfant du conjoint après la loi du 22 décembre 1976* : J.C.P. 82, I, 3071.

Sur les effets de l'adoption plénière relativement à la nationalité de l'adopté, V. C. nationalité art. 26, al. 2 et 84, *infra* en Annexe.

Art. 357. – **L'adoption confère à l'enfant le nom de l'adoptant et, en cas d'adoption par deux époux, le nom du mari.**
Sur la demande du ou des adoptants, le tribunal peut modifier les prénoms de l'enfant.
Si l'adoptant est une femme mariée, le tribunal peut, dans le jugement d'adoption, décider du consentement du mari de l'adoptante que le nom de ce dernier sera conféré à l'adopté ; si le mari est décédé ou dans l'impossibilité de manifester sa volonté, le tribunal apprécie souverainement après avoir consulté les héritiers du mari ou ses successibles les plus proches.

Art. 358. – **L'adopté a, dans la famille de l'adoptant, les mêmes droits et les mêmes obligations qu'un enfant légitime.**

Art. 359. – **L'adoption est irrévocable.**
L'adoption n'est irrévocable que si le jugement qui la prononce est passé en force de chose jugée (Civ 1re, 7 mars 1989 : *Bull.* I, n. 111, p. 73).

CHAPITRE II. – DE L'ADOPTION SIMPLE

SECTION I. – DES CONDITIONS REQUISES ET DU JUGEMENT

Art. 360. – **L'adoption simple est permise quel que soit l'âge de l'adopté.**
Si l'adopté est âgé de plus de quinze ans, il doit consentir personnellement à l'adoption.

Art. 361 *(Remplacé, L. n. 76-1179 du 22 déc. 1976, art. 11)*. – **Les dispositions des articles 343 à 344, 346 à 350, 353, 353-1, 355 et 357, dernier alinéa, sont applicables à l'adoption simple.**

P. RAYNAUD, *Un abus de l'adoption simple. Les couples adoptifs* : D. 1983, chron. 39.

Art. 362. – **Dans les quinze jours de la date à laquelle elle est passée en force de chose jugée, la décision prononçant l'adoption simple est mentionnée ou transcrite sur les registres de l'état civil à la requête du procureur de la République.**

SECTION II. – DES EFFETS DE L'ADOPTION SIMPLE

Art. 363. – **L'adoption simple confère le nom de l'adoptant à l'adopté en l'ajoutant au nom de ce dernier. Le tribunal peut toutefois décider que l'adopté ne portera que le nom de l'adoptant.**

Doit être cassé l'arrêt qui a déclaré les grands-parents irrecevables en leur tierce opposition formée contre la décision substituant le nom de l'adoptant à celui des enfants adoptés au motif qu'ils ne justifieraient pas d'un intérêt protégé (Civ. 1re, 21 mai 1974 : J.C.P. 76, II, 18227, note Betant-Robert ; D. 1976, 173, note Le Guidec).

Art. 364. – **L'adopté reste dans sa famille d'origine et y conserve tous ses droits, notamment ses droits héréditaires.**
Les prohibitions au mariage prévues aux articles 161 à 164 du présent code s'appliquent entre l'adopté et sa famille d'origine.

Sur les effets de l'adoption simple relativement à la nationalité de l'adopté, V. C. nationalité, art. 36 et 55, *infra* en Annexe.

Art. 365. – **L'adoptant est seul investi à l'égard de l'adopté de tous les droits d'autorité parentale inclus celui de consentir au mariage de l'adopté, à moins qu'il ne soit le conjoint du père ou de la mère de l'adopté ; dans ce cas, l'adoptant a l'autorité parentale concurremment avec son conjoint, mais celui-ci en conserve l'exercice.**
Les droits d'autorité parentale sont exercés par le ou les adoptants dans les mêmes conditions qu'à l'égard de l'enfant légitime.
Les règles de l'administration légale et de la tutelle de l'enfant légitime s'appliquent à l'adopté.

Doit être cassée la décision qui a commis un expert pour rechercher la solution la plus conforme à l'intérêt de l'enfant alors que, par l'effet de l'adoption simple à laquelle elle avait consenti, la mère avait légalement perdu tous ses droits d'autorité parentale à l'égard de son fils et n'avait donc pas qualité pour contester les décisions prises par le père adoptif relativement à l'éducation du mineur (Civ. 1re, 11 mai 1977 : J.C.P. 77, II, 18833, note Carbonnier).

Art. 366. – **Le lien de parenté résultant de l'adoption s'étend aux enfants légitimes de l'adopté.**
Le mariage est prohibé :
1° Entre l'adoptant, l'adopté et ses descendants ;
2° Entre l'adopté et le conjoint de l'adoptant ; réciproquement entre l'adoptant et le conjoint de l'adopté ;
3° Entre les enfants adoptifs du même individu ;
4° Entre l'adopté et les enfants de l'adoptant.
Néanmoins, les prohibitions au mariage portées aux 3° et 4° ci-dessus peuvent être levées par dispense du président de la République, s'il y a des causes graves.
(L. n. 76-1179 du 22 déc. 1976, art 12) **La prohibition au mariage portée au 2° ci-dessus peut être levée dans les mêmes conditions lorsque la personne qui a créé l'alliance est décédée.**

FILIATION ADOPTIVE — Art. 370

Art. 367. – L'adopté doit des aliments à l'adoptant s'il est dans le besoin et, réciproquement, l'adoptant doit des aliments à l'adopté.
L'obligation de se fournir des aliments continue d'exister entre l'adopté et ses père et mère. Cependant les père et mère de l'adopté ne sont tenus de lui fournir des aliments que s'il ne peut les obtenir de l'adoptant.

Art. 368. – L'adopté et ses descendants légitimes ont dans la famille de l'adoptant les mêmes droits successoraux qu'un enfant légitime sans acquérir cependant la qualité d'héritier réservataire à l'égard des ascendants de l'adoptant.

J. PREVAULT, *Les droits successoraux résultant de l'adoption depuis la loi du 11 juillet 1966* : *D.* 1966, chron. 173.

1) Le principe selon lequel l'adopté a dans la famille de l'adoptant les mêmes droits successoraux que les enfants légitimes est général et doit donc s'appliquer dans les cas où il n'en est pas disposé autrement par la loi. L'enfant d'un époux adopté par l'autre époux a la qualité d'enfant commun des deux époux et doit en conséquence bénéficier de la protection prévue par les articles 760 et 915 (Paris 26 juin 1981 : *Defrénois* 1982, 257, note Flour et Grimaldi et, sur pourvoi, Civ. 1re, 8 nov. 1982 : *D.* 1983, 445, note Flour et Grimaldi). La loi ne distingue pas à cet égard entre les enfants adoptés, même si leur filiation antérieure est irrégulière (Paris 20 mars 1984 : *J.C.P.* 85, II, 20414, note crit. Rémy et, sur pourvoi, Civ. 1re, 8 oct. 1985 : *Bull.* I, n. 249, p. 224 ; *Rev. trim. dr. civ.* 1986, 614, obs. Patarin).

2) Sur le principe que l'adoption n'emporte pas révocation d'un testament antérieur, V. Civ. 1re, 25 nov. 1986 : *Bull.* I, n. 281, p. 268 ; *Defrénois* 1987, 565, obs. Champenois.

Art. 368-1. – Si l'adopté meurt sans descendants, les biens donnés par l'adoptant ou recueillis dans sa succession retournent à l'adoptant ou à ses descendants, s'ils existent encore en nature lors du décès de l'adopté, à charge de contribuer aux dettes et sous réserve des droits acquis par les tiers. Les biens que l'adopté avait reçus à titre gratuit de ses père et mère retournent pareillement à ces derniers ou à leurs descendants.
Le surplus des biens de l'adopté se divise par moitié entre la famille d'origine et la famille de l'adoptant, sans préjudice des droits du conjoint sur l'ensemble de la succession.

Art. 369. – L'adoption conserve tous ses effets, nonobstant l'établissement ultérieur d'un lien de filiation.

Art. 370. – S'il est justifié de motifs graves, l'adoption peut être révoquée, à la demande de l'adoptant ou de l'adopté.
La demande de révocation faite par l'adoptant n'est recevable que si l'adopté est âgé de plus de quinze ans.
Lorsque l'adopté est mineur, les père et mère par le sang ou, à leur défaut, un membre de la famille d'origine jusqu'au degré de cousin germain inclus, peuvent également demander la révocation.

1) Pour un exemple de motifs graves justifiant la révocation de l'adoption, V. Civ. 1re, 20 mars 1978 : *J.C.P.* 78, IV, 165 ; *Bull.* I, n. 114, p. 93.
2) En cas de décès de l'un des adoptants, l'action en révocation formée par l'adoptant survivant est recevable, la révocation ayant alors des effets limités au seul lien adoptif le concernant (T.G.I. Paris 28 oct. 1980 : *J.C.P.* 83, éd. N, II, 96).

3) L'action en révocation de l'adoption, si elle est personnelle à l'adoptant et à l'adopté, peut, lorsqu'elle a été intentée par eux, être poursuivie par leurs héritiers (Civ. 1re, 21 juin 1989 : *Bull.* I, n. 249, p. 166).

Art. 370-1. – Le jugement révoquant l'adoption doit être motivé.
Son dispositif est mentionné en marge de l'acte de naissance ou de la transcription du jugement d'adoption, dans les conditions prévues à l'article 362.

Art. 370-2. – La révocation fait cesser pour l'avenir tous les effets de l'adoption.

De même que le prononcé de l'adoption produit ses effets au jour de la requête, sa révocation prend effet à la date de la demande, l'article 370-2 ayant seulement pour effet d'écarter une rétroactivité plus étendue ; il s'ensuit que le décès de l'adoptant n'empêche pas la juridiction saisie de statuer sur la révocation (Civ. 1re, 21 juin 1989 : *Bull.* I, n. 249, p. 166).

L. n. 66-500 du 11 juillet 1966 *(J.O.* 12 juil.*)*
portant réforme de l'adoption

Art. 1er – *V. C. civ., titre VIII, art. 343 à 370-2.*

Art. 2. – *V. C. famille, art. 45, 50, 55, 55-1, 59, 64, 65, 65-1, 76, 83 et 100-1.*

Art. 3. – *V. L. 24 juil. 1889, art. 1er, 16-1, 17 et 20.*

Art. 4. – *V. L. 29 juil. 1881, art. 30 quater.*

Art. 5. – *V. C. nat., art. 35, 36, 55 et 64.*

Art. 6. – *V. C.G.I., art. 784.*

Art. 7. – La présente loi entrera en vigueur le premier jour du quatrième mois qui suivra celui de sa promulgation.
L'adoption plénière pourra être demandée quel que soit l'âge de l'adopté, pendant un délai de deux ans à compter du jour de l'entrée en vigueur de la présente loi, si les conditions prévues à l'article 345, alinéa 2, du Code civil, sont remplies.

Art. 8. – Les enfants immatriculés comme pupilles de l'État antérieurement à l'entrée en vigueur de la présente loi ne pourront être placés en vue de l'adoption que s'ils remplissent les conditions prévues par l'article 2 de ladite loi pour être pupilles de l'État.
Les enfants recueillis par une œuvre privée ne pourront être placés en vue de l'adoption que s'ils remplissent les conditions prévues à l'article 351 nouveau du Code civil.
Toutefois, la délégation totale des droits d'*autorité parentale* (*) faite à la demande des parents, en application de l'article 17, alinéa Ier, de la loi du 24 juillet 1889, est assimilée au consentement à l'adoption prévu à l'article 348-3, troisième alinéa, nouveau du Code civil.
De même, la délégation totale des droits *d'autorité parentale* (*) en vertu de l'article 17, alinéa 3, de la loi du 24 juillet 1889, est assimilée à la déclaration d'abandon prévue par l'article 350 nouveau du Code civil.

FILIATION ADOPTIVE — Art. 370-2

Art. 9. – L'enfant placé en vue de l'adoption, antérieurement à l'entrée en vigueur de la présente loi, soit par le service de l'aide sociale à l'enfance, soit lorsque les parents auront perdu tous leurs droits d'*autorité parentale* (*) par application de la loi du 24 juillet 1889, ne pourra faire l'objet d'aucune demande de restitution.

Art. 10. – L'adoption plénière pourra être prononcée à l'égard des enfants placés en vue de l'adoption ou recueillis par des particuliers avant l'entrée en vigueur de la présente loi dans les cas suivants :

1° Si les conditions antérieurement prévues pour la légitimation adoptive sont remplies ;
2° Si l'adopté a moins de quinze ans et si les conditions antérieurement prévues pour l'adoption avec rupture des liens sont remplies.

Art. 11. – Les adoptions et les légitimations adoptives prononcées antérieurement à l'entrée en vigueur de la présente loi prennent effet, tant entre les parties qu'à l'égard des tiers, du jour du jugement ou de l'arrêt ayant prononcé l'adoption, mais restent soumises aux voies de recours prévues par l'ancien article 356 du Code civil. En tout état de cause aucune tierce opposition ne sera recevable à l'expiration du délai de un an à compter de la mise en vigueur de la présente loi.

Art. 12. – La légitimation adoptive emporte, à compter de l'entrée en vigueur de la présente loi, les mêmes effets que l'adoption plénière.

Art. 13. – L'adoption antérieurement prononcée emporte, à compter de l'entrée en vigueur de la présente loi, les mêmes effets que l'adoption simple.

Toutefois, si le tribunal avait décidé, conformément à l'ancien article 354 du Code civil, que l'adopté cesserait d'appartenir à sa famille d'origine, les dispositions du deuxième alinéa dudit article 354 demeureront applicables. En outre, dans ce cas, le tribunal pourra, à la requête de l'adoptant, si l'adopté avait moins de quinze ans lors du prononcé de l'adoption, décider que celle-ci emportera les effets de l'adoption plénière.

En tout état de cause, le nom et les prénoms conférés à l'adopté en application de l'ancien article 360 du Code civil lui demeureront acquis.

(*) *L. n. 70-459, du 4 juin 1970, art. 6.*

Nouveau Code de procédure civile
(D. n. 81-500 du 12 mai 1981)

CHAPITRE VII. – LA DÉCLARATION D'ABANDON

Art. 1158. – La demande en déclaration d'abandon est portée devant le tribunal de grande instance du lieu où demeure l'enfant ; lorsqu'elle émane du service de l'aide sociale à l'enfance, elle est portée devant le tribunal de grande instance du chef-lieu du département dans lequel l'enfant a été recueilli.

Art. 1159. – L'instance obéit aux règles de la procédure en matière contentieuse.

Art. 1160 *(Al. 1ᵉʳ et 2, remplacés, D. n. 84-618 du 13 juil. 1984, art. 24).* – La demande est formée par requête remise au secrétariat-greffe.

Elle peut aussi être formée par simple requête du demandeur lui-même, remise au procureur de la République qui doit la transmettre au tribunal.

Le secrétaire-greffier convoque les intéressés par lettre recommandée avec demande d'avis de réception.

Art. 1161 *(Al. 1er, remplacé, D. n. 84-618 du 13 juil. 1984, art. 25).* – L'affaire est instruite et débattue en chambre du conseil en présence du requérant, après avis du ministère public. Le ministère d'avocat n'est pas obligatoire.

Les parents ou tuteur sont entendus ou appelés. Dans le cas où ceux-ci ont disparu, le tribunal peut faire procéder à une recherche dans l'intérêt des familles ; il sursoit alors à la décision pour un délai n'excédant pas six mois.

Le jugement est prononcé en audience publique. Il est notifié par le secrétaire-greffier au demandeur, aux parents, et, le cas échéant, au tuteur.

Art. 1162. – S'il y a lieu, le tribunal statue, en la même forme et par le même jugement, sur la délégation de l'autorité parentale.

Art. 1163 *(Al. 1er, mod. D. n. 84-618 du 13 juil. 1984, art. 26).* – L'appel est formé selon les règles de la procédure sans représentation obligatoire. Il est instruit et jugé selon les règles applicables en première instance.

Les voies de recours sont ouvertes aux personnes auxquelles le jugement a été notifié ainsi qu'au ministère public.

Art. 1164. – Les demandes en restitution de l'enfant sont soumises aux dispositions du présent chapitre.

CHAPITRE VIII. – L'ADOPTION

Section I. – Le consentement à l'adoption

Art. 1165. – Les personnes habilitées à recevoir un consentement à l'adoption doivent informer celui qui le donne de la possibilité de le rétracter et des modalités de la rétractation.

L'acte prévu à l'article 348-3 du Code civil mentionne que cette information a été donnée.

Section II. – La procédure d'adoption

Art. 1166. – La demande aux fins d'adoption est portée devant le tribunal de grande instance. Le tribunal compétent est :

– le tribunal du lieu où demeure le requérant lorsque celui-ci demeure en France ;

– le tribunal du lieu où demeure la personne dont l'adoption est demandée lorsque le requérant demeure à l'étranger ;

– le tribunal choisi en France par le requérant lorsque celui-ci et la personne dont l'adoption est demandée demeurent à l'étranger.

Art. 1167. – L'action aux fins d'adoption relève de la matière gracieuse.

Art. 1168. – La demande est formée par requête.

(Al. 2, remplacé, D. n. 84-618 du 13 juil. 1984, art. 27) Si la personne dont l'adoption est demandée a été recueillie au foyer du requérant avant l'âge de quinze ans, le requérant peut former lui-même la demande par simple requête adressée au procureur de la République qui doit la transmettre au tribunal.

Art. 1169. – La requête doit préciser si la demande tend à une adoption plénière ou à une adoption simple.

Art. 1170. – L'affaire est instruite et débattue en chambre du conseil, après avis du ministère public.

Art. 1171. – Le tribunal vérifie si les conditions légales de l'adoption sont remplies. S'il y a lieu, il fait procéder à une enquête par toute personne qualifiée. Il peut commettre un médecin aux fins de procéder à tout examen qui lui paraîtrait nécessaire.

Il peut recueillir les renseignements relatifs à un pupille de l'État dans les conditions prévues à l'article L. 81 du code de la famille et de l'aide sociale.

Art. 1172. – En cas d'adoption simple, celui qui a consenti à être adopté est appelé à donner son avis sur la demande qui tend à substituer à son nom le seul nom du requérant.

Art. 1173. – Le tribunal peut, avec l'accord du requérant, prononcer l'adoption simple, même s'il est saisi d'une requête aux fins d'adoption plénière.

Art. 1174. – Le jugement est prononcé en audience publique. Son dispositif précise s'il s'agit d'une adoption plénière ou d'une adoption simple et contient les mentions prescrites par l'article 1056. Il contient, en outre, lorsque l'adoption plénière est prononcée en application de l'alinéa 2 de l'article 356 du code civil, l'indication des prénoms et du nom du conjoint à l'égard duquel subsiste la filiation d'origine de l'adopté.

Art. 1175. – S'il y a lieu, le tribunal se prononce, en la même forme et par le même jugement, sur la modification des prénoms de l'adopté et, en cas d'adoption simple, sur le nom de celui-ci.

Art. 1176. – Les voies de recours sont ouvertes au ministère public.

Section III. – La procédure relative à la révocation de l'adoption simple

Art. 1177. – L'instance obéit aux règles de la procédure en matière contentieuse.
L'affaire est instruite et débattue en chambre du conseil, après avis du ministère public.
Le jugement est prononcé en audience publique.

Art. 1178. – L'appel est formé comme en matière contentieuse. Il est instruit et jugé selon les règles applicables en première instance.

TITRE IX. – DE L'AUTORITÉ PARENTALE
(L. n. 70-459 du 4 juin 1970)

G. Raymond : *J.C.P.* 87, I, 3299. – M. Vion : *Defrénois* 1987, 65.

CHAPITRE I. – DE L'AUTORITÉ PARENTALE RELATIVEMENT À LA PERSONNE DE L'ENFANT

Art. 371. – **L'enfant, à tout âge, doit honneur et respect à ses père et mère.**

Art. 371-1 — AUTORITÉ PARENTALE

Art. 371-1. – Il reste sous leur autorité jusqu'à sa majorité ou son émancipation.

Art. 371-2. – L'autorité appartient aux père et mère pour protéger l'enfant dans sa sécurité, sa santé et sa moralité.
Ils ont à son égard droit et devoir de garde, de surveillance et d'éducation.

Art. 371-3. – L'enfant ne peut, sans permission des père et mère, quitter la maison familiale et il ne peut en être retiré que dans les cas de nécessité que détermine la loi.

Art. 371-4. – Les père et mère ne peuvent, sauf motifs graves, faire obstacle aux relations personnelles de l'enfant avec ses grands-parents. À défaut d'accord entre les parties, les modalités de ces relations sont réglées par le tribunal.

En considération de situations exceptionnelles, le tribunal peut accorder un droit de correspondance ou de visite à d'autres personnes, parents ou non.

1) L'article 371-4 présume qu'il est de l'intérêt des enfants d'entretenir des relations personnelles avec leurs grands-parents, à moins qu'il ne soit justifié de motifs graves de nature à y faire obstacle (Civ. 1re, 1er déc. 1982 : *Bull.* I, n. 346, p. 297). Pour la reconnaissance d'un droit de visite aux grands-parents par le sang en cas d'adoption plénière, V. Pau, 21 avril 1983 : *D.* 1984, 109, note Hauser.

2) Le droit d'hébergement ne constitue qu'une modalité du droit de visite (Civ. 1re, 5 mai 1986 : *D.* 1986, 496, note Massip).

3) Sur le droit de visite et d'hébergement des arrière-grands-parents, V. T.G.I. Paris 3 juin 1976 : *D.* 1977, 303, note Cazals.

4) Sur l'octroi d'un droit de visite à une tante maternelle en raison de circonstances exceptionnelles résultant notamment du fait que les mineurs ont été abandonnés par leur mère, V. Civ. 1re, 1er déc. 1982 : *Bull.* I, n. 346, p. 297.

5) Le droit de visite ne constitue qu'une simple faculté pour le juge dont la décision en la matière, dès lors qu'elle est motivée, échappe au contrôle de la Cour de cassation (Civ. 1re, 10 mai 1977 : *Bull.* I, n. 213, p. 168).

6) Sur la possibilité pour les grands-parents de faire tierce opposition aux jugements rendus en matière d'assistance éducative, V. Civ. 1re, 17 juin 1986 : *Bull.* I, n. 165, p. 166.

7) L'existence d'une parenté réelle, même si elle n'est plus reconnue juridiquement entre les grands-parents par le sang et leur petit-fils, adopté en la forme plénière, est constitutive d'une situation exceptionnelle au sens de l'article 371-4 (Civ. 1re, 21 juil. 1987 : *Bull.* I, n. 235, p. 172).

8) Sur la désignation d'une association familale en tant que médiateur par l'intermédiaire duquel devront être recherchées les modalités d'une reprise des relations entre l'enfant et ses grands-parents, v. T.G.I. La Rochelle 17 fév. 1988 : *D.* 1989, 411, 2e esp., note Lienhard.

SECTION I. – DE L'EXERCICE DE L'AUTORITÉ PARENTALE

Art. 372. – Pendant le mariage, les père et mère exercent en commun leur autorité.

Art. 372-1. – Si les père et mère ne parvenaient pas à s'accorder sur ce qu'exige l'intérêt de l'enfant, la pratique qu'ils avaient précédemment pu suivre dans des occasions semblables leur tiendrait lieu de règle.

AUTORITÉ PARENTALE — Art. 373-2

À défaut d'une telle pratique ou en cas de contestation sur son existence ou son bien-fondé, l'époux le plus diligent pourra saisir le juge des tutelles qui statuera après avoir tenté de concilier les parties.

1) Lorsque des père et mère, séparés de fait, ne parviennent pas à s'accorder sur ce qu'exige l'intérêt de l'enfant quant au lieu de sa résidence, le juge des tutelles est compétent pour déterminer les modalités d'exercice du droit de garde (Civ. 1re, 21 mai 1975 : *J.C.P.* 76, II, 18208, note Le Guidec).

2) En décidant que l'enfant sera confié à la mère, à la suite de la séparation de fait des parents, le juge des tutelles ne prive pas le père du droit de garde, celui-ci pouvant rendre visite et héberger l'enfant suivant des modalités correspondant à une pratique antérieurement suivie (Civ. 1re, 6 juin 1979 : *Bull.* I, n. 163, p. 133).

3) Th. Fossier, *L'intervention du juge des tutelles dans la séparation de fait de parents légitimes* : *J.C.P.* 87, I, 3291.

Art. 372-2. — À l'égard des tiers de bonne foi, chacun des époux est réputé agir avec l'accord de l'autre, quand il fait seul un acte usuel de l'autorité parentale relativement à la personne de l'enfant.

Un médecin n'était pas tenu, avant de pratiquer une intervention relativement bénigne (circoncision) de recueillir d'autre autorisation que celle de la mère, si rien ne lui permettait de supposer un désaccord des parents et qu'au surplus le père n'aurait pu raisonnablement s'y opposer dès lors qu'elle était médicalement nécessaire (T.G.I. Paris 6 nov. 1973 : *Gaz. Pal.* 1974, 1, 299, note Barbier).

Art. 373. — Perd l'exercice de l'autorité parentale ou en est provisoirement privé celui des père et mère qui se trouve dans l'un des cas suivants :
1° S'il est hors d'état de manifester sa volonté, en raison de son incapacité, de son absence, de son éloignement ou de toute autre cause ;
2° S'il a consenti une délégation de ses droits selon les règles établies à la section III du présent chapitre ;
3° S'il a été condamné sous l'un des divers chefs de l'abandon de famille, tant qu'il n'a pas recommencé à assumer ses obligations pendant une durée de six mois au moins ;
4° Si un jugement de déchéance ou de retrait a été prononcé contre lui, pour ceux de ses droits qui lui ont été retirés.

La mère doit être relaxée des poursuites pour non-représentation d'enfant lorsque le père a été condamné pour abandon de famille sans que le jugement l'ait relevé de l'incapacité résultant de l'article 373-3° (Crim. 4 déc. 1984 : *D.* 1985, 414, note Massip).

Art. 373-1 *(modifié L. n. 87-570 du 22 juil. 1987, art. 14).* — Si l'un des père et mère décède ou se trouve dans l'un des cas énumérés par l'article précédent, l'exercice de l'autorité parentale est dévolu à l'autre.

Art. 373-2 *(L. n. 87-570 du 22 juil. 1987, art. 15).* — Si les père et mère sont divorcés ou séparés de corps, l'autorité parentale est exercée soit en commun par les deux parents, soit par celui d'entre eux à qui le tribunal l'a confiée, sauf, dans ce dernier cas, le droit de visite et de surveillance de l'autre. S'ils exercent en commun leur autorité, les articles 372-1 et 372-2 demeurent applicables.

Art. 373-3 — AUTORITÉ PARENTALE

Art. 373-3 *(L. n. 87-570 du 22 juil. 1987, art. 16)*. — Le divorce ou la séparation de corps ne fait pas obstacle à la dévolution prévue à l'article 373-1, lors même que celui des père et mère qui demeure en état d'exercer l'autorité parentale aurait été privé de l'exercice de certains des attributs de cette autorité par l'effet du jugement prononcé contre lui.

Néanmoins, le tribunal qui avait statué en dernier lieu sur les modalités de l'exercice de l'autorité parentale peut toujours être saisi par la famille ou par le ministère public, afin de confier l'enfant à un tiers, avec ou sans ouverture d'une tutelle, ainsi qu'il est dit à l'article suivant.

Dans des circonstances exceptionnelles, le tribunal qui statue sur les modalités de l'exercice de l'autorité parentale après divorce ou séparation de corps peut décider, du vivant même des parents, qu'en cas de décès de celui d'entre eux qui exerce cette autorité, l'enfant n'est pas confié au survivant. Il peut, dans ce cas, désigner la personne à laquelle l'enfant est provisoirement confié.

Art. 373-4 *(L. n. 87-570 du 22 juil. 1987, art. 17.I)*. — Lorsque l'enfant a été confié à un l'autorité parentale continue d'être exercée par les père et mère ; toutefois, la personne à qui l'enfant a été confié accomplit tous les actes usuels relatifs à sa surveillance et à son éducation.

Le tribunal, en confiant l'enfant à titre provisoire à un tiers, peut décider qu'il devra requérir l'ouverture d'une tutelle.

Art. 373-5 *(ancien art. 373-4, L. n. 87-570 du 22 juil. 1987, art. 17.II)*. — S'il ne reste plus ni père ni mère en état d'exercer l'autorité parentale, il y aura lieu à l'ouverture d'une tutelle ainsi qu'il est dit à l'article 390 ci-dessous.

Art. 374 *(L. n. 87-570 du 22 juil. 1987, art. 18)*. — L'autorité parentale est exercée sur l'enfant naturel par celui des père et mère qui l'a volontairement reconnu, s'il n'a été reconnu que par l'un d'eux. Si l'un et l'autre l'ont reconnu, l'autorité parentale est exercée par la mère.

L'autorité parentale peut être exercée en commun par les deux parents s'ils en font la déclaration conjointe devant le juge des tutelles.

A la demande du père ou de la mère ou du ministère public, le juge aux affaires matrimoniales peut modifier les conditions d'exercice de l'autorité parentale et décider qu'elle sera exercée soit par l'un des deux parents, soit en commun par le père et la mère ; il indique, dans ce cas, le parent chez lequel l'enfant a sa résidence habituelle.

Le juge aux affaires matrimoniales peut toujours accorder un droit de visite et de surveillance au parent qui n'a pas l'exercice de l'autorité parentale.

En cas d'exercice conjoint de l'autorité parentale, les articles 372-1 et 372-2 sont applicables comme si l'enfant était un enfant légitime.

J. MASSIP, *L'exercice de l'autorité parentale dans la famille naturelle : Defrénois* 1974, 257.

1) Quand, après l'entrée en vigueur de la loi du 3 janvier 1972, le père adultérin a valablement reconnu l'enfant naturel dont la mère était décédée, il se trouve investi de l'autorité parentale relativement à la personne de l'enfant selon l'article 374, la demande de droit de visite et d'hébergement devenant sans objet (Civ. 1re, 9 juil. 1975 : *Gaz. Pal.* 1975, 2, 705, note Viatte).

2) La légitimation à la seule requête du père ne prive pas la mère naturelle de

l'autorité parentale que l'article 374 du Code civil lui attribue de plein droit, le transfert de cette autorité ou de son principal attribut, le droit de garde, ne devant être prononcé que si l'intérêt de l'enfant l'exige impérieusement (Paris 15 fév. 1974 : *D.* 1975, 290, note Massip).

3) L'article 372-1 relatif aux modalités d'exercice de l'autorité parentale, et non à un transfert, n'est applicable à l'enfant naturel, conformément à la disposition finale de l'article 374, que lorsque, par l'effet d'une décision judiciaire, l'autorité parentale sur cet enfant est exercée conjointement par ses père et mère (Civ. 1re, 16 janv. 1979 : *D.* 1980, 85, note Lanquetin).

4) Un droit d'hébergement, qui ne constitue qu'une des modalités du droit de visite, peut être attribué au père naturel sur le fondement de l'article 374, alinéa 4 (Civ. 1re, 19 juil. 1989 : *Bull.* I, n. 299, p. 198).

Art. 374-1 *(modifié L. n. 87-570 du 22 juil. 1987, art. 19).* **- Les mêmes règles sont applicables, à défaut de reconnaissance volontaire, quand la filiation est établie, soit à l'égard des deux parents, soit à l'égard d'un seul d'entre eux.**

Toutefois, en statuant sur l'une ou l'autre filiation, le tribunal peut toujours décider de confier provisoirement l'enfant à un tiers qui sera chargé de requérir l'organisation de la tutelle.

Art. 374-2. - Dans tous les cas prévus au présent titre, la tutelle peut être ouverte lors même qu'il n'y aurait pas de biens à administrer.

Elle est alors organisée selon les règles prévues au titre X.

SECTION II. - DE L'ASSISTANCE ÉDUCATIVE

Art. 375. - Si la santé, la sécurité ou la moralité d'un mineur non émancipé sont en danger, ou si les conditions de son éducation sont gravement compromises, des mesures d'assistance éducative peuvent être ordonnées par justice à la requête des père et mère conjointement, ou de l'un d'eux *(L. n. 87-570 du 22 juil. 1987, art. 20)* **de la personne ou du service à qui l'enfant a été confié ou du tuteur, du mineur lui-même ou du ministère public. Le juge peut se saisir d'office à titre exceptionnel.**

Elles peuvent être ordonnées en même temps pour plusieurs enfants relevant de la même autorité parentale.

(L. n. 86-17 du 6 janv. 1986, art. 51 et 72). **La décision fixe la durée de la mesure sans que celle-ci puisse, lorsqu'il s'agit d'une mesure éducative exercée par un service ou une institution, excéder deux ans. La mesure peut être renouvelée par décision motivée.**

1) La compétence du juge des enfants ne saurait être admise à défaut d'établir la carence et la défaillance des parents (Nancy 3 déc. 1982 : *J.C.P.* 83, II, 20081, note Raymond). Sur le pouvoir souverain des juges du fond pour apprécier si la santé, la sécurité, la moralité d'un mineur non émancipé sont en danger ou si les conditions de son éducation sont gravement compromises, V. Civ. 1re, 11 mai 1976 : *D.* 1976, 521, note Hovasse. V. aussi A. Deiss, *Le juge des enfants et la santé des mineurs* : *J.C.P.* 83, I, 3125.

2) Sur la participation des parents du mineur aux frais résultant de l'application des articles 375 à 375-8, V. Ord. n. 58-1301 du 23 déc. 1958, art. 2, relative à la protection de l'enfance et de l'adolescence en danger (*J.O.* 24 déc. ; *J.C.P.* 59, III, 24199).

Art. 375-1 — AUTORITÉ PARENTALE

3) Les articles 375 du Code civil et 1191 du Nouveau Code de procédure civile n'exigent pas que le gardien soit légalement et judiciairement investi du droit de garde (Civ. 1re, 17 juil. 1985 : *Bull.* I, n. 226, p. 202).

Art. 375-1. – Le juge des enfants est compétent, à charge d'appel, pour tout ce qui concerne l'assistance éducative.
Il doit toujours s'efforcer de recueillir l'adhésion de la famille à la mesure envisagée.

Si, en vertu de l'article 375-1, al. 1er, le juge des enfants est compétent à charge d'appel pour tout ce qui concerne l'assistance éducative, cette disposition ne déroge pas au principe posé par l'article 150 du Nouveau Code de procédure civile selon lequel la décision qui se borne à ordonner une mesure d'instruction ne peut être frappée d'appel indépendamment d'une décision sur le fond (Civ. 1re, 3 mars 1981 : *Bull.* I, n. 74, p. 62. – Paris 16 déc. 1986 : *D.* 1988, note Renucci).

Art. 375-2. – Chaque fois qu'il est possible, le mineur doit être maintenu dans son milieu actuel. Dans ce cas, le juge désigne, soit une personne qualifiée, soit un service d'observation, d'éducation ou de rééducation en milieu ouvert, en lui donnant mission d'apporter aide et conseil à la famille, afin de surmonter les difficultés matérielles ou morales qu'elle rencontre. Cette personne ou ce service est chargé de suivre le développement de l'enfant et d'en faire rapport au juge périodiquement.
Le juge peut aussi subordonner le maintien de l'enfant dans son milieu à des obligations particulières, telles que celle de fréquenter régulièrement un établissement sanitaire ou d'éducation, ordinaire ou spécialisé, ou d'exercer une activité professionnelle.

Le milieu actuel, au sens de l'article 375-2, est en principe le milieu familial naturel de l'enfant (Civ. 1re, 6 janv. 1981 : *Bull.* I, n. 1, p. 1).

Art. 375-3 *(modifié L. n. 87-570 du 22 juil. 1987, art. 21).* **– S'il est nécessaire de retirer l'enfant de son milieu actuel, le juge peut décider de le confier :**
1° A celui des père et mère qui n'avait pas l'exercice de l'autorité parentale ou chez lequel l'enfant n'avait pas sa résidence habituelle ;
2° A un autre membre de la famille ou à un tiers digne de confiance ;
3° A un service ou à un établissement sanitaire ou d'éducation, ordinaire ou spécialisé ;
4° *(L. n. 89-487 du 10 juil. 1989, art. 11)* **A un service départemental de l'aide sociale à l'enfance.**
Toutefois, lorsqu'une requête en divorce a été présentée ou un jugement de divorce rendu entre les père et mère, ces mesures ne peuvent être prises que si un fait nouveau de nature à entraîner un danger pour le mineur s'est révélé postérieurement à la décision statuant sur les modalités de l'exercice de l'autorité parentale ou confiant l'enfant à un tiers. Elles ne peuvent faire obstacle à la faculté qu'aura le tribunal de décider, par application des articles 287 et 287-1, à qui l'enfant devra être confié. Les mêmes règles sont applicables à la séparation de corps.

Les services et établissements visés au 3° de l'article 375-3 peuvent être gérés par des œuvres privées (Civ. 1re, 6 mai 1980 : *Bull.* I, n. 135, p. 110).

Art. 375-4 *(L. n. 87-570 du 22 juil. 1987, art. 22).* **– Dans les cas spécifiés aux 1°, 2° et 3° de l'article précédent, le juge peut charger, soit une personne qualifiée, soit un service**

AUTORITÉ PARENTALE — Art. 376-1

d'observation, d'éducation ou de rééducation en milieu ouvert d'apporter aide et conseil à la personne ou au service à qui l'enfant a été confié ainsi qu'à la famille et de suivre le développement de l'enfant.

Dans tous les cas, le juge peut assortir la remise de l'enfant des mêmes modalités que sous l'article 375-2, deuxième alinéa. Il peut aussi décider qu'il lui sera rendu compte périodiquement de la situation de l'enfant.

Art. 375-5. – A titre provisoire mais à charge d'appel, le juge peut, pendant l'instance, soit ordonner la remise provisoire du mineur à un centre d'accueil ou d'observation, soit prendre l'une des mesures prévues aux articles 375-3 et 375-4.

En cas d'urgence, le procureur de la République du lieu où le mineur a été trouvé a le même pouvoir, à charge de saisir dans les huit jours le juge compétent, qui maintiendra, modifiera ou rapportera la mesure.

Art. 375-6. – Les décisions prises en matière d'assistance éducative peuvent être, à tout moment, modifiées ou rapportées par le juge qui les a rendues soit d'office, soit à la requête des père et mère conjointement, ou de l'un d'eux *(L. n. 87-570 du 22 juil. 1987, art. 23)* de la personne ou du service à qui l'enfant a été confié ou du tuteur, du mineur lui-même ou du ministère public.

Doit être cassée la décision qui se borne à énoncer que l'intérêt des mineurs est d'être maintenus dans leur placement actuel sans préciser les raisons de nature à justifier le maintien du placement antérieurement ordonné (Civ. 1re, 26 janv. 1972 : *D.* 1972, 553, note Massip).

Art. 375-7. – Les père et mère dont l'enfant a donné lieu à une mesure d'assistance éducative, conservent sur lui leur autorité parentale et en exercent tous les attributs qui ne sont pas inconciliables avec l'application de la mesure. Ils ne peuvent émanciper l'enfant sans autorisation du juge des enfants, tant que la mesure d'assistance éducative reçoit application.

S'il a été nécessaire de placer l'enfant hors de chez ses parents, ceux-ci conservent un droit de correspondance et un droit de visite. Le juge en fixe les modalités et peut même si l'intérêt de l'enfant l'exige, décider que l'exercice de ces droits, ou de l'un d'eux, sera provisoirement suspendu.

Art. 375-8. – Les frais d'entretien et d'éducation de l'enfant qui a fait l'objet d'une mesure d'assistance éducative continuent d'incomber à ses père et mère ainsi qu'aux ascendants auxquels des aliments peuvent être réclamés, sauf la faculté pour le juge de les en décharger en tout ou en partie.

SECTION III. – DE LA DÉLÉGATION DE L'AUTORITÉ PARENTALE

Art. 376. – Aucune renonciation, aucune cession portant sur l'autorité parentale, ne peut avoir d'effet, si ce n'est en vertu d'un jugement dans les cas déterminés ci-dessous.

Art. 376-1. – Un tribunal peut, quand il est appelé à statuer sur *(L. n. 87-570 du 22 juil. 1987, art. 24)* les modalités de l'exercice de l'autorité parentale ou sur l'éducation d'un enfant mineur ou quand il décide de confier l'enfant à un tiers, avoir égard aux

Art. 377

pactes que les père et mère ont pu librement conclure entre eux à ce sujet, à moins que l'un d'eux ne justifie de motifs graves qui l'autoriseraient à révoquer son consentement.

V. pour une application, Paris 30 juin 1972 : *J.C.P.* 73, II, 17589, note Fournié.

Art. 377. – Les père et mère, ensemble ou séparément, ou le tuteur autorisé par le conseil de famille, peuvent, quand ils ont remis l'enfant mineur de seize ans (*) à un particulier digne de confiance, à un établissement agréé à cette fin, ou au service départemental de l'aide sociale à l'enfance, renoncer en tout ou partie à l'exercice de leur autorité.

En ce cas, délégation, totale ou partielle, de l'autorité parentale résultera du jugement qui sera rendu par le tribunal sur la requête conjointe des délégants et du délégataire.

La même délégation peut être décidée, à la seule requête du délégataire, lorsque les parents se sont désintéressés de l'enfant depuis plus d'un an.

(*) *L. n. 74-631 du 5 juil. 1974, art. 5.*

1) C'est la date à laquelle est présentée la requête qui constitue le point de départ du délai pendant lequel les parents se sont désintéressés de l'enfant (Reims 21 avril 1975 : *J.C.P.* 75, IV, 338).

2) Pour un exemple d'appréciation du désintérêt des parents à l'égard de l'enfant, V. Civ. 1re, 29 juin 1976 : *J.C.P.* 76, IV, 280 ; *Bull.* I, n. 230, p. 187.

3) Du seul fait qu'un droit de visite a été reconnu au père, la décision de déléguer à la direction départementale de l'action sanitaire et sociale les droits de l'autorité parentale sur un mineur s'analyse en une délégation partielle de l'autorité parentale (Civ. 1re, 14 fév. 1989 : *Bull.* I, n. 77, p. 50).

Art. 377-1. – La délégation de l'autorité parentale peut aussi avoir lieu quand le mineur de seize ans (*) a été recueilli sans l'intervention des père et mère ou du tuteur. Mais il faut, en ce cas, que le particulier ou l'établissement, après avoir recueilli l'enfant, en ait fait la déclaration à l'autorité administrative du lieu.

Cette déclaration est faite dans la huitaine. L'autorité administrative, dans le mois qui suit, en donne avis aux père et mère ou au tuteur. La notification qui leur est ainsi faite ouvre un nouveau délai de trois mois à l'expiration duquel, faute par eux de réclamer l'enfant, ils sont présumés renoncer à exercer sur lui leur autorité.

Le particulier, l'établissement ou le service départemental de l'aide sociale à l'enfance qui a recueilli l'enfant peut alors présenter requête au tribunal aux fins de se faire déléguer totalement ou partiellement l'autorité parentale. Quel que soit le requérant, le tribunal peut décider, dans l'intérêt de l'enfant, les parents entendus ou appelés, que l'autorité parentale sera déléguée au service de l'aide sociale à l'enfance.

(*) *L. n. 74-631 du 5 juil. 1974, art. 5.*

Art. 377-2. – La délégation pourra, dans tous les cas, prendre fin ou être transférée par un nouveau jugement, s'il est justifié de circonstances nouvelles.

Dans le cas où la restitution de l'enfant est accordée aux père et mère, le tribunal met à leur charge, s'ils ne sont indigents, le remboursement de tout ou partie des frais d'entretien.

Quand la demande de restitution a été rejetée, elle ne peut être renouvelée qu'un an au plus tôt après que la décision de rejet sera devenue irrévocable.

AUTORITÉ PARENTALE **Art. 379-1**

Art. 377-3. – **Le droit de consentir à l'adoption du mineur n'est jamais délégué.**

SECTION IV. – DE LA DÉCHÉANCE ET DU RETRAIT PARTIEL DE L'AUTORITÉ PARENTALE

Art. 378. – **Peuvent être déchus de l'autorité parentale par une disposition expresse du jugement pénal les père et mère qui sont condamnés, soit comme auteurs, coauteurs ou complices d'un crime ou délit commis sur la personne de leur enfant, soit comme coauteurs ou complices d'un crime ou délit commis par leur enfant.**
Cette déchéance est applicable aux ascendants autres que les père et mère pour la part d'autorité parentale qui peut leur revenir sur leurs descendants.

Art. 378-1. – **Peuvent être déchus de l'autorité parentale, en dehors de toute condamnation pénale, les père et mère qui, soit par de mauvais traitements, soit par des exemples pernicieux d'ivrognerie habituelle, d'inconduite notoire ou de délinquance, soit par un défaut de soins ou un manque de direction, mettent manifestement en danger la sécurité, la santé ou la moralité de l'enfant.**
Peuvent pareillement en être déchus, quand une mesure d'assistance éducative avait été prise à l'égard de l'enfant, les père et mère qui, pendant plus de deux ans, se sont volontairement abstenus d'exercer les droits et de remplir les devoirs que leur laissait l'article 375-7.
L'action en déchéance est portée devant le tribunal de grande instance, soit par le ministère public, soit par un membre de la famille ou le tuteur de l'enfant.

1) Un père qui a complètement abandonné son fils depuis sa naissance, tant au point de vue matériel que moral, ne peut être déchu de l'autorité parentale, s'il s'avère que l'enfant, grâce aux qualités de sa mère, n'est en danger ni sur le plan physique ni sur le plan moral (Bordeaux 1er fév. 1979 : *J.C.P.* 79, IV, 337).

2) La déchéance prononcée en application de l'article 378-1 ne constitue pas une sanction mais une mesure de protection (Civ. 1re, 14 avril 1982 : *J.C.P.* 82, IV, 217 ; *Bull.* I, n. 125, p. 110 ; *D.* 1983, 294, note J.M.).

3) Les juridictions civiles peuvent se fonder pour prononcer la déchéance de l'autorité parentale, non seulement sur les causes prévues par l'article 378-1, mais aussi sur celles de l'article 378 lorsque la juridiction pénale n'a pas usé de la faculté qui lui était donnée de prononcer la déchéance (Civ. 1re, 16 fév. 1988 : *D.* 1988, 373, note Massip).

Art. 379. – **La déchéance prononcée en vertu de l'un des deux articles précédents porte de plein droit sur tous les attributs, tant patrimoniaux que personnels, se rattachant à l'autorité parentale ; à défaut d'autre détermination, elle s'étend à tous les enfants mineurs déjà nés au moment du jugement.**
Elle emporte, pour l'enfant, dispense de l'obligation alimentaire, par dérogation aux articles 205 à 207, sauf disposition contraire dans le jugement de déchéance.

Art. 379-1. – **Le jugement peut, au lieu de la déchéance totale, se borner à prononcer un retrait partiel de droits, limité aux attributs qu'il spécifie. Il peut aussi décider que la déchéance ou le retrait n'auront d'effet qu'à l'égard de certains des enfants déjà nés.**

Art. 380 — AUTORITÉ PARENTALE

Art. 380. — En prononçant la déchéance ou le retrait du droit de garde, la juridiction saisie devra, si l'autre parent est décédé ou s'il a perdu l'exercice de l'autorité parentale, soit désigner un tiers *(L. n. 87-570 du 22 juil. 1987, art. 25)* auquel l'enfant sera provisoirement confié à charge pour lui de requérir l'organisation de la tutelle, soit confier l'enfant au service départemental de l'aide sociale à l'enfance.

Elle pourra prendre les mêmes mesures lorsque l'autorité parentale est dévolue à l'un des parents par l'effet de la déchéance prononcée contre l'autre.

Art. 381. — Les père et mère qui ont fait l'objet d'une déchéance ou d'un retrait de droits pour l'une des causes prévues aux articles 378 et 378-1, pourront, par requête, obtenir du tribunal de grande instance, en justifiant de circonstances nouvelles, que leur soient restitués, en tout ou partie, les droits dont ils avaient été privés.

La demande en restitution ne pourra être formée qu'un an au plus tôt après que le jugement prononçant la déchéance ou le retrait est devenu irrévocable ; en cas de rejet, elle ne pourra être renouvelée qu'après une nouvelle période d'un an. Aucune demande ne sera recevable lorsque, avant le dépôt de la requête, l'enfant aura été placé en vue de l'adoption.

Si la restitution est accordée, le ministère public requerra, le cas échéant, des mesures d'assistance éducative.

CHAPITRE II. — DE L'AUTORITÉ PARENTALE RELATIVEMENT AUX BIENS DE L'ENFANT

Art. 382. — Les père et mère ont, sous les distinctions qui suivent, l'administration et la jouissance des biens de leur enfant.

Art. 383 *(L. n. 85-1372 du 23 déc. 1985, art. 40 et 56)*. — L'administration légale est exercée conjointement par le père et la mère lorsqu'ils exercent en commun l'autorité parentale et, dans les autres cas, sous le contrôle du juge, soit par le père, soit par la mère, selon les dispositions du chapitre précédent.

La jouissance légale est attachée à l'administration légale : elle appartient soit aux deux parents conjointement, soit à celui des père et mère qui a la charge de l'administration.

Ancien art. 383. — L'administration légale est exercée par le père avec le concours de la mère dans le cas de l'article 389-1 et, dans les autres cas, sous le contrôle du juge, soit par le père, soit par la mère, selon les dispositions du chapitre précédent.

La jouissance légale appartient à celui des père et mère qui a la charge de l'administration.

Art. 384. — Le droit de jouissance cesse :

1° Dès que l'enfant a seize ans (*) accomplis, ou même plus tôt quand il contracte mariage ;
2° Par les causes qui mettent fin à l'autorité parentale, ou même plus spécialement par celles qui mettent fin à l'administration légale ;
3° Par les causes qui emportent l'extinction de tout usufruit.

(*) *L. n. 74-631 du 5 juil. 1974, art. 5.*

AUTORITÉ PARENTALE — Art. 387

Art. 385. – **Les charges de cette jouissance sont :**
1° Celles auxquelles sont tenus en général les usufruitiers ;
2° La nourriture, l'entretien et l'éducation de l'enfant, selon sa fortune ;
3° Les dettes grevant la succession recueillie par l'enfant en tant qu'elles auraient dû être acquittées sur les revenus.

Art. 386. – Cette jouissance n'aura pas lieu au profit de l'époux survivant qui aurait omis de faire inventaire, authentique ou sous seing privé, des biens échus au mineur.

Art. 387. – La jouissance légale ne s'étend pas aux biens que l'enfant peut acquérir par son travail, ni à ceux qui lui sont donnés ou légués sous la condition expresse que les père et mère n'en jouiront pas.

L. n. 70-459 du 4 juin 1970 *(J.O.* 5 juin et rectif. 21 août*)*
relative à l'autorité parentale

Art. 1ᵉʳ. – *V. C. civ., titre neuvième, art. 371 à 387.*

Art. 2. – *V. C. civ., art. 213, 215, 389 et 1384.*

Art. 3. – *V. C. proc. pénale art. 775-9°.*

Art. 4 et 5. – *V. C. famille, art. 46, 49, 50 et 64.*

Art. 6. – Dans tous les textes où il est fait mention de la puissance paternelle, cette mention sera remplacée par celle de l'autorité parentale.

Art. 7. – Les dispositions de la présente loi sont applicables dans les départements du Bas-Rhin, du Haut-Rhin et de la Moselle, lorsqu'elles ne se rapportent pas à des matières actuellement soumises à des dispositions particulières.

Art. 8. – Les dispositions de la présente loi ne portent pas atteinte aux règles relatives à l'engagement dans les armées.

Art. 9. – La présente loi entrera en vigueur le 1ᵉʳ janvier 1971.

Art. 10. – A partir de cette date, les dispositions de la loi nouvelle régiront immédiatement les droits et les devoirs des père et mère, relativement tant à la personne qu'au patrimoine de leurs enfants mineurs, quel que soit l'âge de ceux-ci, mais sous les exceptions qui suivent.

Art. 11. – Sur l'enfant naturel né avant l'entrée en vigueur de la loi nouvelle, l'autorité parentale demeurera à celui de ses père et mère qui était investi de la puissance paternelle selon l'ancien article 383 du Code civil, si du moins il avait commencé à en exercer les droits et les devoirs.
L'autre parent pourra toutefois demander que l'autorité parentale lui soit transférée par application des nouveaux articles 374 et 374-1 du Code civil.

Art. 12. – Les droits de jouissance légale ouverts sous l'empire de la loi ancienne ne cesseront point par l'effet de la loi nouvelle.

Art. 13. – La responsabilité du père et de la mère, telle qu'elle est prévue à l'article 1384 (al. 4 nouveau) du Code civil ne sera applicable qu'aux faits dommageables postérieurs à l'entrée en vigueur de la présente loi.

Art. 14. – Les déchéances de la puissance paternelle résultant de jugements passés en force de chose jugée sous l'empire de la loi ancienne, conserveront leurs effets sous l'empire de la loi nouvelle.

Toutefois, lorsqu'elles ont été encourues obligatoirement à la suite de condamnations pénales, par application de l'article 1er de la loi du 24 juillet 1889, les père et mère pourront former une demande en restitution de leurs droits, conformément au nouvel article 381 du Code civil, sans être tenus d'attendre l'expiration du délai prévu par le second alinéa dudit article.

Art. 15. – Les juges pourront dans les instances pendantes au jour de l'entrée en vigueur de la présente loi et même en cause d'appel, provoquer l'ouverture d'une tutelle, selon le pouvoir qui leur en est conféré par les nouveaux articles 373-2, 373-3, et 374-1 du Code civil.

Art. 16. – Les dispositions des articles 1er, 2, 6, 8, 9, 10, 11, 12, 13, 14 et 15 de la présente loi sont applicables aux territoires d'outre-mer.

Art. 17. – *V. L. 30 déc. 1921, art. 2 et 3.*

Art. 18. – Toutes les dispositions contraires à celles de la présente loi sont abrogées.

L. n. 87-570 du 22 juil. 1987,
sur l'exercice de l'autorité parentale

Art. 29. – Les juges saisis à la date d'entrée en vigueur de la présente loi d'actions en modification de l'exercice de l'autorité parentale sur les enfants naturels demeurent compétents pour en connaître.

....

Nouveau Code de procédure civile
(D. n. 81-500 du 12 mai 1981)

CHAPITRE IX. – L'AUTORITÉ PARENTALE

Section I. – L'exercice de l'autorité parentale

Art. 1179. – Les demandes relatives à l'application de l'article 372-1 du Code civil sont formées, instruites et jugées selon les règles applicables à la tutelle des mineurs.

Art. 1180. – Les demandes formées en application de l'article 371-4 et de l'alinéa 2 de l'article 373-3 du Code civil obéissent aux règles de la procédure en matière contentieuse ; elles sont instruites et jugées en chambre du conseil, après avis du ministère public.
Al. abrogé D. n. 87-578 du 22 juil. 1987, art. 15.

Art. 1180-1 *(D. n. 87-578 du 22 juil. 1987, art. 6).* – La déclaration conjointe prévue à l'article 374 du Code civil est recueillie par le juge des tutelles du lieu où demeure l'enfant. Le juge établit un procès-verbal dont il remet une copie à chacun des parents.
En cas de refus, le juge statue par ordonnance motivée.
L'attribution de l'exercice de l'autorité parentale par déclaration conjointe relève de la matière gracieuse.

AUTORITÉ PARENTALE — Art. 387

Art. 1180-2 *(D. n. 87-578 du 22 juil. 1987, art. 6).* – Les demandes relatives à la modification, par le juge aux affaires matrimoniales, des conditions d'exercice de l'autorité parentale prévues à l'article 374 du Code civil sont formées, instruites et jugées après avis du ministère public selon les règles édictées aux articles 1084 à 1087. Les débats ne sont pas publics.

Section II. – L'assistance éducative

Art. 1181 *(D. n. 87-578 du 22 juil. 1987, art. 7).* – Les mesures d'assistance éducative sont prises par le juge des enfants du lieu où demeure, selon le cas, le père, la mère, le tuteur du mineur ou la personne, ou le service à qui l'enfant a été confié ; à défaut, par le juge du lieu où demeure le mineur.

Le juge peut, si le père, la mère, le tuteur ou la personne, ou le service à qui l'enfant a été confié change de domicile ou de résidence, se dessaisir au profit du juge du nouveau domicile ou de la nouvelle résidence.

Art. 1182 *(D. n. 87-578 du 22 juil. 1987, art. 8).* – Le juge donne avis de la procédure au procureur de la République et en informe les père, mère, tuteur, personne ou service à qui l'enfant a été confié quand ils ne sont pas requérants.

Art. 1183. – Le juge entend les père et mère, le tuteur *(D. n. 87-578 du 22 juil. 1987, art. 14)* ou personne ou représentant du service à qui l'enfant a été confié, ainsi que toute autre personne dont l'audition lui paraît utile. Il entend le mineur à moins que l'âge ou l'état de celui-ci ne le permette pas.

Il peut, soit d'office, soit à la requête des parties ou du ministère public, ordonner toute mesure d'information et faire notamment procéder à une étude de la personnalité du mineur, en particulier par le moyen d'une enquête sociale, d'examens médicaux, psychiatriques et psychologiques, d'une observation du comportement ou d'un examen d'orientation professionnelle.

Art. 1184. – Les mesures provisoires prévues au premier alinéa de l'article 375-5 du Code civil, ne peuvent être prises, hors le cas d'urgence, que s'il a été procédé à l'audition des père, mère, tuteur *(D. n. 87-578 du 22 juil. 1987, art. 14)* ou personne ou représentant du service à qui l'enfant a été confié, prescrite par l'article 1183.

Si l'urgence le requiert, les mesures provisoires peuvent aussi être prises, sans préjudice des dispositions du second alinéa de l'article 375-5 du Code civil, par le juge des enfants du lieu où le mineur a été trouvé, à charge pour lui de se dessaisir dans le mois au profit du juge territorialement compétent.

Art. 1185 *(Al. 1ᵉʳ modifié, D. n. 87-578 du 22 juil. 1987, art. 9).* – La décision sur le fond doit intervenir dans un délai de six mois à compter de la décision ordonnant les mesures provisoires, faute de quoi l'enfant est remis à ses père, mère, tuteur, personne ou service à qui il a été confié, sur leur demande.

Si l'instruction n'est pas terminée dans le délai prévu à l'alinéa précédent, le juge peut, après avis du procureur de la République, proroger ce délai pendant un temps dont il détermine la durée.

Art. 1186. – Le mineur, ses père, mère, gardien ou tuteur peuvent faire choix d'un conseil ou demander au juge qu'il leur en soit désigné un d'office. La désignation doit intervenir dans les huit jours de la demande.

Les père, mère, gardien ou tuteur sont avisés de ce droit dès leur première audition. Le juge en avise également le mineur chaque fois que l'intérêt de celui-ci le requiert.

Art. 1187. – L'instruction terminée, le dossier est transmis au procureur de la République qui le renvoie dans les quinze jours au juge, accompagné de son avis écrit sur la suite à donner ou de l'indication qu'il entend formuler cet avis à l'audience.
Le dossier peut être consulté au secrétariat-greffe par le conseil du mineur et celui de ses père, mère, tuteur *(D. n. 87-578 du 22 juil. 1987, art. 13)* ou la personne ou le service à qui l'enfant a été confié jusqu'à la veille de l'audience.

Art. 1188. – L'audience peut être tenue au siège du tribunal pour enfants ou au siège d'un tribunal d'instance situé dans le ressort, que la convocation indique.
Les père, mère, tuteur *(D. n. 87-578 du 22 juil. 1987, art. 13)* ou la personne ou le service à qui l'enfant a été confié et, le cas échéant, le mineur, sont convoqués à l'audience huit jours au moins avant la date de celle-ci ; les conseils des parties sont également avisés.

Art. 1189. – A l'audience, le juge entend le mineur, ses père et mère, tuteur *(D. n. 87-578 du 22 juil. 1987, art. 14)* ou personne ou représentant du service à qui l'enfant a été confié ainsi que toute autre personne dont l'audition lui paraît utile. Il peut dispenser le mineur de se présenter ou ordonner qu'il se retire pendant tout ou partie de la suite des débats.
Les conseils des parties sont entendus en leurs observations.
L'affaire est instruite et jugée en chambre du conseil, après avis du ministère public.

Art. 1190. – Toute décision du juge est notifiée dans les huit jours aux père, mère, tuteur *(D. n. 87-578 du 22 juil. 1987, art. 13)* ou la personne ou le service à qui l'enfant a été confié, ainsi qu'au conseil du mineur s'il en a été désigné un ; avis en est donné au procureur de la République.
Le dispositif de la décision est notifié au mineur de plus de seize ans à moins que son état ne le permette pas.

Art. 1191. – Les décisions du juge peuvent être frappées d'appel :
– par le père, la mère, le tuteur *(D. n. 87-578 du 22 juil. 1987, art. 13)* ou la personne ou le service à qui l'enfant a été confié jusqu'à l'expiration d'un délai de quinze jours suivant la notification ;
– par le mineur lui-même jusqu'à l'expiration d'un délai de quinze jours suivant la notification et, à défaut, suivant le jour où il a eu connaissance de la décision ;
– par le ministère public jusqu'à l'expiration d'un délai de quinze jours suivant la remise de l'avis qui lui a été donné.

Art. 1192. – L'appel est formé selon les règles édictées aux articles 931 à 934.
Le secrétaire-greffier avise de l'appel, par lettre simple, ceux des père, mère, tuteur, *(D. n. 87-578 du 22 juil. 1987, art. 13)* ou la personne ou le service à qui l'enfant a été confié et le mineur de plus de seize ans lui-même qui ne l'auraient pas eux-mêmes formé et les informe qu'ils seront ultérieurement convoqués devant la cour. Simultanément, il transmet au secrétariat-greffe de la cour le dossier de l'affaire avec une copie de la déclaration et une copie du jugement.

Art. 1193. – L'appel est instruit et jugé par priorité en chambre du conseil par la chambre de la cour d'appel chargée des affaires de mineurs suivant la procédure applicable devant le juge des enfants.

Art. 1194. – Les décisions de la cour d'appel sont notifiées comme il est dit à l'article 1190.

AUTORITÉ PARENTALE — Art. 387

Art. 1195. – Les convocations et notifications sont faites par le secrétaire-greffier par lettre recommandée avec demande d'avis de réception ; le juge peut, toutefois, décider qu'elles auront lieu par acte d'huissier de justice ou par la voie administrative.

La remise d'une expédition du jugement contre récépissé daté et signé équivaut à la notification.

Art. 1196. – En cas de pourvoi en cassation, les parties sont dispensées du ministère d'un avocat au Conseil d'État et à la Cour de cassation.

Le pourvoi en cassation est ouvert au ministère public.

Art. 1197. – Lorsque les père et mère ne peuvent supporter la charge totale des frais de justice qui leur incombent, le juge fixe le montant de leur participation.

Art. 1198. – Le juge peut visiter ou faire visiter tout mineur faisant l'objet d'une mesure de placement prise en application des articles 375-3 et 375-5 du Code civil.

Art. 1199. – Le juge peut déléguer sa compétence au juge du lieu où le mineur a été placé soit volontairement, soit par décision de justice, à l'effet d'organiser l'une des mesures prévues aux articles 375-2 et 375-4 du code civil et d'en suivre l'application.

Art. 1199-1 *(D. n. 86-939 du 30 juil. 1986, art. 1ᵉʳ).* – L'institution ou le service chargé de l'exercice de la mesure adresse au juge des enfants qui a statué ou qui a reçu délégation de compétence un rapport sur la situation et l'évolution du mineur selon la périodicité fixée par la décision ou, à défaut, annuellement.

Art. 1200. – Dans l'application de l'assistance éducative, il doit être tenu compte des convictions religieuses ou philosophiques du mineur et de sa famille.

Art. 1200-1 *(D. n. 86-939 du 30 juil. 1986, art. 2).* – Les mesures d'assistance éducative renouvelées en application du troisième alinéa de l'article 375 du code civil sont prises par le juge des enfants dans les conditions prévues aux articles 1181 à 1200.

Section III. – Délégation, déchéance et retrait partiel de l'autorité parentale

Art. 1201. – La déclaration prévue à l'article 377-1 du Code civil est faite au maire ou au commissaire de police. Elle est transmise dans les quinze jours au préfet qui procède aux notifications nécessaires.

Art. 1202. – Les demandes en délégation, déchéance ou retrait partiel de l'autorité parentale sont portées devant le tribunal de grande instance du lieu où demeure soit le mineur s'il s'agit de délégation, soit, dans les autres cas, l'ascendant contre lequel l'action est exercée.

Art. 1203. – Le tribunal est saisi par requête. Les parties sont dispensées du ministère d'avocat. La requête peut être adressée au procureur de la République qui doit la transmettre au tribunal.

Art. 1204. – Lorsque la demande tend à la déchéance ou au retrait partiel de l'autorité parentale, qu'elle émane du ministère public, d'un membre de la famille ou du tuteur de l'enfant, la requête est notifiée par le secrétaire-greffier à l'ascendant contre lequel l'action est exercée.

Art. 1205. – Le tribunal, même d'office, procède ou fait procéder à toutes les investigations utiles et notamment aux mesures d'information prévues à l'article 1183. Il peut à cet effet commettre le juge des enfants.

Art. 388 TUTELLE

Lorsqu'une procédure d'assistance éducative a été diligentée à l'égard d'un ou plusieurs enfants, le dossier en est communiqué au tribunal.

Art. 1206. – Le procureur de la République recueille les renseignements qu'il estime utiles sur la situation de famille du mineur et la moralité de ses parents.

Art. 1207. – Pour le cours de l'instance, le tribunal peut ordonner toute mesure provisoire *(D. n. 87-578 du 22 juil. 1987, art. 11)* relative à l'exercice de l'autorité parentale.

Art. 1208. – Le tribunal entend les père, mère, tuteur *(D. n. 87-578 du 22 juil. 1987, art. 14)* ou personne ou représentant du service à qui l'enfant a été confié, ainsi que toute personne dont l'audition lui paraît utile. Il entend le mineur s'il l'estime opportun.

L'affaire est instruite et jugée en chambre du conseil. Les débats ont lieu en présence du ministère public.

Art. 1209. – Les dispositions de l'article 1186, du second alinéa de l'article 1187, du second alinéa de l'article 1188, du premier alinéa de l'article 1190, des articles 1191 à 1197 sont applicables aux procédures relatives à la délégation, la déchéance ou le retrait partiel de l'autorité parentale, les pouvoirs et obligations du juge des enfants étant assumés, selon le cas, par le tribunal ou son président.

Art. 1210. – La demande en restitution des droits délégués ou retirés est formée par requête devant le tribunal du lieu où demeure la personne à laquelle ces droits ont été conférés. Elle est notifiée à cette personne par le secrétaire-greffier. Elle obéit, pour le surplus, aux règles qui gouvernent les demandes en délégation de l'autorité parentale.

TITRE X. – DE LA MINORITÉ, DE LA TUTELLE ET DE L'ÉMANCIPATION

V. D. n. 73-490 du 15 mai 1973 portant publication de la convention concernant la compétence des autorités et la loi applicable en matière de protection des mineurs, ouverte à la signature à La Haye le 5 octobre 1961 (*J.O.* 24 mai ; *J.C.P.* 73, III, 40562).

CHAPITRE I. – DE LA MINORITÉ

Art. 388 *(L. n. 74-631 du 5 juil. 1974, art. 1er)*. – **Le mineur est l'individu de l'un ou l'autre sexe qui n'a point encore l'âge de dix-huit ans accomplis.**

TUTELLE Art. 389-3

CHAPITRE II. – DE LA TUTELLE
(L. n. 64-1230 du 14 déc. 1964)

SECTION I. – DES CAS OÙ IL Y A LIEU, SOIT À L'ADMINISTRATION LÉGALE, SOIT À LA TUTELLE

Art. 389 *(L. n. 85-1372 du 23 déc. 1985, art. 40 et 56).* – Si l'autorité parentale est exercée en commun par les deux parents, ceux-ci sont administrateurs légaux. Dans les autres cas, l'administration légale appartient à celui des parents qui exerce l'autorité parentale.

Ancien art. 389 *(L. n. 70-459 du 4 juin 1970). – Si l'autorité parentale est exercée en commun par les deux parents, le père est administrateur légal. Dans les autres cas, l'administration légale appartient à celui des parents qui exerce l'autorité parentale.*

Art. 389-1 *(L. n. 85-1372 du 23 déc. 1985, art. 40 et 56).* – L'administration légale est pure et simple quand les deux parents exercent en commun l'autorité parentale.

Ancien art. 389-1. – *L'administration légale est pure et simple quand le mineur est un enfant légitime dont les parents sont vivants, non divorcés ni séparés de corps et ne se trouvent pas dans un des cas prévus à l'article 373.*

Art. 389-2 *(L. n. 85-1372 du 23 déc. 1985, art. 40 et 56).* – L'administration légale est placée sous le contrôle du juge des tutelles lorsque l'un ou l'autre des deux parents est décédé ou se trouve dans l'un des cas prévus à l'article 373 ; elle l'est également, à moins que les parents n'exercent en commun l'autorité parentale, lorsque le père et mère sont divorcés ou séparés de corps, ou encore lorsque le mineur est un enfant naturel.

Ancien art. 389-2. – *Elle est placée sous le contrôle du juge des tutelles :*
1° Lorsque l'un ou l'autre des deux parents est décédé ou se trouve dans l'un des cass prévus à l'article 373 ;
2° Lorsque le père et mère sont divorcés ou séparés de corps ;
3° Lorsque le mineur est un enfant naturel, qu'il ait été reconnu par un seul de ses parents ou par les deux.

Art. 389-3. – L'administrateur légal représentera le mineur dans tous les actes civils, sauf les cas dans lesquels la loi ou l'usage autorise les mineurs à agir eux-mêmes.

Quand ses intérêts sont en opposition avec ceux du mineur, il doit faire nommer un administrateur ad hoc par le juge des tutelles.

Ne sont pas soumis à l'administration légale, les biens qui auraient été donnés ou légués au mineur sous la condition qu'ils seraient administrés par un tiers. Ce tiers administrateur aura les pouvoirs qui lui auront été conférés par la donation ou le testament ; à défaut, ceux d'un administrateur légal sous contrôle judiciaire.

J.-C. Montanier, *Les actes de la vie courante en matière d'incapacités : J.C.P.* 82, I, 3076.

Art. 389-4 TUTELLE

1) Si seul un tuteur *ad hoc* doit être désigné pour défendre à l'action en désaveu de paternité (C. civ., art. 317), il y a lieu, en matière d'action en contestation de reconnaissance, de désigner un administrateur *ad hoc*, en application de l'article 389-3, alinéa 2, lorsque les intérêts de l'administrateur légal sont en opposition avec ceux du mineur (Civ. 1re, 18 mars 1981 : *J.C.P.* 81, IV, 199 ; *Bull.* I, n. 95, p. 81).

2) Sur le devoir de conseil du notaire en cas de vente d'un immeuble indivis entre le mineur et son administrateur légal, V. Civ. 1re, 7 déc. 1977 : *Bull.* I, n. 465, p. 368.

Art. 389-4 *(L. n. 75-617 du 11 juil. 1975, art. 4 et 25, mod. L. n. 85-1372 du 23 déc. 1985, art. 41).* – **Dans l'administration légale pure et simple, chacun des parents est réputé, à l'égard des tiers, avoir reçu de l'autre le pouvoir de faire seul les actes pour lesquels un tuteur n'aurait besoin d'aucune autorisation.**

Pour une application, V. Civ. 1re, 18 nov. 1986 : *Defrénois* 1987, 322, obs. Massip.

Art. 389-5 *(L. n. 85-1372 du 23 déc. 1985, art. 42).* – **Dans l'administration légale pure et simple, les parents accomplissent ensemble les actes qu'un tuteur ne pourrait faire qu'avec l'autorisation du conseil de famille.**

A défaut d'accord entre les parents, l'acte doit être autorisé par le juge des tutelles.

Même d'un commun accord, les parents ne peuvent ni vendre de gré à gré, ni apporter en société un immeuble ou un fonds de commerce appartenant au mineur, ni contracter d'emprunt en son nom, ni renoncer pour lui à un droit, sans l'autorisation du juge des tutelles. La même autorisation est requise pour le partage amiable, et l'état liquidatif devra être homologué dans les conditions prévues à l'article 466.

Si l'acte cause un préjudice au mineur, les parents en sont responsables solidairement.

Ancien art. 389-5. – Dans l'administration légale pure et simple, l'administrateur accomplit avec le consentement de son conjoint les actes qu'un tuteur ne pourrait faire qu'avec l'autorisation du conseil de famille. Il doit, cependant, à peine de l'amende prévue au Code de procédure civile, en donner avis sans formalité au juge des tutelles quinze jours au moins à l'avance.

A défaut du consentement du conjoint, l'acte doit être autorisé par le juge des tutelles.

Même du consentement de son conjoint, l'administrateur légal ne peut ni vendre de gré à gré, ni apporter en société un immeuble ou un fonds de commerce appartenant au mineur, ni contracter d'emprunt en son nom, ni renoncer pour lui à un droit, sans l'autorisation du juge des tutelles. La même autorisation est requise pour le partage amiable, et l'état liquidatif devra être homologué dans les conditions prévues à l'article 466.

Si l'acte auquel il a consenti cause un préjudice au mineur, le conjoint de l'administrateur légal en sera responsable solidairement avec celui-ci.

1) Doit être soumis à l'autorisation du juge des tutelles l'acte qui, tout en se présentant comme une transaction, constitue en réalité une renonciation à un droit au sens de l'alinéa 3 de l'article 389-5 du Code civil (Cass. ch. mixte 29 janv. 1971 : *D.* 1971, 301, concl. Lindon, note Hauser et Abitbol). L'administrateur légal ne peut, sans l'autorisation du juge des tutelles, acquiescer à un jugement qui n'a accueilli que partiellement la demande en réparation du préjudice subi par le mineur (Civ. 1re, 6 déc. 1988 : *Bull.* I, n. 342, p. 233).

2) Les tribunaux de grande instance n'ont pas compétence pour homologuer ou entéri-

TUTELLE Art. 392

ner des transactions concernant les mineurs, même si ces actes passés entre le père et la compagnie d'assurances sont qualifiés de protocoles d'accord (Reims 23 oct. 1975 : *D.* 1976, somm. 40).

3) L'administrateur légal des biens d'un mineur a qualité pour le représenter, même dans les actions relatives à des droits qui ne sont point patrimoniaux, à moins qu'elles n'aient un caractère strictement personnel, ce qui n'est pas le cas des actions relatives au nom (Civ. 1re, 6 nov. 1985 : *Bull.* I, n. 291, p. 259).

Art. 389-6 *(L. n. 75-617 du 11 juil. 1975, art. 4 et 25, avec effet à compter du 1er janvier 1976).* **– Dans l'administration légale sous contrôle judiciaire, l'administrateur doit se pourvoir d'une autorisation du juge des tutelles pour accomplir les actes qu'un tuteur ne pourrait faire qu'avec une autorisation.**
Il peut faire seul les autres actes.

L'article 389-6 ne s'applique pas aux ventes forcées décidées en vertu de dispositions légales ou de conventions valables, en l'absence de toute initiative prise par l'administrateur légal des mineurs (Civ. 1re, 18 déc. 1984 : *Bull.* I, n. 337, p. 287).

Art. 389-7 *(L. n. 70-459 du 4 juil. 1970).* **– Les règles de la tutelle sont, pour le surplus, applicables à l'administration légale, avec les modalités, résultant de ce que celle-ci comporte ni conseil de famille ni subrogé tuteur, et sans préjudicier, d'autre part, aux droits que les père et mère tiennent du titre « De l'autorité parentale », notamment quant à l'éducation de l'enfant et à l'usufruit de ses biens.**

Art. 390. – La tutelle s'ouvre lorsque le père et la mère sont tous deux décédés ou se trouvent dans l'un des cas prévus à l'article 373.
Elle s'ouvre, aussi à l'égard d'un enfant naturel, s'il n'a ni père ni mère qui l'aient volontairement reconnu.
Il n'est pas dérogé aux lois particulières qui régissent le service de l'aide sociale à l'enfance.

Art. 391. – Dans le cas de l'administration légale sous contrôle judiciaire, le juge des tutelles peut, à tout moment, soit d'office, soit à la requête de parents ou alliés ou du ministère public, décider d'ouvrir la tutelle après avoir entendu ou appelé, sauf urgence, l'administrateur légal. Celui-ci ne peut faire, à partir de la demande et jusqu'au jugement définitif, sauf le cas d'urgence, aucun acte qui requerrait l'autorisation du conseil de famille si la tutelle était ouverte.
Le juge des tutelles peut aussi décider, mais seulement pour cause grave, d'ouvrir la tutelle dans le cas d'administration légale pure et simple.
Dans l'un et l'autre cas, si la tutelle est ouverte, le juge des tutelles convoque le conseil de famille qui pourra soit nommer tuteur l'administrateur légal, soit désigner un autre tuteur.

Art. 392. – Si un enfant naturel vient à être reconnu par l'un de ses deux parents après l'ouverture de la tutelle, le juge des tutelles pourra, à la requête de ce parent, décider de substituer à la tutelle l'administration légale dans les termes de l'article 389-2.

Art. 393 TUTELLE

SECTION II. – DE L'ORGANISATION DE LA TUTELLE

§ 1. – Du juge des tutelles

Art. 393. – Les fonctions de juge des tutelles sont exercées par un juge appartenant au tribunal d'instance dans le ressort duquel le mineur a son domicile.

1) Sur les modalités de désignation du juge des tutelles, V. C. org. jud., art. R. 322-1.

2) Les enfants mineurs d'une veuve étant domiciliés de droit chez elle, seul le juge des tutelles du lieu du domicile de la mère est compétent, par application de l'article 393 du Code civil, pour se prononcer sur la conversion en tutelle de l'administration légale de la mère, même si les enfants ont été confiés à leur grand-mère (Civ. 1re, 19 mars 1974 : *Bull* I, n. 92, p. 78).

Art. 394. – Si le domicile du pupille est transporté dans un autre lieu, le tuteur en donne aussitôt avis au juge des tutelles antérieurement saisi. Celui-ci transmet le dossier de la tutelle au juge des tutelles du nouveau domicile. Mention de cette transmission sera conservée au greffe du tribunal d'instance.

Art. 395. – Le juge des tutelles exerce une surveillance générale sur les administrations légales et les tutelles de son ressort.
Il peut convoquer les administrateurs légaux, tuteurs et autres organes tutélaires, leur réclamer des éclaircissements, leur adresser des observations, prononcer contre eux des injonctions.
Il peut condamner à l'amende prévue au Code de procédure civile ceux qui, sans excuse légitime, n'auront pas déféré à ses injonctions.

Art. 396. – Les formes de procéder devant le juge des tutelles seront réglées par le Code de procédure civile.

V. Nouv. C. proc. civ., art. 1211 et s. (*infra*, sous art. 475).

§ 2. – Du tuteur

Art. 397. – Le droit individuel de choisir un tuteur, parent ou non, n'appartient qu'au dernier mourant des père et mère, s'il a conservé, au jour de sa mort, l'exercice de l'administration légale ou de la tutelle.

Art. 398. – Cette nomination ne peut être faite que dans la forme d'un testament ou d'une déclaration spéciale devant notaire.

Art. 399 et 400. – *Abrogés.*

Art. 401. – Le tuteur élu par le père ou la mère n'est pas tenu d'accepter la tutelle s'il n'est d'ailleurs dans la classe des personnes qu'à défaut de cette élection spéciale le conseil de famille eût pu en charger.

Art. 402. – Lorsqu'il n'a pas été choisi de tuteur par le dernier mourant des père et mère, la tutelle de l'enfant légitime est déférée à celui des ascendants qui est du degré le plus rapproché.

TUTELLE Art. 410

En vertu des dispositions combinées des articles 334 et 402 du Code civil, lorsqu'aucun tuteur n'a été choisi avant son décès par la mère naturelle ayant reconnu volontairement l'enfant, la tutelle doit être déférée à l'ascendant du degré le plus proche (T.G.I. Paris 4 janv. 1974 : *D.* 1975, 479, note Massip).

Art. 403. – **En cas de concours entre ascendants du même degré, le conseil de famille désigne celui d'entre eux qui sera tuteur.**

Art. 404. – **S'il n'y a ni tuteur testamentaire ni ascendant tuteur ou si celui qui avait été désigné en cette qualité vient à cesser ses fonctions, un tuteur sera donné au mineur par le conseil de famille.**

Art. 405. – **Ce conseil sera convoqué par le juge des tutelles, soit d'office, soit sur la réquisition que lui en feront des parents ou alliés des père et mère, des créanciers ou autres parties intéressées, ou le ministère public. Toute personne pourra dénoncer au juge le fait qui donnera lieu à la nomination d'un tuteur.**

Art. 406. – **Le tuteur est désigné pour la durée de la tutelle.**
Le conseil de famille peut néanmoins pourvoir à son remplacement en cours de tutelle, si des circonstances graves le requièrent, sans préjudice des cas d'excuse, d'incapacité ou de destitution.

§ 3. – Du conseil de famille

Art. 407. – **Le conseil de famille est composé de quatre à six membres, y compté le subrogé tuteur, mais non le tuteur ni le juge des tutelles.**
Le juge les désigne pour la durée de la tutelle. Il peut, néanmoins, sans préjudice des articles 428 et suivants, pourvoir d'office au remplacement d'un ou plusieurs membres en cours de tutelle afin de répondre à des changements qui auraient pu survenir dans la situation des parties.

La décision par laquelle le juge des tutelles choisit les membres du conseil de famille n'a pas à être notifiée en application de l'article 882-1 du Code de procédure civile et par suite ne saurait faire l'objet du recours prévu par l'article 882-2 du même code (Civ. 1re, 28 mars 1977 : *J.C.P.* 77, IV, 144 ; *Bull.* I, n. 164, p. 127).

Art. 408. – **Le juge des tutelles choisit les membres du conseil de famille parmi les parents ou alliés des père et mère du mineur, en appréciant toutes les circonstances du cas : la proximité du degré, le lieu de la résidence, l'âge et les aptitudes des intéressés.**
Il doit éviter, autant que possible, de laisser l'une des deux lignes sans représentation. Mais il a égard, avant tout, aux relations habituelles que le père et la mère avaient avec leurs différents parents ou alliés, ainsi qu'à l'intérêt que parents ou alliés ont porté ou paraissent pouvoir porter à la personne de l'enfant.

Art. 409. – **Le juge des tutelles peut aussi appeler pour faire partie du conseil de famille, des amis, des voisins ou toutes autres personnes qui lui semblent pouvoir s'intéresser à l'enfant.**

Art. 410. – **Le conseil de famille est convoqué par le juge des tutelles. Il doit l'être si la convocation est requise, soit par deux de ses membres, soit par le tuteur ou le subrogé tuteur, soit par le mineur lui-même pourvu qu'il ait seize ans (*) révolus.**

(*) *L. n. 74-631 du 5 juil. 1974, art. 5.*

Aucun texte n'interdit au juge des tutelles, saisi d'une demande de convocation du conseil de famille, d'ordonner préalablement une mesure d'information telle qu'une enquête sociale destinée à apporter au conseil tous les éléments nécessaires à la délibération (Civ. 1re, 23 fév. 1972 : *Bull.* I, n. 64, p. 58).

Art. 411. — **La convocation doit être faite huit jours au moins avant la réunion.**

Art. 412. — **Les membres du conseil de famille sont tenus de se rendre en personne à la réunion. Chacun peut, toutefois, se faire représenter par un parent ou allié des père et mère du mineur, si ce parent ou allié n'est pas déjà, en son propre nom, membre du conseil de famille. Le mari peut représenter la femme ou réciproquement.**

Les membres du conseil de famille qui, sans excuse légitime, ne seront ni présents ni valablement représentés, encourront l'amende prévue au Code de procédure civile.

Art. 413. — **Si le juge des tutelles estime que la décision peut être prise sans que la tenue d'une séance soit nécessaire, il communique à chacun des membres du conseil le texte de la décision à prendre en y joignant les éclaircissements utiles.**

Chacun des membres émettra son vote par lettre missive dans le délai que le juge lui aura imparti ; faute de quoi, il encourra l'amende prévue au Code de procédure civile.

Sur le pouvoir souverain des juges du fond pour apprécier si les membres du conseil ont été mis à même, avant un vote par correspondance, de répondre en toute connaissance de cause à la question posée, v. Civ. 1re, 12 mars 1975 : *Bull.* I, n. 108, p. 93.

Art. 414. — **Le conseil de famille ne peut délibérer que si la moitié au moins de ses membres sont présents ou représentés. Si ce nombre n'est pas réuni, le juge peut, soit ajourner la séance, soit, en cas d'urgence, prendre lui-même la décision.**

Art. 415. — **Le conseil de famille est présidé par le juge des tutelles, qui aura voix délibérative et prépondérante en cas de partage.**

Le tuteur doit assister à la séance ; il y est entendu mais ne vote pas, non plus que le subrogé tuteur dans le cas où il remplace le tuteur.

Le mineur âgé de seize ans révolus peut, si le juge l'estime utile, assister à la séance à titre consultatif. Il y est obligatoirement convoqué, quand le conseil a été réuni à sa réquisition.

En aucun cas, son assentiment à un acte ne décharge le tuteur et les autres organes de la tutelle de leurs responsabilités.

Art. 416. — **Les délibérations du conseil de famille sont nulles lorsqu'elles ont été surprises par dol ou fraude, ou que des formalités substantielles ont été omises.**

La nullité est couverte par une nouvelle délibération valant confirmation selon l'article 1338.

L'action en nullité peut être exercée par le tuteur, le subrogé tuteur, les membres du conseil de famille ou par le ministère public, dans les deux années de la délibération, ainsi que par le pupille devenu majeur ou émancipé, dans les deux années de sa majorité ou de son émancipation. La prescription ne court pas s'il y a eu dol ou fraude, jusqu'à ce que le fait ait été découvert.

Les actes accomplis en vertu d'une délibération annulée sont eux-mêmes annulables de la même manière. Le délai courra, toutefois, de l'acte et non de la délibération.

TUTELLE — Art. 422

1) L'action en nullité prévue par l'article 416 se transmet aux successeurs universels de l'incapable, dès lors que le droit objet de la délibération, dont le titulaire était seulement frappé d'une incapacité d'exercice, présente un caractère patrimonial (Civ. 1re, 6 oct. 1982 : *Bull.* I, n. 278, p. 240 ; *Defrénois* 1983, 1165, obs. Massip).

2) Le jugement statuant sur l'action en nullité est susceptible d'appel (Civ. 1re, 28 mars 1977 : *Bull.* I, n. 165, p. 128). Il doit être rendu en chambre du conseil (Civ. 1re, 13 fév. 1968 : *D.* 1968, 320).

3) Le défaut de communication de rapport de l'enquête sociale ordonnée par le juge des tutelles ne constitue pas l'omission d'une formalité substantielle au sens de l'article 416 (Civ. 1re, 26 juin 1984 : *Bull.* I, n. 210, p. 177).

§ 4. – Des autres organes de la tutelle

Art. 417. – **Le conseil de famille peut, en considérant les aptitudes des intéressés et la consistance du patrimoine à administrer, décider que la tutelle sera divisée entre un tuteur à la personne et un tuteur aux biens, ou que la gestion de certains biens particuliers sera confiée à un tuteur adjoint.**

Les tuteurs ainsi nommés seront indépendants, et non responsables l'un envers l'autre, dans leurs fonctions respectives, à moins qu'il n'en ait été autrement ordonné par le conseil de famille.

Art. 418. – **La tutelle est une charge personnelle.**

Elle ne se communique point au conjoint du tuteur. Si, pourtant, ce conjoint s'immisce dans la gestion du patrimoine pupillaire, il devient responsable solidairement avec le tuteur de toute la gestion postérieure à son immixtion.

Art. 419. – **La tutelle ne passe point aux héritiers du tuteur. Ceux-ci seront seulement responsables de la gestion de leur auteur ; et, s'ils sont majeurs, ils seront tenus à la continuer jusqu'à la nomination d'un nouveau tuteur.**

Art. 420. – **Dans toute tutelle, il y aura un subrogé tuteur, nommé par le conseil de famille parmi ses membres.**

Les fonctions du subrogé tuteur consisteront à surveiller la gestion tutélaire et à représenter le mineur lorsque ses intérêts seront en opposition avec ceux du tuteur.

S'il constate des fautes dans la gestion du tuteur, il doit, à peine d'engager sa responsabilité personnelle, en informer immédiatement le juge des tutelles.

1) L'opposition d'intérêts visée par l'article 420, al. 2 ne s'entend pas seulement d'un conflit actuel mais aussi des risques d'un conflit qui pourrait naître en raison du comportement du tuteur dans l'exercice même de ladite action (Paris 18 nov. 1965 : *J.C.P.* 66, II, 14817, note M.B.).

2) Engage sa responsabilité le subrogé tuteur qui autorise le tuteur légal à retirer d'une banque des titres au porteur appartenant au mineur alors que rien ne justifiait ce retrait de titres d'une valeur importante (Civ. 1re, 12 juil. 1967 : *Bull.* I, n. 259, p. 193).

Art. 421. – **Si le tuteur s'est ingéré dans la gestion avant la nomination du subrogé tuteur, il pourra, s'il y a eu fraude de sa part, être destitué de la tutelle, sans préjudice des indemnités dues au mineur.**

Art. 422. – *Abrogé.*

Art. 423 TUTELLE

Art. 423. – Si le tuteur n'est parent ou allié du mineur que dans une ligne, le subrogé tuteur est pris, autant que possible, dans l'autre ligne.

Art. 424. – Le subrogé tuteur ne remplace pas de plein droit le tuteur qui est mort ou est devenu incapable, ou qui abandonne la tutelle; mais il doit alors, sous peine des dommages-intérêts qui pourraient en résulter pour le mineur, provoquer la nomination d'un nouveau tuteur.

Art. 425. – La charge du subrogé tuteur cessera à la même époque que celle du tuteur.

Art. 426. – Le tuteur ne pourra provoquer la destitution du subrogé tuteur ni voter dans les conseils de famille qui seront convoqués pour cet objet.

§ 5. – Des charges tutélaires

Art. 427. – La tutelle, protection due à l'enfant, est une charge publique.

Art. 428. – Peuvent être dispensés de la tutelle, excepté les père et mère dans le cas de l'article 391, ceux à qui l'âge, la maladie, l'éloignement, des occupations professionnelles ou familiales exceptionnellement absorbantes ou une tutelle antérieure rendraient particulièrement lourde cette nouvelle charge.

Art. 429. – Hormis les père et mère, peuvent être déchargés de la tutelle ceux qui ne peuvent continuer à s'en acquitter en raison de l'une des causes prévues par l'article précédent, si elle est survenue depuis la nomination.

Art. 430 et 431. – *Abrogés.*

Art. 432. – Celui qui n'était ni parent ni allié des père et mère du mineur ne peut être forcé d'accepter la tutelle.

Art. 433 *(L. n.89-487 du 10 juil. 1989, art. 12).* – Si la tutelle reste vacante, le juge des tutelles la défère à l'État s'il s'agit d'un majeur, et au service de l'aide sociale à l'enfance s'il s'agit d'un mineur.

GEFFROY, *Les perturbations affectant la tutelle d'Etat* : *J.C.P.* 80, I, éd. N, 387

Sur la tutelle des pupilles de la nation, V. C. pensions mil., art. L. 472 et s. Sur la tutelle des pupilles de l'État, V. C. famille, art. 60 et s. (réd. L. n. 84-442 du 6 juin 1984, art. 1er) – D. n. 85-937 du 23 août 1985, *J.O.* 5 sept.; *J.C.P.* 85, III, 57657.

Décret n. 74-930 du 6 novembre 1974 *(J.O. 8 nov.)*
portant organisation de la tutelle d'Etat *(D. n. 88-762 du 17 juin 1988, art. 1er)*
et de la curatelle d'Etat

Art. 1er. – Quand, en vertu de l'article 433 du Code civil, le juge des tutelles défère à l'Etat la tutelle d'un mineur ou d'un incapable majeur, il l'organise dans les conditions prévues ci-dessous.

TUTELLE   Art. 433

§ 1. – Règles générales de la tutelle d'Etat

Art. 2. – Il peut être procédé à des désignations de personnes différentes pour exercer, au nom de l'Etat, la tutelle à la personne et la tutelle aux biens.

Art. 3. – La tutelle d'État ne comporte ni conseil de famille, ni subrogé tuteur.

Art. 4. – La personne désignée pour exercer la tutelle d'Etat a les pouvoirs d'un administrateur légal sous contrôle judiciaire.

§ 2. – Des personnes pouvant être désignées pour exercer la tutelle d'État

Art. 5. – La tutelle d'État peut être confiée au préfet qui la délègue au directeur départemental de l'action sanitaire et sociale.

Art. 6. – En ce qui concerne les mineurs, le directeur de l'établissement public d'éducation ou de traitement dans lequel se trouve l'enfant peut être désigné par le juge des tutelles comme tuteur à la personne.

S'il l'accepte, les fonctions de tuteur aux biens peuvent également lui être confiées.

Art. 7. – Tout notaire compétent pour instrumenter dans le ressort du tribunal d'instance peut être désigné par le juge des tutelles comme tuteur aux biens après avis donné, dans chaque cas, par le président de la chambre départementale des notaires.

S'il l'accepte, les fonctions de tuteur à la personne peuvent également lui être confiées.

Art. 8 *(al. remplacé, D. n. 88-762 du 17 juin 1988, art. 2)*. – Le procureur de la République établit, pour chaque ressort de juge des tutelles, et après avis du préfet, une liste de personnes physiques ou morales qualifiées qui acceptent d'être déléguées à la tutelle d'Etat.

Cette liste est établie distinctement pour la tutelle à la personne et pour la tutelle aux biens, pour la tutelle des mineurs et pour celle des incapables majeurs.

Art. 9. – Si le procureur de la République décide de radier de la liste un délégué, il doit sans délai demander au juge des tutelles de procéder à une nouvelle désignation.

Art. 10. – Le délégué a, dans ses rapports avec l'État, les droits et les obligations d'un mandataire.

§ 3. – Dispositions diverses

Art. 11. – Abrogé *(D. n. 88-762 du 17 juin 1988, art. 5)*.

Art. 12 *(Remplacé, D. n. 85-193 du 7 fév. 1985, art. 1ᵉʳ)*. – Le montant du prélèvement opéré au titre de la tutelle d'État sur les ressources des *(D. n. 88-762 du 17 juin 1988, art. 3)* majeurs protégés est fixé, compte tenu du service rendu et des ressources des intéressés, par arrêté conjoint du ministre chargé du budget, du ministre de la justice, du ministre de l'intérieur et du ministre chargé des affaires sociales (*).

Si l'importance des biens à gérer le justifie ou lorsque les ressources *(D. n. 88-762 du 17 juin 1988, art. 3)* du majeur protégé sont supérieures à un montant fixé par cet arrêté, le juge des tutelles peut autoriser des prélèvements supplémentaires.

Lorsque les ressources des *(D. n. 88-762 du 17 juin 1988, art. 3)* majeurs protégés sont inférieures à un montant fixé par ledit arrêté, les dépenses résultant de l'application du présent décret sont à la charge de l'Etat.

(*) V. Arrêté du 22 sept. 1989

Art. 434   TUTELLE

Art. 12-1 *(Aj., D. n. 85-193 du 7 fév. 1985, art. 2).*– Lorsque la tutelle a été confiée au commissaire de la République en application de l'article 5, le prélèvement est opéré par l'Etat.

Art. 12-2. – Abrogé *(D. n. 88-762 du 17 juin 1988, art. 5).*

Art. 12-3 *(Aj., D. n. 85-193 du 7 fév. 1985, art. 2).* – Lorsqu'une des personnes physiques ou morales mentionnées aux articles 7 et 8 a été désignée pour exercer la tutelle d'Etat, le montant du prélèvement opéré sur les ressources *(D. n. 88-762 du 17 juin 1988, art. 3)* du majeur protégé, en application de l'article 12, vient, s'il y a lieu, en déduction de la rémunération allouée par l'Etat à cette personne.

§ 4. De la curatelle d'Etat
(D. n. 88-762 du 17 juin 1988, art. 4)

Art. 14 *(D. n. 88-762 du 17 juin 1988, art. 4).* – Les dispositions des articles 2, 5, 7, 8, 9, 10, 12, 12-1 et 12-3 sont applicables à la curatelle d'un majeur déférée à l'Etat.

Art. 434. – **Les excuses qui dispensent ou déchargent de la tutelle peuvent être étendues au subrogé tuteur, et même aux membres du conseil de famille, mais seulement suivant la gravité de la cause.**

Art. 435 et 436. – *Abrogés.*

Art. 437. – Le conseil de famille statue sur les excuses du tuteur et du subrogé tuteur ; le juge des tutelles, sur les excuses proposées par les membres du conseil de famille.

Art. 438. – Si le tuteur nommé est présent à la délibération qui lui défère la tutelle, il devra sur-le-champ, et sous peine d'être déclaré non recevable dans toutes réclamations ultérieures, proposer ses excuses sur lesquelles le conseil de famille délibérera.

Art. 439. – **S'il n'était pas présent, il devra, dans les huit jours de la notification qu'il aura reçue de sa nomination, faire convoquer le conseil de famille pour délibérer sur ses excuses.**

Art. 440. – **Si ses excuses sont rejetées, il pourra se pourvoir devant le tribunal de grande instance pour les faire admettre ; mais il sera, pendant le litige, tenu d'administrer provisoirement.**

Art. 441. – **Les différentes charges de la tutelle peuvent être remplies par toutes personnes, sans distinction de sexe, mais sous réserve des causes d'incapacité, exclusion, destitution ou récusation exprimées ci-dessous.**

Art. 442. – **Sont incapables des différentes charges de la tutelle :
1° Les mineurs, excepté le père ou la mère ;
2° Les majeurs en tutelle, les aliénés et les majeurs en curatelle.**

Art. 443. – **Sont exclus ou destitués de plein droit des différentes charges de la tutelle :
1° Ceux qui ont été condamnés à une peine afflictive ou infamante ou à qui l'exercice des charges tutélaires a été interdit par application de l'article 42 du Code pénal.
Ils pourront, toutefois, être admis à la tutelle de leurs propres enfants, sur avis conforme du conseil de famille.
2° Ceux qui ont été déchus de l'autorité parentale.**

TUTELLE — Art. 450

Art. 444. – **Peuvent être exclus ou destitués des différentes charges de la tutelle, les gens d'une inconduite notoire et ceux dont l'improbité, la négligence habituelle ou l'inaptitude aux affaires aurait été constatée.**

1) Sur le pouvoir souverain des juges du fond pour apprécier la négligence habituelle ou l'inaptitude aux affaires, V. Civ. 1re, 4 janv. 1978 : *J.C.P.* 78, IV, 78 ; *Bull.* I, n. 3, p. 3.

2) Caractérise l'existence d'une cause d'exclusion le tribunal qui relève que la grand-mère naturelle des mineurs a encore trois enfants à la Réunion, qu'elle est sans ressource et ne sait ni lire ni écrire (Civ. 1re, 10 oct. 1984 : *Gaz. Pal.* 1985, 1, 11, note J. M.).

Art. 445. – **Ceux qui ont, ou dont les père et mère ont avec le mineur un litige mettant en cause l'état de celui-ci ou une partie notable de ses biens, doivent se récuser, et peuvent être récusés, des différentes charges tutélaires.**

Art. 446. – **Si un membre du conseil de famille est passible d'exclusion, de destitution ou de récusation, le juge des tutelles prononcera lui-même, soit d'office, soit à la réquisition du tuteur, du subrogé tuteur, ou du ministère public.**

Art. 447. – **Si la cause d'exclusion, de destitution ou récusation concerne le tuteur ou le subrogé tuteur, le conseil de famille prononcera. Il sera convoqué par le juge des tutelles soit d'office, soit sur la réquisition qu'en feront les personnes mentionnées à l'article 410 ou le ministère public.**

Art. 448. – **Le tuteur ou le subrogé tuteur ne pourra être exclu, destitué ou récusé qu'après avoir été entendu ou appelé.**
S'il adhère à la délibération, mention en sera faite, et le nouveau tuteur ou subrogé tuteur entrera aussitôt en fonctions.
S'il n'y adhère pas, il lui sera loisible de faire opposition suivant les règles fixées par le Code de procédure civile ; mais le juge des tutelles pourra, s'il estime qu'il y a urgence, prescrire séance tenante des mesures provisoires dans l'intérêt du mineur.

SECTION III. – DU FONCTIONNEMENT DE LA TUTELLE

Art. 449. – **Le conseil de famille règle les conditions générales de l'entretien et de l'éducation de l'enfant, en ayant égard à la volonté que les père et mère avaient pu exprimer à ce sujet.**

Art. 450. – **Le tuteur prendra soin de la personne du mineur et le représentera dans tous les actes civils, sauf les cas dans lesquels la loi ou l'usage autorise les mineurs à agir eux-mêmes.**
Il administrera ses biens en bon père de famille et répondra des dommages et intérêts qui pourraient résulter d'une mauvaise gestion.
Il ne peut ni acheter les biens du mineur, ni les prendre à loyer ou à ferme, à moins que le conseil de famille n'ait autorisé le subrogé tuteur à lui en passer bail, ni accepter la cession d'aucun droit ou créance contre son pupille.

MONTANIER, *Les actes de la vie courante en matière d'incapacités* : J.C.P. 82, I, 3076.

Art. 451   TUTELLE

Art. 451. – Le tuteur administre et agit en cette qualité, du jour de sa nomination, si elle a été faite en sa présence ; sinon, du jour qu'elle lui a été notifiée.

Dans les dix jours qui suivront, il requerra la levée des scellés, s'ils ont été apposés, et fera procéder immédiatement à l'inventaire des biens du mineur, en présence du subrogé tuteur. Expédition de cet inventaire sera transmise au juge des tutelles.

A défaut d'inventaire dans le délai prescrit, le subrogé tuteur saisira le juge des tutelles à l'effet d'y faire procéder, à peine d'être solidairement responsable avec le tuteur de toutes les condamnations qui pourraient être prononcées au profit du pupille. Le défaut d'inventaire autorisera le pupille à faire la preuve de la valeur et de la consistance de ses biens par tous les moyens, même la commune renommée.

Si le mineur doit quelque chose au tuteur, celui-ci devra le déclarer dans l'inventaire, à peine de déchéance, et ce, sur la réquisition que l'officier public sera tenu de lui en faire, et dont mention sera portée au procès-verbal.

Art. 452. – Dans les trois mois qui suivent l'ouverture de la tutelle, le tuteur devra convertir en titres nominatifs ou déposer, à un compte ouvert au nom du mineur et portant mention de sa minorité, chez un dépositaire agréé par le gouvernement pour recevoir les fonds et valeurs pupillaires, tous les titres au porteur appartenant au mineur, à moins qu'il ne soit autorisé à les aliéner conformément aux articles 457 et 468.

Il devra pareillement, et sous la même réserve, convertir en titres nominatifs ou déposer chez un dépositaire agréé les titres au porteur qui adviendront par la suite au mineur, de quelque manière que ce soit, et ce, dans le même délai de trois mois à partir de l'entrée en possession.

Il ne pourra retirer des titres au porteur qui auraient été déposés conformément aux précédents alinéas, ni convertir en titres au porteur des titres nominatifs, à moins que la conversion ne soit opérée par l'intermédiaire d'un dépositaire agréé par le gouvernement.

Le conseil de famille pourra, s'il est nécessaire, fixer un terme plus long pour l'accomplissement de ces opérations.

1) V. D. n. 65-961 du 5 nov. 1965 pris pour l'application de certains articles du Code civil et relatif au dépôt et à la gestion des fonds et des valeurs mobilières des mineurs, (*infra,* sous art. 475).

2) Sur la conciliation de l'art. 452, al. 3 et de l'art. 457 du Code civil, V. Rép. min. Justice n. 25274 (*J.O.* débats Sénat, 28 fév. 1978, 199).

Art. 453. – Le tuteur ne peut donner quittance des capitaux qu'il reçoit pour le compte du pupille qu'avec le contreseing du subrogé tuteur.

Ces capitaux seront déposés par lui à un compte ouvert au nom du mineur et portant mention de sa minorité, chez un dépositaire agréé par le gouvernement pour recevoir les fonds et valeurs pupillaires (*).

Le dépôt doit être fait dans le délai d'un mois à dater de la réception des capitaux ; ce délai passé, le tuteur est de plein droit débiteur des intérêts.

(*) *V. D. n. 65-961 du 5 nov. 1965, art. 4 et s., infra sous art. 475.*

Art. 454. – Lors de l'entrée en exercice de toute tutelle, le conseil de famille réglera par aperçu, et selon l'importance des biens régis, la somme annuellement disponible pour l'entretien et l'éducation du pupille, les dépenses d'administration de ses biens, ainsi qu'éventuellement les indemnités qui pourront être allouées au tuteur.

TUTELLE — Art. 456

La même délibération spécifiera si le tuteur est autorisé à porter en compte les salaires des administrateurs particuliers ou agents dont il peut demander le concours, sous sa propre responsabilité.

Le conseil de famille pourra aussi autoriser le tuteur à passer un contrat pour la gestion des valeurs mobilières du pupille. La délibération désigne le tiers contractant en considérant sa solvabilité et son expérience professionnelle, et spécifie les clauses du contrat. Malgré toute stipulation contraire, la convention peut, à tout moment, être résiliée au nom du pupille.

Art. 455. – Le conseil de famille détermine la somme à laquelle commencera, pour le tuteur, l'obligation d'employer les capitaux liquides du mineur, ainsi que l'excédent de ses revenus. Cet emploi devra être fait dans le délai de six mois, sauf prorogation par le conseil de famille. Passé ce délai, le tuteur est de plein droit comptable des intérêts.

La nature des biens qui peuvent être acquis en emploi est déterminée par le conseil de famille, soit d'avance, soit à l'occasion de chaque opération.

En aucun cas, les tiers ne seront garants de l'emploi.

Art. 456. – Le tuteur accomplit seul, comme représentant d'un mineur tous les actes d'administration.

Il peut ainsi aliéner, à titre onéreux, les meubles d'usage courant et les biens ayant le caractère de fruits.

Les baux consentis par le tuteur ne confèrent au preneur, à l'encontre du mineur devenu majeur ou émancipé, aucun droit de renouvellement et aucun droit à se maintenir dans les lieux à l'expiration du bail, nonobstant toutes dispositions légales contraires. Ces dispositions ne sont toutefois pas applicables aux baux consentis avant l'ouverture de la tutelle et renouvelés par le tuteur.

Les actes qui, pour la gestion des valeurs mobilières du pupille, doivent être regardés comme des actes d'administration entrant dans les obligations et les pouvoirs, soit des administrateurs légaux et tuteurs, soit des dépositaires agréés, sont déterminés par décret en Conseil d'État (*).

(*) *V. D. n. 65-961 du 5 nov. 1965, art. 4 et s., infra sous art. 475.*

1) La location-gérance d'un fonds de commerce appartenant à un mineur est un acte qui excède les pouvoirs d'administration du tuteur (Civ. que les baux consentis 1re, 21 mars 1966 : *Bull.* I, n. 199, p. 152).

2) Sur le principe que le juge des tutelles peut autoriser des baux comportant droit à renouvellement v. Civ. 1re, 10 mai 1988 : *D.* 1988, 516, note Massip. – Civ. 1re, 21 juin 1989 : *J.C.P.* 89, IV, 318 ; *Bull.* I, n. 244, p. 162.

3) L'article 456, alinéa 3, du Code civil ne comporte aucune restriction quant à l'étendue des droits de propriété du mineur sur les biens objet d'un bail consenti par son tuteur, d'où il résulte que la location conclue par une mère agissant pour partie comme administratrice légale des biens de ses enfants mineurs ne confère au preneur, à l'encontre du mineur devenu majeur, aucun droit de renouvellement et aucun droit à se maintenir dans les lieux à l'expiration du bail (Civ. 3e, 10 nov. 1987 : *J.C.P.* 89, II, 21165, note Guihal et Fossier).

4) Il résulte de la combinaison des articles 456, alinéa 3, et 495 que seul le majeur ayant retrouvé sa capacité peut se prévaloir de l'inefficacité de la clause prévoyant le renouvellement de plein droit du bail à son

expiration (Civ. 1re, 20 mars 1989 : *J.C.P.* 89, IV, 196).

5) Il résulte de la combinaison des articles 389-6, 389-7, 453, 455 et 456 que l'administrateur légal, même placé sous contrôle judiciaire, a le pouvoir de faire seul les actes d'administration, qu'il peut à ce titre procéder à la réception des capitaux échus au mineur et les retirer de la banque dans laquelle il les a déposés. En aucun cas la banque n'est garante de l'emploi de ces capitaux (Civ. 1re, 20 mars 1989 : *Bull.* I, n. 132, p. 87 ; *D.* 1989, 406, note Massip).

Loi n. 65-570 du 13 juillet 1965
portant réforme des régimes matrimoniaux

Art. 22. – *(2e al.)* Les dispositions du troisième alinéa de l'article 456 du Code civil ne sont pas non plus applicables aux baux en cours à la date d'entrée en vigueur de la loi n. 64-1230 du 14 décembre 1964 ni à leur renouvellement.

Art. 457. – **Le tuteur ne peut, sans y être autorisé par le conseil de famille, faire des actes de disposition au nom du mineur.**
Sans cette autorisation, il ne peut, notamment, emprunter pour le pupille, ni aliéner ou grever de droits réels les immeubles, les fonds de commerce, les valeurs mobilières et autres droits incorporels, non plus que les meubles précieux ou qui constitueraient une part importante du patrimoine pupillaire.

Art. 458. – **Le conseil de famille, en donnant son autorisation, pourra prescrire toutes les mesures qu'il jugera utiles, en particulier quant au remploi des fonds.**

Art. 459. – **La vente des immeubles et des fonds de commerce appartenant à un mineur se fera publiquement aux enchères, en présence du subrogé tuteur, dans les conditions prévues aux articles 953 et suivants du Code de procédure civile (*).**
Le conseil de famille peut, toutefois, autoriser la vente à l'amiable soit par adjudication sur la mise à prix qu'il fixe, soit de gré à gré, aux prix et stipulations qu'il détermine. En cas d'adjudication amiable, il peut toujours être fait surenchère, dans les conditions prévues au Code de procédure civile.
L'apport en société d'un immeuble ou d'un fonds de commerce a lieu à l'amiable. Il est autorisé par le conseil de famille sur le rapport d'un expert que désigne le juge des tutelles.
Les valeurs mobilières qui sont inscrites à une cote officielle sont vendues par le ministère d'un agent de change.
Les autres valeurs mobilières sont vendues aux enchères par le ministère d'un agent de change ou d'un notaire désigné dans la délibération qui autorise la vente. Le conseil de famille pourra néanmoins, sur le rapport d'un expert désigné par le juge des tutelles, en autoriser la vente de gré à gré aux prix et stipulations qu'il détermine.

(*) *Les art. 953 et s. du C. proc. civ. sont abrogés à compter du 1er janvier 1982 : D. 81-500 du 12 mai 1981, art. 2 et 49. V. Nouv. C. proc. civ., art. 1271 et s.*

Il appartient au juge des tutelles, pour savoir s'il doit autoriser la vente de gré à gré ou s'il doit au contraire exiger la vente aux enchères publiques ou la vente par adjudication amiable, de prendre en considération les seuls intérêts du mineur (Rép. min. Justice n. 21951 : *J.O.* débats Ass. nat. 6 sept. 1975, 5997).

TUTELLE — Art. 466

Art. 460. – L'autorisation exigée par l'article 457 pour l'aliénation des biens du mineur ne s'applique point au cas où un jugement aurait ordonné la licitation à la demande d'un copropriétaire par indivis.

Art. 461. – Le tuteur ne peut accepter une succession échue au mineur que sous bénéfice d'inventaire. Toutefois, le conseil de famille pourra, par une délibération spéciale, l'autoriser à accepter purement et simplement, si l'actif dépasse manifestement le passif.

Le tuteur ne peut répudier une succession échue au mineur sans une autorisation du conseil de famille.

Art. 462. – Dans le cas où la succession répudiée au nom du mineur n'aurait pas été acceptée par un autre, elle pourra être reprise, soit par le tuteur autorisé à cet effet par une nouvelle délibération du conseil de famille, soit par le mineur devenu majeur, mais dans l'état où elle se trouvera lors de la reprise et sans pouvoir attaquer les ventes et autres actes qui auraient été légalement faits durant la vacance.

Art. 463. – Le tuteur peut accepter sans autorisation les donations et legs particuliers advenus au pupille, à moins qu'ils ne soient grevés de charges.

Art. 464. – Le tuteur peut, sans autorisation, introduire en justice une action relative aux droits patrimoniaux du mineur. Il peut de même se désister de cette instance. Le conseil de famille peut lui enjoindre d'introduire une action, de s'en désister ou de faire des offres aux fins de désistement, à peine d'engager sa responsabilité.

Le tuteur peut défendre seul à une action introduite contre le mineur, mais il ne peut y acquiescer qu'avec l'autorisation du conseil de famille.

L'autorisation du conseil de famille est toujours requise pour les actions relatives à des droits qui ne sont point patrimoniaux.

Art. 465. – Le tuteur ne peut, sans l'autorisation du conseil de famille, introduire une demande de partage au nom du mineur ; mais il pourra, sans cette autorisation, répondre à une demande en partage dirigée contre le mineur, ou s'adjoindre à la requête collective à fin de partage, présentée par tous les intéressés selon l'article 822.

Art. 466. – Pour obtenir à l'égard du mineur tout l'effet qu'il aurait entre majeurs, le partage devra être fait en justice, conformément aux dispositions des articles 815 et suivants.

Toutefois, le conseil de famille pourra autoriser le partage, même partiel, à l'amiable. En ce cas, il désignera un notaire pour y procéder. L'état liquidatif, auquel sera jointe la délibération du conseil de famille, sera soumis à l'homologation du tribunal de grande instance.

Tout autre partage ne sera considéré que comme provisionnel.

M. DAGOT, *L'homologation des partages intéressant un incapable* : J.C.P. 74, I, 2612.

1) La disposition finale de l'article 978 du Code de procédure civile qui exige que, en présence d'un mineur, les lots soientcomposés par un expert commis par justice ne s'applique que dans le cas de partage judiciaire et non dans le cas de partage amiable prévu par l'article 466, al. 2, du Code civil, cas où, si le partage doit être homologué, il n'en est pas moins l'œuvre de la volonté des parties (Civ. 1re, 9 juil. 1974 : D. 1975, 99, note Ponsard).

2) L'homologation n'est pas nécessaire lorsque le partage porte sur une somme d'argent (Rép. min. Justice n. 26928, du 30 déc. 1972, *J.C.P.* 73, IV, 96. – Rép. min. Justice n. 444, du 21 juin 1973 : *J.C.P.* 73, IV, 352).

Art. 467. – **Le tuteur ne pourra transiger au nom du mineur qu'après avoir fait approuver par le conseil de famille les clauses de la transaction.**

Art. 468. – **Dans tous les cas où l'autorisation du conseil de famille est requise pour la validité d'un acte du tuteur, elle peut être suppléée par celle du juge des tutelles, si l'acte qu'il s'agit de passer porte sur des biens dont la valeur en capital n'excède pas une somme qui est fixée par décret (*).**

Le juge des tutelles peut aussi, à la requête du tuteur, autoriser une vente de valeur mobilière au lieu et place du conseil de famille, s'il lui apparaît qu'il y aurait péril en la demeure, mais à charge qu'il en soit rendu compte dans le plus bref délai au conseil qui décidera du remploi.

(*) *V. D. n. 65-961 du 5 nov. 1965, art. 8, infra sous art. 475.*

SECTION IV. – DES COMPTES DE LA TUTELLE ET DES RESPONSABILITÉS

Art. 469. – **Tout tuteur est comptable de sa gestion lorsqu'elle finit.**

Art. 470. – **Dès avant la fin de la tutelle, le tuteur est tenu de remettre chaque année au subrogé tuteur un compte de gestion. Ce compte sera rédigé et remis, sans frais, sur papier non timbré.**

Le subrogé tuteur transmet le compte, avec ses observations, au juge des tutelles, lequel, s'il y échet, convoque le conseil de famille.

Si le mineur a atteint l'âge de seize ans (*) révolus, le juge des tutelles peut décider que le compte lui sera communiqué.

(*) *L. n. 74-631 du 5 juil. 1974, art. 5.*

Art. 471. – **Dans les trois mois qui suivront la fin de la tutelle, le compte définitif sera rendu, soit au mineur lui-même, devenu majeur ou émancipé, soit à ses héritiers. Le tuteur, en avancera les frais ; la charge en incombera au pupille.**

On y allouera au tuteur toutes dépenses suffisamment justifiées et dont l'objet sera utile.

Si le tuteur vient à cesser ses fonctions avant la fin de la tutelle, il rendra un compte récapitulatif de sa gestion au nouveau tuteur, qui ne pourra l'accepter qu'avec l'autorisation du conseil de famille, sur les observations du subrogé tuteur.

Art. 472. – **Le mineur devenu majeur ou émancipé ne peut approuver le compte de tutelle qu'un mois après que le tuteur le lui aura remis, contre récépissé, avec les pièces justificatives. Toute approbation est nulle si elle est donnée avant la fin du délai.**

Est de même nulle toute convention passée entre le pupille, devenu majeur ou émancipé, et celui qui a été son tuteur si elle a pour effet de soustraire celui-ci en tout ou en partie, à son obligation de rendre compte.

Si le compte donne lieu à des contestations, elles seront poursuivies et jugées conformément au titre du Code de procédure civile *Des redditions de comptes.*

TUTELLE — Art. 475

1) L'article 472 n'est pas applicable aux conventions intervenues entre le pupille devenu majeur et les héritiers du tuteur (Civ. 28 mai 1879 : *D.P.* 80, 1, 463).

2) Est frappée de nullité la constitution d'une société entre la mère tutrice et son fils devenu majeur si l'acte implique renonciation du fils à demander la reddition des comptes de tutelle (Rennes 9 avril 1948 : *D.* 1948, 419).

Art. 473. – **L'approbation du compte ne préjudicie point aux actions en responsabilité qui peuvent appartenir au pupille contre le tuteur et les autres organes de la tutelle.**

L'État est seul responsable à l'égard du pupille, sauf son recours s'il y a lieu, du dommage résultant d'une faute quelconque qui aurait été commise dans le fonctionnement de la tutelle, soit par le juge des tutelles ou son greffier, soit par l'administrateur public chargé d'une tutelle vacante en vertu de l'article 433.

L'action en responsabilité exercée par le pupille contre l'État est portée, dans tous les cas, devant le tribunal de grande instance.

Sur la responsabilité de l'État en cas de faute du juge des tutelles, V. Civ. 1re, 26 juin 1979 : *Bull.* I, n. 191, p. 153. – V. aussi L. n. 64-1230 du 14 déc. 1964, art. 13 et 15, *infra* sous art. 475.

Art. 474. – **La somme à laquelle s'élèvera le reliquat dû par le tuteur portera intérêt de plein droit, à compter de l'approbation du compte et, au plus tard, trois mois après la cessation de la tutelle.**

Les intérêts de ce qui sera dû au tuteur par le mineur ne courront que du jour de la sommation de payer qui aura suivi l'approbation du compte.

Art. 475. – **Toute action du mineur contre le tuteur, les organes tutélaires ou l'État relativement aux faits de la tutelle, se prescrit par cinq ans, à compter de la majorité, lors même qu'il y aurait eu émancipation.**

1) La prescription ne peut commencer à courir lorsque le tuteur continue à gérer le patrimoine de son pupille après la majorité de celui-ci, à moins que de l'ensemble des circonstances on ne doive reconnaître que c'est par suite d'un accord ayant opéré interversion de qualité dans la personne du tuteur que celui-ci a continué de gérer, comme mandataire ordinaire, les biens de son ancien pupille (Civ. 16 déc. 1913 : *D.P.* 1915, 1, 28). C'est au pupille qu'il appartient d'établir la réalité de cette situation (Civ. 1re, 6 déc. 1988 : *Bull.* I, n. 350, p. 237 ; *J.C.P.* 89, IV, 50).

2) Les juges, saisis d'une instance en reddition des comptes de tutelle, qui énoncent que les parties étaient d'accord pour que ces comptes soient soumis à un expert puis présentés au notaire et ajoutent que la reddition a été ainsi ordonnée en vertu d'un jugement ayant le caractère d'un contrat judiciaire, justifient leur décision rejetant l'exception de prescription ultérieurement soulevée par une des parties sur le fondement de l'article 475 du Code civil (Civ. 1re, 15 fév. 1973 : *Bull.* I, n. 61, p. 56).

3) Dès lors qu'un père a créé et entretenu une situation frauduleuse jusqu'à son décès en omettant volontairement de révéler à sa fille dont il était le tuteur l'existence de ses droits de propriété indivise sur un immeuble, l'exception de prescription ne saurait être opposée à la demande de sa fille qui a réclamé à l'encontre des ses cohéritiers sa part indivise dans l'immeuble (Civ. 1re, 30 janv. 1968 : *Bull.* I, n. 40, p. 31).

4) La gestion par un tuteur d'un patrimoine indivis entre lui et son pupille n'en demeure pas moins une gestion tutélaire et l'action en reddition de comptes est soumise à la prescription de l'article 475 (Civ. 1re, 21 juil. 1980 : *Bull.* I, n. 234, p. 188).

Art. 475 — TUTELLE

Nouveau Code de procédure civile (*D. n. 81-500 du 12 mai 1981*)

CHAPITRE X. – LA TUTELLE DES MINEURS

Section I. – Le juge des tutelles

Art. 1211. – Le juge des tutelles territorialement compétent est celui du lieu où demeure le mineur.

Art. 1212. – Hors les cas où il se saisit d'office, le juge est saisi par simple requête ou par déclaration écrite ou verbale au secrétariat-greffe de la juridiction.

Art. 1213. – Les audiences du juge ne sont pas publiques. Des expéditions de ses décisions ne peuvent, sauf autorisation du président du tribunal de grande instance, être délivrées qu'aux parties et aux personnes investies d'une charge tutélaire.

Art. 1214. – La décision du juge est notifiée, à la diligence de celui-ci, dans les trois jours, au requérant, au tuteur, à l'administrateur légal et à tous ceux dont elle modifie les droits ou les charges s'ils ne sont pas présents.
En outre, dans le cas de l'article 389-5 du Code civil, elle est notifiée au conjoint qui n'a pas consenti à l'acte et, dans le cas de l'article 468 du même code, au subrogé-tuteur.

Art. 1215 (*Al. 1ᵉʳ, mod. D. n. 84-618 du 13 juil. 1984, art. 28*). – Dans tous les cas, la décision du juge peut être frappée de recours dans les quinze jours devant le tribunal de grande instance. Le recours est ouvert aux personnes mentionnées à l'article précédent à compter de la notification ou, si elles étaient présentes, du prononcé de la décision.
A moins que l'exécution provisoire n'ait été ordonnée, le délai de recours et le recours lui-même exercé dans le délai suspendent l'exécution de la décision.

Art. 1216. – Le recours est formé par une requête signée par un avocat et remise, ou adressée par lettre recommandée, au secrétariat-greffe du tribunal d'instance.
Dans les huit jours de la remise de la requête ou de sa réception, le secrétaire de la juridiction transmet le dossier au président du tribunal de grande instance.

Art. 1217. – Le secrétaire-greffier du tribunal de grande instance donne avis de la date de l'audience à l'avocat du requérant et, par lettre recommandée avec demande d'avis de réception, aux personnes qui auraient pu former un recours contre la décision.
Celles-ci ont le droit d'intervenir devant le tribunal qui peut même ordonner qu'elles seront appelées en cause par acte d'huissier de justice.

Art. 1218. – Lorsque le tribunal de grande instance a statué, le dossier de la tutelle, auquel est jointe une copie certifiée conforme du jugement, est renvoyé au secrétaire-greffier du tribunal d'instance.

Section II. – Le conseil de famille

Art. 1219. – Les séances du conseil de famille ne sont pas publiques.
Les tiers ne peuvent obtenir des expéditions de ses délibérations qu'avec l'autorisation du président du tribunal de grande instance.

Art. 1220. – La délibération du conseil de famille est motivée ; toutes les fois qu'elle n'est pas prise à l'unanimité, l'avis de chacun des membres est mentionné dans le procès-verbal.

TUTELLE — Art. 475

Art. 1221. – La délibération du conseil de famille est exécutoire par elle-même. Toutefois, si le juge n'a pas assorti la délibération de l'exécution provisoire, son exécution est suspendue pendant le délai du recours prévu à l'article 1222 et par le recours lui-même exercé dans ce délai.

Art. 1222 *(Al. 1ᵉʳ, mod. D. n. 84-618 du 13 juil. 1984, art. 29).* – Dans tous les cas, la délibération du conseil de famille peut toutefois être frappée d'un recours devant le tribunal de grande instance, soit par le tuteur, le subrogé-tuteur ou les autres membres du conseil de famille, soit par le juge des tutelles, quel qu'ait été leur avis lors de la délibération.

Le délai du recours est de quinze jours ; il court du jour de la délibération hors le cas de l'article 413 du code civil où il ne court, contre les membres du conseil de famille, que du jour où la délibération leur a été notifiée.

Art. 1223. – La procédure prévue aux articles 1216 à 1218 est applicable aux recours formés contre les délibérations du conseil de famille.

Lorsque le recours est formé par le juge des tutelles, celui-ci joint au dossier une note exposant les motifs de son recours.

Le secrétaire-greffier de ce tribunal donne avis de la date de l'audience à l'avocat du requérant et, par lettre recommandée avec demande d'avis de réception, au tuteur, au subrogé-tuteur, ainsi qu'aux membres du conseil de famille qui n'ont pas formé le recours.

Section III. – Dispositions communes

Art. 1224. – Les notifications qui doivent être faites à la diligence du juge des tutelles le sont par lettre recommandée avec demande d'avis de réception ; le juge peut, toutefois, décider qu'elles auront lieu par acte d'huissier de justice ou par voie administrative.

La délivrance d'une copie certifiée conforme d'une décision du juge ou d'une délibération du conseil de famille par le secrétariat-greffe contre récépissé daté et signé équivaut à la notification.

Art. 1225. – Les recours formés contre les décisions du juge des tutelles ou les délibérations du conseil de famille sont inscrits sur un répertoire tenu au secrétariat-greffe du tribunal d'instance. Y sont mentionnés le nom de l'auteur du recours, celui de son avocat, la date à laquelle le recours a été formé ainsi que celle de la transmission du dossier au tribunal de grande instance.

Art. 1226. – Si le recours formé contre une décision du juge des tutelles ou une délibération du conseil de famille est rejeté, celui qui l'a formé, autre néanmoins que le juge, peut être condamné aux dépens et même à des dommages-intérêts.

Art. 1227. – Le recours est instruit et jugé par priorité en chambre du conseil.

Le tribunal peut demander au juge des tutelles les renseignements qu'il estime utiles.

Art. 1228. – Le tribunal peut, même d'office, substituer une décision nouvelle à celle du juge des tutelles ou à la délibération du conseil de famille.

Art. 1229. – La décision du tribunal de grande instance n'est pas susceptible d'appel.

Art. 1230. – Le montant des amendes civiles prévues aux articles 389-5, 395, 412 et 413 du code civil est de 50 F au moins et de 500 F au plus.

Les décisions qui les prononcent ne sont pas susceptibles du recours prévu à l'article 1215.

Art. 475 — TUTELLE

Art. 1231. – Quand le partage à l'amiable a été autorisé conformément à l'article 466 du Code civil, l'état liquidatif, approuvé par les parties, est déposé au secrétariat-greffe du tribunal d'instance où les membres du conseil de famille peuvent en prendre connaissance, suivant l'avertissement qui leur est notifié à la diligence du juge des tutelles.

Quinze jours après le dépôt ou, dans le cas de la tutelle, quinze jours après la notification de l'avertissement aux membres du conseil de famille, l'homologation de l'état liquidatif peut être poursuivie, soit par l'administrateur légal ou le tuteur, soit par les autres parties intéressées au partage.

Les membres du conseil de famille qui s'opposeraient à l'homologation doivent le faire par voie d'intervention devant le tribunal de grande instance ; le juge des tutelles peut s'opposer à l'homologation par une note motivée adressée à ce tribunal.

Les dispositions des articles 1228 et 1229 sont applicables à l'instance en homologation.

Section IV. – Dispositions particulières aux pupilles de l'État

(D. n. 85-1330 du 17 déc. 1985, art. 20)

Art. 1231-1. – Par dérogation aux dispositions de l'article 1223, le recours contre les délibérations du conseil de famille des pupilles de l'État est formé par requête signée par un avocat et remise, ou adressée par lettre recommandée, au greffe du tribunal de grande instance.

La procédure prévue à l'article 1217 est applicable.

Art. 1231-2. – La demande relative au recours contre l'arrêté d'admission en qualité de pupille de l'État prévu à l'article 61 du Code de la famille et de l'aide sociale est portée devant le tribunal de grande instance dans le ressort duquel l'arrêté a été pris.

Les articles 1159, 1160, 1161 (alinéa 1) et 1162 sont applicables à la demande et à l'instance.

Le jugement est prononcé en audience publique. Il est notifié par le greffier au demandeur, au tuteur et au président du conseil général.

Les voies de recours sont régies par les dispositions de l'article 1163.

Loi n. 64-1230 du 14 décembre 1964 *(J.O. 15 déc.)*
portant modification des dispositions du Code civil relatives à la tutelle et à l'émancipation

Art. 1er. – *V. C. civ. livre premier, titre dixième, chapitres II et III, art. 389 à 487.*

Art. 2. – *V. C. civ., art. 159, 160, 340, 361, 838, 839, 840, 904, 907, 935, 1055, 1304, 1305, 2143, 2164 et 2252.*

Art. 3. – Dans tous les textes où il est fait mention du conseil des tutelles des enfants naturels, cette mention sera remplacée par celle du conseil de famille.

Art. 4. – *V. C. com., art. 2.*

Art. 5. – *V. C. rural, art. 811 et 845.*

Art. 6. – Les dispositions de la présente loi sont applicables dans les départements du Bas-Rhin, du Haut-Rhin et de la Moselle, lorsqu'elles ne se rapportent pas à des matières actuellement soumises à des dispositions particulières.

TUTELLE Art. 475

Art. 7. – La présente loi entrera en vigueur six mois après sa publication au *Journal officiel* de la République française.

Art. 8. – La présente loi sera applicable aux administrations légales et tutelles déjà ouvertes, sous les exceptions des articles 9 à 14 ci-dessous.

Art. 9. – Une tutelle d'enfant légitime, déférée au survivant des père et mère par application de article 390 du Code civil, ne sera pas de plein droit transformée en administration légale, si elle a déjà été constituée par la première réunion d'un conseil de famille et la nomination d'un subrogé tuteur. Elle continuera de fonctionner comme tutelle, les dispositions de la loi nouvelle relative à la tutelle lui étant d'ailleurs applicables.

Le juge des tutelles pourra néanmoins, à la requête du tuteur, le subrogé tuteur entendu, décider qu'elle sera transformée en administration légale selon le nouvel article 389.

Art. 10. – Quand une tutelle d'enfant naturel aura déjà été constituée par la première réunion d'un conseil des tutelles, elle continuera d'être régie par les dispositions de l'ancien article 389 (§ 2).

Le juge des tutelles pourra, néanmoins, soit d'office, soit à la requête d'une partie intéressée, décider après avoir pris l'avis du conseil des tutelles, que la tutelle de droit ancien sera transformée, suivant le cas, soit en administration légale, sous contrôle judiciaire, soit en tutelle de droit nouveau.

Art. 11. – Quand une délibération du conseil de famille, prise avant l'entrée en vigueur de la loi nouvelle, ne pouvait être exécutée qu'après une homologation ou avec des formes particulières, cette homologation devra être obtenue ou ces formes observées conformément à la loi ancienne.

Art. 12. – Ceux qui ont déjà été investis de charges tutélaires, ne peuvent demander à en être déchargés que pour des causes prévues par la loi ancienne.

Art. 13. – La responsabilité de l'État, telle qu'elle est prévue au nouvel article 473 du Code civil, ne pourra être mise en cause que pour des faits dommageables postérieurs à l'entrée en vigueur de la présente loi.

Art. 14. – Les dispositions antérieures du chapitre « De l'émancipation » resteront applicables aux mineurs déjà émancipés.

Toutefois, s'ils ont atteint l'âge de dix-huit ans révolus, le bénéfice de l'entière capacité prévu par le nouvel article 481 pourra leur être conféré par une déclaration complémentaire, qui sera faite dans les mêmes formes que l'émancipation.

Art. 15. – Pour l'application de l'article 473 du Code civil, la déchéance prévue par la loi modifiée du 29 janvier 1831 ne court qu'à compter du 1er janvier de l'année au cours de laquelle la décision judiciaire condamnant l'État est passée en force de chose jugée.

Art. 16. – Sont abrogées toutes les dispositions contraires à celles de la présente loi et notamment :
L'article 6 du Code de commerce ;
La loi du 27 février 1880, sauf en ce qui concerne les incapables visés à l'article 8 de cette loi ;
Les articles 57, alinéa 2, et 60, alinéa 3, du Code de la famille et de l'aide sociale.

Art. 17. – Des décrets en Conseil d'État fixeront, en tant que de besoin, les conditions d'application de la présente loi et en particulier celles de l'article 433 du Code civil.

Art. 475   TUTELLE

Décret n. 65-961 du 5 novembre 1965
pris pour l'application de certains articles du Code civil et relatif au dépôt et à la gestion des fonds et des valeurs mobilières des mineurs

Art. 1er *(remplacé, D. n. 84-1152 du 21 déc. 1984, art. 1er).* – En application des articles 452 et 453 du Code civil, sont agréés pour recevoir, dans le cadre de la réglementation qui leur est propre, les capitaux et les valeurs mobilières appartenant aux mineurs, la Banque de France, la caisse des dépôts et consignations, les établissements de crédit autorisés à recevoir du public des fonds à vue ou à moins de deux ans de terme et les agents de change *(D. n. 85-371 du 27 mars 1985, art. 1er)* ainsi que les établissements visés à l'article 99 de la loi n. 84-46 du 24 janvier 1984 relative à l'activité et au contrôle des établissements de crédit.

Art. 2. – Les titres au porteur qui, lors de l'ouverture de la tutelle, se trouveraient déposés chez un des dépositaires figurant sur la liste dressée par l'article 1er du présent décret, doivent y être conservés, sauf conversion en titres nominatifs, jusqu'à ce qu'en application de l'article 452 du Code civil le tuteur ait ouvert un compte au nom du mineur.

Dans le cas où le compte serait ouvert chez un autre dépositaire agréé, les titres au porteur lui sont transmis par le précédent dépositaire.

Art. 3. – En application de l'article 453 du Code civil, les caisses d'épargne sont également agréées pour recevoir, dans le cadre de la réglementation qui leur est propre, les capitaux appartenant aux mineurs.

Art. 4. – L'exercice du droit de vote dans les assemblées d'actionnaires, d'obligataires et de porteurs de parts bénéficiaires ou de fondateurs est considéré comme un acte d'administration au sens de l'article 456 du Code civil.

Art. 5. – En cas d'attribution gratuite, de regroupement ou d'échange de titres, sont considérées, pour la gestion des valeurs mobilières du pupille, comme des actes d'administration les demandes d'attribution, de regroupement ou d'échange, ainsi que la vente des droits ou des titres supplémentaires pour compléter à un multiple de la quotité d'attribution, de regroupement ou d'échange le nombre des droits ou des titres appartenant au mineur.

Art. 6. – En cas de souscription en numéraire, réservée par préférence aux actionnaires, sont considérées comme des actes d'administration :

1° L'acquisition des droits de souscription nécessaires pour compléter à un multiple de la quotité de souscription le nombre de droits appartenant au mineur et la souscription des actions correspondantes ;

2° La vente d'une partie des droits en vue de la souscription de titres nouveaux, grâce au produit de cette vente ;

3° La vente de la totalité des droits de souscription si leur nombre ou le produit de la vente d'une partie d'entre eux ne permet pas d'obtenir au moins un titre nouveau.

Art. 7. – En cas de conversion d'obligations convertibles en actions, lorsque les actions anciennes de la société sont inscrites à la cote officielle d'une bourse de valeurs, est considérée comme un acte d'administration au sens de l'article 456 du Code civil, la conversion desdites obligations si la valeur des actions qui peuvent être obtenues, calculée d'après le dernier cours de bourse au jour de la demande, dépasse la valeur nominale des obligations à convertir.

ÉMANCIPATION — Art. 482

Art. 8 *(D. n. 86-913 du 30 juil. 1986, art. 1ᵉʳ)*. – La somme représentant la valeur en capital des biens pour lesquels l'autorisation du conseil de famille, requise pour la validité d'un acte passé par le tuteur peut, en application de l'article 468 du Code civil, être suppléée par celle du juge des tutelles, est fixée à 100 000 F.

CHAPITRE III. – DE L'ÉMANCIPATION

Art. 476 *(L. n. 64-1230 du 14 déc. 1964, art. 1ᵉʳ ; L. n. 71-407 du 3 juin 1971 ; L. n. 74-631 du 5 juil. 1974, art. 4)*. – **Le mineur est émancipé de plein droit par le mariage.**

Art. 477 *(L. n. 64-1230 du 14 déc. 1964, art. 1ᵉʳ ; L. n. 74-631 du 5 juil. 1974, art. 4)*. – **Le mineur, même non marié, pourra être émancipé lorsqu'il aura atteint l'âge de seize ans révolus.**

Cette émancipation sera prononcée, s'il y a de justes motifs, par le juge des tutelles, à la demande des père et mère ou de l'un d'eux.

Lorsque la demande sera présentée par un seul des parents, le juge décidera, après avoir entendu l'autre, à moins que ce dernier soit dans l'impossibilité de manifester sa volonté.

Art. 478 *(L. n. 64-1230 du 14 déc. 1964, art. 1ᵉʳ ; L. n. 74-631 du 5 juil. 1974, art. 4)*. – **Le mineur resté sans père ni mère pourra de la même manière être émancipé à la demande du conseil de famille.**

Art. 479 *(L. n. 64-1230 du 14 déc. 1964. art. 1ᵉʳ)*. – **Lorsque, dans le cas de l'article précédent, aucune diligence n'ayant été faite par le tuteur, un membre du conseil de famille estimera que le mineur est capable d'être émancipé, il pourra requérir le juge des tutelles de convoquer le conseil pour délibérer à ce sujet. Le mineur lui-même pourra demander cette convocation.**

Art. 480 *(L. 20 mars 1917 ; L. n. 64-1230 du 14 déc. 1964, art. 1ᵉʳ)*. – **Le compte de l'administration ou de la tutelle, selon les cas, est rendu au mineur émancipé dans les conditions prévues par l'article 471.**

Art. 481 *(L. n. 64-1230 du 14 déc. 1964, art. 1ᵉʳ)*. – **Le mineur émancipé est capable, comme un majeur, de tous les actes de la vie civile.**

Il doit néanmoins, pour se marier ou se donner en adoption, observer les mêmes règles que s'il n'était point émancipé.

Il résulte de la combinaison des articles 340-4, al. 3, et 481 du Code civil que le mineur émancipé peut exercer, si elle ne l'a pas été antérieurement, une action en recherche de paternité à compter de son émancipation jusqu'à l'expiration des deux années qui suivent sa majorité (Civ. 1ʳᵉ, 14 mars 1978 : J.C.P. 78, IV, 160 ; *Bull.* I, n. 104, p. 85).

Art. 482 *(L. n. 64-1230 du 14 déc. 1964, art. 1ᵉʳ)*. – **Le mineur émancipé cesse d'être sous l'autorité de ses père et mère.**

Ceux-ci ne sont pas responsables de plein droit, en leur seule qualité de père ou de mère, du dommage qu'il pourra causer à autrui postérieurement à son émancipation.

L'obligation des père et mère de contribuer à proportion de leurs facultés à l'entretien et l'éducation de leurs enfants survit à l'émancipation (Civ. 2ᵉ, 9 juil. 1973 : *J.C.P.* 73, IV, 328 ; *Bull.* II, n. 222, p. 174).

Art. 483 à 486. – *Abrogés, L. n. 64-1230 du 14 déc. 1964, art. 1ᵉʳ.*

Art. 487 *(L. n. 64-1230 du 14 déc. 1964, art. 1ᵉʳ ; L. n. 74-631 du 5 juil. 1974, art. 9).* – **Le mineur émancipé ne peut être commerçant.**

TITRE XI. – DE LA MAJORITÉ ET DES MAJEURS QUI SONT PROTÉGÉS PAR LA LOI
(L. n. 68-5 du 3 janv. 1968)

CHAPITRE I. – DISPOSITIONS GÉNÉRALES

Art. 488 *(L. n. 74-631 du 5 juil. 1974, art. 1ᵉʳ).* – **La majorité est fixée à dix-huit ans accomplis ; à cet âge, on est capable de tous les actes de la vie civile.**

Est néanmoins protégé par la loi, soit à l'occasion d'un acte particulier, soit d'une manière continue, le majeur qu'une altération de ses facultés personnelles met dans l'impossibilité de pourvoir seul à ses intérêts.

Peut pareillement être protégé le majeur qui, par sa prodigalité, son intempérance ou son oisiveté, s'expose à tomber dans le besoin ou compromet l'exécution de ses obligations familiales.

POISSON, *L'abaissement de l'âge de la majorité* : *D.* 1976, chron. 21. – COUCHEZ, *La fixation à dix-huit ans de l'âge de la majorité* : *J.C.P.* 75, I, 2684.

1) V. L. n. 74-631 du 5 juil. 1974 (*infra*, sous art. 490-3) ; Circ. du 5 juil. 1974 relative aux conséquences en matière civile de la loi n. 74-631 du 5 juil. 1974 tendant à fixer à dix-huit ans l'âge de la majorité ; D. n. 75-96 du 18 fév. 1975 fixant les modalités de mise en œuvre d'une action de protection judiciaire en faveur de jeunes majeurs.

2) Les prestations sociales et notamment les allocations ou pensions pour orphelins doivent continuer à être attribuées et servies dans les conditions et pour la durée fixées par les textes intervenus avant que l'âge de la majorité n'ait été abaissé de vingt et un ans à dix-huit ans (Rép. min. Justice n. 14807 : *J.O.* débats Sénat 3 sept. 1974, 1112).

Art. 489. – **Pour faire un acte valable, il faut être sain d'esprit. Mais c'est à ceux qui agissent en nullité pour cette cause de prouver l'existence d'un trouble mental au moment de l'acte.**

Du vivant de l'individu, l'action en nullité ne peut être exercée que par lui, ou par son tuteur ou curateur, s'il lui en a été ensuite nommé un. Elle s'éteint par le délai prévu à l'article 1304.

MAJEURS PROTÉGÉS — Art. 489-2

Art. 489-1. – Après sa mort, les actes faits par un individu, autres que la donation entre vifs ou le testament, ne pourront être attaqués pour la cause prévue à l'article précédent que dans les cas ci-dessous énumérés :
1° Si l'acte porte en lui-même la preuve d'un trouble mental ;
2° S'il a été fait dans un temps où l'individu était placé sous la sauvegarde de justice ;
3° Si une action avait été introduite avant le décès aux fins de faire ouvrir la tutelle ou la curatelle.

1) La question de savoir si l'acte porte en lui-même la preuve d'un trouble mental relève du pouvoir souverain des juges du fond (Req. 13 nov. 1940 : *D.A.* 1941, 26). Mais les juges du fond ne peuvent prononcer la nullité en se bornant à relever que les actes attaqués démontraient l'inconscience de leur auteur comme étant exclusivement conçus à l'encontre de ses intérêts (Civ. 1re, 13 juil. 1960 : *J.C.P.* 60, II, 11798, note C.B.), pas plus qu'ils ne peuvent ordonner une mesure d'instruction pour vérifier dans quelles conditions a été conclu un bail, prenant ainsi en considération des éléments extrinsèques à l'acte (Civ. 3e, 28 sept. 1982 : *Gaz. Pal.* 1983, 1, Pan. 53, note Dupichot).

2) La preuve de l'altération des facultés au moment où l'acte a été conclu peut être déduite d'un certificat médical établi deux jours après l'acte attaqué (Civ. 1re, 27 janv. 1987 : *Bull.* I, n. 31, p. 22).

3) L'article 489-1 vise tous les troubles mentaux quelle que soit leur origine (Civ. 1re, 12 nov. 1975 : *Bull.* I, n. 319, p. 264). Il est applicable même si le défunt s'est contenté de signer un acte rédigé par un tiers (même arrêt).

4) En l'absence d'une mesure de sauvegarde de justice et faute d'introduction, avant le décès de la venderesse, d'une action tendant à une mesure de tutelle ou de curatelle à son égard, l'action en nullité de la vente intentée par la légataire universelle de la venderesse ne peut être accueillie que si l'acte porte en lui-même la preuve d'un trouble mental (Civ. 1re, 15 mars 1977 : *J.C.P.* 77, IV, 129 ; *Bull.* I, n. 131, p. 100).

5) Une action aux fins de curatelle ne peut être considérée comme introduite au sens de l'article 489-1 si la requête n'est pas accompagnée du certificat médical exigé par l'article 890 du Code de procédure civile (Nouv. C. proc. civ., art. 1244, *infra*, sous art. 514) (Civ. 1re, 11 mars 1975 : *Bull.* I, n. 101, p. 88).

6) Si, lorsque l'action aux fins de tutelle a été introduite avant le décès de la personne, l'acte peut être attaqué pour insanité d'esprit alors même qu'il ne porte pas en lui-même la preuve d'un trouble mental, il reste que le demandeur en nullité doit prouver l'altération des facultés au moment où l'acte a été conclu (Civ. 1re, 27 janv. 1987 : *Bull.* I, n. 30, p. 21 ; *J.C.P.* 88, II, 20981, 1re esp., note Fossier). Il importe peu que l'action aux fins de tutelle ait été introduite avant ou après l'acte litigieux (même arrêt. V. en ce sens Civ. 1re, 27 janv. 1987 : *Bull.* I, n. 31, p. 22 ; *J.C.P.* 88, II, 20981, 2e esp.).

Art. 489-2. – Celui qui a causé un dommage à autrui alors qu'il était sous l'empire d'un trouble mental, n'en est pas moins obligé à réparation.

J.-F. BARBIERI, *Inconscience et responsabilité dans la jurisprudence civile : l'incidence de l'article 489-2 du Code civil après une décennie* : *J.C.P.* 82, I, 3057.

1) L'article 489-2 s'applique à toutes les responsabilités prévues aux articles 1382 et suivants du Code civil (Civ. 2e, 4 mai 1977 : *Bull.* II, n. 113, p. 79. – Civ. 1re, 17 mai 1982 : *Bull.* I, n. 177, p. 156). V. pour la responsabilité des parents du fait de leurs

Art. 490

enfants mineurs, Civ. 1re, 20 juil. 1976 : *J.C.P.* 78, II, 18793, 1re esp., note Dejean de la Bâtie. – V. pour la responsabilité des commettants du fait de leurs préposés, Civ. 2e, 3 mars 1977 : *D.* 1977, 501, note Larroumet. Jugé que l'article 489-2 n'est pas applicable en cas de crise cardiaque (Civ. 2e, 4 fév. 1981 : *Bull.* II, n. 21, p. 15 ; *J.C.P.* 81, II, 19656 ; *D.* 1983, 1, note Gaudrat).

2) Sur la responsabilité d'un majeur en tutelle en qualité de dirigeant de fait d'une personne morale en état de liquidation des biens, V. Civ. 1re, 9 nov. 1983 : *D.* 1984, 139, note Derrida.

3) L'article 489-2 n'institue aucune responsabilité nouvelle et s'applique à toutes les responsabilités relevant des articles 1382 et suivants. Par suite, doit être cassé l'arrêt qui retient la responsabilité des défendeurs en application de l'article 489-2 en se bornant à constater que le préjudice était établi, sans rechercher si les agissements incriminés étaient constitutifs de faute (Civ. 2e, 24 juin 1987 : *Bull.* II, n. 137, p. 78).

4) Sur la prescription de l'action fondée sur l'article 489-2, V. Paris 6 mars 1980 : *D.* 1980, 467, note Legeais ; *J.C.P.* 81, II, 19544, note Dejean de La Batie. Il en va autrement si la procédure de mise sous tutelle ou curatelle était en cours au jour du décès (Civ. 1re, 17 avril 1985 : *Bull.* I, n. 119, p. 111).

Art. 490. – **Lorsque les facultés mentales sont altérées par une maladie, une infirmité ou un affaiblissement dû à l'âge, il est pourvu aux intérêts de la personne par l'un des régimes de protection prévus aux chapitres suivants.**

Les mêmes régimes de protection sont applicables à l'altération des facultés corporelles, si elle empêche l'expression de la volonté.

L'altération des facultés mentales ou corporelles doit être médicalement établie.

Art. 490-1. – **Les modalités du traitement médical, notamment quant au choix entre l'hospitalisation et les soins à domicile, sont indépendantes du régime de protection appliqué aux intérêts civils.**

Réciproquement, le régime applicable aux intérêts civils est indépendant du traitement médical.

Néanmoins, les décisions par lesquelles le juge des tutelles organise la protection des intérêts civils sont précédées de l'avis du médecin traitant.

Art. 490-2. – **Quel que soit le régime de protection applicable, le logement de la personne protégée et les meubles meublants dont il est garni doivent être conservés à sa disposition aussi longtemps qu'il est possible.**

Le pouvoir d'administrer, en ce qui touche ces biens, ne permet que des conventions de jouissance précaire, lesquelles devront cesser, malgré toutes dispositions ou stipulations contraires, dès le retour de la personne protégée.

S'il devient nécessaire ou s'il est de l'intérêt de la personne protégée qu'il soit disposé des droits relatifs à l'habitation ou que le mobilier soit aliéné, l'acte devra être autorisé par le juge des tutelles, après avis du médecin traitant, sans préjudice des autres formalités que peut requérir la nature des biens. Les souvenirs et autres objets de caractère personnel seront toujours exceptés de l'aliénation et devront être gardés à la disposition de la personne protégée, le cas échéant, par les soins de l'établissement de traitement.

1) L'article 490-2, alinéa 2, n'est pas applicable à la résidence secondaire (Civ. 1re, 18 fév. 1981 : *Bull.* I, n. 60, p. 49).

2) L'article 490-2, alinéa 3, ne s'applique pas à l'exercice par les tiers des droits qu'ils peuvent avoir sur les biens servant à l'habita-

MAJEURS PROTÉGÉS — Art. 491-1

tion de l'incapable, et notamment à l'exercice du droit pour l'épouse de demander l'attribution de la totalité de l'immeuble commun à titre de dommages-intérêts en vertu de l'article 266 (Civ. 1re, 26 janv. 1983 : *D.* 1984, 17, 1re esp., note Massip).

3) Les dispositions de l'article 490-2, qui imposent la conservation du logement de la personne protégée et des meubles le garnissant, ne peuvent créer une insaisissabilité de fait de ce logement et ne peuvent au surplus être étendues aux coïndivisaires de l'incapable protégé (Paris 27 mai 1987 : *D.* 1988, 216, note A. Breton).

4) Sur les conventions antérieurement conclues, V. L. n. 68-5 du 3 janv. 1968, art. 18 (*infra,* sous art. 514).

Art. 490-3. – **Le procureur de la République du lieu de traitement et le juge des tutelles peuvent visiter ou faire visiter les majeurs protégés par la loi, quel que soit le régime de protection qui leur est applicable.**

Loi n. 74-631 du 5 juillet 1974 *(J.O.* 7 juil.*)*
fixant à dix-huit ans l'âge de la majorité

....

Art. 11. – Dans toutes les dispositions légales où l'exercice d'un droit civil est subordonné à une condition d'âge de vingt et un an, cet âge est remplacé par celui de dix-huit ans.

....

Art. 19. – Les délais qui doivent être calculés à partir de la majorité d'une personne, le seront à compter de l'entrée en vigueur de la présente loi, toutes les fois que celle-ci a pour effet de rendre cette personne immédiatement majeure.

....

Art. 24. – La présente loi ne porte pas atteinte aux actes juridiques antérieurement passés ni aux décisions judiciaires antérieurement rendues sur un intérêt civil lorsque la durée de leurs effets avait été déterminée en considération de la date à laquelle une personne devait accéder la majorité de vingt et un ans.

....

Art. 27. – Dans les matières autres que celles réglées par la présente loi, l'abaissement de l'âge de la majorité n'aura d'effet qu'à compter de la modification des dispositions législatives qui se réfèrent à cet âge.

....

Art. 29. – La présente loi est applicable dans les territoires d'outre-mer, à l'exception de ses dispositions d'ordre pénal. Toutes dispositions contraires y sont abrogées.

CHAPITRE II. – DES MAJEURS SOUS LA SAUVEGARDE DE JUSTICE

Art. 491. – **Peut être placé sous la sauvegarde de justice le majeur qui, pour l'une des causes prévues à l'article 490, a besoin d'être protégé dans les actes de la vie civile.**

Art. 491-1. – **La sauvegarde de justice résulte d'une déclaration faite au procureur de la République dans les conditions prévues par le Code de la santé publique.**

Art. 491-2 — MAJEURS PROTÉGÉS

Le juge des tutelles, saisi d'une procédure de tutelle ou de curatelle, peut placer la personne qu'il y a lieu de protéger sous la sauvegarde de justice, pour la durée de l'instance, par une décision provisoire transmise au procureur de la République.

1) V. C. santé pub. art. L. 326-1 ; A. 12 nov. 1971 (*infra*, sous art. 514).

2) Le juge des tutelles peut, en application de l'article 491-1, placer un majeur sous sauvegarde de justice pendant la durée de l'instance en tutelle ou en curatelle, quel que soit le mode de sa saisine, y compris lorsqu'il a décidé de se saisir d'office (Civ. 1re, 30 nov. 1983 : *J.C.P.* 84, IV, 46).

Art. 491-2. — Le majeur placé sous la sauvegarde de justice conserve l'exercice de ses droits.

Toutefois, les actes qu'il a passés et les engagements qu'il a contractés pourront être rescindés pour simple lésion ou réduits en cas d'excès lors même qu'ils ne pourraient être annulés en vertu de l'article 489.

Les tribunaux prendront, à ce sujet, en considération, la fortune de la personne protégée, la bonne ou mauvaise foi de ceux qui auront traité avec elle, l'utilité ou l'inutilité de l'opération.

L'action en rescision ou en réduction peut être exercée, du vivant de la personne, par tous ceux qui auraient qualité pour demander l'ouverture d'une tutelle, et après sa mort, par ses héritiers. Elle s'éteint par le délai prévu à l'article 1304.

Art. 491-3. — Lorsqu'une personne, soit avant, soit après avoir été placée sous la sauvegarde de justice, a constitué un mandataire à l'effet d'administrer ses biens, ce mandat reçoit exécution.

Toutefois, si la procuration mentionne expressément qu'elle a été donnée en considération de la période de sauvegarde, elle ne peut pendant cette période, être révoquée par le mandant qu'avec l'autorisation du juge des tutelles.

Dans tous les cas, le juge, soit d'office, soit à la requête de l'une des personnes qui aurait qualité pour demander l'ouverture d'une tutelle, peut prononcer la révocation du mandat.

Il peut aussi, même d'office, ordonner que les comptes lui seront soumis pour approbation.

L'irrévocabilité d'un mandat d'intérêt commun, fût-elle expressément stipulée, ne lie pas le juge des tutelles au regard de l'article 491-3, alinéa 3 (Civ. 1re, 12 mai 1987 : *J.C.P.* 88, II, 21075, note Fossier).

Art. 491-4. — En l'absence de mandat, on suit les règles de la gestion d'affaires.

Toutefois, ceux qui auraient qualité pour demander l'ouverture d'une tutelle ont l'obligation de faire les actes conservatoires que nécessite la gestion du patrimoine de la personne protégée quand ils ont eu connaissance tant de leur urgence que de la déclaration aux fins de sauvegarde. La même obligation incombe sous les mêmes conditions au directeur de l'établissement de traitement ou, éventuellement, à celui qui héberge à son domicile la personne sous sauvegarde.

L'obligation de faire les actes conservatoires emporte, à l'égard des tiers, le pouvoir correspondant.

Art. 491-5. — S'il y a lieu d'agir en dehors des cas définis à l'article précédent, tout intéressé peut en donner avis au juge des tutelles.

MAJEURS PROTÉGÉS — Art. 493

Le juge pourra, soit désigner un mandataire spécial à l'effet de faire un acte déterminé ou une série d'actes de même nature, dans les limites de ce qu'un tuteur pourrait faire sans l'autorisation du conseil de famille, soit décider d'office d'ouvrir une tutelle ou une curatelle, soit renvoyer l'intéressé à en provoquer lui-même l'ouverture s'il est de ceux qui ont qualité pour la demander.

1) Sur le principe qu'un mandataire spécial ne peut être désigné que s'il y a nécessité d'agir pour le compte du majeur protégé, V. Civ. 1re, 30 nov. 1983 : *Bull.* I, n. 285, p. 254.

2) Il résulte de l'article 491-5 que le mandataire spécial ne peut accomplir aucun acte que le tuteur du majeur en tutelle ne pourrait passer seul (Civ. 1re, 10 juin 1981 : *Bull.* I, n. 204, p. 168 ; *D.* 1982, 166, note Massip).

3) La désignation d'un mandataire spécial a pour effet de priver le majeur placé sous sauvegarde de justice du droit d'accomplir les actes entrant dans les pouvoirs du mandataire spécial (Civ. 1re, 9 nov. 1982 : *D.* 1983, 358, note Massip).

4) Le mandataire spécial désigné en vertu de l'article 491-5 ne peut recevoir un mandat général à l'effet d'administrer l'ensemble du patrimoine du majeur protégé (Civ. 1re, 12 janv. 1988 : *D.* 1988, 439, note Massip).

Art. 491-6. – La sauvegarde de justice prend fin par une nouvelle déclaration attestant que la situation antérieure a cessé, par la péremption de la déclaration selon les délais du Code de procédure civile ou par sa radiation sur décision du procureur de la République.

Elle cesse également par l'ouverture d'une tutelle ou d'une curatelle à partir du jour où prend effet le nouveau régime de protection.

CHAPITRE III. – DES MAJEURS EN TUTELLE

Art. 492. – Une tutelle est ouverte quand un majeur, pour l'une des causes prévues à l'article 490, a besoin d'être représenté d'une manière continue dans les actes de la vie civile.

Art. 493. – L'ouverture de la tutelle est prononcée par le juge des tutelles à la requête de la personne qu'il y a lieu de protéger, de son conjoint, à moins que la communauté de vie n'ait cessé entre eux, de ses ascendants, de ses descendants, de ses frères et sœurs, du curateur ainsi que du ministère public ; elle peut être aussi ouverte d'office par le juge.

Les autres parents, les alliés, les amis peuvent seulement donner au juge avis de la cause qui justifierait l'ouverture de la tutelle. Il en est de même du médecin traitant et du directeur de l'établissement.

Les personnes visées aux deux alinéas précédents pourront, même si elles ne sont pas intervenues à l'instance, former un recours devant le tribunal de grande instance contre le jugement qui a ouvert la tutelle.

1) Les parents autres que ceux limitativement énumérés à l'article 493, al. 1 du Code civil sont sans qualité, faute de pouvoir être parties à l'instance, pour former un recours contre une décision du juge des tutelles disant n'y avoir lieu au prononcé d'une mesure de protection (Civ. 1re, 3 oct. 1978 : *J.C.P.* 78, IV, 334 ; *Bull.* I, n. 290, p. 226).

Art. 493-1 — MAJEURS PROTÉGÉS

2) Les articles 493 et 507 du Code civil n'excluent pas les recours prévus par les articles 1214, 1215 et 1243 du Nouveau Code de procédure civile contre les autres décisions prises par le juge des tutelles et notamment contre celles relatives à l'organisation de la tutelle des majeurs (Civ. 1re, 24 fév. 1987 : *Bull.* I, n. 68, p. 49).

3) Le juge doit relever d'office les fins de non-recevoir fondées sur l'article 493, alinéa 1er (Civ. 1re, 23 juin 1987 : *Bull.* I, n. 207, p. 153).

4) Est irrecevable le recours fondé sur l'article 493, alinéa 3, qui conteste seulement le choix du représentant légal du majeur protégé (T.G.I. Paris 13 oct. 1989 : *J.C.P.* 90, IV, 60).

Art. 493-1. — Le juge ne peut prononcer l'ouverture d'une tutelle que si l'altération des facultés mentales ou corporelles du malade a été constatée par un médecin spécialiste choisi sur une liste établie par le procureur de la République.
L'ouverture de la tutelle sera prononcée dans les conditions prévues par le Code de procédure civile.

1) V. Nouv. C. proc. civ., art. 1232 et s. (*infra,* sous art. 514).

2) Si la constatation par un médecin spécialiste de l'altération des facultés mentales ou corporelles du malade constitue une formalité substantielle préalable à l'ouverture d'une tutelle ou d'une curatelle, la personne qui fait l'objet de cette mesure ne saurait être fondée à se prévaloir du non-accomplissement de cette formalité alors que c'est par son propre fait que cet examen médical n'a pas eu lieu et le tribunal n'est pas tenu de prescrire au médecin spécialiste d'émettre son avis sur pièces, modalité que la loi ne prévoit pas (Civ. 1re, 18 janv. 1972 : *D.* 1972, 373, note Contamine-Raynaud. – Civ. 1re, 10 juil. 1984 : *D.* 1984, 547, note Massip ; *Bull.* I, n. 223, p. 188 – V. cependant Civ. 1re, 23 mai 1979 : *D.* 1979, I.R., 407).

Art. 493-2. — Les jugements portant ouverture, modification ou mainlevée de la tutelle, ne sont opposables aux tiers que deux mois après que mention en aura été portée en marge de l'acte de naissance de la personne protégée, selon les modalités prévues par le Code de procédure civile.
Toutefois, en l'absence même de cette mention, ils n'en seront pas moins opposables aux tiers qui en auraient eu personnellement connaissance.

L'acte introductif d'une instance en rescision d'une vente pour lésion précisant que le tuteur avait été désigné en cette qualité par une délibération du conseil de famille prise sous la présidence du juge des tutelles, les juges du fond sont fondés à retenir que le défendeur avait personnellement connaissance de la décision portant ouverture de la tutelle et que le tuteur avait qualité pour agir au nom de l'incapable (Civ. 1re, 18 nov. 1975 : *Bull.* I, n. 334, p. 275).

Art. 494. — La tutelle peut être ouverte pour un mineur émancipé comme pour un majeur. La demande peut même être introduite et jugée, pour un mineur non émancipé, dans la dernière année de sa minorité ; mais la tutelle ne prendra effet que du jour où il sera devenu majeur.

Art. 495. — Sont aussi applicables dans la tutelle des majeurs les règles prescrites par les sections 2, 3 et 4 du chapitre II, au titre dixième du présent livre, pour la tutelle des mineurs, à l'exception toutefois de celles qui concernent l'éducation de l'enfant et, en outre, sous les modifications qui suivent.

MAJEURS PROTÉGÉS — Art. 499

Art. 496. – L'époux est tuteur de son conjoint, à moins que la communauté de vie n'ait cessé entre eux ou que le juge n'estime qu'une autre cause interdit de lui confier la tutelle. Tous autres tuteurs sont datifs.
La tutelle d'un majeur peut être déférée à une personne morale.

Art. 496-1. – Nul, à l'exception de l'époux, des descendants et des personnes morales, ne sera tenu de conserver la tutelle d'un majeur au-delà de cinq ans. A l'expiration de ce délai le tuteur pourra demander et devra obtenir son remplacement.

Art. 496-2. – Le médecin traitant ne peut être tuteur ni subrogé tuteur du malade. Mais il est toujours loisible au juge des tutelles de l'appeler à participer au conseil de famille à titre consultatif.
La tutelle ne peut être déférée à l'établissement de traitement, ni à aucune autre personne y occupant un emploi rémunéré à moins qu'elle ne soit de celles qui avaient qualité pour demander l'ouverture de la tutelle. Un préposé de l'établissement peut, toutefois, être désigné comme gérant de la tutelle dans le cas prévu à l'article 499.

Le conseil de famille, sous réserve de l'observation des règles légales, a toute liberté dans le choix du tuteur de l'incapable majeur (Civ. 1re, 23 mai 1973 : *Bull.* I, n. 179, p. 159).

Art. 497. – S'il y a un conjoint, un ascendant ou un descendant, un frère ou une sœur, apte à gérer les biens, le juge des tutelles peut décider qu'il les gérera en qualité d'administrateur légal, sans subrogé tuteur ni conseil de famille, suivant les règles applicables, pour les biens des mineurs, à l'administration légale sous contrôle judiciaire.

Art. 498. – Il n'y a pas lieu d'ouvrir une tutelle qui devrait être dévolue au conjoint si, par l'application du régime matrimonial, et notamment par les règles des articles 217 et 219, 1426 et 1429, il peut être suffisamment pourvu aux intérêts de la personne protégée.

L'article 498, destiné seulement, en cas d'existence d'un conjoint, à éviter, dans la mesure du possible, l'ouverture d'une tutelle, ne limite pas en droit le champ d'application de l'article 219 dont les dispositions sont générales (Civ. 1re, 9 nov. 1981 : *Bull.* I, n. 333, p. 282 ; *J.C.P.* 82, II, 19808, note Prévault, cassant Paris 9 juil. 1980 : *J.C.P.* 81, II, 19636, note Prévault).

Art. 499. – Si, eu égard à la consistance des biens à gérer, le juge des tutelles constate l'inutilité de la constitution complète d'une tutelle, il peut se borner à désigner comme gérant de la tutelle, sans subrogé tuteur ni conseil de famille, soit un préposé appartenant au personnel administratif de l'établissement de traitement, soit un administrateur spécial, choisis dans les conditions fixées par un décret en Conseil d'État.

Sur le principe que la désignation d'un gérant de tutelle suppose que le juge constate l'inutilité de la constitution complète d'une tutelle, v. Civ. 1re, 10 oct. 1984 : *D.* 1985, 61, note Massip. – Civ. 1re, 12 nov. 1986 : *Bull.* I, n. 260, p. 249 ; *Defrénois* 1987, 323, obs. Massip ; *Gaz. Pal.* 1987, 1, 243, note J. M. V. en ce sens, Civ. 1re, 2 juin 1987 : *D.* 1988, 263, note Mannheim-Ayache.

Art. 499 — MAJEURS PROTÉGÉS

Décret n. 69-195 du 15 février 1969 (J.O. 4 mars)
pris pour l'application de l'article 499 du Code civil

Art. 1er. – Les établissements d'hospitalisation, de soins ou de cure publics ou privés choisissent parmi leurs préposés la personne la plus qualifiée pour être désignée, le cas échéant, comme gérant de la tutelle.

Art. 2. – Peuvent être désignés par le juge des tutelles pour exercer les fonctions de gérant de la tutelle en qualité d'administrateurs spéciaux :
1° (D. n. 72-284 du 11 avril 1972) Les personnes qualifiées figurant sur une liste établie, chaque année, par le procureur de la République ;
2° Les associations reconnues d'utilité publique, les associations déclarées et les fondations ayant une vocation sociale et figurant sur une liste établie, chaque année, par le procureur de la République ;
3° Les personnes physiques ou morales agréées comme tuteurs aux prestations sociales ;
4° Les personnes exerçant les fonctions de gérant de la tutelle en application de l'article précédent.

Art. 3. – Les émoluments dus pour la gérance de tutelle par l'incapable sont fixés par arrêté conjoint du ministre d'État chargé des affaires sociales, du garde des sceaux, ministre de la justice, et du ministre de l'économie et des finances.
Une rémunération supplémentaire également fixée par arrêté interministériel peut être allouée à titre exceptionnel par le juge des tutelles lorsqu'il a confié au gérant de la tutelle des attributions excédant ses pouvoirs ordinaires, soit en application de l'article 500, alinéa 2, soit en application de l'article 501.
Lorsque les fonctions de gérant de tutelle sont assurées par le préposé de l'établissement dans lequel est soigné l'incapable, les émoluments sont versés à cet établissement.

Arrêté du 4 mars 1970 (J.O. 13 mars)
portant application de l'article 3 du décret n. 69-195 du 15 février 1969 relatif aux émoluments dus par les incapables majeurs aux gérants de tutelle

Art. 1er. – Le présent arrêté fixe le montant du prélèvement effectué sur les revenus des incapables majeurs au titre des émoluments des gérants de tutelle nommés dans les conditions fixées aux articles 1er et 2 du décret susvisé n. 69-195 du 15 février 1969 et des remboursements des frais de gestion.

Art. 2 (A. 14 fév. 1983, art. 1er). – Pour les actes accomplis en application du premier alinéa de l'article 500 du Code civil le prélèvement est fixé à :
3 % du produit pour la tranche des revenus annuels inférieurs à 15 000 F ;
2 % du produit pour la tranche des revenus annuels compris entre 15 000 F et 45 000 F ;
1 % du produit pour la tranche des revenus annuels supérieurs à 45 000 F.

Art. 3 (A. 8 janv. 1971, art. 2). – Pour les actes accomplis en application de l'alinéa 2 de l'article 500 et de l'article 501 du Code civil, le prélèvement prévu à l'article 1er du présent arrêté est fixé, dans chaque cas d'espèce, par le juge des tutelles, sans pouvoir jamais excéder :
Pour les ventes, 1 % + +du produit de la vente ;
Pour les opérations de réparation ou d'entretien d'un patrimoine immobilier, 70 % + +du tarif pratiqué par les syndics et gérants d'immeubles de la circonscription du ressort du juge des tutelles en cause.

MAJEURS PROTÉGÉS Art. 503

Les dispositions du présent article et celles de l'article précédent sont applicables lorsque le préposé d'un établissement public chargé des fonctions de gérant de tutelle aura été désigné pour exercer, conformément à l'article 491-5 du Code civil, les fonctions de mandataire spécial des majeurs hospitalisés dans l'établissement et placés sous la sauvegarde de justice.

Art. 4. – Les prélèvements prévus aux articles 2 et 3 ci-dessus sont versés soit à la caisse de l'établissement lorsque les fonctions de gérant de tutelle sont assurées, en application de l'article 1er du décret susvisé n. 69-195 du 15 février 1969, par un préposé de l'établissement dans lequel est soigné le majeur incapable, soit au budget de l'administration ou de la collectivité locale concernée lorsque les fonctions de gérant de la tutelle sont assurées, en application de l'article 2 du même décret, par un administrateur spécial choisi parmi les fonctionnaires de l'État ou les agents des collectivités locales en activité.

Les fonctionnaires et agents des collectivités publiques visés à l'alinéa précédent peuvent percevoir sur les sommes ainsi recouvrées une remise calculée à raison de % + +de ces sommes, dans la limite d'un montant au plus égal au triple du taux moyen de la prime de service prévue par l'arrêté susvisé du 24 mars 1967. Ce plafond est calculé en prenant en compte le traitement brut de l'intéressé au 31 décembre de l'année au titre de laquelle les prélèvements ont été encaissés. Le montant de la remise, calculé dans les conditions qui précèdent est diminué, le cas échéant, du montant de la prime de service ou de la prime de rendement perçue au titre de la même année.

Art. 500. – **Le gérant de la tutelle perçoit les revenus de la personne protégée et les applique à l'entretien et au traitement de celle-ci, ainsi qu'à l'acquittement des obligations alimentaires dont elle pourrait être tenue. S'il y a un excédent, il le verse à un compte qu'il doit faire ouvrir chez un dépositaire agréé. Chaque année, il rend compte de sa gestion directement au juge des tutelles.**
Si d'autres actes deviennent nécessaires, il saisit le juge, qui pourra, soit l'autoriser à les faire, soit décider de constituer la tutelle complètement.

Art. 501. – **En ouvrant la tutelle ou dans un jugement postérieur, le juge, sur l'avis du médecin traitant, peut énumérer certains actes que la personne en tutelle aura la capacité de faire elle-même, soit seule, soit avec l'assistance du tuteur ou de la personne qui en tient lieu.**

L'article 501 ne permet pas au juge de déroger à la règle selon laquelle le majeur en tutelle est radié de la liste électorale (Civ. 1re, 9 nov. 1982 : *D.* 1983, 388, note Massip).

Art. 502. – **Tous les actes passés, postérieurement au jugement d'ouverture de la tutelle, par la personne protégée, seront nuls de droit, sous réserve des dispositions de l'article 493-2.**

Le principe posé par l'article 502 ne fait pas obstacle à ce que, par application des dispositions combinées des articles 450 et 495, celui-ci puisse valablement accomplir certains actes de la vie courante (Civ. 1re, 3 juin 1980 : *Bull.* I, n. 172, p. 141).

Art. 503. – **Les actes antérieurs pourront être annulés si la cause qui a déterminé l'ouverture de la tutelle existait notoirement à l'époque où ils ont été faits.**

1) L'article 503 ne vise que l'action en nullité pour cause d'altération des facultés mentales ou corporelles et ne fait pas obstacle à l'exercice d'une action en rescision pour lésion (Civ. 1re, 18 nov. 1975 : *Bull.* I, n. 334, p. 275).

2) L'action en nullité spéciale prévue par l'article 503 du Code civil ne prend naissance qu'à la date du jugement de mise sous tutelle dont elle dérive et ne peut donc se prescrire avant que n'intervienne cette décision (Civ. 1re, 9 mai 1978 : *Bull.* I, n. 181, p. 145, rejetant le pourvoi contre Pau 28 avril 1976 : *J.C.P.* 78, II, 18812, note Viatte). Mais par application de l'article 2252, ce délai se trouve suspendu à l'égard du majeur en tutelle (Civ. 1re, 17 fév. 1987 : *Bull.* I, n. 59, p. 43 ; *D.* 1987, 417, note Massip).

3) L'article 503 ne peut recevoir application lorsque, par suite du décès de l'intéressé, aucun jugement de mise sous tutelle n'a été prononcé (Civ. 1re, 12 fév. 1985 : *D.* 1985, I.R., 320 ; *Bull.* I, n. 59, p. 57).

4) Il n'est pas nécessaire de rapporter la preuve de l'insanité d'esprit au moment de l'acte, il suffit que la cause qui a déterminé l'ouverture de la tutelle ait existé notoirement à l'époque (Civ. 1re, 14 mai 1985 : *Bull.* I, n. 153, p. 139).

5) Sur le pouvoir souverain des juges du fond pour apprécier la notoriété de la cause ayant déterminé l'ouverture de la tutelle,

V. Civ. 1re, 22 juil. 1975 : *J.C.P.* 75, IV, 306 ; *Bull.* I, n. 245, p. 205. – Civ. 1re, 26 juin 1979 : *Gaz. Pal.* 1980, 1, 225, note J.M. – Civ. 1re, 25 avril 1989 : *Bull.* I, n. 170, p. 112. Jugé que si la notoriété exigée par l'article 503 dans un but de protection des tiers doit normalement s'entendre d'une notoriété générale, il convient d'y assimiler la connaissance personnelle que le bénéficiaire de l'acte litigieux avait, à l'époque de cet acte, de la situation de l'intéressé et qu'à cet égard aucune distinction ne doit être opérée entre les conventions et les actes unilatéraux (Civ. 1re, 9 mars 1982 : *J.C.P.* 83, II, 19996, note Rémy ; *Defrénois* 1983, 328, obs. Massip ; *Bull.* I, n. 102, p. 88).

6) Les conditions d'application de l'article 503 et notamment la condition de notoriété, ne sont pas exigées lorsque l'existence d'un trouble mental au moment de l'acte est établie (Civ. 1re, 10 juin 1981 : *Bull.* I, n. 202, p. 167).

7) L'article 503 ne peut être appliqué aux actes précédant l'ouverture d'une curatelle (Civ. 1re, 29 nov. 1983 : *Bull.* I, 282, p. 252).

Art. 504. – Le testament fait après l'ouverture de la tutelle sera nul de droit.
Le testament antérieurement fait restera valable, à moins qu'il ne soit établi que, depuis l'ouverture de la tutelle, a disparu la cause qui avait déterminé le testateur à disposer.

Art. 505. – Avec l'autorisation du conseil de famille, des donations peuvent être faites au nom du majeur en tutelle, mais seulement au profit de ses descendants et en avancement d'hoirie, ou en faveur de son conjoint.

Art. 506. – Même dans le cas des articles 497 et 499, le mariage d'un majeur en tutelle n'est permis qu'avec le consentement d'un conseil de famille spécialement convoqué pour en délibérer. Le conseil ne peut statuer qu'après audition des futurs conjoints.
Il n'y a pas lieu à la réunion d'un conseil de famille si les père et mère donnent l'un et l'autre leur consentement au mariage.
Dans tous les cas, l'avis du médecin traitant doit être requis.

Art. 507. – La tutelle cesse avec les causes qui l'ont déterminée ; néanmoins, la mainlevée n'en sera prononcée qu'en observant les formalités prescrites pour parvenir à son ouverture, et la personne en tutelle ne pourra reprendre l'exercice de ses droits qu'après le jugement de mainlevée.
Les recours prévus par l'article 493, alinéa 3, ne peuvent être exercés que contre les jugements qui refusent de donner mainlevée de la tutelle.

MAJEURS PROTÉGÉS — Art. 510

Les articles 493 et 507 du Code civil n'excluent pas les recours prévus par les articles 1214, 1215 et 1243 du Nouveau Code de procédure civile contre les autres décisions prises par le juge des tutelles et notamment contre celles relatives à l'organisation de la tutelle des majeurs (Civ. 1re, 24 fév. 1987 : *Bull.* I, n. 68, p. 49).

CHAPITRE IV. – DES MAJEURS EN CURATELLE

Art. 508. – Lorsqu'un majeur, pour l'une des causes prévues à l'article 490, sans être hors d'état d'agir lui-même, a besoin d'être conseillé ou contrôlé dans les actes de la vie civile, il peut être placé sous un régime de curatelle.

Sur le pouvoir souverain du juge du fond pour apprécier l'opportunité de l'ouverture d'une curatelle, V. Civ. 1re, 14 déc. 1976 : *J.C.P.* 77, IV, 33.

Art. 508-1. – Peut pareillement être placé sous le régime de la curatelle le majeur visé à l'alinéa 3 de l'article 488.

Art. 509. – La curatelle est ouverte et prend fin de la même manière que la tutelle des majeurs.
Elle est soumise à la même publicité.

La production d'un certificat médical n'est pas nécessaire lorsque la demande tendant à la mise en curatelle est fondée sur la prodigalité (Civ. 1re, 4 janv. 1978 : *Bull.* I, n. 4, p. 4).

Art. 509-1. – Il n'y a dans la curatelle d'autre organe que le curateur.
L'époux est curateur de son conjoint à moins que la communauté de vie n'ait cessé entre eux ou que le juge n'estime qu'une autre cause interdit de lui confier la curatelle. Tous autres curateurs sont nommés par le juge des tutelles.

Il résulte de l'article 509-1 que la décision d'écarter de la curatelle le conjoint de l'incapable est laissée à l'appréciation du juge, sans qu'il soit tenu de se limiter aux causes d'exclusion des différentes charges tutélaires énumérées aux articles 444 et 445 (Civ. 1re, 29 fév. 1984 : *D.* 1984, 423, note J.M.).

Art. 509-2. – Sont applicables à la charge du curateur, les dispositions relatives aux charges tutélaires, sous les modifications qu'elles comportent dans la tutelle des majeurs.

La curatelle doit être déférée à l'Etat lorsqu'elle reste vacance (Civ. 1re, 7 juin 1988 : *D.* 1988, 525, note Massip).

Art. 510. – Le majeur en curatelle ne peut, sans l'assistance de son curateur, faire aucun acte qui, sous le régime de la tutelle des majeurs, requerrait une autorisation du conseil de famille. Il ne peut non plus, sans cette assistance, recevoir des capitaux ni en faire emploi.
Si le curateur refuse son assistance à un acte, la personne en curatelle peut demander au juge des tutelles une autorisation supplétive.

Art. 510-1 — MAJEURS PROTÉGÉS

L'obtention d'une carte accréditive (carte bleue) nécessite l'assistance du curateur (Civ. 1re, 21 nov. 1984 : *J.C.P.* 85, IV, 41 ; *D.* 1985, 297, note Lucas de Leyssac).

Art. 510-1. — Si le majeur en curatelle a fait seul un acte pour lequel l'assistance du curateur était requise, lui-même ou le curateur peuvent en demander l'annulation.
L'action en nullité s'éteint par le délai prévu à l'article 1304 ou même, avant l'expiration de ce délai, par l'approbation que le curateur a pu donner à l'acte.

1) L'article 503 du Code civil aux termes duquel les actes antérieurs au jugement ouvrant la tutelle peuvent être annulés si la cause qui a déterminé l'ouverture de la tutelle existait notoirement à l'époque où ils ont été faits n'est pas applicable en matière de curatelle (Paris 30 juin 1972 : *Gaz. Pal.* 1972, 2, 875).

2) L'article 510-1 n'édicte pas une nullité de droit à la différence de l'article 502 pour ce qui concerne les actes faits par le majeur en tutelle, et laisse au juge la faculté d'apprécier s'il doit ou non prononcer la nullité (Civ. 1re, 16 oct. 1985 : *Bull.* I, n. 262, p. 234 ; *D.* 1986, 154, note Massip. – Civ. 1re, 1er oct. 1986 : *Bull.* I, n. 233, p. 223. – Versailles 29 avril 1988 : *D.* 1989, 251, note J.M.).

Art. 510-2. — Toute signification faite au majeur en curatelle doit l'être aussi à son curateur, à peine de nullité.

Art. 510-3. — Dans les cas où l'assistance du curateur n'était pas requise par la loi, les actes que le majeur en curatelle a pu faire seul, restent néanmoins sujets aux actions en rescision ou réduction réglées à l'article 491-2, comme s'ils avaient été faits par une personne sous la sauvegarde de justice.

Art. 511. — En ouvrant la curatelle ou dans un jugement postérieur, le juge, sur l'avis du médecin traitant, peut énumérer certains actes que la personne en curatelle aura la capacité de faire seule par dérogation à l'article 510 ou, à l'inverse, ajouter d'autres actes à ceux pour lesquels cet article exige l'assistance du curateur.

Art. 512. — En nommant le curateur, le juge peut ordonner qu'il percevra seul les revenus de la personne en curatelle, assurera lui-même, à l'égard des tiers, le règlement des dépenses et versera l'excédent, s'il y a lieu, à un compte ouvert chez un dépositaire agréé.
Le curateur nommé avec cette mission rend compte de sa gestion chaque année au juge des tutelles.

1) Pour déterminer s'il convient de conférer au curateur les pouvoirs de l'article 512, les juges du fond ont seulement à rechercher si le majeur protégé est ou non apte à percevoir ses revenus et à en faire une utilisation normale (Civ. 1re, 1er juil. 1986 : *Bull.* I, n. 190, p. 186).

2) Il résulte des articles 510 et 512 que le curateur ne peut être appelé à représenter le majeur en curatelle que pour la perception de ses revenus et le règlement de ses dépenses, d'où il suit que le tribunal de grande instance ne peut l'autoriser à vendre un véhicule appartenant à l'incapable (Civ. 1re, 24 mai 1989 : *J.C.P.* 89, IV, 275 ; *Bull.* I, n. 214, p. 143).

3) L'institution d'une tutelle de droit civil ou d'une curatelle de l'article 512 implique que le majeur protégé est dans l'incapacité d'utiliser ses revenus d'une manière conforme à ses intérêts. Il s'ensuit que la première des conditions alternatives mise par l'article L.167-1 du Code de sécurité sociale pour l'ouverture d'une tutelle aux prestations familiales est nécessairement remplie (Civ. 1re, 18 avril 1989 : *D.* 1989, 493, note Massip).

MAJEURS PROTÉGÉS — Art. 514

Art. 513. – **La personne en curatelle peut librement tester, sauf application de l'article 901 s'il y a lieu.**
Elle ne peut faire donation qu'avec l'assistance de son curateur.

Art. 514. – **Pour le mariage du majeur en curatelle, le consentement du curateur est requis ; à défaut, celui du juge des tutelles.**

Il résulte des articles 183 et 514 du Code civil que le curateur ne peut plus intenter l'action en nullité du mariage auquel il n'a pas consenti lorsqu'il s'est écoulé plus d'une année sans réclamation de sa part depuis qu'il a eu connaissance du mariage (Civ. 1re, 17 mai 1988 : *J.C.P.* 89, II, 21197, note Boulanger).

Art. 515. – *Supprimé, L. n. 68-5 du 3 janv. 1968, art. 1er.*

Loi n. 68-5 du 3 janvier 1968 *(J.O.* 4 janv. et rectif. 16 fév.*)*
portant réforme du droit des incapables majeurs

Art. 1er. – *V. C. civ., art. 488 à 514.*

Art. 2. – *V. C. civ., art. 1124, 1125, 1304 et 1319.*

Art. 3. – *V. C. civ., art. 1125-1.*

Art. 4. – Dans tous les textes où il est fait mention de l'interdiction judiciaire et de l'interdit, cette mention sera remplacée par celle de la tutelle des majeurs et du majeur en tutelle.
Dans tous les textes où il est fait mention du conseil judiciaire, et du faible d'esprit ou prodigue pourvu d'un conseil judiciaire, cette mention sera remplacée par celle de la curatelle et du majeur en curatelle.

Art. 5. – Les règles édictées pour la tutelle des majeurs sont applicables à l'interdiction légale prévue par l'article 29 du Code pénal.
Toutefois, le condamné en état d'interdiction légale reste capable de tester et il peut se marier sans les autorisations particulières prévues à l'article 506 du Code civil.

Art. 6 et 7. – *V. C. santé pub., art. L. 339, L. 342 et L. 351.*

Art. 8. – Les articles L. 326-1, L. 352-1 et L. 353 du Code de la santé publique seront respectivement numérotés, articles L. 326-2, L. 353 et L. 353-1.

Art. 9. – *V. C. santé pub., art. L. 326-1, L. 352-1 et L. 352-2.*

Art. 10. – Outre les autorités judiciaires, peuvent seuls obtenir du procureur de la République communication, par extrait, d'une déclaration aux fins de sauvegarde de justice :
1° Les personnes qui auraient qualité, selon l'article 493 du Code civil, pour demander l'ouverture d'une tutelle ;
2° Sur demande motivée, les avocats, avoués, notaires et huissiers, justifiant de l'utilisation de la communication pour un acte de leurs fonctions.

Art. 11. – Le procureur de la République, s'il est informé que les biens d'un majeur protégé par la loi, au sens des articles 488 et suivants du Code civil, peuvent être mis en péril, a l'obligation de provoquer d'urgence toutes mesures conservatoires du patrimoine et notamment l'apposition des scellés.

Les modalités d'application du présent article seront réglées par le Code de procédure civile.

Art. 12. – Il n'y a pas lieu pour l'application de la présente loi de distinguer selon que les personnes protégées sont traitées à leur domicile ou dans un établissement de soins publics ou privé de quelque nature qu'il soit.

Art. 13. – V. L. n. 66-774 du 18 oct. 1966, art. 1er, 8 et 10 bis.

Art. 14. – Les dispositions de la présente loi sont applicables dans les départements du Bas-Rhin, du Haut-Rhin et de la Moselle, lorsqu'elles ne se rapportent pas à des matières actuellement soumises à des dispositions particulières.

Art. 15. – La présente loi entrera en vigueur six mois après sa publication au *Journal officiel* de la République française.

Art. 16. – A partir de cette date, les dispositions de la loi nouvelle seront immédiatement applicables à la capacité des personnes protégées et à la gestion de leurs biens.

Les personnes en état d'interdiction judiciaire seront, de plein droit, placées sous le régime de la tutelle des majeurs ; les personnes pourvues d'un conseil judiciaire, sous le régime de la curatelle.

Art. 17. – Quant aux biens des malades internés et non interdits, les administrateurs provisoires et mandataires déjà en fonctions par application des articles 31 à 36 de la loi du 30 juin 1838 continueront leur gestion en conformité de ces articles.

Toutefois, leurs pouvoirs cesseront à l'expiration d'un délai de cinq ans à compter de l'entrée en vigueur de la présente loi.

Durant ce délai, le juge des tutelles pourra, soit à la demande des administrateurs provisoires ou des mandataires visés à l'alinéa 1er, soit à la demande des parties visées par le nouvel article 493, alinéa premier, du Code civil, soit même d'office, décider d'ouvrir la tutelle ou la curatelle.

Art. 18. – Le nouvel article 490-2 du Code civil n'affectera pas la validité des conventions antérieurement conclues.

Art. 19. – Si, dans une interdiction judiciaire antérieurement prononcée, les conditions d'application du nouvel article 497 du Code civil se trouvent remplies, le juge des tutelles pourra, à la requête du tuteur, le subrogé tuteur entendu, décider que la tutelle sera transformée en un régime d'administration légale sous contrôle judiciaire, ainsi qu'il est prévu audit article.

Art. 20. – Aucun tuteur antérieurement nommé ne pourra demander à être déchargé de la tutelle en vertu du nouvel article 496-1 du Code civil, avant l'expiration d'un délai d'une année à compter de l'entrée en vigueur de la loi nouvelle.

Art. 21. – Les actions en nullité antérieurement ouvertes resteront soumises au délai de dix ans que prévoyait l'ancien article 1304 du Code civil, sans pouvoir néanmoins être introduites plus de cinq ans après l'entrée en vigueur de la loi nouvelle.

Art. 22. – Sont abrogées toutes les dispositions contraires à celles de la présente loi, et notamment :

MAJEURS PROTÉGÉS — Art. 514

– les articles 31 à 37, 39 et 40 de la loi du 30 juin 1838 sur les aliénés ;
– la loi du 27 février 1880, en tant qu'elle visait les valeurs mobilières appartenant à des aliénés, ses dispositions restant d'ailleurs applicables aux mineurs placés sous la tutelle du service de l'aide sociale à l'enfance, conformément à l'article 8 de ladite loi.

Nouveau Code de procédure civile *(D. n. 81-500 du 12 mai 1981)*

CHAPITRE XI. – LES RÉGIMES DE PROTECTION DES MAJEURS

Section I. – Dispositions générales

Art. 1232. – Le procureur de la République du lieu de traitement et le juge des tutelles ont la faculté, par application de l'article 490-3 du Code civil, sans préjudice d'autres mesures, de faire examiner par un médecin les personnes protégées.

Art. 1233. – Lorsque les biens d'un majeur protégé par la loi au sens des articles 488 et 490 du Code civil peuvent être mis en péril, le juge du tribunal d'instance prend d'office, ou à la demande du procureur de la République, toutes mesures conservatoires. Il peut notamment *(D. n. 86-951 du 30 juil. 1986, art. 3)* ordonner l'apposition des scellés qui a lieu selon les formes prévues pour les scellés après décès.

Art. 1234. – S'il apparaît que la consistance des biens ne justifie pas l'emploi de ces formes, le procureur de la République ou le juge du tribunal d'instance peuvent requérir du *(D. n. 86-951 du 30 juil. 1986, art. 4)* greffier en chef du tribunal d'instance, du commissaire de police, du commandant de brigade de gendarmerie ou du maire, de dresser un état simplement descriptif du mobilier et, si les lieux sont inoccupés, d'en assurer la clôture et d'en conserver les clés.

Les clés sont restituées, sur simple reçu, à la personne protégée dès son retour sur les lieux. Elles ne peuvent être remises à d'autres personnes qu'en vertu d'une permission du procureur de la République ou du juge du tribunal d'instance.

Art. 1235. – Le juge des tutelles peut, dans tous les cas où il estime utile d'entendre la personne protégée, se déplacer dans toute l'étendue du ressort de la cour d'appel, ainsi que dans les départements limitrophes de celui où il exerce ses fonctions. Le juge peut se déplacer sans l'assistance du secrétaire-greffier.

Les mêmes règles sont applicables lorsque la personne protégée est entendue par un juge du tribunal de grande instance.

Section II. – La sauvegarde de justice

Art. 1236. – La déclaration aux fins de sauvegarde de justice prévue par l'article L. 326-1 du Code de la santé publique est transmise au procureur de la République du lieu de traitement. Celui-ci en donne avis, le cas échéant, au procureur de la République du lieu où l'intéressé est domicilié.

Art. 1237. – La mesure de sauvegarde de justice se périme par deux mois à compter de la déclaration ; les mesures de renouvellement par six mois à compter des déclarations à cette fin.

Art. 1238. – La décision par laquelle le juge des tutelles place la personne à protéger sous la sauvegarde de justice, en application du deuxième alinéa de l'article 491-1 du Code civil, est transmise par lui au procureur de la République de son ressort. Celui-ci en donne avis, le cas échéant, au procureur de la République du domicile ou du lieu de traitement.

Art. 1239. – La décision par laquelle le juge des tutelles place la personne à protéger sous la sauvegarde de justice, en application du deuxième alinéa de l'article 491-1 du Code civil, ne peut faire l'objet d'aucun recours de ce chef.

Art. 1240. – La désignation ou la révocation des mandataires des personnes placées sous la sauvegarde de justice ainsi que la détermination des pouvoirs de ces mandataires interviennent suivant la procédure prévue pour la tutelle.

Art. 1241. – Les personnes qui ont qualité pour exercer un recours contre la décision qui ouvre la tutelle, peuvent former un recours contre la décision par laquelle le juge des tutelles désigne, par application de l'article 491-5 du Code civil, un mandataire spécial.

Art. 1242. – Le procureur de la République qui a reçu la déclaration aux fins de sauvegarde de justice ou la décision du juge des tutelles mentionne les déclaration et décision sur un répertoire spécialement tenu à cet effet.

La déclaration aux fins de faire cesser la sauvegarde, ainsi que les radiations sont portées en marge de la mention initiale.

Les déclarations en renouvellement sont portées à leur date sur le répertoire ; référence y est faite en marge de la mention initiale.

Section III. – La tutelle

Art. 1243. – La tutelle des majeurs obéit aux règles prévues pour la tutelle des mineurs, sous réserve des dispositions qui suivent.

Art. 1244. – La requête aux fins d'ouverture de la tutelle désigne la personne à protéger et énonce les faits qui appellent cette protection. Doit y être joint un certificat délivré par un médecin spécialiste, conformément à l'article 493-1 du code civil. La requête énumère les proches parents de la personne à protéger, autant que leur existence est connue du requérant ; elle indique le nom et l'adresse du médecin traitant.

Quand le juge se saisit d'office aux fins d'ouverture d'une tutelle, il commet un médecin spécialiste, choisi sur la liste prévue à l'article 493-1 du Code civil, afin de constater l'état de la personne à protéger.

Le secrétaire-greffier avise le procureur de la République de la procédure engagée.

Art. 1245. – La liste des médecins spécialistes est établie chaque année par le procureur de la République, après consultation du préfet.

Art. 1246. – Le juge des tutelles entend la personne à protéger et lui donne connaissance de la procédure engagée. L'audition peut avoir lieu au siège du tribunal, au lieu de l'habitation, dans l'établissement de traitement ou en tout autre lieu approprié.

Le juge peut, s'il l'estime opportun, procéder à cette audition en présence du médecin traitant et, éventuellement, d'autres personnes.

Le procureur de la République et le conseil de la personne à protéger sont informés de la date et du lieu de l'audition ; ils peuvent y assister.

Il est dressé procès-verbal de l'audition.

MAJEURS PROTÉGÉS   Art. 514

Art. 1247. – Si l'audition de la personne à protéger est de nature à porter préjudice à sa santé, le juge peut, par disposition motivée, sur l'avis du médecin, décider qu'il n'y a pas lieu d'y procéder. Il en avise le procureur de la République.

Par la même décision, il ordonne que connaissance de la procédure engagée sera donnée à la personne à protéger dans une forme appropriée à son état.

Il est fait mention au dossier de la tutelle de l'exécution de cette décision.

Art. 1248. – Le juge peut, soit d'office, soit à la requête des parties ou du ministère public, ordonner toute mesure d'information. Il peut notamment faire procéder à une enquête sociale ou à des constatations par telle personne de son choix.

Il entend lui-même, autant qu'il est possible, les parents, alliés et amis de la personne à protéger.

Art. 1249. – Le juge des tutelles peut, avant de statuer, réunir un conseil de famille formé selon le mode que détermine le Code civil pour la tutelle des mineurs.

Le conseil de famille est appelé à donner son avis sur l'état de la personne pour laquelle est demandée l'ouverture d'une tutelle, ainsi que sur l'opportunité d'un régime de protection.

L'avis du conseil de famille ne lie pas le juge ; il n'est susceptible d'aucun recours.

Art. 1250. – Le dossier est transmis au procureur de la République un mois avant la date fixée pour l'audience. Quinze jours avant cette date, le procureur de la République le renvoie au secrétariat-greffe avec son avis écrit. Ces délais peuvent être réduits par le juge en cas d'urgence.

Le juge fait connaître au requérant et à la personne à protéger, si elle lui paraît en état de recevoir utilement cette notification, ou à leurs conseils, qu'ils pourront consulter le dossier au secrétariat-greffe jusqu'à la veille de l'audience.

Art. 1251. – A l'audience, le juge entend, s'il l'estime opportun, le requérant et la personne à protéger.

Les conseils des parties sont entendus en leurs observations.

L'affaire est instruite et jugée en chambre du conseil, après avis du ministère public.

Art. 1252. – La requête aux fins d'ouverture de la tutelle est caduque si la décision relative à cette ouverture n'intervient pas dans l'année de la requête.

En cas de saisine d'office du juge, les actes de procédure sont non avenus si la décision d'ouverture n'intervient pas dans l'année.

Art. 1253. – Le jugement relatif à l'ouverture de la tutelle doit être notifié à la personne protégée ; avis en est donné au procureur de la République.

Toutefois, le juge peut, par disposition motivée, décider qu'il n'y a pas lieu de notifier à la personne protégée, en raison de son état, le jugement prononçant l'ouverture de la tutelle. En ce cas, le jugement doit être notifié à son conseil si elle en a un, ainsi qu'à celle des personnes, conjoint, ascendant, descendant, frère ou sœur, que le juge estime la plus qualifiée pour recevoir cette notification.

Le jugement peut être notifié, si le juge l'estime utile, aux personnes qu'il désigne parmi celles que la loi habilite à exercer un recours.

Art. 1254. – Les jugements pris par application des articles 501 et 507 du Code civil sont toujours notifiés à l'intéressé lui-même.

Art. 1255. – Le recours contre la décision qui refuse d'ouvrir la tutelle n'est ouvert qu'au requérant.

Art. 1256 *(remplacé, D. n. 84-618 du 13 juil. 1984, art. 30).* – Le recours contre la décision qui ouvre la tutelle ou refuse d'en donner mainlevée est formé, soit conformémant aux dispositions de l'article 1216, soit par lettre sommairement motivée et signée par l'une des personnes ayant qualité pour agir en vertu de l'article 493 du Code civil ; cette lettre est remise, ou adressée sous pli recommandé avec demande d'avis de réception, au secrétariat-greffe du tribunal d'instance.

Quelle que soit la forme du recours, le ministère d'avocat n'est pas obligatoire pour la poursuite de l'instance.

Art. 1257. – Les recours prévus aux articles 1255 et 1256 doivent être exercés dans les quinze jours du jugement. A l'égard des personnes à qui la décision est notifiée, le délai ne court qu'à compter de la notification.

Art. 1258. – Le ministère public peut former recours jusqu'à l'expiration d'un délai de quinze jours suivant la remise de l'avis qui lui a été donné.

Art. 1259. – Le secrétaire-greffier du tribunal de grande instance informe de la date de l'audience les personnes ayant formé un recours contre la décision, celles à qui cette décision a été notifiée ainsi que, le cas échéant, leurs avocats.

Art. 1260. – Un extrait de toute décision portant ouverture, modification ou mainlevée d'une tutelle est transmis au secrétariat-greffe du tribunal de grande instance dans le ressort duquel est née la personne protégée, à fin de conservation au répertoire civil et de publicité par mention en marge de l'acte de naissance selon les modalités prévues au chapitre III du présent livre.

Lorsque la décision a été rendue par le juge des tutelles, la transmission est faite par le secrétaire-greffier dans les quinze jours qui suivent l'expiration des délais de recours.

Lorsque la décision a été rendue par le tribunal de grande instance, la transmission est faite par le procureur de la République dans les quinze jours du jugement.

Art. 1261. – Dans toute instance relative à l'ouverture, la modification ou la mainlevée de la tutelle, le juge peut, en tout état de cause, faire désigner d'office un conseil à la personne à protéger ou protégée si celle-ci n'en a pas choisi.

Section IV. – La curatelle

Art. 1262. – La curatelle obéit aux règles prévues pour la tutelle des majeurs.

Art. 1263. – Quand le majeur en curatelle demande une autorisation supplétive, le juge ne peut statuer qu'après avoir entendu ou appelé le curateur.

Code de la Santé publique

Art. L 326-1 *(L. n. 68-5 du 3 janv. 1968, art. 9 et 15).* – Le médecin qui constate que la personne à laquelle il donne ses soins a besoin, pour l'une des causes prévues à l'article 490 du Code civil, d'être protégée dans les actes de la vie civile peut en faire la déclaration au procureur de la République. Cette déclaration a pour effet de placer le malade sous la sauvegarde de justice si elle est accompagnée de l'avis conforme d'un médecin spécialiste.

Lorsqu'une personne est soignée dans un établissement public ou dans l'un des établissements privés figurant sur une liste établie par arrêté du ministre chargé des affaires sociales, le médecin

MAJEURS PROTÉGÉS   Art. 514

est tenu, s'il constate qu'elle se trouve dans la situation prévue à l'alinéa précédent, d'en faire la déclaration au procureur de la République. Cette déclaration a pour effet de placer le malade sous la sauvegarde de justice.

Le directeur de l'action sanitaire et sociale doit être informé par le procureur de la mise sous sauvegarde.

Arrêté du 12 novembre 1971 (J.O. 5 fév. 1972)
portant application de la loi n. 68-5 du 3 janvier 1968 portant réforme du droit des incapables majeurs

Art. 1er. – Les personnes soignées dans un établissement de soins, de cure, de réadaptation, de convalescence et celles soignées dans l'un des établissements privés figurant à l'article 2 du présent arrêté sont, à la demande du médecin traitant, placées sous sauvegarde de justice.

Art. 2. – Les établissements privés visés à l'article 1er ci-dessus sont les suivants :
I. – Sanatoriums privés pour tuberculose pulmonaire.
II. – Sanatoriums de post-cure privés.
III. – Sanatoriums assimilés.
IV. – Établissements de soins privés affectés au traitement de la tuberculose pulmonaire.
V. – Cliniques phtisiologiques.
VI. – Hôtels de cure.
VII. – Centre d'études de pneumoconiose.
VIII. – Établissements d'hospitalisation de chirurgie.
IX. – Maisons de santé aménagées en vue de la pratique obstétricale et de la chirurgie de l'accouchement.
X. – Maisons d'accouchement sans possibilités chirurgicales.
XI. – Centres de placement familial.
XII. – Maisons de santé médicales.
XIII. – Maisons de repos et de convalescence.
XIV. – Maisons de régime.
XV. – Maisons de repos accueillant des mères fatiguées ou convalescentes avec leurs enfants âgés de moins de dix-huit mois.
XVI. – Maisons de réadaptation fonctionnelle.
XVII. – Maisons de santé pour maladies mentales.
XVIII. – Cliniques psychiatriques privées.
XIX. – Hôpitaux psychiatriques privés.
XX. – Hôpitaux psychiatriques privés faisant fonctions de publics.
XXI. – Établissements thermaux privés.
XXII. – Maisons de retraite privées.
XXIII. – Infirmeries des établissements d'enseignement et d'éducation publics et privés.

LIVRE DEUXIÈME

DES BIENS ET DES DIFFÉRENTES MODIFICATIONS DE LA PROPRIÉTÉ

TITRE PREMIER. – DE LA DISTINCTION DES BIENS

Art. 516. – **Tous les biens sont meubles ou immeubles.**

CHAPITRE I. – DES IMMEUBLES

Art. 517. – **Les biens sont immeubles, ou par leur nature, ou par leur destination, ou par l'objet auquel ils s'appliquent.**

Art. 518. – **Les fonds de terre et les bâtiments sont immeubles par leur nature.**

1) Doit être considéré comme un meuble une construction volante dont les éléments maîtres sont aménagés mais non scellés dans un massif de béton d'où ils peuvent sortir librement sans déprécier le fonds (Civ. 1re, 21 mars 1956 : J.C.P. 56, IV, 70), mais une chambre froide construite en briques, pierres ou moellons, incorporée au sol, constitue un bâtiment au sens de l'article 518 (Angers 1re déc. 1964 : J.C.P. 65, II, 14258, note Bulté).

2) Un bien est immeuble par nature, même s'il est temporaire, dès lors que le dispositif de liaison, d'ancrage dans le sol ou de fondation révèle qu'il ne repose pas simplement sur le sol et n'y est pas maintenu par son seul poids (Com. 10 juin 1974 : Bull. IV, n. 183, p. 146).

3) Sont immeubles par nature les poteaux destinés à supporter les câbles de transmission d'énergie électrique (Civ. 4 mai 1937 : D.H. 1937, 471, les serres d'un horticulteur (Com. 1er fév. 1984 : Bull. IV, n. 53, p. 43), de même que les boiseries décorant une pièce dès lors qu'elles forment un tout indivisible avec le bâtiment et qu'elles ne sauraient être séparées de celui-ci sans porter atteinte à son intégrité (Civ. 1re, 19 mars 1963 : J.C.P. 63, II, 13190, note Esmein), mais non les boiseries simplement posées sur le sol où elles restent fixées par leur seul poids ou pouvant être arrachées sans aucun dommage ni pour elles ni pour l'immeuble (Civ. 2e, 5 avril 1965 : J.C.P. 65, II, 14233).

4) Les améliorations apportées à un fonds de terre par les pratiques culturales, qui ne

peuvent être matériellement dissociées du fonds auquel elles ont profité, sont des immeubles par nature (Com. 24 mars 1981 : *Bull.* IV, n. 159, p. 126). Par suite, le fermier sortant ne peut céder à son successeur que la créance mobilière qu'il a sur le bailleur à raison de ces améliorations (Com. 7 nov. 1983 : *Bull.* IV, n. 294, p. 257).

5) Sur le caractère immobilier des mines, V. C. minier, art. 24, al. 1.

6) Tant que le bâtiment élevé par le constructeur sur le sol d'autrui n'a pas été effectivement démoli, les pierres qui le constituent ne prennent pas juridiquement le caractère de meubles, même dans les rapports entre le constructeur et le propriétaire du sol (Civ. 3e, 10 juin 1981 : *Bull.* III, n. 119, p. 87).

Art. 519. — **Les moulins à vent ou à eau, fixés sur piliers et faisant partie du bâtiment, sont aussi immeubles par leur nature.**

1) Le mécanisme d'un moulin est immeuble par nature dès lors qu'il est incorporé au bâtiment (Civ. 19 juil. 1893 : *D.P.* 1893, 1, 603).

2) Un moteur simplement posé sur des dalles avec des attaches et facile à enlever n'a pas le caractère d'un immeuble par nature (Req. 27 oct. 1931 : *D.H.* 1931, 537).

Art. 520. — **Les récoltes pendantes par les racines, et les fruits des arbres non encore recueillis, sont pareillement immeubles.**

Dès que les grains sont coupés et les fruits détachés, quoique non enlevés, ils sont meubles.

Si une partie seulement de la récolte est coupée, cette partie seule est meuble.

1) La vente de récoltes sur pied a pour objet les récoltes détachées du sol et constitue ainsi une vente de meubles par anticipation (Montpellier 23 juin 1927 : *D.H.* 1927, 472).

2) Le titulaire d'une sûreté immobilière doit supporter normalement la perception et l'aliénation des fruits qui n'entrent pas, lorsqu'ils sont détachés du sol, dans la valeur qui lui a été affectée en garantie, mais il en va autrement pour l'aliénation des produits qui affecte l'étendue de sa garantie puisque la valeur de l'immeuble s'en trouve dépréciée. En conséquence, il doit conserver son privilège sur l'indemnité d'arrachage de ceps de vigne (Bordeaux 19 juin 1986 : *D.* 1987, 295, note crit. Denis).

Art. 521. — **Les coupes ordinaires des bois taillis ou de futaies mises en coupes réglées ne deviennent meubles qu'au fur et à mesure que les arbres sont abattus.**

1) Sur l'application de la notion de meuble par anticipation dans les ventes de coupes de bois, V. Com. 21 déc. 1971 : *Bull.* IV, n. 308, p. 290. — Trib. civ., Chambéry 12 juil. 1951 : *Gaz. Pal.* 1951, 2, 266. — Comp. pour les matériaux à extraire d'une carrière, Civ. 12 janv. 1954 : *J.C.P.* 54, II, 8026, note Becqué. — Civ. 3e, 25 oct. 1983 : *J.C.P.* 84, IV, 3 ; *Bull.* III, n. 197, p. 151. Jugé que dès lors que l'acquéreur d'un bois n'a eu en vue que l'exploitation de sa superficie, les arbres à abattre peuvent être considérés comme ayant été mobilisés par anticipation, peu important que certains de ces arbres fussent de haute futaie (Com. 24 nov. 1981 : *Defrénois* 1982, 413, obs. Souleau ; *Bull.* IV, n. 408, p. 323).

2) La mise en coupe réglée se caractérise par la périodicité et la régularité (T.G.I., La Roche-sur-Yon 7 déc. 1965 : *J.C.P.* 66, II, 14670, note Bulté).

BIENS IMMEUBLES — Art. 524

Art. 522. – Les animaux que le propriétaire du fonds livre au fermier ou au métayer pour la culture, estimés ou non, sont censés immeubles tant qu'ils demeurent attachés au fonds par l'effet de la convention.
Ceux qu'il donne à cheptel à d'autres qu'au fermier ou métayer sont meubles.

Art. 523. – Les tuyaux servant à la conduite des eaux dans une maison ou autre héritage sont immeubles et font partie du fonds auquel ils sont attachés.

1) Une installation de chauffage central susceptible d'être déplacée conserve son caractère mobilier (Soc. 1er déc. 1944 : *D.* 1946, 56), mais elle est immeuble par nature si elle est incorporée au bâtiment (Crim. 29 mai 1925 : *S.* 1926, 1, 185, note Roux).

2) Les tuyaux de fonte employés à la construction d'une canalisation sous les voies publiques se sont identifiés avec le sol et constituent comme lui un immeuble par nature (Req. 9 nov. 1898 : *D.P.* 99, 1, 525).

Art. 524. – Les objets que le propriétaire d'un fonds y a placés pour le service et l'exploitation de ce fonds sont immeubles par destination.
Ainsi, sont immeubles par destination, quand ils ont été placés par le propriétaire pour le service et l'exploitation du fonds :
Les animaux attachés à la culture ;
Les ustensiles aratoires ;
Les semences données aux fermiers ou colons partiaires ;
Les pigeons des colombiers ;
Les lapins des garennes ;
Les ruches à miel ;
Les poissons des *(L. n. 84-512 du 29 juin 1984, art. 8)* **eaux non visées à l'article 402 du Code rural et des plans d'eau visés aux articles 432 et 433 du même code ;**
Les pressoirs, chaudières, alambics, cuves et tonnes ;
Les ustensiles nécessaires à l'exploitation des forges, papeteries et autres usines ;
Les pailles et engrais.
Sont aussi immeubles par destination, tous effets mobiliers que le propriétaire a attachés au fonds à perpétuelle demeure.

1) Ne sont immeubles par destination que les objets absolument indispensables et affectés directement à l'exploitation du fonds (Req. 23 mars 1926 : *D.P.* 1928, 1, 22. – Comp. Req. 19 oct. 1938 : *D.H.* 1938, 613). Tel est le cas pour un matériel qui ne peut être retiré de l'exploitation sans qu'une partie de celle-ci s'arrête (Civ. 1re, 11 juin 1965 : *J.C.P.* 65, IV, 101), ou pour les objets qui sont les agents nécessaires de la production tels que les tonneaux d'une brasserie (Civ. 24 janv. 1912 : *D.P.* 1913, 1, 337, note F.P.), ou pour des serres incorporées à une propriété et affectées à son exploitation de manière définitive en dépit de leur mobilité très limitée sur des rails (Civ. 3e, 6 janv. 1972 : *D.* 1972, 398 – Comp. Civ. 3e, 23 mai 1984 : *Bull.* III, n. 104, p. 82), ou pour la terre de bruyère nécessaire à la culture des plantes dans laquelle un pépiniériste est spécialisé (Civ. 3e, 5 mai 1981 : *J.C.P.* 81, IV, 255 ; *Bull.* III, n. 89, p. 65 ; *Defrénois* 1981, 1302, obs. Souleau), mais non pour un stock de cognac destiné à être vendu (Civ. 1re, 1er déc. 1976 : *J.C.P.* 77, II, 18735, concl. Gulphe). Jugé que l'ensemble des équipements ménagers d'une cuisine constitué par des meubles standard fabriqués industriellement ne présente pas le caractère d'immeuble par destination (Civ. 3e, 8 juin 1982 : *J.C.P.* 82, IV, 298) pas plus que des radiateurs électriques vissés et reliés à

l'installation électrique par des dominos (Civ. 3e, 7 juil. 1981 : *D.* 1983, I.R., 13, obs. Robert).

2) Doit être cassé l'arrêt qui retient que des fresques, originairement immeubles par nature, étaient devenues des immeubles par destination depuis la découverte d'un procédé permettant de les détacher des murs sur lesquelles elles étaient peintes, et qui en déduit que leur séparation de l'immeuble principal, intervenue sans le consentement de tous les propriétaires, ne leur a pas fait perdre leur nature immobilière, alors que les fresques, immeubles par nature, sont devenues des meubles du fait de leur arrachement (Ass. Plén. 15 avril 1988 : *J.C.P.* 88, II, 21066, rapp. Grégoire et note J.-F. Barbieri ; *D.* 1988, 325, concl. Cabannes et note J. Maury ; *Rev. trim. dr. civ.* 1989, 345, obs. Zénati).

3) Si l'énumération des meubles que l'article 524 considère comme immeubles par destination ne comprend que des objets affectés à une exploitation agricole ou industrielle, l'immobilisation s'étend aux meubles affectés à une exploitation commerciale lorsque les objets ont été placés dans l'immeuble par le propriétaire pour le service de son fonds (Civ. 3e, 29 oct. 1984 : *Bull.* III, n. 177, p. 138).

4) Un objet mobilier ne peut devenir immeuble par destination que s'il a été incorporé par le propriétaire lui-même (Civ. 1re, 23 mars 1960 : *Bull.* I, n. 176, p. 141. – V. en ce sens pour les animaux et ustensiles aratoires placés sur un fonds, Civ. 1re, 18 fév. 1957 : *D.* 1957, 249).

5) L'immobilisation suppose nécessairement la volonté du propriétaire d'affecter le meuble à l'immeuble (Civ. 1re, 3 juin 1958 : *Bull.* I, n. 283, p. 225), mais cette seule volonté est impuissante à créer arbitrairement des immeubles par destination (Civ. 27 juin 1944 : *D.C.* 1944, 93, note Chéron).

6) La cessation de l'immobilisation ne peut résulter de la seule volonté du propriétaire et suppose soit la séparation effective entre l'immeuble par nature et l'immeuble par destination, soit l'aliénation de l'un ou de l'autre (Civ. 27 juin 1944 : *D.C.* 1944, 93, note Chéron. – Civ. 1re, 4 juin 1962 : *J.C.P.* 62, IV, 102 ; *Bull.* I, n. 284, p. 251.

Art. 525. – **Le propriétaire est censé avoir attaché à son fonds des effets mobiliers à perpétuelle demeure, quand ils y sont scellés en plâtre ou à chaux ou à ciment, ou lorsqu'ils ne peuvent être détachés sans être fracturés et détériorés, ou sans briser ou détériorer la partie du fonds à laquelle ils sont attachés.**
Les glaces d'un appartement sont censées mises à perpétuelle demeure, lorsque le parquet sur lequel elles sont attachées fait corps avec la boiserie.
Il en est de même des tableaux et autres ornements.
Quant aux statues, elles sont immeubles lorsqu'elles sont placées dans une niche pratiquée exprès pour les recevoir, encore qu'elles puissent être enlevées sans fracture ou détérioration.

1) Sur la nécessité d'éléments matériels de scellement et d'intégration, V. Civ. 17 janv. 1859 : *D.P.* 1859, 1, 68 (glaces) ; Civ. 18 oct. 1950 : *D.* 1950, 773 (tapisseries) ; Civ. 2e, 5 avril 1965 : *J.C.P.* 65, II, 14233 (boiseries) ; Civ. 1re, 18 mars 1968 : *Bull.* I, n. 101, p. 80 (potiche) ; Civ. 3e, 7 juil. 1981 : *D.* 1983, I.R. 13, obs. Robert (radiateurs électriques) ; Poitiers 23 avril 1968 : *J.C.P.* 69, II, 15867 (plaques de cheminée et trumeaux). Jugé cependant que les objets d'ornementation sont immeubles par destination à cette seule condition que l'intention du propriétaire de les attacher au fonds à perpétuelle demeure ne puisse être douteuse (Paris 27 mars 1963 : *D.* 1964, 27).

BIENS MEUBLES — Art. 529

2) Les juges du fond peuvent décider souverainement que le simple dépôt d'une statue sur une pierre plate n'établit pas suffisamment la volonté du propriétaire d'affecter l'objet définitivement à l'immeuble (Civ. 3e, 3 juil. 1968 : *J.C.P.* 68, II, 15685, note Goubeaux).

3) Dès lors qu'un séchoir est rattaché à des éléments immobiliers spécialement édifiés pour le recevoir, les matériaux constitutifs ont été incorporés au fonds et n'existent plus en nature, de sorte qu'ils ne peuvent être revendiqués sur la base d'une clause de réserve de propriété (Com. 6 janv. 1987 : *D.* 1987, 242, note Prévault).

Art. 526. – **Sont immeubles, par l'objet auquel ils s'appliquent :**
L'usufruit des choses immobilières ;
Les servitudes ou services fonciers ;
Les actions qui tendent à revendiquer un immeuble.

1) Le droit au bénéfice de l'arrêté ministériel autorisant l'exploitation d'une source d'eau minérale est destiné à permettre au propriétaire d'une richesse naturelle d'en assurer l'exploitation et ne peut exister indépendamment du bien en faveur duquel il a été institué, d'où il résulte qu'il prend le caractère réel immobilier de ce bien (Civ. 15 juil. 1952 : *D.* 1952, 702).

2) Les créances d'indemnités de dommages de guerre afférentes à des immeubles ont par application de la loi du 28 octobre 1946 un caractère immobilier (Civ. 1re, 10 juil. 1968 : *Bull.* I, n. 209, p. 158).

3) Les droits à l'usage de l'eau attachés à une usine autorisée ou fondée en titre sont des droits réels immobiliers (Civ. 3e, 6 fév. 1985 : *Bull.* III, n. 24, p. 17 ; *Rev. dr. imm.* 1986, 54, obs. Bergel).

CHAPITRE II. – DES MEUBLES

Art. 527. – **Les biens sont meubles par leur nature, ou par la détermination de la loi.**

Art. 528. – **Sont meubles par leur nature, les corps qui peuvent se transporter d'un lieu à un autre, soit qu'ils se meuvent par eux-mêmes, comme les animaux, soit qu'ils ne puissent changer de place que par l'effet d'une force étrangère, comme les choses inanimées.**

Art. 529. – **Sont meubles par la détermination de la loi, les obligations et actions qui ont pour objet des sommes exigibles ou des effets mobiliers, les actions ou intérêts dans les compagnies de finance, de commerce ou d'industrie, encore que des immeubles dépendant de ces entreprises appartiennent aux compagnies. Ces actions ou intérêts sont réputés meubles à l'égard de chaque associé seulement, tant que dure la société.**
Sont aussi meubles par la détermination de la loi, les rentes perpétuelles ou viagères, soit sur l'État, soit sur des particuliers.

1) La créance du prix de vente d'un immeuble a une nature mobilière (Poitiers 21 mai 1906 : *D.P.* 1909, 2, 209), de même que la créance du bénéficiaire d'une promesse unilatérale de vente relative à un immeuble (Req. 26 nov. 1935 : *D.P.* 1936, 1, 37).

2) Les actions ou parts d'intérêt dans une société ont un caractère mobilier même si la société est propriétaire d'immeubles (Req. 29 mai 1865 : *D.P.* 1865 1, 380, – Civ. 3e, 23 oct. 1974 : *Bull.* III, n. 375, p. 285).

La vente de parts d'une société civile immobilière ne peut donc être l'objet d'une action en rescision pour lésion (Civ. 3e, 9 avril 1970 : *J.C.P.* 71, II, 16925, note Petot-Fontaine).

Art. 530. – **Toute rente établie à perpétuité pour le prix de la vente d'un immeuble, ou comme condition de la cession à titre onéreux ou gratuit d'un fonds immobilier, est essentiellement rachetable.**

Il est néanmoins permis au créancier de régler les clauses et conditions du rachat.

Il lui est aussi permis de stipuler que la rente ne pourra lui être remboursée qu'après un certain terme, lequel ne peut jamais excéder trente ans : toute stipulation contraire est nulle.

Art. 531. – **Les bateaux, bacs, navires, moulins et bains sur bateaux, et généralement toutes usines non fixées par des piliers, et ne faisant point partie de la maison, sont meubles : la saisie de quelques-uns de ces objets peut cependant, à cause de leur importance, être soumise à des formes particulières, ainsi qu'il sera expliqué dans le code de la procédure civile.**

V. pour des barques lavandières, Req. 27 mai 1878 (*D.P.* 1879, 1, 79).

Art. 532. – **Les matériaux provenant de la démolition d'un édifice, ceux assemblés pour en construire un nouveau, sont meubles jusqu'à ce qu'ils soient employés par l'ouvrier dans une construction.**

Tant que le bâtiment élevé par le constructeur sur le sol d'autrui n'a pas été effectivement démoli, les pierres qui le constituent ne prennent pas juridiquement le caractère de meubles, même dans les rapports entre le constructeur et le propriétaire du sol (Civ. 3e, 10 juin 1981 : *Bull.* III, n. 119, p. 87). Mais jugé que s'agissant de la vente d'un cabanon à emporter, les parties ont pu considérer l'immeuble par nature comme un meuble par anticipation (Aix 15 fév. 1985 : *Gaz. Pal.* 1985, 2, 442, note Dureuil).

Art. 533. – **Le mot *meuble*, employé seul dans les dispositions de la loi ou de l'homme, sans autre addition ni désignation, ne comprend pas l'argent comptant, les pierreries, les dettes actives, les livres, les médailles, les instruments des sciences, des arts et métiers, le linge de corps, les chevaux, équipages, armes, grains, vins, foins et autres denrées ; il ne comprend pas aussi ce qui fait l'objet d'un commerce.**

Art. 534. – **Les mots *meubles meublants* ne comprennent que les meubles destinés à l'usage et à l'ornement des appartements, comme tapisseries, lits, sièges, glaces, pendules, tables, porcelaines et autres objets de cette nature.**

Les tableaux et les statues qui font partie du meuble d'un appartement y sont aussi compris, mais non les collections de tableaux qui peuvent être dans les galeries ou pièces particulières.

Il en est de même des porcelaines : celles seulement qui font partie de la décoration d'un appartement sont comprises sous la dénomination de meubles meublants.

Si la notion de galerie ou de cabinet de tableaux doit être élargie pour répondre aux exigences de la vie moderne, on ne peut substituer au critère prévu par la loi celui de la simple valeur du tableau ou le fait qu'un tableau puisse occasionnellement figurer dans une exposition (Douai 28 sept. 1965 : *J.C.P.* 66, IV, 75).

DOMAINE PUBLIC — Art. 541

Art. 535. – **L'expression *biens meubles*, celle de *mobilier* ou *d'effets mobiliers*, comprennent généralement tout ce qui est censé meuble d'après les règles ci-dessus établies.**
La vente ou le don d'une maison meublée ne comprend que les meubles meublants.

1) Lorsqu'un testateur lègue « sa maison sauf les créances », les juges du fond peuvent décider que son legs porte sur les meubles et l'argent existant dans la maison (Req. 16 juil. 1896 : *D.P.* 1897, 1, 370. – Comp. pour le legs de ce que « possède » une maison, Civ. 1re, 22 juin 1964 : *Bull.* I, n. 330, p. 257).

2) Pour enlever à l'expression « biens mobiliers » son sens clair et précis et lui donner le sens de « meubles meublants », il faut que le juge trouve dans la cause des éléments certains (Civ. 1re, 22 mai 1973, *Bies* c. *Pages,* cité au *J.-Cl. Civil,* art. 533-536).

Art. 536. – **La vente ou le don d'une maison, avec tout ce qui s'y trouve, ne comprend pas l'argent comptant, ni les dettes actives et autres droits dont les titres peuvent être déposés dans la maison ; tous les autres effets mobiliers y sont compris.**

CHAPITRE III. – DES BIENS DANS LEUR RAPPORT AVEC CEUX QUI LES POSSÈDENT

Art. 537. – **Les particuliers ont la libre disposition des biens qui leur appartiennent, sous les modifications établies par les lois.**
Les biens qui n'appartiennent pas à des particuliers sont administrés et ne peuvent être aliénés que dans les formes et suivant les règles qui leur sont particulières.

Sur le principe général du droit selon lequel les biens des personnes publiques sont insaisissables, même lorsqu'elles exercent une activité industrielle et commerciale, v. Civ. 1re, 21 déc. 1987 : *J.C.P.* 89, II, 21183, note Nicod.

Art. 538. – **Les chemins, routes et rues à la charge de l'État, les fleuves et rivières navigables ou flottables, les rivages, lais et relais de la mer, les ports, les havres, les rades, et généralement toutes les portions du territoire français qui ne sont pas susceptibles d'une propriété privée, sont considérés comme des dépendances du domaine public.**

1) Sur la définition du domaine public, V. *J.-Cl. Civil,* art. 537-542.

2) Sur la servitude de passage dite du « sentier du douanier », V. C. urb., art. L. 160-6.

Art. 539. – **Tous les biens vacants et sans maître, et ceux des personnes qui décèdent sans héritiers, ou dont les successions sont abandonnées, appartiennent au domaine public.**

V. C. domaine, art. L. 23 et L. 25 à L. 27 ter.

Art. 540. – **Les portes, murs, fossés, remparts des places de guerre et des forteresses, font aussi partie du domaine public.**

Art. 541. – **Il en est de même des terrains, des fortifications et remparts des places qui ne sont plus places de guerre : ils appartiennent à l'État, s'ils n'ont été valablement aliénés, ou si la propriété n'en a pas été prescrite contre lui.**

Art. 542 — DOMAINE PUBLIC

Art. 542. — Les biens communaux sont ceux à la propriété ou au produit desquels les habitants d'une ou plusieurs communes ont un droit acquis.

Art. 543. — On peut avoir sur les biens, ou un droit de propriété, ou un simple droit de jouissance, ou simplement des services fonciers à prétendre.

TITRE II. – DE LA PROPRIÉTÉ

Art. 544. — La propriété est le droit de jouir et disposer des choses de la manière la plus absolue, pourvu qu'on n'en fasse pas un usage prohibé par les lois ou par les règlements.

1) Le droit de propriété ne se perd pas par le non-usage (Req. 12 juil. 1905 : *D.P.* 1907, 1, 141, rapp. Potier. – Civ. 3e, 9 juil. 1970 : *J.C.P.* 71, II, 16579, note Goubeaux). Civ. 3e, 22 juin 1983 : *J.C.P.* 86, II, 20565, 1er esp., note J.F. Barbieri.

2) En cas de perte d'un immeuble par le seul effet des forces de la nature, le propriétaire se trouve réintégré dans sa propriété lorsque l'obstacle qui l'en avait privé a disparu (Cass. Ass. plén. 23 juin 1972 : *J.C.P.* 73, II, 17331, note Goubeaux et Jegouzo).

3) L'exercice du droit de propriété qui a pour limite la satisfaction d'un intérêt sérieux et légitime ne saurait autoriser l'accomplissement d'actes malveillants ne se justifiant par aucune utilité appréciable et portant préjudice à autrui (Civ. 1re, 20 janv. 1964 : *J.C.P.* 65, II, 14035, note Oppetit. – V. aussi Req. 3 août 1915 : *D.P.* 1917, I, 79, *Clément Bayard*. – Pau 30 sept. 1986 : *D.* 1989, Somm. 32, obs. Robert).

4) Le propriétaire engage sa responsabilité s'il cause un préjudice excédant les risques normaux du voisinage (Civ. 3e, 18 juil. 1972 : *J.C.P.* 72, II, 17203, rapp. Fabre ; Civ. 2e, 19 nov. 1986 : *Bull.* II, n. 172, p. 116) ; pour des applications de la théorie des troubles du voisinage, V. *J.-Cl. Civil*, art. 544.

5) L'antériorité de l'activité de l'auteur du trouble ne l'exonère pas de sa responsabilité à l'égard des voisins (Civ. 3e, 10 oct. 1984 : *Bull.* III, n. 165, p. 128).

6) Lorsque le trouble de voisinage émane d'un immeuble donné en location, la victime de ce trouble peut en demander réparation au propriétaire, qui dispose d'un recours contre son locataire lorsque les nuisances résultent d'un abus de jouissance ou d'un manquement aux obligations nées du bail (Civ. 2e, 8 juil. 1987 : *Bull.* II, n. 150, p. 86).

7) En cas d'atteinte à la propriété immobilière constitutive d'une emprise irrégulière ou d'une voie de fait, les tribunaux de l'ordre judiciaire sont seuls compétents pour en réparer les conséquences dommageables, quand bien même des travaux publics auraient été réalisés (Civ. 1re, 1er oct. 1985 : *Bull.* I, n. 243, p. 218).

8) Sur le droit des indivisaires d'user et de jouir des biens indivis, V. *infra*, art. 815-9.

Art. 545. — Nul ne peut être contraint de céder sa propriété, si ce n'est pour cause d'utilité publique, et moyennant une juste et préalable indemnité.

ACCESSION — Art. 548

1) Le silence gardé par un propriétaire jusqu'à l'achèvement par son voisin d'une construction empiétant sur son terrain ne saurait à lui seul faire la preuve de son consentement à l'aliénation de partie de son immeuble (Civ. 1re, 1er juil. 1965 : *J.C.P.* 66, II, 14499, 2e esp., note R.L.).

2) Les juges du fond ne peuvent refuser d'ordonner la démolition des constructions empiétant sur le terrain d'autrui (Civ. 3e, 5 mars 1970 : *Bull.* III, n. 176, p. 131), alors même que le constructeur aurait agi en toute bonne foi (Civ. 1re, 10 juil. 1962 : *Bull.* I, n. 359, p. 313. – Civ. 3e, 11 juil. 1969 : *J.C.P.* 71, II, 16658, note Plancqueel. – Civ. 3e, 3 fév. 1982 : *D.* 1983, I.R., 14, obs. Robert ; *Defrénois* 1983, 377, obs. Souleau) et même si l'empiétement est minime (Civ. 3e, 29 fév. 1984 : *Bull.* III, n. 57, p. 44. – Civ. 3e, 8 fév. 1989 : *J.C.P.* 89, IV, 133), et si le propriétaire voisin n'a pas élevé de protestation pendant la construction (Civ. 1re, 1er juil. 1985 : *D.* 1965, 650). – Mais les juges du fond peuvent souverainement estimer que l'empiétement peut être supprimé en rétablissant la construction dans ses limites, sans qu'il y ait lieu de la démolir en son entier (Civ. 3e, 26 nov. 1975 : *Bull.* III, n. 350, p. 265). – V. Raynal, *L'empiétement matériel sur le terrain d'autrui* : *J.C.P.* 76, I, 2800. – S. Hennion-Moreau, *L'empiétement* : *Rev. dr. imm.* 1983, 303.

Art. 546. – La propriété d'une chose, soit mobilière, soit immobilière, donne droit sur tout ce qu'elle produit, et sur ce qui s'y unit accessoirement, soit naturellement, soit artificiellement.
Ce droit s'appelle *droit d'accession*.

1) Si en vertu de l'article 546, le propriétaire d'un moulin est réputé être propriétaire du bief qui y amène l'eau et du canal de fuite par lequel elle s'écoule, cette présomption légale ne joue que lorsque le bras d'eau a été créé dans l'intérêt exclusif de l'usinier et qu'il est seul à en tirer profit (Civ. 3e, 3 oct. 1969 : *D.* 1970, 12. – V. aussi Civ. 3e, 5 janv. 1978 : *Bull.* III, n. 13, p. 10).

2) Les faits susceptibles d'opérer l'accession sont réglés par la loi en vigueur au jour où ils se réalisent (Civ. 23 mai 1964 : *J.C.P.* 64, IV, 93 ; *Bull.* III, n. 261, p. 224).

CHAPITRE I. – DU DROIT D'ACCESSION SUR CE QUI EST PRODUIT PAR LA CHOSE

Art. 547. – Les fruits naturels ou industriels de la terre,
Les fruits civils,
Le croît des animaux
appartiennent au propriétaire par droit d'accession.

Art. 548 *(L. n. 60-464, du 17 mai 1960, art. 1er)*. **– Les fruits produits par la chose n'appartiennent au propriétaire qu'à la charge de rembourser les frais des labours, travaux et semences faits par des tiers et dont la valeur est estimée à la date du remboursement.**

Il appartient aux juges du fond d'apprécier le montant des frais et de les fixer à un pourcentage de la valeur de la récolte s'ils ne peuvent les évaluer autrement que de façon forfaitaire (Civ. 1re, 8 mai 1973 : *D.* 1973, somm. 119).

Art. 549 ACCESSION

Art. 549 *(L. n. 60-464, du 17 mai 1960, art. 1ᵉʳ).* – **Le simple possesseur ne fait les fruits siens que dans le cas où il possède de bonne foi. Dans le cas contraire, il est tenu de restituer les produits avec la chose au propriétaire qui la revendique ; si lesdits produits ne se retrouvent pas en nature, leur valeur est estimée à la date du remboursement.**

1) Il résulte de l'article 549 que le propriétaire ne peut prétendre qu'aux fruits qu'aurait produits la chose dans l'état où le possesseur en a pris possession et non à ceux résultant de l'industrie du possesseur (Civ. 1ʳᵉ, 20 juin 1967 : *D.* 1968, 32).

2) Le possesseur de mauvaise foi doit restituer non seulement les fruits qu'il a effectivement perçus mais aussi ceux perçus de bonne foi par le tiers détenteur à qui il a livré la chose usurpée (Civ. 9 fév. 1864 : *D.P.* 1864, 1, 72), ainsi que ceux qu'il aurait négligé de percevoir (Req. 4 juil. 1882 : *D.P.* 1882, 1, 353). Mais il peut demander au propriétaire le remboursement des frais qu'il a engagés pour leur perception (Civ. 3ᵉ, 5 juil. 1978 : *Bull.* III, n. 281, p. 216).

3) La mauvaise foi du possesseur ne se présume pas (Civ. 7 janv. 1861 : *D.P.* 1861, 1, 384).

4) Il résulte de l'article 549 que le possesseur de bonne foi doit restituer les fruits au propriétaire qui revendique la chose à compter de la demande (Civ. 3ᵉ, 28 juin 1983 : *J.C.P.* 83, IV, 289 ; *Bull.* III, n. 148, p. 115).

Art. 550. – **Le possesseur est de bonne foi quand il possède comme propriétaire, en vertu d'un titre translatif de propriété dont il ignore les vices.**
Il cesse d'être de bonne foi du moment où ces vices lui sont connus.

1) La bonne foi peut résulter d'un titre putatif (Civ. 1ʳᵉ, 5 déc. 1960 : *J.C.P.* 61, IV, 6 ; *Bull.* I, n. 527, p. 431). Elle peut être la conséquence d'une erreur de droit aussi bien que d'une erreur de fait (Civ. 3ᵉ, 23 mars 1968 : *Bull.* III, n. 138, p. 108).

2) Le possesseur doit restituer les fruits qu'il a perçus depuis qu'il a eu connaissance de la nullité de son titre (Civ. 8 janv. 1936 : *D.H.* 1936, 97).

3) Le possesseur à titre de propriétaire d'un terrain a cessé d'être de bonne foi lorsqu'il a poursuivi les travaux de construction postérieurement à une sommation par laquelle un tiers, tout en lui demandant de supprimer l'ouvrage déjà édifié, lui communiquait les documents établissant la preuve de son droit de propriété. Par conséquent, viole l'article 550, alinéa 2, la cour d'appel qui condamne ce véritable propriétaire à payer une indemnité représentant la plus-value apportée à son fonds du fait de la construction litigieuse (Civ. 3ᵉ, 30 nov. 1988 : *J.C.P.* 89, IV, 41).

CHAPITRE II. – DU DROIT D'ACCESSION SUR CE QUI S'UNIT ET S'INCORPORE À LA CHOSE

Art. 551. – **Tout ce qui s'unit et s'incorpore à la chose appartient au propriétaire, suivant les règles qui seront ci-après établies.**

1) Viole l'article 551 l'arrêt qui, pour décider que la limite de deux héritages doit être fixée au pied du talus, retient que celui-ci, étant en général formé par les tassements et ébordements du fonds supérieur, doit par la nature même des choses êtres censé appartenir au fonds supérieur dont il est pour ainsi dire le mur d'appui (Civ. 3ᵉ, 19 déc. 1968 : *Bull.* III, n. 567, p. 435).

ACCESSION — Art. 553

2) Il résulte de l'article 551 que les constructions élevées sur un immeuble indivis par l'un des propriétaires deviennent propriété commune des indivisaires si leur démolition n'est pas demandée (Civ. 3ᵉ, 30 avril 1975 : *Bull.* III, n. 147, p. 111).

3) L'accession se réalise du seul fait de l'incorporation en dehors de la volonté du propriétaire (Civ. 2ᵉ, 22 mai 1973 : *D.* 1974, som. 24) mais l'article 551 n'est pas d'ordre public et peut être écarté par une renonciation expresse (Civ. 3ᵉ, 6 nov. 1970 : *D.* 1971, 395).

SECTION I. – DU DROIT D'ACCESSION RELATIVEMENT AUX CHOSES IMMOBILIÈRES

Art. 552. – **La propriété du sol emporte la propriété du dessus et du dessous.**
Le propriétaire peut faire au-dessus toutes les plantations et constructions qu'il juge à propos, sauf les exceptions établies au titre *Des servitudes ou services fonciers*.
Il peut faire au-dessous toutes les constructions et fouilles qu'il jugera à propos, et tirer de ces fouilles tous les produits qu'elles peuvent fournir, sauf les modifications résultant des lois et règlements relatifs aux mines, et des lois et règlements de police.

1) La présomption de propriété de l'article 552 peut être détruite par la preuve contraire résultant du titre lui-même (Civ. 14 nov. 1888 : *D.P.* 1889, 1, 469). La portée du titre est appréciée souverainement par les juges du fond (Civ. 3ᵉ, 15 nov. 1977 : *Bull.* III, n. 389, p. 297).

2) Le propriétaire du sol est fondé à demander la démolition d'un ouvrage empiétant sur l'espace situé au-dessus de son terrain, même si l'empiétement est infime (Civ. 1ʳᵉ, 24 mai 1965 : *J.C.P.* 65, IV, 94 ; *Bull.* I, n. 335, p. 247. – V. R. Savatier, *La propriété de l'espace* : *D.* 1965, chron. 213). V. en ce sens pour la propriété du dessous (Civ. 3ᵉ, 3 fév. 1982 : *D.* 1982, I.R., 14, obs. Robert).

3) La propriété du sol comporte la propriété des objets qui s'y trouvent incorporés et qui, constituant des immeubles par nature, ne peuvent constituer des trésors au sens de l'article 716 du Code civil (Req. 13 déc. 1881 : *D.P.* 1882, 1, 55). Mais si l'article 716 relatif à la propriété du trésor est applicable, l'argumentation déduite des dispositions de l'article 552 s'avère inopérante (Versailles 11 mars 1986 : *D.* 1987, Somm. 14, obs. Robert).

4) Le propriétaire du sol peut capter sur son fonds non seulement les eaux de source mais aussi les eaux souterraines qui s'infiltrent ou s'écoulent dans son héritage et ce quel que soit le dommage qui en résulte pour les fonds inférieurs à la condition toutefois de ne pas abuser de ce droit et notamment de ne pas agir par malveillance ou sans utilité pour lui-même (Civ. 3ᵉ, 26 nov. 1974 : *J.C.P.* 75, IV, 16 ; *Bull.* III, n. 441, p. 341). Sur le régime des eaux dans les départements d'Outre-mer, V. C. domaine, art. L. 90.

5) Sur les limites apportées à la propriété du dessous, V. L. 27 sept. 1941 portant réglementation des fouilles archéologiques : *J.O.* 15 oct. ; *J.C.P.* 41, III, 5011. – V. aussi C. minier, art. 21, 22, 69, 70, 131, et 133.

6) Sur le cas où les parcelles forment deux sols distincts situés à des niveaux différents et séparés par une falaise infranchissable, V. Civ. 3ᵉ, 29 fév. 1984 : *Bull.* III, n. 58, p. 44.

Art. 553. – **Toutes constructions, plantations et ouvrages sur un terrain ou dans l'intérieur, sont présumés faits par le propriétaire à ses frais et lui appartiennent, si le contraire n'est prouvé ; sans préjudice de la propriété qu'un tiers pourrait avoir acquise ou pourrait acquérir par prescription, soit d'un souterrain sous le bâtiment d'autrui, soit de toute autre partie du bâtiment.**

Art. 554 — ACCESSION

1) Le principe consacré par les articles 552 et 553 et la présomption de droit qui en résulte constituent un titre légal (Req. 25 avril 1882 : *D.P.* 82, 1, 248). La preuve contraire peut être faite par tous moyens (Req. 7 juil. 1924 : *D.H.* 1924, 529).

2) Une construction élevée sur un terrain avant sa vente est réputée sauf preuve contraire avoir été faite par le propriétaire vendeur de ce terrain (Com. 28 juin 1983 : *J.C.P.* 83, IV, 289 ; *Bull.* IV, n. 193, p. 167).

Art. 554 *(L. n. 60-464 du 17 mai 1960, art. 1er).* — Le propriétaire du sol qui a fait des constructions, plantations et ouvrages avec des matériaux qui ne lui appartenaient pas, doit en payer la valeur estimée à la date du paiement ; il peut aussi être condamné à des dommages-intérêts, s'il y a lieu : mais le propriétaire des matériaux n'a pas le droit de les enlever.

Art. 555 *(L. n. 60-464 du 17 mai 1960, art. 1er).* — Lorsque les plantations, constructions et ouvrages ont été faits par un tiers et avec des matériaux appartenant à ce dernier, le propriétaire du fonds a le droit, sous réserve des dispositions de l'alinéa 4, soit d'en conserver la propriété, soit d'obliger le tiers à les enlever.

Si le propriétaire du fonds exige la suppression des constructions, plantations et ouvrages, elle est exécutée aux frais du tiers, sans aucune indemnité pour lui ; le tiers peut, en outre, être condamné à des dommages-intérêts pour le préjudice éventuellement subi par le propriétaire du fonds.

Si le propriétaire du fonds préfère conserver la propriété des constructions, plantations et ouvrages, il doit, à son choix, rembourser au tiers, soit un somme égale à celle dont le fonds a augmenté de valeur, soit le coût des matériaux et le prix de la main-d'œuvre estimés à la date du remboursement, compte tenu de l'état dans lequel se trouvent lesdites constructions, plantations et ouvrages.

Si les plantations, constructions et ouvrages ont été faits par un tiers évincé qui n'aurait pas été condamné, en raison de sa bonne foi, à la restitution des fruits, le propriétaire ne pourra exiger la suppression desdits ouvrages, constructions et plantations, mais il aura le choix de rembourser au tiers l'une ou l'autre des sommes visées à l'alinéa précédent.

I. Domaine d'application de l'article 555

1) L'article 555 régit uniquement le cas où des constructions ont été édifiées sur un terrain par un tiers, c'est-à-dire par une personne qui n'est pas avec le propriétaire du terrain dans les liens d'un contrat se référant spécialement aux constructions, plantations ou travaux (Civ. 1re, 15 juin 1953 : *D.* 1953, 613. – V. aussi Civ. 3e, 19 fév. 1975 : *J.C.P.* 75, IV, 118 ; *Bull.* III, n. 71, p. 54. – Civ. 3e, 19 juin 1984 : *D.* 1984, I.R. 426, obs. Robert). Il n'est pas applicable lorsque les travaux ont été effectués en vertu d'une convention ou de tout autre acte faisant la loi des parties, notamment d'un arrêté préfectoral autorisant l'occupation de la parcelle litigieuse pour l'exploitation d'une mine (Civ. 3e, 24 juin 1975 : *J.C.P.* 75, IV, 269 ; *Bull.* III, n. 215, p. 164. – V. en ce sens pour la construction d'un pavillon faite d'un commun accord entre époux séparés de biens Civ. 1re, 22 avril 1981 : *J.C.P.* 81, IV, 241 ; *Bull.* I, n. 127, p. 107).

2) Les dispositions de l'article 555 sont étrangères au rapport né de la mitoyenneté (Civ. 3e, 8 mars 1972 : *Bull.* III, n. 169, p. 120). Elles ne s'appliquent pas aux impenses faites au cours d'une indivision post-communautaire (Civ. 1re, 15 fév. 1973 : *Bull.* I, n. 61, p. 56)

3) L'article 555 n'est pas applicable à l'entrepreneur qui a exécuté des travaux pour

ACCESSION   Art. 555

le compte d'autrui (Civ. 1re, 21 nov. 1967 : D. 1968, 134. – Civ. 3e, 28 mai 1986 : *Bull.* III, n. 83, p. 63 ; *Rev. trim. dr. civ.* 1987, 366, obs. Rémy).

4) L'article 555, qui refuse au véritable propriétaire d'un terrain le droit d'exiger de l'acquéreur évincé, possesseur des ouvrages qu'il y a construits de bonne foi, leur suppression, n'est applicable que dans les rapports de ces deux parties entre elles. Il ne saurait donc être jugé qu'en application de ce texte, le propriétaire ne peut avoir cette exigence à l'égard de quiconque se trouvant de bonne foi (Civ. 3e, 30 nov. 1988 : *J.C.P.* 89, IV, 41 ; *Bull.* III, n. 172, p. 93).

5) Les dispositions de l'article sont applicables aux rapports entre bailleurs et preneurs (Civ. 1re, 7 mars 1955 : *J.C.P.* 56, II, 9053, note Weill et Becqué ; 1955, 590, note Saint-Alary), l'accession ne jouant qu'en fin de bail (Civ. 1re, 1er déc. 1964 : *J.C.P.* 65, II, 14123, note Esmein). Un bail renouvelé étant un nouveau bail, l'accession joue dès le renouvellement (Civ. 3e, 26 nov. 1985 : *Gaz. Pal.* 1986, 1, 114, note Brault). Sur le cas particulier des baux ruraux, V. C. rural, art. L. 411-69 et s. ; pour les baux commerciaux, V.D. 30 sept. 1953, art. 37. L'article 555 n'est pas applicable dans le cas du bail emphytéotique (Civ. 3e, 16 avril 1970 : *Bull.* III, n. 251, p. 184).

6) L'article 555 vise seulement le cas où les ouvrages ont été l'œuvre d'un tiers. Le copropriétaire ne saurait être considéré comme tel dans ses rapports avec les autres copropriétaires (Civ. 3e, 28 fév. 1969 : *J.C.P.* 70, II, 16220, note Béchade).

7) L'article 555 ne s'applique pas au cas où les travaux présentent le caractère de réparations ou de simples améliorations (Civ. 3e, 5 juin 1973 : *Bull.* III, n. 405, p. 292. – Versailles 17 août 1987 : *D.* 1989, Somm. 28, obs. A. Robert. – V. pour des travaux de rénovation et de surélévation, Civ. 1re, 18 juin 1970 : *J.C.P.* 72, II, 17165, note Thuillier).

8) L'article 555 n'est pas applicable à l'hypothèse de constructions empiétant sur le sol d'autrui (Civ. 1re, 10 juil. 1962 : *Bull.* I, n. 359, p. 313. -Civ. 3e, 11 juil. 1969 : *J.C.P.* 71, II, 16 658, note Plancqueel. – Civ. 3e, 8 juil. 1980 : *J.C.P.* 80, IV, 362 ; *Defrénois* 1981, 442, obs. Souleau. – Paris 29 sept. 1983 : *D.* 1983, I.R. 427, obs. Robert. – *Contra,* Civ. 3e, 8 oct. 1974 : *J.C.P.* 75, II, 17930, note Thuillier). – V. Raynal, *L'empiétement matériel sur le terrain d'autrui : J.C.P.* 76, I, 2800. – S. Hennion-Moreau, *L'empiétement* : *Rev. dr. imm.* 1983, 303.

II. Droits respectifs du constructeur et du propriétaire du sol

9) Le constructeur de bonne foi, au sens de l'article 555, est celui qui possède le terrain sur lequel il a bâti en vertu d'un titre translatif de propriété dont il ignore les vices (Civ. 3e, 28 janv. et 18 mars 1987 : *D.* 1988, Somm. 15, obs. Robert). Un acte de vente écarté comme juste titre au sens de l'article 2265 du Code civil peut constituer pour l'acquéreur un titre putatif lui permettant d'invoquer la qualité de tiers évincé de bonne foi au sens des articles 550 et 555 (Civ. 3e, 8 oct. 1974 : *J.C.P.* 75, II, 17930, note Thuillier). De même, l'autorisation donnée par le propriétaire de demander le permis de construire, quoique n'étant pas de nature à rendre vraisemblable le fait allégué d'une vente d'ores et déjà parfaite, constitue un titre putatif conférant au bénéficiaire la qualité de constructeur de bonne foi au sens de l'article 555 (Civ. 3e, 3 mai 1983 : *Bull.* III, n. 102, p. 81).

10) Le possesseur à titre de propriétaire d'un terrain a cessé d'être de bonne foi lorsqu'il a poursuivi les travaux de construction postérieurement à une sommation par laquelle un tiers, tout en lui demandant de supprimer l'ouvrage déjà édifié, lui communiquait les documents établissant la preuve de son droit de propriété (Civ. 3e, 30 nov. 1988 : *J.C.P.* 89, IV, 41 ; *Bull.* III, n. 172, p. 93).

Art. 556 — ACCESSION

11) Le propriétaire peut exiger la démolition de ce qui a été construit postérieurement au jour où le possesseur a eu connaissance des vices de son titre (Civ. 3e, 1er juin 1977 : *D.* 1978, I.R. 43).

12) Les paragraphes 3 et 4 de l'article 555 réservent au propriétaire du sol pour le calcul de l'indemnité due au constructeur la même option sans distinguer la bonne ou mauvaise foi de ce dernier (Civ. 3e, 23 avril 1974 : *J.C.P.* 75, II, 18170, note Thuillier).

13) Le possesseur évincé peut exercer son droit de rétention sur le fonds jusqu'à fixation du montant de l'indemnité (Civ. 3e, 12 mars 1985 : *Bull.* III, n. 50, p. 38). Jugé que les juges du fond peuvent subordonner l'expulsion du possesseur évincé au paiement de l'indemnité (Civ. 3e, 23 avril 1974 : *J.C.P.* 75, II, 18170, note Thuillier).

Art. 556. – **Les atterrissements et accroissements qui se forment successivement et imperceptiblement aux fonds riverains d'un fleuve ou d'une rivière, s'appellent alluvion.**
L'alluvion profite au propriétaire riverain, soit qu'il s'agisse d'un fleuve ou d'une rivière navigable, flottable ou non ; à la charge, dans le premier cas, de laisser le marchepied ou chemin de halage, conformément aux règlements.

1) L'article 556 caractérise les alluvions comme des atterrissements récents, progressifs et sans maître (Req. 1er août 1932 : *Gaz. Pal.* 1932, 2, 680). Il importe peu que les atterrissements soient l'œuvre de la nature ou soient déterminés par le travail de l'homme (Req. 15 juil. 1895 : *D.P.* 1896, 1, 118), mais ne peuvent être considérés comme terrains d'alluvion les atterrissements qui se sont formés d'une façon rapide et même soudaine à la suite des travaux effectués dans leur voisinage immédiat (Trib. civ. Nantes 7 juin 1933 : *Gaz. Pal.* 1933, 2, 489 - V. en ce sens Civ. 3e, 20 janv. 1988 : *Bull.* III, n. 18, p. 8 ; *D.* 1989, Somm. 27, obs. A. Robert).

2) Pour constituer un atterrissement, les apports d'alluvions doivent dépasser le plus haut niveau qu'atteignent sans débordement les eaux de la rivière compte tenu du reflux périodique résultant des marées ordinaires (Civ. 3e, 9 mars 1976 : *D.* 1978, 24, note Prévault). C'est au propriétaire du terrain riverain d'apporter la preuve que ces apports ont le caractère d'atterrissements (même arrêt).

3) Sur l'application de l'article 556 aux fleuves et rivières domaniaux, V. C. navig. art. 10.

Art. 557. – **Il en est de même des relais que forme l'eau courante qui se retire insensiblement de l'une de ses rives en se portant sur l'autre : le propriétaire de la rive découverte profite de l'alluvion, sans que le riverain du côté opposé y puisse venir réclamer le terrain qu'il a perdu.**
Ce droit n'a pas lieu à l'égard des relais de la mer.

Art. 558. – **L'alluvion n'a pas lieu à l'égard des lacs et étangs, dont le propriétaire conserve toujours le terrain que l'eau couvre quand elle est à la hauteur de la décharge de l'étang, encore que le volume de l'eau vienne à diminuer.**
Réciproquement, le propriétaire de l'étang n'acquiert aucun droit sur les terres riveraines que son eau vient à couvrir dans des crues extraordinaires.

1) La présomption selon laquelle le propriétaire de l'étang conserve le terrain que l'eau couvre quand elle est à la hauteur de la décharge de l'étang même si le volume d'eau vient à diminuer est une présomption simple tombant devant la preuve contraire (Req. 29 déc. 1924 : *D.P.* 1925, 1, 173).

ACCESSION — Art. 563

2) Les crues extraordinaires doivent s'entendre des crues accidentelles qui se meuvent en dehors de toutes les conditions de fixité et de régularité propres aux crues ordinaires (Civ. 13 mars 1867 : *D.P.* 67, 1, 270).

3) Sur l'application de l'article 558 aux lacs domaniaux, V. C. navig., art. 10, al. 2.

Art. 559. – Si un fleuve ou une rivière, navigable ou non, enlève par une force subite une partie considérable et reconnaissable d'un champ riverain, et la porte vers un champ inférieur ou sur la rive opposée, le propriétaire de la partie enlevée peut réclamer sa propriété ; mais il est tenu de former sa demande dans l'année : après ce délai, il n'y sera plus recevable, à moins que le propriétaire du champ auquel la partie enlevée a été unie, n'eût pas encore pris possession de celle-ci.

Art. 560. – Les îles, îlots, atterrissements, qui se forment dans le lit des fleuves ou des rivières navigables ou flottables, appartiennent à l'État, s'il n'y a titre ou prescription contraire.

Art. 561. – Les îles et atterrissements qui se forment dans les rivières non navigables et non flottables, appartiennent aux propriétaires riverains du côté où l'île s'est formée : si l'île n'est pas formée d'un seul côté, elle appartient aux propriétaires riverains des deux côtés, à partir de la ligne qu'on suppose tracée au milieu de la rivière.

1) L'article 561 ne s'applique qu'aux îles de formation récente dont la propriété est encore incertaine (Req. 25 fév. 1907 : *D.P.* 1908, 1, 281. – Civ. 1re, 10 mars 1953 : *J.C.P.* 53, II, 7842, note Weill).

2) Si le propriétaire perd ses prérogatives sur les îles ou îlots qui, submergés par suite d'un phénomène naturel, font partie du domaine public, il retrouve son droit lorsque les terres cessent d'appartenir au domaine public parce qu'elles ont émergé à nouveau naturellement ou par suite de travaux régulièrement autorisés qu'il aurait lui-même accomplis (Civ. 3e, 29 fév. 1968 : *D.* 1968, 454).

Art. 562. – Si une rivière ou un fleuve, en se formant un bras nouveau, coupe et embrasse le champ d'un propriétaire riverain, et en fait une île, ce propriétaire conserve la propriété de son champ, encore que l'île se soit formée dans un fleuve ou dans une rivière navigable ou flottable.

Art. 563 *(L. 8 avril 1898).* – Si un fleuve ou une rivière navigable ou flottable se forme un nouveau cours en abandonnant son ancien lit, les propriétaires riverains peuvent acquérir la propriété de cet ancien lit, chacun en droit soi, jusqu'à une ligne qu'on suppose tracée au milieu de la rivière. Le prix de l'ancien lit est fixé par des experts nommés par le président du tribunal de la situation des lieux, à la requête du préfet du département.

À défaut par les propriétaires riverains de déclarer, dans les trois mois de la notification qui leur sera faite par le préfet, l'intention de faire l'acquisition aux prix fixés par les experts, il est procédé à l'aliénation de l'ancien lit selon les règles qui président aux aliénations du domaine de l'État.

Le prix provenant de la vente est distribué aux propriétaires des fonds occupés par le nouveau cours à titre d'indemnité dans la proportion de la valeur du terrain enlevé à chacun d'eux.

Art. 564 — ACCESSION

L'article 563 est applicable, à l'exclusion de l'article 556, lorsqu'une rivière change de lit à la suite d'une inondation et se maintient de nombreuses années au nouvel emplacement (Riom 30 janv. 1968 : *D.* 1969, 243, note Chavrier). S'il n'est pas cédé selon la procédure prévue par l'article 563, le lit abandonné reste dans le domaine privé de l'État et peut être usucapé par un tiers (même arrêt).

Art. 564. – Les pigeons, lapins, poissons, qui passent dans un autre colombier, garenne ou (L. n. 84-512 du 29 juin 1984, art. 8) **plan d'eau visé aux articles 432 et 433 du code rural, appartiennent au propriétaire de ces objets, pourvu qu'ils n'y aient point été attirés par fraude et artifice.**

Code rural

Art. 202. – Les volailles et autres animaux de basse-cour qui s'enfuient dans les propriétés voisines ne cessent pas d'appartenir à leur maître quoiqu'il les ait perdus de vue. Néanmoins, celui-ci ne peut plus les réclamer un mois après la déclaration qui doit être faite à la mairie par les personnes chez lesquelles ces animaux se sont enfuis.

....

Art. 209. – Le propriétaire d'un essaim a le droit de le réclamer et de s'en ressaisir, tant qu'il n'a point cessé de le suivre ; autrement l'essaim appartient au propriétaire du terrain sur lequel il s'est fixé.

Ne constitue pas une faute le fait d'installer aux limites de son bois enclos des trappes mobiles permettant au gibier d'entrer mais non de sortir (Req. 22 juil. 1861 : *D.P.* 61, 1, 475. – V. en ce sens pour des écluses, Bordeaux 20 fév. 1888 : *D.P.* 89, 2, 161).

SECTION II. – DU DROIT D'ACCESSION RELATIVEMENT AUX CHOSES MOBILIÈRES

Art. 565. – Le droit d'accession, quand il a pour objet deux choses mobilières appartenant à deux maîtres différents, est entièrement subordonné aux principes de l'équité naturelle.
Les règles suivantes serviront d'exemple au juge pour se déterminer, dans les cas non prévus, suivant les circonstances particulières.

Art. 566 (L. n. 60-464 du 17 mai 1960, art. 1ᵉʳ). **– Lorsque deux choses appartenant à différents maîtres, qui ont été unies de manière à former un tout, sont néanmoins séparables, en sorte que l'une puisse subsister sans l'autre, le tout appartient au maître de la chose qui forme la partie principale, à la charge de payer à l'autre la valeur, estimée à la date du paiement, de la chose qui a été unie.**

Art. 567. – Est réputée partie principale celle à laquelle l'autre n'a été unie que pour l'usage, l'ornement ou le complément de la première.

Art. 568. – Néanmoins, quand la chose unie est beaucoup plus précieuse que la chose principale, et quand elle a été employée à l'insu du propriétaire, celui-ci peut demander que la chose unie soit séparée pour lui être rendue, même quand il pourrait en résulter quelque dégradation de la chose à laquelle elle a été jointe.

ACCESSION — Art. 576

Art. 569. – Si de deux choses unies pour former un seul tout, l'une ne peut point être regardée comme l'accessoire de l'autre, celle-là est réputée principale qui est la plus considérable en valeur, ou en volume si les valeurs sont à peu près égales

V. pour une application Montpellier 21 déc. 1922 : *Gaz. Pal.* 1923, 1, 242.

Art. 570 *(L. n. 60-464 du 17 mai 1960, art. 1er)*. – Si un artisan ou une personne quelconque a employé une matière qui ne lui appartenait pas à former une chose d'une nouvelle espèce, soit que la matière puisse ou non reprendre sa première forme, celui qui en était le propriétaire a le droit de réclamer la chose qui en a été formée en remboursant le prix de la main-d'œuvre estimée à la date du remboursement.

Art. 571 *(L. n. 60-464 du 17 mai 1960, art. 1er)*. – Si, cependant, la main-d'œuvre était tellement importante qu'elle surpassât de beaucoup la valeur de la matière employée, l'industrie serait alors réputée la partie principale, et l'ouvrier aurait le droit de retenir la chose travaillée, en remboursant au propriétaire le prix de la matière, estimée à la date du remboursement.

Art. 572 *(L. n. 60-464 du 17 mai 1960, art. 1er)*. – Lorsqu'une personne a employé en partie la matière qui lui appartenait et en partie celle qui ne lui appartenait pas à former une chose d'une espèce nouvelle, sans que ni l'une ni l'autre des deux matières soit entièrement détruite, mais de manière qu'elles ne puissent pas se séparer sans inconvénient, la chose est commune aux deux propriétaires, en raison, quant à l'un, de la matière qui lui appartenait, auant à l'autre, en raison à la fois et de la matière qui lui appartenait et du prix de sa main-d'œuvre. Le prix de la main-d'œuvre est estimé à la date de la licitation prévue à l'article 575.

Art. 573. – Lorsqu'une chose a été formée par le mélange de plusieurs matières appartenant à différents propriétaires, mais dont aucune ne peut être regardée comme la matière principale, si les matières peuvent être séparées, celui à l'insu duquel les matières ont été mélangées peut en demander la division.

Si les matières ne peuvent plus être séparées sans inconvénient, ils en acquièrent en commun la propriété dans la proportion de la quantité, de la qualité et de la valeur des matières appartenant à chacun d'eux.

Art. 574 *(L. n. 60-464 du 17 mai 1960, art. 1er)*. – Si la matière appartenant à l'un des propriétaires était de beaucoup supérieure à l'autre par la quantité et le prix, en ce cas, le propriétaire de la matière supérieure en valeur pourrait réclamer la chose provenue du mélange en remboursant à l'autre la valeur de sa matière, estimée à la date du remboursement.

Art 575. – Lorsque la chose reste en commun entre les propriétaires des matières dont elle a été formée, elle doit être licitée au profit commun.

Art. 576 *(L. n. 60-464 du 17 mai 1060, art. 1er)*. – Dans tous le cas où le propriétaire dont la matière a été employée, à son insu, à former une chose d'une autre espèce peut réclamer la propriété de cette chose, il a le choix de demander la restitution de sa matière en même nature, quantité, poids, mesure et bonté, ou sa valeur estimée à la date de la restitution.

Art. 577

Art. 577. – Ceux qui auront employé des matières appartenant à d'autres, et à leur insu, pourront aussi être condamnés à des dommages et intérêts, s'il y a lieu, sans préjudice des poursuites par voie extraordinaire, si le cas y échet.

TITRE III. – DE L'USUFRUIT, DE L'USAGE ET DE L'HABITATION

CHAPITRE I. – DE L'USUFRUIT

Art. 578. – L'usufruit est le droit de jouir des choses dont un autre a la propriété comme le propriétaire lui-même, mais à la charge d'en conserver la substance.

1) Lorsque le droit de l'usufruitier porte sur une quote-part des biens successoraux, il y a indivision entre lui et l'héritier et lorsque la masse indivise ne peut être commodément partagée, il peut être procédé à la licitation de la pleine propriété si cette licitation apparaît nécessaire à l'assiette de l'usufruit ou seule protectrice de l'intérêt des parties (Civ. 1re, 22 janv. 1962 : *D.* 1962, 418, note Cornu).

2) Sur le principe que l'usufruitier a droit au partage en nature quant à la jouissance, V. Civ. 1re, 24 janv. 1979 : *Bull.*I, n. 35, p. 30.

3) Lorsqu'un acte de vente réserve aux vendeurs un droit de jouissance viager, les juges du fond peuvent, en interprétant la volonté des parties, décider que ce droit constitue un usufruit (Civ. 1re, 11 juil. 1962 : *Bull.* I, n. 362, p. 315. – Comp. pour un testament T.G.I. Avesnes-sur-Helpe 26 fév. 1964 : *J.C.P.* 64, II, 13904, note Désiry).

4) L'usufruit en vertu duquel le donateur continue de percevoir les intérêts des prêts constatés par les grosses données constitue un pacte adjoint compatible avec l'exigence de la tradition réelle (Lyon 20 mars 1969 : *Gaz. Pal.* 1970, 1, 346, note A.T.).

5) Si la valeur d'un usufruit peut être appréciée *in abstracto* grâce à des données statistiques, l'usufruit établi au profit d'un individu déterminé reste soumis à l'aléa inhérent à la survie de celui-ci (Orléans 20 avril 1966 : *J.C.P.* 67, IV, 72).

6) Sur l'évaluation de l'usufruit pour le calcul des droits de mutation, V. C.G.I., art. 669 et 762. V. A. Chappert, *Usufruit, nue-propriété et droits d'enregistrement : Defrénois* 1987, 1281. V. aussi D. Ponton-Grillet, *Les aspects fiscaux de la relation entre usufruitier et nu-propriétaire : D.* 1989, Chron. 250.

7) Il ne peut être fait grief à l'usufruitier d'un fonds de commerce d'avoir cessé son activité et d'avoir radié l'inscription du fonds du registre du commerce dès lors que cette mesure s'imposait et était indépendante de sa volonté (Com. 28 janv. 1980 : *J.C.P.* 80, II, 19416, note Atias ; *J. not.* 1981, 47, note Viatte).

8) Le droit d'affichage perpétuel n'est pas un usufruit (Civ. 3e, 18 janv. 1984 : *Bull.* III, n. 16 p. 12 ; *D.* 1985, 504, note Zénati ; *J.C.P.* 86, II, 20547, note J. F. Barbieri). Le droit d'affichage réservé par une clause du règlement de copropriété ne confère pas un

USUFRUIT

droit de propriété sur une partie privative de l'immeuble, mais seulement un droit d'usage des parties communes (Civ. 3ᵉ, 19 nov. 1985 : *D.* 1986, 497, note Zénati, et 575, note Saluden).

Art. 579. – L'usufruit est établi par la loi, ou par la volonté de l'homme.

1) Pour une hypothèse de jugement emportant cession forcée d'usufruit, V. *supra*, art. 275.

2) Une épouse ne peut prétendre à l'usufruit d'un immeuble à titre de dommages-intérêts, dans une procédure de séparation de corps, dès lors que la possibilité d'un tel usufruit n'est prévue par aucun texte et que le mari s'oppose à son attribution (Civ. 2ᵉ, 11 oct. 1989 : *J.C.P.* 89, IV, 395).

Art. 580. – L'usufruit peut être établi, ou purement, ou à certain jour, ou à condition.

Art. 581. – Il peut être établi sur toute espèce de biens meubles ou immeubles.

Sur l'usufruit des créances, V. A. François : *Rev. trim. dr. civ.* 1957, 1.

SECTION I. – DES DROITS DE L'USUFRUITIER

Art. 582. – L'usufruitier a le droit de jouir de toute espèce de fruits, soit naturels, soit industriels, soit civils, que peut produire l'objet dont il a l'usufruit.

Art. 583. – Les fruits naturels sont ceux qui sont le produit spontané de la terre. Le produit et le croît des animaux sont aussi des fruits naturels.
Les fruits industriels d'un fonds sont ceux qu'on obtient par la culture.

1) L'usufruitier d'une forêt de pins a le droit de recueillir la résine qui est un produit naturel, régulier et périodique de ces arbres (Bordeaux 28 mai 1912 : *D.P.* 1913, 2, 209, note Thomas).

2) Les peupliers entrent dans la catégorie des arbres de haute futaie et ne peuvent être considérés comme des fruits (Paris 10 déc. 1959 : *Gaz. Pal.* 1959, 2, 264, et, sur pourvoi, Civ. 1ʳᵉ, 3 déc. 1963 : *J.C.P.* 64, II, 13487, note R.L.).

Art. 584. – Les fruits civils sont les loyers des maisons, les intérêts des sommes exigibles, les arrérages des rentes.
Les prix des baux à ferme sont aussi rangés dans la classe des fruits civils.

N'ont pas le caractère de fruits civils les primes et lots attribués aux obligataires d'une société (Req. 14 mars 1877 : *D.P.* 1877, 1, 353), ni les actions qu'une société répartit entre ses actionnaires quand bien même les sommes déboursées pour la préemption de ces actions proviendraient d'économies réalisées sur les dividendes (Trib. civ. Seine 28 mars 1930 : *S.* 1931, 2, 9, note Solus).

Art. 585. – Les fruits naturels et industriels, pendants par branches ou par racines au moment où l'usufruit est ouvert, appartiennent à l'usufruitier.
Ceux qui sont dans le même état au moment où finit l'usufruit, appartiennent au propriétaire, sans récompense de part ni d'autre des labours et des semences, mais aussi sans préjudice de la portion des fruits qui pourrait être acquise au colon partiaire, s'il en existait un au commencement ou à la cessation de l'usufruit.

Art. 586

Art. 586. — **Les fruits civils sont réputés s'acquérir jour par jour, et appartiennent à l'usufruitier, à proportion de la durée de son usufruit. Cette règle s'applique aux prix des baux à ferme, comme aux loyers des maisons et autres fruits civils.**

1) L'usufruitier a droit aux loyers correspondant au temps de jouissance du locataire couru depuis la naissance de l'usufruit, même si les loyers ont été payés d'avance (Civ. 20 juil. 1987 : *D.P.* 99, 1, 17).

2) Doivent être compris dans l'actif successoral d'un usufruitier les dividendes courus jusqu'au jour du décès même si ces dividendes n'ont été mis en paiement qu'au cours de l'exercice suivant (Civ. 7 juil. 1941 : *D.A.* 1941, 370).

Art 587 *(L. n. 60-464 du 17 mai 1960, art. 1er)*. — **Si l'usufruit comprend des choses dont on ne peut faire usage sans les consommer, comme l'argent, les grains, les liqueurs, l'usufruitier a le droit de s'en servir, mais à la charge de rendre, à la fin de l'usufruit, soit des choses de même quantité et qualité soit leur valeur estimée à la date de la restitution.**

1) La veuve saisie de son usufruit sur un fonds de commerce a sur les marchandises destinées par leur nature a être vendues un quasi-usufruit lui permettant de les aliéner (Com. 18 nov. 1968 : *Bull.* IV, n. 324, p. 293).

2) Les choses qui ne sont pas fongibles par leur nature peuvent devenir telles par la convention des parties (Req. 30 mars 1926 : *Gaz. Pal.* 1926, 2, 51).

3) L'usufruit ne revêt la forme d'un quasi-usufruit que lorsqu'il porte sur les derniers qui existaient dans la succession au jour du décès et non lorsqu'il s'exerce sur d'autres biens qui ne sont pas consomptibles par le premier usage (Civ. 1re, 7 juin 1988 : *Bull.* I, n. 181, p. 126).

Art. 588. — **L'usufruit d'une rente viagère donne aussi à l'usufruitier pendant la durée de son usufruit, le droit d'en percevoir les arrérages, sans être tenu à aucune restitution.**

Art. 589. — **Si l'usufruit comprend des choses qui, sans se consommer de suite, se détériorent peu à peu par l'usage, comme du linge, des meubles meublants, l'usufruitier a le droit de s'en servir pour l'usage auquel elles sont destinées, et n'est obligé de les rendre à la fin de l'usufruit, que dans l'état où elles se trouvent, non détériorées par son dol ou par sa faute.**

Art. 590. — **Si l'usufruit comprend des bois taillis, l'usufruitier est tenu d'observer l'ordre et la quotité des coupes, conformément à l'aménagement ou à l'usage constant des propriétaires ; sans indemnité toutefois en faveur de l'usufruitier ou de ses héritiers, pour les coupes ordinaires, soit de taillis, soit de baliveaux, soit de futaie, qu'il n'aurait pas faites pendant sa jouissance.**

Les arbres qu'on peut tirer d'une pépinière, sans la dégrader, ne font aussi partie de l'usufruit qu'à la charge par l'usufruitier de se conformer aux usages des lieux pour le remplacement.

DELOBEL, *L'usufruit des propriétés boisées* : *J. not.* 1981, 1345.

Art. 591. — **L'usufruitier profite encore, toujours en se conformant aux époques et à l'usage des anciens propriétaires, des parties de bois de haute futaie qui ont été mises en coupes réglées, soit que ces coupes se fassent périodiquement sur une certaine étendue de terrain, soit qu'elles se fassent d'une certaine quantité d'arbres pris indistinctement sur toute la surface du domaine.**

USUFRUIT — Art. 595

1) Sur la notion de mise en coupe réglée, V. T.G.I. La Roche-sur-Yon, 7 déc. 1965 : *J.C.P.* 66, II, 14670, note Bulté.

2) Les peupliers entrent dans la catégorie des arbres de haute futaie (Paris 10 oct. 1959 : *Gaz Pal.* 1959, 2, 264, et, sur pourvoi, Civ. 1re, 3 déc. 1963 : *J.C.P.* 64, II, 13487, note R.L.).

3) L'usufruitier peut procéder à l'abattage des pins « d'éclaircissage » (Bordeaux 28 mai 1912 : *D.P.* 1913, 2, 209, note Thomas).

4) Les articles 591 et 592 sont applicables aux arbres de futaie disséminés dans un taillis (Req. 16 déc 1874 : *D.P.* 76, I, 431) ou épars (Civ. 17 juil. 1911 : *D.P.* 1911, 1, 457).

Art. 592. – Dans tous les autres cas, l'usufruitier ne peut toucher aux arbres de haute futaie : il peut seulement employer, pour faire les réparations dont il est tenu, les arbres arrachés ou brisés par accident ; il peut même, pour cet objet, en faire abattre, s'il est nécessaire, mais à la charge d'en faire constater la nécessité avec le propriétaire.

Une cour d'appel qui relève que des usufruitiers ont employé des arbres abattus par une tempête n'est pas tenue, en l'absence de toute contestation élevée sur ce point par les nus-propriétaires dans leurs conclusions, de rechercher si ces arbres ont été employés aux réparations dont les usufruitiers sont tenus (Civ. 3e, 8 déc. 1981 : *Bull.* III, n. 208, p. 151).

Art. 593. – Il peut prendre, dans les bois, des échalas pour les vignes ; il peut aussi prendre, sur les arbres, des produits annuels ou périodiques ; le tout suivant l'usage du pays ou la coutume des propriétaires.

Art. 594. – Les arbres fruitiers qui meurent, ceux mêmes qui sont arrachés ou brisés par accident, appartiennent à l'usufruitier, à la charge de les remplacer par d'autres.

Art. 595 *(L. n. 65-570 du 13 juil. 1965, art. 4 et 9, avec effet à compter du 1er février 1966).*
– L'usufruitier peut jouir par lui-même, donner à bail à un autre, même vendre ou céder son droit à titre gratuit.
Les baux que l'usufruitier seul a faits pour un temps qui excède neuf ans, ne sont, en cas de cessation de l'usufruit, obligatoires à l'égard du nu-propriétaire que pour le temps qui reste à courir, soit de la première période de neuf ans, si les parties s'y trouvent encore, soit de la seconde, et ainsi de suite de manière que le preneur n'ait que le droit d'achever la jouissance de la période de neuf ans où il se trouve.
Les baux de neuf ans ou au-dessous que l'usufruitier seul a passés ou renouvelés plus de trois ans avant l'expiration du bail courant s'il s'agit de biens ruraux, et plus de deux ans avant la même époque s'il s'agit de maisons, sont sans effet, à moins que leur exécution n'ait commencé avant la cessation de l'usufruit.
L'usufruitier ne peut, sans le concours du nu-propriétaire, donner à bail un fonds rural ou un immeuble à usage commercial, industriel ou artisanal. À défaut d'accord du nu-propriétaire, l'usufruitier peut être autorisé par justice à passer seul cet acte.

J. LACHAUD, *L'effritement du nouvel article 595 du Code civil sur les restrictions des pouvoirs de l'usufruitier* : Gaz. Pal. 1981, 2, doct. 477.

1) Sur les pouvoirs respectifs de l'usufruitier et du nu-propriétaire en matière d'usufruit des parts sociales, V. *infra*, art. 1844, al. 3. – V. aussi pour les actions et les obligations, L. n. 66-537 du 24 juil. 1966 sur les sociétés commerciales, art. 163 et 314.

Art. 596 — USUFRUIT

2) Une cession d'usufruit opérée sous le couvert d'un bail apparent ne saurait être opposée au nu-propriétaire après le décès de l'usufruitier, date à laquelle l'usufruit a cessé de produire tous ses effets (Civ. 3e, 22 fév. 1968 : *Bull.* III, n. 74, p. 60).

3) Les dispositions du dernier alinéa de l'article 595 ne sont pas applicables aux baux en cours à la date d'entrée en vigueur de la loi n. 65-570 du 13 juillet 1965 ni à leur renouvellement (art. 22 de la loi). – V. pour des applications Civ. 3e, 9 oct. 1970 : *Bull.* III, n. 511, p. 373 ; Civ. 3e, 4 fév. 1981 : *Bull.* III, n. 25, p. 20.

4) L'alinéa 4 de l'article 595 est applicable à tous les baux de biens ruraux, qu'ils paraissent ou non soumis au statut du fermage à l'époque de la conclusion du contrat (Civ. 3e, 14 nov. 1972 : *D.* 1973, 252, note Chesné. – Comp. Civ. 3e, 27 fév. 1973 : *D.* 1974, 209, 1re esp., note R. Savatier).

5) Il résulte de l'article 595 que l'usufruitier peut, sans le concours du nu-propriétaire, donner à bail un fonds de commerce (Civ. 1re, 25 nov. 1986 : *Bull.* I, n. 282, p. 269 ; *Defrénois* 1987, 255, note Morin ; *D.* 1987, 141, note Morin).

6) Sur le pouvoir de contrôle du juge en cas de refus du nu-propriétaire, V. T.G.I., Bressuire 8 juil. 1969 : *Gaz. Pal.* 1969, 2, 290, note Baranger. – Rouen 28 sept. 1971 : *Gaz. Pal.* 1974, 1, 68. – T.G.I. Epinal 27 avril 1973 : *J.C.P.* 73, II, 17482, note Pierrard-Gisser. – V. aussi J. Lachaud, *Contrôle du juge sur le bail rural consenti par un usufruitier* : *Gaz. Pal.* 1974, 1, doct. 57.

7) L'infraction à la règle impérative de l'article 595, alinéa 4 est de nature à entraîner la nullité du bail à l'égard du nu-propriétaire qui peut agir en annulation sans attendre la fin de l'usufruit (Civ. 3e, 26 janv. 1972 : *J.C.P.* 72, II, 17104, note G.G. – Civ. 3e, 16 déc. 1987 : *Bull.* III, n. 210, p. 124). Mais jugé que le bail rural consenti par l'usufruitier n'est pas nul s'il est établi que l'usufruitier s'est comporté en propriétaire apparent (Civ. 3e, 21 janv. 1981 : *D.* 1983, 36, note Diener).

8) Les dispositions de l'article 595, alinéa 4, n'interdisent pas à l'usufruitier de délivrer seul congé au preneur (Civ. 3e, 29 janv. 1974 : *Bull.* III, n. 48, p. 36).

9) Les juges du fond peuvent refuser l'autorisation demandée par l'usufruitier en retenant que le bail rural envisagé permettait au preneur de jouir dans des conditions appelées à devenir préjudiciables à la nue-propriétaire (Civ. 3e, 4 mars 1987 : *Bull.* III, n. 43, p. 26).

10) L'autorisation prévue à l'article 595 obéit aux règles prescrites aux articles 1286 et 1289 du Nouveau Code de procédure civile relatifs aux autorisations et habilitations en matière de régimes matrimoniaux (Nouv. C. proc. civ., art. 1270).

Art. 596. – L'usufruitier jouit de l'augmentation survenue par alluvion à l'objet dont il a l'usufruit.

Art. 597. – Il jouit des droits de servitude, de passage, et généralement de tous les droits dont le propriétaire peut jouir, et il en jouit comme le propriétaire lui-même.

Viole l'article 597 du Code civil le juge qui déclare irrecevable l'action en suppression d'une vigne vierge plantée contrairement aux prescriptions de l'article 671, intentée par l'usufruitier, au motif que la nature immobilière de cette action exclut qu'elle soit exercée par lui (Civ. 3e, 29 fév. 1968 : *J.C.P.* 68, IV, 60 ; *Bull.* III, n. 84, p. 68).

USUFRUIT Art. 601

Art. 598. – Il jouit aussi, de la même manière que le propriétaire, des mines et carrières qui sont en exploitation à l'ouverture de l'usufruit ; et néanmoins, s'il s'agit d'une exploitation qui ne puisse être faite sans une concession, l'usufruitier ne pourra en jouir qu'après en avoir obtenu la permission du Président de la République.

Il n'a aucun droit aux mines et carrières non encore ouvertes, ni aux tourbières dont l'exploitation n'est point encore commencée, ni au trésor qui pourrait être découvert pendant la durée de l'usufruit.

Art. 599. – Le propriétaire ne peut, par son fait, ni de quelque manière que ce soit, nuire aux droits de l'usufruitier.

De son côté, l'usufruitier ne peut, à la cessation de l'usufruit, réclamer aucune indemnité pour les améliorations qu'il prétendrait avoir faites, encore que la valeur de la chose en fût augmentée.

Il peut cependant, ou ses héritiers, enlever les glaces, tableaux et autres ornements qu'il aurait fait placer, mais à la charge de rétablir les lieux dans leur premier état.

Une construction nouvelle ne constitue pas une amélioration si elle aboutit à créer une chose distincte du fonds sur lequel elle a été élevée (Paris 4 mars 1966 : *Gaz. Pal.* 1966, 2, 6, note Cabanac).

SECTION II. – DES OBLIGATIONS DE L'USUFRUITIER

Art. 600. – L'usufruitier prend les choses dans l'état où elles sont ; mais il ne peut entrer en jouissance qu'après avoir fait dresser, en présence du propriétaire, ou lui dûment appelé, un inventaire des meubles et un état des immeubles sujets à l'usufruit.

1) L'usufruitier n'a pas qualité pour intenter des actions ayant pour but de faire rentrer dans le patrimoine des héritiers des biens qui ne s'y trouvaient plus au moment de l'ouverture de l'usufruit (Civ. 1re, 26 nov. 1962 : *D.* 1963, 60).

2) Malgré la clause de dispense d'inventaire contenue dans un testament, le nu-propriétaire héritier peut faire procéder à l'inventaire pour la sauvegarde de ses droits (Civ. 1re, 4 janv. 1957 : *Bull.* I, n. 1, p. 1).

Art. 601. – Il donne caution de jouir en bon père de famille, s'il n'en est dispensé par l'acte constitutif de l'usufruit ; cependant, les père et mère ayant l'usufruit légal du bien de leurs enfants, le vendeur ou le donateur, sous réserve d'usufruit, ne sont pas tenus de donner caution.

1) L'usufruitier dont le droit porte sur des créances a l'obligation d'en poursuivre le recouvrement et d'en empêcher la prescription (Req. 21 mai 1930 : *D.P.* 1932, 1, 111). Il n'est pas exonéré par l'inaction du nu-propriétaire (même arrêt).

2) L'usufruitier doit jouir de la chose soumise à son usufruit en bon père de famille, suivant l'usage auquel elle est destinée et à charge d'en conserver la substance (Civ. 1re, 10 juil. 1963 : *J.C.P.* 64, II, 13592, note H.B.). Il ne doit pas modifier la manière d'être particulière de la chose (Civ. 3e, 5 déc. 1968 : *D.* 1969, 274). Jugé cependant qu'il ne saurait être fait grief à l'usufruitier d'adapter sa jouissance aux transformations que des facteurs économiques et sociaux ont fait subir à la substance de la chose (Grenoble 15 fév. 1961 : *D.* 1961, 674).

3) L'usufruitier peut remplacer la caution par la constitution d'une hypothèque (Req. 3 fév. 1897 : *D.P.* 97, 1, 601, note Planiol).

4) L'usufruitier peut être dispensé de donner caution même si l'usufruit porte sur des biens compris pour la nue propriété dans la réserve des héritiers du donateur (Civ. 5 juil. 1876 : *D.P.* 77, 1, 277).

5) L'insolvabilité de l'usufruitier autorise le nu-propriétaire à demander des mesures de sauvegarde malgré la dispense contenue dans l'acte constitutif (Req. 27 mars 1946 : *D.* 1946, 240).

Art. 602. – Si l'usufruitier ne trouve pas de caution, les immeubles sont donnés à ferme ou mis en séquestre ;
Les sommes comprises dans l'usufruit sont placées ;
Les denrées sont vendues, et le prix en provenant est pareillement placé ;
Les intérêts de ces sommes et les prix des fermes appartiennent, dans ce cas, à l'usufruitier.

Art. 603. – À défaut d'une caution de la part de l'usufruitier, le propriétaire peut exiger que les meubles qui dépérissent par l'usage soient vendus, pour le prix en être placé comme celui des denrées ; et alors l'usufruitier jouit de l'intérêt pendant son usufruit : cependant, l'usufruitier pourra demander, et les juges pourront ordonner, suivant les circonstances, qu'une partie des meubles nécessaires pour son usage lui soit délaissée, sous sa simple caution juratoire, et à la charge de les représenter à l'extinction de l'usufruit.

Art. 604. – Le retard de donner caution ne prive pas l'usufruitier des fruits auxquels il peut avoir droit ; ils lui sont dus du moment où l'usufruit a été ouvert.

Art. 605. – L'usufruitier n'est tenu qu'aux réparations d'entretien.
Les grosses réparations demeurent à la charge du propriétaire, à moins qu'elles n'aient été occasionnées par le défaut de réparations d'entretien, depuis l'ouverture de l'usufruit ; auquel cas l'usufruitier en est aussi tenu.

P. COURBE, *L'entretien de la chose soumise à usufruit* : *J.C.P.* 82, I, 3070.

1) Les réparations commandées par le nu-propriétaire qui a bénéficié seul des avantages en résultant pendant la jouissance gratuite qu'il a eue en fait sont à sa charge (Req. 27 avril 1909 : *D.P.* 1912, 1, 245).

2) L'usufruitier qui consent un bail est tenu de toutes les obligations du bailleur à l'égard de son locataire (Civ. 2e, 7 déc. 1961 : *Bull.* II, n. 842, p. 593).

3) L'usufruitier n'a aucune action pour contraindre le nu-propriétaire à effectuer les grosses réparations (Civ. 3e, 30 janv. 1970 : *Bull.* III, n. 83, p. 60). S'il a effectué lui-même ces réparations, il dispose contre le nu-propriétaire d'un recours pour le montant de la plus-value qui en résulte (Civ. 17 juil. 1911 : *D.P.* 1911, 1, 457), mais cette action ne peut être exercée qu'en fin d'usufruit (Civ. 17 juil. 1911, précité. – Paris 31 oct. 1961 : *Gaz. Pal.* 1962, 1, 75. – Rouen 31 oct. 1973 : *Gaz. Pal.* 1974, 1, Somm. 115).

4) Le principe de l'imputation à l'usufruitier des dépenses d'entretien n'exclut pas la prise en compte d'un coefficient de vétusté (Aix 24 juin 1982 : *Rev. dr. imm.* 1983, 323, obs. Bergel).

Art. 606. – Les grosses réparations sont celles des gros murs et des voûtes, le rétablissement des poutres et des couvertures entières ;
Celui des digues et des murs de soutènement et de clôture aussi en entier.
Toutes les autres réparations sont d'entretien.

1) Les souches de cheminée font partie des gros murs qu'elles prolongent au-dessus des combles (Civ. 1re, 15 mars 1961 : *Bull.* I, n. 166, p. 132).

2) Doit être assimilée à une grosse réparation, la reconstitution d'un vignoble détruit par le phylloxéra (Civ. 17 juil. 1911 : *D.P.* 1911, 1, 457), ou le renouvellement intégral des zingueries d'une toiture (Civ. 1re, 2 fév. 1955 : *Bull.* I, n. 55, p. 52).

3) Les réparations à opérer sur un gros mur sont de grosses réparations dès lors que les lézardes qui se sont produites compromettent l'aplomb du mur (Req. 19 juil. 1911 : *D.P.* 1913, 1, 392), mais le simple ravalement est une réparation d'entretien dont la charge incombe à l'usufruitier (Civ. 1re, 21 mars 1962 : *J.C.P.* 63, II, 13272, note H.G.).

4) L'article 606 énumère limitativement les grosses réparations (Civ. 3e, 25 oct. 1983 : *Bull.* III, n. 194, p. 149). L'usufruitier n'est pas tenu de faire exécuter les enduits de protection qui n'existaient pas au moment de la constitution de l'usufruit (Civ. 3e, 5 mars 1986 : *D.* 1987, Somm. 17, obs. Robert).

Art. 607. – Ni le propriétaire, ni l'usufruitier, ne sont tenus de rebâtir ce qui est tombé de vétusté, ou ce qui a été détruit par cas fortuit.

M. P. LUCAS de LEYSSAC, *L'article 607 du Code civil* : Rev. trim. dr. civ. 1978, 757.

Art. 608. – L'usufruitier est tenu, pendant sa jouissance, de toutes les charges annuelles de l'héritage, telles que les contributions et autres qui, dans l'usage, sont censées charges des fruits.

On ne saurait considérer comme des charges pesant sur les fruits les versements annuels affectés au remboursement d'un emprunt contracté par le constituant (Civ. 20 juil. 1897 : *D.P.* 1899, 1, 17, note de Lanzac de Laborie).

Art. 609. – A l'égard des charges qui peuvent être imposées sur la propriété pendant la durée de l'usufruit, l'usufruitier et le propriétaire y contribuent ainsi qu'il suit :
Le propriétaire est obligé de les payer, et l'usufruitier doit lui tenir compte des intérêts ;
Si elles sont avancées par l'usufruitier, il a la répétition du capital à la fin de l'usufruit.

Art. 610. – Le legs fait par un testateur, d'une rente viagère ou pension alimentaire, doit être acquitté par le légataire universel de l'usufruit dans son intégrité, et par le légataire à titre universel de l'usufruit dans la proportion de sa jouissance, sans aucune répétition de leur part.

Art. 611. – L'usufruitier à titre particulier n'est pas tenu des dettes auxquelles le fonds est hypothéqué : s'il est forcé de les payer, il a son recours contre le propriétaire, sauf ce qui est dit à l'article 1020, au titre *Des donations entre vifs et des testaments*.

Art. 612. – L'usufruitier, ou universel, ou à titre universel, doit contribuer avec le propriétaire au paiement des dettes, ainsi qu'il suit :
On estime la valeur du fonds sujet à usufruit ; on fixe ensuite la contribution aux dettes à raison de cette valeur.
Si l'usufruitier veut avancer la somme pour laquelle le fonds doit contribuer, le capital lui en est restitué à la fin de l'usufruit, sans aucun intérêt.

Art. 613

Si l'usufruitier ne veut pas faire cette avance, le propriétaire a le choix, ou de payer cette somme et, dans ce cas, l'usufruitier lui tient compte des intérêts pendant la durée de l'usufruit, ou de faire vendre jusqu'à due concurrence une portion des biens soumis à l'usufruit.

1) Il résulte de la combinaison de l'article 724 du Code civil avec les articles 608 à 612 du même code que si l'usufruitier universel ou à titre universel est tenu de contribuer aux dettes dans les conditions prévues par ces textes et si le créancier a le droit de le poursuivre directement dans ces limites, ce créancier n'en conserve pas moins celui de poursuivre directement l'héritier ou le légataire universel comme il aurait pu poursuivre le défunt dont ils sont les continuateurs (Civ. 1re, 16 mai 1960 : *J.C.P.* 61, II, 12148, note Ponsard. – V. aussi Civ. 1re, 8 avril. 1970 : *Bull.* I, n. 108, p. 87), sauf tel recours que de droit de sa part (Civ. 1re, 11 fév. 1981 : *Bull.* I, n. 54, p. 44 ; *J.C.P.* 81, II, 19693, note Rémy). Mais jugé que le conjoint survivant usufruitier ne peut être poursuivi par les créanciers héréditaires et que seuls les héritiers peuvent exiger qu'il contribue au passif (Bordeaux, 6 janv. 1986 : *D.* 1986, 599, note crit. Duclos).

2) L'article 612 n'oblige ni le nu-propriétaire ni l'usufruitier à subir la vente des biens soumis à l'usufruit pour payer les dettes qui ne sont pas encore exigibles (Civ. 30 avril 1895 : *D.P.* 95, 1, 465, note Boistel).

Art. 613. – L'usufruitier n'est tenu que des frais des procès qui concernent la jouissance, et des autres condamnations auxquelles ces procès pourraient donner lieu.

Art. 614. – Si, pendant la durée de l'usufruit, un tiers commet quelque usurpation sur le fonds, ou attente autrement aux droits du propriétaire, l'usufruitier est tenu de le dénoncer à celui-ci ; faute de ce, il est responsable de tout le dommage qui peut en résulter pour le propriétaire, comme il le serait de dégradations commises par lui-même.

L'occupant sans droit ni titre n'est pas tenu des obligations que l'article 614 du Code civil impose à l'usufruitier (Civ. 1re, 8 mai 1973 : *Bull.* I, n. 152, p. 136).

Art. 615. – Si l'usufruit n'est établi que sur un animal qui vient à périr sans la faute de l'usufruitier, celui-ci n'est pas tenu d'en rendre un autre, ni d'en payer l'estimation.

Art. 616 *(L. n. 60-464 du 17 mai 1960, art. 1er).* – Si le troupeau sur lequel un usufruit a été établi périt entièrement par accident ou par maladie et sans la faute de l'usufruitier, celui-ci n'est tenu envers le propriétaire que de lui rendre compte des cuirs, ou de leur valeur estimée à la date de la restitution.

Si le troupeau ne périt pas entièrement, l'usufruitier est tenu de remplacer, jusqu'à concurrence du croît, les têtes des animaux qui ont péri.

SECTION III. – COMMENT L'USUFRUIT PREND FIN

Art. 617. – L'usufruit s'éteint,

Par la mort naturelle *et par la mort civile* * de l'usufruitier ;

Par l'expiration du temps pour lequel il a été accordé ;

Par la consolidation ou la réunion sur la même tête, des deux qualités d'usufruitier et de propriétaire ;

Par le non-usage du droit pendant trente ans ;

Par la perte totale de la chose sur laquelle l'usufruit est établi.

* *Mort civile supprimée, L. 13 mai 1854.*

USUFRUIT — Art. 620

1) La cession à un tiers de la nue propriété et de l'usufruit par les deux titulaires respectifs n'éteint pas l'usufruit par consolidation, le cessionnaire de l'usufruit ne pouvant être assimilé à cet égard à l'usufruitier (Civ. 3e, 26 janv. 1972 : *J.C.P.* 72, II, 17104, note Goubeaux).

2) Si la chose vendue simultanément et pour un même prix appartient pour l'usufruit à l'un des vendeurs, pour la nue-propriété à l'autre, chacun d'eux a droit à une portion du prix total correspondant à la valeur comparative de l'usufruit avec la nue-propriété (Civ. 1re, 20 oct. 1987 : *D.* 1988, 85, note Morin ; *Rev. trim. dr. civ.* 1988, 370, obs. Rémy. V. aussi Civ. 1re, 7 juin 1988 : *Bull.* I, n. 181, p. 126).

Art. 618. — L'usufruit peut aussi cesser par l'abus que l'usufruitier fait de sa jouissance, soit en commettant des dégradations sur le fonds, soit en le laissant dépérir faute d'entretien.

Les créanciers de l'usufruitier peuvent intervenir dans les contestations, pour la conservation de leurs droits ; ils peuvent offrir la réparation des dégradations commises, et des garanties pour l'avenir.

Les juges peuvent, suivant la gravité des circonstances, ou prononcer l'extinction absolue de l'usufruit, ou n'ordonner la rentrée du propriétaire dans la jouissance de l'objet qui en est grevé, que sous la charge de payer annuellement à l'usufruitier, ou à ses ayants cause, une somme déterminée jusqu'à l'instant où l'usufruit aurait dû cesser.

1) Un défaut d'entretien peut entraîner la déchéance de l'usufruit même si le nu-propriétaire a négligé de procéder aux travaux confortatifs (Civ. 3e, 12 mars 1970 : *J.C.P.* 70, IV, 122 ; *Bull.* III, n. 205, p. 151). Sur l'hypothèse de l'abandon des lieux par le titulaire du droit d'usage et d'habitation, V. *infra,* sous art. 625.

2) Sur le point de savoir si l'usufruitier peut commettre un abus de jouissance en donnant à bail le bien grevé d'usufruit, V. pour la négative Civ. 3e, 12 mars 1970 : *Bull.* III, n. 204, p. 150 ; *D.* 1970, 692, pour l'affirmative Civ. 3e, 4 juin 1975 : *J.C.P.* 75, IV, 242 ; *Bull.* III, n. 194, p. 150 (bail commercial de lieux destinés à un autre usage).

3) Il ne peut être fait grief à l'usufruitier d'un fonds de commerce d'avoir cessé son activité et d'avoir radié l'inscription du fonds du registre du commerce dès lors que cette mesure s'imposait et était indépendante de sa volonté (Com. 28 janv. 1980 : *J.C.P.* 80, II, 19416, note Atias ; *J. not.* 1981, 47, note Viatte).

4) Ne commet aucun abus de jouissance l'usufruitier qui, sur moins de la moitié de la superficie des immeubles soumis à l'usufruit, se conforme à l'usage constant par les coupes de jeunes pins essentiellement destinés à l'industrie, qui est celui de la coupe rase (Civ. 3e, 8 déc. 1981 : *J.C.P.* 82, IV, 84 ; *Bull.* III, n. 208, p. 151).

Art. 619. — L'usufruit qui n'est pas accordé à des particuliers ne dure que trente ans.

L'article 619 limitant à trente ans la durée de l'usufruit concédé à une personne morale ne saurait recevoir application dans le cas d'une convention de 1467 accordant aux habitants d'une commune des droits de pâturage et d'usage en bois et spécifiant que ces droits ont été concédés à perpétuité (Civ. 10 mai 1950 : *D.* 1950, 482).

Art. 620. — L'usufruit accordé jusqu'à ce qu'un tiers ait atteint un âge fixé dure jusqu'à cette époque, encore que le tiers soit mort avant l'âge fixé.

Art. 621 — USUFRUIT

Art. 621. — La vente de la chose sujette à usufruit ne fait aucun changement dans le droit de l'usufruitier ; il continue de jouir de son usufruit s'il n'y a pas formellement renoncé.

Art. 622. — Les créanciers de l'usufruitier peuvent faire annuler la renonciation qu'il aurait faite à leur préjudice.

La renonciation du donateur à l'usufruit qu'il s'était réservé est une libéralité qui peut être attaquée sur la base de l'article 1167 du Code civil (Req. 11 nov. 1878 : *D.P.* 1879, 1, 416).

Art. 623. — Si une partie seulement de la chose soumise à l'usufruit est détruite, l'usufruit se conserve sur ce qui reste.

Art. 624. — Si l'usufruit n'est établi que sur un bâtiment, et que ce bâtiment soit détruit par un incendie ou autre accident, ou qu'il s'écroule de vétusté, l'usufruitier n'aura le droit de jouir ni du sol ni des matériaux.

Si l'usufruit était établi sur un domaine dont le bâtiment faisait partie, l'usufruitier jouirait du sol et des matériaux.

L'usufruitier doit indemniser le propriétaire s'il n'établit pas que l'incendie est dû à un cas fortuit (Req. 4 juil. 1887 : *D.P.* 87, 1, 321).

CHAPITRE II. — DE L'USAGE ET DE L'HABITATION

J.-F. PILLEBOUT, *Droit d'usage, droit d'habitation* : *J.C.P.* 76, éd. N, I, 2826. — *Le contentieux du droit d'usage et d'habitation (ou les révélations de Juris-Data)* : *J.C.P.* 81, I, 3049.

Art. 625. — Les droits d'usage et d'habitation s'établissent et se perdent de la même manière que l'usufruit.

1) Un droit d'usage constitue un droit réel mais ne peut être assimilé à une servitude telle que définie par l'article 637 du Code civil (Civ. 3e, 3 janv. 1978 : *Bull.* III, n. 3, p. 3). La convention qui accorde à la venderesse le droit de maintenir son logement dans trois pièces déterminées de l'immeuble et à user des dépendances, d'une partie du garage et du jardin comporte la qualification de droit d'usage et d'habitation et confère à son bénéficiaire un droit réel immobilier qui, n'ayant pas été publié ni mentionné dans l'acte de vente, est inopposable au sous-acquéreur (Civ. 3e, 23 juin 1981 : *J.C.P.* 83, II, 19928, note Pillebout).

2) Le droit d'usage dans une forêt peut s'acquérir par prescription trentenaire et être protégé par l'action en complainte (Civ. 1er déc. 1880 : *D.P.* 80, 1, 125). Jugé que le droit d'usage affecte indivisiblement toute la forêt usagère et chaque partie de celle-ci et que la demande de cantonnement doit donc être formée par la totalité des propriétaires (Civ. 3e, 18 oct. 1983 : *Bull.* III, n. 188, p. 144).

3) Le droit réel immobilier dont bénéficie le concessionnaire d'une sépulture s'étend par accession au monument construit sur la concession par un tiers. Il en résulte que le

USAGE ET HABITATION — Art. 632

droit d'usage du monument, ainsi incorporé au droit du concessionnaire, est, comme ce droit, hors du commerce et qu'il ne peut donc être acquis par prescription (Civ. 1re, 13 mai 1980 : *Bull.* I, n. 147, p. 119).

4) Le titulaire d'un droit d'usage et d'habitation portant sur une maison et le terrain attenant qui, dès son entrée dans les lieux, a laissé le jardin à l'abandon ne jouit pas des lieux en bon père de famille et peut être déchu de ses droits (Civ. 3e, 6 janv. 1981 : *Bull.* I, n. 1, p. 1. – Comp. Civ. 3e, 12 juil. 1983 : *Bull.* III, n. 166, p. 127). Jugé cependant que c'est l'abus de jouissance et non l'abandon des lieux qui peut entraîner l'extinction du droit d'habitation et que la cour d'appel a pu, dans une espèce où la dégradation des relations entre les parties s'opposait à l'exécution en nature du droit d'habitation, ordonner l'exécution par équivalent en convertissant ce droit en rente viagère (Civ. 1re, 10 juin 1981 : *J.C.P.* 81, IV, 311 ; *Bull.* I, n. 201).

5) Le droit d'usage et d'habitation s'éteint au décès de son titulaire, et le légataire universel de ce dernier ne peut donc s'en prévaloir pour exercer un droit de rétention sur l'immeuble qui en a été l'objet (Civ. 1re, 24 fév. 1987 : *Bull.* I, n. 66, p. 48).

Art. 626. – On ne peut en jouir, comme dans le cas de l'usufruit, sans donner préalablement caution, et sans faire des états et inventaires.

Art. 627. – L'usager, et celui qui a un droit d'habitation, doivent jouir en bons pères de famille.

Art. 628. – Les droits d'usage et d'habitation se règlent par le titre qui les a établis, et reçoivent, d'après ses dispositions, plus ou moins d'étendue.

L'obligation souscrite par l'acquéreur d'un bien immobilier d'effectuer les réparations d'entretien qui deviendraient nécessaires à l'immeuble dont le vendeur s'est réservé un droit d'usage et d'habitation est une charge réelle dont l'exécution peut être imposée à tous les propriétaires successifs de l'immeuble (Civ. 3e, 14 oct. 1981 : *J.C.P.* 82, éd. N, II, 113, note Pillebout ; *Bull.* III, n. 158, p. 115).

Art. 629. – Si le titre ne s'explique pas sur l'étendue de ces droits, ils sont réglés ainsi qu'il suit.

Art. 630. – Celui qui a l'usage des fruits d'un fonds, ne peut en exiger qu'autant qu'il lui en faut pour ses besoins et ceux de sa famille.

Il peut en exiger pour les besoins même des enfants qui lui sont survenus depuis la concession de l'usage.

L'usage, droit réel de même nature que l'usufruit, en constitue un diminutif puisqu'à défaut d'explicitation dans son titre constitutif, il est limité aux besoins de l'usager (Douai 26 mai 1976 : *Gaz. Pal.* 1977, 1, Somm. 62).

Art. 631. – L'usager ne peut céder ni louer son droit à un autre.

Le droit d'usage est insaisissable (Paris 21 mars 1928 : *Gaz. Pal.* 1928, 1, 711).

Art. 632. – Celui qui a un droit d'habitation dans une maison, peut y demeurer avec sa famille, quand même il n'aurait pas été marié à l'époque où ce droit lui a été donné.

Le concubin ne peut être considéré comme un membre de la famille au sens de l'article 632 (Besançon 30 oct. 1956 : *Gaz. Pal.* 1956, 2, 425).

Art. 633. – **Le droit d'habitation se restreint à ce qui est nécessaire pour l'habitation de celui à qui ce droit est concédé, et de sa famille.**

A défaut de stipulation particulière dans l'acte de vente d'une chambre de service sur l'étendue du droit d'en user et de l'habiter conféré à un tiers, cet avantage se restreint, conformément aux dispositions de l'article 633 du Code civil, à ce qui est nécessaire pour l'habitation du bénéficiaire et de sa famille et ne saurait être étendu à un étranger à celle-ci occupant à titre gratuit (Civ. 3e, 9 nov. 1988 : *J.C.P.* 89, IV, 12 ; *Bull.* III, n. 158, p. 86).

Art. 634. – **Le droit d'habitation ne peut être ni cédé ni loué.**

1) Sur le principe, V. Civ. 1re, 11 juil. 1962 : *Bull.* I, n. 362, p. 315. – Douai 26 mai 1976 : *Gaz Pal.* 1977, 1, Somm. 62.

2) Les juges du fond peuvent sanctionner la violation de l'interdiction formulée par l'article 634 par la déchéance du droit d'habitation (Civ. 3e, 16 juil. 1974 : *Bull.* III, n. 305, p. 231).

3) Les articles 631 et 634 sont de droit étroit et ne doivent pas recevoir application lorsque la substitution, prévue par les parties, a été rendue nécessaire pour la satisfaction des besoins mêmes que le droit réservé devait assurer (Civ. 3e, 5 mars 1971 : *D.* 1971, somm. 152). Jugé que les articles 631 et 634 peuvent recevoir application lorsque l'âge, la maladie, l'infirmité ou une circonstance grave rendraient impossible l'exercice du droit (Trib. civ. Seine 15 juil. 1932 : *Gaz. Pal.* 1932, 2, 695).

Art. 635. – **Si l'usager absorbe tous les fruits du fonds, ou s'il occupe la totalité de la maison, il est assujetti aux frais de culture, aux réparations d'entretien, et au paiement des contributions, comme l'usufruitier.**
S'il ne prend qu'une partie des fruits, ou s'il n'occupe qu'une partie de la maison, il contribue au prorata de ce dont il jouit.

Art. 636. – **L'usage des bois et forêts est réglé par des lois particulières.**

TITRE IV. – DES SERVITUDES OU SERVICES FONCIERS

Art. 637. – **Une servitude est une charge imposée sur un héritage pour l'usage et l'utilité d'un héritage appartenant à un autre propriétaire.**

I. Conditions d'existence de servitude

1) L'existence d'une servitude suppose une pluralité de fonds, condition qui n'est pas remplie lorsqu'un fonds unique fait l'objet d'un démembrement de la propriété (Paris 4 juin 1970 : *J.C.P.* 70, II, 16497, note G.G.).

2) La servitude peut exister même s'il n'y a pas de contact entre le fonds servant et le fonds dominant (Civ. 1re, 23 nov. 1960 : *J.C.P.* 60, IV, 183. V. en ce sens Req. 21 juin 1909 : *D.P.* 1913, V, 54).

3) Il ne peut y avoir de servitude si les deux fonds appartiennent à la même personne (Req. 23 mars 1908 : *D.P.* 1908, I, 279. V. en ce sens Civ. 3e, 18 juin 1986 : *D.* 1987, Somm. 16, obs. Robert), sous réserve du cas où l'aménagement réalisé par le propriétaire unique se traduit par la

SERVITUDES — Art. 640

création d'une servitude par destination du père de famille (*infra*, art. 693). Sur l'extinction de la servitude au cas où le fonds dominant et le fonds servant sont réunis dans la même main, V. *infra*, art. 705.

4) Une servitude ne peut exister à l'intérieur d'une copropriété, dès lors que les copropriétaires ont seulement la jouissance exclusive de leur lot dont la propriété demeure commune entre tous (Civ. 3e, 10 janv. 1984 : *D.* 1985, 335, note crit. Aubert). V. aussi Paris, 25 avril 1979 : *D.* 1980, I.R. 234, obs. Giverdon. – Paris, 23 mai 1986 : *J.C.P.* 1986, éd. N, II, 305, note Stemmer.

5) Sur les servitudes collectives communales, V. Req. 4 janv. 1860 : *D.P.* 60, I, 14, (droits de chasse, de pacage et de glandée). – Req. 23 mars 1926 : *S.* 1926, I, 158 (servitude de pâturage et de pacage). – Civ. 1re, 26 janv. 1965 : *D.* 1965, 372 ; *Rev. trim. dr. civ.* 1965, 681, obs. Bredin (droits de puisage, de lavage et d'abreuvage). Comp. pour une servitude intercommunale Trib. civ. Béthune 2 mai 1934 : *S.* 1935, II, 51.

6) Sur l'interdiction de créer des servitudes pesant sur une personne, V. *infra*, art. 686.

II. Caractères de la servitude

7) Étant attachée au bien lui-même, la servitude le suit entre les mains des propriétaires successifs (Civ. 3e, 5 nov. 1970 : *J.C.P.* 70, IV, 309 ; *Bull.* III, n. 578, p. 420).

8) Le propriétaire d'un fonds dominant bénéficiaire d'une servitude *non altius tollendi* est en droit d'obtenir la démolition de la partie de l'ouvrage édifié par son voisin sur le fonds servant qui dépasse la limite de hauteur autorisée, afin que soit maintenue en faveur de son héritage la plénitude du droit réel qui s'y rattache (Civ. 1re, 28 oct. 1964 : *Gaz. Pal.* 1964, 2, 307).

9) Sur l'indivisibilité des servitudes, V. *infra*, art. 700.

10) Pour un exemple d'organisation d'une servitude de lotissement, V. Paris, 28 fév. 1962 : *D.* 1962, 452, note L. Mazeaud.

Art. 638. – **La servitude n'établit aucune prééminence d'un héritage sur l'autre.**

Art. 639. – **Elle dérive ou de la situation naturelle des lieux, ou des obligations imposées par la loi, ou des conventions entre les propriétaires.**

Sur le principe que les servitudes naturelles ne donnent lieu à aucun règlement entre les propriétaires respectifs des fonds servant et dominant, V. Civ. 3e, 14 déc. 1983 : *Bull.* III, n. 264, p. 201.

CHAPITRE I – DES SERVITUDES QUI DÉRIVENT DE LA SITUATION DES LIEUX

Art. 640. – **Les fonds inférieurs sont assujettis envers ceux qui sont plus élevés, à recevoir les eaux qui en découlent naturellement sans que la main de l'homme y ait contribué.**
Le propriétaire inférieur ne peut point élever de digue qui empêche cet écoulement.
Le propriétaire supérieur ne peut rien faire qui aggrave la servitude du fonds inférieur.

Art. 641

1) Pour bénéficier de la servitude de l'article 640, le demandeur doit prouver que les eaux ruissellent de son fonds sur le fonds servant (Riom 27 oct. 1970 : *D.* 1971, 138, note Robert).

2) La servitude prévue par l'article 640 ne s'applique qu'aux eaux dont l'écoulement est le résultat naturel de la configuration des lieux et notamment les eaux pluviales à l'exclusion des eaux ménagères ou résiduaires (Civ. 1re, 1er juin 1965 : *Gaz. Pal.* 1965, 2, 344. – V. aussi Civ. 3e, 4 juin 1975 : *J.C.P.* 75, IV, 241 ; *Bull.* III, n. 194, p. 150) (eaux provenant du lavage de camions d'une entreprise de transport et du lavage industriel de légumes).

3) Le propriétaire du fonds inférieur ne peut être condamné à faire disparaître les obstacles à l'écoulement naturel des eaux que s'ils sont la conséquence d'un fait qui lui est imputable (Civ. 1re, 1er juin 1965 : *Gaz. Pal.* 1965, 2, 344). Il a le droit de diriger à son gré les eaux provenant du fonds supérieur à condition de ne pas nuire à l'exercice de la servitude (Civ. 5 juil. 1948 : *D.* 1948, 460). Sur le principe que le propriétaire du fonds dominant ne doit procéder à aucune modification des lieux entraînant une aggravation de la condition du fonds servant, V. Civ. 3e, 13 nov. 1970 : *J.C.P.* 70, IV, 316 ; *Bull.* III, n. 600, p. 438.

4) La servitude d'écoulement ne s'éteint pas par le non-usage (Angers 9 déc. 1968 : *J.C.P.* 69, II, 15783, note Goubeaux), mais le propriétaire du fonds servant peut se libérer de cette servitude par la prescription extinctive résultant d'un ouvrage construit depuis plus de trente ans (Civ. 2 nov. 1953 : *D.* 1954, 39).

5) L'article 640, alinéa 2, qui interdit au propriétaire du fonds inférieur d'élever des digues faisant obstacle à l'écoulement des eaux provenant du fonds supérieur, ne s'applique pas aux eaux de débordement de cours d'eau (Civ. 3e, 18 mars 1987 : *Bull.* III, n. 56, p. 33 ; *J.C.P.* 88, II, 20956, note Gazzaniga et Ourliac).

6) V. C. rural, art. 123 et s. (servitudes de passage des eaux utiles), art. 126 et s. (servitudes d'appui), art. 135 et s. (servitudes d'écoulement des eaux nuisibles).

Art. 641 *(L. 8 avril 1898).* – **Tout propriétaire a le droit d'user et de disposer des eaux pluviales qui tombent sur son fonds.**

Si l'usage de ces eaux ou la direction qui leur est donnée aggrave la servitude naturelle d'écoulement établie par l'article 640, une indemnité est due au propriétaire du fonds inférieur.

La même disposition est applicable aux eaux de sources nées sur un fonds.

Lorsque, par des sondages ou des travaux souterrains, un propriétaire fait surgir des eaux dans son fonds, les propriétaires des fonds inférieurs doivent les recevoir ; mais ils ont droit à une indemnité en cas de dommages résultant de leur écoulement.

Les maisons, cours, jardins, parcs et enclos attenant aux habitations ne peuvent être assujettis à aucune aggravation de la servitude d'écoulement dans les cas prévus par les paragraphes précédents.

Les contestations auxquelles peuvent donner lieu l'établissement et l'exercice des servitudes prévues par ces paragraphes et le règlement, s'il y a lieu, des indemnités dues aux propriétaires des fonds inférieurs sont portées, en premier ressort, devant le juge du tribunal d'instance du canton qui, en prononçant, doit concilier les intérêts de l'agriculture et de l'industrie avec le respect dû à la propriété.

S'il y a lieu à expertise, il peut n'être nommé qu'un seul expert.

1) Le versement de l'indemnité prévue par l'article 641, al. 2 est subordonné à l'existence d'un préjudice (Req. 7 janv. 1895 : *D.P.* 1895, 1, 72). Cette condition est remplie

SERVITUDES   Art. 644

si le propriétaire du fonds dominant restitue des eaux corrompues (Req. 20 oct. 1913 : *D.P.* 1917, 1, 70. – Lyon 15 nov. 1973 : *D.* 1974, 588, note Prévault).

2) S'agissant de dégâts causés à des voies publiques par des inondations imputables à la modification apportée par un propriétaire à l'écoulement des eaux pluviales, le juge d'instance est compétent pour connaître de l'action en dommages intérêts et pour ordonner l'exécution de travaux (Civ. 1re, 17 janv. 1962 : *Bull.* I, n. 39, p. 35).

3) Sur la possibilité pour le juge d'ordonner un partage des eaux dès la source, V. Lyon 15 nov. 1973 : *D.* 1974, 588, note Prévault.

4) Sur l'application de l'article 641 du Code civil en ce qui concerne les eaux pluviales dans les départements de la Guadeloupe, de la Guyane, de la Martinique et de la Réunion, V. L. n. 73-550, 28 juin 1973, art. 2 : *J.O.* 29 juin ; *J.C.P.* 73, III, 40645.

Art. 642 *(L. 8 avril 1898).* – **Celui qui a une source dans son fonds peut toujours user des eaux à sa volonté dans les limites et pour les besoins de son héritage.**

Le propriétaire d'une source ne peut plus en user au préjudice des propriétaires des fonds inférieurs qui, depuis plus de trente ans, ont fait et terminé, sur le fonds où jaillit la source, des ouvrages apparents et permanents destinés à utiliser les eaux ou à en faciliter le passage dans leur propriété.

Il ne peut pas non plus en user de manière à enlever aux habitants d'une commune, village ou hameau, l'eau qui leur est nécessaire ; mais si les habitants n'en ont pas acquis ou prescrit l'usage, le propriétaire peut réclamer une indemnité, laquelle est réglée par experts.

1) Le propriétaire du fonds sur lequel jaillit la source peut disposer entièrement de l'eau à son gré (Req. 26 avril 1928 : *D.H.* 1928, 269), à condition de ne pas restituer des eaux insalubres (Req. 7 juin 1869 : *D.P.* 71, 1, 117).

2) Pour que la prescription prévue par l'article 642, alinéa 2, s'applique, il faut que les ouvrages soient faits de main d'homme (Civ. 5 juil. 1893 : *D.P.* 93, 1, 595). Cette prescription est applicable aux eaux d'un canal privé (Civ. 27 juin 1927 : *D.H.* 1927, 495).

3) Les juges du fond disposent d'un pouvoir souverain pour reconnaître l'existence d'un hameau (Req. 4 déc. 1895 : *D.P.* 96, 1, 342), ainsi que pour apprécier la nécessité de l'eau pour les habitants (Req. 18 fév. 1905 : *D.P.* 1906, 1, 253). Mais la servitude imposée par l'article 642, alinéa 3, ne concerne que les eaux courantes, à l'exclusion des citernes, puits, mares et étangs (Civ. 21 juin 1909 : *D.P.* 1909, 1, 459).

Art. 643 *(L. 8 avril 1898).* – **Si, dès la sortie du fonds où elles surgissent, les eaux de source forment un cours d'eau offrant le caractère d'eaux publiques et courantes, le propriétaire ne peut les détourner de leur cours naturel au préjudice des usagers inférieurs.**

L'article 643 ne peut s'appliquer que si le débit de la source est assez fort pour constituer un véritable cours d'eau (Civ. 11 fév. 1903 : *D.P.* 1904, 1, 13). Jugé que cette condition n'est pas remplie pour un courant d'eau d'un débit de douze litres à la seconde (Nancy 20 oct. 1954 : *D.* 1956, somm. 16).

Art. 644. – **Celui dont la propriété borde une eau courante, autre que celle qui est déclarée dépendance du domaine public par l'article 538 au titre *De la distinction des biens*, peut s'en servir à son passage pour l'irrigation de ses propriétés.**

Celui dont cette eau traverse l'héritage, peut même en user dans l'intervalle qu'elle y parcourt, mais à la charge de la rendre, à la sortie de ses fonds, à son cours ordinaire.

1) Seuls les riverains ont droit à l'usage de l'eau courante (Civ. 28 mars 1938 : *D.H.* 1938, 338).

2) Le propriétaire dont le fonds est bordé par une eau courante peut utiliser cette eau pour les besoins d'une usine (Req. 4 mai 1887 : *D.P.* 87, 1, 199).

3) Chaque riverain doit rendre l'excédent non absorbé (Grenoble 6 août 1901 : *D.P.* 1902, 2, 225). Il ne peut exécuter des travaux au-dessus du cours d'eau ou le joignant qu'à la condition de ne pas préjudicier à l'écoulement et de ne causer aucun dommage aux propriétés voisines (C. rural, art. 105). Il a l'obligation d'effectuer les travaux d'entretien, de curage et de redressement (C. rural, art. 98. – Civ. 2e, 11 déc. 1963 : *D.* 1964, 213).

4) Si en principe les eaux doivent être restituées à la sortie du fonds, il suffit, en cas d'obstacle résultant de la situation des lieux ou d'impossibilité matérielle, que ces eaux soient conduites à l'endroit le plus rapproché où la pente du sol rend possible la restitution (Civ. 3e, 6 janv. 1972 : *Bull.* III, n. 9, p. 7).

5) Le droit d'usage de l'eau courante est un droit réel qui ne s'éteint pas par le non-usage (Grenoble 28 janv. 1903 sous Req. 15 nov. 1904 : *D.P.* 1907, 1, 346), mais il peut disparaître par l'effet d'une prescription acquisitive accomplie au profit d'un tiers (même arrêt). Jugé que ce droit d'usage constitue une quasi-possession susceptible de donner ouverture à l'action possessoire (Rennes 15 fév. 1980 : *D.* 1983, I.R., 13, obs. Robert).

6) Sur le droit d'usage dans les cours d'eau mixtes, V. L. n. 64-1245 du 16 déc. 1964, art. 36 (*J.O.* 18 déc. ; *J.C.P.* 65, III, 30756). – V. aussi D. n. 71-415 du 1er juin 1971, art. 3 (*J.O.* 8 juin ; *J.C.P.* 71, III, 37951).

Art. 645. – **S'il s'élève une contestation entre les propriétaires auxquels ces eaux peuvent être utiles, les tribunaux, en prononçant, doivent concilier l'intérêt de l'agriculture avec le respect dû à la propriété ; et, dans tous les cas, les règlements particuliers et locaux sur le cours et l'usage des eaux doivent être observés.**

1) Les tribunaux judiciaires sont compétents pour statuer sur des contestations privées qui s'élèvent à raison de l'inexécution des règlements d'eau faits par l'autorité administrative (Civ. 1re, 29 janv. 1958 : *D.* 1958, 187).

2) Le juge qui n'est saisi par aucune des parties de conclusion à cette fin n'est pas tenu de leur imposer d'office un règlement d'eau (Civ. 3e, 4 fév. 1975 : *J.C.P.* 75, IV, 100 ; *Bull.* III, n. 39, p. 31).

3) L'article 645 confère aux tribunaux un pouvoir souverain pour régler le mode de jouissance des eaux d'après les intérêts et les besoins des riverains (Civ. 11 déc. 1907 : *D.P.* 1908, 1, 501). Ils doivent concilier les intérêts de l'agriculture avec les intérêts privés, en tenant compte des circonstances de temps et de lieu et en faisant observer les règlements et usages locaux (Req. 31 juil. 1907 : *D.P.* 1908, 1, 10).

Art. 646. – **Tout propriétaire peut obliger son voisin au bornage de leurs propriétés contiguës. Le bornage se fait à frais communs.**

1) Sur la compétence du tribunal d'instance, V. C. org. jud., art. R 321-9, 3o. Les tribunaux judiciaires sont compétents pour connaître d'une demande de bornage d'un chemin rural à usage public mais appartenant au domaine privé de la commune (Lyon 8 fév. 1968 : *D.* 1968, 483). – V. aussi C. rural art. 62 ; D. n. 69-897 du 18 sept. 1969, art. 9 (*J.O.* 3 oct. ; *J.C.P.* 69, III, 35988).

2) L'action en bornage ne peut être exercée lorsque les fonds sont séparés par

SERVITUDES   Art. 648

un ruisseau formant entre eux une limite naturelle (Civ. 11 déc. 1901 : *D.P.* 1902, 1, 353).

3) L'article 646 est applicable même si les héritages contigus sont en partie couverts de constructions, l'action en bornage ne cessant de pouvoir s'exercer que lorsqu'il s'agit de bâtiments qui se touchent (Civ. 1re, 28 déc. 1957 : *D.* 1958, 95).

4) Est recevable l'action en bornage de deux fonds contigus dont l'un appartient privativement au défendeur et l'autre est indivis entre le demandeur et quelques autres personnes (Civ. 3e, 22 oct. 1980 : *J.C.P.* 81, IV, 10).

5) Sur le droit pour l'usufruitier d'exercer l'action en bornage, v. Paris 13 oct. 1986 : *D.* 1988, Somm. 13, 5e esp., obs. Robert.

6) Le jugement passé en force de chose jugée qui statue sur le bornage des propriétés contiguës en adoptant le tracé de l'expert constitue pour chacun des voisins un titre de propriété définitif (Civ. 21 juin 1944 : *D.* 1945, 159).

7) Le bornage peut être effectué du commun accord des propriétaires intéressés et résulte alors d'une convention que la loi n'a soumise à aucune forme particulière (Civ. 3e, 16 fév. 1968 : *Bull.* III, n. 64, p. 53). Un bornage amiable concrétisé par la signature d'un procès-verbal constitue une transaction et a à ce titre l'autorité de la chose jugée par application de l'article 2052 (Paris, 19 déc. 1986 : *D.* 1988, Somm. 13, 6e esp., obs. Robert). Mais jugé qu'un procès-verbal dont l'exécution n'a jamais été demandée ne fait pas obstacle à une action postérieure en bornage (Civ. 3e, 9 mai 1968 : *Bull.* III, n. 193, p. 152). Sur l'aspect civil et fiscal du procès-verbal de bornage, V. *J.C.P.* 81, I, éd. N, 350.

8) S'il y a contestation, la partie qui succombe doit supporter tout ou partie des dépens (Civ. 3e, 16 juin 1976 : *D.* 1976, somm. 70).

9) Sur la liberté des modes de preuve admissibles, v. Civ. 3e, 18 fév. 1987 et 13 nov. 1986 : *D.* 1988, Somm. 13, 1re et 2e esp., obs. Robert. Les énonciations du cadastre rénové ont valeur de simples présomptions (Civ. 3e, 20 déc. 1982 : *D.* 1983, I.R., 369, obs. Robert ; *Bull.* III, n. 259, p. 194).

Art. 647. – Tout propriétaire peut clore son héritage, sauf l'exception portée en l'article 682.

1) Le propriétaire d'un fonds grevé d'une servitude de passage conserve le droit de se clore à condition de ne pas porter atteinte au droit de passage ni d'en rendre l'exercice plus incommode (Civ. 3e, 6 juin 1969 : *J.C.P.* 69, II, 16070, note G.G. – Civ. 3e, 21 mars 1972 : *J.C.P.* 72, IV, 118 ; *Bull.* III, n. 200, p. 142).

2) Le propriétaire ne peut se clore qu'à la condition de laisser dans sa clôture des ouvertures suffisantes pour permettre le libre écoulement des eaux naturelles provenant du fonds supérieur (Req. 24 juin 1867 : *D.P.* 67, 1, 503).

Art. 648. – Le propriétaire qui veut se clore perd son droit au parcours et vaine pâture, en proportion du terrain qu'il y soustrait.

1) Sur le droit de vaine pâture, V. C. rural, art. 189 et s.
2) Sur la suppression du droit dit de bandite dans le département des Alpes-Maritimes, V. L. n. 63-945 du 8 juil. 1963 (*J.O.* 9 juil. ; *J.C.P.* 63, III, 29271).

CHAPITRE II. – DES SERVITUDES ÉTABLIES PAR LA LOI

Art. 649. – **Les servitudes établies par la loi ont pour objet l'utilité publique ou communale, ou l'utilité des particuliers.**

Art. 650. – **Celles établies pour l'utilité publique ou communale ont pour objet le marchepied le long des rivières navigables ou flottables, la construction ou réparation des chemins et autres ouvrages publics ou communaux.**
Tout ce qui concerne cette espèce de servitude est déterminé par des lois ou des règlements particuliers.

1) Sur la servitude de halage et de marchepied, V. C. navig., art. 15 et s.

2) Sur les servitudes administratives, V. J.-Cl. Civil, App. art. 637-685.

Art. 651. – **La loi assujettit les propriétaires à différentes obligations l'un à l'égard de l'autre, indépendamment de toute convention.**

Art. 652. – **Partie de ces obligations est réglée par les lois sur la police rurale ;**
Les autres sont relatives au mur et au fossé mitoyens, au cas où il y a lieu à contre-mur, aux vues sur la propriété du voisin, à l'égout des toits, au droit de passage.

SECTION I. – DU MUR ET DU FOSSÉ MITOYENS

Art. 653. – **Dans les villes et les campagnes, tout mur servant de séparation entre bâtiments jusqu'à l'héberge, ou entre cours et jardins, et même entre enclos dans les champs, est présumé mitoyen, s'il n'y a titre ou marque du contraire.**

1) Si le mur a été édifié légèrement en biais par rapport à la ligne de séparation, les juges du fond apprécient souverainement si ce mur doit ou non être considéré comme mitoyen (Civ. 1re, 27 fév. 1957 : *Bull.* I, n. 107, p. 88).

2) L'article 653 du Code civil n'exige pas que les titres dont il appartient aux juges du fond d'interpréter le sens et la portée soient communs aux deux parties (Civ. 3e, 3 juil. 1973 : *J.C.P.* 73, IV, 317 ; *Bull.* III, n. 459, p. 336).

3) La présomption de mitoyenneté de l'article 653 n'est pas applicable à un mur qui sépare un bâtiment d'une cour (Civ. 3e, 25 oct. 1972 : *Bull.* III, n. 559, p. 410. – Civ. 3e, 7 mars 1973 : *Bull.* III, n. 186,

p. 135), ni à un plafond (Civ. 3e, 8 juin 1988 : D. 1989, Somm. 33, obs. Robert).

4) A défaut de titre ou de marque de non-mitoyenneté, la présomption légale édictée par l'article 653 cesse de produire son effet lorsque l'un des voisins prouve que son bâtiment a été construit avant celui de l'autre et à une époque où le mur litigieux ne pouvait être considéré que comme étant sa propriété exclusive (Civ. 24 oct. 1951 : *D.* 1951, 772).

5) La mitoyenneté est un droit de propriété dont deux personnes jouissent en commun et non une servitude (Civ. 3e, 20 juil. 1989 : *J.C.P.* 89, IV, 359 ; *Bull.* III, n. 173, p. 93).

SERVITUDES LÉGALES — Art. 657

Art. 654. – Il y a marque de non-mitoyenneté lorsque la sommité du mur est droite et à plomb de son parement d'un côté, et présente de l'autre un plan incliné ; Lors encore qu'il n'y a que d'un côté ou un chaperon ou des filets et corbeaux de pierre qui y auraient été mis en bâtissant le mur.
Dans ces cas, le mur est censé appartenir exclusivement au propriétaire du côté duquel sont l'égout ou les corbeaux et filets de pierre.

1) L'énumération des marques de non-mitoyenneté contenue dans l'article 654 n'est qu'énonciative (Req. 19 juil. 1928 : *D.P.* 1930, 1, 8).

2) La marque de non-mitoyenneté prévue à l'article 654 alinéa 1 ne peut suffire à combattre les marques matérielles contraires et les indications qui ressortent d'un acte écrit (Civ. 1re, 6 fév. 1967 : *D.* 1967, 430).

Art. 655. – La réparation et la reconstruction du mur mitoyen sont à la charge de tous ceux qui y ont droit, et proportionnellement au droit de chacun.

1) Lorsque des murs ont été construits sur l'emplacement des anciens murs mitoyens, les règles de la mitoyenneté sont applicables et non celles de l'accession (Req. 15 mai 1933 : *Gaz. Pal.* 1933, 2, 361).

2) Le copropriétaire doit supporter seul les frais de réparation lorsqu'il a lui-même endommagé le mur au cours de travaux de démolition de son immeuble vétuste (Civ. 3e, 2 déc. 1975 : *J.C.P.* 76, IV, 32 ; *Bull.* III, n. 356, p. 270), et de manière générale lorsque les réparations sont rendues nécessaires par son fait (Civ. 3e, 21 déc. 1988 : *Bull.* III, n. 188, p. 101).

Art. 656. – Cependant, tout copropriétaire d'un mur mitoyen peut se dispenser de contribuer aux réparations et reconstructions en abandonnant le droit de mitoyenneté pourvu que le mur mitoyen ne soutienne pas un bâtiment qui lui appartienne.

1) La faculté d'abandon ne peut être exercée par un copropriétaire lorsque les frais de remise en état sont rendus nécessaires par son défaut d'entretien (Civ. 3e, 23 nov. 1976 : *Bull.* III, n. 419, p. 319), mais elle pourrait l'être par son acquéreur (Grenoble 30 juin 1958 : *Gaz. Pal.* 1958, 2, 196).

2) La faculté d'abandon ne peut être exercée par un copropriétaire qui retire du mur mitoyen un avantage particulier, notamment lorsque le mur constitue pour le propriétaire d'un fonds, surplombant celui qui lui est contigu, le soutien des terres de sa propriété (Civ. 3e, 23 nov. 1976, précité).

3) La faculté d'abandon peut être exercée même dans les lieux où la clôture est forcée (Civ. 26 juil. 1882 : *D.P.* 1883, 1, 342).

Art. 657. – Tout copropriétaire peut faire bâtir contre un mur mitoyen, et y faire placer des poutres ou solives dans toute l'épaisseur du mur, à cinquante-quatre millimètres près, sans préjudice du droit qu'a le voisin de faire réduire à l'ébauchoir la poutre jusqu'à la moitié du mur, dans le cas où il voudrait lui-même asseoir des poutres dans le même lieu, ou y adosser une cheminée.

L'article 657 ne permettrait de faire bâtir contre un mur que si ce mur est mitoyen, le propriétaire qui a utilisé le mur séparatif pour y appuyer des terres de remblai et y bâtir des clôtures est tenu d'en acquérir la mitoyenneté (Civ. 3e, 9 juin 1982 : *J.C.P.* 82, IV, 298 ; *D.* 1982, I.R., 421).

Art. 658 *(L. n. 60-464 du 17 mai 1960, art. 1er)*. — **Tout copropriétaire peut faire exhausser le mur mitoyen ; mais il doit payer seul la dépense de l'exhaussement et les réparations d'entretien au-dessus de la hauteur de la clôture commune ; il doit en outre payer seul les frais d'entretien de la partie commune du mur dus à l'exhaussement et rembourser au propriétaire voisin toutes les dépenses rendues nécessaires à ce dernier par l'exhaussement.**

1) Le copropriétaire qui veut exhausser le mur mitoyen n'a pas à solliciter le consentement de son voisin (Req. 18 avril 1866 : *D.P.* 66, 1, 336), sauf, par application de l'article 662, s'il appuie une construction sur l'exhaussement (Lyon 28 avril 1976 : *D.* 1977, 268, note Prévault).

2) Le copropriétaire qui exhausse à ses frais exclusifs le mur mitoyen dans les conditions autorisées par l'article 658 n'est pas obligé d'établir l'exhaussement sur toute l'épaisseur du mur (Civ. 1re, 1er mars 1961 : *Bull.* I, n. 135, p. 108).

3) Le copropriétaire mitoyen peut prétendre au remboursement des frais de transformation ou de surélévation des cheminées placées à proximité du mur dès lors qu'il y a relation de cause à effet entre l'exhaussement de celui-ci et le mauvais fonctionnement des cheminées (Civ. 1re, 28 juin 1967 : *D.* 1967, 672. – Civ. 3e, 9 oct. 1985 : *Bull.* III, n. 118, p. 91).

Art. 659. – **Si le mur mitoyen n'est pas en état de supporter l'exhaussement, celui qui veut l'exhausser doit le faire reconstruire en entier à ses frais, et l'excédent d'épaisseur doit se prendre de son côté.**

V. pour une application, Civ. 3e, 6 mars 1974 : *Bull.* III, n. 107, p. 82.

Art. 660 *(L. n. 60-464 du 17 mai 1960, art. 1er)*. – **Le voisin qui n'a pas contribué à l'exhaussement peut en acquérir la mitoyenneté en payant la moitié de la dépense qu'il a coûté et la valeur de la moitié du sol fourni pour l'excédent d'épaisseur, s'il y en a. La dépense que l'exhaussement a coûté est estimée à la date de l'acquisition, compte tenu de l'état dans lequel se trouve la partie exhaussée du mur.**

Art. 661 *(L. n. 60-464 du 17 mai 1960, art. 1er)*. – **Tout propriétaire joignant un mur a la faculté de le rendre mitoyen en tout ou en partie, en remboursant au maître du mur la moitié de la dépense qu'il a coûté, ou la moitié de la dépense qu'a coûtée la portion du mur qu'il veut rendre mitoyenne et la moitié de la valeur du sol sur lequel le mur est bâti. La dépense que le mur a coûté est estimée à la date de l'acquisition de sa mitoyenneté, compte tenu de l'état dans lequel il se trouve.**

1) La faculté d'acquérir la mitoyenneté est absolue, la seule condition imposée étant de payer le prix (Civ. 3e, 25 avril 1972 : *J.C.P.* 72, II, 17152). L'existence d'un droit indivis de propriété n'empêche pas l'établissement d'une mitoyenneté entre le terrain sur lequel il porte et le terrain voisin appartenant à un coïndivisaire (Civ. 3e, 4 juin 1975 : *Bull.* III, n. 192, p. 149).

2) L'article 661 implique que le mur a été édifié sur le fonds voisin (Civ. 1re, 9 oct. 1963 : *Gaz. Pal.* 1964, 1, 22). Un mur bâti par un seul propriétaire de part et d'autre dela limite de deux héritages dans une ville a dès son origine vocation à la mitoyenneté et le voisin qui veut y appuyer un bâtiment doit donc verser l'indemnité prévue par l'article 663 du Code civil et non celle prévue par l'article 661 (Civ. 3e, 7 janv. 1971 : *J.C.P.* 71, II, 16696, note Goubeaux). Mais jugé que le mur qui empiète sur le terrain voisin n'est pas pour autant mitoyen s'il a été construit

SERVITUDES LÉGALES — Art. 662

sans l'accord du propriétaire de la parcelle limitrophe (Civ. 3e, 9 juil. 1984 : *D.* 1985, 409, note Souleau). Celui sur le sol duquel le mur séparatif a été en partie construit peut en acquérir la mitoyenneté en remboursant au constructeur la moitié du coût de sa construction actualisé au jour de l'acquisition, la valeur de la moitié du sol n'ayant pas à être remboursée puisqu'elle lui appartient déjà (Civ. 3e, 11 mai 1982 : *J.C.P.* 82, IV, 257).

3) L'adossement d'une construction sur le mur d'un voisin n'emporte pas acquisition de la mitoyenneté et constitue une entreprise de fait justifiant la condamnation du constructeur à la démolition (Civ. 22 janv. 1900 : *D.P.* 1900, I, 351), ou à des dommages-intérêts (Civ. 1re, 30 juin 1965 : *J.C.P.* 66, II, 14499, 1re esp., note R.L.).

4) En l'absence d'une convention, la cession de la mitoyenneté s'opère par l'effet de la demande d'acquisition et à sa date (Civ. 1re, 19 janv. 1954 : *D.* 1954, 240).

5) L'article 661 autorise tout propriétaire joignant un mur à n'en acquérir la mitoyenneté que pour partie suivant les besoins de sa construction (Req. 27 fév. 1939 : *D.H.* 1939, 226).

6) L'acquéreur de la mitoyenneté peut exiger la démolition d'ouvrages antérieurs incompatibles avec l'exercice de ses droits de mitoyenneté (Civ. 28 juil. 1936 : *Gaz. Pal.* 1936, 2, 836). Il peut également s'opposer à l'exécution du bail antérieurement consenti par le vendeur à une entreprise d'affichage (Trib. civ. Laval 16 janv. 1930 : *D.P.* 1930, 2, 127, note Voirin).

7) Les dispositions des articles 1641 et suivants relatives à la garantie des vices cachés ne sont pas applicables au cas où le propriétaire joignant un mur use de la faculté de le rendre mitoyen ouverte à son profit par l'article 661 (Civ. 3e, 2 oct. 1980 : *Bull.* III, n. 143, p. 107).

8) La mitoyenneté d'un mur ne peut être acquise lorsque l'exercice de ce droit est incompatible avec celui d'une servitude de vue (Civ. 3e, 23 oct. 1985 : *Bull.* III, n. 130, p. 99 ; *Rev. dr. imm.* 1986, 183, obs. Bergel. – V. en ce sens Req. 25 janv. 1869 : *D.P.* 1870, I, 72).

Art. 662. – L'un des voisins ne peut pratiquer dans le corps d'un mur mitoyen aucun enfoncement, ni y appliquer ou appuyer aucun ouvrage sans le consentement de l'autre, ou sans avoir, à son refus, fait régler par experts les moyens nécessaires pour que le nouvel ouvrage ne soit pas nuisible aux droits de l'autre.

1) Un copropriétaire ne peut à lui seul concéder à un propriétaire non contigu ni tolérer en sa faveur l'usage du mur mitoyen (Civ. 1re, 20 juin 1962 : *D.* 1962, 607). Jugé cependant que chaque copropriétaire possède un droit d'usage exclusif sur la face du mur qui limite son héritage et peut, sous la seule condition de ne pas compromettre la solidité du mur, y apposer des affiches ou céder son droit d'usage à des tiers (Paris 6 fév. 1962 : *D.* 1962, somm. 69).

2) Il appartient aux juges du fond d'apprécier souverainement s'il convient d'ordonner la destruction des ouvrages irrégulièrement édifiés ou d'allouer des dommages intérêts (Civ. 3e, 3 oct. 1974 : *D.* 1975, 151). Jugé que si la construction ne nuit pas aux intérêts du propriétaire voisin et si elle n'entraîne aucune dégradation ni aucun risque d'effondrement, le défaut de consentement ne peut justifier la démolition demandée ni même, en l'absence de préjudice, des dommages-intérêts (Lyon 28 avril 1976 : *D.* 1977, 268, note Prévault).

3) Dès lors qu'un propriétaire a utilisé un mur séparatif pour y appuyer des terres de remblai et y bâtir des clôtures, il est tenu d'en acquérir la mitoyenneté (Civ. 3e, 9 juin 1982 : *J.C.P.* 82, IV, 298 ; *D.* 1982, I.R., 421). Mais la seule juxtaposition des murs,

Art. 663 — SERVITUDES LÉGALES

séparés par un interstice de quelques centimètres (dans lequel ont été glissées des plaques de polystyrène), ne constitue pas une emprise de mitoyenneté suffisante (Civ. 3e, 18 fév. 1987 : *Bull.* III, n. 32, p. 19).

Art. 663. – **Chacun peut contraindre son voisin, dans les villes et faubourgs, à contribuer aux constructions et réparations de la clôture faisant séparation de leurs maisons, cours et jardins assis ès dites villes et faubourgs : la hauteur de la clôture sera fixée suivant les règlements particuliers ou les usages constants et reconnus, et, à défaut d'usages et de règlements, tout mur de séparation entre voisins, qui sera construit ou rétabli à l'avenir, doit avoir au moins trente-deux décimètres de hauteur, compris le chaperon, dans les villes de cinquante mille âmes et au-dessus, et vingt-six décimètres dans les autres.**

1) Le propriétaire d'un terrain ne peut invoquer l'article 663 si son terrain n'est ni une cour ni un jardin et ne forme pas non plus une dépendance naturelle et nécessaire du bâtiment qui y est établi (Req. 28 fév. 1905 : *D.P.* 1905, 1, 303).

2) L'article 663 ne peut être étendu à un mur pignon faisant partie d'un édifice (Civ. 3e, 15 mars 1968 : *Bull.* III, n. 120, p. 94).

3) L'obligation prévue à l'article 663 s'étend aux passages en tant que ceux-ci constituent la dépendance d'une habitation (Civ. 3e, 3 oct. 1974 : *D.* 1975, Somm. 4).

4) Dans le silence de l'article 663, un propriétaire ne saurait imposer au propriétaire d'un fonds contigu l'obligation de rembourser la moitié du prix d'un mur séparatif déjà construit (Req. 25 juil. 1928 : *D.P.* 1929, 1, 29, note Fréjaville. – V. aussi Civ. 3e, 25 oct. 1983 : *Bull.* III, n. 198, p. 151).

Art. 664. – *Abrogé, L. 28 juin 1938 ; L. n. 65-557 10 juil. 1965, art. 48.*

Sur le statut de la copropriété des immeubles bâtis, V. L. n. 65-557 du 10 juil. 1965 ; D. n. 67-223 du 17 mars 1967, Annexe.

Art. 665. – **Lorsqu'on reconstruit un mur mitoyen ou une maison, les servitudes actives et passives se continuent à l'égard du nouveau mur ou de la nouvelle maison, sans toutefois qu'elles puissent être aggravées, et pourvu que la reconstruction se fasse avant que la prescription soit acquise.**

Art. 666 *(L. 20 août 1881).* – **Toute clôture qui sépare des héritages est réputée mitoyenne, à moins qu'il n'y ait qu'un seul des héritages en état de clôture, ou s'il y a titre, prescription ou marque contraire.**

Pour les fossés, il y a marque de non-mitoyenneté lorsque la levée ou le rejet de la terre se trouve d'un côté seulement du fossé.

Le fossé est censé appartenir exclusivement à celui du côté duquel le rejet se trouve.

1) Les termes de l'alinéa 2 de l'article 666 du Code civil sont purement énonciatifs et il appartient aux juges du fond d'apprécier souverainement la valeur des présomptions de mitoyenneté ou de non-mitoyenneté d'un fossé (Civ. 1re, 9 avril 1959 : *Bull.* I, n. 173, p. 144. – Civ. 3e, 11 juin 1986 : *D.* 1987, Somm. 12, obs. Robert).

2) La marque de non-mitoyenneté résultant de ce que le rejet des terres se trouve d'un seul côté du fossé n'est pas détruite par la constatation de dépôts de terres accidentels sur l'autre côté (Toulouse 20 nov. 1933 : *Gaz. Pal.* 1934, 1, 53. – V. en ce sens, Req. 22 juil. 1861 : *D.P.* 1861, 1, 475).

SERVITUDES LÉGALES — Art. 671

Art. 667 *(L. 20 août 1881).* – La clôture mitoyenne doit être entretenue à frais communs ; mais le voisin peut se soustraire à cette obligation en renonçant à la mitoyenneté.
Cette faculté cesse, si le fossé sert habituellement à l'écoulement des eaux.

Art. 668 *(L. 20 août 1881).* – Le voisin dont l'héritage joint un fossé ou une haie non mitoyens ne peut contraindre le propriétaire de ce fossé ou de cette haie à lui céder la mitoyenneté.
Le copropriétaire d'une haie mitoyenne peut la détruire jusqu'à la limite de sa propriété, à la charge de construire un mur sur cette limite.
La même règle est applicable au copropriétaire d'un fossé mitoyen qui ne sert qu'à la clôture.

Art. 669 *(L. 20 août 1881).* – Tant que dure la mitoyenneté de la haie, les produits en appartiennent aux propriétaires par moitié.

Art. 670 *(L. 20 août 1881).* – Les arbres qui se trouvent dans la haie mitoyenne sont mitoyens comme la haie. Les arbres plantés sur la ligne séparative de deux héritages sont aussi réputés mitoyens. Lorsqu'ils meurent ou lorsqu'ils sont coupés ou arrachés, ces arbres sont partagés par moitié. Les fruits sont recueillis à frais communs et partagés aussi par moitié, soit qu'ils tombent naturellement, soit que la chute en ait été provoquée, soit qu'ils aient été cueillis.
Chaque propriétaire a le droit d'exiger que les arbres mitoyens soient arrachés.

1) Un arbre ne peut être considéré comme mitoyen, s'il a crû presque entièrement sur le fonds sur lequel il a été planté et si son tronc n'a que depuis quelques années dépassé la ligne séparative (Req. 1er mars 1939 : *D.H.* 1939, 338).

2) L'article 670, alinéa 2, ne concerne que les arbres mitoyens isolés se trouvant dans une haie ou plantés sur la ligne séparative et non des arbustes, variété de cyprès destinés à la clôture, dont les branches entrelacées et le feuillage épais constituent une haie clôturant un jardin (Civ. 3e, 11 fév. 1976 : *D.* 1976, 561, note Prévault).

3) Si l'un des propriétaires doit être considéré comme ayant reçu sa part dans le partage de l'arbre dont il a de son propre chef supprimé la moitié, cet arbre garde son caractère mitoyen et l'arrachage doit en être ordonné à frais communs, mais au profit exclusif de l'autre copropriétaire (Civ. 1re, 16 juil. 1963 : *J.C.P.* 63, II, 13363, note R.L.).

4) S'agissant d'émonde, les branches et feuillages provenant de l'élagage sont des fruits qui doivent être recueillis à frais communs et partagés par moitié (Civ. 3e, 25 janv. 1972 : *Bull.* III, n. 54, p. 39).

Art. 671 *(L. 20 août 1881).* – Il n'est permis d'avoir des arbres, arbrisseaux et arbustes près de la limite de la propriété voisine qu'à la distance prescrite par les règlements particuliers actuellement existants, ou par des usages constants et reconnus, et à défaut de règlements et usages, qu'à la distance de deux mètres de la ligne séparative des deux héritages pour les plantations dont la hauteur dépasse deux mètres, et à la distance d'un demi-mètre pour les autres plantations.
Les arbres, arbustes et arbrisseaux de toute espèce peuvent être plantés en espaliers, de chaque côté du mur séparatif, sans que l'on soit tenu d'observer aucune distance, mais ils ne pourront dépasser la crête du mur.
Si le mur n'est pas mitoyen, le propriétaire seul a le droit d'y appuyer les espaliers.

Art. 672

1) La règle posée par l'article 671, alinéa 1, doit recevoir application même si le fonds dans l'intérêt duquel l'observation de la distance légale est réclamée ne peut être cultivé dans la partie de terrain contigüe à la ligne séparative (Civ. 25 mars 1862 : *D.P.* 1862, 1, 174). S'il existe un chemin d'exploitation entre les deux héritages, la largeur de ce dernier doit être comprise dans la distance légale (Req. 12 avril 1910 : *D.P.* 1913, 5, 28).

2) L'article 671 ne peut être invoqué contre un usage local selon lequel dans les terrains de labour et de fauche les plantations se feront à six mètres de la ligne séparative et à huit mètres pour les peupliers (Lyon 8 fév. 1961 : *Gaz. Pal.* 1961, 1, 261) ni contre un usage local d'après lequel les plantations ne sont assujetties à aucune distance (Civ. 1re, 27 nov. 1963 : *D.* 1964, 102). Les juges du fond ne sont pas tenus de préciser les éléments d'où résulte l'usage dont ils constatent souverainement l'existence (Civ. 3e, 14 fév. 1984 : *Bull.* III, n. 36, p. 27). Jugé que l'usage autorisant dans les banlieues pavillonnaires de la région parisienne la plantation d'arbres et de haies jusqu'à l'extrême limite des jardins ne peut être admis que s'il ne cause pas une gêne excessive (Paris 24 avril 1985 : *D.* 1985, I.R. 399, obs. Robert).

3) Sur les plantations d'arbres et de haies vives le long des chemins ruraux, V. D. n. 69-897 du 18 sept. 1969, art. 18 : *J.O.* 3 oct. ; *J.C.P.* 69, III, 35988.

4) Le point de départ de la prescription trentenaire pour la réduction des arbres près de la limite de la propriété voisine à la hauteur déterminée par l'article 671 n'est pas la date à laquelle ils ont été plantés mais celle à laquelle ils ont dépassé la hauteur maximum permise (Civ. 3e, 8 déc. 1981 : *J.C.P.* 82, IV, 84 ; *Bull.* III, n. 207, p. 151).

Art. 672 *(L. 20 août 1881).* – **Le voisin peut exiger que les arbres, arbrisseaux et arbustes, plantés à une distance moindre que la distance légale, soient arrachés ou réduits à la hauteur déterminée dans l'article précédent, à moins qu'il n'y ait titre, destination du père de famille ou prescription trentenaire.**

Si les arbres meurent, ou s'ils sont coupés ou arrachés, le voisin ne peut les remplacer qu'en observant les distances légales.

L'option entre l'arrachage et l'élagage des arbres situés entre cinquante centimètres et deux mètres de la limite des fonds voisins appartient au propriétaire des arbres (Civ. 3e, 14 oct. 1987 : *Bull.* III, n. 174, p. 101. V. en ce sens Civ. 3e, 17 juil. 1985 : *Bull.* III, n. 112, p. 86 ; *Rev. dr. imm.* 1986, 184, obs. Bergel).

Art. 673 *(L. 20 août 1881 ; L. 12 fév. 1921).* – **Celui sur la propriété duquel avancent les branches des arbres, arbustes et arbrisseaux du voisin peut contraindre celui-ci à les couper. Les fruits tombés naturellement de ces branches lui appartiennent.**

Si ce sont les racines, ronces ou brindilles qui avancent sur son héritage, il a le droit de les y couper lui-même à la limite de la ligne séparative.

Le droit de couper les racines, ronces et brindilles ou de faire couper les branches des arbres, arbustes ou arbrisseaux est imprescriptible.

1) L'article 673, alinéa 1er, n'est pas applicable aux fonds séparés par un chemin privé dont l'usage commun par les riverains ne saurait être limité à la circulation et au passage (Civ. 3e, 2 fév. 1982 : *J.C.P.* 82, IV, 143 ; *Bull.* III, n. 34, p. 22).

2) La rédaction de l'article 673 n'autorise pas à en restreindre l'application aux racines secondaires et aux arbres plantés à la distance prescrite par l'article 671 (Civ. 1re, 18 janv. 1960 : *Bull.* I, n. 31, p. 24).

SERVITUDES LÉGALES — Art. 675

3) Le propriétaire d'un arbre, même planté à la distance réglementaire, est responsable des dommages causés par les racines s'étendant sur les héritages voisins (Paris 13 éc. 1960 : *J.C.P.* 61, II, 11937, note J. Mazeaud, et, sur pourvoi, Civ. 1re, 6 avril 1965 : *D.* 1965, 432 – V. en ce sens Civ. 3e, 20 nov. 1984 : *D.* 1985, I.R. 399, obs. Robert).

4) Le non-exercice du droit de réclamer l'élagage constitue, en l'absence de convention expresse, une tolérance qui ne peut caractériser une servitude dont la charge s'aggraverait avec les années (Civ. 3e, 17 juil. 1975 : *Bull.* III, n. 262, p. 198).

5) Sur la compétence du tribunal d'instance pour les actions relatives à l'élagage des arbres, V. C. org. jud., art. R. 321-9, mais l'action doit être portée devant le tribunal de grande instance s'il y a contestation sur les droits de propriété ou de servitude (Civ. 18 juil. 1923 : *D.P.* 1926, 1, 118).

SECTION II. – DE LA DISTANCE ET DES OUVRAGES INTERMÉDIAIRES REQUIS POUR CERTAINES CONSTRUCTIONS

Art. 674. – **Celui qui fait creuser un puits ou une fosse d'aisance près d'un mur mitoyen ou non,**
Celui qui veut y construire cheminée ou âtre, forge, four ou fourneau,
Y adosser une étable,
Ou établir contre ce mur un magasin de sel ou amas de matières corrosives,
Est obligé à laisser la distance prescrite par les règlements et usages particuliers sur ces objets, ou à faire les ouvrages prescrits par les mêmes règlements et usages pour éviter de nuire au voisin.

1) Lorsqu'une construction a été édifiée conformément à un permis de construire, le propriétaire ne peut être condamné par un tribunal de l'ordre judiciaire du fait de la méconnaissance des règles d'urbanisme ou des servitudes d'utilité publique que si, préalablement, le permis a été annulé pour excès de pouvoir ou son illégalité constatée par la juridiction administrative (C. urb., art. L. 480-13). Le demandeur doit établir une relation directe entre l'infraction et le préjudice personnel qu'il invoque (Civ. 3e, 17 mars 1976 : *Bull.* III, n. 294, p. 226).

2) Sur la servitude judiciaire dite de « cours communes », V. C. urb., art. L. 451-1 à L. 451-3 et art. R. 451-1 à R. 451-4. Sur le droit à indemnité du propriétaire du fonds grevé, V. Civ. 3e, 26 avril 1977 (*J.C.P.* 78, II, 18791).

3) Les particuliers qui subissent un trouble résultant de la violation de servitudes d'urbanisme ne bénéficient pas de la protection possessoire (Civ. 3e, 27 janv. 1976 : *Bull.* III, n. 37, p. 26).

SECTION III. – DES VUES SUR LA PROPRIÉTÉ DE SON VOISIN

Art. 675. – **L'un des voisins ne peut, sans le consentement de l'autre, pratiquer dans le mur mitoyen aucune fenêtre ou ouverture, en quelque manière que ce soit, même à verre dormant.**

1) Des briques translucides ne peuvent constituer un « jour » prohibé par l'article 675 (Civ. 1re, 26 nov. 1964 : *J.C.P.* 65, II, 14185, note Bulté).

2) L'interdiction posée par l'article 675 n'est plus applicable lorsque le mur cesse d'être mitoyen (Req. 17 mars 1891 : *D.P.* 1892, 1, 25).

3) L'ouverture pratiquée en violation de l'article 675 peut être acquise par prescription si elle constitue non pas un simple jour mais une servitude de vue (Civ. 3e, 10 avril 1975 : *Bull.* III, n. 117, p. 89).

Art. 676. – **Le propriétaire d'un mur non mitoyen, joignant immédiatement l'héritage d'autrui, peut pratiquer dans ce mur des jours ou fenêtres à fer maillé et verre dormant.**
Ces fenêtres doivent être garnies d'un treillis de fer, dont les mailles auront un décimètre (environ trois pouces huit lignes) d'ouverture au plus, et d'un châssis à verre dormant.

Art. 677. – **Ces fenêtres ou jours ne peuvent être établis qu'à vingt-six décimètres (huit pieds) au-dessus du plancher ou sol de la chambre qu'on veut éclairer, si c'est à rez-de-chaussée, et à dix-neuf décimètres (six pieds) au-dessus du plancher pour les étages supérieurs.**

1) La détermination du caractère des ouvertures est une question de fait qu'il appartient aux juges de fond de trancher souverainement, alors même que ces ouvertures ont été pratiquées en dehors de certaines des conditions prévues par les articles 676 et 677 du Code civil (Civ. 3e, 17 déc. 1973 : *J.C.P.* 74, IV, 47. – Civ. 3e, 31 janv. 1984 : *Bull.* III, n. 24, p. 18. – V. aussi Versailles 12 nov. 1980 ; *J.C.P.* 82, II, 19709, note Goubeaux).

2) Des ouvertures munies de carreaux de verre translucides mais non transparents, scellés et ne pouvant s'ouvrir, ne constituent pas des vues ou jours au sens des articles 676 et s. du Code civil (Civ. 1re, 6 déc. 1955 : *J.C.P.* 56, II, 9042, note Blin. – Comp. Civ. 1re, 22 juil. 1964 : *D.* 1964, 710).

Art. 678 *(L. n. 67-1253, du 30 déc. 1967, art. 35).* – **On ne peut avoir des vues droites ou fenêtres d'aspect, ni balcons ou autres semblables saillies sur l'héritage clos ou non clos de son voisin, s'il n'y a dix-neuf décimètres de distance entre le mur où on les pratique et ledit héritage, à moins que le fonds ou la partie du fonds sur lequel s'exerce la vue ne soit déjà grevé, au profit du fonds qui en bénéficie, d'une servitude de passage faisant obstacle à l'édification de constructions.**

1) Les prescriptions relatives aux distances à respecter pour ouvrir des vues droites sur l'immeuble voisin ne concernent que les propriétés contiguës (Civ. 3e, 22 mars 1989 : *Bull.* III, n. 74, p. 41).

2) Les terrasses doivent être assimilées aux fenêtres ou balcons (Civ. 1re, 10 juil. 1957 : *D.* 1957, 616. – Civ. 3e, 23 oct. 1984 : *J.C.P.* 85, IV, 7). Mais une terrasse dépourvue de tout mode d'accès régulier et normal et qui n'a jamais servi comme terrasse n'a pas le caractère d'une vue sur l'immeuble voisin (Req. 2 mars 1938 : *D.H.* 1938, 242). De même, l'article 678 est inapplicable à des vues s'exerçant sur un toit affectant la forme d'une terrasse dépourvue d'ouvertures (Civ. 3e, 3 juil. 1969 : *D.* 1969, 685. – Civ. 3e, 29 avril 1986 : *Bull.* III, n. 58, p. 44 ; *D.* 1987, Somm. 16, obs. Robert ; *Rev. dr. imm.* 1987, 40, obs. Bergel), ni à des ouvertures donnant sur un mur aveugle (Aix 19 juin 1962 : *D.* 1962, 538).

3) Ne constituent pas des vues droites au sens de l'article 678 les intervalles existant entre les barreaux d'une grille de clôture dès lors qu'ils rendent possible la réciprocité de la vue (Civ. 3e, 17 janv. 1973 : *Bull.* III, n. 59, p. 44).

4) La servitude légale fondée sur l'article 678 peut disparaître par l'effet de la prescription extinctive (Civ. 3e, 12 nov. 1975 : *J.C.P.* 76, II, 18400, note Goubeaux).

SERVITUDES LÉGALES — Art. 682

5) Les juges du fond ont le devoir d'ordonner la suppression des vues illégales (Civ. 1re, 14 janv. 1963 : *D.* 1963, 421), mais ils peuvent ordonner une expertise pour rechercher si la partie qui demande la dissolution justifie d'un trouble personnel et si une démolition partielle ne suffirait pas à supprimer ce préjudice (Civ. 3e, 6 janv. 1972 : *Bull.* III, n. 13, p. 11). Jugé toutefois que la solution préconisée par l'expert, qui consiste à poser des panneaux de plexiglass opaque pour empêcher toute vue droite, n'est pas conforme aux dispositions de l'article 678 et ne peut être imposée au propriétaire voisin (Lyon 30 mars 1988 : *J.C.P.* 89, II, 21163, note Prévault).

6) Le droit d'établir des vues non conformes aux articles 678 à 680 du Code civil peut résulter d'une servitude de vue acquise par prescription (Civ. 3e, 12 nov. 1975 : *J.C.P.* 76, II, 18400, note Goubeaux).

Art. 679 *(L. n. 67-1253 du 30 déc. 1967, art. 35).* **– On ne peut, sous la même réserve, avoir des vues par côté ou obliques sur le même héritage, s'il n'y a six décimètres de distance.**

Art. 680. – La distance dont il est parlé dans les deux articles précédents, se compte depuis le parement extérieur du mur où l'ouverture se fait, et, s'il y a balcons ou autres semblables saillies, depuis leur ligne extérieure jusqu'à la ligne de séparation des deux propriétés.

V. pour une application Civ. 3e, 25 oct. 1972 : *J.C.P.* 73, II, 17491, note Goubeaux.

SECTION IV. – DE L'ÉGOUT DES TOITS

Art. 681. – Tout propriétaire doit établir des toits de manière que les eaux pluviales s'écoulent sur son terrain ou sur la voie publique ; il ne peut les faire verser sur le fonds de son voisin.

1) Une fois tombées sur le terrain du propriétaire du toit, les eaux peuvent s'écouler sur le fonds voisin dans les conditions prévues par l'article 640 du Code civil (Civ. 3e, 7 nov. 1972 : *Bull.* III, n. 583, p. 428. – V. aussi Civ. 3e, 11 mai 1976 : *J.C.P.* 76, IV, 224 ; *Bull.* III, n. 195, p. 152). Le propriétaire d'un immeuble n'a pas à répondre du sort des eaux pluviales régulièrement déversées sur la voie publique quand bien même ces eaux rejailliraient en suite sur le mur d'un voisin (Civ. 3e, 4 fév. 1976 : *Bull.*, III, n. 52, p. 41).

2) Le déversement des eaux pluviales sur un terrain indivis est possible pour autant qu'il reste conforme à la destination des lieux et compatible avec le droit du coïndivisaire (Civ. 3e, 9 janv. 1985 : *Bull.* III, n. 9, p. 7 ; *D.* 1985, I.R. 398, obs. Robert).

3) Sur la possibilité d'acquérir par prescription le droit de déverser les eaux pluviales sur le fonds voisin, V. Civ. 1re, 9 oct. 1963 : *Bull.* I, n. 425, p. 364. Mais cette servitude ne peut concerner les eaux altérées par la main de l'homme (Civ. 1re, 4 déc. 1963 : *D.* 1964, 104).

SECTION V. – DU DROIT DE PASSAGE

Art. 682 *(L. 20 août 1881 ; L. n. 67-1253 du 30 déc. 1967, art. 36).* **– Le propriétaire dont les fonds sont enclavés et qui n'a sur la voie publique aucune issue, ou qu'une issue insuffisante pour l'exploitation agricole, industrielle ou commerciale de sa propriété, soit**

Art. 682 — SERVITUDES LÉGALES

pour la réalisation d'opérations de construction ou de lotissement, est fondé à réclamer sur les fonds de ses voisins un passage suffisant pour assurer la desserte complète de ses fonds, à charge d'une indemnité proportionnée au dommage qu'il peut occasionner.

I. Conditions d'existence de la servitude

1) L'état d'enclave peut résulter de ce que l'issue existante est inutilisable en raison de son étroitesse et de son débouché devant un mur (Civ. 3e, 11 fév. 1975 : *Bull.* III, n. 56, p. 44). Une parcelle à destination agricole doit être considérée comme enclavée si les issues sur les voies publiques existantes ne permettent pas le passage des machines agricoles ni des gros animaux (Civ. 3e, 9 mars 1976 : *Bull.* III, n. 107, p. 84). Mais l'issue est réputée suffisante quand une dépense minime suffirait à la remettre en état (Civ. 17 déc. 1928 : *Gaz. Pal.* 1929, 1, 421). L'état d'enclave est apprécié souverainement par les juges du fond (Civ. 3e, 11 déc. 1969 : *J.C.P.* 70, IV, 30 ; *Bull.* III, n. 834, p. 631). Ceux-ci peuvent estimer que le coût d'aménagement d'un trajet n'est pas tel que la parcelle doive être considérée comme enclavée au sens de l'article 682 (Civ. 3e, 30 juin 1982 : *D.* 1982, I.R., 302 ; *Bull.* III, n. 136, p. 97).

2) L'article 682 ne distingue pas entre les divers modes d'exploitation dont peut être l'objet le fonds dominant (Civ. 3e, 8 juil. 1974 : *J.C.P.* 74, IV, 317 ; *Bull.* III, n. 297, p. 225). La nécessité de la création d'un passage s'apprécie par rapport à une utilisation normale du fonds (Civ. 1re, 11 mai 1960 : *J.C.P.* 60, II, 11838, note Dijol).

3) Le propriétaire d'une parcelle qui s'est enclavé de son fait et pour des raisons de commodité personnelle ne peut prétendre à une servitude légale de passage (Civ. 3e, 27 juin 1972 : *J.C.P.* 72, IV, 214 ; *Bull.* III, n. 421, p. 306. – Metz 30 avril 1976 : *J.C.P.* 76, IV, 386). Ne donne pas de base légale à sa décision l'arrêt qui retient qu'un garage ouvert sur l'arrière d'un immeuble situé sur une voie publique est enclavé et qu'il n'est pas possible de lui donner accès à cette voie sans une autorisation des services municipaux, sans rechercher si une telle autorisation avait été refusée par l'administration (Civ. 3e, 8 oct. 1985 : *Bull.* III, n. 116, p. 90). Mais le caractère volontaire de l'enclave ne peut résulter de ce que le propriétaire du fonds n'est pas intervenu auprès de la commune pour que soit rendu praticable le seul chemin public desservant le fonds (Civ. 3e, 4 janv. 1973 : *J.C.P.* 73, IV, 70 ; *Bull.* III, n. 19, p. 14). Doit être cassé l'arrêt qui a débouté le propriétaire au motif qu'il a pris délibérément le risque de réaliser un ensemble dont il ne pouvait ignorer qu'il serait inaccessible par le passage existant, alors qu'il fallait rechercher si l'opération prévue par ce propriétaire permettait une utilisation normale de son bien (Civ. 3e, 29 avril 1981 : *J.C.P.* 81, IV, 252). Les juges du fond ne peuvent estimer qu'une parcelle est enclavée en retenant que les travaux nécessaires pour créer une issue seraient coûteux et seraient soumis à l'obtention d'une permission de voirie et d'un permis de construire, sans préciser si le coût des travaux était disproportionné à la valeur du fonds (Civ. 3e, 8 oct. 1986 : *Bull.* III, n. 138, p. 109 ; *Rev. dr. imm.* 1987, 323).

4) Il n'y a pas d'enclave si la desserte du fonds est assurée par un passage qui s'exerce sur un héritage voisin en vertu d'une tolérance au moins aussi longtemps que celle-ci n'est pas supprimée (Civ. 3e, 29 mai 1968 : *J.C.P.* 68, IV, 120 ; *Bull.* III, n. 247, p. 189. – Civ. 3e, 16 juin 1981 : *Bull.* III, n. 126, p. 91). Le fonds enclavé ne saurait bénéficier de deux passages obtenus sur la base de l'article 682 du Code civil (T.G.I. Bordeaux 24 juin 1969 : *J.C.P.* 69, II, 16109, note Ghestin).

5) La servitude de passage prévue par l'article 682 n'existe pas si les deux fonds

SERVITUDES LÉGALES — Art. 684

appartiennent au même propriétaire (Civ. 3e, 18 juin 1986 : *D.* 1987, Somm. 16, obs. Robert).

II. Modalités d'exercice de la servitude

6) Les exigences de desserte, entre elles, de deux parcelles enclavées sont étrangères à l'objet de la servitude établie par l'article 682 du Code civil (Civ. 3e, 7 janv. 1987 : *Bull.* III, n. 6, p. 4).

7) Si la servitude de « tour d'échelle » n'existait que dans l'ancien droit, il reste que le propriétaire ne peut sans commettre un abus de droit refuser à son voisin le passage sur son terrain pour procéder à des réparations sur un mur (Versailles 28 avril 1986 : *D.* 1987, Somm. 15, 3e esp., obs. Robert. Comp., faisant appel à la notion d'obligation légale de voisinage, T.I. Martigues [réf.] 25 juin 1986 : *Rev. dr. imm.* 1986, 439, obs. Bergel).

8) L'article 682 s'applique aux canalisations souterraines indispensables à l'utilisation normale du fonds enclavé (Civ. 22 nov. 1937 : *D.P.* 1938, 1, 62, note Voirin. – Civ. 3e, 14 déc. 1977 : *Bull.* III, n. 451, p. 344 – Versailles 25 janv. 1985 : *D.* 1985, I.R. 398, obs. Robert). Il autorise aussi un passage aérien (Civ. 24 fév. 1930 : *D.P.* 1932, 1, 9, note Besson).

9) Les juges du fond peuvent prescrire une desserte plus importante du fonds enclavé pour tenir compte des conditions actuelles de la vie et aussi de la nécessité de permettre un secours rapide en cas d'incendie ou d'un quelconque danger (Civ. 3e, 28 oct. 1974 : *Bull.* III, n. 387, p. 295. – V. aussi Civ. 3e, 4 fév. 1987 : *Bull.* III, n. 21, p. 13).

10) Le droit de passage n'est pas limité par l'importance du dommage causé au propriétaire du fonds servant (Civ. 3e, 25 janv. 1977 : *Bull.* III, n. 42, p. 31), mais ce dernier a droit à une indemnité qui est fonction de son préjudice et non du profit procuré au propriétaire du fonds enclavé (Civ. 3e, 16 avril 1973 : *D.* 1973, 501).

11) Le fait même de l'enclave constitue le titre permettant d'exercer l'action possessoire (Civ. 3e, 11 mai 1976 : *Bull.* III, n. 197, p. 154).

12) La cessation de l'état d'enclave n'implique ni que l'assiette du passage se situe exclusivement sur les fonds contigus de celui enclavé ni qu'elle doive grever un seul fonds (Civ. 3e, 18 janv. 1989 : *Bull.* III, n. 17, p. 9).

13) Sur la servitude de passage et d'aménagement établie par l'Etat pour assurer la continuité des voies de défense contre l'incendie dans certains bois et massifs forestiers, V. Code forestier, art. L.321-5-1.

Art. 683 *(L. 20 août 1881).* – **Le passage doit régulièrement être pris du côté où le trajet est le plus court du fonds enclavé à la voie publique.**

Néanmoins, il doit être fixé dans l'endroit le moins dommageable à celui sur le fonds duquel il est accordé.

1) Le juge peut écarter l'issue la plus courte en tenant compte de la configuration des lieux et des intérêts en présence (Civ. 1re, 29 juin 1953 : *D.* 1953, 597. – Civ. 3e, 24 oct. 1974 : *Bull.* III, n. 376, p. 285).

2) Si un propriétaire enclavé ne dispose sur un fonds que d'un passage inadapté à l'utilisation normale de son propre fonds et s'il en réclame un autre, l'article 683 impose de prendre le passage du côté le plus court même s'il doit être établi sur une parcelle différente (Civ. 3e, 8 juil. 1974 : *J.C.P.* 74, IV, 317 ; *Bull.* III, n. 297, p. 225).

Art. 684 *(L. 20 août 1881).* – **Si l'enclave résulte de la division d'un fonds par suite d'une vente, d'un échange, d'un partage ou de tout autre contrat, le passage ne peut être demandé que sur les terrains qui ont fait l'objet de ces actes.**

Art. 685

Toutefois, dans le cas où un passage suffisant ne pourrait être établi sur les fonds divisés, l'article 682 serait applicable.

1) S'agissant d'un acte de vente réalisant la division d'un fonds en trois parcelles et reconnaissant au profit de l'une d'elles, qui s'est trouvée enclavée, une servitude de passage sur les deux autres, les juges du fond peuvent admettre que la convention, n'ayant eu pour fin que la fixation de l'assiette et l'aménagement du passage, n'a pas eu pour effet de modifier le fondement légal de la servitude et de lui conférer un caractère conventionnel (Civ. 3e, 23 nov. 1976 : *D.* 1977, 158, note Franck).

2) L'article 684 du Code civil n'est applicable que si l'état d'enclave est le résultat immédiat de la convention qui a entraîné la division du fonds (Civ. 3e, 5 fév. 1974 : *Bull.* III, n. 58, p. 44).

3) Si, aux termes de l'article 684, lorsque l'enclave résulte de la division d'un fonds par suite d'une vente, le passage ne peut être demandé que sur les terrains qui ont fait l'objet de cet acte, c'est toujours l'article 682 qui doit être appliqué si un passage suffisant ne peut être établi sur le fonds divisé compte tenu de l'exploitation actuelle du fonds enclavé, même si celle-ci a été modifiée depuis la division des héritages (Civ. 3e, 11 mars 1970 : *Gaz. Pal.* 1970, 2, 76).

4) Le fondement de la servitude étant légal, l'acquéreur de la parcelle devenue enclavée à la suite de la division d'un fonds ne peut invoquer une renonciation de l'auteur commun au bénéfice de la servitude (Civ. 3e, 21 juin 1983 : *Bull.* III, n. 143, p. 112).

Art. 685 *(L. 20 août 1881).* – **L'assiette et le mode de servitude de passage pour cause d'enclave sont déterminés par trente ans d'usage continu.**
L'action en indemnité, dans le cas prévu par l'article 682, est prescriptible, et le passage peut être continué, quoique l'action en indemnité ne soit plus recevable.

1) Peut être acquise par prescription l'assiette d'un passage emprunté depuis plus de trente ans suivant un tracé demeuré permanent dans sa direction malgré une certaine « plasticité » imposée par la nature même de la parcelle traversée (Civ. 1re, 7 juil. 1960 : *Bull.* I, n. 379, p. 311. – V. aussi Civ. 1re, 17 juin 1964 : *J.C.P.* 65, II, 13882, note Bulté).

2) Le moyen tiré de l'usucapion trentenaire d'une servitude fondée sur l'enclave étant mélangé de fait et de droit ne peut êtreprésenté pour la première fois devant la Cour de cassation (Civ. 3e, 13 mai 1971 : *Bull.* III, n. 300, p. 214).

Art. 685-1 *(aj. L. n· 71-494 du 25 juin 1971).* – **En cas de cessation de l'enclave et quelle que soit la manière dont l'assiette et le mode de la servitude ont été déterminés, le propriétaire du fonds servant peut, à tout moment, invoquer l'extinction de la servitude si la desserte du fonds dominant est assurée dans les conditions de l'article 682.**
A défaut d'accord amiable, cette disparition est constatée par une décision de justice.

G. GOUBEAUX, *La loi du 25 juin 1971 relative à l'extinction de la servitude de passage pour cause d'enclave* : J.C.P. 71, I, 2416. – PH. BIHR, *L'extinction de la servitude de passage en cas de cessation de l'enclave* : D. 1972, chron. 27.

1) En l'absence de toute convention ou d'une décision judiciaire devenue irrévocable, l'article 685-1 du Code civil permet de supprimer la servitude légale de passage en cas d'enclave après la cessation de cet état, bien que l'exercice de cette servitude se soit prolongé pendant plus de trente ans (Civ. 3e, 12 mai 1975 : *J.C.P.* 76, II, 18223, note Goubeaux). Mais la servitude subsiste entre la disparition de l'enclave et le jugement la constatant (Civ. 3e, 1er juil. 1980 : *J.C.P.* 81, II, 19626, note Goubeaux).

2) L'article 685-1 est inapplicable aux servitudes établies par destination du père de famille (Civ. 3e, 12 mars 1977 : *Bull.* I, n. 142, p. 110. − Paris, 4 juin 1986 : *D.* 1987, Somm. 15, 1re esp., obs. Robert), mais on ne saurait faire grief à une cour d'appel d'avoir constaté l'extinction d'une servitude de passage par suite de disparition de l'enclave dès lors qu'elle retient souverainement que le droit de passage était la conséquence de l'état d'enclave et que le titre invoqué par le propriétaire du fonds dominant était simplement recognitif de servitude (Civ. 3e, 16 juil. 1974 : *Bull.* III, n. 310, p. 234. − Civ. 3e, 3 nov. 1982 : *Defrénois* 1983, 1212, obs. Souleau. − Civ. 3e, 13 déc. 1983 : *Bull.* III, n. 260, p. 198. − Comp. Civ. 3e, 23 nov. 1976 : *D.* 1977, 158, note Franck).

CHAPITRE III. − DES SERVITUDES ÉTABLIES PAR LE FAIT DE L'HOMME

SECTION I. − DES DIVERSES ESPÈCES DE SERVITUDES QUI PEUVENT ÊTRE ÉTABLIES SUR LES BIENS

Art. 686. − **Il est permis aux propriétaires d'établir sur leurs propriétés, ou en faveur de leurs propriétés, telles servitudes que bon leur semble, pourvu néanmoins que les services établis ne soient imposés ni à la personne, ni en faveur de la personne, mais seulement à un fonds et pour un fonds, et pourvu que ces services n'aient d'ailleurs rien de contraire à l'ordre public.**

L'usage et l'étendue des servitudes ainsi établies se règlent par le titre qui les constitue ; à défaut de titre, par les règles ci-après.

I. Service imposé à un fonds et non à une personne

1) Sur le principe que la servitude doit être créée au profit d'un fonds et non d'une personne, V. Civ. 30 juin 1936 : S. 1937, I, 161, note Vialleton ; *D.P.* 1938, I, 65, note Besson. − Civ. 27 juil. 1938 : *Gaz. Pal.* 1938, 2, 669 − Civ. 1re, 4 nov 1963 : *Bull.* III, n. 470, p. 399.

2) Les juges du fond sont souverains pour apprécier si les parties ont eu en vue l'établissement d'une servitude réelle ou une simple obligation personnelle (Civ. 10 juin 1936, préc. Civ. 3e, 5 mai 1975 : *J.C.P.* 75, IV, 202 ; *Bull.* III, n. 155, p. 118), sous le contrôle de la Cour de cassation quant à la qualification (Civ. 3e, 22 juin 1976 : *J.C.P.* 76, IV, 277 ; *D.* 1976, I.R. 272 ; *Bull.* III, n. 280, p. 215 ; *Défrenois* 1977, 46, note Frank). Jugé que la convention doit révéler sans équivoque possible l'intention des parties de constituer la servitude (Civ. 1re, 10 juil. 1957 : *D.* 1957, 616).

3) Une exclusivité d'approvisionnement imposée à un commerçant ne constitue pas une servitude (Douai 1er avril 1911 : *D.P.* 1913, II, 111), pas plus qu'une simple obligation de gardiennage (Paris, 2e ch., 23 nov 1979 : *Juris-Data* n. 0477) ou l'obligation imposée à un propriétaire de reconstruire sa façade en pierre de taille (Paris 11 nov. 1908, et Req. 15 nov. 1910 : *D.P.*1911, I, 326).

4) Jugé que si la règle posée par l'article 686 ne prohibe pas absolument l'institution de servitudes *in faciendo* obligeant le propriétaire du fonds servant à accomplir une prestation positive, encore faut-il que cette prestation ne puisse être assurée que par ce propriétaire et puisse l'être indistinctement

par tous les propriétaires successifs de ce fonds servant (Montpellier 16 janv. 1967 : *Gaz. Pal.* 1967, 1, 233), ou que l'interdiction de l'article 686 ne s'applique pas lorsqu'un propriétaire de cave se voit imposer une prestation de vinification et de conservation des récoltes du vignoble voisin, dès lors qu'une telle prestation est stipulée au profit de tout acquéreur éventuel de ce vignoble (Civ. 1re, 14 avril 1956 : *Bull.* I, n. 161).

5) L'interdiction faite à l'acquéreur d'un fonds de l'affecter à usage déterminé peut revêtir le caractère d'une servitude établie par le fait de l'homme attachée au fonds dans l'intérêt d'un autre fonds et est valable pourvu que le service n'ait rien de contraire à l'ordre public, et une convention restreignant sans limitation de temps l'exercice d'une activité commerciale définie est licite si elle est restreinte à un lieu déterminé (Com. 15 juil. 1987 : *D.* 1988, 360, note Atias et Mouly ; *Rev. trim. dr. civ.* 1989, 351, obs. Zénati).

6) Sur la limite à l'interdiction des servitudes *in faciendo* résultant du caractère accessoire, par rapport à la servitude, de la prestation imposée au propriétaire du fonds servant, V. art. 698.

II. Service rendu à un fonds et non à une personne

7) Sur l'interdiction de créer des servitudes qui ne profitent qu'à une personne, V. Civ. 30 juin 1936, préc. n. 1. – Civ. 3e, 22 juin 1976 : *J.C.P.* 76, IV, 277 ; *D.* 1976, I.R. 272 ; *Bull.* III, n. 280, p. 215.

8) Sur la distinction entre droit de passage personnel et servitude de passage, V. Civ. 1re, 11 mai 1965 : *Bull.* I, n. 317, p. 234. – Civ. 3e, 5 mai 1975 : *J.C.P.* 75, IV, 202 ; *Bull.* III, n. 155, p. 118. Doit être cassé l'arrêt qui a qualifié de servitude le droit de passage conféré en vue de l'implantation d'un téléski, en affirmant que l'ensemble mécanique qu'est le remonte-pente peut être considéré comme le fonds dominant, alors qu'il appartenait à la cour d'appel de rechercher si le droit de passage avait été institué pour l'usage et l'utilité d'un autre héritage (Civ. 3e, 12 déc. 1984 : *J.C.P.* 85, II, 20411, note Goubeaux).

9) La concession d'un droit de chasse ne saurait avoir le caractère d'une servitude réelle dès lors que le fonds en faveur duquel il est accordé n'en recueille aucune utilité et que le profit ou l'agrément que ce droit peut amener ne concerne que la personne du propriétaire du fonds et non le fonds lui-même (Crim. 9 janv. 1891 : *D.P.* 1891, I, 89 ; S. 1891, I, 489. V. en ce sens, écartant une servitude collective de pêche, Civ. 2 juil. 1946 : *J.C.P.* 46, II, 3164, note J.F.L.C. ; *D.* 1947, 405, note Ripert, et, condamnant une servitude individuelle de chasse, Civ. 3e, 22 juin 1976, préc., n. 7).

10) Une clause d'habitation bourgeoise peut parfaitement suivant les circonstances revêtir le caractère d'un service attaché au fonds lui-même dans l'intérêt d'un autre fonds (Civ. 30 juin 1936, préc. n. 1. V. en ce sens Civ. 3e, 6 nov. 1969 : *D.* 1970, Somm. 104. – Civ. 3e, 10 oct. 1978 : *D.* 1979, 581, note Frank).

11) En faveur des servitudes de puisage, V. Civ. 3e, 3 nov. 1981 : *Bull.* III, n. 178, p. 129. Comp., pour une servitude de fouille destinée à l'alimentation d'une fontaine, Civ. 3e, 27 juin 1978 : *Gaz. Pal.* 1978, 2, Somm. 430.

12) En faveur des servitudes d'usage de bois et de pacage dans les bois et forêts, V. Civ. 3e, 18 juil. 1979 : *Bull.* III, n. 161, p. 124.

13) Pour la reconnaissance d'un droit de « dépaissance » (droit de faire paître ses bestiaux), V. Civ. 3e, 20 fév. 1979 : *Bull.* III, n. 42, p. 31.

14) L'existence d'une servitude impliquant l'installation, l'entretien et l'alimentation d'une chambre froide installée par une biscuiterie ne saurait être admise dès lors que

SERVITUDES DU FAIT DE L'HOMME — Art. 689

cette chambre froide n'a d'utilité que pour le fonds de commerce et non pour l'immeuble où celui-ci est exploité (Montpellier 16 janv. 1967 : *Gaz. Pal.* 1967, 1, 233).

III. Ordre public

15) Les particuliers ne peuvent déroger aux servitudes d'intérêt public et notamment aux servitudes d'urbanisme (Civ. 3e, 3 fév. 1982 : *D.* 1982, I.R. 212 ; *Bull.* III, n. 36, p. 23).

16) Sur le principe que les servitudes de lotissement demeurent des servitudes privées, quand bien même le cahier des charges qui les institue aurait fait l'objet d'une autorisation administrative ou serait reproduit dans le règlement administratif du lotissement, V. Civ. 3e, 9 avril 1974 : *Bull.* III, n. 144, p. 108. – Civ. 3e, 20 nov. 1974 : *Bull.* III, n. 423, p. 324 ; *D.* 1975, I.R. 46. Mais elles ne peuvent l'emporter sur les servitudes d'urbanisme lorsque celles-ci sont d'intérêt public (Civ. 3e, 3 fév. 1982 : *Bull.* n. 36, p. 23).

Art. 687. – Les servitudes sont établies ou pour l'usage des bâtiments, ou pour celui des fonds de terre.

Celles de la première espèce s'appellent *urbaines,* soit que les bâtiments auxquels elles sont dues soient situés à la ville ou à la campagne.

Celles de la seconde espèce se nomment *rurales*.

Art. 688. – Les servitudes sont ou continues, ou discontinues.

Les servitudes continues sont celles dont l'usage est ou peut être continuel sans avoir besoin du fait actuel de l'homme : tels sont les conduites d'eau, les égouts, les vues et autres de cette espèce.

Les servitudes discontinues sont celles qui ont besoin du fait actuel de l'homme pour être exercées : tels sont les droits de passage, puisage, pacage et autres semblables.

1) Une servitude n'est discontinue que lorsque c'est dans le fait même de l'homme que réside son exercice et ne répond pas à cette définition celle qui peut s'exercer d'elle-même de façon continue au moyen d'ouvrages permanents aménagés à cet effet, encore que l'usage n'en soit qu'intermittent et comporte pour sa suspension ou sa reprise une intervention humaine (Civ. 3e, 23 juin 1981 : *J.C.P.* 81, IV, 331 ; *Bull.* III, n. 133, p. 95). Une servitude d'eaux usées, fût-elle apparente, ne peut se perpétuer sans l'intervention renouvelée de l'homme et a donc un caractère discontinu (Civ. 3e, 11 mai 1976 : *Bull.* III, n. 198, p. 155), mais une servitude de vue existe du fait même de l'ouverture donnant sur l'héritage d'autrui et a donc un caractère continu (Civ. 1re, 22 fév. 1965 : *J.C.P.* 65, IV, 47 ; *Bull.* I, n. 146, p. 109).

2) Les droits de puisage, de lavage ou d'abreuvage présentent les caractères d'une servitude discontinue (Civ. 3e, 27 janv. 1976 : *Gaz. Pal.* 1976, 1, Somm. 82).

3) La servitude d'aqueduc, lorsqu'elle s'exerce au moyen d'ouvrages apparents, est continue, alors même que le fait de l'homme est nécessaire. Il suffit que l'eau, une fois libre de tout obstacle, s'écoule sans le fait actuel de l'homme au moyen des appareils construits pour cet objet (Civ. 25 oct. 1887 : *D.P.* 1888, I, 106, concl. Petiton. – Civ. 3e, 29 juin 1983 : *Bull.* III, n. 154, p. 120).

Art. 689. – Les servitudes sont apparentes ou non apparentes.

Les servitudes apparentes sont celles qui s'annoncent par des ouvrages extérieurs, tels qu'une porte, une fenêtre, un aqueduc.

Les servitudes non apparentes sont celles qui n'ont pas de signe extérieur de leur existence, comme, par exemple, la prohibition de bâtir sur un fonds, ou de ne bâtir qu'à une hauteur déterminée.

Art. 690 — SERVITUDES DU FAIT DE L'HOMME

1) Il n'est pas nécessaire que la servitude, pour être apparente, se révèle ostensiblement à l'attention de tous, il suffit qu'elle se manifeste sans équivoque à celle du propriétaire du fonds servant (Civ. 1re, 20 déc. 1955 : *D.* 1956, 214. Sur la nécessité d'un signe extérieur pour que la servitude d'écoulement d'eau devienne une servitude apparente, V. Riom 27 oct. 1970 : *D.* 1971, 138, note Robert).

2) Sur le caractère apparent de la servitude d'aqueduc, V. Civ. 1re, 20 déc. 1955, préc. – Civ. 3e, 29 juin 1983 : *Bull.* III, n. 154, p. 120. Mais jugé que le signe extérieur ne résulte pas nécessairement des extrémités de canalisations, fussent-elles visibles (Civ. 3e, 21 oct. 1975 : *D.* 1975, I.R. 264), ni de la présence, au fond d'une excavation, des restes d'une canalisation ancienne (Civ. 1re, 30 janv. 1963 : *Bull.* I, n. 71, p. 62).

3) La servitude de prospect est continue et non apparente (Civ. 1re, 22 mars 1966 : *J.C.P.* 66, II, 14696, note H.G.).

SECTION II. – COMMENT S'ÉTABLISSENT LES SERVITUDES

Art. 690. – Les servitudes continues et apparentes s'acquièrent par titre, ou par la possession de trente ans.

I. Etablissement par titre

1) Une servitude de passage, étant l'accessoire nécessaire de la servitude de puisage, n'a pas à être établie par un titre distinct (Civ. 3e, 7 mai 1986 : *D.* 1987, Somm. 15, 2e esp., obs. Robert).

2) L'acte juridique visé par l'article 690 ne peut être une décision judiciaire ou arbitrale non constitutive de contrat judiciaire (Paris, 16e ch., 24 sept. 1981 : *Juris-Data* n. 024716. – Montpellier, 6e ch., 9 nov. 1982 : *Juris-Data* n. 1179) ni un permis de construire (Civ. 2e, 9 mai 1956 : *J.C.P.* 56, IV, 90 ; *Bull.* II, n. 242, p. 159).

3) Sur la nécessité d'une autorisation ministérielle pour établir par convention une servitude sur un immeuble classé, V. L. 31 déc. 1913 sur les monuments historiques, art. 12. – V. aussi pour les monuments naturels et les sites classés, L. 2 mai 1930, art. 13 et L. n. 76-629 du 10 juil. 1976 relative à la protection de la nature, art. 27.

4) Le titre constitutif ne doit pas émaner du seul propriétaire du fonds dominant (Civ. 3e, 26 sept. 1984 : *J.C.P.* 84, IV, 328), à moins qu'il n'ait le même auteur que le propriétaire du fonds servant (Douai, 8e ch., 7 oct. 1982 : *Juris-Data* n. 042545).

5) L'existence de la servitude peut être admise à partir du comportement du propriétaire du fonds servant valant aveu implicite (Civ. 18 déc. 1927 : *D.H.* 1928, 49. – Civ. 3e, 5 mars 1971 : *J.C.P.* 71, IV, 102 ; *D.* 1971, 673. – Civ. 3e, 8 janv. 1980 : *J.C.P.* 80, IV, 114 ; *D.* 1980, I.R. 482, obs. Robert. – Montpellier 20 fév. 1969 : *D.* 1969, 372 ; *Rev. trim. dr. civ.* 1969, 591, obs. Bredin. – V. cependant, faisant état de la règle selon laquelle l'aveu extrajudiciaire n'est admissible que s'il porte sur des points de fait et non sur des points de droit, Civ. 3e, 27 avril 1988 : *D.* 1989, 275, note Beignier ; *Rev. trim. dr. civ.* 1989, 589, obs. Zénati ; mais de simples présomptions ne sont pas suffisantes (Civ. 1re, 4 juin 1955 : *J.C.P.* 55, IV, 102 ; *Bull.* I, n. 227, p. 195. – Civ. 3e, 4 janv. 1984 : *J.C.P.* 84, IV, 78).

II. Etablissement par prescription

6) Sur la consolidation par la prescription de certaines servitudes légales, V. *supra,* art. 642 et 685.

7) Sur l'impossibilité d'acquérir par prescription les servitudes discontinues ou non apparentes, V. *infra,* sous art. 691.

8) Sur les caractères de la possession exigée, V. art. 2229 et s.

SERVITUDES DU FAIT DE L'HOMME — Art. 694

9) La possession d'une servitude continue peut être interrompue sans que la servitude change de caractère (Civ. 28 nov. 1984 : *J.C.P.* 85, IV, 53).

10) Une servitude ne peut s'acquérir par la prescription abrégée de l'article 2265 (Req. 23 nov. 1875 : *D.P.* 1876, I, 423. – Civ. 1re, 26 oct. 1964 : *Bull.* I, n. 469, p. 363. – Rouen, 1re ch., 26 mai 1981 : *Juris-Data* n. 042696).

Art. 691. – **Les servitudes continues non apparentes, et les servitudes discontinues apparentes ou non apparentes, ne peuvent s'établir que par titres.**

La possession même immémoriale ne suffit pas pour les établir, sans cependant qu'on puisse attaquer aujourd'hui les servitudes de cette nature déjà acquises par la possession, dans les pays où elles pouvaient s'acquérir de cette manière.

1) Ne peuvent s'acquérir par prescription les servitudes discontinues telles que les servitudes de passage (Civ. 3e, 6 juin 1969 : *J.C.P.* 69, IV, 193 ; *Bull.* III, n. 463, p. 352. – Civ. 3e, 7 mars 1984 : *J.C.P.* 84, IV, 156 ; *Bull.* III, n. 66, p. 52), de puisage, de lavage et d'abreuvage (Civ. 1re, 26 janv. 1965 : *D.* 1965, 372 ; *Rev. trim. dr. civ.* 1965, 681, obs. Bredin. – Civ. 3e, 27 janv. 1976 : *D.* 1976, I.R. 235) ou de « tour d'échelle » (Civ. 3e, 30 oct. 1978 : *D.* 1979, 654, note Prévault).

2) Pour des applications du principe selon lequel les servitudes non apparentes ne peuvent s'acquérir par prescription, V. Civ. 29 juin 1921 : *D.P.* 1925, I, 31. – Paris, 2e ch., 18 mai 1981 : *Juris-Data* n. 024372. – Bordeaux, 1re ch., 12 déc. 1985 : *Juris-Data* n. 042875.

3) Le mode d'exercice d'une servitude discontinue ne peut, pas plus que le droit lui-même, faire l'objet d'une prescription acquisitive (Civ. 1re, 8 nov. 1961 : *J.C.P.* 61, IV, 175 ; *Bull.* I, n. 514, p. 405), pas plus que l'assiette d'une servitude de passage différente de celle originairement convenue (Civ. 3e, 7 mars 1984 : *Bull.* III, n. 66, p. 52), mais la possession peut être prise en considération lorsque la servitude résulte de titres formels et qu'il ne s'agit que de fixer les limites de son exercice (Civ. 1re, 5 janv. 1954 : *D.* 1954, 184).

4) Par exception au principe posé par l'article 691, une servitude même discontinue ou non apparente peut être acquise par prescription en cas de possession immémoriale prouvée acquise avant la promulgation du Code civil (Req. 1er mai 1888 : *D.P.* 1888, I, 219), ou lorsqu'elle est l'accessoire d'une servitude qui a elle-même été acquise par prescription (Req. 10 nov. 1908 : *D.P.* 1909, I, 268).

5) Sur la protection possessoire des servitudes, V. sous art. 2282.

Art. 692. – **La destination du père de famille vaut titre à l'égard des servitudes continues et apparentes.**

Pour des applications, V. Civ. 3e, 8 déc. 1976 : *J.C.P.* 77, IV, 27 ; *Bull.* III, n. 457, p. 347. – Paris, 2e ch. B, 24 fév. 1984 : *Juris-Data* n. 021299.

Art. 693. – **Il n'y a destination du père de famille que lorsqu'il est prouvé que les deux fonds actuellement divisés ont appartenu au même propriétaire, et que c'est par lui que les choses ont été mises dans l'état duquel résulte la servitude.**

Art. 694. – **Si le propriétaire de deux héritages entre lesquels il existe un signe apparent de servitude, dispose de l'un des héritages sans que le contrat contienne aucune convention relative à la servitude, elle continue d'exister activement ou passivement en faveur du fonds aliéné ou sur le fonds aliéné.**

M.-F. MIALON, *La servitude par destination du père de famille* : D. 1974, chron. 15.

Art. 694

I. Domaine de la destination du père de famille

1) La servitude ne peut être établie par destination du père de famille que si elle se révèle par un signe apparent (Civ. 3e, 22 nov. 1977 : *Gaz. Pal.* 1978, 1, Somm. 89. – Civ. 3e, 13 mars 1984 : *D.* 1984, I.R. 429, obs. Robert). Mais dès lors que cette exigence est satisfaite, il importe peu que la servitude soit discontinue (Req. 7 avril 1863 : *D.P.* 63, I, 413).

2) La servitude par destination du père de famille n'existe que si l'acte de séparation ne contient aucune disposition contraire (Civ. 1re, 23 mai 1959 : *D.* 1959, 473). Cet acte doit être produit (Civ. 1re, 28 nov. 1962 : *Bull.* I, n. 498, p. 425. – Civ. 3e, 25 avril 1978 : *Gaz. Pal.* 1978, 2, Somm. 275).

3) La clause de style par laquelle les vendeurs d'un immeuble déclarent qu'ils n'ont personnellement créé ni laissé acquérir aucune servitude sur l'immeuble vendu et qu'à leur connaissance il n'en existe pas d'autres que celles pouvant résulter de la désignation ou de la situation dudit immeuble ne peut concerner une servitude de passage par destination du père de famille particulièrement apparente pour l'acquéreur et d'ailleurs mentionnée au plan joint à l'acte de vente (Civ. 1re, 25 janv. 1965 : *Bull.* I, n. 60, p. 45).

4) Dans le silence de l'acte de division, il n'y a pas à prendre en compte des actes ultérieurs, même s'ils sont contraires à la servitude revendiquée (Civ. 3e, 5 oct. 1971 : *D.* 1972, 77 ; *Rev. trim. dr. civ.* 1972, 423, obs. Bredin. – Civ. 3e, 25 avril 1972 : *Bull.* III, n. 144, p. 103), mais l'acte de division peut lui-même être interprété à la lumière d'éléments extrinsèques, fussent-ils postérieurs (Civ. 3e, 25 janv. 1972 : *J.C.P.* 72, IV, 61 ; *Bull.* III, n. 54, p. 39).

II. Conditions de la destination du père de famille

5) Sur le principe que la servitude par destination du père de famille suppose l'appartenance commune au même propriétaire, V. Civ. 3e, 10 oct. 1969 : *J.C.P.* 69, IV, 270 ; *Bull.* III, n. 645, p. 487. – Mais il importe peu que les deux fonds n'aient jamais été contigus (Civ. 7 juil. 1937 : *D.H.* 1937, 469).

6) La servitude par destination du père de famille suppose un aménagement suffisamment permanent pour révéler la volonté du constituant d'assujettir les fonds l'un à l'autre (Civ. 3e, 23 mai 1978 : *Gaz. Pal.* 1978, 2, Somm. 353. – Civ. 3e, 13 mars 1984 : *D.* 1984, I.R. 429, obs. Robert). Tel n'est pas le cas si le propriétaire de deux maisons contiguës a établi entre elles une porte de communication non pas dans l'intention de créer lors de la division des immeubles un droit de passage au profit de l'un et à la charge de l'autre, mais uniquement dans son intérêt personnel pour bénéficier d'une libre communication entre deux habitations suivant ses convenances (Req. 17 mai 1933 : *D.H.* 1933, 363). L'intention du constituant est appréciée souverainement par les juges du fond (Civ. 3e, 10 oct. 1969 : *J.C.P.* 69, IV, 270 ; *Bull.* III, n. 645, p. 487).

7) La servitude par destination du père de famille ne peut résulter que d'un aménagement antérieur à la division des fonds et réalisé par l'auteur commun (Civ. 3e, 30 nov. 1977 : *Gaz. Pal.* 1978, 1, Somm. 89. – Montpellier 20 fév. 1969 : *D.* 1969, 372. – Riom 27 oct. 1970 : *D.* 1971, 138, note Robert). Les agissements d'un locataire ne peuvent, en l'absence d'autres circonstances, équivaloir à un aménagement des lieux de la part du propriétaire, la tolérance de ce dernier n'impliquant pas renonciation à un droit et ne pouvant faire obstacle aux dispositions de l'article 693 (Civ. 3e, 29 oct. 1973 : *J.C.P.* 73, IV, 404 ; *Bull.* III, n. 556, p. 405. V. en ce sens Civ. 3e, 26 juin 1979 : *Bull.* III, n. 141, p. 106).

8) Sur le principe que l'état des lieux doit subsister lors de la division, V. Civ. 3e, 19 nov. 1986 : *Bull.* III, n. 164, p. 127.

SERVITUDES DU FAIT DE L'HOMME — Art. 696

9) Sur l'obligation pour les juges du fond de constater la volonté du propriétaire, au moment de la division, d'établir la servitude, V. Civ. 3e, 22 juil. 1987 : *Bull.* III, n. 157, p. 91.

10) La division du fonds peut résulter d'un partage entre héritiers (Req. 7 avril 1863 : *D.P.* 1863, 1, 413. Paris, 23e ch., 8 juin 1983 : *Juris-Data* n. 024551).

11) L'opposabilité de la servitude par destination du père de famille n'est pas subordonnée à sa publication (Req. 10 nov. 1987 : *D.P.* 1898, I, 177, note Boistel. – Lyon 15 oct. 1974 : *J.C.P.* 75, IV, 187).

12) La servitude par destination du père de famille ne saurait être éteinte du seul fait de son inutilité pour le fonds dominant (Civ. 1re, 19 déc. 1966 : *D.* 1967, 21, note Voulet).

Art. 695. – **Le titre constitutif de la servitude, à l'égard de celles qui ne peuvent s'acquérir par la prescription, ne peut être remplacé que par un titre récognitif de la servitude, et émané du propriétaire du fonds asservi.**

1) Le titre recognitif visé par l'article 695 n'étant pas soumis aux conditions exigées par l'article 1337 se suffit à lui-même et n'a pas à reproduire la teneur de l'acte initial (Req. 21 nov. 1881 : *D.P.* 1882, 1, 478). Mais pour valoir reconnaissance de la servitude, il doit consacrer d'une façon certaine l'existence de cette servitude (Civ. 29 mai 1894 : *D.P.* 1894, 1, 508).

2) Un acte de partage peut constituer un acte recognitif de la servitude pour la validité duquel il importe peu que le propriétaire de l'héritage dominant n'ait pas été partie (Civ. 3e, 18 nov. 1981 : *Bull.* III, n. 193, p. 138. V. en ce sens Civ. 29 janv. 1913 : *D.P.* 1914, I, 152).

Art. 696. – **Quand on établit une servitude, on est censé accorder tout ce qui est nécessaire pour en user.**

Ainsi la servitude de puiser de l'eau à la fontaine d'autrui emporte nécessairement le droit de passage.

1) Sur le principe que l'étendue et les modalités d'exercice des servitudes se déterminent en fonction de la volonté, librement appréciée par les juges du fond, de ceux qui les ont instituées, V. Civ. 9 janv. 1901 : *D.P.* 1901, I, 450.

2) Les juges du fond peuvent admettre l'existence d'un droit de passage à titre d'accessoire nécessaire d'une servitude de vue conventionnelle non contestée (Civ. 1re, 1er juin 1960 : *Bull.* I, n. 310, p. 255). Une servitude de passage est l'accessoire nécessaire de la servitude de puisage (Civ. 3e, 7 mai 1986 : *D.* 1987, Somm. 15, 2e esp., obs. Robert).

3) Les juges du fond peuvent, en appréciant souverainement l'intention des parties, décider qu'une servitude conventionnelle de passage comprend le droit d'établir des canalisations d'eau souterraines (Civ. 1re, 14 oct. 1963 : *D.* 1964, 513, note Tallon). C'est à tort qu'ils s'arrêtent à l'expression « voitures attelées » pour justifier l'interdiction d'utiliser un tracteur sans rechercher si les parties, en créant la servitude de passage, n'ont pas entendu comprendre tout ce qui était nécessaire à l'utilisation normale du fonds dominant (Civ. 1re, 17 nov. 1953 : *D.* 1954, 660).

4) Une servitude de passage peut être utilisée pour tous les besoins du fonds alors même qu'ils auraient reçu plus d'extension (Civ. 1re, 4 juil. 1962 : *J.C.P.* 62, IV, 115 ; *Bull.* I, n. 343, p. 302. – Rennes 27 janv. 1966 : *J.C.P.* 67, II, 14924, note J.A.).

5) Le propriétaire du fonds dominant aggrave la servitude en aménageant le passage sans réserver au propriétaire du fonds servant la possibilité de communiquer entre les deux parties de son fonds (Civ. 3e, 19 nov. 1985 : *D.* 1987, Somm. 16, obs. Robert).

Art. 697 — SERVITUDES DU FAIT DE L'HOMME

SECTION III. – DES DROITS DU PROPRIÉTAIRE DU FONDS AUQUEL LA SERVITUDE EST DUE

Art. 697. – **Celui auquel est due une servitude, a droit de faire tous les ouvrages nécessaires pour en user et pour la conserver.**

Les juges du fond disposent d'un pouvoir souverain pour apprécier si les travaux réalisés par le propriétaire du fonds dominant sont restés dans les limites de la servitude existante et n'ont fait que rendre praticable et aisé l'exercice du droit de passage (Civ. 3e, 16 déc. 1970 : *J.C.P.* 71, IV, 27 ; *Bull.* III, n. 713, p. 517). Pour des applications, V. Civ. 3e, 21 déc. 1971 : *J.C.P.* 72, IV, 35 ; *Bull.* III, n. 651, p. 465 (construction d'une murette délimitant un passage). – Rennes, 1re ch., 7 oct. 1981 : *Juris-Data* n. 040748 (pose d'un revêtement goudronné). – Paris, 2e ch. B, 3 mai 1984 : *Juris-Data* n. 022343 (installation d'une canalisation).

Art. 698. – **Ces ouvrages sont à ses frais, et non à ceux du propriétaire du fonds assujetti, à moins que le titre d'établissement de la servitude ne dise le contraire.**

1) Les articles 697 et 698 sont étrangers au cas où les travaux doivent permettre à nouveau l'exercice du droit réel interrompu par suite d'une faute du débiteur (Civ. 1re, 9 avril 1959 : *Bull.* I, n. 175, p. 146. – Civ. 3e, 30 janv. 1970 : *J.C.P.* 70, IV, 74 ; *Bull.* III, n. 82, p. 59).

2) Le propriétaire du fonds servant ne saurait se voir imposer un ouvrage quelconque utile à la conservation et à l'entretien d'une servitude sur le seul fondement d'une coutume locale (Civ. 1re 30 nov. 1953 : *J.C.P.* 54, IV, 7 ; *Bull.* I, n. 344, p. 283).

3) Les juges du fond peuvent, dans l'exercice de leur pouvoir souverain, décider que la prestation personnelle de curage d'un canal imposée au propriétaire d'un moulin est l'accessoire de la servitude portant sur la fourniture d'eau (Civ. 1re, 4 nov. 1963 : *Bull.* I, n. 470, p. 399).

4) Les juges du fond qui relèvent l'existence d'une communauté d'usage de l'assiette de la servitude par le propriétaire du fonds dominant et celui du fonds servant décident à bon droit que ce dernier doit participer aux frais d'entretien et de réparation (Civ. 3e, 22 mars 1989 : *Bull.* III, n. 71, p. 40).

Art. 699. – **Dans le cas même où le propriétaire du fonds assujetti est chargé par le titre de faire à ses frais les ouvrages nécessaires pour l'usage ou la conservation de la servitude, il peut toujours s'affranchir de la charge, en abandonnant le fonds assujetti au propriétaire du fonds auquel la servitude est due.**

B. BOUBLI, *La fonction libératoire du déguerpissement* : *J.C.P.* 73, I, 2518.

1) Le propriétaire du fonds grevé peut se trouver privé du droit d'abandon si cet abandon ne porte pas sur l'ensemble du fonds grevé et si le propriétaire a commis une faute en s'abstenant de faire les travaux demandés malgré des mises en demeure répétées (Civ. 1re, 4 nov. 1963 : *Bull.* I, n. 470, p. 399. V. aussi Amiens 18 mars 1969 : *J.C.P.* 69, II, 16045, note Goubeaux ; *Rev. trim. dr. civ.* 1969, 808, obs. Bredin).

Jugé que le propriétaire du fonds servant doit être sinon astreint à la remise en état, du moins passible de dommages-intérêts pour réparer avant tout abandon du fonds le préjudice causé par sa faute contractuelle (Lyon 31 mars 1943 : *Gaz. Pal.* 1943, 1, 280).

2) Sur le caractère unilatéral du droit d'abandon, V. Rouen 2 mars 1937 : *Gaz. Pal.* 1937, 1, 872. – Amiens 18 mars 1969, préc.

SERVITUDES DU FAIT DE L'HOMME — Art. 701

Art. 700. – **Si l'héritage pour lequel la servitude a été établie vient à être divisé, la servitude reste due pour chaque portion, sans néanmoins que la condition du fonds assujetti soit aggravée.**
Ainsi, par exemple, s'il s'agit d'un droit de passage, tous les copropriétaires seront obligés de l'exercer par le même endroit.

1) Sur le principe de l'indivisibilité des servitudes au regard du fonds dominant, V. Civ. 1re, 15 juin 1967 : *Bull.* I, n. 220, p. 162. – Civ. 3e, 25 juin 1974 : *Bull.* III, n. 267, p. 201. Chaque copropriétaire pourra exercer toute la servitude si le fonds dominant formait lui-même un ensemble dont chaque partie bénéficiait de la servitude (Rennes, 1re ch., 1er juin 1983 : *Juris-Data* n. 042220).

2) Sur l'application de l'article 700, alinéa 2, V. Civ. 3e, 8 mai 1969 : *Bull.* III, n. 372, p. 284.

3) Sur le principe que l'indivisibilité s'impose au fonds servant, V. Civ. 13 avril 1880 : *D.P.* 1880, I, 248. – Paris, 2e ch. B, 17 mai 1985 : *Juris-Data* n. 023456. Mais cette règle ne saurait avoir pour conséquence de faire supporter la servitude par voie d'extension à des fonds que le propriétaire de l'héritage assujetti y aurait ultérieurement réunis (Civ. 1re, 29 mai 1963 : *D.* 1963, 718).

4) L'indivisibilité ne joue que pour les servitudes établies sur ou pour un immeuble qui est ultérieurement divisé, et non lorsque plusieurs servitudes ont été établies, même par un seul acte, au profit ou à la charge de divers immeubles appartenant à divers propriétaires (Civ. 27 mai 1903 : *D.P.* 1905, I, 110).

Art. 701. – **Le propriétaire du fonds débiteur de la servitude ne peut rien faire qui tende à en diminuer l'usage, ou à le rendre plus incommode.**
Ainsi, il ne peut changer l'état des lieux, ni transporter l'exercice de la servitude dans un endroit différent de celui où elle a été primitivement assignée.
Mais cependant, si cette assignation primitive était devenue plus onéreuse au propriétaire du fonds assujetti, ou si elle l'empêchait d'y faire des réparations avantageuses, il pourrait offrir au propriétaire de l'autre fonds un endroit aussi commode pour l'exercice de ses droits, et celui-ci ne pourrait pas le refuser.

C. ATIAS, *La mutabilité des servitudes conventionnelles* : Rev. trim. dr. civ. 1979, 245.

1) Sur la possibilité pour le propriétaire du fonds servant de partager les avantages de la servitude avec son titulaire, V. Req. 3 nov 1897 : *D.P.* 1898, I, 298 ; S. 1898, I, 335. – Civ. 3e, 11 mars 1975 : *J.C.P.* 75, IV, 151 ; *Bull.* III, n. 96, p. 72. – Civ. 3e, 11 juin 1975 : *Gaz. Pal.* 1975, 2, Somm. 225. En ce cas, les charges doivent également être partagées (Civ. 1re, 10 juil. 1962 : *Bull.* I, n. 390, p. 336. – Bordeaux, 1re ch., 27 juin 1985 : *Juris-Data* n. 041951).

2) Les juges du fond ont l'obligation d'ordonner la démolition des ouvrages empêchant ou gênant l'exercice de la servitude (Civ. 1re, 14 janv. 1963 : *D.* 1963, 421 ; Rev. trim. dr. civ. 1963, 580, obs. Bredin. – Civ. 1re, 30 nov. 1965 : *J.C.P.* 66, II, 14481. – Civ. 3e, 6 nov. 1969 : *J.C.P.* 70, II, 16286, note G.G. – Paris, 23e ch., 24 avril 1981 : *Juris-Data* n. 021602), même si le préjudice est sans commune mesure avec la remise en état exigée (Civ. 1re, 14 janv. 1963, préc. – Civ. 1re, 4 mai 1964 : *J.C.P.* 64, II, 13790, note Bulté. – Paris 24 avril 1981, préc.), et même si cette remise en état impose au propriétaire du fonds servant des dépenses considérables (Civ. 1re, 30 nov. 1965, préc.).

3) L'obligation prévue par l'article 701 est une charge réelle pesant sur le fonds lui-même et le suivant en quelques mains

Art. 702 — SERVITUDES DU FAIT DE L'HOMME

qu'il passe (Civ. 3e, 26 nov. 1970 : *Bull.* III, n. 646, p. 469. – Versailles 28 mai 1986 : *D.* 1987, Somm. 14, 1re esp., obs. Robert. Mais l'action personnelle fondée sur la faute du propriétaire du fonds servant ne peut être exercée contre l'acquéreur du fonds (même arrêt. V. aussi Civ. 3e, 7 fév. 1979 : *J.C.P.* 79, IV, 126).

4) Les juges du fond disposent d'un pouvoir souverain pour apprécier les circonstances modificatives de l'usage de la servitude (Req. 18 janv. 1932 : *D.H.* 1932, 99. – Civ. 3e, 12 janv. 1977 : *Gaz. Pal.* 1977, 1, Somm. 97), ainsi que pour décider s'il a été porté atteinte à l'exercice du droit du propriétaire du fonds dominant (Civ. 3e, 11 mars 1975 : *J.C.P.* 75, IV, 151 ; *Bull.* III, n. 96, p. 72).

5) Il résulte du rapprochement des articles 697, 698, 701 et 1382 du Code civil que le propriétaire du fonds grevé d'une servitude de passage n'est pas tenu d'améliorer ou d'entretenir l'assiette de la servitude mais seulement d'observer une attitude purement passive (Civ. 3e, 5 déc. 1972 : *Gaz. Pal.* 1973, 1, 136).

6) Le propriétaire du fonds grevé d'une servitude de passage conserve le droit de se clore à condition de ne pas porter atteinte au droit de passage et de ne pas en rendre l'exercice plus incommode (Civ. 3e, 6 juin 1969 : *J.C.P.* 69, II, 16070, note G.G.). Il doit être autorisé à déplacer l'assiette de la servitude si le tracé actuel empêche la clôture, la nécessité de clôturer son fonds étant un motif grave (Aix 24 juin 1975 : *D.* 1975, 751, note Goubeaux).

7) Si le propriétaire du fonds assujetti peut demander la modification de l'assiette de la servitude, c'est à la double condition que l'assignation primitive soit devenue plus onéreuse pour lui et que le nouvel endroit proposé au propriétaire de l'autre fonds soit aussi commode pour l'exercice de ses droits (Civ. 3e, 24 mars 1982 : *Bull.* III, n. 83, p. 58). En ce cas, celui-ci ne peut le refuser (Civ. 3e, 18 mars 1987 : *Bull.* III, n. 57, p. 34). Jugé que le plaideur qui disposait d'une voie de servitude dont l'assiette était stabilisée subit une atteinte à son droit en cas de déplacement de cette assiette consécutif à la création d'un lotissement et qu'une telle atteinte n'est pas compensée par la simple mise à sa disposition d'un chemin d'herbe qui, au moment des pluies, devient un bourbier (Civ. 3e, 8 juin 1982 : *J.C.P.* 82, IV, 299). Il en résulte que les propriétaires du fonds assujetti doivent supporter les travaux qui sont par leur fait devenus nécessaires à l'exercice de la servitude (même arrêt).

8) L'article 701, al. 3, ne saurait trouver application si l'assiette de la servitude est devenue plus onéreuse en raison de la voie de fait commise par le propriétaire du fonds servant qui a modifié unilatéralement les lieux (Versailles 8 janv. 1986 : *D.* 1987, Somm. 14, 2e esp., obs. Robert).

9) L'article 701 ne permet pas au propriétaire du fonds servant de demander que la charge de celle-ci soit imposée à un autre fonds (Civ. 3e, 26 oct. 1983 : *Bull.* III, n. 204, p. 156).

10) Sur le principe que le propriétaire du fonds dominant ne peut refuser l'offre faite en application de l'article 701, alinéa 3, v. Civ. 3e, 18 mars 1987 : *J.C.P.* 88, II, 21127, note Benet.

Art. 702. – De son côté, celui qui a un droit de servitude ne peut en user que suivant son titre, sans pouvoir faire, ni dans le fonds qui doit la servitude, ni dans le fonds à qui elle est due, de changement qui aggrave la condition du premier.

1) L'obligation imposée au propriétaire du fonds dominant par l'article 702 est une charge réelle pesant sur le fonds lui-même et le suivant en quelques mains qu'il passe (Civ. 7 fév. 1949 : *J.C.P.* 49, II, 5159, note Becqué).

2) Sur le pouvoir souverain des juges du fond, pour apprécier si une modification

SERVITUDES DU FAIT DE L'HOMME — Art. 703

constitue une aggravation de la servitude, V. Civ. 3ᵉ, 16 déc. 1970 : *J.C.P.* 71, II, 16797, note Goubeaux.

3) Sur le point de savoir si l'extension d'une servitude de passage du fait des progrès des moyens de transport aggrave la servitude, V. pour la négative Req. 3 août 1937 : *Gaz. Pal.*1937, 2, 743. – Civ. 1ʳᵉ, 28 juin 1967 : *Bull.* I, n. 243, p. 179. – Civ. 3ᵉ, 17 oct. 1969 : *Bull.* III, n. 662, p. 498. – Civ. 3ᵉ, 21 nov. 1974 : *Bull.* III, n. 432, p. 332. Pour l'affirmative, V. Civ. 1ʳᵉ, 3 juil. 1961 : *Bull.* I, n. 364, p. 291.

4) L'installation d'une canalisation n'aggrave pas la servitude de passage (Civ. 3ᵉ, 14 oct. 1963 : *D.* 1964, 513, note Tallon).

5) Le propriétaire du fonds dominant ne saurait, sans l'autorisation du propriétaire du fonds servant, justifier le changement dans l'assiette d'une servitude de passage en alléguant l'absence d'aggravation (Civ. 21 janv. 1947 : *J.C.P.* 47, II, 3754, note Becqué).

6) Sur l'interdiction de principe des changements non conformes au titre, V. Req. 18 déc. 1880 : *D.P.* 1881, I, 350. – Civ. 21 janv. 1947, préc. – Montpellier, 1ʳᵉ ch., 7 mai 1985 : *Juris-Data* n. 0815. Mais les juges du fond peuvent estimer que la liste des modes d'exercice d'une servitude de passage est simplement énonciative (Civ. 1ʳᵉ, 28 juin 1967 : *D.* 1967, 726). La violation de la servitude peut aussi ne pas être sanctionnée en l'absence de véritable préjudice pour le propriétaire du fonds servant (Req. 28 juin 1865 : *D.P.* 1866, I, 153. – Poitiers 4 oct. 1967 : *J.C.P.* 68, IV, 111).

7) Les juges du fond sont souverains pour apprécier les modalités de la réparation des dommages résultant de l'aggravation de la servitude d'écoulement des eaux (Civ. 2ᵉ, 6 mai 1976 : *J.C.P.* 76, IV, 211). Ils peuvent estimer que le bénéficiaire des servitudes aggravées doit seulement compenser les conséquences de ces aggravations moyennant une indemnité (Civ. 3ᵉ, 11 juin 1974 : *J.C.P.* 75, II, 17902, note Goubeaux).

SECTION IV. – COMMENT LES SERVITUDES S'ÉTEIGNENT

Art. 703. – **Les servitudes cessent lorsque les choses se trouvent en tel état qu'on ne peut plus en user.**

1) Sur l'extinction immédiate de la servitude en cas d'impossibilité absolue de l'exercer, V. Req. 7 fév. 1872 : *D.P.* 1872, I, 200. – Civ. 1ʳᵉ, 3 nov. 1958 : *Gaz. Pal.* 1959, 1, 7 ; *Rev. trim. dr. civ.* 1959, 129, obs. Solus. – Civ. 1ʳᵉ, 21 juin 1961 : *J.C.P.* 61, IV, 119 ; *Bull.* I, n. 333, p. 266. Jugé en ce sens que la servitude de passage est éteinte par application de l'article 703 dès lors qu'à la suite des aménagements réalisés par le propriétaire du fonds dominant les choses se trouvent en tel état qu'on ne peut plus en user conformément au titre (Civ. 3ᵉ, 10 fév. 1976 : *J.C.P.* 76, IV, 119 ; *Bull.* III, n. 60, p. 47). Mais dès lors que l'impossibilité n'est pas absolue, la servitude n'est que suspendue (Req. 22 fév. 1875 : S. 75, I, 293. – Req. 26 juin 1933 : *Gaz. Pal.* 1933, 2, 565).

2) L'inutilité de la servitude n'est pas une cause d'extinction de cette servitude (Civ. 3ᵉ, 3 nov. 1981 : *J.C.P.*82, II, 19909, note Barbieri ; *Bull.* III, n. 178, p. 129 ; V. en ce sens Civ. 1ʳᵉ, 19 déc. 1966 : *D.* 1967, 21, note Voulet). Jugé cependant que lorsqu'une servitude, par suite d'une modification de l'état des lieux, ne présente plus aucune utilité, même la plus minime, pour le propriétaire du fonds dominant, celui-ci ne saurait continuer à en user sans un abus de droit manifeste (Pau 17 déc. 1968 : *J.C.P.* 69, II, 15878, note M.B. – V. en ce sens, Saint-Denis de la Réunion, 18 mai 1973 : *J.C.P.* 74, IV, 77).

3) La stipulation d'une servitude temporaire est licite (Civ. 3ᵉ, 22 mars 1989 : *Bull.* III, n. 73, p. 40 ; *Rev. trim. dr. civ.* 1989, 592, obs. Zénati).

Art. 704 — SERVITUDES DU FAIT DE L'HOMME

Art. 704. – Elles revivent si les choses sont rétablies de manière qu'on puisse en user; à moins qu'il ne se soit déjà écoulé un espace de temps suffisant pour faire présumer l'extinction de la servitude, ainsi qu'il est dit à l'article 707.

Art. 705. – Toute servitude est éteinte lorsque le fonds à qui elle est due, et celui qui la doit, sont réunis dans la même main.

1) Pour des applications, V. Civ. 26 janv. 1914 : *D.P.* 1917, I, 175. – Civ. 3e, 25 janv. 1978 : *Gaz. Pal.* 1978, 1, Somm. 175. – Paris, 1re ch., 2 oct. 1985 : *Juris-Data* n. 025760.

2) Viole les articles 637 et 705 la cour d'appel qui décide qu'une languette de terre en copropriété est frappée d'une servitude de passage au profit de certains de ses copropriétaires indivis (Civ. 3e, 6 fév. 1973 : *Bull.* III, n. 101, p. 72).

Art. 706. – La servitude est éteinte par le non-usage pendant trente ans.

1) À la différence de l'assiette du passage, le droit découlant de la servitude de passage en cas d'enclave ne s'éteint pas par le non-usage (Civ. 3e, 11 fév. 1975 : *J.C.P.* 75, IV, 115 ; *Bull.* III, n. 56, p. 44). Jugé également que la servitude d'écoulement des eaux, attribut ou prolongement légal du droit de propriété, lequel est perpétuel, ne s'éteint pas par le non-usage (Angers 9 déc. 1968 : *J.C.P.* 69, II, 15783, note Goubeaux).

2) Il appartient au propriétaire du fonds dominant de démontrer que la servitude dont il n'a pas la possession actuelle a été exercée depuis moins de trente ans (Civ. 1re, 28 mai 1957 : *D.* 1957, 465. – V. en ce sens Req. 16 mars 1903 : *D.P.* 1903, I, 294. – Civ. 26 janv. 1944 : *D.A.* 1944, 58. – Civ. 3e, 17 juin 1987 : *Bull.* III, n. 128, p. 75).

3) Une servitude conventionnelle de passage non exercée depuis plus de trente ans demeure éteinte par la prescription même si l'exercice en a été repris après ce délai, à moins que l'absence d'opposition à cet exercice puisse s'interpréter comme valant renonciation du propriétaire du fonds servant au bénéfice de la prescription (Civ. 1re, 7 juin 1961 : *J.C.P.* 61, IV, 111 ; *Bull.* I, n. 295, p. 235). Mais une telle renonciation ne peut se déduire de la seule inaction (Civ. 3 déc. 1929 : *D.P.* 1931, I, 119. – Civ. 1re, 27 fév. 1963 : *Bull.* I, n. 133, p. 116 ; *D.* 1963, Somm. 94. – V. cependant Civ. 1re, 9 juil. 1957 : *Bull.* I, n. 318, p. 252).

4) L'article 706 ne concerne que les servitudes et non la mitoyenneté qui constitue un droit de propriété indivise ne se perdant pas par le non-usage (Civ. 3e, 19 fév. 1985 : *Bull.* III, n. 37, p. 27 ; *J.C.P.* 86, II, 20565, 2e esp., note J.-F. Barbieri).

5) L'établissement de travaux contraires à une servitude continue n'en fait légalement présumer l'extinction qu'autant que celui auquel elle est due a cessé d'en jouir pendant trente années à partir de la confection de ces travaux (Civ. 1re, 27 fév. 1963 : *Gaz. Pal.* 1963, 2, 161), à condition que les ouvrages ne soient pas entachés de précarité (Req. 16 juin 1941 : *Gaz. Pal.* 1941, 2, 120).

Art. 707. – Les trente ans commencent à courir, selon les diverses espèces de servitudes, ou du jour où l'on a cessé d'en jouir, lorsqu'il s'agit de servitudes discontinues, ou du jour où il a été fait un acte contraire à la servitude, lorsqu'il s'agit de servitudes continues.

1) Si la servitude discontinue n'a jamais été exercée, la prescription a pour point de départ sa constitution (Req. 12 nov. 1934 : *S.* 1935, I, 62. – Rennes, 1re ch., 2 juin 1982 : *Juris-Data* n. 040862).

2) En matière de servitudes continues, l'acte contraire à la servitude peut consister dans le commencement de travaux effectués

SERVITUDES DU FAIT DE L'HOMME — Art. 710

au mépris de la servitude (Civ. 3e, 16 déc. 1970 : *Gaz. Pal.* 1971, 1, 219, servitude *non aedificandi*. – Civ. 3e., 29 juin 1983 : *J.C.P.* 83, IV, 290 ; *Bull.* III, n. 154, p. 120, servitude d'aqueduc).

Art. 708. – **Le mode de la servitude peut se prescrire comme la servitude même et de la même manière.**

V. pour une application Civ. 3e, 7 nov. 1984 : *Bull.* III, n. 186, p. 146. L'usage restreint d'une servitude pendant le délai de trente ans peut en entraîner l'extinction partielle lorsque l'exercice limité de la servitude a notamment pour cause l'état matériel des lieux qui en rendait l'usage sans restriction impossible (Civ. 31 mai 1944 : *D.A.* 1944, 85), mais l'usage d'une servitude discontinue ne doit pas nécessairement être considéré comme un usage restreint du seul fait que le propriétaire du fonds dominant n'a fait dans le fonds servant qu'une partie de ce que la servitude lui donnait le droit de faire (Civ. 3 déc. 1929 : *D.H.* 1930, 18).

Art. 709. – **Si l'héritage en faveur duquel la servitude est établie appartient à plusieurs par indivis, la jouissance de l'un empêche la prescription à l'égard de tous.**

Art. 710. – **Si, parmi les copropriétaires, il s'en trouve un contre lequel la prescription n'ait pu courir, comme un mineur, il aura conservé le droit de tous les autres.**

LIVRE TROISIÈME

DES DIFFÉRENTES MANIÈRES DONT ON ACQUIERT LA PROPRIÉTÉ

DISPOSITIONS GÉNÉRALES

Art. 711. – **La propriété des biens s'acquiert et se transmet par succession, par donation entre vifs ou testamentaire, et par l'effet des obligations.**

Art. 712. – **La propriété s'acquiert aussi par accession ou incorporation, et par prescription.**

Art. 713. – **Les biens qui n'ont pas de maître appartiennent à l'État.**

Sur les biens vacants et sans maître, V. C. domaine, art. L. 25 à L. 27 ter. Jugé qu'un bien vacant depuis 1887 appartient à l'État même si la succession ne devient jamais en deshérence parce que non réclamée par l'État (Civ. 1re, 22 mai 1970 : J.C.P. 70, II, 16482, note M.D.).

Art. 714. – **Il est des choses qui n'appartiennent à personne et dont l'usage est commun à tous.**
Des lois de police règlent la manière d'en jouir.

M. RÉMOND – GOUILLOUD, *Ressources naturelles et choses sans maître* : D. 1985, chron. 27.

Art. 715. – **La faculté de chasser ou de pêcher est également réglée par des lois particulières.**

1) V. C. rural, art. 365 à 501, 858. – V. aussi *J.-Cl. Civil*, art. 715.

2) Des faisans nés et élevés en captivité n'ont pas perdu leur qualité d'animaux domestiques par le seul fait de leur libération fortuite et, bien qu'appartenant à une espèce sauvage, ne sont pas devenus un gibier au sens de la loi sur la chasse, c'est-à-dire des animaux sans maître vivant à l'état sauvage (Civ. 2e, 12 nov. 1986 : *Bull.* II, n. 163, p. 110 ; J.C.P. 87, II, 20731, note de Malafosse).

Art. 716. – **La propriété d'un trésor appartient à celui qui le trouve dans son propre fonds ; si le trésor est trouvé dans le fonds d'autrui, il appartient pour moitié à celui qui l'a découvert, et pour l'autre moitié au propriétaire du fonds.**
Le trésor est toute chose cachée ou enfouie sur laquelle personne ne peut justifier sa propriété, et qui est découverte par le pur effet du hasard.

1) Les objets incorporés dans le sol et qui constituent des immeubles par nature ne peuvent être qualifiés de trésors au sens de l'article 716 (Req. 13 déc. 1881 : *D.P.* 1882, 1, 55). Au contraire, constituent un trésor les pièces d'or trouvées dans les décombres d'un immeuble sinistré dès lors que ces pièces, enfermées dans une cavité spéciale, n'ont pas été égarées ou ensevelies par un bombardement mais cachées par la volonté de l'homme (Paris 9 nov. 1948 : *J.C.P.* 49, II, 4976, note Carbonnier). C'est le contenant qui constitue au sens juridique du mot le trésor quel qu'en ait pu être le contenu (Rennes 9 janv. 1951 : *D.* 1951, 443).

2) Les pièces d'or découvertes dans un immeuble en démolition ne constituent pas un trésor si les héritiers de celui qui les a cachées justifient être aux droits actuels de leur légitime propriétaire (Trib. civ. Seine 1er juin 1949 : *D.* 1949, 350, note Ripert). Mais le fait pour le vendeur d'un immeuble d'être l'héritier des anciens propriétaires n'exerce aucune influence sur la détermination de la propriété du trésor découvert après la vente (Paris 18 déc. 1950 : *D.* 1951, 144, et, sur pourvoi, Civ. 1re, 25 oct. 1955 : *J.C.P.* 55, IV, 166 ; *Bull.* I, n. 361, p. 295. V. aussi Versailles 11 mars 1986 : *D.* 1987, Somm. 14, obs. Robert).

3) Les ouvriers qui ont trouvé le trésor en participant à des travaux étrangers à la recherche de ce trésor peuvent se voir attribuer la qualité d'inventeurs (Paris 9 nov. 1948 : *J.C.P.* 49, II, 4976, note Carbonnier). Mais jugé que cette qualité appartient exclusivement à celui d'entre eux qui a directement fait la découverte même s'ils ont été tous associés pour l'exécution du même travail (Trib. civ. Villefranche-sur-Saône 11 fév. 1954 : *Gaz. Pal.* 1954, 1, 401).

4) L'inventeur n'a pas commis de faute en procédant de son chef à des agencements dans le pavillon vétuste réquisitionné à son profit dès lors qu'il voulait le rendre un peu plus habitable pour lui et sa famille (T.G.I. Seine 20 déc. 1960 : *D.* 1961, Somm. 47).

5) En se dessaisissant volontairement du trésor découvert au profit du propriétaire de l'immeuble et en acceptant de celui-ci une récompense pécuniaire, l'inventeur n'a pas renoncé à ses droits, une telle renonciation ne pouvant être qu'expresse (Lyon 29 oct. 1970 : *D.* 1971, 523, note Prévault).

6) Sur le régime des trésors présentant un caractère archéologique, V. L. 27 sept. 1941, portant réglementation des fouilles archéologiques, art. 5, 11 et 16.

Art. 717. – Les droits sur les effets jetés à la mer, sur les objets que la mer rejette, de quelque nature qu'ils puissent être, sur les plantes et herbages qui croissent sur les rivages de la mer, sont aussi réglés par des lois particulières.

Il en est de même des choses perdues dont le maître ne se représente pas.

1) Sur la distinction entre épave et trésor, V. Rouen 30 juin 1949 : *J.C.P.* 49, II, 5211, 2e esp.

2) Sur les épaves maritimes, V. L. n. 61-1262 du 24 nov. 1961, mod. L. n. 82-990 du 23 nov. 1982 ; D. n. 61-1547 du 26 déc. 1961, mod. D. n. 78-847 du 3 août 1978 ; D. n. 85-632 du 21 juin 1985. – V. aussi L. n. 89-874 du 1er déc. 1989 relative aux biens culturels maritimes et modifiant la loi du 27 septembre 1941 portant réglementation des fouilles archéologiques.

3) Sur la notion d'épave fluviale, V. Rouen 5 mars 1974 : *J.C.P.* 74, II, 17739, concl. Meurant, et, sur pourvoi, Civ. 1re, 17 fév. 1976 : *J.C.P.* 76, IV, 123 ; *Bull.* I, n. 69, p. 55.

# TITRE PREMIER. – DES SUCCESSIONS

CHAPITRE I – DE L'OUVERTURE DES SUCCESSIONS ET DE LA SAISINE DES HÉRITIERS

Art. 718. – **Les successions s'ouvrent par la mort naturelle *et par la mort civile (*).***

Art. 719. – *Abrogé, L. 31 mai 1854* (*).

Art. 720. – **Si plusieurs personnes respectivement appelées à la succession l'une de l'autre, périssent dans un même événement, sans qu'on puisse reconnaître laquelle est décédée la première, la présomption de survie est déterminée par les circonstances du fait, et, à leur défaut, par la force de l'âge ou du sexe.**

(*) *La mort civile a été supprimée, L. 31 mai 1854.*

A. Lucas, *Une théorie moribonde : la théorie des comourants* : *J.C.P.* 77, éd. N, I, 163.

1) Les présomptions légales de survie sont inapplicables lorsque les comourants ont trouvé la mort dans un double suicide par pendaison (Trib. civ. Saint-Dié 27 mars 1933 : *Gaz. Pal.* 1933, 2, 39) ou au cours d'une déportation en Allemagne (Civ. 1re, 22 oct. 1957 : *J.C.P.* 58, II, 10367). Jugé au contraire que constitue le même événement prévu par l'article 720 un assassinat multiple (Civ. 24 janv. 1951 : *D.* 1951, 345, note Lenoan) ou un bombardement aérien réalisé par vagues successives (Civ. 1re, 25 janv. 1956 : *Bull.* I, n. 46, p. 35. – *Contra* Trib. civ. Marennes 17 avril 1951 : *J.C.P.* 51, II, 6461, note Rodière).

2) Parmi les circonstances du fait à envisager en première ligne, les juges sont admis à comprendre celles qui tiennent à des particularités personnelles aux individus sous la seule condition qu'elles soient indépendantes de l'âge ou du sexe des comourants (Civ. 6 mars 1928 : *S.* 1928, 1, 297, note Vialleton).

3) Les présomptions de survie ne pouvant être invoquées qu'en matière successorale, l'héritier du bénéficiaire d'une assurance-vie ne peut réclamer le capital qu'à la condition de prouver selon les modes du droit commun que son auteur a survécu à l'assuré (Trib. civ. Seine 3 fév. 1937 : *S.* 1937, 2, 103. – V. en ce sens Civ. 1re, 11 oct. 1988 : *Bull.* I, n. 286, p. 195 ; *D.* 1989, 333, note Breton).

4) Les articles 720 et suivants du Code civil ne s'appliquent pas aux successions testamentaires (Trib. civ. Domfront 2 juin 1949 : *Gaz. Pal.* 1949, 2, 168. – T.G.I. Nantes 17 mars 1975 : *J.C.P.* 77, éd. N, I, 172).

Art. 721. – **Si ceux qui ont péri ensemble avaient moins de quinze ans, le plus âgé sera présumé avoir survécu.**

S'ils étaient tous au-dessus de soixante ans, le moins âgé sera présumé avoir survécu.

Art. 722 — SUCCESSIONS

Si les uns avaient moins de quinze ans, et les autres plus de soixante, les premiers seront présumés avoir survécu.

1) Si lorsque les deux victimes ont dépassé l'âge de soixante ans, la moins âgée est réputée avoir opposé à la mort la plus longue résistance, à plus forte raison la décision doit être la même entre deux majeurs dont l'un est âgé de plus et l'autre de moins de soixante ans (Req. 6 nov. 1895 : *D.P.* 1896, 1, 285. – Civ. 1re, 25 janv. 1956 : *Bull.* I, n. 46, p. 35. – *Contra*, T.G.I. Nantes 17 avril 1975 : *J.C.P.* 77, éd. N, I, 172).

2) Les présomptions légales ne sont pas applicables au cas non prévu par la loi où l'un des comourants a plus de quinze ans et moins de soixante ans, l'autre ayant moins de quinze ans (Rouen 8 fév. 1949 : *D.* 1949, 189).

Art. 722. – Si ceux qui ont péri ensemble avaient quinze ans accomplis et moins de soixante, le mâle est toujours présumé avoir survécu, lorsqu'il y a égalité d'âge, ou si la différence qui existe n'excède pas une année.

S'ils étaient du même sexe, la présomption de survie, qui donne ouverture à la succession dans l'ordre de la nature, doit être admise : ainsi le plus jeune est présumé avoir survécu au plus âgé.

Art. 723 *(L. 25 mars 1896 ; Ord. n. 58-1307 du 23 déc. 1958, art. 1er).* **– La loi règle l'ordre de succéder entre les héritiers légitimes, les héritiers naturels et le conjoint survivant. À leur défaut, les biens passent à l'État.**

Art. 724 *(L. 25 mars 1896 ; Ord. n. 58-1307 du 23 déc. 1958, art. 1er).* **– Les héritiers légitimes, les héritiers naturels et le conjoint survivant sont saisis de plein droit des biens, droits et actions du défunt, sous l'obligation d'acquitter toutes les charges de la succession. L'État doit se faire envoyer en possession.**

1) Investi de la saisine sur l'universalité de la succession, le conjoint survivant se trouve donc dispensé de demander la délivrance des legs qui lui ont été faits, quelle que soit l'étendue de la vocation conférée par ces legs (Civ. 1re, 20 mars 1984 : *Bull.* I, n. 108, p. 90 ; *Rev. trim. dr. civ.* 1985, 423, obs. Patarin. – Civ 1re, 15 mars 1988 : *Bull.* I, n. 82, p. 53). Sur le point de savoir si le conjoint survivant héritier et institué légataire universel par testament olographe doit demander l'envoi en possession, V. *infra*, sous art. 1008.

2) Investie, comme les autres héritiers, de la saisine sur l'universalité de l'hérédité, une femme commune en biens a, après le décès de son mari, qualité pour agir à l'encontre de tout débiteur de la communauté conjugale sans avoir à justifier de ses droits. Elle est donc recevable à demander que soit constatée la réalité de la dette dont était tenu son fils à l'égard de cette communauté (Civ. 1re, 31 janv. 1989 : *J.C.P.* 90, II, 21419, note Salvage ; *Bull.* I, n. 55, p. 35 ; *Rev. trim. dr. civ.* 1989, 608, obs. Patarin).

3) Chacun des héritiers légitimes étant saisi de l'universalité de l'hérédité est, en vertu de cette saisine légale, en possession de toute l'hérédité (Civ. 1re, 24 nov. 1969 : *J.C.P.* 70, II, 15506, note Dagot). Par suite doit être cassé l'arrêt décidant que le fils de la défunte ne peut prétendre aux fruits et intérêts du legs particulier que sa mère lui a fait que du jour où il a demandé la délivrance (même arrêt).

4) Il résulte de la combinaison des articles 724, 1005 et 815-9 que l'héritier saisi de l'universalité de la succession est habile à prétendre à la jouissance du bien légué à

SUCCESSIONS — Art. 725

compter du jour du décès et que cette jouissance est exclusive de toute indemnité au profit de l'indivision pour l'occupation du bien légué (Civ. 1re, 2 juin 1987 : *Bull.* I, n. 181, p. 135).

5) Tout héritier est fondé, même avant partage et même sans le concours de ses coïndivisaires, à agir en cette qualité contre le tiers détenteur d'un bien qui aurait été soustrait à l'actif de la succession (Civ. 1re, 20 mai 1981 : *J.C.P.* 82, II, 19795, note Rémy).

CHAPITRE II. – DES QUALITÉS REQUISES POUR SUCCÉDER

Art. 725. – **Pour succéder, il faut nécessairement exister à l'instant de l'ouverture de la succession.**

Ainsi, sont incapables de succéder :
1° Celui qui n'est pas encore conçu ;
2° L'enfant qui n'est pas né viable ;
3° *Celui qui est mort civilement (*).*

(Al. ajouté avec effet à compter du 31 mars 1978, L. n. 77-1447 du 28 déc. 1977, art. 3 et 6) **Peut succéder celui dont l'absence est présumée selon l'article 112.**

(*) *La mort civile a été supprimée, L. 31 mai 1854.*

Art. 726. – *Abrogé, L. 14 juil. 1819.*

Loi du 14 juillet 1819 *(Bull. lois, 7e S., B. 294, n. 6986)*
relative à l'abolition du droit d'aubaine et de détraction

Art. 1er. – Les articles 726 et 912 du Code civil sont abrogés : en conséquence, les étrangers auront le droit de succéder, de disposer et de recevoir de la même manière que les Français dans toute l'étendue du royaume.

Art. 2. – Dans le cas de partage d'une même succession entre des cohéritiers étrangers et français, ceux-ci prélèveront sur les biens situés en France une portion égale à la valeur des biens situés en pays étranger dont ils seraient exclus à quelque titre que ce soit, en vertu des lois et coutumes locales.

1) Pour avoir droit au prélèvement prévu par l'article 2 de la loi du 14 juillet 1819, il suffit d'avoir la qualité de Français au moment de l'ouverture de la succession (Req. 10 mai 1937 : *D.H.* 1937, 329). L'article 2 ne distingue pas entre le cas où des héritiers français concourent avec les héritiers étrangers et celui où il n'existe que des héritiers français concourant entre eux (même arrêt). Sur la notion de concours successoral au sens de la loi de 1819, v. Ord. Prés. T.G.I. Paris 24 nov. 1983 et Paris 12 juil. 1984 : *Rev. crit. dr. int. privé* 1985, 514, note Lequette.

2) Le prélèvement s'exerce tant sur les meubles que sur les immeubles (Paris 14 juil. 1871 : *D.P.* 72, 2, 65, concl. Aubepin).

3) Le prélèvement ne doit pas s'opérer sur la part des cohéritiers étrangers qui ne reçoivent, en vertu de la loi de leur pays, qu'une part moindre que celle que la loi française leur attribuerait (Civ. 27 août 1850 : *D.P.* 50, I, 257).

4) Sur la fraude à la loi du 14 juillet 1819, V. Aix 9 mars 1982 : *Rev. crit. dr. int. privé* 1983, 282, note Droz, cassé par Civ. 1re, 20 mars 1985 : *J.C.P.* 86, II, 20630, note Boulanger.

Art. 727

Art. 727. – **Sont indignes de succéder, et, comme tels, exclus des successions :**
1° Celui qui serait condamné pour avoir donné ou tenté de donner la mort au défunt ;
2° Celui qui a porté contre le défunt une accusation capitale jugée calomnieuse ;
3° L'héritier majeur qui, instruit du meurtre du défunt, ne l'aura pas dénoncé à la justice.

1) L'article 727 du Code civil ne sanctionne que le crime impliquant l'intention homicide et non les coups et blessures ayant occasionné la mort sans intention de la donner (Paris 28 mai 1937 : *D.H.* 1937, 384. – Trib. civ. Aix 31 janv. 1950 : *D.* 1950, 222. – *Contra* Douai 27 juil. 1937 : *S.* 1938, 2, 109. – V. sur ces décisions Mimin, *Des cas où l'on hérite de ceux qu'on assassine* : *D.* 1952, chr. 147). La dénonciation ayant entraîné déportation ne constitue pas une cause d'indignité (Trib. civ. Mayenne 12 janv. 1950 : *D.* 1950, 203).

2) L'indignité successorale est une peine civile de nature personnelle et d'interprétation stricte. Elle ne peut être appliquée au père du meurtrier (Civ. 1re, 18 déc. 1984 : *J.C.P.* 85, IV, 80 ; *Bull.* I, n. 340, p. 290).

Art. 728. – **Le défaut de dénonciation ne peut être opposé aux ascendants et descendants du meurtrier, ni à ses alliés au même degré, ni à son époux ou à son épouse, ni à ses frères ou sœurs, ni à ses oncles et tantes, ni à ses neveux et nièces.**

Art. 729. – **L'héritier exclu de la succession pour cause d'indignité est tenu de rendre tous les fruits et les revenus dont il a eu la jouissance depuis l'ouverture de la succession.**

Art. 730. – **Les enfants de l'indigne, venant à la succession de leur chef, et sans le secours de la représentation, ne sont pas exclus pour la faute de leur père ; mais celui-ci ne peut, en aucun cas, réclamer, sur les biens de cette succession, l'usufruit que la loi accorde aux pères et mères sur les biens de leurs enfants.**

CHAPITRE III. – DES DIVERS ORDRES DE SUCCESSION

SECTION I. – DISPOSITIONS GÉNÉRALES

Art. 731 *(Ord. n. 58-1307 du 23 déc. 1958, art. 1er)*. – **Les successions sont déférées aux enfants et descendants du défunt, à ses ascendants, à ses parents collatéraux et à son conjoint survivant, dans l'ordre et suivant les règles ci-après déterminées.**

Sauf lorsqu'il s'agit de l'exercice d'une action en pétition d'hérédité, l'acte de notoriété dressé par un notaire établit la qualité d'héritier dans la mesure où la véracité de ces énonciations n'est pas contestée (Civ. 1re, 24 oct. 1984 : *Bull.* I, n. 279, p. 237).

Art. 732. – **La loi ne considère ni la nature ni l'origine des biens pour en régler la succession.**

Art. 733 *(Premier al. remplacé, L. n. 72-3 du 3 janv. 1972, art. 4)*. – **Toute succession échue à des ascendants ou à des collatéraux, qu'ils soient légitimes ou naturels, se divise en deux parts égales : l'une pour les parents de la ligne paternelle, l'autre pour les parents de la ligne maternelle.**

SUCCESSIONS   Art. 739

Les parents utérins ou consanguins ne sont pas exclus par les germains ; mais ils ne prennent part que dans leur ligne, sauf ce qui sera dit à l'article 752. Les germains prennent part dans les deux lignes.

(L. n. 57-379 du 26 mars 1957, art. 1er) Sous réserve des dispositions de l'article 753, il ne se fait aucune dévolution d'une ligne à l'autre que lorsqu'il ne se trouve aucun ascendant ni collatéral de l'une des deux lignes.

Art. 734. - Cette première division opérée entre les lignes paternelle et maternelle, il ne se fait plus de division entre les diverses branches ; mais la moitié dévolue à chaque ligne appartient à l'héritier ou aux héritiers les plus proches en degrés, sauf le cas de la représentation, ainsi qu'il sera dit ci-après.

Art. 735. - La proximité de parenté s'établit par le nombre de générations ; chaque génération s'appelle un *degré*.

Art. 736. - La suite des degrés forme la ligne : on appelle *ligne directe* la suite des degrés entre personnes qui descendent l'une de l'autre ; *ligne collatérale,* la suite des degrés entre personnes qui ne descendent pas les unes des autres, mais qui descendent d'un auteur commun.

On distingue la ligne directe, en ligne directe descendante et ligne directe ascendante.
La première est celle qui lie le chef avec ceux qui descendent de lui ; la deuxième est celle qui lie une personne avec ceux dont elle descend.

Art. 737. - En ligne directe, on compte autant de degrés qu'il y a de générations entre les personnes : ainsi le fils est, à l'égard du père, au premier degré ; le petit-fils, au second ; et réciproquement du père et de l'aïeul à l'égard des fils et petits-fils.

Art. 738. - En ligne collatérale, les degrés se comptent par les générations, depuis l'un des parents jusques et non compris l'auteur commun, et depuis celui-ci jusqu'à l'autre parent.

Ainsi, deux frères sont au deuxième degré ; l'oncle et le neveu sont au troisième degré ; les cousins germains au quatrième ; ainsi de suite.

Sur la liberté de la preuve dans les questions de généalogie, V. Civ. 9 mars 1926 : *D.P.* 1926, 1, 225, note Rouast. Sur la valeur probante de la carte nationale d'identité pour obtenir délivrance d'un certificat d'hérédité, V. Rép. min. n. 3900 : *J.O.* déb. Ass. nat. 15 mars 1969, p. 649.

SECTION II. - DE LA REPRÉSENTATION

Art. 739. - La représentation est une fiction de la loi, dont l'effet est de faire entrer les représentants dans la place, dans le degré et dans les droits du représenté.

1) La représentation est exclue dans la succession testamentaire (Civ. 2 juil. 1924 : *D.P.* 1926, 1, 102). Mais le legs n'est pas caduc s'il est prouvé que le testateur a voulu gratifier les descendants du légataire comme le légataire lui-même (Req. 8 nov. 1921 : *D.P.* 1922, 1, 183).

2) Le représentant non réservataire a légalement vocation à recueillir la part qui eût été dévolue au représenté si celui-ci avait survécu, y compris la part de réserve (Civ. 1re, 15 juil. 1975 : *D.* 1975, 757, note Donnier). Mais jugé que la réserve est affectée privativement à certains héritiers, à

l'exclusion de toutes autres personnes ayant vocation à la succession et notamment des successibles n'ayant pas la qualité de réservataires (Civ. 1re, 1er mars 1977 : *D.* 1977, 541, note Donnier).

Art. 740. – **La représentation a lieu à l'infini dans la ligne directe descendante.**
Elle est admise dans tous les cas, soit que les enfants du défunt concourent avec les descendants d'un enfant prédécédé, soit que tous les enfants du défunt étant morts avant lui, les descendants desdits enfants se trouvent entre eux en degrés égaux ou inégaux.

Art. 741. – La représentation n'a pas lieu en faveur des ascendants ; le plus proche, dans chacune des deux lignes, exclut toujours le plus éloigné.

Art. 742. – En ligne collatérale, la représentation est admise en faveur des enfants et descendants de frères ou sœurs du défunt, soit qu'ils viennent à sa succession concurremment avec des oncles ou tantes, soit que tous les frères et sœurs du défunt étant prédécédés, la succession se trouve dévolue à leurs descendants en degrés égaux ou inégaux.

Art. 743. – Dans tous les cas où la représentation est admise, le partage s'opère par souche ; si une même souche a produit plusieurs branches, la subdivision se fait aussi par souche dans chaque branche, et les membres de la même branche partagent entre eux par tête.

Art. 744 *(L. n. 72-3 du 3 janv. 1972).* – On ne représente pas les personnes vivantes, mais seulement celles qui sont mortes.
On peut représenter celui à la succession duquel on a renoncé.
La loi ne distingue pas, pour l'exercice de la représentation, entre la filiation légitime et la filiation naturelle.

SECTION III. – DES SUCCESSIONS DÉFÉRÉES AUX DESCENDANTS

Art. 745. – Les enfants ou leurs descendants succèdent à leurs père et mère, aïeuls, aïeules, ou autres ascendants, sans distinction de sexe ni de primogéniture, et encore qu'ils soient issus de différents mariages.
Ils succèdent par égales portions et par tête, quand ils sont tous au premier degré et appelés de leur chef : ils succèdent par souche, lorsqu'ils viennent tous ou en partie par représentation.

SECTION IV. – DES SUCCESSIONS DÉFÉRÉES AUX ASCENDANTS

Art. 746. – Si le défunt n'a laissé ni postérité, ni frère ni sœur, ni descendants d'eux, la succession se divise par moitié entre les ascendants de la ligne paternelle et les ascendants de la ligne maternelle.
L'ascendant qui se trouve au degré le plus proche recueille la moitié affectée à sa ligne, à l'exclusion de tous autres.
Les ascendants au même degré succèdent par tête.

SUCCESSIONS Art. 753

Art. 747. – *Abrogé, L. n. 72-3 du 3 janv. 1972, art. 4.*
Les ascendants succèdent à l'exclusion de tous autres, aux choses par eux données à leurs enfants ou descendants décédés sans postérité, lorsque les objets donnés se retrouvent en nature dans la succession.
Si les objets ont été aliénés, les ascendants recueillent le prix qui peut être dû. Ils succèdent aussi à l'action en reprise que pouvait avoir le donataire.

Les donations entre vifs consenties avant l'entrée en vigueur de la loi nouvelle continueront de donner lieu au droit de retour légal tel qu'il était prévu par l'ancien article 747 du Code civil (L. n. 72-3 du 3 janv. 1972, art. 14, al. 3).

Art. 748. – Lorsque les père et mère d'une personne morte sans postérité lui ont survécu, si elle a laissé des frères, sœurs, ou des descendants d'eux, la succession se divise en deux portions égales, dont moitié seulement est déférée au père et à la mère, qui la partagent entre eux également.
L'autre moitié appartient aux frères, sœurs ou descendants d'eux, ainsi qu'il sera expliqué dans la section V du présent chapitre.

Art. 749. – Dans le cas où la personne morte sans postérité laisse des frères, sœurs ou des descendants d'eux, si le père ou la mère est prédécédé, la portion qui leur aurait été dévolue conformément au précédent article se réunit à la moitié déférée aux frères, sœurs ou à leurs représentants, ainsi qu'il sera expliqué à la section V du présent chapitre.

SECTION V. – DES SUCCESSIONS COLLATÉRALES

Art. 750. – En cas de prédécès des père et mère d'une personne morte sans postérité, ses frères, sœurs ou leurs descendants sont appelés à la succession, à l'exclusion des ascendants et des autres collatéraux.
Ils succèdent, ou de leur chef, ou par représentation, ainsi qu'il a été réglé dans la section II du présent chapitre.

L'exclusion des ascendants et des autres collatéraux résultant de l'article 750 doit jouer en faveur des descendants des frères et sœurs utérins (Civ. 1re, 8 déc. 1959 : *Gaz. Pal.* 1960, 1, 110).

Art. 751. – Si les père et mère de la personne morte sans postérité lui ont survécu, ses frères, sœurs ou leurs représentants ne sont appelés qu'à la moitié de la succession. Si le père ou la mère seulement a survécu, ils sont appelés à recueillir les trois quarts.

Art. 752. – Le partage de la moitié ou des trois quarts dévolus aux frères ou sœurs, aux termes de l'article précédent, s'opère entre eux par égales portions, s'ils sont tous du même lit ; s'ils sont de lits différents, la division se fait par moitié entre les deux lignes paternelle et maternelle du défunt ; les germains prennent part dans les deux lignes, et les utérins ou consanguins chacun dans leur ligne seulement : s'il n'y a de frères ou sœurs que d'un côté, ils succèdent à la totalité, à l'exclusion de tous autres parents de l'autre ligne.

Art. 753 *(L. n. 57-379 du 26 mars 1957, art. 2).* – À défaut de frères ou sœurs ou de descendants d'eux et à défaut d'ascendants dans une ligne, la succession est dévolue en totalité aux ascendants de l'autre ligne ; à défaut d'ascendants dans l'une et l'autre ligne, la succession est dévolue pour moitié aux parents les plus proches dans chaque ligne.
S'il y a concours de parents collatéraux au même degré, ils partagent par tête.

Art. 754. — *Abrogé, L. n. 57-379 du 26 mars 1957, art. 3.*

Art. 755 *(L. du 31 déc. 1917).* — **Les parents collatéraux au-delà du sixième degré ne succèdent pas, à l'exception, toutefois, des descendants des frères et sœurs du défunt.**
Toutefois, les parents collatéraux succèdent jusqu'au douzième degré lorsque le défunt n'était pas capable de tester et n'était pas frappé d'interdiction légale.
(L. du 3 déc. 1930) **À défaut de parents au degré successible dans une ligne et de conjoint contre lequel il n'existe pas de jugement de séparation de corps passé en force de chose jugée, les parents de l'autre ligne succèdent pour le tout.**

1) L'article 755 alinéa 2 comprend par la généralité de ses termes tous les incapables de tester, qu'ils soient atteints d'une incapacité de droit ou d'une incapacité de fait et que la cause en soit la minorité, l'interdiction judiciaire ou l'insanité ou la faiblesse d'esprit (Req. 2 déc. 1931 : *D.P.* 1933, 1, 105, note Laurent). Mais l'incapacité de tester doit être totale, ce qui exclut l'incapacité partielle de disposer qui atteint le mineur de plus de seize ans (Civ. 8 nov. 1932 : *D.P.* 1933, 1, 105, note Laurent).

2) L'article 755 ne vise pas ceux dont les facultés intellectuelles et la volonté n'auraient été troublées que pendant peu de temps (Riom 28 janv. 1924 : *D.H.* 1924, 175). Jugé que la période pendant laquelle l'insanité d'esprit doit avoir existé est celle s'étendant entre le jour où le *de cujus* n'avait plus, pour recueillir son héritage, que des parents assez éloignés pour que tous ou certains d'entre eux fussent écartés par la limitation légale de successibilité, et la mort du *de cujus* (T.G.I. Albi 9 déc. 1959 : *J.C.P.* 60, II, 11642, note Voirin).

SECTION VI. — DES DROITS SUCCESSORAUX RÉSULTANT DE LA FILIATION NATURELLE
(L. n. 72-3 du 3 janv. 1972)

J.M. BEZ, *La dévolution des successions après la loi du 3 janvier 1972 sur la filiation* : *J.C.P.* 72, éd. N, I, 2467.

Art. 756. — **La filiation naturelle ne crée de droits successoraux qu'autant qu'elle est légalement établie.**

Art. 757. — **L'enfant naturel a, en général, dans la succession de ses père et mère et autres ascendants, ainsi que de ses frères et sœurs et autres collatéraux, les mêmes droits qu'un enfant légitime.**

Art. 758. — **Réciproquement, les père et mère et autres ascendants de l'enfant naturel, ainsi que ses frères et sœurs et autres collatéraux, viennent à sa succession comme s'il était un enfant légitime.**

Art. 759. — **Les enfants naturels dont le père ou la mère était, au temps de leur conception, engagé dans les liens du mariage avec une autre personne, n'excluent pas celle-ci de la succession de leur auteur, lorsque, à leur défaut, elle y eût été appelée par application des articles 765 et 766 ci-dessous.**
En pareil cas, ils ne recevront, quel que soit leur nombre, que la moitié de ce qui, en leur absence, aurait été dévolu au conjoint selon les articles précités, le calcul étant fait ligne par ligne.
La répartition de la succession se fixe d'après l'état des vocations héréditaires au jour du décès, nonobstant toutes renonciations ultérieures.

SUCCESSIONS   Art. 763

Les articles 759 et 908 limitant les droits de l'enfant naturel en présence du conjoint survivant ne s'appliquent que lorsque ce conjoint aurait été, en l'absence de l'enfant, appelé à succéder en pleine propriété en vertu des articles 765 et 766 (Civ. 1re, 21 mai 1986 : *D.* 1986, 340).

Art. 760. – **Les enfants naturels dont le père ou la mère était, au temps de leur conception, engagé dans les liens d'un mariage d'où sont issus des enfants légitimes, sont appelés à la succession de leur auteur en concours avec ces enfants ; mais chacun d'eux ne recevra que la moitié de la part à laquelle il aurait eu droit si tous les enfants du défunt, y compris lui-même, eussent été légitimes.**

La fraction dont sa part héréditaire est ainsi diminuée accroîtra aux seuls enfants issus du mariage auquel l'adultère a porté atteinte ; elle se divisera entre eux à proportion de leurs parts héréditaires.

J. M. BEZ, *Les droits de l'enfant adultérin et le nouvel article 760 du Code civil* : *J.C.P.* 73, I, 2530. – J. VIATTE, *Les droits successoraux des enfants adultérins* : *Gaz. Pal.* 1973, 1, doctr. 381.

1) L'enfant d'un époux, adopté par l'autre époux, a la qualité d'enfant commun des deux époux et doit bénéficier de la protection prévue par les articles 760 et 915 (Paris 26 juin 1981 : *Defrénois* 1982, 257, note Flour et Grimaldi et, sur pourvoi, Civ. 1re, 8 nov. 1982 : *D.* 1983, 445, note Flour et Grimaldi). La loi ne distingue pas à cet égard entre les enfants adoptés, même si leur filiation antérieure est irrégulière (Paris 20 mars 1984 : *J.C.P.* 85, II, 20414, note crit. Rémy).

2) La limitation apportée aux droits des enfants adultérins par l'article 760 doit s'appliquer dans les successions de tous leurs ascendants auxquelles ils sont appelés concurremment avec les enfants légitimes (Civ. 1re, 26 avril 1988 : *D.* 1988, 469, concl. Massip ; *J.C.P.* 89, II, 21246, note Testu, et, sur renvoi, Poitiers 14 déc. 1988 : *J.C.P.* 89, II, 21355, note Testu).

Art. 761. – **Si le conjoint survivant ou les enfants issus du mariage demandent, à charge de soulte s'il y a lieu, que certains biens de la succession leur soient attribués par préférence dans les conditions de l'article 832, les enfants naturels visés aux deux articles précédents ne pourront s'opposer à cette attribution préférentielle. La même faculté s'étend au local d'habitation dans lequel le ou les demandeurs avaient leur résidence secondaire.**

Le conjoint peut exercer ce droit lorsqu'il vient à la succession par application, soit de l'article 759, soit de l'article 767, et il peut, dans tous les cas, l'exercer en demandant une attribution préférentielle sur ces mêmes biens en usufruit seulement.

Art. 762. – **Dans le cas des articles 759 et 760, le père ou la mère pourra écarter les enfants naturels de toute participation personnelle aux opérations futures de liquidation et de partage, en leur faisant, de son vivant, une attribution suffisante de biens, sous la stipulation expresse qu'elle a lieu en règlement anticipé de leurs droits successoraux.**

A. BRETON, *De la faculté d'exclure du partage un enfant adultérin par une attribution de biens* : *Defrénois* 1974, art. 30671.

Art. 763. – **L'attribution se fait en la forme des donations. Elle emportera transfert de la propriété par l'acceptation de l'attributaire ou de son représentant légal.**

Art. 763-1

Tant qu'elle n'est pas acceptée, elle peut être révoquée ou modifiée par son auteur dans les mêmes formes. Si l'attributaire ne veut ou ne peut en percevoir les revenus, ils seront employés pour son compte et à son nom.

L'attribution prend effet à l'ouverture de la succession lorsqu'elle n'a pas été antérieurement acceptée par l'attributaire.

Art. 763-1. – Si, à l'ouverture de la succession, les estimations ayant été faites comme en matière de rapport, il est constaté que la valeur des biens attribués excède les droits successoraux d'un attributaire, ou, à l'inverse, leur est inférieure, il y aura lieu à réduction ou à complément, selon le cas, sans toutefois que les autres héritiers ou l'enfant puissent élever aucune réclamation quant aux revenus perçus en trop ou en moins avant le décès.

S'il y a lieu à complément, celui-ci est fourni en argent ou en nature, au gré des autres héritiers.

Art. 763-2. – L'attribution ne vaut règlement anticipé de la succession que si elle confère à un tiers, désigné dans les catégories professionnelles qui seront agréées par décret, le pouvoir exclusif et irrévocable de représenter l'attributaire dans toutes les opérations à venir de liquidation et de partage, ainsi que d'agir et de défendre pour son compte dans toutes les instances qui pourraient s'élever au sujet de ses droits successoraux.

Décret n. 72-753 du 9 août 1972
pris pour l'application des articles 762 à 764 du Code civil

Art. 1. – Les notaires et les établissements ou professionnels agréés, en application de l'article 1er du décret du 5 novembre 1965, pour recevoir les capitaux et valeurs mobilières appartenant aux mineurs, sont habilités à représenter dans les opérations de liquidation et de partage de la succession l'héritier à qui a été conféré le bénéfice d'une attribution anticipée de biens en application des articles 762 à 764 du Code civil.

Art. 2. – Si le défunt a désigné une personne physique et si celle-ci décède, son successeur lui sera substitué de plein droit.

Art. 763-3. – Le tiers constitué par le défunt pour représenter un attributaire est tenu envers celui-ci de toutes les obligations d'un mandataire.

Art. 764. – Si, à l'ouverture de la succession, il n'y a ni conjoint survivant, ni enfant issu du mariage, ou s'ils renoncent, les pouvoirs du représentant cesseront de plein droit, et les attributions seront traitées comme avancements d'hoiries.

SECTION III. – DES DROITS DU CONJOINT SURVIVANT
(L. n. 72-3 du 3 janv. 1972)

Art. 765. – Lorsque le défunt ne laisse pas de parenté au degré successible, ou s'il ne laisse que des collatéraux autres que des frères ou sœurs ou des descendants de ceux-ci, les biens de sa succession appartiennent en pleine propriété au conjoint non divorcé qui lui survit et contre lequel n'existe pas de jugement de séparation de corps passé en force de chose jugée.

Sur l'absence de droit *ab intestat* du conjoint en cas de mariage posthume, V. *supra*, art. 171, al. 3.

SUCCESSIONS — Art. 767

Art. 766. – **Lorsque le défunt ne laisse dans une ligne, paternelle ou maternelle, aucun parent au degré successible, ou s'il ne laisse, dans cette ligne, que des collatéraux autres que des frères ou sœurs ou des descendants de ceux-ci, la moitié de sa succession est dévolue, nonobstant les dispositions de l'article 753, au conjoint non divorcé qui lui survit et contre lequel n'existe pas de jugement de séparation de corps passé en force de chose jugée.**

Il résulte de la combinaison des articles 750, 752 et 766 qu'en cas de prédécès des père et mère d'une même personne morte sans postérité, s'il existe dans la ligne non vacante des frères ou sœurs, consanguins ou utérins, ou des descendants de ceux-ci, la totalité de la succession leur est dévolue, ce qui empêche toute transmission à l'autre ligne et exclut des biens de celle-ci le conjoint survivant qui est seulement appelé à remplacer les collatéraux ordinaires (Civ. 1re, 19 mai 1981 : *D.* 1981, 609, note Rondeau-Rivier ; *J.C.P.* 82, II, 19281, note Dagot).

Art. 767 *(mod. L. n. 72-3 du 3 janv. 1972).* – **Le conjoint survivant non divorcé, qui ne succède pas à la pleine propriété et contre lequel n'existe pas de jugement de séparation de corps passé en force de chose jugée a, sur la succession du prédécédé, un droit d'usufruit qui est :**

D'un quart, si le défunt laisse un ou plusieurs enfants soit légitimes, issus ou non du mariage, soit naturels ;

De moitié, si le défunt laisse des frères et sœurs, des descendants de frères et sœurs, des ascendants ou des enfants naturels conçus pendant le mariage.

(L. 9 mars 1891) **Le calcul sera opéré sur une masse faite de tous les biens existant au décès du** *de cujus***, auxquels seront réunis fictivement ceux dont il aurait disposé, soit par acte entre vifs, soit par acte testamentaire, au profit de successibles, sans dispense de rapport.**

Mais l'époux survivant ne pourra exercer son droit que sur les biens dont le prédécédé n'aura disposé ni par acte entre vifs, ni par acte testamentaire, et sans préjudicier aux droits de réserve ni aux droits de retour.

Il cessera de l'exercer dans le cas où il aurait reçu du défunt des libéralités, même faites par préciput et hors part, dont le montant atteindrait celui des droits que la présente loi lui attribue, et, si ce montant était inférieur, il ne pourrait réclamer que le complément de son usufruit.

(Al. mod. L. n. 63-699 du 13 juil. 1963, art. 3). **Jusqu'au partage définitif, les héritiers peuvent exiger, moyennant sûretés suffisantes, et garantie du maintien de l'équivalence initiale, que l'usufruit de l'époux survivant soit converti en une rente viagère équivalente. S'ils sont en désaccord, la conversion sera facultative pour les tribunaux.**

Dernier alinéa abrogé, L. 3 avril 1917.

L. n. 72-3 du 3 janvier 1972
sur la filiation

Art. 14. – Les droits successoraux institués par la présente loi ou résultant des règles nouvelles concernant l'établissement de la filiation ne pourront être exercés dans les successions ouvertes avant son entrée en vigueur.

Les droits de réservataires institués par la présente loi ou résultant des règles nouvelles concernant l'établissement de la filiation ne pourront être exercés au préjudice des donations entre vifs consenties avant son entrée en vigueur.

Art. 767

Les donations entre vifs consenties avant l'entrée en vigueur de la loi nouvelle continueront de donner lieu au droit de retour légal, tel qu'il était prévu par l'ancien article 747 du Code civil.

....

Art. 19. – Les limitations que les nouveaux articles 759 et 767 du Code civil apportent aux droits du conjoint survivant, tels qu'ils étaient antérieurement prévus, ne pourront être invoquées que dans les successions qui s'ouvriront plus de deux années après l'entrée en vigueur de la présente loi.

1) L'usufruit du conjoint ne s'exerce pas sur les apports repris par les héritiers du conjoint décédé en vertu de l'article 1525 du Code civil (Colmar 11 janv. 1938 : *D.H.* 1938, 233) ni sur les biens faisant l'objet d'un droit de retour légal (art. 747 ancien) (Civ. 22 juil. 1903 : *D.P.* 1904, 1, 33, concl. Baudouin et note Planiol).

2) Le conjoint peut cumuler son usufruit successoral avec des avantages matrimoniaux (Req. 3 fév. 1908 : *D.P.* 1908, 1, 93). Sur la possibilité de cumul avec l'usufruit résultant de la législation sur la propriété littéraire ou artistique, V. L. du 11 mars 1957, art. 24. L'époux disposant peut disposer que la libéralité faite à son conjoint se cumulera avec l'usufruit légal dans la limite de la quotité disponible (Civ. 1re, 10 mai 1960 : *D.* 1963, 38, note Vidal).

3) Sur le principe que le conjoint survivant n'est pas un héritier réservataire et qu'il est donc privé de son usufruit légal si le *de cujus* dispose de la totalité de sa succession au profit d'un tiers, V. Civ. 1re, 25 avril 1984 : *Defrénois* 1984, 929, note Malaurie.

4) Faute d'une exhérédation expresse, le conjoint légataire qui perd le bénéfice de son legs en se remariant conserve cependant son usufruit légal (Chambéry 5 fév. 1957 : *J.C.P.* 57, II, 10186, note Voirin). Il en va de même si la libéralité est révoquée pour faits d'ingratitude ne constituant pas une cause d'indignité (Civ. 13 nov. 1905 : *D.P.* 1906, 1, 5, note Planiol), ou si le conjoint survivant y renonce (Toulouse 26 fév. 1946 : *D.* 1946, 276).

5) La conversion en rente viagère ne concerne que l'usufruit légal du conjoint survivant et non l'usufruit qui lui est légué par le prémourant (Civ. 1re, 16 janv. 1968 : *D.* 1968, 361).

6) Les héritiers ne peuvent plus demander la conversion de l'usufruit en rente viagère dès lors qu'une partie des éléments de la succession a fait l'objet entre eux d'un partage définitif (Civ. 22 avril 1950 : *J.C.P.* 50, II, 5811, note Mihura).

7) La conversion de l'usufruit est rescindable pour lésion de plus d'un quart (Civ. 1re, 18 oct. 1955 : *D.* 1956, 4. – Angers 4 juil. 1950 : *D.* 1951, 404).

8) La demande de conversion de l'usufruit du conjoint survivant en rente viagère ne peut produire ses effets que pour l'avenir, sans porter atteinte à l'effet déclaratif du partage ; c'est donc à bon droit que les juges du fond n'ont pas fait remonter au jour du décès la prise d'effet de la conversion (Civ. 1re, 24 nov. 1987 : *J.C.P.* 88, II, 21061, note Salvage).

9) Les rentes constituées en exécution du dernier alinéa de l'article 767 du Code civil sont regardées comme des dettes d'aliments pour l'application de l'article 79-3 de l'ordonnance n. 58-1374 du 30 décembre 1958 (L. n. 63-699 du 13 juil. 1963, art. 4, *infra,* sous art. 1243).

10) L'article 767 n'interdit pas de fixer à titre provisionnel le montant de la rente viagère pour le temps nécessaire à la réalisation des opérations de partage de la communauté et de liquidation de la succession, qui permettront d'établir définitivement l'étendue de l'usufruit du conjoint survivant et le montant de la rente viagère qui lui sera

SUCCESSIONS   Art. 773

substituée (Civ. 1re, 23 nov. 1982 : *Bull.* I, n. 338, p. 289 ; *Defrénois* 1983, 929, obs.

Champenois ; *Rev. trim. dr. civ.* 1984, 129, obs. Patarin).

CHAPITRE IV. – DES DROITS DE L'ÉTAT

Art. 768 *(Ord. n. 58-1307 du 23 déc. 1958, art. 1er).* – **À défaut d'héritiers, la succession est acquise à l'État.**

1) Une clause par laquelle un testateur déclare exhéréder « qui que ce soit des ayants droit à sa succession » ne peut faire échec au droit de l'État de recueillir, en l'absence d'héritiers, la succession par voie de déshérence (Civ. 1re, 3 mars 1965 : *J.C.P.* 65, II, 14280, note Spiteri ; *D.* 1965, 428, note J. Mazeaud. – Civ. 1re, 11 mars 1968 : *D.* 1968, 541, note Voirin).

2) L'État qui recueille une succession par voie de déshérence a la faculté de s'opposer à l'attribution préférentielle dans les mêmes conditions que tout héritier, mais il en va autrement s'il intervient en qualité de curateur à une succession vacante (Civ. 1re, 21 juin 1988 : *Bull.* I, n. 204, p. 142).

3) Sur la succession des pupilles de l'État, V. Code famille et aide soc., art. 84.

Art. 769 *(Ord. n. 58-1307 du 23 déc. 1958, art. 1er).* – **L'administration des domaines qui prétend droit à la succession est tenue de faire apposer les scellés et de faire faire inventaire dans les formes prescrites pour l'acceptation des successions sous bénéfice d'inventaire.**

Art. 770 *(Ord. n. 58-1007 du 24 oct. 1958 ; Ord. n. 58-1307 du 23 déc. 1958, art. 1er).* – **Elle doit demander l'envoi en possession au tribunal de grande instance dans le ressort duquel la succession est ouverte.**

Elle est dispensée de recourir au ministère d'un avoué *(avocat)* ; le tribunal statue sur la demande trois mois et quarante jours après une publication et affiche dans les formes usitées, et après avoir entendu le procureur de la République.

Lorsque, la vacance ayant été régulièrement déclarée, l'administration des domaines a été nommée curateur, elle peut, avant de former sa demande, procéder par elle-même aux formalités de publicité prévues à l'alinéa précédent.

Dans tous les cas, il sera justifié de l'affichage par un exemplaire du placard signé du directeur des domaines et revêtu d'un certificat du maire du lieu d'ouverture de la succession.

Art. 771. – *Abrogé, Ord. n. 58-1307 du 23 déc. 1958, art. 3.*

Art. 772 *(Ord. n. 58-1307 du 23 déc. 1958, art. 1er).* – **L'administration des domaines qui n'aurait pas rempli les formalités qui lui sont prescrites pourra être condamnée aux dommages et intérêts envers les héritiers, s'il s'en représente.**

Art. 773. – *Abrogé, L. 25 mars 1896.*

Art. 774   SUCCESSIONS

CHAPITRE V. – DE L'ACCEPTATION ET DE LA RÉPUDIATION DES SUCCESSIONS

SECTION I. – DE L'ACCEPTATION

Art. 774. – **Une succession peut être acceptée purement et simplement, ou sous bénéfice d'inventaire.**

Tout parent au degré successible a sur l'hérédité un droit éventuel subordonné à la renonciation des parents plus proches ou à l'extinction de leur droit par l'effet de la prescription et peut, en cas d'inaction du premier appelé, accepter la succession tant que sa propre vocation héréditaire n'a pas elle-même pris fin de l'une ou de l'autre façon (Civ. 1re, 24 fév. 1970 : *D.* 1970, 336, note Breton ; *J.C.P.* 71, II, 16790, note Patarin).

Art. 775. – **Nul n'est tenu d'accepter une succession qui lui est échue.**

Art. 776 *(L. 18 fév. 1938).* – **Les successions échues aux mineurs et aux majeurs en tutelle ne pourront être valablement acceptées que conformément aux dispositions du titre *De la minorité, de la tutelle et de l'émancipation*.**

Art. 777. – **L'effet de l'acceptation remonte au jour de l'ouverture de la succession.**

Art. 778. – **L'acceptation peut être expresse ou tacite : elle est expresse, quand on prend le titre ou la qualité d'héritier dans un acte authentique ou privé ; elle est tacite, quand l'héritier fait un acte qui suppose nécessairement son intention d'accepter, et qu'il n'aurait droit de faire qu'en sa qualité d'héritier.**

Il appartient aux juges du fond d'apprécier les faits d'où peut résulter l'acceptation tacite d'une succession (Civ. 1re, 12 oct. 1969 : *J.C.P.* 70, II, 16235, note Dagot). Jugé qu'il y a acceptation tacite si l'héritier se joint à une demande en partage introduite par ses cohéritiers (Lyon 19 mai 1952 : *D.* 1953, 48), s'il participe à un partage amiable (Civ. 1re, 6 juin 1984 : *Bull.* I, n. 190, p. 161), ou s'il donne mainlevée d'une inscription hypothécaire (Com. 6 nov. 1968 : *Bull.* IV, n. 313, p. 281), ou s'il dispose de biens dépendant de la succession (Paris 27 avril 1964 : *J.C.P.* 64, II, 13812, note Patarin. – T.G.I. Paris 15 janv. 1971 : *J.C.P.* 73, IV, 109), sauf s'il est établi qu'il ignorait que le bien dont il a disposé dépendait en tout ou partie de la succession (Civ. 1re, 17 mai 1977 : *Bull.* I, n. 239, p. 187). L'acceptation tacite peut résulter de la prorogation du terme d'une dette successorale (Civ. 1re, 3 juin 1986 : *D.* 1987, Somm. 123, 1re esp. obs. D. Martin).

Art. 779. – **Les actes purement conservatoires, de surveillance et d'administration provisoire, ne sont pas des actes d'addition d'hérédité, si l'on n'y a pas pris le titre ou la qualité d'héritier.**

1) La seule mention de la qualité d'héritier ne suffit pas à elle seule à déterminer si le successeur agit ou non en qualité d'héritier acceptant (Civ. 1re, 12 oct. 1969 : *J.C.P.* 70, II, 16235, note Dagot). Jugé que le fait par un héritier de s'être qualifié

SUCCESSIONS

d'ayant droit du défunt dans une instance dirigée contre lui en cette qualité ne suppose pas nécessairement qu'il a entendu accepter la succession dès lors qu'il n'a assuré sa défense qu'à des fins conservatoires (Paris 15 fév. 1974 : *Gaz. Pal.* 1974, 1, 297, note Hanine. – V. aussi Civ. 1re, 7 juin 1988 : *Bull.* I, n. 182, p. 127 ; *Rev. trim. dr. civ.* 1989, 603, obs. Patarin. – Civ. 1re, 13 déc. 1988 : *Bull.* I, n. 362, p. 245).

2) Le paiement par l'héritier des frais d'obsèques avec les fonds laissés par le défunt et la demande de remise de dette suggérée par le directeur de l'organisme créancier peuvent être considérés comme des actes accomplis à titre de gestionnaire n'impliquant pas une volonté non équivoque d'accepter (Civ. 1re, 23 juin 1982 : *J.C.P.* 82, IV, 318 ; *Bull.* I, n. 240, p. 206).

2) Le simple fait de conserver la possession d'un immeuble après l'ouverture de la succession ne vaut pas à lui seul acceptation tacite (T.G.I. Beauvais, réf., 6 nov. 1980 : *D.* 1982, I.R. 22, obs. D. Martin).

3) L'héritier qui encaisse des créances successorales et vend du mobilier fait des actes dépassant les actes de simple administration et accepte par là tacitement la succession à laquelle il ne peut donc pas renoncer par la suite (T.G.I. Paris 15 janv. 1971 : *J.C.P.* 73, IV, 109).

Art. 780. – **La donation, vente ou transport que fait de ses droits successifs un des cohéritiers, soit à un étranger, soit à tous ses cohéritiers, soit à quelques-uns d'eux, emporte de sa part acceptation de la succession.**

Il en est de même : 1° de la renonciation, même gratuite, que fait un des héritiers au profit d'un ou de plusieurs de ses cohéritiers ;

2° De la renonciation qu'il fait même au profit de tous ses cohéritiers indistinctement, lorsqu'il reçoit le prix de sa renonciation.

1) La renonciation faite par un héritier en contrepartie d'une somme payée par une autre personne appelée à la succession valant acceptation tacite, l'héritier n'est donc pas sans qualité pour agir en rescision de l'acte de partage et en nullité de la donation déguisée faite par le *de cujus* à sa femme (Civ. 1re, 22 oct. 1968 : *J.C.P.* 68, IV, 191 ; *Bull.* I, n. 244, p. 184).

2) L'acceptation tacite d'une succession résultant d'une renonciation faite en faveur d'un cohéritier et contenue dans un acte sous seing privé est soumise à l'article 1328 du Code civil (Civ. 1re, 14 nov. 1972 : *D.* 1973, 109, note A.B.). Les cohéritiers sont donc en droit de ne pas se laisser opposer cet acte sous seing privé, lequel n'avait pas date certaine, et de se prévaloir de la renonciation faite par cet héritier postérieurement dans un acte authentique (même arrêt).

Art. 781. – **Lorsque celui à qui une succession est échue est décédé sans l'avoir répudiée ou sans l'avoir acceptée expressément ou tacitement, ses héritiers peuvent l'accepter ou la répudier de son chef.**

Art. 782. – **Si ces héritiers ne sont pas d'accord pour accepter ou pour répudier la succession, elle doit être acceptée sous bénéfice d'inventaire.**

Art. 783. – **Le majeur ne peut attaquer l'acceptation expresse ou tacite qu'il a faite d'une succession, que dans le cas où cette acceptation aurait été la suite d'un dol pratiqué envers lui : il ne peut jamais réclamer sous prétexte de lésion, excepté seulement dans le cas où la succession se trouverait absorbée ou diminuée de plus de moitié, par la découverte d'un testament inconnu au moment de l'acceptation.**

Art. 784

1) L'acceptation fixe définitivement sur la tête de son auteur à la fois la qualité d'héritier ou de légataire et la propriété de sa part dans l'hérédité ou des choses léguées dont la transmission ne peut dès lors s'opérer par voie d'accroissement ou de dévolution (Req. 29 oct. 1929 : *D.P.* 1930, 1, 19, rapp. Dumas).

2) L'acceptation expresse d'une succession engage immédiatement l'héritier de façon complète et irrévocable, indépendamment de la décision ultérieure du tribunal quant à l'étendue des droits invoqués par lui (Com. 9 fév. 1949 : *J.C.P.* 49, II, 4822, note L.D.).

3) La théorie des vices du consentement est applicable aux actes unilatéraux et donc à une renonciation à succession déterminée par la fausse croyance chez l'héritier de conserver dans son patrimoine l'intégralité des biens provenant de deux donations-partages dont il avait été gratifié du vivant du *de cujus* (Civ. 24 mai 1948 : *D.* 1948, 517, note Lenoan). Pour d'autres exemples d'erreur de l'optant, V. Civ. 1re, 12 janv. 1953 : *D.* 1953, 234. - Civ. 1re, 15 juin 1960 : *J.C.P.* 61, II, 12274, note Voirin.

SECTION II. - DE LA RENONCIATION AUX SUCCESSIONS

Art. 784. - La renonciation à une succession ne se présume pas ; elle ne peut plus être faite qu'au greffe du tribunal de grande instance, dans l'arrondissement duquel la succession s'est ouverte, sur un registre particulier tenu à cet effet.

1) Le mandataire doit justifier d'un mandat exprès de renoncer à la succession (Rouen 31 mai 1950 : *D.* 1950, 742).

2) La renonciation à succession faite au profit d'un héritier ou d'un tiers présente le caractère d'une convention translative de propriété et n'est pas soumise aux règles de forme édictées par l'article 784 du Code civil (Civ. 1re, 6 juin 1973 : *D.* 1973, 738. - Civ. 1re, 20 avril 1982 : *Bull.* I, n. 139, p. 123).

3) L'article 784 n'est pas applicable en matière d'institution contractuelle (Req. 29 mai 1888 : *D.P.* 1889, 1, 349, rapp. Lepelletier. - *Contra* Poitiers 12 déc. 1887 : *D.P.* 89, II, 113, 2e esp.) ni en matière de legs (Civ. 31 juil. 1951 : *J.C.P.* 51, II, 6395, note Laurent. - Civ. 1re, 20 avril 1982 : *Bull.* I, n. 139, p. 123).

4) La renonciation à une succession ne peut se déduire de la renonciation à l'action en réduction prévue par l'article 920 (Civ. 1re, 19 nov. 1985 : *Bull.* I, n. 311, p. 276 ; *D.* 1987, Somm. 124, obs. D. Martin).

Art. 785. - L'héritier qui renonce est censé n'avoir jamais été héritier.

1) Il résulte de l'article 785 qu'en cas de renonciation, l'héritier du degré subséquent à qui est dévolue la succession est censé avoir eu la qualité d'héritier dès le jour du décès (Soc. 19 nov. 1954 : *D.* 1955, 22).

2) La renonciation du débiteur de l'obligation alimentaire à la succession du créancier ne fait pas disparaître l'obligation (Lyon 13 nov. 1952 : *D.* 1953, 755, note Gervesie).

3) L'irrégularité d'une signification peut être invoquée malgré la renonciation postérieure des héritiers auxquels elle avait été faite (Amiens 14 nov. 1961 : *Gaz. Pal.* 1962, 1, 97).

Art. 786. - La part du renonçant accroît à ses cohéritiers ; s'il est seul, elle est dévolue au degré subséquent.

SUCCESSIONS — Art. 790

La renonciation d'un héritier à sa part de réserve doit profiter au légataire universel et ne peut rendre son droit héréditaire à un collatéral (Req. 9 mai 1938 : *D.H.* 1938, 390).

Art. 787. – On ne vient jamais par représentation d'un héritier qui a renoncé : si le renonçant est seul héritier de son degré ou si tous ses cohéritiers renoncent, les enfants viennent de leur chef et succèdent par tête.

Art. 788. – Les créanciers de celui qui renonce au préjudice de leurs droits, peuvent se faire autoriser en justice à accepter la succession du chef de leur débiteur, en son lieu et place.

Dans ce cas, la renonciation n'est annulée qu'en faveur des créanciers, et jusqu'à concurrence seulement de leurs créances : elle ne l'est pas au profit de l'héritier qui a renoncé.

1) La validité de la renonciation ne peut être contestée que par les créanciers personnels de l'héritier renonçant et non par les créanciers personnels du défunt (Req. 29 mars 1909 : *D.* 1910, 1, 421, 2e et 3e esp.).

2) Le créancier peut être autorisé à accepter la succession si la renonciation de l'héritier lui fait perdre le bénéfice d'un usufruit, même faible, ainsi que le droit de demander la réduction du legs (Civ. 1re, 7 nov. 1984 : *Bull.* I, n. 298, p. 254). Pour un exemple de calcul frauduleux, V. Req. 28 déc. 1938 : *D.C.* 1941, 132.

Art. 789. – La faculté d'accepter ou de répudier une succession se prescrit par le laps de temps requis pour la prescription la plus longue des droits immobiliers.

1) Passé le délai de trente ans, l'héritier prétendu resté inactif doit être considéré comme restant étranger à la succession (Civ. 13 fév. 1911 : *D.P.* 1911, 1, 391. – Paris 21 avril 1937 : *D.H.* 1937, 305).

2) En cas d'inaction du premier appelé, celui qui vient à son défaut peut accepter la succession tant qu'il ne s'est pas écoulé trente ans depuis son ouverture (Civ. 20 juin 1898 : *D.P.* 99, 1, 441, note Capitant).

3) Le délai prévu par l'article 789 est sujet aux causes légales de suspension et d'interruption de la prescription (Civ. 1re, 24 fév. 1970 : *D.* 1970, 336, note Breton ; *J.C.P.* 71, II, 16790, note Patarin).

4) Il appartient aux demandeurs en partage d'établir l'acceptation de la succession dans le délai légal (Civ. 1re, 18 janv. 1989 : *Rev. trim. dr. civ.* 1989, 606, obs. Patarin. V. en ce sens Civ. 1re, 14 janv. 1981 : *Bull.* I, n. 16, p. 13. Contra Civ. 1re, 6 juin 1973 : *D.* 1973, 738. – Civ. 1re, 9 mai 1975 : *J.C.P.* 76, II, 18453, note Dagot. – Civ. 1re, 29 mars 1978 : *Bull.* I, n. 128, p. 103).

5) L'inaction du légataire qui invoque pour la première fois un testament vieux de près de trente ans sans en avoir exécuté les charges ne caractérise pas suffisamment la renonciation tacite (Civ. 1re, 17 oct. 1984 : *Bull.* I, n. 270, p. 230).

6) L'article 789 ne réserve aucune place aux usages locaux contraires (Civ. 1re, 25 mai 1981 : *J.C.P.* 82, éd. N, Prat. 360).

7) La prescription prévue par l'article 789 ne peut être relevée d'office (Civ. 1re, 17 mars 1987 : *Bull.* I, n. 98, p. 74).

Art. 790. – Tant que la prescription du droit d'accepter n'est pas acquise contre les héritiers qui ont renoncé, ils ont la faculté d'accepter encore la succession, si elle n'a pas été déjà acceptée par d'autres héritiers ; sans préjudice néanmoins des droits qui peuvent être acquis à des tiers sur les biens de la succession, soit par prescription, soit par actes valablement faits avec le curateur à la succession vacante.

Art. 791

1) Par héritiers admis à se prévaloir de la faculté de rétracter leur renonciation, l'article 790 vise non seulement les héritiers du sang mais aussi les légataires universels, même non saisis (Civ. 1re, 1er fév. 1955 : *J.C.P.* 55, II, 8646, note Becqué). Et il faut également comprendre le légataire universel au nombre des héritiers dont l'acceptation met obstacle à la rétractation des renonçants (Civ. 16 nov. 1927 : *D.H.* 1928, 103. – Paris 10 juin 1952 : *J.C.P.* 52, II, 7252, note Becqué).

2) Toute acceptation d'un successible suffit à mettre obstacle à la rétractation de la renonciation d'un héritier antérieur, même si le successible n'est pas appelé immédiatement après le renonçant (Paris 23 nov. 1948 : *J.C.P.* 49, II, 4777, note R. Savatier).

3) La renonciation de l'héritier réservataire ayant pour effet immédiat d'affranchir les donations de l'action en réduction, l'acceptation ultérieure de l'hérédité ne saurait modifier cette situation et anéantir les droits acquis par les donataires (Civ. 5 fév. 1878 : *D.P.* 1878, 1, 344).

4) L'acceptation sous bénéfice d'inventaire fait obstacle, comme l'acceptation pure et simple, à la rétractation par un autre héritier de sa renonciation à la succession (Civ. 1re, 4 oct. 1977 : *Bull.* I, n. 354, p. 281).

Art. 791. – **On ne peut, même par contrat de mariage, renoncer à la succession d'un homme vivant, ni aliéner les droits éventuels qu'on peut avoir à cette succession.**

1) Sur la prohibition des pactes sur succession future, V. *infra*, art. 1130.

2) Un legs est nul s'il est subordonné à la condition d'une renonciation à une succession non ouverte (Civ. 1re, 30 avril 1968 : *J.C.P.* 68, II, 15580, note R.L.).

Art. 792. – **Les héritiers qui auraient diverti ou recélé des effets d'une succession, sont déchus de la faculté d'y renoncer : ils demeurent héritiers purs et simples, nonobstant leur renonciation, sans pouvoir prétendre aucune part dans les objets divertis ou recélés.**

I. Conditions du recel successoral

1) L'article 792 ne s'applique qu'à la dissimulation d'effets de la succession et non à l'omission d'un héritier, fût-elle frauduleuse (Civ. 1re, 25 mai 1987 : *Bull.* I, n. 172, p. 130 ; *D.* 1987, 465, note Breton).

2) Les peines édictées par l'article 792 s'appliquent à toutes les personnes appelées à venir au partage de la succession en vertu d'un titre universel (Civ. 1re, 5 janv. 1983 : *Bull.* I, n. 10, p. 7 ; *J.C.P.* 83, IV, 89 ; *Rev. trim. dr. civ.* 1984, 340, obs. Patarin), aussi bien aux légataires universels qu'aux héritiers *ab intestat* (Paris 10 juil. 1946 : *J.C.P.* 47, II, 3392, note R. Savatier), mais non à l'héritier exhérédé (Orléans 13 oct. 1948 : *Gaz. Pal.* 1949, 1, 28, et, sur pourvoi, Civ. 26 déc. 1951 : *J.C.P.* 52, II, 6923, note Cavarroc), ni au légataire particulier (Orléans 15 avril 1953 : *D.* 1953, 689), ni au donataire (Civ. 1re, 1er avril 1981 : *J.C.P.* 81, IV, 224 ; *Bull.* I, n. 118, p. 101). Mais si les peines du recel successoral ne sont pas applicables au légataire particulier, elles peuvent néanmoins frapper le conjoint survivant lorsque le montant de son usufruit légal est inférieur à celui des legs particuliers qui lui ont été consentis (Civ. 1re, 11 oct. 1988 : *Bull.* I, n. 287, p. 195 ; *J.C.P.* 89, II, 21321, note de la Marnierre ; *D.* 1990, 1, note Breton ; *Rev. trim. dr. civ.* 1989, 362, obs. Patarin).

3) Le recel successoral suppose l'intention frauduleuse du recéleur (Civ. 1re, 2 juil. 1962 : *D.* 1962, 677, note Voirin. – Civ. 1re, 27 janv. 1987 : *Bull.* I, n. 36, p. 25 ; *D.* 1987, 253, note Morin. – Paris 19 oct. 1953 : *J.C.P.* 53, II, 7427, note H. Mazeaud). L'article 792 est applicable même si les manœuvres ont été commises antérieurement à l'ouverture de la succession (Civ. 1re, 10 nov. 1953 : *Gaz.*

Pal. 1954, 1, 158. – V. en ce sens Paris, 2 déc. 1987 : *D.* 1988, 317, note Breton), mais le recel ne saurait exister s'il ne se maintient pas après son ouverture (Orléans 15 avril 1953 : *D.* 1953, 689), à moins que le recéleur ne reconnaisse détenir des valeurs de la succession qu'une fois interrogé par le juge d'instruction (Poitiers 5 fév. 1935 : *D.H.* 1935, 235). Il n'y a pas de recel si les valeurs soustraites ont été restituées sur plainte du *de cujus* du vivant de celui-ci (Civ. 17 oct. 1950 : *D.* 1950, 755).

4) Toute fraude qui a pour but de rompre l'égalité du partage entre cohéritiers ou de modifier leur vocation héréditaire constitue un divertissement ou un recel au sens de l'article 792 (Req. 24 oct. 1932 : *D.H.* 1932, 537. – V. aussi Civ. 1re, 4 mai 1977 : *Bull.* I, n. 208, p. 164). Il en est ainsi par exemple de la dissimulation d'une donation non rapportable mais réductible (Civ. 30 déc. 1947 : *J.C.P.* 48, II, 4591, note Voirin. – V. aussi Civ. 1re, 19 juil. 1989 : *J.C.P.* 89, IV, 360), ou de l'encaissement d'un chèque reçu du défunt avant le décès (T.G.I. Paris 13 juil. 1982 : *J.C.P.* 83, IV, 333. – V. aussi Rouen 29 avril 1980 : *Gaz. Pal.* 1981, 1, Somm. 96), ou de la non-révélation de retraits d'espèces auxquels l'héritier a procédé en vertu d'une procuration avant le décès, alors que le montant de ces retraits aurait dû être rapporté à la masse à partager (Paris 2 déc. 1987 : *D.* 1988, 317, note Breton). Les juges du fond disposent à cet égard d'un souverain pouvoir d'appréciation (Civ. 1re, 13 juin 1960 : *J.C.P.* 60, IV, 119 ; *Bull.* I, n. 326, p. 268. – Civ. 1re, 28 oct. 1980 : *J.C.P.* 81, II, 19667, note Dagot. – Civ. 1re, 7 juil. 1982 : *Bull.* I, n. 255, p. 220). Il n'est pas nécessaire de constater l'existence d'un préjudice (Civ. 1re, 12 juil. 1983 : *Bull.* I, n. 208, p. 185 ; *D.* 1984, 237, note Souleau ; *Rev. trim. dr. civ.* 1984, 339, obs. Patarin). Mais jugé que l'omission d'un héritier, fût-elle frauduleuse, ne constitue pas un recel (Civ. 1re, 25 mai 1987 : *D.* 1987, 465, note Breton ; *Rev. trim dr. civ.* 1988, 154, obs. Patarin).

5) Il résulte de l'article 792 que la simulation n'emporte pas présomption de recel à l'égard du successible gratifié par une libéralité déguisée (Civ. 1re, 3 juin 1986 : *Bull.* I, n. 155, p. 155).

6) Il importe peu que la fraude aux droits des cohéritiers ait été commise de concert avec le *de cujus* (Civ. 1re, 11 janv. 1961 : *J.C.P.* 61, IV, 27 ; *Bull.* I, n. 31, p. 25), ou même organisée par celui-ci (Civ. 1re, 23 mai 1959 : *D.* 1959, 470). La simulation n'emporte pas présomption de recel à l'égard du successible gratifié par une libéralité déguisée (Civ. 1re, 9 fév. 1983 : *Bull.* I, n. 57, p. 49).

II. Effets du recel successoral

7) Les créanciers de la succession peuvent invoquer l'article 792 pour obtenir que le recéleur soit déchu de la faculté de renoncer (Civ. 28 oct. 1907 : *D.P.* 1910, 1, 292).

8) Lorsque le recel porte sur des donations déguisées, le donataire ne peut rien garder des biens à lui donnés, sans qu'il y ait à rechercher si ces biens excèdent ou non la mesure de la quotité disponible (Civ. 1re, 30 mai 1973 : *J.C.P.* 75, II, 17921, note Thuillier. – *Contra* Civ. 28 juil. 1913 : *D.P.* 1917, 1, 58).

9) Si les valeurs recélées se trouvent à l'étranger, le recéleur peut être condamné au paiement d'une somme égale à ses droits dans ces valeurs, par prélèvement sur les biens successoraux situés en France (Req. 6 nov. 1945 : *D.* 1946, 154).

10) Sur la combinaison des règles relatives au recel de succession et au recel de communauté (art. 1477), V. Civ. 1re, 8 juil. 1981 (*Bull.* I, n. 253, p. 209).

11) Le recel ne prive son auteur de sa part dans les biens recelés que dans la mesure où ces biens devaient être partagés ; il s'ensuit que lorsque l'héritier victime du recel n'avait de droit qu'en usufruit, la sanction du recel ne peut porter que sur la jouissance des biens

Art. 793 — SUCCESSIONS

détournés (Civ. 1re, 12 juil. 1983 : *Bull.* I, n. 208, p. 185 ; *D.* 1984, 237, note Souleau ; *Rev. trim. dr. civ.* 1984, 339, obs. Patarin).

12) L'héritier doit les intérêts de la somme recelée à compter de leur perception (Rouen 29 avril 1980 : *Gaz. Pal.* 1981, 1, Somm. 96).

SECTION III. – DU BÉNÉFICE D'INVENTAIRE, DE SES EFFETS ET DES OBLIGATIONS DE L'HÉRITIER BÉNÉFICIAIRE

Art. 793. – La déclaration d'un héritier, qu'il entend ne prendre cette qualité que sous bénéfice d'inventaire, doit être faite au greffe du tribunal de grande instance dans l'arrondissement duquel la succession s'est ouverte : elle doit être inscrite sur le registre destiné à recevoir les actes de renonciation.

La succession échue au mineur ne pouvant être acceptée que sous bénéfice d'inventaire, celui-ci, tant qu'il est mineur, ne peut encourir aucune déchéance en ce qui concerne ce bénéfice (Civ. 27 mars 1888 : *D.P.* 1888, 1, 345), mais l'héritier devenu majeur rentre sous l'empire du droit commun et ne peut donc se prévaloir de la qualité d'héritier bénéficiaire que s'il a fait la déclaration prescrite par l'article 793 (même arrêt).

Art. 794. – Cette déclaration n'a d'effet qu'autant qu'elle est précédée ou suivie d'un inventaire fidèle et exact des biens de la succession, dans les formes réglées par les lois sur la procédure, et dans les délais qui seront ci-après déterminés.

V. C. proc. civ., art. 941 et s.

Art. 795. – L'héritier a trois mois pour faire inventaire, à compter du jour de l'ouverture de la succession.

Il a de plus, pour délibérer sur son acceptation ou sur sa renonciation, un délai de quarante jours, qui commencent à courir du jour de l'expiration des trois mois donnés pour l'inventaire, ou du jour de la clôture de l'inventaire s'il a été terminé avant les trois mois.

Si l'expiration du délai prévu par l'article 795 n'a pas pour effet de rendre acceptant pur et simple le successible qui n'a pas encore fait connaître sa position, elle l'oblige du moins à prendre parti, à défaut de quoi il doit être condamné comme héritier pur et simple à l'égard du créancier successoral qui l'a poursuivi (Civ. 1re, 11 mai 1966 : *J.C.P.* 66, IV, 91 ; *Bull.* I, n. 284, p. 218. – V. en ce sens Soc. 18 fév. 1970 : *Bull.* V, n. 126, p. 98. – V. aussi *infra*, art. 800).

Art. 796. – Si cependant il existe dans la succession des objets susceptibles de dépérir ou dispendieux à conserver, l'héritier peut, en sa qualité d'habile à succéder, et sans qu'on puisse en induire de sa part une acceptation, se faire autoriser par justice à procéder à la vente de ces effets.
Cette vente doit être faite par officier public, après les affiches et publications réglées par les lois sur la procédure.

Art. 797. – Pendant la durée des délais pour faire inventaire et pour délibérer, l'héritier ne peut être contraint à prendre qualité, et il ne peut être obtenu contre lui de condamnation : s'il renonce lorsque les délais sont expirés ou avant, les frais par lui faits légitimement jusqu'à cette époque sont à la charge de la succession.

SUCCESSIONS — Art. 802

Art. 798. – Après l'expiration des délais ci-dessus, l'héritier, en cas de poursuite dirigée contre lui, peut demander un nouveau délai, que le tribunal saisi de la contestation accorde ou refuse suivant les circonstances.

Art. 799. – Les frais de poursuite, dans le cas de l'article précédent, sont à la charge de la succession, si l'héritier justifie, ou qu'il n'avait pas eu connaissance du décès, ou que les délais ont été insuffisants, soit à raison de la situation des biens, soit à raison des contestations survenues : s'il n'en justifie pas, les frais restent à sa charge personnelle.

Art. 800. – L'héritier conserve néanmoins après l'expiration des délais accordés par l'article 795, même de ceux donnés par le juge, conformément à l'article 798, la faculté de faire encore inventaire et de se porter héritier bénéficiaire, s'il n'a pas fait d'ailleurs acte d'héritier, ou s'il n'existe pas contre lui de jugement passé en force de chose jugée, qui le condamne en qualité d'héritier pur et simple.

1) Sur le principe que l'héritier bénéficiaire qui n'a pas fait inventaire dans le délai de la loi doit être condamné comme héritier pur et simple à l'égard du créancier successoral qui l'a poursuivi, V. Civ. 1re, 13 oct. 1982 : *Bull.* I, n. 285, p. 245.

2) Il n'est pas interdit aux tribunaux de rechercher, en considération des circonstances particulières à chaque espèce, s'il n'y a pas eu renonciation au bénéfice d'inventaire (Req. 16 janv. 1939 : *D.H.* 1939, 148). Jugé qu'une telle renonciation ne peut se déduire du seul fait que les héritiers du bénéficiaire ont sollicité et obtenu du juge des référés une allocation alimentaire à prendre sur les revenus de la succession (Civ. 7 janv. 1936 : *D.P.* 1936, 1, 129, note Fréjaville). Elle doit résulter d'une volonté non équivoque (Civ. 1re, 28 oct. 1980 : *J.C.P.* 81, II, 19667, note Dagot).

3) Ne donne pas de base légale à sa décision la cour d'appel qui décide qu'en prenant l'initiative de vendre le mobilier dépendant de la succession, les successibles ont fait acte d'héritier au sens de l'article 800 et ont perdu la possibilité d'accepter la succession sous bénéfice d'inventaire, sans rechercher si, comme il était soutenu, les meubles avaient été décrits et prisés au début des opérations d'inventaire et si le produit de la vente aux enchères publiques avait été déposé entre les mains du notaire chargé de liquider la succession, ce qui aurait pu rendre équivoque la volonté des intéressés de faire acte d'héritier pur et simple en procédant à la vente (Civ. 1re, 8 déc. 1987 : *Bull.* I, n. 344, p. 246 ; *Rev. trim. dr. civ.* 1988, 553, obs. Patarin).

4) Lorsque l'inventaire est achevé en cause d'appel, la disposition du jugement condamnant en qualité d'héritiers purs et simples les défendeurs qui avaient déclaré dans le délai légal n'accepter la succession que sous bénéfice d'inventaire ne peut être maintenue (Civ. 1re, 7 déc. 1976 : *Bull.* I, n. 391, p. 308).

Art. 801. – L'héritier qui s'est rendu coupable de recel, ou qui a omis, sciemment et de mauvaise foi, de comprendre dans l'inventaire des effets de la succession, est déchu du bénéfice d'inventaire.

V. *supra*, art. 792. Sur la nécessité de la mauvaise foi, V. Req. 11 janv. 1926 : *D.H.* 1926, 49. – Civ. 1re, 8 juil. 1986 : *Bull.* I, n. 207, p. 199.

Art. 802. – L'effet du bénéfice d'inventaire est de donner à l'héritier l'avantage :
1° De n'être tenu du paiement des dettes de la succession que jusqu'à concurrence de la valeur des biens qu'il a recueillis, même de pouvoir se décharger du paiement des dettes en abandonnant tous les biens de la succession aux créanciers et aux légataires ;

Art. 803

2° De ne pas confondre ses biens personnels avec ceux de la succession, et de conserver contre elle le droit de réclamer le paiement de ses créances.

1) L'acceptation bénéficiaire demeure sans effet dans les rapports entre cohéritiers et la qualité d'héritier bénéficiaire n'empêche donc pas cet héritier de ratifier valablement les libéralités déguisées sous des cessions consenties par le défunt (Civ. 1re, 11 déc. 1973 : *J.C.P.* 74, II, 17826, note Dagot).

2) L'acceptation sous bénéfice d'inventaire entraînant la séparation des patrimoines, l'héritier bénéficiaire n'est pas tenu à garantie et peut agir en rescision pour cause de lésion de l'acte par lequel il a cédé au *de cujus* ses droits indivis dans un immeuble (Civ. 1re, 12 janv. 1988 : *Bull.* I, n. 7, p. 6).

3) Les tiers contre lesquels l'héritier bénéficiaire poursuit en son propre nom des droits ou des actions qui lui sont personnels ne peuvent lui opposer aucune exception du chef du défunt et prise de sa qualité d'héritier (Civ. 15 juil. 1924 : *D.P.* 1926, I, 127).

4) La séparation des patrimoines et le droit de préférence qui y est attaché résultant de plein droit de l'acceptation bénéficiaire au profit des créanciers du défunt et des légataires continuent de subsister malgré la déchéance encourue par l'héritier (Civ. 20 juin 1908 : *D.P.* 1908, 1, 575).

5) Si le bénéfice d'inventaire permet à l'héritier de réclamer, en vertu de l'article 802-2°, le paiement des créances nées à son profit avant le décès du *de cujus,* l'intéressé ne peut plus acquérir de nouveaux droits contre la succession, spécialement comme salarié du défunt en état de règlement judiciaire (Soc. 14 oct. 1982 : *J.C.P.* 83, IV, 7 ; *Bull.* V, n. 555, p. 408).

6) Sur la possibilité de désigner un syndic en qualité de curateur des biens de la succession, acceptée sous bénéfice d'inventaire, d'un *de cujus* en règlement judiciaire. V. T.G.I. Boulogne-sur-mer 14 juin 1985 : *J.C.P.* 86, II, 20552, note P.P.

Art. 803. – L'héritier bénéficiaire est chargé d'administrer les biens de la succession, et doit rendre compte de son administration aux créanciers et aux légataires.
Il ne peut être contraint sur ses biens personnels qu'après avoir été mis en demeure de présenter son compte, et faute d'avoir satisfait à cette obligation.
Après l'apurement du compte, il ne peut être contraint sur ses biens personnels que jusqu'à concurrence seulement des sommes dont il se trouve reliquataire.

La nomination d'un administrateur judiciaire peut être motivée par l'importance de la succession, la complexité de sa gestion, les nombreux procès en cours, les difficultés incessantes et les oppositions d'intérêts et d'opinions entre les intéressés (Req. 1er juil. 1937 : *Gaz. Pal.* 1937, 2, 579). Elle peut être ordonnée par le juge des référés (Civ. 27 mai 1936 : *D.H.* 1936, 506).

Art. 804. – Il n'est tenu que des fautes graves dans l'administration dont il est chargé.

Art. 805. – Il ne peut vendre les meubles de la succession que par le ministère d'un officier public, aux enchères et après les affiches et publications accoutumées.
S'il les représente en nature, il n'est tenu que de la dépréciation ou de la détérioration causée par sa négligence.

L'héritier bénéficiaire doit obtenir une autorisation de justice pour aliéner un fonds de commerce dépendant de la succession (Req. 13 avril 1910 : *D.P.* 1913, 5, 29. – *Contra* Trib. civ. Seine 5 mars 1954 : *J.C.P.* 54, II, 8213, note Cohen).

SUCCESSIONS   Art. 811

Art. 806. – Il ne peut vendre les immeubles que dans les formes prescrites par les lois sur la procédure ; il est tenu d'en déléguer le prix aux créanciers hypothécaires qui se sont fait connaître.

1) Les dispositions de l'article 806 du Code civil s'appliquent à l'héritier mineur et interdisent donc toute vente amiable comme il est prévu à l'article 459, alinéa 2 (Ord. Juge des tutelles Rouen 27 nov. 1965 : *J.C.P.* 66, II, 14530, note J.A., 2e esp.).

2) Sur les règles de procédure, V. Nouv. C. proc. civ., art. 1271 à 1281.

Art. 807. – Il est tenu, si les créanciers ou autres personnes intéressées l'exigent, de donner caution bonne et solvable de la valeur du mobilier compris dans l'inventaire, et de la portion du prix des immeubles non déléguée aux créanciers hypothécaires.

Faute par lui de fournir cette caution, les meubles sont vendus et leur prix est déposé, ainsi que la portion non déléguée du prix des immeubles, pour être employés à l'acquit des charges de la succession.

Art. 808. – S'il y a des créanciers opposants, l'héritier bénéficiaire ne peut payer que dans l'ordre et de la manière réglés par le juge.

S'il n'y a pas de créanciers opposants, il paye les créanciers et les légataires à mesure qu'ils se présentent.

1) L'opposition peut résulter d'une demande amiable en délivrance formée par un légataire non payé (Angers 16 nov. 1892 : *D.P.* 94, 2, 374).

2) L'héritier réservataire n'est pas fondé à surseoir à la délivrance des legs particuliers jusqu'à ce que la quotité disponible ait été déterminée (Req. 5 déc. 1932 : *D.H.* 1933, 99).

Art. 809. – Les créanciers non opposants qui ne se présentent qu'après l'apurement du compte et le payement du reliquat, n'ont de recours à exercer que contre les légataires.

Dans l'un et l'autre cas, le recours se prescrit par le laps de trois ans, à compter du jour de l'apurement du compte et du payement du reliquat.

Art. 810. – Les frais de scellés, s'il en a été apposé, d'inventaire et de compte, sont à la charge de la succession.

SECTION IV. – DES SUCCESSIONS VACANTES

Art. 811. – Lorsqu'après l'expiration des délais pour faire inventaire et pour délibérer, il ne se présente personne qui réclame une succession, qu'il n'y a pas d'héritiers connus ou que les héritiers connus y ont renoncé, cette succession est réputée vacante.

1) La vacance peut être déclarée lorsque les héritiers les plus proches ont renoncé, même si l'on connaît des héritiers subséquents (Civ. 17 oct. 1933 : *D.H.* 1933, 553). Mais ces derniers peuvent faire cesser à tout moment les pouvoirs du curateur en réclamant l'hérédité (même arrêt).

2) C'est à l'État auquel est demandée réparation du dommage causé par un fonds voisin et qui prétend ne pas être devenu propriétaire d'un terrain dépendant d'une succession vacante de prouver l'existence d'un héritier et non à son adversaire de prouver l'inexistence d'un héritier (Civ. 1re, 22 mai 1970 : *J.C.P.* 70, II, 16482, note M.D.).

Art. 812. – Le tribunal de grande instance dans l'arrondissement duquel elle est ouverte, nomme un curateur sur la demande des personnes intéressées, ou sur la réquisition du procureur de la République.

Art. 813. – Le curateur à une succession vacante est tenu, avant tout, d'en faire constater l'état par un inventaire : il en exerce et poursuit les droits ; il répond aux demandes formées contre elle ; il administre, sous la charge de faire verser le numéraire qui se trouve dans la succession, ainsi que les deniers provenant du prix des meubles ou immeubles vendus, dans la caisse du receveur de la régie nationale pour la conservation des droits et à la charge de rendre compte à qui il appartiendra.

Art. 814 *(Ord. n. 58-1007 du 24 oct. 1958, art. 4)*. – Les dispositions de la section III du présent chapitre, sur les formes de l'inventaire, sur le mode d'administration et sur les comptes à rendre de la part de l'héritier bénéficiaire, sont, au surplus, communes aux curateurs à successions vacantes, en ce qu'elles ne sont pas contraires aux dispositions des articles 1000 et 1001 du Code de procédure civile.

Loi du 20 novembre 1940 *(J.O. 3 déc.)*
confiant à l'Administration de l'enregistrement la gestion des successions non réclamées et la curatelle des successions vacantes

Art. 1er. – La gestion des successions non réclamées et la curatelle des successions vacantes sont exclusivement confiées à l'administration de l'enregistrement, des domaines et du timbre, qui exerce, par l'intermédiaire de ses préposés, les fonctions d'administrateur provisoire et de curateur dans les conditions prévues par la législation en vigueur.

Les produits provenant à titre quelconque desdites successions ne peuvent, en aucun cas, être consignés autrement que par l'intermédiaire de cette administration.

Art. 2. – Les opérations confiées par la présente loi à l'administration de l'enregistrement, des domaines et du timbre, cessent de donner lieu au paiement d'honoraires.

Le taux et la destination des frais de régie dus à cette administration, en vertu de l'article 16 de la loi du 5 mai 1855, sur le montant des biens visés à l'article précédent, sont fixés par des décrets du ministre de l'économie et des finances.

Art. 3. – Les dispositions ci-dessus ne seront applicables qu'aux successions ouvertes postérieurement à la publication de la présente loi.

Art. 4. – Toutes dispositions législatives contraires à celles contenues dans la présente loi sont expressément abrogées.

Des arrêtés du ministre de l'économie et des finances et du garde des sceaux, ministre de la justice, détermineront les conditions d'application de la présente loi.

Arrêté du 2 novembre 1971 *(J.O. 12 déc.)*
relatif à l'administration provisoire et à la curatelle des successions vacantes

TITRE 1er. – DES SUCCESSIONS NON RÉCLAMÉES

Art. 1 – Lorsque, avant l'expiration des délais impartis pour faire inventaire et pour délibérer, il ne se présente personne pour réclamer une succession, qu'il n'existe pas d'héritiers connus ou que les héritiers connus y ont renoncé ou restent dans l'inaction, cette succession est réputée non réclamée au sens de l'article 1er de la loi du 20 novembre 1940.

SUCCESSIONS — Art. 814

Une succession est également considérée comme non réclamée :
1° Après l'expiration des délais précités s'il ne se présente personne pour l'appréhender, alors même qu'il existe des héritiers si ceux-ci restent dans l'inaction ;
2° Pendant la période précédant l'envoi en possession d'un legs universel fait par testament olographe ou mystique à l'État, à une collectivité ou établissement public dans le cas où il n'existe pas d'héritiers réservataires ou encore, quelle que soit la nature du testament, si ceux-ci restent dans l'inaction après l'expiration des délais impartis pour faire inventaire et délibérer.

Art. 2. – La gestion des successions non réclamées est confiée, par ordonnance du président du tribunal de grande instance du lieu d'ouverture de la succession, au service des domaines représenté soit par le préfet, qui peut déléguer ses pouvoirs au directeur des services fiscaux, soit, lorsque sa compétence en la matière est pluridépartementale, par le directeur des services fiscaux ou par le directeur régional des impôts, chargé, en ce lieu, de l'administration des patrimoines privés. L'ordonnance de nomination est rendue soit à la requête des personnes intéressées et spécialement du service des domaines, soit sur réquisition du ministère public.

Art. 3. – Dès l'ordonnance rendue, le service des domaines prend possession des biens héréditaires.
Il requiert, s'il y a lieu, la levée des scellés et fait procéder à l'inventaire des forces actives et passives de la succession.
Toutefois, l'ordonnance peut autoriser un agent assermenté de la direction générale des impôts, chargé du service domanial, à dresser l'état des forces actives et passives de la succession.
Si les scellés ont été apposés, un état descriptif du mobilier successoral peut être dressé par le juge d'instance au moment de la levée des scellés.

Art. 4. – Les pouvoirs du service des domaines sont définis par l'ordonnance de nomination.
Ils sont limités, en principe, aux actes d'administration et, à concurrence du passif héréditaire, aux actes de disposition portant sur le mobilier meublant et les objets dispendieux à conserver ou susceptibles de dépérir. Toutefois, en cas de nécessité, le service des domaines peut, avec l'autorisation du président du tribunal, vendre les autres biens dépendant de la succession.
Les aliénations sont, dans tous les cas, réalisées dans la forme prévue pour les ventes de biens de mineurs.

Art. 5. – Le service des domaines exerce les actions de l'hérédité, tant en demande qu'en défense. Il peut, toutefois, demander au tribunal qu'il soit sursis à statuer jusqu'à l'expiration du délai de trois mois et quarante jours.

Art. 6. – Le service des domaines exerce ses fonctions sous l'autorité du ministre de l'économie et des finances et sous le contrôle de l'autorité judiciaire.
Ses fonctions prennent fin notamment :
1° Lorsque la succession est réclamée par un héritier reconnu apte à la recueillir, ou appréhendée par l'État à titre de déshérence ;
2° Lorsque, après l'expiration du délai prévu à l'article 795 du Code civil, la succession est déclarée vacante.
Le service des domaines rend compte de sa mission aux héritiers, aux créanciers et, après communication au parquet, au président du tribunal.

Art. 814   SUCCESSIONS

TITRE II. – DES SUCCESSIONS VACANTES

Art. 7. – La gestion des successions visées aux articles 811 et suivants du Code civil est exclusivement confiée au service des domaines représenté soit par le préfet qui peut déléguer ses pouvoirs au directeur des services fiscaux, soit, lorsque sa compétence en la matière est pluridépartementale, par le directeur des services fiscaux ou par le directeur régional des impôts chargé, au lieu d'ouverture desdites successions, de l'administration des patrimoines privés.

Art. 8. – La déclaration de vacance est prononcée soit sur la demande des personnes intéressées, et spécialement du service des domaines, soit, sur la réquisition du ministère public, par le tribunal du lieu d'ouverture de la succession.

Art. 9. – Le service des domaines exerce les fonctions de curateur conformément aux dispositions des articles 813 et 814 du Code civil, et 998 et suivants du Code de procédure civile, sous la réserve indiquée à l'article 10 ci-après.

Les dispositions prévues aux articles 14 et 15 de la loi n. 67-563 du 13 juillet 1967 sur le règlement judiciaire, la liquidation des biens, la faillite personnelle et les banqueroutes, sont applicables au cas de vacance de la succession d'une personne en état de cessation des paiements judiciairement constatée.

Art. 10. – Le tribunal peut autoriser un agent assermenté de la direction générale des impôts chargé du service domanial à dresser l'état des forces actives et passives de la succession.

Si les scellés ont été apposés, un état descriptif du mobilier successoral peut être dressé par le juge d'instance au moment de la levée des scellés.

Art. 11. – Le service des domaines exerce ses fonctions sous l'autorité du ministre de l'économie et des finances et sous le contrôle de l'autorité judiciaire.

Ses fonctions prennent fin lorsque la succession est réclamée par un héritier dont les droits ont été reconnus, ou appréhendés par l'État à titre de déshérence. Elles prennent fin également par la liquidation entièrement effectuée de l'actif de la succession.

Le service des domaines rend compte de sa mission aux héritiers, aux créanciers et, après communication au parquet, au président du tribunal.

TITRE III – DISPOSITIONS COMMUNES

Art. 12. – Le service des domaines n'est pas tenu de souscrire au greffe un acte d'acceptation des fonctions d'administrateur provisoire ou de curateur : il est dispensé de fournir caution et ses agents n'ont pas à prêter serment avant d'entrer en fonctions.

Art. 13. – Après prélèvement des frais de régie ainsi que des sommes nécessaires au paiement des dépenses déjà engagées et du passif successoral dont l'exigibilité lui est connue, le comptable des impôts chargé du service domanial consigne à la caisse des dépôts et consignations, au plus tard le jour fixé pour l'arrêté mensuel de ses écritures, les deniers héréditaires ainsi que les revenus et produits de la réalisation des biens. Les retraits de fonds déposés qui seraient ultérieurement nécessaires sont effectués sur autorisation du représentant du service des domaines désigné dans les conditions prévues aux articles 2 et 7 du présent arrêté.

Les produits provenant à un titre quelconque des successions non réclamées et des successions vacantes ne peuvent, en aucun cas, être consignés autrement que par l'intermédiaire du service des domaines.

Art. 14. – Le service des domaines peut, s'il le juge opportun, continuer l'exploitation des établissements commerciaux, industriels ou agricoles dépendant des successions. Dans ce cas, les établissements dont il s'agit conservent leur autonomie dans l'ensemble du patrimoine dont ils dépendent. Leur exploitation peut être assurée par un personnel technique, sous le contrôle du service des domaines.

Un fonds de roulement est laissé à la disposition de ces entreprises et les recettes excédant ce fonds sont soit consignées à la caisse des dépôts et consignations, soit déposées dans une banque à un compte dont il ne peut être disposé que sur un ordre écrit du représentant du service des domaines désigné dans les conditions prévues aux articles 2 et 7 du présent arrêté.

Art. 15. – Les instances intéressant les successions gérées par le service des domaines sont instruites et jugées selon les formes prescrites pour les instances en matière domaniale. Le ministère des avoués n'est pas obligatoire.

Art. 16. – A défaut de l'existence en caisse de deniers suffisants, sont timbrés et enregistrés en débet les actes et procédures nécessaires à l'obtention de l'ordonnance d'administration provisoire ou de jugement déclaratif de vacance, ainsi qu'à la gestion des successions, dans les conditions fixées par les dispositions légales en vigueur.

En outre, et s'il n'existe pas de ressources disponibles, il est pourvu à l'avance des autres frais de procédure engagés par le service des domaines. Ces frais sont prélevés sur les plus prochaines recettes. Ils sont imputés sur les crédits afférents aux épaves et biens vacants au cas où l'actif successoral se révèle insuffisant.

Art. 17. – L'arrêté du 24 juillet 1941 modifié est abrogé.

CHAPITRE VI. – DU PARTAGE ET DES RAPPORTS

SECTION I. – DE L'INDIVISION ET DE L'ACTION EN PARTAGE
(L. n. 76-1286 du 31 déc. 1976) (*)

V. Commentaires D. MARTIN : *D.* 1977, chron. 221. – H. THUILLIER : *J.C.P.* 77, éd. N, Prat. 6508. – V. aussi M. DAGOT, *L'attribution éliminatoire est mal partie* : *J.C.P.* 81, I, 3036. – P. CORNILLE, *L'élimineur éliminé : une nouvelle application de l'article 815, alinéa 3, du Code civil* : *J.C.P.* 88, éd. N, I, 37.

Art. 815 *(mod. L. n. 76-1286 du 31 déc. 1976, art. 2 et L. n. 78-627 du 10 juin 1978, art. 1er).*
– **Nul ne peut être contraint à demeurer dans l'indivision et le partage peut être toujours provoqué, à moins qu'il n'y ait été sursis par jugement ou convention.**
À la demande d'un indivisaire, le tribunal peut surseoir au partage (**) pour deux années au plus si sa réalisation immédiate risque de porter atteinte à la valeur des biens indivis ou *(aj. L. n. 80-502 du 4 juil. 1980, art. 36)* si l'un des indivisaires ne peut s'installer sur une exploitation agricole dépendant de la succession qu'à l'expiration de ce délai. Ce sursis peut s'appliquer à l'ensemble des biens indivis ou à certains d'entre eux seulement.

Art. 815 SUCCESSIONS

En outre, si des indivisaires entendent demeurer dans l'indivision, le tribunal peut, à la demande de l'un ou de plusieurs d'entre eux, en fonction des intérêts en présence, et sans préjudice de l'application des articles 832 à 832-3, attribuer sa part, après expertise, à celui qui a demandé le partage, soit en nature, si elle est aisément détachable du reste des biens indivis, soit en argent, si l'attribution en nature ne peut être commodément effectuée, ou si le demandeur en exprime la préférence ; s'il n'existe pas dans l'indivision une somme suffisante, le complément est versé par ceux des indivisaires qui ont concouru à la demande, sans préjudice de la possibilité pour les autres indivisaires d'y participer s'ils en expriment la volonté. La part de chacun dans l'indivision est augmentée en proportion de son versement.

(*) *Dispositions applicables à compter du 1er juillet 1977. Elles s'appliquent aux indivisions existant à cette date. Toutefois, les conventions tendant au maintien de l'indivision et conclues avant la promulgation de la loi du 31 décembre 1976 restent régies par les dispositions en vigueur au jour de ladite promulgation à moins que les parties ne décident de mettre, pour l'avenir, leurs conventions en conformité des dispositions de la nouvelle loi, L. n. 76-1286, 31 déc. 1976, art. 19.*

(**) *Dispositions applicables à toute demande de sursis au partage formée après l'entrée en vigueur de la loi du 10 juin 1978, quelle que soit la date de la demande en partage, L. n. 78-627, 10 juin 1978, art. 5.*

Ancien art. 815. – Nul ne peut être contraint à demeurer dans l'indivision ; et le partage peut être toujours provoqué, nonobstant prohibitions et conventions contraires.

On peut cependant convenir de suspendre le partage pendant un temps limité : cette convention ne peut être obligatoire au-delà de cinq ans ; mais elle peut être renouvelée.

(D.-L. 17 juin 1938 ; L. 20 juil. 1940 ; L. 15 janv. 1943 ; L. n. 55-1413 du 28 oct. 1955, art. 1er ; L. n. 61-1378 du 19 déc. 1961, art. 1er) A défaut d'accord amiable, l'indivision de toute exploitation agricole constituant une unité économique et dont la mise en valeur était assurée par le défunt ou par son conjoint peut être maintenue, dans les conditions fixées par le tribunal, à la demande des personnes visées aux alinéas 5 et 6 ci-dessous. Le tribunal statue en fonction des intérêts en présence et des possibilités d'existence que la famille peut tirer des biens indivis. Le maintien de l'indivision demeure possible lorsque l'exploitation comprend des éléments dont l'héritier ou le conjoint était déjà propriétaire ou copropriétaire avant l'ouverture de la succession.

L'indivision peut également être maintenue à la demande des mêmes personnes et dans les conditions fixées par le tribunal, en ce qui concerne la propriété du local d'habitation ou à usage professionnel qui, à l'époque du décès, était effectivement utilisé pour cette habitation ou à cet usage par le défunt ou son conjoint. Il en est de même des objets mobiliers servant à l'exercice de la profession.

Si le défunt laisse un ou plusieurs descendants mineurs, le maintien de l'indivision peut être demandé, soit par le conjoint survivant, soit par tout héritier, soit par le représentant légal des mineurs.

A défaut de descendants mineurs, le maintien de l'indivision ne peut être demandé que par le conjoint survivant et à la condition qu'il ait été avant le décès ou soit devenu du fait du décès copropriétaire de l'exploitation agricole ou des locaux d'habitation ou à usage professionnel. S'il s'agit d'un local d'habitation, le conjoint doit avoir résidé dans les lieux à l'époque du décès.

Le maintien dans l'indivision ne peut être prescrit pour une durée supérieure à cinq ans. Il peut être renouvelé, dans le cas prévu à l'alinéa 5, jusqu'à la majorité du plus jeune des descendants et, dans le cas prévu à l'alinéa 6, jusqu'au décès du conjoint survivant.

1) La clause relative à la condition de survie (dite clause d'accroissement) rend jusqu'au décès du prémourant incompatibles entre eux les droits des parties à la propriété du bien, puisque seul le survivant en est titulaire depuis la date d'acquisition. Il en résulte une absence d'indivision qui exclut le droit au partage (Civ. 1re, 27 mai 1986 : *Defrénois* 1987, 257, note Morin ; *D.* 1987, 139, note Morin ; *Rev. trim. dr. civ.* 1987, 382, obs. Patarin).

2) Lorsqu'il existe entre les mêmes personnes plusieurs indivisions d'origines distinctes, certains des indivisaires ne peuvent imposer aux autres un partage unique englobant tous les biens indivis (Civ. 1re, 30 juin 1969 : *J.C.P.* 69, IV, 226 ; *Bull.* I, n. 251, p. 200. – V. cependant Civ. 1re, 11 fév. 1969 : *D.* 1969, 233, note Breton ; *J.C.P.* 69, II, 15889, note Dagot). Jugé qu'à défaut de l'accord des parties majeures et capables, autorisant le notaire à confondre les diverses masses et à procéder à une division unique, lorsque la communauté de deux époux décédés est à partager en même temps que leur succession, on doit d'abord établir la masse active et la masse passive de cette communauté telle qu'elle se trouvait composée au moment de la dissolution, après quoi l'actif de la masse générale diminué du passif doit être divisé en deux parts attribuées l'une à la succession paternelle, l'autre à la succession de la mère, pour que chacune supporte séparément les imputations qui doivent la frapper (Civ. 1re, 20 mai 1981 : *J.C.P.* 82, II, 19831, note Dagot).

3) Lorsque le droit de l'usufruitier porte sur une quote-part d'un bien, il y a indivision entre lui et le plein propriétaire du surplus quant à la jouissance et, au cas où celle-ci ne peut être commodément partagée, il peut être procédé à sa vente par licitation (Civ. 1re, 25 juin 1974 : *D.* 1974, Somm. 108). En principe, il ne peut s'agir que d'un partage de jouissance (Req. 20 juil. 1932 : *D.P.* 1933, 1, 113, note R. Savatier), mais il peut en aller autrement lorsque la licitation de la pleine propriété apparaît comme nécessaire à l'assiette de l'usufruit et comme seule protectrice de l'intérêt des parties (même arrêt. – V. en ce sens, Civ. 1re, 21 juin 1954 : *J.C.P.* 55, II, 8574, note Meurisse. – V. aussi Civ. 1re, 22 janv. 1962 : *D.* 1962, 418, note Cornu).

4) Les règles du partage entre héritiers ne sont pas applicables aux souvenirs de famille qui ont une valeur essentiellement morale (Req. 14 mars 1939 : *D.P.* 1940, 1, 9, note R. Savatier. – T.G.I. Paris 9 juin 1971 : *Gaz. Pal.* 1971, 2, 644, note F.B.), et qui peuvent être confiés à titre de dépôt à celui des membres de la famille que les tribunaux estiment le plus qualifié (Civ. 1re, 21 fév. 1978 : *J.C.P.* 78, II, 18836, concl. Gulphe ; *D.* 1978, 505, note Lindon. – T.G.I. Paris 29 juin 1988 : *J.C.P.* 89, II, 21240, note Barbieri), ni aux tombeaux de famille (Lyon 27 mai 1932 : *D.H.* 1934, Somm. 20). Mais l'exception aux règles normales ne saurait être étendue à des documents qui ne concernent pas la famille, n'émanent pas de ses membres et ne leur ont pas été adressés (Civ. 1re, 21 fév. 1978, préc., lettres émanant de personnages historiques). – V. aussi J.-F. Barbieri, *Les souvenirs de famille : mythe ou réalité juridique : J.C.P.* 84, I, 3156.

5) Dès lors que le partage en nature des meubles est possible et que la licitation ultérieure des immeubles est sans incidence sur celui-ci, les juges du fond peuvent ordonner le tirage au sort préalable des lots du mobilier (Civ. 1re, 4 déc. 1984 : *Bull.* I, n. 327, p. 279).

6) L'attribution éliminatoire ne peut plus être demandée dès lors que le partage a été ordonné par un jugement (Civ. 1re, 15 mai 1979 : *D.* 1980, 1re esp., note Breton. – V. cependant Lyon 11 avril 1979 : *J.C.P.* 80, II, 19293, note Dagot ; *D.* 1980, 254, 2e esp., note Breton). Jugé que l'attribution prévue par l'article 815, al. 3, peut être ordonnée lorsque le défendeur répond par une demande en partage de toute

Art. 815-1

la succession à la demande de ses cohéritiers en homologation d'un partage partiel (Civ. 1re, 8 oct. 1985 : *D.* 1986, 277, note Breton).

7) L'article 815, alinéa 3, ne peut être invoqué que par ceux contre lesquels est formée une demande en partage (Civ. 1re, 6 janv. 1987 : *Bull.* I, n. 5, p. 4), et son application n'est pas subordonnée à l'existence de plusieurs biens dans la succession (même arrêt).

8) Sur le partage judiciaire partiel, V. Grellière : *A.J.P.I.* 1984, 7.

9) Les clauses d'un testament faisant obligation aux héritiers de ne vendre les tableaux compris dans la succession que par l'intermédiaire de galeries déterminées sont nulles comme portant atteinte au principe selon lequel nul n'est tenu de rester dans l'indivision, sans qu'il soit besoin d'examiner si ces clauses sont conformes aux conditions posées par l'article 900-1 (Paris 12 janv. 1987 : *D.* 1987, Somm. 125).

Art. 815-1 *(ajouté L. n. 76-1286 du 31 déc. 1976, art. 3).* - **À défaut d'accord amiable, l'indivision de toute exploitation agricole constituant une unité économique et dont la mise en valeur était assurée par le défunt ou par son conjoint peut être maintenue, dans les conditions fixées par le tribunal, à la demande des personnes visées aux alinéas 3 et 4 ci-dessous. Le tribunal statue en fonction des intérêts en présence et des possibilités d'existence que la famille peut tirer des biens indivis. Le maintien de l'indivision demeure possible lorsque l'exploitation comprend des éléments dont l'héritier ou le conjoint était déjà propriétaire ou copropriétaire avant l'ouverture de la succession.**

L'indivision peut également être maintenue à la demande des mêmes personnes et dans les conditions fixées par le tribunal, en ce qui concerne la propriété du local d'habitation ou à usage professionnel qui, à l'époque du décès, était effectivement utilisé pour cette habitation ou à cet usage par le défunt ou son conjoint. Il en est de même des objets mobiliers servant à l'exercice de la profession.

Si le défunt laisse un ou plusieurs descendants mineurs, le maintien de l'indivision peut être demandé, soit par le conjoint survivant, soit par tout héritier, soit par le représentant légal des mineurs.

À défaut de descendants mineurs, le maintien de l'indivision ne peut être demandé que par le conjoint survivant et à la condition qu'il ait été avant le décès ou soit devenu du fait du décès, copropriétaire de l'exploitation agricole ou des locaux d'habitation ou à usage professionnel. S'il s'agit d'un local d'habitation, le conjoint doit avoir résidé dans les lieux à l'époque du décès.

Le maintien dans l'indivision ne peut être prescrit pour une durée supérieure à cinq ans. Il peut être renouvelé, dans le cas prévu à l'alinéa 3, jusqu'à la majorité du plus jeune des descendants, et, dans le cas prévu à l'alinéa 4, jusqu'au décès du conjoint survivant.

1) L'article 815, alinéa 5 (art. 815-1, al. 3 nouveau) concerne seulement les descendants mineurs que le défunt laisse pour héritiers (Civ. 1re, 28 oct. 1969 : *D.* 1970, 41, note Breton).

2) Le legs de l'usufruit d'un immeuble ne confère pas au légataire la qualité d'héritier ; dès lors ce légataire, agissant en son nom personnel, qui n'est pas le conjoint survivant, est sans droit à demander le maintien dans l'indivision (Civ. 1re, 21 juil. 1980 : *Bull.* I, n. 230, p. 185). Quant à l'usufruit successoral dont se prévaut le conjoint survivant, il ne lui confère pas la qualité de copropriétaire (Civ. 1re, 14 mars 1984 : *D.* 1984, 385, note Breton ; *J.C.P.* 85, II, 20507, note Rémy – Civ. 1re, 13 fév. 1985 : *D.* 1985, I.R. 320).

SUCCESSIONS — Art. 815-3

3) Sur le point de savoir si les indivisaires peuvent résister à une demande en partage exercée par le créancier de l'un d'eux sur le fondement de l'article 815-17, en invoquant eux-mêmes les dispositions de l'article 815-1, V. Civ. 1re, 8 mars 1983 : *D.* 1983, 613, note Breton, non résolu.

4) Suivant l'article 815-1, si le défunt ne laisse aucun descendant mineur, le conjoint survivant peut demander le maintien dans l'indivision du local servant à son habitation, à la condition qu'il en ait été avant le décès ou en soit devenu du fait du décès copropriétaire. Ne donne pas de base légale à sa décision au regard de ce texte la cour d'appel qui rejette la demande de la veuve du *de cujus* sans rechercher si elle n'a pas, en sa qualité de commune en biens, un droit de copropriété (Civ. 1re, 12 nov. 1986 : *J.C.P.* 87, II, 20852, note Pillebout).

Art. 815-2 *(ajouté L. n. 76-1286 du 31 déc. 1976, art. 3).* – **Tout indivisaire peut prendre les mesures nécessaires à la conservation des biens indivis.**

Il peut employer à cet effet les fonds de l'indivision détenus par lui et il est réputé en avoir la libre disposition à l'égard des tiers.

A défaut de fonds de l'indivision, il peut obliger ses coïndivisaires à faire avec lui les dépenses nécessaires.

Lorsque des biens indivis sont grevés d'un usufruit, ces pouvoirs sont opposables à l'usufruitier dans la mesure où celui-ci est tenu des réparations.

1) Les mesures nécessaires à la conservation de la chose indivise, que l'article 815-2 permet à tout indivisaire de prendre seul, s'entendent des actes matériels ou juridiques ayant pour objet de soustraire le bien indivis à un péril imminent, sans compromettre sérieusement le droit des indivisaires (Civ. 3e, 25 janv. 1983 : *J.C.P.* 83, IV, 111 ; *Bull.* III, n. 24, p. 18 ; *Rev. trim. dr. civ.* 1984, 133, obs. Patarin). L'action en justice qui a pour objet la conservation des droits des indivisaires tels qu'ils sont définis dans un acte de vente entre dans la catégorie des actes conservatoires que tout indivisaire peut accomplir en application de l'article 815-2 (Civ. 1re, 3 juil. 1984 : *Bull.* I, n. 216, p. 183).

2) Viole l'article 815-2 l'arrêt qui déclare irrecevable, faute de mandat de leurs coïndivisaires, l'action d'indivisaires tendant à faire constater l'aggravation de la servitude de passage grevant le fonds indivis (Civ. 3e, 11 juin 1986 : *Bull.* III, n. 96, p. 76 ; *Rev. trim. dr. civ.* 1987, 384, obs. Patarin).

3) L'article 815-2 n'est pas applicable à l'action introduite par un indivisaire sans le concours des autres coïndivisaires, tendant au rétablissement à sa hauteur antérieure d'un mur séparatif de deux propriétés (Civ. 1re, 7 mars 1989 : *J.C.P.* 89, IV, 173 ; *Bull.* I, n. 113, p. 74).

Art. 815-3 *(ajouté L. n. 76-1286 du 31 déc. 1976, art. 3).* – **Les actes d'administration et de disposition relatifs aux biens indivis requièrent le consentement de tous les indivisaires. Ceux-ci peuvent donner à l'un ou à plusieurs d'entre eux un mandat général d'administration. Un mandat spécial est nécessaire pour tout acte qui ne ressortit pas à l'exploitation normale des biens indivis, ainsi que pour la conclusion et le renouvellement des baux.**

Si un indivisaire prend en main la gestion des biens indivis, au su des autres et néanmoins sans opposition de leur part, il est censé avoir reçu mandat tacite, couvrant les actes d'administration mais non les actes de disposition ni la conclusion ou le renouvellement des baux.

Art. 815-4 SUCCESSIONS

Loi n. 72-12 du 3 janvier 1972
relative à la mise en valeur pastorale dans les régions d'économie montagnarde

Art. 10 bis *(inséré, L. n. 85-30 du 9 janv. 1985, art. 29, IV).* – L'indivisaire qui, en application de l'article 815-3 du Code civil, est censé avoir reçu un mandat tacite couvrant les actes d'administration des immeubles indivis peut valablement adhérer pour ces immeubles à une association foncière pastorale dans la mesure où cette adhésion n'entraîne pas d'obligation quant à la disposition des biens indivis.

M. DAGOT, *Le bail du bien indivis* : J.C.P. 85, I, 3178 – J.-L. COSTES, *La représentation dans la gestion d'une indivision* : J.C.P. 85, I, 3181.

1) Il n'existe pas d'indivision entre l'usufruitier et le nu-propriétaire dont les droits sont de nature différente, de sorte que l'article 815-3 n'est pas applicable dans leurs rapports (Civ. 1re, 25 nov. 1986 : *J.C.P.* 87, II, 20866, note Cohen ; *Defrénois* 1987, 255, note Morin).

2) L'action relative à l'exécution des obligations nées d'un bail relève des actes d'administration normale du bien loué et n'exige pas que celui qui met en œuvre cette action justifie d'un mandat spécial (Civ. 3e, 6 nov. 1986 : *Bull.* III, n. 151, p. 117).

3) Ne constitue pas le mandat spécial requis par l'article 815-3 pour la conclusion d'un bail rural le simple « pouvoir pour déclaration de succession » reçu par un père de sa fille en vue de l'accomplissement des formalités de liquidation (Riom 10 oct. 1988 : *J.C.P.* 89, IV, 6).

4) L'action en responsabilité exercée par les héritiers de la victime décédée en cours d'instance est une action personnelle étrangère aux actes d'administration et de disposition relatifs aux biens indivis pour lesquels le consentement de tous les indivisaires est requis. Chacun des héritiers peut donc l'exercer dans son intégralité (Crim. 9 oct. 1985 : *D.* 1987, 93, note Breton).

5) Le mandat de vendre un bien indivis donné à un tiers par un indivisaire agissant seul, s'il est inopposable, sauf ratification, aux coïndivisaires, n'est pas nul et produit ses effets entre les contractants (Civ. 1re, 16 juin 1987 : *Bull.* I, n. 197, p. 146).

6) L'article 815-3, alinéa 1er, qui ne concerne que les actes d'administration d'un bien indivis pour lesquels le consentement de tous les coïndivisaires est requis, n'interdit pas à l'un d'eux d'agir individuellement par voie de complainte contre le tiers auquel il reproche d'avoir troublé sa possession sur l'immeuble dont la jouissance est commune (Civ. 3e, 9 mars 1982 : *J.C.P.* 82, IV, 188 ; *Bull.* III, n. 63, p. 44).

Art. 815-4 *(ajouté L. n. 76-1286 du 31 déc. 1976, art. 3).* – Si l'un des indivisaires se trouve hors d'état de manifester sa volonté, un autre peut se faire habiliter par justice à le représenter, d'une manière générale ou pour certains actes particuliers, les conditions et l'étendue de cette représentation étant fixées par le juge.

A défaut de pouvoir légal, de mandat ou d'habilitation par justice, les actes faits par un indivisaire en représentation d'un autre ont effet à l'égard de celui-ci, suivant les règles de la gestion d'affaires.

Art. 815-5 *(ajouté L. n. 76-1286 du 31 déc. 1976, art. 3).* – Un indivisaire peut être autorisé par justice à passer seul un acte pour lequel le consentement d'un coïndivisaire serait nécessaire, si le refus de celui-ci met en péril l'intérêt commun.

SUCCESSIONS   Art. 815-6

(Al. 2 modifié L. n. 87-498 du 6 juil. 1987, art. 1er). – **Le juge ne peut, à la demande d'un nu-propriétaire, ordonner la vente de la pleine propriété d'un bien grevé d'usufruit contre la volonté de l'usufruitier (*).**

(*) Dispositions applicables immédiatement aux usufruits constitués à partir de la date de l'entrée en vigueur de la loi et, sous réserve des décisions judiciaires passées en force de chose jugée et des accords amiables intervenus antérieurement, aux usufruits existant à cette date (art. 2).

L'acte passé dans les conditions fixées par l'autorisation de justice est opposable à l'indivisaire dont le consentement a fait défaut.

(Al. 2 ancien). – *Le juge ne peut toutefois, sinon aux fins de partage, autoriser la vente de la pleine propriété d'un bien grevé d'usufruit, contre la volonté de l'usufruitier.*

M. DAGOT, *La vente d'un bien grevé d'usufruit* : *J.C.P.* 87, éd. N, I, 307. – G. MORIN, *La situation de l'usufruitier en cas de demande en licitation du bien sur lequel porte son droit* : *Defrénois* 1987, I, 1025.

1) Sur la possibilité pour un indivisaire d'être autorisé à introduire une action en justice, V. Paris 19 nov. 1980 : *Juris-Data* n. 412.

2) Pour un exemple de vente ordonnée judiciairement aux fins de partage contre la volonté de l'usufruitier en vertu de l'alinéa 2 ancien, V. Civ. 1re, 11 mai 1982 : *J.C.P.* 83, II, 20095, note Dagot ; *D.* 1983, 413, note Champenois ; *Rev. trim. dr. civ.* 1983, 367, obs. Patarin.

3) Le refus d'un coïndivisaire de consentir à la vente des biens indivis peut être considéré comme mettant en péril l'intérêt commun des indivisaires, s'il y a urgence à vendre lesdits biens pour acquitter les droits de succession et les pénalités de retard (Civ. 1re, 14 fév. 1984 : *D.* 1984, 453, note Breton ; *J.C.P.* 85, II, 20381, note de la Marnierre ; *Rev. trim. dr. civ.* 1985, 189, obs. Patarin). Pour un exemple de refus injustifié opposé par l'ex-épouse, V. Versailles 23 avril 1986 : *D.* 1987, Somm. 44, obs. Bénabent.

4) Les juges du fond peuvent estimer souverainement que le refus d'une coïndivisaire met en péril l'intérêt commun et donner l'autorisation aux autres coïndivisaires de passer seuls l'acte de vente, peu important que la vente projetée ait été précédée d'une promesse de vente à laquelle la première n'avait pas donné son accord (Civ. 1re, 29 nov. 1988 : *Bull.* I, n. 340, p. 230 ; *J.C.P.* 89, II, 21364, note Testu ; *Rev. trim. dr. civ.* 1989, 609, obs. Patarin).

Art. 815-6 *(ajouté L. n. 76-1286 du 31 déc. 1976, art. 3).* – **Le président du tribunal de grande instance peut prescrire ou autoriser toutes les mesures urgentes que requiert l'intérêt commun.**

Il peut, notamment, autoriser un indivisaire à percevoir des débiteurs de l'indivision ou des dépositaires de fonds indivis une provision destinée à faire face aux besoins urgents, en prescrivant, au besoin, les conditions de l'emploi. Cette autorisation n'entraîne pas prise de qualité pour le conjoint survivant ou pour l'héritier.

Il peut également soit désigner un indivisaire comme administrateur en l'obligeant s'il y a lieu à donner caution, soit nommer un séquestre. Les articles 1873-5 à 1873-9 du présent code s'appliquent en tant que de raison aux pouvoirs et aux obligations de l'administrateur, s'ils ne sont autrement définis par le juge.

1) L'intérêt commun doit se retrouver chez tous les indivisaires, l'indivision n'ayant pas un intérêt différent de celui de ses membres (Aix 2 mars 1983 : *D.* 1984, 145, note Breton ; *Rev. trim. dr. civ.* 1984, 344, obs. Patarin). Mais l'existence, chez certains

indivisaires, d'intérêts divergents nés d'une circonstance étrangère à l'indivision (en l'espèce leur qualité d'associés de la société locataire de l'immeuble indivis) n'implique pas l'absence d'intérêt commun (Civ. 1re, 13 nov. 1984 : *J.C.P.* 85, IV, 32 ; *D.* 1985 104, note Breton).

2) L'intérêt commun visé par l'article 815-6 est seulement celui des indivisaires, et les créanciers ne peuvent agir par voie oblique sur le fondement de ce texte (Paris 27 avril 1983 : *D.* 1987, Somm. 121, obs. crit. D. Martin).

3) L'article 815-6 permet au président du tribunal de grande instance de prescrire ou d'autoriser toutes les mesures urgentes nécessaires dans l'intérêt commun des indivisaires ; il peut notamment, sur le fondement de ce texte, ordonner la vente de titres pour payer les frais de partage (Civ. 1re, 16 fév. 1988 : *Bull.* I, n. 45, p. 29 ; *Rev. trim. dr. civ.* 1989, 371, obs. Patarin).

4) Les mesures prévues à l'article 815-6, qui concernent l'un des cas où le juge statue « en la forme de référés », permettent de préjudicier au principal (Civ. 1re, 16 fév. 1988, préc.).

Art. 815-7 *(ajouté L. n. 76-1286 du 31 déc. 1976, art. 3).* – **Le président du tribunal peut aussi interdire le déplacement des meubles corporels sauf à spécifier ceux dont il attribue l'usage personnel à l'un ou à l'autre des ayants droit, à charge pour ceux-ci de donner caution s'il l'estime nécessaire.**

Art. 815-8 *(ajouté L. n. 76-1286 du 31 déc. 1976, art. 3).* – **Quiconque reçoit des revenus ou expose des frais pour le compte de l'indivision doit en tenir un état qui est à la disposition des indivisaires.**

Art. 815-9 *(ajouté L. n. 76-1286 du 31 déc. 1976, art. 3).* – **Chaque indivisaire peut user et jouir des biens indivis conformément à leur destination, dans la mesure compatible avec le droit des autres indivisaires et avec l'effet des actes régulièrement passés au cours de l'indivision. A défaut d'accord entre les intéressés, l'exercice de ce droit est réglé, à titre provisoire, par le président du tribunal.**

L'indivisaire qui use ou jouit privativement de la chose indivise est, sauf convention contraire, redevable d'une indemnité.

C. ATIAS, *Une convention au pays de l'indivision non conventionnelle : l'accord de l'article 815-9 et la jouissance privative d'un coïndivisaire* : *J.C.P.* 79, I, 2937.

1) Il résulte de l'article 815-9 que tout copropriétaire est en droit de faire cesser les actes accomplis par un autre indivisaire qui ne respectent pas la destination de l'immeuble ou qui portent atteinte à ses droits égaux et concurrents sur la chose indivise et d'agir à cet effet ainsi que pour obtenir réparation du préjudice consécutif auxdits actes, sans attendre le partage (Civ. 1re, 15 avril 1980 : *Bull.* I, n. 109, p. 89 ; *D.* 1981, 101, note Breton). L'effet déclaratif du partage ne saurait effacer les conséquences de tels actes dans les rapports entre les indivisaires (même arrêt).

2) Lorsque deux époux séparés de biens sont copropriétaires d'une résidence secondaire, l'occupation privative de cette résidence par l'un des époux séparés de fait donne lieu à l'indemnité prévue par l'article 815-9, alinéa 2 (Versailles 30 janv. 1979 : *J.C.P.* 81, II, éd. N, 48). L'indemnité due par l'épouse divorcée pour l'occupation d'un pavillon faisant partie de l'indivision post-communautaire n'est due qu'à compter du jour où le jugement de divorce, en devenant définitif, lui a fait perdre la qualité d'épouse pour ne lui laisser que celle de simple indivisaire tenue de réparer en vertu de

SUCCESSIONS Art. 815-11

l'article 815-9 le préjudice causé à l'indivision par sa jouissance exclusive (Paris, 2ᵉ ch. B, 10 juil. 1980 : *Juris-Data* n. 0326).

3) Il résulte de la combinaison des articles 724, 1005 et 815-9 que l'héritier saisi de l'universalité de la succession est habile à prétendre à la jouissance du bien légué à compter du jour du décès et que cette jouissance est exclusive de toute indemnité au profit de l'indivision pour l'occupation du bien légué (Civ. 1ʳᵉ, 2 juin 1987 : *Bull.* I, n. 181, p. 135).

Art. 815-10 *(ajouté L. n. 76-1286 du 31 déc. 1976, art. 3)*. — **Les fruits et les revenus des biens indivis accroissent à l'indivision, à défaut de partage provisionnel ou de tout autre accord établissant la jouissance divise.**

Aucune recherche relative aux fruits et revenus ne sera, toutefois, recevable plus de cinq ans après la date à laquelle ils ont été perçus ou auraient pu l'être. Chaque indivisaire a droit aux bénéfices provenant des biens indivis et supporte les pertes proportionnellement à ses droits dans l'indivision.

1) La plus-value due aux efforts personnels du gérant n'est pas assimilable aux fruits entrant dans l'indivision (Civ. 1ʳᵉ, 25 mai 1987 : *Bull.* I, n. 166, p. 126), et l'indivisaire qui a, par son activité personnelle, amélioré l'état d'un bien indivis peut, comme celui qui l'a amélioré par ses impenses, demander qu'il lui en soit tenu compte eu égard au profit subsistant et selon l'équité (Civ. 1ʳᵉ, 25 mai 1987 : *J.C.P.* 88, II, 20925, note Montredon ; *D.* 1988, 28, note Breton ; *Rev. trim. dr. civ.* 1988, 374, obs. Patarin).

2) L'indemnité prévue à l'article 815-9, alinéa 2, doit être assimilée à un revenu et accroît donc à l'indivision (Civ. 1ʳᵉ, 14 nov. 1984 : *J.C.P.* 85, IV, 32. V. aussi Civ. 1ʳᵉ, 18 janv. 1989 : *J.C.P.* 89, IV, 102).

3) L'article 815-10, al. 2, bénéficie à l'indivisaire qui a géré les biens indivis et s'applique aussi à l'indemnité mise par l'article 815-9 à la charge de l'indivisaire qui jouit privativement d'un bien indivis (Civ. 1ʳᵉ, 6 juil. 1983 : *J.C.P.* 83, IV, 298 ; *Bull.* I, n. 199, p. 175 ; *Defrénois* 1984, 273, note Morin ; *Rev. trim. dr. civ.* 1984, 341, obs. Patarin. – Paris 30 nov. 1988 : *Rev. trim. dr. civ.* 1989, 369, obs. Patarin).

4) L'indemnité versée par le mari qui a occupé seul des immeubles dépendant de la communauté après le prononcé du divorce doit revenir à l'indivision, du moins pour une période de cinq ans (Civ. 1ʳᵉ, 22 mai 1984 : *Gaz. Pal.* 1984, 2, Pan. 308, obs. Piedelièvre).

5) La prescription quinquennale instituée par l'article 815-10 n'a pu commencer à courir avant le 1ᵉʳ juillet 1977, date de l'entrée en vigueur de la loi du 31 décembre 1976 (Civ. 1ʳᵉ, 6 nov. 1985 : *Bull.* I, n. 289, p. 257 ; *D.* 1987, 125, note Breton. V. en ce sens Civ. 1ʳᵉ, 27 janv. 1987 : *Bull.* I, n. 36, p. 25).

6) Pour une application de l'article 815-10, al. 3, V. Civ. 1ʳᵉ, 25 nov. 1980 : *J.C.P.* 81, IV, 60 ; *Bull.* I, n. 305, p. 242 ; *Defrénois* 1981, 467, obs. Champenois.

Art. 815-11 *(ajouté L. n. 76-1286 du 31 déc. 1976, art. 3)*. — **Tout indivisaire peut demander sa part annuelle dans les bénéfices, déduction faite des dépenses entraînées par les actes auxquels il a consenti ou qui lui sont opposables.**

A défaut d'autre titre, l'étendue des droits de chacun dans l'indivision résulte de l'acte de notoriété ou de l'intitulé d'inventaire établi par le notaire.

En cas de contestation, le président du tribunal de grande instance peut ordonner une répartition provisionnelle des bénéfices sous réserve d'un compte à établir lors de la liquidation définitive.

Art. 815-12

A concurrence des fonds disponibles, il peut semblablement ordonner une avance en capital sur les droits de l'indivisaire dans le partage à intervenir.

1) La répartition provisionnelle de biens successoraux en application de l'article 815-11, dernier alinéa, entre certains héritiers et un autre héritier qui s'y opposait suppose la détermination de la portion des fonds disponibles de l'indivision dont le versement à titre d'avance est réclamé et la contestation de cette demande par un indivisaire, ce qui implique nécessairement que l'intérêt du litige est fixé par le montant du versement réclamé (Civ. 2e, 9 juin 1982 : J.C.P. 82, IV, 299 ; Bull. II, n. 86, p. 62).

2) Les sommes d'argent qu'un indivisaire a reçues à titre d'avance en capital sur ses droits dans le partage à intervenir et dont l'allocation ne constitue pas un partage partiel ne peuvent, en l'absence de disposition légale, faire l'objet d'une réévaluation au jour du partage que si celle-ci a été prévue par l'accord des parties (Civ. 1re, 1er mars 1988 : D. 1988, 408, note Morin ; Rev. trim. dr. civ. 1989, 586, obs. Zénati).

Art. 815-12 *(ajouté L. n. 76-1286 du 31 déc. 1976, art. 3)*. – **L'indivisaire qui gère un ou plusieurs biens indivis est redevable des produits nets de sa gestion. Il a droit à la rémunération de son activité dans les conditions fixées à l'amiable, ou, à défaut, par décision de justice.**

1) Le pouvoir souverain des juges n'est pas limité par les résultats de la gestion, sauf à tenir compte, le cas échéant, de la responsabilité éventuelle du gérant pour ses actes de gestion (Civ. 1re, 28 fév. 1984 : D. 1984, 549, note Breton ; J.C.P. 86, II, 20558, note Fiorina).

2) La rémunération due à la femme pharmacienne pour la gestion de l'officine indivise ne doit pas être fixée par comparaison avec celle d'un pharmacien salarié exerçant des fonctions semblables, mais doit tenir compte des responsabilités personnelles encourues (Civ. 1re, 16 mars 1982 : J.C.P. 83, II, 20076, note de la Marnierre).

3) L'indemnité à laquelle a droit l'indivisaire qui gère seul un bien indivis cesse d'être due à compter de la date de la jouissance divise (Civ. 1re, 7 juin 1988 : Bull. I, n. 178, p. 123).

Art. 815-13 *(ajouté L. n. 76-1286 du 31 déc. 1976, art. 3)*. – **Lorsqu'un indivisaire a amélioré à ses frais l'état d'un bien indivis, il doit lui en être tenu compte selon l'équité, eu égard à ce dont la valeur du bien se trouve augmentée au temps du partage ou de l'aliénation. Il doit lui être pareillement tenu compte des impenses nécessaires qu'il a faites de ses deniers personnels pour la conservation desdits biens, encore qu'elles ne les aient point améliorés.**

Inversement, l'indivisaire répond des dégradations et détériorations qui ont diminué la valeur des biens indivis par son fait ou par sa faute.

1) Pour une application aux remboursements d'emprunts effectués par le mari postérieurement à l'assignation en divorce et ayant permis la conservation de l'immeuble commun en évitant la saisie, V. Paris, 1er juil. 1982 : D. 1983, I.R. 173, obs. D. Martin, et, sur pourvoi, Civ. 1re, 18 oct. 1983 : Bull. I, n. 236, p. 211 ; D. 1984, 289, note Rambure, V. en ce sens Civ. 1re, 4 mars 1986 : J.C.P. 86, II, 20701, note Simler ; D. 1987, Somm. 45, obs. Bénabent ; Rev. trim. dr. civ. 1987, 386, obs. Patarin. Sur la prise en compte de l'équité pour modérer le montant de l'indemnité due à l'indivisaire, v. Civ. 1re, 7 juin 1988 : D. 1989, 141, note Breton ; Rev. trim. dr. civ. 1989, 120, obs. Patarin.

SUCCESSIONS

2) Il résulte de l'article 815-13 du Code civil que l'indivisaire qui est propriétaire ou usufruitier d'un bien utilisé en vue de l'exploitation d'un bien indivis a droit en principe à indemnité de ce chef (Civ. 1re, 27 avril 1982 : *J.C.P.* 82, IV, 237 ; *Bull.* I, n. 146, p. 129).

3) Dès lors que les travaux dont l'indivisaire demande la prise en compte ne présentent d'utilité que pour lui et pour sa famille qui en sont les bénéficiaires, les juges du fond peuvent en déduire que ces dépenses, qui n'ont pas augmenté la valeur du bien et qui ne sont pas nécessaires à sa conservation, ne peuvent donner lieu à indemnité en vertu de l'article 815-13 (Civ. 1re, 18 fév. 1986 : *Bull.* I, n. 34, p. 30. – Comp. sur l'incidence de la loi du 23 décembre 1985 modifiant l'article 1469, alinéa 3, Versailles 3 oct. 1988 : *J.C.P.* 89, II, 21342, note Simler).

Art. 815-14 *(ajouté L. n. 76-1286 du 31 déc. 1976, art. 3).* **– L'indivisaire qui entend céder, à titre onéreux, à une personne étrangère à l'indivision, tout ou partie de ses droits dans les biens indivis ou dans un ou plusieurs de ces biens est tenu de notifier par acte extrajudiciaire aux autres indivisaires le prix et les conditions de la cession projetée ainsi que les nom, domicile et profession de la personne qui se propose d'acquérir.**

Tout indivisaire peut dans le délai d'un mois qui suit cette notification, faire connaître au cédant, par acte extrajudiciaire, qu'il exerce un droit de préemption aux prix et conditions qui lui ont été notifiés.

En cas de préemption, celui qui l'exerce dispose pour la réalisation de l'acte de vente d'un délai de deux mois à compter de la date d'envoi de sa réponse au vendeur. Passé ce délai, sa déclaration de préemption est nulle de plein droit, quinze jours après une mise en demeure restée sans effet, et sans préjudice des dommages-intérêts qui peuvent lui être demandés par le vendeur.

Si plusieurs indivisaires exercent leur droit de préemption, ils sont réputés, sauf convention contraire, acquérir ensemble la portion mise en vente en proportion de leur part respective dans l'indivision.

Lorsque des délais de paiement ont été consentis par le cédant, l'article 833-1 est applicable.

1) L'indivisaire qui exerce le droit de préemption prévu par l'article 815-14, al. 2, doit non seulement payer le prix convenu mais également satisfaire aux autres conditions prévues pour la cession (Civ. 1re, 1er juin 1983 : *J.C.P.* 83, IV, 252 ; *Bull.* I, n. 166, p. 145). Jugé que la cession, par deux des trois nus-propriétaires, de leurs droits indivis à l'usufruitier est soumise au droit de préemption de l'article 815-14, dès lors que les engagements pris par le cessionnaire ne sont pas tels que le coïndivisaire ne puisse les remplir (Civ. 1re, 17 mai 1983 : *Bull.* I, n. 148, p. 130 ; *J.C.P.* 84, II, 20311, note Dagot ; *D.* 1984, 83, note Morin ; *Rev. trim. dr. civ.* 1984, 345, obs. Patarin).

2) Les dispositions de l'article 815-14 sont applicables à toutes les indivisions, qu'elles soient ou non d'origine successorale (Civ. 1re, 23 avril 1985 : *D.* 1985, 437, note Breton).

3) La donation entre vifs de biens indivis n'est pas soumise au droit de préemption de l'article 815-14 (Civ. 1re, 11 déc. 1984 : *Bull.* I, n. 331, p. 282).

4) Il appartient aux juges du fond de rechercher si une parcelle servant de desserte aux parcelles divises qui l'entourent a le caractère d'accessoire indispensable de l'ensemble qu'elle dessert et ne se trouve pas ainsi dans une indivision forcée et perpétuelle échappant aux dispositions des articles 815-14 et 815-16 (Civ. 1re, 12 fév. 1985 : *Bull.* I, n. 58, p. 57).

5) Le délai d'un mois suivant la notification de la cession n'est pas susceptible

d'interruption ni de suspension (Paris 21 nov. 1979 : *Juris-Data* n. 471).

6) La notification prévue par l'article 815-14 ne valant pas offre de vente, l'indivisaire qui a fait cette notification peut renoncer à son projet malgré la manifestation de volonté d'un autre indivisaire d'exercer le droit de préemption (Civ. 1re, 5 juin 1984 : *Bull.* I, n. 183, p. 156 ; *Rev. trim. dr. civ.* 1985, 428, obs. Patarin).

7) Pour un « donné acte » de l'absence d'opposition à la demande « d'attribution préférentielle » faite par un concubin après rupture du concubinage, V. T.G.I. Paris 21 nov. 1986 : *J.C.P.* 87, II, 20836, note de la Marnierre.

8) L'élément essentiel de l'exercice du droit de préemption est l'acte par lequel l'indivisaire fait connaître son intention de l'exercer aux prix et conditions qui lui ont été notifiés, et c'est donc à ce moment que doit être appréciée l'existence d'un aléa dans la cession (Civ. 1re, 2 mai 1989 : *Bull.* I, n. 177, p. 118).

Art. 815-15 *(ajouté L. n. 76-1286 du 31 déc. 1976, art. 3 et modifié L. n. 78-627, 10 juin 1978, art. 2).* **– S'il y a lieu à l'adjudication de tout ou partie des droits d'un indivisaire dans les biens indivis ou dans un ou plusieurs de ces biens, l'avocat ou le notaire doit en informer les indivisaires par notification un mois avant la date prévue pour la vente. Chaque indivisaire peut se substituer à l'acquéreur dans un délai d'un mois à compter de l'adjudication, par déclaration au secrétariat-greffe ou auprès du notaire.**

Le cahier des charges établi en vue de la vente doit faire mention des droits de substitution.

La faculté pour l'indivisaire de se substituer à l'acquéreur ne peut s'exercer que dans le cas d'une adjudication portant sur les droits de l'indivisaire dans les biens indivis et non sur les biens indivis eux-mêmes (Civ. 1re, 14 fév. 1989 : *J.C.P.* 89, IV, 141 ; *Bull.* I, n. 80, p. 52 ; *D.* 1989, 278, note Morin ; *Rev. trim. dr. civ.* 1989, 588, obs. Zénati). Mais jugé que le cahier des charges peut licitement prévoir un droit de préemption et de substitution au profit de chacun des indivisaires même si l'adjudication porte sur l'ensemble du bien immobilier (Civ. 3e, 3 mai 1989 : *Bull.* III, n. 99, p. 55).

Art. 815-16 *(ajouté L. n. 76-1286 du 31 déc. 1976, art. 3).* **– Est nulle toute cession ou toute licitation opérée au mépris des dispositions des articles 815-14 et 815-15. L'action en nullité se prescrit par cinq ans. Elle ne peut être exercée que par ceux à qui les notifications devaient être faites ou par leurs héritiers.**

L'obligation de soins stipulée à l'acte de vente donne au contrat un caractère incompatible avec le droit de préemption (Civ. 3e, 3 oct. 1985 : *D.* 1986, 373, note Breton).

Art. 815-17 *(ajouté L. n. 76-1286 du 31 déc. 1976, art. 3).* **– Les créanciers qui auraient pu agir sur les biens indivis avant qu'il y eût indivision, et ceux dont la créance résulte de la conservation ou de la gestion des biens indivis, seront payés par prélèvement sur l'actif avant le partage. Ils peuvent en outre poursuivre la saisie et la vente des biens indivis.**

Les créanciers personnels d'un indivisaire ne peuvent saisir sa part dans les biens indivis, meubles ou immeubles.

Ils ont toutefois la faculté de provoquer le partage au nom de leur débiteur ou d'intervenir dans le partage provoqué par lui. Les coïndivisaires peuvent arrêter le cours de l'action en partage en acquittant l'obligation au nom et en l'acquit du débiteur. Ceux qui exerceront cette faculté se rembourseront par prélèvement sur les biens indivis.

SUCCESSIONS — Art. 815-18

Y. LEQUETTE, *Le privilège de la séparation des patrimoines à l'épreuve de l'article 815-17 du Code civil*, études Weill, 1983, p. 371.

1) L'interdiction faite aux créanciers de saisir la part indivise de leur débiteur ne restreint pas leur droit de prendre des sûretés, notamment une inscription provisoire d'hypothèque judiciaire (Civ. 2e, 17 fév. 1983 : *J.C.P.* 83, IV, 138 ; *Bull.* II, n. 42, p. 29. – Civ. 3e, 2 nov. 1983 : *J.C.P.* 85, II, 20354, note Joly ; *Bull.* III, n. 212, p. 162).

2) L'article 815-17, al. 2, ne porte pas atteinte au pouvoir de disposition de l'indivisaire sur sa quote-part, notamment au pouvoir de constituer une hypothèque tel qu'il est défini par l'article 2125 (Civ. 1re, 20 oct. 1982 : *J.C.P.* 83, IV, 12 ; *Bull.* I, n. 297, p. 254).

3) L'article 815-17 ne prévoit pas que les indivisaires puissent se borner à désintéresser le créancier dans la limite de la valeur des droits de leur coïndivisaire (Versailles 21 mars 1983 : *Defrénois* 1984, 1358, obs. Champenois).

4) Sur le point de savoir si les indivisaires peuvent résister à une demande en partage exercée par le créancier de l'un d'eux en invoquant eux-mêmes les dispositions de l'article 815-1, V. Civ. 1re, 8 mars 1983 : *D.* 1983, 613, note Breton, non résolu ; *Rev. trim. dr. civ.* 1984, 539, obs. Patarin.

5) Sur la nécessité de la licitation en tant que préliminaire du partage au cas où celui-ci ne peut être réalisé en nature, V. Paris 20 nov. 1984 : *J.C.P.* 86, II, 20584, note Dagot ; *Rev. trim. dr. civ.* 1987, 133, obs. Patarin.

6) Le créancier ne peut se voir opposer l'article 215 du Code civil sur la protection du logement familial (Paris 20 nov. 1984, préc.).

7) Les dispositions du troisième alinéa de l'article 815-17 ne permettent pas au coïndivisaire qui désire arrêter le cours de l'action en partage exercée par le créancier d'un autre indivisaire de contester le montant de la créance en vertu de laquelle le créancier poursuit le partage, mais seulement d'en acquitter le montant tel qu'il résulte des titres produits (Paris 27 mai 1987 : *D.* 1988, 216, note Breton).

8) Les créanciers d'un indivisaire agissant par l'action oblique ne peuvent avoir plus de droits que leur débiteur et, en demandant la vente d'un immeuble isolé dépendant de la succession, priver un des coïndivisaires de son droit qu'il tient de l'article 826 du Code civil de poursuivre le partage en nature de tous les immeubles indivis (Paris 16 oct. 1987 : *D.* 1988, 302, note Breton).

9) Les droits reconnus aux créanciers de l'indivision par l'article 815-17 ne les privent pas pour autant de ceux qu'ils tiennent du droit des régimes matrimoniaux, et notamment de l'article 1483 (Civ. 1re, 1er mars 1988 : *Bull.* I, n. 53, p. 35 ; *J.C.P.* 88, II, 21158, note Simler).

Art. 815-18 *(ajouté L. n. 76-1286 du 31 déc. 1976, art. 3).* – **Les dispositions des articles 815 à 815-17 sont applicables aux indivisions en usufruit en tant qu'elles sont compatibles avec les règles de l'usufruit.**

Les notifications prévues par les articles 815-14, 815-15 et 815-16 doivent être adressées à tout nu-propriétaire et à tout usufruitier. Mais un usufruitier ne peut acquérir une part en nue-propriété que si aucun nu-propriétaire ne s'en porte acquéreur ; un nu-propriétaire ne peut acquérir une part en usufruit que si aucun usufruitier ne s'en porte acquéreur.

Ph. RÉMY, *L'acquisition de parts indivises en nue-propriété ou en usufruit par un époux commun en biens* : *J.C.P.* 82, I, 3056.

Art. 816 SUCCESSIONS

Art. 816. – **Le partage peut être demandé, même quand l'un des cohéritiers aurait joui séparément de partie des biens de la succession, s'il n'y a eu un acte de partage, ou possession suffisante pour acquérir la prescription.**

La possession d'un héritier, lorsqu'elle n'est pas exclusive et qu'elle est équivoque, ne peut conduire à l'usucapion et par suite ne peut être opposée à la demande en partage des cohéritiers (Civ. 1re, 10 déc. 1968 : *Bull.* I, n. 320, p. 241). Le vice d'équivoque peut être opposé aux héritiers de l'indivisaire (Civ. 1re, 17 avril 1985 : *Bull.* I, n. 120, p. 111).

Art. 817 *(L. 15 déc. 1921 ; L. 19 juin 1939).* – **L'action en partage, à l'égard des cohéritiers mineurs ou majeurs en tutelle, peut être exercée par leurs tuteurs spécialement autorisés par un conseil de famille.**

A l'égard des cohéritiers absents, l'action appartient aux parents envoyés en possession.

Art. 818 *(abrogé L. n. 85-1372 du 23 déc. 1985, art. 46).*

Ancien art. 818 *(L. n. 65-570 du 13 juil. 1965, art. 4 et 9).* – *Le mari ne peut, sans le consentement de la femme, procéder au partage des biens à elle échus qui tombent dans la communauté, non plus que des biens qui doivent lui demeurer propres et dont il a l'administration. Tout partage auquel il procède seul, quant à ces biens, ne vaut que comme partage provisionnel.*

Ancien art. 818 *(dispositions antérieures à la L. n. 65-570, 13 juil. 1965, restant applicables aux mariages conclus avant l'entrée en vigueur de ladite loi).* – *Le mari peut, sans le concours de sa femme, provoquer le partage des objets meubles ou immeubles à elle échus qui tombent dans la communauté ; à l'égard des objets qui ne tombent pas en communauté, le mari ne peut en provoquer le partage sans le concours de sa femme ; il peut seulement, s'il a le droit de jouir de ses biens, demander un partage provisionnel.*

Les cohéritiers de la femme ne peuvent provoquer le partage définitif qu'en mettant en cause le mari et la femme.

Art. 819 *(L. n. 85-1372 du 23 déc. 1985, art. 47).* – **Si tous les héritiers sont présents et capables, le partage peut être fait dans la forme et par tel acte que les parties jugent convenables.**

Ancien art. 819. – *Si tous les héritiers sont présents et majeurs, l'apposition de scellés sur les effets de la succession n'est pas nécessaire, et le partage peut être fait dans la forme et par tel acte que les parties intéressées jugent convenable.*

Si tous les héritiers ne sont pas présents, s'il y a parmi eux des mineurs ou des majeurs en tutelle le scellé doit être apposé dans le plus bref délai, soit à la requête des héritiers, soit à la diligence du procureur de la République près le tribunal de grande instance, soit d'office par le juge du tribunal d'instance dans l'arrondissement duquel la succession est ouverte.

1) Aux termes de l'article 985 du Code de procédure civile (ancien), des cohéritiers ne peuvent remettre en cause lors de l'instance en homologation l'accord qu'ils ont conclu (Civ. 1re, 29 mars 1978 : *J.C.P.* 78, IV, 180).

2) La répartition effective des biens et la prise de possession des lots suffisent à rendre valable le partage sans qu'il soit besoin d'un écrit dont le rôle est limité à la preuve (Chambéry, 30 nov. 1943 : *D.A.* 1944, 26. – V. en ce sens, Req. 2 janv. 1872 : *D.P.* 72, 1, 119). Mais le partage doit résulter d'un écrit dès lors que la masse indivise comprend des immeubles ou fonds de commerce en

SUCCESSIONS   Art. 823

raison des nécessités de la publicité légale (Paris 28 mai 1964 : *J.C.P.* 64, II, 13916, note J.A.).

3) Sur la distinction entre partage et projet de partage, V. Civ. 1re, 29 avril 1968 : *J.C.P.* 68, II, 15667, note M.D.

Art. 820 *(L. n. 85-1372 du 23 déc. 1985, art. 47).* – **Les biens successoraux peuvent, en tout ou partie, faire l'objet de mesures conservatoires, telles que l'apposition de scellés, à la requête d'un intéressé ou du ministère public, dans les conditions et suivant les formes déterminées par le code de procédure civile.**

Ancien art. 820. – *Les créanciers peuvent aussi requérir l'apposition des scellés, en vertu d'un titre exécutoire ou d'une permission du juge.*

L'article 820 ne vise que les créanciers de la succession et non les créanciers personnels des héritiers (Douai 18 juin 1903 : *D.P.* 1905, II, 38. – *Contra* Agen 23 oct. 1893 : *D.P.* 94, 2, 311).

Art. 821 *(Abrogé, L. n. 85-1372 du 23 déc. 1985, art. 48).*

Ancien art. 821. – *Lorsque le scellé a été apposé, tous créanciers peuvent y former opposition, encore qu'ils n'aient ni titre exécutoire, ni permission du juge.*
Les formalités pour la levée des scellés et la confection de l'inventaire seront réglées par les lois sur la procédure.

Art. 822 *(L. 15 déc. 1921 ; L. 15 mars 1928 ; D.-L. 17 juin 1938).* – **L'action en partage et les contestations qui s'élèvent, soit à l'occasion du maintien de l'indivision, soit au cours des opérations de partage, sont, à peine de nullité, soumises au seul tribunal du lieu de l'ouverture de la succession ; c'est devant ce tribunal qu'il est procédé aux licitations et que doivent être portées les demandes relatives à la garantie des lots entre copartageants et celles en rescision du partage. Dans le cas où il y aurait lieu à la tentative de conciliation prévue par l'article 48 du Code de procédure civile, le juge du tribunal d'instance du lieu de l'ouverture de la succession sera seul compétent à peine de nullité.**

(L. 15 déc. 1921) **Si toutes les parties sont d'accord, le tribunal peut être saisi de la demande en partage par une requête collective signée par leurs avoués *(avocats)*. S'il y a lieu à licitation, la requête contiendra une mise à prix qui servira d'estimation. Dans ce cas, le jugement est rendu en chambre du conseil et n'est pas susceptible d'appel si les conclusions de la requête sont admises par le tribunal sans modification.**

(L. 19 juin 1939) **Les dispositions des paragraphes précédents sont applicables sans qu'il soit besoin d'une autorisation préalable, quelle que soit la capacité de l'intéressé et même s'il est représenté par un mandataire de justice.**

Sur les règles applicables aux partages en Alsace-Lorraine, V. *J.-Cl. Civil,* art. 815-842.

Art. 823. – **Si l'un des cohéritiers refuse de consentir au partage, ou s'il s'élève des contestations soit sur le mode d'y procéder, soit sur la manière de le terminer, le tribunal prononce comme en matière sommaire, ou commet, s'il y a lieu, pour les opérations du partage, un des juges, sur le rapport duquel il décide les contestations.**

Nouveau Code de procédure civile

CHAPITRE II. – LES SUCCESSIONS ET LES LIBÉRALITÉS

Section I. – Les mesures conservatoires prises après l'ouverture d'une succession
(D. n. 86-951 du 30 juil. 1986, art. 2)

Sous-section I. – Les scellés

§ 1. – L'apposition des scellés

Art. 1304. – L'apposition des scellés peut être demandée :
1° Par le conjoint ;
2° Par tous ceux qui prétendent avoir un droit dans la succession ;
3° Par l'exécuteur testamentaire ;
4° Par le ministère public ;
5° Par le propriétaire des lieux ;
6° Par tout créancier muni d'un titre exécutoire ou d'une permission du juge ;
7° En cas d'absence du conjoint ou des héritiers, ou s'il y a parmi les héritiers des mineurs non pourvus d'un représentant légal, par les personnes qui demeuraient avec le défunt, par le maire, le commissaire de police ou le commandant de la brigade de gendarmerie.

Art. 1305. – La décision est prise par le greffier en chef du tribunal d'instance du lieu où se trouvent les biens qui sont l'objet de la mesure sollicitée.

Art. 1306. – Le greffier en chef appose les scellés au moyen d'un sceau particulier qui reste entre ses mains et dont l'empreinte est déposée au greffe.

Art. 1307. – L'apposition ne peut être pratiquée après achèvement de l'inventaire, à moins que celui-ci ne soit attaqué et qu'il n'en soit ainsi ordonné par le juge du tribunal d'instance.

Art. 1308. – Le greffier en chef peut prendre toutes les dispositions nécessaires à l'apposition des scellés.
Lorsque les locaux sont fermés, il peut y pénétrer par tous moyens ou apposer les scellés sur la porte si le requérant n'en demande pas l'ouverture.

Art. 1309. – Le greffier en chef désigne un gardien des scellés si la consistance et la valeur apparente des biens le justifient.
Lorsque des personnes demeurent dans les lieux où est faite l'apposition, le gardien est choisi parmi ces personnes.
Le gardien ne peut être choisi parmi les membres du personnel du greffe.

Art. 1310. – S'il est trouvé des papiers ou paquets fermés, ils sont placés dans un meuble sur lequel les scellés sont apposés.

Art. 1311. – S'il est découvert un testament, le greffier en chef le paraphe avec les personnes présentes. Il le dépose ensuite entre les mains d'un notaire.

Art. 1312. – Le greffier en chef dépose soit au greffe, soit entre les mains d'un notaire ou d'un établissement bancaire les titres, sommes, valeurs, bijoux ou autres objets précieux pour lesquels l'apposition des scellés ne paraîtrait pas une précaution suffisante.

SUCCESSIONS Art. 823

Art. 1313. – Si des papiers ou paquets fermés paraissent, par leur suscription ou quelque autre preuve écrite, appartenir à des tiers, le greffier en chef les dépose au greffe.

Le juge du tribunal d'instance appelle ces tiers devant lui dans un délai qu'il fixe pour qu'ils puissent assister à l'ouverture.

Si, lors de l'ouverture, il se révèle que les papiers ou paquets sont étrangers à la succession, il les remet aux intéressés. Si ceux-ci ne se présentent pas ou si les papiers ou paquets se rapportent à la succession, le juge en ordonne le dépôt, soit à son greffe, soit entre les mains d'un notaire.

Art. 1314. – Le procès-verbal d'apposition est signé et daté par le greffier en chef. Il comprend :
1° Les motifs de l'apposition ;
2° Les nom et adresse du ou des requérants et la qualité en laquelle ils ont demandé l'apposition ;
3° Une relation sommaire des déclarations des personnes présentes et des suites qui, le cas échéant, leur ont été réservées ;
4° La désignation des lieux et des meubles meublants sur lesquels les scellés ont été apposés ;
5° Une description sommaire des objets qui ne sont pas mis sous scellés ;
6° L'indication des dispositions prises pour assurer la conservation des locaux et des biens et la sauvegarde des animaux domestiques ;
7° La mention des formalités accomplies, s'il y a lieu, en application des articles 1310 à 1313 ;
8° Le cas échéant, la désignation du gardien établi.

Art. 1315. – S'il n'y a aucun effet mobilier, le greffier en chef dresse un procès-verbal de carence.

S'il y a des effets nécessaires à l'usage des personnes qui restent dans les lieux, ou sur lesquels les scellés ne peuvent être mis, le greffier en dresse un état descriptif.

§ 2. – La levée des scellés

Art. 1316. – La levée des scellés peut être requise par les personnes ayant qualité pour en demander l'apposition, et par le service des domaines lorsqu'il a été chargé de gérer la succession.

Art. 1317. – Le requérant présente au greffier en chef une liste des personnes qui doivent être appelées à la levée des scellés, comprenant celles qui avaient requis l'apposition, les successibles connus ou le service des domaines désigné pour gérer la succession, et le cas échéant, l'exécuteur testamentaire.

Le greffier en chef fixe le jour et l'heure où il sera procédé à la levée des scellés.

A moins que les personnes devant assister à la levée des scellés ne l'en aient expressément dispensé, le requérant les somme, par lettre recommandée avec demande d'avis de réception ou par acte d'huissier de justice, d'assister aux opérations de levée des scellés. Dans ce cas, il ne peut être procédé à ces opérations que s'il est justifié que les sommations ont été reçues huit jours avant la date fixée pour la levée des scellés.

Art. 1318. – Le greffier en chef donne avis de la levée des scellés aux personnes qui par déclaration écrite et motivée au greffe ont demandé à y assister.

Art. 1319. – Les scellés peuvent être levés sans inventaire lorsque toutes les parties appelées sont présentes ou représentées et ne s'opposent pas à ce qu'il soit ainsi procédé.

Dans le cas contraire, il est dressé un inventaire qui peut être établi même si certaines parties ne comparaissent pas, dès lors qu'elles ont été dûment appelées. Le conjoint commun en biens, les héritiers, l'exécuteur testamentaire et les légataires universels ou à titre universel peuvent convenir du choix d'un ou deux notaires, commissaires-priseurs ou experts. S'ils n'en conviennent pas, ou ne sont pas présents ni représentés, il est procédé par un ou deux notaires, commissaires-priseurs ou experts nommés par le juge du tribunal d'instance.

Art. 1320. — Le procès-verbal de levée des scellés est daté et signé par le greffier en chef. Il comprend :

1° La mention de la demande de levée et de la décision du greffier en chef fixant le jour et l'heure de la levée ;

2° Les nom et adresse du ou des requérants ;

3° Les noms et adresses des parties présentes, représentées ou appelées ;

4° La reconnaissance des scellés s'ils sont sains et entiers, ou s'ils ne le sont pas, l'état des altérations ;

5° Les observations des requérants et des comparants et les suites qui, le cas échéant, leur ont été réservées ;

6° L'indication du notaire qui procède à l'inventaire.

Art. 1321. – Les scellés sont levés successivement et au fur et à mesure de la confection de l'inventaire ; ils sont réapposés à la fin de chaque vacation.

Art. 1322. – En cas de nécessité, le greffier en chef peut procéder à une levée provisoire des scellés, lesquels devront être ensuite réapposés aussitôt qu'aura été accomplie l'opération qui avait rendu cette levée nécessaire.

Le greffier dresse procès-verbal de ses diligences.

La levée provisoire suivie de réapposition immédiate n'est pas soumise aux dispositions des articles 1316 à 1321.

Sous-section II. – Autres mesures conservatoires

Art. 1323. – Lorsqu'il apparaît que la consistance des biens ne justifie pas une apposition des scellés, le greffier en chef compétent pour celle-ci dresse un état descriptif du mobilier ; à défaut d'héritier présent, il assure la clôture des lieux si ceux-ci sont inoccupés et dépose les clés au greffe.

Tout héritier peut obtenir la remise des clés en donnant décharge des meubles sur l'état descriptif, après en avoir reconnu la consistance en présence du greffier en chef. Dans les mêmes conditions, les clés peuvent être remises, sur permission du juge du tribunal d'instance, à un légataire universel ayant la saisine et la possession de la succession.

Le service des domaines peut également demander la remise des clés, dans les cas où il a été désigné pour gérer la succession.

Art. 1324. – Un mois après le décès, lorsqu'il n'y a pas de successible connu et si le contrat de location a pris fin, le juge du tribunal d'instance peut autoriser le propriétaire des locaux sur lesquels ont été apposés des scellés ou dans lesquels a été dressé un état descriptif, à faire enlever les meubles et à les faire soit déposer dans un autre lieu, soit cantonner dans une partie du local qui était occupé par le défunt. Les frais d'enlèvement et de conservation des meubles sont avancés par le propriétaire.

Le greffier en chef assiste au déplacement des meubles et dresse procès-verbal des opérations.

SUCCESSIONS — Art. 827

Si des scellés avaient été apposés, il les lève puis les réappose sur les lieux dans lesquels le juge a autorisé le dépôt ou le cantonnement des meubles.

Lorsqu'il avait été dressé un état descriptif, le greffier en chef assure la clôture des lieux où sont déposés ou cantonnés les meubles et il conserve les clés au greffe.

Art. 1325. – Les dispositions des articles 1307, 1308 et 1311 à 1313 sont applicables aux mesures conservatoires prévues à la présente sous-section.

Sous-section III. – Dispositions communes

Art. 1326. – En cas d'empêchement, le greffier en chef peut donner délégation, pour toutes les mesures prévues à la présente section, à un greffier de son tribunal.

Art. 1327. – S'il survient des difficultés relatives aux mesures prévues à la présente section, les parties ou le greffier en chef peuvent en saisir le juge du tribunal d'instance par simple requête.

Si une contestation oppose les parties entre elles, le juge du tribunal d'instance est saisi en référé.

Art. 824. – **L'estimation des immeubles est faite par experts choisis par les parties intéressées, ou, à leur refus, nommés d'office.**

Le procès-verbal des experts doit présenter les bases de l'estimation ; il doit indiquer si l'objet estimé peut être commodément partagé ; de quelle manière ; fixer enfin, en cas de division, chacune des parts qu'on peut en former, et leur valeur.

1) Sur le principe de l'évaluation des biens au jour de la jouissance divise, V. Civ. 11 janv. 1937 : *S.* 1938, 1, 377, note Batiffol. Il appartient aux juges du fond de déterminer souverainement, eu égard aux circonstances de la cause et en s'inspirant de l'intérêt respectif des copartageants la date, sans doute la plus rapprochée possible de l'acte de partage, à laquelle seront évalués les biens et d'où partira la jouissance divise (Civ. 1re, 18 déc. 1967 : *D.* 1968,198). Ils peuvent retenir la date de l'expertise ordonnée pour l'évaluation de la masse partageable comme étant aussi proche que possible du partage (Civ. 1re, 18 mars 1975 : *J.C.P.* 75, IV, 157 ; *Bull.* I, n. 113, p. 96).

2) Les juges du fond peuvent évaluer une parcelle de terre en tenant compte de la valeur qu'elle pourrait prendre si elle avait la qualité de terrain à bâtir (Civ. 1re, 9 juil. 1985 : *Bull.* I, n. 214, p. 193).

Art. 825. – **L'estimation des meubles, s'il n'y a pas eu de prisée faite dans un inventaire régulier, doit être faite par gens à ce connaissant, à juste prix et sans crue.**

Art. 826. – **Chacun des cohéritiers peut demander sa part en nature des meubles et immeubles de la succession : néanmoins, s'il y a des créanciers saisissants ou opposants, ou si la majorité des cohéritiers juge la vente nécessaire pour l'acquit des dettes et charges de la succession, les meubles sont vendus publiquement en la forme ordinaire.**

L'article 826 ne dispense pas celui qui a bénéficié d'une attribution préférentielle en vertu de la loi, d'une décision judiciaire ou d'une convention, d'imputer sur sa part en nature les biens attribués (Civ. 1re, 5 mai 1981 : *Bull.* I, n. 150, p. 124 ; *J. not.* 1983, 89, obs. Raison).

Art. 827 *(D.-L. 17 juin 1938).* – **Si les immeubles ne peuvent pas être commodément partagés ou attribués dans les conditions prévues par le présent code, il doit être procédé à la vente par licitation devant le tribunal.**

Art. 828

Cependant les parties, si elles sont toutes majeures, peuvent consentir que la licitation soit faite devant un notaire, sur le choix duquel elles s'accordent.

1) Les juges du fond disposent d'un pouvoir souverain pour apprécier si les biens indivis sont commodément partageables (Civ. 1re, 4 mai 1966 : *J.C.P.* 66, IV, 86 ; *Bull.* I, n. 267, p. 207). Pour que la vente par licitation soit ordonnée, il n'est pas nécessaire que la division matérielle soit impossible, il suffit que la réalisation du morcellement n'apparaisse ni facile ni pratique, que le partage ne puisse pas s'opérer sans dépréciation ou sans que la jouissance devienne notablement plus onéreuse ou plus difficile (Montpellier 8 juin 1954 : *J.C.P.* 54, IV, 139).

2) Le caractère impartageable de chaque immeuble pris séparément ne fait pas obstacle au partage en nature s'il apparaît que la totalité des immeubles peut se partager commodément (Civ. 1re, 18 mai 1983 : *Bull.* I, n. 153, p. 134). Par suite, viole les articles 826 et 827 l'arrêt qui retient que les droits des parties dans chacun des immeubles (pleine propriétéde la moitié et usufruit de l'autre moitié pour une partie, nue-propriété d'une moitié pour l'autre partie) ne permettraient pas un partage en nature, alors qu'il appartenait à la cour d'appel de rechercher si tous les immeubles, réunis en une masse unique, pouvaient être commodément partagés quant à la nue-propriété (même arrêt).

3) Ne donne pas de base légale à sa décision la cour d'appel qui prescrit la licitation de l'ensemble de la succession en se fondant uniquement sur la multiplicité et sur la diversité des biens et des droits respectifs des copartageants (Civ. 1re, 31 janv. 1989 : *J.C.P.* 89, IV, 121 ; *Bull.* I, n. 54, p. 35).

4) La règle de l'article 827 s'applique à toutes les indivisions quelle qu'en soit l'origine (Civ. 8 déc. 1914 : *D.P.* 1917, 1, 78).

5) L'article 827 n'interdit pas aux juges, lorsqu'une succession comprend plusieurs immeubles, d'ordonner la licitation de celui ou de ceux qui ne peuvent être commodément inclus dans un lot et de prescrire le partage en nature des autres immeubles (Civ. 1re, 11 juil. 1983 : *Bull.* I, n. 203, p. 182).

Art. 828. – **Après que les meubles et immeubles ont été estimés et vendus, s'il y a lieu, le juge-commissaire renvoie les parties devant un notaire dont elles conviennent, ou nommé d'office, si les parties ne s'accordent pas sur le choix.**

On procède, devant cet officier, aux comptes que les copartageants peuvent se devoir, à la formation de la masse générale, à la composition des lots, et aux fournissements à faire à chacun des copartageants.

1) Si les parties ne s'accordent pas sur le choix d'un notaire, les juges sont investis à cet égard d'un pouvoir discrétionnaire et peuvent se dispenser d'exprimer les motifs de leur décision (Civ. 1re, 6 mars 1963 : *J.C.P.* 63, II, 13136, note J. Mazeaud).

2) Les articles 828 du Code civil et 969 du Code de procédure civile (ancien) n'excluent pas la faculté de nommer deux notaires si les circonstances l'exigent (Req. 8 janv. 1947 : *D.* 1947, 117).

3) L'article 828 du Code civil se suffit à lui-même et est exclusif de l'application des articles 526 et suivants du Code de procédure civile (ancien) en ce qui concerne la reddition des comptes entre copartageants (Civ. 1re, 11 juin 1958 : *D.* 1959, 4).

Art. 829. – **Chaque cohéritier fait rapport à la masse, suivant les règles qui seront ci-après établies, des dons qui lui ont été faits, et des sommes dont il est débiteur.**

1) Aucune compensation ne peut se produire entre le droit réel de copropriété qui appartient à l'héritier sur les biens composant la succession et la dette, obligation personnelle, dont il peut être tenu envers l'hérédité (Civ. 11 janv. 1937 : *S.* 1938, 1, 377, note Batiffol ; *D.H.* 1937, 101). Mais, le rapport se faisant en moins prenant lors du règlement définitif de la succession, il s'ensuit que lorsqu'un héritier est débiteur envers la succession de sommes supérieures à sa part héréditaire, il ne peut lui être fait dans le partage aucune attribution et que ses créanciers personnels, agissant par l'action oblique, ne peuvent avoir plus de droit que lui (Civ. 1re, 14 déc. 1983 : *D.* 1984, 310, note Breton ; *Rev. trim. dr. civ.* 1985, 191, obs. Patarin).

2) Dans le compte établi préalablement au partage, doivent figurer les dettes dont les intéressés peuvent être tenus respectivement, à titre de copartageants, pour causes même postérieures à l'ouverture de la succession ou à la dissolution de la communauté conjugale, pourvu qu'elles soient relatives à l'indivision consécutive à ladite ouverture de succession ou dissolution de communauté (Civ. 17 nov. 1936 : *D.H.* 1937, 3). Ne peuvent donner lieu à rapport les sommes dont les copartageants peuvent être créanciers ou débiteurs les uns envers les autres en dehors des relations nées de l'indivision successorale (Civ. 1re, 26 mars 1974 : *J.C.P.* 75, II, 17970, note Dagot). Mais il en va autrement si la dette est intimement liée à l'état d'indivision (Civ. 1re, 27 janv. 1987 : *Bull.* I, n. 28, p. 19). Jugé que l'avance faite à un héritier par le notaire constitue un simple élément du compte d'indivision et ne produit pas d'intérêts de droit (Paris 23 oct. 1986 : *D.* 1987, 421, note Breton).

3) Doivent donner lieu à rapport au sens de l'article 829 et non à règlement immédiat au profit d'un seul des indivisaires les sommes dont un héritier est débiteur à l'égard des indivisions post-communautaire et successorale découlant du décès d'un de ses ascendants (Civ. 1re, 31 janv. 1989 : *J.C.P.* 89, IV, 121).

4) Les sommes dues à la succession par un héritier étant sujettes à rapport ne sont pas soumises à la prescription de cinq ans tant que dure l'indivision (Civ. 1re, 11 janv. 1972 : *J.C.P.* 72, IV, 49 ; *Bull.* I, n. 16, p. 16).

Art. 830. – Si le rapport n'est pas fait en nature, les cohéritiers à qui il est dû, prélèvent une portion égale sur la masse de la succession.

Les prélèvements se font, autant que possible, en objets de même nature, qualité et bonté que les objets non rapportés en nature.

Il résulte de la combinaison des articles 826 et 830 que la règle du partage en nature reçoit dérogation lorsqu'un héritier a pris quelque effet de la succession dont il doit le rapport en valeur et que les autres héritiers prélèvent sur la masse successorale une portion égale au montant du rapport (Civ. 1re, 1er déc. 1987 : *Bull.* I, n. 323, p. 232).

Art. 831. – Après ces prélèvements, il est procédé, sur ce qui reste dans la masse, à la composition d'autant de lots égaux qu'il y a d'héritiers copartageants, ou de souches copartageantes.

1) Le partage d'un immeuble, lorsqu'il doit se faire entre deux souches, implique seulement la division de l'immeuble en deux lots, la subdivision entre les différents membres de l'une des souches ne devant être envisagée qu'ultérieurement (Civ. 1re, 26 oct. 1982 : *Bull.* I, n. 304, p. 259 ; *D.* 1983, I.R. 24).

2) Lorsque le défunt a disposé de la quotité disponible en faveur d'un tiers, il convient de former le nombre de lots

nécessaire pour permettre l'attribution d'un lot à celui des copartageants qui reçoit la part la plus faible (Civ. 1re, 12 nov. 1987 : *Bull.* I, n. 292, p. 210 ; Rev. trim. dr. civ. 1989, 123, obs. Patarin).

Art. 832 *(D.-L. 17 juin 1938 ; L. n. 61-1378 du 19 déc. 1961, art. 2).* – **Dans la formation et la composition des lots, on doit éviter de morceler les héritages et de diviser les exploitations.**

Dans la mesure où le morcellement des héritages et la division des exploitations peuvent être évités, chaque lot doit, autant que possible, être composé, soit en totalité, soit en partie, de meubles ou d'immeubles, de droits ou de créances de valeur équivalente.

(3e et 4e al. mod. L. n. 82-596 du 10 juil. 1982, art. 5-I) **Le conjoint survivant ou tout héritier copropriétaire peut demander l'attribution préférentielle par voie de partage, à charge de soulte s'il y a lieu, de toute exploitation agricole, ou partie d'exploitation agricole, constituant une unité économique, ou quote-part indivise d'exploitation agricole, même formée pour une part de biens dont il était déjà propriétaire ou copropriétaire avant le décès, à la mise en valeur de laquelle il participe ou a participé effectivement ; dans le cas de l'héritier, la condition de participation peut avoir été remplie par son conjoint. S'il y a lieu, la demande d'attribution préférentielle peut porter sur des parts sociales, sans préjudice de l'application des dispositions légales ou des clauses statutaires sur la continuation d'une société avec le conjoint survivant ou un ou plusieurs héritiers.**

Les mêmes règles sont applicables en ce qui concerne toute entreprise commerciale, industrielle ou artisanale, dont l'importance n'exclut pas un caractère familial.

(aj. L. n. 80-502 du 4 juil. 1980, art. 35) **Au cas où ni le conjoint survivant, ni aucun héritier copropriétaire ne demande l'application des dispositions prévues au troisième alinéa ci-dessus ou celles des articles 832-1 ou 832-2, l'attribution préférentielle peut être accordée à tout copartageant sous la condition qu'il s'oblige à donner à bail dans un délai de six mois le bien considéré dans les conditions fixées au chapitre VII du titre Ier du livre VI du code rural à un ou plusieurs des cohéritiers remplissant les conditions personnelles prévues au troisième alinéa ci-dessus ou à un ou plusieurs descendants de ces cohéritiers remplissant ces mêmes conditions.**

Le conjoint survivant ou tout héritier copropriétaire peut également demander l'attribution préférentielle :

De la propriété ou du droit au bail du local qui lui sert effectivement d'habitation, s'il y avait sa résidence à l'époque du décès ;

De la propriété ou du droit au bail du local à usage professionnel servant effectivement à l'exercice de sa profession et des objets mobiliers à usage professionnel garnissant ce local ;

De l'ensemble des éléments mobiliers nécessaires à l'exploitation d'un bien rural cultivé par le défunt à titre de fermier ou de métayer lorsque le bail continue au profit du demandeur, ou lorsqu'un nouveau bail est consenti à ce dernier.

L'attribution préférentielle peut être demandée conjointement par plusieurs successibles.

(11e al. modifié L. n. 82-596 du 10 juil. 1982, art. 6) **À défaut d'accord amiable, la demande d'attribution préférentielle est portée devant le tribunal, qui se prononce en fonction des intérêts en présence ; en cas de pluralité de demandes concernant une exploitation ou une entreprise, le tribunal tient compte de l'aptitude des différents postulants à gérer cette exploitation ou cette entreprise et à s'y maintenir et en particulier de la durée de leur participation personnelle à l'activité de l'exploitation ou de l'entreprise.**

SUCCESSIONS — Art. 832

Les biens faisant l'objet de l'attribution sont estimés à leur valeur au jour du partage. Sauf accord amiable entre les copartageants, la soulte éventuellement due est payable comptant.

Loi n. 82-596 du 10 juillet 1982 *(J.O.* 13 juil.)
relative aux conjoints d'artisans et de commerçants travaillant dans l'entreprise familiale

Art. 5 – I ....
II. – Un décret fixe les conditions dans lesquelles le conjoint survivant *(L. n. 85-30 du 9 janv. 1985, art. 57)*, ou en zone de montagne un enfant héritier copropriétaire, qui a obtenu l'attribution préférentielle d'une entreprise commerciale, industrielle ou artisanale, en application du quatrième alinéa de l'article 832 du Code civil, bénéficie de prêts à taux bonifié pour le paiement de la soulte (*).

(*) V. D. n. 83-747 du 10 août 1983

M. Dagot, *Retouches 1980 au droit des partages successoraux (incidence de la loi du 4 juil. 1980 d'orientation agricole sur le droit des successions)* : J.C.P. 80, I, 3000. – R. Savatier, *Réflexion sur l'attribution préférentielle de l'exploitation familiale agricole dans la loi d'orientation agricole du 4 juil. 1980* : D. 1981, chron. 187.

I. Conditions relatives aux biens

A. Exploitations agricoles

1) Des parcelles qui ne constituent qu'un espace forestier d'intérêt cynégétique, dépourvu de la vocation rurale qui implique la possibilité d'appropriation des produits du sol, ne constituent pas une exploitation agricole susceptible de faire l'objet d'une attribution préférentielle au sens de l'article 832 (Civ. 1re, 24 fév. 1987 : *Bull.* I, n. 73, p. 53 ; *D.* 1988, 257, 1re esp., note Breton ; *Rev. trim. dr. civ.* 1988, 557, obs. Patarin). Il en va de même pour une propriété en état d'abandon depuis de longues années et du vivant même du *de cujus* (Civ. 1re, 24 nov. 1987 : *J.C.P.* 89, II, 21208, note Testu).

2) L'article 832 du Code civil ne subordonne plus, dans sa rédaction résultant de la loi du 19 décembre 1961, l'attribution préférentielle d'une exploitation agricole à la condition qu'elle productivité nécessaire à la vie d'une famille paysanne (Civ. 1re, 24 avril 1974 : *J.C.P.* 74, IV, 208 ; *Bull.* I, n. 114, p. 97).

3) Les juges du fond sont souverains pour apprécier si l'exploitation constitue ou non une unité économique (Civ. 1re, 26 avril 1967 : *J.C.P.* 67, IV, 88 ; *Bull.* I, n. 150, p. 108), ainsi que pour déterminer la consistance de l'exploitation soumise à attribution (Civ. 1re, 22 déc. 1971 : *Bull.* I, n. 327, p. 278). Si l'indivision successorale comporte plusieurs exploitations agricoles constituant des unités économiques distinctes, l'attribution préférentielle peut être demandée pour chacune d'entre elles (Civ. 1re, 8 mars 1977 : *Bull.* I, n. 125, p. 96). Dès lors qu'elles ne constituent pas un élément indissociable du domaine agricole, la maison d'habitation et ses dépendances peuvent en être détachées pour être attribuées à un autre héritier que celui qui s'est vu attribuer l'exploitation (Civ. 1re, 7 juil. 1982 : *Bull.* I, n. 254, p. 219 ; *Rev. trim. dr. civ.* 1983, 573, obs. Patarin).

4) Une exploitation agricole constituant une unité économique ne peut faire dans son intégralité l'objet d'une attribution préférentielle lorsqu'elle est formée pour une part de biens dont la propriété appartient à des tiers et qui ne figurent à aucun titre dans la masse à partager (Civ. 1re, 13 nov. 1967 : *D.* 1968, 44, note Breton).

Art. 832

5) Il peut être tenu compte pour l'appréciation de la consistance de l'exploitation de biens appartenant au conjoint de l'héritier demandeur et formant avec ceux dont cet héritier est copropriétaire l'unité économique exigée par la loi (Civ. 1re, 10 déc. 1980 : *Bull.* I, n. 326, p. 259 ; *D.* 1981, 85, note Breton). Mais on ne peut prendre en considération, pour évaluer l'importance de l'unité économique constituée par l'entreprise agricole, les biens dont le demandeur à l'attribution préférentielle est seulement locataire (Civ. 1re, 22 déc. 1959 : *D.* 1960, 417).

6) Sur l'attribution préférentielle des parts sociales d'un groupement agricole d'exploitation en commun, V. L. n. 62-917 du 8 août 1962, art. 1 dernier al. (*J.O.* 9 août ; *J.C.P.* 62, III, 28259).

B. Entreprises commerciales, industrielles ou artisanales

7) Le droit au bail ne constituant pas un élément nécessaire du fonds de commerce qui peut exister en dehors de lui, les juges peuvent accorder l'attribution préférentielle, au mari divorcé, du fonds de commerce commun aux deux époux, mais exploité dans un immeuble propre à la femme et ensuite ordonner son expulsion de l'immeuble (Civ. 1re, 11 juin 1968 : *D.* 1969, 1, note Voirin). Mais le bénéficiaire de l'attribution préférentielle peut obtenir, outre l'attribution du fonds de commerce, celle de l'immeuble dans lequel le fonds est exploité (Pau 3 juil. 1963 : *J.C.P.* 63, II, 13427, note Voirin).

C. Local d'habitation ou à usage professionnel

8) Sur la nécessité d'une résidence effective pour l'attribution du local d'habitation, V. Civ. 1re, 7 déc. 1966 : *J.C.P.* 67, IV, 8 ; *Bull.* I, n. 543, p. 411. – Civ. 1re, 21 avril 1971 : *J.C.P.* 72, II, 17149, note M.D. – T.G.I., Nevers 16 avril 1975 : *J.C.P.* 75, II, 18192, note Dagot. Pour l'attribution d'un local dépendant de plusieurs successions, la condition de résidence peut être remplie à l'époque de l'un ou de l'autre des décès (Civ. 1re, 20 nov. 1984 : *J.C.P.* 85, IV, 44 ; *D.* 1985, 252, note Breton). L'abandon provisoire par la femme du logement familial pour échapper aux sévices infligés par le mari ne manifeste pas son intention de fixer ailleurs son domicile et ne la prive pas du droit de demander l'attribution préférentielle (Paris, 12 mars 1982 : *D.* 1983, I.R. 451, 2e esp., obs. Bénabent – Civ. 1re, 19 fév. 1985 : *D.* 1985, 405, note Breton). Sur la possibilité d'attribution préférentielle de la résidence secondaire au bénéfice du conjoint survivant et des enfants légitimes en présence d'un enfant adultérin, V. *supra,* art. 761.

9) L'attribution préférentielle de l'article 832, alinéa 6 (al. 7 nouveau) se limite au local d'habitation à l'exclusion des objets mobiliers qui le garnissent (Paris 4 nov. 1969 : *J.C.P.* 70, II, 16262, note Guimbellot, 2e esp.). Elle peut porter sur les bâtiments qui servent à l'habitation du demandeur avec leurs dépendances, cour et jardin qui en sont inséparables et qui sont nécessaires à son usage, compte tenu des modalités propres aux caractères de l'habitation (Civ. 1re, 4 juin 1980 : *Bull.* I, n. 176, p. 143). La loi n'exclut pas l'attribution des accessoires, même si ceux-ci ne sont pas le complément nécessaire des locaux affectés à l'habitation principale de l'attributaire, lorsqu'ils n'en sont pas détachables (Civ. 1re, 10 mai 1984 : *D.* 1984, 505, note Breton). Mais l'article 832 n'autorise pas l'attribution de la totalité d'un immeuble qui comprend des locaux distincts de ceux qu'habite le demandeur (Civ. 1re, 1er mars 1988 : *D.* 1988, 337, note Breton).

10) Jugé que l'article 832 n'exige pas que le local corresponde aux besoins normaux de logement du demandeur en attribution (Civ. 1re, 9 juil. 1980 : *Bull.* I, n. 213, p. 174).

11) Pour l'interprétation de l'article 832, les dispositions relatives à la propriété d'un local d'habitation ou à usage professionnel doivent être considérées comme applicables

SUCCESSIONS — Art. 832

lorsqu'il s'agit de droits sociaux donnant vocation à l'attribution de ce local en propriété ou en jouissance (L. n. 61-1378 du 19 déc. 1961, art. 14).

II. Conditions relatives aux personnes

12) La faculté de demander l'attribution préférentielle d'une exploitation agricole peut, lorsque son bénéficiaire, remplissant lui-même les conditions légales, décède sans s'en être prévalu, être exercée de son chef par son héritier, si toutefois celui-ci remplit lui-même les conditions légales pour s'en prévaloir (Civ. 1re, 1er fév. 1966 : *D.* 1966, 329, note A.B. – V. toutefois, décidant que l'article 832 ne distingue pas selon que le copartageant tient ses droits du *de cujus* ou d'un héritier de celui-ci dès lors qu'il remplit les conditions légales, Civ. 1re, 10 juin 1987 : *D.* 1987, 537, note crit. Breton ; *Rev. trim. dr. civ.* 1988, 160 obs. crit. Patarin).

13) La condition de copropriété requise par l'article 832 doit être remplie par le demandeur en attribution préférentielle lors de l'ouverture de la succession dans le partage de laquelle sa demande est formée (Civ. 1re, 26 oct. 1971 : *J.C.P.* 72, II, 17109, note Dagot, 2e esp.). Mais il en va autrement de la condition relative à la participation effective à la mise en valeur, la participation pouvant se placer lors de cette ouverture, avant ou après (Civ. 1re, 4 mai 1977 : *Bull.* I, n. 207, p. 163. – V. aussi Civ. 1re, 19 janv. 1980 : *Bull.* I, n. 22, p. 18).

14) Le conjoint survivant ne peut invoquer son usufruit successoral pour prétendre à une attribution préférentielle en usufruit (Civ. 1re, 10 mai 1966 : *D.* 1966, 467, note A.B.).

15) Sur le pouvoir souverain des juges du fond pour apprécier l'aptitude des demandeurs en cas de pluralité de demandes, V. Civ. 1re, 3 janv. 1967 : *D.* 1967, 367. – Civ. 1re, 7 juil. 1971 : *D.* 1971, 650, note Breton.

III. Conditions tenant à la nature de l'indivision

16) L'attribution préférentielle ne s'applique pas dans le partage d'une indivision conventionnelle résultant par exemple d'une acquisition conjointe à titre onéreux (Civ. 1re, 13 janv. 1969 : *J.C.P.* 69, II, 15889, note Dagot, 1re esp.), ou d'une donation conjointe (Civ. 1re, 9 mars 1965 : *J.C.P.* 65, II, 14245, note G.C.M.), ou encore d'un accord des parties mettant fin à l'indivision successorale (Civ. 1re, 20 oct. 1969 : *J.C.P.* 70, II, 16192, note M.D.). Jugé cependant qu'il résulte des articles 832, 1476 et 1542 du Code civil que l'attribution préférentielle peut être demandée, sous les conditions prévues par la loi, dans le partage des indivisions de nature familiale et que le conjoint divorcé peut demander l'attribution préférentielle du local servant à son habitation et dont il est propriétaire par indivis, même si cette indivision a pris naissance par une convention antérieure au mariage (Civ. 1re, 7 juin 1988 : *Bull.* I, n. 174, p. 121 ; *D.* 1989, 141, note Breton ; *Rev. trim. dr. civ.* 1989, 121, obs. Patarin).

17) Un héritier ne peut prétendre à l'attribution préférentielle d'un bien immobilier dès lors que son cohéritier en était déjà copropriétaire indivis pour une cause étrangère et antérieure à l'indivision successorale (Civ. 1re, 4 janv. 1977 : *D.* 1978, 2, note Chanteux-Bui. – V. cependant Civ. 1re, 17 oct. 1984 : *D.* 1985, 138, note crit. Breton ; *Rev. trim. dr. civ.* 1985, 598, obs. Patarin). Mais la loi n'exige pas que l'attributaire ne soit devenu pour toute sa part indivise copropriétaire de ce bien que par vocation successorale (Civ. 20 nov. 1950 : *D.* 1951, 95 ; Civ. 1re, 18 fév. 1981 : *Bull.* I, n. 61, p. 50 ; *Rev. dr. rural* 1981, 486, obs. Le Guidec).

18) Jugé dans le régime antérieur à la loi du 3 juillet 1971 que lorsque des parents ont fait donation de leurs biens, à titre de partage anticipé, les enfants ayant été gratifiés

indivisément et chacun pour moitié, un tel acte ne fait pas obstacle à l'application de l'article 832, alinéa 3, dès lors qu'il n'a créé, au profit des descendants gratifiés en tant que tels, qu'un droit indivis sur un bien qui reste à partager (Civ. 1re, 20 janv. 1977 : *D.* 1977, 485, note Lucas de Leyssac ; *J.C.P.* 78, II, 18953, note Dagot).

19) Sur l'attribution préférentielle en matière de partage de communauté et de biens indivis entre époux séparés de biens, V. *infra*, art. 1476 et 1542. – V. aussi en matière de partage de sociétés art. 1844-9. – Comp. pour les groupements fonciers agricoles, L. n. 70-1299 du 31 déc. 1970, art. 7.

IV. Mise en œuvre

20) Le droit de demander l'attribution préférentielle peut faire l'objet d'une renonciation même avant le partage définitif (Civ. 1re, 29 avril 1975 : *Bull.* I, n. 149, p. 128). Cette renonciation peut être tacite (même arrêt), mais elle ne se présume pas (Civ. 1re, 5 juil. 1977 : *J.C.P.* 77, IV, 235 ; *Bull.* I, n. 313, p. 248).

21) L'attribution préférentielle, procédé d'allotissement qui met fin à l'indivision, peut être demandée tant que le partage n'a pas été ordonné, selon une autre modalité incompatible, par une décision judiciaire devenue irrévocable (Civ. 1re, 8 mars 1983 : *D.* 1983, 613, note Breton). Dès lors que la licitation d'un immeuble a été ordonnée par une telle décision, un tribunal ne peut, sans méconnaître l'autorité de la chose jugée, en prononcer l'attribution préférentielle (Civ. 1re, 9 mars 1971 : *Bull.* I, n. 77, p. 65).

22) L'appréciation comparative des intérêts en présence est une question de fait qui échappe au contrôle de la Cour de cassation (Civ. 1re, 27 oct. 1971 : *Bull.* I, n. 277, p. 234). Il n'est pas interdit aux juges du fond de tenir compte, pour rejeter une demande d'attribution préférentielle facultative, du risque que cette attribution ferait courir aux copartageants à raison de la situation financière difficile de l'attributaire (Civ. 1re, 21 juin 1988 : *Bull.* I, n. 204, p. 142 ; *D.* 1989, 365, note Breton).

23) L'héritier bénéficiaire d'une attribution préférentielle ne devient propriétaire des biens qui lui sont attribués que par l'effet du partage (Civ. 1re, 20 déc. 1976 : *Bull.* I, n. 419, p. 327). Doit donc être cassé l'arrêt qui décide que l'attribution d'un immeuble et d'un fonds de commerce peut, sans le concours de ses cohéritiers, donner congé à la gérante libre du fonds avant la réalisation du partage (même arrêt).

24) Les juges peuvent faire état de leurs connaissances d'ordre général en vue de déterminer la valeur des biens sans être tenus de recourir à l'expertise (Civ. 1re, 10 mars 1969 : *D.* 1969, 305, note Breton, 1re esp.). Aucun principe de droit ne leur commande de négliger la plus-value que procure aux parcelles dépendant d'une exploitation agricole le voisinage d'une grande ville et l'aptitude de certaines d'entre elles à devenir des terrains à bâtir (Civ. 1re, 10 janv. 1968 : *D.* 1968, 243). Jugé que les biens devant être évalués à la date du partage, il n'est pas interdit aux juges du fond de déterminer à l'avance la valeur d'une villa en utilisant l'indice du coût de la construction (Civ. 1re, 8 déc. 1981 : *Bull.* I, n. 368, p. 311).

25) Lorsqu'une exploitation agricole fait l'objet d'une attribution préférentielle, elle doit être estimée comme libre du bail (Civ. 1re, 8 déc. 1965 : *D.* 1967, 407, note R. Savatier – V. en ce sens Civ. 1re, 31 mars 1981 : *J.C.P.* 82, II, 19812, note Rémy).

26) L'arrêt qui attribue préférentiellement une exploitation agricole et fixe la valeur du bien au jour de son prononcé n'a pas statué sur cette valeur au jour de la jouissance divise et n'a donc pas l'autorité de la chose jugée quant à l'estimation définitive du bien qui doit être faite à la date la plus proche du partage à intervenir (Civ. 1re, 28 fév. 1978 : *Bull.* I, n. 80, p. 66).

SUCCESSIONS — Art. 832-2

27) L'article 832 ne prévoyant aucune cause de déchéance du droit à l'attribution préférentielle, doit être cassé l'arrêt décidant que l'attributaire devrait payer dans le mois de la signification de l'arrêt la soulte dont il serait reconnu débiteur et que faute par lui de ce faire, il serait déchu du bénéfice de l'attribution préférentielle (Civ. 1re, 28 oct. 1975 : *J.C.P.* 76, II, 18403, note Dagot).

28) L'État qui recueille une succession par voie de déshérence a la faculté de s'opposer à l'attribution préférentielle dans les mêmes conditions que tout héritier, mais il en va autrement s'il intervient en qualité de curateur à une succession vacante (Civ. 1re, 21 juin 1988 : *Bull.* I, n. 204, p. 142 ; *D.* 1989, 365, note Breton).

Art. 832-1 *(1er et 2e al. remplacés L. n. 80-502 du 4 juil. 1980, art. 37).* - Par dérogation aux dispositions des alinéas onzième et treizième de l'article 832 et à moins que le maintien de l'indivision ne soit demandé en application des articles 815 (2e al.) et 815-1, l'attribution préférentielle visée au troisième alinéa de l'article 832 est de droit pour toute exploitation agricole qui ne dépasse pas les limites de superficies fixées par décret en Conseil d'État. (*) En cas de pluralité de demandes, le tribunal désigne l'attributaire ou les attributaires conjoints en fonction des intérêts en présence et de l'aptitude des différents postulants à gérer l'exploitation et à s'y maintenir.
Dans l'hypothèse prévue à l'alinéa précédent, même si l'attribution préférentielle a été accordée judiciairement, l'attributaire peut exiger de ses copartageants pour le paiement d'une fraction de la soulte, égale au plus à la moitié, des délais ne pouvant excéder dix ans. Sauf convention contraire, les sommes restant dues portent intérêt au taux légal.
(L. n. 61-1378 du 19 déc. 1961, art. 3) En cas de vente de la totalité du bien attribué, la fraction de soulte restant due devient immédiatement exigible ; en cas de ventes partielles, le produit de ces ventes est versé aux copartageants et imputé sur la fraction de soulte encore due.
Dernier al. abrogé, L. n. 71-523 du 3 juil. 1971, art. 1er.
(*) *V. les limites fixées par l'arrêté du 22 août 1975 (J.O. 1er oct.) dans le régime antérieur à la loi du 4 juillet 1980.*

L'attribution préférentielle de droit, comme l'attribution préférentielle facultative, est subordonnée à la condition que l'exploitation constitue une unité économique (Civ. 1re, 26 avril 1967 : *J.C.P.* 67, IV, 88 ; *Bull.* I, n. 150, p. 108).

Art. 832-2 *(L. n. 80-502 du 4 juil. 1980, art. 30).* - Si le maintien dans l'indivision n'a pas été ordonné en application des articles 815, deuxième alinéa, et 815-1, et à défaut d'attribution préférentielle en propriété, prévue aux articles 832, troisième alinéa, ou 832-1, le conjoint survivant ou tout héritier copropriétaire peut demander l'attribution préférentielle de tout ou partie des biens et droits immobiliers à destination agricole dépendant de la succession en vue de constituer, avec un ou plusieurs cohéritiers et, le cas échéant, un ou plusieurs tiers, un groupement foncier agricole.
Cette attribution est de droit si le conjoint survivant ou un ou plusieurs des cohéritiers remplissant les conditions personnelles prévues à l'article 832, troisième alinéa, exigent que leur soit donné à bail, dans les conditions fixées au chapitre VII du titre Ier du livre VI du Code rural, tout ou partie des biens du groupement.
En cas de pluralité de demandes, les biens du groupement peuvent, si leur consistance le permet, faire l'objet de plusieurs baux bénéficiant à des cohéritiers différents ; dans le cas contraire, et à défaut d'accord amiable le tribunal désigne le preneur en tenant

Art. 832-3

compte de l'aptitude des différents postulants à gérer les biens concernés et à s'y maintenir. Si les clauses et conditions de ce bail ou de ces baux n'ont pas fait l'objet d'un accord, elles sont fixées par le tribunal.

Les biens et droits immobiliers que les demandeurs n'envisagent pas d'apporter au groupement foncier agricole, ainsi que les autres biens de la succession, sont attribués par priorité, dans les limites de leurs droits successoraux respectifs, aux indivisaires qui n'ont pas consenti à la formation du groupement. Si ces indivisaires ne sont pas remplis de leurs droits par l'attribution ainsi faite, une soulte doit leur être versée. Sauf accord amiable entre les copartageants, la soulte éventuellement due est payable dans l'année suivant le partage. Elle peut faire l'objet d'une dation en paiement sous la forme de parts du groupement foncier agricole, à moins que les intéressés, dans le mois suivant la proposition qui leur en est faite, n'aient fait connaître leur opposition à ce mode de règlement.

Le partage n'est parfait qu'après la signature de l'acte constitutif du groupement foncier agricole et, s'il y a lieu, du ou des baux à long terme.

BEAUBRUN, *Le nouvel article 832-2 du Code civil : l'attribution préférentielle en vue de constituer un groupement foncier agricole :* D. 1981, Chron. 71.

Art. 832-3 *(L. n. 80-502 du 4 juil. 1980, art. 30).* – Si une exploitation agricole constituant une unité économique et non exploitée sous forme sociale n'est pas maintenue dans l'indivision en application des articles 815, 2° alinéa et 815-1, et n'a pas fait l'objet d'une attribution préférentielle dans les conditions prévues aux articles 832, 832-1 ou 832-2, le conjoint survivant ou tout héritier copropriétaire qui désire poursuivre l'exploitation à laquelle il participe ou a participé effectivement peut exiger, nonobstant toute demande de licitation, que le partage soit conclu sous la condition que ses copartageants lui consentent un bail à long terme dans les conditions fixées au chapitre VII du titre Ier du livre VI du Code rural, sur les terres de l'exploitation qui lui échoient. Sauf accord amiable entre les parties, celui qui demande à bénéficier de ces dispositions reçoit par priorité dans sa part les bâtiments d'exploitation et d'habitation.

Les dispositions qui précèdent sont applicables à une partie de l'exploitation agricole pouvant constituer une unité économique.

Il est tenu compte, s'il y a lieu, de la dépréciation due à l'existence du bail dans l'évaluation des terres incluses dans les différents lots.

Les articles 807 et 808 (L. 412-14 et L. 412-15) du Code rural déterminent les règles spécifiques au bail visé au premier alinéa du présent article.

S'il y a pluralité de demandes, le tribunal de grande instance désigne le ou les bénéficiaires en fonction des intérêts en présence et de l'aptitude des différents postulants à gérer tout ou partie de l'exploitation ou à s'y maintenir.

Si, en raison de l'inaptitude manifeste du ou des demandeurs à gérer tout ou partie de l'exploitation, les intérêts des cohéritiers risquent d'être compromis, le tribunal peut décider qu'il n'y a pas lieu d'appliquer les trois premiers alinéas du présent article.

L'unité économique prévue au premier alinéa peut être formée, pour une part, de biens dont le conjoint survivant ou l'héritier était déjà propriétaire ou copropriétaire avant le décès. Dans le cas de l'héritier la condition de participation peut avoir été remplie par son conjoint.

SUCCESSIONS Art. 832-4

Code rural

LIVRE IV NOUVEAU. – BAUX RURAUX
(D. n. 83-212 du 16 mars 1983)

TITRE Ier. – STATUT DU FERMAGE ET DU MÉTAYAGE

....

Section II. – Dispositions relatives aux baux conclus entre copartageants d'une exploitation agricole par application de l'article 832-3 du Code Civil

Art. L. 412-14 *(L. n. 80-502 du 4 juil. 1980, art. 34).* – Le bail passé entre les copartageants d'une exploitation agricole, par application de l'article 832-3 du Code civil est, sous les réserves ci-après énoncées, soumis aux dispositions du présent titre.

Ne sont pas applicables, jusqu'à l'expiration du bail, les dérogations prévues au dernier alinéa de l'article L. 411-3 en ce qui concerne les parcelles ne constituant pas un corps de ferme ou des parties essentielles d'une exploitation agricole.

Par dérogation aux articles L. 412-1 et L. 412-2, le droit de préemption sera ouvert au preneur, même s'il existe entre l'acquéreur éventuel et le propriétaire un lien de parenté ou d'alliance n'excédant pas le troisième degré. Sont de même exclues les limitations de l'article L. 412-5.

Art. L. 412-15 *(L. n. 80-502 du 4 juil. 1980, art. 34).* – À défaut d'accord amiable le tribunal paritaire des baux ruraux détermine les modalités du bail et le cas échéant en fixe le prix.

Art. 832-4 *(L. n. 80-502 du 4 juil. 1980, art. 31).* – **Les dispositions des articles 832, 832-1, 832-2 et 832-3 profitent au conjoint ou à tout héritier, qu'il soit copropriétaire en pleine propriété ou en nue propriété.**

Les dispositions des articles 832, 832-2 et 832-3 profitent aussi au gratifié ayant vocation universelle ou à titre universel à la succession en vertu d'un testament ou d'une institution contractuelle.

Loi n. 80-502 du 4 juillet 1980

Art. 32. – Nonobstant toute disposition contraire, les articles 832 et suivants du code civil sont applicables au conjoint survivant ou à tout héritier copropriétaire remplissant les conditions personnelles prévues à l'article 832 (3e al.) lorsque les biens et droits immobiliers à destination agricole dépendant de la succession font l'objet d'un apport en jouissance ou d'une mise à disposition au profit d'une société à objet exclusivement agricole constituée entre agriculteurs personnes physiques se consacrant à l'exploitation des biens mis en valeur par celle-ci, en participant sur les lieux aux travaux, de façon effective et permanente selon les usages de la région et en fonction de l'importance de l'exploitation, soit dotée de la personnalité morale, soit, s'il s'agit d'une société en participation, régie par des statuts établis par un écrit ayant acquis date certaine.

L'effet immédiat de la loi du 4 juillet 1980 fait qu'elle s'applique aux successions déjà ouvertes dont les conditions de règlement n'étaient pas encore arrêtées lors de son entrée en vigueur, mais non en cas d'accord entre tous les héritiers incompatible avec les droits nouveaux qui ne sont conférés qu'en vue d'un partage non encore fixé (Aix 22 sept. 1981 : *J.C.P.* 83, II, 20083, note Rémy).

Art. 833. – L'inégalité des lots en nature se compense par un retour, soit en rente, soit en argent.

Art. 833-1 *(ajouté L. n. 71-523, 3 juill. 1971, art. 2).* – Lorsque le débiteur d'une soulte a obtenu des délais de paiement, et que, par suite des circonstances économiques, la valeur des biens mis dans son lot a augmenté ou diminué de plus du quart depuis le partage, les sommes restant dues augmentent ou diminuent dans la même proportion.
Les parties peuvent toutefois convenir que le montant de la soulte ne variera pas.

1) Sur la prise en considération de l'augmentation de valeur résultant de la vocation de terrain à bâtir du bien attribué comme bien rural, V. Douai 6 mars 1973 : *D.* 1974, 356, note Vouin.

2) Les dispositions de l'article 833-1 prévoyant la révision des soultes dans tout partage sont destinées à protéger le créancier de la soulte contre le risque économique résultant de son paiement différé et ont une portée générale, dès lors, elles s'appliquent aux soultes stipulées payables à terme (Civ. 1re, 19 fév. 1980 : *Bull.* I, n. 61, p. 51).

3) Les dispositions des articles 833-1 et 1075-2 sont applicables aux donations partages antérieures à 1972 toutes les fois que le décès de l'ascendant donateur est survenu depuis le 1er janvier 1972 (Civ. 1re, 21 mars 1979 : *J.C.P.* 80, éd. N, II, 209, note Thuillier).

Art. 834. – Les lots sont faits par l'un des cohéritiers, s'ils peuvent convenir entre eux sur le choix, et si celui qu'ils avaient choisi accepte la commission : dans le cas contraire, les lots sont faits par un expert que le juge commissaire désigne.
Ils sont ensuite tirés au sort.

1) Lorsqu'il y a parmi les héritiers un incapable, la formation des lots par un expert judiciaire est une formalité substantielle qui ne peut être remplacée par aucune autre (Civ. 18 janv. 1927 : *D.P.* 1927, 1, 143).

2) Violent l'article 834 les juges du fond qui se fondent sur des motifs d'équité ou d'opportunité pour ordonner l'attribution d'un bien successoral à l'un des héritiers malgré l'opposition de l'autre (Civ. 1re, 28 déc. 1962 : *Bull.* I, n. 571, p. 481 ; V. en ce sens Civ. 1re, 22 juil. 1985 : *Bull.* I, n. 235, p. 209 ; *D.* 1986, 261, note A.B.

3) De par leur nature les attributions préférentielles échappent aux dispositions de l'article 834 (Civ. 1re, 5 nov. 1975 : *Bull.* I, n. 317, p. 263).

4) La loi n'autorise le tirage au sort que pour l'attribution des lots et non pour leur composition (Civ. 1re, 11 mars 1986 : *Bull.* I, n. 63, p. 60 ; *D.* 1987, Somm. 11, obs. Robert ; *Rev. trim. dr. civ.* 1987, 129, obs. Patarin).

Art. 835. – Avant de procéder au tirage des lots, chaque copartageant est admis à proposer ses réclamations contre leur formation.

Art. 836. – Les règles établies pour la division des masses à partager, sont également observées dans la subdivision à faire entre les souches copartageantes.

Art. 837. – Si, dans les opérations renvoyées devant un notaire, il s'élève des contestations, le notaire dressera procès-verbal des difficultés et des dires respectifs des parties, les renverra devant le commissaire nommé pour le partage ; et, au surplus, il sera procédé suivant les formes prescrites par les lois sur la procédure.

SUCCESSIONS   Art. 841

1) Des cohéritiers ne peuvent remettre en cause lors de l'instance en homologation l'accord qu'ils avaient préalablement conclu et qui portait sur la composition des lots et leur attribution (Civ. 1re, 29 mars 1978 : *Bull.* I, n. 129, p. 103).

2) Rien n'interdit à un copartageant de soulever successivement plusieurs contestations contre un même état liquidatif, à condition toutefois que le point qu'il conteste en second lieu soit différent du premier et n'ait pas déjà fait l'objet d'une décision passée en force de chose jugée (Paris 18 juin 1966 : *D.* 1967, 30).

3) Le moyen tiré de l'inobservation par un notaire liquidateur des formalités prévues par l'article 837 du Code civil ne constitue pas une fin de non-recevoir au sens de l'article 122 du nouveau Code de procédure civile pour l'action qu'un copartageant a introduite par voie d'assignation (Civ. 1re, 14 janv. 1981 : *Bull.* I, n. 15, p. 12). Mais il ne peut être renoncé aux dispositions de l'article 837 que du consentement de toutes les parties (Civ. 1re, 6 juil. 1982 : *J.C.P.* 82, IV, 329 ; *Bull.* I, n. 251, p. 216).

Art. 838 *(L. n. 64-1230 du 14 déc. 1964, art. 2).* – **Si tous les cohéritiers ne sont pas présents, le partage doit être fait en justice, suivant les règles des articles 819 à 837.**
Il en est de même s'il y a parmi eux des mineurs non émancipés ou des majeurs en tutelle, sous réserve de l'article 466.
S'il y a plusieurs mineurs, il peut leur être donné à chacun un tuteur spécial et particulier.

L'article 982 du Code de procédure civile (ancien), comme les autres dispositions relatives au partage judiciaire, n'est pas applicable au partage amiable dont l'homologation n'est entendue nécessaire que par suite de la présence d'incapables et qui ne comporte pas nécessairement un tirage au sort des lots (Civ. 1re, 9 juil. 1974 : *D.* 1975, 99, note Ponsard).

Art. 839 *(L. n. 64-1230 du 14 déc. 1964, art. 2).* – **S'il y a lieu à licitation, dans le cas prévu par l'alinéa 1er de l'article précédent, elle ne peut être faite qu'en justice avec les formalités prescrites pour l'aliénation des biens des mineurs. Les étrangers y sont toujours admis.**

Art. 840 *(L. n. 64-1230 du 14 déc. 1964, art. 2 mod. L. n. 77-1447 du 28 déc. 1977, art. 4 et 6).* – **Les partages faits conformément aux règles ci-dessus prescrites au nom des présumés absents et non-présents sont définitifs ; ils ne sont que provisionnels si les règles prescrites n'ont pas été observées.**

Le partage amiable auquel a participé une mineure vaut comme partage provisionnel en ce qui concerne la jouissance des choses partagées, mais est, en ce qui concerne les attributions faites aux cohéritiers, annulable pour absence des formes prescrites dans l'intérêt des incapables (Civ. 1re, 11 déc. 1985 : *D.* 1986, 356, note Massip).

Art. 841. – *Abrogé, L. n. 76-1286 du 31 déc. 1976, art. 17* (*).
(*) *Dispositions applicables à compter du 1er juillet 1977. Elles s'appliquent aux indivisions existant à cette date. Toutefois, les conventions tendant au maintien de l'indivision et conclues avant la promulgation de la loi du 31 décembre 1976 restent régies par les dispositions en vigueur au jour de ladite promulgation à moins que les parties ne décident de mettre, pour l'avenir, leurs conventions en conformité des dispositions de la nouvelle loi, L. n. 76-1286 du 31 déc. 1976, art. 19.*

Art. 841 ancien. – *Toute personne, même parente du défunt, qui n'est pas son successible, et à laquelle un cohéritier aurait cédé son droit à la succession, peut être écartée du partage soit par tous les cohéritiers, soit par un seul, en lui remboursant le prix de la cession.*

L'article 19, al. 2, de la loi du 31 décembre 1976 ne peut permettre de méconnaître un droit antérieurement acquis au retrait successoral permettant d'évincer du partage l'indivisaire étranger à la succession, alors surtout que la protection des cohéritiers du cédant, assurée désormais par la loi nouvelle sous la forme d'un droit de préemption (C. civ., art. 815-14) ne peut jouer qu'en ce qui concerne les cessions consenties depuis la date de son entrée en vigueur (Civ. 1re, 17 juin 1981 : *Bull.* I, n. 224, p. 183 ; *Defrénois* 1981, 1330, obs. Champenois).

Art. 842. – **Après le partage, remise doit être faite, à chacun des copartageants, des titres particuliers aux objets qui lui seront échus.**
Les titres d'une propriété divisée restent à celui qui a la plus grande part, à la charge d'en aider ceux de ses copartageants qui y auront intérêt, quand il en sera requis.
Les titres communs à toute l'hérédité sont remis à celui que tous les héritiers ont choisi pour en être le dépositaire, à la charge d'en aider les copartageants, à toute réquisition.
S'il y a difficulté sur ce choix, il est réglé par le juge.

SECTION II. – DES RAPPORTS, DE L'IMPUTATION ET DE LA RÉDUCTION DES LIBÉRALITÉS FAITES AUX SUCCESSIBLES
(L. n. 71-523 du 3 juil. 1971)

V. Commentaires DAGOT : *J.C.P.* 77, I, 2434. – CATALA, *La réforme des liquidations successorales*, 2e éd., 1975. – Sur l'application dans le temps de la loi de 1971, V. art. 12 et 13, *infra* sous art. 892.

Art. 843 *(L. 24 mars 1898).* – **Tout héritier, même bénéficiaire, venant à une succession, doit rapporter à ses cohéritiers tout ce qu'il a reçu du défunt, par donations entre vifs, directement ou indirectement ; il ne peut retenir les dons à lui faits par le défunt, à moins qu'il ne lui aient été faits expressément par préciput et hors part, ou avec dispense de rapport.**
Les legs faits à un héritier sont réputés faits par préciput et hors part, à moins que le testateur n'ait exprimé la volonté contraire, auquel cas le légataire ne peut réclamer son legs qu'en moins prenant.

1) L'obligation au rapport en matière de donations et ses modalités étant principalement d'ordre contractuel, le rapport est régi par la loi en vigueur au moment de la libéralité (Req. 5 mai 1943 : *D.C.* 1944, 109, note Flour. – Civ. 1re, 12 mars 1968 : *J.C.P.* 68, IV, 70 ; *Bull.* I, n. 97, p. 78).

2) La dispense de rapport doit être expresse mais la loi n'exige pas qu'elle soit formulée en termes sacramentels, il suffit que la volonté d'affranchir de l'obligation du rapport l'héritier donataire venant à la succession résulte soit d'une disposition précise et spéciale, soit de la combinaison entre elles des différentes clauses de l'acte de donation, et il n'est pas interdit aux juges du fond de tenir compte des circonstances extérieures pour s'éclairer sur l'intention du disposant (Req. 28 juin 1882 : *D.P.* 1885, 1, 27. – V. en ce sens, Civ. 1re, 24 oct. 1960 : *Bull.* I, n. 454, p. 371).

SUCCESSIONS — Art. 848

3) Si la donation déguisée n'est pas par elle-même et à raison du seul déguisement nécessairement dispensée de rapport il appartient au juge du fait d'examiner si la volonté du donateur a été de l'en dispenser (Req. 11 janv. 1897 : *D.P.* 1897, 1, 473, note Guinée). Mais dès lors que le gratifié se borne à contester que l'acte constitue à son profit une donation déguisée, les juges du fond n'ont pas à rechercher l'existence d'une dispense de rapport non alléguée (Civ. 1re, 18 nov. 1986 : *Bull.* I, n. 273, p. 261).

4) En matière de dons manuels, la dispense n'a pas besoin d'être expresse, mais elle doit résulter de l'intention nettement établie du donateur (Req. 19 oct. 1903 : *D.P.* 1903, 1, 600).

5) Pour une donation indirecte résultant d'un cautionnement donné par un père à son fils, V. Paris 15 fév. 1985 : *D.* 1987, Somm. 120, obs. crit. D. Martin.

6) L'avantage pécuniaire résultant pour un héritier de la situation privilégiée qui lui a permis de remplacer le défunt dans sa profession de représentant de commerce constitue une valeur patrimoniale qui doit figurer dans la masse successorale à laquelle il est éventuellement rapportable (Civ. 1re, 19 nov. 1968 : *J.C.P.* 69, II, 15899, note M.D. – V. en ce sens pour l'hypothèse du transfert par un chauffeur de taxi à l'un de ses héritiers de l'autorisation administrative de stationnement, Civ. 1re, 27 déc. 1963 ; *J.C.P.* 64, II, 13513, note R.L.) ou pour l'avantage indirect résultant d'un bail consenti sans contrepartie à un cohéritier (Civ. 1re, 31 mars 1981 : *Bull.* I, n. 115, p. 97 ; *Défrénois* 1981, 1327, obs. Champenois).

7) La donation doit être évaluée sous déduction des seules charges qui la grèvent (Civ. 1re, 16 juil. 1981 : *J.C.P.* 81, IV, 360 ; *Bull.* I, n. 262).

8) Lorsqu'un bail consenti sur une exploitation agricole à un cohéritier lui confère un avantage indirect, la valeur de cet avantage doit, pour assurer l'égalité des indivisaires dans les opérations de partage, être rapportée à la masse successorale, peu important à cet égard que le bail eût été consenti par les cohéritiers postérieurement à l'ouverture de la succession ou par le *de cujus* lui-même, sauf le cas où celui-ci aurait usé de la faculté de donner à cet avantage un caractère préciputaire (Civ. 1re, 31 mars 1981 : *J.C.P.* 82, II, 19812, note Rémy).

Art. 844 *(remplacé, L. n. 71-523 du 3 juil. 1971, art. 4).* – **Les dons faits par préciput ou avec dispense de rapport ne peuvent être retenus ni les legs réclamés par l'héritier venant à partage que jusqu'à concurrence de la quotité disponible : l'excédent est sujet à réduction.**

Art. 845. – **L'héritier qui renonce à la succession peut cependant retenir le don entre vifs ou réclamer le legs à lui fait jusqu'à concurrence de la portion disponible.**

Art. 846. – **Le donataire qui n'était pas héritier présomptif lors de la donation, mais qui se trouve successible au jour de l'ouverture de la succession, doit également le rapport, à moins que le donateur ne l'en ait dispensé.**

Art. 847. – **Les dons et legs faits au fils de celui qui se trouve successible à l'époque de l'ouverture de la succession, sont toujours réputés faits avec dispense du rapport. Le père venant à la succession du donateur, n'est pas tenu de les rapporter.**

Art. 848. – **Pareillement, le fils venant de son chef à la succession du donateur, n'est pas tenu de rapporter le don fait à son père, même quand il aurait accepté la succession de celui-ci ; mais si le fils ne vient que par représentation, il doit rapporter ce qui avait été donné à son père, même dans le cas où il aurait répudié sa succession.**

Dans le cas où certains représentants ont accepté la succession et où d'autres y ont renoncé, l'obligation de rapporter pèse en totalité sur l'héritier qui vient à la succession par représentation de son père et cet héritier ne peut rien répéter contre ses frères et sœurs renonçants qui sont devenus étrangers à la souche comme à la succession (Pau 9 fév. 1885 : *D.P.* 86, 1, 241, note Poncet).

Art. 849. – **Les dons et legs faits au conjoint d'un époux successible, sont réputés faits avec dispense du rapport.**

Si les dons et legs sont faits conjointement à deux époux, dont l'un seulement est successible, celui-ci en rapporte la moitié ; si les dons sont faits à l'époux successible, il les rapporte en entier.

Art. 850. – Le rapport ne se fait qu'à la succession du donateur.

Le rapport doit se faire partiellement à chacune des successions des donataires d'un bien commun (Civ. 1re, 12 juil. 1989 : *J.C.P.* 89, IV, 350 ; *Bull.* I, n. 292, p. 194 ; *D.* 1989, 525, 3e esp., note Morin).

Art. 851. – **Le rapport est dû de ce qui a été employé pour l'établissement d'un des cohéritiers, ou pour le payement de ses dettes.**

L'acquisition faite par un père de ses deniers au nom de son fils constitue un avantage indirect sujet à rapport bien que le prix ait été déclaré payé de deniers de l'enfant, dès lors qu'il est établi que celui-ci n'avait notoirement aucun moyen de l'acquitter (Paris 15 janv. 1957 : *J.C.P.* 57, IV, 138).

Art. 852. – **Les frais de nourriture, d'entretien, d'éducation, d'apprentissage, les frais ordinaires d'équipement, ceux de noces et présents d'usage, ne doivent pas être rapportés.**

1) La dispense de rapport prévue par l'article 852 peut être invoquée même s'il n'existait pour le défunt aucune obligation de payer les frais désignés par ce texte et si le successible avantagé avait les ressources suffisantes pour les acquitter (Civ. 27 janv. 1904 : *D.P.* 1904, I, 521, 2e esp.).

2) Les frais d'entretien doivent être rapportés si le défunt en a manifesté la volonté (Req. 29 juin 1921 : *D.P.* 1922, 1, 66).

3) Les présents d'usage sont des cadeaux n'excédant pas une certaine valeur qui sont faits à l'occasion de certains événements et conformément à un certain usage, éléments qui doivent être relevés par les juges du fond (Civ. 1re, 6 déc. 1988 : *Bull.* I, n. 347, p. 236 ; *J.C.P.* 89, IV, 49. – V. aussi Civ. 1re, 30 déc. 1952 : *J.C.P.* 53, II, 7475, note Mihura). Sur la distinction entre cadeau d'usage et souvenir de famille, V. Civ. 1re, 20 juin 1961 : *J.C.P.* 61, II, 12352, note Ponsard. – Civ. 1re, 19 déc. 1979 : *D.* 1981, 449, note Foulon-Piganiol.

Art. 853. – **Il en est de même des profits que l'héritier a pu retirer de conventions passées avec le défunt, si ces conventions ne présentaient aucun avantage indirect, lorsqu'elles ont été faites.**

Art. 854. – **Pareillement, il n'est pas dû de rapport pour les associations faites sans fraude entre le défunt et l'un de ses héritiers, lorsque les conditions en ont été réglées par un acte authentique.**

SUCCESSIONS Art. 858

1) Si l'existence d'un acte authentique constitue une présomption de dispense de rapport pour les avantages consentis à un successible dans une société, la règle d'après laquelle les tribunaux peuvent décider que le donateur a eu l'intention de dispenser le donataire du rapport s'applique au cas où les avantages ne sont pas dispensés de rapport en vertu de l'article 854 (Req. 23 juin 1919 : *D.P.* 1920, 1, 159).

2) Même en l'absence d'acte authentique, les bénéfices obtenus par l'héritier n'ont pas a être rapportés s'il est établi qu'ils ne constituent pas des libéralités et doivent être considérés comme une juste rétribution du concours apporté par l'héritier dans l'administration des affaires sociales et des risques courus par ses capitaux (Civ. 17 août 1864 : *D.P.* 1865, 1, 304. – V. en ce sens Douai 21 juin 1906 : *D.P.* 1908, 2, 225, note Planiol).

Art. 855 *(remplacé, L. n. 71-523 du 3 juil. 1971, art. 5).* **– Le bien qui a péri par cas fortuit et sans faute du donataire n'est pas sujet à rapport.**

Toutefois, si ce bien a été reconstitué au moyen d'une indemnité perçue en raison de sa perte, le donataire doit le rapporter dans la proportion où l'indemnité a servi à sa reconstitution.

Si l'indemnité n'a pas été utilisée à cette fin, elle est elle-même sujette à rapport.

Art. 856. – Les fruits et les intérêts des choses sujettes à rapport ne sont dus qu'à compter du jour de l'ouverture de la succession.

1) Lorsque le rapport se fait en valeur sous forme d'une indemnité, celle-ci n'est productive d'intérêts que du jour où elle est déterminée (Civ. 1re, 27 janv. 1987 : *Bull.* I, n. 36, p. 25 ; *D.* 1987, 253, note Morin ; *Rev. trim. dr. civ.* 1987, 578, obs. Patarin. – Civ. 1re, 4 oct. 1988 : *Bull.* I, n. 272, p. 187 ; *D.* 1989, 119, note Morin).

2) Pour l'évaluation d'une donation avec charge, le montant de cette charge n'est déductible qu'après avoir été diminué des revenus tirés par le donataire du bien donné (Civ. 1re, 24 nov. 1987 : *D.* 1988, 260, note Morin ; *J.C.P.* 89, II, 21192, note Testu).

Art. 857. – Le rapport n'est dû que par le cohéritier à son cohéritier ; il n'est pas dû aux légataires, ni aux créanciers de la succession.

1) Les légataires même universels ne peuvent ni réclamer le rapport ni même en profiter quand il est effectué à la requête de ceux à qui il était dû (Civ. 8 janv. 1934 : *D.H.* 1934, 148).

2) Il résulte du principe posé par l'article 857 que l'héritier qui se trouve en même temps créancier de la succession ne peut profiter du rapport que comme copartageant mais non pour se payer de sa créance (Req. 8 mai 1867 : *D.P.* 1867, 1, 309, rapp. Nachet).

3) Le droit de demander le rapport peut être exercé au nom de chaque héritier par ses créanciers personnels suivant la voie oblique de l'article 1166 du Code civil (Civ. 1re, 12 mars 1968 : *J.C.P.* 68, IV, 70 ; *Bull.* I, n. 97, p. 78).

Art. 858 *(remplacé L. n. 71-523 du 3 juil. 1971, art. 6).* **– Le rapport se fait en moins prenant. Il ne peut être exigé en nature sauf stipulation contraire de l'acte de donation.**

Dans le cas d'une telle stipulation, les aliénations et constitutions de droits réels consenties par le donataire s'éteindront par l'effet du rapport à moins que le donateur n'y ait consenti.

Art. 859

Art. 859 *(remplacé, L. n. 71-523 du 3 juil. 1971, art. 6).* – **L'héritier a aussi la faculté de rapporter en nature le bien donné qui lui appartient encore à condition que ce bien soit libre de toute charge ou occupation dont il n'aurait pas déjà été grevé à l'époque de la donation.**

Art. 860 *(remplacé, L. n. 71-523 du 3 juil. 1971, art. 6).* – **Le rapport est dû de la valeur du bien donné à l'époque du partage, d'après son état à l'époque de la donation.**
Si le bien a été aliéné avant le partage, on tiendra compte de la valeur qu'il avait à l'époque de l'aliénation et, si un nouveau bien a été subrogé au bien aliéné, de la valeur de ce nouveau bien à l'époque du partage.
Le tout sauf stipulation contraire dans l'acte de donation.
S'il résulte d'une telle stipulation que la valeur sujette à rapport est inférieure à la valeur du bien déterminé selon les règles d'évaluation prévues par l'article 922 ci-dessous, cette différence forme un avantage indirect acquis au donataire par préciput et hors part.

1) En vertu de l'article 860 (ancien) du Code civil, le bien donné en avancement d'hoirie doit être évalué à la date de la donation mais compte tenu des droits que l'héritier gratifié possède sur ce bien au jour où il doit en être fait rapport en moins prenant pour assurer l'égalité entre les héritiers. Par suite doit être cassé l'arrêt qui a homologué l'état liquidatif dans lequel figurent à la masse active les droits immobiliers donnés en avancement d'hoirie avec réserve d'usufruit pour leur valeur en nue-propriété à la date de la donation alors qu'après extinction de l'usufruit le donataire se trouvait investi par l'effet même de la donation de la toute propriété des parts indivises dont il avait été gratifié (Civ. 1re, 5 fév. 1975 : *J.C.P.* 76, II, 18249, note Dagot). Sur la prise en compte du fait que le bien donné faisait l'objet d'un bail au moment de la donation, V. Civ. 1re, 22 sept. 1982 : *Defrénois* 1984, 110, note Guimbellot.

2) Même en l'absence d'intention libérale établie, l'avantage indirect est acquis au donataire par préciput et hors part (Civ. 1re, 1er oct. 1986 : *J.C.P.* 87, II, 20867, note Dagot ; *Defrénois* 1987, 305, obs. Massip ; *D.* 1987, Somm. 124, obs. D. Martin ; *Rev. trim. dr. civ.* 1987, 582, obs. Patarin).

3) Il résulte de l'article 860, alinéa 1er, qu'en cas de changement dans la destination du bien depuis la date de la donation, il ne peut être tenu compte de ce changement que s'il résulte d'une cause fortuite et étrangère à l'industrie du gratifié, et non s'il résulte de l'initiative du donataire (Civ. 1re, 31 oct. 1989 : *J.C.P.* 89, IV, 423).

Art. 861 *(remplacé, L. n. 71-523 du 3 juil. 1971, art. 6).* – **Lorsque le rapport se fait en nature et que l'état des objets donnés a été amélioré par le fait du donataire, il doit lui en être tenu compte, eu égard à ce dont leur valeur se trouve augmentée au temps du partage ou de l'aliénation.**
Il doit être pareillement tenu compte au donataire des impenses nécessaires qu'il a faites pour la conservation du bien, encore qu'elles ne l'aient point amélioré.

Art. 862 *(remplacé, L. n. 71-523 du 3 juil. 1971, art. 6).* – **Le cohéritier qui fait le rapport en nature peut retenir la possession du bien donné jusqu'au remboursement effectif des sommes qui lui sont dues pour impenses ou améliorations.**

Art. 863 *(remplacé, L. n. 71-523 du 3 juil. 1971, art. 6).* – **Le donataire, de son côté doit, en cas de rapport en nature, tenir compte des dégradations et détériorations qui ont diminué la valeur du bien donné par son fait ou par sa faute.**

SUCCESSIONS

Pour l'application de l'article 863 au rapport d'une donation portant sur des actions de société, V. Paris 22 fév. 1982 : *J.C.P.* 83, II, 19964, note Gobin.

Art. 864 *(remplacé, L. n. 71-523 du 3 juil. 1971, art. 6)*. – **La donation faite en avancement d'hoirie à un héritier réservataire qui accepte la succession s'impute sur sa part de réserve et, subsidiairement, sur la quotité disponible, s'il n'en a pas été autrement convenu dans l'acte de donation.**
L'excédent est sujet à réduction.
La donation faite en avancement d'hoirie à un héritier réservataire qui renonce à la succession est traitée comme une donation préciputaire.

H. THUILLIER, *Imputation, réduction et rapport des donations en avancement d'hoirie :* J.C.P. 80, éd. N, I, 239.

Art. 865 *(remplacé, L. n. 71-523 du 3 juil. 1971, art. 6)*. – **La libéralité faite par préciput et hors part s'impute sur la quotité disponible. L'excédent est sujet à réduction.**

Art. 866 *(remplacé, L. n. 71-523 du 3 juil. 1971, art. 6)*. – **Les dons faits à un successible, ou à des successibles conjointement, qui excèdent la portion disponible, peuvent être retenus en totalité par les gratifiés, quel que soit l'excédent, sauf à récompenser les cohéritiers en argent.**

Art. 867 *(remplacé, L. n. 71-523 du 3 juil. 1971, art. 6)*. – **Lorsque le legs fait à un successible, ou à des successibles conjointement, porte sur un bien ou sur plusieurs biens composant un ensemble, dont la valeur excède la portion disponible, le ou les légataires peuvent, quel que soit cet excédent, réclamer en totalité l'objet de la libéralité, sauf à récompenser les cohéritiers en argent. Il en est de même si la libéralité porte sur des objets mobiliers ayant été à l'usage commun du défunt et du légataire.**

1) Si l'article 867 concerne d'abord le bénéficiaire d'un legs particulier, il peut aussi être invoqué par le bénéficiaire d'un legs universel ou à titre universel en vue de consolider l'attribution faite, lorsque le testateur a déterminé les biens qui doivent être attribués au légataire pour le remplir de ses droits (Civ. 1re, 29 oct. 1979 : *J.C.P.* 81, II, 19527, note Dagot). Mais cet article ne concerne que les legs faits à un successible ou des successibles conjointement et ne peut être invoqué par celui qui est exclu de la succession *ab intestat* par des héritiers plus proches et acceptants (même arrêt).

2) L'article 867 et l'article 924, al. 2, permettent à l'héritier réservataire gratifié de réclamer l'exécution du legs en nature tant que celui-ci n'excède pas ses droits héréditaires, quotité disponible et part de réserve cumulées (Civ. 1re, 18 juil. 1983 : *J.C.P.* 83, II, 20053 ; *Defrénois* 1984, 95, note Grimaldi ; *Rev. trim. dr. civ.* 1984, 141, obs. Patarin).

Art. 868 *(remplacé, L. n. 71-523 du 3 juil. 1971, art. 6)*. – **Lorsque la réduction n'est pas exigible en nature, le donataire ou légataire est débiteur d'une indemnité équivalente à la portion excessive de la libéralité réductible. Cette indemnité se calcule d'après la valeur des objets donnés ou légués à l'époque du partage, et leur état au jour où la libéralité a pris effet.**
Elle est payable au moment du partage, sauf accord entre les cohéritiers. Toutefois, lorsque la libéralité a pour objet un des biens pouvant faire l'objet d'une attribution préférentielle, des délais peuvent être accordés par le tribunal, compte tenu des intérêts

Art. 869

en présence, s'ils ne l'ont pas été par le disposant. L'octroi de ces délais ne peut, en aucun cas, avoir pour effet de différer le paiement de l'indemnité au-delà de dix années à compter de l'ouverture de la succession. Les dispositions de l'article 833-1 sont alors applicables au paiement des sommes dues.

À défaut de convention ou de stipulation contraire, ces sommes sont productives d'intérêts au taux légal en matière civile. Les avantages résultant des délais et modalités de paiement accordés ne constituent pas une libéralité.

En cas de vente de la totalité du bien donné ou légué, les sommes restant dues deviennent immédiatement exigibles ; en cas de ventes partielles, le produit de ces ventes est versé aux cohéritiers et imputé sur les sommes encore dues.

1) L'indemnité équivalente à la portion excessive du legs réductible doit se calculer d'après la valeur des biens légués au jour du partage et non au jour du décès (Civ. 1re, 10 oct. 1984 : *Bull.* I, n. 257, p. 218). Elle ne produit intérêt au taux légal qu'à compter de cette date (Civ. 1re, 21 mai 1985 : *Bull.* I, n. 157, p. 143 ; *Rev. trim. dr. civ.* 1986, 394, obs. Patarin ; *D.* 1987, 65, note Morin, et, sur renvoi, Paris 14 janv. 1987 : *D.* 1987, Somm. 126).

2) Ne donne pas de base légale à sa décision la cour d'appel qui retient l'évaluation du bien telle qu'elle a été donnée par l'expert six ans auparavant sans rechercher s'il n'est pas possible de fixer cette valeur à une date plus rapprochée du jour où elle statue (Civ. 1re, 11 janv. 1989 : *J.C.P.* 89, IV, 94 ; *Bull.* I, n. 11, p. 7).

3) La portion excessive des différentes libéralités faites à une cohéritière doit être déterminée pour chacune d'elles dans le cadre de la liquidation de chaque succession des donateurs (père et mère) et compte tenu de l'origine des biens donnés suivant qu'ils sont propres ou communs, et l'indemnité correspondant à la portion excessive ainsi établie doit alors être calculée en fonction des biens compris dans chacune des libéralités concernées à l'époque du partage (Civ. 1re, 21 juin 1989 : *J.C.P.* 89, IV, 319 ; *Bull.* I, n. 245, p. 163 ; *D.* 1989, 525, 2e esp., note Morin).

Art. 869 *(remplacé, L. n. 71-523 du 3 juil. 1971, art. 6).* – **Le rapport d'une somme d'argent est égal à son montant. Toutefois, si elle a servi à acquérir un bien, le rapport est dû de la valeur de ce bien, dans les conditions prévues à l'article 860.**

1) Sur le principe que le rapport d'une somme d'argent est égal au montant de celle-ci augmentée des intérêts au taux légal, V. Civ. 1re, 29 juin 1983 : *J.C.P.* 83, IV, 290.

2) L'article 869 ne distingue pas suivant que les sommes rapportables ont fait l'objet d'un don ou d'un prêt. Il a dès lors vocation, sauf stipulation contraire, à s'appliquer à l'un comme à l'autre (Civ. 1re, 18 janv. 1989 : *Bull.* I, n. 35, p. 23 ; *D.* 1989, 305, note Morin).

Articles 858 à 869 anciens

Art. 858. – *Le rapport se fait en nature ou en moins prenant.*

Art. 859 *(D.-L., 17 juin 1938).* – *Le rapport des immeubles ne peut être exigé en nature, à moins d'une stipulation contraire de l'acte de donation.*

Art. 860 *(L. 7 fév. 1938 ; D.-L. 17 juin 1938).* – *Le rapport en moins prenant est dû de la valeur de l'immeuble à l'époque de la donation, à moins de stipulation contraire de l'acte de donation.*

SUCCESSIONS   Art. 869

Art. 861 *(L. 7 fév. 1938).* − *Si le rapport est fait en nature, il sera tenu compte au donataire des impenses qui ont amélioré la chose, eu égard à ce dont sa valeur se trouve augmentée au temps du partage.*

Art. 862. − *Il doit être pareillement tenu compte au donataire des impenses nécessaires qu'il a faites pour la conservation de la chose, encore qu'elles n'aient point amélioré le fonds.*

Art. 863. − *Le donataire, de son côté, doit tenir compte des dégradations et détériorations qui ont diminué la valeur de l'immeuble, par son fait ou par sa faute et négligence.*

Art. 864. − *Abrogé, L. 7 fév. 1938.*

Art. 865. − *Lorsque le rapport se fait en nature, les biens se réunissent à la masse de la succession, francs et quittes de toutes charges créées par le donataire ; mais les créanciers avant hypothèque peuvent intervenir au partage, pour s'opposer à ce que le rapport se fasse en fraude de leurs droits.*

Art. 866 *(D.-L. 17 juin 1938 ; L. n. 61-1378, du 19 déc. 1961 art. 5).* − *Lorsque le don ou le legs d'un immeuble, d'immeubles formant un ensemble, d'une exploitation agricole ou d'une entreprise commerciale, industrielle ou artisanale, fait sans obligation de rapport en nature à un successible ou à plusieurs successibles conjointement, excède la portion disponible, ceux-ci peuvent, quel que soit cet excédent, retenir en totalité l'objet de la libéralité, sauf à récompenser les cohéritiers en argent ou autrement.*

Il en est, de même si la libéralité porte sur des objets mobiliers ayant été à l'usage commun du défunt et du bénéficiaire.

Sauf accord amiable entre les cohéritiers, l'indemnité due par le bénéficiaire de la libéralité est payable au moment du partage.

Toutefois, lorsque la libéralité a pour objet une exploitation agricole, des délais peuvent être accordés par le tribunal compte tenu des intérêts en présence, s'ils ne l'ont pas été par le disposant. L'octroi de ces délais ne peut, en aucun cas, avoir pour effet de différer le paiement de la soulte au-delà de dix années à compter de l'ouverture de la succession.

À défaut de convention, ou de stipulation contraire les sommes dues sont productives d'intérêts au taux légal en matière civile. Les avantages résultant des délais et modalités de paiement accordés ne constituent pas une libéralité.

En cas de vente de la totalité du bien donné ou légué, les sommes restant dues deviennent immédiatement exigibles ; en cas de ventes partielles, le produit de ces ventes est versé aux cohéritiers et imputé sur les sommes encore dues.

Si, par suite des circonstances économiques, la valeur du bien a augmenté ou diminué de plus du quart depuis le partage, les sommes restant dues augmentent ou diminuent dans la même proportion.

Art. 867. − *Le cohéritier qui fait le rapport en nature d'un immeuble peut en retenir la possession jusqu'au remboursement effectif des sommes qui lui sont dues pour impenses ou améliorations.*

Art. 868. − *Le rapport du mobilier ne se fait qu'en moins prenant. Il se fait sur le pied de la valeur du mobilier lors de la donation, d'après l'état estimatif annexé à l'acte ; et, à défaut de cet état, d'après une estimation par experts, à juste prix et sans crue.*

Art. 869. − *Le rapport de l'argent donné se fait en moins prenant dans le numéraire de la succession.*

En cas d'insuffisance, le donataire peut se dispenser de rapporter du numéraire, en abandonnant, jusqu'à due concurrence, du mobilier, et, à défaut de mobilier, des immeubles de la succession.

SECTION III. – DU PAIEMENT DES DETTES

Art. 870. – Les cohéritiers contribuent entre eux au paiement des dettes et charges de la succession, chacun dans la proportion de ce qu'il y prend.

Art. 871. – Le légataire à titre universel contribue avec les héritiers au prorata de son émolument; mais le légataire particulier n'est pas tenu des dettes et charges, sauf toutefois l'action hypothécaire sur l'immeuble légué.

Art. 872. – Lorsque des immeubles d'une succession sont grevés de rentes par hypothèque spéciale, chacun des cohéritiers peut exiger que les rentes soient remboursées et les immeubles rendus libres avant qu'il soit procédé à la formation des lots. Si les cohéritiers partagent la succession dans l'état où elle se trouve, l'immeuble grevé doit être estimé au même taux que les autres immeubles; il est fait déduction du capital de la rente sur le prix total; l'héritier dans le lot duquel tombe cet immeuble demeure seul chargé du service de la rente, et il doit en garantir ses cohéritiers.

Art. 873. – Les héritiers sont tenus des dettes et charges de la succession, personnellement pour leur part et portion virile, et hypothécairement pour le tout; sauf leur recours soit contre leurs cohéritiers, soit contre les légataires universels, à raison de la part pour laquelle ils doivent y contribuer.

Malgré la division légale entre les héritiers ses dettes de la succession, l'intégralité de chacune de ces dettes, tant que le partage n'a pas été effectué, est garantie par l'hérédité tout entière (Civ. 1re, 4 avril 1962 : *Gaz. Pal.* 1962, 2, 29. – Civ. 1re, 19 juil. 1976 : *Bull.* I, n. 264, p. 214 – V. en ce sens *supra*, art. 815-17). Mais les créanciers ne sont pas obligés d'user de cette garantie et peuvent valablement poursuivre chacun des héritiers au prorata de leurs droits respectifs, la mise en cause des cohéritiers qui ont renoncé à contester la dette et ont réglé leur quote-part ne se justifiant nullement (Civ. 1re, 14 mars 1972 : *Gaz. Pal.* 1972, 2, 638).

Art. 874. – Le légataire particulier qui a acquitté la dette dont l'immeuble légué était grevé, demeure subrogé aux droits du créancier contre les héritiers et successeurs à titre universel.

Art. 875. – Le cohéritier ou successeur à titre universel qui, par l'effet de l'hypothèque, a payé au-delà de sa part de la dette commune, n'a de recours contre les autres cohéritiers ou successeurs à titre universel, que pour la part que chacun d'eux doit personnellement en supporter, même dans le cas où le cohéritier qui a payé la dette se serait fait subroger aux droits des créanciers; sans préjudice néanmoins des droits d'un cohéritier qui, par l'effet du bénéfice d'inventaire, aurait conservé la faculté de réclamer le paiement de sa créance personnelle, comme tout autre créancier.

Art. 876. – En cas d'insolvabilité d'un des cohéritiers ou successeurs à titre universel, sa part dans la dette hypothécaire est répartie sur tous les autres, au marc le franc.

SUCCESSIONS   Art. 882

Art. 877. – Les titres exécutoires contre le défunt sont parallèlement exécutoires contre l'héritier personnellement ; et néanmoins les créanciers ne pourront en poursuivre l'exécution que huit jours après la signification de ces titres à la personne ou au domicile de l'héritier.

V. pour des applications Civ. 1re, 15 janv. 1974 : *D.* 1974, 307. – Civ. 2e, 18 mars 1987 : *Bull.* II, n. 69, p. 39.

Art. 878. – Ils peuvent demander, dans tous les cas, et contre tout créancier, la séparation du patrimoine du défunt d'avec le patrimoine de l'héritier.

1) La séparation des patrimoines ne confère de privilège que contre les créanciers de l'héritier mais ne modifie en rien les rapports et les droits respectifs des créanciers du défunt, lesquels doivent partager proportionnellement à leurs créances les biens du défunt réservés par la séparation des patrimoines (Req. 4 déc. 1871 : *D.P.* 1871, 1, 249, concl. Reverchon).

2) La séparation des patrimoines peut être réclamée par tout créancier de la succession alors même que les créanciers personnels de l'héritier ne seraient pas connus (Paris 2 nov. 1889 : *D.P.* 1890, 2, 285).

3) Sur le privilège de la séparation des patrimoines, V. *infra,* art. 2103-6°.

Art. 879. – Ce droit ne peut cependant plus être exercé, lorsqu'il y a novation dans la créance contre le défunt, par l'acceptation de l'héritier pour débiteur.

1) A la différence de la novation ordinaire, la novation qui emporte déchéance du privilège de séparation des patrimoines n'entraîne pas la perte des privilèges et hypothèques attachés à l'ancienne créance (Civ. 5 déc. 1924 : *S.* 1927, 1, 5, note Hubert).

2) Le créancier héréditaire qui poursuit l'exécution contre les héritiers en spécifiant que chacun d'eux était tenu pour sa part héréditaire a accepté ces héritiers pour débiteurs et opéré la novation particulière prévue par l'article 879 du Code civil (Grenoble 24 mars 1896 : *D.P.* 1898, 2, 89, note de Loynes).

Art. 880. – Il se prescrit, relativement aux meubles, par le laps de trois ans.
A l'égard des immeubles, l'action peut être exercée tant qu'ils existent dans la main de l'héritier.

La prescription de l'article 880 peut être interrompue soit par une demande en justice, soit par toute autre mesure conservatoire (Req. 30 mars 1897 : *D.P.* 1898, 1, 153, note Guinée).

Art. 881. – Les créanciers de l'héritier ne sont point admis à demander la séparation des patrimoines contre les créanciers de la succession.

Art. 882. – Les créanciers d'un copartageant, pour éviter que le partage ne soit fait en fraude de leurs droits, peuvent s'opposer à ce qu'il y soit procédé hors de leur présence : ils ont le droit d'y intervenir à leurs frais ; mais ils ne peuvent attaquer un partage consommé, à moins toutefois qu'il n'y ait été procédé sans eux et au préjudice d'une opposition qu'ils auraient formée.

Art. 883

1) Toute personne justifiant d'un intérêt légitime peut invoquer l'article 882 du Code civil pour s'opposer à ce qu'il soit procédé au partage hors sa présence (Civ. 1re, 7 déc. 1964 : *Bull.* I, n. 545, p. 423).

2) L'article 882 n'est pas applicable au partage qui a pour but de mettre fin à une indivision créée par la volonté seule des parties à la suite d'une acquisition en commun (Montpellier 7 juil. 1932 : *D.P.* 1933, 2, 97, note Nast). V. cependant en matière de séparation de biens *infra*, art. 1542.

3) L'article 882 est inapplicable si le prétendu partage dissimule une donation pure et simple et l'action paulienne est alors recevable dans les mêmes conditions que contre les actes à titre gratuit (Paris 21 mars 1984 : *D.* 1986, 131, note Potiron ; *Rev. trim. dr. civ.* 1987, 136, obs. Patarin).

4) L'opposition à partage peut résulter d'une assignation en partage délivrée aux héritiers à la requête des créanciers de l'un deux (Civ. 1re, 10 avril 1973 : *Bull.* I, n. 137, p. 123).

5) Le créancier opposant peut critiquer les opérations de partage pour faire rentrer dans le lot du cohéritier son débiteur tous les biens qui auraient dû y être compris mais son lot une fois fixé devient le gage commun de tous autres créanciers sans qu'il y ait au profit de l'intervenant aucun droit de préférence (Civ. 1re, 16 mai 1972 : *Bull.* I, n. 130, p. 115).

6) Un créancier opposant ne peut attaquer le partage fait au mépris de son opposition que s'il justifie d'un intérêt (Req. 22 déc. 1869 : *D.P.* 1870, 1, 253). Tel est le cas lorsque le partage a été conçu de telle sorte que l'héritier débiteur ne reçoive qu'une part réduite et sous forme d'argent liquide payé dès avant le partage et que l'estimation de la part de cet héritier est dépouvue de toute garantie de sincérité (Civ. 1re, 2 fév. 1977 : *Bull.* I, n. 68, p. 54).

7) L'opposition à partage met obstacle à ce que le copartageant débiteur puisse disposer de ses droits dans la succession au préjudice des opposants et rendre ainsi illusoire la mesure conservatoire prise par ses créanciers (Civ. 30 juil. 1895 : *D.P.* 1896, 1, 369, note Glasson).

8) Le créancier qui n'a pas fait opposition peut néanmoins attaquer le partage s'il apporte la preuve qu'il a été mis dans l'impossibilité de faire opposition en temps utile en raison des manœuvres frauduleuses des copartageants (Civ. 1re, 25 janv. 1965 : *Bull.* I, n. 74, p. 55. – Civ. 1re, 16 juin 1981 : *J.C.P.* 81, IV, 313. V. pour une cession de droits indivis à un coïndivisaire, Civ. 1re, 3 déc. 1985 : *Bull.* I, n. 334, p. 300). Pour un exemple de partage hâtif mettant dans le lot d'un des copartageants (époux) tous les biens ayant une valeur réelle, Civ. 1re, 17 fév. 1987 : *Bull.* I, n. 61, p. 44 ; *Gaz. Pal.* 1987, 1, 295.

9) L'opposition à partage ne saurait être valablement formée par les créanciers d'une succession acceptée sous bénéfice d'inventaire en vue de porter atteinte aux pouvoirs accordés par la loi à l'héritier bénéficiaire quant à l'administration et à la liquidation des biens successoraux. En particulier, cette opposition ne peut avoir pour effet d'entraver l'exercice des droits de l'adjudicataire d'un bien successoral régulièrement mis en vente selon les formes légales (Civ. 1re, 30 janv. 1979 : *Bull.* I, n. 39, p. 33).

SECTION IV. – DES EFFETS DU PARTAGE ET DE LA GARANTIE DES LOTS

Art. 883 *(remplacé L. n. 76-1286 du 31 déc. 1976, art. 18)*. – **Chaque cohéritier est censé avoir succédé seul et immédiatement à tous les effets compris dans son lot, ou à lui échus sur licitation, et n'avoir jamais eu la propriété des autres effets de la succession.**

SUCCESSIONS — Art. 884

Il en est de même des biens qui lui sont advenus par tout autre acte ayant pour effet de faire cesser l'indivision. Il n'est pas distingué selon que l'acte fait cesser l'indivision en tout ou partie, à l'égard de certains biens ou de certains héritiers seulement.

Toutefois, les actes valablement accomplis soit en vertu d'un mandat des coïndivisaires, soit en vertu d'une autorisation judiciaire, conservent leurs effets quelle que soit, lors du partage, l'attribution des biens qui en ont fait l'objet.

1) Dans les rapports des copartageants, la licitation au profit d'un tiers étranger à l'indivision est une opération préliminaire au partage et la créance du prix entre dans l'actif à partager, d'où il suit que sur le prix d'adjudication le droit qui appartient en principe à chaque héritier n'est pas dès le jour de la vente fixé pour lui définitivement à l'égard de ses cohéritiers mais reste subordonné aux résultats de la liquidation et du partage (Cass. Ch. réunies 5 déc. 1907 : *D.P.* 1908, 1, 113, concl. Baudoin, note Colin).

2) De la combinaison des articles 790 du Code rural et 883 du Code civil, il résulte que l'acquisition par un cohéritier des parts de ses coïndivisaires ne constitue pas, en raison de l'effet déclaratif du partage, une aliénation à titre onéreux donnant au preneur en place le bénéfice du droit de préemption (Civ. 1re, 16 avril 1970 : *J.C.P.* 71, II, 16863, note Ourliac et de Juglart).

3) Il résulte de l'article 883 que l'opposabilité d'une vente de biens indivis à un coïndivisaire qui n'y a pas concouru dépend de l'attribution qui est faite de ce bien dans l'acte de partage (Civ. 1re, 9 mai 1978 : *J.C.P.* 79, éd. N. II, 19257, note M. Dagot ; – Civ. 1re, 4 juil. 1984 : *Bull.* I, n. 218, p. 185 ; *D.* 1985, 214, note A. B – Civ. 1re, 7 juil. 1987 : *Bull.* I, n. 221, p. 163 ; *J.C.P.* 88, II, 20999, note Jourdain).

4) Le legs par un indivisaire d'un bien indivis peut s'exécuter en nature si, par l'événement du partage, le bien légué tombe au lot de cet indivisaire ou de sa succession. Un arrêt ne peut donc ordonner, dans une opération de partage unique, la licitation de tous les biens indivis sans réserver l'éventualité de l'exécution en nature du legs (Civ. 1re, 2 juin 1987 : *Bull.* I, n. 181, p. 135 ; *D.* 1988, 137, note Breton).

5) S'il est vrai qu'un coïndivisaire peut valablement consentir seul, au bénéfice de l'un de ses créanciers, une hypothèque sur le bien indivis, les effets de cette sûreté sont subordonnés au sort des droits du débiteur lors du partage, et dans l'éventualité où l'immeuble grevé n'est pas attribué en tout ou partie au débiteur, l'effet déclaratif des parties anéantit rétroactivement les droits qu'il pouvait avoir sur le bien (Civ. 3e, 7 mai 1986 : *J.C.P.* 87, II, 20737, note Dagot).

6) Lorsqu'un partage en nature met fin à l'indivision par la constitution d'une copropriété comportant attribution aux coïndivisaires d'un nombre de lots, l'hypothèque qui, au cours de l'indivision, avait été inscrite sur les parts indivises continue à grever les lots divis de copropriété (Civ. 3e, 21 oct. 1980 : *Gaz. Pal.* 1981, 1, Pan. 46, obs. Piedelièvre). V. pour une application de cette jurisprudence Paris, 2e ch. sect. B, 1er fév. 1985 : *Juris.Data*, n. 21300.

Art. 884. – Les cohéritiers demeurent respectivement garants, les uns envers les autres, des troubles et évictions seulement qui procèdent d'une cause antérieure au partage.

La garantie n'a pas lieu, si l'espèce d'éviction soufferte a été exceptée par une clause particulière et expresse de l'acte de partage ; elle cesse, si c'est par sa faute que le cohéritier souffre l'éviction.

1) L'article 884 déclare les cohéritiers respectivement garants, les uns envers les autres, des seuls troubles et évictions qui procèdent d'une cause antérieure au partage

(Civ. 1re, 23 mars 1983 : *J.C.P.* 83, IV, 180). Lorsque dans une donation-partage l'un des descendants a été alloti avec des biens que l'ascendant avait reçus par donation assortie d'une charge et que la donation est révoquée pour cause d'inexécution de la charge, cette révocation, bien que postérieure au partage, constitue une cause d'éviction antérieure au partage (Civ. 1re, 3 mars 1976 : *Bull.* I, n. 95, p. 78).

2) Sur l'inefficacité de la simple déclaration faite dans le cahier des charges de la licitation par l'un des copartageants qu'il entend restreindre son obligation de garantie relativement au bien licité, V. Com. 4 fév. 1970 : *Bull.* IV, n. 45, p. 45. La demande de conversion de l'usufruit du conjoint survivant en rente viagère ne peut produire ses effets que pour l'avenir, sans porter atteinte à l'effet déclaratif du partage ; c'est donc à bon droit que les juges du fond n'ont pas fait remonter au jour du décès la prise d'effet de la conversion (Civ. 1re, 24 nov. 1987 : *J.C.P.* 88, II, 21061, note Salvage ; *Rev. trim. dr. civ.* 1988, 379, obs. Patarin).

Art. 885. – **Chacun des cohéritiers est personnellement obligé, en proportion de sa part héréditaire, d'indemniser son cohéritier de la perte que lui a causée l'éviction.**

Si l'un des cohéritiers se trouve insolvable, la portion dont il est tenu doit être également répartie entre le garanti et tous les cohéritiers solvables.

L'indemnité due en vertu de l'article 885 devant être calculée d'après le préjudice réel que souffre l'héritier du fait de l'éviction, la perte doit être appréciée eu égard à la valeur du bien au moment de l'éviction (Civ. 1re, 9 juin 1970 : *D.* 1970, 545, note Breton).

L'indemnité doit tenir compte de tous les éléments qui peuvent modifier le préjudice réel, même après l'éviction (Civ. 1re, 18 janv. 1983 : *J.C.P.* 83, IV, 104 ; *Bull.* I, n. 25, p. 24 ; *Rev. trim. dr. civ.* 1984, 144, obs. Patarin).

Art. 886. – **La garantie de solvabilité du débiteur d'une rente ne peut être exercée que dans les cinq ans qui suivent le partage. Il n'y a pas lieu à garantie à raison de l'insolvabilité du débiteur, quand elle n'est survenue que depuis le partage consommé.**

SECTION V. – DE LA RESCISION EN MATIÈRE DE PARTAGE

Art. 887. – **Les partages peuvent être rescindés pour cause de violence ou de dol.**

Il peut aussi y avoir lieu à rescision, lorsqu'un des cohéritiers établit, à son préjudice, une lésion de plus du quart. La simple omission d'un objet de la succession ne donne pas ouverture à l'action en rescision, mais seulement à un supplément à l'acte de partage.

1) Si d'une façon générale en matière de partage l'erreur se confond le plus souvent avec la lésion réglementée et sanctionnée par l'article 887 du Code civil et n'engendre pas la nullité, il en est autrement lorsque l'erreur alléguée porte à la fois sur la quotité des droits et la cause du partage (Civ. 1re, 27 janv. 1953 : *D.* 1953, 334, note M. F.). Tel est le cas lorsque, portant sur l'inclusion dans la masse partageable d'une parcelle étrangère à l'indivision, elle détruit l'équilibre et le fondement du partage envisagé (Civ. 1re, 6 janv. 1987 : *D.* 1987, 377, note Breton. V. en ce sens Civ. 5 juil. 1949 : *D.* 1950, 393, 1re esp. note Fréjaville).

2) La cession à titre onéreux d'un droit indivis d'usufruit n'est pas assimilable à un partage et n'est donc pas rescindable pour lésion de plus du quart (Civ. 1re, 1er juil. 1986 : *Bull.* I, n. 192, p. 188).

SUCCESSIONS   Art. 888

3) Tout héritier est fondé en cette qualité à réclamer des tiers détenteurs de biens héréditaires le délaissement desdits biens pour exercer sur eux ses droits successoraux, alors même que ces tiers détenteurs, étrangers à l'hérédité, les tiendraient d'un partage où ils auraient été compris à tort (Civ. 1re, 19 déc. 1962 : *J.C.P.* 63, II, 13115, note Esmein).

4) La lésion de plus du quart prévue par l'article 887 du Code civil est calculée sur la valeur de la part qui, dans un partage égal, aurait été attribuée à celui qui prétend avoir été désavantagé (Civ. 1re, 10 nov. 1970 : *D.* 1971, 205). L'évaluation doit se faire à la date du partage (Civ. 1re, 3 janv. 1979 : *Bull.* I, n. 3, p. 3).

5) Si lorsqu'un partage partiel est lésionnaire, il est possible pour écarter la rescision, de tenir compte de l'avantage contenu au profit du copartageant lésé dans d'autres partages partiels, il n'y a pas lieu d'en tenir compte lorsqu'ils ont constitué des lots égaux (Civ. 1re, 23 avril 1975 : *D.* 1975, Somm. 90).

6) Ni l'apposition d'un terme incertain au paiement du prix d'une vente équivalant à une licitation ni l'indexation du montant de ce prix n'interdisent d'agir en rescision dans les termes des articles 887 et 888. Par suite, elles ne peuvent donc retarder le point de départ de la prescription à laquelle est soumise l'action en rescision pour lésion (Civ. 1re, 16 mai 1972 : *Bull.* I, n. 129, p. 114). La clause d'attribution s'analyse en une promesse synallagmatique obligeant seulement le colicitant adjudiciaire à prendre l'immeuble dans son lot et les autres copartageants à lui en faire l'attribution dans le partage. Elle n'emporte pas à elle seule partage et la prescription de l'action en rescision ne commence à courir que du jour du partage total ou partiel (Civ. 1re, 4 mai 1983 : *Bull.* I, n. 139, p. 120).

7) Le tribunal n'est pas tenu comme en matière de vente d'immeuble de vérifier par voie d'expertise l'existence de la lésion (Civ. 1re, 19 oct. 1960 : *J.C.P.* 60, IV, 164 ; *Bull.* I, n. 448, p. 366).

8) Sur l'irrecevabilité de l'action en rescision dirigée contre la convention définitive de divorce, en cas de divorce sur requête conjointe, V. *supra,* sous art. 279.

9) La rescision pour lésion, qui anéantit le partage, doit en principe entraîner un nouveau partage, indépendamment de toute faute de celui qui a profité de la lésion. Il en résulte que si ce nouveau partage est fait en valeur, les droits de chacun doivent être évalués en fonction de la valeur actuelle des biens, même si ceux-ci ont été aliénés (Civ. 1re, 17 juin 1986 : *Bull.* I, n. 173, p. 172).

Art. 888. – **L'action en rescision est admise contre tout acte qui a pour objet de faire cesser l'indivision entre cohéritiers, encore qu'il fût qualifié de vente, d'échange et de transaction, ou de toute autre manière.**

Mais après le partage, ou l'acte qui en tient lieu, l'action en rescision n'est plus admissible contre la transaction faite sur les difficultés réelles que présentait le premier acte, même quand il n'y aurait pas eu à ce sujet de procès commencé.

1) L'action en rescision est recevable non seulement contre les partages proprement dits, mais également contre les actes qui, en vue du partage et concourant à sa réalisation, même sans comporter de décompte de soulte ni lotissement des copartageants, attribuent des biens successoraux à certains cohéritiers moyennant fixation d'un prix déterminé, dès lors que par cette opération assimilable à un partage, lesdits biens sont définitivement sortis de l'indivision entre les parties qui y ont figuré (Civ. 1re, 9 mars 1966 : *J.C.P.* 66, II, 14738, note Voirin. – Comp. pour une convention analysée par les juges du fond comme une dation en paiement, mais mettant fin à l'indivision, Civ. 3e, 25 mai 1983 :

417

Bull. III, n. 120, p. 94). Sur l'application de l'article 888 au partage d'une indivision conventionnelle, V. Pau 27 oct. 1965 : *J.C.P.* 65, II, 14453.

2) Viole l'article 888, al. 2, l'arrêt qui déclare irrecevable l'action en rescision formée contre une convention entre héritiers au motif que cette convention constitue une transaction mettant fin aux difficultés réelles présentées par l'exécution d'un testament-partage sans rechercher si les contestations soulevées par les demandeurs présentaient le caractère de difficultés réelles (Civ. 1re, 4 fév. 1976 : *Bull.* I, n. 56, p. 45. – Comp. Civ. 1re, 5 déc. 1978 : *Defrénois* 1979, art. 31956, p. 645, note Ponsard. – Civ. 1re, 6 juil. 1982 : *Bull.* I, n. 250, p. 216).

3) Le conjoint survivant, même lorsque son droit d'usufruit a été converti en rente viagère, peut, comme tout copartageant, exercer contre son cohéritier l'action en rescision d'un partage réalisé entre ce dernier et le défunt (Civ. 1re, 24 mars 1965 : *Gaz. Pal.* 1965, 2, 114).

Art. 889. – **L'action n'est pas admise contre une vente de droits successifs faite sans fraude à l'un des cohéritiers, à ses risques et périls, par ses autres cohéritiers, ou par l'un d'eux.**

Doit être cassé l'arrêt qui décide qu'il y a cession aléatoire sans constater un accord exprès ou tacite par lequel les contractants auraient mis effectivement à la charge du cessionnaire les risques et périls d'une opération réellement aléatoire à raison de l'incertitude qui aurait existé sur la consistance et la valeur des droits cédés (Civ. 1re, 23 mai 1965 : *D.* 1965, 745. – V. aussi Civ. 1re, 28 avril 1982 : *J.C.P.* 82, IV, 240 ; *Bull.* I, n. 153, p. 134). Une clause de l'acte le déclarant aléatoire ne suffit pas par elle seule à lui conférer ce caractère, l'aléa devant être réel et résulter des circonstances (Civ. 1re, 7 janv. 1964 : *Bull.* I, n. 17, p. 13). Sur le pouvoir souverain des juges du fond en cette matière, V. Civ. 1re, 9 mars 1971 : *J.C.P.* 71, IV, 109 ; *Bull.* I, n. 76, p. 64. Jugé que le caractère aléatoire peut résulter de ce que le cessionnaire a promis de payer la portion du passif successoral incombant au cédant ainsi que les frais et taxes alors indéterminés (Civ. 1re, 4 fév. 1981 : *J.C.P.* 81, II, 19694, note Rémy ; *Bull.* I, n. 46, p. 37).

Art. 890. – **Pour juger s'il y a eu lésion, on estime les objets suivant leur valeur à l'époque du partage.**

V. pour des applications, Civ. 1re, 16 juil. 1970 : *D.* 1971, 424, note Martin – Civ. 1re, 19 janv. 1971 : *Bull.* I, n. 22, p. 17. Il appartient aux juges du fond de rechercher quels sont la nature et l'usage du terrain au jour le plus proche possible du partage pour en fixer la valeur en fonction de cette nature et de cet usage (Civ. 1re, 13 oct. 1981 : *Bull.* I, n. 288, p. 241).

Art. 891. – **Le défendeur à la demande en rescision peut en arrêter le cours et empêcher un nouveau partage en offrant et en fournissant au demandeur le supplément de sa portion héréditaire, soit en numéraire, soit en nature.**

1) Si l'existence et l'étendue de la lésion doivent être appréciées à la date du partage, il résulte tant du principe de l'égalité entre copartageants que de l'équivalence des deux modes de libération prévus par l'article 891 que le complément versé au copartageant lésé doit être apprécié à sa valeur actuelle (Cass. Ass. plén. 9 mars 1961 : *J.C.P.* 61, II, 12091, note Voirin).

2) Si la rescision d'un partage pour cause de lésion efface en principe rétroactivement les attributions résultant du partage, l'héri-

tier peut cependant conserver les fruits des biens à lui attribués qu'il a perçus de bonne foi jusqu'au jour de la demande en rescision et il résulte de l'équivalence des deux modes de libération prévus par l'article 891 que le complément de part versé au copartageant lésé ne peut produire intérêts que dans les mêmes conditions (Civ. 1re, 19 avril 1977 : *Bull.* I, n. 176, p. 137).

3) La faculté prévue par l'article 891 n'est plus ouverte lorsque la rescision a été prononcée par une décision devenue irrévocable (Civ. 1re, 9 juil. 1968 : *J.C.P.* 68, II, 15635, note Dagot).

4) Le défendeur à l'action en rescision ne peut offrir à titre de supplément de part des droits dans une indivision à laquelle une autre personne est également intéressée (Civ. 1re, 19 mars 1975 : *Bull.* I, n. 118, p. 101).

Art. 892. – **Le cohéritier qui a aliéné son lot en tout ou partie, n'est plus recevable à intenter l'action en rescision pour dol ou violence, si l'aliénation qu'il a faite est postérieure à la découverte du dol, ou à la cessation de la violence.**

L'article 892 ne s'applique qu'en cas de dol ou de violence et ne peut être étendu à l'action fondée sur une lésion de plus du quart (Civ. 1re, 11 fév. 1981 : *J.C.P.* 81, IV, 145 ; *Bull.* I, n. 46, p. 37).

Loi n. 71-523 du 3 juillet 1971 *(J.O.* 4 juil.)
modifiant certaines dispositions du Code civil relatives aux rapports à succession, à la réduction des libéralités excédant la quotité disponible et à la nullité, à la rescision pour lésion et à la réduction dans les partages d'ascendants

Art. 1er. – Le dernier alinéa de l'article 832-1 du Code civil est abrogé.

Art. 2 à 11. – *V. C. civ., art. 833-1, 844, 855, 858 à 869, 922, 924, 929, 930 et 1075 à 1080.*

Art. 12. – La présente loi entrera en vigueur à partir du 1er janvier 1972.

Art. 13. – Les dispositions de la présente loi seront applicables de plein droit, quelles que soient les dates des libéralités en cause, aux successions ouvertes postérieurement à son entrée en vigueur. Elles s'appliqueront également, à moins de conventions contraires, aux successions non encore liquidées, lorsqu'aucune demande en partage n'aura été introduite avant le 15 avril 1971.

Pour les demandes en partage formées entre le 15 avril 1971 et le 1er janvier 1972, le tribunal sursoit à statuer jusqu'à cette dernière date pour tout ce qui concerne l'application du droit nouveau.

1) L'action en réduction concourt au partage de la succession dont elle constitue un acte préparatoire et doit être assimilée à une demande en partage au sens de l'article 13 de la loi du 3 juillet 1971 (Civ. 1re, 26 nov. 1980 : *Bull.* I, n. 309, p. 245).

2) L'article 13 de la loi du 13 juillet 1971 s'applique aussi bien aux conditions de validité de la donation-partage qu'à ses effets (Civ. 1re, 4 nov. 1981 . *J.C.P.* 82, IV, 31 ; *Bull.* I, n. 330, p. 279).

TITRE II. – DES DONATIONS ENTRE VIFS ET DES TESTAMENTS

CHAPITRE I. – DISPOSITIONS GÉNÉRALES

Art. 893. – **On ne pourra disposer de ses biens, à titre gratuit, que par donation entre vifs ou par testament, dans les formes ci-après établies.**

Il est permis au donateur d'insérer dans l'acte de libéralité telle modalité qui lui convient, cette modalité se rattachât-elle à l'événement de son décès, pourvu qu'elle ne soit pas contraire à la règle de l'irrévocabilité (Paris 6 avril 1962 : *D.* 1962, 617, note Malaurie). Pour un exemple de donation à cause de mort prohibée par l'article 893 du Code civil, V. Req. 14 mai 1900 : *D.P.* 1900, 1, 358.

Art. 894. – **La donation entre vifs est un acte par lequel le donateur se dépouille actuellement et irrévocablement de la chose donnée, en faveur du donataire qui l'accepte.**

1) Sur le caractère onéreux de l'acte présenté comme une donation avec charges lorsque les charges atteignent la valeur des biens transmis, V. Civ. 28 nov. 1938 : *D.H.* 1939, 17.

2) Le double caractère d'actualité et d'irrévocabilité existe dans une donation entre vifs par cela seul qu'un droit est réellement transmis par le donateur au donataire sur les objets donnés bien que l'exécution de la donation ne soit pas immédiate (Req. 19 fév. 1878 : *D.P.* 78, 1, 377).

3) Sur la nécessité de l'intention libérale, V. Req. 27 juin 1887 : *D.P.* 1888, I, 303. – Req. 9 déc. 1913 : *D.P.* 1919, I, 29. – Civ. 1re, 4 nov. 1981 : *Bull.* I, n. 329, p. 278. Le déséquilibre, dans un contrat de vente, entre les engagements respectifs des parties, ne suffit pas à lui seul à prouver l'existence de l'intention libérale du vendeur (Civ. 1re, 14 fév. 1989 : *J.C.P.* 89, IV, 140).

4) La satisfaction morale et religieuse du disposant suffit à exclure l'intention libérale et à valider ainsi l'apport fait à une association incapable de recevoir à titre gratuit (Civ. 1re, 1er mars 1988 : *J.C.P.* 89, II, 21373, note crit. Béhar-Touchais).

5) L'intention libérale s'apprécie au moment de la conclusion de l'acte et elle est exclue dans le cas de la souscription solidaire d'un emprunt par les deux époux, même si par la suite le mari a assumé seul de ses deniers personnels le remboursement du prêt (Paris 23 fév. 1984 : *D.* 1984, I.R. 477, obs. D. Martin).

6) Le don manuel d'une somme d'argent fait au moyen de la remise d'un chèque suppose, pour qu'il y ait dépouillement actuel et irrévocable de la part du donateur, l'existence d'une provision dont le bénéficiaire acquiert la propriété (Civ. 1re, 20 nov. 1985 : *Bull.* I, n. 314, p. 278 ; *Rev. trim. dr. civ.* 1987, 137, obs. Patarin).

7) Le principe de l'irrévocabilité des donations interdit tout pacte affectant la donation d'une condition même simplement potestative, mais, par application de l'article 944, la violation de cette prohibition est sanctionnée par la nullité de l'acte dans son entier et non pas seulement de la condition (Civ. 1re, 25 nov. 1986 : *Bull.* I, n. 280, p. 267).

8) L'action en nullité exercée par le donateur vaut nécessairement révocation de la donation (Civ. 1re, 21 juil. 1987 : *Bull.* I, n. 243, p. 178).

9) La convention permettant au mari d'occuper gratuitement pendant 30 ans un appartement dont sa femme était propriétaire et l'autorisant à sous-louer ne peut s'analyser comme un commodat qui suppose que l'emprunteur doit se servir personnellement de la chose. La faculté de sous-louer constitue au profit du mari une donation éventuelle des fruits qu'il était susceptible de recevoir. Il appartenait dès lors aux juges du fond de rechercher dans quelle mesure une telle faculté avait conféré à l'acte complexe passé entre les époux le caractère de donation (Civ. 1re, 3 nov. 1988 : *Bull.* I, n. 300, p. 205 ; *J.C.P.* 89, IV, 3 ; *Rev. trim. dr. civ.* 1989, 570, obs. Rémy).

10 Aucune disposition légale n'interdit au bénéficiaire d'une concession funéraire d'en faire, avant toute utilisation, une donation par laquelle il s'en dépouille irrévocablement (Civ 1re, 23 oct. 1968 : *J.C.P.* 69, II, 15715, note Lindon. – Civ. 1re, 6 mars 1973 : *J.C.P.* 73, II, 17420, note Lindon).

Art. 895. – **Le testament est un acte par lequel le testateur dispose, pour le temps où il n'existera plus, de tout ou partie de ses biens, et qu'il peut révoquer.**

1) Sur la forme du testament olographe, V. *infra*, art. 970.

2) Sur l'interprétation des testaments, V. *infra*, sous art. 1002 et s.

3) Sur le règlement par le testateur de ses funérailles, V. L. 15 nov. 1887, *infra*, sous art. 900-1.

4) La condition faisant obligation au légataire de disposer de son patrimoine en faveur de certaines personnes déterminées est nulle comme directement contraire à la liberté de tester (Paris 31 mai 1983 : *D.* 1985, 74, note Prévault).

5) L'acte par lequel le *de cujus* autorise un tiers à prélever avant sa mort le montant de son compte bancaire n'est pas un testament et ne peut donc révoquer un testament antérieur, mais une telle autorisation s'analyse en une libéralité échappant aux règles de forme de l'article 931 (Paris 16 déc. 1986 : *D.* 1987, Somm. 125).

6) Ne constitue pas un testament une procuration générale sous seing privé par laquelle un homme a accordé, peu de jours avant sa mort, à sa concubine le pouvoir de prélever des sommes sur ses livrets de caisse d'épargne (Bordeaux, 1re ch., 27 sept. 1984 : *Jurisdata* n. 41447).

Art. 896. – **Les substitutions sont prohibées.**
Toute disposition par laquelle le donataire, l'héritier institué, ou le légataire, sera chargé de conserver et de rendre à un tiers, sera nulle, même à l'égard du donataire, de l'héritier institué, ou du légataire.
(3e al. abrogé, L. 13 mai 1835 et L. 11 mai 1849)

I. Domaine de la prohibition

1) Une substitution est prohibée si elle a pour objet aussi bien une quotité de la succession que des biens individualisés (Civ. 1re, 13 fév. 1973 : *D.* 1973, 633, note Breton).

2) La substitution s'analyse en une double libéralité dont la seconde ne se réalisera qu'au décès du bénéficiaire de la première (Lyon 25 fév. 1957 : *J.C.P.* 57, II, 10292, note Voirin).

3) Pour qu'il y ait substitution, il faut que le premier gratifié soit tenu d'une obligation de conserver et de rendre à sa mort les biens légués (Civ. 1re, 19 mars 1963 : *J.C.P.* 63, IV, 59 ; *Bull.* I, n. 172, p. 151), même si cette obligation n'est pas exprimée en termes formels dès lors qu'elle résulte nécessairement de l'ensemble des dispositions du testament (Req. 12 fév. 1896 : *D.P.* 96, 1, 545. – Comp. Civ. 1re, 13 mars 1962 : *Bull.* I, n. 154, p. 138). Mais la prohibition ne s'applique pas si le disposant s'est borné à formuler une recommandation (Civ. 1re, 18 oct. 1960 : *J.C.P.* 60, IV, 163 ; *Bull.* I, n. 445, p. 364. – Lyon 25 fév. 1957 : *J.C.P.* 57, II, 10292, note Voirin). Il appartient aux juges du fond d'interpréter souverainement la volonté du disposant (Civ. 1re, 6 juin 1961 : *J.C.P.* 61, II, 12338, note C.B. – Paris 19 mars 1964 : *J.C.P.* 64, IV, 160).

4) Est entaché d'une substitution prohibée le legs de tous ses biens fait par un conjoint à l'autre à titre temporel et viager avec l'obligation de ne pas disposer des biens légués, ces biens devant passer après la mort du légataire à une personne morale (Civ. 1re, 6 mai 1952 : *D.* 1953, Somm. 20).

5) La prohibition s'applique lorsque la charge de rendre est subordonnée à la fois à la condition de survie de l'appelé ou grevé et à une autre condition (Civ. 2 déc. 1903 : *D.P.* 1904, 1, 182. – Amiens 12 mars 1959 : *D.* 1960, Somm. 22). Mais le double legs conditionnel est valable (Req. 24 mai 1927 : *D.H.* 1927, 402. – Amiens 26 mai 1952 : *D.* 1953, Somm. 8. – Bastia 22 oct. 1963 : *J.C.P.* 64, IV, 27).

6) Il y a legs *de residuo* valable et non substitution prohibée si la testatrice a précisé que le gratifié resterait de son vivant seul propriétaire des biens légués, ce qui implique le pouvoir de disposition (Civ. 1re, 3 nov. 1958 : *J.C.P.* 59, II, 11136, note Voirin, 3e esp. – Poitiers 11 mai 1971 : *D.* 1971, 621. – Comp. Civ. 1re, 23 avril 1981 : *J.C.P.* 81, IV, 242 ; *Bull.* I, n. 133, p. 111).

7) La libéralité qui n'envisage pas la fin de l'existence légale de la personne morale première bénéficiaire de ladite libéralité mais prévoit seulement une interruption momentanée de son œuvre n'établit pas un ordre successif et ne tombe pas sous le coup de l'article 896 (Civ. 18 juin 1913 : *D.P.* 1918, 1, 100).

II. Sanction de la prohibition

8) La nullité prévue par l'article 896 est une nullité d'ordre public qui vise tout héritier institué, même si la part qu'il recueille dans la succession n'excède pas celle qui lui eût été dévolue *ab intestat* (Paris 13 déc. 1957 : *J.C.P.* 58, IV, 151).

9) La nullité de la substitution n'atteint que les biens frappés de substitution (Civ. 1re, 6 juin 1961 : *J.C.P.* 61, II, 12338 note C.B.). Si le testament comporte d'autres legs distincts et réguliers, ceux-ci sont valables, hors le cas où la clause de substitution réagit sur l'ensemble de l'acte qui forme alors un tout indivisible (même arrêt).

10) Le prédécès, du vivant du testateur, du légataire institué à charge de substitution a pour effet de donner ouverture, dès le moment du décès du testateur, aux droits du seul gratifié, lequel recueille directement dans la succession du testateur les biens à lui légués, le vice de substitution se trouvant ainsi effacé (Civ. 1re, 22 oct. 1968 : *J.C.P.* 69, II, 15782 ; *D.* 1969, 3, note A.B. – V. en ce sens Civ. 1re, 12 juin 1968 : *J.C.P.* 68, II, 15657, note M.D.).

Art. 897. – **Sont exceptées des deux premiers paragraphes de l'article précédent les dispositions permises aux pères et mères et aux frères et sœurs, au chapitre VI du présent titre.**

DONATIONS ET TESTAMENTS — Art. 900

Art. 898. – La disposition par laquelle un tiers serait appelé à recueillir le don, l'hérédité ou le legs, dans le cas où le donataire, l'héritier institué ou le légataire ne le recueillerait pas, ne sera pas regardée comme une substitution, et sera valable.

Art. 899. – Il en sera de même de la disposition entre vifs ou testamentaire par laquelle l'usufruit sera donné à l'un, et la nue propriété à l'autre.

V. pour une application, Req. 7 nov. 1911 (*D.P.* 1915, I, 85). Sur le pouvoir souverain d'interprétation des juges du fond lorsque le testateur s'est exprimé de façon équivoque, V. Angers 29 mars 1950 : *J.C.P.* 50, II, 5597, note Voirin. Comp., admettant la qualification de double legs d'usufruit et de nue-propriété, alors que le testateur a utilisé l'expression « en toute propriété », T.G.I. Paris 9 nov. 1981 : *J.C.P.* 83, II, 20071, note Rémy.

Art. 900. – **Dans toute disposition entre vifs ou testamentaire, les conditions impossibles, celles qui sont contraires aux lois ou aux mœurs, seront réputées non écrites.**

1) La condition de viduité ne doit pas en règle générale être considérée comme contraire aux mœurs et ne peut être réputée non écrite que dans le cas où elle a été dictée par des motifs répréhensibles dont la preuve incombe à la partie qui en demande l'annulation (Civ. 30 mai 1927 : *D.H.*1927, 448), par exemple par une jalousie posthume (Civ. 24 oct. 1939 : *S.* 1940, I, 33), ou par des rancœurs personnelles (Civ. 1re, 8 nov. 1965 : *Gaz. Pal.*1966, 1, 55). Sur la validité de la clause de non-concubinage, V. T.G.I. Chaumont 25 sept. 1969 : *J.C.P.* 70, II, 16213, note M.D..

2) Est justifiée par un motif légitime la condition mise par un père que le legs universel fait à son fils profite à sa bru, même en cas de divorce, dès lors que cette clause est inspirée non par son désir d'empêcher son fils de divorcer ou pour marquer son opposition de principe à l'institution du divorce, mais par le souci d'assurer à sa bru, vis-à-vis de laquelle il estimait avoir contracté une dette de reconnaissance, la jouissance des biens légués, quelles que soient les vicissitudes de son ménage (Rennes 14 fév. 1972 : *J.C.P.* 75, II, 17934, note Bénabent).

3) Une libéralité ne saurait être invalidée par le seul fait de l'existence entre son auteur et sa bénéficiaire de relations illicites, mais elle se trouve frappée de nullité si elle a eu pour cause soit la formation, la continuation ou la reprise des rapports immoraux, soit leur rémunération (Civ. 14 oct. 1940 : *Gaz. Pal.* 1940, 2, 165. – V. en ce sens Civ. 1re, 6 janv. 1964 : *Gaz. Pal.* 1964, 1, 215. – Civ. 1re, 8 nov. 1982 : *J.C.P.* 83, IV, 31 ; *Bull.* I, n. 321, p. 275. – Paris 9 juil. 1980 : *Juris-Data,* n. 0306). Mais la nullité n'est pas encourue lorsque la libéralité faite à la concubine apparaît comme l'exécution d'un devoir de conscience (Civ. 1re, 6 oct. 1959 : *D.* 1960, 515, note Malaurie. – Civ. 1re, 16 oct. 1967 : *J.C.P.* 67, II, 15287 ; – Paris 19 nov. 1974 : *J.C.P.* 76, II, 18412, note Synvet), ou la marque d'une reconnaissance pour les soins et l'affection prodigués dans des circonstances difficiles (Civ. 1re, 4 nov. 1982 : *J.C.P.* 83, IV, 27 ; *Bull.* I, n. 319, p. 274). Les juges du fond peuvent souverainement estimer que la permanence et la stabilité des liens sentimentaux ayant existé entre le disposant et la défenderesse excluaient que le motif déterminant du legs ait été la rétribution des relations sexuelles ou un encouragement à les maintenir (Civ. 1re, 22 oct. 1980 : *J.C.P.* 81, IV, 15 ; *Bull.* I, n. 269, p. 214).

4) La clause pénale par laquelle un testateur entend assurer l'exécution de ses dernières volontés est licite et obligatoire lorsque la disposition ainsi imposée aux héritiers ne porte atteinte qu'à des intérêts

privés (Civ. 25 fév. 1925 : *D.P.* 1925, 1, 185, note R. Savatier. – V. en ce sens, Civ. 1re, 10 mars 1970 : *D.* 1970, 584, note A.B.).

5) Le legs subordonné à la condition d'une renonciation à une succession non ouverte est nul (Civ. 1re, 30 avril 1968 : *J.C.P.* 68, II, 15580, note R.L.).

6) La condition immorale ou illicite entraîne la nullité de la donation ou du legs lorsqu'elle a été la cause impulsive et déterminante de la libéralité (Req. 28 déc. 1938 : *D.H.* 1939, 132).

Art. 900-1 *(ajouté L. n. 71-526 du 3 juil. 1971, art. 1er).* – **Les clauses d'inaliénabilité affectant un bien donné ou légué ne sont valables que si elles sont temporaires et justifiées par un intérêt sérieux et légitime. Même dans ce cas, le donataire ou le légataire peut être judiciairement autorisé à disposer du bien si l'intérêt qui avait justifié la clause a disparu ou s'il advient qu'un intérêt plus important l'exige.**
Al. 2, abrogé L. n. 84-562 du 4 juil. 1984, art. 8.
Les dispositions du présent article ne préjudicient pas aux libéralités consenties à des personnes morales ou même à des personnes physiques à charge de constituer des personnes morales.

Ph. SIMLER, *Les clauses d'inaliénabilité* : D. 1971, L., 416-1. – G. MORIN, *Les clauses d'inaliénabilité dans les donations et les testaments* : Defrénois 1971, art. 29982, p. 1185.

1) Est temporaire l'inaliénabilité stipulée par la durée de la vie du donateur (Civ. 1re, 8 janv. 1975 : *J.C.P.* 76, II, 18240, note Thuillier).

2) Est licite le legs universel consenti à un service public hospitalier avec clause d'inaliénabilité d'une partie des immeubles pendant deux cents ans dès lors que cette condition ne constitue pas la cause impulsive et déterminante de la libéralité (Paris 4 oct. 1971 : *D.* 1972, 402, concl. Cabannes).

3) Les clauses d'un testament faisant obligation aux héritiers de ne vendre les tableaux compris dans la succession que par l'intermédiaire de galeries déterminées sont nulles comme portant atteinte au principe selon lequel nul n'est tenu de rester dans l'indivision, sans qu'il soit besoin d'examiner si ces clauses sont conformes aux conditions posées par l'article 900-1 (Paris 12 janv. 1987 : *D.* 1987, Somm. 125).

4) Le créancier du donataire peut, aux termes de l'article 1166 du Code civil, demander la levée judiciaire de l'inaliénabilité, l'intérêt du donataire étant de se libérer de ses dettes le plus rapidement possible et celui du créancier d'être payé dans les meilleurs délais (T.G.I. Cherbourg 13 fév. 1974 : *J.C.P.* 74, II, 17861, note Dagot). Jugé au contraire que le créancier du donataire ne peut demander à bénéficier d'une levée judiciaire de l'insaisissabilité (T.G.I. Bressuire 1er juin 1976 : *Gaz. Pal.* 1977, 1, 297, note L.C.).

5) La révocation d'une donation pour inexécution des charges n'est légalement possible qu'en cas d'inobservation par le donateur lui-même de la clause d'inaliénabilité (Civ. 1re, 25 juin 1980 : *J.C.P.* 80, IV, 340 ; *Bull.* I, n. 200, p. 162).

6) Sur le pouvoir souverain des juges du fond pour apprécier les intérêts en cause, V. Civ. 1re, 25 juin 1980 : *Bull.* I, n. 198, p. 160. L'intérêt visé par l'article 900-1 peut ne pas être celui du donateur lui-même et il peut être notamment, en cas de donation-partage conjonctive faite par deux époux, l'intérêt du co-donateur (Civ. 1re, 20 juil. 1982 : *Bull.* I, n. 267, p. 229 ; *Rev. trim. dr. civ.* 1983, 376, obs. Patarin).

DONATIONS ET TESTAMENTS

7) Sur la possibilité pour un créancier de demander par voie oblique la levée de l'inaliénabilité conventionnelle, V. Lyon 19 mai 1981 : *J.C.P.* 83, éd. N, II, 208.

8) Sur l'inaliénabilité des souvenirs de famille, v. Paris 7 déc. 1987 : *J.C.P.* 88, II, 21148, note J.-F. Barbieri.

9) L'action en contestation prévue à l'article 900-1 n'est pas soumise aux conditions de la loi du 4 juillet 1984 (T.G.I. Paris 14 déc. 1984 : *J.C.P.* 85, II, 20462, concl. Boittiaux).

10) L'inscription d'hypothèque judiciaire ne tient pas en échec une clause d'inaliénabilité en ce sens qu'elle ne permet pas la saisie tant que cette clause est en vigueur (Civ. 1re, 9 oct. 1985 : *Bull.* I, n. 252, p. 226 ; *Rev. trim. dr. civ.* 1986, 622, obs. Patarin).

Art. 900-2 *(L. n. 84-562 du 4 juil. 1984,art. 1er).* – **Tout gratifié peut demander que soient révisées en justice les conditions et charges grevant les donations ou legs qu'il a reçus, lorsque, par suite d'un changement de circonstances, l'exécution en est devenue pour lui soit extrêmement difficile, soit sérieusement dommageable.**

F. BOULANGER, *La loi du 4 juillet 1984 sur la révision des charges dans les libéralités* : *J.C.P.* 85, I, 3177 – C. WITZ, *La révision des charges et conditions en matière de libéralités après la loi du 4 juillet 1984* : *D.* 1985, Chr. 101.

Art. 900-3 *(L. n. 84-562 du 4 juil.1984,art. 1er).* – **La demande en révision est formée par voie principale ; elle peut l'être aussi par voie reconventionnelle, en réponse à l'action en exécution ou en révocation que les héritiers du disposant ont introduite.**
Elle est formée contre les héritiers ; elle l'est en même temps contre le ministère public s'il y a doute sur l'existence ou l'identité de certains d'entre eux ; s'il n'y a pas d'héritier connu, elle est formée contre le ministère public.
Celui-ci doit, dans tous les cas, avoir communication de l'affaire.

Art. 900-4 *(L. n. 84-562 du 4 juil. 1984, art. 1er).* – **Le juge saisi de la demande en révision peut, selon les cas et même d'office, soit réduire en quantité ou périodicité les prestations grevant la libéralité, soit en modifier l'objet en s'inspirant de l'intention du disposant, soit même les regrouper, avec des prestations analogues résultant d'autres libéralités.**
Il peut autoriser l'aliénation de tout ou partie des biens faisant l'objet de la libéralité en ordonnant que le prix en sera employé à des fins en rapport avec la volonté du disposant.
Il prescrit les mesures propres à maintenir, autant qu'il est possible, l'appellation que le disposant avait entendu donner à sa libéralité.

Art. 900-5 *(L. n. 84-562 du 4 juil. 1984, art. 1er).* – **La demande n'est recevable que dix années après la mort du disposant ou, en cas de demandes successives, dix années après le jugement qui a ordonné la précédente révision.**
La personne gratifiée doit justifier des diligences qu'elle a faites, dans l'intervalle, pour exécuter ses obligations.

Art. 900-6 *(L. n. 84-562 du 4 juil. 1984, art. 1er).* – **La tierce-opposition à l'encontre du jugement faisant droit à la demande en révision n'est recevable qu'en cas de fraude imputable au donataire ou légataire.**
La rétractation ou la réformation du jugement attaqué n'ouvre droit à aucune action contre le tiers acquéreur de bonne foi.

Art. 900-7 — DONATIONS ET TESTAMENTS

Art. 900-7 *(L. n. 84-562 du 4 juil. 1984, art. 1er)*. – **Si, postérieurement à la révision, l'exécution des conditions ou des charges, telle qu'elle était prévue à l'origine, redevient possible, elle pourra être demandée par les héritiers.**

Art. 900-8 *(L. n. 84-562 du 4 juil. 1984, art. 1er)*. – **Est réputée non écrite toute clause par laquelle le disposant prive de la libéralité celui qui mettrait en cause la validité d'une clause d'inaliénabilité ou demanderait l'autorisation d'aliéner.**

Loi n. 84-562 du 4 juillet 1984 *(J.O. 6 juil.)*
permettant la révision des conditions et charges apposées à certaines libéralités

Art. 1er. – *V. C. civ., art. 900-2 à 900-8.*

Art. 2. – Les articles 900-2 à 900-8 du Code civil sont applicables aux personnes morales de droit public sous réserve des dispositions particulières concernant l'État, les établissements publics de l'État et les établissements hospitaliers.

Art. 3. – Les articles L. 12 et L. 18 du Code du domaine de l'État sont remplacés par les dispositions suivantes :

« *Art. L. 12.* – Lorsque, par suite d'un changement de circonstances, l'exécution des conditions et charges grevant une donation ou un legs fait à l'État devient soit extrêmement difficile, soit sérieusement dommageable, la révision de ces conditions et charges peut être autorisée par arrêté interministériel si l'auteur de la libéralité ou ses ayants droit acceptent les mesures envisagées ; dans les autres cas, la révision est autorisée dans les conditions prévues aux articles 900-2 à 900-8 du Code civil. »

« *Art. L. 18.* – Les dispositions des articles L. 12 et L. 14 sont applicables aux dons et legs faits aux établissements publics de l'État, sous réserve, en ce qui concerne les établissements hospitaliers, des dispositions de l'article L. 696 du Code de la santé publique. »

Art. 4. – *V. C. domaine, art. L. 21.*

Art. 5. – L'article L. 696 du Code de la santé publique est remplacé par les dispositions suivantes :

« *Art. L. 696.* – Lorsque, par suite d'un changement de circonstances, l'exécution des conditions et charges grevant une donation ou un legs fait à un établissement hospitalier devient soit extrêmement difficile, soit sérieusement dommageable, la révision de ces conditions et charges peut être autorisée par arrêté du commissaire de la République si l'auteur de la libéralité ou ses ayants droit acceptent les mesures envisagées ; dans les autres cas, la révision est autorisée dans les conditions prévues aux articles 900-2 à 900-8 du Code civil. »

Art. 6. – La présente loi entrera en vigueur le premier jour du troisième mois qui suivra celui de sa promulgation.

Art. 7. – Elle sera applicable même aux donations et aux legs antérieurement acceptés.

Art. 8. – Sont abrogés le deuxième alinéa de l'article 900-1 du Code civil, les articles L. 13, L. 16, L. 17 et L. 20 du Code du domaine de l'État, les articles L. 312-8 à L. 312-12 du Code des communes, ainsi que la loi du 21 juillet 1927 permettant la réduction des charges des fondations dans les établissements hospitaliers et la loi n. 54-305 du 20 mars 1954 sur les donations, legs et fondations faits à l'État, aux départements, communes, établissements publics et associations reconnues d'utilité publique.

DONATIONS ET TESTAMENTS Art. 900-8

Décret n. 84-943 du 19 octobre 1984 *(J.O.* 26 oct.)
relatif à la publicité des actions en révision prévues par les articles 900-2 à 900-5
du Code civil

Art. 1er. – Le gratifié qui entend demander en justice, dans les conditions prévues par les articles 900-2 à 900-5 du Code civil, la révision des conditions ou charges grevant une libéralité qu'il a reçue fait publier un avis dans un journal diffusé dans le département du dernier domicile ou de la dernière résidence connus en France du disposant.

L'avis indique la juridiction qui sera saisie, mentionne l'identité des défendeurs et précise l'objet de la demande en désignant les biens concernés.

Cette publication doit avoir lieu six mois au plus et trois mois au moins avant la date de l'assignation, à peine de nullité de celle-ci.

Art. 2. – Le tribunal ou le juge de la mise en état peut ordonner au demandeur de procéder à toute autre mesure de publicité dans tout lieu où il le juge utile.

Art. 3. – S'il fait droit à la demande, le tribunal peut ordonner que sa décision fera l'objet d'une publicité selon les modalités qu'il détermine. La notification de la décision ne peut alors être faite, à peine de nullité, qu'après l'accomplissement de cette formalité.

Loi du 15 novembre 1887
sur la liberté des funérailles
(Bull. des Lois, 12ᵉ S., B. 1125, n. 18486)

Art. 1er. – Toutes les dispositions légales relatives aux honneurs funèbres seront appliquées, quel que soit le caractère des funérailles, civil ou religieux.

Art. 2. – Il ne pourra jamais être établi, même par voie d'arrêté, des prescriptions particulières applicables aux funérailles, en raison de leur caractère civil ou religieux.

Art. 3. – Tout majeur ou mineur émancipé, en état de tester, peut régler les conditions de ses funérailles, notamment en ce qui concerne le caractère civil ou religieux à leur donner et le mode de sa sépulture.

Il peut charger une ou plusieurs personnes de veiller à l'exécution de ses dispositions.

Sa volonté, exprimée dans un testament ou dans une déclaration faite en forme testamentaire, soit par-devant notaire, soit sous signature privée, a la même force qu'une disposition testamentaire relative aux biens, elle est soumise aux mêmes règles quant aux conditions de la révocation.

Un règlement d'administration publique déterminera les conditions applicables aux divers modes de sépulture. Toute contravention aux dispositions de ce règlement sera punie des peines édictées par l'article 5 de la présente loi.

1) L'article 3 de la loi du 15 novembre 1887 implique que, même en l'absence de testament, les volontés exprimées par le défunt quant à ses funérailles et sa sépulture soient respectées (Civ. 1re, 9 nov. 1982 : *J.C.P.* 83, IV, 33 ; *Bull.* I, n. 326, p. 279).

2) Lorsque le lieu de sépulture a été décidé avec l'accord de tous les intéressés, il ne doit pas être changé sans une nécessité absolue, le respect de la paix des morts ne devant pas être troublé par les divisions des vivants (Civ. 1re, 8 juil. 1986 : *Bull.* I, n. 205, p. 197).

....

Art. 5. – Sera punie des peines portées aux articles 199 et 200 du Code pénal, sauf application de l'article 463 dudit code, toute personne qui aura donné aux funérailles un caractère contraire à la volonté du défunt ou à la décision judiciaire, lorsque l'acte constatant la volonté du défunt ou la décision du juge lui aura été dûment notifié.

CHAPITRE II. – DE LA CAPACITÉ DE DISPOSER OU DE RECEVOIR PAR DONATION ENTRE VIFS OU PAR TESTAMENT

Art. 901. – **Pour faire une donation entre vifs ou un testament, il faut être sain d'esprit.**

1) L'insanité d'esprit prévue par l'article 901 comprend toutes les variétés d'affections mentales par l'effet desquelles l'intelligence du disposant aurait été obnubilée ou sa faculté de discernement déréglée (Civ. 4 fév. 1941 : *D.A.* 1941, 113). Les juges du fond disposent à cet égard d'un souverain pouvoir d'appréciation (Req. 13 janv. 1926 : *D.H.* 1926, 66. – Civ. 1re, 22 déc. 1971 : *Bull.* I, n. 329, p. 279). Jugé que si la démence habituelle du testateur est prouvée, le testament doit être annulé sauf à établir que le rédacteur était exceptionnellement dans un intervalle lucide (Civ. 1re, 11 juin 1980 : *Bull.* I, n. 184, p. 149).

2) Il ne peut être reproché aux juges du fond d'avoir violé les règles du secret professionnel lorsqu'ils ont tenu compte des constatations des médecins relatives à la maladie mentale dont le testateur était atteint (Civ. 1re, 26 mai 1964 : *J.C.P.* 64, II, 13751, concl. Lindon).

3) Si les actes et notamment le testament d'un interdit judiciaire sont annulables, cette nullité de protection ne peut être demandée que par les successeurs universels légaux ou testamentaires du *de cujus* (Civ. 1re, 3 mars 1969 : *D.* 1969, 585).

4) Le notaire qui énonce que le testateur a déclaré que le testament contenait bien ses volontés ne fait que relater les déclarations de ce testateur. On peut donc, sans recourir à la voie de l'inscription de faux, être admis à prouver, en dépit des énonciations du testament authentique, que le testateur n'était pas sain d'esprit (Civ. 1re, 25 mai 1987 : *Bull.* I, n. 171, p. 129).

Art. 902. – **Toutes personnes peuvent disposer et recevoir, soit par donation entre vifs, soit par testament, excepté celles que la loi en déclare incapables.**

Code pénal, art. 36

Art. 36 *(L. n. 57-1218 du 20 nov. 1957, art. 3 et 4 ; Ord. n. 60-529 du 4 juin 1960, art. 8).*
– Le condamné à une peine afflictive perpétuelle ne peut disposer de ses biens, en tout ou partie, soit par donation entre vifs, soit par testament, ni recevoir à ce titre, si ce n'est pour cause d'aliments. Tout testament par lui fait antérieurement à sa condamnation contradictoire, devenue définitive, est nul. Les dispositions ci-dessus ne sont applicables au condamné par contumace que cinq ans après l'accomplissement des mesures de publicité prévues à l'article 634 du Code de procédure pénale.

Le gouvernement peut relever le condamné à une peine afflictive perpétuelle de tout ou partie des incapacités prononcées par l'alinéa précédent. Il peut accorder l'exercice, dans le lieu d'exécution de la peine, des droits civils ou de quelques-uns de ces droits, dont il a été privé

DONATIONS ET TESTAMENTS — Art. 906

par son état d'interdiction légale. Les actes faits par le condamné dans le lieu d'exécution de la peine ne peuvent engager les biens qu'il possédait au jour de sa condamnation, ou qui lui sont échus à titre gratuit depuis cette époque.

Art. 903. – **Le mineur âgé de moins de seize ans ne pourra aucunement disposer, sauf ce qui est réglé au chapitre IX du présent titre.**

V. *infra*, art. 1095.

Art. 904 *(L. 28 oct. 1916 ; L. n. 64-1230 du 14 déc. 1964, art. 2).* – **Le mineur, parvenu à l'âge de seize ans et non émancipé, ne pourra disposer que par testament, et jusqu'à concurrence seulement de la moitié des biens dont la loi permet au majeur de disposer.**

Toutefois, s'il est appelé sous les drapeaux pour une campagne de guerre, il pourra, pendant la durée des hostilités, disposer de la même quotité que s'il était majeur, en faveur de l'un quelconque de ses parents ou de plusieurs d'entre eux et jusqu'au sixième degré inclusivement ou encore en faveur de son conjoint survivant.

A défaut de parents au sixième degré inclusivement, le mineur pourra disposer comme le ferait un majeur.

Les dispositions testamentaires dépassant la quotité prévue par l'article 904 peuvent être rendues valables lorsqu'elles ont été ratifiées par le testateur à une époque où son incapacité avait cessé (Paris 25 mai 1938 : S. 1938, II, 186).

Art. 905. – *Abrogé, L. 18 fév. 1938.*

Art. 906. – **Pour être capable de recevoir entre vifs, il suffit d'être conçu au moment de la donation.**

Pour être capable de recevoir par testament, il suffit d'être conçu à l'époque du décès du testateur.

Néanmoins, la donation ou le testament n'auront leur effet qu'autant que l'enfant sera né viable.

Loi n. 87-571 du 23 juillet 1987
sur le développement du mécénat

....

Art. 18. – La fondation est l'acte par lequel une ou plusieurs personnes physiques ou morales décident l'affectation irrévocable de biens, droits ou ressources à la réalisation d'une œuvre d'intérêt général et à but non lucratif.

Lorsque l'acte de fondation a pour but la création d'une personne morale, la fondation ne jouit de la capacité juridique qu'à compter de la date d'entrée en vigueur du décret en Conseil d'État accordant la reconnaissance d'utilité publique. Elle acquiert alors le statut de fondation reconnue d'utilité publique.

La reconnaissance d'utilité publique peut être retirée dans les mêmes formes.

Lorsqu'une fondation reconnue d'utilité publique est créée à l'initiative d'une ou plusieurs sociétés commerciales, la raison ou la dénomination sociale d'au moins l'une d'entre elles peut être utilisée pour la désignation de cette fondation.

Art. 19. – La dotation initiale d'une fondation reconnue d'utilité publique peut être versée en plusieurs fractions sur une période maximum de cinq ans à compter de la date de publication au *Journal officiel* du décret lui accordant la reconnaissance d'utilité publique.

Art. 20. – Il est interdit à tout groupement n'ayant pas le statut de fondation reconnue d'utilité publique d'utiliser dans son titre ou de faire figurer dans ses statuts, contrats, documents ou publicités l'appellation de fondation.

Les groupements constitués avant la publication de la présente loi, y compris les fondations d'entreprise créées à l'initiative d'une ou plusieurs sociétés commerciales, doivent se conformer à ces dispositions dans un délai de cinq ans à compter de cette publication.

Les présidents, administrateurs ou directeurs des groupements qui enfreindront les dispositions du présent article seront punis d'une amende de 5 000 F à 15 000 F et, en cas de récidive, d'une amende de 10 000 F à 30 000 F.

Il résulte de l'article 906, qui traduit le principe fondamental suivant lequel il ne peut exister de droits sans sujets de droits, que le legs fait à une fondation non existante au jour du décès du disposant est nul (Civ. 1re, 22 juil. 1987 : *Bull.* I, n. 258, p. 187). A défaut de texte contraire, une déclaration ultérieure d'utilité publique ne saurait priver les héritiers des droits à eux acquis par le fait même de ce décès, l'existence juridique n'étant, sous aucun rapport, antérieure à la décision qui la fonde (même arrêt). Mais il appartient toujours aux tribunaux d'interpréter les testaments et d'en dégager le sens et la portée véritable et de rechercher notamment si, sous l'apparence d'une libéralité à l'adresse d'une fondation qui comporte la création d'un établissement nouveau, le testateur n'a pas voulu gratifier certaines catégories de personnes déjà existantes et imposer à sa succession la charge d'y pourvoir par la réalisation d'une fondation (Paris 1er juil. 1926 : *D.P.* 1928, II, 121, note R. Savatier, 1re esp.) Pour des exemples d'admission indirecte de fondations, V. Civ. 12 mai 1902 : *D.P.* 1902, I, 425. – Nancy 28 avril 1976 : *J.C.P.* 79, II, 19123, note Brimo. – Comp. Civ. 1re, 15 fév. 1983 : *Bull.* I, n. 61, p. 53 ; *Rev. crit. dr. int. privé* 1983, 645, note B. Ancel ; *Rev. trim. dr. civ.* 1984, 350 obs. Patarin. – Civ. 1re, 13 mai 1985 : *Bull.* I, n. 148, p. 136 ; *Rev. trim. dr. civ.* 1986, 401, obs. Patarin ; V. *J.-Cl. Civil*, annexes, V° *Fondations.*

Art. 907. – **Le mineur, quoique parvenu à l'âge de seize ans, ne pourra, même par testament, disposer au profit de son tuteur.**

(L. n. 64-1230 du 14 déc. 1964, art. 2) **Le mineur, devenu majeur ou émancipé, ne pourra disposer, soit par donation entre vifs, soit par testament, au profit de celui qui aura été son tuteur, si le compte définitif de la tutelle n'a été préalablement rendu et apuré.**

Sont exceptés, dans les deux cas ci-dessus, les ascendants des mineurs, qui sont ou qui ont été leurs tuteurs.

1) Sur les formes de la reddition du compte, V. *supra*, art. 472. – V. aussi Req. 30 juin 1920 : *D.P.* 1921, 1, 157.

2) La nullité de la libéralité faite en violation de l'article 907 est une nullité relative et ne frappe que le legs consenti à la personne incapable sans s'étendre aux autres dispositions, normalement valables, contenues dans le testament (Civ. 1re, 13 mai 1958 : *J.C.P.* 58, IV, 95 ; *Bull.* I, n. 242, p. 192).

Art. 908 *(remplacé, L. n. 72-3 du 3 janv. 1972, art. 6).* – **Les enfants naturels ne peuvent rien recevoir par donations entre vifs ou par testament de leur père ou de leur mère au-delà de ce qui leur est accordé par les articles 759 et 760 ci-dessus lorsque le disposant était, au temps de leur conception, engagé dans les liens du mariage avec une autre personne.**

L'action en réduction ne pourra être exercée, néanmoins, que par le conjoint ou par les enfants issus de ce mariage, selon les cas, et seulement après l'ouverture de la succession.

DONATIONS ET TESTAMENTS — Art. 909

Art. 908-1 *(aj. L. n. 72-3 du 3 janv. 1972, art. 6)*. – **Les dispositions de l'article précédent sont applicables quand bien même la filiation des gratifiés ne serait pas légalement établie, si par des indices tirés de l'acte lui-même, il est prouvé qu'elle a été la cause de la libéralité.**

M. GRIMALDI, *L'article 908-1 du Code civil : l'incapacité de recevoir à titre gratuit des enfants adultérins de fait* : J.C.P. 81, I, 3035.

Art. 908-2 *(aj. L. n. 72-3 du 3 janv. 1972, art. 6)*. – **Dans les dispositions entre vifs ou testamentaires, les expressions « fils et petits-fils, enfants et petits-enfants », sans autre addition ni désignation, doivent s'entendre de la descendance naturelle aussi bien que légitime, à moins que le contraire ne résulte de l'acte ou des circonstances.**

Art. 909. – **Les docteurs en médecine ou en chirurgie, les officiers de santé et les pharmaciens qui auront traité une personne pendant la maladie dont elle meurt, ne pourront profiter des dispositions entre vifs ou testamentaires qu'elle aurait faites en leur faveur pendant le cours de cette maladie.**
Sont exceptées :
1° Les dispositions rémunératoires faites à titre particulier, eu égard aux facultés du disposant et aux services rendus ;
2° Les dispositions universelles, dans le cas de parenté jusqu'au quatrième degré inclusivement, pourvu toutefois que le décédé n'ait pas d'héritiers en ligne directe ; à moins que celui au profit de qui la disposition a été faite, ne soit lui-même du nombre de ces héritiers.
Les mêmes règles seront observées à l'égard du ministre du culte.

Code de la famille et de l'aide sociale

Art. 209 *bis*. – Les personnes physiques propriétaires, administrateurs ou employés des établissements visés aux articles 95 et 203 du présent code ne peuvent profiter des dispositions entre vifs ou testamentaires faites en leur faveur par des personnes hébergées dans le ou les établissements qu'elles exploitent ou dans lesquels elles sont employées que dans les conditions fixées à l'article 909 du Code civil.
L'article 911 dudit code est, en outre, applicable aux libéralités en cause.

1) Le mot « conditions » utilisé par l'article 209 bis du Code de la famille et de l'aide sociale ne se rapporte pas seulement aux exceptions à la prohibition, mais à l'ensemble des conditions qui commandent la mise en oeuvre de l'article 909 du Code civil, y compris la dernière maladie et le traitement (Paris 30 mai 1988 : J.C.P. 90, II, 21399, note Salvage).

2) La profession de magnétiseur doit être assimilée à celle de médecin (Civ. 1re, 10 oct. 1978 : J.C.P. 80, II, 19341, note Dagot). Mais l'article 909 ne peut être étendu à d'autres professions que celles énumérées au texte (Req. 12 mai 1931 : S. 1931, I, 400) (avocats).

3) L'incapacité de recevoir n'atteint les ministres du culte que s'ils ont eu la direction de l'âme de l'auteur de la libéralité (Angers 5 janv. 1970 : Gaz. Pal. 1971, 2, somm. 119).

4) L'article 909 est applicable à la personne qui accueille habituellement à son domicile, à titre onéreux, des personnes âgées ou handicapées adultes n'appartenant pas à sa famille, ainsi qu'à son conjoint ou concubin et ses descendants en ligne directe (L. n. 89-475 du 10 juil. 1989, art. 13).

5) La dernière maladie est celle dont le malade ne se relève pas malgré les périodes d'amélioration passagère (Nancy 27 mai 1935 : *D.H.* 1935, 388. – Paris 30 mai 1988 : *J.C.P.* 90, II, 21399, note Salvage). Les juges du fond disposent à cet égard d'un souverain pouvoir d'appréciation (Req. 21 avril 1913 : *D.P.* 1913, 1, 421), de même que pour constater qu'un médecin a soigné le *de cujus* pendant sa dernière maladie (Civ. 1re, 22 janv. 1968 : *D.* 1968, 382).

6) L'incapacité prévue par l'article 909 ne suppose pas nécessairement que le testament soit contemporain du traitement (Paris 8 mars 1867 : *D.P.* 67, 2, 145, concl. de Vallée).

7) Les juges du fond peuvent estimer que les circonstances et les modalités de l'intervention du médecin excluent toute participation au traitement et aux soins nécessités par l'état *de cujus* (Civ. 1re, 13 avril 1988 : *Bull.* I, n. 100, p. 68).

8) Le traitement médical, au sens de l'article 909, s'entend d'un ensemble d'actes médicaux coordonnés, c'est-à-dire de soins donnés d'une manière régulière et habituelle en vue d'assurer la guérison du patient ou le maintien sinon l'amélioration de sa santé, ce qui n'est pas le cas pour la prescription épisodique d'un médicament par un psychiatre (Paris 3 nov. 1982 : *D.* 1983, I.R. 174, obs. Martin).

9) Les juges du fond peuvent estimer que les soins donnés par le médecin ne lui donnent pas la qualité de médecin traitant dès lors qu'ils ont été prodigués en raison des liens d'amitié unissant le praticien à sa patiente, et qu'ils ont été secondaires par rapport aux soins spécifiques prodigués par les médecins spécialistes responsables du traitement (Civ. 1re, 4 déc. 1985 : *Bull.* I, n. 337, p. 303).

10) La présomption de captation contenue dans l'article 909 ne peut être combattue par la preuve contraire (Req. 7 avril 1863 : *D.P.* 63, 1, 231. – T.G.I. Seine 4 juin 1964 : *D.* 1965, 271).

11) Est valable le testament fait au profit d'une aide-soignante par un malade admis dans les services de médecine d'un hôpital général n'entrant pas dans la catégorie des établissements spécialisés visés par les articles 95 et 203 du Code de la famille (Civ. 1re, 31 mai 1989 : *J.C.P.* 89, IV, 285 ; *Bull.* I, n. 221, p. 148).

Art. 910. – Les dispositions entre vifs ou par testament, au profit des hospices, des pauvres d'une commune, ou d'établissements d'utilité publique, n'auront leur effet qu'autant qu'elles seront autorisées par un décret (*V. art. 937*).

Sur les dons et legs faits à l'État et aux établissements publics dépendant de l'État, V. C. domaine, art. L. 11 à L. 21. Sur la tutelle administrative des associations, fondations et congrégations, V.D. n. 66-388 du 13 juin 1966 : *J.O.* 17 juin ; *J.C.P.* 66, III, 32081), mod. D. n. 84-132 du 21 fév. 1984 (*J.O.* 25 fév. ; *J.C.P.* 84, III, 55345) ; D. n. 88-619 du 6 mai 1988 (*J.O.* 8 mai ; *J.C.P.* 88, III, 61650).

Art. 911. – Toute disposition au profit d'un incapable sera nulle, soit qu'on la déguise sous la forme d'un contrat onéreux, soit qu'on la fasse sous le nom de personnes interposées.

Seront réputées personnes interposées les père et mère, les enfants et descendants, et l'époux de la personne incapable.

1) La question de savoir si un acte qui présente les apparences d'un acte onéreux constitue une donation déguisée relève du pouvoir souverain des juges du fond (Civ. 1re, 5 avril 1965 : *J.C.P.* 66, II, 14479, note Voirin). Il en va de même en ce qui concerne l'interposition de personnes (Civ. 4 nov. 1913 : *D.P.* 1917, 1, 142).

DONATIONS ET TESTAMENTS — Art. 913

2) La présomption d'interposition est irréfragable (Civ. 22 janv. 1884 : *D.P.* 84, 1, 117).

3) La nullité peut être prononcée malgré l'absence de toute collusion entre le testateur et le légataire apparent (Grenoble 8 déc. 1874 et, sur pourvoi, Req. 15 déc. 1875 : *D.P.* 76, I, 325. – Req. 20 juin 1888 : *D.P.* 89, I, 25), mais il faut des présomptions graves, précises et concordantes pour montrer que, dans la volonté du testateur, le légataire n'a été qu'un instrument de transmission (Grenoble 8 déc. 1874, préc.), et la bonne foi de ce dernier peut être retenue comme une présomption de fait tendant à prouver que le testateur n'avait aucune intention, de faire fraude à la loi (Req. 20 juin 1888, préc.).

4) Le legs fait au profit d'une personne morale incapable échappe à la nullité s'il est possible de l'analyser comme un legs avec charge au légataire désigné (Req. 8 avril 1876 : *D.P.* 76, I, 225. – Aix 9 mars 1909 : *D.P.* 1909, II, 310).

5) La présomption d'interposition de personnes ne vaut, s'agissant d'enfants adultérins, qu'au cas où la filiation adultérine a été légalement constatée (Civ. 1re 1971 : *D.* 1971, 337, note A.B.).

6) La nullité édictée par l'article 911 du Code civil, sanctionnant la violation d'une incapacité spéciale de recevoir privant la personne visée du droit de bénéficier d'une libéralité, ne s'applique pas à la donation faite à un mineur non émancipé, capable de recevoir au sens de l'article 902 du même Code, et qui n'est atteint que d'une simple incapacité générale d'exercice de ses droits (Civ. 1re, 7 janv. 1982 : *J.C.P.* 82, IV, 105 ; *Bull.* I, n. 7, p. 7 ; *D.* 1983, 205, note Grimaldi).

Art. 912. – *Abrogé, L. 14 juil. 1819.*

CHAPITRE III. – DE LA PORTION DE BIENS DISPONIBLE, ET DE LA RÉDUCTION

SECTION I. – DE LA PORTION DE BIENS DISPONIBLE

Art. 913 *(remplacé, L. n. 72-3 du 3 janv. 1972, art. 6).* – **Les libéralités, soit par actes entre vifs, soit par testament, ne pourront excéder la moitié des biens du disposant, s'il ne laisse à son décès qu'un enfant ; le tiers, s'il laisse deux enfants ; le quart, s'il en laisse trois ou un plus grand nombre ; sans qu'il y ait lieu de distinguer entre les enfants légitimes et les enfants naturels, hormis le cas de l'article 915.**

1) Il résulte de l'article 913 que la réserve n'est autre chose que la succession elle-même diminuée de la quotité disponible (Cass. ch. réunies 27 nov. 1863 : *D.P.* 64, 1, 5, rapp. Hélie, concl. Dupin et note Bresillion). Jugé cependant que la part de succession réservée par l'article 913 à certains héritiers leur est affectée privativement à l'exclusion de toutes autres personnes ayant vocation à la succession et notamment des successibles n'ayant pas la qualité de réservataires (Civ. 1re, 1er mars 1977 : *D.* 1977, 541, note Donnier).

2) Doit être cassé l'arrêt qui valide la disposition d'un testament ayant pour effet de priver l'héritière réservataire du droit de jouir et de disposer de biens compris dans sa réserve (Civ. 1re, 22 fév. 1977 : *Bull.* I, n. 100, p. 77). La réserve ne peut pas non plus être atteinte indirectement par le jeu de

Art. 913-1

clauses pénales (Civ. 1re, 10 mars 1970 : *D.* 1970, 584, note A.B.). Mais les héritiers réservataires peuvent après l'ouverture de la succession renoncer à tout ou partie de leur réserve (Civ. 21 mars 1934 : *D.H.* 1934, 282).

3) La quotité disponible, déterminée par la loi sur des bases invariables, ne peut être modifiée par des événements postérieurs qui, survenant après le décès du testateur, ne sauraient accroître ou restreindre les droits qu'il pouvait exercer de son vivant (Civ.

23 juin 1926 : *D.P.* 1927, 1, 65, note Radouant). Par suite l'ascendant renonçant doit être compté dans le calcul de la réserve, même arrêt. Mais si un héritier collatéral a été écarté de la succession par l'institution d'un légataire universel, la renonciation par l'ascendant du défunt à sa part de réserve est impuissante à rendre à ce collatéral son droit héréditaire et à lui faire attribuer les biens revenants nécessairement au légataire universel (Req. 9 mai 1938 : *D.P.* 1939, 1, 65, note E.P.).

Art. 913-1 *(Aj. L. n. 72-3 du 3 janv. 1972, art. 6).* – **Sont compris dans l'article 913, sous le nom d'enfants, les descendants en quelque degré que ce soit, encore qu'ils ne doivent être comptés que pour l'enfant dont ils tiennent la place dans la succession du disposant.**

Art. 914 *(remplacé, L. n. 72-3 du 3 janv. 1972, art. 6).* – **Les libéralités, par actes entre vifs ou par testament, ne pourront excéder la moitié des biens, si, à défaut d'enfant, le défunt laisse un ou plusieurs ascendants dans chacune des lignes, paternelle et maternelle, et les trois quarts s'il ne laisse d'ascendants que dans une ligne.**

Les biens ainsi réservés au profit des ascendants seront par eux recueillis dans l'ordre où la loi les appelle à succéder : ils auront seuls droit à cette réserve dans tous les cas où un partage en concurrence avec des collatéraux ne leur donnerait pas la quotité de biens à laquelle elle est fixée.

L'article 914, alinéa 1er, est relatif à la réserve des ascendants en présence de gratifiés autres que le conjoint survivant (Civ. 1re, 11 oct. 1983 : *Bull.* I, n. 226, p. 202).

Art. 915 *(remplacé. L. n. 72-3 du 3 janv. 1972, art. 6).* – **Quand un enfant naturel dont le père ou la mère était, au temps de la conception, engagé dans les liens du mariage avec une autre personne, est appelé à la succession de son auteur en concours avec les enfants légitimes issus de ce mariage, il compte par sa présence pour le calcul de la quotité disponible ; mais sa part dans la réserve héréditaire n'est égale qu'à la moitié de celle qu'il aurait eue si tous les enfants, y compris lui-même, eussent été légitimes.**

La fraction dont sa part dans la réserve est ainsi diminuée accroîtra aux seuls enfants issus du mariage auquel l'adultère a porté atteinte ; elle se divisera entre eux par égales portions.

1) La limitation apportée par l'article 915 aux droits de l'enfant naturel doit s'appliquer à toute succession dans laquelle il a, concurremment avec les enfants légitimes, droit à une part de réserve (Civ. 1re, 24 juin 1980 : *Defrénois,* 1980, 1194, note Morin).
2) L'enfant d'un époux, adopté par l'autre époux, a la qualité d'enfant commun des deux époux et doit en conséquence bénéficier de la protection prévue par les articles 760 et 915 (Paris 26 juin 1981 : *Defrénois* 1982, 257, note Flour et Grimaldi et, sur pourvoi, Civ. 1re, 8 nov. 1982 : *D.* 1983, 445, note Flour et Grimaldi).

Art. 915-1 *(aj. L. n. 72-3 du 3 janv. 1972, art. 6).* – **Quand l'enfant naturel visé à l'article précédent est appelé seul à la succession de son auteur, ou en concours avec d'autres enfants qui ne sont pas issus du mariage auquel l'adultère avait porté atteinte, la quotité**

DONATIONS ET TESTAMENTS — Art. 918

disponible en faveur de toute autre personne que le conjoint protégé est celle de l'article 913.

Art. 915-2 *(aj., L. n. 72-3 du 3 janv. 1972, art. 6).* — **S'il est dans le besoin, l'enfant naturel dont la vocation se trouve réduite par application des articles 759 et 760 peut, contre l'abandon de ses droits aux héritiers, réclamer de la succession une pension alimentaire. Cette pension obéit aux règles de l'article 207-1 du présent code.**

Les héritiers peuvent, toutefois, écarter cette réclamation en accordant au demandeur une part égale à celle dont il eût bénéficié sans l'application des articles 759 et 760.

G. THOMAS, *L'article 915-2 du Code civil : une innovation discutable de la loi du 3 janvier 1972 portant réforme de la filiation* : J.C.P. 76, I, 2761.

Art. 916. — **A défaut d'ascendants et de descendants, les libéralités par actes entre vifs ou testamentaires pourront épuiser la totalité des biens.**

Art. 917. — **Si la disposition par acte entre vifs ou par testament est d'un usufruit ou d'une rente viagère dont la valeur excède la quotité disponible, les héritiers au profit desquels la loi fait une réserve, auront l'option, ou d'exécuter cette disposition, ou de faire l'abandon de la propriété de la quotité disponible.**

M. GRIMALDI, *Réflexions sur la réduction des libéralités en usufruit et l'article 917 du Code civil* : Defrénois 1984, 1441.

1) L'article 917 n'est pas d'ordre public et le donateur ou le testateur peut en interdire l'application (Req. 1ᵉʳ juil. 1873 : D.P. 74, 1, 26. – *Contra,* Trib. civ. Seine 22 juin 1956 : *Gaz. Pal.* 1956, 2, 345).

2) L'article 917 est inapplicable aux libéralités en nue-propriété (Civ. 6 mai 1878 : D.P. 80, 1, 345), ainsi qu'aux libéralités qui portent à la fois sur des biens en toute propriété et sur un usufruit (Civ. 1ʳᵉ, 11 juil. 1977 : *Bull.* I, n. 323, p. 256 ; *D.* 1978, I.R. 43), ou aux libéralités portant sur le droit d'usage ou d'habitation (Civ. 19 déc. 1882 : D.P. 83, 1, 343).

3) L'option prévue à l'article 917 est recevable dès lors que les revenus légués à l'usufruitier excèdent ceux de la quotité disponible (Civ. 1ʳᵉ, 21 mai 1963 : J.C.P. 63, IV, 91 ; *Bull.* I, n. 266, p. 225. – Paris 15 juin 1974 : J.C.P. 75, II, 18110, note Dagot). Elle peut être exercée par les héritiers ou l'un d'eux seulement (Paris 15 juin 1974, précité).

4) L'option accordée aux héritiers réservataires n'est soumise à aucune condition de forme de la part de l'intéressé (Civ. 1ʳᵉ, 22 nov. 1954 : J.C.P. 54, IV, 178).

5) S'il est exact qu'aucun délai n'est assigné par les textes pour l'exercice de l'option de l'article 917, rien n'interdit à la juridiction qui a ordonné les opérations de compte, liquidation et partage, d'assigner en cette matière des délais sans lesquels la délivrance des legs pourrait être indéfiniment paralysée (Civ. 1ʳᵉ, 7 janv. 1981 : *Bull.* I, n. 9, p. 6).

6) Sur la méthode à employer pour l'estimation en capital des legs d'usufruit, v. Paris 3 mai 1985 : J.C.P. 85, IV, 86.

Art. 918. — **La valeur en pleine propriété des biens aliénés, soit à charge de rente viagère, soit à fonds perdu, ou avec réserve d'usufruit, à l'un des successibles en ligne directe, sera imputée sur la portion disponible ; et l'excédent, s'il y en a, sera rapporté à la masse.**

Cette imputation et ce rapport ne pourront être demandés par ceux des autres successibles en ligne directe qui auraient consenti à ces aliénations, ni, dans aucun cas, par les successibles en ligne collatérale.

1) Le contrat dit bail à nourriture n'est pas un contrat de rente viagère mais il s'analyse en un contrat à fonds perdu, l'aliénation qu'il implique étant faite moyennant des prestations annuelles qui doivent s'éteindre avec la vie du vendeur (Civ. 13 mai 1952 : *J.C.P.* 52, II, 7173, note Becqué. – V. aussi Civ. 1re, 21 fév. 1979 : *Bull.* I, n. 70, p. 57).

2) L'article 918 établit une présomption de gratuité à l'encontre de toute aliénation avec réserve d'usufruit consentie à un successible en ligne directe, sans distinguer selon que la disposition a eu lieu ou non à fonds perdu ni suivant le moment auquel le prix a été stipulé payable entre les mains de l'aliénateur ou entre celles de ses héritiers (Civ. 28 déc. 1937 : *D.P.* 1940, 1, 41, note Holleaux). Mais la vente contre un prix en capital payable à la mort du vendeur n'est pas une vente avec réserve d'usufruit ni une vente moyennant constitution d'une rente viagère (Civ. 16 sept. 1940 : *D.H.* 1940, 173). Par suite, l'article 918 autorisant les héritiers présomptifs à renoncer à l'avance à toute demande en réduction n'est pas applicable (même arrêt).

3) Un droit d'habitation limité dans le temps ne peut être assimilé à la réserve d'usufruit prévue par l'article 918 (Civ. 1re, 20 janv. 1987 : *Bull.* I, n. 20, p. 15 ; *D.* 1987, 357, note Morin ; *Rev. trim. dr. civ.* 1987, 584, obs. Patarin. V. cependant Paris 11 fév. 1965 : *J.C.P.* 65, II, 14200, concl. Gulphe). – Poitiers 27 fév. 1968 : *J.C.P.* 69, IV, 54. – T.G.I. Charleville-Mézières 21 déc. 1979 : *J.C.P.* 82, II, 19832, note Rémy).

4) Si la disposition exceptionnelle de l'article 918 ne peut s'appliquer aux donations pures et simples limitées à la nue-propriété non plus qu'à des donations en pleine propriété faites moyennant des charges inférieures à la valeur du bien donné, le caractère de libéralité étant alors directement exprimé et défini par l'acte même, cette disposition trouve application, au contraire, lorsque l'aliénation, même faite en forme de donation, est consentie moyennant des prestations viagères pouvant apparemment excéder la valeur du bien donné (Civ. 1re, 15 déc. 1981 : *Defrénois* 1982, 434, obs. Champenois ; *Bull.* I, n. 383, p. 322).

5) La présomption de l'article 918 ne s'applique qu'aux héritiers présomptifs en ligne directe au moment de l'acte d'aliénation et non à la personne qui acquiert un immeuble de son grand-père du vivant de son père (Civ. 1re, 17 mars 1982 : *J.C.P.* 82, IV, 197 ; *Bull.* I, n. 117, p. 102 ; *J. not.* 1983, 45).

6) La présomption de gratuité posée par l'article 918 est irréfragable (Civ. 13 mai 1952 : *J.C.P.* 52, II, 7173, note Becqué. – Paris 11 fév. 1965 : *J.C.P.* 65, II, 14200, concl. Gulphe).

7) Les juges du fond sont souverains pour apprécier si les successibles en ligne directe ont consenti à l'aliénation (Nîmes 8 juin 1964 : *D.* 1964, 670, note Donnier, 1re esp.).

Art. 919 *(L. 24 mars 1898).* **– La quotité disponible pourra être donnée en tout ou en partie, soit par acte entre vifs, soit par testament, aux enfants ou autres successibles du donateur, sans être sujette au rapport par le donataire ou le légataire venant à la succession, pourvu qu'en ce qui touche les dons la disposition ait été faite expressément à titre de préciput et hors part.**

La déclaration que le don est à titre de préciput et hors part pourra être faite, soit par l'acte qui contiendra la disposition, soit postérieurement, dans la forme des dispositions entre vifs ou testamentaires.

DONATIONS ET TESTAMENTS — Art. 921

SECTION II. – DE LA RÉDUCTION DES DONATIONS ET LEGS

Art. 920. – **Les dispositions soit entre vifs, soit à cause de mort, qui excéderont la quotité disponible, seront réductibles à cette quotité lors de l'ouverture de la succession.**

Loi n. 87-571 du 23 juillet 1987
sur le développement du mécénat

Art. 23. – Lorsque la valeur d'un legs fait à l'Etat et portant sur un bien qui présente un intérêt pour le patrimoine historique, artistique ou culturel de la nation excède la quotité disponible, l'Etat peut, quel que soit cet excédent, réclamer en totalité le bien légué, sauf à récompenser préalablement les héritiers en argent.

1) Il résulte de l'article 920 que les libéralités excessives existent et produisent effet tant qu'elles n'ont pas été réduites (Civ. 1re, 21 janv. 1969 : *J.C.P.* 69, II, 15961, note M.D.). En conséquence, violent cette disposition les juges qui attachent à la qualité d'héritier réservataire l'effet d'anéantir par elle-même et avant tout exercice d'une action en réduction l'institution contractuelle faite par la mère au profit du mari survivant dans la mesure où elle excède la quotité disponible (même arrêt).

2) Toute donation, même portant sur des gains ou salaires ou prélevée sur des revenus est réductible pour atteinte à la réserve lorsqu'elle ne constitue pas une libéralité modique ou un cadeau d'usage (Paris 19 nov. 1974 : *D.* 1975, 614, concl. Cabannes).

3) En cas de dépassement de la quotité disponible, la seule sanction prévue par la loi est la réduction des libéralités et les héritiers réservataires sont donc mal fondés à arguer de nullité des donations déguisées faites par leur père, même si celles-ci excèdent la quotité disponible (Civ. 1re, 2 fév. 1971 : *D.* 1971, 590, note Ghestin. – V. aussi Civ. 1re, 11 juil. 1977 : *Bull.* n. 324, p. 257).

4) L'action en réduction concourt au partage de la succession dont elle constitue un acte préparatoire (Civ. 1re, 26 nov. 1980 : *Bull.* I, n. 200, p. 162).

5) Le bénéfice de la prescription abrégée de l'article 2265 du Code civil, réservé aux tiers acquéreurs de biens donnés, ne saurait être étendu aux donataires qui, en face d'un héritier réservataire, ne peuvent se prévaloir que de la prescription trentenaire de droit commun (Civ. 1re, 24 nov. 1982 : *Bull.* I, n. 340, p. 291. V. aussi Civ. 1re, 24 nov. 1987 : *Bull.* I, n. 309, p. 221).

6) Il résulte de l'article 920 que la réduction partielle en nature d'une donation n'a pour effet que de créer un état d'indivision entre le gratifié et l'héritier réservataire (Civ. 1re, 9 oct. 1985 : *Bull.* I, n. 254, p. 227).

7) L'action par laquelle les héritiers réservataires font valoir la simulation en vue d'obtenir la réduction des donations constitue pour eux l'exercice d'un droit propre, d'où il résulte que la prescription ne commence à courir que du jour où ces héritiers ont eu la faculté d'exercer cette action, c'est-à-dire du jour du décès de leur auteur (Civ. 1re, 24 nov. 1987 : *J.C.P.* 89, II, 21214, note Testu).

Art. 921. – **La réduction des dispositions entre vifs ne pourra être demandée que par ceux au profit desquels la loi fait la réserve, par leurs héritiers ou ayants cause : les donataires, les légataires, ni les créanciers du défunt ne pourront demander cette réduction, ni en profiter.**

Art. 922 — DONATIONS ET TESTAMENTS

L'héritier d'un réservataire peut demander du chef de son auteur la réduction d'une libéralité excessive aussi bien lorsqu'elle a été faite à cause de mort que lorsqu'elle l'a été entre vifs, seule hypothèse expressément prévue par l'article 921 (Civ. 1re, 17 déc.

1968 : *D.* 1969, 149, note Breton). Il peut de même demander la nullité d'une disposition, fût-elle à cause de mort, par laquelle il a été porté atteinte au droit de son auteur de recevoir la réserve libre de toute charge (même arrêt).

Art. 922 *(remplacé, L. n. 71-523 du 3 juill. 1971, art. 7)*. — **La réduction se détermine en formant une masse de tous les biens existant au décès du donateur ou testateur.**

On y réunit fictivement, après en avoir déduit les dettes, ceux dont il a été disposé par donation entre vifs d'après leur état à l'époque de la donation et leur valeur à l'ouverture de la succession. Si les biens ont été aliénés, il est tenu compte de leur valeur à l'époque de l'aliénation et, s'il y a eu subrogation, de la valeur des nouveaux biens au jour de l'ouverture de la succession.

On calcule sur tous ces biens, eu égard à la qualité des héritiers qu'il laisse, quelle est la quotité dont le défunt a pu disposer.

1) Les créances irrecouvrables du défunt ne doivent pas être prises en compte pour le calcul de la quotité disponible (Req. 28 juin 1910 : *D.P.* 1914, 1, 219).

2) Sur l'exclusion du capital d'une assurance sur la vie contractée par le défunt, V. C. assur., art. L. 132-13, annexe.

3) Il faut comprendre au nombre des dettes dont l'article 922 prescrit la déduction en vue du calcul de la quotité disponible et de la réserve les frais funéraires et les frais de liquidation et de partage de la succession (Civ. 1re, 10 déc. 1968 : *D.* 1969, 133, note Breton).

4) Les donations indirectes doivent être réunies fictivement à la masse (Civ. 1re, 27 mai 1961 : *D.* 1962, 657, note Boulanger).

5) La destination du bien à l'époque de la donation n'entre pas en compte pour la détermination de son état au sens de l'article 922 (Civ. 1re, 1er mai 1977 : *J.C.P.* 78, II, 18927, note Dagot). V. P. Catala, *L'état d'un bien donné exploité sous forme sociale*, Études Rodière, 1981, p. 55.

6) Il résulte de l'article 922 que la masse successorale servant au calcul de la réserve et de la quotité disponible comprend les biens objet des libéralités entre vifs effectuées par le seul défunt (Civ. 1re, 2 déc. 1981 : *Bull.* I, n. 363, p. 307).

Art. 923. — **Il n'y aura jamais lieu à réduire les donations entre vifs, qu'après avoir épuisé la valeur de tous les biens compris dans les dispositions testamentaires ; et lorsqu'il y aura lieu à cette réduction, elle se fera en commençant par la dernière donation, et ainsi de suite en remontant des dernières aux plus anciennes.**

1) Dans le cas où les donataires les plus récents sont insolvables ou inconnus, l'action en réduction doit nécessairement atteindre les donataires antérieurs (Civ. 11 janv. 1882 : *D.P.* 82, 1, 313, concl. Desjardins).

2) Les donations entre époux ne perdent pas leur caractère de donation entre vifs par le seul fait de leur révocabilité et ne peuvent être assimilées aux dispositions de dernière volonté au point de vue notamment de la réduction (Paris 20 oct. 1926 : *D.H.* 1926, 568).

3) Les donations faites le même jour sans indication d'heure doivent être réduites proportionnellement, à moins que le donateur ait manifesté sa volonté de donner la priorité à l'une d'elles (Civ. 20 avril 1915 : *D.P.* 1920, 1, 154).

DONATIONS ET TESTAMENTS

4) Lorsque le donataire a demandé que la réduction portât, en suivant l'ordre des dates, sur la donation déguisée d'un fonds de commerce, doit être cassée la décision qui écarte cette demande au motif que n'est pas satisfactoire l'offre d'attribuer un bien qui n'existe plus (Civ. 1re, 16 mars 1971 : *D.* 1971, 357, note A.B.).

5) Sur l'application de l'article 923 à l'institution contractuelle, V. Poitiers 7 mars 1979 : *D.* 1982, 195, note Grimaldi.

Art. 924 *(Remplacé, L. n. 71-523 du 3 juil. 1971, art. 8).* **–L'héritier réservataire gratifié par préciput au-delà de la quotité disponible et qui accepte la succession supporte la réduction en valeur, comme il est dit à l'article 866 ; à concurrence de ses droits dans la réserve, cette réduction se fera en moins prenant.**

Il peut réclamer la totalité des objets légués, lorsque la portion réductible n'excède pas sa part de réserve.

L'article 867 et l'article 924, al. 2, permettent à l'héritier réservataire gratifié de réclamer l'exécution du legs en nature tant que celui-ci n'excède pas ses droits héréditaires, quotité disponible et part de réserve cumulées (Civ. 1re, 18 juil. 1983 : *J.C.P.* 83, II, 20053 ; *Defrénois* 1984, 95, note Grimaldi ; *Rev. trim. dr. civ.* 1984, 141, obs. Patarin).

Art. 925. - Lorsque la valeur des donations entre vifs excédera ou égalera la quotité disponible, toutes les dispositions testamentaires seront caduques.

Art. 926. - Lorsque les dispositions testamentaires excéderont, soit la quotité disponible, soit la portion de cette quotité qui resterait après avoir déduit la valeur des donations entre vifs, la réduction sera faite au marc le franc, sans aucune distinction entre les legs universels et les legs particuliers.

1) S'il n'y a pas lieu à la réduction proportionnelle des legs lorsque le légataire universel est en même temps seul héritier réservataire, il en va autrement lorsque ce légataire universel est lui-même en présence d'un héritier co-réservataire. En effet, son legs universel subissant alors une réduction dans la mesure de sa part de réserve attribuée au cohéritier, il peut faire subir dans la même proportion une réduction aux légataires particuliers (Civ. 5 fév. 1952 : *J.C.P.* 52, II, 6906).

2) Le mode de réduction prévu par l'article 926 intéresse seulement les légataires entre eux et non les réservataires remplis de leur réserve (Civ. 12 juil. 1848 : *D.P.* 48, 1, 164).

3) La renonciation à la règle de réduction proportionnelle édictée par l'article 926 ne peut résulter que d'actes manifestant sans équivoque la volonté de renoncer (Civ. 1re, 6 juil. 1982 : *J.C.P.* 82, IV, 334 ; *Bull.* I, n. 252, p. 217).

Art. 927. - Néanmoins, dans tous les cas où le testateur aura expressément déclaré qu'il entend que tel legs soit acquitté de préférence aux autres, cette préférence aura lieu ; et le legs qui en sera l'objet ne sera réduit qu'autant que la valeur des autres ne remplirait pas la réserve légale.

Les juges du fond peuvent décider qu'en gratifiant d'abord son épouse avant de disposer à l'égard de ses enfants, le *de cujus* avait entendu que le premier legs soit acquitté par préférence aux autres (Civ. 1re, 4 juin 1962 : *D.* 1962, somm. 134).

Art. 928. - Le donataire restituera les fruits de ce qui excédera la portion disponible, à compter du jour du décès du donateur, si la demande en réduction a été faite dans l'année ; sinon, du jour de la demande.

Art. 929 — DONATIONS ET TESTAMENTS

1) L'article 928 s'applique aux donations par contrat de mariage comme aux donations ordinaires (Civ. 26 avril 1870 : *D.P.* 71, 1, 358). Il ne fait aucune distinction selon que la libéralité a été faite ou non à un successible (Civ. 1re, 7 nov. 1979 : *J.C.P.* 80, IV, 28; *Bull.* I, n. 273, p. 221).

2) Il résulte de l'article 928 qu'en cas de réduction en valeur de la libéralité, le donataire doit restituer, à compter du jour du décès du donateur, l'équivalent des fruits perçus de la portion des biens donnés, sur laquelle porte la réduction (Civ. 1re, 21 juin 1989 : *J.C.P.* 89, IV, 317 ; *Bull.* I, n. 245, p. 163 ; *D.* 1989, 525, 2e esp., note Morin.
– V. aussi Trib. civ. Seine 29 fév. 1952 : *J.C.P.* 52, II, 7286, note Voirin).

Art. 929 *(remplacé, L. n. 71-523 du 3 juil. 1971, art. 9).* **– Les droits réels créés par le donataire s'éteindront par l'effet de la réduction. Ces droits conserveront néanmoins leurs effets lorsque le donateur y aura consenti dans l'acte même de constitution ou dans un acte postérieur. Le donataire répondra alors de la dépréciation en résultant.**

Art. 930. – L'action en réduction ou revendication pourra être exercée par les héritiers contre les tiers détenteurs des immeubles faisant partie des donations et aliénés par les donataires, de la même manière et dans le même ordre que contre les donataires eux-mêmes, et discussion préalablement faite de leurs biens. Cette action devra être exercée suivant l'ordre des dates des aliénations, en commençant par la plus récente.
(al. aj. L. n. 71-523 du 3 juil. 1971, art. 10)
Lorsque le donateur aura consenti à l'aliénation avec l'accord de tous les réservataires nés et vivants au moment de celle-ci, l'action ne pourra plus être exercée contre les tiers détenteurs.

1) L'article 930 subordonne l'action en réduction à la discussion préalable des biens des donateurs et ouvre ainsi à ces derniers ou à leur défaut aux tiers détenteurs la faculté d'échapper à la réduction en nature en indemnisant les demandeurs (Civ. 1re, 18 oct. 1966 : *D.* 1966, 709, note Breton). Par suite, il importe peu que ne soient pas remplies les conditions auxquelles d'autres textes et notamment les articles 866 et 924 soumettent en d'autres cas la réduction en valeur (même arrêt).

2) Le tiers acquéreur ne doit les fruits que du jour de la demande en délaissement formée contre lui (Req. 15 janv. 1908 : *D.P.* 1909, I, 153, note de Loynes).

CHAPITRE IV. – DES DONATIONS ENTRE VIFS

SECTION I. – DE LA FORME DES DONATIONS ENTRE VIFS

Art. 931. – Tous actes portant donation entre vifs seront passés devant notaires, dans la forme ordinaire des contrats ; et il en restera minute, sous peine de nullité.

I. Règles de forme

1) Le défaut de signature par l'une des parties, fût-elle simplement l'un des codonataires, constitue un vice de forme infectant l'acte de nullité absolue (Civ. 1re, 28 nov. 1972 : *J.C.P.* 73, II, 17461, note Dagot). Les signatures ou paraphes apposés par les témoins en marge ou au bas des pages de l'acte ne peuvent tenir lieu de la signature finale qui constitue un des éléments essentiels exigés par la loi pour conférer à l'acte son

caractère authentique obligatoire (Civ. 1re, 15 juin 1962 : *Gaz. Pal.* 1962, 2, 181). – V. aussi loi du 25 ventôse an XI et décret n. 71-941 du 26 novembre 1971 relatif aux actes établis par les notaires (*infra,* sous art. 1317).

2) Sur la nécessité de la forme authentique en matière de donation-partage, V. Civ. 1re, 6 déc. 1978 : *J.C.P.* 80, II, 19263, note Dagot.

3) La nullité des donations faites en violation des règles de forme de l'article 931 est une nullité d'ordre public ne pouvant être confirmée par une transaction (Civ. 1re, 12 juin 1967 : *J.C.P.* 67, II, 15225, note R.L.), ni par l'accomplissement ultérieur de la formalité omise (Civ. 1re, 15 juin 1962 : *Gaz. Pal.* 1962, 2, 181).

4) Lorsqu'une donation est atteinte d'un vice de forme, les héritiers du donateur ne peuvent plus faire revivre une action en nullité que le donateur a laissé éteindre par la prescription trentenaire (Civ. 1re, 26 janv. 1983 : *D.* 1983, 317, note Breton).

II. Donations dispensées

A. Donations manuelles

5) R. Tendler, *Le don manuel : une institution anachronique ?* : *D.* 1989, Chron. 245.

6) Le don manuel n'a d'existence que par la tradition réelle que fait le donateur de la chose donnée, effectuée dans des conditions telles qu'elle assure la dépossession de celui-ci et assure l'irrévocabilité de la donation (Civ. 1re, 11 juil. 1960 : *D.* 1960, 702, note Voirin). Jugé que le don manuel d'une somme d'argent fait au moyen de la remise d'un chèque suppose, pour qu'il y ait dépouillement actuel et irrévocable de la part du donateur, l'existence d'une provision dont le bénéficiaire acquiert la propriété (Civ. 1re, 20 nov. 1985 : *Bull.* I, n. 314, p. 278).

7) La tradition peut être faite à un tiers représentant le donataire (Civ. 1re, 20 juin 1961 : *J.C.P.* 61, II, 12352, note Ponsard. V. par exemple pour un virement de fonds Civ. 1re, 12 juil. 1966 : *D.* 1966, 614, note J. Mazeaud). Elle doit avoir lieu du vivant du donateur (Req. 23 juin 1947 : *D.* 1947, 463. V. aussi Civ. 1re, 23 janv. 1980 : *Bull.* I, n. 36, p. 29). A défaut de tradition, il n'y a pas de don manuel (Civ. 1re, 13 janv. 1969 : *Bull.* I, n. 17, p. 12).

8) Il est de principe que les biens incorporels ne sont pas susceptibles de faire l'objet d'un don manuel et il n'y a d'exception que pour les titres au porteur transmissibles par simple tradition (Riom 1er fév. 1973 : *Gaz. Pal.* 1973, 2, 797, note Martin).

9) Sur la possibilité d'un don manuel par remise d'un chèque. V. Civ. 1re, 24 mai 1976 : *J.C.P.* 78, II, 18806, note Gavalda. – Civ. 1re, 4 nov. 1981 : *J.C.P.* 82, IV, 31 ; *Bull.* I, n. 327, p. 277. – V. Arrighi, *Le don manuel par chèque* : *D.* 1980, chron. 165. Le bénéficiaire du chèque objet du don manuel peut se retrancher derrière la présomption de l'article 2279 du Code civil et c'est à celui qui réclame restitution d'établir l'existence d'un contrat de prêt (Paris 1er déc. 1983 : *J.C.P.* 84, éd. N, II, 69).

10) Jugé que la tradition peut être réalisée par le versement des fonds sur un compte ouvert au nom de la donataire et par l'achat de titres avec ces fonds (Civ. 1re, 4 nov. 1981 : *Bull.* I, n. 328, p. 277), ou que les virements de compte à compte entre époux excédant manifestement les besoins du ménage constituent des dons manuels (Poitiers 21 mars 1983 : *J.C.P.* 85, IV, 84). Mais le virement effectué au profit d'un compte joint ouvert au nom du donneur d'ordre ne constitue pas un don manuel (Paris 20 mai 1983 : *J. not* 1983, 1173, et, sur pourvoi, Civ. 1re, 17 avril 1985 : *Bull.* I, n. 117, p. 109 ; *D.* 1986, 21, note Muller ; *Rev. trim. dr. civ.* 1986, 400, obs. Patarin). Sur l'hypothèse d'une insuffisance de provision, V. Pau 3 mars 1981 : *J.C.P.* 82, II, 19706, note Vivant.

Art. 932 — DONATIONS ENTRE VIFS

11) Le possesseur n'a pas en principe à prouver le don manuel qu'il invoque comme cause de sa possession (Req. 5 déc. 1893 : *D.P.* 94, I, 48), mais il n'est dispensé de rapporter cette preuve que si sa possession n'est entachée d'aucun des vices énoncés par l'article 2229 du Code civil (Civ. 1re, 16 juin 1971 : *Bull.* I, n. 199, p. 167. – Civ. 1re, 19 oct. 1983 : *Bull.* I, n. 241, p. 215. – Civ. 1re, 4 janv. 1984 : *D.* 1984, I.R. 476, obs. D. Martin).

12) Sur la distinction entre le don manuel et le prêt à usage de bijoux de famille, V. Civ. 1re, 23 mars 1983 : *Bull.* I, n. 111, p. 97 ; *D.* 1984, 81, note Breton ; *J.C.P.* 84, II, 20202, note Barbieri.

B. Donations déguisées

13) Sur le principe de la validité des donations déguisées, V. Req. 1er juin 1932 : *D.P.* 1932, 1, 169, note R. Savatier, 2e esp. ; V. en ce sens pour une vente de terrain consentie au prix de 1 F, Civ. 1re, 29 mai 1980 : *J.C.P.* 80, IV, 297 ; *D.* 1981, 273, note Najjar.

14) Sur la nullité des donations déguisées entre époux, V. *infra* art. 1099, al. 2.

15) Les libéralités faites sous la forme de contrats à titre onéreux ne sont soumises quant à la forme qu'aux règles des contrats dont elles empruntent l'apparence (Req. 22 avril 1913 : *D.P.* 1914, 1, 193. – Civ. 1re, 22 oct. 1975 : *J.C.P.* 75, IV, 364 ; *Bull.* I, n. 288, p. 241. – Civ. 1re, 29 mai 1980, préc.).

C. Donations indirectes

16) Les donations indirectes, comme les donations déguisées, échappent aux règles de forme édictées par l'article 931 du Code civil (Civ. 1re, 27 nov. 1961 : *J.C.P.* 62, IV, 2 ; *Bull.* I, n. 553, p. 440). Même si l'intention libérale existe, il faut, pour qu'il y ait donation indirecte, qu'il y ait un acte juridique impliquant un dessaisissement irrévocable (Civ. 1re, 20 nov. 1984 : *J.C.P.* 86, II, 20571, note Dagot).

17) L'acte par lequel le propriétaire d'un immeuble autorise sans contrepartie son voisin à exercer à titre gratuit un droit de passage sur son propre fonds n'est pas une donation indirecte mais une libéralité pure et simple dont la validité est subordonnée à l'observation des règles de forme de l'article 931 (Civ. 1re, 23 mai 1973 : *Bull.* I, 178, p. 159).

18) La stipulation pour autrui contenant libéralité ou avantage indirect n'est pas soumise aux formalités de l'article 931 (Montpellier 22 déc. 1932 : *S.* 1934, II, 25, note Geny. V. aussi pour une promesse de donation Civ. 1re, 18 déc. 1987 : *Bull.* I, n. 343, p. 246 ; *Rev. trim. dr. civ.* 1988, 382, obs. Patarin).

19) Sur une donation indirecte résultant d'un cautionnement, V. Civ. 1re, 12 mai 1982 : *J.C.P.* 83, II, 20060, note Aubertin.

20) Une renonciation à un droit constitue une donation directe lorsqu'elle réalise la transmission, sans contrepartie et avec une intention libérale, de ce droit lui-même du patrimoine du disposant dans celui du bénéficiaire qui l'accepte (Versailles 20 janv. 1987 : *D.* 1988, Somm. 207, obs. Colombet).

Art. 932. – La donation entre vifs n'engagera le donateur, et ne produira aucun effet, que du jour qu'elle aura été acceptée en termes exprès.

L'acceptation pourra être faite du vivant du donateur, par un acte postérieur et authentique, dont il restera minute ; mais alors la donation n'aura d'effet, à l'égard du donateur, que du jour où l'acte qui constatera cette acceptation lui aura été notifié.

1) La renonciation à une donation doit revêtir la même forme authentique que l'acceptation qu'elle entend rétracter (Civ. 1re, 2 juin 1970 : *J.C.P.* 72, II, 17095, note Dagot).

2) Le donateur n'est pas engagé tant qu'il n'a pas reçu notification de l'acceptation (Req. 4 mars 1902 : *D.P.* 1902, 1, 214).

DONATIONS ENTRE VIFS — **Art. 940**

Art. 933. – Si le donataire est majeur, l'acceptation doit être faite par lui, ou, en son nom, par la personne fondée de sa procuration, portant pouvoir d'accepter la donation faite, ou un pouvoir général d'accepter les donations qui auraient été ou qui pourraient être faites.

Cette procuration devra être passée devant notaires ; et une expédition devra en être annexée à la minute de la donation, ou à la minute de l'acceptation qui serait faite par acte séparé.

Art. 934. – *Abrogé, L. 18 fév. 1938.*

Art. 935. – La donation faite à un mineur non émancipé ou à un majeur en tutelle devra être acceptée par son tuteur, conformément à l'article 463, au titre *De la minorité, de la tutelle et de l'émancipation.*

Deuxième al. abrogé, L. n. 64-1230 du 14 déc. 1964, art. 2.

(L. n. 64-1230 du 14 déc. 1964, art. 2) **Néanmoins, les père et mère du mineur non émancipé, ou les autres ascendants, même du vivant des père et mère, quoiqu'ils ne soient pas tuteurs du mineur, pourront accepter pour lui.**

La mère peut valablement accepter le legs fait à sa fille malgré la volonté contraire de son mari (Req. 22 janv. 1896 : *D.P.* 96, 1, 184).

Art. 936. – Le sourd-muet qui saura écrire, pourra accepter lui-même ou par un fondé de pouvoir.

S'il ne sait pas écrire, l'acceptation doit être faite par un curateur nommé à cet effet, suivant les règles établies au titre *De la minorité, de la tutelle et de l'émancipation.*

Art. 937. – Les donations faites au profit d'hospices, des pauvres d'une commune ou d'établissements d'utilité publique, seront acceptées par les administrateurs de ces communes ou établissements, après y avoir été dûment autorisés.

V. *supra* sous art. 910.

Art. 938. – La donation dûment acceptée sera parfaite par le seul consentement des parties ; et la propriété des objets donnés sera transférée au donataire, sans qu'il soit besoin d'autre tradition.

Art. 939 *(Ord. n. 59-71 du 7 janv. 1959, art. 25).* – Lorsqu'il y aura donation de biens susceptibles d'hypothèques, la publication des actes contenant la donation et l'acceptation, ainsi que la notification de l'acceptation, qui aurait eu lieu par acte séparé, devra être faite aux bureaux des hypothèques dans l'arrondissement desquels les biens sont situés.

Art. 940 *(Al. 1er Abrogé, L. n. 85-1372 du 23 déc. 1985, art. 48).* – *La publication sera faite à la diligence du mari, lorsque, les biens ayant été donnés à sa femme, il en aura l'administration par l'effet des conventions matrimoniales ; et s'il ne remplit pas cette formalité, la femme pourra y faire procéder sans autorisation* (*).

Lorsque la donation sera faite à des mineurs, à des majeurs en tutelle, ou à des établissements publics, la publication sera faite à la diligence des tuteurs, curateurs, ou administrateurs.

Art. 941 — DONATIONS ENTRE VIFS

(*) Art. 940 *(premier al. ancien, Ord. n. 59-71 du 7 janv. 1959, art. 25. Dispositions antérieures à la L. n. 65-570 du 13 juil. 1965, restant applicables aux mariages conclus avant l'entrée en vigueur de ladite loi). — Cette publication sera faite à la diligence du mari, lorsque les biens auront été donnés à sa femme ; et si le mari ne remplit pas cette formalité, la femme pourra y faire procéder sans autorisation.*

Art. 941 *(Ord. n. 59-71 du 7 janv. 1959, art. 25).* — **Le défaut de publication pourra être opposé par toutes personnes ayant intérêt, excepté toutefois celles qui sont chargées de faire faire la publication, ou leurs ayants cause, et le donateur.**

1) La publicité de la donation n'est requise qu'à l'égard des tiers titulaires d'un droit réel sur l'immeuble et n'a donc pas à être observée vis-à-vis du preneur qui ne saurait se prévaloir de la qualité de tiers au regard du donataire de l'immeuble (Soc. 10 nov. 1965 : *J.C.P.* 65, IV, 159 ; *Bull.* IV, n. 778, p. 662 ; V. en ce sens Civ. 3e, 17 juin 1980 : *J.C.P.* 81, II, 19584, note Dagot. – *Contra* Civ. 1re, 19 oct. 1966 : *D.* 1967, 77, note J. Mazeaud).

2) Les héritiers du donateur ne peuvent invoquer le défaut de publication (Civ. 1er juin 1897 : *D.P.* 97, 1, 58).

Art. 942 *(Ord. n. 59-71 du 7 janv. 1959, art. 25 ; L. n. 85-1372 du 23 déc. 1985, art. 49).* — **Les mineurs, les majeurs en tutelle ne seront point restitués contre le défaut d'acceptation ou de publication des donations ; sauf leur recours contre leurs tuteurs, s'il y échet, et sans que la restitution puisse avoir lieu, dans le cas même où lesdits tuteurs se trouveraient insolvables.**

Ancien art. 942. — *Les mineurs, les majeurs en tutelle, les femmes mariées ne seront point restitués contre le défaut d'acceptation ou de publication des donations ; sauf leur recours contre leurs tuteurs ou maris s'il y échet, et sans que la restitution puisse avoir lieu, dans le cas même où lesdits tuteurs et maris se trouveraient insolvables.*

Art. 943. — **La donation entre vifs ne pourra comprendre que les biens présents du donateur ; si elle comprend des biens à venir, elle sera nulle à cet égard.**

1) La donation d'une somme d'argent à payer après la mort du donateur sur l'actif héréditaire peut être ou bien une donation de biens à venir rentrant dans le cadre des articles 943 et 947 ou au contraire une donation de biens présents soumise aux règles ordinaires en matière de disposition entre vifs, suivant que le donateur entend ne conférer au gratifié qu'un simple droit éventuel à exercer par lui à titre de successible après l'ouverture de la succession ou qu'il lui attribue au contraire un droit de créance actuel et irrévocable dont l'exercice seul est retardé par un terme jusqu'au décès dudit donateur (Civ. 30 nov. 1937 : *D.H.* 1938, 19).

2) Sur la nullité d'une donation de biens à venir réalisée par le moyen d'une stipulation pour autrui, V. Besançon, 12 mars 1951 : *J.C.P.* 52, II, 6667, note Voirin.

Art. 944. — **Toute donation entre vifs faite sous des conditions dont l'exécution dépend de la seule volonté du donateur, sera nulle.**

Le don manuel subordonné à la persistance de la liaison entre donatrice et donataire est nul par application de l'article 944 (Civ. 1re, 25 nov. 1986 : *Bull.* I, n. 280, p. 267 ; *Rev. trim. dr. civ.* 1987, 753, obs. Mestre).

DONATIONS ENTRE VIFS — Art. 951

Art. 945. – **Elle sera pareillement nulle si elle a été faite sous la condition d'acquitter d'autres dettes ou charges que celles qui existaient à l'époque de la donation, ou qui seraient exprimées, soit dans l'acte de donation, soit dans l'état qui devrait y être annexé.**

La question de savoir si le donataire est obligé au paiement d'une dette du donateur antérieure à la donation rentre dans le domaine des juges du fait (Req. 17 juin 1913 : *D.P.* 1914, 1, 280).

Art. 946. – **En cas que le donateur se soit réservé la liberté de disposer d'un effet compris dans la donation, ou d'une somme fixe sur les biens donnés, s'il meurt sans en avoir disposé, ledit effet ou ladite somme appartiendra aux héritiers du donateur, nonobstant toutes clauses et stipulations à ce contraires.**

Art. 947. – **Les quatre articles précédents ne s'appliquent point aux donations dont est mention aux chapitres VIII et IX du présent titre.**

Art. 948. – **Tout acte de donation d'effets mobiliers ne sera valable que pour les effets dont un état estimatif, signé du donateur et du donataire, ou de ceux qui acceptent pour lui, aura été annexé à la minute de la donation.**

1) L'article 948 s'applique à la donation-partage (Civ. 1re, 10 juin 1970 : *J.C.P.* 71, II, 16656, note M.D.).

2) Les juges du fond peuvent admettre qu'un état estimatif joint à un acte notarié de donation comportant seulement une classification par catégories des éléments d'une collection, suivie d'une estimation globale de l'ensemble, répond aux prescriptions de l'article 948 dès lors qu'ils constatent souverainement qu'en l'espèce la donation portait sur l'ensemble d'une collection formant un tout indivisible donné sans exception ni réserve et qu'ils relèvent en outre que la collection ne tirait sa valeur que de la réunion des objets qu'elle contenait (Civ. 1re, 2 nov. 1954 : *J.C.P.* 54, II, 8443, note Esmein).

Art. 949. – **Il est permis au donateur de faire la réserve à son profit ou de disposer au profit d'un autre, de la jouissance ou de l'usufruit des biens meubles ou immeubles donnés.**

Si le donateur peut valablement se réserver l'usufruit avec des droits d'administration et de jouissance plus étendus que ceux dont les limites sont tracées par la loi, c'est à la condition expresse qu'un dessaisissement actuel et irrévocable s'opère au profit du donataire, en conformité de l'article 894 (Req. 1er avril 1895 : *D.P.* 95, I, 335).

Art. 950. – **Lorsque la donation d'effets mobiliers aura été faite avec réserve d'usufruit, le donataire sera tenu, à l'expiration de l'usufruit, de prendre les effets donnés qui se trouveront en nature, dans l'état où ils seront ; et il aura action contre le donateur ou ses héritiers pour raison des objets non existants, jusqu'à concurrence de la valeur qui leur aura été donnée dans l'état estimatif.**

Si l'auteur d'une donation mobilière avec réserve d'usufruit vient à aliéner ou à laisser périr par la fraude les choses ayant fait l'objet de sa libéralité irrévocable, l'indemnité ne peut, aux termes de l'article 950, être supérieure à la valeur d'estimation desdites choses, telle que fixée lors de la donation (Civ. 28 mars 1938 : *D.H.* 1938, 290).

Art. 951. – **Le donateur pourra stipuler le droit de retour des objets donnés, soit pour le cas du prédécès du donataire seul, soit pour le cas du prédécès du donataire et de ses descendants.**
Ce droit ne pourra être stipulé qu'au profit du donateur seul.

Art. 952

1) Le donateur ne pouvant, aux termes de l'article 951 du Code civil, exercer son droit de retour conventionnel que sur les biens qu'il a lui-même donnés, en cas de donation-partage par deux époux de tous leurs biens, l'époux survivant ne peut prétendre après le décès de son conjoint reprendre tous les biens qu'avait reçus le donataire prédécédé (Civ. 1re, 28 juin 1961 : *J.C.P.* 61, II, 12275 ; *D.* 1962, 81, note R. Savatier). Mais il est loisible à l'ascendant donateur, avec le consentement de ses enfants majeurs et maîtres de leurs droits, de constituer une masse commune comprenant à la fois ses propres biens et ceux qui proviennent de la succession de son époux prédécédé ou de la communauté ayant existé entre les deux époux et il lui est alors possible d'exercer son droit de retour sur les biens attribués à l'enfant donataire prédécédé, non en considération de l'origine des biens, mais en proportion de ceux qui ont été apportés par lui dans la constitution de la masse commune (Civ. 1re, 14 fév. 1962 : *J.C.P.* 62, II, 12662, note Voirin ; *D.* 1963, 75, note R. Savatier). Comp. pour la révocation d'une donation-partage faite par deux époux pour inéxécution des charges, *infra*, sous art. 954.

2) Si un bien a été donné avec réserve d'usufruit et stipulation d'un droit de retour, seule la nue-propriété du bien ayant fait l'objet de la donation peut revenir au disposant au décès du donataire et, par suite, si le donateur avait loué à celui-ci le bien dont il s'agit, cette location ne s'en trouve pas affectée (Civ. 1re, 20 oct. 1970 : *D.* 1971, 161, note Dedieu).

3) La renonciation à la succession du donataire n'emporte pas de la part du donateur renonciation à l'exercice de son droit de retour qui opère résolution rétroactive de la donation, (Civ. 1re, 18 fév. 1975 : *Bull.* I, n. 67, p. 60).

Art. 952. – L'effet du droit de retour sera de résoudre toutes les aliénations des biens donnés, et de faire revenir ces biens au donateur, francs et quittes de toutes charges et hypothèques, sauf néanmoins l'hypothèque de la dot et des conventions matrimoniales, si les autres biens de l'époux donataire ne suffisent pas, et dans le cas seulement où la donation lui aura été faite par le même contrat de mariage duquel résultent ces droits et hypothèques.

L'exception prévue par l'article 952 au cas où la donation a pour objet des biens immobiliers sur lesquels l'hypothèque légale de la femme peut être assise ne saurait être étendue à celui où l'objet de la donation est une somme d'argent ou des choses mobilières, lesquelles ne sont pas susceptibles d'hypothèque (Req. 2 juil. 1912 : *D.P.* 1912, I, 360).

SECTION II. – DES EXCEPTIONS À LA RÈGLE DE L'IRRÉVOCABILITÉ DES DONATIONS ENTRE VIFS

Art. 953. – La donation entre vifs ne pourra être révoquée que pour cause d'inexécution des conditions sous lesquelles elle aura été faite, pour cause d'ingratitude, et pour cause de survenance d'enfants.

Art. 954. – Dans le cas de la révocation pour cause d'inexécution des conditions, les biens rentreront dans les mains du donateur, libres de toutes charges et hypothèques du chef du donataire : et le donateur aura, contre les tiers détenteurs des immeubles donnés, tous les droits qu'il aurait contre le donataire lui-même.

1) L'action révocatoire et l'action personnelle en exécution peuvent être intentées contre le donataire lui-même ou contre ses héritiers (Civ. 24 mai 1913 : *D.P.* 1915, 1, 5).

2) Lorsqu'un partage d'ascendant porte à la fois sur les droits qui sont donnés par l'un des père et mère et sur les droits que les gratifiés ont recueillis dans la succession de leur autre auteur, la révocation pour inexécution ne permet au donateur de reprendre que les droits dont il était antérieurement titulaire et qu'il a personnellement donnés, à l'exclusion de ceux qui appartenaient à son conjoint (Civ. 1re, 19 mars 1973 : *D.* 1973, 593, note Breton. – Civ. 1re, 29 mai 1980 : *Bull.* I, n. 165, p. 132 ; *D.* 1982, 18, note crit. Flour et Grimaldi. – Civ. 1re, 22 juin 1983 : *Bull.* I, n. 183, p. 160). – Jugé cependant, à propos d'une donation-partage conjonctive, que s'il est loisible aux ascendants donateurs, avec le consentement de leurs enfants majeurs et maîtres de leurs droits, de constituer une masse commune comprenant à la fois des biens propres et des biens de communauté et de stipuler une clause d'indivisibilité permettant, en cas de révocation, de reprendre des biens reçus par le donataire quelle qu'en soit l'origine, cette révocation ne peut s'exercer qu'en proportion de ce que l'ascendant qui la demande a mis dans la masse globale des biens partagés (Civ. 1re,
4 oct. 1988 : *Bull.* I, n. 265, p. 183 ; *J.C.P.* 89, II, 21266, note Salvage ; *D.* 1989, 33, note Breton).

3) Il résulte de l'article 954 que la révocation d'une donation pour inexécution des charges a un effet rétroactif et ne prend effet, dans le cas où la charge consiste dans le paiement d'une rente viagère, qu'à partir du moment où le débirentier a cessé d'exécuter son obligation (Civ. 1re, 17 déc. 1980 : *J.C.P.* 81, IV, 86 ; *Bull.* I, n. 336, p. 265. – Civ. 1re, 12 mai 1982 : *J.C.P.* 82, IV, 255 ; *Bull.* I, n. 174, p. 154. – Civ. 1re, 20 nov. 1985 : *Bull.* I, n. 313, p. 277).

4) Sur l'opposabilité de la révocation aux créanciers hypothécaires, V. Civ. 1re, 5 oct. 1976d : *J.C.P.* 76, IV, 343 ; *Bull.* I, n. 281, p. 227.

5) Le juge qui constate l'inexécution des conditions peut accorder au donataire un délai qui, aux termes de l'article 1184, alinéa 3, doit emprunter sa mesure aux circonstances. Ce délai peut être suspendu en cas de force majeure mais ne peut être renouvelé (Civ. 1re, 19 déc. 1984 : *Bull.* I, n. 343, p. 291).

Art. 955. – La donation entre vifs ne pourra être révoquée pour cause d'ingratitude que dans les cas suivants :
1° Si le donataire a attenté à la vie du donateur ;
2° S'il s'est rendu coupable envers lui de sévices, délits ou injures graves ;
3° S'il lui refuse des aliments.

1) Un simple défaut de soins et d'assistance ne constitue pas l'attentat prévu par l'article 955 (Req. 1er déc. 1885 : *D.P.* 86, 1, 222).

2) Les juges du fond sont souverains pour apprécier si les injures présentent un caractère de gravité propre à justifier la révocation de la donation pour cause d'ingratitude (Civ. 1re, 13 déc. 1965 : *Bull.* I, n. 700, p. 536). Jugé que ne peut fonder une action en révocation les lettres injurieuses écrites par une fille à son père dès lors que ces lettres ont été adressées à la suite d'un jugement ordonnant le remboursement du prêt, à une époque où le père ne se considérait pas comme un donateur (Lyon 29 mai 1973 : *Gaz. Pal.* 1973, 2, 901, note Martin ; *D.* 1976, 14, note Vouin).

3) L'article 955 ne relève le refus d'aliments que comme un cas d'ingratitude entraînant la révocation des donations et ne crée nullement une dette alimentaire exigible directement par le donateur à la charge du donataire (Req. 1er déc. 1919 : *D.P.* 1920,

1, 5, note Ripert). Le donateur dénué de ressources ou ne disposant que de ressources insuffisantes peut s'adresser au donataire qui doit pour éviter la révocation faire une offre telle qu'il ne puisse être taxé d'ingratitude (Paris 15 déc. 1955 : *J.C.P.* 56, II, 9498, note A.P.).

Art. 956. – La révocation pour cause d'inexécution des conditions, ou pour cause d'ingratitude, n'aura jamais lieu de plein droit.

J. GROSCLAUDE, *L'adaptation par les personnes publiques des charges attachées aux libéralités* : *J.C.P.* 80, I, 2990.

1) Les juges du fond apprécient souverainement si l'importance de l'inexécution est suffisante pour légitimer la révocation (Req. 3 mai 1921 : *D.P.* 1921, 1, 143. – V. pour un legs à une congrégation religieuse, Civ. 1re, 14 mai 1974 : *Gaz. Pal.* 1974, 2, 633, note Viatte). Ils peuvent accorder des délais de grâce (Req. 31 janv. 1899 : *D.P.* 99, 1, 272). Pour un exemple de révocation partielle, V. Req. 26 nov. 1912 : *S.* 1914, 1, 207.

2) La révocation n'est encourue, lorsque l'inexécution ne résulte pas d'une faute du gratifié, que dans le cas où l'exécution de la charge a été la cause impulsive et déterminante de la libéralité (Civ. 1re, 27 janv. 1981 : *J.C.P.* 81, IV, 128 ; *Bull.* I, n. 32, p. 27). Jugé dans le cas d'une clause d'inaliénabilité que la révocation n'est possible qu'en cas d'inobservation par le donataire lui-même de la clause (Civ. 1re, 25 juin 1980 : *J.C.P.* 80, IV, 340 ; *Bull.* I, n. 200, p. 162).

3) Seules les charges prévues dans l'acte de donation lui-même peuvent être retenues pour apprécier les manquements du donataire (Montpellier 12 janv. 1984 : *D.* 1984, I.R. 481).

4) En dépit des termes en apparence prohibitifs de l'article 956, les parties peuvent stipuler que la révocation aura lieu de plein droit en cas d'inexécution des charges (Civ. 1re, 14 fév. 1956 : *J.C.P.* 56, II, 9343, note Voirin). Mais cette clause, dérogatoire au droit commun, doit marquer clairement la volonté des parties de rendre inutile l'intervention du juge (Civ. 1re, 20 juin 1960 : *J.C.P.* 60, IV, 122 ; *Bull.* I, n. 335, p. 276).

5) Sur la révision judiciaire des charges, V. *supra,* art. 900-2 et s.

Art. 957. – La demande en révocation pour cause d'ingratitude devra être formée dans l'année, à compter du jour du délit imputé par le donateur au donataire, ou du jour que le délit aura pu être connu par le donateur.

Cette révocation ne pourra être demandée par le donateur contre les héritiers du donataire, ni par les héritiers du donateur contre le donataire, à moins que, dans ce dernier cas, l'action n'ait été intentée par le donateur, ou qu'il ne soit décédé dans l'année du délit.

1) Lorsque l'ingratitude est constituée de faits successifs le délai d'un an court à compter de la date du dernier de ces faits (Req. 21 déc. 1897 : *D.P.* 98, 1, 347. – V. aussi Paris 25 janv. 1946 : *Gaz. Pal.* 1946, 1, 146).

2) L'appel d'un jugement condamnant le donataire à verser des aliments constitue un refus d'aliments si le donataire entend contester non seulement le *quantum* mais aussi la nécessité de la pension alimentaire (Civ. 1re, 21 avril 1969 : *D.* 1969, 525, note Breton).

3) L'article 957 n'exclut pas que lorsque le fait invoqué constitue une infraction pénale, le point de départ du délai soit retardé jusqu'au jour où la condamnation a établi la réalité des faits reprochés au gratifié

DONATIONS ENTRE VIFS — Art. 960

(Civ. 1re, 22 nov. 1977 : *Bull.* I, n. 432, p. 342 ; *D.* 1978, I.R., 241 ; *J.C.P.* 79, II, 19023, note Surun ; *Defrénois* 1979, art. 1950, p. 581, note Ponsard).

4) Le donateur ne peut renoncer à l'action en révocation avant que le fait constitutif d'ingratitude se soit produit (Civ. 1re, 22 nov. 1977, précité).

5) Les créanciers et légataires particuliers n'ont pas qualité pour intenter contre le donataire une action en révocation pour cause d'ingratitude (Douai 27 juill. 1937 : *S.* 1938, 2, 109).

6) Sur l'application du délai prévu par l'article 957 à l'action en révocation d'une disposition testamentaire, V. *infra* sous art. 1046.

Art. 958 *(Ord. n. 59-71 du 7 janv. 1959, art. 1er).* - **La révocation pour cause d'ingratitude ne préjudiciera ni aux aliénations faites par le donataire, ni aux hypothèques et autres charges réelles qu'il aura pu imposer sur l'objet de la donation, pourvu que le tout soit antérieur à la publication, au bureau des hypothèques de la situation des biens, de la demande en révocation.**

Dans le cas de révocation, le donataire sera condamné à restituer la valeur des objets aliénés, eu égard au temps de la demande, et les fruits, à compter du jour de cette demande.

Art. 959. - **Les donations en faveur de mariage ne seront pas révocables pour cause d'ingratitude.**

Les donations entre futurs époux à l'occasion du mariage échappent à la règle de l'article 959 (Civ. 17 fév. 1873 : *D.P.* 73, 1, 483 ; Civ. 1re, 1er mars 1977 : *Bull.* I, n. 109, p. 84 ; *D.* 1977, I.R. 223).

Art. 960. – **Toutes donations entre vifs faites par personnes qui n'avaient point d'enfants ou de descendants actuellement vivants dans le temps de la donation, de quelque valeur que ces donations puissent être, et à quelque titre qu'elles aient été faites, et encore qu'elles fussent mutuelles ou rémunératoires, même celles qui auraient été faites en faveur de mariage par autres que par les ascendants aux conjoints, ou par les conjoints l'un à l'autre, demeureront révoquées de plein droit par la survenance d'un enfant légitime du donateur, même d'un posthume, ou par la légitimation d'un enfant naturel par mariage subséquent, s'il est né depuis la donation.**

1) La survenance d'un enfant légitime au donateur révoque de plein droit la donation entre vifs faite par une personne sans enfant ou descendant au moment de la donation. Cette révocation est essentiellement fondée sur l'intérêt de l'enfant né depuis la donation et sur l'ordre public. Mais ce fondement fait défaut en cas de donation par contrat de mariage faite par un conjoint à l'autre puisque, dans ce cas, l'enfant né depuis la donation est assuré de recueillir en qualité d'héritier les biens donnés dans le patrimoine du donataire. Pour cette raison, l'article 960 exclut une telle donation du domaine de la révocation d'office (Paris 23 juin 1986 : *Gaz. Pal.* 1987, 1, Somm. 214 ; *J.C.P.* 87, II, 20785, note Montredon). Cependant, l'exception est inapplicable et la révocation de droit si l'enfant né après la donation n'est pas issu du mariage de l'époux donateur avec le donataire (même arrêt).

2) N'est pas révocable pour survenance d'enfant la donation d'usufruit faite par un fils au profit de sa mère si le donateur n'a fait que respecter un engagement par lequel il se trouvait moralement lié envers son père et qui présentait le caractère d'une obligation

Art. 961

naturelle (T.G.I. Seine 6 juil. 1962 : *Gaz. Pal.* 1962, 2, 223).

3) Sur le point de savoir si l'article 960 est applicable au cas de survenance d'un enfant naturel, V. Rép. min. Justice n. 28049 : *J.O.* débats Ass. nat. 18 avril 1983 ; *J.C.P.* 83, IV. 311.

Art. 961. – **Cette révocation aura lieu, encore que l'enfant du donateur ou de la donatrice fût conçu au temps de la donation.**

Art. 962. – **La donation demeurera pareillement révoquée lors même que le donataire serait entré en possession des biens donnés, et qu'il y aurait été laissé par le donateur depuis la survenance de l'enfant ; sans néanmoins que le donataire soit tenu de restituer les fruits par lui perçus, de quelque nature qu'ils soient, si ce n'est du jour que la naissance de l'enfant ou sa légitimation par mariage subséquent lui aura été notifiée par exploit ou autre acte en bonne forme ; et ce, quand même la demande pour rentrer dans les biens donnés n'aurait été formée que postérieurement à cette notification.**

Sur la preuve de la notification de la naissance, V. Civ. 1re, 22 déc. 1959 : *J.C.P.* 60, IV, 17 ; *Bull.* I, n. 554, p. 453.

Art. 963. – **Les biens compris dans la donation révoquée de plein droit, rentreront dans le patrimoine du donateur, libres de toutes charges et hypothèques du chef du donataire, sans qu'ils puissent demeurer affectés, même subsidiairement, à la restitution de la dot de la femme de ce donataire, de ses reprises ou autres conventions matrimoniales ; ce qui aura lieu quand même la donation aurait été faite en faveur du mariage du donataire et insérée dans le contrat, et que le donateur se serait obligé comme caution, par la donation, à l'exécution du contrat de mariage.**

Art. 964. – **Les donations ainsi révoquées ne pourront revivre ou avoir de nouveau leur effet, ni par la mort de l'enfant du donateur, ni par aucun acte confirmatif ; et si le donateur veut donner les mêmes biens au même donataire, soit avant ou après la mort de l'enfant par la naissance duquel la donation avait été révoquée, il ne le pourra faire que par une nouvelle disposition.**

Art. 965. – **Toute clause ou convention par laquelle le donateur aurait renoncé à la révocation de la donation pour survenance d'enfant, sera regardée comme nulle et ne pourra produire aucun effet.**

Art. 966. – **Le donataire, ses héritiers ou ayants cause, ou autres détenteurs des choses données, ne pourront opposer la prescription pour faire valoir la donation révoquée par la survenance d'enfant, qu'après une possession de trente années, qui ne pourront commencer à courir que du jour de la naissance du dernier enfant du donateur, même posthume ; et ce, sans préjudice des interruptions, telles que de droit.**

CHAPITRE V. – DES DISPOSITIONS TESTAMENTAIRES

SECTION I. – DES RÈGLES GÉNÉRALES SUR LA FORME DES TESTAMENTS

Art. 967. – **Toute personne pourra disposer par testament, soit sous le titre d'institution d'héritier, soit sous le titre de legs, soit sous toute autre dénomination propre à manifester sa volonté.**

DISPOSITIONS TESTAMENTAIRES — Art. 970

Un acte se bornant à exhéréder la famille du testateur et ne contenant aucune attribution de biens ne cesse pas d'être un testament (Req. 20 juil. 1943 : *J.C.P.* 43, II, 2450, note Voirin).

Art. 968. — Un testament ne pourra être fait dans le même acte par deux ou plusieurs personnes, soit au profit d'un tiers, soit à titre de disposition réciproque ou mutuelle.

1) Deux testaments, même faits en contemplation l'un de l'autre par deux époux, ne peuvent être considérés comme réalisant une opération unique ; ils doivent être envisagés séparément et indépendamment lorsqu'il s'agit de statuer sur leur validité et sur leurs effets (Civ. 25 fév. 1925 : *D.P.* 1925, 1, 185 note R. Savatier. – Comp. Civ. 1re, 12 juil. 1960 : *D.* 1960, 558). En revanche, doit être annulé le testament qui contient non seulement les dispositions de la femme mais aussi celles de son époux dès lors que la femme, si elle a tenu la plume, n'a fait qu'exprimer en son nom et au nom de son mari les dispositions qu'en accord commun ils entendaient prendre pour la période postérieure à leur décès à tous deux et que le mari, en apposant sa signature sur cet écrit, après celle de son épouse, s'est approprié l'œuvre testamentaire que celle-ci venait de rédiger au nom des deux époux (Civ. 1re, 21 avril 1971 : *J.C.P.* 73, II, 17328, note Dagot ; V. en ce sens Req. 3 fév. 1873 : *D.P.* 73, I, 467. – Versailles 1er fév. 1983 : *D.* 1984, I.R. 277, obs. D. Martin – V. cpdt, dans un sens moins sévère, Paris 27 avril 1984 : *Defrénois* 1985, 438, note D. Talon). Il n'y a pas testament conjonctif lorsque les dispositions testamentaires sont libellées au nom des deux époux mais que l'écrit n'est pas signé par la femme (T.G.I. Paris 30 avril 1981 : *Defrénois* 1982, 1101, obs. Champenois ; *Gaz. Pal.* 1982, 1, 256, note J. et D. Talon).

2) Un testament nul comme contraire aux règles de forme édictées par l'article 968 n'a pu produire aucun effet et notamment n'a pu révoquer les testaments antérieurs (Paris 1er juil. 1980 : *Juris-Data,* n. 811).

Art. 969. — Un testament pourra être olographe, ou fait par acte public ou dans la forme mystique.

1) Un legs purement verbal, nul à ce titre, emporte cependant à la charge de l'héritier ou du légataire universel une obligation naturelle qui peut servir de cause à une obligation civile valable (Civ. 1re, 27 déc. 1963 : *J.C.P.* 64, IV, 19 ; *Bull.* I, n. 573, p. 481). Sur la validité du testament verbal fait par un Français déporté en Allemagne, V. Civ. 1re, 21 avril 1959 : *D.* 1959, 521, note Malaurie.

2) La preuve de l'existence, de la teneur et de la régularité d'un testament détruit par un tiers peut être établie par tous les moyens (Civ. 1re, 29 janv. 1957 : *Gaz. Pal.* 1957, 1, 373). Jugé que la destruction par un héritier ne fait présumer la régularité du testament que contre cet héritier seulement (Nancy 17 nov. 1949 : *J.C.P.* 50, II, 5596, note Voirin).

3) V. D. n. 67-1122 du 12 déc. 1967 portant publication de la convention sur les conflits de lois en matière de forme des dispositions testamentaires du 5 octobre 1961 (*J.O.* 24 déc. ; *J.C.P.* 68, III, 33870). – D. n. 76-424 du 6 mai 1976 portant publication de la convention du Conseil de l'Europe relative à l'établissement d'un système d'inscription des testaments signée à Bâle le 16 mai 1972 (*J.O.* 16 mai ; *J.C.P.* 76, III, 44316).

Art. 970. — Le testament olographe ne sera point valable, s'il n'est écrit en entier, daté et signé de la main du testateur : il n'est assujetti à aucune autre forme.

J. Flour et H. Souleau, *Le testament olographe : Defrénois* 1983, 354.

Art. 970 — DISPOSITIONS TESTAMENTAIRES

I. Ecriture

1) Le type d'écriture utilisé important peu, un testament rédigé en lettres d'imprimerie est valable (Civ. 1re, 22 nov. 1966 : *Bull.* I, n. 519, p. 392).

2) Le testament peut être écrit au crayon (Poitiers 24 janv. 1916 : *D.P.* 1920, II, 135). Mais un testament dactylographié est nul (Civ. 18 mai 1936 : *D.H.* 1936, 345. − Civ. 1re, 8 fév. 1978 : *J.C.P.* 78, IV, 119 ; *Bull.* I, n. 54, p. 47. − Civ. 1re, 23 oct. 1984 : *J.C.P.* 85, IV, 8 ; *D.* 1985, I.R. 118 ; *Bull.* I, n. 278, p. 236), même si le testateur, par une mention manuscrite datée et signée, en a présenté globalement le contenu comme répondant à sa volonté (Civ. 18 mai 1936, précité. V. en ce sens Civ. 1re, 1er mars 1961 : *J.C.P.* 61, II, 12271, note Tarabeux). Sur l'utilisation par le testateur d'une formule imprimée, V. Civ. 1re, 17 juil. 1968 : *J.C.P.* 69, II, 15710 *bis*.

3) Le testament peut être écrit sur des feuillets séparés s'il existe entre ces feuillets un lien matériel et intellectuel suffisant pour considérer l'ensemble comme un seul et même acte (Req. 28 mai 1894 : *D.P.* 94, 1, 533).

4) Les juges du fond disposent d'un pouvoir souverain pour décider si une lettre missive sert de cadre à un véritable testament (Civ. 24 juin 1952 : *J.C.P.* 52, II, 7179, note Voirin. − Aix 2 oct. 1973 : *D.* 1974, 745, note Bihr), ou si elle ne constitue qu'un projet (Civ. 1re, 25 nov. 1975 : *Bull.* I, n. 344, p. 283. − Pau 20 avril 1961 : *D.* 1961, 397). S'agissant d'un écrit rédigé de la main du testateur, daté et signé, les juges du fond peuvent déduire de l'examen du texte et des éléments extrinsèques à celui-ci que ce document incomplet, désordonné, difficilement exécutable, n'a été qu'une esquisse (Civ. 1re, 12 janv. 1970 : *J.C.P.* 70, IV, 56 ; *Bull.* I, n. 12, p. 9). Jugé qu'un document non daté ni signé, portant en tête « Ceci est mon testament », accompagné d'une lettre adressée par la rédactrice au notaire, ne constitue qu'un projet de testament, dès lors que la lettre révèle l'intention de la rédactrice de subordonner l'expression définitive de sa volonté, concrétisée par la signature, à l'accord de son notaire (Civ. 1re, 9 nov. 1982 : *Bull.* I, n. 327, p. 279).

5) Si le testament demeure valable lorsque son auteur qui n'a fait que recopier un modèle l'a transcrit en connaissance de cause et ainsi s'en est approprié le contenu, sa validité implique que le scripteur avait la conscience de son œuvre et l'intelligence de la valeur des caractères que formait sa main (Civ. 1re, 5 nov. 1956 : *J.C.P.* 56, II, 9665. − V. pour des applications, Civ. 1re, 6 oct. 1959 : *J.C.P.* 59, II, 11323, note Voirin, 3e esp. − Lyon 24 mars 1970 : *J.C.P.* 70 : IV, 216).

6) Le testament est valable même si la main du testateur a été guidée dès lors que le testament est bien l'œuvre réfléchie de celui qui l'a écrit et que les tiers n'a aucunement influencé la volonté du scripteur (Civ. 1re, 4 janv. 1973 : *Bull.* I, n. 6, p. 6).

7) La charge de la preuve de la fausseté de l'écriture et de la signature d'un testament incombe à l'héritier non réservataire qui conteste le testament lorsque le légataire universel a obtenu l'ordonnance d'envoi en possession prescrite par l'article 1008 du Code civil, cette règle ne souffrant d'exceptions que lorsqu'il existe des circonstances qui rendent le testament suspect (Civ. 1re, 11 fév. 1976 : *D.* 1976, 557, note Boulanger).

II. Date

8) M. Grimaldi, *La jurisprudence et la date du testament olographe* : D. 1984, chron. 253. − C. Feddal, *La date dans le testament olographe* : *J.C.P.* 89, I, 3423.

9) Le testament peut être rédigé, aussi bien que sur divers feuillets, sur les faces opposées d'un même feuillet et sa date peut être apposée après ces dispositions pourvu qu'il existe entre cette date, ces feuillets ou

DISPOSITIONS TESTAMENTAIRES — Art. 970

faces opposées d'un feuillet et les dispositions écrites une liaison qui n'en forme qu'un seul et même acte (Civ. 1re, 19 mars 1973 : *Bull.* I, n. 106, p. 96). La date peut figurer sur l'enveloppe contenant le testament si l'enveloppe constitue un tout avec le testament qu'elle contient (Req. 9 janv. 1900 : *D.P.* 1900, 1, 97). Lorsque la date est intercalée au milieu du texte, la deuxième partie doit être considérée comme non datée (Civ. 1re, 9 déc. 1986 : *Bull.* I, n. 297, p. 283).

10) L'addition faisant corps avec le testament est valable même si elle n'est ni datée ni signée (Civ. 1re, 15 nov. 1972 : *Bull.* I, n. 248, p. 216), mais doit être cassé l'arrêt qui admet la validité de l'ensemble des dispositions testamentaires après avoir estimé que le codicille était antidaté (Civ. 1re, 25 oct. 1972 : *Bull.* I, n. 224, p. 196).

11) Les faits et circonstances extrinsèques au testament peuvent être invoqués comme preuve de l'inexactitude de sa date à condition que cette preuve ait son principe et sa racine soit dans les autres énonciations, soit dans l'état matériel du testament (Civ. 11 juin 1902 : *D.P.* 1902, 1, 434, note L.S. – V. aussi Civ. 1re, 5 fév. 1980 : *Bull.* I, n. 46, p. 39. – Civ. 1re, 4 fév. 1981 : *J.C.P.* 82, II, 19715, note Rémy). S'il n'est pas établi que le testateur n'était pas au lieu indiqué par lui sur le testament, les juges du fond en déduisent justement que la date de ce testament doit être tenue pour exacte (Civ. 1re, 17 janv. 1984 : *Bull.* I, n. 25, p. 19). Sur l'hypothèse d'une contradiction entre la date apposée par le testateur et le filigrane du papier timbré sur lequel est écrit le testament, V. Civ. 1re, 27 déc. 1957 : *D.* 1958, 111.

12) Les faits et circonstances extrinsèques au testament peuvent, dans la mesure où ils corroborent les éléments intrinsèques dans lesquels doit avoir son principe et sa racine la preuve de la date, servir à établir cette date ou à la compléter (Civ. 24 juin 1952 : *J.C.P.* 52, II, 7179, note Voirin. – Civ. 1re, 27 avril 1971 : *Gaz. Pal.* 1971, 2, 553. – Civ. 1re, 4 fév. 1982 : *J.C.P.* 82, II, 19715, note Rémy). Le testament est nul si la date n'a pu être reconstituée avec précision mais seulement cantonnée dans un laps de temps, alors même qu'il serait établi que durant cette période la capacité du disposant n'avait pas été modifiée, ni ses intentions libérales (Civ. 1re, 2 fév. 1971 : *J.C.P.* 72, II, 17000, note M.D. ; *D.* 1971, 421, note Maury). La seule référence aux événements de mai 1968 est trop vague pour permettre de dater le testament avec la rigueur voulue par la loi (Civ. 1re, 25 nov. 1975 : *Bull.* I, n. 344, p. 283). Pas davantage les juges du fond ne peuvent retenir à titre d'élément intrinsèque les termes « en cas de décès », par lesquels débute le testament, comme indiquant que la testatrice avait rédigé ses dernières volontés en raison du voyage qu'elle allait entreprendre le lendemain (Civ. 1re, 14 mars 1984 : *Bull.* I, n. 103, p. 85 ; *J.C.P.* 85, II, 20506, note Rémy). Mais jugé que l'omission du seul quantième du mois ne saurait à elle seule entraîner la nullité du testament, dès lors que la capacité du testateur et sa volonté de gratifier ne font aucun doute, qu'il n'a pas établi d'autre testament, et qu'il a déposé le testament litigieux chez un notaire le mois suivant (Civ. 1re, 9 mars 1983 : *J.C.P.* 83, IV, 165 ; *Bull.* I, n. 95, p. 84 ; *Defrénois* 1983, 1448, note Souleau ; *J.C.P.* 84, II, 20277, note Dagot ; *Rev. trim. dr. civ.*, 1985, 200, obs. Patarin ; Civ. 1re, 1er juil. 1986 : *Bull.* I, n. 193, p. 189 ; *D.* 1986, 542, note Grimaldi. V. cpdt Civ. 1re, 8 mars 1988 : *J.C.P.* 88, II, 21077, note Montredon ; D. 1989, 110, note Malaurie ; *Rev. trim. dr. civ.* 1989, 123, obs. Patarin).

13) La date du testament étant divisible, l'irrégularité portant sur l'un des éléments (jour, mois, année) n'atteint pas les autres (Req. 5 nov. 1913 : *D.P.* 1914, 1, 233, note Picard. – Limoges 24 oct. 1969 : *D.* 1969, 715).

14) Un testament daté par un tiers ne peut valoir comme testament (Civ. 1re, 19 avril 1988 : *Bull.* I, n. 114, p. 78).

Art. 971

III. Signature

15) La signature par le seul prénom répond suffisamment aux exigences de l'article 970 dès lors qu'elle permet d'établir avec certitude l'identité de l'auteur du testament et sa volonté d'en approuver les dispositions (Civ. 24 juin 1952 : *J.C.P.* 52, II, 7179, note Voirin). Il en va de même pour le cas où le testateur mentionne ses nom, prénom et domicile sans utiliser sa signature habituelle (Civ. 1re, 5 oct. 1959 : *J.C.P.* 59, II, 11323, note Voirin, 2e esp. – Civ. 1re, 25 janv. 1977 : *Bull.* I, n. 46, p. 35. – Civ. 1re, 21 juil. 1980 : *J.C.P.* 80, IV, 385 ; *Bull.* I, n. 233, p. 187), même si cette mention ne figure pas à la fin des dispositions (Civ. 1re, 17 avril 1961 : *D.* 1961, 447. – V. aussi Paris, 27 janv. 1939 : *D.H.* 1939, 217). Jugé cependant que ne peut être tenue pour une véritable signature la simple mention des nom et prénom du testateur dans le contexte des dispositions testamentaires, une telle mention ne caractérisant pas la signature qui est la marque de l'approbation personnelle et définitive du contenu de l'acte et de la volonté de s'en approprier les termes (Civ. 1re, 14 fév. 1968 : *Bull.* I, n. 68, p. 53). Sur la portée d'un paraphe figurant sur l'enveloppe contenant le testament, V. Paris 6 juil. 1982 : *J.C.P.* 83, II, 20007, note M.C.

16) Le simple fait de la présence sur un testament d'ailleurs régulier de la signature de tiers ne saurait par lui-même le vicier de nullité (Civ. 1re, 5 oct. 1959 : *J.C.P.* 59, II, 11323, note Voirin, 1re esp. ; *D.* 1959, 507, note Holleaux, 3e esp.).

17) La signature ne peut être antérieure au texte lui-même (Civ. 1re, 18 déc. 1984 : *J.C.P.* 85, IV, 81 ; *Bull.* I, n. 341, p. 290. V. en ce sens Civ. 1re, 9 déc. 1986 : *Bull.* I, n. 297, p. 283).

Art. 971 *(L. 8 déc. 1950).* **– Le testament par acte public est reçu par deux notaires ou par un notaire assisté de deux témoins.**

Les témoins instrumentaires doivent assister à la dictée du testament et à sa rédaction et non pas seulement à sa lecture (Civ. 1re, 18 déc. 1973 : *Bull.* I, n. 356, p. 316). Sur le rôle des témoins, V. aussi Civ. 1re, 19 déc. 1978 : *Bull.* I, n. 397, p. 309.

Art. 972 *(L. 8 déc. 1950).* **– Si le testament est reçu par deux notaires, il leur est dicté par le testateur ; l'un de ces notaires l'écrit lui-même ou le fait écrire à la main ou mécaniquement.**
S'il n'y a qu'un notaire, il doit également être dicté par le testateur ; le notaire l'écrit lui-même ou le fait écrire à la main ou mécaniquement.
Dans l'un et l'autre cas, il doit en être donné lecture au testateur.
Il est fait du tout mention expresse.

1) L'obligation de dicter le testament est requise à peine de nullité (Civ. 1re, 7 juil. 1965 : *J.C.P.* 65, II, 14385, note Voirin). Il ne peut y être suppléé par de simples signes, fussent-ils aussi expressifs et aussi peu équivoques que possible (même arrêt). Les dispositions peuvent être dictées par le testateur, à l'aide d'un brouillon rédigé à l'avance (Civ. 1re, 22 mai 1973 : *J.C.P.* IV, 261 ; *Bull.* I, n. 175, p. 156), mais il n'y a pas dictée si le notaire a rédigé seul à l'avance non point de simples notes mais le testament dans son intégralité (Civ. 1re, 20 mai 1968 : *Bull.* I, n. 147, p. 113).

2) Le notaire rédacteur peut poser certaines questions ou donner certaines précisions au disposant, pourvu que sa rédaction corresponde exactement à la volonté exprimée oralement du testateur (Civ. 1re, 28 juin 1961 : *Bull.* I, n. 353, p. 281), et que les interpellations n'aient pas pour objet de suggérer des dispositions auxquelles le testateur n'avait pas songé (Riom 8 janv. 1951 : *D.* 1951, 211).

DISPOSITIONS TESTAMENTAIRES — Art. 976

3) Le testament est nul si le notaire, ignorant la langue dans laquelle s'exprime le testateur, a recouru aux services d'un interprète (Civ. 1re, 18 déc. 1956 : *J.C.P.* 57, II, 9718, note Jaquillard).

4) La lecture doit être considérée comme non avenue lorsque le testateur n'a pu l'entendre en raison de sa surdité (Req. 28 nov. 1898 : *D.P.* 1899, 1, 273).

5) Il résulte des articles 971 et 972 que les témoins du testament authentique doivent être en mesure d'entendre la dictée du testament au notaire (Civ. 1re, 23 juil. 1979 : *D.* 1980, I.R., 141).

6) Le notaire qui énonce que le testateur a déclaré que le testament contenait bien ses volontés ne fait que relater les déclarations de ce testateur. On peut donc, sans recourir à la voie de l'inscription de faux, être admis à prouver, en dépit des énonciations du testament authentique, que le testateur n'était pas sain d'esprit (Civ. 1re, 25 mai 1987 : *Bull.* I, n. 171, p. 129).

Art. 973 *(L. 8 déc. 1950).* – **Ce testament doit être signé par le testateur en présence des témoins et du notaire ; si le testateur déclare qu'il ne sait ou ne peut signer, il sera fait dans l'acte mention expresse de sa déclaration, ainsi que de la cause qui l'empêche de signer.**

1) La déclaration de ne pouvoir signer doit être mentionnée dans l'acte (Req. 29 juil. 1875 : *D.P.* 1876, 1, 79). Jugé que la déclaration de ne savoir écrire est suffisante (Civ. 1er fév. 1859 : *D.P.* 1859, 1, 85), de même que la déclaration de ne pouvoir signer en raison de son infirmité sans préciser laquelle, alors qu'il s'agissait d'une cécité, infirmité essentiellement apparente (Civ. 1re, 6 mai 1957 : *J.C.P.* 57, II, 10057, note Ancel).

2) Sur la force probante des affirmations contenues dans l'acte, V. Civ. 1re, 29 mai 1962 : *D.* 1962, 627.

Art. 974 *(L. 8 déc. 1950).* – **Le testament devra être signé par les témoins et par le notaire.**

Art. 975. – **Ne pourront être pris pour témoins du testament par acte public, ni les légataires, à quelque titre qu'ils soient, ni leurs parents ou alliés jusqu'au quatrième degré inclusivement, ni les clercs des notaires par lesquels les actes seront reçus.**

1) Les alliés des alliés du légataire ne sont pas visés par la prohibition de l'article 975 (Paris 19 janv. 1903 : *D.P.* 1904, II, 133). Sur le pouvoir souverain des juges du fond pour fixer si une personne travaillant chez un notaire doit ou non être considérée comme un clerc au sens de l'article 975, V. Civ. 25 janv. 1858 : *D.P.* 1858, 1, 63.

2) Le testament dans lequel a figuré comme témoin un cousin germain du légataire peut être ratifié tacitement par l'exécution volontaire de la part des héritiers (Civ. 10 janv. 1949 : *D.* 1949, 118).

Art. 976 *(L. 8 déc. 1950).* – **Lorsque le testateur voudra faire un testament mystique, le papier qui contiendra les dispositions ou le papier qui servira d'enveloppe, s'il y en a une, sera clos, cacheté et scellé.**
Le testateur le présentera ainsi clos, cacheté et scellé au notaire et à deux témoins, ou il le fera clore, cacheter et sceller en leur présence, et il déclarera que le contenu de ce papier est son testament, signé de lui, et écrit par lui ou par un autre, en affirmant, dans ce dernier cas, qu'il en a personnellement vérifié le libellé ; il indiquera, dans tous les cas, le mode d'écriture employé (à la main ou mécanique).

Art. 977 — DISPOSITIONS TESTAMENTAIRES

Le notaire en dressera, en brevet, l'acte de suscription qu'il écrira ou fera écrire à la main ou mécaniquement sur ce papier ou sur la feuille qui servira d'enveloppe et portera la date et l'indication du lieu où il a été passé, la description du pli et de l'empreinte du sceau, et mention de toutes les formalités ci-dessus ; cet acte sera signé tant par le testateur que par le notaire et les témoins.
Tout ce que dessus sera fait de suite et sans divertir à autres actes.
En cas que le testateur par un empêchement survenu depuis la signature du testament ne puisse signer l'acte de suscription, il sera fait mention de la déclaration qu'il en aura faite et du motif qu'il en aura donné.

1) Le testament mystique ne prend date que du jour où est dressé l'acte de suscription (Toulouse 7 juin 1880 : *D.P.* 81, 2, 53).

2) Les signatures apposées sur le corps de l'acte testamentaire peuvent être contestées sans qu'il soit nécessaire de recourir à l'inscription de faux (Bordeaux 4 juil. 1900 sous Req. 10 déc. 1902 : *S.* 1903, 1, 285. – Toulouse 30 juin 1930 : *D.P.* 1931, 2, 25). Sur la nullité du testament authentique pour manquement aux règles de forme dans la rédaction de l'acte de suscription, V. Lyon 1er juil. 1980 (*J.C.P.* 81, II, 19675, note Dagot ; *Defrénois* 1981, 764, note Roux).

Art. 977 *(L. 8 déc. 1950)*. – Si le testateur ne sait signer ou s'il n'a pu le faire lorsqu'il a fait écrire ses dispositions, il sera procédé comme il est dit à l'article précédent ; il sera fait, en outre, mention à l'acte de suscription que le testateur a déclaré ne savoir signer ou n'avoir pu le faire lorsqu'il a fait écrire ses dispositions.

Art. 978. – Ceux qui ne savent ou ne peuvent lire, ne pourront faire de dispositions dans la forme du testament mystique.

Art. 979 *(L. 8 déc. 1950)*. – En cas que le testateur ne puisse parler, mais qu'il puisse écrire, il pourra faire un testament mystique, à la charge expresse que le testament sera signé de lui et écrit par lui ou par un autre, qu'il le présentera au notaire et aux témoins, et qu'en haut de l'acte de suscription il écrira, en leur présence, que le papier qu'il présente est son testament et signera. Il sera fait mention dans l'acte de suscription que le testateur a écrit et signé ces mots en présence du notaire et des témoins et sera, au surplus, observé tout ce qui est prescrit par l'article 976 et n'est pas contraire au présent article.
Dans tous les cas prévus au présent article et aux articles précédents, le testament mystique dans lequel n'auront point été observées les formalités légales, et qui sera nul comme tel, vaudra cependant comme testament olographe, si toutes les conditions requises pour sa validité comme testament olographe sont remplies, même s'il a été qualifié de testament mystique.

Art. 980 *(L. 7 déc. 1897 ; L. 8 déc. 1950)*. – Les témoins appelés pour être présents aux testaments devront être Français et majeurs, savoir signer et avoir la jouissance de leurs droits civils. Ils pourront être de l'un ou de l'autre sexe, mais le mari et la femme ne pourront être témoins dans le même acte.

Sur l'application de la théorie de l'apparence dans le cas où le témoin n'était pas de nationalité française, mais passait pour Français, V. Civ. 1re, 20 oct. 1970 : *J.C.P.* 71, II, 16657, note R.L. – Civ. 1re, 16 mai 1980 : *D.* 1980, I.R., 141.

DISPOSITIONS TESTAMENTAIRES — Art. 985

SECTION II. – DES RÈGLES PARTICULIÈRES SUR LA FORME DE CERTAINS TESTAMENTS

Art. 981 *(L. 17 mai 1900).* – **Les testaments des militaires, des marins de l'État et des personnes employées à la suite des armées pourront être reçus dans les cas et conditions prévus à l'article 93, soit par un officier supérieur ou médecin militaire d'un grade correspondant, en présence de deux témoins ; soit par deux fonctionnaires de l'intendance ou officiers du commissariat ; soit par un de ces fonctionnaires ou officiers en présence de deux témoins ; soit enfin, dans un détachement isolé, par l'officier commandant ce détachement, assisté de deux témoins, s'il n'existe pas dans le détachement d'officier supérieur ou médecin militaire d'un grade correspondant, de fonctionnaire de l'intendance ou d'officier du commissariat.**

Le testament de l'officier commandant un détachement isolé pourra être reçu par l'officier qui vient après lui dans l'ordre du service.

La faculté de tester dans les conditions prévues au présent article s'étendra aux prisonniers chez l'ennemi.

Art. 982 *(L. 17 mai 1900).* – **Les testaments mentionnés à l'article précédent pourront encore, si le testateur est malade ou blessé, être reçus dans les hôpitaux ou les formations sanitaires militaires telles que les définissent les règlements de l'armée, par le médecin chef, quel que soit son grade, assisté de l'officier d'administration gestionnaire.**

A défaut de cet officier d'administration, la présence de deux témoins sera nécessaire.

Art. 983 *(L. 8 juin 1893).* – **Dans tous les cas, il sera fait un double original des testaments mentionnés aux deux articles précédents.**

Si cette formalité n'a pu être remplie à raison de l'état de santé du testateur, il sera dressé une expédition du testament pour tenir lieu du second original ; cette expédition sera signée par les témoins et par les officiers instrumentaires. Il y sera fait mention des causes qui ont empêché de dresser le second original.

Dès que la communication sera possible et dans le plus bref délai, les deux originaux ou l'original et l'expédition du testament seront adressés, séparément et par courriers différents, sous pli clos et cacheté, au ministre de la Guerre ou de la Marine, pour être déposés chez le notaire indiqué par le testateur ou, à défaut d'indication, chez le président de la chambre des notaires de l'arrondissement du dernier domicile.

Art. 984 *(L. 8 juin 1893).* – **Le testament fait dans la forme ci-dessus établie sera nul six mois après que le testateur sera venu dans un lieu où il aura la liberté d'employer les formes ordinaires, à moins que, avant l'expiration de ce délai, il n'ait été de nouveau placé dans une des situations spéciales prévues à l'article 93. Le testament sera alors valable pendant la durée de cette situation spéciale et pendant un nouveau délai de six mois après son expiration.**

Art. 985 – **Les testaments faits dans un lieu avec lequel toute communication sera interceptée, à cause de la peste ou autre maladie contagieuse pourront être faits devant le juge du tribunal d'instance ou devant l'un des officiers municipaux de la commune, en présence de deux témoins.**

(L. 28 juil. 1915) **Cette disposition aura lieu, tant à l'égard de ceux qui seraient attaqués de ces maladies, que de ceux qui seraient dans les lieux qui en sont infectés, encore qu'ils ne fussent pas actuellement malades.**

Art. 986 — DISPOSITIONS TESTAMENTAIRES

Art. 986 *(L. 28 juil. 1915)*. – Les testaments faits dans une île du territoire européen de la France où il n'existe pas d'office notarial, quand il y aura impossibilité de communiquer avec le continent, pourront être reçus ainsi qu'il est dit à l'article précédent. L'impossibilité des communications sera attestée dans l'acte par le juge du tribunal d'instance ou l'officier municipal qui aura reçu le testament.

Art. 987. – Les testaments mentionnés aux deux précédents articles deviendront nuls six mois après que les communications auront été rétablies dans le lieu où le testateur se trouve, ou six mois après qu'il aura passé dans un lieu où elles ne seront point interrompues.

Art. 988 *(L. 8 juin 1893)*. – Au cours d'un voyage maritime, soit en route, soit pendant un arrêt dans un port, lorsqu'il y aura impossibilité de communiquer avec la terre ou lorsqu'il n'existera pas dans le port, si l'on est à l'étranger, d'agent diplomatique ou consulaire français investi des fonctions de notaire, les testaments des personnes présentes à bord seront reçus, en présence de deux témoins : sur les bâtiments de l'État, par l'officier d'administration ou, à son défaut, par le commandant ou celui qui en remplit les fonctions, et sur les autres bâtiments, par le capitaine, maître ou patron, assisté du second du navire, ou, à leur défaut, par ceux qui les remplacent.

L'acte indiquera celle des circonstances ci-dessus prévues dans laquelle il aura été reçu.

Art. 989 *(L. 8 juin 1893)*. – Sur les bâtiments de l'État, le testament de l'officier d'administration sera, dans les circonstances prévues à l'article précédent, reçu par le commandant ou par celui qui en remplit les fonctions, et s'il n'y a pas d'officier d'administration, le testament du commandant sera reçu par celui qui vient après lui dans l'ordre du service.

Sur les autres bâtiments, le testament du capitaine, maître ou patron, ou celui du second, seront, dans les mêmes circonstances, reçus par les personnes qui viennent après eux dans l'ordre du service.

Art. 990 *(L. 8 juin 1893)*. – Dans tous les cas, il sera fait un double original des testaments mentionnés aux deux articles précédents.

Si cette formalité n'a pu être remplie en raison de l'état de santé du testateur, il sera dressé une expédition du testament pour tenir lieu du second original ; cette expédition sera signée par les témoins et par les officiers instrumentaires. Il y sera fait mention des causes qui ont empêché de dresser le second original.

Art. 991 *(L. 8 juin 1893)*. – Au premier arrêt dans un port étranger où se trouve un agent diplomatique ou consulaire français, il sera fait remise, sous pli clos et cacheté, de l'un des originaux ou de l'expédition du testament entre les mains de ce fonctionnaire, qui l'adressera au ministre de la Marine, afin que le dépôt puisse en être effectué comme il est dit à l'article 983.

Art. 992 *(L. 8 juin 1893)*. – A l'arrivée du bâtiment dans un port de France, les deux originaux du testament ou l'original et son expédition, ou l'original qui reste, en cas de transmission ou de remise effectuée pendant le cours du voyage, seront déposés, sous pli clos et cacheté, pour les bâtiments de l'État, au bureau des armements, et pour les autres bâtiments au bureau de l'inscription maritime. Chacune de ces pièces sera adressée séparément et par courriers différents, au ministre de la Marine qui en opérera la transmission comme il est dit à l'article 983.

DISPOSITIONS TESTAMENTAIRES **Art. 1001**

Art. 993 *(L. 8 juin 1893)*. - Il sera fait mention, sur le rôle du bâtiment, en regard du nom du testateur, de la remise des originaux ou expédition du testament faite, conformément aux prescriptions des articles précédents, au consulat, au bureau des armements ou au bureau de l'inscription maritime.

Art. 994 *(L. 8 juin 1893)*. - Le testament fait au cours d'un voyage maritime, en la forme prescrite par les articles 988 et suivants, ne sera valable qu'autant que le testateur mourra à bord ou dans les six mois après qu'il sera débarqué dans un lieu où il aura pu le refaire dans les formes ordinaires.

Toutefois, si le testateur entreprend un nouveau voyage maritime avant l'expiration de ce délai, le testament sera valable pendant la durée de ce voyage et pendant un nouveau délai de six mois après que le testateur sera de nouveau débarqué.

Art. 995 *(L. 8 juin 1893)*. - Les dispositions insérées dans un testament fait, au cours d'un voyage maritime, au profit des officiers du bâtiment autres que ceux qui seraient parents ou alliés du testateur, seront nulles et non avenues.

Il en sera ainsi, que le testament soit fait en la forme olographe ou qu'il soit reçu conformément aux articles 988 et suivants.

Art. 996 *(L. 8 juin 1893)*. - Il sera donné lecture au testateur, en présence des témoins, des dispositions de l'article 984, 987 ou 994, suivant les cas, et mention de cette lecture sera faite dans le testament.

Art. 997 *(L. 8 juin 1893)*. - Les testaments compris dans les articles ci-dessus de la présente section seront signés par le testateur, par ceux qui les auront reçus et par les témoins.

Art. 998 *(L. 8 juin 1893)*. Si le testateur déclare qu'il ne peut ou ne sait signer, il sera fait mention de sa déclaration, ainsi que de la cause qui l'empêche de signer.

Dans le cas où la présence de deux témoins est requise, le testament sera signé au moins par l'un d'eux, et il sera fait mention de la cause pour laquelle l'autre n'aura pas signé.

Art. 999. - Un Français qui se trouvera en pays étranger pourra faire ses dispositions testamentaires par acte sous signature privée, ainsi qu'il est prescrit en l'article 970, ou par acte authentique, avec les formes usitées dans le lieu où cet acte sera passé.

V. L. du 10 août 1936 relative à l'exercice des attributions notariales dans les postes diplomatiques et consulaires, mod. D. n. 62-1022 du 18 août 1962 (*J.C.P.* 62, III, 28343). V. aussi D. n. 61-35 du 9 janv. 1961 relatif aux attributions notariales des agents diplomatiques et consulaires (*D.* 1961, L. 61).

Art. 1000. - Les testaments faits en pays étranger ne pourront être exécutés sur les biens situés en France, qu'après avoir été enregistrés au bureau du domicile du testateur, s'il en a conservé un, sinon au bureau de son dernier domicile connu en France ; et, dans le cas où le testament contiendrait des dispositions d'immeubles qui y seraient situés, il devra être, en outre, enregistré au bureau de la situation de ces immeubles, sans qu'il puisse être exigé un double droit.

Art. 1001. - Les formalités auxquelles les divers testaments sont assujettis par les dispositions de la présente section et de la précédente doivent être observées à peine de nullité.

Art. 1002

SECTION III. – DES INSTITUTIONS D'HÉRITIER ET DES LEGS EN GÉNÉRAL

Art. 1002. – Les dispositions testamentaires sont ou universelles, ou à titre universel, ou à titre particulier.
Chacune de ces dispositions, soit qu'elle ait été faite sous la dénomination d'institution d'héritier, soit qu'elle ait été faite sous la dénomination de legs, produira son effet suivant les règles ci-après établies pour les legs universels, pour les legs à titre universel, et pour les legs particuliers.

1) La loi ne déclarant pas nulle la disposition testamentaire faite au profit d'une personne non dénommée, il appartient au juge, pour lui donner effet, de discerner d'après les énonciations du testament et les circonstances extrinsèques de la cause quelle est la personne que le testateur a voulu gratifier (Req. 21 fév. 1934 : *D.P.* 1934, 1, 69, rapp. Pilon. V. aussi Nancy 28 avril 1976 : *J.C.P.* 79, II, 19123, note Brimo).

2) Le legs avec faculté d'élire est nul (Civ. 12 avril 1863 : *D.P.* 1863, 1, 356. – Civ. 1re, 25 nov. 1952 : *J.C.P.* 53, II, 7696 bis, note Voirin ; V. cependant Riom 28 oct. 1964 : *D.* 1965, 202, note Verdot, et, sur pourvoi Civ. 1re, 14 nov. 1966 : *J.C.P.* 67, II, 14973, note Voirin). Sur la distinction entre le legs avec faculté d'élire et le legs avec charges, V. Req. 14 janv. 1941 : *J.C.P.* 41, II, 1699, note Voirin.

3) La désignation du légataire doit être l'œuvre du testateur lui-même, mais rien ne lui interdit de donner à un tiers mission de partager la somme léguée entre les différents légataires (Civ. 17 juil. 1922 : *D.P.* 1924, I, 5, note Bartin). Mais jugé qu'il n'y a pas de testament valable si le testateur donne à son exécuteur testamentaire tous pouvoirs pour apprécier s'il est opportun de délivrer tout ou partie du legs (Civ. 1re, 6 mars 1984 : *Bull.* I, n. 88, p. 72 ; *D.* 1985, 5, note Breton ; *Rev. trim. dr. civ.* 1985, 431, obs. Patarin).

4) Sur le pouvoir souverain des juges du fond pour déterminer les intentions véritables du testateur relativement à l'objet du legs, V. Civ. 1re, 6 janv. 1971 : *J.C.P.* 71, II, 16709, note M.D. (anciens et nouveaux francs).

5) Il n'est pas interdit aux juges pour interpréter un testament d'avoir recours à des éléments extrinsèques, notamment aux usages locaux de l'époque de la rédaction de l'écrit (Civ. 1re, 19 janv. 1982 : *Bull.* I, n. 33, p. 28 ; *D.* 1982, 539, note Prévault).

6) Sur la distinction entre le legs et le simple vœu (ou disposition précative), V. T.G.I. Aix 20 mars 1975 : *Gaz. Pal.* 1975, 2, 439. – Paris 22 sept. 1986 : *D.* 1987, 150, note Najjar.

SECTION IV. – DU LEGS UNIVERSEL

Art. 1003. – Le legs universel est la disposition testamentaire par laquelle le testateur donne à une ou plusieurs personnes l'universalité des biens qu'il laissera à son décès.

1) L'institution d'un légataire universel n'est liée à aucune formule sacramentelle, il suffit que la personne instituée ait au moins vocation éventuelle à la totalité des biens du testateur (Paris 6 avril 1946 : *D.* 1946, 405). V. en ce sens, Colmar 16 sept. 1974 : *D.* 1975, Somm. 19. Les juges du fond disposent à cet égard d'un souverain pouvoir d'appréciation et peuvent estimer que l'expression exécuteur testamentaire est impropre et emporte en réalité vocation à l'universalité héréditaire (Civ. 1re, 11 oct. 1955 : *D.* 1956, somm. 26). Mais ils ne peuvent méconnaître le sens des dispositions

DISPOSITIONS TESTAMENTAIRES — Art. 1005

dépourvues d'ambiguïté (Civ. 1re, 9 juil. 1958 : *D.* 1958, 583).

2) La validité d'un legs universel n'est pas subordonnée à l'attribution d'un émolument à celui que le testateur désigne comme bénéficiaire, ce legs pouvant être absorbé par la charge imposée par le gratifiant d'exécuter des legs particuliers (Civ. 1re, 8 mai 1973 : *Gaz. Pal.* 1973, 2, 893). V. en ce sens Civ. 1re, 25 mars 1981 : *J.C.P.* 82, II, 19787, note Rémy. – Paris 13 déc. 1965 : *D.* 1966, 275, note Malaurie.

3) Sur la distinction entre legs universel et legs à titre universel, V. *infra,* art. 1010.

4) Lorsqu'un héritier collatéral a été écarté de la succession par l'institution d'un légataire universel, la renonciation par l'ascendant du défunt à sa part de réserve est impuissante à rendre à ce collatéral son droit héréditaire et à lui faire attribuer les biens revenant nécessairement au légataire universel, lequel, de par la nature même de son titre, a la vocation éventuelle à recueillir tous les biens qui, en raison d'événements postérieurs au décès, restent ou rentrent dans l'héritage (Req. 9 mars 1938 : *D.P.* 1939, I, 65, note E.P.).

5) Le donataire de l'universalité des biens à venir est assimilé à un légataire universel (Civ. 1re, 5 mai 1987 : *Bull.* I, n. 143, p. 112 ; *Rev. trim. dr. civ.* 1988, 560, obs. Patarin).

Art. 1004. – **Lorsqu'au décès du testateur il y a des héritiers auxquels une quotité de ses biens est réservée par la loi, ces héritiers sont saisis de plein droit, par sa mort, de tous les biens de la succession ; et le légataire universel est tenu de leur demander la délivrance des biens compris dans le testament.**

1) La déclaration par laquelle le légataire universel (ou le donataire de l'universalité) opte pour l'une des quotités disponibles, souscrite dans l'année du décès et acceptée par les héritiers réservataires, s'analyse en une demande de délivrance de legs (Civ. 1re, 5 mai 1987 : *Bull.* I, n. 143, p. 112 ; *Rev. trim. dr. civ.* 1988, 560, obs. Patarin).

2) La délivrance du legs, qui a pour seul objet de reconnaître les droits du légataire, doit être distinguée du paiement du legs, lequel ne peut intervenir qu'au cours des opérations de partage par l'attribution au légataire de biens le remplissant de ses droits ; dans l'attente du partage, l'héritier réservataire n'a d'autre obligation que de conserver les fruits et revenus des biens entrant dans la masse partageable afin de pouvoir les remettre au légataire universel dans la proportion de ses droits (Civ. 1re, 10 mai 1988 : *Bull.* I, n. 141, p. 97).

3) La délivrance d'un legs n'est soumise à aucune forme particulière et peut résulter de la prise de possession du légataire sans opposition de l'héritier légitime (Civ. 1re, 18 nov. 1968 : *D.* 1969, 112).

4) La délivrance d'un legs est une mesure essentiellement provisoire qui n'enlève aux héritiers et aux autres intéressés aucun des moyens de forme et de fond qu'ils peuvent avoir à proposer pour faire établir leurs droits dans la succession (Civ. 1re, 10 juil. 1968 : *D.* 1968, 669, note Breton).

5) Le légataire universel primé dans la succession de son grand-père par les fils de celui-ci n'a pas la qualité d'héritier et n'est donc pas dispensé de demander la délivrance (Civ. 1re, 29 oct. 1979 : *J.C.P.* 81, II, 19527, note Dagot).

Art. 1005. – **Néanmoins, dans les mêmes cas, le légataire universel aura la jouissance des biens compris dans le testament, à compter du jour du décès, si la demande en délivrance a été faite dans l'année, depuis cette époque ; sinon, cette jouissance ne commencera que du jour de la demande formée en justice, ou du jour que la délivrance aurait été volontairement consentie.**

Art. 1006 — DISPOSITIONS TESTAMENTAIRES

Il résulte de la combinaison des articles 724, 1005 et 815-9 que l'héritier saisi de l'universalité de la succession est habile à prétendre à la jouissance du bien légué à compter du jour du décès et que cette jouissance est exclusive de toute indemnité au profit de l'indivision pour l'occupation du bien légué (Civ. 1re, 2 juin 1987 : *Bull.* I, n. 181, p. 135).

Art. 1006. – Lorsqu'au décès du testateur il n'y aura pas d'héritiers auxquels une quotité de ses biens soit réservée par la loi, le légataire universel sera saisi de plein droit par la mort du testateur, sans être tenu de demander la délivrance.

Art. 1007*(L. 25 mars 1899; L. 8 déc. 1950; L. n 66-1012 du 28 déc. 1966, art. 1er).* – Tout testament olographe ou mystique sera, avant d'être mis en exécution, déposé entre les mains d'un notaire. Le testament sera ouvert, s'il est cacheté. Le notaire dressera sur-le-champ procès-verbal de l'ouverture et de l'état du testament, en précisant les circonstances du dépôt. Le testament ainsi que le procès-verbal seront conservés au rang des minutes du dépositaire.
Dans le mois qui suivra la date du procès-verbal, le notaire adressera une expédition de celui-ci et une copie figurée du testament au greffier du tribunal de grande instance du lieu d'ouverture de la succession, qui lui accusera réception de ces documents et les conservera au rang de ses minutes.

Art. 1008. – Dans le cas de l'article 1006, si le testament est olographe ou mystique, le légataire universel sera tenu de se faire envoyer en possession, par une ordonnance du président, mise au bas d'une requête, à laquelle sera joint l'acte de dépôt.

1) Sur le point de savoir si le conjoint survivant héritier et institué légataire universel doit demander l'envoi en possession, V. pour l'affirmative Montpellier 15 nov. 1965 : *D.* 1966, 419, note Malaurie. – Paris 16 déc. 1967 : *D.* 1968, 572, note de la Marnierre. – Lyon 6 fév. 1968 : *D.* 1968, 554, pour la négative Civ. 1re, 10 fév. 1964 : *D.* 1965, 118. – Aix 15 juin 1962 : *J.C.P.* 62, II, 12784, note Voirin. – Besançon 11 oct. 1967 : *D.* 1968, 572, note de la Marnierre. V. aussi Vasseur : *D.* 1965, chron. 31.

2) Le juge doit seulement s'assurer de la validité apparente des dispositions testamentaires (Civ. 1re, 24 nov. 1976 : *Bull.* I, n. 369, p. 290. V. cependant Trib. civ. Seine 17 juin 1952 : *J.C.P.* 52, II, 7224, note Voirin). Il ne peut refuser l'envoi en possession en se fondant sur des éléments extrinsèques (Civ. 1re, 11 déc. 1956 : *J.C.P.* 57, II, 9747, note G.M.), mais il peut surseoir à statuer jusqu'à la décision à intervenir sur la contestation (Civ. 1re, 2 fév. 1960 : *Bull.* I, n. 70, p. 57).

3) L'ordonnance d'envoi en possession est un acte de juridiction contentieuse (Civ. 3 avril 1895 : *D.P.* 96, 1, 5, note Glasson. – Civ. 1re, 11 déc. 1956 : *J.C.P.* 57, II, 9747, note G.M.). Elle est exécutoire sur minute et le légataire universel peut obtenir du juge des référés l'autorisation d'aliéner les biens héréditaires en vue d'acquitter les droits de mutation (Civ. 1re, 15 déc. 1976 : *Bull.* I, n. 411, p. 321).

4) Dès lors que le légataire universel a été envoyé en possession conformément à l'article 1008, la charge de la preuve de la fausseté de l'écriture et de la signature du testament incombe à l'héritier, cette règle ne souffrant d'exception que lorsqu'il existe des circonstances rendant le testament suspect (Civ. 1re, 11 fév. 1976 : *Bull.* I, n. 65, p. 51).

5) L'envoi en possession a pour effet de valider rétroactivement les actes faits par le légataire universel en cette qualité (Civ. 1re, 12 déc. 1973 : *Gaz. Pal.* 1974, 1, 381).

DISPOSITIONS TESTAMENTAIRES — Art. 1011

Art. 1009. – **Le légataire universel qui sera en concours avec un héritier auquel la loi réserve une quotité des biens, sera tenu des dettes et charges de la succession du testateur, personnellement pour sa part et portion, et hypothécairement pour le tout ; et il sera tenu d'acquitter tous les legs, sauf le cas de réduction, ainsi qu'il est expliqué aux articles 926 et 927.**

1) Sur le principe de l'obligation aux dettes *ultra vires* du légataire non saisi, V. Civ. 13 août 1851 : *D.P.* 51, 1, 281). – Civ. 1re, 16 janv. 1974 : *Bull.* I, n. 25, p. 23.

2) Le légataire universel, saisi ou non saisi, est tenu *ultra vires* des legs consentis par le *de cujus* (Civ. 1re, 28 mai 1968 : *J.C.P.* 69, II, 15714, note Dagot), mais il peut limiter son obligation en acceptant sous bénéfice d'inventaire (même arrêt).

SECTION V. – DU LEGS À TITRE UNIVERSEL

Art. 1010. – **Le legs à titre universel est celui par lequel le testateur lègue une quote-part des biens dont la loi lui permet de disposer, telle qu'une moitié, un tiers, ou tous ses immeubles, ou tout son mobilier, ou une quotité fixe de tous ses immeubles ou de tout son mobilier.**

Tout autre legs ne forme qu'une disposition à titre particulier.

1) Ne constitue qu'un legs particulier le legs concernant une partie de l'hérédité qui ne s'exprime pas sous la forme d'une quote-part ou d'une fraction (biens situés en France) (Civ. 1re, 13 fév. 1973 : *D.* 1973, 656, note Breton. – V. en ce sens Colmar 16 sept. 1974 : *D.* 1975, Somm. 19). Mais le legs de la quotité disponible est un legs universel (Civ. 1re, 5 mai 1987 : *Bull.* I, n. 143, p. 112).

2) Un legs d'usufruit, qu'il porte sur la totalité ou sur une quote-part de la succession, est un legs à titre universel (Req. 29 juin 1910 : *D.P.* 1911, 1, 49, note Capitant.

– Comp. Paris 12 juil. 1979 : *J.C.P.* 80, II, 19363, note de La Marnierre).

3) Doit être considérée comme un legs universel et non à titre universel la disposition testamentaire par laquelle un oncle laisse toute sa fortune à ses neveux et nièces par parts égales si cette dernière mention n'a pas eu pour but de restreindre la vocation héréditaire de ses neveux et nièces mais seulement de régler l'exécution du legs et de prévenir toute discussion en écartant expressément le partage par souches et en imposant le partage par tête (Amiens 3 juil. 1912 : *D.P.* 1913, 2, 250). – V. en ce sens, Req. 10 juil. 1905 : *D.P.* 1906, 1, 397.

Art. 1011. – **Les légataires à titre universel seront tenus de demander la délivrance aux héritiers auxquels une quotité des biens est réservée par la loi ; à leur défaut, aux légataires universels ; et, à défaut de ceux-ci, aux héritiers appelés dans l'ordre établi au titre *Des successions*.**

1) L'héritier réservataire n'est pas fondé à surseoir à la délivrance d'un legs à titre universel, avec faculté de choisir les biens légués, jusqu'à ce que la quotité disponible ait été déterminée, et cela surtout lorsque les juges du fait constatent que rien ne donne à penser que la réserve légale puisse être atteinte (Civ. 1re, 10 juil. 1968 : *D.* 1968, 669, note Breton).

2) Le légataire à titre universel a droit aux fruits et intérêts à partir du jour du décès sous la seule condition de former sa demande en délivrance dans l'année (Civ. 6 avril 1891 : *D.P.* 92, 1, 279).

Art. 1012 — DISPOSITIONS TESTAMENTAIRES

Art. 1012. – Le légataire à titre universel sera tenu, comme le légataire universel, des dettes et charges de la succession du testateur, personnellement pour sa part et portion, et hypothécairement pour le tout.

Art. 1013. – Lorsque le testateur n'aura disposé que d'une quotité de la portion disponible, et qu'il l'aura fait à titre universel, ce légataire sera tenu d'acquitter les legs particuliers par contribution avec les héritiers naturels.

SECTION VI. – DES LEGS PARTICULIERS

Art. 1014. – Tout legs pur et simple donnera au légataire, du jour du décès du testateur, un droit à la chose léguée, droit transmissible à ses héritiers ou ayants cause.

Néanmoins, le légataire particulier ne pourra se mettre en possession de la chose léguée, ni en prétendre les fruits ou intérêts, qu'à compter du jour de sa demande en délivrance, formée suivant l'ordre établi par l'article 1011, ou du jour auquel cette délivrance lui aurait été volontairement consentie.

1) L'héritier saisi n'a pas à demander la délivrance de son legs particulier (Civ. 1re, 24 nov. 1969 : *J.C.P.* 70, II, 16506, note Dagot. – Civ. 1re, 31 mars 1971 : *Bull.* I, n. 119, p. 97). Il a droit aux fruits et intérêts à compter de l'ouverture de la succession (Civ. 1re, 24 nov. 1969, précité).

2) La délivrance d'un legs particulier, mesure essentiellement provisoire, ne peut en aucune façon entraver l'exercice éventuel des droits et spécialement du droit éventuel à réduction des héritiers légitimes. Par suite, doit être cassé l'arrêt qui refuse de faire droit à la demande en délivrance au motif que la communauté ayant existé entre le défunt et son épouse n'est pas encore partagée (Civ. 1re, 16 juin 1969 : *Bull.* I, n. 231, p. 184). V. cependant Orléans 13 nov. 1975 (*J.C.P.* 76, II, 18349, note Boursigot).

3) Sur la prescription trentenaire de l'action en délivrance d'un legs particulier, V. Civ. 1re, 22 oct. 1975 : *Bull.* I, n. 293, p. 244.

Art. 1015. – Les intérêts ou fruits de la chose léguée courront au profit du légataire, dès le jour du décès, et sans qu'il ait formé sa demande en justice :

1° Lorsque le testateur aura expressément déclaré sa volonté, à cet égard, dans le testament ;

2° Lorsqu'une rente viagère ou une pension aura été léguée à titre d'aliments.

Les intérêts de la soulte attribuée au légataire dans le partage avec l'héritier doivent suivre les variations de la valeur de la chose léguée (Civ. 1re, 12 janv. 1983 : *D.* 1983, I.R. 177, obs. Martin ; *Bull.* I, n. 20, p. 18).

Art. 1016. – Les frais de la demande en délivrance seront à la charge de la succession, sans néanmoins qu'il puisse en résulter de réduction de la réserve légale.

Les droits d'enregistrement seront dus par le légataire.

Le tout, s'il n'en a été autrement ordonné par le testament.

Chaque legs pourra être enregistré séparément, sans que cet enregistrement puisse profiter à aucun autre qu'au légataire ou à ses ayants cause.

1) La dispense de payer prévue par le défunt peut être implicite (Civ. 1re, 20 oct. 1971 : *Bull.* I, n. 271, p. 229).

2) L'article 1016 ne s'applique pas au cas où le légataire particulier qui demande la délivrance a élevé à cette occasion des

DISPOSITIONS TESTAMENTAIRES — Art. 1021

difficultés sur lesquelles il succombe (Civ. 5 mars 1900 : *D.P.* 1900, 1, 409, note Colin).

3) Il y a lieu à réduction si le montant des droits dont le légataire est dispensé entame la réserve des héritiers (Paris 23 fév. 1982 : *J.C.P.* 83, II, 19988, note Rémy).

Art. 1017. – **Les héritiers du testateur, ou autres débiteurs d'un legs, seront personnellement tenus de l'acquitter, chacun au prorata de la part et portion dont ils profiteront dans la succession.**

Ils en seront tenus hypothécairement pour le tout, jusqu'à concurrence de la valeur des immeubles de la succession dont ils seront détenteurs.

Art. 1018. – **La chose léguée sera délivrée avec les accessoires nécessaires, et dans l'état où elle se trouvera au jour du décès du donateur.**

Par accessoire nécessaire de la chose léguée, il faut entendre les objets sans lesquels cette chose ne pourrait servir à son usage habituel et ceux qui y sont attachés par une disposition de la loi ou par la volonté du testateur (Civ. 24 janv. 1923 : *S.* 1923, 1, 80). Jugé ainsi que le legs d'un château peut comprendre le mobilier dont le château est garni (T.G.I. Nevers 5 mars 1975 : *J.C.P.* 76, II, 18324, note Dagot et, sur appel, Bourges 15 nov. 1976 : *J.C.P.* 77, IV, 269).

Art. 1019. – **Lorsque celui qui a légué la propriété d'un immeuble, l'a ensuite augmentée par des acquisitions, ces acquisitions, fussent-elles contiguës, ne seront pas censées, sans une nouvelle disposition, faire partie du legs.**

Il en sera autrement des embellissements, ou des constructions nouvelles faites sur le fonds légué, ou d'un enclos dont le testateur aurait augmenté l'enceinte.

Le legs par un testateur d'un domaine « tel qu'il sera à l'époque de son décès » doit comprendre tous les fonds de terre qu'il y a inclus, fût-ce après la rédaction de son testament (Bourges 15 nov. 1976 : *J.C.P.* 77, IV, 269). Sur le point de savoir si le légataire de valeurs mobilières peut prétendre aux valeurs achetées à terme par le *de cujus*, V. Amiens 7 nov. 1962 : *J.C.P.* 63, II, 13018, note Voirin.

Art. 1020. – **Si, avant le testament ou depuis, la chose léguée a été hypothéquée pour une dette de la succession, ou même pour la dette d'un tiers, ou si elle est grevée d'un usufruit, celui qui doit acquitter le legs n'est point tenu de la dégager, à moins qu'il n'ait été chargé de le faire par une disposition expresse du testateur.**

Art. 1021. – **Lorsque le testateur aura légué la chose d'autrui, le legs sera nul, soit que le testateur ait connu ou non qu'elle ne lui appartenait pas.**

1) Pour l'annulation du legs par lequel le testateur a consenti au légataire la jouissance gratuite d'un local constituant l'actif d'une société civile immobilière alors qu'il ne possédait que 50 % des parts de la société, V. Paris, 9 fév. 1984 : *Juris-Data*, n. 020767.

2) L'article 1021 n'est pas d'ordre public et n'interdit pas au testateur d'imposer à ses héritiers ou à ses légataires universels une obligation de faire en insérant dans son testament une clause pénale par laquelle il les prive de sa succession, de leur legs ou, s'ils sont réservataires, de toute part dans la quotité disponible, pour le cas où ils n'exécuteraient pas cette obligation (Civ. 1re, 9 oct. 1961 : *Gaz. Pal.* 1961, 2, 304. – V. en ce sens, Civ. 25 fév. 1925 : *D.P.* 1925, 1, 185, note R. Savatier).

3) Le testateur peut imposer à ses héritiers la charge de procurer au légataire la pro-

Art. 1022 — DISPOSITIONS TESTAMENTAIRES

priété entière du bien légué (Poitiers 5 mai 1954 : *J.C.P.* 54, II, 8742, note Voirin et, sur pourvoi, Civ. 1re, 20 fév. 1957 : *Gaz. Pal.* 1957, 1, 423). Cette volonté peut être déduite de l'ensemble des dispositions testamentaires sans avoir à être expressément formulée (Civ. 1re, 20 fév. 1957, préc.).

4) Le legs de biens communs consenti par l'épouse ne peut être tenu pour un legs de la chose d'autrui au sens de l'article 1021 du fait que la testatrice est titulaire d'un droit de copropriété par indivis sur les biens légués (Paris 13 déc. 1965 : *D.* 1966, 275, note Malaurie et, sur pourvoi, Civ. 1re, 28 mai 1968 : *J.C.P.* 69, II, 15714, note Dagot).

Art. 1022. – **Lorsque le legs sera d'une chose indéterminée, l'héritier ne sera pas obligé de la donner de la meilleure qualité, et il ne pourra l'offrir de la plus mauvaise.**

Art. 1023. – **Le legs fait au créancier ne sera pas censé en compensation de sa créance, ni le legs fait au domestique en compensation de ses gages.**

Art. 1024. – **Le légataire à titre particulier ne sera point tenu des dettes de la succession, sauf la réduction du legs ainsi qu'il est dit ci-dessus, et sauf l'action hypothécaire des créanciers.**

SECTION VII. – DES EXÉCUTEURS TESTAMENTAIRES

Art. 1025. – **Le testateur pourra nommer un ou plusieurs exécuteurs testamentaires.**

1) La nomination peut être valablement faite dans une lettre adressée à l'exécuteur et tout entière écrite, datée et signée de la main du *de cujus* (Aix 30 déc. 1907 : *D.P.* 1908, II, 103). Il importe peu pour sa validité que l'acte qui la contient ne fasse mention d'aucun legs (même arrêt).

2) Les juges du fond peuvent décider que la personne désignée comme légataire universel n'est en réalité qu'exécuteur testamentaire (Req. 29 juin 1899 : *D.P.* 99, 1, 472). Jugé qu'une personne choisie pour distribuer le patrimoine du testateur aux pauvres est un exécuteur testamentaire (Paris 9 fév. 1962 : *D.* 1962, somm. 78).

Art. 1026. – **Il pourra leur donner la saisine du tout, ou seulement d'une partie de son mobilier ; mais elle ne pourra durer au-delà de l'an et jour à compter de son décès. S'il ne la leur a pas donnée, ils ne pourront l'exiger.**

1) Le délai d'un an ne commence à courir que du jour où les contestations relatives à la validité du testament ont été jugées (Paris 22 juil. 1901 : *D.P.* 1907, 2, 385, note Boistel).

2) L'exécuteur testamentaire qui reçoit mission de trier et détruire les papiers intimes du testateur a non seulement la saisine mais la propriété de ces papiers et lettres et n'a pas l'obligation de les communiquer aux héritiers (Civ. 11 juin 1890 : *D.P.* 90, 1, 324).

3) Le testateur ne peut prolonger la saisine au-delà du délai d'un an (Civ. 20 mai 1867 : *D.P.* 67, 1, 200), mais l'exécuteur testamentaire peut être chargé par décision de justice de continuer à gérer les biens dépendant de la succession en qualité d'administrateur (Req. 10 fév. 1903 : *D.P.* 1904, 1, 113. – Bordeaux 16 nov. 1903 : *D.P.* 1904, V, 331).

Art. 1027. – **L'héritier pourra faire cesser la saisine, en offrant de remettre aux exécuteurs testamentaires somme suffisante pour le paiement des legs mobiliers, ou en justifiant de ce paiement.**

DISPOSITIONS TESTAMENTAIRES — Art. 1034

Art. 1028. – **Celui qui ne peut s'obliger, ne peut pas être exécuteur testamentaire.**

Art. 1029. – *Abrogé, L. 18 fév. 1938.*

Art. 1030. – **Le mineur ne pourra être exécuteur testamentaire, même avec l'autorisation de son tuteur ou curateur (*).**

(*) *La curatelle du mineur émancipé a été supprimée par la L. n. 64-1230 du 14 déc. 1964.*

Art. 1031. – **Les exécuteurs testamentaires feront apposer les scellés, s'il y a des héritiers mineurs, majeurs en tutelle ou absents.**

Ils feront faire, en présence de l'héritier présomptif, ou lui dûment appelé, l'inventaire des biens de la succession.

Ils provoqueront la vente du mobilier, à défaut de deniers suffisants pour acquitter les legs.

Ils veilleront à ce que le testament soit exécuté ; et ils pourront, en cas de contestation sur son exécution, intervenir pour en soutenir la validité.

Ils devront, à l'expiration de l'année du décès du testateur, rendre compte de leur gestion.

VERDOT, *La délimitation des pouvoirs de l'exécuteur testamentaire* : D. 1963, chr. 75.

1) Les juges ne peuvent soumettre les exécuteurs testamentaires à des responsabilités qui ne sont écrites ni dans le testament ni dans la loi (Civ. 24 janv. 1899 : *S.* 1900, 1, 342, 2ᵉ esp.).

2) Si le testateur a donné à l'exécuteur testamentaire le pouvoir de vendre en termes généraux sans spécifier qu'il s'appliquerait aux immeubles, ce pouvoir doit être interprété comme ne s'appliquant qu'aux meubles comme conséquence de la saisine de ceux-ci (Amiens 22 fév. 1955 : *D.* 1956, Somm. 34). Jugé que le testateur peut charger l'exécuteur testamentaire de réaliser les biens meubles et immeubles sans formalités de justice nonobstant la minorité de l'un des légataires (Paris 22 juill. 1901 : *D.P.* 1907, II, 385, note critique Boistel).

3) L'action en paiement d'une pension alimentaire ne peut être dirigée contre les exécuteurs testamentaires, bien qu'ils aient la saisine, dès lors qu'ils n'ont pas reçu mandat du testateur d'acquitter cette dette (Civ. 23 janv. 1940 : *D.C.* 1941, 104, note Trasbot).

4) En se substituant un tiers pour l'accomplissement de la mission qui lui avait été confiée personnellement, l'exécuteur testamentaire a commis une faute justifiant sa destitution par le tribunal (T.G.I. Seine 19 mai 1962 : *Gaz. Pal.* 1962, 2, 222).

Art. 1032. – **Les pouvoirs de l'exécuteur testamentaire ne passeront point à ses héritiers.**

En cas de prédécès de l'exécuteur testamentaire, il appartient au légataire universel d'exécuter les charges qui étaient imposées audit exécuteur (Trib. civ. Cusset 12 déc. 1962 : *J.C.P.* 63, II, 13056, note Voirin et, sur appel, Riom 26 oct. 1964 : *D.* 1965, 202, note Verdot).

Art. 1033. – **S'il y a plusieurs exécuteurs testamentaires qui aient accepté, un seul pourra agir au défaut des autres ; et ils seront solidairement responsables du compte du mobilier qui leur a été confié, à moins que le testateur n'ait divisé leurs fonctions, et que chacun d'eux ne se soit renfermé dans celle qui lui était attribuée.**

Art. 1034. – **Les frais faits par l'exécuteur testamentaire pour l'apposition des scellés, l'inventaire, le compte et les autres frais relatifs à ses fonctions, seront à la charge de la succession.**

Art. 1035 — DISPOSITIONS TESTAMENTAIRES

SECTION VIII. – DE LA RÉVOCATION DES TESTAMENTS ET DE LEUR CADUCITÉ

Art. 1035. – **Les testaments ne pourront être révoqués, en tout ou en partie, que par un testament postérieur, ou par un acte devant notaires, portant déclaration du changement de volonté.**

1) Un testament ou tout autre acte révocatoire purement verbaux sont nuls et de nul effet (Req. 19 nov. 1867 : *D.P.* 68, 1, 216. – Douai 1er fév. 1960 : *J.C.P.* 60, II, 11662, note Voirin). La révocation ne peut être déduite de simples présomptions (Req. 23 fév. 1914 : *D.P.* 1914, 1, 311 ; Paris 19 déc. 1979 : *Juris-Data* n. 1281). Jugé qu'elle ne peut résulter que d'un acte exprès ou d'une situation de fait créée par le testateur lui-même dans le dessein de rendre impossible l'exécution des legs antérieurement consentis par lui (Civ. 1re, 25 mai 1959 : *J.C.P.* 59, II, 11188, note R. Savatier).

2) Le testateur qui a choisi l'un des deux modes de révocation prévus par l'article 1035 doit se conformer aux règles propres à l'acte choisi (Req. 29 janv. 1908 : *D.P.* 1911, 1, 61). Mais l'acte qui ne contient aucune disposition de biens nouvelle peut opérer révocation s'il vaut comme acte notarié, alors même qu'il serait nul pour vice de forme en tant que testament authentique (même arrêt).

3) Un testament qui n'est pas valable en la forme ne peut emporter révocation de legs antérieurs (Civ. 1re, 9 janv. 1979 : *J.C.P.* 79, IV, 92 ; *Bull.* I, n. 16, p. 13). La clause révocatoire contenue dans un testament conjonctif nul par application de l'article 968 du Code civil ne saurait donc produire aucun effet (Paris 1er juil. 1980 : *Juris-Data* n. 811). Mais il n'est pas nécessaire que le testament révocatoire contienne des legs nouveaux (Req. 10 janv. 1865 : *D.P.* 65, 1, 185).

4) Sur le pouvoir souverain des juges du fond pour apprécier la portée de la clause révocatoire, V. Req. 14 avril 1885 : *D.P.* 86, 1, 300. Jugé qu'un testament qui n'a pour but que de révoquer un testament fait quelques jours plus tôt fait revivre les testaments antérieurs auxquels il ne se réfère pas (Paris 1er mars 1929 : *D.H.* 1929, 258).

5) La lacération d'un testament n'emporte pas présomption légale de révocation de cet acte et il appartient aux juges du fond de rechercher d'après les circonstances de la cause et celles de la lacération elle-même si la volonté du testateur a été d'anéantir des dispositions testamentaires antérieures (Civ. 1re, 28 avril 1969 : *J.C.P.* 69, II, 16034, note Dagot ; *D.* 1969, 541, note Lindon ; V. en ce sens Civ. 1re, 2 fév. 1971 : *J.C.P.* 72, II, 17000, note M.D.). La destruction de l'un seulement des exemplaires laisse subsister un doute sur la volonté de révoquer (Civ. 1re, 5 mai 1965 : *J.C.P.* 65, II, 14311, note R. Savatier). La destruction doit être présumée l'œuvre du testateur lui-même (Civ. 1re, 18 juil. 1956 : *D.* 1957, 17, note Blanc).

6) Les ratures et cancellations ne valent révocation que si elles sont datées et signées (Civ. 4 déc. 1922 : *S.* 1923, 1, 97, note Chavegrin). La signification et la portée des cancellations dépendent de la façon de procéder du testateur, variable selon les cas (Paris 17 mars 1941 : *D.A.* 1941, 169). La question de savoir si l'addition ou la rature apportée à un testament olographe constitue un simple accessoire s'incorporant à l'acte, ou au contraire une disposition nouvelle ou modificative, échappe au contrôle de la Cour de cassation (Civ. 1re, 26 mai 1982 : *J.C.P.* 82, IV, 280 ; *Bull.* I, n. 202, p. 175).

Art. 1036. – **Les testaments postérieurs qui ne révoqueront pas d'une manière expresse les précédents n'annuleront, dans ceux-ci, que celles des dispositions y contenues qui se trouveront incompatibles avec les nouvelles, ou qui seront contraires.**

DISPOSITIONS TESTAMENTAIRES — Art. 1038

1) Une institution contractuelle peut emporter révocation d'un testament avec lequel elle est incompatible (Civ. 1re, 30 mai 1960 : *J.C.P.* 60, IV, 111 ; *Bull.* I, n. 298, p. 244. – V. en ce sens Civ. 1re, 24 avril 1968 : *J.C.P.* 68, II, 15564, note M.D.).

2) L'article 1036 du Code civil ne distingue pas entre l'incompatibilité ou contrariété morale et l'incompatibilité ou contrariété matérielle (Req. 25 juil. 1921 : *D.P.* 1922, 1, 182).

3) Les juges du fond disposent d'un pouvoir souverain pour apprécier l'existence de l'incompatibilité en fonction de l'intention du testateur (Req. 23 avril 1912 : *D.P.* 1913, 1, 41, note Capitant. – Civ. 1re, 22 mai 1970 : *J.C.P.* 70, IV, 183 ; *Bull.* I, n. 168, p. 135). Sur le principe que deux testaments successifs doivent être exécutés simultanément s'ils ne sont pas inconciliables, V. Civ. 1re, 6 mars 1984 : *D.* 1985, 17, note Breton.

4) Jugé qu'il n'y a pas d'incompatibilité entre deux testaments instituant successivement comme légataires universels la concubine puis l'enfant adultérin (Paris 24 nov. 1977 : *Juris-Data,* n. 1159) ni entre les legs universels faits à deux enfants et la donation faite à l'épouse de l'usufruit de l'universalité des biens (Paris 30 mars 1978 : *Juris-Data,* n. 144). Mais la disposition par laquelle la testatrice institue une personne légataire universelle de tous ses biens a été considérée comme incompatible avec un legs universel et des legs particuliers antérieurs (Rouen 31 janv. 1984 : *J.C.P.* 84, II, 20319, note Dagot).

5) Un legs universel faisant suite à des legs particuliers n'a généralement pas pour effet de les révoquer (Req. 4 juin 1867 : *D.P.* 1867, 1, 331. – Orléans 15 avril 1953 : *D.* 1953, 689). Mais jugé que le legs de la quotité disponible révoque les legs particuliers faits antérieurement dans la limite du disponible (Paris 7 avril 1936 : *Gaz. Pal.* 1936, 2, 127, et, sur pourvoi, Req. 1er fév. 1939 : *Gaz. Pal.* 1939, 1, 638).

6) La révocation n'opère que dans la mesure où les dispositions des testaments successifs sont incompatibles (Orléans 15 avril 1953 : *D.* 1953, 689). Elle peut être considérée par les juges du fond comme ayant un caractère conditionnel (Civ. 1re, 28 mai 1975 : *Bull.* I, n. 184, p. 156).

7) L'adoption n'emporte pas révocation d'un testament antérieur, et les legs universel contenus dans ce testament ne peuvent s'exécuter que sur la quotité disponible déterminée au jour du décès (Civ. 1re, 25 nov. 1986 : *Bull.* I, n. 281, p. 268 ; *Defrénois* 1987, 565, obs. Champenois).

Art. 1037. – **La révocation faite dans un testament postérieur aura tout son effet, quoique ce nouvel acte reste sans exécution par l'incapacité de l'héritier institué ou du légataire, ou par leur refus de recueillir.**

1) La révocation est maintenue même si le testament qui la contient est annulé comme contenant une substitution prohibée (Civ. 23 juil. 1867 : *D.P.* 1867, 1, 329) ou comme fait à personne incertaine (Nîmes 16 déc. 1901, sous Req. 9 mars 1903 : *S.* 1904, 1, 69) ou au profit d'un enfant adultérin dans le régime antérieur à la loi du 3 janvier 1972 sur la filiation (Civ. 16 juil. 1906 : *D.P.* 1906, 1, 367). Mais il en va autrement si ce testament est atteint d'un vice de forme (Civ. 1re, 9 janv. 1979 : *J.C.P.* 79, IV, 92 ; *Bull.* I, n. 16, p. 13. – Paris 1er juil. 1980 : *Juris-Data,* n. 811).

2) Les juges du fond disposent d'un pouvoir souverain pour déterminer si le testateur a entendu subordonner la révocation à l'efficacité des legs du testament révocatoire (Req. 5 juil. 1858 : *D.P.* 1858, 1, 385. – Trib. civ. Seine 1er fév. 1956 : *J.C.P.* 56, IV, 83).

Art. 1038. – **Toute aliénation, celle même par vente avec faculté de rachat ou par échange, que fera le testateur de tout ou de partie de la chose léguée, emportera la**

Art. 1039 — DISPOSITIONS TESTAMENTAIRES

révocation du legs pour tout ce qui a été aliéné, encore que l'aliénation postérieure soit nulle, et que l'objet soit rentré dans la main du testateur.

1) L'article 1038 ne s'applique pas aux legs portant sur une universalité de biens (Civ. 1re, 18 nov 1986 : *Bull.* I, n. 273, p. 261 ; *D.* 1987, Somm. 126).

2) La simple intention d'aliéner ne suffit pas à emporter la révocation du legs (Req. 31 mai 1907 : *D.P.* 1909, 1, 377, note Guénée).

3) L'aliénation faite sous condition suspensive rend la révocation elle-même conditionnelle et subordonne celle-ci à la survenance de la condition (Paris 30 juin 1961 : *D.* 1961, 767. – V. en ce sens Civ. 1re, 23 mai 1962 : *Bull.* I, n. 262, p. 234 – Civ. 1re, 24 avril 1985 : *D.* 1986, 153, note A.B.).

4) La révocation se produit même si l'aliénation est nulle (Civ. 3e, 4 juil. 1979 : *D.* 1980, I.R. 139 ; *Bull.* III, n. 150, p. 116). Mais l'acte doit réunir les éléments essentiels indispensables à son existence (Civ. 6 janv. 1930 : *D. H.* 1930, 180 ; *S.* 1931, 1, 289, note Simonnet).

5) L'article 1038 n'est pas applicable si le testateur s'est trouvé contraint à l'aliénation, par exemple en cas de conversion de titres obligatoire (Trib. civ. Charleville 11 mai 1905, sous Req. 31 mai 1907 : *D.P.* 1909, 1, 377) sauf si le testateur, usant de la faculté à lui réservée par la loi, a demandé le remboursement des titres convertis (Montpellier 3 juin 1947 : *D.* 1947, 469) ou s'il a demandé la conversion (T.G.I. Nevers 7 juil. 1976 : *J.C.P.* 78, II, 18802, note Dagot).

6) Le fait par le propriétaire indivis d'un immeuble d'être partie tant au jugement en ordonnant la licitation avec clause d'attribution au colicitant dernier enchérisseur qu'au jugement d'adjudication qui s'en est suivi constitue un acte de disposition en vertu duquel ce bien est ainsi mis en vente au profit du plus offrant, qui peut être un tiers. Une telle aliénation emporte donc, en application de l'article 1038, révocation du legs précédemment consenti sur le même bien par ce propriétaire (Riom 23 juin 1988 : *J.C.P.* 89, IV, 223 ; *D.* 1989, 568, note Prévault).

6) L'article 1038 édicte une présomption légale de révocation qui ne cède que devant une intention contraire formellement exprimée par le testateur (Civ. 1re, 6 fév. 1968 : *J.C.P.* 68, IV, 44 ; *Bull.* I, n. 52, p. 42. – Paris 22 juin 1987 : *D.* 1989, 242, note Tjouen).

Art. 1039. – Toute disposition testamentaire sera caduque si celui en faveur de qui elle est faite n'a pas survécu au testateur.

1) L'article 1039 s'appliquant aux personnes morales comme aux personnes physiques, est caduc le legs fait à une œuvre dissoute avant le décès de la testatrice (Bordeaux 31 mars 1952 : *D.* 1953, 41, note Lalou).

2) L'article 1039 reste sans application lorsque l'intention du testateur d'appeler les descendants du légataire, en cas de prédécès de ce dernier, au bénéfice du legs résulte clairement soit des termes de la disposition, soit de l'ensemble des clauses du testament (Req. 8 nov. 1921 : *D.P.* 1922, 1, 183. – Lyon 5 déc. 1962 : *D.* 1963, Somm. 61).

Art. 1040. – Toute disposition testamentaire faite sous une condition dépendante d'un événement incertain, et telle que, dans l'intention du testateur, cette disposition ne doive être exécutée qu'autant que l'événement arrivera ou n'arrivera pas, sera caduque, si l'héritier institué ou le légataire décède avant l'accomplissement de la condition.

1) Pour une application, V. Civ. 1re, 29 avril 1981 : *J.C.P.* 81, IV, 252 ; *Bull.* I, n. 145, p. 120.

2) Sur la nature conditionnelle du legs *de residuo*, V. Civ. 1re, 17 nov. 1971 : *D.* 1972, 133, note Breton.

DISPOSITIONS TESTAMENTAIRES — Art. 1046

Art. 1041. – **La condition qui, dans l'intention du testateur, ne fait que suspendre l'exécution de la disposition, n'empêchera pas l'héritier institué, ou le légataire, d'avoir un droit acquis et transmissible à ses héritiers.**

Art. 1042. – **Le legs sera caduc, si la chose léguée a totalement péri pendant la vie du testateur.**

Il en sera de même, si elle a péri depuis sa mort, sans le fait et la faute de l'héritier, quoique celui-ci ait été mis en retard de la délivrer, lorsqu'elle eût également dû périr entre les mains du légataire.

Art. 1043. – **La disposition testamentaire sera caduque, lorsque l'héritier institué ou le légataire la répudiera, ou se trouvera incapable de la recueillir.**

1) La renonciation à un legs peut être tacite (Req. 3 déc. 1900 : *D.P.* 1902, 1, 121. – Civ. 31 juil. 1950 : *J.C.P.* 51, II, 6395, note Laurent).

2) Le légataire universel, même non saisi, peut rétracter sa renonciation conformément à l'article 790 du Code civil (Civ. 1re, 1er fév. 1955 : *J.C.P.* 55, II, 8676, note Becqué ; *D.* 1955, 437, rapp. Chavanne).

Art. 1044. – **Il y aura lieu à accroissement au profit des légataires, dans le cas où le legs sera fait à plusieurs conjointement.**

Le legs sera réputé fait conjointement, lorsqu'il le sera par une seule et même disposition, et que le testateur n'aura pas assigné la part de chacun des colégataires dans la chose léguée.

1) Si la même chose est léguée à deux personnes par une seule et même disposition, il y a legs conjoint même si la chose est essentiellement divisible (Paris 14 nov. 1962, cité *in J.-Cl. Civil*, art. 1044-1045).

2) L'assignation de parts n'exclut pas le droit d'accroissement si le partage n'a pour but que de régler l'exécution des legs (Req. 10 juil. 1905 : *D.P.* 1906, 1, 397).

3) En cas de legs conjoint sans assignation de parts, les légataires reçoivent des parts égales, alors même qu'il s'agit d'héritiers du sang dont les parts *ab intestat* seraient inégales, sauf à prouver l'intention du testateur de favoriser certains légataires au détriment des autres (Versailles 21 mars 1983 : *Gaz. Pal.* 1984, 1, somm. 43).

Art. 1045. – **Il sera encore réputé fait conjointement quand une chose qui n'est pas susceptible d'être divisée sans détérioration, aura été donnée par le même acte à plusieurs personnes, même séparément.**

Art. 1046. – **Les mêmes causes qui, suivant l'article 954 et les deux premières dispositions de l'article 955, autoriseront la demande en révocation de la donation entre vifs, seront admises pour la demande en révocation des dispositions testamentaires.**

1) L'action en révocation d'un legs pour cause d'attentat par le légataire à la vie du testateur peut être intentée par les héritiers du testateur contre les héritiers du légataire, sans que ces derniers puissent se prévaloir de l'article 957, al. 2 dont la disposition exceptionnelle, déclarant irrecevable l'action en révocation contre les héritiers du donataire, ne peut être appliquée en matière testamentaire (Lyon 11 juin 1951 : *D.* 1952, 345, note Chavrier et Gervésie).

2) L'action en révocation d'une disposition testamentaire doit être formée, en

471

Art. 1047 DISPOSITIONS TESTAMENTAIRES

application de l'article 957, dans l'année à compter du jour du délit imputé au bénéficiaire de la libéralité ou du jour où le délit aura pu être connu par le gratifiant (Civ. 1re, 22 mai 1970 : *J.C.P.* 70, IV, 183 ; *Bull.* I, n. 168, p. 135. – Paris 8 mars 1976 : *J.C.P.* 76, II, 18486, note Surun, et, sur pourvoi, Civ. 1re, 22 nov. 1977 : *J.C.P.* 79, II, 19023, note Surun. – *Contra* Paris 10 juil. 1967 : *D.* 1968, 36), mais l'article 957 n'exclut pas que lorsque le fait invoqué constitue une infraction pénale, ce point de départ soit retardé jusqu'au jour où la condamnation pénale aura établi la réalité des faits reprochés au gratifié (Civ. 1re, 22 nov. 1977, précité).

3) La survenance d'enfants ne figure pas parmi les causes de révocation des legs prévues aux articles 1046 et 1047 et ne peut être assimilée à la réalisation d'une condition résolutoire (Paris 12 déc. 1980 : *D.* 1982, I.R., 20, 1re esp. V. cpdt, admettant la caducité pour absence de cause, Rennes 11 avril 1905 : *D.P.* 1906, II, 257, note Planiol).

Art. 1047. – Si cette demande est fondée sur une injure grave faite à la mémoire du testateur, elle doit être intentée dans l'année, à compter du jour du délit.

1) Le fait qu'un légataire universel s'est prévalu, pour évincer des légataires particuliers, d'un testament faux ne permet pas de révoquer pour ingratitude l'institution de légataire universel (Paris 10 juil. 1958 : *D.* 1958, 646).

2) Les héritiers du testateur ne peuvent se prévaloir de l'adultère de la femme (Civ. 21 juil. 1875 : *D.P.* 75, 1, 449).

CHAPITRE VI. – DES DISPOSITIONS PERMISES EN FAVEUR DES PETITS-ENFANTS DU DONATEUR OU TESTATEUR OU DES ENFANTS DE SES FRÈRES ET SŒURS

Art. 1048. – Les biens dont les père et mère ont la faculté de disposer, pourront être par eux donnés, en tout ou en partie, à un ou plusieurs de leurs enfants, par actes entre vifs ou testamentaires, avec la charge de rendre ces biens aux enfants nés et à naître, au premier degré seulement, desdits donataires.

1) La charge de capitaliser les revenus jusqu'à ce que les petits-enfants du disposant aient atteint un certain âge n'est pas contraire à l'ordre public (Caen 15 nov. 1906 : *D.P.* 1907, 2, 265, note Planiol, et, sur pourvoi, Req. 6 mai 1908 : *D.P.* 1909, 1, 285, concl. Feuilloley. – *Contra* Alger 20 janv. 1879 : *D.P.* 79, 2, 143).

2) Le droit de l'appelé est avant l'ouverture de la substitution un droit conditionnel, subordonné à la survie de l'appelé au grevé ; il procède directement du disposant et non d'une vocation à la succession du grevé, l'appelé ne devant pas recevoir du chef de celui-ci les biens objet de la substitution (Paris 14 janv. 1926 : *D.P.* 1928, II, 9, note Plassard).

3) La substitution autorisée par l'article 1048 bénéficie à tous les enfants qui ont même vocation successorale que les enfants légitimes, y compris l'adopté simple (Aix 9 fév. 1982 : *J. not.* 1983, 418, et, sur pourvoi, Civ. 1re, 29 juin 1983 : *Bull.* I, n. 193, p. 169).

Art. 1049. – Sera valable, en cas de mort sans enfants, la disposition que le défunt aura faite par acte entre vifs ou testamentaire, au profit d'un ou plusieurs de ses frères ou

SUBSTITUTIONS PERMISES — Art. 1057

sœurs, de tout ou partie des biens qui ne sont point réservés par la loi dans sa succession, avec la charge de rendre ces biens aux enfants nés et à naître, au premier degré seulement, desdits frères ou sœurs donataires.

Art. 1050. – Les dispositions permises par les deux articles précédents ne seront valables qu'autant que la charge de restitution sera au profit de tous les enfants nés et à naître du grevé, sans exception ni préférence d'âge ou de sexe.

Est nulle la disposition contenant une clause stipulant qu'un des biens compris dans une substitution sera obligatoirement attribué à l'un des enfants nommément désigné du grevé (Paris 20 janv. 1937 : *D.P.* 1938, 2, 70).

Art. 1051. – Si, dans les cas ci-dessus, le grevé de restitution au profit de ses enfants meurt, laissant des enfants au premier degré et des descendants d'un enfant prédécédé, ces derniers recueilleront, par représentation, la portion de l'enfant prédécédé.

Art. 1052. – Si l'enfant, le frère ou la sœur auxquels des biens auraient été donnés par acte entre vifs, sans charge de restitution, acceptent une nouvelle libéralité faite par acte entre vifs ou testamentaire, sous la condition que les biens précédemment donnés demeureront grevés de cette charge, il ne leur est plus permis de diviser les deux dispositions faites à leur profit, et de renoncer à la seconde pour s'en tenir à la première, quand même ils offriraient de rendre les biens compris dans la seconde disposition.

Art. 1053. – Les droits des appelés seront ouverts à l'époque où, par quelque cause que ce soit, la jouissance de l'enfant, du frère ou de la sœur, grevés de restitution, cessera : l'abandon anticipé de la jouissance au profit des appelés ne pourra préjudicier aux créanciers du grevé antérieurs à l'abandon.

Art. 1054. – Les femmes des grevés ne pourront avoir, sur les biens à rendre, de recours subsidiaire, en cas d'insuffisance des biens libres, que pour le capital des deniers dotaux, et dans le cas seulement où le testateur l'aurait expressément ordonné.

Art. 1055 *(L. n. 64-1230 du 14 déc. 1964, art. 2, avec effet à compter du 15 juin 1965).* – Celui qui fera les dispositions autorisées par les articles précédents pourra, par le même acte, ou par un acte postérieur, en forme authentique, nommer un tuteur chargé de l'exécution de ces dispositions : ce tuteur ne pourra être dispensé que pour une des causes exprimées aux articles 428 et suivants.

Art. 1056. – A défaut de ce tuteur, il en sera nommé un à la diligence du grevé, ou de son tuteur s'il est mineur, dans le délai d'un mois à compter du jour du décès du donateur ou testateur, ou du jour que, depuis cette mort, l'acte contenant la disposition aura été connu.

Art. 1057. – Le grevé qui n'aura pas satisfait à l'article précédent sera déchu du bénéfice de la disposition ; et, dans ce cas, le droit pourra être déclaré ouvert au profit des appelés, à la diligence, soit des appelés s'ils sont majeurs, soit de leur tuteur ou curateur, s'ils sont mineurs ou majeurs en tutelle, soit de tout parent des appelés majeurs, mineurs ou majeurs en tutelle, ou même d'office, à la diligence du procureur de la République près le tribunal de grande instance du lieu où la succession est ouverte.

Art. 1058 — SUBSTITUTIONS PERMISES

La déchéance n'est pas encourue lorsque le grevé a négligé de provoquer le remplacement d'un premier tuteur régulièrement nommé et décédé après sa nomination (Req. 22 déc. 1875 : *D.P.* 76, 1, 208).

Art. 1058. – **Après le décès de celui qui aura disposé à la charge de restitution, il sera procédé, dans les formes ordinaires, à l'inventaire de tous les biens et effets qui composeront sa succession, excepté néanmoins le cas où il ne s'agirait que d'un legs particulier. Cet inventaire contiendra la prisée à juste prix des meubles et effets mobiliers.**

Art. 1059. – Il sera fait à la requête du grevé de restitution, et dans le délai fixé au titre *Des successions,* en présence du tuteur nommé pour l'exécution. Les frais seront pris sur les biens compris dans la disposition.

Art. 1060. – Si l'inventaire n'a pas été fait à la requête du grevé dans le délai ci-dessus, il y sera procédé dans le mois suivant, à la diligence du tuteur nommé pour l'exécution, en présence du grevé ou de son tuteur.

Art. 1061. – S'il n'a point été satisfait aux deux articles précédents, il sera procédé au même inventaire, à la diligence des personnes désignées en l'article 1057, en y appelant le grevé ou son tuteur, et le tuteur nommé pour l'exécution.

Art. 1062. – Le grevé de restitution sera tenu de faire procéder à la vente, par affiches et enchères, de tous les meubles et effets compris dans la disposition, à l'exception néanmoins de ceux dont il est mention dans les deux articles suivants.

Art. 1063. – Les meubles meublants et autres choses mobilières qui auraient été compris dans la disposition, à la condition expresse de les conserver en nature, seront rendus dans l'état où ils se trouveront lors de la restitution.

Art. 1064. – Les bestiaux et ustensiles servant à faire valoir les terres seront censés compris dans les donations entre vifs ou testamentaires desdites terres ; et le grevé sera seulement tenu de les faire priser et estimer, pour en rendre une égale valeur lors de la restitution.

Art. 1065. – Il sera fait par le grevé, dans le délai de six mois à compter du jour de la clôture de l'inventaire, un emploi des deniers comptants, de ceux provenant du prix des meubles et effets qui auront été vendus, et de ce qui aura été reçu des effets actifs.
Ce délai pourra être prolongé, s'il y a lieu.

Art. 1066. – Le grevé sera pareillement tenu de faire emploi des deniers provenant des effets actifs qui seront recouvrés et des remboursements de rentes ; et ce, dans trois mois au plus tard après qu'il aura reçu ces deniers.

Art. 1067. – Cet emploi sera fait conformément à ce qui aura été ordonné par l'auteur de la disposition, s'il a désigné la nature des effets dans lesquels l'emploi doit être fait ; sinon, il ne pourra l'être qu'en immeubles, ou avec privilège sur des immeubles.

Art. 1068. – L'emploi ordonné par les articles précédents sera fait en présence et à la diligence du tuteur nommé pour l'exécution.

PARTAGES D'ASCENDANTS Art. 1075

Art. 1069 *(Ord. n. 59-71 du 7 janv. 1959, art. 1ᵉʳ)*. – Les dispositions par actes entre vifs ou testamentaires, à charge de restitution, seront, à la diligence soit du grevé, soit du tuteur nommé pour l'exécution, rendues publiques, quant aux immeubles conformément aux lois et règlements concernant la publicité foncière, et quant aux créances privilégiées ou hypothécaires, suivant les prescriptions des articles 2148 et 2149, 2ᵉ alinéa, du présent code.

Art. 1070 *(Ord. n. 59-71 du 7 janv. 1959, art. 25)*. – Le défaut de publication de l'acte contenant la disposition pourra être opposé par les créanciers et tiers acquéreurs, même aux mineurs ou majeurs en tutelle, sauf le recours contre le grevé et contre le tuteur à l'exécution, et sans que les mineurs ou majeurs en tutelle puissent être restitués contre ce défaut de publication, quand même le grevé et le tuteur se trouveraient insolvables.

Art. 1071. – Le défaut de publication ne pourra être suppléé ni regardé comme couvert par la connaissance que les créanciers ou les tiers acquéreurs pourraient avoir eu de la disposition par d'autres voies que celle de la publication.

Art. 1072. – Les donataires, les légataires, ni même les héritiers légitimes de celui qui aura fait la disposition, ni pareillement leurs donataires, légataires ou héritiers, ne pourront, en aucun cas, opposer aux appelés le défaut de publication ou inscription.

Art. 1073. – Le tuteur nommé pour l'exécution sera personnellement responsable, s'il ne s'est pas, en tout point, conformé aux règles ci-dessus établies pour constater les biens, pour la vente du mobilier, pour l'emploi des deniers, pour la publication et l'inscription et, en général, s'il n'a pas fait toute les diligences nécessaires pour que la charge de restitution soit bien et fidèlement acquittée.

La loi ne confère pas au tuteur à la substitution la mission d'intervenir à l'acte de partage (Bordeaux 18 janv. 1950 : *J.C.P.* 50, II, 5468, note Voirin).

Art. 1074. – Si le grevé est mineur, il ne pourra, dans le cas même de l'insolvabilité de son tuteur, être restitué contre l'inexécution des règles qui lui sont prescrites par les articles du présent chapitre.

CHAPITRE VII. – DES PARTAGES FAITS PAR LES ASCENDANTS
(L. n. 71-523 du 3 juil. 1971)

C. Philippe, *La pratique des partages d'ascendant depuis la loi du 13 juillet 1971 : Rev. trim. dr. civ.* 1984, 203.

Sur l'application dans le temps des articles 1075 à 1080, V. L. n. 71-523 du 3 juil. 1971, art. 12, *supra* sous art. 892.

Art. 1075. – Les père et mère et autres ascendants peuvent faire, entre leurs enfants et descendants, la distribution et le partage de leurs biens.
Cet acte peut se faire sous forme de donation-partage ou de testament-partage. Il est soumis aux formalités, conditions et règles prescrites pour les donations entre vifs dans

Art. 1075 — PARTAGES D'ASCENDANTS

le premier cas et des testaments dans le second, sous réserve de l'application des dispositions qui suivent.

(Al. ajouté, L. n. 88-15, 5 janv. 1988, art. 42-I). – **Si leurs biens comprennent une entreprise individuelle à caractère industriel, commercial, artisanal, agricole ou libéral, les père et mère et autres ascendants peuvent, dans les mêmes conditions et avec les mêmes effets, en faire, sous forme de donation-partage, la distribution et le partage entre leurs enfants et descendants et d'autres personnes, sous réserve que les biens corporels et incorporels affectés à l'exploitation de l'entreprise entrent dans cette distribution et ce partage et que cette distribution et ce partage aient pour effet de n'attribuer à ces autres personnes que la propriété de tout ou partie de ces biens ou leur jouissance.**

Code Général des impôts

Art. 790 *(L. fin. n. 86-1317, 30 déc. 1986, art. 27).* – Les donations partages effectuées conformément à l'article 1075 du code civil bénéficient sur les droits liquidés en application des dispositions des articles 777 et suivants du présent code d'une réduction de 25 % lorsque le donateur est âgé de moins de soixante-cinq ans et de 15 % lorsque le donateur a soixante-cinq ans révolus et moins de soixante-quinze ans. Ces dispositions sont applicables aux donations-partages consenties par actes passés à compter du 1er décembre 1986.

1) L'épouse en troisièmes noces, qui n'est pas l'ascendante des enfants du second lit, ne peut inclure ces derniers parmi les bénéficiaires d'une donation-partage, fût-elle conjonctive, portant sur les biens des deux époux (Civ. 1re, 14 oct. 1981 : *Defrénois* 1982, 431, obs. Champenois ; *Bull.* I, n. 292, p. 245. – V. J. M. Bez, *La donation-partage par deux époux en présence d'enfants de plusieurs lits* : *J.C.P.* 83, éd. N, I, 283).

2) Lorsque des parents ont fait donation à leurs enfants de leurs biens, à titre de partage anticipé, les enfants ayant été gratifiés indivisément et chacun pour moitié, un tel acte ne fait pas obstacle à une attribution préférentielle dès lors qu'il n'a créé, au profit des descendants gratifiés en tant que tels, qu'un droit indivis sur un bien qui reste à partager (Civ. 1re, 20 janv. 1977 : *D.* 1977, 485, note Lucas de Leyssac).

3) Une convention ne peut être qualifiée partage d'ascendant que si l'ascendant donateur procède au partage entre ses enfants de biens lui appartenant personnellement (Civ 1re, 7 juin 1974 : *Bull.* I, n. 174, p. 151). Constitue une donation-partage l'acte par lequel le mari abandonne non seulement son droit d'usufruit sur la part de communauté de son épouse décédée mais aussi sa propre part de communauté en pleine propriété (Civ. 1re, 6 déc. 1978 : *J.C.P.* 80, II, 19263, note Dagot).

4) Sur la distinction entre donation-partage et transaction, V. Civ. 1re, 4 mai 1976 : *Bull.* I, n. 157, p. 124.

5) Il peut y avoir donation-partage lorsque les actes de donation, quoique distincts, apparaissent indissociables et donc indivisibles dans la mesure où ils reflètent la volonté clairement exprimée du donateur de distribuer en totalité ou en partie ses biens entre ses enfants ou descendants (Civ. 1re, 17 avril 1985 : *Bull.* I, n. 118, p. 110 ; *D.* 1986, 243, note J. Groslière).

6) Sur l'exigence d'un acte authentique, V. Civ. 1re, 6 déc. 1978 : *J.C.P.* 80, II, 19263, note Dagot. Sur l'exigence d'un état estimatif, V. Civ. 1re, 10 juin 1970 : *J.C.P.* 71, II, 16656, note M.D.

7) La preuve d'une donation-partage déguisée obéit aux règles du droit commun dans les rapports entre les parties ou leurs ayants-droit (Civ. 1re, 9 nov. 1976 : *Bull.* I, n. 341, p. 272).

PARTAGES D'ASCENDANTS — Art. 1077-1

8) Il résulte des termes de l'article 1075 qu'il n'y a testament-partage que dans la mesure où le testateur lui-même a attribué un lot à ses descendants (Civ. 1re, 5 déc. 1978 : *Defrénois* 1979, art. 31956, p. 645, note Ponsard). Constitue un testament-partage le testament qui procède d'intentions analogues à celles qui avaient inspiré une donation-partage antérieure dont il est un complément (Civ. 1re, 5 juil. 1989 : *Bull.* I, n. 282, p. 187).

9) Peut être déclarée nulle pour absence de cause la donation-partage à laquelle ont recouru les parties à des fins fiscales, dès lors que l'application rétroactive d'une loi de finances a eu pour conséquence que l'acte ne se trouvait plus justifié par le mobile qui avait incité les parties à y recourir (Civ. 1re, 11 fév. 1986 : *Bull.* I, n. 25, p. 21 ; *Rev. trim. dr. civ.* 1987, 586, obs. Patarin).

Art. 1075-1. — **Le partage fait par un ascendant ne peut être attaqué pour cause de lésion.**

Art. 1075-2. — **Les dispositions de l'article 833-1, premier alinéa, sont applicables aux soultes mises à la charge des donataires, nonobstant toute convention contraire.**

1) Les dispositions des articles 833-1 et 1075-2 sont applicables aux donations-partages antérieures à 1972 toutes les fois que le décès de l'ascendant donateur est survenu depuis le 1er janvier 1972 (Civ. 1re, 21 mars 1979 : *J.C.P.* 80, II, éd. N, 209, note Thuillier).

2) L'article 1075-2 n'interdit pas les dérogations à l'article 833-1 dans la convention passée, après le décès des ascendants donateurs, entre les donataires copartagés (Civ. 1re, 19 janv. 1982 : *J.C.P.* 82, IV, 124 ; *Bull.* I, n. 31, p. 26).

Art. 1075-3. — **Si tous les biens que l'ascendant laisse au jour de son décès n'ont pas été compris dans le partage, ceux de ses biens qui n'y auront pas été compris seront attribués ou partagés conformément à la loi.**

SECTION I. — DES DONATIONS-PARTAGES

Art. 1076. — **La donation-partage ne peut avoir pour objet que des biens présents.**
La donation et le partage peuvent être faits par actes séparés pourvu que l'ascendant intervienne aux deux actes.

Doit être cassé l'arrêt qui annule une donation-partage au motif que l'une des donataires a été allotie sous forme d'une soulte exigible six mois après le décès du donateur, alors que ladite soulte procurait à la donataire un avantage immédiat sous la forme d'une créance certaine dont seule l'exigibilité était reportée à la date du décès du disposant et qui pouvait être révisée en application des articles 1075-2 et 833-1 (Civ. 1re, 30 nov. 1982 : *D.* 1983, 195, note Morin).

Art. 1077. — **Les biens reçus par les descendants à titre de partage anticipé constituent un avancement d'hoirie imputable sur leur part de réserve, à moins qu'ils n'aient été donnés expressément par préciput et hors part.**

Art. 1077-1. — **Le descendant qui n' a pas concouru à la donation-partage, ou qui a reçu un lot inférieur à sa part de réserve, peut exercer l'action en réduction, s'il n'existe pas à l'ouverture de la succession des biens non compris dans le partage et suffisants pour composer ou compléter sa réserve, compte tenu des libéralités dont il a pu bénéficier.**

Art. 1077-2

Il résulte des articles 1077-1 et 1078 que l'omission d'un ou plusieurs enfants dans un partage d'ascendant n'est pas une cause de nullité de la libéralité mais permet seulement au descendant qui n'a pas concouru à la donation-partage d'exercer éventuellement l'action en réduction (Civ. 1re, 4 nov. 1981 : *J.C.P.* 82, IV, 31 ; *Bull.* I, n. 330, p. 279).

Art. 1077-2. – Les donations-partages suivent les règles des donations entre vifs pour tout ce qui concerne l'imputation, le calcul de la réserve et la réduction.

L'action en réduction ne peut être introduite qu'après le décès de l'ascendant qui a fait le partage ou du survivant des ascendants en cas de partage conjonctif. Elle se prescrit par cinq ans à compter dudit décès.

L'enfant non encore conçu au moment de la donation-partage dispose d'une semblable action pour composer ou compléter sa part héréditaire.

Art. 1078. – Nonobstant les règles applicables aux donations entre vifs, les biens donnés seront, sauf convention contraire, évalués au jour de la donation-partage pour l'imputation et le calcul de la réserve, à condition que tous les (*L. n. 88-15, 5 janv. 1988, art. 42-II*) gratifiés vivants ou représentés au décès de l'ascendant aient reçu un lot dans le partage anticipé et l'aient expressément accepté, et qu'il n'ait pas été prévu de réserve d'usufruit portant sur une somme d'argent.

1) L'article 1078 ne prévoit l'évaluation des biens au jour de la donation-partage qu'à la condition qu'il n'ait pas été prévu de réserve d'usufruit portant sur une somme d'argent ; cette condition n'est pas remplie lorsqu'un des lots comprend une créance ayant pour objet une somme d'argent et dont l'ascendant s'est réservé l'usufruit ; dans ce cas, l'évaluation des biens doit se faire au jour de l'ouverture de la succession (Civ. 1re, 18 mai 1978 : *Bull.* I, n. 196, p. 157 ; *J.C.P.* 80, II, 19349, note Dagot).

2) L'héritier qui n'a pas été alloti peut prendre sa part dans les autres biens de la succession, les donataires copartagés devant imputer sur leur part la valeur, au jour de la donation-partage, des biens qu'ils ont reçus (Civ. 1re, 18 mai 1983 : *Bull.* I, n. 151, p. 132).

Art. 1078-1. – Le lot de certains enfants pourra être formé, en totalité ou en partie, des donations, soit rapportables, soit précipitaires, déjà reçues par eux de l'ascendant, eu égard éventuellement aux emplois et remplois qu'ils auront pu faire dans l'intervalle.

La date d'évaluation applicable au partage anticipé sera également applicable aux donations antérieures qui lui auront été ainsi incorporées. Toute stipulation contraire sera réputée non écrite.

Art. 1078-2. – Les parties peuvent ainsi convenir qu'une donation précipitaire antérieure sera incorporée au partage et imputée sur la part de réserve du donataire à titre d'avancement d'hoirie.

Art. 1078-3. – Les conventions dont il est parlé aux deux articles précédents peuvent avoir lieu même en l'absence de nouvelles donations de l'ascendant. Elles ne sont pas regardées comme des libéralités entre les descendants, mais comme un partage fait par l'ascendant.

SECTION II. – DES TESTAMENTS-PARTAGES

Art. 1079. – Le testament-partage ne produit que les effets d'un partage. Ses bénéficiaires ont qualité d'héritiers et ne peuvent renoncer à se prévaloir du testament pour réclamer un nouveau partage de la succession.

PARTAGES D'ASCENDANTS — Art. 1080

Si un testament-partage contient un legs, les biens compris dans la masse partagée ne sont pas soumis au régime des libéralités mais constituent des parts successorales (Rép. min. Justice n. 27181 : *J.O.* débats Ass. nat. 21 déc. 1972 ; *J.C.P.* 73, IV, 97). – Sur la distinction entre testament-partage et legs particuliers, V. Civ. 1re, 4 janv. 1980 : *J.C.P.* 80, éd. N, Prat. 630. – Civ. 1re, 17 avril 1985 : *Bull.* I, n. 121, 112 ; *Rev. trim. dr. civ.* 1986, 166, obs. Patarin.

Art. 1080. – **L'enfant ou le descendant qui n'a pas reçu un lot égal à sa part de réserve peut exercer l'action en réduction conformément à l'article 1077-2.**

Articles 1075 à 1080 anciens

Art. 1075 *(L. 7 fév. 1938 ; D.-L. 17 juin 1938).* – *Les père et mère et autres ascendants pourront faire entre leurs enfants et leurs descendants la distribution et le partage de leurs biens.*
(L. 20 juil. 1940) Ces partages pourront être faits par actes entre vifs ou testamentaires avec les formalités, conditions et règles prescrites pour les donations entre vifs et les testaments.
Les partages faits par acte entre vifs ne pourront avoir pour objet que les biens présents.

Art. 1076 *(L. 7 fév. 1938).* – *Si tous les biens que l'ascendant laissera au jour de son décès n'ont pas été compris dans le partage, ceux de ses biens qui n'y auront pas été compris seront partagés conformément à la loi.*

Art. 1077 *(L. 7 fév. 1938).* – *Si le partage n'est pas fait entre tous les enfants qui existeront à l'époque du décès et les descendants de ceux prédécédés, et s'il n'existe pas au moment de l'ouverture de la succession des biens non compris dans le partage et suffisants pour constituer la part des héritiers qui n'y ont pas reçu leur lot, le partage sera nul pour le tout. Il en pourra être provoqué un nouveau dans la forme légale, soit par les enfants ou descendants qui n'y auront reçu aucune part, soit même par ceux entre qui le partage aurait été fait.*

Art. 1078 *(L. 7 fév. 1938).* – *La rescision du partage fait par l'ascendant ne pourra être prononcée que si celui qui la demande a subi une lésion de plus du quart.*
Pour juger s'il y a lésion dans le partage fait entre vifs, on estime les biens suivant leur valeur à l'époque de l'acte.
Le défendeur à l'action en rescision peut en arrêter le cours et empêcher un nouveau partage en usant de la faculté accordée par l'article 891.
Lorsque la rescision du partage fait par acte entre vifs aura été prononcée, comme aussi dans le cas de nullité prévu par l'article 1077, les enfants ou descendants qui viendront au nouveau partage feront le rapport des biens qui leur avaient été attribués par l'ascendant, suivant les règles prescrites par les articles 855 et suivants.

Art. 1079 *(L. 7 fév. 1938).* – *S'il résulte du partage et des dispositions faites par préciput que l'un des copartagés aurait un avantage plus grand que la loi ne le permet, celui ou ceux des copartagés qui n'auront pas reçu leur réserve entière pourront demander la réduction à leur profit du lot attribué au préciputaire.*
Le défendeur peut arrêter le cours de l'action en offrant d'abandonner aux demandeurs, soit en nature, soit en numéraire, ce qui excède la quotité disponible, jusqu'à concurrence de ce qui leur manque pour compléter leur part dans la réserve.

Art. 1081 — PARTAGES D'ASCENDANTS

Art. 1080 *(L. 7 fév. 1938)*. – *L'enfant qui, pour une des causes exprimées dans les deux articles précédents, attaquera le partage fait par l'ascendant, devra faire l'avance des frais d'estimation et il les supportera en définitive, ainsi que les dépens de la contestation, si sa réclamation n'est pas fondée.*
L'action ne peut être introduite qu'après le décès de l'ascendant qui a fait le partage, ou du survivant des ascendants s'ils ont fait ensemble le partage de leurs biens confondus dans une même masse.
Elle n'est plus recevable après l'expiration de deux années à compter dudit décès.

CHAPITRE VIII. – DES DONATIONS FAITES PAR CONTRAT DE MARIAGE AUX ÉPOUX ET AUX ENFANTS A NAITRE DU MARIAGE

Art. 1081. – Toute donation entre vifs de biens présents, quoique faite par contrat de mariage aux époux, ou à l'un d'eux, sera soumise aux règles générales prescrites pour les donations faites à ce titre.
Elle ne pourra avoir lieu au profit des enfants à naître si ce n'est dans les cas énoncés au chapitre VI du présent titre.

Art. 1082. – Les père et mère, les autres ascendants, les parents collatéraux des époux, et même les étrangers, pourront, par contrat de mariage, disposer de tout ou partie des biens qu'ils laisseront au jour de leur décès, tant au profit desdits époux, qu'au profit des enfants à naître de leur mariage, dans le cas où le donateur survivrait à l'époux donataire.
Pareille donation, quoique faite au profit seulement des époux ou de l'un d'eux, sera toujours, dans ledit cas de survie du donateur, présumée faite au profit des enfants et descendants à naître du mariage.

1) Il résulte de l'article 1082 que le bénéficiaire d'une institution contractuelle, titulaire sur la succession du disposant d'un droit seulement éventuel quant à son objet, n'acquiert l'entier bénéfice de la libéralité qu'au décès de l'instituant et ne peut donc y renoncer avant cette date (Civ. 1re, 16 juil. 1981 : *J.C.P.* 81, IV, 359 ; *Bull.* I, n. 261, p. 215 ; *D.* 1983, 333, note Grimaldi, et, sur renvoi, Agen 6 oct. 1982 : *J. not.* 1983, 1496, obs. Raison).

2) L'article 784 du Code civil prescrivant la déclaration au greffe de la renonciation à succession n'est pas applicable en matière d'institution contractuelle (Req. 29 mai 1888 : *D.P.* 1889, 1, 349, rapp. Lepelletier. – *Contra* Poitiers 12 déc. 1887 : *D.P.* 1889, 2, 113, 2e esp.).

3) L'institution contractuelle consentie entre époux est une libéralité à la fois révocable et de biens à venir. Ce double caractère implique qu'elle ne soit pas traitée comme une donation entre vifs au regard des dispositions de l'article 14, al. 2, de la loi du 3 janvier 1972 (V. *supra*, sous art. 342-8) (Civ. 1re, 8 nov. 1982 : *D.* 1983, 445, note Flour et Grimaldi). Il n'en est pas de même pour l'institution contractuelle consentie par contrat de mariage (Civ. 1re, 23 juin 1987 : *Bull.* I, n. 206, p. 153).

Art. 1083. – La donation, dans la forme portée au précédent article sera irrévocable, en ce sens seulement que le donateur ne pourra plus disposer, à titre gratuit, des objets compris dans la donation, si ce n'est pour sommes modiques, à titre de récompense ou autrement.

DONATION PAR CONTRAT DE MARIAGE — Art. 1088

1) Du rapprochement des articles 1082 et 1083, il résulte que si l'auteur d'une institution contractuelle conserve jusqu'à son décès la propriété de tous les biens composant son patrimoine, l'institution a néanmoins pour effet de restreindre l'exercice de son droit de propriété en ce qu'elle rend inefficaces les dispositions à titre gratuit par lui faites ultérieurement lorsqu'elles sont de nature à anéantir ou à réduire les droits de succession irrévocablement conférés à ce dernier (Civ. 1re, 24 fév. 1969 : *D.* 1969, 409, note A.B.) Mais la clause par laquelle l'instituant renoncerait au droit d'aliéner à titre onéreux serait nulle comme constituant un pacte sur succession future non autorisé par la loi (Civ. 5 juil. 1928 : *D.P.* 1929, 1, 43).

2) Pour une institution contractuelle révoquant tacitement un legs antérieur, V. Civ. 1re, 24 avril 1968 : *J.C.P.* 68, II, 15564, note M.D.

Art. 1084. – **La donation par contrat de mariage pourra être faite cumulativement des biens présents et à venir, en tout ou partie, à la charge qu'il sera annexé à l'acte un état des dettes et charges du donateur existantes au jour de la donation ; auquel cas, il sera libre au donataire, lors du décès du donateur, de s'en tenir aux biens présents, en renonçant au surplus des biens du donateur.**

Sur le pouvoir souverain des juges du fond pour apprécier l'intention du disposant, V. Req. 3 avril 1905 : *D.P.* 1905, 1, 224.

Art. 1085. – **Si l'état dont est mention au précédent article n'a point été annexé à l'acte contenant donation des biens présents et à venir, le donataire sera obligé d'accepter ou de répudier cette donation pour le tout. En cas d'acceptation, il ne pourra réclamer que les biens qui se trouveront existants au jour du décès du donateur, et il sera soumis au paiement de toutes les dettes et charges de la succession.**

Art. 1086. – **La donation par contrat de mariage en faveur des époux et des enfants à naître de leur mariage pourra encore être faite, à condition de payer indistinctement toutes les dettes et charges de la succession du donateur, ou sous d'autres conditions dont l'exécution dépendrait de sa volonté, par quelque personne que la donation soit faite : le donataire sera tenu d'accomplir ces conditions, s'il n'aime mieux renoncer à la donation ; et en cas que le donateur par contrat de mariage se soit réservé la liberté de disposer d'un effet compris dans la donation de ses biens présents, ou d'une somme fixe à prendre sur ces mêmes biens, l'effet ou la somme, s'il meurt sans en avoir disposé, seront censés compris dans la donation, et appartiendront au donataire ou à ses héritiers.**

Sur la possibilité pour le donateur, en cas de donation en avancement d'hoirie faite par contrat de mariage, de se réserver la faculté de disposer au profit d'une autre personne de ce qui excédera la réserve du futur époux donataire dans sa succession, V. Civ. 8 fév. 1898 : *D.P.* 99, 1, 265, concl. Sarrut.

Art. 1087. – **Les donations faites par contrat de mariage ne pourront être attaquées ni déclarées nulles sous prétexte de défaut d'acceptation.**

Art. 1088. – **Toute donation faite en faveur du mariage sera caduque, si le mariage ne s'ensuit pas.**

Art. 1089 — DONATION PAR CONTRAT DE MARIAGE

Sur le principe que l'article 1088 est applicable aux dons manuels entre fiancés, v. Civ. 9 août 1887, *D.P.* 88, I, 133. – Douai 17 sept. 1985 : *D.* 1986, 301, note Langlade – Montpellier 19 fév. 1987 : *Rev. trim. dr.* civ. 1989, 278, obs. Rubellin-Devichi. Mais il en va autrement pour de simples cadeaux d'usage (Trib. Civ. Seine 18 juill. 1923 : *D.P.* 1923, II, 206. – Paris 3 déc. 1976 : *D.* 1978, 339, note Foulon-Piganiol.

Art. 1089. – **Les donations faites à l'un des époux, dans les termes des articles 1082, 1084 et 1086 ci-dessus, deviendront caduques, si le donateur survit à l'époux donataire et à sa postérité.**

Art. 1090. – **Toutes donations faites aux époux par leur contrat de mariage, seront, lors de l'ouverture de la succession du donateur, réductibles à la portion dont la loi lui permettait de disposer.**

Les donations faites par contrat de mariage sont soumises aux règles du rapport (Civ. 15 janv. 1952 : *J.C.P.* 52, II, 6944, note Cavarroc).

CHAPITRE IX. – DES DISPOSITIONS ENTRE ÉPOUX, SOIT PAR CONTRAT DE MARIAGE, SOIT PENDANT LE MARIAGE

Art. 1091. – **Les époux pourront, par contrat de mariage, se faire réciproquement, ou l'un des deux à l'autre, telle donation qu'ils jugeront à propos, sous les modifications ci-après exprimées.**

Art. 1092. – **Toute donation entre vifs de biens présents, faite entre époux par contrat de mariage, ne sera point censée faite sous la condition de survie du donateur, si cette condition n'est formellement exprimée ; et elle sera soumise à toutes les règles et formes ci-dessus prescrites pour ces sortes de donations.**

Le changement de régime matrimonial n'entraîne pas *ipso facto* la caducité des donations que s'étaient consenties les époux dans le contrat de mariage initial (Civ. 1re, 29 oct. 1974 : *J.C.P.* 75, II, 18015, note Patarin).

Art. 1093. – **La donation de biens à venir, ou de biens présents et à venir, faite entre époux par contrat de mariage, soit simple, soit réciproque, sera soumise aux règles établies par le chapitre précédent, à l'égard des donations pareilles qui leur seront faites par un tiers, sauf qu'elle ne sera point transmissible aux enfants issus du mariage, en cas de décès de l'époux donataire avant l'époux donateur.**

Art. 1094 *(remplacé L. n. 72-3 du 3 janv. 1972, art. 6)*. – **L'époux, soit par contrat de mariage, soit pendant le mariage, pourra, pour le cas où il ne laisserait point d'enfant ni de descendant légitime ou naturel, disposer en faveur de l'autre époux en propriété, de tout ce dont il pourrait disposer en faveur d'un étranger, et, en outre, de la nue-propriété de la portion réservée aux ascendants par l'article 914 du présent code.**

Art. 1094 ancien *(L. 3 déc. 1930)*. – *L'époux pourra, soit par contrat de mariage, soit pendant le mariage, pour le cas où il ne laisserait point d'enfants ni de descendants, disposer en faveur*

DONATION PAR CONTRAT DE MARIAGE — Art. 1094-2

de l'autre époux, en propriété, de tout ce dont il pourrait disposer en faveur d'un étranger, et, en outre, de la nue propriété de la portion réservée aux ascendants par l'article 914 du présent code.

(L. n. 63-699 du 13 juil. 1963, art. 1er) Pour le cas où l'époux laisserait des enfants ou descendants, il pourra disposer en faveur de l'autre époux soit de la propriété de ce dont il pourrait disposer en faveur d'un étranger, soit d'un quart de ses biens en propriété et des trois autres quarts en usufruit, soit encore de la totalité de ses biens en usufruit seulement.

Lorsque la libéralité faite, soit en propriété et en usufruit, soit en usufruit seulement, portera sur plus de la moitié des biens, chacun des enfants ou descendants, en ce qui concerne sa part de succession, aura la faculté d'exiger, moyennant sûretés suffisantes et garantie du maintien de l'équivalence initiale, que l'usufruit soit converti en une rente viagère équivalente. Toutefois, cette faculté ne pourra pas s'exercer en ce qui concerne l'usufruit du local d'habitation dans lequel le conjoint gratifié avait sa résidence principale à l'époque du décès et l'usufruit des meubles meublants garnissant ce local.

Les enfants ou descendants pourront, nonobstant toute stipulation contraire du disposant, exiger, à l'égard des biens soumis à l'usufruit, qu'il en soit dressé inventaire ainsi qu'état des immeubles, qu'il soit fait emploi des sommes et que les titres au porteur soient, au choix de l'usufruitier, convertis en titres nominatifs ou déposés en banque ou chez un agent de change.

L'article 1094 s'applique aussi bien aux libéralités entre vifs qu'à celles résultant de testaments (Civ. 1re, 11 oct. 1983 : *Bull.* I, n. 226, p. 202).

Art. 1094-1 *(aj. L. n. 72-3 du 3 janv. 1972, art. 6)*. — **Pour le cas où l'époux laisserait des enfants ou descendants, soit légitimes, soit naturels, issus ou non du mariage, soit naturels, il pourra disposer en faveur de l'autre époux, soit de la propriété de ce dont il pourrait disposer en faveur d'un étranger, soit d'un quart de ses biens en propriété et des trois autres quarts en usufruit, soit encore de la totalité de ses biens en usufruit seulement.**

1) Le mari qui a légué à son épouse l'usufruit de la totalité des biens composant sa succession conserve la faculté de disposer au profit d'un ou plusieurs de ses enfants de la nue-propriété de la quotité disponible ordinaire de l'article 913 (Civ. 1re, 26 avril 1984 : *D.* 1985, 133, note Morin ; *Rev. trim. dr. civ.* 1985, 194, obs. Patarin).

2) Il résulte des articles 724, 781 et 1094-1 que si le conjoint n'a pas exercé de son vivant l'option dont il pouvait se prévaloir en cas de réduction de la libéralité à la demande d'un réservataire, son héritier peut le faire dans les conditions où lui-même en avait la faculté (Civ. 1re, 7 juin 1989 : *J.C.P.* 90, II, 21400, note H.T. – *Contra* : Dijon 1er juin 1983 : *J.C.P.* 83, II, 20109, note Névot ; *Rev. trim. dr. civ.* 1984, 541, obs. Patarin).

Art. 1094-2 *(aj. L. n. 72-3 du 3 janv. 1972, art. 6)*. — **Lorsque la libéralité faite, soit en propriété et en usufruit, soit en usufruit seulement, portera sur plus de la moitié des biens, chacun des enfants ou descendants aura, en ce qui concerne sa part de succession, la faculté d'exiger, moyennant sûretés suffisantes et garantie du maintien de l'équivalence initiale, que l'usufruit soit converti en une rente viagère d'égale valeur.**

Toutefois cette faculté ne pourra pas s'exercer quant à l'usufruit du local d'habitation où le conjoint gratifié avait sa résidence principale à l'époque du décès, ni quant à l'usufruit des meubles meublants qui garnissent ce local.

Art. 1094-3   DONATION PAR CONTRAT DE MARIAGE

La condition de délai qui impose de demander la conversion de l'usufruit légal de l'article 767 avant la consommation du partage définitif ne s'impose pas à la conversion prévue par l'article 1094-2 des usufruits donnés ou légués (Civ. 1re, 9 janv. 1979 : *Defrénois* 1979, 957, obs. Champenois).

Art. 1094-3 *(ajouté L. n. 72-3 du 3 janv. 1972, art. 6).* **– Les enfants ou descendants pourront, nonobstant toute stipulation contraire du disposant, exiger, quant aux biens soumis à l'usufruit, qu'il soit dressé inventaire des meubles ainsi qu'état des immeubles, qu'il soit fait emploi des sommes et que les titres au porteur soient, au choix de l'usufruitier, convertis en titres nominatifs ou déposés chez un dépositaire agréé.**

Décret n. 72-753 du 9 août 1972, art. 3

Art. 3. – Pour l'application de l'article 1094-3 du Code civil sont agréés les établissements ou professionnels habilités, en vertu de l'article 1er du décret du 5 novembre 1965, à recevoir les capitaux et valeurs mobilières appartenant aux mineurs.

V. D. n. 65-961 du 5 nov. 1965, *supra* sous art. 475.

Art. 1095. – Le mineur ne pourra, par contrat de mariage, donner à l'autre époux, soit par donation simple, soit par donation réciproque, qu'avec le consentement et l'assistance de ceux dont le consentement est requis pour la validité de son mariage ; et, avec ce consentement, il pourra donner tout ce que la loi permet à l'époux majeur de donner à l'autre conjoint.

Art. 1096 *(L. 18 fév. 1938).* – **Toutes donations faites entre époux, pendant le mariage, quoique qualifiées entre vifs, seront toujours révocables.**
Ces donations ne seront point révoquées par la survenance d'enfants.

1) La règle selon laquelle l'époux coupable perd seul, par l'effet du divorce, les avantages que son conjoint lui avait consentis soit par contrat de mariage, soit durant le mariage ne fait pas obstacle à l'application de l'article 1096 du même code qui proclame la révocabilité *ad nutum* de toutes donations faites entre époux pendant le mariage (Paris 17 mai 1973 : *D.* 1974, 625, note Malaurie. – V. en ce sens Civ. 1re, 29 mai 1979 : *J. not.* 1980, 1215, obs. A.R.).

2) L'article 1096 ne s'applique pas aux présents d'usage (Civ. 1re, 15 oct. 1963 : *Bull.* I, n. 433, p. 370. - Paris 1er juin 1965 : *J.C.P.* 66, II, 14762, note Vié). Sur la notion de cadeau d'usage, v. *supra* sous art. 852. Sur la distinction entre don manuel et prêt à usage de bijoux de famille, V. Civ. 1re, 23 mars 1983 : *J.C.P.* 84, II, 20202, note Barbieri ; *Defrénois* 1984, 182, note Breton.

3) À défaut de recours à la forme testamentaire, la révocation expresse d'une donation manuelle ne peut être réalisée que par acte authentique et ne peut donc résulter d'une déclaration par exploit d'huissier (Civ. 1re, 1er juil. 1947 : *J.C.P.* 48, II, 4147, note R. Savatier).

4) La révocation des donations entre époux peut résulter de tous les faits ou actes de l'époux donateur qui indiquent d'une manière non équivoque son intention de révoquer la donation (Civ. 1re, 14 déc. 1960 : *Bull.* I, n. 545, p. 444). La donation de meubles par précipt à l'un des enfants vaut révocation partielle de la donation antérieure faite au conjoint et ayant épuisé la quotité disponible (Civ. 1re, 18 janv. 1965 : *D.* 1965, 536). L'action en nullité exercée par l'époux donateur vaut nécessairement révocation,

DONATION PAR CONTRAT DE MARIAGE — Art. 1098

quelle que soit la qualification qui doive être reconnue à cette donation (Civ. 1re, 29 fév. 1984 : *Bull.* I, n. 82, p. 66).

5) La veuve du bénéficiaire d'une rente viagère, se fondant sur la clause de réversion à son profit inscrite dans l'acte constitutif, ayant demandé aux débirentiers le paiement des arrérages demeurés impayés depuis le décès de son mari, viole les articles 1973 et 1096 la cour d'appel qui rejette la demande au motif que la stipulation de réversibilité de la rente, acceptée par l'intéressée dans l'acte constitutif, était nulle comme contraire au principe de la révocabilité des donations entre époux, alors que l'acceptation expresse de la stipulation ne pouvait porter atteinte à la révocabilité de celle-ci (Civ. 1re, 25 avril 1989 : *J.C.P.* 89, IV, 240).

Art. 1097 *(rétabli, L. n. 72-3 du 3 janv. 1972, art. 6).* – **Si l'époux ne laisse que des enfants naturels qu'il a eus pendant le mariage, il pourra disposer, en faveur de son conjoint, soit des trois quarts de ses biens en propriété, soit de la moitié en propriété et de l'autre moitié en usufruit, soit encore de la totalité en usufruit.**

S'il laisse à la fois des enfants naturels visés à l'alinéa précédent et d'autres enfants, issus ou non du mariage, il pourra disposer en faveur du conjoint de tout ce dont l'article 1094-1 ci-dessus lui permet de disposer.

Art. 1097 ancien *(L. 7 fév. 1938).* – *Les époux ne pourront, pendant le mariage, se faire ni par acte entre vifs, ni par testament, aucune donation mutuelle et réciproque par un seul et même acte.*

Néanmoins, cette interdiction sera inapplicable aux partages d'ascendants dans lesquels les donateurs stipulent à leur profit et au profit du survivant d'eux, soit un usufruit, soit une rente viagère, soit des prestations en nature.

Les dispositions de la loi du 6 nov. 1963 sont applicables aux contrats conclus antérieurement à son entrée en vigueur, sous réserve seulement des décisions judiciaires passées en force de chose jugée (art. 3).

Art. 1097-1 *(ajouté L. n. 72-3 du 3 janv. 1972, art. 6).* – **Les enfants naturels conçus pendant le mariage, d'un autre que de l'époux, ne pourront se prévaloir contre celui-ci de la faculté ouverte aux enfants par l'article 1094-2 ci-dessus.**

Art. 1098 *(remplacé, L. n. 72-3 du 3 janv. 1972, art. 6).* – **Si un époux remarié a fait à son second conjoint, dans les limites de l'article 1094-1, une libéralité en propriété, chacun des enfants du premier lit aura, en ce qui le concerne, sauf volonté contraire et non équivoque du disposant, la faculté de substituer à l'exécution de cette libéralité l'abandon de l'usufruit de la part de succession qu'il eût recueillie en l'absence de conjoint survivant.**

Ceux qui auront exercé cette faculté pourront exiger que soient appliquées les dispositions de l'article 1094-3.

Art. 1098 ancien *(L. n. 63-699 du 13 juil. 1963, art. 2).* – *L'homme ou la femme qui, ayant des enfants ou descendants d'un autre lit, contractera un mariage subséquent, ne pourra disposer en faveur de son nouvel époux que de ce dont il pourrait disposer en faveur d'un étranger.*

Sauf volonté contraire et non équivoque du disposant, chacun des enfants ou descendants du premier lit aura, en ce qui le concerne, la faculté de substituer à l'exécution de la libéralité en propriété l'abandon de l'usufruit de la part de succession qu'il eût recueillie en l'absence de conjoint survivant. Ceux qui auront exercé cette faculté pourront exiger l'application des dispositions du dernier alinéa de l'article 1094.

1) L'article 1098, reprenant la disposition de l'article 1098, alinéa 2, dans la rédaction de la loi du 13 juillet 1963, à une époque où la quotité disponible en faveur du conjoint était uniquement celle de droit commun, ne peut s'appliquer que dans les cas où les libéralités ont été faites dans les limites de cette quotité disponible en propriété et ne saurait avoir pour résultat de priver le second conjoint de la quotité disponible à laquelle il a droit en vertu de l'article 1094-1, laquelle peut atteindre un quart en propriété et trois quarts en usufruit (Civ. 1re, 3 juin 1986 : *Bull.* I, n. 154, p. 154 ; *D.* 1987, 33, note Morin ; *D.* 1987, Somm. 121, obs. D. Martin ; *Rev. trim. dr. civ.* 1987, 580, obs. Patarin.– Civ. 1re, 4 oct. 1988 : *Bull.* I, n. 270, p. 185 ; *Rev. trim. dr. civ.* 1989, 610, obs. Patarin).

2) La faculté d'abandonner l'usufruit de la part successorale et de le substituer à l'exécution de la libéralité en propriété s'applique même aux donations faites antérieurement à l'entrée en vigueur de la loi du 13 juillet 1963 lorsque le décès du donateur est postérieur à celle-ci (Civ. 1re, 30 mars 1971 : *D.* 1971, 469, note Breton).

Art. 1099. – Les époux ne pourront se donner indirectement au-delà de ce qui leur est permis par les dispositions ci-dessus.
Toute donation, ou déguisée, ou faite à personnes interposées, sera nulle.

1) La nullité de l'article 1099, al. 2, s'applique non seulement aux libéralités faites pendant le mariage mais aussi à celles qui, antérieures à celui-ci, ont été faites en prévision de l'union (Civ. 1re, 8 mars 1972 : *D.* 1972, 460, note A.B. – Comp. Civ. 1re, 24 oct. 1979 : *D.* 1980, I.R., 398, 1re esp. ; *J. not.* 1980, 597). Elle vise aussi bien les libéralités testamentaires que les donations entre vifs (Orléans 13 janv. 1977 : *D.* 1978, 138, note Breton).

2) Deux époux s'étant rendus acquéreurs de plusieurs immeubles chacun pour moitié et le prix ayant été payé par le mari, la demande d'annulation des acquisitions faites au nom de la femme comme constituant des donations déguisées peut être déclarée mal fondée dès lors que les juges du fond relèvent que la collaboration apportée par la femme à son ex-époux excédait sa contribution aux charges du mariage et ouvrait droit au profit de la femme à une rémunération qui pouvait être affectée au règlement de ses parts indivises (Civ. 1re, 24 oct. 1978 : *J.C.P.* 79, II, 19220, note Patarin). V. en ce sens pour l'activité de l'épouse dans la direction du foyer Civ. 1re, 20 mai 1981 : *J.C.P.* 81, IV, 281 ; *Defrénois* 1981, 1324, obs. Champenois. Comp., mettant à la charge du mari une obligation naturelle de rémunération T.G.I. Nice 12 mars 1980 : *J.C.P.* 82, II, 19843, 3e esp., note Rémy. Jugé qu'il appartient à l'épouse d'établir que les biens reçus par son mari excèdent son droit à la juste rémunération d'une activité qui a fourni une plus-value aux biens personnels de la femme (Civ. 1re, 25 fév. 1981 : *J.C.P.* 82, II, 19843, 1re esp., note Rémy). V. A. Sinay-Cytermann, *Enrichissement sans cause et communauté de vie. Incidence de la loi du 10 juillet 1982 : D.* 1983, chron. 159.

3) Les virements de compte à compte entre époux, portant sur des sommes importantes excédant manifestement les besoins du ménage et remises sans contrepartie justifiée, constituent non des donations déguisées, mais des dons manuels (Poitiers 21 mars 1983 : *J.C.P.* 85, IV, 84).

4) L'article 1099, al. 2, n'interdit pas à l'époux donateur de faire déclarer en même temps que le déguisement la nullité de la donation (Civ. 1re, 29 avril 1965 : *J.C.P.* 66, II, 14604, note Malaurie). Il appartient au donateur de rapporter la preuve complète du déguisement qu'il invoque et notamment de l'origine des deniers au moyen desquels il prétend avoir procédé à l'acquisition au nom

DONATION PAR CONTRAT DE MARIAGE — Art. 1099-1

de son conjoint (Civ. 1re, 26 mai 1971 : *J.C.P.* 72, II, 17047, note Dagot, 1re esp. – V. aussi Colmar 31 oct. 1978 : *J.C.P.* 80, II, 19303, note Le Guidec).

5) Il ne peut y avoir de donation déguisée sanctionnée par la nullité de l'article 1099, alinéa 2, que si l'acte contient des affirmations mensongères relatives à l'origine des fonds, l'absence d'indication relative à la provenance de ces fonds ne constituant pas un mensonge (Civ. 1re, 6 janv. 1987 : *Bull.* I, n. 4, p. 4. – Civ. 1re, 8 nov. 1988 : *Bull.* I, n. 311, p. 212 ; *J.C.P.* 89, IV, 12.– Civ. 1re, 7 fév. 1989 : *Bull.* I, n. 71, p. 46. – Paris 30 nov. 1971 : *J.C.P.* 72, II, 17047, note Dagot, 2e esp.). V. cependant, retenant l'existence de donations déguisées sans constater des déclarations mensongères, Civ. 1re, 27 janv. 1987 : *Bull.* I, n. 28, p. 19. – Civ. 1re, 17 mars 1987 : *Bull.* I, n. 96, p. 73. Pour un déguisement résultant de l'intervention d'une société civile immobilière constituée par les deux époux, v. Civ. 1re, 17 mars 1987 : *J.C.P.* 88, II, 20959, note Dagot.

6) La preuve de l'interposition de personnes peut être faite par tous moyens (Civ. 1re, 13 nov. 1968 : *D.* 1969, 97).

7) La nullité prévue par l'article 1099, al. 2, est applicable même si la réserve n'est pas entamée (Civ. 30 avril 1941 : *D.C.* 1942, 6, note M.N.). Elle est absolue et soumise à la prescription trentenaire (Civ. 1re, 10 mars 1970 : *D.* 1970, 661, note Breton).

8) Les époux peuvent, après la dissolution du mariage, maintenir leur commune volonté de faire produire effet aux donations déguisées qu'ils avaient pu se consentir pendant le cours de l'union conjugale ou en prévision de cette union (Civ. 1re, 1er déc. 1976 : *J.C.P.* 77, II, 18625, note Patarin).

9) La nullité prévue par l'article 1099, al. 2, ne peut pas être invoquée par les héritiers non réservataires (Req. 25 juil. 1881 : *D.P.* 1882, I, 177. – V. en ce sens Civ. 1re, 30 nov. 1983 : *J.C.P.* 84, IV, 45 ; *Bull.* I, n. 283, p. 253 ; *Defrénois* 1984, 576, note Rondeau-Rivier ; *Rev. trim. dr. civ.* 1985, 197, obs. Patarin. – Paris 27 oct. 1982 : *D.* 1982, I.R. 175, obs. Martin).

Art. 1099-1 *(L. n. 67-1179 du 28 déc. 1967, art. 1er)* – Quand un époux acquiert un bien avec des deniers qui lui ont été donnés par l'autre à cette fin, la donation n'est que des deniers et non du bien auquel ils sont employés.

En ce cas, les droits du donateur ou de ses héritiers n'ont pour objet qu'une somme d'argent suivant la valeur actuelle du bien. Si le bien a été aliéné, on considère la valeur qu'il avait au jour de l'aliénation, et si un nouveau bien a été subrogé au bien aliéné, la valeur de ce nouveau bien.

M. Dagot, *Réflexions sur l'article 1099-1 du Code civil* : *J.C.P.* 71, I, 2397.

1) L'article 1099-1 n'implique ni qu'il existe un lien d'indivisibilité entre la donation des deniers et l'achat du bien ni que le donateur doit avoir versé l'intégralité du prix d'achat de ce bien (Civ. 1re, 14 juin 1972 : *J.C.P.* 72, II, 17212, note Dagot. – V. aussi Civ. 1re, 9 mai 1978 : *J.C.P.* 80, II, 19276, note Dagot). Il n'est pas nécessaire qu'il y ait eu remise des fonds (Civ. 1re, 11 juin 1980 : *Bull.* I, n. 182, p. 148 ; *D.* 1981, I.R., 89).

2) L'article 1099-1 s'applique à toute remise gratuite de deniers par un époux à l'autre en vue de procurer à celui-ci l'entrée, dans son patrimoine, d'un bien qui ne s'y trouvait pas déjà, sans qu'il y ait lieu de distinguer suivant la cause juridique, le mode de réalisation et la date d'effet du transfert de propriété (Civ. 1re, 2 mars 1976 : *J.C.P.* 77, II, 18699, note Dagot. – V. aussi Civ. 1re, 23 janv. 1980 : *Gaz. Pal.* 1980, 2, 706, note Plancqueel). Il doit recevoir application

lorsque la donation des deniers, antérieure au mariage, a été faite en prévision de celui-ci (Civ. 1re, 21 juil. 1987 : *Bull.* I, n. 243, p. 178).

3) La valeur actuelle du bien doit être appréciée d'après l'état de l'immeuble lors de son acquisition en faisant abstraction des impenses ultérieurement réalisées (Paris 17 mai 1973 : *D.* 1974, 625, note Malaurie), ou des circonstances entraînant une modification momentanée du prix de réalisation, et notamment du fait que l'appartement litigieux est occupé à titre de logement familial par l'époux donataire (Paris 7 juin 1974 : *Gaz. Pal.* 1974, 2, 504, note Viatte).

Art. 1100. − Seront réputées faites à personnes interposées, les donations de l'un des époux aux enfants ou à l'un des enfants de l'autre époux issus d'un autre mariage, et celles faites par le donateur aux parents dont l'autre époux sera héritier présomptif au jour de la donation, encore que ce dernier n'ait point survécu à son parent donataire.

1) La présomption d'interposition s'applique aux enfants adoptifs (Civ. 1re, 5 janv. 1965 : *J.C.P.* 65, II, 14132, note R.L. − Civ. 1re, 20 fév. 1968 : *D.* 1968, 587, note Voirin).

2) La présomption édictée par l'article 1100 est irréfragable (Civ. 1re, 15 fév. 1961 : *Bull.* I, n. 104, p. 84).

TITRE III. − DES CONTRATS OU DES OBLIGATIONS CONVENTIONNELLES EN GÉNÉRAL

CHAPITRE I. − DISPOSITIONS PRÉLIMINAIRES

Art. 1101. − Le contrat est une convention par laquelle une ou plusieurs personnes s'obligent, envers une ou plusieurs autres, à donner, à faire ou à ne pas faire quelque chose.

Art. 1102. − Le contrat est *synallagmatique ou bilatéral* lorsque les contractants s'obligent réciproquement les uns envers les autres.

Art. 1103. − Il est *unilatéral* lorsqu'une ou plusieurs personnes sont obligées envers une ou plusieurs autres, sans que de la part de ces dernières il y ait d'engagement.

1) L'acte par lequel une personne déclare vendre un immeuble à une autre sous la condition suspensive que celle-ci confirme dans un délai d'un mois son intention définitive d'acquérir n'est qu'une promesse unilatérale de vente (Civ. 3e, 21 nov. 1984 : *Bull.* III, n. 198, p. 153 ; *Rev. trim. dr. civ.* 1985, 591, obs. Rémy).

2) L'acte par lequel une société consent un prêt à un étudiant et lui verse une somme mensuelle non remboursable s'il accepte au terme de sa scolarité la proposition d'engagement de la société s'analyse non pas en une promesse de contrat de travail, mais en un contrat unilatéral comportant pour l'emprunteur l'obligation de rembourser sous la

VALIDITÉ DES CONVENTIONS — Art. 1109

condition suspensive de la proposition d'engagement. Cette condition ne s'étant pas réalisée, le remboursement des sommes prêtées ne peut plus être exigé de l'intéressé qui peut cependant estimer nécessaire d'exécuter une obligation matérielle de remboursement afin de remplir un devoir impérieux de conscience et d'honneur (Paris 7 mars 1989 : *J.C.P.* 89, II, 21318, note crit. Petit).

Art. 1104. – Il est *commutatif* lorsque chacune des parties s'engage à donner ou à faire une chose qui est regardée comme l'équivalent de ce qu'on lui donne, ou de ce qu'on fait pour elle.

Lorsque l'équivalent consiste dans la chance de gain ou de perte pour chacune des parties, d'après un événement incertain, le contrat est *aléatoire*.

F. GRUA, *Les effets de l'aléa et la distinction des contrats aléatoires et des contrats commutatifs* : Rev. trim. dr. civ. 1983, 263.

Art. 1105. – Le contrat de *bienfaisance* est celui dans lequel l'une des parties procure à l'autre un avantage purement gratuit.

F.-X. TESTU, *Le cautionnement-libéralité* : *J.C.P.* 89, I, 3377.

Art. 1106. – Le contrat à *titre onéreux* est celui qui assujettit chacune des parties à donner ou à faire quelque chose.

Art. 1107. – Les contrats, soit qu'ils aient une dénomination propre, soit qu'ils n'en aient pas, sont soumis à des règles générales, qui sont l'objet du présent titre.

Les règles particulières à certains contrats sont établies sous les titres relatifs à chacun d'eux ; et les règles particulières aux transactions commerciales sont établies par les lois relatives au commerce.

CHAPITRE II. – DES CONDITIONS ESSENTIELLES POUR LA VALIDITÉ DES CONVENTIONS

Art. 1108. – Quatre conditions sont essentielles pour la validité d'une convention :
Le consentement de la partie qui s'oblige ;
Sa capacité de contracter ;
Un objet certain qui forme la matière de l'engagement ;
Une cause licite dans l'obligation.

SECTION I. – DU CONSENTEMENT

Art. 1109. – Il n'y a point de consentement valable, si le consentement n'a été donné que par erreur, ou s'il a été extorqué par violence ou surpris par dol.

Art. 1109 — VALIDITÉ DES CONVENTIONS

I. Nécessité du consentement

1) Le contrat ne peut se former que si les parties ont été, en donnant leur consentement, physiquement capables d'avoir et d'exprimer la volonté de s'obliger (Civ. 1re, 17 oct. 1955 : *J.C.P.* 56, II, 9226, note Laurent). Tel n'est pas le cas si l'une des parties est atteinte de troubles psychiques (Civ. 1re, 9 janv. 1963 : *Bull.* I, n. 21, p. 19), sans qu'il soit besoin d'établir l'état de démence (Soc. 24 mars 1953 : *Bull.* IV, n. 267, p. 199).

2) Le contrat n'est pas nul si le tempérament dépressif de l'une des parties n'exclut pas la lucidité et la volonté requises pour s'obliger valablement (Lyon 30 janv. 1964 : *Gaz. Pal.* 1964, 1, 420. – Comp. T.G.I. Lyon 25 oct. 1974 : *J.C.P.* 75, IV, 253). De même, la haine ne saurait vicier un acte juridique dès lors qu'elle ne va pas jusqu'à faire perdre la raison (Civ. 1re, 3 juin 1959 : *Bull.* I, n. 276, p. 230). Il en va de même pour l'ivresse (Besançon 12 juin 1931 : *Gaz. Pal.* 1931, 2, 553), ou pour la fatigue éprouvée en fin de journée par un artisan (Trib. com. Paris 26 juin 1985 : *Rev. jur. com.* 1987, 32, note Delebecque).

3) Les juges du fond sont souverains pour apprécier si la preuve de l'existence de la volonté de s'obliger est rapportée (Civ. 1re, 17 oct. 1955 : *J.C.P.* 56, II, 9226, note Laurent. – Civ. 1re, 7 nov. 1956 : *Bull.* I, n. 393, p. 314). Mais doit être cassé l'arrêt qui rejette la demande en annulation d'une vente pour cause d'insanité d'esprit du vendeur en se fondant exclusivement sur le fait que sa lucidité d'esprit était établie par les déclarations dans l'acte des deux témoins instrumentaires attestant sa capacité civile (Civ. 1re, 26 mai 1964 : *Gaz. Pal.* 1964, 2, 293).

4) Si le contrat d'assurance doit, dans un but probatoire, être signé par les parties, il constitue un contrat consensuel qui est parfait dès la rencontre des volontés des parties. Doit donc être cassé le jugement qui refuse de condamner le défendeur au paiement de primes échues qui, après avoir signé une proposition d'assurance et versé un acompte sur la prime, n'a pas renvoyé à l'assureur le contrat que celui-ci lui avait adressé pour signature (Civ. 1re, 4 janv. 1980 : *J.C.P.* 80, IV, 100).

5) Le consentement de celui qui adhère à un contrat d'adhésion ne l'engage valablement que s'il est établi qu'il a eu connaissance des clauses qui lui sont opposées. Les juges du fond peuvent estimer que tel n'est pas le cas pour des clauses figurant au verso de la facture (Civ. 1re, 28 avril 1971 : *J.C.P.* 1972, II, 17280, 2e esp., note Boitard et Rabut) ou du bon de commande (Civ. 1re, 3 mai 1979 : *Bull.* I, n. 128, p. 103 ; *D.* 1980, I.R. 262, obs. Ghestin). Mais une clause pénale peu lisible en raison de l'emploi de caractères typographiques microscopiques a pu être déclarée opposable à son signataire, commerçant averti (Civ. 1re, 23 juil. 1979 : *D.* 1979, I.R. 547). Un cahier des charges relatif à la distribution publique d'eau par affermage n'est rendu applicable aux usagers que par les contrats d'abonnement qui s'y réfèrent (Civ. 1re, 17 nov. 1987 : *Bull.* I, n. 299, p. 214), mais aucune disposition légale n'impose que figurent dans les contrats d'abonnement signés par l'usager d'un service de distribution d'eau les clauses du règlement du service (Civ. 1re, 10 mars 1988 : *Bull.* I, n. 136, p. 95).

6) Sur les dispositions d'ordre public visant à protéger le consentement de certains contractants, V. Loi n. 72-1137 du 22 décembre 1972 relative à la protection des consommateurs en matière de démarchage et de vente à domicile, Loi n. 78-22 du 10 janvier 1978 relative à l'information et à la protection des consommateurs dans le domaine de certaines opérations de crédit, Loi n. 79-596 du 13 juillet 1979 relative à l'information et à la protection des emprunteurs dans le domaine immobilier, Loi n. 88-21 du 6 jan-

VALIDITÉ DES CONVENTIONS — Art. 1109

vier 1988 relative aux opérations de télépromotion avec offre de vente dites de « télé-achat », Loi n. 89-421 du 23 juin 1989 relative à l'information et à la protection des consommateurs ainsi qu'à diverses pratiques commerciales, *infra*, Annexe. – V. D. Ferrier, *Les dispositions d'ordre public visant à préserver la réflexion des contractants* : *D.* 1980, chron. 177.

II. Offre

7) L'offre doit être précise (Civ. 3e, 27 juin 1973 : *Bull.* III, n. 446, p. 324) et non équivoque (Civ. 1re, 18 juil. 1967 : *Bull.* I, n. 268, p. 199). Sur la distinction entre l'offre et les simples pourparlers, V. Req. 29 avril 1903 : *D.P.* 1904, I, 135, note Planiol. – Soc. 17 mai 1979 : *Bull.* V, n. 424, p. 307. – Dijon 21 oct. 1983 : *Gaz. Pal.* 1984, 1, 13, note Bey. – Toulouse 21 fév. 1984 : *Rev. trim. dr. civ.* 1984, 707, obs. J. Mestre.

8) La rupture des pourparlers peut être source de responsabilité civile délictuelle (Civ. 3e, 3 oct. 1972 : *Bull.* III, n. 491, p. 359. – Com. 20 mars 1972 : *J.C.P.* 73, II, 17543, note J. Schmidt. – Civ. 1re, 19 janv. 1977 : *D.* 1977, 593, note Schmidt-Szalewski), même en l'absence d'intention de nuire (Civ. 3e, 3 oct. 1972, préc. – V. cependant Civ. 1re, 12 avril 1976 : *Bull.* I, n. 122, p. 98 ; *Rev. trim. dr. civ.* 1977, 127, obs. Durry). Ainsi, la société qui a rompu sans raison légitime, brutalement et unilatéralement, les pourparlers avancés qu'elle entretenait avec son partenaire qui a déjà, à sa connaissance, engagé de gros frais et qu'elle maintient volontairement dans une incertitude prolongée, manque aux règles de la bonne foi dans les relations commerciales et engage ainsi sa responsabilité délictuelle (Com. 20 mars 1972, préc.). Mais jugé qu'il n'y a pas rupture abusive dès lors que la partie qui a rompu n'a pas entretenu son partenaire dans la certitude d'un accord (Paris, 1re ch. 13 déc. 1984 : *Juris-Data* n. 027018 ; *Rev. trim. dr. civ.* 1986, 97, obs. Mestre).

9) L'offre faite au public lie le pollicitant à l'égard du premier acceptant dans les mêmes conditions que l'offre faite à personne déterminée (Civ. 3e, 28 nov. 1968 : *J.C.P.* 69, II, 15797).

10) L'offre de vente ne devient pas caduque du seul fait du décès du pollicitant (Civ. 3e, 9 nov. 1983 ; *Bull.* III, n. 222, p. 168 ; *Rev. trim. dr. civ.* 1985, 154, obs. J. Mestre. – *Contra :* Req. 21 avril 1891 : *D.P.* 92, I, 181. Soc. 14 avril 1961 : *J.C.P.* 61, II, 12260).

11) L'offre peut être révoquée tant qu'elle n'a pas été acceptée (Civ. 3 fév. 1919 : *D.P.* 1923, 1, 126. – Colmar 27 mars 1980 : *J.C.P.* 81, IV, 390. – Aix 13 janv. 1983 : *J.C.P.* 84, II, 20198, note Givord), sans que le pollicitant soit tenu de faire notifier une mise en demeure au destinataire (Civ. 3e, 5 mai 1976 : *J.C.P.* 76, IV, 208 ; *Bull.* III, n. 191, p. 149), mais il en va autrement si l'auteur de l'offre s'est engagé expressément à ne pas la retirer avant une certaine époque (Civ. 3e, 10 mai 1968, 2 arrêts : *Bull.* III, n. 209, p. 161). L'engagement peut même être implicite (Civ. 1re, 17 déc. 1958 : *D.* 1959, 33. – Civ. 3e, 10 mai 1972 : *Bull.* III, n. 297, p. 214). L'offre faite par correspondance doit être maintenue pendant un délai raisonnable (Paris 12 juin 1869 : *D.P.* 1870, II, 6, et sur pourvoi, Req. 28 fév. 1870 : *D.P.* 1871, 1, 61).

12) Sur le principe que la révocation abusive de l'offre est sanctionnée par des dommages-intérêts, V. Soc. 22 mars 1972 : *D.* 1972, 468. – Paris 14 janv. 1947 : *D.* 1947, 171.

III. Acceptation

13) L'acceptation doit intervenir avant l'expiration du délai raisonnable contenu implicitement dans l'offre (Civ. 3e, 8 fév. 1968 : *J.C.P.* 68, IV, 42 ; *Bull.* III, n. 52, p. 44), à défaut de quoi l'offre devient caduque (T.G.I. Paris 12 fév. 1980 : *D.* 1980, I.R. 261, obs. Ghestin).

491

14) En principe, le silence ne vaut pas acceptation (Civ. 25 mai 1870 : *D.P.* 1870, I, 257. – Com. 6 avril 1965 : *Bull.* III, n. 264, p. 236. – Com. 9 mars 1982 : *Bull.* IV, n. 95, p. 85), à moins que l'offre ne soit faite dans l'intérêt exclusif du destinataire (Req. 29 mars 1938 : *D.P.* 1939, I, 5, note Voirin. – Civ. 1re, 1er déc. 1969 : *J.C.P.* 70, II, 16445, note Aubert. – Colmar 27 mars 1980 : *J.C.P.* 81, IV, 390), ou que les usages fassent obligation à celui-ci d'exprimer un refus (V. en matière commerciale Req. 22 mars 1920 : S. 1920, I, 208. – V. aussi pour la réception sans protestation d'un avis d'opéré en matière bancaire Com. 9 déc. 1986 : *Bull.* IV, n. 234, p. 203. Comp. pour une convention d'assistance Soc. 21 juil. 1986 : *Bull.* V, n. 421, p. 320).

15) L'offre doit être prise dans son entier et le bénéficiaire d'une promesse ne peut faire son choix dans les éléments de celle-ci pour ne retenir que ceux qui lui sont favorables (Soc. 12 nov. 1949 : *Bull.* III, n. 1033, p. 1141). Ainsi, le contrat de bail n'est pas formé si le preneur fixe dans l'acte d'acceptation une date différente de celle contenue dans l'offre pour point de départ du nouveau loyer (Civ. 3e, 22 avril 1980 : *D.* 1981, I.R. 307, obs. Ghestin). Le contrat de vente peut ne pas être considéré comme formé lorsque certaines modalités, ordinairement accessoires, telles que la date de paiement du solde du prix ou la date de prise de possession des lieux ont été tenues par l'une des parties comme des éléments constitutifs de son consentement (Civ. 3e, 2 mai 1978 : *D.* 1979, 317, note J. Schmidt-Szalewski ;

J.C.P. 80, II, 19465, note Fieschi-Vivet. V. aussi Civ. 1re, 21 fév. 1979 : *J.C.P.* 80, II, 19482, note Fieschi-Vivet).

16) Lorsqu'une caution mentionne qu'elle ne s'engage que sous certaines réserves à préciser, les juges du fond doivent rechercher si, dans l'intention de la caution, ces réserves ne portent pas sur l'un des éléments essentiels du contrat (Com. 13 mai 1980 : *Bull.* IV, n. 196, p. 157).

17) Une acceptation avec réserves s'analyse en une contre-proposition (Civ. 3 fév. 1919 : *D.P.* 1923, I, 126. – Civ. 1re, 12 mars 1985 : *Bull.* I, n. 89, p. 82).

18) Dans un contrat conclu par correspondance, la fixation du moment et en conséquence du lieu où le contrat est devenu parfait est généralement une question de fait dont la solution dépend des circonstances de la cause (Req. 29 janv. 1923 : *D.P.* 1923, 1, 176). Jugé que faute de stipulation contraire l'acte est destiné à devenir parfait, non pas par la réception de l'acceptation mais par l'émission de cette acceptation (Com. 7 janv. 1981 : *Bull.* IV, n. 14, p. 11. V. en ce sens pour la détermination du lieu de conclusion du contrat, Soc. 3 mars 1965 : *D.* 1965, 492. V. cependant, admettant la caducité de l'offre d'achat au motif que l'acceptation du vendeur n'a pas été portée en temps utile à la connaissance du candidat acquéreur, T.G.I. Paris 12 fév. 1980 : *D.* 1980, I.R. 261, obs. Ghestin). Mais jugé aussi que l'offrant peut retirer son offre jusqu'à la réception de l'acceptation (Civ. 1re, 21 déc. 1960 : *D.* 1961, 417, note Malaurie).

Art. 1110. – **L'erreur n'est une cause de nullité de la convention que lorsqu'elle tombe sur la substance même de la chose qui en est l'objet.**

Elle n'est point une cause de nullité, lorsqu'elle ne tombe que sur la personne avec laquelle on a intention de contracter, à moins que la considération de cette personne ne soit la cause principale de la convention.

I. Domaine de la nullité pour erreur

1) La nullité pour erreur est applicable aux actes unilatéraux, par exemple à une renonciation à succession (Civ. 24 mai 1948 : *J.C.P.* 49, II, 4569, note C.B.), ou à communauté (Civ. 1re, 9 fév. 1970 : *J.C.P.* 71, II, 18806, note Dagot et Spitéri).

VALIDITÉ DES CONVENTIONS — Art. 1110

2) Sur l'erreur en matière de partage, V. sous art. 887 n. 1.

A. Erreur sur la substance

3) L'erreur doit être considérée comme portant sur la substance de la chose lorsqu'elle est de telle nature que, sans elle, l'une des parties n'aurait pas contracté (Civ. 28 janv. 1913 : S. 1913, I, 487). V. Ph. Malinvaud, *De l'erreur sur la substance* : *D.* 1972, chron. 215.

4) L'erreur sur la substance peut être cause de nullité dans tous les contrats. Pour une cession de droits successifs, V. Civ. 17 nov. 1930 : *D.P.* 1932, I, 161, note Laurent. Pour le cautionnement, V. *infra*, sous art. 2011, n. 5.

1. Erreur sur les qualités substantielles

5) L'erreur sur la substance s'entend non seulement de celle qui porte sur la matière même dont la chose est composée mais aussi et plus généralement de celle qui a trait aux qualités substantielles en considération desquelles les parties ont contracté (Rouen 19 mars 1968 : *D.* 1969, 211). Dans la vente, l'erreur entraîne la nullité si elle porte sur la qualité de la chose vendue prise en considération, et dont l'absence, si elle avait été connue, aurait mis obstacle à la conclusion du contrat (Com. 20 oct. 1970 : *J.C.P.* 71, II, 16916, note Ghestin).

6) Le défaut de contenance d'un immeuble devient une qualité substantielle s'il rend l'immeuble impropre à la destination, connue des parties, en vue de laquelle il a été acquis (Civ. 23 nov. 1931 : *D.P.* 1932, I, 129, note Josserand. V. en ce sens pour le caractère constructible d'un terrain Civ. 1re, 1er juin 1983 : *J.C.P.* 83, éd. N., II, 289, 2e esp., note Bouysson – Orléans 18 janv. 1895 : *D.P.* 1895, II, 417). Il importe peu qu'au moment de la vente, le terrain se présente comme constructible dès lors que le certificat d'urbanisme, par suite de son annulation postérieure, est réputé n'avoir jamais existé (Civ. 1re, 1er juin 1983, préc.).

7) L'erreur sur le prix peut être cause de nullité lorsqu'elle résulte d'une confusion entre les francs anciens et les francs actuels (Com. 14 janv. 1969 : *D.* 1970, 458, note Pédamon. – Com. 17 juin 1970 : *J.C.P.* 70, II, 16504), ou de l'indication par inadvertance d'un prix erroné (Civ. 3e, 23 janv. 1970 : *Gaz. Pal.* 1970, 1, 210. – T.G.I. Pau 7 janv. 1982 : *J.C.P.* 83, II, 19999, note Coiret), ou d'un malentendu fondamental sur le prix à l'unité (Civ. 1re, 28 nov. 1973 : *D.* 1975, 21, note Rodière).

8) Peut être cause de nullité l'erreur sur l'année de sortie d'un véhicule automobile (Paris 12 déc. 1967 : *Gaz. Pal.* 1968, 2, Somm. 7), ou sur son état mécanique (Paris 1er mars 1975 : *J.C.P.* 75, IV, 318).

9) L'authenticité d'une œuvre d'art est généralement une qualité substantielle (Civ. 1re, 23 fév. 1970 : *D.* 1970, 604, note Etesse. – Lyon 18 mars 1931 : *D.P.* 1933, II, 25, note Waline. – Paris 7 déc. 1976 et, sur pourvoi, Civ. 1re, 24 janv. 1979 : *Bull.* I, n. 34, p. 29. V. J.M. Trigeaud : *Rev. trim. dr. civ.* 1982, 55). Il en résulte que l'acheteur peut obtenir la nullité de la vente s'il établit qu'il a contracté dans la conviction erronée que l'œuvre était authentique (Civ. 1re, 23 déc. 1970, préc.), et que le vendeur est fondé de son côté à agir en nullité s'il a cru faussement au défaut d'authenticité (V. dans l'affaire Poussin Civ. 1re, 22 fév. 1978 : *D.* 1978, 601, note Malinvaud – Civ. 1re, 13 déc. 1983 : *J.C.P.* 84, II, 20186, concl. Gulphe ; *D.* 1984, 340, note Aubert. – Versailles 7 janv. 1987 : *D.* 1987, 485, note Aubert ; *J.C.P.* 88, II, 21121, note Ghestin). Mais la solution n'est pas automatique. Ainsi, le négociant professionnel qui acquiert pour un prix modique une statuette « très restaurée » assume un risque qui lui interdit d'obtenir la nullité de la vente lorsque des analyses postérieures révèlent que la statuette n'est pas intégralement authentique (Civ. 1re, 31 mars 1987 : *Bull.* I, n. 115, p. 86). La vente d'un tableau « attribué à

Fragonard » ne saurait non plus être annulée au motif que le vendeur aurait à tort cru que le tableau n'était pas authentique, dès lors que l'aléa sur l'authenticité de l'œuvre, accepté de part et d'autre, est entré dans le champ contractuel (Civ. 1re, 24 mars 1987 : *Bull.* I, n. 105, p. 78 ; *D.* 1987, 489, note Aubert ; *J.C.P.* 89, II, 21300, Vieville-Miravete). Mais il n'y a aucun aléa dans l'esprit de l'acquéreur lorsque le vendeur affirme que le tableau hollandais et d'époque baroque, et cet acquéreur peut invoquer une erreur sur les qualités substantielles s'il s'avère que l'œuvre est un pastiche d'une œuvre ancienne (Paris 24 sept. 1987 : *D.* 1987, I.R. 214).

10) L'erreur sur la valeur n'est pas directement cause de nullité (Com. 26 mars 1974 : *Bull.* IV, n. 108, p. 86). Mais il en va autrement si elle résulte d'une erreur sur une qualité substantielle, par exemple sur l'étendue des droits cédés (Civ. 1re, 27 oct. 1964 : *Bull.* I, n. 477, p. 369) ou sur l'intérêt historique et muséologique d'une antiquité (Civ. 1re, 24 janv. 1979 : *Bull.* I, n. 34, p. 29). Il convient de distinguer entre l'erreur monétaire qui procède d'une appréciation économique erronée effectuée à partir de données exactes, et l'erreur sur la valeur qualitative de la chose, qui n'est que la conséquence d'une erreur sur une qualité substantielle, l'erreur devant en ce cas être retenue en tant qu'erreur sur la substance (Versailles 7 janv. 1987 : *D.* 1987, 485, note Aubert).

11) L'erreur sur les motifs n'est pas une cause de nullité, à moins que les parties aient été d'accord pour en faire la condition de leur contrat (Civ. 3 août 1942 : *D.A.* 1943, 18). L'entreprise de confection qui commande du tissu d'ameublement en velours pour fabriquer des pantalons ne peut prétendre faire annuler le contrat pour erreur (Com. 4 juil. 1973 : *D.* 1974, 538, note Ghestin).

2. Erreur de droit

12) Il y a erreur sur la substance lorsque le consentement de l'une des parties a été déterminé par l'idée fausse que cette partie avait de la nature des droits dont elle croyait se dépouiller ou qu'elle croyait acquérir par l'effet du contrat (Civ. 17 nov. 1930 : *D.P.* 1932, I, 161, note Laurent. V. aussi Civ. 1re, 12 nov. 1957 : *Bull.* I, n. 428, p. 246). Pour une erreur de droit portant sur la validité d'un congé, V. Civ. 3e, 29 mai 1980 : *J.C.P.* 80, IV, 297. Pour une méprise sur le sens de la clause de renonciation au bénéfice des dispositions de l'article 1590, V. Civ. 3e, 14 mai 1985 : *J.C.P.* 85, IV, 261.

13) Des cautions solidaires ayant cru n'apporter qu'une garantie morale, les juges du fond ont pu, au vu des circonstances particulières, décider qu'elles avaient consenti à une convention ayant un objet autre que celle à laquelle elles pensaient adhérer (Civ. 1re, 25 mai 1964 : *D.* 1964, 626).

14) Une renonciation à succession peut être annulée si elle a été déterminée par la fausse croyance chez l'héritier de conserver dans son patrimoine l'intégralité des biens provenant de deux donations-partages dont il avait été gratifié du vivant du *de cujus* (Civ. 24 mai 1948 : *D.* 1948, 517, note Lenoan), ou par une erreur sur la nature du droit à la réserve légale (Civ. 1re, 15 juin 1960 : *J.C.P.* 61, II, 12274, note Voirin) ou sur l'existence d'une convention (Civ. 1re, 12 janv. 1953 : *D.* 1953, 234).

15) Un acte juridique ne saurait être annulé pour cause d'erreur de droit pour la seule raison que son auteur l'aurait accompli dans l'ignorance des conséquences qui devaient en découler inéluctablement aux termes d'une disposition impérative de la loi, mais sans que sa méprise ait porté, soit sur les qualités substantielles de la chose faisant l'objet de l'opération, soit sur la cause juridique de cette opération (Civ. 22 fév.

VALIDITÉ DES CONVENTIONS — Art. 1110

1943 : *D.A.* 1943, 49). Ainsi, la veuve commune en biens, déchue de la faculté de renoncer en vertu de l'article 1457 ancien, ne peut échapper aux conséquences inconnues d'elle que la loi attache à son inaction (Civ. 1re, 4 nov. 1975 : *D.* 1977, 105, note Ghestin).

16) L'erreur de droit consécutive à une diversité de jurisprudence et à une controverse établie ne saurait être une cause de nullité de la convention (Soc. 24 oct. 1946 : *D.* 1947, 12. V. aussi Soc. 8 déc. 1966 : *Bull.* IV, n. 937, p. 785).

17) L'aveu ne peut être attaqué pour cause d'erreur de droit (*infra*, art. 1356, al. 4), pas plus que la transaction (*infra*, art. 2052, al. 2).

B. Erreur sur la personne

18) Les juges du fond peuvent estimer qu'en traitant avec un acheteur qui avait été condamné à la confiscation de ses biens présents et à venir et dont le patrimoine avait été placé sous le séquestre des Domaines, le vendeur a été victime d'une erreur viciant son consentement (Civ. 1re, 20 mars 1963 : *J.C.P.* 63, II, 13228, note Esmein).

19) Sur l'annulation d'un bail consenti à des concubins que le bailleur croyait mariés, V. Angers 4 mai 1921 : *D.P.* 1921, 2, 25. V. également Soc. 23 fév. 1961 : *D.* 1961, Somm. 110.

20) L'erreur commise sur l'impartialité d'un arbitre peut être sanctionnée par la nullité du compromis (Paris 8 mai 1970 : *J.C.P.* 70, II, 16437, note Robert et, sur pourvoi, Civ. 2e, 13 avril 1972 : *J.C.P.* 72, II, 17189, note Level).

21) L'erreur commise par la caution sur la solvabilité du débiteur principal peut annuler le contrat de cautionnement (Civ. 1re, 1er mars 1972 : *D.* 1973, 733, note Malaurie, 1re esp. – Civ. 1re, 19 mars 1985 : *J.C.P.* 86, II, 20659, note Bouteiller. – Comp. dans un sens plus restrictif, Com. 2 mars 1982 : *D.* 1983, 62, note Agostini). La caution doit démontrer qu'elle a fait de cette solvabilité la condition déterminante de son engagement (Civ. 1re, 25 oct. 1977 : *J.C.P.* 77, IV, 306 ; *Bull.* I, n. 388, p. 306. – Civ. 1re, 20 mars 1989 : *Bull.* I, n. 127, p. 83). V. aussi sous art. 2015.

II. Conditions de la nullité pour erreur

A. Caractère déterminant de l'erreur

22) Qu'elle porte sur la substance ou sur la personne, l'erreur n'entraîne la nullité que si elle présente un caractère déterminant (Req. 16 mars 1898 : *D.P.* 1898, I, 301. – Civ. 1re, 15 juin 1960 : *J.C.P.* 61, II, 12274, note Voirin. – Civ. 3e, 3 oct. 1972 : *Bull.* III, n. 485, p. 354). Tel n'est pas le cas pour l'erreur commise sur l'âge du crédirentier dans un contrat de rente viagère dès lors qu'elle a été minime (deux ans) (Paris 17 fév. 1938 : S. 1938, II, 207), ou pour celle commise par l'acquéreur d'un récepteur de télévision sur l'origine allemande de l'appareil (Civ. 1re, 22 nov. 1977 : *Bull.* I, n. 430, p. 341), ou par un employeur qui prétend avoir été induit en erreur par des informations inexactes relatives aux accords de Grenelle (Soc. 14 oct. 1980 : *Bull.* V, n. 519, p. 424).

23) Il appartient au demandeur en nullité d'établir le caractère pour lui déterminant de l'erreur (Civ. 1re, 13 juin 1967 : *Bull.* I, n. 215. – Toulouse 10 déc. 1968 : *D.* 1969, 466, et, sur pourvoi, Civ. 3e, 29 mai 1970 : *D.* 1970, 705. – Civ. 1re, 26 janv. 1972 : *D.* 1972, 517).

24) Sur le pouvoir souverain des juges du fond pour apprécier le caractère déterminant de l'erreur, V. Civ. 1re, 28 oct. 1964 : *Bull.* I, n. 477, p. 369. – Civ. 2e, 20 fév. 1974 : *J.C.P.* 74, IV, 125). Jugé que cette appréciation doit être faite *in concreto* (T.G.I. Fontainebleau 9 déc. 1970 : *D.* 1972, 89, note Ghestin, V. aussi Civ. 1re, 26 fév. 1980 : *Bull.* I, n. 66, p. 54. – T.G.I. Paris 7 mai

1975 : *D.* 1976, 605, note Jeandidier. – T.G.I. Paris, 21 janv. 1976 : *D.* 1977, 478, note Malinvaud).

B. Caractère excusable de l'erreur

25) Sur le principe que la nullité n'est pas admise en cas d'erreur inexcusable, V. Civ. 1re, 2 mars 1964 : *Bull.* I, n. 122, p. 91 (ignorance des servitudes résultant d'un plan d'urbanisme). – Civ. 3e, 27 nov. 1979 : *Bull.* III, n. 215, p. 167 (ignorance de la péremption d'une publication en matière immobilière). – Paris 7 mai 1975 : *Gaz. Pal.* 1975, 2, 748 (méconnaissance des mentions d'un catalogue définissant les caractéristiques du tableau objet de la vente. – Paris 24 avril 1984 : *Gaz. Pal.* 1985, 1, 179, note Dupichot (erreur sur le contenu d'un contrat clair et simple).

26) Le caractère inexcusable de l'erreur peut provenir de la compétence professionnelle de la victime de l'erreur. Tel est le cas pour l'architecte qui commet une erreur sur la constructibilité d'un terrain (Civ. 1re, 2 mars 1964 : *Bull.* I, n. 122, p. 91), pour le négociant qui se méprend sur le contenu de la réglementation douanière (Douai 1er juin 1967 : *D.* 1967, 684), pour un acquéreur particulièrement au fait des affaires de construction qui néglige de se renseigner sur la nature des locations mentionnées dans l'acte (Civ. 3e, 9 oct. 1969 : *Bull.* III, n. 634, p. 479), pour le commerçant qui confond francs anciens et francs actuels (Civ. 1re, 27 oct. 1970 : *J.C.P.* 71, II, 16710), ou le tailleur qui achète du velours d'ameublement pour confectionner des pantalons (Com. 4 juil. 1973 : *D.* 1974, 538, note Ghestin).

27) L'erreur peut présenter un caractère inexcusable lorsque la victime avait le devoir de se renseigner (Civ. 3e, 24 oct. 1972 : *Bull.* III, n. 534, p. 396. V. en matière informatique Paris 3 déc. 1976 : *J.C.P.* 77, II, 18579, 2e esp., note Boitard et Dubarry. – Paris 5e ch. A, 1er juil. 1980 : *Juris-Data* n. 566). V. P. Jourdain, *Le devoir de « se » renseigner* : *D.* 1983, ch. 139.

28) La cour d'appel qui a retenu que l'erreur des acheteurs avait été provoquée par le silence du mandataire des vendeurs, qui revêtait un caractère dolosif a, par là même, justifié le caractère excusable de cette erreur (Civ. 1re, 23 mai 1977 : *Bull.* I, n. 244, p. 191).

III. Régime de la nullité pour erreur

29) Sur la prescription quinquennale de l'action en nullité relative en cas d'erreur, V. art. 1304. Jugé cependant que, dès lors que le montant de la ristourne mentionné à l'acte ne correspond pas à celui convenu entre les parties, les juges du fond n'ont pas à prononcer la nullité d'un contrat qui, du fait de ces divergences de volontés, n'a pu se former (Civ. 1re, 15 fév. 1961 : *Bull.* III, n. 91, p. 83), ou que l'acte par lequel l'acquéreur croit acheter un appartement, alors que le vendeur lui cède seulement des parts sociales, est nul de nullité absolue et même inexistant, la volonté des parties ne s'étant pas rencontrée sur le même objet (Paris 8 juil. 1966 : *Gaz. Pal.* 1967, 1, 33).

30) Lorsque l'erreur sur la qualité de la chose vendue correspond à un vice caché de cette chose, seule la garantie des articles 1641 et s. du Code civil peut être mise en jeu (Civ. 3e, 11 fév. 1981 : *J.C.P.* 82, II, 19758, 2e esp., note Ghestin ; *D.* 1982, 287, note J.-L. A. ; *Rev. trim. dr. civ.* 1981, 860, obs. Rémy. V. en ce sens Civ. 1re, 19 juil. 1960 : *Bull.* I, n. 408, p. 334). Jugé cependant que l'existence d'un vice caché n'exclut pas par elle-même la possibilité d'invoquer l'erreur sur la qualité substantielle de la chose vendue (Civ. 3e, 18 mai 1988 : *Bull.* III, n. 96, p. 54).

31) La charge de la preuve pèse sur la victime de l'erreur (Civ. 1re, 16 déc. 1964 : *Gaz. Pal.* 1965, 1, 251 ; *D.* 1965, 136. – Com. 20 oct. 1970 : *J.C.P.* 71, II, 16916, note Ghestin. – Com. 4 juil. 1973 : *D.* 1974, 538, note Ghestin).

VALIDITÉ DES CONVENTIONS — Art. 1112

32) Le prix peut être retenu comme indice (Civ. 3e, 29 nov. 1968 : *Gaz. Pal.* 1969, 1, 63. – Com. 20 oct. 1970 : *J.C.P.* 71, II, 16916, note Ghestin. – Com. 16 déc. 1970 : *Bull.* IV, n. 346, p. 306. V. cependant Civ 1re, 26 janv. 1972 : *J.C.P.* 72, II, 17065).

33) Viole l'article 1110 la cour d'appel qui a écarté l'erreur de l'acquéreur d'une automobile en tirant argument des termes de l'annonce qu'il a fait paraître par la suite, alors que la validité du consentement doit être appréciée au moment de la formation du contrat (Civ. 1re, 13 déc. 1983 : *Bull.* I, n. 249, p. 223).

34) Viole l'article 1110 l'arrêt qui dénie aux demandeurs le droit de se servir d'éléments d'appréciation postérieurs à la vente pour prouver l'existence d'une erreur de leur part (Civ. 1re, 13 déc. 1983 : *J.C.P.* 84, II, 20186, concl. Gulphe ; *D.* 1984, 340, note Aubert).

35) Le délai de l'action en nullité pour erreur ne court que du jour où cette erreur a été découverte et non seulement soupçonnée (Civ. 1re, 31 mai 1972 : *J.C.P.* 72, IV, 184 ; *Bull.* I, n. 142, p. 124).

36) Même si elle ne vicie pas le consentement, l'erreur provoquée par les agissements du cocontractant peut permettre à la victime d'obtenir des dommages-intérêts (Com. 11 juil. 1977 : *D.* 1978, 155).

37) Sur le droit pour la victime d'obtenir, outre la nullité, des dommages-intérêts, V. Civ. 3e, 29 nov. 1968 : *Gaz. Pal.* 1969, 1, 63.

Art. 1111. – **La violence exercée contre celui qui a contracté l'obligation est une cause de nullité, encore qu'elle ait été exercée par un tiers autre que celui au profit duquel la convention a été faite.**

Pour un exemple de contrainte morale exercée par un tiers, V. Civ. 26 juil. 1949 : *Bull.* I, n. 268, p. 748.

Art. 1112. – **Il y a violence lorsqu'elle est de nature à faire impression sur une personne raisonnable, et qu'elle peut lui inspirer la crainte d'exposer sa personne ou sa fortune à un mal considérable et présent.**

On a égard, en cette matière, à l'âge, au sexe et à la condition des personnes.

1) La violence peut être physique (Trib. civ. Nantes 6 janv. 1956 : *Gaz. Pal.* 1956, 1, 61), ou morale (Civ. 1re, 30 juin 1954 : *J.C.P.* 54, II, 8325, note Y.). La violence morale peut résulter du fait que les acquéreurs ont menacé la venderesse âgée ou malade de l'abandonner (Civ. 3e, 19 fév. 1969 : *J.C.P.* 69, IV, 82 ; *Bull.* III, n. 157, p. 119), ou des démarches obstinées d'un agent d'affaires menaçant de se porter sur enchérisseur et d'expulser l'adjudicataire (Civ. 1re, 3 nov. 1959 : *D.* 1960, 187, note Holleaux).

2) La violence n'est susceptible de vicier le consentement que si ce dernier a été donné dans des circonstances de fait impliquant une contrainte injuste et illicite (Civ. 1re, 13 mars 1956 : *Bull.* I, n. 127, p. 102). Jugé que la crainte de ne pas obtenir une situation n'est pas en elle-même une violence (Req. 9 mai 1928 : *D.P.* 1930, 1, 145, note Pic), pas plus que l'influence ordinaire d'une femme sur son mari (Civ. 1re, 3 juin 1959 : *Bull.* I, n. 276, p. 230).

3) Un vice du consentement résultant de la contrainte, s'il est théoriquement possible, ne peut incontestablement être que très rare lorsqu'il s'agit d'un acte authentique solennel tel qu'une donation, la présence du notaire et des deux témoins instrumentaires étant la garantie de la sincérité de l'acte et spéciale-

ment de la réalité et de la liberté du consentement des parties (Civ. 1re, 13 avril 1956 : *Bull.* I, n. 153, p. 124).

4) La violence constitue un vice du consentement, même lorsqu'elle est exercée par un tiers auquel la convention ne profite pas (Civ. 26 juil. 1949 : *Gaz. Pal.* 1949, 2, 363).

5) Jugé à propos d'un contrat d'assistance et de sauvetage maritimes que la nullité doit être prononcée lorsque le consentement n'est donné que sous l'empire de la crainte inspirée par un mal considérable et présent auquel la fortune est exposée, et que le capitaine du navire a dû subir comme une nécessité la convention que le capitaine du remorqueur, abusant de sa situation désespérée, lui a imposée (Req. 27 avril 1887 : *D.P.* 1888, I, 263. V. cependant, affirmant que la violence ne peut résulter du seul état de nécessité, Trib. civ. Saumur 5 juin 1947 : *Gaz. Pal.* 1947, 2, 59). Jugé en ce sens que le besoin pressant d'argent, dû notamment à la maladie d'un enfant, justifie l'annulation d'un contrat de travail désavantageux (Soc. 5 juil. 1965 : *Bull.* IV, n. 545, p. 460), ou que la contrainte morale peut résulter de ce que l'avocat profite, pour réclamer ses honoraires, de la moindre résistance de son client pressé par le besoin de percevoir rapidement les dommages et intérêts qui lui ont été alloués (Civ. 1re, 3 nov. 1976 : *Gaz. Pal.* 1977, 1, 67, note Damien. V. aussi, évoquant un état de nécessité et de dépendance économique équipollent à une violence morale, Aix 19 fév. 1988 : *Rev. trim. dr. civ.* 1989, 535, obs. Mestre. V. aussi pour les ventes consenties pendant l'occupation allemande, Trib. com. Seine 12 mars 1945 : *Gaz. Pal.* 1945, 1, 107. – Trib. cant. Cernay 12 déc. 1946 : *Gaz. Pal.* 1947, 1, 90. – *Contra* Colmar 12 juil. 1946 : *Gaz. Pal.*, 1947 1, 90. – Trib. civ. Seine 7 mai 1954 : *D.* 1954, Somm. 69). Jugé qu'un abus de force économique contraignante ne saurait caractériser la violence au sens de l'article 1112 (Com. 20 mai 1980 : *Bull.* IV, n. 212, p. 170, cassant Paris 27 sept. 1977 : *D.* 1978, 690, note Souleau).

6) La menace d'exercer une action en justice n'est pas en principe une violence (Civ. 1re, 5 juin 1961 : *J.C.P.* 61, IV, 110. – Soc. 24 mai 1973 : *D.* 1974, 365, note Ghestin. – Com. 30 janv. 1974 : *D.*1974, 382), à moins que la menace soit abusive (Civ. 1re, 30 juin 1954 : *J.C.P.* 54, II, 8325, note Y.), ou qu'elle vise à obtenir un avantage indu (Com. 28 avril 1953 : *Bull.* III, n. 151, p. 104. – Civ. 1re, 16 août 1962 : *Bull.* I, n. 423, p. 363. – Civ. 1re, 17 juil. 1967 : *Bull.* I, n. 263, p. 196. – Paris 8 juil. 1982 : *D.* 1983, 473, note Landraud, et, sur pourvoi, Civ. 3e, 17 janv. 1984 : *Bull.* III, n. 13, p. 10. – Comp. Civ. 1re, 3 nov. 1959 : *D.* 1960, 187, note Holleaux).

7) L'article 1112 s'applique aussi à une société dont le consentement est exprimé par ses représentants légaux, personnes physiques vis-à-vis desquelles la violence peut avoir effet (Soc. 8 nov. 1984 : *Rev. trim. dr. civ.* 1985, 368, obs. Mestre)

Art. 1113. – La violence est une cause de nullité du contrat, non seulement lorsqu'elle a été exercée sur la partie contractante, mais encore lorsqu'elle l'a été sur son époux ou sur son épouse, sur ses descendants ou ses ascendants.

Art. 1114. – La seule crainte révérencielle envers le père, la mère, ou autre ascendant, sans qu'il y ait eu de violence exercée, ne suffit point pour annuler le contrat.

Art. 1115. – Un contrat ne peut plus être attaqué pour cause de violence, si, depuis que la violence a cessé, ce contrat a été approuvé, soit expressément, soit tacitement, soit en laissant passer le temps de la restitution fixé par la loi.

VALIDITÉ DES CONVENTIONS — Art. 1116

Bien qu'une reconnaissance de dette souscrite sous l'empire de la violence ait été exécutée par quatre versements successifs, cette circonstance ne saurait faire disparaître le vice dont l'engagement était affecté dès lors que les juges du fond constatent que le souscripteur n'avait jamais voulu acquiescer au règlement de la dette (Civ. 1re, 30 juin 1954 : *J.C.P.* 54, II, 8325, note Y.).

Art. 1116. – **Le dol est une cause de nullité de la convention lorsque les manœuvres pratiquées par l'une des parties sont telles, qu'il est évident que, sans ces manœuvres, l'autre partie n'aurait pas contracté.**
Il ne se présume pas, et doit être prouvé.

I. Conditions

A. Conditions relatives à la nature de l'acte

1) Tous les agissements malhonnêtes tendant à surprendre une personne en vue de lui faire souscrire un engagement qu'elle n'aurait pas souscrit si on n'avait pas usé de la sorte envers elle peuvent être qualifiés manœuvres dolosives (Colmar 30 janv. 1970 : *J.C.P.* 71, II, 16609, note Loussouarn). V. aussi Com. 18 mars 1974 : *Bull.* IV, n. 92, p. 74 (actes combinés en vue d'une tromperie). – Com. 19 déc. 1961 : *D.* 1962, 240 (artifices surprenant le consentement). – Civ. 3e, 23 avril 1971 : *J.C.P.* 71, II, 16841 (manœuvres trompeuses). – Aix 19 avril 1966 : *J.C.P.* 66, II, 14742 (représentation inexacte de la vérité). Pour des applications, V. Req. 17 oct. 1934 : *D.H.* 1934, 522. – Civ. 1re, 5 janv. 1956 : *Bull.* I, n. 12, p. 9. – Civ. 3e, 14 mai 1970 : *J.C.P.* 70, IV, 175 ; *Bull.* III, n. 329, p. 240.

2) Un simple mensonge, non appuyé d'actes extérieurs, peut constituer un dol (Civ. 3e, 6 nov. 1970 : *J.C.P.* 71, II, 16942, note Ghestin. V. en ce sens Com. 19 déc. 1961 : *D.* 1962, 240. – Aix 19 avril 1966 : *J.C.P.* 66, II, 14742). Ainsi, le dol est constitué en cas de déclaration mensongère sur le confort d'une villa louée (Civ. 3e, 23 avril 1971 : *J.C.P.* 71, II, 16841), ou sur le caractère « rénové » du tracteur vendu (Com. 29 mai 1973 : *D.* 1973, I.R. 180). Sur la nullité d'un contrat de prêt consenti au vu d'une majoration mensongère d'un devis, V. Douai 12 janv. 1983 : *Gaz. Pal.* 1983, 1, 213, note Japy.

3) On ne peut juridiquement qualifier de dol toute espèce de ruses ou d'artifices, et notamment les recommandations ou vanteries habituelles à l'aide desquelles un vendeur cherche à vendre sa marchandise ; s'il en exalte le mérite et la valeur, c'est à l'acheteur à savoir s'en défendre pour ne pas en devenir la dupe trop facile (Riom 12 mai 1884 : S. 85, II, 13). Sur le bon dol, V. aussi Paris 16 déc. 1924 : *D.H.* 1925, 125. – T.G.I. Avesnes 5 fév 1964 : *Gaz. Pal.* 1964, 1, 421. – Paris 22 janv. 1953 : *J.C.P.* 53, II, 7435 ; *D.* 1953, 136 (décidant que la tromperie en l'espèce a nettement dépassé l'exagération et l'habileté permises à tout vendeur).

4) Le dol peut résulter d'une simple réticence (Civ. 3e, 15 janv. 1971 : *J.C.P.* 71, IV, 43 ; *Bull.* III, n. 38, p. 25. – Civ. 1re, 5 juin 1971 : *J.C.P.* 71, IV, 178 ; *Bull.* I, n. 182, p. 152. – Civ. 3e, 30 janv. 1974 : *D.* 1974, 237. – Civ. 3e, 25 fév. 1987 : *Bull.* III, n. 36, p. 21). Doit être cassé l'arrêt qui retient l'existence d'une réticence dolosive dans une vente de véhicule sans rechercher si le défaut de communication des factures de réparation et d'indication de réparations restant à effectuer a été fait intentionnellement pour tromper le contractant et le déterminer à conclure la vente (Civ. 1re, 12 nov. 1987 : *Bull.* I, n. 293, p. 211). Mais la réticence d'un dirigeant social à présenter la situation exacte de la société lors d'une cession d'actions revêt un caractère dolosif (Versailles 17 juin 1987 : *J.C.P.* 89, II, 21168, note Roca), de même que le fait pour la banque créancière, sachant que la situation de son débiteur est irrémédiablement

Art. 1116 — VALIDITÉ DES CONVENTIONS

compromise, ou à tout le moins lourdement obérée, de ne pas porter cette information à la connaissance de la caution afin d'inciter celle-ci à s'engager (Civ. 1re, 10 mai 1989 : *Bull.* I, n. 187, p. 124 ; *J.C.P.* 89, II, 21363, note D. Legeais). V. aussi J. Ghestin, *La réticence, le dol et l'erreur sur les qualités substantielles* : *D.* 1971, chron. 248. – C. Lucas de Leyssac, *L'obligation de renseignements dans les contrats, in L'information en droit privé,* L.G.D.J. 1978.

B. Conditions relatives à l'auteur du dol

5) Le dol suppose l'intention de tromper (Soc. 5 déc. 1952 : *Bull.* IV, n. 890, p. 639. – Civ. 1re, 21 mai 1958 : *J.C.P.* 58, IV, 98 : *Bull.* I, n. 263, p. 207 – Civ. 3e, 3 fév. 1981 : *D.* 1984, 457, note Ghestin. – Dijon 8 fév. 1966 : *J.C.P.* 67, II, 15309, note Frénisy). Il n'est pas constitué par de simples démarches pour convaincre l'autre partie de vendre son bien (Com. 2 juin 1981 : *Bull.* IV, n. 259, p. 205).

6) Le dol n'est une cause de nullité de la convention que s'il émane de la partie envers laquelle l'obligation est contractée (Com. 1er avril 1952 : *D.* 1952, 380. – Com. 20 avril 1971 : *J.C.P.* 72, II, 16986, note Bernard. – Com. 10 mars 1981 : *Bull.* IV, n. 128, p. 99), même dans un contrat unilatéral tel que le cautionnement (Civ. 1re, 20 mars 1989 : *Bull.* I, n. 127, p. 83. V. aussi Civ. 1re, 27 juin 1973 : D. 1973, 733, 2e esp., note Malaurie), à moins qu'il émane d'un agent d'affaires dont la gestion est ratifiée par le cocontractant (Civ. 1re, 7 juil. 1960 : *Bull.* I, n. 371, p. 305).

C. Conditions relatives à la victime du dol

7) Le dol est une cause de nullité du contrat lorsque les manœuvres pratiquées par l'une des parties pour surprendre et tromper l'autre ont déterminé celle-ci à contracter (Civ. 4 janv. 1949 : *D.* 1949, 135. – Com. 22 juil. 1986 : *Bull.* IV, n. 163, p. 138). Le dol annule le contrat quand il détermine une erreur sur la valeur (Paris 22 janv. 1953 : *J.C.P.* 53, II, 7435, note J.M.). Mais jugé que l'acquéreur qui devant les juges du fond a prétendu que la vente était nulle pour erreur sur une qualité substantielle de la chose et a été débouté est irrecevable à soutenir devant la Cour de cassation que cette nullité pouvait être acquise même quand l'erreur provoquée par le dol ne porte pas sur une telle qualité (Com. 13 oct. 1980 : *J.C.P.* 81, IV, 7 ; *Bull.* IV, n. 329, p. 265).

8) Le dol n'entraîne la nullité que s'il se produit au moment où les parties s'engagent l'une envers l'autre (Civ. 30 avril 1884 : S. 1885, I, 366).

9) Le dol incident qui permet d'obtenir un prix d'achat inférieur à la valeur du bien (Civ. 1re, 22 déc. 1954 : *D.* 1955, 254). Mais jugé que le dommage né de l'erreur d'appréciation des éléments du contrat peut être suffisamment réparé par l'allocation de dommages-intérêts (Com. 11 juil. 1977 : *D.* 1978, 55, note Larroumet).

10) Sur le principe que la victime d'un dol ne peut se voir reprocher le caractère inexcusable de l'erreur qu'elle a commise, V. *supra,* sous art. 1110, n. 28.

II. Régime

11) Les juges du fond sont souverains pour apprécier l'existence des faits dolosifs et pour rechercher s'ils ont déterminé une convention arguée de nullité (Civ. 17 mai 1949 : *Bull.* I, n. 171, p. 456. – Civ. 3e, 13 juin 1973 : *J.C.P.* 73, IV, 288 ; *Bull.* III, n. 407, p. 294), mais il appartient à la Cour de cassation d'exercer son contrôle sur la qualification de moyens illicites qui leur est attribuée (Com. 1er avril 1952 : *D.* 1952, 380).

12) Outre la nullité du contrat, la victime du dol peut exercer une action en responsabilité délictuelle pour obtenir réparation de son préjudice (Civ. 1re, 4 fév. 1975 : *J.C.P.* 75, II, 18100, note Larroumet).

VALIDITÉ DES CONVENTIONS — Art. 1120

13) En cas de vente l'acquéreur peut invoquer le dol pour conclure seulement à une réduction de prix (Com. 14 mars 1972 : *D.* 1972, 653, note Ghestin).

Art. 1117. – La convention contractée par erreur, violence ou dol, n'est point nulle de plein droit ; elle donne seulement lieu à une action en nullité ou en rescision, dans les cas et de la manière expliqués à la section VII du chapitre V du présent titre (*).

(*) *V.* infra, art. 1304 et s.

Sur la distinction entre l'action en nullité et l'action en rescision pour lésion, V. Civ. 1re, 28 avril 1958 : *Bull.* I, n. 217, p. 171.

Art. 1118. – La lésion ne vicie les conventions que dans certains contrats ou à l'égard de certaines personnes, ainsi qu'il sera expliqué en la même section.

1) La lésion qui réside dans une disproportion effective entre les prestations réciproques des parties de nature strictement objective n'est prise en considération par la loi comme ouverture à rescision que de façon exceptionnelle et on ne saurait lui enlever ce caractère en l'invoquant indirectement par le moyen de prétendues manœuvres dolosives qu'elle ferait présumer (Paris 11 oct. 1962 : *D.* 1963, 288).

2) La demande en rescision ne peut être faite pour la première fois en cause d'appel lorsque la nullité a été demandée en première instance (Civ. 3e, 21 mai 1979 : *Bull.* III, n. 110, p. 82).

Art. 1119. – On ne peut, en général, s'engager, ni stipuler en son propre nom, que pour soi-même.

La stipulation pour autrui n'exclut pas, dans le cas d'acceptation par le bénéficiaire, qu'il soit tenu de certaines obligations (Civ. 1re, 8 déc. 1987 : *Bull.* I, n. 343, p. 246 ; *Rev.* trim. dr. civ. 1988, 532, obs. Mestre) *Contra* Civ. 3e, 10 avril 1973 : *D.* 1974, 21, note Larroumet).

Art. 1120. – Néanmoins, on peut se porter fort pour un tiers, en promettant le fait de celui-ci ; sauf l'indemnité contre celui qui s'est porté fort ou qui a promis de faire ratifier, si le tiers refuse de tenir l'engagement.

I. Conditions

1) On peut se porter fort pour tout fait susceptible de former l'objet d'une convention (Civ. 24 oct. 1905 : *D.P.* 1906, 1, 153), et pour n'importe quelle personne, même incapable (Req. 6 mars 1905 : *D.P.* 1910, 1, 362. – Poitiers 13 nov. 1934 : *D.P.* 1935, II, 61, note R. Savatier). Mais l'article 1120 du Code civil prévoit que la personne pour qui l'on se porte fort est un tiers et exclut par là-même cette stipulation au profit d'un mandant qui, en raison de cette qualité même, se trouve partie à l'acte (Soc. 17 fév. 1956 : *Bull.* IV, n. 172, p. 127).

2) La promesse de porte-fort peut être implicite (Civ. 28 déc. 1926 : *D.P.* 1930, 1, 73, note Chéron. – Com. 30 mars 1971 : *Bull.* IV, n. 102, p. 92. – Rouen 7 avril 1970 : *D.* 1970, 676, note Trochu), mais il faut que l'engagement soit pris au nom d'une personne déterminée (Paris 17 oct. 1968 : *D.* 1969, Somm. 45).

3) Le tuteur peut se porter fort à la fois pour l'incapable et pour ses cohéritiers (Civ. 1re, 6 oct. 1954 : *J.C.P.* 55, II, 8444, note Laurent).

Art. 1121 — VALIDITÉ DES CONVENTIONS

II. Effets

4) Celui qui se porte fort pour un tiers promet le fait de celui-ci et s'engage à le procurer (Civ. 3e, 7 mars 1978 : *J.C.P.* 78, IV, 149 ; *Bull.* III, n. 108, p. 84). Si le tiers refuse de tenir l'engagement, le promettant doit à son co-contractant une indemnité (Soc. 28 janv. 1955 : *Bull.* IV, n. 87, p. 61. – V. aussi Com. 14 janv. 1980 : *J.C.P.* 80, IV, 122 ; *Bull.* IV, n. 16, p. 13), laquelle comprend la perte subie et le manque à gagner (Soc. 9 avril 1957 : *D.* 1957, 335), sans pouvoir excéder la réparation du dommage prévu ou prévisible lors du contrat (Civ. 1re, 10 mars 1954 : *Bull.* I, n. 91, p. 76).

5) La confusion sur la tête d'une même personne de la qualité de tiers visé par le porte-fort et de celle d'héritier de l'auteur tenu du porte-fort n'entraîne pas *ipso facto* ratification de la convention (Paris 16 janv. 1965 : *J.C.P.* 65, IV, 83). Viole donc l'article 1120 l'arrêt qui décide que les héritiers ne pouvaient méconnaître le contrat passé par leur mère en raison de l'obligation de garantie qui leur a été transmise par le jeu de la dévolution successorale alors que la seule obligation dont l'auteur de la promesse était tenue et qu'elle avait transmise à ses héritiers était celle de faire ratifier la vente et que cette promesse rendait seulement les successeurs passibles de dommages-intérêts (Civ. 1re, 26 nov. 1975 : *J.C.P.* 76, II, 18500, note Monéger. – Comp. Lyon 11 mars 1980 : *D.* 1981, 617, note Peyrard).

6) La ratification de l'acte par le porte-fort a un caractère rétroactif et remonte au jour de l'acte ratifié (Civ. 1re, 30 janv. 1957 : *D.* 1957, 182. – Civ. 3e, 20 déc. 1971 : Bull. III, n. 653, p. 467 ; *D.* 1972, Somm. 86), l'obligation du tiers prenant naissance au jour de l'engagement du porte-fort (Civ. 1re, 8 juil. 1964 : *D.* 1964, 560).

7) Sur le principe que le porte-fort ne garantit pas lui-même l'exécution de l'engagement principal, V. Com. 22 juil. 1986 : *Rev. trim. dr. civ.* 1987, 306, obs. Mestre.

Art. 1121. – **On peut pareillement stipuler au profit d'un tiers, lorsque telle est la condition d'une stipulation que l'on fait pour soi-même ou d'une donation que l'on fait à un autre. Celui qui a fait cette stipulation ne peut plus la révoquer, si le tiers a déclaré vouloir en profiter.**

I. Conditions

1) Toute clause d'un contrat susceptible de procurer des avantages à un tiers ne fait pas naître au profit de celui-ci un droit d'action directe contre le promettant s'il n'a pas été dans l'intention des parties de le lui conférer (Req. 20 déc. 1898 : *D.P.* 1899, 1, 320. – V. en ce sens, Com. 15 oct. 1968 : *D.* 1969, 98).

2) La stipulation peut être implicite. Ainsi, l'Assistance publique hospitalière doit être considérée comme ayant stipulé du Centre national de la transfusion sanguine la fourniture de sang au profit d'une malade en cours de transfusion (Civ. 2e, 17 déc. 1954 : *J.C.P.* 55, II, 8490, note R. Savatier ; *D.* 1955, 269, note Rodière). De même le contrat de transport contient une stipulation tacite de la personne transportée au profit des personnes envers lesquelles elle est tenue d'un devoir d'assistance en vertu d'un lien légal (Civ. 6 déc. 1932 : *D.P.* 1933, 1, 137, note Josserand. – Civ. 1re, 15 fév. 1955 : *D.* 1955, 519). Pour d'autres applications, V. Civ. 5 nov. 1940 : *J.C.P.* 41, II, 1624, note Voirin (clause par laquelle l'administration se substitue un entrepreneur pour la responsabilité des accidents pouvant survenir dans l'exécution de travaux). – Paris 11 juin 1957 : *J.C.P.* 57, II, 10134, 1re esp., note Lindon (stipulation permettant à la femme du stipulant de laisser son enfant d'un premier lit bénéficier du caveau familial). – Paris 18 juin 1957, *eod. loc.,* 2e esp. (expertise demandée par le vendeur pour le compte de

VALIDITÉ DES CONVENTIONS — Art. 1122

l'acquéreur) – T.G.I. Lisieux 24 fév. 1971 : *Gaz. Pal.* 1971, 2, 481 (société civile immobilière stipulant auprès d'E.D.F. au profit des acquéreurs éventuels des pavillons). V. aussi Civ. 1re, 5 déc. 1978 : *D.* 1979, 401, note Berr et Groutel (contrat d'assurance de groupe) ; Civ. 1re, 21 nov. 1978 : *J.C.P.* 80, II, 19315, note P. Rodière (mise à la disposition d'une banque de véhicules blindés et de conducteurs et accompagnateurs) ; Soc. 4 fév. 1981 : *Bull.* IV, n. 103, p. 77 (stipulation pour autrui résultant d'une convention collective).

3) Le profit moral résultant des avantages faits aux personnes désignées suffit pour constituer un intérêt personnel dans le contrat (Civ. 16 janv. 1888 : *D.P.* 1888, 1, 77. – Civ. 1re, 12 avril 1967 : *J.C.P.* 67, IV, 78 ; *Bull.* I, n. 125, p. 91). Sur le pouvoir souverain des juges du fond pour apprécier l'intérêt de la stipulation pour le stipulant, V. Civ. 3e, 28 mars 1968 : *J.C.P.* 68, IV, 86 ; *Bull.* III, n. 145, p. 114.

4) Il suffit que le tiers puisse être déterminé au jour où la stipulation doit produire effet sans qu'il soit nécessaire de le désigner nominativement (Civ. 28 déc. 1927 : *D.H.* 1928, 135). Sur la possibilité de souscrire une police d'assurance-vie au profit de ses enfants et descendants à naître, V. C. assur., art. L.132-8, al. 2, *infra,* Annexe.

II. Effets

5) La nullité des rapports entre le stipulant et le bénéficiaire est sans effet sur les rapports entre le stipulant et le promettant (Civ. 1re, 8 oct. 1957 : *D.* 1958, 317, note Esmein).

6) L'acceptation peut avoir lieu même après le décès du stipulant (Req. 22 juin 1891 : *D.P.* 1892, 1, 205). Elle peut être tacite (Req. 2 avril 1912 : *D.P.* 1912, 1, 524), à condition que les faits dont on prétend la faire découler ne soient pas équivoques (Lyon 29 mars 1939 : *J.C.P.* 39, II, 1315, note R.D.). Elle rend la stipulation irrévocable (Req. 30 juil. 1877 : *D.P.* 1878, 1, 342).

7) La stipulation pour autrui ne saurait faire naître qu'un droit au profit d'un tiers et non mettre à sa charge une obligation stipulée en dehors de lui (Civ. 3e, 10 avril 1973 : *D.* 1974, 21, note Larroumet). *G. Venandet, La stipulation pour autrui avec obligation acceptée par le tiers bénéficiaire : J.C.P.* 89, I, 3391.

8) La stipulation fait naître au profit du tiers bénéficiaire un droit direct contre le promettant (Civ. 16 janv. 1888 : *D.P.* 1888, 1, 77. – Req. 30 avril 1888 : *D.P.* 1888, 1, 291. – Civ. 5 nov. 1940 : *J.C.P.* 41, II, 1624, note Voirin. – Com. 23 mai 1989 : *J.C.P.* 89, IV, 274 ; *Bull.* IV, n. 164, p. 109), mais le tiers n'a pas d'action en principe contre le stipulant (Req. 6 juin 1888 : *D.P.* 1889, 1, 55).

9) La révocation de la stipulation contenue dans un testament doit produire effet même si elle n'est connue du promettant et du tiers bénéficiaire qu'après le décès du stipulant (Civ. 1re, 24 juin 1969 : *D.* 1969, 544).

10) Si le tiers bénéficiaire d'une stipulation pour autrui acquiert contre le promettant un droit propre et direct, le stipulant n'en possède pas moins une action en exécution de la promesse souscrite par le débiteur (Civ. 1re, 12 juil. 1956 : *D.* 1956, 749, note Radouant. – V. en ce sens Com. 14 mars 1979 : *D.* 1980, 157, note Larroumet), mais la stipulation pour autrui n'implique pas que le stipulant s'engage à l'égard du promettant à réaliser l'opération stipulée au bénéfice du tiers (Com. 25 mars 1969 : *Bull.* IV, n. 118, p. 117).

Art. 1122. – On est censé avoir stipulé pour soi et pour ses héritiers et ayants cause, à moins que le contraire ne soit exprimé ou ne résulte de la nature de la convention.

1) Pour un exemple de clause contraire dans une police d'assurance-vie, V. Req. 15 mai 1934 : *D.P.* 1934, 1, 141, rapp. Pilon.

2) Les juges du fond peuvent décider que l'obligation de non-concurrence souscrite par le cédant des parts d'une société ayant pour objet l'exploitation d'un fonds de commerce a été transmise à sa veuve en l'absence d'une renonciation à sa succession (Com. 17 mai 1971 : *Bull.* IV, n. 133, p. 129. – V. en ce sens, Com. 16 mars 1954 : *D.* 1954, 474. – V. cependant Poitiers 8 nov. 1949 : *J.C.P.* 49, II, 5205, note J.C.).

3) Les coïndivisaires qui sont les héritiers de l'indivisaire prédécédé sont tenus de garantir les conventions passées par leur auteur (Civ. 1re, 2 juin 1987 : *Bull.* I, n. 177, p. 133 ; *J.C.P.* 88, II, 21068, note Salvage).

4) Sur la transmission des droits et obligations aux ayants cause à titre particulier, V. *infra,* sous art. 1165.

SECTION II. – DE LA CAPACITÉ DES PARTIES CONTRACTANTES

Art. 1123. – Toute personne peut contracter, si elle n'en est pas déclarée incapable par la loi.

Art. 1124 *(L. 18 fév. 1938 ; L. n. 68-5 du 3 janv. 1968, art. 1er).* **– Sont incapables de contracter, dans la mesure définie par la loi :**
Les mineurs non émancipés ;
Les majeurs protégés au sens de l'article 488 du présent Code.

Art. 1125 *(L. 18 fév. 1938 ; L. n. 68-5 du 3 janv. 1968).* **– Les personnes capables de s'engager ne peuvent opposer l'incapacité de ceux avec qui elles ont contracté.**

Art. 1125-1 *(L. n. 68-5 du 3 janv. 1968, art. 3).* **– Sauf autorisation de justice, il est interdit, à peine de nullité, à quiconque exerce une fonction ou occupe un emploi dans un établissement hébergeant des personnes âgées ou dispensant des soins psychiatriques de se rendre acquéreur d'un bien ou cessionnaire d'un droit appartenant à une personne admise dans l'établissement, non plus que de prendre à bail le logement occupé par cette personne avant son admission dans l'établissement.**
Pour l'application du présent article, sont réputées personnes interposées, le conjoint, les ascendants et les descendants des personnes auxquelles s'appliquent les interdictions ci-dessus édictées.

L'expression « établissement hébergeant des personnes âgées » figurant dans l'article 1125-1 du Code civil ne vise pas exclusivement les hospices de vieillards mais doit s'entendre de tous centres hospitaliers recevant, entre autres malades, des personnes âgées (Amiens 14 juin 1977 : *J.C.P.* 78, IV, 316).

SECTION III. – DE L'OBJET ET DE LA MATIÈRE DES CONTRATS

Art. 1126. – Tout contrat a pour objet une chose qu'une partie s'oblige à donner, ou qu'une partie s'oblige à faire ou à ne pas faire.

Art. 1127. – Le simple usage ou la simple possession d'une chose peut être, comme la chose même, l'objet du contrat.

VALIDITÉ DES CONVENTIONS — Art. 1128

Art. 1128. — **Il n'y a que les choses qui sont dans le commerce qui puissent être l'objet des conventions.**

1) Les tombeaux et concessions funéraires sont hors du commerce et dès lors inaliénables (Civ. 11 avril 1938 : *D.H.* 1938, 321. – Civ. 1re, 25 mars 1958 : *Bull.* I, n. 178, p. 139). Ils ne peuvent être compris dans la masse de l'hérédité (Amiens 29 nov. 1960 : *Gaz. Pal.* 1961, 1, 124), mais ils peuvent néanmoins faire l'objet de conventions par lesquelles le titulaire d'une concession accorde à une ou plusieurs personnes le droit de s'y faire inhumer (Civ. 1re, 22 fév. 1972 : *D.* 1972, 513, note Lindon. – Comp. Civ. 1re, 4 déc. 1967 : *D.* 1968, 133, note Mazeaud). Jugé qu'aucune disposition légale n'interdit au bénéficiaire d'une concession funéraire d'en faire, avant toute utilisation, une donation par laquelle il s'en dépouille irrévocablement (Civ. 1re, 23 oct. 1968 : *J.C.P.* 68, II, 15715, note Lindon).

2) La clientèle des professions libérales est hors du commerce (Com. 17 oct. 1951 : *D.* 1953, 145, note Minvielle (architectes). – Civ. 1re, 29 avril 1954 : *J.C.P.* 54, II, 8249, note Bellet (chirurgiens dentistes). – Pau 4 oct. 1954 : *J.C.P.* 55, II, 8470, note J. Savatier (experts-comptables). – Trib. civ. Seine 27 juin 1956 : *J.C.P.* 56, II, 9624, note J. Savatier (médecins), mais le professionnel peut valablement céder le droit de présenter son successeur à la clientèle (Civ. 1re, 29 avril 1954, précité. – Civ. 1re, 8 janv. 1985 : *J.C.P.* 86, II, 20545, note Mémeteau. – Civ. 1re, 7 mars 1956 : *D.* 1956, 523, note Percerou – Civ. 1re, 8 janv. 1985 : *Bull.* I, n. 9, p. 9 ; *J.C.P.* 86, II, 20545, note Mémeteau ; *D.* 1986, 448, 2e esp., note Penneau ; *Rev. trim. dr. civ.* 1987, 92, obs. Mestre – Chambéry 24 nov. 1958 : *J.C.P.* 59, IV, 116). Rien n'interdit non plus aux héritiers d'un praticien de céder le cabinet médical exploité par leur auteur (Civ. 1re, 17 mai 1961 : *Bull.* I, n. 257, p. 204). Jugé en sens inverse que la clientèle médicale est personnelle, de ce fait incessible et hors du commerce, et que la clause d'un contrat dit de présentation de clientèle prévoyant la rémunération de ce droit est nulle comme contraire à l'ordre public (Lyon 13 janv. 1983 : *D.* 1983, 490, note Landraud). Sur la validité du contrat de remplacement médical, V. Civ. 16 mars 1943 : *J.C.P.* 43, II, 2289, note Voirin. Mais sont illicites les clauses d'un contrat dit de présentation de clientèle qui ont pour objet le rachat d'une part de clientèle médicale (Civ. 1re, 20 mars 1984 : *D.* 1986, 448, 1re esp., note Penneau ; *Rev. trim. dr. civ.* 1987, 93, obs. Mestre).

3) Les tâches à accomplir par les syndics et administrateurs judiciaires ne constituent que l'exécution de mandats de justice qui ne sont pas des choses dans le commerce et ne peuvent pas faire l'objet d'une convention (Civ. 1re, 20 mars 1984 : *Bull.* I, n. 109, p. 91 ; *D.* 1986, 189, note D. Carbonnier).

4) Si l'office notarial et le titre de notaire ne sont pas dans le commerce, le droit pour le notaire de présenter un successeur à l'autorité publique constitue un droit patrimonial qui peut faire l'objet d'une convention régie par le droit privé (Civ. 1re, 16 juil. 1985 : *J.C.P.* 86, II, 20595, note Dagot).

5) L'autorisation de stationnement de taxi est accordée gratuitement par l'administration, mais il n'est plus contesté que l'avantage pécuniaire en résultant pour l'exploitant lui permet de demander moyennant rétribution son attribution à un tiers, ce qui constitue une valeur patrimoniale devant figurer dans la masse successorale (Civ. 1re, 20 fév. 1967 : *Bull.* I, n. 69, p. 51).

6) La convention relative à la cession d'un agrément administratif d'exploitation d'auto-école est dépourvue d'objet puisque l'agrément est délivré à titre personnel (Civ. 3e, 4 mai 1983 : *Bull.* III, n. 103, p. 82 ; *Rev. trim. dr. civ.* 1984, 113, obs. Chabas).

Art. 1129

7) La concession d'un emplacement sur un marché est un bien hors commerce ni cessible ni saisissable, mais les bénéficiaires d'une telle concession n'en sont pas moins détenteurs d'un fonds de commerce (Com.

7 mars 1978 : *Bull.* IV, n. 84, p. 69. V. aussi Poitiers 3 juil. 1963 : *D.* 1964, Somm. 23).

8) Sur l'indisponibilité du corps humain V. sous art. 6, n. 10-11.

Art. 1129. – **Il faut que l'obligation ait pour objet une chose au moins déterminée quant à son espèce.**
La quotité de la chose peut être incertaine, pourvu qu'elle puisse être déterminée.

I. Règles générales

1) Le contrat de franchise est caduc dès lors que la quotité des choses devant faire l'objet des ventes subséquentes est laissée à la seule volonté du franchiseur (Paris 14 juin 1984 : *J.C.P.* 85, II, 20416, note Gross).

2) Dès lors que la superficie du terrain vendu est déterminée, la nullité n'est pas encourue, même si la venderesse s'en remet par avance au choix des acquéreurs quant à sa délimitation exacte (Civ. 3e, 15 fév. 1984 : *Bull.* III, n. 41, p. 31).

3) En omettant d'annexer le contrat-type visé dans leur convention, les parties ont privé celle-ci de l'essentiel de son objet et bouleversé son équilibre (T.G.I. Paris 12 janv. 1988 : *R.I.D.A.* juil. 1988, 116, note Gautier ; *Rev. trim. dr. civ* 1989, 298, obs. Mestre).

4) Sur la nullité de l'engagement de la caution en cas d'indétermination de la somme garantie, v. sous art. 2015, n. 7 s.

II. Indétermination du prix

5) Le prix n'est pas déterminé si le contrat se borne à prévoir qu'il sera fixé d'un « commun accord » (Com. 10 mars 1987 : *Bull.* IV, n. 71, p. 53). Il en va autrement si le contrat prévoit la possibilité de le déterminer par voie de relation avec des éléments ne dépendant pas de la volonté des parties (Civ. 3e, 5 janv. 1972 : *D.* 1972, 339) ou s'il contient une clause prévoyant en cas de désaccord le recours à un expert (Com. 25 mai 1981 : *J.C.P.* 81, IV, 286). Mais il n'appartient pas aux juges de se substituer aux parties pour leur imposer une méthode de détermination des prix qui n'a pas recueilli leur accord (Com. 29 juin 1981 : *J.C.P.* 81, IV, 339 ; *Bull.* IV, n. 298, p. 235).

6) Sur la nullité des contrats dits « contrats de bière » pour indétermination du prix, v. Com. 11 oct. 1978 : *J.C.P.* 79, II, 19034, note Loussouarn ; *D.* 1979, 135, note Houin. – Com. 24 avril 1981 : *Bull.* IV, n. 189, p. 150. – Com. 22 juil. 1986 : *Bull.* IV, n. 190, p. 162. V. aussi de Martel, *L'article 1129 du Code civil et l'annulation des contrats de bière pour indétermination de leur prix* : *J.C.P.* 80, I, éd. N, 291. – J.-J. Barbieri, *La détermination du prix dans les contrats d'approvisionnement exclusif* : *Rev. jur. com.* 1983, 329. – J. Schmidt, *Le prix du contrat de fourniture* : *D.* 1985, Chron. 176.

6) Il appartient aux juges du fond de rechercher si la référence aux prix imposés par la concurrence est un élément sérieux, précis et objectif rendant la fixation des prix indépendante de la seule volonté du franchiseur (Com. 12 janv. 1988 : *Bull.* IV, n. 31, p. 21 ; *Rev. trim. dr. civ.* 1988, 527, obs. Mestre).

7) Sur la validité de la clause dite « d'offre concurrente » dans les contrats de fournitures, v. Paris 2 mai 1986 : *J.C.P.* 86, II, 20622, note Ghestin ; *Rev. trim. dr. civ.* 1987, 96, obs. Mestre, et 106, obs. Rémy, et, sur pourvoi, Com. 14 juin 1988 : *D.* 1989, 89, note Malaurie.

8) Sur la notion de prix indéterminé dans les ventes de véhicules automobiles, V. Civ. 1re, 20 mai 1981 : *J.C.P.* 82, II, 19840, note Raymond.

VALIDITÉ DES CONVENTIONS — Art. 1130

9) Ne donne pas de base légale à sa décision la cour d'appel qui, pour rejeter l'exception de nullité d'un contrat d'entretien de matériel téléphonique en raison de l'indétermination du prix, énonce que ce prix est déterminable par voie de relation avec un tarif uniforme pour tous les clients du fournisseur et en fonction de la conjoncture, sans préciser comment les prix résultant des clauses litigieuses étaient soumis au libre jeu de la concurrence et ne dépendaient donc pas de la seule volonté de l'installateur du matériel (Com. 1er déc. 1981 : *Bull.* IV, n. 423, p. 337).

10) Lorsque le prix de la vente consiste dans l'accomplissement d'une prestation (constructions à édifier par l'acheteur), l'imprécision de ces prestations signifie que le prix n'est pas déterminable (Civ. 3e, 10 déc. 1986 : *Bull.* III, n. 177, p. 139).

11) La vente n'est pas nulle lorsqu'une partie du prix est liée à la rentabilité de la chose (Civ. 1re, 28 juin 1988 : *D.* 1989, 121, note Malaurie).

12) La détermination du prix n'est pas nécessaire lorsque la convention met à la charge d'une des parties une simple obligation de faire (Com. 9 nov. 1987 : *J.C.P.* 89, II, 21186, note Virassamy ; *D.* 1989, 35, note Malaurie).

12) Une vente nulle pour défaut de prix est dépourvue d'existence légale et non susceptible de ratification (Com. 30 nov. 1983 : *J.C.P.* 84, IV, 45 ; *Bull.* IV, n. 333, p. 288. – V. en ce sens Civ. 16 nov. 1932 : *D.H.* 1933, 4. – Com. 28 avril 1987 : *D.* 1987, I.R. 119).

Art. 1130. – Les choses futures peuvent être l'objet d'une obligation.
On ne peut cependant renoncer à une succession non ouverte, ni faire aucune stipulation sur une pareille succession, même avec le consentement de celui de la succession duquel il s'agit.

A. LUCAS, *Le recul de la prohibition des pactes sur succession future en droit positif* : Rev. trim. dr. civ. 1976, 455.

I. Définition du pacte prohibé

1) L'article 1130 interdit toutes les stipulations ayant pour objet d'attribuer un droit privatif sur tout ou partie d'une succession non ouverte (Civ. 11 janv. 1933 : *D.P.* 1933, 1, 10, note Capitant. – V. pour une application Civ. 1re, 11 mars 1981 : *Bull.* I, n. 87, p. 73). Ainsi, le partage par les enfants de la nue-propriété de biens communs dépendant pour partie de la succession future du père constitue un pacte prohibé (Civ. 1re, 12 déc. 1984 : *Bull.* I, n. 336, p. 286). Mais il en va autrement de la promesse de vente de biens indivis provenant d'une succession ouverte, mais non encore liquidée (Civ. 1re, 30 mai 1985 : *Bull.* I, n. 173, p. 155 ; *D.* 1986, 65, note Najjar ; *Rev. trim. dr. civ.* 1986, 391, obs. Patarin). Jugé qu'il n'y a pas pacte sur succession future dès lors que les héritiers n'apparaissent pas en qualité d'héritiers présomptifs mais en tant qu'associés de la société civile créée entre eux et le *de cujus* présomptif (Lyon 27 mai 1964 : *D.* 1965, 49, note Boulanger).

2) La prohibition des pactes sur succession future peut s'appliquer à un acte unilatéral et frappe toute stipulation faite sur une succession future, même si celle-ci ne porte pas atteinte à la réserve (Civ. 1re, 17 mars 1987 : *Bull.* I, n. 97, p. 73 ; *Rev. trim. dr. civ.* 1987, 755, obs. Mestre).

3) La convention créant ou aménageant le rapport successoral ne tombe pas en elle-même sous le coup de la prohibition des pactes sur succession future (Req. 2 mars 1936 : *D.P.* 1936, 1, 111, rapp. Dumas. – Nancy 2 nov. 1950 : *Gaz. Pal.* 1951, 1, 24, et, sur pourvoi, Civ. 1re, 23 nov. 1954 : *D.* 1955, 305, note Vialleton), mais l'héritier ne peut renoncer à l'action en rapport

avant l'ouverture de la succession (Civ. 10 mars 1941 : *D.C.* 1943, 32, note Maguet).

4) La clause d'accroissement conférant à chacun des acquéreurs la propriété de l'immeuble tout entier à partir du jour de son acquisition sous condition du prédécès de son cocontractant ne constitue pas une clause attribuant au survivant un droit privatif sur une partie de la succession du prémourant et ne tombe pas sous la prohibition des pactes sur succession future (Cass. ch. mixte 27 nov. 1970 : *D.* 1971, 81, concl. Lindon. – V. en ce sens, Civ. 1re, 3 fév. 1959 : *J.C.P.* 60, II, 11823, note Voirin. – V. aussi Morin, *D.* 1971, chron. 55 ; Pillebout, *J.C.P.* 79, I, éd. N, 333 ; B.-H. Dumortier, *Recherche d'un nouveau fondement de la validité de la clause d'accroissement eu égard à la prohibition des pactes sur succession future : Rev. trim. dr. civ.* 1987, 653). Sur le régime fiscal de la clause, V. L. fin. pour 1980, art. 69 : *J.C.P.* 80, III, 49452.

5) La promesse unilatérale de vente dont l'option peut être levée à compter du décès du promettant ne constitue pas un pacte sur succession future dès lors qu'elle est déterminée dans son objet et dans son prix, qu'elle engage le promettant immédiatement et de façon irrévocable et fait naître au profit du bénéficiaire un droit actuel pur et simple dont seule l'exécution est différée jusqu'au jour du décès du promettant (Civ. 1re, 5 mai 1986 : *J.C.P.* 87, II, 20851, note Barret). Constitue une promesse *post mortem* valable comme n'ayant que suspendu l'exécution d'un droit déjà né celle qui porte sur des biens déterminés que les promettants s'engagent à ne pas aliéner au préjudice des bénéficiaires, alors même que l'exécution de la promesse ne peut être exigée que par une levée d'option postérieure au décès du survivant des promettants (Civ. 1re, 8 juil. 1986 : *Bull.* I, n. 202, p. 195).

6) Echappe à la qualification de pacte sur succession future la convention prévoyant seulement l'extinction de la créance du crédirentier à son décès pour les arrérages échus et non versés et pour lesquels aucune poursuite n'a été engagée (Civ. 1re, 22 juin 1977 : *Bull.* I, n. 297, p. 235). Mais, s'agissant d'une vente consentie moyennant une rente à servir pendant douze ans, doit être annulée comme contraire à la prohibition la clause prévoyant que tout règlement serait éteint et l'acheteur libéré, soit au terme des douze années, soit au décès du vendeur s'il survenait avant (Civ. 1re, 7 déc. 1983 : *J.C.P.* 84, IV, 55 ; *D.* 1984, 564, note Mayaux ; *Defrénois* 1984, 1227, note Olivier ; *Rev. trim. dr. civ.* 1985, 184, obs. Patarin).

7) La clause de réversibilité au profit du conjoint survivant insérée dans une donation-partage confère à l'épouse survivante dans la succession de son mari un droit auquel elle ne peut renoncer tant que cette succession ne s'est pas ouverte (Civ. 1re, 20 avril 1983 : *Bull.* I, n. 124, p. 108 ; *J.C.P.* 84, II, 20257, note de la Marnierre ; *D.* 1986, 31, note Grimaldi ; *Rev. trim. dr. civ.* 1984, 349, obs. Patarin).

8) Toute clause ayant pour effet de mettre à la charge des héritiers d'une caution des dettes nées après le décès de leur auteur, et dont celui-ci n'était pas tenu de son vivant constitue un pacte sur succession future (Com. 13 janv. 1987 : *Bull.* IV, n. 9, p. 6).

II. Pactes autorisés

9) La prohibition édictée par l'article 1130 est d'ordre public et ne comporte pas d'autres dérogations que celles qui sont limitativement déterminées par la loi (Civ. 11 janv. 1933 : *D.P.* 1933, 1, 10, note Capitant. – Com. 18 oct. 1955 : *D.* 1956, 281, note Esmein).

10) Sur la validité de la clause dite commerciale, V. *infra*, art. 1390. La licéité de la faculté d'attribution en propriété implique celle de la clause du contrat de mariage prévoyant l'octroi d'un bail sur les biens propres de l'époux prédécédé (Civ. 1re, 29 avril 1985 : *Bull.* I, n. 132, p. 123).

VALIDITÉ DES CONVENTIONS — Art. 1131

11) Sur les clauses de continuation dans les contrats de société, V. *infra,* art. 1870 nouveau.

12) Une donation-partage valablement faite échappe à la prohibition des pactes sur succession future (Civ. 1re, 10 oct. 1979 : *Bull.* I, n. 244, p. 195).

SECTION IV. – DE LA CAUSE

Art. 1131. – **L'obligation sans cause ou sur une fausse cause, ou sur une cause illicite, ne peut avoir aucun effet.**

I. Absence de cause

1) Dans les contrats synallagmatiques, l'obligation de chaque contractant trouve sa cause dans l'obligation, envisagée par lui comme devant être effectivement exécutée, de l'autre contractant. Cette cause fait défaut quand la promesse de l'une des parties n'est pas exécutée ou s'avère soit nulle, soit de réalisation impossible (Civ. 30 déc. 1941 : *D.A.* 1942, 98. – Comp. Soc. 3 mai 1956 : *Bull.* IV, n. 398, p. 294).

2) CSur le principe que la cause de l'engagement doit exister lors de la formation du contrat, v. Civ. 3e, 9 juil. 1980 : *Bull.* III, n. 136, p. 101 ; *D.* 1981, I.R. 312, obs. Ghestin. V. en ce sens, mais paraissant limiter la portée de la règle aux contrats synallagmatiques à exécution instantanée, Civ. 3e, 8 mai 1974 : *D.* 1975, 305, note Larroumet.

3) Lorsqu'une personne remet à une autre personne une somme qui lui permettre d'acheter une automobile devant servir à les transporter toutes les deux et qu'elles cessent ensuite toute relation, la seconde peut être condamnée à restituer à la première une partie de la somme reçue. En effet, s'il est vrai que la cause doit exister au moment de la formation du contrat, il n'en reste pas moins que l'inexécution par le propriétaire du véhicule de son obligation à exécution successive justifie la demande de l'autre personne en restitution d'une partie de la somme qu'elle a versée en exécution de son engagement réciproque et corrélatif (Civ. 1re,

16 déc. 1986 : *Bull.* I, n. 301, p. 287 ; *Rev. trim. dr. civ.* 1987, 750, obs. Mestre).

4) Sur le jeu de l'exception *non adimpleti contractus* en matière de bail, V. Soc. 7 juil. 1955 *D.* 1957, 1, note R. Savatier ; Soc. 10 avril 1959 : *D.* 1960, 61.

5) La cause de l'obligation de celui qui emprunte pour effectuer un achat réside dans la mise à sa disposition des fonds nécessaires à l'acquisition qu'il a effectuée (Civ. 1re, 20 nov. 1974 : *J.C.P.* 75, IV, 7 ; *Bull.* I, n. 311, p. 267). Mais l'article 9 de la loi n. 78-22 du 10 janv. 1978 relative à l'information et à la protection des consommateurs dans le domaine de certaines opérations de crédit (*infra,* annexe) dispose que le contrat de crédit est résolu ou annulé de plein droit lorsque le contrat en vue duquel il a été conclu est lui-même judiciairement résolu ou annulé.

6) La cause d'une libéralité réside dans le motif déterminant qui l'a inspirée (Civ. 1re, 6 oct. 1959 : *D.* 1960, 515, note Malaurie).

7) Dès lors que le contrat de vente est dépourvu d'objet, l'obligation de payer mise à la charge de l'acquéreur est nulle faute de cause (Civ. 3e, 4 mai 1983 : *Bull.* III, n. 103, p. 82 ; *Rev. trim. dr. civ.* 1984, 113, obs. Chabas).

8) Peut être déclarée nulle pour absence de cause la donation-partage à laquelle ont recouru les parties à des fins fiscales dès lors que l'application rétroactive d'une loi de finances a eu pour conséquence que l'acte

ne se trouvait plus justifié par le mobile qui avait incité les parties à y recourir (Civ. 1re, 11 fév. 1986 : *Bull.* I, n. 25, p. 21 ; *Rev. trim. dr. civ.* 1987, 586, obs. Patarin).

9) Lorsque dans un contrat synallagmatique, l'équivalent de l'avantage abandonné par une partie consiste dans une chance de gain ou de perte acceptée par cette partie, le contrat n'est valable que si cet aléa, cause de cet abandon, est fonction d'événements incertains qui ne dépendent pas de l'initiative de son co-contractant (Paris 15 fév. 1957 : *J.C.P.* 58, II, 10418, note D.B.). Est nulle pour défaut de cause la convention passée entre un héritier et un généalogiste dès lors que ce dernier n'a rendu à celui-ci aucun service ni couru aucun aléa, l'existence de la succession devant normalement parvenir à la connaissance de l'héritier sans l'intervention du généalogiste (Civ. 1re, 18 avril 1953 : *J.C.P.* 53, II, 7761. – Comp. pour une commission d'intermédiaire, Com. 23 oct. 1950 : *Bull.* II, n. 300, p. 210). Sur la nullité d'une vente consentie contre une rente viagère inférieure aux revenus de l'immeuble vendu, V. *infra*, sous art. 1976.

10) La résolution du contrat de vente a pour effet de priver de cause le contrat de crédit-bail portant sur le bien vendu, le versement de loyers n'ayant plus de contrepartie (Civ. 1re, 3 mars 1982 : *J.C.P.* 83, II, 20115, 1re esp., note Bey. – Civ. 1re, 11 déc. 1985 : *Bull.* I, n. 351, p. 315. – V. cependant Com. 15 mars 1983, *J.C.P.* 83, II, 20115, 2e esp., note Bey).

II. Fausse cause

11) Il y a fausse cause lorsque celui qui s'oblige croit à la réalité d'une cause qui, en fait, n'existe pas (T.G.I. Seine 19 mars 1963 : *Gaz. Pal.* 1963, 2, 18).

12) L'engagement d'entretien que, dans la croyance de sa paternité, son auteur a souscrit au profit de l'enfant né d'une femme mariée et qui a sa cause dans cette croyance est valable alors même que ledit enfant conserve la qualité d'enfant légitime en l'absence de désaveu par le mari et que celui-ci reste tenu à son égard des obligations que lui impose l'article 203 du Code civil (Civ. 1re, 8 déc. 1959 : *J.C.P.* 60, II, 11566, note Martin ; *D.* 1960, 241, note J. Savatier). Les juges du fond peuvent estimer à bon droit qu'en reconnaissant l'enfant de la femme qu'il devait épouser par la suite, et qu'il savait ne pas être le sien, le mari avait contracté l'engagement de subvenir comme un père aux besoins de celle qu'il avait librement décidé de considérer comme sa fille (Civ. 1re, 21 juil. 1987 : *D.* 1988, 225, note Massip).

III. Cause illicite

13) Si la cause de l'obligation de l'acheteur réside bien dans le transfert de propriété et dans la livraison de la chose vendue, en revanche la cause du contrat de vente consiste dans le mobile déterminant, c'est-à-dire celui en l'absence duquel l'acquéreur ne se serait pas engagé. Ayant relevé qu'en l'espèce, la cause impulsive et déterminante du contrat était de permettre l'exercice du métier de deviner et de pronostiquer, la cour d'appel a exactement déduit qu'une telle cause, puisant sa source dans une infraction pénale, revêtait un caractère illicite (Civ. 1re, 12 juil. 1989 : *Bull.* I, n. 293, p. 194). Sur la cause illicite ou immorale, v. aussi *supra*, sous art. 6 et 900.

Art. 1132. – **La convention n'est pas moins valable, quoique la cause n'en soit pas exprimée.**

M. Vivant, *Le fondement juridique des obligations abstraites* : *D.* 1978, chron. 39.

1) Toute obligation est présumée avoir une cause réelle et licite (Civ. 22 mai 1944 : *D.A.* 1944, 106. – Civ. 1re, 25 oct. 1967 : *J.C.P.* 67, IV, 170 ; *Bull.* I, n. 312, p. 235),

EFFETS DES OBLIGATIONS — Art. 1134

la preuve contraire pouvant être rapportée par tous moyens et notamment par présomptions (Paris 22 déc. 1933 : *S.* 1934, II, 138). Pour une application à l'engagement d'une caution, v. Civ. 1re, 25 juin 1980 : *Bull.* I, n. 197, p. 159.

2) L'article 1132 met la preuve du défaut ou de l'illicéité de la cause à la charge de celui qui l'invoque (Civ. 1re, 1er oct. 1986 : *Bull.* I, n. 230, p. 220 ; *Rev. trim. dr. civ.* 1987, 755, obs. Mestre). Mais, une fois démontrée la fausseté de la cause, il incombe au créancier de prouver que sa créance repose sur une cause licite, et, faute par lui de faire cette preuve, il doit succomber dans ses prétentions (Civ. 1re, 20 déc. 1988 : *J.C.P.* 89, IV, 71 ; *Bull.* I, n. 369, p. 249 ; *Rev. trim. dr. civ.* 1989, 300, obs. Mestre. – Angers 19 janv. 1962 : *D.* 1962, Somm. 66).

3) Le chèque n'est qu'un mandat de payer donné par le tireur au tiré et ne constitue qu'un écrit rendant vraisemblable l'existence de la créance invoquée. Ne viole donc pas l'article 1132 l'arrêt qui décide qu'un tel commencement de preuve par écrit, n'étant complété par aucun autre élément de preuve, n'établit pas entre les parties l'existence du contrat de prêt allégué (Civ. 1re, 8 juil. 1986 : *Bull.* I, n. 203, p. 196).

Art. 1133. – La cause est illicite quand elle est prohibée par la loi, quand elle est contraire aux bonnes mœurs ou à l'ordre public.

V. *supra,* sous art. 6 et 900.

CHAPITRE III. – DE L'EFFET DES OBLIGATIONS

SECTION I. – DISPOSITIONS GÉNÉRALES

Art. 1134. – Les conventions légalement formées tiennent lieu de loi à ceux qui les ont faites.
Elles ne peuvent être révoquées que de leur consentement mutuel, ou pour les causes que la loi autorise.
Elles doivent être exécutées de bonne foi.

I. Force obligatoire

1) Les juges du fond sont souverains pour interpréter la volonté des contractants (Civ. 3e, 5 juin 1970 : *J.C.P.* 70, II, 16537, note Guillot). Mais il ne leur est pas permis, lorsque les termes des conventions sont clairs et précis, de dénaturer les obligations qui en résultent et de modifier les stipulations qu'ils renferment (Civ. 15 avril 1872 : *D.P.* 1872, 1, 176. – V. pour des exemples de dénaturation, Civ. 3e, 19 juin 1970 : *J.C.P.* 70, IV, 209 ; *Bull.* III, n. 436, p. 316. – Civ. 3e, 19 oct. 1971 : *J.C.P.* 71, IV, 267 ; *Bull.* III, n. 498, p. 355. – Civ. 1re, 15 janv. 1976 : *Bull.* I, n. 18, p. 14). Encourt la cassation l'arrêt qui, sous prétexte d'erreur, écarte une clause dont les termes étaient clairs et précis en la déclarant inconciliable avec d'autres dispositions ambiguës de la convention sans rechercher une interprétation de celles-ci qui pourrait les concilier avec la clause qui n'en comportait aucune et sans avoir apporté la

démonstration d'une contradiction absolue entre les clauses (Civ. 16 déc. 1940 : *D.A.* 1941, 130. – V. en ce sens Civ. 5 janv. 1948 : *D.* 1948, 265, note P.L.P.).

2) La clause d'un contrat doit produire son effet même si elle est usuelle et de style (Civ. 3e, 3 mai 1968 : *J.C.P.* 68, IV, 97 ; *Bull.* III, n. 184, p. 146). Mais les juges du fond peuvent décider que des dispositions spéciales et particulières très claires doivent l'emporter sur d'autres, générales et contraires, d'une clause de style (Civ. 3e, 17 janv. 1970 : *J.C.P.* 70, IV, 209). Les clauses des conditions particulières d'une police d'assurance ont prééminence sur celles des conditions générales au cas où elle sont inconciliables entre elles (Civ. 1re, 17 juin 1986 : *Bull.* I, n. 166, p. 167).

3) Les juridictions civiles n'ont pas à appliquer le droit canonique comme ayant en soi valeur légale mais elles doivent cependant en tenir les dispositions pour valables dans le cadre de l'article 1134 et du principe de l'autonomie de la volonté (Chambéry 15 janv. 1964 : *D.* 1964, 605, note Dauvillier). Sur la possibilité pour les parties de soumettre leur convention à une loi déjà publiée mais non entrée en vigueur, V. Civ. 3e, 23 mars 1977 : *D.* 1978, 161, note Agostini).

4) Les juges du fond ne peuvent substituer des considérations d'équité à la force obligatoire de la convention des parties (Soc. 9 oct. 1985 : *Bull.* V, n. 442, p. 319 ; *Rev. trim. dr. civ.* 1986, 342, obs. Mestre). Notamment, ils ne peuvent prendre en considération le temps et les circonstances pour modifier les conventions des parties et substituer des clauses nouvelles à celles qui ont été librement acceptées par les contractants (Civ. 3 mars 1876 : *D.P.* 1876, 1, 193, note Giboulot. – Civ. 6 juin 1921 : *D.P.* 1921, 1, 73, rapp. Colin. – Com. 18 janv. 1950 : *D.* 1950, 227). Sur le pouvoir du juge de modérer la clause pénale, V. *infra,* art. 1152 et 1231.

5) L'action tendant à l'exécution d'une obligation contractuelle n'est pas subordonnée à l'existence d'un trouble ou d'un préjudice personnel (Civ. 3e, 21 juin 1978 : *J.C.P.* 78, IV, 264 ; *Bull.* III, n. 262, p. 201).

6) Le prête-nom est personnellement et directement engagé envers celui avec lequel il a contracté à ce titre, quand bien même ce cocontractant aurait eu connaissance de sa qualité (Com. 26 avril 1982 : *D.* 1986, 233, note Rambure).

7) Sur les clauses interdites comme abusives en application de l'article 35 de la loi n. 78-23 du 10 janv. 1978 sur la protection et l'information des consommateurs de produits et de services, V. D. n. 78-464 du 24 mars 1978, *infra,* Annexe.

8) Sur le délai de grâce pouvant être accordé au débiteur, V. art. 1244.

9) Sur le délai de repentir avant l'expiration duquel aucun paiement ne peut être exigé du consommateur, V. L. n. 72-1137 du 22 décembre 1972 relative à la protection des consommateurs en matière de démarchage et de vente à domicile, art. 4 – L. n. 78-22 du 10 janvier 1978 relative à l'information et à la protection des consommateurs dans le domaine de certaines opérations de crédit, art. 7, al. 3, *infra,* Annexe. Comp. en matière de courtage matrimonial L. n. 89-421 du 23 juin 1989, art. 6. V. aussi L. n. 88-21 du 6 janvier 1988 relative aux opérations de télé-promotion avec offre de vente dites de « télé-achat », art. 1er, *infra,* Annexe.

10) Si, aux termes de l'article 1134, les conventions légalement formées ne peuvent être révoquées que par l'accord des contractants, semblable accord qui n'est soumis à aucune condition de forme peut être tacite et résulter des circonstances dont l'appréciation appartient aux juges du fond (Civ. 1re, 22 nov. 1960 : *D.* 1961, 89, note G. Holleaux). – Comp. Paris 22 juin 1974 : *Gaz. Pal.* 1975, 1, 149). V. R. Vatinet, le *mutuus dissensus* : *Rev. trim. dr. civ.* 1987, 252.

EFFETS DES OBLIGATIONS — Art. 1137

II. Résiliation

11) Sur la nullité des engagements perpétuels, V. Soc. 29 mai 1954 : *D.* 1954, 640. – Civ. 3e, 8 mai 1973 : *D.* 1973, I.R. 142. – Paris 19 juin 1971 : *D.* 1972, Somm. 42.

12) Il résulte de l'article 1134, alinéa 2, que, dans les contrats à exécution successive dans lesquels aucun terme n'a été prévu, la résiliation unilatérale est, sauf abus sanctionné par l'alinéa 3 du même texte, offerte aux deux parties (Civ. 1re, 5 fév. 1985 : *Bull.* I, n. 54, p. 52 ; *Rev. trim. dr. civ.* 1986, 105, obs. Mestre. V. en ce sens Com. 8 avril 1986 : *Bull.* IV, n. 58, p. 50).

13) V. Ph. Simler, *L'article 1134 du Code civil et la résiliation unilatérale anticipée descontrats à durée déterminée : J.C.P.* 71, II, 2413.

14) Le dédit stipulé dans une promesse synallagmatique de vente ne peut produire aucun effet juridique si la faculté de se dédire a été exercée de mauvaise foi (Civ. 3e, 11 mai 1976 : *D.* 1978, 269, note Taisne). V. en ce sens pour l'application d'une clause résolutoire Civ. 1re, 14 mars 1956 : *D.* 1956, 449. – Civ. 3e, 6 juin 1984 : *Bull.* III, n. 111, p. 88 (non-paiement d'une redevance symbolique d'un franc dans le cas d'un bail emphytéotique).

III. Exécution de bonne foi

15) Sur le devoir de collaboration entre les partenaires dans le contrat de fourniture de système informatique, V. Com. 9 juin 1979 : *Bull.* IV, n. 186, p. 152. – Paris 30 juin 1983 : *D.* 1985, I.R. 43, 2e esp., obs. Huet. – Paris 19 juin 1985 : *J.C.P.* 86, éd. E, I, 15131, n. 8, obs. Vivant et Lucas.

Art. 1135. – **Les conventions obligent non seulement à ce qui y est exprimé, mais encore à toutes les suites que l'équité, l'usage ou la loi donnent à l'obligation d'après sa nature.**

1) Le juge ne saurait faire état de l'équité et de l'usage pour soustraire l'un des contractants à l'accomplissement des engagements clairs et précis qu'il a librement assumés (Com. 2 déc. 1947 : *Gaz. Pal.* 1948, 1, 36).

2) Sur l'obligation accessoire de sécurité pesant sur certains professionnels, V. la jurisprudence citée au *J.-Cl. Civil,*art.1136-1145, Fasc. III.

3) Un contrat d'entretien d'une installation soumise à réglementation oblige à informer le client des modifications intervenues dans celle-ci de manière à lui permettre de les respecter (Civ. 1re, 15 mars 1988 : *Bull.* I, n. 80, p. 52. – V. en ce sens Civ. 1re, 28 fév. 1989 : *J.C.P.* 89, IV, 162 ; *Bull.* I, n. 102, p. 65). Sur l'obligation de conseil du vendeur professionnel, v. *infra,* sous 1604, n. 6.

SECTION II. – DE L'OBLIGATION DE DONNER

Art. 1136. – **L'obligation de donner emporte celle de livrer la chose et de la conserver jusqu'à la livraison, à peine de dommages et intérêts envers le créancier.**

Art. 1137. – **L'obligation de veiller à la conservation de la chose, soit que la convention n'ait pour objet que l'utilité de l'une des parties, soit qu'elle ait pour objet leur utilité commune, soumet celui qui en est chargé à y apporter tous les soins d'un bon père de famille.**

Cette obligation est plus ou moins étendue relativement à certains contrats, dont les effets, à cet égard, sont expliqués sous les titres qui les concernent.

V. *infra,* art. 1728 (bail), 1880 (prêt), 1927 (dépôt), 1962 (séquestre).

Art. 1138 EFFETS DES OBLIGATIONS

Art. 1138. - **L'obligation de livrer la chose est parfaite par le seul consentement des parties contractantes.**

Elle rend le créancier propriétaire et met la chose à ses risques dès l'instant où elle a dû être livrée, encore que la tradition n'en ait point été faite, à moins que le débiteur ne soit en demeure de la livrer ; auquel cas la chose reste aux risques de ce dernier.

V. pour la vente *infra*, art. 1583.

La convention par laquelle un peintre s'engage à exécuter un portrait, moyennant un prix déterminé, constitue un contrat d'une nature spéciale en vertu duquel la propriété du tableau n'est définitivement acquise à la partie qui l'a commandé que lorsque l'artiste a mis ce tableau à sa disposition et qu'il a été agréé par elle (Civ. 14 mars 1900 : *D.P.* 1900, 1, 497, rapp. Rau et concl. Desjardins).

Art. 1139. - **Le débiteur est constitué en demeure, soit par une sommation ou par autre acte équivalent ; soit par l'effet de la convention, lorsqu'elle porte que, sans qu'il soit besoin d'acte et par la seule échéance du terme, le débiteur sera en demeure.**

V. *infra* art. 1146.

Art. 1140. - **Les effets de l'obligation de donner ou de livrer un immeuble sont réglés au titre *De la Vente* et au titre *Des Privilèges et Hypothèques*.**

Art. 1141. - **Si la chose qu'on s'est obligé de donner ou de livrer à deux personnes successivement, est purement mobilière, celle des deux qui en a été mise en possession réelle est préférée et en demeure propriétaire, encore que son titre soit postérieur en date, pourvu toutefois que la possession soit de bonne foi.**

SECTION III. - DE L'OBLIGATION DE FAIRE OU DE NE PAS FAIRE

Art. 1142. - **Toute obligation de faire ou de ne pas faire se résout en dommages et intérêts, en cas d'inexécution de la part du débiteur.**

1) L'article 1142 du Code civil ne peut trouver son application qu'au cas d'inexécution d'une obligation personnelle de faire ou de ne pas faire (Civ. 1re, 20 janv. 1953 : *J.C.P.* 53, II, 7677, note Esmein. - Soc. 20 avril 1956 : *Bull.* IV, n. 364, p. 266), mais il importe peu que l'obligation soit imposée par une décision judiciaire ou qu'elle résulte d'un contrat consensuel (Paris 12 juin 1913 : *D.P.* 1915, II, 65, note Leloir).

2) En cas d'avaries de meubles au cours de transport, un arrêt ne saurait rejeter l'offre d'indemnité faite par le transporteur et le condamner à faire réparer lui-même et à ses frais, par des ouvriers qualifiés, les meubles avariés (Civ. 4 juin 1924 : *D.P.* 1927, 1, 136, note Josserand. - V. en ce sens, Civ. 19 janv. 1926 : *D.H.* 1926, 115).

3) Sur la possibilité pour le juge des référés d'ordonner l'exécution en nature d'une obligation de faire, v. Nouv. C. proc. civ., art. 808, al. 2. Sur la procédure d'injonction de faire devant le tribunal d'instance, v. Nouv. C. proc. civ., art. 1425-1 à 1425-9.

4) Pour une application du principe posé par l'article 1142 au cas d'inobservation d'un pacte de préférence entre actionnaires, v. Com. 7 mars 1989 : *J.C.P.* 89, II, 21316, concl. Jéol et note Reinhard ; *D.* 1989, 231, concl. Jéol.

EFFETS DES OBLIGATIONS — Art. 1146

Art. 1143. – Néanmoins, le créancier a le droit de demander que ce qui aurait été fait par contravention à l'engagement soit détruit ; et il peut se faire autoriser à le détruire aux dépens du débiteur, sans préjudice des dommages et intérêts, s'il y a lieu.

1) Violent l'article 1143 les juges du fond qui refusent d'ordonner la remise en état des lieux alors qu'ils constatent une infraction à une disposition du règlement de copropriété (Civ. 3e, 18 janv. 1972 : *Bull.* III, n. 39, p. 28), ou qui allouent seulement des dommages-intérêts au lieu de la démolition demandée au motif qu'il est hors de proportion avec le dommage causé d'ordonner la démolition d'une maison construite depuis plus de dix années sans relever une impossibilité de procéder à la destruction de la maison et à la reconstruction à l'emplacement prévu (Civ. 3e, 15 fév. 1978 : *J.C.P.* 78, IV, 126. – V. aussi Civ. 3e, 18 fév. 1981 : *Bull.* III, n. 38, p. 28). Jugé qu'en vertu de l'article 1143 un propriétaire dans un lotissement a le droit de demander que ce qui a été fait par contravention à l'engagement résultant du cahier des charges soit détruit, indépendamment de l'existence ou de l'importance du dommage, dès lors que, l'infraction aux clauses du cahier des charges étant établie, aucune impossibilité d'exécution de la démolition n'est invoquée (Civ. 3e, 19 mai 1981 : *Bull.* III, n. 101, p. 72). La condamnation en nature sollicitée ne peut être refusée pour des raisons tenant à l'intérêt des tiers (Civ. 1re, 17 déc. 1963 : *J.C.P.* 64, IV, 14 ; *Bull.* I, n. 558, p. 469).

2) La réparation en nature prévue par l'article 1143, n'est nullement exclusive d'une condamnation simultanée à des dommages-intérêts (Civ. 3e, 6 janv. 1976 : *D.* 1976, I.R., 95).

Art. 1144. – Le créancier peut aussi, en cas d'inexécution, être autorisé à faire exécuter lui-même l'obligation aux dépens du débiteur.

1) Les juges du fond disposent d'un pouvoir souverain pour prescrire l'exécution en nature d'une obligation de faire et prononcer l'astreinte tendant à obtenir cette exécution (Civ. 1re, 3 oct. 1956 : *Bull.* I, n. 328, p. 266. – V. aussi W. Jeandidier, *L'exécution forcée des obligations contractuelles de faire* : Rev. trim. dr. civ. 1976, 700).

2) L'article 1144 suppose, en cas d'inexécution du débiteur, l'autorisation de justice (Soc. 5 juin 1953 : *D.* 1953, 601. – V. en ce sens, Civ. 3e, 29 nov. 1972 : *J.C.P.* 73, IV, 14 ; *Bull.* III, n. 642, p. 473. – Comp. cpdt Civ. 1re, 28 juin 1988 : *Rev. trim. dr. civ.* 1989, 315, obs. Mestre).

Art. 1145. – Si l'obligation est de ne pas faire, celui qui y contrevient doit des dommages et intérêts par le seul fait de la contravention.

Doit être cassé l'arrêt qui estime que le seul fait des infractions commises par le preneur n'est suffisant pour motiver la résiliation du bail que dans la mesure où il est établi que les infractions se sont poursuivies après mise en demeure (Civ. 3e, 22 mai 1969 : *J.C.P.* 69, II, 16141. – V. aussi Civ. 3e, 25 oct. 1968 : *J.C.P.* 69, II, 16062, note Prieur).

SECTION IV. – DES DOMMAGES ET INTÉRÊTS RÉSULTANT DE L'INEXÉCUTION DE L'OBLIGATION

Art. 1146. – Les dommages et intérêts ne sont dus que lorsque le débiteur est en demeure de remplir son obligation, excepté néanmoins lorsque la chose que le débiteur s'était

obligé de donner ou de faire ne pouvait être donnée ou faite que dans un certain temps qu'il a laissé passer.

ALLIX, *Réflexions sur la mise en demeure* : *J.C.P.* 77, I, 2844.

I. Cas dans lesquels une mise en demeure est nécessaire

1) Le débiteur est constitué en demeure par la seule échéance du terme lorsqu'il résulte de la convention que la chose qu'il s'était engagé à donner ne pouvait plus l'être après l'expiration du délai imparti (Civ. 18 oct. 1927 : *D.H.* 1927, 510). Les juges du fond ont un pouvoir souverain pour constater l'existence d'une pareille clause d'après les circonstances de la cause et l'intention des parties (même arrêt). – V. en ce sens Soc. 26 juin 1959 : *D.* 1959, 529. Lorsqu'il est stipulé dans un contrat de vente que la livraison de la marchandise devra avoir lieu « de suite », les juges du fond peuvent décider que cette clause implique dispense virtuelle de mise en demeure (Req. 21 juin 1933 : *D.H.* 1933, 412). Jugé que le créancier d'une obligation de faire est virtuellement dispensé de la mise en demeure lorsque la convention a fixé une date précise pour l'achèvement des travaux (Grenoble 8 fév. 1965 : *J.C.P.* 66, IV, 62. – Comp. Civ. 3e, 17 nov. 1971 : *Bull.* III, n. 564, p. 402).

2) La mise en demeure n'est pas nécessaire lorsque c'est la faute du débiteur qui a rendu définitivement impossible l'exécution de l'obligation par lui assumée (Com. 4 juil. 1955 : *Bull.* III, n. 239, p. 199. – Civ. 1re, 24 nov. 1965 : *Bull.* I, n. 647, p. 491), ou que le débiteur prend l'initiative de déclarer à son créancier qu'il refuse d'exécuter son obligation (Req. 4 janv. 1927 : *D.H.* 1927, 65. – Com. 14 fév. 1967 : *Bull.* III, n. 73, p. 70). La mise en demeure est également sans objet lorsque la résiliation est demandée de part et d'autre (Civ. 24 juil. 1928 : *D.P.* 1930, I, 16).

3) La demande en dommages-intérêts formée contre le bailleur tenu des grosses réparations pour inexécution de ses obligations n'est pas en principe subordonnée à la mise en demeure de l'article 1146 du Code civil, à moins que le locataire néglige d'aviser sous une forme quelconque son propriétaire de la nécessité des réparations dont lui seul, par suite des circonstances, était à même de constater l'urgence (Civ. 5 janv. 1938 : *D.H.* 1938, 97).

4) Si les intérêts moratoires ne sont dus qu'à partir de la mise en demeure, le débiteur est tenu de réparer le dommage qui aurait été causé par l'inexécution de ses obligations avant qu'il ait été en demeure (Civ. 1re, 9 déc. 1965 : *Bull.* I, n. 694, p. 531).

II. Formes de la mise en demeure

5) Dans les obligations de donner, la sommation doit être faite au lieu où le paiement doit être effectué (Civ. 15 déc. 1925 : *Gaz Pal.* 1926, 1, 307).

6) La mise en demeure ne résulte pas nécessairement d'une interpellation directe mais peut résulter d'une demande en justice ou d'un acte d'avoué comme des conclusions (Soc. 23 nov. 1956 : *Bull.* IV, n. 872, p. 655), ou d'une demande reconventionnelle (Com. 4 mars 1958 : *Bull.* III, n. 106, p. 87 – Civ. 1re, 30 nov. 1977 : *Gaz. Pal.* 1978, 2, 411, note Plancqueel), sauf si elle est périmée (Civ. 2e, 17 déc. 1984 : *Bull.* II, n. 200, p. 141), et même d'une simple lettre s'il résulte de celle-ci une interpellation suffisante (Civ. 1re, 22 oct. 1956 : *Bull.* I, n. 363, p. 291. – Civ. 3e, 31 mars 1971 : *J.C.P.* 71, IV, 126 ; *Bull.* III, n. 230, p. 164), mais non d'une simple visite rendue par le créancier au débiteur (Civ. 1re, 8 nov. 1961 : *Bull.* I, n. 511, p. 404).

7) Une mise en demeure n'est opérante que dans la mesure où le débiteur se trouve être, par elle, exactement éclairé sur la

consistance de son obligation (Com. 12 oct. 1964 : *Bull.* III, n. 420, p. 375). La mise en demeure ne peut consister en un simple rappel des clauses générales du contrat que l'on prétend violées, mais doit indiquer exactement et de façon précise les infractions reprochées auxquelles il doit être mis fin (Soc. 9 juil. 1963 : *Bull.* IV, n. 579, p. 479).

Art. 1147. – **Le débiteur est condamné, s'il y a lieu, au paiement de dommages et intérêts, soit à raison de l'inexécution de l'obligation, soit à raison du retard dans l'exécution, toutes les fois qu'il ne justifie pas que l'inexécution provient d'une cause étrangère qui ne peut lui être imputée, encore qu'il n'y ait aucune mauvaise foi de sa part.**

I. Distinction entre obligations de moyens et obligations de résultat

1) H. Mazeaud, *Essai de classification des obligations* : Rev. trim. dr. civ. 1936, 1. – A. Tunc, *La distinction des obligations de résultat et des obligations de diligence* : *J.C.P.* 45, I, 449.

2) Pour des applications de la distinction entre les obligations de moyens et les obligations de résultat, V. *J.-Cl. Civil,* art. 1136-1145, fasc. II et III.

3) Sur le principe que le médecin est tenu d'une obligation de moyens, V. Civ. 20 mai 1936 : *D.P.* 1936, I, 88, concl. Matter, rapp. Josserand et note E.P. – Civ. 1re, 28 juin 1989 : *Bull.* I, n. 266, p. 177. V. M. Harichaux, *L'obligation du médecin de respecter les données de la science* : *J.C.P.* 87, I, 3306. Si la surveillance postopératoire incombe au médecin anesthésiste pour ce qui concerne sa spécialité, le chirurgien n'en demeure pas moins tenu à cet égard d'une obligation générale de prudence et de diligence (Ass. Plén., 30 mai 1986 : *D.* 1987, 109, note Penneau). Le médecin ne peut, sans le consentement libre et éclairé de son malade, procéder à une intervention chirurgicale qui n'est pas imposée par une nécessité évidente ou un danger immédiat pour le patient (Civ. 1re, 11 oct. 1988 : *Bull.* I, n. 280, p. 192 ; *J.C.P.* 89, II, 21358, note Dorsner-Dolivet, ligature des trompes). Sur la perte d'une chance de survie, V. sous art. 1383, n. 30 et 52.

4) Le contrat passé entre le vétérinaire et son client met à la charge du premier une obligation de moyens (Civ. 1re, 31 janv. 1989 : *J.C.P.* 89, IV, 120 ; *Bull.* I, n. 56, p. 36).

5) Si un chirurgien-dentiste est tenu à une simple obligation de moyens quant aux soins qu'il prodigue, il est tenu à une obligation de résultat comme fournisseur d'une prothèse, et doit délivrer un appareil sans défaut (Civ. 1re, 15 nov. 1988 : *Bull.* I, n. 319, p. 217 ; *J.C.P.* 89, IV, 21)

6) Sur le principe que le transporteur est tenu d'une obligation de résultat, V. Civ. 21 nov. 1911 : *D.P.* 1913, I, 249, note Sarrut. Cette obligation de transporter le voyageur sain et sauf n'existe que pendant l'exécution du contrat de transport, c'est-à-dire à partir du moment où le voyageur commence à monter dans le véhicule et jusqu'au moment où il achève d'en descendre (Civ. 1re, 1er juil. 1969 : *J.C.P.* 69, I, 16091, concl. Lindon. Comp., limitant le domaine de la responsabilité contractuelle du transporteur, Civ. 1re, 7 mars 1989 : *Bull.* I, n. 118, p. 77 ; *Rev. trim. dr. civ.* 1989, 548, obs. Jourdain).

7) L'exploitant d'un télésiège est tenu d'une simple obligation de moyens pour les opérations d'embarquement et de débarquement au cours desquelles le skieur a un rôle actif à jouer (Civ. 1re, 11 mars 1986 : *Bull.* I, n. 65, p. 62).

8) L'exploitant d'un manège forain est débiteur d'une obligation de résultat (Civ. 1re, 13 nov. 1974 : *J.C.P.* 76, II, 18344, note crit. Rodière). Il en va de même pour l'exploitant d'un manège de balançoires pendant le jeu (Civ. 1re, 18 fév. 1986 : *J.C.P.* 86, IV, 121 ; *Bull.* I, n. 32, p. 28), ou pour

l'exploitant d'une patinoire (Paris, 24 mai 1983 : *D.* 1984, I.R. 486, obs. Baron). Au contraire, l'exploitant d'un parc de jeux d'enfants est tenu d'une simple obligation de moyens (Civ. 1re, 8 nov. 1976 : *J.C.P.* 76, IV, 395).

9) Un club hippique n'est tenu que d'une obligation de moyens pendant les reprises qu'il organise (Civ. 1re, 12 fév. 1980 : *J.C.P.* 80, IV, 168). Il en va de même pour l'entrepreneur de promenades équestres, mais la responsabilité de ce dernier doit être appréciée en tenant compte de ce que, à la différence du loueur de chevaux, il s'adresse à de simples touristes ignorant tout de l'équitation pour leur procurer le divertissement d'un transport à dos de cheval selon un itinéraire déterminé (Civ. 1re, 27 mars 1985 : *Bull.* I, n. 111, p. 102. V. aussi Civ. 1re, 3 mai 1988 : *Bull.* I, n. 126, p. 87). Le contrat d'entraînement de cheval ne comporte, sauf clause contraire, qu'une obligation de moyens quant à la sécurité de l'animal, alors même que l'accident se serait produit en dehors de l'entraînement (Civ. 1re, 13 déc. 1988 : *J.C.P.* 89, IV, 63 ; *Bull.* I, n. 359, p. 243. – V. en ce sens pour une location de cheval de course Civ. 1re, 10 mai 1989 : *J.C.P.* 89, IV, 259 ; *Bull.* I, n. 193, p. 128).

10) L'obligation de conseil est une obligation de moyens (Civ. 1re, 21 déc. 1964 : *J.C.P.* 65, II, 14005. – Com. 30 janv. 1974 : *Bull.* IV, n. 41, p. 31. – Paris 15 mai 1975 : *J.C.P.* 76, II, 18265, note Boitard et Dubarry). V. G. Viney, *La responsabilité des entreprises prestataires de conseil* : *J.C.P.* 75, I, 2750. Notamment, le devoir de conseil du fournisseur d'un équipement informatique se limite à une obligation de moyens et doit s'apprécier en fonction des besoins et des objectifs définis par son client (Com. 14 mars 1989 : *Bull.* IV, n. 89, p. 58).

11) Si une agence de publicité n'est tenue que d'une obligation de moyens en ce qui concerne le succès d'une campagne publicitaire, elle doit en revanche s'assurer préalablement que le graphisme proposé peut être exploité sans risque d'entraîner des poursuites pénales ou une action civile pour contrefaçon (Com. 24 juin 1986 : *Bull.* IV, n. 143, p. 119).

12) L'entreprise de travail temporaire ne peut être déclarée responsable du dommage résultant d'une faute professionnelle commise par le personnel qu'elle a fourni que dans la mesure où une faute peut lui être reprochée dans l'exécution de son contrat (Civ. 1re, 28 mai 1980 : *Bull.* I, n. 157, p. 127 ; *Rev. trim. dr. civ.* 1981, 164, obs. Durry).

13) Sur le principe que l'agence de voyages est tenue d'une obligation de moyens, V. Civ. 1re, 24 juin 1964 : *Bull.* I, n. 341, p. 265. Mais l'agence doit cependant assurer l'efficacité du titre qu'elle délivre (Civ. 1re, 31 mai 1978 : *D.* 1979, 48, note Foulon-Piganiol), à moins que l'inefficacité du titre résulte de circonstances extérieures au contrat (Civ. 1re, 12 juin 1985 : *Bull.* I, n. 185, p. 167), et si elle fait appel à l'étranger à un transporteur local, elle reste tenue d'une obligation de surveillance de ce transporteur, et a notamment l'obligation de veiller à ce que ledit transport soit exécuté dans des conditions de sécurité suffisantes (Civ. 1re, 23 fév. 1983 : *J.C.P.* 83, II, 19967, concl. Gulphe ; *D.* 1983, 481, note Couvrat ; *Rev. trim. dr. civ.* 1984, 322, obs. Durry). Une agence de voyages peut aussi être déclarée responsable de la négligence consistant à n'avoir pas vérifié si l'hôtelier avait souscrit une assurance de responsabilité (Civ. 1re, 3 nov. 1983 : *J.C.P.* 84, II, 20147, concl. Gulphe : *Rev. trim. dr. civ.* 1984, 322, obs. crit. Durry). V. *J.-Cl. Civil,* Art. 1382 à 1386, fasc. 312-2.

14) L'hôtelier est tenu d'un devoir de prudence et de surveillance (Civ. 1re, 27 janv. 1982 : *Bull.* I, n. 50, p. 43 ; *J.C.P.* 83, II, 19936, note Chabas).

15) Toute entreprise de travail temporaire fournissant à autrui des salariés est tenue d'une obligation de prudence dans le recrute-

EFFETS DES OBLIGATIONS — Art. 1147

ment du personnel qu'elle fournit, cette obligation étant plus rigoureuse à l'égard du personnel appelé à exercer des fonctions de confiance ou de particulières responsabilités (Civ. 1re, 2 mai 1989 : *Bull.* I, n. 178, p. 119). Jugé que le contrat dit « d'intervention » par lequel une société est chargée de trouver un directeur commercial pour une entreprise moyennant paiement d'une redevance forfaitaire de 40 000 F dont 10 000 F exigibles lors de la signature du contrat fait naître seulement une obligation de moyens (Versailles 3 mars 1988 : *J.C.P.* 88, II, 21132, note Estoup

16) Le réparateur d'un véhicule automobile, tenu de le remettre en état de marche, ne peut s'exonérer de sa responsabilité sans apporter la preuve que son client a refusé de lui laisser faire une réparation nécessaire ou que lui-même l'a averti du caractère incomplet de celle qu'il a effectuée (Civ. 1re, 15 nov. 1988 : *D.* 1989, 179, note Malaurie).

17) Sur le principe que le preneur est responsable de plein droit, sauf force majeure, en cas d'incendie de l'immeuble loué, V. *infra*, art. 1733.

II. Nature de la responsabilité

18) Les articles 1382 et suivants du Code civil sont sans application lorsqu'il s'agit d'une faute commise dans l'inexécution d'une obligation résultant d'un contrat (Civ. 6 avril 1927 : *S.* 1927, I, 201, note H. Mazeaud. – Civ. 2e, 7 déc. 1955 : *J.C.P.* 56, II, 9246, note Esmein, 2e esp. – Civ. 2e, 24 juin 1987 : *Bull.* II, n. 142, p. 81).

19) La règle du non-cumul des responsabilités contractuelle et délictuelle ne joue que dans les rapports entre cocontractants. Par suite, doit être cassé l'arrêt qui écarte l'existence d'une responsabilité contractuelle vis-à-vis de la victime, faute de stipulation pour autrui, et se refuse à rechercher s'il y a ou non une responsabilité délictuelle ou quasi-délictuelle (Soc. 21 mars 1972 : *J.C.P.* 72, II, 17236, note Saint-Jours).

20) L'action récursoire exercée contre l'entrepreneur par le maître de l'ouvrage subrogé dans l'action des héritiers de la victime a un fondement quasi délictuel (Civ. 3e, 10 janv. 1984 : *Bull.* III, n. 5, p. 4 ; *Rev. trim. dr. civ.* 1984, 740, obs. Rémy).

21) La responsabilité du sous-traitant vis-à-vis de l'entrepreneur principal est de nature quasi délictuelle si l'événement réalisé n'est pas de ceux dont la survenance devait, aux termes du contrat, entraîner sa responsabilité (Civ. 1re, 24 fév. 1981 : *D.* 1981, 560). Jugé en ce sens que si le contrat concerne uniquement la construction ou la réparation d'un immeuble avec fourniture de matériaux, le dommage causé à l'un des contractants par la chute accidentelle de l'un de ces matériaux ne saurait résulter de l'inexécution, même partielle, dudit contrat (Civ. 2e, 4 janv. 1963 : *Bull.* II, n. 16, p. 13).

22) Si lourdes qu'aient été les fautes reprochées à l'entrepreneur, elles constituent des manquements à ses obligations contractuelles ; par suite, ne donne pas de base légale à sa décision l'arrêt qui retient la responsabilité quasi délictuelle dudit entrepreneur et déclare que la prescription trentenaire serait seule applicable, sans relever à la charge de celui-ci une faute extérieure au contrat qui le liait au maître de l'ouvrage (Civ. 1re, 30 mai 1978 : *Bull.* I, n. 205, p. 164. – Civ. 3e, 9 mai 1979 : *D.* 1980, 414, note Espagnon). V. cependant en cas de faute dolosive Civ. 3e, 18 déc. 1972 : *D.* 1973, 272, note J. Mazeaud. – Civ. 3e, 5 janv. 1983 : *J.C.P.* 83, IV, 88. – Civ. 3e, 23 juil. 1986 : *Bull.* I, n. 129, p. 100. Sur la notion de faute dolosive, V. *infra*, sous art. 1150.

23) Jugé par les juridictions répressives qu'un fait dommageable lorsqu'il constitue une infraction pénale caractérisée entraîne une responsabilité d'ordre délictuel faisant échec au principe du non-cumul des responsabilités contractuelle et délictuelle (Paris

27 juin 1972 : *Gaz. Pal.* 1973, 1, 249. – V. aussi Crim. 12 déc. 1946 : *J.C.P.* 47, II, 3621, note Rodière. – Comp. en cas de dol, Civ. 3e, 18 déc. 1972 : *D.* 1973, 272, note Mazeaud. *Contra* : Civ. 9 janv. 1928 = *Gaz. Pal.* 1928, 1, 408. – Civ. 20 mai 1936, préc. n. l.

24) La responsabilité du tiers complice de la violation d'un contrat est délictuelle (Com. 11 oct. 1971 : *D.* 1972, 120). Le tiers et le contractant fautif peuvent être condamnés *in solidum* (Civ. 1re, 16 juil. 1970 : *J.C.P.* 70, IV, 240 ; *Bull.* I, n. 241, p. 196).

25) Le sous-acquéreur jouit de tous les droits et actions attachés à la chose qui appartenait à son auteur ; il dispose donc, à cet effet, contre le fabricant d'une action contractuelle directe fondée sur la non-conformité de la chose livrée (Ass. Plén. 7 fév. 1986 : *J.C.P.* 86, II, 20616, note Malinvaud ; *D.* 1986, note Bénabent ; *Rev. trim. dr. civ.* 1986, 364, obs. Huet, et 605, obs. Rémy).

26) Dans un groupe de contrats, la responsabilité contractuelle régit nécessairement la demande en réparation de tous ceux qui n'ont souffert du dommage que parce qu'ils avaient un lien avec le contrat initial, qu'en effet, dans ce cas, le débiteur ayant dû prévoir les conséquences de sa défaillance selon les règles contractuelles applicables en la matière, la victime ne peut disposer contre lui que d'une action de nature contractuelle, même en l'absence de contrat entre eux (Civ. 1re, 21 juin 1988 : *J.C.P.* 88, II, 21125, 1re esp., note Jourdain ; *D.* 1989, 5, note Larroumet ; *Rev. trim. dr. civ.* 1989, 74, obs. Mestre, et 107, obs. Rémy. V. cpdt Civ. 3e, 22 juin 1988 : *J.C.P.* 88, II, 21125, 2e esp., note Jourdain).

III. Clauses limitatives ou exonératrices

27) L'article du règlement du Loto éliminant du tirage les bulletins qui n'auraient pu être traités, en raison notamment de ce qu'ils auraient accidentellement disparu, s'analyse comme une clause limitative de responsabilité (Civ. 1re, 19 janv. 1982 : *D.* 1982, 457, note Larroumet. – Civ. 1re, 24 nov. 1982 : *D.* 1983, 384, 3e esp., note Larroumet. Comp., y voyant une clause exonératoire, Civ. 1re, 18 janv. 1984 : *Bull.* I, n. 27, p. 21 ; *Rev. trim. dr. civ.* 1984, 727, obs. Huet).

28) Dès lors que les anomalies de la chose vendue ne peuvent être décelées que par une analyse dans un laboratoire spécialisé, la clause faisant obligation à l'acheteur de faire parvenir les réclamations dans les quarante-huit heures de la réception ne peut être retenue comme une clause limitative de responsabilité (Com. 30 nov. 1982 : *Bull.* IV, n. 391, p. 326).

A. Validité

29) B. Starck, *Observations sur le régime juridique des clauses de non-responsabilité ou limitatives de responsabilité* : *D.* 1974, chron. 157. – Ph. Malinvaud, *Pour ou contre la validité des clauses limitatives de la garantie des vices cachés dans la vente* : *J.C.P.* 75, I, 2690.

30) Sur le principe de la validité des clauses limitatives ou exonératrices de responsabilité, V. Soc. 15 juil. 1949 : *J.C.P.* 49, II, 5181, 2e esp., note G.B. (règlement intérieur d'une entreprise). – Com. 15 juin 1959 : *D.* 1960, 97, note Rodière (contrat de transport). – Com. 25 juin 1980 : *J.C.P.* 80, IV, 338 ; *Rev. trim. dr. civ.* 1981, 165, obs. Durry (contrat conclu avec une entreprise de travail temporaire). – Civ. 1re, 31 mars 1981 : *Bull.* I, n. 112, p. 95 ; *Rev. trim. dr. civ.* 1981, 859, obs. Durry (contrat de mise à disposition d'un camion avec chauffeur).

31) Aucune disposition légale ne prohibe d'une façon générale l'insertion de clauses limitatives ou exonératrices de responsabilité dans les contrats d'adhésion (Civ. 1re, 19 janv. 1982 : *J.C.P.* 84, II, 20215, note Chabas).

32) Sur l'interdiction des clauses limitatives de responsabilité dans les contrats de construction, V. *infra,* art. 1792-5.

33) Sur la nullité des clauses de non-responsabilité dans le contrat de transport terrestre de marchandises, V. Code de commerce, art. 103. Mais les clauses limitatives restent valables (Com. 16 juil. 1980 : *J.C.P.* 80, IV, 373. – Com. 3 déc. 1986 : *D.* 1986, I.R. 196). V. aussi pour le transport maritime de marchandises, L. n. 66-420 du 18 juin 1966, art. 29.

34) Sur l'inopposabilité par le vendeur professionnel des clauses limitant la garantie, V. *infra,* sous art. 1643. De même, le vendeur professionnel ne peut se prévaloir d'une clause qui aboutit à exclure l'option offerte par l'article 1644 à l'acheteur entre l'action redhibitoire et l'action résolutoire, en l'obligeant à accepter le remplacement de la chose atteinte du vice (Civ. 1re, 5 mai 1982 : *Bull.* I, n. 163, p. 145).

35) Sur l'interdiction des clauses abusives dans les contrats de vente conclus entre professionnels et consommateurs, V. D. n. 78-464 du 24 mars 1978, Annexe. V. aussi O. Carmet, *Réflexions sur les clauses abusives au sens de la loi n. 78-23 du 10 janvier 1978 : Rev. trim. dr. com.* 1982, 1. – G. Paisant, *De l'efficacité de la lutte contre les clauses abusives :* D. 1986, chron. 299. Jugé que la clause par laquelle un laboratoire de photographie décline toute responsabilité quant aux pertes de clichés ou autres accidents pouvant survenir pendant le transport et l'exécution des travaux de développement de pellicules, et limite les dédommagements éventuels au remboursement des éléments détériorés, n'est pas illicite, s'agissant d'un marché de travail à façon, et non d'une vente (Paris 22 mai 1986 : *D.* 1986, 563, note Delebecque ; *Rev. trim. dr. civ.* 1987, 559, obs. Huet). – Mais il en va autrement lorsque l'offre de traiter le film a été connue et acceptée du client, non pas au moment du dépôt du film pour son développement, mais au moment de l'achat du film et que le prix global ne distingue pas entre le coût de la pellicule et le coût de son traitement, d'où il résulte que l'acte juridique présente, fût-ce de manière partielle, le caractère de vente (Civ. 1re, 25 janv. 1989 : *J.C.P.* 89, II, 21357, note Paisant ; *D.* 1989, 253, note Malaurie ; *Rev. trim. dr. civ.* 1989, 532, obs. Mestre, et 574, obs. Rémy).

B. Efficacité

36) Le débiteur qui a commis une faute dolosive ne peut se prévaloir d'une clause de non-responsabilité (Com. 15 juin 1959 : *D.* 1960, 97, note Rodière. – Com. 25 juin 1980 : *J.C.P.* 80, IV, 338 ; *Rev. trim. dr. civ.* 1981, 165, obs. Durry) ni d'une clause limitative de responsabilité (Civ. 1re, 24 nov. 1982 ; *D.* 1983, 384, 3e esp., note Larroumet). Sur la notion de faute dolosive, V. *infra,* sous art. 1150.

37) Le débiteur qui a commis une faute lourde ne peut se prévaloir d'une clause de non-responsabilité (Civ. 2 août 1950 : *D.* 1951, 581, note Mimin. – Com. 19 oct. 1965 : *D.* 1966, 238. – Civ. 1re, 8 nov. 1983 : *Bull.* I, n. 261, p. 234 ; *Gaz. Pal.* 1984, 1, 384, note Tarabeux ; *D.* 1984, I.R. 486, obs. Baron. – Civ. 1re, 12 déc. 1984 : *D.* 1985, I.R. 160) ni d'une clause limitative de responsabilité (Req. 27 nov. 1934 : *D.H.* 1935, 51. – Civ. 1re, 15 janv. 1976 : *J.C.P.* 76, IV, 80). Jugé que l'existence de la faute lourde peut se déduire du caractère essentiel de l'obligation inexécutée et de la gravité des conséquences possibles du manquement constaté (Civ. 1re, 18 janv. 1984 : *Bull.* I, n. 27, p. 21 ; *Rev. trim. dr. civ.* 1984, 727, obs. Huet). Mais la clause doit produire son effet si la faute n'est pas suffisamment grave (Civ. 1re, 19 janv. 1982 : *D.* 1982, 457, note Larroumet).

38) V. en matière de transport par chemin de fer, refusant l'assimilation de la faute lourde au dol, Civ. 3 août 1932 : *D.P.* 1933, I, 49, 2e esp., note Josserand. – Com. 26 juin 1972 : *J.C.P.* 73, II, 17379, note Rabut. V. en sens inverse pour le transport routier de

marchandises, Com. 7 mai 1980, 2 arrêts : *J.C.P.* 80, II, 19473, note Rodière.

39) Au dol du débiteur lui-même doit être assimilé celui émanant de toute personne qu'il a introduite, déléguée ou commise dans l'exécution ou dont il doit contractuellement répondre, tel le préposé chargé par lui des opérations matérielles nécessaires à cette exécution (Amiens 24 mai 1984 : *Gaz. Pal.* 1984, 2, 642, note Tardieu-Naudet, sur renvoi après Com. 17 nov. 1981 : *J.C.P.* 82, II, 19811, note Tardieu-Naudet. V. aussi Civ. 1re, 31 mars 1981 : *Bull.* I, n. 112, p. 95 ; *Rev. trim. dr. civ.* 1981, 859, obs. Durry).

40) En cas d'inexécution totale de ses obligations par un annonceur (défaut de parution de l'annonce dans l'annuaire téléphonique), la clause limitative de responsabilité stipulant que toute erreur ou omission dans l'annuaire ne donne droit qu'à une réduction proportionnelle, à l'exclusion de toute autre indemnité, est sans application dès lors qu'il y a eu inexécution totale (Com. 17 janv. 1984 : *Bull.* IV, n. 20, p. 17 ; *Rev. trim. dr. civ.* 1984, 728, obs. Huet).

Art. 1148. – **Il n'y a lieu à aucuns dommages et intérêts lorsque, par suite d'une force majeure ou d'un cas fortuit, le débiteur a été empêché de donner ou de faire ce à quoi il était obligé, ou a fait ce qui lui était interdit.**

I. Caractère imprévisible de la force majeure

1) Le fait du prince est normalement un cas de force majeure (Civ. 1re, 29 nov. 1965 : *D.* 1966, 101), mais le retard de l'Administration à délivrer une autorisation n'est pas imprévisible (Com. 26 oct. 1954 : *D.* 1955, 213, note Radouant). L'intervention de l'administration n'est pas davantage constitutive de force majeure lorsqu'elle est provoquée par l'attitude de celui qui en est l'objet (Civ. 3e, 20 nov. 1985 : *Bull.* IV, n. 148, p. 113).

2) L'état de guerre ne peut, en principe, être considéré comme constituant un cas de force majeure, mais ce caractère peut lui être reconnu à raison des circonstances (Req. 25 janv. 1922 : *D.P.* 1922, 1, 71. – Comp. Com. 10 oct. 1950 : *Gaz. Pal.* 1951, 1, 20). Jugé qu'un attentat commis contre une gare n'est pas un fait imprévisible s'il est établi que le chef de gare a reçu des menaces de sabotage par un billet anonyme (Civ. 1re, 26 janv. 1971 : *Bull.* I, n. 27, p. 22). Jugé aussi que l'agression par surprise du conducteur d'un camion-citerne qui n'a pu empêcher un groupe de manifestants de vider le vin contenu dans la citerne est une action qui relève de la force majeure et qui exonère le voiturier (Bordeaux 6 juin 1977 : *J.C.P.*, 79, II, 19047, note Rodière).

3) E.D.F. ne peut s'exonérer en invoquant un froid exceptionnel constitutif de force majeure, dès lors qu'il est établi que la région et le pays ont connu à cette période des températures tout à fait inhabituelles et qu'elle ne justifie pas que les jours précis où se sont produites les interruptions incriminées, le froid ait été si exceptionnel qu'il ne pouvait être raisonnablement prévu (T.G.I. Angers 11 mars 1986 : *J.C.P.* 87, II, 20789, note Gridel. – V. cependant, se prononçant en faveur de l'existence à la charge d'E.D.F. d'une simple obligation de moyens, Douai 17 mars 1989 : *J.C.P.* 89, II, 21386, note Sachs).

4) Le fait non imprévisible ni inévitable de la victime ne constitue une cause d'exonération partielle pour celui qui a contracté une obligation déterminée de sécurité que s'il présente un caractère fautif (Civ. 1re, 31 janv. 1973 : *D.* 1973, 149, note Schmelck).

5) L'imprévisibilité doit être appréciée au moment de la conclusion du contrat. 21 nov. 1967 : *J.C.P.* 68, II, 15462, note Le Galcher-Baron. – Paris 9 juin 1961 : *D.* 1962, 297, note Radouant).

II. Caractère irrésistible de la force majeure

6) La difficulté d'exécuter ne suffit pas à caractériser la force majeure (Civ. 5 déc.

EFFETS DES OBLIGATIONS — Art. 1150

1927 : *D.H.* 1928, 84. – V. cependant Civ. 3e, 24 juin 1971 : *D.* 1971, Somm. 138, difficultés non insurmontables mais particulièrement sérieuses).

7) La responsabilité d'E.D.F. doit être retenue du fait des interruptions de courant constatées dès lors qu'elle ne justifie pas de ce qu'il lui était impossible de parer à une période de froid inhabituelle (T.G.I. Angers 11 mars 1986 : *J.C.P.* 87, II 20789, note Gridel).

8) Le fait que l'exécution soit rendue plus onéreuse ne suffit pas à caractériser la force majeure (Civ. 4 août 1915 : *D.P.* 1916, 1, 22. – Soc. 8 mars 1972 : *D.* 1972, 340). Il n'y a pas force majeure si le débiteur est capable d'exécuter par substitution même si cette exécution est plus onéreuse (Com. 12 nov. 1969 : *J.C.P.* 71, II, 16791, note de Juglart et du Pontavice, 1re esp.).

9) Si l'empêchement est momentané, l'exécution de l'obligation est seulement suspendue (Req. 12 déc. 1922 : *D.P.* 1924, 1, 186. – Civ. 1re, 24 fév. 1981 : *D.* 1982, 479, note Martin).

III. Caractère extérieur de la force majeure

10) La faillite n'est pas un cas de force majeure pour le débiteur (Civ. 15 mai 1944 : *D.* 1945, 15. – Civ. 15 mai 1945 : *D.* 1946, 35).

11) La maladie d'un salarié peut, par sa prolongation, devenir un cas de force majeure entraînant la rupture du contrat de travail (Soc. 14 oct. 1960 : *J.C.P.* 61, II, 11985. – V. en ce sens, Soc. 18 janv. 1967 : *Bull.* IV, n. 54, p. 44).

12) La grève peut, selon les circonstances, être analysée ou non comme un cas de force majeure (Com. 24 nov. 1953 : *J.C.P.* 54, II, 8302, note Radouant. – Civ. 1re, 7 mars 1966 et Com. 28 fév. 1966 : *J.C.P.* 66, II, 14878, note J. Mazeaud. – Cass. Ch. mixte 4 fév. 1983, 2 arrêts : *Bull.* n. 1 et 2, p. 1).

13) Le transporteur doit démontrer que le ou les auteurs de l'attentat ne faisaient pas partie de son personnel (Civ. 1re, 3 oct. 1967 : *J.C.P.* 68, II, 15365, note Durand. – Civ. 1re, 18 déc. 1967 : *J.C.P.* 68, II, 15430, note Durand).

Art. 1149. – **Les dommages et intérêts dus au créancier sont, en général, de la perte qu'il a faite et du gain dont il a été privé, sauf les exceptions et modifications ci-après.**

1) Sur le principe, V. Soc. 27 mai 1970 : *J.C.P.* 71, II, 16773, note Groutel. La victime a droit à une indemnisation intégrale par le versement de l'équivalent monétaire du dommage au jour de la réparation (Com. 16 fév. 1954 : *D.* 1954, 534, note Rodière.

– Comp. en matière délictuelle *infra*, sous art. 1382-1383).

2) Sur le régime de l'astreinte, V. L. n. 72-626 du 5 juil. 1972, art. 5 à 8, *infra*, Annexe.

Art. 1150. – **Le débiteur n'est tenu que des dommages et intérêts qui ont été prévus ou qu'on a pu prévoir lors du contrat, lorsque ce n'est point par son dol que l'obligation n'est point exécutée.**

I. Dommage prévisible

1) En cas de perte des bagages, il appartient aux juges du fond de déterminer les dommages-intérêts dus par le transporteur en appréciant la quantité et la valeur des objets de prix que le voyageur pouvait normalement emporter avec lui eu égard à sa profession, à sa situation de fortune, à l'objet du voyage et au prix du billet en tenant compte de la valeur prévue au tarif spécial (Civ. 29 déc. 1913 : *D.P.* 1916, 1, 117. – Comp. Req. 11 juin 1928 : *D.P.* 1930, 1, 88).

2) Pour apprécier le dommage subi par un locataire du fait d'un vol dont le pro-

priétaire est reconnu responsable, il convient de tenir compte à la fois de la situation sociale du locataire et, conformément aux dispositions de l'article 1150, des risques que le propriétaire a pu normalement prévoir lors de la conclusion du contrat (Paris, 7 déc. 1948 : *J.C.P.* 49, II, 4679, note J.R. V. en ce sens pour un dépôt dans un garage Lyon, 12 juin 1950 : *Gaz. Pal.* 1950, 2, 120).

3) L'article 1150 concerne seulement la prévision ou la prévisibilité des éléments constitutifs du dommage et non l'équivalent monétaire destiné à le réparer (Com. 4 mars 1965 : *J.C.P.* 65, II, 14219, note Rodière ; *D.* 1965, 449. – Civ. 1re, 6 déc. 1983 : *Bull.* I, n. 287, p. 257). Il n'interdit pas l'allocation de rentes viagères indexées (Civ. 1re, 1er juin 1976 : *D.* 1976, Somm. 68).

4) L'appréciation de la valeur des objets volés dans un hôtel, qui comprennent notamment de l'argent en monnaie américaine, ne peut constituer un événement imprévisible étant donné la nationalité de la victime et la qualité de la clientèle habituelle de l'hôtel (Civ. 1re, 5 fév. 1957 : *D* 1957, 232. Comp. pour un manteau de vison dérobé dans un restaurant, mais écartant comme nouveau le moyen tiré de l'imprévisibilité du dommage, Civ. 1re, 18 nov. 1975 : *Bull.* I, n. 333, p. 275).

II. Faute dolosive et faute lourde

5) Le débiteur commet une faute dolosive lorsque, de propos délibéré, il se refuse à exécuter son obligation même si ce refus n'est pas dicté par l'intention de nuire (Civ. 1re, 4 fév. 1969 : *Gaz. Pal.* 1969, 1, 204). Tel est le cas pour le notaire qui crée volontairement un risque pour servir les intérêts d'un client au bénéfice d'un autre (Civ. 1re, 24 oct. 1973 : *D.* 1974, 90, note Ghestin). V. cependant dans un sens plus restrictif Civ. 1re, 8 oct. 1975 : *J.C.P.* 75, IV, 346 ; *Rev. trim. dr. civ.* 1976, 362, obs. Durry – Civ. 1re, 15 oct. 1975 : *D.* 1976, 149, note Aubert.

6) La faute lourde est assimilable au dol visé par l'article 1150 (Req. 24 oct. 1932 : *D.P.* 1932, 1, 176, note E.P. – Comp. Civ. 1re, 5 mars 1963 : *J.C.P.* 63, II, 13148, note R.L.).

7) Sur l'inefficacité des clauses limitatives de responsabilité en cas de dol ou de faute lourde, V. *supra*, sous art. 1147.

Art. 1151. – **Dans le cas même où l'inexécution de la convention résulte du dol du débiteur, les dommages et intérêts ne doivent comprendre, à l'égard de la perte éprouvée par le créancier et du gain dont il a été privé, que ce qui est une suite immédiate et directe de l'inexécution de la convention.**

Sur le préjudice indirect, V. *infra*, sous art. 1382-1383.

Art. 1152. – **Lorsque la convention porte que celui qui manquera de l'exécuter payera une certaine somme à titre de dommages-intérêts, il ne peut être alloué à l'autre partie une somme plus forte, ni moindre.**
(Al. ajouté, L. n. 75-597 du 9 juil. 1975, art. 1er) **Néanmoins, le juge peut** *(L. n. 85-1097 du 11 oct. 1985, art. 1er)***, même d'office*, modérer ou augmenter la peine qui avait été convenue, si elle est manifestement excessive ou dérisoire. Toute stipulation contraire sera réputée non écrite.**

* *Disposition applicable aux contrats et aux instances en cours, art. 3.*

Loi n. 78-22 du 10 janvier 1978
relative à l'information et à la protection des consommateurs dans le domaine de certaines opérations de crédit

Art. 19. – Si l'un des prêts, contrats ou opérations de crédit visés à l'article 1er ci-dessus comporte une clause aux termes de laquelle, en cas de remboursement par anticipation, partiel

EFFETS DES OBLIGATIONS   Art. 1152

ou total, du prêt, le prêteur sera en droit d'exiger une indemnité au titre des intérêts non encore échus, celle-ci ne pourra, sans préjudice de l'application de l'article 1152 du Code civil, excéder un montant qui, dépendant de la durée restant à courir du contrat, sera fixé suivant un barème déterminé par décret.

Art. 20. – En cas de défaillance de l'emprunteur, le prêteur pourra exiger le remboursement immédiat du capital restant dû, majoré des intérêts échus mais non payés. Jusqu'à la date du règlement effectif, les sommes restant dues produisent des intérêts de retard à un taux égal à celui du prêt. En outre, le prêteur pourra demander à l'emprunteur défaillant une indemnité qui, dépendant de la durée restant à courir du contrat et sans préjudice de l'application de l'article 1152 du Code civil, sera fixée suivant un barème déterminé par décret.

Art. 21. – En cas de défaillance dans l'exécution, par l'emprunteur, d'un contrat de location assortie d'une promesse de vente ou d'un contrat de location-vente, le prêteur est en droit d'exiger, outre la restitution du bien et le paiement des loyers échus et non réglés, une indemnité qui, dépendant de la durée restant à courir du contrat et sans préjudice de l'application de l'article 1152 du Code civil, sera fixée suivant un barème déterminé par décret.

Décret n. 78-373 du 17 mars 1978
pris pour l'application des articles 19, 20 et 21 de la loi n. 78-22 du 10 janv. 1978

Art. 1er. – Le montant maximum de l'indemnité visée à l'article 19 de la loi n. 78-22 du 10 janvier 1978 relative au crédit ne pourra excéder 4 % + +du capital remboursé par anticipation. Lorsque le prêt est remboursé en totalité, cette indemnité ne pourra en aucun cas excéder le montant des intérêts non encore échus.

Art. 2. – Lorsque le prêteur exige le remboursement immédiat du capital restant dû en application de l'article 20 de la loi n. 78-22 du 10 janvier 1978, il peut demander une indemnité égale à 8 % + +du capital restant dû à la date de la défaillance.

Lorsque le prêteur n'exige pas le remboursement immédiat du capital restant dû, il peut demander à l'emprunteur défaillant une indemnité égale à 8 % + +des échéances échues impayées. Cependant, dans le cas où le prêteur accepte des reports d'échéances à venir, le montant de l'indemnité est ramené à 4 % + +des échéances reportées.

Art. 3 *(D. n. 87-344 du 21 mai 1987, art. 1er)*. – En cas de défaillance dans l'exécution d'un contrat de location assorti d'une promesse de vente ou de location-vente, le bailleur est en droit d'exiger, en application de l'article 21 de la loi n. 78-22 du 10 janvier 1978 susvisée, une indemnité égale à la différence entre, d'une part, la valeur résiduelle hors taxes du bien stipulée au contrat augmentée de la valeur actualisée, à la date de la résiliation du contrat, de la somme hors taxes des loyers non encore échus et, d'autre part, la valeur vénale hors taxes du bien restitué.

La valeur actualisée des loyers non encore échus est calculée selon la méthode des intérêts composés en prenant comme taux annuel de référence le taux moyen de rendement des obligations émises au cours du semestre civil précédant la date de conclusion du contrat majoré de la moitié.

La valeur vénale mentionnée ci-dessus est celle obtenue par le bailleur s'il vend le bien restitué ou repris. Toutefois le locataire a la faculté, dans le délai de trente jours à compter de la résiliation du contrat, de présenter au bailleur un acquéreur faisant une offre écrite d'achat. Si le bailleur n'accepte pas cette offre et s'il vend ultérieurement à un prix inférieur, la valeur à déduire devra être celle de l'offre refusée par lui.

Art. 1152 — EFFETS DES OBLIGATIONS

Si le bien loué est hors d'usage, la valeur vénale est obtenue en ajoutant le prix de vente et le montant du capital versé par la compagnie d'assurance.

À défaut de vente ou à la demande du locataire, il peut y avoir évaluation de la valeur vénale à dire d'expert. Le locataire doit être informé de cette possibilité d'évaluation.

Lorsque le bailleur n'exige pas la résiliation du contat, il peut demander au locataire défaillant une indemnité égale à 8 % + des échéances échues impayées.

Cependant, dans le cas où le bailleur accepte des reports d'échéances à venir, le montant de l'indemnité est ramené à 4 % + +des échéances reportées.

Le montant de l'indemnité est majoré des taxes fiscales applicables.

Loi n. 79-596 du 13 juillet 1979 *(J.O. 14 juil.)*
relative à l'information et à la protection des emprunteurs dans le domaine immobilier

Art. 12. — L'emprunteur peut toujours, à son initiative, rembourser par anticipation, en partie ou en totalité, les prêts régis par le présent chapitre. Le contrat de prêt peut interdire les remboursements égaux ou inférieurs à 10 % + +du montant initial du prêt, sauf s'il s'agit de son solde.

Si le contrat de prêt comporte une clause aux termes de laquelle, en cas de remboursement par anticipation, le prêteur est en droit d'exiger une indemnité au titre des intérêts non encore échus, celle-ci ne peut, sans préjudice de l'application de l'article 1152 du Code civil, excéder un montant qui, dépendant de la durée restant à courir du contrat, est fixé suivant un barème déterminé par décret.

Art. 13. — En cas de défaillance de l'emprunteur et lorsque le prêteur n'exige pas le remboursement immédiat du capital restant dû, il peut majorer, dans des limites fixées par décret, le taux d'intérêt que l'emprunteur aura à payer jusqu'à ce qu'il ait repris le cours normal des échéances contractuelles. Lorsque le prêteur est amené à demander la résolution du contrat, il peut exiger le remboursement immédiat du capital restant dû, ainsi que le paiement des intérêts échus. Jusqu'à la date du règlement effectif, les sommes restant dues produisent des intérêts de retard à un taux égal à celui du prêt. En outre, le prêteur peut demander à l'emprunteur défaillant une indemnité qui, sans préjudice de l'application de l'article 1152 du Code civil, ne peut excéder un montant qui, dépendant de la durée restant à courir du contrat, est fixé suivant un barème déterminé par décret.

....

Art. 15. — Aucune indemnité ni aucun coût autres que ceux qui sont mentionnés aux articles 12 et 13 ne peuvent être mis à la charge de l'emprunteur dans les cas de remboursement par anticipation ou de défaillance prévus par ces articles.

Toutefois, le prêteur pourra réclamer à l'emprunteur, en cas de défaillance de celui-ci, le remboursement, sur justification, des frais taxables qui lui auront été occasionnés par cette défaillance à l'exclusion de tout remboursement forfaitaire de frais de recouvrement.

....

Art. 27. — En cas de défaillance du preneur dans l'exécution d'un contrat régi par le présent chapitre, le bailleur est en droit d'exiger, outre le paiement des loyers échus et non réglés, une indemnité qui, sans préjudice de l'application de l'article 1152 du Code civil, ne peut excéder un montant dépendant de la durée restant à courir du contrat et fixé suivant un barème déterminé par décret.

EFFETS DES OBLIGATIONS Art. 1152

En cas de location-vente, le bailleur ne peut exiger la remise du bien qu'après remboursement de la part des sommes versées correspondant à la valeur en capital de ce bien.

Aucune indemnité ni aucun coût autres que ceux qui sont mentionnés ci-dessus ne peuvent être mis à la charge du preneur. Toutefois, le bailleur pourra réclamer au preneur, en cas de défaillance de celui-ci, le remboursement sur justification des frais taxables qui lui auront été occasionnés par cette défaillance, à l'exclusion de tout remboursement forfaitaire de frais de recouvrement.

Décret n. 80-473 du 28 juin 1980 (*J.O.* 29 juin ; *J.C.P.* 80, III, 50052)
fixant les barèmes prévus aux articles... 12, 13 et 27 de la loi n. 79-596 du 13 juil. 1979
....

Art. 2. – L'indemnité éventuellement due par l'emprunteur prévue à l'article 12 de la loi susvisée en cas de remboursement par anticipation ne peut excéder la valeur d'un semestre d'intérêt sur le capital remboursé au taux moyen du prêt, sans pouvoir dépasser 3 % du capital restant dû avant le remboursement.

Dans le cas où un contrat de prêt est assorti de taux d'intérêts différents selon les périodes de remboursement, l'indemnité prévue à l'alinéa précédent peut être majorée de la somme permettant d'assurer au prêteur, sur la durée courue depuis l'origine, le taux moyen prévu lors de l'octroi du prêt.

Art. 3. – En cas de défaillance de l'emprunteur et lorsque le remboursement immédiat du capital n'est pas demandé, la majoration de taux prévue à l'article 13 de la loi susvisée ne peut excéder trois points d'intérêt.

L'indemnité prévue en cas de résolution du contrat de prêt ne peut dépasser 7 % des sommes dues au titre du capital restant dû ainsi que des intérêts échus et non versés.

Art. 4. – L'indemnité prévue à l'article 27 de la loi susvisée en cas de défaillance du preneur dans l'exécution de contrats de location-vente, ou de location assortis d'une promesse de vente, ne peut excéder 2 % de la part des versements correspondant à la valeur en capital du bien à effectuer jusqu'à la date prévue du transfert de propriété.

1) Sur la définition de la clause pénale, v. *infra*, art. 1226. Sur le principe que le juge ne peut réduire les intérêts moratoires, V. Metz 14 nov. 1978 : *J.C.P.* 79, IV, 280.

2) Ph. Malaurie, *La révision judiciaire de la clause pénale* : Defrénois 1976, 533 – G. Paisant, *Dix ans d'application de la réforme des articles 1152 et 1231 du Code civil relative à la classe pénale* : Rev. trim. dr. civ. 1985, 647.

3) Le bénéfice de l'article 1152 doit être réservé au débiteur de bonne foi et non à celui qui, de propos délibéré, se refuse à exécuter ses obligations contractuelles (Amiens 25 mai 1976 : *J.C.P.* 78, IV, 69). De son côté, le créancier ne peut obtenir des dommages-intérêts supérieurs au montant stipulé que s'il établit la faute dolosive du débiteur (Civ. 1re, 4 fév. 1969 : *D.* 1969, 601, note Mazeaud – Civ. 1re, 22 oct. 1975 : *D.* 1976, 151, note Mazeaud). La faute dolosive ne suppose pas que le refus du débiteur d'exécuter ses obligations soit dicté par l'intention de nuire à son cocontractant (Civ. 1re, 4 fév. 1969, préc.).

4) Doit être cassé l'arrêt qui, pour réduire des 2/3 le montant d'une clause pénale, se borne à énoncer qu'il est un peu élevé sans rechercher en quoi il est manifestement excessif (Ch. mixte 20 janv. 1978 : *D.* 1978, 349). Mais les juges du fond n'ont pas à motiver spécialement leur décision lorsqu'ils refusent de modifier la peine prévue (Civ. 3e, 26 avril

1978 : *D.* 1978, 349). – V. en ce sens Civ. 1re, 23 fév. 1982 : *Bull.* I, n. 85, p. 74 – Civ. 3e, 14 janv. 1987 : *Bull.* III, n. 8, p. 5).

5) Jugé que le caractère excessif d'une clause pénale ne peut résulter du fait que son montant est supérieur au préjudice invoqué (Douai 10 mars 1976 : *J.C.P.* 76, IV, 337). Il ne peut être apprécié en fonction de la position économique et de la bonne foi du débiteur, notions à ne prendre en compte que pour l'application de l'article 1244, mais en fonction de la comparaison avec les peines habituellement stipulées dans les contrats de même nature (Paris 11 mars 1987 : *D.* 1987, 492, note Paisant).

6) Pour apprécier le caractère excessif de la clause pénale, les juges doivent se placer à la date de leur décision (Civ. 1re, 19 mars 1980 : *Bull.* I, n. 95, p. 79), et tenir compte du but de la clause (Civ. 1re, 3 janv. 1985 : *Bull.* I, n. 4, p. 4).

7) Le juge qui exerce son pouvoir de modération n'est pas tenu de limiter le montant de l'indemnité au préjudice réellement subi par le créancier (Com. 23 janv. 1979 : *Bull.* IV, n. 30, p. 24), mais il ne peut allouer une somme inférieure (Com. 8 juil. 1986 : *Bull.* IV, n. 147, p. 125).

8) Sur la révision judiciaire de la clause pénale en cas d'inexécution partielle, V. *infra*, art. 1231.

9) La modération par le juge d'une peine convenue entre les parties ne fait pas perdre à cette peine son caractère d'indemnité forfaitaire contractuellement prévue, de sorte que les intérêts au taux légal sont dus à compter du jour de la sommation (Com. 21 juil. 1980 : *Bull.* IV, n. 309, p. 250. – Soc. 9 nov. 1983 : *Bull.* V, n. 547, p. 386).

Art. 1153 *(premier al. modifié avec effet à compter du 15 juil. 1975, L. n. 75-619 du 11 juil. 1975, art. 4-I et 6).* **– Dans les obligations qui se bornent au paiement d'une certaine somme, les dommages-intérêts résultant du retard dans l'exécution ne consistent jamais que dans la condamnation aux intérêts au taux légal, sauf les règles particulières au commerce et au cautionnement.**

Ces dommages et intérêts sont dus sans que le créancier soit tenu de justifier d'aucune perte.

Ils ne sont dus que du jour de la sommation de payer, excepté dans le cas où la loi les fait courir de plein droit.

Le créancier auquel son débiteur en retard a causé, par sa mauvaise foi, un préjudice indépendant de ce retard peut obtenir des dommages et intérêts distincts des intérêts moratoires de la créance.

Art. 1153-1 *(L. n. 85-677 du 5 juil. 1985, art. 36).* **– En toute matière, la condamnation à une indemnité emporte intérêts au taux légal même en l'absence de demande ou de disposition spéciale du jugement. Sauf disposition contraire de la loi, ces intérêts courent à compter du prononcé du jugement à moins que le juge n'en décide autrement.**

En cas de confirmation pure et simple par le juge d'appel d'une décision allouant une indemnité en réparation d'un dommage, celle-ci porte de plein droit intérêt au taux légal à compter du jugement de première instance. Dans les autres cas, l'indemnité allouée en appel porte intérêt à compter de la décision d'appel. Le juge d'appel peut toujours déroger aux dispositions du présent alinéa.

Loi n. 75-619 du 11 juillet 1975
relative au taux de l'intérêt légal

Art. 1er *(L. n. 89-421 du 23 juin 1989, art. 12.I).* – Le taux de l'intérêt légal est, en toute matière, fixé par décret pour la durée de l'année civile (*).

EFFETS DES OBLIGATIONS — Art. 1153-1

Il est égal, pour l'année considérée, à la moyenne arithmétique des douze dernières moyennes mensuelles des taux de rendement actuariel des adjudications de bons du Trésor à taux fixe à treize semaines.

Art. 1er ancien. – *Le taux de l'intérêt légal est, en toute matière, fixé pour la durée de l'année civile.*

Il est, pour l'année considérée, égal au taux d'escompte pratiqué par la Banque de France le 15 décembre de l'année précédente.

(*) V. D. n. 89-622 du 6 sept. 1989 fixant à 7,82 % le taux de l'intérêt légal jusqu'au 31 décembre 1989.

Art. 2. – *Abrogé L. n.-89-421 du 23 juin 1989, art. 12.II.*

Art. 3. – En cas de condamnation, le taux de l'intérêt légal est majoré de cinq points à l'expiration d'un délai de deux mois à compter du jour où la décision de justice est devenue exécutoire, fût-ce par provision.

Art. 4. – *V. C. civ., art. 1153.*

Art. 5. – Le décret-loi du 8 août 1935 fixant le taux de l'intérêt légal est abrogé.

Art. 6. – *Dispositions transitoires*

Art. 7 *(L. n. 84-46 du 24 janv., 1984, art. 93).* – La présente loi, à l'exception de son article 4, est applicable aux territoires d'outre-mer et à la collectivité territoriale de Mayotte.
Al. 2 et 3 abrogés L. n. 89-421 du 23 juin 1989, art. 12.III

I. Dommages-intérêts moratoires

1) Les intérêts moratoires sont dus à partir de la sommation ou de la demande en justice même s'ils ne sont pas réclamés par un chef spécial des conclusions (Civ. 21 juil. 1907 : *D.P.* 1910, 1, 25). Sur les formes de la sommation, V. *supra,* sous art. 1146.

2) Il résulte de l'article 1153 du Code civil que dans une instance en règlement de comptes ayant abouti à la condamnation du débiteur au paiement du solde, l'acte introductif d'instance emporte mise en demeure à dater de laquelle les intérêts légaux moratoires sont dus, même si à cette date le reliquat restant dû n'a pas encore été liquidé ou déterminé (Civ. 3e, 14 oct. 1975 : *J.C.P.* 75, IV, 354 ; *Bull.* III, n. 293, p. 222. V. en ce sens, Civ. 1re, 2 avril 1974 : *D.* 1974, 473, note Malaurie – Civ. 1re, 27 fév. 1985 : *Bull.* I, n. 77, p. 71).

3) Jugé que le fait que les sommes convenues à titre de rémunération d'un mandataire salarié ont été réduites par le juge ne fait pas obstacle à l'application de l'article 1153 en vertu duquel le débiteur doit l'intérêt des sommes dues à compter du jour où il est mis en demeure (Civ. 1re, 13 mai 1981 : *J.C.P.* 81, IV, 267 ; *Bull.* I, n. 164 ; V. en ce sens en cas de modération par le juge de la clause pénale d'un contrat, Com. 21 juil. 1980 : *Bull.* IV, n. 309, p. 250).

4) Une créance née d'un enrichissement sans cause n'existe et ne peut produire d'intérêts moratoires que du jour où elle est judiciairement constatée (Com. 6 janv. 1987 : *Bull.* IV, n. 6, p. 4 ; *Rev. trim. dr. civ.* 1987, 754, obs. Mestre. V. cependant Civ. 1re, 16 nov. 1983 : *Bull.* I, n. 275, p. 247).

5) Les intérêts d'une somme indûment perçue peuvent être accordés à compter du jour de la demande. Par suite, en cas de

résolution judiciaire d'un bail, les juges du fond peuvent allouer au preneur les intérêts de droit à compter de l'assignation (Civ. 3e, 18 fév. 1987 : *Bull.* III, n. 27, p. 16).

6) En cas d'exécution provisoire, l'exécutant agit à ses risques et périls. Si les actes d'exécution sont annulés, il doit restituer les intérêts à compter du versement et non de la notification de l'arrêt qui constate le paiement indu (Soc. 28 oct. 1981 : *Bull.* V, n. 841, p. 624).

7) Il n'y a pas lieu de distinguer pour l'application de l'article 1153, alinéa 2, selon que l'indemnité allouée par le juge est de nature délictuelle ou contractuelle (Com. 8 nov. 1988 : *J.C.P.* 89,IV, 13 ; *Bull.* IV, n. 301, p. 203). L'intérêt légal versé en exécution d'un arrêt ultérieurement cassé court à compter de la date des conclusions valant mise en demeure (Civ. 2e, 9 nov. 1983 : *D.* 1985, 318, note Bolard).

8) Les intérêts conventionnels dus après l'échéance de la dette réparent le retard dans l'exécution et ne peuvent pas se cumuler avec les intérêts légaux moratoires (Civ. 1re, 25 nov. 1975 : *J.C.P.* 76, II, 18328, note H.T.).

9) La règle selon laquelle les intérêts moratoires ne sont dus que du jour de la sommation n'est pas applicable lorsque les intérêts sont attribués de plein droit par la loi et il en est ainsi notamment de ceux accordés par l'article 2028, alinéa 2 du Code civil à la caution qui a payé (Civ. 1re, 26 avril 1977 : *Bull.* I, n. 187, p. 147).

10) Si une créance d'indemnité évaluée au jour du jugement ne peut produire d'intérêts moratoires avant cette date, il en est autrement des indemnités évaluées à une date antérieure à celle du jugement, lesquelles, à partir de cette date, peuvent produire intérêts moratoires dans les conditions prévues à l'article 1153 (Civ. 1re, 30 janv. 1985 : *J.C.P.* 85, IV, 136 ; *Bull.* I, n. 44, p. 41).

11) En l'absence de convention contraire, le solde d'un compte clôturé ne peut produire que des intérêts au taux légal (Civ. 1re, 20 oct. 1987 : *Bull.* I, n. 273, p. 197).

II. Dommages-intérêts indépendants du retard

12) Le créancier peut se voir attribuer des dommages-intérêts en réparation du préjudice commercial indépendant du retard lorsque la résistance du débiteur est dépourvue de tout moyen sérieux et abusive (Civ. 1re, 16 mars 1977 : *Bull.* I, n. 139, p. 107). Mais les juges du fond doivent préciser la circonstance particulière de nature à caractériser la mauvaise foi du débiteur (Civ. 3e, 10 janv. 1978 : *D.* 1978, I.R. 414. Comp. sur la prise en considération de la théorie de l'enrichissement sans cause Agen 28 juin 1979 et, sur pourvoi, Civ. 1re, 10 déc. 1980 : *J.C.P.* 81, II, 19678, note Mourgeon.

13) Les juges du fond apprécient souverainement le montant du préjudice distinct de celui réparé par l'allocation des intérêts moratoires (Com. 4 oct. 1971 : *Bull.* IV, n. 224, p. 210).

Art. 1154. – Les intérêts échus des capitaux peuvent produire des intérêts, ou par une demande judiciaire, ou par une convention spéciale, pourvu que, soit dans la demande, soit dans la convention, il s'agisse d'intérêts dus au moins pour une année entière.

1) La convention d'anatocisme peut être conclue avant l'échéance des intérêts à condition qu'il s'agisse d'intérêts dus au moins pour une année entière (Civ. 19 oct. 1938 : *D.H.* 1938, 561. – Comp. en cas de demande en justice, Civ. 3e, 26 fév. 1974 : *D.* 1974, Somm. 79).

2) La capitalisation des intérêts peut avoir lieu même si les sommes dues ne sont pas encore liquidées et le décompte des intérêts non encore fait (Civ. 1re, 21 janv. 1976 : *D.* 1976, 369, note Gaury).

3) Si l'effet novatoire, c'est-à-dire l'incorporation au capital de l'intérêt par la seule

EFFETS DES OBLIGATIONS Art. 1157

vertu de son inscription en compte, explique la capitalisation le plus souvent trimestrielle des intérêts, il ne saurait justifier en l'espèce une pratique contraire aux dispositions de l'article 1154 selon lequel l'intervalle entre deux capitalisations est une année entière au moins, et en l'absence d'une convention spéciale d'anatocisme conclue entre le banquier et son client, il ne peut y avoir capitalisation des intérêts durant le fonctionnement du compte-courant du client (Paris 24 mai 1989 : *D.* 1989, 623, note Gavalda et Stoufflet).

4) En l'absence de convention, une demande en justice est indispensable, une production à contribution n'étant pas suffisante (Civ. 21 juil. 1936 : *D.H.* 1936, 442). La capitalisation ne prend effet qu'à la date de la demande (Civ. 14 nov. 1899 : *D.P.* 1900, 1, 72).

5) Les juges peuvent refuser la capitalisation demandée si c'est par la faute du créancier que la liquidation de la dette n'a pu avoir lieu (Req. 16 juin 1942 : *D.A.* 1943, 11).

6) Sur la capitalisation trimestrielle des intérêts en matière de compte-courant (Civ. 21 juil. 1931 : *D.P.* 1932, 1, 49, note Hamel).

7) Il n'entre pas dans les pouvoirs du juge des référés de prononcer la capitalisation des intérêts échus (Civ. 3e, 4 mars 1987 : *Bull.* III, n. 41, p. 25).

Art. 1155. - **Néanmoins, les revenus échus, tels que fermages, loyers, arrérages de rentes perpétuelles ou viagères, produisent intérêt du jour de la demande ou de la convention. La même règle s'applique aux restitutions de fruits et aux intérêts payés par un tiers au créancier en acquit du débiteur.**

1) La règle posée par l'article 1154 selon laquelle les intérêts ne peuvent se capitaliser que s'ils sont dus pour une année ne s'applique pas aux restitutions de fruits (Civ. 14 janv. 1920 : *D.P.* 1924, 1, 34).

2) Sur l'application des intérêts moratoires au loyer réclamé en cas de renouvellement ou de révision du bail commercial, V. Com. 14 janv. 1964, 2 arrêts : *J.C.P.* 64, II, 13841, note Boccara. Ces intérêts courent du jour de la demande en fixation du nouveau loyer par le seul effet de la loi (Civ. 3e, 20 mars 1969 : *J.C.P.* 70, II, 16200, note Boccara).

SECTION V. – DE L'INTERPRÉTATION DES CONVENTIONS

Art. 1156. - **On doit dans les conventions rechercher quelle a été la commune intention des parties contractantes, plutôt que de s'arrêter au sens littéral des termes.**

1) Sur l'interdiction pour les juges du fond de dénaturer les clauses claires et précises, V. *supra*, sous art. 1134.

2) Pour déterminer quelle a été la commune intention des parties, il n'est pas interdit aux juges du fond de relever leur comportement ultérieur (Civ. 1re, 13 déc. 1988 : *Bull.* I, n. 352, p. 239).

Art. 1157. - **Lorsqu'une clause est susceptible de deux sens, on doit plutôt l'entendre dans celui avec lequel elle peut avoir quelque effet, que dans le sens avec lequel elle n'en pourrait produire aucun.**

1) Si une clause peut produire son effet dans une hypothèse déterminée, elle ne saurait être annulée pour le motif qu'elle n'en produirait aucun dans une autre hypothèse (Lyon 8 nov. 1954 : *J.C.P.* 55, IV, 43).

2) Une clause de répartition des bénéfices, insérée dans un contrat de société en participation, dont l'une des deux interprétations possibles conduirait à faire supporter à l'un des contractants la quasi-totalité des pertes, ce qui entraînerait sa nullité, doit être interprétée de façon à permettre le partage des pertes entre les parties (Civ. 3e, 19 déc. 1968 : *J.C.P.* 69, IV, 33).

Art. 1158. – **Les termes susceptibles de deux sens doivent être pris dans le sens qui convient le plus à la matière du contrat.**

Art. 1159. – **Ce qui est ambigu s'interprète par ce qui est d'usage dans le pays où le contrat est passé.**

Art. 1160. – **On doit suppléer dans le contrat les clauses qui y sont d'usage, quoiqu'elles n'y soient pas exprimées.**

Une clause ne peut être dite d'usage au sens de l'article 1160 que si d'une part il est à présumer que son omission a été involontaire et que les parties entendaient de toute façon en faire application et si, d'autre part, cette application est possible sans que le juge ait à fixer des éléments de fait dont le choix et la détermination n'appartenaient qu'aux parties aux volontés desquelles il ne peut substituer la sienne (Rouen 29 nov. 1968 : *D.* 1969, 146).

Art. 1161. – **Toutes les clauses des conventions s'interprètent les unes par les autres en donnant à chacune le sens qui résulte de l'acte entier.**

Art. 1162. – **Dans le doute, la convention s'interprète contre celui qui a stipulé, et en faveur de celui qui a contracté l'obligation.**

1) L'article 1162 n'a pas de caractère impératif pour le juge qui peut se prononcer en faveur de l'un quelconque des contractants (Civ. 10 mai 1948 et Soc. 11 mai 1948 : *Gaz. Pal.* 1948, 2, 41. – Soc. 20 fév. 1975 : *J.C.P.* 75, IV, 118).

2) La règle posée par l'article 1162 s'applique avec une rigueur accrue dans le cas des contrats d'adhésion, tel un cahier des charges (Colmar 25 janv. 1963 : *Gaz. Pal.* 1963, 1, 277).

Art. 1163. – **Quelque généraux que soient les termes dans lesquels une convention est conçue, elle ne comprend que les choses sur lesquelles il paraît que les parties se sont proposé de contracter.**

TH. IVAINER, *L'ambiguïté dans les contrats* : *D.* 1976, chron. 153.

Les articles 1161 à 1163 n'ayant pas de caractère impératif, l'éventuelle méconnaissance des règles posées par eux ne peut à elle seule donner ouverture à cassation (Com. 19 janv. 1981 : *Bull.* I, n. 34, p. 25).

Art. 1164. – **Lorsque dans un contrat on a exprimé un cas pour l'explication de l'obligation, on n'est pas censé avoir voulu par là restreindre l'étendue que l'engagement reçoit de droit aux cas non exprimés.**

EFFETS DES OBLIGATIONS — Art. 1165

SECTION VI. – DE L'EFFET DES CONVENTIONS A L'ÉGARD DES TIERS

Art. 1165. – **Les conventions n'ont effet qu'entre les parties contractantes ; elles ne nuisent point au tiers, et elles ne lui profitent que dans le cas prévu par l'article 1121.**

I. Les tiers

1) Si, en principe, les conventions ne nuisent ni ne profitent à ceux qui n'y ont pas été parties, il ne s'ensuit pas que le juge ne puisse pas considérer que les clauses d'un contrat aient pour effet de créer une situation de fait vis-à-vis des tiers (Com. 19 oct. 1954 : *D.* 1956, 78). Notamment l'article 1165 n'empêche en rien d'imposer aux tiers le respect des relations que l'acte a établies entre les parties (Civ. 1re, 20 avril 1982 : *Bull.* I, n. 139, p. 123). Toute personne qui, avec connaissance, aide autrui à enfreindre les obligations contractuelles pesant sur lui commet donc une faute délictuelle à l'égard de la victime de cet acte (Com. 11 oct. 1971 : *D.* 1972, 120). Ainsi en est-il pour l'employeur qui embauche un salarié en connaissant la clause de non-concurrence qui lie ce dernier (Civ. 27 mai 1908 : *D.P.* 1908, I, 459. – Com. 23 avril 1985 : *J.C.P.* 85, IV, 234), pour celui qui se rend complice de la violation d'une promesse unilatérale de vente (Civ. 10 avril 1948 : *D.* 1948, 421, note Lenoan), ou pour l'éditeur qui se rend complice de la violation d'un pacte de préférence (Civ. 2e, 13 avril 1972 : *D.* 1972, 440).

2) L'article 1165 n'interdit pas aux tiers d'invoquer la situation de fait créée par les contrats auxquels ils n'ont pas été parties (Com. 1er avril 1965 : *J.C.P.* 65, IV, 66 ; *Bull.* III, n. 252, p. 226). Ils peuvent ainsi demander réparation de leur préjudice au contractant qui n'a pas exécuté correctement son obligation (Req. 8 mars 1937 : *D.H.* 1937, 217. – Civ. 1re, 21 nov. 1978 : *J.C.P.* 79, II, 19033, note R. Savatier. – Com. 17 fév. 1981 : *J.C.P.* 81, IV, 157).

3) L'effet relatif des contrats n'interdit pas aux juges du fond de rechercher dans un acte étranger à l'une des parties en cause des renseignements de nature à éclairer leur décision (Civ. 1re, 24 janv. 1967 : *J.C.P.* 67, IV, 34 ; *Bull.*I, n. 33, p. 21. – Com. 8 mai 1972 : *J.C.P.* 72, II, 17193, note P. L. – Civ. 3e, 7 mars 1973 : *Bull.* III, n. 182, p. 131). Sur le principe que la preuve de la propriété est étrangère à la question de l'opposabilité des actes aux tiers, V. Civ. 5 mars 1913 : *S.* 1913, I, 191. – Civ. 3e, 5 mai 1982 : *Bull.* III, n. 116, p. 82. – Civ. 3e, 29 avril 1986 : *D.* 1986, Somm. 13, obs. Robert. Mais jugé qu'il en va autrement lorsque le procès relatif à la propriété d'un bien se déroule entre les ayants droit d'un auteur commun (Civ. 1re, 1er avril 1981 : *J.C.P.* 82, II, 19897, note Tomasin).

4) Sur le principe que le contrat peut constituer la cause d'un enrichissement et faire ainsi obstacle à l'action *de in rem verso,* V. sous art. 1371 n. 5.

II. Ayants cause

5) Sur la transmission des droits et obligations de l'auteur à l'ayant cause universel, V. *supra,* art. 1122.

6) Sur le caractère accessoire de la servitude, V. sous art. 637 n. 7.

A. Transmission des créances

7) En dehors des cas exceptionnels pour lesquels il est disposé autrement par des textes spéciaux, l'aliénation d'un bien à titre particulier n'a pas pour effet de transférer à l'acquéreur les droits déjà nés sur la tête du disposant à l'occasion de la jouissance ou de l'exploitation de ce bien mais qui ne font pas corps avec lui et n'affectent pas sa constitution (Civ. 12 janv. 1937 : *D.H.* 1937, 99). Ainsi, l'acheteur du fonds de commerce ne peut invoquer le bénéfice de la clause de non-concurrence souscrite au bénéfice du vendeur (Com. 15 oct. 1968 : *Gaz. Pal.* 1968, 2, 395).

8) La clause de non-concurrence bénéficie au sous-acquéreur dès lors que dans l'intention des parties elle est stipulée dans l'intérêt de tous les possesseurs du fonds (Req. 5 juil. 1865 : *D.P.* 1865, I, 425). Mais cette intention peut être différente (Com. 15 oct. 1968 : *Gaz. Pal.* 1968, 2, 395). Les autres créances attachées au fonds ne sont pas transmises de plein droit (Civ. 12 janv. 1937 : *D.H.* 1937, 99. – Com. 11 juin 1981 : *Bull.* IV, n. 264, p. 210).

9) La vente d'un bien comprend tous ses accessoires et notamment les actions que le vendeur a pu acquérir à cette occassion (Civ. 12 nov. 1884 : *D.P.* 1885, I, 357). Ainsi en est-il pour l'action en garantie décennale (Civ. 3e, 23 mars 1968 : *D.* 1970, 663, note Jestaz), ou l'action en résolution fondée sur l'article 1657 du Code civil (Req. 3 nov. 1932 : *D.H.* 1932, 570).

10) L'acquéreur d'un immeuble acquiert les droits s'identifiant avec la chose acquise ou en constituant l'accessoire, spécialement l'action exercée pour mettre fin à la location (Soc. 18 oct. 1952 : *D.* 1952, 777). Jugé cependant qu'il en va autrement si les manquements du locataire sont antérieurs à la vente (Soc. 20 déc. 1957 : *D.* 1958, 81, note Lindon. – Soc. 16 mai 1958 : *D.* 1958, 464).

11) Le droit du propriétaire de réclamer au locataire réparation de son préjudice constitue en tout cas une créance personnelle qui, sauf stipulation contraire, ne se transmet pas à l'acquéreur de l'immeuble (Civ. 1re, 13 janv. 1964 : *Gaz. Pal.* 1964, 1, 274. V. en ce sens Civ. 3e, 25 janv. 1983 : *Bull.* III, n. 26, p. 20).

12) L'engagement pris par la venderesse de prendre en charge des dépenses de ravalement de l'immeuble vendu bénéficie de plein droit au sous-acquéreur (Civ. 3e, 14 avril 1982 : *Bull.* III, n. 90, p. 63 ; *D.* 1983, I.R. 481, obs. Larroumet).

13) Sur la transmission au sous-acquéreur et au maître de l'ouvrage de la garantie des vices et de l'action exercée contre le fabricant à raison des défauts de conformité, V. sous art. 1641 n. 7 et 8.

14) Dans le cas où le débiteur d'une obligation contractuelle a chargé une autre personne de l'exécution de cette obligation, le créancier ne dispose contre cette personne que d'une action de nature nécessairement contractuelle, qu'il peut exercer directement dans la double limite de ses droits et de l'engagement du débiteur substitué (Civ. 1re, 8 mars 1988 : *J.C.P.* 88, II, 21070, note Jourdain ; *Rev. trim. dr. civ.* 1988, 551, obs. Rémy). Jugé de manière plus générale que dans un groupe de contrats, la responsabilité contractuelle régit nécessairement la demande en réparation de tous ceux qui n'ont souffert du dommage que parce qu'ils avaient un lien avec le contrat initial, qu'en effet, dans ce cas, le débiteur ayant dû prévoir les conséquences de sa défaillance selon les règles contractuelles applicables en la matière, la victime ne peut disposer contre lui que d'une action de nature contractuelle, même en l'absence de contrat entre eux (Civ. 1re, 21 juin 1988 : *J.C.P.* 88, II, 21125, 1re esp., note Jourdain ; *D.* 1989, 5, note Larroumet ; *Rev. trim. dr. civ.* 1989, 74, obs. Mestre et 107, obs. Rémy. V. cpdt Civ. 3e, 22 juin 1988 : *J.C.P.* 88, II, 21125, 2e esp., note Jourdain).

B. Transmission des dettes

15) Le successeur ou ayant cause à titre particulier n'est pas de plein droit et comme tel directement tenu des obligations personnelles de son auteur (Civ. 15 janv. 1918 : *D.P.* 1918, 1, 17. – Montpellier 30 janv. 1963 : *D.* 1963, 665, note Lobin). Ce principe s'applique même aux conventions que ce dernier aurait passées par rapport à la chose formant l'objet de la transmission, à moins qu'elles n'aient eu pour effet de restreindre ou de modifier le droit transmis (Civ. 15 janv. 1918, précité. – V. aussi Civ. 3e, 16 nov. 1988 : *D.* 1989, 157, 1re esp., note Malaurie ; *Bull.* III, n. 163, p. 88 ; *Rev. trim. dr. civ.* 1989, 577, obs. Zénati).

EFFETS DES OBLIGATIONS — Art. 1166

16) L'engagement de non-concurrence souscrit par le vendeur d'un fonds de commerce ne constitue pas une obligation pour ceux qui ont acquis du vendeur (Poitiers 25 mai 1936 : *D.H.* 1936, 355. – V. en ce sens pour un contrat û de bière ° Colmar 5 janv. 1968 : *J.C.P.* 68, IV, 83). Jugé cependant qu'un tel engagement est opposable au sous-acquéreur du fonds au motif qu'il s'agit d'un droit réel mobilier qui s'exerce de façon absolue à l'égard de tous les exploitants successifs (Rouen 28 nov. 1925 : *D.P.* 1927, I, 172, note Lepargneur).

17) Le locataire qui se plaint de troubles de jouissance antérieurs à la vente de l'immeuble est fondé à assigner le vendeur bailleur (Civ. 3e, 9 juil. 1970 : *J.C.P.* 71, II, 16745, note Mourgeon).

18) Le propriétaire d'un immeuble ne peut, pour se soustraire à la responsabilité encourue vis-à-vis d'un tiers, invoquer un acte de vente postérieur prévoyant que l'acquéreur soutiendrait en son nom personnel et à ses risques et périls l'instance que la victime avait manifesté l'intention d'engager (Civ. 1re, 6 juin 1966 : *D.* 1966, 481, 2e arrêt, note Voulet).

Art. 1166. – **Néanmoins, les créanciers peuvent exercer tous les droits et actions de leur débiteur, à l'exception de ceux qui sont exclusivement attachés à la personne.**

I. Domaine d'application de l'action oblique

1) L'article 1166 permet au créancier de faire valoir tous les droits de son débiteur lorsque ce dernier néglige de s'en prévaloir (Civ. 1re, 14 déc. 1971 : *J.C.P.* 72, II, 17102, note Goubeaux). Il peut par exemple agir en rescision d'un partage (Req. 25 juin 1935 : *D.H.* 1935, 474. – Civ. 1re, 22 janv. 1980 : *Bull.* I, n. 32, p. 28), demander une indemnité d'éviction (Montpellier, 20 oct. 1948 : *J.C.P.* 1949, II, 4828), ou le rapport des libéralités à la succession (Civ. 1re, 12 mars 1968 : *Bull.* I, n. 97, p. 78) ou leur réduction (Civ. 1re, 20 oct. 1982 : *D.* 1983, 120, note Rémy). Il est fondé à opposer au prétendu propriétaire la présomption édictée par l'article 2279 du Code civil (Civ. 1re, 14 déc. 1972 : *J.C.P.* 72, II, 17102, note Goubeaux).

2) Le créancier peut faire des actes conservatoires du patrimoine de son débiteur (Req. 30 nov. 1926 : *D.H.* 1927, 3).

3) L'article 1166 permet aux créanciers de recourir à toutes voies d'exécution et notamment de pratiquer une saisie-arrêt aux lieu et place de leur débiteur négligent (Civ. 25 sept. 1940 : *D.C.* 1943, 133, note Carbonnier).

4) Le créancier ne peut intenter aux lieu et place de son débiteur une action dont l'exercice est subordonné à des considérations personnelles d'ordre moral ou familial (Civ. 1re, 8 juin 1963 : *J.C.P.* 65, II, 14087, note R. Savatier. – Montpellier 15 janv. 1954 : *Gaz. Pal.* 1954, 1, 270). Ainsi le droit de demander la révision ou la suppression d'une pension alimentaire, ayant sa base dans l'état des personnes, est attaché à la personne du titulaire et ne peut être exercé par la voie de l'action oblique (Civ. 29 juin 1948, 2 arrêts : *D.* 1949, 129, note Ponsard). Il en va de même pour la révocation d'une donation entre époux (Civ. 1re, 19 avril 1988 : *Bull.* I, n. 101, p. 69).

5) La faculté accordée aux créanciers par l'article 1166 n'est qu'une conséquence du gage général qui leur est reconnu sur les biens de leurs débiteurs et ils ne peuvent se substituer à ces derniers dans les pouvoirs de gestion et d'administration (Civ. 1re, 18 janv. 1977 : *Bull.* I, n. 29, p. 21).

II. Conditions d'exercice de l'action oblique

6) L'exercice de l'action oblique implique l'inaction du débiteur (Civ. 2e, 30 avril 1960 : *Bull.* II, n. 272, p. 183). Le créancier ne peut agir sur la base de l'article 1166 si le débiteur

a, de son côté, intenté une action en reconnaissance de son droit (Civ. 3e, 7 mars 1968 : *Bull.* III, n. 87, p. 70).

7) L'action oblique ne peut être intentée que si la négligence du débiteur compromet les intérêts du créancier (Civ. 11 juil. 1951 : *D.* 1951, 586. – V. en ce sens, Civ. 3e, 19 juin 1969 : *J.C.P.* 69, IV, 205 ; *Bull.* III, n. 498, p. 376. – Civ. 1re, 17 mai 1982 : *J.C.P.* 82, IV, 263 ; *Bull.* I, n. 176, p. 155).

8) L'action oblique implique l'existence des droits et actions du débiteur que le créancier prétend exercer et ne peut être intentée par ce créancier contre un codébiteur tenu envers lui de la même dette (Civ. 3e, 2 déc. 1975 : *J.C.P.* 76, IV, 31 ; *Bull.* III, n. 351, p. 267. – Comp. Civ. 2e, 21 fév. 1979 : *Bull.* II, n. 56, p. 42).

9) Le créancier ne peut invoquer l'article 1166 que si sa créance est certaine, liquide et exigible (Req. 25 mars 1924 : *D.H.* 1924, 282. – Trib. civ. Seine 26 oct. 1936 : *D.H.* 1936, 564).

III. Effets de l'action oblique

10) Le défendeur peut opposer au créancier les mêmes moyens que ceux qu'il aurait pu faire valoir contre le débiteur (Civ. 10 juil. 1867 : *D.P.* 67, 1, 344. – Paris 28 mars 1901 : *D.P.* 1902, 2, 284). Il ne peut invoquer contre le créancier le secret professionnel dont il n'aurait pu se prévaloir au regard du débiteur lui-même (Civ. 1re, 10 nov. 1959 : *J.C.P.* 60, II, 11585, note Esmein).

11) Les juges du fond ne peuvent prononcer une condamnation directe au profit du créancier demandeur (Civ. 3e, 18 mai 1971 : *Bull.* III, n. 317, p. 226), mais le créancier peut réclamer le paiement de ce qui lui est dû sur les sommes réintégrées dans le patrimoine du débiteur par le jeu de l'action oblique (Civ. 1re, 27 mai 1970 : *J.C.P.* 71, II, 16675, note Poulain), le débiteur devant, dans ce cas, être appelé à l'instance (même arrêt).

12) L'exercice de l'action oblique constitue pour le créancier une mise en demeure de son propre débiteur (Civ. 1re, 9 déc. 1970 : *J.C.P.* 71, II, 16920, note M.D.P.S.).

Art. 1167. – **Ils peuvent aussi, en leur nom personnel, attaquer les actes faits par leur débiteur en fraude de leurs droits.**

(L. n. 65-570 du 13 juil. 1965, art. 4) **Ils doivent néanmoins, quant à leurs droits énoncés au titre *Des successions* et au titre *Du contrat de mariage et des régimes matrimoniaux*, se conformer aux règles qui y sont prescrites.**

I. Conditions d'exercice de l'action paulienne

1) L'action paulienne ne peut permettre d'attaquer un paiement que s'il y a un concert frauduleux dans le but de causer un préjudice illégitime aux autres créanciers, (Civ. 17 juil. 1945 : *Gaz. Pal.* 1945, 2, 143), mais il en va autrement pour la dation en paiement (Civ. 1re, 19 janv. 1977 : *J.C.P.*, 77, IV, 63 ; *Bull.* I, n. 34, p. 25. – Aix 19 fév. 1987 : *Rev. trim. dr. civ.* 1988, 138, obs. J. Mestre). – V. aussi C. Colombet, *De la règle que l'action paulienne n'est pas reçue contre les paiements (Rev. trim. dr. civ.* 1965, 5).

2) Le partage ne peut être attaqué par la voie de l'action paulienne s'il n'y a pas eu opposition (Req. 9 juil. 1866 : *D.P.* 1866, 1, 369 – V. *supra*, art. 882), à moins qu'il ait été pratiqué dans des conditions telles que le créancier n'ait pas eu la possibilité d'y faire opposition (Req. 25 juin 1935 : *D.H.* 1935, 474. – V. aussi Civ. 1re, 25 janv. 1965 : *Bull.* I, n. 74, p. 55 ; Civ. 1re, 16 juin 1981 : *J.C.P.* 81, IV, 313 ; *Bull.* I, n. 212, p. 174). L'action est recevable si le partage dissimule une donation pure et simple (Civ. 1re, 29 mai 1979 : *J.C.P.* 79, IV, 251 ; *Bull.* I, n. 157, p. 127), ou si le créancier attaque non le partage qui n'est pas encore réalisé mais la donation faite par le débiteur de ses droits indivis (Civ. 1re, 16 juil. 1981 : *J.C.P.* 81, IV, 357 ; *Bull.* I, n. 259, p. 214).

EFFETS DES OBLIGATIONS — Art. 1167

3) La liquidité de la créance ne constitue une des conditions de recevabilité de l'action paulienne que lorsqu'elle a pour objet une somme d'argent (Civ. 1re, 10 déc. 1974 : *D.* 1975, 777, note Simon).

4) Les juges du fond peuvent souverainement estimer que l'apport en société constitue un appauvrissement frauduleux du patrimoine de la caution (Civ. 1re, 21 juil. 1987 : *Bull.* I, n. 231, p. 169).

5) L'action paulienne ne peut être exercée que par les créanciers dont la créance est antérieure à l'acte attaqué (Civ. 20 juin 1849 : *D.P.* 1850,1,830 – Civ. 3e, 4 fév. 1971 : *J.C.P.* 72, II, 16980, note Dagot et Spiteri), mais il suffit que le créancier possède, au moment où l'acte est passé, un principe certain de créance (Civ. 1re, 14 juin 1961 : *J.C.P.* 61, IV, 113 ; *Bull.* I, n. 312, p. 246. – Civ. 3e, 23 avril 1971 : *Bull.* III, n. 255, p. 182. – Civ. 1re, 27 janv. 1987 : *Bull.* I, n. 26, p. 18). En matière de donation, le créancier peut exercer l'action paulienne même si son droit est postérieur à la donation dès lors qu'il a pris naissance avant la transcription de l'acte, nécessaire aux termes de l'article 941 du Code civil pour que l'immeuble donné soit considéré, par rapport aux créanciers du donateur, comme sorti du patrimoine dudit débiteur (Civ. 26 oct. 1942 : *J.C.P.* 43, II, 2131, note Becqué). L'antériorité de la créance peut être prouvée par tous moyens (Civ. 1re, 11 oct. 1978 : *J.C.P.* 78, IV, 339 ; *Bull.* I, n. 299, p. 231).

6) L'antériorité de la créance n'est plus requise lorsqu'il est démontré que la fraude a été organisée à l'avance en vue de porter préjudice à un créancier futur (Civ. 1re, 15 fév. 1967 : *J.C.P.* 67, IV, 45 : *Bull.* I, n. 66, p. 49. – Civ. 3e, 27 juin 1972 : *J.C.P.* 72, IV, 211 ; *Bull.* III, n. 420, p. 305. – Civ. 1re, 7 janv. 1982 : *J.C.P.* 82, IV, 103 ; *Bull.* I, n. 4, p. 4).

7) La révocation prévue par l'article 1167 suppose établie l'insolvabilité du débiteur à la date de l'introduction de la demande (Civ. 1re, 27 juin 1972 : *J.C.P.* 72, IV, 211 ; *Bull.* I, n. 163, p. 142. – Civ. 1re, 31 mai 1978 : *Bull.* I, n. 209, p. 167. – Civ. 1re, 6 janv. 1987 : *Bull.* I, n. 1, p. 1), la discussion des biens du débiteur n'étant pas exigée lorsque son insolvabilité est notoire (Civ. 3e, 4 avril 1973 : *J.C.P.*, 73, IV, 198 ; *Bull.* III, n. 258, p. 187). Mais il a été jugé que l'action paulienne est recevable, même si le débiteur n'est pas insolvable, dès lors que l'acte frauduleux a eu pour effet de rendre impossible l'exercice du droit spécial dont disposait le créancier sur la chose aliénée (Civ. 1re, 10 déc. 1974 : *D.* 1975, 777, note Simon), ou de faire échapper un bien aux poursuites du créancier en le remplaçant par un autre facile à dissimuler (Civ. 1re, 18 fév. 1971 : *J.C.P.* 71, IV, 77 ; *Bull.* I, n. 56, p. 47), ou de réduire la valeur des biens sur lesquels le créancier est investi de droits particuliers de façon à diminuer l'efficacité de l'exercice de ces droits (Civ. 1re, 15 oct. 1980 : *J.C.P.* 81, IV, 1 ; *Bull.* I, n. 257, p. 205 : conclusion d'un bail à ferme de dix-huit ans au préjudice du créancier hypothécaire).

8) L'action paulienne ne suppose pas la preuve de l'intention de nuire chez le débiteur mais résulte de la seule connaissance du préjudice qu'il cause au créancier en se rendant insolvable ou en augmentant son insolvabilité (Civ. 1re, 17 oct. 1979 : *J.C.P.* 81, II, 19627, note Ghestin), indépendamment de la date d'exigibilité de la créance servant de base à l'action (Civ. 1re, 25 fév. 1981 : *J.C.P.* 81, II, 19628 ; *Bull.* I, n. 69, p. 56). La condition d'antériorité exigée pour l'application de l'article 1167 concerne seulement l'existence de la créance et non pas la connaissance par le débiteur des poursuites exercées par le créancier (Civ. 1re, 29 mai 1985 : *Bull.* I, n. 163, p. 148). La preuve de la fraude peut résulter de présomptions graves, précises et concordantes (Civ. 3e, 23 avril 1971 : *J.C.P.* 71, IV, 135 ; *Bull.* III, n. 255, p. 182. – Comp. Civ. 1re, 30 juin 1976 : *D.* 1978, 489, note Guiho). C'est à la date de l'acte par lequel

Art. 1168 — CLASSEMENTS DES OBLIGATIONS

le débiteur se dépouille qu'il convient de se placer pour déterminer si, relativement à cet acte, il y a eu fraude ou non (Civ. 1re, 2 mai 1989 : *Bull.* I, n. 172, p. 115).

9) La complicité frauduleuse du tiers n'a pas à être établie si l'acte attaqué est un acte à titre gratuit (Civ. 1re, 1er juil. 1975 : *Bull.* I, n. 213, p. 181 – Com. 22 mai 1978 : *Bull.* IV, n. 139, p. 119. – Civ. 1re, 23 avril 1981 : *J.C.P.* 81, IV, 235 ; *Bull.* I, n. 130, p. 109). Elle doit au contraire être prouvée s'il s'agit d'un acte à titre onéreux (Req. 6 janv. 1913 : *D.P.* 1914, 1, 40. – Civ. 1re, 27 juin 1984 : *Bull.* I, n. 211, p. 178). Jugé qu'elle peut résulter de sa connaissance du caractère frauduleux de l'acte économiquement préjudiciable à son co-contractant dont il connaît l'insolvabilité (Civ. 3e, 22 janv. 1971 : *J.C.P.* 71, IV, 47 ; *Bull.* III, n. 47, p. 32).

II. Effets de l'action paulienne

10) L'action paulienne doit être dirigée contre le tiers acquéreur (Com. 4 juin 1969 : *Bull.* IV, n. 207, p. 199). Elle a pour effet de révoquer rétroactivement l'acte frauduleux, ce qui entraîne le retour du bien aliéné dans le patrimoine du débiteur où le créancier demandeur pourra seul éventuellement le saisir (Civ. 1re, 1er juil. 1975 : *J.C.P.* 75, IV, 273 ; *Bull.* I, n. 213, p. 181). Toutefois, la révocation ne se produisant que dans l'intérêt de ce créancier et à la mesure de cet intérêt, l'aliénation subsiste pour tout ce qui excède l'intérêt du créancier demandeur (même arrêt, V. en ce sens Civ. 1re, 3 déc. 1985 : *Bull.* I, n. 334, p. 300) ; mais il en va autrement et cette limitation ne joue plus lorsque le créancier demandeur établit la complicité du donataire comme la fraude qu'il commet en cédant à son tour le bien pour le faire échapper aux poursuites (Civ. 1re, 19 avril 1967 : *Gaz. Pal.* 1967, 1, 342).

11) Les créanciers demeurés étrangers au jugement prononçant la révocation d'un acte accompli frauduleusement par le débiteur ne sont pas admis à réclamer le bénéfice de ce jugement dont l'effet se restreint aux parties qui ont figuré dans l'instance ou y ont été représentées (Civ. 4 déc. 1923 : *D.P.* 1923, 1, 222), mais si la révocation intervient après le règlement judiciaire ou la liquidation des biens du débiteur, elle perd son caractère normalement relatif pour produire effet à l'égard et au profit de tous les créanciers, y compris ceux dont le droit est né postérieurement à la fraude (Com. 7 juin 1967 : *Bull.* III, n. 232, p. 224).

12) La révocation ne s'étend pas aux rapports entre les parties (Civ. 1re, 30 avril 1965 : *Bull.* I, n. 278, p. 205).

13) Les donateurs et le donataire sont irrecevables, faute de justifier d'un intérêt, à faire grief à la cour d'appel d'avoir, au bénéfice des créanciers, déclaré l'acte de donation nul et non pas seulement inopposable à ceux-ci (Civ. 1re, 28 fév. 1978 : *Bull.* I, n. 77, p. 64).

CHAPITRE IV. – DES DIVERSES ESPÈCES D'OBLIGATIONS

SECTION I. – DES OBLIGATIONS CONDITIONNELLES
§ 1. – De la condition en général et de ses diverses espèces

Ph. DEROUIN, *Pour une analyse fonctionnelle de la condition* : Rev. trim. dr. civ. 1978, 1.

Art. 1168. – **L'obligation est conditionnelle lorsqu'on la fait dépendre d'un événement futur et incertain, soit en la suspendant jusqu'à ce que l'événement arrive, soit en la résiliant, selon que l'événement arrivera ou n'arrivera pas.**

CLASSEMENTS DES OBLIGATIONS — Art. 1174

Sur la notion de condition, V. Civ. 3e, 27 nov. 1969 : *J.C.P.* 70, IV, 6 ; *Bull.* III, n. 772, p. 585. – Com. 6 mars 1973 : *Bull.* IV, n. 110, p. 95. Sur la distinction entre condition et cause du contrat, V. Civ. 1re, 2 fév. 1971 : *Bull.* I, n. 36, p. 29.

Art. 1169. – **La condition *casuelle* est celle qui dépend du hasard, et qui n'est nullement au pouvoir du créancier ni du débiteur.**

Art. 1170. – **La condition *potestative* est celle qui fait dépendre l'exécution de la convention d'un événement qu'il est au pouvoir de l'une ou de l'autre des parties contractantes de faire arriver ou d'empêcher.**

1) La faculté pour le prêteur de deniers de se faire rembourser à l'époque fixée par lui constitue non une condition potestative affectant l'existence même de l'obligation mais une simple modalité d'exécution de l'engagement contracté par l'emprunteur (Com. 7 fév. 1955 : *Gaz. Pal.* 1955, 1, 254).

2) La clause selon laquelle une société de publicité se réserve le droit de refuser tous ordres même payés sauf restitution du versement effectué, qui n'a de signification qu'avant la conclusion du contrat, ne saurait être assimilée à une condition potestative (Paris 5 juil. 1972 : *Gaz. Pal.* 1973, 2, 535).

Art. 1171. – **La condition *mixte* est celle qui dépend tout à la fois de la volonté d'une des parties contractantes et de la volonté d'un tiers.**

La clause soumettant un achat à la condition suspensive que les acquéreurs obtiennent un prêt dans un délai déterminé, tout en conservant la faculté de demander la réalisation de la vente bien qu'ils n'aient pas obtenu le prêt, doit être réputée mixte dès lors que les acquéreurs ont l'obligation de solliciter le prêt et que la faculté qui leur est reconnue de demander la réalisation de la vente même dans le cas où ils n'auraient pas obtenu le prêt, loin de dépendre de leur pouvoir discrétionnaire, suppose une décision préalable de l'organisme de crédit sollicité (Com. 22 nov. 1976 : *J.C.P.* 78, II, 18903, note Stemmer).

Art. 1172. – **Toute condition d'une chose impossible, ou contraire aux bonnes mœurs, ou prohibée par la loi, est nulle, et rend nulle la convention qui en dépend.**

V. *supra*, art. 6 et 900.

Art. 1173. – **La condition de ne pas faire une chose impossible ne rend pas nulle l'obligation contractée sous cette condition.**

Art. 1174. – **Toute obligation est nulle lorsqu'elle a été contractée sous une condition potestative de la part de celui qui s'oblige.**

1) La condition potestative ne vicie le contrat que si le débiteur conserve la faculté de ne pas exécuter (Civ. 1re, 9 janv. 1963 : *Bull.* I, n. 23, p. 21).
2) L'obligation est purement potestative et doit donc être annulée s'il suffit au débiteur pour s'y soustraire de manifester des exigences excessives (Com. 22 fév. 1967 : *Bull.* III, n. 87, p. 83).

3) L'engagement de payer à un tiers une certaine somme correspondant à partie du prix de la vente éventuelle d'une propriété n'est pas assorti d'une condition purement potestative, cette obligation n'exigeant pas une simple manifestation de volonté de celui qui s'oblige, mais supposant l'accomplissement d'un fait extérieur (Com. 9 juil. 1968 : *Bull.* IV, n. 228, p. 206. – V. en ce sens pour

le prix d'une cession d'actions dépendant pour partie du chiffre d'affaires réalisé et de certains loyers perçus par la société, Com. 15 juin 1982 : *J.C.P.* 84, II, 20141, note Grillet-Ponton. – Comp. Com. 18 déc. 1972 : *Bull.* IV, n. 335, p. 310).

4) Jugé que n'est pas potestative la clause permettant au fournisseur de retirer tout ou partie des appareils vendus au cas où l'exploitation de ces appareils serait jugée par lui déficitaire (Com. 12 mai 1980 : *J.C.P.* 80, IV, 285 ; *Bull.* IV, n. 190, p. 151), ou la condition de déchéance du terme contenue dans le contrat de prêt conclu entre l'employeur et le salarié pour le cas où ce dernier cesserait de se trouver en position d'activité (Civ. 1re, 21 mars 1984 : *Bull.* I, n. 112, p. 93 ; *Rev. trim. dr. civ.* 1985, 381, obs. Mestre), mais cette dernière condition peut être déclarée potestative lorsque le salarié a été licencié ultérieurement pour perte de confiance (Aix 15 juin 1988 : *Rev. trim. dr. civ.* 1989, 542, obs. Mestre).

5) Jugé que constitue une condition potestative au sens de l'article 1174 l'engagement pris par l'acquéreur de payer le prix après lotissement de la propriété, au fur et à mesure de la vente des lots et proportionnellement à la vente (Pau 19 oct. 1972 : *J.C.P.* 73, IV, 108. – V. en ce sens Civ. 3e, 8 oct. 1980 : *J.C.P.* 80, IV, 417 ; *Bull.* III, n. 154, p. 115), ou la condition subordonnant le remboursement d'un prêt à la vente d'un appartement par les emprunteurs (Paris 15 mars 1974 : *J.C.P.* 74, II, 17786, note Goubeaux), ou la clause par laquelle les acquéreurs s'engagent à proposer de revendre l'immeuble aux petits-enfants de la venderesse sans qu'aucun prix ne soit prévu (Civ. 3e, 1er fév. 1984 : *Bull.* III, n. 26, p. 21).

6) Sur la distinction entre la condition purement potestative et le terme à échéance incertaine pouvant être fixé judiciairement, V. Civ. 3e, 4 déc. 1985 : *Bull.* III, n. 162, p. 123 ; *Rev. trim. dr. civ.* 1987, 98, obs. Mestre.

7) La clause du contrat d'édition par laquelle l'éditeur se réserve le droit d'apprécier lors de la remise du manuscrit si celui-ci convient bien au public et aux buts visés doit être tenue pour nulle par application de l'article 1174 du Code civil comme soumettant l'engagement de l'éditeur à une condition purement potestative (T.G.I. Paris 8 avril 1987 : *R.I.D.A.* juil. 1987, 202).

8) L'article 1174 ne concerne pas les testaments, actes juridiques unilatéraux essentiellement révocables et provisoires (Paris 16 mars 1987 : *Gaz. Pal.* 1987, 1, Somm. 222).

9) L'article 1174 dispose non pas que la condition potestative stipulée au profit du débiteur mais que toute obligation est nulle lorsqu'elle a été contractée sous une condition potestative de la part de celui qui s'oblige (Com. 9 déc. 1980 : *J.C.P.* 81, IV, 77 ; *Bull.* IV, n. 421, p. 338), mais il est inapplicable lorsque la condition potestative n'existe qu'en faveur du créancier (Paris 28 mai 1974 : *D.* 1974, 685, concl. Cabannes. – Comp. Civ. 3e, 21 juin 1971 : *D.* 1971, 325). Doit être cassé l'arrêt qui reconnaît l'existence d'une condition potestative de la part de l'acquéreur, mais dit que la nullité de cette condition n'affecte pas la validité de la convention en raison de la réciprocité des obligations, alors que la nullité de la condition potestative entraîne par voie de conséquence celle de la vente (Civ. 3e, 7 juin 1983 : *Bull.* III, n. 132, p. 104).

Art. 1175. – **Toute condition doit être accomplie de la manière que les parties ont vraisemblablement voulu et entendu qu'elle le fût.**

1) Celui qui réclame l'exécution d'une obligation conditionnelle doit prouver la réalisation de la condition (Civ. 17 avril 1947 : *D.* 1947, 345). Sur le pouvoir sou-

CLASSEMENTS DES OBLIGATIONS — Art. 1179

verain des juges du fond pour apprécier si la condition est accomplie, V. Civ. 1re, 1er avril 1963 : *Bull.* I, n. 198, p. 169.

2) Les juges du fond peuvent retenir souverainement que les contractants n'ont pu envisager que les conditions suspensives prévues à une vente d'immeuble puissent s'accomplir plus de six ans après la signature de la convention, alors qu'il n'a été stipulé aucune indexation du prix de vente ni aucun coefficient de revalorisation, et peuvent ainsi déclarer caduc l'accord des parties (Civ. 3e, 3 fév. 1982 : *J.C.P.* 82, IV, 43 ; *Bull.* III, n. 37, p. 24).

Art. 1176. – **Lorsqu'une obligation est contractée sous la condition qu'un événement arrivera dans un temps fixe, cette condition est censée défaillie lorsque le temps est expiré sans que l'événement soit arrivé. S'il n'y a point de temps fixe, la condition peut toujours être accomplie ; et elle n'est censée défaillie que lorsqu'il est devenu certain que l'événement n'arrivera pas.**

1) En l'absence d'un terme déterminé, le juge du fond peut décider qu'il lui appartient de fixer le temps au-delà duquel, selon l'intention des parties, la condition serait réputée ne plus pouvoir être réalisée (Civ. 1re, 5 avril 1960 : *Bull.* I, n. 201, p. 163. – V. en ce sens, Civ. 3e, 4 mars 1975 : *J.C.P.* 76, II, 18510, note Nicolas).

2) La vente conclue sous la condition suspensive de l'homologation d'un état liquidatif est sans effet dès lors qu'à la suite du décès de la venderesse il n'y a plus lieu de poursuivre l'homologation (Civ. 3e, 9 oct. 1974 : *J.C.P.* 75, II, 18149, note Thuillier).

Art. 1177. – **Lorsqu'une obligation est contractée sous la condition qu'un événement n'arrivera pas dans un temps fixe, cette condition est accomplie lorsque ce temps est expiré sans que l'événement soit arrivé : elle l'est également, si avant le terme il est certain que l'événement n'arrivera pas ; et s'il n'y a pas de temps déterminé, elle n'est accomplie que lorsqu'il est certain que l'événement n'arrivera pas.**

Art. 1178. – **La condition est réputée accomplie lorsque c'est le débiteur, obligé sous cette condition, qui en a empêché l'accomplissement.**

1) La simple intention d'empêcher l'accomplissement de la condition ne constitue pas selon l'article 1178 un obstacle certain et définitif, imputable au débiteur (Civ. 29 avril 1929 : *Gaz. Pal.* 1929, 2, 113).

2) L'article 1178 n'est pas applicable lorsque seul le refus du père de se porter caution n'a pas permis la réalisation du prêt (Civ. 1re, 23 nov. 1983 : *Bull.* I, n. 279, p. 250).

3) Lorsque le maître de l'ouvrage met obstacle à la réalisation de la condition suspensive de l'obtention d'un prêt, celle-ci doit être réputée accomplie par application de l'article 1178, malgré les termes de l'article 17 de la loi du 13 juillet 1979 (Annexe) (Civ. 3e, 4 fév. 1987 : *Rev. trim. dr. civ.* 1988, 542, obs. Mestre). Il en va de même lorsqu'un commerçant, qui s'est engagé à acquérir un fonds de commerce sous la condition suspensive d'obtention d'un prêt avant une certaine date, refuse d'emblée et sans raison valable la proposition qui lui est faite par un organisme financier (Com. 31 janv. 1989 : *J.C.P.* 89, IV, 118).

Art. 1179. – **La condition accomplie a un effet rétroactif au jour auquel l'engagement a été contracté. Si le créancier est mort avant l'accomplissement de la condition, ses droits passent à son héritier.**

1) La réalisation de la condition oblige à se reporter pour déterminer la situation respective des parties au jour où l'engagement conditionnel est intervenu (Civ. 3e, 3 oct. 1968 : *J.C.P.* 68, IV, 171 ; *Bull.* III, n. 362, p. 278).

2) Une fois la condition réalisée, le caractère rétroactif de la condition entraîne, sauf convention contraire des parties, la validité des actes accomplis avant ladite réalisation (Civ. 3e, 19 fév. 1976 : *Bull.* III, n. 76, p. 58).

Art. 1180. – **Le créancier peut, avant que la condition soit accomplie, exercer tous les actes conservatoires de son droit.**

§ 2. – De la condition suspensive

Art. 1181. – **L'obligation contractée sous une condition suspensive est celle qui dépend ou d'un événement futur et incertain, ou d'un événement actuellement arrivé, mais encore inconnu des parties.**

Dans le premier cas, l'obligation ne peut être exécutée qu'après l'événement.

Dans le second cas, l'obligation a son effet du jour où elle a été contractée.

Sur le pouvoir souverain des juges du fond pour apprécier si une condition est suspensive ou résolutoire, V. Civ. 3e, 27 mai 1971 : *Bull.* III, n. 339, p. 241.

Art. 1182. – **Lorsque l'obligation a été contractée sous une condition suspensive, la chose qui fait la matière de la convention demeure aux risques du débiteur qui ne s'est obligé de la livrer que dans le cas de l'événement de la condition.**

Si la chose est entièrement périe sans la faute du débiteur, l'obligation est éteinte.

Si la chose s'est détériorée sans la faute du débiteur, le créancier a le choix ou de résoudre l'obligation, ou d'exiger la chose dans l'état où elle se trouve, sans diminution du prix.

Si la chose s'est détériorée par la faute du débiteur, le créancier a le droit ou de résoudre l'obligation, ou d'exiger la chose dans l'état où elle se trouve, avec des dommages et intérêts.

§ 3. – De la condition résolutoire

Art. 1183. – **La condition résolutoire est celle qui, lorsqu'elle s'accomplit, opère la révocation de l'obligation, et qui remet les choses au même état que si l'obligation n'avait pas existé.**

Elle ne suspend point l'exécution de l'obligation : elle oblige seulement le créancier à restituer ce qu'il a reçu, dans le cas où l'événement prévu par la condition arrive.

Sur la distinction entre condition résolutoire et clause résolutoire de plein droit après mise en demeure, v. Civ. 3e, 10 juin 1971 : *Bull.* III, n. 375, p. 267.

Art. 1184. – **La condition résolutoire est toujours sous-entendue dans les contrats synallagmatiques, pour le cas où l'une des deux parties ne satisfera point à son engagement.**

Dans ce cas, le contrat n'est point résolu de plein droit. La partie envers laquelle l'engagement n'a point été exécuté a le choix ou de forcer l'autre à l'exécution de la convention lorsqu'elle est possible, ou d'en demander la résolution avec dommages et intérêts.

CLASSEMENTS DES OBLIGATIONS   Art. 1184

La résolution doit être demandée en justice, et il peut être accordé au défendeur un délai selon les circonstances.

I. Conditions de la résolution judiciaire

1) Il appartient aux tribunaux de rechercher en cas d'exécution partielle et d'après les circonstances de fait si cette inexécution a assez d'importance pour que la résolution doive être immédiatement prononcée ou si elle ne sera pas suffisamment réparée par une condamnation à des dommages-intérêts (Civ. 11 avril 1918 : *D.P.* 1921, 1, 224. – V. en ce sens, Com. 5 mars 1974 : *J.C.P.* 74, IV, 145). Les juges du fond peuvent estimer que le comportement agressif, injurieux et menaçant des bailleurs à l'égard des preneurs rend impossible la poursuite de relations contractuelles normales entre eux (Civ. 3e, 29 avril 1987 : *Bull.* III, n. 93, p. 55 ; *Rev. trim. dr. civ.* 1988, 536, obs. Mestre).

2) Le défaut de préjudice ne constitue pas un obstacle à la résolution (Civ. 1re, 23 nov. 1955 : *J.C.P.* 55, IV, 181 ; *Bull.* I, n. 405, p. 327).

3) Sur le principe que la résolution peut être prononcée même pour une inexécution non fautive, v. Civ. 14 avril 1891 : *D.P.* 91, I, 329, note Planiol. – Civ. 1re, 27 fév. 1967 : *D.* 1967, 413. – Civ. 1re, 4 fév. 1976 : *Bull.* I, n. 53, p. 43. – Civ. 1re, 12 mars 1985 : *Bull.* I, n. 94, p. 87 ; *Rev. trim. dr. civ.* 1986, 345, obs. Mestre. Mais le bailleur ne saurait demander la résiliation du bail si l'inexécution de l'obligation du débiteur est la conséquence de sa propre faute (Civ. 1re, 21 oct. 1964 : *Bull.* I, n. 463, p. 359). La résolution peut être prononcée aux torts réciproques si chacune des parties a manqué à ses engagements (Civ. 3e, 8 janv. 1970 : *Bull.* III, n. 29, p. 20).

4) L'assignation en résolution suffit à mettre le débiteur en demeure (Com. 26 avril 1977 : *Bull.* IV, n. 118, p. 101).

5) Le créancier conserve la faculté d'option prévue par l'article 1184, alinéa 2, entre la résolution du contrat et son exécution supposée encore possible tant qu'il n'a pas renoncé à l'une ou à l'autre (Civ. 6 janv. 1932 : *D.H.* 1932, 114). Le créancier à qui son titre donne tout à la fois une action en exécution et l'action résolutoire n'est pas présumé avoir renoncé à celle-ci parce qu'il exerce la première (Com. 27 oct. 1953 : *D.* 1954, 201, note H.L.). La renonciation à l'action en résolution peut résulter du fait que le créancier a octroyé un délai à son débiteur (Civ. 1re, 8 mai 1967 : *Bull.* I, n. 157, p. 115). Mais la stipulation d'une clause pénale n'emporte pas de plein droit renonciation du créancier à poursuivre la résolution du contrat (Civ. 3e, 22 fév. 1978 : *Bull.* III, n. 99, p. 77).

6) Il appartient aux tribunaux d'apprécier souverainement si les offres faites en cours d'instance sont de nature à constituer une exécution faisant obstacle à la résolution demandée (Civ. 1re, 22 oct. 1956 : *J.C.P.* 56, IV, 162 ; *Bull.* I, n. 362, p. 290).

7) Le fait que le contrat ait réservé à une partie une faculté de résiliation unilatérale n'est pas de nature, en dehors d'une renonciation non équivoque, à empêcher celle-ci de demander la résolution judiciaire (Com. 7 mars 1984 : *Bull.* IV, n. 93, p. 78 ; *J.C.P.* 85, II, 20407, note Delebecque).

8) Si le délai accordé par le juge peut être suspendu en cas de force majeure, il ne saurait être renouvelé (Civ. 1re, 19 déc. 1984 : *Bull.* I, n. 343, p. 291 ; *Rev. trim. dr. civ.* 1986, 107, obs. Mestre).

II. Effets de la résolution judiciaire

9) La résolution judiciaire entraîne l'anéantissement rétroactif du contrat (Civ. 4 mai 1898 : *D.P.* 98, 1, 457, note Planiol). Les parties doivent donc procéder à la restitution en nature des prestations reçues sauf si les choses ne sont plus entières (Civ. 3 nov. 1948 : *D.* 1949, 53). La décision

Art. 1184

prononçant la résolution peut impartir un délai pour reprendre la chose sous une astreinte par jour de retard (Civ. 1re, 13 janv. 1971 : *D.* 1971, Somm. 108).

10) Dans les contrats à exécution échelonnée, la résolution pour inexécution partielle atteint l'ensemble du contrat ou certaines de ses tranches seulement, suivant que les parties ont voulu faire un marché indivisible ou fractionné en une série de contrats (Civ. 1re, 3 nov. 1983 : *Bull.* I, n. 252, p. 227 ; *Rev. trim. dr. civ.* 1985, 166, obs. Mestre. – Civ. 1re, 13 janv. 1987 : *Bull.* I, n. 11, p. 8 ; *J.C.P.* 87, II, 20860, note Goubeaux).

11) L'action en résolution du vendeur de fonds de commerce non payé lui permet de reprendre en quelques mains qu'ils soient et en quelque lieu qu'ils aient été transportés tous les éléments du fonds qui ont fait partie de la vente, même ceux dont il a reçu le prix et pour lesquels son privilège est éteint (Com. 14 mai 1952 : *J.C.P.* 52, II, 7327, note Cohen).

12) La résolution du contrat de vente a pour effet de priver de cause le contrat de crédit-bail portant sur le bien vendu, le versement de loyers n'ayant plus de contrepartie (Civ. 1re, 3 mars 1982 : *J.C.P.* 83, II, 20115, 1re esp., note Bey. – Civ. 1re, 11 déc. 1985 : *Bull.* I, n. 351, p. 315. – V. cependant Com. 15 mars 1983 : *J.C.P.* 83, II, 20115, 2e esp., note Bey).

III. Clause résolutoire

13) Le juge saisi aux fins de l'application d'une clause résolutoire claire et précise ne peut se refuser à la déclarer acquise, si rigoureuse qu'elle puisse paraître (Paris 30 avril 1947 : *D.* 1947, 400. – V. en ce sens Civ. 2e, 12 mars 1954 : *D.* 1954, 363). Notamment il ne peut en accordant des délais de grâce sur la base de l'article 1244 paralyser le jeu d'une telle clause (Civ. 3e, 4 juin 1986 : *Rev. trim. dr. civ.* 1987, 318, obs. Mestre). Mais il retrouve son pouvoir d'appréciation si la clause est exprimée de manière équivoque (Civ. 1re, 25 nov. 1986 : *Bull.* I, n. 279, p. 266. – Civ. 3e, 7 déc. 1988 : *Bull.* III, n. 176, p. 96). N'est pas une clause résolutoire de plein droit la clause insérée dans un contrat de vente qui ouvre, à défaut du paiement de la rente viagère, plusieurs possibilités au choix du vendeur, et en particulier celle de demander que la résolution de la vente soit prononcée par décision judiciaire (Civ. 1re, 13 déc. 1988 : *Bull.* I, n. 353, p. 240 ; *Rev. trim. dr. civ.* 1989, 576, obs. Rémy).

14) L'application de la clause résolutoire reste subordonnée aux exigences de la bonne foi (Civ. 1re, 14 mars 1956 : *D.* 1956, 449. – Civ. 3e, 27 mai 1987 : *Bull.* III, n. 108, p. 63). La clause résolutoire n'est pas invoquée de bonne foi lorsque le créditrentier s'est abstenu de réclamer la rente viagère pendant plus de dix ans et que son brusque changement de comportement, dû seulement à des dissensions familiales, a constitué une situation imprévisible pour les débirentiers, empêchés de se mettre en règle dans le délai prévu (Civ. 3e, 8 avril 1987 : *Bull.* III, n. 88, p. 53).

15) Justifie légalement sa décision la cour d'appel qui rejette la demande d'application de la clause résolutoire d'un bail en constatant l'impossibilité absolue pour le locataire d'exécuter dans le délai imparti par le commandement, eu égard à leur importance, les travaux de remise en état mentionnés dans ce commandement (Civ. 3e, 16 déc. 1987 : *J.C.P.* 89, II, 21184, note Boccara).

16) La règle édictée par l'article 1184 selon laquelle la résolution du contrat ne s'opère pas de plein droit et doit être prononcée par justice, s'applique quand cette condition résolutoire a été expressément prévue comme lorsqu'elle a été sous-entendue dès lors que les parties n'ont pas manifesté leur commune volonté qu'il y soit dérogé (Req. 3 mai 1937 : *D.H.* 1937, 364).

17) C'est au créancier qu'il appartient, en cas d'inexécution, de choisir entre l'action

en résolution de l'article 1184 du Code civil et l'action en indemnité des articles 1142, 1144 et 1147 du même code (Civ. 8 juil. 1936 : *D.H.* 1936, 554). Il conserve ce choix même s'il s'est d'abord prévalu de la clause résolutoire (Civ. 1re, 11 janv. 1967 : *Bull.* I, n. 15, p. 10).

SECTION II. – DES OBLIGATIONS À TERME

Art. 1185. – **Le terme diffère de la condition, en ce qu'il ne suspend point l'engagement, dont il retarde seulement l'exécution.**

La fixation d'un délai ne faisant pas dépendre une obligation d'un événement incertain ne peut correspondre à la condition suspensive définie par l'article 1181 du Code civil mais constitue seulement un terme comminatoire (Civ. 1re, 13 nov. 1961 : *Bull.* I, n. 521, p. 411. – V. aussi Civ. 1re, 21 juil. 1965 : *Bull.* I, n. 496, p. 372). Jugé que la clause qui recule l'exigibilité de la dette à l'accomplissement d'un fait dépendant de la volonté du débiteur n'est pas une véritable condition purement potestative mais lui imprime seulement les caractères d'une obligation à terme incertain, l'incertitude ne portant que sur l'échéance et non sur l'événement auquel est subordonnée l'exécution de cette obligation (Montpellier 15 fév. 1953 : *Gaz. Pal.* 1953, 1, 314). Sur la distinction entre la condition purement potestative et le terme à échéance incertaine pouvant être fixé judiciairement, V. Civ. 3e, 4 déc. 1985 : *Bull.* III, n. 162, p. 123 ; *Rev. trim. dr. civ.* 1987, 98, obs. Mestre.

Art. 1186. – **Ce qui n'est dû qu'à terme ne peut être exigé avant l'échéance du terme ; mais ce qui a été payé d'avance ne peut être répété.**

Le défaut d'échéance du terme empêche l'exécution de l'obligation (Civ. 1re, 23 juin 1969 : *Bull.* I, n. 243, p. 194).

Art. 1187. – **Le terme est toujours présumé stipulé en faveur du débiteur, à moins qu'il ne résulte de la stipulation, ou des circonstances, qu'il a été aussi convenu en faveur du créancier.**

La disposition de l'article 1187 n'a pas la valeur d'une règle impérative et il appartient aux juges du fond d'apprécier souverainement l'intention des parties et les circonstances pour décider si cette règle doit être suivie (Req. 24 janv. 1934 : *D.H.* 1934, 145. – Comp. Paris 28 nov. 1895 et Req. 21 avril 1895 : *D.P.* 96, 1, 484, rapp. Voisin).

Art. 1188 *(L. n. 85-98 du 25 janv. 1985, art. 217 et 243).* – **Le débiteur ne peut plus réclamer le bénéfice du terme lorsque par son fait il a diminué les sûretés qu'il avait données par le contrat à son créancier.**

Ancien art. 1188. – *Le débiteur ne peut plus réclamer le bénéfice du terme lorsqu'il a fait faillite, ou lorsque, par son fait, il a diminué les sûretés qu'il avait données par le contrat à son créancier.*

1) Les juges du fond qui n'ont pas prononcé la déchéance du terme mais seulement considéré que le terme était échu n'ont pas à rechercher si l'une des conditions énumérées par l'article 1188 se trouve réalisée (Civ. 3e, 1er juil. 1971 : *J.C.P.* 71, IV, 215 ; *Bull.* III, n. 437, p. 312).

2) Pour l'application de l'article 1188, la déconfiture est assimilée à la faillite (Com. 9 nov. 1965 : *Bull.* III, n. 566, p. 507). Mais en cas de déconfiture la déchéance du terme n'est pas encourue de plein droit et doit être demandée au juge (Civ. 1re, 16 déc. 1975 : *J.C.P.* 76, IV, 49 ; *Bull.* I, n. 372, p. 310). Les effets du jugement qui rend la dette exigible ne sauraient en aucun cas remonter au-delà du jour où la demande en justice a été formée (Civ. 6 fév. 1907 : *D.P.* 1908, 1, 408).

3) Le refus de constituer les sûretés promises doit être, comme le fait de diminuer les sûretés déjà constituées, et par raison *a fortiori*, sanctionné en vertu de l'article 1188 du Code civil par la déchéance du terme (Montpellier 23 avril 1931 : *Gaz. Pal.* 1931, 1, 879). Les sûretés visées à l'article 1188 sont les sûretés particulières et non la sûreté générale accordée à tout créancier chirographaire sur l'ensemble du patrimoine de son débiteur par l'article 2093 (Trib. civ. Montbrison 27 fév. 1936 : *Gaz. Pal.* 1936, 1, 870. – Comp. Civ. 4 janv. 1870 : *D.P.* 70, 1, 11).

SECTION III. – DES OBLIGATIONS ALTERNATIVES

Art. 1189. – Le débiteur d'une obligation alternative est libéré par la délivrance de l'une des deux choses qui étaient comprises dans l'obligation.

Pour un exemple d'obligation alternative donnant le choix entre deux procédés destinés à calculer le montant de la somme due,

V. Civ. 1re, 3 juin 1966 : *Bull.* I, n. 329, p. 251. – V. aussi Paris 29 juin 1964 : *J.C.P.* 65, II, 14135, note Boccara.

Art. 1190. – Le choix appartient au débiteur, s'il n'a pas été expressément accordé au créancier.

1) L'article 1190 n'est qu'une interprétation présumée de la volonté des parties et doit être écarté si la volonté des parties apparaît différente (Req. 17 juil. 1929 : *D.P.* 1929, 1, 143, rapp. Bricout).

2) Le juge ne peut pas, dans les rapports contractuels, se substituer aux parties pour exercer en leur nom une option qu'elles se sont réservée ni autoriser le contractant qui n'avait pas ce droit d'après la convention à opérer le choix à la place de la partie défaillante (Civ. 3e, 4 juil. 1968 : *Bull.* III, n. 325, p. 250. – Comp. Paris 29 juin 1964 : *J.C.P.* 65, II, 14135, note Boccara).

3) Le choix de l'objet de l'obligation alternative est définitif dès qu'il est fait par la partie à laquelle il appartient (Civ. 1re, 3 juin 1966 : *Bull.* I, n. 329, p. 251).

Art. 1191. – Le débiteur peut se libérer en délivrant l'une des choses promises ; mais il ne peut pas forcer le créancier à recevoir une partie de l'une et une partie de l'autre.

Art. 1192. – L'obligation est pure et simple, quoique contractée d'une manière alternative, si l'une des deux choses promises ne pouvait être le sujet de l'obligation.

Art. 1193. – L'obligation alternative devient pure et simple, si l'une des choses promises périt et ne peut plus être livrée, même par la faute du débiteur. Le prix de cette chose ne peut pas être offert à sa place.
Si toutes deux sont péries, et que le débiteur soit en faute à l'égard de l'une d'elles, il doit payer le prix de celle qui a péri la dernière.

CLASSEMENTS DES OBLIGATIONS — Art. 1200

S'agissant d'une convention de saillie réservant au propriétaire de deux étalons le choix de celui qui serait accouplé avec la jument de l'autre partie, la mort d'un de ces étalons ne rend pas impossible l'exécution de la convention, le propriétaire étant en droit de faire saillir la jument par l'étalon survivant (Civ. 1re, 22 fév. 1978 : *Gaz. Pal.* 1978, 1, Somm. 145).

Art. 1194. – **Lorsque, dans les cas prévus par l'article précédent, le choix avait été déféré par la convention au créancier,**
Ou l'une des choses seulement est périe ; et alors, si c'est sans la faute du débiteur, le créancier doit avoir celle qui reste ; si le débiteur est en faute, le créancier peut demander la chose qui reste, ou le prix de celle qui est périe ;
Ou les deux choses sont péries ; et alors, si le débiteur est en faute à l'égard des deux, ou même à l'égard de l'une d'elles seulement, le créancier peut demander le prix de l'une ou de l'autre à son choix.

Art. 1195. – **Si les deux choses sont péries sans la faute du débiteur, et avant qu'il soit en demeure, l'obligation est éteinte, conformément à l'article 1302.**

Art. 1196. – **Les mêmes principes s'appliquent au cas où il y a plus de deux choses comprises dans l'obligation alternative.**

SECTION IV. – DES OBLIGATIONS SOLIDAIRES
§ 1. – De la solidarité entre les créanciers

Art. 1197. – **L'obligation est solidaire entre plusieurs créanciers, lorsque le titre donne expressément à chacun d'eux le droit de demander le paiement du total de la créance, et que le paiement fait à l'un d'eux libère le débiteur, encore que le bénéfice de l'obligation soit partageable et divisible entre les divers créanciers.**

La solidarité active ne peut être fondée sur la stipulation par laquelle les vendeurs d'un bien s'étaient engagés solidairement à l'égard de l'acquéreur à toutes les garanties ordinaires de fait et de droit (Civ. 1re, 23 déc. 1964 : *J.C.P.* 65, II, 14259, note Patarin). Par suite, l'un des vendeurs ne peut exercer seul l'action en rescision pour lésion (même arrêt. – Comp. Civ. 3e, 21 fév. 1978 : *Bull.* III, n. 90, p. 70, *infra* sous art. 1218).

Art. 1198. – **Il est au choix du débiteur de payer à l'un ou à l'autre des créanciers solidaires, tant qu'il n'a pas été prévenu par les poursuites de l'un d'eux.**
Néanmoins, la remise qui n'est faite que par l'un des créanciers solidaires ne libère le débiteur que pour la part de ce créancier.

Art. 1199. – **Tout acte qui interrompt la prescription à l'égard de l'un des créanciers solidaires, profite aux autres créanciers.**

§ 2. – De la solidarité de la part des débiteurs

Art. 1200. – **Il y a solidarité de la part des débiteurs, lorsqu'ils sont obligés à une même chose, de manière que chacun puisse être contraint pour la totalité, et que le paiement fait par un seul libère les autres envers le créancier.**

Art. 1201 — CLASSEMENT DES OBLIGATIONS

Art. 1201. – **L'obligation peut être solidaire quoique l'un des débiteurs soit obligé différemment de l'autre au paiement de la même chose ; par exemple, si l'un n'est obligé que conditionnellement, tandis que l'engagement de l'autre est pur et simple, ou si l'un a pris un terme qui n'est point accordé à l'autre.**

Art. 1202. – **La solidarité ne se présume point ; il faut qu'elle soit expressément stipulée. Cette règle ne cesse que dans les cas où la solidarité a lieu de plein droit, en vertu d'une disposition de la loi.**

1) Aucun texte de loi n'attache de plein droit la solidarité soit à la qualité de co-propriétaire indivis, soit à la circonstance que l'obligation a été contractée par un seul des co-propriétaires comme mandataire ou gérant d'affaires des autres, soit à celle que chacun d'eux aurait tiré personnellement profit du mandat ou de la gestion d'affaires (Civ. 8 juin 1915 : *D.P.* 1920, 1, 103, 2e esp. – V. en ce sens Civ. 3e, 12 mai 1975 : *J.C.P.* 75, IV, 210 ; *Bull.* III, n. 165, p. 127). Mais il appartient aux juges du fond de rechercher si la solidarité entre les débiteurs ressort clairement et nécessairement du titre de l'obligation alors même que celle-ci n'a pas été qualifiée de solidaire (Civ. 1re, 3 déc. 1974 : *J.C.P.* 75, IV, 30 ; *Bull.* I, n. 322, p. 276). Jugé que l'emploi du terme « garant » n'équivaut pas à celui de caution solidaire (Civ. 1re, 8 nov. 1978 : *Bull.* I, n. 341, p. 264).

2) L'article 1202 demeure sans application en matière commerciale où, à défaut de convention contraire ou de circonstances relevées par les juges du fond, la solidarité entre débiteurs est de règle (Civ. 18 juil. 1929 : *D.H.* 1929, 556).

3) Sur la responsabilité solidaire des personnes condamnées pour un même crime ou un même délit, V. C. pénal, art. 55.

4) Sur la responsabilité *in solidum* pesant sur les co-auteurs d'un même dommage, V. *infra*, sous art. 1382-1383. Sur l'obligation *in solidum* en général, V. *J.-Cl. Civil*, art. 1197-1216, Fasc. IV.

5) Le cotitulaire d'un compte joint n'est, en cette seule qualité, ni obligé par le chèque dont il n'est pas le tireur, ni soumis par une disposition conventionnelle ou légale à une obligation de solidarité passive envers le porteur (Com. 8 mars 1988 : *Bull.* IV, n. 102, p. 71).

Art. 1203. – **Le créancier d'une obligation contractée solidairement peut s'adresser à celui des débiteurs qu'il veut choisir, sans que celui-ci puisse lui opposer le bénéfice de division.**

V. pour une application, Civ. 1re, 13 nov. 1967 : *D.* 1968, 97, note Lambert-Faivre. Sur le principe que chacun des responsables d'un même dommage doit être condamné à le réparer en totalité, sans qu'il y ait lieu de tenir compte du partage de responsabilité, v. Civ. 3e, 5 déc. 1984 : *J.C.P.* 86, II, 20543, note Dejean de la Batie.

Art. 1204. – **Les poursuites faites contre l'un des débiteurs n'empêchent pas le créancier d'en exercer de pareilles contre les autres.**

Le créancier peut céder son droit d'action contre un des codébiteurs et le conserver contre les autres sans que l'unité de l'objet de la dette de chacun soit éteinte (Req. 11 mars 1935 : *D.P.* 1936, 1, 80).

Art. 1205. – **Si la chose due a péri par la faute ou pendant la demeure de l'un ou de plusieurs des débiteurs solidaires, les autres codébiteurs ne sont point déchargés de l'obligation de payer le prix de la chose : mais ceux-ci ne sont point tenus des dommages et intérêts.**

CLASSEMENTS DES OBLIGATIONS Art. 1211

Le créancier peut seulement répéter les dommages et intérêts tant contre les débiteurs par la faute desquels la chose a péri, que contre ceux qui étaient en demeure.

Art. 1206. – **Les poursuites faites contre l'un des débiteurs solidaires interrompent la prescription à l'égard de tous.**

Art. 1207. – **La demande d'intérêts formée contre l'un des débiteurs solidaires fait courir les intérêts à l'égard de tous.**

Art. 1208. – **Le codébiteur solidaire poursuivi par le créancier peut opposer toutes les exceptions qui résultent de la nature de l'obligation, et toutes celles qui lui sont personnelles, ainsi que celles qui sont communes à tous les codébiteurs.**

Il ne peut opposer les exceptions qui sont purement personnelles à quelques-uns des autres débiteurs.

1) Sur le principe de la représentation mutuelle des codébiteurs, V. Civ. 28 déc. 1881 : *D.P.* 1882, 1, 377. Ce pouvoir de représentation ne peut avoir pour effet d'aggraver la situation des codébiteurs (Civ. 1re, 27 oct. 1969 : *J.C.P.* 69, IV, 291 ; *Bull.* I, n. 314, p. 249), ni de créer à leur charge une obligation nouvelle (Civ. 11 fév. 1947 : *J.C.P.* 48, II, 4127, note J.L., 2e esp.), mais leur permet d'améliorer leur situation respective (Civ. 1re, 27 oct. 1969, précité) ; un codébiteur peut donc se prévaloir de la transaction conclue par son coobligé avec leur créancier commun (même arrêt). Mais dès lors que l'attestation délivrée par l'un des codébiteurs est contraire aux intérêts de l'autre, le premier ne représente pas son coobligé à qui ce document n'est, par conséquent, pas opposable (Civ. 3e, 14 avril 1982 : *J.C.P.* 82, IV, 218).

2) En cas de solidarité, l'appel formé par l'une des parties conserve le droit d'appel des autres, sauf à ces dernières à se joindre à l'instance (Nouv. C. proc. civ., art. 552). Mais le codébiteur qui se joint au recours ne peut faire valoir pour son profit exclusif des griefs à lui personnels ni proposer des moyens étrangers à ceux du codébiteur plus diligent (Paris 11 juin 1971 : *J.C.P.* 72, II, 16981, note Guyon).

3) En cas de condamnation solidaire, la notification faite à l'une des parties ne fait courir le délai qu'à son égard (Nouv. C. proc. civ., art. 529).

Art. 1209. – **Lorsque l'un des débiteurs devient héritier unique du créancier, ou lorsque le créancier devient l'unique héritier de l'un des débiteurs, la confusion n'éteint la créance solidaire que pour la part et portion du débiteur ou du créancier.**

Art. 1210. – **Le créancier qui consent à la division de la dette à l'égard de l'un des codébiteurs, conserve son action solidaire contre les autres, mais sous la déduction de la part du débiteur qu'il a déchargé de la solidarité.**

Art. 1211. – **Le créancier qui reçoit divisément la part de l'un des débiteurs, sans réserver dans la quittance la solidarité ou ses droits en général, ne renonce à la solidarité qu'à l'égard de ce débiteur.**

Le créancier n'est pas censé remettre la solidarité au débiteur lorsqu'il reçoit de lui une somme égale à la portion dont il est tenu, si la quittance ne porte pas que c'est pour sa part.

Il en est de même de la simple demande formée contre l'un des codébiteurs pour sa part, si celui-ci n'a pas acquiescé à la demande, ou s'il n'est pas intervenu un jugement de condamnation.

Art. 1212

Le créancier qui forme une demande contre l'un de ses codébiteurs pour sa part est censé lui remettre sa solidarité s'il est intervenu un jugement de condamnation (Civ. 2e, 23 mai 1973 : *Bull.* II, n. 176, p. 140).

Art. 1212. – Le créancier qui reçoit divisément et sans réserve la portion de l'un des codébiteurs dans les arrérages ou intérêts de la dette, ne perd la solidarité que pour les arrérages ou intérêts échus, et non pour ceux à échoir, ni pour le capital, à moins que le paiement divisé n'ait été continué pendant dix ans consécutifs.

Art. 1213. – L'obligation contractée solidairement envers le créancier se divise de plein droit entre les débiteurs, qui n'en sont tenus entre eux que chacun pour sa part et portion.

1) La dette doit être répartie par parts égales s'il n'est pas justifié que les codébiteurs aient eu des intérêts inégaux dans l'engagement commun (Com. 7 fév. 1983 : *Bull.* IV, n. 52, p. 41 ; *Rev. trim. dr. civ.* 1984, 716, obs. Mestre).

2) L'article 1213 ne fait pas obstacle à ce que le juge répartisse sur des bases inégales dans les rapports entre eux des coauteurs d'un même dommage la dette dont ils sont tenus solidairement s'il lui apparaît que la responsabilité de chacun d'eux ne représente pas le même degré de gravité (Civ. 1re, 21 fév. 1956 : *J.C.P.* 56, II, 9200, note Blin).

Art. 1214. – Le codébiteur d'une dette solidaire, qui l'a payée en entier, ne peut répéter contre les autres que les part et portion de chacun d'eux.

Si l'un d'eux se trouve insolvable, la perte qu'occasionne son insolvabilité se répartit, par contribution, entre tous les autres codébiteurs solvables et celui qui a fait le paiement.

Le codébiteur d'une obligation *in solidum* qui l'a payée en entier peut, comme celui d'une obligation solidaire, répéter contre les autres la part et portion de chacun d'eux. Viole l'article 1214 l'arrêt qui refuse ce recours au motif que celui qui a réparé intégralement le dommage ne peut exercer l'action récursoire contre un coauteur qu'en vertu d'une subrogation dans les droits de la victime (Civ. 1re, 7 juin 1977 : *J.C.P.* 78, II, 19003, note Dejean de la Batie), ou celui qui, après avoir décidé que la responsabilité d'un dommage serait partagée par tiers entre les trois coauteurs, condamne *in solidum* deux d'entre eux à garantir le premier à concurrence des deux tiers des condamnations prononcées à son encontre (Civ. 1re, 28 juin 1989 : *J.C.P.* 89, IV, 332).

Art. 1215. – Dans le cas où le créancier a renoncé à l'action solidaire envers l'un des débiteurs, si l'un ou plusieurs des autres codébiteurs deviennent insolvables, la portion des insolvables sera contributoirement répartie entre tous les débiteurs, même entre ceux précédemment déchargés de la solidarité par le créancier.

Art. 1216. – Si l'affaire pour laquelle la dette a été contractée solidairement ne concernait que l'un des coobligés solidaires, celui-ci serait tenu de toute la dette vis-à-vis des autres codébiteurs qui ne seraient considérés par rapport à lui que comme ses cautions.

SECTION V. – DES OBLIGATIONS DIVISIBLES ET INDIVISIBLES

Art. 1217. – L'obligation est divisible ou indivisible selon qu'elle a pour objet une chose qui dans sa livraison, ou un fait qui, dans l'exécution, est ou n'est pas susceptible de division soit matérielle, soit intellectuelle.

CLASSEMENTS DES OBLIGATIONS — Art. 1220

1) L'indivisibilité ne s'attache de plein droit ni à la qualité d'indivisaire ni à la circonstance que l'un des débiteurs a agi comme mandataire de l'autre (Civ. 1re, 13 mai 1981 : *J.C.P.* 81, IV, 265 ; *Bull.* I, n. 163, p. 132).

2) L'impossibilité d'accomplir partiellement la prestation qui est l'objet de l'obligation disparaît lorsqu'à l'obligation de faire se trouve substituée une condamnation à payer à titre de dommages-intérêts une somme d'argent (Civ. 14 mars 1933 : *D.H.* 1933, 234). L'obligation pour le bailleur de procurer au preneur la jouissance de la chose louée est indivisible par son objet, mais elle devient divisible lorsque, à défaut d'exécution, elle se convertit en une dette de dommages-intérêts (Req. 15 déc. 1880 : *D.P.* 81, 1, 37).

Art. 1218. – L'obligation est indivisible, quoique la chose ou le fait qui en est l'objet soit divisible par sa nature, si le rapport sous lequel elle est considérée dans l'obligation ne la rend pas susceptible d'exécution partielle.

1) Est indivisible par application de l'article 1218 l'obligation imposée aux preneurs solidaires de satisfaire au droit de reprise du bailleur à l'expiration de la prorogation qui leur a été accordée (Soc. 10 fév. 1950 : *Gaz. Pal.* 1950, 1, 223). Sur le pouvoir souverain des juges du fond pour déterminer si une obligation est susceptible de division, V. Com. 9 oct. 1972 : *D.* 1972, 730, note Malaurie.

2) Manque de base légale la décision qui, la convention n'ayant pas été réalisée à la date convenue, reconduit dans son ensemble une promesse de vente d'immeuble contenant une clause de dédit sans s'expliquer sur le caractère indivisible de la prolongation aussi bien du premier élément du contrat que du second (Civ. 3e, 10 déc. 1969 : *J.C.P.* 70, IV, 27 ; *Bull.* III, n. 819, p. 620).

3) Lorsque trois vendeurs s'entendent pour vendre conjointement et solidairement leurs trois terrains en vue d'un lotissement, l'un des vendeurs ne peut demander la nullité de la vente de sa seule parcelle en raison de l'indivisibilité de l'objet de la vente (Civ. 3e, 21 fév. 1978 : *Bull.* III, n. 90, p. 70).

Art. 1219. – La solidarité stipulée ne donne point à l'obligation le caractère d'indivisibilité.

§ 1. – Des effets de l'obligation divisible

Art. 1220. – L'obligation qui est susceptible de division doit être exécutée entre le créancier et le débiteur comme si elle était indivisible. La divisibilité n'a d'application qu'à l'égard de leurs héritiers, qui ne peuvent demander la dette ou qui ne sont tenus de la payer que pour les parts dont ils sont saisis ou dont ils sont tenus comme représentant le créancier ou le débiteur.

1) En vertu de l'article 1220 du Code civil, l'obligation du débiteur décédé se divise de plein droit entre ses héritiers. En conséquence, lorsque la dette est solidaire, bien qu'elle conserve ce caractère à l'égard de l'hérédité, chacun des héritiers ne recueillant qu'une part de la succession n'est tenu que jusqu'à concurrence de cette part (Civ. 2 janv. 1924 : *D.P.* 1924, 1, 14. V. aussi Civ. 1re, 10 mai 1988 : *Bull.* I, n. 140, p. 97).

2) Viole l'article 1220 l'arrêt qui condamne les débiteurs à payer la totalité de leur dette entre les mains de deux seulement des héritiers alors qu'il résultait des constatations de fait des premiers juges que les deux autres héritiers avaient renoncé à leur action (Civ. 1re, 11 oct. 1988 : *Bull.* I, n. 285,p. 194 ; *Rev. trim. dr. civ.* 1989, 541, obs. Mestre).

3) Malgré la division légale entre les héritiers des dettes de la succession, l'intégralité de chacune de ses dettes, tant que le partage n'a pas été effectué, est garantie par l'hérédité tout entière (Civ. 1re, 4 avril 1962 : *Gaz Pal.* 1962, 2, 29. – Civ. 1re, 19 juil. 1976 : *Bull.* I, n. 264, p. 214). Mais les créanciers ne sont pas obligés d'user de cette garantie et peuvent valablement poursuivre chacun des héritiers au prorata de leurs droits respectifs, la mise en cause des cohéritiers qui ont renoncé à contester la dette et ont réglé leur quote-part ne se justifiant nullement (Civ. 1re, 14 mars 1972 : *Gaz Pal.* 1972, 2, 638).

4) Sur l'application de l'article 1220 aux créances communes à la dissolution du régime matrimonial, V. Civ. 1re, 10 fév. 1981 : *J.C.P.* 82, II, 19786, note Rémy.

Art. 1221. – **Le principe établi dans l'article précédent reçoit exception à l'égard des héritiers du débiteur :**
1° Dans le cas où la dette est hypothécaire ;
2° Lorsqu'elle est d'un corps certain ;
3° Lorsqu'il s'agit de la dette alternative de choses au choix du créancier, dont l'une est indivisible ;
4° Lorsque l'un des héritiers est chargé seul, par le titre, de l'exécution de l'obligation ;
5° Lorsqu'il résulte, soit de la nature de l'engagement, soit de la chose qui en fait l'objet, soit de la fin qu'on s'est proposée dans le contrat, que l'intention des contractants a été que la dette ne pût s'acquitter partiellement.
Dans les trois premiers cas, l'héritier qui possède la chose due ou le fonds hypothéqué à la dette, peut être poursuivi pour le tout sur la chose due ou sur le fonds hypothéqué, sauf le recours contre ses cohéritiers. Dans le quatrième cas, l'héritier seul chargé de la dette, et dans le cinquième cas, chaque héritier, peut aussi être poursuivi pour le tout, sauf son recours contre ses cohéritiers.

L'indivisibilité ne s'attache pas de plein droit à la circonstance que l'obligation portant sur une somme d'argent aurait été fixée globalement sans que soit stipulé le versement de la moitié à la charge de l'un ou de l'autre des codébiteurs (Civ. 1re, 11 janv. 1984 : *Bull.* I, n. 12, p. 11 ; *Rev. trim. dr. civ.* 1985, 171, obs. Mestre).

§ 2. – Des effets de l'obligation indivisible

Art. 1222. – **Chacun de ceux qui ont contracté conjointement une dette indivisible en est tenu pour le total, encore que l'obligation n'ait pas été contractée solidairement.**

1) Sur les effets de l'appel formé par l'un des débiteurs en cas d'indivisibilité, V. Nouv. C. proc. civ., art. 552 et 553.
2) En cas de condamnation indivisible, la notification faite à l'une des parties ne fait courir le délai qu'à son égard (Nouv. C. proc. civ., art. 529). V. pour une application Civ. 2e, 18 mars 1987 : *Bull.* II, n. 71, p. 40.

Art. 1223. – **Il en est de même à l'égard des héritiers de celui qui a contracté une pareille obligation.**

V. pour une application Soc. 24 mars 1953 : *Bull.* IV, n. 269, p. 200.

Art. 1224. – **Chaque héritier du créancier peut exiger en totalité l'exécution de l'obligation indivisible.**

CLASSEMENTS DES OBLIGATIONS — Art. 1226

Il ne peut seul faire la remise de la totalité de la dette ; il ne peut recevoir seul le prix au lieu de la chose. Si l'un des héritiers a seul remis la dette ou reçu le prix de la chose, son cohéritier ne peut demander la chose indivisible qu'en tenant compte de la portion du cohéritier qui a fait la remise ou qui a reçu le prix.

1) La demande en révision de loyer formée par un indivisaire agissant seul est recevable (Rennes 29 mai 1963 : *Gaz Pal.* 1963, 2, 415).

2) Sur la prescription de l'obligation indivisible, V. Civ. 1re, 5 janv. 1966 : *Bull.* I, n. 16, p. 14. – V. aussi *infra*, art. 2249.

Art. 1225. – **L'héritier du débiteur, assigné pour la totalité de l'obligation, peut demander un délai pour mettre en cause ses cohéritiers, à moins que la dette ne soit de nature à ne pouvoir être acquittée que par l'héritier assigné, qui peut alors être condamné, seul, sauf son recours en indemnité contre ses cohéritiers.**

SECTION VI. – DES OBLIGATIONS AVEC CLAUSES PÉNALES

Art. 1226. – **La clause pénale est celle par laquelle une personne, pour assurer l'exécution d'une convention, s'engage à quelque chose en cas d'inexécution.**

I. Définition

1) Les stipulations relatives à la fixation de pénalités de retard constituent une clause pénale (Civ. 3e, 6 nov. 1986 : *Bull.* III, n. 150, p. 116). Mais les intérêts appliqués en cas de versement tardif des cotisations de retraite ont la même nature que ces cotisations ; il s'ensuit que les majorations qui sont dues de plein droit ne sont assimilables à aucun titre à des dommages-intérêts dus en vertu d'une clause pénale (Soc. 10 nov. 1981 : *Bull.* V, n. 891, p. 662).

2) Une clause résolutoire sanctionnant l'exécution par une partie de ses obligations n'est pas une clause pénale (Civ. 3e, 20 juil. 1989 : *J.C.P.* 89, IV, 358).

3) La stipulation d'une indemnité d'immobilisation au profit du promettant en cas de promesse unilatérale de vente ne constitue pas une clause pénale, dès lors que le bénéficiaire, n'étant pas tenu d'acquérir, ne manque pas à son obligation contractuelle en s'abstenant de requérir l'exécution de la promesse (Civ. 3e, 5 déc. 1984 : *J.C.P.* 86, II, 20555, note Paisant ; *Bull.* III, n. 208, p. 162). Dès lors que le contrat prévoit que l'indemnité d'immobilisation serait acquise de plein droit au promettant à titre de dommages-intérêts, les juges du fond n'ont pas à rechercher si son montant doit être réduit en considération de la durée effective de l'immobilisation de l'immeuble (Civ. 3e, 10 déc. 1986 : *J.C.P.* 87, II, 20857, note Paisant).

4) La contrepartie pécuniaire de l'obligation de non-concurrence n'est pas une peine (Soc. 4 juil. 1983 : *Bull.* V, n. 380, p. 272. – Soc. 6 mars 1986 : *D.* 1986, I.R. 178. – Paris 25 avril 1984 : *Rev. trim. dr. civ.* 1985, 372, obs. Mestre).

5) L'indemnité conventionnelle stipulée par un protocole d'accord et ayant pour objet de réparer le préjudice résultant de la rupture du contrat de travail constitue une clause pénale, alors même que cet avantage conventionnel serait fondé sur le salaire et l'ancienneté (Soc. 5 juin 1986 : *D.* 1986, 558, note Karaquillo).

6) Compte tenu de la très importante différence entre le loyer mensuel et l'indemnité d'occupation hebdomadaire en cas de maintien dans les lieux après expiration du bail, les juges du fond peuvent estimer qu'un tel dédommagement constitue en réalité une

pénalité excessive soumise à leur pouvoir de modération (Civ. 3e, 18 janv. 1989 : *J.C.P.* 89, IV, 100).

7) La démission d'un syndicat professionnel est l'exercice d'un droit reconnu par la loi (C. trav., art. L.411-8), ce qui exclut qu'elle puisse constituer l'inexécution d'une obligation relevant du domaine d'application de l'article 1226 (Civ. 1re, 23 mars 1983 : *Bull.* I, n. 112, p. 98).

8) Ne constitue pas une clause pénale la clause d'un contrat de prêt tendant seulement à remettre les parties dans le même état que celui dans lequel elles se trouveraient si le contrat n'avait pas existé, sans obliger l'emprunteur à aucune prestation autre que la restitution de ce qu'il avait reçu en vertu du contrat (Civ. 1re, 22 fév. 1977 : *D.* 1977, I.R. 254).

9) Une clause d'un contrat de prêt accordant au créancier une indemnité forfaitaire de 5 % au cas où il serait obligé de procéder à un ordre ou de participer à une procédure quelconque n'a pas pour objet d'assurer par l'une des parties l'exécution de son obligation et n'a donc pas le caractère d'une clause pénale (Civ. 1re, 16 janv. 1985 : *J.C.P.* 86, II, 20661, note Paisant ; *Rev. trim. dr. civ.* 1986, 103, obs. J. Mestre).

II. Validité

10) Sur l'interdiction des amendes et autres sanctions pécuniaires dans le contrat de travail, V. C. trav., art. L.122-42. V. aussi G. Paisant, *Les clauses pénales sont-elles encore licites dans les contrats de bail et de travail ? J.C.P.* 85, I, 3238.

11) Jugé que l'article 27 de la loi Quilliot (abrogée) ne fait pas obstacle à l'insertion dans le bail d'une clause pénale (Paris 27 juin 1985 : *Bull.* loyers 1985, n. 310. – Paris 9 juil.

1985 : *D.* 1985, 510, note Aubert. – *Contra :* Paris 25 sept. 1984 : *D.* 1985, I.R. 293, obs. Giverdon).

12) Sur la réglementation de la clause pénale dans certains contrats, C. constr. et hab., art. L. 261-14 (vente d'immeuble à construire) ; D. n. 78-373 du 17 mars 1978 (protection des consommateurs dans le domaine de certaines opérations de crédit, *supra,* sous art. 1152) ; D. n. 80-473 du 28 juin 1980 (protection des emprunteurs dans le domaine immobilier, *supra* sous art. 1152).

13) La clause prévoyant la majoration des obligations du débiteur dans le cas où il serait mis en règlement judiciaire ou en liquidation des biens porte atteinte à la règle d'ordre public de l'égalité de ses créanciers et ne peut donc produire d'effet (Com. 19 avril 1985 : *Bull.* IV, n. 120, p. 103 ; *Defrénois* 1986, 940, obs. Derrida. V. cpdt Civ. 1re, 16 janv. 1985, préc., n. 7).

III. Régime

14) La clause pénale n'est pas soumise aux dispositions des textes réprimant l'usure (Com. 22 fév. 1977 : *Bull.* IV, n. 58, p. 51).

15) La clause pénale n'implique pas que les parties aient entendu, soit expressément, soit virtuellement, dispenser de la formalité de la mise en demeure (Civ. 3e, 20 janv. 1976 : A.J.P.I. 1977, 110, note Talon. – Reims 30 juin 1977 : *J.C.P.* 79, IV, 14).

16) La stipulation d'une clause pénale à défaut d'exécution d'une convention n'emporte pas de plein droit renonciation du créancier à poursuivre la résolution de cette convention (Civ. 3e, 22 fév. 1978 : *Bull.* III, n. 99, p. 77).

17) Sur la modération de la clause pénale par le juge, V. *supra,* art. 1152.

Art. 1227. – **La nullité de l'obligation principale entraîne celle de la clause pénale. La nullité de celle-ci n'entraîne point celle de l'obligation principale.**

1) Sur le principe que la nullité d'une convention entraîne la nullité de la clause pénale qui y est insérée, V. Com. 20 juil. 1983 : J.C.P. 83, IV, 314 ; D. 1984, 422, note Aubert.

2) Les juges du fond peuvent faire état d'une clause pénale qu'ils n'appliquent pas comme un élément d'appréciation du préjudice subi (Civ. 1re, 29 mars 1965 : Bull. I, n. 225, p. 167).

3) Une clause pénale ne peut être valablement insérée dans une libéralité et pour assurer l'exécution de ses dispositions que lorsque celles-ci sont licites et ne touchent qu'à des intérêts privés (Civ. 1re, 10 mars 1970 : D. 1970, 584, note A.B.).

Art. 1228. – Le créancier, au lieu de demander la peine stipulée contre le débiteur qui est en demeure, peut poursuivre l'exécution de l'obligation principale.

Art. 1229. – La clause pénale est la compensation des dommages et intérêts que le créancier souffre de l'inexécution de l'obligation principale.

Il ne peut demander en même temps le principal et la peine, à moins qu'elle n'ait été stipulée pour le simple retard.

GERBAY, *Les clauses de remboursement forfaitaire des frais de recouvrement judiciaire* : D. 1978, chron. 93.

Si aux termes de l'article 1229 le créancier ne peut demander en même temps le principal et la peine, rien n'empêche les cocontractants de stipuler une indemnité à titre de clause pénale pour sanctionner aussi bien la défaillance à l'obligation principale que tous autres manquements (Civ. 1re, 10 fév. 1960 : Bull. I, n. 94, p. 76).

Art. 1230. – Soit que l'obligation primitive contienne, soit qu'elle ne contienne pas un terme dans lequel elle doive être accomplie, la peine n'est encourue que lorsque celui qui s'est obligé soit à livrer, soit à prendre, soit à faire, est en demeure.

Une clause pénale ne saurait recevoir application en l'absence de mise en demeure dès lors qu'il ne résulte pas de ses termes que les parties aient entendu, soit expressément, soit virtuellement, se dispenser de cette formalité (Civ. 3e, 20 janv. 1976 : J.C.P. 76, IV, 84 ; Bull. III, n. 23, p. 17). Mais ne donne pas de base légale à sa décision la cour d'appel qui, pour refuser d'appliquer une clause pénale, retient qu'il n'est pas justifié d'une mise en demeure, sans rechercher si les parties qui avaient fixé un terme pour l'achèvement des travaux n'avaient pas eu l'intention de dispenser le créancier de l'obligation de mise en demeure (Civ. 3e, 17 nov. 1971 : Bull. III, n. 564, p. 402). Pour un exemple de renonciation des parties à la nécessité d'une mise en demeure, V. Civ 3e, 22 janv. 1971 : J.C.P. 71, IV, 49 ; Bull. III, n. 51, p. 35.

Art. 1231 *(Modifié L. n. 75-597 du 9 juil. 1975, art. 2.)* **– Lorsque l'engagement a été exécuté en partie, la peine convenue peut** (L. n. 85-1097 du 11 oct. 1985, art. 2), **même d'office*, être diminuée par le juge à proportion de l'intérêt que l'exécution partielle a procuré au créancier, sans préjudice de l'application de l'article 1152. Toute stipulation contraire sera réputée non écrite.**

* *Disposition applicable aux contrats et aux instances en cours, art. 3.*

Art. 1232

1) L'article 1231 est inapplicable s'agissant d'une inexécution partielle dont les parties ont expressément déterminé les conséquences (Com. 3 fév. 1975 : *Bull.* IV, n. 32, p. 26). Tel est le cas si elles ont elles-mêmes prévu une diminution de la peine convenue à proportion de l'intérêt que l'exécution partielle aura procuré au créancier (Com. 21 juil. 1980 : *Bull.* IV, n. 309, p. 250).

2) Sur le pouvoir souverain des juges du fond pour apprécier s'il y a eu exécution partielle, V. Com. 9 oct. 1972 : *D.* 1972, 730, note Malaurie.

Art. 1232. – Lorsque l'obligation primitive contractée avec une clause pénale est d'une chose indivisible, la peine est encourue par la contravention d'un seul des héritiers du débiteur, et elle peut être demandée, soit en totalité contre celui qui a fait la contravention, soit contre chacun des cohéritiers pour leur part et portion, et hypothécairement pour le tout, sauf leur recours contre celui qui a fait encourir la peine.

Art. 1233. – Lorsque l'obligation primitive contractée sous une peine est divisible, la peine n'est encourue que par celui des héritiers du débiteur qui contrevient à cette obligation, et pour la part seulement dont il était tenu dans l'obligation principale, sans qu'il y ait d'action contre ceux qui l'ont exécutée.

Cette règle reçoit exception lorsque la clause pénale ayant été ajoutée dans l'intention que le paiement ne pût se faire partiellement, un cohéritier a empêché l'exécution de l'obligation pour la totalité. En ce cas, la peine entière peut être exigée contre lui, et contre les autres cohéritiers pour leur portion seulement, sauf leur recours.

CHAPITRE V. – DE L'EXTINCTION DES OBLIGATIONS

Art. 1234. – Les obligations s'éteignent :
Par le paiement ;
Par la novation ;
Par la remise volontaire ;
Par la compensation ;
Par la confusion ;
Par la perte de la chose ;
Par la nullité ou la rescision ;
Par l'effet de la condition résolutoire, qui a été expliquée au chapitre précédent ;
Et par la prescription, qui fera l'objet d'un titre particulier.

SECTION I. – DU PAIEMENT

§ 1. – Du paiement en général

Art. 1235. – Tout paiement suppose une dette : ce qui a été payé sans être dû est sujet à répétition.

La répétition n'est pas admise à l'égard des obligations naturelles qui ont été volontairement acquittées.

EXTINCTION DES OBLIGATIONS — Art. 1235

I. Cas d'obligation naturelle

1) Il n'y a pas d'obligation naturelle à exécuter une promesse dont la cause est illicite (Civ. 2e, 8 mars 1963 : *J.C.P.* 63, II, 13195).

2) L'obligation naturelle existe toutes les fois qu'une personne s'oblige envers une autre ou lui verse une somme d'argent, non sous l'impulsion d'une intention libérale mais afin de remplir un devoir impérieux de conscience et d'honneur (Colmar 20 déc. 1960 : *D.* 1961, 207). Ainsi, l'acte par lequel deux personnes ont en vue d'indemniser un proche parent gravement lésé par suite de leur propre fait, qui leur avait procuré à elles-mêmes un bénéfice considérable, doit être regardé comme un véritable pacte de famille destiné à assurer l'exécution d'une obligation naturelle fondée sur un scrupule de conscience (Req. 7 mars 1911 : *D.P.* 1913, 1, 404). De même, il y a une obligation naturelle pour le mari à indemniser sa femme pour réparer le préjudice causé à la communauté par ses pertes au jeu (Civ. 5 avril 1892 : *D.P.* 92, 1, 234). Lorsque des époux conviennent dans le cadre d'un divorce par consentement mutuel de renoncer à toute prestation compensatoire mais que le mari, voulant donner force civile à ce qu'il considérait comme un devoir moral, s'engage à payer à sa femme une pension alimentaire, les juges du fond peuvent interpréter la volonté commune des parties en soumettant ladite pension aux dispositions des articles 208 et 209 du Code civil relatifs aux obligations alimentaires (Civ. 2e, 25 janv. 1984 : *J.C.P.* 86, II, 20540, note Batteur). Jugé que si la nouvelle législation du divorce a, pour certains cas de divorce, supprimé le devoir de secours, elle n'a pas pour effet de priver de valeur l'obligation naturelle contractée dans un acte sous seing privé (Civ. 2e, 9 mai 1988 : *D.* 1989, 289, note crit. Massip).

3) Un legs verbal, nul de plein droit, peut cependant, comme constituant une obligation naturelle, servir de cause à une obligation civile valable (Req. 10 janv. 1905 : *D.P.* 1905, 1, 47. – Civ. 1re, 27 déc. 1963 : *J.C.P.* 64, IV, 19 ; *Bull.* I, n. 573, p. 481).

4) La libéralité faite par un concubin à sa concubine est valable lorsqu'elle apparaît comme l'exécution d'un devoir de conscience (Civ. 1re, 6 oct. 1959 : *D.* 1960, 515, note Malaurie. – Paris 19 janv. 1977 : *J.C.P.* 78, IV, 69).

II. Régime de l'obligation naturelle

5) Une obligation naturelle non transformée en obligation civile ne peut faire l'objet d'une exécution forcée (Civ. 1re, 14 fév. 1978 : *Bull.* I, n. 59, p. 50).

6) Le débiteur d'une obligation naturelle peut, par un acte de volonté non équivoque, valablement transformer en obligation civile l'obligation naturelle qu'il a conscience d'avoir assumée (Civ. 14 janv. 1952 : *D.* 1952, 177, note Lenoan). Mais l'obligation civile est régie, quant à ses limites et conditions, par cet engagement même (Civ. 1re, 29 mai 1956 : *Gaz. Pal.* 1956, 2, 83). La dette grève les héritiers de celui qui s'est engagé, sauf si ce dernier a voulu lui conférer un caractère exclusivement personnel et non transmissible (Paris 19 janv. 1977 : *J.C.P.* 78, IV, 69).

7) Si la transformation d'une obligation naturelle en obligation civile dépend uniquement de l'engagement volontaire de celui qui est tenu d'une telle obligation, cet engagement, soumis aux règles du droit commun de la preuve, doit résulter d'un écrit formant titre, ou, à défaut, d'un commencement de preuve par écrit complété par des témoignages ou des présomptions (Civ. 1re, 28 juin 1954 . *Bull.* I, n. 214, p. 180. – Paris 18 oct. 1960 : *J.C.P.* 60, II, 11798 *bis,* note R.B.), sauf s'il est établi que le créancier de l'obligation s'est trouvé dans l'impossibilité morale d'obtenir du débiteur une preuve écrite de l'opération novatoire (Paris 9 avril 1957 : *D.* 1957, 455).

8) Lorsque deux époux novent leur devoir de reconnaissance envers les parents de la femme en un engagement précis d'hébergement gratuit, les juges du fond peuvent estimer que, dans l'intention commune des parties, l'obligation naturelle a pour cause l'aide pécuniaire fournie par les parents et devait survivre tant au divorce des époux qu'au remboursement auquel ils ont été condamnés (Civ. 1re, 16 juil. 1987 : *Bull.* I, n. 224, p. 164).

Art. 1236. – Une obligation peut être acquittée par toute personne qui y est intéressée, telle qu'un coobligé ou une caution.

L'obligation peut même être acquittée par un tiers qui n'y est point intéressé, pourvu que ce tiers agisse au nom et en l'acquit du débiteur, ou que, s'il agit en son nom propre, il ne soit pas subrogé aux droits du créancier.

1) Le paiement d'une obligation effectué par un tiers n'est pas soumis à l'agrément du créancier s'il n'est pas allégué que l'opération comporte délégation du débiteur (Civ. 3e, 16 mai 1972 : *J.C.P.* 72, IV, 169).

2) Le paiement fait par un tiers au moyen de ses propres deniers au nom du débiteur libère valablement ce dernier à l'égard du créancier (Civ. 1re, 8 déc. 1976 : *Bull.* I, n. 395, p. 310). Il en va de même lorsque le paiement résulte d'une transaction intervenue entre le tiers et le créancier (Civ. 1re, 12 déc. 1960 : *Bull.* I, n. 538, p. 440).

3) Le tiers qui a payé la dette d'autrui de ses propres deniers a, bien que non subrogé aux droits du créancier, un recours contre le débiteur dont le caractère varie selon qu'il était ou non intéressé au paiement (Civ. 12 fév. 1929 : *D.H.* 1929, 180). Mais celui qui a effectué le paiement pour le compte d'un tiers ne lui ayant donné aucun mandat à cette fin ne saurait en réclamer le remboursement audit tiers qu'à la condition de prouver l'obligation de celui-ci dans la dette ainsi acquittée par lui (Civ. 13 nov. 1939 : *Gaz. Pal.* 1940, 1, 8). Le tiers payant est présumé avoir payé de ses propres deniers, mais cette présomption peut être combattue par le débiteur (Req. 18 fév. 1901 ; *D.P.* 1901, 1, 303. – Rouen, 16 fév. 1939 : *S.* 1939, 2, 91).

4) Si une exception à la règle posée l'article 1236, al. 2 peut être admise dans le cas où le débiteur justifie d'un intérêt légitime à ce que le paiement ne soit pas effectué par le tiers, il n'en saurait être de même lorsqu'il est constaté que le débiteur ne peut invoquer aucune justification légitime et que son opposition n'est que le résultat d'une évidente collusion frauduleuse avec le créancier (Req. 7 juin 1937 : *D.H.* 1937, 427).

5) La règle posée par l'article 1236 reçoit exception lorsque débiteur et créancier sont d'accord pour refuser le paiement, mais cette exception ne saurait être admise lors que la personne qui a intérêt légitime à payer ne se voit opposer aucune raison légitime de ce refus (Civ. 2e, 29 mai 1953 : *D.* 1953, 516).

6) Si toute obligation peut être acquittée par un tiers qui y a intérêt, encore faut-il, pour que le paiement ne soit pas indu et n'ouvre pas droit à répétition, que ce tiers n'ait pas commis d'erreur sur la qualité de créancier de celui à qui il a payé (Civ. 1re, 31 janv. 1989 : *J.C.P.* 89, IV, 120 ; *Bull.* I, n. 51, p. 33).

Art. 1237. – L'obligation de faire ne peut être acquittée par un tiers contre le gré du créancier, lorsque ce dernier a intérêt qu'elle soit remplie par le débiteur lui-même.

L'existence de l'intérêt du créancier est une question de fait (Civ. 10 mai 1897 : *D.P.* 98, 1, 73, note L.S.). Pour un exemple de juste motif de refus du paiement offert par un tiers, v. Civ. 3e, 23 fév. 1972 : *Bull.* III, n. 126, p. 92.

EXTINCTION DES OBLIGATIONS — Art. 1242

Art. 1238. – **Pour payer valablement, il faut être propriétaire de la chose donnée en paiement, et capable de l'aliéner.**
Néanmoins, le paiement d'une somme en argent ou autre chose qui se consomme par l'usage, ne peut être répété contre le créancier qui l'a consommée de bonne foi, quoique le paiement en ait été fait par celui qui n'en était pas propriétaire ou qui n'était pas capable de l'aliéner.

Art. 1239. – **Le paiement doit être fait au créancier, ou à quelqu'un ayant pouvoir de lui, ou qui soit autorisé par justice ou par la loi à recevoir pour lui.**
Le paiement fait à celui qui n'aurait pas pouvoir de recevoir pour le créancier, est valable, si celui-ci le ratifie ou s'il en a profité.

1) Les juges du fond apprécient souverainement l'existence d'un mandat de recevoir les fonds (Com. 8 fév. 1972 : *J.C.P.* 73, II, 17386, note Kahn). Le mandat *ad litem* de l'avoué ne comporte pas ce pouvoir (Civ. 22 mars 1921 : *D.P.* 1924, 1, 194 – Civ. 2ᵉ, 5 janv. 1972 : *Bull.* II, n. 3, p. 2). Mais le mandat de vendre des immeubles peut comporter le pouvoir de recevoir le prix (Civ. 3ᵉ, 4 mars 1971 : *Bull.* III, n. 160, p. 115). Jugé que l'indication dans un acte que le remboursement aura lieu en l'étude du notaire doit être retenue comme un commencement de preuve par écrit que le créancier a donné pouvoir au notaire de recevoir le paiement en son nom (Amiens 8 déc. 1934 et Civ. 30 nov. 1938 : *Gaz. Pal.* 1939, 1, 216). Sur l'application en la matière de la théorie du mandat apparent, V. Com. 27 janv. 1971 : *Bull.* IV, n. 28, p. 30.

2) La ratification par le créancier peut être tacite (Civ. 1ʳᵉ, 12 déc. 1973 : *Gaz. Pal.* 1974, 1, Somm. 75). Mais le simple fait pour le créancier de savoir que la somme a été remise à un tiers ne peut valoir ratification (Soc. 1ᵉʳ mars 1962 : *Bull.* IV, n. 243, p. 179).

Art. 1240. – **Le paiement fait de bonne foi à celui qui est en possession de la créance est valable, encore que le possesseur en soit par la suite évincé.**

1) Le possesseur de la créance est le titulaire apparent de la créance et non celui qui prétend agir comme mandataire, même s'il détient le titre (Civ. 22 mars 1921 : *D.P.* 1924, 1, 194).

2) Sur les effets du caractère équivoque de la possession de titres au porteur, V. Civ. 1ʳᵉ, 21 mai 1980 : *D.* 1980, I. R. 478.

Art. 1241. – **Le paiement fait au créancier n'est point valable, s'il était incapable de le recevoir, à moins que le débiteur ne prouve que la chose payée a tourné au profit du créancier.**

Art. 1242. – **Le paiement fait par le débiteur à son créancier, au préjudice d'une saisie ou d'une opposition, n'est pas valable, à l'égard des créanciers saisissants ou opposants : ceux-ci peuvent, selon leur droit, le contraindre à payer de nouveau sauf, en ce cas seulement, son recours contre le créancier.**

1) Si la saisie empêche le débiteur de disposer des fonds saisis en faveur d'un tiers, elle n'a point pour effet d'empêcher le règlement sur ces fonds, avec l'accord du débiteur, du créancier saisissant (Soc. 17 nov. 1955 : *D.* 1956, Somm. 122 ; *Bull.* IV, n. 825, p. 621).

2) Le tiers auquel il a été fait défense de s'acquitter de sa dette ne saurait, sans engager sa responsabilité envers le saisissant, passer outre à cette défense tant qu'il ne lui aura pas été justifié que mainlevée régulière de la saisie lui a été accordée (Civ. 2ᵉ, 24 janv. 1973 : *D.* 1973, 421, note Prévault).

Art. 1243 — EXTINCTION DES OBLIGATIONS

Art. 1243. – Le créancier ne peut être contraint de recevoir une autre chose que celle qui lui est due, quoique la valeur de la chose offerte soit égale ou même plus grande.

Loi du 22 octobre 1940 *(J.O.* 8 nov.*)*
relative aux règlements par chèques et virements

Art. 1er *(L. n. 88-1149 du 23 déc. 1988, art. 80).* – 1° Les règlements qui excèdent la somme de 5 000 F ou qui ont pour objet le paiement par fraction d'une dette supérieure à ce montant, portant sur les loyers, les transports, les services, fournitures et travaux ou afférents à des acquisitions d'immeubles ou d'objets mobiliers ainsi que le paiement des produits de titres nominatifs doivent être effectués par chèque barré, virement ou carte de paiement ou de crédit ; il en est de même pour les transactions sur des animaux vivants ou sur les produits de l'abattage.

Le paiement des traitements et salaires est soumis aux mêmes conditions au-delà d'un montant fixé par décret.

2° Les dispositions du 1° ne sont pas applicables :
– aux règlements à la charge de personnes qui sont incapables de s'obliger par chèques ou de celles qui, ne disposant plus de compte, en ont demandé l'ouverture en application des dispositions de l'article 58 de la loi n° 84-46 du 24 janvier 1984 relative à l'activité et au contrôle des établissements de crédit ;
– aux règlements faits directement par des particuliers non commerçants à d'autres particuliers, à des commerçants ou à des artisans ;
– aux règlements des transactions portant sur des animaux vivants ou sur les produits de l'abattage effectués par un particulier pour les besoins de sa consommation familiale ou par un agriculteur avec un autre agriculteur, à condition qu'aucun des deux intéressés n'exerce par ailleurs une profession non agricole impliquant de telles transactions.

Loi de finances pour 1990 n. 89-935 du 29 décembre 1989
....

Art. 107. – Tout règlement d'un montant supérieur à 150 000 F effectué par un particulier non commerçant, en paiement d'un bien ou d'un service, doit être opéré soit par chèque répondant aux caractéristiques de barrement d'avance et de non-transmissibilité par voie d'endossement mentionné à l'article L. 96 du Livre des procédures fiscales, soit par virement bancaire ou postal, soit par carte de paiement ou de crédit.

Toutefois, les particuliers non commerçants n'ayant pas leur domicile fiscal en France peuvent continuer d'effectuer le règlement de tout bien ou service d'un montant supérieur à 150 000 F en chèque de voyage ou en espèces, après relevé, par le vendeur du lieu ou le prestataire de services, de leurs identité et domicile justifiés.

Ordonnance n. 58-1374 du 30 décembre 1958 *(J.O.* 31 déc. et rectif. 5 fév. 1959*)*
portant loi de finances pour 1959
....

Art. 79. – 1. – Sont abrogées toutes dispositions générales de nature législative ou réglementaire tendant à l'indexation automatique des prix de biens ou de services. Dans chaque cas particulier, les conditions d'application de cette abrogation seront fixées par décret contresigné par le ministre de l'économie et des finances et les ministres intéressés.

EXTINCTION DES OBLIGATIONS — Art. 1243

2. – Demeurent toutefois en vigueur les dispositions de l'article 31 xa du Code du travail (V. art. L. 136-4 et L. 141-3) relatives à l'indexation du salaire minimum garanti (salaire minimum de croissance).

3. (Ord. n. 59-246 du 4 fév. 1959, art. 14). – Dans les nouvelles dispositions statutaires ou conventionnelles, sauf lorsqu'elles concernent des dettes d'aliments (*),sont interdites toutes clauses prévoyant des indexations fondées sur le salaire minimum interprofessionnel garanti, sur le niveau général des prix ou des salaires, ou sur les prix de biens, produits ou services n'ayant pas de relation directe avec l'objet du statut ou de la convention ou avec l'activité de l'une des parties (L. n. 70-600 du 9 juil. 1970, art. 1er-I) Est réputée en relation directe avec l'objet d'une convention relative à un immeuble bâti toute clause prévoyant une indexation sur la variation de l'indice national du coût de la construction publié par l'I.N.S.E.E.

Dans les dispositions statutaires ou conventionnelles en cours, les clauses prévoyant de telles indexations cessent de produire effet au-delà du niveau atteint lors de la dernière revalorisation antérieure au 31 décembre 1958 lorsque ces dispositions concernent, directement ou indirectement, des obligations réciproques à exécution successive.

(L. n. 70-600 du 9 juil. 1970, art. 1er-II) (* *) Est interdite toute clause d'une convention portant sur un local d'habitation prévoyant une indexation fondée sur l'indice « loyers et charges » servant à la détermination des indices généraux des prix de détail. Il en est de même de toute clause prévoyant une indexation fondée sur le taux des majorations légales fixées en application de la loi n. 48-1360 du 1er septembre 1948, à moins que le montant initial n'ait lui-même été fixé conformément aux dispositions de ladite loi et des textes pris pour son application.

(L. n. 77-1457 du 29 déc. 1977, art. 10) (***) Est réputée non écrite toute clause d'un contrat à exécution successive, et notamment des baux et locations de toute nature, prévoyant la prise en compte d'une période de variation de l'indice supérieure à la durée s'écoulant entre chaque révision.

....

(*) V. L. 13 juil. 1963, art. 4.
(**) V. L. n. 70-600 du 9 juil. 1970, art. 1er-III en ce qui concerne l'application de ces dispositions aux conventions en cours.
(***) Cette disposition est applicable aux conventions conclues avant le 30 décembre 1977, L. n. 77-1457 du 29 déc. 1977, art. 10

Loi n. 63-699 du 13 juillet 1963. (J.O. 17 juil.)
augmentant la quotité disponible entre époux

....

Art. 4. – Pour l'application de l'article 79-3 de l'ordonnance n. 58-1374 du 30 décembre 1958, modifié par l'article 14 de l'ordonnance n. 59-246 du 4 février 1959, doivent être regardées comme des dettes d'aliments les rentes viagères constituées entre particuliers, notamment en exécution des dispositions du dernier alinéa de l'article 767 du Code civil et de celles du troisième alinéa de l'article 1094 du même code.

I. Règles générales relatives à l'objet de paiement

1) Si le créancier, aux termes de l'article 1243, ne peut être contraint de recevoir une autre chose que celle qui lui est due, cette disposition légale n'est pas applicable lorsque le créancier d'un prix de vente consistant en denrées demande lui-même la résolution du marché avec dommages-intérêts (Req. 21 déc. 1927 : D.H. 1928, 82).

2) Sur la nature juridique de la dation en paiement, V. Leoty : *Rev. trim. dr. civ.* 1975, 12. La dation en paiement, comme le paiement lui-même, peut être à terme (Civ. 3e, 12 janv. 1988 : *Bull.* III, n. 5, p. 3).

3) Un créancier, peut, en dehors des cas limitativement prévus par la loi du 22 octobre 1940 et les textes subséquents, refuser un paiement par chèque (Com. 19 juil. 1954 : *D.* 1954, 629). La remise d'un chèque n'équivaut pas au paiement (Civ. 17 déc. 1924 : *D.P.* 1925, 1, 71. – V. cependant Soc. 17 mai 1972 : *D.* 1973, 129, note Gavalda).

4) Sur le principe que les billets de la Banque de France ne peuvent être refusés en paiement par le créancier, V. Civ. 28 déc. 1887 : *D.P.* 88, 1, 217. Sur l'institution du nouveau franc, V. Ord. n. 58-1341 du 27 déc. 1958 (*J.O.* 28 déc. ; *J.C.P.* 59, III, 23825). Sur la substitution de l'appellation « franc » à l'appellation « nouveau franc », V. D. n. 62-1320 du 9 nov. 1962 (*J.O.* 11 nov. ; *J.C.P.* 62, III, 28564).

5) La conversion en francs de la dette libellée en monnaie étrangère doit tenir compte du cours de cette monnaie au jour où le paiement aurait dû être fait (Req. 17 fév. 1937 : *D.H.* 1937, 234. – Comp. Req. 3 mai 1946 : *S.* 1951, 1, 33, note Plaisant). Sur le rôle des usages pour la détermination de la date de la conversion, V. Rouen 6 mars 1952 : *J.C.P.* 52, II, 6934, concl. Charbonnier.

6) Sur le principe que le débiteur d'une somme libellée en monnaie étrangère n'est tenu de livrer que la quantité prévue de cette monnaie, même si la dépréciation de celle-ci anéantit en réalité la dette, V. Paris 18 fév. et 17 juin 1927 : *D.P.* 1928, 2, 49, note R. Savatier. – Req. 25 fév. 1929 : *D.H.* 1929, 161.

II. Clauses relatives à la monnaie de paiement et à la monnaie de compte

7) Sur la nullité dans les paiements internes de toute clause obligeant un débiteur à s'acquitter en or ou en une monnaie étrangère, V. Civ. 17 mai 1927 : *D.P.* 1928, 1, 25, concl. Matter et note Capitant. L'article 79 de l'ordonnance du 30 décembre 1958 prohibe dans les contrats purement internes la fixation de la créance en monnaie étrangère (Civ. 1re, 11 oct. 1989 : *J.C.P.* 90, II, 21393, note Lévy ; *D.* 1989, 80, note Malaurie).

8) Sur la validité des clauses relatives à la monnaie de paiement dans les paiements internationaux, V. Civ. 3 juin 1930, 9 juil. 1930 et 14 janv. 1931 (2 arrêts) : *D.P.* 1931, 1, 5, note R. Savatier. – V. en ce sens Civ. 1re, 24 janv. 1956 : *D.* 1956, 317, note Lenoan. – Civ. 1re, 4 mai 1964 : *D.* 1964, Somm. 110. – Civ. 1re, 15 juin 1983 : *J.C.P.* 84, II, 20123, note Lévy. Sur la notion de paiement international, V. Com. 4 nov. 1958 : *D.* 1959, 361, note Malaurie. – Civ. 1re, 22 déc. 1964 : *J.C.P.* 65, II, 14290, note Hubrecht.

III. Clauses d'échelle mobile (Ord. 30 déc. 1958)

9) V. R. Savatier, *La nouvelle législation des indexations* : *D.* 1959, chr. 63. – de la Marnierre, *Observations sur l'indexation comme mesure de valeur* : *Rev. trim. dr. civ.* 1977, 54. – Tendler, *Indexation et ordre public* : *D.* 1977, chr. 245.

10) L'article 79-3 de l'ordonnance du 30 décembre 1958 n'exige pas que l'objet de la convention soit constaté par écrit (Civ. 1re, 27 oct. 1981 : *Bull.* I, n. 311, p. 262).

11) Si la loi impose que l'indice soit en relation directe avec l'activité de l'une des parties, elle n'exige pas que ce soit avec son activité principale (Civ. 3e, 15 fév. 1972 : *J.C.P.* 72, II, 17094, note Levy ; *D.* 1973, 417, note Ghestin. – Civ. 1re, 7 mars 1984 : *Bull.* I, n. 91, p. 74) et la clause reste valable même si cette partie cesse son activité (Civ. 1re, 18 juin 1980 : *Bull.* I, n. 192, p. 156), ou si elle la transforme (Civ. 1re, 6 juin 1984 : *Bull.* I, n. 187, p. 159 ; *J.C.P.* 85, II, 20471, note Lévy).

EXTINCTION DES OBLIGATIONS

12) L'objet de la convention au sens de l'article 79 de l'ordonnance du 30 décembre 1958 doit s'entendre dans son acception la plus large et notamment l'objet d'un prêt peut être de permettre à l'emprunteur de construire ou d'acheter un immeuble (Civ. 1re, 9 janv. 1974 : *J.C.P.* 74, II, 17806, note Levy). Il existe une relation directe entre l'objet d'une telle convention et l'indice du coût de la construction (même arrêt). Jugé cependant que la simple affirmation portée au contrat spécifiant que l'emprunt devait servir à des travaux immobiliers ne suffit pas pour justifier l'indexation des sommes prêtées sur le coût de la construction (Civ. 1re, 18 fév. 1976 : *J.C.P.* 76, II, 18465, note Levy).

13) Le caractère direct de la relation existant entre la nature de l'indice et l'objet du contrat relève de l'appréciation souveraine des juges du fond (Civ. 3e, 17 juil. 1972 : *D.* 1972, 238, note Malaurie) (validité de l'indexation du prix de vente d'un domaine rural sur le salaire d'un ouvrier agricole). Pour d'autres applications, V. Civ. 3e 22 oct. 1970 : *J.C.P.* 71, II, 16636 bis, note Levy (nullité de l'indexation du solde d'un prix de vente d'immeuble sur le cours du napoléon) ; Civ. 3e, 15 fév. 1972 : *J.C.P.* 72, II, 17094, note Levy ; *D.* 1973, 417, note Ghestin (validité de l'indexation du prix d'un immeuble à usage d'habitation et de commerce de mécanicien-garagiste sur le salaire d'un ouvrier mécanicien) ; Civ. 3e, 6 juin 1972 : *D.* 1973, 151, note Malaurie (nullité de l'indexation du loyer d'un bail commercial sur le salaire du manœuvre maçon) ; Civ. 3e, 22 janv. 1980 : *J.C.P.* 82, II, 19750, note Néret (validité de l'indice d'académie d'architecture inclus dans des baux commerciaux consentis par des sociétés dont l'activité se rattache par un lien nécessaire à la construction d'immeubles).

14) La prohibition des indexations fondées sur le salaire minimum interprofessionnel garanti, ainsi que sur le niveau général des prix et des salaires, est d'ordre public, et la clause qui la méconnaît n'est donc susceptible ni de confirmation ni de ratification (Civ. 1re, 3 nov. 1988 : *J.C.P.* 89, IV, 4 ; *D.* 1989, 93, note Malaurie). Mais jugé qu'il s'agit de l'ordre public économique de protection et les parties peuvent donc renoncer à contester la validité de leur engagement, une fois acquis leur droit à se prévaloir de l'illicéité d'une clause d'indexation incluse dans leurs conventions initiales (Amiens 9 déc. 1974 : *J.C.P.* 75, II, 18135, note Levy ; *D.* 1975, 772, note Malaurie. V. en ce sens Toulouse 5 mars 1975 : *J.C.P.* 75, II, 18034, note Picard ; *D.* 1975, 772, note Malaurie).

15) Les juges du fond disposent d'un pouvoir souverain pour apprécier si une clause d'indexation nulle présente un caractère essentiel au contrat dont dépendrait l'existence de l'ensemble de la convention (Civ. 3e, 13 fév. 1969 : *J.C.P.* 69, II, 15942, note Levy, 2e esp.). Mais jugé qu'ils peuvent estimer que l'annulation de la clause n'entraîne pas la nullité du contrat même si les parties l'ont qualifiée de déterminante, cette stipulation constituant une fraude à la loi (Civ. 3e, 6 juin 1972 : *D.* 1973, 151, note Malaurie. – V. en ce sens, Civ. 3e, 9 juil. 1973 : *D.* 1974, 24).

16) Rien n'interdit aux juges du fond appelés à apprécier la validité et la portée d'une indexation conventionnelle se référant à trois indices de faire uniquement application de l'un d'eux dès lors que les deux autres ne peuvent être retenus par application des dispositions de l'article 79 de l'ordonnance du 30 décembre 1958 (Civ. 3e, 16 juil. 1974 : *D.* 1974, 681, note Malaurie).

17) Si la contribution aux charges du mariage est distincte, par son fondement et par son but, de l'obligation alimentaire, elle n'en doit pas moins être regardée comme une dette d'aliments au sens de l'article 79-3 de l'ordonnance du 30 décembre 1958. Elle peut donc être indexée sur l'indice des prix à la consommation (Civ. 1re, 16 juil. 1986 : *Bull.* I, n. 208, p. 199 ; Civ. 1re, 31 mai 1988 : *Bull.* I, n. 164, p. 114).

Art. 1244 EXTINCTION DES OBLIGATIONS

Art. 1244. – Le débiteur ne peut point forcer le créancier à recevoir en partie le paiement d'une dette, même divisible.

(L. 20 août 1936) Les juges peuvent néanmoins, en considération de la position du débiteur et compte tenu de la situation économique, accorder pour le paiement des délais qui emprunteront leur mesure aux circonstances, sans toutefois dépasser *(L. n. 85-1097 du 11 oct. 1985, art. 7)* deux ans, et surseoir à l'exécution des poursuites, toutes choses demeurant en l'état.

(L. 25 mars 1936) En cas d'urgence, la même faculté appartient, en tout état de cause, au juge des référés.

S'il est sursis à l'exécution des poursuites, les délais fixés par le Code de procédure civile pour la validité des procédures d'exécution seront suspendus jusqu'à l'expiration du délai accordé par le juge.

1) Les juges du fond disposent d'un pouvoir souverain pour apprécier l'opportunité des délais de grâce (Civ. 2ᵉ, 10 juin 1970 : *J.C.P.* 70, IV, 204 ; *Bull.* II, n. 201, p. 153). Ils peuvent par exemple tenir compte, pour rejeter la demande, de l'ancienneté de la créance (Com. 8 fév. 1972 : *J.C.P.* 73, II, 17386, note Kahn).

2) Le juge ne peut, en accordant des délais de grâce sur la base de l'article 1244, paralyser le jeu d'une clause résolutoire de plein droit (Civ. 3ᵉ, 4 juin 1986 : *Rev. trim. dr. civ.* 1987, 318, obs. J. Mestre).

3) Des délais de grâce peuvent être accordés aussi bien en matière délictuelle qu'en matière contractuelle (Colmar 15 mai 1956 : *D.* 1956, 614. – Colmar 14 mai 1957 : *J.C.P.* 58, II, 10371). Jugé cependant que l'article 1244 du Code civil ne peut recevoir application quand la dette trouve sa cause dans un délit pour lequel le débiteur a été condamné par la juridiction répressive (Paris 16 nov. 1955 : *Gaz. Pal.* 1956, 2, 30, 1ʳᵉ esp.).

4) Les articles 702 et 703 du Code de procédure civile (ancien) réglementant les conditions dans lesquelles il est procédé à la mise aux enchères des immeubles saisis et les modalités suivant lesquelles il peut être accordé une remise de l'adjudication se suffisent à eux-mêmes et doivent être entendus comme dérogeant au droit commun exprimé par l'article 1244 du Code civil (Civ. 2ᵉ, 9 oct. 1975 : *Bull.* II, n. 252, p. 202. – Civ. 2ᵉ, 20 nov. 1975 : *Bull.* II, n. 308, p. 247).

5) L'article 510 du Nouveau Code de procédure civile n'a pas fait disparaître le pouvoir donné au juge des référés par l'article 1244, al. 3 (T.G.I. Dieppe (réf.) 8 janv. 1976 : *D.* 1976, 490, note Lobin).

6) Les juges ne sauraient tourner la limitation de durée prévue par la loi en accordant des délais successifs, chacun inférieur à un an (Civ. 1ʳᵉ, 6 juil. 1959 : *D.* 1959, 393). Mais jugé qu'une cour d'appel peut accorder un délai de grâce d'un an pour partie de la dette en fixant comme point de départ de ce délai la date de la signification de l'arrêt, même si le débiteur s'est déjà vu accorder en référé un délai d'un an à compter de l'ordonnance (Cass. Ass. plén. 30 avril 1964 : *J.C.P.* 64, II, 13735, note Esmein).

7) L'article 14 de la loi du 13 juillet 1979, qui permet au débiteur, notamment en cas de licenciement, d'obtenir des délais du juge des référés dans les conditions prévues à l'article 1244, alinéa 2, du Code civil, ne lui impose pas de saisir ce juge dans le délai qui lui est imparti par la sommation (Civ. 1ʳᵉ, 24 fév. 1987 : *Bull.* I, n. 71, p. 52).

8) L'octroi d'un délai de grâce ne fait pas disparaître l'effet de la mise en demeure résultant du commandement précédemment signifié (Req. 3 janv. 1927 : *D.H.* 1927, 33).

9) Sur le report ou le rééchelonnement des dettes par le tribunal d'instance dans le cadre de la procédure de redressement judiciaire civil, v. L. n. 89-1010 du 31 déc. 1989 relative à la prévention et au règlement des difficultés liées au surendettement des particuliers et des

EXTINCTION DES OBLIGATIONS — Art. 1248

familles, art. 12, *infra*, Annexe. Sur les délais de grâce pouvant être accordés aux débiteurs dans certaines opérations de crédit, v. L. n. 78-22 du 10 janv. 1978, art. 8, *infra*, Annexe. – V. aussi L. n. 79-596 du 13 juil. 1979, relative à l'information et à la protection des emprunteurs dans le domaine immobilier, art. 14, *infra*, Annexe. – Sur le cas des rapatriés, v. L. n. 70-632 du 15 juil. 1970, art. 60, *infra*, Annexe. – Sur les délais pouvant être accordés aux locataires de locaux d'habitation ou à usage professionnel dont l'expulsion a été ordonnée par jugement, V. C. constr. et hab., art. L. 613-1 et 613-2.

10) Sur la suspension provisoire des procédures d'exécution portant sur des dettes autres qu'alimentaires, v. L. n. 89-1010 du 31 déc. 1989 relative à la prévention et au règlement des difficultés liées au surendettement des particuliers et des familles, art. 11, *infra*, Annexe.

11) Sur la suspension des poursuites dans le cadre de règlement amiable de l'exploitation agricole, v. L. n. 88-1202 du 30 déc. 1988, art. 26 et 27, *infra*, Annexe.

12) Sur la nullité de toute convention par laquelle un intermédiaire s'engage moyennant rémunération à rechercher pour le compte d'un débiteur l'obtention de délais de paiement ou d'une remise de dette, v. L. n. 85-1097 du 11 oct. 1985 relative à la clause pénale et aux règlements des dettes, *infra*, Annexe.

Art. 1245. – **Le débiteur d'un corps certain et déterminé est libéré par la remise de la chose en l'état où elle se trouve lors de la livraison, pourvu que les détériorations qui y sont survenues ne viennent point de son fait ou de sa faute, ni de celle des personnes dont il est responsable, ou qu'avant ces détériorations il ne fût pas en demeure.**

Art. 1246. – **Si la dette est d'une chose qui ne soit déterminée que par son espèce, le débiteur ne sera pas tenu, pour être libéré, de la donner de la meilleure espèce ; mais il ne pourra l'offrir de la plus mauvaise.**

Art. 1247 *(Ord. n. 58-1298 du 23 déc. 1958, art. 35).* – **Le paiement doit être exécuté dans le lieu désigné par la convention. Si le lieu n'y est pas désigné, le paiement, lorsqu'il s'agit d'un corps certain et déterminé, doit être fait dans le lieu où était, au temps de l'obligation, la chose qui en fait l'objet.**

Les aliments alloués en justice doivent être versés, sauf décision contraire du juge, au domicile ou à la résidence de celui qui doit les recevoir.

Hors ces cas, le paiement doit être fait au domicile du débiteur.

1) Le domicile du débiteur qu'il faut prendre en considération est celui qu'a le débiteur au moment du paiement et non au moment où le contrat est intervenu (Civ. 9 juil. 1895 : *D.P.* 1896, 1, 349).

2) En cas de doute sur la monnaie de paiement, l'indication dans le contrat d'un lieu de paiement ne constitue qu'une présomption de l'intention des parties, susceptible d'être combattue par toutes présomptions contraires (Civ. 13 juin 1928 : *D.H.* 1928, 430).

3) Le lieu du paiement fixé initialement entre les parties doit être maintenu à l'égard du cessionnaire de la créance lequel ne peut avoir de droits plus étendus que ceux du cédant (Civ. 1re, 6 mai 1968 : *J.C.P.* 69, II, 15737, note Prieur).

4) Les risques d'envoi de la somme sont à la charge du débiteur, à moins que le créancier ait consenti à les assumer (Civ. 30 mars 1925 : *D.P.* 1927, 1, 168).

5) L'octroi par le pacte concordataire de délais de paiement suivant des échéances déterminées rend de plein droit portable le paiement des dividendes (Com. 22 mai 1984 : *Bull.* IV, n. 173, p. 144 ; *Rev. trim. dr. civ.* 1985, 385, obs. Mestre).

Art. 1248. – **Les frais du paiement sont à la charge du débiteur.**

EXTINCTION DES OBLIGATIONS

§ 2. – Du paiement avec subrogation

Art. 1249. – **La subrogation dans les droits du créancier au profit d'une tierce personne qui le paye, est ou conventionnelle ou légale.**

P. CHAUMETTE, *La subrogation personnelle sans paiement ? : Rev. trim. dr. civ.* 1986, 33.

1) Sur le principe que le paiement avec subrogation ne transfère la créance au subrogé que jusqu'à concurrence de la somme payée par lui, v. Com. 15 nov. 1988 : *J.C.P.* 89, IV, 21.

2) Le principe selon lequel la subrogation conventionnelle met aux lieu et place du créancier, pour l'exercice de ses droits de créance, la tierce personne qui paie subit une restriction dans les poursuites de saisie immobilière, la subrogation n'ayant lieu qu'en vertu du jugement du tribunal. Par application de l'article 2149 du Code civil, la quittance subrogative au profit du premier subrogé n'est pas opposable au second si elle n'a pas été publiée avant la procédure de subrogation engagée par celui-ci (Civ. 2e, 21 janv. 1987 : *Bull.* II, n. 23, p. 13).

Art. 1250. – **Cette subrogation est conventionnelle :**
1° Lorsque le créancier recevant son paiement d'une tierce personne la subroge dans ses droits, actions, privilèges ou hypothèques contre le débiteur : cette subrogation doit être expresse et faite en même temps que le paiement ;
2° Lorsque le débiteur emprunte une somme à l'effet de payer sa dette, et de subroger le prêteur dans les droits du créancier. Il faut, pour que cette subrogation soit valable, que l'acte d'emprunt et la quittance soient passés devant notaires ; que dans l'acte d'emprunt il soit déclaré que la somme a été empruntée pour faire le paiement, et que dans la quittance il soit déclaré que le paiement a été fait des deniers fournis à cet effet par le nouveau créancier. Cette subrogation s'opère sans le concours de la volonté du créancier.

I. Subrogation consentie par le créancier

1) Le consentement du débiteur ni son concours à l'acte de subrogation ne sont nécessaires à la validité de l'acte (Civ. 1re, 23 oct. 1984 : *Bull.* I, n. 276, p. 234.

2) Les formalités prescrites par l'article 1690 pour la validité de la cession de créance ne sont pas requises en matière de subrogation (T.G.I. Seine 28 janv. 1965 : *J.C.P.* 65, IV, 56). Mais l'avis de subrogation en matière d'affacturage doit être suffisamment apparent (Com. 14 oct. 1975 : *J.C.P.* 76, II, 18279, note Gavalda).

3) La subrogation ne peut avoir lieu après le paiement (Com. 14 déc. 1965 : *Gaz. Pal.* 1966, 1, 278. – Toulouse 9 nov. 1954 : *Gaz. Pal.* 1955, 1, 48, ni avant (Dijon 12 mars 1987 : *J.C.P.* 87, II, 20859, note Chaput). Mais une promesse anticipée de subrogation est régulière dès lors que la subrogation se réalise en même temps que le paiement (Paris 21 janv. 1970 : *J.C.P.* 71, II, 16837, note Gavalda, 2e esp.). La quittance subrogative qui constate à la fois un paiement et une subrogation a des effets indivisibles à l'égard des tiers. Par suite, viole l'article 1250-1, l'arrêt qui retient que si la quittance est opposable aux tiers à la date de l'acte sous seing privé qui la constate, la subrogation n'a acquis date certaine à leur égard qu'au jour du dépôt de l'acte au rang des minutes du notaire, et qu'ainsi la subrogation n'est pas concomitante au paiement (Civ. 3e, 16 juil. 1987 : *Bull.* III, n. 145, p. 85).

4) Le prêteur de deniers peut bénéficier de la subrogation si le débiteur qui a payé n'a agi qu'en qualité de mandataire du prêteur (Req. 3 fév. 1936 : *S.* 1936, 1, 128).

5) La subrogation conventionnelle ne suppose pas nécessairement que le subrogé ait acquitté la dette d'autrui (Civ. 1re, 7 juin 1978 : *D.* 1979, 333, note Mestre, 1re esp.). Celui qui s'acquitte d'une dette personnelle peut néanmoins prétendre bénéficier d'une subrogation conventionnelle s'il a, par son paiement et du fait de cette subrogation, libéré envers leur créancier commun celui sur qui doit peser la charge définitive de la dette (Civ. 1re, 22 juil. 1987 : *Bull.* I, n. 257, p. 186 ; *Rev. trim. dr. civ.* 1988, 350, obs. Mestre).

6) Sur la subrogation d'une banque dans le super-privilège institué par l'article L. 143-10 du Code du travail, V. Com. 3 juin 1982 : *D.* 1982, 483, note Honorat.

7) Pour l'application d'une clause de réserve de propriété lorsque l'acheteur a été soumis à une procédure collective, il n'y a pas lieu de distinguer selon que la revendication est exercée par le vendeur ou par un tiers subrogé dans ses droits ; si le paiement avec subrogation a pour effet d'éteindre la créance à l'égard du créancier, il la laisse subsister au profit du subrogé qui dispose de toutes les actions qui appartenaient au créancier et qui se rattachaient à cette créance avant le paiement (Com. 15 mars 1988, 2 arrêts : *D.* 1988, 330, note Pérochon ; *J.C.P.* 89, II, 21348, note Morançais-Demeester).

8) Sur le pouvoir souverain des juges du fond pour déterminer si la subrogation est expresse, V. Soc. 4 oct. 1962 : *Bull.* IV, n. 689, p. 570.

II. Subrogation consentie par le débiteur

9) L'emprunteur ne peut invoquer la nullité de l'emprunt pour empêcher la subrogation de se produire (Req. 25 nov. 1940 : *J.C.P.* 41, II, 1618, note Becqué).

10) Il importe peu que les fonds aient été remis au notaire avant signature de la quittance si cette remise n'a eu lieu qu'à titre de consignation provisoire en vue de la subrogation convenue (Req. 15 mars 1897 : *D.P.* 1897, 1, 364).

11) Sur le principe que la subrogation prévue par l'article 1250-2° du Code civil peut se réaliser sans le concours de la volonté du créancier, V. Civ. 1re, 13 fév. 1963 : *D.* 1963, 316, note Voirin.

12) Sur les recours des tiers payeurs contre les personnes tenues à réparation d'un dommage résultant d'une atteinte à la personne, V. L. n. 85-677 du 5 juillet 1977, art. 28 et s., *infra* sous art. 1384. V. Y. Lambert-Faivre, *Le lien entre la subrogation et le caractère indemnitaire des prestations des tiers-payeurs* : *D.* 1987, chron. 97.

Art. 1251. – La subrogation a lieu de plein droit :

1° Au profit de celui qui, étant lui-même créancier, paye un autre créancier qui lui est préférable à raison de ses privilèges ou hypothèques ;

2° Au profit de l'acquéreur d'un immeuble, qui emploie le prix de son acquisition au paiement des créanciers auxquels cet héritage était hypothéqué ;

3° Au profit de celui qui, étant tenu avec d'autres ou pour d'autres au paiement de la dette, avait intérêt de l'acquitter ;

4° Au profit de l'héritier bénéficiaire qui a payé de ses deniers les dettes de la succession.

I. Art. 1251-1°

1) La subrogation prévue par l'article 1251-1° ne peut jouer qu'à la condition que le créancier venant au second rang ait payé lui-même celui dont les droits le primaient (Civ. 27 fév. 1939 : *D.P.* 1940, 1, 24, note Maguet), et qu'il ait payé toutes les créances de ce créancier préférable (Douai 5 fév. 1929 : *Sem. jur.* 1929, 628).

2) Le vendeur qui poursuit la résolution de la vente ne peut être assimilé à un créancier simplement hypothécaire ou privilégié qui, poursuivant le recouvrement de sa créance, n'aurait pu en refuser le paiement par un autre créancier auquel il serait préférable et envers lequel la subrogation se serait opérée de plein droit (Civ. 3e, 29 mai 1969 : *Bull.* III, n. 431, p. 328).

II. Art. 1251-2°

3) L'article 1251-2° s'applique en cas d'adjudication sur saisie immobilière (Req. 22 janv. 1877 : *D.P.* 77, 1, 249).

4) La seule condition imposée à l'acquéreur pour bénéficier de la subrogation prévue par l'article 1251-2° est de justifier que son prix a été réellement employé à l'acquittement des créances privilégiées ou hypothécaires assises sur l'immeuble (Civ. 22 nov. 1893 : *D.P.* 94, 1, 153).

5) Le créancier hypothécaire devenu acquéreur de l'immeuble qui paie un créancier préférable dispose de la subrogation de l'article 1251-2° mais ne peut invoquer la subrogation de l'article 1251-1° pour exercer contre des tiers un recours par suite duquel il serait indirectement dispensé de payer la totalité du prix (Trib. civ. Toulouse 15 juil. 1936 : *D.P.* 1937, 2, 13, et, sur appel, Toulouse 10 juin 1938 : *Gaz. Pal.* 1938, 2, 598).

6) Sur le principe que la subrogation prévue par l'article 1251-2° suppose pour être réalisée que le subrogé dispose d'une créance à faire valoir sur le débiteur dont il a payé la dette, V. Civ. 1re, 28 juin 1978 : *D.* 1979, 333, note Mestre, 2e esp.

7) L'acquéreur qui a payé le créancier hypothécaire est subrogé dans l'action paulienne qui pouvait appartenir à ce dernier (Civ. 1re, 10 mai 1984 : *Bull.* I, n. 155, p. 131).

III. Art. 1251-3°

8) Pour des applications du principe posé par l'article 1251-3°, V. Req. 13 fév. 1899 : *D.P.* 99, 1, 246. – Civ. 1re, 16 juil. 1971 : *Bull.* I, n. 244, p. 204. La subrogation prévue par l'article 1251-3° peut jouer même si l'obligation est seulement virtuelle (Civ. 1re, 2 oct. 1985 : *J.C.P.* 86, II, 20687, note Dagot ; *Rev. trim. dr. civ.* 1986, 111, obs. Mestre. V. aussi Civ. 1re, 23 fév. 1988 : *Bull.* I. n. 50, p. 32.).

9) Sur la subrogation dans les droits du Trésor public, V. Com. 3 fév. 1970 : *Bull.* IV, n. 40, p. 40. V. cependant pour les limites d'une telle subrogation, Com. 9 fév. 1971 : *Bull.* IV, n. 39, p. 39.

10) Le codébiteur d'une obligation *in solidum* qui a payé pour le tout dispose contre ses coobligés d'un recours que justifie l'article 1251-3° (Civ. 1re, 3 nov. 1958 : *Gaz. Pal.* 1959, 1, 13. – V. aussi Soc. 3 mai 1974 : *J.C.P.* 75, II, 18050, note Saint-Jours). Mais il ne peut répéter contre les autres débiteurs que la part et portion de chacun d'eux (Civ. 1re, 12 nov. 1987 : *Bull.* I, n. 290, p. 209).

11) Jugé que le seul fait que la garantie donnée au paiement d'une lettre de change a son origine dans un contrat d'assurance ne suffit pas à exclure toute possibilité d'un recours de l'assureur qui a payé la traite contre les débiteurs (Civ. 14 déc. 1943 : *J.C.P.* 44, II, 2552, note Michel ; *D.C.* 1944, 81, note Besson). Comp. en matière de subrogation conventionnelle, Civ. 1re, 7 juin 1978 : *D.* 1979, 333, note Mestre, 1re esp. – Civ. 1re, 4 avril 1984 : *Bull.* I, n. 131, p. 109 ; *Rev. trim. dr. civ.* 1985, 383, obs. Mestre. Sur la subrogation de la caution dans les droits du créancier, *V. infra*, art. 2029.

12) Les juges du fond peuvent estimer qu'un directeur de société se trouvait « tenu avec » son comptable au sens de l'article 1251-3° dès lors que son imprudence et son défaut de surveillance l'exposaient à une condamnation (Civ. 1re, 9 oct. 1985 : *Bull.* I, n. 255, p. 228).

EXTINCTION DES OBLIGATIONS — Art. 1253

13) L'absence de lien contractuel entre les diverses personnes, à la faute desquelles est imputée la réalisation du dommage, n'est pas de nature à faire obstacle à l'exercice de l'action subrogatoire de l'une d'elles (Civ. 1re, 7 juin 1989 : *Bull.* I, n. 231, p. 154 ; *J.C.P.* 89, IV, 295).

IV. Art. 1251-4°

14) La subrogation accordée par l'article 1251-4° à l'héritier bénéficiaire qui paie de ses deniers les dettes de la succession ne peut s'opérer que pour les paiements qu'il a régulièrement effectués en se conformant à l'article 808 du Code civil (Req. 4 juil. 1892 : *D.P.* 92, 1, 481, rapp. Lepelletier).

Art. 1252. – La subrogation établie par les articles précédents a lieu, tant contre les cautions que contre les débiteurs : elle ne peut nuire au créancier lorsqu'il n'a été payé qu'en partie ; en ce cas, il peut exercer ses droits, pour ce qui lui reste dû, par préférence à celui dont il n'a reçu qu'un paiement partiel.

1) Le subrogé pouvant exercer tous les droits et actions du créancier payé peut invoquer les moyens de procédure que ce dernier aurait été admis à faire valoir (Civ. 25 fév. 1913 : *D.P.* 1913, 1, 473, note Donnedieu de Vabres). Il peut aussi exercer l'action résolutoire (Civ. 22 oct. 1894 : *D.P.* 96, 1, 585, note de Loynes), l'action paulienne (Req. 25 juin 1895 : *D.P.* 95, 1, 486), ou l'action en responsabilité contre un notaire en raison de la faute commise par ce dernier dans la rédaction d'un acte (Civ. 9 déc. 1863 : *D.P.* 64, 1, 299. – V. aussi Civ. 1re 3 mai 1978 : *D.* 1980, 107, note Poulnais) (subrogation dans le bénéfice de clauses d'anatocisme et d'échelle mobile).

2) Sur les limites de la subrogation en cas de paiement partiel, V. Civ. 29 mai 1878 : *D.P.* 78, 1, 427. Le créancier ne peut bénéficier du droit de préférence pour les autres créances qu'il peut avoir contre le débiteur et qui résultent d'autres titres (Civ. 18 juin 1941 : *D.A.* 1941, 273. V. cependant, pour la subrogation dans le privilège du Trésor, Civ. 10 janv. 1888 : *D.P.* 88, 1, 55. *Contra* Bordeaux 27 fév. 1979 : *Banque* 1979, 536. Comp. Trib. com. Nantes 8 oct. 1981 : *Rev. jur. com.* 1982, 340, note A. Lucas). Ce droit de préférence n'existe que dans le cas où ce qui reste dû est protégé par un privilège ou une hypothèque antérieure à celle dont bénéficie le subrogé ou par l'hypothèque primitive (Req. 18 fév. 1899 : *D.P.* 99, 1, 246).

§ 3. – De l'imputation des paiements

Art. 1253. – Le débiteur de plusieurs dettes a le droit de déclarer, lorsqu'il paye, quelle dette il entend acquitter.

1) V. pour une application, Civ. 1re, 4 nov. 1968 : *Bull.* I, n. 261, p. 199.

2) La règle de l'article 1253 doit recevoir application quelle que soit la modalité des dettes sous la seule réserve du cas où l'imputation n'aurait pas été faite pour satisfaire un intérêt légitime, mais aurait eu pour but unique de nuire à un autre créancier (Civ. 14 nov. 1922 : *D.P.* 1925, 1, 145, note Josserand).

3) Le droit d'imputation laissé au débiteur ne peut jamais préjudicier aux droits du créancier et notamment ne peut avoir pour effet de priver celui-ci d'une garantie hypothécaire (Req. 8 juin 1901 : *D.P.* 1907, 1, 473, rapp. Denis).

4) Le débiteur conserve en dépit du cautionnement la faculté prévue par l'article 1253 de décider de l'imputation de sespaiements (Civ. 1re, 14 oct. 1975 : *J.C.P.* 75, IV, 352 ; *Bull.* I, n. 268, p. 226), à moins que la caution n'établisse que l'imputation est le résultat d'un accord frauduleux à son égard (Civ. 1re, 22 mai 1973 : *J.C.P.* 73, II, 17572, note Dagot).

Art. 1254 EXTINCTION DES OBLIGATIONS

Art. 1254. – Le débiteur d'une dette qui porte intérêt ou produit des arrérages, ne peut point, sans le consentement du créancier, imputer le paiement qu'il fait sur le capital par préférence aux arrérages ou intérêts : le paiement fait sur le capital et intérêts, mais qui n'est point intégral, s'impute d'abord sur les intérêts.

1) Les juges du fond peuvent estimer que la majoration prévue en cas de non-paiement constitue non un intérêt mais une clause pénale et que l'article 1254 est par suite inapplicable (Com. 10 juil. 1962 : *D.* 1963, Somm. 2 ; *Bull.* III, n. 334, p. 292).

2) Les dispositions applicables en matière de procédures collectives au règlement des intérêts d'une créance garantie par une hypothèque ne dérogent en rien au principe posé par l'article 1254 (Com. 22 juil. 1986 : *Bull.* IV, n. 180, p. 154 ; *Defrénois* 1987, 174, note A. Honorat. V. en ce sens Civ. 13 juil. 1896 : *D.P.* 1897, I, 150).

Art. 1255. – Lorsque le débiteur de diverses dettes a accepté une quittance par laquelle le créancier a imputé ce qu'il a reçu sur l'une de ces dettes spécialement, le débiteur ne peut plus demander l'imputation sur une dette différente, à moins qu'il n'y ait eu dol ou surprise de la part du créancier.

Sur le principe que le débiteur qui a accepté une quittance mentionnant une imputation ne peut plus, sauf dol ou atteinte à un droit légalement acquis, remettre en cause cette imputation. V. Poitiers 21 mars 1966 : *D.* 1966, Somm. 97.

Art. 1256. – Lorsque la quittance ne porte aucune imputation, le paiement doit être imputé sur la dette que le débiteur avait pour lors le plus d'intérêt d'acquitter entre celles qui sont pareillement échues ; sinon, sur la dette échue, quoique moins onéreuse que celles qui ne le sont point.

Si les dettes sont d'égale nature, l'imputation se fait sur la plus ancienne : toutes choses égales, elle se fait proportionnellement.

1) Sur le caractère supplétif de l'article 1256, V. Com. 19 déc. 1977 : *Bull.* IV, n. 306, p. 261. Les parties peuvent s'entendre par exemple pour imputer le paiement sur une dette non échue de préférence à une dette échue (Grenoble 25 juin 1892 : *D.P.* 1893, 2, 425). Les juges du fond disposent d'un pouvoir souverain pour constater l'accord formel ou tacite des parties (Req. 2 juil. 1896 : *D.P.* 1896, 1, 496).

2) Sur le pouvoir souverain des juges du fond pour déterminer quelle est la dette que le débiteur a le plus d'intérêt à acquitter, V. Civ. 1re, 29 oct. 1963 : *D.* 1964, 39. V. pour des applications Civ. 2e, 20 avril 1967 : *D.* 1967, 549 ; Civ. 3e, 5 janv. 1977 : *Gaz. Pal.* 1977, 2, 596, note Plancqueel ; Civ. 2e, 8 fév. 1978 : *D.* 1978, I. R. 425. Le débiteur qui réclame une imputation doit fournir aux juges les éléments leur permettant de déterminer la dette la plus onéreuse (Civ. 3e, 23 nov. 1976 : *Bull.* III, n. 418, p. 318).

3) Sur l'application de l'article 1256 en matière de cotisations de sécurité sociale, V. Civ. 2e, 7 juin 1956 : *J.C.P.* 56, II, 9518 ; Soc. 10 mai 1972 : *Bull.* V, n. 340, p. 314. – V. cependant Civ. 2e, 26 oct. 1960 : *D.* 1961, 90.

4) L'article 1256, alinéa 1 n'exige pas que l'échéance des dettes soit intervenue à la même date (Civ. 2e, 20 avril 1967 : *D.* 1967, 549).

5) Une imputation postérieure au paiement ne peut faire revivre les sûretés éteintes par suite de l'imputation légale (Civ. 1re, 29 oct. 1968 : *D.* 1969, 96).

6) Dans le cas de plusieurs dettes dont certaines seulement sont cautionnées, c'est la dette cautionnée qui, à défaut d'une

EXTINCTION DES OBLIGATIONS   Art. 1258

imputation conventionnelle, doit être considérée comme acquittée (Civ. 1re, 29 oct. 1963 : *D.* 1964, 39). Mais, si le cautionnement ne garantit qu'une partie de la dette, les paiements partiels faits par le débiteur principal s'imputent d'abord, sauf convention contraire, sur la portion de dette non cautionnée (Com. 5 nov. 1968 : *D.* 1969, 314. – V. cependant T.G.I., Strasbourg 11 fév. 1972 : *D.* 1972, 680, note Puech).

7) La règle de l'article 1256 selon laquelle le débiteur est libre d'imputer le paiement sur la dette qu'il a le plus intérêt d'acquitter doit recevoir application tant qu'il n'est pas établi que les sommes restant dues ne constituent qu'une seule dette (Com. 4 nov. 1986 : *Bull.* IV, n. 201, p. 174).

8) Lorsqu'une même personne a cautionné plusieurs dettes envers un même créancier, à défaut de stipulations contraires convenues entre elle et le créancier, celui-ci peut imputer les paiements en fonction de son propre intérêt (Com. 13 déc. 1988 : *Bull.* IV, n. 342, p. 230).

§ 4. – Des offres de paiement et de la consignation

Art. 1257. – **Lorsque le créancier refuse de recevoir son paiement, le débiteur peut lui faire des offres réelles, et au refus du créancier de les accepter, consigner la somme ou la chose offerte.**

Les offres réelles suivies d'une consignation libèrent le débiteur ; elles tiennent lieu à son égard de paiement, lorsqu'elles sont valablement faites, et la chose ainsi consignée demeure aux risques du créancier.

1) L'acceptation par le créancier doit être pure et simple (Req. 17 juin 1942 : *D.A.* 1943, 21), mais de simples réserves ne constituant ni une condition ni une restriction à l'acceptation ne peuvent être assimilées à un refus justifiant la consignation (Civ. 23 janv. 1899 : *D.P.* 1900, 1, 519).

2) La consignation d'une somme indivise n'a pas à être précédée d'offres réelles si le créancier n'a pas la capacité de recevoir seul la totalité du prix de l'immeuble vendu (Civ. 2e, 16 fév. 1972 : *D.* 1972, 638).

3) La consignation du montant de la dette effectuée en un temps où le paiement peut encore intervenir valablement met le débiteur à l'abri de toute condamnation à moins que le créancier ne fasse constater par la justice soit l'insuffisance de la somme consignée, soit l'irrégularité de l'opération en la forme (Civ. 10 avril 1933 : *D.H.* 1933, 317). Cet effet est attaché aux consignations non précédées d'offres réelles dans les cas où la loi dispense le débiteur de cette formalité préalable (même arrêt) :

Art. 1258. – **Pour que les offres réelles soient valables, il faut :**
1° Qu'elles soient faites au créancier ayant la capacité de recevoir, ou à celui qui a pouvoir de recevoir pour lui ;
2° Qu'elles soient faites par une personne capable de payer ;
3° Qu'elles soient de la totalité de la somme exigible, des arrérages ou intérêts dus, des frais liquidés, et d'une somme pour les frais non liquidés, sauf à la parfaire ;
4° Que le terme soit échu, s'il a été stipulé en faveur du créancier ;
5° Que la condition sous laquelle la dette a été contractée soit arrivée ;
6° Que les offres soient faites au lieu dont on est convenu pour le paiement, et que, s'il n'y a pas de convention spéciale sur le lieu du paiement, elles soient faites ou à la personne du créancier, ou à son domicile, ou au domicile élu pour l'exécution de la convention ;

Art. 1259 EXTINCTION DES OBLIGATIONS

7° Que les offres soient faites par un officier ministériel ayant caractère pour ces sortes d'actes.

1) Pour qu'il y ait offres réelles, il ne suffit pas que le débiteur se déclare prêt à payer, il faut que l'objet de la dette soit présenté au créancier d'une manière effective (Bastia 12 juin 1950 : *D.* 1950, 635).

2) L'offre doit être pure et simple (Civ. 1re, 18 juil. 1978 : *D.* 1978, I. R. 453).

3) Les juges du fond sont souverains pour apprécier le caractère satisfactoire d'offres litigieuses (Civ. 12 mai 1952 : *D.* 1952, 793).

4) Des offres peuvent être faites en cours d'instance (Req. 29 nov. 1932 : *D.H.* 1933, 20). Jugé que les juges ne peuvent rejeter des offres faites à la veille des débats sans constater le caractère non satisfactoire de ces offres (Civ. 1re, 18 juil. 1973 : *Bull.* I, n. 250, p. 220). Mais l'offre faite en cours d'instance d'appel peut être jugée tardive (Civ. 1re, 19 oct. 1976 : *Bull.* I, n. 303, p. 243).

Art. 1259 *(Abrogé, D. n. 81-500 du 12 mai 1981, art. 1er. – V. Nouv. C. proc. civ., art. 1426 à 1429). – Il n'est pas nécessaire, pour la validité de la consignation, qu'elle ait été autorisée par le juge ; il suffit :*
1° Qu'elle ait été précédée d'une sommation signifiée au créancier, et contenant l'indication du jour, de l'heure et du lieu où la chose offerte sera déposée ;
2° Que le débiteur se soit dessaisi de la chose offerte, en la remettant dans le dépôt indiqué par la loi pour recevoir les consignations, avec les intérêts jusqu'au jour du dépôt ;
3° Qu'il y ait eu procès-verbal dressé par l'officier ministériel, de la nature des espèces offertes, du refus qu'a fait le créancier de les recevoir, ou de sa non-comparution, et enfin du dépôt ;
4° Qu'en cas de non-comparution de la part du créancier, le procès-verbal du dépôt lui ait été signifié avec sommation de retirer la chose déposée.

Art. 1260. – **Les frais des offres réelles et de la consignation sont à la charge du créancier, si elles sont valables.**

Art. 1261. – **Tant que la consignation n'a point été acceptée par le créancier, le débiteur peut la retirer ; et, s'il la retire, ses codébiteurs ou ses cautions ne sont point libérés.**

Le créancier qui a refusé les offres réelles ne peut demander à retirer la somme consignée (Trib. civ. Seine, réf., 8 juin 1955 : *Gaz. Pal.* 1955, 2, 38).

Art. 1262. – **Lorsque le débiteur a lui-même obtenu un jugement passé en force de chose jugée, qui a déclaré ses offres et sa consignation bonnes et valables, il ne peut plus, même du consentement du créancier, retirer sa consignation au préjudice de ses codébiteurs ou de ses cautions.**

Art. 1263. – **Le créancier qui a consenti que le débiteur retirât sa consignation après qu'elle a été déclarée valable par un jugement qui a acquis force de chose jugée, ne peut plus, pour le paiement de sa créance, exercer les privilèges ou hypothèques qui y étaient attachés : il n'a plus d'hypothèque que du jour où l'acte par lequel il a consenti que la consignation fût retirée aura été revêtu des formes requises pour emporter l'hypothèque.**

Art. 1264. – **Si la chose due est un corps certain qui doit être livré au lieu où il se trouve, le débiteur doit faire sommation au créancier de l'enlever, par acte notifié à sa personne ou à son domicile, ou au domicile élu pour l'exécution de la convention. Cette sommation**

EXTINCTION DES OBLIGATIONS — Art. 1270

faite, si le créancier n'enlève pas la chose et que le débiteur ait besoin du lieu dans lequel elle est placée, celui-ci pourra obtenir de la justice la permission de la mettre en dépôt dans quelque autre lieu.

§ 5. – De la cession de biens

Art. 1265. – La cession de biens est l'abandon qu'un débiteur fait de tous ses biens à ses créanciers, lorsqu'il se trouve hors d'état de payer ses dettes.

Doit être considéré comme une cession de biens, le contrat comportant le dessaisissement des débiteurs avec mandat irrévocable donné aux créanciers de vendre les biens abandonnés, moyennant la renonciation de la part de ces créanciers à exercer des poursuites (Civ. 25 mars 1903 : *D.P.* 1904, 1, 273, note Guenée). Ce contrat ne perd pas son caractère par le fait que la vente ne devait être effectuée que dans des cas déterminés (même arrêt).

Art. 1266. – La cession de biens est volontaire ou judiciaire.

Art. 1267. – La cession de biens volontaire est celle que les créanciers acceptent volontairement, et qui n'a d'effet que celui résultant des stipulations mêmes du contrat passé entre eux et le débiteur.

1) Aucun texte de loi n'interdit à un commerçant qui n'est pas dessaisi de l'administration de ses biens de les abandonner volontairement à ses créanciers (Req. 11 mai 1908 : *D.P.* 1908, 1, 328).

2) La cession de biens peut être restreinte d'un commun accord aux biens immeubles et peut n'être consentie qu'aux créanciers hypothécaires (Civ. 25 mars 1903 : *D.P.* 1904, 1, 273, note Guenée).

3) La clause par laquelle les créanciers sont chargés d'administrer les biens et d'en toucher les revenus en les imputant sur leurs créances n'est pas incompatible avec la cession de biens qui, amenant le dessaisissement du débiteur, entraîne virtuellement le droit d'administration des créanciers (Civ. 25 mars 1903 : *D.P.* 1904, 1, 273, note Guenée).

Art. 1268. – La cession judiciaire est un bénéfice que la loi accorde au débiteur malheureux et de bonne foi, auquel il est permis, pour avoir la liberté de sa personne, de faire en justice l'abandon de tous ses biens à ses créanciers, nonobstant toute stipulation contraire.

Art. 1269. – La cession judiciaire ne confère point la propriété aux créanciers ; elle leur donne seulement le droit de faire vendre les biens à leur profit, et d'en percevoir les revenus jusqu'à la vente.

Art. 1270. – Les créanciers ne peuvent refuser la cession judiciaire, si ce n'est dans les cas exceptés par la loi.
Elle opère la décharge de la contrainte par corps.
Au surplus, elle ne libère le débiteur que jusqu'à concurrence de la valeur des biens abandonnés ; et dans le cas où ils auraient été insuffisants, s'il lui en survient d'autres, il est obligé de les abandonner jusqu'au parfait paiement.

La cession de biens amiable n'ayant d'autres effets que ceux résultant de la volonté des parties, les juges du fond peuvent estimer que le débiteur s'est complètement libéré (Req. 1er mars 1882 : *D.P.* 83, 1, 130).

II. – DE LA NOVATION

Art. 1271. – **La novation s'opère de trois manières :**
1° Lorsque le débiteur contracte envers son créancier une nouvelle dette qui est substituée à l'ancienne, laquelle est éteinte ;
2° Lorsqu'un nouveau débiteur est substitué à l'ancien qui est déchargé par le créancier ;
3° Lorsque, par l'effet d'un nouvel engagement, un nouveau créancier est substitué à l'ancien, envers lequel le débiteur se trouve déchargé.

PACTET, *De la réalisation de la novation* : *Rev. trim. dr. civ.* 1975, 435 et 643.

1) La novation suppose l'existence d'une dette à éteindre et la création d'une dette nouvelle (Civ. 14 mars 1939 : *D.H.* 1939, 273. – Montpellier 30 janv. 1963 : *J.C.P.* 63, II, 13442, note P.L.).

2) L'obligation ancienne doit être valable (Civ. 12 avril 1854 : *D.P.* 54, I, 180 ; Civ. 1re, 24 oct. 1969 : *Bull.* I, n. 354, p. 282. – V. cependant Paris 30 avril 1958 : *J.C.P.* 59, II, 11015, note Petot ; *D.* 1958, 553, note Malaurie). Sur la novation de l'obligation naturelle, V. supra, art. 1235.

3) Sur la distinction entre dation en paiement et novation, V. Cass. Ass. plén. 22 avril 1974 : *J.C.P.* 74, II, 17876, note Bénabent – Civ. 1re, 4 fév. 1981 : *D.* 1981, I.R. 493, obs. Vasseur.

4) Ne constitue pas une novation la modification des modalités de paiement (Paris 19 mai 1964 : *J.C.P.* 64, IV, 112), ni l'adjonction d'une sûreté, voire même de l'engagement d'un tiers, à une créance préexistante (Crim. 5 nov. 1969 : *Gaz. Pal.* 1970, 1, 113). Une transaction n'emporte pas novation sauf intention contraire des parties (Civ. 1re, 25 fév. 1976 : *J.C.P.* 76, IV, 136 ; *Bull.* I, n. 86, p. 71). Jugé que, quelle que soit l'intention des parties, une modification dans le montant de la dette ne suffit pas à caractériser la novation (Civ. 1re, 20 nov. 1967 : *D.* 1969, 321, note Gomaa. – V. cependant, Req. 8 nov. 1875 : *D.P.* 76, 1, 438).

5) Si l'obligation nouvelle est anéantie, la novation est tenue pour non avenue et l'ancienne créance doit être traitée comme n'ayant jamais été éteinte (Civ. 14 mars 1939 : *D.H.* 1939, 273. – V. en ce sens Civ. 1re, 8 juil. 1975 : *J.C.P.* 75, IV, 287 ; *Bull.* I, n. 228, p. 192), mais il en est autrement lorsque le créancier a entendu en connaissance de cause substituer à l'obligation ferme antérieure une obligation nouvelle qu'il savait annulable de son propre fait (Civ. 3e, 5 mai 1970 : *J.C.P.* 71, IV, 92 ; *Bull.* III, n. 311, p. 227).

6) La novation ne peut avoir pour effet de priver d'efficacité la clause compromissoire insérée dans le contrat (Civ. 1re, 10 mai 1988 : *Bull.* I, n. 139, p. 96).

Art. 1272. – **La novation ne peut s'opérer qu'entre personnes capables de contracter.**

Art. 1273. – **La novation ne se présume point ; il faut que la volonté de l'opérer résulte clairement de l'acte.**

1) Sur le principe que la novation ne se présume pas, V. Soc. 13 mai 1954 : *J.C.P.* 54, II, 8202. – Paris 11 mars 1957 : *J.C.P.* 57, II, 9920, concl. Combaldieu. Mais il n'est pas nécessaire que l'intention de nover soit exprimée en termes formels, il suffit qu'elle

EXTINCTION DES OBLIGATIONS — Art. 1275

soit certaine (Civ. 7 juil. 1925 : *D.P.* 1927, 1, 22. – Civ. 3e, 15 janv. 1975 : *J.C.P.* 75, IV, 69 ; *Bull.* III, n. 16, p. 12), à condition qu'elle résulte d'actes positifs non équivoques (Soc. 19 juil. 1960 : *D.* 1961, Somm. 21 ; *Bull.* IV, n. 796, p. 613. – Soc. 4 fév. 1965 : *J.C.P.* 65, IV, 33 ; *Bull.* IV, n. 111, p. 91. – Soc. 5 juil. 1973 : *J.C.P.* 73, IV, 317 ; *Bull.* V. n. 452, p. 411), sauf si le second engagement est nécessairement incompatible avec le premier (Req. 8 nov. 1875 : *D.P.* 76, 1, 438. – Comp. Com. 14 fév. 1972 : *Bull.* IV, n. 55, p. 55).

2) L'existence de l'intention de nover est appréciée souverainement par les juges du fond (Crim. 18 janv. 1972 : *D.* 1972, Somm. 63. – Civ. 3e, 17 juin 1971 : *D.* 1971, 545, note Ghestin).

Art. 1274. – **La novation par la substitution d'un nouveau débiteur peut s'opérer sans le concours du premier débiteur.**

Art. 1275. – **La délégation par laquelle un débiteur donne au créancier un autre débiteur qui s'oblige envers le créancier, n'opère point de novation, si le créancier n'a expressément déclaré qu'il entendait décharger son débiteur qui a fait la délégation.**

I. Délégation imparfaite

1) La délégation n'est pas soumise aux formalités édictées par l'article 1690 pour la cession de créance (Req. 19 déc. 1923 : *D.P.* 1925, 1, 9, note Capitant).

2) Sur la nécessité de l'acceptation du délégataire, V. Civ. 12 mars 1946 : *J.C.P.* 46, II, 3114, note R.C.

3) Sur le principe que le délégant reste tenu vis-à-vis du délégataire, V. Soc. 15 nov. 1963 : *Bull.* IV, n. 801, p. 663. – Comp. Paris 15 avril 1965 : *D.* 1965, 476.

4) Dès lors qu'un immeuble vendu en viager a été revendu moyennant paiement de la rente et exécution des conditions de l'acte initial de vente et que le dernier acquéreur a accepté, il y a délégation imparfaite du débiteur primitif au profit du créancier qui n'a pas l'obligation de mettre en demeure et d'appeler en cause le délégant alors que le délégué lui était adjoint comme codébiteur (Civ. 1re, 30 juin 1954 : *J.C.P.* 54, IV, 117 ; *Bull.* I, n. 225, p. 190).

5) Sur le principe que le délégué ne peut opposer au délégataire les exceptions qu'il aurait pu opposer au délégant, V. Civ. 24 janv. 1872 : *D.P.* 1873, 1, 75 ; Civ. 1re, 26 janv. 1960 : *Bull.* I, n. 55, p. 44 ; Com. 15 oct. 1979 : *J.C.P.* 79, IV, 380 ; *Bull.* IV, n. 254, p. 204.

II. Délégation parfaite

6) Sur la nécessité d'une déclaration expresse du créancier, V. Civ. 3e, 5 juin 1970 : *D.* 1970, 727. – Comp. Civ. 17 oct. 1934 : *Gaz. Pal.* 1934, 2, 803. La preuve de cette acceptation peut se faire par tous moyens en matière commerciale (Paris 15 avril 1965 : *D.* 1965, 476). Jugé qu'il appartient aux juges du fond de rechercher si en acceptant un paiement direct par l'utilisateur de la machine, le créancier a entendu décharger expressément son débiteur originaire, le locataire (Com. 17 juil. 1980 : *Bull.* IV, n. 305, p. 247. – V. aussi Com. 22 juin 1983 : *Bull.* IV, n. 183, p. 159).

7) La délégation parfaite libère le délégant envers le délégataire qui n'a de recours que contre le délégué (Civ. 23 nov. 1898 : *D.P.* 1899, 1, 21. – V. aussi Paris 20 juin 1956 : *Gaz. Pal.* 1956, 2, 90).

8) Celui qui détient des fonds pour le compte d'un redevable ne peut satisfaire à un avis à tiers détenteur dès lors que la délégation a été donnée et acceptée avant la notification de cet avis (Com. 24 juin 1986 : *Bull.* IV, n. 141, p. 117 ; *Rev. trim. dr. civ.* 1987, 550, obs. J. Mestre. Comp., décidant que l'avis à tiers détenteur notifié postérieurement à l'échéance d'une lettre de change non acceptée ne peut faire obstacle aux droits du porteur légitime, Com. 20 mars 1984 : *Bull.* IV, n. 108, p. 90).

Art. 1276 — EXTINCTION DES OBLIGATIONS

Art. 1276. – **Le créancier qui a déchargé le débiteur par qui a été faite la délégation, n'a point de recours contre ce débiteur, si le délégué devient insolvable, à moins que l'acte n'en contienne une réserve expresse, ou que le délégué ne fût déjà en faillite ouverte, ou tombé en déconfiture au moment de la délégation.**

Art. 1277. – **La simple indication, faite par le débiteur, d'une personne qui doit payer à sa place, n'opère point novation.**
Il en est de même de la simple indication faite par le créancier, d'une personne qui doit recevoir pour lui.

Il résulte de l'article 1277 du Code civil que le seul envoi d'une facture à un tiers étranger à un contrat de vente, à la demande de l'acquéreur, ne peut être constitutif d'un nouveau contrat de vente et créer par voie de novation à la charge de celui qui a envoyé ladite facture une quelconque obligation (Reims, ch. civ., 1re sect., 6 oct. 1986 : *Juris-Data* n. 045998).

Art. 1278. – **Les privilèges et hypothèques de l'ancienne créance ne passent point à celle qui lui est substituée, à moins que le créancier ne les ait expressément réservés.**

M. Dagot, *La novation par changement de débiteur et le droit hypothécaire* : *J.C.P.* 75, I, 2693.

Art. 1279. – **Lorsque la novation s'opère par la substitution d'un nouveau débiteur, les privilèges et hypothèques primitifs de la créance ne peuvent point passer sur les biens du nouveau débiteur.**
(L. n. 71-579 du 16 juil. 1971, art. 46) **Les privilèges et hypothèques primitifs de la créance peuvent être réservés, avec le consentement des propriétaires des biens grevés, pour la garantie de l'exécution de l'engagement du nouveau débiteur.**

Art. 1280. – **Lorsque la novation s'opère entre le créancier et l'un des débiteurs solidaires, les privilèges et hypothèques de l'ancienne créance ne peuvent être réservés que sur les biens de celui qui contracte la nouvelle dette.**

Art. 1281. – **Par la novation faite entre le créancier et l'un des débiteurs solidaires, les codébiteurs sont libérés.**
La novation opérée à l'égard du débiteur principal libère les cautions.
Néanmoins, si le créancier a exigé, dans le premier cas, l'accession des codébiteurs, ou, dans le second, celle des cautions, l'ancienne créance subsiste, si les codébiteurs ou les cautions refusent d'accéder au nouvel arrangement.

SECTION III. – DE LA REMISE DE LA DETTE

Art. 1282. – **La remise volontaire du titre original sous signature privée, par le créancier au débiteur, fait preuve de la libération.**

1) La remise du titre n'est pas volontaire au sens de la loi lorsque la détention de ce titre par le débiteur s'explique par les relations des parties, le débiteur étant tuteur, puis patron du créancier (Req. 20 oct. 1890 : *D.P.* 91, 1, 263).

2) L'article 1282 ne peut recevoir application que s'il n'y a aucune équivoque possible de la part du créancier sur la portée et la signification de la remise (Toulouse 23 nov. 1966 : *D.* 1967, 522). Dès lors que les débiteurs ne fournissent aucune indication sur l'origine restée anonyme de la remise des lettres de change et qu'il n'est pas établi que ces effets leur ont été remis volontairement par le créancier, la présomption de l'article 1282 peut être écartée (Com. 3 déc. 1985 : *Bull.* IV, n. 285, p. 243).

3) Dès lors qu'une reconnaissance de dette a été rédigée en double exemplaire, son auteur ne justifie pas de sa libération en produisant un seul de ces exemplaires (Civ. 1re, 21 oct. 1975 : *Bull.* I, n. 284, p. 239). Sur l'hypothèse d'une reconnaissance de dette reproduite au moment de sa rédaction à l'aide d'un papier carbone, V. Civ. 1re, 19 avril 1977 : *D.* 1977, I.R. 324 ; *Bull.* I, n. 173, p. 135.

4) La présomption résultant de l'article 1282 ne souffre pas la preuve contraire (Civ. 12 fév. 1925 : *Gaz. Pal.* 1925, 1, 726), même en matière commerciale (Com. 30 juin 1980 : *J.C.P.* 80, IV, 353 ; *Bull.* IV, n. 280, p. 227 ; *D.* 1982, 53, note Parléani. – *Contra* Req. 18 août 1852 : *D.P.* 1853, 1, 111), sous réserve du cas où le débiteur a signé une reconnaissance de dette distincte du titre original de la créance (Civ. 1re, 8 fév. 1984 : *D.* 1984, I.R. 299 ; *Bull.* I, n. 56, p. 47 ; *Rev. trim. dr. civ.* 1985, 387, obs. Mestre).

5) La lettre valant testament et portant remise du solde d'un prêt ne constitue pas le titre original de la créance dont la remise volontaire formerait preuve de la libération (Paris 9 mars 1983 : *D.* 1983, I.R. 348, obs. D. Martin).

6) Le reçu ne fait pas preuve de la libération s'il est intégralement rédigé de la main du débiteur (Civ. 1re, 14 juin 1984 : *Bull.* I, n. 199, p. 168).

Art. 1283. – **La remise volontaire de la grosse du titre fait présumer la remise de la dette ou le paiement, sans préjudice de la preuve contraire.**

1) L'article 1283 est applicable au notaire, créancier pour déboursés et honoraires, qui remet au débiteur la grosse ou même une expédition de l'acte qu'il a reçu pour lui, la distinction de la grosse et des expéditions étant sans intérêt dans les rapports de notaire à client (Civ. 7 janv. 1907 : *D.P.* 1907, 1, 40).

2) La remise de la grosse par le mandataire du créancier fait preuve du paiement à la fois contre le créancier et contre son mandataire (Req. 14 janv. 1896 : *D.P.* 96, 1, 558).

3) Les juges du fond disposent d'un pouvoir souverain pour apprécier si la remise a été volontaire et si elle a la force probante que la loi lui attribue (Civ. 5 juil. 1950 : *Gaz. Pal.* 1950, 2, 295).

Art. 1284. – **La remise du titre original sous signature privée, ou de la grosse du titre, à l'un des débiteurs solidaires, a le même effet au profit de ses codébiteurs.**

Art. 1285. – **La remise ou décharge conventionnelle au profit de l'un des codébiteurs solidaires libère tous les autres, à moins que le créancier n'ait expressément réservé ses droits contre ces derniers.**

Dans ce dernier cas, il ne peut répéter la dette que déduction faite de la part de celui auquel il a fait la remise.

V. pour une application Colmar 21 juin 1932 : *Gaz. Pal.* 1932, 2, 640.

Art. 1286. – **La remise de la chose donnée en nantissement ne suffit point pour faire présumer la remise de la dette.**

Art. 1287. — **La remise ou décharge conventionnelle accordée au débiteur principal libère les cautions ;**
Celle accordée à la caution ne libère pas le débiteur principal ;
Celle accordée à l'une des cautions ne libère pas les autres.

Le créancier ne peut réserver ses droits contre la caution (Req. 30 mars 1869 : *D.P.* 69, 1, 512. — *Contra,* pour une caution réelle, Nancy 1er mars 1932 : *D.P.* 1933, 2, 1, note Voirin). Sur l'effet de la remise consentie à l'une des cautions solidaires, v. *infra,* sous art. 2021.

Art. 1288. — **Ce que le créancier a reçu d'une caution pour la décharge de son cautionnement, doit être imputé sur la dette, et tourner à la décharge du débiteur principal et des autres cautions.**

SECTION IV. — DE LA COMPENSATION

Art. 1289. — **Lorsque deux personnes se trouvent débitrices l'une envers l'autre, il s'opère entre elles une compensation qui éteint les deux dettes, de la manière et dans les cas ci-après exprimés.**

1) La compensation ne peut avoir lieu entre deux obligations dans lesquelles les parties ne figurent pas en la même qualité (Civ. 5 nov. 1901 : *D.P.* 1902, 1, 92. — V. en ce sens, Civ. 7 fév. 1905 : *D.P.* 1905, 1, 432).

2) L'interposition de l'indivision successorale entre deux héritiers purs et simples n'empêche pas la compensation de jouer, l'indivision n'ayant pas de personnalité indépendante de celles des héritiers (Civ. 1re, 10 déc. 1968 : *D.* 1969, 165).

3) Si en principe la compensation légale ne joue qu'autant qu'elle s'est produite antérieurement à la subrogation, le débiteur peut opposer au créancier subrogé une créance postérieure dès lors qu'elle est connexe à celle que le créancier subrogeant avait contre lui (Soc. 7 mai 1987 : *Rev. trim. dr. civ.* 1988, 141, obs. Mestre)

4) A défaut d'obligations réciproques dérivant d'un même contrat, l'exception de compensation opposée par un commerçant à la demande en paiement d'un autre commerçant pour fourniture de marchandises ne peut être accueillie que si les juges du fond relèvent des circonstances permettant d'établir que les ventes et achats conclus entre les parties résultent de l'exécution d'une convention ayant défini entre elles le cadre du développement de leurs relations d'affaires (Com. 17 mai 1989 : *J.C.P.* 89, IV, 266).

5) Sur la compensation judiciaire, V. Chabas : *J.C.P.* 66, I, 2026. La compensation judiciaire peut s'opérer au moyen d'une demande reconventionnelle que forme la partie dont la créance ne réunit pas encore toutes les conditions requises pour la compensation légale. Il n'est pas nécessaire qu'elle procède de la même cause que la demande principale ni même qu'elle se rattache à cette dernière par un lien suffisant (Civ. 2e, 14 juin 1989 : *J.C.P.* 89, IV, 302 ; *Bull.* II, n. 127, p. 64).

Art. 1290. — **La compensation s'opère de plein droit par la seule force de la loi, même à l'insu des débiteurs ; les deux dettes s'éteignent réciproquement, à l'instant où elles se trouvent exister à la fois, jusqu'à concurrence de leurs quotités respectives.**

EXTINCTION DES OBLIGATIONS — Art. 1293

1) On peut renoncer aux effets de la compensation légale soit par avance, soit après que cette compensation s'est accomplie (Req. 11 mai 1880 : *D.P.* 1880, 1, 470).

2) La compensation n'étant pas d'ordre public ne peut être invoquée pour la première fois devant la Cour de cassation (Civ. 1re, 6 mai 1969 : *Bull.* I, n. 166, p. 133, 1re esp.). Elle ne peut interrompre une prescription que si elle a été invoquée (Req. 21 mars 1934 : *D.P.* 1934, 1, 129, note R. Savatier).

Art. 1291. - **La compensation n'a lieu qu'entre deux dettes qui ont également pour objet une somme d'argent, ou une certaine quantité de choses fongibles de la même espèce et qui sont également liquides et exigibles.**

Les prestations en grains ou denrées non contestées, et dont le prix est réglé par les mercuriales, peuvent se compenser avec des sommes liquides et exigibles.

1) Sur la distinction entre compensation et dation en paiement, V. Req. 22 nov. 1899 : *D.P.* 1900, 1, 14.

2) Sur les conditions de liquidité et d'exigibilité, V. Civ. 7 fév. 1905 : *D.P.* 1905, 1, 432. Une dette résultant d'un jugement frappé d'appel ne peut être considérée comme exigible (Civ. 1re, 30 juin 1954 : *Bull.* I, n. 225, p. 190), de même que le solde provisoire d'un compte courant (Civ. 16 janv. 1940 : *D.C.* 1942, 93, note Hamel, 1re esp.). Viole l'article 1291 le jugement qui prononce la compensation après avoir constaté d'un côté l'existence d'une somme d'argent, de l'autre un simple droit à restitution d'objets prêtés (Civ. 1re, 10 juin 1987 : *Bull.* I, n. 187, p. 139).

3) Les juges du fond ne peuvent prononcer la compensation entre une créance de somme d'argent et un droit à restitution né d'un prêt à usage (Civ. 1re, 10 juin 1987 : *Rev. trim. dr. civ.* 1988, 143, obs. Mestre).

4) Lorsque deux dettes sont connexes, le juge ne peut écarter la demande de compensation au motif que l'une d'entre elles ne réunit pas les conditions de liquidité et d'exigibilité (Civ. 3e, 30 mars 1989 : *Bull.* III, n. 77, p. 42). Il est tenu de constater le principe de la compensation qui constitue pour les parties une garantie, sauf à ordonner toutes mesures pour parvenir à l'apurement du compte (Civ. 1re, 18 janv. 1967 : *J.C.P.* 67, II, 15005 *bis*, note J. A. ; *D.* 1967, 358, note J. Mazeaud). Mais jugé qu'une cour d'appel viole l'article 1291 en admettant pour le seul motif de la connexité le principe d'une compensation non demandée entre des créances dont l'une n'était même pas certaine (Com. 15 janv. 1973 : *D.* 1973, 473, note Ghestin).

Art. 1292. - **Le terme de grâce n'est point un obstacle à la compensation.**

Art. 1293. - **La compensation a lieu, quelles que soient les causes de l'une ou l'autre des dettes, excepté dans le cas :**

1° De la demande en restitution d'une chose dont le propriétaire a été injustement dépouillé ;

2° De la demande en restitution d'un dépôt et du prêt à usage ;

3° D'une dette qui a pour cause des aliments déclarés insaisissables.

1) Pour des applications de l'article 1293-1°, V. Civ. 18 juin 1895 : *D.P.* 95, 1, 471. – Crim. 3 déc. 1981 : *J.C.P.* 82, IV, 72.

2) L'article 1293-2° ne s'applique pas aux créances et dettes nées du mandat (Civ. 26 juin 1905 : *D.P.* 1905, 1, 513, concl. Baudoin et note Thaller. – V. en ce sens Civ. 9 juil. 1941 : *D.A.* 1941, 308). Jugé cependant que le gérant d'indivision qui dispose sans mandat de fonds ne lui appartenant pas

commet un acte illicite et ne peut invoquer l'exception de compensation (Civ. 1re, 12 déc. 1962 : *J.C.P.* 63, II, 13006, note J. Mazeaud). L'indemnité d'assurance est substituée par la loi à la chose confiée en dépôt et soumise à la même interdiction de compensation légale (Civ. 1re, 10 avril 1973 : *J.C.P.* 74, II, 17065, note Ghestin).

3) Sur le principe que les créances d'aliments sont soustraites au jeu de la compensation légale, V. Crim. 30 juil. 1931 : *D.H.* 1931, 476. – Crim. 7 déc. 1967 : *D.* 1968, 353. Mais la compensation reste possible si la créance invoquée contre le créancier d'aliments a pour cause les aliments eux-mêmes (Crim. 9 nov. 1934 : *D.H.* 1934, 573. – Comp. Civ. 2e, 23 avril 1969 : *D.* 1969, Somm. 113), ou si elle est invoquée par le créancier même des aliments (Civ. 1re, 30 nov. 1965 : *J.C.P.* 66, II, 14534). Sur le cas des créances nées des relations de travail, V. C. travail, art. L 144-1 et L 144-2.

4) Les exceptions aux règles de la compensation légale énumérées à l'article 1293 ne s'étendent pas aux créances et dettes faisant l'objet d'une demande en compensation judiciaire dont l'appréciation appartient aux juges du fond (Civ. 1re, 12 juil. 1956 : *Gaz. Pal.* 1956, 2, 149. – V. en ce sens, Civ. 1re, 10 avril 1973 : *J.C.P.* 74, II, 17605, note Ghestin).

Art. 1294. – **La caution peut opposer la compensation de ce que le créancier doit au débiteur principal ;**
Mais le débiteur principal ne peut opposer la compensation de ce que le créancier doit à la caution.
Le débiteur solidaire ne peut pareillement opposer la compensation de ce que le créancier doit à son codébiteur.

1) Pour une application du principe posé par l'article 1294, al. 1, V. Paris 4 mars 1981 (*Gaz. Pal.* 1981, 2, 232). Ce principe vaut pour toute caution, même solidaire (Civ. 1re, 1er juin 1983 : *Bull.* I, n. 165, p. 145 ; *Rev. trim. dr. civ.* 1984, 330, obs. Rémy).

2) Si l'obligation solidaire et l'obligation *in solidum* ont l'une et l'autre pour effet de contraindre le débiteur au paiement du tout, la règle exceptionnelle de l'article 1294, al. 3 ne peut être étendue à l'obligation *in solidum* qui reste soumise au droit commun (Civ. 1re, 29 nov. 1966 : *D.* 1967, 2. – V. en ce sens Com. 19 juil. 1982 : *Bull.* IV, n. 278, p. 240).

Art. 1295. – **Le débiteur qui a accepté purement et simplement la cession qu'un créancier a faite de ses droits à un tiers ne peut plus opposer au cessionnaire la compensation qu'il eût pu, avant l'acceptation, opposer au cédant.**
A l'égard de la cession qui n'a point été acceptée par le débiteur, mais qui lui a été signifiée, elle n'empêche que la compensation des créances postérieures à cette notification.

Une cession de créance, qui n'a point été acceptée par le débiteur, n'empêche que la compensation des créances postérieures à la notification (Com. 10 mars 1987 : *J.C.P.* 87, II, 20908, note Petit).

Art. 1296. – **Lorsque les deux dettes ne sont pas payables au même lieu, on n'en peut opposer la compensation qu'en faisant raison des frais de la remise.**

Art. 1297. – **Lorsqu'il y a plusieurs dettes compensables dues par la même personne, on suit, pour la compensation, les règles établies pour l'imputation par l'article 1256.**

EXTINCTION DES OBLIGATIONS — Art. 1301

Art. 1298. – **La compensation n'a pas lieu au préjudice des droits acquis à un tiers. Ainsi celui qui, étant débiteur, est devenu créancier depuis la saisie-arrêt faite par un tiers entre ses mains ne peut, au préjudice du saisissant, opposer la compensation.**

JAPY, *Les effets limités de la compensation selon l'article 1298 du Code civil* : Gaz. Pal. 1977, 1, doctr. 303.

1) Sur le principe que la compensation n'a pas lieu au préjudice des droits acquis à un tiers, V. Civ. 3ᵉ, 21 mars 1973 : *J.C.P.* 73, II, 17520, note Ghestin.

2) Sur la compensation dans les procédures collectives de règlement du passif, V. Pédamon et Carmet : *D.* 1976, chron. 123.

Art. 1299. – **Celui qui a payé une dette, qui était, de droit, éteinte par la compensation, ne peut plus, en exerçant la créance dont il n'a point opposé la compensation, se prévaloir, au préjudice des tiers, des privilèges ou hypothèques qui y étaient attachés, à moins qu'il n'ait eu une juste cause d'ignorer la créance qui devait compenser sa dette.**

DRADIKIS, *Des effets à l'égard des tiers de la renonciation à la compensation acquise* : Rev. trim. dr. civ. 1955, 238.

SECTION V. – DE LA CONFUSION

Art. 1300. – **Lorsque les qualités de créancier et de débiteur se réunissent dans la même personne, il se fait une confusion de droit qui éteint les deux créances.**

VIALATTE, *L'effet extinctif de la réunion sur une même tête de qualités contraires et ses limites* : Rev. trim. dr. civ. 1978, 567.

1) Si en règle générale la confusion fait matériellement obstacle à l'exercice de l'action du créancier qui ne peut agir contre lui-même, il ne peut plus en être ainsi lorsque cette action a pour objet de repousser les prétentions de tiers, nées de la confusion et devant porter atteinte à des droits définitivement acquis au créancier antérieurement à l'acte ayant créé la confusion (Req. 11 mai 1926 : *D.H.* 1926, 314. – V. en ce sens, Civ. 12 juil. 1933 : *S.* 1935, 1, 289, note Lagarde). Mais nul ne peut se prétendre en droit de méconnaître à l'égard des autres indivisaires l'égalité du partage et ne peut donc invoquer à cette fin la relativité de l'effet extinctif de la confusion (Civ. 1ʳᵉ, 8 déc. 1965 : *D.* 1965, 407, note R. Savatier). Jugé que lorsqu'un locataire devient propriétaire indivis de l'immeuble qu'il occupe, la confusion entre la qualité de propriétaire et celle de locataire ne s'opère qu'à concurrence de ses droits indivis et ne peut lui faire perdre les droits que sa qualité de locataire lui donne à l'égard de ses coindivisaires (Civ. 3ᵉ, 21 nov. 1973 : *Bull.* III, n. 594, p. 432).

2) Rien n'empêche que, même lorsqu'une confusion a été produite par l'effet volontaire d'un locataire, les droits paralysés par cette confusion puissent renaître lorsque cette confusion vient à cesser (Req. 12 déc. 1934 : *Gaz. Pal.* 1935, 1, 203).

Art. 1301. – **La confusion qui s'opère dans la personne du débiteur principal profite à ses cautions ;**

Celle qui s'opère dans la personne de la caution n'entraîne point l'extinction de l'obligation principale ;

Art. 1302 EXTINCTION DES OBLIGATIONS

Celle qui s'opère dans la personne du créancier, ne profite à ses codébiteurs solidaires que pour la portion dont il était débiteur.

SECTION VI. – DE LA PERTE DE LA CHOSE DUE

Art. 1302. – Lorsque le corps certain et déterminé qui était l'objet de l'obligation vient à périr, est mis hors du commerce, ou se perd de manière qu'on en ignore absolument l'existence, l'obligation est éteinte si la chose a péri ou a été perdue sans la faute du débiteur, et avant qu'il fût en demeure.
Lors même que le débiteur est en demeure, et s'il ne s'est pas chargé des cas fortuits, l'obligation est éteinte dans le cas où la chose fût également périe chez le créancier si elle lui eût été livrée.
Le débiteur est tenu de prouver le cas fortuit qu'il allègue.
De quelque manière que la chose volée ait péri, ou ait été perdue, sa perte ne dispense pas celui qui l'a soustraite, de la restitution du prix.

Art. 1303. – Lorsque la chose est périe, mise hors du commerce ou perdue, sans la faute du débiteur, il est tenu, s'il y a quelques droits ou actions en indemnité par rapport à cette chose, de les céder à son créancier.

SECTION VII. – DE L'ACTION EN NULLITÉ OU EN RESCISION DES CONVENTIONS

Art. 1304 *(L. 18 fév. 1938 ; L. n. 64-1230 du 14 déc. 1964 ; L. n. 68-5 du 3 janv. 1968, art. 2).*
– Dans tous les cas où l'action en nullité ou en rescision d'une convention n'est pas limitée à un moindre temps par une loi particulière, cette action dure cinq ans.
Ce temps ne court dans le cas de violence que du jour où elle a cessé ; dans le cas d'erreur ou de dol, du jour où ils ont été découverts.
Le temps ne court, à l'égard des actes faits par un mineur, que du jour de la majorité ou de l'émancipation ; et à l'égard des actes faits par un majeur protégé, que du jour où il en a eu connaissance, alors qu'il était en situation de les refaire valablement. Il ne court contre les héritiers de l'incapable que du jour du décès, s'il n'a commencé à courir auparavant.

1) La prescription de l'article 1304 constitue la règle de droit commun en matière de nullité pour vice du consentement (Civ. 1re, 17 nov. 1958 : *D.* 1959, 18, note Holleaux). Mais elle ne s'applique pas à l'action en déclaration de simulation (Civ. 1re, 9 nov. 1971 : *D.* 1972, 302), ni à l'action en nullité absolue (Civ. 16 nov. 1932 : *S.* 1934, 1, 1, note Esmein).

2) Sous le nom de convention, l'article 1304 vise tous les actes qui constituent un accord exprès ou tacite de volonté d'où résulte une obligation (Civ. 2e, 20 oct. 1961 : *Gaz. Pal.* 1962, 1, 21).

3) Le délai de l'action en nullité pour erreur ne court que du jour où cette erreur a été découverte et non simplement soupçonnée (Civ. 1re, 31 mai 1972 : *Bull.* I, n. 142, p. 124).

4) La prescription de l'action en nullité du contrat de mariage ne commence à courir qu'à compter de la dissolution du mariage (Civ. 6 nov. 1895 : *D.P.* 97, 1, 25).

5) Sur le caractère perpétuel de l'exception de nullité, V. Req. 21 juin 1880 : *D.P.* 81, 1, 108 (nullité relative). – Aix 30 oct.

EXTINCTION DES OBLIGATIONS — Art. 1312

1950 : *J.C.P.* 51, II, 5945, note Becqué (nullité absolue). V. aussi Com. 10 juil. 1978 : *Bull.* IV, n. 195, p. 164.

6) Les formalités imposées par les statuts d'une association pour la convocation et les délibérations de l'assemblée générale ne protègent que les intérêts privés des membres de l'association et ne peuvent dès lors être sanctionnées que par une nullité relative dont la prescription, en matière contractuelle, est fixée par l'article 1304 à cinq ans (Civ. 1re, 10 juil. 1979 : *Bull.* I, n. 202, p. 162).

Art. 1305 *(L. n. 64-1230 du 14 déc. 1964, art. 2).* – **La simple lésion donne lieu à la rescision en faveur du mineur non émancipé, contre toutes sortes de conventions.**

1) La location d'une voiture par un mineur ne peut être attaquée pour cause d'incapacité, mais seulement pour cause de lésion (Civ. 1re, 4 nov. 1970 : *J.C.P.* 71, II, 16631).

2) Le mineur ne peut pas prétendre limiter son action à certaines clauses du contrat en demandant le maintien des autres (Civ. 13 fév. 1906 : *D.P.* 1907, 1, 33).

Art. 1306. – **Le mineur n'est pas restituable pour cause de lésion, lorsqu'elle ne résulte que d'un événement casuel et imprévu.**

Art. 1307. – **La simple déclaration de majorité, faite par le mineur, ne fait point obstacle à sa restitution.**

Art. 1308 *(mod. L. n. 74-631 du 5 juil. 1974, art. 9).* – **Le mineur qui exerce une profession n'est point restituable contre les engagements qu'il a pris dans l'exercice de celle-ci.**

Art. 1309. – **Le mineur n'est point restituable contre les conventions portées en son contrat de mariage, lorsqu'elles ont été faites avec le consentement et l'assistance de ceux dont le consentement est requis pour la validité de son mariage.**

Art. 1310. – **Il n'est point restituable contre les obligations résultant de son délit ou quasi-délit.**

1) Il n'y a pas quasi-délit de la part du mineur à indiquer une fausse cause dans l'obligation qu'il souscrit (Civ. 19 fév. 1856 : *D.P.* 56, 1, 86).

2) Le mineur qui contracte des obligations normalement inexécutables qui ne lui réservent que des bénéfices insignifiants et lui laissent tous les risques ne commet ni délit ni quasi-délit mais seulement une imprudence résultant de son inexpérience des affaires (Req. 17 mars 1924 : *Gaz. Pal.* 1924, 1, 713).

Art. 1311. – **Il n'est plus recevable à revenir contre l'engagement qu'il avait souscrit en minorité, lorsqu'il l'a ratifié en majorité, soit que cet engagement fût nul en sa forme, soit qu'il fût seulement sujet à restitution.**

Art. 1312 *(L. 18 fév. 1938).* – **Lorsque les mineurs ou les majeurs en tutelle sont admis, en ces qualités, à se faire restituer contre leurs engagements, le remboursement de ce qui aurait été, en conséquence de ces engagements, payé pendant la minorité ou la tutelle des majeurs, ne peut en être exigé, à moins qu'il ne soit prouvé que ce qui a été payé a tourné à leur profit.**

1) L'article 1312 concerne les seuls paiements faits entre les mains d'un mineur et ne s'applique pas à une restitution qui est la conséquence d'un paiement fait au père de la victime (Civ. 1re, 18 janv. 1989 : *Bull.* I, n. 13, p.-8).

Art. 1313 EXTINCTION DES OBLIGATIONS

2) Doit être cassé l'arrêt qui a condamné un mineur au remboursement du prêt à lui consenti pour l'achat d'une automobile, prêt annulé comme étant fait à un incapable, sur la base de l'enrichissement sans cause, sans rechercher si ce prêt avait tourné au profit du mineur (Civ. 1re, 5 avril 1978 : *Bull.* I, n. 147, p. 116).

Art. 1313. - **Les majeurs ne sont restitués pour cause de lésion que dans les cas et sous les conditions spécialement exprimés dans le présent code.**

Art. 1314. - **Lorsque les formalités requises à l'égard des mineurs ou des majeurs sous tutelle soit pour aliénation d'immeubles, soit dans un partage de succession, ont été remplies, ils sont, relativement à ces actes, considérés comme s'ils les avaient faits en majorité ou avant la tutelle des majeurs.**

CHAPITRE VI. - DE LA PREUVE DES OBLIGATIONS ET DE CELLE DU PAIEMENT

D. DENIS, *Quelques aspects de l'évolution du système des preuves en droit civil* : Rev. trim. dr. civ. 1977, 671.

Art. 1315. - **Celui qui réclame l'exécution d'une obligation doit la prouver.**
Réciproquement, celui qui se prétend libéré doit justifier le paiement ou le fait qui a produit l'extinction de son obligation.

1) Sur l'impossibilité pour le juge d'ordonner une mesure d'instruction en vue de suppléer la carence des parties dans l'administration de la preuve, V. Nouv. C. proc. civ., art. 146, al. 2.

2) L'incertitude et le doute subsistant à la suite de la production d'une preuve doivent nécessairement être retenus au détriment de celui qui avait la charge de cette preuve (Soc. 31 janv. 1962 : *Bull.* IV, n. 105, p. 85).

3) La preuve d'une remise de fonds ne suffit pas à justifier l'obligation de celui qui les a reçus de les restituer (Civ. 1re, 20 mai 1981 : *D.* 1983, 289, note Devèze. – Civ. 1re, 4 déc. 1984 : *Bull.* I, n. 324, p. 276 ; *Rev. trim. dr. civ.* 1985, 733, obs. Mestre). Renverse la charge de la preuve la cour d'appel qui condamne les défendeurs à rembourser aux demandeurs la somme que ces derniers soutiennent avoir versée à titre de prêt en se bornant à retenir que les défendeurs ne rapportent pas la preuve du caractère de libéralité indirecte qu'ils affirment être la cause des versements effectués, sans rechercher au préalable si les demandeurs rapportent la preuve du contrat de prêt dont ils se prévalent (Civ. 1re, 12 nov. 1975 : *J.C.P.* 76, IV, 8 ; *Bull.* I, n. 322, p. 267).

4) C'est au défendeur d'apporter la preuve des faits qu'il invoque à titre d'exception (Com. 27 oct. 1981 : *Bull.* IV, n. 372, p. 296. V. en ce sens Com. 3 déc. 1980 : *Bull.* IV, n. 409, p. 328). Ainsi, la preuve de l'inexactitude des mentions d'un acte incombe à la partie qui argue cet acte de nullité (Civ. 2e, 7 oct. 1971 : *D.* 1972, 24). De même, c'est à l'acheteur qui se prétend victime d'une erreur sur la substance de démontrer le caractère pour lui substantiel des qualités qu'il n'a pas trouvées dans l'objet acheté (Civ. 1re, 26 janv. 1972 : *D.* 1972, 517. – V. aussi *supra*, sous art. 1109, n. 3).

5) C'est à celui qui invoque le caractère immoral ou illicite d'une libéralité d'en rapporter la preuve (Civ. 1re, 19 avril 1977 :

Bull. I, n. 171, p. 134). C'est à l'assureur qui invoque une exclusion de garantie de démontrer la réunion des conditions de fait de l'exclusion (Civ. 1re, 27 oct. 1981 : *J.C.P.* 82, II, 19711, note Baudoin). C'est au tireur qui oppose au bénéficiaire d'un chèque une exception tirée de l'absence de cause du rapport fondamental d'établir l'existence de cette exception (Com. 15 juil. 1987 : *Bull.* IV, n. 92, p. 141).

6) C'est à la partie qui exerce l'action *de in rem verso* de démontrer que son appauvrissement et l'enrichissement corrélatifs du défendeur sont sans cause (Civ. 1re, 18 juin 1980 : *Bull.* I, n. 191, p. 155).

7) Dès lors qu'un atelier s'est chargé de remettre en état un moteur et que celui-ci s'est bloqué après trente-sept heures de fonctionnement, sans que la preuve d'une utilisation anormale ait été faite, les juges du fond peuvent, sans inverser la charge de la preuve, en déduire que l'atelier n'avait pas satisfait à ses obligations (Com. 20 mars 1985 : *Bull.* V, n. 105, p. 91 ; *Rev. trim. dr. civ.* 1986, 362, obs. J. Huet).

8) Le salarié qui détient des fiches de paie faisant apparaître le salaire réclamé doit renverser la présomption de paiement qu'il a lui-même instituée en faveur de l'employeur en acceptant de les recevoir (Soc. 5 mars 1987 : *Bull.* V, n. 116, p. 75).

9) Renverse la charge de la preuve l'arrêt qui énonce que la preuve d'un paiement pouvait être rapportée par tous moyens et résulter de faits sur lesquels le juge pouvait fonder son intime conviction et qui déduit de considérations sur la vraisemblance des déclarations du demandeur et sur son comportement après la signature du compromis de vente que la somme litigieuse a été payée, alors qu'il appartient à l'acquéreur de justifier qu'il s'est libéré du paiement de la somme dont il s'est reconnu débiteur dans l'acte de vente (Civ. 3e, 5 juin 1970 : *J.C.P.* 70, IV, 198 ; *Bull.* III, n. 389, p. 281). De même, doit être mise à la charge des associés, débiteurs envers la société de tout ce qu'ils avaient promis d'y apporter, la preuve de la réalité de leurs apports et versements (Civ. 3e, 1er juil. 1971 : *J.C.P.* 71, IV, 216 ; *Bull.* III, n. 438, p. 313).

10) En cas d'opposition à un jugement rendu par défaut, la charge de la preuve pèse sur le demandeur originaire, et non sur l'opposant (Soc. 3 avril 1979 : *Bull.* V, n. 306, p. 222).

11) Sur le caractère d'ordre privé des règles relatives à la preuve, V. Civ. 19 oct. 1937 : *D.H.* 1937, 584 ; Civ. 2e, 6 mars 1958 : *J.C.P.* 58, II, 10902, note Chevallier ; Civ. 3e, 9 oct. 1974 : *Bull.* III, n. 353, p. 269.

Art. 1316. — **Les règles qui concernent la preuve littérale, la preuve testimoniale, les présomptions, l'aveu de la partie et le serment sont expliquées dans les sections suivantes.**

SECTION I. – DE LA PREUVE LITTÉRALE

§ 1. – Du titre authentique

Art. 1317. — **L'acte authentique est celui qui a été reçu par officiers publics ayant le droit d'instrumenter dans le lieu où l'acte a été rédigé, et avec les solennités requises.**

Loi du 25 ventôse an XI
contenant organisation du notariat

TITRE I. – DES NOTAIRES ET DES ACTES NOTARIÉS

....

SECTION II. – DES ACTES, DE LEUR FORME, DES MINUTES, GROSSES, EXPÉDITIONS ET RÉPERTOIRES

Art. 8. – *Abrogé D. n. 71-941 du 26 nov. 1971, art. 1ᵉʳ.*

Art. 9 *(L. 12 août 1902 ; L. n. 66-1012 du 28 déc. 1966, art. 2).* – Les actes notariés pourront être reçus par un seul notaire, sauf les exceptions ci-après :
1° Les testaments resteront soumis aux règles spéciales du Code civil ;
2° Les actes contenant révocation de testament et les procurations données pour révocation de testament seront, à peine de nullité, reçus par deux notaires ou par un notaire assisté de deux témoins.
La présence du second notaire ou des deux témoins n'est requise qu'au moment de la lecture de l'acte par le notaire et de la signature des parties ou de leur déclaration de ne savoir ou de ne pouvoir signer, et la mention en sera faite dans l'acte, à peine de nullité.
3° Les actes dans lesquels les parties ou l'une d'elles ne sauront ou ne pourront signer, seront soumis à la signature d'un second notaire ou de deux témoins.
(dernier al. abrogé D. n. 71-941 du 26 nov. 1971).

Art. 10 *(L. n. 73-546 du 25 juin 1973, art. 18).* – Le notaire peut habiliter un ou plusieurs de ses clercs assermentés à l'effet de donner lecture des actes et des lois et recueillir les signatures des parties.
A compter de leur signature par le notaire, les actes ainsi dressés ont le caractère d'actes authentiques au sens des articles 1317 et suivants du Code civil, notamment en ce qui concerne les énonciations relatives aux constatations et formalités effectuées par le clerc assermenté.
Cette habilitation ne peut avoir effet pour les actes nécessitant la présence de deux notaires ou de deux témoins ainsi que pour ceux prévus aux articles 73, 335, 348-3, 931, 1035, 1394 et 1397 du Code civil.
Elle est exercée sous la surveillance et sous la responsabilité du notaire.
Par dérogation aux dispositions qui précèdent, lorsqu'une des parties le demande, le notaire doit procéder en personne à toutes les formalités.
Un décret en Conseil d'État fixe les modalités d'application des dispositions qui précèdent.

Art. 11 à 18. – *Abrogés, D. n. 71-941, du 26 nov. 1971, art. 1ᵉʳ.*

Art. 19. – Tous actes notariés feront foi en justice, et seront exécutoires dans toute l'étendue de la République.
Néanmoins, en cas de plainte en faux principal, l'exécution de l'acte argué de faux sera suspendue par la déclaration du jury d'accusation, prononçant qu'il y a lieu à accusation ; en cas d'inscription de faux faite incidemment, les tribunaux pourront, suivant la gravité des circonstances, suspendre provisoirement l'exécution de l'acte.

Art. 20 à 22. – *Abrogés D. n. 71-941 du 26 nov. 1971, art. 1ᵉʳ.*

PREUVE DES OBLIGATIONS — Art. 1317

Art. 23 *(L. n. 73-546 du 25 juin 1973, art. 28).* – Les notaires ne pourront également, sans l'ordonnance du président du tribunal de grande instance, délivrer expédition ni donner connaissance des actes à d'autres qu'aux personnes intéressées en nom direct, héritiers ou ayants droit, à peine de dommages-intérêts, d'une amende de 100 F, et d'être, en cas de récidive, suspendus de leurs fonctions pendant trois mois, sauf néanmoins l'exécution des lois et règlements sur le droit d'enregistrement et de ceux relatifs aux actes soumis à une publication.

Art. 24 à 30. – *Abrogés, D. n. 71-941 du 26 nov. 1971, art. 1er.*

Loi du 15 décembre 1923
relative à la reconstitution des actes et des archives détruits dans les départements par suite des événements de guerre

....

Art. 9. – *Abrogé, D. n. 81-500 du 12 mai 1981, art. 3 (V. Nouv. C. proc. civ., art. 1430 à 1434).*

Décret n. 52-1292 du 2 décembre 1952 *(J.O. 5 et rectif. 17 déc.)*
portant règlement d'administration publique pour l'emploi, par les officiers publics et ministériels, des procédés de reproduction des actes

Art. 1er *(D. n. 71-941 du 26 nov. 1971, art. 24-1º).* – Les expéditions et copies délivrées par les greffiers et commissaires-priseurs, ainsi que les copies d'exploits et les copies de pièces annexées aux exploits d'huissier, sont établies conformément aux règles suivantes.

Art. 2. – Les documents visés à l'article 1er peuvent être manuscrits ; ils sont alors écrits avec une encre noire indélébile répondant aux normes fixées par arrêté du garde des sceaux, ministre de la justice.

Les mentions manuscrites, signatures et paraphes apposés sur les actes, ainsi que sur les expéditions et copies, sont écrits avec de l'encre de même qualité.

Art. 3. – Les documents visés à l'article 1er peuvent également être établis à la machine à écrire, sans interposition de papier carbone.

Toutefois, pour l'établissement des copies d'exploits et des copies de pièces annexées aux exploits, il peut être fait usage de papier carbone, dont le type aura été, sur la demande des fabricants, agréé par arrêté du garde des sceaux, ministre de la justice. Le nombre d'exemplaires établis simultanément ne peut être supérieur à celui fixé par l'arrêté d'agrément.

Art. 4. – Les documents visés à l'article 1er peuvent également être établis par d'autres procédés tels que les copies obtenues répondent à des conditions techniques fixées par arrêté du garde des sceaux, ministre de la justice.

Les appareils utilisés doivent être d'un type qui aura été, sur la demande des fabricants, agréé par arrêté du garde des sceaux, ministre de la justice.

Art. 5. – Tout greffier qui désire être admis à utiliser l'un des appareils de reproduction agréés, visés à l'article précédent, doit en demander l'autorisation au garde des sceaux, ministre de la justice.

L'arrêt qui accorde cette autorisation prescrit à tous les auxiliaires de justice, qui remettent au greffier des documents destinés à être reproduits, d'établir lesdits documents sur des sortes de papier et suivant un mode de présentation tels qu'ils puissent être copiés en utilisant l'appareil autorisé. Si ces documents ne sont pas conformes, le greffier en refuse le dépôt ; les frais qui y sont relatifs demeurent alors à la charge de l'auxiliaire de justice qui les a établis.

Le greffier peut, sur la demande des officiers ministériels chargés de signifier les documents dont il conserve les minutes, établir les copies destinées à être remises aux parties.

Dans ce cas, le coût de l'exploit ne peut comprendre, pour les copies de pièces, que l'émolument prévu à l'article 5 du décret du 4 septembre 1945, modifié, portant tarif des huissiers ; cet émolument peut être partagé suivant les conventions intervenues entre eux, entre le greffier et l'officier ministériel qui a préparé l'exploit.

Art. 6. – Dans tous les cas visés aux articles 2, 3 et 4 ci-dessus, les expéditions et copies sont établies en respectant les alinéas du texte copié dont les blancs sont bâtonnés.

Chaque rôle est numéroté et revêtu du paraphe de l'officier public ou ministériel qui a établi la copie, et, s'il s'agit d'un officier public, de son sceau. Le nombre de feuilles employées pour la copie est indiqué à la dernière page, où est apposée, aussitôt au-dessous du texte, une mention de la conformité avec l'original et, s'il y a lieu, de collationnement, la signature complète de l'officier public et ministériel, ainsi que, s'il s'agit d'un officier public, l'empreinte de son sceau.

Les erreurs de copie sont corrigées par un renvoi en marge, de manière à laisser lisible le texte modifié ; les omissions donnent également lieu à un renvoi en marge.

Tous les renvois en marge sont paraphés.

Sur la dernière page de l'expédition ou de la copie, l'officier public ou ministériel mentionne le nombre de renvois en marge, de mots et de chiffres annulés que comprend l'expédition ou la copie ; cette mention est paraphée.

(D. n. 71-941 du 26 nov. 1971, art. 24-2°) Les paraphes et signatures visés au présent article sont toujours manuscrits.

Art. 7. – Les expéditions et copies qui ne seraient pas établies conformément aux dispositions des articles 2, 3, 4 et 6 du présent décret ne peuvent donner lieu à la perception d'aucun émolument ; leur coût est, le cas échéant, écarté d'office de la taxe, les frais de timbre restant à la charge de celui qui a établi l'expédition ou la copie irrégulière.

Art. 8. – Les papiers carbone qui ne répondraient pas à un type agréé pourront encore être utilisés pour l'établissement des copies d'exploits, jusqu'à l'expiration d'un délai de six mois à compter de l'entrée en vigueur du premier arrêté d'agrément prévu à l'article 3 du présent décret.

Art. 9. – Les frais des essais techniques préalables aux arrêtés d'agrément prévus aux articles 3 et 4 du présent décret sont à la charge de ceux qui demandent l'agrément des papiers carbone et des appareils de reproduction.

Art. 10. – Les dispositions du présent décret sont applicables dans les départements de la Guadeloupe, de la Guyane, de la Martinique et de la Réunion.

Décret n. 71-941 du 26 novembre 1971 *(J.O. 3 déc.)*
relatif aux actes établis par les notaires

Art. 1er – Sont abrogés l'article 8, l'alinéa 2 du 3° de l'article 9, les articles 10 à 18, 20 à 22, 24 à 30 et 68 de la loi du 25 ventôse an XI modifiée.

PREUVE DES OBLIGATIONS — Art. 1317

Art. 2. – Les notaires ne peuvent recevoir des actes dans lesquels leurs parents ou alliés, en ligne directe, à tous les degrés, et en ligne collatérale jusqu'à degré d'oncle ou de neveu inclusivement, sont parties, ou qui contiennent quelque disposition en leur faveur.

Les notaires associés d'une société titulaire d'un office notarial ou d'une société de notaires ne peuvent recevoir des actes dans lesquels l'un d'entre eux ou les parents ou alliés de ce dernier au degré prohibé par l'alinéa précédent sont parties ou intéressés.

Art. 3. – Deux notaires parents ou alliés au degré prohibé par l'article 2 ou membres de la même société civile professionnelle ne peuvent recevoir ensemble un acte nécessitant le concours de deux notaires.

Les parents et alliés soit du notaire, soit de l'associé du notaire, soit des parties contractantes, au degré prohibé par l'article 2, leurs clercs et leurs employés ne peuvent être témoins.

Art. 4. – Tout témoin instrumentaire dans un acte doit être majeur ou émancipé et avoir la jouissance de ses droits civils.

Le mari et la femme ne peuvent être témoins dans le même acte.

Art. 5. – L'identité, l'état et le domicile des parties, s'ils ne sont pas connus du notaire, sont établis par la production de tous documents justificatifs.

Ils peuvent exceptionnellement lui être attestés par deux témoins ayant les qualités requises par l'article 4.

Art. 6 *(D. n. 73-1202, du 28 déc.* 1973, *art. 48).* – Tout acte doit énoncer le nom et le lieu d'établissement du notaire qui le reçoit, les nom et domicile des témoins, le lieu « où l'acte est passé, la date à laquelle est apposée chaque signature ».

Art. 7. – Les actes des notaires sont établis de façon lisible et indélébile sur un papier d'une qualité offrant toute garantie de conservation.

Les signatures et paraphes qui y sont apposés doivent être indélébiles.

Ils contiennent les noms, prénoms et domiciles des parties et de tous les signataires de l'acte ; ils sont écrits en un seul et même contexte, sans blanc, sauf toutefois ceux qui constituent les intervalles normaux séparant paragraphes et alinéas et ceux nécessités par l'utilisation des procédés de reproduction. Dans ce dernier cas, les blancs sont barrés.

Les abréviations sont autorisées dans la mesure où leur signification est précisée au moins une fois dans l'acte. Les sommes sont énoncées en lettres à moins qu'elles ne constituent le terme ou le résultat d'une opération ou qu'elles ne soient répétées.

(D. n. 73-1202 du 28 déc. 1973, art. 49) La date à laquelle l'acte est signé par le notaire doit être énoncée en lettres.

Chaque page de texte est numérotée, le nombre de pages est indiqué à la fin de l'acte.

L'acte porte mention qu'il a été lu par les parties ou que lecture leur en a été donnée.

Art. 8. – Les pièces annexées à l'acte doivent être revêtues d'une mention constatant cette annexe et signée du notaire.

Les procurations sont annexées à l'acte à moins qu'elles ne soient déposées aux minutes du notaire rédacteur de l'acte. Dans ce cas il est fait mention dans l'acte du dépôt de la procuration au rang des minutes.

Art 9. – Les renvois sont portés soit en marge, soit au bas de la page, soit à la fin de l'acte.

Les renvois portés en marge ou au bas de la page sont, à peine de nullité, paraphés par le notaire et les autres signataires de l'acte.

Les renvois portés à la fin de l'acte sont numérotés. S'ils précèdent les signatures il n'y a pas lieu de les parapher.

Chaque feuille est paraphée par le notaire et les signataires de l'acte sous peine de nullité des feuilles non paraphées.

Toutefois si les feuilles de l'acte et de ses annexes sont, lors de la signature par les parties, réunies par un procédé empêchant toute substitution ou addition, il n'y a pas lieu de les parapher.

Art. 10 – Il n'y a ni surcharge ni interligne ni addition dans le corps de l'acte et les mots et les chiffres surchargés, interlignés ou ajoutés sont nuls. Le nombre de blancs barrés, celui des mots et des nombres rayés sont mentionnés à la fin de l'acte. Cette mention est paraphée par le notaire et les autres signataires de l'acte.

Art. 11. – Les actes sont signés par les parties, les témoins et le notaire.

(D. n. 73-1202 du 28 déc. 1973, art. 48) Lorsque dans les conditions prévues à l'article 10 de la loi du 25 ventôse an XI, les signatures des parties sont recueillies par un clerc habilité, l'acte, doit en outre, être signé par ce clerc et porter mention de son identité, de son assermentation et de l'habilitation reçue.

Il est fait mention, à la fin de l'acte, de la signature des parties, des témoins, du notaire et s'il y a lieu, du clerc habilité.

Quand les parties ne savent ou ne peuvent signer, leur déclaration à cet égard doit être mentionnée à la fin de l'acte.

Art. 12 *(D. n. 73-1202 du 28 déc. 1973, art. 48).* – I. – L'habilitation prévue à l'article 10 de la loi du 25 ventôse an XI ne peut être donnée qu'aux clercs qui l'acceptent et qui remplissent l'une des conditions suivantes :

1° Avoir subi avec succès l'examen d'aptitude aux fonctions de notaire prévu par le décret n. 73-609 du 5 juillet 1973, ou par la législation précédemment en vigueur, ou être titulaire du diplôme supérieur de notariat institué par le décret précité. ;

2° Être titulaire du diplôme de premier clerc prévu par le décret précité du 5 juillet 1973 ou avoir subi avec succès l'examen de premier clerc prévu par la législation précédemment en vigueur.

3° Justifier de six années de pratique professionnelle en qualité de clerc de notaire.

Cette durée est réduite à :

Deux années pour les titulaires du diplôme national sanctionnant le second cycle d'études juridiques ou d'un diplôme reconnu équivalent pour l'exercice des fonctions de notaire.

Trois années pour les titulaires soit du diplôme sanctionnant le premier cycle d'études des écoles de notariat, soit du diplôme national sanctionnant le 1er cycle d'études juridiques, ou du diplôme d'un institut universitaire de technologie des carrières juridiques et judiciaires.

Quatre années pour les titulaires du diplôme d'une école de notariat prévue par le décret précédemment en vigueur du 1er mai 1905 ou du certificat de capacité en droit.

II. – Le clerc, avant d'exercer l'habilitation, prête le serment suivant par écrit établi en double original, signé et daté par l'intéressé :

Je jure de remplir ma mission avec exactitude et probité.

III. – L'habilitation est constatée par un écrit établi en double original, daté et signé par le notaire.

Elle peut être donnée soit pour tous les actes, à l'exclusion de ceux mentionnés au troisième alinéa de l'article 10 de la loi susvisée du 25 ventôse an XI, soit pour certains actes seulement *(D. n. 86-728 du 28 avril 1986, art. 9).* Toutefois, le clerc ne peut être habilité à exercer ses

PREUVE DES OBLIGATIONS — Art. 1317

fonctions que dans le ressort de la cour d'appel où est établi l'office du notaire et dans le ressort des tribunaux de grande instance limitrophes de celui dans le ressort duquel est établi l'office.

Le notaire dépose un exemplaire de l'acte d'habilitation et de l'acte d'assermentation au rang de ses minutes. Il en transmet un autre exemplaire ainsi qu'un spécimen de la signature du clerc au procureur de la République près le tribunal de grande instance de son lieu d'établissement et à la chambre des notaires.

L'habilitation est révocable à tout moment. Elle cesse d'office, ainsi que les effets du serment, au jour où cessent les fonctions soit du notaire, soit du clerc.

Le notaire informe le procureur de la République et la chambre des notaires de la fin de l'habilitation.

Art. 13. – Les notaires sont tenus de garder minute de tous les actes qu'ils reçoivent à l'exception de de ceux qui d'après la loi peuvent être délivrés en brevet et des certificats de vie, procurations, actes de notoriété, quittances de fermages, de loyers, de salaires, arrérages de pensions et rentes.

Art. 14. – Les notaires ne peuvent se dessaisir d'aucune minute sauf dans les cas prévus par la loi et en vertu d'un jugement.

Avant de s'en dessaisir, ils en dressent et signent une copie sur laquelle il est fait mention de sa conformité avec l'original par le président du tribunal de grande instance du lieu de leur établissement.

Cette copie est substituée à la minute. Elle en tient lieu jusqu'à sa réintégration.

Art. 15. – Les grosses et expéditions sont établies de façon lisible et indélébile sur un papier d'une qualité offrant toute garantie de conservation.

Elles respectent les paragraphes et les alinéas de la minute. Chaque page de texte est numérotée, le nombre de ces pages est indiqué à la dernière d'entre elles.

Chaque feuille est revêtue du paraphe du notaire à moins que toutes les feuilles ne soient réunies par un procédé empêchant toute substitution ou addition ou qu'elles ne reproduisent les paraphes et signatures de la minute.

La signature du notaire et l'empreinte du sceau sont apposées à la dernière page et il est fait mention de la conformité de la grosse ou de l'expédition avec l'original.

Les erreurs et omissions sont corrigées par des renvois portés soit en marge, soit au bas de la page, soit à la fin de la grosse ou de l'expédition et, dans ce dernier cas, sans interligne entre eux.

Les renvois sont paraphés, sauf ceux qui figurent à la fin de la grosse ou de l'expédition pour l'ensemble desquels le notaire appose un seul paraphe.

Le nombre des mots, des chiffres annulés, celui des nombres et des renvois est mentionné à la dernière page. Cette mention est paraphée.

Les paraphes et signatures apposés sur la grosse et l'expédition sont toujours manuscrits.

Art. 16. – Les grosses et expéditions qui ne sont pas établies conformément aux dispositions de l'article précédent ne peuvent donner lieu à la perception d'aucun émolument. Leur coût est, le cas échéant, écarté d'office de la taxe, les frais de timbre restant à la charge de celui qui a établi la grosse ou l'expédition irrégulière.

Art. 17 *(D. n. 73-1202 du 28 déc. 1973, art. 49).* – Le droit de délivrer des grosses et expéditions appartient au notaire détenteur de la minute ou des documents qui lui ont été déposés pour minute.

Il en est de même dans les sociétés civiles professionnelles de notaires, où chaque associé délivre les grosses et expéditions des actes même si ceux-ci ont été reçus par l'un des coassociés.

Le notaire peut habiliter un ou plusieurs de ses clercs déjà habilités en application de l'article 10 de la loi susvisée du 25 ventôse an XI à délivrer des expéditions. Il transmet à la chambre des notaires un exemplaire de l'acte d'habilitation ainsi qu'un spécimen de la signature du clerc habilité. Celui-ci fait figurer sur les expéditions qu'il délivre, outre le sceau du notaire, sa signature et un cachet portant son nom et la date de son habilitation.

Cette habilitation est révocable à tout moment. En outre, elle prend fin d'office au jour de la cessation de fonctions du notaire habilitant ou du clerc ou de l'employé habilité. Le notaire informe la chambre de la fin de cette habilitation.

Art. 18. – Les grosses seules sont délivrées en forme exécutoire, elles sont terminées dans les mêmes termes que les jugements des tribunaux.

Art. 19. – Il doit être fait mention sur la minute de la délivrance d'une première grosse faite à chacune des parties intéressées. Il ne peut lui en être délivré d'autre sans une ordonnance du président du tribunal de grande instance, laquelle demeure jointe à la minute.

Art. 20. – Chaque notaire est tenu d'avoir un sceau particulier, portant ses nom, qualité et établissement et, d'après un modèle uniforme, l'effigie de la République française.

Le sceau est apposé sur les actes délivrés en brevet ainsi que sur les grosses et expéditions.

Art. 21. – Les notaires tiennent répertoire de tous les actes qu'ils reçoivent.

Art. 22. Les répertoires peuvent être établis sur feuilles mobiles.

Leurs pages sont numérotées. Elles sont visées et paraphées par le président de la chambre des notaires ou son délégué. La formalité du paraphe peut toutefois être remplacée par l'utilisation d'un procédé empêchant toute substitution ou addition de feuilles.

Les répertoires sont tenus jour par jour. Ils contiennent la date, la nature, l'espèce de l'acte, les noms des parties et toutes autres mentions prescrites par les loi et règlements.

Art. 23. – Tout acte fait en contravention aux dispositions contenues aux 1°, 2° et 3° (1er al.) de l'article 11 de la loi du 25 ventôse an XI, et aux articles 2, 3, 4, aux premier et dernier alinéas de l'article 11 et à l'article 13 du présent décret est nul, s'il n'est pas revêtu de la signature de toutes les parties ; et lorsque l'acte sera revêtu de la signature de toutes les parties contractantes, il ne vaudra que comme écrit sous signature privée, sauf dans les deux cas, s'il y a lieu, les dommages-intérêts contre le notaire contrevenant.

Art. 24. – V. *supra* D. 2 déc. 1952, art. 1er et 6.

Art. 25. – Les dispositions du présent décret sont applicables aux départements et aux territoires d'outre-mer de la Nouvelle-Calédonie et dépendances, de la Polynésie française, des îles Saint-Pierre et Miquelon, des Terres australes et antarctiques françaises, de Wallis et Futuna, ainsi qu'au territoire français des Afars et des Issas.

Art. 26. – Dans les départements et territoires d'outre-mer, où il n'existe pas de chambre départementale des notaires, les attributions dévolues à cette dernière ou à son président sont exercées par le président du tribunal de grande instance dans les départements et le président du tribunal de première instance dans les territoires.

PREUVE DES OBLIGATIONS   Art. 1317

Décret n. 71-942 du 26 novembre 1971
relatif aux créations, transferts et suppressions d'offices de notaire, à la compétence d'instrumentation et à la résidence des notaires, à la garde et à la transmission des minutes et registres professionnels des notaires

....

TITRE II. – DE LA COMPÉTENCE D'INSTRUMENTATION DES BUREAUX ANNEXES ET DE LA RÉSIDENCE DES NOTAIRES

Art. 8 *(D. n. 86-728 du 29 avril 1986, art. 14).* – Les notaires exercent leurs fonctions sur l'ensemble du territoire national, à l'exclusion des territoires d'outre-mer et des collectivités territoriales de Mayotte et de Saint-Pierre-et-Miquelon.

Art. 9 *(D. n. 86-728 du 29 avril 1986, art. 15).* – Tout acte reçu en dehors du territoire où les notaires sont autorisés à instrumenter est nul s'il n'est pas revêtu de la signature de toutes les parties. Lorsque l'acte est revêtu de la signature de toutes les parties contractantes, il ne vaut que comme écrit sous signature privée.

Art. 10 *(D. n. 86-728 du 29 avril 1986, art. 16).* – Sous réserve des dispositions des alinéas 2 et 3 ci-après, il est interdit aux notaires de recevoir eux-mêmes ou de faire recevoir par une personne à leur service leurs clients à titre habituel dans un local autre que leur étude. Ils ne peuvent établir, hors du ressort de la cour d'appel dans lequel l'étude est établie ou du ressort des tribunaux de grande instance limitrophes de celui dans le ressort duquel est établi l'office, des actes constituant la première mutation à titre onéreux de biens immobiliers ou la première cession de parts ou actions à titre onéreux d'une société d'attribution après un état descriptif de division ou un arrêté de lotissement. Il leur est interdit d'effectuer toute recherche de clientèle et tout acte de concurrence déloyale dans les conditions définies par le règlement national prévu à l'article 26 ; cette même interdiction s'applique au personnel de l'office.

(D. n. 88-815 du 12 juill. 1988, art. 6). – Le garde des sceaux, ministre de la justice, peut, à la demande du titulaire de l'office, autoriser par arrêté l'ouverture d'un ou plusieurs bureaux annexes soit à l'intérieur du département, soit à l'extérieur du département dans un canton ou une commune limitrophe du canton où est établi l'office. Le ou les bureaux annexes ainsi ouverts restent attachés à l'office sans qu'il soit besoin, lors de la nomination d'un nouveau titulaire, de renouveler l'autorisation accordée.

Lorsqu'un office a été transféré ou a bénéficié de l'attribution de minutes d'un office supprimé, l'ouverture d'un bureau annexe peut être prescrite, dans les mêmes formes, dans le lieu où était établi l'office transféré ou supprimé.

En cas de transformation d'un bureau annexe en un office distinct à la demande du titulaire de l'office principal et du candidat à cet office bénéficiaire de la cession des éléments incorporels et corporels attachés à ce bureau annexe, il n'est pas recouru à la procédure prévue aux articles 49 à 55 du décret n. 73-609 du 5 juillet 1973.

L'ouverture du bureau annexe peut être autorisée ou prescrite pour une durée limitée. Le bureau peut être ouvert soit à dates fixes, soit à titre permanent.

L'arrêté du garde des sceaux, ministre de la justice, est pris, dans les cas prévus aux alinéas 2 et 3, après avis de la chambre et du conseil régional des notaires du ressort où est établi l'office, et, le cas échéant, de la chambre et du conseil régional du ressort où est envisagée l'ouverture du bureau annexe. Ces organismes sont consultés dans les formes et conditions prévues à l'article 1er du présent décret.

L'autorisation d'ouverture d'un bureau annexe peut être rapportée par arrêté du garde des sceaux, ministre de la justice.

Art. 11. – Par dérogation aux dispositions de l'article 10, les titulaires d'offices établis dans les ressorts des cours d'appel de Besançon et de Nancy ne peuvent ouvrir de bureau annexe dans le ressort de la cour d'appel de Colmar.

Les titulaires d'offices établis dans le ressort de la cour d'appel de Colmar ne peuvent ouvrir de bureau annexe dans les ressorts des cours d'appel de Besançon et de Nancy.

Art. 12. – *Abrogé, D. n. 88-815 du 12 juil. 1988, art. 7.*

TITRE III. – DE LA GARDE ET DE LA TRANSMISSION DES MINUTES, RÉPERTOIRES ET AUTRES REGISTRES PROFESSIONNELS DES NOTAIRES

Art. 13. – Les minutes, répertoires et autres registres professionnels d'un notaire remplacé, les documents comptables relatifs à l'office ainsi que les grosses, expéditions et dossiers de clients qu'il détient sont remis par lui ou, s'il n'exerce plus ses fonctions, par le suppléant ou l'administrateur commis, au nouveau titulaire de l'office dans les quinze jours suivant celui de sa prestation de serment.

Art. 14 *(D. n. 79-1120 du 19 déc. 1979, art. 2).* – En cas de *(D. n. 86-728 du 29 avril 1986, art. 17)* création d'un office de notaire consécutive à la dissolution d'une société civile professionnelle ou au retrait d'un ou plusieurs associés, les minutes, pièces et documents énumérés à l'article 13 sont attribués, à titre provisoire ou définitif, à un ou plusieurs notaires.

Lorsque l'attribution est faite à titre provisoire, les minutes, pièces et documents peuvent être conservés dans l'office supprimé. Le notaire attributaire est habilité à en délivrer des expéditions.

En cas de création d'un office de notaire consécutive à la dissolution d'une société civile professionnelle, les minutes, pièces et documents de l'office dont la société civile professionnelle dissoute était titulaire peuvent être répartis entre le notaire nommé dans cet office et l'ancien notaire associé nommé dans l'office créé.

En cas de scission d'une société civile professionnelle de notaires, les minutes, pièces et documents peuvent être répartis entre les sociétés civiles professionnelles issues de la scission ou certaines d'entre elles.

La désignation des notaires ou des sociétés civiles professionnelles attributaires et la répartition des minutes, pièces et documents sont fixées par arrêté du garde des sceaux, ministre de la justice, après avis de la ou des chambres départementales des notaires.

Art. 15. – Dans tous les cas, le détenteur des minutes en remet un état sommaire au notaire attributaire. Une copie de cet état, revêtue des signatures des deux intéressés, est déposée à la chambre de discipline dont relève le notaire attributaire.

Lorsque l'ouverture d'un bureau annexe a été autorisée ou prescrite, des minutes peuvent y être conservées.

Art. 16. – En cas de décès d'un notaire, l'apposition des scellés sur les minutes et répertoires ne peut être requise que par le procureur de la République près le tribunal de grande instance du ressort où est établi l'office ou par le syndic de la chambre des notaires.

LAPEYRE, *L'authenticité* : J.C.P. 70, I, 2365. – FLOUR, *Sur une notion nouvelle de l'authenticité* : Defrénois 1972, art. 30159, p. 977.

PREUVE DES OBLIGATIONS — Art. 1318

1) Le dépôt d'un acte sous seing privé fait avec reconnaissance de signature aux mains d'un notaire par les parties qui l'ont signé a pour résultat de conférer l'authenticité à l'acte déposé (Req. 25 janv. 1927 : S. 1927, 1, 237). Mais il en va autrement si le créancier seul dépose l'acte entre les mains d'un officier public (Civ. 2e, 11 janv. 1968 : *Bull.* II, n. 15, p. 9).

2) La mention dans l'exploit des diligences accomplies par l'huissier vaut jusqu'à inscription de faux (Crim. 6 fév. 1969 : *D.* 1969, 314), mais les constats dressés par l'huissier n'ont que la valeur de simples renseignements (Civ. 12 déc. 1904 : *D.P.* 1905, 1, 131. – Nancy 8 nov. 1972 : *D.* 1973, 94, note B.R.).

3) N'a pas de caractère authentique l'acte de reconnaissance d'un enfant naturel reçu en l'absence de l'officier d'état civil qui ne l'a signé que postérieurement (Com. 27 mai 1952 : *J.C.P.* 53, II, 7348, note Laurent ; *D.* 1953, 125, note J. Savatier).

4) Sur les attributions notariales des agents diplomatiques et consulaires, V. D. n. 61-35 du 9 janv. 1961 : *J.O.* 13 janv. ; *J.C.P.* 61, III, éd. N, 26742. Sur l'authentification par le directeur de l'Office français de protection des réfugiés et apatrides des actes et documents qui lui sont soumis, V. L. n. 52-893 du 25 juil. 1952 : *J.C.P.* 52, III, 17233.

5) Sur les règles de forme des actes notariés, V. Morin : *Defrénois* 1972, art. 30035 et 30041, p. 65 et 112. Les additions au corps de l'acte par l'utilisation de la marge en bas de page sont nulles (Civ. 1re, 21 déc. 1971 : *Defrénois* 1972, art. 30141, p. 841, note Morin). Sur la notion d'addition prohibée, V. Civ. 3e, 2 juin 1981 : *J.C.P.* 81, IV, 293 ; *Bull.* III, n. 107, p. 78. – Civ. 1re, 16 mars 1982 : *Bull.* I, n. 111, p. 98 ; *Defrénois* 1982, 671, note Morin – Orléans 11 juin 1987 : *J.C.P.* 88, II, 21040, note Dagot.

6) Le défaut de signature de l'une des parties est sanctionné par une nullité absolue (Civ. 1re, 28 nov. 1972 : *J.C.P.* 73, II, 17461, note Dagot). Mais le notaire peut apposer sa propre signature après le décès d'un signataire (Civ. 22 avril 1950 : *J.C.P.* 50, II, 5620, note Le Clec'h). La règle selon laquelle les actes notariés écrits en tout ou en partie autrement qu'à la main doivent être paraphés au bout du recto de chaque page, étant édictée dans le but de prévenir le risque de substitution d'un feuillet à un autre dans un acte comportant plusieurs feuillets n'est pas applicable au cas d'un acte rédigé sur un feuillet unique qui se trouve authentifié par la signature finale du notaire apposée au verso à côté de celle des parties (Civ. 1re, 20 mars 1973 : *Bull.* I, n. 108, p. 98). Lorsqu'un acte authentique porte des paraphes sous les renvois en marge, ces paraphes, qui empêchent une substitution de feuillets, valident à la fois le renvoi et la page (Civ. 3e, 12 mai 1975 : *Defrénois* 1976, art. 31127, p. 844, note Vion. – V. en ce sens Civ. 3e, 15 déc. 1981 : *J.C.P.* 82, IV, 87 ; *Bull.* III, n. 213, p. 155).

7) Les mentions d'un acte notarié frappées de nullité ne peuvent faire preuve comme écriture privée (Civ. 1re, 28 oct. 1986 : *Bull.* I, n. 245, p. 233 ; *Defrénois* 1987, 252, note Vion).

Art. 1318. – L'acte qui n'est point authentique par l'incompétence ou l'incapacité de l'officier, ou par un défaut de forme, vaut comme écriture privée, s'il a été signé des parties.

L'acte qui n'est point authentique par défaut de forme peut néanmoins valoir comme acte sous seing privé établissant les conventions intervenues sans avoir pour autant à satisfaire à toutes les règles de forme des actes sous signature privée (Civ. 1re,

Art. 1319 — PREUVE DES OBLIGATIONS

5 avril 1967 : *Bull.* I, n. 106, p. 77). Ainsi, les juges du fond peuvent retenir comme valant acte sous seing privé l'acte dressé pour constater la vente d'un immeuble par deux époux et non signé par la femme si le mari avait pouvoir d'aliéner seul (même arrêt).

Art. 1319. – L'acte authentique fait pleine foi de la convention qu'il renferme entre les parties contractantes et leurs héritiers ou ayants-cause.

Néanmoins, en cas de plaintes en faux principal, l'exécution de l'acte argué de faux sera suspendue par la mise en accusation ; et, en cas d'inscription de faux faite incidemment, les tribunaux pourront, suivant les circonstances, suspendre provisoirement l'exécution de l'acte.

1) L'acte authentique fait foi jusqu'à inscription de faux de l'existence matérielle des faits que l'officier public y a énoncés comme les ayant accomplis lui-même ou comme s'étant passés en sa présence dans l'exercice de ses fonctions (Civ. 1re, 26 mai 1964 : *J.C.P.* 64, II, 13758, note R.L.) ; V. cependant pour une formule de style contenant non une constatation mais une affirmation ne reposant sur aucune donnée de fait, Paris 18 janv. 1972 : *Gaz. Pal.* 1972, 1, 295. Font foi jusqu'à inscription de faux les énonciations de l'acte authentique selon lesquelles le testateur a dicté au notaire son testament (Civ. 1re, 28 juin 1961 : *D.* 1962, Somm. 5. – Civ. 1re, 29 mai 1962 : *D.* 1962, 627), ainsi que la mention que le paiement du prix de la vente a été fait à la vue du notaire par un mandataire de l'acquéreur (Civ. 1re, 26 mai 1964 : *J.C.P.* 64, II, 13758, note R.L. – Civ. 1re, 18 avril 1972 : *Bull.* I, n. 102, p. 92), ou les énonciations relatives au domicile des témoins (Civ. 3e, 11 juin 1970 : *Bull.* III, n. 404, p. 292).

2) L'article 1319 qui ne vise que les faits qui sont énoncés dans l'acte authentique par l'officier public comme s'étant passés en sa présence ne fait pas obstacle à ce que les conventions ou déclarations qu'il contient puissent être arguées de simulation soit par des tiers, soit même par l'une des parties (Com. 20 oct. 1958 : *D.* 1958, 748. – V. en ce sens, Civ. 3e, 27 mars 1973 : *J.C.P.* 73, IV, 189 ; *Bull.* III, n. 230, p. 166). Ainsi ne fait foi que jusqu'à preuve contraire la déclaration du vendeur selon laquelle le prix convenu a été payé hors la vue du notaire (Civ. 1re, 16 juil. 1969 : *J.C.P.* 69, IV, 239 ; *Bull.* I, n. 277, p. 219), de même que les énonciations des titres des parties relatives à la contenance des parcelles vendues (Civ. 3e, 19 avril 1972 : *J.C.P.* 72, IV, 138 ; *Bull.* III, n. 251, p. 179), ou à l'origine des deniers (Civ. 1re, 27 juin 1973 : *J.C.P.* 73, IV, 310 ; *Bull.* I, n. 220, p. 195). De même, la déclaration du notaire rédacteur de l'acte sur l'état psychique du disposant peut être contestée sans qu'il y ait lieu de recourir à la procédure de l'inscription de faux (Civ. 1re, 25 mai 1959 : *Bull.* I, n. 265, p. 220. – Civ. 1re, 25 mai 1987 : *Bull.* I, n. 171, p. 129 ; *D.* 1988, 79, note Breton).

3) Sur la procédure d'inscription de faux, V. Nouv. C. proc. civ., art. 303 et s. Seule la mise en accusation, et non le dépôt de plainte, suspend obligatoirement l'exécution des actes argués de faux (Civ. 2e, 10 oct. 1979 : *Bull.* II, n. 234, p. 161).

Art. 1320. – L'acte, soit authentique, soit sous seing privé, fait foi entre les parties, même de ce qui n'y est exprimé qu'en termes énonciatifs, pourvu que l'énonciation ait un rapport direct à la disposition. Les énonciations étrangères à la disposition ne peuvent servir que d'un commencement de preuve.

Les juges du fond disposent d'un pouvoir souverain pour apprécier le caractère purement énonciatif des déclarations contenues dans un acte authentique (Civ. 26 déc. 1900 : *D.P.* 1901, 1, 129. – V. aussi Civ. 29 avril 1901 : *D.P.* 1902, 1, 33).

PREUVE DES OBLIGATIONS — Art. 1321

Art. 1321. — **Les contre-lettres ne peuvent avoir leur effet qu'entre les parties contractantes : elles n'ont point d'effet contre les tiers.**

Code général des impôts

Art. 1840. – Est nulle et de nul effet toute contre-lettre ayant pour objet une augmentation du prix stipulé dans le traité de cession d'un office ministériel et toute convention ayant pour but de dissimuler partie du prix d'une vente d'immeubles ou d'une cession de fonds de commerce ou de clientèle ou d'une cession d'un droit à un bail ou du bénéfice d'une promesse de bail portant sur tout ou partie d'un immeuble et tout ou partie de la soulte d'un échange ou d'un partage comprenant des biens immeubles, un fonds de commerce ou une clientèle.

I. Notion de contre-lettre

1) La notion de contre-lettre suppose l'existence de deux conventions, l'une ostensible, l'autre occulte, intervenues entre les mêmes parties, dont la seconde est destinée à modifier ou à annuler les stipulations de la première (Civ. 1re, 13 janv. 1953 : *Bull.* I, n. 15, p. 12). Sur le pouvoir souverain des juges du fond pour décider si un acte sous seing privé constitue une contre-lettre, V. Civ. 3e, 3 janv. 1969 : *Bull.* III, n. 6, p. 5. V. aussi Civ. 1re, 24 fév. 1970 : *Bull.* I, n. 71, p. 58.

2) La contre-lettre peut être antérieure à l'acte ostensible (Civ. 1re, 2 juin 1970 : *Bull.* I, n. 186, p. 150. – *Contra* Paris 9 déc. 1929 : *D.P.* 1930, II, 139).

II. Effets des contre-lettres

3) Sur le principe de la validité de la contre-lettre et de sa force obligatoire entre les parties, V. Req. 6 mars 1883 : *D.P.* 84, 1, 11. – Civ. 1re, 2 juin 1970 : *Bull.* I, n. 186, p. 150.

4) Sur l'opposabilité de la contre-lettre aux ayants-cause à titre universel, V. Civ. 3e, 21 mai 1979 : *Bull.* III, n. 112, p. 84.

5) La nullité d'ordre public prévue par l'article 1840 du code général des impôts interdit au juge de lui faire produire effet, et l'acheteur peut s'en prévaloir même s'il en a été responsable (Civ. 3e, 25 juin 1985 : *D.* 1986, 212, note Agostini). Elle laisse subsister l'acte ostensible : Civ. 10 juil. 1929 : *D.* 1929, 442 (cession d'office ministériel). – Civ. 1re, 20 déc. 1961 : *Bull.* I, n. 621, p. 493 (vente d'immeuble). – Com. 26 fév. 1973 : *Bull.* IV, n. 99, p. 84 (cession de fonds de commerce). Jugé que la nullité de l'article 1840 ne s'applique qu'à la convention secrète sans porter atteinte à la validité de la convention ostensible, cette règle devant recevoir application nonobstant l'existence entre les deux conventions d'une indivisibilité que les juges du fond n'ont pas à rechercher (Com. 8 mai 1979 : *J.C.P.* 79, II, 19192, note A.S. – Ch. mixte 12 juin 1981 : *D.* 1981, 413, concl. Cabannes. – Com. 11 mai 1984 : *Bull.* IV, n. 155, p. 130. – *Contra*, Civ. 3e, 28 oct. 1974 : *J.C.P.* 76, II, 18401, note Simler, 1re esp.).

6) Sur le principe de l'inopposabilité de la contre-lettre aux tiers, V. Req. 8 mars 1893 : *D.P.* 93, 1, 243. Pour une application au cessionnaire de bonne foi d'une créance, V. Civ. 15 mai 1944 : *D.C.* 1944, 86. Viole l'article 1321 la cour d'appel qui décide qu'une compagnie d'assurances, subrogée dans les droits de ceux qui avaient acquis un immeuble du chef du propriétaire apparent, ne peut invoquer leur créance qu'à l'encontre du propriétaire véritable (Civ. 1re, 31 janv. 1989 : *J.C.P.* 89, IV, 118 ; *Bull.* I, n. 52, p. 34). Mais les tiers peuvent se prévaloir des contre-lettres lorsqu'elles leur sont profitables (Civ. 25 fév. 1946 : *D.* 1946, 254). Notamment, l'acquéreur d'un immeuble peut, en cas de dissimulation de partie

du prix du loyer porté au contrat de bail ostensible dudit immeuble, exciper de la contre-lettre intervenue entre le vendeur et le preneur pour réclamer à ce dernier le supplément du loyer (même arrêt).

7) En cas de conflit entre deux tiers exerçant en sens opposé cette faculté d'option, les juges du fond peuvent donner la préférence à celui qui se prévaut de l'acte ostensible (Civ. 25 avril 1939 : *D.P.* 1940, 1, 12). Jugé qu'en cas de conflit entre cohéritiers sur l'inopposabilité de la contre-lettre, l'article 1321 ne permet pas à certains d'entre eux de l'opposer aux autres (ce qui serait leur nuire), dès lors du moins que ceux-ci sont de bonne foi (Civ. 1re, 22 fév. 1983 : *J.C.P.* 85, II, 20359, note Verschave).

8) La contre-lettre est opposable aux créanciers du débiteur qui exercent l'action oblique (Civ. 1re, 12 oct. 1982 : *Gaz. Pal.* 1983, 1, Somm. 89, note Dupichot).

III. Déclaration de simulation

9) Les tiers peuvent agir en déclaration de simulation même lorsqu'ils n'invoquent pas la fraude des parties (Civ. 1re, 7 fév. 1967 : *D.* 1967, 278 – V. aussi Civ. 2e, 14 déc. 1983 : *Rev. trim. dr. civ.* 1985, 369, obs. Mestre), et même si leur droit est né après l'acte simulé (Civ. 11 avril 1927 : *Gaz. Pal.* 1927, 2, 163).

10) L'action en déclaration de simulation se prescrit par trente ans (Civ. 1re, 9 nov. 1971 : *D.* 1972, 302. – V. en ce sens Civ. 1re, 3 juin 1975 : *D.* 1975, I.R. 186; *Bull.* I, n. 191, p. 162).

11) Les tiers peuvent prouver librement la simulation (Civ. 10 mai 1905 : *D.P.* 1908, 1, 276), même s'il s'agit d'un acte authentique, dès lors qu'ils ne remettent pas en question un fait constaté personnellement par l'officier public rédacteur de l'acte (Civ. 1re, 20 oct. 1971 : *J.C.P.* 71, IV, 268 ; *Bull.* I, n. 270, p. 228).

12) Dans les rapports entre les parties, la preuve de la simulation doit être faite conformément au droit commun (Civ. 1re, 24 mars 1953 : *D.* 1953, 367). Seule la constatation d'une circonstance constitutive de fraude et non la simple allégation d'une fraude peut permettre aux juges du fond, en dehors de tout commencement de preuve par écrit, d'autoriser la preuve par témoins de la simulation invoquée (Civ. 1re, 15 juin 1961 : *Bull.* I, n. 319, p. 253. V. pour le cas d'une atteinte à la réserve successorale, Civ. 1re, 20 nov. 1964 : *Gaz. Pal.* 1965, 1, 68).

§ 2. – De l'acte sous seing privé

Art. 1322. – L'acte sous seing privé, reconnu par celui auquel on l'oppose, ou légalement tenu pour reconnu, a, entre ceux qui l'ont souscrit et entre leurs héritiers et ayants-cause, la même foi que l'acte authentique.

I. Conditions de validité de l'acte sous seing privé

1) Il appartient aux juges du fond d'apprécier la portée des ratures et additions (Civ. 3e, 3 mai 1968 et Civ. 1re, 3 nov. 1969 : *D.* 1970, 641, note R. Savatier. – Civ. 2e, 17 mai 1977 : *J.C.P.* 77, IV, 177 ; *Bull.* II, n. 133, p. 92).

2) La signature peut consister dans l'apposition du prénom (Civ. 24 juin 1942 : *J.C.P.* 52, II, 7179, note Voirin [testament]). Mais elle doit être manuscrite et ne pas se limiter à une croix (Civ. 1re, 15 juil. 1957 : *J.C.P.* 57, IV, 134 ; *Bull.* I, n. 331, p. 263), même accompagnée de la signature des témoins (Req. 8 juil. 1903 : *D.P.* 1903, 1, 507), ni à des empreintes digitales (Civ. 15 mai 1934 : *D.P.* 1934, 1, 113, note E.P.).

PREUVE DES OBLIGATIONS — Art. 1325

3) Sur la validité de l'utilisation de la griffe en matière commerciale, V. Req. 11 mai 1915 : *D.P.* 1916, 1, 11.

4) Pour la validité de la signature apposée par l'intermédiaire d'un papier carbone, v. Trib. civ. Rennes 22 nov. 1957 : *D.* 1958, 631, note Chevallier ; *contra* Toulouse 4 déc. 1968 : *D.* 1969, 673.

5) Un acte portant convention synallagmatique est valable dès lors qu'il a été signé par la partie à qui on l'oppose et invoqué par la partie à qui il a été remis (Civ. 1re, 18 nov. 1965 : *Gaz. Pal.* 1966, 1, 83. V. cependant en cas d'indivisibilité de la convention Req. 9 nov. 1869 : *D.P.* 70, 1, 215. Comp. Civ. 3 juil. 1939 : *D.H.* 1939, 452.

II. Force probante de l'acte sous seing privé

6) Un acte sous seing privé n'a de force probante qu'autant que la signature en est expressément ou tacitement reconnue ou a été au préalable vérifiée en justice (Civ. 21 fév. 1938 : *D.H.* 1938, 226. – Soc. 14 nov. 1973 : *J.C.P.* 73, IV, 422 ; *Bull.* V, n. 567, p. 523).

7) Les actes sous seing privé ne font foi que jusqu'à preuve contraire de la réalité et de la sincérité des faits juridiques qu'ils constatent et peuvent être argués de simulation même par les parties qui les ont signés (Civ. 21 mars 1938 : *D.H.* 1938, 257). Jugé qu'un écrit, même s'il a comporté à l'origine un blanc-seing, fait foi des conventions qu'il contient, comme si elles y avaient été inscrites avant la signature, sauf preuve contraire (Com. 1er déc. 1981 : *Bull.* IV, n. 422, p. 336).

8) Sur la force probante des copies, V. *infra*, art. 1334 et 1348.

Art. 1323. – **Celui auquel on oppose un acte sous seing privé est obligé d'avouer ou de désavouer formellement son écriture ou sa signature.**

Ses héritiers ou ayants-cause peuvent se contenter de déclarer qu'ils ne connaissent point l'écriture ou la signature de leur auteur.

Art. 1324. – **Dans le cas où la partie désavoue son écriture ou sa signature, et dans le cas où ses héritiers ou ayants-cause déclarent ne les point connaître, la vérification en est ordonnée en justice.**

1) Le fait par une partie de soutenir qu'elle ne se souvient pas d'avoir signé un écrit ne constitue pas une dénégation formelle de la signature (Civ. 3e, 27 nov. 1973 : *Bull.* III, n. 604, p. 439. V. en ce sens pour des réserves émises sur l'écriture d'un testament Civ. 1re, 8 mars 1965 : *Bull.* I, n. 173, p. 130).

2) En cas de désaveu de l'écriture ou de la signature, la vérification doit être ordonnée ou opérée d'office par le juge (Soc. 13 juin 1952 : *Bull.* III, n. 525, p. 380), sauf si ce dernier peut statuer sans en tenir compte (Nouv. C. proc. civ., art. 287).

3) C'est à la partie qui invoque l'acte dont la signature est déniée ou méconnue d'en établir la sincérité (Civ. 21 fév. 1938 : *D.H.* 1938, 226. – V. en ce sens Soc. 14 nov. 1973 : *J.C.P.* 73, IV, 422 ; *Bull.* IV, n. 567, p. 523).

Art. 1325. – **Les actes sous seing privé qui contiennent des conventions synallagmatiques ne sont valables qu'autant qu'ils ont été faits en autant d'originaux qu'il y a de parties ayant un intérêt distinct.**
Il suffit d'un original pour toutes les personnes ayant le même intérêt.
Chaque original doit contenir la mention du nombre des originaux qui en ont été faits.
Néanmoins, le défaut de mention que les originaux ont été faits doubles, triples, etc., ne peut être opposé par celui qui a exécuté de sa part la convention portée dans l'acte.

Art. 1326 — PREUVE DES OBLIGATIONS

Code général des impôts

Art. 849. – Les parties qui rédigent un acte sous seing privé soumis à l'enregistrement dans un délai déterminé doivent en établir un double, soit sur papier normal ou sur demi-feuille de papier normal de la régie, soit sur tout autre papier du même format revêtu du timbre prescrit. Ce double est revêtu des mêmes signatures que l'acte lui-même et reste déposé au service des impôts lorsque la formalité est requise.

(Al. 2 transféré Nouveau Code des impôts, Livre des procédures fiscales [D. n. 81-859 et 81-866 du 15 sept. 1981], art. L. 106, al. 3).

I. Domaine d'application

1) La promesse unilatérale de vente échappe à la formalité prévue par l'article 1325 (Trib. civ. Bordeaux 18 janv. 1944 : *J.C.P.* 44, II, 2687, note Carbonnier), mais il en va autrement en cas de stipulation d'un dédit (Com. 4 fév. 1965 : *Bull.* III, n. 90, p. 76).

2) L'article 1325 n'est pas applicable lorsqu'au moment de la rédaction de l'acte de vente, l'acheteur a pleinement exécuté ses obligations par le paiement du prix, en sorte que le vendeur, n'ayant plus aucun droit à faire valoir, est sans intérêt à avoir un original en sa possession (Civ. 1re, 12 fév. 1964 : *Bull.* I, n. 85, p. 62 – Civ. 1re, 14 déc. 1983 : *Bull.* I, n. 298, p. 266 ; *Rev. trim. dr. civ.* 1985, 386, obs. Mestre). Les juges du fond apprécient souverainement si la convention a été exécutée (Civ. 1re, 7 juil. 1981 : *Bull.* I, n. 249, p. 205).

3) Le dépôt de l'original unique d'un acte sous seing privé signé des parties entre les mains d'un tiers chargé de le conserver dans l'intérêt de celles-ci dispense de la confection des originaux multiples (Civ. 1re, 17 oct. 1955 : *Gaz. Pal.* 1955, 2, 394. – V. en ce sens, Soc. 17 avril 1964 : *Bull.* IV, n. 296, p. 246. – Civ. 1re, 5 janv. 1973 : *J.C.P.* 73, IV, 69 ; *Bull.* I, n. 8, p. 8), mais cette dispense n'a lieu que si le tiers a la qualité de mandataire commun des parties (Civ. 2 juil. 1952 : *D.* 1952, 703. – Lyon 16 mai 1960 : *Gaz. Pal.* 1960, 2, 259).

4) L'article 1325 n'est pas applicable en matière commerciale (Com. 25 avril 1968 : *Bull.* IV, n. 132, p. 116).

II. Sanction

5) L'inobservation de l'article 1325 n'entraîne pas la nullité de la convention, mais prive seulement de sa force l'acte considéré comme moyen de preuve (Civ. 15 janv. 1946 : *D.* 1946, 131). Elle est sans effet si la convention n'est contestée ni dans son existence ni dans ses termes (Civ. 1re, 12 oct. 1964 : *D.* 1964, 710. – V. en ce sens, Civ. 1re, 22 janv. 1968 : *Gaz. Pal.* 1968, 1, 258. – Civ. 1re, 24 fév. 1987 : *Bull.* I, n. 69, p. 50) ou si l'acte a été exécuté (Civ. 1re, 7 juil. 1981 : *Bull.* I, n. 249, p. 205 – Civ. 3e, 30 mai 1984 : *J.C.P.* 84, IV, 253). Elle ne peut être opposée que par les parties contractantes et non par les tiers (Civ. 22 oct. 1900 : *D.P.* 1901, 1, 69), le moyen ne pouvant être invoqué pour la première fois devant la Cour de cassation (Civ. 3e, 29 janv. 1971 : *Bull.* III, n. 73, p. 50).

6) L'acte qui ne satisfait pas à l'article 1325 peut valoir comme commencement de preuve par écrit (Civ. 29 janv. 1951 : *J.C.P.* 51, IV, 49 ; *Bull.* I, n. 35, p. 28. – Aix 12 janv. 1965 : *J.C.P.* 65, II, 14312, note Deghilage).

Art. 1326 *(L. n. 80-525 du 12 juil. 1980).* – **L'acte juridique par lequel une seule partie s'engage envers une autre à lui payer une somme d'argent ou à lui livrer un bien fongible doit être constaté dans un titre qui comporte la signature de celui qui souscrit cet**

PREUVE DES OBLIGATIONS — Art. 1326

engagement ainsi que la mention, écrite de sa main, de la somme ou de la quantité en toutes lettres et en chiffres. En cas de différence, l'acte sous seing privé vaut pour la somme écrite en toutes lettres.

Art. 1326 ancien. – *Le billet ou la promesse sous seing privé par lequel une seule partie s'engage envers l'autre à lui payer une somme d'argent ou une chose appréciable doit être écrit en entier de la main de celui qui le souscrit ; ou du moins il faut qu'outre sa signature, il ait écrit de sa main un bon ou un approuvé, portant en toutes lettres la somme ou la quantité de la chose.*
Excepté dans le cas où l'acte émane de marchands, artisans, laboureurs, vignerons, gens de journée et de service.

I. Domaine d'application

1) L'article 1326 est inapplicable aux quittances (Soc. 18 juil. 1952 : *D.* 1952, 617), ainsi qu'à l'acte par lequel le crédirentier déclare renoncer à la rente viagère et en dispenser le débirentier à compter d'une certaine date (Civ. 1re, 15 juin 1973 : *J.C.P.* 73, IV, 289 ; *Bull.* I, n. 205, p. 182).

2) La formalité prescrite par l'article 1326 ne s'applique pas à un engagement qui se rattache à un contrat synallagmatique (Req. 4 août 1896 : *D.P.* 1896, 1, 456. – Civ. 3e, 13 déc. 1968 : *Bull.* III, n. 554, p. 426). Mais il en va autrement pour le cautionnement donné par un tiers (Civ. 1re, 3 mars 1970 : *D.* 1970, 403, note Étesse). Il résulte de l'article 1326 que l'engagement que souscrit la caution doit comporter sa signature ainsi que la mention, écrite de sa main, de la somme en toutes lettres et en chiffres de toute obligation déterminable au jour de l'engagement (Civ. 1re, 21 juil. 1987 : *Bull.* I, n. 238, p. 174. V. en ce sens Civ. 1re, 20 juin 1978 et 22 fév. 1984). V. aussi *infra*, sous art. 2015 n. 7 et 8.

3) L'article 1326 n'est applicable qu'aux engagements de payer des sommes d'argent ou de fournir des choses fongibles et non à une promesse de bail (Civ. 1re, 27 fév. 1963 : *D.* 1963, 551), ni à une promesse de vente (Civ. 3e, 11 fév. 1975 : *D.* 1975, I.R. 107).

4) L'article 1326 est inapplicable à la reconnaissance de dette souscrite par un commerçant, même si l'engagement est de nature civile (Com. 19 déc. 1972 : *Bull.* IV, n. 338, p. 313. – Civ. 3e, 27 avril 1988 : *J.C.P.* 89, II, 21170, note Delebecque). Les juges du fond doivent rechercher si le débiteur remplit les conditions exigées par l'article 1er du Code de commerce (Civ. 1re, 31 janv. 1966 : *D.* 1966, 288). S'agissant d'un cautionnement, il ne suffit pas que la caution ait un intérêt patrimonial personnel dans l'opération (Civ. 3e, 27 avril 1988, préc. V. cependant Besançon 25 janv. 1984 : *J.C.P.* 85, IV, 85).

5) Jugé avant la loi du 12 juillet 1980 que ne donnent pas de base légale à leur décision les juges qui dispensent un agriculteur de la formalité du « bon pour » sans rechercher s'il savait écrire (Civ. 1re, 17 janv. 1979 : *J.C.P.* 79, IV, 100 ; *Bull.* I, n. 25, p. 21. V. en ce sens pour un artisan Civ. 1re, 4 avril 1979 : *J.C.P.* 79, IV, 204 ; *Bull.* I, n. 113, p. 92).

6) Dès lors qu'elle fait application des dispositions de l'article 1348 du Code civil, une cour d'appel peut se fonder sur des écrits ne comportant pas toutes les mentions requises par l'article 1326 du même code, écrits dont elle apprécie souverainement la valeur probante (Civ. 1re, 16 fév. 1983 : *Bull.* I, n. 68, p. 59 – V. cependant Civ. 1re, 24 mai 1976 : *Bull.* I, n. 191, p. 152).

7) Le commencement de preuve par écrit n'est pas soumis aux exigences de l'article 1326 (Civ 1re, 27 mai 1986 : *J.C.P.* 87, II, 20873, note Uribarri).

8) Jugé que les dispositions de l'article 1326 ne peuvent recevoir application

dans le cas du contrat passé entre l'émetteur d'une carte accréditive American Express et le titulaire, eu égard à la nature de ce contrat (Civ. 1re, 24 fév. 1987 : *Bull.* I, n. 69, p. 50).

9) Dès lors que la caution invoque la nullité de son engagement sans en discuter la matérialité, sa contestation ne porte pas sur le principe même ni sur le montant de l'obligation. Les juges du fond peuvent en déduire que la preuve de celle-ci est rapportée, même si l'acte ne comporte pas les mentions prévues à l'article 1326 (Com. 6 juin 1985 : *Bull.* IV, n. 182, p. 153).

II. Sanction

10) L'omission de la formalité prescrite par l'article 1326 est sans influence sur la validité de l'obligation elle-même et n'a pour conséquence que d'infirmer la force probante du titre et d'empêcher qu'il fasse foi contre celui qui l'a souscrit (Req. 20 oct. 1896 : *D.P.* 1897, 1, 528. – Civ. 2e, 18 déc. 1978 : *J.C.P.* 79, IV, 74 ; *Bull.* II, n. 280, p. 214). Mais jugé qu'il résulte de la combinaison des articles 1326 et 2015 que les exigences relatives à la mention manuscrite par la caution de son engagement ne constituent pas de simples règles de preuve, mais ont pour finalité la protection de la caution, et qu'elles peuvent être sanctionnées par la nullité (Civ. 1re, 30 juin 1987 : *Bull.* I, n. 210, p. 155).

11) Si le rédacteur d'une reconnaissance de dette ne conteste ni la matérialité de la reconnaissance ni le montant de la somme due, mais invoque seulement l'irrégularité de forme de cet acte qui ne comporte pas les mentions exigées par l'article 1326, les juges du fond peuvent admettre que son attitude constitue un aveu implicite de la réalité et de la sincérité de l'engagement pris par lui (Civ. 1re, 27 déc. 1963 : *Bull.* I, n. 570, p. 478. – V. en ce sens Com. 6 juin 1985 : *Bull.* IV, n. 182, p. 153).

12) L'acte qui ne répond pas aux prescriptions de l'article 1326 peut valoir comme commencement de preuve par écrit (Civ. 26 oct. 1898 : *D.P.* 99, 1, 16. – Civ. 1re, 30 avril 1969 : *J.C.P.* 69, II, 16057, note M.A.). Mais les juges du fond peuvent en décider autrement et déclarer inadmissible toute offre complémentaire de preuve par témoignages ou présomptions si l'écrit ne comporte en guise de paraphe ou de signature aucun autre signe manuscrit qu'une sorte de zig-zag et que les défendeurs déclarent n'y point reconnaître la signature de leur auteur (Civ. 1re, 12 juil. 1956 : *Bull.* I, n. 302, p. 246). Il appartient à celui qui se prévaut d'un acte non conforme à l'article 1326 et valant comme commencement de preuve par écrit de rapporter la preuve complémentaire de ses allégations (Civ. 1re, 1er juin 1977 : *Bull.* I, n. 258, p. 204).

Art. 1327. – *Abrogé, L. n. 80-525 du 12 juil. 1980.*

Art. 1327 ancien. – *Lorsque la somme exprimée au corps de l'acte est différente de celle exprimée au bon, l'obligation est présumée n'être que de la somme moindre, lors même que l'acte ainsi que le bon sont écrits en entier de la main de celui qui s'est obligé, à moins qu'il ne soit prouvé de quel côté est l'erreur.*

Art. 1328. – **Les actes sous seing privé n'ont de date contre les tiers que du jour où ils ont été enregistrés, du jour de la mort de celui ou de l'un de ceux qui les ont souscrits, ou du jour où leur substance est constatée dans les actes dressés par des officiers publics, tels que procès-verbaux de scellés ou d'inventaire.**

I. Tiers visés par l'article 1328
1) La date portée sur l'acte de vente fait foi au regard de l'héritier du vendeur (Civ. 1re, 12 nov. 1975 : *J.C.P.* 76, II, 18359, note Dagot).

2) Les créanciers chirographaires agissant en cette qualité sans faire valoir de droits autres que ceux qu'elle leur confère sur l'ensemble du patrimoine de leur débiteur doivent être considérés comme ses ayants-cause universels et non comme des tiers au sens de l'article 1328 (Civ. 11 fév. 1946 : *J.C.P.* 46, II, 3099, note R.C. ; *D.* 1946, 389, note Cheron). Par suite, la date mentionnée à l'acte fait foi à leur égard, sauf pour eux à rapporter la preuve que l'acte a été frauduleusement antidaté (même arrêt). Sur la possibilité pour le syndic de la faillite d'invoquer l'article 1328 lorsque la masse exerce un droit propre qui lui est conféré directement par la loi, V. Com. 11 mai 1964 : *D.* 1965, 443, note Prévault. – Civ. 3e, 23 juin 1971 : *D.* 1971, 531, note Franck.

3) Un acte sous seing privé ne peut être invoqué comme juste titre pour fonder la prescription acquisitive abrégée que s'il a date certaine (Civ. 1re, 14 juin 1961 : *J.C.P.* 62, II, 12472, note Bulté).

4) Le fermier ou le locataire qui, à moins de réserve contraire, tient de son bail authentique ou ayant date certaine un droit opposable aux acquéreurs successifs de l'immeuble loué est, relativement à la vente de celui-ci, un tiers au sens de l'article 1328 (Civ. 19 juil. 1933 : *D.H.* 1933, 541).

5) L'article 1328 ne peut être invoqué par un tiers de mauvaise foi (Req. 30 mars 1925 : *D.H.* 1925, 306). En cas de concert frauduleux entre le bailleur et le preneur, le bail est inopposable à l'acquéreur du bien loué, quand bien même il aurait acquis date certaine avant l'acte de vente (Soc. 28 juil. 1951 : *Bull.* III, n. 632, p. 446).

II. Acquisition de date certaine

6) L'officier public qui s'est borné à légaliser la signature des souscripteurs d'un acte sous seing privé ne saurait être compris parmi les personnes qui l'ont souscrit au sens de l'article 1328 et la date certaine de l'acte ne saurait donc résulter du décès de cet officier public (Civ. 27 janv. 1930 : *D.H.* 1930, 179).

7) Viole l'article 1328 l'arrêt qui fait dépendre la date certaine d'un acte sous seing privé de sa mention dans un autre acte sous seing privé enregistré (Com. 21 janv. 1958 : *Gaz. Pal.* 1958, 1, 360).

8) La substance d'un acte est constatée au sens de l'article 1328 dans un exploit d'huissier qui ne se borne pas à mentionner le contrat mais qui en relate les conditions essentielles (Req. 10 juin 1933 : *D.P.* 1934, 1, 28, rapp. Bricout. – V. aussi Civ. 1re, 19 janv. 1970 : *Bull.* I, n. 19, p. 15).

9) Doit être cassé l'arrêt qui fait dépendre la date certaine de l'écrit litigieux de faits ne rentrant pas parmi ceux limitativement énumérés par l'article 1328 (Civ. 1re, 9 mai 1960 : *Bull.* I, n. 240, p. 197).

10) L'article 1328 est inapplicable en matière commerciale (Civ. 1re, 30 mars 1966 : *Bull.* I, n. 219, p. 168), ainsi qu'aux polices et avenants d'assurance (Civ. 1re, 28 oct. 1970 : *D.* 1971, 84, note Besson).

11) Sur la preuve de l'heure de l'enregistrement par un certificat d'un agent de l'administration fiscale, V. Civ. 1re, 29 juin 1982 : *Bull.* I, n. 247, p. 212.

Art. 1329. – **Les registres des marchands ne font point, contre les personnes non marchandes, preuve des fournitures qui y sont portées, sauf ce qui sera à l'égard du serment.**

1) Sur la communication et la représentation des livres de commerce, V. C. com., art. 14 et 15.

2) Les livres de commerce ne peuvent servir de preuves entre commerçants que pour les litiges nés du commerce (Req. 20 fév. 1905 : *D.P.* 1905, 1, 304. – V. C. com., art. 12).

Art. 1330 PREUVE DES OBLIGATIONS

3) Seuls les livres régulièrement tenus peuvent faire foi en justice (Req. 5 janv. 1910 : *D.P.* 1910, 1, 168 ; V. C. com., art. 13). Mais le juge peut consulter des livres irrégulièrement tenus pour y puiser, à titre de renseignements, les présomptions de nature à déterminer son appréciation (Req. 5 janv. 1910, précité. – V. en ce sens Civ. 17 mars 1938 : *D.P.* 1938, 1, 115, note Mimin).

4) Si un commerçant peut invoquer en sa faveur les mentions de ses propres livres, les juges restent libres de refuser d'y trouver la preuve de sa prétention (Com. 18 mars 1969 : *D.* 1969, 514).

5) Le non-commerçant peut renoncer, même tacitement, à se prévaloir de l'article 1329 (Req. 30 avril 1900 : *D.P.* 1901, 1, 357). Le moyen tiré de cette disposition ne peut être invoqué pour la première fois devant la cour de cassation (Civ. 3e, 10 mai 1968 : *Bull.* III, n. 202, p. 157).

Art. 1330. – **Les livres des marchands font preuve contre eux ; mais celui qui veut en tirer avantage ne peut les diviser en ce qu'ils contiennent de contraire à sa prétention.**

1) La preuve testimoniale ne peut être admise à l'encontre des énonciations d'un livre de commerce constatant une convention qui ne revêt pas un caractère commercial à l'égard du vendeur (Com. 14 juin 1957 : *Bull.* III, n. 187, p. 159).

2) Les livres de commerce ne faisant pas foi à l'égard de la masse des créanciers, un créancier ne peut, pour se faire admettre au passif du règlement judiciaire d'un commerçant, invoquer les écritures passées dans les livres de ce dernier (Com. 18 janv. 1972 : *Bull.* IV, n. 21, p. 19).

Art. 1331. – **Les registres et papiers domestiques ne font point un titre pour celui qui les a écrits. Ils font foi contre lui : 1° dans tous les cas où ils énoncent formellement un paiement reçu ; 2° lorsqu'ils contiennent la mention expresse que la note a été faite pour suppléer le défaut du titre en faveur de celui au profit duquel ils énoncent une obligation.**

1) Les registres domestiques, s'ils ne peuvent faire une preuve littérale de la prétention de celui qui les a rédigés, sont susceptibles d'être retenus par les juges du fond comme un élément de présomption parmi d'autres relevés et appréciés dans leur ensemble (Civ. 1re, 6 oct. 1958 : *D.* 1958, 747. – V. en ce sens, Civ. 8 janv. 1934 : *D.H.* 1934, 148).

2) L'article 1331 n'étant pas d'ordre public, le rédacteur des registres peut les invoquer contre celui qui s'en est remis à lui pour les rédiger (Req. 20 mars 1876 : *D.P.* 77, 1, 254, rapp. Lepelletier).

3) Les registres du défunt constituant des titres communs à toute l'hérédité peuvent être invoqués par un héritier contre un autre cohéritier (Req. 2 fév. 1927 : *D.H.* 1927, 113).

4) Sur le rôle des registres et papiers domestiques comme élément de preuve de la filiation légitime, V. *supra,* art. 324.

Art. 1332. – **L'écriture mise par le créancier à la suite, en marge ou au dos d'un titre qui est toujours resté en sa possession, fait foi, quoique non signée ni datée par lui, lorsqu'elle tend à établir la libération du débiteur.**

Il en est de même de l'écriture mise par le créancier au dos, ou en marge, ou à la suite du double d'un titre ou d'une quittance, pourvu que ce double soit entre les mains du débiteur.

PREUVE DES OBLIGATIONS — Art. 1335

1) Viole l'article 1332, al. 2, l'arrêt qui énonce que, pour être libératoire, la mention « payé » écrite de la main du créancier en marge de la facture détenue par le débiteur doit au moins être signée (Civ. 1re, 13 déc. 1972 : *Gaz. Pal.* 1973, 1, 282, note Plancqueel).

2) Il importe peu que le titre ne soit pas en possession du débiteur si la mention libératoire est à la fois signée et datée par le créancier (Civ. 1re, 12 déc. 1973 : *Bull.* I, n. 351, p. 312).

§ 3. – Des tailles

Art. 1333. – **Les tailles corrélatives à leurs échantillons font foi entre les personnes qui sont dans l'usage de constater ainsi les fournitures qu'elles font ou reçoivent en détail.**

§ 4. – Des copies des titres

Art. 1334. – **Les copies, lorsque le titre original subsiste, ne font foi que de ce qui est contenu au titre, dont la représentation peut toujours être exigée.**

1) Sur le principe de l'absence de force probante des copies des actes authentiques ou sous seing privé, V. Req. 16 fév. 1926 (*D.P.* 1927,1, 89, note R. Savatier); Civ. 29 déc. 1953 (*D.* 1954, 126). Mais la copie peut suppléer à la représentation de l'original lorsque l'existence de l'original et la conformité de la copie ne sont pas déniés par la partie à laquelle elle est opposée (Civ. 1re, 30 avril 1969 : *J.C.P.* 69, II, 16057, note M.A.). Les juges du fond peuvent décider que la représentation de l'original est devenue sans intérêt dès lors que la partie qui la demande a elle-même produit une photocopie du document, admettant par là-même sa conformité à l'original (Civ. 1re, 21 avril 1959 : *D.* 1959, 521, note Malaurie). Sur la force probante des copies constituant une reproduction fidèle et durable du titre original lorsque ce titre original n'a pas été conservé, V. *infra* art. 1348. Jugé qu'un document obtenu à l'aide d'un papier carbone constitue une copie, non un original (Civ. 1re, 17 juil. 1980 : *Bull.* I, n. 225, p. 182).

2) Le moyen tiré du défaut de représentation de l'original ne peut être invoqué pour la première fois devant la cour de cassation (Civ. 2e, 5 janv. 1972 : *Bull.* II, n. 4, p. 3).

Art. 1335. – **Lorsque le titre original n'existe plus, les copies font foi d'après les distinctions suivantes :**
1° Les grosses ou premières expéditions font la même foi que l'original : il en est de même des copies qui ont été tirées par l'autorité du magistrat, parties présentes ou dûment appelées, ou de celles qui ont été tirées en présence des parties et de leur consentement réciproque.
2° Les copies qui, sans l'autorité du magistrat, ou sans le consentement des parties, et depuis la délivrance des grosses ou premières expéditions, auront été tirées sur la minute de l'acte par le notaire qui l'a reçu, ou par l'un de ses successeurs, ou par officiers publics qui, en cette qualité, sont dépositaires des minutes, peuvent, en cas de perte de l'original, faire foi quand elles sont anciennes.
Elles sont considérées comme anciennes quand elles ont plus de trente ans.
Si elles ont moins de trente ans, elles ne peuvent servir que de commencement de preuve par écrit.

3° Lorsque les copies tirées sur la minute d'un acte ne l'auront pas été par le notaire qui l'a reçu, ou par l'un de ses successeurs, ou par officiers publics qui, en cette qualité, sont dépositaires des minutes, elles ne pourront servir, quelle que soit leur ancienneté, que de commencement de preuve par écrit.

4° Les copies de copies pourront, suivant les circonstances, être considérées comme simples renseignements.

Les copies de copies ne peuvent être utilement invoquées que lorsqu'il s'agit d'un fait susceptible d'être prouvé par témoins ou par présomptions (Civ. 1re, 29 mars 1965 : *D.* 1965, 474).

Art. 1336. – La transcription d'un acte sur les registres publics ne pourra servir que de commencement de preuve par écrit ; et il faudra même pour cela :
1° Qu'il soit constant que toutes les minutes du notaire, de l'année dans laquelle l'acte paraît avoir été fait, soient perdues, ou que l'on prouve que la perte de la minute de cet acte a été faite par un accident particulier.
2° Qu'il existe un répertoire en règle du notaire, qui constate que l'acte a été fait à la même date.
Lorsqu'au moyen du concours de ces deux circonstances la preuve par témoins sera admise, il sera nécessaire que ceux qui ont été témoins de l'acte, s'ils existent encore, soient entendus.

§ 5. – Des actes récognitifs et confirmatifs

Art. 1337. – Les actes récognitifs ne dispensent point de la représentation du titre primordial, à moins que sa teneur n'y soit spécialement relatée.
Ce qu'ils contiennent de plus que le titre primordial, ou ce qui s'y trouve de différent, n'a aucun effet.
Néanmoins, s'il y avait plusieurs reconnaissances conformes, soutenues de la possession, et dont l'une eût trente ans de date, le créancier pourrait être dispensé de représenter le titre primordial.

1) L'acte contenant reconnaissance de servitude n'est pas soumis aux prescriptions de l'article 1337 (Civ. 29 janv. 1913 : *D.P.* 1914, 1, 152).

2) Il suffit pour satisfaire à l'article 1337 que la convention originaire se trouve relatée dans ses clauses principales (Req. 15 avril 1867 : *D.P.* 67, 1, 296).

Art. 1338. – L'acte de confirmation ou ratification d'une obligation contre laquelle la loi admet l'action en nullité ou en rescision n'est valable que lorsqu'on y trouve la substance de cette obligation, la mention du motif de l'action en rescision, et l'intention de réparer le vice sur lequel cette action est fondée.
À défaut d'acte de confirmation ou ratification, il suffit que l'obligation soit exécutée volontairement après l'époque à laquelle l'obligation pouvait être valablement confirmée ou ratifiée.
La confirmation, ratification, ou exécution volontaire dans les formes et à l'époque déterminées par la loi, emporte la renonciation aux moyens et exceptions que l'on pouvait opposer contre cet acte, sans préjudice néanmoins du droit des tiers.

PREUVE DES OBLIGATIONS — Art. 1341

1) Le document qui ne comporte pas les caractères exigés par l'article 1338, al. 1, ne fait pas preuve de la confirmation (Req. 16 janv. 1882 : *D.P.* 82, I, 412. – V. aussi Civ. 10 fév. 1915 : *D.P.* 1919, 1, 28). Sur le pouvoir souverain des juges du fond pour apprécier la double exigence légale, V. Civ. 1re, 11 fév. 1981 : *J.C.P.* 81, IV, 145.

2) Des actes d'exécution équivoques ne sauraient avoir un effet confirmatif (Civ. 16 mars 1948 : *J.C.P.* 48, II, 4319, note R.C. – V. aussi Civ. 1re, 6 fév. 1957 : *Bull.* I, n. 60, p. 50).

3) Un donataire doit être considéré comme un tiers au sens de l'article 1338 même si la donation a été réalisée sous forme d'un partage en avancement d'hoirie (Civ. 24 nov. 1880 : *D.P.* 81, 1, 374).

Art. 1339. – **Le donateur ne peut réparer par aucun acte confirmatif les vices d'une donation entre vifs, nulle en la forme ; il faut qu'elle soit refaite en la forme légale.**

La nullité de forme entachant une donation entre vifs ne peut faire l'objet d'une transaction (Civ. 1re, 12 juin 1967 : *D.* 1967, 584, note Breton). Mais jugé qu'une donation entachée d'un vice du consentement peut faire l'objet d'une ratification tacite (Montpellier 1er avril 1952 : *D.* 1952, 619, note Ripert ; *J.C.P.* 53, II, 7447, note Voirin).

Art. 1340. – **La confirmation ou ratification, ou exécution volontaire d'une donation par les héritiers ou ayants cause du donateur, après son décès, emporte leur renonciation à opposer soit les vices de forme, soit toute autre exception.**

L'article 1340 s'applique aux testaments (Req. 9 juil. 1873 : *D.P.* 1874, 1, 219. – V. aussi T.G.I. Seine 4 juin 1964 : *D.* 1965, 271), mais non à une offre de donation exprimée dans un simple projet non signé des donateurs et des bénéficiaires et devenue caduque du fait du décès de l'un des donateurs (Com. 4 janv. 1971 : *Bull.* IV, n. 2, p. 3).

SECTION II. – DE LA PREUVE TESTIMONIALE

Art. 1341 *(L. 1er avril 1928 ; L. 21 fév. 1948 ; mod. L. n. 80-525 du 12 juil. 1980).* – **Il doit être passé acte devant notaires ou sous signatures privées de toutes choses excédant une somme ou une valeur fixée par décret, même pour dépôts volontaires, et il n'est reçu aucune preuve par témoins contre et outre le contenu aux actes, ni sur ce qui serait allégué avoir été dit avant, lors ou depuis les actes, encore qu'il s'agisse d'une somme ou valeur moindre.**

Le tout sans préjudice de ce qui est prescrit dans les lois relatives au commerce.

Décret n. 80-533 du 15 juillet 1980 *(J.O. 16 juil.)*
pris pour l'application de l'article 1341 du Code civil

Art. 1er. – La somme ou la valeur visée à l'article 1341 du Code civil est fixée à 5 000 F.

F. CHAMOUX, *La loi du 12 juillet 1980 : une ouverture sur de nouveaux moyens de preuve :* J.C.P. 81, I, 3008.

I. Règles générales
1) La défense de prouver par témoins ne concerne que les parties contractantes (Com. 6 mars 1950 : *D.* 1950, 365. – Civ. 2e, 16 juil. 1964 : *Bull.* II, n. 565, p. 417. – Soc. 11 oct. 1967 : *Bull.* IV, n. 624, p. 529). Les héritiers

qui agissent en vertu d'un droit propre doivent être regardés comme des tiers (Civ. 11 avril 1927 : *D.P.* 1927, 1, 25, note Pic).

2) Les dispositions de l'article 1341 n'étant pas d'ordre public, les parties peuvent y renoncer, même tacitement (Soc. 24 mars 1964 : *J.C.P.* 65, II, 14415, note Lapp. – Soc. 9 avril 1970 : *J.C.P.* 70, IV, 136 ; *Bull.* V, n. 234, p. 188), et le moyen tiré de ces dispositions ne peut être invoqué pour la première fois devant la cour de cassation (Civ. 3e, 9 oct. 1974 : *Bull.* III, n. 353, p. 269). Sur la prise en considération de l'usage, V. Civ. 1re, 15 avril 1980 : *Bull.* I, n. 113, p. 93 (ventes de chevaux).

3) L'article 1341 est applicable aux faits juridiques, c'est-à-dire ceux qui ont pour résultat immédiat et nécessaire soit de créer ou de transférer, soit de confirmer ou de reconnaître, soit de modifier ou d'éteindre des obligations ou des droits (Civ. 24 déc. 1919 : *D.P.* 1920, 1, 12. – Civ. 3e, 21 nov. 1977 : *Bull.* I, n. 192, p. 151), mais non à la preuve de simples faits qui n'impliquent eux-mêmes ni obligation ni libération (Civ. 3e, 21 nov. 1973 : *J.C.P.* 73, IV, 431 ; *Bull.* III, n. 597, p. 434. – Civ. 1re, 9 déc. 1986 : *Bull.* I, n. 292, p. 278), notamment à la preuve de l'intention libérale (même arrêt). La règle posée par l'article 1341 doit s'appliquer lorsqu'il s'agit de faire la preuve non de l'inexécution d'une obligation non contestée mais de l'existence même de celle-ci (Civ. 1re, 15 juil. 1975 : *J.C.P.* 76, II, 18414, note Ivainer). Viole l'article 1341 l'arrêt qui retient que le fait matériel des paiements effectués par le défendeur constitue une preuve de sa dette alors que lorsque l'existence d'un prêt supérieur à 50 F (art. 1341 ancien) est contestée par le débiteur prétendu, la preuve d'un tel contrat se fait au moyen d'un écrit ou d'un commencement de preuve par écrit (Civ. 1re, 14 fév. 1973 : *J.C.P.* 73, IV, 126 ; *Bull.* I, n. 56, p. 52).

4) L'article 1341 ne concerne pas la renonciation à un droit qui n'est assujetti à aucune forme particulière de preuve et peut résulter de faits manifestant sans ambiguïté la volonté de renoncer (Com. 25 juin 1958 : *Gaz. Pal.* 1958, 2, 194).

5) La prohibition de l'article 1341 ne fait pas obstacle au recours à des témoins ou à des présomptions pour interpréter un acte obscur ou ambigu (Civ. 1re, 3 mars 1969 : *D.* 1969, 477. – Civ. 3e, 14 nov. 1973 : *J.C.P.* 73, IV, 422 ; *Bull.* III, n. 582, p. 424). Mais un acte clair et précis n'a nul besoin d'être interprété par référence à une attestation du notaire rédacteur (Civ. 1re, 5 fév. 1974 : *J.C.P.* 74, IV, 106 ; *Bull.* I, n. 44, p. 39).

6) La preuve de la date d'un acte peut être établie par témoignages ou présomptions (Req. 11 déc. 1901 : *D.P.* 1903, 1, 114).

7) Les lettres-missives constituent des actes au sens de l'article 1341 (Req. 3 fév. 1928 : *D.P.* 1928, 1, 148, note Gabolde).

8) Sur l'admission de la « signature informatique » pour la preuve d'opérations d'un montant inférieur à 5 000 F réalisées par carte de paiement, V. Montpellier, 9 avril 1987 : *J.C.P.* 88, II, 20984, note Boizard.

II. Règles spéciales en matière commerciale

9) G. Parléani, *Un texte anachronique : le nouvel article 109 du Code de commerce : D.* 1983, chron. 65.

10) Sur le principe de la liberté de la preuve en matière commerciale, V. Civ. 17 mai 1892 : *D.P.* 92, I, 603. – Com. 23 mai 1970 : *J.C.P.* 70, IV, 181 ; *Bull.* IV, n. 168, p. 149. La preuve de l'existence d'un mandat social, mandat de nature commerciale, peut être rapportée par tous moyens (Crim. 1er fév. 1972 : *J.C.P.* 73, II, 17304, note Burst).

11) Dans les actes mixtes, le non-commerçant a la faculté d'utiliser les modes de preuve du droit commercial contre le commerçant (Com. 17 fév. 1976 : *Bull.* IV, n. 58, p. 51). Il peut donc faire par tous moyens la preuve du paiement qu'il invoque

PREUVE DES OBLIGATIONS — Art. 1347

(Civ. 1re, 6 mars 1974 : *J.C.P.* 74, IV, 146 ; *Bull.* I, n. 80, p. 68. – V. en ce sens Crim. 21 déc. 1950 : *D.* 1951, 112). Mais le commerçant doit observer les règles de preuve du droit civil (Soc. 8 janv. 1964 : *Bull.* IV, n. 21, p. 16. – V. cependant Crim. 1er fév. 1972 : *J.C.P.* 73, II, 17304, note Burst. – Com. 16 juil. 1973 : *Bull.* IV, n. 244, p. 221).

Art. 1342 *(L. 1er avril 1928 ; L. 21 fév. 1948 ; mod. L. n. 80-525 du 12 juil. 1980).* **– La règle ci-dessus s'applique au cas où l'action contient, outre la demande du capital, une demande d'intérêts qui, réunis au capital, excèdent le chiffre prévu à l'article précédent.**

Art. 1343 *(L. 1er avril 1928 ; L. 21 fév. 1948 ; mod. L. n. 80-525 du 12 juil. 1980).* **– Celui qui a formé une demande excédant le chiffre prévu à l'article 1341 ne peut plus être admis à la preuve testimoniale, même en restreignant sa demande primitive.**

Art. 1344 *(L. 1er avril 1928 ; L. 21 fév. 1948 ; mod. L. n. 80-525 du 12 juil. 1980).* **– La preuve testimoniale sur la demande d'une somme même inférieure à celle qui est prévue à l'article 1341 ne peut être admise lorsque cette somme est déclarée être le restant ou faire partie d'une créance plus forte qui n'est point prouvée par écrit.**

Art. 1345 *(L. 1er avril 1928 ; L. 21 fév. 1948 ; mod. L. n. 80-525 du 12 juil. 1980).* **– Si, dans la même instance, une partie fait plusieurs demandes dont il n'y ait point de titre par écrit, et que, jointes ensemble, elles excèdent la somme prévue à l'article 1341, la preuve par témoins n'en peut être admise, encore que la partie allègue que ces créances proviennent de différentes causes, et qu'elles se soient formées en différents temps, si ce n'était que ces droits procédassent par succession, donation ou autrement, de personnes différentes.**

Il résulte de l'article 1345 et de sa combinaison avec l'article 1347 qu'on doit, dans le calcul du total des demandes, faire abstraction de toutes les créances établies par écrit ou au sujet desquelles il existe un commencement de preuve par écrit (Civ. 10 déc. 1901 : *D.P.* 1902, 1, 407).

Art. 1346. **– Toutes les demandes, à quelque titre que ce soit, qui ne seront pas entièrement justifiées par écrit, seront formées par un même exploit, après lequel les autres demandes dont il n'y aura point de preuves par écrit ne seront pas reçues.**

L'article 1346 n'est pas applicable en matière commerciale (Civ. 29 juil. 1918 : *D.P.* 1918, 1, 59) ni dans le cas où le créancier a été dans l'impossibilité de se procurer un écrit (Poitiers 24 juin 1918 : *D.P.* 1919, II, 79).

Art. 1347. **– Les règles ci-dessus reçoivent exception lorsqu'il existe un commencement de preuve par écrit.**

On appelle ainsi tout acte par écrit qui est émané de celui contre lequel la demande est formée, ou de celui qu'il représente, et qui rend vraisemblable le fait allégué.

(Al. aj. L. n. 75-596 du 9 juil. 1975, art. 3) **Peuvent être considérées par le juge comme équivalant à un commencement de preuve par écrit les déclarations faites par une partie lors de sa comparution personnelle, son refus de répondre ou son absence à la comparution.**

I. Existence d'un écrit

1) L'absence de dénégation de l'exactitude d'une affirmation formulée par une partie devant un expert ne vaut pas commencement de preuve par écrit (Civ. 3e, 20 oct. 1976 : *J.C.P.* 76, IV, 362 ; *Bull.* III, n. 363,

p. 275). Mais il peut en être autrement du désistement d'un appel formé contre un jugement rejetant une exception de nullité (Civ. 1re, 21 déc. 1959 : *Bull.* I, n. 548, p. 448).

2) Peuvent constituer un commencement de preuve par écrit les déclarations faites par une partie et reproduites dans les motifs d'un jugement (Req. 17 juil. 1934 : *D.H.* 1934, 475), ou un procès-verbal de gendarmerie (Civ. 1re, 15 juil. 1957 : *Bull.* I, n. 329, p. 260). Sur l'utilisation à titre de preuve de l'enregistrement de la voix humaine, V. Civ. 3e, 15 janv. 1970 (*J.C.P.* 70, II, 16320, note P.L.). – V. aussi Ivainer, *Le magnétophone, source ou preuve de rapports juridiques en droit privé* (Gaz. Pal. 1966, 2, doctr. 91).

3) Un acte sous seing privé bien qu'atteint de nullité pour inobservation des formes légales peut néanmoins servir de commencement de preuve par écrit dès lors qu'émanant de la partie à laquelle on l'oppose, il rend vraisemblable le fait allégué (Civ. 1re, 30 mars 1955 : *D.* 1955, 427) mais il en est autrement si l'acte est frappé d'une nullité d'ordre public (Com. 23 juin 1952 : *S.* 1953, 1, 121, note Perrot).

II. Origine de l'écrit

4) Pour valoir commencement de preuve par écrit, l'écrit invoqué doit être l'œuvre personnelle de la partie à laquelle on l'oppose, soit qu'il émane d'elle-même, soit qu'il émane de ceux qu'elle représente ou qui l'ont représentée ; du moins cette partie doit-elle se l'être rendu propre par une acceptation expresse ou tacite (Civ. 3e,

29 fév. 1972 : *J.C.P.* 72, IV, 98 ; *Bull.* III, n. 142, p.102) ; V. en ce sens, Civ. 22 nov. 1948 (*D.* 1949, 27) ; Civ. 1re, 24 nov. 1969 (*D.* 1970, 155).

5) Constitue un commencement de preuve par écrit l'affirmation contenue dans un mémoire déposé par un avocat à la Cour de cassation dans une procédure antérieure concernant la même partie (Civ. 1re, 5 oct. 1976 : *J.C.P.* 76, IV, 344 ; *Bull.* I, n. 283, p. 229).

6) Celui qui a dicté le contenu de l'écrit doit en être considéré comme l'auteur (Req. 6 déc. 1933 : *D.P.* 1935, 1, 61, note Désiry). – V. en ce sens, Civ. 1re, 7 juil. 1955 (*D.* 1955, 737).

III. Contenu de l'écrit

7) Les juges du fond disposent d'un pouvoir souverain pour apprécier si l'écrit rend vraisemblable le fait allégué (Civ. 1re, 30 mars 1955 : *D.* 1955, 427). Le caractère équivoque de l'acte est exclusif de cette condition de vraisemblance (Com. 4 déc. 1956 : *Bull.* III, n. 322, p. 285). Les juges du fond peuvent décider que l'émission par le débiteur d'un chèque destiné à rembourser une partie de sa créance constitue un fait isolé ne rendant pas vraisemblable sa libération totale (Civ. 1re, 13 oct. 1976 : *D.* 1977, I.R. 26).

8) Pour compléter un commencement de preuve par écrit, le juge doit se fonder sur un élément extrinsèque à ce document (Civ. 1re, 22 juil. 1975 : *J.C.P.* 75, IV, 306 ; *Bull.* I, n. 247, p. 208).

Art. 1348 *(L. n. 80-525 du 12 juil. 1980).* – Les règles ci-dessus reçoivent encore exception lorsque l'obligation est née d'un quasi-contrat, d'un délit ou d'un quasi-délit, ou lorsque l'une des parties, soit n'a pas eu la possibilité matérielle ou morale de se procurer une preuve littérale de l'acte juridique, soit a perdu le titre qui lui servait de preuve littérale, par suite d'un cas fortuit ou d'une force majeure.

Elles reçoivent aussi exception lorsqu'une partie ou le dépositaire n'a pas conservé le titre original et présente une copie qui en est la reproduction non seulement fidèle mais aussi durable. Est réputée durable toute reproduction indélébile de l'original qui entraîne une modification irréversible du support.

PREUVE DES OBLIGATIONS   Art. 1349

Art. 1348 ancien. – *Elles reçoivent encore exception toutes les fois qu'il n'a pas été possible au créancier de se procurer une preuve littérale de l'obligation qui a été contractée envers lui.*

Cette seconde exception s'applique :

1° Aux obligations qui naissent des quasi-contrats et des délits ou quasi-délits ;

2° Aux dépôts nécessaires faits en cas d'incendie, ruine, tumulte, ou naufrage, et à ceux faits par les voyageurs en logeant dans une hôtellerie, le tout suivant la qualité des personnes et les circonstances du fait ;

3° Aux obligations contractées en cas d'accidents imprévus, où l'on ne pourrait pas avoir fait des actes par écrit ;

4° Au cas où le créancier a perdu le titre qui lui servait de preuve littérale, par suite d'un cas fortuit, imprévu et résultant d'une force majeure.

Ph. MALINVAUD, *L'impossibilité de la preuve écrite* : J.C.P. 72, I, 2468.

I. Impossibilité d'établir un écrit

1) La preuve testimoniale est admise à bon droit lorsque le demandeur, incapable d'écrire, est dans l'impossibilité de produire une preuve littérale (Civ. 1re, 13 mai 1964 : *Bull.* I, n. 251, p. 195).

2) L'impossibilité morale peut résulter de l'existence de relations de famille (Req. 2 fév. 1920 : *D.P.* 1921, 1, 40, parents et enfants. – Req. 8 juil. 1936 : *D.H.* 1936, 426, époux. – Civ. 1re, 27 juin 1973 : *J.C.P.* 73, IV, 310 ; *Bull.* I, n. 220, p. 194, gendre et beau-père. – Grenoble 12 avril 1967 : *D.* 1967, 496, frères et sœurs), ou de relations d'affection (Crim. 3 mai 1967 : *Gaz. Pal.* 1967, 1, 340, fiancés. – Civ. 1re, 25 mars 1969 : *Bull.* I, n. 124, p. 97, concubins), ou de subordination (Soc. 28 avril 1955 : *D.* 1956, Somm. 66). Elle peut également résulter d'usages (Req. 4 nov. 1908 : *D.P.* 1909, 1, 188, médecins. – Civ. 1re, 18 juin 1963 : *J.C.P.* 63, IV, 107 ; *Bull.* I, n. 324, p. 274. – Civ. 1re, 15 avril 1980 : *Bull.* I, n. 113, p. 93 (vente de chevaux). – Paris 5 juil. 1954 ; *D.* 1954, 705, avocats).

3) L'appréciation de l'impossibilité morale relève du pouvoir exclusif des juges du fond (Civ. 1re, 21 fév. 1956 : *D.* 1956, 287). Ils peuvent estimer que les liens de famille ou d'affection ne faisaient pas obstacle à l'établissement d'un écrit (Civ. 1re, 28 mai 1975 : *J.C.P.* 75, IV, 232 ; *Bull.* I, n. 181, p. 153, concubine. – Lyon 23 janv. 1968 : *D.* 1968, 732, oncle et nièce).

II. Perte du titre par cas fortuit

4) L'article 1348-4° (ancien) est applicable au testament olographe (Civ. 16 mai 1923 : *D.P.* 1926, 1, 29. – Besançon 11 oct. 1967 : *D.* 1968, 572, note de la Marnierre, 2e esp.).

5) Sur l'appréciation de la force majeure, V. Soc. 18 mars 1971 : *Bull.* V, n. 233, p. 195. – Civ. 3e, 15 mai 1973 : *Bull.* III, n. 346, p. 250. Les juges du fond doivent en caractériser les éléments constitutifs (Civ. 1re, 23 juin 1971 : *Bull.* I, n. 209, p. 176).

6) L'application de l'article 1348-4° (ancien) ne dispense pas d'apporter la preuve du droit constaté par le titre perdu (Soc. 31 janv. 1962 : *Bull.* IV, n. 105, p. 85).

SECTION III. – DES PRÉSOMPTIONS

Art. 1349. – **Les présomptions sont des conséquences que la loi ou le magistrat tire d'un fait connu à un fait inconnu.**

Art. 1350　　　　　　　　　PREUVE DES OBLIGATIONS

§ 1. – Des présomptions établies par la loi

Art. 1350. – La présomption légale est celle qui est attachée par une loi spéciale à certains actes ou à certains faits ; tels sont :
1° Les actes que la loi déclare nuls, comme présumés faits en fraude de ses dispositions, d'après leur seule qualité ;
2° Les cas dans lesquels la loi déclare la propriété ou la libération résulter de certaines circonstances déterminées ;
3° L'autorité que la loi attribue à la chose jugée ;
4° La force que la loi attache à l'aveu de la partie ou à son serment.

Art. 1351. – L'autorité de la chose jugée n'a lieu qu'à l'égard de ce qui a fait l'objet du jugement. Il faut que la chose demandée soit la même ; que la demande soit fondée sur la même cause ; que la demande soit entre les mêmes parties, et formée par elles et contre elles en la même qualité.

MOTULSKY, *Pour une délimitation plus précise de l'autorité de la chose jugée en matière civile* : *D.* 1968, chron. 1.

I. *Autorité de la chose jugée au civil sur le civil*

A. Jugements revêtus de l'autorité de chose jugée

1) Sont revêtus de l'autorité de chose jugée les jugements rendus au mépris d'une règle de compétence d'attribution (Civ. 16 juil. 1917 : *D.P.* 1917, 1, 149). L'erreur du juge, quelque grave qu'elle soit et alors même qu'elle méconnaîtrait un principe d'ordre public, ne fait pas obstacle à ce que le jugement acquière l'autorité de la chose jugée (Civ. 9 mai 1922 : *D.P.* 1925, 1, 158. – Civ. 1re, 3 nov. 1966 : *J.C.P.* 66, II, 14880, note J.A. – Civ. 1re, 22 juil. 1986 : *Bull.* I, n. 225, p. 214).

2) L'autorité de la chose jugée ne s'attache qu'aux décisions judiciaires rendues en matière contentieuse sur les contestations débattues entre les parties (Civ. 22 oct. 1935 : *D.H.* 1935, 521). La sentence d'adjudication qui ne statue sur aucun incident ne fait que constater un contrat judiciaire et n'est pas assortie de la chose jugée (Civ. 2e, 5 déc. 1973 : *Bull.* II, n. 317, p. 259). Mais un jugement ordonnant la licitation d'un immeuble ne saurait être considéré comme gracieux et doit être qualifié de contentieux si l'absence de contestation est due à la seule défaillance de l'usufruitier qui est mal venu par la suite à l'invoquer (Civ. 2e, 2 avril 1974 : *Bull.* II, n. 125, p. 107).

3) L'autorité de chose jugée s'attache aux décisions judiciaires même susceptibles de recours tant que ce recours n'est pas formé (Civ. 7 juil. 1890 : *D.P.* 1890, 1, 301. – V. en ce sens, Civ. 16 juin 1937 : *D.H.* 1937, 517).

4) A défaut de réclamation, l'admission d'une créance au passif d'une procédure collective a acquis l'autorité de la chose jugée, et l'irrévocabilité qui en découle ne peut être remise en cause par la prétendue violation d'une règle d'ordre public (Com. 30 mai 1985 : *Bull.* IV, n. 174, p. 146).

5) Sur le principe que le jugement avant dire droit n'a pas au principal l'autorité de la chose jugée, V. Nouv. C. proc. civ., art. 482. Mais un jugement interlocutoire jouit de l'autorité de la chose jugée pour les dispositions définitives qu'il renferme ou qui en résultent implicitement mais nécessairement (Ch. réunies 19 mai 1965 : *D.* 1965, 461, note Laroque. – V. pour une application, Civ. 3e, 13 avril 1972 : *Bull.* III, n. 229, p. 165). A autorité de chose jugée le

jugement qui ne s'est pas borné à ordonner une mesure d'instruction, dès lors qu'en autorisant la preuve de l'acceptation d'une succession, il a nécessairement incorporé à son dispositif les éléments de décision énoncés dans les motifs et tranchant les contestations élevées sur l'existence d'un lien de filiation (Civ. 1re, 1er avril 1981 : *J.C.P.* 82, II, 19897, note Tomasin ; *Rev. trim. dr. civ.* 1982, 662, obs. Perrot).

6) Sur le principe que les ordonnances du juge de la mise en état n'ont pas au principal l'autorité de la chose jugée, V. Nouv. C. proc. civ., art. 775. V. pour une application Civ. 2e, 27 mai 1983 : *Bull.* II, n. 117, p. 81.

7) Sur le principe que le jugement qui statue sur une exception de procédure, une fin de non-recevoir ou tout autre incident a, de ce chef, l'autorité de la chose jugée, V. Nouv. C. proc. civ., art. 480. V. pour une application en cas de rejet d'une fin de non-recevoir Soc. 13 nov. 1985 : *Bull.* V, n. 254, p. 381.

B. Étendue de la chose jugée

8) L'autorité de chose jugée s'attache seulement au dispositif des jugements et non aux conclusions qui ont pu être prises par les parties (Soc. 16 mai 1953 : *Bull.* IV, n. 370, p. 272). Mais la chose jugée résulte d'une décision simplement implicite lorsque cette décision est une suite nécessaire d'une disposition expresse (Civ. 28 avril 1909 : *D.P.* 1909, 1, 528. – Com. 15 oct. 1985 : *Gaz. Pal.* 1986, 1, Somm. 178, obs. Croze et Morel).

9) Sur le principe que les motifs d'un jugement sur le fond n'ont pas autorité de chose jugée, V. Req. 28 juin 1869 : *D.P.* 1871, I, 223. Doit être cassé l'arrêt qui reconnaît l'autorité de chose jugée aux motifs d'une décision qui, de surcroît, se bornait à refuser un donné acte (Civ. 2e, 3 oct. 1984 : *Bull.* II, n. 140, p. 99). Les énonciations contenues dans les motifs n'ont autorité de chose jugée qu'autant qu'elles sont liées au dispositif et en sont le soutien nécessaire (Civ. 21 fév.

1900 : *D.P.* 1905, 1, 271. – Civ. 1re, 4 janv. et 6 oct. 1954 : *J.C.P.* 55, II, 8458, note Astima. – Civ. 1re, 13 juin 1966 : *D.* 1966, 714. – V. Viatte, *L'autorité des motifs des jugements : Gaz. Pal.* 1978, 1, doctr. 84).

10) N'est pas recevable le moyen qui critique les chefs d'un arrêt qui n'a fait qu'appliquer une décision antérieure devenue irrévocable (Ch. mixte, 6 juil. 1984 : *Bull.*n. 1, p. 1).

11) Les juges saisis d'une contestation relative à une précédente décision ne peuvent, sous prétexte d'en déterminer le sens, apporter une modification quelconque aux dispositions précises de celui-ci (Soc. 17 mai 1984 : *Bull.* V, n. 208, p. 158). Ainsi, ils ne peuvent décider que la rente mensuelle accordée après divorce constitue en réalité une prestation compensatoire (Civ. 2e, 7 janv. 1981 : *Bull.* II, n. 1, p. 1 ; *Rev. trim. dr. civ.* 1981, 436, obs. Normand. V. cependant, en matière de divorce par consentement mutuel, décidant que c'est par impropriété de termes que les époux ont parlé de pension alimentaire, Civ. 2e, 22 mai 1979 : *D.* 1980, 507, 1re esp., note Massip).

C. Caractère relatif
de la chose jugée

12) L'autorité de chose jugée n'a lieu qu'à l'égard des parties qui ont été présentes ou représentées au litige et qui, dans la nouvelle instance, procèdent en la même qualité (Civ. 1re, 8 déc. 1959 : *Bull.* I, n. 524, p. 432. – V. en ce sens Civ. 3e, 21 janv. 1975 : *Bull.* III, n. 20, p. 15). Sur l'opposabilité des jugements rendus en matière de filiation aux personnes n'y ont pas été parties, V. *supra*, art. 311-10. – Comp. C. nationalité, art. 136.

13) Il ne suffit pas, pour que l'exception de chose jugée puisse être accueillie, que la même chose matérielle soit en litige, encore faut-il que l'on réclame le même droit sur la même chose (Civ. 14 mai 1935 : *D.H.* 1935, 427). Une demande en paiement de

dommages et intérêts fondée sur un élément de préjudice qui ne s'est révélé qu'après le jugement d'une première demande échappe, faute de présenter avec celle-ci une identité d'objet, à l'exception de chose jugée (Civ. 2e, 29 mai 1973 : *J.C.P.* 73, IV, 270 ; *Bull.* III, n. 185, p. 147. – Ass. Plén., 9 juin 1978 : *Bull.* I, 3, p. 3). Mais l'autorité de chose jugée s'oppose à la révision d'une rente accordée à la suite d'un accident en raison de l'amélioration de l'état de santé de la victime dès lors que l'arrêt n'a prévu aucune variation du préjudice et n'a pas réservé d'une manière expresse la faculté de procéder à sa révision (Civ. 2e, 12 oct. 1972 : *J.C.P.* 74, II, 17609, note Brousseau).

14) Il y a identité de cause, au sens de l'article 1351, lorsque le droit ou le bénéfice légal que l'une des parties invoque soit par voie d'action, soit par voie d'exception a le même fondement que celui sur lequel s'était prononcée une précédente décision passée en force de chose jugée (Com. 4 oct. 1954 : *D.* 1955, Somm. 2 ; *Bull.* III, n. 286, p. 217. – V. aussi Civ. 1re, 18 nov. 1970 : *J.C.P.* 71, II, 16780, note Patarin. – Com. 13 oct. 1975 : *D.* 1975, I.R. 259 ; *Bull.* IV, n. 228, p. 188).

15) Les cas d'ouverture de l'action en recherche de paternité visés à l'article 340 constituent des causes distinctes (Civ. 1re, 10 mars 1953 : *J.C.P.* 53, II, 7601, note J. Savatier).

16) L'action fondée sur l'article 1384, alinéa 1, du Code civil procède d'une cause juridique distincte de celle fondée sur l'article 1382 (Req. 16 juil. 1928 ; *D.P.* 1929, 1, 33, note R. Savatier. – Civ. 2e, 4 juin 1969 : *Bull.* II, n. 186, p. 135).

17) Un jugement ayant débouté une partie de sa demande en revendication fondée sur la prescription trentenaire n'interdit pas d'accueillir une action en revendication fondée sur un titre de propriété (Civ. 3e, 26 fév. 1974 : *D.* 1974, I.R. 118 ; *Bull.* III, n. 88, p. 67).

18) L'autorité de la chose jugée ne peut être opposée lorsque des événements postérieurs sont venus modifier la situation antérieurement reconnue en justice (Civ. 2e, 17 mars 1986 : *Bull.* II, n. 41, p. 27). Ainsi, l'intérêt de l'enfant naturel visé à l'article 334-3 peut varier avec les circonstances, et la décision qui rejette une première demande de substitution de nom n'a pas à l'égard d'une seconde demande l'autorité de la chose jugée (Civ. 1re, 18 déc. 1979 : *Gaz. Pal.* 1980, 1, 249, note J.M.).

19) L'autorité de la chose jugée ne s'attache qu'à ce qui a été décidé sans condition ni réserve (Civ. 1re, 7 janv. 1969 : *D.* 1969, 454). Ainsi, n'a pas autorité de chose jugée le jugement qui refuse « en l'état » de donner mainlevée d'une saisie-arrêt (Com. 18 mai 1981 : *Bull.* IV, n. 235, p. 184).

D. Caractère d'ordre privé de la chose jugée

20) L'autorité qui s'attache à la chose jugée par la juridiction civile n'étant pas d'ordre public, les parties peuvent y renoncer, même tacitement (Civ. 2e, 25 juin 1959 : *Bull.* II, n. 511, p. 334). Lorsque deux décisions irrévocables sont inconciliables, c'est la dernière en date qui s'impose, les parties, par suite de leur silence et de leur inaction, étant présumées avoir renoncé à la première (Civ. 1re, 10 fév. 1953 : *J.C.P.* 53, II, 7636, note Perrot).

21) Le moyen tiré de l'autorité de la chose jugée ne peut être présenté pour la première fois devant la Cour de cassation (Civ. 24 mars 1942 : *D.A.* 1942, 97. – Civ. 2e, 4 oct. 1972 : *Bull.* II, n. 230, p. 189), sauf lorsqu'elle s'attache à une décision de justice irrévocable rendue au cours de la même instance (Civ. 3e, 6 déc. 1977 : *J.C.P.* 78, IV, 42 ; *Bull.* III, n. 425, p. 324).

22) L'autorité de la chose jugée ne peut être suppléée d'office par le juge (Civ. 24 oct. 1951 : *J.C.P.* 52, II, 6806, note Perrot), sauf lorsqu'il est statué au cours d'une même

PREUVE DES OBLIGATIONS — Art. 1351

instance sur les suites d'une précédente décision passée en force de chose jugée (Civ. 1re, 7 avril 1976 : *J.C.P.* 76, IV, 78 ; *Bull.* I, n. 113, p. 91), ou lorsqu'il s'agit de l'état des personnes (Civ. 1re, 19 mai 1976 : *Bull.* I, n. 184, p. 148).

II. Autorité de la chose jugée au pénal sur le civil

23) Si les décisions de la justice pénale ont au civil l'autorité de la chose jugée à l'égard de tous en ce qui concerne l'existence du fait incriminé, sa qualification, la culpabilité ou l'innocence de ceux auxquels le fait est imputé, il n'en est pas de même lorsque ces décisions statuent accessoirement à l'action publique sur des dommages-intérêts. Elles n'interviennent alors que dans un intérêt purement privé et sont soumises à la règle de la relativité de la chose jugée (Com. 22 juil. 1952 : *D.* 1952, 746. – V. aussi Civ. 2e, 11 juil. 1956 et 25 oct. 1955 : *J.C.P.* 56, II, 9584, note Esmein). Mais le jugement d'un tribunal correctionnel condamnant un automobiliste a autorité à l'égard de tous, donc à l'égard de l'assureur non partie à l'instance pénale, en ce que le tribunal a définitivement jugé qui était conducteur et l'a condamné pour ses fautes de conduite (Civ. 1re, 29 avril 1985 : *Bull.* I, n. 131, p. 122).

24) L'autorité de la chose jugée en matière criminelle ne s'attache qu'aux décisions des juridictions de jugement qui sont définitives et statuent sur le fond de l'action publique, et non aux ordonnances de non-lieu qui sont provisoires et révocables en cas de survenance de charges nouvelles (Civ. 2e, 9 mai 1956 : *J.C.P.* 56, II, 9379, note C.L.). Sur l'absence d'autorité de chose jugée des décisions rendues par contumace. V. Civ. 2e, 11 janv. 1957 (*D.* 1957, 375, note Bouzat).

25) La décision de relaxe au bénéfice du doute s'impose au juge civil (Req. 20 fév. 1946 : *J.C.P.* 46, II, 3119, note P.B. – Soc. 3 oct. 1973 : *D.* 1974, 109, note Saint-Jours). Jugé cependant que l'autorité d'un jugement relaxant une partie poursuivie pour bigamie au bénéfice du doute ne s'oppose pas à ce qu'une juridiction civile prononce l'annulation du second mariage par application de l'article 147 du Code civil (Lyon, 21 mai 1974 : *D.* 1975, 9, note Guiho).

26) La chose jugée par une décision de relaxe quant à l'absence de faute du prévenu est sans effet sur l'application de l'article 1384, alinéa 1 du Code civil (Civ. 2e, 1er mars 1961 : *D.* 1961, 455). Sur la possibilité pour la victime de demander réparation de son dommage à une personne acquittée par une cour d'assises, V. C. pénal, art. 372.

27) Les tribunaux civils conservent une entière liberté d'appréciation toutes les fois qu'ils ne décident rien d'inconciliable avec ce qui a été nécessairement jugé au criminel (Req. 15 janv. 1945 : *D.* 1945, 220). Si le juge civil ne peut méconnaître ce qui a été affirmé par la juridiction répressive sur la qualification du fait incriminé, l'autorité de la chose jugée ne s'attache qu'aux éléments constitutifs de l'incrimination retenue et ne fait pas obstacle à ce que d'autres éléments étrangers à cette dernière soient soumis à l'appréciation de la juridiction civile (Civ. 1re, 18 janv. 1972 : *Bull.* I, n. 20, p. 18). Ainsi une cour d'appel peut considérer qu'il y a viol rendant possible la déclaration judiciaire de paternité alors que le tribunal correctionnel n'a retenu que la qualification d'outrage public à la pudeur et de violence (même arrêt). Comp. Civ. 3e, 19 avril 1977 (*D.* 1977, 487, note Franck).

28) L'octroi de circonstances atténuantes est sans influence sur le caractère de la faute inexcusable tel que prévu par l'article 468 du Code de la sécurité sociale (Soc. 13 fév. 1969 : *Bull.* V, n. 101, p. 85. – V. Saint Jours, *Du principe de l'autorité de la chose jugée au criminel en matière de faute inexcusable* : *D.* 1969, chron. 229).

29) Dès lors qu'un condamné s'est seulement pourvu contre l'arrêt de la cour

d'assises le condamnant à la réclusion criminelle et que l'arrêt statuant sur l'action civile n'a pas été frappé de pourvoi, l'action publique et l'action civile sont devenues indépendantes l'une de l'autre, de sorte que la cassation du premier arrêt n'a pas entraîné l'annulation du second (Ch. mixte 19 mars 1982 : *D.* 1982, 473, concl. Cabannes).

30) L'autorité de la chose jugée au pénal n'a aucun effet rétroactif et l'arrêt d'acquittement rendu après cassation n'a pu anéantir l'arrêt ayant statué sur l'action civile qui, faute de pourvoi, était passé en force de chose jugée (Ch. mixte 19 mars 1982, préc.).

Art. 1352. − **La présomption légale dispense de toute preuve celui au profit duquel elle existe.**

Nulle preuve n'est admise contre la présomption de la loi, lorsque, sur le fondement de cette présomption, elle annule certains actes ou dénie l'action en justice, à moins qu'elle n'ait réservé la preuve contraire et sauf ce qui sera dit sur le serment et l'aveu judiciaires.

Celui qui invoque une présomption légale doit établir l'existence du fait d'où la loi tire cette présomption (Civ. 3e, 5 mai 1975 : *J.C.P.* 75, IV, 201 ; *Bull.* III, n. 153, p. 116).

§ 2. − Des présomptions qui ne sont point établies par la loi

Art. 1353. − **Les présomptions qui ne sont point établies par la loi sont abandonnées aux lumières et à la prudence du magistrat, qui ne doit admettre que des présomptions graves, précises et concordantes, et dans les cas seulement où la loi admet des preuves testimoniales, à moins que l'acte ne soit attaqué pour cause de fraude ou de dol.**

1) L'article 1353 qui abandonne l'appréciation de la valeur probante des présomptions à la prudence des juges ne s'oppose pas à ce qu'ils forment leur conviction sur un fait unique si celui-ci leur paraît de nature à établir la preuve nécessaire (Civ. 2e, 28 oct. 1970 : *J.C.P.* 70, IV, 300 ; *Bull.* II, n. 290, p. 219. − V en ce sens, Civ. 3e, 28 nov. 1972 : *J.C.P.* 73, IV, 16 ; *Bull.* III, n. 636, p. 469). Les juges du fond qui retiennent des présomptions qu'ils énumèrent et apprécient souverainement ne sont pas tenus de rappeler dans leur décision qu'elles doivent être graves, précises et concordantes (Civ. 3e, 18 avril 1972 : *J.C.P.* 72, IV, 138 ; *Bull.* III, n. 242, p. 173).

2) Les présomptions visées par l'article 1353 peuvent résulter de certificats régulièrement versés aux débats sans qu'il soit nécessaire que les déclarations qui leur servent de fondement aient été reçues dans les formes judiciaires (Civ. 1re, 1er juin 1954 : *D.* 1954, 589).

3) La preuve ne peut résulter ni des investigations personnelles poursuivies par le juge en dehors de l'audience et, si elles n'ont pas été appelées, en l'absence des parties, ni de documents qui ne leur ont pas été communiqués (Civ. 2e, 25 fév. 1976 : *Bull.* II, n. 67, p. 53). S'il est loisible au juge, pour asseoir sa conviction, de se référer à une expertise non contradictoire, c'est à la condition que les données de cette expertise soient corroborées par d'autres éléments dont la nature et la valeur ont été précisées (Civ. 3e, 10 fév. 1976 : *Bull.* III, n. 56, p. 44). Sauf énonciations contraires, les renseignements sur lesquels les juges se sont appuyés et dont la production n'a donné lieu à aucune contestation devant eux sont censés avoir été régulièrement versés aux débats et soumis à la libre discussion des parties (Civ. 3e, 12 avril 1972 : *Bull.* III, n. 219, p. 157).

4) Si les énonciations du cadastre ne peuvent, à elles seules, faire preuve complète du droit de propriété, elles constituent des

PREUVE DES OBLIGATIONS — Art. 1355

présomptions sur lesquelles les juges du fond sont autorisés à fonder leur conviction par une appréciation souveraine (Civ. 1re, 25 juin 1958 : *Bull.* I, n. 341, p. 274).

5) Les juges peuvent, dans les matières où la preuve testimoniale est admise, former leur conviction sur les résultats d'une enquête diligentée dans une autre procédure (Civ. 2e, 8 avril 1976 : *Bull.* II, n. 113, p. 87), ou sur un jugement non revêtu de l'autorité de chose jugée (Soc. 14 janv. 1950 ; *D.* 1950, 330). Sur la communication d'un dossier pénal, V. C. proc. pénale, art. R. 154 et s.

SECTION IV. – DE L'AVEU DE LA PARTIE

Art. 1354. – **L'aveu qui est opposé à une partie est ou extrajudiciaire ou judiciaire.**

1) L'aveu est une déclaration par laquelle une personne reconnaît pour vrai un fait de nature à produire à son détriment des conséquences juridiques, à condition, pour qu'elle puisse former aveu, que cette personne ait pu se rendre compte que cette déclaration était susceptible de former preuve contre elle (Civ. 2e, 4 déc. 1953 : *Bull.* II, n. 338, p. 209. – V. cependant pour des exemples d'aveu implicite Soc. 16 juin 1945 : *D.* 1945, 338. – Civ. 1re, 27 déc. 1963 : *Bull.* I, n. 570, p. 478. – Soc. 29 nov. 1967 : *J.C.P.* 68, II, 15493, note Munier. – Civ. 3e, 21 fév. 1978 : *Bull.* III, n. 86, p. 66. – V. aussi *infra*, sous art. 2275).

2) La déclaration d'une partie ne peut être retenue contre elle comme constituant un aveu que si elle porte sur des points de fait et non sur des points de droit (Civ. 2e, 28 mars 1966 : *D.* 1966, 541. – Soc. 14 avril 1972 : *J.C.P.* 72, IV, 132 ; *Bull.* V, n. 261, p. 239. – Civ. 1re, 23 nov. 1982 : *Bull.* I, n. 335, p. 286. – Civ. 3e, 27 avril 1988 : *D.* 1989, 275, note Beignier). Jugé que la reconnaissance par un propriétaire dans une lettre de la ligne séparative de sa propriété avec celle voisine n'est nullement relative à une question de droit et peut être considérée comme un aveu susceptible de lui être opposé (Civ. 3e, 27 juin 1972 : *J.C.P.* 72, IV, 211 ; *Bull.* III, n. 432, p. 313).

3) L'aveu est un acte unilatéral qui n'a pas besoin pour être efficace de l'acceptation de la partie au profit de laquelle il est fait (Montpellier 6 mai 1955 : *Gaz. Pal.* 1955, 2, 8. – Comp. Civ. 3e, 26 janv. 1972 : *J.C.P.* 72, IV, 58 ; *Bull.* III, n. 57, p. 42).

4) L'aveu ne peut émaner que de la partie à laquelle il est opposé (Civ. 2e, 27 oct. 1976 : *D.* 1977, I.R., 25) ou de son mandataire spécial (Civ. 26 juin 1901 : *D.P.* 1902, 1, 8). Mais le représentant légal d'un mineur ne peut faire un aveu au nom du mineur (Civ. 2e, 19 déc. 1960 : *Bull.* II, n. 784, p. 534). Sa déclaration peut seulement être retenue à titre de présomption dans le cas où la preuve par ce moyen est admissible (Civ. 1re, 15 déc. 1982 : *Bull.* I, n. 365, p. 314).

Art. 1355. – **L'allégation d'un aveu extra-judiciaire purement verbal est inutile toutes les fois qu'il s'agit d'une demande dont la preuve testimoniale ne serait point admissible.**

1) Sur le pouvoir souverain des juges du fond pour apprécier la force probante de l'aveu extra-judiciaire, V. Civ. 2e, 22 mai 1964 : *D.* 1965, 705, note Azard. – Montpellier 16 fév. 1967 : *J.C.P.* 67, IV, 76.

2) La règle de l'indivisibilité de l'aveu ne s'impose pas au juge en matière d'aveu extra-judiciaire (Civ. 1re, 2 fév. 1970 : *D.* 1970, 265. – Civ. 3e, 13 mars 1973 : *J.C.P.* 73, IV, 166 ; *Bull.* III, n. 188, p. 136).

3) L'aveu extra-judiciaire ne peut être rectifié que lorsqu'il a été le résultat d'une erreur de fait dont la preuve incombe au déclarant (Riom 21 mars 1961 : *Gaz. Pal.* 1961, 2, 221).

Art. 1356

Art. 1356. – L'aveu judiciaire est la déclaration que fait en justice la partie ou son fondé de pouvoir spécial.
Il fait pleine foi contre celui qui l'a fait ;
Il ne peut être divisé contre lui ;
Il ne peut être révoqué, à moins qu'on ne prouve qu'il a été la suite d'une erreur de fait. Il ne pourrait être révoqué sous prétexte d'une erreur de droit.

I. Conditions

1) L'aveu fait devant un expert ne constitue pas un aveu judiciaire (Soc. 20 mai 1950 : *Bull.* III, n. 436, p. 291), ni l'aveu recueilli au cours d'une enquête de police (Civ. 1re, 2 fév. 1970 : *D.* 1970, 265), ni la déclaration d'un avocat pendant sa plaidoirie et non contenue dans les conclusions écrites (Civ. 1re, 14 janv. 1981 : *Bull.* I, n. 13, p. 10). La réponse faite à la sommation délivrée à la requête d'un créancier ne peut constituer qu'un aveu extra-judiciaire (Civ. 1re, 28 oct. 1970 : *J.C.P.* 70, IV, 300 ; *Bull.* I, n. 287, p. 234).

2) L'aveu n'a force de présomption légale que s'il est produit dans l'instance ayant abouti à la décision attaquée (Civ. 3e, 9 oct. 1969 : *J.C.P.* 69, IV, 267 ; *Bull.* III, n. 626, p. 472. – V. en ce sens, Civ. 1re, 5 juil. 1961 : *Gaz. Pal.* 1961, 2, 255).

3) L'aveu fait à l'audience par une partie et enregistrée dans le jugement en termes précis n'a pas à être consigné dans un procès-verbal ni au plumitif du greffier (Soc. 27 janv. 1951 : *Bull.* III, n. 70, p. 48). Mais un aveu simplement énoncé dans les motifs d'une décision sans que l'on trouve ni dans les conclusions des parties ni dans les qualités de cette décision aucune preuve ni même aucune trace de cet aveu ne saurait avoir de force probante (Civ. 21 déc. 1948 : *J.C.P.* 49, IV, 22 ; *Bull.* I, n. 350, p. 1058).

II. Effets

4) L'aveu fait pleine foi contre celui qui l'a fait même dans le cas où la preuve doit être administrée par écrit (Civ. 1re, 28 janv. 1981 : *Bull.* I, n. 33, p. 27). Jugé qu'en vertu des articles 1356, alinéa 2, et 1352, alinéa 2, la force que la loi attache à l'aveu judiciaire s'oppose à ce qu'elle puisse être combattue par toute autre présomption légale, même absolue (Paris 10 nov. 1956 : *D.* 1957, 383). Mais les juges du fait apprécient souverainement le sens qu'il convient d'attribuer à la déclaration invoquée par une partie à titre d'aveu judiciaire (Civ. 1re, 22 mai 1957 : *Bull.* I, n. 232, p. 191. – Montpellier 6 mai 1955 : *Gaz. Pal.* 1955, 2, 8).

5) Viole l'article 1356, alinéa 3, l'arrêt qui refuse de reconnaître un caractère indivisible à l'aveu complexe comportant la reconnaissance d'un fait principal allégué par l'adversaire, à savoir l'existence de la dette, et d'un fait connexe de nature à priver le premier de ses effets juridiques, à savoir le règlement entre les mains d'un tiers (Civ. 1re, 11 mai 1971 : *J.C.P.* 71, IV, 157 ; *Bull.* I, n. 156, p. 130. – V. en ce sens Com. 14 janv. 1970 : *Bull.* IV, n. 20, p. 20). L'aveu portant à la fois sur l'existence d'un contrat et sur l'identité des parties qui l'avaient conclu est indivisible (Civ. 1re, 11 mars 1980 : *Bull.* I, n. 81, p. 67).

6) La règle de l'indivisibilité de l'aveu ne s'applique qu'aux faits déniés par l'une des parties et qui, à défaut de toute autre preuve, ne sont établis que par l'aveu même, et s'il s'agit au contraire d'un fait présenté comme constant et indiscuté par les parties, celle qui le reconnaît ne peut se prévaloir de son aveu pour soutenir que sa déclaration sur un autre point en est inséparable (Civ. 1re, 6 déc. 1954 : *D.* 1955, 256. – Civ. 1re, 28 nov. 1973 : *J.C.P.* 74, IV, 139, note J.A.).

7) Le principe de l'indivisibilité de l'aveu souffre exception lorsque l'inexactitude partielle de l'aveu résulte d'invraisemblances assimilables à une véritable impossibilité

PREUVE DES OBLIGATIONS — Art. 1358

(Civ. 2ᵉ, 31 mai 1958 : *D.* 1958, 585. — Civ. 1ʳᵉ, 4 fév. 1981 : *Bull.* I, n. 41, p. 37), par exemple en cas de déclarations successives contradictoires du débiteur (Civ. 1ʳᵉ, 17 juin 1968 : *Bull.* I, n. 172, p. 130).

8) Une cour d'appel peut relever d'office le moyen pris de l'indivisibilité de l'aveu dès lors qu'elle n'introduit dans le débat aucun élément de fait dont les parties n'avaient pas été à même de débattre contradictoirement (Civ. 1ʳᵉ, 29 nov. 1978 : *Bull.* I, n. 370, p. 287).

9) Les juges du fond peuvent transposer l'application du principe de l'indivisibilité de l'aveu à l'aveu extra-judiciaire (Com. 19 avril 1985 : *Bull.* IV, n. 117, p. 101).

10) La règle de l'irrévocabilité de l'aveu judiciaire ne peut être mise en échec par le biais d'une déclaration postérieure destinée à se substituer à la première dans sa teneur et dans ses effets (Soc. 2 déc. 1970 : *J.C.P.* 71, IV, 11 ; *Bull.* V, n. 680, p. 554). Tant que la preuve d'une erreur de fait n'est pas rapportée, l'aveu judiciaire continue à produire tous les effets qu'il comporte (Soc. 20 avril 1950 : *S.* 1951, 1, 93).

SECTION V. — DU SERMENT

Art. 1357. — **Le serment judiciaire est de deux espèces :**
1° Celui qu'une partie défère à l'autre pour en faire dépendre le jugement de la cause : il est appelé *décisoire ;*
2° Celui qui est déféré d'office par le juge à l'une ou à l'autre des parties.

1) Les formes substantielles de la prestation de serment se réduisent, suivant un usage constant passé en forme de coutume, au prononcé de la formule « je le jure » (Paris 3 déc. 1968 : *D.* 1969, Somm. 18).

2) Sur les sanctions applicables en cas de faux serment, V. C. pénal, art. 366.

§1. — Du serment décisoire

Art. 1358. — **Le serment décisoire peut être déféré sur quelque espèce de contestation que ce soit.**

1) La délation d'un serment décisoire constitue une convention transactionnelle par laquelle une partie offre de renoncer à sa prétention si l'autre partie consent à affirmer sous serment que le fait allégué sur lequel est fondée cette prétention est inexact (Civ. 28 fév. 1938 : *D.C.* 1942, 99, note Holleaux, 1ʳᵉ esp.).

2) Une personne ne saurait être appelée à prêter le serment décisoire que si elle est partie au procès et si une décision est susceptible d'être rendue contre elle (Soc. 10 janv. 1974 : *J.C.P.* 74, IV, 68 ; *Bull.* V, n. 40, p. 35).

3) Si le serment décisoire peut être déféré sur quelque contestation que ce soit, il appartient aux juges du fond d'apprécier si cette mesure est ou non nécessaire (Civ. 3ᵉ, 13 mai 1969 : *J.C.P.* 69, IV, 168 ; *Bull.* III, n. 384, p. 295). Ils peuvent ne pas autoriser le serment décisoire s'ils estiment que le serment déféré ne mettrait pas fin au litige d'une façon définitive et absolue (Civ. 1ʳᵉ, 6 juin 1972 : *J.C.P.* 72, IV, 192 ; *Bull.* I, n. 148, p. 130), mais ils sont tenus de donner les motifs de leur refus (Soc. 28 nov. 1962 : *D.* 1963, 209). Lorsque le droit de déférer le serment n'est pas contesté, l'intervention d'un jugement préparatoire est inutile (Civ. 2ᵉ, 12 juin 1963 : *Bull.* II, n. 447, p. 330).

4) Le juge peut éventuellement rendre plus claire la formule du serment proposée,

à la condition que ce remaniement ne trahisse pas la pensée du plaideur qui a déféré le serment (Civ. 2e, 13 mars 1974 : *J.C.P.* 74, IV, 155; *Bull.* II, n. 96, p. 80). Il appartient au demandeur, s'il a à se plaindre de la modification apportée, de ne pas poursuivre la prestation de serment (même arrêt). Dès lors que la formule du serment retenue est celle proposée par une partie dans ses conclusions et que l'autre partie n'en a pas critiqué les termes devant les juges du fond, cette dernière est irrecevable à le faire pour la première fois devant la Cour de cassation (Soc. 30 janv. 1974 : *J.C.P.* 74, IV, 95; *Bull.* V, n. 80, p. 71).

Art. 1359. — **Il ne peut être déféré que sur un fait personnel à la partie à laquelle on le défère.**

1) Sur le serment dit de crédulité déféré aux veuves et aux héritiers, V. *infra*, art. 2275.

2) Sur la possibilité de déférer le serment à une personne morale par l'intermédiaire de son représentant, V. Soc. 28 juin 1957 : *D.* 1957, 711. – Com. 22 nov. 1972 : *D.* 1973, 256. – Paris 29 oct. 1968 : *J.C.P.* 68, II, 15677, note P.L. – Colmar 10 oct. 1969 : *J.C.P.* 70, II, 16169, note J.A.

Art. 1360. — **Il peut être déféré en tout état de cause, et encore qu'il n'existe aucun commencement de preuve de la demande ou de l'exception sur laquelle il est provoqué.**

Le serment décisoire peut être déféré à tout moment par des conclusions principales ou subsidiaires (Civ. 1re, 14 mars 1966 : *J.C.P.* 66, II, 14614, note J.A.).

Art. 1361. — **Celui auquel le serment est déféré, qui le refuse ou ne consent pas à le référer à son adversaire, ou l'adversaire à qui il a été référé et qui le refuse, doit succomber dans sa demande ou dans son exception.**

Ne peuvent être assimilées à un refus de prêter serment les conclusions qui dénient les faits sur lesquels l'adversaire demande que porte le serment (Civ. 2e, 19 mars 1969 : *J.C.P.* 69, IV, 119; *Bull.* II, n. 88, p. 65).

Art. 1362. — **Le serment ne peut être référé quand le fait qui en est l'objet n'est point celui des deux parties, mais est purement personnel à celui auquel le serment avait été déféré.**

Art. 1363. — **Lorsque le serment déféré ou référé a été fait, l'adversaire n'est point recevable à en prouver la fausseté.**

1) Le serment décisoire a pour effet nécessaire de terminer le litige de façon définitive et absolue, le juge perdant tout pouvoir d'appréciation dès l'instant que le serment déféré à une partie a été accepté et prêté par celle-ci (Civ. 3e, 22 fév. 1978 : *D.* 1978, I.R. 411; *Bull.* III, n. 100, p. 78). L'appel contre le jugement rendu est irrecevable (Civ. 1re, 14 mars 1966 : *J.C.P.* 66, II, 14614, note J.A.).

2) Le plaideur condamné par suite de la prestation de serment ne peut se constituer partie civile en cas de poursuite pour faux serment (Dijon 6 juil. 1928 : *D.H.* 1928, 550. – Trib. corr. Bordeaux 19 juin 1952 : *D.* 1953, 50). La preuve de la fausseté du serment devra être rapportée selon les règles du droit civil (Crim. 15 juil. 1964 : *J.C.P.* 64, II, 13817).

Art. 1364. — **La partie qui a déféré ou référé le serment, ne peut plus se rétracter lorsque l'adversaire a déclaré qu'il est prêt à faire ce serment.**

PREUVE DES OBLIGATIONS   Art. 1369

Art. 1365. – Le serment fait ne forme preuve qu'au profit de celui qui l'a déféré ou contre lui, et au profit de ses héritiers et ayants cause ou contre eux.
Néanmoins, le serment déféré par l'un des créanciers solidaires au débiteur ne libère celui-ci que pour la part de ce créancier ;
Le serment déféré au débiteur principal libère également les cautions ;
Celui déféré à l'un des débiteurs solidaires profite aux codébiteurs ;
Et celui déféré à la caution profite au débiteur principal.
Dans ces deux derniers cas, le serment du codébiteur solidaire ou de la caution ne profite aux autres codébiteurs ou au débiteur principal que lorsqu'il a été déféré sur la dette, et non sur le fait de la solidarité ou du cautionnement.

L'article 1365, alinéa 4 est sans application si chaque codébiteur s'est vu déférer le serment (Civ. 28 fév. 1938 : *D.C.* 1942, 99, note Holleaux, 1re esp.).

§ 2. – Du serment déféré d'office

Art. 1366. – **Le juge peut déférer à l'une des parties le serment, ou pour en faire dépendre la décision de la cause, ou seulement pour déterminer le montant de la condamnation.**

1) Les juges du fond apprécient souverainement l'opportunité de déférer le serment prévu par l'article 1366 (Civ. 3e, 4 juil. 1968 : *J.C.P.* 68, IV, 148 ; *Bull.* III, n. 317, p. 245), ainsi que sa force probante (Soc. 1er déc. 1949 : *Gaz. Pal.* 1950, 1, 39. – Civ. 1re, 15 oct. 1975 : *J.C.P.* 75, IV, 355 ; *Bull.* I, n. 277, p. 233).

2) L'acquiescement donné par le demandeur à un jugement déférant le serment est sans effet sur la recevabilité de l'appel contre le jugement statuant au fond (Civ. 1re, 14 janv. 1969 : *Bull.* I, n. 23, p. 16).

Art. 1367. – **Le juge ne peut déférer d'office le serment, soit sur la demande, soit sur l'exception qui y est opposée, que sous les deux conditions suivantes ; il faut :**
1° Que la demande ou l'exception ne soit pas pleinement justifiée ;
2° Qu'elle ne soit pas totalement dénuée de preuves.
Hors ces deux cas, le juge doit ou adjuger ou rejeter purement et simplement la demande.

1) Doit être cassé l'arrêt qui a déféré d'office le serment à un demandeur sur les faits par lui invoqués au motif qu'en raison des circonstances, ils étaient plausibles (Soc. 1er juin 1972 : *J.C.P.* 72, IV, 183 ; *Bull.* V, n. 404, p. 370).

2) Le jugement déférant le serment supplétoire ne préjuge en rien la réalité du fait allégué dont la preuve continue à obéir aux prescriptions de la loi civile (Crim. 15 juil. 1964 : *J.C.P.* 64, II, 13817).

Art. 1368. – **Le serment déféré d'office par le juge à l'une des parties ne peut être par elle référé à l'autre.**

Art. 1369. – **Le serment sur la valeur de la chose demandée ne peut être déféré par le juge au demandeur que lorsqu'il est d'ailleurs impossible de constater autrement cette valeur.**
Le juge doit même, en ce cas, déterminer la somme jusqu'à concurrence de laquelle le demandeur en sera cru sur son serment.

Pour une application au cas d'impossibilité morale d'exiger un écrit, V. Civ. 1re, 3 nov. 1969 : *Bull.* I, n. 330, p. 264.

Art. 1370 — QUASI-CONTRATS

TITRE IV. – DES ENGAGEMENTS QUI SE FORMENT SANS CONVENTION

Art. 1370. – Certains engagements se forment sans qu'il intervienne aucune convention, ni de la part de celui qui s'oblige, ni de la part de celui envers lequel il est obligé.
Les uns résultent de l'autorité seule de la loi ; les autres naissent d'un fait personnel à celui qui se trouve obligé.
Les premiers sont les engagements formés involontairement, tels que ceux entre propriétaires voisins, ou ceux des tuteurs et des autres administrateurs qui ne peuvent refuser la fonction qui leur est déférée.
Les engagements qui naissent d'un fait personnel à celui qui se trouve obligé, résultent ou des quasi-contrats, ou des délits ou quasi-délits ; ils font la matière du présent titre.

CHAPITRE I. – DES QUASI-CONTRATS

Art. 1371. – Les quasi-contrats sont les faits purement volontaires de l'homme, dont il résulte un engagement quelconque envers un tiers, et quelquefois un engagement réciproque des deux parties.

V. *J. Cl. Civil Annexes*, V^{is} *Enrichissement sans cause*.

I. Conditions de la théorie de l'enrichissement sans cause

1) L'action *de in rem verso* ne doit être admise que dans les cas où, le patrimoine d'une personne se trouvant sans cause légitime enrichi au détriment de celui d'une autre personne, celle-ci ne jouirait, pour obtenir ce qu'il lui est dû, d'aucune action naissant d'un contrat, d'un quasi-contrat, d'un délit ou d'un quasi-délit (Civ. 2 mars 1915 : *D.P.* 1920, 1, 102, 1re esp. – Civ. 1re, 26 janv. 1988 : *Bull.* I, n. 25, p. 16 ; *Rev. trim. dr. civ.* 1988, 539, obs. Mestre).

2) L'enrichissement peut résulter de l'accroissement de l'actif du patrimoine (Req. 15 juin 1892 : *D.P.* 1892, I, 596, récolte enrichie par des engrais. – Civ. 18 janv. 1937 : *D.H.* 1937, 145, encaissement d'une créance. – Civ. 1re, 9 janv. 1979 : *D.* 1979, I.R. 256 ; *Bull.* I, n. 11, p. 8, plus-value donnée par la femme à l'entreprise du mari) ou d'une diminution du passif (Paris 17 juin 1899 : *D.P.* 1900, II, 105, fournitures faites à la femme mariée), ou d'une économie de dépenses (Req. 11 déc. 1928 : *Gaz. Pal.* 1929, 1, 464, compagnie de distribution d'eau utilisant une conduite appartenant à un particulier. – Civ. 1re, 19 mai 1969 : *Bull.* I, n. 187, p. 150, travail non rémunéré. – Civ. 1re, 15 déc. 1976 : *Bull.* I, n. 409, p. 302, épouse divorcée occupant un immeuble propre au mari).

3) L'appauvrissement du demandeur peut consister dans le paiement d'une somme d'argent (Aix 14 janv. 1975 : *J.C.P.* 76, II, 18302, note Villa) ou dans un manque à

QUASI-CONTRATS — Art. 1371

gagner résultant de l'accomplissement d'un fait personnel (Civ. 1re, 25 janv. 1965 : *D.* 1965, Somm. 61 ; *Gaz. Pal.* 1965, 1, 198). Mais jugé que le prédécesseur du concessionnaire d'un emplacement sur un marché ne peut exercer l'action *de in rem verso* contre son successeur dès lors que la concession n'était pas cessible (Com. 3 fév. 1970 : *Bull.* IV, n. 42, p. 42).

4) Le lien de corrélation entre l'enrichissement du défenseur et l'appauvrissement du demandeur peut être indirect (Req. 15 juin 1892 : *D.P.* 1892, I, 596, propriétaire s'enrichissant aux dépens du marchand d'engrais par l'intermédiaire du fermier. – V. aussi Civ. 1re, 15 mars 1972 : *Bull.* I, n. 88, p. 77, hébergement et entretien d'un auteur commun aux deux parties).

5) L'action *de in rem verso* ne peut être exercée lorsque l'enrichissement et l'appauvrissement corrélatifs trouvent leur justification dans une disposition légale (Civ. 1re, 8 juil. 1975 : *Bull.* I, n. 227, p. 192. – Civ. 1re, 10 mai 1984 : *Bull.* I, n. 153, p. 129), une décision judiciaire (Civ. 3e, 14 nov. 1973 : *Bull.* III, n. 580, p. 423), ou un contrat (Req. 22 fév. 1939 et Civ. 28 fév. 1939 : *D.P.* 1940, I, 5, note Ripert, 2e et 3e esp. – Amiens 8 janv. 1987 : *D.* 1987, 336, note Dubois), qui peut être un contrat passé entre l'enrichi et un tiers (Civ. 3e, 28 mai 1986 : *Bull.* III, n. 83, p. 63 ; *Rev. trim. dr. civ.* 1987, 545, obs. Mestre), ou lorsque les impenses ont été effectuées par l'appauvri dans son intérêt et à ses risques et périls (Civ. 28 mars 1939 : *D.C.* 1942, 119, note F.G. – Civ. 3e, 8 fév. 1972 : *Bull.* III, n. 88, p. 65. – Civ : 1re, 7 juil. 1987 : *Rev. trim. dr. civ.* 1988, 132, obs. Mestre), ou lorsque l'appauvrissement résulte d'une faute du demandeur (Com. 8 juin 1968 : *J.C.P.* 69, II, 15724, note Prieur. – Civ. 1re, 22 oct. 1974 : *J.C.P.* 76, II, 18331, note Thuillier. – Com. 5 fév. 1980 : *Bull.* IV, n. 56, p. 41 ; *Defrénois* 1981, 393, obs. Aubert. – Com. 16 juill. 1985 : *Bull.* I, n. 215, p. 178 ; *D.* 1986, 393, note Aubert. – Civ. 1re,

5 juil. 1989 : *J.C.P.* 89, IV, 337. – V. cependant Com. 23 janv. 1978 : *J.C.P.* 80, II, 19365, note Thuillier), même si la faute qui est à l'origine de l'appauvrissement n'a pas eu un retentissement direct sur l'enrichissement du défendeur (Civ. 1re, 3 avril 1979 : *Bull.* I, n. 110, p. 89). V. H. Perinet-Marquet, *Le sort de l'action de in rem verso en cas de faute de l'appauvri : J.C.P.* 82, I, 3075. – A.-M. Romani, *La faute de l'appauvri dans l'enrichissement sans cause et dans la répétition de l'indu : D.* 1983, chron. 127. – Ph. Conte, *Faute de l'appauvri et cause de l'appauvrissement : réflexions hétérodoxes sur un aspect controversé de la théorie de l'enrichissement sans cause : Rev. trim. dr. civ.* 1987, 223. C'est à l'appauvri de démontrer l'absence de cause (Civ. 1re, 18 juin 1980 : *Bull.* I, n. 191, p. 155).

6) L'action fondée sur enrichissement sans cause ne peut être admise qu'à défaut de toute autre action ouverte au demandeur ; elle ne peut être notamment pour suppléer à une autre action que le demandeur ne peut exercer par suite d'une prescription, d'une déchéance ou forclusion ou par l'effet de l'autorité de la chose jugée ou parce qu'il ne peut apporter les preuves qu'elle exige ou par suite d'un tout obstacle de droit (Civ. 3e, 29 avril 1971 : *J.C.P.* 71, IV, 145 ; *Bull.* III, n. 277, p. 197. – V. en ce sens Civ. 3e, 15 mai 1973 : *Bull.* III, n. 342, p. 247. – Civ. 1re, 8 déc. 1987 : *Bull.* I, n. 335, p. 241. Comp., plus souple, Riom 5 mai 1988 : *Rev. trim. dr. civ.* 1989, 541, obs. Mestre). Jugé que l'allégation d'un enrichissement sans cause ne peut servir à un entrepreneur pour désigner sa demande en supplément de prix formellement prohibée par l'article 1793 du Code civil en cas de marché à forfait (Civ. 5 nov. 1934 : *D.H.* 1934, 587). Mais la condamnation obtenue contre un débiteur de l'appauvri, lorsqu'elle est rendue vaine par l'insolvabilité de ce débiteur, ne fait pas obstacle à l'exercice, contre celui qui s'est enrichi, d'une action fondée sur enrichissement sans cause (Civ. 1re, 1er fév. 1984 : *D.* 1984, 338, note Massip).

II. Effets de la théorie de l'enrichissement sans cause

7) L'indemnité due à l'appauvri est égale à la moins élevée des deux sommes représentatives, l'une de l'enrichissement, l'autre de l'appauvrissement (Civ. 1re, 19 janv. 1953 : *D.* 1953, 234. – Civ. 1re, 15 fév. 1973 : *Bull.* I, n. 61, p. 56 ; *D.* 1975, 509, note R. Savatier).

8) Pour apprécier l'enrichissement, le juge doit se placer au jour où l'action est intentée, à moins que des circonstances exceptionnelles ne l'autorisent à fixer l'indemnité à la date des faits d'où procéde l'enrichissement (Civ. 1re, 18 janv. 1960 : *J.C.P.* 61, II, 11994, note Goré). Mais jugé que l'appauvrissement du possesseur évincé a pour mesure le montant nominal de la dépense qu'il a exposée (Civ. 3e, 18 mai 1982 : *D.* 1983, I.R. 14, obs. Robert). Pour l'évaluation de l'appauvrissement de la femme et de l'enrichissement du mari au jour de la demande en divorce, en raison de l'impossibilité morale pour la femme d'agir antérieurement contre son mari, V. Civ. 1re, 26 oct. 1982 : *J.C.P.* 83, II, 19992, note F. Terré.

9) Une créance née d'un enrichissement sans cause n'existe et ne peut produire d'intérêts moratoires que du jour où elle est judiciairement constatée (Com. 6 janv. 1987 : *Bull.* IV, n. 6, p. 4. – Com. 24 mars 1987 : *Bull.* IV, n. 77, p. 57 ; *Rev. trim. dr. civ.* 1987, 754, obs. Mestre. – Com. 23 fév. 1988 : *Bull.* IV, n. 83, p. 58).

Art. 1372. – Lorsque volontairement on gère l'affaire d'autrui, soit que le propriétaire connaisse la gestion, soit qu'il l'ignore, celui qui gère contracte l'engagement tacite de continuer la gestion qu'il a commencée, et de l'achever jusqu'à ce que le propriétaire soit en état d'y pourvoir lui-même ; il doit se charger également de toutes les dépendances de cette même affaire.

Il se soumet à toutes les obligations qui résulteraient d'un mandat exprès que lui aurait donné le propriétaire.

I. Intention de gérer l'affaire d'autrui

1) Sur la nécessité de l'intention de gérer, V. Civ. 3e, 15 janv. 1974 : *J.C.P.* 74, IV, 73. – Paris 6 mars 1989 : *Rev. trim. dr. civ.* 1989, 540, obs. Mestre. Jugé qu'il n'y a pas gestion d'affaires lorsque le demandeur a agi dans l'intérêt général en se comportant comme un collaborateur bénévole de la police (Civ. 1re, 7 janv. 1971 : *J.C.P.* 71, II, 16670. – V. cependant Civ. 1re, 26 janv. 1988 : *Bull.* I, n. 25, p. 16 ; *J.C.P.* 89, II, 21217, note Dagorne-Labarde ; *D.* 1989, 405, note D. Martin ; *Rev. trim. dr. civ.* 1988, 539, obs. Mestre. – T.G.I. Seine 21 déc. 1966 : *J.C.P.* 67, IV, 150. – T.G.I. Paris 25 oct. 1971 : *Gaz. Pal.* 1972, 1, 124, note D.S. – Comp. Civ. 1re, 14 nov. 1978 : *J.C.P.* 80, II, 19379, note Bout, plaisancier acceptant à la demande d'un tiers d'assurer bénévolement la surveillance de régates).

2) La circonstance de l'intérêt conjoint du gérant et du maître de l'affaire n'est pas par elle-même de nature à exclure l'existence de la gestion d'affaires (Com. 16 nov. 1976 : *Bull.* IV, n. 291, p. 244).

3) Un agent immobilier ne saurait invoquer la gestion d'affaires pour avoir permis la réalisation d'une vente immobilière dès lors que les négociations menées à bonne fin apparaissent inconcevables sans l'accord préalable du vendeur sur le principe de la vente et le prix, circonstances exclusives de la gestion d'affaires (Civ. 1re, 29 oct. 1962 : *Bull.* I, n. 446, p. 383).

4) Sur l'application des règles de la gestion d'affaires dans les rapports entre époux, V. *supra*, art. 219, al. 2. – V. aussi, en matière d'indivision, art. 815-4.

QUASI-CONTRATS — Art. 1374

II. Utilité de la gestion

5) Sur le principe que la gestion d'affaires suppose l'opportunité de l'intervention du gérant, V. Civ. 28 oct. 1942 : *D.C.* 1943, 29, note P. L.P. – Civ. 1re, 2 juin 1970 : *J.C.P.* 70, IV, 195 ; *Bull.* I, n. 188, p. 152. Jugé que n'est pas établie l'utilité de la transformation opérée par un garagiste sur un véhicule alors que ce garagiste qui était chargé d'effectuer des réparations avait conservé ce véhicule pendant vingt-deux mois et aurait pu solliciter les instructions de sa cliente (Com. 8 juin 1968 : *J.C.P.* 69, II, 15724, note Prieur. – V. en ce sens Lyon 13 mars 1969 : *D.* 1970, Somm. 179).

6) La gestion d'affaires ne saurait être invoquée lorsque le maître se refuse et s'oppose à l'intervention du tiers (Civ. 3e, 12 avril 1972 : *J.C.P.* 72, IV, 132 ; *Bull.* III, n. 219, p. 157).

7) L'utilité de la gestion d'affaires doit s'apprécier au moment où elle a été entreprise (Civ. 1re, 16 nov. 1955 : *J.C.P.* 56, II, 9087, note Esmein. – Nancy 6 oct. 1988 : *Rev. trim. dr. civ.* 1989, 540, obs. Mestre).

8) La gestion d'affaires ne suppose pas nécessairement l'accomplissement d'un acte juridique de représentation ou d'administration (Lyon 17 juin 1946 : *D.* 1947, Somm. 29). Jugé que le passager qui retire d'un véhicule en flammes le conducteur évanoui a géré les affaires de l'assureur (Civ. 1re, 16 nov. 1955 : *J.C.P.* 56, II, 9087, note Esmein).

9) Le gérant d'affaires peut aliéner des valeurs mobilières (Civ. 28 oct. 1942 : *D.C.* 1943, 29, note P.L.P.), ou échanger un immeuble (Civ. 1re, 15 mai 1974 : *J.C.P.* 74, IV, 241 ; *Bull.* I, n. 147, p. 125).

10) Lorsque la gestion a été utile pour le maître de l'affaire, aucune ratification de cette gestion par celui-ci n'est nécessaire pour qu'il soit tenu d'exécuter les engagements pris dans son intérêt et pour son compte par le gérant (Civ. 1re, 26 nov. 1958 : *Bull.* I, n. 525, p. 427. – V. en ce sens, Civ. 1re, 13 juil. 1960 : *Bull.* I, n. 393, p. 323). Inversement, l'utilité de la gestion n'a pas à être démontrée en cas de ratification par le maître de l'affaire (Soc. 11 juil. 1946 : *Gaz. Pal.* 1946, 2, 189. – Com. 4 déc. 1972 : *Bull.* IV, n. 318, p. 297). La ratification, c'est-à-dire la validation rétroactive de l'acte accompli par le gérant d'affaires, suppose nécessairement la connaissance de cet acte acquise par le maître au moment où il ratifie (Civ. 30 déc. 1935 : *D.H.* 1936, 81). Elle peut être tacite (Req. 9 juin 1931 : *S.* 1931, 1, 312. – V. en ce sens, Soc. 11 juil. 1946 préc.).

Art. 1373. – Il est obligé de continuer sa gestion, encore que le maître vienne à mourir avant que l'affaire soit consommée, jusqu'à ce que l'héritier ait pu en prendre la direction.

Art. 1374. – Il est tenu d'apporter à la gestion de l'affaire tous les soins d'un bon père de famille.

Néanmoins, les circonstances qui l'ont conduit à se charger de l'affaire peuvent autoriser le juge à modérer les dommages et intérêts qui résulteraient des fautes ou de la négligence du gérant.

1) Le gérant d'affaires ne répond pas des cas fortuits, à moins qu'il ne se soit immiscé sans raison dans une affaire qui ne le concernait pas ou qu'il ait commis dans sa gestion une faute en relation directe avec la réalisation du dommage (Civ. 1re, 3 mai 1955 : *D.* 1955, Somm. 64 ; *Bull.* I, n. 179, p. 153).

2) Le gérant engage sa responsabilité s'il laisse croire à tort au maître que l'intervention de l'organisme d'assistance auquel il a fait appel est gratuite (Civ. 1re, 22 déc. 1981 : *J.C.P.* 82, IV, 95 ; *Bull.* I, n. 395, p. 333).

Art. 1375

Art. 1375. – Le maître dont l'affaire a été bien administrée doit remplir les engagements que le gérant a contractés en son nom, l'indemniser de tous les engagements personnels qu'il a pris, et lui rembourser toutes les dépenses utiles ou nécessaires qu'il a faites.

I. Obligations du maître de l'affaire envers le gérant

1) En disposant que le maître dont l'affaire a été bien administrée doit rembourser au gérant toutes les dépenses utiles ou nécessaires qu'il a faites, l'article 1375 du Code civil ne limite pas le remboursement, même des dépenses simplement utiles, au montant de la plus-value procurée par la gestion (Civ. 1re, 27 fév. 1963 : *Bull.* I, n. 131, p. 115. – V. en ce sens Civ. 30 mai 1951 : *D.* 1951, 617).

2) Il n'est point permis au maître de diviser la gestion d'une seule affaire de manière à n'être obligé d'indemniser le gérant de ses dépenses que pour celles des opérations qui sont avantageuses et de n'avoir pas à lui rembourser les frais nécessités par celles qui ne le seraient point (Req. 28 fév. 1910 : *D.P.* 1911, 1, 137, note Dupuich).

3) En allouant au gérant d'affaires une indemnité pour démarches diverses, écritures, gestion générale de l'affaire, une cour d'appel s'est bornée à évaluer forfaitairement les frais généraux engagés par le gérant à l'occasion de sa gestion et n'a pas octroyé un salaire à ce dernier dont les prétentions à une rémunération supplémentaire ont été formellement écartées (Civ. 1re, 27 fév. 1963 : *Bull.* I, n. 131, p. 115).

4) Le gérant doit être indemnisé du préjudice corporel qu'il a subi du fait de sa gestion (T.G.I. Paris 25 oct. 1971 : *Gaz. Pal.*

1972, 1, 424). Sur le droit à réparation des ayants-droit du gérant, V. Civ. 1re, 16 nov. 1955 : *J.C.P.* 56, II, 9087, note Esmein. – Lyon 17 juin 1946 : *D.* 1946, Somm. 29.

II. Rapports du maître de l'affaire et du gérant avec les tiers

5) Le gérant d'affaires n'est pas personnellement obligé envers le tiers avec lequel il contracte pour autrui à l'exécution des obligations naissant de ce contrat s'il s'est présenté à ce tiers, explicitement ou implicitement, comme agissant pour le compte du maître de l'affaire et sauf stipulation contraire (Civ. 1re, 14 janv. 1959 : *D.* 1959, 106).

6) Le tiers qui a exécuté sur l'ordre du gérant des travaux dont le géré a retiré le profit a lui-même pour le prix de ces travaux une action directe contre le géré (Req. 16 juil. 1890 : *D.P.* 91, 1, 49, note Planiol).

7) Sur l'action directe du maître de l'affaire contre le tiers avec lequel le gérant a traité, V. Com. 18 fév. 1969 : *J.C.P.* 69, II, 16072, note Rodière.

8) Les règles de la gestion d'affaires ne sauraient avoir pour conséquence de contraindre les tiers à accepter un débat judiciaire engagé par un demandeur agissant comme gérant d'affaires (Civ. 1re, 19 déc. 1973 : *J.C.P.* 74, IV, 46 ; *Bull.* I, n. 363, p. 320. – Civ. 9 mars 1982 : *J.C.P.* 82, IV, 187 ; *Bull.* I, n. 104, p. 90. – *Contra :* Civ. 1re, 21 déc. 1981 : *J.C.P.* 83, II, 19961, note Verschave).

Art. 1376. – Celui qui reçoit par erreur ou sciemment ce qui ne lui est pas dû, s'oblige à le restituer à celui de qui il l'a indûment reçu.

J. GHESTIN, *L'erreur du solvens, condition de la répétition de l'indu* : *D.* 1972, chron. 277. – I. DEFRENOIS-SOULEAU, *La répétition de l'indu objectif* : *Rev. trim. dr. civ.* 1989, 243.

QUASI-CONTRATS — Art. 1376

I. Caractère indu du paiement

1) Le paiement d'une obligation prescrite ne peut donner lieu à répétition (Req. 17 janv. 1938 : *D.C.* 1940, 1, 57, note Chevallier. – Soc. 12 déc. 1968 : *Bull.* V, n. 585, p. 485), ni celui fait en exécution d'une transaction (Civ. 3e, 2 juil. 1970 : *D.* 1971, 41). Le paiement reçu par un créancier à la suite d'une erreur du syndic d'une liquidation de biens n'est pas indu dès lors qu'il trouve sa cause dans la créance dont il était titulaire et qui avait été régulièrement produite et admise (Paris 11 mars 1985 : *Gaz. Pal.* 1985, 1, Somm. 180).

2) L'action en répétition de l'indu est ouverte à celui qui réclame les prestations qu'il a faites en exécution d'une convention nulle pour illicéité de la cause (Civ. 1re, 18 juin 1969 : *J.C.P.* 69, II, 16131, note P.L.). Sur la jurisprudence favorable au refus de l'action en cas de cause immorale, V. *supra,* sous art. 6, n. 19.

3) Le paiement fait par erreur, en extinction d'une dette légitime, excédant le montant de la dette constitue quant à l'excédent un paiement de l'indu (Req. 17 juil. 1939 : *D.H.* 1940, 15).

II. Erreur du solvens

4) Sur le principe que l'action en répétition n'est admise qu'en cas d'erreur du *solvens,* V. Civ. 4 juil. 1870 : *D.P.* 1870, 1, 363. – Paris 3 juin 1985 : *D.* 1986, 177, note Aubert, et, sur pourvoi, Com. 24 fév. 1987 : *Bull.* IV, n. 53, p. 39 ; *D.* 1987, 244, note Bénabent ; *Rev. trim. dr. civ.* 1987, 543, obs. Mestre. – V. cpdt Civ. 1re, 17 juil. 1984 : *Bull.* I, n. 235, p. 198 ; *D.* 1985, 298, note Chauvel. Pour des applications en matière de cotisations de sécurité sociale, V. Soc. 20 juin 1966 : *D.* 1967, 264, note Rouillier ; Soc. 24 mai 1973 : *J.C.P.* 73, IV, 260 ; *Bull.* V, n. 342, p. 306. Mais jugé que même en l'absence d'erreur du *solvens,* l'action en répétition est justifiée dès lors que les juges du fond ont caractérisé l'illégitimité de la contrainte dont celui-ci a fait l'objet (Com. 16 juin 1981 : *J.C.P.* 81, IV, 319 ; *Bull.* IV, n. 279, p. 221).

5) L'erreur ne peut justifier la répétition que si elle porte sur l'existence de la créance et non sur ses qualités (Com. 7 nov. 1989 : *J.C.P.* 90, IV, 4).

6) L'erreur de droit peut justifier l'action en répétition (Civ. 1re, 14 fév. 1955 : *Bull.* I, n. 69, p. 65. – Comp. Lyon 22 oct. 1975 : *J.C.P.* 76, IV, 174). Mais le *solvens* ne saurait se prévaloir de l'incertitude de la jurisprudence pour obtenir le remboursement des sommes versées (Soc. 20 juin 1966 : *D.* 1967, 264. – Soc. 6 oct. 1971 : *Bull.* V, n. 545, p. 460. – Soc. 24 mai 1973 : *J.C.P.* 73, IV, 260 ; *Bull.* V, n. 342, p. 306).

7) La négligence de celui qui a payé par erreur ne fait pas obstacle à l'exercice par lui de l'action en répétition (Soc. 3 nov. 1972 : *J.C.P.* 74, II, 17692, note Ghestin. – Soc. 9 oct. 1975 : *J.C.P.* 76, IV, 37. – Soc. 14 juin 1979 : *J.C.P.* 79, IV, 276). Mais le *solvens* peut engager sa responsabilité (Soc. 3 nov. 1972, précité. – Civ. 1re, 18 juil. 1979 : *D.* 1980, 172, note Vasseur ; *J.C.P.* 79, II, 19238, concl. Gulphe), à moins que l'*accipiens* n'ait subi aucun préjudice (Aix 2 oct. 1975 : *J.C.P.* 77, II, 18752, note Tardieu-Naudet). Si tel n'est pas le cas, le remboursement mis à la charge de l'*accipiens* doit être diminué du montant de ce préjudice (Civ. 1re, 5 juil. 1989 : *Bull.* I, n. 278, p. 185). Sur la responsabilité d'un organisme de sécurité sociale en tant que chargé de la gestion d'un service public, même en l'absence de faute de sa part, en cas de préjudice anormal causé à l'assuré, V. Soc. 31 mars 1978 : *J.C.P.* 78, IV, 179 ; *Bull.* V, n. 269, p. 201.

III. Exercice de l'action en répétition

8) C'est à celui qui répète la chose payée à prouver qu'elle l'a été indûment et par erreur (Civ. 1er mars 1938 : *Gaz. Pal.* 1938, 2, 667).

Art. 1377   QUASI-CONTRATS

9) L'action en répétition se prescrit par trente ans (Civ. 2e, 14 oct. 1965 : *Bull.* II, n. 748, p. 524. – T.G.I. Versailles 21 juin 1967 : *J.C.P.* 68, II, 15401, note Bigot. – V. cependant pour l'action en remboursement de loyers illicitement perçus Civ. 3e, 28 mai 1971 : *Bull.* III, n. 343, p. 244).

10) La répétition de l'indu étant une institution commune au droit privé et au droit public interne, ses règles sont applicables à l'administration des Douanes (Com. 16 déc. 1980 : *Bull.* IV, n. 423, p. 339 ; *D.* 1981, 380, note Berr).

11) Aucune disposition légale ne subordonne l'action en répétition de l'indu à l'absence de toute autre action ouverte au demandeur (Civ. 1re, 19 oct. 1983 : *J.C.P.* 83, IV, 359 ; *Bull.* I, n. 242, p. 216 ; *Rev. trim. dr. civ.* 1985, 168, obs. Mestre).

Art. 1377. – **Lorsqu'une personne qui, par erreur, se croyait débitrice, a acquitté une dette, elle a le droit de répétition contre le créancier.**

Néanmoins, ce droit cesse dans le cas où le créancier a supprimé son titre par suite du paiement, sauf le recours de celui qui a payé contre le véritable débiteur.

        Ph. DEROUIN, *Le paiement de la dette d'autrui : répétition de l'indu et enrichissement sans cause* : *D.* 1980, chron. 199.

1) Sur le principe que l'article 1377 suppose la preuve de l'erreur du *solvens*, v. Com. 4 oct. 1988 : *Bull.* IV, n. 264, p. 181.

2) Le paiement fait par erreur par une personne qui n'est pas la débitrice n'ouvre pas droit à répétition lorsque l'*accipiens* n'a reçu que ce que lui devait son débiteur et que le *solvens* a payé sans prendre les précautions commandées par la prudence (Com. 23 avril 1976 : *D.* 1977, 562, note Vermelle. – Com. 22 nov. 1977 : *J.C.P.* 78, II, 18997, note Gégout. – Com. 26 nov. 1985 : *Bull.* IV, n. 281, p. 238). V. A.M. Romani, *La faute de l'appauvri dans l'enrichissement sans cause et dans la répétition de l'indu* : *D.* 1983, chron. 127.

3) Lorsque l'assureur condamné à garantir son assuré a versé à la victime une indemnité en se faisant délivrer des quittances aux termes desquelles il paie « pour le compte et en l'acquit » de l'assuré, et qu'il a par la suite été déclaré non tenu à garantie, la victime, qui a reçu le paiement d'une indemnité à laquelle, en tout état de cause, elle avait droit, n'a pas bénéficié d'un paiement indu, le vrai bénéficiaire d'un tel paiement indu étant le responsable dont la dette a été acquittée par quelqu'un qui ne la devait pas (Civ. 1re, 12 mai 1987 : *Bull.* I, n. 146, p. 114 ; *Rev. trim. dr. civ.* 1988, 348, obs. Mestre. V. cpdt dans un sens restrictif (Civ. 1re, 15 janv. 1985 : *Bull.* I, n. 20, p. 20 ; *Rev. trim. dr. civ.* 1985, 728, obs. Mestre).

4) La disposition de l'article 1377, alinéa 2, comprend non seulement la destruction matérielle du titre de créance, mais aussi la perte des sûretés destinées à en assurer le remboursement, de telle sorte qu'il ne soit plus possible de replacer le créancier dans la situation où il se trouvait avant le paiement (Civ. 27 nov. 1912 : *D.P.* 1913, I, 96).

Art. 1378. – **S'il y a eu mauvaise foi de la part de celui qui a reçu, il est tenu de restituer, tant le capital que les intérêts ou les fruits, du jour du paiement.**

1) L'*accipiens* de bonne foi est tenu à restitution (Civ. 2e, 14 janv. 1965 : *D.* 1965, 239, 2e esp. – Soc. 23 janv. 1974 : *Bull.* V, n. 58, p. 53), mais il ne doit les intérêts que du jour de la demande (Civ. 1re, 6 déc. 1961 : *J.C.P.* 62, IV, 6 ; *Bull.* I, n. 581, p. 464. – Com. 16 déc. 1980 : *J.C.P.* 81, IV, 88 ; *Bull.* IV, n. 424, p. 339).

DÉLITS ET QUASI-DÉLITS — Art. 1383

2) L'*accipiens* est de mauvaise foi s'il connaît au moment du paiement le vice dont ce paiement est entaché (Civ. 20 fév. 1928 : *D.H.* 1928, 213). Jugé que la mauvaise foi est suffisamment caractérisée par le fait que l'*accipiens* savait que sa créance était contestée (Soc. 23 oct. 1969 : *Bull.* V, n. 565, p. 472).

3) En cas de mauvaise foi, les intérêts dus par l'*accipiens* partent du jour de chaque paiement, sans que le créancier ait à établir un préjudice spécial (Civ. 1re, 8 juin 1983 : *Bull.* I, n. 172, p. 151). Pour une application à l'encontre de l'administration des douanes ayant perçu indûment des taxes contraires au droit communautaire, V. Com. 10 fév. 1987 : *Bull.* IV, n. 39, p. 29.

Art. 1379. – Si la chose indûment reçue est un immeuble ou un meuble corporel, celui qui l'a reçue s'oblige à la restituer en nature, si elle existe, ou sa valeur, si elle est périe ou détériorée par sa faute ; il est même garant de sa perte par cas fortuit, s'il l'a reçue de mauvaise foi.

Art. 1380. – Si celui qui a reçu de bonne foi a vendu la chose, il ne doit restituer que le prix de la vente.

Art. 1381. – Celui auquel la chose est restituée, doit tenir compte, même au possesseur de mauvaise foi, de toutes les dépenses nécessaires et utiles qui ont été faites pour la conservation de la chose.

CHAPITRE II. – DES DÉLITS ET DES QUASI-DÉLITS

Art. 1382. – Tout fait quelconque de l'homme, qui cause à autrui un dommage, oblige celui par la faute duquel il est arrivé, à le réparer.

Art. 1383. – Chacun est responsable du dommage qu'il a causé non seulement par son fait, mais encore par sa négligence ou par son imprudence.

I. La faute

A. Imputabilité

1) Les juges du fond peuvent retenir à la charge d'un enfant victime d'un dommage une faute sur le fondement de l'article 1382 sans avoir à vérifier si le mineur est capable de discerner les conséquences de ses actes (Ass. plén. 9 mai 1984, 2 arrêts : *J.C.P.* 84, II, 20256, note Jourdain ; *D.* 1984, 525, 4e et 5e esp., concl. Cabannes et note Chabas ; *Rev. trim. dr. civ.* 1984, 508, obs. J. Huet.
– Civ. 2e, 12 déc. 1984 : *Bull.* II, n. 193, p. 137). V. H. Mazeaud, *La « faute objective » et la responsabilité sans faute* : *D.* 1985, chron. 13. Sur la prise en compte de l'âge dans l'appréciation de la faute d'imprudence, v. Civ. 1re, 7 mars 1989 : *Bull.* I, n. 116, p. 75 ; *J.C.P.* 90, II, 21403, note Dejean de la Batie.

2) Sur l'obligation à réparation des personnes ayant causé un dommage sous l'empire d'un trouble mental, V. *supra*, art. 489-2. V.-G. Viney, *La réparation des dommages causés sous l'empire d'un état d'inconscience : un transfert nécessaire de la responsabilité vers l'assurance* : *J.C.P.* 85, I, 3189.

B. Caractères généraux

3) Sur le principe que toute faute, même non intentionnelle, engage la responsabilité de son auteur, V. Civ. 2e, 8 mai 1964 : *J.C.P.*

629

65, II, 14140, note Esmein. – Com. 8 nov. 1973 : *Bull.* IV, n. 317, p. 283. – Civ. 3e, 3 janv. 1979 : *Bull.* III, n. 1, p. 1. – Civ. 1re, 7 fév. 1979 : *Bull.* I, n. 50, p. 42.

4) Sur l'impossibilité d'assurer la faute intentionnelle, V. C. Assurances, art. L. 113-1, al. 2, *infra,* Annexe.

5) La faute prévue par les articles 1382 et 1383 peut consister aussi bien dans une abstention que dans un acte positif (Civ. 27 fév. 1951 : *J.C.P.* 51, II, 6193, note Mihura ; *D.* 1951, 329, note Desbois). L'abstention, même non dictée par la malice et l'intention de nuire, engage la responsabilité de son auteur lorsque le fait omis devait être accompli soit en vertu d'une obligation légale, réglementaire ou conventionnelle, soit aussi, dans l'ordre professionnel, s'il s'agit notamment d'un historien, en vertu des exigences d'une information objective (même arrêt). Mais un journaliste a la liberté de rédiger comme il l'entend sa rubrique judiciaire, de citer ou non les avocats et de leur décerner éloge ou blâme, dès lors qu'il n'a pas l'intention de porter préjudice à autrui (Civ. 2e, 17 juil. 1953 : *J.C.P.* 53, II, 7751 ; *D.* 1954, 533, note Carbonnier. – Comp. pour une communication dans un congrès, Civ. 2e, 31 janv. 1964 : *J.C.P.* 64, II, 13620, note R. Savatier). De même, un syndicat d'initiative peut omettre certains établissements de la liste des hôtels recommandés dès lors que ces omissions sont justifiées par les circonstances (Civ. 1re, 3 déc. 1968 : *J.C.P.* 69, II, 15787, note R.L. ; *D.* 1969, 253, note Couvrat).

C. Abus de droit

6) L'exercice d'un droit peut constituer une faute lorsque le titulaire de ce droit en fait, à dessein de nuire, un usage préjudiciable à autrui (Civ. 2e, 26 nov. 1953 : *J.C.P.* 53, II, 7897). Jugé même que celui qui crée un état de chose dangereux pour les tiers est en faute de ne pas avoir pris les moyens nécessaires pour éviter le dommage (Bordeaux 9 mai 1972 : *J.C.P.* 72, II, 17258, note Cheminade).

7) L'abus de droit peut résulter aussi bien d'une action que d'une abstention (Civ. 3e, 17 janv. 1978 ; *Bull.* III, n. 41, p. 33 ; *Rev. trim. dr. civ.* 1978, 655, obs. Durry. V. aussi Civ. 2e, 13 déc. 1972 : *D.* 1973, 493, note Larroumet).

8) Sur l'abus du droit de propriété, V. *supra,* sous art. 544.

9) Pour un exemple de rupture abusive de fiançailles, V. Civ. 1re, 18 janv. 1973 : *J.C.P.* 74, II, 17794.

10) Toute faute dans l'exercice des voies de droit est susceptible d'engager la responsabilité des plaideurs (Civ. 1re, 10 juin 1964 : *Bull.* I, n. 310, p. 242). Il importe peu que la faute ne soit ni grossière ni dolosive, dès lors qu'un préjudice en résulte (Civ. 2e, 10 janv. 1985 : *Gaz. Pal.* 1985, 1, Pan. 113, obs. Guinchard). Mais jugé qu'il appartient aux juges du fond de relever le fait de nature à faire dégénérer en abus le droit d'agir en justice (Civ. 3e, 22 janv. 1974 : *J.C.P.* 74, II, 17690, note Guillot. – Com. 30 janv. 1980 : *Bull.* IV, n. 49, p. 37). Ne donne pas de base légale à sa décision la cour d'appel qui se borne à énoncer que la demande de dommages-intérêts pour procédure abusive et injurieuse est fondée et que l'équité commande d'y faire droit (Civ. 2e, 4 nov. 1988 : *Bull.* II, n. 202, p. 111). V. aussi Y. Desdevises, *L'abus du droit d'agir en justice avec succès* : *D.* 1979, chron. 21.

11) Une association de consommateurs abuse de son droit de critique en lançant une campagne sur un ton virulent inconciliable avec son devoir d'objectivité, sans procéder à des vérifications simples qu'elle avait le devoir impérieux de réunir avant de divulguer son opinion (Paris 28 fév. 1989 : *D.* 1989, Somm. 337, obs. Aubert ; *Rev. trim. dr. civ.* 1989, 528, obs. Mestre).

D. Autres applications

12) Le comportement d'un joueur, même s'il constitue un manquement technique, n'engage pas sa responsabilité dès lors que

le jeu (squash) n'est pas dépourvu de certains risques, et que le joueur n'a pas agi avec une maladresse caractérisée, une brutalité volontaire ou de façon déloyale et qu'il n'a pas joué dans des conditions créant pour son partenaire un risque anormal (Civ. 2e, 28 janv. 1987 : *Bull.* II, n. 32, p. 17. – V. en ce sens Civ. 2e, 4 mai 1988 : *J.C.P.* 89, II, 21306, note Agostini). Jugé en ce sens que la faute d'un footballeur ne peut être retenue, dès lors que n'est pas établie une ardeur intentionnellement intempestive, ni un comportement anormal, ni une inobservation des règles du jeu (Civ. 2e, 15 mai 1972 : *D.* 1972, 606). Sur la notion d'acceptation des risques, V. *infra,* n. 21.

13) Sur la responsabilité de l'auteur et de l'éditeur en cas d'information inexacte *(Guide pratique des fruits et plantes comestibles),* V. T.G.I. Paris 28 mai 1986 : *Rev. trim. dr. civ.* 1987, 552, obs. J. Huet.

14) Le refus du mari israélite de délivrer le « gueth » à son ex-épouse peut constituer une faute délictuelle (Civ. 2e, 5 juin 1985 : *J.C.P.* 87, II, 20728, note Agostini. – Civ. 2e, 15 juin 1988 : *J.C.P.* 89, II, 21223, note Morançais-Demeester). Mais la faute n'est pas constituée si le mari se borne à soutenir que les conditions prévues par la loi religieuse pour cette délivrance ne sont pas remplies (Civ. 2e, 14 oct. 1987 : *Bull.* II, n. 201, p. 112).

15) L'obligation de renseignement relative aux contre-indications et effets secondaires des médicaments ne peut s'appliquer qu'à ce qui est connu au moment de l'introduction du médicament sur le marché et à ce qui a été porté à la connaissance des laboratoires depuis cette date. Ainsi, la loi ne met pas à la charge du laboratoire l'obligation de prévoir tous les risques présentés par le médicament dans tous les cas (Civ. 1re, 8 avril 1986 ; *J.C.P.* 87, II, 20721, note G. Viala et A. Viandier). V. J. Huet, *Le paradoxe des médicaments et les risques de développement : D.* 1987, chron. 73.

16) En envoyant un courrier débutant par l'affirmation que le destinataire avait gagné une somme importante et narrant ensuite la cérémonie de la remise d'un chèque de ce montant, une société présente de façon affirmative un événement hypothétique et a ainsi commis une faute susceptible d'engager sa responsabilité (Civ. 2e, 3 mars 1988 ; *J.C.P.* 89, II, 21313, note Virassamy. – V. aussi L. n.89-421 du 23 juin 1989, art.5.

17) Il peut y avoir faute de la part d'un animateur de télévision à utiliser un ton polémique dans une émission dont le but est d'éclairer le téléspectateur sur les questions importantes et sérieuses qui sont soulevées (Civ. 2e, 8 nov. 1989 : *J.C.P.* 90, IV, 4).

E. Faits justificatifs

18) L'acte de violence commis sur la personne ou les biens d'un délinquant pour l'appréhender et le conduire devant l'officier de police le plus proche est légitimé par la loi et ne saurait engager la responsabilité de l'auteur de l'arrestation (Civ. 2e, 10 juin 1970 ; *D.* 1970, 691). Mais l'acte accompli sur l'ordre de l'autorité légitime laisse subsister la responsabilité si son auteur n'a pu se méprendre sur son caractère illicite (Civ. 2e, 18 mars 1955 : *D.* 1955, 573, note R. Savatier). Le fait que la loi ou le règlement autorisent un acte en le subordonnant à certaines conditions édictées dans l'intérêt des tiers n'a pas pour effet de relever ceux qui accomplissent cet acte de l'obligation générale de prudence et de diligence civilement sanctionnée par l'article 1382 (Civ. 2e, 14 juin 1972 : *D.* 1973, 423, note Lepointe).

19) Sur le principe de l'effet justificatif de la légitime défense, V. Req. 24 fév. 1886 : *S.* 1886, I, 176.

20) Un partage de responsabilité peut intervenir même en dehors du cadre de l'excuse de provocation, car les juges n'ont pas ici à fonder leur décision sur des règles de droit pénal, mais doivent seulement rechercher si les faits reprochés à la victime

ont concouru à la production du dommage (Civ. 2ᵉ, 3 nov. 1972 : *Bull.* II, n. 269, p. 222. V. en ce sens, Crim. 31 oct. 1979 : *Rev. trim. dr. civ.* 1980, 575, obs. Durry).

21) L'acceptation des risques par la victime du dommage n'est pas normalement une cause d'exonération de la responsabilité quasi délictuelle (Civ. 2ᵉ, 1ᵉʳ déc. 1965 : *J.C.P.* 66, II, 14657. V. en ce sens, même en cas d'imprudence de la victime, Civ. 2ᵉ, 16 fév. 1956 : *D.* 1956, 445, 1ʳᵉ esp., note Savatier). Mais il en va autrement en matière sportive (Civ. 2ᵉ, 8 oct. 1975 : *Rev. trim. dr. civ.* 1976, 357, obs. Durry. – Civ. 1ʳᵉ, 16 juin 1976 : *J.C.P.* 77, II, 18585, note Bénabent ; *Rev. trim. dr. civ.* 1977, 328, obs. Durry. V. cependant pour un simple entraînement Civ. 2ᵉ, 21 fév. 1979 : *Bull.* II, n. 58, p. 43 ; *Rev. trim. dr. civ.* 1979, 615, obs. Durry).

22) Sur le droit de critique des journalistes, V. Civ. 2ᵉ, 17 juil. 1953 : *J.C.P.* 53, II, 7751 ; *D.* 1954, 533, note Carbonnier. – Civ. 2ᵉ, 30 nov. 1988 : *J.C.P.* 89, IV, 42. V. aussi pour les comptes rendus des débats judiciaires l'article 41 de la loi du 29 juillet 1881 sur la liberté de la presse.

F. Contrôle de la qualification

23) S'il appartient aux juges du fond de constater souverainement les faits d'où ils déduisent l'existence d'une faute délictuelle ou quasi délictuelle, la qualification juridique de la faute relève du contrôle de la Cour de cassation (Civ. 2ᵉ, 16 juil. 1953 : *J.C.P.* 53, II, 7792, note Rodière). Pour un exemple de cassation, V. Civ. 2ᵉ, 1ᵉʳ juin 1978 : *Bull.* II, n. 150, p. 119).

24) Les juges du fond sont également souverains pour caractériser le degré de gravité de la faute (Civ. 1ʳᵉ, 22 nov. 1978 : *Bull.* I, n. 358, p. 278, pour une faute lourde).

II. Le préjudice

A. Préjudice matériel

1) Caractères

25) Sur le principe que le préjudice doit être direct, actuel et certain, V. Civ. 24 nov. 1942 : *Gaz. Pal.* 1943, 1, 50.

26) Un préjudice purement éventuel ne saurait donner lieu à l'allocation de dommages-intérêts (Civ. 1ᵉʳ juin 1934 : *D.H.* 1934, 377. – Civ. 19 mars 1947 : *D.* 1947, 313). Ainsi, une femme de trente-neuf ans blessée dans un accident et qui abandonne son doctorat ne justifie pas d'un préjudice réparable dès lors qu'elle n'établit pas le retentissement que l'interruption aurait pu avoir sur la profession que le doctorat lui permettait éventuellement d'embrasser (Civ. 2ᵉ, 10 oct. 1973 : *Bull.* II, n. 254, p. 203). Mais le préjudice est éventuel et non certain dès lors que l'intéressé bénéficie d'une simple tolérance de l'administration au lieu du droit réel auquel il pouvait prétendre (Civ. 3ᵉ, 13 déc. 1977 : *Bull.* III, n. 440, p. 334 ; *Rev. trim. dr. civ.* 1978, 652, obs. Durry).

27) Doit être réparé le préjudice qui, bien que futur, apparaît aux juges du fait comme la prolongation certaine et directe d'un état de chose actuel et comme étant susceptible d'estimation immédiate (Req. 1ᵉʳ juin 1932 : *D.P.* 1932, 1, 102, rapp. Pilon. V. en ce sens : Civ. 2ᵉ, 15 déc. 1971 : *J.C.P.* 72, IV, 30 ; *D.* 1972, Somm. 96. – Com. 9 juil. 1979 : *Bull.* IV, n. 226, p. 183).

2) Perte d'une chance

28) Le préjudice peut consister dans la perte d'une chance (Civ. 1ʳᵉ, 18 mars 1969 et 27 janv. 1970 : *J.C.P.* 70, II, 16422, note Rabut. – Civ. 2ᵉ, 4 mai 1972 : *D.* 1972, 596, note Le Tourneau. – Civ. 1ʳᵉ, 24 mars 1981 : *D.* 1981, 545, note Penneau).

29) Le plaideur peut être indemnisé pour la perte d'une chance lorsque son avocat n'a pas rempli correctement sa mission, par exemple parce qu'il ne s'est pas suffisamment occupé du dossier (Civ. 1ʳᵉ, 16 mars 1965 : *D.* 1965, 425, note Crémieu. – T.G.I. Nantes 20 déc. 1977 : *D.* 1978, I.R. 302), ou parce qu'il a privé son client de la faculté de surenchérir dans une adjudication (Paris 19 déc. 1949 : *D.* 1950, Somm. 53), ou négligé d'exercer des voies de recours (Civ. 1ʳᵉ,

DÉLITS ET QUASI-DÉLITS — Art. 1383

18 nov. 1975 : *D.* 1976, I.R. 38). Mais le préjudice n'est réparable que si la chance perdue était sérieuse (Civ. 1re, 11 mai 1964 : *D.* 1964, 517. – Reims 26 avril 1976 : *J.C.P.* 77, II, 18549, note J.A.). Le client débiteur ne peut prétendre à des dommages-intérêts au seul motif que le non-exercice d'une voie de recours l'a empêché de gagner du temps (Reims 26 avril 1976, préc.).

30) Le parieur peut, en cas de faute du jockey, demander à être indemnisé pour le préjudice consistant dans la perte d'une chance de gain (Civ. 2e, 4 mai 1972 : *D.* 1972, 596, note Le Tourneau. – Civ. 2e, 25 janv. 1973 : *J.C.P.* 74, II, 17641, note Bénabent).

31) Le victime d'un accident peut être indemnisée pour le préjudice résultant du fait qu'elle a été empêchée de mettre à profit l'aptitude à postuler un emploi (hôtesse de l'air) qu'elle s'était acquise par le travail spécialement accompli et par les dépenses particulières (séjour en Angleterre) exposées pour s'y préparer (Civ. 2e, 17 fév. 1961 : *Gaz. Pal.* 1961, 1, 400). Mais il en va autrement pour la perte d'une chance d'un enfant de neuf ans d'accéder à une situation bien rémunérée (Civ. 2e, 9 nov. 1983 : *J.C.P.* 85, I, 20360, 1re esp., note Chartier). De même, la jeune fille qui n'a pas terminé ses études secondaires ne peut réclamer une indemnité en prétendant qu'elle s'est trouvée dans l'obligation de renoncer à une carrière déterminée (Civ. 2e, 12 mai 1966 : *D.* 1967, 3).

32) Constitue un dommage certain et estimable la perte de l'aptitude à être nommé à un emploi supérieur (Civ. 2e, 9 juil. 1954 : *D.* 1954, 627. V. en ce sens Crim. 3 nov. 1983 : *J.C.P.* 85, II, 20360, 2e esp., note Chartier). Mais les juges du fond peuvent refuser de tenir compte, dans le calcul du préjudice subi par la veuve d'un fonctionnaire, des ressources complémentaires que le fonctionnaire aurait pu tirer, après sa mise à la retraite, d'une nouvelle activité (Crim. 23 nov. 1971 : *D.* 1972, 225, rapp. Lecourtier).

33) Les juges du fond peuvent considérer comme éventuel le préjudice que cause aux parents le décès de leur fils en les privant de la possibilité de bénéficier d'aliments (Civ. 2e, 3 nov. 1971 : *D.* 1972, 667, note Lapoyade-Deschamps. V. en ce sens Civ. 2e, 22 janv. 1975 : *D.* 1975, I.R. 67. – Crim. 12 fév. 1979 : *Gaz. Pal.* 1979, 2, 563).

34) Peut être indemnisée la perte d'une chance de guérison ou de survie du malade (Civ. 1re, 14 déc. 1965, et Paris 10 mars 1966 : *J.C.P.* 66, II, 14753, note R. Savatier. – Civ. 1re, 18 mars 1969 et 27 janv. 1970 : *J.C.P.* 70, II, 16422, note Rabut. – Civ. 1re, 21 nov. 1978 : *J.C.P.* 79, II, 19033, note R. Savatier. – Civ. 1re, 8 janv. et 27 mars 1985 : *D.* 1986, 390, note Penneau).

35) La perte d'une chance ne constitue un préjudice réparable que si elle dépend d'un événement futur et incertain dont la réalisation ne peut résulter de l'attitude de la victime (Civ. 1re, 2 oct. 1984 : *Bull.* I, n. 245, p. 208).

36) La perte de chance de survie ne peut donner lieu à la réparation totale du dommage résultant du décès (Civ. 1re, 27 mars 1973 : *D.* 1973, 595, note Penneau. – Civ. 1re, 21 nov. 1978 : *J.C.P.* 79, II, 19033, note R. Savatier). De même, une cour d'appel ne peut, sans contradiction, admettre que la chance de promotion de la victime n'était que probable et fonder néanmoins son évaluation sur l'intégralité du salaire réel correspondant à l'emploi considéré, compté de surcroît du jour du décès (Crim. 3 nov. 1983 : *J.C.P.* 85, II, 20360, 2e esp., note Chartier). Les juges du fond peuvent estimer que la perte de chance professionnelle se confond avec l'incapacité permanente partielle retenue (Civ. 2e, 13 nov. 1985 : *Bull.* II, n. 172, p. 115).

3) Préjudice par ricochet

37) Doit être cassé l'arrêt qui accorde des dommages-intérêts au directeur du théâtre à raison de la diminution des recettes

imputées au remplacement d'un artiste lyrique victime d'un accident (Civ. 2ᵉ, 14 nov. 1958 : *Gaz. Pal.* 1959, 1, 31). De même, les associés survivants d'une société en nom collectif ne peuvent prétendre à être indemnisés pour le décès accidentel d'un associé, dès lors qu'ils n'établissent pas que l'affaire a périclité en raison de ce décès (Com. 12 juil. 1961 : *Bull.* III, n. 330, p. 285).

38) L'article 1382 n'exige pas, en cas de décès, l'existence d'un lien de droit entre le défunt et le demandeur en indemnisation (Cass. ch. mixte, 27 fév. 1970 : *J.C.P.* 70, II, 16305, concl. Lindon et note Parlange ; *D.* 1970, 201, note Combaldieu). La concubine peut donc obtenir réparation du préjudice résultant pour elle de la mort de son concubin (même arrêt). Jugé que ce droit à réparation existe même en l'absence de cohabitation entre les concubins (Crim. 2 mars 1982 : *J.C.P.* 83, II, 19972, note Le Tourneau), et même si le concubinage est adultérin (Crim. 19 juin 1975 : *D.* 1975, 679, note Tunc. – Paris 10 mars 1976 : *J.C.P.* 78, II, 18859, note R. Savatier), et que l'épouse et la concubine peuvent donc réclamer l'une et l'autre une indemnité en cas de décès de leur ami ou concubin (Riom 9 nov. 1978 : *J.C.P.* 79, II, 19107, note Almairac). Mais si l'intéressé partage ses journées entre deux femmes, il ne peut être considéré comme vivant maritalement avec l'une et l'autre ou avec l'une ou l'autre, ce qui établit le caractère précaire de la double liaison invoquée (Crim. 8 janv. 1985 : *J.C.P.* 86, II, 20588, note Endreo). Les juges du fond ne peuvent rejeter la demande formée par une épouse tendant à la réparation du préjudice économique subi par elle et ses enfants mineurs du fait du décès de son mari dont elle était séparée, sans rechercher si un préjudice ne résulte pas pour elle de la perte du droit à obtenir une contribution aux charges du mariage (Civ. 2ᵉ, 4 oct. 1989 : *J.C.P.* 89, IV, 387). Tel n'est pas le cas s'agissant d'une épouse séparée de fait depuis plusieurs années, qui ne justifie pas de la persistance d'un lien d'affection entre elle et son mari, dont elle n'a jamais sollicité l'aide financière, d'où il résulte que la chance qu'elle a perdu d'obtenir l'exécution du devoir de secours apparaît trop incertaine (Civ. 2ᵉ, 22 fév. 1989 : *Bull.* II, n. 46, p. 23).

B. Préjudice moral

39) L'article 1382 s'applique, par la généralité de ses termes, aussi bien au dommage moral qu'au dommage matériel (Civ. 13 fév. 1923 : *D.P.* 1923, 1, 52, note Lalou, 2ᵉ esp. – Civ. 2ᵉ, 23 mai 1977 : *Gaz. Pal.* 1977, 2, 677).

40) Jugé que la mort d'un animal peut être pour son propriétaire la cause d'un préjudice subjectif et affectif susceptible de donner lieu à réparation (Civ. 1ʳᵉ, 1962 : *J.C.P.* 62, II, 12557, note Esmein ; *D.* 1962, 199, note Rodière. V. aussi Civ. 1ʳᵉ, 27 janv. 1982 : *J.C.P.* 83, II, 19923, note Chabas).

41) Les parents de la victime d'un accident peuvent demander réparation du préjudice moral subi par suite de l'infirmité d'un être cher lorsque ce préjudice est d'une gravité exceptionnelle (Civ. 22 oct. 1946 : *J.C.P.* 46, II, 3365, note A.S. Comp. Rennes 30 mai 1974 : *D.* 1975, Somm. 104). Viole l'article 1382 l'arrêt qui déboute l'épouse de sa demande en réparation du dommage subi par elle du fait de l'état de son mari blessé dans un accident, en énonçant qu'il n'y a pas de préjudice moral exceptionnel et que les difficultés d'existence consécutives à l'accident ne peuvent être considérées comme excédant de manière notable celles que le devoir d'assistance entre époux et les liens affectifs qui les unissent permettent de supporter sans trop de peine et de gêne (Civ. 2ᵉ, 12 nov. 1986 : *Bull.* II, n. 164, p. 111).

III. Le lien de causalité

42) G. Marty, *La relation de cause à effet comme condition de la responsabilité civile* : *Rev. trim. dr. civ.* 1939, 685. – F. Chabas,

Bilan de quelques années de jurisprudence en matière de rôle causal : D. 1970, chron. 113.

43) Une faute n'engage la responsabilité de son auteur que si elle est la cause du dommage (Civ. 2e, 2 mars 1956 : *D.* 1956, 341. – Civ. 2e, 21 avril 1966 : *J.C.P.* 66, II, 14710. V. en matière contractuelle à propos de la faute médicale Civ. 1re, 11 oct. 1988 : *Bull.* I, n. 281, p. 192), mais il n'est pas nécessaire qu'elle soit la seule cause (Civ. 2e, 3 mai 1974 : *J.C.P.* 74, IV, 222 ; *Bull.* II, n. 150, p. 125).

44) Faute de pouvoir déterminer si la victime gisant sur la chaussée était vivante au moment de l'accident, le véhicule ne peut être considéré comme l'instrument du dommage (Civ. 2e, 14 fév. 1964 : *Gaz. Pal.* 1964, 1, 360).

45) La faute de surveillance du propriétaire d'un cabanon contenant des détonateurs n'est pas la cause du dommage provoqué par le voleur (Civ. 2e, 20 déc. 1972 : *J.C.P.* 73, II, 17541, note Dejean de la Batie). De même, un mineur ayant provoqué un accident au volant de la voiture de sa sœur, les facilités dont il aurait profité par la négligence imputée à celle-ci sont sans relation de cause à effet avec le préjudice invoqué (Civ. 2e, 27 oct. 1975 : *Gaz. Pal.* 1976, 1, 169, noter Plancqueel. V. en ce sens, pour d'autres hypothèses de négligence commise par le propriétaire du véhicule, Civ. 2e, 20 fév. 1963 : *J.C.P.* 63, II, 13199. – Civ. 2e, 4 mars 1981 : *Bull.* II, n. 49, p. 33). Jugé que le propriétaire d'une pelleteuse laissée avec la clé de contact au tableau de bord ne peut être tenu pour responsable des actes de vandalisme commis avec l'engin, un risque nouveau et non nécessaire ayant été introduit par le comportement exceptionnel du voleur (Civ. 2e, 17 mars 1977 : *Bull.* II, n. 91, p. 61 ; *D.* 1977, 631, note Rabut, et I.R. 325, obs. Larroumet).

46) L'employeur qui embauche un travailleur en violation de la réglementation commet une faute, mais cette faute n'est pas la cause génératrice de l'accident subi par lui (Soc. 7 mai 1943 : *D.A.* 1943, 51). De même, le fait d'avoir toléré un entraînement de skieurs en violation du règlement de la compétition est sans relation de cause à effet avec le préjudice subi par un concurrent (Paris 17 juin 1965 : *J.C.P.* 65, II, 14419, note Rabinovitch). Mais jugé que la faute consistant à ne pas solliciter l'autorisation du malade avant l'opération est en relation de causalité avec le dommage (Req. 28 janv. 1942 : *D.C.* 1942, 63).

47) Un incendie ayant été provoqué par un des quatre enfants fumant dans une cabane, le fait qu'un briquet soit tombé de la poche d'un autre ne suffit pas à établir une faute en relation directe avec le dommage (Civ. 2e, 25 oct. 1973 : *Bull.* II, n. 277, p. 222 ; *Rev. trim. dr. civ.* 1974, 602, obs. Durry. V. aussi Civ. 2e, 4 mai 1988 : *Bull.* II, n. 103, p. 55).

48) Le demandeur en contrefaçon ne peut réclamer des dommages-intérêts à l'expert à raison de l'erreur d'appréciation commise par lui, dès lors que les consultations qu'il a sollicitées n'apparaissaient pas nécessairement provoquées par cette erreur, mais comme un moyen normal de défense, ce qui exclut le lien de causalité (Com. 5 fév. 1968 : *J.C.P.* 69, II, 15748, note Sayn).

49) L'A.S.S.E.D.I.C. n'est pas fondée à demander au responsable d'un accident le remboursement des indemnités de chômage versées à la victime, dès lors que c'est en raison des circonstances économiques que cette victime n'a pu trouver tout de suite un autre emploi (Civ. 2e, 28 avril 1982 : *D.* 1982, 575, concl. Charbonnier ; *Rev. trim. dr. civ.* 1983, 136, obs. Durry).

50) Sur l'exonération totale ou partielle en cas de force majeure, V. *infra,* sous art. 1384, n. 24 et s.

51) Plusieurs fautes successives imputables à des auteurs différents peuvent concourir à la production d'un même dommage. La

faute initiale, sans laquelle l'accident ne se serait pas produit, est en relation avec le préjudice subi par la victime qui peut en demander réparation à son auteur (Civ. 2e, 13 juin 1974 : *Bull.* II, n. 197, p. 165. – Civ. 2e, 11 janv. 1979 : *Bull.* II, n. 19, p. 14). Ainsi, le propriétaire d'une camionnette qui n'a pas pris les mesures usuelles de sécurité et de prudence est responsable du dommage causé par la camionnette mise en mouvement par une simple poussée (Civ. 20 nov. 1951 : *D.* 1952, 268). Sur le cas de la négligence ayant facilité le vol de la chose qui a causé le dommage, V. *supra*, n. 41.

52) Les juges du fond peuvent conclure à l'existence d'une relation de cause à effet entre l'émotion provoquée chez une femme enceinte par l'accident dont son mari a été victime et l'avortement survenu quelques semaines plus tard (Civ. 2e, 17 mai 1973 : *Gaz. Pal.* 1974, 1, 71, note H.M.), mais la femme victime d'un accident pendant sa grossesse ne peut réclamer une indemnité à raison des troubles de son enfant si elle ne rapporte pas la preuve d'un lien de causalité entre ces troubles et l'accident (Civ. 2e, 21 avril 1966 : *J.C.P.* 66, II, 14710).

53) Il n'y a pas de lien de causalité suffisamment direct entre la faute commise par l'auteur d'un accident et le préjudice subi par le créancier privé de son action normale contre la succession des victimes de l'accident par la renonciation des héritiers de ceux-ci (Civ. 2e, 21 fév. 1979 : *J.C.P.* 79, IV, 145 ; *Bull.* II, n. 56, p. 42).

54) Le suicide de la victime blessée dans un accident peut être considéré comme la conséquence de cet accident (Crim. 14 janv. 1971 : *D.* 1971, 164, rapp. Robert. – Crim. 26 oct. 1972 : *Bull.* II, n. 263, p. 215). Mais lorsque le propriétaire d'un magasin victime d'un larcin commis par une mineure porte ce larcin à la connaissance des parents par un procédé vexatoire, son comportement fautif ne peut être regardé comme ayant concouru de façon certaine au suicide de l'intéressée (Civ. 2e, 20 juin 1985 : *Bull.* II, n. 125, p. 84).

55) Les juges du fond peuvent conclure à l'existence d'une relation de cause à effet entre l'accident et le décès postérieur de la victime s'il est établi que les traumatismes reçus ont révélé une lésion latente et ont accéléré le processus évolutif de l'affection mortelle dont la victime était atteinte et qui jusqu'alors ne s'était pas manifesté (Civ. 2e, 28 nov. 1974 : *J.C.P.* 75, IV, 17 ; *Bull.* II, n. 317, p. 261). L'accident doit être considéré comme la cause directe et unique du décès lorsque le traumatisme en est résulté a provoqué une crise de *delirium tremens* et a ainsi été l'élément déclenchant de complications mortelles qui ne seraient pas survenues sans lui (Civ. 2e, 13 janv. 1982 : *J.C.P.* 83, II, 20025, note Dejean de la Batie). Jugé que lorsqu'une personne borgne devient aveugle à la suite d'un accident de chasse, l'incapacité consécutive à l'accident peut être évaluée à 100 % sans qu'il y ait à tenir compte de l'incapacité préexistante (Civ. 2e, 19 juil. 1966 : *D.* 1966, 598).

56) La faute médicale peut être considérée comme la cause du dommage si elle a fait perdre au malade une chance de guérison ou de survie (Civ. 1re, 18 mars 1969 et 27 janv. 1970 : *J.C.P.* 70, II, 16422, note Rabut. – Civ. 1re, 21 nov. 1978 : *J.C.P.* 79, II, 19033, note R. Savatier). Jugé cependant que la notion de perte d'une chance ne peut concerner que l'évaluation du préjudice et non l'appréciation du lien de causalité (Civ. 1re, 17 nov. 1982 : *J.C.P.* 83, II, 20056, note Saluden ; *Rev. trim. dr. civ.* 1983, 547, obs. Durry). Mais, pour le maintien de cette jurisprudence à propos de fautes commises par des anesthésistes, V. Civ. 1re, 8 janv. et 27 mars 1985 : *D.* 1986, 390, note Penneau. V. toutefois, concluant à l'absence de lien de causalité entre le dommage et le défaut d'examen préalable du patient par l'anesthésiste, Civ. 1re, 20 mars 1984 : *J.C.P.* 86, II, 20621, note F.C. Comp. Civ. 2e, 4 fév. 1987 : *Bull.* II, n. 38, p. 21.

DÉLITS ET QUASI-DÉLITS

Art. 1383

57) Lorsqu'il est établi que la cause réelle d'un accident de chasse réside dans l'action concertée de sept chasseurs qui ont participé à un tir qui ne constituait pas un acte normal de chasse, dans des conditions d'imprudence et de maladresse qui leur étaient imputables à tous, les juges du fond peuvent condamner solidairement les sept chasseurs sans qu'il soit nécessaire d'identifier parmi eux l'auteur du coup de feu ayant occasionné la blessure (Civ. 2ᵉ, 5 juin 1957 : *J.C.P.* 57, II, 10205, note Esmein ; *D.* 1957, 493, note R. Savatier. – V. en ce sens Civ. 2ᵉ, 19 mai 1976 : *J.C.P.* 78, II, 18773, note Dejean de la Batie, 1ʳᵉ esp. – Lyon 3 avril 1980 : *Gaz. Pal.* 1980, 1, 1384). Mais manque de base légale l'arrêt qui retient la responsabilité collective de douze chasseurs sans vérifier l'exactitude de l'affirmation de l'un d'eux selon laquelle la seule balle qu'il avait tirée était d'un type différent de celle qui avait blessé la victime, les juges du fond n'ayant pas mis la cour de cassation en mesure d'exercer son contrôle sur l'existence d'un lien de causalité entre la faute de l'intéressé et le dommage (Civ. 2ᵉ, 19 mai 1976 : *D.* 1976, 629, note Mayer ; *J.C.P.* 78, II, 18773, note Dejean de la Batie, 3ᵉ esp.). Sur la responsabilité collective des participants à des jeux d'enfants, V. Civ. 2ᵉ, 29 nov. 1978 : *D.* 1979, I.R. 345, obs. Larroumet. – Civ. 2ᵉ, 9 fév. 1983 : *Gaz. Pal.* 1983, 2, Pan. 215, obs. F.C.

58) C'est au demandeur de rapporter la preuve du lien de causalité (Civ. 2ᵉ, 21 avril 1966 : *J.C.P.* 66, II, 14710). Mais les juges du fond peuvent se décider sur des présomptions (Civ. 2ᵉ, 29 avril 1969 : *D.* 1969, 534. – Civ. 2ᵉ, 31 mai 1972 : *Bull.* II, n. 166, p. 136).

IV. La réparation

59) Sur le caractère constitutif du jugement accordant les réparations, V. Civ. 12 nov. 1941 : *D.C.* 1942, 97, note Nast. – Crim. 8 nov. 1945 : *D.* 1946, 95. V. aussi pour les dommages-intérêts, *supra*, art. 1153-1. L'accident fixant les droits des parties, une loi postérieure ne peut, en l'absence de disposition contraire, en modifier la portée ou l'étendue (Civ. 17 oct. 1939 : *D.H.* 1940, 2). En matière d'assurance, la date du sinistre est celle du fait matériel à raison duquel la responsabilité est recherchée, et non celle de la déclaration du sinistre (Civ. 1ʳᵉ, 16 juil. 1970 : *J.C.P.* 71, II, 16652, note Besson).

60) Sur la nullité des clauses d'exonération ou d'atténuation de responsabilité en matière de responsabilité délictuelle pour faute, V. Civ. 2ᵉ, 17 fév. 1955 : *J.C.P.* 55, II, 8951, note Rodière.

A. Réparation intégrale

61) Le propre de la responsabilité civile est de rétablir aussi exactement que possible l'équilibre détruit par le dommage et de replacer la victime dans la situation où elle se serait trouvée si l'acte dommageable ne s'était pas produit (Civ. 2ᵉ, 1ᵉʳ avril 1963 : *J.C.P.* 63, II, 13408, note Esmein ; *D.* 1963, 453, note Molinier. – Civ. 2ᵉ, 9 juil. 1981 : *Bull.* II, n. 156, p. 101). En conséquence, la réparation intégrale d'un dommage causé à une chose n'est assurée que par le remboursement des frais de remise en état de la chose ou par le paiement d'une somme d'argent représentant la valeur de son remplacement (Civ. 2ᵉ, 17 déc. 1959 : *J.C.P.* 60, II, 11493, note Esmein). Ainsi, doit être cassé l'arrêt qui refuse d'ordonner la réparation du véhicule au motif que le coût de cette réparation dépasserait la valeur vénale, alors que seule la valeur de remplacement constitue la limite d'indemnisation (Civ. 2ᵉ, 4 fév. 1982 : *J.C.P.* 82, II, 19894, note J.F. Barbieri. – *Gaz. Pal.* 1982, 1, 502, note G.F. et J.B.). La circonstance que la victime a procédé à la remise en état par elle-même ou par son personnel salarié ne saurait diminuer ses droits à une réparation intégrale (Civ. 2ᵉ, 19 nov. 1975 : *D.* 1976, 137, note Le Tourneau).

62) La réparation intégrale inclut la prise en compte du manque à gagner (Civ. 2ᵉ, 3 nov. 1972 : *Bull.* II, n. 268, p. 221).

63) Le juges du fond peuvent refuser de déduire la vétusté de la valeur de remplacement du bien (Civ. 2e, 28 janv. 1971 : *D.* 1971, Somm. 116 ; *Bull.* II, n. 35, p. 25. – Civ. 2e, 9 mai 1972 : *Bull.* II, n. 132, p. 108). Ainsi, la victime est en droit d'exiger la remise en état de son véhicule sans qu'il y ait lieu d'appliquer un coefficient de vétusté aux pièces remplacées (Civ. 2e, 8 juil. 1987 : *Bull.* II, n. 152, p. 87). La cour d'appel, qui a constaté le mauvais état d'un mur effondré à la suite de travaux, peut ordonner sa reconstruction (Civ. 3e, 12 déc. 1973 : *J.C.P.* 74, II, 17697, note Goubeaux).

64) La réparation ne saurait excéder le montant du préjudice (Civ. 2e, 26 juin 1974 : *Bull.* II, n. 205, p. 171. – Civ. 2e, 3 mars 1982 : *Bull.* II, n. 33, p. 24. – Civ. 2e, 14 fév. 1985 : *Bull.* II, n. 40, p. 28). Dès lors, le recours des organismes payeurs doit s'exercer sur les sommes servies à la victime en réparation de son préjudice (Civ. 2e, 14 fév 1985, préc. V. en ce sens Ass. plén. 9 mai 1980 : *Gaz. Pal.* 1980, 2, 488 ; *Rev. trim. dr. civ.* 1980, 574, obs. Durry). L'arrêt qui indemnise le préjudice corporel sous forme d'un capital représentatif des frais de soins futurs et lui alloue en outre une autre somme correspondant à l'atteinte à son intégrité physique et aux frais médicaux futurs capitalisés ne permet pas à la Cour de cassation de vérifier si les sommes allouées n'excèdent pas le préjudice (Civ. 2e, 21 juin 1989 : *Bull.* II, n. 134, p. 67).

65) Le droit au remboursement des frais de remise en état d'une chose endommagée a pour limite sa valeur de remplacement (Civ. 2e, 18 juin 1973 : *J.C.P.* 73, II, 17545, note M.A. V. aussi Civ. 2e, 4 fév. 1982 : *J.C.P.* 82, II, 19894, note J.-F. Barbieri ; *Gaz. Pal.* 1982, 2, 502, note G.F. et J.B. *Contra* : Crim. 17 déc. 1969 : *D.* 1970, 190).

66) Le tiers responsable n'a à payer la T.V.A. que si cette taxe est à la charge de la victime (Com. 11 juil. 1983 et Crim. 16 oct. 1984 : *D.* 1985, 347, note Chartier).

67) Les juges du fond disposent d'un pouvoir souverain d'appréciation pour évaluer le préjudice et ne sont pas tenus de préciser les divers éléments ayant servi à déterminer le montant des dommages-intérêts qu'ils allouent (Com. 13 janv. 1971 : *D.* 1971, 147, note X.L.). Ils peuvent se borner à accorder 1 F à la victime d'un vol (Crim. 16 mai 1974 : *D.* 1974, 513, rapp. Dauvergne).

B. Modalités de la réparation

68) Les juges du fond sont souverains pour décider si la réparation doit intervenir en nature ou par équivalent (Civ. 2e, 9 juil. 1981 : *Gaz. Pal.* 1982, 1, 109, note Chabas). Ils peuvent ordonner toutes mesures qu'ils estiment propres à parfaire la réparation du préjudice subi (Civ. 2e, 8 déc. 1977 : *Bull.* II, n. 236, p. 172. – Com. 8 mai 1979 : *Bull.* IV, n. 148, p. 118). Jugé que lorsque le remplacement est impossible, la remise en état du véhicule est seule de nature à assurer la réparation intégrale du préjudice (T.G.I. Créteil 26 mai 1981 : *J.C.P.* 82, II, 19745, note Chabas).

69) Les juges du fond peuvent allouer, même d'office, une rente au lieu d'un capital (Civ. 2e, 21 nov. 1973 : *J.C.P.* 74, II, 17897, note Brousseau). Cette rente peut être indexée (Ch. Mixte 6 nov. 1974 : *J.C.P.* 75, II, 17978, concl. Gégout et note R. Savatier. – Civ. 2e, 17 avril 1975 : *D.* 1976, 152, note Sharaf Eldine). Les juges du fond doivent répondre aux conclusions soutenant que l'état végétatif de la victime ne permet aucun calcul fondé sur une probabilité de vie et échappe ainsi par nature à tout système de capitalisation (Civ. 2e, 21 juin 1989 : *Bull.* II, n. 133, p. 66). Sur l'indexation légale de certaines rentes allouées en réparation du préjudice causé par un véhicule terrestre à moteur, V. L. n. 74-1118 du 27 déc. 1974, *infra*, sous art. 1983.

70) La victime du dommage, qui a droit à la réparation intégrale de son préjudice, n'a pas à courir le risque de la vente de

DÉLITS ET QUASI-DÉLITS — Art. 1383

l'épave, laquelle, sauf accord des parties sur ce point, doit être laissée pour compte au responsable (Civ. 2e, 17 déc. 1959 : *J.C.P.* 60, II, 11493, note Esmein). Mais dès lors que la victime a fait, sans y avoir été autorisée, des réparations d'un montant supérieur à la valeur de remplacement, les juges du fond déduisent à bon droit la valeur de l'épave (Orléans 26 sept. 1966 : *Gaz. Pal.* 1967, 2, 29).

C. Évaluation

71) L'indemnité nécessaire pour compenser le préjudice doit être calculée sur la valeur du dommage au jour de la décision qui consacre la créance indemnitaire de la victime (Civ. 15 juil. 1943 : *J.C.P.* 43, II, 2500, 1re esp., note Hubrecht).

72) L'indemnité allouée à la victime en réparation de son préjudice corporel ne peut être diminée même si l'état de la victime s'améliore après le jugement (Civ. 2e, 12 oct. 1972 : *J.C.P.* 74, II, 17609, note Brousseau). Elle peut en revanche, en cas d'aggravation, être majorée (Soc. 24 fév. 1955 : *J.C.P.* 55, II, 8699, note G.H.G. – Civ. 2e, 17 janv. 1974 : *Bull.* II, n. 31, p. 24), sans que puisse être opposée l'autorité de la chose jugée (Ass. plén. 9 juin 1978 : *Bull.* n. 3, p. 3). Les dommages-intérêts ne peuvent toutefois excéder la réparation intégrale du préjudice causé par l'aggravation, d'où il résulte que les juges du fond n'ont pas à déduire des dommages-intérêts alloués en cas d'aggravation la somme initialement allouée (Civ. 2e, 24 oct. 1984 : *J.C.P.* 85, II, 20386, note Chartier. Comp. Civ. 2e, 29 oct. 1968 : *Gaz. Pal.* 1969, 1, 17).

V. *L'action en responsabilité*

A. Demandeur

73) Le droit à réparation du dommage résultant de la souffrance physique éprouvée par la victime avant son décès, étant né dans son patrimoine, se transmet à ses héritiers (Ch. Mixte 30 avril 1976 : *D.* 1977, 185, note Contamine-Raynaud).

74) Sur le recours de l'assureur en matière d'assurances de dommages, V. C. Ass., art. L. 121-12, *infra,* Annexe.

75) Sur le recours des tiers payeurs contre les personnes tenues à réparation d'un dommage résultant d'une atteinte à la personne, V. Loi n. 85-677 du 5 juillet 1985, art. 28 à 34, *infra,* sous art. 1384. – Civ. 2e, 15 déc. 1986, 2 arrêts : *D.* 1987, 450, note Lambert-Faivre. V. Y. Lambert-Faivre, *Le lien entre la subrogation et le caractère indemnitaire des prestations des tiers payeurs* : *D.* 1987, chron. 97. V. aussi pour le recours des caisses de Sécurité sociale C. séc. soc., art. L. 376-1 et s., L. 454-1. Jugé que l'article 1er de l'ordonnance n. 59-76 du 7 janvier 1959 reconnaît au Trésor, lorsque le décès d'un agent de l'État est imputable à un tiers, le droit de poursuivre contre ce tiers le remboursement de toutes les prestations maintenues aux ayants droit de la victime à la suite du décès, sans qu'il y ait lieu de distinguer suivant que ces prestations ont un caractère indemnitaire ou statutaire (Crim. 4 oct. 1972 : *Gaz. Pal.* 1972, 2, 857).

76) En cas de faute de la victime, le partage de responsabilité est opposable à ses ayants droit demandant réparation de leur préjudice personnel (Ch. Réunies 25 nov. 1964 : *J.C.P.* 64, II, 13972, note Esmein ; *D.* 1964, 733, concl. Aydalot. – Ass. plén. 19 juin 1981, 2 arrêts : *J.C.P.* 82, II, 19712, rapp. Ponsard ; *D.* 1982, 85, concl. Cabannes et note Chabas). V. en ce sens en matière d'accidents de la circulation Loi n. 85-677 du 5 juillet 1985, art. 6, *infra,* sous art. 1384.

77) Le droit d'exercer l'action civile devant les juridictions répressives, dont l'un des effets éventuels est la mise en mouvement de l'action publique, n'appartient qu'à ceux qui ont personnellement souffert du dommage causé directement par l'infraction (Ass. plén. 12 janv. 1979 : *Bull.* n. 1, p. 1 ; *Rev. trim. dr. civ.* 1979, 141, obs. Durry). Mais jugé au contraire qu'il résulte des articles 2 et 3 du Code de procédure pénale

que les proches de la victime d'une infraction de blessures involontaires sont recevables à rapporter la preuve du dommage dont ils ont personnellement souffert et découlant directement des faits objet de la poursuite (Crim. 9 fév. 1989 : *J.C.P.* 89, IV, 151 ; *Rev. trim. dr. civ.* 1989, 563, obs. Jourdain). Sur l'action en justice des associations agréées de consommateurs, V. Loi n. 88-14 du 5 janvier 1988, *infra,* Annexe.

B. Défendeur

78) Sur l'intervention du fonds de garantie en matière d'accidents de la circulation, d'accidents de chasse et d'actes de terrorisme, V. C. Ass., art. L. 420-1 et s., et R. 420-1 et s., *infra,* Annexe. Sur l'indemnisation par l'État de certaines victimes de dommages corporels résultant d'une infraction, V. C. proc. pén., art. 706-3 et s., et art. R. 50-1 et s.

79) Sur l'action directe de la victime contre l'assureur en matière d'assurance de responsabilité, V. C. Ass. art. L. 124-3, *infra,* Annexe.

80) Les coauteurs du dommage sont tenus *in solidum* à l'égard de la victime (Civ. 4 déc. 1939 : *D.C.* 1941, 124, note Holleaux. V. aussi Civ. 2e, 3 fév. 1983 : *J.C.P.* 84, II, 20183, note Chabas). Le désistement de l'instance dirigée contre l'un des coresponsables n'implique pas que le créancier consent à la division de la dette (Civ. 3e, 24 janv. 1978 : *Gaz. Pal.* 1978, 2, 474, note Plancqueel). La prescription de l'action de la victime contre l'un des responsables *in solidum* n'exclut pas la condamnation au tout de l'autre responsable (Com. 31 mars 1981 : *Bull.* IV, n. 169, p. 134 ; *Rev. trim. dr. civ.* 1982, 150, obs. Durry).

81) Le principe de l'obligation au tout suppose que la partie lésée dispose indifféremment, contre l'un ou l'autre des coauteurs, d'une action permettant, par l'effet de la subrogation, à celui qui a payé le tout de répéter la part, dans la dette commune, de celui qui était tenu avec lui. Tel n'est pas le cas pour la victime d'un accident du travail (Soc. 26 fév. 1975 : *J.C.P.* 75, II, 18194, note Groutel. V. en ce sens Civ. 2e, 16 oct. 1985 : *Gaz. Pal.* 1986, 1, Somm. 185, obs. Chabas).

82) Le codébiteur d'une obligation *in solidum* qui l'a payée en entier peut, comme celui d'une obligation solidaire, répéter contre les autres la part et portion de chacun d'eux. Viole l'article 1214 du Code civil la cour d'appel qui décide qu'un tel recours ne peut être exercé qu'en vertu d'une subrogation, alors que le coauteur dispose aussi d'une action personnelle qui peut subsister malgré la renonciation de la victime (Civ. 1re, 7 juin 1977 : *J.C.P.* 78, II, 19003, note Dejean de la Batie ; *D.* 1978, 289, note Larroumet ; *Rev. trim. dr. civ.* 1978, 364, obs. Durry).

83) Les juges du fond disposent d'un pouvoir souverain pour répartir les responsabilités entre les coauteurs dans leurs rapports entre ceux (Civ. 1re, 3 avril 1973 : *Gaz. Pal.* 1973, 2, 559. – Civ. 2e, 4 juin 1970 : *D.* 1970, Somm. 192.

C. Exercice de l'action

84) Sur l'abandon de la règle de l'unité des prescriptions dans le cas où le fait générateur de responsabilité constitue une infraction pénale, V. C. proc. pén., art. 10 (L. n. 80-1042 du 23 déc. 1980, art. 1er). V. aussi Roger, *La réforme du délai de prescription : D.* 1981, chron. 175. Sur la prescription décennale des actions en responsabilité civile extracontractuelle, V. *infra,* art. 2270-1. La loi du 23 décembre 1980 n'a pas abrogé l'article 65 de la loi du 29 juillet 1881 sur la presse qui dispose que l'action civile résultant des crimes, délits ou contraventions prévues par ladite loi se prescrit après trois mois révolus (Civ. 2e, 13 juin 1985 : *Bull.* II, n. 120, p. 80).

85) V. Loi du 3 avril 1942, prohibant la conclusion de pactes sur le règlement des indemnités dues aux victimes d'accidents.

DÉLITS ET QUASI-DÉLITS — Art. 1384

86) Sur la loi applicable en matière d'accidents de la circulation routière, V. D. n. 77-554 du 26 juin 1975 portant publication de la convention de La Haye du 4 mai 1971 : *J.O.* 3 juil. ; *J.C.P.* 75, III, 43097.

87) Les actions qui dérivent des articles 1382 et 1384, alinéa 1er, bien que poursuivant le même objet, procèdent de causes juridiques différentes, et la chose jugée sur la base du premier de ces textes n'a donc pas autorité au regard de l'action fondée sur le second (Req. 16 juil. 1928 : *D.P.* 1929, I, 33, note R. Savatier).

88) Par l'effet de l'autorité au civil de la chose jugée au criminel, les décisions pénales consacrent les droits résultant pour les tiers des infractions réprimées. Dès lors, la constatation de l'infraction par le juge pénal et les motifs qui lui servent de soutien s'imposent au juge civil qui ne peut ni les méconnaître ni les contredire (Civ. 1re, 24 mars 1971 : *Bull.* I, n. 101, p. 82). La décision de relaxe au bénéfice du doute a la même autorité que celle qui s'attache à une décision de relaxe pure et simple (Civ. 2e, 14 mars 1973 : *Bull.* II, n. 94, p. 77). Sur le principe que le criminel tient le civil en l'état, V. C. proc. pén., art. 4, al. 2.

Art. 1384. – **On est responsable non seulement du dommage que l'on cause par son propre fait, mais encore de celui qui est causé par le fait des personnes dont on doit répondre, ou des choses que l'on a sous sa garde.**

(L. 7 nov. 1922) **Toutefois, celui qui détient à un titre quelconque tout ou partie de l'immeuble ou des biens mobiliers dans lesquels un incendie a pris naissance ne sera responsable vis-à-vis des tiers des dommages causés par cet incendie que s'il est prouvé qu'il doit être attribué à sa faute ou à la faute des personnes dont il est responsable.**

(L. 7 nov. 1922) **Cette disposition ne s'applique pas aux rapports entre propriétaires et locataires qui demeurent régis par les articles 1733 et 1734 du Code civil.**

(L. n. 70-459 du 4 juin 1970, art. 2 et 9) **Le père et la mère, en tant qu'ils exercent le droit de garde, sont solidairement responsables du dommage causé par leurs enfants mineurs habitant avec eux.**

Les maîtres et les commettants, du dommage causé par leurs domestiques et préposés dans les fonctions auxquelles ils les ont employés ;

Les instituteurs et les artisans, du dommage causé par leurs élèves et apprentis pendant le temps qu'ils sont sous leur surveillance.

(L. 5 avril 1937) **La responsabilité ci-dessus a lieu, à moins que les père et mère et les artisans ne prouvent qu'ils n'ont pu empêcher le fait qui donne lieu à cette responsabilité.**

En ce qui concerne les instituteurs, les fautes, imprudences ou négligences invoquées contre eux comme ayant causé le fait dommageable, devront être prouvées, conformément au droit commun, par le demandeur à l'instance.

Loi du 5 avril 1937
modifiant les règles de preuve en ce qui concerne la responsabilité des instituteurs

Art. 1er. – *V. C. civ., art. 1384, § 5.*

Art. 2. – La loi du 20 juillet 1899 est abrogée et remplacée par les dispositions suivantes :
Dans tous les cas où la responsabilité des membres de l'enseignement public se trouve engagée à la suite ou à l'occasion d'un fait dommageable commis, soit par les enfants ou les jeunes gens qui leur sont confiés à raison de leurs fonctions, soit à ces enfants ou jeunes gens dans les

même conditions, la responsabilité de l'État sera substituée à celle desdits membres de l'enseignement qui ne pourront jamais être mis en cause devant les tribunaux civils par la victime ou ses représentants.

Il en sera ainsi toutes les fois que, pendant la scolarité ou en dehors de la scolarité, dans un but d'éducation morale ou physique, non interdit par les règlements, les enfants ou jeunes gens confiés ainsi aux membres de l'enseignement public se trouveront sous la surveillance de ces derniers.

L'action récursoire pourra être exercée par l'État soit contre l'instituteur, soit contre les tiers, conformément au droit commun.

Dans l'action principale, les membres de l'enseignement public contre lesquels l'État pourrait éventuellement exercer l'action récursoire ne pourront être entendus comme témoins.

L'action en responsabilité exercée par la victime, ses parents ou ses ayants droits, intentée contre l'État ainsi responsable du dommage sera portée devant le tribunal de grande instance ou le juge du tribunal d'instance du lieu où le dommage a été causé et dirigée contre le préfet du département.

La prescription en ce qui concerne la réparation des dommages prévus par la présente loi sera acquise par trois années à partir du jour où le fait dommageable a été commis.

I. Responsabilité du fait des choses inanimées

A. Conditions

1) Choses soumises à l'article 1384, al. 1er

1) L'article 1384, al. 1er, ne fait aucune distinction entre les meubles et les immeubles (Req. 6 mars 1928 : *D.P.* 1928, I, 97, note Josserand). Il s'applique aux arbres (Civ. 2e, 12 mai 1966 : *D.* 1966, 700, note Azard), aux dunes (Civ. 8 avril 1941 : *D.A.* 1941, 210), aux rochers se détachant d'une falaise (Civ. 2e, 16 juin 1961 : *J.C.P.* 62, II, 12778, 2e esp., note Mourgeon. – Civ. 2e, 15 nov. 1984 : *Gaz. Pal.* 1985, 1, 296, note Chabas), aux ascenseurs (Req. 6 mars 1928, préc.), aux canalisations de chauffage central (Civ. 19 fév. 1941 : *D.C.* 1941, 85, 1er esp., note Flour). Sur le cas particulier du dommage causé par la ruine d'un bâtiment, V. *infra,* art. 1386.

2) Il n'y a pas non plus à distinguer selon que la chose est ou non intrinsèquement dangereuse (Ch. Réunies 13 fév. 1930 : *D.P.* 1930, I, 57, concl. Matter et note Ripert, sol. impl.).

3) L'article 1384, al. 1er, s'applique même aux choses qui ne sont pas actionnées par la main de l'homme (Ch. Réunies 13 fév. 1930, préc. – Civ. 2e, 16 oct. 1963 : *Gaz. Pal.* 1964, 1, 159. – Civ. 2e, 20 mai 1974 : *Bull.* II, n. 178, p. 149).

4) L'article 1384, al. 1er, s'applique que la chose soit inerte ou en mouvement (Civ. 19 et 24 fév. 1941 : *D.C.* 1941, 85, note Flour. – Civ. 2e, 16 oct. 1963 : *Gaz. Pal.* 1964, 1, 159).

5) L'article 1384, al. 1er, s'applique tout aussi bien aux eaux (Civ. 2e, 5 mars 1975 : *J.C.P.* 75, IV, 138 ; *Bull.* II, n. 73, p. 61) ou aux fumerolles s'échappant d'une cheminée (Civ. 2e, 11 juin 1975 : *J.C.P.* 75, IV, 252 ; *Bull.* II, n. 173, p. 141).

6) L'article 1384, al. 1er, s'applique en principe aux navires (Com. 19 juin 1951 : *J.C.P.* 51, II, 6426, 1re esp., note Becqué ; *D.* 1951, 717, note Ripert. – Civ. 2e, 23 janv. 1959 : *J.C.P.* 59, II, 11002, 2e esp., note de Juglart ; *D.* 1959, 281, note Rodière) et aux avions (Civ. 2e, 23 janv. 1959 : *J.C.P.* 59, II, 11002, 1re esp., note de Juglart. – Civ. 2e, 20 juin 1973 : *D.* 1974, 411, note Larroumet).

7) L'article 1384, al. 1er, ne s'applique pas en principe au corps humain (Civ. 2e, 22 juin 1942 : *D.C.* 1944, 16, note Lalou). Mais le skieur et ses skis forment un ensemble et le déplacement du skieur dépend étroitement de ses skis, de telle sorte que même si c'est

DÉLITS ET QUASI-DÉLITS — Art. 1384

son corps seul qui entre en collision avec un tiers, ce sont bien les skis qui ont été l'instrument du dommage (Grenoble 8 juin 1966 : *J.C.P.* 67, II, 14928, note W.R. – Lyon 25 fév. 1971 : *J.C.P.* 71, II, 16822). Doit être cassé pour violation de l'article 1384, al. 1er, l'arrêt qui refuse d'appliquer ce texte dans le cas d'une collision entre deux cyclomotoristes, en observant qu'il n'est pas prouvé que le cyclomoteur a participé au dommage, alors que le conducteur d'un véhicule à deux roues en marche et ledit véhicule ne forment qu'un ensemble (Civ. 2e, 21 déc. 1962 : *Gaz. Pal.* 1963, 1, 285).

2) Fait de la chose

8) La responsabilité prévue par l'article 1384, al. 1er, suppose que le dommage a été causé par le fait de la chose (Civ. 3 janv. 1934 : *D.P.* 1934, I, 30, note R. Savatier. – Civ. 2e, 23 avril 1971 : *D.* 1972, 613, note Rodière).

9) Il n'est pas nécessaire que la chose ait un vice inhérent à sa nature, susceptible de causer le dommage (Civ. 16 nov. 1920 : *D.P.* 1920, I, 169, note R. Savatier. – Ch. Réunies 13 fév. 1930 : *D.P.* 1930, I, 57, concl. Matter et note Ripert).

10) La chose est présumée être la cause génératrice du dommage dès lors qu'il est établi qu'elle a contribué à la réalisation de ce dommage (Civ. 9 juin 1939 : *D.H.* 1939, 449). Le gardien peut détruire cette présomption en prouvant que la chose n'a joué qu'un rôle purement passif, qu'elle a seulement subi l'action étrangère génératrice du dommage (Civ. 19 fév. 1941 : *D.C.* 1941, 85, 1re esp., note Flour. – Civ. 23 janv. 1945 : *D.* 1945, 317, note R. Savatier).

11) L'absence de contact entre la chose ayant causé le dommage et la personne ou la chose l'ayant subi n'est pas nécessairement exclusive du lien de causalité (Civ. 22 janv. 1940, 2 arrêts : *D.C.* 1941, 101, note R. Savatier). Ainsi, la responsabilité de plein droit peut s'appliquer dans le cas d'un dommage causé par une pierre projetée par un véhicule (Civ. 2e, 4 oct. 1961 : *D.* 1961, 755), ou par la position anormale d'un véhicule obligeant un autre usager de la route à une manœuvre causant le dommage (Civ. 2e, 13 mai 1981 : *Gaz. Pal.* 1981, 2, Pan. 353, obs. F.C. – Civ. 2e, 16 mars 1983 : *Gaz. Pal.* 1983, 2, Pan. 275, obs. F.C.). Mais à défaut de contact, la présomption de causalité ne joue plus (Req. 19 juin 1945 : *J.C.P.* 46, II, 3009, note Rodière. – Civ. 2e, 22 oct. 1980 : *Gaz. Pal.* 1981, 2, 533, note Plancqueel).

12) Sur le principe que l'article 1384, al. 1er, est applicable même si la chose n'est pas en mouvement, V. *supra*, n. 4. Mais la présomption de causalité ne s'applique pas aux choses inertes (Civ. 2e, 19 nov. 1964 : *D.* 1965, 93, note Esmein. – Civ. 2e, 22 nov. 1978 : *Bull.* II, n. 245, p. 188). Ainsi, lorsqu'un dommage est imputé à un véhicule immobilisé, il incombe à la victime d'établir la position anormale de celui-ci (Civ. 2e, 22 nov. 1984 : *Bull.* II, n. 175, p. 122. V. aussi Paris 7 juil. 1983 : *Gaz. Pal.* 1984, Somm. 130).

3) Garde de la chose

13) La garde de la chose est caractérisée par les pouvoirs d'usage, de direction et de contrôle (Ch. Réunies 2 déc. 1941 : *D.C.* 1942, 25, rapp. Lagarde et note Ripert. V. en ce sens Ch. mixte, 4 déc. 1981 : *J.C.P.* 82, II, 19748, note H. Mazeaud). Il en résulte que le propriétaire dépossédé par le voleur perd la garde (Ch. Réunies 2 déc. 1941, préc. – Paris 16 fév. 1969 : *J.C.P.* 69, II, 15906, note M.A.) qui passe au voleur (Civ. 27 déc. 1944 : *D.* 1945, 237, note Ripert).

14) Le propriétaire d'un immeuble ne peut être considéré comme ayant eu la garde d'un bloc de neige glacée sur le toit (Civ. 2e, 18 déc. 1958 : *D.* 1959, 329, note Esmein). Une fillette de 11 ans n'a pas davantage la garde d'une pierre tombale descellée sur laquelle elle a pris appui pour se retenir

(Civ. 2e, 23 nov. 1988 : *J.C.P.* 89, IV, 31 ; *Bull.* II, n. 230, p. 124). Mais l'article 1384, al. 1er, est applicable aux vapeurs émises par une tour de condensation rejetées dans l'atmosphère et se déposant en verglas (Civ. 2e, 10 fév. 1967 : *Bull.* II, n. 66, p. 47). Viole ce texte l'arrêt qui, dans une espèce où un mineur a donné un coup de pied dans une bouteille abandonnée dont les éclats ont blessé un autre mineur, énonce que la détention de la bouteille, qui était *res nullius*, avait été précaire et trop brève pour qu'il y ait eu appropriation, et que son utilisation ne répondait pas à la satisfaction d'un besoin déterminé, alors que de tels motifs n'excluaient pas un pouvoir de garde sur l'objet (Civ. 2e, 10 fév. 1982 : *J.C.P.* 83, II, 20069, note Cœuret).

15) Le commettant reste le gardien de la chose confiée au préposé (Civ. 27 fév. 1929 : *D.P.* 1929, I, 129, note Ripert. – Civ. 26 janv. 1948 : *D.* 1948, 485, 1re esp., note Ripert). Lorsque le préposé utilise une chose dont il est propriétaire pour accomplir une mission confiée par le commettant, celui-ci devient le gardien (Civ. 3e, 24 janv. 1973 : *Bull.* III, n. 72, p. 53). Mais en cas d'abus de fonctions, le préposé acquiert la qualité de gardien (Civ. 2e, 23 nov. 1972 : *Bull.* II, n. 296, p. 244. – Civ. 2e, 8 nov. 1976 : *Bull.* II, n. 298, p. 234).

16) Un enfant de trois ans peut avoir les pouvoirs d'usage, de direction et de contrôle qui caractérisent la garde, sans qu'il y ait à rechercher s'il a un discernement (Ass. Plén., 9 mai 1984 : *J.C.P.* 84, II, 20255, 1re esp., note Dejean de la Batie ; *D.* 1984, 525, 3e esp., concl. Cabannes et note Chabas. – V. cependant Caen 4 fév. 1988 : *D.* 1989, 295, note Prieur. V. R. Legeais, *Un gardien sans discernement. Progrès ou régression dans le droit de la responsabilité civile ?* : *D.* 1984, chron. 237). Sur la responsabilité du dément, V. *supra*, art. 489-2.

17) Si le propriétaire de la chose est réputé en avoir la garde, rien ne s'oppose à ce qu'il remette cette garde à un tiers (Req. 3 juil. 1934 : *Gaz. Pal.* 1934, 2, 712), par exemple à la suite d'un contrat de prêt (Ch. Mixte, 26 mars 1971 : *J.C.P.* 72, II, 16957, note Dejean de la Batie), de bail (Req. 3 juil. 1934, préc. – Civ. 2e, 11 juin 1953 : *J.C.P.* 53, II, 7825, note Weill ; *D.* 1954, 21, note Rodière), de transport (Civ. 15 mars 1921 : *D.P.* 1922, I, 25, note Ripert. – Trib. civ. Nantes, 15 mars 1955 : *D.* 1955, 550, note Rodière), ou de dépôt (Civ. 2e, 12 juil. 1972 : *Bull.* II, n. 220, p. 179). Sur le transfert au chirurgien de la garde d'un instrument chirurgical, V. Civ. 29 déc. 1947 : *D.* 1948, 127.

18) En faveur de la distinction entre garde de la structure et garde du comportement, V. Civ. 2e, 10 juin 1960 : *D.* 1960, 609, note Rodière (bouteille d'oxygène). – Civ. 1re, 12 nov. 1975 : *J.C.P.* 76, II, 18479, 1re esp., note Viney (bouteille de boisson gazeuse). – Civ. 2e, 14 nov. 1979 : *D.* 1980, 325, 2e esp., note Larroumet (récepteur de télévision ; comp., retenant la responsabilité du fabricant sur la base de l'article 1641 du Code civil, Civ. 2e, 30 nov. 1988 : *Bull.* II, n. 240, p. 130 ; *Rev. trim. dr.civ.* 1989, 323, obs. Jourdain). – Versailles 27 janv. 1983 : *J.C.P.* 83, II, 20094, note Dupichot (pneumatique). V. cependant Civ. 2e, 13 déc. 1973 : *Gaz. Pal.* 1974, 2, 551, note Plancqueel (caravane). – Amiens 10 mars 1975 : *D.* 1975, Somm. 108 (bouteille de boisson gazeuse). – Rennes 25 juin 1975 : *Gaz. Pal.* 1976, 1, 80, note Héno *(id).* Le gardien de la structure peut être selon les cas le propriétaire de la chose (Civ. 1re, 10 juin 1960, préc. – Civ. 1re, 3 oct. 1979 : *D.* 1980, 325, 1re esp., note Larroumet), ou le fabricant (Civ. 1re, 12 nov. 1975, préc. – Civ. 2e, 14 nov. 1979 : *D.* 1980, 325, 2e esp., note Larroumet), ou celui qui a rempli le récipient (Versailles 17 déc. 1979 : *Gaz. Pal.* 1981, 1, Somm. 162). Sur le partage de responsabilité entre le gardien de la structure et le gardien du comportement, V. Civ. 2e, 15 déc. 1986 : *D.* 1987, 221, note Larroumet.

DÉLITS ET QUASI-DÉLITS — Art. 1384

19) La garde est en principe alternative et non cumulative (Civ. 2e, 11 mai 1956 : *D.* 1957, 121, note Rodière. – Civ. 2e, 23 nov. 1972 : *J.C.P.* 73, IV, 9 ; *Bull.* II, n. 298, p. 245). Mais lorsque la garde d'une chose instrument du dommage est exercée en commun par plusieurs personnes, chacun des cogardiens est tenu, vis-à-vis de la victime, à la réparation intégrale du dommage (Civ. 2e, 7 nov. 1988 : *Bull.* II, n. 214, p. 116). Ont été considérés comme cogardiens le garagiste essayant une voiture et le propriétaire de celle-ci qui l'accompagne (Colmar 4 mars 1955 : *D.* 1956, Somm. 92), les époux possédant en commun un chien (Civ. 2e, 3 janv. 1963 : *Gaz. Pal.* 1963, 1, 335), des joueurs de tennis exerçant sur la balle les mêmes pouvoirs de direction et de contrôle (Civ. 2e, 20 nov. 1968 : *D.* 1969, Somm. 56 ; *Bull.* II, n. 277, p. 194), les participants à une croisière à bord d'un navire appartenant indivisément à l'un d'eux (Versailles 12 juin 1979 : *Gaz. Pal.* 1980, 1, 83, note Rodière), les participants à une chasse (Civ. 2e, 19 déc. 1980 : *D.* 1981, 455, note Poisson-Drocourt ; *Rev. trim. dr. civ.* 1981, 638, obs. Durry), des enfants manipulant ensemble des allumettes et des cigarettes (Civ. 2e, 14 juin 1984 : *Gaz. Pal.* 1984, 2, Pan. 299, obs. F.C.). V. D. Mayer, *La garde en commun : Rev. trim. dr. civ.* 1975, 197. Les cogardiens ne peuvent invoquer les dispositions de l'article 1384, al. 1er, dans leurs rapports réciproques (Civ. 2e, 20 nov. 1968, préc.), mais jugé que la participation de la victime à la garde d'un bateau n'exclut pas que la responsabilité du chef de bord puisse être recherchée sur le fondement de l'article 1382 (Civ. 2e, 15 juin 1983 : *Bull.* II, n. 127, p. 89).

B. Exonération

1) Principes

20) Le gardien ne peut s'exonérer de sa responsabilité que par la preuve d'un cas fortuit ou de force majeure ou d'une cause étrangère qui ne lui soit pas imputable (Ch. Réunies 13 fév. 1930 : *D.P.* 1930, I, 57, note Ripert. V. aussi Ch. mixte 4 déc. 1981 : *D.* 1982, 365, concl. Cabannes et note Chabas).

21) Le vice propre de la chose ne constitue pas un cas fortuit susceptible d'exonérer le gardien (Civ. 2e, 20 nov. 1968 : *J.C.P.* 70, II, 16567, note Dejean de la Batie). Ainsi, une défaillance du système de freinage d'un véhicule ne saurait à elle seule constituer un cas de force majeure (Crim. 8 juil. 1971 : *D.* 1971, 625, note E. Robert).

22) Une obnubilation passagère des facultés intellectuelles, qu'elle soit qualifiée de démence au sens de l'article 64 du Code pénal, ou qu'elle procède d'un quelconque malaise physique, n'est pas un événement susceptible de constituer une cause de dommage extérieure ou étrangère au gardien (Civ. 2e, 18 déc. 1964 : *D.* 1965, 191, concl. Schmelck et note Esmein).

23) Lorsque le défendeur allègue une cause étrangère, il appartient aux juges du fond de relever en quoi les circonstances ont rendu inévitable la production du dommage (Civ. 2e, 16 mai 1977 : *Bull.* II, n. 131, p. 91), ce qui implique que le fait ait été imprévisible et irrésistible (Civ. 2e, 13 janv. 1972 : *Bull.* II, n. 15, p. 12. – Civ. 2e, 5 oct. 1983 : *Bull.* II, n. 161, p. 111).

2) Force majeure

24) Un dérèglement des feux de signalisation peut constituer un cas de force majeure (Civ. 2e, 10 juin 1965 : *D.* 1965, 598), de même que la présence sur la route de plusieurs flaques d'eau dont la plus importante présentait des traces d'huile (Civ. 2e, 28 oct. 1965 : *D.* 1966, 137, note Tunc), ou la brusque arrivée d'un chien de grande taille sur la chaussée (Civ. 2e, 10 avril 1964 : *D.* 1965, 169, note Tunc, 1re esp.). Mais doit être cassée la décision qui exonère le gardien au motif que la présence isolée d'un caillou sur la route constitue un hasard et qu'il est pratiquement difficile pour un automobiliste de l'éviter, alors que seules l'imprévisibilité et l'inévitabilité sont une cause d'exonération

de la responsabilité de plein droit qui pèse sur le gardien (Civ. 2e, 3 fév. 1966 : *D.* 1966, 349, note Tunc), de même que l'arrêt qui se borne à énoncer, par un motif de caractère général et absolu, que le ricochet d'un grain de plomb de chasse contre une pierre est un fait imprévisible et inévitable (Civ. 2e, 19 mars 1956 : *J.C.P.* 56, II, 9499, note Brunet). Si la présence de verglas sur une route ne saurait, de façon générale et absolue, constituer le fait imprévisible et inévitable caractérisant la force majeure, il n'en est pas de même lorsque les juges du fond constatent que le danger en résultant s'est trouvé, en raison des conditions atmosphériques, subitement localisé sur une surface réduite (Crim. 18 déc. 1978 : *J.C.P.* 80, II, 19261, note Alvarez).

25) Une tempête de gravité exceptionnelle constitue un cas de force majeure (Civ. 2e, 27 janv. 1973 : *Bull.* II, n. 209, p. 166). Mais les juges du fond ne peuvent se fonder uniquement sur les relevés effectués au jour de l'accident à une station météorologique sans constater que le vent ait effectivement soufflé au temps et au lieu de l'accident à la vitesse maximale indiquée pour la journée par le service météorologique (Civ. 2e, 17 avril 1975 : *D.* 1975, 465, note A.D.).

26) Jugé que l'implosion d'un téléviseur que l'on laisse allumé alors que l'on sort de l'appartement n'est pas un événement imprévisible (Paris 26 juin 1979 : *Gaz. Pal.* 1979, 2, 493).

27) La force majeure peut exonérer totalement ou partiellement (Com. 19 juin 1951, 2 arrêts : *D.* 1951, 717, note Ripert. V. cependant dans un sens plus restrictif Civ. 2e, 30 juin 1971 : *D.* 1971, Somm. 135 ; *Bull.* II, n. 240, p. 170).

3) Fait de la victime

28) Le fait de la victime peut exonérer le gardien même s'il n'a aucun caractère fautif (Civ. 2e, 17 déc. 1963 : *J.C.P.* 65, II, 14075, note Dejean de la Batie ; *D.* 1964, 569, note Tunc. – Civ. 2e, 1er oct. 1975 : *D.* 1976, 46. – Civ. 2e, 11 oct. 1978 : *D.* 1979, I.R. 63, obs. Larroumet).

29) Le gardien de la chose instrument du dommage est partiellement exonéré de sa responsabilité s'il prouve que la faute de la victime a contribué au dommage (Civ. 2e, 6 avril 1987, 3 arrêts : *Bull.* II, n. 86, p. 49 ; *Rev. trim. dr. civ.* 1987, 767, obs. Huet. V. aussi du même jour : *J.C.P.* 87, II, 20828, note Chabas : *D.* 1988, 32, note C. Mouly).

30) Le gardien de la chose qui a été l'instrument du dommage, hors le cas où il établit un événement de force majeure totalement exonératoire, est tenu, dans ses rapports avec la victime, à réparation intégrale, sauf son recours éventuel contre le tiers qui aurait concouru à la production du dommage (Civ. 2e, 15 juin 1977 : *J.C.P.* 78, II, 18780, note Baudoin. – V. en ce sens Civ. 2e, 11 juill. 1977 : *D.* 1978, 581, note Agostini).

C. Régime

31) Viole l'article 1384 alinéa 1er la cour d'appel qui retient la faute de la victime sur la base de l'article 1382 alors que cette victime fondait aussi sa demande sur l'article 1384, alinéa 1er (Civ. 2e, 25 janv. 1984 : *D.* 1984, 242, note Larroumet).

32) La responsabilité du fait personnel et celle du fait des choses ont leur domaine propre ; elles peuvent dès lors être cumulativement invoquées (Civ. 2e, 17 oct. 1963 : *Bull.* II, n. 642, p. 486). Mais l'article 1384 n'est pas applicable si la victime s'est bornée à invoquer l'article 1382 (Civ. 2e, 21 nov. 1956 : *D.* 1957, 209, note R. Savatier. – Civ. 2e, 21 janv. 1970 : *D.* 1970, 525, note Lambert-Faivre). La chose jugée sur l'article 1382 n'empêche pas d'invoquer l'article 1384, al. 1er (Civ. 14 nov. 1934 : : *D.H.* 1935, 52).

33) La décision justifiée sur le fondement de l'article 1382 ne peut être critiquée sur le fondement de l'article 1384, al. 1er (Civ. 2e,

DÉLITS ET QUASI-DÉLITS   Art. 1384

16 mars 1960 : *Bull.* II, n. 183, p. 124. – Civ. 2e, 19 fév. 1975 : *J.C.P.* 75, II, 18159, note Bigot).

34) Le coauteur qui a payé pour le tout peut réclamer à l'autre la part lui incombant dans la production du dommage (Civ. 2e, 15 nov. 1972 : *D.* 1973, 533, note Chabas). Jugé que ce recours est fondé sur la subrogation légale (Civ. 2e, 11 fév. 1981 : *D.* 1982, 255, note Agostini). Entre les divers gardiens de plusieurs choses qui ont concouru à la production du dommage, la dette se divise par tête (Civ. 2e, 30 juin 1961 : *J.C.P.* 61, II, 12386, note Esmein).

35) En cas de collision entre des véhicules, le gardien du véhicule non endommagé doit indemniser l'autre gardien intégralement (Civ. 24 juin 1930 : *D.P.* 1931, I, 137, 2e esp., note R. Savatier). En cas de dommages réciproques, chacun doit réparer le préjudice de l'autre (Civ. 20 mars 1933 : *D.P.* 1933, I, 57, note R. Savatier. – Civ. 2e, 20 nov. 1975 : *D.* 1976, I.R. 35).

36) La responsabilité résultant de l'article 1384, al. 1, peut être invoquée contre le gardien de la chose par le passager transporté dans un véhicule à titre bénévole (Ch. mixte 20 déc. 1968 : *D.* 1969, 37, concl. Schmelck).

II. Responsabilité en cas de communication d'incendie

37) L'article 1384, al. 2 ne s'applique qu'aux dommages causés par l'incendie, à l'exclusion de tous dégâts ayant une autre origine, par exemple ceux provoqués par une explosion (Req. 14 fév. 1928 : *D.P.* 1928, 1, 129, rapp. Celice et note Josserand. – Civ. 2e, 30 oct. 1989 : *J.C.P.* 89, IV, 423). Mais il en est autrement si l'incendie précède l'explosion (Clv. 18 mal 1926 : *D.H.* 1926, 329. – Civ. 2e, 5 déc. 1984 : *Bull.* II, n. 187, p. 132. – V. cependant Civ. 2e, 9 mars 1978 : *D.* 1978, I.R. 406).

38) Le feu volontaire allumé ne constitue pas un incendie au sens de l'article 1384, al. 2 (Civ. 2e, 17 déc. 1970 : *Bull.* II, n. 352, p. 269).

39) L'article 1384, al. 2, ne distinguant pas suivant que la cause première de l'incendie a été ou non déterminée et qu'elle se trouve ou non liée à une chose dont le détenteur a un titre quelconque du fonds premier incendié serait le gardien, il est nécessaire et suffisant pour son application que l'incendie ait pris naissance dans l'immeuble ou dans les biens mobiliers dudit détenteur (Cass. Ass. plén. 25 fév. 1966 : *D.* 1966, 389, note Esmein). Par suite, l'article 1384, al. 1, ne saurait être appliqué à un incendie qui, provoqué dans un champ par une étincelle échappée d'un tracteur appartenant à l'exploitant de ce champ, s'est étendu au champ voisin dont il a détruit la récolte (même arrêt). Jugé en ce sens que l'article 1384, al. 2, est applicable en cas de retour de flammes du moteur à essence d'une pompe (Civ. 2e, 9 oct. 1968 : *J.C.P.* 68, IV, 177 ; *Bull.* II, n. 236, p. 165. – Civ. 2e, 31 janv. 1980 : *J.C.P.* 80, IV, 147 ; *Bull.* II, n. 22, p. 15), ou d'incendie communiqué à un immeuble par le goudron répandu sur la chaussée et qui s'était enflammé en sortant de la chaudière (Civ. 2e, 20 déc. 1971 : *Bull.* II, n. 355, p. 261). Mais jugé que le moteur à explosion étant un foyer normal comportant un danger permanent d'incendie, le sinistre déclenché par les gouttelettes d'essence enflammées s'échappant d'un tel moteur donne lieu contre son gardien à l'application de l'article 1384, al. 1 (Civ. 2e, 21 juin 1962 : *Gaz. Pal.* 1962, 2, 226. – V. en ce sens pour des flammèches échappées d'une locomotive, Civ. 20 janv. 1948 : *D.* 1948, 201, ou par des étincelles s'échappant des roues de la locomotive, Civ. 2e, 15 mars 1961 : *D.* 1961, Somm. 102 ; *Bull.* II, n. 223, p. 160).

40) Sur l'application de l'article 1384, alinéa 2 au cas d'incendie provoqué par l'implosion d'un téléviseur, V. Paris 26 juin 1979 : *Gaz. Pal.* 1979, 2, 493.

41) La responsabilité du propriétaire ne peut être retenue que si la preuve de sa faute ou de la faute de ses préposés est rapportée et non si la cause du sinistre est inconnue (Civ. 16 avril 1935 : *D.H.* 1935, 300). Pour l'application du principe à une société de location de téléviseurs en cas d'incendie de l'appareil, V. Civ. 2e, 3 oct. 1979 : *D.* 1980, 325, note Larroumet. La faute dont la preuve est mise à la charge de la victime ne consiste pas seulement dans celle qui a donné naissance au sinistre mais s'étend à toute négligence ou imprudence ayant concouru à l'extension ou à l'aggravation du sinistre (Paris 16 mars 1972 : *Gaz. Pal.* 1972, 1, 433. – V. en ce sens, Civ. 3e, 31 mai 1976 : *J.C.P.* 76, IV, 248 ; *Bull.* III, n. 236, p. 182).

42) C'est à celui qui invoque l'article 1384, al. 2, de démontrer que ses conditions d'application sont réunies (Civ. 2e, 4 mars 1982 : *J.C.P.* 84, II, 20154, note Chabas. – Civ. 2e, 6 déc. 1984 : *Bull.* II, n. 191, p. 135).

III. Responsabilité des parents du fait de leurs enfants mineurs

43) En dehors de toute faute personnelle de leur part, la présomption légale de responsabilité des père et mère cesse en même temps que la cohabitation, sans qu'il soit nécessaire que l'enfant passe sous la surveillance et la direction d'une personne investie de la même présomption de responsabilité, à moins que l'absence de cohabitation ne résulte pas d'un motif légitime ou n'empêche point la surveillance des parents de s'exercer (Civ. 2e, 9 déc. 1954 : *Gaz. Pal.* 1955, 1, 87.V. aussi Civ. 2e, 24 avril 1989 : *Bull.* II, n. 99, p. 48). La responsabilité ne saurait disparaître du fait de l'absence temporaire des parents (Crim. 11 oct. 1972 : *D.* 1973, 74, note J.L.).

44) La présomption de faute résultant de l'article 1384, al. 4 ne peut s'étendre au tuteur ni à l'Assistance publique ni aux personnes que celle-ci se substitue pour la garde de ses pupilles (Crim. 28 juil. 1949 : *S.* 1950, 1, 154. – V. en ce sens Civ. 2e, 24 nov. 1976 : *D.* 1977, 595, note Larroumet [service de l'Aide sociale]). S'il est vrai que même en dehors des cas prévus par l'article 1384 le mineur n'est pas indépendant et est nécessairement sous la surveillance de celui auprès de qui il est placé, ce dernier est alors responsable non du fait d'autrui mais de son propre fait (Civ. 2e, 15 fév. 1956 : *J.C.P.* 56, II, 9564, note Rodière). Faute d'une décision judiciaire lui ayant attribué l'exercice de l'autorité parentale sur son fils, le père naturel ayant reconnu l'enfant n'est pas investi du droit de garde à son égard et ne peut ainsi être déclaré civilement responsable des dommages causés par ce mineur (Crim. 5 nov. 1986 : *J.C.P.* 88, II, 21064, note Fulchiron).

45) Sur la disparition de la présomption en cas d'émancipation, V. *supra*, art. 482.

46) Si la responsabilité des parents suppose que celle de l'enfant a été préalablement établie, la loi ne distingue pas entre les causes qui ont pu donner naissance à la responsabilité de l'enfant et rien n'empêche que cette responsabilité soit engagée sur le fondement de l'article 1384, al. 1 (Civ. 2e 10 fév. 1966 : *D.* 1966, 332, note Schmelck. – Civ. 2e, 23 fév. 1977 : *Bull.* II, n. 41, p. 31). Il suffit pour qu'elle soit présumée que le mineur ait commis un acte qui soit la cause directe du dommage invoqué par la victime (Ass. plén. 9 mai 1984 : *J.C.P.* 84, II, 20255, 2e esp., note Dejean de la Batie. – V. en ce sens Civ. 2e, 12 déc. 1984 : *Bull.* II, n. 193, p. 137 ; *Rev. trim. dr. civ.* 1986, 119, obs. J. Huet. – V. cependant Caen 4 fév. 1988 : *D.* 1989, 295, note Prieur).

47) La responsabilité des parents repose sur une présomption de faute et doit être écartée s'il est établi que, tant au point de vue de l'éducation que de la surveillance, les parents ont fait preuve de prudence et n'ont pu empêcher l'acte dommageable (Civ. 2e, 12 oct. 1955 : *J.C.P.* 55, II, 9003, note

Esmein ; *D.* 1956, 301, note Rodière). Jugé que la participation à un bal public d'un grand adolescent apparaît comme un acte normal (Angers 5 fév. 1970 : *D.* 1970, 376, note A.D.), mais que doit être retenue la responsabilité des parents qui ont laissé leur fils de neuf ans jouer à la balle dans un terrain vague hors de toute surveillance (Civ. 2e, 1er déc. 1965 : *J.C.P.* 66, II, 14567), ou qui ont laissé leur fille de six ans circuler avec une bicyclette sur un trottoir (Civ. 2e, 1er déc. 1971 : *Gaz. Pal.* 1972, 1, 292).

48) Le jet malencontreux d'une équerre, de la part d'un enfant docile et studieux, ne saurait être retenu pour une faute d'éducation des parents (Civ. 2e, 4 mars 1987 : *Bull.* II, n. 63, p. 35).

49) Sur la faute du père qui n'a pas révélé au directeur d'école l'agressivité naturelle de son fils, V. Civ. 2e, 4 juin 1980 : *J.C.P.* 81, II, 19599, note Feddal.

50) Ne donne pas de base légale à sa décision l'arrêt qui décide que l'accident ne résulte pas d'un défaut d'éducation et de surveillance alors que les juges constatent qu'au moment des faits le mineur n'était pas directement surveillé et qu'il leur appartenait de rechercher si son comportement répréhensible n'établissait pas par lui-même un manquement du père à ses obligations de surveillance et d'éducation (Civ. 2e, 25 janv. 1989 : *Bull.* II, n. 21, p. 10).

IV. Responsabilité des commettants du fait de leurs préposés

A. Conditions

1) Lieu de préposition

51) La responsabilité mise à la charge des commettants suppose que ceux-ci ont le droit de donner à leurs préposés des ordres et des instructions sur la manière de remplir les fonctions auxquelles ils les emploient, autorité et subordination corrélatives sans lesquelles il n'y a pas de véritables commettants et préposés au sens de la loi (Crim. 27 fév. 1963 : *Gaz. Pal.* 1963, 2, 56). Ces rapports d'autorité et de subordination doivent être réels et ne peuvent résulter d'une situation de pure apparence (Crim. 15 fév. 1972 : *J.C.P.* 72, II, 17159, note Mayer). Mais il importe peu que les fonctions du préposé soient exercées à titre temporaire ou permanent, avec ou sans rémunération, et fût-ce en l'absence de tout louage de services (Crim. 7 nov. 1968 : *J.C.P.* 68, IV, 202 ; *Bull. crim.* n. 291). L'existence d'un lien de préposition n'implique pas nécessairement chez le commettant les connaissances techniques pour pouvoir donner des ordres avec compétence (Civ. 2e, 11 oct. 1989 : *J.C.P.* 89, IV, 397).

52) Le préposé peut avoir plusieurs commettants (Civ. 2e, 9 fév. 1967 : *Gaz. Pal.* 1967, 1, 224. – Orléans 21 avril 1986 : *Gaz. Pal.* 1986, 2, 628, note Lévy).

53) S'il est exact que la mise à la disposition d'un véhicule utilitaire et de son chauffeur n'a pas nécessairement pour conséquence la création d'un lien de préposition occasionnel entre le chauffeur et le locataire, une distinction doit être établie entre les opérations indispensables au fonctionnement et à la conduite du véhicule loué, pour lesquelles le chauffeur reste, sauf convention contraire, sous la dépendance du loueur, son commettant habituel, et celles qui ont trait à l'utilisation du véhicule en vue du transport des marchandises, pour lesquelles le chauffeur reçoit les instructions exclusivement du locataire dont il devient le préposé occasionnel (Paris 1er déc. 1977 : *Gaz. Pal.* 1978, 1, 301 ; *D.* 1978, I.R. 407, obs. Larroumet). Sur la responsabilité de l'entreprise d'accueil en cas de location de main d'œuvre, V. Soc. 30 janv. 1985 : *Bull.* V, n. 71, p. 50 ; *Rev. trim. dr. civ.* 1986, 132, obs. J. Huet. – Civ. 1re, 18 janv. 1989 : *Rev. trim. dr. civ.* 1989, 561, obs. Jourdain.

54) Un anesthésiste peut être le préposé d'un chirurgien (T.G.I., Versailles 11 déc. 1970 : *J.C.P.* 71, II, 16755, note N.S.).

55) L'acquéreur éventuel d'un véhicule qui en fait l'essai n'est pas le préposé du constructeur, même s'il est accompagné d'un employé de ce dernier (Paris 25 fév. 1964 : *D.* 1964, Somm. 81).

56) Le fils peut être le préposé du père (Req. 17 mars 1931 : *Gaz. Pal.* 1931, 1, 800), et le mari préposé de son épouse (Crim. 27 déc. 1961 : *J.C.P.* 62, II, 12652).

57) Le propriétaire d'un canot automobile, qui en confie la conduite à une personne en vue de faire du ski nautique, est responsable en tant que commettant du dommage causé à un tiers (Civ. 2e, 15 oct. 1954 : *J.C.P.* 55, II, 8473, note P.B.). De même, l'administrateur d'une société prenant le volant de la voiture à l'invitation du P.-D.G. devient le préposé de la société (Soc. 15 déc. 1971 : *D.* 1973, 120, note Breton et Vernerey). Mais jugé qu'un officier de cinquante-et-un ans qui accepte de conduire le véhicule d'une personne âgée de quatre-vingt-treize ans n'en devient pas le préposé (Civ. 2e, 12 nov ; 1951 : *J.C.P.* 52, II, 6677, note Esmein).

2) Fait générateur

58) La responsabilité civile du commettant ne peut être engagée qu'en cas de faute du préposé (Civ. 2e, 8 oct. 1969 : *Bull.* II, n. 269, p. 195. – Dijon 21 mars 1975 : *D.* 1975, Somm. 96), sous réserve de l'application de l'article 489-2 du Code civil en cas de démence du préposé (Civ. 2e, 3 mars 1977 : *D.* 1977, 501, note Larroumet).

59) Sur le principe que l'article 1384, alinéa 5, n'est applicable qu'en matière de responsabilité délictuelle, v. Civ. 1re, 11 janv. 1989 : *J.C.P.* 89, II, 21326, 1re esp., note Larroumet. – V. cependant Paris 26 fév. 1986 : *D.* 1986, 397, note Vialard).

60) Sur l'incompatibilité des qualités de préposé et de gardien, V. *supra*, n. 15.

61) Les dispositions de l'article 1384, al. 5, ne s'appliquent pas au commettant en cas de dommages causés par le préposé qui, agissant sans autorisation à des fins étrangères à ses attributions, quels que fussent ses mobiles, s'est placé hors des fonctions auxquelles il était employé (Ass. plén. 15 nov. 1985 : *J.C.P.* 86, II, 20568, note Viney ; *D.* 1986, 81, note Aubert ; *Rev. trim. dr. civ.* 1986, 128, obs. J. Huet. – Crim. 15 mai 1986 : *Gaz. Pal.* 1986, 2, 682, et, sur nouveau pourvoi, Ass. Plén. 19 mai 1988 : *D.* 1988, 513, note Larroumet. V. en sens inverse, mais sur le terrain contractuel, Paris 26 fév. 1986 : *D.* 1986, 397, note Vialard. Comp. Civ. 2e, 12 juil. 1989 : *Bull.* II, n. 150, p. 76). Mais dès lors que le préposé n'a pas agi à des fins étrangères à ses attributions, même s'il a transgressé les instructions de son employeur et que la victime n'a pu considérer qu'il s'est placé hors des fonctions auxquelles il était employé, l'intéressé engage la responsabilité civile de son employeur (Crim. 22 janv. 1987 : *J.C.P.* 87, IV, 103).

B. Régime

62) Seule la victime a qualité pour invoquer les dispositions de l'article 1384, al. 5 ; le préposé ne saurait appeler le commettant en garantie (Civ. 2e, 6 fév. 1974 : *D.* 1974, 409, note Le Tourneau. – V. aussi Civ. 2e, 28 oct. 1987 : *Bull.* II, n. 214, p. 119).

63) La victime du dommage peut rechercher directement la responsabilité du commettant sans avoir l'obligation d'assigner en même temps le préposé (Civ. 2e, 11 mars 1971 : *J.C.P.* 71, IV, 108 ; *Bull.* II, n. 113, p. 76). Si elle assigne le préposé, celui-ci ne saurait appeler son commettant en garantie (Civ. 2e, 6 fév. 1974 : *D.* 1974, 409, note Le Tourneau).

64) Si le commettant et le préposé ont été condamnés *in solidum*, l'appel interjeté par le seul préposé ne bénéficie pas au commettant (Crim. 9 juin 1966 : *J.C.P.* 67, II, 14955, rapp. Rolland).

65) Le commettant ne peut pas s'exonérer en prouvant qu'il n'a pas commis de faute

DÉLITS ET QUASI-DÉLITS — Art. 1384

(Crim. 20 juin 1924 : *D.P.* 1925, 1, 93), ou qu'il n'a pu empêcher le fait dommageable (Crim. 3 mai 1979 : *D.* 1980, I.R. 36, 1re esp., obs. Larroumet).

66) Le commettant a un recours contre le préposé (Soc. 10 mai 1939 : *D.H.* 1939, 391), sauf s'il a commis une faute personnelle (Civ. 2e, 15 oct. 1954 : *J.C.P.* 55, II, 8473, note P.B.). Ce recours est ouvert même si le préposé n'a pas commis de faute lourde (Civ. 20 mars 1979 : *D.* 1980, 29, note Larroumet).

67) L'assureur est garant des pertes et dommages causés par des personnes dont l'assuré est civilement responsable en vertu de l'article 1384, quelles que soient la nature et la gravité des fautes commises par ces personnes (C. Ass., art. L. 121-2. V. pour une application Civ. 1re, 24 oct. 1973 : *J.C.P.* 73, IV, 392 ; *Bull.* I, n. 279, p. 244). Mais il n'a pas de recours contre elles sauf le cas de malveillance (C. Ass., art. L. 121-12, al. 3, *infra,* Annexe).

V. Responsabilité des instituteurs du fait de leurs élèves

68) Sur la substitution de la responsabilité de l'État à celle des membres de l'enseignement public, V. L. 5 avril 1937, *supra,* sous art. 1384. V. pour une application Civ. 2e, 29 mars 1984 : *Bull.* II, n. 58, p. 40. Mais cette substitution n'a lieu que si la responsabilité propre d'un enseignant déterminé se trouve engagée, ce qui n'est pas le cas lorsque est seulement établie la faute de surveillance de l'établissement (Civ. 2e, 4 mars 1987 : *Bull.* II, n. 63, p. 35).

69) La responsabilité de l'État doit être substituée à celle du directeur d'une colonie de vacances organisée par une association membre de la Fédération des œuvres éducatives et de vacances de l'Éducation nationale, qui est un prolongement de l'enseignement public, tant par son objet que par son organisation interne (Civ. 2e, 13 janv. 1988 : *Bull.* II, n. 21, p. 11). Sur le cas des établissements privés ayant passé un contrat d'association à l'enseignement public, V. D. n. 60-389 du 22 avril 1960, art. 10. Jugé que les tribunaux judiciaires sont compétents pour connaître de l'action en responsabilité dirigée contre un établissement privé, eût-il conclu un contrat d'association avec l'État, lorsque le dommage résulte d'une organisation défectueuse du service de surveillance dudit établissement (Civ. 2e, 11 oct. 1989 : *J.C.P.* 89, IV, 398).

70) Les tribunaux judiciaires de droit commun sont compétents pour connaître des actions exercées contre l'État pris non comme civilement responsable mais comme substitué aux membres de l'enseignement public, sans qu'en soient exclues les juridictions répressives (Cass. Ch. mixte, 23 avril 1976 : *D.* 1977, 21, note Martin).

71) La loi de 1937 n'exclut pas la possibilité, pour un tiers déclaré avec l'Etat tenu de réparer les dommages causés à un élève, de demander au juge de statuer sur la contribution à la dette des deux débiteurs dans leurs rapports entre eux (Civ. 2e, 18 janv. 1989 : *J.C.P.* 89, IV, 104).

72) La responsabilité des instituteurs suppose une faute commise par eux, ce qui exclut l'application à leur encontre de la responsabilité fondée sur l'article 1384, al. 1er (Civ. 2e, 11 mars 1981 : *D.* 1981, I.R. 320, obs. Larroumet ; *Bull.* II, n. 55, p. 37). Mais l'obligation de réparation du conducteur d'un véhicule terrestre à moteur, impliqué dans l'accident survenu à un élève qui, profitant de l'absence momentanée de l'institutrice, s'est élancé dans la rue, n'exclut pas la responsabilité de l'État définie par l'article 2 de la loi du 5 avril 1937 (Civ. 2e, 14 déc. 1987 : *Bull.* II, n. 266, p. 147).

73) Le fait de laisser s'organiser le désordre à l'occasion d'un changement de classe peut suffire à engager la responsabilité (Civ. 2e, 5 déc. 1979 : *Bull.* II, n. 285, p. 196), de même que le fait de laisser sciemment sans surveillance des élèves de quinze ans (Civ.

1re, 20 déc. 1982 : *Bull.* I, n. 369, p. 317 ; *Rev. trim. dr. civ.* 1983, 544, obs. Durry. V. aussi Civ. 2e, 14 déc. 1987 : *Bull.* II, n. 266, p. 147). Mais il en va autrement pour la carence consistant dans le fait d'omettre de prévenir les parents de l'absence répétée de leur fille (Civ. 2e, 3 déc. 1980 : *Bull.* II, n. 250, p. 171).

VI. *Responsabilité des artisans du fait de leurs apprentis*

74) E. Paillet, *La responsabilité de l'artisan du fait de l'apprenti* : *J.C.P.* 81, éd. C.I., II, 13627.

75) La responsabilité des artisans à l'égard de leurs apprentis et celle des commettants à l'égard de leurs préposés sont exclusives l'une de l'autre (Civ. 2e, 8 déc. 1961 : *J.C.P.* 62, II, 12658, note Pierron).

76) Les conditions de validité des contrats d'apprentissage sont étrangères aux dispositions de l'article 1384 (Crim. 30 juin 1943 : *D.A.* 1943, 71).

77) Les dispositions des alinéas 3, 4 et 5 de l'article 1384 sont de droit étroit et doivent être interprétées restrictivement. On ne peut donc raisonner par analogie pour retenir la responsabilité d'un artisan en dehors de tout contrat d'apprentissage (Civ. 2e, 15 fév. 1956 : *D.* 1956, 410, note Blanc).

78) Une société peut avoir la qualité d'artisan au sens de l'article 1384 (Crim. 6 janv. 1953 : *S.* 1954, I, 9, note Blanc. – Crim. 14 mai 1980 : *J.C.P.* 81, éd. C.I., II, 13627 ; *Rev. trim. dr. civ.* 1981, 158, obs. Durry).

79) L'artisan peut s'exonérer en prouvant qu'il n'a pu empêcher le fait qui fait présumer sa responsabilité (Crim. 6 janv. 1953, préc.).

80) L'apprenti qui cause un accident avec la bicyclette à lui confiée par l'employeur pour se rendre au domicile familial est seul responsable, en qualité de gardien (Civ. 2e, 15 janv. 1970 : *D.* 1970, Somm. 62).

Loi n. 85-677 du 5 juillet 1985 *(J.O.* 6 juil.*)*
tendant à l'amélioration de la situation des victimes d'accidents de la circulation et à l'accélération des procédures d'indemnisation

V. Commentaires F. CHABAS, Litec, 1986 – Y. CHARTIER, Dalloz, 1986 – H. GROUTEL : *J.C.P.* 86, I, 3244 – G. VINEY : *D.* 1986, chron. 209. V. aussi H. GROUTEL, *La pluralité d'auteurs dans un accident de la circulation* : *D.* 1987, chron. 86.

CHAPITRE Ier. – INDEMNISATION DES VICTIMES D'ACCIDENTS DE LA CIRCULATION

Art. 1er. – Les dispositions du présent chapitre s'appliquent, même lorsqu'elles sont transportées en vertu d'un contrat, aux victimes d'un accident de la circulation dans lequel est impliqué un véhicule terrestre à moteur ainsi que ses remorques ou semi-remorques, à l'exception des chemins de fer et des tramways circulant sur des voies qui leur sont propres.

1) La loi du 5 juillet 1985 est applicable à l'accident causé dans un champ par un tracteur (Civ. 2e, 5 mars et 25 juin 1986 : *D.* 1987, Somm. 87, obs. Groutel), ou par celui causé par un engin de damage de piste de ski (Grenoble 9 fév. 1987 : *D.* 1987, 245, note Chabas), ou au cours d'une compétition de moto-cross organisée en circuit fermé (Civ. 2e, 10 mars 1988 : *Bull.* II, n. 59, p. 32. *Contra*, pour l'accident causé à un spectateur lors d'une course automobile disputée sur une chaussée où la circulation générale avait été interdite, Montpellier 12 oct. 1987 : *J.C.P.* 88, II, 21131, note Bories).

2) N'est pas une remorque au sens de l'article 1er de la loi du 5 juillet 1985 un appareil non attelé à un véhicule terrestre à moteur, par exemple une bétonnière détachée d'un tel véhicule (Civ. 2e, 7 juin 1989 : *J.C.P.* 89, IV, 294 ; *Bull.* II, n. 121, p. 61).

3) Il importe peu que le véhicule se trouve sur une voie ouverte à la circulation publique. Il suffit qu'il soit en mouvement sur une voie quelconque, publique ou privée, ou même sur un terrain privé (Paris 5 juil. 1989 : *J.C.P.* 89, II, 21384, note Chabas, chariot-élévateur provoquant la chute d'un ouvrier occupé à fixer un échafaudage sur une gouttière).

4) L'absence d'un lien de causalité entre la faute d'un conducteur et le dommage subi n'exclut pas que le véhicule puisse être impliqué dans l'accident au sens de l'article 1er de la loi du 5 juillet 1985 (Civ. 2e, 11 avril 1986 : *J.C.P.* 86, II, 20672, 2e arrêt, note Barbieri). Mais le véhicule ne peut être considéré comme impliqué que s'il a participé à la réalisation de l'accident et s'il existe un lien suffisamment étroit entre son intervention et le dommage dont il est demandé réparation. Tel n'est pas le cas lorsqu'un cyclomotoriste heurte un poteau téléphonique renversé la veille par un autocar et déposé dans le fossé d'où le vent l'a ramené sur la chaussée (Caen 18 déc. 1986 : *Gaz. Pal.* 1987, 1, 321, note Chabas), ou dans le cas d'un cyclomoteur circulant derrière un autre, accidenté, dès lors qu'il est établi qu'il n'y a pas eu de choc entre les deux véhicules (Civ. 2e, 8 fév. 1989 : *Bull.* II, n. 29, p. 15 ; *Rev. trim. dr. civ.* 1989, 567, obs. Jourdain).

5) Le véhicule peut être considéré comme impliqué dans le cas d'un enfant montant sur le marchepied avant l'arrêt (Ass. plén. 25 oct. 1985 : *Bull.,* n. 5, p. 9), ou d'une personne se trouvant dans une automobile et brûlée par une flamme sortant du capot (Civ. 2e, 19 fév. 1986 : *Bull.* II, n. 18, p. 12), ou d'un cycliste heurtant un véhicule en stationnement (Dijon 25 sept. 1985 : *J.C.P.* 85, II, 20523, note Chabas ; *D.* 1986, 38, note Tunc), ou lorsque l'écharpe d'un piéton se prend dans la roue arrière d'un cyclomoteur (Civ. 2e, 19 fév. 1986 : *Bull.* II, n. 19, p. 13), ou lorsqu'un camion heurte le corps d'un automobiliste éjecté après un accident (Civ. 2e, 26 nov. 1986 : *J.C.P.* 87, II, 20833, note Saluden ; *D.* 1987, 128, note Groutel), ou d'une personne blessée en descendant d'un autobus immobilisé à un arrêt (Civ. 2e, 7 juin 1989 : *J.C.P.* 89, IV, 294 ; *Bull.* II, n. 122, p. 62), ou en s'apprêtant à en descendre (Civ. 2e, 11 oct. 1989 : *J.C.P.* 89, IV, 397). – Viole l'article 1er de la loi de 1985 l'arrêt qui écarte l'implication en retenant que la preuve n'est pas rapportée que la victime était vivante au moment où elle était écrasée (Civ. 2e, 8 nov. 1989 : *J.C.P.* 90, IV, 4).

6) Doit être cassé l'arrêt qui refuse d'appliquer la loi du 5 juillet 1985 au motif que le véhicule a joué un rôle passif (Civ. 2e, 4 déc. 1985 : *Bull.* II, n. 186, p. 125. – Civ. 2e, 11 avril 1986 : *J.C.P.* 86, II, 20672, 1er arrêt, note Barbieri). Mais le véhicule n'est pas impliqué dès lors qu'il stationne régulièrement dans une rue correctement éclairée, que la visibilité est bonne et que les témoins ont déclaré avoir été en mesure d'apercevoir d'assez loin la présence du véhicule, d'où il résulte que les conditions dans lesquelles le camion stationnait n'étaient pas de nature à perturber la circulation du cyclomotoriste entré en collision avec lui (Civ. 2e, 21 juil. 1986, 1re esp. : *J.C.P.* 87, II, 20769, note crit. Durry). Il en va de même si le véhicule entré en collision avec le véhicule en stationnement circulait trop vite et n'est pas établi que son stationnement a joué un rôle dans la réalisation de l'accident (Civ. 2e, 21 juil. 1986, 2e esp., *eod. loc.*). En revanche, le véhicule qui stationne sur un passage protégé perturbe la circulation et est impliqué au sens de la loi du 5 juillet 1985 (Civ. 2e, 21 juil. 1986, 3e esp., *eod. loc.*). Une automobile ne peut être considérée comme non impliquée

du seul fait qu'elle se trouvait régulièrement stationnée sur l'accotement bordant la route nationale et il appartient aux juges du fond de rechercher si cette automobile, dans les conditions où elle stationnait, n'avait pas perturbé la circulation du cycliste (Civ. 2e, 18 nov. 1987 : *D.* 1988, 373, note Groutel).

7) C'est à la victime de rapporter la preuve de l'implication (Civ. 2e, 28 mai et 21 juil. 1986 : *D.* 1987, 160, note Groutel).

8) La partie assignée en réparation du préjudice subi par la victime d'un accident de la circulation n'est pas recevable à se prévaloir des dispositions de la loi du 5 juillet 1985 à l'encontre d'une autre partie défenderesse (Civ. 2e, 20 juil. 1987, 2e arrêt : *D.* 1987, 469, note crit. Groutel. – Civ. 1re, 14 déc. 1988 : *Bull.* II, n. 248, p. 133 ; *D.* 1989, 385, note crit. Aubert).

9) G. Viney, *De l'application de la loi du 5 juillet 1985 à l'accident de la circulation qui est en même temps un accident du travail :* D. 1989, Chron. 231.

Section I. – Dispositions relatives au droit à indemnisation

Art. 2. – Les victimes, y compris les conducteurs, ne peuvent se voir opposer la force majeure ou le fait d'un tiers par le conducteur ou le gardien mentionné à l'article 1er.

V. pour des applications (Civ. 2e, 6 nov. 1985 : *Bull.* II, n. 166, p. 112, chien errant. – Civ. 2e, 13 janv. 1988 : *D.* 1988, 293, 1re esp., note Groutel).

Art. 3. – Les victimes, hormis les conducteurs de véhicules terrestres à moteur, sont indemnisées des dommages résultant des atteintes à leur personne qu'elles ont subis, sans que puisse leur être opposée leur propre faute à l'exception de leur faute inexcusable si elle a été la cause exclusive de l'accident.

Les victimes désignées à l'alinéa précédent, lorsqu'elles sont âgées de moins de seize ans ou de plus de soixante-dix ans, ou lorsque, quel que soit leur âge, elles sont titulaires, au moment de l'accident, d'un titre leur reconnaissant un taux d'incapacité permanente ou d'invalidité au moins égal à 80 %, sont, dans tous les cas, indemnisées des dommages résultant des atteintes à leur personne qu'elles ont subis.

Toutefois, dans les cas visés aux deux alinéas précédents, la victime n'est pas indemnisée par l'auteur de l'accident des dommages résultant des atteintes à sa personne lorsqu'elle a volontairement recherché le dommage qu'elle a subi.

1) G. Legier, *La faute inexcusable de la victime d'un accident de la circulation régi par la loi du 5 juillet 1985 :* D. 1986, 97. – C. Mouly, *Faute inexcusable : trois notes en marge d'une interprétation :* D. 1987, chron. 234. – E. Bloch, *La faute inexcusable du piéton (deux ans de jurisprudence et le coup d'arrêt de la Cour de cassation le 10 juillet 1987) :* J.C.P. 88, I, 3328.

2) Seule est inexcusable au sens de l'article 3 la faute volontaire d'une exceptionnelle gravité exposant sans raison valable son auteur à un danger dont il aurait dû avoir conscience (Civ. 2e, 20 juil. 1987, 10 arrêts : *Bull.* II, n. 160, p. 90). Tel n'est pas le cas pour l'employé travaillant au nettoyage de la chaussée et stationnant sans protection au crépuscule sur la voie la plus à gauche de l'autoroute, dans une zone de léger brouillard, en avant et à l'opposé de la signalisation (Civ. 2e, 16 nov. 1988 : *J.C.P.* 89, IV, 21 ; *Bull.* II, n. 217, p. 117, arrêt n. 1), ni pour le piéton traversant un boulevard au moment où les feux de signalisation lui interdisaient le passage, négligence peut-être imputable à son état d'alcoolémie (Civ. 2e, 16 nov. 1988 : *J.C.P.* 89, IV, 21 ; *Bull.* II, n. 217, p. 117, 2e arrêt), ni pour le chef d'une équipe

DÉLITS ET QUASI-DÉLITS — Art. 1384

d'ouvriers chargée de neutraliser une des voies d'une autoroute le fait de s'engager sur la voie sans prêter attention à la circulation et de faire brusquement demi-tour (Civ. 2ᵉ, 7 déc. 1988 : *Bull.* II, n. 242, p. 131). En revanche, a été considérée comme inexcusable, en dépit de son handicap mental, la faute commise par un piéton traversant une rocade en enjambant les rails de sécurité et s'engageant sur la chaussée (Civ. 2ᵉ, 7 juin 1989 : *J.C.P.* 89, IV, 294 ; *Bull.* I, n. 120, p. 61 ; *D.* 1989, 559, note Aubert), ou celle du piéton qui, sortant d'un bar en état d'ébriété, s'engage sur la chaussée sans hésitation ni recul et sans se préoccuper de l'arrivée d'un automobiliste (Civ. 2ᵉ, 12 juil. 1989 : *J.C.P.* 89, IV, 349), ou qui traverse de nuit en rase campagne une autoroute (Civ. 2ᵉ, 28 juin 1989 : *Bull.* II, n. 137, p. 69).

3) Le comportement fautif du passager peut être contemporain ou antérieur à l'accident dès lors que le législateur n'exige que la démonstration d'un lien causal (T.G.I. Bourges 18 nov. 1988 : *J.C.P.* 90, II, 21401, note Chabas, accident dû à une réparation sommaire effectuée par le passager sur un élément du châssis essentiel à sa stabilité).

4) Sur le principe que les victimes visées par l'article 3, al. 2 doivent être indemnisées intégralement sauf au cas où elles ont volontairement recherché le dommage, V. Ass. plén. 25 oct. 1985 : *Bull.* n. 5, p. 9. Jugé que cette indemnisation est fondée sur l'idée de risque (Paris 14 mars 1986 : *J.C.P.* 86, II, 20652, note Chabas).

5) C'est au conducteur à rapporter la preuve que la victime avait au moment de l'accident la qualité de conducteur d'un véhicule terrestre à moteur (Civ. 2ᵉ, 9 juil. 1986 . *J.C.P.* 87, II, 20747, note F.C. ; *D.* 1987, 1, note Groutel. Sur la notion de conducteur, V. J. Huet, *Rev. trim. dr. civ.* 1987, 345.

6) N'est plus un conducteur celui qui a quitté son véhicule accidenté (Civ. 2ᵉ, 4 déc. 1985 : *Bull.* II, n. 186, p. 125) ou qui se tient sur la chaussée afin de diriger la manœuvre d'un véhicule qui remorquait le sien (Civ. 2ᵉ, 12 fév. 1986 : *Bull.* II, n. 12, p. 8) ou qui remplace une roue (Civ. 2ᵉ, 12 fév. 1986 : *Bull.* II, n. 13, p. 8) ou qui tombe du véhicule à moteur qu'il pilotait (Civ. 2ᵉ, 28 mai 1986 : *J.C.P.* 86, II, 20692, note Chabas). Celui qui traverse la chaussée en tenant son cyclomoteur à la main n'est pas un conducteur mais un piéton (Civ. 2ᵉ, 14 janv. 1987 : *J.C.P.* 87, II, 20910, note Chabas, sol. implicite), de même que celui qui descend de son véhicule (Civ. 2ᵉ, 10 mars 1988 : *J.C.P.* 89, II, 21328, 1ʳᵉ esp., note Dagorne-Labbe), par exemple pour porter secours (Civ. 2ᵉ, 20 juil. 1987 : *Bull.* II, n. 164, p. 95), ou qui est occupé à y reprendre place (Civ. 2ᵉ, 10 mars 1988 : *J.C.P.* 89, II, 21328, 2ᵉ esp., note Dagorne-Labbe). Mais le pilote du véhicule remorqué est un conducteur au sens de la loi du 5 juillet 1985, dès lors qu'il a conservé une certaine maîtrise dans la conduite du véhicule (Civ. 2ᵉ, 14 janv. 1987 : *J.C.P.* 87, II, 20768, note Chabas). Il en va de même pour un cyclomotoriste tombé de son engin et qui est venu heurter une automobile arrivant en sens inverse (Civ. 2ᵉ, 4 oct.1989 : *J.C.P.* 89, IV, 386). Sur l'application de l'article 3 à une cavalière, V. Civ. 2ᵉ, 12 nov. 1986 : *D.* 1987, Somm. 91, obs. Groutel.

7) Sur le caractère autonome de la loi de 1985 par rapport au régime général de la responsabilité, V. Civ. 2ᵉ, 28 janv. et 4 fév. 1987 : *D.* 1987, 187, note Groutel. – Civ. 2ᵉ, 20 juil. 1987, 2ᵉ arrêt : *D.* 1987, 469, note crit. Groutel. – G. Wiederkehr : *D.* 1986, chron. 255.

Art. 4. – La faute, commise par le conducteur du véhicule terrestre à moteur a pour effet de limiter ou d'exclure l'indemnisation des dommages qu'il a subis.

1) Sur la notion de conducteur, V. *supra,* sous art. 3, n. 3.

2) L'article 4 est seul applicable en cas de collision, quel que soit l'âge du conduc-

teur victime de l'accident (Civ. 2ᵉ, 9 juil. 1986 : *D.* 1987, Somm. 89, obs. Groutel. V. en ce sens Civ. 2ᵉ, 6 mai 1987 : *Bull.* II, n. 90, p. 54).

3) Pour des applications de la règle posée par l'article 4, V. Civ. 2ᵉ, 10 oct. 1985 : *J.C.P.* 86, II, 20632, 2ᵉ esp., note Barbieri. – Civ. 2ᵉ, 29 janv., 9 juil., 23 avril, 2 juil., 11 avril et 21 juil. 1986 : *D.* 1987, Somm. 89, obs. Groutel.

4) A défaut de prouver à l'encontre de l'un quelconque des conducteurs une faute susceptible de limiter ou d'exclure l'indemnisation par application de l'article 4, chacun d'eux doit, en vertu de l'article 1384, al. 1ᵉʳ, être tenu à entière réparation envers l'autre (Montpellier 7 juill. 1986 : *D.* 1987, Somm. 89, 7ᵉ esp., note Groutel).

5) Jugé que lorsque la faute du conducteur est établie, il lui appartient de démontrer que cette faute n'a pas de lien avec la réalisation du dommage (Civ. 2ᵉ, 8 mars 1989 : *Rev. trim. dr. civ.* 1989, 568, obs. crit. Jourdain).

Art. 5. – La faute, commise par la victime a pour effet de limiter ou d'exclure l'indemnisation des dommages aux biens qu'elle a subis. Toutefois, les fournitures et appareils délivrés sur prescription médicale donnent lieu à indemnisation selon les règles applicables à la réparation des atteintes à la personne.

Lorsque le conducteur d'un véhicule terrestre à moteur n'en est pas le propriétaire, la faute de ce conducteur peut être opposée au propriétaire pour l'indemnisation des dommages causés à son véhicule. Le propriétaire dispose d'un recours contre le conducteur.

Sur le droit pour la S.N.C.F. de demander réparation pour les dommages à ses biens en cas de collision survenue sur un passage à niveau, V. Civ. 2ᵉ, 17 mars 1986 : *D.* 1987, 49, note Groutel.

Art. 6. – Le préjudice subi par un tiers du fait des dommages causés à la victime directe d'un accident de la circulation est réparé en tenant compte des limitations ou exclusions applicables à l'indemnisation de ces dommages.

1) Le préjudice subi par un tiers du fait des dommages causés à la victime directe d'un accident doit être intégralement réparé si aucune limitation ou exclusion n'est applicable à l'indemnisation desdits dommages (Crim. 15 déc. 1987 : *J.C.P.* 88, II, 21031, note Chabas).

2) Le coauteur ne peut se voir attribuer une action subrogatoire contre la succession de la victime ou son assureur dès lors qu'une telle action priverait de l'intégralité de l'indemnité leur revenant les personnes victimes d'un préjudice subi du fait des dommages causés aux victimes directes (Civ. 2ᵉ, 13 janv. 1988 : *D.* 1988, 293, 2ᵉ esp., note Groutel. V. aussi Civ. 2ᵉ, 28 juin 1989, 3 arrêts : *Bull.* II, n. 138 à 140, p. 69).

Section II. – Dispositions relatives à l'assurance et au fonds de garantie

Art. 7 et 8. – *V. C. Assurances, art. L. 211-1,* infra, *Annexe.*

Art. 9. – *V. C. Assurances, art. L. 420-1,* infra, *Annexe.*

Art. 10. – *V. C. Assurances, art. L. 420-3,* infra, *Annexe.*

Art. 11. – *V. C. Assurances, art. L. 420-8,*infra, *Annexe.*

DÉLITS ET QUASI-DÉLITS   **Art. 1384**

Section III. – De l'offre d'indemnité

Art. 12 à 27 codifiés, *infra*, Annexe. *(V. C. Assurances, Art. L. 211-8 à L. 221-24).*

CHAPITRE II. – DES RECOURS DES TIERS PAYEURS CONTRE LES PERSONNES TENUES À RÉPARATION D'UN DOMMAGE RÉSULTANT D'UNE ATTEINTE À LA PERSONNE

Art. 28. – Les dispositions du présent chapitre s'appliquent aux relations entre le tiers payeur et la personne tenue à réparation d'un dommage résultant d'une atteinte à la personne, quelle que soit la nature de l'événement ayant occasionné ce dommage.

Art. 29. – Seules les prestations énumérés ci-après versées à la victime d'un dommage résultant des atteintes à sa personne ouvrent droit à un recours contre la personne tenue à réparation ou son assureur :
1. les prestations versées par les organismes, établissements et services gérant un régime obligatoire de sécurité sociale et par ceux qui sont mentionnés aux articles 1106-9, 1234-8 et 1234-20 du Code rural ;
2. les prestations énumérées au II de l'article 1er de l'ordonnance n. 59-76 du 7 janvier 1959 relative aux actions en réparation civile de l'État et de certaines autres personnes publiques ;
3. les sommes versées en remboursement des frais de traitement médical et de rééducation ;
4. les salaires et accessoires du salaire maintenus par l'employeur pendant la période d'inactivité consécutive à l'événement qui a occasionné le dommage ;
5. les indemnités journalières de maladie et les prestations d'invalidité versées par les groupements mutualistes régis par le Code de la mutualité.

Art. 30. – Les recours mentionnés à l'article 29 ont un caractère subrogatoire.

Art. 31. – Ces recours s'exercent dans les limites de la part d'indemnité qui répare l'atteinte à l'intégrité physique de la victime, à l'exclusion de la part d'indemnité de caractère personnel correspondant aux souffrances physiques ou morales par elle endurées et au préjudice esthétique et d'agrément ou, s'il y a lieu, de la part d'indemnité correspondant au préjudice moral des ayants droit.

Art. 32. – Les employeurs sont admis à poursuivre directement contre le responsable des dommages ou son assureur le remboursement des charges patronales afférentes aux rémunérations maintenues ou versées à la victime pendant la période d'indisponibilité de celle-ci. Ces dispositions sont applicables à l'État par dérogation aux dispositions de l'article 2 de l'ordonnance n. 59-76 du 7 janvier 1959 précitée.

Art. 33. – Hormis les prestations mentionnées aux articles 29 et 32, aucun versement effectué au profit d'une victime en vertu d'une obligation légale, conventionnelle ou statutaire n'ouvre droit à une action contre la personne tenue à réparation du dommage ou son assureur.
Toute disposition contraire aux prescriptions des articles 29 à 32 et du présent article est réputée non écrite à moins qu'elle ne soit plus favorable à la victime.
Toutefois, lorsqu'il est prévu par contrat, le recours subrogatoire de l'assureur qui a versé à la victime une avance sur indemnité du fait de l'accident peut être exercé contre l'assureur de la personne tenue à réparation dans la limite du solde subsistant après paiement aux tiers visés à l'article 29. Il doit être exercé, s'il y a lieu, dans les délais impartis par la loi aux tiers payeurs pour produire leurs créances.

Art. 34. – L'organisme de sécurité sociale chargé du remboursement des soins représente auprès du responsable des dommages ou de l'assureur de celui-ci, et pour la conclusion d'une transaction, les organismes de sécurité sociale chargés de la couverture des autres risques et du versement de prestations familiales.

CHAPITRE III. – DISPOSITIONS DIVERSES

Section I. – De l'intervention du fonds de garantie en application de l'article 336 ter du code rural

Art. 35. – *V. C. rural, art. 366 ter.*

Section II. – Des intérêts moratoires

Art. 36. – *V. C. civ., art. 1153.*

Section III. – Des prescriptions

Art. 37. – *V. C. civ., art. 2244.*

Art. 38. – *V. C. civ., art. 2270-1.*

Section IV. – Des appels en déclaration de jugement commun

Art. 39. – *V. C. séc. soc., art. L. 397.*

Art. 40. – *V. C. rural, art. 1046.*

Art. 41. – *V. C. rural, art. 1234-12.*

Art. 42. – *V. Ord. n. 59-76 du 7 janv. 1959, art. 3.*

Section V. – Des rentes indemnitaires

Art. 43. – *V. L. n. 74-1118 du 27 déc. 1974, art. 1er, infra, sous art. 1983.*

Art. 44. – Dans tous les cas où une rente a été allouée, soit conventionnellement, soit judiciairement, en réparation d'un préjudice causé par un accident, le crédirentier peut demander au juge, lorsque sa situation personnelle le justifie, que les arrérages à échoir soient remplacés en tout ou partie par un capital, suivant une table de conversion fixée par décret.

Section VI. – De l'organisation judiciaire

Art. 45. – *V. C. org. jud., art. 311-10.*

CHAPITRE IV. – ENTRÉE EN VIGUEUR ET DISPOSITIONS TRANSITOIRES

Art. 46. – La prescription prévue à l'article 38 en cours lors de l'entrée en vigueur de la présente loi sera acquise à l'expiration d'un délai de dix ans à compter de cette entrée en vigueur, à moins que la prescription telle qu'elle était fixée antérieurement ne soit acquise pendant ce délai.

Art. 47. – Les autres dispositions de la présente loi entreront en vigueur le premier jour du sixième mois qui suit la date de sa publication. Toutefois :

DÉLITS ET QUASI-DÉLITS — Art. 1384

– *(Al. modifié, L. n. 85-1097 du 11 oct. 1985, art. 9)* les dispositions des articles 1er à 6 s'appliqueront dès la publication de la présente loi, même aux accidents ayant donné lieu à une action en justice introduite avant cette publication, y compris aux affaires pendantes devant la Cour de cassation. Elles s'appliqueront également aux accidents survenus dans les trois années précédant cette publication et n'ayant pas donné lieu à l'introduction d'une instance. Les transactions et les décisions de justice irrévocablement passées en force de chose jugée ne peuvent être remises en cause ;
– les dispositions des articles 12 à 34 ne sont pas applicables aux accidents survenus avant la date d'entrée en vigueur de la présente loi.

Une action en référé constitue une action en justice au sens de l'article 47 de la loi du 5 juillet 1985 (T.G.I., Pontoise 11 juin 1986 : *D.* 1987, Somm. 87, obs. Groutel).

Art. 48. – Pendant un délai de dix-huit mois à compter de l'entrée en vigueur de la présente loi, les délais de huit mois et de cinq mois prévus à l'article 12 et celui de quatre mois prévu à l'article 14 sont portés respectivement à douze, neuf et huit mois. Pendant la même période, le délai prévu à l'article 20 est porté à deux mois lorsque le débiteur de l'indemnité de réparation est l'État, une collectivité publique, une entreprise ou un organisme pour lesquels une dérogation a été accordée en vertu de l'article L. 211-3 du Code des assurances.

La présente loi sera exécutée comme loi de l'État.

Décret n. 86-15 du 6 janvier 1986 *(J.O. 7 janv.)*
pris pour l'application de la loi n. 85-677 du 5 juillet 1985 tendant à l'amélioration de la situation des victimes d'accidents de la circulation et à l'accélération des procédures d'indemnisation

CHAPITRE Ier. – PROROGATION ET SUSPENSION DES DÉLAIS

Art. 1er à 14, codifiés *(V. C. Assurances, art. R. 211-29 à R. 211-42, infra,* Annexe).

Art. 15. – Les personnes mentionnées aux articles 39 à 42 de la loi du 5 juillet 1985 qui versent ou sont tenues de verser des prestations au titre d'un régime obligatoire de sécurité sociale à la victime ou à ses ayants droit peuvent ne pas se constituer à l'instance lorsqu'elles n'ont pas de prétentions à formuler, mais doivent dans ce cas indiquer au président de la juridiction saisie le décompte des prestations versées à la victime et celles qu'elles envisagent de lui servir.

Art. 16 et 17, codifiés, *infra,* Annexe.*(V. C. Assurances, Art. R. 211-43 et R. 211-44).*

Art. 18. – Pendant le délai de dix-huit mois prévu à l'article 48 de la loi du 5 juillet 1985, le délai de quinze jours prévu à l'article 5 du présent décret est porté à un mois.

Loi n. 86-1020 du 9 septembre 1986 relative à la lutte contre le terrorisme
(Titre modifié, L. n. 86-1322 du 30 déc. 1986, art. 3)

J.-F. RENUCCI, *L'indemnisation des victimes d'actes de terrorisme :* D. 1987, chron. 197.

Art. 9, I codifié, *infra,* Annexe. *C. assurances, art. L. 126-1*
II codifié, *C. assurances, art. L. 422-1*

Art. 1385 — DÉLITS ET QUASI-DÉLITS

III et IV codifiés, C. assurances, art. L. 422-2 et L. 422-3
IV bis (L. n. 87-588 du 30 juil. 1987, art. 103) Le fonds de garantie peut intervenir devant les juridictions de jugement en matière répressive même pour la première fois en cause d'appel, en cas de constitution de partie civile de la victime ou de ses ayants droit contre le ou les responsables des faits. Il intervient alors à titre principal et peut user de toutes les voies de recours ouvertes par la loi.
V codifié, C. assurances, art. L. 126-2

Art. 10. – La présente loi sera applicable aux faits commis postérieurement à son entrée en vigueur.
(Complété L. n. 86-1322 du 30 déc. 1986, art. 2) I..............
II. - En outre, les dispositions des paragraphes I à IV de l'article 9 de la présente loi (*dispositions codifiées*) sont applicables aux faits commis postérieurement au 31 décembre 1984.

Décret n. 86-1111 du 15 octobre 1986
relatif à l'indemnisation des victimes d'actes de terrorisme

Art. 1er à 8, abrogés *(D. n. 88-261 du 18 mars 1988, art. 5. V. infra,* Annexe, C. assurances R. 126-1 et R. 126-2, R. 211-29 à R. 211-44).

Art. 1385. – Le propriétaire d'un animal, ou celui qui s'en sert, pendant qu'il est à son usage, est responsable du dommage que l'animal a causé, soit que l'animal fût sous sa garde, soit qu'il fût égaré ou échappé.

1) L'article 1385 ne peut être appliqué au gibier (Paris, 1er juil. 1963 : *D.* 1964, 370, note Azard et Bouché). Mais tout animal qui n'est pas *res nullius* peut engager la responsabilité de son gardien, que l'animal soit domestique ou non (Rouen 4 mars 1953 : *Gaz. Pal.* 1953, 2, 92. – V. aussi Civ. 2e, 6 mai 1970 : *D.* 1970, 528).

2) La responsabilité édictée par l'article 1385 repose non sur la propriété mais sur la garde des animaux (Civ. 2 mai 1946 : *D.* 1946, 305). Le propriétaire, même présumé gardien, est déchargé de sa responsabilité si l'animal se trouve, lors de l'événement dommageable, sous la garde d'une autre personne (Civ. 2e, 5 mars 1953 : *D.* 1953, 473, note R. Savatier). Mais celui qui accepte bénévolement de garder un chien le temps d'un déjeuner n'acquiert pas sur l'animal les pouvoirs d'usage, de contrôle et de direction constitutifs de la garde (Civ. 2e, 7 juin 1967 : *D.* 1967, 694). Jugé que le vétérinaire a conservé la garde de l'animal si celui-ci était encore sur la table d'examen au moment où il a mordu son maître (Civ. 2e, 4 oct. 1972 : *J.C.P.* 73, II, 17450, note Starck, 2e esp.). Sur le transfert de la garde au maréchal-ferrant, v. Civ. 2e, 13 juin 1985 : *Bull.* II, n. 118, p. 79. Sur la responsabilité du propriétaire en cas d'abandon de l'animal, V. Civ. 2e, 22 mai 1964 : *D.* 1965, 705, note Azard.

3) Le gardien de l'animal peut être une personne morale (Civ. 2e, 22 fév. 1984 : *D.* 1985, 19, note Agostini ; *Rev. trim. dr. civ.* 1985, 399, obs. J. Huet).

4) Le gardien de l'animal ne peut s'exonérer qu'en prouvant la cause étrangère (Civ. 2e, 29 nov. 1972 : *J.C.P.* 73, IV, 16 ; *Bull.* II, n. 306, p. 251). Sur l'exonération du gardien en cas d'acceptation par la victime des risques normaux inhérents à une course hippique, V. Civ. 2e, 8 nov. 1976 : *J.C.P.* 77, II, 18759, note Bénabent. – Civ. 2e, 5 juin 1985 : *Bull.* II, n. 114, p. 76 ; *J.C.P.* 87, II, 20744, note Agostini.

5) Le bénéfice de l'article 1385 ne peut être invoqué que par les tiers victimes du dommage (Civ. 2e, 2 déc. 1982 : *J.C.P.* 84, II, 20136, note Chabas). L'auteur d'un dommage condamné en raison de sa faute à des réparations envers la victime ne peut, à l'appui d'une action récursoire, invoquer contre un coresponsable la responsabilité édictée par l'article 1385 (Civ. 2e, 24 avril 1981 : *Bull.* II, n. 105, p. 66).

6) En cas de dommage survenu à l'occasion de l'action commune de plusieurs animaux, la responsabilité incombe au propriétaire de chacun d'eux, à moins qu'il ne rapporte la preuve que le sien n'a pas participé à la réalisation de ce dommage (Civ. 2e, 14 déc. 1983 : *Bull.* II, n. 197, p. 139 ; *Rev. trim. dr. civ.* 1984, 316, obs. Durry).

Art. 1386. – **Le propriétaire d'un bâtiment est responsable du dommage causé par sa ruine, lorsqu'elle est arrivée par suite du défaut d'entretien ou par le vice de sa construction.**

1) Au sens de l'article 1386, on doit entendre par bâtiment non pas seulement les édifices proprement dits, mais encore tout ouvrage ayant un caractère immobilier édifié avec des matériaux quelconques et incorporé au sol d'une façon permanente dont la ruine est susceptible de causer un dommage (Nancy 30 mai 1945 : *D.* 1946, 14), mais non un baraquement posé sur un chantier pendant la durée des travaux et qui, faisant partie du matériel de ce chantier, a un caractère essentiellement mobilier (Lyon 30 nov. 1953 : *D.* 1954, 172, note Rodière). Un mur de soutènement ne peut être considéré comme un bâtiment que s'il est composé de matériaux assemblés et reliés artificiellement de façon à procurer entre eux une union durable et à condition qu'il se trouve incorporé au sol ou à un autre immeuble par nature (Civ. 2e, 30 nov. 1960 : *J.C.P.* 61, IV, 2 ; *Bull.* II, n. 722, p. 493).

2) La ruine d'un bâtiment, au sens de l'article 1386, doit s'entendre non seulement de sa destruction totale, mais encore de la dégradation partielle de tout ou partie de la construction ou de tout élément mobilier ou immobilier qui y est incorporé d'une façon indissoluble (Civ. 2e, 19 mai 1953 : *J.C.P.* 53, II, 7879, note Esmein, (rampe d'escalier). – Civ. 2e, 14 déc. 1956 : *Gaz. Pal.* 1957, 1, 174, (grille d'un portail). – Civ. 2e, 12 juil. 1966 : *J.C.P.* 67, II, 15185, note Dejean de la Batie (balcon).

3) L'article 1386 n'exige pas de la victime la preuve d'une faute du propriétaire de l'immeuble, mais seulement qu'elle établisse que la ruine de cet édifice a eu pour cause le vice de construction ou le défaut d'entretien (Civ. 3e, 4 juin 1973 : *J.C.P.* 73, IV, 278 ; *Bull.* III, n. 397, p. 286). Il n'est pas applicable si la ruine de l'immeuble est due aux travaux d'arasement de ruines provenant de faits de guerre (Civ. 2e, 24 mars 1960 : *D.* 1960, Somm. 70. – Comp. Req. 18 janv. 1926 : *D.H.* 1926, 82).

4) La responsabilité du propriétaire persiste même si l'immeuble a été donné à bail (Civ. 28 janv. 1936 : *D.H.* 1936, 148), ou réquisitionné (Civ. 2e, 17 nov. 1955 : *D.* 1956, 196). Le sous-locataire peut agir directement contre le propriétaire en vertu de l'article 1386 (Civ. 1re, 11 oct. 1967 : *D.* 1968, 106). En cas de vente de l'immeuble, l'acheteur devient responsable en vertu de l'article 1386 dès le transfert conventionnel de propriété et indépendamment du transfert de possession (Poitiers 3 fév. 1960 : *J.C.P.* 60, II, 11751, note Esmein).

5) Le propriétaire dont la ruine du bâtiment a causé un dommage ne peut s'exonérer de la responsabilité de plein droit encourue par lui que s'il prouve que le dommage est dû à une cause étrangère qui ne peut lui être imputée, telle la faute de la victime si elle présente les caractères de la force majeure

Art. 1387 — CONTRAT DE MARIAGE

(Civ. 2e, 6 mai 1959 : *S.* 1960, 281. – Riom 16 janv. 1962 : *D.* 1962, 140). Le fait non fautif de la victime ne peut exonérer le propriétaire (Civ. 3e, 1er juil. 1971 : *D.* 1971, 672).

6) En l'absence des conditions prévues par l'article 1386, le propriétaire ne peut être condamné comme gardien sur le fondement de l'article 1384, al. 1 (Civ. 4 août 1942 : *D.C.* 1943, 1, note Ripert. – V. en ce sens Civ. 1re, 12 juil. 1966 : *J.C.P.* 67, II, 15185, note Dejean de la Batie). Ce texte ne peut davantage être invoqué à l'encontre du locataire lorsque le dommage résulte d'un vice de construction ou d'un défaut d'entretien (Civ. 2e, 30 nov. 1988 : *J.C.P.* 89, IV, 42 ; *Bull.* I, n. 239, p. 129 ; *J.C.P.* 89, II, 21319, note Giraudel ; *Rev. trim. dr. civ.* 331, obs. Jourdain).

TITRE V. – DU CONTRAT DE MARIAGE ET DES RÉGIMES MATRIMONIAUX
(L. n. 65-570 du 13 juil. 1965)

CHAPITRE I. – DISPOSITIONS GÉNÉRALES

Art. 1387. – **La loi ne régit l'association conjugale, quant aux biens, qu'à défaut de conventions spéciales, que les époux peuvent faire comme ils le jugent à propos, pourvu qu'elles ne soient pas contraires aux bonnes mœurs ni aux dispositions qui suivent.**

L'article 1387 détermine le régime matrimonial applicable en l'absence de contrat de mariage, mais ne permet pas de présumer l'absence d'un tel contrat. Il appartient donc aux juges du fond, saisis par les époux d'une action en nullité fondée sur le défaut de pouvoir du mari de les inviter à justifier de leur régime matrimonial (Civ. 1re, 24 mars 1987 : *Bull.* I, n. 109, p. 81).

Art. 1388. – **Les époux ne peuvent déroger ni aux devoirs ni aux droits qui résultent pour eux du mariage, ni aux règles de l'autorité parentale, de l'administration légale et de la tutelle.**

Art. 1389. – **Sans préjudice des libéralités qui pourront avoir lieu selon les formes et dans les cas déterminés par le présent code, les époux ne peuvent faire aucune convention ou renonciation dont l'objet serait de changer l'ordre légal des successions.**

Art. 1390. – **Ils peuvent, toutefois, stipuler qu'à la dissolution du mariage par la mort de l'un d'eux, le survivant aura la faculté d'acquérir ou, le cas échéant, de se faire attribuer dans le partage certains biens personnels du prémourant, à charge d'en tenir compte à la succession, d'après la valeur qu'ils auront au jour où cette faculté sera exercée.**

CONTRAT DE MARIAGE — Art. 1395

1) L'acquisition d'un fonds de commerce doit être soumise à la disposition impérative qui termine l'article 1390 du Code civil et prescrit d'évaluer les biens personnels de l'époux prémourant, que le survivant a la faculté d'acquérir, au jour où cette faculté est exercée (Civ. 1re, 24 juin 1969 : *D.* 1969, 705, note Breton).

2) La licéité de la faculté d'attribution en propriété implique celle de la clause du contrat de mariage prévoyant l'octroi d'un bail sur les biens propres de l'époux prédécédé (Civ. 1re, 29 avril 1985 : *Bull.* I, n. 132, p. 123. – *D.* 1986, 384, note Beaubrun. – *Contra* : Angers 31 mars 1971 : *J.C.P.* 71, II, 16904, note Patarin).

Art. 1391. – **Le contrat de mariage doit déterminer les biens sur lesquels portera la faculté stipulée au profit du survivant. Il peut fixer des bases d'évaluation et des modalités de paiement, sauf la réduction au profit des héritiers réservataires s'il y a avantage indirect.**

Compte tenu de ces clauses et à défaut d'accord entre les parties, la valeur des biens sera arrêtée par le tribunal de grande instance.

Si l'article 1391 exige que le contrat de mariage détermine les biens sur lesquels portera la faculté d'attribution, la détermination de ces biens par leur espèce est suffisante (Civ. 1re, 29 avril 1985 : *Bull.* I, n. 132, p. 123).

Art. 1392. – **La faculté ouverte au survivant est caduque s'il ne l'a pas exercée, par une notification faite aux héritiers du prédécédé, dans le délai d'un mois à compter du jour où ceux-ci l'auront mis en demeure de prendre parti. Cette mise en demeure ne peut avoir lieu avant l'expiration du délai prévu au titre *Des successions* pour faire inventaire et délibérer.**

Lorsqu'elle est faite dans ce délai, la notification forme vente au jour où la faculté est exercée ou, le cas échéant, constitue une opération de partage.

Art. 1393. – **Les époux peuvent déclarer, de manière générale, qu'ils entendent se marier sous l'un des régimes prévus au présent code.**

A défaut de stipulations spéciales qui dérogent au régime de communauté ou le modifient, les règles établies dans la première partie du chapitre II formeront le droit commun de la France.

Art. 1394. – **Toutes les conventions matrimoniales seront rédigées par acte devant notaire, en la présence et avec le consentement simultanés de toutes les personnes qui y sont parties ou de leurs mandataires.**

Au moment de la signature du contrat, le notaire délivre aux parties un certificat sur papier libre et sans frais, énonçant leurs nom et lieu de résidence, les noms, prénoms, qualités et demeures des futurs époux, ainsi que la date du contrat. Ce certificat indique qu'il doit être remis à l'officier de l'état civil avant la célébration du mariage.

Si l'acte de mariage mentionne qu'il n'a pas été fait de contrat, les époux seront, à l'égard des tiers, réputés mariés sous le régime de droit commun, à moins que, dans les actes passés avec ces tiers, ils n'aient déclaré avoir fait un contrat de mariage.

En outre, si l'un des époux est commerçant lors du mariage ou le devient ultérieurement, le contrat de mariage doit être publié dans les conditions et sous les sanctions prévues par les règlements relatifs au registre du commerce.

Art. 1395. – **Les conventions matrimoniales doivent être rédigées avant la célébration du mariage et ne peuvent prendre effet qu'au jour de cette célébration.**

Art. 1396 — CONTRAT DE MARIAGE

Art. 1396. – Les changements qui seraient apportés aux conventions matrimoniales avant la célébration du mariage doivent être constatés par un acte passé dans les mêmes formes. Nul changement ou contre-lettre n'est, au surplus, valable sans la présence et le consentement simultanés de toutes les personnes qui ont été parties dans le contrat de mariage, ou de leurs mandataires.

Tous changements et contre-lettres, même revêtus des formes prescrites par l'article précédent, seront sans effet à l'égard des tiers, s'ils n'ont été rédigés à la suite de la minute du contrat de mariage ; et le notaire ne pourra délivrer ni grosses ni expéditions du contrat de mariage sans transcrire à la suite le changement ou la contre-lettre.

Le mariage célébré, il ne peut être apporté de changement au régime matrimonial que par l'effet d'un jugement soit à la demande de l'un des époux, dans le cas de la séparation de biens ou des autres mesures judiciaires de protection, soit à la requête conjointe des deux époux, dans le cas de l'article suivant.

1) Il n'y a changement prohibé au régime matrimonial ou conventionnel que si, sans intervention judiciaire, une règle légale ou une clause du contrat de mariage a été directement modifiée ou écartée, plus généralement toutes les fois que le maintien de conventions passées ou d'arrangements conclus pendant le mariage aurait pour résultat d'altérer ou de neutraliser les effets réguliers ou légaux que devaient produire les clauses du contrat de mariage ou les dispositions de la loi (Civ. 1re, 5 nov. 1985 : *Bull.* I, n. 285, p. 254). La clause par laquelle, dans le cadre d'un régime de communauté universelle, chaque époux reprendrait, dans le cas de dissolution de la communauté par divorce, les biens tombés dans la communauté de son chef, est attentatoire au principe de l'immutabilité des conventions matrimoniales (T.G.I. Strasbourg 17 sept. 1987 : *J.C.P.* 89, II, 21361, note Simler).

2) Une simple déclaration d'intention de changement de régime matrimonial non suivie de réalisation dans les conditions et formes exigées par la loi ne saurait être retenue comme équivalant à une offre du mari lui permettant de se comporter comme s'il se trouvait sous le régime de communauté légale qu'il avait promis (Paris 3 juin 1982 : *Juris-Data* n. 023893).

3) Une convention passée par des époux mariés sous le régime de la communauté réduite aux acquêts et avant leur demande en divorce, tendant notamment à modifier les règles de calcul des récompenses, est nulle (Civ. 1re, 28 juin 1983 : *J.C.P.* 83, IV, 289 ; *Bull.* I, n. 190, p. 167, de même que la convention qui altère l'économie du régime matrimonial en modifiant sans intervention judiciaire la répartition entre les biens propres et les biens communs telle qu'elle résulte des dispositions légales (Civ. 1re, 24 nov. 1987 : *Bull.* I, n. 308, p. 220 ; *J.C.P.* 89, II, 21255, note Dagot).

Art. 1397. – Après deux années d'application du régime matrimonial, conventionnel ou légal, les époux pourront convenir dans l'intérêt de la famille de le modifier, ou même d'en changer entièrement, par un acte notarié qui sera soumis à l'homologation du tribunal de leur domicile.

Toutes les personnes qui avaient été parties dans le contrat modifié doivent être appelées à l'instance d'homologation ; mais non leurs héritiers, si elles sont décédées.

Le changement homologué a effet entre les parties à dater du jugement et, à l'égard des tiers, trois mois après que mention en aura été portée en marge de l'un et de l'autre exemplaire de l'acte de mariage. Toutefois, en l'absence même de cette mention, le changement n'en est pas moins opposable aux tiers si, dans les actes passés avec eux, les époux ont déclaré avoir modifié leur régime matrimonial.

CONTRAT DE MARIAGE Art. 1397

Il sera fait mention du jugement d'homologation sur la minute du contrat de mariage modifié.

La demande et la décision d'homologation doivent être publiées dans les conditions et sous les sanctions prévues au Code de procédure civile ; en outre, si l'un des époux est commerçant, la décision est publiée dans les conditions et sous les sanctions prévues par les règlements relatifs au registre du commerce.

Les créanciers, s'il a été fait fraude à leurs droits, pourront former tierce opposition contre le jugement d'homologation dans les conditions du Code de procédure civile.

M. J. REYMOND DE GENTILE, *Volonté des époux et rôle du juge dans la modification du régime matrimonial* : *J.C.P.* 73, I, 2558. – HENRY, *L'intérêt de la famille réduit à l'intérêt des époux* : *D.* 1979, chron. 179.

I. Appréciation de l'intérêt de la famille

1) L'existence et la légitimité de l'intérêt de la famille doivent faire l'objet d'une appréciation d'ensemble, le seul fait que l'un des membres de la famille risquerait de se trouver lésé n'interdisant pas nécessairement la modification ou le changement envisagé (Civ. 1re, 6 janv. 1976 : *J.C.P.* 76, II, 18461, note Patarin ; *D.* 1976, 253, note Ponsard. – Civ. 1re, 17 juin 1986 : *Bull.* I, n. 174, p. 173 ; *J.C.P.* 87, II, 20809, note Henry. – V. aussi, admettant ce changement malgré l'opposition de deux enfants sur cinq, T.G.I. Paris 18 juin 1983 : *Defrénois* 1983, 920, obs. Champenois). Ainsi l'adoption de la communauté universelle avec une clause d'attribution au conjoint survivant peut être justifiée, même en présence d'enfants, si elle tend à assurer la situation pécuniaire du conjoint survivant (même arrêt. – Paris 9 fév. 1978 : *Defrénois* 1978, 562, note Morin. – Civ. 1re, 25 mai 1982 : *Bull.* I, n. 192, p. 167 ; *Defrénois* 1983, 918, obs. Champenois). Mais jugé que tel n'est pas le cas lorsqu'il s'agit d'époux ayant ou devant avoir chacun en cas de prédécès de l'un d'eux une situation assez aisée (Rouen 3 fév. 1981 : *Defrénois* 1981, 969, obs. Champenois). Pour un refus d'homologation motivé par la nécessité de préserver la réserve d'un enfant naturel non protégé par l'article 1527 du Code civil, V. Colmar 29 avril 1981 : *D.* 1982, 43, 2e esp., note d'Ambra et Boucon, et, sur pourvoi, Civ. 1re, 8 juin 1982 : *Defrénois* 1982, 1373, obs. Champenois ; *D.* 1983, 19, note Beaubrun ; *J.C.P.* 83, II, 20018, note Henry. – V. aussi Civ. 1re, 9 mars 1983 : *J.C.P.* 83, IV, 163. – Civ. 1re, 5 juil. 1989 : *Bull.* I, n. 279, p. 185.

2) La prise en considération d'un intérêt fiscal ne constitue pas une fraude (Amiens 9 mai 1977 : *J.C.P.* 80, éd. N, II, p. 283). Mais cet intérêt fiscal ne peut suffire à justifier le sacrifice que le changement demandé imposerait aux enfants communs en retardant leur vocation successorale (Rouen 3 fév. 1981 : *Defrénois* 1981, 969, obs. Champenois).

3) Pour l'homologation d'un acte modificatif se bornant à exclure un immeuble de la communauté et à en faire un propre de l'épouse, V. T.G.I. Cusset 26 juil. 1984 : *J.C.P.* 85, II, 20329, note Dagot.

II. Sort des donations faites par contrat de mariage

4) L'adoption d'un nouveau régime matrimonial n'entraîne pas *ipso facto* la caducité des donations que s'étaient consenties les époux ; celles-ci se trouvent maintenues à défaut d'un accord des époux mettant à néant les libéralités figurant dans le précédent contrat (Civ. 1re, 29 oct. 1974 : *J.C.P.* 75, II, 18015, note Patarin ; *Gaz. Pal.* 1975, 1, 143, note Martin ; *D.* 1976, 189, note Casanova. – V. en ce sens Civ. 1re, 14 mai 1975 : *Bull.* I, n. 163, p. 139).

III. Protection des droits des tiers

5) La preuve qu'un changement de régime matrimonial est contraire aux intérêts des créanciers n'établit pas *ipso facto* l'existence d'une fraude à leurs droits (Paris 18 déc. 1978 : *Defrénois* 1979, 484, obs. Champenois). Jugé que le changement du régime de la communauté de biens en régime de séparation de biens est conforme à l'intérêt de la famille lorsque la femme envisage d'exercer une activité commerciale introduisant dans la vie familiale des risques financiers nouveaux (T.G.I. Seine 6 janv. 1967 : *Defrénois* 1968, 110, 1re esp.). Pour une hypothèse de substitution du régime de la séparation de biens à celui de la communauté de meubles et d'acquêts réalisée entre la date de mise en demeure du mari et celle de l'assignation en paiement, V. Civ. 1re, 4 janv. 1977 : *J.C.P.* 77, IV, 52 ; *Bull.* I, n. 5, p. 3. V. aussi pour une modification postérieure au jugement ayant déclaré le mari en état de règlement judiciaire Paris 11 juil. 1978 : *Defrénois* 1979, 481, obs. Champenois.

6) La voie de la tierce opposition est ouverte contre le jugement d'homologation lui-même et doit être accueillie alors même que la fraude que le changement de régime est destiné à permettre s'est matérialisée dans l'acte de partage (Civ. 1re, 23 fév. 1972 : *J.C.P.* 72, II, 17175, note Patarin ; *D.* 1973, 158, note Poisson. – V. en ce sens Civ. 1re, 2 mars 1982 : *Bull.* I, n. 93, p. 81 ; *J.C.P.* 83, II, 20012, note Rémy ; *D.* 1984, 184, note Leroy). La fraude peut consister à ne placer dans le lot d'un des époux aucun bien susceptible d'être appréhendé par ses créanciers (Civ. 1re, 7 nov. 1978 : *Bull.* I, n. 333, p. 258).

7) Les créanciers non opposants ne peuvent attaquer un partage consommé, même en offrant de prouver la fraude (Grenoble 27 nov. 1975 : *D.* 1976, 474, note Honorat). Mais il en va autrement en cas de partage précipité (Civ. 1re, 25 nov. 1975 : *Bull.* I, n. 341, p. 281) ou simulé (Civ. 1re, 29 mai 1979 : *Bull.* I, n. 157, p. 127). Pour un exemple de partage hâtif mettant dans le lot d'un des époux tous les biens ayant une valeur réelle, V. Civ. 1re, 17 fév. 1987 : *Bull.* I, n. 61, p. 44. Sur l'hypothèse de la donation de ses biens immeubles faite à sa femme par le mari en état de cessation des paiements, V. Civ. 1re, 3 nov. 1982 : *D.* 1983, 593, note Poisson-Drocourt.

8) Sur la possibilité pour les créanciers d'exercer par voie oblique l'action en rescision pour lésion du partage, V. Civ. 1re, 22 janv. 1980 : *Bull.* I, n. 32, p. 28. – Lyon 3 déc. 1980 : *D.* 1982, I.R. 20, 2e esp.

9) Lorsqu'un créancier qui avait obtenu l'autorisation de prendre sur un appartement une inscription provisoire d'hypothèque n'a fait inscrire celle-ci qu'à une date où le délai de trois mois institué par l'article 1397, al. 3 se trouvait expiré, cette inscription doit être déclarée inopposable à la femme qui, par l'effet du partage de communauté antérieur, est devenue propriétaire privative et exclusive dudit appartement (Aix 7 mars 1979 : *D.* 1979, 665, note Martin et, sur pourvoi, Civ. 1re, 24 fév. 1982 : *Defrénois* 1982, 976, obs. Champenois).

10) Lorsque la preuve d'une fraude dirigée contre la fille naturelle du mari n'est pas rapportée, sa demande en nullité, pour cause illicite, des conventions de changement de régime matrimonial des époux, fondée sur une prétendue atteinte à ses droits d'héritière réservataire, doit être rejetée (Civ. 1re, 6 nov. 1979 : *D.* 1980, 295, note Poisson-Drocourt).

11) V. Lafond, *Changement de régime matrimonial et publicité foncière* : *J.C.P.* 82, éd. N, I, 187. Sur la mention du jugement d'homologation au registre du commerce et des sociétés en cas de changement de régime matrimonial d'une personne physique commerçante, V. D. n. 84-406 du 30 mai 1984, art. 12-2º.

IV. Procédure

12) Sur l'homologation judiciaire du changement de régime matrimonial, V. Nouv. C. proc. civ., art. 1300 à 1303. Il ne

resulte pas du rapprochement de l'article 1397 et de l'article 1443 que les époux qui seraient dans une situation permettant à la femme de poursuivre contre le mari la séparation de biens ne puissent pas, s'ils en sont d'accord, utiliser la voie gracieuse offerte par l'article 1397 pour adopter un régime de séparation de biens (Colmar 8 mars 1972 : *D.* 1973, 157, note Poisson. – Comp. Civ. 1re, 28 oct. 1969 : *J.C.P.* 70, II, 16501, note Gobert ; *D.* 1971, 491, note Fenaux). Mais les articles 1444 et s. du Code civil se rapportent exclusivement à la séparation des biens prononcée à la requête de l'un des conjoints et non à la convention de modification du régime matrimonial prévue par l'article 1397, disposition qui ne fixe aucun délai pour la liquidation des droits des parties (Aix 6 juil. 1971 : *Defrénois* 1972, 341, note Ponsard. – V. aussi Civ. 1re, 9 oct. 1979 : *Bull.* I, n. 237, p. 190 ; *Defrénois* 1980, 961, obs. Champenois. – Nîmes 24 avril 1980 : *J.C.P.* 80, IV, 391).

13) L'exercice de la tierce-opposition contre la décision d'homologation donne à l'instance le caractère contentieux, les dispositions de l'article 4 de la loi du 15 juillet 1944 aux termes duquel les débats ont lieu en chambre du Conseil et le jugement rendu en audience publique étant dès lors applicables (Civ. 1re, 28 oct. 1969 : *J.C.P.* 70, II, 16501, note Gobert ; *D.* 1971, 491, note Fenaux).

14) Jugé que le législateur a entendu réserver la tierce opposition aux seuls créanciers à l'exclusion de tous autres tiers, notamment des héritiers dont l'intérêt a été pris en considération après avoir été conventionnellement défini par les époux sous le contrôle du tribunal (Amiens 1er fév. 1980 : *J.C.P.* 80, IV, 391 ; *Defrénois* 1981, 973, obs. Champenois).

15) La convention modificative ne peut être homologuée que si le consentement des époux persiste au jour où le juge statue (Civ. 1re, 27 avril 1982 : *Bull.* I, n. 148, p. 130 ; *Defrénois* 1982, 1371, obs. Champenois). Jugé que la veuve doit être déboutée de sa requête en homologation du changement de régime matrimonial dès lors que le consentement du mari est impossible en raison de son décès (T.G.I. Fontainebleau 2 mai 1979 : *J.C.P.* 80, II, 19291, note J.A.).

16) *Ch. Mouly, L'avis des enfants sur le changement de régime matrimonial de leurs parents :* J.C.P. 89, I, 3379.

Art. 1397-1 *(L. n. 75-617, du 11 juil. 1975, art. 8).* – **Les dispositions de l'article précédent ne sont pas applicables aux conventions qui sont passées par les époux en instance de divorce en vue de liquider leur régime matrimonial.**

Les articles 1450 et 1451 sont applicables à ces conventions.

Art. 1398. – **Le mineur habile à contracter mariage est habile à consentir toutes les conventions dont ce contrat est susceptible et les conventions et donations qu'il y a faites sont valables, pourvu qu'il ait été assisté, dans le contrat, des personnes dont le consentement est nécessaire pour la validité du mariage.**

Si des conventions matrimoniales ont été passées sans cette assistance, l'annulation en pourra être demandée par le mineur ou par les personnes dont le consentement était requis, mais seulement jusqu'à l'expiration de l'année qui suivra la majorité accomplie.

Art. 1399 *(L. n. 68-5 du 3 janv. 1968, art. 2).* – **Le majeur en tutelle ou en curatelle ne peut passer de conventions matrimoniales sans être assisté, dans le contrat, de ceux qui doivent consentir à son mariage.**

A défaut de cette assistance, l'annulation des conventions peut être poursuivie dans l'année du mariage, soit par l'incapable lui-même, soit par ceux dont le consentement était requis, soit par le tuteur ou le curateur.

CHAPITRE II. – DU RÉGIME EN COMMUNAUTÉ

PREMIÈRE PARTIE. – DE LA COMMUNAUTÉ LÉGALE

Art. 1400. – La communauté qui s'établit à défaut de contrat ou par la simple déclaration qu'on se marie sous le régime de la communauté, est soumise aux règles expliquées dans les trois sections qui suivent.

SECTION I. – DE CE QUI COMPOSE LA COMMUNAUTÉ ACTIVEMENT ET PASSIVEMENT

§ 1er. – De l'actif de la communauté

Art. 1401. – La communauté se compose activement des acquêts faits par les époux ensemble ou séparément durant le mariage, et provenant tant de leur industrie personnelle que des économies faites sur les fruits et revenus de leurs biens propres. *(Abrogé, L. n. 85-1372 du 23 déc. 1985, art. 8 et 56) Ancien alinéa 2. Les biens réservés de la femme, quoique soumis à une gestion distincte en vertu de l'article 224, font partie des acquêts.*

A. MAZEAUD, *Les indemnités de rupture du contrat de travail en régime de communauté entre époux* : D. 1986, chron. 235.

1) Les produits de l'industrie personnelle des époux doivent être considérés comme des biens communs dès l'origine (Bordeaux 5 janv. 1971 : *J.C.P.* 71, II, 16721, note Patarin ; *D.* 1971, 155, note Morin. – V. en ce sens pour les gains et salaires de la femme Paris 20 oct. 1982 : *D.* 1984, 126, note Paisant). Les pouvoirs des époux sur leurs gains et salaires ne mettent pas obstacle à ce que ces gains et salaires soient saisis par les créanciers envers lesquels la communauté est tenue du chef de l'autre époux (Civ. 1re, 8 fév. 1978 : *Bull.* I, n. 53, p. 46).

2) Sur le caractère commun des produits pécuniaires provenant de l'exploitation d'une œuvre de l'esprit, V. L. n. 57-298 du 11 mars 1957, art. 25, al. 2, *infra*, Annexe. Sur le sort de l'œuvre non divulguée pendant la durée du régime matrimonial, V. Civ. 1re, 4 juin 1971 : *J.C.P.* 72, II, 17164, note Patarin ; *D.* 1971, 585, concl. Lindon, et, sur renvoi, Orléans 13 nov. 1975 : *J.C.P.* 76, II, 18349, note Boursigot. A partir de la dissolution de la communauté, les produits pécuniaires doivent revenir à l'artiste seul (Paris 22 avril 1982 : *J.C.P.* 83, II, 19948, note Gobin ; *D.* 1984, 397, note Ghestin).

Art. 1402. – Tout bien, meuble ou immeuble, est réputé acquêt de communauté si l'on ne prouve qu'il est propre à l'un des époux par application d'une disposition de la loi.
Si le bien est de ceux qui ne portent pas en eux-mêmes preuve ou marque de leur origine, la propriété personnelle de l'époux, si elle est contestée, devra être établie par écrit. A défaut d'inventaire ou autre preuve préconstituée, le juge pourra prendre en considération tous écrits, notamment titres de famille, registres et papiers domestiques, ainsi que

COMMUNAUTÉ LÉGALE — Art. 1404

documents de banque et factures. Il pourra même admettre la preuve par témoignage ou présomption, s'il constate qu'un époux a été dans l'impossibilité matérielle ou morale de se procurer un écrit.

1) En vertu des articles 224, al. 3, et 1402, al. 2 du Code civil, l'origine et la consistance des biens réservés, si elles sont contestées, sont établies par écrit. A défaut d'inventaire ou autre preuve préconstituée, le juge peut prendre en considération tous écrits et même, s'il constate qu'un époux a été dans l'impossibilité matérielle ou morale de se procurer un écrit, il peut admettre la preuve par témoignage ou présomption (Civ. 1re, 6 juil. 1976 : *D.* 1977, 225, note Rémy et, sur renvoi, Orléans 22 juin 1978 : *D.* 1979, 226, note Rémy. – V. en ce sens Civ. 1re, 22 mai 1984 : *Bull.* I, n. 168, p. 143).

2) La présomption de l'article 221 cesse de produire ses effets lors de la dissolution du mariage, la présomption de communauté prévue à l'article 1402, al. 1, redevenant alors applicable (Com. 5 fév. 1980 : *Bull.* IV, n. 62, p. 49 ; *D.* 1980, 509, note Martin).

3) Il résulte de l'article 1402, alinéa 1er, que la communauté qui prétend avoir droit à récompense n'a pas à établir le caractère commun des deniers qui ont servi à acquitter une dette personnelle à l'un des époux, lesdits deniers étant, en application de ce texte, réputés communs sauf preuve contraire (Civ. 1re, 7 juin 1988 : *J.C.P.* 89, II, 21341, note Simler).

Art. 1403. – Chaque époux conserve la pleine propriété de ses propres. La communauté n'a droit qu'aux fruits perçus et non consommés. Mais récompense pourra lui être due, à la dissolution de la communauté, pour les fruits que l'époux a négligé de percevoir ou a consommés frauduleusement, sans qu'aucune recherche, toutefois, soit recevable au-delà des cinq dernières années.

A. COLOMER, *La suppression du droit de jouissance de la communauté sur les biens propres des époux ou le danger d'innover (Réflexions sur la loi du 13 juil. 1965)* : *D.* 1966, chron. 23.
– A. LE BAYON, *Le sort des fruits dans les différents régimes matrimoniaux* : *J.C.P.* 72, I, 2459.

Si en vertu de l'article 1403 la communauté n'a pas droit aux fruits consommés sans fraude, on ne doit pas considérer comme consommés les revenus employés à l'amélioration d'un bien propre (Civ. 1re, 6 juil. 1982 : *J.C.P.* 82, IV, 329 ; *Bull.* I, n. 249, p. 215).

Art. 1404. – Forment des propres par leur nature, quand même ils auraient été acquis pendant le mariage, les vêtements et linges à l'usage personnel de l'un des époux, les actions en réparation d'un dommage corporel ou moral, les créances et pensions incessibles, et, plus généralement, tous les biens qui ont un caractère personnel et tous les droits exclusivement attachés à la personne.
Forment aussi des propres par leur nature, mais sauf récompense s'il y a lieu, les instruments de travail nécessaires à la profession de l'un des époux, à moins qu'ils ne soient l'accessoire d'un fonds de commerce ou d'une exploitation faisant partie de la communauté.

LAMBERT-PIERI, *L'avenir de la distinction du titre et de la finance dans la communauté légale (à propos des clientèles civiles et des offices ministériels)* : *D.* 1982, chron. 65.

1) Il résulte de l'article 1404, alinéa 1er, que les dommages-intérêts alloués à un époux tombent en communauté sauf lorsqu'ils sont accordés en réparation d'un dommage corporel ou moral (Civ. 1re, 12 mai 1981 : *J.C.P.* 81, IV, 264 ; *Bull.* I, n. 156,

Art. 1405 COMMUNAUTÉ LÉGALE

p. 128 ; *Defrénois* 1981, 1314, obs. Champenois). Constitue un bien propre la somme perçue par un époux au titre de son dommage corporel en exécution d'une assurance individuelle contre les accidents souscrite par lui (Civ. 1re, 1er mars 1972 : *J.C.P.* 73, II, 17311, note J.P. ; *D.* 1973, 57, note Besson).

2) Jugé à propos d'une communauté régie par le droit antérieur que les avantages pécuniaires que peuvent procurer à l'époux médecin la présentation d'un successeur à sa clientèle et l'engagement de ne pas se rétablir dans un périmètre précis constituent une valeur patrimoniale actuelle qui doit figurer à l'actif de la communauté (Civ. 1re, 27 avril 1982 : *Bull.* I, n. 145, p. 128).

3) Les baux ruraux strictement personnels et incessibles ne sauraient entrer en communauté (Civ. 1re, 21 juil. 1980 : *J.C.P.* 80, IV, 381 ; *Bull.* I, n. 227, p. 183).

4) La concession d'une exploitation de conchyliculture n'est cessible qu'avec l'autorisation de l'administration et au profit seulement de personnes remplissant elles-mêmes les conditions requises pour exploiter. Il en résulte que cette concession a un caractère personnel et que seule la valeur patrimoniale des parcs à huîtres tombe en communauté (Civ. 1re, 8 déc. 1987 : *J.C.P.* 89, II, 21336, note Simler ; *D.* 1989, 61, note Malaurie).

Art. 1405. – **Restent propres les biens dont les époux avaient la propriété ou la possession au jour de la célébration du mariage, ou qu'ils acquièrent, pendant le mariage, par succession, donation ou legs.**
La libéralité peut stipuler que les biens qui en font l'objet appartiendront à la communauté. Les biens tombent en communauté, sauf stipulation contraire, quand la libéralité est faite aux deux époux conjointement.
Les biens abandonnés ou cédés par père, mère ou autre ascendant à l'un des époux, soit pour le remplir de ce qu'il lui doit, soit à la charge de payer les dettes du donateur à des étrangers, restent propres, sauf récompense.

1) L'époux du gratifié ne peut revendiquer des biens compris dans la réserve de son conjoint au profit de la communauté qui ne possède sur ces biens aucun droit préexistant à leur transmission (Civ. 1re, 10 juin 1975 : *J.C.P.* 75, II, 18141, note R. Savatier).

2) L'article 1405 alinéa 3 n'est pas applicable et le bien tombe en communauté s'il est cédé moyennant le paiement d'une rente viagère (Req. 1er mai 1912 : *D.P.* 1913, 1, 297).

Art. 1406. – **Forment des propres, sauf récompense s'il y a lieu, les biens acquis à titre d'accessoires d'un bien propre ainsi que les valeurs nouvelles et autres accroissements se rattachant à des valeurs mobilières propres.**
Forment aussi des propres, par l'effet de la subrogation réelle, les créances et indemnités qui remplacent des propres, ainsi que les biens acquis en emploi ou remploi, conformément aux articles 1434 et 1435.

1) Un corps de ferme constitue un accessoire de l'exploitation agricole au sens de l'article 1406 (Civ. 1re, 21 juil. 1980 : *J.C.P.* 80, IV, 381 ; *Bull.* I, n. 227, p. 183). L'immeuble construit par un époux sur le terrain qui est pour lui un propre, immeuble devenu l'accessoire de ce terrain, est un propre de cet époux (Civ. 1re, 14 fév. 1984 : *Bull.* I, n. 61, p. 51.– Rouen 9 juil. 1971 : *D.* 1971, Somm. 202).

2) Sur le caractère propre des parts sociales remises en contrepartie de l'apport d'un bien propre, V. Civ. 1re, 21 nov. 1978 : *J.C.P.* 80, II, 19451, note Le Guidec. V. A.

COMMUNAUTÉ LÉGALE   Art. 1409

Colomer, *Augmentation de capital et répartition des biens en régime matrimonial communautaire* : *Defrénois* 1981, I, 401 et 481.

3) Une licence affectée à l'exploitaiton d'un fonds de commerce de débit de boissons, dont le caractère réservé n'est pas contesté, a la même nature juridique que le fonds dont elle est devenue l'un des éléments (Com. 4 mai 1982 : *Bull.* IV, n. 148, p. 131 ; *Defrénois* 1983, 927, obs. Champenois. – V. en ce sens pour les marchandises dépendant du fonds, Civ. 1re, 23 janv. 1979 : *Defrénois* 1979, 624, note Colomer).

Art. 1407. – **Le bien acquis en échange d'un bien qui appartenait en propre à l'un des époux est lui-même propre, sauf la récompense due à la communauté ou par elle, s'il y a soulte.**

Toutefois, si la soulte mise à la charge de la communauté est supérieure à la valeur du bien cédé, le bien acquis en échange tombe dans la masse commune, sauf récompense au profit du cédant.

Art. 1408. – **L'acquisition faite, à titre de licitation ou autrement, de portion d'un bien dont l'un des époux était propriétaire par indivis, ne forme point un acquêt, sauf la récompense due à la communauté pour la somme qu'elle a pu fournir.**

D. MARTIN, *L'acquisition de parts indivises d'un bien propre* : *D.* 1974, chron. 165. – Ph. RÉMY, *L'acquisition de parts indivises en nue-propriété ou en usufruit par un époux commun en biens* : *J.C.P.* 82, I, 3056.

§ 2 – Du passif de la communauté

Art. 1409 *(L. n. 85-1372 du 23 déc. 1985, art. 9, 56 et 57)*. – **La communauté se compose passivement :**
– à titre définitif, des aliments dus par les époux et des dettes contractées par eux pour l'entretien du ménage et l'éducation des enfants, conformément à l'article 220 ;
– à titre définitif ou sauf récompense, selon les cas, des autres dettes nées pendant la communauté.

Ancien art. 1409. – *La communauté se compose passivement :*
A titre définitif, et sans distinguer entre le mari et la femme, des aliments dus par les époux et des dettes contractées par eux pour l'entretien du ménage et l'éducation des enfants.
A titre définitif ou sauf récompense, selon les cas, des autres dettes nées pendant la communauté, soit à la charge du mari, soit à la charge de la femme, d'après les distinctions qui seront faites ci-dessous.

1) Il résulte de l'article 1409 que la communauté n'est point tenue de contribuer aux dépenses faites sur les biens propres de l'un des époux lorsque celui-ci en a conservé la jouissance (Civ. 1re, 15 juil. 1981 : *J.C.P.* 81, IV, 357 ; *Bull.* I, n. 256, p. 212).

2) L'impôt sur le revenu constitue la charge directe des revenus personnels d'un époux, étrangère aux besoins de la vie familiale, et ne figure pas au nombre des charges du mariage auxquelles les deux époux doivent contribuer (Civ. 1re, 22 fév. 1978 : *D.* 1978, 602, note Martin, 1re esp.). Mais font partie du passif de la communauté ayant existé entre deux personnes divorcées les sommes que l'une et l'autre a payées au titre de l'impôt foncier et des assurances pour un immeuble commun qu'elle occupait pendant la durée de l'indivision et qui lui

Art. 1410 COMMUNAUTÉ LÉGALE

a été attribué à titre préférentiel (Civ. 1re, 8 fév. 1978 : *D.* 1978, 602, note Martin, 2e esp. – V. aussi R. Savatier, *Le régime* matrimonial et la contribution respective des époux aux impôts : D. 1979, chron. 147).

Art. 1410. – Les dettes dont les époux étaient tenus au jour de la célébration de leur mariage, ou dont se trouvent grevées les successions et libéralités qui leur échoient durant le mariage, leur demeurent personnelles, tant en capitaux qu'en arrérages ou intérêts.

Art. 1411. – Les créanciers de l'un ou de l'autre époux, dans le cas de l'article précédent, ne peuvent poursuivre leur paiement que sur les biens propres *(L. n. 85-1372 du 23 déc. 1985, art. 10 et 57)* et les revenus de leur débiteur.

Ils peuvent, néanmoins, saisir aussi les biens de la communauté quand le mobilier qui appartient à leur débiteur au jour du mariage ou qui lui est échu par succession ou libéralité a été confondu dans le patrimoine commun et ne peut plus être identifié selon les règles de l'article 1402.

Schrœder, *La ruine des créanciers organisée par la loi (les droits du créancier antérieur au mariage dans le nouveau régime matrimonial légal)* : J.C.P. 69, I, 2291.

C'est au créancier qui entend se prévaloir de l'exception prévue par l'article 1411, al. 2 d'apporter la preuve que le mobilier qui appartient en propre à son débiteur a été confondu dans le patrimoine commun et ne peut plus être identifié selon les règles de l'article 1402 (Lyon 16 oct. 1975 : *Defrénois*, 1977, 1579, note Champenois).

Art. 1412. – Récompense est due à la communauté qui a acquitté la dette personnelle d'un époux.

Art. 1413 *(L. 85-1372 du 23 déc. 1985, art. 11, 56 et 57)*. – Le paiement des dettes dont chaque époux est tenu, pour quelque cause que ce soit, pendant la communauté, peut toujours être poursuivi sur les biens communs, à moins qu'il n'y ait eu fraude de l'époux débiteur et mauvaise foi du créancier, et sauf la récompense due à la communauté s'il y a lieu.

Ancien art. 1413 – *Le paiement des dettes dont le mari vient à être tenu, pour quelque cause que ce soit, pendant la communauté, peut toujours être poursuivi sur les biens communs, à moins qu'il n'y ait eu fraude du mari et mauvaise foi du créancier, et sauf la récompense due à la communauté s'il y a lieu.*
Les biens réservés ne peuvent, toutefois, être saisis par les créanciers du mari, à moins que l'obligation n'ait été contractée pour l'entretien du ménage ou l'éducation des enfants.

1) Il résulte des articles 1409, 1413 et 1418 (anciens) du Code civil que, sous le régime légal de la communauté, si le paiement d'une dette contractée par le mari seul pour un objet autre que l'entretien du ménage et l'éducation des enfants peut toujours être poursuivi sur les biens communs, il ne peut l'être sur les biens propres de la femme (Civ. 1re, 29 mai 1974 : *J.C.P.* 74, IV, 256 ; *Bull.* I., n. 163, p. 139).

2) Jugé sous l'empire du droit antérieur à la loi du 23 décembre 1985 qu'en cas d'affectation hypothécaire d'un bien de communauté, si la prolongation du délai consentie par le mari seul est inefficace pour maintenir l'engagement hypothécaire et le cautionnement personnel de la femme, elle suffit, en vertu de l'article 1424 du Code civil, à fonder le maintien de l'engagement personnel du mari et, par conséquent, à justifier

COMMUNAUTÉ LÉGALE   Art. 1414

l'engagement de a communauté et la saisie d'un bien qui en fait partie (Civ. 1ʳᵉ, 29 janv. 1975 : *J.C.P.* 75, II, 18081, note Patarin, 1ʳᵉ esp.).

3) Par dettes contractées par le mari au sens de l'article 1413 (ancien), il faut entendre non seulement les obligations prises en charge personnellement par lui, mais aussi celles que contracte en son nom un mandataire qui peut être sa femme (Civ. 1ʳᵉ, 27 juin 1984 : *Bull.* I, n. 214, p. 179).

4) En vertu de l'article 1413 (ancien), une dette ne peut tomber en communauté que si le mari s'en est trouvé tenu avant la dissolution de cette communauté, mais aucun texte n'impose que la dette résultant de l'engagement de caution souscrit par le mari durant la communauté soit exigible au jour de la dissolution (Civ. 1ʳᵉ, 17 juin 1986 : *Bull.* I, n. 169, p. 170 ; *J.C.P.* 87, II, 20816, note Simler. – Civ. 1ʳᵉ, 5 juil. 1989 : *J.C.P.* 89, IV, 335).

Art. 1414 *(L. n. 85-1372 du 23 déc. 1985, art. 11, 56 et 57).* – **Les gains et salaires d'un époux ne peuvent être saisis par les créanciers de son conjoint que si l'obligation a été contractée pour l'entretien du ménage ou l'éducation des enfants, conformément à l'article 220.**

Lorsque les gains et salaires sont versés à un compte courant ou de dépôt, ceux-ci ne peuvent être saisis que dans les conditions définies par décret.

Ancien art. 1414. – *Le paiement des dettes dont la femme vient à être tenue pendant la communauté peut être poursuivi sur l'ensemble des biens communs dans les cas suivants :*
1° Si l'engagement est de ceux qui se forment sans aucune convention ;
2° Si l'engagement, formé par convention, l'a été du consentement du mari ou avec l'habilitation de justice, ainsi qu'il est dit à l'article 1419 ;
3° Si l'engagement a été contracté pour l'entretien du ménage ou l'éducation des enfants, conformément à l'article 220.

Décret n. 87-637 du 5 août 1987
pris pour l'application de l'article 1414 du Code civil *(J.O.* 7 août 1987*)*

Art. 1ᵉʳ. – Lorsque le paiement d'une dette de communauté née du chef d'un conjoint est poursuivi sur un compte courant ou de dépôt alimenté en tout ou partie par les gains et salaires de l'autre époux, celui-ci peut demander que soit laissée à sa disposition une somme correspondant, à son choix, soit au montant de ses gains et salaires versés au compte dans le mois précédant la saisie, soit au montant moyen mensuel de ses gains et salaires versés au compte dans les douze mois précédant la saisie.

Ces dispositions s'appliquent dans tous les cas où le compte, qu'il soit ouvert au seul nom de l'époux qui n'a pas contracté la dette ou qu'il s'agisse d'un compte joint, fait l'objet d'une saisie-arrêt ou d'un avis à tiers détenteur.

Elles ne sont pas applicables lorsque la dette dont le paiement est poursuivi a été contractée pour l'entretien du ménage ou l'éducation des enfants, ni lorsqu'il s'agit d'une autre dette dont les conjoints sont tenus solidairement.

Art. 2. – L'époux intéressé doit former la demande prévue à l'article 1ᵉʳ dix jours au plus tard après que la dénonciation de la saisie a été faite à lui-même ou à un autre titulaire du compte. Sa demande est formée par lettre recommandée, avec demande d'avis de réception, ou par déclaration écrite contre récépissé ; elle doit préciser le montant de la somme qu'il entend voir laisser à sa disposition et être accompagnée de documents justifiant de ses gains et salaires versés au compte. Elle doit être faite simultanément au créancier poursuivant et au tiers saisi.

Art. 1415 COMMUNAUTÉ LÉGALE

Art. 3. – Si le créancier entend s'opposer à la demande de l'époux, il porte la contestation, dans les dix jours suivant la notification de la demande, devant le juge des référés de la juridiction compétente pour connaître de l'instance en validité de la saisie.
Une copie de l'assignation est adressée dans le même délai au tiers saisi.

Art. 4. – A défaut de contestation du créancier, dans le délai fixé à l'article 3, le tiers saisi laisse à la disposition de l'époux intéressé la somme mentionnée dans la demande de celui-ci.

Art. 5. – En cas d'avis à tiers détenteur, si un époux forme la demande prévue à l'article 1er, l'exécution de l'avis demeure suspendue pour les sommes mentionnées dans la demande jusqu'à l'expiration du délai imparti au créancier pour contester celle-ci et, en cas de contestation du créancier, jusqu'à la décision du juge. La contestation est portée devant le tribunal d'instance dans le délai prévu à l'article 3, une copie de l'assignation devant être adressée dans le même délai au tiers détenteur.

Art. 6. – La décision ordonnant le cantonnement d'une saisie pratiquée sur un compte joint entre époux communs en biens est inopposable au conjoint de celui qui a demandé le cantonnement, si ce conjoint n'a pas été appelé en cause ; l'intéressé, s'il intervient, peut saisir sur-le-champ le juge des référés de la demande prévue à l'article 1er.

1) L'article 1414-1° (ancien) du Code civil déclarant communes les dettes extra-contractuelles de la femme ne s'applique pas aux époux mariés avant le 1er février 1966 (Civ. 1re, 7 fév. 1978 : *D.* 1978, 237, rapp. Ponsard. – *Contra* Rouen 29 mars 1978 : *D.* 1979, 130, note Martin. – V. Champenois, *Le passif délictuel de la femme commune en biens en droit transitoire : D.* 1979, chron. 83.

– Rémy et David, *Le passif provisoire de la communauté légale en droit transitoire :* D. 1976, chron. 289).

2) Sur le droit pour les créanciers délictuels de la femme de pratiquer une saisie-arrêt sur les gains et salaires du mari sous l'empire du droit antérieur à l'entrée en vigueur de la loi du 23 décembre 1985, V. Civ. 1re, 8 fév. 1978 : *Bull.* I, n. 53, p. 46.

Art. 1415 *(L. n. 85-1372 du 23 déc. 1985, art. 11, 56 et 57).* – **Chacun des époux ne peut engager que ses biens propres et ses revenus, par un cautionnemnt ou un emprunt, à moins que ceux-ci n'aient été contractés avec le consentement exprès de l'autre conjoint qui, dans ce cas, n'engage pas ses biens propres.**

Ancien art. 1415. – *Toutes autres dettes de la femme n'obligent que ses propres, en pleine propriété, et ses biens réservés.*

Art. 1416. – **La communauté qui a acquitté une dette pour laquelle elle pouvait être poursuivie en vertu des articles précédents a droit néanmoins à récompense, toutes les fois que cet engagement avait été contracté dans l'intérêt personnel de l'un des époux, ainsi pour l'acquisition, la conservation ou l'amélioration d'un bien propre.**

Les dépenses relatives à l'entretien d'un bien propre faites au moyen de deniers communs ne donnent pas lieu à récompense au profit de la communauté (Paris 17 mai 1977 : *Defrénois* 1979, 1518, 1re esp., note Morin. V. cependant Civ. 1re, 15 juil. 1981 : *J.C.P.* 82, II, 19796, note crit. Rémy).

Art. 1417. – **La communauté a droit à récompense, déduction faite, le cas échéant, du profit retiré par elle, quand elle a payé les amendes encourues par un époux en raison d'infractions pénales, ou les réparations et dépens auxquels il avait été condamné pour des délits ou quasi-délits civils.**

COMMUNAUTÉ LÉGALE — Art. 1420

Elle a pareillement droit à récompense si la dette qu'elle a acquittée avait été contractée par l'un des époux au mépris des devoirs que lui imposait le mariage.

Art. 1418. – Lorsqu'une dette est entrée en communauté du chef d'un seul des époux, elle ne peut être poursuivie sur les biens propres de l'autre.
S'il y a solidarité, la dette est réputée entrer en communauté du chef des deux époux.
(Dernière phrase abrogée, L. n. 85-1372 du 23 déc. 1985, art. 12, 56 et 57) Mais quand un époux ne fait que donner son consentement à l'obligation de l'autre, c'est seulement du chef de celui-ci que la dette entre en communauté.

1) La femme, fondée de pouvoir de son mari commerçant, et participant à ce titre à l'exploitation du commerce, n'engage pas ses biens propres pour les dettes nées de l'exploitation du fonds (Com. 27 mai 1972 : J.C.P. 73, II, 17306, note J.P. ; *D.* 1973, 155, note Prévault).

2) Pour une application de l'article 1418, al. 2, V. Civ. 21 juil. 1987 : *Bull.* I, n. 249, p. 182).

Art. 1419 *(abrogé, L. n. 85-1372 du 23 déc. 1985, art. 12, 56 et 57)*.

Ancien art. 1419. – *Toutefois, les créanciers peuvent poursuivre le paiement des dettes que la femme a contractées avec le consentement du mari tant sur les biens de la communauté que sur ceux du mari ou de la femme, sauf la récompense due à la communauté, ou l'indemnité due au mari.*
Si les dettes ont été contractées avec l'habilitation de justice, conformément à l'article 217, le paiement n'en peut être poursuivi que sur les propres de la femme et sur les biens de la communauté.

Art. 1420 *(abrogé, L. n. 85-1372 du 23 déc. 1985, art. 12, 56 et 57)*.

Ancien art. 1420. – *La femme qui exerce une profession séparée oblige ses propres et ses biens réservés par ses engagements professionnels.*
Le paiement de ces engagements peut aussi être poursuivi sur l'ensemble de la communauté et sur les propres du mari, si celui-ci avait donné son accord exprès à l'acte passé par la femme, ou même, en l'absence d'un tel accord, s'il s'est ingéré dans l'exercice de la profession. Il en est de même si, par une déclaration mentionnée au registre du commerce, il a donné son accord exprès à l'exercice d'un commerce par la femme.

1) Il résulte de l'article 1420 (ancien) qu'en l'absence d'ingérence du mari, le paiement d'un engagement professionnel de la femme non commerçante ne peut être poursuivi sur les biens communs que si le mari a donné son accord exprès à l'acte générateur de cet engagement. Le consentement donné par le mari à l'exercice par son épouse d'une profession non commerciale est à cet égard de nul effet, la communauté ne pouvant être tenue des engagements de la femme que dans la mesure où chacun d'eux aurait été conclu avec l'accord du mari (Civ. 1re, 8 fév. 1977 : *Gaz. Pal.* 1978, 1, 1, note Raymond).

2) Il y a ingérence au sens de l'article 1420 (ancien) quand le mari, qui reconnaît s'occuper du commerce exploité par son épouse, tient notamment la comptabilité (Com. 11 juin 1976 : *D.* 1978, 125, note Le Guidec. – Comp. Lyon 6 mars 1973 : *J.C.P.* 76, II, 18280, note Colomer. – V. David, *Observations sur l'ingérence maritale en régime légal : Rev. trim. dr. civ.* 1974, 1).

Art. 1421 — COMMUNAUTÉ LÉGALE

SECTION II. – DE L'ADMINISTRATION DE LA COMMUNAUTÉ ET DES BIENS PROPRES

Art. 1421 *(L. n. 85-1372 du 23 déc. 1985, art. 13 et 56).* – **Chacun des époux a le pouvoir d'administrer seul les biens communs et d'en disposer, sauf à répondre des fautes qu'il aurait commises dans sa gestion. Les actes accomplis sans fraude par un conjoint sont opposables à l'autre.**
L'époux qui exerce une profession séparée a seul le pouvoir d'accomplir les actes d'administration et de disposition nécessaires à celle-ci.
Le tout sous réserve des articles 1422 à 1425.

Ancien art. 1421. – Le mari administre seul la communauté, sauf à répondre des fautes qu'il aurait commises dans sa gestion.
Il peut disposer des biens communs, pourvu que ce soit sans fraude et sous les exceptions qui suivent.

F. CHEVALLIER-DUMAS, *La fraude dans les régimes matrimoniaux* : Rev. trim. dr. civ. 1979, 40.

1) Sur le pouvoir du mari (dans le régime antérieur à la loi du 23 décembre 1985) de défendre seul aux actions concernant les biens communs, V. Civ. 1re, 24 juin 1986 : *Bull.* I, n. 180, p. 177 ; *J.C.P.* 88, II, 20926, note Henry).

2) Il résulte de l'article 1421 (ancien) que le mari a seul le pouvoir de recevoir un paiement destiné à la communauté (Civ. 1re, 12 mai 1981 : *Bull.* I, n. 155, p. 128).

3) Un homme marié ayant remis à sa concubine une somme d'argent dont celle-ci s'était servie pour l'acquisition d'une maison d'habitation, il y a lieu de faire droit à l'action introduite par la femme, après divorce, tendant à faire déclarer nul l'achat de la maison par application de l'article 1421 (ancien) comme ayant été réalisé avec des fonds de communauté en fraude de ses droits (Civ. 1re, 24 oct. 1977 : *D.* 1978, 290, note Poisson-Drocourt).

4) Une société d'acquêts adjointe à un régime principal de séparation de biens étant soumise en principe aux règles de la communauté, il y a lieu d'appliquer les pouvoirs des époux institués par la loi du 13 juillet 1965, dans les articles 1421 et s. (anciens) du Code civil, à un régime conventionnel antérieur, en vertu des dispositions de l'article 11 de la loi du 13 juillet 1965 (Civ. 1re, 15 mai 1974 : *J.C.P.* 75, II, 17910, note Ponsard).

Art. 1422 *(L. n. 85-1372 du 23 déc. 1985, art. 13 et 56).* – **Les époux ne peuvent, l'un sans l'autre, disposer entre vifs, à titre gratuit, des biens de la communauté.**

Ancien art. 1422. – Le mari ne peut, même pour l'établissement des enfants communs, disposer entre vifs, à titre gratuit, des biens de la communauté sans le consentement de la femme.

1) Le cautionnement emportant obligation de la caution mais non dessaisissement immédiat et définitif d'un élément patrimonial ne constitue pas un acte de disposition à titre gratuit tombant sous le coup de la prohibition édictée par l'article 1422 du Code civil (Civ. 1re, 21 nov. 1973 : *D.* 1975, 549, note Steinmetz. – V. en ce sens Civ. 1re, 27 janv. 1982 : *J.C.P.* 82, IV, 131 ; *Bull.* I, n. 46, p. 40.– Civ. 3e, 16 nov. 1988 : *J.C.P.* 89, IV, 20).

COMMUNAUTÉ LÉGALE Art. 1424

2) Jugé, sous l'empire du droit antérieur à l'entrée en vigueur de la loi du 23 décembre 1985, que les restrictions apportées aux pouvoirs du mari sur les biens communs et résultant notamment des articles 1422 et 1427 du Code civil ne trouvent leur application qu'en ce qui touche les biens de communauté autres que les gains et salaires restant à la libre disposition des époux selon l'article 224 al. 1ᵉʳ (Paris 19 nov. 1974 : *J.C.P.* 76, II, 18412, note Synvet ; *D.* 1975, 614, concl. Cabannes – V. cependant, semblant écarter l'article 224, pour les gains et salaires économisés, Civ. 1ʳᵉ, 29 fév. 1984 : *D.* 1984, 601, note D. Martin).

3) L'article 1422 n'est pas applicable à la désignation d'un nouveau bénéficiaire par le souscripteur d'un contrat d'assurance prévoyant le versement d'un capital à lui-même à une date donnée ou à sa femme s'il venait à décéder avant cette date (Ass. plén. 12 déc. 1986 : *J.C.P.* 87, II, 20760, concl. Cabannes et note Boyer ; *D.* 1987, 269, note Ghestin, solution implicite).

4) Il résulte des articles 894 et 1422 que le mandat doit être spécial lorsqu'il est conféré pour faire une donation ou pour consentir à ce qu'une donation porte sur des biens communs (Civ. 1ʳᵉ, 29 juin 1983 : *J.C.P.* 83, IV, 287 ; *Bull.* I, n. 192, p. 169).

5) Un bail consenti sans stipulation de loyer et qui est un acte de disposition à titre gratuit ne peut être conclu par un époux seul (Civ. 1ʳᵉ, 5 juil. 1988 : *J.C.P.* 89, II, 21337, note Simler).

Art. 1423 *(L. n. 85-1372 du 23 déc. 1985, art. 13 et 56).* – **Le legs fait par un époux ne peut excéder sa part dans la communauté.**
Si un époux a légué un effet de la communauté, le légataire ne peut le réclamer en nature qu'autant que l'effet, par l'événement du partage, tombe dans le lot des héritiers du testateur ; si l'effet ne tombe point dans le lot de ces héritiers, le légataire a la récompense de la valeur totale de l'effet légué, sur la part, dans la communauté, des héritiers de l'époux testateur et sur les biens personnels de ce dernier.

Ancien art. 1423 – *Le legs fait par le mari ne peut excéder sa part dans la communauté.*
S'il a légué un effet de la communauté, le légataire ne peut le réclamer en nature, qu'autant que l'effet, par l'événement du partage, tombe au lot des héritiers du mari ; si l'effet ne tombe point au lot de ces héritiers, le légataire a la récompense de la valeur totale de l'effet légué, sur la part des héritiers du mari dans la communauté et sur les biens personnels de ce dernier.

1) Jugé, sous l'empire du droit antérieur à l'entrée en vigueur de la loi du 23 décembre 1985, que les legs de biens communs faits par l'épouse ne peuvent être tenus pour des legs de la chose d'autrui, au sens de l'article 1021 du Code civil, du fait que la testatrice avait un droit de copropriété par indivis sur les biens légués (Civ. 1ʳᵉ, 28 mai 1968 : *J.C.P.* 69, II, 15714, note Dagot).

2) Le legs par le mari d'un bien commun peut s'exécuter en nature si, par l'événement du partage, le bien légué tombe au lot de la succession du mari. Un arrêt ne peut donc ordonner, dans une opération de partage unique, la licitation de tous les biens indivis provenant de la communauté et des successions des deux époux, alors que le partage préalable de la communauté était nécessaire pour réserver l'éventualité de l'exécution en nature du legs (Civ. 1ʳᵉ, 2 juin 1987 : *Bull.* I, n. 181, p. 135).

Art. 1424 *(L. n. 85-1372 du 23 déc. 1985, art. 13 et 56).* – **Les époux ne peuvent, l'un sans l'autre, aliéner ou grever de droits réels les immeubles, fonds de commerce et exploitations**

677

Art. 1424   COMMUNAUTÉ LÉGALE

dépendant de la communauté, non plus que les droits sociaux non négociables et les meubles corporels dont l'aliénation est soumise à publicité. Ils ne peuvent, sans leur conjoint, percevoir les capitaux provenant de telles opérations.

Ancien art. 1424. – *Le mari ne peut, sans le consentement de la femme, aliéner ou grever de droits réels les immeubles, fonds de commerce et exploitations dépendant de la communauté, non plus que les droits sociaux non négociables et les meubles corporels dont l'aliénation est soumise à publicité. Il ne peut sans ce consentement percevoir les capitaux provenant de telles opérations.*

Il ne peut non plus, sans l'accord de la femme, donner à bail un fonds rural ou un immeuble à usage commercial, industriel ou artisanal. Les baux passés par le mari sur les biens communs sont, pour le surplus, soumis aux règles prévues pour les baux passés par l'usufruitier.

Loi n. 82-596 du 10 juillet 1982 *(J.O.* 13 juil.*)*
relative aux conjoints d'artisans et de commerçants travaillant dans l'entreprise familiale

Art. 2. – Un artisan ou un commerçant ne peut, sans le consentement exprès de son conjoint, lorsque celui-ci participe à son activité professionnelle en qualité de conjoint travaillant dans l'entreprise, aliéner ou grever de droits réels les éléments du fonds de commerce ou de l'entreprise artisanale dépendant de la communauté, qui, par leur importance ou par leur nature, sont nécessaires à l'exploitation de l'entreprise, ni donner à bail ce fonds de commerce ou cette entreprise artisanale. Il ne peut, sans ce consentement exprès, percevoir les capitaux provenant de telles opérations.

Le conjoint qui n'a pas donné son consentement exprès à l'acte peut en demander l'annulation ; l'action en nullité lui est ouverte pendant deux années à compter du jour où il a eu connaissance de l'acte, sans pouvoir jamais être intentée plus de deux ans après la dissolution de la communauté.

1) Si le mari ne peut, aux termes de l'article 1424 (ancien), aliéner volontairement les immeubles dépendant de la communauté sans le consentement de sa femme, il n'en conserve pas moins, en tant qu'administrateur de la communauté, le droit de défendre seul à toutes les actions tendant à l'expropriation des biens communs (Civ. 1re, 27 mars 1974 : *J.C.P.* 74, IV, 177 ; *Bull.* I, n. 100, p. 85. – V. aussi Civ. 1re, 23 juil. 1979 : *Bull.* I, n. 223, p. 177).

2) Jugé, sous l'empire du droit antérieur à l'entrée en vigueur de la loi du 23 décembre 1985, qu'une convention qui a pour objet de délimiter les zones d'activité commerciale des contractants n'aboutit ni à aliéner les fonds de commerce par eux exploités ni à les grever de droits réels et entre seulement dans la catégorie des actes d'exploitation qu'il est loisible à un mari administrateur de la communauté d'accomplir seul (Amiens 12 mai 1975 : *Gaz. Pal.* 1975, 2, 574, note Raymond).

3) Pour apprécier la validité d'une convention contenant une clause attribuant, en cas de décès de l'un des associés, la propriété de l'entreprise au survivant, il y a lieu de rechercher si cette attribution ne constitue pas une aliénation d'un bien de communauté par l'un des contractants, exigeant le consentement de l'épouse selon l'article 1424 (ancien) du Code civil (Civ. 1re, 2 déc. 1975 : *J.C.P.* 76, II, 18390, note Chartier). Cet article n'est pas applicable à la clause d'accroissement par laquelle le mari et sa maîtresse ont convenu que chacun d'eux aurait la propriété de l'immeuble acquis conjointement et indivisément par eux

COMMUNAUTÉ LÉGALE — Art. 1425

sous condition du prédécès de son cocontractant (Civ. 1re, 11 janv. 1983 : *D.* 1983, 501, note Larroumet ; *J.C.P.* 84, II, 20127, note Boulanger). V. M. Henry, *Une pratique critiquable : la clause d'accroissement en fraude du régime matrimonial* : *J.C.P.* 87, I, 3281.

4) La vente d'un immeuble commun par le mari seul qui n'a pas reçu mandat de sa femme pour agir en son nom est nulle en vertu de l'article 1424 (ancien) du Code civil (Civ. 3e, 13 mars 1974 : *J.C.P.* 75, II, 17936, note Dagot). Mais les juges du fond qui ont relevé que le mari, en présence de son fils, s'était prétendu le mandataire de son épouse et s'était porté fort de la signature de celle-ci à l'acte authentique portant sur la vente d'un immeuble commun, par le mari, ont pu, sans se contredire, en déduire qu'il avait eu l'apparence d'un mandataire valable et qu'il avait engagé son épouse (Civ. 1re, 14 déc. 1976 : *J.C.P.* 78, II, 18864, note Moneger).

5) L'article 1424 (ancien) ne peut s'appliquer qu'aux aliénations de biens communs consenties par le mari et non à celles qui sont consenties par le syndic de la liquidation des biens du mari (Civ. 1re, 21 nov. 1978 : *D.* 1979, 365, note Jeantin).

6) Si le mari ne peut, aux termes de l'article 1424 (ancien) du Code civil, aliéner sans le consentement de sa femme les immeubles dépendant de la communauté, il doit être déduit que pas davantage la femme ne peut en disposer seule. En conséquence, ne se trouvant pas dans l'un des cas où elle eût pu se faire autoriser par justice et n'ayant d'ailleurs sollicité aucune autorisation de cette sorte, elle n'est pas fondée à solliciter seule la vente aux enchères publiques sur conversion des immeubles saisis dépendant de la communauté de biens réduite aux acquêts (Civ. 1re, 15 avril 1970 : *J.C.P.* 70, II, 16475, note Patarin ; *D.* 1971, 143, note Ponsard). Mais jugé que la demande de conversion en vente volontaire étant un acte de pure administration, il peut être désigné un administrateur judiciaire chargé de solliciter au nom de la communauté une telle conversion (Nancy 13 mars 1980 : *J.C.P.* 80, IV, 396).

7) Le pacte de réméré affectant un immeuble commun constitue un acte de disposition nécessitant le consentement de la femme (Paris 19 mars 1981 : *J.C.P.* 82, IV, 97). En revanche, la vente d'un simple « pas de porte », indépendamment d'autres éléments d'un fonds de commerce dont l'existence n'est au moment de la cession n'est même pas alléguée, constitue un acte de disposition pouvant être passé par le mari sans le consentement de son épouse (Civ. 1re, 4 mars 1986 : *J.C.P.* 87, II, 20717, note Henry). Le cautionnement ne figure pas au nombre des actes de disposition visés par l'article 1424 (Paris 9 déc. 1986 : *D.* 1987, Somm. 125).

8) Doit être cassé pour violation de l'article 1424, alinéa 2, (ancien) l'arrêt qui rejette une demande en nullité d'un bail en énonçant que la simple insertion dans le contrat d'une clause autorisant le preneur à céder son bail pour toutes activités, même commerciales, ne pouvait constituer un acte de disposition nécessitant l'autorisation du conjoint, alors que le bail donnait au preneur la faculté d'affecter les lieux loués à un usage commercial (Civ. 3e, 19 mai 1981 : *Bull.* III, n. 100, p. 72).

Art. 1425 *(L. n. 85-1372 du 23 déc. 1985, art. 13 et 56).* – **Les époux ne peuvent, l'un sans l'autre, donner à bail un fonds rural ou un immeuble à usage commercial, industriel ou artisanal dépendant de la communauté. Les autres baux sur les biens communs peuvent être passés par un seul conjoint et sont soumis aux règles prévues pour les baux passés par l'usufruitier.**

Art. 1426 COMMUNAUTÉ LÉGALE

Code rural

Art. L. 411-68 *(L. n. 80-502 du 4 juil. 1980, art. 22-III).* – Lorsque des époux participent ensemble et de façon habituelle à une exploitation agricole, l'époux titulaire du bail sur cette exploitation ne peut, sans le consentement exprès de son conjoint, accepter la résiliation, céder le bail, ou s'obliger à ne pas en demander le renouvellement, sans préjudice de l'application de l'article 217 du code civil. Toute stipulation contraire est réputée non écrite.

(Modifié, D. n. 83-212 du 16 mars 1983) L'époux qui n'a pas donné son consentement à l'acte peut en demander l'annulation ; l'action en nullité lui est ouverte dans l'année à compter du jour où il a eu connaissance de l'acte.

Ancien art. 1425. – *La femme a, pour administrer les biens réservés, les mêmes pouvoirs que le mari pour administrer les autres biens communs.*

Art. 1426 *(Mod., L. n. 85-1372 du 23 déc. 1985, art. 14).* – Si l'un des époux se trouve, d'une manière durable, hors d'état de manifester sa volonté, ou si sa gestion de la communauté atteste l'inaptitude ou la fraude, l'autre conjoint peut demander en justice à lui être substitué dans l'exercice de ses pouvoirs. Les dispositions des articles 1445 à 1447 sont applicables à cette demande.

Le conjoint ainsi habilité par justice a les mêmes pouvoirs qu'aurait eus l'époux qu'il remplace ; il passe avec l'autorisation de justice les actes pour lesquels son consentement aurait été requis s'il n'y avait pas eu substitution.

L'époux privé de ses pouvoirs pourra, par la suite, en demander au tribunal la restitution, en établissant que leur transfert à l'autre conjoint n'est plus justifié.

1) En ouvrant à un époux la possibilité de demander en justice le transfert des pouvoirs de son conjoint sur les biens communs lorsque la gestion de celui-ci atteste l'inaptitude ou la fraude, le législateur a entendu sanctionner la faute de gestion, même si elle n'a pas été commise dans l'intention de dépouiller le conjoint de ses droits dans la communauté (Civ. 1re, 3 janv. 1984 : *J.C.P.* 84, IV, 75 ; *Bull.* I, n. 2, p. 2).

2) Pour des exemples de fraude commise par un époux, V. Civ. 1re, 31 janv. 1984 et Paris 23 juin 1983 : *D.* 1984, I.R. 273, obs. D. Martin. Jugé que le retrait par le mari sur un compte commun d'une somme pour la transférer sur un compte à son nom ne suffit pas à caractériser la fraude (Paris 19 oct. 1988 : *J.C.P.* 89, II, 21362, note Paisant).

3) Sur la publicité au registre du commerce et des sociétés dans le cas où les époux, ou l'un d'eux, sont commerçants, V. D. n. 84-406 du 30 mai 1984, art. 8, A, 4° et 71-5°.

Art. 1427 *(Mod., L. n. 85-1372 du 23 déc. 1985, art. 15).* – Si l'un des époux a outrepassé ses pouvoirs sur les biens communs, l'autre, à moins qu'il n'ait ratifié l'acte, peut en demander l'annulation.

L'action en nullité est ouverte au conjoint pendant deux années à partir du jour où il a eu connaissance de l'acte, sans pouvoir jamais être intentée plus de deux ans après la dissolution de la communauté.

1) L'action accordée par l'article 1427 à l'épouse dans le cas où le mari a outrepassé ses devoirs sur les biens communs tend non pas à l'inopposabilité de l'acte à la femme mais à une nullité qui prive cet acte de ses effets non seulement à l'égard de la femme

mais aussi dans les rapports du mari et de l'autre contractant (Civ. 1re, 27 juin 1978 : *J.C.P.* 80, II, 19424, note Henry. – Civ. 1re, 17 juin 1981 : *J.C.P.* 82, II, 19809, note Patarin. – Civ. 1re, 28 mars 1984 : *Bull.* I, n. 119, p. 97 ; *J.C.P.* 85, II, 20430, note Henry).

2) La nullité prononcée en vertu de l'article 1427 a pour effet de remettre les choses dans l'état où elles se trouvaient avant la formation du contrat et ne laisse pas subsister les clauses destinées à sanctionner l'inexécution dudit contrat (Civ. 1re, 27 juin 1978 : *Defrénois* 1979, 1020, note Colomer). Elle peut être opposée à un acquéreur de bonne foi (Civ. 1re, 6 fév. 1979 : *Bull.* I, n. 43, p. 38).

3) Le seul fait pour le mari d'avoir passé sans le consentement de sa femme un acte de vente portant sur un immeuble commun ne constitue pas en lui-même une faute qui engage sa responsabilité envers l'acquéreur (Civ. 1re, 11 janv. 1983 : *Bull.* I, n. 14, p. 12 ; *Defrénois* 1983, 1347, obs. Champenois. – Civ. 1re, 28 mars 1984 : *Bull.* I, n. 119, p. 97). La nullité de la cession consentie par le mari seul ne peut faire naître à la charge de celui-ci une obligation de garantie (Civ. 1re, 20 oct. 1987 : *Bull.* I, n. 271, p. 196).

4) La formule finale de l'alinéa 2 de l'article 1427 ne saurait avoir pour effet de priver le conjoint du droit d'agir en nullité pendant les deux années qui suivent la réalisation de l'acte (Civ. 1re, 2 juin 1981 : *J.C.P.* 81, IV, 294 ; *Bull.* I, n. 187, p. 153).

5) Le délai de deux ans visé par l'article 1427 est un délai de prescription, d'où il résulte que le moyen tiré de cette prescription, non invoqué devant les juges d'appel, ne saurait être suppléé d'office par ceux-ci (Civ. 1re, 11 janv. 1983 : *Bull.* I, n. 14, p. 12 ; *Defrénois* 1983, 1347, obs. Champenois).

6) Le délai de l'article 1427 ne s'applique pas à l'action fondée sur la fraude, notamment celle prévue à l'article 243 (ancien ; V. art. 262-2 nouveau) (Paris 9 juil. 1982 : *J. not.* 1983, 46, obs. Raison).

7) L'article 1427, alinéa 2, ne peut avoir pour effet de priver le conjoint du droit d'invoquer la nullité comme moyen de défense contre la demande d'exécution d'un acte irrégulièrement passé par l'autre époux (Civ. 1re, 8 déc. 1981 : *J.C.P.* 82, IV, 81 ; *Bull.* I, n. 366, p. 310 ; *Defrénois* 1982, 427, obs. Champenois. – V. en ce sens Civ. 1re, 12 juil. 1982 : *J.C.P.* 82, IV, 337).

8) La ratification de la vente d'un bien de communauté par l'autre époux peut résulter de tout acte qui implique sans équivoque sa volonté de confirmer (Civ. 1re, 17 mars 1987 : *Bull.* n. 95, p. 72).

Art. 1428. – **Chaque époux a l'administration et la jouissance de ses propres et peut en disposer librement.**

La nullité d'un bail rural de neuf ans consenti par le mari sur un bien propre de son épouse ne peut être couverte par un mandat apparent, le tiers contractant ne pouvant légitimement croire aux pouvoirs du mari alors qu'il savait que les époux étaient en instance de divorce depuis de nombreuses années (Civ. 1re, 6 juil. 1976 : *J.C.P.* 78, II, 18845, note Le Guidec).

Art. 1429. – **Si l'un des époux se trouve, d'une manière durable, hors d'état de manifester sa volonté, ou s'il met en péril les intérêts de la famille, soit en laissant dépérir ses propres, soit en dissipant ou détournant les revenus qu'il en retire, il peut, à la demande de son conjoint, être dessaisi des droits d'administration et de jouissance qui lui sont reconnus par l'article précédent. Les dispositions des articles 1445 à 1447 sont applicables à cette demande.**

Art. 1430   COMMUNAUTÉ LÉGALE

A moins que la nomination d'un administrateur judiciaire n'apparaisse nécessaire, le jugement confère au conjoint demandeur le pouvoir d'administrer les propres de l'époux dessaisi, ainsi que d'en percevoir les fruits, qui devront être appliqués par lui aux charges du mariage et l'excédent employé au profit de la communauté.

A compter de la demande, l'époux dessaisi ne peut disposer seul que de la nue-propriété de ses biens.

Il pourra, par la suite, demander en justice à rentrer dans ses droits, s'il établit que les causes qui avaient justifié le dessaisissement n'existent plus.

Sur la publicité au registre du commerce et des sociétés dans le cas où les époux, ou l'un d'eux, sont commerçants, V. D. n. 84-406 du 30 mai 1984, art. 8, A, 4º et 71-5º.

Art. 1430 *(abrogé, L. n. 85-1372 du 23 déc. 1985, art. 16 et 56)*.

Ancien art. 1430. – *Le mari n'est point garant du défaut d'emploi ou de remploi des biens propres à la femme, à moins qu'il ne se soit ingéré dans les opérations d'aliénation ou d'encaissement, ou qu'il ne soit prouvé que les deniers ont été reçus par lui, ou ont tourné à son profit.*

V. pour une application au cas où la femme remet au mari le prix de vente d'un immeuble propre, Civ. 1ʳᵉ, 27 mars 1984 : *Bull.* I, n. 114, p. 94.

Art. 1431. – **Si, pendant le mariage, l'un des époux confie à l'autre l'administration de ses propres, les règles du mandat sont applicables. L'époux mandataire est, toutefois, dispensé de rendre compte des fruits, lorsque la procuration ne l'y oblige pas expressément.**

Art. 1432. – **Quand l'un des époux prend en main la gestion des biens propres de l'autre, au su de celui-ci, et néanmoins sans opposition de sa part, il est censé avoir reçu un mandat tacite, couvrant les actes d'administration et de jouissance, mais non les actes de disposition.**

Cet époux répond de sa gestion envers l'autre comme un mandataire. Il n'est, cependant, comptable que des fruits existants ; pour ceux qu'il aurait négligé de percevoir ou consommés frauduleusement, il ne peut être recherché que dans la limite des cinq dernières années.

Si c'est au mépris d'une opposition constatée que l'un des époux s'est immiscé dans la gestion des propres de l'autre, il est responsable de toutes les suites de son immixtion et comptable sans limitation de tous les fruits qu'il a perçus, négligé de percevoir ou consommés frauduleusement.

Code rural

Art. 789-1 *(L. n. 80-502 du 4 juil. 1980, art. 22)*. – Lorsque des époux exploitent ensemble et pour leur compte un même fonds agricole, ils sont présumés s'être donné réciproquement mandat d'accomplir les actes d'administration concernant les besoins de l'exploitation.

Lorsqu'il ne fait que collaborer à l'exploitation agricole, le conjoint de l'exploitant est présumé avoir reçu de celui-ci le mandat d'accomplir les actes d'administration concernant les besoins de cette exploitation.

COMMUNAUTÉ LÉGALE — Art. 1434

Art. 789-2 *(L. n. 80-502 du 4 juil. 1980, art. 22).* – Les dispositions de l'article 789-1 ci-dessus cessent de plein droit d'être applicables en cas d'absence présumée de l'un des époux, de séparation de corps ou de séparation de biens judiciaire.

Elles cessent également d'être applicables lorsque les conditions prévues à l'article 789-1 ne sont plus remplies.

Art. 789-3 *(L. n. 80-502 du 4 juil. 1980, art. 22).* – Chaque époux a la faculté de déclarer, son conjoint présent ou dûment appelé, que celui-ci ne pourra plus se prévaloir des dispositions de l'article 789-1.

La déclaration prévue à l'alinéa précédent est, à peine de nullité, faite devant notaire. Elle a effet à l'égard des tiers trois mois après que mention en aura été portée en marge de l'acte de mariage des époux. En l'absence de cette mention, elle n'est opposable aux tiers que s'il est établi que ceux-ci en ont eu connaissance.

Loi n. 82-596 du 10 juillet 1982 *(J.O. 13 juil.)*
relative aux conjoints d'artisans et de commerçants travaillant dans l'entreprise familiale

Art. 9 – Le conjoint collaborateur, lorsqu'il est mentionné au registre du commerce et des sociétés, au répertoire des métiers ou au registre des entreprises tenu par les chambres de métiers d'Alsace et de la Moselle, est réputé avoir reçu du chef d'entreprise le mandat d'accomplir au nom de ce dernier les actes d'administration concernant les besoins de l'entreprise.

Par déclaration faite, à peine de nullité, devant notaire, chaque époux a la faculté de mettre fin à la présomption de mandat, son conjoint présent ou dûment appelé. La déclaration notariée a effet à l'égard des tiers, trois mois après que mention en aura été portée au registre du commerce et des sociétés, au répertoire des métiers ou au registre des entreprises tenu par les chambres de métiers d'Alsace et de la Moselle ; en l'absence de cette mention, elle n'est opposable aux tiers que s'il est établi que ceux-ci en ont eu connaissance.

La présomption de mandat cesse également de plein droit en cas d'absence présumée de l'un des époux, de séparation de corps ou de séparation de biens judiciaire, de même que lorsque les conditions prévues à l'alinéa 1er ci-dessus ne sont plus remplies.

A. KURGANSKY, *La déclaration notariée de cessation du mandat du conjoint collaborateur du chef d'une entreprise artisanale ou commerciale : J.C.P.* 84, éd. N, I, 17.

Art. 1433. – **La communauté doit récompense à l'époux propriétaire toutes les fois qu'elle a tiré profit des biens propres.**

Il en est ainsi, notamment, quand elle a encaissé des deniers propres ou provenant de la vente d'un propre, sans qu'il en ait été fait emploi ou remploi.

Si une contestation est élevée, la preuve que la communauté a tiré profit de biens propres peut être administrée par tous les moyens, même par témoignages et présomptions.

Art. 1434. – **L'emploi ou le remploi est censé fait à l'égard d'un époux, toutes les fois que, lors d'une acquisition, il a déclaré qu'elle était faite de deniers propres ou du provenus de l'aliénation d'un propre, et pour lui tenir lieu d'emploi ou de remploi. A défaut de cette déclaration dans l'acte, l'emploi ou le remploi n'a lieu que par l'accord des époux, et il ne produit ses effets que dans leurs rapports réciproques.**

Art. 1435 COMMUNAUTÉ LÉGALE

(Al. 2 et 3 abrogés. L. n. 85-1372 du 23 déc. 1985, art. 16 et 56). – Si l'emploi ou le remploi est fait par anticipation, le bien acquis est propre, sous la condition que les sommes attendues du patrimoine propre soient versées dans la communauté avant qu'elle ne soit liquidée.

Quand le prix du bien acquis excède la somme dont il a été fait emploi ou remploi, la communauté a droit à récompense pour l'excédent. Si, toutefois, le montant de la récompense devait être supérieur à la moitié du prix, le bien acquis tomberait en communauté sauf la récompense due à l'époux.

A. COSTE-FLORET, *Le remploi tacite à retardement sous le régime de la communauté* : Rev. trim. dr. civ. 1975, 47.

1) L'opération par laquelle l'apporteur et la société se donnent respectivement un bien déterminé et des valeurs contre ce bien a pour effet de faire entrer les valeurs dans le patrimoine de l'apporteur ; il est donc indifférent qu'au moment de l'opération, l'apporteur n'ait pas fait la déclaration prévue par l'article 1434 du Code civil (Civ. 1re, 21 nov. 1978 : *J.C.P.* 80, II, 19451, note Le Guidec).

2) Le placement d'une somme d'argent en compte-épargne ne constitue pas l'acquisition d'un bien nouveau et ne relève donc pas des prescriptions de l'article 1434 (Civ. 1re, 3 nov. 1983 : *Bull.* I, n. 250, p. 225 ; *D.* 1984, I.R. 274, obs. D. Martin.

3) Dans les rapports entre époux, le remploi peut résulter d'un acte postérieur et l'héritière du mari n'a pas à cet égard la qualité de tiers (Civ. 1re, 3 nov. 1983, préc.).

Art. 1435 *(L. n. 85-1372 du 23 déc. 1985, art. 17 et 56).* – **Si l'emploi ou le remploi est fait par anticipation, le bien acquis est propre, sous la condition que les sommes attendues du patrimoine propre soient payées à la communauté dans les cinq ans de la date de l'acte.**

Ancien art. 1435. – *La déclaration du mari que l'acquisition est faite de deniers propres à la femme et pour lui servir d'emploi ou de remploi ne suffit point, si cet emploi ou remploi n'a été formellement accepté par elle avant la liquidation définitive ; si elle ne l'a pas accepté, elle a simplement droit à la récompense du prix du bien vendu.*

Art. 1436 *(L. n. 85-1372 du 23 déc. 1985, art. 17 et 56).* – **Quand le prix et les frais de l'acquisition excèdent la somme dont il a été fait emploi ou remploi, la communauté a droit à récompense pour l'excédent. Si, toutefois, la contribution de la communauté est supérieure à celle de l'époux acquéreur, le bien acquis tombe en communauté, sauf la récompense due à l'époux.**

Ancien art. 1436. – *La récompense du prix du bien appartenant au mari ne s'exerce que sur la masse de la communauté ; celle du prix du bien appartenant à la femme s'exerce sur les biens personnels du mari, en cas d'insuffisance des biens communs.*

Dans tous les cas, on prend en considération le prix de la vente, quelque allégation qui soit faite touchant la valeur qu'aurait eue le bien au jour de l'aliénation, sauf à avoir égard aussi au profit procuré à la communauté, comme il sera expliqué à l'article 1469.

Art. 1437. – **Toutes les fois qu'il est pris sur la communauté une somme, soit pour acquitter les dettes ou charges personnelles à l'un des époux, telles que le prix ou partie du prix d'un bien à lui propre ou le rachat des services fonciers, soit pour le recouvrement, la conservation ou l'amélioration de ses biens personnels, et généralement toutes les fois que l'un des deux époux a tiré un profit personnel des biens de la communauté, il en doit la récompense.**

Sur la preuve de la renonciation par le mari à la récompense due par la femme, V.

Civ. 1re, 8 déc. 1983 : *Defrénois* 1983, 431, note Morin.

Art. 1438. – **Si le père et la mère ont doté conjointement l'enfant commun sans exprimer la portion pour laquelle ils entendaient y contribuer, ils sont censés avoir doté chacun pour moitié, soit que la dot ait été fournie ou promise en biens de la communauté, soit qu'elle l'ait été en biens personnels à l'un des deux époux.**

Au second cas, l'époux dont le bien personnel a été constitué en dot, a, sur les biens de l'autre, une action en indemnité pour la moitié de ladite dot, eu égard à la valeur du bien donné au temps de la dotation.

Art. 1439. – **La dot constituée à l'enfant commun, en biens de la communauté, est à la charge de celle-ci.**
(L. n. 85-1372 du 23 déc. 1985, art. 18 et 56). – **Elle doit être supportée pour moitié par chaque époux à la dissolution de la communauté, à moins que l'un d'eux, en la constituant, n'ait déclaré expressément qu'il s'en chargerait pour le tout ou pour une part supérieure à la moitié.**

Ancien Al. 2. – *Elle doit être supportée pour moitié par la femme, à la dissolution de la communauté, à moins que le mari, en la constituant, n'ait déclaré expressément qu'il s'en chargerait pour le tout ou pour une part supérieure à la moitié.*

Art. 1440. – **La garantie de la dot est due par toute personne qui l'a constituée ; et ses intérêts courent du jour du mariage, encore qu'il y ait terme pour le paiement, s'il n'y a stipulation contraire.**

SECTION III. – DE LA DISSOLUTION DE LA COMMUNAUTÉ

§ 1er. – Des causes de dissolution et de la séparation des biens

Art. 1441. – **La communauté se dissout :**
1° Par la mort de l'un des époux ; 2° par l'absence déclarée *(L. n. 77-1447 du 28 déc. 1977)* **; 3° par le divorce ; 4° par la séparation de corps ; 5° par la séparation de biens ; 6° par le changement du régime matrimonial.**

Art. 1442 *(L. n. 85-1372 du 23 déc. 1985, art. 19 et 56).* – **Il ne peut y avoir lieu à la continuation de la communauté, malgré toutes conventions contraires.**
Les époux peuvent, l'un ou l'autre, demander, s'il y a lieu, que, dans leurs rapports mutuels, l'effet de la dissolution soit reporté à la date où ils ont cessé de cohabiter et de collaborer. Celui auquel incombent à titre principal les torts de la séparation ne peut pas obtenir ce report.

Ancien al. 2. – *Si par la faute de l'un des époux, toute cohabitation et collaboration avaient pris fin entre eux des avant que la communauté ne fût réputée dissoute selon les règles qui régissent les différentes causes prévues à l'article précédent, l'autre conjoint pourrait demander que, dans leurs rapports mutuels, l'effet de la dissolution fût reporté à la date où ils avaient cessé de cohabiter et de collaborer.*

1) Les dispositions de l'article 1442, al. 2 (ancien) n'ayant pas de caractère interprétatif, elles ne peuvent être appliquées à la liquidation d'une communauté dissoute avant le 1er février 1966, date d'entrée en vigueur de la loi du 13 juillet 1965, aux termes de l'article 12, al. 1er de ladite loi (Civ. 1re, 4 nov. 1975 : *Gaz. Pal.* 1976, 1, 446, note Le Guidec).

2) La faculté de demander que l'effet de la dissolution de la communauté soit reporté à la date de la cessation de la cohabitation ou de la collaboration appartient à l'époux, le juge n'ayant pour mission que de contrôler si les conditions exigées pour l'application de l'article 1442, al. 2 sont réunies (Rennes 8 janv. 1968 : *Defrénois* 1970, 1190, note Massip).

3) La collaboration ne peut se déduire du seul constat d'un emprunt commun contracté après la cessation de la cohabitation (Civ. 2e, 14 janv. 1987 : *Bull.* II, n. 9, p. 6), ni du fait de verser quelques subsides pour l'entretien de la femme et des enfants (Civ. 1re, 28 fév. 1978 : *J.C.P.* 79, II, 19105, note Le Guidec ; *D.* 1979, 597, note Foulon-Piganiol).

4) De manière générale, l'action en report doit être admise même si les époux ont commis des fautes d'une gravité équivalente qui ont provoqué leur séparation (Civ. 2e, 9 juil. 1986 : *D.* 1987, I.R. 44, obs. Bénabent. Sur le principe que le report ne peut être refusé que si les torts de la séparation incombent à titre principal au conjoint demandeur, v. Civ. 1re, 5 juil. 1989 : *J.C.P.* 89, IV, 337).

5) Jugé sous l'empire du droit antérieur à l'entrée en vigueur de la loi du 23 décembre 1985, que le bénéfice de l'article 1442, al. 2, ne peut être reconnu à l'époux qui, par sa faute, a fait cesser toute cohabitation et collaboration (Civ. 2e, 15 déc. 1975 : *J.C.P.* 1975, IV, 49 ; *Bull.* II, n. 339, p. 273), mais que ce texte ne subordonne pas le report à l'absence de faute de l'époux demandeur (Civ. 1re, 25 avril 1989 : *J.C.P.* 90, II, 21404, note Hérail).

6) L'absence de demande reconventionnelle de la femme ne retire pas le caractère fautif au départ du mari ayant quitté le domicile conjugal pour aller vivre avec sa maîtresse (Civ. 1re, 28 fév. 1978 : *J.C.P.* 79, II, 19105, note Le Guidec ; *D.* 1979, 597, note Foulon-Piganiol).

7) Les ayants-cause universels sont aux droits de leurs auteurs et peuvent donc, par principe, invoquer à leur profit tous les droits de ces derniers, dont par exemple le bénéfice du report des effets de la dissolution de la communauté selon l'article 1442, al. 2 (T.G.I. Marseille 9 juil. 1973 : *D.* 1974, 71, note Massip. – *Contra* T.G.I. Paris 18 juin 1970 : *J.C.P.* 70, II, 16519 ; *D.* 1971, 216, note Massip).

8) En conséquence de l'application de l'article 1442, al. 2, l'époux responsable de la cessation de la cohabitation et collaboration peut être redevable d'une indemnité à compter du point de départ de la dissolution pour avoir occupé seul un immeuble commun (T.G.I. Paris 27 nov. 1973 : *D.* 1974, 548, note Massip).

9) Les articles 262-1 et 1442 ne concernent que la date à laquelle la consistance de la communauté doit être déterminée et non celle de l'évaluation des biens communs, qui doit être faite au jour le plus proche du partage (Civ. 1re, 11 oct. 1989 : *J.C.P.* 89, IV, 394).

Art. 1443. – Si par le désordre des affaires d'un époux, sa mauvaise administration ou son inconduite, il apparaît que le maintien de la communauté met en péril les intérêts de l'autre conjoint, celui-ci peut poursuivre la séparation de biens en justice.

Toute séparation volontaire est nulle.

COMMUNAUTÉ LÉGALE — Art. 1447

Le législateur n'ayant pas compris l'article 1443 nouveau parmi les dispositions applicables aux unions antérieurement contractées, ces dispositions ne sauraient être invoquées par l'époux marié sans contrat avant l'entrée en vigueur de la loi (Paris 18 janv. 1969 : *D.* 1969, Somm. 98. – V. en ce sens T.G.I. Lyon 24 nov. 1971 : *J.C.P.* 1972, II, 17230, note Patarin).

Art. 1444. – La séparation de biens, quoique prononcée en justice, est nulle si les poursuites tendant à liquider les droits des parties n'ont pas été commencées dans les trois mois du jugement passé en force de chose jugée et si le règlement définitif n'est pas intervenu dans l'année de l'ouverture des opérations de liquidation. Le délai d'un an peut être prorogé par le président du tribunal statuant dans la forme des référés.

1) L'article 1444 n'est pas applicable lorsque l'adoption du régime de séparation de biens au cours du mariage résulte d'un contrat homologué par justice conformément à l'article 1397 (Civ. 1re, 9 oct. 1979 : *Bull.* I, n. 237, p. 190).

2) La nullité prévue par l'article 1444 peut être invoquée par tous les créanciers quelle que soit la date à laquelle leur créance a pris naissance (Civ. 1re, 12 janv. 1988 : *Bull.* I, n. 6, p. 5).

3) L'article 1444 pose comme seule condition de la nullité le non-respect des délais qu'il édicte et n'implique pas l'existence d'une collusion frauduleuse des époux (Civ. 1re, 11 oct. 1989 : *J.C.P.* 89, IV, 395).

Art. 1445. – La demande et le jugement de séparation de biens doivent être publiés dans les conditions et sous les sanctions prévues par le Code de procédure civile, ainsi que par les règlements relatifs au commerce si l'un des époux est commerçant.
Le jugement qui prononce la séparation de biens remonte, quant à ses effet0s, au jour de la demande.
Il sera fait mention du jugement en marge de l'acte de mariage ainsi que sur la minute du contrat de mariage.

1) En droit, le jugement de séparation de biens rendu contre le seul mari à l'exclusion du syndic n'est pas nul mais sans effet au regard de la masse. Rien n'interdit à la femme, pour faire reconnaître la séparation de biens contre la masse d'ouvrir une instance séparée contre le syndic, et ce par la voie de la déclaration de jugement commun. La seule conséquence de la mise en cause tardive du syndic est qu'à son égard la séparation de biens produit effet, non point à partir du jour de la demande de séparation de biens judiciaire, mais du jour du jugement lui déclarant commun le jugement de séparation de biens (T.G.I. Lyon 24 sept. 1969 : *Gaz. Pal.* 1969, 2, 316 ; *J. not.* 1970, 573, note Viatte).

2) Sur les mentions au registre du commerce et des sociétés, V. *D.* n. 84-406 du 30 mai 1984, art. 8, A, 4º.

Art. 1446. – Les créanciers d'un époux ne peuvent demander de son chef la séparation de biens.

Art. 1447. – Quand l'action en séparation de biens a été introduite, les créanciers peuvent sommer les époux par acte d'avocat à avocat de leur communiquer la demande et les pièces justificatives. Ils peuvent même intervenir à l'instance pour la conservation de leurs droits.
Si la séparation a été prononcée en fraude de leurs droits, ils peuvent se pourvoir contre elle par voie de tierce opposition, dans les conditions prévues au Code de procédure civile.

Art. 1448 COMMUNAUTÉ LÉGALE

Art. 1448. – L'époux qui a obtenu la séparation de biens doit contribuer, proportionnellement à ses facultés et à celles de son conjoint, tant aux frais du ménage qu'à ceux d'éducation des enfants.

Il doit supporter entièrement ces frais, s'il ne reste rien à l'autre.

Art. 1449. – La séparation de biens prononcée en justice a pour effet de placer les époux sous le régime des articles 1536 et suivants.

(L. n. 85-1372 du 23 déc. 1985, art. 22 et 56). – Le tribunal, en prononçant la séparation, peut ordonner qu'un époux versera sa contribution entre les mains de son conjoint, lequel assumera désormais seul à l'égard des tiers le règlement de toutes les charges du mariage.

Ancien Al. 2. – *Le tribunal, en prononçant la séparation à la demande de la femme, peut ordonner que le mari versera sa contribution entre les mains de celle-ci, laquelle assumera désormais, à l'égard des tiers, le règlement de toutes les charges du mariage.*

Art. 1450 *(L. n. 75-617 du 11 juil. 1975, art. 8).* – Les époux peuvent, pendant l'instance en divorce, passer toutes conventions pour la liquidation et le partage de la communauté.

Ces conventions doivent être passées par acte notarié, sauf en cas de demande conjointe.

1) Viole l'article 1450 l'arrêt qui, pour déclarer valable entre les parties une convention conclue pendant l'instance en divorce et qui n'a pas été passée par acte notarié, retient que la forme authentique n'est exigée que pour assurer les formalités de publicité (Civ. 2e, 11 mars 1982 : *Bull.* II, n. 42, p. 29 ; *Defrénois* 1983, 320, obs. Massip).

2) Si l'article 1450 autorise les époux à passer par acte notarié, pendant l'instance en divorce, toutes conventions pour la liquidation et le partage de la communauté, de telles conventions sont interdites en dehors d'une instance en divorce tant que la communauté n'est pas dissoute. Il s'ensuit qu'une convention de partage amiable passée avant l'introduction de l'instance en divorce et avant l'homologation judiciaire du changement de régime matrimonial se trouve frappée de nullité (Civ. 1re, 19 janv. 1982 : *Bull.* I, n. 27, p. 25). Mais les parties peuvent renouveler leur accord en exécutant la convention après la date à laquelle le jugement de divorce est devenu irrévocable (Civ. 1re, 29 nov. 1983 : *Bull.* I, n. 281, p. 252).

3) La convention passée entre époux pendant l'instance en divorce et qui règle tous les problèmes patrimoniaux pouvant exister entre eux, doit s'analyser en une convention de liquidation anticipée de la communauté conjugale (Civ. 1re, 27 oct. 1984 : *Bull.* I, n. 274, p. 232).

4) L'article 1450, alinéa 2, peut s'appliquer au partage de biens indivis entre époux séparés de biens, mais sa disposition finale ne concerne que les conventions portées à la connaissance du juge aux affaires matrimoniales (Civ. 1re, 5 mai 1987 : *Bull.* I, n. 139, p. 109 ; *J.C.P.* 88, II, 20996, note Simler, et 21007, note Dagot).

5) Un procès-verbal d'huissier de justice ne peut être assimilé à l'acte notarié exigé par la loi à peine de nullité (Civ. 1re, 25 janv. 1989 : *J.C.P.* 89, IV, 110).

Art. 1451 *(L. n. 75-617 du 11 juil. 1975, art. 8).* – Les conventions ainsi passées sont suspendues, quant à leurs effets, jusqu'au prononcé du divorce ; elles ne peuvent être exécutées, même dans les rapports entre époux, que lorsque le jugement a pris force de chose jugée.

COMMUNAUTÉ LÉGALE   Art. 1469

L'un des époux peut demander que le jugement de divorce modifie la convention si les conséquences du divorce fixées par ce jugement remettent en cause les bases de la liquidation et du partage.

Art. 1452 à 1466. – *Abrogés*.

§ 2. – De la liquidation et du partage de la communauté

Art. 1467. – **La communauté dissoute, chacun des époux reprend ceux des biens qui n'étaient point entrés en communauté, s'ils existent en nature, ou les biens qui y ont été subrogés.**
Il y a lieu ensuite à la liquidation de la masse commune, active et passive.

Art. 1468. – **Il est établi, au nom de chaque époux, un compte des récompenses que la communauté lui doit et des récompenses qu'il doit à la communauté, d'après les règles prescrites aux sections précédentes.**

1) Il résulte de l'article 1468 que les récompenses constituent les éléments d'un compte unique et indivisible dont le reliquat après la dissolution du régime est seul à considérer, et les époux ne peuvent donc être obligés de payer ces récompenses pendant la durée de la communauté (Civ. 1re, 14 mars 1984 : *Bull.* I, n. 96, p. 80 ; *D.* 1984, I.R. 476, 2e esp., obs. D. Martin).

2) Le droit à récompense, qui s'exerce à l'occasion du partage, ne peut se prescrire tant que le partage ne peut être demandé (Civ. 1re, 28 avril 1986 : *D.* 1987, 324, 3e esp., note Morin).

Art. 1469. – **La récompense est, en général, égale à la plus faible des deux sommes que représentent la dépense faite et le profit subsistant.**
Elle ne peut, toutefois, être moindre que la dépense faite quand celle-ci était nécessaire.
(L. n. 85-1372 du 23 déc. 1985, art. 23 et 59). – **Elle ne peut être moindre que le profit subsistant, quand la valeur empruntée a servi à acquérir, à conserver ou à améliorer un bien qui se retrouve, au jour de la liquidation de la communauté, dans le patrimoine emprunteur. Si le bien acquis, conservé ou amélioré a été aliéné avant la liquidation, le profit est évalué au jour de l'aliénation ; si un nouveau bien a été subrogé au bien aliéné, le profit est évalué sur ce nouveau bien.**

Ancien Al. 3. – *Et elle ne peut être moindre que le profit subsistant, quand la valeur empruntée a servi à acquérir, à conserver ou à améliorer un bien qui se retrouve, au jour de la dissolution de la communauté, dans le patrimoine emprunteur. Si le bien acquis, conservé ou amélioré a été aliéné pendant la communauté, le profit est évalué au jour de l'aliénation ; si un nouveau bien a été subrogé au bien aliéné, le profit est évalué sur ce nouveau bien.*

1) Jugé, sous l'empire du droit antérieur à l'entrée en vigueur de la loi du 23 décembre 1985, que l'article 1469 est applicable dans toutes les communautés non encore liquidées à date de la publication de la loi du 13 juillet 1965, sous réserve des accords amiables déjà intervenus et des décisions judiciaires passées en force de chose jugée (art. 12, *infra*, sous art. 1581 – V. aussi Toulouse 4 mars 1968 : *J. not.* 1970, 575, note Raison). Les dispositions de la loi du 13 juillet 1965 en matière de calcul des récompenses (C. civ., art. 1469 et s.), n'ont pas un caractère d'ordre public. En conséquence, les clauses conventionnelles adoptées à cette fin doivent continuer de recevoir application dans les liquidations des

communautés (Paris 27 janv. et 1ᵉʳ mars 1976 : *J.C.P.* 79, II, 19194, note Patarin, 2ᵉ et 3ᵉ esp. – V. aussi Lyon 4 oct. 1978 : *J.C.P.* 80, II, 19443, note Le Guidec).

2) En l'absence de changement de régime matrimonial, la convention passée par des époux avant leur demande en divorce et tendant à modifier le calcul des récompenses est nulle (Civ. 1ʳᵉ, 28 juin 1983 : *Bull.* I, n. 190, p. 167 ; *D.* 1984, 254, note Morin ; *J.C.P.* 85, II, 20330, note Pillebout).

3) Celui qui prétend à récompense au profit de la communauté en raison de travaux effectués pendant le mariage sur un immeuble propre doit faire la preuve des travaux allégués (Civ. 1ʳᵉ, 25 oct. 1972 : *Bull.* I, n. 218, p. 190). La récompense est fondée sur le simple fait qu'un patrimoine a reçu un certain prix qui constitue son profit et ce fait peut être prouvé par tous moyens de droit (Civ. 1ʳᵉ, 5 fév. 1980 : *Bull.* I, n. 41, p. 35).

4) Pour faire droit à une demande de récompense au profit de la communauté, c'est à tort qu'une cour d'appel s'est bornée à énoncer que c'était la communauté qui avait « pris en charge » les dépenses engagées pour l'amélioration d'un propre, sans rechercher l'origine des deniers qui avaient servi à cette amélioration et les conditions de leur utilisation (Civ. 1ʳᵉ, 24 avril 1974 : *J.C.P.* 76, II, 18255, note Le Guidec ; *D.* 1975, 481, note R. Savatier. – V. cependant, faisant application de la présomption de communauté, Civ. 1ʳᵉ, 7 juin 1988 : *J.C.P.* 89, II, 21341, note Simler).

5) L'article 1469, al. 3, ne distingue pas selon que le bien a été acquis avant ou pendant le mariage, dès lors que le prix ou le remboursement du prêt contracté en vue de le payer a été réglé au cours du régime et de deniers communs (Civ. 1ʳᵉ, 5 nov. 1985 : *Bull.* I, n. 284, p. 254 ; *D.* 1987, 26, note Le Guidec. Mais l'appartement acquis antérieurement au mariage et appartenant indivisément aux époux n'est pas un bien commun, d'où il suit que la partie du prix payée par la femme avant le mariage pour le compte du mari constitue pour elle une créance qui n'est pas une récompense soumise à réévaluation (Civ. 1ʳᵉ, 22 juil. 1985 : *Bull.* I, n. 234, p. 208).

6) Le remboursement par le biais d'une assurance-invalidité d'une dette d'emprunt incombant à la communauté ne donne pas lieu à récompense au profit de l'époux sur la tête duquel l'assurance a été contractée (Civ. 1ʳᵉ, 1ᵉʳ déc. 1987 : *J.C.P.* 89, II, 21338, note Simler).

7) Au sens de l'article 1469, le profit subsistant représente l'avantage réellement procuré au fonds emprunteur au jour du règlement de la récompense (Civ. 1ʳᵉ, 6 nov. 1984 : *Bull.* I, n. 293, p. 250). La valeur vénale d'un immeuble bâti n'évolue pas nécessairement de la même façon que l'indice du coût de la construction et est beaucoup plus sûrement soumise aux fluctuations du marché immobilier (Civ. 1ʳᵉ, 17 juil. 1984 : *D.* 1984, 477, note Morin. – V. aussi Civ. 1ʳᵉ, 31 mars 1987 : *Bull.* I, n. 114, p. 85).

8) L'article 1469 ne prévoit pas que la somme calculée selon les modalités qu'il édicte puisse faire l'objet d'une diminution. Il n'y a donc pas à tenir compte, pour le calcul de la récompense due à la communauté, des revenus dont elle a joui du fait de l'usage du bien propre (Civ. 3ᵉ, 21 janv. 1987 : *D.* 1987, 324, 1ʳᵉ esp., note Morin). Mais la récompense due par la communauté qui a encaissé le prix d'un immeuble propre échu par succession doit être diminuée des droits de succession dans la proportion de sa valeur (Civ. 1ʳᵉ, 9 déc. 1986 : *D.* 1987, 433, note Morin).

9) Doivent être considérées comme des dépenses nécessaires, même si elles ne sont point destinées à éviter le dépérissement de l'immeuble, celles qui sont indispensables pour assurer son habitabilité (Paris 16 mars

COMMUNAUTÉ LÉGALE — Art. 1471

1978 : *Defrénois* 1979, 1518, 2ᵉ esp., note Morin, installation d'une salle de bains et réfection du chauffage central dans un immeuble destiné à l'habitation d'une famille).

10) Pour déterminer le montant de la récompense due à la communauté à raison des dépenses nécessaires à la conservation d'un immeuble propre à un époux et des dépenses utiles d'amélioration, il convient de rechercher si, à la date des opérations d'évaluation, les dépenses de conservation et d'amélioration faites par la communauté ont laissé un profit pour le patrimoine propre de l'époux. Le montant de ce profit ne peut être calculé qu'en comparant la valeur actuelle de l'immeuble à celle qui aurait été la sienne si les travaux de conservation ou d'amélioration n'avaient pas été réalisés ou, s'agissant de travaux qui doivent être périodiquement renouvelés (travaux de ravalement, réfection de toiture), à celle qu'il aurait eue s'ils devaient être actuellement entrepris (Paris 17 mai 1977 : *Defrénois* 1979, 1518, 1ʳᵉ esp., note Morin). Jugé que la loi ne prévoit pas, pour le calcul de la récompense, que des impôts doivent être déduits de la valeur du bien (Civ. 1ʳᵉ, 13 oct. 1981 : *J.C.P.* 82, **IV**, 8).

11) Il résulte de l'article 1469, al. 3 (ancien), que lorsque des fonds de communauté ont servi à acquérir ou à améliorer un bien qui se retrouve au jour de la dissolution de cette communauté dans le patrimoine propre de l'un des époux, le profit subsistant, auquel la récompense due à la communauté ne peut être inférieur, doit se déterminer d'après la proportion dans laquelle les fonds empruntés à ladite communauté ont contribué au financement de l'acquisition ou de l'amélioration. Dans le cas où le financement n'a été que partiel, le profit subsistant ne peut être égal à la valeur totale du bien acquis ou à l'intégralité de la plus-value résultant de l'amélioration (Civ. 1ʳᵉ, 13 nov. 1980 : *Bull.* I, n. 292, p. 232 ; *J.C.P.* 81, II, 19668, note Pierre-François).

12) Les retenues opérées par un employeur sur le traitement d'un salarié au titre du régime de retraite obligatoire auquel celui-ci est soumis ne peuvent donner lieu à récompense au profit de la communauté après la dissolution de celle-ci (Civ. 1ʳᵉ, 16 janv. 1974 : *J. not.* 1975, 1544, note Raison).

Art. 1470. - Si, balance faite, le compte présente un solde en faveur de la communauté, l'époux en rapporte le montant à la masse commune.

S'il présente un solde en faveur de l'époux, celui-ci a le choix ou d'en exiger le paiement ou de prélever des biens communs jusqu'à due concurrence.

S'il résulte des articles 1470 et suivants que la femme est en droit, pour être remplie des indemnités qui lui sont dues par la communauté, de prélever, à défaut d'argent comptant, le mobilier ou même les immeubles de la communauté, ce prélèvement n'est possible que si le bien réclamé n'a pas une valeur supérieure à sa créance (Paris 3 fév. 1969 : *D.* 1969, Somm. 97).

Art. 1471 *(L. n. 85-1372 du 23 déc. 1985, art. 24 et 59).* **- Les prélèvements s'exercent d'abord sur l'argent comptant, ensuite sur les meubles, et subsidiairement sur les immeubles de la communauté. L'époux qui opère le prélèvement a le droit de choisir les meubles et les immeubles qu'il prélèvera. Il ne saurait, cependant, préjudicier par son choix aux droits que peut avoir son conjoint de demander le maintien de l'indivision ou l'attribution préférentielle de certains biens.**

Si les époux veulent prélever le même bien, il est procédé par voie de tirage au sort.

Art. 1472 COMMUNAUTÉ LÉGALE

Ancien art. 1471. – *Les prélèvements s'exercent d'abord sur l'argent comptant, ensuite sur les meubles, et subsidiairement sur les immeubles de la communauté. L'époux qui opère le prélèvement a le droit de choisir les meubles et les immeubles qu'il prélèvera. Il ne saurait, cependant, préjudicier par son choix aux droits que son conjoint peut tenir des articles 815, 832, 832-1 et 832-2 du présent code.*
Les prélèvements de la femme s'exercent avant ceux du mari.

Art. 1472 *(L. n. 85-1372 du 23 déc. 1985, art. 24 et 59).* – **En cas d'insuffisance de la communauté, les prélèvements de chaque époux sont proportionnels au montant des récompenses qui lui sont dues.**

Toutefois, si l'insuffisance de la communauté est imputable à la faute de l'un des époux, l'autre conjoint peut exercer ses prélèvements avant lui sur l'ensemble des biens communs ; il peut les exercer subsidiairement sur les biens propres de l'époux responsable.

Ancien art. 1472. – *Le mari ne peut exercer ses reprises que sur les biens de la communauté. La femme, en cas d'insuffisance de la communauté, exerce ses reprises sur les biens personnels du mari.*

1) Viole l'article 1472, al. 2 (ancien), l'arrêt qui ordonne la vente de l'immeuble propre au mari non seulement en cas d'insuffisance de la communauté, seul cas prévu par le texte, mais encore si le partage en nature s'avérait impossible (Civ. 1re, 7 juin 1988 : *Bull.* I, n. 175, p. 122 ; *J.C.P.* 89, II, 21307, note Simler).

2) Jugé, sous l'empire du droit antérieur à l'entrée en vigueur de la loi du 23 décembre 1985, que le mari ne pouvant exercer ses reprises que sur les biens de communauté et non sur les biens personnels de son ancienne femme, il n'est donc pas à ce titre créancier de cette dernière et ne peut prétendre exercer par la voie de l'action oblique les droits dont elle était titulaire (Civ. 1re, 1er déc. 1981 : *J.C.P.* 82, IV, 72 ; *Bull.* I, n. 358, p. 303).

Art. 1473. – **Les récompenses dues par la communauté ou à la communauté portent intérêts de plein droit du jour de la dissolution.**
(Al. ajouté, L. n. 85-1372 du 23 déc. 1985, art. 24 et 59). – **Toutefois, lorsque la récompense est égale au profit subsistant, les intérêts courent du jour de la liquidation.**

1) La femme se prévalant des dispositions de l'article 1473 (ancien) du Code civil pour réclamer des intérêts sur les fruits perçus par son mari qui avait administré l'indivision post-communautaire depuis la dissolution de la communauté, c'est à bon droit que la cour d'appel retient que ce texte, relatif aux récompenses dues par la communauté, n'était pas applicable, le mari ayant perçu les fruits en tant que gérant d'affaires ou en tant que mandataire de l'indivision (Civ. 1re, 17 nov. 1971 : *D.* 1972, 261, note Dedieu).

2) En cas de dissolution de la communauté par divorce, les intérêts de la récompense due à l'épouse courent de plein droit depuis l'assignation en divorce par application de l'article 262-1 du Code civil (Civ. 1re, 7 juin 1988 : *J.C.P.* 89, II, 21307, note Simler).

Art. 1474. – **Les prélèvements en biens communs constituent une opération de partage. Ils ne confèrent à l'époux qui les exerce aucun droit d'être préféré aux créanciers de la communauté, sauf la préférence résultant, s'il y a lieu, de l'hypothèque légale.**

COMMUNAUTÉ LÉGALE — Art. 1477

Art. 1475. – Après que tous les prélèvements ont été exécutés sur la masse, le surplus se partage par moitié entre les époux.

Si un immeuble de la communauté est l'annexe d'un autre immeuble appartenant en propre à l'un des conjoints, ou s'il est contigu à cet immeuble, le conjoint propriétaire a la faculté de se le faire attribuer par imputation sur sa part ou moyennant soulte, d'après la valeur du bien au jour où l'attribution est demandée.

Art. 1476. – Le partage de la communauté, pour tout ce qui concerne ses formes, le maintien de l'indivision et l'attribution préférentielle, la licitation des biens, les effets du partage, la garantie et les soultes, est soumis à toutes les règles qui sont établies au titre *Des successions* pour les partages entre cohéritiers.

Toutefois, pour les communautés dissoutes par divorce, séparation de corps ou séparation de biens, l'attribution préférentielle n'est jamais de droit, et il peut toujours être décidé que la totalité de la soulte éventuellement due sera payable comptant.

1) Aucune disposition légale ne permet aux juges saisis d'une demande en divorce de prononcer l'attribution préférentielle d'un immeuble appartenant à la communauté, une telle attribution ne pouvant être faite, conformément aux articles 832, alinéa 3, et 1476 du Code civil, qu'au moment de la liquidation de la communauté (Civ. 2e, 25 janv. 1973 : *Bull.* II, n. 31, p. 23. Civ. 2e, 26 nov. 1975 : *Bull.* II, n. 313, p. 251). Seul le droit au bail, si les conditions prévues par l'article 1751 sont remplies, peut être attribué à l'un des époux par la juridiction saisie de la demande en divorce ou en séparation de corps (Civ. 2e, 15 déc. 1975 : *J.C.P.* 75, IV, 49 ; *Bull.* II, n. 339, p. 273. Civ. 2e, 11 fév. 1976 : *Defrénois* 1976, 1288, note Morin, 2e esp.).

2) L'attribution préférentielle d'une entreprise commerciale, spécialement dans le partage d'une communauté dissoute par le divorce, est facultative pour le juge qui statue souverainement en fonction des intérêts en présence. Aucune règle légale ne lui interdit, en présence d'une seule demande remplissant les conditions légales, de tenir compte de l'aptitude du demandeur à gérer l'exploitation et à s'y maintenir (Civ. 1re, 8 déc. 1971 : *J.C.P.* 72, IV, 16 ; *Bull.* I, n. 312, p. 267).

3) Si l'article 1476 rend applicables au partage de communauté les articles 832 et suivants, l'attribution préférentielle prévue par ces articles ne porte, en matière rurale, que sur une exploitation agricole possédée en propriété et non sur un droit au bail ; l'attribution de ce droit au bail en matière rurale est régie par l'article 831 du Code rural qui, concernant seulement le cas de décès du preneur, n'est pas applicable au partage de communauté à la suite de séparation de corps ou de divorce (Civ. 3e, 6 mai 1970 : *J.C.P.* 70, II, 16505, note Ourliac et de Juglart, 2e esp.).

4) Aucun texte ne permet aux époux séparés de biens de bénéficier après leur divorce de l'attribution préférentielle de biens dont ils ont fait l'acquisition en commun durant leur mariage, les articles 832 et 1476 qui prévoient cet avantage s'appliquant exclusivement aux biens provenant d'une succession ou d'une communauté dissoute (Civ. 1re, 29 juin 1976 : *D.* 1976, I.R. 256 ; *Bull.* I, n. 236, p. 192). Sur les conditions de l'attribution préférentielle du logement après divorce, V. Paris 11 janv. et 12 mars 1982 : *D.* 1983, I.R. 451, obs. Bénabent.

Art. 1477. – Celui des époux qui aura diverti ou recelé quelques effets de la communauté, est privé de sa portion dans lesdits effets.

Art. 1478 COMMUNAUTÉ LÉGALE

1) La loi n'a pas déterminé les circonstances du recel qui n'implique pas nécessairement un acte matériel d'appropriation et résulte de l'emploi de tout procédé tendant à frustrer frauduleusement un époux de sa part de communauté (Civ. 1re, 14 fév. 1966 : *D.* 1966, 474. – V. aussi Paris 19 janv. 1953 : *J.C.P.* 53, II, 7427, note H. Mazeaud ; *D.* 1953, 405, note Desbois, et, sur pourvoi, Civ. 1re, 4 déc. 1956 : *J.C.P.* 59, II, 11141, 1re esp., note A. Weill).

2) L'époux recéleur est privé de tout droit dans l'objet diverti qui, avant même qu'il ne soit procédé aux opérations de partage, devient par l'effet même de la sanction légale la propriété privative de son conjoint. S'il peut néanmoins exercer sur ce bien son droit de prélèvement pour cause de reprise ou de récompense, encore doit-il établir l'existence et le montant de sa créance (Civ. 1re, 7 oct. 1975 : *J.C.P.* 75, IV, 347 ; *Bull.* I., n. 255, p. 216).

3) La constatation du recel n'est pas subordonnée à une liquidation effective de la communauté et l'époux receleur, après la dissolution de celle-ci, est privé de tout droit dans l'objet diverti, lequel, avant même qu'il soit procédé aux opérations de partage, devient, par le seul effet de la sanction légale, la propriété privative de son conjoint (Civ. 1re, 29 nov. 1988 : *J.C.P.* 89, II, 21339, note Simler).

4) Sur la combinaison des règles relatives au recel de communauté et au recel de succession, V. Civ. 1re, 8 juil. 1981 : *Bull.* I, n. 253, p. 209.

Art. 1478. – **Après le partage consommé, si l'un des deux époux est créancier personnel de l'autre, comme lorsque le prix de son bien a été employé à payer une dette personnelle de son conjoint, ou pour toute autre cause, il exerce sa créance sur la part qui est échue à celui-ci dans la communauté ou sur ses biens personnels.**

Art. 1479. – **Les créances personnelles que les époux ont à exercer l'un contre l'autre ne donnent pas lieu à prélèvement et ne portent intérêt que du jour de la sommation.** *(Al. ajouté, L. n. 85-1372 du 23 déc. 1985, art. 25 et 59).* – **Sauf convention contraire des parties, elles sont évaluées selon les règles de l'article 1469, troisième alinéa, dans les cas prévus par celui-ci ; les intérêts courent alors du jour de la liquidation.**

Art. 1480. – **Les donations que l'un des époux a pu faire à l'autre ne s'exécutent que sur la part du donateur dans la communauté et sur ses biens personnels.**

Art. 1481. – **Si la communauté est dissoute par la mort de l'un des époux, le survivant a droit, pendant les neuf mois qui suivent, à la nourriture et au logement, ainsi qu'aux frais de deuil, le tout à la charge de la communauté, en ayant égard tant aux facultés de celle-ci qu'à la situation du ménage.**
Ce droit du survivant est exclusivement attaché à sa personne.

§ 3. – De l'obligation et de la contribution au passif après *(L. n. 85-1372 du 23 déc. 1985, art. 56)* la dissolution

Art. 1482 *(L. n. 85-1372 du 23 déc. 1985, art. 27 et 57).* – **Chacun des époux peut être poursuivi pour la totalité des dettes existantes, au jour de la dissolution, qui étaient entrées en communauté de son chef.**

Ancien art. 1482. – *Si le passif commun n'a pas été entièrement acquitté lors du partage, chacun des époux peut être poursuivi pour la totalité des dettes encore existantes qui étaient entrées en communauté de son chef.*

COMMUNAUTÉ LÉGALE — Art. 1487

Art. 1483. – Chacun des époux ne peut être poursuivi que pour la moitié des dettes qui étaient entrées en communauté du chef de son conjoint.
(L. n. 85-1372 du 23 déc. 1985, art. 28 et 57). – Après le partage et sauf le cas de recel, il n'en est tenu que jusqu'à concurrence de son émolument, pourvu qu'il y ait eu inventaire, et à charge de rendre compte tant du contenu de cet inventaire que de ce qui lui est échu par le partage, ainsi que du passif commun déjà acquitté.

Ancien al. 2. – *Il n'en est tenu, sauf le cas de recel, que jusqu'à concurrence de son émolument, pourvu qu'il y ait eu inventaire, et à charge de rendre compte tant du contenu de cet inventaire que de ce qui lui est échu par le partage, ainsi que du passif commun déjà acquitté.*

1) La femme, tenue en vertu de l'article 1483 de moitié des dettes tombées en communauté du chef de son mari, peut être poursuivie, alors même que son mari ne l'aurait pas été et que la créance n'aurait pas été produite dans la liquidation des biens du mari (Civ. 1re, 25 mai 1982 : *J.C.P.* 82, IV, 275).

2) L'article 1418, al. 1er, ne s'appliquant que pendant le mariage, il résulte de l'article 1483, al. 1er, que, dès la dissolution de la communauté, et sans attendre le partage, chacun des époux peut être poursuivi pour la moitié des dettes entrées en communauté du chef de son conjoint (Civ. 1re, 1er mars 1988 : *Bull.* I, n. 53, p. 35 ; *J.C.P.* 88, II, 21158, note Simler. – Civ. 1re, 7 mars 1989 : *J.C.P.* 89, II, 21309, note Simler). Mais la femme n'est pas fondée à demander la radiation d'une hypothèque inscrite du chef de son mari pour une dette tombée en communauté sur un immeuble commun qui lui est attribué par partage (Civ. 1re, 31 janv. 1989 : *J.C.P.* 89, II, 21310, note Simler ; *D.* 1989, 288, note Morin ; *Bull.* I, n. 46, p. 30).

3) L'inventaire doit empêcher la fraude à l'encontre des créanciers et doit, en principe, être fait par un notaire et, sauf impossibilité, dans les trois mois de la dissolution de la communauté. La loi n'interdit pas toutefois au juge de rechercher si les circonstances ne justifient pas le dépassement du délai et si les droits des créanciers n'ont pas été sauvegardés (Pau 8 mai 1968 : *D.* 1969, 261, note Ghestin).

Art. 1484. – L'inventaire prévu à l'article précédent doit avoir lieu dans les formes réglées par le Code de procédure civile, contradictoirement avec l'autre époux ou lui dûment appelé. Il doit être clos dans les neuf mois du jour où la communauté a été dissoute, sauf prorogation accordée par le juge des référés. Il doit être affirmé sincère et véritable devant l'officier public qui l'a reçu.

Art. 1485. – Chacun des époux contribue pour moitié aux dettes de communauté pour lesquelles il n'était pas dû de récompense, ainsi qu'aux frais de scellé, inventaire, vente de mobilier, liquidation, licitation et partage.

Il supporte seul les dettes qui n'étaient devenues communes que sauf récompense à sa charge.

Art. 1486. – L'époux qui peut se prévaloir du bénéfice de l'article 1483, alinéa second, ne contribue pas pour plus que son émolument aux dettes qui étaient entrées en communauté du chef de l'autre époux, à moins qu'il ne s'agisse de dettes pour lesquelles il aurait dû récompense.

Art. 1487. – L'époux qui a payé au-delà de la portion dont il était tenu par application des articles précédents a, contre l'autre, un recours pour l'excédent.

Art. 1488 COMMUNAUTÉ LÉGALE

Art. 1488. – Il n'a point, pour cet excédent, de répétition contre le créancier, à moins que la quittance n'exprime qu'il n'entend payer que dans la limite de son obligation.

Art. 1489. – Celui des deux époux qui, par l'effet de l'hypothèque exercée sur l'immeuble à lui échu en partage, se trouve poursuivi pour la totalité d'une dette de communauté, a de droit son recours contre l'autre pour la moitié de cette dette.

Art. 1490. – Les dispositions des articles précédents ne font point obstacle à ce que, sans préjudicier aux droits des tiers, une clause du partage oblige l'un ou l'autre des époux à payer une quotité de dettes autre que celle qui est fixée ci-dessus, ou même à acquitter le passif entièrement.

Art. 1491. – Les héritiers des époux exercent, en cas de dissolution de la communauté, les mêmes droits que celui des époux qu'ils représentent et sont soumis aux mêmes obligations. Ils ne peuvent, toutefois, se prévaloir des droits résultant de l'article 1481.

Art. 1492 à 1496. – *Abrogés.*

2ᵉ PARTIE. – DE LA COMMUNAUTÉ CONVENTIONNELLE

Art. 1497. – Les époux peuvent, dans leur contrat de mariage, modifier la communauté légale par toute espèce de conventions non contraires aux articles 1387, 1388 et 1389.

Ils peuvent, notamment, convenir :
1° Que la communauté comprendra les meubles et les acquêts ;
2° Qu'il sera dérogé aux règles concernant l'administration ;
3° Que l'un des époux aura la faculté de prélever certains biens moyennant indemnité ;
4° Que l'un des époux aura un préciput ;
5° Que les époux auront des parts inégales ;
6° Qu'il y aura entre eux communauté universelle.

Les règles de la communauté légale restent applicables en tous les points qui n'ont pas fait l'objet de la convention des parties.

SECTION I. – DE LA COMMUNAUTÉ DE MEUBLES ET ACQUÊTS

Art. 1498. – Lorsque les époux conviennent qu'il y aura entre eux communauté de meubles et acquêts, l'actif commun comprend, outre les biens qui en feraient partie sous le régime de la communauté légale, les biens meubles dont les époux avaient la propriété ou la possession au jour du mariage ou qui leur sont échus depuis par succession ou libéralité, à moins que le donateur ou testateur n'ait stipulé le contraire.

Restent propres, néanmoins, ceux de ces biens meubles qui auraient formé des propres par leur nature en vertu de l'article 1404, sous le régime légal, s'ils avaient été acquis pendant la communauté.

Si l'un des époux avait acquis un immeuble depuis le contrat de mariage, contenant stipulation de communauté de meubles et acquêts, et avant la célébration du mariage, l'immeuble acquis dans cet intervalle entrera dans la communauté, à moins que l'acquisition n'ait été faite en exécution de quelque clause du contrat de mariage, auquel cas elle serait réglée suivant la convention.

COMMUNAUTÉ CONVENTIONNELLE   Art. 1504

Art. 1499. – Entrent dans le passif commun, sous ce régime, outre les dettes qui en feraient partie sous le régime légal, une fraction de celles dont les époux étaient déjà grevés quand ils se sont mariés, ou dont se trouvent chargées des successions et libéralités qui leur échoient durant le mariage.

La fraction de passif que doit supporter la communauté est proportionnelle à la fraction d'actif qu'elle recueille, d'après les règles de l'article précédent, soit dans le patrimoine de l'époux au jour du mariage, soit dans l'ensemble des biens qui font l'objet de la succession ou libéralité.

Pour l'établissement de cette proportion, la consistance et la valeur de l'actif se prouvent conformément à l'article 1402.

Art. 1500. – Les dettes dont la communauté est tenue en contrepartie des biens qu'elle recueille sont à sa charge définitive.

Art. 1501. – La répartition du passif antérieur au mariage ou grevant les successions et libéralités ne peut préjudicier aux créanciers. Ils conservent, dans tous les cas, le droit de saisir les biens qui formaient auparavant leur gage. Ils peuvent même poursuivre leur paiement sur l'ensemble de la communauté lorsque le mobilier de leur débiteur a été confondu dans le patrimoine commun et ne peut plus être identifié selon les règles de l'article 1402.

Art. 1502 *(Abrogé, L. n. 85-1372 du 23 déc. 1985, art. 29 et 56).*

Ancien art. 1502. – *Une dette de la femme ne peut être traitée comme faisant partie du passif antérieur au mariage que si elle a acquis date certaine avant le jour de la célébration.*

SECTION II. – DE LA CLAUSE D'ADMINISTRATION CONJOINTE

Art. 1503 *(L. n. 85-1372 du 23 déc. 1985, art. 30 et 56).* – **Les époux peuvent convenir qu'ils administreront conjointement la communauté.**

En ce cas, les actes d'administration et de disposition des biens communs sont faits sous la signature conjointe des deux époux, et ils emportent de plein droit solidarité des obligations.

Les actes conservatoires peuvent être faits séparément par chaque époux.

SECTION II. – DES CLAUSES RELATIVES À L'ADMINISTRATION

§ 1er. – De la clause de la main commune

Ancien art. 1503. – *Les époux peuvent convenir qu'ils administreront conjointement la communauté.*

En ce cas, les actes de disposition et même d'administration des biens communs, y compris les biens réservés, doivent être faits sous la signature conjointe du mari et de la femme, et ils emportent de plein droit solidarité des obligations.

Les actes conservatoires peuvent être faits séparément par chaque époux.

§ 2. – De la clause de représentation mutuelle

Art. 1504 *(Abrogé, L. n. 85-1372 du 23 déc. 1985, art. 30 et 60).*

Art. 1504   COMMUNAUTÉ CONVENTIONNELLE

Ancien art. 1504. – *Les époux peuvent, par le contrat de mariage, se donner pouvoir réciproque d'administrer les biens communs, y compris les biens réservés.*
Les actes d'administration que l'un d'eux a faits seul, en vertu de cette clause, sont opposables à l'autre.
Les actes de disposition ne peuvent être faits que du consentement commun des deux époux.

§ 3. – De la clause d'unité d'administration

Art. 1505 à 1510 *(Abrogés L. n. 85-1372 du 23 déc. 1985, art. 30 et 60)*

Ancien art. 1505. – *Les époux peuvent convenir que le mari aura l'administration des biens propres de la femme.*
Cette clause a pour effet de faire entrer dans l'actif commun la jouissance des propres de l'un et de l'autre époux, et dans le passif commun les charges usufructuaires correspondantes.

Ancien art. 1506. – *La femme n'oblige alors que la nue-propriété de ses propres et ses biens réservés par ses obligations postérieures au mariage, à moins qu'il ne s'agisse d'engagements professionnels ou de dettes qui doivent entrer dans le passif commun selon l'article 1414 ; auxquels cas elle oblige la pleine propriété de tous ses biens.*

Ancien art. 1507. – *Sur les biens propres de la femme, le mari peut faire seul tous les actes d'administration.*
Toutefois, les baux qu'il a consentis sont soumis aux règles prévues pour les baux passés par l'usufruitier.

Ancien art. 1508. – *Si le mari ne peut, à la dissolution de la communauté, représenter en nature les valeurs mobilières appartenant à la femme, il est comptable de leur estimation à cette date ou du montant des remboursements et amortissements par lui perçus, à moins qu'il ne justifie, soit d'un remploi utile, soit d'une aliénation à laquelle la femme a consenti.*

Ancien art. 1509. – *La femme peut seule faire des actes de disposition sur ses biens propres, mais lorsqu'elle les fait sans le consentement du mari, elle ne peut disposer que de la nue-propriété de ses biens, si ce n'est pour les besoins de sa profession.*

Ancien art. 1510. – *Le mari répond envers sa femme de toutes les fautes qu'il a commises dans son administration.*

SECTION III. – DE LA CLAUSE DE PRÉLÈVEMENT MOYENNANT INDEMNITÉ

Art. 1511. – **Les époux peuvent stipuler que le survivant d'eux ou l'un d'eux s'il survit, ou même l'un d'eux dans tous les cas de dissolution de la communauté, aura la faculté de prélever certains biens communs, à charge d'en tenir compte à la communauté d'après la valeur qu'ils auront au jour du partage, s'il n'en a été autrement convenu.**

L'époux devient seul propriétaire par l'effet du prélèvement sans qu'un partage soit nécessaire (Civ. 1re, 17 juin 1981 : *Bull.* I, n. 223, p. 182 ; *J.C.P.* 83, II, 19979, note Dagot).

Art. 1512. – **Le contrat de mariage peut fixer des bases d'évaluation et des modalités de paiement de la soulte éventuelle. Compte tenu de ces clauses et à défaut d'accord entre les parties, la valeur des biens sera fixée par le tribunal de grande instance.**

COMMUNAUTÉ CONVENTIONNELLE   Art. 1521

Art. 1513. – La faculté de prélèvement est caduque si l'époux bénéficiaire ne l'a pas exercée par une notification faite à l'autre époux ou à ses héritiers dans le délai d'un mois à compter du jour où ceux-ci l'auront mis en demeure de prendre parti. Cette mise en demeure ne peut elle-même avoir lieu avant l'expiration du délai prévu au titre : *Des successions* pour faire inventaire et délibérer.

Art. 1514. – Le prélèvement est une opération de partage : les biens prélevés sont imputés sur la part de l'époux bénéficiaire ; si leur valeur excède cette part, il y a lieu au versement d'une soulte.

Les époux peuvent convenir que l'indemnité due par l'auteur du prélèvement s'imputera subsidiairement sur ses droits dans la succession de l'époux prédécédé.

SECTION IV. – DU PRÉCIPUT

Art. 1515. – Il peut être convenu, dans le contrat de mariage, que le survivant des époux, ou l'un d'eux s'il survit, sera autorisé à prélever sur la communauté, avant tout partage, soit une certaine somme, soit certains biens en nature, soit une certaine quantité d'une espèce déterminée de biens.

Art. 1516. – Le préciput n'est point regardé comme une donation, soit quant au fond, soit quant à la forme, mais comme une convention de mariage et entre associés.

Art. 1517. – *Abrogé.*

Art. 1518 *(L. n. 85-1372 du 23 déc. 1985, art. 31 et 56).* – Lorsque la communauté se dissout du vivant des époux, il n'y a pas lieu à la délivrance du préciput ; mais l'époux, au profit duquel il a été stipulé, conserve ses droits pour le cas de survie, à moins que les avantages matrimoniaux n'aient été perdus de plein droit ou révoqués à la suite d'un jugement de divorce ou de séparation de corps, sans préjudice de l'application de l'article 268. Il peut exiger une caution de son conjoint en garantie de ses droits.

Ancien art. 1518. – *Lorsque la communauté se dissout du vivant des époux, il n'y a pas lieu à la délivrance actuelle du préciput mais l'époux au profit duquel il a été stipulé conserve ses droits pour le cas de survie, à moins qu'il n'y ait eu jugement de divorce ou de séparation de corps prononcé contre lui. Il peut exiger une caution de son conjoint en garantie de ses droits.*

Art. 1519. – Les créanciers de la communauté ont toujours le droit de faire vendre les effets compris dans le préciput, sauf le recours de l'époux sur le reste de la communauté.

SECTION V. – DE LA STIPULATION DE PARTS INÉGALES

Art. 1520. – Les époux peuvent déroger au partage égal établi par la loi.

Art. 1521. – Lorsqu'il a été stipulé que l'époux ou ses héritiers n'auront qu'une certaine part dans la communauté, comme le tiers ou le quart, l'époux ainsi réduit ou ses héritiers ne supportent les dettes de la communauté que proportionnellement à la part qu'ils prennent dans l'actif.

Art. 1522 COMMUNAUTÉ CONVENTIONNELLE

La convention est nulle si elle oblige l'époux ainsi réduit ou ses héritiers à supporter une plus forte part, ou si elle les dispense de supporter une part dans les dettes égale à celle qu'ils prennent dans l'actif.

Art. 1522 et 1523. – *Abrogés.*

Art. 1524. – L'attribution de la communauté entière ne peut être convenue que pour le cas de survie, soit au profit d'un époux désigné, soit au profit de celui qui survivra quel qu'il soit. L'époux qui retient ainsi la totalité de la communauté est obligé d'en acquitter toutes les dettes.

Il peut aussi être convenu, pour le cas de survie, que l'un des époux aura, outre sa moitié, l'usufruit de la part du prédécédé. En ce cas, il contribuera aux dettes, quant à l'usufruit, suivant les règles de l'article 612.

Les dispositions de l'article 1518 sont applicables à ces clauses quand la communauté se dissout du vivant des deux époux.

Art. 1525. – La stipulation de parts inégales et la clause d'attribution intégrale ne sont point réputées des donations, ni quant au fond, ni quant à la forme, mais simplement des conventions de mariage et entre associés.

Sauf stipulation contraire, elles n'empêchent pas les héritiers du conjoint prédécédé de faire la reprise des apports et capitaux tombés dans la communauté du chef de leur auteur.

En reprenant les apports et capitaux de l'époux prédécédé, les héritiers ne font que retirer de la communauté ce qui leur appartient du chef de leur auteur ; ces biens font partie de la succession de celui-ci qui peut donc en disposer dans la limite de la quotité disponible, Civ. 1re, 15 janv. 1974 : *J.C.P.* 74, II, 17808, note Thuillier ; *D.* 1974, 393, concl. Blondeau et note Cornu. Aucune distinction n'étant faite par l'article 1525, al. 2, son application ne saurait être restreinte aux seuls héritiers par le sang ; le conjoint survivant, héritier comme les autres, ne saurait être exclu de ce droit à la reprise (même arrêt).

SECTION VI. – DE LA COMMUNAUTÉ UNIVERSELLE

Art. 1526. – Les époux peuvent établir par leur contrat de mariage une communauté universelle de leurs biens tant meubles qu'immeubles, présents et à venir. Toutefois, sauf stipulation contraire, les biens que l'article 1404 déclare propres par leur nature ne tombent point dans cette communauté.

La communauté universelle supporte définitivement toutes les dettes des époux, présentes et futures.

JUAN, *La communauté universelle* : *J.C.P.* 80, éd. N, I, 95.

L'époux marié sous le régime de la communauté universelle est copropriétaire des biens tombés en communauté du fait de son conjoint et doit intervenir au partage de la succession recueillie par celui-ci (Civ. 1re, 18 juin 1985 : *J.C.P.* 86, II, 20707, note Simler).

DISPOSITIONS COMMUNES AUX DEUX PARTIES DU CHAPITRE II

Art. 1527. – Les avantages que l'un ou l'autre des époux peut retirer des clauses d'une communauté conventionnelle, ainsi que ceux qui peuvent résulter de la confusion du mobilier ou des dettes, ne sont point regardés comme des donations.

SÉPARATION DE BIENS   Art. 1537

Néanmoins, dans le cas où il y aurait des enfants d'un précédent mariage, toute convention qui aurait pour conséquence de donner à l'un des époux au-delà de la portion réglée par l'article 1098, au titre : *Des donations entre vifs et des testaments*, sera sans effet pour tout l'excédent ; mais les simples bénéfices résultant des travaux communs et des économies faites sur les revenus respectifs quoique inégaux, des deux époux, ne sont pas considérés comme un avantage fait au préjudice des enfants d'un précédent lit.

1) La loi du 3 janvier 1972 n'a pas étendu au bénéfice des enfants naturels la protection assurée par l'article 1527 alinéa 2 aux enfants d'un précédent mariage (Civ. 1re, 8 juin 1982 : *Defrénois* 1982, 1373, obs. Champenois ; *D.* 1983, 19, note Beaubrun), ni aux enfants naturels nés avant le mariage (Civ. 1re, 9 mars 1983 : *J.C.P.* 83, IV, 163 ; *Bull.* I, n. 94, p. 82). Mais l'enfant issu d'un précédent mariage peut invoquer le bénéfice de cette disposition même s'il a été adopté par le second mari de sa mère (Paris 10 juil. 1985 : *J.C.P.* 88, II, 21134, note Simler).

2) L'action en retranchement est une action en réduction régie par les articles 920 et suivants (Paris 21 avril 1983 : *D.* 1983, 227, note crit. Rémy).

Art. 1528 à 1535. – *Abrogés.*

CHAPITRE III. – DU RÉGIME DE SÉPARATION DE BIENS

Art. 1536. – Lorsque les époux ont stipulé dans leur contrat de mariage qu'ils seraient séparés de biens, chacun d'eux conserve l'administration, la jouissance et la libre disposition de ses biens personnels.

Chacun d'eux reste seul tenu des dettes nées en sa personne, avant ou pendant le mariage, hors le cas de l'article 220.

1) La femme doit répondre des dettes contractées par son mari pour l'exploitation agricole qui lui est propre, dans la mesure où elles ont été contractées dans son intérêt personnel, sans qu'il soit nécessaire d'établir une société de fait entre époux (Civ. 1re, 1er fév. 1977 : *J.C.P.* 78, II, 18838, note Prévault ; *D.* 1978, 309, note R. Savatier).

2) En cas de société créée de fait entre époux séparés de biens, les époux sont tenus indéfiniment et solidairement des dettes sociales et peuvent être déclarés en état de liquidation des biens (Com. 16 déc. 1975 : *D.* 1978, 292, note Temple).

3) Sur le principe que les époux doivent supporter chacun pour moitié les frais de leur contrat de mariage, V. Civ. 1re, 3 mai 1977 : *Bull.* I, n. 200, p. 158.

Art. 1537. – Les époux contribuent aux charges du mariage suivant les conventions contenues en leur contrat ; et, s'il n'en existe point à cet égard, dans la proportion déterminée à l'article 214.

Il y a lieu de refuser à une femme séparée de biens le partage du prix de revente d'un immeuble que les époux avaient indivisément acheté lorsque le mari, qui l'a touché, le retient comme contribution de la femme aux charges du mariage, auxquelles pendant cinq ans elle n'avait pas participé (Civ. 1re, 7 juin 1974 : *D.* 1975, 461, note R. Savatier).

Art. 1538 — SÉPARATION DE BIENS

Art. 1538. – Tant à l'égard de son conjoint que des tiers, un époux peut prouver par tous les moyens qu'il a la propriété exclusive d'un bien.

Les présomptions de propriété énoncées au contrat de mariage ont effet à l'égard des tiers, aussi bien que dans les rapports entre époux, s'il n'en a été autrement convenu.

La preuve contraire sera de droit, et elle se fera par tous les moyens propres à établir que les biens n'appartiennent pas à l'époux que la présomption désigne, ou même, s'ils lui appartiennent, qu'il les a acquis par une libéralité de l'autre époux.

Les biens sur lesquels aucun des époux ne peut justifier d'une propriété exclusive sont réputés leur appartenir indivisément, à chacun pour moitié.

1) La clause de présomption de propriété au profit de l'époux survivant des meubles et objets mobiliers qui se trouveront dans les lieux où les époux demeureront et résideront en commun ne peut pas s'appliquer si la vie commune a pris fin par suite d'une instance en divorce, même si le mari est décédé avant que le jugement prononçant le divorce soit devenu définitif (Paris 20 fév. 1978 et, sur pourvoi, Civ. 1re, 26 juin 1979 : *J. not.* 1980, 22, note A.R.).

2) Il résulte de l'article 1538, alinéa 2 que les présomptions de propriété énoncées au contrat de mariage ont effet à l'égard des tiers sauf preuve contraire à la charge de ces derniers (Civ. 1re, 29 janv. 1974 : *D.* 1974, 345, note R. Savatier). Sur le caractère simple de la présomption, v. aussi Versailles 12 déc. 1988 : *D.* 1989, 601, note Prévault).

3) Il résulte de l'article 1538 qu'il peut être prouvé par tous moyens, soit que l'un des époux a la propriété exclusive d'un bien, soit que la présomption de propriété qu'il invoque ne correspond pas à la réalité (Civ. 1re, 26 oct. 1982 : *D.* 1983, 521, note de la Marnierre). La preuve que la femme a apporté une certaine somme d'argent au moment de son mariage peut résulter de la déclaration de témoins, dont l'un a assisté à la signature du contrat de mariage (Civ. 1re, 14 juin 1989 : *J.C.P.* 89, IV, 304).

4) Les juges peuvent admettre, dans l'exercice de leur pouvoir souverain d'appréciation, que la confusion des patrimoines des époux fait tomber les présomptions invoquées par le mari (Civ. 1re, 30 nov. 1976 : *D.* 1977, I.R. 104).

5) Pour une application de l'article 1538, alinéa 3, V. Civ. 1re, 21 juin 1983 : *J.C.P.* 83, IV, 278 ; *Bull.* I, n. 180, p. 158.

6) La renonciation à une stipulation de propre doit s'analyser comme une mutation et non comme une opération de partage (Civ. 1re, 23 juil. 1979 : *D.* 1980, I.R. 140).

7) L'article 1538 ne déroge pas aux règles de l'accession et celle-ci doit jouer au bénéfice de l'époux propriétaire du terrain sur lequel a été édifiée la plus grande partie de la construction (Civ. 1re, 25 fév. 1986 : *J.C.P.* 86, II, 20702, note crit. Simler).

Art. 1539. – Si, pendant le mariage, l'un des époux confie à l'autre l'administration de ses biens personnels, les règles du mandat sont applicables. L'époux mandataire est, toutefois, dispensé de rendre compte des fruits, lorsque la procuration ne l'y oblige pas expressément.

Art. 1540. – Quand l'un des époux prend en main la gestion des biens de l'autre, au su de celui-ci, et néanmoins sans opposition de sa part, il est censé avoir reçu un mandat tacite, couvrant les actes d'administration et de gérance, mais non les actes de disposition.

Cet époux répond de sa gestion envers l'autre comme un mandataire. Il n'est cependant comptable que des fruits existants ; pour ceux qu'il aurait négligé de percevoir ou consommés frauduleusement, il ne peut être recherché que dans la limite des cinq dernières années.

PARTICIPATION AUX ACQUÊTS   Art. 1569

Si c'est au mépris d'une opposition constatée que l'un des époux s'est immiscé dans la gestion des biens de l'autre, il est responsable de toutes les suites de son immixtion, et comptable sans limitation de tous les fruits qu'il a perçus, négligé de percevoir ou consommés frauduleusement.

Sur la présomption de mandat dans les rapports entre époux exploitant un même fonds agricole, V. C. rural, art. 789-1 à 789-3 (réd. L. n. 80-502 du 4 juil. 1980, *supra* sous art. 1432).

Art. 1541. - L'un des époux n'est point garant du défaut d'emploi ou de remploi des biens de l'autre, à moins qu'il ne se soit ingéré dans les opérations d'aliénation ou d'encaissement ou qu'il ne soit prouvé que les deniers ont été reçus par lui, ou ont tourné à son profit.

Art. 1542 *(L. n. 75-617 du 11 juil. 1975, art. 15)*. - Après la dissolution du mariage par le décès de l'un des conjoints, le partage des biens indivis entre époux séparés de biens, pour tout ce qui concerne ses formes, le maintien de l'indivision et l'attribution préférentielle, la licitation des biens, les effets du partage, la garantie et les soultes, est soumis à toutes les règles qui sont établies au titre « *Des successions* » pour les partages entre cohéritiers.

Les mêmes règles s'appliquent après divorce ou séparation de corps. Toutefois, l'attribution préférentielle n'est jamais de droit. Il peut toujours être décidé que la totalité de la soulte éventuellement due sera payable comptant.

Art. 1543 *(L. n. 85-1372 du 23 déc. 1985, art. 32 et 59)*. - Les règles de l'article **1479** sont applicables aux créances que l'un des époux peut avoir à exercer contre l'autre.

Art. 1544 à 1568. - *Abrogés.*

CHAPITRE IV. - DU RÉGIME DE PARTICIPATION AUX ACQUÊTS

PILLEBOUT, *Formules commentées. Le régime de participation aux acquêts* : J.C.P. 79, éd. N, I, 193. - DEPREZ, *Un régime de participation aux acquêts* : J.C.P. 79, éd. N, I, 341.

Art. 1569. - Quand les époux ont déclaré se marier sous le régime de la participation aux acquêts, chacun d'eux conserve l'administration, la jouissance et la libre disposition de ses biens personnels, sans distinguer entre ceux qui lui appartenaient au jour du mariage ou lui sont advenus depuis par succession ou libéralité et ceux qu'il a acquis pendant le mariage à titre onéreux. Pendant la durée du mariage, ce régime fonctionne comme si les époux étaient mariés sous le régime de la séparation des biens. À la dissolution du régime, chacun des époux a le droit de participer pour moitié en valeur aux acquêts nets constatés dans le patrimoine de l'autre, et mesurés par la double estimation du patrimoine originaire et du patrimoine final.

Le droit de participer aux acquêts est incessible tant que le régime matrimonial n'est pas dissous. Si la dissolution survient par la mort d'un époux, ses héritiers ont, sur les acquêts nets faits par l'autre, les mêmes droits que leur auteur.

Art. 1570   PARTICIPATION AUX ACQUÊTS

Art. 1570 *(L. n. 85-1372 du 23 déc. 1985, art. 33 et 62).* – Le patrimoine originaire comprend les biens qui appartenaient à l'époux au jour du mariage et ceux qu'il a acquis depuis par succession ou libéralité, ainsi que tous les biens qui, dans le régime de la communauté légale, forment des propres par nature sans donner lieu à récompense. Il n'est pas tenu compte des fruits de ces biens ni de ceux de ces biens qui auraient eu le caractère de fruits ou dont l'époux a disposé par donation entre vifs pendant le mariage.

La consistance du patrimoine originaire est prouvée par un état descriptif, même sous seing privé, établi en présence de l'autre conjoint et signé par lui.

A défaut d'état descriptif ou s'il est incomplet, la preuve de la consistance du patrimoine originaire ne peut être rapportée que par les moyens de l'article 1402.

Ancien art. 1570. – *Le patrimoine originaire comprend les biens qui appartenaient à l'époux au jour du mariage et ceux qu'il a acquis depuis par succession ou libéralité. Il n'est pas tenu compte des fruits de ces biens ni de ceux de ces biens qui auraient eu le caractère de fruits.*

La consistance du patrimoine originaire est prouvée par un état descriptif, même sous seing privé, établi en présence de l'autre conjoint est signé de lui ; à défaut, le patrimoine originaire est tenu pour nul.

La preuve que le patrimoine originaire aurait compris d'autres biens ne peut être rapportée que par les moyens de l'article 1402.

Art. 1571 *(L. n. 85-1372 du 23 déc. 1985, art. 33 et 62).* – Les biens originaires sont estimés d'après leur état au jour du mariage ou de l'acquisition et d'après leur valeur au jour où le régime matrimonial est liquidé. S'ils ont été aliénés, on retient leur valeur au jour de l'aliénation. Si de nouveaux biens ont été subrogés aux biens aliénés, on prend en considération la valeur de ces nouveaux biens.

De l'actif originaire sont déduites les dettes dont il se trouvait grevé, réévaluées, s'il y a lieu, selon les règles de l'article 1469, troisième alinéa. Si le passif excède l'actif, cet excédent est fictivement réuni au patrimoine final.

Ancien art. 1571. – *Les biens originaires sont estimés d'après leur état au jour du mariage ou au jour de l'acquisition, et d'après leur valeur au jour où le régime matrimonial est dissous. S'ils ont été aliénés, on retient leur valeur au jour de l'aliénation. Si de nouveaux biens ont été subrogés aux biens aliénés, on prend en considération la valeur de ces nouveaux biens.*

De l'actif originaire sont déduites les dettes dont il se trouvait grevé. Si le passif excède l'actif, le patrimoine originaire est tenu pour nul.

Art. 1572. – Font partie du patrimoine final tous les biens qui appartiennent à l'époux au jour où le régime matrimonial est dissous, y compris, le cas échéant, ceux dont il aurait disposé à cause de mort et sans en exclure les sommes dont il peut être créancier envers son conjoint. S'il y a divorce, séparation de corps ou liquidation anticipée des acquêts, le régime matrimonial est réputé dissous au jour de la demande.

La consistance du patrimoine final est prouvée par un état descriptif, même sous seing privé, que l'époux ou ses héritiers doivent établir en présence de l'autre conjoint ou de ses héritiers ou eux dûment appelés. Cet état doit être dressé dans les neuf mois de la dissolution du régime matrimonial, sauf prorogation par le président du tribunal statuant en la forme de référé.

La preuve que le patrimoine final aurait compris d'autres biens peut être rapportée par tous les moyens, même par témoignages et présomptions.

704

PARTICIPATION AUX ACQUÊTS — Art. 1576

Chacun des époux peut, quant aux biens de l'autre, requérir l'apposition des scellés et l'inventaire suivant les règles prévues au Code de procédure civile.

Art. 1573 *(L. n. 85-1372 du 23 déc. 1985, art. 33 et 62).* – **Aux biens existants on réunit fictivement les biens qui ne figurent pas dans le patrimoine originaire et dont l'époux a disposé par donation entre vifs, sans le consentement de son conjoint, ainsi que ceux qu'il aurait aliénés frauduleusement. L'aliénation à charge de rente viagère ou à fonds perdu est présumée faite en fraude des droits du conjoint, si celui-ci n'y a consenti.**

Ancien art. 1573. – *Aux biens existants on réunit fictivement ceux dont l'époux a disposé par donations entre vifs, à moins que l'autre conjoint n'ait consenti à la donation, ainsi que ceux qu'il aurait aliénés frauduleusement. L'aliénation à charge de rente viagère ou à fonds perdu est présumée faite en fraude des droits du conjoint, s'il n'y a donné son consentement.*

Art. 1574 *(L. n. 85-1372 du 23 déc. 1985, art. 33 et 62).* – **Les biens existants sont estimés d'après leur état à l'époque de la dissolution du régime matrimonial et d'après leur valeur au jour de la liquidation de celui-ci. Les biens qui ont été aliénés par donations entre vifs, ou en fraude des droits du conjoint, sont estimés d'après leur état au jour de l'aliénation et la valeur qu'ils auraient eue, s'ils avaient été conservés, au jour de la liquidation.**
De l'actif ainsi reconstitué, on déduit toutes les dettes qui n'ont pas encore été acquittées, y compris les sommes qui pourraient être dues au conjoint.
La valeur, au jour de l'aliénation, des améliorations qui avaient été apportées pendant le mariage à des biens originaires donnés par un époux sans le consentement de son conjoint avant la dissolution du régime matrimonial doit être ajoutée au patrimoine final.

Ancien art. 1574. – *Les biens existants sont estimés d'après leur état et leur valeur au jour où le régime matrimonial est dissous. Les biens qui ont été aliénés par donations entre vifs, ou en fraude des droits du conjoint, sont estimés d'après leur état au jour de l'aliénation et la valeur qu'ils auraient eue, s'ils avaient été conservés, au jour de la dissolution.*
De l'actif ainsi reconstitué, on déduit toutes les dettes qui n'ont pas encore été acquittées, sans en exclure les sommes qui pourraient être dues au conjoint.

Art. 1575. – Si le patrimoine final d'un époux est inférieur à son patrimoine originaire, le déficit est supporté entièrement par cet époux. S'il lui est supérieur, l'accroissement représente les acquêts nets et donne lieu à participation.
S'il y a des acquêts nets de part et d'autre, ils doivent d'abord être compensés. Seul l'excédent se partage : l'époux dont le gain a été le moindre est créancier de son conjoint pour la moitié de cet excédent.
À la créance de participation on ajoute, pour les soumettre au même règlement, les sommes dont l'époux peut être d'ailleurs créancier envers son conjoint, pour valeurs fournies pendant le mariage et autres indemnités, déduction faite, s'il y a lieu, de ce dont il peut être débiteur envers lui.

Art. 1576. – La créance de participation donne lieu à paiement en argent. Si l'époux débiteur rencontre des difficultés graves à s'en acquitter entièrement dès la clôture de la liquidation, les juges peuvent lui accorder des délais qui ne dépasseront pas cinq ans, à charge de fournir des sûretés et de verser des intérêts.
La créance de participation peut toutefois donner lieu à un règlement en nature, soit du consentement des deux époux, soit en vertu d'une décision du juge si l'époux débiteur justifie de difficultés graves qui l'empêchent de s'acquitter en argent.

Art. 1577 — PARTICIPATION AUX ACQUÊTS

Le règlement en nature prévu à l'alinéa précédent est considéré comme une opération de partage lorsque les biens attribués n'étaient pas compris dans le patrimoine originaire ou lorsque l'époux attributaire vient à la succession de l'autre.
La liquidation n'est pas opposable aux créanciers des époux : ils conservent le droit de saisir les biens attribués au conjoint de leur débiteur.

Ph. REMY, *Observations sur l'article 1576, alinéa 4 du Code civil* : *J.C.P.* 80, éd. N, I, 333.

Art. 1577 (L. n. 85-1372 du 23 déc. 1985, art. 33 et 62). – L'époux créancier poursuit le recouvrement de sa créance de participation d'abord sur les biens existants et subsidiairement, en commençant par les aliénations les plus récentes, sur les biens mentionnés à l'article 1573 qui avaient été aliénés par donations entre vifs ou en fraude des droits du conjoint.

Ancien art. 1577. – *L'époux créancier poursuit le recouvrement de sa créance de participation d'abord sur les biens existants et subsidiairement sur les biens qui avaient été aliénés par donations entre vifs ou en fraude des droits du conjoint, en commençant par les aliénations les plus récentes. L'action en révocation n'est ouverte contre les tiers acquéreurs à titre onéreux qu'autant que leur mauvaise foi est établie.*

Art. 1578. – À la dissolution du régime matrimonial, si les parties ne s'accordent pas pour procéder à la liquidation par convention, l'une d'elles peut demander au tribunal qu'il y soit procédé en justice.
Sont applicables à cette demande, en tant que de raison, les règles prescrites pour arriver au partage judiciaire des successions et communautés.
Les parties sont tenues de se communiquer réciproquement, et de communiquer aux experts désignés par le juge, tous renseignements et documents utiles à la liquidation.
L'action en liquidation se prescrit par trois ans à compter de la dissolution du régime matrimonial. Les actions ouvertes contre les tiers en vertu de l'article (L. n. 85-1372 du 23 déc. 1985, art. 34) **1167 se prescrivent par deux ans à compter de la clôture de la liquidation.**

Si les articles 262-1 et 1572 du Code civil font remonter les effets de la dissolution du régime matrimonial à la date de l'assignation en divorce ou même à celle de la demande, le délai de prescription de trois ans visé par le quatrième alinéa de l'article 1578 ne peut courir que du jour de la décision prononçant la dissolution du régime matrimonial (Agen 3 mars 1988 : *J.C.P.* 89, II, 21308, note Simler).

Art. 1579. – Si l'application des règles d'évaluation prévues par les articles **1571** et **1574** ci-dessus devait conduire à un résultat manifestement contraire à l'équité, le tribunal pourrait y déroger à la demande de l'un des époux.

Art. 1580. – Si le désordre des affaires d'un époux, sa mauvaise administration ou son inconduite, donnent lieu de craindre que la continuation du régime matrimonial ne compromette les intérêts de l'autre conjoint, celui-ci peut demander la liquidation anticipée de sa créance de participation.

PARTICIPATION AUX ACQUÊTS — Art. 1581

Les règles de la séparation de biens sont applicables à cette demande.
Lorsque la demande est admise, les époux sont placés sous le régime des articles 1536 à 1541.

Sur les mentions au registre du commerce et des sociétés dans le cas où les époux, ou l'un d'entre eux, sont commerçants, V. D. n. 84-406 du 30 mai 1984, art. 8, A, 4°.

Art. 1581. – En stipulant la participation aux acquêts, les époux peuvent adopter toutes clauses non contraires aux articles 1387, 1388 et 1389.

Ils peuvent notamment convenir d'une clause de partage inégal, ou stipuler que le survivant d'eux ou l'un d'eux s'il survit, aura droit à la totalité des acquêts nets faits par l'autre.

Il peut également être convenu entre les époux que celui d'entre eux qui, lors de la liquidation du régime, aura envers l'autre une créance de participation, pourra exiger la dation en paiement de certains biens de son conjoint, s'il établit qu'il a intérêt essentiel à se les faire attribuer.

J.-P. STORCK, *Avantages matrimoniaux et régime de participation aux acquêts : détermination de la nature juridique des stipulations permises par l'article 1581, al. 2, du Code civil : J.C.P.* 81, éd. N, I, p. 355.

Loi n. 65-570 du 13 juillet 1965 *(J.O.* 14 juil. et rectif. 13 nov. 1965*)*
portant réforme des régimes matrimoniaux

Art. 1er. – *V. C. civ., art. 214 à 226.*

Art. 2. – *V. C. civ., livre III, titre V, art. 1387 à 1581.*

Art. 3. – Au livre III du Code civil, titre dix-huitième, chapitre III, *Des hypothèques,* les articles 2135 à 2142 formeront une section V, sous la rubrique *Des règles particulières à l'hypothèque légale des époux* et les articles 2143 à 2145, une section VI, sous la rubrique *Des règles particulières à l'hypothèque légale des personnes en tutelle.*

Aux mêmes livre et titre, chapitre V, *De la radiation et réduction des inscriptions* la section II sera désormais intitulée : *Dispositions particulières relatives aux hypothèques des époux et des personnes en tutelle.*

A ces mêmes chapitres III et V, *V. art. 2121 (1° et 2°) 2122, 2135 à 2142, 2163 à 2165 (al. 1).*

Art. 4. – *V. C. civ., art. 243, 311, 386, 595, 818, 940, 1167, 1718 et 1990.*

Art. 5. – *V. C. com., art. 4, 5 et 7.*

Art. 6. – Sera puni des peines portées en l'article 406 du code pénal, l'époux qui, après que lui aura été signifiée l'ordonnance prévue aux articles 220-1 et 220-2 du code civil, aura détruit, détourné ou tenté de détruire ou de détourner les objets confiés à sa garde.

Art. 7. – Les dispositions de la présente loi sont applicables dans les départements du Haut-Rhin, du Bas-Rhin et de la Moselle, lorsqu'elles ne se rapportent pas à des matières actuellement soumises à des dispositions particulières.

Art. 1581   PARTICIPATION AUX ACQUÊTS

Art. 8. – *V. L. 1er juin 1924, art. 29, 30, 31, 32 et 34, 2e al.*
Les articles 53 à 56 de la loi du 1er juin 1924 sont abrogés.

Art. 9. – La présente loi entrera en vigueur le premier jour du septième mois qui suivra celui de sa promulgation.

À compter de cette date, les dispositions de son article 1er régiront tous les époux, sans qu'il y ait lieu de considérer l'époque à laquelle le mariage a été célébré, ou les conventions matrimoniales passées.

Pour le surplus, la situation des époux dont le mariage aura été célébré ou les conventions matrimoniales passées avant ladite date, sera réglée ainsi qu'il est dit aux articles 10 à 20 ci-dessous.

Art. 10. – Si les époux s'étaient mariés sans faire de contrat de mariage avant l'entrée en vigueur de la présente loi, ils continueront d'avoir pour régime matrimonial la communauté de meubles et d'acquêts, telle que la définissaient les dispositions antérieures de la première partie du chapitre II, au titre cinquième du livre III du code civil.

Néanmoins, à compter de l'entrée en vigueur de la présente loi, sans préjudicier aux droits qui auraient pu être acquis par des tiers, les époux reprendront la jouissance de leurs propres et supporteront les charges usufructuaires correspondantes, ainsi que les intérêts et arrérages de leurs dettes personnelles. Pareillement, ils seront désormais soumis au droit nouveau en tout ce qui concerne l'administration des biens communs, des biens réservés et des biens propres.

Art. 11. – Si les époux avaient fait un contrat de mariage avant l'entrée en vigueur de la présente loi, ils continueront d'être régis par les stipulations de leur contrat.

(L. n. 65-995 du 26 nov. 1965) Si, néanmoins, les époux étaient convenus d'un régime de communauté, le droit nouveau leur sera applicable en tout ce qui concerne l'administration des biens communs et des biens réservés. Sauf déclaration conjointe dans les formes prévues par l'article 17, le droit nouveau leur sera également applicable en ce qui concerne l'administration des biens propres et, sans préjudicier aux droits qui auraient pu être acquis par des tiers, chacun des époux, à compter de l'entrée en vigueur de la présente loi, reprendra la jouissance de ses propres et supportera le passif correspondant. Le mari qui par l'effet de la déclaration conjointe précitée, conservera l'administration des propres de la femme, exercera les pouvoirs conformément aux nouveaux articles 1505 et 1510 du Code civil.

Si, dans leur contrat de mariage, les époux avaient adopté le régime sans communauté ou le régime dotal, ils continueront aussi à être régis par les stipulations de leur contrat ainsi que, suivant le cas, par les dispositions des anciens articles 1530 à 1535 du Code civil, ou par celles des anciens articles 1540 à 1581 du même code et de l'ancien article 5 du code de commerce. Toutefois, pendant un délai de deux ans à compter de l'entrée en vigueur de la présente loi, ils pourront, en observant les autres conditions prévues à l'article 17, se placer sous le régime de la communauté légale ou sous le régime de la séparation de biens.

Art. 12. – Les nouveaux articles 1442 (2e al.) et 1475 (2e al.) seront applicables dans toutes les communautés dissoutes après l'entrée en vigueur de la présente loi.

Sous réserve des accords amiables déjà intervenus et des décisions judiciaires passées en force de chose jugée, le nouvel article 1469 sera applicable dans toutes les communautés non encore liquidées à la date de la publication de la présente loi.

Art. 13. – Le nouvel article 1402 du Code civil sera applicable toutes les fois que les faits ou actes à prouver seront postérieurs à l'entrée en vigueur de la présente loi.

Le nouvel article 1538 sera applicable toutes les fois que la preuve devra être administrée après cette entrée en vigueur.

PARTICIPATION AUX ACQUÊTS — Art. 1581

Art. 14. – Sans préjudice de l'application des articles 2136 à 2138 du code civil, les femmes, dont le mariage a été célébré ou les conventions matrimoniales passées avant l'entrée en vigueur de la présente loi, continueront de jouir de l'hypothèque légale prévue à l'ancien article 2135 du même code, lors même qu'elle n'aurait pas encore été inscrite. Les inscriptions de cette hypothèque seront soumises aux dispositions des nouveaux articles 2139 et 2163 (al. 1 à 3) du Code civil.

Art. 15. – Le nouvel article 1397 sera applicable aux époux dont le mariage aura été célébré, ou les conventions matrimoniales passées avant l'entrée en vigueur de la présente loi.

Quand les époux useront de la faculté qui leur est ainsi ouverte, le changement par eux apporté à leur régime matrimonial aura pour effet de les soumettre entièrement aux dispositions de la présente loi, en tant qu'elles se rapportent au nouveau régime qu'ils auront adopté.

Si, toutefois, la modification ne porte que sur des clauses ou règles particulières du régime matrimonial antérieur, sans altération des dispositions essentielles de celui-ci, ils pourront convenir, sous réserve de l'homologation du tribunal, de rester soumis à la loi ancienne, dans les limites prévues aux articles 10 et 11 ci-dessus. En ce cas, ils ne pourront adopter de clauses qui seraient interdites, soit par la loi ancienne, soit par la loi nouvelle, réserve faite de l'article 20 ci-après.

Les époux mariés sous le régime dotal pourront se prévaloir du présent article.

Art. 16. – Les époux qui s'étaient mariés avant l'entrée en vigueur de la présente loi sans avoir fait de contrat de mariage pourront, par déclaration conjointe, se placer sous le régime matrimonial prévu par la première partie du chapitre II, au nouveau titre cinquième du livre III du Code civil.

Pareillement, les époux qui avaient passé des conventions matrimoniales avant l'entrée en vigueur de la présente loi, pourront, par déclaration conjointe, soumettre leur régime matrimonial aux dispositions nouvelles qui doivent désormais régler ce type de régime, sans préjudice, néanmoins, des clauses particulières qu'ils auraient convenues, lesquelles ne pourront être modifiées que dans les formes du nouvel article 1397.

Art. 17. – La déclaration conjointe prévue à l'un et l'autre alinéa de l'article précédent sera, à peine de nullité, faite devant notaire et dans un délai de six mois à compter de l'entrée en vigueur de la présente loi (*).

(L. n. 66-861 du 22 nov. 1966, art. 2) À la diligence du notaire qui l'aura reçue, la déclaration devra être mentionnée, dans les trente jours de sa date, en marge de l'acte de mariage des époux et, s'il existe un contrat de mariage, sur la minute de ce contrat.

Elle aura effet entre les parties au jour où elle aura été reçue et, à l'égard des tiers, trois mois après que mention en aura été portée en marge de l'un et de l'autre exemplaire de l'acte de mariage. Toutefois, en l'absence même de cette mention, la déclaration n'en sera pas moins opposable aux tiers si, dans les actes passés avec eux, les époux ont fait connaître qu'ils se sont soumis au droit nouveau.

(*) *Délai prolongé jusqu'au 31 déc. 1967 (L. n. 66-861 du 22 nov. 1966, art. 1ᵉʳ).*

Art. 18. – Quand les époux auront fait la déclaration conjointe prévue aux deux articles précédents, leur régime matrimonial sera entièrement réglé par le droit nouveau, pour le passé comme pour l'avenir, sans que les droits antérieurement acquis par des tiers puissent néanmoins en être affectés.

Art. 1581 RÉGIMES MATRIMONIAUX

Art. 19. – Dans la période comprise entre la publication de la présente loi au *Journal officiel* et la date prévue par l'article 9 ci-dessus pour son entrée en vigueur, les futurs époux pourront, par une clause expresse de leur contrat de mariage, convenir de soumettre leur régime matrimonial au droit nouveau.
Cette option sera indivisible.

Art. 20. – Les clauses visées aux nouveaux articles 1390, 1391 et 1392 du Code civil et contenues dans des contrats de mariage antérieurs à l'entrée en vigueur de la présente loi sont valables et soumises aux dispositions desdits articles, sous réserve des décisions de justice déjà passées en force de chose jugée.

Les époux qui avaient fait un contrat de mariage avant l'entrée en vigueur de la présente loi pourront, par simple déclaration conjointe, qui sera, à peine de nullité, faite devant notaire et dans un délai de six mois à compter de cette entrée en vigueur, adopter la clause précitée.

Les deuxième et troisième alinéas de l'article 17 ci-dessus seront applicables à cette déclaration.

Art. 21. – Sous réserve des décisions de justice passées en force de chose jugée, les conventions matrimoniales conclues antérieurement à l'entrée en vigueur de la présente loi ne pourront être annulées au motif que la présence simultanée de toutes les parties ou de leurs mandataires aurait fait défaut.

Art. 22. – Les dispositions du dernier alinéa de l'article 595 nouveau du Code civil ne sont pas applicables aux baux en cours à la date d'entrée en vigueur de la présente loi ni à leur renouvellement.

Les dispositions du troisième alinéa de l'article 456 du code civil ne sont pas non plus applicables aux baux en cours à la date d'entrée en vigueur de la loi n. 64-1230 du 14 décembre 1964 ni à leur renouvellement.

Art. 23. – Toutes les dispositions contraires à celles de la présente loi sont abrogées et notamment les articles 124, alinéa 2, 2255 et 2256 du Code civil, ainsi que l'article 12 de la loi du 1er février 1943 relative aux règlements par chèques et virements.

Loi n. 65-1372 du 23 décembre 1985 *(J.O. 26 déc.)*
relative à l'égalité des époux dans les régimes matrimoniaux
et des parents dans la gestion des biens des enfants mineurs

Section V. – Dispositions transitoires

Art. 56. – La présente loi entrera en vigueur le premier jour du septième mois qui suivra celui de sa promulgation.

A compter de cette date, elle sera applicable, sans qu'il y ait lieu de considérer l'époque à laquelle le mariage a été célébré, sous réserve des dispositions qui suivent.

Art. 57. – Le droit de poursuite des créanciers dont la créance était née à une date antérieure à l'entrée en vigueur de la présente loi restera déterminé par les dispositions en vigueur à cette date.

Art. 58. – Les époux mariés avant le 1er février 1966 sans avoir fait de contrat de mariage continueront d'avoir pour régime matrimonial la communauté de meubles et acquêts. Celle-ci sera entièrement soumise aux règles applicables au régime conventionnel de la communauté de meubles et acquêts prévu par les articles 1498 à 1501 du Code civil.

RÉGIMES MATRIMONIAUX Art. 1581

Art. 59. – Sous réserve des accords amiables déjà intervenus et des décisions judiciaires passées en force de chose jugée, les règles nouvelles relatives aux récompenses, aux prélèvements et aux dettes entre époux seront applicables dans tous les régimes matrimoniaux non encore liquidés à la date de l'entrée en vigueur de la présente loi.

Art. 60. – Si les époux avaient fait un contrat de mariage avant l'entrée en vigueur de la présente loi, les stipulations de leur contrat non contraires aux dispositions des articles 1er à 6 de la présente loi demeureront applicables.

Toutefois, si les intéressés étaient convenus d'un régime de communauté autre que celui de main commune, les dispositions de la présente loi leur seront applicables en tout ce qui concerne l'administration des biens communs et des biens propres.

Art. 61. – La faculté d'accepter la communauté ou d'y renoncer, prévue aux articles 1453 à 1466 du Code civil dans leur rédaction antérieure à la loi n. 65-570 du 13 juillet 1965 portant réforme des régimes matrimoniaux, ne pourra plus être exercée.

Art. 62. – Les dispositions des articles 1570, 1571, 1573, 1574, 1577 et 1578, quatrième alinéa du Code civil s'appliqueront dès l'entrée en vigueur de la présente loi aux époux ayant adopté le régime de la participation aux acquêts avant cette entrée en vigueur lorsque leur contrat de mariage renvoyait sur ces différents points aux anciennes dispositions légales ou en était la reproduction.

ANCIEN TITRE CINQUIEME. – DU CONTRAT DE MARIAGE ET DES DROITS RESPECTIFS DES ÉPOUX

Dispositions antérieures à la loi n. 65-570 du 13 juillet 1965 et restant en partie applicable aux mariages conclus avant l'entrée en vigueur de ladite loi dans les conditions prévues à ses articles 9 et suivants. – V. ce texte supra.

CHAPITRE I. – DISPOSITIONS GÉNÉRALES

Ancien art. 1387. – *La loi ne régit l'association conjugale, quant aux biens, qu'à défaut de conventions spéciales, que les époux peuvent faire comme ils le jugent à propos, pourvu qu'elles ne soient pas contraires aux bonnes mœurs, et, en outre, sous les modifications qui suivent.*

Ancien art. 1388 *(L. 22 sept. 1942)*. – *Les époux ne peuvent déroger ni aux droits qu'ils tiennent de l'organisation de la puissance paternelle et de la tutelle, ni aux droits reconnus au mari comme chef de famille et de la communauté, ni aux droits que la femme tient de l'exercice d'une profession séparée, ni aux dispositions prohibitives édictées par la loi.*

Ancien art. 1389. – *Ils ne peuvent faire aucune convention ou renonciation dont l'objet serait de changer l'ordre légal des successions, soit par rapport à eux-mêmes dans la succession de leurs enfants ou descendants, soit par rapport à leurs enfants entre eux ; sans préjudice des donations entre vifs ou testamentaires qui pourront avoir lieu selon les formes et dans les cas déterminés par le présent code.*

Ancien art. 1390. – *Les époux ne peuvent plus stipuler d'une manière générale que leur association sera réglée par l'une des coutumes, lois ou statuts locaux qui régissaient ci-devant les diverses parties du territoire français, et qui sont abrogés par le présent Code.*

Art. 1581 RÉGIMES MATRIMONIAUX

Ancien art. 1391. – *Ils peuvent cependant déclarer, d'une manière générale, qu'ils entendent se marier ou sous le régime de la communauté, ou sous le régime dotal.*

Au premier cas, et sous le régime de la communauté, les droits des époux et de leurs héritiers seront réglés par les dispositions du chapitre II du présent titre.

Au deuxième cas, et sous le régime dotal, leurs droits seront réglés par les dispositions du chapitre III.

(L. 10 juil. 1850) Toutefois, si l'acte de célébration du mariage porte que les époux se sont mariés sans contrat, la femme sera réputée, à l'égard des tiers, capable de contracter dans les termes du droit commun, à moins que, dans l'acte qui contiendra son engagement, elle n'ait déclaré avoir fait un contrat de mariage.

Ancien art. 1392. – *La simple stipulation que la femme se constitue ou qu'il lui est constitué des biens en dot, ne suffit pas pour soumettre ces biens au régime dotal, s'il n'y a dans le contrat de mariage une déclaration expresse à cet égard.*

La soumission au régime dotal ne résulte pas non plus de la simple déclaration faite par les époux, qu'ils se marient sans communauté, ou qu'ils seront, séparés de biens.

Ancien art. 1393. – *À défaut de stipulations spéciales qui dérogent au régime de la communauté ou le modifient, les règles établies dans la première partie du chapitre II formeront le droit commun de la France.*

Ancien art. 1394. – *Toutes conventions matrimoniales seront rédigées, avant le mariage, par acte devant notaire.*

(L. n. 56-780 du 4 août 1956, art. 94-1°) Le notaire donnera lecture aux parties du dernier alinéa de l'article 1391, ainsi que du dernier alinéa du présent article. Mention de cette lecture sera faite dans le contrat, à peine d'une amende de 500 francs à 2 000 francs (5 F à 20 F) contre le notaire contrevenant.

Le notaire délivrera aux parties, au moment de la signature du contrat, un certificat sur papier libre et sans frais, énonçant ses noms et lieu de résidence, les noms, prénoms, qualités et demeures des futurs époux, ainsi que la date du contrat. Ce certificat indiquera qu'il doit être remis à l'officier de l'état civil avant la célébration du mariage.

Ancien art. 1395. – *Elles ne peuvent recevoir aucun changement après la célébration du mariage.*

Ancien art. 1396. – *Les changements qui y seraient faits avant cette célébration doivent être constatés par acte passé dans la même forme que le contrat de mariage.*

Nul changement ou contre-lettre n'est, au surplus, valable sans la présence ou le consentement simultané de toutes les personnes qui ont été parties dans le contrat de mariage.

Ancien art. 1397. – *Tous changements et contre-lettres, même revêtus des formes prescrites par l'article précédent, seront sans effet à l'égard des tiers, s'ils n'ont été rédigés à la suite de la minute du contrat de mariage ; et le notaire ne pourra, à peine des dommages et intérêts des parties, et sous plus grande peine s'il y a lieu, délivrer ni grosses ni expéditions du contrat de mariage sans transcrire à la suite le changement ou la contre-lettres.*

Ancien art. 1398. – *Le mineur habile à contracter mariage est habile à consentir toutes les conventions dont ce contrat est susceptible ; et les conventions et donations, qu'il y a faites sont valables pourvu qu'il ait été assisté, dans le contrat, des personnes dont le consentement est nécessaire pour la validité du mariage.*

RÉGIMES MATRIMONIAUX   Art. 1581

CHAPITRE II. - DU RÉGIME EN COMMUNAUTÉ

Ancien art. 1399. - *La communauté, soit légale, soit conventionnelle, commence du jour du mariage contracté devant l'officier de l'état civil ; on ne peut stipuler qu'elle commencera à une autre époque.*

PREMIÈRE PARTIE. - DE LA COMMUNAUTÉ LÉGALE

Ancien art. 1400. - *La communauté qui s'établit par la simple déclaration qu'on se marie sous le régime de la communauté, ou à défaut de contrat, est soumise aux règles expliquées dans les six sections qui suivent.*

Section I. - De ce qui compose la communauté activement et passivement

§ 1er. - De l'actif de la communauté

Ancien art. 1401. - *La communauté se compose activement :*

1° De tout le mobilier que les époux possédaient au jour de la célébration du mariage, ensemble de tout le mobilier qui leur échoit pendant le mariage à titre de succession ou même de donation, si le donateur n'a exprimé le contraire ;

2° De tous les fruits, revenus, intérêts et arrérages, de quelque nature qu'ils soient, échus ou perçus pendant le mariage, et provenant des biens qui appartenaient aux époux lors de sa célébration, ou de ceux qui leur sont échus pendant le mariage, à quelque titre que ce soit ;

3° De tous les immeubles qui sont acquis pendant le mariage.

Ancien art. 1402. - *Tout immeuble est réputé acquêt de communauté, s'il n'est prouvé que l'un des époux en avait la propriété ou possession légale antérieurement au mariage, ou qu'il lui est échu depuis à titre de succession ou donation.*

Ancien art. 1403. - *Les coupes de bois et les produits des carrières et mines tombent dans la communauté pour tout ce qui en est considéré comme usufruit, d'après les règles expliquées au titre De l'usufruit, de l'usage et de l'habitation.*

Si les coupes de bois qui, en suivant ces règles, pouvaient être faites durant la communauté, ne l'ont point été, il en sera dû récompense à l'époux non propriétaire du fonds ou à ses héritiers.

Si les carrières et mines ont été ouvertes pendant le mariage, les produits n'en tombent dans la communauté que sauf récompense ou indemnité à celui des époux à qui elle pourra être due.

Ancien art. 1404. - *Les immeubles que les époux possèdent au jour de la célébration du mariage, ou qui leur échoient pendant son cours à titre de succession, n'entrent point en communauté.*

Néanmoins, si l'un des époux avait acquis un immeuble depuis le contrat de mariage, contenant stipulation de communauté, et avant la célébration du mariage, l'immeuble acquis dans cet intervalle entrera dans la communauté, à moins que l'acquisition n'ait été faite en exécution de quelque clause du mariage, auquel cas elle serait réglée suivant la convention.

Ancien art. 1405. - *Les donations d'immeubles qui ne sont faites pendant le mariage qu'à l'un des époux ne tombent point en communauté, et appartiennent au donataire seul, à moins que la donation ne contient expressément que la chose donnée appartiendra à la communauté.*

Art. 1581 RÉGIMES MATRIMONIAUX

Ancien art. 1406. – *L'immeuble abandonné ou cédé par père, mère ou autre ascendant, à l'un des deux époux, soit pour le remplir de ce qu'il lui doit, soit à la charge de payer les dettes du donateur à des étrangers, n'entre point en communauté sauf récompense ou indemnité.*

Ancien art. 1407. – *L'immeuble acquis pendant le mariage à titre d'échange contre l'immeuble appartenant à l'un des deux époux n'entre point en communauté et est subrogé au lieu et place de celui qui a été aliéné ; sauf la récompense s'il y a soulte.*

Ancien art. 1408. – *L'acquisition faite pendant le mariage, à titre de licitation ou autrement, de portion d'un immeuble dont l'un des époux était propriétaire par indivis, ne forme point un conquêt ; sauf à indemniser la communauté de la somme qu'elle a fournie pour cette acquisition.*
Dans le cas où le mari deviendrait seul, et en son nom personnel, acquéreur ou adjudicataire de portion ou de la totalité d'un immeuble appartenant par indivis à la femme, celle-ci, lors de la dissolution de la communauté, a le choix ou d'abandonner l'effet à la communauté, laquelle devient alors débitrice envers la femme de la portion appartenant à celle-ci dans le prix, ou de retirer l'immeuble, en remboursant à la communauté le prix de l'acquisition.

§ 2. – **Du passif de la communauté et des actions qui en résultent contre la communauté**

Ancien art. 1409. – *La communauté se compose passivement :*
1° De toutes les dettes mobilières dont les époux étaient grevés au jour de la célébration de leur mariage, ou dont se trouvent chargées les successions qui leur échoient durant le mariage, sauf la récompense pour celles relatives aux immeubles propres à l'un ou à l'autre des époux ;
2° Des dettes, tant en capitaux qu'arrérages ou intérêts, contractées par le mari pendant la communauté ou par la femme du consentement du mari, sauf la récompense dans les cas où elle a lieu ;
3° Des arrérages et intérêts seulement des rentes ou dettes passives qui sont personnelles aux deux époux ;
4° Des réparations usufructuaires des immeubles qui n'entrent point en communauté ;
5° Des aliments des époux, de l'éducation et entretien des enfants et de toute autre charge du mariage.

Ancien art. 1410. – *La communauté n'est tenue des dettes mobilières contractées avant le mariage par la femme, qu'autant qu'elles résultent d'un acte authentique antérieur au mariage, ou ayant reçu avant la même époque une date certaine, soit par l'enregistrement, soit par le décès d'un ou de plusieurs signataires dudit acte.*
Le créancier de la femme, en vertu d'un acte n'ayant pas de date certaine avant le mariage, ne peut en poursuivre contre elle le paiement que sur la nue-propriété de ses immeubles personnels.
Le mari qui prétendrait avoir payé pour sa femme une dette de cette nature n'en peut demander la récompense ni à sa femme, ni à ses héritiers.

Ancien art. 1411 *(L. 22 sept. 1942)*. – *Les dettes des successions échues aux époux pendant le mariage sont à la charge de l'époux qui succède dans la mesure où les biens de la succession lui demeurent propres et à la charge de la communauté dans la mesure où celle-ci les recueille.*
Si une partie seulement des biens compris dans la succession demeure propre à l'époux qui succède, tandis que l'autre partie entre en communauté, la charge des dettes de la succession se partage entre l'époux et la communauté, proportionnellement à la valeur des biens recueillis.

RÉGIMES MATRIMONIAUX — Art. 1581

Ancien art. 1412 (L. 22 sept. 1942). – *Pour établir la nature et la valeur des biens compris dans la succession, le mari doit faire procéder à un inventaire, soit de son chef, si la succession lui est échue, soit comme administrateur des biens de la femme, si la succession est échue à celle-ci.*

Ancien art. 1413 (L. 22 sept. 1942). – *À défaut d'inventaire et dans tous les cas où ce défaut préjudicie à la femme, elle ou ses héritiers peuvent, lors de la dissolution de la communauté, poursuivre les récompenses de droit et même faire preuve, tant par titres et papiers domestiques que par témoins, et au besoin par la commune renommée, de la consistance et de la valeur du mobilier non inventorié.*
Le mari n'est jamais recevable à faire cette preuve.

Ancien art. 1414 (L. 22 sept. 1942). – *Les créanciers de la succession peuvent poursuivre leur paiement sur la pleine propriété des biens compris dans l'hérédité.*
En cas d'acceptation pure et simple, ils peuvent en outre, selon les distinctions énoncées ci-après, poursuivre leur paiement sur les biens personnels de l'époux qui succède et sur les biens de communauté, sauf les récompenses respectives au cas où la dette ne doit pas rester pour le tout à la charge de celui qui l'a payée.

Ancien art. 1415 (L. 22 sept. 1942). – *Si la succession est échue au mari, les créanciers de la succession peuvent poursuivre leur paiement sur la pleine propriété des biens personnels du mari et sur les biens de la communauté, sans qu'il y ait lieu de distinguer suivant que les biens de la succession demeurent ou non propres au mari, soit pour partie, soit pour le tout.*

Ancien art. 1416 (L. 22 sept. 1942). – *Si la succession est échue à la femme, les créanciers de la succession ne peuvent exercer leurs poursuites sur ses biens personnels qu'en cas d'insuffisance des biens de l'hérédité.*
À moins d'acquiescement du mari à l'acceptation pure et simple de la femme, les créanciers de la succession ne peuvent exercer leurs poursuites que sur la nue-propriété des biens personnels de la femme.

Ancien art. 1417 (L. 22 sept. 1942). – *Si le mari donne son acquiescement exprès ou tacite à l'acceptation pure et simple de la femme, ou s'il confond sans inventaire préalable les meubles de la succession avec les biens meubles de la communauté, les créanciers de la succession peuvent poursuivre leur paiement sur les biens de la communauté et du mari, en même temps que sur la pleine propriété des biens personnels de la femme.*

Ancien art. 1418. – *Les règles établies par les articles 1411 et suivants régissent les dettes dépendantes d'une donation, comme celles résultant d'une succession.*

Ancien art. 1419. – *Les créanciers peuvent poursuivre le paiement des dettes que la femme a contractées avec le consentement du mari, tant sur tous les biens de la communauté, que sur ceux du mari ou de la femme ; sauf la récompense due à la communauté, ou l'indemnité due au mari.*

Ancien art. 1420. – *Toute dette qui n'est contractée par la femme qu'en vertu de la procuration générale ou spéciale du mari, est à la charge de la communauté ; et le créancier n'en peut poursuivre le paiement ni contre la femme, ni sur ses biens personnels.*

Art. 1581   RÉGIMES MATRIMONIAUX

Section II. – De l'administration de la communauté et de l'effet des actes de l'un ou de l'autre époux relativement à la société conjugale

Ancien art. 1421. – *Le mari administre seul les biens de la communauté. Il peut les vendre, aliéner et hypothéquer sans le concours de la femme.*

Ancien art. 1422 *(L. 22 sept. 1942)*. – *Le mari ne peut, même pour l'établissement des enfants communs, disposer entre vifs à titre gratuit des biens de la communauté sans le consentement de sa femme.*

Ancien art. 1423. – *La donation testamentaire faite par le mari ne peut excéder sa part dans la communauté.*

S'il a donné en cette forme un effet de la communauté, le donataire ne peut le réclamer en nature qu'autant que l'effet, par l'évènement du partage, tombe au lot des héritiers du mari ; si l'effet ne tombe point au lot de ces héritiers, le légataire a la récompense de la valeur totale de l'effet donné, sur la part des héritiers du mari dans la communauté et sur les biens personnels de ce dernier.

Ancien art. 1424. – *Les amendes encourues par le mari pour crime n'emportant pas* mort civile (*) *peuvent se poursuivre sur les biens de la communauté, sauf la récompense due à la femme ; celles encourues par la femme ne peuvent s'exécuter que sur la nue-propriété de ses biens personnels, tant que dure la communauté.*

Ancien art. 1425. – *Les condamnations prononcées contre l'un des deux époux pour crime emportant mort civile ne frappent que sa part de la communauté et ses biens personnels (*).*
(*) La mort civile a été supprimée, L. 31 mai 1854.

Ancien art. 1426 *(L. 22 sept. 1942)*. – *La femme ne peut obliger la communauté qu'avec le consentement du mari, sous réserve des dispositions des articles 217, 219 et 225 et de l'article 5 du Code de commerce.*

Ancien art. 1427 *(L. 22 sept. 1942)*. – *Si le mari est hors d'état de manifester sa volonté, la femme peut, dans les conditions prévues à l'article 219, être habilitée par justice à le représenter dans l'exercice des pouvoirs qu'il tient des articles 1421 et 1428.*

Ancien art. 1428. – *Le mari a l'administration de tous les biens personnels de la femme. Il peut exercer seul toutes les actions mobilières et possessoires qui appartiennent à la femme. Il ne peut aliéner les immeubles personnels de sa femme sans son consentement.*
Il est responsable de tout dépérissement des biens personnels de sa femme, causé par défaut d'actes conservatoires.

Ancien art. 1429. – *Les baux que le mari seul a faits des biens de sa femme pour un temps qui excède neuf ans, ne sont en cas de dissolution de la communauté, obligatoires, vis-à-vis de la femme ou de ses héritiers que pour le temps qui reste à courir soit de la première période de neuf ans, si les parties s'y trouvent encore, soit de la seconde, et ainsi de suite, de manière que le fermier n'ait que le droit d'achever la jouissance de la période de neuf ans où il se trouve.*

Ancien art. 1430. – *Les baux de neuf ans ou au-dessous que le mari seul a passés ou renouvelés des biens de sa femme, plus de trois ans avant l'expiration du bail courant s'il s'agit de biens ruraux, et plus de deux ans avant la même époque s'il s'agit de maisons, sont sans effet, à moins que leur exécution n'ait commencé avant la dissolution de la communauté.*

RÉGIMES MATRIMONIAUX   Art. 1581

Ancien art. 1431. – *La femme qui s'oblige solidairement avec son mari pour les affaires de la communauté ou du mari, n'est réputée, à l'égard de celui-ci, s'être obligée que comme caution ; elle doit être indemnisée de l'obligation qu'elle a contractée.*

Ancien art. 1432. – *Le mari qui garantit solidairement ou autrement la vente que sa femme a faite d'un immeuble personnel, a pareillement un recours contre elle, soit sur sa part dans la communauté, soit sur ses biens personnels, s'il est inquiété.*

Ancien art. 1433. – *S'il est vendu un immeuble appartenant à l'un des époux, de même que si l'on s'est rédimé en argent de services fonciers dus à des héritages propres à l'un d'eux, et que le prix en ait été versé dans la communauté, le tout sans remploi, il y a lieu au prélèvement de ce prix sur la communauté, au profit de l'époux qui était propriétaire, soit de l'immeuble vendu, soit des services rachetés.*

Ancien art. 1434. – *Le remploi est censé fait à l'égard du mari, toutes les fois que, lors d'une acquisition, il a déclaré qu'elle était faite des deniers provenus de l'aliénation de l'immeuble qui lui était personnel, et pour lui tenir lieu de remploi.*

Ancien art. 1435. – *La déclaration du mari que l'acquisition est faite des deniers provenus de l'immeuble vendu par la femme et pour lui servir de remploi, ne suffit point, si ce remploi n'a été formellement accepté par la femme ; si elle ne l'a pas accepté, elle a simplement droit, lors de la dissolution de la communauté, à la récompense du prix de son immeuble vendu.*

Ancien art. 1436. – *La récompense du prix de l'immeuble appartenant au mari ne s'exerce que sur la masse de la communauté ; celle du prix de l'immeuble appartenant à la femme s'exerce sur les biens personnels du mari, en cas d'insuffisance des biens de la communauté. Dans tous les cas, la récompense n'a lieu que sur le pied de la vente, quelque allégation qui soit faite touchant la valeur de l'immeuble aliéné.*

Ancien art. 1437. – *Toutes les fois qu'il est pris sur la communauté une somme soit pour acquitter les dettes ou charges personnelles à l'un des époux, telles que le prix ou partie du prix d'un immeuble à lui propre ou le rachat de services fonciers, soit pour le recouvrement, la conservation ou l'amélioration de ses biens personnels, et généralement toutes les fois que l'un des époux a tiré un profit personnel des biens de la communauté, il en doit la récompense.*

Ancien art. 1438. – *Si le père et la mère ont doté conjointement l'enfant commun, sans exprimer la portion pour laquelle ils entendaient y contribuer, ils sont censés avoir doté chacun pour moitié, soit que la dot ait été fournie ou promise en effets de la communauté, soit qu'elle l'ait été en biens personnels à l'un des deux époux.*
Au second cas, l'époux dont l'immeuble ou l'effet personnel a été constitué en dot, a, sur les biens de l'autre, une action en indemnité pour la moitié de ladite dot, eu égard à la valeur de l'effet donné, au temps de la donation.

Ancien art. 1439. *(L. 22 sept. 1942).* – *La dot constituée à l'enfant commun en biens de communauté est à la charge de celle-ci.*
Si la femme accepte la communauté, elle doit supporter la moitié de la dot, à moins que le mari, en la constituant, n'ait déclaré expressément qu'il s'en chargerait pour le tout ou pour une part supérieure à la moitié.

717

Art. 1581 RÉGIMES MATRIMONIAUX

Ancien art. 1440. – *La garantie de la dot est due par toute personne qui l'a constituée ; et ses intérêts courent du jour du mariage, encore qu'il y ait terme pour le paiement, s'il n'y a stipulation contraire.*

Section III. – De la dissolution de la communauté et de quelques-unes de ses suites

Ancien art. 1441. – *La communauté se dissout : 1° par la mort naturelle ; 2° par la mort civile (*) ; 3° par le divorce ; 4° par la séparation de corps ; 5° par la séparation de biens.*

Ancien art. 1442. – *Le défaut d'inventaire, après la mort naturelle ou civile (*) de l'un des époux, ne donne pas lieu à la continuation de la communauté ; sauf les poursuites des parties intéressées relativement à la consistance des biens et effets communs, dont la preuve pourra être faite tant par titres que par la commune renommée.*

S'il y a des enfants mineurs, le défaut d'inventaire fait perdre en outre à l'époux survivant la jouissance de leurs revenus ; et le subrogé tuteur qui ne l'a point obligé à faire inventaire est solidairement tenu avec lui de toutes les condamnations qui peuvent être prononcées au profit des mineurs.

(*) La mort civile a été supprimée, L. 31 mai 1854.

Ancien art. 1443. – *La séparation de biens ne peut être poursuivie qu'en justice par la femme dont la dot est mise en péril, et lorsque le désordre des affaires du mari donne lieu de craindre que les biens de celui-ci ne soient point suffisants pour remplir les droits et reprises de la femme.*
Toute séparation volontaire est nulle.

Ancien art. 1444 (L. 14 juil. 1929). – *La séparation de biens, quoique prononcée en justice, est nulle si elle n'a point été exécutée par le paiement réel des droits et reprises de la femme, effectué par acte authentique, jusqu'à concurrence des biens du mari, ou au moins par des poursuites commencées dans les trente jours qui ont suivi le jugement et non interrompues depuis.*

Ancien art. 1445. – *Toute séparation de biens doit, avant son exécution, être rendue publique par l'affiche sur un tableau à ce destiné, dans la principale salle du tribunal de première instance et, de plus, si le mari est marchand, banquier ou commerçant, dans celle du tribunal de commerce du lieu de son domicile ; et ce, à peine de nullité de l'exécution.*
Le jugement qui prononce la séparation de biens remonte, quant à ses effets, au jour de la demande.

Ancien art. 1446. – *Les créanciers personnels de la femme ne peuvent, sans son consentement, demander la séparation de biens.*
Néanmoins, en cas de faillite ou de déconfiture du mari, ils peuvent exercer les droits de leur débitrice jusqu'à concurrence du montant de leurs créances.

Ancien art. 1447. – *Les créanciers du mari peuvent se pourvoir contre la séparation de biens prononcée et même exécutée en fraude de leurs droits ; ils peuvent même intervenir dans l'instance sur la demande en séparation pour la contester.*

Ancien art. 1448. – *La femme qui a obtenu la séparation de biens doit contribuer, proportionnellement à ses facultés et à celles du mari, tant aux frais du ménage qu'à ceux d'éducation des enfants communs.*
Elle doit supporter entièrement ces frais, s'il ne reste rien au mari.

718

RÉGIMES MATRIMONIAUX — Art. 1581

Ancien art. 1449 (L. 22 sept. 1942). – *La femme séparée de biens par jugement, reprend l'administration, la jouissance et la libre disposition de ses biens personnels.*

Elle peut être autorisée par le juge à s'acquitter de la contribution que l'article 1448 lui impose, en assumant elle-même vis-à-vis des tiers, le règlement des dépenses familiales dans la limite de cette contribution.

Le mari séparé de biens par jugement ne peut plus exercer le droit d'opposition visé à l'article 223.

Ancien art. 1450. – *Le mari n'est point garant du défaut d'emploi ou de remploi du prix de l'immeuble que la femme séparée a aliéné sous l'autorisation de la justice, à moins qu'il n'ait concouru au contrat, ou qu'il ne soit prouvé que les deniers ont été reçus par lui, ou ont tourné à son profit.*

Il est garant du défaut d'emploi ou de remploi, si la vente a été faite en sa présence et de son consentement ; il ne l'est point de l'utilité de cet emploi.

Ancien art. 1451. – *La communauté dissoute par la séparation soit de corps et de biens, soit de biens seulement, peut être rétablie du consentement des deux parties.*

Elle ne peut l'être que par un acte passé devant notaire et avec minute, dont une expédition doit être affichée dans la forme de l'article 1445.

En ce cas, la communauté rétablie reprend son effet du jour du mariage ; les choses sont remises au même état que s'il n'y avait point eu de séparation, sans préjudice néanmoins de l'exécution des actes qui, dans cet intervalle, ont pu être faits par la femme, en conformité de l'article 1449.

Toute convention par laquelle les époux rétabliraient leur communauté sous des conditions différentes de celles qui la réglaient antérieurement est nulle.

Ancien art. 1452. – *La dissolution de communauté opérée par le divorce ou par la séparation soit de corps et de biens, soit de biens seulement, ne donne pas ouverture aux droits de survie de la femme ; mais celle-ci conserve la faculté de les exercer lors de la mort naturelle ou civile (*) de son mari.*

(*) La mort civile a été supprimée, L. 31 mai 1854.

Section IV. – De l'acceptation de la communauté, et de la renonciation qui peut y être faite, avec les conditions qui y sont relatives

Ancien art. 1453 *. – *Après la dissolution de la communauté, la femme ou ses héritiers et ayants cause ont la faculté de l'accepter ou d'y renoncer : toute convention contraire est nulle.*

Ancien art. 1454 *. – *La femme qui s'est immiscée dans les biens de la communauté ne peut y renoncer.*

Les actes purement administratifs ou conservatoires n'emportent point immixtion.

Ancien art. 1455 *. – *La femme majeure qui a pris dans un acte la qualité de commune ne peut plus y renoncer ni se faire restituer contre cette qualité, quand même elle l'aurait prise avant d'avoir fait inventaire, s'il n'y a eu dol de la part des héritiers du mari.*

Ancien art. 1456 *. – *La femme survivante qui veut conserver la faculté de renoncer à la communauté doit, dans les trois mois du jour du décès du mari, faire faire un inventaire fidèle et exact de tous les biens de la communauté, contradictoirement avec les héritiers du mari, ou eux dûment appelés.*

Cet inventaire doit être par elle affirmé sincère et véritable, lors de sa clôture, devant l'officier public qui l'a reçu.

Art. 1581   RÉGIMES MATRIMONIAUX

Ancien art. 1457 *. – *Dans les trois mois et quarante jours après le décès du mari, elle doit faire sa renonciation au greffe du tribunal de grande instance dans l'arrondissement duquel le mari avait son domicile ; cet acte doit être inscrit sur le registre établi pour recevoir les renonciations à succession.*

Décret n. 66.130 du 4 mars 1966 *(J.O.* 6 mars*)* relatif aux interventions de justice quant aux droits des époux, à la séparation de biens et autres changements de régime matrimonial, aux renonciations à succession et aux baux passés par les usufruitiers

Art. 7. – Dans tous les cas où les dispositions de la loi susvisée du 13 juillet 1965 n'auraient pas été rendues applicables par l'effet des articles 16 ou 19 de ladite loi, les renonciations à communauté faites par les femmes mariées avant l'entrée en vigueur de ladite loi continueront d'être reçues au greffe du tribunal de grande instance dans le ressort duquel le mari était domicilié, sur le registre prévu par l'article 784 du Code civil et en conformité de l'article 1457 ancien du même code, sans qu'il soit besoin d'autre formalité.

Ancien art. 1458 *. – *La veuve peut, suivant les circonstances, demander au tribunal de grande instance une prorogation du délai prescrit par l'article précédent pour sa renonciation ; cette prorogation est, s'il y a lieu, prononcée contradictoirement avec les héritiers du mari, ou eux dûment appelés.*
* *La faculté d'accepter la communauté ou d'y renoncer ne pourra plus être exercée à compter de l'entrée en vigueur de la loi n. 85-1372 du 23 décembre 1985 (art. 61).*

Ancien art. 1459 *. – *La veuve qui n'a point fait sa renonciation dans le délai ci-dessus prescrit n'est pas déchue de la faculté de renoncer si elle ne s'est point immiscée et qu'elle ait fait inventaire ; elle peut seulement être poursuivie comme commune jusqu'à ce qu'elle ait renoncé, et elle doit les frais faits contre elle jusqu'à sa renonciation.*
Elle peut également être poursuivie après l'expiration des quarante jours depuis la clôture de l'inventaire, s'il a été clos avant les trois mois.

Ancien art. 1460 *. – *La veuve qui a diverti ou recélé quelques effets de la communauté est déclarée commune, nonobstant sa renonciation ; il en est de même à l'égard de ses héritiers.*

Ancien art. 1461 *. – *Si la veuve meurt avant l'expiration des trois mois sans avoir fait ou terminé l'inventaire, ses héritiers auront, pour faire ou pour terminer l'inventaire, un nouveau délai de trois mois, à compter du décès de la veuve, et de quarante jours pour délibérer, après la clôture de l'inventaire.*
Si la veuve meurt ayant terminé l'inventaire, ses héritiers auront, pour délibérer, un nouveau délai de quarante jours à compter de son décès.
Ils peuvent, au surplus, renoncer à la communauté dans les formes établies ci-dessus ; et les articles 1458 et 1459 leur sont applicables.

Ancien art. 1462 * *(Abrogé, L. 31 mai 1854 ; rétabli L. 22 sept. 1942).* – *Lorsqu'elle renonce à la communauté, la femme qui exerce une profession séparée de celle de son mari conserve ses biens réservés francs et quittes de toutes charges autres que celles dont ils sont grevés en vertu de l'article 225.*
Si le droit de renonciation de la femme est exercé par ses héritiers, la disposition qui précède ne peut être invoquée que par les héritiers en ligne directe.

RÉGIMES MATRIMONIAUX Art. 1581

Ancien art. 1463 *. – *La femme divorcée ou séparée de corps, qui n'a point, dans les trois mois et quarante jours après le divorce ou la séparation définitivement prononcés, accepté la communauté, est censée y avoir renoncé, à moins qu'étant encore dans le délai, elle n'en ait obtenu la prorogation en justice, contradictoirement avec le mari, ou lui dûment appelé.*

Loi n. 75-617 du 11 juillet 1975, article 10 *(J.O.* 12 juil.*)*
portant réforme du divorce

Art. 10. – L'article 1463 ancien du Code civil ne s'appliquera pas aux mariages contractés avant l'entrée en vigueur de la loi n. 65-570 du 13 juillet 1965 portant réforme des régimes matrimoniaux et dissous postérieurement à l'entrée en vigueur de la présente loi.

* *La faculté d'accepter la communauté ou d'y renoncer ne pourra plus être exercée à compter de l'entrée en vigueur de la loi n. 85-1372 du 23 décembre 1985 (art. 61).*

L'article 1463 ancien ne s'applique pas non plus par identité de raison lorsque le régime de communauté s'est trouvé dissous par une décision de séparation de corps ayant pris force de chose jugée depuis le 1er janvier 1976 (Civ. 1re, 27 avril 1982 : *Bull.* I, n. 145, p. 128).

Ancien art. 1464 *. – *Les créanciers de la femme peuvent attaquer la renonciation qui aurait été faite par elle ou par ses héritiers en fraude de leurs créances, et accepter la communauté de leur chef.*

Ancien art. 1465 *. – *La veuve, soit qu'elle accepte, soit qu'elle renonce, a droit, pendant les trois mois et quarante jours qui lui sont accordés pour faire inventaire et délibérer, de prendre sa nourriture et celle de ses domestiques sur les provisions existantes, et, à défaut, par emprunt au compte de la masse commune, à la charge d'en user modérément.*
Elle ne doit aucun loyer à raison de l'habitation qu'elle a pu faire, pendant ces délais, dans une maison dépendante de la communauté, ou appartenant aux héritiers du mari ; et si la maison qu'habitaient les époux à l'époque de la dissolution de la communauté était tenue par eux à titre de loyer, la femme ne contribuera point, pendant les mêmes délais, au paiement dudit loyer, lequel sera pris sur la masse.

Ancien art. 1466 *. – *Dans le cas de dissolution de la communauté par la mort de la femme, ses héritiers peuvent renoncer à la communauté dans les délais et dans les formes que la loi prescrit à la femme survivante.*

Section V. – Du partage de la communauté après l'acceptation

Ancien art. 1467. – *Après l'acceptation de la communauté par la femme ou ses héritiers, l'actif se partage, et le passif est supporté de la manière ci-après déterminée.*

§ 1er. – Du partage de l'actif

Ancien art. 1468. – *Les époux ou leurs héritiers rapportent à la masse des biens existants, tout ce dont ils sont débiteurs envers la communauté à titre de récompense ou d'indemnité, d'après les règles ci-dessus prescrites, à la section II de la première partie du présent chapitre.*

Ancien art. 1469. – *Chaque époux ou son héritier rapporte également les sommes qui ont été tirées de la communauté ou la valeur des biens que l'époux y a pris pour doter un enfant d'un autre lit, ou pour doter personnellement l'enfant commun.*

Art. 1581   RÉGIMES MATRIMONIAUX

Ancien art. 1470. – *Sur la masse des biens, chaque époux ou son héritier prélève :*
1° Ses biens personnels qui ne sont point entrés en communauté, s'ils existent en nature, ou ceux qui ont été acquis en remploi ;
* *La faculté d'accepter la communauté ou d'y renoncer ne pourra plus être exercée à compter de l'entrée en vigueur de la loi n. 85-1372 du 23 décembre 1985 (art. 61).*
2° Le prix de ses immeubles qui ont été aliénés pendant la communauté, et dont il n'a point été fait remploi.
3° Les indemnités qui lui sont dues par la communauté.

Ancien art. 1471. – *Les prélèvements de la femme s'exercent avant ceux du mari.*

Ils s'exercent pour les biens qui n'existent plus en nature, d'abord sur l'argent comptant, ensuite sur le mobilier et subsidiairement sur les immeubles de la communauté ; dans ce dernier cas, le choix des immeubles est déféré à la femme et à ses héritiers.

Ancien art. 1472. – *Le mari ne peut exercer ses reprises que sur les biens de la communauté. La femme et ses héritiers, en cas d'insuffisance de la communauté, exercent leurs reprises sur les biens personnels du mari.*

Ancien art. 1473. – *Les remplois et récompenses dus par la communauté aux époux, et les récompenses et indemnités par eux dues à la communauté emportent les intérêts de plein droit du jour de la dissolution de la communauté.*

Ancien art. 1474. – *Après que tous les prélèvements des deux époux ont été exécutés sur la masse, le surplus se partage par moitié entre les époux ou ceux qui les représentent.*

Ancien art. 1475. – *Si les héritiers de la femme sont divisés, en sorte que l'un ait accepté la communauté à laquelle l'autre a renoncé, celui qui a accepté ne peut prendre que sa portion virile et héréditaire dans les biens qui échoient au lot de la femme.*
Le surplus reste au mari, qui demeure chargé, envers l'héritier renonçant, des droits que la femme aurait pu exercer en cas de renonciation, mais jusqu'à concurrence seulement de la portion virile héréditaire du renonçant.

Ancien art. 1476. – *Au surplus, le partage de la communauté pour tout ce qui concerne ses formes, la licitation des immeubles quand il y a lieu, les effets du partage, la garantie qui en résulte et les soultes, est soumis à toutes les règles qui sont établies au titre* Des successions *pour les partages entre cohéritiers.*

Ancien art. 1477. – *Celui des époux qui aurait diverti ou recélé quelques effets de la communauté, est privé de sa portion dans lesdits effets.*

Ancien art. 1478. – *Après le partage consommé, si l'un des deux époux est créancier personnel de l'autre, comme lorsque le prix de son bien a été employé à payer une dette personnelle de l'autre époux, ou pour toute autre cause, il exerce sa créance sur la part qui est échue à celui-ci dans la communauté ou sur ses biens personnels.*

Ancien art. 1479. – *Les créances personnelles que les époux ont à exercer l'un contre l'autre ne portent intérêt que du jour de la demande en justice.*

Ancien art. 1480. – *Les donations que l'un des époux a pu faire à l'autre ne s'exécutent que sur la part du donateur dans la communauté et sur ses biens personnels.*

RÉGIMES MATRIMONIAUX — **Art. 1581**

Ancien art. 1481. – *Le deuil de la femme est aux frais des héritiers du mari prédécédé. La valeur de ce deuil est réglée selon la fortune du mari. Il est dû même à la femme qui renonce à la communauté.*

§ 2. – Du passif de la communauté et de la contribution aux dettes

Ancien art. 1482. – *Les dettes de la communauté sont pour moitié à la charge de chacun des époux ou de leurs héritiers : les frais de scellé, inventaire, vente de mobilier, liquidation, licitation et partage font partie de ces dettes.*

Ancien art. 1483. – *La femme n'est tenue des dettes de la communauté, soit à l'égard du mari, soit à l'égard des créanciers, que jusqu'à concurrence de son émolument, pourvu qu'il y ait eu bon et fidèle inventaire, et, en rendant compte tant du contenu de cet inventaire que de ce qui lui est échu par le partage.*

Ancien art. 1484. – *Le mari est tenu, pour la totalité, des dettes de la communauté par lui contractées ; sauf son recours contre la femme ou ses héritiers pour la moitié desdites dettes.*

Ancien art. 1485. – *Il n'est tenu que pour moitié de celles personnelles à la femme et qui étaient tombées à la charge de la communauté.*

Ancien art. 1486. – *La femme peut être poursuivie pour la totalité des dettes qui procèdent de son chef et étaient entrées dans la communauté, sauf son recours contre le mari ou son héritier pour la moitié desdites dettes.*

Ancien art. 1487. – *La femme, même personnellement obligée pour une dette de communauté, ne peut être poursuivie que pour la moitié de cette dette, à moins que l'obligation ne soit solidaire.*

Ancien art. 1488. – *La femme qui a payé une dette de la communauté au-delà de sa moitié n'a point de répétition contre le créancier pour l'excédent, à moins que la quittance n'exprime que ce qu'elle a payé était pour sa moitié.*

Ancien art. 1489. – *Celui des deux époux qui, par l'effet de l'hypothèque exercée sur l'immeuble à lui échu en partage, se trouve poursuivi pour la totalité d'une dette de communauté, a de droit son recours pour la moitié de cette dette contre l'autre époux ou ses héritiers.*

Ancien art. 1490. – *Les dispositions précédentes ne font point obstacle à ce que, par le partage, l'un ou l'autre des copartageants soit chargé de payer une quotité de dettes autre que la moitié, même de les acquitter entièrement.
Toutes les fois que l'un des copartageants a payé des dettes de la communauté au-delà de la portion dont il était tenu, il y a lieu au recours de celui qui a trop payé contre l'autre.*

Ancien art. 1491. – *Tout ce qui est dit ci-dessus à l'égard du mari ou de la femme, a lieu à l'égard des héritiers de l'un ou de l'autre ; et ces héritiers exercent les mêmes droits et sont soumis aux mêmes actions que le conjoint qu'ils représentent.*

Section VI. – De la renonciation à la communauté et de ses effets

Ancien art. 1492. – *La femme qui renonce perd toute espèce de droit sur les biens de la communauté, et même sur le mobilier qui y est entré de son chef.
Elle retire seulement les linges et hardes à son usage.*

723

Art. 1581 — RÉGIMES MATRIMONIAUX

Ancien art. 1493. – *La femme renonçante a le droit de reprendre :*
1° Les immeubles à elle appartenant, lorsqu'ils existent en nature, ou l'immeuble qui a été acquis en remploi ;
2° Le prix de ses immeubles aliénés dont le remploi n'a pas été fait et accepté comme il est dit ci-dessus ;
3° Toutes les indemnités qui peuvent lui être dues par la communauté.

Ancien art. 1494. – *La femme renonçante est déchargée de toute contribution aux dettes de la communauté, tant à l'égard du mari qu'à l'égard des créanciers. Elle reste néanmoins tenue envers ceux-ci lorsqu'elle s'est obligée conjointement avec son mari, ou lorsque la dette, devenue dette de la communauté, provenait originairement de son chef : le tout sauf son recours contre le mari ou ses héritiers.*

Ancien art. 1495. – *Elle peut exercer toutes les actions et reprises ci-dessus détaillées, tant sur les biens de la communauté que sur les biens personnels du mari.*
Ses héritiers le peuvent de même, sauf en ce qui concerne le prélèvement des linges et hardes, ainsi que le logement et la nourriture pendant le délai donné pour faire inventaire et délibérer ; lesquels droits sont purement personnels à la femme survivante.

Disposition relative à la communauté légale lorsque l'un des époux ou tous deux ont des enfants de précédents mariages

Ancien art. 1496. – *Tout ce qui est dit ci-dessus, sera observé, même lorsque l'un des époux ou tous deux auront des enfants de précédents mariages.*
Si toutefois la confusion du mobilier et des dettes opérait, au profit de l'un des époux, un avantage supérieur à celui qui est autorisé par l'article 1098, au titre Des donations entre vifs et des testaments, les enfants du premier lit de l'autre époux auront l'action en retranchement.

DEUXIÈME PARTIE. – DE LA COMMUNAUTÉ CONVENTIONNELLE ET DES CONVENTIONS QUI PEUVENT MODIFIER ET MÊME EXCLURE LA COMMUNAUTÉ LÉGALE

Ancien art. 1497. – *Les époux peuvent modifier la communauté légale par toute espèce de conventions non contraires aux articles 1387, 1388, 1389 et 1390.*
Les principales modifications sont celles qui ont lieu en stipulant de l'une ou de l'autre des manières qui suivent ; savoir :
1° Que la communauté n'embrassera que les acquêts ;
2° Que le mobilier présent ou futur n'entrera point en communauté, ou n'y entrera que pour une partie ;
3° Qu'on y comprendra tout ou partie des immeubles présents ou futurs, par la voie de l'ameublissement ;
4° Que les époux paieront séparément leurs dettes antérieures au mariage ;
5° Qu'en cas de renonciation, la femme pourra reprendre ses apports francs et quittes ;
6° Que le survivant aura un préciput ;
7° Que les époux auront des parts inégales ;
8° Qu'il y aura entre eux communauté à titre universel.

Section I. – De la communauté réduite aux acquêts

Ancien art. 1498. – *Lorsque les époux stipulent qu'il n'y aura entre eux qu'une communauté d'acquêts, ils sont censés exclure de la communauté, et les dettes de chacun d'eux actuelles et futures, et leur mobilier respectif présent et futur.*

RÉGIMES MATRIMONIAUX — Art. 1581

En ce cas, et après que chacun des époux a prélevé ses apports dûment justifiés, le partage se borne aux acquêts faits par les époux ensemble ou séparément durant le mariage, et provenant tant de l'industrie commune que des économies faites sur les fruits et revenus des biens des deux époux.

Ancien art. 1499 *(L. 29 avril 1924).* – *Le mobilier existant lors du mariage ou échu depuis est réputé acquêt, sauf preuve contraire, établie suivant le droit commun à l'égard des tiers. Entre époux, la preuve est réglée par les articles 1502 et 1504.*

Section II. – De la clause qui exclut de la communauté le mobilier en tout ou partie

Ancien art. 1500. – *Les époux peuvent exclure de leur communauté tout leur mobilier présent et futur.*

Lorsqu'ils stipulent qu'ils en mettront réciproquement dans la communauté jusqu'à concurrence d'une somme ou d'une valeur déterminée, ils sont, par cela seul, censés se réserver le surplus.

Ancien art. 1501. – *Cette clause rend l'époux débiteur envers la communauté de la somme qu'il a promis d'y mettre, et l'oblige à justifier de cet apport.*

Ancien art. 1502. – *L'apport est suffisamment justifié, quant au mari, par la déclaration portée au contrat de mariage que son mobilier est de telle valeur.*
Il est suffisamment justifié, à l'égard de la femme, par la quittance que le mari lui donne, ou à ceux qui l'ont dotée.

Ancien art. 1503. – *Chaque époux a le droit de reprendre et de prélever, lors de la dissolution de la communauté, la valeur de ce dont le mobilier qu'il a apporté lors du mariage, ou qui lui est échu depuis, excédait sa mise en communauté.*

Ancien art. 1504. – *Le mobilier qui échoit à chacun des époux pendant le mariage, doit être constaté par un inventaire.*
À défaut d'inventaire du mobilier échu au mari, ou d'un titre propre à justifier de sa consistance et valeur, déduction faite des dettes, le mari ne peut en exercer la reprise.
Si le défaut d'inventaire porte sur un mobilier échu à la femme, celle-ci ou ses héritiers sont admis à faire preuve, soit par titres, soit par témoins, soit même par commune renommée, de la valeur de ce mobilier.

Section III. – De la clause d'ameublissement

Ancien art. 1505. – *Lorsque les époux ou l'un d'eux font entrer en communauté tout ou partie de leurs immeubles présents ou futurs, cette clause s'appelle* ameublissement.

Ancien art. 1506. – *L'ameublissement peut être déterminé ou indéterminé.*
Il est déterminé quand l'époux a déclaré ameublir et mettre en communauté un tel immeuble en tout ou jusqu'à concurrence d'une certaine somme.
Il est indéterminé quand l'époux a simplement déclaré apporter en communauté ses immeubles, jusqu'à concurrence d'une certaine somme.

Ancien art. 1507. – *L'effet de l'ameublissement déterminé est de rendre l'immeuble ou les immeubles qui en sont frappés, biens de la communauté comme les meubles mêmes.*
Lorsque l'immeuble ou les immeubles de la femme sont ameublis en totalité, le mari en peut disposer comme des autres effets de la communauté, et les aliéner en totalité.

Art. 1581 — RÉGIMES MATRIMONIAUX

Si l'immeuble n'est ameubli que pour une certaine somme, le mari ne peut l'aliéner qu'avec le consentement de la femme ; mais il peut l'hypothéquer sans son consentement jusqu'à concurrence seulement de la portion ameublie.

Ancien art. 1508. – L'ameublissement indéterminé ne rend point la communauté propriétaire des immeubles qui en sont frappés ; son effet se réduit à obliger l'époux qui l'a consenti, à comprendre dans la masse, lors de la dissolution de la communauté, quelques-uns de ses immeubles jusqu'à concurrence de la somme par lui promise.

Le mari ne peut, comme en l'article précédent, aliéner en tout ou en partie, sans le consentement de sa femme, les immeubles sur lesquels est établi l'ameublissement indéterminé ; mais il peut les hypothéquer jusqu'à concurrence de cet ameublissement.

Ancien art. 1509. – L'époux qui a ameubli un héritage a, lors du partage, la faculté de le retenir en le précomptant sur sa part pour le prix qu'il vaut alors ; et ses héritiers ont le même droit.

Section IV. – De la clause de séparation des dettes

Ancien art. 1510. (L. 29 avril 1924). – La clause pour laquelle les époux stipulent qu'ils paieront séparément leurs dettes personnelles les oblige à se faire, lors de la dissolution de la communauté, respectivement raison des dettes qui sont justifiées avoir été acquittées par la communauté, à la décharge de celui des époux qui en était débiteur.

Cette obligation est la même, soit qu'il y ait eu inventaire ou non.

Ancien art. 1511. – Lorsque les époux apportent dans la communauté une somme certaine ou un corps certain, un tel apport emporte la convention tacite qu'il n'est point grevé de dettes antérieures au mariage ; et il doit être fait raison par l'époux débiteur à l'autre, de toutes celles qui diminueraient l'apport promis.

Ancien art. 1512. – La clause de séparation des dettes n'empêche point que la communauté ne soit chargée des intérêts et arrérages qui ont couru depuis le mariage.

Ancien art. 1513. – Lorsque la communauté est poursuivie pour les dettes de l'un des époux, déclaré, par contrat, franc et quitte de toutes dettes antérieures au mariage, le conjoint a droit à une indemnité qui se prend soit sur la part de communauté revenant à l'époux débiteur, soit sur les biens personnels dudit époux ; et, en cas d'insuffisance, cette indemnité peut être poursuivie par voie de garantie contre le père, la mère, l'ascendant ou le tuteur qui l'auraient déclaré franc et quitte.

Cette garantie peut même être exercée par le mari durant la communauté, si la dette provient du chef de la femme ; sauf, en ce cas, le remboursement dû par la femme ou ses héritiers aux garants, après la dissolution de la communauté.

Section V. – De la faculté accordée à la femme de reprendre son apport franc et quitte

Ancien art. 1514. – La femme peut stipuler qu'en cas de renonciation à la communauté, elle reprendra tout ou partie de ce qu'elle y aura apporté, soit lors du mariage, soit depuis ; mais cette stipulation ne peut s'étendre au-delà des choses formellement exprimées, ni au profit de personnes autres que celles désignées.

Ainsi la faculté de reprendre le mobilier que la femme a apporté lors du mariage ne s'étend point à celui qui serait échu pendant le mariage.

RÉGIMES MATRIMONIAUX / Art. 1581

Ainsi la faculté accordée à la femme ne s'étend point aux enfants ; celle accordée à la femme et aux enfants ne s'étend point aux héritiers ascendants ou collatéraux.

Dans tous les cas, les apports ne peuvent être repris que déduction faite des dettes personnelles à la femme, et que la communauté aurait acquittées.

Section VI. – Du préciput conventionnel

Ancien art. 1515. – *La clause par laquelle l'époux survivant est autorisé à prélever, avant tout partage, une certaine somme ou une certaine quantité d'effets mobiliers en nature ne donne droit à ce prélèvement, au profit de la femme survivante, que lorsqu'elle accepte la communauté, à moins que le contrat de mariage ne lui ait réservé ce droit, même en renonçant.*

Hors le cas de cette réserve, le préciput ne s'exerce que sur la masse partageable, et non sur les biens personnels de l'époux prédécédé.

Ancien art. 1516. – *Le préciput n'est point regardé comme un avantage sujet aux formalités des donations, mais comme une convention de mariage.*

Ancien art. 1517. – *La mort naturelle ou civile (*) donne ouverture au préciput.*
(*) La mort civile a été supprimée, L. 31 mai 1854.

Ancien art. 1518. – *Lorsque la dissolution de la communauté s'opère par le divorce ou par la séparation de corps, il n'y a pas lieu à la délivrance actuelle du préciput ; mais l'époux qui a obtenu soit le divorce, soit la séparation de corps conserve ses droits au préciput en cas de survie. Si c'est la femme, la somme ou la chose qui constitue le préciput reste toujours provisoirement au mari, à la charge de donner caution.*

Ancien art. 1519. – *Les créanciers de la communauté ont toujours le droit de faire vendre les effets compris dans le préciput, sauf le recours de l'époux, conformément à l'article 1515.*

Section VII. – Des clauses par lesquelles on assigne à chacun des époux des parts inégales dans la communauté

Ancien art. 1520. – *Les époux peuvent déroger au partage égal établi par la loi, soit en ne donnant à l'époux survivant ou à ses héritiers, dans la communauté, qu'une part moindre que la moitié, soit en ne lui donnant qu'une somme fixe pour tout droit de communauté, soit en stipulant que la communauté entière, en certains cas, appartiendra à l'époux survivant, ou à l'un d'eux seulement.*

Ancien art. 1521. – *Lorsqu'il a été stipulé que l'époux ou ses héritiers n'auront qu'une certaine part dans la communauté, comme le tiers ou le quart, l'époux ainsi réduit ou ses héritiers ne supportent les dettes de la communauté que proportionnellement à la part qu'ils prennent dans l'actif.*

La convention est nulle si elle oblige l'époux ainsi réduit ou ses héritiers à supporter une plus forte part, ou si elle les dispense de supporter une part dans les dettes égale à celle qu'ils prennent dans l'actif.

Ancien art. 1522. – *Lorsqu'il est stipulé que l'un des époux ou ses héritiers ne pourront prétendre qu'une certaine somme pour tout droit de communauté, la clause est un forfait qui oblige l'autre époux ou ses héritiers à payer la somme convenue, soit que la communauté soit bonne ou mauvaise, suffisante ou non pour acquitter la somme.*

Art. 1581 RÉGIMES MATRIMONIAUX

Ancien art. 1523. – *Si la clause n'établit le forfait qu'à l'égard des héritiers de l'époux, celui-ci dans le cas où il survit a droit au partage légal par moitié.*

Ancien art. 1524. – *Le mari ou ses héritiers qui retiennent, en vertu de la clause énoncée en l'article 1520, la totalité de la communauté, sont obligés d'en acquitter toutes les dettes. Les créanciers n'ont, en ce cas, aucune action contre la femme ni contre ses héritiers.*

Si c'est la femme survivante qui a, moyennant une somme convenue, le droit de retenir toute la communauté, contre les héritiers du mari, elle a le choix ou de leur payer cette somme en demeurant obligée à toutes les dettes, ou de renoncer à la communauté, et d'en abandonner aux héritiers du mari les biens et les charges.

Ancien art. 1525. – *Il est permis aux époux de stipuler que la totalité de la communauté appartiendra au survivant ou à l'un d'eux seulement, sauf aux héritiers de l'autre à faire la reprise des apports et capitaux tombés dans la communauté, du chef de leur auteur.*

Cette stipulation n'est point réputée un avantage sujet aux règles relatives aux donations, soit quant au fond, soit quant à la forme, mais simplement une convention de mariage et entre associés.

Section VIII. – De la communauté à titre universel

Ancien art. 1526. – *Les époux peuvent établir, par leur contrat de mariage, une communauté universelle de leurs biens tant meubles qu'immeubles, présents et à venir, ou de tous leurs biens présents seulement, ou de tous leurs biens à venir seulement.*

Dispositions communes aux huit sections ci-dessus

Ancien art. 1527. – *Ce qui est dit aux huit sections ci-dessus, ne limite pas à leurs dispositions précises les stipulations dont est susceptible la communauté conventionnelle.*

Les époux peuvent faire toutes autres conventions, ainsi qu'il est dit à l'article 1387, et sauf les modifications portées par les articles 1388, 1389 et 1390.

Néanmoins, dans le cas où il y aurait des enfants d'un précédent mariage, toute convention qui tendrait dans ses effets à donner à l'un des époux au-delà de la portion réglée par l'article 1098, au titre Des donations entre vifs et des testaments, sera sans effet pour tout l'excédent de cette portion ; mais les simples bénéfices résultant des travaux communs et des économies faites sur les revenus respectifs, quoique inégaux, des deux époux, ne sont pas considérés comme un avantage fait au préjudice des enfants du premier lit.

Ancien art. 1528 (L. 22 sept. 1942). – *La communauté conventionnelle reste soumise aux règles de la communauté légale, pour tous les cas auxquels il n'a pas été dérogé implicitement ou explicitement par contrat.*

Les dispositions des articles 1557 et 1558 relatives aux dérogations qui peuvent être apportées avec autorisation de justice aux clauses de remploi prévues par le contrat de mariage sont applicables aux clauses de remploi stipulées par les conventions visées aux sections précédentes et à la section ci-après.

Section IX. – Des conventions exclusives de la communauté

Ancien art. 1529. – *Lorsque, sans se soumettre au régime dotal, les époux déclarent qu'ils se marient sans communauté, ou qu'ils seront séparés de biens, les effets de cette stipulation sont réglés comme il suit.*

RÉGIMES MATRIMONIAUX — Art. 1581

§ 1er. – De la clause portant que les époux se marient sans communauté

Ancien art. 1530. – *La clause portant que les époux se marient sans communauté ne donne point à la femme le droit d'administrer ses biens ni d'en percevoir les fruits : ces fruits sont censés apportés au mari pour soutenir les charges du mariage.*

Ancien art. 1531. – *Le mari conserve l'administration des biens meubles et immeubles de la femme, et, par suite, le droit de percevoir tout le mobilier qu'elle apporte en dot, ou qui lui échoit pendant le mariage, sauf la restitution qu'il en doit faire après la dissolution du mariage, ou après la séparation de biens qui serait prononcée par justice.*

Ancien art. 1532. – *Si, dans le mobilier apporté en dot par la femme, ou qui lui échoit pendant le mariage, il y a des choses dont on ne peut faire usage sans les consommer, il en doit être joint un état estimatif au contrat de mariage, ou il doit en être fait inventaire lors de l'échéance, et le mari en doit rendre le prix d'après l'estimation.*

Ancien art. 1533. – *Le mari est tenu de toutes les charges de l'usufruit.*

Ancien art. 1534. – *La clause énoncée au présent paragraphe ne fait point obstacle à ce qu'il soit convenu que la femme touchera annuellement, sur ses seules quittances, certaine portion de ses revenus pour son entretien et ses besoins personnels.*

Ancien art. 1535. – *Les immeubles constitués en dot, dans le cas du présent paragraphe, ne sont point inaliénables.*

Néanmoins, ils ne peuvent être aliénés sans le consentement du mari, et, à son refus, sans l'autorisation de la justice.

§ 2. – De la clause de séparation de biens

Ancien art. 1536. *(L. 22 sept. 1942).* – *Lorsque les époux ont stipulé par leur contrat de mariage qu'ils seraient séparés de biens, la femme conserve l'administration, la jouissance et la libre disposition de ses biens personnels.*

Ancien art. 1537. *(L. 22 sept. 1942).* – *Chacun des époux contribue aux charges du mariage suivant les conventions contenues dans leur contrat et, s'il n'en existe point à cet égard, dans la proportion fixée à l'article 214.*

Ancien art. 1538. *(L. 22 sept. 1942).* – *La femme séparée de biens, par contrat ou par jugement, peut faire ouvrir un compte courant à son nom et y déposer ou en retirer librement les fonds dont l'emploi lui est réservé.*

Ancien art. 1539. – *Lorsque la femme séparée a laissé la jouissance de ses biens à son mari, celui-ci n'est tenu, soit sur la demande que sa femme pourrait lui faire, soit à la dissolution du mariage, qu'à la représentation des fruits existants, et il n'est point comptable de ceux qui ont été consommés jusqu'alors.*

CHAPITRE III. – DU RÉGIME DOTAL

Ancien art. 1540. – *La dot, sous ce régime comme sous celui du chapitre II, est le bien que la femme apporte au mari pour supporter les charges du mariage.*

Art. 1581 — RÉGIMES MATRIMONIAUX

Ancien art. 1541. – *Tout ce que la femme se constitue ou qui lui est donné en contrat de mariage, est dotal s'il n'y a stipulation contraire.*

Section I. – De la constitution de dot

Ancien art. 1542. – *La constitution de dot peut frapper tous les biens présents et à venir de la femme, ou tous ses biens présents seulement, ou une partie de ses biens présents et à venir, ou même un objet individuel.*

La constitution, en termes généraux, de tous les biens de la femme, ne comprend pas les biens à venir.

Ancien art. 1543. – *La dot ne peut être constituée ni même augmentée pendant le mariage.*

Ancien art. 1544. – *Si les père et mère constituent conjointement une dot, sans distinguer la part de chacun, elle sera censée constituée par portions égales.*

Si la dot est constituée par le père seul pour droits paternels et maternels, la mère, quoique présente au contrat, ne sera point engagée, et la dot demeurera en entier à la charge du père.

Ancien art. 1545. – *Si le survivant des père et mère constitue une dot pour biens paternels et maternels, sans spécifier les portions, la dot se prendra d'abord sur les droits du futur époux dans les biens du conjoint prédécédé, et le surplus sur les biens du constituant.*

Ancien art. 1546. – *Quoique la fille dotée par ses père et mère ait des biens à elle propres dont ils jouissent, la dot sera prise sur les biens des constituants, s'il n'y a stipulation contraire.*

Ancien art. 1547. – *Ceux qui constituent une dot sont tenus à la garantie des objets constitués.*

Ancien art. 1548. – *Les intérêts de la dot courent de plein droit, du jour du mariage contre ceux qui l'ont promise, encore qu'il y ait terme pour le paiement, s'il n'y a stipulation contraire.*

Section II. – Des droits du mari sur les biens dotaux, et de l'inaliénabilité du fonds dotal

Ancien art. 1549. – *Le mari seul a l'administration des biens dotaux pendant le mariage. Il a seul le droit d'en poursuivre les débiteurs et détenteurs, d'en percevoir les fruits et les intérêts, et de recevoir le remboursement des capitaux.*

Cependant, il peut être convenu, par le contrat de mariage, que la femme touchera annuellement, sur ses seules quittances, une partie de ses revenus pour son entretien et ses besoins personnels.

Ancien art. 1550. – *Le mari n'est pas tenu de fournir caution pour la réception de la dot, s'il n'y a été assujetti par le contrat de mariage.*

Ancien art. 1551. *(L. 22 sept. 1942).* – *Si la dot ou partie de la dot consiste en objets mobiliers mis à prix par le contrat, sans déclaration que l'estimation n'en fait pas vente, le mari en devient propriétaire et n'est débiteur que du prix donné au mobilier.*

Les biens meubles constitués en dot qui ne deviennent pas la propriété du mari peuvent être aliénés par ce dernier, dans l'exercice des pouvoirs qu'il tient de l'article 1549, lorsque l'aliénation est nécessaire à la bonne administration de la dot.

Ancien art. 1552. – *L'estimation donnée à l'immeuble constitué en dot n'en transporte point la propriété au mari, s'il n'y en a déclaration expresse.*

RÉGIMES MATRIMONIAUX — Art. 1581

Ancien art. 1553. – *L'immeuble acquis des deniers dotaux n'est pas dotal, si la condition de l'emploi n'a été stipulée par le contrat de mariage.*
Il en est de même de l'immeuble donné en paiement de la dot constituée en argent.

Ancien art. 1554. – *Les immeubles constitués en dot ne peuvent être aliénés ou hypothéqués pendant le mariage, ni par le mari, ni par la femme, ni par les deux conjointement, sauf les exceptions qui suivent.*

Ancien art. 1555. *(L. 22 sept. 1942).* – *La femme peut, avec le consentement du mari, donner ses biens dotaux pour l'établissement des enfants communs.*
Elle peut également, avec le consentement du mari, donner ses biens dotaux pour l'établissement des enfants qu'elle aurait d'un mariage antérieur ; mais en ce cas, elle ne peut être autorisée par justice qu'à charge de réserver au mari la jouissance des biens donnés.

Ancien art. 1556. *(L. 19 mars 1919 ; L. 22 sept. 1942).* – *Les biens dotaux peuvent être aliénés, hypothéqués ou donnés à bail pour plus de neuf ans, si le contrat de mariage le permet.*
S'il en est autrement, la femme peut néanmoins, du consentement du mari, être autorisée par justice à donner à bail ses biens dotaux pour une durée qui ne dépasse pas vingt-cinq ans, ou à les aliéner à charge de remploi, dans les conditions fixées par le juge.

Ancien art. 1557. *(L. 22 sept. 1942).* – *Si au moment où il y a lieu d'exécuter une clause du contrat de mariage déterminant les biens admis en remploi d'un bien dotal, l'exécution littérale de cette clause est impossible, ou de nature à compromettre la conservation de la dot, le mari, ou à défaut la femme, est tenu de demander au tribunal l'autorisation de faire le remploi en d'autres biens présentant, pour la conservation de la dot, des garanties équivalentes à celles qu'offraient, à l'époque du contrat, les biens admis en remploi par la clause dont il s'agit.*

Ancien art. 1558. *(L. 2 avril 1932 et 22 sept. 1942).* – *Lorsque les époux ne peuvent faire face autrement aux dépenses nécessaires pour obtenir la mise en liberté de l'un d'eux, pour fournir des aliments ou des soins à la famille, pour payer les dettes ayant date certaine antérieure au mariage dont la femme est tenue, ou pour faire de grosses réparations à l'immeuble dotal, le juge peut, en la forme prévue à l'article 861 du Code de procédure civile, et aux conditions fixées par lui, autoriser la femme à aliéner, à hypothéquer ou à engager les biens dotaux, à charge d'affectation du produit de cette opération aux besoins reconnus, et de remploi de l'excédent, s'il y a lieu.*
Lorsque le contrat de mariage n'autorise l'aliénation d'un bien dotal qu'à charge de remploi, le juge peut, dans les mêmes conditions, autoriser l'affectation du prix de vente aux mêmes besoins et limiter l'effet de l'obligation de remploi à l'excédent.

Ancien art. 1559. – *L'immeuble dotal peut être échangé, mais avec le consentement de la femme, contre un autre immeuble de même valeur, pour les quatre cinquièmes au moins, en justifiant de l'utilité de l'échange, en obtenant l'autorisation en justice, et d'après une estimation par experts nommés d'office par le tribunal.*
Dans ce cas, l'immeuble reçu en échange sera dotal ; l'excédent du prix, s'il y en a, le sera aussi, et il en sera fait emploi comme tel au profit de la femme.

Ancien art. 1560. – *Si, hors les cas d'exception qui viennent d'être expliqués, la femme ou le mari, ou tous les deux conjointement, aliènent le fonds dotal, la femme ou ses héritiers pourront faire révoquer l'aliénation après la dissolution du mariage, sans qu'on puisse leur opposer aucune prescription pendant sa durée : la femme aura le même droit après la séparation de biens.*

Art. 1581 RÉGIMES MATRIMONIAUX

Le mari lui-même pourra faire révoquer l'aliénation pendant le mariage, en demeurant néanmoins sujet aux dommages et intérêts de l'acheteur, s'il n'a pas déclaré dans le contrat que le bien vendu était dotal.

Ancien art. 1561. – *Les immeubles dotaux non déclarés aliénables par le contrat de mariage sont imprescriptibles pendant le mariage, à moins que la prescription n'ait commencé auparavant.*

Ils deviennent néanmoins prescriptibles après la séparation de biens, quelle que soit l'époque à laquelle la prescription a commencé.

Ancien art. 1562. – *Le mari est tenu, à l'égard des biens dotaux, de toutes les obligations de l'usufruitier.*

Il est responsable de toutes prescriptions acquises et détériorations survenues par sa négligence.

Ancien art. 1563. – *Si la dot est mise en péril, la femme peut poursuivre la séparation de biens, ainsi qu'il est dit aux articles 1443 et suivants.*

Section III. – De la restitution de la dot

Ancien art. 1564. – *Si la dot consiste en immeubles,*

Ou en meubles non estimés par le contrat de mariage, ou bien mis à prix, avec déclaration que l'estimation n'en ôte pas la propriété à la femme.

Le mari ou ses héritiers peuvent être contraints de la restituer, sans délai, après la dissolution du mariage.

Ancien art. 1565. – *Si elle consiste en une somme d'argent,*

Ou en meubles mis à prix par le contrat, sans déclaration que l'estimation n'en rend pas le mari propriétaire,

La restitution n'en peut être exigée qu'un an après la dissolution.

Ancien art. 1566. – *Si les meubles dont la propriété reste à la femme ont dépéri par l'usage et sans la faute du mari, il ne sera tenu de rendre que ceux qui resteront, et dans l'état où ils se trouveront.*

Et néanmoins, la femme pourra, dans tous les cas, retirer les linges et hardes à son usage actuel, sauf à précompter leur valeur, lorsque ces linges et hardes auront été primitivement constitués avec estimation.

Ancien art. 1567. – *Si la dot comprend des obligations ou constitutions de rente qui ont péri, ou souffert des retranchements qu'on ne puisse imputer à la négligence du mari, il n'en sera point tenu, et il en sera quitte en restituant les contrats.*

Ancien art. 1568. – *Si un usufruit a été constitué en dot, le mari ou ses héritiers ne sont obligés, à la dissolution du mariage, que de restituer le droit d'usufruit, et non les fruits échus durant le mariage.*

Ancien art. 1569. – *Si le mariage a duré dix ans depuis l'échéance des termes pris pour le payement de la dot, la femme ou ses héritiers pourront la répéter contre le mari après la dissolution du mariage, sans être tenus de prouver qu'il l'a reçue, à moins qu'il ne justifiât de diligences inutilement par lui faites pour s'en procurer le payement.*

RÉGIMES MATRIMONIAUX — Art. 1581

Ancien art. 1570. – *Si le mariage est dissous par la mort de la femme, l'intérêt et les fruits de la dot à restituer courent de plein droit au profit de ses héritiers depuis le jour de la dissolution.*
Si c'est par la mort du mari, la femme a le choix d'exiger les intérêts de sa dot pendant l'an du deuil, ou de se faire fournir des aliments pendant ledit temps aux dépens de la succession du mari ; mais dans les deux cas, l'habitation durant cette année, et les habits de deuil, doivent lui être fournis sur la succession, et sans imputation sur les intérêts à elle dus.

Ancien art. 1571. – *À la dissolution du mariage, les fruits des immeubles dotaux se partagent entre le mari et la femme ou leurs héritiers, à proportion du temps qu'il a duré, pendant la dernière année.*
L'année commence à partir du jour où le mariage a été célébré.

Ancien art. 1572. – *La femme et ses héritiers n'ont point de privilège pour la répétition de la dot sur les créanciers antérieurs à elle en hypothèque.*

Ancien art. 1573. – *Si le mari était déjà insolvable, et n'avait ni art ni profession lorsque le père a constitué une dot à sa fille, celle-ci ne sera tenue de rapporter à la succession du père que l'action qu'elle a contre celle de son mari, pour s'en faire rembourser.*
Mais si le mari n'est devenu insolvable que depuis le mariage,
Ou s'il avait un métier ou une profession qui lui tenait lieu de bien,
La perte de la dot tombe uniquement sur la femme.

Section IV. – Des biens paraphernaux

Ancien art. 1574. – *Tous les biens de la femme qui n'ont pas été constitués en dot sont paraphernaux.*

Ancien art. 1575 (L. 22 sept. 1942). – *Si tous les biens de la femme sont paraphernaux, et si la contribution de la femme aux charges du mariage n'est pas réglée par le contrat, elle contribue à ces charges dans la proportion fixée à l'article 214.*

Ancien art. 1576. (L. 22 sept. 1942). – *La femme a, sur ses biens paraphernaux, tous les droits que la femme séparée de biens par contrat possède sur ses biens personnels.*

Ancien art. 1577. – *Si la femme donne sa procuration au mari pour administrer ses biens paraphernaux, avec charge de lui rendre compte des fruits, il sera tenu vis-à-vis d'elle comme tout mandataire.*

Ancien art. 1578. – *Si le mari a joui des biens paraphernaux de sa femme, sans mandat, et néanmoins sans opposition de sa part, il n'est tenu, à la dissolution du mariage, ou à la première demande de la femme, qu'à la représentation des fruits existants, et il n'est point comptable de ceux qui ont été consommés jusqu'alors.*

Ancien art. 1579. – *Si le mari a joui des biens paraphernaux malgré l'opposition constatée de la femme, il est comptable envers elle de tous les fruits tant existants que consommés.*

Ancien art. 1580. – *Le mari qui jouit des biens paraphernaux est tenu de toutes les obligations de l'usufruitier.*

Disposition particulière

Ancien art. 1581. – *En se soumettant au régime dotal, les époux peuvent néanmoins stipuler une société d'acquêts, et les effets de cette société sont réglés comme il est dit aux articles 1498 et 1499.*

TITRE VI. – DE LA VENTE

V. D. n. 67-839 du 6 août 1964 portant publication de la convention sur la loi applicable aux ventes à caractère international d'objets mobiliers corporels du 15 juin 1955 : *J.O.* 13 août ; *J.C.P.* 64, III, 30355.

CHAPITRE I. – DE LA NATURE ET DE LA FORME DE LA VENTE

Art. 1582. – **La vente est une convention par laquelle l'un s'oblige à livrer une chose, et l'autre à la payer.**
Elle peut être faite par acte authentique ou sous seing privé.

1) Sur la distinction entre vente d'une chose future et louage d'ouvrage, V. Civ. 1re, 1er août 1950 : *S.* 1951, I, 100. La construction d'un navire comporte certes une exécution d'actes qui, par leur nature, participeraient de la prestation de service, mais constitue juridiquement une vente de chose future dont l'exécution est réalisée par la livraison (Rennes 29 sept. 1983 : *Gaz. Pal.* 1985, 1, 330, note du Rusquec).

2) La convention par laquelle un propriétaire cède le droit d'extraire de son fonds des matériaux dans un avenir indéterminé moyennant un prix proportionné à l'importance de l'extraction ne constitue pas un bail mais une vente mobilière, les matériaux ne pouvant être assimilés aux fruits qu'un locataire récolterait sur le fonds (Soc. 17 fév. 1955 : *D.* 1955, 469. – Comp. pour une vente de récoltes Ch. réunies 17 mars 1904 : *D.P.* 1905, I, 139, concl. Baudoin). Mais à l'égard des tiers une telle cession constitue une vente immobilière et elle est donc inopposable, faute de transcription, à l'acquéreur postérieur du sol qui a transcrit son titre d'acquisition (Civ. 28 nov. 1949 : *D.* 1950, 38).

3) La vente d'une chose pouvant être réalisée moyennant une contrepartie autre que le versement de somme d'argent, la convention par laquelle le propriétaire d'un terrain en vend une partie à une personne qui s'engage en contrepartie à construire des bâtiments sur la partie non vendue peut être analysée comme une véritable vente (Civ. 3e, 9 déc. 1986 : *Bull.* III, n. 177, p. 139).

Art. 1583. – **Elle est parfaite entre les parties, et la propriété est acquise de droit à l'acheteur à l'égard du vendeur, dès qu'on est convenu de la chose et du prix, quoique la chose n'ait pas encore été livrée ni le prix payé.**

1) Sur le principe que la vente est parfaite entre les parties dès l'accord sur la chose et sur le prix, indépendamment des formalités de publicité qui ne produisent effet qu'à l'égard des tiers, V. Civ. 9 déc. 1930 : *D.P.* 1931, I, 118. – Civ. 1re, 15 déc. 1970 : *J.C.P.* 71, IV, 27 ; *Bull.* I, n. 333, p. 275. – V. cependant en matière de démarchage et de vente à domicile, L. n. 72-1137 du 22 déc. 1972, art. 2, *infra,* Annexe. Sur les règles applicables lorsque le paiement du prix est acquitté en tout ou partie à l'aide d'un crédit, V. L. n. 78-22 du 10 janv. 1978, relative à l'information et à la protection des consommateurs dans le domaine de certaines opérations de crédit, art. 11 *infra,* Annexe ; V. aussi L. n. 79-596 du 13 juil. 1979 relative à l'information et à la protection des

emprunteurs dans le domaine immobilier, art. 16 et s., *infra,* Annexe.

2) Sur le pouvoir souverain des juges du fond pour apprécier l'existence de l'accord entre les parties, V. Civ. 3e, 2 mai 1978 : *D.* 1979, 317, note Schmidt-Szalewski.

3) Si la vente opère le transfert de la propriété dès le moment qu'il y a consentement des parties sur la chose et sur le prix, ce principe ne peut trouver son application que si l'objet de la vente a été déterminé (Req. 24 avril 1929 : *D.H.* 1929, 283. – Civ. 3e, 26 nov. 1986 : *Bull.* III, n. 168, p. 130). L'immeuble vendu est déterminable au jour de la convention dès lors que la superficie des terrains en cause à prendre dans une parcelle précise est déterminée et que le vendeur s'en remet par avance au choix des acquéreurs quant à sa délimitation exacte (Civ. 3e, 15 fév. 1984 : *Bull.* III, n. 41, p. 31). Sur la détermination du prix, V. *infra,* art. 1591 et 1592.

4) Les parties peuvent convenir de retarder le transfert de propriété jusqu'au paiement du prix (Req. 26 juin 1935 : *D.H.* 1935, 414) ; V. pour les ventes dans les magasins « libre-service », Crim. 4 juin 1915 : *S.* 1918, I, 225, note Roux. Sur l'opposabilité des clauses de réserve de propriété à la faillite de l'acheteur, V. L. n. 80-335 du 12 mai 1980 : *J.O.* 13 mai ; *J.C.P.* 80, III, 49868 ; V. Houin, *L'introduction de la clause de réserve de propriété dans le droit français de la faillite : J.C.P.* 80, I, 2978 ; Derrida, *La clause de réserve de propriété et le droit des procédures collectives : D.* 1980, chron. 293. L'opposabilité à la masse d'une clause de réserve de propriété n'est pas subordonnée à l'existence d'un accord écrit de l'acheteur (Com. 19 fév. 1985 : *Bull.* IV, n. 68, p. 59). Jugé que la clause de réserve de propriété doit s'analyser comme une condition suspensive et que les risques de la chose restent donc, jusqu'au paiement du prix, à la charge du vendeur (Com. 20 nov. 1979, et, sur renvoi, Metz 29 oct. 1980 : *J.C.P.* 81, II, 19615, note Ghestin. – Com. 19 oct. 1982 : *D.* 1983, I.R. 482, obs. B. A. ; *Bull.* IV, n. 321, p. 270).

5) Sur le droit de préemption du preneur en matière de baux ruraux, V. C. rural, art. L. 412-1 et s., *infra,* sous art. 1778 ; V. aussi en matière de baux d'habitation, L. n. 75-1351 du 31 déc. 1975, art. 6, *eod. loc.*

6) S'agissant d'un matériel informatique d'occasion, il est légitime que son acquéreur attache de l'importance à ce que sa maintenance soit assurée par le fabricant de la marque (I.B.M.) qui en avait été chargé jusqu'alors. Il apparaît donc que le mode d'entretien constitue en pareil cas un élément déterminant de la convention (Versailles 21 mai 1986 : *D.* 1987, 266, note J. Huet).

Art. 1584. – **La vente peut être faite purement et simplement, ou sous une condition soit suspensive, soit résolutoire.**
Elle peut aussi avoir pour objet deux ou plusieurs choses alternatives.
Dans tous ces cas, son effet est réglé par les principes généraux des conventions.

1) Le seul fait pour les parties de reporter le transfert de propriété au jour de la régularisation de l'acte authentique n'est pas de nature à établir qu'elles ont entendu retarder jusqu'à cette date la naissance de leur obligation de vendre et d'acheter (Civ. 3e, 2 mai 1968 : *J.C.P.* 68, IV, 100 ; *Bull.* III, n. 182, p. 144. – V. aussi Civ. 3e, 5 janv. 1983 : *D.* 1983, 617, note Jourdain.

– Aix 12 janv. 1965 : *J.C.P.* 65, II, 14312, note Deghilage). Mais la date limite donnée à l'acquéreur pour faire dresser à ses frais l'acte authentique peut être considérée comme ayant été convenue par les parties comme condition résolutoire (Civ. 3e, 31 janv. 1978 : *D.* 1978, 348). Comp., faisant appel à la notion de caducité, Civ. 3e, 2 fév. 1983 : *Bull.* III, n. 34, p. 27.

Art. 1585

2) L'indication dans une promesse de vente que le règlement des modalités de paiement devra avoir lieu lors de la réalisation de la promesse ne peut constituer une condition à laquelle aurait été subordonnée la perfection de la vente que s'il résulte clairement, soit de l'acte lui-même, soit des circonstances, que telle a été la volonté des parties (Req. 20 janv. 1941 : *D.A.* 1941, 179). Mais la promesse peut subordonner la transmission de la propriété au paiement d'un acompte (Soc. 15 fév. 1957 : *Bull.* IV, n. 190, p. 129).

3) Lorsque la condition a été prévue dans l'intérêt exclusif de l'acquéreur, celui-ci peut y renoncer unilatéralement en demandant l'exécution immédiate de la vente (Civ. 3e, 5 fév. 1971 : *D.* 1971, 281, rapp. Cornuey).

4) La promesse synallagmatique de vente d'un immeuble sous condition suspensive ne transmet au bénéficiaire aucun droit immobilier sur le bien qui en est l'objet (Civ. 1re, 30 avril 1970 : *J.C.P.* 71, II, 16674, note Mourgeon).

5) Les parties peuvent déroger au principe de la rétroactivité en convenant que le transfert de propriété se fera non pas au jour de la signature de la promesse de vente sous condition suspensive mais au jour de la rédaction de l'acte authentique (Civ. 1re, 30 avril 1970, précité).

Art. 1585. — Lorsque des marchandises ne sont pas vendues en bloc, mais au poids, au compte ou à la mesure, la vente n'est point parfaite, en ce sens que les choses vendues sont aux risques du vendeur jusqu'à ce qu'elles soient pesées, comptées ou mesurées ; mais l'acheteur peut en demander ou la délivrance ou des dommages-intérêts, s'il y a lieu, en cas d'inexécution de l'engagement.

1) Il résulte de l'article 1585 que lorsque la vente a pour objet une certaine quantité de marchandises à prendre dans un lieu désigné qui en renferme une quantité qui n'a pas encore été mesurée, c'est seulement l'opération de mesurage qui individualise la chose et entraîne le transfert de propriété (Civ. 30 juin 1925 : *D.P.* 1927, I, 29, 3e esp.), même si le prix a été payé comptant (Bordeaux 12 avril 1948 : *D.* 1948, 446), les parties peuvent s'accorder pour attribuer les risques à l'acheteur dès l'accord de volontés (Com. 18 avril 1967 : *J.C.P.* 68, II, 15481, note J.H.) – V. Goré, *Le transfert de propriété dans les ventes de choses de genre* : *D.* 1954, chron. 175.

2) La vente au poids, au compte ou à la mesure, si elle n'est parfaite au point de vue du transfert des risques ou du transfert de propriété que lorsque la marchandise a été pesée, comptée ou mesurée, oblige les parties aux obligations qu'elles ont contractées, dès qu'il y a eu accord sur la chose et sur le prix (Com. 4 déc. 1957 : *Gaz. Pal.* 1958, 1, 218). Mais jugé que l'obligation de payer le prix contractée par l'acheteur, n'est qu'éventuelle et ne prend naissance que lorsque les marchandises ont été mises à sa disposition (Req. 23 juin 1941 : *D.C.* 1943, 23, note F.G.).

3) Le mesurage ou le pesage doit être contradictoire (Req. 11 août 1874 : *D.P.* 76, I, 476).

Art. 1586. — Si, au contraire, les marchandises ont été vendues en bloc, la vente est parfaite, quoique les marchandises n'aient pas encore été pesées, comptées ou mesurées.

La vente en bloc d'une marchandise individualisée par sa localisation conserve son caractère lorsque le prix est fixé à tant la mesure et que le mesurage n'a pour but que de déterminer le prix à payer (Com. 15 juin 1965 : *D.* 1965, 823 ; V. en ce sens Civ. 1re, 1er fév. 1983 : *Bull.* I, n. 49, p. 43). La vente de la totalité d'une récolte sur souches, existante et individualisée, faite pour un prix dont les éléments sont déter-

VENTE **Art. 1589**

minés, est une vente en bloc parfaite aux termes de l'article 1586 bien que les vins de la récolte n'aient pas encore été mesurés ou vérifiés quant à leur titre (Req. 17 mars 1925 : *D.P.* 1927, I, 29, 1ʳᵉ esp.).

Art. 1587. – À l'égard du vin, de l'huile et des autres choses que l'on est dans l'usage de goûter avant d'en faire l'achat, il n'y a point de vente tant que l'acheteur ne les a pas goûtées et agréées.

1) L'article 1587 n'est pas applicable au beurre (Paris, 29 nov. 1898 : *D.P.* 1899, II, 460), ni à l'avoine (Req. 7 avril 1908 : *D.P.* 1908, I, 397).

2) Les parties peuvent écarter, même implicitement, la faculté de dégustation et d'agréage (Civ. 20 nov. 1894 : *D.P.* 94, 1, 568. – Nîmes 16 juin 1950 : *J.C.P.* 51, II, 6091, note Depaule). Jugé que la clause « sauf agréage » signifiait conformément aux usages commerciaux universellement suivis en Algérie pour les vins ordinaires que la vente litigieuse était seulement soumise à la condition que les vins vendus seraient de qualité loyale et marchande (Req. 22 oct. 1923 : *D.P.* 1924, I, 77. – Comp. Req. 31 mai 1923 : *S.* 1923, I, 351. – Bordeaux 19 mars 1935 : *S.* 1935, II, 208).

3) Le vendeur est tenu de procurer à son acheteur les moyens d'opérer la dégustation au lieu fixé par la convention (Civ. 17 juin 1925 : *D.P.* 1927, I, 29, 2ᵉ esp.).

4) Le fait par l'acheteur de n'avoir pas fait l'agréage au jour indiqué dans la convention ne saurait être considéré comme une renonciation tacite de sa part et transformer la vente soumise à cette condition expresse en une vente parfaite (Montpellier 19 oct. 1932 : *D.H.* 1933, 43).

5) Dans une vente avec échantillon, lorsque l'acheteur a agréé les échantillons, la vente devient définitive sous la seule condition de la conformité des marchandises avec les échantillons (Req. 26 déc. 1922 : *D.P.* 1924, I, 23. – Comp. Com. 18 janv. 1972 : *J.C.P.* 72, II, 17260, note Hémard). Les juges du fond peuvent décider que les parties ont renoncé à la clause d'agréage prévue si le vendeur a pris soin d'adresser à son acheteur des échantillons (Req. 4 déc. 1933 : *D.H.* 1934, 101).

Art. 1588. – La vente faite à l'essai est toujours présumée faite sous une condition suspensive.

1) Sur le pouvoir souverain des juges du fond pour déterminer si la vente est faite à l'essai, V. Civ. 1ʳᵉ, 19 juil. 1965 : *J.C.P.* 65, IV, 127 ; *Bull.* I, n. 490, p. 367.

2) Faute d'avoir pu déterminer si les parties avaient fixé ou non un délai spécial pour la durée de l'essai, il y a lieu de se conformer à l'usage constant qui limite ce délai à huit jours dans les ventes de chevaux (Civ. 10 janv. 1928 : *D.P.* 1929, I, 126).

3) L'avènement de la condition suspensive d'essai fait passer les risques à la charge de l'acheteur (Req. 10 janv. 1928 : *D.P.* 1929, 1, 126. – V. en ce sens Pau 27 avril 1949 : *J.C.P.* 49, IV, 183).

Art. 1589. – La promesse de vente vaut vente, lorsqu'il y a un consentement réciproque des deux parties, sur la chose et sur le prix.
(L. 30 juil. 1930) **Si cette promesse s'applique à des terrains déjà lotis ou à lotir, son acceptation et la convention qui en résultera s'établiront par le payement d'un acompte sur le prix, quel que soit le nom donné à cet acompte, et par la prise de possession du terrain.**
La date de la convention, même régularisée ultérieurement, sera celle du versement du premier acompte.

Art. 1589 VENTE

Code général des impôts

Art. 1840 A. – Sans préjudice, le cas échéant, de l'application des dispositions de l'article 1741, est nulle et de nul effet toute promesse unilatérale de vente afférente à un immeuble, à un droit immobilier, à un fonds de commerce, à un droit à un bail portant sur tout ou partie d'un immeuble ou aux titres des sociétés visées aux articles 728 et 1655 *ter*, si elle n'est pas constatée par un acte authentique ou par un acte sous seing privé enregistré dans le délai de dix jours à compter de la date de son acceptation par le bénéficiaire. Il en est de même de toute cession portant sur lesdites promesses qui n'a pas fait l'objet d'un acte authentique ou d'un acte sous seing privé enregistré dans les dix jours de sa date.

LUSSEAU, *Des problèmes actuels posés par la promesse unilatérale de vente immobilière* : Rev. trim. dr. civ. 1977, 483.

1) Sur la distinction entre promesse synallagmatique et promesse unilatérale avec stipulation de dédit, V. Com. 8 nov. 1972 : *J.C.P.* 73, II, 17565, note Boccara.

2) Sur le principe que la vente est parfaite dès l'accord sur la chose et sur le prix, V. *supra*, art. 1583.

3) L'article 1840 A du Code général des impôts frappe de nullité la promesse unilatérale de vente non enregistrée dans les dix jours dès lors qu'elle a été simplement acceptée par son bénéficiaire qui a ainsi transformé la simple pollicitation, non soumise à enregistrement, en un contrat unilatéral liant le seul promettant (Civ. 3e, 8 mai 1969 : *J.C.P.* 69, II, 16006, note P.L., 1re esp.). Le délai de dix jours ne courant qu'à compter de la date de l'acceptation de la promesse, est nulle la promesse unilatérale de vente enregistrée avant d'avoir été acceptée (Paris 17 janv. 1984 : *J.C.P.* 85, II, 20456). La constatation de la promesse par un acte authentique dans les dix jours de l'acceptation, aussi bien que l'enregistrement de l'acte sous seing privé dans le même délai, satisfont aux prescriptions de l'article 1840 A du Code général des impôts (Civ. 3e, 10 oct. 1968 : *J.C.P.* 69, II, 15910, note P.L.). Étant d'interprétation stricte, cette disposition ne peut être appliquée au contrat préliminaire de réservation en matière de vente en l'état futur d'achèvement qui constitue un contrat *sui generis* essentiellement synallagmatique (Civ. 3e, 27 oct. 1975 :

J.C.P. 76, II, 18340, note Meysson et Tirard ; *D.* 1976, 97, note Franck. – V. Malinvaud et Jestaz, *Le contrat préliminaire à la vente d'immeuble à construire* : *J.C.P.* 76, I, 2790). Le contrat de crédit-bail immobilier est un contrat d'une nature complexe dans lequel la promesse de vente ne constitue qu'un élément d'une technique juridique permettant aux parties de réaliser une opération globale leur offrant des avantages réciproques. Il en résulte qu'une telle opération échappe par essence aux dispositions de l'article 1840 A du Code général des impôts (Civ. 3e, 3 nov. 1981 : *Bull.* III, n. 173, p. 125 ; *J.C.P.* 82, II, 19867, note Bey).

4) L'utilisation par le bénéficiaire de la promesse de la faculté contractuelle de substitution d'un tiers bénéficiaire n'est pas génératrice d'une cession entrant dans le domaine d'application de l'article 1840 A du Code général des impôts (Civ. 3e, 17 avril 1984 : *D.* 1985, 234, note Najjar. – V. aussi Civ. 3e, 27 mai 1987 : *Bull.* III, n. 111, p. 65). Puisque l'opération n'a pas le caractère d'une cession, le bénéficiaire de la promesse a qualité pour lever l'option dès lors que le bénéficiaire substitué a rétracté son acceptation (Civ. 3e, 27 avril 1988 : *Bull.* III, n. 83, p. 48).

5) La nullité résultant de l'inobservation de la règle d'ordre public édictée par l'article 1840 A du Code général des Impôts ne peut être couverte par la renonciation, même expresse, des parties (Civ. 3e, 7 juil. 1982 : *J.C.P.* 82, IV, 335).

6) La promesse unilatérale de vente n'a pour effet de transmettre à celui qui en est bénéficiaire ni la propriété ni aucun droit immobilier sur le bien qui en est l'objet (Req. 26 nov. 1935 : *D.P.* 1936, I, 37, rapp. Pilon). L'obligation du promettant, quoique relative à un immeuble, constitue, tant que le bénéficiaire n'a pas déclaré acquérir, non pas une obligation de donner, mais une obligation de faire, (même arrêt. – V. en ce sens Civ. 1re, 8 fév. 1966 : *J.C.P.* 67, II, 15116, note Voirin). Les juges du fond ont la faculté d'annuler la vente en cas de violation de la promesse si le tiers acquéreur est de mauvaise foi (Civ. 1re juin 1954 : *J.C.P.* 54, II, 8225), à moins qu'une revente ne soit intervenue au profit d'un acquéreur de bonne foi (Civ. 13 nov. 1929 : *D.P.* 1929, I, 131. – V. Atias, *La promesse unilatérale de vente et la vente ultérieure à un tiers de mauvaise foi* : *J.C.P.* 78, éd. N, I, 291).

7) Si aucun délai n'a été prévu pour la levée de l'option, le promettant ne peut être dégagé de sa promesse qu'après avoir mis le bénéficiaire en demeure de l'accepter dans un délai déterminé, à moins qu'il ne soit établi que celui-ci a renoncé à s'en prévaloir (Civ. 10 juin 1941 : *D.A.* 1941, 274). Cette renonciation peut être tacite mais ne peut se présumer (même arrêt. – V. en ce sens, Civ. 1re, 15 oct. 1962 : *D.* 1963, Somm. 47).

8) Si la clause par laquelle une personne s'engage, en cas de vente d'un immeuble lui appartenant, à donner une priorité d'achat à une autre personne oblige en principe également ses ayants-cause à titre universel, il est néanmoins loisible aux parties d'en disposer autrement en ne conférant à l'obligation souscrite qu'un caractère personnel (Civ. 1re, 6 nov. 1963 : *D.* 1964, 119.

– Civ. 1re, 24 fév. 1987 : *Bull.* I, n. 75, p. 54). Sur l'imprescriptibilité du droit de préférence, V. Civ. 1re, 22 déc. 1959 : *Gaz. Pal.* 1960, 1, 251.

9) L'article 37-1, alinéa 1er du décret du 4 janvier 1955 (*infra,* sous art. 2203) stipulant que la publicité des promesses de vente n'est que facultative, il ne peut être fait application à la publicité d'une promesse de vente des articles 28-2º et 30-1º, alinéa 3 du même texte prévoyant la publicité obligatoire des actes constatant des restrictions au droit de disposer et, en cas de publicité, leur opposabilité à l'acquéreur du bien dont l'acte d'acquisition a été publié antérieurement (Civ. 3e, 20 fév. 1979 : *J.C.P.* 80, II, 19376, note Dagot – Comp. pour un pacte de préférence Civ. 3e, 4 mars 1971 : *J.C.P.* 72, II, 16983, note Dagot ; *D.* 1971, 358, note Franck. – V. Dagot, *Nouvelles réflexions sur la publicité des pactes de préférence et des promesses unilatérales de vente* : *J.C.P.* 80, I, 2986. – Aubert, *Brèves remarques sur l'éventualité d'un revirement de jurisprudence en matière de publicité des pactes de préférence* : *D.* 1980, chron. 41).

10) Il suffit, pour qu'il y ait acompte au sens de l'article 1589, alinéa 2, que le bénéficiaire de la promesse ait versé au jour de la signature de l'acte une somme d'argent (Civ. 3e, 29 oct. 1974 : *J.C.P.* 74, IV, 410 ; *Bull.* III n. 397, p. 302). Le paiement d'un acompte sur le prix et la prise de possession du terrain constituent non des conditions de l'acceptation exclusives de toute autre manifestation antérieure de volonté à cet effet, mais une présomption légale d'acceptation lorsque celle-ci ne s'est pas encore manifestée d'une façon différente (Civ. 29 juin 1943 : *D.A.* 1943, 81).

Art. 1590. – Si la promesse de vendre a été faite avec des arrhes, chacun des contractants est maître de s'en départir.
Celui qui les a données, en les perdant.
Et celui qui les a reçues, en restituant le double.

Art. 1591   VENTE

Loi n. 51-1393 du 5 décembre 1951 *(J.O. 6 déc.)* tendant à réglementer la pratique des arrhes en matière de ventes mobilières

Art. 1er. – Si la chose qu'on s'est obligé à vendre est mobilière, toute somme versée d'avance sur le prix, quels que soient la nature de ce versement et le nom qui est donné dans l'acte, est productive, au taux légal en matière civile, d'intérêts qui courront à l'expiration d'un délai de trois mois à compter du versement jusqu'à réalisation ou restitution des sommes versées d'avance sans préjudice de l'obligation de livrer qui reste entière.

Les intérêts sont déduits du solde à verser au moment de la réalisation ou seront ajoutés aux sommes versées d'avance en cas de restitution.

Art. 2. – Les dispositions de la présente loi ne sont pas applicables aux commandes spéciales sur devis ni aux ventes de produits dont la fabrication est entreprise sur commande spéciale de l'acheteur.

....

Art. 4. – Il ne peut être dérogé, par des conventions particulières aux dispositions de la présente loi.

1) L'article 1590 s'applique aux ventes comme aux promesses de vente (Req. 26 déc. 1927 : *D.P.* 1928, I, 166. – Paris 2 mars 1964 : *J.C.P.* 64, IV, 160). Sur la stipulation d'arrhes dans une promesse unilatérale de vente, V. Civ. 3e, 30 mai 1969 : *J.C.P.* 69, II, 16039, note P.L.

2) L'article 1590 n'est que supplétif de la volonté des parties (Civ. 1re, 16 juil. 1956 : *D.* 1956, 609. – V. en ce sens Douai 10 oct. 1961 : *J.C.P.* 62, IV, 95. – Comp. Com. 24 avril 1972 : *J.C.P.* 72, II, 17198). À défaut de manifestation de volonté des parties quant au sens à donner au versement d'arrhes et lorsque aucune circonstance de la cause ne permet de déterminer s'il a été effectué avec intention chez les contractants de se réserver une faculté de dédit ou à titre d'acompte sur le prix, les juges du fond doivent attribuer aux arrhes, conformément à l'article 1590, le caractère d'un moyen de dédit (Civ. 1re, 30 janv. 1956 : *Bull.* I, n. 50, p. 38).

3) L'annulation du contrat ne pouvant être assimilée à son inexécution, la clause de dédit stipulée dans un acte annulé ne peut pas produire effet (Civ. 1re, 27 juin 1978 : *J.C.P.* 78, IV, 279).

4) Lorsque la faculté de dédit est exercée de mauvaise foi, le dédit ne peut produire aucun effet juridique (Civ. 3e, 11 mai 1976 : *D.* 1978, 269, note Taisne).

5) V. Recommandation n. 81-01/CCA émise par la commission des clauses abusives relative à l'équilibre des obligations en cas d'inexécution des contrats : *J.C.P.* 81, III, 50838.

Art. 1591. – **Le prix de la vente doit être déterminé et désigné par les parties.**

J.M. de BERMOND de VAULX, *La détermination du prix dans le contrat de vente* : *J.C.P.* 73, I, 2567. – J. GHESTIN, *L'indétermination du prix de vente et la condition potestative* : *D.* 1973, chron. 293.

1) Sur la notion de prix indéterminé, V. *supra,* sous art. 1129.

2) L'accord sur le prix peut être réalisé au moment de la livraison s'il ne l'a pas été au moment de la commande (Civ. 1re, 11 juin 1981 : *Bull.* I, n. 211, p. 173).

3) Sur le pouvoir souverain des juges du fond pour apprécier si le prix est réel et

sérieux, V. Civ. 3ᵉ, 26 mars 1969 : *Bull.* III, n. 265, p. 203). V. aussi en matière de rente viagère *infra,* sous art. 1976.

4) La vente nulle pour défaut de prix n'est susceptible ni de confirmation ni de ratification (Civ. 1ʳᵉ, 17 déc. 1959 : *D.* 1960, 294) et la nullité de l'acte peut être invoquée par tous ceux qui y ont intérêt (Com. 22 nov.

1988 : *J.C.P.* 89, IV, 32. V. en ce sens en cas d'absence de prix sérieux Civ. 1ʳᵉ, 20 oct. 1981 : *Bull.* I, n. 301, p. 253).

5) L'exigence de l'article 1591 n'implique pas, en cas de pluralité de vendeurs, que la part de chacun d'eux soit précisée par le contrat (Civ. 3ᵉ, 6 juil. 1983 : *J.C.P.* 83, IV, 302 ; *Bull.* III, n. 162, p. 125).

Art. 1592. – Il peut cependant être laissé à l'arbitrage d'un tiers ; si le tiers ne veut ou ne peut faire l'estimation, il n'y a point de vente.

1) La désignation par le tribunal d'un expert chargé d'évaluer un bien ne peut être assimilée à celle d'un arbitre (Civ. 1ʳᵉ, 16 mai 1984 : *Bull.* I, n. 164, p. 140).

2) Une personne morale ou un organisme de droit public ou privé peut être désigné comme tiers arbitre (Aix 24 nov. 1977 : *D.* 1978, I.R. 332).

3) Si les parties ont seulement convenu que le prix serait fixé par expert non désigné et qu'elles ne peuvent se mettre d'accord ensuite sur la désignation de cet expert, il n'appartient pas aux juges du fond de se substituer à elles (Civ. 25 avril 1952 : *J.C.P.* 52, II, 7181, note Becqué), à moins qu'elles en aient décidé autrement (Aix 7 mars 1974 : *D.* 1974, 678).

4) Le prix de vente d'une voiture est déterminable lorsque le bon de commande prévoit que le prix de facturation sera celui en vigueur le jour de la livraison et que le vendeur concessionnaire se voit imposer ses prix par la société concédante dont il est totalement indépendant (Civ. 1ʳᵉ, 8 nov. 1983 : *J.C.P.* 85, II, 20373, note Raymond).

5) Si la vente n'existe pas tant que la détermination du prix n'est pas faite, la convention parfaitement licite par laquelle les parties se sont obligées à désigner leurs experts n'en doit pas moins produire ses effets et l'inexécution d'une telle obligation se résout en dommages-intérêts (Civ. 1ʳᵉ, 24 nov. 1965 : *J.C.P.* 66, II, 14602, note Gaury).

6) L'évaluation faite par le tiers est définitive et ne peut être critiquée par les parties ni modifiée par le juge (Com. 12 nov. 1962 : *Bull.* III, n. 444, p. 367). Sur le cas où l'expert propose un prix maximum et un prix minimum, V. Com. 29 mai 1972 : *D.* 1973, 255, note Guyénot.

Art. 1593. – Les frais d'actes et autres accessoires à la vente sont à la charge de l'acheteur.

1) Le vendeur d'immeuble tenu envers le fisc d'acquitter la T.V.A. est en droit d'en répercuter le montant sur l'acquéreur (Grenoble 5 mars 1975 : *J.C.P.* 76, II, éd C.I., 12050. – V. Bez, *La détermination du prix dans les ventes d'immeubles assujetties à la T.V.A. : J.C.P.* 76, II, éd. C.I., 12048). Mais les frais de purge des hypothèques doivent rester à la charge du vendeur (Req. 10 juin 1907 : *D.P.* 1907, I, 319).

2) Les notaires ont aux termes de l'article 2002 du Code civil une action solidaire pour le paiement de leurs frais et honoraires contre l'acquéreur et le vendeur (Civ. 23 et 29 oct. 1889 : *D.P.* 1890, I, 390).

3) Les parties peuvent déroger à l'article 1593 (Civ. 23 déc. 1931 : *Gaz. Pal.* 1932, 1, 433).

Art. 1594 — VENTE

CHAPITRE II. – QUI PEUT ACHETER OU VENDRE

Art. 1594. – Tous ceux auxquels la loi ne l'interdit pas peuvent acheter ou vendre.

Art. 1595 *(abrogé, L. n. 85-1372 du 23 déc. 1985, art. 35 et 56).*

Ancien art. 1595. – *Le contrat de vente ne peut avoir lieu entre époux que dans les trois cas suivants :*
1° Celui où l'un des deux époux cède des biens à l'autre, séparé judiciairement d'avec lui, en payement de ses droits ;
2° Celui où la cession que le mari fait à sa femme, même non séparée, a une cause légitime, telle que le remploi de ses immeubles aliénés, ou de deniers à elle appartenant, si ces immeubles ou deniers ne tombent pas en communauté ;
3° Celui où la femme cède des biens à son mari en payement d'une somme qu'elle lui aurait promise en dot, et lorsqu'il y a exclusion de communauté ;
Sauf, dans ces trois cas, les droits des héritiers des parties contractantes, s'il y a avantage indirect.

M. Dagot, *La vente entre époux* : *J.C.P.* 87, I, 3272.

1) La nullité prévue par l'article 1595, tenant à l'incapacité des parties, relève de leur statut personnel. Un tribunal peut donc, après avoir constaté que la vente entre époux n'est pas interdite par le droit musulman, déclarer valable la vente conclue entre deux époux qui n'ont pas renoncé à leur statut musulman (Req. 25 janv. 1938 : *D.H.* 1938, 164).

2) Une cession ou dation en paiement entre époux faite pendant le cours de la procédure de séparation de corps est nulle (Paris 4 nov. 1932 : *D.H.* 1933, 10), mais le créancier qui a obtenu l'annulation d'une cession de mobilier portant atteinte à la prohibition des ventes entre époux ne saurait invoquer l'autorité de chose jugée pour demander l'annulation de la cession ultérieure de ce mobilier résultant du procès-verbal de liquidation consécutif à la séparation de biens (Civ. 8 fév. 1926 : *D.P.* 1927, 1, 191).

3) Doit être considérée comme reposant sur une cause légitime la vente faite à sa femme par le mari débiteur envers celle-ci de sommes susceptibles d'un remboursement actuel (Civ. 1re, 7 oct. 1958 : *D.* 1958, 747. – Comp. Civ. 1re, 10 mars 1970 : *D.* 1970, 716).

4) Les exceptions énumérées par l'article 1595 à l'interdiction de la vente entre époux doivent s'interpréter restrictivement (Colmar 3 fév. 1956 : *Gaz. Pal.* 1956, 1, 306). C'est à celui qui invoque la validité de la vente entre époux de démontrer que celle-ci entre dans l'une des trois exceptions limitativement admises par l'article 1595 (ancien) (Civ. 1re, 8 oct. 1986 : *J.C.P.* 87, II, 20789, note Dagot).

Art. 1596. – **Ne peuvent se rendre adjudicataires, sous peine de nullité, ni par eux-mêmes, ni par personnes interposées :**
  Les tuteurs, des biens de ceux dont ils ont la tutelle ;
  Les mandataires, des biens qu'ils sont chargés de vendre ;

VENTE Art. 1599

Les administrateurs, de ceux des communes ou des établissements publics confiés à leurs soins ;
Les officiers publics, des biens nationaux dont les ventes se font par leur ministère.

1) L'interdiction résultant de l'article 1596 s'applique à toutes les ventes et n'est pas restreinte aux seules ventes aux enchères (Paris 12 nov. 1964 : *D.* 1965, 415). Elle frappe les personnes chargées des intérêts d'autrui et est relative aux biens dont elles ont l'administration, (même arrêt). V. pour une application à un agent immobilier Civ. 1re, 2 oct. 1980 : *Bull.* I, n. 241, p. 194 ; *Defrénois* 1981, 1310, obs. Aubert.

2) L'article 1596 n'est pas applicable au subrogé tuteur (Civ. 21 déc. 1852 : *D.P.* 1852, I, 314). Il n'empêche pas le tuteur de former surenchère après l'adjudication (Paris 15 juil. 1886 : *D.P.* 1887, II, 109).

3) L'interdiction visant les mandataires ne s'applique qu'aux biens qu'ils sont chargés de vendre (Civ. 24 oct. 1950 : *D.* 1951, 2). Mais jugé que le mandataire chargé de procéder à la liquidation et au partage ne peut se rendre adjudicataire sur folle enchère des immeubles dépendant de la succession (Req. 17 juin 1907 : *D.P.* 1908, I, 248. – Comp. Paris 12 nov. 1964 : *D.* 1965, 415).

4) L'interdiction faite aux mandataires par l'article 1596 s'applique même si la vente se fait au prix fixé par le mandant (Civ. 1re, 27 janv. 1987 : *Bull.* I, n. 32, p. 22).

5) La nullité prévue par l'article 1596 est relative et ne peut être invoquée que par l'incapable (Paris 15 juil. 1886 : *D.P.* 1887, II, 109). Elle se prescrit par cinq ans (Civ. 1re, 29 nov. 1988 : *J.C.P.* 89, IV, 42 ; *Bull.* I, n. 341, p. 230).

6) Les dispositions exorbitantes du droit commun de l'article 1596 sont d'interprétation stricte (Civ. 3e, 3 nov. 1981 : *J.C.P.* 82, IV, 34).

Art. 1597. – **Les juges, leurs suppléants, les magistrats remplissant le ministère public, les greffiers, huissiers, avoués, défenseurs officieux et notaires ne peuvent devenir cessionnaires des procès, droits et actions litigieux qui sont de la compétence du tribunal dans le ressort duquel ils exercent leurs fonctions, à peine de nullité, et des dépens, dommages et intérêts.**

1) Sur l'application de la notion de défenseur officieux à un ancien avocat, V. Poitiers 20 mars 1895 : *D.P.* 1896, II, 201. Mais l'énumération de cet article étant limitative, la prohibition ne vise pas les experts commis en justice (Civ. 1re, 2 mai 1961 : *J.C.P.* 61, II, 12332, note J.A.).

2) Pour que les droits cédés soient litigieux, il suffit qu'ils soient de nature à donner lieu à un procès ou à une contestation (Req. 11 fév. 1851 : *D.P.* 1851, 1, 242), à moins que cette contestation soit totalement dénuée de fondement (Req. 6 août 1874 : *D.P.* 1875, 1, 269).

CHAPITRE III. – DES CHOSES QUI PEUVENT ÊTRE VENDUES

Art. 1598. – **Tout ce qui est dans le commerce peut être vendu, lorsque des lois particulières n'en ont pas prohibé l'aliénation.**

V. *supra,* art. 1128

Art. 1599. – **La vente de la chose d'autrui est nulle : elle peut donner lieu à des dommages-intérêts, lorsque l'acheteur a ignoré que la chose fût à autrui.**

Art. 1599 — VENTE

1) La vente de la chose sur laquelle le vendeur ne possède qu'un droit conditionnel n'est pas la vente de la chose d'autrui (Civ. 3ᵉ, 20 juin 1973 : *Bull.* III, n. 433, p. 314). Mais la vente d'un bien indivis faite sans le concours d'un ou de plusieurs communistes est nulle comme constituant à leur égard la vente de la chose d'autrui (Civ. 1ʳᵉ, 7 janv. 1955 : *D.* 1955, 165). Une telle vente reste valable en principe pour la part indivise du vendeur (Civ. 22 nov. 1926 : *D.P.* 1929, 1, 123, note Lalou. – Civ. 1ʳᵉ, 3 mars 1953 : *D.* 1953, 301). Mais il en va autrement et la nullité est encourue pour le tout si la vente ne devait, dans l'intention des parties, porter que sur l'ensemble du bien (Civ. 1ʳᵉ, 21 mars 1962 : *Bull.* I, n. 171, p. 152. – Paris 22 fév. 1966 : *D.* 1966, 639).

2) La nullité de la vente de la chose d'autrui est une nullité relative en faveur de l'acheteur qui a seul qualité pour l'invoquer(Civ. 3ᵉ, 16 avril 1973 : *Bull.* III, n. 198, p. 218. – V. en ce sens Req. 15 janv. 1934 : *D.H.* 1934, 97. – Civ. 1ʳᵉ, 17 juil. 1958 : *D.* 1958, 619). Elle est couverte lorsque, avant toute action en nullité, l'acheteur a vu disparaître le risque d'éviction (Civ. 1ʳᵉ, 12 juil. 1962 : *D.* 1963, 246), par exemple par suite de l'acquisition par le vendeur de la propriété de la chose vendue (même arrêt) ou encore lorsque le véritable propriétaire est l'héritier du vendeur et accepte purement et simplement sa succession (Civ. 1ʳᵉ, 6 janv. 1962 : *Gaz. Pal.* 1962, 1, 313. – Chambéry 14 déc. 1936 : *D.H.* 1937, 169). Pour réaliser la vente de la chose d'autrui, la ratification consentie par le véritable propriétaire doit précéder la plainte en nullité ; mais la réclamation de l'acheteur n'a pour effet de rendre irrecevable l'exception à sa demande tirée de la ratification que si elle concerne le vice que la ratification aurait pour but, en confirmant l'acte nul, l'intention de réparer (Civ. 26 juil. 1926 : *D.H.* 1926, 434).

3) La vente est valable si les acquéreurs ont traité avec celui qu'une erreur commune et légitime leur a imposé de considérer comme habilité à vendre (Civ. 3ᵉ, 22 mars 1968 : *Bull.* III, n. 123, p. 96). V. en ce sens pour la vente consentie par l'héritier apparent Req. 20 mai 1935 : *D.P.* 1935, 1, 97, rapp. Pilon et note Capitant. Les tiers de bonne foi qui agissent sous l'empire de l'erreur commune ne tiennent leur droit ni du propriétaire apparent ni du propriétaire véritable, mais en sont investis par l'effet de la loi. La nullité du titre du propriétaire apparent, serait-elle d'ordre public, est sans influence sur la validité de l'aliénation par lui consentie, dès lors que la cause de la nullité est demeurée et devait nécessairement être ignorée de tous (Civ. 1ʳᵉ, 22 juil. 1986 : *Bull.* I, n. 214, p. 205).

4) En cas de vente portant sur un meuble corporel, la nullité prévue par l'article 1599 ne peut être écartée en vertu de l'article 2279 que si l'acheteur est en possession et de bonne foi (Civ. 12 déc. 1921 : *D.P.* 1922, 1, 28. – Aix 3 nov. 1947 : *D.* 1948, 10). Si le propriétaire s'est trouvé privé de l'action en revendication par application de l'article 2279, il dispose contre le vendeur, par le fait duquel il a été dépouillé de la chose, d'une action en réparation du préjudice subi, mais non d'une action en restitution du prix fixé par un contrat de vente auquel il est demeuré étranger (Com. 25 nov. 1969 : *J.C.P.* 70, IV, 9 ; *Bull.* IV, n. 351, p. 326).

5) En cas de vente d'un bien indivis, les indivisaires qui n'ont pas concouru à la vente peuvent exercer l'action en revendication sans attendre l'issue de la liquidation et du partage (Civ. 1ʳᵉ, 7 janv. 1955 : *D.* 1955, 165). V. P. Jourdain, *Les actes de disposition sur la chose indivise (condition juridique des actes irréguliers pendant l'indivision)* : Rev. trim. dr. civ. 1987, 498.

6) Le juge peut décider de ne pas allouer de dommages-intérêts à l'acheteur si le vendeur est lui-même de bonne foi (Civ. 31 oct. 1928 : *D.H.* 1928, 591).

VENTE D'IMMEUBLES À CONSTRUIRE   Art. 1601-4

Art. 1600. – On ne peut vendre la succession d'une personne vivante, même de son consentement.

V. *supra*, art. 1130

Art. 1601. – Si, au moment de la vente, la chose vendue était périe en totalité, la vente serait nulle.
Si une partie seulement de la chose est périe, il est au choix de l'acquéreur d'abandonner la vente, ou de demander la partie conservée, en faisant déterminer le prix par la ventilation.

1) La détérioration des marchandises rendues complètement inutilisables doit être assimilée à la perte totale de la chose (Req. 5 fév. 1906 : *D.P.* 1907, 1, 468 [betteraves pourries par le gel]. – V. en ce sens Req. 23 juin 1921 : *Gaz. Pal.* 1921, 2, 380 [vin mouillé]).

2) La perte partielle de la chose peut, à raison de la nature de cette chose ou des usages du commerce, ne donner lieu qu'à une modification de prix (Civ. 10 juin 1856 : *D.P.* 1856, 1, 254).

CHAPITRE III-1. – DE LA VENTE D'IMMEUBLES À CONSTRUIRE
(ajouté avec effet à compter du 1ᵉʳ juil. 1967, L. n. 67-3 du 3 janv. 1967, art. 1ᵉʳ et 18)

Art. 1601-1 *(L. n. 67-3 du 3 janv. 1967, art. 1ᵉʳ; L. n. 67-547 du 7 juil. 1967, art. 2).* – La vente d'immeuble à construire est celle par laquelle le vendeur s'oblige à édifier un immeuble dans un délai déterminé par le contrat.
Elle peut être conclue à terme ou en l'état futur d'achèvement.

Art. 1601-2 *(L. n. 67-3 du 3 janv. 1967, art. 1ᵉʳ; L. n. 67-547 du 7 juil. 1967, art. 3-I et II).* – La vente à terme est le contrat par lequel le vendeur s'engage à livrer l'immeuble à son achèvement, l'acheteur s'engage à en prendre livraison et à en payer le prix à la date de livraison. Le transfert de propriété s'opère de plein droit par la constatation par acte authentique de l'achèvement de l'immeuble ; il produit ses effets rétroactivement au jour de la vente.

Art. 1601-3 *(L. n. 67-3 du 3 janv. 1967, art. 1ᵉʳ)* – La vente en l'état futur d'achèvement est le contrat par lequel le vendeur transfère immédiatement à l'acquéreur ses droits sur le sol ainsi que la propriété des constructions existantes. Les ouvrages à venir deviennent la propriété de l'acquéreur au fur et à mesure de leur exécution ; l'acquéreur est tenu d'en payer le prix à mesure de l'avancement des travaux.
Le vendeur conserve les pouvoirs de maître de l'ouvrage jusqu'à la réception des travaux.

Art. 1601-4 *(L. n. 67-547 du 7 juil. 1967, art. 4).* – La cession par l'acquéreur des droits qu'il tient d'une vente d'immeuble à construire substitue de plein droit le cessionnaire dans les obligations de l'acquéreur envers le vendeur.
Si la vente a été assortie d'un mandat, celui-ci se poursuit entre le vendeur et le cessionnaire.

Art. 1601-4   VENTE D'IMMEUBLES À CONSTRUIRE

Ces dispositions s'appliquent à toute mutation entre vifs, volontaire ou forcée, ou à cause de mort.

Code de la construction et de l'habitation

....

TITRE VI. – VENTES D'IMMEUBLES À CONSTRUIRE
Première partie (législative)

CHAPITRE UNIQUE

....

Art. L. 261-10. – Tout contrat ayant pour objet le transfert de propriété d'un immeuble ou d'une partie d'immeuble à usage d'habitation ou à usage professionnel et d'habitation et comportant l'obligation pour l'acheteur d'effectuer des versements ou des dépôts de fonds avant l'achèvement de la construction doit, à peine de nullité, revêtir la forme de l'un des contrats prévus aux articles 1601-2 et 1601-3 du Code civil, reproduits aux articles L. 261-2 et L. 261-3 du présent code. Il doit, en outre, être conforme aux dispositions des articles L. 261-11 à L. 261-14 ci-dessous.

Celui qui s'oblige à édifier ou à faire édifier un immeuble ou une partie d'immeuble à usage d'habitation ou à usage professionnel et d'habitation, lorsqu'il procure directement ou indirectement le terrain ou le droit de construire sur le terrain à celui qui contracte l'obligation d'effectuer les versements ou les dépôts ci-dessus définis, doit conclure un contrat conforme aux dispositions de l'alinéa précédent, sauf si le terrain ou le droit est procuré à une société régie par les chapitres Ier, II (sections I et II) et III du titre Ier du présent livre, ou si celui qui les procure est un organisme d'habitations à loyer modéré agissant comme prestataire de service.

Le contrat de vente d'immeuble à construire conclu par un organisme d'habitations à loyer modéré, par une société civile immobilière constituée entre deux ou plusieurs organismes d'habitations à loyer modéré, ou par une société d'économie mixte dont le capital appartient pour plus de la moitié à une personne de droit public peut, par dérogation aux dispositions de l'article 1601-2 du Code civil, reproduit à l'article L. 261-2 du présent code, et de l'article L. 261-12 ci-dessous :

Stipuler que le transfert de propriété résulte de la constatation du paiement intégral du prix ;
Prévoir que le prix est payable entre les mains du vendeur par fractions échelonnées tant avant qu'après achèvement de la construction.

Art. L. 261-11 *(mod. L. n. 79-596 du 13 juil. 1979)*. – Le contrat doit être conclu par acte authentique et préciser :
a) La description de l'immeuble ou de la partie d'immeuble vendu ;
b) Son prix et les modalités de paiement de celui-ci ;
c) Le délai de livraison ;
d) Lorsqu'il revêt la forme prévue à l'article 1601-3 du Code civil, reproduit à l'article L. 261-3 du présent code, la garantie de l'achèvement de l'immeuble ou du remboursement des versements effectués en cas de résolution du contrat à défaut d'achèvement.

Toutefois, lorsque la vente concerne une partie d'immeuble, le contrat peut ne comporter que les indications propres à cette partie, les autres précisions prévues à l'alinéa précédent doivent alors figurer, soit dans un document annexé à l'acte, soit dans un document déposé au rang des minutes d'un notaire et auquel l'acte fait référence.

VENTE D'IMMEUBLES À CONSTRUIRE — Art. 1601-4

Il doit également mentionner si le prix est ou non revisable et, dans l'affirmative, les modalités de sa révision.

Il doit, en outre, comporter en annexes, ou par référence à des documents déposés chez un notaire, les indications utiles relatives à la consistance et aux caractéristiques techniques de l'immeuble.

Le règlement de copropriété est remis à chaque acquéreur lors de la signature du contrat ; il doit lui être communiqué préalablement.

Lorsque avant la conclusion de la vente, le vendeur a obtenu le bénéfice d'un prêt spécial du Crédit foncier de France ou du Comptoir des entrepreneurs, le contrat doit mentionner que l'acheteur a été mis en état de prendre connaissance, dans des conditions fixées par décret, des documents relatifs à l'équilibre financier de l'opération, au vu desquels a été prise la décision de prêt. L'inobservation des dispositions du présent article entraîne la nullité du contrat. Cette nullité ne peut être invoquée que par l'acquéreur et avant l'achèvement des travaux.

Lorsque la vente a été précédée d'un contrat préliminaire prévu à l'article L. 261-15, seul le contrat de vente est soumis aux dispositions des articles 16 à 18 de la loi n. 79-596 du 13 juillet 1979.

Art. L. 261-11-1 *(L. n. 84-601 du 13 juil. 1984, art. 2).* – Au cas où le contrat défini à l'article L. 261-11 prévoit la révision du prix, celle-ci ne peut être calculée qu'en fonction de la variation d'un indice national du bâtiment tous corps d'état mesurant l'évolution du coût des facteurs de production dans le bâtiment et publié par le ministre chargé de la construction et de l'habitation.

La révision ne peut être faite sur chaque paiement ou dépôt que dans une limite exprimée en pourcentage de la variation de cet indice.

L'indice et la limite prévus ci-dessus sont définis par décret en Conseil d'État. Cette limite, destinée à tenir compte des frais fixes, de la valeur du terrain et des améliorations de productivité, doit être comprise entre 60 p. 100 et 80 p. 100 de la variation de l'indice.

L'indice servant de base pour le calcul de la révision est le dernier indice publié au jour de la signature du contrat. La variation prise en compte résulte de la comparaison de cet indice avec le dernier indice publié avant la date de chaque paiement ou dépôt.

Art. L. 261-12. – Dans le cas de vente en l'état futur d'achèvement, le vendeur ne peut exiger ni accepter aucun versement, aucun dépôt, aucune souscription ou acceptation d'effets de commerce avant la signature du contrat, ni avant la date à laquelle la créance est exigible.

Le contrat de vente à terme peut seulement stipuler que des dépôts de garantie seront faits, à mesure de l'avancement des travaux, à un compte spécial ouvert au nom de l'acquéreur par un organisme habilité à cet effet. Les fonds ainsi déposés sont incessibles, insaisissables et indisponibles dans la limite des sommes dues par l'acheteur, sauf pour le paiement du prix.

Art. L. 261-13. – Nonobstant toutes stipulations contraires, les clauses de résolution de plein droit concernant les obligations de versement ou de dépôt prévues aux articles L. 261-10 à L. 261-12 ne produisent effet qu'un mois après la date de la sommation ou du commandement de payer demeuré infructueux.

Un délai peut être demandé pendant le mois ainsi imparti, conformément à l'article 1244 du code civil.

Les effets des clauses de résolution de plein droit sont suspendus pendant le cours des délais octroyés dans les conditions prévues à l'article 1244 du code civil. Ces clauses sont réputées n'avoir jamais joué si le débiteur se libère dans les conditions déterminées par le juge.

Art. 1601-4   VENTE D'IMMEUBLES À CONSTRUIRE

Art. L. 261-14. – Le contrat ne peut stipuler forfaitairement, en cas de résolution, le paiement, par la partie à laquelle elle est imputable, d'une indemnité supérieure à 10 p. 100 du prix. Toutefois, les parties conservent la faculté de demander la réparation du préjudice effectivement subi.

Art. L. 261-15 *(mod. L. n. 79-596 du 13 juil. 1979).* – La vente prévue à l'article L. 261-10 peut être précédée d'un contrat préliminaire par lequel, en contrepartie d'un dépôt de garantie effectué à un compte spécial, le vendeur s'engage à réserver à un acheteur un immeuble ou une partie d'immeuble.

Ce contrat doit comporter les indications essentielles relatives à la consistance de l'immeuble, à la qualité de la construction et aux délais d'exécution des travaux ainsi qu'à la consistance, à la situation et au prix du local réservé.

Les fonds déposés en garantie sont indisponibles, incessibles et insaisissables jusqu'à la conclusion du contrat de vente.

Ils sont restitués, dans le délai de trois mois, au déposant si le contrat n'est pas conclu du fait du vendeur, si la condition suspensive prévue à l'article 17 de la loi n° 79-756 du 13 juillet 1979 n'est pas réalisée ou si le contrat proposé fait apparaître une différence anormale par rapport aux prévisions du contrat préliminaire.

Est nulle toute autre promesse d'achat ou de vente.

Art. L. 261-16. – Toute clause contraire aux dispositions des articles L. 261-11 à L. 261-15 du présent code et à celles des articles 1642-1 et 1646-1 du code civil, reproduits aux articles L. 261-5 et L. 261-6 du présent code, est réputée non écrite.

Art. L. 261-17. – Toute personne qui exige ou accepte un versement en violation des dispositions des articles L. 261-12 et L. 261-15 est punie d'un emprisonnement de deux mois à deux ans et d'une amende de 2 000 F à 60 000 F ou de l'une de ces deux peines seulement.

Ne sont pas considérés comme des versements au sens du présent article, les dépôts de fonds effectués dans un compte bancaire ouvert au nom du déposant et dont celui-ci peut à tout moment disposer sans restriction d'aucune sorte.

Art. L. 261-18. – Toute personne qui, ayant reçu ou accepté un ou plusieurs versements, dépôts, souscription d'effets de commerce, à l'occasion d'une vente soumise aux dispositions du présent titre, détourne tout ou partie de ces sommes, est punie des peines prévues à l'article 408 du Code pénal.

Art. L. 261-19. – Ne peuvent procéder habituellement, à titre quelconque, directement ou par personne interposée, pour leur compte ou pour celui d'autrui, aux opérations soumises aux dispositions du présent titre, les personnes condamnées en application des articles L. 261-17 et L. 261-18, ainsi que celles auxquelles, en application de l'article L. 241-7, il est interdit de procéder aux opérations mentionnées au décret n. 54-1123 du 10 novembre 1954 présentement abrogé sauf en ses dispositions concernant le conseil de surveillance.

....

Art. L. 261-21. – Les dispositions des articles L. 261-10, alinéa 1er, L. 261-11, à l'exception de l'alinéa 3, L. 261-12 à L. 261-20 sont applicables aux contrats conclus à compter du 1er janvier 1968. Celles de l'article L. 261-10, alinéas 2 et 3, sont applicables à compter du 31 décembre 1972, et celles de l'article L. 261-11, alinéa 3, à compter du 1er janvier 1972.

VENTE D'IMMEUBLES À CONSTRUIRE — Art. 1601-4

Toutefois, celles de l'article L. 261-11 d ne sont pas obligatoires pour les contrats portant sur des locaux compris dans un immeuble dont la construction a été commencée avant le 1ᵉʳ janvier 1968.

Celles des articles 1642-1 et 1646-1 du Code civil, reproduits aux articles L. 261-5 et L. 261-6 du présent code, sont, nonobstant toute stipulation contraire, applicables aux contrats en cours d'exécution au 1ᵉʳ janvier 1968.

Art. L. 261-22. – Un décret en Conseil d'État fixe en tant que de besoin les modalités d'application du présent titre, et notamment les conditions dans lesquelles les personnes obligées à garantie par application des articles L. 111-13, L. 111-20, L. 261-5 et L. 261-6 peuvent être tenues de se prémunir contre les conséquences pécuniaires qui peuvent résulter de cette garantie.

Deuxième partie (réglementaire)

CHAPITRE UNIQUE

Section I. – Dispositions générales

Art. * R. 261-1. – L'immeuble vendu à terme ou en l'état futur d'achèvement est réputé achevé au sens de l'article 1601-2 du Code civil, reproduit à l'article L. 261-2 du présent code, et de l'article L. 261-11 du présent code lorsque sont exécutés les ouvrages et sont installés les éléments d'équipement qui sont indispensables à l'utilisation, conformément à sa destination, de l'immeuble faisant l'objet du contrat. Pour l'appréciation de cet achèvement, les défauts de conformité avec les prévisions du contrat ne sont pas pris en considération lorsqu'ils n'ont pas un caractère substantiel, ni les malfaçons qui ne rendent pas les ouvrages ou éléments ci-dessus précisés impropres à leur utilisation.

La constatation de l'achèvement n'emporte par elle-même ni reconnaissance de la conformité aux prévisions du contrat, ni renonciation aux droits que l'acquéreur tient de l'article 1642-1 du Code civil, reproduit à l'article L. 261-5 du présent code.

Art. * R. 261-2. – L'achèvement de l'immeuble vendu à terme est constaté soit par les parties, soit par une personne qualifiée.

La constatation par les parties fait l'objet d'un acte du notaire qui a reçu la vente à terme ; cet accord vaut livraison de l'immeuble.

La constatation est faite par une personne qualifiée lorsque l'acte de vente l'a prévu ou lorsqu'il n'y a pas accord des parties.

Cette personne est désignée par ordonnance sur requête, non susceptible de recours, du président du tribunal de grande instance du lieu de l'immeuble, soit parmi celles que le tribunal commet habituellement, soit parmi celles figurant sur une liste établie par arrêté du ministre de la justice et du ministre chargé de la construction et de l'habitation.

La constatation de l'achèvement fait l'objet par la personne qualifiée ainsi désignée d'une déclaration devant le notaire qui a reçu la vente.

La constatation de l'achèvement est parfaite par la déclaration ainsi faite.

Elle est notifiée par la partie la plus diligente à l'autre par lettre recommandée avec demande d'avis de réception. La notification vaut livraison de l'immeuble à la date de cette réception.

Art. * R. 261-3. – La vente à terme est soumise aux règles de la publicité foncière dans les mêmes conditions que la vente sous condition suspensive.

Art. 1601-4   VENTE D'IMMEUBLES À CONSTRUIRE

Art. * R. 261-4. – Les fonds qui ont fait l'objet de dépôts de garantie sont valablement versés au vendeur par l'établissement dépositaire, hors la présence et sans le concours de l'acquéreur, sur simple production d'une attestion du notaire ayant reçu l'acte de vente certifiant que l'achèvement de l'immeuble a été constaté.

Le notaire doit informer l'établissement dépositaire et l'acquéreur de la situation hypothécaire. S'il existe sur l'immeuble des inscriptions ou s'il existe quelque autre empêchement au paiement, le notaire indique à l'établissement dépositaire le montant des fonds nécessaires à l'apurement de la situation. Ces fonds sont conservés par l'établissement dépositaire pour être utilisés audit apurement, conformément aux instructions données par le notaire.

Art. * R. 261-5. – La vente d'un immeuble à construire peut être assortie d'un mandat donné par l'acquéreur au vendeur à l'effet de passer les actes de disposition devant affecter les biens et droits vendus et indispensables à la construction du bâtiment dont tout ou partie forme l'objet de la vente.

Ce mandat peut concerner les actes indispensables à la construction d'autres bâtiments désignés par le mandat s'ils doivent comporter des parties communes avec celui dont tout ou partie forme l'objet de la vente.

Ce mandat doit indiquer spécialement la nature, l'objet et les conditions des actes en vue desquels il est donné.

Il peut toutefois comporter le pouvoir de passer tous les actes de disposition portant sur des parties communes et qui se révèleraient nécessaires :
– pour satisfaire aux prescriptions d'urbanisme ;
– pour satisfaire aux obligations imposées par le permis de construire du bâtiment faisant l'objet de la vente ou auxquelles pourrait être subordonnée la délivrance d'un tel permis pour la construction des autres bâtiments concernés par le mandat ;
– pour assurer la desserte de ces immeubles ou leur raccordement avec les réseaux de distribution et les services publics.

Art. * R. 261-6. – Lorsque la vente d'un immeuble à construire est assortie d'un mandat de l'acquéreur donné au vendeur d'affecter hypothécairement l'immeuble vendu, ce mandat ne peut être consenti, en cas de vente à terme, que pour assurer le financement de la construction de cet immeuble. Ce mandat ne précise pas obligatoirement le montant des sommes pour la garantie desquelles le mandataire est autorisé à constituer hypothèque. Il est en tout cas limité à la constitution d'hypothèque garantissant en principal, intérêts et accessoires une somme au plus égale au prix de vente stipulé au contrat, déduction faite, le cas échéant, des sommes déjà garanties par le bien vendu.

Art. * R. 261-7. – Les pouvoirs du maître de l'ouvrage, mentionnés au deuxième alinéa de l'article 1601-3 du Code civil, reproduit à l'article L. 261-3 du présent code, comportent ceux de choisir les architectes, entrepreneurs et autres techniciens, d'arrêter librement les conventions passées avec eux et d'effectuer la réception des travaux qu'ils ont faits ou dirigés, y compris de ceux qui sont prévus au second alinéa de l'article R. 111-24 du présent code.

Section II. – Réception et garantie des ouvrages de bâtiments à usage d'habitation ou similaires

Art. * R. 261-8. – La réception prévue à l'article 1642-1 du Code civil, reproduit à l'article L. 261-5 du présent code, s'entend de la réception avec ou sans réserves.

Le point de départ de la garantie prévue à l'article 1646-1 dudit code civil, reproduit à l'article L. 261-6 du présent code, est le même que celui défini à l'article R. 111-24 du présent code.

VENTE D'IMMEUBLES À CONSTRUIRE — Art. 1601-4

Art. * R. 261-9. – Les dispositions des articles R. 111-26, R. 111-27 et R. 111-28 sont applicables à la garantie prévue à l'article 1646-1 du Code civil, reproduit à l'article L. 261-6 du présent code.

Art. * R. 261-10. – Pour l'application de la garantie prévue à l'article 1646-1 du Code civil, reproduit à l'article L. 261-6 du présent code, au cas prévu à l'article L. 261-9 du présent code, l'immeuble s'entend du bâtiment dans lequel se trouve compris le local vendu ou de la partie de ce bâtiment techniquement distincte et réalisable indépendamment des autres parties.

Section III. – Dispositions particulières à la conclusion du contrat de ventes d'immeubles à construire pour l'usage d'habitation ou pour l'usage professionnel et d'habitation

Art. * R. 261-11. – La constatation de l'achèvement des fondations est certifiée par un homme de l'art. Elle est faite pour chaque immeuble tel que défini à l'article R. 261-10.

Art. * R. 261-12. – Si l'acte de vente stipule que l'acquéreur ne recourt pas aux prêts dont le vendeur a fait état, il n'y a pas lieu d'insérer dans l'acte la condition résolutoire prévue par le premier alinéa de l'article L. 261-11.

Art. * R. 261-13. – Pour l'application de l'article L. 261-11, la consistance de l'immeuble vendu résulte des plans, coupes et élévations avec les cotes utiles et l'indication des surfaces de chacune des pièces et des dégagements.

Si cet immeuble est compris dans un ensemble immobilier, ces indications doivent être complétées par un plan faisant apparaître le nombre de bâtiments de cet ensemble, leur emplacement et le nombre d'étages de chacun d'eux.

Les caractéristiques techniques résultent du devis descriptif servant de base aux marchés ou d'une notice descriptive conforme à un modèle type agréé par arrêté ministériel.

Ces documents s'appliquent au local vendu, à la partie du bâtiment ou au bâtiment dans lequel il se trouve et aux équipements extérieurs et réseaux divers qui s'y rapportent.

Un plan coté du local vendu et une notice indiquant les éléments d'équipements propres à ce local doivent être annexés au contrat de vente.

Art. * R. 261-14. – Les paiements ou dépôts ne peuvent excéder au total :
35 p. 100 du prix à l'achèvement des fondations ;
70 p. 100 à la mise hors d'eau ;
95 p. 100 à l'achèvement de l'immeuble.

Le solde est payable lors de la mise du local à la disposition de l'acquéreur ; toutefois il peut être consigné en cas de contestation sur la conformité avec les prévisions du contrat.

Si la vente se conclue sous condition suspensive, aucun versement ni dépôt ne peut être effectué avant la réalisation de cette condition.

Dans les limites ci-dessus, les sommes à payer ou à déposer en cours d'exécution des travaux sont exigibles :
– soit par versements périodiques constants ;
– soit par versements successifs dont le montant est déterminé en fonction de l'avancement des travaux.

Si le contrat prévoit une pénalité de retard dans les paiements ou les versements, le taux de celle-ci ne peut excéder 1 p. 100 par mois.

Art. * R. 261-15 *(D. n. 85-828 du 29 juil. 1985, art. 1er).* – L'indice mentionné à l'article L. 261-11-1 est l'index national du bâtiment tous corps d'état dénommé BT 01, créé par le

Art. 1601-4 VENTE D'IMMEUBLES À CONSTRUIRE

ministre chargé de l'économie et des finances et utilisé pour la révision du prix des marchés de construction de bâtiment. Il traduit la variation des coûts salariaux, y compris les charges annexes, des coûts des matériaux et de leur transport, des coûts d'utilisation, amortissements compris, des matériels mis en œuvre ainsi que des coûts des produits et services divers nécessaires à la gestion des entreprises définis par décision du ministre chargé de l'économie et des finances et publiés au *Bulletin officiel de la concurrence et de la consommation*.

L'index BT 01 est publié mensuellement au *Journal officiel* par le ministre chargé de la construction et de l'habitation.

La limite mentionnée à l'article L. 261-11-1 est fixée à 70 p. 100.

Art. * R. 261-16. — Lorsque avant la conclusion de la vente, le vendeur a obtenu le bénéfice d'un prêt spécial à la construction du Crédit foncier de France ou du Comptoir des entrepreneurs en application de l'article R. 311-37, il doit, après l'avoir certifiée conforme, tenir à la disposition de l'acquéreur une copie du plan de financement faisant apparaître les éléments de l'équilibre financier de l'opération au vu desquels a été prise la décision de prêt.

Section IV. — Garanties d'achèvement et de remboursement

Art. * R. 261-17 *(mod. D. n. 80-301 du 22 avril 1980).* — La garantie de l'achèvement de l'immeuble résulte soit de l'existence de conditions propres à l'opération, soit de l'intervention, dans les conditions prévues ci-après, d'une banque, d'un établissement financier habilité à faire des opérations de crédit immobilier, d'une entreprise d'assurance agréée à cet effet ou d'une société de caution mutuelle constituée conformément aux dispositions de la loi modifiée du 13 mars 1917, ayant pour objet l'organisation du crédit au petit et moyen commerce, à la petite et moyenne industrie.

La garantie de remboursement est donnée par l'un des organismes indiqués à l'alinéa ci-dessus.

Art. * R. 261-18. — La garantie d'achèvement résulte de l'existence de conditions propres à l'opération lorsque cette dernière répond à l'une ou l'autre des conditions suivantes :
a) Si l'immeuble est mis hors d'eau et n'est grevé d'aucun privilège ou hypothèque ;
b) Si les fondations sont achevées et si le financement de l'immeuble ou des immeubles compris dans un même programme est assuré à concurrence de 75 p. 100 du prix de vente prévu :
— par les fonds propres au vendeur ;
— par le montant du prix des ventes déjà conclues ;
— par les crédits confirmés des banques ou établissements financiers habilités à faire des opérations de crédit immobilier, déduction faite des prêts transférables aux acquéreurs des logements déjà vendus.

Toutefois, le taux de 75 p. 100 est réduit à 60 p. 100 lorsque le financement est assuré à concurrence de 30 p. 100 du prix de vente par les fonds propres du vendeur.

Pour l'appréciation du montant du financement ainsi exigé, il est tenu compte du montant du prix des ventes conclues sous la condition suspensive de la justification de ce financement dans les six mois suivant l'achèvement des fondations.

Art. * R. 261-19. — La garantie d'achèvement résulte également :
a) si la vente porte sur une maison individuelle, dont les fondations sont achevées et à condition que les versements prévus n'excèdent pas au total :
20 p. 100 du prix à l'achèvement des fondations ;
45 p. 100 à la mise hors d'eau ;
85 p. 100 à l'achèvement de la maison.

VENTE D'IMMEUBLES À CONSTRUIRE — Art. 1601-4

Le solde est payé ou consigné comme il est dit pour le solde prévu à l'article R. 261-14.

Lorsque la maison fait partie d'un ensemble de plus de vingt maisons et que son utilisation implique celle d'équipements extérieurs communs, le bénéfice des dispositions ci-dessus du présent article est subordonné soit à la réalisation préalable des équipements nécessaires à l'utilisation de la maison vendue, soit à l'existence pour ces derniers de la garantie d'achèvement prévue par l'article R. 261-21.

L'exécution des équipements ci-dessus est établie par certificat d'une personne qualifiée à cet effet ;

b) si la vente est réalisée par une société d'économie mixte de construction agréée à cet effet par le ministre chargé des finances et le ministre chargé de la construction et de l'habitation ou dont une collectivité publique détient au moins 35 p. 100 du capital social ;

c) si la vente est réalisée par un organisme d'habitations à loyer modéré.

Art. * R. 261-20. – Pour l'application des dispositions de l'article R. 261-18, b, le contrat doit préciser :

– que l'acheteur reconnaît être averti de la teneur desdites garanties ;

– que le vendeur tient à tout moment à la disposition de l'acheteur justification de ces garanties, en l'étude du notaire ayant reçu l'acte de vente.

Les justifications sont constituées :

– en ce qui concerne le montant du prix des ventes déjà conclues, par une attestation du notaire ;

– en ce qui concerne les crédits confirmés ou les fonds propres, par une attestation délivrée par une banque ou un établissement financier habilité à faire des opérations de crédit immobilier.

Art. * R. 261-21. – La garantie d'achèvement donnée par les établissements indiqués à l'article R. 261-17 prend la forme :

a) Soit d'une ouverture de crédit par laquelle celui qui l'a consentie s'oblige à avancer au vendeur ou à payer pour son compte les sommes nécessaires à l'achèvement de l'immeuble.

Cette convention doit stipuler au profit de l'acquéreur ou sous-acquéreur le droit d'en exiger l'exécution ;

b) Soit d'une convention de cautionnement aux termes de laquelle la caution s'oblige envers l'acquéreur, solidairement avec le vendeur, à payer les sommes nécessaires à l'achèvement de l'immeuble.

Les versements effectués par les établissements garants au titre des a et b ci-dessus sont réputés faits dans l'intérêt de la masse des créanciers.

Art. * R 261-22. – La garantie de remboursement revêt la forme d'une convention de cautionnement aux termes de laquelle la caution s'oblige envers l'acquéreur, solidairement avec le vendeur, à rembourser les versements effectués par l'acquéreur au cas de résolution amiable ou judiciaire de la vente pour cause de défaut d'achèvement.

Art. * R. 261-23. – Le vendeur et le garant ont la faculté, au cours de l'exécution du contrat de vente, de substituer la garantie d'achèvement, prévue à l'article R. 261-21, à la garantie de remboursement ou inversement, à la condition que cette faculté ait été prévue au contrat de vente.

Cette substitution doit être notifiée à l'acquéreur.

Art. * R. 261-24 *(mod. D. n. 80-566 du 16 juil. 1980).* – La garantie d'achèvement ou de remboursement prend fin à l'achèvement de l'immeuble. Cet achèvement résulte soit de la

Art. 1601-4   VENTE D'IMMEUBLES À CONSTRUIRE

déclaration certifiée par un homme de l'art, prévue à l'article R. 460-1 du Code de l'urbanisme, soit de la constatation par une personne désignée dans les conditions prévues par l'article R. 261-2.

Section V. – Contrat préliminaire

Art. * R. 261-25. – Le contrat préliminaire doit indiquer la surface habitable approximative de l'immeuble faisant l'objet de ce contrat, le nombre de pièces principales et l'énumération des pièces de service, dépendances et dégagements. S'il s'agit d'une partie d'immeuble, le contrat doit en outre préciser la situation de cette partie dans l'immeuble.

La qualité de la construction est suffisamment établie par une note technique sommaire indiquant la nature et la qualité des matériaux et des éléments d'équipement. Si le contrat porte sur une partie d'immeuble, cette note technique doit contenir également l'indication des équipements collectifs qui présentent une utilité pour la partie d'immeuble vendue.

Cette note technique doit être annexée au contrat.

Art. * R. 261-26. – Le contrat doit également indiquer :
– le prix prévisionnel de vente et, le cas échéant, les modalités de sa révision dans les limites et conditions prévues (D. n. 85-828 du 29 juil. 1985, art. 2) aux articles L. 261-11-1 et R. 261-15 ;
– la date à laquelle la vente pourra être conclue ;
– s'il y a lieu, les prêts que le réservant déclare qu'il fera obtenir au réservataire ou dont il lui transmettra le bénéfice en précisant le montant de ces prêts, leurs conditions et le nom du prêteur.

Art. * R. 261-27. – Le contrat préliminaire est établi par écrit ; un exemplaire doit en être remis au réservataire avant tout dépôt de fonds. Il doit obligatoirement reproduire les dispositions des articles R. 261-28 et R. 261-31.

Art. * R. 261-28. – Le montant du dépôt de garantie ne peut excéder 5 p. 100 du prix prévisionnel de vente si le délai de réalisation de la vente n'excède pas un an ; ce pourcentage est limité à 2 p. 100 si ce délai n'excède pas deux ans. Aucun dépôt ne peut être exigé si ce délai excède deux ans.

Art. * R. 261-29. – Le dépôt de garantie est fait à un compte spécial ouvert au nom du réservataire dans une banque ou un établissement spécialement habilité à cet effet ou chez un notaire. Les dépôts des réservataires des différents locaux composant un même immeuble ou un même ensemble immobilier peuvent être groupés dans un compte unique spécial comportant une rubrique par réservataire.

Art. * R. 261-30. – Le réservant doit notifier au réservataire le projet d'acte de vente un mois au moins avant la date de la signature de cet acte.

Art. * R. 261-31. – Le dépôt de garantie est restitué, sans retenue ni pénalité, au réservataire :
a) Si le contrat de vente n'est pas conclu du fait du vendeur dans le délai prévu au contrat préliminaire ;
b) Si le prix de vente excède de plus de 5 p. 100 le prix prévisionnel, révisé le cas échéant conformément aux dispositions du contrat préliminaire. Il en est ainsi quelles que soient les autres causes de l'augmentation du prix, même si elles sont dues à une augmentation de la consistance de l'immeuble ou à une amélioration de sa qualité ;

VENTE D'IMMEUBLES À CONSTRUIRE — Art. 1601-4

c) Si le ou les prêts prévus au contrat préliminaire ne sont pas obtenus ou transmis ou si leur montant est inférieur de 10 p. 100 aux prévisions dudit contrat ;
d) Si l'un des éléments d'équipement prévus au contrat préliminaire ne doit pas être réalisé ;
e) Si l'immeuble ou la partie d'immeuble ayant fait l'objet du contrat présente dans sa consistance ou dans la qualité des ouvrages prévus une réduction de valeur supérieure à 10 p. 100.

Dans les cas prévus au présent article, le réservataire notifie sa demande de remboursement au vendeur et au dépositaire par lettre recommandée avec demande d'avis de réception.

Sous réserve de la justification par le déposant de son droit à restitution, le remboursement intervient dans le délai maximum de trois mois à dater de cette demande.

Art. * R. 261-32. – Les ventes à terme ou en l'état futur d'achèvement prévues au premier alinéa de l'article L. 261-9 sont celles qui auront été conclues après le 6 janvier 1967, conformément aux dispositions des articles 1601-2 et 1601-3 du Code civil, reproduits aux articles L. 261-2 et L. 261-3 du présent code.

Art. * R 261-33. – Pour l'application du deuxième alinéa de l'article L. 261-21, le vendeur peut justifier du commencement des travaux par tous moyens et notamment par l'attestation d'un architecte.

1) Les articles 6 et 7 de la loi n. 67-3 du 3 janvier 1967 (C. constr. et habit., art. L. 261-10 et L. 261-11) sont inapplicables à un contrat ne comportant pas l'obligation pour l'acheteur d'effectuer des versements ou des dépôts de fonds avant l'achèvement de la construction (Civ. 3e, 11 avril 1973 : *Bull.* III, n. 279, p. 201).

2) L'interdiction faite au vendeur, par l'article 8 de la loi n. 67-3 du 3 janvier 1967 (C. constr. et habit., art. L. 261-12) d'exiger ou d'accepter aucun versement avant la signature du contrat ne comporte aucune exception et doit donc s'appliquer notamment aux montants des prêts consentis au vendeur dès lors qu'ils représentent le prix de vente ou doivent être imputés sur celui-ci (Crim. 7 mars 1973 : *D.* 1973, 736, note Roujou de Boubée).

3) Sur le problème de l'application de la législation relative à la vente d'immeubles à construire à la vente de locaux rénovés, V. Paris 9 fév. 1977 et Civ. 3e, 2 mai 1978 : *J.C.P.* 79, II, 19219, note Meysson.

4) Sur la nature juridique du contrat préliminaire, V. Civ. 3e, 27 oct. 1975 : *J.C.P.* 76, II, 18340, note Meysson et Tirard.

– Civ. 3e, 21 juin 1977 : *D.* 1979, 571, note Nguyen Phu Doc. – Civ. 3e, 10 oct. 1978 : *J.C.P.* 79, II, 19228, note Galle. V. aussi Malinvaud et Jestaz, *Le contrat préliminaire à la vente d'immeuble à construire* : *J.C.P.* 76, I, 2790. – Meysson : *J.C.P.* 81, éd. N, I, p. 73 et 89. Jugé qu'il n'y a pas contrat de réservation mais promesse unilatérale de vente d'un immeuble d'habitation à construire dès lors que l'acte confère au bénéficiaire la faculté d'acquérir l'immeuble, le promettant s'engageant à le lui vendre dans le cas où, la maison construite, il ferait usage de cette faculté (Civ. 3e, 29 janv. 1980 : *Bull.* III, n. 23, p. 16 ; *J. not.* 1981, 747, note J.V.) et qu'une telle promesse est nulle en vertu de l'article 11 de la loi du 3 janvier 1967 (C. constr. et habit., art. L. 261-15) comme comportant avant l'achèvement de la construction un versement de fonds par le bénéficiaire (même arrêt).

5) Les dispositions de l'article 35 du décret du 2 décembre 1967 (C. constr. et habit., art. R. 261-31) ne peuvent dispenser le réservant, en cas d'annulation ou de maintien du contrat préliminaire, d'indemniser le réservataire ou l'acquéreur du préjudice causé (Civ. 3e, 28 juin 1977 : *J.C.P.* 78,

Art. 1602 OBLIGATIONS DU VENDEUR

II, 18785, concl. Paucot). Mais jugé que le réservant peut modifier la consistance et les éléments d'équipement de l'immeuble et que le réservataire, auquel le projet modifié est notifié et qui accepte de réaliser la vente, ne peut demander réparation du préjudice subi par suite de manquements du réservant aux obligations découlant du contrat de réservation (Civ. 3ᵉ, 24 nov. 1977 : *J.C.P.* 79, II, 19037, note Malinvaud et Jestaz).

6) Lorsqu'un contrat préliminaire n'est pas suivi de la vente dans le délai prévu du fait du vendeur, le dépôt de garantie doit être restitué sans retenue ni pénalité ; aucune distinction n'est faite entre les dépositaires et le notaire est tenu au remboursement de la somme perçue à titre d'honoraires (Civ. 3ᵉ, 27 avril 1976 : *Bull.* III, n. 117, p. 138).

7) V. L. n. 84-595 du 12 juil. 1984 définissant la location-accession à la propriété immobilière, *infra*, Annexe.

CHAPITRE IV. – DES OBLIGATIONS DU VENDEUR

SECTION I. – DISPOSITIONS GÉNÉRALES

Art. 1602. – **Le vendeur est tenu d'expliquer clairement ce à quoi il s'oblige. Tout pacte obscur ou ambigu s'interprète contre le vendeur.**

Pour une application du principe que l'acte ambigu doit s'interpréter contre le vendeur, V. Colmar 3 juin 1965 : *J.C.P.* 66, II, 14472, note P.L., 2ᵉ esp. Mais ce principe, s'il déroge à l'article 1162 du Code civil, ne déroge pas plus que ce dernier aux règles prescrites pour l'interprétation des conventions par les articles 1156 à 1161 et n'interdit pas les recours aux usages (Civ. 11 avril 1918 : *D.P.* 1921, 1, 224).

Art. 1603. – **Il a deux obligations principales, celle de délivrer et celle de garantir la chose qu'il vend.**

SECTION II. – DE LA DÉLIVRANCE

Art. 1604. – **La délivrance est le transport de la chose vendue en la puissance et possession de l'acheteur.**

1) Lorsque la commande porte sur un exemplaire de livre numéroté, il y a manquement à l'obligation de délivrance si cet exemplaire n'est pas livré, alors même qu'il n'y a pas de différence entre l'exemplaire commandé et l'exemplaire livré et que l'acheteur ne subit aucun préjudice (Civ. 1ʳᵉ, 26 nov. 1980 : *Bull.* I, n. 310, p. 246). De même, il importe peu que les différences soient minimes par rapport à la commande (Civ. 1ʳᵉ, 1ʳᵉ déc. 1987 : *Bull.* I, n. 324 et 325, p. 233 ; *Rev. trim. dr. civ.* 1988, 368, obs. Rémy).

2) L'obligation de délivrance implique non seulement la délivrance de la chose, mais celle d'une chose conforme à sa destination (Civ. 1ʳᵉ, 14 fév. 1989 : *Bull.* I, n. 84, p. 54), qui corresponde en tous points au but recherché par l'acquéreur (Civ. 1ʳᵉ, 20 mars 1989 : *Bull.* I, n. 140, p. 93). V. aussi *infra* sous art. 1648.

OBLIGATIONS DU VENDEUR   Art. 1605

3) L'obligation de délivrance qui pèse sur le vendeur se transmet à ses héritiers purs et simples (Civ. 1re, 13 fév. 1967 : *J.C.P.* 67, IV, 48 ; *Bull.* I, n. 62, p. 46), même s'ils sont propriétaires de leur chef de la chose vendue (Civ. 3e, 16 mai 1974 : *J.C.P.* 74, IV, 244 ; *Bull.* III, n. 209, p. 158). Ils ne peuvent donc se prévaloir du défaut de publication et sont tenus de l'obligation de délivrance du vendeur envers le premier acquéreur (Civ. 1re, 5 mai 1987 : *Bull.* I, n. 142, p. 112).

4) La mise en entrepôt de douane ne constitue pas un acte de délivrance au sens de la loi (Civ. 1re, 25 oct. 1978 : *Bull.* I, n. 325, p. 250 ; *J.C.P.* 80, II, 19305, note J.H.).

5) S'agissant d'une vente de matériaux envisagés dans leur état futur comme meubles par anticipation, la délivrance est accomplie, non pas au moment de l'extraction effective des matériaux, mais lorsque rien ne s'oppose plus, du fait du vendeur, à ce que l'acquéreur commence l'exploitation (Civ. 1re, 13 juil. 1982 : *Bull.* I, n. 262, p. 226).

6) Il appartient au vendeur professionnel de matériau acquis par un acheteur profane de le conseiller et de le renseigner, et notamment d'attirer son attention sur les inconvénients inhérents à la qualité du matériau choisi, ainsi que sur les précautions à prendre pour sa mise en œuvre compte tenu de l'usage auquel ce matériau est destiné (Civ. 1re, 27 fév. 1985 : *Bull.* I, n. 82, p. 75. – Civ. 1re, 3 juil. 1985 : *Bull.* I, n. 211, p. 191). Sur le devoir de conseil de l'installateur d'un système de télésécurité, v. Civ. 1re, 18 mai 1989 : *Bull.* I, n. 206, p. 137. Comp. pour le fournisseur d'équipement informatique Com. 14 mars 1989 : *Bull.* IV, n. 89, p. 58.

7) Sur l'obligation pour le fabricant de médicaments de faire figurer sur l'emballage les contre-indications, v. Civ. 1re, 7 juin 1989 : *J.C.P.* 89, IV, 294).

8) Le sous-acquéreur jouit de tous les droits et actions attachés à la chose qui appartenait à son auteur ; il dispose donc à cet effet contre le fabricant d'une action contractuelle directe fondée sur la non-conformité de la chose livrée (Ass. plén. 7 fév. 1986 : *J.C.P.* 86, II, 20616, note Malinvaud ; *D.* 1986, 293, note Bénabent ; *Rev. trim. dr. civ.* 1986, 364, obs. Huet et 605, obs. Rémy. – Civ. 1re, 4 mars 1986 : *Bull.* I, n. 57, p. 53).

Art. 1605. – **L'obligation de délivrer les immeubles est remplie de la part du vendeur lorsqu'il a remis les clefs, s'il s'agit d'un bâtiment, ou lorsqu'il a remis les titres de propriété.**

1) Dès lors que l'objet d'une vente est un appartement, ne peut pas en remettre les titres de propriété et par suite ne satisfait pas à l'obligation de délivrance le vendeur qui n'est propriétaire que de parts donnant droit à la jouissance de ce bien pendant le cours de la société civile immobilière et à sa pleine propriété seulement à la dissolution et à la liquidation de cette personne morale (Civ. 3e, 17 mars 1981 : *J.C.P.* 81, IV, 203 ; *Bull.* III, n. 57, p. 43).

2) Le syndic qui met en vente un immeuble ayant appartenu à un commerçant failli manque à son obligation de délivrance lorsqu'il se cantonne dans une attitude purement passive et néglige de faire libérer le bien vendu par celui qui l'occupait (Civ. 1re, 24 avril 1967 : *J.C.P.* 67, IV, 88 ; *Bull.* I, n. 139, p. 101).

3) Sauf convention contraire, le vendeur doit effectuer la radiation des inscriptions des privilèges ou hypothèques ayant grevé l'immeuble avant la vente (Civ. 1re, 23 oct. 1963 : *J.C.P.* 64, II, 13485, note J. Mazeaud ; *D.* 1964, 33, note Voirin).

4) L'article 1605 n'oblige le vendeur à remettre les clefs que s'il en dispose lui-même (Civ. 1re, 16 juin 1982 : *Bull.* I, n. 231, p. 197).

Art. 1606 — OBLIGATIONS DU VENDEUR

Art. 1606. – La délivrance des effets mobiliers s'opère :
Ou par la tradition réelle,
Ou par la remise des clefs des bâtiments qui les contiennent,
Ou même par le seul consentement des parties, si le transport ne peut pas s'en faire au moment de la vente, ou si l'acheteur les avait déjà en son pouvoir à un autre titre.

Art. 1607. – La tradition des droits incorporels se fait, ou par la remise des titres, ou par l'usage que l'acquéreur en fait du consentement du vendeur.

Art. 1608. – Les frais de la délivrance sont à la charge du vendeur, et ceux de l'enlèvement à la charge de l'acheteur, s'il n'y a eu stipulation contraire.

Art. 1609. – La délivrance doit se faire au lieu où était, au temps de la vente, la chose qui en a fait l'objet, s'il n'en a été autrement convenu.

Sur le pouvoir souverain des juges du fond pour décider si les parties ont implicitement prévu un lieu de délivrance ou s'il convient d'appliquer la règle posée par l'article 1609, V. Com. 17 nov. 1966 : *Bull.* III, n. 437, p. 387.

Art. 1610. – Si le vendeur manque à faire la délivrance dans le temps convenu entre les parties, l'acquéreur pourra, à son choix, demander la résolution de la vente, ou sa mise en possession, si le retard ne vient que du fait du vendeur.

1) À défaut de délai convenu, il appartient aux juges du fond de déterminer le délai raisonnable dans lequel la délivrance doit intervenir (Civ. 3e, 10 avril 1973 : *Bull.* III, n. 274, p. 198).

2) Est abusive, au sens de l'article 35 de la loi du 10 janvier 1978, comme conférant au vendeur un avantage excessif, la clause par laquelle le vendeur précise que les délais de livraison ne sont qu'indicatifs, qu'un retard ne peut constituer une cause de résiliation ni ouvrir droit à des dommages-intérêts, et que l'acheteur ne pourra obtenir la restitution des sommes versées que dans les quatre-vingt-dix jours d'une mise en demeure restée sans effet (Civ. 1re, 16 juil. 1987 : *Bull.* I, n. 226, p. 166 ; *D.* 1987, Somm. 457, obs. Aubert).

Art. 1611. – Dans tous les cas, le vendeur doit être condamné aux dommages et intérêts, s'il résulte un préjudice pour l'acquéreur, du défaut de délivrance au terme convenu.

Art. 1612. – Le vendeur n'est pas tenu de délivrer la chose, si l'acheteur n'en paye pas le prix, et que le vendeur ne lui ait pas accordé un délai pour le payement.

1) Le vendeur qui reçoit un chèque n'est pas tenu de délivrer la chose vendue avant l'encaissement du chèque (Paris 4 avril 1960 : *D.* 1960, 410).

2) Un garagiste peut refuser de livrer le véhicule vendu tant qu'il n'est pas payé par son client du coût de la réparation de la voiture reprise, coût qui est mis d'un commun accord à la charge du client et fait partie intégrante du prix de vente (Rouen 26 nov. 1971 : *Gaz. Pal.* 1972, 1, 275).

Art. 1613. – Il ne sera pas non plus obligé à la délivrance, quand même il aurait accordé un délai pour le payement, si, depuis la vente, l'acheteur est tombé en faillite ou en état de déconfiture, en sorte que le vendeur se trouve en danger imminent de perdre le prix ; à moins que l'acheteur ne lui donne caution de payer au terme.

OBLIGATIONS DU VENDEUR   Art. 1618

Le vendeur peut refuser la délivrance si, à défaut de jugement déclaratif de faillite, il est établi que les circonstances caractéristiques de la cessation des paiements de l'acheteur sont réunies (Req. 20 déc. 1939 : *D.H.* 1940, 114. – V. cependant Req. 8 août 1870 : *D.P.* 71, 1, 331).

Art. 1614. – La chose doit être délivrée en l'état où elle se trouve au moment de la vente. Depuis ce jour, tous les fruits appartiennent à l'acquéreur.

1) Le souscripteur de parts d'une société civile immobilière a le droit d'exiger que le lot correspondant à ses parts lui soit délivré (Civ. 3e, 17 avril 1974 : *J.C.P.* 74, IV, 200 ; *Bull.* III, n. 145, p. 109).

2) Constitue un manquement à l'obligation de délivrance le fait pour le vendeur qui a vendu un appartement libre de toute occupation de délivrer un immeuble occupé par une personne bénéficiaire du maintien dans les lieux (Civ. 3e, 4 fév. 1976 : *D.* 1976, I.R. 124).

3) Sur la distinction entre l'obligation de délivrance et la garantie des vices cachés, V. Com. 16 juil. 1973 : *J.C.P.* 74, II, 17864, note Ghestin, 2e esp. V. aussi *infra* sous art. 1648.

4) Sur la distinction entre résolution pour inexécution de l'obligation de délivrance et nullité pour vice du consentement, V. Com. 3 mars 1975 : *J.C.P.* 76, II, 18463, note Larroumet, 2e esp..

5) Le vendeur d'un récepteur de télévision en couleurs a l'obligation de mettre cet appareil présentant un caractère de technicité en bon état de fonctionnement à la disposition de l'acheteur (Civ. 1re, 9 déc. 1975 : *J.C.P.* 76, IV, 45 ; *Bull.* I, n. 363, p. 302). Sur le cas de la vente sur échantillon, V. *supra*, sous art. 1587.

6) Il appartient à l'acheteur d'établir que le vendeur ne lui a pas livré la chose convenue (Crim. 21 nov. 1972 : *Gaz. Pal.* 1973, 1, 135), même si la livraison n'a pas lieu à la date convenue (Com. 25 oct. 1972 : *Bull.* IV, n. 267, p. 252).

Art. 1615. – L'obligation de délivrer la chose comprend ses accessoires et tout ce qui a été destiné à son usage perpétuel.

1) La carte grise d'un véhicule constitue l'accessoire indispensable de la chose vendue (Civ. 1re, 26 mars 1963 : *Bull.* I, n. 187, p. 161. – Paris 6 mars 1985 : *D.* 1985, I.R. 320). La fourniture de faux documents administratifs constitue, comme l'absence de remise de ces documents, un défaut de délivrance de l'objet vendu (Civ. 1re, 31 janv. 1974 : *D.* 1974, 348). Sur le point de savoir si le récépissé d'origine d'un cheval de course est l'accessoire de celui-ci, V. Civ. 1re, 26 nov. 1981 : *J.C.P.* 82, IV, 64 ; *Bull.* I, n. 352, p. 298.

2) Sur la notion d'immeuble par destination, V. *supra*, art. 522 et s.

Art. 1616. – Le vendeur est tenu de délivrer la contenance telle qu'elle est portée au contrat, sous les modifications ci-après exprimées.

**Art. 1617. – Si la vente d'un immeuble a été faite avec indication de la contenance, à raison de tant la mesure, le vendeur est obligé de délivrer à l'acquéreur, s'il l'exige, la quantité indiquée au contrat ;
Et si la chose ne lui est pas possible, ou si l'acquéreur ne l'exige pas, le vendeur est obligé de souffrir une diminution proportionnelle du prix.**

Art. 1618. – Si, au contraire, dans le cas de l'article précédent, il se trouve une contenance plus grande que celle exprimée au contrat, l'acquéreur a le choix de fournir le supplément

du prix, ou de se désister du contrat, si l'excédent est d'un vingtième au-dessus de la contenance déclarée.

Art. 1619. – Dans tous les autres cas
Soit que la vente soit faite d'un corps certain et limité,
Soit qu'elle ait pour objet des fonds distincts et séparés,
Soit qu'elle commence par la mesure, ou par la désignation de l'objet vendu suivie de la mesure.
L'expression de cette mesure ne donne lieu à aucun supplément de prix, en faveur du vendeur pour l'excédent de mesure, ni en faveur de l'acquéreur, à aucune diminution du prix pour moindre mesure, qu'autant que la différence de la mesure réelle à celle exprimée au contrat est d'un vingtième en plus ou en moins, eu égard à la valeur de la totalité des objets vendus, s'il n'y a stipulation contraire.

1) L'article 1619 n'est applicable qu'aux seules ventes immobilières et non aux ventes de récoltes sur pied (Civ. 1re, 18 fév. 1957 : *Bull.* I, n. 85, p. 71).

2) Si le défaut de contenance d'un immeuble ne peut donner lieu par application de l'article 1619 qu'à une diminution du prix lorsque la différence en moins excède un vingtième, il en est autrement lorsque le défaut de contenance rendrait cet immeuble impropre à la destination connue des parties en vue de laquelle il a été acquis (Civ. 23 nov. 1931 : *D.P.* 1932, 1, 129, note Josserand).

3) Les juges du fond peuvent décider que la clause de non-garantie de contenance ne dispense pas le vendeur de garantir l'acquéreur victime d'une éviction (Civ. 1re, 5 janv. 1967 : *D.* 1967, 430, note Cornu).

4) L'article 1619 est inapplicable dès lors qu'il s'agit non de l'obligation de délivrance, mais de l'exécution de conventions intervenues entre les parties et notamment de l'obligation de construire un immeuble et d'en remettre une fraction à titre de dation en paiement (Civ. 3e, 19 juil. 1983 : *Bull.* III, n. 168, p. 128).

Art. 1620. – Dans le cas où, suivant l'article précédent, il y a lieu à augmentation de prix pour excédent de mesure, l'acquéreur a le choix ou de se désister du contrat ou de fournir le supplément du prix, et ce, avec les intérêts s'il a gardé l'immeuble.

Art. 1621. – Dans tous les cas où l'acquéreur a le droit de se désister du contrat, le vendeur est tenu de lui restituer, outre le prix, s'il l'a reçu, les frais de ce contrat.

Art. 1622. – L'action en supplément de prix de la part du vendeur, et celle en diminution de prix ou en résiliation du contrat de la part de l'acquéreur doivent être intentées dans l'année, à compter du jour du contrat, à peine de déchéance.

1) L'article 1622 n'est pas applicable au cas où l'erreur sur la contenance du domaine vendu provient d'un défaut de propriété des vendeurs sur certaines parcelles comprises dans la vente (Civ. 1re, 23 déc. 1955 : *Bull.* I, n. 460, p. 366).

2) Sur le point de départ du délai lorsque le terrain n'est ni borné ni délimité dans l'acte ou sur le sol, v. Civ. 3e, 19 déc. 1978 : *D.* 1979, I.R. 222).

Art. 1623. – S'il a été vendu deux fonds par le même contrat et pour un seul et même prix, avec désignation de la mesure de chacun, et qu'il se trouve moins de contenance en l'un et plus en l'autre, on fait compensation jusqu'à due concurrence ; et l'action, soit en supplément, soit en diminution du prix, n'a lieu que suivant les règles ci-dessus établies.

OBLIGATIONS DU VENDEUR — Art. 1626

Art. 1624. – La question de savoir sur lequel, du vendeur ou de l'acquéreur, doit tomber la perte ou la détérioration de la chose vendue avant la livraison est jugée d'après les règles prescrites au titre *Des contrats ou des obligations conventionnelles en général.*

V. supra, art. 1138, 1245 et 1302.

SECTION III. – DE LA GARANTIE

Art. 1625. – La garantie que le vendeur doit à l'acquéreur a deux objets : le premier est la possession paisible de la chose vendue ; le second, les défauts cachés de cette chose ou les vices rédhibitoires.

§ 1er. – De la garantie en cas d'éviction

Art. 1626. – Quoique lors de la vente il n'ait été fait aucune stipulation sur la garantie, le vendeur est obligé de droit à garantir l'acquéreur de l'éviction qu'il souffre dans la totalité ou partie de l'objet vendu, ou des charges prétendues sur cet objet, et non déclarées lors de la vente :

1) La garantie due par le vendeur des parts sociales d'une société de construction est celle prévue par l'article 1693 du Code civil et non la garantie du vendeur (Civ. 3e, 15 mai 1970 : *Bull.* III, n. 340, p. 248).

2) Les héritiers purs et simples du vendeur sont tenus de la même obligation de garantie que leurs auteurs (Civ. 1re, 16 juin 1965 : *Bull.* I, n. 404, p. 300).

3) Le vendeur qui doit garantie de son fait personnel ne peut évincer lui-même l'acquéreur en invoquant la prescription acquisitive pour se faire reconnaître propriétaire de la chose vendue dont il a conservé la possession (Poitiers 24 mai 1945 : *S.* 1946, 2, 42). Il ne peut par son fait nuire à l'usage normal de la chose vendue tel que cet usage résulte des conditions de la vente (Civ. 1re, 29 nov. 1955 : *J.C.P.* 56, IV, 3 ; *Bull.* I, n. 417, p. 335). En dehors d'agissements déloyaux et de détournement de clientèle, le seul fait pour le vendeur d'un fonds de commerce de se réinstaller à proximité de la ville où se trouve le fonds vendu ne suffit pas à constituer une violation de l'obligation de garantie (Com. 16 juin 1969 : *D.* 1970, 37).

4) Il résulte de l'article 1626 combiné avec les articles 1628 et s. du Code civil que l'acquéreur dépossédé a un recours en garantie contre son vendeur lorsque l'éviction a une cause antérieure au contrat et résulte d'un droit prétendu exercé par un tiers sur la chose vendue ; en une telle hypothèse, et à défaut de clause expresse de non-garantie, le vendeur reste tenu à la restitution du prix, même au cas où il serait établi que l'acheteur aurait eu, lors de la vente, connaissance du risque auquel il était exposé, que s'il n'ait été expressément stipulé que celui-ci achetait à ses risques et périls (Civ. 9 mars 1937 : *D.H.* 1937, 253).

5) Si l'éviction ou le dommage causé à l'acquéreur d'un bien par le fait de l'autorité publique ne peut en général donner lieu contre le vendeur à une action en garantie, il en est autrement lorsque cet acte est la conséquence de circonstances antérieures à la vente et que, par aucun moyen, l'acquéreur n'en peut empêcher les effets (Civ. 1re, 28 avril 1976 : *D.* 1976, 464, note Gavry, saisie par la police d'un véhicule faussement immatriculé. V. aussi Civ. 3e, 30 oct. 1984 : *Bull.* III, n. 183, p. 143).

6) Le vendeur devant garantie contre tout trouble de droit émanant d'un tiers, viole l'article 1626 l'arrêt qui écarte l'appel en

garantie de l'acquéreur en se fondant sur le fait que, l'acquéreur n'étant jamais entré en possession, l'action n'avait pas de sens puisqu'il n'y avait pas éviction (Civ. 1re, 6 oct. 1965 : *J.C.P.* 65, IV, 139).

7) L'existence d'un bail sur l'immeuble vendu ne permet pas à l'acquéreur d'invoquer la garantie d'éviction, mais relève de la garantie des charges qui n'est pas due lorsque l'acheteur a eu connaissance des charges lors de la vente (Soc. 10 juil. 1962 : *J.C.P.* 62, IV, 123 ; *Bull.* IV, n. 640, p. 524). Sur la garantie des servitudes et charges non déclarées, V. *infra,* art. 1638.

8) Pour une application de la garantie d'éviction en matière de propriété littéraire, V. Civ. 1re, 27 mai 1986 : *D.* 1987, 209, note Gautier. V. aussi Loi du 11 mars 1957, art. 54, *infra,* Annexe.

Art. 1627. – **Les parties peuvent, par des conventions particulières, ajouter à cette obligation de droit ou en diminuer l'effet ; elles peuvent même convenir que le vendeur ne sera soumis à aucune garantie.**

1) Les juges du fond peuvent décider que la clause de non-garantie de désignation et de contenance insérée dans l'acte de vente ne dispense pas le vendeur de garantir l'acquéreur victime d'une éviction (Civ. 1re, 5 janv. 1967 : *D.* 1967, 430, note Cornu).

2) Sur l'inefficacité des clauses de style restrictives de garantie, V. Req. 16 juin 1925 : *D.P.* 1926, 1, 181. – Civ. 1re, 21 juin 1967 : *Bull.* I,.n. 231, p. 170, arrêt n. 1.

Art. 1628. – **Quoi qu'il soit dit que le vendeur ne sera soumis à aucune garantie, il demeure cependant tenu de celle qui résulte d'un fait qui lui est personnel ; toute convention contraire est nulle.**

1) Sur le caractère d'ordre public de la garantie du fait personnel, V. Civ. 3e, 17 juil. 1973 : *Bull.* III, n. 487, p. 355. – Paris 5 juil. 1967 : *D.* 1967, 730, note Guyénot. Mais l'article 1628 ne fait pas obstacle à lavalidité de la clause par laquelle l'acheteur qui a été pleinement renseigné sur une circonstance particulière, antérieure à la vente, susceptible de provoquer éventuellement son éviction, a accepté d'en supporter le risque sans pouvoir former de recours contre le vendeur (Civ. 1re, 17 juil. 1962 : *D.* 1962, 534. – V. en ce sens Com. 2 déc. 1965 : *Gaz. Pal.* 1966, 1, 185).

2) Le vendeur ne peut évincer lui-même l'acheteur en invoquant la prescription acquisitive pour se faire reconnaître propriétaire de la chose vendue dont il a conservé la possession, l'acquéreur étant toujours recevable, dans ce cas, à lui opposer l'exception de garantie qui est perpétuelle (Civ. 3e, 20 oct. 1981 : *J.C.P.* 82, IV, 17 ; *Bull.* III, n. 168, p. 121).

Art. 1629. – **Dans le même cas de stipulation de non-garantie, le vendeur, en cas d'éviction, est tenu à la restitution du prix, à moins que l'acquéreur n'ait connu, lors de la vente, le danger de l'éviction, ou qu'il n'ait acheté à ses périls et risques.**

1) Pour qu'une action en garantie limitée aux dommages-intérêts consécutifs à l'éviction puisse être accueillie, il faut que l'acquéreur n'ait pas été en mesure de connaître les causes de nullité de la vente (Civ. 1re, 15 avril 1959 : *Bull.* I, n. 195, p. 164).

2) L'acceptation par l'acquéreur d'acheter « à ses risques et périls » peut résulter d'une formule équivalente (Civ. 10 mars 1948 : *D.* 1948, 255).

Art. 1630. – **Lorsque la garantie a été promise, ou qu'il n'a rien été stipulé à ce sujet, si l'acquéreur est évincé, il a droit de demander contre le vendeur :**

1° La restitution du prix ;
2° Celle des fruits, lorsqu'il est obligé de les rendre au propriétaire qui l'évince ;
3° Les frais faits sur la demande en garantie de l'acheteur, et ceux faits par le demandeur originaire ;
4° Enfin, les dommages et intérêts, ainsi que les frais et loyaux coûts du contrat.

1) L'acquéreur évincé de bonne foi peut demander à son vendeur le remboursement de l'indemnité d'occupation qu'il a dû verser au propriétaire qui l'évince (Civ. 3e, 8 oct. 1974 : *J.C.P.* 75, II, 17930, note Thuillier. – Comp. Civ. 3e, 10 fév. 1976 : *Bull.* III, n. 54, p. 42).

2) Le vendeur doit des dommages-intérêts même s'il a été de bonne foi (Req. 2 déc. 1890 : *D.P.* 91, 1, 478).

3) Le garant a intérêt et est donc recevable en cas d'inaction du garanti à former contre le bénéficiaire d'une décision de justice un pourvoi dont l'issue pourrait avoir une incidence sur l'action en garantie (Civ. 3e, 21 nov. 1974 : *Bull.* III, n. 428, p. 329).

Art. 1631. – **Lorsqu'à l'époque de l'éviction, la chose vendue se trouve diminuée de valeur ou considérablement détériorée, soit par la négligence de l'acheteur, soit par des accidents de force majeure, le vendeur n'en est pas moins tenu de restituer la totalité du prix.**

Art. 1632. – **Mais si l'acquéreur a tiré profit des dégradations par lui faites, le vendeur a droit de retenir sur le prix une somme égale à ce profit.**

Art. 1633. – **Si la chose vendue se trouve avoir augmenté de prix à l'époque de l'éviction, indépendamment même du fait de l'acquéreur, le vendeur est tenu de lui payer ce qu'elle vaut au-dessus du prix de la vente.**

1) V. pour une application Civ. 3e, 21 mars 1969 : *D.* 1969, 478. Jugé qu'il résulte des articles 1626, 1630, 1633 que l'acquéreur n'a de recours en garantie contre son vendeur que jusqu'à concurrence de la valeur de la chose au temps de l'éviction, c'est-à-dire au jour de la demande en justice (Civ. 3e, 17 oct. 1973 : *D.* 1974, 556, note Malaurie. – V. cependant Colmar 20 oct. 1950 : *D.* 1951, 69).

2) Rien ne s'oppose à ce que l'acquéreur, en sus du remboursement des impenses utiles de l'article 1634, obtienne, en vertu de l'article 1633, l'indemnisation de la perte qu'il subit de la majoration de valeur acquise indépendamment de tous travaux, par le terrain nu au jour de l'éviction (Paris 22 nov. 1955 : *Gaz. Pal.* 1956, 1, 97).

Art. 1634. – **Le vendeur est tenu de rembourser ou de faire rembourser à l'acquéreur, par celui qui l'évince, toutes les réparations et améliorations utiles qui'il aura faites au fonds.**

1) Le remboursement des impenses ne peut concerner les constructions neuves dont l'indemnisation relève de l'article 555 du Code civil (Civ. 3e, 10 juil. 1970 : *Bull.* III, n. 484, p. 351).

2) La nécessité d'assurer à la victime dépossédée une juste réparation du préjudice qu'elle a subi implique que, dans les rapports d'un vendeur fautif et de l'acquéreur de bonne foi évincé, le caractère d'utilité des impenses ou améliorations s'apprécie non en fonction de leur résultat économique mais en considération de l'affectation donnée au fonds par ledit acquéreur lorsqu'elle n'est pas contraire à sa destination normale (Paris 22 nov. 1955 : *Gaz Pal.* 1956, 1, 97).

Art. 1635. – **Si le vendeur avait vendu de mauvaise foi le fonds d'autrui, il sera obligé de rembourser à l'acquéreur toutes les dépenses, même voluptuaires ou d'agrément, que celui-ci aura faites au fonds.**

Art. 1636 — OBLIGATIONS DU VENDEUR

Art. 1636. – Si l'acquéreur n'est évincé que d'une partie de la chose, et qu'elle soit de telle conséquence, relativement au tout, que l'acquéreur n'eût point acheté sans la partie dont il a été évincé, il peut faire résilier la vente.

Art. 1637. – Si, dans le cas de l'éviction d'une partie du fonds vendu, la vente n'est pas résiliée, la valeur de la partie dont l'acquéreur se trouve évincé lui est remboursée suivant l'estimation à l'époque de l'éviction, et non proportionnellement au prix total de la vente, soit que la chose vendue ait augmenté ou diminué de valeur.

Art. 1638. – Si l'héritage vendu se trouve grevé, sans qu'il en ait été fait de déclaration, de servitudes non apparentes, et qu'elles soient de telle importance qu'il y ait lieu de présumer que l'acquéreur n'aurait pas acheté s'il en avait été instruit, il peut demander la résiliation du contrat, si mieux il n'aime se contenter d'une indemnité.

1) Le vendeur ne garantit pas le maintien du permis de construire (Civ. 3e, 29 avril 1975 : *Gaz. Pal.* 1975, 2, 604, note Cornuey).

2) Il appartient au vendeur d'un immeuble d'énoncer sans équivoque dans l'acte de vente les charges dont il a connaissance et qui grèvent l'immeuble vendu, par exemple l'existence d'un bail (Paris, 2 nov. 1955 : *Gaz. Pal.* 1956, 1, 134. – V. en ce sens Civ. 1re, 16 déc. 1958 : *D.* 1959, 34. – Soc. 10 juil. 1962 : *J.C.P.* 62, IV, 123 ; *Bull.* IV, n. 640, p. 524). Mais il en va autrement en cas d'existence d'une occupation exclusive de tout droit locatif (Civ. 1re, 27 déc. 1963 : *Bull.* I, n. 571, p. 479).

3) Sur la nécessité pour le vendeur de révéler l'obligation de payer une indemnité de plus-value exigible à la suite de l'exécution de travaux publics, V. Civ. 7 déc. 1949 : *J.C.P.* 50, II, 5619, note Becqué.

4) L'existence d'une servitude de passage d'un pipe-line ayant été passée sous silence dans l'acte de vente, une cour d'appel a pu, compte tenu des circonstances propres à l'espèce et sans méconnaître la portée des dispositions de l'article 1638 du Code civil, admettre que l'action en garantie se révélait déjà fondée en son principe et que le caractère apparent du tracé du pipe-line serait éventuellement susceptible d'être pris en considération que pour la détermination des dommages-intérêts (Civ. 1re, 13 janv. 1965 : *D.* 1965, 555).

5) Le vendeur qui affirme faussement qu'aucune servitude ne grève le fonds vendu commet une faute contractuelle dont il doit réparation, même si l'acheteur a supporté la servitude sans protester pendant plusieurs années après la vente (Civ. 3e, 5 fév. 1974 : *Bull.* III, n. 57, p. 43).

6) Si le vendeur doit informer l'acheteur de l'existence de servitudes occultes, les servitudes légales qui dérivent du régime ordinaire de la propriété, étant réputées connues, n'ont pas à être déclarées (Civ. 1re, 15 oct. 1963 : *D.* 1963, 715 [servitude de passage en cas d'enclave]). Mais une limitation occulte non déclarée à la propriété d'un immeuble résultant d'un acte administratif oblige à garantir le vendeur, tenu en principe de renseigner l'acheteur lorsqu'elle n'est pas une conséquence normale de la nature et de la situation de l'immeuble (Civ. 1re, 13 juil. 1954 : *J.C.P.* 55, II, éd. N, 8784 ; *Bull.* I, n. 246, p. 210 [servitude d'alignement]. – Civ. 3e, 26 avril 1978 : *Bull.* III, n. 164, p. 128 [servitude *non aedificandi*]. – Rouen 3 mars 1970 : *D.* 1971, 715, note Bihr).

7) L'acheteur qui n'a pas été informé de servitudes occultes peut obtenir la résiliation de la vente dès lors qu'il apparaît qu'il n'aurait pas contracté s'il en avait été instruit (Civ. 1re, 21 fév. 1956 : *J.C.P.* 56, II, 9200, note Blin).

8) La transcription de l'acte constitutif de la servitude antérieurement à la vente ne

OBLIGATIONS DU VENDEUR — Art. 1641

dispense pas le vendeur de son obligation de révéler cette servitude (Req. 30 nov. 1940 : *D.C.* 1941, 107, note Carbonnier. – V. en ce sens Paris 2 nov. 1955 : *Gaz. Pal.* 1956, 1, 134).

Sur l'inefficacité des clauses de style interdisant tout recours contre le vendeur du chef des servitudes, V. Civ. 1ʳᵉ, 21 juin 1967 : *J.C.P.* 67, IV, 120 ; *Bull.* I, n. 231, p. 170, arrêt n. 1.

Art. 1639. – **Les autres questions auxquelles peuvent donner lieu les dommages et intérêts résultant pour l'acquéreur de l'inexécution de la vente doivent être décidées suivant les règles générales établies au titre Des contrats ou des obligations conventionnelles en général.**

Art. 1640. – **La garantie pour cause d'éviction cesse lorsque l'acquéreur s'est laissé condamner par un jugement en dernier ressort, ou dont l'appel n'est plus recevable, sans appeler son vendeur, si celui-ci prouve qu'il existait des moyens suffisants pour faire rejeter la demande.**

L'article 1640 ne s'applique qu'au cas où l'acquéreur, s'étant laissé condamner par une décision définitive, appelle son vendeur en garantie principale (Civ. 1ʳᵉ, 10 mars 1953 : *J.C.P.* 53, II, 7842, note Weill ; *Bull.* I, n. 97, p. 83).

§ 2. – De la garantie des défauts de la chose vendue

Art. 1641. – **Le vendeur est tenu de la garantie à raison des défauts cachés de la chose vendue qui la rendent impropre à l'usage auquel on la destine, ou qui diminuent tellement cet usage, que l'acheteur ne l'aurait pas acquise, ou n'en aurait donné qu'un moindre prix, s'il les avait connus.**

1) Le vice caché est nécessairement inhérent à la chose elle-même et ne peut résulter de l'association de deux médicaments (Civ. 1ʳᵉ, 8 avril 1986 : *J.C.P.* 87, II, 20721, note Viala et Viandier).

2) Le vendeur ne peut être tenu au titre de la garantie des vices cachés de l'inadéquation du matériel livré à l'usage auquel il est destiné, et les articles 1641 et suivants ne sont pas applicables lorsque ce matériel n'est affecté d'aucun défaut et que les désordres constatés proviennent de la conception d'ensemble des équipements et des caractéristiques de l'eau utilisée, d'où résulte un phénomène de corrosion (Civ. 1ʳᵉ, 15 nov. 1988 : *Bull.* I, n. 322, p. 219).

3) Le vendeur professionnel est seulement tenu de livrer des produits exempts de tout vice ou de tout défaut de fabrication de nature à créer un danger pour les personnes ou les biens. Doit donc être cassé l'arrêt qui décide qu'il a l'obligation de ne mettre sur le marché que des appareils dont le dynamisme propre ne présente pas de danger (Civ. 1ʳᵉ, 20 mars 1989 : *D.* 1989, 381, note Malaurie).

4) La garantie est due lorsque les défauts cachés de la chose vendue diminuent tellement son usage que l'acheteur ne l'aurait pas acquise ou en aurait donné un moindre prix s'il les avait connus (Civ. 1ʳᵉ, 31 janv. 1966 : *J.C.P.* 66, II, 14659). Jugé qu'en matière de vente d'automobile d'occasion, la garantie ne peut s'appliquer qu'à des défauts d'une particulière gravité échappant à tout examen attentif au moment de l'achat et rendant le véhicule impropre à l'usage auquel il était normalement destiné en tant que machine d'occasion (Paris 6 nov. 1963 : *D.* 1964, 253. – Comp. Civ. 1ʳᵉ, 18 déc. 1962 : *D.* 1963, 114). Sur la notion de vice apparent, V. *infra*, art. 1642.

5) Il appartient aux juges du fond de relever les circonstances établissant que le

vice allégué est antérieur à la vente (Civ. 1re, 12 janv. 1977 : *Bull.* I, n. 28, p. 21). Jugé que c'est à l'acheteur d'apporter la preuve de l'existence d'un vice dont le produit aurait été affecté lors de la livraison (Com. 10 déc. 1973 : *J.C.P.* 75, II, 17950, note Malinvaud). Mais le vendeur doit la garantie pour le vice à l'état de germe au moment de la vente et qui s'est développé ultérieurement (Com. 9 fév. 1965 : *Bull.* III, n. 108, p. 86).

6) Sur les règles spéciales applicables aux ventes d'animaux domestiques appartenant aux espèces bovine, chevaline et porcine, V. C. rural, art. 285. Mais les parties peuvent déroger à ce texte, même tacitement (Civ. 1re, 11 mai 1971 : *Bull.* I, n. 159, p. 132. – Civ. 1re, 12 juil. 1977 : *Bull.* I, n. 332, p. 262).

7) Si le vendeur professionnel est tenu de réparer toutes les conséquences dommageables du vice caché, l'acquéreur, également vendeur professionnel, qui a effectivement décelé le vice après la livraison, ne peut se faire garantir par son propre vendeur des conséquences de la faute qu'il a commise en revendant le produit en connaissance de cause (Civ. 1re, 3 juil. 1985 : *Bull.* I, n. 210, p. 190). Le vendeur d'une maison infestée de termites ne peut appeler en garantie celui auquel il a acheté s'il est établi qu'il a eu connaissance, avant d'être assigné par le sous-acquéreur, de la présence des insectes et qu'il a alors remis la maison en vente (Civ. 3e, 16 nov. 1988 : *Bull.* III, n. 164, p. 89).

8) L'action directe dont dispose le sous-acquéreur contre le fabricant ou un vendeur intermédiaire, pour la garantie du vice caché affectant la chose vendue dès sa fabrication, est nécessairement de nature contractuelle

(Civ. 1re, 9 oct. 1979 : *D.* 1980, I.R. 222, obs. Larroumet ; *Rev. trim. dr. civ.* 1980, 354, obs. Durry. – Com. 4 nov. 1982 : *Bull.* IV, n. 335, p. 284. – Civ. 1re, 13 nov. 1984 : *Bull.* I, n. 303, p. 258), de même que l'action directe du maître de l'ouvrage contre le fabricant de matériaux posés par un entrepreneur pour la garantie du vice caché affectant la chose vendue (Civ. 1re, 29 mai 1984. – Contra Civ. 3e, 19 juin 1984 : *J.C.P.* 85, II, 20387, note Malinvaud ; *D.* 1985, 213, note Bénabent ; *Rev. trim. dr. civ.* 1985, 408, obs. Rémy), ou l'action exercée par le maître de l'ouvrage ou le sous-acquéreur contre le fabricant à raison du défaut de conformité de la chose livrée (Ass. plén. 7 fév. 1986 : *J.C.P.* 86, II, 20616, note Malinvaud ; *D.* 1986, 293, note Bénabent ; *Rev. trim. dr. civ.* 1986, 364, obs. Huet et 605, obs. Rémy – Civ. 1re, 4 mars 1986 : *Bull.* I, n. 57, p. 53. – V. cpdt pour l'action de l'acquéreur de l'immeuble contre l'architecte Civ. 3e, 7 mai 1986 : *Bull.* III n. 42, p. 69 ; *D.* 1987, 257, note crit. Bénabent ; *Rev. trim. dr. civ.* 1987, 361, obs. cit. Rémy), et pour l'action du sous-acquéreur contre l'importateur (Paris 15 nov. 1988 : *J.C.P.* 89, II, 21251, note Larroumet.

9) Si l'action en garantie des vices cachés se transmet, en principe, avec la chose vendue au sous-acquéreur, le vendeur intermédiaire ne perd pas la faculté de l'exercer quand elle présente pour lui un intérêt direct et certain (Civ. 1re, 19 janv. 1988 : *Bull.* I, n. 20, p. 14. Nîmes 18 déc. 1980 : *D.* 1983, 29, note Larroumet. – V. en ce sens pour l'action en garantie décennale de l'article 1792, Civ. 3e, 20 avril 1982 : *J.C.P.* 82, IV, 230 ; *Bull.* III, n. 95, p. 66. – Civ. 3e, 26 avril 1983 : *J.C.P.* 83, IV, 208 ; *Bull.* III, n. 91, p. 72).

Art. 1642. – Le vendeur n'est pas tenu des vices apparents et dont l'acheteur a pu se convaincre lui-même.

Le vice apparent, dont le vendeur n'est pas tenu, n'est pas seulement celui qui est ostensible et que révèle un examen superficiel, mais celui qu'un homme de diligence moyenne aurait découvert en procédant à des vérifications élémentaires (Trib. civ. Seine

OBLIGATIONS DU VENDEUR — Art. 1644

21 déc. 1956 : *D.* 1957, 47. – V. en ce sens Paris 9 mai 1964 : *Gaz. Pal.* 1964, 2, 126. – Comp. pour l'achat d'un tracteur d'occasion par un professionnel, Civ. 1re, 18 déc. 1962 : *D.* 1963, 114). Ajoute à l'article 1642 une condition qu'il ne prévoit pas l'arrêt qui retient que le vice n'est pas caché lorsqu'il est visible par un homme de l'art auquel l'acquéreur d'un immeuble doit faire appel (Civ. 3e, 3 mai 1989 : *Bull.* III, n. 101, p. 56).

Art. 1642-1*(L. n. 67-3 du 3 janv. 1967, art. 2 ; L. n. 67-547 du 7 juil. 1967, art. 5).* – **Le vendeur d'un immeuble à construire ne peut être déchargé, ni avant la réception des travaux, ni avant l'expiration d'un délai d'un mois après la prise de possession par l'acquéreur, des vices de construction alors apparents.**

Il n'y aura pas lieu à résolution du contrat ou à diminution du prix si le vendeur s'oblige à réparer le vice.

V. infra, art. 1648.

Art. 1643. – **Il est tenu des vices cachés, quand même il ne les aurait pas connus, à moins que, dans ce cas, il n'ait stipulé qu'il ne sera obligé à aucune garantie.**

Ph. MALINVAUD, *Pour ou contre la validité des clauses limitatives de la garantie des vices cachés dans la vente* : *J.C.P.* 75, I, 2690.

1) En l'absence d'une clause d'exclusion de garantie, le second vendeur d'une voiture d'occasion ne saurait être mis hors de cause au motif qu'il a été trompé par son propre vendeur, un garagiste (Civ. 1re, 22 nov. 1988 : *Bull.* I, n. 333, p. 226 ; *J.C.P.* 89, IV, 32).

2) Un vendeur qui n'a pas été de bonne foi ne peut se soustraire à sa responsabilité propre en invoquant une clause d'exclusion de garantie (Com. 16 juin 1964 : *Bull.* III, n. 312, p. 271).

3) Le vendeur professionnel est réputé connaître les vices de la chose et ne peut invoquer une clause excluant ou limitant la garantie (Com. 24 oct. 1961 : *D.* 1962, 46, note Hémard. – Civ. 3e, 22 janv. 1974 : *D.* 1974, 288). Sur la validité des clauses limitatives dans les contrats conclus entre professionnels, V. Com. 3 déc. 1985 : *Bull.* IV, n. 287, p. 244.

4) Dès lors qu'il s'agit pour le vendeur professionnel de limiter sa responsabilité non à raison des vices cachés de la chose vendue, mais des défauts de conformité de la marchandise livrée, les juges du fond n'ont pas à rechercher, pour déclarer la clause opposable à l'acquéreur, si ce dernier est un professionnel de même qualité que le vendeur (Civ. 1re, 20 déc. 1988 : *Bull.* I, n. 373, p. 252 ; *J.C.P.* 89, II, 21354, note Virassamy).

5) Le vendeur qui invoque une clause limitative de garantie doit apporter la preuve que l'acquéreur a connu et accepté l'existence de cette clause lors de la conclusion de la vente (Civ. 1re, 28 avril 1971 : *J.C.P.* 71, IV, 148 ; *Bull.* I, n. 143, p. 118).

6) La clause restrictive de garantie doit s'interpréter restrictivement (Civ. 1re, 31 mars 1954 : *D.* 1954, 417), mais, s'agissant d'une clause par laquelle l'acquéreur renonce à tout recours contre le vendeur « pour cause de mauvais état de la construction », les juges du fond en dénaturent les termes clairs et précis en décidant qu'elle ne peut exonérer le vendeur de sa garantie des vices cachés (Civ. 3e, 19 oct. 1971 : *J.C.P.* 71, IV, 267 ; *Bull.* III, n. 498, p. 355).

Art. 1644. – **Dans le cas des articles 1641 et 1643, l'acheteur a le choix de rendre la chose et de se faire restituer le prix ou de garder la chose et de se faire rendre une partie du prix, telle qu'elle sera arbitrée par experts.**

Art. 1645

1) L'acheteur qui a le choix entre l'action rédhibitoire et l'action estimatoire peut, après avoir exercé l'une, exercer l'autre tant qu'il n'a pas été statué sur sa demande par décision passée en force de chose jugée ou que le vendeur n'y a pas acquiescé (Com. 22 juil. 1953 : *D.* 1953, 587. – Civ. 2e, 11 juil. 1974 : *Bull.* II, n. 231, p. 193). Il n'a pas à justifier du choix qu'il fait (Civ. 1re, 11 juin 1980 : *Bull.* I, n. 185, p. 150. – Civ. 1re, 5 mai 1982 : *Bull.* I, n. 63, p. 145).

2) S'ils sont saisis d'une demande en résolution, les juges du fond peuvent décider que la restitution en nature de la chose (un véhicule) sera complétée par une indemnité pour tenir compte de la dépréciation pour usure, mais ils ne peuvent statuer sur une demande en réduction de prix (de moitié) dont ils ne sont pas saisis (Civ. 1re, 22 nov. 1988 : *Bull.* I, n. 334, p. 226 ; *J.C.P.* 89, IV, 32).

3) La résiliation d'une vente pour vice rédhibitoire implique nécessairement la restitution de la chose contre remboursement du prix et si cette restitution n'a pas été demandée, la cour d'appel qui prononce la résiliation n'est pas tenue de l'ordonner expressément (Com. 16 nov. 1965 : *J.C.P.* 65, IV, 164 ; *Bull.* III, n. 581, p. 522).

4) L'article 1644 n'est pas applicable lorsque la vente porte sur des choses divisibles, divisées et livrables par parties (Req. 26 avril 1870 : *D.P.* 1871, 1, 11).

5) Le vendeur professionnel ne peut se prévaloir d'une clause qui aboutit à exclure l'option offerte par l'article 1644 à l'acheteur entre l'action redhibitoire et l'action résolutoire, en l'obligeant à accepter le remplacement de la chose atteinte du vice (Civ. 1re, 5 mai 1982 : *Bull.* I, n. 163, p. 145).

6) Le trouble d'exploitation ayant diminué temporairement l'usage du bien ne justifie pas la restitution partielle du prix (Civ. 3e, 25 janv. 1989 : *Bull.* III, n. 23, p. 13).

7) Les juges du fond n'ont pas à prendre en considération les interventions faites sur la chose par l'acquéreur qui reste libre de choisir entre les options qu'offre l'article 1644 (Civ. 3e, 17 fév. 1988 : *Bull.* III, n. 38, p. 21).

Art. 1645. – Si le vendeur connaissait les vices de la chose, il est tenu, outre la restitution du prix qu'il en a reçu, de tous les dommages et intérêts envers l'acheteur.

1) Sur le principe que le vendeur professionnel est réputé connaître les vices de la chose, V. *supra,* sous art. 1643 ; V. aussi Civ. 1re, 19 janv. 1965 : *D.* 1965, 389 ; Civ. 3e, 27 mars 1969 : *D.* 1969, 633, note Jestaz ; Civ. 1re, 21 nov. 1972 : *J.C.P.* 74, II, 17890, note Ghestin. Même s'il ne s'agit pas d'une vente faite à titre professionnel, la profession du vendeur peut être retenue pour établir sa mauvaise foi (Civ. 1re, 31 janv. 1966 : *J.C.P.* 66, II, 14659 : architecte).

2) Sur le principe que le vendeur qui connaissait le vice de la chose doit réparer les conséquences du dommage causé par ce vice, V. Civ. 1re, 24 nov. 1954 : *J.C.P.* 55, II, 8565, note H.B. – Civ. 1re, 19 janv. 1965 : *D.* 1965, 389. – Civ. 1re, 21 nov. 1972 : *J.C.P.* 74, II, 17890, note Ghestin.

Art. 1646. – Si le vendeur ignorait les vices de la chose, il ne sera tenu qu'à la restitution du prix, et à rembourser à l'acquéreur les frais occasionnés par la vente.

1) Le juge ne peut imposer au vendeur, sans risquer une aggravation de ses obligations légales, des prestations de travaux au lieu de la restitution partielle du prix (Civ. 15 mars 1948 : *S.* 1948, 1, 180).

2) Sur la prise en considération des frais et dérangements causés par la résolution de la vente, V. Civ. 1re, 4 janv. 1965 : *J.C.P.* 65, IV, 19 ; *Bull.* I, n. 10, p. 7.

OBLIGATIONS DU VENDEUR — Art. 1648

3) Le vendeur qui n'a pas connu le vice de la chose ne peut être condamné à garantir l'acheteur des conséquences du dommage causé par le vice (Civ. 1re, 24 nov. 1954 : *J.C.P.* 55, II, 8565, note H.B. – Civ. 1re, 4 fév. 1963 : *J.C.P.* 63, II, 13159, note R. Savatier).

4) La limitation de l'indemnisation résultant de l'article 1646 n'est relative qu'à la garantie des défauts de la chose vendue et non aux conséquences de l'obligation de délivrance (Paris 15 oct. 1986 : *D.* 1987, 334, concl. Paire).

Art. 1646-1 *(remplacé avec effet à compter du 1er janvier 1979, L. n. 78-12 du 4 janv. 1978, art. 4 et 14)* (*). **– Le vendeur d'un immeuble à construire est tenu, à compter de la réception des travaux, des obligations dont les architectes, entrepreneurs et autres personnes liées au maître de l'ouvrage par un contrat de louage d'ouvrage sont eux-mêmes tenus en application des articles 1792, 1792-1, 1792-2 et 1792-3 du présent code.**
Ces garanties bénéficient aux propriétaires successifs de l'immeuble.
Il n'y aura pas lieu à résolution de la vente ou à diminution du prix si le vendeur s'oblige à réparer les dommages définis aux articles 1792, 1792-1 et 1792-2 du présent code et à assumer la garantie prévue à l'article 1792-3.

(*) *Dispositions applicables aux contrats relatifs aux chantiers dont la déclaration réglementaire d'ouverture aura été établie postérieurement au 1er janvier 1979, (L. n. 78-12 du 4 janv. 1978, art. 14.)*

Art. 1646-1 ancien *(L. n. 67-3 du 3 janv. 1967, art. 3 ; L. n. 67-547 du 7 juil. 1967, art. 7).*
– Le vendeur d'un immeuble à construire est tenu, pendant dix ans à compter de la réception des travaux, des vices cachés dont les architectes, entrepreneurs et autres personnes liées au maître de l'ouvrage par un contrat de louage d'ouvrage sont eux-mêmes tenus en application des articles 1792 et 2270 du présent code.
Le vendeur est tenu de garantir les menus ouvrages pendant deux ans à compter de la réception des travaux.
Ces garanties bénéficient aux propriétaires successifs de l'immeuble.
Il n'y aura pas lieu à résolution du contrat ou à diminution du prix si le vendeur s'oblige à réparer le vice.

Sur le cas de la vente, après achèvement, d'un local compris dans un immeuble dont l'un quelconque des locaux a été vendu à terme ou en l'état futur d'achèvement, V. C. constr. et habit., art. L. 261-9.

Art. 1647. – **Si la chose qui avait des vices a péri par suite de sa mauvaise qualité, la perte est pour le vendeur qui sera tenu envers l'acheteur à la restitution du prix et aux autres dédommagements expliqués dans les deux articles précédents.**
Mais la perte arrivée par cas fortuit sera pour le compte de l'acheteur.

Art. 1648. – **L'action résultant des vices rédhibitoires doit être intentée par l'acquéreur, dans un bref délai, suivant la nature des vices rédhibitoires, et l'usage du lieu où la vente a été faite.**
(L. n. 67-547 du 7 juil. 1967, art. 8) **Dans le cas prévu par l'article 1642-1, l'action doit être introduite, à peine de forclusion, dans l'année qui suit la date à laquelle le vendeur peut être déchargé des vices apparents.**

Art. 1649

1) L'article 1648 n'est pas applicable au contrat de réparation d'un véhicule automobile, qui est un contrat d'entreprise (Civ. 1re, 2 juin 1982 : *Bull.* I, n. 204, p. 172).

2) C'est l'action elle-même qui doit être exercée dans le bref délai (Com. 22 juin 1955 : *Bull.* III, n. 221, p. 184. – Com. 18 juil. 1966 : *J.C.P.* 66, IV, 130 ; *Bull.* III, n. 362, p. 319). Une instance en référé n'est pas suffisante (Nancy 11 oct. 1973 : *D.* 1973, 728). Mais l'article 1648 n'exige pas que l'action en garantie soit portée devant la justice par une demande principale introductive d'instance ; elle peut être intentée par voie reconventionnelle pourvu que soit réalisée la condition impérative du bref délai (Com. 17 déc. 1958 : *J.C.P.* 59, IV, 12 ; *Bull.* III, n. 443, p. 373).

3) Il appartient aux juges du fond de déterminer selon la nature des vices ainsi que selon les faits et circonstances de la cause la durée et le point de départ du délai accordé à l'acheteur pour intenter l'action rédhibitoire (Civ. 3e, 16 mai 1973 : *J.C.P.* 75, II, 17932, note Ghestin. – V. en ce sens, Civ. 1re, 31 mars 1954 : *D.* 1954, 417. – Civ. 1re, 30 janv. 1967 : *J.C.P.* 67, II, 15025). Ils peuvent tenir compte, pour déterminer la durée du délai prévu par l'article 1648, de ce qu'un règlement amiable du litige a été envisagé entre les parties (Civ. 1re, 16 juil. 1987 : *Bull.* I, n. 230, p. 169). Avant de rejeter l'action comme tardive, ils doivent rechercher si la découverte du vice par l'acheteur ne résulte pas des conclusions du rapport d'expertise (Civ. 1re, 3 mai 1984 : *Bull.* I, n. 148, p. 126). Jugé que le délai part du jour où le vice s'est manifesté et non à partir du jour où la cause est établie (Com. 18 fév. 1974 : *J.C.P.* 74, II, 17798, note Thuillier.

4) Le bref délai de l'article 1648 ne s'applique qu'à la garantie légale et non à la garantie stipulée par une clause spéciale du contrat (Req. 20 juin 1932 : *S.* 1932, 1,

343. – Amiens 23 janv. 1969 : *J.C.P.* 70, IV, 216).

5) Le bref délai de l'article 1648 ne peut commencer à courir en matière d'action récursoire qu'à partir du jour où le demandeur à l'action récursoire a été lui-même assigné (Civ. 3e, 6 déc. 1972 : *J.C.P.* 74, II, 17621 *bis.* – Com. 17 déc. 1973 : *J.C.P.* 75, II, 17912, note R. Savatier. – Com. 15 déc. 1986 : *Bull.* IV, n. 240, p. 208. – Comp. Com. 19 mars 1974 : *J.C.P.* 75, II, 17941, note Ghestin).

6) La fin de non-recevoir tirée de l'article 1648 peut être invoquée pour la première fois en cause d'appel (Civ. 2e, 12 juil. 1972 : *Bull.* II, n. 218, p. 177).

7) L'action en nullité pour erreur sur la qualité substantielle de la chose vendue n'est pas soumise aux dispositions spéciales de l'article 1648, peu important à cet égard que l'erreur invoquée soit la conséquence d'un vice caché rendant la chose impropre à l'usage auquel elle était destinée (Civ. 1re, 28 juin 1989 : *J.C.P.* 89, IV, 332 ; *Bull.* I, n. 268, p. 178 ; *Rev. trim. dr. civ.* 1989, 342, obs. Rémy. – V. aussi Civ. 3e, 18 nov. 1988 : *Bull.* III n. 96, p. 54 ; *D.* 1989, 451, 1re esp., note Lapoyade-Deschamps). – V. O. Tournafond, *Les prétendus concours d'actions et le contrat de vente (erreur sur la substance, défaut de conformité, vices cachés) : D.* 1989, Chron. 237.

8) Il appartient aux juges du fond de rechercher si le vice de conception de la chose ne doit pas s'analyser, eu égard aux circonstances de la cause, en un manquement du fabricant-vendeur à son obligation de délivrer une chose conforme à sa destination normale, ce qui conduirait à exclure l'application de l'article 1648 (Civ. 1re, 5 nov. 1985 : *Bull.* I, n. 287, p. 256. – V. en ce sens Civ. 1re, 8 nov. 1988 : *J.C.P.* 89, IV, 15 ; *Bull.* I, n. 314, p. 213. – Paris 15 oct. 1986 : *D.* 1987, 334, concl. Paire), ainsi que les règles de la garantie contractuelle (Civ. 1re, 14 fév. 1989 : *Bull.* I, n. 83, p. 53).

Art. 1649. – Elle n'a pas lieu dans les ventes faites par autorité de justice.

OBLIGATIONS DU VENDEUR **Art. 1649**

Ne doivent pas être considérées comme faites par autorité de justice les ventes volontaires faites en la forme judiciaire par le libre choix des parties (Paris 30 juil. 1867 : *D.P.* 1867, 2, 227).

Décret n. 87-1045 du 22 décembre 1987
relatif à la présentation des écrits constatant les contrats de garantie et de service après vente *(J.O.* 29 déc. 1987*)*

Vu la loi n. 78-23 du 10 janvier 1978 sur la protection et l'information des consommateurs de produits et de services, notamment son article 35 ;
Vu le Code pénal, notamment son article R. 25 ;
Vu l'avis de la commission des clauses abusives en date du 17 janvier 1986 ;

Art. 1er. – Le présent décret s'applique aux écrits constatant les contrats conclus entre professionnels et non-professionnels ou consommateurs et concernant la garantie et le service après vente des appareils définis par arrêté du ministre chargé de la consommation, du ministre de la justice et du ministre chargé de l'industrie, du commerce et de l'artisanat.

Art. 2. – La présentation des écrits mentionnés à l'article 1er doit être conforme au tableau annexé au présent décret dont toutes les rubriques doivent être remplies.

Art. 3 – Seront punis d'une amende de 3e classe ceux qui auront contrevenu aux dispositions de l'article 2 du présent décret.

Art. 4 – Le présent décret entrera en vigueur le premier jour du douzième mois suivant celui de sa publication au *Journal officiel* de la République française.

ANNEXE
CONTRAT DE GARANTIE ET DE SERVICE APRES VENTE

Préalablement à la signature du bon de commande, le vendeur indiquera à l'acheteur les installations nécessaires pour assurer le branchement de l'appareil selon les règles de l'art.

Article 1er. – Références de l'appareil
Nature : ....
Type : ....
Marque : ....
Numéro, date du bon de commande ou de la facture ou du ticket de caisse : ....
Le vendeur est tenu de fournir une marchandise conforme à la commande.

Article 2. – Livraison
A domicile : oui ☐   non ☐   Gratuite : oui ☐   non ☐

Article 3. – Mise en service par le vendeur
oui ☐   non ☐   Gratuite : oui ☐   non ☐
Si payante, coût : ....
Si le vendeur s'est engagé à mettre l'appareil en service, il le fera dans un délai de ....
à compter du jour de la signature du présent contrat.

Art. 1649 — OBLIGATIONS DU VENDEUR

La mise en service ne pourra être réalisée que si les travaux de branchement ont été effectués préalablement ; elle comprend :
- la vérification du bon fonctionnement ;
- l'explication de l'utilisation ;
- la remise de la notice d'emploi et d'entretien en français ;
- la remise du certificat de garantie du constructeur, s'il existe.

L'acheteur qui préfère mettre lui-même l'appareil en service le fait sous sa propre responsabilité.

En cas de défauts apparents ou d'absence de notice d'emploi et d'entretien, l'acheteur a intérêt à les faire constater par écrit par le vendeur ou le livreur lors de l'enlèvement, de la livraison ou de la mise en service.

Article 4. – Garantie légale
(sans supplément de prix)
A la condition que l'acheteur fasse la preuve du défaut caché, le vendeur doit légalement en réparer toutes les conséquences (art. 1641 et suivants du Code civil). Si l'acheteur s'adresse aux tribunaux, il doit le faire dans un « bref délai » à compter de la découverte du défaut caché (art. 1648 du Code civil).

Nota. – En cas de recherche de solutions amiables préalablement à toute action en justice, il est rappelé qu'elles n'interrompent pas le « bref délai ».

La réparation des conséquences du défaut caché, lorsqu'il a été prouvé, comporte, selon la jurisprudence :
- soit la réparation totalement gratuite de l'appareil, y compris les frais de main-d'œuvre et de déplacement au lieu de la mise en service par le vendeur ;
- soit son remplacement ou le remboursement total ou partiel de son prix au cas où l'appareil serait totalement ou partiellement inutilisable ;
- et l'indemnisation du dommage éventuellement causé aux personnes ou aux biens par le défaut de l'appareil.

La garantie légale due par le vendeur n'exclut en rien la garantie légale due par le constructeur.

Article 5. – Garantie contractuelle et prestations payantes

	GARANTIE CONTRACTUELLE	PRESTATIONS PAYANTES
Prix	Rien à payer en sus du prix de vente.	A l'intervention : – suivant prix porté à la connaissance de l'acheteur. Au forfait : – montant .... – échéance ....
Durée	....	....
Point de départ	....	....

OBLIGATIONS DU VENDEUR   Art. 1649

	GARANTIE CONTRACTUELLE			PRESTATIONS PAYANTES		
	OUI	NON	OBSERVATIONS	OUI	NON	OBSERVATIONS
1. Réparation de l'appareil :						
– remplacement des pièces	☐	☐	....	☐	☐	....
– garanties des pièces remplacées	☐	☐	....	☐	☐	....
– main-d'œuvre	☐	☐	....	☐	☐	....
– déplacements	☐	☐	....	☐	☐	....
– transport des pièces	☐	☐	....	☐	☐	....
– transport de l'appareil	☐	☐	....	☐	☐	....
– délai d'intervention			....	↕		
2. Remplacement ou remboursement de l'appareil(*)	☐	☐	....	☐	☐	....
3. Autres prestations	☐	☐	....	☐	☐	....
			....			....

(*) En cas d'impossibilité de réparation reconnue par le vendeur et le constructeur.

CONDITIONS DE LA GARANTIE CONTRACTUELLE ET DES PRESTATIONS PAYANTES

Les dispositions ci-dessus ne peuvent en aucun cas réduire ou supprimer :
– la garantie légale des vices cachés ;
– la garantie contractuelle du constructeur, si elle existe (voir bon de garantie).

Litiges éventuels

En cas de difficultés dans l'application du présent contrat, l'acheteur a la possibilité, avant toute action en justice, de rechercher une solution amiable, notamment avec l'aide :
– d'une association de consommateurs ;
– ou d'une organisation professionnelle de la branche ;
– ou de tout autre conseil de son choix.
Il est rappelé que la recherche de solution amiable n'interrompt pas le « bref délai » de la garantie légale (voir art. 4) ni la durée de la garantie contractuelle.
Il est rappelé qu'en règle générale et sous réserve de l'appréciation des tribunaux, le respect des dispositions du présent contrat relatives à la garantie contractuelle suppose :
– que l'acheteur honore ses engagements financiers envers le vendeur ;
– que l'acheteur utilise l'appareil de façon normale (*) ;

Art. 1650 OBLIGATIONS DE L'ACHETEUR

– que, pour les opérations nécessitant une haute technicité (*), aucun tiers non agréé par le vendeur ou le constructeur n'intervienne pour réparation sur l'appareil (sauf cas de force majeure ou carence prolongée du vendeur).

A ...., le ....
Entre le vendeur et l'acheteur :

Cachet du vendeur (nom et adresse) :

Nom : ....
....
....
....
Adresse : ....
....
....
....
....

Signature :   Signature (à faire précéder de la mention
                           « lu et approuvé ») :

(*) Voir la notice d'emploi et d'entretien et les conditions d'application de la garantie contractuelle et du service après vente.

CHAPITRE V. – DES OBLIGATIONS DE L'ACHETEUR

Art. 1650. – **La principale obligation de l'acheteur est de payer le prix au jour et au lieu réglés par la vente.**

1) Dès lors que la matérialité des livraisons est reconnue, l'acquéreur ayant utilisé et conservé les marchandises, il lui incombe d'en payer le prix sauf à lui à prouver qu'elle était atteinte de vices qui la rendaient impropre à l'usage auquel elle était destinée (Com. 25 oct. 1961 : *D.* 1962, 290, note Bigot).

2) Dans les ventes sur commande de choses qui se comptent, se mesurent ou se pèsent, l'obligation de payer le prix, contractée par l'acheteur, n'est qu'éventuelle et ne prend naissance que lorsque les marchandises ont été mises à sa disposition (Req. 23 juin 1941 : *D.C.* 1943, 23, note F.G.).

3) Au cas d'aliénation par le débirentier des biens constituant la contrepartie de la rente sans que l'acquéreur se soit engagé à assumer la charge de celle-ci, le débirentier ne peut opposer cette aliénation au créditentier et reste seul débiteur envers lui de la rente et de ses majorations (Civ. 1re, 21 juil. 1965 : *Bull.* I, n. 498, p. 374). Pour que l'acquéreur soit libéré du service de la rente, il faudrait que le vendeur primitif ait consenti à ce que son débiteur s'substituât un autre et ait accepté de tenir cette substitution comme libératoire (Paris 6 fév. 1967 : *D.* 1967, 402).

OBLIGATIONS DE L'ACHETEUR — Art. 1653

Art. 1651. – S'il n'a rien été réglé à cet égard lors de la vente, l'acheteur doit payer au lieu et dans le temps où doit se faire la délivrance.

La délivrance de la chose ne vaut pas présomption légale de libération du prix (Civ. 15 juil. 1942 : *D.C.* 1943, 104, note A.C.).

Art. 1652. – L'acheteur doit l'intérêt du prix de la vente jusqu'au payement du capital, dans les trois cas suivants :
S'il a été ainsi convenu lors de la vente ;
Si la chose vendue et livrée produit des fruits ou autres revenus ;
Si l'acheteur a été sommé de payer.
Dans ce dernier cas, l'intérêt ne court que depuis la sommation.

1) Un immeuble est une chose frugifère dès lors qu'il est susceptible d'être loué (Req. 19 juin 1928 : *D.P.* 1928, 1, 144), mais il en va autrement du droit au bail d'un local commercial (Lyon 20 déc. 1926 : *D.H.* 1927, 159).

2) En cas de livraison partielle, l'acquéreur ne doit les intérêts qu'au prorata de la portion de la chose dont il a joui (Civ. 26 nov. 1924 : *D.P.* 1926, 1, 103).

3) La règle selon laquelle l'acquéreur doit les intérêts du prix jusqu'au paiement du capital lorsque la chose vendue et livrée est frugifère n'a pas pour objet de sanctionner une faute de l'acquéreur ayant provoqué un retard de paiement du prix de vente, mais procède d'une considération d'équité selon laquelle l'acquéreur ne peut à la fois conserver les fruits ou revenus de la chose vendue, en possession de laquelle il a été mis, et les intérêts du prix de vente (Aix 26 oct. 1970 : *D.* 1971, 370).

Art. 1653. – Si l'acheteur est troublé ou a juste sujet de craindre d'être troublé par une action, soit hypothécaire, soit en revendication, il peut suspendre le payement du prix jusqu'à ce que le vendeur ait fait cesser le trouble, si mieux n'aime celui-ci donner caution, ou à moins qu'il n'ait été stipulé que, nonobstant le trouble, l'acheteur payera.

1) L'article 1653, dont les termes ont un caractère purement énonciatif, est applicable toutes les fois que le paiement du prix est réclamé à un acheteur contre lequel est dirigée une action qui peut avoir pour résultat de l'évincer (Civ. 3ᵉ, 18 janv. 1983 : *Bull.* III, n. 17, p. 13).

2) Pour des applications au cas où le vendeur engage une action en rescision pour lésion, V. Req. 29 nov. 1939 : *D.H.* 1940, 52. – Poitiers 20 avril 1967 : *D.* 1968, 76.

3) L'existence d'une inscription hypothécaire sur les biens vendus constitue par elle-même une menace pour l'acquéreur et lui donne juste sujet de craindre une action hypothécaire ; il a donc le droit de subordonner le paiement par lui dû à la condition que le vendeur lui rapporte le certificat de radiation de cette inscription (Req. 21 juin 1881 : *D.P.* 81, 1, 468, rapp. Lepelletier. – V. aussi Civ. 3ᵉ, 7 nov. 1978 : *Bull.* III, n. 337, p. 259. – Comp. Civ. 1ʳᵉ, 23 oct. 1963 : *J.C.P.* 64, II, 13485, note J. Mazeaud ; *D.* 1964, 33, note Voirin). L'acheteur ne saurait être contraint au paiement sous prétexte de la nullité de cette inscription dont il n'a pas à discuter le mérite avec le créancier inscrit, pas plus qu'à assumer le péril du litige auquel elle peut donner lieu (Req. 21 juin 1881 préc.).

4) L'adjudicataire ne peut invoquer l'article 1653 s'il est l'objet d'actions en renouvellement de la part des titulaires de sous-locations commerciales dont le cahier des charges ne mentionnait pas l'existence (Civ. 3ᵉ, 30 janv. 1970 : *Bull.* III, n. 84, p. 61).

Art. 1654 — OBLIGATIONS DE L'ACHETEUR

5) L'acheteur doit être garanti même s'il a connu le risque d'éviction dès lors qu'il n'a pas été stipulé qu'il ne pourrait s'en prévaloir et devrait payer malgré ce risque (Civ. 1re, 21 janv. 1958 : *Bull.* I, n. 50, p. 38. – Civ. 1re, 27 janv. 1960 : *Bull.* I, n. 61, p. 49).

Art. 1654. – Si l'acheteur ne paye pas le prix, le vendeur peut demander la résolution de la vente.

1) Le créancier à qui son titre donne tout à la fois une action en exécution et l'action résolutoire n'est pas présumé avoir renoncé à celle-ci parce qu'il exerce la première (Com. 27 oct. 1953 : *D.* 1954, 201, note H.L.).

2) Sur l'indivisibilité de l'action en résolution, V. Civ. 1re, 24 mai 1966 : *J.C.P.* 66, II, 14825, note Patarin.

3) Sur le lien entre l'action résolutoire de l'article 1654 et le privilège du vendeur d'immeuble, V. *infra*, art. 2108, al. 2. Sur la renonciation à l'action résolutoire résultant d'une stipulation de concurrence au profit des créanciers hypothécaires, V. Civ. 1re, 1er fév. 1965 : *J.C.P.* 65, II, 14187, note J.A.

4) Sur le principe que seul le vendeur peut demander la résolution prévue par l'article 1654, V. Civ. 1re, 8 juin 1964 : *Bull.* I, n. 303, p. 237.

5) Sur la recevabilité de la tierce-opposition formée par le sous-acquéreur contre le jugement prononçant la résolution. V. Civ. 1re, 28 fév. 1967 : *D.* 1967, Somm. 80.

6) Le vendeur peut exercer l'action résolutoire s'il n'a reçu qu'un paiement partiel (Civ. 1re, 27 fév. 1961 : *D.* 1961, Somm. 54). Sur le pouvoir souverain des juges du fond pour apprécier si des offres de paiement faites en cours d'instance font obstacle à la résolution, V. Civ. 1re, 13 fév. 1963 : *D.* 1963, 316, note Voirin.

Art. 1655. – La résolution de la vente d'immeubles est prononcée de suite si le vendeur est en danger de perdre la chose et le prix.

Si ce danger n'existe pas, le juge peut accorder à l'acquéreur un délai plus ou moins long suivant les circonstances.

Ce délai passé sans que l'acquéreur ait payé, la résolution de la vente sera prononcée.

Sur le pouvoir souverain des juges du fond pour apprécier l'opportunité d'accorder un délai de grâce à l'acquéreur, V. Civ. 3e, 20 fév. 1973 : *D.* 1973, I.R. 72 ; *Bull.* III, n. 147, p. 106.

Art. 1656. – S'il a été stipulé lors de la vente d'immeubles, que faute de payement du prix dans le terme convenu, la vente serait résolue de plein droit, l'acquéreur peut néanmoins payer après l'expiration du délai, tant qu'il n'a pas été mis en demeure par une sommation ; mais, après cette sommation, le juge ne peut pas lui accorder de délai.

1) L'article 1656 n'étant pas d'ordre public, les parties peuvent convenir que la résolution aura lieu de plein droit sans sommation (Civ. 1re, 27 janv. 1960 : *J.C.P.* 60, IV, 39 ; *Bull.* I, n. 61, p. 49). Mais en présence d'une clause prévoyant que le défaut de paiement intégral entraînerait la résolution de plein droit de la vente, viole l'article 1656 l'arrêt qui prononce cette résolution sans constater que l'acquéreur ait été sommé de payer le solde du prix ni rechercher s'il avait été convenu entre les parties que l'échéance du terme constituerait l'acquéreur en demeure (Civ. 1re, 16 nov. 1960 : *Bull.* I, n. 498, p. 406).

2) L'assignation équivaut à un commandement de payer à condition de tendre aux mêmes fins (Civ. 15 déc. 1948 : *D.* 1949, 105, note Lenoan).

NULLITÉ ET RÉSOLUTION DE LA VENTE   Art. 1662

Art. 1657. - En matière de vente de denrées et effets mobiliers, la résolution de la vente aura lieu de plein droit et sans sommation, au profit du vendeur, après l'expiration du terme convenu pour le retirement.

1) Le terme visé par l'article 1657 peut résulter d'un usage (Com. 3 nov. 1953 : *Bull.* III, n. 341, p. 239. – Amiens 26 fév. 1974 : *Gaz. Pal.* 1974, 1, 360).

2) Sur la notion de retirement en matière de ventes de coupes de bois sur pied, V. Com. 9 mars 1949 : *J.C.P.* 49, II, 5075, note Becqué.

3) L'article 1657 déroge au principe des articles 1184 et 1654 du Code civil et dispense le vendeur de mettre l'acheteur en demeure d'opérer à la date convenue le retirement des marchandises achetées par lui (Req. 20 oct. 1926 : *D.P.* 1928, 1, 92).

4) Le droit de demander la résolution de la vente en vertu de l'article 1657 accompagne en tant qu'accessoire la chose vendue et s'identifie avec elle (Req. 3 nov. 1932 : *D.H.* 1932, 570).

CHAPITRE VI. - DE LA NULLITÉ ET DE LA RÉSOLUTION DE LA VENTE

Art. 1658. - Indépendamment des causes de nullité ou de résolution déjà expliquées dans ce titre, et de celles qui sont communes à toutes les conventions, le contrat de vente peut être résolu par l'exercice de la faculté de rachat et par la vileté du prix.

SECTION I. - DE LA FACULTÉ DE RACHAT

Art. 1659. - La faculté de rachat ou de réméré est un pacte par lequel le vendeur se réserve de reprendre la chose vendue, moyennant la restitution du prix principal, et le remboursement dont il est parlé à l'article 1673.

1) Aucune disposition légale n'interdit aux parties, en cas de vente d'un immeuble avec faculté de réméré, de déroger au principe de reprise du bien vendu en nature ni de convenir d'un prix de rachat majoré (Civ. 3e, 13 nov. 1970 : *J.C.P.* 70, IV, 316 ; *Bull.* III, n. 601, p. 439).

2) Pour sa validité entre les parties, il n'est pas nécessaire que la stipulation de réméré soit écrite dans l'acte de vente (Civ. 1re, 3 oct. 1956 : *J.C.P.* 56, IV, 150 ; *Bull.* I, n. 333, p. 269. – *Contra* Bordeaux 11 fév. 1943 : *Gaz. Pal.* 1943, 1, 218).

Art. 1660. - La faculté de rachat ne peut être stipulée pour un terme excédant cinq années.
Si elle a été stipulée pour un terme plus long, elle est réduite à ce terme.

Art. 1661. - Le terme fixé est de rigueur, et ne peut être prolongé par le juge.

Art. 1662. - Faute par le vendeur d'avoir exercé son action de réméré dans le terme prescrit, l'acquéreur demeure propriétaire irrévocable.

Art. 1663 — NULLITÉ ET RÉSOLUTION DE LA VENTE

Pour exercer utilement l'action de réméré, il suffit en principe au vendeur de notifier sa volonté à l'acquéreur dans le délai convenu (Com. 23 fév. 1953 : *Bull.* III, n. 81, p. 55), mais la résolution n'a lieu que par le remboursement effectif opéré dans le délai de la loi ou par un acte que la loi considère comme équivalent au paiement tel que la consignation précédée d'offres réelles (Montpellier 1er déc. 1931 : *Gaz. Pal.* 1932, 1, 448). Jugé que la déclaration d'intention du vendeur d'exercer le rachat, accompagnée de la consignation d'une somme entre les mains du notaire, ne constitue pas l'exercice du réméré qui suppose que soit remplie la condition de la restitution et du remboursement exigée par les articles 1659 et 1673 (Civ. 1re, 6 juin 1967 : *Bull.* I, n. 205, p. 150).

Art. 1663. — Le délai court contre toutes personnes, même contre le mineur, sauf, s'il y a lieu, le recours contre qui de droit.

Art. 1664. — Le vendeur à pacte de rachat peut exercer son action contre un second acquéreur, quand même la faculté de réméré n'aurait pas été déclarée dans le second contrat.

Art. 1665. — L'acquéreur à pacte de rachat exerce tous les droits de son vendeur ; il peut prescrire tant contre le véritable maître que contre ceux qui prétendraient des droits ou hypothèques sur la chose vendue.

Art. 1666. — Il peut opposer le bénéfice de la discussion aux créanciers de son vendeur.

Art. 1667. — Si l'acquéreur à pacte de réméré d'une partie indivise d'un héritage s'est rendu adjudicataire de la totalité sur une licitation provoquée contre lui, il peut obliger le vendeur à retirer le tout lorsque celui-ci veut user du pacte.

Art. 1668. — Si plusieurs ont vendu conjointement, et par un seul contrat, un héritage commun entre eux, chacun ne peut exercer l'action en réméré que pour la part qu'il y avait.

Art. 1669. — Il en est de même, si celui qui a vendu seul un héritage a laissé plusieurs héritiers.

Chacun de ces cohéritiers ne peut user de la faculté de rachat que pour la part qu'il prend dans la succession.

Art. 1670. — Mais, dans le cas des deux articles précédents, l'acquéreur peut exiger que tous les covendeurs ou tous les cohéritiers soient mis en cause, afin de se concilier entre eux pour la reprise de l'héritage entier ; et, s'ils ne se concilient pas, il sera renvoyé de la demande.

V. *infra*, sous art. 1685

Art. 1671. — Si la vente d'un héritage appartenant à plusieurs n'a pas été faite conjointement et de tout l'héritage ensemble, et que chacun n'ait vendu que la part qu'il y avait, ils peuvent exercer séparément l'action en réméré sur la portion qui leur appartenait ;

Et l'acquéreur ne peut forcer celui qui l'exercera de cette manière, à retirer le tout.

NULLITÉ ET RÉSOLUTION DE LA VENTE   Art. 1674

Art. 1672. – Si l'acquéreur a laissé plusieurs héritiers, l'action en réméré ne peut être exercée contre chacun d'eux que pour sa part, dans le cas où elle est encore indivise, et dans celui où la chose vendue a été partagée entre eux.
Mais s'il y a eu partage de l'hérédité, et que la chose vendue soit échue au lot de l'un des héritiers, l'action en réméré peut être intentée contre lui pour le tout.

Art. 1673. – Le vendeur qui use du pacte de rachat doit rembourser non seulement le prix principal, mais encore les frais et loyaux coûts de la vente, les réparations nécessaires, et celles qui ont augmenté la valeur du fonds, jusqu'à concurrence de cette augmentation. Il ne peut entrer en possession qu'après avoir satisfait à toutes ces obligations.
(Ord. n. 59-71 du 7 janv. 1959, art. 1er) Lorsque le vendeur rentre dans son héritage par l'effet du pacte de rachat, il le reprend, exempt de toutes les charges et hypothèques dont l'acquéreur l'aurait grevé, à la condition que ce pacte ait été régulièrement publié au bureau des hypothèques, antérieurement à la publication desdites charges et hypothèques. Il est tenu d'exécuter les baux faits sans fraude par l'acquéreur.

1) Sur le principe que l'exercice de la faculté de réméré constitue l'accomplissement d'une condition résolutoire replaçant les parties dans le même état où elles se trouvaient avant la vente, V. Civ. 24 oct. 1950 : *J.C.P.* 50, II, 5835, note R.C.

2) Les parties peuvent convenir du versement à l'acquéreur d'une indemnité forfaitaire destinée à réparer le préjudice à lui causé par l'usage de la faculté de réméré (Com. 23 fév. 1953 : *Bull.* III, n. 81, p. 55).

3) Pour une application de la disposition finale de l'article 1673 à un bail rural inférieur à 9 ans, V. Soc. 16 mai 1961 : *J.C.P.* 61, II, 12402, note Ourliac et de Juglart.

SECTION II. – DE LA RESCISION DE LA VENTE POUR CAUSE DE LÉSION

Art. 1674. – Si le vendeur a été lésé de plus de sept douzièmes dans le prix d'un immeuble, il a le droit de demander la rescision de la vente, quand même il aurait expressément renoncé dans le contrat à la faculté de demander cette rescision, et qu'il aurait déclaré donner la plus-value.

1) La preuve de la lésion suffit à provoquer la rescision indépendamment des circonstances qui l'ont provoquée (Req. 28 déc. 1932 : *D.P.* 1933, 1, 87, rapp. Dumas. – Rouen 28 sept. 1976 : *Gaz. Pal.* 1977, 1, 123).

2) Le droit cédé grâce à la vente de parts d'une société civile immobilière a un caractère mobilier qui rend irrecevable l'action en rescision (Civ. 3e, 9 avril 1970 : *D.* 1970, 726 ; *J.C.P.* 71, II, 16925, note Petot-Fontaine). Mais il en va autrement pour le droit au bénéfice de l'arrêté ministériel autorisant l'exploitation d'une source (Civ. 15 juil. 1952 : *D.* 1952, 702).

3) Les ventes aléatoires et notamment celles qui sont consenties avec réserve d'usufruit au profit du vendeur ne sont pas en principe rescindables pour lésion (Civ. 1re, 14 déc. 1959 : *D.* 1960, 244. – Civ. 1re, 17 fév. 1964 : *D.* 1964, 266, V. en ce sens pour la vente avec réserve d'un droit d'usage et d'habitation Civ. 1re, 19 juil. 1983 : *Bull.* I, n. 212, p. 188).

4) Les juges du fond peuvent estimer que la vente comporte un caractère aléatoire faisant obstacle à l'action en rescision si l'acte comporte des clauses privant l'acquéreur de la jouissance immédiate des biens et

lui imposant des obligations dont la durée, l'étendue et le coût, indépendamment de l'âge de la venderesse et de l'état de l'immeuble, étaient indéterminés (Civ. 3e, 9 janv. 1979 : *D.* 1979, I.R. 240).

5) L'action en rescision dirigée contre une vente de nue-propriété dont le caractère est en principe aléatoire ne saurait être admise sur le seul fondement d'un calcul de probabilités basé sur les données des statistiques (Civ. 27 déc. 1938 : *D.P.* 1939, 1, 81, note R. Savatier, 3e esp.). Mais pour être à l'abri de l'action en rescision, il ne suffit pas qu'une vente ait l'apparence aléatoire ou contienne un élément aléatoire ; dans ce cas, la rescision est possible lorsque des circonstances spéciales donnent au juge le moyen de déterminer la valeur des obligations soumises à l'aléa (Req. 22 nov. 1937 : *D.P.* 1939, 1, 81, note R. Savatier, 1re esp. – Civ. 28 fév. 1951 : *D.* 1951, 309). La vente n'est pas aléatoire lorsque le prix a d'abord été fixé en capital avant d'être converti en rente viagère (Civ. 1re, 1er fév. 1960 : *J.C.P.* 60, IV, 43 ; *Bull.* I, n. 66, p. 54), à moins que l'indication du prix n'ait été faite qu'en vue de l'enregistrement (Civ. 3e, 12 déc. 1973 : *Bull.* III, n. 629, p. 457), ou que le contrat contienne en outre une réserve d'usufruit portant sur une partie de l'immeuble (Civ. 1re, 16 juil. 1956 : *J.C.P.* 57, II, 10021, note Donnier). Il n'y a pas non plus d'aléa et la rescision peut être admise si les arrérages de la rente sont inférieurs aux revenus de l'immeuble (Civ. 28 fév. 1951 : *D.* 1951, 309), ou aux revenus que produirait le prix en capital de l'immeuble (Civ. 1re, 18 nov. 1975 : *Bull.* I, n. 334, p. 275. – V. Viatte, *L'aléa dans les ventes d'immeubles à charge de rente viagère* : *Gaz. Pal.* 1975, 1, doctr. 297). Sur la nullité de la vente moyennant rente viagère pour vileté du prix, V. *infra,* sous art. 1976.

6) Sur la nullité d'une clause de renociation à l'action en rescision, V. Civ. 20 mai 1941 : *D.A.* 1941, 257. Mais jugé que le tiers qui achète un immeuble ayant fait l'objet d'une promesse unilatérale de vente au profit du locataire et qui s'engage le cas échéant à exécuter celle-ci ne peut exercer lui-même l'action en rescision (Req. 2 nov. 1929 : *Gaz. Pal.* 1930, 1, 76). Jugé aussi que l'action en rescision est exclue si la modicité du prix s'explique par une intention libérale (Civ. 1re, 16 juil. 1959 : *D.* 1960, 185, note R. Savatier).

7) Le droit de préemption de l'État (C.G.I., art. 668) ne fait pas obstacle à l'exercice de l'action en rescision (Com. 18 juil. 1950 : *D.* 1951, 294, 1re esp.), sauf le cas de fraude (Civ. 18 juil. 1950 : *D.* 1951, 294, 2e esp.), mais le droit de préemption n'est pas subordonné à la solution définitive de l'action en rescision engagée par le vendeur (Com. 10 déc. 1951 : *D.* 1952, 122).

8) Sur la lésion de plus du quart en matière de ventes d'engrais, V. L. 8 juil. 1907.

Art. 1675. – **Pour savoir s'il y a lésion de plus de sept douzièmes, il faut estimer l'immeuble suivant son état et sa valeur au moment de la vente.**

(L. 28 nov. 1949) **En cas de promesse de vente unilatérale, la lésion s'apprécie au jour de la réalisation.**

1) Sur le principe que l'immeuble doit être estimé d'après son état et sa valeur au moment de la vente, V. Civ. 3e, 23 mars 1978 : *Bull.* III, n. 215, p. 165. Il en est ainsi au cas où la vente est conclue sous condition suspensive (Civ. 1re, 17 oct. 1967 : *J.C.P.* 67, II, 15207). Mais il en irait autrement si, la condition étant défaillie, l'accord total des volontés n'était réalisé que postérieurement au contrat de vente (Civ. 1re, 27 mai 1964 : *D.* 1964, 623).

2) Les juges du fond peuvent tenir compte pour l'évaluation de l'immeuble de sa convenance pour un acquéreur éventuel (Civ. 1re, 28 avril 1953 : *Bull.* I, n. 142, p. 118. – Paris 4 fév. 1932 : *D.H.* 1932, 242).

Art. 1677

3) Lorsque l'immeuble a été vendu en bloc et revendu par parcelles, les juges du fond peuvent prendre pour base du calcul de la lésion la valeur de cet immeuble en bloc sans s'arrêter à la valeur par parcelles (Req. 27 juil. 1880 : *D.P.* 81, 1, 117). De même, lorsque la vente a fait l'objet d'une déclaration de command en faveur de deux bénéficiaires distincts, il convient d'évaluer l'immeuble en bloc (Civ. 1re, 7 nov. 1962 : *D.* 1963, Somm. 63 ; *Bull.* I, n. 469, p. 400).

4) Pour apprécier la valeur de l'immeuble, les juges peuvent tenir compte de ses accessoires (Civ. 21 fév. 1951 : *J.C.P.* 52, II, 7331, 1re esp.), ou de la plus-value résultant d'une possibilité d'allotissement (Civ. 1re, 10 avril 1957 : *Bull.* I, n. 185, p. 151) ou du risque né de l'incertitude sur les possibilités de construction (Civ. 3e, 18 juil. 1972 : *D.* 1973, 208, note Pierre-François). Ils doivent tenir compte de la moins-value résultant de l'existence d'un bail, même si l'acquéreur est le locataire de l'immeuble (Civ. 3e, 13 mars 1979 : *J.C.P.* 79, IV, 180 ; *Bull.* III, n. 64, p. 48).

Art. 1676. – **La demande n'est plus recevable après l'expiration de deux années, à compter du jour de la vente.**

Ce délai court contre les femmes mariées, et contre les absents, les majeurs en tutelle et les mineurs venant du chef d'un majeur qui a vendu.

Ce délai court aussi et n'est pas suspendu pendant la durée du temps stipulé pour le pacte de rachat.

1) Le délai de deux ans part du jour de l'accord des volontés (Civ. 1re, 18 juin 1962 : *D.* 1962, 608) et non de la décision qui constate l'existence de la vente (Civ. 3e, 6 mai 1980 : *Bull.* III, n. 92, p. 67). Par exception, il part du jour de la signature de l'acte authentique s'il y a une modification de l'objet de la vente entre l'acte sous seing privé et l'acte authentique (Civ. 3e, 9 juil. 1984 : *Bull.* III, n. 137, p. 106 ; *Rev. trim. dr. civ.* 1985, 406, obs. Rémy). En cas de stipulation d'une condition suspensive, il part du jour de la réalisation de la condition (Civ. 1re, 22 déc. 1954 : *D.* 1955, 713, note Malaurie. – Civ. 3e, 11 déc. 1984 : *Bull.* III, n. 212, p. 166).

2) Le délai de deux ans court contre le mineur dont les biens ont été vendus avec l'observation des formalités légales (Req. 9 fév. 1914 : *D.P.* 1916, 1, 26). Après l'expiration de ce délai, le vendeur resté en possession ne peut invoquer l'exception de lésion pour refuser la délivrance (Civ. 29 mars 1950 : *D.* 1950, 396, et, sur renvoi, Grenoble 20 fév. 1952 : *D.* 1952, 498).

3) La publication de l'action en rescision n'est pas soumise au délai de deux ans (Civ. 1re, 18 déc. 1962 : *D.* 1963, 146). La publicité n'est pas nécessaire si la vente elle-même n'a pas été publiée (Civ. 1re, 14 nov. 1967 : *D.* 1968, 77, note J. Mazeaud).

4) Le juge ne peut relever d'office la tardiveté de l'action (Civ. 3e, 6 mai 1979 : *J.C.P.* 79, IV, 171 ; *Bull.* III, n. 56, p. 43).

5) L'expiration du délai prévu à l'article 1676 entraîne la déchéance de toute demande en rescision, même par voie d'exception (Civ. 3e, 6 mai 1980 : *Bull.* III, n. 92, p. 67).

Art. 1677. – **La preuve de la lésion ne pourra être admise que par jugement, et dans le cas seulement où les faits articulés seraient assez vraisemblables et assez graves pour faire présumer la lésion.**

1) Un arrêt qui admet le demandeur à faire la preuve de la lésion n'a autorité de chose jugée que sur la recevabilité de l'action et non sur l'existence de la lésion (Civ. 3e, 18 juil. 1972 : *D.* 1973, 208, note Pierre-François).

Art. 1678 NULLITÉ ET RÉSOLUTION DE LA VENTE

2) Le jugement qui déclare que les faits articulés sont assez vraisemblables et assez graves pour faire présumer la lésion tranche une partie du principal et est susceptible d'appel avant le jugement définitif (Civ. 3e, 29 juin 1977 : *J.C.P.* 78, II, 18824, concl. Paucot).

Art. 1678. – Cette preuve ne pourra se faire que par un rapport de trois experts qui seront tenus de dresser un seul procès-verbal commun, et de ne former qu'un seul avis à la pluralité des voix.

Sur le pouvoir souverain des juges du fond pour déterminer le prix de l'immeuble, V. Civ. 1re, 17 juin 1957 : *D.* 1957, 594. Mais ils doivent répondre aux moyens tendant à établir la vraisemblance et la gravité de la lésion (Civ. 3e, 16 avril 1970 : *D.* 1970, Somm. 188 ; *Bull.* III, n. 252, p. 186).

Art. 1679. – S'il y a des avis différents, le procès-verbal en contiendra les motifs, sans qu'il soit permis de faire connaître de quel avis chaque expert a été.

Art. 1680. – Les trois experts seront nommés d'office, à moins que les parties ne se soient accordées pour les nommer tous les trois conjointement.

Art. 1681. – Dans le cas où l'action en rescision est admise, l'acquéreur a le choix, ou de rendre la chose en retirant le prix qu'il en a payé, ou de garder le fonds en payant le supplément du juste prix, sous la déduction du dixième du prix total.

Le tiers possesseur a le même droit, sauf sa garantie contre son vendeur.

1) Aucun délai n'est imposé à l'acquéreur pour exercer son droit d'option (Civ. 1re, 5 avril 1954 : *Gaz. Pal.* 1954, 1, 379), mais le juge peut estimer tardive l'offre de l'acquéreur (Civ. 1re, 11 juin 1956 : *Bull.* I, n. 230, p. 186).

2) Les juges du fond apprécient souverainement le caractère satisfaisant des offres faites par l'acquéreur en vue du paiement du supplément du juste prix (Civ. 1re, 5 avril 1954 : *Gaz. Pal.* 1954, 1, 379), mais son offre est inopérante si elle est inférieure à ce supplément (Paris 7 mai 1974 : *Gaz. Pal.* 1974, 2, 768, note Plancqueel).

3) Sur la possibilité pour les créanciers hypothécaires de payer le supplément du juste prix, V. Civ. 1re, 6 juil. 1965 : *J.C.P.* 65, II, 14391, note J. Mazeaud.

4) Le supplément du juste prix doit être calculé non sur la valeur vénale de l'immeuble au moment de la vente mais sur sa valeur réelle au jour où doit intervenir ce règlement complémentaire (Civ. 1re, 7 juin 1966 : *D.* 1966, 629, rapp. Ancel). Il ne doit porter que sur la partie impayée du juste prix (Civ. 3e, 22 janv. 1970 : *D.* 1970, 753, rapp. Cornuey. – Paris 23 déc. 1970 : *D.* 1972, 158, note Malaurie).

5) Le dixième prévu par l'article 1681 est celui du prix total résultant des deux versements, initial et complémentaire, que l'acquéreur a effectués (Civ. 3e, 4 déc. 1973 : *Gaz. Pal.* 1974, 1, 239, note Plancqueel).

**Art. 1682. – Si l'acquéreur préfère garder la chose en fournissant le supplément réglé par l'article précédent, il doit l'intérêt du supplément, du jour de la demande en rescision.
S'il préfère la rendre et recevoir le prix, il rend les fruits du jour de la demande.
L'intérêt du prix qu'il a payé lui est aussi compté du jour de la même demande, ou du jour du payement, s'il n'a touché aucuns fruits.**

1) L'intérêt prévu par l'article 1682 est l'intérêt légal (Amiens 26 juin 1950 : *Gaz. Pal.* 1950, 2, 168).

2) Le supplément du juste prix qui produit l'intérêt moratoire prévu par l'article 1682 suit jusqu'à son évaluation définitive

NULLITÉ ET RÉSOLUTION DE LA VENTE **Art. 1685**

les variations de valeur de cette chose (Civ. 3e, 3 mai 1972 : *D.* 1972, 598, note Malaurie, et, sur renvoi, Orléans 14 juin 1973 : *D.* 1974, 485, note Malaurie).

3) Les juges du fond peuvent décider la capitalisation des intérêts du supplément au jour de la demande bien que les capitaux dus ne fussent pas alors liquidés (Civ. 1re, 21 janv. 1976 : *D.* 1976, 369, note Gaury).

Art. 1683. – **La rescision pour lésion n'a pas lieu en faveur de l'acheteur.**

Art. 1684. – **Elle n'a pas lieu en toutes ventes qui, d'après la loi, ne peuvent être faites que d'autorité de justice.**

Les ventes non rescindables selon l'article 1684 sont seulement celles ne pouvant être effectuées autrement qu'en justice, ce qui n'est pas le cas de la vente d'immeubles faite par des débiteurs en règlement judiciaire avec l'assistance du syndic et avec l'autorisation du tribunal (Com. 8 juil. 1980 : *Bull.* IV, n. 290, p. 237), ni du traité amiable conclu au cours d'une procédure d'expropriation entre l'administration et un propriétaire (Civ. 3e, 26 oct. 1971 : *Gaz. Pal.* 1972, 1, 160), mais la rescision ne s'applique pas aux ventes sur saisies converties en ventes volontaires (Civ. 1re, 27 avril 1964 : *D.* 1964, 413), ni aux ventes d'immeubles dépendant d'une succession bénéficiaire (Req. 7 nov. 1927 : *D.P.* 1928, 1, 43, rapp. Pringué).

Art. 1685. – **Les règles expliquées dans la section précédente pour les cas où plusieurs ont vendu conjointement ou séparément, et pour celui où le vendeur ou l'acheteur a laissé plusieurs héritiers, sont pareillement observées pour l'exercice de l'action en rescision.**

V. *supra*, art. 1668 et s.

1) En cas de vente de parts indivises d'un immeuble, les copropriétaires qui ont vendu peuvent exercer l'action en rescision sans avoir à se concilier avec celui qui n'a pas vendu (Civ. 1re, 6 oct. 1954 : *J.C.P.* 54, II, 8444, note Laurent).

2) En cas de vente conjointe, si tous les co-vendeurs ne se concilient pas, l'acheteur dispose en vertu de l'article 1670 d'une fin de non-recevoir qui peut être opposée en tout état de cause (Req. 20 juin 1924 : *D.P.* 1925, 1, 22). L'action exercée par un seul coindivisaire est irrecevable sans que puisse être opposée une prétendue solidarité active des indivisaires reposant sur la stipulation par laquelle les vendeurs s'étaient engagés solidairement à l'égard de l'acquéreur à toutes les garanties ordinaires de fait et de droit les plus étendues en pareille matière (Civ. 1re, 23 déc. 1964 : *D.* 1965, 153, note Esmein ; *J.C.P.* 65, II, 14259, note Patarin).

3) L'action en rescision d'une vente conjointe régulièrement intentée à l'encontre de l'acquéreur est recevable au cas où tous les co-vendeurs, par suite de l'adhésion tardive d'un ou de plusieurs d'entre eux, ne se concilient que postérieurement à l'expiration du délai prévu par l'article 1676 (Civ. 3e, 5 nov. 1974 : *Gaz. Pal.* 1975, 1, 211).

4) Les articles 1670 et 1685 sont inapplicables lorsque certains des héritiers sont précisément les acquéreurs contre lesquels l'action en rescision est exercée (Civ. 1re, 2 mai 1961 : *D.* 1961, 476. – Reims, 11 mars 1980 : *J.C.P.* 81, IV, 232), ou lorsque les circonstances rendent impossible l'adhésion d'un co-héritier (Civ. 1re, 9 nov. 1966 : *Gaz. Pal.* 1967, 1, 52). La mise en cause collective prévue par ces textes est sans intérêt lorsque la rescision laisserait subsister une indivision entre l'acquéreur et les héritiers du vendeur (Civ. 1re, 21 mars 1962 : *Gaz. Pal.* 1962, 2, 101).

CHAPITRE VII. – DE LA LICITATION

Art. 1686. – Si une chose commune à plusieurs ne peut être partagée commodément et sans perte ;
Ou si, dans un partage fait de gré à gré de biens communs, il s'en trouve quelques-uns qu'aucun des copartageants ne puisse ou ne veuille prendre.
La vente s'en fait aux enchères, et le prix en est partagé entre les copropriétaires.

Art. 1687. – Chacun des copropriétaires est le maître de demander que les étrangers soient appelés à la licitation : ils sont nécessairement appelés lorsque l'un des copropriétaires est mineur.

Art. 1688. – Le mode et les formalités à observer pour la licitation sont expliqués au titre *Des successions et au Code de procédure civile.*

V. *supra*, art. 815 et s. – C. proc. civ., art. 966 et s.

CHAPITRE VIII. – DU TRANSPORT DES CRÉANCES ET AUTRES DROITS INCORPORELS

Art. 1689. – Dans le transport d'une créance, d'un droit ou d'une action sur un tiers, la délivrance s'opère entre le cédant et le cessionnaire par la remise du titre.

1) Sur le principe que tous les droits incorporels peuvent être cédés, V. Paris 12 déc. 1934 : *D.H.* 1935, 89 ; il en est ainsi par exemple d'une créance non échue (Civ. 28 janv. 1947 : *D.* 1947, 347), ou d'une créance conditionnelle (Civ. 12 juin 1850 : *D.P.* 1850, 1, 195).

2) Le défaut de remise du titre autorise le cessionnaire à demander la résolution (Rouen 14 juin 1847 : *D.P.* 1849, 2, 241).

3) Le fait pour les bénéficiaires d'une promesse de vente de se substituer un tiers ne constitue pas une cession de créance et n'emporte pas obligation d'accomplir les formalités prévues à l'article 1690 (Civ. 3e, 1er avril 1987 : *Bull.* III, n. 68, p. 40 ; *D.* 1987, 454, note Aynès. – Civ. 3e, 27 avril 1988 : *D.* 1989, 65, note Najjar.– V. en ce sens Civ. 3e, 2 juil. 1969 : *D.* 1970, 150, note Aubert).– V. L. Boyer, *Clause de substitution et promesse unilatérale de vente* : *J.C.P.* 87, I, 3310. – F. Bénac-Schmidt, *La promesse unilatérale de vente : à propos de deux questions d'actualité* : *D.* 1990, Chron. 7.

4) Sur la cession de contrat, V. Civ. 16 nov. 1857 : *D.P.* 1858, I, 104. – Ph. Malaurie : *Defrénois* 1976, 1009.

5) La cession d'un contrat synallagmatique permet au cédé de poursuivre directement le cessionnaire qui est tenu envers lui du contrat transmis (Civ. 1re, 14 déc. 1982 : *D.* 1983, 416, note Aynès). Sur le cas de la cession de bail, V. *infra*, art. 1717.

6) Pour des exemples de cessions légales de contrat, V. C. assurances, art. L. 121-10 (aliénation de la chose assurée) et L. 324-1

CESSION DE CRÉANCE   Art. 1690

(transfert de portefeuille). – C. civ., art. 1601-4 (vente d'immeuble à construire), et art. 1831-3 (promotion immobilière).

7) Sur la cession judiciaire des contrats en cas de cession d'entreprise dans le cadre de la procédure de redressement judiciaire (V. L. n. 85-98 du 25 janvier 1985, art. 86, alinéa 2. Pour une application, V. Paris 11 juil. 1986 : *D.* 1987, 55, note Fabiani).

Art. 1690. – **Le cessionnaire n'est saisi à l'égard des tiers que par la signification du transport faite au débiteur.**

Néanmoins, le cessionnaire peut être également saisi par l'acceptation du transport faite par le débiteur dans un acte authentique.

1) Sur l'application de l'article 1690 en matière commerciale, V. Civ. 27 nov. 1865 : *D.P.* 1866, 1, 56. – V. pour la cession d'un bail commercial Com. 14 avril 1961 : *Bull.* III, n. 157, p. 141. Viole ce texte la cour d'appel qui retient que les créances cédées dépendent d'une universalité (fonds de commerce) qui se trouve transmise en bloc et que dans ce cas les formalités ne sauraient être exigées (Com. 11 juin 1981 : *Bull.* IV, n. 264, p. 210). Mais jugé que l'article 1690 n'est pas applicable lorsqu'à la suite d'une fusion de sociétés, la société absorbante vient activement et passivement aux lieu et place de la société absorbée (Civ. 1re, 7 mars 1972 : *D.* 1972, 545. – Com. 18 déc. 1984 : *J.C.P.* 85, IV, 75. – V. en ce sens pour la cession de droits successifs Civ. 16 avril 1889 : *D.P.* 1890, 1, 260. – V. cependant pour le cas où les coïndivisaires conviennent de rester dans l'indivision *infra,* art. 1873-2).

2) L'article 1690 n'est pas applicable aux titres à ordre (Req. 18 juil. 1938 : *S.* 1939, 1, 94). Sur le transfert par endossement des copies exécutoires d'actes notariés, V. L. n. 76-519 du 15 juin 1976 art. 6, *infra,* sous art. 1701.

3) L'article 1690 exige uniquement que la signification touche celui qui doit payer, soit le débiteur lorsque c'est à lui qu'en incombe la charge, soit, dans le cas contraire, le dépositaire qui, sans être personnellement tenu de la dette, a en sa possession les deniers affectés à la créance (Com. 15 juil. 1952 : *D.* 1952, 704). Il n'entre pas dans les attributions des notaires de signifier les actes de transport de créance qu'ils dressent (Req. 26 fév. 1934 : *D.P.* 1936, 1, 39, note Pic).

4) La signification peut être faite dans l'assignation en paiement (Civ. 4 mars 1931 : *D.P.* 1933, 1, 73, note Radouant), ou même en cours d'instance par voie de conclusions (Soc. 7 mars 1963 : *Bull.* IV, n. 226, p. 184. – Civ. 1re, 8 oct. 1980 : *Bull.* I, n. 249, p. 199). Il suffit pour que l'assignation vaille signification de la cession de créance qu'elle donne, comme la signification, un extrait de la cession rendant le transport certain (Com. 18 fév. 1969 : *D.* 1969, 354. – Com. 1er déc. 1987 : *Bull.* IV, n. 251, p. 189).

5) L'acceptation contenue dans un acte sous seing privé est inopposable aux tiers (Civ. 26 juil. 1880 : *D.P.* 1880, 1, 366. – Paris 8 janv. 1969 : *D.* 1969, Somm. 37), mais rend le transfert opposable au débiteur (Civ. 1re, 19 janv. 1970 : *Bull.* I, n. 19, p. 15). Sur la possibilité d'une acceptation tacite, V. Cass. Ass. plén. 14 fév. 1975 : *Bull.* Ass. plén., n. 1, p. 1.

6) Si la signification de la cession ou l'acceptation authentique est en principe nécessaire pour que le cessionnaire puisse opposer aux tiers le droit acquis par lui, le défaut d'accomplissement de ces formalités ne rend pas le cessionnaire irrecevable à réclamer du débiteur cédé l'exécution de son obligation quand cette exécution n'est susceptible de faire grief à aucun droit advenu depuis la naissance de la créance soit audit débiteur cédé, soit à une autre personne étrangère à la cession (Civ. 4 mars 1931 : *D.P.* 1933, 1, 73, note Radouant. V. en ce

Art. 1691   CESSION DE CRÉANCE

sens Civ. 3e, 26 fév. 1985 : *J.C.P.* 86, II, 20607, note Petit ; *Rev. trim. dr. civ.* 1986, 349, obs. Mestre. – Paris 6 juil. 1976 : *D.* 1977, I.R. 197). Mais tant que la cession n'est pas signifiée ou n'est pas acceptée, le débiteur ne peut opposer au cédant un défaut de qualité (Civ. 20 juin 1938 : *D.P.* 1939, 1, 26, note Weill). La saisie-arrêt est nulle si le créancier saisissant a eu une connaissance spéciale et personnelle de la cession malgré l'absence de signification ou d'acceptation (Civ. 7 juil. 1897 : *D.P.* 1898, 1, 483. – Com. 15 juil. 1987 : *Bull.* IV, n. 157, p. 132).

7) Le cessionnaire peut se voir opposer les exceptions que le débiteur cédé pouvait opposer au cédant (Req. 29 juin 1881 : *D.P.* 1882, 1, 33, rapp. Lepelletier). Sur le cas de l'exception de compensation, V. *supra*, art. 1295.

8) Sur la cession de créances professionnelles par le client d'un établissement de crédit, V. L. n. 81-1 du 2 janv. 1981 facilitant le crédit aux entreprises : *J.O.* 3 janv. ; *J.C.P.*

81, III, 50734, mod. L. n. 84-46 du 24 janv. 1984 : *J.C.P.* 84, III, 55250. – D. n. 81-862 du 9 sept. 1981 : *J.C.P.* 81, III, 51778. – Stoufflet et Chaput, *L'allégement de la forme des transmissions de créances liées à certaines opérations de crédit* : *J.C.P.* 81, I, 3044. Jugé qu'il résulte de l'article 4 de la loi du 2 janvier 1981 que le banquier cessionnaire peut réclamer le montant de la créance au banquier réceptionnaire dès lors que la notification prévue par l'article 5 n'a pas eu lieu (Com. 28 oct. 1986 : *J.C.P.* 87, II, 20735, note crit. Stoufflet).

9) Il résulte de l'article 1690 que ne sont des tiers, au sens de ce texte, que ceux qui, n'ayant pas été parties à l'acte de cession, ont intérêt à ce que le cédant soit encore créancier (Civ. 1re, 4 déc. 1985 : *Bull.* I, n. 336, p. 302).

10) Une cession de créance, qui n'a point été acceptée par le débiteur, n'empêche que la compensation des créances postérieures à la notification (Com. 10 mars 1987 : *J.C.P.* 87, II, 20908, note Petit).

Art. 1691. – Si, avant que le cédant ou le cessionnaire eût signifié le transport au débiteur, celui-ci avait payé le cédant, il sera valablement libéré.

Art. 1692. – La vente ou cession d'une créance comprend les accessoires de la créance, tels que caution, privilège et hypothèque.

Les conditions de paiement de la créance cédée demeurent inchangées (Civ. 1re, 6 mai 1968 : *J.C.P.* 69, II, 15737, note Prieur).

Art. 1693. – Celui qui vend une créance ou autre droit incorporel doit en garantir l'existence au temps du transport, quoiqu'il soit fait sans garantie.

1) Sur le principe posé par l'article 1693, V. Soc. 7 oct. 1957 : *Gaz. Pal.* 1957, 2, 325.
– Sur la distinction entre la garantie due par le cédant et la garantie du vendeur, V. Civ. 3e, 15 mai 1970 : *Bull.* III, n. 340, p. 248.

2) La garantie s'étend à l'existence des sûretés attachées à la créance (Civ. 1re, 31 oct. 1962 : *D.* 1963, 363, note Champaud), sauf clause contraire (Civ. 1re, 27 oct. 1976 : *D.* 1977, I.R. 5 ; *Bull.* I, n. 311, p. 249).

3) En cas de résolution, les juges du fond peuvent décider que jusqu'à complet remboursement du prix de cession, le cédant devrait en payer les intérêts au taux conventionnel stipulé dans la créance cédée (Civ. 1re, 31 oct. 1962 : *D.* 1963, 363, note Champaud).

4) Lorsque la cession est faite aux risques et périls du cessionnaire, le cédant est dispensé de payer des dommages-intérêts et de restituer le prix (Req. 17 nov. 1875 : *S.* 1876, 1, 33).

CESSION DE CRÉANCE — Art. 1699

Art. 1694. – Il ne répond de la solvabilité du débiteur que lorsqu'il s'y est engagé, et jusqu'à concurrence seulement du prix qu'il a retiré de la créance.

Art. 1695. – Lorsqu'il a promis la garantie de la solvabilité du débiteur, cette promesse ne s'entend que de la solvabilité actuelle, et ne s'étend pas au temps à venir, si le cédant ne l'a expressément stipulé.

La garantie du cédant ne s'applique que si l'insolvabilité existe au jour de l'échéance (Paris 12 déc. 1973 : *D.* 1974, 570). Elle ne joue pas en cas de négligence du cessionnaire (même arrêt).

Art. 1696. – Celui qui vend une hérédité sans en spécifier en détail les objets n'est tenu de garantir que sa qualité d'héritier.

1) Sur la notion de cession d'hérédité, V. Civ. 1re, 13 juil. 1955 : *D.* 1956, 334, note Vialleton. – Paris 13 nov. 1967 : *D.* 1968, Somm. 71.

2) L'obligation de garantir sa qualité d'héritier mise par l'article 1696 à la charge de celui qui vend une hérédité sans en spécifier en détail les objets implique nécessairement que l'acquéreur de droits successifs peut en être évincé au cas où la qualité d'héritier dont se prévalait son vendeur serait reconnue inexacte (Req. 4 août 1947 : *D.* 1947, 514).

3) Le créancier du cessionnaire peut exercer par voie oblique l'action en rescision pour cause de lésion qui appartenait à celui-ci en tant que co-partageant (Civ. 1re, 17 mai 1977 : *Bull.* I, n. 240, p. 188).

4) Si la cession de droits indivis à un tiers étranger à une indivision post-communautaire et successorale ne lui confère pas la qualité de conjoint survivant ou d'héritier qu'avait son cédant, elle n'en a pas moins pour effet de lui permettre de contester, comme aurait pu le faire ce cédant, que ce demandeur en attribution réunit les conditions exigées par la loi (Civ. 1re, 9 janv. 1980 : *J.C.P.* 80, II, 19420, note Patarin ; *D.* 1980, 293, note Breton).

5) Sur le régime fiscal de la cession de droits successifs, V. C.G.I., art. 750-II.

Art. 1697. – S'il avait déjà profité des fruits de quelque fonds ou reçu le montant de quelque créance appartenant à cette hérédité, ou vendu quelques effets de la succession, il est tenu de les rembourser à l'acquéreur, s'il ne les a expressément réservés lors de la vente.

Art. 1698. – L'acquéreur doit de son côté rembourser au vendeur ce que celui-ci a payé pour les dettes et charges de la succession, et lui faire raison de tout ce dont il était créancier, s'il n'y a stipulation contraire.

Art. 1699. – Celui contre lequel on a cédé un droit litigieux peut s'en faire tenir quitte par le cessionnaire, en lui remboursant le prix réel de la cession avec les frais et loyaux coûts, et avec les intérêts à compter du jour où le cessionnaire a payé le prix de la cession à lui faite.

1) Ni la nature universelle ou particulière d'une cession de droit, ni le caractère mobilier ou immobilier des droits cédés ne dépendent de l'existence d'un litige affectant lesdits droits (Civ. 1re, 24 mars 1965 : *D.* 1965, 430, note A.B.).

2) Sur la prohibition de la cession de droits litigieux à l'égard des magistrats, greffiers, huissiers, avocats, avoués et notaires, V. *supra,* art. 1597.

3) Le retrait litigieux, institution dont le caractère exceptionnel impose une interpré-

Art. 1700 — CESSION DE CRÉANCE

tation stricte tend à mettre un terme au litige portant sur les droits cédés par le remboursement au retrayé du prix que celui-ci est tenu de payer à son cédant (Civ. 1re, 30 juin 1981 : *Bull.* I, n. 238, p. 193). Il ne peut être exercé si le litige porte non sur un droit principal ayant fait l'objet de la cession, mais sur un droit accessoire inséparablement attaché à celui-ci (Civ. 1re, 19 mars 1957 : *Gaz. Pal.* 1957, 2, 39). Un droit au bail litigieux peut faire l'objet d'un retrait à condition qu'il ait été cédé isolément, moyennant un prix spécial (Civ. 1re, 10 janv. 1962 : *J.C.P.* 62, IV, 25 ; *Bull.* I, n. 22, p. 19).

4) La revendication exercée sur un immeuble n'est pas de nature à rendre litigieux au sens de l'article 1699 le droit du propriétaire dès lors que ce dernier est, conformément à l'article 2229, en possession de l'immeuble au moment de la cession (Civ. 1re, 14 fév. 1966 : *D.* 1967, 193, note Franck).

5) Sur le principe que le retrait ne peut être exercé que par celui contre lequel est invoqué le droit litigieux, V. Req. 17 oct. 1933 : *Gaz. Pal.* 1933, 2, 934. – Civ. 1re, 24 mars 1965 : *D.* 1965, 430, note A.B. – Civ. 1re, 10 janv. 1967 : *D.* 1967, 193, note Franck. Jugé que le défendeur à l'action en contrefaçon de brevet qui invoque la nullité dudit brevet se porte demandeur à l'exception sur la poursuite en contrefaçon et ne peut exercer le retrait sur le brevet (Com. 26 mars 1973 : *D.* 1973, Somm. 89 ; *Bull.* IV, n. 133, p. 116).

6) Le retrait ne peut être utilement demandé par voie de conclusions subsidiaires (Req. 26 déc. 1893 : *D.P.* 95, 1, 529). Lorsqu'il a été effectué, il fait tomber toutes les mesures conservatoires qui ont été antérieurement prises par le cessionnaire et tous les actes d'exécution auxquels il a été procédé (même arrêt).

Art. 1700. — **La chose est censée litigieuse dès qu'il y a procès et contestation sur le fond du droit.**

1) Sur le principe que le retrait est permis tant que la décision est susceptible d'un recours ordinaire, V. Civ. 1re, 24 mars 1965 : *D.* 1965, 430, note A.B. – Paris 11 fév. 1969 : *D.* 1970, 522, note Larroumet ; *Rev. crit. dr. int. privé* 1970, 459, note Dayant.

2) Lorsqu'un héritier se borne à réclamer le partage en nature des biens indivis et à discuter par conclusions la composition des lots ainsi que l'évaluation de certains biens, les droits successifs des co-héritiers ne peuvent être dits litigieux au sens de l'article 1700 (Civ. 1re, 30 oct. 1968 : *D.* 1969, 80, note A.B.). Mais jugé que l'instance en opposition à l'ordonnance d'exequatur tend à faire revivre la contestation sur le fond tranchée par les arbitres et imprime à la créance un caractère litigieux (Civ. 1re, 9 janv. 1974 : *J.C.P.* 74, éd G, IV, 67 ; *Bull.* I, n. 12, p. 12. – V. en ce sens Paris 11 fév. 1969, préc.).

3) La créance des arrérages du légataire du créditrentier doit être considérée comme litigieuse au sens de l'article 1700 dès lors que les débirentiers ont sollicité la remise totale ou partielle des majorations légales, et il en résulte que le légataire ne peut en faire une déclaration estimative certaine (Com. 8 juil. 1986 : *Bull.* IV, n. 151, p. 127).

Art. 1701. — **La disposition portée en l'article 1699 cesse :**
1° **Dans le cas où la cession a été faite à un cohéritier ou copropriétaire du droit cédé ;**
2° **Lorsqu'elle a été faite à un créancier en payement de ce qui lui est dû ;**
3° **Lorsqu'elle a été faite au possesseur de l'héritage sujet au droit litigieux.**

La notion de copropriétaire du droit énoncée à l'article 1701-1° doit être prise dans son sens large et peut être appliquée en cas d'existence d'une société entre le cédant et le cessionnaire (Colmar 2 juil. 1974 : *J.C.P.* 76, II, 18240, note Burst).

CESSION DE CRÉANCE — Art. 1701

L. n. 76-519 du 15 juin 1976 (J.O. 16 juin 1976)
relative à certaines formes de transmission des créances

Art. 1er. – Pour permettre au créancier de poursuivre le recouvrement de sa créance, le notaire établit une copie exécutoire, qui rapporte littéralement les termes de l'acte authentique qu'il a dressé. Il la certifie conforme à l'original et la revêt de la formule exécutoire.

Art. 2. – Aucune créance ne peut faire l'objet d'une copie exécutoire au porteur.

Art. 3. – Sous réserve des dispositions de l'article 15, il ne peut être créé de copie exécutoire à ordre qu'en représentation d'une créance garantie par un privilège spécial immobilier ou par une hypothèque immobilière.

Art. 4. – La copie exécutoire à ordre, autorisée comme il est dit à l'article 3, ne peut être établie que si sa création a été prévue dans l'acte notarié constatant la créance ou dans un acte rédigé à la suite de celui-ci. En cas de fractionnement de la créance ou de pluralité de créanciers, cet acte doit indiquer le nombre de copies exécutoires et le montant de la somme pour laquelle chacune d'elles sera établie.

Art. 5. – La copie exécutoire à ordre est établie au nom du créancier.
Lors de sa remise au créancier, elle doit comporter les mentions suivantes :
1° La dénomination « copie exécutoire à ordre (transmissible par endossement) » ;
2° Le texte des articles 6, alinéa 1, et 7 de la présente loi ;
3° Le montant de la somme due ou restant due à concurrence de laquelle elle vaut titre exécutoire ;
4° La mention « copie exécutoire unique » ou l'indication de son numéro, au cas de pluralité de copies exécutoires ;
5° La référence complète à l'inscription de la sûreté et de la date extrême d'effet de cette inscription.
Le titre dans lequel une des mentions indiquées ci-dessus fait défaut, ne vaut pas comme copie exécutoire à ordre.

Art. 6. – L'endossement de la copie exécutoire à ordre est obligatoirement constaté par acte notarié et porté sur la copie exécutoire elle-même.
La mention d'endos porte la date de son apposition, la signature de l'endosseur, le montant de la somme due ou restant due au moment de l'endossement, la désignation de l'endossataire, son acceptation et sa signature, ainsi que la désignation et la signature du notaire.
L'endossement emporte transfert de la créance et de ses accessoires, s'il n'est stipulé fait à titre de procuration ou de nantissement.
Le transfert ou le nantissement d'une créance ayant donné lieu à l'établissement d'une copie exécutoire à ordre ne peut être effectué selon les formalités de l'article 1690 du Code civil.
Un endossement à titre de procuration ne peut être effectué lorsque, par l'acte notarié ayant constaté la créance, un établissement bancaire, financier, de crédit à statut légal spécial ou un notaire a été chargé de recevoir paiement pour le compte du créancier.
Le notaire signataire, en application de l'alinéa 2 ci-dessus, notifie l'endossement, par lettre recommandée avec demande d'avis de réception, au notaire qui a reçu l'acte ayant constaté la créance, au débiteur, le cas échéant au domicile élu dans l'acte constitutif de la créance, ainsi que, le cas échéant, à l'établissement bancaire, financier ou de crédit à statut légal spécial ou au notaire mandaté, aux termes de l'acte ayant constaté la créance, à l'effet de payer pour le

Art. 1701   CESSION DE CRÉANCE

compte du débiteur. Au cas d'endossement translatif ou à titre de nantissement, pareille notification doit être effectuée à l'établissement bancaire, financier ou de crédit à statut légal spécial ou au notaire chargé de recevoir paiement pour le compte du créancier, au cas où, par l'acte notarié ayant constaté la créance, un tel établissement ou un notaire aurait été désigné.

Les notifications prévues à l'alinéa précédent sont mentionnées par le notaire sur la copie exécutoire. Celle qui est faite au débiteur dispense de la signification préalable à l'expropriation forcée, mentionnée par l'article 2214 du Code civil.

Le notaire qui a reçu l'acte ayant constaté la créance mentionne sur la minute de cet acte la notification qu'il a reçue du notaire signataire de l'endossement.

L'inobservation des règles énoncées aux premier et deuxième alinéas du présent article entraîne la nullité de l'endossement ; l'absence de l'une des notifications prévues au sixième alinéa entraîne son inopposabilité aux tiers.

A l'égard des tiers, sans qu'il soit besoin d'autre formalité, l'endossement prend effet à la date de la notification au débiteur, à moins que l'acte notarié ayant constaté la créance ait désigné un établissement bancaire, financier ou de crédit à statut légal spécial ou un notaire, mandaté à l'effet de payer pour le compte du débiteur, auquel cas l'endossement ne prend effet à l'égard des tiers qu'à la date de la notification adressée à cet établissement ou à ce notaire.

Art. 7. – Le paiement total ou partiel du capital ne peut être exigé que sur présentation de la copie exécutoire à ordre, à moins qu'en vertu d'une disposition de l'acte ayant constaté la créance, le paiement doive être effectué à un établissement bancaire, financier ou de crédit à statut légal spécial ou à un notaire chargé d'exiger et de recevoir paiement pour le compte du créancier.

Les paiements anticipés ne libèrent le débiteur que s'ils sont portés sur la copie exécutoire à ordre ; toutefois, à l'égard du créancier qui a reçu l'un de ces paiements ou d'un créancier de ce dernier ayant fait saisie-arrêt, la libération du débiteur peut être établie dans les conditions du droit commun.

Art. 8. – Le débiteur actionné en vertu d'une copie exécutoire à ordre ne peut pas opposer au créancier qui en est titulaire les exceptions fondées sur ses rapports personnels avec les créanciers antérieurs, à moins que le créancier titulaire de la créance, en acquérant celle-ci, n'ait agi sciemment au détriment du débiteur.

Art. 9. – Le créancier n'a pas de recours, à raison de l'insolvabilité du débiteur, contre les créanciers précédemment titulaires de la copie exécutoire à ordre.

Art. 10. – La mainlevée de l'inscription hypothécaire qui garantit une créance représentée par une copie exécutoire à ordre est donnée par le dernier endossataire.

Le droit d'établir l'acte de mainlevée n'appartient qu'au notaire détenteur de l'acte ayant constaté la créance.

Le notaire énonce dans l'acte de mainlevée la dernière mention d'endossement que comporte la copie exécutoire, ou, en cas de perte de celle-ci, la dernière mention de notification que comporte la minute ; en l'absence de mention, il atteste qu'il n'y a pas de mention d'endossement sur la copie exécutoire ou, en cas de perte de celle-ci, que la minute ne comporte pas de mention de notification.

Il revêt la copie exécutoire d'une mention de référence à l'acte de mainlevée et atteste dans ce dernier l'apposition de cette mention.

Il certifie dans le même acte que les règles prévues par l'article 6, alinéas 1, 2 et 6, ont été observées.

Ces énonciations dispensent le conservateur des hypothèques d'exiger d'autres justifications.

CESSION DE CRÉANCE   Art. 1701

Art. 11. – Les formalités mentionnées aux articles 5, alinéa 2, 2°, 6, 7 et à l'article 10, alinéa 5, ne sont pas obligatoires, lorsque la copie exécutoire à ordre est créée ou endossée au profit d'un établissement bancaire, financier ou de crédit à statut légal spécial.

En cas d'endossement par un des établissements mentionnés à l'alinéa précédent au profit d'une personne autre que l'un de ces établissements, la copie exécutoire à ordre doit comporter la mention prévue par l'article 5, alinéa 2, 2°, s'il y a lieu, et la mention des paiements anticipés effectués antérieurement à peine par l'établissement endosseur d'engager sa responsabilité envers le débiteur.

Art. 12. – Toute créance, constatée par un acte reçu en brevet ou par un acte sous seing privé et garantie par un privilège immobilier spécial ou une hypothèque immobilière, ne peut être transmise qu'en conformité des dispositions de l'article 1690 du Code civil.

Art. 13. – La créance, constatée par un acte reçu en minute et garantie par un privilège immobilier spécial ou une hypothèque immobilière, peut être représentée par des billets ou effets négociables dont la transmission emporte transfert de la créance et de la sûreté, sans qu'il soit besoin d'autre formalité.

Toutefois ;

La création de ces billets ou effets doit avoir été prévue par l'acte ayant constaté la créance ;

Ces billets ou effets ne peuvent être souscrits, tirés ou endossés qu'au bénéfice d'un établissement bancaire, financier ou de crédit à statut légal spécial ;

La créance ne peut pas être représentée par une copie exécutoire à ordre.

Art. 14. – Les dispositions des articles 6, 7 et 10, 12 et 13 de la présente loi ne dérogent pas aux lois spéciales et notamment aux dispositions du titre III de l'ordonnance n. 67-838 du 28 septembre 1967, portant réforme du crédit aux entreprises, et de l'article 16 de la loi n. 69-1263 du 31 décembre 1969, portant diverses dispositions d'ordre économique et financier.

Art. 15. – Les dispositions de l'article 3 et des articles suivants de la présente loi ne sont pas applicables à la création et à la transmission de copies exécutoires à ordre représentant des créances garanties par une hypothèque sur un bateau de navigation intérieure, un navire ou autre bâtiment de mer ou un aéronef.

Art. 16. – La présente loi est applicable aux copies exécutoires, billets et effets délivrés, souscrits ou tirés après l'expiration du délai d'un mois, à compter de sa promulgation.

Les copies exécutoires au porteur et les copies exécutoires à ordre, délivrées antérieurement à l'entrée en vigueur de la présente loi, devront être transformées, en cas de prorogation du terme prévu pour le paiement, en copies exécutoires nominatives ou en copies exécutoires à ordre régies par les dispositions de ladite loi.

Les billets ou effets, souscrits ou tirés antérieurement à l'entrée en vigueur de la présente loi, ne pourront donner lieu à prorogation du terme prévu pour le paiement que si les conditions fixées à l'article 13 sont remplies.

Art. 17. – Les dispositions de la présente loi sont d'ordre public.

Art. 18. – Les dispositions de la présente loi sont applicables dans les territoires d'outre-mer.

Art. 1702 ÉCHANGE

TITRE VII. – DE L'ÉCHANGE

Art. 1702. – L'échange est un contrat par lequel les parties se donnent respectivement une chose pour une autre.

1) Les juges du fond peuvent estimer qu'il n'y a pas échange mais vente lorsque l'importance de la soulte permet de la considérer comme l'objet principal de l'obligation de l'une des parties (Civ. 3e, 26 juin 1973 : *Bull.* III, n. 436, p. 317).

2) Les caractères essentiels d'une opération de bourse sont incompatibles avec ceux d'un échange (Com. 3 mai 1973 : *Bull.* IV, n. 158, p. 137). Sur l'émission par une société par actions d'obligations échangeables contre des actions, V. L. n. 66-537 du 24 juil. 1966 sur les sociétés commerciales, art. 200 et s.

3) Sur le remembrement des exploitations rurales et certains échanges d'immeubles ruraux, V. C. rural, art. 16 et 19 à 38-3.

Art. 1703. – L'échange s'opère par le seul consentement, de la même manière que la vente.

Sur le principe que le consentement réciproque des parties doit porter à la fois sur les biens à échanger et sur le montant de la soulte, V. Civ. 3e, 27 nov. 1984 : *D.* 1985, 76.

Art. 1704. – Si l'un des copermutants a déjà reçu la chose à lui donnée en échange et qu'il prouve ensuite que l'autre contractant n'est pas propriétaire de cette chose, il ne peut pas être forcé à livrer celle qu'il a promise en contre-échange, mais seulement à rendre celle qu'il a reçue.

Art. 1705. – Le copermutant qui est évincé de la chose qu'il a reçue en échange a le choix de conclure à des dommages et intérêts, ou de répéter sa chose.

Art. 1706. – La rescision pour cause de lésion n'a pas lieu dans le contrat d'échange.

Art. 1707. – Toutes les autres règles prescrites pour le contrat de vente s'appliquent d'ailleurs à l'échange.

1) Sur la nullité des contre-lettres ayant pour objet une dissimulation dans la soulte d'un échange, V. C.G.I., art. 1840, *supra*, sous art. 1321.

2) L'acte d'échange peut constituer un juste titre au sens de l'article 2265 du Code civil (Civ. 3e, 4 juil. 1973 : *Bull.* III, n. 465, p. 340).

CONTRAT DE LOUAGE — Art. 1709

TITRE VIII. — DU CONTRAT DE LOUAGE

CHAPITRE I. — DISPOSITIONS GÉNÉRALES

Art. 1708. — Il y a deux sortes de contrats de louage :
Celui des choses,
Et celui d'ouvrage.

Art. 1709. — Le louage des choses est un contrat par lequel l'une des parties s'oblige à faire jouir l'autre d'une chose pendant un certain temps, et moyennant un certain prix que celle-ci s'oblige de lui payer.

1) L'article 1709 n'exigeant pas que la jouissance du preneur soit exclusive, il y a bail même si le bailleur s'est réservé pour lui-même la jouissance commune de tout ou partie des locaux loués (Soc. 29 juin 1960 : *Bull.* IV, n. 698, p. 540). Il n'est pas nécessaire pour qu'il y ait bail que la jouissance du preneur soit permanente (Com. 22 nov. 1966 : *Bull.* III, n. 446, p. 394).

2) Sur le caractère purement personnel et mobilier du droit du preneur, V. Req. 6 mars 1861 : *D.P.* 61, 1, 417.

3) Sur la distinction entre bail et convention d'occupation précaire, V. Civ. 3ᵉ, 16 avril 1970 : *Bull.* III, n. 245, p. 181. – Paris 15 déc. 1962 : *J.C.P.* 63, II, 13021, note P.L. Une convention d'occupation précaire n'est pas exclusive d'une redevance (Soc. 4 nov. 1960 : *D.* 1961, 11. – Paris 15 déc. 1962, préc.).

4) L'interdiction des baux perpétuels est d'ordre public (Soc. 29 mai 1954 : *D.* 1954, 640). Le juge ne peut se borner à réduire à 99 ans la durée maxima de la location (Civ. 20 mars 1929 : *D.P.* 1930, 1, 13, note Voirin). Est nul comme perpétuel le bail comportant une clause de renouvellement le rendant prorogeable à la seule volonté du preneur tous les trois ans, de telle sorte qu'il reste toujours neuf années à courir (Soc. 29 mai 1954, prec. – V. aussi Civ. 3ᵉ, 8 mai 1973 : *J.C.P.* 73, IV, 223 ; *Bull.* III, n. 320, p. 232). Mais il en est autrement si le bail doit nécessairement connaître un terme avec le décès du preneur (Civ. 3ᵉ, 4 avril 1968 : *Bull.* III, n. 150, p. 120. – Civ. 3ᵉ, 30 nov. 1983 : *Bull.* III, n. 249, p. 189). N'est pas perpétuel le bail limité à la durée du séjour du preneur dans la ville (Civ. 3ᵉ, 21 fév. 1969 : *J.C.P.* 69, IV, 80 ; *Bull.* III, n. 170, p. 129). Mais doit être annulée comme perpétuelle la convention locative prévoyant qu'elle se terminera à l'épuisement d'une carrière et dont aucune disposition n'impose au locataire l'exploitation de cette dernière sur laquelle il lui est concédé un droit d'exploitation (Civ. 3ᵉ, 15 janv. 1976 : *J.C.P.* 76, IV, 76 ; *Bull.* III, n. 16, p. 12).

5) La promesse de bail vaut bail lorsqu'il y a accord sur la chose et sur le prix (Civ. 3ʳ, 23 fév. 1982 : *J.C.P.* 82, IV, 167).

6) Il ne peut y avoir contrat de louage lorsque le preneur consomme la substance même de la chose (Civ. 3ᵉ, 25 oct. 1983 : *J.C.P.* 84, IV, 3 ; *Bull.* III, n. 197, p. 151).

Art. 1710   CONTRAT DE LOUAGE

Art. 1710. – Le louage d'ouvrage est un contrat par lequel l'une des parties s'engage à faire quelque chose pour l'autre, moyennant un prix convenu entre elles.

Art. 1711. – Ces deux genres de louage se subdivisent encore en plusieurs espèces particulières :
On appelle *bail à loyer,* le louage des maisons et celui des meubles ;
Bail à ferme, celui des héritages ruraux ;
Loyer, le louage du travail ou du service ;
Bail à cheptel, celui des animaux dont le profit se partage entre le propriétaire et celui à qui il les confie ;
Les *devis, marché* ou *prix fait,* pour l'entreprise d'un ouvrage moyennant un prix déterminé, sont aussi un louage, lorsque la matière est fournie par celui pour qui l'ouvrage se fait.
Ces trois dernières espèces ont des règles particulières.

Art. 1712. – Les baux des biens nationaux, des biens des communes et des établissements publics, sont soumis à des règlements particuliers.

CHAPITRE II. – DU LOUAGE DES CHOSES

Art. 1713. – On peut louer toutes sortes de biens meubles ou immeubles.

1) Le louage d'un mur en vue d'y placer des affiches constitue un bail à loyer (Civ. 3 mars 1925 : *Gaz. Pal.* 1925, 1, 644). Est un contrat de louage le contrat par lequel une banque met un coffre-fort à la disposition d'un client (Req. 11 fév. 1946 : *D.* 1946, 365, note Tunc. – V. cependant, décidant qu'un tel contrat est de nature plus complexe, Paris 19 avril 1984 : *J.C.P.* 85, éd. E, II, 14491, note Prévault. – Paris 9 oct. 1986 : *Rev. trim. dr. civ.* 1987, 568, obs. Rémy, et, sur pourvoi, Civ. 1re, 15 nov. 1988 : *Bull.* I, n. 318, p. 216 ; *D.* 1989, 349, note Delebecque). Mais un bien ne peut faire l'objet d'un contrat de louage lorsqu'il est impossible de jouir de la chose louée sans en consommer la substance (Civ. 3e, 30 mai 1969 : *J.C.P.* 70, II, 16173, note Hubrecht. – Civ. 3e, 25 oct. 1983 : *J.C.P.* 84, IV, 3) (extraction de matériaux).

2) Le bail de la chose d'autrui est valable dans les rapports entre le bailleur et le preneur tant que celui-ci en a la jouissance paisible (Civ. 17 mai 1927 : *D.P.* 1928, 1, 25, concl. Matter et note Capitant. – Civ. 3e, 13 fév. 1985 : *Bull.* III, n. 33, p. 24). Le bailleur ne peut donc rompre unilatéralement la convention qui le lie au preneur (Civ. 3e, 26 avril 1972 : *Gaz. Pal.* 1972, 2, 899). La location consentie par le propriétaire apparent de la chose louée est opposable au véritable propriétaire lorsque le locataire a traité de bonne foi sous l'empire de l'erreur commune (Civ. 3e, 4 fév. 1975 : *J.C.P.* 75, IV, 95 ; *Bull.* III, n. 36, p. 29. – Civ. 2e, 21 janv. 1981 : *Bull.* II, n. 17, p. 12). Jugé que le bail est opposable au propriétaire réel sans qu'il y ait à rechercher la bonne foi du propriétaire apparent (Civ. 2e, 11 juin 1980 : *Bull.* II, n. 115, p. 85).

3) Sur l'application aux étrangers des lois en matière de baux à loyers et de baux à ferme, V. L. 28 mai 1943 : *J.C.P.* 43, III, 7559.

LOUAGE DES CHOSES — Art. 1715

SECTION I. – DES RÈGLES COMMUNES AUX BAUX DES MAISONS ET DES BIENS RURAUX

Art. 1714 *(Ord. 17 oct. 1945, art. 44 ; L. 13 avril 1946).* – **On peut louer, ou par écrit ou verbalement, sauf, en ce qui concerne les biens ruraux, application des règles particulières aux baux à ferme et à colonat partiaire.**

Sur l'opposabilité au véritable propriétaire du bail rural consenti par le propriétaire apparent, V. Civ. 3e, 21 janv. 1981 : *D.* 1983, 36, note Diener.

Art. 1715. – **Si le bail fait sans écrit n'a encore reçu aucune exécution, et que l'une des parties le nie, la preuve ne peut être reçue par témoins, quelque modique qu'en soit le prix, et quoiqu'on allègue qu'il y a eu des arrhes données.**
Le serment peut seulement être déféré à celui qui nie le bail.

1) L'article 1715 régit exclusivement les rapports des parties elles-mêmes (Com. 27 juin 1955 : *Gaz. Pal.* 1955, 2, 223). Le bailleur principal peut faire par tous les moyens la preuve de la sous-location (Soc. 21 nov. 1963 : *J.C.P.* 63, IV, 157 ; *Bull.* IV, n. 686, p. 569. – V. en ce sens. Soc. 12 juil. 1956 : *Gaz. Pal.* 1956, 2, 120).

2) Celui qui réclame la réparation du dommage résultant de voies de fait peut faire la preuve par tous moyens de sa qualité de locataire contre l'auteur du dommage dès lors que ce dernier n'est ni partie au contrat de bail, ni un tiers au sens de l'article 1328 du Code civil (Civ. 3e, 28 juin 1978 : *Bull.* III, n. 271, p. 208).

3) Les moyens de preuve prescrits par l'article 1715 ne sont pas exigés s'il ne s'agit pas de prouver l'existence d'un bail mais seulement de déterminer l'existence et l'étendue de la chose louée (Soc. 1er juin 1957 : *Bull.* IV, n. 652, p. 464. – Civ. 3e, 22 janv. 1970 : *Bull.* III, n. 50, p. 36).

4) Il ressort de l'article 109 du Code de commerce qu'un bail d'immeuble consenti par un propriétaire non commerçant à un commerçant en vue de l'exploitation de son commerce prend à l'égard de ce dernier le caractère d'un acte de commerce dont la preuve peut être rapportée par le bailleur conformément aux dispositions du Code de commerce (Com. 14 fév. 1956 : *Gaz. Pal.* 1956, 1, 341).

5) Viole l'article 1715 la décision qui énonce que le commencement d'exécution d'un bail verbal ne peut, pas plus que le contrat lui-même, être prouvé par témoin ou à l'aide de présomptions alors que le texte susvisé n'édicte cette prohibition que lorsque le bail n'a pas été exécuté (Civ. 3e, 26 fév. 1971 : *J.C.P.* 71, IV, 83 ; *Bull.* III, n. 147, p. 105. – V. en ce sens Civ. 3e, 23 nov. 1977 : *Bull.* III, n. 405, p. 307). La preuve d'un commencement d'exécution n'est pas nécessaire lorsque le bail résulte d'un échange de lettres (Civ. 3e, 18 juil. 1977 : *J.C.P.* 77, IV, 246 ; *Bull.* III, n. 318, p. 241). Sur le pouvoir souverain des juges du fond pour apprécier l'existence du commencement d'exécution V. Civ. 3e, 12 déc. 1968 : *Bull.* III, n. 541, p. 416. Jugé que ce commencement d'exécution suppose de la part de celui qui s'en prévaut non seulement l'exercice des droits mais aussi l'accomplissement des obligations découlant du prétendu bail, notamment le paiement d'une somme correspondant au loyer (Soc. 24 oct. 1958 : *D.* 1958, 728). Le seul versement de sommes qualifiées sur les quittances de « loyer » et non « d'indemnité » ne constitue pas nécessairement la preuve de l'existence d'une location, en l'absence d'autres éléments déterminant de façon non équivoque l'intention des parties en ce sens (Soc. 3 mai 1957 : *J.C.P.* 57, IV, 85 ; *Bull.* IV, n. 502, p. 355. – Comp. Civ. 3e, 2 mai 1968 : *D.* 1968, 548).

Art. 1716 — LOUAGE DES CHOSES

Art. 1716. – Lorsqu'il y aura contestation sur le prix du bail verbal dont l'exécution a commencé, et qu'il n'existera point de quittance, le propriétaire en sera cru sur son serment, si mieux n'aime le locataire demander l'estimation par experts ; auquel cas les frais de l'expertise restent à sa charge, si l'estimation excède le prix qu'il a déclaré.

1) Le serment ne peut être déféré au propriétaire que sur un fait qui lui soit personnel et on ne saurait lui déférer serment sur le prix d'un bail verbal conclu par son père décédé (Civ. 20 nov. 1945 : *D.* 1946, 184).

2) Au cas où le prix d'estimation confirme celui déclaré par le preneur, les juges du fond peuvent comprendre les frais d'expertise dans la masse des dépens partagés entre les parties (Req. 26 déc. 1899 : *D.P.* 1900, 1, 126).

3) L'article 1716 n'a pas le caractère d'une disposition d'ordre public et, à défaut de convention entre les parties, il appartient au juge de fixer le prix selon les circonstances (Civ. 3e, 3 oct. 1968 : *Gaz. Pal.* 1969, 1, 139). Mais il n'a pas le pouvoir d'appliquer d'office les dispositions de l'article 1716 (Civ. 3e, 22 fév. 1989 : *Bull.* III, n. 42, p. 24).

4) Les juges ne peuvent se substituer aux parties en désaccord sur la désignation du tiers auquel doit incomber la charge de déterminer le prix (Civ. 3e, 27 avril 1976 : *Bull.* III, n. 176, p. 137).

Art. 1717. – Le preneur a le droit de sous-louer et même de céder son bail à un autre, si cette faculté ne lui a pas été interdite.
Elle peut être interdite pour le tout ou partie.
Cette clause est toujours de rigueur.

I. Sous-locations

1) La mise à la disposition d'une personne, par le preneur d'un appartement, d'une chambre de service moyennant des heures de travail a pour contrepartie des prestations en nature et doit être regardée comme une véritable sous-location (Civ. 3e, 17 mars 1975 : *J.C.P.* 75, IV, 153 ; *Bull.* III, n. 103, p. 77).

2) La sous-location constitue un contrat distinct du bail principal et obéit à des règles qui lui sont propres, indépendantes des rapports juridiques unissant le propriétaire de l'immeuble au locataire principal (Civ. 3e, 24 avril 1974 : *J.C.P.* 74, IV, 203 ; *Bull.* III, n. 167, p. 125). La résiliation du bail principal pour sous-location irrégulière entraîne nécessairement la résiliation de celle-ci (Civ. 3e, 19 juin 1970 : *Bull.* III, n. 434, p. 315).

3) Un propriétaire désirant reprendre la disposition de locaux précédemment donnés à bail et trouvant dans les locaux un occupant se prétendant sous-locataire a qualité pour agir directement contre cet occupant à l'effet de contester l'existence ou la régularité du titre dont celui-ci se prévaut et de demander son expulsion (Soc. 3 oct. 1957 : *J.C.P.* 58, II, 10359).

4) L'autorisation en général de sous-louer ne dispense pas le locataire principal de l'obligation d'appeler le bailleur à concourir aux actes de sous-location (Civ. 3e, 13 mars 1979 : *J.C.P.* 79, IV, 174).

5) Sur l'interdiction pour le preneur de sous-louer et de céder, sauf clause contraire du bail, dans les baux soumis à la loi du 1er septembre 1948, V. art. 78 de ladite loi, *infra* sous art. 1778. Mais cette disposition n'est pas applicable aux sous-locations et cessions faites à une société civile professionnelle (L. n. 66-879 du 29 nov. 1966, art. 33, *infra*, sous art. 1873).

LOUAGE DES CHOSES   Art. 1718

II. *Cessions*

Voir DENIS, *La cession de bail immobilier* : *D.* 1976, chron. 269.

6) La cession du bail est un contrat d'une nature particulière, comportant cession de créance au profit du cessionnaire, mais aussi transfert à la charge de celui-ci de l'obligation de payer le loyer et d'exécuter les conditions de la location (Soc. 12 nov. 1954 : *D.* 1955, 22). Une telle convention n'est pas assimilable à une vente et ne comporte pas nécessairement stipulation d'un prix (même arrêt).

7) La cession d'un bail n'est opposable au bailleur que si elle lui a été signifiée conformément aux dispositions de l'article 1690 du Code civil ou acceptée par lui dans un acte authentique (Soc. 27 oct. 1955 : *J.C.P.* 56, II, 9132, 1re esp.). L'une ou l'autre de ces formalités ne peut devenir inutile que si le bailleur a eu connaissance de la cession et l'a acceptée sans équivoque (Cass. Ass. plén. 14 fév. 1975 : *J.C.P.* 75, IV, 111 ; *Bull.* Ass. plén. n. 1, p. l). Le fait de percevoir les loyers payés par le cessionnaire n'implique pas une acceptation sans équivoque (Civ. 3e, 5 mai 1975 : *Bull.* III, n. 150, p. 113).

8) Les cessionnaires successifs d'un droit au bail deviennent, par l'effet même de la cession du contrat synallagmatique de louage, débiteurs du bailleur originaire et demeurent à ce titre, et malgré la rétrocession de leurs droits, tenus envers lui jusqu'à l'expiration du bail des obligations qui en dérivent (Soc. 9 nov. 1956 : *Gaz. Pal.* 1957, 1, 120. V. en ce sens Civ. 7 janv. 1947 : *J.C.P.* 47, II, 3510, note Becqué). La nullité, ultérieurement prononcée, de la cession ne peut avoir aucun effet sur la résiliation du bail qui s'est produite de plein droit à la suite du commandement infructueux délivré au cessionnaire (Civ. 3e, 10 mai 1977 : *Gaz. Pal.* 1978, 1, 18, note Plancqueel).

9) Alors que l'apport du seul droit au bail est assimilable à une cession, il n'en est pas de même lorsque cet apport est réalisé dans le cadre d'une fusion par absorption (Paris 17 avril 1976 : *Gaz. Pal.* 1976, 2, 751).

III. *Clauses prohibitives ou restrictives de la faculté de sous-louer ou de céder*

10) La clause d'un bail énonçant que les preneurs ne pourraient céder leurs droits sans le consentement exprès et par écrit du bailleur, si elle ne constitue pas une interdiction absolue de céder le bail et ne permet pas au bailleur de refuser son consentement à la cession sans motifs légitimes, oblige par contre le preneur à solliciter le consentement du bailleur avant de procéder à la cession (Req. 16 nov. 1927 : *D.P.* 1928, 1, 61, rapp. Bricout). Le refus du propriétaire de donner son agrément à une cession qui diminuait la garantie qu'il tenait du bail ne constitue pas un abus de droit (Soc. 25 mars 1958 : *Gaz. Pal.* 1958, 1, 437).

11) En présence d'une clause interdisant au locataire de céder ses droits à toute personne sauf à un successeur dans le même commerce, un arrêt peut retenir par une interprétation nécessaire, exclusive de dénaturation, des termes obscurs et ambigus de ladite clause, que celle-ci doit s'entendre dans la commune intention des parties comme ne comportant point l'obligation que le cessionnaire soit également l'acquéreur du fonds (Civ. 3e, 11 janv. 1978 : *J.C.P.* 78, II, 18944, note Boccara).

12) Après avoir constaté l'existence de l'infraction reprochée, une cour d'appel n'a fait qu'user de son pouvoir souverain d'appréciation en estimant que la sous-location ne revêtait pas une gravité suffisante pour entraîner la résiliation du bail (Civ. 3e, 19 fév. 1976 : *Gaz. Pal.* 1976, 1, Somm. 134).

Art. 1718 *(L. n. 65-570 du 13 juil. 1965, art. 4)*. – **Les dispositions des deuxième et troisième alinéas de l'article 595 relatif aux baux passés par les usufruitiers sont applicables aux baux passés par le tuteur sans l'autorisation du conseil de famille.**

Art. 1719 — LOUAGE DES CHOSES

Ancien art. 1718 *(Dispositions antérieures à la L. n. 65-570 du 13 juil. 1965, restant applicables aux mariages conclus avant l'entrée en vigueur de ladite loi).* — *Les articles du titre Du Contrat de mariage et des Droits respectifs des époux, relatifs aux baux des biens des femmes mariées, sont applicables aux baux des biens des mineurs.*

Art. 1719. – **Le bailleur est obligé, par la nature du contrat, et sans qu'il soit besoin d'aucune stipulation particulière :**
1° De délivrer au preneur la chose louée ;
2° D'entretenir cette chose en état de servir à l'usage pour lequel elle a été louée ;
3° D'en faire jouir paisiblement le preneur pendant la durée du bail ;
4° *(Ord. 17 oct. 1945, art. 44 ; L. 13 avril 1946)* **D'assurer également la permanence et la qualité des plantations.**

I. Obligation de délivrance

1) Lorsque le preneur allègue une délivrance partielle, le bailleur doit établir qu'il a satisfait entièrement à son obligation (Civ. 3e, 30 oct. 1972 : *Bull.* III, n. 563, p. 414).

2) L'obligation de délivrance n'ayant aucun caractère personnel, le juge peut ordonner son exécution par la force publique (Soc. 20 juin 1963 : *J.C.P.* 63, IV, 105 ; *Bull.* IV, n. 531, p. 437).

3) Un locataire ne peut invoquer la non-délivrance d'une cave d'importance minime pour se soustraire à l'obligation de payer le loyer (Soc. 6 mars 1964 ; *Bull.* IV, n. 215, p. 174).

4) Ne donne pas de base légale à sa décision l'arrêt qui, pour condamner des locataires à payer des loyers arriérés à la suite de la location d'un « mobil home », se borne à énoncer que, selon le contrat, la livraison du matériel et son installation sont faites aux frais et risques du locataire, sous sa responsabilité, sans rechercher si l'obligation de livrer le « mobil home », dont ne pouvait s'exonérer la société bailleresse, avait été remplie (Civ. 1re, 11 oct. 1989 : *J.C.P.* 89, IV, 394).

II. Obligation d'entretien

5) L'obligation continue d'entretien de l'article 1719 est distincte de l'obligation de réparer de l'article 1720, lequel ne vise que la réparation des accidents survenus en dehors de l'usure normale et que le bailleur ne peut connaître s'il n'en a pas été prévenu (Soc. 21 fév. 1959 : *Bull.* IV, n. 286, p. 233).
Il appartient en conséquence au propriétaire de veiller de façon constante, et sans avoir même à être informé par son locataire de la nécessité des travaux à effectuer, à l'entretien de son immeuble, c'est-à-dire à la réparation des outrages naturels du temps et de l'usure normale due à l'action des éléments (même arrêt). Jugé que les travaux de transformation imposés par les services de sécurité de l'Administration doivent être pris entièrement en charge par le bailleur en application de l'article 1719, alinéa 3, puisque leur inexécution rendrait l'immeuble impropre à sa destination contractuelle (Paris 4 oct. 1979 : *Gaz. Pal.* 1980, 1, 243, note J. et P.-H. Brault. V. en ce sens Civ. 3e, 10 mai 1989 : *Bull.* III, n. 102, p. 57).

6) Le bailleur n'est pas tenu de reconstruire en cas de perte totale ou partielle (Com. 11 mai 1955 : *J.C.P.* 55, II, 8953, note J.G.L.). Mais les juges du fond ne peuvent assimiler la réfection de volets à la reconstruction d'un immeuble partiellement détruit sans rechercher si les réparations seraient hors de proportion avec la valeur de la chose louée (Civ. 3e, 4 juil. 1968 : *Bull.* III, n. 319, p. 246).

7) L'obligation mise à la charge du bailleur par l'article 1719-2° doit s'entendre non seulement de l'entretien qu'il doit

assurer personnellement mais de celui qu'il a pu mettre contractuellement à la charge d'autres personnes. Il en est ainsi notamment dans un immeuble d'habitation collective si le propriétaire s'est exonéré contractuellement de l'obligation d'entretien de certaines parties communes en mettant cette obligation à la charge des locataires, chacun pour une part déterminée. Dans ce cas, le propriétaire reste tenu, à l'égard des divers locataires, de l'observation par les autres de leurs obligations respectives (Soc. 6 fév. 1958 : *J.C.P.* 59, II, 11115, note Starck).

8) Par des clauses expresses, le bailleur peut s'exonérer de l'obligation de délivrer la chose louée en bon état et de l'entretenir pour servir à l'usage auquel elle est destinée, ces obligations n'étant pas l'essence des contrats de louage (Soc. 11 oct. 1962 : *Bull.* IV, n. 709, p. 588). Les juges du fond peuvent décider que le preneur, en acceptant, aux termes du bail, de prendre les locaux en leur état actuel, a renoncé à exiger les réparations que cet état peut justifier en contrepartie de la modicité du loyer convenu (Civ. 3e, 12 nov. 1975 : *J.C.P.* 76, IV, 6 ; *Bull.* III, n. 327, p. 248). Mais l'entrée dans les lieux d'un preneur connaissant le mauvais état de ces lieux n'équivaut pas à une renonciation de ce preneur à se prévaloir ensuite de ses droits concernant l'obligation d'entretien du bailleur (Civ. 3e, 2 mars 1977 : *Bull.* III, n. 105, p. 82).

III. Obligation de faire jouir paisiblement le preneur

9) L'obligation du bailleur de faire jouir paisiblement le preneur de la chose louée pendant la durée du bail ne comporte pas d'exception tenant à la qualité du bailleur. Notamment, les offices publics d'HLM restent tenus à garantie du fait des troubles causés aux locataires par d'autres locataires, alors même que l'attribution des logements obéit à des règles qui suppriment le droit de choisir les locataires dont dispose habituellement le bailleur (Civ. 3e, 30 nov. 1988 : *Bull.* III, n. 169, p. 92).

10) L'obligation du bailleur d'assurer au preneur la jouissance paisible de la chose louée pendant la durée du bail ne cesse qu'en cas de force majeure (Civ. 3e, 9 oct. 1974 : *D.* 1975, Somm. 5 ; *Bull.* III, n. 345, p. 264 : humidité. – V. en ce sens Civ. 3e, 3 nov. 1971 : *Bull.* III, n. 528, p. 377 : inondation). Le bailleur ne peut, sans autorisation de justice, supprimer à son locataire l'usage du téléphone (Civ. 3e, 19 nov. 1975 : *Gaz. Pal.* 1976, 1, Somm. 17).

11) Dans le silence du bail et à défaut de circonstances particulières, l'article 1719 n'impose pas au bailleur l'obligation d'assurer au preneur pour l'exercice de son commerce le bénéfice d'une exclusivité dans l'immeuble (Civ. 3e, 25 fév. 1975 : *J.C.P.* 75, II, 18096, note B.B. – Civ. 3e, 16 oct. 1985 : *Bull.* III, n. 123, p. 95). La clause d'exclusivité doit être interprétée restrictivement et ne s'applique qu'au commerce principal autorisé (Civ. 3e, 25 oct. 1972 : *Bull.* III, n. 547, p. 400).

12) Le locataire qui trouble par une voie de fait la jouissance d'un autre locataire n'est pas un tiers dans le sens de l'article 1725. Dès lors, le locataire troublé dans sa jouissance par des infiltrations d'eau provenant d'un autre appartement peut assigner le propriétaire sauf à celui-ci à exercer son recours contre le locataire auteur du trouble (Soc. 25 oct. 1946 : *J.C.P.* 47, II, 3400, note Esmein). Mais les obligations contractuelles auxquelles le preneur est tenu envers le bailleur ne l'exonèrent pas de la responsabilité qu'il peut encourir envers les colocataires d'autres appartements de l'immeuble, alors même que la faute commise serait en rapports étroits avec l'exécution du bail (Civ. 1re, 18 juil. 1961 : *J.C.P.* 61, II, 12301, note Esmein. V. aussi Corlay, *Les limites de l'obligation de garantie du bailleur en cas d'abus de jouissance d'un locataire au préjudice d'un autre locataire* : *D.* 1979, Chron. 27).

13) L'obligation du bailleur de faire jouir paisiblement le preneur de la chose louée

Art. 1720

pendant la durée du bail n'étant pas de l'essence du contrat de louage, les parties sont libres de la restreindre en stipulant qu'en cas de dégâts mobiliers causés au preneur dans des hypothèses déterminées, celui-ci n'aura de recours que contre les colocataires auteurs d'un trouble de pur fait (Civ. 16 juil. 1951 : *D.* 1951, 587).

IV. Obligation d'assurer la permanence et la qualité des plantations

14) V. C. rural, art. L.415-8.

Art. 1720. – **Le bailleur est tenu de délivrer la chose en bon état de réparations de toute espèce.**

Il doit y faire, pendant la durée du bail, toutes les réparations qui peuvent devenir nécessaires, autres que les locatives.

1) Sur la validité des clauses dérogeant à l'article 1720, V. Soc. 11 fév. 1955 : *Bull.* IV, n. 122, p. 87. – Soc. 12 nov. 1959 : *Bull.* IV, n. 1115, p. 885. S'agissant d'un bail prévoyant que le locataire prendra les lieux dans l'état où ils se trouvent sans pouvoir exiger aucune réparation ou remise en état, doit être cassé l'arrêt qui met à la charge du bailleur des travaux imposés par l'autorité publique en les assimilant à la force majeure (Civ. 3e, 6 juin 1978 : *D.* 1979, 461, note H.C. – V. cependant Civ. 3e, 22 avril 1980 : *D.* 1980, I.R. 512).

2) La clause par laquelle le preneur accepte les locaux dans l'état où ils se trouvent lors de l'entrée en jouissance ne dispense pas par elle-même le propriétaire de son obligation d'entretenir la chose louée en état de servir à l'usage auquel elle est destinée (Civ. 3e, 31 mai 1989 : *J.C.P.* 89, IV, 281).

3) L'obligation imposée au propriétaire n'est pas limitée dans son étendue au montant des loyers payés par le locataire (Soc. 5 janv. 1956 : *D.* 1956, 385, note Esmein) (sol. impl.). La loi du 1er sept. 1948, en ce qui concerne l'obligation aux réparations, n'a apporté aucun changement aux règles fixées par l'article 1720 al. 2 (Soc. 20 fév. 1953 : *J.C.P.* 53, II, 7540, note Tunc).

4) Le bailleur n'est tenu d'effectuer les réparations autres que locatives qu'autant qu'elles sont nécessaires pour maintenir l'immeuble à l'usage pour lequel il a été loué (Soc. 26 nov. 1954 : *Gaz. Pal.* 1955, 1, 122).

5) L'obligation pour le bailleur d'effectuer les grosses réparations peut être subordonnée à une mise en demeure en cas de circonstances particulières de nature à en justifier l'exigence, par exemple dans le cas d'un conflit entre le bailleur et le preneur sur le point de savoir si le bail a été résilié à la suite de la destruction de l'immeuble par cas fortuit (Civ. 1re, 21 fév. 1984 : *Bull.* I, n. 68, p. 56).

Art. 1721. – **Il est dû garantie au preneur pour tous les vices ou défauts de la chose louée qui en empêchent l'usage, quand même le bailleur ne les aurait pas connus lors du bail.**

S'il résulte de ces vices ou défauts quelque perte pour le preneur, le bailleur est tenu de l'indemniser.

1) Le bailleur doit garantie pour tous les vices ou défauts de la chose louée qui en empêchent l'usage, quand bien même il ne les aurait pas connus lors du bail et quand bien même il n'y aurait eu aucune faute de sa part à les avoir ignorés (Civ. 3e, 27 fév. 1973 : *Bull.* III, n. 150, p. 108. – V. pour des applications Soc. 29 mars 1957 : *Gaz. Pal.* 1957, 2, 59, infiltrations de fumées par les fissures non apparentes d'une cheminée. – Soc. 24 fév. 1960 : *D.* 1960, 463, rupture de canalisation à la suite du gel. – Riom

LOUAGE DES CHOSES   Art. 1722

8 mai 1962 : *Gaz. Pal.* 1962, 2, 167, mauvais établissement de la canalisation d'évacuation des eaux de ruissellement).

2) Le bailleur ne répond ni des vices que le preneur a dû connaître ou a connus ni des inconvénients inhérents à la chose par suite de sa situation (Civ. 10 juin 1949 : *D.* 1949, 496). Les juges du fait disposent d'un pouvoir souverain pour apprécier si le vice était suffisamment apparent pour être connu et apprécié du preneur (Req. 7 déc. 1938 : *D.H.* 1939, 68). En ce qui concerne les vices apparus en cours de bail, la responsabilité du bailleur ne saurait être engagée d'une façon générale qu'au cas où, informé de leur survenance, il n'aurait pris aucune disposition pour y remédier (Civ. 2ᵉ, 2 fév. 1955 : *J.C.P.* 55, IV, 37 ; *Bull.* II, n. 62, p. 36).

3) La garantie due par le bailleur s'étend aux pertes résultant de dommages corporels (Soc. 29 mars 1957 : *Gaz. Pal.* 1957, 2, 59).

4) Doit être cassé l'arrêt qui retient la responsabilité du bailleur à l'égard de la locataire blessée par la chute d'une armoire qui s'est renversée sur elle alors qu'elle cherchait à l'ouvrir, sans constater l'existence d'un vice de la chose louée ou un manquement du bailleur à son obligation d'entretien (Civ. 3ᵉ, 29 avril 1987 : *Bull.* III, n. 90, p. 54).

5) Le bailleur est exonéré de ses obligations de garantie en cas de force majeure (Civ. 3ᵉ, 26 oct. 1977 : *Gaz. Pal.* 1978, 2, 339, note Plancqueel).

6) Sur la validité des clauses dérogeant à l'article 1721, V. Civ. 3ᵉ, 11 juil. 1972 : *J.C.P.* 72, IV, 225 ; *Bull.* III, n. 454, p. 330.

Art. 1722. - **Si, pendant la durée du bail, la chose louée est détruite en totalité par cas fortuit, le bail est résilié de plein droit ; si elle n'est détruite qu'en partie, le preneur peut, suivant les circonstances, demander ou une diminution du prix, ou la résiliation même du bail. Dans l'un et l'autre cas, il n'y a lieu à aucun dédommagement.**

1) Sur le principe que le bailleur ne peut s'exonérer que par la preuve d'un cas fortuit ou de force majeure, V. Civ. 1ʳᵉ, 15 nov. 1966 : *D.* 1967, 490, note J. Mazeaud. Il y a cas fortuit au sens de l'article 1722 lorsque la ruine de l'immeuble par vétusté ne résulte pas de la faute du bailleur ou d'un manquement à ses obligations (Civ. 3ᵉ, 29 janv. 1975 : *J.C.P.* 75, IV, 85 ; *Bull.* III, n. 35, p. 27. – Civ. 3ᵉ, 6 mars 1984 : *Bull.* III, n. 59, p. 47).

2) L'application de l'article 1722 n'est pas restreinte au cas de perte totale et s'étend à celui où, par suite des circonstances, le preneur se trouve dans l'impossibilité de jouir de la chose ou d'en faire un usage conforme à sa destination (Civ. 3ᵉ, 17 oct. 1968 : *J.C.P.* 68, IV, 179 ; *Bull.* III, n. 383, n. 293. – V. pour une application à un défaut de chasse en cas de disparition complète des lapins Civ. 1ʳᵉ, 24 fév. 1959 : *D.* 1959, 311). Jugé que l'arrêt de la fourniture d'eau courante en cours de location constitue une perte partielle par cas fortuit de nature à justifier une diminution de loyer (Civ. 2ᵉ, 17 juin 1980 : *Bull.* II, n. 116, p. 86).

3) L'article 1722 peut être appliqué quand le trouble de jouissance résulte du fait de la puissance publique car la limitation de jouissance des locataires n'est ni inhérente à l'immeuble ni imputable aux bailleurs (Civ. 15 janv. 1941 : *D.A.* 1941, 66. – V. aussi T.G.I. Paris 22 juin 1970 : *J.C.P.* 72, IV, 23). Mais la résiliation peut être prononcée au vu d'une décision administrative ordonnant la démolition de l'immeuble en raison de son état (Civ. 3ᵉ, 20 janv. 1988 : *Bull.* III, n. 13, p. 6).

4) Sur la dérogation apportée à l'article 1722 en cas de destruction de l'immeuble par suite de faits de guerre, V. L. 1ᵉʳ sept. 1948, art. 70, *infra*, sous art. 1778.

5) Les articles 1722 et 1733 du Code civil ne sont applicables qu'aux baux des maisons

Art. 1723   LOUAGE DES CHOSES

et des biens ruraux et non aux fonds de commerce (Com. 16 juil. 1980 : *J.C.P.* 80, IV, 369 ; *Bull* IV, n. 294, p. 239).

6) Le concessionnaire d'une mine ayant cessé de l'exploiter et consenti à un tiers un bail à ferme sur une partie des galeries affectées à usage de champignonnières ne saurait être déclaré responsable du dommage causé par un éboulement dû à un phénomène naturel de vieillissement (Civ. 3e, 7 juin 1989 : *J.C.P.* 89, IV, 292 ; *Bull.* III, n. 128, p. 71).

Art. 1723. – **Le bailleur ne peut, pendant la durée du bail, changer la forme de la chose louée.**

1) L'article 1723 s'applique non seulement aux immeubles et portions d'immeubles qui font l'objet principal du bail et dont le preneur a la jouissance privative, mais aussi aux accessoires de la chose louée et notamment aux entrées et couloirs d'accès dont le preneur a l'usage concurremment avec les autres locataires (Paris 31 oct. 1957 : *Gaz. Pal.* 1957, 2, 397). Il en résulte l'obligation pour le bailleur de conserver à son locataire la jouissance entière des couloirs d'accès tels qu'ils existaient à l'époque du bail (même arrêt).

2) La suppression d'un escalier constitue un changement de forme de la chose louée (Civ. 1re, 14 oct. 1964 : *J.C.P.* 65, II, 14189, note R.D.), mais non l'installation de poignées aux portes palières d'un ascenseur primitivement réservé aux personnes munies d'une clef spéciale (Civ. 1re, 7 fév. 1967 : *D.* 1967, 211, note Breton).

3) Le bailleur qui déplace la loge du concierge doit la rétablir dans son état primitif existant lors de l'entrée dans les lieux du locataire et lui payer des dommages-intérêts pour trouble de jouissance (Civ. 1re, 17 mai 1960 : *Gaz. Pal.* 1960, 2, 166).

Art. 1724. – **Si, durant le bail, la chose louée a besoin de réparations urgentes et qui ne puissent être différées jusqu'à sa fin, le preneur doit les souffrir, quelque incommodité qu'elles lui causent, et quoiqu'il soit privé, pendant qu'elles se font, d'une partie de la chose louée.**

Mais, si ces réparations durent plus de quarante jours, le prix du bail sera diminué à proportion du temps et de la partie de la chose louée dont il aura été privé.

Si les réparations sont de telle nature qu'elles rendent inhabitable ce qui est nécessaire au logement du preneur et de sa famille, celui-ci pourra faire résilier le bail.

1) La clause du bail par laquelle le preneur s'engage à souffrir, par dérogation à l'article 1724, l'exécution de ces travaux n'a pas pour effet d'exonérer le bailleur de sa responsabilité personnelle et de celle des entrepreneurs pour les fautes commises dans l'exécution de ces travaux (Civ. 3e, 27 nov. 1974 : *Bull.* III, n. 443, p. 342).

2) Sur le droit pour le propriétaire de locaux d'habitation d'effectuer, dans les mêmes conditions que les réparations urgentes visées à l'article 1724 du Code civil, les travaux destinés à adapter les locaux à des normes de salubrité, de sécurité, d'équipement et de confort, V. L. n. 67-561 du 12 juil. 1967 relative à l'amélioration de l'habitat, *infra*, sous art. 1778.

Art. 1725. – **Le bailleur n'est pas tenu de garantir le preneur du trouble que des tiers apportent par voies de fait à sa jouissance, sans prétendre d'ailleurs aucun droit sur la chose louée ; sauf au preneur à les poursuivre en son nom personnel.**

1) Le colocataire n'est pas un tiers au sens de l'article 1725 (Soc. 25 oct. 1946 : *J.C.P.* 47, II, 3400, note Esmein. – Civ. 3e, 4 mars 1987 : *Bull.* III, n. 37, p. 23), pas plus que le concierge (Civ. 3e, 6 nov. 1970 : *D.* 1971, 250).

2) Le bailleur n'est pas responsable en cas de vol commis par un tiers au préjudice du locataire (Civ. 1re, 1er mars 1960 : *Bull.* I, n. 135, p. 109), sauf en cas de faute commise par lui ou par son préposé en rapport direct de causalité avec le vol (Civ. 8 avril 1941 : *D.* 1945, 13, note Tunc). Sur la portée de la clause exonérant le bailleur de toute responsabilité en cas de vol lorsque le bailleur organise un service de surveillance, V. Civ. 3e, 17 juil. 1986 : *D.* 1987, 481, note Delebecque.

3) L'article 1725 s'applique seulement lorsque l'atteinte à la jouissance du preneur est l'objet direct du trouble (Com. 23 janv. 1951 : *Bull.* II, n. 37, p. 24). Les dégâts provoqués par une explosion portant atteinte à la substance même de la chose louée n'intéressent qu'indirectement cette jouissance (même arrêt).

4) L'article 1725 laisse au preneur le soin de résister à la voie de fait d'un tiers, même lorsqu'elle porte atteinte à l'immeuble ; le trouble de jouissance du locataire, même dans ce cas, résulte directement des agissements du tiers (Lyon 24 sept. 1963 : *D.* 1964, 259).

Art. 1726. – **Si, au contraire, le locataire ou le fermier ont été troublés dans leur jouissance par suite d'une action concernant la propriété du fonds, ils ont droit à une diminution proportionnée sur le prix du bail à loyer ou à ferme, pourvu que le trouble et l'empêchement aient été dénoncés au propriétaire.**

Art. 1727. – **Si ceux qui ont commis les voies de fait prétendent avoir quelque droit sur la chose louée, ou si le preneur est lui-même cité en justice pour se voir condamner au délaissement de la totalité ou de partie de cette chose, ou à souffrir l'exercice de quelque servitude, il doit appeler le bailleur en garantie, et doit être mis hors d'instance, s'il l'exige, en nommant le bailleur pour lequel il possède.**

L'appel en cause du bailleur n'est nécessaire que lorsque l'auteur du trouble invoque un droit réel (Soc. 22 déc. 1941 : *S.* 1942, 1, 90).

Art. 1728. – **Le preneur est tenu de deux obligations principales :**
1° D'user de la chose louée en bon père de famille, et suivant la destination qui lui a été donnée par le bail, ou suivant celle présumée d'après les circonstances, à défaut de convention ;
2° De payer le prix du bail aux termes convenus.

I. Obligation d'user de la chose en bon père de famille

1) Au sens de l'article 1728 l'abus de jouissance existe lorsque la chose louée subit des détériorations non par l'usage normal qu'elle comporte en vertu du bail mais par le fait volontaire du preneur, indépendamment de l'intention ayant déterminé celui-ci (Soc. 6 juin 1946 : *D.* 1946, 310). Le preneur répond des dégradations causées à l'immeuble par les travaux d'aménagement qu'il a fait exécuter par des entrepreneurs (Civ. 3e, 13 fév. 1979 : *J.C.P.* 79, IV, 133). Sur le droit pour le locataire d'un local d'habitation de détenir un animal familier, V. L. n. 70-598 du 9 juil. 1970, art. 10 (*J.O.* 10 juil. ; *J.C.P.* 70, III, 36802).

2) Les locataires et occupants sont responsables des personnes qu'ils introduisent dans les lieux loués et qu'ils associent à la jouissance de ces lieux. Ils doivent en conséquence répondre vis-à-vis du bailleur des abus de jouissance causés par elles (Soc. 9 mars 1956 : *Bull.* IV, n. 245, p. 179).

3) Les obligations contractuelles auxquelles est tenu le preneur envers le bailleur ne l'exonèrent pas de la responsabilité qu'il

Art. 1728

peut encourir envers des colocataires d'autres appartements de l'immeuble, alors même que la faute commise serait en rapports étroits avec l'exécution du bail (Civ. 1re, 18 juil. 1961 : *J.C.P.* 61, II, 12301, note Esmein).

II. Obligation de respecter la destination de la chose

4) Le preneur ne peut modifier l'usage et la destination de la chose louée, alors même que les modifications ne seraient susceptibles de causer aucun préjudice au bailleur (Civ. 27 avril 1948 : *J.C.P.* 48, II, 4594).

5) Le caractère d'une location est déterminé non par l'usage que le locataire a pu faire de la chose louée, mais par la destination que les parties ont entendu lui donner lors de la conclusion du contrat (Civ. 3e, 16 oct. 1969 : *Bull.* III, n. 652, p. 493). Il peut être modifié à la suite de l'usage des lieux qu'en fait le locataire avec l'accord du bailleur (Soc. 13 nov. 1967 : *J.C.P.* 67, IV, 181 ; *Bull.* IV, n. 716, p. 606. – Paris 18 déc. 1965 : *J.C.P.* 66, II, 14694, note R.D.). Mais la simple connaissance par le propriétaire d'une situation irrégulière ne peut conférer au locataire un droit en l'absence de tout acte positif non ambigu valant autorisation (Civ. 3e, 5 juin 1973 : *J.C.P.* 73, IV, 276 ; *Bull.* III, n. 400, p. 289).

6) Doit être considéré comme un changement par le preneur de la destination des lieux la transformation de locaux d'habitation en locaux commerciaux par la simple domiciliation dans les lieux du siège d'une entreprise commerciale (Soc. 19 juin 1963 : *J.C.P.* 63, IV, 105 ; *Bull.* IV, n. 516, p. 424). Sur la clause d'habitation bourgeoise, V. Dagot : *J.C.P.* 67, I, 2108. – Sur la déspécialisation des baux commerciaux, V. D. n. 53-960 du 30 sept. 1953, art. 35-1 et 35-2.

7) L'obligation d'user de la chose en bon père de famille et suivant la destination qui lui a été donnée par le bail implique celle d'entretenir les lieux et d'y exploiter jusqu'à la fin du bail le commerce prévu par celui-ci (Com. 29 mars 1960 : *Gaz. Pal.* 1960, 1, 369).

8) Il relève du pouvoir d'appréciation des juges du fond d'estimer que les faits reprochés au locataire par le propriétaire constituent des transformations secondaires à l'intérieur des lieux loués faites pour la commodité du preneur et non une modification essentielle de la destination convenue, le locataire restant seulement tenu de remettre les lieux dans leur état primitif en fin de bail (Soc. 4 juin 1957 : *Bull.* IV, n. 683, p. 487). Il n'y a pas lieu à résiliation lorsque le preneur ne fait qu'apporter les aménagements permettant une utilisation plus rationnelle des lieux loués sans modification de la distribution des pièces, aucune cloison, porte ou séparation n'ayant été touchée (Civ. 18 fév. 1963 : *Bull.* I, n. 106, p. 92). Jugé qu'il n'y a pas modification des lieux loués caractérisant un abus de jouissance lorsque la destruction d'une construction en planches par le locataire d'un immeuble est due à la vétusté, cet édifice ayant été remplacé par un hangar dont, en fin de location, le propriétaire pourra bénéficier (Civ. 3e, 23 nov. 1971 : *J.C.P.* 72, IV, 1 ; *Bull.* III, n. 569, p. 406). Mais le percement d'un gros mur par le locataire outrepasse le droit de jouissance du preneur (Civ. 1re, 23 oct. 1961 : *D.* 1961, 756). Sur le droit pour le locataire d'installer une antenne réceptrice de radiodiffusion, V.L. n. 66-457 du 2 juil. 1966 (*J.O.* 3 juil. ; *J.C.P.* 66, III, 32124).

III. Obligation de payer le loyer

9) Le preneur est redevable du prix de la location au bailleur jusqu'à ce que le contrat ait pris fin soit par l'arrivée du terme convenu soit par la perte de la chose louée (Com. 18 oct. 1954 : *J.C.P.* 54, IV, 157). La dénonciation du bail ne suffit pas à exonérer le locataire du paiement des loyers (Soc. 19 oct. 1967 : *Bull.* IV, n. 655, p. 555).

10) Encourt la résiliation du bail le preneur qui a usé de retards systématiques

LOUAGE DES CHOSES Art. 1730

pour payer le loyer (Civ. 3ᵉ, 10 oct. 1969 : *J.C.P.* 70, II, 16252, note R.D.).

11) L'illicéité alléguée du loyer ne dispense pas le preneur de verser le prix conventionnellement fixé jusqu'à sa modification par décision judiciaire (Civ. 3ᵉ, 16 mai 1974 : *Bull.* III, n. 205, p. 154).

12) Le défaut d'entretien de l'immeuble autorise seulement le preneur à demander la résiliation du bail ou à requérir l'exécution des travaux nécessaires mais ne justifie pas le non-paiement des loyers (Civ. 1ʳᵉ, 10 juin 1963 : *Gaz. Pal.* 1963, 2, 441. – Civ. 1ʳᵉ, 28 avril 1965 : *D.* 165, 626). Mais il est fait à bon droit application de l'exception *non adimpleti contractus* lorsque le locataire, intoxiqué par suite d'un vice de construction des cheminées de l'immeuble, s'est trouvé privé de la jouissance normale des lieux (Soc. 10 avril 1959 : *D.* 1960, 61. – Civ. 3ᵉ, 21 déc. 1987 : *Bull.* III, n. 212, p. 125 ; *Rev. trim. dr. civ.* 1988, 371, obs. Rémy). Jugé cependant que ne donne pas de base légale à sa décision la cour d'appel qui fait droit à l'exception d'inexécution sans constater qu'il y ait eu impossibilité totale d'utiliser les lieux loués (Civ. 3ᵉ, 31 oct. 1978 : *Bull.* III, n. 329, p. 252).

13) Sur le paiement mensuel du loyer dans les baux d'habitation, V. L. 1ᵉʳ sept. 1948, art. 74, *infra,* sous art. 1778.

14) Sur le droit pour le locataire d'exiger la remise d'une quittance ou d'un reçu à l'occasion d'un règlement effectué par lui, V. L. n. 77-1457 du 29 déc. 1977, art. 11 (*J.O.* 30 déc. ; *J.C.P.* 78, III, 46649).

Art. 1729. – **Si le preneur emploie la chose louée à un autre usage que celui auquel elle a été destinée, ou dont il puisse résulter un dommage pour le bailleur, celui-ci peut, suivant les circonstances, faire résilier le bail.**

Art. 1730. – **S'il a été fait un état des lieux entre le bailleur et le preneur, celui-ci doit rendre la chose telle qu'il l'a reçue, suivant cet état, excepté ce qui a péri ou a été dégradé par vétusté ou force majeure.**

1) Si l'article 1730 du Code civil fixe l'étendue de l'obligation de restituer que le contrat de location met à la charge du preneur de la chose louée, il ne concerne pas la réparation pouvant incomber au locataire en cas d'inexécution de cette obligation (Cass. ch. mixte 25 avril 1975 : *J.C.P.* 75, IV, 182 ; *Bull.* ch. mixte n. 2, p. 3). Un fermier responsable de l'incendie des bâtiments loués peut être condamné à rembourser à l'assureur du propriétaire l'indemnité sans abattement de vétusté réparant le dommage subi (même arrêt).

2) La clause qui prévoit que les travaux et aménagements divers effectués dans les lieux par le locataire deviendraient la propriété du bailleur lorsque cesserait l'occupation du locataire peut être interprétée comme ne constituant qu'une convention portant sur le sort de la construction que le propriétaire doit conserver moyennant une indemnité pour le calcul de laquelle, faute de prévision des parties, les juges du fond peuvent faire application de l'article 555 du Code civil (Civ. 3ᵉ, 28 janv. 1971 : *J.C.P.* 71, IV, 56 ; *Bull.* III, n. 64, p. 45). Mais l'article 555 est inapplicable lorsque les travaux litigieux ont été effectués à la suite d'une convention qui règle, fût-ce implicitement, le sort des ouvrages édifiés par le locataire et fait la loi des parties, tel le bail qui, en contenant l'engagement du preneur de restituer les lieux dans l'état où ils se trouvaient lors de la location et de n'y faire aucun changement sans autorisation du bailleur, implique l'absence d'indemnisation pour ce dernier des travaux effectués irrégulièrement sans son autorisation (Civ. 3ᵉ, 29 janv. 1974 : *D.* 1974, I.R. 91 ; *Bull.* III, n. 45, p. 34).

3) Dénaturent la clause claire et précise

805

Art. 1731 LOUAGE DES CHOSES

d'un bail prévoyant que les constructions édifiées par le preneur resteraient en fin de bail la propriété du bailleur les juges du fond qui estiment qu'elle vise uniquement l'échéance normale du bail et non point une extinction quelconque du contrat résultant de circonstances exceptionnelles telle une loi de nationalisation (Civ. 3e, 28 mars 1968 : *Bull.* III, n. 141, p. 111). *Contra,* en matière d'expropriation, pour une clause visant l'hypothèse d'une cessation du contrat avant le terme de son expiration normale, Com. 24 oct. 1962 : *Gaz. Pal.* 1963, 1, 30.

Art. 1731. – **S'il n'a pas été fait d'état des lieux, le preneur est présumé les avoir reçus en bon état de réparations locatives, et doit les rendre tels, sauf la preuve contraire.**

1) A défaut d'état des lieux établi lors de l'entrée en jouissance, s'agissant des terres, le preneur d'un bail rural n'est pas soumis à la présomption de bon état édictée par l'article 1731 (Civ. 3e, 8 janv. 1974 : *Bull.* III, n. 1, p. 1. – Civ. 3e, 8 mars 1983 : *Defrénois* 1983, 845, obs. Vermelle).

2) La présomption de l'article 1731 ne s'applique qu'aux réparations locatives, à l'exclusion des réparations de gros entretien (Civ. 26 janv. 1936 : *D.H.* 1936, 148). Elle concerne l'état des lieux loués et non celui des objets mobiliers les garnissant (Paris 4 nov. 1957 : *J.C.P.* 58, IV, 43).

3) L'entrée dans les lieux d'un preneur connaissant leur mauvais état n'équivaut pas à une renonciation de sa part à se prévaloir ensuite de ses droits concernant l'obligation légale d'entretien du bailleur (Civ. 3e, 2 mars 1977 : *Bull.* III, n. 105, p. 82).

Art. 1732. – **Il répond des dégradations ou des pertes qui arrivent pendant sa jouissance, à moins qu'il ne prouve qu'elles ont eu lieu sans sa faute.**

1) L'article 1732 en vertu duquel le preneur, sauf s'il prouve l'absence de faute de sa part, répond à l'égard du bailleur des dégradations survenues pendant sa jouissance ne limite pas cette responsabilité aux seuls dégâts commis dans les lieux loués (Civ. 3e, 6 déc. 1972 : *D.* 1973, 188). Spécialement, il peut lui être demandé réparation de ceux occasionnés à tout l'immeuble à la suite d'une explosion provoquée par l'accumulation du gaz dans son appartement (même arrêt).

2) L'acquéreur de l'immeuble n'a pas d'action contre le preneur pour des dégradations antérieures à son acquisition (Civ. 1re, 13 janv. 1964 : *Gaz. Pal.* 1964, 1, 274).

3) Le preneur doit être déclaré responsable si l'origine de la fuite de gaz ayant provoqué l'explosion est demeurée indéterminée (Civ. 3e, 18 mars 1974 : *J.C.P.* 74, IV, 165 ; *Bull.* III, n. 120, p. 93).

Art. 1733. – **Il répond de l'incendie, à moins qu'il ne prouve :**
Que l'incendie est arrivé par cas fortuit ou force majeure, ou par vice de construction,
Ou que le feu a été communiqué par une maison voisine.

1) L'article 1733 s'applique au louage de meubles (Civ. 16 août 1882 : *D.P.* 1883, 1, 213, 1re esp. – Civ. 1re, 6 mai 1968 : *J.C.P.* 70, II, 16157, note Chevassus) sous réserve des fonds de commerce (Com. 16 juil. 1980 : *J.C.P.* 80, IV, 369 ; *Bull.* IV, n. 294, p. 239). Mais il ne s'applique que dans les rapports entre bailleur et locataire (Civ. 3e, 22 juin 1983 : *Bull.* III, n. 144, p. 112).

2) Dès lors que la construction élevée par un locataire sur un terrain loué, dans laquelle un incendie a pris naissance, forme avec les bâtiments se trouvant sur la même parcelle, appartenant au propriétaire et partiellement donnés par lui en location au preneur, un tout indivisible pour la jouissance et sa contrepartie, l'obligation de surveillance, le locataire est responsable sur le fondement

LOUAGE DES CHOSES   Art. 1734

de l'article 1733 de la perte du matériel et des marchandises entreposés par le bailleur dans la partie des locaux qu'il s'est réservée (Civ. 3ᵉ, 5 fév. 1971 : *J.C.P.* 71, IV, 64 ; *Bull.* III, n. 88, p. 64).

3) L'occupation contractuelle des lieux moyennant une contrepartie, fût-ce à titre temporaire ou précaire, soumet l'occupant à la présomption de responsabilité de l'article 1733 (Civ. 3ᵉ, 2 juin 1977 : *D.* 1977, 694), mais l'article 1733 n'est applicable que lorsque les parties sont liées par une convention et, par conséquent, ne sauraient l'être lorsque le contrat a été rétroactivement anéanti par une décision irrévocable postérieure au sinistre (Civ. 3ᵉ, 24 nov. 1976 : *J.C.P.* 77, IV, 9 ; *Bull.* III, n. 423, p. 322).

4) Il importe peu pour l'application de la présomption de responsabilité prévue par les articles 1733 et 1735 que le feu ait été allumé volontairement ou non (Civ. 3ᵉ, 19 mai 1971 : *J.C.P.* 71, IV, 163 ; *Bull.* III, n. 324, p. 231).

5) Le locataire est exonéré de la présomption si le bailleur a conservé la jouissance conjointe des lieux incendiés (Civ. 3ᵉ, 22 fév. 1989 : *Bull.* III, n. 43, p. 24).

6) Le locataire ne peut s'exonérer de la responsabilité qui lui incombe qu'à la condition de rapporter la preuve directe que le sinistre provient de l'un des cas limitativement énumérés par l'article 1733 (Civ. 13 avril 1934 : *D.H.* 1934, 299). Il ne lui suffit pas de démontrer qu'aucune faute n'est imputable ni à lui ni aux personnes dont il répond (Civ. 10 fév. 1919 : *D.P.* 1921, 1, 193, 2 arrêts, note Lalou), pas plus que d'invoquer l'existence d'indices permettant d'attribuer le sinistre à une cause à laquelle il est demeuré étranger (Orléans, 30 oct. 1975 : *J.C.P.* 76, IV, 364). Jugé que ne donne pas de base légale à sa décision l'arrêt qui exonère le locataire de la présomption de responsabilité édictée par l'article 1733 au motif que le sinistre résulte d'un défaut d'entretien de l'installation électrique imputable au bailleur sans rechercher si la faute ainsi relevée présentait pour le locataire les caractères d'imprévisibilité et d'irrésistibilité propres à la force majeure (Civ. 3ᵉ, 24 avril 1981 : *Bull.* III, n. 81, p. 58).

7) Les articles 1733 et 1734 ne sont pas applicables dans les départements du Haut-Rhin, du Bas-Rhin et de la Moselle (L. 1ᵉʳ juin 1924, art. 72).

Art. 1734 *(L. 5 janv. 1883).* – **S'il y a plusieurs locataires, tous sont responsables de l'incendie proportionnellement à la valeur locative de la partie de l'immeuble qu'ils occupent ;**
A moins qu'ils ne prouvent que l'incendie a commencé dans l'habitation de l'un d'eux, auquel cas celui-là seul en est tenu ;
Ou que quelques-uns ne prouvent que l'incendie n'a pu commencer chez eux, auquel cas ceux-là n'en sont pas tenus.

1) Doivent être mis hors de cause, à la suite d'un sinistre survenu dans les combles d'une maison divisés en deux parties, ceux qui n'utilisent pas les cases situées dans la partie où le feu a pris, exclue de leur surveillance, et dont les locaux et leur voie d'accès n'ont pas été incendiés (Civ. 3ᵉ, 16 juil. 1970 : *J.C.P.* 70, IV, 239 ; *Bull.* III, n. 488, p. 356).

2) L'exonération de la présomption de l'article 1734 ne peut résulter que de la preuve d'une occupation par le bailleur qui soit, dans ses modalités et conditions, assimilable à la jouissance usuelle d'un locataire (Soc. 7 mars 1957 : *Bull.* IV, n. 262, p. 185. – V. en ce sens Civ. 3ᵉ, 23 juin 1976 : *Bull.* III, n. 282, p. 216).

3) Celui ou ceux des locataires qui n'ont pu se dégager de la présomption de responsabilité doivent réparer la totalité du préjudice subi par le bailleur (Civ. 3ᵉ, 18 mai 1978 : *J.C.P.* 78, IV, 217).

Art. 1735

Art. 1735. — **Le preneur est tenu des dégradations et des pertes qui arrivent par le fait des personnes de sa maison ou de ses sous-locataires.**

1) L'article 854 du Code rural n'a eu pour objet que de supprimer en cas d'incendie de biens ruraux la présomption de responsabilité du preneur édictée par l'article 1733. L'expression « faute grave de sa part » n'exclut pas la faute grave des personnes de la maison du preneur au sens de l'article 1735 (Cass. ch. réunies 26 avril 1961 : *D.* 1961, 401).

2) L'expression « personnes de sa maison » doit être entendue dans son sens le plus large. Spécialement, le preneur peut être déclaré responsable de la faute commise par un plombier qu'il avait chargé d'effectuer une réparation dans son appartement (Soc. 29 mai 1954 : *D.* 1954, 571).

Art. 1736. — **Si le bail a été fait sans écrit, l'une des parties ne pourra donner congé à l'autre qu'en observant les délais fixés par l'usage des lieux.**

1) Le concours de tous les héritiers coïndivisaires est nécessaire pour donner congé (Soc. 6 avril 1965 : *D.* 1965, 630). Le congé donné par un des indivisaires ne saurait produire un effet valable que s'il est par la suite approuvé ou ratifié par les autres (Com. 5 oct. 1966 : *Bull.* III, n. 379, p. 333).

2) Au cas de location verbale consentie conjointement à plusieurs co-preneurs, le congé donné par l'un d'eux met fin à la location et vaut à l'égard de tous, tout en laissant à ceux qui n'ont pas donné congé le bénéfice des lois d'exception sur les loyers (Soc. 19 juil. 1957 : *D.* 1957, 746). Sur le droit au bail du local servant effectivement à l'habitation de deux époux, V. *infra*, art. 1751.

3) Il résulte de l'article 1736 du Code civil que si, pour mettre totalement fin au bail consenti à plusieurs personnes pour une durée indéterminée, congé doit être notifié à chacun des preneurs, le congé délivré à l'un d'eux seulement n'en demeure pas moins valable à l'égard de celui qui l'a reçu (Soc. 21 janv. 1965 : *Gaz. Pal.* 1965, 1, 320).

4) Le congé donné pour une date antérieure à l'expiration du délai légal n'est pas nul, son effet devant seulement être reporté à la date exigée par le texte (Soc. 3 août 1949 : *J.C.P.* 49, II, 5117). Si en principe le congé ne peut être donné que pour l'une des époques fixées par l'usage pour le renouvellement des locations, les parties peuvent déroger à cette règle en fixant d'autres époques pour le début et la fin de la location (Soc. 1er juil. 1954 : *Bull.* IV, n. 470, p. 353).

5) Le congé n'est soumis en principe à aucune formalité et il suffit qu'il exprime la volonté de la part de celui qui le donne de mettre fin au bail lorsque ce dernier est fait sans détermination de durée (Civ. 28 déc. 1949 : *D.* 1950, 158). Il peut ne pas être motivé et ne contenir aucune précision sur le mode et la date d'acquisition de l'immeuble par le propriétaire (Civ. 3e, 23 oct. 1969 : *J.C.P.* 69, IV, 280 ; *Bull.* III, n. 668, p. 503). Si les preneurs reconnaissent avoir reçu une enveloppe recommandée à la date indiquée, et s'ils n'ont élevé aucune protestation contre la remise d'une enveloppe prétendue vide, c'est à eux qu'il appartient de prouver que l'enveloppe était vide (Soc. 11 juin 1964 : *Gaz. Pal.* 1964, 2, 248).

6) La délivrance de quittances de loyers, même sans réserves, n'est pas à elle seule suffisamment explicite pour valoir soit renonciation du propriétaire au bénéfice des effets d'un congé soit engagement locatif nouveau (Civ. 3e, 2 mai 1968 : *D.* 1968, 548).

7) Le congé est un acte unilatéral qui met fin au bail sans qu'il soit besoin de le valider (Civ. 3e, 6 mars 1973 : *Bull.* III, n. 164, p. 119).

LOUAGE DES CHOSES — Art. 1741

Art. 1737. – Le bail cesse de plein droit à l'expiration du terme fixé, lorsqu'il a été fait par écrit, sans qu'il soit nécessaire de donner congé.

Art. 1738. – Si, à l'expiration des baux écrits, le preneur reste et est laissé en possession, il s'opère un nouveau bail dont l'effet est réglé par l'article relatif aux locations faites sans écrit.

1) La tacite reconduction repose sur une présomption de volonté des parties dont l'existence est souverainement appréciée par les juges du fond (Civ. 3ᵉ, 16 mai 1973 : *J.C.P.* 73, IV, 241 ; *Bull.* III, n. 348, p. 252. – V. pour une application, Civ. 3ᵉ, 29 nov. 1972 : *J.C.P.* 73, IV, 13 ; *Bull.* III, n. 639, p. 471). L'accord des parties ne s'est pas réalisé lorsque, avant même l'expiration d'un bail de neuf ans contenant clause de révision triennale du prix, la société locataire n'a pas donné suite à la demande du propriétaire tendant à l'augmentation du loyer en exécution de la clause précitée (Civ. 1ʳᵉ, 31 mars 1965 : *D.* 1965, 472).

2) La tacite reconduction s'applique en matière de bail tant de meuble que d'immeuble et spécialement au cas où le locataire d'un matériel est resté en possession de celui-ci après l'expiration du bail à durée déterminée de ce matériel, dès lors que toutes les conditions de cette tacite reconduction sont réunies (Amiens 23 janv. 1969 : *J.C.P.* 69, IV, 217).

3) Un bail portant sur des biens indivis ne peut être considéré comme tacitement reconduit si l'un des indivisaires s'est opposé, en demandant en justice l'expulsion des preneurs, à la formation d'un nouveau bail (Civ. 3ᵉ, 17 janv. 1973 : *J.C.P.* 73, IV, 85 ; *Bull.* III, n. 57, p. 42).

4) Sur les conditions du nouveau bail, V. *infra*, art. 1759.

Art. 1739. – Lorsqu'il y a un congé signifié, le preneur, quoiqu'il ait continué sa jouissance, ne peut invoquer la tacite reconduction.

Art. 1740. – Dans le cas des deux articles précédents, la caution donnée pour le bail ne s'étend pas aux obligations résultant de la prolongation.

Art. 1741. – Le contrat de louage se résout par la perte de la chose louée, et par le défaut respectif du bailleur et du preneur de remplir leurs engagements.

1) Sur la perte de la chose louée, V. *supra*, art. 1722.

2) Les juges du fond disposent d'un pouvoir souverain pour apprécier si les infractions constatées aux obligations du bail doivent entraîner la résiliation (Req. 13 fév. 1934 : *D.H.* 1934, 193). Ils ne peuvent rejeter la demande de résiliation formée par le bailleur au motif que ce dernier n'a aucun intérêt à agir parce qu'il ne justifie d'aucun préjudice ni d'aucune possibilité de préjudice (Civ. 3ᵉ, 5 fév. 1971 : *Bull.* III, n. 90, p. 65).

3) La résiliation d'un bail pour inexécution des engagements qu'il comporte n'a pas lieu, en l'absence d'une clause résolutoire, de plein droit. Elle doit être demandée en justice et ne prend effet, sauf disposition contraire, que du jour de la décision judiciaire (Civ. 3ᵉ, 24 avril 1974 : *J.C.P.* 74, IV, 203 ; *Bull.* III, n. 166, p. 124). Sauf stipulation contraire du contrat, la demande de résiliation judiciaire du bail n'a pas à être précédée d'une mise en demeure (Civ. 3ᵉ, 15 juil. 1971 : *J.C.P.* 71, IV, 233 ; *Bull.* III, n. 458, p. 327).

4) Les juges ne peuvent, dès lors qu'ils constatent la matérialité de l'infraction, se refuser à déclarer acquise une clause résolutoire claire et précise insérée au bail, si rigoureuses que puissent en être les consé-

809

Art. 1742

quences (Soc. 27 fév. 1959 : *Bull.* IV, n. 315, p. 258. – V. en ce sens Civ. 2e, 12 mars 1954 : *D.* 1954, 363). Mais les conditions d'application d'une clause résolutoire doivent être interprétées restrictivement (Civ. 3e, 24 nov. 1976 : *Bull.* III, n. 424, p. 323). La clause résolutoire qui vise seulement le défaut de paiement d'un seul terme du loyer doit être interprétée strictement et ne peut être appliquée en cas de non-paiement du coût du commandement (Com. 28 oct. 1957 : *Gaz. Pal.* 1958, 1, 17).

5) Pour avoir effet, la mise en demeure visant la clause résolutoire doit indiquer de façon précise les manquements auxquels il doit être remédié (Civ. 3e, 11 oct. 1977 : *J.C.P.* 77, IV, 289 ; *Bull.* III, n. 331, p. 251). Le commandement est sans effet si le bailleur a agi de mauvaise foi en le signifiant en mairie pendant les vacances (Civ. 3e, 15 déc. 1976 : *Bull.* III, n. 465, p. 354).

6) Les bailleurs s'adressant valablement au cessionnaire du bail pour obtenir le paiement du loyer, la nullité, ultérieurement prononcée, d'une cession de bail n'a pu avoir aucun effet sur la résiliation du bail qui s'était produite de plein droit à la suite du commandement infructueux délivré au cessionnaire (Civ. 3e, 10 mai 1977 : *Gaz. Pal.* 1978, 1, 18, note Plancqueel).

7) Malgré la clause de résiliation de plein droit stipulée en sa faveur, le propriétaire a toujours la faculté d'introduire une demande en résiliation de bail et le preneur qui n'a pas exécuté ses obligations ne saurait invoquer cette clause à son profit (Com. 29 juin 1954 : *Bull.* III, n. 235, p. 176). Le fait, dans une assignation introductive d'instance, de demander que la résiliation soit prononcée et non constatée implique l'absence de tout recours à une clause résolutoire de plein droit (Civ. 3e, 7 juin 1974 : *Gaz. Pal.* 1975, 1, 1, note Plancqueel).

8) Sur la dérogation apportée à l'article 1741 en cas de destruction de l'immeuble par suite de faits de guerre, V. L. 1er sept. 1948, art. 70 *infra*, sous art. 1778.

Art. 1742. – **Le contrat de louage n'est point résolu par la mort du bailleur, ni par celle du preneur.**

1) En cas de décès du locataire, le droit au bail passe à ses héritiers ou à ses légataires universels ou à titre universel (Soc. 11 oct. 1957 : *J.C.P.* 58, II, 10349), même si le bail contient interdiction de céder ou de sous-louer (Soc. 7 déc. 1960 : *Bull.* IV, n. 1131,p. 876). Mais les parties ont la faculté de prévoir que la location est consentie au preneur seul, sans que, après décès, ses héritiers puissent se prévaloir du contrat consenti à leur auteur (Soc. 4 juin 1959 : *J.C.P.* 59, IV, 89 ; *Bull.* IV, n. 656, p. 527).

2) Il ne résulte pas des termes très généraux de l'article 1742 que le droit au bail ne puisse faire l'objet d'un legs particulier (Soc. 25 mars 1955 : *D.* 1955, 414). Mais lorsque le bail interdit au preneur de céder ou de sous-louer, même à titre gratuit, un parent ne saurait se prétendre titulaire du droit au bail en vertu d'un legs particulier (Soc. 27 fév. 1958 : *Bull.* IV, n. 316, p. 228).

3) Le droit au bail appartient à la succession tant qu'il n'a pas été procédé au partage (Civ. 3e, 10 janv. 1978 : *J.C.P.* 78, IV, 84 ; *Bull.* III, n. 21, p. 16).

Art. 1743 *(Ord. 17 oct. 1945, art. 44 ; L. 13 avril 1946, art. 20).* – **Si le bailleur vend la chose louée, l'acquéreur ne peut expulser le fermier, le colon partiaire ou le locataire, qui a un bail authentique ou dont la date est certaine.**

Il peut, toutefois, expulser le locataire de biens non ruraux s'il s'est réservé ce droit par le contrat de bail.

LOUAGE DES CHOSES Art. 1748

1) Le contrat aux termes duquel le propriétaire d'un immeuble cède à une entreprise d'affichage le droit d'apposer des affiches publicitaires sur des murs lui appartenant constitue un contrat de louage et il s'ensuit qu'en cas de vente de l'immeuble, l'article 1743 est applicable (Dijon, 14 nov. 1974 : *J.C.P.* 75, IV, 163). Lorsque la location s'applique à une partie définie du mur d'une maison en vue de l'installation d'un panneau publicitaire, le bail la constatant est opposable à l'acquéreur de la mitoyenneté de ce bien immobilier (Civ. 3e, 1er mars 1989 : *J.C.P.* 89, IV, 160).

2) Si l'article 1743 n'a visé que le bail écrit et s'est référé implicitement à l'article 1328 qui laisse en dehors de ses prévisions les conventions verbales, il s'ensuit que le bail verbal n'est pas lui-même opposable à l'acquéreur, la simple connaissance qu'a pu en avoir ce dernier n'étant pas de nature à conférer à ce bail date certaine (Soc. 10 janv. 1963 : *J.C.P.* 63, IV, 17 ; *Bull.* IV, n. 47, p. 38). Mais l'article 1743 n'étant pas d'ordre public, la renonciation se prévaloir du défaut de date certaine peut être expresse ou tacite de la part des tiers en faveur desquels cette règle est établie (Soc. 15 juil. 1953 : *D.* 1953, 729, note Leris). Une location

verbale est opposable à l'acquéreur de l'immeuble dès lors que dans l'acte de vente celui-ci a déclaré connaître l'état des baux de location de l'immeuble et faire son affaire personnelle de ces locations et qu'il a fait signifier au locataire qu'il entendait exercer contre lui la reprise de ses locaux (même arrêt). Jugé que la connaissance d'un bail verbal, que l'adjudicataire d'un immeuble vendu sur licitation a, par des dires annexés au cahier des charges de l'adjudication et lus avant cette dernière, rend impossible l'expulsion du locataire, en vertu de l'article 1743 (Civ. 3e, 15 janv. 1976 : *J.C.P.* 76, IV, 76 ; *Bull.* III, n. 18, p. 13).

3) Sur l'application de l'article 1743 au cas d'apport en société, V. Com. 11 fév. 1964 : *D.* 1964, 262, note Esmein.

4) Il appartient à l'acquéreur qui ne conteste pas l'existence du bail de rapporter la preuve des clauses et conditions qu'il oppose au locataire (Civ. 3e, 16 avril 1970 : *J.C.P.* 70, IV, 141 ; *Bull.* III, n. 246, p. 181).

5) Le locataire d'un immeuble ne peut se voir opposer la clause relative à la transmission du dépôt de garantie au nouveau propriétaire (Civ. 3e, 18 janv. 1983 : *Bull.* III, n. 14, p. 11 ; *Defrénois* 1983, 1167, obs. Aubert).

Art. 1744 *(L. 4 sept. 1943; Ord. 17 oct. 1945, art. 44).* – S'il a été convenu lors du bail qu'en cas de vente l'acquéreur pourrait expulser le locataire et qu'il n'ait été fait aucune stipulation sur les dommages-intérêts, le bailleur est tenu d'indemniser le locataire de la manière suivante.

Art. 1745. – S'il s'agit d'une maison, appartement ou boutique, le bailleur paye, à titre de dommages et intérêts, au locataire évincé, une somme égale au prix du loyer, pendant le temps qui, suivant l'usage des lieux, est accordé entre le congé et la sortie.

Art. 1746. – S'il s'agit de biens ruraux, l'indemnité que le bailleur doit payer au fermier est du tiers du prix du bail pour tout le temps qui reste à courir.

Art. 1747. – L'indemnité se réglera par experts, s'il s'agit de manufactures, usines ou autres établissements qui exigent de grandes avances.

Art. 1748 *(L. 4 sept. 1943; Ord. 17 oct. 1945, art. 44).* – L'acquéreur qui veut user de la faculté réservée par le bail d'expulser le locataire en cas de vente est, en outre, tenu de l'avertir au temps d'avance usité dans le lieu pour les congés.

Art. 1749   LOUAGE DES CHOSES

Art. 1749 *(L. 4 sept. 1943; Ord. 17 oct. 1945, art. 44).* — Les locataires ne peuvent être expulsés qu'ils ne soient payés par le bailleur, ou, à son défaut, par le nouvel acquéreur, des dommages-intérêts ci-dessus expliqués.

Art. 1750. — Si le bail n'est pas fait par acte authentique, ou n'a point de date certaine, l'acquéreur n'est tenu d'aucuns dommages et intérêts.

Art. 1751 *(L. n. 62-902 du 4 août 1962, art. 19).* — Le droit au bail du local, sans caractère professionnel ou commercial, qui sert effectivement à l'habitation de deux époux est, quel que soit leur régime matrimonial et nonobstant toute convention contraire, et même si le bail a été conclu avant le mariage, réputé appartenir à l'un et à l'autre des époux.

En cas de divorce ou de séparation de corps, ce droit pourra être attribué, en considération des intérêts sociaux et familiaux en cause, par la juridiction saisie de la demande en divorce ou en séparation de corps, à l'un des époux, sous réserve des droits à récompense ou à indemnité au profit de l'autre époux.

1) Pour qu'un bail conclu avant même le mariage soit réputé appartenir à l'un et à l'autre des époux, l'article 1751 du Code civil exige la double condition que le droit au bail soit sans caractère professionnel et qu'il serve effectivement à l'habitation des deux époux (Civ. 3e, 28 janv. 1971 : *J.C.P.* 72, II, 16982, note R.D.). Le texte ne peut être étendu ni aux résidences secondaires ni aux locaux dans lesquels chacun des époux vit séparément (Orléans 20 fév. 1964 : *D.* 1964, 260).

2) L'article 1751 a créé une indivision qui confère à chacun des époux des droits et des obligations identiques (Soc. 4 nov. 1967 : *Gaz. Pal.* 1968, 1, 40, 1re esp. – Paris 22 oct. 1966 : *J.C.P.* 67, II, 15043, note R.D.). Chacun des époux est tenu de l'obligation de payer les loyers (Civ. 1re, 7 mai 1969 : *Bull.* I, n. 170, p. 138. – Paris 2 nov. 1967 :

Gaz. Pal. 1968, 1, 40, 2e esp.). Le congé donné à l'un d'eux est inopposable à l'autre (Civ. 3e, 27 avril 1976 : *Bull.* III, n. 178, p. 139. – Civ. 3e, 2 fév. 1982 : *J.C.P.* 82, IV, 137 ; *Bull.* III, n. 29, p. 19). Le congé donné par le titulaire originaire du bail sans le concours de son conjoint est inopposable à ce dernier (Civ. 3e, 20 fév. 1969 : *J.C.P.* 69, II, 15946, note R.D.).

3) L'article 1751 ne modifie pas les règles de la dévolution successorale et ne contredit pas l'article 1742 (Civ. 3e, 8 oct. 1970 : *Bull.* III, n. 495, p. 361).

4) Sur la possibilité pour le juge de concéder à bail après divorce le local servant de logement à la famille et appartenant en propre ou personnellement à l'un des époux, V. *supra*, art. 285-1.

Code rural

Art. L. 411-68 *(L. n. 80-502 du 4 juil. 1980, art. 22-III).* — Lorsque des époux participent ensemble et de façon habituelle à une exploitation agricole, l'époux titulaire du bail sur cette exploitation ne peut, sans le consentement exprès de son conjoint, accepter la résiliation, céder le bail, ou s'obliger à ne pas en demander le renouvellement, sans préjudice de l'application de l'article 217 du code civil. Toute stipulation contraire est réputée non écrite.

(mod., D. n. 83-212 du 16 mars 1983) L'époux qui n'a pas donné son consentement à l'acte peut en demander l'annulation ; l'action en nullité lui est ouverte dans l'année à compter du jour où il a eu connaissance de l'acte.

LOUAGE DES CHOSES — Art. 1755

SECTION II. – DES RÈGLES PARTICULIÈRES AUX BAUX À LOYER

Art. 1752. – **Le locataire qui ne garnit pas la maison de meubles suffisants peut être expulsé, à moins qu'il ne donne des sûretés capables de répondre du loyer.**

1) L'article 1752 n'ayant pas précisé l'étendue de l'obligation qu'il impose au locataire de garnir l'immeuble loué de meubles suffisants, les juges ont un large pouvoir d'appréciation pour déterminer dans chaque cas, compte tenu des circonstances et de la situation particulière des parties, si ce garnissement est suffisant (Soc. 12 janv. 1956 : *Bull.* IV, n. 34, p. 25), ou pour déterminer la nature et l'importance des sûretés capables de dispenser le locataire, en tout ou partie, de l'obligation de garnissement (Soc. 16 juil. 1955 : *Gaz. Pal.* 1955, 2, 199).

2) Si le preneur peut suppléer à l'insuffisance du mobilier en fournissant des sûretés, le bailleur a toujours le droit d'exiger de son locataire qu'il apporte dans les lieux loués le mobilier nécessaire à leur jouissance suivant leur destination (Civ. 12 juin 1951 : *D.* 1951, 525 ; *Rev. trim. dr. civ.* 1951, 527, obs. Carbonnier).

3) L'obligation pour le preneur de garnir les lieux loués de meubles suffisants existe alors même que les loyers ou fermages précédemment échus ont été régulièrement payés (Soc. 12 janv. 1956 : *Bull.* IV, n. 34, p. 25).

4) S'agissant d'un local à usage mixte de commerce et d'habitation, c'est la valeur de l'ensemble des marchandises et des meubles qui doit être prise en considération pour apprécier si le locataire remplit son obligation de garantir le paiement du loyer (Civ. 3e, 10 juin 1971 : *Rev. loyers* 1971, 501).

Art. 1753. – **Le sous-locataire n'est tenu envers le propriétaire que jusqu'à concurrence du prix de sa sous-location dont il peut être débiteur au moment de la saisie, et sans qu'il puisse opposer des payements faits par anticipation.**
Les payements faits par le sous-locataire soit en vertu d'une stipulation portée en son bail, soit en conséquence de l'usage des lieux, ne sont pas réputés faits par anticipation.

Art. 1754. – **Les réparations locatives ou de menu entretien dont le locataire est tenu, s'il n'y a clause contraire, sont celles désignées comme telles par l'usage des lieux, et entre autres, les réparations à faire :**
Aux âtres, contre-cœurs, chambranles et tablettes des cheminées ;
Au recrépiment du bas des murailles des appartements et autres lieux d'habitation, à la hauteur d'un mètre ;
Aux pavés et carreaux des chambres, lorsqu'il y en a seulement quelques-uns de cassés ;
Aux vitres, à moins qu'elles ne soient cassées par la grêle, ou autres accidents extraordinaires et de force majeure, dont le locataire ne peut être tenu ;
Aux portes, croisées, planches de cloison ou de fermeture de boutiques, gonds, targettes et serrures.

Voir la jurisprudence rapportée au *J.-Cl. Civil*, art. 1708-1762, fasc. 273

Art. 1755. – **Aucune des réparations réputées locatives n'est à la charge des locataires, quand elles ne sont occasionnées que par vétusté ou force majeure.**

1) Le locataire qui a accepté de prendre les lieux dans un état déjà vétuste ne peut être tenu que de l'aggravation de cet état due à un défaut d'entretien à lui imputable.

La partie des dégâts imputés à la vétusté doit être supportée par le bailleur (Civ. 1re, 18 oct. 1965 : *J.C.P.* 65, II, 14441, note R.D.).

2) Si l'obligation de réparer cesse en cas de force majeure, cette dernière n'autorise pas le locataire qui a procédé aux réparations à en demander le remboursement au bailleur qui s'est exonéré dans le bail de toute obligation de réparation (Civ. 1re, 14 mars 1978 : *J.C.P.* 78, IV, 158 ; *Bull.* III, n. 112, p. 87).

3) L'article 1755 n'est pas applicable pour les réparations dont le bail a prévu qu'elles seraient supportées par le locataire (Civ. 3e, 14 déc. 1988 : *J.C.P.* 89, IV, 60).

Art. 1756. – Le curement des puits et celui des fosses d'aisances sont à la charge du bailleur, s'il n'y a clause contraire.

Art. 1757. – Le bail des meubles fournis pour garnir une maison entière, un corps de logis entier, une boutique, ou tous autres appartements, est censé fait pour la durée ordinaire des baux de maisons, corps de logis, boutiques ou autres appartements, selon l'usage des lieux.

Art. 1758. – Le bail d'un appartement meublé est censé fait à l'année, quand il a été fait à tant par an ;
Au mois, quand il a été fait à tant par mois ;
Au jour, s'il a été fait à tant par jour.
Si rien ne constate que le bail soit fait à tant par an, par mois ou par jour, la location est censée faite suivant l'usage des lieux.

Art. 1759. – Si le locataire d'une maison ou d'un appartement continue sa jouissance après l'expiration du bail par écrit, sans opposition de la part du bailleur, il sera censé les occuper aux mêmes conditions, pour le terme fixé par l'usage des lieux, et ne pourra plus en sortir ni en être expulsé qu'après un congé donné suivant le délai fixé par l'usage des lieux.

1) Le nouveau bail qui se forme lorsque, à l'expiration d'un bail écrit, le preneur reste et est laissé en possession comporte les mêmes clauses et conditions que le précédent. Spécialement, la clause de résiliation et la clause fixant les modalités de paiement du loyer insérées dans le bail primitif continuent à être applicables (Com. 6 mai 1953 : *Bull.* III, n. 160, p. 112). Mais les juges peuvent décider qu'une stipulation du contrat constituant une clause occasionnelle devient caduque à l'expiration du bail si elle ne présente aucun lien indivisible avec les autres stipulations (Com. 15 juin 1960 : *Bull.* III, n. 232, p. 215).

2) La tacite reconduction s'opère pour une durée indéterminée et non pour une période fixe (Soc. 5 mai 1961 : *J.C.P.* 61, IV, 89 ; *Bull.* IV, n. 468, p. 379. – V. aussi Civ. 3e, 2 mars 1988 : *J.C.P.* 89, II, 21180, note Bruneau). Les stipulations du bail expiré ne peuvent influer sur la durée du bail renouvelé par tacite reconduction qui prend fin au terme fixé par l'usage des lieux (Civ. 3e, 12 fév. 1985 : *Bull.* III, n. 26, p. 19).

Art. 1760. – En cas de résiliation par la faute du locataire, celui-ci est tenu de payer le prix du bail pendant le temps nécessaire à la relocation, sans préjudice des dommages-intérêts qui ont pu résulter de l'abus.

1) Les juges du fond disposent d'un pouvoir souverain pour déterminer le délai nécessaire pour relouer (Civ. 8 mars 1910 : *Gaz. Pal.* 1910, 2, 13. – Paris 14 nov. 1949 : *D.* 1950, 68).

LOUAGE DES CHOSES — Art. 1769

2) Pour obtenir l'indemnité prévue par l'article 1760, le bailleur n'a qu'à prouver la résiliation aux torts du preneur et celui-ci, pour s'exonérer en totalité ou en partie, doit nécessairement prouver la relocation (Civ. 21 mai 1946 : *Gaz. Pal.* 1946, 2, 28).

Art. 1761. – **Le bailleur ne peut résoudre la location, encore qu'il déclare vouloir occuper par lui-même la maison louée, s'il n'y a eu convention contraire.**

Voir L. 1er sept. 1948, art. 18 et s., *infra*, sous art. 1778.

Art. 1762. – **S'il a été convenu, dans le contrat de louage, que le bailleur pourrait venir occuper la maison, il est tenu de signifier d'avance un congé aux époques déterminées par l'usage des lieux.**

SECTION III. – DES RÈGLES PARTICULIÈRES AUX BAUX À FERME

Art. 1763. – *Abrogé, Ord. 17 oct. 1945, art. 44 ; L. 13 avril 1946.*

Art. 1764. – **En cas de contravention, le propriétaire a droit de rentrer en jouissance, et le preneur est condamné aux dommages-intérêts résultant de l'inexécution du bail.**

Art. 1765. – **Si, dans un bail à ferme, on donne aux fonds une contenance moindre ou plus grande que celle qu'ils ont réellement, il n'y a lieu à augmentation ou diminution de prix pour le fermier que dans les cas et suivant les règles exprimées au titre *De la vente*.**

Art. 1766. – **Si le preneur d'un héritage rural ne le garnit pas des bestiaux et des ustensiles nécessaires à son exploitation, s'il abandonne la culture, s'il ne cultive pas en bon père de famille, s'il emploie la chose louée à un autre usage que celui auquel elle a été destinée, ou, en général, s'il n'exécute pas des clauses du bail, et qu'il en résulte un dommage pour le bailleur, celui-ci peut, suivant les circonstances, faire résilier le bail.**
En cas de résiliation provenant du fait du preneur, celui-ci est tenu des dommages et intérêts, ainsi qu'il est dit en l'article 1764.

Art. 1767. – **Tout preneur de bien rural est tenu d'engranger dans les lieux à ce destinés d'après le bail.**

Art. 1768. – **Le preneur d'un bien rural est tenu, sous peine de tous dépens, dommages et intérêts, d'avertir le propriétaire des usurpations qui peuvent être commises sur les fonds.**
Cet avertissement doit être donné dans le même délai que celui qui est réglé en cas d'assignation suivant la distance des lieux.

Art. 1769. – **Si le bail est fait pour plusieurs années, et que, pendant la durée du bail, la totalité ou la moitié d'une récolte au moins soit enlevée par des cas fortuits, le fermier peut demander une remise du prix de sa location, à moins qu'il ne soit indemnisé par les récoltes précédentes.**
S'il n'est pas indemnisé, l'estimation de la remise ne peut avoir lieu qu'à la fin du bail, auquel temps il se fait une compensation de toutes les années de jouissance ;
Et cependant le juge peut provisoirement dispenser le preneur de payer une partie du prix en raison de la perte soufferte.

Art. 1770   LOUAGE DES CHOSES

Art. 1770. – **Si le bail n'est que d'une année, et que la perte soit de la totalité des fruits, ou au moins de la moitié, le preneur sera déchargé d'une partie proportionnelle du prix de la location.**
Il ne pourra prétendre à aucune remise, si la perte est moindre de moitié.

Art. 1771. – **Le fermier ne peut obtenir de remise, lorsque la perte des fruits arrive après qu'ils sont séparés de la terre, à moins que le bail ne donne au propriétaire une quotité de la récolte en nature ; auquel cas le propriétaire doit supporter sa part de la perte, pourvu que le preneur ne fût pas en demeure de lui délivrer sa portion de récolte.**
Le fermier ne peut également demander une remise, lorsque la cause du dommage était existante et connue à l'époque où le bail a été passé.

Art. 1772. – Le preneur peut être chargé des cas fortuits par une stipulation expresse.

Art. 1773. – Cette stipulation ne s'entend que des cas fortuits ordinaires, tels que grêle, feu du ciel, gelée ou coulure.
Elle ne s'entend pas des cas fortuits extraordinaires, tels que les ravages de la guerre, ou une inondation, auxquels le pays n'est pas ordinairement sujet, à moins que le preneur n'ait été chargé de tous les cas fortuits prévus ou imprévus.

V. pour une application de la distinction
Soc. 3 janv. 1952 : *D*. 1952, 665, note
R. Savatier.

Art. 1774. – Le bail, sans écrit, d'un fonds rural, est censé fait pour le temps qui est nécessaire afin que le preneur recueille tous les fruits de l'héritage affermé.
Ainsi le bail à ferme d'un pré, d'une vigne, et de tout autre fonds dont les fruits se recueillent en entier dans le cours de l'année, est censé fait pour un an.
Le bail des terres labourables, lorsqu'elles se divisent par soles ou saisons, est censé fait pour autant d'années qu'il y a de soles.

Art. 1775 *(L. 24 oct. 1919 ; L. 15 juil. 1942)*. – Le bail des héritages ruraux, quoique fait sans écrit, ne cesse, à l'expiration du terme fixé par l'article précédent, que par l'effet d'un congé donné par écrit par l'une des parties à l'autre, six mois au moins avant ce terme.
A défaut d'un congé donné dans le délai ci-dessus spécifié, il s'opère un nouveau bail dont l'effet est réglé par l'article **1774**.
Il en est de même si, à l'expiration des baux écrits, le preneur reste et est laissé en possession.

Art. 1776 *(mod., L. 15 juil. 1942 ; L. 4 sept. 1943 ; L. 17 avril 1944 ; abrogé, Ord. 17 oct. 1945, art. 44)*.

Art. 1777. – Le fermier sortant doit laisser à celui qui lui succède dans la culture, les logements convenables et autres facilités pour les travaux de l'année suivante ; et réciproquement, le fermier entrant doit procurer à celui qui sort les logements convenables et autres facilités pour la consommation des fourrages, et pour les récoltes restant à faire.
Dans l'un et l'autre cas, on doit se conformer à l'usage des lieux.

LOUAGE DES CHOSES — Art. 1778

Art. 1778. – Le fermier sortant doit aussi laisser les pailles et engrais de l'année, s'il les a reçus lors de son entrée en jouissance ; et quand même il ne les aurait pas reçus, le propriétaire pourra les retenir suivant l'estimation.

Législations spéciales

I. BAUX COMMERCIAUX

V. D. n. 53-960 du 30 sept. 1953.

II. BAUX RURAUX

Code rural

LIVRE IV. – BAUX RURAUX
(D. n. 83-212 du 16 mars 1983)

TITRE Ier. – STATUT DU FERMAGE ET DU MÉTAYAGE

CHAPITRE Ier. – RÉGIME DE DROIT COMMUN

Art. L. 411-1 *(remplacé, L. n. 84-741 du 1er août 1984, art. 11).* – Toute mise à disposition à titre onéreux d'un immeuble à usage agricole en vu de l'exploiter est régie par les dispositions du présent titre, sous les réserves énumérées à l'article L. 411-2. Cette disposition est d'ordre public.

Il en est de même, sous réserve que le cédant ou le propriétaire ne démontre que le contrat n'a pas été conclu en vue d'une utilisation continue ou répétée des biens et dans l'intention de faire obstacle à l'application du présent titre :

– de toute cession exclusive des fruits de l'exploitation lorsqu'il appartient à l'acquéreur de les recueillir ou de les faire recueillir ;

– des contrats conclus en vue de la prise en pension d'animaux par le propriétaire d'un fonds à usage agricole lorsque les obligations qui incombent normalement au propriétaire du fonds en application des dispositions du présent titre sont mises à la charge du propriétaire des animaux.

La preuve de l'existence des contrats visés dans le présent article peut être apportée par tous moyens.

Art. L. 411-2. – Les dispositions de l'article L. 411-1 ne sont pas applicables :

– aux conventions conclues en application de dispositions législatives particulières ;

– aux concessions et aux conventions portant sur l'utilisation des forêts ou des biens soumis au régime forestier, y compris sur le plan agricole ou pastoral ;

– aux conventions conclues en vue d'assurer l'entretien des terrains situés à proximité d'un immeuble à usage d'habitation et en constituant la dépendance ;

– aux conventions d'occupation précaire :

1° passées en vue de la mise en valeur de biens compris dans une succession, dès lors qu'une instance est en cours devant la juridiction compétente ou que le maintien temporaire dans l'indivision résulte d'une décision judiciaire prise en application des articles 815 et 815-1 du Code civil ;

Art. 1778   LOUAGE DES CHOSES

2° permettant au preneur ou à son conjoint de rester dans tout ou partie d'un bien loué lorsque le bail est expiré ou résilié et n'a pas fait l'objet d'un renouvellement ;
3° tendant à l'exploitation temporaire d'un bien dont l'utilisation principale n'est pas agricole ou dont la destination agricole doit être changée ;
– aux biens mis à la disposition d'une société par une personne qui participe effectivement à leur exploitation au sein de celle-ci.

Art. L. 411-3. – Après avis de la commission consultative des baux ruraux, des arrêtés du commissaire de la République du département fixent, en tenant compte des besoins locaux ou régionaux, la nature et la superficie maximum des parcelles de terres ne constituant pas un corps de ferme ou des parties essentielles d'une exploitation agricole pour lesquelles une dérogation peut être accordée aux dispositions des articles L. 411-4 à L. 411-7, L. 411-8 (al. 1), L. 411-11 à L. 411-16 et L. 417-3. *(L. n. 84-741 du 1ᵉʳ août 1984, art. 12-I)* La nature et la superficie maximum des parcelles à retenir lors de chaque renouvellement de la location sont celles mentionnées dans l'arrêté en vigueur à cette date (*).

(*) A titre transitoire, et à l'issue d'un an à compter de l'entrée en vigueur de la loi du 1ᵉʳ août 1984, les arrêtés mentionnés à l'article L. 411-3 du Code rural s'imposent de plein droit aux parties aux contrats en cours (art. 12-II).

Section I. – Établissement du contrat
Durée et prix du bail

Sous-section 1. – Établissement du contrat

Art. L. 411-4. – Les contrats de baux ruraux doivent être écrits.
A défaut d'écrit enregistré avant le 13 juillet 1946, les baux conclus verbalement avant ou après cette date sont censés faits pour neuf ans aux clauses et conditions fixées par le contrat type établi par la commission consultative des baux ruraux.
(3ᵉ al. remplacé, L. n. 84-741 du 1ᵉʳ août 1984, art. 14) Un état des lieux est établi contradictoirement et à frais communs dans le mois qui précède l'entrée en jouissance ou dans le mois suivant celle-ci. Passé ce délai d'un mois, la partie la plus diligente établit un état des lieux qu'elle notifie à l'autre partie par lettre recommandée avec demande d'avis de réception. Cette dernière dispose, à compter de ce jour, de deux mois pour faire ses observations sur tout ou partie du projet ou pour l'accepter. Passé ce délai, son silence vaudra accord et l'état des lieux deviendra définitif et réputé établi contradictoirement.
L'état des lieux a pour objet de permettre de déterminer, le moment venu, les améliorations apportées par le preneur ou les dégradations subies par les constructions, le fonds et les cultures. Il constate avec précision l'état des bâtiments et des terres ainsi que le degré d'entretien des terres et leurs rendements moyens au cours des cinq dernières années.

Sous-section 2. – Durée du bail

Art. L. 411-5. – Sous réserve des dispositions de l'article L. 411-3 et sauf s'il s'agit d'une location régie par les articles L. 411-40 à L. 411-45, la durée du bail ne peut être inférieure à neuf ans, nonobstant toute clause ou convention contraire.

Art. L. 411-6. – Par dérogation à l'article précédent, au moment du renouvellement du bail, le preneur ne peut refuser l'introduction d'une clause de reprise à la fin de la sixième année suivant ce renouvellement au profit *(L. n. 88-1202 du 30 déc. 1988, art. 14. I)* du conjoint ou

LOUAGE DES CHOSES — Art. 1778

d'un ou de plusieurs descendants majeurs ou mineurs émancipés, qui devront exploiter personnellement dans les conditions fixées à l'article L. 411-59.

Lorsqu'une clause de reprise en cours de bail figure dans le bail initial ou le bail renouvelé, elle ne peut s'exercer que dans les conditions prévues à l'alinéa qui précède, sauf s'il s'agit d'un bail conclu ou renouvelé au nom du propriétaire ou d'un copropriétaire mineur, qui peut, à compter de sa majorité ou de son émancipation, exciper à son profit de la clause inscrite dans le bail à l'expiration de chaque période triennale en vue d'exploiter personnellement dans les conditions susmentionnées.

Le propriétaire qui entend exercer la reprise en cours de bail doit notifier congé au preneur deux ans au moins à l'avance dans les formes prescrites à l'article L. 411-47.

(Al. aj., L. n. 84-741 du 1ᵉʳ août 1984, art. 21) La clause de reprise dont il est fait état au présent article ne peut s'exercer à l'encontre d'un preneur se trouvant dans l'une des situations prévues aux deuxième et troisième alinéas de l'article L. 411-58 du présent code (*).

(*) Le droit de reprise ne peut être exercé au profit d'une personne bénéficiant d'un avantage vieillesse supérieur à 4160 fois le montant horaire du salaire minimum de croissance (L. n. 84-741 du 1ᵉʳ août 1984, art. 23).

Art. L. 411-7. – Aucune reprise ne peut être exercée par un acquéreur à titre onéreux jusqu'à l'expiration du bail en cours lors de l'acquisition.

Toutefois, en cas de mutation du fonds au profit d'un ou plusieurs descendants du bailleur, ceux-ci peuvent exercer la reprise en cours de bail à leur profit, ou à celui de l'un d'entre eux, dans les conditions prévues à l'article L. 411-6, alinéas 1 et 2.

Si le fonds loué est vendu, le cas du preneur, en dehors des dispositions relatives au droit de préemption, est également régi par l'article 1743 du Code civil.

Art. L. 411-8. – Lorsque le descendant du preneur a, pour quelque cause que ce soit, obtenu la cession du bail à son profit, il ne sera considéré comme ayant bénéficié d'un premier bail que si cette cession est antérieure de six ans au moins à la date d'expiration du bail. Dans le cas contraire, un nouveau bail ou le bail renouvelé constitue un premier bail.

Art. L. 411-9. – Sauf accord contraire des parties, les dispositions des articles L. 411-6, L. 411-7, alinéa 1ᵉʳ, et L. 411-8, alinéa 1ᵉʳ, ne s'appliquent qu'aux baux conclus ou renouvelés après le premier jour du mois suivant, dans chaque département, la publication de la décision de l'autorité administrative prise en application du deuxième alinéa de l'article L. 411-11.

Art. L. 411-10. – Le bail non écrit d'un fonds rural répondant aux conditions fixées conformément aux dispositions de l'article L. 411-3, sous réserve des dispositions des articles L. 411-5 à L. 411-7 et L. 411-8, alinéa 1ᵉʳ, est censé fait pour le temps prévu par l'article 1774 du Code civil.

Sous-section 3. – Prix du bail

Art. L. 411-11 *(L. n. 88-1202 du 30 déc. 1988, art. 10)*. – Le prix de chaque fermage est établi en fonction, notamment, de la durée du bail, compte tenu d'une clause de reprise éventuellement en cours de bail, de l'état et de l'importance des bâtiments d'habitation et d'exploitation, de la qualité des sols ainsi que de la structure parcellaire du bien loué. Ce prix est constitué, d'une part, du loyer des bâtiments d'habitation et, d'autre part, du loyer des bâtiments d'exploitation et des terres nues.

Le loyer des bâtiments d'habitation est fixé en monnaie entre des maxima et des minima qui sont arrêtés par l'autorité administrative. Ce loyer ainsi que les maxima et les minima sont

Art. 1778 — LOUAGE DES CHOSES

actualisés, chaque année, selon la variation de l'indice national mesurant le coût de la construction publié par l'Institut national de la statistique et des études économiques.

Le loyer des bâtiments d'exploitation et des terres nues est évalué en une quantité déterminée de denrées comprise entre des maxima et des minima arrêtés par l'autorité administrative.

L'autorité administrative détermine les maxima et les minima prévus aux deux alinéas ci-dessus sur proposition de commissions consultatives paritaires départementales et, le cas échéant, régionale et nationale. En cas de carence de ces commissions, l'autorité compétente procède elle-même à cette fixation.

Ces maxima et ces minima font l'objet d'un nouvel examen au plus tard tous les neuf ans. S'ils sont modifiés, le prix des baux en cours ne peut, sous réserve des dispositions figurant au premier alinéa de l'article L. 411-13, être révisé que lors du renouvellement ou, s'il s'agit d'un bail à long terme, en début de chaque nouvelle période de neuf ans. A défaut d'accord amiable, le tribunal paritaire des baux ruraux fixe le nouveau prix du bail (*).

(*) (Loi n. 88-1202 du 30 déc. 1988, art. 11) Les baux en cours sont, à la demande de l'une ou de l'autre des parties, mis en conformité avec les dispositions de l'article L. 411-11 du Code rural par accord amiable ou, à défaut, par le tribunal paritaire des baux ruraux saisi par la partie la plus diligente. Sauf accord des parties, cette mise en conformité prend effet, soit trois ans après la publication de la décision fixant les maxima et les minima prévus à l'article L. 411-11 du Code rural, soit dès le premier jour du mois suivant la publication de cette décision lorsque des améliorations ont été apportées par le bailleur aux bâtiments d'habitation depuis six ans au plus.

Art. L. 411-12. – Le prix du bail est réglable soit en nature, soit en espèces, soit partie en nature, partie en espèces. Sauf si le bailleur, en accord avec le preneur, a réalisé des investissements dépassant ses obligations légales ou lorsque des investissements sont imposés au bailleur par une personne morale de droit public, ou encore lorsque le bailleur a supporté définitivement l'indemnité due au preneur sortant en application des articles L. 411-69 à L. 411-77, le fermage ne peut comprendre, en sus du prix calculé comme indiqué à l'article L. 411-11, aucune redevance ou service de quelque nature que ce soit.

Art. L. 411-13. – Le preneur ou le bailleur qui, lors de la conclusion du bail, a contracté à un prix supérieur ou inférieur d'au moins un dixième à la valeur locative de la catégorie du bien particulier donné à bail, peut, au cours de la troisième année de jouissance, et une seule fois pour chaque bail, saisir le tribunal paritaire qui fixe, pour la période du bail restant à courir à partir de la demande, le prix normal du fermage selon les modalités ci-dessus.

La faculté de révision prévue à l'alinéa précédent vaut pour la troisième année du premier bail, comme pour la troisième année de chacun des baux renouvelés.

Art. L. 411-14. – Les dispositions des articles L. 411-11 à L. 411-13 sont d'ordre public ; celles du deuxième alinéa de l'article L. 411-13 ont un caractère interprétatif.

Art. L. 411-15. *(L. n. 85-30 du 9 janv. 1985, art. 37).* – Lorsque le bailleur est une personne morale de droit public, le bail peut être conclu soit à l'amiable, soit par voie d'adjudication.

Lorsque le bail est conclu à l'amiable, le prix du fermage doit être compris entre les maxima et les minima prévus à l'article L. 411-11 du présent code.

Lorsque le bail est conclu par adjudication, les enchères sont arrêtées dès que le prix offert pour le fermage atteint le montant maximum fixé en application de l'article L. 411-11. Dans ce cas, tous les enchérisseurs peuvent se porter preneur au prix maximum. En cas de pluralité d'enchérisseurs à ce prix, le bailleur choisit parmi eux le bénéficiaire du nouveau bail ou procède par tirage au sort.

LOUAGE DES CHOSES — Art. 1778

Quel que soit le mode de conclusion du bail, une priorité est réservée aux exploitants qui réalisent une installation en bénéficiant de la dotation d'installation aux jeunes agriculteurs ou, à défaut, aux exploitants de la commune répondant aux conditions de capacité professionnelle et de superficie visées à l'article 188-2 du présent code, ainsi qu'à leurs groupements.

Ces dispositions s'appliquent aux conventions pluriannuelles de pâturage visées à l'article 13 de la loi n. 72-12 du 3 janvier 1972 relative à la mise en valeur pastorale dans les régions d'économie montagnarde.

Art. L. 411-16. – Un décret en Conseil d'État fixe les conditions d'application des articles L. 411-11 à L. 411-15.

Art. L. 411-17. – Le prix du bail en cours le premier jour du mois suivant, dans chaque département, la publication de la décision de l'autorité administrative prise en application du deuxième alinéa de l'article L. 411-11 peut être révisé à l'initiative de l'une des parties en vue de son adaptation aux quantités fixées en application du même article. Toutefois, sauf accord contraire des parties, la révision ne peut intervenir si le bail comporte une clause de reprise durant son cours, à moins que le bailleur ne renonce à l'exercice de cette clause jusqu'à l'expiration du bail.

Art. L. 411-18. – *V. C. civ., art. 1765.*

Art. L. 411-19. – *V. C. civ., art. 1769.*

Art. L. 411-20. – *V. C. civ., art. 1770.*

Art. L. 411-21. – *V. C. civ., art. 1771.*

Art. L. 411-22. – *V. C. civ., art. 1772.*

Art. L. 411-23. – *V. C. civ., art. 1773.*

Art. L. 411-24. – Dans tous les cas où, par suite de calamités agricoles, le bailleur d'un bien rural obtient une exemption ou une réduction d'impôts fonciers, la somme dont il est exonéré ou exempté bénéficie au fermier.

En conséquence, le fermier déduit du montant du fermage à payer au titre de l'année au cours de laquelle a eu lieu le sinistre une somme égale à celle représentant le dégrèvement dont a bénéficié le bailleur. Dans le cas où le paiement du fermage est intervenu avant la fixation du dégrèvement, le propriétaire doit en ristourner le montant au preneur.

Section II. – Droits et obligations du preneur en matière d'exploitation

Art. L. 411-25. – *V. C. civ., art. 1767.*

Art. L. 411-26. – *V. C. civ., art. 1768.*

Art. L. 411-27. – *V. C. civ., art. 1766.*

Art. L. 411-28. – Pendant la durée du bail, le preneur peut, pour réunir et grouper plusieurs parcelles attenantes, faire disparaître, dans les limites du fonds loué, les talus, haies, rigoles et arbres qui les séparent ou les morcellent, lorsque ces opérations ont pour conséquence d'améliorer les conditions de l'exploitation.

Art. 1778 LOUAGE DES CHOSES

Art. L. 411-29. – Nonobstant les dispositions de l'article 1766 du Code civil mentionnées à l'article L. 411-27, le preneur peut, afin d'améliorer les conditions de l'exploitation, procéder soit au retournement de parcelles de terres en herbe, soit à la mise en herbe de parcelles de terres, soit à la mise en œuvre de moyens culturaux non prévus au bail. A défaut d'accord amiable, il doit fournir au bailleur, dans le mois qui précède cette opération, par lettre recommandée avec demande d'avis de réception, une description détaillée des travaux qu'il se propose d'entreprendre.*(L. n. 84-741 du 1ᵉʳ août 1984, art. 15)* Le bailleur peut, s'il estime que les opérations entraînent une dégradation du fonds, saisir le tribunal paritaire, dans un délai de quinze jours à compter de la réception de l'avis du preneur. Le preneur peut exécuter ou faire exécuter ces travaux si aucune opposition n'a été formée ou si le tribunal paritaire n'a pas admis la recevabilité ou le bien-fondé des motifs de l'opposition du bailleur.

Sauf clause ou convention contraire, le preneur ne peut en aucun cas se prévaloir des dispositions prévues à la section IX du présent chapitre.

Section III. – Résiliation du bail

Art. L. 411-30 *(L. n. 90-35 du 23 janv. 1990, art. 41)* I. – Lorsque la totalité des biens compris dans le bail sont détruits intégralement par cas fortuit, le bail est résilié de plein droit.

II. – Lorsqu'un bien compris dans le bail est détruit, en partie ou en totalité, par cas fortuit et que cette destruction compromet gravement l'équilibre économique de l'exploitation, le bailleur est tenu, si le preneur le demande, de reconstruire, à due concurrence des sommes versées par les compagnies d'assurances, ce bâtiment ou un bâtiment équivalent.

Si la dépense excède le montant des sommes ainsi versées, le bailleur peut prendre à sa charge la totalité des frais engagés par la reconstruction et proposer au preneur une augmentation du prix du bail. Dans le cas où le preneur n'accepte pas l'augmentation proposée, le tribunal paritaire des baux ruraux, sur saisine de la partie la plus diligente, fixe le nouveau montant du bail.

III. – Dans le cas où le preneur participe au financement des dépenses de reconstruction, il est fait application des dispositions des articles L. 411-69, L. 411-70 et L. 411-71. Si le bien n'est pas reconstruit, le preneur peut demander la résiliation du bail.

Art. L. 411-31. – Nonobstant toute clause contraire et sous réserve des dispositions des articles L. 411-32 et L. 411-34, le bailleur ne peut faire résilier son bail que s'il justifie de l'un des motifs définis à l'article L. 411-53 et dans les conditions prévues audit article.

Art. L. 411-32. – Le propriétaire peut, à tout moment, résilier le bail sur des parcelles dont la destination agricole peut être changée en application des dispositions d'un plan d'urbanisme ou d'un plan d'occupation des sols rendu public ou approuvé. Dans ce dernier cas, la résiliation n'est possible que dans les zones urbaines définies par le plan d'occupation des sols.

En l'absence d'un plan d'urbanisme ou d'un plan d'occupation des sols ou, lorsqu'existe un plan d'occupation des sols, en dehors des zones urbaines mentionnées à l'alinéa précédent, la résiliation ne peut être exercée, à tout moment, sur des parcelles en vue d'un changement de la destination agricole de celles-ci, qu'avec l'autorisation du commissaire de la République du département donnée après avis de la commission consultative des baux ruraux.

La résiliation doit être notifiée au preneur par acte extrajudiciaire, et prend effet un an après cette notification qui doit mentionner l'engagement du propriétaire de changer ou de faire changer la destination des terrains dans le respect des dispositions du plan d'urbanisme ou du plan d'occupation des sols, s'il en existe, au cours des trois années qui suivent la résiliation.

Lorsque l'équilibre économique de son exploitation est gravement compromis par une résiliation partielle, le preneur peut exiger que la résiliation porte sur la totalité du bien loué.

LOUAGE DES CHOSES Art. 1778

Le preneur est indemnisé du préjudice qu'il subit comme il le serait en cas d'expropriation.
Il ne peut être contraint de quitter les lieux avant l'expiration de l'année culturale en cours lors du paiement de l'indemnité qui peut lui être due, ou d'une indemnité provisionnelle fixée, à défaut d'accord entre les parties, par le président du tribunal paritaire statuant en référé.

Art. L. 411-33. – La résiliation de bail peut être demandée par le preneur dans les cas suivants :
– incapacité au travail, grave et permanente, du preneur ou de l'un des membres de sa famille indispensable au travail de la ferme ;
– décès d'un ou de plusieurs membres de la famille du preneur indispensables au travail de la ferme ;
– acquisition par le preneur d'une ferme qu'il doit exploiter lui-même.
Dans tous ces cas la résiliation ne peut avoir lieu que dans les conditions fixées à l'article L. 411-34, dernier alinéa.

Art. L. 411-34. – En cas de décès du preneur, le bail continue au profit de son conjoint, de ses ascendants et de ses descendants participant à l'exploitation ou y ayant participé effectivement au cours des cinq années antérieures au décès. Le droit au bail peut, toutefois, être attribué par le tribunal paritaire au conjoint ou à l'un des ayants droit réunissant les conditions précitées. En cas de demandes multiples, le tribunal se prononce en considération des intérêts en présence et de l'aptitude des différents demandeurs à gérer l'exploitation et à s'y maintenir.
Les ayants droit du preneur ont également la faculté de demander la résiliation du bail dans les six mois à compter du décès de leur auteur.
La même faculté est accordée au bailleur lorsque le preneur ne laisse pas de conjoint ou d'ayant droit réunissant les conditions énoncées au premier alinéa du présent article.
Si la fin de l'année culturale est postérieure au décès de neuf mois au moins, la résiliation peut, au choix des ayants droit, prendre effet soit à la fin de l'année culturale en cours, soit à la fin de l'année culturale suivante. Dans le cas contraire, la résiliation ne prendra effet qu'à la fin de l'année culturale suivante.

Section IV. – Cession du bail et sous-location

Art. L. 411-35 *(Al. 1 à 3 mod., L. n. 88-1202 du 30 déc. 1988, art. 15-I et II).* – Nonobstant les dispositions de l'article 1717 du Code civil, toute cession de bail est interdite, sauf si la cession est consentie, avec l'agrément du bailleur, au profit du conjoint du preneur participant à l'exploitation ou aux descendants du preneur ayant atteint l'âge de la majorité ou ayant été émancipés. A défaut d'agrément du bailleur, la cession peut être autorisée par le tribunal paritaire.
De même, le preneur peut avec l'agrément du bailleur ou, à défaut, l'autorisation du tribunal paritaire, associer à son bail en qualité de copreneur son conjoint participant à l'exploitation ou un descendant ayant atteint l'âge de la majorité.
Toute sous-location est interdite. Toutefois, le bailleur peut autoriser le preneur à consentir des sous-locations pour un usage de vacances ou de loisirs. Chacune de ces sous-locations ne peut excéder une durée de trois mois consécutifs. Dans ce cas, le bénéficiaire de la sous-location n'a aucun droit à son renouvellement, ni au maintien dans les lieux à son expiration. En cas de refus du bailleur, le preneur peut saisir le tribunal paritaire. Le tribunal peut, s'il estime non fondés les motifs de l'opposition du bailleur, autoriser le preneur à conclure la sous-location envisagée. Dans ce cas, il fixe éventuellement la part du produit de la sous-location qui pourra être versée au bailleur par le preneur.
(Al. ajouté, L. n. 88-1202 du 30 déc. 1988, art. 15-III) Le preneur peut héberger, dans les bâtiments d'habitation loués, ses ascendants, descendants, frères et sœurs, ainsi que leurs

Art. 1778 LOUAGE DES CHOSES

conjoints. Il ne peut exiger, pour cet hébergement, un aménagement intérieur du bâtiment ou une extension de construction.

Les dispositions du présent article sont d'ordre public.

Art. L. 411-36. – En cas de contravention aux dispositions de l'article L. 411-35, le propriétaire a le droit de rentrer en jouissance et le preneur est condamné aux dommages-intérêts résultant de l'inexécution du bail.

Section V. – Adhésion à une société

Art. L. 411-37. – * A la condition d'en aviser au préalable le bailleur par lettre recommandée avec demande d'avis de réception, le preneur *(L. n. 88-1202 du 30 déc. 1988, art. 16)* associé d'une société à objet principalement agricole peut mettre à la disposition de celle-ci, pour une durée qui ne peut excéder celle pendant laquelle il reste titulaire du bail, tout ou partie des biens dont il est locataire, sans que cette opération puisse donner lieu à l'attribution de parts. Cette société doit être constituée entre personnes physiques et, soit être dotée de la personnalité morale, soit, s'il s'agit d'une société en participation, être régie par des statuts établis par un acte ayant acquis date certaine.

L'avis adressé au bailleur doit, à peine de nullité, indiquer les noms et prénoms des associés, les parcelles que le preneur met à la disposition de la société, la durée de celle-ci, sa forme et son objet. Le preneur doit en outre, dans les deux mois et à peine de résiliation du bail, aviser le bailleur dans les mêmes formes de tout changement intervenu dans les éléments ci-dessus énumérés, ainsi que du fait qu'il cesse soit de faire partie de la société, soit de mettre le bien loué à la disposition de celle-ci. La nullité ou la résiliation ne sont pas encourues si les omissions ou les irrégularités constatées n'ont pas été de nature à induire le bailleur en erreur.

Le preneur qui reste seul titulaire du bail doit, à peine de résiliation, continuer à se consacrer à l'exploitation du bien loué, en participant sur les lieux aux travaux de façon effective et permanente, selon les usages de la région et en fonction de l'importance de l'exploitation. Tous les membres de la société sont tenus de participer à la mise en valeur des biens qu'elle exploite, dans les mêmes conditions. Nonobstant toute stipulation contraire, le preneur peut mettre fin à tout moment à la mise à disposition si l'un ou plusieurs de ces membres cessent de remplir cette condition. Le bail ne peut être résilié que si cette situation a persisté plus d'un an après que le bailleur ait mis le preneur en demeure de la régulariser. Ce délai est porté à deux ans en cas de décès de l'un des associés. Il peut en outre, en cas de force majeure, être prolongé par le tribunal paritaire.

Les droits du bailleur ne sont pas modifiés. Les co-associés du preneur, ainsi que la société si elle est dotée de la personnalité morale, sont tenus indéfiniment et solidairement avec le preneur de l'exécution des clauses du bail.

(*) *Disposition applicable à l'exploitation agricole à responsabilité limitée (L. n. 85-697 du 11 juillet 1985, art. 16).*

Art. L. 411-38. – Le preneur ne peut faire apport de son droit au bail à une société civile d'exploitation agricole ou à un groupement de propriétaires ou d'exploitants qu'avec l'agrément personnel du bailleur et sans préjudice du droit de reprise de ce dernier.

En cas de contravention aux dispositions de l'alinéa précédent, le propriétaire a le droit de rentrer en jouissance et le preneur est condamné aux dommages-intérêts résultant de l'inexécution du bail.

Les présentes dispositions sont d'ordre public.

LOUAGE DES CHOSES — Art. 1778

Section VI. – Échange et location de parcelles

Art. L. 411-39. – Pendant la durée du bail, le preneur peut effectuer les échanges ou locations de parcelles qui ont pour conséquence d'assurer une meilleure exploitation.

Les échanges ne peuvent porter que sur la jouissance et peuvent s'exercer sur tout ou partie de la surface du fonds loué. La commission consultative départementale des baux ruraux fixe et le commissaire de la République du département publie par arrêté, pour chaque région agricole, la part de surface de fonds loué susceptible d'être échangée. Cette part peut varier en fonction de la structure des exploitations mises en valeur par le preneur. Pour les fonds mentionnés à l'article 17-1 du Code rural, elle ne peut être inférieure à la moitié de la surface totale du fonds loué.

Les échanges mentionnés au présent article ne peuvent porter sur la totalité du bien loué que si sa surface n'excède pas le cinquième de la superficie minimum d'installation définie à l'article 188-4 du Code rural, compte tenu de la nature des cultures.

(Mod., L. n. 84-741 du 1ᵉʳ août 1984, art. 16) Le preneur les notifie au propriétaire par lettre recommandée avec demande d'avis de réception. Le propriétaire qui entend s'y opposer doit saisir le tribunal paritaire dans un délai de deux mois à compter de la réception de l'avis du preneur. A défaut, il est réputé avoir accepté l'opération.

Le titulaire du bail conserve son droit de préemption sur les parcelles qui ont fait l'objet d'un échange en jouissance au titre du présent article.

Section VII. – Dispositions particulières aux locations annuelles renouvelables

Art. L. 411-40. – Sous réserve de l'application des dispositions du titre VII du livre Iᵉʳ du Code rural relatif au contrôle des structures des exploitations agricoles, le bailleur peut consentir à un exploitant agricole déjà installé sur une autre exploitation dont la superficie est au moins égale à la surface minimum d'installation, une location annuelle renouvelable, dans la limite d'une durée maximum de six années portant sur un fonds sur lequel il se propose d'installer à l'échéance de l'un des renouvellements annuels un ou plusieurs descendants majeurs nommément désignés et ayant atteint l'âge de la majorité au jour de l'installation.

Cette location est consentie à un prix fixé dans les conditions prévues, selon le cas, par les articles L. 411-11 à L. 411-16 ou L. 417-3.

Art. L. 411-41. – Le preneur peut dénoncer la location par lettre recommandée avec demande d'avis de réception deux mois au moins avant la date de chaque renouvellement annuel.

Le bailleur peut mettre fin à la location dans les mêmes conditions en vue de l'installation du ou des descendants nommément désignés dans l'acte de location.

Art. L. 411-42. – Si, à l'expiration de la sixième année de location, le bailleur n'a pas installé ses descendants, la location est transformée de plein droit en bail ordinaire. A défaut d'accord amiable, le tribunal paritaire des baux ruraux en fixe le prix.

Il en est de même en cas de cession du fonds à titre onéreux.

Ce bail est considéré comme un premier bail et prend effet à la date à laquelle la location a été transformée.

Art. L. 411-43. – Si le ou les bénéficiaires de l'installation ne remplissent pas les conditions auxquelles ils sont tenus en application de l'article L. 411-59, les dispositions de l'article L. 411-66 s'appliquent. Le locataire réintégré bénéficie des dispositions du troisième alinéa de l'article L. 411-42, à compter de sa réinstallation.

Art. 1778   LOUAGE DES CHOSES

Art. L. 411-44. – Sauf si la location a été transformée en bail rural régi par le présent livre, le preneur ne peut se prévaloir des dispositions relatives aux cessions de bail, aux échanges ou locations de parcelles et aux indemnités au preneur sortant.

Art. L. 411-45. – Lorsque le bailleur est une indivision ou une société constituée entre membres d'une même famille jusqu'au troisième degré inclus, les dispositions des articles L. 411-40 à L. 411-44 sont applicables si le bail doit prendre fin par l'installation d'un descendant de l'un des indivisaires ou associés.

Section VIII. – Droit de renouvellement et droit de reprise

Art. L. 411-46. – Le preneur a droit au renouvellement du bail, nonobstant toutes clauses, stipulations ou arrangements contraires, à moins que le bailleur ne justifie de l'un des motifs graves et légitimes mentionnés à l'article L. 411-53 ou n'invoque le droit de reprise dans les conditions prévues aux articles L. 411-57 à L. 411-63, L. 411-66 et L. 411-67.
(Al. aj. L. n. 90-35 du 23 janv. 1990, art. 42.I) En cas de départ de l'un des conjoints copreneurs du bail, le conjoint qui poursuit l'exploitation a droit au renouvellement du bail.
(Al. mod. L. 90-35 du 23 janv. 1990, art. 42.II) Le preneur et le copreneur visés à l'alinéa précédent doivent réunir les mêmes conditions d'exploitation et d'habitation que celles exigées du bénéficiaire du droit de reprise en fin de bail à l'article L. 411-59.

Art. L. 411-47. – Le propriétaire qui entend s'opposer au renouvellement doit notifier congé au preneur, dix-huit mois au moins avant l'expiration du bail, par acte extrajudiciaire.
A peine de nullité, le congé doit :
– mentionner expressément les motifs allégués par le bailleur ;
– indiquer, en cas de congé pour reprise, les nom, prénom, âge, domicile et profession du bénéficiaire ou des bénéficiaires devant exploiter conjointement le bien loué et, éventuellement, pour le cas d'empêchement, d'un bénéficiaire subsidiaire, ainsi que l'habitation ou éventuellement les habitations que devront occuper après la reprise le ou les bénéficiaires du bien repris ;
– reproduire les termes de l'alinéa premier de l'article L. 411-54.
La nullité ne sera toutefois pas prononcée si l'omission ou l'inexactitude constatée ne sont pas de nature à induire le preneur en erreur.

Art. L. 411-48. – Aucun bénéficiaire ne peut être substitué à celui ou à ceux dénommés dans le congé, à moins que, par force majeure, ces bénéficiaires ne se trouvent dans l'impossibilité d'exploiter aux conditions prévues par les articles L. 411-58 à L. 411-63 et L. 411-67.
Dans ce cas :
– s'il s'agit d'une demande de reprise pour l'installation d'un descendant, il peut lui être substitué soit son conjoint, soit un autre descendant majeur ou mineur émancipé de plein droit ;
– s'il s'agit d'une demande de reprise personnelle du bailleur, ce dernier peut se substituer soit son conjoint, soit l'un de ses descendants majeur ou mineur émancipé de plein droit.
En cas de décès du bailleur, son héritier peut bénéficier du congé s'il remplit les conditions mentionnées aux articles L. 411-58 à L. 411-63 et L. 411-67.

Art. L. 411-49. – L'acquéreur à titre onéreux d'un bien rural ne peut se prévaloir du congé donné par l'ancien bailleur en vue de l'exercice du droit de reprise.

Art. L. 411-50. – A défaut de congé, le bail est renouvelé pour une durée de neuf ans. Sauf conventions contraires, les clauses et conditions du nouveau bail sont celles du bail précédent ;

LOUAGE DES CHOSES — Art. 1778

toutefois, à défaut d'accord entre les parties, le tribunal paritaire fixe le prix et statue sur les clauses et conditions contestées du nouveau bail ; le prix est établi conformément aux articles L. 411-11 à L. 411-16.

Art. L. 411-51. – Les dispositions des articles L. 411-47, L. 411-48 et L. 411-50 ne sont pas applicables aux baux et aux instances en cours au 1er janvier 1964. En outre, et dans les instances en cours à la même date, aucune forclusion ne peut être opposée au preneur lorsque le congé n'a pas mentionné expressément les motifs allégués par le propriétaire.

Art. L. 411-52. – En application de l'article 1775 du Code civil et sous réserve des dispositions des articles L. 411-46 et L. 411-47, le bail des héritages ruraux, quoique fait sans écrit en conformité avec les dispositions des articles L. 411-3 et L. 411-4, ne cesse, à l'expiration du terme fixé par l'article L. 411-10, que par l'effet d'un congé donné par écrit par l'une des parties à l'autre, six mois au moins avant ce terme.

A défaut d'un congé donné par le délai ci-dessus spécifié, il s'opère un nouveau bail dont l'effet est réglé par l'article L. 411-10.

Il en est de même si, à l'expiration des baux écrits, le preneur reste et est laissé en possession.

Art. L. 411-53. – Peuvent seulement être considérés comme motifs d'opposition au renouvellement du bail, nonobstant toute clause contraire :

1° Deux défauts de paiement de fermage ou de la part de produits revenant au bailleur et ayant persisté à l'expiration d'un délai de trois mois après mise en demeure postérieure à l'échéance. Cette mise en demeure devra, à peine de nullité, rappeler les termes de la présente disposition ;

2° Les agissements du preneur de nature à compromettre la bonne exploitation du fonds, notamment le fait qu'il ne dispose pas de la main-d'œuvre nécessaire aux besoins de l'exploitation.

En toute hypothèse, les motifs ci-dessus mentionnés ne sauraient être retenus en cas de force majeure ou de raisons sérieuses et légitimes.

En outre, ne peut obtenir le renouvellement de son bail le preneur qui s'est refusé indûment à appliquer les mesures d'amélioration de la culture et de l'élevage, préconisées par la commission consultative des baux ruraux, à la majorité des voix fixée par décret (*).

(*) V. art. R. 411-10, al. 2.

Art. L. 411-54. – Le congé peut être déféré par le preneur au tribunal paritaire dans un délai fixé par décret (**), à dater de sa réception, sous peine de forclusion. La forclusion ne sera pas encourue si le congé est donné hors délai ou s'il ne comporte pas les mentions exigées à peine de nullité par l'article L. 411-47.

Le tribunal apprécie les motifs allégués par le propriétaire lors de la notification du congé. S'il constate que le congé n'est pas justifié par l'un des motifs mentionnés à l'article L. 411-53, il ordonne le maintien du preneur dans l'exploitation pour un bail d'une nouvelle durée de neuf ans.

(**) V. art. R. 411-11.

Art. L. 411-55. – Tout preneur qui entend ne pas renouveler le bail doit notifier sa décision au propriétaire dix-huit mois au moins avant l'expiration du bail.

A défaut de congé, le bail est renouvelé pour une durée de neuf ans dans les conditions prévues à l'article L. 411-50.

Les dispositions du présent article ne sont pas applicables aux baux et aux instances en cours au 1er janvier 1964.

Art. 1778 — LOUAGE DES CHOSES

Art. L. 411-56. – Le renouvellement du bail a pour effet de reporter à l'époque de la sortie du fonds l'exercice par le preneur du droit à l'indemnité prévue à la section IX du présent chapitre.

Art. L. 411-57. – Au moment du renouvellement du bail, le propriétaire qui ne désire reprendre que la partie des terres nécessaires à la construction pour son usage ou celui de sa famille d'une maison d'habitation avec dépendances et jardin ne peut se voir refuser cette faculté par les tribunaux paritaires. Ces tribunaux statuent, le cas échéant, sur la réduction du prix du fermage.

Art. L. 411-58. – Le bailleur a le droit de refuser le renouvellement du bail s'il veut reprendre le bien loué pour lui-même ou au profit *(L. n. 88-1202 du 30 déc. 1988, art. 14-II)* du conjoint ou d'un descendant majeur ou mineur émancipé de plein droit.

Toutefois, le preneur peut s'opposer à la reprise lorsque lui-même, ou en cas de copreneurs l'un d'entre eux, se trouve à moins de cinq ans de l'âge auquel peut lui être accordée l'indemnité viagère de départ prévue par l'article 27 de la loi du 8 août 1962 complémentaire à la loi d'orientation agricole. Dans ce cas, le bail est prorogé de plein droit pour une durée égale à celle qui doit permettre au preneur ou à l'un des copreneurs d'atteindre cet âge. Pendant cette période, aucune cession du bail n'est possible. Le preneur doit, dans les quatre mois du congé qu'il a reçu, notifier au propriétaire par lettre recommandée avec demande d'avis de réception, sa décision de s'opposer à la reprise ou saisir directement le tribunal paritaire en contestation de congé.

A défaut de prorogation de la période d'intervention du fonds d'action sociale pour l'aménagement des structures agricoles, créé par l'article 26 de la loi sus-mentionnée du 8 août 1962, les dispositions de l'alinéa précédent sont applicables lorsque le preneur, ou en cas de copreneurs, l'un d'entre eux se trouve à moins de cinq ans de l'âge de la retraite retenu en matière d'assurance vieillesse des exploitants agricoles.

Si le bailleur entend reprendre le bien loué à la fin de la période de prorogation, il doit donner de nouveau congé dans les conditions prévues à l'article L. 411-47.

Si l'opération envisagée est subordonnée à une autorisation en application des dispositions du titre VII du livre Ier du Code rural concernant le contrôle des structures des exploitations agricoles, la reprise ne peut être obtenue que si cette autorisation a été accordée. Si la décision prise à ce sujet n'est pas devenue définitive à la date normale d'effet du congé, le tribunal paritaire sursoit à statuer, le bail en cours étant prorogé de plein droit jusqu'à la fin de l'année culturale pendant laquelle cette décision est devenue définitive. Si la décision définitive intervient dans les deux derniers mois de l'année culturale en cours, le bail est prorogé de plein droit jusqu'à la fin de l'année culturale suivante.

Si le bénéficiaire de la reprise se trouve, à l'expiration du congé donné conformément aux dispositions de l'article L. 411-47, soumis aux obligations du service national, la date d'effet du congé est reportée à la fin de l'année culturale du retour de l'intéressé à la vie civile.

(L. n. 84-741 du 1er août 1984, art. 22) Lorsque le bien loué a été aliéné moyennant le versement d'une rente viagère servie pour totalité ou pour l'essentiel sous forme de prestations de services personnels, le droit de reprise ne peut être exercé sur le bien dans les neuf premières années suivant la date d'acquisition (*).

(*) *Le droit de reprise ne peut être exercé au profit d'une personne bénéficiant d'un avantage vieillesse supérieur à 4 160 fois le montant horaire du salaire minimum de croissance (L. n. 84-741 du 1er août 1984, art. 23).*

Art. L. 411-59. – Le bénéficiaire de la reprise doit, à partir de celle-ci, se consacrer à l'exploitation du bien repris pendant au moins neuf ans soit à titre individuel, soit au sein d'une société dotée de la personnalité morale, soit au sein d'une société en participation dont les statuts

LOUAGE DES CHOSES — Art. 1778

sont établis par un écrit ayant acquis date certaine. Il ne peut se limiter à la direction et à la surveillance de l'exploitation et doit participer sur les lieux aux travaux de façon effective et permanente, selon les usages de la région et en fonction de l'importance de l'exploitation. Il doit posséder le cheptel et le matériel nécessaires ou, à défaut, les moyens de les acquérir.

Le bénéficiaire de la reprise doit occuper lui-même les bâtiments d'habitation du bien repris ou une habitation située à proximité du fonds et en permettant l'exploitation directe.

(Al. aj., L. n. 84-741 du 1ᵉʳ août 1984, art. 20) Le bénéficiaire de la reprise devra justifier par tous moyens qu'il satisfait aux obligations qui lui incombent en application des deux alinéas précédents et qu'il répond aux conditions de capacité ou d'expérience professionnelle visées à l'article 188-2 du présent code.

Art. L. 411-60. – Les personnes morales, à la condition d'avoir un objet agricole, peuvent exercer le droit de reprise sur les biens qui leur ont été apportés en propriété ou en jouissance, neuf ans au moins avant la date du congé. Ces conditions ne sont pas exigées des groupements agricoles d'exploitation en commun ou de sociétés constituées entre conjoints, parents ou alliés jusqu'au quatrième degré inclus. L'exploitation doit être assurée conformément aux prescriptions des articles L. 411-59 et L. 411-63 par un ou plusieurs membres des sociétés mentionnées au présent article. Toutefois, les membres des personnes morales mentionnées à la première phrase du présent article ne peuvent assurer l'exploitation du bien repris que s'ils détiennent les parts sociales depuis neuf ans au moins lorsqu'ils les ont acquises à titre onéreux (*).

(*) Le droit de reprise ne peut être exercé au profit d'une personne bénéficiant d'un avantage vieillesse supérieure à 4 160 fois le montant horaire du salaire minimum de croissance (L. n. 84-741 du 1ᵉʳ août 1984, art. 23).

Art. L. 411-61. – Lorsque le bailleur a échangé tout ou partie du bien loué, à moins que cet échange ait eu lieu entre des parents ou alliés jusqu'au troisième degré inclus, ou encore qu'il ait eu lieu dans le cadre des opérations d'échanges amiables effectuées en vertu des articles 38, 38-1, 38-3 et 38-4 du Code rural, le droit de reprise ne peut être exercé sur le bien échangé avant l'expiration d'une période de neuf ans, à compter de la date dudit échange.

Art. L. 411-62. – Sans préjudice des dispositions de l'article L. 411-57, le bailleur ne peut reprendre une partie des biens qu'il a loués si cette reprise partielle est de nature à porter gravement atteinte à l'équilibre économique de l'ensemble de l'exploitation assurée par le preneur.

Par dérogation aux conditions prévues au présent article et aux articles L. 411-58 à L. 411-61, L. 411-63 et L. 411-67, le bailleur a le droit de refuser le renouvellement du bail pour une partie seulement des biens qu'il a loués, si l'exercice de ce droit a pour objet d'agrandir, dans la limite du seuil de superficie défini en application du I (1°) de l'article 188-2 du Code rural, une autre exploitation également donnée à bail par lui et sans que l'équilibre économique de l'exploitation ainsi réduite en soit gravement compromis.

Dans les cas prévus aux deux alinéas ci-dessus, le preneur a la faculté de notifier au bailleur, jusqu'à l'expiration du bail en cours, sa décision de ne pas renouveler le bail.

Art. L. 411-63. – Le bailleur qui a fait usage du droit de reprise peut, avant l'expiration du délai de neuf ans, prévu au premier alinéa de l'article L. 411-59, louer le bien repris à un groupement foncier agricole, à la condition de se consacrer personnellement à l'exploitation des biens de ce groupement dans les conditions mentionnées aux articles L. 411-59 et L. 411-60.

Art. L. 411-64 *(L. n. 90-35 du 23 janv. 1990, art. 43).* – Le droit de reprise, tel qu'il est prévu aux articles L. 411-58 à L. 411-63, L. 411-66 et L. 411-67, ne peut être exercé au profit d'une

Art. 1778 — LOUAGE DES CHOSES

personne ayant atteint, à la date prévue pour la reprise, l'âge de la retraite retenu en matière d'assurance vieillesse des exploitants agricoles, sauf s'il s'agit, pour le bénéficiaire du droit de reprise, de constituer une exploitation ayant une superficie au plus égale à la surface fixée en application de l'article 11 de la loi n. 86-19 du 6 janvier 1986 relative à l'abaissement à soixante ans de l'âge de la retraite des personnes non salariées des professions agricoles. Si la superficie de l'exploitation ou des exploitations mises en valeur par le preneur est supérieure à cette limite, le bailleur peut par dérogation aux articles L. 411-5 et L. 411-46 :

– soit refuser le renouvellement du bail au preneur ayant atteint l'âge de la retraite retenu en matière d'assurance vieillesse des exploitants agricoles ;
– soit limiter le renouvellement à l'expiration de la période triennale au cours de laquelle le preneur atteindra cet âge.

Dans les deux cas ci-dessus, le bailleur doit prévenir le preneur de son intention de refuser le renouvellement du bail ou d'y mettre fin par acte extrajudiciaire signifié au moins dix-huit mois à l'avance. Les dispositions du précédent alinéa sont applicables, que le propriétaire entende aliéner ou donner à bail à un preneur âgé de moins de soixante ans ou exploiter en faire-valoir direct. Dans ce dernier cas, sauf s'il s'agit pour le bailleur de constituer une exploitation dans les conditions prévues au premier alinéa du présent article, il ne doit pas avoir atteint l'âge de la retraite à l'expiration du bail.

Le preneur évincé en raison de son âge peut céder son bail à son conjoint participant à l'exploitation ou à l'un de ses descendants ayant atteint l'âge de la majorité ou ayant été émancipé, dans les conditions prévues à l'article L. 411-35. Le bénéficiaire de la cession a droit au renouvellement de son bail.

A peine de nullité, le congé donné en vertu du présent article doit reproduire les termes de l'alinéa précédent.

Art. L. 411-65. – Durant la période d'intervention du fonds d'action sociale pour l'amélioration des structures agricoles, le preneur qui remplit les conditions de caractère personnel auxquelles est subordonnée l'attribution de l'indemnité annuelle de départ et de l'indemnité viagère de départ prévues à l'article 27 de la loi du 8 août 1962, peut par dérogation à l'article L. 411-5 en vue de bénéficier de ces avantages sous condition suspensive d'attribution, résilier le bail à la fin d'une des périodes annuelles de ce bail, suivant la date à laquelle il aura atteint l'âge requis.

(Al. aj., L. n. 86-19 du 6 janv. 1986, art. 20-I) Le preneur qui atteint l'âge fixé à l'article 1120-1 du présent code lui permettant la liquidation de la pension de retraite de l'assurance vieillesse agricole peut également, par dérogation à l'article L. 411-5, résilier le bail à la fin d'une des périodes annuelles de ce bail suivant la date à laquelle il aura atteint l'âge requis.

(Al. mod., L. n. 86-19 du 6 janv. 1986, art. 20-II) Dans ces cas, le preneur doit notifier sa décision au propriétaire au moins douze mois à l'avance.

Le preneur qui met fin au bail dans les conditions prévues par le présent article et ne se réinstalle pas comme exploitant agricole est réputé remplir les conditions pour bénéficier des avantages mentionnés à l'alinéa 1er ci-dessus.

Art. L. 411-66. – Au cas où il serait établi que le bénéficiaire de la reprise ne remplit pas les conditions prévues aux articles L. 411-58 à L. 411-63 et L. 411-67, ou que le propriétaire n'a exercé la reprise que dans le but de faire fraude aux droits du preneur, notamment s'il vend le bien, le donne à ferme, ou pratique habituellement la vente de la récolte sur pied d'herbe ou de foin, le preneur a droit, soit au maintien dans les lieux si la décision validant le congé n'a pas encore été exécutée, soit à la réintégration dans le fonds ou à la reprise en jouissance des parcelles avec ou sans dommages-intérêts, soit à des dommages-intérêts.

LOUAGE DES CHOSES   Art. 1778

La réintégration prévue à l'alinéa précédent ne peut être prononcée si elle a pour résultat, compte tenu des biens que le preneur exploite par ailleurs, de lui permettre de mettre en valeur une exploitation excédant le seuil de superficie défini en application du I (1°) de l'article 188-2 du Code rural.

Art. L. 411-67. – Le bailleur exploitant de carrière a le droit d'exercer la reprise en fin de bail en vue de mettre en exploitation pour la bonne marche de son industrie les terrains à vocation agricole dont il est propriétaire. Il doit s'engager à entreprendre effectivement l'exploitation industrielle des parcelles ayant fait l'objet de la reprise. Le droit de reprise est limité aux parcelles nécessaires à l'exploitation desdites carrières.

Art. L. 411-68. – Lorsque des époux participent ensemble et de façon habituelle à une exploitation agricole, l'époux titulaire du bail sur cette exploitation ne peut, sans le consentement exprès de son conjoint, accepter la résiliation, céder le bail ou s'obliger à ne pas en demander le renouvellement, sans préjudice de l'application de l'article 217 du Code civil. Toute stipulation contraire est réputée non écrite.

L'époux qui n'a pas donné son consentement à l'acte peut en demander l'annulation ; l'action en nullité lui est ouverte dans l'année à compter du jour où il a eu connaissance de l'acte.

Section IX. – Indemnité au preneur sortant

Art. L. 411-69. – Le preneur qui a, par son travail ou par ses investissements, apporté des améliorations au fonds loué a droit, à l'expiration du bail, à une indemnité due par le bailleur, quelle que soit la cause qui a mis fin au bail.

Sont assimilées aux améliorations les réparations nécessaires à la conservation d'un bâtiment indispensable pour assurer l'exploitation du bien loué ou l'habitation du preneur, effectuées avec l'accord du bailleur par le preneur et excédant les obligations légales de ce dernier.

En cas de vente du bien loué, l'acquéreur doit être averti par l'officier public ou ministériel chargé de la vente du fait qu'il supportera, à la sortie du preneur, la charge de l'indemnité éventuellement due à celui-ci.

Si la vente a eu lieu par adjudication, le cahier des charges doit mentionner la nature, le coût et la date des améliorations apportées par le preneur dans les conditions prévues aux articles L. 411-71 et L. 411-73. Cette mention est établie par l'officier public ou ministériel chargé de la vente d'après les indications fournies par le bailleur et par le preneur ; en cas de désaccord entre les parties, elle fait état des éléments contestés.

Art. L. 411-70. – Pour permettre le paiement de l'indemnité due, le Crédit agricole peut accorder aux bailleurs qui en font la demande des prêts spéciaux à long terme. Lorsque le preneur sortant a obtenu un prêt pour réaliser des améliorations et que ce prêt n'est pas entièrement remboursé, le bailleur est, s'il en fait la demande, subrogé dans les droits et obligations du preneur et l'indemnité due est réduite en conséquence.

Art. L. 411-71 *(mod., L. n. 84-741 du 1ᵉʳ août 1984, art. 18 et 19)*. – L'indemnité est ainsi fixée :

1° En ce qui concerne les bâtiments et les ouvrages incorporés au sol, l'indemnité est égale au coût des travaux, évalué à la date de l'expiration du bail, réduit de 6 % par année écoulée depuis leur exécution. Toutefois, dans les conditions déterminées par décret en Conseil d'État, il pourra, pour les bâtiments d'exploitation, les bâtiments d'habitation et les ouvrages incorporés au sol, être décidé, par décision administrative de calculer les indemnités en fonction de tables

Art. 1778 — LOUAGE DES CHOSES

d'amortissement déterminées à partir d'un barème national. En tout état de cause, l'indemnité n'est due que dans la mesure où les aménagements effectués conservent une valeur effective d'utilisation ;

2° En ce qui concerne les plantations, elle est égale à l'ensemble des dépenses, y compris la valeur de la main-d'œuvre, évaluées à la date de l'expiration du bail, qui auront été engagées par le preneur avant l'entrée en production des plantations, déduction faite d'un amortis sement calculé à partir de cette dernière date, sans qu'elle puisse excéder le montant de la plus-value apportée au fonds par ces plantations ;

3° En ce qui concerne les travaux de transformation du sol en vue de sa mise en culture ou d'un changement de culture entraînant une augmentation du potentiel de production du terrain de plus de 20 %, les améliorations culturales ainsi que les améliorations foncières mentionnées à l'article L. 411-28, l'indemnité est égale à la somme que coûteraient, à l'expiration du bail, les travaux faits par le preneur dont l'effet est susceptible de se prolonger après son départ, déduction faite de l'amortissement dont la durée ne peut excéder dix-huit ans ;

(Al. aj., L. n. 84-741 du 1ᵉʳ août 1984, art. 18-II) 4° En cas de reprise effectuée en application des articles L. 411-6, L. 411-58 et L. 411-60 du présent code, et en ce qui concerne les travaux régulièrement exécutés en application des 1 et 3 du I de l'article L. 411-73 du présent code, l'indemnité est égale à la valeur au jour de l'expiration du bail des améliorations apportées compte tenu de leurs conditions techniques et économiques d'utilisation.

La part des travaux mentionnés au présent article dont le financement a été assuré par une subvention ne donne pas lieu à indemnité.

Les travaux mentionnés au présent article, qui ont un caractère somptuaire ou qui n'ont pas été faits au juste prix, ne donnent lieu à indemnité que comme s'il s'agissait d'installations normales et réalisées au juste prix.

Art. L. 411-72. – S'il apparaît une dégradation du bien loué, le bailleur a droit, à l'expiration du bail, à une indemnité égale au montant du préjudice subi.

Art. L. 411-73 *(remplacé, L. n. 84-741 du 1ᵉʳ août 1984, art. 17).* – I. – Les travaux d'améliorations culturales et foncières définis à l'article L. 411-28 sont exécutés librement par le preneur. Les autres travaux d'amélioration, non prévus par une clause du bail, ne peuvent être exécutés qu'en observant, selon le cas, l'une des procédures suivantes :

1. Peuvent être exécutés sans l'accord préalable du bailleur :
– les travaux dispensés de cette autorisation par la loi n. 67-561 du 12 juillet 1967 relative à l'amélioration de l'habitat et les textes pris pour son application ;
– les travaux figurant sur une liste établie par décision administrative pour chaque région naturelle, en tenant compte de la structure et de la vocation des exploitations. Cette liste pourra comprendre que les travaux nécessités par les conditions locales et afférents, en ce qui concerne l'amélioration des bâtiments d'exploitation existants, à l'installation de l'eau et de l'électricité dans ceux-ci, à la protection du cheptel vif dans les conditions de salubrité et à la conservation des récoltes et des éléments fertilisants organiques et, en ce qui concerne les ouvrages incorporés au sol, à la participation à des opérations collectives d'assainissement, de drainage et d'irrigation, ainsi qu'aux travaux techniques assurant une meilleure productivité des sols sans changer leur destination naturelle ;
– tous travaux, ainsi que ceux concernant les productions hors sol ainsi que les plantations, dont la période d'amortissement, calculée dans les conditions fixées par l'article L. 411-71, ne dépasse pas de plus de six ans la durée du bail. Toutefois, lorsqu'il n'a pas reçu congé dans le délai prévu à l'article L. 411-47 ou à l'article L. 416-3, selon le cas, il est ajouté à la durée

LOUAGE DES CHOSES — Art. 1778

du bail en cours celle du nouveau bail y compris la prorogation de plein droit prévue à l'article L. 411-58, deuxième alinéa.

Deux mois avant l'exécution des travaux, le preneur doit communiquer au bailleur un état descriptif estimatif de ceux-ci. Le bailleur peut soit décider de les prendre à sa charge, soit, en cas de désaccord sur les travaux envisagés ou sur leurs modalités d'exécution, pour des motifs sérieux et légitimes, saisir le tribunal paritaire, dans le délai de deux mois à peine de forclusion. Le preneur peut exécuter ou faire exécuter ces travaux si aucune opposition n'a été formée, si le tribunal n'a pas admis la recevabilité ou le bien-fondé des motifs de l'opposition dont il a été saisi, ou si le bailleur n'a pas entrepris, dans le délai d'un an, les travaux qu'il s'est engagé à exécuter.

2. Pour les plantations *(L. n. 88-1202 du 30 déc. 1988, art. 12-II)* et les constructions de bâtiments destinés à une production hors sol, les constructions de maisons d'habitation ou de bâtiments destinés à une production hors sol, le preneur, afin d'obtenir l'autorisation du bailleur, lui notifie sa proposition. En cas de refus du bailleur ou à défaut de réponse dans les deux mois de la notification qui lui a été faite, les travaux peuvent être autorisés par le tribunal paritaire, à moins que le bailleur ne décide de les exécuter à ses frais dans un délai fixé en accord avec le preneur ou, à défaut, par le tribunal paritaire.

(Al. ajouté, L. n. 88-1202 du 30 déc. 1988, art. 12-I) Le preneur ne peut construire ou faire construire un bâtiment d'habitation sur un bien compris dans le bail que s'il a obtenu au préalable l'accord écrit du bailleur. Il exécute alors les travaux à ses frais et supporte les impôts et taxes afférents au bâtiment construit.

3. Pour tous autres travaux d'amélioration, le preneur doit obtenir l'autorisation du bailleur. A cet effet, il lui notifie sa proposition ainsi qu'à un comité technique départemental dont la composition et les conditions d'intervention sont fixées par décret en Conseil d'État. Le bailleur peut décider de les exécuter à ses frais dans un délai fixé en accord avec le preneur. S'il refuse ou s'il ne répond pas dans les deux mois de la notification, le preneur en informe le comité technique départemental qui dispose d'un délai de deux mois pour rendre son avis.

Le preneur peut exécuter ou faire exécuter les travaux si aucune opposition à un avis favorable du comité n'a été formée par le bailleur auprès du tribunal paritaire, si le tribunal n'a pas admis la recevabilité ou le bien-fondé des motifs de l'opposition dont il a été saisi, ou si le bailleur n'a pas entrepris, dans le délai prévu, les travaux qu'il s'est engagé à exécuter.

Le permis de construire, dans le cas où il est exigé, peut être demandé par le preneur seul dès lors qu'il a l'autorisation de faire les travaux compte tenu des dispositions précédemment énoncées.

II. – Quelle que soit la procédure qui s'applique, les travaux visés au présent article doivent, sauf accord du bailleur, présenter un caractère d'utilité certaine pour l'exploitation.

Pour les travaux inclus dans des opérations collectives de drainage ou d'irrigation, le preneur doit joindre à sa proposition, notifiée au bailleur, l'engagement écrit d'acquitter les taxes syndicales correspondantes qui sont alors recouvrées par voie de rôle annexe. Dans ce cas, l'accord du bailleur emporte mandat d'être représenté par le preneur au sein de l'association syndicale ou foncière qui a la maîtrise des travaux.

Lorsque les travaux affectent le gros œuvre d'un bâtiment, le bailleur peut exiger qu'ils soient exécutés sous la direction et le contrôle d'un homme de l'art désigné, à défaut d'accord amiable, par l'autorité judiciaire.

Art. L. 411-74. – Sera puni d'un emprisonnement de deux mois à deux ans et d'une amende de 2 000 F à 200 000 F ou de l'une de ces deux peines seulement, tout bailleur, tout preneur sortant ou tout intermédiaire qui aura, directement ou indirectement, à l'occasion d'un

Art. 1778   LOUAGE DES CHOSES

changement d'exploitant, soit obtenu ou tenté d'obtenir une remise d'argent ou de valeurs non justifiée, soit imposé ou tenté d'imposer la reprise de biens mobiliers à un prix ne correspondant pas à la valeur vénale de ceux-ci.

Les sommes indûment perçues sont sujettes à répétition. Elles sont majorées d'un intérêt calculé à compter de leur versement et égal au taux pratiqué par la Caisse régionale de crédit agricole pour les prêts à moyen terme.

En cas de reprise de biens mobiliers à un prix ne correspondant pas à la valeur vénale de ceux-ci, l'action en répétition peut être exercée dès lors que la somme versée a excédé ladite valeur vénale de plus de 10 %.

L'action en répétition exercée à l'encontre du bailleur demeure recevable pendant toute la durée du bail initial et des baux renouvelés qui lui font suite ainsi que, en cas d'exercice du droit de reprise, pendant un délai de dix-huit mois à compter de la date d'effet du congé.

Art. L. 411-75 *(Rétabli L. n. 90-85 du 23 janv. 1990, art. 37).* – En cas de cession du bail en application de l'article L. 411-35 ou de l'article L. 411-38, les améliorations faites sur le fonds par le preneur sortant et qui lui ouvrent droit, au terme du bail, à l'indemnité prévue par l'article L. 411-69 peuvent être cédées au preneur entrant.

Dans le cas de l'article L. 411-38, les améliorations ainsi transférées donnent lieu à l'attribution de parts au profit du cédant.

Dans le cas de l'article L. 411-35 ou de l'article L. 411-38, le preneur entrant est subrogé dans les droits à l'indemnité que l'intéressé aurait pu exercer en fin de bail vis-à-vis du bailleur.

Un associé qui, dans les conditions prévues à l'article L. 411-37, met à la disposition d'une société des biens dont il est locataire peut céder à ladite société les améliorations qu'il a faites sur le fonds et qui lui ouvrent droit, au terme du bail, à l'indemnité prévue par l'article L. 411-69.

La société lui attribue des parts correspondant à ce transfert. Elle est subrogée dans les droits à l'indemnité que l'intéressé aurait pu exercer en fin de bail vis-à-vis du bailleur.

Art. L. 411-76. – Pour le paiement de l'indemnité, le juge peut, par dérogation aux dispositions de l'article 1244 du Code civil, accorder au bailleur des délais excédant une année.

(Al. mod. L. n. 90-35 du 23 janv. 1990, art. 38) Toutefois, aucun délai ne peut être accordé lorsque le bailleur invoque le bénéfice des articles L. 411-5 à L. 411-7, L. 411-57 à L. 411-64, L. 411-67 et L. 415-11, premier alinéa. Dans ce cas, chacune des parties peut, à partir de la notification du congé, et indépendamment de toute action sur le fond, saisir le tribunal paritaire en vue d'obtenir la fixation de cette indemnité.

S'il apparaît que le preneur est en droit de prétendre à une indemnité et si celle-ci n'a pas été définitivement fixée un an avant l'expiration du bail, la partie la plus diligente peut saisir le président du tribunal paritaire statuant en la forme des référés en vue de la fixation d'une indemnité provisionnelle d'un montant aussi proche que possible de celui de l'indemnité définitive et qui, nonobstant toute opposition ou appel, doit être versée ou consignée par le bailleur dans le mois de la notification de la décision en fixant le montant. Le preneur peut exiger, à son départ des lieux, le versement des sommes consignées, sans préjudice de la restitution ultérieure de l'excédent éventuel lors de la décision définitive. Si, malgré la fixation de l'indemnité provisionnelle ou définitive, le bailleur n'a pas versé ou consigné celle-ci à la date de l'expiration du bail, il ne peut exiger le départ du preneur avant que ce versement ou cette consignation ait été effectué.

Lorsque l'indemnité a été fixée par le juge et payée par le bailleur, celui-ci peut demander soit une majoration du prix du bail, conformément à l'article L. 411-12, soit le remboursement par le preneur entrant des sommes ainsi versées. Dans ce cas, l'indemnité qui sera due au nouveau preneur à sa sortie sera calculée comme s'il était entré dans les lieux à la date d'entrée du preneur sortant.

LOUAGE DES CHOSES — Art. 1778

Art. L. 411-77. – Sont réputées non écrites toutes clauses ou conventions ayant pour effet de supprimer ou de restreindre les droits conférés au preneur sortant ou au bailleur par les dispositions précédentes. Toutefois, peut être fixée à forfait l'indemnité due pour la mise en culture des terres incultes, en friche ou en mauvais état de culture, à condition que ces terres aient été déclarées dans le bail.

Art. L. 411-78. – Les dispositions des articles L. 411-4, alinéas 3 et 4, L. 411-69 à L. 411-71, L. 411-73, L. 411-74 et L. 411-77 concernant les modalités de l'indemnisation du preneur sortant sont applicables aux améliorations antérieures au 13 juillet 1967, dans la mesure où elles ont été réalisées conformément aux règles en vigueur lorsqu'elles ont été effectuées.

CHAPITRE II. – DROIT DE PRÉEMPTION ET DROIT DE PRIORITÉ

Section I. – Droit de préemption en cas d'aliénation à titre onéreux de biens ruraux

Art. L. 412-1. – Le propriétaire bailleur d'un fonds de terre ou d'un bien rural qui décide ou est contraint de l'aliéner à titre onéreux, sauf le cas d'expropriation pour cause d'utilité publique, ne peut procéder à cette aliénation qu'en tenant compte, conformément aux dispositions de la présente section, d'un droit de préemption au bénéfice de l'exploitant preneur en place. Ce droit est acquis au preneur même s'il a la qualité de copropriétaire du bien mis en vente.

Les dispositions de l'alinéa précédent ne sont pas applicables s'il s'agit de biens dont l'aliénation, faite en vertu soit d'actes de partage intervenant amiablement entre cohéritiers, soit de partage d'ascendants, soit de mutations, profite, quel que soit l'un de ces trois cas, à des parents ou alliés du propriétaire jusqu'au troisième degré inclus et sauf dans ces mêmes cas si l'exploitant preneur en place est lui-même parent ou allié du propriétaire jusqu'au même degré.

Art. L. 412-2. – Les dispositions de la présente section s'appliquent à toutes les ventes ou adjudications même sur surenchère. Il en est de même en cas de vente portant sur la nue-propriété ou l'usufruit à moins que l'acquéreur ne soit, selon le cas, nu-propriétaire du bien vendu en usufruit ou usufruitier du bien vendu en nue-propriété.

Art. L. 412-3. – Le droit de préemption n'existe pas lorsqu'il s'agit d'échange, même avec soulte, de parcelles de terre de l'exploitation contre d'autres parcelles ou biens ruraux en vue d'opérations assimilables à des opérations de remembrement ou rentrant dans le cadre de telles opérations, à condition que les parcelles ou biens nouvellement acquis rentrent dans l'exploitation à la place des parcelles ou biens distraits.

Il n'existe pas non plus lorsqu'il s'agit de fonds dont la location est dispensée de la forme écrite dans les conditions prévues à l'article L. 411-3.

Art. L. 412-4. – Le droit de préemption s'exerce nonobstant toutes clauses contraires.

Il peut être exercé s'il n'a été fait usage des droits de préemption établis par les textes en vigueur, notamment au profit de l'État, des collectivités publiques et des établissements publics.

Il ne peut en aucun cas être cédé.

Art. L. 412-5. – Bénéficie du droit de préemption le preneur ayant exercé, au moins pendant trois ans, la profession agricole et exploitant par lui-même ou par sa famille le fonds mis en vente.

(Al. 2 à 4 mod., L. n. 88-1202 du 30 déc. 1988, art. 17-I à III) Il peut exercer personnellement ce droit, soit pour exploiter lui-même, soit pour faire assurer l'exploitation du fonds par son conjoint participant à l'exploitation ou par un descendant si ce conjoint ou descendant a exercé la profession agricole pendant trois ans au moins ou est titulaire d'un diplôme d'enseignement agricole.

Art. 1778 — LOUAGE DES CHOSES

Il peut aussi subroger dans l'exercice de ce droit son conjoint participant à l'exploitation ou un descendant majeur ou mineur émancipé qui remplissent les conditions prévues à l'alinéa précédent.

Le bénéficiaire du droit de préemption, le conjoint participant à l'exploitation ou le descendant au profit duquel le preneur a exercé son droit de préemption devra exploiter personnellement le fonds objet de la préemption aux conditions fixées aux articles L. 411-59 et L. 412-12.

Le conjoint du preneur décédé, ainsi que ses ascendants et ses descendants âgés d'au moins seize ans, au profit desquels le bail continue en vertu de l'article L. 411-34, alinéa 1er, bénéficient, dans l'ordre de ce même droit, lorsqu'ils remplissent les conditions prévues à l'alinéa 2 ci-dessus et exploitent par eux-mêmes ou par leur famille le fonds mis en vente, à la date d'exercice du droit.

(Al. modifié, L. n. 88-1202 du 30 déc. 1988, art. 17-IV) Le droit de préemption ne peut être exercé si, au jour où il fait connaître sa décision d'exercer ce droit, le bénéficiaire ou, dans le cas prévu au troisième alinéa ci-dessus, le conjoint ou le descendant subrogé est déjà propriétaire de parcelles représentant une superficie supérieure à trois fois la superficie prévue à l'article 188-4 du Code rural.

Art. L. 412-6. – Dans le cas où le bailleur veut aliéner, en une seule fois, un fonds comprenant plusieurs exploitations distinctes, il doit mettre en vente séparément chacune de celles-ci, de façon à permettre à chacun des bénéficiaires du droit de préemption d'exercer son droit sur la partie qu'il exploite.

Art. L. 412-7. – Si le bénéficiaire du droit de préemption estime que le prix et les conditions demandées de la vente sont exagérées, il peut en saisir le tribunal paritaire qui fixe, après enquête et expertise, la valeur vénale des biens et les conditions de la vente. Dans le cas de vente, les frais d'expertise sont partagés entre le vendeur et l'acquéreur.

Si le propriétaire n'accepte pas les décisions du tribunal paritaire, il peut renoncer à la vente. Dans le cas où la vente n'a pas lieu, les frais d'expertise sont à la charge de la partie qui refuse la décision du tribunal paritaire.

Art. L. 412-8. – Après avoir été informé par le propriétaire de son intention de vendre, le notaire chargé d'instrumenter doit faire connaître au preneur bénéficiaire du droit de préemption, par lettre recommandée avec demande d'avis de réception ou par acte d'huissier de justice, le prix, les charges, les conditions et les modalités de la vente projetée, ainsi que, dans l'hypothèse prévue au dernier alinéa du présent article, les nom et domicile de la personne qui se propose d'acquérir.

Cette communication vaut offre de vente aux prix et conditions qui y sont contenus. Les dispositions de l'article 1589, alinéa 1er, du Code civil sont applicables à l'offre ainsi faite.

Le preneur dispose d'un délai de deux mois à compter de la réception de la lettre recommandée ou de l'acte d'huissier pour faire connaître, dans les mêmes formes, au propriétaire vendeur, son refus ou son acceptation de l'offre aux prix, charges et conditions communiqués avec indication des nom et domicile de la personne qui exerce le droit de préemption. Sa réponse doit être parvenue au bailleur dans le délai de deux mois ci-dessus visé, à peine de forclusion, son silence équivalant à une renonciation au droit de préemption.

En cas de préemption, celui qui l'exerce bénéficie alors d'un délai de deux mois à compter de la date d'envoi de sa réponse au propriétaire vendeur pour réaliser l'acte de vente authentique ; passé ce délai, sa déclaration de préemption sera nulle de plein droit, quinze jours après une mise en demeure à lui faite par acte d'huissier de justice et restée sans effet *(L. n. 88-1202*

LOUAGE DES CHOSES — Art. 1778

du 30 déc. 1988, art. 19). L'action en nullité appartient au propriétaire vendeur et à l'acquéreur évincé lors de la préemption.

Le tiers acquéreur peut, pendant le délai d'exercice du droit de préemption par le preneur, joindre à la notification prévue à l'alinéa 1er ci-dessus une déclaration par laquelle il s'oblige à ne pas user du droit de reprise pendant une durée déterminée. Le notaire chargé d'instrumenter communique au preneur bénéficiaire du droit de préemption cette déclaration dans les mêmes formes que la notification prévue à l'alinéa 1er. Le preneur qui n'a pas exercé son droit de préemption pourra se prévaloir de cette déclaration aux fins d'annulation de tout congé portant reprise avant l'expiration de cette période.

Art. L. 412-9. – Dans le cas où, au cours du délai de deux mois prévu à l'article précédent, le propriétaire décide de modifier ses prétentions, il doit, par l'intermédiaire du notaire chargé d'instrumenter, notifier ses nouvelles conditions, notamment de prix, au preneur bénéficiaire du droit de préemption. Le délai de deux mois dont profite celui-ci pour faire valoir son droit de préemption aux nouvelles conditions est alors augmenté de quinze jours.

Dans le cas où, après l'expiration du délai de deux mois mentionné à l'article précédent, le propriétaire entend modifier ses prétentions, ou lorsqu'un an après l'envoi de la dernière notification, la vente n'étant pas réalisée, il persiste dans son intention de vendre, il est tenu de renouveler la procédure prévue à l'article précédent.

En tout état de cause, toute vente du fonds doit être notifiée dans les dix jours au bénéficiaire du droit de préemption.

Art. L. 412-10. – Dans le cas où le propriétaire bailleur vend son fonds à un tiers soit avant l'expiration des délais prévus à l'article précédent, soit à un prix ou à des conditions de paiement différents de ceux demandés par lui au bénéficiaire du droit de préemption ou lorsque le propriétaire bailleur exige du bénéficiaire du droit de préemption des conditions tendant à l'empêcher d'acquérir, le tribunal paritaire, saisi par ce dernier, doit annuler la vente et déclarer ledit bénéficiaire acquéreur aux lieu et place du tiers, aux conditions communiquées, sauf, en cas de vente à un prix inférieur à celui notifié, à le faire bénéficier de ce même prix.

Art. L. 412-11. – Dans le cas de vente faite par adjudication volontaire ou forcée, le preneur bénéficiaire du droit de préemption doit, à peine de nullité de la vente, y être convoqué par lettre recommandée avec demande d'avis de réception ou par acte d'huissier de justice, vingt jours au moins avant la date de l'adjudication, soit par le notaire chargé de la vente, soit en cas de vente poursuivie devant le tribunal, par le secrétaire-greffier en chef dudit tribunal.

Il lui est accordé un délai de vingt jours à compter de celui de l'adjudication pour faire connaître au notaire chargé de la vente ou, en cas de vente poursuivie devant le tribunal, au secrétaire-greffier en chef dudit tribunal, sa décision de faire valoir son droit de préemption. L'exercice du droit de préemption soit par le preneur lui-même, soit par un descendant dans les conditions prévues au troisième alinéa de l'article L. 412-5 emporte pour lui substitution pure et simple à l'adjudicataire. La déclaration de substitution, qui doit comporter l'indication de la personne exerçant le droit de préemption, est faite par acte authentique ou par acte d'huissier de justice qui est annexé au procès-verbal ou au jugement d'adjudication et publié en même temps que celui-ci. La déclaration de surenchère est dénoncée au preneur dans les mêmes formes et délais qu'à l'adjudicataire. Le preneur peut intervenir dans l'instance en validité de la surenchère.

Lorsque, dans le délai prévu à l'alinéa précédent, l'adjudicataire a fait connaître au bénéficiaire du droit de préemption, par lettre recommandée avec demande d'avis de réception, par acte

837

Art. 1778 LOUAGE DES CHOSES

d'huissier de justice, ou par déclaration insérée dans le procès-verbal de l'adjudication, son intention de ne pas user de son droit de reprise au cours d'une période déterminée, le preneur qui n'a pas fait valoir son droit de préemption pourra se prévaloir de cette déclaration aux fins d'annulation de tout congé portant reprise avant l'expiration de cette période.

Art. L. 412-12. – Celui qui a fait usage du droit de préemption est tenu aux obligations mentionnées aux articles L. 411-58 à L. 411-63 et L. 411-67. A défaut, l'acquéreur évincé peut prétendre à des dommages-intérêts prononcés par les tribunaux paritaires. Il est privé de toute action après expiration de la période d'exploitation personnelle de neuf années prévues aux articles L. 411-59, L. 411-60 et L. 411-63.

Toutefois, celui qui a fait usage du droit de préemption peut faire apport du bien préempté à un groupement foncier agricole, à la condition de se consacrer personnellement à l'exploitation des biens du groupement, dans les conditions prévues aux articles L. 411-59 et L. 411-60.

Au cas où le droit de préemption n'aurait pu être exercé par suite de la non-exécution des obligations dont le bailleur est tenu en application de la présente section, le preneur est recevable à intenter une action en nullité de la vente et en dommages-intérêts devant les tribunaux paritaires dans un délai de six mois à compter du jour où la date de la vente lui est connue, à peine de forclusion. Toutefois, lorsque le bailleur n'a pas respecté les obligations mentionnées à l'article L. 412-10, le preneur peut intenter l'action prévue par cet article.

Le fermier préempteur de la nue-propriété n'est pas tenu des obligations énoncées au premier alinéa du présent article, lorsqu'il est évincé par l'usufruitier qui fait usage de son droit de reprise.

Art. L. 412-13. – Conformément à l'article 707 *bis* du Code général des impôts, en cas d'éviction d'un acquéreur, l'exercice du droit de préemption ne donne pas ouverture à la perception d'un nouvel impôt proportionnel.

Les frais et loyaux coûts exposés à l'occasion du contrat, s'il y a lieu, par l'acquéreur évincé lui sont remboursés par le preneur.

Section II. – Dispositions relatives aux baux conclus entre copartageants d'une exploitation agricole par application de l'article 832-3 du Code civil

Art. L. 412-14. – Le bail passé entre les copartageants d'une exploitation agricole, par application de l'article 832-3 du Code civil, est, sous les réserves ci-après énoncées, soumis aux dispositions du présent titre.

Ne sont pas applicables, jusqu'à l'expiration du bail, les dérogations prévues à l'article L. 411-3 en ce qui concerne les parcelles ne constituant pas un corps de ferme ou des parties essentielles d'une exploitation agricole.

Par dérogation aux articles L. 412-1 et L. 412-2, le droit de préemption sera ouvert au preneur, même s'il existe entre l'acquéreur éventuel et le propriétaire un lien de parenté ou d'alliance n'excédant pas le troisième degré. Sont de même exclues les limitations de l'article L. 412-5.

Art. L. 412-15. – A défaut d'accord amiable le tribunal paritaire des baux ruraux détermine les modalités du bail et, le cas échéant, en fixe le prix.

CHAPITRE III. – DISPOSITIONS PARTICULIÈRES AUX PRENEURS DE NATIONALITÉ ÉTRANGÈRE

Art. L. 413-1. – Les preneurs de nationalité étrangère ne peuvent bénéficier des dispositions du présent titre que si leurs enfants sont Français, à moins qu'ils ne puissent invoquer les dispositions de la loi validée du 28 mai 1943 relative à l'application aux étrangers des lois en matière de baux à loyer et de baux à ferme.

LOUAGE DES CHOSES   Art. 1778

Toutefois, les exploitants étrangers ressortissants des États membres de la Communauté économique européenne bénéficient des dispositions du présent titre, dans les mêmes conditions que les exploitants de nationalité française.

CHAPITRE IV. - COMMISSIONS CONSULTATIVES PARITAIRES DES BAUX RURAUX

Néant.

CHAPITRE V. - DISPOSITIONS DIVERSES ET D'APPLICATION

Art. L. 415-1. – *V. C. civ., art. 1777.*

Art. L. 415-2. – *V. C. civ., art. 1778.*

Art. L. 415-3. – Le paiement des primes d'assurances contre l'incendie des bâtiments loués, celui des grosses réparations et de l'impôt foncier sont à la charge exclusive du propriétaire.

En cas de sinistre, ni le bailleur, ni les compagnies d'assurances ne peuvent invoquer un recours contre le preneur, s'il n'y a faute grave de sa part.

Les dépenses afférentes aux voies communales et aux chemins ruraux sont supportées par le preneur. A cet effet, il doit payer au bailleur une fraction du montant global de la taxe foncière sur les propriétés bâties et de la taxe foncière sur les propriétés non bâties portant sur les biens pris à bail, y compris la taxe régionale. A défaut d'accord amiable entre les parties, cette fraction est fixée à un cinquième.

Art. L. 415-4. – Seules les réparations locatives ou de menu entretien, si elles ne sont occasionnées ni par la vétusté, ni par le vice de construction ou de la matière, ni par force majeure, sont à la charge du preneur.

Art. L. 415-5. – Tout contrat de fermage général est nul et de nul effet ; il en est de même de tout bail à colonat partiaire portant sur l'exploitation affermée.

Art. L. 415-6. – Est réputée non écrite toute clause insérée dans les baux stipulant que les détenteurs du droit de chasse dans les bois situés au voisinage des terres louées ne sont pas responsables au sens des articles 1382 et suivants du Code civil, des dégâts causés aux cultures par les lapins de garenne et le gibier vivant dans leurs bois.

Art. L. 415-7. – Le preneur a le droit de chasser sur le fonds loué.
S'il ne désire pas exercer ce droit, il doit le faire connaître au bailleur.

Art. L. 415-8. – La commission consultative des baux ruraux détermine l'étendue et les modalités des obligations du bailleur relatives à la permanence et à la qualité des plantations prévue au 4° de l'article 1719 du Code civil.

Le tribunal paritaire peut, le cas échéant, autoriser le preneur à faire exécuter les travaux incombant de ce fait au propriétaire, aux frais de celui-ci.

Art. L. 415-9. – Ne pourra être regardé comme manquement aux obligations contractuelles, même si le contrat comportant ces obligations a été passé avant le 30 novembre 1960, le fait pour le fermier ou le métayer d'une exploitation agricole comprenant des plantations de pommiers à cidre ou de poiriers à poiré, de ne pas remplacer pendant la durée du bail les arbres qui viendraient à périr pour quelque cause que ce soit, ou de ne pas remettre, lorsqu'il quitte l'exploitation, des plantations dans un état analogue à celui dans lequel elles se trouvaient lors de son entrée en jouissance.

Art. 1778 — LOUAGE DES CHOSES

De même, par dérogation aux dispositions de l'article 1719 du Code civil, le bailleur n'est pas tenu d'assurer la permanence ou la qualité de ces plantations.

Art. L. 415-10 *(mod., L. n. 84-741 du 1ᵉʳ août 1984, art. 13).* – Les dispositions du présent titre s'appliquent aux baux ci-après énumérés : baux d'élevage concernant toute production hors sol, de marais salants, d'étangs et de bassins aménagés servant à l'élevage piscicole, baux d'établissements horticoles, de cultures maraîchères et de cultures de champignons, ainsi que les baux d'élevage apicole.

En sont exclus les locations de jardin d'agrément et d'intérêt familial, les baux de chasse et de pêche.

Art. L. 415-11. – Les baux du domaine de l'État, des départements, des communes et des établissements publics, lorsqu'ils portent sur des biens ruraux constituant ou non une exploitation agricole complète, sont soumis aux dispositions du présent titre. Toutefois, le preneur ne peut invoquer le droit au renouvellement du bail lorsque la collectivité ou l'établissement public lui a fait connaître, dans un délai de dix-huit mois avant la fin du bail, sa décision d'utiliser les biens loués, directement et en dehors de toute aliénation, à une fin d'intérêt général.

En outre, en cas d'aliénation, le preneur ne peut exercer le droit de préemption si l'aliénation est consentie à un organisme ayant un but d'intérêt public et si les biens vendus sont nécessaires à la réalisation de l'objectif poursuivi par l'organisme acquéreur.

Enfin, le bail peut, à tout moment, être résilié sur tout ou partie des biens loués lorsque ces biens sont nécessaires à la réalisation d'un projet déclaré d'utilité publique ; dans ce cas, le preneur a droit à une indemnité à raison du préjudice qu'il subit.

Art. L. 415-12. – Toute disposition des baux restrictive des droits stipulés par le présent titre est réputée non écrite.

CHAPITRE VI. – DISPOSITIONS PARTICULIÈRES AUX BAUX A LONG TERME

Art. L. 416-1. – Le bail à long terme est conclu pour une durée d'au moins dix-huit ans et, sous réserve des dispositions de l'article L. 416-5, sans possibilité de reprise triennale pendant son cours.

Ce bail est renouvelable par période de neuf ans dans les conditions prévues à l'article L. 411-46 et sans préjudice, pendant lesdites périodes, de l'application des articles L. 411-6, L. 411-7 et L. 411-8 (al. 1ᵉʳ).

Sauf convention contraire, les clauses et conditions du bail renouvelé pour neuf années sont celles du bail précédent ; toutefois, à défaut d'accord amiable entre les parties, le tribunal paritaire fixe le prix et statue sur les clauses et conditions contestées du nouveau bail.

Le bailleur qui entend s'opposer au renouvellement doit notifier congé au preneur dans les conditions prévues à l'article L. 411-47. Toutefois, lorsque le preneur a atteint l'âge de la retraite retenu en matière d'assurance vieillesse des exploitants agricoles, chacune des parties peut, par avis donné au moins dix-huit mois à l'avance, refuser le renouvellement du bail ou mettre fin à celui-ci à chaque période annuelle à partir de laquelle le preneur aura atteint ledit âge, sans être tenu de remplir les conditions énoncées à la section VIII du chapitre Iᵉʳ du présent titre.

Art. L. 416-2. – Un bail rural peut, à tout moment, être converti par accord des parties en bail à long terme soit par transformation du bail initial, soit par conclusion d'un nouveau bail. Lorsque cette conversion n'implique aucune autre modification des conditions du bail que

LOUAGE DES CHOSES — Art. 1778

l'allongement de sa durée et que le bailleur s'engage à ne demander aucune majoration du prix du bail en fonction de cette conversion, le refus du preneur le prive du bénéfice des dispositions des articles L. 411-35 et L. 411-46.

Nonobstant les dispositions de l'article L. 411-14, le bailleur qui s'est engagé à ne demander aucune majoration du prix du bail ne peut se prévaloir des dispositions du premier alinéa de l'article L. 411-13.

Les dispositions des alinéas qui précèdent sont applicables aux baux en cours à la date du 5 juillet 1980.

Il peut être convenu que les descendants du preneur ne pourront bénéficier des dispositions des articles L. 411-35 et L. 411-38. Il peut en outre être convenu que, en cas de décès du preneur et de transmission du bail aux membres de sa famille, ceux-ci ne pourront, à l'expiration dudit bail, exciper du droit au renouvellement. Toutefois, au cas où le preneur décéderait moins de dix-huit mois avant l'expiration du bail, les membres de la famille pourront exciper du droit au renouvellement, pour une seule période de neuf années, sans pouvoir toutefois dépasser la date à laquelle le preneur décédé aurait atteint l'âge de la retraite retenu en matière d'assurance vieillesse des exploitants agricoles.

Art. L. 416-3. – En outre, si la durée du bail initial est d'au moins vingt-cinq ans, il peut être convenu que le bail à long terme se renouvelle à son expiration, sans limitation de durée, par tacite reconduction. Dans ce cas, chacune des parties peut décider d'y mettre fin chaque année sans que soient exigées les conditions énoncées à la section VIII du chapitre Ier du présent titre. Le congé prend effet à la fin de la quatrième année suivant celle au cours de laquelle il a été donné. Les dispositions de l'article L. 416-1 (al. 2, 3 et 4) et celles de l'article L. 416-2 (al. 4) ne sont pas applicables.

Art. L. 416-4. – Un preneur qui est à plus de neuf ans et à moins de dix-huit ans de l'âge de la retraite peut conclure un bail à long terme régi par les dispositions du présent chapitre et d'une durée égale à celle qui doit lui permettre d'atteindre l'âge de la retraite.

Art. L. 416-5. – Le bail à long terme prend la dénomination de bail de carrière lorsqu'il porte sur une exploitation agricole constituant une unité économique ou sur un lot de terres d'une superficie supérieure à la surface minimale d'installation, qu'il est conclu pour une durée qui ne peut être inférieure à vingt-cinq ans et qu'il prend fin à l'expiration de l'année culturale pendant laquelle le preneur atteint l'âge de la retraite retenu en matière d'assurance vieillesse agricole. Le prix du bail de carrière est celui du bail de neuf ans. S'il s'agit d'un bail à ferme, les parties sont autorisées à majorer le prix dans des proportions qui ne peuvent être supérieures à un coefficient égal 1 % par année de validité du bail.

3e alinéa, abrogé, L. n. 84-741 du 1er août 1984, art. 42.

Art. L. 416-6. – Le bail à long terme régi par les dispositions du présent chapitre doit être suivi d'un état des lieux établi selon les dispositions de l'article L. 411-4.

Toute clause tendant à déroger aux dispositions de l'alinéa précédent est réputée non écrite. Cette disposition a un caractère interprétatif.

Art. L. 416-7. – Conformément aux dispositions du Code général des impôts, les baux à long terme conclus dans les conditions du présent chapitre bénéficient des exonérations fiscales prévues aux articles 743 (2°) et 793-2 (3°) de ce même code.

Les dispositions des articles 793-1 (4°) et 793-2 (3°) du Code général des impôts s'appliquent quels que soient le prix et la date de conclusion du bail.

Art. 1778 — LOUAGE DES CHOSES

Art. L. 416-8 *(mod., L. n. 84-741 du 1ᵉʳ août 1984, art. 26).* – Les dispositions des chapitres Iᵉʳ (à l'exception de l'art. L. 411-58, al. 2 à 4), II, V et VII du présent titre sont applicables aux baux à long terme conclus dans les conditions du présent chapitre ainsi qu'à leurs renouvellements successifs en tant qu'elles ne sont pas contraires aux dispositions de ce chapitre.

Art. L. 416-9. – Un décret en Conseil d'État précise en tant que de besoin les conditions d'application du présent chapitre.

CHAPITRE VII. – DISPOSITIONS PARTICULIÈRES AUX BAUX À COLONAT PARTIAIRE OU MÉTAYAGE

Section I. – Régime du bail

Art. L. 417-1. – Le bail à colonat partiaire ou métayage est le contrat par lequel le possesseur d'un héritage rural le remet pour un certain temps à un preneur ou colon qui s'engage à le cultiver, sous la condition d'en partager les produits avec le bailleur.

Art. L. 417-2. – Le bail à colonat partiaire ou métayage est résiliable tous les trois ans à la volonté du preneur qui doit donner préavis dans les délais conformes aux usages locaux avant l'expiration de chaque période triennale.

Art. L. 417-3. – Dans le bail, la part du bailleur ou prix du bail ne peut être supérieure au tiers de l'ensemble des produits, sauf décision contraire du tribunal paritaire.
En conséquence, le preneur ne peut être astreint, en sus de la part de produits revenant au bailleur, à aucune redevance, prestation ou service soit en nature, soit en argent, soit en travail, quelle qu'en soit la forme ou l'origine. Le propriétaire ne peut récupérer le montant par une modification des conditions du partage.
Les dispositions ci-dessus sont d'ordre public.

Art. L. 417-4. – Si, dans le cours de la jouissance du preneur, la totalité ou une partie de la récolte est enlevée par cas fortuits, il n'a pas d'indemnité à réclamer au bailleur. Chacun d'eux supporte sa portion correspondante dans la perte commune.

Art. L. 417-5. – Le bailleur exerce le privilège de l'article 2102 du Code civil sur les meubles, effets, bestiaux et portions de récolte appartenant au preneur, pour le paiement du reliquat du compte à rendre par celui-ci.

Art. L. 417-6. – Chacune des parties peut demander le règlement annuel du compte d'exploitation.

Art. L. 417-7. – Toute action résultant du bail se prescrit par cinq ans, à partir de la sortie du preneur.

Art. L. 417-8. – Le montant du dégrèvement fiscal prévu à l'article L. 411-24 profite au propriétaire et au preneur dans la proportion fixée par le bail pour le partage des fruits.

Art. L. 417-9. – Le preneur et le bailleur peuvent demander la résiliation du bail dès lors qu'en raison des destructions subies par les biens compris dans le bail, l'équilibre économique de l'exploitation est gravement compromis.

LOUAGE DES CHOSES Art. 1778

Art. L. 417-10. – Les dispositions de l'article L. 411-37 relatives à l'adhésion du preneur à une société à objet exclusivement agricole sont applicables en cas de métayage. Toutefois, l'agrément personnel du bailleur est nécessaire et le preneur doit convenir préalablement, avec lui et avec la société, de la manière dont il sera fait application au bien loué des articles L. 417-1 à L. 417-7.

Section II. – Conversion en baux à ferme

Art. L. 417-11 *(mod., L. n. 84-741 du 1er août 1984, art. 25)*. – Tout bail à colonat partiaire ou métayage peut être converti en bail à ferme à l'expiration de chaque année culturale à partir de la troisième année du bail initial, si le propriétaire ou le preneur en a fait la demande au moins douze mois auparavant.

En cas de contestation, le tribunal paritaire doit, en fonction des intérêts en présence, ordonner la conversion dans l'un des cas ci-après :

1° Lorsque le propriétaire n'entretient pas les bâtiments ;

2° Lorsqu'il se refuse à participer au moins en proportion de sa part dans les bénéfices aux investissements en cheptel ou en matériel indispensables à l'exploitation ;

3° Lorsque, en raison d'une clause du bail ou d'un accord entre les parties, le preneur est propriétaire de plus des deux tiers de la valeur du cheptel et du matériel ;

4° Lorsqu'une constante collaboration personnelle entre les parties n'a pu être assurée.

Pour l'application du 3° ci-dessus, les investissements en cheptel et en matériel faits par le preneur antérieurement au 2 janvier 1964 sont réputés faits avec l'accord du bailleur.

Toutefois, nonobstant toute disposition contraire, la conversion ne pourra être refusée lorsque la demande sera faite par le métayer en place depuis huit ans et plus.

(Al. modifié, L. n. 88-1202 du 30 déc. 1988, art. 13) Sans préjudice de l'application immédiate de l'alinéa précédent, les modalités de l'indemnisation éventuellement due au bailleur sont fixées par un décret en Conseil d'État.

Une demande de conversion ne peut être considérée comme une rupture de contrat, ni justifier une demande de reprise du propriétaire. Cette disposition est d'ordre public.

Art. L. 417-12. – La conversion s'applique à l'ensemble de l'exploitation, cheptel compris. Le preneur peut, à son gré, retenir la jouissance ou acquérir au comptant la propriété du cheptel vif ou mort, en tout ou partie selon les besoins de l'exploitation.

A défaut d'accord entre les parties sur le prix et les conditions du nouveau bail, jouissance du cheptel comprise, ou sur le prix d'acquisition au comptant du cheptel, le tribunal paritaire statue, compte tenu, s'il y a lieu, des usages locaux homologués par la commission consultative des baux ruraux.

Au cours du bail, le preneur peut à son gré, acquérir au comptant en tout ou en partie le cheptel vif ou mort resté la propriété du bailleur. Dans ce cas, les conditions du bail sont modifiées en conséquence.

Lors de la conversion, le tribunal paritaire peut décider que le nouveau preneur sera tenu, pendant la durée du bail, de notifier au préalable au bailleur, propriétaire du cheptel vif, toutes les ventes de bétail à peine de présomption d'abus de jouissance et de résiliation du bail avec dommages-intérêts, suivant les circonstances.

Si le propriétaire en fait la demande, le preneur sera tenu, sur avis conforme de l'autorité administrative compétente, d'adhérer à l'organisation locale de protection ou d'amélioration du bétail dans les régions où cette adhésion serait reconnue nécessaire par la commission consultative des baux ruraux.

Art. 1778 LOUAGE DES CHOSES

Art. L. 417-13. – Lors de la conversion ou à la cessation du bail, le règlement du cheptel vif se fait sur les bases suivantes :
En cas de cessation du bail, le bailleur prélève des animaux, de manière à laisser un fonds de bétail analogue à celui qu'il a remis à l'entrée.
Lors de la conversion, ce fonds de bétail reste attaché au fonds loué.
Dans les deux cas, cessation du bail ou conversion, si la comparaison entre l'estimation d'entrée et celle de sortie fait apparaître un excédent, celui-ci se partage entre les parties, s'il s'agit d'un bail à colonat partiaire ou métayage. Il appartient par contre au preneur s'il s'agit d'un bail à ferme. Le preneur reçoit sa part en espèces ou, si la composition du cheptel le permet, en nature, à son choix.

Art. L. 417-14. – Le tribunal paritaire peut limiter la conversion à une partie de l'exploitation à la demande du preneur si l'opération est justifiée au point de vue agricole.

Art. L. 417-15. – La conversion a effet le premier jour de l'année culturale suivant celle en cours à la date de la demande de conversion.

TITRE II. – BAIL À CHEPTEL

Art. L. 421-1. – Le bail à cheptel est régi par les articles 1800 à 1831 du Code civil.

TITRE III. – BAIL À DOMAINE CONGÉABLE

Art. L. 431-1. – Les exploitations agricoles affermées sous la forme dite à domaine congéable sont soumises aux dispositions du titre Ier du présent livre, sous réserve des droits particuliers des exploitants sur les édifices et superficies appelés droits réparatoires.
Bénéficie de ces dispositions tout preneur occupant de bonne foi les lieux le 16 septembre 1947 (*) nonobstant tout congé qui aurait pu lui être donné ou toute décision de justice non encore exécutée.

(*) *Date de la promulgation de la loi n. 47-1830 du 16 septembre 1947 étendant au domaine congéable le bénéfice de la loi du 13 avril 1946 instituant le statut du fermage et du métayage.*

Art. L. 431-2. – Les domaniers peuvent aliéner les édifices et superficies de leurs tenures pendant la durée du bail, sans le consentement du propriétaire foncier.
En cas de partage, les héritiers restent tenus solidairement des charges du bail.

Art. L. 431-3. – Tout preneur d'un bail à domaine congéable bénéficie d'un droit de préemption tant à l'égard des droits réparatoires non déjà possédés par l'exploitant que des droits fonciers, si lesdits droits fonciers ou réparatoires viennent à être aliénés à titre onéreux, ensemble ou séparément.
Le propriétaire foncier a le droit de préemption prévu au titre Ier du présent livre en ce qui concerne les droits réparatoires, mais il ne peut l'exercer, le cas échéant, qu'au cas où l'exploitant y aurait renoncé lui-même.

Art. L. 431-4. – Les propriétaires fonciers et les domaniers se conforment aux stipulations prévues par les baux ou, à défaut, aux usages des lieux, en tout ce qui concerne leurs droits respectifs sur la distinction du fonds et des édifices et superficies, des plantations pérennes telles que vignes et arbres fruitiers, des arbres dont le domanier doit avoir la propriété ou la simple émondage, des objets dont le remboursement doit être fait au domanier lors de sa sortie, comme aussi en ce qui concerne les termes des paiements des redevances convenancières, la faculté de la part du domanier de bâtir de nouveau ou de changer les bâtiments existants.

LOUAGE DES CHOSES — Art. 1778

Art. L. 431-5. – Dans le cas où le bail et les usages ne contiennent aucun règlement sur les châtaigniers et noyers, ces arbres sont réputés fruitiers, à l'exception néanmoins de ceux d'entre eux qui sont plantés en avenues, masses ou bosquets.

Art. L. 431-6. Les édifices et superfices ne sont réputés meubles qu'à l'égard des propriétaires fonciers. Dans tous les autres cas, ils sont réputés immeubles.

Art. L. 431-7. – Tous les bois sujets ou non à émondage qui sont plantés, semés ou viennent naturellement sur les fossés et talus de la tenure appartiennent indivisément au foncier et au domanier pour moitié à chacun d'eux.

Seuls les bois non émondables par leur nature peuvent être vendus au cours du bail et d'un commun accord entre foncier et domanier.

En cas de désaccord sur l'opportunité de la vente, le tribunal paritaire est saisi du litige à la requête du foncier ou du domanier.

Art. L. 431-8. – En fin de bail, les droits réparatoires sont évalués contradictoirement et à dire d'experts suivant leur valeur actuelle.

Ils sont remboursés au domanier dans la proportion de la somme par lui payée comparativement à la valeur réelle lors de l'acquisition.

A cet effet, un état des lieux descriptif et estimatif est dressé contradictoirement entre les parties et annexé au contrat de bail.

Art. L. 431-9. – Le domanier ne peut être expulsé qu'après avoir été remboursé. A cet effet, l'expertise des droits réparatoires doit être effectuée dans le délai de six mois qui précède l'expiration de la jouissance. Néanmoins, le congé doit être notifié dix-huit mois avant la fin du bail, conformément aux dispositions de l'article L. 411-47.

Art. L. 431-10. – A défaut de remboursement effectif de la somme portée à l'estimation, le domanier peut, sur un simple commandement fait à la personne ou au domicile du propriétaire foncier, en vertu de son titre, s'il est exécutoire, faire vendre par vente publique les édifices et superfices et subsidiairement, le fonds en cas d'insuffisance. Néanmoins, le foncier peut se libérer en abandonnant au domanier la propriété du fonds et la rente convenancière.

Art. L. 431-11. – A défaut de paiement du prix du bail, à son échéance, sous réserve de ce qui est dit aux articles L. 411-31 et L. 411-53, le propriétaire peut, en vertu de son titre, s'il est exécutoire, faire saisir les meubles, grains et denrées, appartenant au domanier ; il peut même faire vendre lesdits meubles, et en cas d'insuffisance, lesdits édifices et superfices, après néanmoins avoir obtenu contre le domanier un jugement de condamnation ou de résiliation de bail.

Art. L. 431-12. – La vente des meubles du domanier ne peut être faite qu'en observant les formalités prescrites au code de procédure civile pour la saisie et la vente du mobilier. Les édifices sont vendus sur trois publications en l'auditoire du tribunal compétent.

Art. L. 431-13. – Les domaniers ne pouvant éviter la vente de leurs meubles, et la vente subsidiaire de leurs édifices et superfices, qu'en abandonnant au propriétaire foncier leurs édifices et superfices, auquel cas ils seront libérés envers lui.

Art. L. 431-14. – En cas de congé donné par l'une ou l'autre partie ou de vente publique, les créanciers hypothécaires du domanier ont un droit de préférence sur les sommes attribuées à ce dernier, d'après le rang de leurs inscriptions, sans aucun préjudice des droits du foncier.

Art. 1778 — LOUAGE DES CHOSES

Est nul tout paiement effectué par le foncier à l'encontre de ce droit de préférence.

Le congé et la vente publique rendent exigibles les créances hypothécaires consenties par le domanier sur ses droits convenanciers.

Art. L. 431-15. – Le domanier ne peut construire de nouveaux bâtiments d'habitation ou d'exploitation, ni procéder à des plantations pérennes, telles que vignes ou arbres fruitiers, qu'après entente avec le propriétaire.

Toutefois, si l'une ou plusieurs de ces opérations s'avèrent nécessaires à l'exploitation rationnelle de la ferme ou au logement de l'exploitant ou du domanier, et si le propriétaire foncier s'y oppose, le domanier peut saisir de sa demande le tribunal paritaire qui arbitrera le litige.

A moins de conventions plus favorables au domanier, ce dernier peut prétendre, pour les opérations mentionnées ci-dessus effectuées avec l'accord du propriétaire, ou, à défaut, du tribunal paritaire, à l'indemnité au fermier sortant, prévue à la section IX du chapitre Ier du titre Ier du présent livre.

Art. L. 431-16. – Le domanier peut, après entente avec le propriétaire foncier, entreprendre toute plantation de bois qu'il jugera utile sur les terres impropres à une culture normale, notamment landes, terrains accidentés ou rocailleux.

En cas de désaccord, le tribunal paritaire peut autoriser la plantation.

Les produits de la plantation sont partagés entre le foncier et le domanier en proportion de leur participation aux frais.

Art. L. 431-17. – Pour tenir compte des édifices et superfices qui appartiennent au domanier, le prix des baux en cours ou à venir est fixé à l'amiable et évalué comparativement au fermage moyen des propriétés voisines de même valeur et d'égale importance.

En cas de désaccord, le prix est fixé par le tribunal paritaire.

La révision du prix des baux en cours prend effet au commencement de la nouvelle année culturale.

Art. L. 431-18. – Les quote-parts des taxes foncières dues par le propriétaire foncier et par le domanier sont fixées conformément aux dispositions de la loi du 19 avril 1831 (art. 9, § 2), de la façon suivante :

1° Pour les maisons et usines :
 6/8 au domanier ;
 2/8 au foncier.
2° Pour les corps d'exploitation :
 5/8 au foncier ;
 3/8 au domanier.
3° Pour les champs ou terres :
 6/8 au foncier ;
 2/8 au domanier.

Art. L. 431-19. – Toute cession de bail et toute sous-location sont interdites, sauf si la cession ou la sous-location sont consenties avec l'agrément du foncier au profit des enfants ou petits-enfants du domanier ayant atteint l'âge de la majorité.

Art. L. 431-20. – Sont nulles et de nul effet toutes clauses inscrites dans les baux de nature à limiter les droits des domaniers sur les édifices et superfices et sur la valeur réelle de ceux-ci.

LOUAGE DES CHOSES   Art. 1778

Art. L. 431-21. – Tous les litiges auxquels peut donner lieu l'application des dispositions relatives aux baux à domaine congéable sont de la compétence des tribunaux paritaires.

Art. L. 431-22. – Les dispositions du présent titre sont d'ordre public.

Art. L. 431-23. – Les dispositions du présent titre ne sont pas applicables dans le département de Saint-Pierre-et-Miquelon.

TITRE IV. – BAIL À COMPLANT

Art. L. 441-1. – Dans le régime des vignes à complant, quelles que soient les dénominations : *(L. n. 88-1202 du 30 déc. 1988, art. 18)* contrat de complant, bail à complant ou tout autre analogue –, la redevance due au propriétaire est versée dans les conditions déterminées par un arrêté préfectoral, sur proposition de la commission consultative départementale des baux ruraux.

Art. L. 441-2. – Si l'une des parties juge nécessaire la replantation de la vigne, elle devra se mettre d'accord avec l'autre. En cas de désaccord, elles devront recourir obligatoirement à l'arbitrage de l'autorité administrative désignée par décret, statuant comme amiable compositeur à la requête de la partie la plus diligente, parties entendues ou dûment appelées.

Un délai maximum de quatre ans est accordé pour la reconstitution de la vigne à partir du 1er avril suivant la dernière récolte. La reconstitution sera faite avec les cépages choisis d'un commun accord entre le propriétaire et le complanteur. En cas de désaccord, le greffage aura lieu sur plant américain avec un cépage identique à celui de l'ancien vignoble.

Dans tous les cas, le choix des cépages sera fait conformément aux lois et décrets en vigueur.

Art. L. 441-3. – La replantation sera faite entièrement aux frais du complanteur ; toutefois, à titre de compensation, il jouira gratuitement du sol les deux premières années après la dernière vendange. Si la replantation n'est pas faite au printemps de la troisième année, le propriétaire pourra exiger, à partir de la fin de la deuxième année, un prix de fermage établi sur la moyenne appliquée pour les terres de culture dans la région. En outre, le complanteur ne commencera à verser le quart ou le cinquième que pour la récolte correspondant à la cinquième pousse après la replantation. Il devra assurer tous les frais de culture et de traitements anticryptogamiques et la redevance réduite au quart ou au cinquième continuera d'être versée conformément au contrat et, à défaut, de la façon consacrée par les usages locaux.

Art. L. 441-4. – A défaut d'accord amiable, à la demande, soit du propriétaire du domaine soumis à ce régime, soit à la majorité des complanteurs exploitant au moins les deux tiers de la superficie complantée dans ce domaine, il peut être procédé à un aménagement entre propriétaires et complanteurs des terres soumises au régime des vignes à complant.

Toutefois, l'aménagement ne peut être imposé au propriétaire lorsque la superficie d'un même domaine est inférieure à 15 ares ; dans ce cas, le propriétaire a le droit de racheter le complant, soit en espèces, soit en terres à son choix.

La demande est adressée soit par le propriétaire à chacun des complanteurs, soit au propriétaire par la majorité des complanteurs telle qu'elle est fixée à l'alinéa 1er du présent article.

L'aménagement a pour effet d'affranchir la propriété en attribuant au propriétaire et à chaque complanteur une parcelle de terrain proportionnellement équivalente en valeur de productivité, aux droits constatés au moment des opérations, compte tenu des conditions locales et déduction faite de la surface nécessaire aux ouvrages collectifs.

847

Art. 1778 — LOUAGE DES CHOSES

Lorsqu'il y a lieu à aménagement, le propriétaire fixe à son choix l'assiette des terres qui sont attribuées aux complanteurs à la seule condition que la parcelle attribuée à chaque complanteur soit d'un seul tenant.

Le paiement d'une soulte en espèces est exceptionnellement autorisé s'il y a lieu d'indemniser le propriétaire ou les complanteurs de plus-values, telles que clôtures, arbres, fumures, ensemencements et autres améliorations incorporées au sol.

Art. L. 441-5. – L'estimation des droits devant servir de base au parcellement ainsi que l'évaluation éventuelle des soultes sont effectuées par une commission arbitrale composée du président du tribunal de grande instance ou de son délégué, président, du directeur départemental de l'agriculture ou de son suppléant et de quatre membres : deux propriétaires et deux complanteurs choisis par leurs syndicats respectifs, ou à défaut par la chambre d'agriculture parmi les personnes étrangères au domaine. A leur défaut, la chambre d'agriculture choisit deux propriétaires et deux fermiers ou métayers offrant la garantie de compétence désirable.

La commission statue souverainement en fait. Sa décision est prise à la majorité et n'est susceptible que de recours devant la Cour de cassation, pour incompétence, excès de pouvoir ou violation de la loi.

Cette estimation doit être telle que la part attribuée en toute propriété aux complanteurs ne peut excéder 60 % de la valeur du bien, si l'état de la plantation se présente dans les conditions les plus favorables, ni être inférieure à 15 % dans le cas contraire.

Art. L. 441-6. – Le parcellement et, s'il y a lieu, le regroupement éventuel par intéressé des parcelles, de façon à éviter les enclaves, sont effectués avec le concours de la direction départementale de l'agriculture comme en matière de remembrement.

Art. L. 441-7. – Les contrats conclus ou les sentences prononcées entre propriétaires et complanteurs qui opèrent rachat ou échange, parcellement ou regroupement de parcelles, remembrement et, d'une manière générale, mettent fin aux baux à complant, sont transcrits à la conservation des hypothèques.

Art. L. 441-8. – Par le seul fait de cette transcription, les privilèges et hypothèques de toute nature pouvant grever le fonds complant du chef du bailleur ou de ses précédents propriétaires sont cantonnés de plein droit sur la parcelle affranchie attribuée au bailleur ou sur partie de cette parcelle.

Dans les communes où le bail à complant est translatif de propriété au profit des complanteurs, les privilèges et hypothèques pouvant grever le fonds du chef des complanteurs ou de leurs auteurs sont cantonnés de la même façon sur la parcelle attribuée en toute propriété auxdits complanteurs.

Le conservateur des hypothèques est tenu d'opérer d'office la radiation des inscriptions existant du chef des propriétaires ou de leurs auteurs en tant qu'elles portent sur les biens attribués aux complanteurs, ainsi que celles existant du chef des complanteurs ou de leurs auteurs en tant qu'elles portent sur les biens attribués aux propriétaires.

Le même cantonnement a lieu de plein droit aux cas d'emphytéose et d'usufruit.

Les effets des contrats ou sentences sont opposables aux preneurs à baux ordinaires consentis par le bailleur ou le complanteur, lorsque les biens objets de ces baux sont compris dans les opérations de rachat ou échange, parcellement ou regroupement de parcelles, remembrement et, d'une manière générale, dans toutes les opérations mettant fin aux baux à complant.

LOUAGE DES CHOSES — Art. 1778

Les tiers intéressés ont toujours le droit de présenter leurs dires et observations devant la commission prévue à l'article L. 411-5, devant qui ils sont convoqués à cet effet et qui statue sur la réparation du préjudice qu'ils ont pu subir.

Art. L. 441-9. – Le propriétaire, en cas de vente du droit de complant qui grève son immeuble à une personne autre qu'un ascendant ou un descendant du complanteur et le complanteur en cas de vente de l'immeuble grevé de son complant, lorsqu'il s'agit d'une parcelle dont il est le seul colon, bénéficient d'un droit de préemption à prix égal.

Le vendeur doit notifier la vente et le prix au bénéficiaire du droit de préemption.

Art. L. 441-10. – Pour l'exécution des opérations prévues aux articles L. 441-4 à L. 441-9, il est constitué une commission composée :

1° De deux représentants de la direction départementale de l'agriculture ;
2° D'un délégué des propriétaires et d'un délégué des complanteurs nommés comme il est dit à l'article L. 441-5.

Cette commission fixe l'ordre et la cadence dans lesquels seront faits le parcellement et le remembrement. En cas de partage, la voix du président est prépondérante. Les décisions prises à la majorité sont sans appel, sauf recours pour incompétence, excès de pouvoir ou violation de la loi devant la juridiction administrative.

Art. L. 441-11. – Un décret en Conseil d'État détermine les conditions d'exécution du présent titre et notamment :

1° Les modalités de l'intervention de la direction départementale de l'agriculture ;
2° La procédure dans les cas de contestations, ainsi que le mode de répartition des frais ;
3° Les conditions de rémunération du secrétaire des commissions instituées par le présent titre.

Art. L. 441-12. – Le délai pendant lequel pourront être replantées les vignes qui seront arrachées après les aménagements prévus par le présent titre sera de quinze ans à compter du 1er août qui suivra leur arrachage. Les déclarations d'arrachage et de replantation seront faites dans les formes prescrites par la législation en vigueur.

Art. L. 441-13. – Les dispositions du présent titre ne sont pas applicables dans le département de Saint-Pierre-et-Miquelon.

TITRE V. – BAIL EMPHYTÉOTIQUE

Art. L. 451-1. – Le bail emphytéotique de biens immeubles confère au preneur un droit réel susceptible d'hypothèque ; ce droit peut être cédé et saisi dans les formes prescrites pour la saisie immobilière.

Ce bail doit être consenti pour plus de dix-huit années et ne peut dépasser quatre-vingt-dix-neuf ans ; il ne peut se prolonger par tacite reconduction.

Art. L. 451-2. – Le bail emphytéotique ne peut être valablement consenti que par ceux qui ont le droit d'aliéner, et sous les mêmes conditions comme dans les mêmes formes.

Les immeubles appartenant à des mineurs ou à des majeurs sous tutelle peuvent être donnés à bail emphytéotique en vertu d'une délibération du conseil de famille.

Lorsque les époux restent soumis au régime dotal, le mari peut donner à bail emphytéotique les immeubles dotaux avec le consentement de la femme et l'autorisation de justice.

Art. 1778 LOUAGE DES CHOSES

Art. L. 451-3. – La preuve du contrat d'emphytéose s'établit conformément aux règles du Code civil en matière de baux.
A défaut de conventions contraires, il est régi par les dispositions suivantes.

Art. L. 451-4. – Le preneur ne peut demander la réduction de la redevance pour cause de perte partielle du fonds, ni pour cause de stérilité ou de privation de toute récolte à la suite de cas fortuits.

Art. L. 451-5. – A défaut de paiement de deux années consécutives, le bailleur est autorisé, après une sommation restée sans effet, à faire prononcer en justice la résolution de l'emphytéose.
La résolution peut également être demandée par le bailleur en cas d'inexécution des conditions du contrat ou si le preneur a commis sur le fonds des détériorations graves.
Néanmoins, les tribunaux peuvent accorder un délai suivant les circonstances.

Art. L. 451-6. – Le preneur ne peut se libérer de la redevance, ni se soustraire à l'exécution des conditions du bail emphytéotique en délaissant le fonds.

Art. L. 451-7. – Le preneur ne peut opérer dans le fonds aucun changement qui en diminue la valeur.
Si le preneur fait des améliorations ou des constructions qui augmentent la valeur du fonds, il ne peut les détruire, ni réclamer à cet égard aucune indemnité.

Art. L. 451-8. – Le preneur est tenu de toutes les contributions et charges de l'héritage.
En ce qui concerne les constructions existant au moment du bail et celles qui auront été élevées en exécution de la convention, il est tenu des réparations de toute nature, mais il n'est pas obligé de reconstruire les bâtiments, s'il prouve qu'ils ont été détruits par cas fortuit, par force majeure ou qu'ils ont péri par le vice de la construction antérieur au bail.
Il répond de l'incendie, conformément à l'article 1733 du Code civil.

Art. L. 451-9. – L'emphytéote peut acquérir au profit du fonds des servitudes actives, et les grever, par titres, de servitudes passives, pour un temps qui n'excédera pas la durée du bail à charge d'avertir le propriétaire.

Art. L. 451-10. – L'emphytéote profite du droit d'accession pendant la durée de l'emphytéose.

Art. L. 451-11. – Le preneur a seul le droit de chasse et de pêche et exerce à l'égard des mines, carrières et tourbières tous les droits de l'usufruitier.

Art. L. 451-12. – Les articles L. 451-1 et L. 451-9 sont applicables aux emphytéoses établies avant le 25 juin 1902 si le contrat ne contient pas de stipulations contraires.

Art. L. 451-13. – Ainsi qu'il est dit à l'article 689 du Code général des impôts, l'acte constitutif de l'emphytéose est assujetti à la taxe de publicité foncière et aux droits d'enregistrement aux taux prévus pour les baux à ferme ou à loyer pour une durée limitée.
Les mutations de toute nature ayant pour objet soit le droit du bailleur, soit le droit du preneur, sont soumises aux dispositions du Code général des impôts concernant les transmissions de propriété d'immeubles. Le droit est liquidé sur la valeur vénale déterminée par une déclaration estimative des parties.

LOUAGE DES CHOSES   Art. 1778

III. BAUX DE LOCAUX D'HABITATION OU A USAGE PROFESSIONNEL
Loi n. 48-1360 du 1er septembre 1948 *(J.O.* 2 sept. et 27 oct.*)*
portant modification et codification de la législation relative aux rapports des bailleurs et locataires ou occupants de locaux d'habitation ou à usage professionnel et instituant des allocations de logement

TITRE 1er. – DES RAPPORTS DES BAILLEURS ET LOCATAIRES OU OCCUPANTS DE LOCAUX D'HABITATION OU À USAGE PROFESSIONNEL

Art. 1er *(mod., L. n. 70-598 du 9 juil. 1970, art. 1er)*. – À Paris,
Dans un rayon de cinquante kilomètres de l'emplacement des anciennes fortifications de Paris,
Dans les communes dont la population municipale totale est supérieure à 4 000 habitants ou qui sont limitrophes de communes dont la population municipale totale est au moins égale à 10 000 habitants, ces populations s'évaluant d'après le recensement général de 1968,
Dans les communes de 4 000 habitants au plus dont la population municipale totale s'est accrue de plus de 5 % à chacun des recensements généraux de 1954, 1962 et 1968 par rapport au recensement précédent,
Sous réserve des décrets pris en application du dernier alinéa du présent article, l'occupation des locaux d'habitation ou à usage professionnel sans caractère commercial ou industriel ou ne relevant pas du statut du fermage, ainsi que des locaux affectés à l'exercice d'une fonction publique dans lesquels l'habitation est indivisiblement liée au local utilisé pour ladite fonction, est régie, après l'expiration du bail écrit ou verbal, par les dispositions suivantes.
(L. fin. n. 64-1278 du 23 déc. 1964, art. 5) Des décrets pris sur le rapport du ministre de l'équipement et du logement détermineront les communes dans lesquelles la présente législation cessera d'être appliquée soit totalement, soit partiellement, ou pourra, dans les mêmes conditions, être rendue applicable.

Art. 1er bis *(Aj., L. n. 70-598 du 9 juil. 1970, art. 2)*. – Les décrets pris en vertu du dernier alinéa de l'article 1er ci-dessus qui font cesser l'application de la présente législation peuvent en maintenir le bénéfice au profit de certaines catégories de locataires ou occupants en considération de leur âge ou de leur état physique et compte tenu de leurs ressources, appréciés au jour de la publication du décret.

Art. 1er ter *(Aj., L. n. 70-598 du 9 juil. 1970, art. 3)*. – En cas de fusion de communes ou de modifications apportées aux limites d'une commune, les locaux conservent le régime locatif qui leur était applicable antérieurement, sous réserve des décrets prévus au dernier alinéa de l'article 1er ci-dessus.

Art. 2 *(L. n. 62-902 du 4 août 1962, art. 1er)*. – Les dispositions de la présente loi ne sont toutefois par applicables aux garages ou remises à usage de garage loués accessoirement à des locaux visés à l'article 1er et situés dans des immeubles collectifs.
Les garages ou remises peuvent, nonobstant le caractère indivisible de la location, être repris par le propriétaire à partir de l'expiration du bail ou restitués aux termes d'usage à celui-ci par le locataire en cours de bail ou par l'occupant sans que l'autre partie puisse s'y opposer.

Art. 3 *(L. n. 62-902 du 4 août 1962, art. 2)*. – Les dispositions du présent titre ne sont pas applicables aux logements construits ou achevés postérieurement au 1er septembre 1948.
Toutefois, elles sont applicables aux logements réparés ou reconstruits dans les conditions prévues aux articles 70 et 71 et occupés par les personnes visées à l'article 70 ou par des

Art. 1778 — LOUAGE DES CHOSES

locataires ou occupants qui se trouvaient dans les lieux à la date de promulgation de la loi n. 62-902 du 4 août 1962.
(L. n. 62-902 du 4 août 1962, art. 3) Sont assimilés aux logements construits ou achevés postérieurement au 1er septembre 1948 :
Les locaux utilisés avant le 1er juin 1948 à d'autres fins que l'habitation et postérieurement affectés à cet usage sous réserve que ces locaux, lorsqu'ils reçoivent cette nouvelle affectation, répondent aux conditions fixées par un décret pris sur le rapport du ministre de *l'équipement et du logement*. (*) (**)
Les locaux obtenus par reconstruction ainsi qu'il est prévu à l'article 11, par surélévation ou addition de construction, ainsi qu'il est prévu à l'article 12, sous réserve des dispositions des articles 13 et 42.
(Dernier al. remplacé, L. n. 85-729 du 18 juil. 1985, art. 35) Les locaux dans lesquels ont été effectués des travaux compris dans un secteur prévu à l'article L. 313-3 du code de l'urbanisme ou dans un périmètre prévu à l'article L. 313-4 du même code et autorisés ou prescrits dans les conditions prévues auxdits articles, sauf lorsqu'ils sont occupés par le locataire ou l'occupant maintenu dans les lieux pendant la durée des travaux ou bénéficiaire des dispositions de l'article 13 de la présente loi, de l'article L. 313-7 du code de l'urbanisme, ou du droit à réintégration prévu à l'article L. 314-3 du même code.

Art. 3 bis *(Ord. n. 58-1343 du 27 déc. 1958, art. 2).* – Dans les communes dont la population municipale totale est inférieure à 10 000 habitants (à l'exclusion de celles situées dans un rayon de 50 kilomètres de l'emplacement des anciennes fortifications de Paris), les dispositions du présent titre ne seront pas applicables aux locataires qui entreront dans les lieux postérieurement au 1er janvier 1959, à l'exception toutefois de ceux visés à l'article 79.
Des décrets pris sur le rapport du ministre de l'équipement et du logement pourront :
1° Apporter des dérogations aux dispositions de l'alinéa qui précède ;
2° Étendre lesdites dispositions à d'autres communes. (*)
(*) V. infra, D. n. 78-924 du 22 août 1978
(**) *Ces dispositions ne sont pas applicables aux locataires et occupants de bonne foi entrés dans les lieux antérieurement à la loi n. 62-902 du 4 août 1962. – V. D. n. 62-1140 du 29 sept. 1962.*

Art. 3 ter *(L. n. 62-902 du 4 août 1962, art. 4).* – Le bail des locaux autres que ceux désignés à l'article 10-4° ci-dessous, s'il est conclu après l'entrée du preneur dans les lieux et pour une durée d'au moins six années, peut déroger pendant son cours aux dispositions des chapitres 1er à IV du présent titre. Toutefois, la faculté de résiliation annuelle est réservée de droit au preneur et ne peut être stipulée qu'à son profit.
(Complété, L. n. 86-1290 du 23 déc. 1986, art. 26. I). – Ce contrat est soumis aux dispositions des chapitres 1er à III de la loi n. 86-1290 du 23 décembre 1986 tendant à favoriser l'investissement locatif, l'accession à la propriété de logements sociaux et le développement de l'offre foncière, en ce qu'elles ne sont pas contraires à celles prévues à l'alinéa ci-dessus.
Si, à l'expiration du bail, le local satisfait aux normes prévues à l'article 25 de la loi n. 86-1290 du 23 décembre 1986 précitée, il est alors soumis aux dispositions de ses chapitres 1er à III. Les dispositions de la présente loi ne lui sont plus applicables.
Si ce bail a été conclu avant la publication de la loi n. 86-1290 du 23 décembre 1986 précitée, les dispositions de son article 20 lui sont alors applicables.

Art. 3 quater *(L. n. 62-902 du 4 août 1962, art. 5).* – Les dispositions du présent titre ne sont pas applicables aux locaux utilisés en tout ou partie à usage professionnel lorsque le local

LOUAGE DES CHOSES   Art. 1778

et le contrat répondront aux conditions qui seront fixées par décret pris sur le rapport du ministre de l'*équipement et du logement* et que l'entrée dans les lieux sera postérieure à la date de publication de ce décret. (*)

Art. 3 quinquies *(abrogé, L. n. 86-1290 du 23 déc. 1986, art. 26-II.)*

Art. 3 sexies *(abrogé, L. n. 86-1290 du 23 déc. 1986, art. 26-II.)*

Art. 3 septies *(abrogé, L. n. 82-526 du 22 juin 1982).*

Art. 3 octies *(L. n. 86-1290 du 23 déc. 1986, art. 26-III).* – Dans les communes qui ne sont pas visées par le premier alinéa de l'article 3 *bis* et qui n'ont pas fait l'objet d'un décret pris en vertu du 2° du même article, la location des locaux classés en catégorie IV et effectivement vacants, autres que ceux libérés depuis moins de cinq ans par l'exercice d'un des droits de reprise prévus aux articles 18, 19, 20 *bis*, 24 et 25 ci-après, n'est pas soumise aux dispositions du présent titre.

Les dispositions du présent titre demeureront applicables aux personnes qui entreront dans les lieux en vertu d'un relogement effectué en application des articles 18 et 19 ci-après.

Ces locaux devront satisfaire aux normes prévues à l'article 25 de la loi n. 86-1290 du 23 décembre 1986 précitée.

A l'expiration du bail valablement conclu en application du présent article, le local ne sera plus soumis aux dispositions de la présente loi.

Art. 3 nonies *(L. n. 86-1290 du 23 déc. 1986, art. 26-IV).* – Les baux conclus en application du 2° de l'article 3 *bis* et des articles 3 *quater* et 3 *octies* ont une durée minimale de six ans : la faculté de résiliation appartient au seul preneur à la fin de chaque année : sous réserve d'un préavis de trois mois, et pour un motif tiré de raisons familiales ou professionnelles, le preneur peut résilier à tout moment le bail. Lorsque les locaux n'ont pas un usage exclusivement professionnel, ces baux sont soumis aux dispositions des chapitres 1er à III de la loi n. 86-1290 du 23 décembre 1986 précitée, en ce qu'elles ne sont pas contraires à celles prévues au présent article.

Les formalités de conclusion des baux conclus en application du 2° de l'article 3 *bis* et des articles 3 *ter*, 3 *quater* et 3 *octies* sont définies par décret.

CHAPITRE 1er. – DU MAINTIEN DANS LES LIEUX

Art. 4 *(D. n. 53-700 du 9 août 1953, art. 7 ; L. n. 62-902 du 4 août 1962, art. 6).* – Les occupants de bonne foi des locaux définis à l'article 1er bénéficient, de plein droit et sans l'accomplissement d'aucune formalité, du maintien dans les lieux loués, aux clauses et conditions du contrat primitif non contraires aux dispositions de la présente loi, quelle que soit la date de leur entrée dans les lieux.

Sont réputés de bonne foi les locataires, sous-locataires, cessionnaires de baux, à l'expiration de leur contrat, ainsi que les occupants qui, habitant dans les lieux en vertu ou en suite d'un bail écrit ou verbal, d'une sous-location régulière, d'une cession régulière d'un bail antérieur, d'un échange opéré dans les conditions légales, exécutent leurs obligations.

(Troisième al. inséré, L. n. 75-1351 du 31 déc. 1975, art. 1er) L'acte par lequel le bailleur notifie au locataire qu'il met fin au contrat de louage et qui entraîne l'application des dispositions précédentes doit, à peine de nullité, reproduire les dispositions des deux alinéas précédents et préciser qu'il ne comporte pas en lui-même obligation d'avoir à quitter effectivement les lieux.

Art. 1778 — LOUAGE DES CHOSES

(L. n. 66-879 du 29 nov. 1966, art. 34) Le fait pour le locataire ou l'occupant d'un local à usage professionnel d'exercer son activité, soit en collaboration avec d'autres personnes exerçant une profession libérale dans les conditions prévues par les règles régissant leurs professions, soit au sein d'une société constituée conformément à la loi n. 66-879 du 29 novembre 1966 ne peut être considéré en lui-même comme une infraction aux clauses du bail.

(L. n. 69-2 du 3 janv. 1969, art. 7) En cas de location partielle ou de sous-location partielle, le droit au maintien dans les lieux n'est opposable ni au propriétaire, ni au locataire ou occupant principal lorsque les locaux occupés forment, avec l'ensemble des lieux, un tout indivisible, ou lorsqu'il s'agit de pièces constituant l'accessoire du local habité par le propriétaire, le locataire ou l'occupant principal.

Art. 5 I *(L. n. 86-1290 du 23 déc. 1986, art. 27)*. – Le bénéfice du maintien dans les lieux pour les locaux visés à l'article premier appartient, en cas d'abandon de domicile ou de décès du locataire ou de l'occupant de bonne foi, au conjoint et, lorsqu'ils vivaient effectivement avec lui depuis plus d'un an, aux ascendants, aux personnes handicapées visées au 2° de l'article 27 ainsi que, jusqu'à leur majorité, aux enfants mineurs.

II *(L. n. 70-598 du 9 juil. 1970, art. 6)*. – Nonobstant les dispositions du I ci-dessus, le maintien dans les lieux reste acquis aux personnes qui en bénéficiaient antérieurement à la publication de la présente loi.

(L. n. 62-902 du 4 août 1962, art. 7). En cas d'instance en divorce ou en séparation de corps la juridiction saisie attribue à l'un des époux l'éventuel droit au maintien dans les lieux en considération des intérêts sociaux ou familiaux en cause. Si l'époux qui en est bénéficiaire n'est pas celui au nom duquel étaient délivrées les quittances, notification de la décision devra être faite au bailleur dans le délai de trois mois de son prononcé par lettre recommandée avec avis de réception. La juridiction prévue au chapitre V reste compétente sur toute contestation du bailleur quant à l'application des conditions exigées par la présente loi.

Toutefois le bénéfice du maintien dans les lieux ne s'appliquera pas aux locaux à usage exclusivement professionnel, à moins que l'une des personnes visées aux alinéas précédents ne continue à y exercer la profession à laquelle ces locaux étaient affectés.

Art. 6 *(L. n. 49-507 du 14 avril 1949, art. 1ᵉʳ ; L. n. 49-945 du 16 juil. 1949, art. 6)*. – Dans les communes où le maintien dans les lieux n'est pas applicable, le bénéfice des dispositions prévues au présent chapitre est accordé de plein droit aux sinistrés et réfugiés privés de leur habitation, jusqu'au moment où ils pourront réintégrer leur local réparé ou le local reconstruit en remplacement de leur habitation primitive, ou occuper le local correspondant à leurs besoins mis provisoirement à leur disposition par l'administration.

(L. n. 62-902 du 4 août 1962, art. 8). Dans tous les cas, lesdits sinistrés ou réfugiés ne pourront plus se prévaloir des dispositions de l'alinéa précédent à partir des dates qui seront fixées par décrets pris à cet effet, sur le rapport du ministre de l'*équipement et du logement*, en considération de l'avancement des travaux de reconstruction.

Art. 7 *(Ord. n. 58-1343 du 27 déc. 1958, art. 3)*. – Dans les communes ou le maintien dans les lieux n'est pas applicable, il est pourtant accordé au locataire, sous-locataire, cessionnaire de bail ou occupant, qui bénéficie des articles 161 et 184 du Code de la famille et de l'Aide sociale, ou auquel le propriétaire a imposé ou tenté d'imposer un loyer supérieur au prix licite.

Art. 8 *(L. n. 62-902 du 4 août 1962, art. 9)*. – Le maintien dans les lieux est accordé aux personnes morales occupant des locaux à usage professionnel ainsi qu'aux personnes morales exerçant une activité désintéressée, notamment aux associations déclarées et aux syndicats

LOUAGE DES CHOSES — Art. 1778

professionnels si ces personnes remplissent les conditions prévues à l'article 4. Toutefois, le droit au maintien dans les lieux, reconnu aux personnes morales exerçant une activité désintéressée ne sera en aucun cas opposable au propriétaire de nationalité française qui veut habiter par lui-même son immeuble ou le faire habiter par son conjoint, ses ascendants ou descendants, ou par ceux de son conjoint.

Art. 9 *(L. n. 62-902 du 4 août 1962, art. 10).* – Nonobstant toute convention contraire, dans les communes visées à l'article 10, 7°, ci-dessous, tout locataire ou sous-locataire qui ne remplit pas les conditions d'occupation suffisante visée audit article, peut demander la résiliation de son bail, sans indemnité de ce chef.

La résiliation est de droit.

La demande est adressée au bailleur par lettre recommandée avec demande d'avis de réception. La résiliation prend effet à l'expiration du délai d'un mois à compter du jour de la réception de la lettre recommandée.

Art. 9 bis *(L. n. 62-902 du 4 août 1962, art. 11).* – Dans les communes visées à l'article 10, 7°, la résiliation peut être également demandée dans les mêmes formes par le bailleur en cas de décès du locataire et de non occupation effective du local, dans les trois mois du décès, par les héritiers ou les ayants droit.

En cas de carence de ceux-ci, le bailleur peut, à l'expiration du délai d'un mois à compter du jour de la réception de la lettre recommandée, demander à la juridiction compétente en application du chapitre V l'autorisation de faire ouvrir les portes, de faire procéder à un inventaire par ministère d'huissier et à l'enlèvement des meubles. Ceux-ci sont entreposés dans un garde-meubles aux frais de la succession.

Art. 10. – N'ont pas droit au maintien dans les lieux les personnes définies aux articles 4, 5, 6, 7 et 8 :

1° *(L. n. 49-945 du 16 juil. 1949, art. 2)* Qui ont fait ou feront l'objet d'une décision judiciaire devenue définitive ayant prononcé leur expulsion par application du droit commun ou de dispositions antérieures permettant l'exercice du droit de reprise ou qui feront l'objet d'une semblable décision prononçant leur expulsion pour l'une des causes et aux conditions admises par la présente loi ; toutefois, lorsque la décision n'aura ordonné l'expulsion qu'en raison de l'expiration du bail ou d'un précédent maintien dans les lieux accordé par les lois antérieures, l'occupant ne sera pas privé du droit au maintien dans les lieux ;

2° Qui n'ont pas occupé effectivement par elles-mêmes les locaux loués ou ne les ont pas fait occuper par les personnes qui vivaient habituellement avec elles et qui sont, soit membres de leur famille, soit à leur charge. L'occupation doit avoir duré huit mois au cours d'une année de location, à moins que la profession, la fonction de l'occupant ou tout autre motif légitime ne justifie une occupation d'une durée moindre *(D. n. 53-700, 9 août 1953, art. 8)*. En particulier lorsque l'occupant apportera la preuve qu'il est tenu par ses obligations professionnelles à résider temporairement hors de la France métropolitaine, la durée d'occupation susvisée pourra être réduite à six mois pour une période de trois années ;

3° Qui ont plusieurs habitations, sauf pour celle constituant leur principal établissement, à moins qu'elles ne justifient que leur fonction ou leur profession les y oblige ;

4° *(Premier al. remplacé, L. n. 70-612 du 10 juil. 1970, art. 23-I)*. Qui occupent des locaux visés à l'article L. 43 du Code de la santé publique, ou des locaux ayant fait l'objet soit d'une interdiction d'habiter prononcée en application de l'article L. 28 ou L. 42 du Code de la santé publique, soit d'un arrêté de péril prescrivant, en vertu des articles 303 et 304 du Code de

Art. 1778 — LOUAGE DES CHOSES

l'urbanisme et de l'habitation (*), la réparation ou la démolition de l'immeuble menaçant ruine dans lequel les locaux sont situés.

(*) *Code de la construction et de l'habitation, art. L. 511-1 et s.*

Toutefois, lorsque l'interdiction n'a été édictée qu'à titre temporaire ou si l'arrêté de péril visé à l'alinéa précédent a été rapporté, les anciens occupants peuvent invoquer les dispositions du présent chapitre pour rentrer en possession ;

5° Qui occupent des locaux situés dans des immeubles acquis ou expropriés à la suite d'une déclaration d'utilité publique, à charge par l'Administration d'assurer le relogement des locataires ou occupants expulsés.

6° Qui occupent des locaux de plaisance pour lesdits locaux ;

7° *(Ord. n. 58-1343 du 27 déc. 1958, art. 4).* Qui, à Paris, dans un rayon de 50 kilomètres de l'emplacement des anciennes fortifications de Paris et dans les communes dont la population municipale est égale ou supérieure à 10 000 habitants, ne remplissent pas à l'expiration d'un délai de six mois à compter de la signification du congé les conditions d'occupation suffisantes fixées en application de l'article 327 du Code de l'urbanisme et de l'habitation. (*)

Ces dispositions pourront être rendues applicables aux communes non visées ci-dessus par décret pris sur le rapport du ministre de *l'équipement et du logement.*

Pour l'application des conditions susvisées, l'occupation des locaux doit être appréciée compte non tenu de la ou des pièces régulièrement sous-louées et des occupants de ces pièces.

La diminution du nombre des occupants par suite de mariage ou de décès ne pourra être invoquée qu'à l'expiration d'un délai d'un an à compter de ce mariage ou de ce décès.

Le présent paragraphe ainsi que les conditions d'occupation suffisantes fixées pour la commune en application de l'article 327 du Code de l'urbanisme (*) et les dispositions de l'article 79 de la présente loi devront être reproduites, à peine de nullité, dans tout congé donné en application du présent paragraphe ;

8° Dont le titre d'occupation est l'accessoire du contrat de travail ;

9° Qui ont à leur disposition ou peuvent recouvrer, en exerçant leur droit de reprise, un autre local répondant à leurs besoins et à ceux des personnes membres de leur famille ou à leur charge, qui vivaient habituellement avec elles depuis plus de six mois.

Toutefois, lorsque l'occupant pourra justifier d'une instance régulièrement engagée, dans la quinzaine de la contestation du droit au maintien dans les lieux, et suivie, il ne sera contraint de quitter les lieux que lorsqu'il pourra prendre effectivement possession dudit local ;

10° Qui, dans les stations balnéaires, climatiques ou thermales, classées ou en voie de classement, occupent des locaux habituellement affectés le 2 septembre 1939 à la location saisonnière ou occupés pendant la saison par leur propriétaire.

(L. n. 49-945 du 16 juil. 1949, art. 5) Toutefois, les dispositions du présent paragraphe ne sont pas applicables aux sinistrés et réfugiés privés de leur habitation, jusqu'au moment où ils pourront réintégrer leur local réparé ou le local reconstruit en remplacement de leur habitation primitive ou occuper le local correspondant à leurs besoins mis provisoirement à leur disposition par l'Administration.

Ces dispositions ne s'appliquent pas non plus aux titulaires d'une location amiable résultant de la transformation de leur titre antérieur de réquisition.

11° *(aj., L. n. 70-612 du 10 juil. 1970, art. 23-11)* Qui, après s'être vu offrir un logement définitif correspondant à leurs besoins et n'excédant pas les normes H.L.M., continuent d'occuper des locaux appartenant aux organismes d'H.L.M. et destinés à assurer le relogement provisoire des occupants des locaux ou installations visés au premier alinéa de l'article 13 de la loi n. 70-612 du 10 juillet 1970.

(*) *Code de la construction et de l'habitation, art. L. 621-2.*

LOUAGE DES CHOSES — Art. 1778

Art. 11 *(Ord. n. 58-1343 du 27 déc. 1958, art. 5).* – Le droit au maintien dans les lieux ne peut être opposé au propriétaire qui aura obtenu du ministre de *l'équipement et du logement* ou de son délégué l'autorisation de démolir un immeuble pour construire un autre immeuble d'une surface habitable supérieure et contenant plus de logements que l'immeuble démoli.

Le propriétaire devra donner un préavis de six mois à chacun des occupants pour vider les lieux.

Il devra, en outre, commencer les travaux de reconstruction dans les trois mois du départ du dernier occupant.

Les locaux ainsi rendus disponibles ne pourront en aucun cas être réoccupés avant le début des travaux.

Art. 12. – Le droit au maintien dans les lieux ne peut être opposé au propriétaire qui, avec l'autorisation préalable du ministre de *l'équipement et du logement* ou de son délégué, effectue des travaux tels que surélévation ou addition de construction ayant pour objet d'augmenter la surface habitable, le nombre de logements ou le confort de l'immeuble, et qui rendent inhabitable ce qui est nécessaire au logement de l'occupant et de sa famille.

(L. n. 62-903 du 4 août 1962, art. 7). Il en est de même lorsque le propriétaire effectue des travaux nécessitant l'évacuation des lieux compris dans un secteur ou périmètre prévu à l'article 3 de la loi n. 62-903 du 4 août 1962 et autorisés ou prescrits dans les conditions prévues audit article.

Le propriétaire doit donner à chaque occupant un préavis de six mois pour quitter les lieux loués. Les travaux doivent être commencés dans les trois mois du départ du dernier occupant.

Art. 13 *(Ord. n. 58-1343 du 27 déc. 1958, art. 6).* – Les personnes évincées en application des articles 11 et 12 bénéficient, si elles ne sont pas relogées dans un local remplissant les conditions prévues à l'article 13 *bis* ci-dessous *(L. n. 75-1351 du 31 déc. 1975, art. 3)*, du droit à réintégration dans un des locaux situés dans les immeubles ayant fait l'objet des travaux visés auxdits articles et peuvent s'y maintenir dans les conditions prévues par la présente loi.

Dès l'achèvement des travaux, le propriétaire devra, par lettre recommandée avec accusé de réception ou par acte extrajudiciaire, les mettre en demeure de lui faire connaître, dans le délai d'un mois et dans la même forme, s'ils entendent user de ce droit. La notification devra mentionner, à peine de nullité, la forme et le délai de la réponse.

Art. 13 bis *(aj., L. n. 75-1351 du 31 déc. 1975, art. 2 puis mod., L. n. 76-615 du 9 juil. 1976, art. 1er).* – Le local mis à la disposition des personnes évincées, en application des articles 11 et 12, doit être en bon état d'habitation, remplir les conditions d'hygiène normales et correspondre à leurs besoins personnels ou familiaux et, le cas échéant, professionnels, et à leurs possibilités. Il doit en outre être situé :

Dans le même arrondissement ou les arrondissements limitrophes ou les communes limitrophes de l'arrondissement où se trouve le local, objet de la reprise, si celui-ci est situé dans une commune divisée en arrondissements ;

Dans le même canton ou dans les cantons limitrophes de ce canton inclus dans la même commune ou dans les communes limitrophes de ce canton si la commune est divisé en cantons :

Dans les autres cas sur le territoire de la même commune ou d'une commune limitrophe, sans pouvoir être éloigné de plus de 5 km.

Art. 13 ter *(aj., L. n. 75-1351 du 31 déc. 1975, art. 4).* – Le congé délivré en application des articles 11 et 12 ci-dessus doit, à peine de nullité, indiquer les motifs pour lesquels il est donné et reproduire les dispositions des articles 13 et 13 *bis* ci-dessus.

Art. 1778   LOUAGE DES CHOSES

Art. 13 quater *(aj., L. n. 75-1351 du 31 déc. 1975, art. 5).* – Toute convention entre le bailleur et le locataire ou l'occupant pour la mise en œuvre des dispositions des articles 11 à 13 *bis* ci-dessus ne peut être signée, à peine de nullité, qu'après l'expiration d'un délai de trente jours suivant la réception de la demande.

Le projet de convention est adressé au locataire ou à l'occupant par lettre recommandée avec demande d'avis de réception.

A peine de nullité de la convention, ce projet ainsi que la convention ultérieurement signée doivent reproduire l'un et l'autre en caractères très apparents les dispositions du présent article.

L'avis de réception mentionné au deuxième alinéa doit, également à peine de nullité de la convention, lui être annexé.

Art. 14 *(L. fin. n. 64-1278 du 23 déc. 1964, art. 7).* – Nonobstant les dispositions de l'article 1723 du Code civil, les locataires ou occupants d'un immeuble ne peuvent mettre obstacle aux travaux que le propriétaire se propose d'entreprendre avec l'autorisation préalable du ministre de *l'équipement et du logement* ou de son délégué et qui ont pour objet d'augmenter la surface habitable, le nombre de logements ou le confort de l'immeuble ou d'améliorer le confort d'un ou de plusieurs logements dudit immeuble, lorsque ces travaux ne rendent pas inhabitable ce qui est nécessaire au logement du locataire ou de l'occupant et de leur famille.

(deuxième al. mod., L. n. 76-1285 du 31 déc. 1976, art. 68-1) Toutefois, cette autorisation n'est pas nécessaire pour les travaux figurant sur une liste fixée par décret (*). La liste des travaux énumérés pourra dépendre de la situation du patrimoine immobilier bâti et des conditions de son utilisation dans les communes soumises aux dispositions de la présente loi.

Selon la nature des travaux à exécuter et sous réserve d'un préavis de trois mois, les occupants sont tenus soit d'évacuer la partie des locaux intéressés par lesdits travaux, soit de permettre l'accès de leur logement et d'accepter notamment le passage de canalisations ne faisant que le traverser.

Si les travaux durent plus de quarante jours, le loyer sera diminué à proportion du temps et de la partie du local dont ils auront été privés.

Lorsque les travaux ont pour objet de diviser un logement insuffisamment occupé au sens des dispositions de l'article 10-7°, l'occupant ne peut prétendre qu'à l'occupation du nombre de pièces fixé en application de l'article 327 du Code de l'urbanisme et de l'habitation. (**)

(complété avec effet à compter du 10 novembre 1968, L. n. 67-561 du 12 juil. 1967, art. 6-III ; D. n. 68-976 du 9 nov. 1968) En tout état de cause, lorsque les travaux visés au présent article n'affectent qu'un logement, le propriétaire doit notifier au locataire ou occupant, par acte extra judiciaire ou par lettre recommandée avec demande d'avis de réception, son intention de les exécuter. Si le locataire ou occupant entend s'opposer aux travaux ou à leurs modalités d'exécution pour un motif sérieux et légitime, il doit saisir, à peine de forclusion, la juridiction compétente, dans le délai de deux mois à compter de la réception de la notification qui lui a été faite.

(septième al. aj., L. n. 75-1351 du 31 déc. 1975, art. 7-I puis mod., L. n. 76-1285 du 31 déc. 1976, art. 68-II) Le préavis de trois mois prévu au troisième alinéa ci-dessus comporte, à peine de nullité, la reproduction du texte intégral des articles 14 et 59 *bis* de la présente loi, la description sommaire des travaux, les conditions de leur exécution, l'indication des bases selon lesquelles le loyer sera calculé après leur achèvement, ainsi qu'une copie de l'autorisation visée au premier alinéa ci-dessus lorsqu'une telle autorisation est exigée.

(complété, L. n. 75-1351 du 31 déc. 1975, art. 7-II) En l'absence de l'autorisation ou de la notification prévues ci-dessus ou en cas d'exécution des travaux dans des conditions différentes de celles énoncées dans la notification ou encore plus généralement si les travaux, même non

LOUAGE DES CHOSES   Art. 1778

soumis à autorisation, présentent un caractère abusif ou vexatoire, le juge du tribunal d'instance, statuant par ordonnance de référé, est compétent pour prescrire l'interdiction ou l'interruption des travaux. Il peut ordonner l'interdiction ou l'interruption à titre provisoire s'il estime nécessaire une mesure d'instruction.

(*) V. infra, D. n. 64-1356 du 30 déc. 1964.
(**) Code de la construction et de l'habitation, art. L. 621-2.

Art. 14 bis (Aj. avec effet à compter du 10 novembre 1968, L. n. 67-561 du 12 juil. 1967, art. 6-IV ; D. n. 68-976 du 9 nov. 1968). – Les dispositions de la loi n. 67-561 du 12 juillet 1967 relative à l'amélioration de l'habitat sont applicables aux occupants de bonne foi dans les mêmes conditions qu'aux locataires.

Art. 15 (Ord. n. 58-1343 du 27 déc. 1958, art. 7 ; L. n. 62-902 du 4 août 1962, art. 13). – Le bénéfice du maintien dans les lieux n'est pas non plus opposable au propriétaire qui veut reprendre tout ou partie des cours, jardins ou terrains loués nus ou comme accessoires d'un local d'habitation ou à usage professionnel, pour construire des bâtiments à destination principale d'habitation, à la condition que la nouvelle construction ne rende pas impossible la jouissance du local existant.

Le propriétaire notifiera aux occupants, avec un préavis de six mois, son intention de construire un nouvel immeuble dans les conditions prévues à l'alinéa précédent.

Les travaux devront être commencés dans le délai de trois mois à compter du départ du dernier occupant.

Dans ce cas, la valeur locative des lieux dont l'occupant garde la jouissance pourra être réévaluée sur les bases fixées par la présente loi.

Art. 16. – Il ne peut être renoncé au droit au maintien dans les lieux qu'après l'expiration du bail.

Art. 17. – Sous réserve des dispositions de l'article 5, le maintien dans les lieux est un droit exclusivement attaché à la personne et non transmissible.

CHAPITRE II. – DU DROIT DE REPRISE

Art. 18. – Le droit au maintien dans les lieux cesse d'être opposable au propriétaire de nationalité française (L. n. 86-12 du 6 janv. 1986, art. 9) ou ressortissant d'un État membre de la Communauté économique européenne, qui veut reprendre son immeuble pour l'habiter lui-même ou le faire habiter par son conjoint, ses ascendants ou ses descendants ou par ceux de son conjoint, lorsqu'il met à la disposition du locataire ou de l'occupant un local en bon état d'habitation, remplissant des conditions d'hygiène normales ou au moins équivalentes à celles du local objet de la reprise et correspondant à ses besoins personnels ou familiaux et, le cas échéant, professionnels, et à ses possibilités.

(D. n. 53-700 du 9 août 1953, art. 11) Le local offert peut être constitué par une partie du local faisant l'objet de la reprise après exécution éventuelle de travaux d'aménagement.

Le propriétaire ne peut exercer le droit ouvert à l'alinéa premier que pour des locaux correspondant aux besoins personnels ou familiaux du bénéficiaire de la reprise, et, le cas échéant, à ses besoins professionnels.

Le propriétaire qui veut bénéficier de la disposition ci-dessus doit prévenir par acte extrajudiciaire celui dont il se propose de reprendre le local ; ledit acte doit indiquer à peine de nullité :

Art. 1778 LOUAGE DES CHOSES

Le nom et l'adresse du propriétaire du local offert ;
L'emplacement de celui-ci ;
Le nombre de pièces qu'il comporte ;
Le degré de confort ;
Le loyer ;
Le délai à l'expiration duquel il veut effectuer la reprise et pendant lequel il peut être pris possession du local offert, délai qui ne peut être inférieur à trois mois s'il s'agit d'un occupant, ou au délai normal du congé s'il s'agit d'un locataire ;
L'identité du bénéficiaire de la reprise, ainsi que sa situation de famille et sa profession.

Si, dans le délai d'un mois à compter de la signification de l'acte extrajudiciaire, le locataire ou l'occupant donne son acceptation écrite à la proposition qui lui est faite, il doit remettre le local qu'il occupe à la disposition du propriétaire, au plus tard à la date fixée pour la reprise dans l'acte extrajudiciaire prévu à l'alinéa précédent.

Si, dans le même délai d'un mois, le locataire ou l'occupant refuse ou ne fait pas connaître sa décision, le propriétaire l'assigne, suivant la procédure prévue au chapitre V du présent titre, aux fins de nomination d'un expert.

Ledit expert, qui peut être saisi sur minute et avant enregistrement, a pour mission de visiter les locaux offerts, de dire s'ils remplissent les conditions d'hygiène prévues au premier alinéa et sont susceptibles de satisfaire aux besoins personnels ou familiaux, et, le cas échéant, professionnels, du locataire ou de l'occupant, de vérifier enfin si les possibilités de ce dernier lui permettent d'en supporter les charges.

Il doit déposer son rapport dans la quinzaine du jour où il a été saisi. Faute par lui de ce faire, il est de plein droit dessaisi et le juge doit pourvoir d'office à son remplacement par nouvelle ordonnance rendue dans les quarante-huit heures suivant l'expiration dudit délai.

Dans les quarante-huit heures qui suivent le dépôt de ce rapport, les parties en sont informées par le greffier par lettre recommandée avec accusé de réception comportant convocation pour la plus prochaine audience utile.

Art. 19. – Le droit au maintien dans les lieux n'est pas opposable au propriétaire de nationalité française *(L. n. 86-12 du 6 janv. 1986, art. 9)* ou ressortissant d'un État membre de la Communauté économique européenne qui veut reprendre son immeuble pour l'habiter lui-même ou le faire habiter par son conjoint, ses ascendants, ses descendants ou par ceux de son conjoint et qui justifie que le bénéficiaire de la reprise ne dispose pas d'une habitation correspondant à ses besoins normaux et à ceux des membres de sa famille vivant habituellement ou domiciliés avec lui.

Lorsque l'immeuble a été acquis à titre onéreux, ce droit de reprise ne peut être exercé que si l'acte d'acquisition a date certaine, ou bien avant le 2 septembre 1939, ou bien plus de dix ans avant l'exercice de ce droit. Néanmoins, le propriétaire d'un immeuble acquis depuis plus de quatre ans peut être autorisé par justice à exercer le droit de reprise s'il établit que son acquisition n'a été faite que pour se loger ou pour satisfaire un intérêt familial légitime à l'exclusion de toute idée de spéculation *(D. n. 55-559 du 20 mai 1955, art. 5-III)*. En cas d'acquisition à titre gratuit, les délais prévus au présent alinéa courent à partir de la dernière acquisition à titre onéreux.

Le propriétaire qui veut bénéficier du droit de reprise doit prévenir, suivant les usages locaux et au moins six mois à l'avance, par acte extrajudiciaire, le locataire ou l'occupant dont il se propose de reprendre le local ; ledit acte doit, à peine de nullité :
Indiquer que le droit de reprise est exercé en vertu du présent article ;
Préciser la date et le mode d'acquisition de l'immeuble ;

LOUAGE DES CHOSES — Art. 1778

Faire connaître le nom et l'adresse du propriétaire qui loge le bénéficiaire ainsi que l'emplacement et le nombre de pièces du local occupé par ce dernier.

Le juge doit toujours apprécier les contestations qui lui sont soumises au jour de la signification de l'acte extrajudiciaire.

Le bénéficiaire du droit de reprise prévu au présent article est tenu de mettre à la disposition du locataire ou de l'occupant dont il reprend le local, le logement qui, le cas échéant, pourrait être rendu vacant par l'exercice de ce droit.

Le bénéficiaire du droit de reprise devra notifier à son propriétaire l'action qu'il exerce par acte extrajudiciaire dans le même délai que celui prévu à l'alinéa 3 ci-dessus. Le propriétaire de son logement ne pourra s'opposer à la venue de ce nouveau locataire ou occupant qu'en excipant de motifs sérieux et légitimes. S'il entend user de ce droit, il devra, à peine de forclusion, saisir la juridiction compétente aux termes des articles 46 et suivants de la présente loi dans un délai de quinze jours à dater de la notification susvisée.

Cette notification devra, à peine de nullité, indiquer que, faute par le propriétaire d'avoir saisi la juridiction compétente dans le délai de quinze jours, il sera forclos.

Le nouvel occupant aura le titre d'occupant de bonne foi.

Art. 20 *(L. n. 53-286 du 4 avril 1953).* – Le droit au maintien dans les lieux n'est pas opposable au propriétaire de nationalité française *(L. n. 86-12 du 6 janv. 1986, art. 9)* ou ressortissant d'un État membre de la Communauté économique européenne qui veut reprendre son immeuble pour l'occuper lui-même, lorsqu'il est :

1° Locataire ou occupant évincé en raison de l'article 19 ou du présent article ;

2° Locataire ou occupant de locaux ayant fait l'objet soit d'une interdiction d'habiter prononcée en application de l'article 12 de la loi du 15 février 1902 modifiée (*), soit d'un arrêté de péril prescrivant, en vertu des articles 3 à 6 de la loi du 21 juin 1898 modifiée (**), la réparation ou la démolition de l'immeuble dans lequel ils sont situés, ou qui occupe des locaux situés dans un immeuble acquis ou exproprié à la suite d'une déclaration d'utilité publique.

3° Fonctionnaire, agent, ouvrier ou employé, ayant effectivement occupé pendant deux années consécutives le logement mis à sa disposition par l'Administration ou l'entreprise dont il dépend, justifiant soit d'avoir été ou être admis à la retraite pour toute autre cause qu'une sanction disciplinaire, soit avoir cessé ou cesser ses fonctions pour une cause indépendante de sa volonté.

Dans le cas prévu au paragraphe 3°, lorsque l'immeuble a été acquis à titre onéreux, ce droit de reprise ne peut être exercé que si l'acte d'acquisition a date certaine plus de cinq ans avant l'exercice de ce droit *(D. n. 55-559 du 20 mai 1955, art. 5-IV).* En cas d'acquisition à titre gratuit, ce délai court à partir de la dernière acquisition à titre onéreux.

Cependant, aucun de ces bénéficiaires ne peut exercer ce droit de reprise sur un logement s'il est propriétaire dans la même agglomération d'un autre local libre de tout locataire ou occupant et correspondant à ses besoins et à ceux de sa famille.

Le propriétaire doit prévenir, suivant les usages locaux et au moins six mois à l'avance, par acte extrajudiciaire, le locataire ou l'occupant dont il se propose de reprendre le local ; ledit acte doit, à peine de nullité :

Indiquer que le droit de reprise est exercé en vertu du présent article ;

Préciser la catégorie dans laquelle se trouve le propriétaire ;

(L. n. 53-286 du 4 avril 1953, art. 3) Indiquer le mode et la date d'acquisition de l'immeuble ;

Fournir toutes indications utiles permettant au locataire de vérifier le bien-fondé de la demande.

Le juge doit toujours apprécier les contestations qui lui sont soumises au jour de la signification de l'acte extrajudiciaire.

Art. 1778 LOUAGE DES CHOSES

(L. n. 53-286 du 4 avril 1953 art. 4) Le droit de reprise prévu au présent article ne peut être exercé que par le propriétaire dont l'acquisition est antérieure à l'éviction ou à l'événement qui lui ouvre ce droit.
(*) *V. Code de la Santé publique, art. L. 28 et L. 42.*
(**) *V. Code de la construction et de l'habitation, art. L. 511-1 et s.*

Art. 20 bis *(D. n. 55-559 du 20 mai 1955, art. 5-I).* – Les droits de reprise prévus à la présente loi peuvent être exercés par les membres des sociétés mentionnées au chapitre 1er de la loi du 28 juin 1938 (*), sur les logements qui leur sont attribués en jouissance.

Pour l'application des articles 19 et 20, l'acquisition des parts ou actions donnant droit à la jouissance d'un logement est assimilée à l'acquisition de ce logement.
(*) *Abrogée, V. L. n. 71-579 du 16 juil. 1971.*

Art. 21. – Lorsqu'il sera établi par le locataire ou l'occupant que le propriétaire invoque le droit de reprise, non pas pour satisfaire un intérêt légitime, mais dans l'intention de nuire au locataire ou à l'occupant ou d'éluder les dispositions de la présente loi, le juge devra refuser au propriétaire l'exercice de ce droit.

Art. 22. – Le droit de reprise reconnu au propriétaire par les articles 19 et 20 de la présente loi ne peut pas être exercé contre celui qui occupe un local dans lequel il exerce, au vue et au su du propriétaire et avec son accord au moins tacite, sa profession.
(deuxième al. complété, L. n. 70-598 du 9 juil. 1970, art. 7) Toutefois, cette disposition n'est pas applicable aux locataires ou occupants entrés dans les lieux postérieurement à la publication de la présente loi, qu'ils soient locataires ou occupants au moment où le droit de reprise est exercé. Elle n'est pas non plus applicable lorsque le propriétaire du local est âgé d'au moins soixante-cinq ans et qu'il exerce la reprise lui-même.

Art. 22 bis *(L. n. 62-902 du 4 août 1962, art. 14 ; L. n. 66-498 du 11 juil. 1966, art. 1er).*
– Le droit de reprise prévu aux articles 19 et 20 de la présente loi ne peut pas être exercé au profit d'un bénéficiaire âgé de moins de soixante-cinq ans contre l'occupant dont les ressources annuelles sont inférieures à une fois et demi le montant annuel du S.M.I.C., calculé sur la base de la durée légale du travail *(L. n. 76-615 du 9 juil. 1976, art. 2-I)*, qui, à la date du congé, est âgé de plus de soixante-dix ans et occupe effectivement les lieux.
(Al. aj., L. n. 76-615 du 9 juil. 1976, art. 2-II) Il est tenu compte, pour le calcul des ressources de l'occupant, de celles des personnes vivant avec lui d'une manière effective et permanente.

Art. 23. – En cas de pluralité de locaux loués ou occupés dans le même immeuble et sensiblement équivalents susceptibles d'être repris, le propriétaire est tenu d'exercer son droit de reprise sur celui qui est occupé par le plus petit nombre de personnes.

Art. 24. – Le droit au maintien dans les lieux n'est opposable ni au propriétaire ayant fait construire un logement sans avoir pu l'occuper immédiatement, ni au propriétaire ou locataire principal obligé de quitter provisoirement son logement qu'il a loué ou sous-loué sous la condition, écrite et acceptée par le preneur, qu'il pourrait reprendre les lieux à sa demande.

Art. 25 *(Ord. n. 58-1343 du 27 déc. 1958, art. 8).* – Le droit au maintien dans les lieux n'est opposable ni au propriétaire, ni au locataire principal qui a loué ou sous-loué un logement sous la condition expresse qu'il pourrait le reprendre, soit lors de la cessation de ses fonctions ou d'un changement de ses conditions d'existence, soit en vue d'y installer ses ascendants, ses descendants ou ceux de son conjoint.

LOUAGE DES CHOSES — Art. 1778

Les dispositions de la loi n. 51-1372 du 1ᵉʳ décembre 1951 modifiée et de la loi n. 49-972 du 21 juillet 1949 ne sont pas applicables aux occupants entrés dans les locaux dans les conditions prévues à l'article 24 ci-dessus et au présent article.

CHAPITRE III. – DU PRIX

Art. 26 *(L. n. 49-507 du 14 avril 1949, art. 3 ; D. n. 65-483 du 26 juin 1965, art. 1ᵉʳ).* – Le prix des loyers des locaux soumis aux dispositions de la présente loi est déterminé en application des règles ci-après.

Art. 27. – La valeur locative d'un local est égale au produit de la surface corrigée, telle qu'elle résulte de l'article 28, par le prix de base du mètre carré de chacune des catégories de logements prévues à l'article 30.

(D. n. 58-1347 du 27 déc. 1958, art. 1ᵉʳ) Lorsque la faculté de céder ou de sous-louer est incluse dans un bail portant sur un local à usage professionnel, la valeur locative ainsi déterminée pourra être majorée, pendant le cours du bail, de 50 % au maximum.

(D. n. 66-428, du 24 juin 1966, art. 1ᵉʳ) Le montant du loyer des locaux pour lesquels le droit au bail ou le droit au maintien dans les lieux a été postérieurement au 1ᵉʳ juillet 1966 transmis aux héritiers ou transféré dans les conditions prévues à l'article 5 de la présente loi, est égal à la valeur locative majorée de 50 %. Ces dispositions ne sont toutefois pas applicables en cas d'attribution de l'un de ces droits au conjoint du locataire ou de l'occupant ni en cas de transfert à un descendant mineur.

Les prix résultant des dispositions de l'alinéa 1ᵉʳ du présent article demeurent applicables aux logements occupés par les personnes qui ont bénéficié entre le 1ᵉʳ juillet 1965 et le 30 juin 1966 du maintien dans les lieux prévu à l'article 5 ci-dessus, à moins qu'il ne s'agisse du conjoint, veuf, séparé ou divorcé.

(al. aj., D. n. 67-518 du 30 juin 1967, art. 1ᵉʳ, abrogés et remplacés, D. n. 67-779 du 13 sept. 1967, art. 1ᵉʳ et 2) Dans les communes visées à l'article 10 (7°) ci-dessus, le loyer de la totalité des locaux inoccupés ou insuffisamment occupés ou faisant l'objet d'une sous-location totale ou partielle est égal à la valeur locative majorée de 50 %. Cette majoration cesse de droit dès que prend fin la situation qui l'avait motivée. *(Al. complété, L. n. 89-462 du 6 juil. 1989, art. 38)* Les locataires ou occupants auxquels est ou a été appliquée cette majoration continuent de bénéficier du droit au maintien dans les lieux prévu à l'article 4, nonobstant les dispositions du 7° de l'article 10.

Lorsque l'insuffisance d'occupation a pour origine le décès ou le mariage de l'un des occupants, la majoration prévue dans ce cas par l'alinéa précédent ne prend effet qu'à l'expiration d'un délai d'un an à compter de ce mariage ou de ce décès.

La majoration pour insuffisance d'occupation n'est pas applicable :

1° Aux personnes âgées de plus de soixante-dix ans ;
2° Aux personnes titulaires :

Soit d'une pension de grand invalide de guerre ouvrant droit au bénéfice des dispositions de l'article L. 31 du Code des pensions militaires d'invalidité et des victimes de la guerre ; Soit d'une rente d'invalidité du travail correspondant à une incapacité au moins égale à 80 % ; *(al. aj. L. n. 82-526 du 22 juin 1982, art. 78)* Soit d'une allocation servie à toute personne dont l'infirmité entraîne au moins 80 p. 100 d'incapacité permanente et qui est qualifiée Grand infirme en application de l'article 169 du code de la famille et de l'aide sociale.

En cas de sous-location, la majoration de 50 % ne s'applique pas aux locataires ou occupants qui sous-louent une ou plusieurs pièces lorsqu'ils occupent suffisamment les locaux compte non

Art. 1778 — LOUAGE DES CHOSES

tenu de ces pièces ou qu'ils appartiennent aux catégories visées aux 1° et 2° ci-dessus, à la condition que la sous-location soit conclue au profit de personnes appartenant à des catégories déterminées par arrêté ministériel (*).

Pour l'application des dispositions ci-dessus, sont, sauf preuve contraire, présumées sous-locataires les personnes vivant de façon continue au foyer du locataire ou de l'occupant, dès lors qu'elles ne présentent avec ce dernier aucun lien de parenté ou d'alliance au sens de la loi ou qu'elles ne sont ni à sa charge ni à son service.

Les majorations de 50 % prévues au présent article ne peuvent se cumuler.

(*) V. Arrêté du 3 oct. 1967.

Art. 28. – Un décret, pris sur le rapport du ministre de *l'équipement et du logement*, déterminera les conditions dans lesquelles sera obtenue la surface corrigée en affectant la superficie des pièces habitables et celles des autres parties du logement de correctifs dont il donnera le taux pour qu'il soit tenu compte, notamment, de la hauteur du plafond, de l'éclairement, de l'ensoleillement et des vues de chacune des pièces habitables, ainsi que des caractéristiques particulières des autres parties du local (*).

Il définira les pièces habitables et les conditions dans lesquelles sera calculée la superficie desdites pièces, ainsi que celle des autres parties du local et des annexes.

Le même décret précisera également les correctifs applicables à l'ensemble du logement pour tenir compte notamment de son état d'entretien, de sa vétusté, de l'importance du local, de son affectation, de sa situation et des éléments d'équipement propres, soit au local, soit à l'ensemble de l'immeuble.

(avant-dernier al. abrogé, D. n. 58-1347 du 27 déc. 1958, art. 9)

Ne pourront entrer en ligne de compte dans l'évaluation des correctifs que les éléments d'équipement et de confort fournis par le propriétaire.

(*) V. D. n. 48-1766 du 22 nov. 1948.

Art. 29. – Le préfet peut, éventuellement, dans les limites fixées par le décret prévu à l'article 28, adapter par arrêté certains correctifs aux conditions locales et fixer ceux relatifs à la situation des immeubles dans les différentes zones qu'il aura déterminées.

Art. 30. – Le prix de base du mètre carré est déterminé par décret pris sur le rapport du ministre de *l'équipement et du logement* et du ministre de *l'économie et des finances*, après avis du conseil économique, pour les différentes catégories de logements en fonction de la qualité de leur construction et, le cas échéant, suivant la localité dans laquelle ils sont situés.

Les prix de base doivent être tels qu'ils assurent, après application des correctifs, la rémunération du service rendu par le logement, ainsi que son maintien en état d'habitabilité. *(D. n. 58-1347 du 27 déc. 1958, art. 2)* Le décret prévu à l'alinéa 1er fixe les modalités selon lesquelles les prix de base s'appliquent lors de leur révision aux locataires ou occupants dont le loyer avait déjà atteint la valeur locative résultant de l'application des anciens prix de base.

Art. 31 *(D. n. 58-1347 du 27 déc. 1958, art. 3 ; D. n. 65-483 du 26 juin 1965, art. 2)*. – Indépendamment du prix de base déterminé conformément aux dispositions de l'article 30 ci-dessus, le décret prévu audit article fixe le prix du mètre carré applicable jusqu'à ce que le loyer ait atteint la valeur locative définie à l'article 27.

(D. n. 64-1354 du 30 déc. 1964) À compter du 1er juillet 1965, le loyer est majoré chaque année d'une fraction du loyer applicable au cours du dernier mois de la période précédente.

(troisième aj., L. n. 70-598 du 9 juil. 1970, art. 8) L'augmentation maximale de loyer résultant de l'application de la majoration prévue à l'alinéa précédent peut faire l'objet d'un abattement

LOUAGE DES CHOSES — Art. 1778

en considération de l'âge ou de l'état physique des bénéficiaires et compte tenu de leurs ressources, à la condition que le local ne soit pas insuffisamment occupé ou ne fasse pas l'objet d'une sous-location totale ou partielle et sans que l'abattement puisse dépasser la moitié de cette augmentation.

Lorsque des modifications sont apportées à la surface corrigée du local pour quelque cause que ce soit, notamment en raison de l'affectation de tout ou partie du local à un usage professionnel, il doit être tenu compte de l'incidence de ces modifications pour déterminer le loyer servant de base au calcul des majorations annuelles. Les taux de majoration sont fixés par le décret prévu à l'article 30.

Art. 31 bis. – *Abrogé, D. n. 77-741 du 30 juin 1977.*

Art. 32 *(L. n. 49-507 du 14 avril 1949, art. 5 et 6).* – Chaque propriétaire devra, avant le 1er janvier 1949, faire connaître à chaque locataire ou occupant par lettre recommandée avec accusé de réception, ou par acte extra-judiciaire, le loyer des locaux qu'il occupe.

Le propriétaire doit joindre, à l'appui de cette notification, un décompte détaillé, établi d'après un modèle-type qui sera annexé au décret prévu à l'article 28, des bases de calcul de ce loyer.

(L. n. 49-507 du 14 avril 1949, art. 6) En cas de désaccord, le locataire ou l'occupant devra, à peine de forclusion, aviser dans les deux mois le propriétaire, par lettre recommandée avec accusé de réception ou par acte extra-judiciaire, du loyer qu'il propose lui-même, en précisant les éléments sur lesquels porte ce désaccord.

La notification par le propriétaire devra, à peine de nullité, indiquer que faute par le locataire ou l'occupant d'avoir contesté le loyer dans le délai de deux mois, il sera forclos à l'expiration de ce délai et que ce loyer s'imposera comme nouveau prix.

Le différend sera porté devant le tribunal compétent suivant les règles de procédure prévues au chapitre V du présent titre.

Pour la détermination de la compétence, le loyer pris en considération est celui qui était payé antérieurement à l'application de la présente loi.

Art. 32 bis *(D. n. 58-1347 du 27 déc. 1958, art. 4).* – En cas de modification totale ou partielle des éléments ayant servi de base à la détermination du loyer, ce loyer pourra être révisé à la demande de l'une ou de l'autre des parties.

(D. n. 60-1057 du 1er oct. 1960, art. 1er) Le demandeur doit faire connaître à l'autre partie par lettre recommandée avec demande d'avis de réception ou par acte extra-judiciaire les nouveaux éléments proposés. Il doit joindre à l'envoi de cette notification un décompte détaillé, établi d'après un modèle-type annexé au décret prévu à l'article 28, des bases de calcul de ce loyer.

En cas de désaccord sur les nouveaux éléments proposés par le demandeur, l'autre partie doit, à peine de forclusion, aviser, dans les deux mois, le demandeur, par lettre recommandée avec demande d'avis de réception ou par acte extra-judiciaire, du loyer qu'il propose lui-même, en précisant les éléments sur lesquels porte ce désaccord.

La notification par le demandeur devra, à peine de nullité, indiquer que faute par l'autre partie d'avoir contesté le loyer dans le délai de deux mois, il sera forclos à expiration de ce délai et que ce loyer s'imposera comme un nouveau prix. En cas de contestation, le différend sera porté devant le tribunal compétent, suivant les règles de procédure prévues au chapitre V du présent titre.

Pour la détermination de la compétence, le loyer pris en considération est celui qui était exigible à la date de la notification.

Art. 1778 — LOUAGE DES CHOSES

Art. 33. – Les prix résultant de l'application de la présente loi sont applicables de plein droit à dater du 1er janvier 1949, sans qu'il soit nécessaire de donner congé ni aux titulaires de baux écrits ou verbaux, ni à ceux qui sont maintenus dans les lieux.

Au cas où la notification prévue au premier alinéa de l'article 32 est faite à une date postérieure au 1er janvier 1949, les prix résultant de l'application de la présente loi ne seront applicables qu'à partir du terme d'usage qui suivra cette notification ; toutefois, s'il y a lieu à réduction en application des dispositions de l'article 35, et quelle que soit la date de la notification, le nouveau prix sera applicable à partir du 1er janvier 1949.

Art. 34. – Les parties pourront, d'un commun accord, se dispenser de l'application des règles de fixation des loyers prévues aux articles précédents en prenant forfaitairement comme base le loyer pratiqué au 1er janvier 1948.

(D. n. 58-1347 du 27 déc. 1958, art. 5 ; D. n. 64-1354 du 30 déc. 1964, art. 2) À compter du 1er juillet 1965, le loyer est majoré chaque année d'une fraction du loyer applicable au cours du dernier mois de la période précédente. Le taux de majoration est fixé par le décret prévu à l'article 30.

Cet accord pourra être dénoncé par chacune des parties par lettre recommandée avec accusé de réception adressée dans la quinzaine suivant le paiement de chaque terme de loyer. Dans ce cas, les règles des articles 26 et suivants deviendront définitivement applicables aux termes de loyer qui suivront la dénonciation de l'accord.

(D. n. 62-1019 du 24 août 1962, art. 1er) Le demandeur devra joindre à l'appui de sa dénonciation un décompte détaillé établi d'après un modèle-type annexé au décret prévu à l'article 28, des bases de calcul du nouveau loyer. Les dispositions des trois derniers alinéas de l'article 32 bis sont applicables.

(al. aj., L. n. 70-598 du 9 juil. 1970, art. 9) L'augmentation de loyer résultant de l'application de la majoration prévue au deuxième alinéa ci-dessus peut faire l'objet d'un abattement en considération de l'âge ou de l'état physique des bénéficiaires et compte tenu de leurs ressources à la condition que le local ne soit pas insuffisamment occupé ou ne fasse pas l'objet d'une sous-location totale ou partielle et sans que l'abattement puisse dépasser la moitié de cette augmentation.

Art 34 bis *(D. n. 58-1347 du 27 déc. 1958, art. 6 ; D. n. 59-1060 du 10 sept. 1959, art. 1er)*.
I. – Les parties peuvent également, d'un commun accord, fixer un prix de loyer dans la limite de la valeur locative définie à l'article 27.
II. – Abrogé, D. n. 67-518 du 30 juin 1967, art. 2.
III. – Mod., D. n. 65-484 du 26 juin 1965, art. Ier ; abrogé, D. n. 66-428 du 24 juin 1966, art. 2.
IV. – Mod., D. n. 65-484 du 26 juin 1965, art. Ier ; abrogé, D. n. 67-518 du 30 juin 1967, art. 2.
(dernier al. abrogé, D. n. 59-1029 du 31 août 1959, art. 2).

Art. 35. – Les loyers qui dépassent la valeur locative telle qu'elle est définie à l'article 27 seront ramenés à cette valeur locative.

Art. 36. *(L. n. 49-507 du 14 avril 1949, art. 8).* – Les dispositions des articles qui précèdent ne sont pas applicables à la détermination du loyer des cours, jardins ou terrains loués ou occupés accessoirement aux locaux visés à la présente loi. Ce loyer fera l'objet d'une évaluation séparée. Un décret pris sur le rapport du ministre de *l'équipement et du logement* et du ministre de *l'économie et des finances* fixera les divers prix maxima du mètre carré en tenant compte des usages locaux. À défaut d'accord amiable, il sera procédé à l'évaluation du loyer par justice.

LOUAGE DES CHOSES — Art. 1778

Le juge devra tenir compte de tous éléments d'appréciation, notamment de la proximité de l'habitation, des possibilités de culture et des plantations existant au moment de la location.

Il sera procédé de même pour l'évaluation du loyer des locaux, tels que remises et garages, loués ou occupés accessoirement aux locaux visés par la présente loi et n'ayant aucune affectation commerciale ou industrielle (*).

(*) V. D. n. 49-908 du 15 juin 1949.

Art. 37 *(D. n. 62-1044 du 27 août 1962, art. 1ᵉʳ).* – Le loyer des locaux mentionnés à l'article 8 de la présente loi sera fixé, à défaut d'accord amiable, par le juge à l'aide de tous éléments d'appréciation.

Art. 38 *(L. n. 89-462 du 6 juil. 1989, art. 38).* – Les locataires ou occupants sont tenus, en sus du loyer principal, au remboursement des charges locatives définies à l'article 23 de la loi n. 89-462 du 6 juillet 1989, dans les conditions prévues à cet article.

Si la ventilation est impossible, la répartition sera faite, sous réserve de l'application des dispositions de l'alinéa 4 ci-dessous, au prorata du loyer payé par chaque locataire ou occupant et, pour les locaux occupés par le propriétaire, du loyer qu'il aurait à payer s'il était locataire.

(D. n. 70-645 du 17 juil. 1970, art. 1ᵉʳ-I) Par loyer payé il faut entendre le loyer avant application des majorations prévues à l'article 27 de la réduction visée aux articles 31 et 34.

Il devra être tenu compte, dans cette répartition, des locaux loués à un usage autre que l'habitation.

(D. n. 70-645 du 17 juil. 1970, art. 1ᵉʳ-II) Dans les immeubles comportant un logement au moins dont le loyer est soumis à la réglementation édictée par la présente loi, tous les locataires ou occupants de locaux d'habitation ou à usage professionnel participent au paiement des prestations, taxes et fournitures sur la base de la surface corrigée des locaux.

A. – Prestations
(D. n. 65-584 du 26 juin 1965, art. 2)

1° *(mod., D. n. 80-732 du 18 sept. 1980)* Frais (fournitures et main-d'œuvre) nécessaires à l'entretien de propreté des parties communes de l'immeuble, y compris les frais de pose, de dépose et d'entretien des tapis, d'entretien des espaces verts et ceux entraînés par l'élimination des rejets provenant de l'habitation.

Lorsque l'entretien des parties communes et l'élimination des rejets sont assurés par un gardien ou un concierge, ces frais sont pris en compte à concurrence des trois quarts de la rémunération en espèces, y compris les charges sociales et fiscales y afférentes, à l'exclusion des avantages en nature.

2° Consommation de l'électricité et du gaz nécessitée par l'éclairage des parties communes de l'immeuble et des voies privées le desservant, ainsi que la location des compteurs ;

3° Remboursement des dépenses afférentes au chauffage des parties communes de l'immeuble, à l'exception de celles nécessitées par les grosses réparations ;

4° Dépenses de force motrice des ascenseurs et monte-charge et leurs frais d'entretien, à l'exception de celles nécessitées par les grosses réparations ;

5° Frais de vidange ;

6° Frais d'abonnement du poste téléphonique de l'immeuble.

B. – Taxes locatives
(D. n. 69-59 du 13 janv. 1969, art. 1ᵉʳ)

1° Taxe d'enlèvement des ordures ménagères ;

2° Taxe de balayage.

Art. 1778 — LOUAGE DES CHOSES

C. – **Fournitures individuelles**
(Sur justifications particulières)
1° *(D. n. 69-59 du 13 janv. 1969, art. 1ᵉʳ)* Montant de la consommation d'eau chaude et froide des locataires ou occupants de l'immeuble ainsi que les sommes dues au titre de la redevance d'assainissement, à l'exclusion de celles auxquelles le propriétaire est astreint en application de l'article L. 35-5 du Code de la santé publique ;
2° Location des compteurs ;
3° Frais de ramonage des cheminées ;
4° Frais de chauffage, cette fourniture étant récupérable suivant l'importance des éléments de chauffage ; en cas de taxation, la fourniture sera comptée au prix taxé ;
5° Frais de conditionnement d'air ;
6° Frais d'abonnement des postes supplémentaires et taxes des communications téléphoniques.

Dans le cas où le chauffage, la distribution d'eau chaude, l'usage de l'ascenseur et du monte-charge ne pourraient continuer d'être assurés, les loyers subiront une diminution sans que le propriétaire puisse être tenu de les fournir.

Le propriétaire devra adresser à chaque locataire ou occupant, quinze jours avant d'en demander le remboursement, le compte détaillé des prestations, taxes locatives et fournitures individuelles, ainsi que la répartition faite entre tous les locataires et occupants, à la disposition desquels seront tenues les pièces justificatives dans la quinzaine qui suit l'envoi du compte.

Art. 39. – Il ne peut être exigé des sous-locataires de locaux nus un loyer supérieur à celui payé par le locataire ou occupant principal augmenté du montant des prestations, taxes locatives et fournitures individuelles énumérées à l'article 38. Le locataire ou occupant principal est tenu, à la demande du sous-locataire, d'en justifier par la production de sa quittance.

Dans le cas de sous-location partielle de locaux nus, il devra être tenu compte, pour la fixation du loyer, de l'importance des locaux sous-loués et d'un prorata des prestations, taxes et fournitures payées par le locataire principal. Le principal du loyer ainsi déterminé pourra être majoré de 20 % et, en outre, du prix des prestations particulières que le locataire principal serait appelé à fournir.

Art. 40. *(L. n. 51-598 du 24 mai 1951 ; D. n. 55-559 du 20 mai 1955, art. 3).* – En aucun cas, l'application des dispositions du présent chapitre ne pourra être invoquée par le bailleur pour se soustraire à l'exécution des obligations mises à sa charge par le contrat ou par la loi.

(L. n. 62-902 du 4 août 1962, art. 15) Toutefois, sont autorisées les conventions par lesquelles tout locataire ou occupant s'engage, postérieurement à son entrée dans les lieux et à l'occasion de l'exécution de travaux afférents à l'immeuble et déterminés dans la convention, à participer à tout ou partie des dépenses exposées pour leur réalisation.

Art. 41. – Le preneur pourra, nonobstant toutes clauses ou conventions contraires, résilier le bail tant que la valeur locative résultant des dispositions qui précèdent ne sera pas atteinte.

Art. 42. *(D. n. 53-700 du 9 août 1953, art. 10).* – Les occupants évincés en application des articles 11 et 12 et usant du droit à réintégration prévu à l'article 13 ne devront payer que le loyer, les prestations, taxes et fournitures individuelles tels qu'ils résultent de l'application des dispositions du présent chapitre.

Art. 43. – Le bailleur qui, n'exerçant pas la profession de loueur en meublé, loue exceptionnellement en totalité un local normalement meublé, est autorisé à majorer le montant du loyer, tel qu'il est déterminé au présent chapitre, du prix de location des meubles, qui ne

LOUAGE DES CHOSES   Art. 1778

pourra lui-même dépasser le montant du loyer principal. Il pourra, en outre, récupérer les prestations, taxes et fournitures définies à l'article 38 et tous impôts et taxes perçus à l'occasion des locations en meublé.

Pour les sous-locations partielles en meublé existant au jour de la promulgation de la présente loi et pour les sous-locations partielles en meublé autorisées en application des dispositions de l'article 78, le prix du loyer est déterminé comme il est dit à l'article 39, alinéa 2, et le prix de location des meubles ne peut dépasser le montant dudit loyer. Il pourra être exigé en sus le montant de tous impôts et taxes perçus à l'occasion des locations en meublé.

Art. 44 *(codifié, C. urb. et habit., art. 298 ; abrogé, D. 30 avril 1955 ; rétabli, D. n. 62-1044 du 27 août 1962, art. 2).* – Les travaux ayant pour objet d'augmenter le nombre de logements par la division des logements existants ouvrent droit, pour le propriétaire, à la récupération du montant des dépenses par une majoration du prix des loyers des locaux rendus disponibles.

Cette majoration ne devra, en aucun cas, permettre l'amortissement du capital dépensé sur une période inférieure à dix années. Elle n'est autorisée qu'à la condition que les appartements créés comportent trois pièces principales au moins.

CHAPITRE IV. – DES LOCATIONS ET SOUS-LOCATIONS EN MEUBLÉ

Art. 45 *(Ord. n. 58-1343 du 27 déc. 1958, art. 9).* – Le locataire, sous-locataire ou occupant de bonne foi d'un local meublé bénéficie du maintien dans les lieux dans les termes et conditions prévus aux chapitres Ier et II du présent titre.

Toutefois, le bénéfice de ce maintien dans les lieux n'est pas opposable au propriétaire ou au locataire principal qui justifie avoir loué ou sous-loué un local constituant son domicile.

(3e al. abrogé, L. n. 62-902 du 4 août 1962, art. 22).

Le bénéfice de ce maintien dans les lieux n'est pas non plus opposable au bailleur si celui-ci peut faire la preuve qu'il avait accueilli le preneur en raison de circonstances exceptionnelles pour une location provisoire. Toutefois, cette dernière disposition ne pourra être opposée à ceux dont le domicile a été détruit par fait de guerre et n'a pas encore été reconstruit.

Dans tous les cas, à partir de l'expiration du bail ou de la location verbale, le bailleur pourra, à l'encontre du locataire ou du sous-locataire bénéficiaire du maintien dans les lieux, reprendre son mobilier, s'il justifie qu'il en a besoin pour sa propre installation ou celle de ses ascendants ou descendants. Il devra en ce cas, lui donner préavis, deux mois à l'avance, par lettre recommandée avec accusé de réception.

CHAPITRE V. – DE LA PROCÉDURE

Art. 46 *(L. n. 62-902 du 4 août 1962, art. 10).* – Sous réserve des dispositions de l'article 5, toutes les contestations relatives à l'application du présent titre *(mod. in fine, à compter du 16 sept. 1972, D. n. 72-789 du 28 août 1972, art. 8-I et 12)* (*) sont portées devant le tribunal d'instance du lieu de la situation de l'immeuble, lequel statue selon les règles qui lui sont propres.

(Deuxième al. abrogé et remplacé par les dispositions du D. n. 68-423 du 8 mai 1968).

(Dernier al. remplacé avec effet à compter du 16 sept. 1972, D. n. 72-789 du 28 août 1972, art. 8-II et 12) (*) Toutefois, la juridiction des référés reste compétente dans les conditions prévues par les règles qui régissent cette matière.

Art. 47. – *Mod., D. n. 58-1284 du 22 déc. 1958, art. 38 ; abrogé avec effet à compter du 1er juil. 1968, D. n. 68-424 du 8 mai 1968, art. 11 et 12.*

Art. 1778 — LOUAGE DES CHOSES

Art. 48 et 49. – *Abrogés avec effet à compter du 16 sept. 1972, D. n. 72-789 du 28 août 1972, art. 8-III et 12 (*).*

(*) *Dispositions applicables aux instances introduites à partir du 16 sept. 1972 (art. 12).*

Art. 50. – *Dispositions codifiées. C.G.I., art. 1060 ; abrogées à compter du 15 juil. 1963, L. n. 63-254 du 15 mars 1963, art. 56-III ; D. n. 63-655 du 6 juil. 1963, art. 1er.*

CHAPITRE VI. – DES SANCTIONS

Art. 51. – Toute personne qui, de mauvaise foi, à l'aide soit d'une dissimulation, soit de tout autre moyen frauduleux, impose ou tente d'imposer pour l'un des locaux visés par la présente loi, un loyer dépassant le prix licite, sera punie d'un emprisonnement de quinze jours à deux ans et d'une amende de 5 000 à 5 millions de francs (50 à 50 000 F) ou de l'une de ces deux peines seulement.

L'amende pourra être élevée à cent fois le montant de la majoration imposée, sans préjudice de tous dommages-intérêts.

L'affichage du jugement à la porte de l'immeuble pourra être ordonné.

Les dispositions des deux premiers alinéas du présent article sont applicables à toute offre d'un loyer supérieur au prix licite.

Art. 52. – Sera puni des peines prévues à l'article précédent, tout locataire ou occupant d'un des locaux visés par la présente loi qui, pour quitter les lieux, aura directement ou indirectement soit obtenu ou tenté d'obtenir une remise d'argent ou de valeurs non justifiée, soit imposé ou tenté d'imposer la reprise d'objets mobiliers à un prix ne correspondant pas à la valeur vénale de ceux-ci.

Les sommes indûment perçues sont sujettes à répétition.

Aucune poursuite ne peut être intentée à l'encontre du locataire ou de l'occupant qui a demandé ou obtenu un prix de reprise au plus égal à l'évaluation des objets mobiliers faite à ses frais par un expert désigné à sa requête par le président du tribunal.

Art. 53. – Sera puni des peines prévues à l'article 51 quiconque aura obtenu ou tenté d'obtenir, à l'occasion de la location d'un des locaux visés par la présente loi, des commissions, ristournes, rétributions, récompenses, ne correspondant pas à un service réellement rendu ou supérieures à celles en usage dans la profession.

Les sommes abusivement perçues sont sujettes à répétition.

Art. 54. – Toute personne convaincue d'avoir refusé de louer à un locataire éventuel, en raison du nombre de ses enfants, un des locaux visés par la présente loi, alors qu'il était vacant, sera punie d'une peine d'emprisonnement d'un mois à deux ans et d'une amende de 300 F à 20 000 F ou de l'une de ces deux peines seulement.

En outre, l'auteur de l'infraction sera tenu de consentir à la famille évincée, pour une durée minimum de trois ans, un bail sur l'immeuble refusé, à moins que les locaux n'aient déjà été loués et ne soient occupés de façon suffisantes au sens des dispositions prises en application de l'article 3 de l'ordonnance du 11 octobre 1945, auquel cas ledit auteur de l'infraction sera condamné envers la partie lésée à tous dommages-intérêts.

En cas de récidive, les peines pourront être portées au double.

Art. 55. – *(Abrogé, Ord. n. 58-1441 du 31 déc. 1958, art. 5).*

LOUAGE DES CHOSES Art. 1778

Art. 56. – Quiconque, soit par des manœuvres frauduleuses, soit par fausses allégations ou simples réticences ayant fait naître l'espérance chimérique d'une location, jouissance ou propriété d'appartement, aura détourné ou dissipé, ou tenté de tourner ou de dissiper la totalité ou partie de la fortune d'autrui, sera puni d'un emprisonnement d'un an au moins et de cinq ans au plus et d'une amende de 1 500 F au moins et de 150 000 F au plus.

Art. 57. – Tout bailleur ou mandataire de celui-ci, convaincu d'avoir, par lui-même ou son préposé, majoré le prix du bail au-delà de la valeur locative maxima telle qu'elle est prévue à l'article 27 ci-dessus, sera condamné à une amende civile qui ne pourra être inférieure à dix fois, ni supérieure à cent fois le montant de la majoration exigée ou perçue.

La juridiction, statuant sur l'action en répétition, est compétente pour prononcer d'office cette amende.

Art. 58. – *Abrogé, Ord. n. 58-1343 du 27 déc. 1958, art. 13.*

Art. 59. – Le propriétaire qui, ayant excipé des dispositions des articles 11, 12 et 15, n'aura pas commencé les travaux dans le délai prévu auxdits articles, ou qui ne les aura pas exécutés dans les conditions qu'ils prévoient, sera, pour l'avenir, déclaré déchu de tout droit de reprise, frappé d'une amende civile de 50 F à 10 000 F, sans préjudice de tous dommages-intérêts que pourrait demander l'occupant évincé.

Il en sera de même à l'égard du propriétaire qui ne se conforme pas aux dispositions de l'article 13.

Les actions prévues au présent article se prescrivent par trois ans et sont jugées conformément aux dispositions du chapitre V du présent titre, en tenant compte du montant du loyer au moment de l'éviction.

Art. 59 bis *(aj., L. n. 75-1351 du 31 déc. 1975, art. 8 puis mod., L. n. 76-1285 du 31 déc. 1976, art. 68-III).* – Quiconque exécute ou fait exécuter les travaux visés au premier alinéa de l'article 14 sans avoir obtenu l'autorisation ou sans avoir fait la notification, prévues audit article, ou sans respecter les conditions d'exécution figurant dans la notification ou encore malgré une décision d'interdiction ou d'interruption des travaux prononcée par le juge du tribunal d'instance, statuant par ordonnance de référé, sera puni d'un emprisonnement de six mois à deux ans et d'une amende de 5 000 à 30 000 F.

Le tribunal pourra, en outre, ordonner la remise en état des lieux aux frais du condamné.

Les dispositions des articles L. 480-1 (al. 1, 3 et 4), L. 480-2, L. 480-7, L. 480-8 et L. 480-9 du Code de l'urbanisme sont applicables aux infractions visées au premier alinéa du présent article. En particulier, le maire est soumis aux obligations prévues à l'alinéa 10 de l'article L. 480-2 du même code en cas de travaux effectués sans l'autorisation exigée en vertu de l'article 14 de la présente loi.

Art. 60. *(Ord. n. 58-1343 du 27 déc. 1958, art. 10).* – Sauf empêchement résultant de la force majeure ou d'un cas fortuit, le propriétaire ayant excipé des dispositions des articles 18, 19, 20 ou 25 et qui, dans un délai de trois mois à dater du départ du locataire, ou de l'occupant, et pendant une durée minimum de trois ans, n'aura pas occupé ou fait occuper l'immeuble par ceux des bénéficiaires pour le compte de qui il l'avait réclamé sera, pour l'avenir, déclaré déchu de tout droit de reprise, frappé d'une amende civile de 5 000 à 1 million de francs (50 à 10 000 F) et devra au locataire congédié, outre la réparation du préjudice matériel causé, une indemnité qui ne pourra être inférieure à une année de loyer du local précédemment occupé, ni supérieure à cinq années. Le locataire ou l'occupant, en cas de non-occupation, pourra demander la réintégration ; s'il obtient cette réintégration, l'indemnité ne sera pas due.

Art. 1778 — LOUAGE DES CHOSES

La juridiction statuant sur l'action du locataire ou de l'occupant évincé est compétente pour prononcer d'office l'amende.

Art. 61. *(D. n. 58-1347 du 27 déc. 1958, art. 8).* – Le propriétaire qui aura exercé le droit de reprise prévu à l'article 20 en violation des dispositions de l'alinéa 6 dudit article, ou qui aura enfreint les dispositions de l'article 24, sera passible des sanctions prévues à l'article 60.

Art. 62. – Le locataire ou l'occupant qui aurait pris l'engagement prévu à l'alinéa 11 de l'article 18 et qui n'aura pas rempli cet engagement dans le délai fixé, sera frappé d'une amende civile de 50 F à 1 000 F et devra au propriétaire la réparation du préjudice causé.

Les dispositions du précédent alinéa seront applicables au propriétaire qui se sera engagé à mettre un logement à la disposition du locataire ou occupant dont il veut reprendre le local en vertu de l'article 18 et qui, après l'acceptation du locataire ou de l'occupant, n'aura pas rempli son engagement.

L'amende ne sera pas prononcée et l'indemnité ne sera pas due si la partie en cause peut justifier de la force majeure ou d'un cas fortuit.

Art. 63. – Toute clause ou stipulation tendant à imposer, sous une forme directe ou indirecte, telle que la remise d'argent ou de valeurs ou reprises d'objets mobiliers, un prix de location supérieur à celui fixé en application des dispositions de la loi, est nulle de plein droit, même si elle a reçu exécution antérieurement à la publication de la présente loi.

Il en est de même si les avantages exigés, autres que ceux représentant une rémunération équitable du service rendu, l'ont été au profit de toute autre personne que le bailleur.

Toutes les sommes indûment perçues sont sujettes à répétition.

Art. 64. – Le locataire ou l'occupant qui aurait enfreint les dispositions des articles 39 et 43 sera frappé d'une amende civile de 50 F à 1 000 F sans préjudice des dommages-intérêts qui pourront être accordés au propriétaire et au sous-locataire.

Art. 65. – *Codifié, C. constr. et habit., art. L. 321-3 (2°).*

Art. 66. – Le propriétaire à qui le juge aura refusé le droit de reprise en application de l'article 21 ci-dessus sera, pour l'avenir, déclaré déchu de ce droit.

Art. 67. – Le ministère public devra poursuivre d'office l'application des amendes civiles, qui seront prononcées conformément aux règles de compétence et de procédure instituées par le chapitre V du présent titre.

En tout état de cause, le juge pourra prononcer d'office l'application des amendes civiles.

Art. 68. – Les actions en nullité et les actions en répétition prévues au présent chapitre se prescrivent par trois ans.

Aucune amende civile ne peut être prononcée pour des faits remontant à plus de trois ans avant la demande.

À défaut de loyer déterminé au jour de la demande, ces actions sont introduites et jugées suivant les règles de procédure prévues à l'article 48.

CHAPITRE VII. – DISPOSITIONS DIVERSES

Art. 69. *(al. 1er et 2 abrogés, D. n. 55-565 du 20 mai 1955, art. 5; al. 1, codifié, C. constr. et habit., art. L. 442-6).*

LOUAGE DES CHOSES Art. 1778

Les dispositions du présent titre ne sont pas applicables aux immeubles construits par l'État, en application de l'ordonnance n. 45-2064 du 8 septembre 1945, tant qu'ils conservent leur caractère d'immeubles sans affectation individuelle, ou s'ils sont cédés à des non-sinistrés. Les limitations de prix prévues par la législation sur les habitations à bon marché leur sont par contre applicables pendant cette période.

Lorsqu'ils ont été attribués à des sinistrés en règlement partiel ou total de leurs indemnités de dommages de guerre, ils sont assimilés, à compter de cette affectation, aux locaux visés aux articles 70 et 71.

Art. 70. – Nonobstant les dispositions des articles 1722 et 1741 du Code civil, le bail à loyer des locaux d'habitation ou à usage professionnel, ou encore affectés, soit à une administration publique, soit à l'exercice d'une fonction publique, situés dans des immeubles détruits ou endommagés par suite de faits de guerre ou de faits assimilés aux faits de guerre, est reporté sur l'immeuble réparé ou reconstruit, même sur un autre terrain, en remplacement de l'immeuble primitif.

Les baux interrompus par le sinistre sont considérés comme ayant été suspendus et reprennent cours à la date à laquelle la réinstallation aura été possible.

Les personnes occupant les lieux au moment du sinistre en vertu de prorogations légales ou de dispositions concernant le maintien dans les lieux peuvent prendre possession des locaux réparés ou reconstruits et s'y maintenir dans les conditions fixées par la présente loi.

Si des modifications sont intervenues dans la surface ou la disposition des lieux qui mettent obstacle à la réintégration de tous les locataires ou occupants ayant fait connaître leur intention d'occuper les lieux, la préférence sera donnée aux locataires ou occupants dont la famille est la plus nombreuse, et, à égalité de charges familiales, aux plus anciens.

Les dispositions des alinéas précédents ne sont applicables que sous réserve du droit de priorité du propriétaire sinistré immobilièrement justifiant d'un motif légitime d'habiter par lui-même l'un des locaux réparés ou reconstruits ou de le faire habiter par son conjoint, ses ascendants, ses descendants, ou ceux de son conjoint.

Ces dispositions ne sont également pas opposables au propriétaire sinistré dont l'habitation personnelle a été détruite et qui, par application de l'article 31 de la loi n. 46-2389 du 28 octobre 1946, reconstruit une habitation personnelle de même importance, en transférant sur celle-ci d'autres droits à indemnité de dommages de guerre.

Nonobstant toute disposition contraire, les dispositions du présent article sont applicables en cas d'expropriation d'un immeuble sinistré ou non, dès lors que son propriétaire est assimilé à un sinistré total par application de la législation sur la reconstruction et a décidé de procéder à sa reconstruction. Le locataire ou l'occupant doit alors opter entre l'indemnité d'éviction due au titre de l'expropriation et le bénéfice des dispositions ci-dessus.

Le propriétaire notifie aux locataires ou occupants, par lettre recommandée avec accusé de réception, son intention de réparer ou de reconstruire l'immeuble endommagé. Dans les trois mois qui suivront cette notification ou, dans le cas où elle n'aurait pu être faite, dans les trois mois qui suivront l'affichage à la mairie de la situation de l'immeuble d'un extrait de cette notification, les locataires ou occupants doivent, à peine de forclusion, faire connaître leur intention d'occuper un local dans l'immeuble réparé ou reconstruit.

Art. 71. – Les loyers des locaux visés à l'article précédent seront, à compter du 1er janvier 1949, déterminés conformément aux dispositions du présent titre.

Toutefois, lorsque la part des dépenses de reconstruction, d'amélioration ou de réparation restant à la charge des propriétaires dépasse en moyenne 30 F par pièce principale, telle que

Art. 1778 — LOUAGE DES CHOSES

ladite pièce principale est définie par les textes pris en application de l'article 3 de l'ordonnance du 11 octobre 1945, les propriétaires sont autorisés à percevoir, en sus du loyer fixé comme il est dit ci-dessus, une majoration du loyer pouvant atteindre au plus l'intérêt calculé au taux de 6 % des sommes correspondant à la quote-part des dépenses de reconstruction, de réparation ou d'amélioration, laissées à leur charge ou non encore remboursées par l'État au titre des dommages de guerre. Dans ce cas, la majoration autorisée de l'ensemble des loyers doit être répartie entre toutes les personnes qui habitent l'immeuble au prorata du nombre de pièces principales qu'elles occupent. Cependant, en cas d'amélioration, cette répartition ne joue qu'à l'égard des personnes qui ont bénéficié des travaux exécutés.

Art. 72. – (al. 1 à 4 abrogés, L. n. 67-651 du 12 juil. 1967) (*).

(L. n. 53-1333 du 31 déc. 1953, art. 10) Le propriétaire ne peut s'opposer à l'installation du téléphone ; l'autorisation préalable du propriétaire à fournir à l'administration des postes et télécommunications est supprimée. Toutefois, le locataire devra notifier par lettre recommandée au propriétaire son intention de faire installer le téléphone.

(*) Quatre premiers alinéas abrogés à compter du 10 nov. 1968, toutefois, leurs dispositions demeurent en vigueur pour le calcul de l'indemnité à laquelle pourraient prétendre les locataires ou occupants ayant effectué antérieurement à l'entrée en vigueur de la loi du 12 juin 1967 des travaux visés audit article, L. n. 67-561 du 12 juil. 1967, art. 6-I ; D. n. 68-976 du 9 nov. 1968.

Art. 73 (mod. à compter du 10 nov. 1968, L. n. 67-561 du 12 juil. 1967, art. 6-II ; D. n. 68-976 du 9 nov. 1968). – Dans le cas où le locataire ou l'occupant est autorisé, soit amiablement, soit par justice, à effectuer les travaux d'entretien ou de réparation au lieu et place du propriétaire, le montant de la dépense restant à sa charge se compensera avec les loyers à échoir ; à défaut d'accord amiable, le juge fixera le montant de la somme qui pourra être retenue, sur chaque terme, par le locataire ou l'occupant. En cas de départ du locataire ou de l'occupant avant l'extinction de la dette, le juge fixera le délai et les modalités du remboursement dû.

En cas de carence du bailleur, et après une mise en demeure demeurée infructueuse, le preneur peut demander au juge l'autorisation de se substituer au propriétaire pour bénéficier de l'aide financière de l'Agence nationale pour l'amélioration de l'habitat. Sur production d'une expédition du jugement intervenu, celui-ci verse directement au preneur le montant de la subvention ou du prêt.

Art. 74. – Sauf convention contraire expresse insérée dans le bail, les loyers des locaux d'habitation seront de plein droit payés par fractions mensuelles.

Les conventions prévoyant un paiement par périodes supérieures au mois pourront, à tout moment, être annulées à la demande, tant du propriétaire que du locataire.

Les dispositions du présent article ne portent pas atteinte aux règles concernant les délais à respecter pour les congés.

Art. 75. (D. n. 62-1044 du 27 août 1962, art. 3). – Les loyers payés d'avance, sous quelque forme que ce soit et même à titre de garantie, ne peuvent excéder une somme correspondant à deux mois de loyer pour les locations faites au mois et au quart du loyer annuel pour les autres cas.

Toutes clauses et conventions contraires sont nulles de plein droit et le bailleur ou le propriétaire devra restituer les sommes reçues en trop.

Les dispositions du présent article ne s'appliquent pas aux locaux meublés en ce qui concerne les limitations du cautionnement.

LOUAGE DES CHOSES — Art. 1778

Art. 76 et 77. – *Codifiés C. constr. et habit., art. L. 631-7 à L. 631-9 et art. L. 651-2.*

Art. 78 *(Ord. n. 58-1343 du 27 déc. 1958, art. II).* – À dater de la publication de la présente loi, par dérogation à l'article 1717 du Code civil, le preneur n'a le droit ni de sous-louer, ni de céder son bail, sauf clause contraire du bail ou accord du bailleur.

(L. n. 69-2 du 3 janv. 1969, art. 8-I) (*) Toutefois, par dérogation à l'alinéa précédent et nonobstant toutes clauses contraires, le locataire principal ou l'occupant maintenu dans les lieux a toujours la faculté de sous-louer une pièce lorsque le local comporte plus d'une pièce.

Dans les communes visées à l'article 10-7° ci-dessus, le locataire principal ou l'occupant maintenu dans les lieux, vivant seul et âgé de plus de soixante-cinq ans, peut sous-louer deux pièces à la même personne ou à deux personnes différentes, sous réserve que le local ne comporte pas plus de cinq pièces.

Dans le délai d'un mois, le locataire ou occupant est tenu, à moins que la sous-location n'ait été expressément autorisée par le propriétaire ou son représentant, de notifier cette sous-location au bailleur par lettre recommandée avec demande d'avis de réception, en précisant le prix demandé au sous-locataire, sous peine de déchéance du droit au maintien dans les lieux.

(Dernier al. abrogé, L. n. 86-1290 du 23 déc. 1986, art. 26-II.)

(*) Dispositions applicables aux conventions en cours à la date du 4 janv. 1969, L. n. 69-2 du 3 janv. 1969, art. 8-II.

Art. 79 *(abrogé, L. n. 86-1290 du 23 déc. 1986, art. 26-II).*

Art. 80. – Nonobstant toute stipulation contraire, la clause insérée dans le bail prévoyant la résiliation de plein droit faute de paiement du loyer aux échéances convenues, ne produit effet qu'un mois après la date de la sommation ou du commandement de payer demeuré infructueux.
La mise en demeure ou le commandement doit, à peine de nullité, mentionner ce délai.
Le juge des référés, saisi par le preneur dans le délai d'un mois susvisé, peut lui accorder pour le paiement du loyer des délais dans les termes de l'article 1244 du Code civil.
Les effets de la clause résolutoire sont suspendus pendant le cours des délais ainsi octroyés au locataire. La clause résolutoire est réputée n'avoir jamais joué si le locataire se libère dans les conditions déterminées par l'ordonnance du juge.

Art. 81 *(codifié, C.G.I., art. 1635); abrogé, L. n. 70-1283 du 31 déc. 1970, art. 6.*

Art. 82. – Les articles 71, 72, 73, 74, 75, 80 et 81 ci-dessus sont applicables dans toutes les communes.
L'article 70 est applicable dans toutes les communes, dans la mesure où il concerne le report des baux.

....

Art. 86. – *Abrogé, Ord. n. 58-1343 du 27 déc. 1958, art. 13.*

Art. 87. – Les dispositions du présent titre sont d'ordre public.

Art. 88. – La présente loi n'est pas applicable aux départements de la Guadeloupe, de la Martinique, de la Réunion et de la Guyane française.

CHAPITRE VIII. – DISPOSITIONS FINANCIÈRES

Art. 1778   LOUAGE DES CHOSES

Loi n. 49-972 du 21 juillet 1949 *(J.O.* 22 juil.*)*
donnant le caractère comminatoire aux astreintes fixées par les tribunaux en matière d'expulsion et en limitant le montant

Art. 1er. – Les astreintes fixées pour obliger l'occupant d'un local à quitter les lieux ont toujours un caractère comminatoire et doivent être révisées et liquidées par le juge une fois la décision d'expulsion exécutée.

Art. 2. – Le montant de l'astreinte une fois liquidée ne pourra excéder la somme compensatrice du préjudice effectivement causé. Il devra être tenu compte, lors de sa fixation, des difficultés que le débiteur a rencontrées pour satisfaire à l'exécution de la décision.

L'astreinte ne sera pas maintenue lorsque l'occupant aura établi l'existence d'une cause étrangère qui ne lui est pas imputable et qui aura retardé ou empêché l'exécution de la décision.

Art. 3. – Les dispositions ci-dessus s'appliquent à toutes les décisions de justice même passées en force de chose jugée à la date de la promulgation de la présente loi.

En aucun cas, il ne saurait y avoir lieu à répétition.

Loi n. 54-781 du 2 août 1954 *(J.O.* 5 août*)*
tendant à rendre à l'habitation les pièces isolées, louées accessoirement à un appartement, et non habitées

Art. 1er *(L. n. 69-2 du 3 janv. 1969, art. Ier)*. – Le locataire ou l'occupant d'un appartement dont l'occupation est régie par la loi n. 48-1360 du 1er septembre 1948, comprenant une ou plusieurs pièces isolées ou « chambres de bonne » distinctes de l'appartement, habitables ou non, peut, un mois après l'envoi d'une lettre recommandée avec demande d'avis de réception, les remettre à la disposition du propriétaire sans que ce dernier puisse s'y opposer, sauf motif légitime.

Art. 2 *(L. n. 69-2 du 3 janv. 1969, art. 2)*. – Dans les mêmes locaux, le propriétaire peut reprendre la disposition des pièces isolées visées à l'article précédent, si elles sont inhabitées, lorsqu'il entend les destiner à l'habitation, à moins que le locataire ou l'occupant ne justifie d'un motif légitime d'inhabitation temporaire des pièces visées ci-dessus ou qu'il ne pourvoie à leur occupation dans un délai d'un mois à compter de l'envoi, par le propriétaire, d'une lettre recommandée avec demande d'avis de réception, l'informant de son intention d'invoquer les dispositions du présent article.

Sont assimilées aux pièces isolées pour l'application du présent article, la ou les pièces excédentaires d'un logement insuffisamment occupé au sens du décret n. 55-933 du 11 juillet 1955 (*) à condition qu'elles puissent, au besoin après aménagement, former un local distinct et séparé.

(*) *Abrogé, V. C. constr. et habit., art. R. 641-4.*

Art. 3. – En vue de permettre l'aménagement d'un ou de plusieurs logements, le propriétaire pourra reprendre les pièces isolées ou chambres de bonne distinctes d'un appartement et habitées, lorsqu'il mettra à la disposition du locataire ou de l'occupant un local équivalent dans le même immeuble.

Art. 4 *(L. n. 69-2 du 3 janv. 1969, art. 3)*. – Dans le cas visé à l'article 2, le propriétaire doit affecter à l'habitation les pièces reprises dans le délai d'un an à compter du jour où il a

LOUAGE DES CHOSES   Art. 1778

effectivement la disposition de celles-ci ; si des travaux sont nécessaires, ce délai est prorogé de la durée de ceux-ci, et court du jour où le propriétaire a effectivement la disposition de la totalité des pièces affectées par lesdits travaux.

Le propriétaire qui ne se sera pas conformé aux prescriptions du présent article devra remettre les pièces à la disposition des anciens locataires ou occupants, sans préjudice de tous dommages-intérêts.

Art. 5. – Les locataires ou occupants visés aux articles 1er et 2 auront droit par priorité à un local à destination de débarras, s'il en existe dans l'immeuble ou s'il en a été aménagé à cet effet.

Art. 6. – Le loyer dû par les locataires ou occupants visés aux articles 1er et 2 sera diminué de la partie afférente aux pièces dont ils n'auront plus la jouissance.

Art. 7 *(L. n. 69-2 du 3 janv. 1969, art. 4).* – Les pièces visées aux articles 1er et 2 ne sont pas soumises aux dispositions de la loi n. 48-1360 du 1er septembre 1948.

Art. 8. – Les contestations relatives à l'application de la présente loi seront jugées suivant la procédure prévue aux articles 47, 49 et 50 de la loi n. 48-1360 du 1er septembre 1948.

Décret n. 64-1356 du 30 décembre 1964 *(J.O. 31 déc.)*
portant application de l'article 14 de la loi n. 48-1360 du 1er septembre 1948 modifiée

Art. 1er. – Dans les locaux affectés totalement ou partiellement à l'habitation, l'autorisation prévue à l'article 14 de la loi n. 48-1360 du 1er septembre 1948 modifiée n'est pas nécessaire pour les travaux suivants :

Installation de l'eau, du gaz, de l'électricité, d'une salle de bains ou d'une salle de douches ou d'un cabinet de toilette, avec eau courante chaude et froide, d'un w.-c., du chauffage central, d'un vide-ordures et tous travaux de modernisation afférents à ces mêmes équipements.

Dans les locaux à usage exclusivement professionnel, cette autorisation n'est pas non plus nécessaire pour ces mêmes travaux sauf en ce qui concerne l'installation d'une salle de bains ou d'une salle de douches.

Loi n. 67-561 du 12 juillet 1967 *(J.O. 13 juil.)*
relative à l'amélioration de l'habitat

Art. 1er. – Les dispositions de la présente loi règlent les rapports entre les propriétaires, d'une part, les locataires, d'autre part, pour l'exécution des travaux destinés à adapter, totalement ou partiellement, les locaux d'habitation à des normes de salubrité, de sécurité, d'équipement et de confort qui seront fixées par décret en Conseil d'État (*).

(*) *V. D. n. 68-976 du 9 nov. 1968.*

Art. 2. – Les travaux prévus à l'article 1er peuvent, nonobstant toute disposition ou stipulation contraire, être exécutés par le propriétaire dans les mêmes conditions que les réparations urgentes visées à l'article 1724 du Code civil. *(L. n 75-1351 du 31 déc. 1975)* Néanmoins, si ces travaux présentent un caractère abusif ou vexatoire, le juge du tribunal d'instance statuant par ordonnance de référé est compétent pour prescrire leur interdiction ou leur interruption. Il peut ordonner celles-ci à titre provisoire s'il estime nécessaire une mesure d'instruction.

Art. 1778

Toutefois, lorsque les travaux n'affectent que les locaux occupés par un locataire, le propriétaire doit lui notifier, par acte extra judiciaire ou par lettre recommandée avec demande d'avis de réception, son intention de les exécuter. Si le locataire entend s'opposer aux travaux ou à leurs modalités d'exécution pour un motif sérieux et légitime, il doit saisir, à peine de forclusion, la juridiction compétente, dans le délai de deux mois à compter de la réception de la notification qui lui a été faite.

En aucun cas, le locataire ne peut interdire l'accès des locaux loués ni s'opposer au passage dans ceux-ci de conduits de toute nature.

(L. n. 76-1285 du 31 déc. 1976) Le procureur de la République a qualité pour agir d'office devant le tribunal d'instance pour l'application des dispositions du présent article.

Art. 3. – Le locataire peut, nonobstant toute disposition ou stipulation contraire, exécuter ou faire exécuter les travaux visés à l'article 1er, lorsque leur réalisation n'intéresse pas d'autres parties de l'immeuble affectées à usage privatif ou ne risque pas de compromettre le bon aspect ou la solidité de l'immeuble.

Art. 4. – Le locataire notifie au propriétaire, par acte extra judiciaire ou par lettre recommandée avec demande d'avis de réception, son intention d'exécuter les travaux en lui en communiquant l'état descriptif et estimatif. Le propriétaire doit, dans le délai de deux mois de la réception de la notification qui lui a été faite, soit faire connaître son intention d'entreprendre les travaux à ses frais dans un délai qui ne peut être supérieur à un an, soit saisir, à peine de forclusion, la juridiction compétente, s'il entend pour un motif sérieux et légitime s'opposer aux travaux ou à leurs modalités d'exécution.

Si aucune opposition n'a été formée, si le tribunal n'a pas admis la recevabilité ou le bien-fondé des motifs de l'opposition dont il a été saisi ou si le propriétaire n'a pas entrepris dans le délai d'un an les travaux qu'il s'était engagé à exécuter, le locataire peut exécuter ou faire exécuter ces travaux.

Lorsque les travaux affectent le gros œuvre de l'immeuble, le propriétaire peut exiger qu'ils soient exécutés sous la direction et le contrôle d'un homme de l'art désigné avec son accord, ou, à défaut, par la juridiction compétente. Si sa demande est formulée à l'occasion d'une procédure engagée en application des alinéas qui précèdent, l'homme de l'art est désigné par la décision autorisant les travaux.

Art. 5. – Nonobstant toute clause contraire, le propriétaire est tenu de rembourser au locataire quittant les lieux le coût des travaux dont il a assumé la charge, évalué à la date de sa sortie dans les conditions fixées par décret (*), et réduit de 6 % par année écoulée depuis leur exécution.

Toutefois, l'indemnité n'est due que dans la mesure où les aménagements faits conservent une valeur effective d'utilisation. Les installations qui ont un caractère somptuaire ou qui n'ont pas été faites au juste prix ne donnent lieu à remboursement que comme s'il s'agissait d'installations normales et réalisées au juste prix.

La part des travaux dont le financement a été assuré par une subvention ne donne pas lieu à indemnité.

Pour le paiement de l'indemnité, le juge peut accorder au propriétaire des délais excédant une année.

(*) *V. D. n. 68-977 du 9 nov. 1968.*

Art. 6. – I à IV. – *V. L. n. 48-1360 du 1er sept. 1948, art. 14 et 14 bis, 72, 73.*

V. – La présente loi est applicable aux travaux exécutés dans le cadre des baux régis par les dispositions du livre VI du Code rural, sous réserve des conditions particulières prévues audit livre.

LOUAGE DES CHOSES   Art. 1778

Elle n'est pas applicable aux hôtels et pensions de famille, ni aux locaux dont le titre d'occupation est l'accessoire d'un contrat de travail ou est lié à l'exercice d'une fonction publique ou privée.

Art. 7. – Les dispositions de la présente loi pourront être rendues applicables dans les départements d'outre-mer avec les adaptations nécessaires.

Art. 8. – La présente loi entrera en vigueur à la date de la publication du décret en Conseil d'État prévu à l'article premier, qui en fixera les modalités d'application et précisera, en particulier, les conditions dans lesquelles seront déterminés les immeubles qui, en raison de leur état de vétusté ou de leur situation, seront exclus de son champ d'application. Ce décret fixera en outre des règles de compétence et de procédure communes à l'ensemble des contestations relatives à l'application de la présente loi (*).

Dans le délai d'un an à compter de la publication de la présente loi, il sera procédé par décret à la réforme des dispositions réglementaires relatives aux subventions et aux prêts accordés en vue de l'amélioration de l'habitat, et notamment à la réorganisation du fonds national pour l'amélioration de l'habitat. Il sera procédé dans le même délai à la réforme de l'allocation logement, afin notamment d'harmoniser les conditions minima de salubrité exigées pour l'octroi de l'allocation logement avec les normes qui sont prévues par l'article premier de la présente loi. Il sera également, dans le même délai, procédé à la réforme de l'allocation de loyer.

(*) V. D. n. 68-976 du 9 nov. 1968.

Loi n. 75-1351 du 31 décembre 1975 (J.O. 4 janv. 1976)
relative à la protection des occupants de locaux à usage d'habitation

....

Art. 6. – Toute convention tendant à la résiliation d'un bail en cours afin de permettre la libération des lieux pour démolition et reconstruction d'un immeuble d'une surface habitable supérieure ou pour travaux ayant pour objet d'augmenter la surface d'habitation ou le confort de l'immeuble ne peut être signée, à peine de nullité, qu'au terme d'un délai de trente jours après réception de la demande de résiliation adressée par le propriétaire par lettre recommandée avec demande d'avis de réception.

La demande de résiliation doit reproduire, à peine de nullité, les dispositions du présent article.

....

Art. 10 (mod. L. n. 82-526 du 22 juin 1982, art. 81-I). – I. – Préalablement à la conclusion de toute vente d'un ou plusieurs locaux à usage d'habitation ou à usage mixte d'habitation et professionnel, consécutive à la division initiale ou à la subdivision de tout ou partie d'un immeuble par lots, le bailleur doit, à peine de nullité de la vente, faire connaître par lettre recommandée avec demande d'avis de réception, à chacun des locataires ou occupants de bonne foi, l'indication du prix et des conditions de la vente projetée pour le local qu'il occupe. Cette information vaut offre de vente au profit de son destinataire.

L'offre est valable pendant une durée d'un mois à compter de sa réception. Le locataire qui accepte l'offre ainsi notifiée dispose, à compter de la date d'envoi de sa réponse au bailleur, d'un délai de deux mois pour la réalisation de l'acte de vente. Si, dans sa réponse, il notifie au bailleur son intention de recourir à un prêt, son acceptation de l'offre de vente est subordonnée à l'obtention du prêt et, en ce cas, le délai de réalisation est porté à quatre mois.

Passé le délai de réalisation de l'acte de vente, l'acceptation par le locataire de l'offre de vente est nulle de plein droit.

Art. 1778 — LOUAGE DES CHOSES

Si la vente est conclue avec un tiers en violation du droit reconnu au locataire ou occupant de bonne foi par l'alinéa précédent, celui-ci peut, pendant un délai d'un mois à compter de la notification du contrat de vente, déclarer se substituer à l'acquéreur.

La même faculté est ouverte, dans les mêmes conditions, au locataire ou à l'occupant de bonne foi qui n'a pas accepté l'offre de vente dans le délai d'un mois suvisé, lorsque la vente aura été conclue avec un tiers à des conditions plus avantageuses.

Dans les deux cas, la notification de la vente au locataire ou occupant de bonne foi est faite à la diligence du notaire qui a reçu l'acte. Les termes des cinq alinéas qui précèdent doivent être reproduits, à peine de nullité, dans chaque notification.

II. – Lorsque la vente du local à usage d'habitation ou à usage mixte d'habitation et professionnel a lieu par adjudication volontaire ou forcée, le locataire ou l'occupant de bonne foi doit y être convoqué par lettre recommandée avec demande d'avis de réception un mois au moins avant la date de l'adjudication.

A défaut de convocation, le locataire ou l'occupant de bonne foi peut, pendant un délai d'un mois à compter de la date à laquelle il a eu connaissance de l'adjudication, déclarer se substituer à l'adjudicataire. Toutefois, en cas de vente sur licitation, il ne peut exercer ce droit si l'adjudication a été prononcée en faveur d'un indivisaire.

III. – Le présent article s'applique aux ventes de parts ou actions des sociétés dont l'objet est la division d'un immeuble par fractions destinées à être attribuées aux associés en propriété ou en jouissance à temps complet.

Il ne s'applique pas aux actes intervenant entre parents ou alliés jusqu'au quatrième degré inclus.

Il ne s'applique pas aux ventes portant sur un bâtiment entier ou sur l'ensemble des locaux à usage d'habitation ou à usage mixte d'habitation et professionnel dudit bâtiment.

IV. – Un décret détermine les conditions d'application du présent article (1).

(*) V. D. n. 77-742, 30 juin 1977.

1) L'exercice du droit de préemption institué par l'article 10 est subordonné, en application des dispositions de l'article 1er du décret du 30 juin 1977, à la condition d'occuper effectivement les lieux (Civ. 3e, 16 avril 1986 : J.C.P. 87, II, 20742, note Vial-Pedroletti ; Rev. trim. dr. civ. 1987, 364, obs. Rémy).

2) Le droit de préemption institué par l'article 10 de la loi du 31 décembre 1975 ne peut pas être invoqué par le locataire d'un appartement situé dans un immeuble placé, dès sa construction, sous le régime de la copropriété (Civ. 3e, 8 avril 1987 : *Bull.* III, n. 87, p. 52).

Loi n. 82-526 du 22 juin 1982 *(J.O. 23 juin)*
relative aux droits et obligations des locataires et des bailleurs
Abrogée, à l'exception des articles 76, 78, 81, et 82, L. n. 86-1290 du 23 déc. 1986, art. 55.

TITRE Ier. – PRINCIPES GÉNÉRAUX

Art. 1er. – *Le droit à l'habitat est un droit fondamental ; il s'exerce dans le cadre des lois qui le régissent.*

L'exercice de ce droit implique la liberté de choix pour toute personne de son mode d'habitation et de sa localisation grâce au maintien et au développement d'un secteur locatif et d'un secteur d'accession à la propriété ouverts à toutes les catégories sociales.

Les droits et obligations réciproques des bailleurs et des locataires doivent être équilibrés, dans leurs relations individuelles comme dans leurs relations collectives.

LOUAGE DES CHOSES   Art. 1778

Art. 2. – *Les dispositions de la présente loi sont d'ordre public. Elles s'appliquent aux locations de locaux à usage d'habitation ou à usage mixte professionnel et d'habitation, ainsi qu'aux garages, places de stationnement, jardins et autres locaux, loués accessoirement au local principal par le même bailleur.*

Elles ne s'appliquent pas :
– aux locaux meublés dont les bailleurs exercent la profession de loueur en meublé définie par la loi n. 49-458 du 2 avril 1949 accordant le bénéfice du maintien dans les lieux à certains clients des hôtels, pensions de famille et meublés ;
– aux logements attribués en raison de l'exercice d'une fonction ou de l'exécution d'un contrat de travail ;
– aux logements-foyers régis par la loi n. 75-535 du 30 juin 1975 (J.C.P. 75, III, 43013), relative aux institutions sociales et médico-sociales, et à ceux accueillant à titre principal des travailleurs migrants ;
– aux locations consenties dans le cadre d'un contrat constituant un mode d'accession à la propriété ;
– aux locations à caractère saisonnier ;
– aux locations de chambres meublées faisant partie du logement occupé par le bailleur ou, en cas de sous-location, par le locataire principal.

Les locations à usage exclusivement professionnel sont exclues du domaine de la loi (Paris 1er oct. 1984 : *D.* 1985, I.R. 287, obs. Giverdon).

TITRE II. – DU CONTRAT DE LOCATION

Art. 3. – *Le contrat de location est établi par acte notarié ou sous seing privé. Le contrat sous seing privé est fait en deux originaux au moins dont un est remis à chaque partie ; en cas d'acte notarié, une expédition est délivrée à chaque partie ; s'il y a plusieurs locataires, chacun d'eux reçoit un original ou une expédition.*

Le contrat de location doit comporter :
– la consistance de la chose louée ;
– la désignation des locaux et équipements dont le locataire a la jouissance exclusive ;
– l'énumération des parties, équipements et accessoires de l'immeuble qui font l'objet d'un usage commun ;
– la destination de la chose louée ;
– le prix et les termes de paiement du loyer ;
– les règles et la date de révision du loyer, si celle-ci est prévue ;
– la date d'effet du contrat et sa durée ;
– le montant du dépôt de garantie, si celui-ci est prévu.

Lorsque le local fait l'objet d'un contrat de prêt conclu avec le Crédit foncier de France ou la caisse centrale de coopération économique, le contrat de location mentionne la référence du contrat de prêt.

A l'exemplaire qui est remis au locataire doivent être annexées :
– le cas échéant, une copie de la dernière quittance du locataire précédent, ne mentionnant pas le nom de celui-ci, ainsi qu'une copie de l'état des lieux établi lors du départ de ce locataire ;
– lorsque l'immeuble est soumis au statut de la copropriété, une copie des extraits du règlement de copropriété, mis à jour, concernant la destination de l'immeuble, la jouissance et l'usage des parties privatives et communes et précisant la quote-part afférente au lot loué dans chacune des catégories de charges ;

Art. 1778   LOUAGE DES CHOSES

– le cas échéant, une copie de l'accord collectif mentionné à l'article 28 ;
– le cas échéant, une copie du contrat d'amélioration mentionné à l'article 59 ou de l'accord prévu à l'article 61.

Seul le locataire peut se prévaloir de la violation des dispositions du présent article. Chaque partie doit accepter, à tout moment, d'établir un contrat conforme aux dispositions du présent article.

Art. 4. – Le contrat de location est conclu pour une durée au moins égale à six ans à compter de sa date d'effet.

Toutefois, lorsque le propriétaire est une personne physique, le contrat de location peut être conclu pour une durée de trois ans ; dans ce cas, le bailleur ne peut, pendant la durée du contrat initial, exercer le droit de résiliation prévu à l'article 9.

Art. 5. – Lorsque le bailleur personne physique ou son conjoint s'établit hors de France et pour ce qui concerne sa résidence, le contrat de location peut être conclu pour une durée inférieure à l'une ou l'autre de celles prévues à l'article précédent lorsque la durée fixée par les parties se justifie par le retour en France. Ce motif doit être mentionné dans le contrat de location.

Le bailleur peut refuser de renouveler le contrat de location selon les règles prévues à l'article 17. Si le bailleur ne réintègre pas le logement à l'expiration du délai de préavis, le locataire peut se prévaloir des dispositions de la présente loi et notamment de son article 7.

Art. 6. – Le locataire peut résilier le contrat de location au terme de chaque année du contrat, selon les règles prévues à l'article 17.

Il a également la faculté de résilier le contrat, selon les mêmes règles, à tout moment pour des raisons financières personnelles familiales, professionnelles ou de santé.

Art. 7. – A l'expiration du terme fixé par le contrat de location, celui-ci se renouvelle, pour une période qui ne peut être inférieure à trois ans, au profit du locataire personne physique occupant personnellement les lieux.

Lorsque aucun accord n'a pu intervenir dans les limites prévues par le titre IV entre le bailleur et le locataire pour la fixation du prix du loyer applicable au contrat renouvelé, le bailleur peut fixer le loyer dans lesdites limites.

Le renouvellement n'a point lieu si l'une des parties notifie son refus de renouveler le contrat de location selon les règles prévues à l'article 17.

Le refus du bailleur de renouveler le contrat de location doit être fondé soit sur sa décision de reprendre ou de vendre le logement dans les conditions prévues par la présente loi, soit sur un motif légitime et sérieux, notamment l'inexécution par le locataire de l'une des obligations lui incombant en application de l'article 18.

Art. 8. – En cas de contestation par le locataire du caractère légitime et sérieux du motif du congé, le locataire peut saisir la commission départementale des rapports locatifs dans le délai d'un mois à compter de la réception ou de la notification du congé. La commission départementale des rapports locatifs émet un avis dans un délai de deux mois.

Les parties ne peuvent agir en justice avant d'avoir reçu notification de l'avis de la commission qui doit être joint à la demande en justice. Si la commission n'a pas émis d'avis dans le délai de deux mois, le juge peut être saisi.

La prescription de l'action est interrompue à compter de la saisine de cette commission jusqu'à la notification aux parties de l'avis émis ou l'expiration du délai de deux mois.

LOUAGE DES CHOSES   Art. 1778

Art. 9. – *Lorsque le contrat initial de location a été conclu pour une durée au moins égale à six ans, le bailleur personne physique peut, au terme de chaque année du contrat et selon les règles prévues à l'article 17, résilier le contrat de location, à la condition qu'une clause de ce contrat l'y autorise, en vue de reprendre le logement pour l'habiter lui-même ou le faire habiter par son conjoint, ses ascendants, ses descendants ou par ceux de son conjoint. Toutefois, les parties peuvent convenir, aux lieu et place du terme de l'année du contrat, d'une autre date dans l'année pour l'exercice du droit de résiliation en vue de reprendre le logement pendant le cours du contrat initial, sans que cette date puisse être fixée avant le terme de la première année du contrat. Le bénéficiaire de la reprise doit occuper le logement dans les six mois suivant le départ du locataire et pendant une durée qui ne peut être inférieure à deux ans à compter de l'expiration du délai de préavis prévu à l'article 17.*

A l'expiration du contrat initial ou du contrat renouvelé, quelle qu'ait été la durée du contrat initial, le bailleur personne physique peut refuser de renouveler le contrat de location en vue de reprendre le logement dans les conditions prévues au présent article.

A l'expiration du délai de préavis, le locataire est déchu de plein droit de tout titre d'occupation sur le logement.

Lors de chaque renouvellement, quelle qu'ait été la durée du contrat initial, le bailleur personne physique peut insérer dans le contrat, s'il ne la contient déjà, une clause autorisant le droit de résiliation du contrat en vue de reprendre le logement dans les conditions prévues au présent article.

Lorsque le bailleur personne physique ou son conjoint est établi hors de France, et pour ce qui concerne sa résidence, le bailleur, si lui-même ou son conjoint est tenu, par suite d'un cas de force majeure, de rentrer en France, peut à tout moment résilier le contrat de location, selon les règles prévues à l'article 17 et à condition qu'une clause de ce contrat l'y autorise, en vue de reprendre le logement pour l'habiter lui-même ou le faire habiter par son conjoint, dans les conditions mentionnées au présent article. Toutefois, la résiliation du contrat de location ne peut intervenir pendant la première année du contrat.

Art. 10. – *A l'expiration du contrat initial ou du contrat renouvelé, le bailleur peut, à la seule fin de vendre le logement, ne pas renouveler le contrat de location.*

Dans le cas où le contrat est conclu pour une durée égale ou supérieure à six ans, le bailleur personne physique peut, en cas de circonstances économiques ou familiales graves justifiant la vente du local, notifier au locataire, à l'issue de chaque période de trois ans, sa décision de résilier le contrat, sans préjudice de l'application de l'alinéa précédent.

Art. 11. – *A peine de nullité, le congé notifié en application de l'article 10 doit indiquer le prix et les conditions de la vente projetée. Le congé vaut offre de vente au profit du locataire ; l'offre est valable pendant les deux premiers mois du délai de préavis prévu à l'article 17.*

A l'expiration du délai de préavis, le locataire qui n'a pas accepté l'offre de vente est déchu de plein droit de tout titre d'occupation sur le local.

Le locataire qui accepte l'offre ainsi notifiée dispose, à compter de la date d'envoi de sa réponse au bailleur, d'un délai de deux mois pour la réalisation de l'acte de vente. Si, dans sa réponse, il notifie son intention de recourir à un prêt, l'acceptation par le locataire de l'offre de vente est subordonnée à l'obtention du prêt et le délai de réalisation de la vente est porté à quatre mois. Le contrat de location est prorogé jusqu'à l'expiration du délai de réalisation de la vente. Si, à l'expiration de ce délai, la vente n'a pas été réalisée, l'acceptation de l'offre de vente est nulle de plein droit et le locataire est déchu de plein droit de tout titre d'occupation.

Lorsque le bien a été vendu à un tiers, à des conditions ou à un prix plus avantageux pour l'acquéreur que ceux prévus dans l'offre de vente, le locataire qui n'avait pas accepté cette offre

a la faculté de se substituer à l'acquéreur pendant le délai d'un mois à compter de la notification du contrat de vente, qui doit être faite à la diligence du notaire ayant reçu l'acte.
Les termes des alinéas précédents sont reproduits, à peine de nullité, dans chaque notification.
Les dispositions du présent article ne sont pas applicables aux actes intervenant entre parents jusqu'au troisième degré inclus, sous la condition que l'acquéreur occupe le logement pendant le délai prévu à l'article 9, ni aux actes portant sur les immeubles mentionnés au deuxième alinéa de l'article 1er de la loi n. 53-286 du 4 avril 1953.

Les articles 10 et 11 n'exigent pas qu'une offre de vente soit contenue dans le congé et ne limitent pas le prix de vente demandé (Aix 4 mai 1984 : *D.* 1985, I.R. 289, obs. Giverdon).

Art. 12. – Les dispositions des articles 4, deuxième alinéa, 5, 9 et 10, deuxième alinéa, peuvent être invoquées, pour le local auquel il a vocation, par l'associé d'une société ayant pour objet la construction ou l'acquisition d'immeubles en vue de leur division par fractions destinées à être attribuées aux associés en propriété ou en jouissance.
Lorsque le bailleur est une société civile constituée exclusivement entre parents et alliés jusqu'au quatrième degré inclus, la société peut invoquer le bénéfice des dispositions des articles 4, deuxième alinéa, 5 et 10, deuxième alinéa ; la société peut également exercer au profit de l'un des associés le droit de résiliation prévu à l'article 9.
Lorsque le logement est en indivision, les membres de l'indivision peuvent également invoquer les dispositions de ces articles.

Art. 13. – Lors de la vente du logement, le vendeur est tenu de communiquer à l'acquéreur en annexe à l'acte de vente le montant du dernier loyer pratiqué.

Art. 14. – Le droit de résiliation et le droit de non-renouvellement du contrat de location, prévus aux articles 9 et 10 de la présente loi, ne peuvent être exercés à l'égard de tout locataire âgé de plus de soixante-dix ans et dont les ressources annuelles sont inférieures à une fois et demie le montant annuel du salaire minimum de croissance, sans qu'un logement correspondant à ses besoins et à ses possibilités ne lui soit offert dans les limites géographiques prévues à l'article 13 bis de la loi n. 48-1360 du 1er septembre 1948 portant modification et codification de la législation relative aux rapports des bailleurs et locataires ou occupants de locaux d'habitation ou à usage professionnel et instituant des allocations de logement.
L'âge du locataire et le montant de ses ressources sont appréciés à la date de la notification du congé.
Toutefois, les dispositions du premier alinéa ne sont pas applicables lorsque le bailleur est une personne physique âgée de plus de soixante ans à la date de la notification du congé.

Art. 15. – Le locataire n'a le droit ni de céder le contrat de location ni de sous-louer, sauf accord exprès et écrit du bailleur.
Les dispositions des articles 4, 6 et 7 ne sont pas applicables au contrat de sous-location ; toutefois, celui-ci doit être conclu pour une durée égale à celle restant à courir pour le contrat de location du locataire principal. Le contrat de sous-location est renouvelé à la demande du sous-locataire dans les mêmes conditions que celles du contrat de location et jusqu'au terme de celui-ci ; le sous-locataire ne peut non plus invoquer le bénéfice des dispositions des articles 10 et 11.
Le prix du loyer par mètre carré de surface habitable des locaux sous-loués ne peut excéder celui payé par le locataire principal.

LOUAGE DES CHOSES — Art. 1778

Art. 16. – *En cas d'abandon du domicile par le locataire, le contrat de location continue, sans préjudice de l'application des dispositions de l'article 1751 du code civil, au profit de ses ascendants, de ses descendants, du concubin notoire ou des personnes à charge, qui vivaient effectivement avec lui depuis au moins un an à la date de l'abandon de domicile.*

Lors du décès du locataire, sans préjudice de l'application des dispositions de l'article 832, sixième et septième alinéa, du Code civil, le contrat de location est transféré aux ascendants, descendants, concubin notoire ou personnes à charge, qui vivaient effectivement avec lui depuis au moins un an à la date du décès.

En cas de demandes multiples, le juge se prononce en fonction des intérêts en présence.

A défaut de personnes remplissant les conditions prévues au présent article, le contrat de location est résolu, de plein droit, par le décès du locataire.

Art. 17. – *Le congé est notifié au bailleur ou au locataire par lettre recommandée avec demande d'avis de réception ou signifié par acte d'huissier de justice.*

Le délai de préavis est de trois mois ; toutefois, en cas de mutation ou de perte d'emploi, le locataire peut notifier son congé au bailleur en observant un délai de préavis réduit à un mois.

Le délai de préavis court à compter du premier jour du mois suivant la réception de la lettre recommandée ou la signification de l'acte d'huissier.

A peine de nullité, le congé notifié par le bailleur ou celui notifié par le locataire en application de l'article 6, second alinéa, indique le motif allégué ; lorsqu'il est donné dans les conditions prévues à l'article 9, le congé doit en outre mentionner les nom, prénoms et adresse du bénéficiaire de la reprise ainsi que le lien de parenté avec le bailleur ou son conjoint.

La notification du congé par le bailleur dans les conditions prévues à l'article 9 ne fait pas obstacle à la prorogation du contrat de location, par accord exprès entre les parties pour une durée déterminée et non renouvelable qui ne peut excéder un an.

Pendant le délai de préavis, le locataire n'est redevable du loyer et des charges que pour le temps où il a occupé réellement les lieux si le congé a été notifié par le bailleur. Il est redevable du loyer et des charges concernant tout le délai de préavis si c'est lui qui a notifié le congé, sauf si le logement se trouve occupé avant la fin du préavis par un autre locataire en accord avec le bailleur.

Art. 18. – *Le locataire est tenu des obligations principales suivantes :*
– de payer le loyer et les charges récupérables, dûment justifiées, aux termes convenus ; le paiement mensuel est de droit lorsque le locataire en a fait la demande ;
– d'user paisiblement de la chose louée suivant la destination qui lui a été donnée par le contrat de location ;
– de répondre des dégradations et pertes qui surviennent pendant la durée du contrat dans les locaux dont il a la jouissance exclusive, à moins qu'il ne prouve qu'elles ont eu lieu par cas de force majeure, par faute du bailleur ou par le fait d'un tiers qu'il n'a pas introduit dans le logement ;
– de prendre à sa charge l'entretien courant du logement et des équipements mentionnés au contrat, les menues réparations et l'ensemble des réparations locatives définies par décret en Conseil d'État (*), sauf si elles sont occasionnées par vétusté, malfaçon, vice de construction, cas fortuit ou force majeure ;
– de ne pas transformer sans l'accord exprès et écrit du bailleur les locaux loués et leurs équipements ; le bailleur peut, si le locataire a méconnu cette obligation, exiger la remise en l'état des locaux ou des équipements au départ du locataire ou conserver les transformations

Art. 1778

effectuées sans que le locataire puisse réclamer une indemnité pour les frais engagés ; le bailleur a toutefois la faculté d'exiger aux frais du locataire la remise immédiate des lieux en l'état lorsque les transformations mettent en péril le bon fonctionnement des équipements ou la sécurité du local ;
 – de souffrir la réalisation par le bailleur des réparations urgentes et qui ne peuvent être différées jusqu'à la fin du contrat de location, sans préjudice de l'application des dispositions de l'article 1724 du Code civil ;
 – de s'assurer contre les risques dont il doit répondre en vertu de la loi en sa qualité de locataire.
 (*) V. D. n. 82-1164 du 30 déc. 1982.

Art. 19. – *Le bailleur est tenu des obligations principales suivantes :*
 – de délivrer au locataire le logement en bon état de réparations de toute espèce et les équipements mentionnés au contrat de location en bon état de fonctionnement ;
 – d'assurer la jouissance paisible du logement et de garantir le locataire contre les vices ou défauts, qui en empêchent l'usage, quand même il ne les aurait pas connus lors de la conclusion du contrat de location, sans préjudice de l'application du second alinéa de l'article 1721 du Code civil ;
 – d'entretenir les locaux en état de servir à l'usage prévu par le contrat et d'y faire toutes les réparations nécessaires autres que locatives ;
 – de ne pas s'opposer aux aménagements réalisés par le locataire, dès lors que ceux-ci ne constituent pas une transformation de la chose louée.

1) Les réparations locatives nées avant la remise des clefs sont dues par le propriétaire dans la mesure où elles sont nécessaires à la remise en bon état des lieux (Paris 10 fév. 1984 : J.C.P. 84, éd. N, II, 236)

2) Les locataires peuvent refuser de payer les loyers dus et même demander la restitution de ceux déjà versés jusqu'à complète exécution des travaux de réfection des peintures et tentures nécessaires à l'habitabilité des lieux (Paris 16 avril 1984 : D. 1984, I.R. 375).

Art. 20. – *Lorsque le locataire en fait la demande, le bailleur est tenu de remettre une quittance gratuitement, sous réserve des droits de quittance. Dans tous les cas où le locataire effectue un paiement partiel, le bailleur est tenu de délivrer un reçu.*
 La quittance ou le reçu portent le détail des sommes versées par le locataire, distinguant le loyer, le droit de bail et les autres charges et mentionnent l'imputation que le locataire a déclaré donner au paiement effectué, conformément à l'article 1253 du Code civil.

Art. 21. – *Un état des lieux est établi contradictoirement par les parties, lors de la remise des clés au locataire et lors de la restitution de celles-ci.*
 A défaut, et huit jours après la mise en demeure restée sans effet, l'état des lieux est établi par huissier de justice à l'initiative de la partie la plus diligente, l'autre partie dûment appelée.
 Pendant le premier mois de la première période de chauffe, le locataire peut demander que l'état des lieux soit complété pour ce qui concerne les éléments de chauffage.
 Un exemplaire de l'état des lieux est remis à chaque partie pour être joint au contrat de location.
 Dans le cas où l'état des lieux est établi par huissier de justice, les frais sont supportés par moitié par les deux parties.
 S'il n'a pas été fait d'état des lieux lors de la remise des clés au locataire, la présomption établie par l'article 1731 du Code civil ne s'applique pas.

Art. 22. – *Lorsqu'un dépôt de garantie est prévu par le contrat de location pour garantir l'exécution par le locataire de ses obligations locatives, il ne peut être supérieur à deux mois*

LOUAGE DES CHOSES — Art. 1778

de loyer en principal. Un dépôt de garantie ne peut être prévu lorsque le loyer est payable d'avance pour une période supérieure à deux mois ; toutefois, si le locataire demande le bénéfice du paiement mensuel du loyer, par application de l'article 18, deuxième alinéa, le bailleur peut exiger un dépôt de garantie.

Il est restitué dans un délai maximum de deux mois à compter du départ du locataire, déduction faite, le cas échéant, des sommes restant dues au bailleur et des sommes dont celui-ci pourrait être tenu aux lieu et place du locataire, sous réserve qu'elles soient dûment justifiées.

Le montant du dépôt de garantie ne peut faire l'objet d'une révision ni au cours du contrat de location ni lors du renouvellement de ce contrat.

A défaut de restitution dans le délai prévu, le solde du dépôt de garantie restant dû au locataire après arrêté des comptes produira intérêt au taux légal au profit du locataire.

Art. 23. *– Les charges récupérables, sommes accessoires au loyer principal, sont exigibles en contrepartie :*
– des services rendus liés à l'usage des différents éléments de la chose louée ;
– des dépenses d'entretien courant et des menues réparations sur les éléments d'usage commun de la chose louée, qui ne sont pas la conséquence d'une erreur de conception ou d'un vice de réalisation ;
– du droit de bail et des taxes locatives qui correspondent à des services dont le locataire profite directement.

La liste de ces charges est fixée par décret en Conseil d'État (*), sans préjudice des dispositions de l'article L. 442-3 du Code de la construction et de l'habitation et de l'article 10 de la loi n. 81-1161 du 30 décembre 1981 relative à la modération des loyers.
(*) V. D. n. 82-954 du 9 nov. 1982.

Art. 24. *– Les charges récupérables sont exigibles sur justification.*
Elles peuvent donner lieu au versement de provisions qui doivent faire l'objet d'une régularisation annuelle. Toute modification du montant d'une provision doit être accompagnée de la communication des résultats arrêtés lors de la précédente régularisation et d'un état prévisionnel des dépenses.

Un mois avant l'échéance de la demande de paiement ou de la régularisation annuelle, le bailleur adresse au locataire un décompte par catégorie de charges ainsi que, dans les immeubles collectifs, le mode de répartition entre tous les locataires de ce bailleur.

Dans les immeubles soumis au statut de la copropriété, le syndic est tenu de mettre à la disposition des copropriétaires bailleurs les informations mentionnées au précédent alinéa avant l'ouverture du délai prévu audit alinéa, à charge pour eux de les porter à la connaissance de leurs locataires.

Pendant le mois suivant la notification du décompte prévu au troisième alinéa ci-dessus, les pièces justificatives, notamment les factures, les contrats de fournitures et d'exploitation en cours et leurs avenants, ainsi que la quantité consommée et le prix unitaire de chacune des catégories de charges pour le bâtiment ou l'ensemble de bâtiments d'habitation concernés sont tenus à la disposition des locataires par le bailleur, ou, dans les immeubles soumis au statut de la copropriété, par le syndic.

Art. 25. *– Toute clause prévoyant la résiliation de plein droit du contrat de location pour défaut de paiement du loyer ou des charges dûment justifiées aux termes convenus ou pour non-versement du dépôt de garantie ne produit effet qu'un mois après un commandement de payer demeuré infructueux.*

Art. 1778 — LOUAGE DES CHOSES

Le juge statuant en la forme des référés, saisi par le locataire, à peine de forclusion, avant l'expiration du délai prévu à l'alinéa précédent, peut, en considération des situations économiques des parties, accorder des délais de paiement renouvelables qui ne peuvent excéder deux ans à compter de la décision qui a suspendu les effets de la clause. L'ordonnance du juge détermine les modalités de règlement des loyers et des charges impayés.

La même faculté est ouverte au juge dans le cadre d'une action en résiliation du contrat fondée sur le non-paiement du loyer ou des charges.

Les effets de la clause de résiliation de plein droit sont suspendus pendant le cours des délais ainsi octroyés. Si le locataire se libère selon les délais et modalités fixés par le juge, la clause de résiliation est réputée n'avoir jamais joué ; dans le cas contraire, la clause de résiliation de plein droit reprend ses effets.

Les délais et modalités de paiement ainsi accordés ne peuvent suspendre l'exécution du contrat de location et notamment le paiement du loyer et des charges dûment justifiées.

Le commandement de payer reproduit, à peine de nullité, en caractères très apparents, les dispositions du présent article.

1) Le commandement satisfait à l'article 25 s'il renvoie à une feuille annexée reproduisant en caractères lisibles l'intégralité de l'article 25 (Paris 22 déc. 1983 : *D.* 1984, I.R. 99).

2) Si le locataire n'a pas payé dans le mois du commandement et n'a pas saisi le juge d'une demande de délai, la clause résolutoire a produit ses effets et le juge ne peut que le constater (Paris 12 juil. 1984 : *D.* 1985, I.R. 291, obs. Giverdon).

3) Le juge ne peut suspendre les effets de la clause résolutoire si le locataire offre de consigner le montant de la somme réclamée en invoquant un manquement du bailleur à son obligation d'entretien (Aix 19 sept. 1984 : *D.* 1985, I.R. 291, obs. Giverdon).

Art. 26. – *Une loi ultérieure fixera les conditions dans lesquelles le juge pourrait rejeter toute demande tendant à faire constater ou à prononcer la résiliation du contrat de location pour défaut de paiement du loyer ou des charges, si le locataire de bonne foi se trouve privé de moyens d'existence. Cette loi déterminera notamment les règles d'indemnisation du bailleur, les ressources affectées à cette indemnisation et les modalités du relogement éventuel du locataire.*

Le moyen tiré de l'article 26 est inopérant si le locataire n'a pas réglé les causes du commandement dans le mois et n'a pas saisi le juge d'une demande de délai (Paris 9 janv. 1984 : *D.* 1984, I.R. 100).

Art. 27. – *Est réputée non écrite toute clause :*
– qui oblige le locataire, en vue de la vente ou de la location du local loué, à laisser visiter celui-ci les jours fériés ou plus de deux heures les jours ouvrables ;
– par laquelle le locataire est obligé de souscrire une assurance auprès d'une compagnie choisie par le bailleur ;
– qui prévoit l'ordre de prélèvement automatique comme unique mode de paiement du loyer ou qui impose au locataire la signature par avance de traites ou de billets à ordre ;
– par laquelle le locataire autorise le bailleur à prélever ou à faire prélever les loyers directement sur son salaire dans la limite cessible ;
– qui prévoit la responsabilité collective des locataires en cas de dégradation d'un élément commun de la chose louée ;
– par laquelle le locataire s'engage par avance à des remboursements sur la base d'une estimation faite unilatéralement par le bailleur au titre des réparations locatives ;

LOUAGE DES CHOSES — Art. 1778

– *qui autorise le bailleur à diminuer ou à supprimer des prestations stipulées au contrat sans prévoir la diminution correspondante du loyer et des charges et, le cas échéant, une indemnisation ;*
– *qui prévoit la résiliation de plein droit du contrat en cas d'inexécution des obligations du locataire pour un motif autre que le non-paiement du loyer ou des charges dûment justifiées ;*
– *qui autorise le bailleur à percevoir des amendes en cas d'infractions aux clauses d'un contrat de location ou d'un règlement intérieur d'immeuble ;*
– *qui interdit au locataire l'exercice, dans le respect de ses obligations principales, d'une activité politique, syndicale, associative ou confessionnelle.*

L'article 27 ne fait pas obstacle à l'insertion dans le bail d'une clause pénale (Paris 27 juin 1985 : *Bull. loyers* 1985, n. 310. – Paris 9 juil. 1985 : *D.* 1985, 510, note Aubert. – *Contra* : Paris 25 sept. 1984 : *D.* 1985, I.R. 293, obs. Giverdon).

TITRE III. – DE L'ORGANISATION DES RAPPORTS COLLECTIFS DE LOCATION

Art. 28. – *Des accords collectifs de location portant sur un ou plusieurs des objets mentionnés à l'article 44 peuvent être conclus entre un ou plusieurs bailleurs et une ou plusieurs associations mentionnées à l'article 29, soit pour un bâtiment d'habitation comportant au moins six logements locatifs, soit pour tout ou partie du patrimoine immobilier d'un bailleur personne morale.*

Un accord conclu pour un bâtiment d'habitation lie chaque bailleur et l'ensemble des locataires dès lors que les associations signataires groupent les sept douzièmes de ces derniers ou que les sept douzièmes de ces derniers ont adhéré par écrit à l'accord. Les clauses de cet accord s'appliquent également au nouveau locataire.

Un accord conclu pour tout ou partie du patrimoine immobilier lie le bailleur et l'ensemble de ses locataires dès lors qu'il a été conclu par les sept douzièmes des associations en nombre au moins égal à deux et que ces associations sont représentatives au sens du quatrième alinéa de l'article 29 au niveau de tout ou partie du patrimoine ou bien dès lors qu'il a été conclu par une association regroupant 20 p. 100 des locataires concernés par l'accord.

Préalablement à la signature de tels accords, les bailleurs et les locataires, lorsqu'ils sont membres d'une association, sont tenus de s'informer réciproquement de l'existence éventuelle d'accords portant sur le même objet et conclus au plan départemental ou national. Dès leur signature, le bailleur adresse aux locataires copie desdits accords.

Dans les immeubles soumis au statut de la copropriété, les clauses du règlement de copropriété l'emportent sur toutes stipulations des accords collectifs qui leur sont contraires.

Art. 29. – *Les bailleurs et les gestionnaires sont tenus de reconnaître comme interlocuteurs :*
– *les associations déclarées regroupant des locataires du bâtiment ou de l'ensemble de bâtiments et affiliées à une organisation siégeant à la commission nationale des rapports locatifs ;*
– *les associations déclarées ayant pour objet exclusif la représentation des locataires d'un même bâtiment ou ensemble de bâtiments lorsque le nombre des adhérents de chacune d'entre elles représente au moins 10 p. 100 des locataires du bâtiment ou de l'ensemble des bâtiments sans que le nombre de ces locataires puisse être inférieur à trois ;*
– *les associations déclarées regroupant des locataires de tout ou partie du patrimoine immobilier d'un même bailleur, lorsque le nombre des adhérents de chacune d'entre elles représente au moins 10 p. 100 des locataires de tout ou partie de ce patrimoine immobilier sans que le nombre de ces locataires puisse être inférieur à trois.*

Art. 1778   LOUAGE DES CHOSES

Dans le cas où aucune association ne répond aux conditions prévues par les alinéas 2 à 4, le bailleur peut, à la demande des locataires, procéder à des élections au suffrage universel direct pour la désignation de représentants des locataires. La durée de leur mandat est fixée à un an.

Art. 30. – Chacune des associations mentionnées à l'article 29 notifie au bailleur et, le cas échéant, au gestionnaire et, dans les immeubles soumis au statut de la copropriété, au syndic, par lettre recommandée avec demande d'avis de réception, le nom de ses représentants statutaires dont le nombre ne peut être supérieur à trois ou, dans les bâtiments d'habitation ou les ensembles de bâtiments d'habitation qui comportent plus de 200 logements locatifs, à cinq. Les représentants statutaires devront être choisis parmi les locataires du bâtiment d'habitation ou de l'ensemble de bâtiments d'habitation.

Art. 31. – Les représentants statutaires des associations mentionnées à l'article 29 sont consultés, sur leur demande, au moins une fois par trimestre, sur les différents aspects de la gestion du bâtiment ou de l'ensemble des bâtiments. Ils peuvent être assistés par un représentant de l'organisation départementale ou nationale à laquelle leur association est affiliée.

Le bailleur ou, en cas de copropriété, le syndic est tenu de mettre à la disposition desdits représentants les documents, notamment factures et contrats de fournitures et d'exploitation, servant à la détermination des charges locatives.

Dans chaque bâtiment d'habitation, un panneau d'affichage doit être mis à la disposition des associations, pour leurs communications portant sur le logement et l'habitat, dans un lieu de passage des locataires.

Art. 32. – Dans les immeubles soumis au statut de la copropriété et sans préjudice des dispositions de la loi n. 65-557 du 10 juillet 1965 fixant le statut de la copropriété des immeubles bâtis, les représentants statutaires des associations déclarées, représentant les locataires du bâtiment d'habitation ou de l'ensemble de bâtiments d'habitation, peuvent assister à l'assemblée générale de copropriété et formuler des observations sur les questions inscrites à l'ordre du jour de l'assemblée générale.

Le syndic de la copropriété informe les représentants statutaires, par lettre recommandée avec demande d'avis de réception, et les locataires, par voie d'affichage, de la date, de l'heure, du lieu et de l'ordre du jour de l'assemblée générale.

Art. 33. – Tout congé notifié à un représentant statutaire d'association de locataires visée à l'article 29 ou à l'article 36, pendant la durée de son mandat et les six mois qui suivent, doit être soumis pour avis, préalablement à son exécution, à la commission départementale des rapports locatifs.

Dans ce cas, la commission départementale des rapports locatifs émet un avis dans un délai de deux mois. Les parties ne peuvent agir en justice avant d'avoir reçu notification de l'avis de la commission qui doit être joint à la demande en justice. Si la commission n'a pas formulé un avis dans le délai de deux mois, le juge peut être saisi. La prescription de l'action est interrompue à compter de la saisine de la commission départementale jusqu'à la notification aux parties de l'avis de ladite commission ou l'expiration du délai de deux mois.

Art. 34. – Il est créé, auprès du représentant de l'État, dans chaque département, une commission départementale des rapports locatifs.

Elle est composée notamment de représentants des organisations départementales de bailleurs, de locataires et de gestionnaires, qu'elles soient ou non affiliées à une organisation représentative au niveau national.

LOUAGE DES CHOSES Art. 1778

Au sein de chaque commission départementale des rapports locatifs, une formation de conciliation, composée de bailleurs et de locataires en nombre égal, est compétente pour l'application des articles 8, 33 et 57.

Un décret en Conseil d'État fixe la composition, le mode de désignation et le fonctionnement de la commission départementale (*).

(*) V. D. n. 82-1165 du 30 déc. 1982.

Art. 35. – *Une commission nationale des rapports locatifs est instituée auprès du ministre chargé de la construction et de l'habitation.*

Elle a pour mission générale de promouvoir l'amélioration des rapports entre bailleurs et locataires.

Elle comprend notamment des représentants des organisations représentatives au plan national de bailleurs, de locataires et de gestionnaires. Sa composition, le mode de désignation de ses membres, son organisation et ses règles de fonctionnement sont fixés par décret en Conseil d'État (*).

(*) V. D. n. 82-888 du 18 oct. 1982, art. 2 et s.

Art. 36. – *La représentativité au niveau national et départemental des organisations de bailleurs et des organisations de gestionnaires est appréciée d'après les critères suivants :*
– *nombre de leurs adhérents et nombre des logements détenus ou gérés par leurs adhérents ;*
– *montant global des cotisations ;*
– *indépendance, expérience et activité de l'association dans le domaine du logement.*

La représentativité des organisations de locataires est appréciée d'après les critères suivants :
– *nombre et répartition géographique de leurs adhérents ;*
– *montant global des cotisations ;*
– *indépendance, expérience et activité de l'association dans le domaine du logement.*

Art. 37. – *Des accords collectifs de location sont négociés, dans le cadre d'un ou plusieurs secteurs locatifs, au sein de la commission nationale des rapports locatifs ou de chaque commission départementale des rapports locatifs, et conclus, pour un même secteur locatif, entre une ou plusieurs organisations de bailleurs et de locataires, représentées à la commission nationale, ou entre une ou plusieurs organisations départementales de bailleurs et de locataires, représentées à la commission départementale.*

Les accords ainsi conclus s'imposent aux organisations signataires et aux adhérents de ces organisations.

Les secteurs locatifs sont les suivants :
– *logements appartenant aux organismes d'habitation à loyer modéré, ainsi que ceux appartenant aux collectivités locales et gérés par lesdits organismes ;*
– *logements appartenant aux sociétés d'économie mixte et aux sociétés immobilières à participation majoritaire de la caisse des dépôts et consignations, logements appartenant à l'État, aux collectivités locales ainsi qu'aux établissements publics autres que ceux mentionnés à l'alinéa ci-dessous et logements appartenant à des bailleurs personnes morales à vocation sociale définis par décret en Conseil d'État (*) ;*
– *logements appartenant aux entreprises d'assurances, aux sociétés immobilières créées en application de l'ordonnance n. 58-876 du 24 septembre 1958 relative aux sociétés immobilières conventionnées, aux sociétés immobilières d'investissement créées en application de la loi n. 63-254 du 15 mars 1963 portant réforme de l'enregistrement, du timbre et de la fiscalité immobilière, aux établissements bancaires et de crédit et aux filiales de ces organismes autres que celles mentionnées aux deux alinéas ci-dessus ;*

891

Art. 1778 LOUAGE DES CHOSES

– logements appartenant aux autres catégories de bailleurs.
(*) V. D. n. 82-888 du 18 oct. 1982, art. 1er.

Art. 38. – *Les accords collectifs de location prévus par les articles 28 et 37 de la présente loi doivent être écrits à peine de nullité.*

Art. 39. – *Les accords collectifs de location prévus par les articles 28 et 37 de la présente loi sont conclus pour une durée déterminée ou indéterminée. Quand ils sont conclus pour une durée déterminée, cette durée ne peut être supérieure à trois ans.*

A défaut de stipulation contraire, l'accord à durée déterminée qui arrive à expiration continue à produire ses effets comme un accord à durée indéterminée.

Les accords à durée indéterminée peuvent cesser par la volonté de l'une des parties.

Les accords doivent prévoir dans quelles formes et à quelle date ils peuvent être dénoncés, renouvelés ou révisés. Ils prévoient notamment la durée du préavis qui doit précéder la dénonciation.

La dénonciation doit être notifiée aux autres signataires de l'accord.

Un exemplaire de chaque accord collectif départemental conclu en application de l'article 37 doit être déposé par la partie la plus diligente à la commission départementale des rapports locatifs.

Les accords collectifs nationaux et les accords mentionnés à l'article 51 doivent également être déposés dans les mêmes conditions auprès de la commission nationale des rapports locatifs.

Tout représentant d'une organisation de bailleurs, de gestionnaires ou de locataires peut demander à consulter ces documents.

Art. 40. – *Lorsqu'un accord a été dénoncé, il continue à produire effet jusqu'à l'entrée en vigueur de l'accord destiné à le remplacer ou, à défaut de la conclusion d'un nouvel accord, pendant une durée d'un an.*

Pour les accords conclus en application de l'article 37 au niveau national, ce délai d'un an court à compter de la publication au Journal officiel *de la République française de l'avis mentionnant cette dénonciation.*

Art. 41. – *Les associations qui ne sont pas parties à l'accord peuvent y adhérer ultérieurement. L'association adhérente et ses membres sont liés par l'accord.*
L'adhésion doit être notifiée aux signataires de l'accord.

Art. 42. – *Sont soumis aux obligations qui résultent de l'accord prévu à l'article 37 de la présente loi ceux qui deviennent membres d'une association signataire de l'accord ou qui y a adhéré.*

Art. 43. – *L'accord liant un bailleur et ses locataires, losqu'il a été conclu et rendu obligatoire en application des articles 28 et 47, est maintenu en vigueur en cas de changement de bailleur, même si le nouveau bailleur n'est pas signataire de l'accord ou membre d'une association signataire.*

L'accord conclu en application de l'article 28 doit être annexé à l'acte de cession.

Art. 44. – *Les accords collectifs de location ont pour objet d'améliorer les rapports entre bailleurs et locataires, tout en respectant l'équilibre économique et juridique du contrat de location. Les accords collectifs de location ne peuvent déroger aux dispositions du titre II de la présente loi.*

LOUAGE DES CHOSES — Art. 1778

Ils peuvent porter notamment sur la maîtrise de l'évolution des charges récupérables, la grille de vétusté, l'amélioration et l'entretien des parties communes, les locaux résidentiels à usage commun, les actions d'animation culturelle et sociale, l'élaboration de clauses types. L'établissement éventuel d'un règlement intérieur fait l'objet d'un accord conclu dans les conditions prévues à l'article 28.

Dans les immeubles soumis au statut de la copropriété, les clauses du règlement de copropriété l'emportent sur toutes stipulations des accords collectifs de location qui leur sont contraires.

Art. 45. – *I.* – *Les clauses d'un accord mentionné à l'article 28, deuxième alinéa, ou d'un accord rendu obligatoire en application de l'article 47, s'appliquent en dépit des clauses contraires d'un accord non étendu.*

II. – *Les clauses d'un accord mentionné à l'article 28, deuxième alinéa, s'appliquent en dépit des clauses contraires d'un accord rendu obligatoire en application de l'article 47.*

III. – *Les clauses d'un accord conclu au niveau départemental en application de l'article 37 s'appliquent en dépit des clauses contraires d'un accord conclu au niveau national en application du même article.*

IV. – *Si un accord à durée déterminée est signé dans les conditions des articles 37 et 47, postérieurement à un accord signé conformément aux dispositions du deuxième alinéa de l'article 28, et que ces deux accords portent sur le même objet, chacune des parties signataires de l'accord élaboré conformément au deuxième alinéa de l'article 28 peut le dénoncer dans un délai de trois mois après la publication du décret en Conseil d'État prévu à l'article 47.*

Art. 46. – *Les accords collectifs tels que définis aux articles 28 et 37 peuvent prévoir que tout ou partie de leurs clauses s'appliquent aux contrats de location en cours.*

Art. 47. – *Les accords conclus au sein de la commission nationale des rapports locatifs, en application de l'article 37, font l'objet de la publication d'un avis au Journal officiel de la République française. A l'issue d'un délai d'un mois après cette publication, et sauf opposition de la majorité des organisations représentatives des bailleurs d'un secteur, ou de la majorité des organisations représentatives des locataires, ils peuvent être rendus obligatoires, par décret en Conseil d'État, pour tous les logements du secteur locatif concerné (*).*

Le décret mentionné au premier alinéa peut, après avis motivé de la commission nationale des rapports locatifs et sans modifier l'équilibre de l'accord, en distraire certaines clauses.

(*) V. D. n. 82-888 du 18 oct. 1982, art. 10 et 11 ; D. n. 83-1078 du 28 déc. 1983 ; D. n. 84-363 et 84-364 du 11 mai 1984.

Art. 48. – *Le décret prévu à l'article 47 cesse d'avoir effet lorsque l'accord a cessé d'être en vigueur entre les parties par suite de sa dénonciation ou de son non-renouvellement.*

La dénonciation doit faire l'objet de la publication d'un avis au Journal officiel de la République française.

Art. 49. – *Les organisations représentatives des gestionnaires peuvent participer à l'élaboration des accords collectifs de location conclus entre bailleurs et locataires, adhérer à ces accords et en assurer l'exécution dans la limite de leur mandat.*

Art. 50. – *Tout bâtiment ou ensemble de bâtiments d'habitation de plus de cinquante logements, dont le permis de construire a été demandé postérieurement à la publication de la présente loi, doit comporter des locaux collectifs à l'usage des résidents.*

Art. 1778 — LOUAGE DES CHOSES

Les associations de propriétaires et les associations de locataires du bâtiment ou de l'ensemble des bâtiments peuvent, à leur demande, accéder gratuitement à ces locaux.

Un décret en Conseil d'État règle les conditions d'application du présent article.

TITRE IV. – DES LOYERS

Art. 51. – *Un accord de modération des loyers peut être conclu chaque année, pour une période allant du 1er janvier au 31 décembre suivant, dans le cadre d'un secteur locatif, entre une ou plusieurs organisations de bailleurs et une ou plusieurs organisations de locataires au sein de la commission nationale des rapports locatifs.*

Ces accords de modération sont régis par les dispositions du présent titre et par celles des articles 35, 36, 37, deuxième à septième alinéa, 38, 41, 42 et 49 de la présente loi.

En cas de changement de bailleur, l'accord est opposable à tout nouveau bailleur à la condition qu'il relève du même secteur locatif que le précédent bailleur.

Art. 52. – *Chaque accord de modération autre que celui relatif aux organismes d'habitation à loyer modéré fixe le taux maximum d'évolution des loyers lors de la conclusion ou du renouvellement des contrats. Toutefois, ces dispositions ne sont pas applicables aux loyers des locaux qui n'ont pas fait l'objet de contrat de location depuis une durée qui, fixée par l'accord, ne peut être inférieure à dix-huit mois à la date de la nouvelle location. Elles ne sont pas non plus applicables à la location d'un logement vacant, lorsque cette vacance résulte d'une décision de justice fondée sur l'inexécution des obligations du locataire.*

En outre, il peut prévoir des modulations particulières des loyers en fonction des conditions pratiquées localement pour des immeubles comparables. En cas de renouvellement du contrat ces modulations peuvent être échelonnées au cours de la nouvelle période de location.

Les accords de modération peuvent, en outre, prévoir des majorations supplémentaires de loyers pouvant être échelonnées au cours du contrat, lorsque le bailleur a réalisé depuis la dernière fixation ou révision du loyer, des travaux tendant à améliorer le confort, la sécurité, l'équipement, la qualité thermique ou phonique du logement ou de l'immeuble. La majoration ne peut être appliquée que lors de la conclusion ou à la date du renouvellement du contrat. Toutefois, lorsque les travaux sont réalisés pendant le cours du contrat, la majoration ne peut être appliquée qu'au terme de l'année du contrat qui suit la date d'achèvement des travaux. Elle tient compte du coût réel des travaux dans la limite d'un coût maximum déterminé par l'accord. Toutefois, cette limite ne s'applique pas en cas de changement de locataire. La majoration pour travaux est justifiée par la remise au locataire de la copie des factures.

Les accords portent sur les garages, places de stationnement, jardins ou locaux loués accessoirement au local principal par le même bailleur, qu'ils fassent ou non l'objet d'un contrat séparé.

Chacun des accords peut prévoir des taux différents dans des zones géographiques définies.

Ces accords ne peuvent pas déroger aux règles qui sont propres aux logements régis par les articles L. 351-2 à L. 351-9 du Code de la construction et de l'habitation ou aux logements construits à l'aide de primes ou de prêts spéciaux à la construction consentis par le Crédit foncier de France ou la caisse centrale de coopération économique.

Art. 53. – *L'accord de modération conclu dans le secteur des organismes d'habitations à loyer modéré a pour objet, en fonction des loyers pratiqués et des travaux réalisés ou projetés, de fixer, dans les limites prévues à l'article L. 442-1 du Code de la construction et de l'habitation, l'évolution du prix de base des loyers entre le 1er janvier et le 31 décembre suivant.*

LOUAGE DES CHOSES   **Art. 1778**

Les dispositions de l'alinéa précédent sont applicables aux logements régis par l'article L. 353-16 du Code de la construction et de l'habitation dans les limites prévues par la convention mentionnée à cet article.

Cet accord porte sur les garages, places de stationnement, jardins et locaux loués accessoirement au local principal par le même bailleur, qu'ils fassent ou non l'objet d'un contrat séparé.

Art. 54. – *Un décret en Conseil d'État peut rendre obligatoires les dispositions de chacun des accords de modération intervenus en application des articles 52 et 53 à tous les logements du secteur correspondant (*).*

Le décret mentionné au premier alinéa peut, après avis motivé de la commission nationale des rapports locatifs et sans modifier l'équilibre de l'accord, en distraire certaines clauses.

(*) V. D. n. 82-888 du 18 oct. 1982, art. 11 ; D. n. 82-1150 du 29 déc. 1982 ; D. n. 83-1176 du 28 déc. 1983 ; D. n. 84-1201, 84-1202 et 84-1203 du 27 déc. 1984.

Art. 55. – *A défaut d'accord intervenu dans un secteur locatif au plus tard le 1er octobre, un décret en Conseil d'État, pris après avis de la commission nationale des rapports locatifs, peut, à l'expiration d'un délai de quinze jours suivant la saisie de ladite commission, fixer dans le secteur concerné le taux maximum d'évolution du loyer ainsi que celui des modulations particulières ou des majorations supplémentaires, dans les conditions prévues aux articles 52 et 53 (*). Le taux maximum d'évolution du loyer ne peut être inférieur à 80 p. 100 de la variation de l'indice mentionné à l'article 58. Ce décret peut prévoir de s'appliquer soit au niveau national, soit au niveau départemental. Dans ce dernier cas, il fixe les dispositions qui peuvent être rendues applicables par décision du représentant de l'État dans le département lorsque la situation locale nécessite une intervention. Il est applicable du 1er janvier au 31 décembre suivant la date de sa publication.*

Ces dispositions ne sont pas applicables au loyer des locaux qui, à la date de la nouvelle location, n'ont pas fait l'objet d'un contrat de location depuis plus de dix-huit mois. Elles ne sont pas non plus applicables à la location d'un logement vacant, lorsque cette vacance résulte d'une décision de justice fondée sur l'inexécution des obligations du locataire.

(*) V. D. n. 82-888 du 18 oct. 1982, art. 11 ; D. n. 85-1382 du 26 déc. 1985.

Art. 56. – *Si des circonstances économiques graves l'exigent, le taux maximum d'évolution peut être fixé, pour un ou plusieurs secteurs locatifs, par un décret en Conseil d'État, pris après avis de la commission nationale des rapports locatifs (*). Ce décret pourra s'appliquer au loyer des contrats de location en cours, au loyer des contrats renouvelés ou au loyer des nouveaux contrats.*

Les dispositions de ce décret ne sont pas applicables au loyer des locaux dont le contrat de location a pris fin depuis plus de dix-huit mois à la date de la nouvelle location. Elles ne sont pas non plus applicables lorsque la vacance résulte d'une décision de justice fondée sur l'inexécution des obligations du locataire.

Le décret prévu à l'alinéa ci-dessus peut prévoir des adaptations pour les logements soumis à des dispositions législatives ou réglementaires particulières.

Les dispositions des deuxième et troisième alinéas de l'article 52 sont applicables au décret pris en application du présent article.

Ce décret fixera la durée de son application, qui ne pourra être supérieure à douze mois. Le taux d'évolution des loyers ne pourra pas, en tout état de cause, être inférieur à 80 p. 100 de la variation de l'indice mentionné à l'article 58.

(*) V. D. n. 82-888 du 18 oct. 1982, art. 11 ; D. n. 82-934 du 29 oct. 1982 ; D. n. 82-1151 du 29 déc. 1982 ; D. n. 83-1177 du 28 déc. 1983.

Art. 1778 LOUAGE DES CHOSES

Art. 57. – En cas de contestation relative à l'application des articles 52 à 56, l'une ou l'autre partie au contrat de location saisit la commission départementale des rapports locatifs qui émet un avis dans un délai de deux mois.

Les parties ne peuvent agir en justice avant d'avoir reçu notification de l'avis de la commission qui doit être joint à la demande en justice. Si la commission n'a pas émis un avis dans le délai de deux mois, le juge peut être saisi.

La prescription de l'action est interrompue à compter de la saisine de cette commission jusqu'à la notification aux parties de l'avis émis ou l'expiration du délai de deux mois, sans que la contestation puisse constituer un motif de non-paiement.

Art. 58. – Si le contrat de location prévoit une révision du loyer, celle-ci intervient chaque année à la date fixée dans le contrat ou, à défaut, au terme de chaque année du contrat.

L'augmentation qui en résulte ne peut, sans préjudice des modulations particulières ou des majorations prévues en application des articles 52, deuxième et troisième alinéa, 54 à 56 et 59 à 61, excéder la variation d'un indice national mesurant le coût de la construction, établi suivant des éléments de calcul fixés par décret (*) et publié par l'Institut national de la statistique et des études économiques.

La date de référence de l'indice et sa valeur à cette date doivent figurer au contrat ; à défaut, la variation de l'indice est celle du dernier indice publié à la date de l'augmentation.

(*) V. D. n. 82-898 du 19 oct. 1982.

TITRE V. – DE L'AMÉLIORATION DES LOGEMENTS

Art. 59. – Le bailleur peut conclure avec l'État, après information du locataire, un contrat d'amélioration pour la réalisation de travaux destinés à adapter le local à des normes de salubrité, de sécurité, d'équipement et de confort. Ces travaux doivent porter le local à un niveau minimal de qualité thermique ; ils peuvent en outre être destinés à améliorer la qualité phonique du local.

Le contrat détermine la nature des travaux, leur coût prévisionnel, les modalités de leur exécution, la date prévue pour leur achèvement et, le cas échéant, les modalités du relogement provisoire.

Il détermine également le prix maximum du loyer principal qui pourra être exigé des locataires à compter de l'achèvement des travaux ; les dispositions du titre IV ne s'appliquent pas à la fixation initiale du loyer.

Ces travaux s'imposent au locataire sous réserve de l'application de l'article 2 modifié de la loi n. 67-561 du 12 juillet 1967 relative à l'amélioration de l'habitat. Les dispositions du présent alinéa ne sont pas applicables aux locataires âgés de plus de quatre-vingts ans et dont les ressources annuelles sont inférieures à une fois et demie le montant annuel du salaire minimum de croissance ; toutefois, ces locataires ne peuvent interdire l'accès aux locaux loués, ni s'opposer au passage de conduits de toute nature.

Le bailleur est tenu de maintenir le local à usage locatif pendant le délai de neuf ans à compter de la date d'achèvement des travaux ; durant ce délai, les dispositions des articles 9, 10 et 11 ne sont plus applicables.

Lorsque le logement fait l'objet d'un contrat de location en cours, le bailleur doit, dans le délai d'un mois suivant la conclusion du contrat d'amélioration avec l'État, proposer au locataire un nouveau contrat de location de six ans ; ce contrat prend effet à compter de la date d'achèvement des travaux et ouvre droit à l'aide personnalisée au logement pour les locataires qui en remplissent les conditions d'attribution.

Au projet de contrat de location est annexée une copie du contrat d'amélioration avec l'État.

LOUAGE DES CHOSES — Art. 1778

Le locataire dispose d'un délai de deux mois pour accepter ou refuser le nouveau contrat de location. Si le locataire refuse, le bailleur a la faculté de mettre fin au contrat de location en cours selon les règles prévues à l'article 17.

Les travaux ne peuvent commencer qu'à l'expiration du délai de deux mois mentionné à l'alinéa précédent ou, si le locataire a refusé le nouveau contrat, à l'expiration du délai de préavis prévu à l'article 17.

Lorsque l'exécution des travaux nécessite l'évacuation temporaire des lieux, le bailleur s'engage à mettre provisoirement à la disposition du locataire qui a accepté le nouveau contrat de location un logement au moins équivalent au logement faisant l'objet des travaux ou correspondant à ses besoins et à ses possibilités, situé dans un périmètre géographique tel que défini à l'article 13 bis modifié de la loi n. 48-1360 du 1ᵉʳ septembre 1948 précitée. Les frais de déménagement du locataire sont à la charge du bailleur, déduction faite, le cas échéant, des primes de déménagement.

Lorsque le logement est un local vacant, le bailleur est tenu de conclure avec le nouveau locataire un contrat de location de six ans dans les conditions prévues au présent article.

Un décret en Conseil d'État fixe les conditions d'application du présent article (*).
(*) D. n. 83-227 du 23 mars 1983.

Art. 60. – *I. – Lorsque des travaux visant à réaliser des économies d'énergie sont effectués par le bailleur avec une garantie contractuelle de résultats sur un bâtiment ou un ensemble de bâtiments d'habitation, une majoration de loyer peut être appliquée par celui-ci, par dérogation aux dispositions du titre IV. Cette majoration, calculée selon des modalités fixées par décret (*), ne peut excéder le montant de l'économie d'énergie garantie.*
II. – Le paragraphe II de l'article 21 de la loi n. 80-531 du 15 juillet 1980 relative aux économies d'énergie et à l'utilisation de la chaleur est abrogé.
(*) D. n. 82-1166 du 30 déc. 1982.

Art. 61. – *Lorsque le local ou l'immeuble répond aux normes mentionnées à la première phrase du premier alinéa de l'article 59, un accord peut être conclu soit entre un bailleur et un locataire, soit entre un ou plusieurs bailleurs et leurs locataires ou leurs associations telles que mentionnées à l'article 29, en vue de la réalisation de travaux sur tout ou partie de cet immeuble ; s'il concerne plusieurs locataires, l'accord s'impose à l'ensemble de ces locataires, dès lors qu'il a été approuvé par écrit par la majorité d'entre eux.*

Cet accord fixe la nature, le coût prévisionnel, les modalités d'exécution et la date d'achèvement desdits travaux.

Il détermine également le montant maximum du loyer qui pourra être exigé des locataires à compter de l'achèvement des travaux ; les dispositions du titre IV ne s'appliquent pas à la fixation initiale du loyer.

Pour l'exécution des travaux, le bailleur est tenu de respecter les dispositions de l'article 2 modifié de la loi n. 67-561 du 12 juillet 1967 précitée.

TITRE VI. – DE L'INFORMATION DU LOCATAIRE

Art. 62. – *Toute personne qui propose à un tiers la conclusion d'un contrat de location doit lui remettre une fiche de renseignements concernant la localisation et la consistance des locaux, les éléments de confort, la durée du contrat de location, le loyer ainsi que le montant des charges locatives de l'année précédente et une estimation du montant de ces charges.*

Tout vendeur d'un immeuble à usage d'habitation ou à usage mixte professionnel et d'habitation, autre que ceux construits par marché de travaux mentionnés à l'article 1779, 3°,

Art. 1778 LOUAGE DES CHOSES

du Code civil, et achevé depuis moins d'un an, doit remettre à l'acquéreur une fiche de renseignements concernant la localisation et la consistance des locaux, les éléments de confort ainsi que le montant indicatif des charges annuelles.

Un décret en Conseil d'État précise les conditions d'application du présent article (*).

(*) D. n. 83-128 du 21 fév. 1983.

Art. 63. – *En ce qui concerne les logements achevés postérieurement à la publication de la présente loi, qu'ils soient destinés à la vente ou à la location, le vendeur ou le bailleur doit en outre obligatoirement remettre, au moment de la mise à disposition du bien à l'acquéreur ou au locataire, une notice d'utilisation et d'entretien des éléments d'équipement conforme à une notice type agréée par arrêté du ministre chargé de la construction et de l'habitation.*

En ce qui concerne les logements achevés antérieurement à la publication de la présente loi, la même obligation s'impose au vendeur ou au bailleur en cas de modification ou de changement des éléments d'équipement existants.

Art. 64. – *Le règlement intérieur, s'il en existe un, est affiché dans chaque bâtiment et copie en est remise aux locataires à leur demande.*

TITRE VII. – DES INTERMÉDIAIRES

Art. 65. – *La rémunération de l'ensemble des personnes qui se livrent ou prêtent leur concours à un acte de location d'un immeuble appartenant à autrui, à usage d'habitation ou à usage mixte professionnel et d'habitation, est partagée par moitié entre le bailleur et le locataire.*

TITRE VIII. – ADMINISTRATION PROVISOIRE EN CAS DE DÉFAILLANCE DANS LA GESTION DE LOGEMENTS AYANT BÉNÉFICIÉ D'AIDES DE L'ÉTAT

Art. 66. – *Pour les immeubles appartenant à des personnes morales ou physiques autres que les organismes d'habitation à loyer modéré ou gérés par ces personnes et ayant bénéficié de primes ou de prêts spéciaux à la construction consentis par le Crédit foncier de France ou la caisse centrale de coopération économique, le représentant de l'État dans le département peut, pendant toute la durée des prêts, demander au juge, et, en cas d'urgence, selon la procédure de référé, de nommer un administrateur provisoire lorsqu'il aura été constaté des fautes graves notamment relatives au clos et au couvert, à l'entretien et à la sécurité ou des irrégularités sérieuses dans la gestion de ces immeubles et dans le respect de l'engagement financier de l'emprunteur.*

L'administrateur provisoire désigné sur une liste établie par le ministre chargé de la construction et de l'habitation a pour mission, selon la décision du juge, soit d'assister le propriétaire dans sa mission de gestionnaire, soit d'exercer de plein droit les pouvoirs d'administration du propriétaire ou du gestionnaire pour une durée d'un an renouvelable.

TITRE IX. – SANCTIONS

Art. 67. – *Tout bailleur qui aura subordonné la conclusion d'un contrat de location soit à une remise d'argent ou de valeurs ne correspondant pas au paiement du loyer et des charges ou au dépôt de garantie mentionné à l'article 22, soit à la reprise d'objets ou d'installations à un prix manifestement supérieur à leur valeur réelle, sera puni d'une amende pénale de 1 000 F à 30 000 F.*

Tout locataire qui aura subordonné son départ à une quelconque remise d'argent ou à la reprise d'objets ou d'installations à un prix manifestement supérieur à leur valeur réelle sera puni de la même peine.

LOUAGE DES CHOSES — Art. 1778

Tout bailleur qui aura sciemment délivré, en application des dispositions de l'article 3, treizième alinéa, une copie de quittance comportant une ou plusieurs mentions erronées sera puni d'une amende pénale de 1 000 F à 10 000 F.

Art. 68. – *Tout propriétaire qui aura exercé de manière frauduleuse le droit de résiliation ou le droit de non-renouvellement du contrat, prévus aux articles 9 et 10, sera puni d'une amende pénale de 1 000 F à 50 000 F.*

Art. 69. – *Toute entrave apportée sciemment à l'exercice des droits conférés aux associations de locataires par les articles 29, 31, 32 et 50 de la présente loi sera punie d'une amende pénale de 1 000 à 30 000 F.*

Art. 70. – *Constituent des pratiques de prix illicites qui sont constatées et poursuivies dans les conditions prévues par l'ordonnance n. 45-1484 du 30 juin 1945 modifiée :*
– Le fait pour un bailleur ou son mandataire d'exiger ou de percevoir un loyer dont le montant est supérieur à celui qui résulte de l'application d'un accord de modération de prix rendu obligatoire en application de l'article 54 ;
– Le fait pour un bailleur ou son mandataire d'exiger ou de percevoir un loyer dont le montant excède celui qui résulte de l'application des articles 55 ou 56.
Ces infractions sont punies d'une amende pénale de 1 000 F à 50 000 F.

TITRE X. – DISPOSITIONS TRANSITOIRES

Art. 71. – *Les dispositions du titre II ci-dessus ne portent pas atteinte à la validité des contrats en cours à la date d'entrée en vigueur de la présente loi.*

Toutefois, lorsque le locataire occupe le local à la date d'entrée en vigueur de la loi, les dispositions des articles 9 et 10 ne sont pas applicables pendant une période de trois ans à compter de la date d'effet du contrat, ou de la date d'entrée dans les lieux en cas de contrat à durée indéterminée.

A l'expiration du contrat initial ou du contrat renouvelé ou, s'il s'agit d'un contrat à durée indéterminée, à l'issue du délai d'un an à compter de la date d'entrée en vigueur de la présente loi, les parties sont tenues d'établir un contrat conforme aux dispositions de la présente loi. Chacune des parties peut demander l'établissement d'un état des lieux dans les conditions prévues à l'article 21 ; les dispositions du premier alinéa de l'article 22 ne sont pas applicables.

Pour l'application des dispositions de la présente loi, l'établissement du contrat de location est assimilé à un renouvellement. Les parties doivent se conformer aux dispositions de l'article 23 dans le délai d'un an à compter de la date d'entrée en vigueur de la présente loi. Lorsque les charges récupérables n'étaient pas distinguées du loyer, la répartition ne peut être opérée que sur la base des justifications prévues à l'article 24 de la présente loi.

1) Les dispositions de l'article 71, alinéa 2 ne sauraient être invoquées que par le locataire en droit d'obtenir un contrat conforme à la loi du 22 juin 1982 et le renouvellement du bail en cours à la date d'entrée en vigueur de cette loi est réservé au locataire personne physique qui occupe personnellement les lieux au sens de son article 7 (Civ. 3e, 7 mars 1984 : *J.C.P.* 85, II, 20361, note Warembourg-Auque).

2) Sur le renouvellement de plein droit faute d'un congé notifié pour prendre effet le 25 juin 1983, V. Civ. 3e, 13 nov. 1986 : *D.* 1987, 69, note C.G.

Art. 72. – *Tout occupant de bonne foi peut demander, par lettre recommandée avec demande d'avis de réception, le bénéfice des dispositions de la présente loi dans les trois mois suivant sa publication, à moins qu'il n'ait fait l'objet d'une décision d'expulsion devenue définitive.*

Art. 1778   LOUAGE DES CHOSES

Est réputé de bonne foi l'occupant qui, habitant effectivement dans les lieux, exécute les obligations résultant du bail expiré.
Le propriétaire du local est tenu, dans les deux mois suivant la demande de l'occupant, de lui proposer un nouveau contrat de location, dans les conditions prévues par la présente loi.
Les dispositions du titre IV sont applicables.
L'occupant dispose d'un délai d'un mois pour accepter ou refuser ce contrat de location.
Les dispositions du présent article ne sont pas applicables lorsque la résiliation ou le refus de renouvellement du contrat par le propriétaire était fondé, soit sur sa décision de reprendre le logement dans les conditions prévues à l'article 9, sous réserve des dispositions du deuxième alinéa de l'article 71, soit sur un motif légitime et sérieux tiré notamment de l'inexécution par le locataire d'une des obligations prévues à l'article 18.

1) L'expiration du bail au terme convenu n'est pas, par elle-même le motif légitime et sérieux prévu par l'article 72, dernier al (Civ. 3e, 29 nov. 1983 : *D.* 1984, 49, 1er arrêt, note Giverdon). Sur la notion de bonne foi au sens de l'article 72, V. Civ. 3e, 29 nov. 1983 : *J.C.P.* 84, II, 20236, note Brière de l'Isle ; *D.* 1984, 49, 2e arrêt, note Giverdon.

2) Le bailleur qui n'a pas répondu dans le délai de deux mois est tenu dans les liens d'un nouveau bail dont le détail est déterminable par le juge compétent (Paris 13 juil. 1984 : *D.* 1985, I.R. 295, obs. Giverdon).

Art. 73. – *Tout congé, tel que défini par l'article 7 et notifié à compter du 7 octobre 1981, doit être fondé sur un motif légitime et sérieux ou sur la décision du bailleur de reprendre le logement dans les conditions prévues à l'article 9 de la présente loi, sous réserve des dispositions du deuxième alinéa de l'article 71.*
Les dispositions des deuxième, troisième et quatrième alinéas de l'article 72 sont également applicables.

L'intention de vendre le logement n'est pas mentionnée par l'article 73 comme étant un motif de non-renouvellement du bail (Civ. 3e, 18 janv. 1984 : *D.* 1984, 86, note Giverdon).

Mais le non-respect de la clause interdisant toute sous-location constitue un motif sérieux et légitime (Paris 22 mars 1984 : *D.* 1985, I.R. 288, obs. Giverdon).

Art. 74. – *Des accords de modération des loyers ayant un objet conforme aux dispositions des articles 52 et 53 de la présente loi peuvent être conclus entre organisations nationales de bailleurs et de locataires pour la période allant du 1er mai 1982 au 31 décembre 1982. Les organisations nationales de gestionnaires peuvent adhérer à ces accords ; les accords s'imposent aux membres des organisations signataires.*
Les organisations nationales de bailleurs qui n'ont pas conclu d'accord de modération des loyers peuvent, pour la période mentionnée à l'alinéa précédent, prendre à l'égard de l'État un engagement de modération de l'évolution des loyers ayant un objet conforme aux dispositions de l'article 52. Les organisations nationales de gestionnaires peuvent adhérer à ces engagements. L'engagement de modération de l'évolution des loyers s'impose aux membres des organisations signataires.
Pendant la période mentionnée au premier alinéa, les bailleurs n'adhérant pas à une organisation ayant signé un accord de modération des loyers ou un engagement de modération de l'évolution des loyers, ne peuvent pratiquer à l'occasion de la révision des loyers des contrats en cours, du renouvellement des contrats ou de la conclusion de nouveaux contrats sous réserve des dispositions prévues à l'article 52 de la présente loi, une augmentation de loyer supérieure

LOUAGE DES CHOSES   Art. 1778

à la variation de l'indice mentionné à l'article 58 pour la période écoulée depuis la dernière révision ou fixation du loyer. Les dispositions de la loi n. 81-1161 du 30 décembre 1981 précitée qui ne sont pas contraires à celles du présent article demeurent applicables.

TITRE XI. – DISPOSITIONS DIVERSES

Art. 75. – *1° Ne sont pas applicables aux logements appartenant aux organismes d'habitation à loyer modéré et ne faisant pas l'objet de conventions en application de l'article L. 353-14 du Code de la construction et de l'habitation, les dispositions des articles 4 à 12, 14, 15, 17, 22, premier alinéa, 23, 52, 58 à 60, 66 à 68, 72, 73, 76 à 79.*

Les dispositions de l'article 16 sont applicables à la condition que le bénéficiaire du transfert du contrat remplisse les conditions d'attributions dudit logement.

2° Ne sont pas applicables aux logements régis par le chapitre III de la loi n. 48-1360 du 1ᵉʳ septembre 1948 précitée, les dispositions des articles 3 à 12, 14, 15, 17, 22, premier alinéa, 23, 25, le titre IV, l'article 59 pour ce qui concerne les locaux occupés, à l'exception de ceux pour lesquels l'occupant se voit contester son droit au maintien dans les lieux, les articles 60, 61, 66 à 68 et le titre X.

3° Ne sont pas applicables aux logements régis par une convention conclue en application de l'article L. 351-2 du code de la construction et de l'habitation, les dispositions des articles 4 à 12, 14, 15, 17, 22, premier alinéa, 53, 58 à 60, 66 à 68, 72, 76 à 79. L'article 23 n'est pas applicable aux logements régis par une convention conclue en application de l'article L. 353-15 ou de l'article L. 351-2, 2° et 3°, du Code de la construction et de l'habitation, en ce qui concerne les logements réglementés en contrepartie de primes ou de prêts spéciaux à la construction du Crédit foncier de France ou de la caisse centrale de coopération économique. Les dispositions de l'article 16 sont applicables à la condition que le bénéficiaire du transfert du contrat remplisse, le cas échéant, les conditions d'attribution dudit logement.

Toutefois, les dispositions des articles 52, 54, 55 et 74 ne sont pas applicables au loyer initial des logements régis par une convention conclue en application de l'article L. 351-2, 2°, 3° et 4°, du Code de la construction et de l'habitation.

4° Ne sont pas applicables aux logements dont les conditions sont réglementées en contrepartie de primes ou de prêts spéciaux à la construction consentis par le Crédit foncier de France ou la caisse centrale de coopération économique les dispositions des articles 4, 5, 23, 53, 59, 76 à 79.

5° Ne sont pas applicables aux logements loués à titre exceptionnel et transitoire par les collectivités locales les dispositions des articles 3, douzième à seizième alinéas, 4, 5, 7 à 14, 59 des titres VI, VIII et IX, des articles 71, deuxième alinéa, 72 et 73 et du titre XI.

Art. 76. – I. – Les dispositions de la loi n° 48-1360 du 1ᵉʳ septembre 1948 précitée cessent d'être applicables aux locaux vacants dès l'achèvement des travaux prévus par le contrat conclu avec l'État en application de l'article 59 de la présente loi.

II. – L'article 3 *septies* de ladite loi est abrogé.

Art. 77. – Les dispositions du titre IV de la présente loi ne s'appliquent pas :

1° Au loyer initial des nouvelles locations consenties en application des articles 3 bis, 3 quater ou 3 quinquies de la loi n. 48-1360 du 1ᵉʳ septembre 1948 précitée ou au loyer initial des nouvelles locations consenties en application de l'article 3 ter de ladite loi lorsque le contrat de location est conclu avec l'occupant de bonne foi qui n'a pas droit au maintien dans les lieux au sens de l'article 10 de ladite loi ;

Art. 1778 — LOUAGE DES CHOSES

2° *Au loyer initial des nouvelles locations consenties en application de l'article 3 sexies de la loi n. 48-1360 du 1ᵉʳ septembre 1948 précitée et faisant suite à un contrat de location passé dans les conditions prévues à l'article 3 ter de la même loi, lorsque le logement ne répondait pas lors de la conclusion du contrat aux conditions prévues par le décret pris en application dudit article 3 sexies.*

Le contrat de location conclu en application des articles 3 ter, 3 quinquies ou, en ce qui concerne les locaux à usage mixte d'habitation et professionnel, de l'article 3 quater de la loi n. 48-1360 du 1ᵉʳ septembre 1948 précitée, est soumis aux dispositions de la présente loi en ce qu'elles ne sont pas contraires à celles prévues auxdits articles. A l'expiration du terme fixé par ce contrat de location ou au départ du locataire, le logement est régi par l'ensemble des dispositions de la présente loi, s'il répond aux conditions prévues par le décret pris en application de l'article 3 sexies de la loi n. 48-1360 du 1ᵉʳ septembre 1948 précitée.

Les contrats de location conclus en application de l'article 3 bis de la loi du 1ᵉʳ septembre 1948 précitée sont régis par les dispositions de la présente loi.

Art. 78. – *V. L. n. 48-1360 du 1ᵉʳ sept. 1948, art. 27, al. 12.*

Art. 79. – *Par dérogation aux dispositions de l'article 77 et dans les communes de plus de 60 000 habitants, des décrets pourront fixer le plafond des majorations qui pourront être applicables au loyer initial des nouvelles locations mentionnées à cet article. Ce plafond devra tenir compte des prix pratiqués dans des locaux comparables situés dans un même secteur géographique.*

Art. 80. – *Abrogé, L. n. 83-440 du 2 juin 1983, art. 2.*

Art. 81 et 82. – *V. L. n. 75-1351 du 31 déc. 1975, art. 10.*

Loi n. 86-1290 du 23 décembre 1986 *(J.O. 24 déc.)*
Tendant à favoriser l'investissement locatif, l'accession à la propriété de logements sociaux et le développement de l'offre foncière.

V. Comm. F. Warembourg-Auque : *J.C.P.* 87, I, 3290. – V. aussi *Rev. dr. imm.* 1987, n. 2.

TITRE 1ᵉʳ. – DES RAPPORTS ENTRE BAILLEURS ET LOCATAIRES

Art. 1er à 24 abrogés L. n. 89-462 du 6 juil. 1989, art. 25.I

CHAPITRE 1ᵉʳ. – DISPOSITIONS GÉNÉRALES

Art. 1ᵉʳ. – *Les dispositions du présent titre sont d'ordre public. Sous réserve des dispositions du chapitre VIII ci-après, elles s'appliquent aux locations de locaux à usage d'habitation principale ou à usage mixte professionnel et d'habitation principale ainsi qu'aux garages, places de stationnement, jardins et autres locaux, loués accessoirement au local principal par le même bailleur.*

Toutefois, elles ne s'appliquent ni aux locaux meublés, ni aux logements-foyers, ni aux logements attribués ou loués en raison de l'exercice d'une fonction ou de l'occupation d'un emploi, ni aux locations à caractère saisonnier.

LOUAGE DES CHOSES　　　　　　　　　　Art. 1778

Art. 2. – *Les locations de locaux vacants, neufs ou anciens, sont régies par les dispositions des chapitres 1er à III du présent titre.*

Art. 3. – *Le contrat de location est établi par écrit. Il doit préciser :*
- *sa date de prise d'effet et sa durée ;*
- *la consistance et la destination de la chose louée ;*
- *la désignation des locaux et équipements d'usage privatif dont le locataire a la jouissance exclusive et, le cas échéant, l'énumération des parties, équipements et accessoires de l'immeuble qui font l'objet d'un usage commun ;*
- *le montant du loyer, ses modalités de paiement ainsi que ses règles de révision éventuelle ;*
- *le montant du dépôt de garantie, si celui-ci est prévu.*

Un état des lieux, établi contradictoirement par les parties lors de la remise et de la restitution des clés ou, à défaut, par huissier de justice, à l'initiative de la partie la plus diligente et à frais partagés par moitié, est joint au contrat. Lorsque l'état des lieux doit être établi par huissier de justice, les parties en sont avisées par lui au moins deux jours à l'avance par lettre recommandée avec demande d'avis de réception. À défaut d'état des lieux, la présomption établie par l'article 1731 du Code civil ne peut être invoquée par celle des parties qui a fait obstacle à l'établissement de l'état des lieux.

Lorsque l'immeuble est soumis au statut de la copropriété le copropriétaire bailleur est tenu de communiquer au locataire les extraits du règlement de copropriété concernant la destination de l'immeuble, la jouissance et l'usage des parties privatives et communes et précisant la quote-part afférente au lot loué dans chacune des catégories de charges.

Le bailleur ne peut pas se prévaloir de la violation des dispositions du présent article.

Chaque partie peut exiger, à tout moment, de l'autre partie, l'établissement d'un contrat conforme aux dispositions du présent article.

Art. 4. – *Est réputée non écrite toute clause :*
a) Qui oblige le locataire, en vue de la vente ou de la location du local loué, à laisser visiter celui-ci les jours fériés ou plus de deux heures les jours ouvrables ;
b) Par laquelle le locataire est obligé de souscrire une assurance auprès d'une compagnie choisie par le bailleur ;
c) Qui impose comme mode de paiement du loyer l'ordre de prélèvement automatique sur le compte courant du locataire où la signature par avance de traites ou de billets à ordre ;
d) Par laquelle le locataire autorise le bailleur à prélever ou à faire prélever les loyers directement sur son salaire dans la limite cessible ;
e) Qui prévoit la responsabilité collective des locataires en cas de dégradation d'un élément commun de la chose louée ;
f) Par laquelle le locataire s'engage par avance à des remboursements sur la base d'une estimation faite unilatéralement par le bailleur au titre des réparations locatives ;
g) Qui prévoit la résiliation de plein droit du contrat en cas d'inexécution des obligations du locataire pour un motif autre que le non-paiement du loyer, des charges, du dépôt de garantie, la non-souscription d'une assurance des risques locatifs ;
h) Qui autorise le bailleur à diminuer ou à supprimer, sans contrepartie équivalente, des prestations stipulées au contrat ;
i) Qui autorise le bailleur à percevoir des amendes en cas d'infraction aux clauses d'un contrat de location ou d'un règlement intérieur à l'immeuble ;
j) Qui interdit au locataire l'exercice d'une activité politique, syndicale, associative ou confessionnelle.

903

Art. 1778 — LOUAGE DES CHOSES

La somme due en vertu d'une clause pénale ne possède pas le caractère d'une amende (Civ. 3e, 25 mars 1987 : *D.* 1987, 380, note Paisant).

Art. 5. – *La rémunération des personnes qui se livrent ou prêtent leur concours à l'établissement d'un acte de location d'un immeuble appartenant à autrui tel que défini à l'article 1er est partagée par moitié entre le bailleur et le locataire.*

Art. 6. – *Le bailleur est obligé :*
a) De délivrer au locataire le logement en bon état d'usage et de réparation ainsi que les équipements mentionnés au contrat de location en bon état de fonctionnement ; toutefois, les parties peuvent convenir par une clause expresse des travaux que le locataire exécutera ou fera exécuter et des modalités de leur imputation sur le loyer ; cette clause prévoit la durée de cette imputation et, en cas de départ anticipé du locataire, les modalités de son dédommagement sur justification des dépenses effectuées ; une telle clause ne peut concerner que les logements répondant aux normes minimales de confort et d'habitabilité mentionnées à l'article 25 ;
b) D'assurer au locataire la jouissance paisible du logement et, sans préjudice des dispositions de l'article 1721 du Code civil, de le garantir des vices ou défauts de nature à y faire obstacle hormis ceux qui, consignés dans l'état des lieux, auraient fait l'objet de la clause expresse mentionnée au a ci-dessus ;
c) D'entretenir les locaux en état de servir à l'usage prévu par le contrat et d'y faire toutes les réparations, autres que locatives, nécessaires au maintien en état et à l'entretien normal des locaux loués ;
d) De ne pas s'opposer aux aménagements réalisés par le locataire, dès lors que ceux-ci ne constituent pas une transformation de la chose louée.

Art. 7. – *Le locataire est obligé :*
a) De payer le loyer et les charges récupérables aux termes convenus ; le paiement mensuel est de droit lorsque le locataire en fait la demande ;
b) D'user paisiblement des locaux loués suivant la destination qui leur a été donnée par le contrat de location ;
c) De répondre des dégradations et pertes qui surviennent pendant la durée du contrat dans les locaux dont il a la jouissance exclusive, à moins qu'il ne prouve qu'elles ont eu lieu par cas de force majeure, par la faute du bailleur ou par le fait d'un tiers qu'il n'a pas introduit dans le logement ;
d) De prendre à sa charge l'entretien courant du logement, des équipements mentionnés au contrat et les menues réparations ainsi que l'ensemble des réparations locatives définies par décret en Conseil d'État*, sauf si elles sont occasionnées par vétusté, malfaçon, vice de construction, cas fortuit ou force majeure ;
e) De laisser exécuter dans les lieux loués les travaux d'amélioration des parties communes ou des parties privatives du même immeuble, ainsi que les travaux nécessaires au maintien en état et à l'entretien normal des locaux loués ; les dispositions des deuxième et troisième alinéas de l'article 1724 du Code civil sont applicables à ces travaux ;
f) De ne pas transformer les locaux et équipements loués sans l'accord écrit du propriétaire ; à défaut de cet accord, ce dernier peut exiger du locataire, à son départ des lieux, leur remise en l'état ou conserver à son bénéfice les transformations effectuées sans que le locataire puisse réclamer une indemnisation des frais engagés ; le bailleur a toutefois la faculté d'exiger aux frais du locataire la remise immédiate des lieux en l'état lorsque les transformations mettent en péril le bon fonctionnement des équipements ou la sécurité du local ;

LOUAGE DES CHOSES   Art. 1778

g) De s'assurer contre les risques dont il doit répondre en sa qualité de locataire et d'en justifier lors de la remise des clés puis chaque année, à la demande du bailleur.

Toute clause prévoyant la résiliation de plein droit du contrat de location pour défaut d'assurance du locataire ne produit effet qu'un mois après un commandement demeuré infructueux. Ce commandement reproduit à peine de nullité les dispositions du présent paragraphe.

* *V. Décret n. 82-712 du 26 août 1987, infra.*

Art. 8. – *Le locataire ne peut ni céder le contrat de location, ni sous-louer le logement sauf avec l'accord écrit du bailleur, y compris sur le prix du loyer.*

En cas de cessation du contrat principal, le sous-locataire ne peut se prévaloir d'aucun droit à l'encontre du bailleur ni d'aucun titre d'occupation.

Les autres dispositions de la présente loi ne sont pas applicables au contrat de sous-location.

CHAPITRE II. – DE LA DURÉE DU CONTRAT DE LOCATION

Art. 9. – *Le contrat de location est conclu pour une durée au moins égale à trois ans.*

En cas de proposition de renouvellement présentée dans les conditions de forme et de délai prévues à l'article 14 et acceptée trois mois au moins avant le terme du contrat, le contrat est renouvelé pour une durée au moins égale à trois ans.

A défaut d'accord entre les parties dans le délai prévu à l'alinéa précédent, la proposition de renouvellement vaut congé.

A défaut de congé ou de proposition de renouvellement du contrat de location donné dans les conditions de forme et de délai prévues à l'article 14, le contrat de location parvenu à son terme est reconduit tacitement pour une durée de trois ans.

Art. 10. – *Quand un événement précis justifie que le bailleur personne physique ait à reprendre le local pour des raisons professionnelles ou familiales, les parties peuvent conclure un contrat d'une durée inférieure à trois ans mais d'au moins un an. Le contrat doit mentionner les raisons et l'événement invoqués.*

Par dérogation aux conditions de délai prévues à l'article 14, le bailleur confirme, deux mois au moins avant le terme du contrat, la réalisation de l'événement.

Dans le même délai, le bailleur peut proposer le report du terme du contrat si la réalisation de l'événement est différée. Il ne peut user de cette faculté qu'une seule fois.

Lorsque l'événement s'est produit et est confirmé, le locataire est déchu de plein droit de tout titre d'occupation du local au terme prévu dans le contrat.

Lorsque l'événement ne s'est pas produit ou n'est pas confirmé, le contrat de location est réputé être de trois ans.

Si le contrat prévu au présent article fait suite à un contrat de location conclu avec le même locataire pour le même local, le montant du nouveau loyer ne peut être supérieur à celui de l'ancien éventuellement révisé conformément aux deuxième à quatrième alinéas de l'article 15.

Art. 11. – *Le locataire peut résilier le contrat de location à tout moment dans les conditions de forme et de délai prévues à l'article 14.*

Art. 12 – *Les dispositions de l'article 10 peuvent être invoquées :*
a) lorsque le bailleur est une société civile constituée exclusivement entre parents et alliés jusqu'au quatrième degré inclus, par la société au profit de l'un des associés ;
b) lorsque le logement est en indivision, par tout membre de l'indivision.

Art. 1778   LOUAGE DES CHOSES

Art. 13. – En cas d'abandon du domicile par le locataire, le contrat de location continue :
- au profit du conjoint sans préjudice de l'article 1751 du Code civil ;
- au profit des descendants qui vivaient avec lui à la date de l'abandon du domicile ;
- au profit des ascendants, du concubin notoire ou des personnes à charge qui vivaient avec lui depuis au moins un an à la date de l'abandon du domicile.

Lors du décès du locataire, le contrat de location est transféré :
Sans préjudice des sixième et septième alinéas de l'article 832 du Code civil, au conjoint survivant ;
Aux descendants qui vivaient avec lui à la date du décès ;
Aux ascendants, au concubin notoire ou aux personnes à charge qui vivaient avec lui depuis au moins un an à la date du décès.

En cas de demandes multiples, le juge se prononce en fonction des intérêts en présence.

A défaut de personnes remplissant les conditions prévues au présent article, le contrat de location est résilié de plein droit par le décès du locataire ou par l'abandon du domicile par ce dernier.

Art. 14. – Le délai de préavis applicable au congé est de trois mois lorsqu'il émane du locataire et de six mois lorsqu'il émane du bailleur. Toutefois, en cas de mutation ou de perte d'emploi, le locataire peut donner congé au bailleur avec un délai de préavis d'un mois. Le congé doit être notifié par lettre recommandée avec demande d'avis de réception ou signifié par acte d'huissier.

Pendant le délai de préavis, le locataire n'est redevable du loyer et des charges que pour le temps où il a occupé réellement les lieux si le congé a été notifié par le bailleur. Il est redevable du loyer et des charges concernant tout le délai de préavis si c'est lui qui a notifié le congé, sauf si le logement se trouve occupé avant la fin du préavis par un autre locataire en accord avec le bailleur.

A l'expiration du délai de préavis, le locataire est déchu de tout titre d'occupation des locaux loués.

Ces dispositions s'appliquent à la proposition de renouvellement mentionnée à l'article 9.

CHAPITRE III. – DU LOYER ET DES CHARGES

Art. 15. – Le loyer des logements faisant l'objet d'une nouvelle location ou d'un renouvellement du contrat de location est librement fixé entre les parties.

Lorsque les parties sont convenues, par une clause expresse, de travaux d'amélioration du logement que le bailleur fera exécuter, le contrat de location ou un avenant à ce contrat fixe la majoration du loyer consécutive à la réalisation de ces travaux.

Lorsque le contrat de location prévoit la révision du loyer, celle-ci intervient chaque année à la date convenue entre les parties ou, à défaut, au terme de chaque année du contrat.

L'augmentation du loyer qui en résulte ne peut excéder la variation de l'indice national mesurant le coût de la construction publié par l'Institut national de la statistique et des études économiques. A défaut de clause contractuelle fixant la date de référence, cette date est celle du dernier indice publié à la date de signature du contrat de location.

Art. 16. – Le bailleur est tenu de remettre au locataire qui en fait la demande une quittance gratuitement. Dans tous les cas où le locataire effectue un paiement partiel, le bailleur est tenu de délivrer un reçu.

La quittance porte le détail des sommes versées par le locataire en distinguant le loyer, le droit de bail et les charges.

Art. 1778

Art. 17. – *Lorsqu'un dépôt de garantie est prévu par le contrat de location pour garantir l'exécution de ses obligations locatives par le locataire, il ne peut être supérieur à deux mois de loyer en principal.*

Un dépôt de garantie ne peut être prévu lorsque le loyer est payable d'avance pour une période supérieure à deux mois ; toutefois, si le locataire demande le bénéfice du paiement mensuel du loyer, par application de l'article 7, le bailleur peut exiger un dépôt de garantie.

Il est restitué dans un délai maximal de deux mois à compter de la restitution des clés par le locataire, déduction faite, le cas échéant, des sommes restant dues au bailleur et des sommes dont celui-ci pourrait être tenu, au lieu et place du locataire, sous réserve qu'elles soient dûment justifiées.

Le montant de ce dépôt de garantie ne porte pas intérêt au bénéfice du locataire. Il ne doit faire l'objet d'aucune révision durant l'exécution du contrat de location, éventuellement renouvelé.

A défaut de restitution dans le délai prévu, le solde du dépôt de garantie restant dû au locataire, après arrêté des comptes, produit intérêt au taux légal au profit du locataire.

Art. 18. – *Les charges récupérables, sommes accessoires au loyer principal, sont exigibles sur justification en contrepartie :*
1° Des services rendus liés à l'usage des différents éléments de la chose louée ;
2° Des dépenses d'entretien courant et des menues réparations sur les éléments d'usage commun de la chose louée ;
3° Du droit de bail et des impositions qui correspondent à des services dont le locataire profite directement.
La liste de ces charges est fixée par décret en Conseil d'État*.

Les charges locatives peuvent donner lieu au versement de provisions et doivent, en ce cas, faire l'objet d'une régularisation au moins annuelle. Les demandes de provisions sont justifiées soit par la communication des résultats antérieurs arrêtés lors de la précédente régularisation, soit par le budget prévisionnel.

Un mois avant cette régularisation, le bailleur en communique au locataire le décompte par nature de charges ainsi que, dans les immeubles collectifs, le mode de répartition entre les locataires. Durant un mois à compter de l'envoi de ce décompte, les pièces justificatives sont tenues à la disposition des locataires.

* *V. Décret n. 87-713 du 26 août 1987, infra.*

Art. 19. – *Toute clause prévoyant la résiliation de plein droit du contrat de location pour défaut de paiement du loyer ou des charges aux termes convenus ou pour non versement du dépôt de garantie ne produit effet qu'un mois après un commandement de payer demeuré infructueux.*

Le juge, statuant en la forme des référés, saisi par le locataire à peine de forclusion avant l'expiration du délai prévu à l'alinéa précédent, peut accorder des délais de paiement dans les conditions prévues au deuxième alinéa de l'article 1244 du Code civil.

Pendant le cours des délais ainsi accordés, les effets de la clause de résiliation de plein droit sont suspendus ; ces délais et les modalités de paiement accordés ne peuvent affecter l'exécution du contrat de location et notamment suspendre le paiement du loyer et des charges.

Si le locataire se libère dans le délai et selon les modalités fixés par le juge, la clause de résiliation de plein droit est réputée ne pas avoir joué ; dans le cas contraire, elle reprend son plein effet.

Le commandement de payer reproduit à peine de nullité les dispositions des alinéas précédents.

Art. 1778   LOUAGE DES CHOSES

CHAPITRE IV. – DISPOSITIONS TRANSITOIRES

Art. 20. – *Jusqu'à leur terme les contrats de location en cours à la date de publication de la présente loi demeurent soumis aux dispositions qui leur étaient applicables. Toutefois, les dispositions des articles 21 à 23 s'appliquent à ces contrats dès la publication de la présente loi.*

A compter de la date d'effet de leur renouvellement ou de leur reconduction tacite, ces contrats sont régis par les dispositions des chapitres Ier à IV du présent titre.

Art. 21. – *Pour les contrats de location en cours à la date de publication de la présente loi, le bailleur peut proposer au locataire, au moins six mois avant le terme du contrat et dans les conditions de forme prévues à l'article 14, un nouveau loyer fixé par référence aux loyers habituellement constatés dans le voisinage au cours des trois dernières années pour les logements comparables.*

La notification correspondante doit être effectuée :

a) Pour les contrats venant à expiration avant le 1er octobre 1987, avant leur terme ; cette notification emporte de plein droit prorogation du contrat pour une durée de douze mois ;

b) Pour les autres contrats, six mois au moins avant leur terme.

Cette notification reproduit intégralement, à peine de nullité, les dispositions du présent article et mentionne le montant du loyer proposé (L. n. 89-18 du 13 janv. 1989, art. 4-I), ainsi que la liste des références ayant servi à le déterminer. Les éléments constitutifs de ces références sont fixés par décret, après avis de la Commission nationale de concertation.

En cas de désaccord ou à défaut de réponse du locataire quatre mois avant le terme du contrat, l'une ou l'autre des parties saisit la commission mentionnée à l'article 24 dans les conditions prévues à cet article. Celle-ci rend son avis dans un délai de deux mois.

À défaut d'accord constaté par la commission, le juge est saisi avant le terme du contrat. À défaut de saisine, le contrat est reconduit de plein droit aux conditions antérieures de loyer éventuellement révisé. Le contrat dont le loyer est fixé judiciairement est réputé renouvelé pour trois ans à compter de la date d'expiration du contrat. La décision du juge est exécutoire par provision.

La hausse convenue entre les parties ou fixée judiciairement s'applique par tiers au cours des trois premières années du contrat renouvelé (L. n. 89-18 du 13 janv. 1989, art. 3). Toutefois, cette hausse s'applique par sixième annuel dès lors qu'elle est supérieure à 10 p. 100. Dans ce cas, si le contrat est renouvelé pour une période inférieure à six ans, le bailleur, à l'issue de ce contrat, peut faire application du présent article afin de fixer la hausse applicable au renouvellement de ce même contrat. Ces dispositions s'imposent à tous les contrats arrivant à échéance, ou arrivés à échéance et non encore renouvelés, après publication du présent article.

La révision éventuelle résultant de l'article 15 s'applique à chaque valeur ainsi définie.

Art. 22. – *Pour les contrats en cours à la date de publication de la présente loi, lorsqu'il n'est pas fait application des dispositions de l'article 21, le bailleur peut donner congé trois mois au moins avant le terme du contrat sous réserve du respect des dispositions de l'article 14 de la loi n. 82-526 du 22 juin 1982 relative aux droits et obligations des locataires et des bailleurs.*

Ce congé doit être fondé soit sur sa décision de reprendre ou de vendre le logement, soit sur un motif légitime et sérieux, notamment l'inexécution par le locataire de l'une des obligations lui incombant. A peine de nullité, le congé donné par le bailleur doit indiquer le motif allégué et, en cas de reprise, les nom et adresse du bénéficiaire de la reprise qui ne peut être que le bailleur, son conjoint, ses ascendants, ses descendants ou ceux de son conjoint.

LOUAGE DES CHOSES   Art. 1778

En cas de congé pour vendre, le droit de préemption du locataire prévu à l'article 11 de la loi n. 82-526 du 22 juin 1982 précitée reste applicable.

Pour l'exercice du droit de substitution mentionné au quatrième alinéa de l'article 11 de la loi n. 82-526 du 22 juin 1982 précitée, le locataire communique au bailleur l'adresse à laquelle la notification du contrat de vente doit être effectuée. A défaut, le locataire ne peut se prévaloir de ce droit de substitution.

Art. 23. - *Dans les communes dont la liste est fixée par décret, faisant partie d'une agglomération de plus de 1 000 000 d'habitants, les dispositions des articles 21 et 22 s'appliquent aux renouvellements des contrats intervenant avant le 31 décembre 1995. Dans les autres communes, elles s'appliquent aux renouvellements des contrats intervenant avant le 31 décembre 1991.*

Art. 24. - *Il est créé auprès du représentant de l'État dans chaque département une commission départementale de conciliation composée de représentants d'organisations de bailleurs et d'organisations de locataires en nombre égal, dont la compétence porte sur les litiges résultant de l'application des dispositions des articles 21, 30 et 31. La commission rend un avis dans le délai de deux mois à compter de sa saisine et s'efforce de concilier les parties.*

Un décret fixe la composition, le mode de désignation et les règles de fonctionnement de la commission départementale de conciliation.

Les formations de conciliation des commissions départementales des rapports locatifs existant à la date de publication de la présente loi exercent les attributions des commissions départementales de conciliation jusqu'à leur mise en place par le représentant de l'État.

CHAPITRE V
Modification de la loi n. 48-1360 du 1ᵉʳ septembre 1948 portant modification et codification de la législation relative aux rapports des bailleurs et locataires ou occupants de locaux d'habitation ou à usage professionnel et instituant des allocations de logement.

Art. 25 *(L. n. 89-462 du 6 juil. 1989, art. 26).*- Les locaux vacants à compter du 23 décembre 1986 et satisfaisant aux normes minimales de confort et d'habitabilité fixées par décret après avis de la Commission nationale de concertation ne sont pas soumis aux dispositions de la loi n. 48-1360 du 1ᵉʳ septembre 1948 précitée. Ils sont désormais régis par les chapitres Iᵉʳ à III du titre Iᵉʳ de la loi n. 89-462 du 6 juillet 1989, à l'exception des locaux à usage exclusivement professionnel ou qui sont régis par l'article 57 A et par les dispositions du Code civil.

Si les locaux loués depuis le 23 décembre 1986 ne satisfont pas aux normes précitées, le locataire peut demander au propriétaire leur mise en conformité avec ces normes sans qu'il soit porté atteinte à la validité du contrat de location en cours.

A défaut d'accord entre les parties, le juge saisi détermine, le cas échéant, la nature des travaux à réaliser et le délai de leur exécution, qu'il peut même d'office assortir d'une astreinte. Il peut également se prononcer sur une demande de modification du loyer fixé par le bailleur ou proposé par le locataire.

A défaut de mise aux normes effectuée dans les conditions précitées, le loyer des locaux soumis au présent article est fixé conformément au b de l'article 17 de la loi n. 89-462 du 6 juillet 1989.

Les dispositions du présent article ne sont pas applicables aux locaux classés en catégorie IV.
* V. Décret n. 87-149 du 6 mars 1987, *infra*.

Art. 26. – V. L. n. 48-1360 du 1ᵉʳ septembre 1948, art. 3 ter, 3 quinquies, 3 sexies, 3 orties, 3 nonies, 78 et 79.

Art. 1778 — LOUAGE DES CHOSES

Art. 27. – V. L. n. 48-1360 du 1ᵉʳ septembre 1948, art. 5-I.

Art. 28. – *(Al. modifié, L. n. 89-462 du 6 juil. 1989, art. 39-I)* Le bailleur d'un local classé en sous-catégorie II B ou II C dont le loyer ou l'indemnité d'occupation est fixé conformément aux dispositions du chapitre III de la loi n. 48-1360 du 1ᵉʳ septembre 1948 précitée peut proposer au locataire ou occupant de bonne foi un contrat de location régi par les dispositions des chapitres 1ᵉʳ à III et des articles 30 à 33 du présent titre et, s'il s'agit d'un local à usage exclusivement professionnel, par les dispositions du Code civil et les articles 30 à 33 et 57 A de la présente loi.

(Al. modifié, L. n. 89-462 du 6 juil. 1989, art. 39-I) Les dispositions des deuxième et troisième alinéas de l'article 25 sont applicables aux locaux loués en application du présent article.

Art. 29 *(L. n. 89-462 du 6 juil. 1989, art. 27)*. – Les dispositions de l'article 28 ne sont pas opposables au locataire ou occupant de bonne foi âgé de plus de soixante-cinq ans ou handicapé visé au 2° de l'article 27 de la loi n. 48-1360 du 1ᵉʳ septembre 1948 précitée ou dont les ressources cumulées avec celles des autres occupants du logement sont inférieures à un seuil fixé par décret. Le seuil est calculé en fonction de la localisation géographique du logement et du nombre des personnes qui l'occupent.

Art. 30. – Le contrat de location conclu en application de l'article 28 est d'une durée de huit ans. Son loyer est fixé par référence aux loyers non régis par le chapitre III de la loi n. 48-1360 du 1ᵉʳ septembre 1948 précitée et habituellement constatés dans le voisinage au cours des trois dernières années pour les logements comparables.

La différence entre le loyer du contrat de location établi en application de l'article 28 et le loyer ou l'indemnité d'occupation antérieur s'applique par huitième au cours des huit années de ce contrat. La révision éventuelle résultant de l'article 15 s'applique à chaque valeur ainsi définie.

Art. 31. – Le contrat de location proposé en application de l'article 28 doit, à peine de nullité, reproduire les dispositions des articles 25 et 28 à 33.

(Al. ajouté, L. n. 89-18 du 13 janv. 1989, art. 4-II). Le bailleur notifie, à peine de nullité de la proposition de contrat, la liste des références ayant servi à déterminer le prix proposé. Les éléments constitutifs de ces références sont fixés par décret, après avis de la Commission nationale de concertation.

Dans un délai de deux mois à compter de la réception de la proposition du bailleur, le locataire ou l'occupant de bonne foi fait, le cas échéant, connaître au bailleur, en présentant les justifications, qu'il remplit les conditions de l'article 29.

Dans le même délai, le locataire ou occupant de bonne foi qui ne peut se prévaloir des conditions de l'article 29 fait connaître au bailleur son acceptation ou son refus du contrat de location ainsi que, le cas échéant, le montant des travaux dont il demande le remboursement en application de l'article 32.

Les notifications prévues aux trois premiers alinéas du présent article sont faites par lettre recommandée avec demande d'avis de réception ou signifiées par acte d'huissier.

(Al. abrogé, L. n. 89-462 du 6 juil. 1989, art. 28)

(Al. modifié, L. n. 89-462 du 6 juil. 1989, art. 28) En cas de désaccord ou à défaut de réponse du locataire, l'une ou l'autre partie peut saisir la commission prévue à l'article 20 de la loi n. 89-462 du 6 juillet 1989 dans les trois mois qui suivent la réception de la proposition du contrat de location faite par le bailleur. Si, en l'absence d'accord entre les parties, à l'expiration d'un délai

LOUAGE DES CHOSES   Art. 1778

de six mois à compter de la proposition de contrat de location faite par le bailleur, le juge n'a pas été saisi, le local reste soumis aux dispositions de la loi n. 48-1360 du 1ᵉʳ septembre 1918 précitée.

En cas de saisine du juge, celui-ci fixe le montant du loyer et statue sur les demandes des parties. Le contrat de location est alors réputé être conclu avec les clauses et conditions fixées judiciairement. La décision est exécutoire par provision.

Sauf convention expresse contraire, le contrat de location conclu dans les conditions du présent article prend effet à l'expiration d'un délai de six mois à compter de la date de la proposition de contrat de location faite par le bailleur.

A la date d'effet du contrat de location, les rapports entre le bailleur et le locataire ou occupant de bonne foi ne sont plus régis par les dispositions de la loi n. 48-1360 du 1ᵉʳ septembre 1948 précitée.

Art. 32. – Lorsqu'il est fait application de l'article 28, le coût des travaux ayant amélioré substantiellement le confort ou l'équipement du local effectués par le locataire ou l'occupant de bonne foi est remboursé par le propriétaire. Un décret en Conseil d'État détermine la nature des travaux pris en compte ainsi que les modalités de leur évaluation*.

Le montant en est fixé et le remboursement effectué lors de la conclusion du contrat de location prévu à l'article 28.

Si le bailleur le demande, le règlement intervient par compensation sur la fraction du nouveau loyer qui excède le montant de l'ancien. Si la dette n'est pas éteinte à l'expiration du bail mentionné à l'article 28, le bailleur en règle alors le solde.

* V. Décret n. 87-714 du 26 août 1987, *infra*.

Art. 33. – *(Al. modifié, L. 89-462 du 6 juil. 1989, art. 29)* A l'expiration du contrat conclu en application de l'article 31, le local est soumis aux dispositions des chapitres Iᵉʳ à III du titre Iᵉʳ de la loi n. 89-462 du 6 juillet 1989 et les locaux à usage exclusivement professionnel aux dispositions de l'article 57 A et aux dispositions du Code civil.

Art. 34. – *(Al modifié, L. n. 89-462 du 6 juil. 1989, art. 39-I)* A l'expiration des contrats de location conclus en application des articles 3 *bis*, 3 *quater*, 3 *quinquies*, 3 *sexies* et 3 *septies* de la loi n. 48-1360 du 1ᵉʳ septembre 1948 précitée, en cours au moment de la publication de la présente loi, et portant sur des locaux à usage d'habitation ou mixte, il est fait application de l'article 20. A l'expiration des contrats conclus après la publication de la présente loi en application des articles 3 *bis*, 3 *quater* et 3 *octies* de la loi n. 48-1360 du 1ᵉʳ septembre 1948 précitée, les contrats de location des locaux d'habitation ou mixte sont soumis aux dispositions des chapitres Iᵉʳ à III de la loi n. 89-462 du 6 juillet 1989, à l'exception de l'article 16, du paragraphe *c* de l'article 17 et des articles 18 à 20.

(Al. modifié, L. n. 89-462 6 juil. 1989, art. 30) A l'expiration des contrats conclus en application des mêmes articles et portant sur des locaux à usage exclusivement professionnel, il est fait usage des dispositions de l'article 57 A et des dispositions du Code civil.

Art. 35. – Les normes prévues à l'article 25 de la présente loi sont applicables, à compter de leur conclusion, aux contrats de location conclus conformément au 2° de l'article 3 *bis* et aux articles 3 *quater*, 3 *quinquies*, 3 *sexies* et 3 *septies* de la loi n. 48-1360 du 1ᵉʳ septembre 1948 précitée en cours à la date de la publication de la présente loi. Cette disposition ne s'applique pas à ceux de ces contrats qui, à la date de publication de la présente loi, ont fait l'objet d'une contestation devant les tribunaux.

Art. 1778   LOUAGE DES CHOSES

CHAPITRE VI. – DISPOSITIONS RELATIVES AUX LOGEMENTS APPARTENANT AUX ORGANISMES D'HABITATIONS À LOYER MODÉRÉ OU GÉRÉS PAR EUX

Art. 36. – V. C. constr. et hab., L. 441-3.

Art. 37. – V. C. constr. et hab., L. 442-1-1 et L. 442-1-2.

Art. 38. – Jusqu'au 1er janvier 1987, les loyers, autres que ceux mentionnés à l'article L. 442-1-1 du Code de la construction et de l'habitation, pratiqués par les organismes d'habitations à loyer modéré restent régis par les dispositions prises en application de la loi n. 82-526 du 22 juin 1982 précitée. A compter de cette date et pour une période transitoire de six mois, ces loyers peuvent évoluer dans la limite de la dernière variation annuelle de l'indice du coût de la construction connue le 30 novembre 1986.

Toutefois, lorsque des travaux d'amélioration tels que définis par l'accord collectif de location conclu le 23 novembre 1983 et rendu obligatoire par le décret n. 84-364 du 11 mai 1984 ont été entrepris avant le 1er janvier 1987, une majoration supplémentaire de loyer peut être appliquée à compter du premier jour du mois qui suit l'achèvement de ces travaux, si cette date est antérieure au 1er juillet 1987. La majoration annuelle est au plus égale à 10 p. 100 du coût réel des travaux plafonné à 9 000 F par logement, augmenté de 2 000 F par pièce principale.

Art. 39. – V. C. constr. et hab. L. 442-5.

Art. 40. – V. C. constr. et hab. L. 442-10.

CHAPITRE VII. – DES PROCÉDURES DE CONCERTATION

Art. 41. – Une commission nationale de concertation est instituée auprès du ministre chargé de la construction et de l'habitation. Elle a pour mission, par ses études, avis et propositions, de contribuer à l'amélioration des rapports entre bailleurs et locataires.

Elle comprend notamment des représentants des organisations représentatives au plan national de bailleurs, de locataires et de gestionnaires. Sa composition, le mode de désignation de ses membres, son organisation et ses règles de fonctionnement sont fixés par décret en Conseil d'État*.

* V. D. n. 88-274 du 18 mars 1988.

Art. 41 bis *(Ajouté, L. n. 89-462 du 6 juil. 1989, art. 31)*. – Il est créé, au sein du conseil départemental de l'habitat prévu à l'article L. 364-1 du Code de construction et de l'habitation, une commission spécialisée des rapports locatifs composée notamment de représentants des organisations représentatives au plan départemental de bailleurs, de locataires et de gestionnaires.

Art. 41 ter *(Ajouté, L. n. 89-462 du 6 juil. 1989, art. 32)*. – Des accords collectifs peuvent être conclus, pour un même secteur locatif, au sein de la Commission nationale de concertation ou de chaque commission spécialisée des rapports locatifs prévue à l'article 41 *bis* entre une ou plusieurs organisations de bailleurs et de locataires. Les accords ainsi conclus s'imposent aux organisations signataires et aux adhérents de ces organisations.

Les secteurs locatifs sont les suivants :
- logements appartenant ou gérés par les organismes d'habitations à loyer modéré ;

LOUAGE DES CHOSES Art. 1778

- logements appartenant aux sociétés d'économie mixte, aux sociétés immobilières à participation majoritaire de la Caisse des dépôts et consignations, aux collectivités publiques, aux sociétés filiales d'un organisme collecteur de la contribution des employeurs à l'effort de construction et aux filiales de ces organismes autre que celles mentionnées à l'alinéa ci-dessus,
- logements appartenant aux entreprises d'assurance, aux sociétés immobilières créées en application de l'ordonnance n. 58-876 du 24 septembre 1958 relative aux sociétés immobilières d'investissement créées en application de la loi n. 63-254 du 15 mars 1963 portant réforme de l'enregistrement, du timbre et de la fiscalité immobilière, aux établissements de crédit et aux filiales de ces organismes autres que celles mentionnées aux alinéas ci-dessus ;
- logements appartenant aux autres catégories de bailleurs.

Ces accords portent notamment sur les suppléments de loyers pour les organismes d'habitations à loyer modéré, la maîtrise de l'évolution des charges récupérables, la grille de vétusté, l'amélioration et l'entretien des logements et des parties communes, les locaux résidentiels à usage commun.

Les accords conclus au sein de la Commission nationale de concertation font l'objet de la publication d'un avis au *Journal officiel* de la République française. A l'issue d'un délai d'un mois après cette publication et sauf opposition de la majorité des organisations représentatives des bailleurs d'un secteur, ou de la majorité des organisations représentatives des locataires, ils peuvent être rendus obligatoires, par décret, pour tous les logements du secteur locatif concerné. Le décret peut, après avis motivé de la Commission nationale de concertation et sans modifier l'équilibre de l'accord, en distraire certaines clauses.

Art. 42. – *(Al modifié, L. n. 89-462 du 6 juil. 1989, art. 33)* Les bailleurs de logements visés par l'article 41 *ter* peuvent conclure avec une ou plusieurs associations représentatives de locataires des accords collectifs locaux portant sur tout ou partie de leur patrimoine. Ces accords portent notamment sur les loyers, les supplément de loyers pour les organismes d'habitation à loyer modéré, la maîtrise de l'évolution des charges récupérables, la grille de vétusté, l'amélioration et l'entretien des logements et des parties communes, les locaux résidentiels à usage commun.

(Al. modifié, L. n. 89-462 du 6 juil. 1989, art. 34) Ces accords sont obligatoires dès lors qu'ils ont été conclus soit par une ou plusieurs associations regroupant au total le tiers au moins des locataires concernés, soit par une ou plusieurs associations regroupant au moins 20 p. 100 des locataires concernés et affiliées à une organisation siégeant à la commission nationale de concertation sauf s'ils sont rejetés par écrit par un plus grand nombre de locataires dans un délai d'un mois à compter de leur notification individuelle par le bailleur aux locataires.

Les bailleurs peuvent, en outre, proposer directement aux locataires des accords de même nature. Ces accords sont réputés applicables dès lors qu'ils ont été approuvés par écrit par la majorité des locataires, dans un délai d'un mois à compter de la réception de la notification individuelle par le bailleur.

Les accords prévus au présent article peuvent être conclus pour une durée déterminée ou indéterminée. Ils mentionnent les conditions de leur dénonciation, de leur renouvellement ou de leur révision.

Art 43. – *(Al. modifié, L. n. 89-462 du 6 juil. 1989, art. 39-I)* Pour l'application de l'article 41 de la présente loi et de l'article 20 de la loi n. 89-462 du 6 juillet 1989, la représentativité des organisations de bailleurs, de gestionnaires et de locataires est appréciée d'après les critères suivants :

a) Montant global des cotisations ;
b) Indépendance, expérience et activité de l'organisation dans le domaine du logement ;

Art. 1778 LOUAGE DES CHOSES

c) En outre :
- pour les organisations de bailleurs et de gestionnaires, nombre de leurs adhérents et nombre de logements détenus ou gérés par leurs adhérents ;
- pour les organisations de locataires, nombre et répartition géographique de leurs adhérents.

Art. 44. – *(Al. modifié, L. n. 89-462 du 6 juil. 1989, art. 35-I)* Chaque association qui, dans un immeuble ou groupe d'immeubles, représente au moins 10 p. 100 des locataires ou est affiliée à une organisation siégeant à la commission nationale de concertation, désigne au bailleur, et le cas échéant, au syndic de copropriété par lettre recommandée avec de demande d'avis de réception, le nom de trois au plus de ses représentants choisis parmi les locataires de l'immeuble ou du groupe d'immeubles.

Ces représentants ont accès aux différents documents concernant la détermination et l'évolution des charges locatives. A leur demande, le bailleur ou, s'il y a lieu, l'administrateur de la copropriété les consulte chaque semestre sur les différents aspects de la gestion de l'immeuble ou du groupe d'immeubles.

(Al. ajouté, L. n. 89-462 du 6 juil. 1989, art. 35-II) Dans les immeubles soumis au statut de la copropriété, les représentants des associations désignés ci-dessus peuvent assister à l'assemblée générale de copropriété et formuler des observations sur les questions inscrites à l'ordre du jour de l'assemblée générale. Le syndic de la copropriété informe les représentants des associations, par lettre recommandée avec avis de réception, de la date, de l'heure, du lieu et de l'ordre du jour de l'assemblée générale.

(Al. ajouté, L. n. 89-462 du 6 juil. 1989, art. 35-II) Dans chaque bâtiment d'habitation, un panneau d'affichage doit être mis à la disposition des associations, pour leurs communications portant sur le logement et l'habitat dans un lieu de passage des locataires.

CHAPITRE VIII. – DISPOSITIONS DIVERSES

Art. 45. – A compter du premier renouvellement ou reconduction suivant la publication de la présente loi, les loyers plafonds prévus par les contrats de location des logements ayant bénéficié de primes ou de prêts spéciaux à la construction du Crédit foncier de France ou de la Caisse centrale de coopération économique sont révisés, par rapport aux loyers plafonds d'origine, par application de l'indice de référence, sans que joue la clause d'atténuation figurant au contrat.

Art. 46. *(Modifié, L. n. 89-462 du 6 juil. 1989, art. 39-II)* – Les dispositions du présent titre sont d'ordre public.

Art. 47. – *(Abrogé, L. n. 89-462 du 6 juil. 1989, art. 39-III).*

Art. 48. – *(Abrogé, L. n. 89-462 du 6 juil. 1989, art. 39-III).*

Art. 49. – *(Abrogé, L. n. 89-462 du 6 juil. 1989, art. 39-III).*

Art. 50. – *(Abrogé, L. n. 89-462 du 6 juil. 1989, art. 39-III).*

Art. 51. – Les contrats de location en cours qui n'ont pas été mis en conformité avec les dispositions de la loi n. 82-526 du 22 juin 1982 précitée, contrairement aux dispositions du troisième alinéa de l'article 71 de cette loi, sont réputés avoir été renouvelés dans les conditions de cet article par périodes de trois années à compter de leur date d'expiration contractuelle lorsqu'il s'agit de contrats de location à durée déterminée et par périodes de trois années à

LOUAGE DES CHOSES Art. 1778

compter du 24 juin 1983 lorsqu'il s'agit de contrats de location à durée indéterminée conclus avant cette date. Ces dispositions ne s'appliquent pas à ceux de ces contrats dont le renouvellement est contesté devant les tribunaux.

L'article 51 a pour unique objet la fixation de la durée des baux en cours qui n'ont pas été mis en conformité avec la loi du 22 juin 1982. Il n'est pas rétroactif et n'a pas pour conséquence de rendre valables des congés nuls contestés devant les tribunaux. A défaut de fixation d'un terme au contrat de location lors de son renouvellement, le bail en cause s'est trouvé renouvelé à son expiration le 30 juin 1982 pour une durée indéterminée ne pouvant être inférieure à trois ans (Aix 4 fév. 1987 : *J.C.P.* 89, II, 21175, note Blaisse).

Art. 52. – Les accords collectifs conclus en application des articles 28, 37 et 61 de la loi n. 82-526 du 22 juin 1982 précitée continuent de produire effet jusqu'à leur terme ou jusqu'à la date d'effet de leur dénonciation par l'une ou l'autre des parties.

Art. 53. – Les contrats d'amélioration conclus en application de l'article 59 de la loi n. 82-526 du 22 juin 1982 précitée continuent de produire effet jusqu'au terme des contrats de location auxquels ils ont donné lieu ou peuvent donner lieu.

Art. 54. – *(Al. modifié, L. n. 89-462 du 6 juil. 1989, art. 39-I)* Les loyers fixés en application des articles 15 et 21 ou négociés en application des articles 41 *ter* et 42 ne peuvent ni excéder, pour les logements ayant fait l'objet de conventions passées en application de l'article L. 351-2 du Code de la construction et de l'habitation, les loyers plafonds applicables à ces logements ni déroger, pour les logements ayant fait l'objet de primes ou de prêts spéciaux à la construction du Crédit foncier de France ou de la Caisse centrale de coopération économique, aux règles applicables à ces logements.

Les accords conclus en application de l'article 42 ne peuvent conduire à déroger, pour les logements dont le loyer est fixé par application du chapitre III de la loi n. 48-1360 du 1er septembre 1948 précitée, aux règles de fixation de ce loyer ni, pour les logements gérés par les organismes d'habitations à loyer modéré, aux règles de fixation et d'évolution des loyers prévues à l'article L. 442-1 du Code de la construction et de l'habitation.

Art. 55. – La loi n. 82-526 du 22 juin 1982 précitée est abrogée, à l'exception de ses articles 76, 78, 81 et 82.

Art. 56. – L'ordonnance n. 58-1444 du 31 décembre 1958 relative à la levée des scellés apposés lors du décès de l'occupant d'un local est abrogée.

Art. 57. – *(Abrogé, L. n. 89-462 du 6 juil. 1989, art. 37)*

Art. 57 A *(Ajouté, L. n. 89-462 du 6 juil. 1989, art. 36).* – Le contrat de location d'un local affecté à un usage exclusivement professionnel est conclu pour une durée au moins égale à six ans. Il est établi par écrit.

Au terme fixé par le contrat et sous réserve des dispositions du troisième alinéa du présent article, le contrat est reconduit tacitement pour la même durée.

Chaque partie peut notifier à l'autre son intention de ne pas renouveler le contrat à l'expiration de celui-ci en respectant un délai de préavis de six mois.

Le locataire peut, à tout moment, notifier au bailleur son intention de quitter les locaux en respectant un délai de préavis de six mois.

Les notifications mentionnées au présent article sont effectuées par lettre recommandée avec demande d'avis de réception ou par acte d'huissier.

Art. 1778 LOUAGE DES CHOSES

Art. 58. – V. C. constr. et hab., art. L. 631-7

Art. 59. – V. L. n. 84-512 du 29 juin 1984, art. 7.

Art. 60. – *(abrogé, L. n. 89-421 du 23 juin 1989, art. 8-II)*

TITRE II. – DE LA CESSION POUR L'ACCESSION A LA PROPRIÉTÉ
DE CERTAINS LOGEMENTS SOCIAUX

Art. 61 et 62. – V. C. constr. et hab., L. 443-7 a L. 443-15-5.

Art. 63. – V. Décret-Loi du 28 fév. 1852, art. 26.

TITRE III. – MESURES DESTINÉES A FAVORISER LE DÉVELOPPEMENT
DE L'OFFRE FONCIÈRE

Art. 64 à 73 ....

TITRE IV. – DISPOSITIONS PORTANT ALLÉGEMENT DES CONDITIONS DE
FONCTIONNEMENT DES ORGANISMES D'HABITATIONS A LOYER MODÉRÉ

Art. 74 à 80 ....

Décret n. 87-149 du 6 mars 1987 *(J.O.* 7 mars 1987*)*
fixant les conditions minimales de confort et d'habitabilité auxquelles doivent répondre les locaux mis en location.

Art. 1er. – Les normes mentionnées à l'article 25 de la loi n. 86-1290 du 23 décembre 1986 susvisée sont les suivantes :
1° Les logements à usage d'habitation ou la partie de locaux à usage mixte professionnel et d'habitation destinée à l'habitation doivent présenter les caractéristiques ci-après :
a) Composition et dimensions :
Un logement comprend au minimum une pièce d'habitation et les pièces de service attenantes suivantes : cuisine ou coin cuisine, salle d'eau et cabinet d'aisances, celui-ci pouvant être situé dans la salle d'eau ; cette pièce d'habitation doit avoir au moins neuf mètres carrés lorsque la cuisine est séparée ou au moins douze mètres carrés lorsqu'il existe un coin cuisine.
La hauteur sous plafond des pièces d'habitation et de la cuisine est égale au moins à deux mètres vingt. Toutefois, celle-ci peut être inférieure à deux mètres vingt, sans être inférieure à deux mètres, à condition que le logement n'ait pas subi de division en hauteur depuis le 1er septembre 1948.
La surface habitable est déterminée conformément à l'article R. 111-2 du Code de la construction et de l'habitation.
b) Ouverture et ventilation :
Toute pièce d'habitation est pourvue d'un ouvrant donnant à l'extérieur du bâtiment permettant une aération et un éclairement suffisants et assurant le bon usage du logement et la conservation du bâtiment.
Toute pièce de service est pourvue d'un ouvrant donnant à l'extérieur du bâtiment ou, à défaut, est équipée d'un système d'évacuation débouchant à l'extérieur du bâtiment et assurant le bon usage du logement et la conservation de ce bâtiment.

LOUAGE DES CHOSES   Art. 1778

c) Cuisine ou coin cuisine :
La cuisine ou le coin cuisine est intérieur et comprend un évier avec siphon raccordé à une chute d'eaux usées, sur lequel sont installées l'eau potable froide et l'eau chaude. La cuisine ou le coin cuisine est aménagé de manière à pouvoir recevoir un appareil de cuisson (à gaz ou électrique) ou possède un conduit d'évacuation de fumée en bon état.

d) Salle d'eau et cabinet d'aisances :
La salle d'eau est intérieure au logement, constitue une pièce séparée et comporte une baignoire ou une douche et un lavabo munis de siphons et alimentés en eau chaude et froide.

Le cabinet d'aisances est intérieur au logement, constitue une pièce séparée, à moins qu'il ne fasse partie de la salle d'eau, et est pourvu d'une cuvette à l'anglaise et d'une chasse d'eau. S'il est équipé d'une fosse étanche, la chasse d'eau peut être remplacée par un simple effet d'eau.

Le cabinet d'aisances est séparé de la cuisine et de la pièce où sont pris les repas.

Les sols sont étanches et les parois situées autour de la douche et de la baignoire sont protégées contre les infiltrations.

e) Gaz et électricité :
Le logement est alimenté en électricité, et, le cas échéant, en gaz. Ces alimentations, ainsi que la ventilation des pièces où le gaz est utilisé, répondent aux besoins normaux des usagers ; ces installations doivent assurer la sécurité des utilisateurs.

Les nouvelles installations électriques et les nouvelles alimentations en gaz éventuelles, ainsi que la ventilation des pièces où le gaz est utilisé, sont conformes à la réglementation.

f) Eau :
Les installations d'eau intérieures au logement assurent la permanence de la distribution avec une pression et un débit suffisants.

2° La partie des locaux à usage professionnel ainsi que les locaux professionnels obéissent à la législation en vigueur en matière d'hygiène et de sécurité des travailleurs.

3° Les sols, murs, plafonds des logements ou locaux ci-dessus ne présentent pas d'infiltration ni de remontée d'eau. Les ouvrants sont étanches à l'eau et en bon état de fonctionnement.

4° L'immeuble ne présente pas de défaut d'entretien grave. Le gros œuvre (murs, charpentes, escaliers, planchers, balcons) est en bon état d'entretien.

La couverture, ses raccords et ses accessoires sont étanches.

Art. 2. – Les normes mentionnées à l'article 1er du présent décret s'appliquent aux baux conclus en application du deuxième alinéa de l'article 3 de la loi n. 48-1360 du 1er septembre 1948 susvisée.

Art. 3. – Sauf pour les litiges en cours devant les tribunaux, le décret n. 78-924 du 22 août 1978 est abrogé.

Décret n. 87-712 du 26 août 1987 *(J.O.* 30 août*)*
pris en application de l'article 7 de la loi n. 86-1290 du 23 décembre 1986
tendant à favoriser l'investissement locatif, l'accession à la propriété de logements sociaux et le développement de l'offre foncière et relatif aux réparations locatives

Art. 1er. – Sont des réparations locatives les travaux d'entretien courant et de menues réparations, y compris les remplacements d'éléments assimilables auxdites réparations, consécutifs à l'usage normal des locaux et équipements à usage privatif.

Ont notamment le caractère de réparations locatives les réparations énumérées en annexe au présent décret.

Art. 1778   LOUAGE DES CHOSES

ANNEXE. – LISTE DE RÉPARATIONS AYANT LE CARACTÈRE DE RÉPARATIONS LOCATIVES

I. *Parties extérieures dont le locataire à l'usage exclusif*
   a) Jardins privatifs :
entretien courant, notamment des allées, pelouses, massifs, bassins et piscines ; taille, élagage, échenillage des arbres et arbustes ;
remplacement des arbustes ; réparation et remplacement des installations mobiles d'arrosage.
   b) Auvents, terrasses et marquises :
enlèvement de la mousse et des autres végétaux.
   c) Descentes d'eaux pluviales, chéneaux et gouttières :
dégorgement des conduits.

II. *Ouvertures intérieures et extérieures*
   a) Sections ouvrantes telles que portes et fenêtres :
graissage des gonds, paumelles et charnières ;
menues réparations des boutons et poignées de portes, des gonds, crémones et espagnolettes ; remplacement notamment de boulons, clavettes et targettes.
   b) Vitrages :
réfection des mastics ;
remplacement des vitres détériorées.
   c) Dispositifs d'occultation de la lumière tels que stores et jalousies :
graissage ;
remplacement notamment de cordes, poulies ou de quelques lames.
   d) Serrures et verrous de sécurité :
graissage ;
remplacement de petites pièces ainsi que des clés égarées ou détériorées.
   e) Grilles :
nettoyage et graissage ;
remplacement notamment de boulons, clavette, targettes.

III. *Parties intérieures*
   a) Plafonds, murs intérieurs et cloisons :
maintien en état de propreté ;
menus raccords de peintures et tapisseries ; remise en place ou remplacement de quelques éléments des matériaux de revêtement tels que faïence, mosaïque, matière plastique ; rebouchage des trous rendu assimilable à une réparation par le nombre, la dimension et l'emplacement de ceux-ci.
   b) Parquets, moquettes et autres revêtements de sol :
encaustiquage et entretien courant de la vitrification ;
remplacement de quelques lames de parquets et remise en état, pose de raccords de moquettes et autres revêtements de sol, notamment en cas de taches et de trous.
   c) Placards et menuiseries telles que plinthes, baguettes et moulures :
remplacement des tablettes et tasseaux de placard et réparation de leur dispositif de fermeture ; fixation de raccords et remplacement de pointes de menuiseries.

LOUAGE DES CHOSES   Art. 1778

IV. *Installations de plomberie*
a) Canalisations d'eau :
dégorgement :
remplacement notamment de joints et de colliers.
b) Canalisations de gaz :
entretien courant des robinets, siphons et ouvertures d'aération ;
remplacement périodique des tuyaux souples de raccordement ;
c) Fosses septiques, puisards et fosses d'aisance :
vidange.
d) Chauffage, production d'eau chaude et robinetterie :
remplacement des bilames, pistons, membranes, boîtes à eau, allumage piézo-électrique, clapets et joints des appareils à gaz ;
rinçage et nettoyage des corps de chauffe et tuyauteries ;
remplacement des joints, clapets et presse-étoupes des robinets ;
remplacement des joints, flotteurs et joints cloches des chasses d'eau.
e) Éviers et appareils sanitaires :
nettoyage des dépôts de calcaire, remplacement des tuyaux flexibles de douches.

V. *Équipements d'installations d'électricité*

Remplacement des interrupteurs, prises de courant, coupe-circuits et fusibles, des ampoules, tubes lumineux ; réparation ou remplacement des baguettes ou gaines de protection.

VI. *Autres équipements mentionnés au contrat de location*

a) Entretien courant et menues réparations des appareils tels que réfrigérateurs, machines à laver le linge et la vaisselle, sèche-linge, hottes aspirantes, adoucisseurs, capteurs solaires, pompes à chaleur, appareils de conditionnement d'air, antennes individuelles de radiodiffusion et de télévision, meubles scellés, cheminées, glaces et miroirs ;
b) Menues réparations nécessitées par la dépose des bourrelets ;
c) Graissage et remplacement des joints des vidoirs ;
d) Ramonage des conduits d'évacuation des fumées et des gaz et conduits de ventilation.

Décret n. 87-713 du 26 août 1987 *(J.O.* 30 août*).*
pris en application de l'article 18 de la loi n. 86-1290 du 23 décembre 1986
tendant à favoriser l'investissement locatif, l'accession à la propriété de logements sociaux
et le développement de l'offre foncière et fixant la liste des charges récupérables

Art. 1ᵉʳ. – La liste des charges récupérables prévue à l'article 18 de la loi du 23 décembre 1986 susvisée figure en annexe au présent décret.

Art. 2. – Pour l'application du présent décret :
a) Il n'y a pas lieu de distinguer entre les services assurés par le bailleur en régie et les services assurés dans le cadre d'un contrat d'entreprise. Le coût des services assurés en régie inclut les dépenses de personnel d'encadrement technique. Lorsqu'il existe un contrat d'entreprise, le bailleur doit s'assurer que ce contrat distingue les dépenses récupérables et les autres dépenses ;
b) Les dépenses de personnel récupérables correspondent à la rémunération et aux charges sociales et fiscales ;
c) Lorsque l'entretien des parties communes et l'élimination des rejets sont assurés par un gardien ou un concierge, les dépenses correspondant à sa rémunération, à l'exclusion du salaire en nature, sont exigibles au titre des charges récupérables à concurrence des trois quarts de leur montant ;

Art. 1778 — LOUAGE DES CHOSES

d) Lorsque l'entretien des parties communes et l'élimination des rejets sont assurés par un employé d'immeuble, les dépenses correspondant à sa rémunération et aux charges sociales et fiscales y afférent sont exigibles, en totalité, au titre des charges récupérables.

e) Le remplacement d'éléments d'équipement n'est considéré comme assimilable aux menues réparations que si son coût est au plus égal au coût de celles-ci.

Art. 3. – Pour l'application du présent décret, les dépenses afférentes à l'entretien courant et aux menues réparations d'installations individuelles, qui figurent au III du tableau annexé, sont récupérables lorsqu'elles sont effectuées par le bailleur au lieu et place du locataire.

ANNEXE. – LISTE DES CHARGES RÉCUPÉRABLES

I. Ascenseurs et monte-charge

1. Dépenses d'électricité.
2. Dépenses d'exploitation, d'entretien courant, de menues réparations :

a) Exploitation :
– visite périodique, nettoyage et graissage des organes mécaniques ;
– examen semestriel des câbles et vérification annuelle des parachutes ;
– nettoyage annuel de la cuvette, du dessus de la cabine et de la machinerie ;
– dépannage ne nécessitant pas de réparations ou fournitures de pièces ;
– tenue d'un dossier par l'entreprise d'entretien mentionnant les visites techniques, incidents et faits importants touchant l'appareil.

b) Fournitures relatives à des produits ou à du petit matériel d'entretien (chiffons, graisses et huiles nécessaires) et aux lampes d'éclairage de la cabine.

c) Menues réparations :
– de la cabine (boutons d'envoi, paumelles de portes, contacts de portes, ferme-portes automatiques, coulisseaux de cabine, dispositif de sécurité de seuil et cellule photo-électrique) ;
– des paliers (ferme-portes mécaniques, électriques ou pneumatiques, serrures électromécaniques, contacts de porte et boutons d'appel) ;
– des balais du moteur et fusibles.

II. Eau froide, eau chaude et chauffage collectif des locaux privatifs et des parties communes

1. Dépenses relatives :

à l'eau froide et chaude des locataires ou occupants du bâtiment ou de l'ensemble des bâtiments d'habitation concernés ;

à l'eau nécessaire à l'entretien courant des parties communes du ou desdits bâtiments, y compris la station d'épuration ;

à l'eau nécessaire à l'entretien courant des espaces extérieurs.

Les dépenses relatives à la consommation d'eau incluent l'ensemble des taxes et redevances ainsi que les sommes dues au titre de la redevance d'assainissement, à l'exclusion de celles auxquelles le propriétaire est astreint en application de l'article L. 35-5 du Code de la santé publique ;

aux produits nécessaires à l'exploitation, à l'entretien et au traitement de l'eau ;
à l'électricité ;
au combustible ou à la fourniture d'énergie, quelle que soit sa nature.

LOUAGE DES CHOSES — Art. 1778

2. Dépenses d'exploitation, d'entretien courant et de menues réparations :
a) Exploitation et entretien courant :
- nettoyage des gicleurs, électrodes, filtres et clapets des brûleurs ;
- entretien courant et graissage des pompes de relais, jauges, contrôleurs de niveau ainsi que des groupes moto-pompes et pompes de puisards ;
- graissage des vannes et robinets et réfection des presse-étoupes ;
- remplacement des ampoules des voyants lumineux et ampoules de chaufferie ;
- entretien et réglage des appareils de régulation automatique et de leurs annexes ;
- vérification et entretien des régulateurs de tirage ;
- réglages des vannes, robinets et tés ne comprenant pas l'équilibrage ;
- purge des points de chauffage ;
- frais de contrôles de combustion ;
- entretien des épurateurs de fumée ;
- opérations de mise en repos en fin de saison de chauffage, rinçage des corps de chauffe et tuyauteries, nettoyage de chaufferies, y compris leurs puisards et siphons, ramonage des chaudières, carneaux et cheminées ;
- conduite de chauffage ;
- frais de location d'entretien et de relevé des compteurs généraux et individuels ;
- entretien de l'adoucisseur, du détartreur d'eau, du surpresseur et du détendeur ;
- contrôles périodiques visant à éviter les fuites de fluide frigorigène des pompes à chaleur ;
- vérification, nettoyage périodique de la face extérieure des capteurs solaires ;
- vérification, nettoyage et graissage des organes des capteurs solaires.

b) Menues réparation dans les parties communes ou sur des éléments d'usage commun :
- réparation de fuites sur raccords et joints ;
- remplacement des joints, clapets et presse-étoupes ;
- rodage des sièges de clapets ;
- menues réparations visant à remédier aux fuites de fluide frigorigène des pompes à chaleur ;
- recharge en fluide frigorigène des pompes à chaleur.

III. Installations individuelles

Chauffage et production d'eau chaude, distribution d'eau dans les parties privatives :
1. Dépenses d'alimentation commune de combustible ;
2. Exploitation et entretien courant, menues réparations :
a) Exploitation et entretien courant :
- réglage de débit et température de l'eau chaude sanitaire ;
- vérification et réglage des appareils de commande, d'asservissement, de sécurité d'aquastat et de pompe ;
- dépannage ;
- contrôle des raccordements et de l'alimentation des chauffe-eau électriques, contrôle de l'intensité absorbée ;
- vérification de l'état des résistances, des thermostats, nettoyage ;
- réglage des thermostats et contrôle de la température d'eau ;
- contrôle et réfection d'étanchéité des raccordements eau froide-eau chaude ;
- contrôle des groupes de sécurité ;
- rodage des sièges de clapets des robinets ;
- réglage des mécanismes de chasses d'eau.

b) Menues réparations :
- remplacement des bilames, pistons, membranes, boîtes à eau, allumage piézo-électrique, clapets et joints des appareils à gaz ;
- rinçage et nettoyage des corps de chauffe et tuyauteries ;
- remplacement des joints, flotteurs et joints cloches des chasses d'eau.

IV. Parties communes intérieures au bâtiment ou à l'ensemble des bâtiments d'habitation

1. Dépenses relatives :
A l'électricité ;
Aux fournitures consommables, notamment produits d'entretien, balais et petit matériel assimilé nécessaires à l'entretien de propreté, sel.
2. Exploitation et entretien courant, menues réparations :
a) Entretien de la minuterie, pose, dépose et entretien des tapis ;
b) Menues réparations des appareils d'entretien de propreté tels qu'aspirateur.
3. Entretien de propreté (frais de personnel).

V. Espaces extérieurs au bâtiment ou à l'ensemble de bâtiments d'habitation (voies de circulation, aires de stationnement, abords et espaces verts, aires et équipements de jeux)

1. Dépenses relatives :
à l'électricité ;
à l'essence et huile ;
aux fournitures consommables utilisées dans l'entretien courant : ampoules ou tubes d'éclairage, engrais, produits bactéricides et insecticides, produits tels que graines, fleurs, plants, plantes de remplacement, à l'exclusion de celles utilisées pour la réfection de massifs, plates-bandes ou haies.
2. *a)* Exploitation et entretien courant :
Opérations de coupe, désherbage, sarclage, ratissage ; nettoyage et arrosage concernant :
- les allées, aires de stationnement et abords ;
- les espaces verts (pelouses, massifs, arbustes, haies vives, plates-bandes) ;
- les aires de jeux ;
- les bassins, fontaines, caniveaux, canalisations d'évacuation des eaux pluviales ;
- entretien du matériel horticole ;
- remplacement du sable des bacs et du petit matériel de jeux ;
b) Peinture et menues réparations des bancs de jardins et des équipements de jeux et grillages.

VI. Hygiène

1. Dépenses de fournitures consommables :
sacs en plastique et en papier nécessaires à l'élimination des rejets ;
produits relatifs à la désinsectisation et à la désinfection, y compris des colonnes sèches de vide-ordures.
2. Exploitation et entretien courant :
entretien et vidange des fosses d'aisances ;
entretien des appareils de conditionnement des ordures.
3. Élimination des rejets (frais de personnel).

LOUAGE DES CHOSES — Art. 1778

VII. Equipements divers du bâtiment ou de l'ensemble de bâtiments d'habitation

1. La fourniture d'énergie nécessaire à la ventilation mécanique.
2. Exploitation et entretien courant :
ramonage des conduits de ventilation ;
entretien de la ventilation mécanique ;
entretien des dispositifs d'ouverture automatique ou codée et des interphones ;
visites périodiques à l'exception des contrôles réglementaires de sécurité, nettoyage et graissage de l'appareillage fixe de manutention des nacelles de nettoyage des façades vitrées.
3. Divers :
abonnement des postes de téléphone à la disposition des locataires.

VIII. Impositions et redevances

Droit de bail.
Taxe ou redevance d'enlèvement des ordures ménagères.
Taxe de balayage.

Décret n. 87-714 du 26 août 1987 *(J.O. 30 août)*
relatif au remboursement, en application de l'article 32 de la loi n. 86-1290 du 23 décembre 1986 tendant à favoriser l'investissement locatif, l'accession à la propriété de logements sociaux et le développement de l'offre foncière, du coût des travaux d'amélioration réalisés par le locataire.

Art. 1er. – Seuls peuvent être pris en compte pour l'application de l'article 32 de la loi du 23 décembre 1986 susvisée les travaux ayant amélioré susbtantiellement le confort ou l'équipement du local effectués par le locataire ou l'occupant de bonne foi, qui ne sont pas consécutifs à des dégradations ou des pertes dont le locataire ou l'occupant est responsable, qui conservent une valeur effective d'utilisation et qui ont été exécutés conformément aux règles de l'art et aux dispositions réglementaires en vigueur.

La part du montant des travaux qui aurait été couverte par une subvention versée au locataire ne donne pas lieu à remboursement.

Art. 2. – Les travaux sont évalués à la date de leur réalisation sur la base des mémoires ou factures acquittés par le locataire ou l'occupant de bonne foi ou par tout autre élément de preuve.

Toutefois, les installations qui ont un caractère somptuaire ou qui n'ont pas été faites au juste prix ne donnent lieu à remboursement que comme s'il s'agissait d'installations normales et réalisées au juste prix.

Le montant des travaux est actualisé par application du rapport entre la dernière valeur de l'indice du coût de la construction publié par l'Institut national de la statistique et des études économiques, connue à la date de la proposition de contrat de location formulée par le bailleur en application de l'article 28 de la loi du 23 décembre 1986 susvisée, et la valeur de ce même indice connue à la date du paiement des travaux donnant lieu à remboursement.

Le montant ainsi obtenu est réduit de 6 % par année pleine écoulée entre la date d'achèvement des travaux et la date de la proposition de contrat de location.

Décret n. 89-98 du 15 février 1989 *(J.O. 16 fév.)*
portant application des articles 21, 30 et 31 de la loi n. 86-1290 du 23 décembre 1986 modifiée

Art. 1er. – Pour permettre l'application des articles 21, 30 et 31 de la loi du 23 décembre 1986, les loyers servant de références doivent être représentatifs de l'ensemble des loyers habituellement constatés au cours des trois dernières années dans le voisinage pour les logements comparables, quelle que soit la date d'entrée dans les lieux du locataire.

Art. 1778 — LOUAGE DES CHOSES

La liste des références notifiée par le bailleur doit comprendre les éléments définis aux articles 2, 3, 4 et 5 du présent décret.

Art. 2. – Le nombre minimal des références à fournir est de trois. Toutefois, il est de six :
– dans les communes de l'agglomération parisienne figurant au décret n. 87-818 du 2 octobre 1987 susvisé ;
– dans les zones géographiques où existe un observatoire des loyers agréé par arrêté conjoint du ministre de la justice, du ministre chargé de l'économie et du ministre chargé du logement.

Art. 3. – Les références utilisées doivent être prises dans le voisinage du logement en cause, c'est-à-dire soit dans le même groupe d'immeubles, soit dans tout autre groupe d'immeubles comportant des caractéristiques similaires et situé dans même zone géographique.

Art 4. – La liste des références notifiée par le bailleur doit comporter, au moins pour les deux tiers, des références de locations pour lesquelles il n'y a pas eu de changement de locataire depuis trois ans.

Art. 5. – Les références servant à déterminer le loyer en application de l'article 21 ou des articles 30 et 31 de la loi du 23 décembre 1989 susvisée mentionnent, pour chacune d'entre elles :
– le nom de la rue et la dizaine de numéros où se situe l'immeuble, ainsi que l'étage de l'appartement ;
– la présence éventuelle d'un ascenseur ;
– la surface habitable du logement et le nombre de ses pièces principales ;
– son état d'équipement : notamment, présence d'eau courante, de W.C. intérieur, de salle d'eau, de chauffage ;
– la période de construction de l'immeuble ;
– l'indication selon laquelle le locataire est dans les lieux depuis plus ou moins de trois ans ;
– et le montant du loyer mensuel hors charges effectivement exigé.

Art. 6. – Les références mentionnées à l'article précédent peuvent en outre comprendre des indications relatives à :
– l'adresse précise du logement et, le cas échéant, la mention du corps du bâtiment ;
– la qualité de l'immeuble ;
– l'agrément du logement et de son environnement ;
– la date d'entrée dans les lieux du locataire ;
– ainsi que tous les autres éléments permettant une meilleure connaissance du logement pris en compte.

Art. 7. – *Abrogé, D. n. 88-924 du 15 septembre 1988*

Loi n. 89-462 du 6 juillet 1989 *(J.O. 8 juil.)*
tendant à améliorer les rapports locatifs et portant modification
de la loi n. 86-1290 du 23 décembre 1986

TITRE 1er. – DES RAPPORTS ENTRE BAILLEURS ET LOCATAIRES
CHAPITRE 1er. – DISPOSITIONS GÉNÉRALES

Art. 1er. – Le droit au logement est un droit fondamental ; il s'exerce dans le cadre des lois qui le régissent.

LOUAGE DES CHOSES — Art. 1778

L'exercice de ce droit implique la liberté de choix pour toute personne de son mode d'habitation grâce au maintien et au développement d'un secteur locatif et d'un secteur d'accession à la propriété ouverts à toutes les catégories sociales.

Les droits et obligations réciproques des bailleurs et des locataires doivent être équilibrés dans leurs relations individuelles comme dans leurs relations collectives.

Art. 2. – Les dispositions du présent titre sont d'ordre public. Elles s'appliquent aux locations de locaux à usage d'habitation principale ou à usage mixte professionnel et d'habitation principale ainsi qu'aux garages, places de stationnement, jardins et autres locaux, loués accessoirement au local principal par le même bailleur.

Toutefois, elles ne s'appliquent ni aux locaux meublés, ni aux logements-foyers, ni aux logements attribués ou loués en raison de l'exercice d'une fonction ou de l'occupation d'un emploi, ni aux locations à caractère saisonnier.

Art. 3. – Le contrat de location est établi par écrit. Il doit préciser :
– sa date de prise d'effet et sa durée ;
– la consistance et la destination de la chose louée ;
– la désignation des locaux et équipements d'usage privatif dont le locataire a la jouissance exclusive et, le cas échéant, l'énumération des parties, équipements et accessoires de l'immeuble qui font l'objet d'un usage commun ;
– le montant du loyer, ses modalités de paiement ainsi que ses règles de révision éventuelle ;
– le montant du dépôt de garantie, si celui-ci est prévu.

Un état des lieux, établi contradictoirement par les parties lors de la remise et de la restitution des clés ou, à défaut, par huissier de justice, à l'initiative de la partie la plus diligente et à frais partagés par moitié, est joint au contrat. Lorsque l'état des lieux doit être établi par huissier de justice les parties en sont avisées par lui au moins deux jours à l'avance par lettre recommandée avec demande d'avis de réception. A défaut d'état des lieux, la présomption établie par l'article 1731 du Code civil ne peut être invoquée par celle des parties qui a fait obstacle à l'établissement de l'état des lieux.

Pendant le premier mois de la période de chauffe, le locataire peut demander que l'état des lieux soit complété par l'état des éléments de chauffage.

Lorsque la détermination du montant du loyer est subordonnée à la présentation par le bailleur de références aux loyers habituellement pratiqués dans le voisinage pour des logements comparables dans les conditions prévues à l'article 19, ces références sont jointes au contrat ainsi que les termes dudit article.

Lorsque l'immeuble est soumis au statut de la copropriété, le copropriétaire bailleur est tenu de communiquer au locataire les extraits du règlement de copropriété concernant la destination de l'immeuble, la jouissance et l'usage des parties privatives et communes et précisant la quote-part afférente au lot loué dans chacune des catégories de charges.

Le bailleur ne peut pas se prévaloir de la violation des dispositions du présent article.

Chaque partie peut exiger, à tout moment, de l'autre partie, l'établissement d'un contrat conforme aux dispositions du présent article.

Art. 4. – Est réputée non écrite toute clause :
a) Qui oblige le locataire, en vue de la vente ou de la location du local loué, à laisser visiter celui-ci les jours fériés ou plus de deux heures les jours ouvrables ;
b) Par laquelle le locataire est obligé de souscrire une assurance auprès d'une compagnie choisie par le bailleur ;

Art. 1778   LOUAGE DES CHOSES

c) Qui impose comme mode de paiement du loyer l'ordre de prélèvement automatique sur le compte courant du locataire ou la signature par avance de traites ou de billets à ordre ;

d) Par laquelle le locataire autorise le bailleur à prélever ou à faire prélever les loyers directement sur son salaire dans la limite cessible ;

e) Qui prévoit la responsabilité collective des locataires en cas de dégradation d'un élément commun de la chose louée ;

f) Par laquelle le locataire s'engage par avance à des remboursements sur la base d'une estimation faite unilatéralement par le bailleur au titre des réparations locatives ;

g) Qui prévoit la résiliation de plein droit du contrat en cas d'inexécution des obligations du locataire pour un motif autre que le non-paiement du loyer, des charges, du dépôt de garantie, la non-souscription d'une assurance des risques locatifs ;

h) Qui autorise le bailleur à diminuer ou à supprimer, sans contrepartie équivalente, des prestations stipulées au contrat ;

i) Qui autorise le bailleur à percevoir des amendes en cas d'infraction aux clauses d'un contrat de location ou d'un règlement intérieur à l'immeuble ;

j) Qui interdit au locataire l'exercice d'une activité politique, syndicale, associative ou confessionnelle.

Art. 5. – La rémunération des personnes qui se livrent ou prêtent leur concours à l'établissement d'un acte de location d'un immeuble appartenant à autrui tel que défini à l'article 2 est partagée par moitié entre le bailleur et le locataire.

Art. 6. – Le bailleur est obligé :

a) De délivrer au locataire le logement en bon état d'usage et de réparation ainsi que les équipements mentionnés au contrat de location en bon état de fonctionnement ; toutefois, les parties peuvent convenir par une clause expresse des travaux que le locataire exécutera ou fera exécuter et des modalités de leur imputation sur le loyer ; cette clause prévoit la durée de cette imputation et, en cas de départ anticipé du locataire, les modalités de son dédommagement sur justification des dépenses effectuées ; une telle clause ne peut concerner que des logements répondant aux normes minimales de confort et d'habitabilité définies par le décret prévu à l'article 25 de la loi n. 89-1290 du 23 décembre 1986 tendant à favoriser l'investissement locatif, l'accession à la propriété de logements sociaux et le développement de l'offre foncière ;

b) D'assurer au locataire la jouissance paisible du logement et, sans préjudice des dispositions de l'article 1721 du Code civil, de le garantir des vices ou défauts de nature à y faire obstacle hormis ceux qui, consignés dans l'état des lieux, auraient fait l'objet de la clause expresse mentionnée au *a* ci-dessus ;

c) D'entretenir les locaux en état de servir à l'usage prévu par le contrat et d'y faire toutes les réparations, autres que locatives, nécessaires au maintien en état et à l'entretien normal des locaux loués ;

d) De ne pas s'opposer aux aménagements réalisés par le locataire, dès lors que ceux-ci ne constituent pas une transformation de la chose louée.

Art. 7. – Le locataire est obligé :

a) De payer le loyer et les charges récupérables aux termes convenus ; le paiement mensuel est de droit lorsque le locataire en fait la demande ;

b) D'user paisiblement des locaux loués suivant la destination qui leur a été donnée par le contrat de location ;

LOUAGE DES CHOSES   Art. 1778

c) De répondre des dégradations et pertes qui surviennent pendant la durée du contrat dans les locaux dont il a la jouissance exclusive, à moins qu'il ne prouve qu'elles ont eu lieu par cas de force majeure, par la faute du bailleur ou par le fait d'un tiers qu'il n'a pas introduit dans le logement ;

d) De prendre à sa charge l'entretien courant du logement, des équipements mentionnés au contrat et les menues réparations ainsi que l'ensemble des réparations locatives définies par décret en Conseil d'Etat, sauf si elles sont occasionnées par vétusté, malfaçon, vice de construction, cas fortuit ou force majeure ;

e) De laisser exécuter dans les lieux loués les travaux d'amélioration des parties communes ou des parties privatives du même immeuble, ainsi que les travaux nécessaires au maintien en état et à l'entretien normal des locaux loués ; les dispositions des deuxième et troisième alinéas de l'article 1724 du Code civil sont applicables à ces travaux ;

f) De ne pas transformer les locaux et équipements loués sans l'accord écrit du propriétaire ; à défaut de cet accord, ce dernier peut exiger du locataire, à son départ des lieux, leur remise en état ou conserver à son bénéfice les transformations effectuées sans que le locataire puisse réclamer une indemnisation des frais engagés ; le bailleur a toutefois la faculté d'exiger aux frais du locataire la remise immédiate des lieux en l'état lorsque les transformations mettent en péril le bon fonctionnement des équipements ou la sécurité du local ;

g) De s'assurer contre les risques dont il doit répondre en sa qualité de locataire et d'en justifier lors de la remise des clés puis, chaque année, à la demande du bailleur.

Toute clause prévoyant la résiliation de plein droit du contrat de location pour défaut d'assurance du locataire ne produit effet qu'un mois après un commandement demeuré infructueux. Ce commandement reproduit, à peine de nullité, les dispositions du présent paragraphe.

Art. 8. – Le locataire ne peut ni céder le contrat de location, ni sous-louer le logement sauf avec l'accord écrit du bailleur, y compris sur le prix du loyer. Le prix du loyer au mètre carré de surface habitable des locaux sous-loués ne peut excéder celui payé par le locataire principal.

En cas de cessation du contrat principal, le sous-locataire ne peut se prévaloir d'aucun droit à l'encontre du bailleur ni d'aucun titre d'occupation.

Les autres dispositions de la présente loi ne sont pas applicables au contrat de sous-location.

Art. 9. – Lorsque deux locataires occupant deux logements appartenant au même propriétaire et situés dans un même ensemble immobilier demandent à procéder à un échange de logement entre eux, cet échange est de droit dès lors que l'une des deux familles concernées comporte au moins trois enfants et que l'échange a pour conséquence d'accroître la surface du logement occupé par la famille la plus nombreuse.

Dans les contrats en cours, chaque locataire se substitue de plein droit à celui auquel il succède et ne peut être considéré comme un nouvel entrant.

Ces dispositions ne sont pas applicables lorsque l'un des deux ou les deux logements sont soumis aux dispositions du chapitre III du titre 1er de la loi n. 48-1360 du 1er septembre 1948 portant modification et codification de la législation relative aux rapports des bailleurs et locataires ou occupants des locaux à usage d'habitation ou à usage professionnel et instituant des allocations de logement.

CHAPITRE II. DE LA DURÉE DU CONTRAT DE LOCATION

Art. 10. – Le contrat de location est conclu pour une durée au moins égale à trois ans pour les bailleurs personnes physiques ainsi que pour les bailleurs définis à l'article 13 et à six ans pour les bailleurs personnes morales.

A défaut de congé donné dans les conditions de forme et délai prévues à l'article 15, le contrat de location parvenu à son terme est reconduit tacitement pour une durée égale à celle du contrat

Art. 1778

initial ou, si celle du contrat initial est inférieure, au moins égale à celles définies au premier alinéa du présent article.

A défaut de congé ou de tacite reconduction, le contrat parvenu à son terme est renouvelé pour une durée au moins égale à celles définies au premier alinéa du présent article. L'offre de renouvellement est présentée dans les conditions de forme et de délai prévues pour le congé, à l'article 15. Le loyer du contrat renouvelé est défini selon les modalités prévues au c de l'article 17.

Art. 11. – Quand un événement précis justifie que le bailleur personne physique ait à reprendre le local pour des raisons professionnelles ou familiales, les parties peuvent conclure un contrat d'une durée inférieure à trois ans mais d'au moins un an. Le contrat doit mentionner les raisons et l'événement invoqués.

Par dérogation aux conditions de délai prévues à l'article 15, le bailleur confirme, deux mois au moins avant le terme du contrat, la réalisation de l'événement.

Dans le même délai, le bailleur peut proposer le report du terme du contrat si la réalisation de l'événement est différée. Il ne peut user de cette faculté qu'une seule fois.

Lorsque l'événement s'est produit et est confirmé, le locataire est déchu de plein droit de tout titre d'occupation du local au terme prévu dans le contrat.

Lorsque l'événement ne s'est pas produit ou n'est pas confirmé, le contrat de location est réputé être de trois ans.

Si le contrat prévu au présent article fait suite à un contrat de location conclu avec le même locataire pour le même local, le montant du nouveau loyer ne peut être supérieur à celui de l'ancien éventuellement révisé conformément au deuxième alinéa du d de l'article 17.

Art. 12. – Le locataire peut résilier le contrat de location à tout moment, dans les conditions de forme et de délai prévues au deuxième alinéa du paragraphe I de l'article 15.

Art. 13. – Les dispositions de l'article 11 et de l'article 15 peuvent être invoquées :
a) Lorsque le bailleur est une société civile constituée exclusivement entre parents et alliés jusqu'au quatrième degré inclus, par la société au profit de l'un des associés ;
b) Lorsque le logement est en indivision, par tout membre de l'indivision.

Art. 14. – En cas d'abandon du domicile par le locataire, le contrat de location continue :
– au profit du conjoint sans préjudice de l'article 1751 du Code civil ;
– au profit des descendants qui vivaient avec lui depuis au moins un an à la date de l'abandon du domicile ;
– au profit des ascendants, du concubin notoire ou des personnes à charge, qui vivaient avec lui depuis au moins un an à la date de l'abandon du domicile.

Lors du décès du locataire, le contrat de location est transféré :
– sans préjudice des sixième et septième alinéas de l'article 832 du Code civil, au conjoint survivant ;
– aux descendants qui vivaient avec lui depuis au moins un an à la date du décès ;
– aux ascendants, au concubin notoire ou aux personnes à charge, qui vivaient avec lui depuis au moins un an à la date du décès.

En cas de demandes multiples, le juge se prononce en fonction des intérêts en présence.

A défaut de personnes remplissant les conditions prévues au présent article, le contrat de location est résilié de plein droit par le décès du locataire ou par l'abandon du domicile par ce dernier.

Art. 15. – I. – Lorsque le bailleur donne congé à son locataire, ce congé doit être justifié soit par sa décision de reprendre ou de vendre le logement, soit par un motif légitime et sérieux, notamment l'inexécution par le locataire de l'une des obligations lui incombant. A peine de nullité, le congé

LOUAGE DES CHOSES Art. 1778

donné par le bailleur doit indiquer le motif allégué et, en cas de reprise, les nom et adresse du bénéficiaire de la reprise qui ne peut être que le bailleur, son conjoint, son concubin notoire depuis au moins un an à la date du congé, ses ascendants, ses descendants ou ceux de son conjoint ou concubin notoire.

Le délai de préavis applicable au congé est de trois mois lorsqu'il émane du locataire et de six mois lorsqu'il émane du bailleur. Toutefois, en cas de mutation ou de perte d'emploi, le locataire peut donner congé au bailleur avec un délai de préavis d'un mois. Le délai est également réduit à un mois en faveur des locataires âgés de plus de soixante ans dont l'état de santé justifie un changement de domicile (L. n. 90.449 du 31 mai 1990, art. 23) ainsi que des bénéficiaires du revenu minimum d'insertion. Le congé doit être notifié par lettre recommandée avec demande d'avis de réception ou signifié par acte d'huissier. Ce délai court à compter du jour de la réception de la lettre recommandée ou de la signification de l'acte d'huissier.

Pendant le délai de préavis, le locataire n'est redevable du loyer et des charges que pour le temps où il a occupé réellement les lieux si le congé a été notifié par le bailleur. Il est redevable du loyer et des charges concernant tout le délai de préavis si c'est lui qui a notifié le congé, sauf si le logement se trouve occupé avant la fin du préavis par un autre locataire en accord avec le bailleur.

A l'expiration du délai de préavis, le locataire est déchu de tout titre d'occupation des locaux loués.

II. – Lorsqu'il est fondé sur la décision de vendre le logement, le congé doit, à peine de nullité, indiquer le prix et les conditions de la vente projetée. Le congé vaut offre de vente au profit du locataire : l'offre est valable pendant les deux premiers mois du délai de préavis.

A l'expiration du délai de préavis, le locataire qui n'a pas accepté l'offre de vente est déchu de plein droit de tout titre d'occupation sur le local.

Le locataire qui accepte l'offre dispose, à compter de la date d'envoi de sa réponse au bailleur, d'un délai de deux mois pour la réalisation de l'acte de vente. Si, dans sa réponse, il notifie son intention de recourir à un prêt, l'acceptation par le locataire de l'offre de vente est subordonnée à l'obtention du prêt et le délai de réalisation de la vente est porté à quatre mois. Le contrat de location est prorogé jusqu'à l'expiration du délai de réalisation de la vente. Si, à l'expiration de ce délai, la vente n'a pas été réalisée, l'acceptation de l'offre de vente est nulle de plein droit et le locataire est déchu de plein droit de tout titre d'occupation.

Lorsque le bien a été vendu à un tiers, à des conditions ou à un prix plus avantageux pour l'acquéreur que ceux prévus dans l'offre de vente, le locataire qui n'avait pas accepté cette offre a la faculté de se substituer à l'acquéreur pendant le délai d'un mois à compter de la notification du contrat de vente. Le locataire indique au bailleur l'adresse à laquelle cette notification doit être effectuée à la diligence de notaire ; à défaut, le locataire ne peut se prévaloir de ce droit de substitution.

Les termes des alinéas précédents sont reproduits, à peine de nullité, dans chaque notification.

Ces dispositions ne sont pas applicables aux actes intervenant entre parents jusqu'au troisième degré inclus, sous la condition que l'acquéreur occupe le logement pendant une durée qui ne peut être inférieure à deux ans à compter de l'expiration du délai de préavis, ni aux actes portant sur les immeubles mentionnés au deuxième alinéa de l'article 1er de la loi n. 53-286 du 4 avril 1953 modifiant la loi n. 48-1360 du 1er septembre 1948 portant modification et codification de la législation relative aux rapports des bailleurs et locataires ou occupants de locaux d'habitation ou à usage professionnel.

III. – Le bailleur ne peut s'opposer au renouvellement du contrat en donnant congé dans les conditions définies au paragraphe I ci-dessus à l'égard de tout locataire âgé de plus de soixante-dix ans et dont les ressources annuelles sont inférieures à une fois et demie le montant annuel du salaire minimum de croissance, sans qu'un logement correspondant à ses besoins et à ses possibilités lui soit offert dans les limites géographiques prévues à l'article 13 bis de la loi n. 48-1360 du 1er septembre 1948 précitée.

Art. 1778 — LOUAGE DES CHOSES

Toutefois, les dispositions de l'alinéa précédent ne sont pas applicables lorsque le bailleur est une personne physique âgée de plus de soixante ans ou si ses ressources annuelles sont inférieures à une fois et demie le montant annuel du salaire minimum de croissance.

L'âge du locataire et celui du bailleur sont appréciés à date d'échéance du contrat ; le montant de leurs ressources est apprécié à la date de notification du congé.

CHAPITRE III. – DU LOYER ET DES CHARGES

Art. 16. – Les données statistiques nécessaires à la détermination des références mentionnées aux articles 17 et 19 peuvent être recueillies et diffusées, pour chaque département, par des observatoires des loyers agréés à cette fin par le ministre chargé du logement. Cet agrément peut également être accordé à des observatoires des loyers exerçant leur activité pour l'ensemble d'une agglomération.

L'agrément mentionné à l'alinéa précédent n'est accordé, dans des conditions fixées par décret, qu'aux observatoires dont les statuts assurent la représentation équitable des bailleurs, des locataires, des gestionnaires au sein de leurs organes dirigeants.

Les observatoires des loyers fournissent aux commissions départementales de conciliation et aux juges qui en font la demande les éléments d'information en leur possesion permettant à ceux-ci de favoriser la conciliation des parties ou de trancher un litige.

Le Gouvernement dépose tous les deux ans, sur le bureau des assemblées, lors de la seconde session ordinaire, un rapport sur l'évolution des loyers.

Art. 17. – *a)* Le loyer :
– des logements neufs ;
– des logements vacants ayant fait l'objet de travaux de mise ou de remise aux normes définies par le décret pris en application de l'article 25 de la loi n. 86-1290 du 23 décembre 1986 précitée ;
– des logements conformes aux normes définies par ledit décret, faisant l'objet d'une première location ou, s'ils sont vacants, ayant fait l'objet depuis moins de six mois de travaux d'amélioration portant sur les parties privatives ou communes, d'un montant au moins égal à une année du loyer antérieur, est fixé librement entre les parties.

b) Le loyer des logements vacants ou faisant l'objet d'une première location qui ne sont pas visés au *a* ci-dessus est fixé par référence aux loyers habituellement constatés dans le voisinage pour des logements comparables dans les conditions définies à l'article 19, s'il est supérieur au dernier loyer exigé du précédent locataire.

Les dispositions de l'alinéa précédent sont applicables pendant une durée de cinq ans à compter de la date de la publication de la présente loi. Avant l'expiration de ce délai, le Gouvernement présentera au Parlement un rapport d'exécution permettant d'établir la comparaison entre l'évolution des loyers des logements vacants selon qu'ils relèvent du *a* ou du *b* du présent article.

En cas de non-respect par le bailleur des dispositions de l'article 19, le locataire dispose, sans qu'il soit porté atteinte à la validité du contrat en cours, d'un délai de deux mois pour contester le montant du loyer auprès de la commission de conciliation.

A défaut d'accord constaté par la commission, le juge, saisi par l'une ou l'autre des parties, fixe le loyer.

c) Lors du renouvellement du contrat, le loyer ne donne lieu à réévaluation que s'il est manifestement sous-évalué.

Dans ce cas, le bailleur peut proposer au locataire, au moins six mois avant le terme du contrat et dans les conditions de forme prévues à l'article 15, un nouveau loyer fixé par référence aux loyers habituellement constatés dans le voisinage pour des logements comparables dans les conditions définies à l'article 19.

LOUAGE DES CHOSES — Art. 1778

Lorsque le bailleur fait application des dispositions du présent c, il ne peut donner congé au locataire pour la même échéance du contrat.

La notification reproduit intégralement, à peine de nullité, les dispositions des alinéas du présent c et mentionne le montant du loyer ainsi que la liste des références ayant servi à le déterminer.

En cas de désaccord ou à défaut de réponse du locataire quatre mois avant le terme du contrat, l'une ou l'autre des parties saisit la commission de conciliation.

A défaut d'accord constaté par la commission, le juge est saisi avant le terme du contrat. A défaut de saisine, le contrat est reconduit de plein droit aux conditions antérieures du loyer éventuellement révisé. Le contrat dont le loyer est fixé judiciairement est réputé renouvelé pour la durée définie à l'article 10, à compter de la date d'expiration du contrat. La décision du juge est exécutoire par provision.

La hausse convenue entre les parties ou fixée judiciairement s'applique par tiers ou par sixième selon la durée du contrat.

Toutefois, cette hausse s'applique par sixième annuel au contrat renouvelé, puis lors du renouvellement ultérieur, dès lors qu'elle est supérieure à 10 p. 100 si le premier renouvellement avait une durée inférieure à six ans.

La révision éventuelle résultant du d ci-dessous s'applique à chaque valeur ainsi définie.

d) Lorsque le contrat de location prévoit la révision du loyer, celle-ci intervient chaque année à la date convenue entre les parties ou, à défaut, au terme de chaque année du contrat.

L'augmentation du loyer qui en résulte ne peut excéder la variation de l'indice national mesurant le coût de la construction publié par l'Institut national de la statistique et des études économiques. A défaut de clause contractuelle fixant la date de référence, cette date est celle du dernier indice publié à la date de signature du contrat de location.

e) Lorsque les parties sont convenues, par une clause expresse, de travaux d'amélioration du logement que le bailleur fera exécuter, le contrat de location ou un avenant à ce contrat fixe la majoration du loyer consécutive à la réalisation de ces travaux.

Art. 18. – Dans la zone géographique où le niveau et l'évolution des loyers comparés à ceux constatés sur l'ensemble du territoire révèlent une situation anormale du marché locatif, un décret en Conseil d'Etat, pris après avis de la Commission nationale de concertation, peut fixer le montant maximum d'évolution des loyers des logements vacants définis au b de l'article 17 et des contrats renouvelés définis au c du même article.

Ce décret précise sa durée de validité qui ne peut excéder un an et peut prévoir des adaptations particulières, notamment en cas de travaux réalisés par les bailleurs ou de loyers manifestement sous-évalués.

Art. 19. – Pour l'application de l'article 17, les loyers servant de références doivent être représentatifs de l'ensemble des loyers habituellement constatés dans le voisinage pour des logements comparables, situés soit dans le même groupe d'immeubles, soit dans tout autre groupe d'immeubles comportant des caractéristiques similaires et situé dans la même zone géographique. Un décret en Conseil d'Etat définit les éléments constitutifs de ces références.

Le nombre minimal des références à fournir par le bailleur est de trois. Toutefois, il est de six dans les communes, dont la liste est fixée par décret, faisant partie d'une agglomération de plus d'un million d'habitants.

Les références notifiées par le bailleur doivent comporter, au moins pour deux tiers, des références de locations pour lesquelles il n'y a pas eu de changement de locataire depuis trois ans.

Art. 20. – Il est créé auprès du représentant de l'Etat dans chaque département une commission départementale de conciliation composée de représentants d'organisations de bailleurs et

Art. 1778 — LOUAGE DES CHOSES

d'organisations de locataires en nombre égal, dont la compétence porte sur les litiges résultant de l'application des dispositions de l'article 17 de la présente loi et des articles 30 et 31 de la loi n. 86-1290 du 23 décembre 1986 précitée. La commission rend un avis dans le délai de deux mois à compter de sa saisine et s'efforce de concilier les parties.

Un décret fixe la composition, le mode de désignation et les règles de fonctionnement de la commission départementale de conciliation.

Art. 21. – Le bailleur est tenu de remettre gratuitement une quittance au locataire qui en fait la demande. La quittance porte le détail des sommes versées par le locataire en distinguant le loyer, le droit de bail et les charges.

Si le locataire effectue un paiement partiel, le bailleur est tenu de délivrer un reçu.

Art. 22. – Lorsqu'un dépôt de garantie est prévu par le contrat de location pour garantir l'exécution de ses obligations locatives par le locataire, il ne peut être supérieur à deux mois de loyer en principal.

Un dépôt de garantie ne peut être prévu lorsque le loyer est payable d'avance pour une période supérieure à deux mois ; toutefois, si le locataire demande le bénéfice du paiement mensuel du loyer, par application de l'article 7, le bailleur peut exiger un dépôt de garantie.

Il est restitué dans un délai maximal de deux mois à compter de la restitution des clés par le locataire, déduction faite, le cas échéant, des sommes restant dues au bailleur et des sommes dont celui-ci pourrait être tenu, aux lieu et place du locataire, sous réserve qu'elles soient dûment justifiées.

Le montant de ce dépôt de garantie ne porte pas intérêt au bénéfice du locataire. Il ne doit faire l'objet d'aucune révision durant l'exécution du contrat de location, éventuellement renouvelé.

A défaut de restitution dans le délai prévu, le solde du dépôt de garantie restant dû au locataire, après arrêté des comptes, produit intérêt au taux légal au profit du locataire.

Art. 23. – Les charges récupérables, sommes accessoires au loyer principal, sont exigibles sur justification en contrepartie :

1° Des services rendus liés à l'usage des différents éléments de la chose louée ;

2° Des dépenses d'entretien courant et des menues réparations sur les éléments d'usage commun de la chose louée ;

3° Du droit de bail et des impositions qui correspondent à des services dont le locataire profite directement.

La liste de ces charges est fixée par décret en Conseil d'Etat.

Les charges locatives peuvent donner lieu au versement de provisions et doivent, en ce cas, faire l'objet d'une régularisation au moins annuelle. Les demandes de provisions sont justifiées par la communication de résultats antérieurs arrêtés lors de la précédente régularisation et, lorsque l'immeuble est soumis au statut de la copropriété ou lorsque le bailleur est une personne morale, par le budget prévisionnel.

Un mois avant cette régularisation, le bailleur en communique au locataire le décompte par nature de charges ainsi que, dans les immeubles collectifs, le mode de répartition entre les locataires. Durant un mois à compter de l'envoi de ce décompte, les pièces justificatives sont tenues à la disposition des locataires.

Art. 24. – Toute clause prévoyant la résiliation de plein droit du contrat de location pour défaut de paiement du loyer ou des charges aux termes convenus ou pour non-versement du dépôt de garantie ne produit effet que deux mois après un commandement de payer demeuré infructueux.

Le juge, saisi par le locataire avant l'expiration du délai prévu à l'alinéa précédent, peut accorder des délais de paiement dans les conditions prévues au deuxième alinéa de l'article 1244 du Code civil.

LOUAGE DES CHOSES   Art. 1778

Pendant le cours des délais ainsi accordés, les effets de la clause de résiliation de plein droit sont suspendus ; ces délais et les modalités de paiement accordés ne peuvent affecter l'exécution du contrat de location et notamment suspendre le paiement du loyer et des charges.

Si le locataire se libère dans le délai et selon les modalités fixés par le juge, la clause de résiliation de plein droit est réputée ne pas avoir joué ; dans le cas contraire, elle reprend son plein effet.

Le commandement de payer reproduit, à peine de nullité, les dispositions des alinéas précédents *(L. n. 90-449 du 31 mai 1990, art. 27)* ainsi que du premier alinéa de l'article 6 de la loi n. 90-449 du 31 mai 1990 visant à la mise en œuvre du droit au logement, en mentionnant la faculté pour le locataire de saisir le fonds de solidarité pour le logement.

Art. 25. – I. – Les chapitres Ier à IV du titre Ier de la loi n. 86-1290 du 23 décembre 1986 tendant à favoriser l'investissement locatif, l'accession à la propriété des logements sociaux et le développement de l'offre foncière sont abrogés.

II. – Jusqu'à leur terme, les contrats de location en cours à la date de publication de la présente loi demeurent soumis aux dispositions qui leur étaient applicables. Toutefois, les dispositions des deux derniers alinéas de l'article 10, des articles 15, 17, 18, 19 et 24 s'appliquent à ces contrats dès la publication de la présente loi.

Pour les contrats conclus postérieurement au 23 décembre 1986, pour lesquels le propriétaire a délivré congé en application de l'article 9 et de l'article 14 de la loi n. 86-1290 du 23 décembre 1986 précitée avant la date de publication de la présente loi, le congé est nul et sans effet. Le propriétaire peut délivrer un nouveau congé dans les formes et conditions prévues à l'article 15 ; toutefois, le délai de préavis applicable à ce congé est réduit à trois mois.

III. – Pour les contrats arrivant à échéance après le 22 mai 1989, ou pour lesquels une instance judiciaire est en cours, pour lesquels le propriétaire a formulé, avant la publication de la présente loi, une proposition de nouveau loyer en application de l'article 21 de la loi n. 86-1290 du 23 décembre 1986 précitée, le locataire dispose d'un délai d'un mois à compter de ladite publication pour demander au bailleur, par lettre recommandée avec demande d'avis de réception ou par acte d'huissier, de formuler à nouveau une proposition de loyer ; dans ce cas, le bailleur peut présenter, dans un délai d'un mois à compter de la demande du locataire et dans les mêmes formes, une nouvelle proposition, faute de quoi le contrat initial est reconduit, à compter de sa date normale d'échéance, pour la durée prévue à l'article 10 et au loyer antérieur éventuellement révisé.

Les dispositions du c de l'article 17 sont applicables à ladite proposition, sous les réserves suivantes : le délai de préavis qui est fixé pour la formulation de la proposition n'est pas applicable ; la commission départementale de conciliation est saisie au plus tard deux mois après la proposition du bailleur ; le juge doit être saisi au plus tard deux mois après la saisine de la commission ; le nouveau loyer, fixé à la suite de cette seconde présentation, prend effet à la date normale d'échéance du contrat. Jusqu'à la fixation de ce loyer, il n'est pas porté atteinte à la validité du loyer éventuellement fixé en application de l'article 21 de la loi n. 86-1290 du 23 décembre 1986 précitée.

Pour les contrats conclus postérieurement au 23 décembre 1986 et pour lesquels le bailleur a formulé une proposition de renouvellement assortie d'un nouveau loyer en application de l'article 9 de la loi n. 86-1290 du 23 décembre 1986 précitée, avant la date de publication de la présente loi, la proposition est nulle et sans effet. Le bailleur peut formuler dans un délai d'un mois à compter de la publication de la présente loi une proposition de nouveau loyer conformément au c de l'article 17, sous les réserves prévues à l'alinéa précédent ; toutefois, jusqu'à la fixation du nouveau loyer, le loyer antérieur éventuellement révisé demeure applicable.

IV. – Les dispositions du paragraphe III ci-dessus ne sont pas applicables lorsque la proposition du bailleur ou le congé ont donné lieu à une décision de justice passée en force de chose jugée.

V. – Les décrets pris en application des articles 7, 18, 21, 23 et 24 abrogés et des articles 25 et 29 modifiés de la loi n. 86-1290 du 23 décembre 1986 restent en vigueur pour l'application de la présente loi, jusqu'à l'intervention des décrets correspondants pris en application de la présente loi.

Art. 1778 — LOUAGE DES CHOSES

TITRE II. – DISPOSITIONS DIVERSES

Art. 26. – *(V. L. n. 86-1290 du 23 déc. 1986, art. 25)*

Art. 27. – *(V. L. n. 86-1290 du 23 déc. 1986, art. 29)*

Art. 28. – *(V. L. n. 86-1290 du 23 déc. 1986, art. 31)*

Art. 29. – *(V. L. n. 86-1290 du 23 déc. 1986, art. 33)*

Art. 30. – *(V. L. n. 86-1290 du 23 déc. 1986, art. 34)*

Art. 31. – *(V. L. n. 86-1290 du 23 déc. 1986, art. 41 bis)*

Art. 32. – *(V. L. n. 86-1290 du 23 déc. 1986, art. 41 ter)*

Art. 33. – *(V. L. n. 86-1290 du 23 déc. 1986, art. 42, 1er al.)*

Art. 34. – *(V. L. n. 86-1290 du 23 déc. 1986, art. 42, 2e al.)*

Art. 35. – *(V. L. n. 86-1290 du 23 déc. 1986, art. 44, 1er al.)*

Art. 36. – *(V. L. n. 86-1290 du 23 déc. 1986, art. 57-A)*

Art. 37. – *(V. L. n. 86-1290 du 23 déc. 1986, art. 57)*

Art. 38. – *(V. L. n. 48-1360 du 1er sept. 1948, art. 27, 5e al., art. 38)*

Art. 39. – *(V. L. n. 86-1290 du 30 déc. 1986, art. 28, 30 à 33, 34, 43, 46 à 50, 54)*

Art. 40. – I. – Les dispositions des articles 8, 10 à 12, 15 à 20, du premier alinéa de l'article 22, des cinq premiers alinéas de l'article 23 ne sont pas applicables aux logements appartenant aux organismes d'habitations à loyer modéré et ne faisant pas l'objet d'une convention passée en application de l'article L. 351-2 du Code de la construction et de l'habitation. Les dispositions de l'article 14 sont applicables à la condition que le bénéficiaire du transfert du contrat remplisse les conditions d'attribution dudit logement.

Toutefois, les dispositions des deuxième et troisième alinéas du paragraphe I de l'article 22 et de l'article 15 leur sont applicables lorsque le congé émane du locataire.

II. – Les dispositions des articles 3, 8 à 20, du premier alinéa de l'article 22 et de l'article 24 ne sont pas applicables aux logements dont le foyer est fixe en application des dispositions du chapitre III de la loi n. 48-1360 du 1er septembre 1948 précitée.

III. – Les dispositions des articles 8, 10 à 12, 15, du paragraphe e de l'article 17 et du premier alinéa de l'article 22 ne sont pas applicables aux logements régis par une convention conclue en application de l'article L. 351-2 du Code de la construction et de l'habitation.

Toutefois, les dispositions des deuxième et troisième alinéas du paragraphe I de l'article 15 leur sont applicables lorsque le congé émane du locataire.

Les dispositions de l'article 14 leur sont applicables à la condition que le bénéficiaire du transfert remplisse les conditions d'attribution desdits logements.

En outre, les dispositions de l'article 16, des paragraphes a, b, c et d de l'article 17, des articles 18 à 20 et des cinq premiers alinéas de l'article 23 ne sont pas applicables aux logements régis par une convention conclue en application de l'article L. 353-14 du Code de la construction et de l'habitation.

IV. – Les dispositions des cinq premiers alinéas de l'article 23 ne sont pas applicables aux logements dont les conditions sont réglementées en contrepartie de primes ou prêts spéciaux à la construction consentis par le Crédit foncier de France ou la Caisse centrale de coopération économique.

LOUAGE DES CHOSES   Art. 1778

V. – Les dispositions de l'article 10, de l'article 15 à l'exception des deuxième, troisième et quatrième alinéas du paragraphe I et des paragraphes *b* etc de l'article 17 ne sont pas applicables aux logements donnés en location à titre exceptionnel et transitoire par les collectivités locales.

VI. – Les loyers fixés en application de l'article 17 ou négociés en application des articles 41 *ter* et 42 de la loi n. 86-1290 du 23 décembre 1986 précitée ne peuvent ni excéder, pour les logements ayant fait l'objet de conventions passées en applications de l'article L. 351-2 du Code de la construction et de l'habitation, les loyers plafonds applicables à ces logements, ni déroger, pour les logements ayant fait l'objet de primes ou de prêts spéciaux à la construction du Crédit foncier de France ou de la Caisse centrale de coopération économique, aux règles applicables à ces logements.

Les accords conclus en application des articles 41 *ter* et 42 de la loi n. 86-1290 du 23 décembre 1986 précitée ne peuvent conduire à déroger, pour les logements dont le loyer est fixé en application du chapitre III de la loi n. 48-1360 du 1er septembre 1948 précitée, aux règles de fixation de ce loyer ni, pour les logements gérés par les organismes d'habitations à loyer modéré, aux règles de fixation et d'évolution des loyers prévues à l'article L. 442-1 du Code de la construction et de l'habitation.

Art. 41. – Pour la période du 13 novembre 1982 au 31 décembre 1986, les services rendus liés à l'usage des différents éléments de la chose louée prévus par l'article L. 442-3 du Code de la construction et de l'habitation, dans sa rédaction tirée du paragraphe I de l'article 9 de la loi n. 81-1161 du 30 décembre 1981 relative à la modération des loyers, n'incluent pas les dépenses du personnel chargé de l'entretien des parties communes et de l'élimination des rejets. La présente disposition, qui est interprétative, a un caractère d'ordre public.

Art. 42. – Au début du paragraphe III de l'article 73 de la loi n. 86-1290 du 23 décembre 1986 précitée, les mots : « Pour une période de cinq années à compter du 1er janvier 1978 », sont remplacés par les mots : « Pour une période de sept années à compter du 1er janvier 1987 ».

Décret n. 89-590 du 28 août 1989 *(J.O. 29 août)*
relatif à l'évolution de certains loyers dans l'agglomération de Paris,
pris en application de l'article 18 de la loi n. 89-462 du 6 juillet 1989
tendant à améliorer les rapports locatifs et portant modification
de la loi n. 86-1290 du 23 décembre 1986

Art. 1er. – Le présent décret s'applique dans les communes appartenant à l'agglomération de Paris dont la liste figure en annexe.

Art. 2. – Lorsqu'un logement vacant mentionné au *b* de l'article 17 de la loi du 6 juillet 1989 susvisée est reloué au cours des douze mois qui suivent l'entrée en vigueur du présent décret, la majoration du loyer ne peut excéder la variation de l'indice du coût de la construction à prendre en compte entre la dernière majoration de loyer intervenue dans le cadre de l'ancien contrat et la date d'effet du nouveau contrat.

Toutefois, lorsque le bailleur a réalisé depuis le dernier renouvellement ou la dernière reconduction du contrat de location précédent, ou, si le contrat précédent n'a pas été ni renouvelé ni reconduit, depuis la date d'effet du contrat initial précédent, des travaux d'amélioration portant sur les parties privatives ou communes d'un montant au moins égal à la dernière année de loyer, une majoration supplémentaire du loyer annuel égale au plus à 10 p. 100 du coût réel des travaux toutes taxes comprises est autorisée.

Les dispositions des alinéas précédents ne s'appliquent pas :

1° Aux loyers initiaux des logements faisant l'objet d'une convention passée en application de l'article L. 351-2 du Code de la construction et de l'habitation ;

2° Aux loyers initiaux des logements faisant l'objet d'un contrat de location mentionné à l'article 28 de la loi du 23 décembre 1986 susvisée ;

Art. 1778 LOUAGE DES CHOSES

3° Aux logements dont le loyer du précédent locataire était régi par les dispositions du chapitre III de la loi du 1er septembre 1948 susvisée ;

Elles ne s'appliquent pas non plus aux logements dont le loyer est manifestement sous-évalué, lorsque le contrat du précédent locataire n'a pas été reconduit ou renouvelé entre le 26 décembre 1986 et la date d'entrée en vigueur du présent décret, et que ce contrat avait été conclu :

1° Avant le 1er janvier 1985, lorsque le logement appartient au deuxième secteur défini au deuxième alinéa de l'article 41 *ter* de la loi du 23 décembre 1986 susvisée ;

2° Avant le 1er janvier 1986, lorsque le logement appartient au troisième secteur défini au deuxième alinéa de l'article 41 *ter* de la loi du 23 décembre 1986 susvisée ;

3° Avant le 1er janvier 1984, lorsque le logement appartient au quatrième secteur défini au deuxième alinéa de l'article 41 *ter* de la loi du 23 décembre 1986 susvisée.

Art. 3. – Lorsqu'un contrat de location est renouvelé au cours des douze mois qui suivent l'entrée en vigueur du présent décret, il ne peut y avoir de réévaluation du loyer autre que celle résultant de la révision, aux date et conditions prévues au contrat, ou d'une clause relative à la révision introduite dans le contrat lors de son renouvellement.

Toutefois, lorsque le bailleur a réalisé depuis le dernier renouvellement ou la dernière reconduction du contrat, ou, si le contrat n'a été ni renouvelé ni reconduit, depuis sa date d'effet, des travaux d'amélioration portant sur les parties privatives ou communes d'un montant au moins égal à la dernière année de loyer et si, selon la date d'échéance du contrat, il a fait application des dispositions de l'article 21 abrogé de la loi du 23 décembre 1986 susvisée ou il a fait application de celles du *c* de l'article 17 de la loi du 6 juillet 1989 susvisée, la majoration du loyer annuel qui en résulte est au plus égale à 10 p. 100 du coût réel des travaux toutes taxes comprises. La hausse du loyer s'applique dans les conditions prévues au *c* de l'article 17 précité.

Les dispositions des alinéas précédents ne s'appliquent pas aux logements dont le loyer est manifestement sous-évalué, lorsque le contrat n'a pas été reconduit ou renouvelé entre le 26 décembre 1986 et la date d'entrée en vigueur du présent décret, et que ce contrat a été conclu :

1° Avant le 1er janvier 1985, lorsque le logement appartient au deuxième secteur défini au deuxième alinéa de l'article 41 *ter* de la loi du 23 décembre 1986 susvisée ;

2° Avant le 1er janvier 1986, lorsque le logement appartient au troisième secteur défini au deuxième alinéa de l'article 41 *ter* de la loi du 23 décembre 1986 susvisée ;

3° Avant le 1er janvier 1984, lorsque le logement appartient au quatrième secteur défini au deuxième alinéa de l'article 41 *ter* de la loi du 23 décembre 1986 susvisée.

Art. 4. – Les dispositions du présent décret ne font pas obstacle à l'application des clauses contractuelles mentionnées au *e* de l'article 17 de la loi du 6 juillet 1989 ou des accords collectifs locaux conclus en application de l'article 42 de la loi du 23 décembre 1986 susvisée.

Annexe des communes de l'agglomération de Paris, Décret n. 89-590 du 28 août 1989
(V. annexe en fin d'ouvrage)

TITRE IV. – BAIL A CONSTRUCTION
Code de la construction et de l'habitation
TITRE V. – BAIL A CONSTRUCTION
Première partie (législative)

Art. L. 251-1. – Constitue un bail à construction le bail par lequel le preneur s'engage, à titre principal, à édifier des constructions sur le terrain du bailleur et à les conserver en bon état d'entretien pendant toute la durée du bail.

Le bail à construction est consenti par ceux qui ont le droit d'aliéner et dans les mêmes conditions et formes.

Il est conclu pour une durée comprise entre dix-huit et quatre-vingt-dix-neuf ans. Il ne peut se prolonger par tacite reconduction.

LOUAGE DES CHOSES — Art. 1778

Art. L. 251-2. – Les parties conviennent de leurs droits respectifs de propriété sur les constructions existantes et sur les constructions édifiées. À défaut d'une telle convention, le bailleur en devient propriétaire en fin de bail et profite des améliorations.

Art. L. 251-3. – Le bail à construction confère au preneur un droit réel immobilier.

Ce droit peut être hypothéqué, de même que les constructions édifiées sur le terrain loué ; il peut être saisi dans les formes prescrites pour la saisie immobilière.

Le preneur peut céder tout ou partie de ses droits ou les apporter en société. Les cessionnaires ou la société sont tenus des mêmes obligations que le cédant qui en reste garant jusqu'à l'achèvement de l'ensemble des constructions que le preneur s'est engagé à édifier en application de l'article L. 251-1.

Le preneur peut consentir les servitudes passives indispensables à la réalisation des constructions prévues au bail.

Art. L. 251-4. – Le preneur est tenu de toutes les charges, taxes et impôts relatifs tant aux constructions qu'au terrain.

Il est tenu du maintien des constructions en bon état d'entretien et des réparations de toute nature. Il n'est pas obligé de reconstruire les bâtiments s'ils ont péri par cas fortuit ou force majeure ou, s'agissant des bâtiments existant au moment de la passation du bail, par un vice de construction antérieur audit bail. Il répond de l'incendie des bâtiments existants et de ceux qu'il a édifiés.

Sauf stipulation contraire du bail, il peut démolir, en vue de les reconstruire, les bâtiments existants.

Art. L. 251-5. – Le prix du bail peut consister, en tout ou partie, dans la remise au bailleur, à des dates et dans des conditions convenues, d'immeubles ou de fractions d'immeubles ou de titres donnant vocation à la propriété ou à la jouissance de tels immeubles.

S'il est stipulé un loyer périodique payable en espèces, ce loyer est affecté d'un coefficient révisable par périodes triennales comptées à partir de l'achèvement des travaux. Toutefois, la première révision a lieu au plus tard dès l'expiration des six premières années du bail.

La variation du coefficient est proportionnelle à celle du revenu brut des immeubles. Le revenu pris pour base de la variation du coefficient est celui de la première année civile qui suit celle de l'achèvement des travaux.

(L. n. 79-17 du 3 janv. 1979, art. 9-I) Les contestations relatives à l'application des dispositions des deux précédents alinéas sont portées devant le président du tribunal de grande instance.

En cas de perte des bâtiments, le loyer est maintenu au taux qu'il avait atteint à la date de cette perte jusqu'à reconstruction éventuelle des bâtiments détruits.

Art. L. 251-6. – Les servitudes passives, autres que celles mentionnées au quatrième alinéa de l'article L. 251-3, privilèges, hypothèques ou autres charges nées du chef du preneur et, notamment, les baux et titres d'occupation de toute nature portant sur les constructions, s'éteignent à l'expiration du bail.

Toutefois, si le bail prend fin par résiliation judiciaire ou amiable, les privilèges et hypothèques mentionnés au précédent alinéa et inscrits, suivant le cas, avant la publication de la demande en justice tendant à obtenir cette résiliation ou avant la publication de l'acte ou de la convention la constatant, ne s'éteignent qu'à la date primitivement convenue pour l'expiration du bail.

Art. L. 251-7. – Si pendant la durée du bail les constructions sont détruites par cas fortuit ou force majeure, la résiliation peut, à la demande de l'une ou l'autre partie, être prononcée par décision judiciaire, qui statue également sur les indemnités qui pourraient être dues.

Art. 1778   LOUAGE DES CHOSES

Art. L. 251-8. *(Remplacé, L. n. 79-17 du 3 janv. 1979, art. 9-I, c) (*).* – Les dispositions des troisième et quatrième alinéas de l'article L. 251-3 ainsi que celles de l'avant-dernier alinéa de l'article L. 251-5 sont d'ordre public.

(*) *Ces dispositions ne sont pas applicables aux baux en cours à la date du 4 janv. 1979 sauf stipulation contractuelle contraire, L. n. 79-17 du 3 janv. 1979, art. 9-II.*

Art. L. 251-9. *(Mod. L. n. 83-440 du 2 juin 1983, art. 8).* – Les dispositions des articles L. 251-1, alinéa 3, et L. 251-3, alinéa 3, dans leur rédaction issue des articles 47 et 48 de la loi n. 75-1328 du 31 décembre 1975, ne sont pas applicables aux baux à construction qui ont été conclus avant le 3 janvier 1976.

Les dispositions de l'alinéa 4 de l'article L. 251-5 relatives au cas où les revenus du preneur sont limités par l'effet de dispositions législatives s'appliquent aux baux en cours au 31 décembre 1977.

Deuxième partie (réglementaire)

Art. R. 251-1. – Sauf stipulations contraires des parties, le revenu servant à la détermination du coefficient de révision du loyer mentionné à l'article L. 251-5 est le revenu moyen au mètre carré. Il est obtenu en divisant le revenu brut global par la surface utile, exprimée en mètres carrés, des locaux, aménagements ou installations ayant produit des revenus locatifs au cours de l'année civile de référence. Pour les locaux à usage d'habitation, la surface utile est la surface habitable telle qu'elle est définie par l'article R. 111-2.

Le premier coefficient de révision du loyer est égal au rapport entre les revenus moyens au mètre carré afférents, d'une part, à l'année civile qui précède celle de la première révision, et, d'autre part, à l'année civile qui suit l'achèvement des travaux.

Art. R. 251-2. – L'année d'achèvement des travaux est celle au cours de laquelle a été délivré le récépissé de la déclaration d'achèvement prévue par l'article R. 460-1 du Code de l'urbanisme ou, s'il en a été délivré plusieurs, celle au cours de laquelle a été délivré le dernier de ceux-ci.

Si, entre les dates du premier et du dernier desdits récépissés il s'est écoulé plus de deux ans, il est alors procédé à une révision du loyer pour ladite période. Cette révision est faite sur la base de la variation de l'indice du coût de la construction entre ces deux dates.

Si, pour quelque cause que ce soit, les locaux, aménagements ou installations n'ont fait, au cours de l'année civile qui suit celle de l'achèvement des travaux l'objet d'aucune occupation, même partielle, donnant lieu à la perception de revenus locatifs, l'indice du coût de construction du premier trimestre de chacune des deux années de référence est pris pour base de calcul du coefficient de variation en vue de la révision devant intervenir à l'issue de la première période triennale suivant l'achèvement des travaux.

Si les travaux ne sont pas achevés à l'expiration de la sixième année du bail, la variation du coefficient de révision est proportionnelle à la variation des indices du coût de la construction entre les derniers trimestres des troisième et sixième années du bail.

Art. R. 251-3. – Le président du tribunal de grande instance statue sur les contestations relatives aux dispositions des deuxième, troisième et quatrième alinéas de l'article L. 251-5 et sur celles relatives à l'article R. 251-1 dans les conditions fixées au titre VI du décret n. 53-960 du 30 septembre 1953 modifié fixant les rapports entre bailleurs et locataires.

CHAPITRE V. – CONCESSION IMMOBILIÈRE

Loi d'orientation foncière n. 67-1253 du 30 décembre 1967

LOUAGE DES CHOSES — Art. 1778

CHAPITRE VI. – DES CONCESSIONS IMMOBILIERES

Art. 48. – La concession immobilière est le contrat par lequel le propriétaire d'un immeuble ou partie d'immeuble, bâti ou non bâti, en confère la jouissance à une personne dénommée concessionnaire, pour une durée de vingt années au minimum et moyennant le paiement d'une redevance annuelle.

La concession immobilière est consentie par ceux qui ont la capacité de disposer ; elle fait l'objet d'un acte authentique, publié au fichier immobilier, et qui doit comporter une référence expresse aux dispositions du présent chapitre. Elle ne peut se prolonger par tacite reconduction.

La redevance est révisable selon les modalités prévues par le contrat.

Art. 49. – Il est dû garantie au concessionnaire pour tous les vices ou défauts de l'immeuble concédé qui en empêchent ou en restreignent l'usage, même si le propriétaire ne les a pas connus lors de la conclusion du contrat.

Art. 50. – Le concessionnaire a le droit de donner au bien qu'il a reçu en concession toute destination de son choix sous réserve des stipulations contractuelles tendant à assurer que cette destination est compatible avec la nature de l'immeuble, qu'elle ne porte pas préjudice à l'organisation générale de l'ensemble dans lequel il se situe, et qu'elle ne déroge pas à la règle prévue à l'article 56 ci-après.

Il peut, à la condition d'en informer préalablement le propriétaire, apporter au bien concédé tout aménagement ou modification nécessité par l'exercice de son activité ou la transformation de celle-ci, lorsque leur réalisation n'intéresse pas d'autres parties de l'immeuble affectées à usage privatif, ou ne risque pas de compromettre le bon aspect ou la solidité de l'immeuble. Le propriétaire ne peut s'y opposer, si ce n'est pour un motif sérieux et légitime.

Il peut faire toute construction qu'il estime nécessaire sous réserve des dispositions incluses au contrat.

Art. 51. – Le concessionnaire peut céder tout ou partie de ses droits à un tiers. Le contrat peut stipuler qu'un droit préférentiel d'acquisition sera reconnu au propriétaire, et que, à défaut d'accord amiable, celui-ci pourra demander en justice la fixation du prix de cession.

Le concessionnaire peut également, si la concession porte sur un bien à usage commercial, industriel ou artisanal, concéder son fonds de commerce en location-gérance dans les conditions prévues par la loi n. 56-277 du 20 mars 1956. Aucun autre droit d'occupation ne peut être accordé à un tiers par le concessionnaire.

Le droit à la concession immobilière est susceptible d'être compris dans un nantissement prévu par la loi du 17 mars 1909, lorsqu'il porte sur un bien à usage commercial, industriel ou artisanal.

Art. 52. – Le concessionnaire répond des dégradations qui arrivent pendant sa jouissance, à moins qu'il ne prouve qu'elles ont eu lieu sans sa faute.

Il peut être stipulé dans le contrat que le concessionnaire est tenu à tout ou partie des charges d'entretien et de réparation. Lorsqu'il ne remplit pas cette obligation, le propriétaire peut exécuter les travaux et lui en réclamer le remboursement, sans préjudice de la résiliation éventuelle du contrat conformément à l'article 53.

Art. 53. – Si pendant la durée de la concession, l'immeuble est détruit en totalité par cas fortuit, la concession est résiliée de plein droit. S'il n'est détruit qu'en partie, le concessionnaire peut demander une diminution de la redevance, ou la résiliation de la concession. Dans l'un et l'autre cas, il n'y a lieu à aucune indemnité.

La concession immobilière peut être résiliée à tout moment par accord entre les parties.

Art. 1778 — LOUAGE DES CHOSES

La concession immobilière peut également être résiliée par le concessionnaire pendant les six premières années, à charge pour lui de donner un préavis de six mois. La résiliation est de droit et ne donne lieu à aucune indemnité.

Le propriétaire peut aussi résilier la concession si les biens qui font l'objet de la concession immobilière font partie d'un ensemble qui doit être démoli en vue de la réalisation d'une construction.

En dehors des cas visés aux alinéas précédents, la concession peut être résiliée dans les conditions prévues à l'article 1184 du Code civil.

La concession n'est pas résolue par un changement dans la personne du propriétaire ou du concessionnaire, même par décès, ni par la faillite de l'un d'eux.

Art. 54. – Sauf dans les cas visés aux premier et troisième alinéas de l'article 53, et à moins qu'il n'en soit dispensé en tout ou partie par un accord amiable intervenu dans les conditions prévues au deuxième alinéa dudit article, le propriétaire est tenu, quelle que soit la cause qui a mis fin à la concession, de rembourser au concessionnaire quittant les lieux le coût des constructions et ouvrages faits par lui, apprécié à la date de sa sortie, mais seulement dans la limite de l'augmentation de la valeur de l'immeuble qui en résulte.

Toutefois, les stipulations contractuelles peuvent fixer des règles d'indemnisation particulières pour les constructions et ouvrages entrepris pendant les cinq dernières années de validité du contrat.

Art. 55. – Les privilèges et charges de toutes natures nés du chef du concessionnaire s'éteignent à la fin de la concession.

Les droits des créanciers dont la sûreté est ainsi éteinte sont reportés sur l'indemnité éventuellement due par le propriétaire au concessionnaire, compte tenu du rang de préférence attaché à ces droits par les textes qui les régissent, sans préjudice des recours qui pourraient être, le cas échéant, exercés pour le surplus contre le concessionnaire.

Art. 56. – Dans le cas où, à l'expiration du contrat, la concession d'un immeuble à usage commercial, industriel ou artisanal n'aurait pas été renouvelée par suite du refus du propriétaire, celui-ci ne peut, pendant les cinq années suivant cette expiration, ni se livrer dans l'immeuble concédé à une activité analogue à celle exercée par le concessionnaire, ni conférer ce droit à autrui. Toutefois, le tribunal de grande instance peut autoriser, aux conditions qu'il détermine, le propriétaire à passer outre à cette interdiction si l'activité du concessionnaire antérieurement exercée par le concessionnaire est indispensable à l'approvisionnement en biens de première nécessité des personnes résidant dans l'ensemble immobilier dans lequel le local est implanté ou si, du fait des aménagements dont le coût a été supporté par le propriétaire, le local ne se prête qu'à l'exercice d'une seule activité.

Art. 57. – Les dispositions législatives relatives aux contrats de louage ne sont pas applicables aux contrats de concession immobilière.

Art. 58. – Sont réputées non écrites, quelle qu'en soit la forme, les stipulations incluses dans un contrat de concession immobilière qui auraient pour effet de faire échec aux dispositions du présent chapitre.

Art. 59. – Sont réputés sans cause :
Tout versement d'argent ou de valeur, en sus de la redevance et des charges et prestations, fait par le concessionnaire en contrepartie ou à l'occasion de la conclusion d'un contrat de concession immobilière ;
L'obligation pour le concessionnaire de fournir des prestations étrangères à l'aménagement des locaux ;

LOUAGE D'OUVRAGE   Art. 1782

Tout versement d'argent ou de valeur fait à un concessionnaire ou à des ayants cause, en contrepartie de la libération totale ou partielle des lieux donnés en concession.

Les sommes indûment perçues sont sujettes à répétition. Le coût des prestations indûment fournies est sujet à remboursement par le propriétaire.

Est toutefois autorisée la constitution d'un dépôt de garantie n'excédant pas le montant de six mois de redevance.

Art. 60. – La concession immobilière ne peut s'appliquer, lorsqu'il s'agit d'immeubles bâtis, qu'à ceux qui auront été construits ou achevés postérieurement à l'entrée en vigueur de la présente loi.

Toutefois, les immeubles visés à l'article 14 de la présente loi (*) peuvent faire l'objet de contrats de concession immobilière quelle que soit leur date de construction.

(*) V. C. urb., art. L. 222-1.

CHAPITRE III. – DU LOUAGE D'OUVRAGE ET D'INDUSTRIE

Art. 1779. – **Il y a trois espèces principales de louage d'ouvrage et d'industrie :**
1° Le louage des gens de travail qui s'engagent au service de quelqu'un ;
2° Celui des voituriers, tant par terre que par eau, qui se chargent du transport des personnes ou des marchandises ;
3° (L. n. 67-3 du 3 janv. 1967, art. 4 et 18, à compter du 1er juillet 1967) **Celui des architectes, entrepreneurs d'ouvrages et techniciens par suite d'études, devis ou marchés.**

SECTION I. – DU LOUAGE DES DOMESTIQUES ET OUVRIERS

Art. 1780. – On ne peut engager ses services qu'à temps, ou pour une entreprise déterminée. (L. 27 déc. 1890) **Le louage de service, fait sans détermination de durée, peut toujours cesser par la volonté d'une des parties contractantes.**

Néanmoins, la résiliation du contrat par la volonté d'un seul des contractants peut donner lieu à des dommages-intérêts.

Pour la fixation de l'indemnité à allouer, le cas échéant, il est tenu compte des usages, de la nature des services engagés, du temps écoulé, des retenues opérées et des versements effectués en vue d'une pension de retraite, et, en général, de toutes les circonstances qui peuvent justifier l'existence et déterminer l'étendue du préjudice causé.

Les parties ne peuvent renoncer à l'avance au droit éventuel de demander des dommages-intérêts en vertu des dispositions ci-dessus.

Les contestations auxquelles pourra donner lieu l'application des paragraphes précédents, lorsqu'elles seront portées devant les tribunaux civils et devant les Cours d'appel, seront instruites comme affaires sommaires et jugées d'urgence.

V. C. trav., art. L. 122-1 et s.

Art. 1781. – Abrogé, L. 2 août 1868.

SECTION II. – DES VOITURIERS PAR TERRE ET PAR EAU

Art. 1782. – **Les voituriers par terre et par eau sont assujettis, pour la garde et la conservation des choses qui leur sont confiées, aux mêmes obligations que les aubergistes dont il est parlé au titre** Du dépôt et du séquestre.

Art. 1783 LOUAGE D'OUVRAGE

V. *infra*, art. 1952 et s. ; V. aussi C. com., art. 103 et s.

Art. 1783. – Ils répondent non seulement de ce qu'ils ont déjà reçu dans leur bâtiment ou voiture, mais encore de ce qui leur a été remis sur le port ou dans l'entrepôt, pour être placé dans leur bâtiment ou voiture.

Art. 1784. – Ils sont responsables de la perte et des avaries des choses qui leur sont confiées, à moins qu'ils ne prouvent qu'elles ont été perdues et avariées par cas fortuit ou force majeure.

Art. 1785. – Les entrepreneurs de voitures publiques par terre et par eau, et ceux des roulages publics, doivent tenir registre de l'argent, des effets et des paquets dont ils se chargent.

Art. 1786. – Les entrepreneurs et directeurs de voitures et roulages publics, les maîtres de barques et navires, sont en outre assujettis à des règlements particuliers, qui font la loi entre eux et les autres citoyens.

SECTION III. – DES DEVIS ET DES MARCHÉS

Art. 1787. – Lorsqu'on charge quelqu'un de faire un ouvrage, on peut convenir qu'il fournira seulement son travail ou son industrie, ou bien qu'il fournira aussi la matière.

1) Caractérise le contrat d'entreprise et non le contrat de louage de services le fait qu'un artisan travaille pour le compte d'un tiers à des conditions particulières, qu'il jouit d'une grande indépendance dans son travail, qu'il fait l'avance de certaines fournitures et que la rémunération qu'il perçoit est nettement plus élevée que celle des ouvriers (Soc. 21 juin 1957 : *D.* 1957, 560. – V. aussi Soc. 13 fév. 1959 : *Bull.* IV, n. 231, p. 189). La périodicité des versements faits à un entrepreneur à titre d'acompte au fur et à mesure de l'avancement des travaux n'est pas incompatible avec la notion de contrat d'entreprise (Civ. 3e, 17 juil. 1972 : *J.C.P.* 72, IV, 233 ; *Bull.* III, n. 462, p. 335), pas plus que le respect des horaires imposés à une artiste par l'O.R.T.F. (Crim. 26 janv. 1967 : *Gaz. Pal.* 1967, 1, 133).

2) Constitue non un contrat de transport mais un louage d'industrie la convention dont l'objet consiste en travaux spéciaux et coûteux de manipulation (Com. 25 fév. 1963 : *Bull.* III, n. 118, p. 97).

3) Sur la distinction entre le contrat de vente d'une chose future et le contrat d'entreprise lorsque l'entrepreneur fournit la matière, V. Civ. 1re, 1er août 1950 : *S.* 1951, 1, 100 – Comp. Civ. 3e, 5 fév. 1985 : *D.* 1986, 499, note J. Huet. – Com. 4 juil. 1989 : *J.C.P.* 89, IV, 337 ; *Bull.* IV, n. 210, p. 141. Les contrats conclus après l'achèvement des travaux pour transférer la propriété de l'immeuble sont des contrats de vente et non des contrats d'entreprise (Civ. 1re, 13 nov. 1967 : *D.* 1968, 257, note Saint-Alary).

4) Si le contrat à compte d'auteur n'est pas un contrat d'édition au sens de l'article 48 de la loi du 11 mars 1957, il est néanmoins un louage d'ouvrage régi par l'article 1787 dont l'exécution peut engager envers les tiers la responsabilité de l'entrepreneur, quitte à celui-ci à appeler en garantie le maître de l'ouvrage, c'est-à-dire l'auteur (Paris 18 nov. 1966 : *Gaz. Pal.* 1967, 1, 225).

5) Le contrat de louage d'ouvrage prévu par les articles 1787 et s. implique un dépôt de la chose lorsque, comme le prévoit l'article 1789, elle est fournie par le maître de l'ouvrage (Soc. 7 oct. 1963 : *D.* 1963, 748).

6) Le contrat d'entreprise est la convention par laquelle une personne charge un entrepreneur d'exécuter, en toute indépen-

LOUAGE D'OUVRAGE — Art. 1788

dance, un ouvrage et il en résulte que ce contrat, relatif à de simples actes matériels, ne confère à l'entrepreneur aucun pouvoir de représentation (Civ. 1re, 19 fév. 1968 : *J.C.P.* 68, II, 15490). Mais agit en qualité de maître d'œuvre aussi bien qu'en qualité de mandataire l'entrepreneur qui a été chargé, en sus de la surveillance des travaux, de la conclusion pour le compte du propriétaire des marchés avec les entrepreneurs et du paiement de leurs travaux (Civ. 3e, 28 janv. 1975 : *J.C.P.* 75, IV, 87 ; *Bull.* III, n. 32, p. 24). L'architecte est un locateur d'ouvrage et non un mandataire, à moins qu'il n'ait été chargé par son client d'accomplir, au nom et pour le compte de celui-ci, certains actes juridiques déterminés (Civ. 1re, 2 fév. 1965 : *J.C.P.* 65, II, 14089).

7) Les travaux d'ordre intellectuel ne sont pas exclus de la définition du contrat d'entreprise (Civ. 3e, 28 fév. 1984 : *Bull.* III, n. 51, p. 39).

8) Le contrat d'entreprise n'est soumis à aucune forme déterminée ; par suite, l'établissement d'un devis estimatif n'est pas nécessaire à son existence (Civ. 23 oct. 1945 : *D.* 1946, 19). L'accord préalable sur le coût des travaux n'est pas un élément essentiel du contrat (Civ. 3e, 18 janv. 1977 : *Bull.* III, n. 25, p. 21). Mais l'entrepreneur qui réclame le prix des travaux doit faire la preuve du contrat conformément aux articles 1341 et s. du Code civil (Com. 12 juin 1950 : *Bull.* III, n. 209, p. 143). La rémunération peut être fixée par le juge en fonction des éléments de l'espèce, à défaut d'accord certain des parties sur le montant des honoraires dus (Civ. 1re, 4 oct. 1989 : *J.C.P.* 89, IV, 384).

9) Sur la sous-traitance, V. L. n. 75-1334 du 31 déc. 1975, *infra,* sous art. 1799. – V. aussi *J.-Cl. Civil*, art. 1787.

Art. 1788. – Si, dans le cas où l'ouvrier fournit la matière, la chose vient à périr, de quelque manière que ce soit, avant d'être livrée, la perte en est pour l'ouvrier, à moins que le maître ne fût en demeure de recevoir la chose.

1) L'article 1788 n'a pour objet que de déterminer celui à qui incombent les risques en cas de perte de la chose (Civ. 3e, 23 avril 1974 : *D.* 1975, 287, note J. Mazeaud). L'immeuble en construction sur le terrain d'autrui, auquel il s'incorpore, n'est pas la propriété de l'entrepreneur, même avant la réception des travaux par le maître de l'ouvrage (même arrêt).

2) Dès lors que ce qui a été détruit par un incendie survenu dans un appartement où des ouvriers effectuaient des travaux n'était pas fourni par l'entrepreneur et que la faute de celui-ci ou de ses préposés n'est pas établie, les causes de l'incendie étant indéterminées, il n'y a pas lieu d'appliquer l'article 1788 du Code civil (Civ. 3e, 12 oct. 1971 : *Bull.* III, n. 482, p. 344. – V. aussi Civ. 3e, 14 juin 1983 : *Bull.* III, n. 138, p. 109).

3) Lorsque la perte de l'ouvrage est, par application de l'article 1788, à l'entrepreneur, celui-ci ne peut prétendre au paiement du coût des réalisations qu'il n'est pas en mesure de livrer et il doit restituer les acomptes versés, alors même que l'inexécution ne serait pas fautive (Civ. 3e, 27 janv. 1976 : *J.C.P.* 76, IV, 98 ; *Bull.* III, n. 34, p. 24).

4) L'article 1788 s'applique dans les relations du sous-traitant avec l'entrepreneur principal (Civ. 3e, 2 nov. 1983 : *J.C.P.* 84, IV, 11 ; *Bull.* III, n. 210, p. 161), mais il appartient aux juges du fond de rechercher si le sous-traitant n'a pas livré son ouvrage à une autre entreprise, s'exonérant ainsi de ses obligations (Civ. 3e, 2 nov. 1983 : *J.C.P.* 84, IV, 11 ; *Bull.* III, n. 211, p. 161).

5) En l'absence de réception, le maître de l'ouvrage ne peut se voir opposer le cas

Art. 1789 — LOUAGE D'OUVRAGE

fortuit par l'entrepreneur, qui doit supporter la charge des risques (Civ. 3e, 19 fév. 1986 : *Bull.* III, n. 10, p. 8 ; *Rev. trim. dr. civ.* 1986, 607, obs. Rémy. – V. en ce sens Civ. 1re, 11 oct. 1983 : *Bull.* I, n. 221, p. 198).

Art. 1789. – Dans le cas où l'ouvrier fournit seulement son travail ou son industrie, si la chose vient à périr, l'ouvrier n'est tenu que de sa faute.

1) Il résulte de l'article 1789 que le locateur d'ouvrage, débiteur des objets qui lui ont été confiés, n'est libéré qu'en établissant que ceux-ci ont péri sans sa faute et qu'il a pris les précautions nécessaires pour en éviter la disparition (Civ. 1re, 9 fév. 1966 : *Bull.* I, n. 103, p. 76. – Civ. 1re, 24 mars 1987 : *Bull.* I, n. 106, p. 79).

2) L'attribution des risques telle que prévue par l'article 1789 n'est pas d'ordre public et il est loisible à un contractant de stipuler qu'il ne sera pas responsable de ses fautes légères, susceptibles de causer un dommage aux biens de son co-contractant (Civ. 1re, 25 fév. 1964 : *Gaz. Pal.* 1964, 1, 391).

3) L'article 1789 suppose que la chose a été confiée à l'ouvrier chargé de l'exécution du travail (Civ. 3e, 22 avril 1971 : *Gaz. Pal.* 1972, 1, 77). Il n'est pas applicable au contrat de gardiennage, le gardien n'étant pas un « ouvrier » et aucune « matière » ne lui étant fournie (Civ. 1re, 16 fév. 1983 : *Bull.* I, n. 66, p. 57).

Art. 1790. – Si, dans le cas de l'article précédent, la chose vient à périr, quoique sans aucune faute de la part de l'ouvrier, avant que l'ouvrage ait été reçu, et sans que le maître fût en demeure de le vérifier, l'ouvrier n'a point de salaire à réclamer, à moins que la chose n'ait péri par le vice de la matière.

Art. 1791. – S'il s'agit d'un ouvrage à plusieurs pièces ou à la mesure, la vérification peut s'en faire par parties : elle est censée faite pour toutes les parties payées, si le maître paye l'ouvrier en proportion de l'ouvrage fait.

Art. 1792 *(remplacé avec effet à compter du 1er janv. 1979, L. n. 78-12 du 4 janv. 1978, art. 1er et 14).* – Tout constructeur d'un ouvrage est responsable de plein droit, envers le maître ou l'acquéreur de l'ouvrage, des dommages, même résultant d'un vice du sol, qui compromettent la solidité de l'ouvrage ou qui, l'affectant dans l'un de ses éléments constitutifs ou l'un de ses éléments d'équipement, le rendent impropre à sa destination. Une telle responsabilité n'a point lieu si le constructeur prouve que les dommages proviennent d'une cause étrangère.

Art. 1792 ancien *(L. n. 67-3 du 3 janv. 1967, art. 4 et 18).* -Si l'édifice périt en tout ou partie par le vice de la construction, même par le vice du sol, les architectes, entrepreneurs et autres personnes liées au maître de l'ouvrage par un contrat de louage d'ouvrage en sont responsables pendant dix ans.

V. Commentaires de la loi n. 78-12 du 4 janv. 1978, Malinvaud et Jestaz : *J.C.P.* 78, I, 2900. – Gaboldé : *J.C.P.* 79, I, 2547. – Costa : *D.* 1979, chron. 35. V. aussi J.-P. Karila, *La garantie décennale est-elle une garantie des vices cachés sous l'empire de la loi du 4 janvier 1978 ? : Rev. dr. imm.* 1987, 27.

LOUAGE D'OUVRAGE   Art. 1792

Code de la construction et de l'habitation

Art. R*. 111-24. – Pour l'application des articles 1792 et 2270 du Code civil, dans leur rédaction antérieure à l'entrée en vigueur de la loi n. 78-12 du 4 janvier 1978, à la construction de bâtiments à usage d'habitation ou de caractéristiques similaires, la réception des travaux constitue, pour ceux à l'égard desquels aucune réserve n'est faite, le point de départ de la garantie prévue par ces articles.

Pour les travaux qui font l'objet de réserves la garantie court du jour où il est constaté que l'exécution des travaux satisfait à ses réserves.

Art. R*. 111-25. – Pour l'application des articles 1792 et 2270 du Code civil, dans leur rédaction antérieure à l'entrée en vigueur de la loi n. 78-12 du 4 janvier 1978, à la construction de bâtiments à l'usage d'habitation ou de caractéristiques similaires, les gros et menus ouvrages sont définis selon les dispositions ci-après.

Art. R*. 111-26 – Les gros ouvrages sont :
a) Les éléments porteurs concourant à la stabilité ou à la solidité du bâtiment et tous autres éléments qui leur sont intégrés ou forment corps avec eux ;
b) Les éléments qui assurent le clos, le couvert et l'étanchéité à l'exclusion de leurs parties mobiles.

Ces éléments comprennent notamment :
– les revêtements des murs à l'exclusion de la peinture et des papiers peints ;
– les escaliers et planchers ainsi que leur revêtement en matériau dur ;
– les plafonds et les cloisons fixes ;
– les portions de canalisations, tuyauteries, conduites et gaines de toute sorte logées à l'intérieur des murs, plafonds ou planchers, ou prises dans la masse du revêtement, à l'exclusion de celles qui sont seulement scellées ;
– les charpentes fixes des ascenseurs et monte-charge ;
– les bâtis et huisseries des portes, fenêtres et verrières.

Art. R*. 111-27. – Les menus ouvrages sont les éléments du bâtiment autres que les gros ouvrages, façonnés, fabriqués ou installés par l'entrepreneur.

Ces éléments comprennent notamment :
– les canalisations, radiateurs, tuyauteries, conduites, gaines et revêtements de toutes sortes autres que ceux constituant de gros ouvrages ;
– les éléments mobiles nécessaires au clos et au couvert tels que portes, fenêtres, persiennes et volets.

Art. R*. 111-28. – Ne sont pas considérés comme ouvrages les appareils mécaniques ou électriques que l'entrepreneur installe en l'état où ils lui sont livrés.

I. Domaine

1) Les locataires attributaires de maisons individuelles qu'a fait construire une coopérative d'habitations à loyers modérés ne sont ni propriétaires ni maîtres de l'ouvrage. Ils ne peuvent donc pas fonder sur l'article 1792 du Code civil une action contre l'entrepreneur et l'architecte en réparation de désordres dus à des infiltrations (Civ. 3e, 25 janv. 1989 : *J.C.P.* 89, IV, 111 ; *Bull.* III, n. 21, p. 12).

2) Constitue un ouvrage au sens de la garantie décennale la véranda édifiée sur un balcon qui constitue un travail de menuiserie

métallique et de vitrerie formé de plusieurs parties verticales en glace avec des éléments fixes et des éléments mobiles, surmonté par des plaques en plastique, adossé à la façade de l'immeuble et représentant un ensemble composé d'une structure, d'un clos et d'un couvert (Civ. 3e, 4 oct. 1989 : *J.C.P.* 89, IV, 385).

3) Un ravalement ne peut être assimilé à la construction d'un ouvrage (Civ. 3e, 5 fév. 1985 : *Bull.* III, n. 21, p. 15). Les juges du fond ne peuvent se borner, pour écarter la garantie décennale, à affirmer que l'architecte n'a exécuté que des travaux de rénovation, sans préciser la nature et la consistance de ceux-ci (Civ. 3e, 30 mars 1989 : *J.C.P.* 89,IV, 206 ; *Bull.* III, n. 76, p. 42).

4) La malfaçon qui affecte l'étanchéité d'un gros ouvrage ressortit à la garantie décennale même si elle cause la détérioration de menus ouvrages (Civ. 3e, 7 oct. 1987 : *Bull.* III, n. 159, p. 93). Mais la garantie décennale n'est pas applicable s'il n'est pas établi que l'absence d'étanchéité des joints de balcons ait provoqué des infiltrations à l'intérieur des appartements, ce qui exclut toute atteinte à la destination de l'immeuble (Civ. 3e, 12 mars 1986 : *Bull.* III, n. 28, p. 22).

5) Les désordres affectant les canalisations d'eau et de gaz ne sont pas couverts par la garantie décennale dès lors que les canalisations sont extérieures aux immeubles et que les malfaçons sont dues à l'absence de lit de sable de protection, les conduits étant posés directement sur le sol constitué de matières hétérogènes (Civ. 3e, 22 fév. 1989 : *J.C.P.* 89, IV, 151 ; *Bull.* III, n. 41, p. 23). De même, ne constitue pas un ouvrage relevant de la garantie décennale la gaine destinée à la circulation de l'air chaud entre les ateliers d'une usine qui repose sur des supports constitués par des charpentes métalliques qui ne sont accrochées à des poteaux faisant corps avec le bâtiment que par des chevilles autoperforantes (Civ. 3e, 24 mai 1989 : *J.C.P.* 89, IV, 275).

6) Les juges du fond doivent préciser les éléments au vu desquels l'appareil litigieux (chauffe-eau) peut être considéré comme formant indissociablement corps avec un ouvrage de viabilité, de fondation, d'ossature, de clos ou de couvert (Civ. 3e, 3 mai 1989 : *J.C.P.* 89, IV, 248).

7) La garantie légale n'est pas applicable à l'architecte assigné en garantie par le maître de l'ouvrage condamné à réparer les dommages causés à un tiers (Civ. 3e, 15 oct. 1985 : *Bull.* III, n. 120, p. 93).

8) L'erreur d'implantation d'une maison qui a entraîné le refus de délivrance du certificat de conformité, ne portant pas atteinte à la solidité de l'ouvrage et ne le rendant pas impropre à sa destination, ne relève pas de la garantie décennale mais d'une faute contractuelle du constructeur (Riom 2 juin 1988 : *J.C.P.* 89, IV, 54).

9) Jugé que les architectes et entrepreneurs sont tenus, sur la base de l'article 1147, d'une obligation de résultat de réaliser des ouvrages exempts de vice (Civ. 3e, 19 mars 1986 : *Rev. trim. dr. civ.* 1987, 115, obs. crit. Rémy).

10) Sur l'application de la présomption de responsabilité au contrôleur technique chargé de contribuer à la prévention des différents aléas techniques susceptibles d'être rencontrés dans la réalisation des ouvrages, v. C. constr. et habit., art. L. 111-24 à L. 111-26.

II. Effets

11) N'a pas caractérisé la cause étrangère exonératoire de responsabilité l'arrêt qui énonce que les malfaçons révèlent des fautes d'exécution de l'entrepreneur qui ont pu échapper à l'attention de l'architecte non tenu à une présence constante sur le chantier et à un contrôle de l'exécution des travaux dans ses détails (Civ. 3e, 14 déc. 1983 : *Bull.* III, n. 261, p. 199), ou que le constructeur n'a commis aucune faute d'exécution et n'a

fait que se conformer aux plans qui lui ont été fournis, dont le vice était indécelable pour lui (Civ. 3ᵉ, 25 janv. 1989 : *J.C.P.* 89, IV, 112 ; *Bull.* III, n. 18, p. 10. – Civ. 3ᵉ, 22 fév. 1989 : *J.C.P.* 89,IV, 150). Mais il y a cause étrangère exonérant l'entrepreneur si l'architecte lui a dissimulé la recommandation d'une autre entreprise (Civ. 3ᵉ, 16 oct. 1984 : *D.* 1985, 431, 1ʳᵉ esp., note Rémery).

12) Le fait que le vice inhérent à la technique agréée par le Centre scientifique et technique du bâtiment n'était pas encore connu à l'époque de la construction ne constitue pas une cause étrangère exonératoire de responsabilité (Civ. 3ᵉ, 17 mai 1983 : *Bull.* III, n. 115, p. 91).

13) Sur le partage de responsabilité entre le maître de l'ouvrage ayant assumé le rôle de maître d'œuvre et l'entrepreneur qui n'a pas émis de réserves sur la conception défectueuse imposée par son client, v. Civ. 3ᵉ, 21 déc. 1982 : *J.C.P.* 83, IV, 80 ; *Bull.* III, n. 263, p. 198.

14) Si les architectes et entrepreneurs n'ont pas émis de réserves sur le choix des chaudières par le maître de l'ouvrage, ce dernier, bien qu'il soit un promoteur compétent et avisé, ne peut se voir reprocher son immixtion (Civ. 3ᵉ, 21 fév. 1984 : *Bull.* III, n. 44, p. 33 ; *D.* 1985, 122, note Calais). Pour que soit retenue la responsabilité partielle du maître de l'ouvrage à l'occasion de désordres affectant la toiture, il faut qu'il ait été notoirement compétent en matière de construction et que soit caractérisée son immixtion fautive (Civ. 3ᵉ, 30 mars 1989 : *J.C.P.* 89, IV, 206).

15) En principe, l'action en garantie décennale se transmet aux acquéreurs avec la propriété de l'immeuble, mais le maître de l'ouvrage ne perd pas la faculté de l'exercer dans la mesure où elle présente pour lui un intérêt direct et certain (Civ. 3ᵉ, 20 avril 1982 : *J.C.P.* 82, IV, 230 ; *Bull.* III, n. 95, p. 66. – Civ. 3ᵉ, 26 avril 1983 : *J.C.P.* 83, IV, 208 ; *Bull.* III, n. 91, p. 72). Mais jugé que doit être cassé, pour défaut de base légale, l'arrêt qui condamne l'architecte envers l'acquéreur de l'immeuble construit en faisant application de la responsabilité de droit commun sans rechercher s'il existe entre eux un lien contractuel (Civ. 3ᵉ, 7 mai 1986 : *Bull.* III, n. 62, p. 49 ; *Rev. trim. dr. civ.* 1987, 361, obs. crit. Rémy).

16) Le maître de l'ouvrage, comme le sous-acquéreur, jouit de tous les droits et actions attachées à la chose qui appartenait à son auteur ; il dispose donc à cet effet contre le fabricant d'une action contractuelle directe fondée sur la non-conformité de la chose livrée (Ass. Plén. 7 fév. 1986 : *J.C.P.* 86, II, 20616, note Malinvaud ; *D.* 1986, 293, note Bénabent ; *Rev. trim. dr. civ.* 1986, 364, obs. Huet, et 605, obs. Rémy).

17) Sur le principe que le sous-traitant est contractuellement tenu d'une obligation de résultat envers l'entrepreneur principal, V. Civ. 3ᵉ, 24 fév. 1982 ; *Bull.* III, n. 54, p. 38. – Civ. 3ᵉ, 23 oct. 1984 : *Bull.* III, n. 171, p. 134 ; *Rev. trim. dr. civ.* 1986, 136, obs. J. Huet). Sur l'action contractuelle directe du maître de l'ouvrage contre le sous-traitant, v. Civ. 1ʳᵉ, 8 mars 1988 : *J.C.P.* 88, II, 21070, note Jourdain. – Chambéry 18 janv. 1988 : *D.* 1988, 380, note Dubois. Jugé cependant que l'obligation de résultat d'exécuter des travaux exempts de vices, à laquelle le sous-traitant est tenu vis-à-vis de l'entrepreneur principal, a pour seul fondement les rapports contractuels et personnels existant entre eux et ne peut être invoquée par le maître de l'ouvrage, qui est étranger à la convention de sous-traitance (Civ. 3ᵉ, 22 juin 1988 : *J.C.P.* 88, II, 21125, 2ᵉ esp., note Jourdain).

18) Sur l'assurance obligatoire des travaux de bâtiment, V. C. assur., art. L. 241-1 à L. 243-8, *infra,* sous art. 1799.

Art. 1792-1 LOUAGE D'OUVRAGE

Art. 1792-1 *(ajouté avec effet à compter du 1ᵉʳ janv. 1979, L. n. 78-12 du 4 janv. 1978, art. 2 et 14).* – **Est réputé constructeur de l'ouvrage :**
 1° Tout architecte, entrepreneur, technicien ou autre personne liée au maître de l'ouvrage par un contrat de louage d'ouvrage ;
 2° Toute personne qui vend, après achèvement, un ouvrage qu'elle a construit ou fait construire ;
 3° Toute personne qui, bien qu'agissant en qualité de mandataire du propriétaire de l'ouvrage, accomplit une mission assimilable à celle d'un locateur d'ouvrage.

Les sous-traitants ne sont pas tenus des garanties légales (Civ. 3ᵉ, 20 juin 1989 : *Bull.* III, n. 146, p. 80).

Art. 1792-2 *(ajouté avec effet à compter du 1ᵉʳ janv. 1979, L. n. 78-12 du 4 janv. 1978, art. 2 et 14).* – **La présomption de responsabilité établie par l'article 1792 s'étend également aux dommages qui affectent la solidité des éléments d'équipement d'un bâtiment, mais seulement lorsque ceux-ci font indissociablement corps avec les ouvrages de viabilité, de fondation, d'ossature, de clos ou de couvert.**

Un élément d'équipement est considéré comme formant indissociablement corps avec l'un des ouvrages mentionnés à l'alinéa précédent lorsque sa dépose, son démontage ou son remplacement ne peut s'effectuer sans détérioration ou enlèvement de matière de cet ouvrage.

Art. 1792-3 *(ajouté avec effet à compter du 1ᵉʳ janv. 1979, L. n. 78-12 du 4 janv. 1978, art. 2 et 14).* – **Les autres éléments d'équipement du bâtiment font l'objet d'une garantie de bon fonctionnement d'une durée minimale de deux ans à compter de la réception de l'ouvrage.**

Art. 1792-4 *(ajouté avec effet à compter du 1ᵉʳ janv. 1979, L. n. 78-12 du 4 janv. 1978, art. 2 et 14).* – **Le fabricant d'un ouvrage, d'une partie d'ouvrage ou d'un élément d'équipement conçu et produit pour satisfaire, en état de service, à des exigences précises et déterminées à l'avance, est solidairement responsable des obligations mises par les articles 1792, 1792-2 et 1792-3 à la charge du locateur d'ouvrage qui a mis en œuvre, sans modification et conformément aux règles édictées par le fabricant, l'ouvrage, la partie d'ouvrage ou élément d'équipement considéré.**
 Sont assimilés à des fabricants pour l'application du présent article :
 Celui qui a importé un ouvrage, une partie d'ouvrage ou un élément d'équipement fabriqué à l'étranger ;
 Celui qui l'a présenté comme son œuvre en faisant figurer sur lui son nom, sa marque de fabrique ou tout autre signe distinctif.

Ph. MALINVAUD, *L'action directe du maître de l'ouvrage contre les fournisseurs de matériaux et composants* : D. 1984, Chron. 41.

Le béton prêt à l'emploi n'est pas en lui-même un ouvrage ni une partie d'ouvrage, ni un élément d'équipement, mais un matériau (Civ. 3ᵉ, 24 nov. 1987 : *Bull.* III, n. 188, p. 110).

Art. 1792-5 *(ajouté avec effet à compter du 1ᵉʳ janv. 1979, L. n. 78-12 du 4 janv. 1978, art. 2 et 14).* – **Toute clause d'un contrat qui a pour objet, soit d'exclure ou de limiter la**

LOUAGE D'OUVRAGE — Art. 1792-6

responsabilité prévue aux articles 1792, 1792-1 et 1792-2, soit d'exclure la garantie prévue à l'article 1792-3 ou d'en limiter la portée, soit d'écarter ou de limiter la solidarité prévue à l'article 1792-4, est réputée non écrite.

Art. 1792-6 *(ajouté avec effet à compter du 1ᵉʳ janv. 1979, L. n. 78-12 du 4 janv. 1978, art. 2 et 14).* – La réception est l'acte par lequel le maître de l'ouvrage déclare accepter l'ouvrage avec ou sans réserves. Elle intervient à la demande de la partie la plus diligente, soit à l'amiable, soit, à défaut, judiciairement. Elle est, en tout état de cause, prononcée contradictoirement.

La garantie de parfait achèvement, à laquelle l'entrepreneur est tenu pendant un délai d'un an, à compter de la réception, s'étend à la réparation de tous les désordres signalés par le maître de l'ouvrage, soit au moyen de réserves mentionnées au procès-verbal de réception, soit par voie de notification écrite pour ceux révélés postérieurement à la réception.

Les délais nécessaires à l'exécution des travaux de réparation sont fixés d'un commun accord par le maître de l'ouvrage et l'entrepreneur concerné.

En l'absence d'un tel accord ou en cas d'inexécution dans le délai fixé, les travaux peuvent, après mise en demeure restée infructueuse, être exécutés aux frais et risques de l'entrepreneur défaillant.

L'exécution des travaux exigés au titre de la garantie de parfait achèvement est constatée d'un commun accord, ou, à défaut, judiciairement.

La garantie ne s'étend pas aux travaux nécessaires pour remédier aux effets de l'usure normale ou de l'usage.

H. PÉRINET-MARQUET, *La réception des travaux : état des lieux. L'article 1792-6 du Code civil dix ans après :* D. 1988, chron. 287.

1) Jugé que la loi du 4 janvier 1978 a reconnu à la réception la nature d'acte juridique, acte unilatéral accompli à l'initiative de la partie la plus diligente (T.G.I. Aix 8 janv. 1985 : D. 1986, 289, note Bergel).

2) Un constat d'huissier décrivant l'état des travaux de gros œuvre d'un pavillon réalisés par une entreprise qui a abandonné le chantier ne peut constituer une réception avec réserves que s'il a été établi contradictoirement (Civ. 3ᵉ, 3 mai 1989 : *J.C.P.* 89, IV, 249).

3) L'article 1792-6 n'exclut pas la possibilité d'une réception tacite (Civ. 3ᵉ, 12 oct. 1988 : *Bull.* III, n. 137, p.75. –Civ. 3ᵉ, 7 déc. 1988 : *Bull.*III, n. 174, p. 95). Dès lors que le maître de l'ouvrage a pris possession des ouvrages et les a acceptés sans réserves, n'en contestant que le prix, la réception est caractérisée (Civ. 3ᵉ, 16 juil. 1987 : *Bull.* III, n. 143, p. 84. – Versailles 4 déc. 1987 : *D.*

1989, 134, note Karila. *Contra* Agen 9 nov. 1983 : D. 1985, 191, note Karila).

4) Sur l'application de la garantie de parfait achèvement aux travaux de nature à satisfaire aux prescriptions légales ou réglementaires relatives aux exigences minimales requises en matière d'isolation phonique, V. L. n. 72-18 du 4 janv. 1978, art. 7 (C. constr. et habit., art. L. 111-11 : *infra*, sous art. 1799).

5) Le vice qui a fait l'objet de réserves au moment de la réception ne peut donner lieu à l'application de la garantie décennale, mais à celle de la garantie de parfait achèvement (Civ. 3ᵉ, 29 avril 1987 : *Bull* III, n. 89, p. 53.–V. aussi Civ. 3ᵉ, 26 oct. 1988 : *Bull.* III, n. 145, p. 78). Il importe peu à cet égard qu'avisé des réserves, l'entrepreneur n'ait pas réalisé les travaux de reprise dans le délai d'un an (Civ. 3ᵉ, 1ᵉʳ fév. 1989 : *J.C.P.* 89, IV, 120 ; *Bull.* III, n. 24, p. 15). Mais les

Art. 1793 — LOUAGE D'OUVRAGE

dispositions de l'article 1792-6 ne sont pas exclusives de l'application des dispositions des articles 1792, 1792-2 et 1792-3. Il en résulte que le maître de l'ouvrage peut demander sur le fondement de la garantie décennale réparation des désordres qui se sont révélés à l'intérieur du délai de la garantie de parfait achèvement (Civ. 3e, 4 fév. 1987 : *Bull.* III, n. 16, p. 11).

6) Ajoute à la loi une condition qu'elle ne comporte pas l'arrêt qui affirme que la réception ne peut intervenir que lorsque l'ouvrage est achevé (Civ. 3e, 12 juil. 1989 : *Bull.* III, n. 161, p. 88).

Art. 1793. – Lorsqu'un architecte ou un entrepreneur s'est chargé de la construction à forfait d'un bâtiment, d'après un plan arrêté et convenu avec le propriétaire du sol, il ne peut demander aucune augmentation de prix, ni sous le prétexte de l'augmentation de la main-d'œuvre ou des matériaux, ni sous celui de changements ou d'augmentations faits sur ce plan, si ces changements ou augmentations n'ont pas été autorisés par écrit et le prix convenu avec le propriétaire.

B. BOUBLI, *Les travaux supplémentaires dans le marché à forfait* : Rev. dr. imm. 1986, 415.

1) Les dispositions de l'article 1793 ne sont pas applicables à une convention de sous-traitance entre deux entreprises (Civ. 3e, 15 fév. 1983 : *Bull.* III, n. 44, p. 35).

2) Constitue un marché à forfait le contrat par lequel un entrepreneur se charge de la construction d'une maison d'après un devis convenu avec le propriétaire du sol et moyennant un prix définitivement fixé, éléments essentiels du caractère juridique du forfait. (Civ. 1re, 5 avril 1965 : *Bull.* I, n. 245, p. 181). Mais jugé que l'existence du marché à forfait est subordonnée à la seule condition que les parties aient arrêté à forfait le prix des travaux prévus dans le plan et que les juges ne peuvent ajouter à cette condition légale celle de l'établissement d'un devis descriptif (Civ. 18 janv. 1944 : *S.* 1944, 1, 146). Un marché de travaux peut ne présenter le caractère forfaitaire tout en comportant l'engagement de l'entrepreneur de construire sans que le coût de la construction dépasse un certain prix (Civ. 3e, 22 juin 1976 : *Bull.* III, n. 277, p. 213).

3) Les dispositions de l'article 1793 cessent d'être applicables lorsque les parties, tout en stipulant le forfait, y ajoutent des clauses qui en modifient le caractère et la portée (Req. 26 juin 1939 : *D.H.* 1939, 468), par exemple en se réservant la faculté d'engager des travaux supplémentaires dont le prix n'est pas déterminé (Civ. 3e, 8 oct. 1974 : *J.C.P.* 74, IV, 376 ; *Bull.* III, n. 336, p. 257), à moins qu'il ne soit prévu que ces travaux supplémentaires devraient faire l'objet d'un accord écrit et qu'à défaut ils seraient compris dans le prix global, les parties ayant ainsi manifesté sans équivoque leur volonté de demeurer dans le cadre du forfait (Civ. 3e, 25 avril 1972 : *Bull.* III, n. 255, p. 182. – Comp. Basse-Terre 3 nov. 1980 : *D.* 1981, 373, note Floro). Jugé que la clause d'un marché de construction prévoyant une révision du prix en cas de modification des conditions économiques est compatible avec le caractère du forfait tel que défini par l'article 1793 (Civ. 1re, 11 fév. 1964 : *J.C.P.* 64, IV, 46 ; *Bull.* I, n. 79, p. 57), de même que les estimations détaillées visant à fixer l'échelonnement des versements à opérer par le maître de l'ouvrage (Civ. 3e, 6 mai 1980 : *Bull.* III, n. 89, p. 64).

4) L'article 1793 n'est relatif qu'à la construction à forfait d'un bâtiment et ne peut s'appliquer à un marché n'ayant trait qu'à des aménagements intérieurs (Civ. 1re, 16 déc. 1964 : *D.* 1965, 347), ni à un marché portant sur un bâtiment flottant (Com. 6 mars 1963 : *D.* 1963, 501. – V. aussi Civ. 3e, 10 fév. 1976 : *J.C.P.* 76, IV, 118 ; *Bull.* III,

LOUAGE D'OUVRAGE Art. 1794

n. 55, p. 43). Par « propriétaire du sol » au sens de l'article 1793, il faut entendre toute personne, quel que soit son titre juridique, qui se comporte en propriétaire et par « construction » tout travail affectant le gros œuvre d'un édifice et faisant subir à celui-ci une importante transformation (Soc. 3 déc. 1942 : *Gaz. Pal.* 1942, 2, 274. – V. aussi Civ., 23 mai 1959 : *D.* 1959, 489). Des travaux nécessitant l'adaptation et la modification du gros œuvre en fonction de leur exécution ne sont pas de simples aménagements et doivent être assimilés à une construction au sens de l'article 1793 (Civ. 3e, 15 déc. 1982 : *Bull.* III, n. 254, p. 190).

5) Sur le principe que l'architecte ou l'entrepreneur ne peut réclamer aucun supplément de prix faute de justifier d'une autorisation par écrit, V. Civ. 10 juin 1931 : *D.P.* 1932, 1, 65, note Josserand ; Com. 30 oct. 1968 : *Bull.* IV, n. 244, p. 205. L'accord verbal du propriétaire sur les modifications apportées au plan primitif ne saurait être retenu sans réduire à néant la protection de ce propriétaire (Civ. 1re, 9 fév. 1959 : *D.* 1959, 105). Jugé qu'une lettre constituant une approbation de principe de l'exécution de nouveaux ouvrages ne répond que partiellement aux exigences de l'article 1793 et ne peut permettre de faire droit à une demande en paiement d'un supplément de prix (Civ. 3e, 29 oct. 1973 : *J.C.P.* 73, IV, 403 ; *Bull.* III, n. 553, p. 403). Le prix forfaitaire ne peut être augmenté pour tenir compte d'une erreur de calcul commise par l'entrepreneur dans le devis qui lui a servi de base pour la fixation du coût des travaux (Civ. 3e, 25 oct. 1972 : *D.* 1973, 495, note J. Mazeaud). L'allégation d'un enrichissement sans cause ne peut servir a un entrepreneur pour déguiser une demande en supplément de prix formellement prohibée par l'article 1793 (Civ. 5 nov. 1934 : *D.H.* 1934, 587).

6) Les dispositions de l'article 1793 ne sont pas applicables quand les travaux supplémentaires ont été commandés et exécutés en dehors du marché à forfait (Civ. 3e, 30 avril 1969 : *Bull.* III, n. 338, p. 259), à condition qu'ils soient bien distincts de ceux originairement convenus (Civ. 1re, 19 mai 1967 : *J.C.P.* 67, IV, 98 ; *Bull.* I, n. 167, p. 122).

Art. 1794. – **Le maître peut résilier, par sa simple volonté, le marché à forfait, quoique l'ouvrage soit déjà commencé, en dédommageant l'entrepreneur de toutes ses dépenses, de tous ses travaux et de tout ce qu'il aurait pu gagner dans cette entreprise.**

1) Sur la distinction entre la demande en résolution fondée sur l'article 1184 du Code civil et la demande en résiliation fondée sur l'article 1794, V. Civ. 3e, 6 fév. 1973 : *J.C.P.* 73, IV, 114 ; *Bull.* III, n. 100, p. 72.

2) L'article 1794 est applicable à la convention liant une agence de voyages aux voyageurs inscrits pour une croisière (Paris 23 mai 1961 : *Gaz. Pal.* 1961, 2, 283). Il ne distingue pas selon que l'ouvrier fournit ou non la matière (Civ. 5 janv. 1897 : *D.P.* 1897, 1, 89, concl. Desjardins, et note Planiol. – Paris 28 juil. 1949 : *Gaz. Pal.*1949, 2, 427).

3) L'article 1794 est inapplicable s'il est invoqué par l'entrepreneur seul (Civ. 3e, 10 mai 1972 : *J.C.P.* 72, IV, 163 ; *Bull.* III, n. 298, p. 214).

4) Dès lors qu'ils constatent que les travaux faisant l'objet d'un marché à forfait étaient pratiquement achevés au moment de la dénonciation du contrat par le maître de l'ouvrage et que l'entrepreneur avait exécuté ses engagements, les juges du fond peuvent estimer que cette dénonciation tardive ne peut entraîner la résiliation de la convention (Civ. 3e, 18 fév. 1976 : *J.C.P.* 76, IV, 124 ; *Bull.* III, n. 69, p. 53).

5) La résiliation intervenue sur le fondement de l'article 1794 n'empêche pas le maître de l'ouvrage de se prévaloir des manquements de l'entrepreneur à ses obligations contractuelles (Civ. 3e, 9 mars 1988 : *Bull.* III, n. 55, p. 31).

Art. 1795 — LOUAGE D'OUVRAGE

Art. 1795. – **Le contrat de louage d'ouvrage est dissous par la mort de l'ouvrier, de l'architecte ou entrepreneur.**

Art. 1796. – **Mais le propriétaire est tenu de payer en proportion du prix porté par la convention, à leur succession, la valeur des ouvrages faits et celle des matériaux préparés, lors seulement que ces travaux ou ces matériaux peuvent lui être utiles.**

Art. 1797. – **L'entrepreneur répond du fait des personnes qu'il emploie.**

L'entrepreneur principal est contractuellement responsable à l'égard du maître de l'ouvrage des conséquences de la faute commise par le sous-traitant dans l'exécution des travaux et il peut être tenu à garantie sans qu'il soit nécessaire que l'accident litigieux ait été partiellement dû à un défaut de surveillance de sa part sur son sous-traitant et bien que le dommage soit exclusivement imputable à ce dernier contre qui le client a aussi dirigé son action sur le fondement de la responsabilité quasi-délictuelle (Civ. 3e, 5 janv. 1978 : *J.C.P.* 78, IV, 78 ; *Bull.* III, n. 9, p. 7).

Art. 1798. – **Les maçons, charpentiers et autres ouvriers qui ont été employés à la construction d'un bâtiment, ou d'autres ouvrages faits à l'entreprise, n'ont d'action contre celui pour lequel les ouvrages ont été faits que jusqu'à concurrence de ce dont il se trouve débiteur envers l'entrepreneur au moment où leur action est intentée.**

1) L'article 1798 est repris sous une forme légèrement différente par l'article L. 143-8-1° du Code du travail.

2) Sur l'application de l'article 1798 au salarié d'un cabinet de détective à l'encontre d'un client de son patron, V. Trib. com. Cambrai 21 juin 1960 : *Gaz. Pal* 1960, 2, 212.

3) Sur l'action directe du sous-traitant contre le maître de l'ouvrage, V. L. n. 75-1334 du 31 déc. 1975, art. 4 et s., *infra*, sous art. 1799.

4) Jugé que l'action directe doit être accordée aux sous-traitants du sous-traitant de la même manière et sans distinction, selon leur rang, à l'encontre du maître de l'ouvrage qui reste toujours le même quelle que soit la succession des sous-traitants (Civ. 3e, 29 mai 1980 : *D.* 1980, 443, note Bénabent, 1re esp.).

5) Sur le sort de l'action directe en cas d'absence d'acceptation et d'agrément, V. Cass. Ch. mixte 13 mars 1981 : *D.* 1981, 309, 1re esp., note Bénabent. Jugé que le sous-traitant ne peut à la fois se prévaloir du contrat de sous-traitance pour obtenir le paiement de ses travaux et le rejeter pour échapper à ses obligations contractuelles (Civ. 3e, 13 avril 1989 : *J.C.P.* 89,II, 21302, 1er arrêt, note R. Martin).

6) L'article 13, alinéa 2, de la loi du 31 décembre 1975 n'établit aucune distinction suivant l'origine des prestations fournies au titre du marché principal (Cass. Ch. mixte 18 juin 1982, 2 arrêts : *J.C.P.* 82, II, 19858, concl. Sadon, note G.F.).

7) L'action directe ne peut plus être exercée après la date d'échéance à partir de laquelle la provision résultant de l'effet non accepté tiré par l'entrepreneur principal est acquise au banquier (Com. 4 déc. 1984 : *D.* 1985, 181, note Bénabent. V. dans ce sens Com. 18 fév. 1986 : *J.C.P.* 87, II, 20730, note Synvet). Sur le cas où le concours bancaire est garanti par une cession de créances professionnelles, v. Com. 22 nov. 1988, 2 arrêts et Com. 20 juin 1989 : *J.C.P.* 90, II, 21396. – V. aussi H. Synvet, *Nouvelles variations sur le conflit opposant banquiers et sous-traitants* : *J.C.P.* 90, I, 3425.

8) En cas de concours entre plusieurs sous-traitants exerçant l'action directe, ceux-ci doivent être sur un pied d'égalité (Civ. 3e, 11 fév. 1987 : *D.* 1987, 256, note Bénabent).

LOUAGE D'OUVRAGE — Art. 1799

Art. 1799. – Les maçons, charpentiers, serruriers et autres ouvriers qui font directement des marchés à prix fait, sont astreints aux règles prescrites dans la présente section : ils sont entrepreneurs dans la partie qu'ils traitent.

Loi n. 71-584 du 16 juillet 1971 *(J.O.* 17 juil.*)*
tendant à réglementer les retenues de garantie en matière de marchés de travaux définis par l'article 1779-3° du Code civil

Art. 1er. – Les paiements des acomptes sur la valeur définitive des marchés de travaux privés visés à l'article 1779-3° du Code civil peuvent être amputés d'une retenue égale au plus 5 % de leur montant et garantissant contractuellement l'exécution des travaux, pour satisfaire, le cas échéant, aux réserves faites à la réception par le maître de l'ouvrage.

Le maître de l'ouvrage doit consigner entre les mains d'un consignataire, accepté par les deux parties ou à défaut désigné par le président du tribunal de grande instance ou du tribunal de commerce, une somme égale à la retenue effectuée.

Dans le cas où les sommes ayant fait l'objet de la retenue de garantie dépassent la consignation visée à l'alinéa précédent, le maître de l'ouvrage devra compléter celle-ci jusqu'au montant des sommes ainsi retenues.

Toutefois, la retenue de garantie stipulée contractuellement n'est pas pratiquée si l'entrepreneur fournit pour un montant égal une caution personnelle et solidaire émanant d'un établissement financier figurant sur une liste fixée par décret. (*)

(*) *V. D. n. 71-1058 du 24 déc. 1971.*

Art. 2. – À l'expiration du délai d'une année à compter de la date de réception, faite avec ou sans réserve, des travaux visés à l'article précédent, la caution est libérée ou les sommes consignées sont versées à l'entrepreneur, même en l'absence de mainlevée, si le maître de l'ouvrage n'a pas notifié à la caution ou au consignataire, par lettre recommandée, son opposition motivée par l'inexécution des obligations de l'entrepreneur. L'opposition abusive entraîne la condamnation de l'opposant à des dommages-intérêts.

Art. 3. – Sont nuls et de nul effet, quelle qu'en soit la forme, les clauses, stipulations et arrangements, qui auraient pour effet de faire échec aux dispositions des articles 1er et 2 de la présente loi.

Art. 4 *(L. n. 72-1166 du 23 déc. 1972).* – La présente loi est applicable aux conventions de sous-traitance.

Loi n. 75-1334 du 31 décembre 1975 *(J.O.* 3 janv. 1976*)*
relative à la sous-traitance

H. PÉRINET-MARQUET, *Le fabricant sous-traitant : Une hybridation difficile : J.C.P.* 89, I, 3399.

TITRE Ier. – DISPOSITIONS GÉNÉRALES

Art. 1er. – Au sens de la présente loi, la sous-traitance est l'opération par laquelle un entrepreneur confie par un sous-traité, et sous sa responsabilité, à une autre personne appelée sous-traitant tout ou partie de l'exécution du contrat d'entreprise ou du marché public conclu avec le maître de l'ouvrage.

Art. 1799   LOUAGE D'OUVRAGE

Art. 2. – Le sous-traitant est considéré comme entrepreneur principal à l'égard de ses propres sous-traitants.

Art. 3. – L'entrepreneur qui entend exécuter un contrat ou un marché en recourant à un ou plusieurs sous-traitants doit, au moment de la conclusion et pendant toute la durée du contrat ou du marché, faire accepter chaque sous-traitant et agréer les conditions de paiement de chaque contrat de sous-traitance par le maître de l'ouvrage ; l'entrepreneur principal est tenu de communiquer le ou les contrats de sous-traitance au maître de l'ouvrage lorsque celui-ci en fait la demande.

Lorsque le sous-traitant n'aura pas été accepté ni les conditions de paiement agréées par le maître de l'ouvrage dans les conditions prévues à l'alinéa précédent, l'entrepreneur principal sera néanmoins tenu envers le sous-traitant mais ne pourra invoquer le contrat de sous-traitance à l'encontre du sous-traitant.

TITRE II. – DU PAIEMENT DIRECT

Art. 4. – Le présent titre s'applique aux marchés passés par l'État, les collectivités locales, les établissements et entreprises publics.

Art. 5. – Sans préjudice de l'acceptation prévue à l'article 3, l'entrepreneur principal doit, lors de la soumission, indiquer au maître de l'ouvrage la nature et le montant de chacune des prestations qu'il envisage de sous-traiter.

Art. 6. – Le sous-traitant qui a été accepté et dont les conditions de paiement ont été agréées par le maître de l'ouvrage, est payé directement par lui pour la part du marché dont il assure l'exécution.

Toutefois, les dispositions de l'alinéa précédent ne s'appliquent pas lorsque le montant du contrat de sous-traitance est inférieur à un seuil qui, pour l'ensemble des marchés prévus au présent titre, est fixé à 4 000 F ; ce seuil peut être relevé par décret en Conseil d'État en fonction des variations des circonstances économiques. En-deçà de ce seuil, les dispositions du titre III de la présente loi sont applicables.

En ce qui concerne les marchés industriels passés par le ministère de la défense, un seuil différent peut être fixé par décret en Conseil d'État.

Ce paiement est obligatoire même si l'entrepreneur principal est en état de liquidation des biens, de règlement judiciaire ou de suspension provisoire des poursuites.

Art. 7. – Toute renonciation au paiement direct est réputée non écrite.

Art. 8. – L'entrepreneur principal dispose d'un délai de quinze jours, comptés à partir de la réception des pièces justificatives servant de base au paiement direct, pour les revêtir de son acceptation ou pour signifier au sous-traitant son refus motivé d'acceptation.

Passé ce délai, l'entrepreneur principal est réputé avoir accepté celles des pièces justificatives ou des parties de pièces justificatives qu'il n'a pas expressément acceptées ou refusées.

Les notifications prévues à l'alinéa 1er sont adressées par lettre recommandée avec accusé de réception.

Art. 9. – La part du marché pouvant être nantie par l'entrepreneur principal est limitée à celle qu'il effectue personnellement.

Lorsque l'entrepreneur envisage de sous-traiter une part du marché ayant fait l'objet d'un nantissement, l'acceptation des sous-traitants prévue à l'article 3 de la présente loi est

LOUAGE D'OUVRAGE   Art. 1799

subordonnée à une réduction du nantissement à concurrence de la part que l'entrepreneur se propose de sous-traiter.

Art. 10. – Le présent titre s'applique :
Aux marchés sur adjudication ou sur appel d'offres dont les avis ou appels sont lancés plus de trois mois après la publication de la présente loi ;
Aux marchés de gré à gré dont la signature est notifiée plus de six mois après cette même publication.

TITRE III. – DE L'ACTION DIRECTE

Art. 11. – Le présent titre s'applique à tous les contrats de sous-traitance qui n'entrent pas dans le champ d'application du titre II.

Art. 12. – Le sous-traitant a une action directe contre le maître de l'ouvrage si l'entrepreneur principal ne paie pas, un mois après en avoir été mis en demeure, les sommes qui sont dues en vertu du contrat de sous-traitance ; copie de cette mise en demeure est adressée au maître de l'ouvrage.
Toute renonciation à l'action directe est réputée non écrite.
Cette action directe subsiste même si l'entrepreneur principal est en état de liquidation des biens, de règlement judiciaire ou de suspension provisoire des poursuites.

Art. 13. – L'action directe ne peut viser que le paiement correspondant aux prestations prévues par le contrat de sous-traitance et dont le maître de l'ouvrage est effectivement bénéficiaire.
Les obligations du maître de l'ouvrage sont limitées à ce qu'il doit encore à l'entrepreneur principal à la date de la réception de la copie de la mise en demeure prévue à l'article précédent.

Art. 13-1 *(Aj. L. n. 81-1 du 2 janv. 1981, art. 7).* – L'entrepreneur principal ne peut céder ou nantir les créances résultant du marché ou du contrat passé avec le maître de l'ouvrage qu'à concurrence des sommes qui lui sont dues au titre des travaux qu'il effectue personnellement.
(2ᵉ al. aj. L. n. 84-46 du 24 janv. 1984, art. 63) Il peut, toutefois, céder ou nantir l'intégralité de ces créances sous réserve d'obtenir, préalablement et par écrit, le cautionnement personnel et solidaire visé à l'article 14 de la présente loi, vis-à-vis des sous-traitants.

Art. 14. – À peine de nullité du sous-traité, les paiements de toutes les sommes dues par l'entrepreneur au sous-traitant, en application de ce sous-traité, sont garantis par une caution personnelle et solidaire obtenue par l'entrepreneur d'un établissement qualifié, agrée dans des conditions fixées par décret. Cependant, la caution n'aura pas lieu d'être fournie si l'entrepreneur délègue le maître de l'ouvrage au sous-traitant dans les termes de l'article 1275 du Code civil, à concurrence du montant des prestations exécutées par le sous-traitant.
À titre transitoire, la caution pourra être obtenue d'un établissement figurant sur la liste fixée par le décret pris en application de la loi n. 71-584 du 16 juillet 1971 concernant les retenues de garantie.

Art. 14-1 *(L. n. 86-13 du 6 janv. 1986, art. 13).* – Pour les contrats de travaux de bâtiment et de travaux publics :
– le maître de l'ouvrage doit, s'il a connaissance de la présence sur le chantier d'un sous-traitant n'ayant pas fait l'objet des obligations définies à l'article 3, mettre l'entrepreneur principal en demeure de s'acquitter de ces obligations ;

Art. 1799 LOUAGE D'OUVRAGE

— si le sous-traitant accepté, et dont les conditions de paiement ont été agréées par le maître de l'ouvrage dans les conditions définies par décret en Conseil d'État, ne bénéficie pas de la délégation de paiement, le maître de l'ouvrage doit exiger de l'entrepreneur principal qu'il justifie avoir fourni la caution.

Les dispositions ci-dessus concernant le maître de l'ouvrage ne s'appliquent pas à la personne physique construisant un logement pour l'occuper elle-même ou le faire occuper par son conjoint, ses ascendants, ses descendants ou ceux de son conjoint.

TITRE IV. — DISPOSITIONS DIVERSES

Art. 15. — Sont nuls et de nul effet, quelle qu'en soit la forme, les clauses, stipulations et arrangements qui auraient pour effet de faire échec aux dispositions de la présente loi.

Art. 16. — Des décrets en Conseil d'État précisent les conditions d'application de la présente loi.

Code des assurances

TITRE IV. — L'ASSURANCE DES TRAVAUX DE BÂTIMENT
(Intitulé mod. avec effet à compter du 1er janv. 1979, L. n. 78-12 du 4 janv. 1978, art. 12 et 14)

CHAPITRE Ier. — L'ASSURANCE DE RESPONSABILITÉ OBLIGATOIRE

Art. L. 241-1 *(Aj. avec effet à compter du 1er janv. 1979, L. n. 78-12 du 4 janv. 1978, art. 12 et 14).* — Toute personne physique ou morale dont la responsabilité peut être engagée sur le fondement de la présomption établie par les articles 1792 et suivants du Code civil à propos de travaux de bâtiment, doit être couverte par une assurance.

A l'ouverture de tout chantier, elle doit être en mesure de justifier qu'elle a souscrit un contrat d'assurance la couvrant pour cette responsabilité.

Tout contrat d'assurance souscrit en vertu du présent article est, nonobstant toute stipulation contraire, réputé comporter une clause assurant le maintien de la garantie pour la durée de la responsabilité pesant sur la personne assujettie à l'obligation d'assurance.

Art. L. 241-2 *(Aj. avec effet à compter du 1er janv. 1979, L. n. 78-12 du 4 janv. 1978, art. 12 et 14).* — Celui qui fait réaliser pour le compte d'autrui des travaux de bâtiment mentionnés à l'article précédent doit être couvert par une assurance de responsabilité garantissant les dommages visés aux articles 1792 et 1792-2 du Code civil et résultant de son fait.

Il en est de même lorsque les bâtiments sont construits en vue de la vente.

CHAPITRE II. — L'ASSURANCE DE DOMMAGES OBLIGATOIRE

Art. L. 242-1. — *(Al. remplacé, L. n. 89-1014 du 31 déc. 1989, art. 47-I)* Toute personne physique ou morale qui, agissant en qualité de propriétaire de l'ouvrage, de vendeur ou de mandataire du propriétaire de l'ouvrage, fait réaliser des travaux de bâtiment, doit souscrire avant l'ouverture du chantier, pour son compte ou pour celui des propriétaires successifs, une assurance garantissant, en dehors de toute recherche des responsabilités, le paiement de la totalité des travaux de réparation des dommages de la nature de ceux dont sont responsables les constructeurs, au sens de l'article 1792-1, les fabricants et importateurs, ou le contrôleur technique sur le fondement de l'article 1792 du Code civil.

LOUAGE D'OUVRAGE — Art. 1799

Toutefois, l'obligation prévue au premier alinéa ci-dessus ne s'applique ni aux personnes morales de droit public ni aux personnes morales exerçant une activité dont l'importance dépasse les seuils mentionnés au dernier alinéa de l'article L. 351-4, lorsque ces personnes font réaliser pour leur compte des travaux de bâtiment pour un usage autre que l'habitation.

L'assureur a un délai maximal de soixante jours, couvrant à compter de la réception de la déclaration du sinistre, pour notifier à l'assuré sa décision quant au principe de la mise en jeu des garanties prévues au contrat.

Lorsqu'il accepte la mise en jeu des garanties prévues au contrat, l'assureur présente, dans un délai maximal de quatre-vingt-dix jours, courant à compter de la réception de la déclaration du sinistre, une offre d'indemnité, revêtant le cas échéant un caractère provisionnel et destinée au paiement des travaux de réparation des dommages. En cas d'acceptation, par l'assuré, de l'offre qui lui a été faite, le règlement de l'indemnité par l'assureur intervient dans un délai de quinze jours.

Lorsque l'assureur ne respecte pas l'un des délais prévus aux deux alinéas ci-dessus ou propose une offre d'indemnité manifestement insuffisante, l'assuré peut, après l'avoir notifié à l'assureur, engager les dépenses nécessaires à la réparation des dommages. L'indemnité versée par l'assureur est alors majorée de plein droit d'un intérêt égal au double du taux de l'intérêt légal.

Dans les cas de difficultés exceptionnelles dues à la nature ou à l'importance du sinistre, l'assureur peut, en même temps qu'il notifie son accord sur le principe de la mise en jeu de la garantie, proposer à l'assuré la fixation d'un délai supplémentaire pour l'établissement de son offre d'indemnité. La proportion doit se fonder exclusivement sur des considérations d'ordre technique et être motivée.

Le délai supplémentaire prévu à l'alinéa qui précède est subordonné à l'acceptation expresse de l'assuré et ne peut excéder cent trente-cinq jours.

Cette assurance prend effet après l'expiration du délai de garantie de parfait achèvement visé à l'article 1792-6 du Code civil. Toutefois, elle garantit le paiement des réparations nécessaires lorsque :

Avant la réception, après mise en demeure restée infructueuse, le contrat de louage d'ouvrage conclu avec l'entrepreneur est résilié pour inexécution, par celui-ci, de ses obligations ;

Après la réception, après mise en demeure restée infructueuse, l'entrepreneur n'a pas exécuté ses obligations.

Toute entreprise d'assurance agréée dans les conditions fixées par l'article L. 321-1 ou dispensé de cet agrément par application des dispositions de l'article L. 321-4 du présent code, même si elle ne gère pas les risques régis par les articles L. 211-1 et L. 241-2 ci-dessus, est habilitée à prendre en charge les risques prévus au présent article.

Art. L. 242-2 *(Aj. avec effet à compter du 1er janv. 1979, L. n. 78-12 du 4 janv. 1978, art. 12 et 14).* – Dans les cas prévus par les articles 1831-1 à 1831-5 du Code civil relatifs au contrat de promotion immobilière, ainsi que par les articles 33, 34 d, avant-dernier et dernier alinéa, 35 et 36 de la loi n. 71-579 du 16 juillet 1971 relative à diverses opérations de construction, les obligations définies aux articles L. 241-2 et L. 242-1 incombent au promoteur immobilier.

CHAPITRE III. – DISPOSITIONS COMMUNES

Art. L. 243-1 *(Aj. avec effet à compter du 1er janv. 1979, L. n. 78-12 du 4 janv. 1978, art. 12 et 14),* – Les obligations d'assurance ne s'appliquent pas à l'État lorsqu'il construit pour son compte. *(2° phrase suppr., L. n. 89-1014 du 31 déc. 1989, art. 47-II).*

Art. 1799   LOUAGE D'OUVRAGE

Art. L. 243-2 *(Aj. avec effet à compter du 1er janv. 1979, L. n. 78-12 du 4 janv. 1978, art. 12 et 14).* – Les personnes soumises aux obligations prévues par les articles L. 241-1 à L. 242-1 du présent code doivent être en mesure de justifier qu'elles ont satisfait auxdites obligations.

Lorsqu'un acte intervenant avant l'expiration du délai de dix ans prévu à l'article 2270 du Code civil a pour effet de transférer la propriété ou la jouissance du bien, quelle que soit la nature du contrat destiné à conférer ces droits, à l'exception toutefois des baux à loyer, mention doit être faite dans le corps de l'acte ou en annexe de l'existence ou de l'absence d'assurance.

Art. L. 243-3 *(Aj. avec effet à compter du 1er janv. 1979, L. n. 78-12 du 4 janv. 1978, art. 12 et 14).* – Quiconque contrevient aux dispositions des articles L. 241-1 à L. 242-1 du présent code sera puni d'un emprisonnement de dix jours à six mois et d'une amende de 2 000 F à 500 000 F ou de l'une de ces deux peines seulement.

Les dispositions de l'alinéa précédent ne s'appliquent pas à la personne physique construisant un logement pour l'occuper elle-même ou le faire occuper par son conjoint, ses ascendants, ses descendants ou ceux de son conjoint.

Art. L. 243-4 *(Aj. avec effet à compter du 1er janv. 1979, L. n. 78-12 du 4 janv. 1978, art. 12 et 14).* – Toute personne assujettie à l'obligation de s'assurer qui, ayant sollicité la souscription d'un contrat auprès d'une entreprise d'assurance dont les statuts n'interdisent pas la prise en charge du risque en cause en raison de sa nature, se voit opposer un refus, peut saisir un bureau central de tarification dont les conditions de constitution et les règles de fonctionnement sont fixées par décret en Conseil d'État.

Le bureau central de tarification a pour rôle exclusif de fixer le montant de la prime moyennant laquelle l'entreprise d'assurance intéressée est tenue de garantir le risque qui lui a été proposé. Il peut déterminer le montant d'une franchise qui reste à la charge de l'assuré.

Art. L. 243-5 *(Aj. avec effet à compter du 1er janv. 1979, L. n. 78-12 du 4 janv. 1978, art. 12 et 14).* –Est nulle toute clause des traités de réassurance tendant à exclure certains risques de la garantie de réassurance en raison de la tarification adoptée par le bureau central de tarification.

Art. L. 243-6 *(Aj. avec effet à compter du 1er janv. 1979, L. n. 78-12 du 4 janv. 1978, art. 12 et 14).* – Toute entreprise d'assurance qui maintient son refus de garantir un risque dont la prime a été fixée par le bureau central de tarification est considérée comme ne fonctionnant plus conformément à la réglementation en vigueur et encourt le retrait de l'agrément administratif prévu par l'article L. 321-1 du présent code.

Art. L. 243-7 *(Aj. avec effet à compter du 1er janv. 1979, L. n. 78-12 du 4 janv. 1978, art. 12 et 14).* –Les dispositions de l'article L. 113-16 et du deuxième alinéa de l'article L. 121-10 du présent code ne sont pas applicables aux assurances obligatoires prévues par le présent titre.

Les victimes des dommages prévus par la loi n. 78-12 du 4 janvier 1978 ont la possibilité d'agir directement contre l'assureur du responsable desdits dommages si ce dernier est en règlement judiciaire ou en liquidation de biens.

Art. L. 243-8 *(Aj. avec effet à compter du 1er janv. 1979, L. n. 78-12 du 4 janv. 1978, art. 12 et 14).* – Tout contrat d'assurance souscrit par une personne assujettie à l'obligation d'assurance en vertu du présent titre est, nonobstant toute clause contraire, réputé comporter des garanties au moins équivalentes à celles figurant dans les clauses types prévues par l'article L. 310-7 du présent code.

BAIL À CHEPTEL Art. 1805

CHAPITRE IV. – DU BAIL À CHEPTEL

SECTION I. – DISPOSITIONS GÉNÉRALES

Art. 1800. – **Le bail à cheptel est un contrat par lequel l'une des parties donne à l'autre un fonds de bétail pour le garder, le nourrir et le soigner, sous les conditions convenues entre elles.**

1) Le contrat qui ne porte que sur un seul animal ne peut comporter la qualification de bail à cheptel (Civ. 1re, 8 juil. 1958 : *J.C.P.* 58, IV, 126 ; *Bull.* I, n. 365, p. 294).

2) Les règles du Code civil ne sont pas applicables au cheptel mort (Civ. 30 mai 1922 : *S.* 1922, 1, 289, note Hugueney).

3) Le bail à cheptel est traditionnellement considéré comme un bail rural et relève donc de la compétence des tribunaux paritaires (Soc. 20 avril 1956 : *J.C.P.* 56, II, 9387, note Lacoste).

4) Le contrat de cheptel demeure régi par les articles 1804 à 1831 du Code civil et continue d'exister parallèlement au bail à colonat ; dès lors, les parties peuvent convenir que le contrat de cheptel vif jouera en même temps que le contrat de métayage qui l'enveloppe ; dans cette éventualité, le partage du croît se fait alors par moitié alors que celui du produit de l'exploitation s'effectue suivant la règle du tiercement posée par l'article 22 *bis* du statut des baux ruraux (C. rural, art. L. 417-3) (Soc. 13 mai 1949 : *J.C.P.* 49, II, 4918, note Ourliac et de Juglart).

Art. 1801. – **Il y a plusieurs sortes de cheptels :
Le cheptel simple ou ordinaire ;
Le cheptel à moitié ;
Le cheptel donné au fermier ou au colon partiaire.
Il y a encore une quatrième espèce de contrat improprement appelé *cheptel*.**

Art. 1802. – **On peut donner à cheptel toute espèce d'animaux susceptibles de croît ou de profit pour l'agriculture ou le commerce.**

Art. 1803. – **À défaut de conventions particulières, ces contrats se règlent par les principes qui suivent.**

SECTION II. – DU CHEPTEL SIMPLE

Art. 1804. – **Le bail à cheptel simple est un contrat par lequel on donne à un autre des bestiaux à garder, nourrir et soigner, à condition que le preneur profitera de la moitié du croît, et qu'il supportera aussi la moitié de la perte.**

Art. 1805 *(L. 9 juin 1941).* – **L'état numératif, descriptif et estimatif des animaux remis, figurant au bail, n'en transporte pas la propriété au preneur. Il n'a d'autre objet que de servir de base au règlement à intervenir au jour où le contrat prend fin.**

Art. 1806 BAIL À CHEPTEL

Art. 1806. – Le preneur doit les soins d'un bon père de famille à la conservation du cheptel.

Art. 1807. – Il n'est tenu du cas fortuit que lorsqu'il a été précédé de quelque faute de sa part, sans laquelle la perte ne serait pas arrivée.

Art. 1808. – En cas de contestation, le preneur est tenu de prouver le cas fortuit, et le bailleur est tenu de prouver la faute qu'il impute au preneur.

Art. 1809. – Le preneur, qui est déchargé par le cas fortuit, est toujours tenu de rendre compte des peaux des bêtes.

Art. 1810 *(L. 9 juin 1941 ; L. 5 oct. 1941, art. 2).* – Si le cheptel périt en entier sans la faute du preneur, la perte en est pour le bailleur.

S'il n'en périt qu'une partie, la perte est supportée en commun, d'après le prix de l'estimation originaire et celui de l'estimation à l'expiration du cheptel.

Art. 1811. – On ne peut stipuler :
Que le preneur supportera la perte totale du cheptel, quoique arrivée par cas fortuit et sans sa faute,
Ou qu'il supportera, dans la perte, une part plus grande que dans le profit,
Ou que le bailleur prélèvera, à la fin du bail, quelque chose de plus que le cheptel qu'il a fourni.
Toute convention semblable est nulle.
Le preneur profite seul des laitages, du fumier et du travail des animaux donnés à cheptel.
La laine et le croît se partagent.

Les interdictions formulées par l'article 1811 du Code civil ayant un caractère dérogatoire au droit commun et devant être interprétées restrictivement, le paragraphe 6 de ce texte ne fait pas obstacle à ce que le bailleur à cheptel simple puisse stipuler expressément qu'il aura la moitié des laitages (Soc. 18 nov. 1949 : *Bull.* III, n. 1059, p. 1151).

Art. 1812. – Le preneur ne peut disposer d'aucune bête du troupeau, soit du fonds, soit du croît, sans le consentement du bailleur, qui ne peut lui-même en disposer sans le consentement du preneur.

Art. 1813. – Lorsque le cheptel est donné au fermier d'autrui, il doit être notifié au propriétaire de qui ce fermier tient ; sans quoi il peut le saisir et le faire vendre pour ce que son fermier lui doit.

Art. 1814. – Le preneur ne pourra tondre sans en prévenir le bailleur.

Art. 1815. – S'il n'y a pas de temps fixé par la convention pour la durée du cheptel, il est censé fait pour trois ans.

Art. 1816. – Le bailleur peut en demander plus tôt la résolution, si le preneur ne remplit pas ses obligations.

Art. 1817 *(L. 9 juin 1941).* – À la fin du bail ou lors de sa résolution, le bailleur prélève des animaux de chaque espèce, de manière à obtenir un même fonds de bétail que celui qu'il a remis, notamment quant au nombre, à la race, à l'âge, au poids et à la qualité des bêtes ; l'excédent se partage.

BAIL À CHEPTEL — Art. 1825

S'il n'existe pas assez d'animaux pour reconstituer le fonds de bétail, tel qu'il est ci-dessus défini, les parties se font raison de la perte sur la base de la valeur des animaux au jour où le contrat prend fin.

Toute convention aux termes de laquelle le preneur, à la fin du bail ou lors de sa résolution, doit laisser un fonds de bétail d'une valeur égale au prix de l'estimation de celui qu'il aura reçu, est nulle.

SECTION III. – DU CHEPTEL À MOITIÉ

Art. 1818. – Le cheptel à moitié est une société dans laquelle chacun des contractants fournit la moitié des bestiaux, qui demeurent communs pour le profit ou pour la perte.

Les dispositions de l'article 418 du Code pénal ne visant pas la violation du contrat de société, il n'y a pas abus de confiance lorsque le preneur vend de mauvaise foi un animal (Crim. 21 oct. 1932 : *D.P.* 1933, 1, 116, note Henry).

Art. 1819. – Le preneur profite seul, comme dans le cheptel simple, des laitages, du fumier et des travaux des bêtes.

Le bailleur n'a droit qu'à la moitié des laines et du croît.

Toute convention contraire est nulle, à moins que le bailleur ne soit propriétaire de la métairie dont le preneur est fermier ou colon partiaire.

Art. 1820. – Toutes les autres règles du cheptel simple s'appliquent au cheptel à moitié.

SECTION IV. – DU CHEPTEL DONNÉ PAR LE PROPRIÉTAIRE À SON FERMIER OU COLON PARTIAIRE

§ 1er. – Du cheptel donné au fermier

Art. 1821 *(L. 9 juin 1941).* – Ce cheptel (appelé aussi cheptel de fer) est celui pour lequel le propriétaire d'une exploitation rurale la donne à ferme à charge qu'à l'expiration du bail, le fermier laissera un même fonds de bétail que celui qu'il a reçu.

Art. 1822 *(L. 9 juin 1941).* – L'état numératif, descriptif et estimatif des animaux remis, figurant au bail, n'en transporte pas la propriété au preneur ; il n'a d'autre objet que de servir de base au règlement à intervenir au moment où le contrat prend fin.

Art. 1823. – Tous les profits appartiennent au fermier pendant la durée de son bail, s'il n'y a convention contraire.

Art. 1824. – Dans les cheptels donnés au fermier, le fumier n'est point dans les profits personnels des preneurs, mais appartient à la métairie, à l'exploitation de laquelle il doit être uniquement employé.

Art. 1825 *(L. 9 juin 1941 ; L. 5 oct. 1941, art. 1er).* – **La perte, même totale et par cas fortuit, est en entier pour le fermier, s'il n'y a convention contraire.**

Sur la distinction entre cas fortuits ordinaires et cas fortuits extraordinaires, V. *supra*, art. 1773.

Art. 1826 — BAIL À CHEPTEL

Art. 1826 (*L. 9 juin 1941*). – À la fin du bail ou lors de sa résolution, le preneur doit laisser des animaux de chaque espèce formant un même fonds de bétail que celui qu'il a reçu, notamment quant au nombre, à la race, à l'âge, au poids et à la qualité des bêtes.
S'il y a un excédent, il lui appartient.
S'il y a un déficit, le règlement entre les parties est fait sur la base de la valeur des animaux au jour où le contrat prend fin.
Toute convention aux termes de laquelle le preneur, à la fin du bail ou lors de sa résolution, doit laisser un fonds de bétail d'une valeur égale au prix de l'estimation de celui qu'il a reçu est nulle.

§ 2. – Du cheptel donné au colon partiaire

Art. 1827 (*L. 9 juin 1941 ; L. 5 oct. 1941*). – Si le cheptel périt en entier sans la faute du colon, la perte est pour le bailleur.

Art. 1828. – On peut stipuler que le colon délaissera au bailleur sa part de la toison à un prix inférieur à la valeur ordinaire ;
Que le bailleur aura une plus grande part du profit ;
Qu'il aura la moitié des laitages ;
Mais on ne peut pas stipuler que le colon sera tenu de toute la perte.

Art. 1829. – Ce cheptel finit avec le bail à métairie.

Art. 1830. – Il est d'ailleurs soumis à toutes les règles du cheptel simple.

SECTION V. – DU CONTRAT IMPROPREMENT APPELÉ CHEPTEL

Art. 1831. – Lorsqu'une ou plusieurs vaches sont données pour les loger et les nourrir, le bailleur en conserve la propriété ; il a seulement le profit des veaux qui en naissent.

TITRE VIII bis. – DU CONTRAT DE PROMOTION IMMOBILIÈRE
(ajouté avec effet à compter du 31 décembre 1972, L. n. 71-579 du 16 juil. 1971, art. 32 et 51 et L. n. 72-649 du 11 juil. 1972, art. 34)

Les articles 1831-1 à 1831-5 sont insérés au Code de la construction et de l'habitation sous les numéros L. 221-1 à L. 221-5.

Art. 1831-1 (*Mod. L. n. 72-649 du 11 juil. 1972 art. 21*). – Le contrat de promotion immobilière est un mandat d'intérêt commun par lequel une personne dite « promoteur immobilier » s'oblige envers le maître d'un ouvrage à faire procéder, pour un prix convenu, au moyen de contrats de louage d'ouvrage, à la réalisation d'un programme de construction d'un ou de plusieurs édifices ainsi qu'à procéder elle-même ou à faire procéder, moyennant une rémunération convenue, à tout ou partie des opérations juridiques, administratives

PROMOTION IMMOBILIÈRE — Art. 1831-5

et financières concourant au même objet. Ce promoteur est garant de l'exécution des obligations mises à la charge des personnes avec lesquelles il a traité au nom du maître de l'ouvrage. Il est notamment tenu des obligations résultant des articles 1792, 1792-1, 1792-2 et 1792-3 du présent code (*).

Si le promoteur s'engage à exécuter lui-même partie des opérations du programme, il est tenu, quant à ces opérations, des obligations d'un locateur d'ouvrage.

(*) *L. n. 78-12 du 4 janv. 1978, art. 5 et 14. Cette disposition s'applique aux contrats relatifs aux chantiers dont la déclaration réglementaire d'ouverture a été établie postérieurement au 1er janvier 1979.*

Le professionnel de l'immobilier qui vend des appartements clés en mains après transformation d'un hôtel en immeuble d'habitation ne peut être considéré comme un promoteur (Civ. 3e, 6 nov. 1985 : *Bull.* III, n. 140, p. 107).

Art. 1831-2. – Le contrat emporte pouvoir pour le promoteur de conclure les contrats, recevoir les travaux, liquider les marchés et généralement celui d'accomplir, à concurrence du prix global convenu, au nom du maître de l'ouvrage, tous les actes qu'exige la réalisation du programme.

Toutefois, le promoteur n'engage le maître de l'ouvrage, par les emprunts qu'il contracte ou par les actes de disposition qu'il passe, qu'en vertu d'un mandat spécial contenu dans le contrat ou dans un acte postérieur.

Le maître de l'ouvrage est tenu d'exécuter les engagements contractés en son nom par le promoteur en vertu des pouvoirs que celui-ci tient de la loi ou de la convention.

Art. 1831-3 *(Mod., L. n. 72-649 du 11 juill. 1972, art. 22).* – Si, avant l'achèvement du programme, le maître de l'ouvrage cède les droits qu'il a sur celui-ci, le cessionnaire lui est substitué de plein droit, activement et passivement, dans l'ensemble du contrat. Le cédant est garant de l'exécution des obligations mises à la charge du maître de l'ouvrage par le contrat cédé.

Les mandats spéciaux donnés au promoteur se poursuivent entre celui-ci et le cessionnaire.

Le promoteur ne peut se substituer un tiers dans l'exécution des obligations qu'il a contractées envers le maître de l'ouvrage sans l'accord de celui-ci.

Le contrat de promotion immobilière n'est opposable aux tiers qu'à partir de la date de sa mention au fichier immobilier.

Art. 1831-4. – La mission du promoteur ne s'achève à la livraison de l'ouvrage que si les comptes de construction ont été définitivement arrêtés entre le maître de l'ouvrage et le promoteur, le tout sans préjudicier aux actions en responsabilité qui peuvent appartenir au maître de l'ouvrage contre le promoteur.

Art. 1831-5. – **Le règlement judiciaire ou la liquidation des biens n'entraîne pas de plein droit la résiliation du contrat de promotion immobilière. Toute stipulation contraire est réputée non écrite.**

Art. 1831-5 — PROMOTION IMMOBILIÈRE

Code de la construction et de l'habitation
Première partie (Législative)

TITRE II. – PROMOTION IMMOBILIÈRE

CHAPITRE I. – DISPOSITIONS GÉNÉRALES

....

Art. L. 221-6. – Le contrat de promotion immobilière est réputé emporter restriction au droit de disposer au sens et pour l'application de l'article 28-2° du décret n° 55-22 du 4 janvier 1955 portant réforme de la publicité foncière.

CHAPITRE II. – DISPOSITIONS PARTICULIÈRES AU CONTRAT DE PROMOTION IMMOBILIÈRE POUR LA CONSTRUCTION D'IMMEUBLES À USAGE D'HABITATION OU À USAGE PROFESSIONNEL ET D'HABITATION

Art. L. 222-1. – Tout contrat par lequel une personne s'oblige envers le maître de l'ouvrage à faire procéder à la construction d'un immeuble d'habitation ou d'un immeuble à usage professionnel et d'habitation, en une qualité autre que celle de vendeur ou que celles qui sont indiquées au 3° de l'article 1779 du code civil, est soumis aux règles des articles 1831-1 à 1831-5 du même code, reproduits aux articles L. 221-1 à L. 221-5 du présent code, ainsi qu'à celles du présent chapitre.

Les dispositions du premier alinéa du présent article ne sont pas obligatoires lorsque le maître d'ouvrage est une personne qui construit un ou plusieurs immeubles en vue de la vente ou une société autre que celles mentionnées aux chapitres II et III du titre Ier du présent livre faisant construire plus de deux locaux à usage professionnel ou d'habitation.

Art. L. 222-2. – Les dispositions du premier alinéa de l'article L. 222-1 ne sont pas non plus obligatoires, quel que soit le maître de l'ouvrage, lorsque la personne qui s'oblige à faire procéder à la construction est un organisme d'habitations à loyer modéré ou une société d'économie mixte dont le capital appartient pour plus de la moitié à des personnes morales de droit public.

Elles ne sont pas non plus obligatoires lorsque la personne qui s'oblige envers le maître de l'ouvrage en une qualité indiquée au 3° de l'article 1779 du Code civil n'accomplit que les opérations administratives prévues à l'article 1831-1 du même code, reproduit à l'article L. 221-1 du présent code.

Les sociétés des chapitres Ier, II et III du titre précédent qui, lors de l'achat d'une fraction de terrain sur lequel elles construiront, s'obligent à l'égard du vendeur, lequel conserve le surplus du terrain, à faire édifier pour son compte les immeubles correspondant audit surplus et à assumer la charge de leur coût ne sont pas tenues de passer un contrat de promotion avec ledit vendeur.

Dans le cas prévu à l'alinéa précédent, les obligations contractées par la société à l'égard du vendeur sont garanties par la personne avec laquelle la société a conclu un contrat de promotion ou, s'il y a lieu, par son représentant légal ou statutaire assumant les obligations du promoteur.

Art. L. 222-3. – Le contrat de promotion immobilière doit être constaté, avant le commencement de son exécution, par un écrit contenant les énonciations qui suivent :
a) La situation et la contenance du terrain sur lequel doit être édifié le bâtiment ;

PROMOTION IMMOBILIÈRE — Art. 1831-5

b) La consistance et les caractéristiques techniques du bâtiment à construire ;
c) Les devis descriptifs et les conditions d'exécution techniques des travaux ;
d) Le prix convenu ainsi que les limites et conditions dans lesquelles la révision du prix peut intervenir ; si un poste pour imprévu est inclus dans le prix et si le contrat ne subordonne pas l'utilisation des sommes correspondantes à un accord préalable du maître de l'ouvrage, le promoteur doit, en fin d'opération, restituer à ce dernier la totalité des sommes qui auraient été appelées et dont il ne peut pas justifier avoir eu besoin pour exécuter sa mission ;
e) Les moyens et conditions de financement et les modalités de règlement à mesure de l'avancement des travaux ;
f) La rémunération du promoteur pour ses soins, peines et débours ;
g) Le délai dans lequel le bâtiment doit être édifié ;
h) La garantie apportée par le promoteur pour la bonne exécution de sa mission.

Par dérogation aux dispositions qui précèdent, le contrat peut être constaté par plusieurs actes séparés comportant chacun des énonciations limitées à une phase ou à une partie de l'ensemble des opérations à réaliser. Toutefois, aucun travail matériel, hormis ceux nécessaires aux études préliminaires, ne peut être effectué sur le terrain avant la signature des actes concernant toutes les opérations à réaliser.

L'inobservation des dispositions du présent article entraîne la nullité du contrat de promotion immobilière. Cette nullité ne peut être invoquée que par le maître de l'ouvrage et jusqu'à l'achèvement des travaux.

Elle entraîne l'inopposabilité au maître de l'ouvrage des contrats passés par le promoteur.

Art. L. 222-4. — Nonobstant toute stipulation contraire, les clauses de résolution de plein droit concernant les obligations de versement mises à la charge du maître de l'ouvrage par le contrat ne produisent effet qu'un mois après mise en demeure restée infructueuse.

Un délai peut être demandé pendant le mois ainsi imparti, conformément à l'article 1244 du Code civil.

Les effets des clauses de résolution de plein droit sont suspendus pendant le cours des délais ainsi octroyés en vertu de l'article 1244 du Code civil. Ces clauses sont réputées n'avoir jamais joué si le débiteur se libère dans les conditions déterminées par le juge.

Art. L. 222-5. — Avant la signature du contrat, le promoteur ne peut exiger ni même accepter du maître de l'ouvrage aucun versement, aucun dépôt, aucune souscription ni acceptation d'effets de commerce. Aucun paiement ne peut non plus être exigé ni accepté avant la date à laquelle la créance est exigible.

Art. L. 222-6. — Les organismes d'habitations à loyer modéré et les sociétés d'économie mixte dont le capital appartient pour plus de moitié à des personnes de droit public ne sont pas tenus de fournir la garantie prévue au h de l'article L. 222-3 quand ils agissent comme promoteurs liés par un contrat de promotion immobilière, ou par l'écrit prévu aux articles L. 212-10 et L. 213-6.

Art. L. 222-7. — Les dispositions du présent chapitre sont d'ordre public.

TITRE III. — CONTRAT DE CONSTRUCTION D'UNE MAISON INDIVIDUELLE

CHAPITRE UNIQUE

V. Recommandation n. 81-02 CCA émise par la commission des clauses abusives concernant [xin]les contrats de construction de maisons individuelles selon un plan établi à l'avance et proposé par le constructeur : *J.C.P.* 81, III, 50837.

Art. 1831-5 PROMOTION IMMOBILIÈRE

Art. L. 231-1. – Tout contrat autre que celui mentionné au titre II du présent livre, par lequel une personne se charge de la construction d'un immeuble à usage d'habitation ou d'un immeuble à usage professionnel et d'habitation ne comportant qu'un seul logement d'après un plan qu'elle a proposé ou fait proposer au maître de l'ouvrage doit comporter les énonciations suivantes :

a) L'affirmation de la conformité du projet aux règles de construction prescrites en application du présent code et, notamment, de son livre 1er ;

b) La consistance et les caractéristiques techniques du bâtiment à construire ;

c) Les devis descriptifs et les conditions d'exécution techniques des travaux ;

d) Le prix convenu ainsi que les limites et conditions dans lesquelles la révision du prix peut intervenir ;

e) Les modalités de règlement à mesure de l'avancement des travaux ;

f) Le délai dans lequel le bâtiment doit être édifié ;

g) La description et l'estimation du coût de ceux des travaux d'équipement intérieur ou extérieur qui sont indispensables à l'implantation et à l'utilisation ou à l'habitation de l'immeuble et qui ne sont pas compris dans le prix ;

h) La garantie apportée par la personne qui s'est chargée de la construction pour la bonne exécution de sa mission.

Art. L. 231-1-1 *(L. n. 84-601 du 13 juil. 1984, art. 1er).* – Au cas où le contrat défini à l'article L. 231-1 prévoit la révision du prix, celle-ci ne peut être calculée qu'en fonction de la variation d'un indice national du bâtiment tous corps d'état mesurant l'évolution du coût des facteurs de production dans le bâtiment, publié par le ministre chargé de la construction et de l'habitation, et, au choix des parties, selon l'une des deux modalités ci-après :

1° Révision du prix d'après la variation de l'indice entre la date de la signature du contrat et la date fixée à l'article L. 231-1-2, le prix ainsi révisé ne pouvant subir aucune variation après cette dernière date ;

2° Révision sur chaque paiement dans une limite exprimée en pourcentage de la variation de l'indice défini ci-dessus entre la date de signature du contrat et la date de livraison prévue au contrat. Aucune révision ne peut être effectuée au-delà d'une période de neuf mois suivant la date définie à l'article L. 231-1-2 lorsque la livraison prévue doit avoir lieu postérieurement à l'expiration de cette période.

Ces modalités doivent être portées, préalablement à la signature du contrat, à la connaissance du maître de l'ouvrage par la personne qui se charge de la construction. Elles doivent être reproduites dans le contrat, cet acte devant en outre porter, paraphée par le maître de l'ouvrage, une clause par laquelle celui-ci reconnaît en avoir été informé dans les conditions prévues ci-dessus.

La modalité choisie d'un commun accord par les parties doit figurer dans le contrat.

A défaut des mentions prévues aux deux alinéas précédents, le prix figurant au contrat n'est pas révisable.

L'indice et la limite prévus ci-dessus sont définis par décret en Conseil d'État. Cette limite, destinée à tenir compte des frais fixes, des approvisionnements constitués et des améliorations de productivité, doit être comprise entre 60 p. 100 et 80 p. 100 de la variation de l'indice.

L'indice servant de base pour le calcul de la révision est le dernier indice publié au jour de la signature du contrat. La variation prise en compte résulte de la comparaison de cet indice avec le dernier indice publié avant la date de chaque paiement ou avant celle prévue à l'article L. 231-1-2, selon le choix exprimé par les parties.

PROMOTION IMMOBILIÈRE — Art. 1831-5

Art. L. 231-1-2 *(L. n. 84-601 du 13 juil. 1984, art. 1er).* – La date prévue pour l'application des 1° et 2° de l'article L. 231-1-1 est celle de l'expiration d'un délai d'un mois qui suit la plus tardive des deux dates suivantes :

a) Date de l'obtention tacite ou expresse des autorisations administratives nécessaires pour entreprendre la construction ;

b) Date de la réalisation de la condition suspensive sous laquelle le contrat a été conclu ou est considéré comme conclu en application des articles 17 et 18 de la loi n° 79-596 du 13 juillet 1979 relative à l'information et à la protection des emprunteurs dans le domaine immobilier.

Art. L. 231-2 *(Mod. L. n. 79-596 du 13 juil. 1979, art. 39 III).* – La personne mentionnée au premier alinéa de l'article L. 231-1 est tenue d'exécuter les travaux décrits et estimés conformément au g dudit article aux prix et conditions mentionnés au contrat si le maître de l'ouvrage en fait la demande dans le délai de trois mois à partir de la signature du contrat.

Le contrat est réputé conclu sous la condition suspensive qu'il soit satisfait à toutes les formalités réglementaires préalables à la construction.

La personne mentionnée au premier alinéa de l'article L. 231-1 ne peut exiger ou accepter du maître de l'ouvrage aucun versement aucun dépôt, aucune souscription ou acceptation d'effet de commerce avant la signature du contrat. Les sommes qui peuvent être exigées à la signature du contrat sont restituées à l'acquéreur dans le cas où la condition suspensive prévue à l'alinéa précédent ne se réaliserait pas.

Aucun paiement ne peut non plus être exigé ni accepté avant la date à laquelle la créance est exigible.

La personne mentionnée à l'article L. 231-1, alinéa 1er, est réputée constructeur de l'ouvrage au sens de l'article 1792-1 du code civil reproduit à l'article L. 111-14 du présent code.

Art. L. 231-3. – Les règles prévues au présent chapitre sont d'ordre public.

Deuxième partie (Réglementaire)

TITRE II. – PROMOTION IMMOBILIÈRE

CHAPITRE II. – DISPOSITIONS APPLICABLES À LA CONSTRUCTION D'IMMEUBLES À USAGE D'HABITATION OU À USAGE PROFESSIONNEL ET D'HABITATION

Art. * R. 222-1. – Le présent chapitre s'applique aux contrats par lesquels une personne s'oblige envers le maître de l'ouvrage à faire procéder à la construction d'un ou plusieurs immeubles d'habitation ou d'un ou plusieurs immeubles destinés à la fois à l'usage professionnel et à l'habitation conformément aux articles L. 222-1 à L. 222-7.

Section I. – Forme et objet du contrat de promotion immobilière et du contrat particulier relatif aux études préliminaires

Art. * R. 222-2. – Le commencement d'exécution du contrat de promotion immobilière, qu'il soit constaté par un ou plusieurs actes indiqués au deuxième alinéa de l'article L. 222-3, résulte de la signature d'un contrat de louage d'ouvrage ou, en cas d'absence de contrat de cette nature, du commencement des travaux, à l'exception des contrats limités aux études préliminaires prévues au deuxième alinéa dudit article dans le cas où ces contrats sont distincts du contrat de promotion immobilière.

Art. 1831-5   PROMOTION IMMOBILIÈRE

Art. * R. 222-3. – Pour l'application de l'article L. 242-1 définissant ce qu'il faut entendre par immeuble à usage professionnel et par immeuble destiné à la fois à l'usage professionnel et à l'habitation, au sens des articles L. 222-1 et L. 222-2, dans le cas d'immeubles collectifs, les superficies à retenir sont les superficies développées de tous les locaux de l'immeuble, qu'il s'agisse de locaux principaux, de locaux annexes ou de parties communes, dans les conditions fixées par le présent chapitre.

Sont notamment considérés comme locaux annexes les caves, greniers, resserres, celliers, terrasses, balcons, loggias, garages et sous-sols.

Si les annexes sont affectées ou destinées à être affectées à un local principal, elles sont considérées comme étant de même nature que ce local principal.

Les annexes qui ne sont ni affectées ni destinées à être affectées à un local principal sont réputées réparties entre, d'une part, les locaux à usage d'habitation ou à usage professionnel et d'habitation et, d'autre part, les locaux d'une autre nature, selon le rapport existant entre les superficies développées de ces deux catégories de locaux, y compris leurs propres annexes.

Art. * R. 222-4. – Lorsqu'il existe un contrat particulier dont l'objet est limité aux études préliminaires prévues au deuxième alinéa de l'article L. 222-3, ce contrat n'est pas soumis aux règles du contrat de promotion immobilière.

Lorsqu'un contrat de promotion immobilière fait suite à un contrat particulier d'études préliminaires, les dispositions du contrat particulier ne sont pas obligatoirement reprises dans le contrat de promotion immobilière. Les deux contrats sont alors passés, exécutés et réglés selon leurs règles propres indépendamment l'un de l'autre.

Art. * R. 222-5. – Le contrat de promotion immobilière prévu par l'article L. 222-3 comporte en annexe les plans, coupes et élévations avec les cotes utiles des bâtiments, voies, réseaux divers et aménagements extérieurs ou intérieurs.

Ces documents font ressortir les surfaces de chacune des pièces, de chacun des locaux, de chacune des annexes ou dégagements dont la construction est prévue en faisant mention des éléments d'équipement qui seront réalisés.

S'il s'agit d'immeubles collectifs ou d'ensembles immobiliers comportant des locaux ou des logements semblables, les indications détaillées peuvent se limiter aux types de locaux, dès lors que sont fournies des indications suffisantes pour qu'il soit possible de connaître non seulement le nombre de locaux ou d'appartements qui seront réalisés conformément au type proposé, mais aussi la situation et la disposition de chacun de ces locaux et de ces appartements ainsi que des parties communes permettant d'y accéder.

Section II. – Prix du contrat

Art. * R. 222-6. – Le prix convenu au d de l'alinéa 1er de l'article L. 222-3 est augmenté ou diminué, selon le cas, des sommes résultant du jeu des clauses d'actualisation et de révision prévues dans les contrats et marchés conclus pour la réalisation de l'immeuble.

Préalablement à la signature des contrats et marchés prévus à l'alinéa précédent, le promoteur est tenu de notifier aux cocontractants le prix convenu dans le contrat de promotion immobilière, déduction faite du poste pour imprévu, et le total des engagements qu'il a déjà pris pour la réalisation de l'immeuble.

Les clauses d'actualisation et de révision mentionnées à l'alinéa 1er, si elles ne sont pas indiquées dans le contrat de promotion immobilière, et le montant de chaque contrat, marché ou engagement sont notifiés par le promoteur au maître de l'ouvrage.

PROMOTION IMMOBILIÈRE — Art. 1831-5

Les notifications prévues au présent article sont valablement faites par lettre recommandée avec demande d'avis de réception ou par remise de documents contre récépissé ou émargement.

Art. * R. 222-7. – Les modalités de règlement du prix, éventuellement révisé, que le contrat de promotion immobilière doit préciser, conformément au e et de l'alinéa 1er de l'article L. 222-3, doivent être conformes aux dispositions suivantes :

Les paiements sont faits en fonction de l'état d'avancement des travaux justifié selon les modalités prévues au contrat. Toutefois ils ne peuvent excéder au total :

15 p. 100 du prix à l'achèvement des fondations ;
70 p. 100 à la mise hors d'eau.

Pour l'application des alinéas précédents, le prix s'entend déduction faite de la somme figurant au poste pour imprévu, dans la mesure où elle n'a pas été utilisée dans les conditions prévues au d du premier alinéa de l'article L. 222-3.

Art. * R. 222-8. – Les modalités de règlement de la rémunération prévue au f de l'alinéa 1er de l'article L. 222-3 doivent être conformes aux dispositions suivantes :

Les paiements ne peuvent excéder au total :

10 p. 100 de la rémunération à la signature du contrat de promotion immobilière dans le cas où les études préliminaires ont fait l'objet d'un contrat distinct du contrat de promotion immobilière, 25 p. 100 dans le cas contraire ;
50 p. 100 à la mise hors d'eau ;
70 p. 100 à l'achèvement des travaux d'équipement, de plomberie, de menuiserie et de chauffage ;
90 p. 100 à la livraison du bâtiment au maître de l'ouvrage.

Le solde est consigné par le maître de l'ouvrage lors de la livraison, à moins que le promoteur ne fournisse pour un montant égal la caution personnelle et solidaire d'une banque, d'un établissement financier habilité *(D. n. 80-301 du 22 avril 1980)* d'une entreprise d'assurance agréée à cet effet ou d'une société de caution mutuelle constituée conformément aux dispositions de la loi du 13 mars 1917 ayant pour objet l'organisation du crédit au petit et moyen commerce et à la petite et moyenne industrie. Il est payable à l'achèvement de la mission du promoteur, tel que cet achèvement est défini à l'article 1831-4 du Code civil.

Section III. – Garanties d'exécution du contrat

Art. * R. 222-9. – L'engagement de bonne exécution de sa mission par le promoteur, qui résulte du contrat, comporte l'obligation de prendre à sa charge les sommes excédant le prix convenu qui seraient nécessaires à la réalisation de l'ouvrage tel que décrit audit contrat en application de l'article L. 222-3. Cette obligation est garantie par une banque, un établissement financier habilité *(D. n. 80-301 du 22 avril 1980)* d'une entreprise d'assurance agréée à cet effet ou une société de caution mutuelle constituée conformément aux dispositions de la loi susmentionnée du 13 mars 1917.

La garantie prend la forme :

Soit d'une convention aux termes de laquelle la caution s'oblige, solidairement avec le promoteur, envers le maître de l'ouvrage, à payer lesdites sommes ;

Soit d'une ouverture de crédit par laquelle celui qui l'a consentie s'oblige à avancer au promoteur ou à payer pour son compte les sommes définies ci-dessus. Cette convention doit stipuler au profit du maître de l'ouvrage le droit d'en exiger l'exécution.

Art. 1831-5 — PROMOTION IMMOBILIÈRE

Si le promoteur justifie qu'il est couvert contre les conséquences pécuniaires de la responsabilité civile professionnelle qu'il peut encourir en raison de son activité et de la responsabilité mise à sa charge par le premier alinéa de l'article 1831-1 du Code civil, par un contrat souscrit par lui auprès d'une société d'assurances ou d'un assureur agréé en application des articles L. 321-1 et L. 321-2 du Code des assurances, le garant n'est tenu à l'égard du maître de l'ouvrage que des dépassements du prix convenu excédant 5 p. 100 dudit prix. Toutefois, le montant cumulé de la franchise ainsi prévue et du poste pour imprévu ne peut dépasser 10 p. 100 du prix convenu.

En aucun cas, le remboursement des sommes versées en exécution des deuxième et troisième alinéas du présent article ne peut être demandé au maître de l'ouvrage.

Art. * R. 222-10. — En vue du cas où la garantie prévue à l'article précédent prend la forme d'une convention d'ouverture de crédit, le contrat de promotion immobilière peut prévoir que les règlements effectués par le maître de l'ouvrage ou pour son compte prennent la forme de chèques, de mandats ou de virements postaux établis à l'ordre de la personne ayant consenti l'ouverture de crédit.

Art. * R. 222-11. — Le promoteur n'est pas tenu de fournir les garanties prévues à l'article R. 222-9 lorsque :

1° Le maître de l'ouvrage est une société régie par les articles L. 212-1 à L. 212-16 dont tous les associés ont souscrit, soit lors de la constitution de la société, soit lors d'une augmentation de capital, des parts ou actions donnant vocation à l'attribution en propriété de plus de deux locaux à usage d'habitation ou à usage professionnel et d'habitation ou de locaux destinés à un autre usage que l'habitation ;

2° Les garanties ci-après énumérées ont été données à la société et à ses associés par une ou plusieurs banques, établissements financiers habilités (D. n. 80-301 du 22 avril 1980) entreprises d'assurances agréées à cet effet ou sociétés de caution mutuelle constituées conformément aux dispositions de la loi du 13 mars 1917 susmentionnée ;

3° Les conditions suivantes sont remplies :

a) La société bénéficie de l'engagement du garant de répondre à ses appels de fonds en cas de défaillance des associés ;

b) À la date de la signature du premier des actes constituant le contrat de promotion immobilière, tous les associés peuvent justifier qu'au cas où ils céderaient leurs parts ou actions, les cessionnaires sont garantis contre les appels de fonds nécessaires à la réalisation de l'ouvrage et non prévus au contrat de cession, le garant s'étant engagé à satisfaire à ces appels de fonds.

La convention passée entre le garant et l'associé cédant doit stipuler que le cessionnaire a le droit d'en exiger le bénéfice à son profit direct. Le garant s'engage également à renoncer lorsde la cession de parts ou actions, si le cessionnaire le demande, au nantissement desdites parts ou actions au cas où ce nantissement a été consenti à son profit et à donner mainlevée des hypothèques qui auraient été consenties à son profit sur les lots affectés aux parts ou actions cédées ;

c) La société intervient aux actes de cession de parts ou actions et y justifie de la garantie prévue au a ci-dessus.

Art. * R. 222-12. — Le maître de l'ouvrage est tenu d'indemniser le promoteur pour les dépassements du prix convenu résultant de son fait, et notamment de retards dans le règlement du prix et des délais de paiement qui lui auraient été accordés, en vertu de l'article L. 222-4.

La garantie prévue à l'article R. 222-9 ne s'étend pas à l'indemnisation due en application du présent article par le maître de l'ouvrage.

PROMOTION IMMOBILIÈRE   **Art. 1831-5**

Le contrat peut prévoir une indemnisation forfaitaire du promoteur pour retards dans les paiements du maître de l'ouvrage.

Art. * R. 222-13. – Les dépassements de délai contractuel qui ne sont imputables ni au maître de l'ouvrage, ni à un cas de force majeure ne pouvant entraîner aucune révision de prix au profit du promoteur, la garantie du prix convenu au sens de l'article R. 222-9 doit s'entendre comme garantissant un prix excluant toute révision de prix due à des dépassements de délai contractuel si ces dépassements sont dus à un cas de force majeure ou au fait du maître de l'ouvrage.

Art. * R. 222-14. – La garantie prévue à l'article R. 222-9 prend fin à l'achèvement de la mission du promoteur tel que cet achèvement est défini à l'article 1831-4 du code civil.

Pour l'application du présent article, l'ouvrage est réputé livré au sens de l'article 1831-4 du code civil, reproduit à l'article L. 221-4 du présent code, lorsque sont exécutés les ouvrages et sont installés les éléments d'équipement qui sont indispensables à l'utilisation, conformément à sa destination, de l'ouvrage faisant l'objet du contrat de promotion immobilière ; pour l'appréciation de la livraison, les défauts de conformité avec les prévisions dudit contrat ne sont pas pris en considération lorsqu'ils n'ont pas un caractère substantiel, ni les malfaçons qui ne rendent pas les ouvrages ou éléments ci-dessus indiqués impropres à leur utilisation.

TITRE III. – CONTRAT DE CONSTRUCTION D'UNE MAISON INDIVIDUELLE

CHAPITRE UNIQUE

Art. * R. 231-1. – Le présent titre s'applique aux contrats relatifs à la construction d'immeubles ne comportant qu'un seul logement et régis par les articles L. 231-1 et L. 231-2.

Art. * R. 231-2. – A tout contrat soumis au présent titre doit être joint le plan de la construction à édifier avec les coupes et élévations, les cotes utiles et l'indication des surfaces de chacune des pièces, des dégagements et des dépendances avec la mention des éléments d'équipement intérieur ou extérieur qui sont indispensables à l'implantation et à l'utilisation ou à l'habitation de l'immeuble en distinguant ceux de ces éléments qui sont compris dans le prix et ceux qui n'y sont pas compris.

Art. * R. 231-3. – Est également annexée au contrat une notice descriptive conforme à un modèle type agréée par arrêté ministériel donnant les caractéristiques techniques tant de l'immeuble lui-même que des travaux d'équipement intérieur ou extérieur qui sont indispensables à l'implantation et à l'utilisation de l'immeuble en faisant entre ces éléments la distinction prévue à l'article R. 231-2 selon que ces éléments sont ou non compris dans le prix et indiquant le coût de ceux desdits éléments non compris dans le prix.

Si afin de tenir compte de ses frais propres et de ces diligences pour le raccordement de l'immeuble soit à l'égout, soit aux distributions assurées par les services publics notamment aux distributions d'eau, de gaz, d'électricité ou de chauffage, la personne qui se charge de la construction entend réclamer une rémunération en sus des sommes dues aux services publics oonoornée, le contrat fait état de cette rémunération et en indique le montant ou le mode de calcul.

Art. * R. 231-4 (Al. 1er remplacé, D. n. 85-829 du 29 juil. 1985, art. 1er). – Pour l'application du de l'alinéa 1er de l'article L. 231-1, le prix convenu s'entend du prix global défini au contrat, éventuellement révisé conformément aux articles L. 231-1-1 et L. 231-1-2.

Les honoraires afférents à l'établissement du plan sont compris dans le prix convenu.

Art. 1831-5 — PROMOTION IMMOBILIÈRE

Le maître de l'ouvrage doit indemniter, en sus du prix convenu, à la personne qui se charge de la construction pour les inconvénients que cette personne subirait de son fait. Le contrat peut prévoir une évaluation forfaitaire des indemnités dues par le maître de l'ouvrage en cas de retard de paiement.

Art. * R. 231-5 *(Remplacé D. n. 85-829 du 29 juil. 1985, art. 2)* – L'indice mentionné à l'article L. 231-1-1 est l'index national du bâtiment tous corps d'état dénommé BT 01, créé par le ministre chargé de l'économie et des finances et utilisé pour la révision des prix des marchés de construction de bâtiment. Il traduit la variation des coûts salariaux y compris les charges annexes, des coûts des matériaux et de leur transport, des coûts d'utilisation, amortissement compris, des matériels mis en œuvre ainsi que des coûts des produits et services divers nécessaires à la gestion des entreprises définis par décision du ministre chargé de l'économie et des finances et publiés au *Bulletin officiel de la concurrence et de la consommation.*

L'index BT 01 est publié mensuellement au *Journal Officiel* par le ministre chargé de la construction et de l'habitation.

La limite mentionnée à l'article L. 231-1-1 est fixée à 70 p. 100.

Art. * R. 231-6 *(D. n. 89-700 du 26 sept. 1989, art. 1ᵉʳ).* – Le pourcentage maximum du prix total, exigible aux différents stades de la construction d'après l'état d'avancement des travaux est fixé, par application du troisième alinéa de l'article L. 242-2, de la manière suivante :

5 p. 100 à la signature du contrat ;
15 p. 100 à la délivrance du permis de construire ;
25 p. 100 à l'achèvement des fondations ;
40 p. 100 à l'achèvement des murs ;
60 p. 100 à la mise hors d'eau ;
75 p. 100 à l'achèvement des cloisons et à la mise hors d'air ;
95 p. 100 à l'achèvement des travaux d'équipement, de plomberie, de menuiserie et de chauffage.

Le solde est payable à la réception des travaux. Toutefois, lorsque le maître de l'ouvrage a fait des réserves lors de la réception, une somme égale à 5 p. 100 du prix convenu est consignée jusqu'à la levée de ces réserves.

Art. * R. 231-7. – La demande d'exécution des travaux au premier alinéa de l'article L. 231-2 est valablement faite par lettre recommandée avec demande d'avis de réception.

Art. * R. 231-8. – Pour garantir la bonne exécution de sa mission, la personne qui s'est chargée de la construction doit justifier d'une garantie de remboursement et d'une garantie de livraison au prix convenu, dans les limites et conditions définies au présent article et aux articles suivants du présent chapitre.

(Al. mod. D. n. 89-700 du 26 sept. 1989, art. 2) La garantie de remboursement est donnée pour le cas où soit les autorisations administratives, soit les prêts ne seraient pas obtenus. Elle porte sur les sommes que le maître de l'ouvrage a versées avant la date mentionnée à l'article L.231-1-2.

La garantie de livraison au prix convenu a pour but de protéger le maître de l'ouvrage contre les risques d'inexécution ou de mauvaise exécution de la construction telle qu'elle est prévue au contrat.

Art. * R. 231-9. – Dans le cas où le contrat contient une clause permettant à l'une ou à l'autre des parties de la résilier dans le mois de la signature, la garantie de remboursement prévue au deuxième alinéa de l'article R. 231-8 est étendue au remboursement des sommes versées par le maître de l'ouvrage avant la résiliation du contrat.

PROMOTION IMMOBILIÈRE — Art. 1831-5

Art. * R. 231-10 *(D. n. 89-700 du 26 sept. 1989, art.3)*. – La garantie de remboursement prévue aux articles R. 231-8 et R. 231-9 est constituée :

– 1. Soit par une convention de cautionnement dans laquelle un établissement de crédit ou une entreprise d'assurance agréée à cet effet s'oblige, solidairement avec la personne qui s'est chargée de la construction, à rembourser les versements effectués par le maître de l'ouvrage au cas où ce remboursement serait dû ;

– 2. Soit par la consignation de la somme versée avant la date fixée à l'article L. 231-1-2. La personne qui se charge de la construction doit, dans les huit jours qui suivent le versement, donner justification au maître de l'ouvrage de la consignation au bénéfice de ce dernier en précisant la date de celle-ci ainsi que le nom et l'adresse du consignataire.

La garantie de remboursement prend fin à la date d'ouverture du chantier.

Art. * R. 231-11 *(Al. 1er remplacé D. n. 89-700 du 26 sept. 1989, art.4)*. – La garantie de livraison au prix convenu prévue à l'article R. 231-8 est constituée par une convention de cautionnement dans laquelle un établissement de crédit ou une entreprise d'assurance agréée à cet effet s'oblige, à compter de la date d'ouverture du chantier, à achever l'exécution du contrat. A cet effet, la déclaration d'ouverture du chantier est notifiée par la personne qui s'est chargée de la construction à l'établissement garant. Dans les huit jours de la réception de cette déclaration, l'établissement garant délivre une attestation de caution au maître de l'ouvrage au titre de chaque construction.

Si la personne qui s'est chargée de la construction justifie qu'elle est couverte contre les conséquences pécuniaires de la responsabilité civile professionnelle qu'elle peut encourir en raison de son activité et de la responsabilité mise à sa charge par les articles 1792 et 2270 du code civil, reproduits aux articles L. 111-13 et L. 111-20 du présent code, par un contrat souscrit par elle auprès d'une société d'assurance ou d'un assureur agréé en application des articles L. 321-1 et L. 321-2 du code des assurances, le garant n'est tenu à l'égard du maître de l'ouvrage que des dépassements du prix convenu excédant 5 p. 100 dudit prix.

En aucun cas, le remboursement des sommes versées en exécution du présent article ne peut être demandé au maître de l'ouvrage.

La garantie cesse lorsque la réception des travaux a lieu sans réserves, ou, en cas de réserves, lorsque ces réserves ont été levées.

Art. * R. 231-12. – Lorsque, par suite de la défaillance de la personne qui s'est chargée de la construction, les travaux ne sont pas achevés dans le délai contractuel d'exécution, l'organisme garant peut, à son choix, verser les sommes excédant le prix convenu qui sont nécessaires à la réalisation de la construction faisant l'objet du contrat en cours :

– soit au maître de l'ouvrage ;
– soit à la personne que ledit organisme aura choisie pour se substituer à la personne défaillante.

Art. * R. 231-13. – Le contrat précise les modalités d'application des articles R. 231-3 à R. 231-12 compte tenu des modes de garantie choisis par la personne qui s'est chargée de la construction.

Art. * R. 231-14. – Lorsque la construction est réalisée par un groupement d'entreprises, le contrat peut désigner un membre du groupement qui est réputé s'être chargé de la totalité de la construction, en ce qui concerne les garanties prévues aux articles R. 231-8 à R. 231-13. La défaillance du membre du groupement ainsi désigné autorise le maître de l'ouvrage à user des garanties prévues au contrat sans le priver des recours qu'il pourrait éventuellement exercer contre chacune des entreprises ayant réalisé la construction.

Art. 1832   SOCIÉTÉ

Art. * R. 231-15. – La personne qui s'est chargée de la construction est dispensée de fournir la caution prévue à l'article R. 231-11 si les paiements sont faits en fonction de l'état d'avancement des travaux justifié selon les modalités prévues au contrat et si le montant cumulé de ces paiements n'excède pas :
- 3 p. 100 du prix convenu à la signature du contrat ;
- 20 p. 100 à l'achèvement des fondations ;
- 45 p. 100 à la mise hors d'eau ;
- 75 p. 100 à l'achèvement des travaux d'équipement, de plomberie, de menuiserie et de chauffage.

Le solde est payable à la réception des travaux. Toutefois, lorsque le maître de l'ouvrage a fait des réserves lors de cette réception, une somme au plus égale à 15 p. 100 du prix convenu peut être consignée par le maître de l'ouvrage jusqu'à la levée de ces réserves.

La personne qui s'est chargée de la construction peut exiger que le maître de l'ouvrage, préalablement à l'ouverture du chantier, constitue un dépôt de garantie ne pouvant excéder 15 p. 100 du prix convenu. Ce dépôt de garantie est fait à un compte particulier, ouvert au nom du maître de l'ouvrage dans une banque ou un établissement financier habilité à cet effet, ou chez un notaire. A la réception des travaux, le maître de l'ouvrage dispose de cette somme pour régler le prix du contrat, sauf si le dépôt est maintenu, en tout ou en partie, pour tenir lieu de la consignation mentionnée à l'alinéa précédent pour le cas de réception avec réserves.

TITRE IX. – DE LA SOCIÉTÉ
(L. n. 78-9 du 4 janv. 1978)

Y. CHARTIER, *La société dans le Code civil après la loi du 4 janvier 1978* : *J.C.P.* 78, I, 2917. – Jean FOYER, *La réforme du titre IX du livre III du Code civil* : *Rev. soc.* 1978, 1. – M. GERMAIN, *Le droit commun des sociétés après la loi n. 88-15 du 5 janvier 1988 relative au développement et à la transmission des entreprises* : *J.C.P.* 88, I, 3341. – Y. GUYON, *Les dispositions générales de la loi n. 78-9 du 4 janvier 1978 portant réforme des sociétés* : *Rev. soc.* 1979, 1. – M. JEANTIN, *La réforme du droit des sociétés par la loi du 4 janvier 1978* : *D.* 1978, chron. 173.

CHAPITRE I. – DISPOSITIONS GÉNÉRALES

V. D. n. 78-704 du 3 juillet 1978, Chapitre I, *infra* sous art. 1873.

Art. 1832 *(L. n. 85-697 du 11 juil. 1985, art. 1ᵉʳ).* – **La société est instituée par deux ou plusieurs personnes qui conviennent par un contrat d'affecter à une entreprise commune des biens ou leur industrie en vue de partager le bénéfice ou de profiter de l'économie qui pourra en résulter.**

Elle peut être instituée, dans les cas prévus par la loi, par l'acte de volonté d'une seule personne.

Les associés s'engagent à contribuer aux pertes.

SOCIÉTÉ

Art. 1832

I. Apports

1) L'apport ne doit pas être fictif (Civ. 11 avril 1927 : *D.P.* 1929, 1, 25, note Pic). Est fictif l'apport d'un bien grevé d'un passif supérieur à sa valeur réelle (Paris 21 déc. 1933 : *D.P.* 1935, 2, 30, note Pic. – Trib. com. Honfleur 20 nov. 1970 : *J.C.P.* 71, II, 16628, note Rousseau).

2) Sur l'inopposabilité au créancier de l'acte d'apport lorsque la société a été constituée pour organiser l'insolvabilité apparente du débiteur, V. Com. 19 avril 1972 : *Rev. soc.* 1973, 81, note Hémard.

3) Sur la validité d'une société dans laquelle les apports de deux associés sont libérés grâce aux dons manuels du troisième, V. Civ. 1re, 23 mai 1977 : *D.* 1978, 89, note Jeantin.

4) Il est parfaitement licite de stipuler dans une société civile que les apports en numéraire seront versés à la société au fur et à mesure de ses besoins (Civ. 1re, 28 juin 1967 : *Bull.* I, n. 244, p. 179), à moins que le versement des apports soit soumis à une condition purement potestative (Civ. 1re, 18 juin 1974 : *Bull.* I, n. 198, p. 169). V. cependant en matière de sociétés commerciales L. n. 66-537 du 24 juillet 1966, art. 38 (sociétés à responsabilité limitée) et 75 (sociétés anonymes).

5) L'apport en propriété d'un immeuble ne peut donner lieu à rescision pour lésion de plus des sept douzièmes (Req. 12 juin 1945 : *J.C.P.* 46, II, 3203). Mais il en va autrement si l'apport dissimule une vente (Com. 10 juin 1953 : *J.C.P.* 54, II, 7908, note Bastian).

II. Participation aux bénéfices et aux pertes

6) Sur le principe que la participation aux bénéfices et aux pertes est de l'essence du contrat de société, V. Com. 19 mai 1954 : *Bull.* III, n. 189, p. 143. – 21 oct. 1970 : *Bull.* IV, n. 277, p. 243. – Sur la distinction avec le contrat d'association, V. L. 1er juil. 1901, art. 1er, *infra* en Annexe.

7) Sur la répartition des bénéfices et des pertes, V. *infra*, art. 1844-1.

III. Affectio societatis

8) La volonté commune de s'associer, exclusive de tout lien de subordination, est une condition essentielle de l'existence d'une société (Com. 19 nov. 1962 : *J.C.P.* 62, IV, 170 ; *Bull.* III, n. 463, p. 381. – Paris 13 oct. 1960 : *J.C.P.* 61, II, 11954, note B.P.). Ne donne pas de base légale à sa décision l'arrêt qui, pour admettre l'existence d'une société de fait entre deux personnes, se borne à affirmer leur volonté de participer aux bénéfices et aux pertes sans constater l'*affectio societatis* qui est distincte de cette volonté (Com. 19 mai 1969 : *Bull.* IV, n. 181, p. 177). L'*affectio societatis* implique le concours à la gestion, le pouvoir de contrôle et de critique, la participation à l'administration (Paris 11 juil. 1951 : *S.* 1953, 2, 81, note Dalsace. – T.G.I. Paris 14 mars 1973 : *Rev. soc.* 1974, 92, note Guilberteau).

9) Ne donne pas de base légale à sa décision la cour d'appel qui n'a pas recherché si, en « s'intéressant » à la gestion d'un fonds de commerce, un associé a collaboré de façon effective à l'exploitation du fonds dans un intérêt commun et sur un pied d'égalité aux bénéfices tout en participant dans le même esprit aux pertes (Com. 3 juin 1986 : *Bull.* IV, n. 116, p. 98).

10) Lorsqu'au moment de la constitution d'une société, un associé fait une cession en blanc des parts qu'il vient d'acquérir, l'*affectio societatis* fait totalement défaut et la société est fictive (Com. 6 oct. 1953 : *S.* 1954, 1, 149, note Robert. – Comp. Civ. 1re, 20 oct. 1971 : *Bull.* I, n. 270, p. 228).

11) La nullité d'une société pour défaut d'*affectio societatis* entraîne l'inexistence de tout lien véritable d'association entre les pseudo-associés et exclut notamment que les apports de ceux-ci soient entrés dans un patrimoine commun (Civ. 3e, 8 janv. 1975 : *Rev. soc.* 1976, 301, note Balensi).

Art. 1832-1 SOCIÉTÉ

Art. 1832-1 *(Al. 1ᵉʳ modifié L. n. 82-596 du 10 juil. 1982, art. 12).* — **Même s'ils n'emploient que des biens de communauté pour les apports à une société ou pour l'acquisition de parts sociales, deux époux seuls ou avec d'autres personnes peuvent être associés dans une même société et participer ensemble ou non à la gestion sociale.** *(Dernière phrase abrogée, L. n. 85-1372 du 23 déc. 1985, art. 50)* Toutefois, cette faculté n'est ouverte que si les époux ne doivent pas, l'un et l'autre, être indéfiniment et solidairement responsables des dettes sociales.

Les avantages et libéralités résultant d'un contrat de société entre époux ne peuvent être annulés parce qu'ils constitueraient des donations déguisées, lorsque les conditions en ont été réglées par un acte authentique.

J. Bardoul, *Les conjoints associés* : Rev. soc. 1983, 5.

Art. 1832-2 *(L. n. 82-596 du 10 juil. 1982, art. 13).* — Un époux ne peut, sous la sanction prévue à l'article 1427, employer des biens communs pour faire un apport à une société ou acquérir des parts sociales non négociables sans que son conjoint en ait été averti et sans qu'il en soit justifié dans l'acte.

La qualité d'associé est reconnue à celui des deux époux qui fait l'apport ou réalise l'acquisition.

La qualité d'associé est également reconnue, pour la moitié des parts souscrites ou acquises, au conjoint qui a notifié à la société son intention d'être personnellement associé. Lorsqu'il notifie son intention lors de l'apport ou de l'acquisition, l'acceptation ou l'agrément des associés vaut pour les deux époux. Si cette notification est postérieure à l'apport ou à l'acquisition, les clauses d'agrément prévues à cet effet par les statuts sont opposables au conjoint ; lors de la délibération sur l'agrément, l'époux associé ne participe pas au vote et ses parts ne sont pas prises en compte pour le calcul du quorum et de la majorité.

Les dispositions du présent article ne sont applicables que dans les sociétés dont les parts ne sont pas négociables et seulement jusqu'à la dissolution de la communauté.

Loi n. 82-596 du 10 juillet 1982 *(J.O. 13 juil.)*
relative aux conjoints d'artisans et de commerçants travaillant dans l'entreprise familiale

Art. 20. — Lorsque les parts ont été souscrites ou acquises par un époux avant la date d'entrée en vigueur de la présente loi, la notification faite par le conjoint d'un associé en application de l'article 1832-2 du Code civil est soumise aux mêmes conditions d'agrément que celles qui régissent à la date de l'entrée en vigueur de la présente loi la transmission des parts d'un associé à son conjoint.

J. Derruppé, *Les droits sociaux acquis avec des biens communs selon la loi du 10 juillet 1982* : Defrénois 1983, 521.

Art. 1833. — **Toute société doit avoir un objet licite et être constituée dans l'intérêt commun des associés.**

1) Il faut entendre par *objet* de la société non pas l'objet de l'obligation assumée par les associés, mais la cause de cette obligation, c'est-à-dire le but que les dirigeants de la société se sont assigné, les tribunaux ayant le pouvoir de rechercher si les énonciations

SOCIÉTÉ Art. 1837

contenues dans les statuts concordent avec le but réel de la société qui seul doit être pris en considération au point de vue de la licéité (Paris 21 nov. 1951 : *S.* 1952, 2, 105, concl. Gégout).

2) Doit être déclarée nulle la société dont l'objet réel est d'assurer une majorité à certains de ses membres dans une autre société, portant ainsi atteinte au libre exercice du droit de vote (même arrêt).

3) Pour d'autres applications, V. Req. 24 mai 1913 : *D.P.* 1916, 1, 264 (établissement de jeux). – Com. 19 juil. 1954 : *J.C.P.* 54, II, 8322, note J.G.B. (société créée pour faciliter pendant la guerre les entreprises de l'ennemi). – Lyon 13 juin 1960 : *J.C.P.* 61, II, 12103, note Boitard (entente illicite).

Art. 1834. – Les dispositions du présent chapitre sont applicables à toutes les sociétés, s'il n'en est autrement disposé par la loi en raison de leur forme ou de leur objet.

Art. 1835. – Les statuts doivent être établis par écrit. Ils déterminent, outre les apports de chaque associé, la forme, l'objet, l'appellation, le siège social, le capital social, la durée de la société et les modalités de son fonctionnement.

Art. 1836. – Les statuts ne peuvent être modifiés, à défaut de clause contraire, que par l'accord unanime des associés.

En aucun cas, les engagements d'un associé ne peuvent être augmentés sans le consentement de celui-ci.

L'article 1836 ne règle que les conditions auxquelles doivent satisfaire les décisions modificatives des statuts, mais non celles relatives aux décisions prises, conformément aux statuts, en vue de l'exécution de l'objet social. Des associés ne peuvent donc refuser de contribuer au financement de certains investissements en invoquant les dispositions de l'article 1836, alinéa 2 (Civ. 1re, 8 nov. 1988 : *Bull.*I, n. 313, p. 213).

Art. 1837. – Toute société dont le siège est situé sur le territoire français est soumise aux dispositions de la loi française.

Les tiers peuvent se prévaloir du siège statutaire, mais celui-ci ne leur est pas opposable par la société si le siège réel est situé en un autre lieu.

FROSSARD, *Un vide législatif : la nationalité des sociétés* : D. 1969, chron. 9.

1) Le lieu du siège social est en règle générale celui où l'entreprise a principalement sa direction juridique, financière, administrative et technique, et non celui où elle a seulement une exploitation et des organes de caractère secondaire (Civ. 7 juil. 1947 : *J.C.P.* 47, II, 3871, note J.L.).

2) Si en principe la nationalité d'une société se détermine par la situation de son siège social, pareil critère cesse d'avoir application lorsque, le territoire sur lequel est établi ce siège social étant passé sous une souveraineté étrangère, les personnes qui ont le contrôle de la société et les organes sociaux investis conformément au pacte social ont décidé de transférer dans le pays auquel elle se rattachait le siège de la société afin qu'elle conserve sa nationalité et continue d'être soumise à la loi qui la régissait (Civ. 1re, 30 mars 1971 : *J.C.P.* 72, II, 17140. – V. aussi note Oppetit : *J.C.P.* 72, II, 17101).

3) Sur l'inopposabilité aux tiers du siège social fictif, V. Req. 23 juin 1924 : *D.H.* 1924, 541. – V. aussi Civ. 7 juil. 1947 : *J.C.P.* 47, II, 3871, note J.L. (transfert fictif). Les juges du fond apprécient souverainement le caractère réel ou fictif du siège social d'une société (Com. 12 déc. 1972 : *Bull.* IV, n. 331, p. 307).

4) Est valable l'assignation signifiée à une société en un lieu autre que celui où elle localise son siège social lorsque la société dispose en ce lieu de représentants ou de préposés qualifiés (Soc. 21 mars 1973 : *Bull.* V, n. 178, p. 161).

Art. 1838. – La durée de la société ne peut excéder quatre-vingt-dix-neuf ans.

Art. 1839. – Si les statuts ne contiennent pas toutes les énonciations exigées par la législation ou si une formalité prescrite par celle-ci pour la constitution de la société a été omise ou irrégulièrement accomplie, tout intéressé est recevable à demander en justice que soit ordonnée, sous astreinte, la régularisation de la constitution. Le ministère public est habile à agir aux mêmes fins.

Les mêmes règles sont applicables en cas de modification des statuts.

L'action aux fins de régularisation prévue à l'alinéa premier se prescrit par trois ans à compter de l'immatriculation de la société ou de la publication de l'acte modifiant les statuts.

1) V. D. n. 78-704 du 3 juil. 1978, art. 4 et s., *infra* sous art. 1873.
2) Sur la notion de personne intéressée au sens de l'article 1839, V. Rép. min. n. 28158 : *J.O.* déb. Sénat 5 nov. 1980, p. 4385 ; *J.C.P.* 81, IV, 45.

Art. 1840. – Les fondateurs, ainsi que les premiers membres des organes de gestion, de direction ou d'administration, sont solidairement responsables du préjudice causé soit par le défaut d'une mention obligatoire dans les statuts, soit par l'omission ou l'accomplissement irrégulier d'une formalité prescrite pour la constitution de la société.

En cas de modification des statuts, les dispositions de l'alinéa précédent sont applicables aux membres des organes de gestion, de direction ou d'administration alors en fonction.

L'action se prescrira par dix ans, à compter du jour où l'une ou l'autre, selon le cas, des formalités visées à l'alinéa 3 de l'article **1839** aura été accomplie.

Art. 1841. – Il est interdit aux sociétés n'y ayant pas été autorisées par la loi de faire publiquement appel à l'épargne ou d'émettre des titres négociables, à peine de nullité des contrats conclus ou des titres émis.

Art. 1842. – Les sociétés autres que les sociétés en participation visées au chapitre III jouissent de la personnalité morale à compter de leur immatriculation.

Jusqu'à l'immatriculation les rapports entre les associés sont régis par le contrat de société et par les principes généraux du droit applicable aux contrats et obligations.

1) Sur les modalités de l'immatriculation, V. D. n. 84-406 relatif au registre du commerce et des sociétés : *J.O.* 31 mai ; *J.C.P.* 84, III, 55735.

2) Par dérogation à l'article 1842, les sociétés civiles professionnelles jouissent de la personnalité morale à compter, selon le cas, de l'agrément, de l'inscription ou de la titularisation : L. n. 66-879 du 29 nov. 1966, art. 1er, réd. L. n. 78-9 du 4 janv. 1978, *infra* sous art. 1873.

Art. 1843. – Les personnes qui ont agi au nom d'une société en formation avant l'immatriculation sont tenues des obligations nées des actes ainsi accomplis, avec solidarité si la société est commerciale, sans solidarité dans les autres cas. La société régulièrement immatriculée peut reprendre les engagements souscrits, qui sont alors réputés avoir été dès l'origine contractés par celle-ci.

1) Sur les modalités de la reprise des engagements souscrits au nom de la société, V. D. n. 78-704 du 3 juil. 1978, art. 6 *infra* sous art. 1873. Dès lors que les statuts d'une société ne comportent, ni dans leur texte ni en annexe, la liste des engagements pris avant la signature des statuts ni de ceux qui auraient été autorisés après cette date pour le compte de la société en formation et qu'il n'est pas rapporté la preuve que ces engagements aient été repris par la société au cours d'une assemblée générale des actionnaires réunie depuis son immatriculation, la société n'est pas tenue de ces engagements qui restent à la charge de ceux qui se sont engagés pour elle (Com. 3 avril 1973 : *Rev. soc.* 1974, 90 ; *Bull.* IV, n. 150, p. 129). Mais jugé que la ratification par la société peut résulter de l'acceptation par le gérant, après l'immatriculation, de deux lettres de change en paiement des commandes (Com. 28 oct. 1974 : *Rev. soc.* 1976, 75, note J.H., 2e esp.).

2) La solidarité requise par l'article 5, alinéa 2, de la loi sur les sociétés commerciales (règle reprise par l'article 1843 du Code civil) entre les personnes ayant agi au nom d'une société en formation vise ceux qui ont passé l'acte ou ont donné mandat de le passer sans s'étendre aux personnes qui lui sont restées étrangères même si elles ont pu par ailleurs acquérir la qualité de fondateur (Paris 11 juin 1971 : *J.C.P.* 72, II, 16981, note Guyon).

Art. 1843-1.– **L'apport d'un bien ou d'un droit soumis à publicité pour son opposabilité aux tiers peut être publié dès avant l'immatriculation et sous la condition que celle-ci intervienne. A compter de celle-ci, les effets de la formalité rétroagissent à la date de son accomplissement.**

Art. 1843-2.– **Les droits de chaque associé dans le capital social sont proportionnels à ses apports lors de la constitution de la société ou au cours de l'existence de celle-ci.** *(Al. L. n. 82-596 du 10 juil. 1982, art. 14)* **Les apports en industrie ne concourent pas à la formation du capital social mais donnent lieu à l'attribution de parts ouvrant droit au partage des bénéfices et de l'actif net, à charge de contribuer aux pertes.**

Art. 1843-3.– **Chaque associé est débiteur envers la société de tout ce qu'il a promis de lui apporter en nature, en numéraire ou en industrie.**

Les apports en nature sont réalisés par le transfert des droits correspondants et par la mise à la disposition effective des biens.

Lorsque l'apport est en propriété, l'apporteur est garant envers la société comme un vendeur envers son acheteur.

Lorsqu'il est en jouissance, l'apporteur est garant envers la société comme un bailleur envers son preneur. Toutefois, lorsque l'apport en jouissance porte sur des choses de genre ou sur tous autres biens normalement appelés à être renouvelés pendant la durée de la société, le contrat transfère à celle-ci la propriété des biens apportés, à charge d'en rendre une pareille quantité, qualité et valeur ; dans ce cas, l'apporteur est garant dans les conditions prévues à l'alinéa précédent.

L'associé qui devait apporter une somme dans la société et qui ne l'a point fait devient de plein droit et sans demande, débiteur des intérêts de cette somme à compter du jour où elle devait être payée et ce sans préjudice de plus amples dommages-intérêts, s'il y a lieu.

L'associé qui s'est obligé à apporter son industrie à la société lui doit compte de tous les gains qu'il a réalisés par l'activité faisant l'objet de son apport.

Art. 1843-4 — SOCIÉTÉ

Art. 1843-4. – Dans tous les cas où sont prévus la cession des droits sociaux d'un associé, ou le rachat de ceux-ci par la société, la valeur de ces droits est déterminée, en cas de contestation, par un expert désigné, soit par les parties, soit à défaut d'accord entre elles, par ordonnance du président du tribunal statuant en la forme des référés et sans recours possible.

En se remettant, en cas de désaccord sur le prix de cession d'actions, à l'estimation d'un expert désigné conformément aux articles 275 de la loi du 24 juillet 1966 et 1843-4 du Code civil, les contractants font de la décision de celui-ci leur loi et, à défaut d'erreur grossière, il n'appartient pas aux juges, en modifiant le prix, d'imposer aux parties une convention différente de celles qu'elles avaient entendu établir (Com. 4 nov. 1987 : *J.C.P.* 88, II, 21050, note Viandier).

Art. 1843-5 *(L. n. 88-15 du 5 janv. 1988, art. 1ᵉʳ).* – Outre l'action en réparation du préjudice subi personnellement, un ou plusieurs associés peuvent intenter l'action sociale en responsabilité contre les gérants. Les demandeurs sont habilités à poursuivre la réparation du préjudice subi par la société ; en cas de condamnation, les dommages-intérêts sont alloués à la société.

Est réputée non écrite toute clause des statuts ayant pour effet de subordonner l'exercice de l'action sociale à l'avis préalable ou à l'autorisation de l'assemblée ou qui comporterait par avance renonciation à l'exercice de cette action.

Aucune décision de l'assemblée des associés ne peut avoir pour effet d'éteindre une action en responsabilité contre les gérants pour la faute commise dans l'accomplissement de leur mandat.

Art. 1844. – Tout associé a le droit de participer aux décisions collectives.

Les copropriétaires d'une part sociale indivise sont représentés par un mandataire unique, choisi parmi les indivisaires ou en dehors d'eux. En cas de désaccord, le mandataire sera désigné en justice à la demande du plus diligent.

Si une part est grevée d'un usufruit, le droit de vote appartient au nu-propriétaire, sauf pour les décisions concernant l'affectation des bénéfices, où il est réservé à l'usufruitier.

Les statuts peuvent déroger aux dispositions des deux alinéas qui précèdent.

Art. 1844-1. – La part de chaque associé dans les bénéfices et sa contribution aux pertes se déterminent à proportion de sa part dans le capital social et la part de l'associé qui n'a apporté que son industrie est égale à celle de l'associé qui a le moins apporté, le tout sauf clause contraire.

Toutefois, la stipulation attribuant à un associé la totalité du profit procuré par la société ou l'exonérant de la totalité des pertes, celle excluant un associé totalement du profit ou mettant à sa charge la totalité des pertes sont réputées non écrites.

J. RICHARD, *A propos de la contribution aux pertes et aux dettes de l'apporteur de son industrie* : *J.C.P.* 80, Prat., éd N, 7693.

1) Est prohibée par l'article 1844-1 la seule clause qui porte atteinte au pacte social dans les termes de cette disposition légale, laquelle ne vise pas la convention dont l'objet n'est autre, sauf fraude, que d'assurer, moyennant un prix librement convenu, la transmission des droits sociaux (Com. 20 mai 1986 : *Rev. soc.* 1986, 587, note Randoux. – V. aussi Com. 10 janv. 1989 : *Bull.* IV, n. 19, p. 11 ; *J.C.P.* 89, II, 21256, note Viandier).

SOCIÉTÉ — Art. 1844-5

2) Constitue une clause garantissant un associé contre tout risque de perte éventuelle la clause assurant en toute hypothèse à cet associé le rachat d'une partie de ses actions moyennant un prix forfaitaire très supérieur à la somme dont lesdites actions sont libérées (Com. 22 mars 1955 : *Bull.* III, n. 104, p. 83, V. en ce sens pour un engagement de rachat pris dans un acte distinct de la convention de cession, Civ. 1re, 7 avril 1987 : *J.C.P.* 88, II, 21006, note Germain). Mais la convention par laquelle un associé vend à un autre associé ses parts dans la société, étant stipulé que cette vente serait réalisée année par année et que le prix serait fixé définitivement en fonction de la valeur des parts à une date déterminée, antérieure à la convention, n'est qu'un acte d'achat de titres à terme et non pas un pacte social illicite exonérant un associé de toute participation aux pertes bien que le vendeur demeure associé jusqu'à la dernière vente dans une proportion chaque fois plus faible (Paris 18 déc. 1956 : *Gaz. Pal.* 1957, 1, 263).

3) L'article 1855 ancien, qui prévoyait la nullité du contrat de société en cas de clause léonine, est applicable à une convention intervenue en 1975 (Civ. 1re, 22 juil. 1986 : *Bull.* I, n. 224, p. 213).

Art. 1844-2 *(remplacé, L. n. 78-753 du 17 juil. 1978, art. 64).* – **Il peut être consenti hypothèque ou toute autre sûreté réelle sur les biens de la société en vertu de pouvoirs résultant de délibérations ou délégations établies sous signatures privées alors même que la constitution de l'hypothèque ou de la sûreté doit l'être par acte authentique.**

Sur la possibilité d'appliquer l'article 1844-2 à la radiation de l'inscription de nantissement sur fonds de commerce, V.

Rép. min. Just., n. 9836 : *J.O.* Déb. Sénat, 19 mars 1983, p. 734 ; *J.C.P.* 84, IV, 31.

Art. 1844-3. – **La transformation régulière d'une société en une société d'une autre forme n'entraîne pas la création d'une personne morale nouvelle. Il en est de même de la prorogation ou de toute autre modification statutaire.**

Art. 1844-4. – **Une société, même en liquidation, peut être absorbée par une autre société ou participer à la constitution d'une société nouvelle, par voie de fusion.**
Elle peut aussi transmettre son patrimoine par voie de scission à des sociétés existantes ou à des sociétés nouvelles.
Ces opérations peuvent intervenir entre des sociétés de forme différente.
Elles sont décidées, par chacune des sociétés intéressées, dans les conditions requises pour la modification de ses statuts.
Si l'opération comporte la création de sociétés nouvelles, chacune de celles-ci est constituée selon les règles propres à la forme de société adoptée.

1) L'opération consistant en une cession de l'actif social immobilier à une autre société, accompagnée du paiement du passif social et du remboursement des apports des actionnaires ne réalise pas une fusion ou une scission (Com. 3 nov. 1975 : *Bull.* IV, n. 248, p. 207).

2) L'article 1690 du Code civil n'a pas d'application lorsqu'à la suite d'une fusion de sociétés, la société absorbante vient activement et passivement aux lieu et place de la société absorbée (Civ. 1re, 7 mars 1972 : *J.C.P.* 72, II, 17270, note Guyon).

Art. 1844-5 *(modifié L. n. 81-1162 du 30 déc. 1981).* – **La réunion de toutes les parts sociales en une seule main n'entraîne pas la dissolution de plein droit de la société. Tout intéressé peut demander cette dissolution si la situation n'a pas été régularisée dans le délai d'un**

Art. 1844-6 SOCIÉTÉ

an. Le tribunal peut accorder à la société un délai maximal de six mois pour régulariser la situation. Il ne peut prononcer la dissolution si, au jour où il statue sur le fond, cette régularisation a eu lieu.
L'appartenance de l'usufruit de toutes les parts sociales à la même personne est sans conséquence sur l'existence de la société.
(L. n. 88-15 du 5 janv. 1988, art. 2. I). En cas de dissolution, celle-ci entraîne la transmission universelle du patrimoine de la société à l'associé unique, sans qu'il y ait lieu à liquidation.
Les créanciers peuvent faire opposition à la dissolution dans le délai de trente jours à compter de la publication de celle-ci. Une décision de justice rejette l'opposition ou ordonne soit le remboursement des créances, soit la constitution de garanties si la société en offre et si elles sont jugées suffisantes. La transmission du patrimoine n'est réalisée et il n'y a disparition de la personne morale qu'à l'issue du délai d'opposition ou, le cas échéant, lorsque l'opposition a été rejetée en première instance ou que le remboursement des créances a été effectué ou les garanties constituées.

B. MAUBRU, *La dissolution de plein droit des sociétés d'une seule personne : Defrénois* 1982, 1410.

Sur la possibilité pour l'associé entre les mains duquel sont réunies toutes les parts sociales de dissoudre la société à tout moment par déclaration au greffe du tribunal de commerce, V. D. n. 78-704 du 3 juil. 1978, art. 8, *infra*, sous art. 1873.

Art. 1844-6. - **La prorogation de la société est décidée à l'unanimité des associés, ou, si les statuts le prévoient, à la majorité prévue pour la modification de ceux-ci.**
Un an au moins avant la date d'expiration de la société, les associés doivent être consultés à l'effet de décider si la société doit être prorogée.
À défaut, tout associé peut demander au président du tribunal statuant sur requête, la désignation d'un mandataire de justice chargé de provoquer la consultation prévue ci-dessus.

Art. 1844-7. - **La société prend fin :**
1° **Par l'expiration du temps pour lequel elle a été constituée** sauf prorogation effectuée conformément à l'article **1844-6 ;**
2° **Par la réalisation ou l'extinction de son objet ;**
3° **Par l'annulation du contrat de société ;**
4° **Par la dissolution anticipée par les associés ;**
5° **Par la dissolution anticipée prononcée par le tribunal à la demande d'un associé pour justes motifs,** notamment en cas d'inexécution de ses obligations par un associé, ou de mésentente entre associés paralysant le fonctionnement de la société ;
6° **Par la dissolution anticipée prononcée par le tribunal dans le cas prévu à l'article 1844-5 ;**
7° *(L. n. 88-15 du 5 janv. 1988, art. 3)* **Par l'effet d'un jugement ordonnant la liquidation judiciaire ou la cession totale des actifs de la société.**
8° **Pour toute autre cause prévue par les statuts.**

1) Sur le principe que la mésintelligence entre associés ne peut constituer un juste motif de dissolution de la société que si elle paralyse le fonctionnement de la société, V. Com. 16 mars 1954 : *J.C.P.* 54, II, 8172, note J.R. – Com. 31 janv. 1989 : *Bull.* IV, n. 46, p. 28. – Lyon 10 fév. 1958 : *Gaz. Pal.* 1958, 1, 272. – Paris 17 nov. 1965 : *D.* 1966, 52.

Une cour d'appel peut retenir d'office certaines péripéties de la procédure elle-même comme des signes de la mésentente (Com. 4 déc. 1968 : *J.C.P.* 69, IV, 23). Jugé que c'est en considération de l'intensité de l'*affectio societatis* que doit être appréciée la gravité de la mésentente (Lyon 11 oct. 1954 : *D.* 1955, 14. – V. en ce sens Besançon 3 nov. 1954 : *J.C.P.* 55, II, 8750).

2) Aucune convention et spécialement aucune disposition des statuts ne peut entraver l'exercice du droit d'intenter une action en dissolution (Com. 12 juin 1961 : *D.* 1961, 661). Jugé cependant que la clause des statuts prévoyant le recours à un arbitre n'apporte aucune renonciation ni restriction au droit d'intenter une action en dissolution et doit donc recevoir effet (Com. 30 janv. 1967 : *J.C.P.* 67, II, 15215, note P.L.).

3) L'associé ne peut se prévaloir de la cause de dissolution qu'il a lui-même créée en provoquant le trouble social (Paris 20 oct. 1980 : *J.C.P.* 81, II, 19602, concl. Jéol et note Terré).

Art. 1844-8 *(Al. 1ᵉʳ mod. L. n. 88-15 du 5 janv. 1988, art. 2. II).* – **La dissolution de la société entraîne sa liquidation, hormis les cas prévus à l'article 1844-4 et au troisième alinéa de l'article 1844-5. Elle n'a d'effet à l'égard des tiers qu'après sa publication.**
Le liquidateur est nommé conformément aux dispositions des statuts. Dans le silence de ceux-ci, il est nommé par les associés ou, si les associés n'ont pu procéder à cette nomination, par décision de justice. Le liquidateur peut être révoqué dans les mêmes conditions. La nomination et la révocation ne sont opposables aux tiers qu'à compter de leur publication. Ni la société ni les tiers ne peuvent, pour se soustraire à leurs engagements, se prévaloir d'une irrégularité dans la nomination ou dans la révocation du liquidateur, dès lors que celle-ci a été régulièrement publiée.
La personnalité morale de la société subsiste pour les besoins de la liquidation jusqu'à la publication de la clôture de celle-ci.
Si la clôture de la liquidation n'est pas intervenue dans un délai de trois ans à compter de la dissolution, le ministère public ou tout intéressé peut saisir le tribunal, qui fait procéder à la liquidation ou, si celle-ci a été commencée, à son achèvement.

1) V. D. n. 78-704 du 3 juil. 1978, art. 9 et s., art. 27 et s., *infra,* sous art. 1873.

2) J. Honorat, *L'article 1844-8 du Code civil et la fin de la personnalité morale des sociétés* : Defrénois 1981, 1345.

3) La personnalité morale d'une société civile immobilière survivant à sa dissolution pour les besoins de la liquidation, les parts sociales d'une telle société conservent leur nature de meubles incorporels jusqu'au partage (Civ. 2ᵉ, 27 oct. 1971 : *D.* 1972, 473, note Donnier).

4) La personnalité morale ne survivant que pour les besoins de la liquidation, la société ne peut récupérer sa personnalité morale même après la décision d'une nouvelle assemblée générale annulant une décision de dissolution prise antérieurement et régulièrement publiée (Paris 20 déc. 1948 : *J.C.P.* 49, II, 5080, note Sarraute et Tager, 3ᵉ esp. – Amiens 6 janv. 1969 : *D.* 1969, 266).

5) Le liquidateur peut passer valablement un accord dès lors qu'il est indiscutablement la suite et la conclusion d'une affaire courante conclue antérieurement (Civ. 1ʳᵉ, 16 fév. 1966 : *Bull.* I, n. 124, p. 93).

6) La dissolution constatée par une assemblée générale et suivie du partage met fin à la personnalité morale de la société, même si les liquidateurs n'ont pu rendre compte de leur mission (Com. 8 nov. 1971 : *Bull.* IV, n. 267, p. 250).

7) Une société en cours de liquidation peut être déclarée en faillite (Com. 27 janv. 1958 : *D.* 1958, 349, note Houin).

Art. 1844-9 SOCIÉTÉ

8) Le liquidateur défaillant peut être remplacé par un autre désigné par le tribunal (Civ. 1ʳᵉ, 4 oct. 1988 : *Bull.* I, n. 271, p. 186).

Art. 1844-9. – Après paiement des dettes et remboursement du capital social, le partage de l'actif est effectué entre les associés dans les mêmes proportions que leur participation aux bénéfices, sauf clause ou convention contraire.
Les règles concernant le partage des successions, y compris l'attribution préférentielle, s'appliquent aux partages entre associés.
Toutefois, les associés peuvent valablement décider, soit dans les statuts, soit par une décision ou un acte distinct, que certains biens seront attribués à certains associés. À défaut, tout bien apporté qui se retrouve en nature dans la masse partagée sera attribué, sur sa demande, et à charge de soulte, s'il y a lieu, à l'associé qui en avait fait l'apport. Cette faculté s'exerce avant tout autre droit à une attribution préférentielle.
Tous les associés, ou certains d'entre eux seulement, peuvent aussi demeurer dans l'indivision pour tout ou partie des biens sociaux. Leurs rapports sont alors régis, à la clôture de la liquidation, en ce qui concerne ces biens, par les dispositions relatives à l'indivision.

1) Le liquidateur amiable ne saurait refuser à un créancier social le paiement intégral de sa créance au motif qu'il convient de maintenir une certaine égalité entre les créanciers et de tenir compte des oppositions au paiement faites par certains d'entre eux (Civ. 1ʳᵉ, 17 oct. 1973 : *D.* 1975, 157, note Steinmetz).

2) En cas d'apport en jouissance pour la durée de la société, l'apporteur reprend avant tout partage les objets qu'il n'avait mis en commun que pour la jouissance (Aix 31 mai 1951 : *Gaz. Pal.* 1951, 2, 169).

3) L'alinéa 4 de l'article 1844-9 permet aux associés de rester dans l'indivision pour tout ou partie des biens sociaux, lesquels sont alors régis, à la clôture de la liquidation, par les dispositions relatives à l'indivision (Com. 31 mai 1988 : *Bull.* IV, n. 188, p. 131).

Art. 1844-10. – La nullité de la société ne peut résulter que de la violation des dispositions des articles 1832, 1832-1, alinéa 1ᵉʳ, et 1833, ou de l'une des causes de nullité des contrats en général.
Toute clause statutaire contraire à une disposition impérative du présent titre, dont la violation n'est pas sanctionnée par la nullité de la société, est réputée non écrite.
La nullité des actes ou délibérations des organes de la société ne peut résulter que de la violation d'une disposition impérative du présent titre ou de l'une des causes de nullité des contrats en général.

1) Sur la nullité d'une société pour cause illicite, V. Com. 19 janv. 1970 : *D.* 1970, 479, note Poulain.

2) Sur la nullité prévue en cas d'inobservation des formalités de publicité dans les sociétés en nom collectif et les sociétés en commandite simple, V. L. n. 66-537 du 24 juil. 1966, art. 361.

Art. 1844-11. – L'action en nullité est éteinte lorsque la cause de la nullité a cessé d'exister le jour où le tribunal statue sur le fond en première instance, sauf si cette nullité est fondée sur l'illicéité de l'objet social.

Art. 1844-12. – En cas de nullité d'une société ou d'actes ou délibérations postérieurs à sa constitution, fondée sur un vice de consentement ou l'incapacité d'un associé, et lorsque la régularisation peut intervenir, toute personne y ayant intérêt, peut mettre en

SOCIÉTÉ — Art. 1844-17

demeure celui qui est susceptible de l'opérer, soit de régulariser, soit d'agir en nullité dans un délai de six mois à peine de forclusion. Cette mise en demeure est dénoncée à la société.

La société ou un associé peut soumettre au tribunal saisi dans le délai prévu à l'alinéa précédent, toute mesure susceptible de supprimer l'intérêt du demandeur notamment par le rachat de ses droits sociaux. En ce cas, le tribunal peut, soit prononcer la nullité, soit rendre obligatoires les mesures proposées si celles-ci ont été préalablement adoptées par la société aux conditions prévues pour les modifications statutaires. Le vote de l'associé dont le rachat des droits est demandé est sans influence sur la décision de la société.

En cas de contestation, la valeur des droits sociaux à rembourser à l'associé est déterminée conformément aux dispositions de l'article 1843-4.

Art. 1844-13. – Le tribunal, saisi d'une demande en nullité, peut, même d'office, fixer un délai pour permettre de couvrir les nullités. Il ne peut prononcer la nullité moins de deux mois après la date de l'exploit introductif d'instance.

Si, pour couvrir une nullité, une assemblée doit être convoquée, ou une consultation des associés effectuée, et s'il est justifié d'une convocation régulière de cette assemblée ou de l'envoi aux associés du texte des projets de décision accompagné des documents qui doivent leur être communiqués, le tribunal accorde par jugement le délai nécessaire pour que les associés puissent prendre une décision.

Art. 1844-14. – Les actions en nullité de la société ou d'actes et délibérations postérieurs à sa constitution se prescrivent par trois ans à compter du jour où la nullité est encourue.

Art. 1844-15. – Lorsque la nullité de la société est prononcée, elle met fin, sans rétroactivité, à l'exécution du contrat.

A l'égard de la personne morale qui a pu prendre naissance, elle produit les effets d'une dissolution prononcée par justice.

Art. 1844-16. – Ni la société ni les associés ne peuvent se prévaloir d'une nullité à l'égard des tiers de bonne foi. Cependant, la nullité résultant de l'incapacité ou de l'un des vices du consentement est opposable même aux tiers par l'incapable et ses représentants légaux, ou par l'associé dont le consentement a été surpris par erreur, dol ou violence.

Art. 1844-17. – L'action en responsabilité fondée sur l'annulation de la société ou des actes et délibérations postérieurs à la constitution se prescrit par trois ans à compter du jour où la décision d'annulation est passée en force de chose jugée.

La disparition de la cause de nullité ne met pas obstacle à l'exercice de l'action en dommages-intérêts tendant à la réparation du préjudice causé par le vice dont la société, l'acte ou la délibération était entaché. Cette action se prescrit par trois ans à compter du jour où la nullité a été couverte.

CHAPITRE II. – DE LA SOCIETE CIVILE

CORLAY, *La protection des biens dans le nouveau droit commun des sociétés civiles* : Rev. trim. dr. com. 1981, 233.

SECTION I. – DISPOSITIONS GÉNÉRALES

Art. 1845. – Les dispositions du présent chapitre sont applicables à toutes les sociétés civiles, à moins qu'il n'y soit dérogé par le statut légal particulier auquel certaines d'entre elles sont assujetties.

Ont le caractère civil toutes les sociétés auxquelles la loi n'attribue pas un autre caractère à raison de leur forme, de leur nature, ou de leur objet.

Art. 1845-1. – Le capital social est divisé en parts égales.
(Al. 2 abrogé, L. n. 82-596 du 10 juil. 1982, art. 15).

SECTION II. – GÉRANCE

Art. 1846. – La société est gérée par une ou plusieurs personnes, associées ou non, nommées soit par les statuts, soit par un acte distinct, soit par une décision des associés.

Les statuts fixent les règles de désignation du ou des gérants et le mode d'organisation de la gérance.

Sauf disposition contraire des statuts, le gérant est nommé par une décision des associés représentant plus de la moitié des parts sociales.

Dans le silence des statuts, et s'il n'en a été décidé autrement par les associés lors de la désignation, les gérants sont réputés nommés pour la durée de la société.

Si, pour quelque cause que ce soit, la société se trouve dépourvue de gérant, tout associé peut demander au président du tribunal statuant sur requête la désignation d'un mandataire chargé de réunir les associés en vue de nommer un ou plusieurs gérants.

Art. 1846-1. – Hors les cas visés à l'article **1844-7**, la société prend fin par la dissolution anticipée que peut prononcer le tribunal à la demande de tout intéressé, lorsqu'elle est dépourvue de gérant depuis plus d'un an.

Art. 1846-2. – La nomination et la cessation de fonction des gérants doivent être publiées.

Ni la société, ni les tiers ne peuvent, pour se soustraire à leurs engagements, se prévaloir d'une irrégularité dans la nomination des gérants ou dans la cessation de leur fonction, dès lors que ces décisions ont été régulièrement publiées.

Art. 1847. – Si une personne morale exerce la gérance, ses dirigeants sont soumis aux mêmes conditions et obligations et encourent les mêmes responsabilités, civile et pénale, que s'ils étaient gérants en leur nom propre, sans préjudice de la responsabilité solidaire de la personne morale qu'ils dirigent.

SOCIÉTÉ CIVILE — Art. 1855

Art. 1848. – Dans les rapports entre associés, le gérant peut accomplir tous les actes de gestion que demande l'intérêt de la société.

S'il y a plusieurs gérants, ils exercent séparément ces pouvoirs, sauf le droit qui appartient à chacun de s'opposer à une opération avant qu'elle ne soit conclue.

Le tout, à défaut de dispositions particulières des statuts sur le mode d'administration.

Art. 1849. – Dans les rapports avec les tiers, le gérant engage la société par les actes entrant dans l'objet social.

En cas de pluralité de gérants, ceux-ci détiennent séparément les pouvoirs prévus à l'alinéa précédent. L'opposition formée par un gérant aux actes d'un autre gérant est sans effet à l'égard des tiers, à moins qu'il ne soit établi qu'ils en ont eu connaissance.

Les clauses statutaires limitant les pouvoirs des gérants sont inopposables aux tiers.

Art. 1850. – Chaque gérant est responsable individuellement envers la société et envers les tiers, soit des infractions aux lois et règlements, soit de la violation des statuts, soit des fautes commises dans sa gestion.

Si plusieurs gérants ont participé aux mêmes faits, leur responsabilité est solidaire à l'égard des tiers et des associés.

Toutefois, dans leurs rapports entre eux, le tribunal détermine la part contributive de chacun dans la réparation du dommage.

Art. 1851. – Sauf disposition contraire des statuts le gérant est révocable par une décision des associés représentant plus de la moitié des parts sociales. Si la révocation est décidée sans juste motif, elle peut donner lieu à dommages-intérêts.

Le gérant est également révocable par les tribunaux pour cause légitime, à la demande de tout associé.

Sauf clause contraire, la révocation d'un gérant, qu'il soit associé ou non, n'entraîne pas la dissolution de la société. Si le gérant révoqué est un associé, il peut, à moins qu'il n'en soit autrement convenu dans les statuts, ou que les autres associés ne décident la dissolution anticipée de la société, se retirer de celle-ci dans les conditions prévues à l'article 1869 (2° al.).

SECTION III. – DÉCISIONS COLLECTIVES

Art. 1852. – Les décisions qui excèdent les pouvoirs reconnus aux gérants sont prises selon les dispositions statutaires ou, en l'absence de telles dispositions, à l'unanimité des associés.

Art. 1853. – Les décisions sont prises par les associés réunis en assemblée. Les statuts peuvent aussi prévoir qu'elles résulteront d'une consultation écrite.

Art. 1854. – Les décisions peuvent encore résulter du consentement de tous les associés exprimé dans un acte.

SECTION IV. – INFORMATION DES ASSOCIÉS

Art. 1855. – Les associés ont le droit d'obtenir, au moins une fois par an, communication des livres et des documents sociaux, et de poser par écrit des questions sur la gestion sociale auxquelles il devra être répondu par écrit dans le délai d'un mois.

Art. 1856   SOCIÉTÉ CIVILE

Sur la communication aux associés des pièces relatives aux procédures introduites par la société ou dirigées contre elle, V.

T.G.I. Nanterre 15 mars 1983 : *D.* 1983, 514, note Jeantin.

Art. 1856. – **Les gérants doivent, au moins une fois dans l'année, rendre compte de leur gestion aux associés.** Cette reddition de compte doit comporter un rapport écrit d'ensemble sur l'activité de la société au cours de l'année ou de l'exercice écoulé comportant l'indication des bénéfices réalisés ou prévisibles et des pertes encourues ou prévues.

SECTION V. – ENGAGEMENT DES ASSOCIÉS A L'ÉGARD DES TIERS

Art. 1857. – **A l'égard des tiers, les associés répondent indéfiniment des dettes sociales à proportion de leur part dans le capital social à la date de l'exigibilité ou au jour de la cessation des paiements.**

L'associé qui n'a apporté que son industrie est tenu comme celui dont la participation dans le capital social est la plus faible.

L'engagement des associés envers les tiers s'étend à toutes les obligations dont la société est tenue sans qu'il y ait lieu de faire de distinction entre les obligations de sommes d'argent et les autres obligations, spécialement les obligations en nature comme celles d'effectuer ou d'achever des travaux de bâtiment (Montpellier 19 avril 1979 : *J.C.P.* 81, II, 19484, note Steinmetz).

Art. 1858. – **Les créanciers ne peuvent poursuivre le paiement des dettes sociales contre un associé qu'après avoir préalablement et vainement poursuivi la personne morale.**

Tant que la liquidation des biens d'une société civile n'est pas clôturée, il n'est pas possible de dire si la poursuite de la personne morale se. révélera vaine ou non (Paris 17 déc. 1982 : *Rev. soc.* 1983, 763, note Dereu).

Art. 1859. – **Toutes les actions contre les associés non liquidateurs ou leurs héritiers et ayants cause se prescrivent par cinq ans à compter de la publication de la dissolution de la société.**

Art. 1860. – **S'il y a déconfiture, faillite personnelle, liquidation de biens ou règlement judiciaire atteignant l'un des associés, à moins que les autres unanimes ne décident de dissoudre la société par anticipation ou que cette dissolution ne soit prévue par les statuts, il est procédé, dans les conditions énoncées à l'article 1843-4, au remboursement des droits sociaux de l'intéressé, lequel perdra alors la qualité d'associé.**

SECTION VI. – CESSION DES PARTS SOCIALES

Art. 1861. – **Les parts sociales ne peuvent être cédées qu'avec l'agrément de tous les associés.**

Les statuts peuvent toutefois convenir que cet agrément sera obtenu à une majorité qu'ils déterminent, ou qu'il peut être accordé par les gérants. Ils peuvent aussi dispenser

SOCIÉTÉ CIVILE   Art. 1866

d'agrément les cessions consenties à des associés ou au conjoint de l'un d'eux. Sauf dispositions contraires des statuts, ne sont pas soumises à agrément les cessions consenties à des ascendants ou descendants du cédant.

Le projet de cession est notifié, avec demande d'agrément, à la société et à chacun des associés. Il n'est notifié qu'à la société quand les statuts prévoient que l'agrément peut être accordé par les gérants.

Lorsque deux époux sont simultanément membres d'une société, les cessions faites par l'un d'eux à l'autre doivent, pour être valables, résulter d'un acte notarié ou d'un acte sous seing privé ayant acquis date certaine autrement que par le décès du cédant.

Sur le point de savoir si l'article 1595 est toujours applicable en matière de cessions de parts de sociétés civiles entre époux, V.

Rép. min. Just n. 9662 : *J.O.* débats Ass. nat. 17 fév. 1979, p. 1003.

Art. 1862. – Lorsque plusieurs associés expriment leur volonté d'acquérir, ils sont, sauf clause ou convention contraire, réputés acquéreurs à proportion du nombre de parts qu'ils détenaient antérieurement.

Si aucun associé ne se porte acquéreur, la société peut faire acquérir les parts par un tiers désigné à l'unanimité des autres associés ou suivant les modalités prévues par les statuts. La société peut également procéder au rachat des parts en vue de leur annulation.

Le nom du ou des acquéreurs proposés, associés ou tiers, ou l'offre de rachat par la société, ainsi que le prix offert sont notifiés au cédant. En cas de contestation sur le prix, celui-ci est fixé conformément aux dispositions de l'article 1843-4, le tout sans préjudice du droit du cédant de conserver ses parts.

Art. 1863. – Si aucune offre d'achat n'est faite au cédant dans un délai de six mois à compter de la dernière des notifications prévues au troisième alinéa de l'article 1861, l'agrément à la cession est réputé acquis, à moins que les autres associés ne décident, dans le même délai, la dissolution anticipée de la société.

Dans ce dernier cas, le cédant peut rendre caduque cette décision en faisant connaître qu'il renonce à la cession dans le délai d'un mois à compter de ladite décision.

Art. 1864. – Il ne peut être dérogé aux dispositions des deux articles qui précèdent que pour modifier le délai de six mois prévu à l'article 1863 (1er al.), et sans que le délai prévu par les statuts puisse excéder un an ni être inférieur à un mois.

Art. 1865. – La cession de parts sociales doit être constatée par écrit. Elle est rendue opposable à la société dans les formes prévues à l'article 1690, ou, si les statuts le stipulent, par transfert sur les registres de la société.

Elle n'est opposable aux tiers qu'après accomplissement de ces formalités et après publication.

Art. 1866. – Les parts sociales peuvent faire l'objet d'un nantissement constaté, soit par acte authentique, soit par acte sous signatures privées signifié à la société ou accepté par elle dans un acte authentique, et donnant lieu à une publicité dont la date détermine le rang des créanciers nantis. Ceux dont les titres sont publiés le même jour viennent en concurrence.

Le privilège du créancier gagiste subsiste sur les droits sociaux nantis, par le seul fait de la publication du nantissement.

Art. 1867 SOCIÉTÉ CIVILE

Art. 1867. – Tout associé peut obtenir des autres associés leur consentement à un projet de nantissement dans les mêmes conditions que leur agrément à une cession de parts.

Le consentement donné au projet de nantissement emporte agrément du cessionnaire en cas de réalisation forcée des parts sociales à la condition que cette réalisation soit notifiée un mois avant la vente aux associés et à la société.

Chaque associé peut se substituer à l'acquéreur dans un délai de cinq jours francs à compter de la vente. Si plusieurs associés exercent cette faculté, ils sont, sauf clause ou convention contraire, réputés acquéreurs à proportion du nombre de parts qu'ils détenaient antérieurement. Si aucun associé n'exerce cette faculté, la société peut racheter les parts elle-même, en vue de leur annulation.

Art. 1868. – La réalisation forcée qui ne procède pas d'un nantissement auquel les autres associés ont donné leur consentement doit pareillement être notifiée un mois avant la vente aux associés et à la société.

Les associés peuvent, dans ce délai, décider la dissolution de la société ou l'acquisition des parts dans les conditions prévues aux articles 1862 et 1863.

Si la vente a eu lieu, les associés ou la société peuvent exercer la faculté de substitution qui leur est reconnue par l'article 1867. Le non-exercice de cette faculté emporte agrément de l'acquéreur.

SECTION VII. – RETRAIT OU DÉCÈS D'UN ASSOCIÉ

Art. 1869. – Sans préjudice des droits des tiers, un associé peut se retirer totalement ou partiellement de la société, dans les conditions prévues par les statuts ou, à défaut, après autorisation donnée par une décision unanime des autres associés. Ce retrait peut également être autorisé pour justes motifs par une décision de justice.

A moins qu'il ne soit fait application de l'article 1844-9 (3° al.), l'associé qui se retire a droit au remboursement de la valeur de ses droits sociaux, fixée, à défaut d'accord amiable, conformément à l'article 1843-4.

L'article 1869 n'interdit pas au juge de retenir, comme justes motifs permettant d'autoriser le retrait d'un associé, des élé- ments touchant à la situation personnelle de celui-ci (Civ. 1re, 27 fév. 1985 : *Bull.* I, n. 81, p. 74).

Art. 1870. – La société n'est pas dissoute par le décès d'un associé, mais continue avec ses héritiers ou légataires, sauf à prévoir dans les statuts qu'ils doivent être agréés par les associés.

Il peut, toutefois, être convenu que ce décès entraînera la dissolution de la société ou que celle-ci continuera avec les seuls associés survivants.

Il peut également être convenu que la société continuera soit avec le conjoint survivant, soit avec un ou plusieurs des héritiers, soit avec toute autre personne désignée par les statuts ou, si ceux-ci l'autorisent, par disposition testamentaire.

Sauf clause contraire des statuts, lorsque la succession est dévolue à une personne morale, celle-ci ne peut devenir associée qu'avec l'agrément des autres associés, donné selon les conditions statutaires ou, à défaut, par l'accord unanime des associés.

SOCIÉTÉ   Art. 1872-1

Art. 1870-1. – **Les héritiers ou légataires qui ne deviennent pas associés n'ont droit qu'à la valeur des parts sociales de leur auteur.** Cette valeur doit leur être payée par les nouveaux titulaires des parts ou par la société elle-même si celle-ci les a rachetées en vue de leur annulation.
La valeur de ces droits sociaux est déterminée au jour du décès dans les conditions prévues à l'article 1843-4.

CHAPITRE III. – DE LA SOCIÉTÉ EN PARTICIPATION

J. GUYÉNOT, *Régime juridique de la société en participation après sa métamorphose par les articles 1871 à 1873 du Code civil* : Gaz. Pal. 1979, 2, Doctr. 620.

Art. 1871. – **Les associés peuvent convenir que la société ne sera point immatriculée. La société est dite alors « société en participation ». Elle n'est pas une personne morale et n'est pas soumise à publicité. Elle peut être prouvée par tous moyens.**
Les associés conviennent librement de l'objet, du fonctionnement et des conditions de la société en participation, sous réserve de ne pas déroger aux dispositions impératives des articles 1832, 1832-1, 1833, 1836 (2ᵉ al.), 1841, 1844 (1ᵉʳ al.) et 1844-1 (2ᵉ al.).

Art. 1871-1. – **A moins qu'une organisation différente n'ait été prévue, les rapports entre associés sont régis, en tant que de raison, soit par les dispositions applicables aux sociétés civiles, si la société a un caractère civil, soit, si elle a un caractère commercial, par celles applicables aux sociétés en nom collectif.**

A la dissolution de la société, chaque associé a droit, après paiement des dettes, au remboursement de ses apports et à une part de l'actif subsistant proportionnelle à ces apports (Com. 29 nov. 1988 : *Bull.* IV, n. 332, p. 223).

Art. 1872. – **A l'égard des tiers, chaque associé reste propriétaire des biens qu'il met à la disposition de la société.**
Sont réputés indivis entre les associés les biens acquis par emploi ou remploi de deniers indivis pendant la durée de la société et ceux qui se trouvaient indivis avant d'être mis à la disposition de la société.
Il en est de même de ceux que les associés auraient convenu de mettre en indivision.
Il peut en outre être convenu que l'un des associés est, à l'égard des tiers, propriétaire de tout ou partie des biens qu'il acquiert en vue de la réalisation de l'objet social.

F. DEKEUWER-DEFOSSEZ,*L'indivision dans les sociétés en participation* : *J.C.P.* 80, I, 2970.

Art. 1872-1. – **Chaque associé contracte en son nom personnel et est seul engagé à l'égard des tiers.**
Toutefois, si les participants agissent en qualité d'associés au vu et au su des tiers, chacun d'eux est tenu à l'égard de ceux-ci des obligations nées des actes accomplis en cette qualité par l'un des autres, avec solidarité, si la société est commerciale, sans solidarité dans les autres cas.
Il en est de même de l'associé qui, par son immixtion, a laissé croire au cocontractant qu'il entendait s'engager à son égard, ou dont il est prouvé que l'engagement a tourné à son profit.

Art. 1872-2 SOCIÉTÉ

Dans tous les cas, en ce qui concerne les biens réputés indivis en application de l'article 1872 (al. 2 et 3), sont applicables dans les rapports avec les tiers, soit les dispositions du chapitre VI du titre Ier du livre III du présent code, soit, si les formalités prévues à l'article 1873-2 ont été accomplies, celles du titre IX *bis* du présent livre, tous les associés étant alors, sauf convention contraire, réputés gérants de l'indivision.

Si, dans la société en participation, chaque associé contracte en son nom personnel et est seul engagé à l'égard des tiers, il en est toutefois différemment si les participants agissent en qualité d'associé au vu et au su des tiers, ou si un associé a, par son immixtion, laissé croire au cocontractant qu'il entendait s'engager à son égard (Com. 15 juil. 1987 : *Bull.* IV, n. 195, p. 143 ; *J.C.P.* 88, II, 20958, note Petel).

Art. 1872-2. – Lorsque la société en participation est à durée indéterminée, sa dissolution peut résulter à tout moment d'une notification adressée par l'un d'eux à tous les associés, pourvu que cette notification soit de bonne foi, et non faite à contre-temps.

A moins qu'il n'en soit autrement convenu, aucun associé ne peut demander le partage des biens indivis en application de l'article 1872 tant que la société n'est pas dissoute.

Art. 1873. – Les dispositions du présent chapitre sont applicables aux sociétés créées de fait.

J. GUYÉNOT, *Les nouveaux rapports résultant de l'article 1873 du Code civil entre les sociétés en participation, les sociétés créées de fait et les sociétés de fait* : D. 1979, chron. 155. – F. DEKEUWER-DEFOSSEZ, *Illusions et dangers du statut des sociétés créées de fait* : D. 1982, chron. 83.

Loi n. 78-9 du 4 janvier 1978 *(J.O.* 5 et rectif. 15 janv. et 12 mai 1978*)* modifiant le titre IX du livre III du Code civil

Art. 1er. – Les dispositions du titre IX du livre III du Code civil sont remplacées par les dispositions suivantes : « Titre IX. – De la société » *(V. C. civ., art. 1832 à 1873).*

Art. 2. – La présente loi est applicable dans les territoires de la Nouvelle-Calédonie, de la Polynésie française, de Wallis et Futuna et des Terres australes et antarctiques françaises, ainsi que dans la collectivité territoriale de Mayotte.

Art. 3 (*). – Les conditions d'application de la présente loi seront fixées par décret en Conseil d'Etat.

Ce décret procédera, notamment, sans en modifier le fond, à l'adaptation aux dispositions de la présente loi des références faites par d'autres textes aux anciens articles 1832 à 1873 du Code civil, et supprimera celles de ces références qui n'ont plus d'objet.

(*) *V. D. n. 78-704, 3 juil. 1978.*

Art. 4. – La présente loi entrera en vigueur le premier jour du sixième mois qui suivra sa publication.

Elle s'appliquera aux sociétés qui se constitueront à compter de son entrée en vigueur.

Elle sera applicable aux sociétés constituées avant son entrée en vigueur deux ans après celle-ci. Elle sera applicable avant cette date aux sociétés jouissant de la personnalité morale dès leur immatriculation et aux sociétés en participation si les associés en décident ainsi.

SOCIÉTÉ   Art. 1873

Par dérogation à l'article 1842 du Code civil, les sociétés non immatriculées à la date prévue à l'alinéa précédent conserveront leur personnalité morale. Les dispositions relatives à la publicité ne leur seront pas applicables. Toutefois, leur immatriculation et l'application des dispositions relatives à la publicité pourront être requises par le ministère public ou par tout intéressé dans les conditions prévues à l'article 1839 du Code civil.

Par dérogation à l'article 1845-1 du Code civil, les sociétés civiles constituées avant l'entrée en vigueur de la présente loi ont la faculté de maintenir des parts sociales inégales.

A dater de l'application de la présente loi à une société, les dispositions statutaires contraires sont réputées non écrites.

Les sociétés constituées pendant la période comprise entre la publication de la présente loi et la date prévue ci-dessus pour son entrée en vigueur pourront, par une clause expresse de leurs statuts, se soumettre au droit nouveau. Jusqu'à leur immatriculation, qui ne pourra intervenir qu'après ladite entrée en vigueur, elles seront régies par les articles 1842 à 1843-1 du Code civil.

Art. 5. – I *(L. n. 66-879, 29 nov. 1966, art. 1er, al. 3)*.
II *(V. L. n. 55-4, 4 janv. 1955, art. 2)*.
III. – Les articles 419 à 422 de la loi n. 66-537 du 24 juillet 1966 sur les sociétés commerciales sont abrogés.

Décret n. 78-704 du 3 juillet 1978 *(J.O. 7 juil. 1978)*
relatif à l'application de la loi n. 78-9 du 4 janvier 1978 modifiant le titre IX du livre III du Code civil

CHAPITRE Ier. – DISPOSITIONS GÉNÉRALES

Art. 1er. – Les dispositions du présent chapitre sont applicables à toutes les sociétés dotées de la personnalité morale, sauf dispositions expresses contraires régissant certaines d'entre elles.

Art. 2. – Les sociétés sont immatriculées au registre du commerce et des sociétés dans les conditions définies par la réglementation relative à ce registre.
La demande d'immatriculation est présentée après accomplissement des formalités de constitution de la société.

Art. 3. – La durée de la société court à compter de l'immatriculation de celle-ci au registre du commerce et des sociétés.
Elle peut être prorogée une ou plusieurs fois sans que chaque prorogation puisse excéder quatre-vingt-dix-neuf ans.

Art. 4. – L'action en régularisation de la constitution de la société ou de la modification des statuts prévue à l'article 1839 du Code civil est portée devant le tribunal de commerce pour les sociétés commerciales et devant le tribunal de grande instance dans les autres cas.
Le tribunal territorialement compétent est celui dans le ressort duquel est situé le siège de la société.

Art. 5. – Si une ou plusieurs énonciations exigées par la loi ou les règlements ne figurent pas dans les statuts, le tribunal ordonne que ceux-ci soient complétés dans les mêmes conditions que celles requises lors de la constitution de la société.

Art. 1873 — SOCIÉTÉ

Si une formalité prescrite par la loi ou les règlements pour la constitution de la société ou la modification des statuts a été omise ou irrégulièrement accomplie, le tribunal ordonne qu'elle soit accomplie ou refaite. Il peut en outre ordonner que toutes les formalités qui ont suivi celle omise ou entachée d'un vice ou certaines d'entre elles seulement, soient également refaites.

Art. 6. – L'état des actes accomplis pour le compte de la société en formation avec l'indication, pour chacun d'eux, de l'engagement qui en résulterait pour la société est présenté aux associés avant la signature des statuts.

Cet état est annexé aux statuts, dont la signature emportera reprise des engagements par la société, lorsque celle-ci aura été immatriculée.

En outre, les associés peuvent, dans les statuts ou par acte séparé, donner mandat à l'un ou plusieurs d'entre eux, ou au gérant non associé qui a été désigné, de prendre des engagements pour le compte de la société. Sous réserve qu'ils soient déterminés et que les modalités en soient précisées par le mandat, l'immatriculation de la société emportera reprise de ces engagements par ladite société.

La reprise des engagements souscrits pour le compte de la société en formation ne peut résulter, après l'immatriculation de la société, que d'une décision prise, sauf clause contraire des statuts, à la majorité des associés.

Art. 7. – Si les statuts sont établis par acte sous seing privé, il est dressé autant d'originaux qu'il est nécessaire pour le dépôt d'un exemplaire au siège social et l'exécution des diverses formalités requises.

Art. 8. – L'associé entre les mains duquel sont réunies toutes les parts sociales peut, à tout moment, dissoudre la société par déclaration au greffe du tribunal de commerce en vue de la mention de la dissolution au registre du commerce et des sociétés.

(D. n. 88-418 du 22 avril 1988, art. 31) Le délai d'opposition prévu au troisième alinéa de l'article 1844-5 du Code civil court à compter de la publication de la dissolution faite, en application de l'article 287 du décret n. 67-236 du 23 mars 1967 sur les sociétés commerciales, dans un journal habilité à recevoir les annonces légales.

Art. 9. – Si les associés n'ont pu nommer un liquidateur, celui-ci est désigné, à la demande de tout intéressé, par ordonnance du président du tribunal de commerce pour les sociétés commerciales ou du tribunal de grande instance dans les autres cas, statuant sur requête.

Tout intéressé peut former opposition à l'ordonnance dans le délai de quinze jours à dater de sa publication dans les conditions prévues à l'article 27. Cette opposition est portée devant le tribunal dont le président a rendu l'ordonnance. Le tribunal peut désigner un autre liquidateur.

Art. 10. – Quelle que soit la nature de l'acte qui les nomme, les liquidateurs doivent rendre compte aux associés de l'accomplissement de leur mission, dans les conditions déterminées par l'acte de nomination, ou, à défaut, au moins annuellement sous forme d'un rapport écrit décrivant les diligences qu'ils ont effectuées pendant l'année écoulée.

La décision de clôture de la liquidation est prise par les associés, après approbation des comptes définitifs de la liquidation. A défaut d'approbation des comptes ou si la consultation des associés s'avère impossible, il est statué sur les comptes et, le cas échéant, la clôture de la liquidation, par le tribunal de commerce pour les sociétés commerciales, par le tribunal de grande instance dans les autres cas, à la demande du liquidateur ou de tout intéressé.

Les comptes définitifs, la décision des associés et, s'il y a lieu, la décision judiciaire prévue à l'alinéa précédent sont déposés au greffe du tribunal de commerce en annexe au registre du commerce et des sociétés.

SOCIÉTÉ   Art. 1873

Art. 11. – Sauf disposition contraire de l'acte de nomination, si plusieurs liquidateurs ont été nommés ils peuvent exercer leurs fonctions séparément. Toutefois les documents soumis aux associés sont établis et présentés en commun.

Art. 12. – La rémunération des liquidateurs est fixée par la décision qui les nomme. A défaut, elle l'est postérieurement à la demande du liquidateur, par ordonnance sur requête du président du tribunal de commerce pour les sociétés commerciales ou du tribunal de grande instance dans les autres cas.

Art. 13. – A compter de la dissolution de la société la mention « société en liquidation » ainsi que le nom du ou des liquidateurs doivent figurer sur tous les actes et documents émanant de la société et destinés aux tiers, notamment sur toutes lettres, factures, annonces et publications diverses.

Art. 14. – La société est radiée du registre du commerce et des sociétés sur justification de l'accomplissement des formalités prescrites par les articles 10 et 29.

Art. 15. – La mise en demeure prévue par l'article 1844-12, alinéa 1er, du Code civil est faite par acte d'huissier de justice ou par lettre recommandée avec demande d'avis de réception.

Art. 16. – La tierce opposition contre les décisions prononçant la nullité d'une société n'est recevable que pendant un délai de six mois à compter de la publication de la décision judiciaire au *Bulletin officiel des annonces civiles et commerciales*.

Art. 17. – La demande de désignation d'un expert prévue à l'article 1843-4 du Code civil ou d'un mandataire prévue par les articles 1844, alinéa 2, et 1844-6, alinéa 3, dudit code est portée devant le président du tribunal de commerce pour les sociétés commerciales ou du tribunal de grande instance dans les autres cas.

Art. 18. – La publicité au moyen d'avis ou annonces est faite selon le cas par insertion au *Bulletin officiel des annonces civiles et commerciales* ou dans un journal habilité à recevoir les annonces légales dans le département du siège social ou au *Bulletin des annonces légales obligatoires*.

Art. 19. – La publicité par dépôt d'actes ou de pièces est faite au greffe du tribunal de commerce, en annexe au registre du commerce et des sociétés dans les conditions prévues par la réglementation relative à ce registre.

Art. 20. – Les formalités de publicité sont effectuées à la diligence et sous la responsabilité des représentants légaux de la société.

Lorsqu'une formalité de publicité ne portant ni sur la constitution de la société, ni sur la modification de ses statuts, a été omise ou irrégulièrement accomplie et si la société n'a pas régularisé la situation dans le délai d'un mois à compter de la mise en demeure à elle adressée, tout intéressé peut demander au président du tribunal de commerce pour les sociétés commerciales ou du tribunal de grande instance dans les autres cas de désigner un mandataire chargé d'accomplir la formalité. Le président statue en la forme des référés.

Art. 21. – Dans tous les cas où les lois et règlements applicables aux sociétés disposent qu'il est statué par ordonnance du président du tribunal, soit sur requête, soit en la forme des référés, une copie de ladite ordonnance est déposée par le greffier du tribunal de commerce au dossier de la société, en annexe au registre du commerce et des sociétés. En vue de ce dépôt, l'ordonnance doit, lorsqu'elle émane du président du tribunal de grande instance, être transmise par le greffier dudit tribunal au greffier du tribunal de commerce.

Art. 22. – Lorsque les autres formalités de constitution de la société ont été accomplies, un avis est inséré dans un journal habilité à recevoir les annonces légales dans le département du siège social.

Cet avis est signé par le notaire qui a reçu l'acte de société ou au rang des minutes duquel il a été déposé ; dans les autres cas, il est signé par l'un des fondateurs ou des premiers associés ayant reçu un pouvoir spécial à cet effet.

Il contient les indications suivantes :

1° La raison sociale ou la dénomination sociale suivie, s'il y a lieu, de son sigle ;
2° La forme de la société et, s'il y a lieu, le statut légal particulier auquel elle est soumise ;
3° Le montant du capital social et, s'il s'agit d'une société à capital variable, le montant au-dessous duquel il ne peut être réduit ;
4° L'adresse du siège social ;
5° L'objet social indiqué sommairement ;
6° La durée pour laquelle la société a été constituée ;
7° Le montant des apports en numéraire ;
8° La description sommaire et l'évaluation des apports en nature ;
9° Les nom, prénom usuel et domicile des associés tenus indéfiniment et solidairement des dettes sociales ;
10° Les nom, prénom usuel et domicile des associés ou des tiers ayant, dans la société, la qualité de gérant, administrateur, président du conseil d'administration, directeur général, membre du directoire, membre du conseil de surveillance ou commissaire aux comptes ;
11° Les nom, prénom usuel et domicile des personnes ayant le pouvoir général d'engager la société envers les tiers ;
12° Le greffe du tribunal où la société sera immatriculée ;
13° S'il y a lieu, l'existence de clauses relatives à l'agrément des cessionnaires de parts sociales et la désignation de l'organe de la société habilité à statuer sur les demandes d'agrément.

Art. 23. – Après immatriculation au registre du commerce et des sociétés la constitution de la société fait l'objet d'une publicité au *Bulletin officiel des annonces civiles et commerciales.*

Art. 24. – Si l'une des mentions de l'avis prévu à l'article 22 est frappée de caducité par suite de la modification des statuts ou d'un autre acte, délibération ou décision, la modification intervenue est publiée dans les conditions prévues par cet article.

L'avis est signé par le notaire qui a reçu l'acte ou au rang des minutes duquel il a été déposé ; dans les autres cas, il est signé par les représentants légaux de la société.

Il contient, après les indications énumérées du 1° au 4° de l'article 22, alinéa 3, ci-dessus :
- le numéro d'immatriculation de la société ;
- les titre, date du numéro et lieu de publication du journal dans lequel a été inséré l'avis prévu à l'article 22, ainsi que la date du numéro du *Bulletin officiel des annonces civiles et commerciales* dans lequel a été faite la publication prévue à l'article 23 ;
- les modifications intervenues, reproduisant l'ancienne mention à côté de la nouvelle.

Art. 25. – Le nom des premiers gérants, administrateurs, membres des organes de surveillance et commissaires aux comptes mentionné dans les statuts peut être omis dans les statuts mis à jour et déposés en annexe au registre du commerce et des sociétés, sans qu'il y ait lieu, sauf

SOCIÉTÉ **Art. 1873**

disposition statutaire contraire, de les remplacer par le nom des personnes qui leur ont succédé dans ces fonctions.

Art. 26. – En cas de transfert du siège social hors du ressort du tribunal au greffe duquel la société a été immatriculée, l'avis publié dans un journal d'annonces légales du département du nouveau siège indique que le siège social a été transféré et reproduit les mentions visées du 1° au 9° de l'article 22, alinéa 3, et en outre :
 – le lieu et le numéro d'immatriculation au registre du commerce et des sociétés de l'ancien siège social ;
 – l'indication du registre du commerce et des sociétés où la société sera immatriculée en raison de son nouveau siège social.

Art. 27. – L'acte de nomination des liquidateurs, quelle que soit la forme, est publié dans le délai d'un mois dans un journal habilité à recevoir les annonces légales dans le département du siège social et, en outre, si la société a fait publiquement appel à l'épargne, au *Bulletin des annonces légales obligatoires.*
 Il contient les indications suivantes :
 1° La raison sociale ou la dénomination sociale suivie, s'il y a lieu, de son sigle ;
 2° La forme de la société et s'il y a lieu, le statut légal particulier auquel elle est soumise, suivie de la mention « en liquidation » ;
 3° Le montant du capital social ;
 4° L'adresse du siège social ;
 5° Le numéro d'immatriculation de la société ;
 6° La cause de la dissolution ;
 7° Les nom, prénom usuel et domicile des liquidateurs ;
 8° S'il y a lieu, les limitations apportées à leurs pouvoirs.
 Sont en outre indiqués dans la même insertion :
 1° Le lieu où la correspondance doit être adressée et celui où les actes et documents concernant la liquidation doivent être notifiés ;
 2° Le tribunal de commerce au greffe duquel sera effectué, en annexe au registre du commerce et des sociétés, le dépôt des actes et pièces relatifs à la liquidation.

Art. 28. – Au cours de la liquidation de la société, le liquidateur accomplit, sous sa responsabilité, les formalités de publicité incombant aux représentants légaux de la société.
 Notamment, toute décision entraînant modification des mentions publiées en application de l'article 27 est publiée dans les conditions prévues par cet article.

Art. 29. – L'avis de clôture de la liquidation, signé par le liquidateur, est publié, à la diligence de celui-ci, dans le journal d'annonces légales ayant reçu la publicité prescrite par l'article 27 et si la société a fait publiquement appel à l'épargne, au *Bulletin des annonces légales obligatoires.*
 Il contient les indications suivantes :
 1° La raison sociale ou la dénomination sociale suivie, s'il y a lieu, de son sigle ;
 2° La forme de la société suivie de la mention « en liquidation » et, s'il y a lieu, le statut légal particulier auquel elle est soumise ;
 3° Le montant du capital social ;
 4° L'adresse du siège social ;
 5° Les nom, prénom usuel et domicile des liquidateurs ;
 6° Le numéro d'immatriculation de la société.

CHAPITRE II. – DISPOSITIONS APPLICABLES AUX SOCIÉTÉS CIVILES

Art. 30. – Les dispositions du présent chapitre sont applicables aux sociétés définies par l'article 1845 du Code civil.

Elles sont également applicables, en tant que de raison, aux rapports entre associés d'une société en participation ayant le caractère civil à moins qu'une organisation différente n'ait été prévue.

Art. 31. – Si les statuts sont établis par acte sous seing privé, une copie certifiée conforme doit en être remise à chaque associé.

Tout associé peut, après toute modification statutaire, demander à la société la délivrance d'une copie certifiée conforme des statuts en vigueur au jour de la demande.

La société doit annexer à ce document la liste mise à jour des associés ainsi que des gérants et, le cas échéant, des commissaires aux comptes ou des membres de l'organe de surveillance.

Art. 32. – La raison sociale ou la dénomination sociale doit figurer sur tous les actes ou documents émanant de la société et destinés aux tiers. Elle doit, si elle ne les contient pas, être précédée ou suivie de manière lisible, une fois au moins, des mots « société civile » suivis de l'indication du capital social et, éventuellement, complétés par les mentions requises par le statut légal particulier auquel la société est soumise.

Art. 33. – Sauf stipulation expresse, les dispositions statutaires mentionnant la répartition des parts entre les associés n'ont pas à être modifiées pour tenir compte des cessions de parts.

Art. 34. – Si les statuts le prévoient, des certificats représentatifs de leurs parts peuvent être remis aux associés. Ils doivent être intitulés « certificat représentatif de parts » et être très lisiblement barrés de la mention « non négociable ». Ils sont établis au nom de chaque associé par part ou multiple de parts ou pour le total des parts détenues par lui.

Art. 35. – Lorsqu'une personne morale est nommée gérant de la société, l'acte de nomination indique le nom de ses représentants légaux. Leur changement emporte rectification de l'acte de nomination et doit être publié comme l'acte lui-même.

Art. 36. – La requête prévue à l'article 1846, alinéa 5, du Code civil est présentée au président du tribunal de grande instance dans le ressort duquel est situé le siège de la société.

Art. 37. – L'action prévue à l'article 1846-1 du Code civil est portée devant le tribunal de grande instance dans le ressort duquel est situé le siège de cette société ; elle est intentée soit contre tous les associés, soit contre un mandataire spécial désigné par ordonnance du président du tribunal statuant sur requête du demandeur à l'action.

Art. 38. – Lorsque l'action sociale est intentée par un ou plusieurs associés, le tribunal ne peut statuer que si la société a été régulièrement mise en cause par l'intermédiaire de ses représentants légaux.

Art. 39. – Un associé non gérant peut à tout moment, par lettre recommandée, demander au gérant de provoquer une délibération des associés sur une question déterminée.

Si le gérant fait droit à la demande, il procède, conformément aux statuts, à la convocation de l'assemblée des associés ou à leur consultation par écrit. Sauf si la question posée porte sur le retard du gérant à remplir l'une de ses obligations, la demande est considérée comme satisfaite lorsque le gérant accepte que la question soit inscrite à l'ordre du jour de la prochaine assemblée ou consultation par écrit.

SOCIÉTÉ   Art. 1873

Si le gérant s'oppose à la demande ou garde le silence, l'associé demandeur peut, à l'expiration du délai d'un mois à dater de sa demande, solliciter du président du tribunal de grande instance, statuant en la forme des référés, la désignation d'un mandataire chargé de provoquer la délibération des associés.

Art. 40. – Les associés sont convoqués quinze jours au moins avant la réunion de l'assemblée, par lettre recommandée. Celle-ci indique l'ordre du jour de telle sorte que le contenu et la portée des questions qui y sont inscrites apparaissent clairement sans qu'il y ait lieu de se reporter à d'autres documents.

Dès la convocation, le texte des résolutions proposées et tout document nécessaire à l'information des associés sont tenus à leur disposition au siège social, où ils peuvent en prendre connaissance ou copie.

Les associés peuvent demander que ces documents leur soient adressés soit par lettre simple, soit à leurs frais par lettre recommandée.

Art. 41. – Lorsque l'ordre du jour de l'assemblée porte sur la reddition de compte des gérants, le rapport d'ensemble sur l'activité de la société prévu à l'article 1856 du Code civil, les rapports de l'organe de surveillance ou des commissaires aux comptes s'il y a lieu, le texte des résolutions proposées et tous autres documents nécessaires à l'information des associés sont adressés à chacun d'eux par lettre simple, quinze jours au moins avant la réunion de l'assemblée. Les mêmes documents sont, pendant ce délai, tenus à la disposition des associés au siège social, où ils peuvent en prendre connaissance ou copie.

Art. 42. – En cas de consultation écrite, le texte des résolutions proposées ainsi que les documents nécessaires à l'information des associés sont adressés à chacun de ceux-ci par lettre recommandée avec demande d'avis de réception. Chaque associé dispose d'un délai d'au moins quinze jours à compter de la date de réception de ces documents pour émettre son vote par écrit. Les statuts fixent le délai au-delà duquel les votes ne seront plus reçus.

Art. 43. – Les dispositions des articles 40 à 42 ne sont pas applicables lorsque tous les associés sont gérants.

Art. 44. – Toute délibération des associés est constatée par un procès-verbal indiquant les nom et prénoms des associés qui y ont participé, le nombre de parts détenues par chacun d'eux, les documents et rapports soumis aux associés, le texte des résolutions mises aux voix et le résultat des votes.

S'il s'agit d'une assemblée le procès-verbal indique également la date et le lieu de la réunion, les nom, prénoms et qualité du président et un résumé des débats.

S'il s'agit d'une consultation écrite la justification du respect des formalités prévues à l'article 42 et la réponse de chaque associé sont annexées au procès-verbal.

Les procès-verbaux sont établis et signés par les gérants et, s'il y a lieu, par le président de l'assemblée.

Art. 45. – Les procès-verbaux prévus à l'article précédent sont établis sur un registre spécial tenu au siège de la société, coté et paraphé dans la forme ordinaire et sans frais soit par un juge du tribunal de commerce ou du tribunal d'instance, soit par le maire ou un adjoint au maire de la commune du siège de la société.

Toutefois, les procès-verbaux peuvent être établis sur des feuilles mobiles numérotées sans discontinuité, paraphées dans les conditions prévues à l'alinéa précédent et revêtues du sceau de l'autorité qui les a paraphées. Dès qu'une feuille a été remplie, même partiellement, elle doit être jointe à celles précédemment utilisées. Toute addition, suppression, substitution ou interversion de feuilles est interdite.

Art. 46. – Lorsque la décision des associés résulte de leur consentement exprimé dans un acte, cette décision est mentionnée, à sa date, dans le registre prévu à l'article 45 ci-dessus. La mention dans le registre contient obligatoirement l'indication de la forme, de la nature, de l'objet et des signataires de l'acte. L'acte lui-même, s'il est sous seing privé, ou sa copie authentique, s'il est notarié, est conservé par la société de manière à permettre sa consultation en même temps que le registre des délibérations.

Art. 47. – Les copies ou extraits des procès-verbaux des délibérations des associés sont valablement certifiés conformes par un seul gérant. Au cours de la liquidation de la société, leur certification est valablement effectuée par un seul liquidateur.

Art. 48. – En application des dispositions de l'article 1855 du Code civil, l'associé non gérant a le droit de prendre par lui-même, au siège social, connaissance de tous les livres et documents sociaux, des contrats, factures, correspondance, procès-verbaux et plus généralement de tout document établi par la société ou reçu par elle.

Le droit de prendre connaissance emporte celui de prendre copie.

Dans l'exercice de ces droits, l'associé peut se faire assister d'un expert choisi parmi les experts agréés par la Cour de cassation ou les experts près une cour d'appel.

Art. 49. – Le projet de cession de parts ou de nantissement en vue de l'agrément du cessionnaire ou du créancier nanti, la renonciation au projet de cession, la date de réalisation forcée des parts sont notifiés par acte d'huissier de justice ou par lettre recommandée avec demande d'avis de réception.

S'il résulte d'un acte sous seing privé et s'il n'a pas été accepté par elle dans un acte authentique, le nantissement des parts sociales est signifié à la société par acte d'huissier de justice.

Les décisions de la société et des associés sur la demande d'agrément, le nom du ou des acquéreurs proposés, l'offre de rachat par la société sont notifiés par lettre recommandée avec demande d'avis de réception.

Art. 50. – Lorsque les statuts prévoient que l'agrément des projets de cession de parts peut être accordé par le gérant, ce dernier, préalablement au refus d'agrément du cessionnaire proposé, doit, par lettre recommandée, aviser les associés de la cession projetée et leur rappeler les dispositions des articles 1862 et 1863 du Code civil et, s'il y a lieu, les clauses statutaires aménageant ou complétant ces articles.

L'avis prévu à l'alinéa précédent doit être adressé aux associés dans un délai qui ne peut excéder le tiers de celui prévu par les statuts conformément à l'article 1864 du Code civil ou deux mois dans le silence des statuts.

Art. 51. – Lorsqu'un registre des associés est prévu par les statuts, il est tenu au siège de la société et constitué par la réunion, dans l'ordre chronologique de leur établissement, de feuillets identiques utilisés sur une seule face. Chacun de ces feuillets est réservé à un titulaire de parts sociales à raison de sa propriété ou à plusieurs titulaires à raison de leur copropriété, de leur nue-propriété ou de leur usufruit sur ces parts.

SOCIÉTÉ   Art. 1873

Chaque feuillet contient notamment :
1° Les nom, prénom usuel et domicile de l'associé originaire et la date d'acquisition de ses parts ;
2° La valeur nominale de ces parts ;
3° Les nom, prénom usuel et domicile du ou des cessionnaires des parts ;
4° Les nom, prénom usuel et domicile des personnes ayant reçu les parts en nantissement, le nombre des parts données en nantissement et la somme garantie ;
5° La date d'acquisition des parts, de leur transfert, de leur nantissement et de sa main-levée ;
6° La date de l'agrément et l'indication de l'organe social qui l'a accordé.

Il est établi un nouveau feuillet par nouvel associé ; ce feuillet doit comporter une mention permettant, s'il y a lieu, d'identifier l'associé dont il a acquis les parts.

Ce registre est obligatoirement tenu lorsque les statuts stipulent que la cession des parts sociales peut être rendue opposable à la société par transfert dans ses registres.

Art. 52. – La publicité de la cession de parts est accomplie par dépôt en annexe au registre du commerce et des sociétés, de deux copies authentiques de l'acte de cession, s'il est notarié, ou de deux originaux, s'il est sous seing privé.

Art. 53. – La publicité du nantissement des parts sociales est accomplie par dépôt, en annexe au registre du commerce et des sociétés, d'un avis de nantissement visé par le greffier après exécution des formalités prescrites par les articles 54 à 56 ci-après. Lorsqu'il s'agit d'un acte sous seing privé, un original du titre, accompagné, s'il y a lieu, de l'acte de signification du nantissement à la société, est également déposé.

Art. 54. – Le créancier nanti remet ou fait remettre au greffe du tribunal de commerce du lieu d'immatriculation de la société soit une copie authentique de l'acte notarié constitutif du titre, soit, s'il s'agit d'un acte sous seing privé, deux originaux de l'acte, accompagnés de l'acte de signification du nantissement à la société ou d'une copie authentique de l'acte notarié portant acceptation par la société.

Il remet ou fait remettre en outre deux exemplaires de l'avis de nantissement comportant notamment :
1° Les nom, prénom usuel et domicile du créancier et du débiteur ;
2° La date, la forme du ou des actes présentés, et, s'il y a lieu, l'indication de l'officier public ou ministériel qui les a reçus ou qui a accompli la formalité de la signification ;
3° La raison sociale ou la dénomination sociale de la société dont les parts sont données en nantissement ainsi que son numéro d'immatriculation ;
4° Le nombre de parts sociales objet du nantissement et leur valeur nominale ;
5° Le montant de la créance garantie et les conditions relatives aux intérêts et à l'exigibilité ;
6° S'il y a lieu et sur justification particulière, l'indication que le créancier nanti a été agréé par la société ou les associés.

Art. 55. – La remise des pièces visées à l'article 54 ci-dessus donne lieu à la délivrance, par le greffier, d'un récépissé extrait du registre à souche prévu par l'article 52 du décret n. 67-237 du 23 mars 1967 (*) et à l'établissement d'un procès-verbal.
(*) *Abrogé. V. D. n. 84-406 du 30 mai 1984, art. 47.*
Le greffier s'assure de la conformité de l'avis de nantissement aux pièces produites et vérifie que le nantissement a été régulièrement signifié à la société ou accepté par elle. Il appose sur l'ensemble des pièces remises son visa et une mention portant la date à laquelle il effectue le

Art. 1873   SOCIÉTÉ

classement des pièces dans le dossier ouvert au nom de la société en annexe au registre. Cette date constitue la date du dépôt.

Un exemplaire de l'avis de nantissement, un original de l'acte sous seing privé constitutif du titre et l'acte portant signification du nantissement à la société sont classés au dossier ouvert au nom de la société ; le second exemplaire de l'avis de nantissement, le second original de l'acte sous seing privé, et les copies authentiques produits sont restitués au requérant.

Art. 56. – Les subrogations dans le nantissement et sa mainlevée sont publiées en marge de l'avis de nantissement.

La mention de la subrogation est accomplie sur production du titre la constatant et sur justification que la subrogation a été régulièrement signifiée à la société ou acceptée par elle dans un acte authentique. Les actes sous seing privé et l'acte portant signification à la société sont conservés dans le dossier ouvert au nom de cette dernière.

La mention de la mainlevée est accomplie en vertu soit d'un jugement passé en force de chose jugée, soit du consentement des parties, ayant capacité à cet effet, sur le dépôt d'un acte authentique ou sous seing privé constatant le consentement à la mainlevée donné par le créancier ou son cessionnaire, régulièrement subrogé et justifiant de ses droits. L'acte sous seing privé est conservé dans le dossier ouvert au nom de la société.

Art. 57. – Il est tenu au greffe de chaque tribunal de commerce un fichier des nantissements de parts de sociétés civiles.

....

Art. 68. – Le présent décret est applicable dans les territoires de la Nouvelle-Calédonie, de la Polynésie française, de Wallis et Futuna et des Terres australes et antarctiques françaises, ainsi que dans la collectivité territoriale de Mayotte.

Art. 69. – Les sociétés immatriculées dans les conditions prescrites par le présent décret et auxquelles un statut légal particulier impose des règles spéciales de publicité sont autorisées, à titre provisoire, à n'effectuer cette publicité que selon le mode prescrit par leur statut légal particulier. L'application du présent article ne peut avoir pour effet de dispenser ces sociétés de l'immatriculation.

Loi n. 66-879 du 29 novembre 1966 *(J.O.* 30 nov.*)*
relative aux sociétés civiles professionnelles

CHAPITRE Iᵉʳ. – DISPOSITIONS GÉNÉRALES

Art. 1ᵉʳ. – Il peut être constitué, entre personnes physiques exerçant une même profession libérale soumise à un statut législatif ou réglementaire ou dont le titre est protégé, et notamment entre officiers publics et ministériels, des sociétés civiles professionnelles qui jouissent de la personnalité morale et sont soumises aux dispositions de la présente loi.

Ces sociétés ont pour objet l'exercice en commun de la profession de leurs membres, nonobstant toute disposition législative ou réglementaire réservant aux personnes physiques l'exercice de cette profession.

(Alinéa inséré L. n. 78-9 du 4 janv. 1978, art. 5-1) Par dérogation aux dispositions de l'article 1842 du Code civil, ces sociétés jouissent de la personnalité morale à compter, selon le cas, de l'agrément, de l'inscription ou de la titularisation prévue à l'article 6.

SOCIÉTÉ   Art. 1873

Les conditions d'application des articles 1er à 32 de la présente loi à chaque profession seront déterminées par un règlement d'administration publique pris après avis des organismes chargés de représenter la profession auprès des pouvoirs publics ou, à défaut, des organisations les plus représentatives de la profession considérée.

Art. 2 *(Remplacé, L. n. 72-1151 du 23 déc. 1972, art. 1er).* – Un règlement d'administration publique peut autoriser, dans les conditions qu'il détermine, les personnes physiques exerçant une profession libérale visée à l'article 1er, et notamment les officiers publics et ministériels, à constituer des sociétés régies par la présente loi avec des personnes physiques exerçant d'autres professions libérales en vue de l'exercice en commun de leurs professions respectives.

Les membres des professions visées à l'article 1er ne peuvent entrer dans une société civile professionnelle groupant des personnes appartenant à des professions libérales non visées à l'article 1er qu'à la condition d'y avoir été autorisés par l'organisme exerçant à leur égard la juridiction disciplinaire. En cas de refus d'autorisation, appel peut être fait dans les conditions prévues au règlement d'administration publique.

Les sociétés visées au présent article ne peuvent accomplir les actes d'une profession déterminée que par l'intermédiaire d'un de leurs membres ayant qualité pour exercer cette profession.

Art. 2-1 *(Ajouté, L. n. 72-1151 du 23 déc. 1972, art. 2).* – Deux ou plusieurs sociétés civiles professionnelles créées en application des articles 1er ou 2 de la présente loi peuvent, par voie de fusion, constituer une nouvelle société civile professionnelle.

Une société civile professionnelle peut, par voie de scission, constituer deux ou plusieurs sociétés civiles professionnelles.

Un règlement d'administration publique détermine les conditions d'application du présent article.

Art. 3 *(Remplacé, L. n. 72-1151 du 23 déc. 1972, art. 3).* – Peuvent seules être associées, sous réserve des dispositions de l'article 24, les personnes qui, préalablement à la constitution de la société, exerçaient régulièrement la profession ainsi que celles qui, réunissant toutes les conditions exigées par les lois et règlements en vigueur, ont vocation à l'exercer.

Art. 4. – Sauf disposition contraire du règlement d'administration publique particulier à chaque profession, tout associé ne peut être membre que d'une seule société civile professionnelle et ne peut exercer la même profession à titre individuel.

Art. 5. – Des personnes physiques titulaires d'un office public ou ministériel et exerçant la même profession, peuvent également constituer entre elles des sociétés civiles professionnelles pour l'exercice en commun de leur profession, sans que ces sociétés soient elles-mêmes nommées titulaires d'un office.

L'application de l'alinéa précédent est soumise aux dispositions de l'article 1er, alinéa 3, de la présente loi.

Les articles 6 (2e al.) et 18 (3e al.) ne sont pas applicables aux sociétés constituées en application du présent article.

(Alinéa ajouté, L. n. 72-1151 du 23 déc. 1972, art. 4) Les dispositions des articles 2 et 2-1 sont applicables aux sociétés constituées en application du présent article.

CHAPITRE II. – CONSTITUTION DE LA SOCIÉTÉ

Art. 6. – Les sociétés civiles professionnelles sont librement constituées dans les conditions prévues au règlement d'administration publique particulier à chaque profession, qui déterminera la procédure d'agrément ou d'inscription et le rôle des organismes professionnels.

Art. 1873 — SOCIÉTÉ

En ce qui concerne les offices publics et ministériels, la société doit être agréée et titularisée dans l'office selon les conditions prévues par le règlement d'administration publique.

Art. 7. – Les statuts de la société doivent être établis par écrit. Le règlement d'administration publique particulier à chaque profession détermine les indications qui doivent obligatoirement figurer dans les statuts.

Art. 8 *(Remplacé, L. n. 72-1151 du 23 déc. 1972, art. 5).* – La raison sociale de la société civile professionnelle est constituée par les noms, qualifications et titres professionnels de tous les associés ou des noms, qualifications et titres professionnels de l'un ou plusieurs d'entre eux suivis des mots « et autres ».

Le nom d'un ou plusieurs anciens associés peut être conservé dans la raison sociale à condition d'être précédé du mot « anciennement ». Toutefois, cette faculté cesse lorsqu'il n'existe plus, au nombre des associés, une personne au moins qui ait exercé la profession, au sein de la société, avec l'ancien associé dont le nom serait maintenu.

Art. 9. – Le capital social est divisé en parts égales qui ne peuvent être représentées par des titres négociables.

Le règlement d'administration publique particulier à chaque profession peut limiter le nombre des associés.

Art. 10. – Les parts sociales doivent être souscrites en totalité par les associés. Celles qui représentent des apports en nature doivent être libérées intégralement dès la constitution de la société.

(Deuxième alinéa remplacé, L. n. 72-1151 du 23 déc. 1972, art. 6) La répartition des parts sociales est mentionnée dans les statuts. Elle tient compte des apports en numéraire et, selon l'évaluation qui en est faite, des apports de droits incorporels. Les apports en industrie peuvent donner lieu à l'attribution de parts, mais ne concourent pas à la formation du capital social.

CHAPITRE III. – FONCTIONNEMENT DE LA SOCIÉTÉ

Art. 11. – Tous les associés sont gérants sauf stipulation contraire des statuts qui peuvent désigner un ou plusieurs gérants parmi les associés ou en prévoir la désignation par un acte ultérieur.

Les conditions de nomination et de révocation des gérants, leurs pouvoirs et la durée de leur mandat sont déterminés par les statuts. Les pouvoirs des gérants ne peuvent en aucun cas avoir pour effet de créer une subordination des associés à la société pour l'accomplissement de leurs actes professionnels.

Art. 12. – Les gérants sont responsables, individuellement ou solidairement selon les cas, envers la société ou envers les tiers, soit des infractions aux lois et règlements, soit de la violation des statuts, soit des fautes commises dans leur gestion. Si plusieurs gérants ont coopéré aux mêmes faits, le tribunal détermine la part contributive de chacun dans la réparation du dommage.

Art. 13. – Les décisions qui excèdent les pouvoirs des gérants sont prises par les associés.
(Deuxième alinéa remplacé, L. n. 72-1151 du 23 déc. 1972, art. 7) Chaque associé dispose, sauf dispositions particulières du règlement d'administration publique propre à chaque profession ou, à son défaut, des statuts, d'une seule voix, quel que soit le nombre de parts sociales qu'il détient.

SOCIÉTÉ   Art. 1873

Le règlement d'administration publique particulier à chaque profession détermine le mode de consultation des associés, les règles du quorum et de majorité exigées pour la validité de leurs décisions et les conditions dans lesquelles ils sont informés de l'état des affaires sociales.

Art. 14. – Les rémunérations de toute nature, versées en contrepartie de l'activité professionnelle des associés, constituent des recettes de la société et sont perçues par celle-ci. *(Deuxième et troisième alinéas remplacés, L. n. 72-1151 du 23 déc. 1972, art. 8)* Le règlement d'administration publique particulier à chaque profession et, à son défaut, les statuts peuvent déterminer des modalités de répartition des bénéfices qui ne seraient pas proportionnelles aux apports en capital.

En l'absence de disposition réglementaire ou de clause statutaire, chaque associé a droit à la même part dans les bénéfices.

Art. 15. – Les associés répondent indéfiniment et solidairement des dettes sociales à l'égard des tiers. Cette disposition ne fait pas obstacle à ce que deux époux soient associés dans une même société civile professionnelle.

Les créanciers de la société ne peuvent poursuivre le paiement des dettes sociales contre un associé qu'après avoir vainement mis en demeure la société et à la condition de la mettre en cause.

Les statuts peuvent stipuler que, dans les rapports entre associés, chacun de ceux-ci est tenu des dettes sociales dans la proportion qu'ils déterminent.

Art. 16. – Chaque associé répond sur l'ensemble de son patrimoine, des actes professionnels qu'il accomplit.

La société est solidairement responsable avec lui des conséquences dommageables de ces actes.

La société ou les associés doivent contracter une assurance de responsabilité civile professionnelle, dans les conditions prévues par le règlement d'administration publique particulier à chaque profession.

Art. 17. – Le règlement d'administration publique particulier à chaque profession détermine les attributions et les pouvoirs de chaque associé et de la société pour l'exercice de la profession, et procède, le cas échéant, à l'adaptation des règles de déontologie et de discipline qui leur sont applicables.

Art. 18. – Un associé peut se retirer de la société, soit qu'il cède ses parts sociales, soit que la société lui rembourse la valeur de ses parts.

Lors du retrait d'un associé, la société civile professionnelle est soumise aux modifications d'inscription et le cessionnaire des parts sociales à la procédure d'agrément, prévues par le règlement d'administration publique particulier à chaque profession.

En ce qui concerne les offices publics et ministériels, le règlement d'administration publique particulier à chaque profession détermine les conditions dans lesquelles devra être agréé par l'autorité de nomination le cessionnaire des parts sociales et approuvé le retrait de l'associé auquel est remboursée la valeur de ses parts.

Art. 19. – Les parts sociales peuvent être transmises ou cédées à des tiers avec le consentement des associés représentant au moins les trois quarts des voix. Toutefois, les statuts peuvent imposer l'exigence d'une majorité plus forte ou de l'unanimité des associés.

Art. 1873 SOCIÉTÉ

La transmission ou le projet de cession est notifié à la société et à chacun des associés. Si la société n'a pas fait connaître sa décision dans le délai de deux mois, à compter de la dernière des notifications prévues au présent alinéa, le consentement est implicitement donné.

Si la société a refusé de donner son consentement, les associés sont tenus, dans le délai de six mois à compter de ce refus, d'acquérir ou de faire acquérir les parts sociales, à un prix fixé dans les conditions déterminées par le règlement d'administration publique particulier à chaque profession.

(Quatrième alinéa remplacé, L. n. 72-1151 du 23 déc. 1972, art. 9) Le règlement d'administration publique peut augmenter les délais prévus aux alinéas 2 et 3 du présent article.

Art. 20. – Sauf disposition contraire des statuts, les parts sociales sont librement cessibles entre associés.

Si les statuts contiennent une clause limitant la liberté de cession, les dispositions de l'article 19, alinéas 2 et 3, sont applicables à défaut de stipulations statutaires.

Art. 21. – Lorsqu'un associé le demande, la société est tenue, soit de faire acquérir ses parts par d'autres associés ou des tiers, soit de les acquérir elle-même, dans les conditions déterminées par le règlement d'administration publique particulier à chaque profession. Dans le second cas, la société est tenue de réduire son capital du montant de la valeur nominale de ces parts.

Art. 22. – La cession des parts sociales doit être constatée par écrit. Elle est rendue opposable à la société dans les formes prévues à l'article 1690 du Code civil.

Elle n'est opposable aux tiers qu'après accomplissement de ces formalités et, en outre, après publicité dont les modalités sont fixées par le règlement d'administration publique particulier à chaque profession.

CHAPITRE IV. – DISPOSITIONS DIVERSES

Art. 23. – Sauf dispositions contraires du règlement d'administration publique particulier à chaque profession, les statuts fixent librement la durée de la société.

Art. 24 *(Premier alinéa remplacé, L. n. 72-1151 du 23 déc. 1972, art. 10).* – Sauf dispositions contraires du règlement d'administration publique particulier à chaque profession ou, à défaut, des statuts, la société civile professionnelle n'est pas dissoute par le décès, l'incapacité ou le retrait de la société d'un associé pour toute autre cause. Elle n'est pas non plus dissoute lorsqu'un des associés est frappé de l'interdiction définitive d'exercer sa profession.

En cas de décès, les ayants droit de l'associé décédé n'acquièrent pas la qualité d'associé. Toutefois, ils ont la faculté, dans le délai fixé par le règlement d'administration publique, de céder les parts sociales de l'associé décédé, dans les conditions prévues aux articles 19 et 22 ; en outre, si un ou plusieurs d'entre eux remplissent les conditions exigées par l'article 3, ils peuvent demander le consentement de la société dans les conditions prévues à l'article 19. Si le consentement est donné, les parts sociales de l'associé décédé peuvent faire l'objet d'une attribution préférentielle au profit de l'ayant droit agréé, à charge de soulte s'il y a lieu. En cas de refus, le délai ci-dessus est prolongé du temps écoulé entre la demande de consentement et le refus de celui-ci. Si aucune cession ni aucun consentement n'est intervenu à l'expiration du délai, la société ou les associés remboursent la valeur des parts sociales aux ayants droit dans les conditions prévues à l'article 21.

L'associé frappé d'une interdiction définitive d'exercer la profession perd, au jour de cette interdiction, la qualité d'associé. Les dispositions de l'alinéa précédent sont applicables, à l'exception de celles concernant les ayants droit de l'intéressé.

SOCIÉTÉ   Art. 1873

Pendant le délai prévu à l'alinéa 2 ci-dessus, l'associé, ses héritiers ou ayants droit, selon les cas, ne peuvent exercer aucun droit dans la société. Toutefois, et à moins qu'ils n'en soient déchus, ils conservent vocation à la répartition des bénéfices, dans les conditions prévues par les statuts.

Art. 25. – Le règlement d'administration publique particulier à chaque profession détermine les effets de l'interdiction temporaire d'exercer la profession dont un associé ou la société serait frappé.

Art. 26. – La dissolution ou la prorogation de la société est décidée par les associés, statuant à la majorité qui sera déterminée par le règlement d'administration publique particulier à la profession.

(Deuxième et troisième alinéas remplacés, L. n. 72-1151 du 23 déc. 1972, art. 11) Si, pour quelque motif que ce soit, il ne subsiste qu'un seul associé, celui-ci peut, dans le délai d'un an, régulariser la situation. A défaut, tout intéressé et notamment l'organisme exerçant à l'égard de la société la juridiction disciplinaire peut demander la dissolution de la société.

Lorsque la société constituée entre associés exerçant des professions différentes ne comprend plus, au moins, un associé exerçant chacune des professions considérées, les associés peuvent, dans le délai d'un an, régulariser la situation ou décider la modification de l'objet social. A défaut, la société est dissoute dans les conditions fixées par réglement d'administration publique.

En cas de dissolution de la société, l'associé qui lui a fait apport d'un droit de présentation pourra, sous réserve que ledit droit de présentation ne soit pas exercé en sa faveur, solliciter sa nomination à un office créé à cet effet, dans les conditions prévues par le règlement d'administration publique particulier à la profession intéressée, s'il satisfait aux conditions exigées par les lois et règlements. Cette disposition n'est pas applicable aux ayants droits de l'apporteur ni après l'expiration d'un délai fixé par le règlement d'administration publique sans que ce délai puisse excéder dix ans à compter de l'investiture de la société dans l'office.

Art. 27. – La société civile professionnelle ne peut, sauf disposition contraire du règlement d'administration publique particulier à la profession, être transformée en société d'une autre forme.

Une société d'une autre forme peut être transformée en société civile professionnelle sans que cette transformation entraîne la création d'un être moral nouveau.

Art. 28. – La nullité de la société civile professionnelle ne peut être prononcée que pour défaut d'acte constitutif ou dans les cas prévus par les dispositions qui régissent les nullités des contrats.

Ni la société, ni les associés ne peuvent se prévaloir de la nullité à l'égard des tiers.

Art. 29. – L'appellation « société civile professionnelle » ne peut être utilisée que par les sociétés soumises aux dispositions de la présente loi.

L'emploi illicite de cette appellation ou de toute expression de nature à prêter à confusion avec celle-ci est puni d'un emprisonnement de deux mois à un an et d'une amende de mille cinq cents francs à trente mille francs, ou de l'une de ces deux peines seulement.

Le tribunal pourra, en outre, ordonner la publication du jugement, aux frais du condamné, dans trois journaux au maximum et son affichage dans les conditions prévues à l'article 50-1 du Code pénal.

Art. 30 *(Modifié, D. n. 78-704 du 3 juill. 1978, art. 62).* – Les chapitres Ier et II du titre IX du livre III du Code civil sont applicables aux sociétés civiles professionnelles, dans leurs dispositions qui ne sont pas contraires à celles de la présente loi.

Art. 31. – La présente loi ne déroge ni aux dispositions des articles 6, 7, 10, 11 et 15 de l'ordonnance n. 45-2138 du 19 septembre 1945 portant institution de l'ordre des experts comptables et des comptables agréés et réglementant les titres et les professions d'expert comptable et de comptable agréé, ni à celles de l'article 75 du Code de commerce.

Art. 32. – *V. L. 28 avril 1816, art. 91.*

Art. 33. – Les dispositions de l'article 78 de la loi n. 48-1360 du 1ᵉʳ septembre 1948 ne sont pas applicables aux sous-locations et aux cessions de bail faites au profit d'une société civile professionnelle.

Les dispositions du présent article sont applicables aux baux en cours.

Art. 34. – *V. L. n. 48-1360, 1ᵉʳ sept. 1948, art. 4, troisième al.*

Art. 35. – I. – Les associés des sociétés civiles professionnelles constituées et fonctionnant conformément aux dispositions de la présente loi sont personnellement soumis à l'impôt sur le revenu des personnes physiques pour la part des bénéfices sociaux qui leur est attribuée même lorsque ces sociétés ont adopté le statut de coopérative.

II. – Pour l'application de l'article 93-1 et 3 du Code général des impôts, la transmission à titre onéreux ou à titre gratuit ou le rachat des parts d'un associé est considéré comme portant sur la quote-part des éléments de l'actif social qui correspond aux droits sociaux faisant l'objet de la transmission ou du rachat.

III. – L'imposition de la plus-value constatée lors de l'apport par un associé de la clientèle ou des éléments d'actif affectés à l'exercice de sa profession à une société civile professionnelle est reportée au moment où s'opérera la transmission ou le rachat des droits sociaux de cet associé.

L'application de cette disposition est subordonnée à la condition que l'apport soit réalisé dans le délai de cinq ans à compter de la publication du règlement d'administration publique propre à la profession considérée.

CHAPITRE V. – SOCIÉTÉS CIVILES DE MOYENS

Art. 36 *(Premier al. remplacé, L. n. 72-1151 du 23 déc. 1972, art. 12).* – Nonobstant toutes dispositions législatives ou réglementaires contraires, les personnes physiques ou morales exerçant des professions libérales et notamment les officiers publics et ministériels, peuvent constituer entre elles des sociétés civiles ayant pour objet exclusif de faciliter à chacun de leurs membres l'exercice de son activité.

A cet effet, les associés mettent en commun les moyens utiles à l'exercice de leurs professions, sans que la société puisse elle-même exercer celle-ci.

CHAPITRE VI. – DISPOSITION COMMUNE

Art. 37. – Les sociétés régies par la présente loi peuvent adopter le statut de société coopérative. En ce cas, les dispositions de cette loi ne leur sont applicables que dans la mesure où elles ne sont pas contraires à celles de la loi n. 47-1775 du 10 septembre 1947 portant statut de la coopération.

Toutefois, en cas de dissolution d'une société ayant adopté le statut de coopérative et nonobstant l'article 19 de la loi précitée du 10 septembre 1947, l'actif net de la société subsistant après extinction du passif et remboursement du capital versé peut être réparti entre les associés dans les conditions fixées par le règlement d'administration publique particulier à chaque profession.

SOCIÉTÉ   Art. 1873

Art. 38 *(Ajouté, L. n. 72-1151 du 23 déc. 1972, art. 13).* – La présente loi est applicable, à l'exception des articles 31 à 35, dans les territoires de la Nouvelle-Calédonie, de la Polynésie française, de Wallis et Futuna et des Terres australes et antarctiques françaises.

Pour les applications des articles 1er à 32 de la loi du 29 nov. 1966 à chaque profession, voir :

- D. n. 67-868 du 2 oct. 1967 (notaire) ;
- D. n. 69-763 du 24 juil. 1969 (commissaire-priseur) ;
- D. n. 69-810 du 12 août 1969, art. 127 et s. (commissaire aux comptes) ;
- D. n. 69-1057 du 20 nov. 1969 (avoué), abrogé mais seulement en ce qui concerne les avoués près les tribunaux de grande instance ;
- D. n. 69-1274 du 31 déc. 1969 (huissier de justice) ;
- D. n. 71-688 du 11 août 1971 (greffier de tribunal de commerce) ;
- D. n. 72-669 du 13 juil. 1972 (avocat) ;
- D. n. 72-698 du 26 juil. 1972 (conseil juridique) ;
- D. n. 76-73 du 15 janv. 1976 (géomètre-expert) ;
- D. n. 77-636 du 14 juin 1977 (médecin) ;
- D. n. 77-1480 du 28 déc. 1977 (architecte) ;
- D. n. 78-326 du 15 mars 1978 (directeur de laboratoire d'analyses de biologie médicale) ;
- D. n. 78-380 du 15 mars 1978 (avocat au Conseil d'Etat et à la Cour de cassation) ;
- D. n. 78-906 du 24 août 1978 (chirurgien-dentiste) ;
- D. n. 79-885 du 11 oct. 1979 (vétérinaire) ;
- D. n. 79-949 du 9 nov. 1979 (infirmier ou infirmière) ;
- D. n. 81-509 du 12 mai 1981 (masseur-kinésithérapeute) ;
- D. n. 86-260 du 18 fév. 1986 (conseil en brevets d'invention) ;
- D. n. 86-636 du 14 mars 1986 (expert agricole et foncier et expert forestier) ;
- D. n. 86-1170 du 5 nov. 1986 (administrateur judiciaire) ;
- D. n. 87-172 du 13 mars 1987 (notaires).

Loi n. 85-697 du 11 juil. 1985 *(J.O. 12 juil.)*
relative à l'entreprise unipersonnelle à responsabilité limitée et à l'exploitation agricole à responsabilité limitée

TITRE II. – DE L'EXPLOITATION AGRICOLE À RESPONSABILITÉ LIMITÉE

Art. 11. – Une ou plusieurs personnes physiques majeures peuvent instituer une société civile dénommée « exploitation agricole à responsabilité limitée », régie par les dispositions des chapitres Ier et II du titre IX du livre III du Code civil, à l'exception de l'article 1844-5. Les associés ne supportent les pertes qu'à concurrence de leurs apports.

Lorsque l'exploitation agricole à responsabilité limitée est constituée par une seule personne, celle-ci est dénommée « associé unique ». L'associé unique exerce les pouvoirs dévolus à l'assemblée des associés.

Elle est désignée par une dénomination sociale à laquelle peut être incorporé le nom d'un ou plusieurs associés, et qui doit être précédée ou suivie immédiatement des mots « exploitation agricole à responsabilité limitée » ou des initiales E.A.R.L., et de l'énonciation du capital social.

Art. 12. – Al. 1er modifié *(L. n. 88-1202 du 30 déc. 1988, art. 7)* L'exploitation agricole à responsabilité limitée a pour objet l'exercice d'activités réputées agricoles au sens de l'article 2 de la loi n. 88-1202 du 30 décembre 1988 relative à l'adaptation de l'exploitation agricole à son environnement économique et social. Elle ne peut réunir plus de dix associés.

Art. 1873 SOCIÉTÉ

La surface mise en valeur par une exploitation agricole à responsabilité limitée ne peut excéder un plafond fixé par décret.

Art. 13. – Le capital social de l'exploitation agricole à responsabilité limitée doit être de 50 000 F au moins.

Sa réduction à un montant inférieur doit être suivie, dans un délai d'un an, d'une augmentation ayant pour effet de le porter au montant prévu à l'alinéa précédent, à moins que, dans le même délai, l'exploitation agricole à responsabilité limitée n'ait été transformée en société d'une autre forme. A défaut, tout intéressé peut demander en justice sa dissolution, après avoir mis les représentants de celle-ci en demeure de régulariser la situation. Le tribunal ne peut prononcer la dissolution lorsque cette cause de dissolution a cessé d'exister le jour où il statue sur le fond.

Les apports en numéraire et les apports en nature, qu'ils soient faits en pleine propriété ou en jouissance, concourent à la formation du capital social de l'exploitation agricole à responsabilité limitée qui peut être un capital variable. Ils donnent lieu à l'attribution de parts sociales.

Les statuts doivent contenir l'évaluation de chaque apport en nature. Il y est procédé au vu d'un rapport annexé aux statuts et établi, sous sa responsabilité, par un commissaire aux apports désigné à l'unanimité des futurs associés ou, à défaut, par une décision de justice à la demande du futur associé le plus diligent.

Toutefois, les futurs associés peuvent décider à l'unanimité que le recours à un commissaire aux apports ne sera pas obligatoire lorsque la valeur d'aucun apport en nature n'excède 50 000 F et si la valeur totale de l'ensemble des apports en nature non soumis à l'évaluation d'un commissaire aux apports n'excède pas la moitié du capital.

Lorsque la société est constituée par une seule personne, le commissaire aux apports est désigné par l'associé unique. Toutefois, le recours à un commissaire aux apports n'est pas obligatoire si les conditions prévues à l'alinéa précédent sont réunies.

Les associés solidairement, ou l'associé unique, sont responsables pendant cinq ans, à l'égard des tiers, de la valeur attribuée aux apports en nature lors de la constitution ou de l'augmentation du capital social de l'exploitation agricole à responsabilité limitée.

La rémunération que perçoivent les associés du fait de leur participation effective aux travaux constitue une charge sociale dans les conditions fixées par décret en Conseil d'État.

Art. 14. – Les associés qui participent effectivement au sens de l'article L. 411-59 du code rural, à l'exploitation sont dénommés « associés exploitants ». *(L. n. 88-1202 du 30 déc. 1988, art. 8-I)* Les statuts doivent mentionner les noms de ceux des associés qui ont cette qualité.

Les associés exploitants doivent détenir ensemble plus de 50 p. 100 des parts représentatives du capital *(Dernière phrase abrogée, L. n. 88-1202 du 30 déc. 1988, art. 8-II)*. Ils peuvent seuls faire apport à l'exploitation agricole à responsabilité limitée des immeubles dont ils sont propriétaires.

Les associés choisissent parmi les associés exploitants, titulaires de parts sociales représentatives du capital, un ou plusieurs gérants.

Al. modifié *(L. n. 88-1202 du 30 déc. 1988, art. 8-III)* Le non-respect en cours de vie sociale de l'une des conditions ci-dessus n'entraîne pas la dissolution de plein droit de l'exploitation agricole à responsabilité limitée. Tout intéressé peut demander en justice la dissolution si la situation n'a pas été régularisée dans le délai d'un an. Ce délai est porté à trois ans si la méconnaissance des conditions dont il s'agit est due à la cessation d'activité d'un associé exploitant à la suite de son décès ou d'une inaptitude à l'exercice de la profession agricole reconnue en application de l'article 1106-3 ou du B de l'article 1234-3 du Code rural. Faute

INDIVISION   Art. 1873-3

d'associé exploitant, l'exploitation agricole à responsabilité limitée peut, jusqu'à régularisation de la situation, être gérée durant ce délai par une personne physique désignée par les associés ou, à défaut, par le tribunal à la demande de tout intéressé.

Le tribunal ne peut prononcer la dissolution si cette régularisation a eu lieu le jour où il statue sur le fond.

Art. 15. – Les associés disposent de droits de vote, dans les assemblées, proportionnels au nombre de parts sociales qu'ils détiennent. Toutefois, les statuts peuvent prévoir que les associés exploitants se répartissent d'une façon égalitaire les droits de vote qu'ils détiennent ensemble.

Art. 16. – L'article L. 411-37 du code rural relatif à l'adhésion des preneurs à ferme à des sociétés d'exploitations agricoles est applicable à l'exploitation agricole à responsabilité limitée, à l'exception des cinq dernières phases du troisième alinéa.

Art. 17. – La présente loi est applicable dans les territoires d'outre-mer et la collectivité territoriale de Mayotte.

TITRE IX BIS. – DES CONVENTIONS RELATIVES A L'EXERCICE DES DROITS INDIVIS
(L. n. 76-1286 du 31 déc. 1976)

M. DAGOT : *J.C.P.* 77, I, 2862. – D. MARTIN : *D.* 1977, chron. 221.

Art. 1873-1 *(Aj., L. n. 76-1286 du 31 déc. 1976, art. 5).* – **Ceux qui ont des droits à exercer sur des biens indivis, à titre de propriétaires, de nus-propriétaires ou d'usufruitiers peuvent passer des conventions relatives à l'exercice de ces droits.**

CHAPITRE I.– DES CONVENTIONS RELATIVES A L'EXERCICE DES DROITS INDIVIS EN L'ABSENCE D'USUFRUITIER
(Inséré, L. n. 76-1286 du 31 déc. 1976, art. 6)

Art. 1873-2 *(Aj., L. n. 76-1286 du 31 déc. 1976, art. 7).* – **Les coïndivisaires, s'ils y consentent tous, peuvent convenir de demeurer dans l'indivision.**

A peine de nullité, la convention doit être établie par un écrit comportant la désignation des biens indivis et l'indication des quotes-parts appartenant à chaque indivisaire. Si les biens indivis comprennent des créances, il y a lieu aux formalités de l'article 1690 ; s'ils comprennent des immeubles, aux formalités de la publicité foncière.

Art. 1873-3 *(Aj., L. n. 76-1286 du 31 déc. 1976, art. 8).* – **La convention peut être conclue pour une durée déterminée qui ne saurait être supérieure à cinq ans. Elle est renouvelable par une décision expresse des parties. Le partage ne peut être provoqué avant le terme convenu qu'autant qu'il y en a de justes motifs.**

Art. 1873-4

La convention peut également être conclue pour une durée indéterminée. Le partage peut, en ce cas, être provoqué à tout moment, pourvu que ce ne soit pas de mauvaise foi ou à contre-temps.

Il peut être décidé que la convention à durée déterminée se renouvellera par tacite reconduction pour une durée déterminée ou indéterminée. A défaut d'un pareil accord, l'indivision sera régie par les articles 815 et suivants à l'expiration de la convention à durée déterminée.

Pour un exemple de la notion de contre-temps visée par l'alinéa 2, V. T.G.I. Aix 3 fév. 1983 : *J.C.P.* 84, éd. N, II, 33, note Dagot.

Art. 1873-4 *(Aj., L. n. 76-1286 du 31 déc. 1976, art. 9).* – La convention tendant au maintien de l'indivision requiert la capacité ou le pouvoir de disposer des biens indivis.

Elle peut, toutefois, être conclue au nom d'un mineur, par son représentant légal seul ; mais, dans ce cas, le mineur devenu majeur peut y mettre fin, quelle qu'en soit la durée, dans l'année qui suit sa majorité.

Troisième al. abrogé, L. n. 78-627 du 10 juin 1978, art. 3.

Art. 1873-5 *(Aj., L. n. 76-1286 du 31 déc. 1976, art. 10).* – Les coïndivisaires peuvent nommer un ou plusieurs gérants, choisis ou non parmi eux. Les modalités de désignation et de révocation du gérant peuvent être déterminées par une décision unanime des indivisaires.

A défaut d'un tel accord, le gérant pris parmi les indivisaires ne peut être révoqué de ses fonctions que par une décision unanime des autres indivisaires.

Le gérant, qui n'est pas indivisaire, peut être révoqué dans les conditions convenues entre ses mandants ou, à défaut, par une décision prise à la majorité des indivisaires en nombre et en parts.

Dans tous les cas, la révocation peut être prononcée par le tribunal à la demande d'un indivisaire lorsque le gérant, par ses fautes de gestion, met en péril les intérêts de l'indivision.

Si le gérant révoqué est un indivisaire, la convention sera réputée conclue pour une durée indéterminée à compter de sa révocation.

Art. 1873-6 *(Aj., L. n. 76-1286 du 31 déc. 1976, art. 11).* – Le gérant représente les indivisaires dans la mesure de ses pouvoirs, soit pour les actes de la vie civile, soit en justice tant en demandant qu'en défendant. Il est tenu d'indiquer, à titre purement énonciatif, le nom de tous les indivisaires dans le premier acte de procédure.

Le gérant administre l'indivision et exerce, à cet effet, les pouvoirs que la loi attribue *(L. n. 85-1372 du 23 déc. 1985, art. 51)* à chaque époux sur les biens communs. Il ne peut, toutefois, disposer des meubles corporels que pour les besoins d'une exploitation normale des biens indivis, ou encore s'il s'agit de choses difficiles à conserver ou sujettes à dépérissement. Toute clause extensive des pouvoirs du gérant est réputée non écrite.

Art. 1873-7 *(Aj., L. n. 76-1286 du 31 déc. 1976, art. 11).* – Le gérant exerce les pouvoirs qu'il tient de l'article précédent lors même qu'il existe un incapable parmi les indivisaires.

Néanmoins, l'article 456, alinéa 3, est applicable aux baux consentis au cours de l'indivision.

M. Dagot, *Le bail du bien indivis* : *J.C.P.* 85, I, 3178.

INDIVISION — Art. 1873-13

Art. 1873-8 *(Aj., L. n. 76-1286 du 31 déc. 1976, art. 11).* – **Les décisions qui excèdent les pouvoirs du gérant sont prises à l'unanimité, sauf au gérant, s'il est lui-même indivisaire, à exercer les recours prévus par les articles 815-4, 815-5 et 815-6.**
S'il existe des incapables mineurs ou majeurs parmi les indivisaires, les décisions dont il est parlé à l'alinéa précédent donnent lieu à l'application des règles de protection prévues en leur faveur.
Il peut être convenu entre les indivisaires qu'en l'absence d'incapables certaines catégories de décisions seront prises autrement qu'à l'unanimité. Toutefois, aucun immeuble indivis ne peut être aliéné sans l'accord de tous les indivisaires, si ce n'est en application des articles 815-4 et 815-5 ci-dessus.

Art. 1873-9 *(Aj., L. n. 76-1286 du 31 déc. 1976, art. 11).* – La convention d'indivision peut régler le mode d'administration en cas de pluralité de gérants. A défaut de stipulations spéciales, ceux-ci détiennent séparément les pouvoirs prévus à l'article 1873-6, sauf le droit pour chacun de s'opposer à toute opération avant qu'elle ne soit conclue.

Art. 1873-10 *(Aj., L. n. 76-1286 du 31 déc. 1976, art. 12).* – Le gérant a droit, sauf accord contraire, à la rémunération de son travail. Les conditions en sont fixées par les indivisaires, à l'exclusion de l'intéressé, ou, à défaut, par le président du tribunal de grande instance statuant à titre provisionnel.
Le gérant répond, comme un mandataire, des fautes qu'il commet dans sa gestion.

Art. 1873-11 *(Aj., L. n. 76-1286 du 31 déc. 1976, art. 12).* – Chaque indivisaire peut exiger la communication de tous les documents relatifs à la gestion. Le gérant doit, une fois par an, rendre compte de sa gestion aux indivisaires. A cette occasion, il indique par écrit les bénéfices réalisés et les pertes encourues ou prévisibles.
Chaque indivisaire est tenu de participer aux dépenses de conservation des biens indivis. A défaut d'accord particulier, les articles 815-9, 815-10 et 815-11 du présent code sont applicables à l'exercice du droit d'usage et de jouissance, ainsi qu'à la répartition des bénéfices et des pertes.

Art. 1873-12 *(Aj., L. n. 76-1286 du 31 déc. 1976, art. 13).* – En cas d'aliénation de tout ou partie des droits d'un indivisaire dans les biens indivis, ou dans un ou plusieurs de ces biens, les coïndivisaires bénéficient des droits de préemption et de substitution prévus par les articles 815-14 à 815-16 et 815-18 du présent code.
La convention est réputée conclue pour une durée indéterminée lorsque, pour quelque cause que ce soit, une part indivise est dévolue à une personne étrangère à l'indivision.

Art. 1873-13 *(Aj., L. n. 76-1286 du 31 déc. 1976, art. 13 puis mod., L. n. 78-627 du 10 juin 1978, art. 4).* – Les indivisaires peuvent convenir qu'au décès de l'un d'eux, chacun des survivants pourra acquérir la quote-part du défunt, ou que le conjoint survivant, ou tout autre héritier désigné, pourra se la faire attribuer à charge d'en tenir compte à la succession d'après sa valeur à l'époque de l'acquisition ou de l'attribution.
Si plusieurs indivisaires ou plusieurs héritiers exercent simultanément leur faculté d'acquisition ou d'attribution, ils sont réputés, sauf convention contraire, acquérir ensemble la part du défunt à proportion de leurs droits respectifs dans l'indivision ou la succession.
Les dispositions du présent article ne peuvent préjudicier à l'application des dispositions des articles 832 à 832-3.

Art. 1873-14 INDIVISION

Art. 1873-14 *(Aj., L. n. 76-1286 du 31 déc. 1976, art. 13)*. – La faculté d'acquisition ou d'attribution est caduque si son bénéficiaire ne l'a pas exercée par une notification faite aux indivisaires survivants et aux héritiers du prémourant dans le délai d'un mois à compter du jour où il aura été mis en demeure de prendre parti. Cette mise en demeure ne peut elle-même avoir lieu avant l'expiration du délai prévu au titre « Des successions » pour faire inventaire et délibérer.

Lorsqu'il n'a pas été prévu de faculté d'acquisition ou d'attribution, ou que celle-ci est caduque, la quote-part du défunt échoit à ses héritiers ou légataires. En pareil cas, la convention d'indivision sera réputée conclue pour une durée indéterminée à compter de l'ouverture de la succession.

Art. 1873-15 *(Aj., L. n. 76-1286 du 31 déc. 1976, art. 14)*. – L'article 815-17 est applicable aux créanciers de l'indivision, ainsi qu'aux créanciers personnels des indivisaires.

Toutefois, ces derniers ne peuvent provoquer le partage que dans les cas où leur débiteur pourrait lui-même le provoquer. Dans les autres cas, ils peuvent poursuivre la saisie et la vente de la quote-part de leur débiteur dans l'indivision en suivant les formes prévues par le Code de procédure civile. Les dispositions de l'article 1873-12 sont alors applicables.

Les dispositions de l'article 1873-15, alinéa 2, d'après lesquelles les créanciers personnels ne peuvent provoquer le partage que dans les cas où leur débiteur pourrait lui-même le provoquer, ne sont applicables qu'aux conventions relatives à l'exercice des droits indivis réglementées par les articles 1873-2 et 1873-3. L'existence d'une telle convention ne saurait résulter de la simple présomption de propriété indivise résultant de la clause du contrat de mariage visant l'acquisition d'un immeuble au nom des deux époux (Civ. 1re, 28 fév. 1984 : *D.* 1984, I.R. 477, obs. D. Martin ; *Bull.* I, n. 76, p. 62).

CHAPITRE II. – DES CONVENTIONS RELATIVES A L'EXERCICE DES DROITS INDIVIS EN PRESENCE D'UN USUFRUITIER
(Inséré, L. n. 76-1286 du 31 déc. 1976, art. 15)

Art. 1873-16 *(Aj., L. n. 76-1286 du 31 déc. 1976, art. 15)*. – Lorsque les biens indivis sont grevés d'un usufruit, des conventions, soumises en principe aux dispositions du chapitre précédent, peuvent être conclues, soit entre les nus-propriétaires, soit entre les usufruitiers, soit entre les uns et les autres. Il peut y avoir pareillement convention entre ceux qui sont en indivision pour la jouissance et celui qui est nu-propriétaire de tous les biens, de même qu'entre l'usufruitier universel et les nus-propriétaires.

Art. 1873-17 *(Aj., L. n. 76-1286 du 31 déc. 1976, art. 15)*. – Lorsque les usufruitiers n'ont pas été parties à la convention, les tiers qui ont traité avec le gérant de l'indivision ne peuvent se prévaloir au préjudice des droits d'usufruit des pouvoirs qui lui auraient été conférés par les nus-propriétaires.

Art. 1873-18 *(Aj., L. n. 76-1286 du 31 déc. 1976, art. 15)*. – Lorsque la convention passée entre usufruitiers et nus-propriétaires prévoit que des décisions seront prises à la majorité en nombre et en parts, le droit de vote afférent aux parts est divisé par moitié entre l'usufruit et la nue-propriété, à moins que les parties n'en soient autrement convenues.

PRÊT Art. 1874

Toute dépense excédant les obligations de l'usufruitier, telles qu'elles sont définies par les articles 582 et suivants, ne l'engage qu'avec son consentement donné dans la convention elle-même ou par un acte ultérieur.

L'aliénation de la pleine propriété des biens indivis ne peut être faite sans l'accord de l'usufruitier, sauf le cas où elle est provoquée par les créanciers habiles à poursuivre la vente.

Loi n. 76-1286 du 31 décembre 1976 *(J. O.1er janv. 1977)*
relative à l'organisation de l'indivision

....

Art. 19. – La présente loi entrera en vigueur le premier jour du sixième mois qui suivra sa publication au *Journal officiel* de la République française.

Elle est applicable aux indivisions existant au jour de son entrée en vigueur. Toutefois, les conventions tendant au maintien de l'indivision et conclues avant sa promulgation restent régies par les dispositions en vigueur au jour de ladite promulgation à moins que les parties ne décident de mettre, pour l'avenir, leurs conventions en conformité des dispositions de la présente loi.

Le délai de cinq ans prévu par l'article 815-10 (recherche relative aux fruits et revenus des biens indivis) n'a pu commencer à courir avant le 1er juillet 1977 (Civ. 1re, 6 juil. 1983 : *Bull.* I, n. 199, p. 175).

TITRE X. – DU PRÊT

Art. 1874. – **Il y a deux sortes de prêt :**
Celui des choses dont on peut user sans les détruire,
Et celui des choses qui se consomment par l'usage qu'on en fait.
La première espèce s'appelle *prêt à usage*, ou *commodat*;
La deuxième s'appelle *prêt de consommation*, ou simplement *prêt*.

1) Le prêt de valeurs mobilières constitue un prêt de consommation lorsque l'emprunteur a l'obligation de rendre des titres de même nature et de même qualité (Civ. 8 mai 1950 : *J.C.P.* 50, II, 5602, note Delaire. – Angers 8 nov. 1960 : *J.C.P.* 61, II, 11984, note P.E.). Mais il y a prêt à usage si l'emprunteur doit restituer des titres numérotés (Crim. 11 mai 1901 : *D.P.* 1902, 1, 415.

– V. en ce sens pour le prêt de lingots d'or individualisés, Trib. corr. Seine 21 oct. 1958 : *Gaz. Pal.* 1958, 2, 337).

2) La preuve de la remise des fonds à une personne ne suffit pas à justifier son obligation de restituer la somme reçue par elle (Civ. 1re, 7 fév. 1961 : *J.C.P.* 61, IV, 43 ; *Bull.* I, n. 86, p. 71. – Comp. Civ. 3e, 19 fév. 1970 : *Bull.* III, n. 127, p. 92).

Art. 1875 — PRÊT À USAGE

CHAPITRE I. – DU PRÊT A USAGE OU COMMODAT

SECTION I. – DE LA NATURE DU PRÊT A USAGE

Art. 1875. – Le prêt à usage ou commodat est un contrat par lequel l'une des parties livre une chose à l'autre pour s'en servir, à la charge par le preneur de la rendre après s'en être servi.

1) Le prêt à usage d'un immeuble n'emporte aucun transfert de la possession (Civ. 1re, 5 juil. 1960 : *D.* 1960, 709).

2) Sur la distinction entre prêt à usage et dépôt, V. Civ. 22 fév. 1897 : *D.P.* 1901, 1, 75.

3) Sur la distinction entre don manuel et prêt à usage de bijoux de famille, V. Civ. 1re, 23 mars 1983 : *J.C.P.* 84, II, 20202, note Barbieri ; *Defrénois* 1984, 182, note Breton.

4) L'obligation de restituer la chose est de l'essence du contrat (Civ. 29 janv. 1877 : *D.P.* 77, 1, 280). L'emprunteur doit restituer même s'il n'a pas été en demeure de le faire (Civ. 1re, 4 janv. 1977 : *Bull.* I, n. 4, p. 3). Mais jugé que la restitution *in specie* ne doit être ordonnée que s'il s'attache à la chose une valeur autre qu'économique, par exemple sentimentale, et que tel n'est pas le cas lorsque le contrat commercial en cause ne met en jeu qu'un intérêt pécuniaire (Pau 15 fév. 1973 : *J.C.P.* 73, II, 17584, note J.B.).

5) Le fait par un magasin self-service de mettre à la disposition de ses clients éventuels des chariots destinés à transporter les marchandises achetées par ces clients s'analyse en une offre de prêt à usage ou commodat (Rennes 19 déc. 1972 : *D.* 1973, 650).

6) En l'absence d'un contrat écrit, la convention verbale de placement « au pair » d'un cheval de selle par le propriétaire chez un preneur qui peut ainsi monter gratuitement l'animal à charge de le nourrir est un prêt à usage ou commodat (Bordeaux 13 nov. 1979 : *J.C.P.* 80, IV, 390).

7) Le commodat suppose que l'emprunteur doit se servir personnellement de la chose (Civ. 1re, 3 nov. 1988 : *Bull.* I, n. 300, p. 205 ; *J.C.P.* 89, IV, 3 ; *Rev. trim. dr. civ.* 1989, 570, obs. Rémy).

Art. 1876. – **Ce prêt est essentiellement gratuit.**

1) Dès lors qu'ils constatent que les occupants d'un pavillon meublé versaient à son propriétaire une indemnité mensuelle, les juges du fond ne peuvent sans contradictionqualifier prêt la convention onéreuse en vertu de laquelle les lieux étaient occupés (Soc. 31 janv. 1958 : *D.* 1958, 449), mais l'entretien des immeubles occupés ne peut être considéré comme l'équivalent d'un loyer (Trib. civ. Seine 17 mai 1954 : *D.* 1954, 581).

2) Le contrat par lequel un garage met gracieusement à la disposition d'un conducteur une voiture pour participer à un rallye automobile, s'il revêt les apparences d'un commodat, n'est cependant pas un contrat de pure bienfaisance puisque le prêteur et le commodataire peuvent l'un et l'autre éventuellement retirer un avantage de l'utilisation du véhicule aux fins convenues (Civ. 1re, 9 mai 1966 : *J.C.P.* 66, IV, 90 ; *Bull.* I, n. 272, p. 210).

PRÊT À USAGE Art. 1885

3) Lorsqu'une société met gratuitement un engin à la disposition d'une autre société, les juges du fond peuvent décider qu'il y a un commodat détachable du marché de sous-traitance liant d'autre part les deux sociétés (Com. 27 janv. 1969 : *J.C.P.* 69, IV, 64 ; *Bull.* IV, n. 27, p. 26. – Comp., pour le prêt de cuves accessoire à un contrat de distribution conclu entre une société pétrolière et un pompiste, Pau 15 fév. 1973 : *J.C.P.* 73, II, 17584, note J.B.).

4) Le caractère gratuit du prêt n'exclut pas l'existence d'un préjudice lorsque la chose n'est pas restituée au prêteur (Civ. 1re, 10 mai 1989 : *J.C.P.* 89, IV, 258 ; *Bull.* I, n. 191, p. 127).

Art. 1877. – **Le prêteur demeure propriétaire de la chose prêtée.**

Art. 1878. – **Tout ce qui est dans le commerce, et qui ne se consomme pas par l'usage, peut être l'objet de cette convention.**

Art. 1879. – **Les engagements qui se forment par le commodat passent aux héritiers de celui qui prête, et aux héritiers de celui qui emprunte.**
Mais si l'on n'a prêté qu'en considération de l'emprunteur, et à lui personnellement, alors ses héritiers ne peuvent continuer de jouir de la chose prêtée.

SECTION II. – DES ENGAGEMENTS DE L'EMPRUNTEUR

Art. 1880. – **L'emprunteur est tenu de veiller, en bon père de famille, à la garde et à la conservation de la chose prêtée. Il ne peut s'en servir qu'à l'usage déterminé par sa nature ou par la convention ; le tout à peine de dommages-intérêts, s'il y a lieu.**

L'emprunteur est responsable lorsque la chose prêtée est détruite à la suite d'un incendie dont les causes sont demeurées inconnues (Civ. 1re, 5 juil. 1960 : *D.* 1960, 709). Mais en cas d'utilisation commune et régulière par les deux parties, le prêteur ne peut demander réparation du préjudice résultant de la destruction de la chose qu'en prouvant que cette destruction est imputable à l'emprunteur (Civ. 1re, 19 mars 1975 : *D.* 1975, 648, note Ponsard. – Civ. 1re, 29 avril 1985 : *Bull.* I, n. 133, p. 124).

Art. 1881. – **Si l'emprunteur emploie la chose à un autre usage, ou pour un temps plus long qu'il ne le devrait, il sera tenu de la perte arrivée, même par cas fortuit.**

Art. 1882. – **Si la chose prêtée périt par cas fortuit dont l'emprunteur aurait pu la garantir en employant la sienne propre, ou si, ne pouvant conserver que l'une des deux, il a préféré la sienne, il est tenu de la perte de l'autre.**

Art. 1883. – **Si la chose a été estimée en la prêtant, la perte qui arrive, même par cas fortuit, est pour l'emprunteur, s'il n'y a convention contraire.**

Art. 1884. – **Si la chose se détériore par le seul effet de l'usage pour lequel elle a été empruntée, et sans aucune faute de la part de l'emprunteur, il n'est pas tenu de la détérioration.**

Art. 1885. – **L'emprunteur ne peut pas retenir la chose par compensation de ce que le prêteur lui doit.**

Art. 1886   PRÊT À USAGE

Les juges du fond ne peuvent refuser à l'emprunteur d'un matériel l'exercice d'un droit de rétention sur celui-ci pour garantir le paiement d'une créance qu'il a contre le prêteur sans rechercher si la remise à l'emprunteur du matériel litigieux était détachable de l'ensemble des relations contractuelles unissant les parties (Civ. 1re, 28 fév. 1989 : *J.C.P.* 89, IV, 164 ; *Bull.* I, n. 100, p. 64).

Art. 1886. – Si, pour user de la chose, l'emprunteur a fait quelque dépense, il ne peut pas la répéter.

Art. 1887. – Si plusieurs ont conjointement emprunté la même chose, ils en sont solidairement responsables envers le prêteur.

SECTION III. – DES ENGAGEMENTS DE CELUI QUI PRETE A USAGE

Art. 1888. – **Le prêteur ne peut retirer la chose prêtée qu'après le terme convenu, ou, à défaut de convention, qu'après qu'elle a servi à l'usage pour lequel elle a été empruntée.**

1) L'article 1888 n'est pas d'ordre public et le retrait de la chose peut être laissé à la discrétion du prêteur (Aix 16 mai 1973 : *D.* 1974, 676, note Bories).

2) Sur la nécessité pour le prêteur de réclamer la restitution en cas de prêt à durée indéterminée, V. Civ. 1re, 4 juil. 1979 : *Rev. trim. dr. civ.* 1980, 368, obs. Cornu.

3) Les dispositions de l'article 1888 ne sont applicables, lorsqu'aucun terme n'a été fixé, que si l'usage d'une chose pour un besoin déterminé requiert une certaine durée (Civ. 1re, 10 mai 1989 ; *Bull.* I, n. 191, p. 127).

Art. 1889. – **Néanmoins, si, pendant ce délai, ou avant que le besoin de l'emprunteur ait cessé, il survient au prêteur un besoin pressant et imprévu de sa chose, le juge peut, suivant les circonstances, obliger l'emprunteur à la lui rendre.**

Art. 1890. – **Si, pendant la durée du prêt, l'emprunteur a été obligé, pour la conservation de la chose, à quelque dépense extraordinaire, nécessaire, et tellement urgente qu'il n'ait pas pu en prévenir le prêteur, celui-ci sera tenu de la lui rembourser.**

Art. 1891. – **Lorsque la chose prêtée a des défauts tels qu'elle puisse causer du préjudice à celui qui s'en sert, le prêteur est responsable, s'il connaissait les défauts et n'en a pas averti l'emprunteur.**

1) Le contrat de prêt à usage ou commodat, contrat gratuit, n'entraîne contre le prêteur la responsabilité des défauts préjudiciables de la chose prêtée que si, les connaissant, il n'en a pas averti l'emprunteur (Req. 22 fév. 1897 : *D.P.* 1901, 1, 75). Il appartient au commodataire d'établir que le vice de fabrication que présentait la chose, et qui pour lui était un vice caché, avait pu au cours d'utilisations antérieures être décelé ou tout au moins soupçonné par le prêteur (Civ. 1re, 26 oct. 1960 : *D.* 1961, 10). A défaut de la preuve de l'existence d'un vice ou défaut de la chose au moment du prêt, le prêteur est exonéré, même s'il est un professionnel (Civ. 2e, 13 déc. 1973 : *Bull.* II, n. 335, p. 272 ; *Gaz. Pal.* 1974, 1, 551, note Plancqueel). Mais jugé que le prêteur professionnel, comme le vendeur professionnel, est tenu de connaître les vices de la chose (Douai 10 déc. 1963 : *Gaz. Pal.* 1964, 1, 231).

2) Le préjudice causé à l'emprunteur par la chose prêtée ne peut être mis à la charge du prêteur que dans la mesure où l'emprun-

teur, que le prêteur n'avait pas averti, ne pouvait normalement déceler le défaut de la chose, ce qui n'est pas le cas lorsque le vice est apparent (Soc. 18 mars 1975 : *J.C.P.* 75, IV, 154 ; *Bull.* V, n. 151, p. 133).

3) L'article 1891 a pour effet de limiter l'étendue de la responsabilité générale et délictuelle prévue en l'article 1386 et d'attribuer ainsi à cette responsabilité en matière de prêt à usage un caractère contractuel (Req. 1er avril 1941 : *S.* 1941, 1, 112).

CHAPITRE II. – DU PRÊT DE CONSOMMATION OU SIMPLE PRÊT

SECTION I. – DE LA NATURE DU PRÊT DE CONSOMMATION

Art. 1892. – **Le prêt de consommation est un contrat par lequel l'une des parties livre à l'autre une certaine quantité de choses qui se consomment par l'usage, à la charge par cette dernière de lui en rendre autant de même espèce et qualité.**

1) Un prêt de consommation, contrat réel, ne se réalise que par la remise de la chose prêtée à l'emprunteur lui-même ou à un tiers qui la reçoit et la détient pour le compte de l'emprunteur (Civ. 1re, 20 juil. 1981 : *J.C.P.* 81, IV, 369 ; *Bull.* I, n. 267, p. 220 ; *Defrénois* 1982, 1085, obs. Aubert). Un prétendu contrat de prêt ne peut constituer un engagement valable à la charge de l'emprunteur supposé lorsqu'il est constant que celui-ci n'a rien reçu ni pu recevoir et que le versement mentionné dans l'acte a été fictif et s'est opéré par un simple jeu d'écriture (Req. 29 nov. 1887 : *D.P.* 89, 1, 159).

2) La tradition est réputée faite lorsque la chose prêtée a été remise à un tiers, notamment au notaire rédacteur de l'acte d'emprunt, qui l'a reçue et la détient pour le compte de l'emprunteur (Req. 15 mars 1886 : *D.P.* 87, 1, 28).

3) Sur le prêt résultant du découvert bancaire, v. Paris 28 juin 1989 : *D.* 1989, 563, note D. Martin. – Paris 24 mai 1989 : *D.* 1989, 623, note Gavalda et Stoufflet).

4) S'agissant d'un prêt contracté pour l'achat d'une machine à laver, la cause de l'obligation de l'emprunteur réside dans la mise à sa disposition des fonds nécessaires à l'acquisition effectuée et non dans la livraison de la machine (Civ. 1re, 20 nov. 1974 : *Bull.* I, n. 311, p. 267).

5) Sur la réglementation des prêts d'argent liés à des ventes ou à des prestations de services, V. L. n. 78-22 du 10 janv. 1978 relative à l'information et à la protection des consommateurs dans le domaine de certaines opérations de crédit, *infra*, Annexe. – V. aussi L. n. 79-596 du 13 juil. 1979 relative à l'information et à la protection des emprunteurs dans le domaine immobilier, *infra* , Annexe. – V. Dagot : *J.C.P.* 80, I, 2973 et 2979. – Gavalda : *D.* 1980, chron. 211.

6) Le contrat de prêt de consommation ne figurant pas parmi ceux limitativement énumérés à l'article 408 du Code pénal, la non-restitution des sommes prêtées ne peut servir de base à des poursuites pour abus de confiance (Crim. 6 juin 1967 : *Gaz. Pal.* 1967, 2, 165).

Art. 1893. – **Par l'effet de ce prêt, l'emprunteur devient le propriétaire de la chose prêtée ; et c'est pour lui qu'elle périt, de quelque manière que cette perte arrive.**

Art. 1894   PRÊT DE CONSOMMATION

L'article 1893 s'applique même en cas de confiscation ordonnée par un gouvernement étranger (Paris 18 fév. 1927 : *D.P.* 1928, 2, 49, note R. Savatier, 2ᵉ esp.).

Art. 1894. – On ne peut pas donner, à titre de prêt de consommation, des choses qui, quoique de même espèce, diffèrent dans l'individu, comme les animaux : alors c'est un prêt à usage.

Art. 1895. – L'obligation qui résulte d'un prêt en argent n'est toujours que de la somme numérique énoncée au contrat.
S'il y a eu augmentation ou diminution d'espèces avant l'époque du payement, le débiteur doit rendre la somme numérique prêtée, et ne doit rendre que cette somme dans les espèces ayant cours au moment du payement.

V. *supra* sous art. 1243.

Art. 1896. – La règle portée en l'article précédent n'a pas lieu, si le prêt a été fait en lingots.

Art. 1897. – Si ce sont des lingots ou des denrées qui ont été prêtés, quelle que soit l'augmentation ou la diminution de leur prix, le débiteur doit toujours rendre la même quantité et qualité, et ne doit rendre que cela.

SECTION II. – DES OBLIGATIONS DU PRÊTEUR

Art. 1898. – Dans le prêt de consommation, le prêteur est tenu de la responsabilité établie par l'article 1891 pour le prêt à usage.

Art. 1899. – Le prêteur ne peut pas redemander les choses prêtées avant le terme convenu.

1) La faculté pour le prêteur de se faire rembourser à l'époque fixée par lui constitue non pas une condition potestative affectant l'existence même de l'obligation, mais une simple modalité d'exécution de l'engagement contracté par l'emprunteur (Com. 7 fév. 1955 : *Gaz. Pal.* 1955, 1, 254).

2) Sur la déchéance du terme, V. *supra*, art. 1188.

Art. 1900. – S'il n'a pas été fixé de terme pour la restitution, le juge peut accorder à l'emprunteur un délai suivant les circonstances.

1) Viole l'article 1900 la cour d'appel qui déboute un créancier de sa demande en remboursement de prêts d'argent, au motif que ces prêts avaient été consentis sans condition de durée, sans obligation de se libérer par acomptes et sans intérêts, alors qu'il appartenait le cas échéant au juge d'accorder des délais de paiement à l'emprunteur (Civ. 1ʳᵉ, 29 juin 1982 : *Bull.* I, n. 246, p. 211).

2) La date du terme de l'engagement doit se situer à une date postérieure à la demande en justice (Civ. 1ʳᵉ, 19 janv. 1983 : *Bull.* I, n. 29, p. 26).

3) Le délai que peut accorder le juge n'est pas limité à un an (Civ. 1ʳᵉ, 12 oct. 1977 : *Bull.* I, n. 362, p. 286).

PRÊT À INTÉRÊT — Art. 1905

Art. 1901. – S'il a été seulement convenu que l'emprunteur payerait quand il le pourrait, ou quand il en aurait les moyens, le juge lui fixera un terme de payement suivant les circonstances.

V. pour des applications, Civ. 1re, 17 fév. 1976 : *Bull.* I, n. 72, p. 58. – Paris 13 oct. 1986 : *D.* 1987, 618, note Maury.

SECTION III. – DES ENGAGEMENTS DE L'EMPRUNTEUR

Art. 1902. – **L'emprunteur est tenu de rendre les choses prêtées, en même quantité et qualité et au terme convenu.**

Le prêteur qui a remis à l'emprunteur des valeurs de bourse avec la charge pour celui-ci de rendre au terme convenu des titres de même nature et en nombre égal a ainsi clairement manifesté sa volonté de remplacer les choses prêtées par autant de choses de même espèce et qualité et non par des choses d'une valeur égale à celle qu'avaient les titres au jour du prêt (Civ. 8 mai 1952 : *J.C.P.* 52, II, 5602, note Delaire). Mais constitue un prêt d'argent et non un prêt de valeurs mobilières le prêt de titres fait à une personne en vue de lui permettre de se procurer des fonds, dès lors que l'emprunteur a la possibilité de rembourser à l'échéance soit en argent soit en valeurs mobilières de la même espèce (Civ. 19 mars 1928 : *D.H.* 1928, 303).

Art. 1903. – **S'il est dans l'impossibilité d'y satisfaire, il est tenu d'en payer la valeur eu égard au temps et au lieu où la chose devait être rendue d'après la convention.**
Si ce temps et ce lieu n'ont pas été réglés, le payement se fait au prix du temps et du lieu où l'emprunt a été fait.

L'impossibilité visée par l'article 1903 doit être absolue (Paris 17 juil. 1946 : *D.* 1948,169, note Weill).

Art. 1904 *(L. 7 avril 1900).* – **Si l'emprunteur ne rend pas les choses prêtées ou leur valeur au terme convenu, il en doit l'intérêt du jour de la sommation ou de la demande en justice.**

L'emprunteur doit les intérêts au jour de la sommation ou de la demande en justice et non à partir du jour où le remboursement aurait dû avoir lieu, alors même que le prêteur a dû emprunter une somme égale à la somme prêtée et payer à ses propres prêteurs des intérêts à un taux élevé (Civ. 29 janv. 1906 : *D.P.* 1906, 1, 120).

CHAPITRE III. – DU PRÊT A INTÉRÊT

Art. 1905. – **Il est permis de stipuler des intérêts pour simple prêt, soit d'argent, soit de denrées, ou autres choses mobilières.**

1) Les parties peuvent prévoir des intérêts variables, calculés en fonction des bénéfices réalisés par l'emprunteur avec le capital mis à sa disposition (Com. 15 mars 1971 : *Bull.* IV, n. 80, p. 72. – Paris 11 mars 1967 : *J.C.P.* 68, II, 15334, note H.B., 2e esp.). Sur la

Art. 1906 PRÊT À INTÉRÊT

distinction entre le prêt d'argent et le contrat de société, V. Req. 10 juil. 1905 : *D.P.* 1906, 1, 19. – Com. 15 mars 1971, préc.

2) Il résulte de l'article 1905 que le prêt d'argent ne produit d'intérêts que moyennant une stipulation expresse du contrat et cette règle ne reçoit d'exception que lorsque les sommes prêtées entrent en compte courant (Civ. 1re, 23 juil. 1974 : *D.* 1975, 586, note Stoufflet ; *Bull.* I, n. 243, p. 208).

3) Sur la notion d'usure et sur la réglementation de la négociation du prêt à intérêts, V. L. n. 66-1010 du 28 déc. 1966,

infra sous art. 1914. – V. aussi Bez, *Le calcul du taux effectif global dans les contrats de prêt et formules de déclaration* : *J.C.P.* 78, éd. N, Prat., 6757.

4) Sur la capitalisation des intérêts, V. *supra* art. 1154.

5) Sur la prescription de la créance d'intérêts, V. *infra*, art. 2277.

6) Sur l'imputation des paiements, V. *supra*, art. 1254.

7) Sur la protection des emprunteurs dans le domaine immobilier, V. L. n. 79-576 du 13 juil. 1979, *infra* Annexe.

Art. 1906. – **L'emprunteur qui a payé des intérêts qui n'étaient pas stipulés ne peut ni les répéter ni les imputer sur le capital.**

Sur l'interdiction de la répétition des intérêts versés après amortissement des obligations des sociétés anonymes, V. L. n. 66-537 du 24 juil. 1966, art. 291.

Art. 1907. – **L'intérêt est légal ou conventionnel. L'intérêt légal est fixé par la loi. L'intérêt conventionnel peut excéder celui de la loi toutes les fois que la loi ne le prohibe pas. Le taux de l'intérêt conventionnel doit être fixé par écrit.**

1) Sur le taux d'intérêt légal, V. L. n. 75-619 du 11 juil. 1975, *supra* sous art. 1153.

2) Sur l'obligation de mentionner le taux effectif global dans l'écrit constatant le prêt d'argent, V. L. n. 66-1010 du 28 déc. 1966, art. 4, *infra* sous art. 1914. Si l'omission dans un contrat de prêt d'argent de l'indication du taux effectif global de l'intérêt conventionnel n'entraîne pas la nullité du contrat, il résulte de la combinaison des articles 1907, 2e alinéa du Code civil et de l'article 4 de la loi du 28 décembre 1966 qu'en matière de prêt d'argent l'exigence d'un écrit mentionnant le taux effectif global est une condition de la validité de la stipulation d'intérêt (Civ. 1re, 24 juin 1981 : *J.C.P.* 82,

II, 19713, 1er arrêt, note Vasseur. – V. aussi Civ. 1re, 26 mai 1982 : *J.C.P.* 82, IV, 278 ; *Bull.* I, n. 197, p. 172).

3) La règle selon laquelle le taux d'intérêt doit être fixé par écrit, prescrite pour la validité même de la stipulation d'intérêt, est d'application générale et il ne peut y être dérogé même en matière d'intérêts afférents au solde débiteur d'un compte courant (Civ. 1re, 9 fév. 1988 : *J.C.P.* 88, II, 21026, 1re esp., note Stoufflet), sauf à ce que, à l'égard de ces intérêts, ses effets ne remontent pas au-delà de la date d'entrée en vigueur du décret du 4 septembre 1985 (Com. 12 avril 1988 : *J.C.P.* 88, II, 21026, 2e esp., note Stoufflet).

Art. 1908. – **La quittance du capital donnée sans réserve des intérêts en fait présumer le payement et en opère la libération.**

1) Lorsque la quittance est donnée pour le capital et les intérêts échus jusqu'à une certaine date, les intérêts ayant couru depuis ce jour jusqu'au règlement effectif demeurent dus à défaut d'une mention de renonciation (Civ. 2e, 5 janv. 1972 : *Bull.* II, n. 3, p. 2).

PRÊT À INTÉRÊT — Art. 1914

2) L'article 1908 ne peut être invoqué pour prouver que le créancier a renoncé à exiger les intérêts en raison du remboursement anticipé du prêt (Civ. 1re, 30 janv. 1980 : *Bull.* I, n. 40, p. 33).

Art. 1909. – **On peut stipuler un intérêt moyennant un capital que le prêteur s'interdit d'exiger.**
Dans ce cas, le prêt prend le nom de *constitution de rente.*

Art. 1910. – **Cette rente peut être constituée de deux manières, en perpétuel ou en viager.**

Art. 1911. – **La rente constituée en perpétuel est essentiellement rachetable.**

Les parties peuvent seulement convenir que le rachat ne sera pas fait avant un délai qui ne pourra excéder dix ans, ou sans avoir averti le créancier au terme d'avance qu'elles auront déterminé.

Art. 1912. – **Le débiteur d'une rente constituée en perpétuel peut être contraint au rachat :**
1° S'il cesse de remplir ses obligations pendant deux années ;
2° S'il manque à fournir au prêteur les sûretés promises par le contrat.

Art. 1913. – **Le capital de la rente constituée en perpétuel devient aussi exigible en cas de faillite ou de déconfiture du débiteur.**

Art. 1914. – **Les règles concernant les rentes viagères sont établies au titre** *Des contrats aléatoires.*

V. *infra*, art. 1968 et s.

Loi n. 66-1010 du 28 décembre 1966 *(J.O.* 29 déc.*)*
relative à l'usure, aux prêts d'argent
et à certaines opérations de démarchage et de publicité

Section I. – De l'usure

Art. 1er. – *(Al. modifié, L. n. 89-1010 du 31 déc. 1989, art. 29-I)* Constitue un prêt usuraire, tout prêt conventionnel consenti à un taux effectif global qui excède, au moment où il est consenti, de plus du tiers, le taux effectif moyen pratiqué au cours du trimestre précédent par les établissements de crédit pour des opérations de même nature comportant des risques analogues telles que définies par arrêté du ministre chargé de l'économie, pris après avis du Conseil national du crédit.
Les crédits accordés à l'occasion de ventes à tempérament sont, pour l'application du présent texte, assimilés à des prêts conventionnels et considérés comme usuraires dans les mêmes conditions que les prêts d'argent ayant le même objet.
(Al. supprimé, L. 89-1010 du 31 déc. 1989, art. 29-I)
(Al. modifié, L. 89-1010 du 31 déc. 1989, art. 29-I) Un décret fixe les conditions de calcul et de publicité des taux effectifs moyens visés au premier alinéa.

Art. 2. – *V. L. n. 89-1010 du 31 déc. 1989, art. 29-I*

Art. 3. – Dans tous les cas, pour la détermination du taux effectif global du prêt, comme pour celle du taux effectif pris comme référence, sont ajoutés aux intérêts les frais, commissions ou

Art. 1914 — PRÊT À INTÉRÊT

rémunérations de toute nature, directs ou indirects, y compris ceux qui sont payés ou dus à des intermédiaires intervenus de quelque manière que ce soit dans l'octroi du prêt, même si ces frais, commissions ou rémunérations correspondent à des débours réels. *(Premier al. complété, L. n. 79-596 du 13 juil. 1979, art. 38)* (*) Toutefois, pour l'application des articles 4 et 5 de la loi n. 79-596 du 13 juillet 1979, les charges liées aux garanties dont les crédits sont éventuellement assortis ainsi que les honoraires d'officiers ministériels ne sont pas compris dans le taux effectif global défini ci-dessus, lorsque leur montant ne peut être indiqué avec précision antérieurement à la conclusion définitive du contrat.

En outre, pour les prêts qui font l'objet d'un amortissement échelonné, le taux effectif global doit être calculé en tenant compte des modalités de l'amortissement de la créance.

(*) *V. L. n. 79-596 du 13 juil. 1979, art. 37 en ce qui concerne la date d'entrée en vigueur de ces dispositions, infra en Annexe.*

Art. 4. – Le taux effectif global déterminé comme il est dit ci-dessus doit être mentionné dans tout écrit constatant un contrat de prêt régi par la présente loi.

Art. 5. – Lorsqu'un prêt conventionnel est usuraire, les perceptions excessives au regard des articles précédents sont imputées de plein droit sur les intérêts normaux alors échus et subsidiairement sur le capital de la créance.

Si la créance est éteinte en capital et intérêts, les sommes indûment perçues doivent être restituées avec intérêts légaux du jour où elles auront été payées.

Art. 6. – Quiconque consent à autrui un prêt usuraire ou apporte sciemment à quelque titre et de quelque manière que ce soit, directement ou indirectement, son concours à l'obtention ou à l'octroi d'un prêt usuraire ou d'un prêt qui deviendrait usuraire au sens de *(Modifié, L. n. 89-1010 du 31 déc. 1989, art. 29-I)* l'article 1er du fait de son concours est puni d'un emprisonnement de deux mois à deux ans et d'une amende de 2 000 F à 300 000 F ou de l'une de ces deux peines seulement.

En outre, le tribunal peut ordonner :
1° La publication intégrale, ou par extraits, de sa décision, aux frais du condamné, dans les journaux qu'il désigne, ainsi que l'affichage de cette décision dans les conditions prévues à l'article 50-1 du Code pénal ;
2° La fermeture, provisoire ou définitive, de l'entreprise dont l'une des personnes chargées de l'administration ou de la direction est condamnée en application de l'alinéa 1er du présent article, assortie éventuellement de la nomination d'un administrateur ou d'un liquidateur.

En cas de fermeture, le tribunal fixe la durée pendant laquelle le délinquant ou l'entreprise doit continuer à payer à son personnel les salaires, indemnités et rémunérations de toute nature auxquels celui-ci avait droit jusqu'alors ; cette durée ne saurait excéder trois mois.

La prescription de l'action publique en ce qui concerne le délit visé au premier alinéa ci-dessus court à compter du jour de la dernière perception, soit d'intérêt, soit de capital.

Art. 7. – En tout état de la procédure d'enquête préliminaire ou de la procédure d'instruction ou de jugement, les autorités judiciaires compétentes pourront saisir, si elles l'estiment utile, une commission consultative dont la composition sera fixée par arrêté conjoint du garde des sceaux, ministre de la justice, et du ministre de l'économie et des finances et qui donnera tous avis tant sur le taux effectif moyen visé à l'alinéa 1er de l'article 1er que sur le taux effectif global pratiqué dans l'espèce considérée.

PRÊT À INTÉRÊT   Art. 1914

Section II. – De l'activité de certains intermédiaires intervenant entre prêteurs et emprunteurs, du démarchage et de la publicité en matière de prêts d'argent et de certains placements de fonds et financements de ventes à tempérament

Art. 8. – Il est interdit à toute personne physique ou morale qui apporte son concours, à quelque titre et de quelque manière que ce soit, directement ou indirectement, à l'obtention ou à l'octroi d'un prêt d'argent, de percevoir une somme représentative de provision, de commission, de frais de recherche, de démarches, de constitution de dossier ou d'entremise quelconque, avant le versement effectif des fonds prêtés et avant la constatation de la réalisation de l'opération par un acte écrit dont une copie est remise à l'emprunteur.

Il lui est également interdit, avant la remise des fonds et de la copie de l'acte, de présenter à l'acceptation de l'emprunteur des lettres de change, ou de lui faire souscrire des billets à ordre, en recouvrement des frais d'entremise ou des commissions visés à l'alinéa précédent.

Art. 9 *(Remplacé, L. n. 72-6 du 3 janv. 1972, art. 24).* – Il est interdit à toute personne de se livrer au démarchage :

1° En vue de conseiller ou d'offrir des prêts d'argent ;
2° En vue de recueillir sous forme de dépôts ou autrement des fonds du public ;
3° En vue de conseiller la souscription de plans d'épargne prévoyant, même pour partie, l'acquisition de parts de sociétés civiles immobilières ;
4° En vue de proposer tous autres placements de fonds.

Toutefois n'est pas soumis à cette interdiction et reste régi par la réglementation qui lui est propre le démarchage en vue de la souscription ou de l'achat de valeurs mobilières, de la souscription de contrats d'assurance ou de capitalisation, de l'achat de fonds de commerce ou d'immeubles, ou de parts de sociétés immobilières donnant droit à la jouissance d'un immeuble ou d'une fraction d'immeuble déterminée *(L. n. 83-610 du 8 juil. 1983, art. 47)* ou en vue d'opérations sur les marchés à terme réglementés de marchandises.

Se livre au démarchage au sens du présent article celui qui, à l'une des fins visées à l'alinéa 1er, se rend habituellement soit au domicile ou à la résidence des personnes, soit sur leurs lieux de travail, soit dans des lieux ouverts au public et non réservés à de telles fins.

Sont également considérés comme actes de démarchage les offres de services faites ou les conseils donnés de façon habituelle en vue des mêmes opérations au domicile ou à la résidence des personnes, ou sur leurs lieux de travail, par l'envoi de lettres ou circulaires ou par communications téléphoniques.

Art. 10. – Toute propagande ou publicité faite sous quelque forme et par quelque moyen que ce soit à l'une des fins mentionnées à la première phrase de l'alinéa 1er de l'article 9 sera réglementée dans les conditions fixées par décret, et devra notamment faire apparaître clairement le taux effectif global des prêts ou des emprunts, ainsi que les charges qui s'y trouvent comprises.

Art. 11 *(Premier al. remplacé, L. n. 72-6 du 3 janv. 1972, art. 25).* – Les interdictions édictées aux articles 8 et 9 (1°, 2° et 4°) du présent texte ne sont applicables ni aux banques ni aux établissements financiers, ni aux caisses d'épargne, ni aux sociétés de caution mutuelle régies par la loi du 13 mars 1917, ni aux entreprises de crédit différé bénéficiaires de l'agrément spécial du ministre de l'économie et des finances prévu par le décret n. 53-947 du 30 septembre 1953, sous réserve qu'ils agissent dans le cadre de la réglementation qui leur est propre *(Al complété, L. n. 89-1010 du 31 déc. 1989, art. 30)* et qu'ils ne s'adressent qu'à des personnes majeures.

Art. 1914 PRÊT À INTÉRÊT

(Deuxième al. remplacé, L. n. 72-6 du 3 janv. 1972, art. 25 puis L. n. 75-601 du 10 juil. 1975, art. 6) Toutefois, les démarcheurs qui interviendront pour le compte d'une banque, d'un établissement financier, d'une société de caution mutuelle ou d'une entreprise de crédit différé visés à l'alinéa premier du présent article devront, sous réserve des conventions internationales, être de nationalité française ou ressortissants d'un État membre de la Communauté économique européenne et porteurs d'une carte spéciale de démarchage délivrée par ledit établissement dans les conditions qui seront fixées par décret en Conseil d'Etat.

Les dispositions de l'article 8 ne dérogent pas aux prescriptions imposées aux notaires par les textes législatifs ou réglementaires en vigueur. De même, les dispositions de l'article 9 n'interdisent pas aux notaires la recherche de fonds dans les limites de l'exercice de leur profession et conformément à des règles qui seront fixées par décret.

Art. 12. – Les dispositions du deuxième alinéa de l'article 11 ci-dessus ne sont pas applicables aux démarcheurs qui, pour le compte d'une banque ou d'un établissement financier enregistré, proposent des contrats de financement de ventes à tempérament, à la condition que le nom de l'établissement prêteur et le coût du crédit soient mentionnés dans le contrat et que le montant total des agios perçus tant par cet établissement que par les intermédiaires corresponde au barème que l'organisme prêteur a été autorisé à pratiquer par le conseil national du crédit.

Dans tous les cas, l'emprunteur pourra demander l'annulation du contrat qui aurait été passé en violation des dispositions de l'alinéa précédent.

Art. 13. – Les auxiliaires des professions bancaires figurant sur la liste établie par le conseil national du crédit en application de l'article 13 de la loi du 14 juin 1941 modifié par l'article 4 de l'ordonnance n. 58-966 du 16 octobre 1958, peuvent, pour l'exercice de leur profession, formuler leurs offres de services par lettres ou prospectus, à condition que les nom et adresse de la banque ou de l'établissement financier enregistré, pour le compte duquel ils agissent, soient mentionnés sur ces documents.

Art. 14. – Les établissements visés au premier alinéa de l'article 11 ci-dessus disposent, pour se conformer aux prescriptions du deuxième alinéa dudit article, d'un délai de six mois à compter de la publication du décret prévu par cet article.

Art. 15. – Toute infraction aux dispositions des articles 8 et 9 sera punie d'un emprisonnement de deux mois à deux ans et d'une amende de 2 000 F à 300 000 F ou de l'une de ces deux peines seulement.

Le tribunal pourra, en outre, prononcer la fermeture, provisoire ou définitive, de l'entreprise dont l'une des personnes chargées de l'administration ou de la direction est condamnée en application de l'alinéa 1er et assortir éventuellement sa décision de la nomination d'un administrateur ou d'un liquidateur. En cas de fermeture, les dispositions de l'avant-dernier alinéa de l'article 6 sont applicables.

Art. 16. – Toute infraction aux dispositions des articles 4 et 10 et de l'alinéa 2 de l'article 11 ainsi qu'à celles du premier alinéa de l'article 12 sera punie d'une amende de 2 000 F à 20 000 F.

La même peine sera applicable au démarcheur qui n'aura pas restitué à l'établissement qui la lui a délivrée la carte spéciale prévue à l'article 11, dans les vingt-quatre heures de la demande qui lui en aura été faite par lettre recommandée.

Art. 17. – Sont abrogés :
– la loi du 3 septembre 1807 sur le taux de l'intérêt de l'argent ;
– la loi du 19 décembre 1850 relative au délit d'usure ;

DÉPÔT ET SÉQUESTRE — Art. 1915

- la loi du 12 janvier 1886 relative au taux de l'intérêt de l'argent ;
- la loi du 7 avril 1900 sur le taux de l'intérêt légal de l'argent ;
- la loi du 18 avril 1918 modifiant le taux de l'intérêt légal et suspendant temporairement la limitation de l'intérêt conventionnel ;
- le décret du 8 août 1935 relatif à l'usure.

Art. 18. – En ce qui concerne les contrats en cours, les intérêts commençant à courir à compter de la première échéance suivant la mise en vigueur de la présente loi seront, s'il échet, réduits de plein droit, sous peine des sanctions prévues par ladite loi, au taux maximum admis pour la catégorie d'opérations dont ils relèvent.

Art. 18-1 *(L. n. 84-46 du 24 janv. 1984, art. 92).* – La présente loi est applicable aux territoires d'outre mer et à la collectivité territoriale de Mayotte.

Art. 19. – La présente loi entrera en vigueur à l'expiration d'un délai de trois mois à compter de sa publication au *Journal officiel.*

Les infractions prévues aux textes visés à l'article 17 ci-dessus, commises avant l'entrée en vigueur de la présente loi, continuent à être poursuivies et réprimées conformément aux dispositions prévues par ces textes.

TITRE XI. – DU DÉPÔT ET DU SÉQUESTRE

CHAPITRE I. – DU DÉPÔT EN GÉNÉRAL ET DE SES DIVERSES ESPÈCES

Art. 1915. – **Le dépôt, en général, est un acte par lequel on reçoit la chose d'autrui, à la charge de la garder et de la restituer en nature.**

1) Il ne suffit pas, pour caractériser le dépôt, d'une obligation de garde chez celui qui reçoit la chose, mais il faut aussi que cette obligation soit la cause principale de la remise de cette chose (Limoges 16 janv. 1939 : *D.H.* 1939, 205. – V. en ce sens Crim. 9 juil. 1953 : *D.* 1953, 556). Un transfert momentané et précaire de la détention peut être insuffisant pour constituer un contrat de dépôt (Paris 9 fév. 1956 : *D.* 1956, 701). Mais il y a dépôt dans le fait, par le représentant d'une maison de joaillerie, à la suite de pourparlers relatifs à un achat de bijoux et pour laisser aux acheteurs le temps de se procurer les fonds nécessaires au paiement du prix, de confier à ceux-ci et de laisser dans leurs bureaux une mallette contenant une quantité importante de bijoux (Crim. 23 juil. 1927 : *S.* 1929, I, 73, note Roux).

2) Le fait par un ouvrier de laisser ses vêtements de ville dans le vestiaire de l'établissement où il travaille n'est pas constitutif du contrat de dépôt volontaire si le patron ne s'est pas expressément ou implicitement reconnu dépositaire (Civ. 24 juil. 1929 : *D.H.* 1929, 474. V. en ce sens pour du matériel laissé par un entrepreneur

dans la cour d'une ferme, Req. 20 juil. 1925 : *D.H.* 1925, 496).

3) Quand, à l'appui d'une promesse d'achat d'immeuble, une somme a été versée à un intermédiaire à titre de garantie, étant stipulé que, passé un délai, la promesse serait considérée comme nulle et les fonds restitués, sont réunis les caractères essentiels non d'un contrat de dépôt mais du contrat de nantissement (Crim. 9 juil. 1953 : *D.* 1953, 556).

4) Sur la distinction entre dépôt et prêt à usage, V. Civ. 22 fév. 1897 : *D.P.* 1901, 1, 75.

5) Le fait de confier des bijoux pour les vendre à un prix déterminé caractérise le contrat de mandat et non le contrat de dépôt (Req. 19 mars 1929 : *D.H.* 1929, 218). Le seul fait par le mandataire de recevoir des fonds pour le compte de son mandant ne suffit pas, en dehors de toute autre circonstance, à transformer le mandat en dépôt (Civ. 26 juin 1905 : *D.P.* 1905, 1, 513, concl. Baudoin).

6) Constitue un contrat de transport, et non un contrat de dépôt, l'expédition, sans indication d'un destinataire définitif, de colis à une entreprise dont l'objet social exclusif est de faire les transports et non de recevoir en dépôt des marchandises comme garde-meubles (Com. 7 fév. 1955 : *Bull.* III, n. 60, p. 44). Mais l'entreprise de garde-meubles chargée par le commissionnaire de conserver un cadre de déménagement arrivé à destination et dont le destinataire n'a pu être retrouvé est un dépositaire (Com. 18 fév. 1969 : *J.C.P.* 69, II, 16072, note Rodière).

7) Lorsqu'un constructeur d'automobiles accepte la voiture qu'un particulier lui confie pour la faire réparer, il est tenu non en vertu d'un dépôt gratuit mais d'un contrat d'entreprise (Civ. 1re, 17 mai 1955 : *Bull.* I, n. 204, p. 174). Mais jugé qu'un garagiste est responsable de la disparition du véhicule dont il a conservé la garde à titre de dépositaire salarié après l'avoir réparé

(Civ. 1re, 24 janv. 1955 : *Bull.* I, n. 37, p. 32).

8) Le contrat de garage est assimilable à un dépôt salarié et non à un contrat de location même si le propriétaire de la voiture bénéficie d'un box particulier ayant une clé lui permettant d'entrer et de sortir librement dès lors que l'on n'est pas en présence d'une simple remise louée privativement à un particulier sans autre obligation pour le propriétaire de l'immeuble que d'assurer à son locataire la libre jouissance des lieux (Civ. 1re, 2 nov. 1966 : *J.C.P.* 67, II, 14963 ; *D.* 1967, 319, note Pélissier). Mais les juges du fond ne sauraient retenir la responsabilité de l'exploitant du garage en cas de vol dans le véhicule sans rechercher si, compte tenu de la nature de son activité, il s'est engagé à assurer la garde et la conservation du véhicule et à restituer les véhicules à leur propriétaire dans l'état où ils lui ont été remis (Civ. 3e, 26 oct. 1977 : *Bull.* III, n. 362, p. 275). Jugé que le droit de l'usager dans le parc à voitures de l'Aéroport de Paris est réduit à l'occupation temporaire du domaine public sans obligation de gardiennage ni de surveillance de la part de l'Aéroport et que cette situation exclut l'existence d'un contrat de dépôt volontaire (Paris 9 janv. 1980 : *Gaz. Pal.* 1980, 2, 507, note Rodière ; *D.* 1981, 219, note Fabre et, sur pourvoi, Civ. 1re, 10 mars 1981 : *D.* 1981, 395). Jugé que ne constitue pas un contrat de dépôt salarié le contrat par lequel la société concessionnaire d'un port de plaisance loue à des particuliers des postes de mouillage pour les bateaux, dès lors que les parties ont entendu ne mettre à la charge de ladite société qu'une obligation de surveillance et non une obligation de garde et de conservation, même si les propriétaires en avaient déposé les clefs au bureau de la société concessionnaire pour permettre les obligations facultatives d'entretien (Civ. 1re, 21 juil. 1980 : *Bull.* I, n. 228, p. 183).

9) Constitue non une vente sous condition résolutoire mais un contrat de dépôt la

CONTRAT DE DÉPÔT   Art. 1924

convention aux termes de laquelle des machines à écrire sont expédiées à une personne en vue d'une vente possible à des tiers, le propriétaire des machines conservant la faculté de les reprendre (Com. 28 mars 1950 : *Bull.* II, n. 125, p. 85).

10) Les règles du contrat de dépôt ne sont pas applicables au sperme humain (T.G.I. Créteil 1er août 1984 : *J.C.P.* 84, II, 20321, note Corone).

Art. 1916. – **Il y a deux espèces de dépôts : le dépôt proprement dit, et le séquestre.**

CHAPITRE II. – DU DÉPÔT PROPREMENT DIT

SECTION I. – DE LA NATURE ET DE L'ESSENCE DU CONTRAT DE DÉPÔT

Art. 1917. – **Le dépôt proprement dit est un contrat essentiellement gratuit.**

Art. 1918. – **Il ne peut avoir pour objet que des choses mobilières.**

Art. 1919. – **Il n'est parfait que par la tradition réelle ou feinte de la chose déposée. La tradition feinte suffit, quand le dépositaire se trouve déjà nanti, à quelque autre titre, de la chose que l'on consent à lui laisser à titre de dépôt.**

Art. 1920. – **Le dépôt est volontaire ou nécessaire.**

SECTION II. – DU DÉPÔT VOLONTAIRE

Art. 1921. – **Le dépôt volontaire se forme par le consentement réciproque de la personne qui fait le dépôt et de celle qui le reçoit.**

Les juges du fond peuvent retenir que l'acceptation par pure complaisance d'un objet par le préposé d'un bar ne caractérise pas un contrat de dépôt (Civ. 3e, 25 sept. 1984 : *Bull.* III, n. 242, p. 201).

Art. 1922. – **Le dépôt volontaire ne peut régulièrement être fait que par le propriétaire de la chose déposée, ou de son consentement exprès ou tacite.**

Art. 1923. – *Abrogé, L. n. 80-525 du 12 juil. 1980, art. 8-I.*

Art. 1923 ancien. – *Le dépôt volontaire doit être prouvé par écrit. La preuve testimoniale n'en est point reçue pour valeur excédant 5 000 francs (50 F).*

Art. 1924 *(modifié L. n. 80-525 du 12 juil. 1980, art. 8-II).* – **Lorsque le dépôt étant au-dessus du chiffre prévu à l'article 1341 n'est point prouvé par écrit, celui qui est attaqué comme dépositaire en est cru sur sa déclaration, soit pour le fait même du dépôt, soit pour la chose qui en faisait l'objet, soit pour le fait de sa restitution.**

1) La déclaration du dépositaire fait foi vis-à-vis du déposant mais n'est pas opposable aux tiers (Req. 15 juil. 1878 : *D.P.* 1879, 1, 179).

2) Sur l'indivisibilité de l'aveu, V. *supra,* art. 1356.

Art. 1925   CONTRAT DE DÉPÔT

Art. 1925. – Le dépôt volontaire ne peut avoir lieu qu'entre personnes capables de contracter.

Néanmoins, si une personne capable de contracter accepte le dépôt fait par une personne incapable, elle est tenue de toutes les obligations d'un véritable dépositaire ; elle peut être poursuivie par le tuteur ou administrateur de la personne qui a fait le dépôt.

Art. 1926. – Si le dépôt a été fait par une personne capable à une personne qui ne l'est pas, la personne qui a fait le dépôt n'a que l'action en revendication de la chose déposée, tant qu'elle existe dans la main du dépositaire, ou une action en restitution jusqu'à concurrence de ce qui a tourné au profit de ce dernier.

SECTION III. – DES OBLIGATIONS DU DÉPOSITAIRE

Art. 1927. – Le dépositaire doit apporter, dans la garde de la chose déposée, les mêmes soins qu'il apporte dans la garde des choses qui lui appartiennent.

1) Pour une application du principe posé par l'article 1927, V. Civ. 1re, 20 déc. 1966 : *J.C.P.* 68, II, 15556, note Raynaud. Ne donne pas de base légale à sa décision l'arrêt qui, pour refuser de décharger un bijoutier de son obligation de restituer les objets remis en dépôt, se borne à retenir que l'agression dont il a été victime n'a pas le caractère de la force majeure, sans rechercher si le vol était ou non imputable à une faute ou à une négligence commise par l'intéressé, alors que celui-ci n'est tenu que d'une obligation de moyen et qu'il est exonéré de restituer la chose lorsqu'il apporte la preuve de l'absence de faute (Com. 22 nov. 1988 : *J.C.P.* 89, IV, 29 ; *Bull.* IV, n. 316, p. 212).

2) Le dépositaire n'a pas, sauf convention contraire, l'obligation de faire assurer les objets qui lui sont confiés (Civ. 1re, 18 oct. 1954 : *J.C.P.* 54, II, 8378).

3) L'existence d'un contrat d'entreprise n'exclut pas que l'entrepreneur soit aussi tenu des obligations du dépositaire (Civ. 1re, 11 juil. 1984 : *Bull.* I, n. 230, p. 194).

Art. 1928. – La disposition de l'article précédent doit être appliquée avec plus de rigueur :
1° Si le dépositaire s'est offert lui-même pour recevoir le dépôt ;
2° S'il a stipulé un salaire pour la garde du dépôt ;
3° Si le dépôt a été fait uniquement pour l'intérêt du dépositaire ;
4° S'il a été convenu expressément que le dépositaire répondrait de toute espèce de faute.

1) La responsabilité aggravée joue dans le cas du dépôt dit « contrat de confié » par lequel le propriétaire d'un bijou le remet à un joaillier en vue de la vente (Com. 12 nov. 1986 : *Bull.* IV, n. 205, p. 177).

2) Le dépositaire salarié doit apporter dans la garde de la chose déposée non seulement le même soin qu'il apporte à la garde des choses qui lui appartiennent, mais encore un soin identique à celui d'un bon père de famille (Orléans 30 juil. 1942 : *D.C.*

1943, 17, note Tunc). Il en est ainsi que le dépôt salarié soit un dépôt nécessaire ou non (Civ. 1re, 4 janv. 1965 : *Bull.* I, n. 2, p. 2).

3) La responsabilité du dépositaire, même appréciée avec plus de rigueur à l'égard d'un dépositaire salarié, n'est engagée que dans la mesure prévue par les clauses du contrat (Civ. 1re, 9 déc. 1953 : *J.C.P.* 54, IV, 9 ; *Bull.* I, n. 360, p. 298) ; mais les clauses de non-responsabilité sont inopposables au déposant en cas de faute lourde (Req. 24 oct.

CONTRAT DE DÉPÔT — Art. 1932

1932 : *D.P.* 1932, 1, 176, note E.P. – Paris 28 nov. 1951 : *D.* 1952, 23). Le dépositaire salarié qui a commis une faute lourde équipollente au dol doit en réparer toutes les conséquences, même imprévisibles (Com. 25 mars 1963 : *D.* 1964, 17, note Rodière, 3e esp.). Sur la preuve de l'acceptation par le déposant d'une clause limitative de responsabilité, V. Lyon 25 avril 1967 : *J.C.P.* 68, II, 15324, note Guyon.

Art. 1929. – Le dépositaire n'est tenu, en aucun cas, des accidents de force majeure, à moins qu'il n'ait été mis en demeure de restituer la chose déposée.

V. *supra*, art. 1302. Pour des applications, V. Civ. 1re, 23 déc. 1958 : *D.* 1959, 53. – Paris 17 déc. 1970 : *Gaz. Pal.* 1971, 1, 293, note Desforges.

Art. 1930. – Il ne peut se servir de la chose déposée, sans la permission expresse ou présumée du déposant.

Art. 1931. – Il ne doit point chercher à connaître quelles sont les choses qui lui ont été déposées, si elles lui ont été confiées dans un coffre fermé ou sous une enveloppe cachetée.

1) Le juge des référés ne peut assortir la restitution d'un pli fermé par le dépositaire au déposant de mesures restrictives ayant pour résultat de donner connaissance à un tiers du contenu de ce pli, de telles mesures constituant une violation du droit du déposant à disposer comme il l'entendra du pli fermé qu'il a remis en dépôt (Lyon 13 juin 1972 : *J.C.P.* 72, IV, 313).

2) Sur l'obligation pour le tiers saisi en cas de saisie-arrêt de communiquer à l'huissier toutes pièces et tous renseignements utiles à l'établissement de son exploit, V. C. proc. civ., art. 559.

3) Sur la responsabilité du dépositaire en cas de violation du secret du dépôt, V. Req. 20 mai 1946 : *S.* 1946, 1, 102.

Art. 1932. – Le dépositaire doit rendre identiquement la chose même qu'il a reçue.
Ainsi, le dépôt des sommes monnayées doit être rendu dans les mêmes espèces qu'il a été fait, soit dans le cas d'augmentation, soit dans le cas de diminution de leur valeur.

1) La remise de souverains d'or conservés par la banque dans une cassette close déposée dans un coffre constitue un dépôt régulier (Civ. 1re, 29 nov. 1983 : *Bull.* I, n. 280, p. 251).

2) En cas de dépôt portant sur des titres nominatifs, la remise par le dépositaire de nouveaux titres, quoique de même type et de même valeur que ceux aliénés, ne constitue pas la restitution, laquelle n'aurait pu être effectuée que par la représentation des titres déposés dans leur individualité excluant tout remplacement (Civ. 27 nov. 1900 : *D.P.* 1902, 1, 473, note Thaller). Le déposant dont le droit est absolu n'a pas à établir l'intérêt plus ou moins grand qu'il peut avoir à la restitution des objets dans leur individualité (Paris 5 fév. 1935 : *D.H.* 1935, 228).

3) Au cas où les frais de remise en état de la chose sont supérieurs à la valeur de remplacement, l'article 1932 est respecté s'il est procédé à son remplacement par un objet semblable et présentant le même état (Paris 27 janv. 1960 : *D.* 1960, Somm. 65).

4) Quand le mandat de négocier une vente est assorti d'un dépôt, l'obligation, édictée par l'article 1932, de rendre la chose au déposant exclut pour le dépositaire toute possibilité de la livrer à l'acheteur (Lyon 25 fév. 1957 : *J.C.P.* 57, II, 10148).

5) Sur la preuve de la non-identité des objets restitués avec ceux remis en dépôt, V. Com. 18 janv. 1972 : *Bull.* IV, n. 25, p. 23.

Art. 1933 — CONTRAT DE DÉPÔT

Art. 1933. — Le dépositaire n'est tenu de rendre la chose déposée que dans l'état où elle se trouve au moment de la restitution. Les détériorations qui ne sont pas survenues par son fait sont à la charge du déposant.

Il résulte de la combinaison des articles 1927 et 1933 que si le dépositaire n'est tenu que d'une obligation de moyens, il lui appartient de prouver, en cas de détérioration de la chose déposée, qu'il est étranger à cette détérioration en établissant qu'il a donné à la chose les mêmes soins qu'il apporte à la garde des choses lui appartenant (Civ. 1re, 24 juin 1981 : *J.C.P.* 81, IV, 328 ; *Bull.* I, n. 232, p. 189).

Art. 1934. — Le dépositaire auquel la chose a été enlevée par une force majeure, et qui a reçu un prix ou quelque chose à la place, doit restituer ce qu'il a reçu en échange.

Art. 1935. — L'héritier du dépositaire, qui a vendu de bonne foi la chose dont il ignorait le dépôt, n'est tenu que de rendre le prix qu'il a reçu, ou de céder son action contre l'acheteur, s'il n'a pas touché le prix.

Art. 1936. — Si la chose déposée a produit des fruits qui aient été perçus par le dépositaire, il est obligé de les restituer. Il ne doit aucun intérêt de l'argent déposé, si ce n'est du jour où il a été mis en demeure de faire la restitution.

Il résulte de l'article 1936 que le dépositaire d'une chose frugifère est redevable non seulement des fruits qu'il a perçus mais également de ceux qu'il aurait pu percevoir (Civ. 1re, 7 mars 1979 : *J.C.P.* 79, IV, 167 ; *Bull.* I, n. 86, p. 71).

Art. 1937. — Le dépositaire ne doit restituer la chose déposée qu'à celui qui la lui a confiée, ou à celui au nom duquel le dépôt a été fait, ou à celui qui a été indiqué pour le recevoir.

L'article 1937 n'exige pas que le nom du mandataire ait été porté à la connaissance du dépositaire préalablement à la restitution et il suffit qu'à ce moment le mandataire du déposant justifie d'une procuration régulière (Com. 14 janv. 1949 : *Bull.* II, n. 238, p. 639).

Art. 1938. — Il ne peut pas exiger de celui qui a fait le dépôt la preuve qu'il était propriétaire de la chose déposée.
Néanmoins, s'il découvre que la chose a été volée, et quel en est le véritable propriétaire, il doit dénoncer à celui-ci le dépôt qui lui a été fait, avec sommation de la réclamer dans un délai déterminé et suffisant. Si celui auquel la dénonciation a été faite néglige de réclamer le dépôt, le dépositaire est valablement déchargé par la tradition qu'il en fait à celui duquel il l'a reçu.

Si la chose n'a été ni volée ni détournée frauduleusement, le dépositaire n'a d'autre obligation, à défaut d'une saisie-arrêt ou d'une opposition régulière, que de restituer la chose au déposant (Paris 22 déc. 1953 : *J.C.P.* 54, IV, 55). Mais il peut engager sa responsabilité si, par imprudence, il se rend complice d'un recel de communauté (Civ. 1re, 16 oct. 1967 : *Bull.* I, n. 297, p. 223).

Art. 1939. — En cas de mort naturelle ou civile (*) de la personne qui a fait le dépôt, la chose déposée ne peut être rendue qu'à son héritier.
S'il y a plusieurs héritiers, elle doit être rendue à chacun d'eux pour leur part et portion.
Si la chose déposée est indivisible, les héritiers doivent s'accorder entre eux pour la recevoir.
(*) *La mort civile a été supprimée, L. 31 mai 1854.*

CONTRAT DE DÉPÔT — Art. 1943

1) Il découle de l'article 1939 que le dépositaire doit à chacun des héritiers du déposant non seulement la restitution, pour sa part et portion, des titres qu'il détenait à la date du décès mais aussi la justification de la décharge des titres qu'il avait détenus antérieurement et qu'il avait restitués ou dont il avait fait emploi suivant les ordres du déposant (Civ. 2e, 30 janv. 1963 : *Bull.* II, n. 92, p. 69).

2) Sur la responsabilité de l'agent de change qui restitue les titres de son client décédé à l'un des ayants droit agissant seul, V. T.G.I. Seine 15 oct. 1958 : *J.C.P.* 63, II, 13294, note Boitard.

3) Si le déposant meurt avant que le dépôt ait été remis à la personne indiquée, la chose ne peut être rendue qu'à l'héritier (Req. 16 avril 1902 : *D.P.* 1902, 1, 222). Mais jugé que la règle de l'article 1939 est sans application lorsque le déposant, par un acte de dernière volonté, a valablement disposé de cette chose et n'a eu recours au dépôt que pour assurer l'exécution de sa volonté (Civ. 28 juil. 1909 : *D.P.* 1910, 1, 44).

4) Il résulte de l'article 1939, alinéa 3, qu'en cas de dépôt par deux ou plusieurs personnes d'une chose indivisible, les déposants doivent s'accorder entre eux pour en recevoir la restitution et que si le dépositaire a restitué cette chose à un seul d'entre eux, les autres peuvent agir en représentation de la chose tant contre le dépositaire que contre celui des déposants à qui elle a été restituée (Civ. 1re, 19 janv. 1982 : *Bull.* I, n. 30, p. 26).

Art. 1940 *(L. n. 85-1372 du 23 déc. 1985, art. 52).* - **Si la personne qui a fait le dépôt a été dessaisie de ses pouvoirs d'administration, le dépôt ne peut être restitué qu'à celui qui a l'administration des biens du déposant.**

Ancien art. 1940 *(L. 18 fév. 1938).* - *Si la personne qui a fait le dépôt a changé d'état : par exemple, si la femme, libre au moment où le dépôt a été fait, s'est mariée depuis ; si le majeur déposant se trouve frappé de la tutelle des majeurs ; dans tous ces cas et autres de même nature, le dépôt ne peut être restitué qu'à celui qui a l'administration des droits et des biens du déposant.*

En vertu de l'article 1940 qui n'est pas limitatif et a une portée générale, le dépositaire doit vérifier la capacité de la personne qui demande la restitution du dépôt et cette précaution s'impose aussi bien à l'égard de l'héritier que du déposant lui-même (Civ. 5 juin 1945 : *D.* 1945, 305, note Ripert).

Art. 1941 *(L. n. 85-1372 du 23 déc. 1985, art. 52).* - **Si le dépôt a été fait par un tuteur ou un administrateur, dans l'une de ces qualités, il ne peut être restitué qu'à la personne que ce tuteur ou cet administrateur représentaient, si leur gestion ou leur administration est finie.**

Ancien art. 1941. - *Si le dépôt a été fait par un tuteur, par un mari ou par un administrateur, dans l'une de ces qualités, il ne peut être restitué qu'à la personne que ce tuteur, ce mari ou cet administrateur représentaient, si leur gestion ou leur administration est finie.*

Art. 1942. - **Si le contrat de dépôt désigne le lieu dans lequel la restitution doit être faite, le dépositaire est tenu d'y porter la chose déposée. S'il y a des frais de transport, ils sont à la charge du déposant.**

Art. 1943. - **Si le contrat ne désigne pas le lieu de la restitution, elle doit être faite dans le lieu même du dépôt.**

Art. 1944 CONTRAT DE DÉPÔT

Art. 1944. — Le dépôt doit être remis au déposant aussitôt qu'il le réclame, lors même que le contrat aurait fixé un délai déterminé pour la restitution ; à moins qu'il n'existe, entre les mains du dépositaire, une saisie-arrêt ou une opposition à la restitution et au déplacement de la chose déposée.

Le dépôt doit être remis au déposant aussitôt qu'il le réclame, soit verbalement, soit par sommation, soit par tout acte équivalent (Civ. 1re, 28 fév. 1989 : *Bull.* I, n. 97, p. 62, assignation).

Art. 1945. — Le dépositaire infidèle n'est point admis au bénéfice de cession.

Art. 1946. — Toutes les obligations du dépositaire cessent, s'il vient à découvrir et à prouver qu'il est lui-même propriétaire de la chose déposée.

SECTION IV. — DES OBLIGATIONS DE LA PERSONNE PAR LAQUELLE LE DÉPÔT A ÉTÉ FAIT

Art. 1947. — La personne qui a fait le dépôt est tenue de rembourser au dépositaire les dépenses qu'il a faites pour la conservation de la chose déposée, et de l'indemniser de toutes les pertes que le dépôt peut lui avoir occasionnées.

Le dépositaire a droit au remboursement des frais exposés pour entreposer la marchandise à lui confiée même s'il s'agit d'un dépôt gratuit dès lors que les juges du fond estiment que les dépenses ont été faites pour la conservation de la chose (Civ. 28 avril 1925 : *D.P.* 1927, 1, 23). Mais manque de base légale la décision qui, pour condamner un déposant à payer une indemnité au dépositaire « pour gardiennage », se borne à constater le dépôt sans préciser que ce dépôt avait été convenu à titre onéreux ni que le dépositaire avait fait des dépenses pour la conservation de la chose (Civ. 1re, 7 mars 1973 : *Bull.* I, n. 88, p. 82).

Art. 1948. — Le dépositaire peut retenir le dépôt jusqu'à l'entier payement de ce qui lui est dû à raison du dépôt.

1) La rétention n'est autorisée que pour ce qui est dû à raison du dépôt (Com. 23 juin 1964 : *D.* 1965, 79, note Rodière. — Com. 4 déc. 1984 : *Bull.* IV, n. 328, p. 267). Elle peut être exercée dans tous les cas où, la créance ayant pris naissance à l'occasion de la chose retenue, il existe entre cette créance et cette chose un lien de connexité matérielle (Civ. 1re, 22 mai 1962 : *D.* 1965, 58, note Rodière. — V. aussi Civ. 1re, 9 fév. 1988 : *D.* 1988, 448, note Delebecque).

2) Le dépositaire qui demande validation de la saisie qu'il a faite entre ses propres mains ne peut plus invoquer le droit de rétention (Civ. 1re, 10 oct. 1962 : *J.C.P.* 62, II, 12926, note J.A.).

3) Sur l'opposabilité du droit de rétention au syndic en cas de faillite du déposant, Com. 24 janv. 1973 : *J.C.P.* 73, IV, 93 ; *Bull.* IV, n. 40, p. 34.

SECTION V. — DU DÉPÔT NÉCESSAIRE

Art. 1949. — Le dépôt nécessaire est celui qui a été forcé par quelque accident, tel qu'un incendie, une ruine, un pillage, un naufrage ou autre événement imprévu.

CONTRAT DE DÉPÔT   Art. 1952

1) Pour qu'il y ait dépôt nécessaire aux termes de l'article 1949, il suffit que le déposant ait été contraint de faire ce dépôt par une nécessité pressante et pour soustraire la chose qui en est l'objet à une ruine imminente (Req. 17 juil. 1923 : *D.P.* 1923, 1, 203). Pour des applications, V. Civ. 3 janv. 1951 : *J.C.P.* 51, IV, 29. – Crim. 3 nov. 1967 : *Bull. crim.* n. 283, p. 661.

2) Le fait par un ouvrier de laisser ses vêtements de ville dans un vestiaire de l'établissement où il travaille n'est pas constitutif d'un dépôt nécessaire (Civ. 24 juil. 1929 : *D.H.* 1929, 474), pas plus que la remise à un artiste, à un joailler ou à un tailleur d'objets s'attachant à leur activité professionnelle (Paris 17 déc. 1959 : *J.C.P.* 60, IV, 128. – V. cependant Lyon 30 juil. 1946 : *D.* 1947, 377, note Tunc, garagiste réparateur. – Comp. Paris 21 oct. 1949 : *D.* 1950, 758, note Giverdon, dépôt d'un vêtement par la cliente d'un salon de coiffure).

Art. 1950 *(Remplacé, L. n. 80-525 du 12 juil. 1980, art. 8-III).* – **La preuve par témoins peut être reçue pour le dépôt nécessaire, même quand il s'agit d'une valeur supérieure au chiffre prévu à l'article 1341.**

Art. 1951. – **Le dépôt nécessaire est d'ailleurs régi par toutes les règles précédemment énoncées.**

Art. 1952 *(Remplacé, L. n. 73-1141 du 24 déc. 1973, art. 1ᵉʳ).* – **Les aubergistes ou hôteliers répondent, comme dépositaires, des vêtements, bagages et objets divers apportés dans leur établissement par le voyageur qui loge chez eux ; le dépôt de ces sortes d'effets doit être regardé comme un dépôt nécessaire.**

L. BIHL, *La notion de dépôt hôtelier* : *J.C.P.* 74, I, 2616.

1) On ne saurait étendre les dispositions exceptionnelles de l'article 1952 au propriétaire de l'établissement qui, bien qu'ouvert au public, n'entre pas dans la catégorie des auberges ou hôtelleries (Civ. 26 janv. 1875 : *D.P.* 75, 1, 219, bateau-lavoir. – V. en ce sens Civ. 1ʳᵉ, 17 déc. 1957 : *J.C.P.* 58, II, 10452, clinique. – 11 mars 1969 : *D.* 1969, 492, restaurant. – Paris 9 janv. 1980 : *Gaz. Pal.* 1980, 2, 507, note Rodière ; *D.* 1981, 219, note Fabre, *Aéroports de Paris*).

2) Le terme « voyageur » désigne limitativement les personnes reçues à titre temporaire et passager et qui n'ont ni le temps ni les moyens de vérifier les garanties offertes par la maison (Civ. 25 juin 1913 : *D.P.* 1914, 1, 243. – V. en ce sens Civ. 1ʳᵉ, 17 déc. 1957 : *J.C.P.* 58, II, 10452. – V. cependant Trib. com. Seine 17 nov. 1950 : *J.C.P.* 50, II, 5932, note Rodière).

3) Les juges du fond qui ont constaté que le vol du véhicule automobile a été commis sur le parc de stationnement de l'hôtel qui a la jouissance privative de ce bien réservé à la clientèle ont ainsi suffisamment caractérisé le lieu de commission du vol de nature à engager la responsabilité de l'hôtelier (Civ. 1ʳᵉ, 18 janv. 1989 : *Bull.* I, n. 20, p. 14).

4) Les effets du voyageur englobent sa voiture automobile ainsi que les bagages y contenus dès lors que le véhicule se trouve garé dans l'enceinte de l'hôtel ou de ses dépendances (Paris 11 mars 1965 : *Gaz. Pal.* 1965, 2, 275. – V. en ce sens Civ. 1ʳᵉ, 16 juin 1964 : *D.* 1965, 96. – Comp. Civ. 1ʳᵉ, 6 juin 1961 : *J.C.P.* 61, II, 12206, note H.B. – Nîmes 23 nov. 1961 : *J.C.P.* 1962, II, 12641, note H.G.).

5) Sur la vente des objets abandonnés ou laissés en gage par les voyageurs aux aubergistes et hôteliers, V. L. 31 mars 1896, *infra* sous art. 2078.

Art. 1953 CONTRAT DE DÉPÔT

Art. 1953 *(Remplacé, L. n. 73-1141 du 24 déc. 1973, art. 2).* **– Ils sont responsables du vol ou du dommage de ces effets, soit que le vol ait été commis ou que le dommage ait été causé par leurs domestiques et préposés, ou par des étrangers allant et venant dans l'hôtel.**
Cette responsabilité est illimitée, nonobstant toute clause contraire, au cas de vol ou de détérioration des objets de toute nature déposés entre leurs mains ou qu'ils ont refusé de recevoir sans motif légitime.
Dans tous les autres cas, les dommages-intérêts dus au voyageur sont, à l'exclusion de toute limitation conventionnelle inférieure, limités à l'équivalent de 100 fois le prix de location du logement par journée, sauf lorsque le voyageur démontre que le préjudice qu'il a subi résulte d'une faute de celui qui l'héberge ou des personnes dont ce dernier doit répondre.

1) Sur le principe que l'hôtelier ne peut s'exonérer que par la preuve de la force majeure, V. Civ. 16 juil. 1946 : *J.C.P.* 46, II, 3311, note Barbier. La faute prévisible du client, qui laisse dans son véhicule fermé à clef des objets tels qu'un appareil photographique ou un vêtement doublé de fourrure, ne fait pas obstacle à l'indemnisation (Civ. 1re, 18 janv. 1989 : *J.C.P.* 89, IV, 104 ; *Bull.* I, n. 20, p. 14).

2) La responsabilité de l'hôtelier suppose que le voyageur apporte la preuve du dépôt et de la détérioration (Req. 13 mai 1936 : *D.H.* 1936, 397. – V. en ce sens Civ. 1re, 18 mars 1957 : *Gaz Pal.* 1957, 1, 363.– Civ. 1re, 4 nov. 1986 : *Bull.* I, n. 250, p. 240). Jugé qu'en cas de vol, l'évaluation du dommage, toute vérification étant impossible, s'effectue en tenant compte de l'honorabilité et de la situation sociale de la victime, des circonstances de fait, c'est-à-dire de ce qu'il était normal d'emporter dans les bagages, et de la catégorie de l'hôtel, le quantum du dommage réputé prévisible variant avec la fortune présumée de la clientèle (Nîmes 23 nov. 1961 : *J.C.P.* 62, II, 12641, note H.G.).

3) La limitation de responsabilité ne s'applique pas en cas de vol lorsqu'il est établi que deux échelles appartenant à l'hôtelier avaient été laissées à proximité des fenêtres de la chambre occupée par le voyageur ni les volets ni les fenêtres de cette chambre ne pouvaient rester fermés (Civ. 1re, 13 oct. 1965 : *J.C.P.* 65, II, 14403. – Comp. Civ. 1re, 5 fév. 1957 : *D.* 1957, 232).

4) L'appréciation de la valeur des objets volés dans un hôtel, qui comprennent notamment de l'argent en monnaie américaine, ne peut constituer un événement imprévisible étant donné la nationalité de la victime et la qualité de la clientèle habituelle de l'hôtel (Civ. 1re, 5 fév. 1957 : *D.* 1957, 232).

Art. 1954 *(Remplacé L. n. 73-1141 du 24 déc. 1973, art. 3).* –
Les aubergistes ou hôteliers ne sont pas responsables des vols ou dommages qui arrivent par force majeure, ni de la perte qui résulte de la nature ou d'un vice de la chose, à charge de démontrer le fait qu'ils allèguent.
Par dérogation aux dispositions de l'article 1953, les aubergistes ou hôteliers sont responsables des objets laissés dans les véhicules stationnés sur les lieux dont ils ont la jouissance privative à concurrence de cinquante fois le prix de location du logement par journée.
Les articles 1952 et 1953 ne s'appliquent pas aux animaux vivants.

Il résulte du rapprochement des articles 1952, 1953 et 1954 que si la responsabilité de l'hôtelier est limitée à cinquante fois le prix journalier de location du logement pour les effets volés dans les véhicules de ses clients stationnés sur les lieux dont il a la

SÉQUESTRE Art. 1961

jouissance privative, cette disposition ne saurait avoir pour effet de décharger l'hôtelier de l'obligation de réparer l'intégralité du préjudice de la victime d'un tel vol lorsque celle-ci rapporte la preuve qu'il a manqué au devoir de prudence et de surveillance qui lui incombe (Civ. 1re, 27 janv. 1982 : *Bull.* I, n. 50, p. 43 ; *J.C.P.* 83, II, 19936, note Chabas).

CHAPITRE III. – DU SÉQUESTRE

SECTION I. – DES DIVERSES ESPÈCES DE SÉQUESTRE

Art. 1955. – **Le séquestre est ou conventionnel ou judiciaire.**

SECTION II. – DU SÉQUESTRE CONVENTIONNEL

Art. 1956. – **Le séquestre conventionnel est le dépôt fait par une ou plusieurs personnes, d'une chose contentieuse, entre les mains d'un tiers qui s'oblige de la rendre, après la contestation terminée, à la personne qui sera jugée devoir l'obtenir.**

Art. 1957. – **Le séquestre peut n'être pas gratuit.**

Art. 1958. – **Lorsqu'il est gratuit, il est soumis aux règles du dépôt proprement dit, sauf les différences ci-après énoncées.**

Art. 1959. – **Le séquestre peut avoir pour objet non seulement des effets mobiliers, mais même des immeubles.**

Art. 1960. – **Le dépositaire chargé du séquestre ne peut être déchargé, avant la contestation terminée, que du consentement de toutes les parties intéressées, ou pour une cause jugée légitime.**

SECTION III. – DU SÉQUESTRE OU DÉPÔT JUDICIAIRE

Art. 1961. – **La justice peut ordonner le séquestre :**
1° Des meubles saisis sur un débiteur ;
2° D'un immeuble ou d'une chose mobilière dont la propriété ou la possession est litigieuse entre deux ou plusieurs personnes ;
3° Des choses qu'un débiteur offre pour sa libération.

1) L'énumération de l'article 1961 n'est pas limitative (Soc. 15 mars 1956 : *Bull.* IV, n. 256, p. 186). Le séquestre peut être ordonné toutes les fois que les juges estiment qu'il convient de prescrire cette mesure pour assurer la conservation des droits des parties (Civ. 1re, 16 nov. 1955 : *J.C.P.* 55, IV, 178 ; *Bull.* I, n. 397, p. 321. – V. en ce sens Civ. 2e, 27 nov. 1963 : *J.C.P.* 65, II, 14443, note R.L., 2e esp.).

2) Une mesure de séquestre ne se justifie que s'il existe un litige sérieux et la contestation sérieuse n'est pas nécessairement un

1037

Art. 1962   SÉQUESTRE

obstacle à la décision de référé mais peut au contraire en être la condition (Civ. 2e, 14 fév. 1973 : *Gaz. Pal.* 1973, 2, 500). Mais le juge des référés ne peut ordonner une mesure de séquestre, en cas d'urgence, qu'à la condition que son ordonnance ne fasse aucun préjudice au principal (Com. 22 janv. 1969 : *Bull.* IV, n. 23, p. 23). Il n'est pas nécessaire pour la désignation du séquestre que celui-ci soit partie à la procédure (Com. 29 janv. 1974 : *J.C.P.* 74, II, 17815, note Bernard).

3) Sur l'administration et la liquidation des biens mis sous séquestre en conséquence d'une mesure de sûreté générale, V. L. 5 oct. 1940 ; A. 23 nov. 1940 ; L. 19 janv. 1942.

Art. 1962. – **L'établissement d'un gardien judiciaire produit, entre le saisissant et le gardien, des obligations réciproques. Le gardien doit apporter, pour la conservation des effets saisis, les soins d'un bon père de famille.**

Il doit les représenter, soit à la décharge du saisissant pour la vente, soit à la partie contre laquelle les exécutions ont été faites, en cas de mainlevée de la saisie.

L'obligation du saisissant consiste à payer au gardien le salaire fixé par la loi.

1) Le séquestre judiciaire doit conserver et administrer les biens séquestrés dans la mesure que commandent la nature même de ceux-ci et l'étendue de sa mission (Civ. 1re, 18 mars 1959 : *J.C.P.* 59, IV, 50 ; *Bull.* I, n. 169, p. 140). Il peut être autorisé à accomplir des actes d'administration susceptibles d'assurer la conservation de la chose litigieuse (Civ. 1re, 7 oct. 1953 : *J.C.P.* 53, IV, 158 ; *Bull.* I, n. 267, p. 220). S'agissant d'actions, les pouvoirs du séquestre ne comportent pas normalement le droit de vote qui appartient en principe à l'actionnaire ou au mandataire choisi par lui. Toutefois, la conservation de ces actions peut en certaines circonstances nécessiter l'exercice de tous ou de certains des droits qui y sont attachés, et singulièrement celui du droit de vote, pour la sauvegarde des intérêts sociaux et des intérêts de toute personne à qui la propriété des actions sera reconnue (Paris 18 avril 1961 : *J.C.P.* 62, II, 12748, concl. Lambert).

2) Le saisi ne peut demander aux juges statuant sur la validité d'une saisie conservatoire la désignation d'un séquestre pour procéder à la vente des biens saisis et en consacrer le produit à l'extinction de la créance (Civ. 2e, 13 mai 1966 : *D.* 1967, 126).

3) Le séquestre est responsable en cas de faute même très légère (Civ. 2e, 14 nov. 1956 : *Bull.* II, n. 586, p. 378). Il devient gardien de la chose au sens des articles 1384 et 1385 du Code civil (Civ. 2e, 5 mars 1953 : *D.* 1953, 473, note R. Savatier).

4) Celui qui a reçu par ordonnance de référé un mandat de séquestre est bien, en cette qualité, un auxiliaire de justice occasionnel dont le remboursement des frais est soumis à taxe (Civ. 2e, 1er juin 1967 : *Bull.* II, n. 205, p. 143). Le séquestre jouit du droit de rétention sur la chose conformément à l'article 1948 du Code civil (Civ. 1re, 22 mai 1962 : *J.C.P.* 62, IV, 94 ; *Bull.* I, n. 258, p. 231), ainsi que du privilège mobilier de l'article 2102-3º du même code (Civ. 29 juin 1875 : *D.P.* 75, 1, 471).

Art. 1963. – **Le séquestre judiciaire est donné, soit à une personne dont les parties intéressées sont convenues entre elles, soit à une personne nommée d'office par le juge. Dans l'un et l'autre cas, celui auquel la chose a été confiée est soumis à toutes les obligations qu'emporte le séquestre conventionnel.**

Sur le pouvoir souverain des juges du fond pour désigner le séquestre, V. Civ. 1re, 30 juin 1965 : *Bull.* I, n. 436, p. 323.

CONTRATS ALÉATOIRES
Art. 1965

TITRE XII. – DES CONTRATS ALÉATOIRES

Art. 1964. – **Le contrat aléatoire est une convention réciproque dont les effets, quant aux avantages et aux pertes, soit pour toutes les parties, soit pour l'une ou plusieurs d'entre elles, dépendent d'un événement incertain.**
Tels sont :
Le contrat d'assurance ;
Le prêt à grosse aventure ;
Le jeu et le pari ;
Le contrat de rente viagère.
Les deux premiers sont régis par les lois maritimes.

Sur le contrat d'assurance, V. C. ass., art. L. 111-1 et s. ; art. R. 111-1 et s., *infra* Annexe ; *J.-Cl. Civil* Annexes, V° *Assurance.* Sur les assurances obligatoires, V. C. ass., art. L. 211-1 et s. ; art. R. 211-1 et s., *infra* Annexe. V. aussi L. 10 août 1943 sur l'assurance scolaire obligatoire (*J.C.P.* 43, III, 7644).

CHAPITRE I. – DU JEU ET DU PARI

Art. 1965. – **La loi n'accorde aucune action pour une dette du jeu ou pour le payement d'un pari.**

Loi n. 83-628 du 12 juillet 1983 *(J.O.* 13 juil.*)*
interdisant certains appareils de jeux

Art. 1er. – Sont interdites l'importation, la fabrication de tout appareil dont le fonctionnement repose sur le hasard et qui permet, éventuellement par l'apparition de signes, de procurer moyennant enjeu un avantage direct ou indirect de quelque nature que ce soit, même sous forme de partie gratuite.

Sont également interdites la détention, la mise à disposition de tiers, l'installation et l'exploitation de ces appareils sur la voie publique et ses dépendances, dans les lieux publics ou ouverts au public, et dans les dépendances, même privées, de ces lieux publics. Est aussi interdite toute exploitation ou mise à disposition de tiers par une personne privée, physique ou morale, dans des lieux privés.

Il en est de même des appareils de jeux dont le fonctionnement repose sur l'adresse et dont les caractéristiques techniques font apparaître qu'il est possible de gagner plus de cinq parties gratuites par enjeu ou un gain en espèces ou en nature.

(L. n. 86-1019 du 9 sept. 1986, art. 15 IV) – Les dispositions du présent article ne sont pas applicables aux appareils de jeux proposés au public à l'occasion, pendant la durée et dans

Art. 1965   CONTRATS ALÉATOIRES

l'enceinte des fêtes foraines, ni aux appareils distributeurs de confiseries. Un décret en Conseil d'Etat précisera les caractéristiques techniques de ces appareils, la nature des lots, le montant des enjeux, le rapport entre ce dernier et la valeur des lots et, le cas échéant, les personnes susceptibles d'en proposer l'utilisation au public*.
(Al. 5 et 6 aj. L. n. 87-306 du 5 mai 1987, art. 1er) – Sont également exceptés des dispositions du présent article les appareils de jeux proposés au public dans les casinos autorisés où est pratiqué au moins un des jeux prévus par la loi. Ces appareils ne peuvent être acquis par les casinos qu'à l'état neuf. Toute cession de ces appareils entre exploitants de casinos est interdite et ceux qui ne sont plus utilisés doivent être exportés ou détruits.

Les personnes physiques ou morales qui fabriquent, importent, vendent ou assurent la maintenance des appareils visés à l'alinéa précédent ainsi que les différents modèles d'appareils sont soumis à l'agrément du ministre de l'intérieur. Un décret en Conseil d'Etat définit les modalités de calcul du produit brut des jeux provenant des appareils et les conditions dans lesquelles sont fixés les taux de redistribution des mises versées au joueur.
   * V. Décret n. 87-264 du 13 avril 1987.

   H. MAYER, *Jeux et exception de jeu* : *J.C.P.* 84, I, 3141.

I. Règles générales

1) Ne constitue pas un contrat de jeu au sens de l'article 1965 et ne permet donc pas d'invoquer l'exception tirée de cet article le concours de slogans publicitaires tendant à promouvoir et à favoriser les activités commerciales de membres d'une association, ayant par ce fait une utilité sociale et n'étant pas entaché d'immoralité, et qui, dépourvu de la notion d'enjeu, ne comporte pour les organisateurs aucune chance de gains ni aucun risque de perte pour les concurrents (Paris 13 déc. 1974 : *D.* 1975, 234, note Fergani ; V. en ce sens pour un concours organisé par l'O.R.T.F., T.G.I. Paris 18 déc. 1974 : *Gaz. Pal.* 1975, 1, 258).

2) En déclarant en termes absolus et impératifs que nul ne peut se soustraire aux obligations résultant de tous marchés à terme sur effets publics et autres, de tous marchés à livrer sur denrées et marchandises, lors même qu'ils se résoudraient par le paiement d'une simple différence, la loi du 28 mars 1885 a entendu, quand les opérations sur effets ou marchandises ont pris la forme de marchés à terme, interdire aux parties d'opposer l'exception de jeu et aux juges de rechercher l'intention des parties (Civ. 19 déc. 1939 : *D.H.* 1940, 37). Mais l'exception de jeu doit être admise lorsque les juges du fond constatent souverainement que les spéculations litigieuses, dénommées marchés à terme, ne constituent que des combinaisons de jeu sur la hausse et la baisse des valeurs (Req. 11 juil. 1933 : *Gaz. Pal.* 1933, 2, 716). Jugé que la remise de sommes pour « opérations de bourse » est faite dans un but déterminé qui est licite et auquel ne s'applique pas l'article 1965 du Code civil (Paris 4 juil. 1967 : *D.* 1967, 721).

3) La preuve d'une dette de jeu peut être administrée par tous moyens, notamment par présomption (Com. 12 mars 1963 : *D.* 1963, 500).

4) L'exception de jeu est d'ordre public (Civ. 1re, 24 nov. 1969 : *J.C.P.* 71, II, 16728, note Bénabent, 1re esp.).

5) Le refus d'action pour dette de jeu est opposable au tiers qui a fait à un joueur des avances de fonds qu'il savait devoir servir au jeu (Crim. 22 janv. 1927 : *D.H.* 1927, 116). Mais les juges du fond doivent constater expressément que les fonds étaient destinés et avaient effectivement servi à alimenter une partie de jeu (Crim. 19 juil. 1929 : *D.P.* 1933, 1, 26, note Capitant, 1re esp.). Cette preuve ne peut résulter d'une simple présomption (même arrêt. – V. en ce

CONTRATS ALÉATOIRES   Art. 1966

sens Lyon 17 avril 1956 : *Gaz. Pal.* 1956, 1, 429. – Aix 14 nov. 1958 : *Gaz. Pal.* 1959, 1, 154. – Comp. Paris 30 juin 1972 : *Gaz. Pal.* 1972, 2, 875 ; mais pour l'admission de présomptions graves, précises et concordantes, V. Crim. 19 nov. 1932 : *D.P.* 1933, 1, 26, note Capitant, 2ᵉ esp. – Trib. corr. Seine 13 oct. 1965 : *Gaz. Pal.* 1966, 1, 108).

II. Règles propres à certains jeux

6) L'achat en commun d'un ticket au P.M.U., lequel est autorisé et réglementé par les pouvoirs publics, constitue une opération qui échappe aux dispositions de l'article 1965 (Civ. 1ʳᵉ, 4 mai 1976 : *J.C.P.* 77, II, 18540, note de Lestang).

7) La loi ayant autorisé et les pouvoirs publics ayant réglementé la tenue des jeux de hasard dans des casinos comme le Palm Beach à Cannes, les dettes résultant des jeux qui s'y déroulent régulièrement ne peuvent être considérées comme ayant une cause illicite (Civ. 1ʳᵉ, 18 janv. 1984 : *J.C.P.* 84, IV, 95 ; *Bull.* I, n. 26, p. 20. – V. en ce sens Civ. 1ʳᵉ, 31 janv. 1984 : *D.* 1985, 40, note P. Diener), ce qui n'exclut pas que le client d'un casino puisse se prévaloir de l'article 1965 s'il est établi que la dette se rapporte à des prêts consentis par le casino pour alimenter le jeu (Civ. 1ʳᵉ, 31 janv. 1984 : *D.* 1985, 40, note P. Diener)

8) Doit être cassé l'arrêt qui rejette la demande en paiement de dommages-intérêts et en remboursement de la créance que la remise d'un chèque bancaire sans provision avait prétendu éteindre au motif que la dette constitue une dette de jeu pour laquelle la loi n'accorde aucune action alors que la tenue de jeux de hasard dans les casinos de stations balnéaires, thermales et climatiques est autorisée par la loi et réglementée par les pouvoirs publics et que ces établissements sont habilités à recevoir des chèques (Ch. mixte 14 mars 1980 : *Bull. Ch. mixte,* n. 3, p. 3 ; *Gaz. Pal.* 1980, 1, 290, concl. Robin). Les juges du fond peuvent rejeter l'exception de jeu s'ils relèvent qu'il n'y a pas eu prêt de la part du caissier du casino, mais simple « accord de commodité » entre le client et lui pour que celui-ci n'ait à établir qu'un seul chèque en fin de soirée plutôt qu'une série de chèques successifs chaque fois qu'il allait chercher des jetons (Civ. 1ʳᵉ, 3 mai 1988 : *Bull.* I, n. 124, p. 86). Mais le recouvrement d'une créance de jeu représentée par un chèque ne peut être admis lorsque la formule du chèque, irrégulière (notamment faute de date) et détournée de ses fins, constitue de ce fait une reconnaissance de dette (Civ. 1ʳᵉ, 22 nov. 1988 : *Bull.* I, n. 328, p. 223 ; *J.C.P.* 89, IV, 29). Sur la distinction entre l'action en réparation du dommage résultant du délit d'émission de chèque sans provision et l'action en remboursement de la créance que la remise du chèque prétendait éteindre, V. Crim. 1ᵉʳ juin 1977 : *D.* 1978, I.R., 82 ; *Gaz. Pal.* 1977, 2, 582. – Crim. 4 juil. 1979 : *Bull. crim.* n. 239, p. 647.

8) Sur la réglementation des loteries, V. L. 21 mai 1836, mod. L. n. 86-1019 du 9 sept. 1986. – D. n. 87-264 du 13 avril 1987. – D. n. 87-430 du 19 juin 1987. – Sur la réglementation des paris sur les courses de chevaux ou de lévriers, V. L. du 2 juin 1891, mod. L. n. 51-681 du 24 mai 1951, art. 4. et 5 ; D. n. 83-878 du 4 oct. 1983 relatif aux sociétés de courses de chevaux et au pari mutuel ; V. aussi C. pénal art. 410, mod. L. n. 83-628 du 12 juil. 1983.

Art. 1966. – **Les jeux propres à exercer au fait des armes, les courses à pied ou à cheval, les courses de chariot, le jeu de paume et autres jeux de même nature, qui tiennent à l'adresse et à l'exercice du corps, sont exceptés de la disposition précédente.**

Néanmoins le tribunal peut rejeter la demande, quand la somme lui paraît excessive.

L'article 1966 est applicable au jeu de billard (Paris 10 juil. 1902 : *S.* 1902, 2, 301). Mais jugé que les paris engagés par les personnes étrangères au jeu sont illicites lorsque l'opération à laquelle se livrent les parieurs n'implique ni raisonnement ni calcul de combinaison, ce qui est précisément le caractère des jeux de hasard (Crim. 16 mars 1905 : *D.P.* 1905, 1, 533).

Art. 1967. – **Dans aucun cas, le perdant ne peut répéter ce qu'il a volontairement payé, à moins qu'il n'y ait eu, de la part du gagnant, dol, supercherie ou escroquerie.**

CHAPITRE II. – DU CONTRAT DE RENTE VIAGÈRE

SECTION I. – DES CONDITIONS REQUISES POUR LA VALIDITÉ DU CONTRAT

Art. 1968. – **La rente viagère peut être constituée à titre onéreux, moyennant une somme d'argent ou pour une chose mobilière appréciable, ou pour un immeuble.**

Art. 1969. – **Elle peut être aussi constituée, à titre purement gratuit, par donation entre vifs ou par testament. Elle doit être alors revêtue des formes requises par la loi.**

1) Doit être considérée comme un acte à titre onéreux la constitution de rente viagère faite en rémunération de services rendus (Req. 15 janv. 1890 : *D.P.* 91, 1, 30. – V. aussi Paris 8 nov. 1892 : *D.P.* 94, 2, 191).

2) Une rente consentie à titre gratuit peut être constituée sans formes solennelles si elle est l'exécution d'une stipulation pour autrui aux termes de laquelle le père du constituant impose à son fils le service de cette rente comme contrepartie d'avantages concédés (Req. 12 fév. 1935 : *D.H.* 1936, Somm. 11).

Art. 1970. – **Dans le cas de l'article précédent, la rente viagère est réductible, si elle excède ce dont il est permis de disposer ; elle est nulle, si elle est au profit d'une personne incapable de recevoir.**

Art. 1971. – **La rente viagère peut être constituée, soit sur la tête de celui qui en fournit le prix, soit sur la tête d'un tiers, qui n'a aucun droit d'en jouir.**

Art. 1972. – **Elle peut être constituée sur une ou plusieurs têtes.**

Art. 1973. – **Elle peut être constituée au profit d'un tiers, quoique le prix en soit fourni par une autre personne.
Dans ce dernier cas, quoiqu'elle ait les caractères d'une libéralité, elle n'est point assujettie aux formes requises pour les donations ; sauf les cas de réduction et de nullité énoncés dans l'article 1970.
(L. n. 63-1092 du 6 nov. 1963, art. 2) Lorsque, constituée par des époux ou l'un d'eux, la rente est stipulée réversible au profit du conjoint survivant, la clause de réversibilité peut avoir les caractères d'une libéralité ou ceux d'un acte à titre onéreux. Dans ce dernier cas, la récompense ou l'indemnité due par le bénéficiaire de la réversion à la communauté ou à la succession du prémourant est égale à la valeur de la réversion de la rente. Sauf volonté contraire des époux, la réversion est présumée avoir été consentie à titre gratuit.**

1) Sur le principe qu'une rente viagère constituée à titre gratuit au profit d'un tiers est dispensée de la forme notariée, V. Req. 19 fév. 1935 : *D.H.* 1935, 178).

2) Les dispositions de la loi du 6 novembre 1963 sont applicables aux contrats conclus antérieurement à son entrée en vigueur sous réserve seulement des décisions judiciaires passées en force de chose jugée (art. 3).

3) La veuve du bénéficiaire d'une rente viagère ayant demandé aux débirentiers le paiement des arrérages impayés en invoquant la clause de réversion inscrite à son profit, viole les articles 1973 et 1096 du Code civil l'arrêt qui rejette cette demande au motif que la stipulation de réversibilité de la rente expressément acceptée par elle était nulle comme méconnaissant la révocabilité des donations entre époux, alors que l'irrévocabilité de la donation et l'acceptation par la veuve de la stipulation faite à son profit ne pouvaient avoir pour effet de porter atteinte à la révocabilité de ladite stipulation (Civ. 1re, 25 avril 1989 : *Bull.* I, n. 167, p. 110 ; *J.C.P.* 89, II, 21370, note de la Marnierre ; *D.* 1989, 445, note Morin).

Art. 1974. – **Tout contrat de rente viagère créé sur la tête d'une personne qui était morte au jour du contrat ne produit aucun effet.**

Art. 1975. – **Il en est de même du contrat par lequel la rente a été créée sur la tête d'une personne atteinte de la maladie dont elle est décédée dans les vingt jours de la date du contrat.**

J. VIATTE, *L'aléa dans les ventes d'immeubles à charge de rentes viagères : Gaz. Pal.* 1975, 1, doctr. 297.

1) L'article 1975 n'est pas applicable aux ventes avec réserve d'usufruit (Civ. 12 nov. 1930 : *D.P.* 1932, 1, 28), ni au bail à nourriture (Civ. 28 janv. 1952 : *D.* 1952, 321, note Lalou). Mais dès lors que la convention met à la charge de l'acheteur le paiement d'une rente viagère, l'obligation accessoire d'entretenir le vendeur n'est pas de nature à enlever à la convention son caractère de rente viagère et l'article 1975 peut alors être appliqué (Civ. 1re, 4 juin 1971 : *J.C.P.* 71, II, 16884, note Lindon. – Civ. 3e, 8 mai 1973 : *Bull.* III, n. 328, p. 237).

2) L'article 1975 n'est pas applicable lorsque la rente viagère ayant été créée sur plusieurs têtes et stipulée réversible pour le tout au profit des divers crédirentiers, l'un de ceux-ci succombe à une maladie préexistante dans les vingt jours qui suivent la convention (Civ. 14 nov. 1904 : *D.P.* 1905, 1, 89, note Planiol). Jugé que, s'agissant d'une rente viagère réversible créée sur la tête d'une mère et de son fils, le décès de la mère, laissant subsister intacte la dette incombant aux acquéreurs, n'a donc aucune influence sur le jeu éventuel de l'article 1975 et que c'est seulement en la personne du fils, décédé quatre jours plus tard, que doit être recherchée la réalisation des conditions légales. Par suite, si le fils a succombé à une maladie dont il était atteint lors de la conclusion du contrat, sa veuve peut à bon droit solliciter la nullité de la vente par application de l'article 1975 (Civ. 1re, 7 janv. 1971 : *J.C.P.* 71, II, 16691, note R.L.).

3) La renonciation par le crédirentier à un jugement prononçant la résolution de la vente d'un immeuble moyennant rente viagère peut être considérée comme une vente annulable en vertu de l'article 1975 (Civ. 3e, 11 fév. 1971 : *Bull.* III, n. 110, p. 79).

4) Lorsque l'acquéreur d'un immeuble moyennant rente viagère a exécuté les obligations que lui imposait la condition suspensive, le point de départ du délai de vingt jours de l'article 1975 est reporté au

Art. 1976

jour de la signature de l'engagement en vertu de l'effet rétroactif accordé à l'accomplissement de la condition par l'article 1179 (Civ. 3e, 3 oct. 1968 : *D.* 1969, 81).

5) L'article 1975 n'exige ni que la mort imminente du crédirentier ait été prévue par son cocontractant ni même que l'existence de la maladie ait été connue ; il suffit que le crédirentier soit décédé d'une maladie qui avait déjà attaqué son organisme lors du contrat, même si rien à cette date ne permettait de penser qu'il était menacé d'une fin prochaine (Paris 18 fév. 1956 : *D.* 1956, 326). Jugé que lorsque le crédirentier est décédé d'une manière brutale, imprévue et imprévisible d'un ictus apoplectique (hémorragie cérébrale), son état latent d'artériosclérose ne peut être considéré comme la maladie visée par l'article 1975 (Caen 10 fév. 1971 : *J.C.P.* 71, IV, 283). A peine de priver le plus souvent d'effet l'article 1975, les juges ne peuvent écarter des débats, au seul motif qu'elles seraient incompatibles avec le secret professionnel, les constatations du médecin qui a donné ses soins au malade dans la période qui a précédé le décès (Civ. 1re, 12 fév. 1963 : *J.C.P.* 63, II, 13107, concl. Lindon).

6) L'article 1975 n'interdit pas de constater la nullité d'une vente consentie moyennant le versement d'une rente viagère, même lorsque le décès du crédirentier survient plus de 20 jours après le contrat, dès lors que les juges du fond relèvent que l'acheteur, familier du vendeur, n'ignorait pas, le jour de la conclusion de la vente, que le décès du vendeur était imminent, ce qui enlevait tout caractère aléatoire au contrat dont le prix n'était plus réel et sérieux (Civ. 1re, 2 mars 1977 : *Bull.* I, n. 115, p. 89. – V. en ce sens Civ. 3e, 6 nov. 1969 : *J.C.P.* 70, II, 16502, note Bénabent. – Civ. 3e, 4 nov. 1980 : *J.C.P.* 81, IV, 33 ; *Bull.* III, n. 169, p. 127).

Art. 1976. — **La rente viagère peut être constituée au taux qu'il plaît aux parties contractantes de fixer.**

1) Par prix dérisoire, il faut entendre non seulement la stipulation d'une rente égale ou inférieure au revenu net effectivement déclaré, mais encore la stipulation d'une rente égale ou inférieure au revenu normal de la chose correspondant à sa valeur vénale au jour de la vente (Civ. 1re, 15 nov. 1961 : *Bull.* I, n. 533, p. 422. – V. pour des applications, Civ. 3e, 7 déc. 1971 : *D.* 1972, 275. – Civ. 3e, 9 déc. 1975 : *Bull.* III, n. 368, p. 279). Jugé que la vente doit être annulée si la rente est inférieure à l'intérêt du capital représentant la valeur des biens vendus (Civ. 1re, 5 fév. 1964 : *Gaz Pal.* 1964, 2, 93. – Comp. Civ. 3e, 9 fév. 1977 : *Bull.* III, n. 70, p. 55).

2) Doit être cassé l'arrêt qui prononce la nullité de la vente consentie pour un prix payable comptant et pour une rente viagère au motif que la rente était inférieure au revenu de la propriété, de sorte que les acquéreurs n'avaient payé réellement que la partie du prix payable comptant, alors qu'il appartenait aux juges du fond de rechercher si le prix de l'ensemble des conditions de la vente était vil et si la conversion d'une partie du prix en rente viagère était conforme aux règles usuelles en la matière (Civ. 3e, 13 nov. 1986 : *Bull.* III, n. 160, p. 125).

3) On ne doit comprendre dans le revenu de l'immeuble que les fruits et intérêts que procure la propriété du bien, à l'exclusion des fruits que l'acquéreur retire de l'exploitation grâce à son travail (Civ. 1re, 24 oct. 1978 : *Bull.* I, n. 319, p. 246). Sur le cas où le crédirentier se réserve la jouissance d'une partie du bien, V. Civ. 1re, 12 oct. 1977 : *Bull.* I, n. 367, p. 290.

4) Sur la possibilité d'exercer l'action en rescision pour lésion contre une vente d'immeuble moyennant une rente viagère en l'absence d'aléa, V. *supra*, sous art. 1674. Jugé que le grand âge du crédirentier ne supprime pas à lui seul le caractère aléatoire

CONTRATS ALÉATOIRES   Art. 1979

de la vente (Civ. 1re, 23 juin 1981 : *Bull.* I, n. 231, p. 188).

5) Sur la révision des rentes viagères constituées entre particuliers, V. L. n. 49-420 du 25 mars 1949, *infra,* sous art. 1983. – V. aussi *J.-Cl. Civil,* App. art. 1968 à 1983.

6) Pour l'application de l'article 79-3 de l'ordonnance n. 58-1374 du 30 décembre 1958 (*supra,* sous art. 1243), doivent être regardées comme des dettes d'aliments les rentes viagères constituées entre particuliers, L. n. 63-699 du 13 juil. 1963, art. 4, *supra,* sous art. 1243.

SECTION II. – DES EFFETS DU CONTRAT ENTRE LES PARTIES CONTRACTANTES

Art. 1977. – Celui au profit duquel la rente viagère a été constituée moyennant un prix peut demander la résiliation du contrat si le constituant ne lui donne pas les sûretés stipulées pour son exécution.

Art. 1978. – Le seul défaut de payement des arrérages de la rente n'autorise point celui en faveur de qui elle est constituée, à demander le remboursement du capital, ou à rentrer dans le fonds par lui aliéné : il n'a que le droit de saisir et de faire vendre les biens de son débiteur et de faire ordonner ou consentir, sur le produit de la vente, l'emploi d'une somme suffisante pour le service des arrérages.

1) Si, aux termes de l'article 1978, le seul défaut de paiement des arrérages par le débirentier dans un contrat de rente viagère n'autorise pas le crédirentier à rentrer dans le fonds par lui aliéné, cette disposition, strictement exceptionnelle, ne saurait être étendue en dehors du cas précis qu'elle prévoit. Spécialement, si l'acheteur d'un immeuble s'est engagé à fournir au vendeur le logement et l'entretien de sa personne et s'il ne remplit pas ses engagements, le vendeur est en droit de demander la résolution du contrat (Civ. 1re, 8 fév. 1960 : *D.* 1960, 417).

2) Lorsque le prix consiste pour partie en une rente et pour partie en un capital, l'article 1978 est applicable seulement au défaut de paiement des arrérages de la rente et non au défaut de paiement du capital (Civ. 3e, 28 mai 1986 : *Bull.* III, n. 84, p. 64 ; *Rev. trim. dr. civ.* 1987, 363, obs. Rémy).

3) Sur la validité des clauses résolutoires dérogeant à l'article 1978, V. Lyon 1er juin 1972 : *Gaz. Pal.* 1972, 2, 873. – V. aussi Civ. 1re, 3 nov. 1965 : *Bull.* I, n. 585, p. 443.– Civ. 1re, 6 janv. 1987 : *Bull.* I, n. 6, p. 5.

4) Lorsque le contrat comporte une clause permettant la résolution judiciaire pour non-paiement et que le crédirentier décède sans avoir manifesté l'intention d'exercer l'action, et sans qu'il soit établi qu'il se soit trouvé dans l'impossibilité de s'en prévaloir, ses héritiers ne peuvent agir, le service de la rente viagère constituant un droit personnel non transmissible et le juge ne pouvant résoudre un contrat ayant cessé d'exister (Civ. 1re, 13 déc. 1988 : *Bull.* I, n. 357, p. 242 ; *J.C.P.* 89, II, 21349, note Behar-Touchais).

5) Sur l'obligation pour le syndic, en cas de faillite du débirentier, de payer les arrérages de la rente, V. Aix 15 avril 1977 : *D.* 1977, I.R., 379, 2e esp

Art. 1979. – Le constituant ne peut se libérer du payement de la rente, en offrant de rembourser le capital, et en renonçant à la répétition des arrérages payés ; il est tenu de servir la rente pendant toute la vie de la personne ou des personnes sur la tête desquelles la rente a été constituée, quelle que soit la durée de la vie de ces personnes, et quelque onéreux qu'ait pu devenir le service de la rente.

Art. 1980 — CONTRATS ALÉATOIRES

L'article 1979 n'étant pas d'ordre public, les parties peuvent donner à l'acheteur la possibilité de racheter la rente (Civ. 1re, 21 mai 1958 : *J.C.P.* 58, IV, 99 ; *Bull.* I, n. 264, p. 208). Lorsque le débirentier veut user de cette possibilité, il convient de se placer, pour apprécier si les offres réelles faites par lui sont satisfactoires au regard des lois sur la révision des rentes viagères, au moment où est né le litige relatif au calcul de la rente et à l'évaluation du capital représentatif (Civ. 1re, 2 juil. 1962 : *Bull.* I, n. 330, p. 291).

Art. 1980. – La rente viagère n'est acquise au propriétaire que dans la proportion du nombre de jours qu'il a vécu.

Néanmoins, s'il a été convenu qu'elle serait payée d'avance, le terme qui a dû être payé est acquis du jour où le payement a dû en être fait.

Les parties peuvent convenir que le débirentier n'aura pas d'arrérages à payer pour le trimestre au cours duquel décédera le créancier (Civ. 5 juil. 1932 : *D.H.* 1932, 475).

Art. 1981. – La rente viagère ne peut être stipulée insaisissable que lorsqu'elle a été constituée à titre gratuit.

Sur les clauses d'inaliénabilité, V.*supra*, art. 900-1.

Art. 1982. – La rente viagère ne s'éteint pas par la *mort civile* (*) du propriétaire ; le payement doit en être continué pendant sa vie naturelle.

Art. 1983. – Le propriétaire d'une rente viagère n'en peut demander les arrérages qu'en justifiant de son existence, ou de celle de la personne sur la tête de laquelle elle a été constituée.

(*) *La mort civile a été abolie, L. du 31 mai 1854.*

Loi n. 49-420 du 25 mars 1949 *(J.O.26 mars et rectif. 25 mai 1949)*
révisant certaines rentes viagères constituées entre particuliers

Art. 1 *(L. n. 52-870 du 22 juil. 1952, art. 1).* – A dater de la publication de la présente loi et sous réserve des dispositions des articles 2 et 4, les rentes viagères ayant pour objet le paiement par des personnes physiques ou morales de sommes fixes en numéraire et constituées avant le 1er janvier 1989 *(L. fin. n. 89-935 du 29 déc. 1989, art. 49-V)*, soit moyennant l'aliénation en pleine propriété ou en nue-propriété d'un ou plusieurs biens corporels, meubles ou immeubles, ou d'un ou de plusieurs fonds de commerce, en vertu d'un contrat à titre onéreux ou à titre gratuit, soit comme charge d'un legs de ces mêmes biens, sont majorées de plein droit comme suit : *(L. fin. n. 89-935 du 29 déc. 1989, art. 49-IV).*

CONTRATS ALÉATOIRES Art. 1983

Taux de la majoration (p. 100).	Période au cours de laquelle est née la rente originaire.
71 100,7	Avant le 1ᵉʳ août 1914.
40 587,6	Du 1ᵉʳ août 1914 au 31 décembre 1918.
17 034,8	Du 1ᵉʳ janvier 1919 au 31 décembre 1925.
10 409,5	Du 1ᵉʳ janvier 1926 au 31 décembre 1938.
7 485,7	Du 1ᵉʳ janvier 1939 au 31 août 1940.
4 518,2	Du 1ᵉʳ septembre 1940 au 31 août 1944.
2 179,9	Du 1ᵉʳ septembre 1944 au 31 décembre 1945.
1 001,8	Années 1946, 1947 et 1948.
528,7	Années 1949, 1950 et 1951.
375,9	Années 1952 à 1958 incluse.
297,0	Années 1959 à 1963 incluse.
275,6	Années 1964 et 1965.
258,3	Années 1966, 1967 et 1968.
238,5	Années 1969 et 1970.
202,3	Années 1971, 1972 et 1973.
131,1	Année 1974.
118,5	Année 1975.
99,8	Années 1976 et 1977.
85,3	Année 1978.
69,1	Année 1979.
50,1	Année 1980.
33,1	Année 1981.
23,4	Année 1982.
17,4	Année 1983.
12,3	Année 1984.
9,2	Année 1985.
7,4	Année 1986.
4,8	Année 1987.
2,5	Année 1988.

Art. 2. – Le débirentier peut obtenir du tribunal, à défaut d'accord amiable, remise totale ou partielle de la majoration à sa charge, s'il apporte la preuve que le bien reçu en contrepartie ou à charge du service de la rente n'a pas acquis entre ses mains, par comparaison avec la valeur de ce bien lors de la constitution de la rente ou lors du décès du testateur, telle que cette valeur résulte du prix ou de l'estimation indiqués dans l'acte ou la déclaration de succession, un coefficient de plus-value résultant des circonstances économiques nouvelles au moins égal au coefficient de majoration prévu par la présente loi. Le taux de la majoration qu'il pourra avoir à supporter devra dans ce cas, et sous réserve de l'application éventuelle des dispositions du troisième alinéa du présent article, être égal à celui de la plus-value en question.

Cette preuve ne pourra se faire que par expertise, conformément aux dipositions de l'article 305 du Code de procédure civile *(V. Nouv. C. proc. civ. art. 264).*

Si le bien dont il s'agit a été aliéné, chacun des débirentiers successifs supportera une quote-part de la majoration proportionnée à la plus-value acquise entre ses mains par le bien en question et dont il aura tiré profit, telle, au surplus, que cette plus-value est définie ci-dessus.

Art. 1983 — CONTRATS ALÉATOIRES

Le coefficient en sera déterminé par comparaison entre d'une part, la valeur du bien au jour où la rente a pris naissance, telle que cette valeur résulte du prix ou de l'estimation indiqués dans l'acte ou la déclaration de succession, d'autre part, le prix ou la valeur déclarée lors de chaque mutation consécutive et, en outre, en ce qui concerne le détenteur actuel de ce bien, d'après sa valeur fixée, à la diligence de ce dernier, soit à l'amiable, soit par expertise, ainsi qu'il est prévu ci-dessus. Il n'y aura pas solidarité entre les différents débiteurs de la majoration pour la quote-part incombant à chacun d'eux. Toutefois, aussi longtemps que la part à la charge du débirentier actuel n'aura pas été déterminée conformément aux dispositions qui précèdent, celui-ci sera tenu du service entier de la majoration, sauf à répéter contre les autres débiteurs la part qui leur incombe. Le montant global des majorations annuelles supportées par un ancien débirentier ne pourra en aucun cas dépasser le montant de la plus-value dont il aura tiré profit : le cas échéant, la perte sera pour le créditrentier.

Si le débirentier est décédé, ses héritiers et représentants sont tenus divisément, sauf stipulation contraire, des mêmes obligations qu'il aurait eues à sa charge s'il avait été vivant, soit que le bien ait été conservé dans l'indivision, soit qu'il ait été aliéné par eux ou par leur auteur, soit enfin qu'il ait été licité ou attribué par partage à l'un des cohéritiers, l'attributaire de ce bien, s'il est chargé du service de la rente, pouvant, le cas échéant, invoquer le bénéfice des dispositions du troisième alinéa du présent article et faire ainsi supporter par la masse tout ou partie de la majoration aux conditions prévues audit alinéa.

Les dispositions de l'alinéa précédent sont applicables en cas de liquidation de communauté et généralement de toute indivision.

Elles ne sauraient, toutefois, avoir pour effet de mettre à la charge des héritiers ou de la femme commune en biens un passif supérieur à l'actif par eux recueilli dans la succession ou à la dissolution de la communauté.

Si le bien reçu en contrepartie de la rente a été détruit par faits de guerre, le débirentier ne pourra être tenu des majorations prévues par la présente loi que lorsqu'il aura reconstitué le bien détruit par application de la loi du 28 octobre 1946 sur les dommages de guerre. Si ce débirentier vient à céder son droit aux dommages de guerre avant reconstitution, la majoration deviendra immédiatement exigible.

(L. n. 57-775 du 11 juil. 1957, art. 7, à compter du 1er janv. 1957) La majoration sera également exigible immédiatement et de plein droit si le sinistré, n'ayant pas entrepris la reconstruction de son immeuble, perçoit l'indemnité d'éviction. Si le débirentier se prévaut des dispositions du premier alinéa du présent article, le montant de l'indemnité d'éviction servira de base à la détermination de la plus-value acquise par le bien entre ses mains.

Art. 2 bis *(L. fin. n. 63-156 du 23 fév. 1963, art. 56).* – Le créditrentier peut obtenir du tribunal, à défaut d'accord amiable, une majoration supérieure à la majoration forfaitaire de plein droit prévue à l'article 1er, s'il apporte la preuve que le bien reçu en contrepartie ou à charge du service de la rente a acquis entre les mains du débirentier, par comparaison avec la valeur de ce bien lors de la constitution de la rente ou lors du décès du testateur, telle que cette valeur résulte du prix ou de l'estimation indiqué dans l'acte ou la déclaration de succession, un coefficient de plus-value, résultant des circonstances économiques nouvelles, supérieur au coefficient de la majoration forfaitaire.

Le taux de la majoration judiciaire ne pourra excéder 75 % + du cœfficient de la plus-value acquise par le bien. Il pourra être inférieur à ce pourcentage, sans pouvoir toutefois être plus faible que le forfait légal. Pour la fixation du taux de la majoration, le tribunal devra tenir compte des intérêts en présence, et notamment des intérêts sociaux et familiaux.

CONTRATS ALÉATOIRES   Art. 1983

La demande devra être introduite dans le délai d'un an à compter de la promulgation de la présente loi et ne pourra être renouvelée*.

Les dispositions des alinéas 2 à 6 de l'article 2 sont applicables dans l'hypothèse prévue au présent article.
* *V. L. n. 89-935 du 29 déc. 1989, art. 49-VII, infra.*

Art. 3 *(L. n. 52-870 du 22 juil. 1952, art. 2 ; L. fin. n. 63-628 du 2 juil. 1963, art. 15-III).* — Sous réserve des dispositions de l'article 4, tout titulaire de rente viagère ayant pour objet le paiement de sommes fixes en numéraire et constituées avant le 1er janvier 1989 *(L. fin. n. 89-935 du 29 déc. 1989, art. 49-V)* soit moyennant l'aliénation, en pleine propriété ou en nue-propriété, de valeurs mobilières ou de droits incorporels quelconques autres qu'un fonds de commerce, en vertu d'un contrat à titre onéreux ou à titre gratuit, soit comme charge d'un legs de ces mêmes biens, peut obtenir en justice, à défaut d'accord amiable, une majoration de sa rente s'il apporte la preuve que, par suite des circonstances économiques nouvelles, le bien aliéné en contrepartie ou à charge du service de la rente a acquis une plus-value pouvant être considérée comme définitive. Cette majoration ne pourra, en aucun cas, dépasser les taux d'augmentation déterminés à l'article 1er.

Les dispositions de l'alinéa précédent sont également applicables à la rente viagère, mise à la charge d'un légataire universel ou à titre universel, ainsi qu'à la rente viagère constituée à titre de soulte, soit dans un partage, soit dans un partage d'ascendants. Dans ces cas, les biens légués ou attribués au débirentier sont envisagés dans leur ensemble pour la détermination de la plus-value.

En cas de sous-aliénation du ou des biens, comme en cas de décès du débirentier, ou de liquidation d'une indivision quelconque, les dispositions des troisième, quatrième et sixième alinéas de l'article 2 seront applicables.

Si les parties ne se sont pas entendues à l'amiable dans le délai d'un an à partir de la promulgation de la présente loi et si, avant l'expiration de ce même délai, le juge n'a pas été saisi, le crédirentier ne sera plus fondé à demander la révision de sa rente.

Cette révision, une fois intervenue, sera définitive.

Art. 4 *(L. n. 52-870 du 22 juil. 1952, art. 3 ; L. fin. n. 63-628 du 2 juil. 1963, art. 15-III et IV).* — Les rentes viagères qui ont pris naissance avant le 1er janvier 1984 *(L. fin. n. 84-1208 du 29 déc. 1984, art. 49-II)*et qui ont pour objet le paiement de sommes d'argent variables suivant une échelle mobile ne pourront en aucun cas dépasser en capital la valeur au moment de l'échéance du bien ou des biens cédés en contrepartie.

Pour déterminer la valeur de la rente en capital, il sera fait état des barèmes appliqués par la caisse nationale d'assurances sur la vie.

Les rentes viagères visées au premier alinéa du présent article ne peuvent être inférieures aux rentes d'un montant fixe ayant pris naissance à la même date et majorées de plein droit en application de l'article 1er de la présente loi, si le bien ou le droit reçu par le débirentier en contrepartie ou à charge du service de la rente est l'un de ceux énumérés audit article 1er ou à l'article 4 bis. Toutefois, le débirentier peut obtenir en justice, à défaut d'accord amiable, remise totale ou partielle de la majoration pouvant résulter de la disposition qui précède, si sa situation personnelle ne lui permet pas de supporter cette majoration.

Les mêmes rentes viagères peuvent, à défaut d'accord amiable, faire l'objet d'une majoration judiciaire dans les conditions déterminées à l'article 2 bis ou au dernier alinéa de l'article 4 bis de la présente loi, si par suite des circonstances économiques nouvelles, le jeu de l'indice de

Art. 1983 — CONTRATS ALÉATOIRES

variation choisi a pour conséquence de bouleverser l'équilibre que les parties avaient entendu maintenir entre les prestations du contrat.

Les actions prévues aux deux alinéas qui précèdent devront être introduites dans le délai d'un an à compter de la promulgation de la présente loi*.

(L. n. 64-663 du 2 juil. 1964, art. 2) La limite prévue aux deux premiers alinéas du présent article ne s'applique pas aux rentes viagères consenties en contrepartie de l'aliénation d'une exploitation agricole et dont le montant a été fixé en fonction de la valeur annuelle du produit du fonds.

* *V. L. n. 89-935 du 29 déc. 1989, art. 49-VII, infra.*

Art. 4 bis *(L. n. 52-870 du 22 juil. 1952 art. 4 ; L. fin. n. 63-628 du 2 juil. 1963, art. 15-III).*

– Sont majorées de plein droit, à compter du 1er janvier 1951, et selon les taux fixés à l'article 1er, les rentes viagères ayant pour objet le paiement de sommes fixes en numéraire et constituées avant le 1er janvier 1989 *(L. fin. n. 89-935 du 29 déc. 1989, art. 49-V)* moyennant l'abandon ou la privation d'un droit d'usufruit par voie de cession, renonciation, conversion ou de toute autre manière.

Le débiteur de la rente pourra obtenir du tribunal une remise totale ou partielle de la majoration mise à sa charge, s'il prouve que les biens dont l'usufruit a été aliéné ou converti moyennant une rente viagère ne lui procurent pas, par rapport à la date de la constitution de la rente, un accroissement de revenus résultant des circonstances économiques dont le coefficient soit au moins égal à celui de la majoration prévue à l'alinéa premier.

Dans les cas prévus à l'alinéa précédent, le taux de la majoration devra être égal à celui de l'augmentation des revenus qui sont procurés au débirentier par les biens dont l'usufruit a été aliéné ou converti en rente viagère.

Dans les cas d'aliénation du bien, il sera tenu compte des revenus procurés par celui-ci au jour de l'aliénation.

De même, le crédirentier pourra obtenir une majoration supérieure s'il prouve que le coefficient de ces augmentations de revenus dépasse celui des majorations fixées ci-dessus. La demande devra être introduite dans le délai d'un an à compter de la promulgation de la présente loi et ne pourra être renouvelée. Cette majoration ne pourra dépasser 75 % + +de l'augmentation des revenus dont il s'agit.

Art. 4 ter *(L. n. 52-870 du 22 juil. 1952, art. 5 ; L. fin. n. 63-628 du 2 juil. 1963, art. 15-III).*

– Tout titulaire de rente viagère ayant pour objet le paiement de sommes fixes en numéraire par des personnes physiques ou morales autres que les compagnies d'assurance-vie opérant en France, la Caisse nationale d'assurances sur la vie ou les caisses autonomes mutualistes, et constituées avant le 1er janvier 1989*(L. fin. n. 89-935 du 29 déc. 1989, art. 49-V)* soit moyennant l'aliénation d'un capital en numéraire, soit comme charge de la donation ou du legs d'une somme d'argent, a droit à une majoration, calculée selon les taux fixés à l'article 1er. Le même droit appartient au titulaire d'une rente viagère attribuée à l'un des époux en règlement de la créance résultant de la liquidation, soit de ses reprises, soit de ses droits dans la communauté.

Toutefois, le débirentier peut obtenir en justice, à défaut d'accord amiable, remise totale ou partielle de la majoration à sa charge si sa situation personnelle ne lui permet pas de supporter cette majoration.

Si les parties ne se sont pas entendues à l'amiable dans le délai d'un an à partir de la promulgation de la présente loi et si, avant l'expiration de ce même délai, le juge n'a pas été saisi, le crédirentier ne sera plus fondé à demander la revision de sa rente. La revision, une fois intervenue, sera définitive.

CONTRATS ALÉATOIRES   **Art. 1983**

(L. n. 57-775 du 11 juil. 1957, art. 13) Les caisses de retraite bénéficiaires de rentes viagères dues par leurs membres en contrepartie d'une remise de sommes sont exclues de l'application de ce texte.

Art. 5. – *Abrogé, D. n. 85-422 du 10 avril 1985, art. 1er.*

Art. 6. – Les demandes en revision ne suspendront pas l'augmentation forfaitaire au profit des crédirentiers. En cas de diminution consacrée par décision de justice ou accord définitif, le trop-perçu sera réparti, par fractions égales, sur chacune des échéances, au cours des douze mois suivant la décision ou l'accord.

Les demandes, qui ne pourront être faites qu'une fois, devront, à peine de forclusion, être formées dans le délai d'un an à compter de la promulgation de la présente loi.

Art. 7. – *1er al., abrogé L. n. 63-254 du 15 mars 1963, art. 56.*

Les inscriptions d'hypothèque ou de nantissement qui seront prises pour assurer le paiement des majorations prendront rang à leur date. Elles ne pourront garantir, le cas échéant, un capital supérieur à celui qui serait nécessaire pour assurer le service de la majoration ou fraction de majoration incombant, en exécution des dispositions de la présente loi, au détenteur actuel du bien affecté à la garantie de la rente.

Si le débirentier est décédé, ses héritiers tenus du service des majorations dont il s'agit pourront, dans les six mois du jour où ces majorations seront fixées d'une manière définitive, déposer une déclaration de succession rectificative en vue de la déduction du passif nouveau et de la restitution partielle des droits.

Art. 8 *(L. n. 52-870 du 22 juil. 1952, art. 7).* – En ce qui concerne les territoires d'outre-mer, des décrets, pris dans les six mois de la date de promulgation de la loi, en détermineront les conditions particulières d'application.

Loi de finances pour 1990
(n. 89-935 du 29 déc. 1989)
....

Art. 49. – I. – Les taux de majoration applicables aux rentes viagères résultant de contrats souscrits ou d'adhésions reçues avant le 1er janvier 1987 et visées par le titre Ier de la loi n. 48-777 du 4 mai 1948 portant majoration des rentes viagères de l'État, par les titres Ier et II de la loi n. 49-1098 du 2 août 1949 portant révision de certaines rentes viagères constituées par les compagnies d'assurances, par la caisse nationale des retraites pour la vieillesse ou par des particuliers moyennant l'aliénation de capitaux en espèces et par l'article 8 de la loi n. 51-695 du 24 mai 1951 portant majoration de certaines rentes et pensions sont ainsi fixés :

Art. 1983 — CONTRATS ALÉATOIRES

Taux de la majoration (p. 100).	Période au cours de laquelle est née la rente originaire.
71 100,7	Avant le 1er août 1914.
40 587,6	Du 1er août 1914 au 31 décembre 1918.
17 034,8	Du 1er janvier 1919 au 31 décembre 1925.
10 409,5	Du 1er janvier 1926 au 31 décembre 1938.
7 485,7	Du 1er janvier 1939 au 31 août 1940.
4 518,2	Du 1er septembre 1940 au 31 août 1944.
2 179,9	Du 1er septembre 1944 au 31 décembre 1945.
1 001,8	Années 1946, 1947 et 1948.
528,7	Années 1949, 1950 et 1951.
375,9	Années 1952 à 1958 incluse.
297,0	Années 1959 à 1963 incluse.
275,6	Années 1964 et 1965.
258,3	Années 1966, 1967 et 1968.
218,9	Années 1969 et 1970.
184,6	Années 1971, 1972 et 1973.
116,9	Année 1974.
105,8	Année 1975.
88,1	Années 1976 et 1977.
74,5	Année 1978.
59,3	Année 1979.
41,1	Année 1980.
25,5	Année 1981.
16,1	Année 1982.
10,5	Année 1983.
7,2	Année 1984.
5,4	Année 1985.
4,3	Année 1986.
2,8	Année 1987.
1,5	Année 1988.

II. – Les taux de majoration prévus aux articles 8, 9, 11 et 12 de la loi n. 48-777 du 4 mai 1948 précitée, modifiés en dernier lieu par l'article 43 de la loi de finances pour 1989 *(n. 88-1149 du 23 déc. 1988)*, sont remplacés par les taux suivants :

Article 8 .... 2 648 p. 100
Article 9 .... 201 fois
Article 11 .... 3 107 p. 100
Article 12 .... 2 648 p. 100

III. – L'article 14 de la loi n. 48-777 du 4 mai 1948 précitée, modifié par l'article 43 de la loi de finances pour 1989 *(n. 88-1149 du 23 déc. 1988)*, est ainsi rédigé :

Art. 14. – Le montant des majorations prévues aux articles 8, 9, 11 ci-dessus ne pourra excéder pour un même titulaire de rentes viagères 4 347 F.

En aucun cas, le montant des majorations, ajouté à l'ensemble de rentes servies pour le compte de l'Etat par la Caisse des dépôts et consignations au profit d'un même rentier viager, ne pourra former un total supérieur à 25 457 F. »

CONTRATS ALÉATOIRES Art. 1983

IV. – ....
V. – ....
VI. – Les dispositions de la loi n. 49-420 du 25 mars 1949 précitée sont applicables aux rentes perpétuelles constituées entre particuliers antérieurement au 1er janvier 1989.
Le capital correspondant à la rente en perpétuel dont le rachat aura été demandé postérieurement au 30 septembre 1989 sera calculé, nonobstant toutes clauses ou conventions contraires, en tenant compte de la majoration dont cette rente a bénéficié ou aurait dû bénéficier en vertu de la présente loi.
VII. – Les actions ouvertes par la loi n. 49-420 du 25 mars 1949 précitée, complétée par la loi n. 52-870 du 22 juillet 1952 et modifiée par la loi de finances pour 1989 *(n. 88-1149 du 23 déc. 1988)*, pourront à nouveau être intentées pendant un délai de deux ans à dater de la publication de la présente loi.
VIII. – Les taux de majoration fixés au paragraphe IV ci-dessus sont applicables, sous les même conditions de date, aux rentes viagères visées par la loi n. 48-957 du 9 juin 1948 portant majoration des rentes viagères constituées au profit des anciens combattants auprès des caisses autonomes mutualistes et par l'article 1er de la loi n. 51-695 du 24 mai 1951 précitée ainsi qu'aux rentes constituées par l'intermédiaire des sociétés mutualistes au profit des bénéficiaires de la majoration attribuée en application de l'article L. 321-9 du code de la mutualité.

V. aussi :

– Sur la majoration des rentes viagères servies par la Caisse nationale de prévoyance, L. n. 48-477 du 4 mai 1948 ; L. n. 49-1098 du 2 août 1949 ; L. n. 53-300 du 9 avril 1953 ; D. n. 70-104 du 30 janv. 1970, art. 1er à 11 *bis*.

– Sur la majoration des rentes viagères servies par les caisses autonomes mutualistes, L. n. 48-477 du 4 mai 1948 ; L.

n. 51-695 du 24 mai 1951 ; D. n. 70-104 du 30 janv. 1970, art. 12 à 21.

– Sur la majoration des rentes viagères servies par les sociétés d'assurance sur la vie, L. n. 49-1098 du 2 août 1949 ; L. n. 53-300 du 9 avril 1953 ; D. n. 70-104 du 30 janv. 1970, art. 22 à 25.

– Sur la majoration des rentes viagères souscrites à compter du 1er janv. 1979, V. D. n. 70-104 du 30 janv. 1970, mod. D. n. 80-624 du 31 juil. 1980.

Loi n. 74-1118 du 27 décembre 1974 *(J.O. 28 déc.)*
relative à la revalorisation de certaines rentes allouées en réparation du préjudice causé par un véhicule terrestre à moteur et portant diverses dispositions d'ordre civil

Art. 1er *(L. n. 85-677 du 5 juil. 1985, art. 43)*. – Sont majorées de plein droit, selon les coefficients de revalorisation prévus à l'article L. 455 du Code de la sécurité sociale, les rentes allouées soit conventionnellement, soit judiciairement, en réparation du préjudice causé, du fait d'un accident de la circulation, à la victime ou, en cas de décès, aux personnes qui étaient à sa charge.

Art. 2 – Les majorations prévues à l'article précédent sont à la charge du débiteur de la rente ou de l'organisme qui lui est substitué.
(2e al. mod. L. fin n. 85-1403 du 30 déc. 1985, art. 34-IX). – Les majorations dont le service incombe aux sociétés d'assurances, y compris celles qui résultent de l'application de la loi n. 51-695 du 24 mai 1951 portant majoration de certaines rentes viagères et pensions, et les majorations dont le service incombe au fonds de garantie prévu à l'article L. 420-1 du Code

Art. 1984 MANDAT

des assurances sont financées par le fonds de revalorisation des rentes alimenté par une contribution*. Cette contribution additionnelle devra être proportionnelle aux primes et cotisations effectivement versées au titre de l'assurance obligatoire *(Dernière phrase codifiée, C. Ass. art. L. 431-11)*.

* *V. D. n. 90-125 du 6 février 1990 relatif à la revalorisation de certaines rentes allouées en réparation du préjudice causé par un accident de la circulation et à la liquidation du fonds de revalorisation cité par l'article 2 de la loi n. 74-1118 du 27 décembre 1974 modifiée.*

Art. 3. – ....

Art. 4. – Les dispositions de la présente loi prennent effet à compter du 1ᵉʳ janvier 1975. Elles se substituent, pour les rentes prévues à l'article 1ᵉʳ, aux dispositions de la loi n. 51-695 du 24 mai 1951. Pour ces rentes, toute autre indexation, amiable ou judiciaire, est prohibée.

Elles sont aussi applicables aux rentes en cours au 1ᵉʳ janvier 1975, qui ne seront plus majorées, à compter de la même date, conformément aux dispositions de la loi n. 51-695 du 24 mai 1951, lorsqu'elles relevaient de ladite loi.

TITRE XIII. – DU MANDAT

CHAPITRE I. – DE LA NATURE ET DE LA FORME DU MANDAT

Art. 1984. – Le mandat ou procuration est un acte par lequel une personne donne à une autre le pouvoir de faire quelque chose pour le mandant et en son nom.
Le contrat ne se forme que par l'acceptation du mandataire.

1) Le contrat d'entreprise est relatif à de simples actes matériels et ne confère à l'entrepreneur aucun pouvoir de représentation (Civ. 1ʳᵉ, 19 fév. 1968 : *J.C.P.* 68, II, 15490). Mais agit en qualité de maître d'œuvre aussi bien qu'en qualité de mandataire l'entrepreneur qui a été chargé, en sus de la surveillance des travaux, de la conclusion pour le compte du propriétaire des marchés avec les entrepreneurs et du paiement de leurs travaux (Civ. 3ᵉ, 28 janv. 1975 : *J.C.P.* 75, IV, 87 ; *Bull.* III, n. 32, p. 24). L'architecte est un locateur d'ouvrage et non un mandataire, à moins qu'il n'ait été chargé par son client d'accomplir, au nom et pour le compte de celui-ci, certains actes juridiques déterminés (Civ. 1ʳᵉ, 2 fév. 1965 : *J.C.P.* 65, II, 14089). Jugé que constitue un mandat la convention intervenue entre le père de deux enfants d'une part et sa sœur et son beau-frère d'autre part à qui il a confié lesdits enfants pendant ses voyages en mer en les chargeant de passer divers actes juridiques en vue de l'entretien et de l'éducation de leurs nièces (Civ. 1ʳᵉ, 9 mars 1970 : *Bull.* I, n. 83, p. 68).

2) Sur la distinction entre mandat et contrat de travail, V. Soc. 22 juil. 1954 : *Bull.* I, n. 576, p. 426.

3) Sur la distinction entre mandat et dépôt, V. Req. 19 mars 1929 : *D.H.* 1929, 218.

4) A la différence d'un mandataire, un commissionnaire agit en son nom propre ou sous un nom social qui n'est pas celui de son commettant (Com. 3 mai 1965 : *Bull.* III, n. 280, p. 253). Les agences de voyage sont

des mandataires et non des commissionnaires de transport (Req. 14 nov. 1939 : *D.H.* 1940, 75. – Comp. Civ. 1re, 13 nov. 1956 : *J.C.P.* 57, II, 9799, note Rodière).

5) Dans ses rapports avec le mandant, le prête-nom, à la différence de ses rapports avec les tiers, n'est qu'un mandataire (Soc. 17 juil. 1958 : *Bull.* I, n. 940, p. 707), mais le prête-nom ne représentant pas le mandant, l'acquisition faite par lui donne lieu à la perception d'un double droit de mutation (Req. 10 fév. 1936 : *D.P.* 1937, 1, 91, rapp. Pilon).

6) Doit être cassé pour violation des articles 1984 du Code civil et 32 du Nouveau Code de procédure civile l'arrêt qui constate la représentation d'une personne dans l'instance d'appel engagée le 1er mars 1983, alors que cette personne était décédée le 16 mai 1982 (Civ. 3e, 4 mars 1987 : *Bull.* III, n. 42, p. 26).

7) La personne à qui est remise une procuration dans laquelle ne figure pas le nom du mandataire doit être réputée avoir reçu mandat de choisir celui-ci (Civ. 1re, 28 fév. 1989 : *J.C.P.* 89, IV, 164 ; *Bull.* I, n. 98, p. 63).

Art. 1985 *(Al. 1er mod. L. n. 80-525 du 12 juil. 1980).* **– Le mandat peut être donné par acte authentique ou par acte sous seing privé, même par lettre. Il peut aussi être donné verbalement, mais la preuve testimoniale n'en est reçue que conformément au titre : « Des contrats ou des obligations conventionnelles en général. »**

L'acceptation du mandat peut n'être que tacite, et résulter de l'exécution qui lui a été donnée par le mandataire.

Ch. LAZERGES, *Les mandats tacites : Rev. trim. dr. civ.* 1975, 222.

1) La preuve d'un mandat ne peut être reçue que conformément aux règles générales de la preuve des conventions. Ces règles sont applicables non seulement dans les rapports du mandant et du mandataire, mais encore à l'encontre des tiers qui ont traité avec le mandataire prétendu, l'ayant cause ne pouvant avoir plus de droit que son auteur (Civ. 1re, 22 mai 1959 : *D.* 1959, 490). Mais le tiers étranger au contrat faisant l'objet du mandat prétendu peut prouver par simples présomptions l'existence du mandat (Com. 5 mars 1969 : *Bull.* IV, n. 87, p. 87).

2) La preuve d'un mandat tacite doit répondre aux exigences des articles 1341 et suivants du Code civil (Civ. 3e, 29 oct. 1970 : *J.C.P.* 70, IV, 299 ; *Bull.* III, n. 562, p. 408). Mais la preuve de l'apparence d'un mandat peut être faite par présomptions (Civ. 1re, 15 juil. 1959 : *Gaz. Pal.* 1959, 2, 160).

3) Si celui qui invoque un mandat doit le prouver par écrit, les diligences accomplies et les résultats obtenus par lui dans l'exécution de ce mandat constituent des faits qui peuvent être établis par tous moyens (Civ. 1re, 2 fév. 1966 : *J.C.P.* 66, IV, 38 ; *Bull.* I, n. 83, p. 63).

Art. 1986. – Le mandat est gratuit, s'il n'y a convention contraire.

Le mandat est présumé salarié en faveur des personnes qui font profession de s'occuper des affaires d'autrui (Civ. 2e, 24 oct.

1958 : *Bull.* II, n. 653, p. 430. – V. en ce sens Req. 1er juil. 1936 : *D.H.* 1936, 428. – Civ 1re, 10 fév. 1981 : *Bull.* I, n. 50, p. 40).

Art. 1987. – Il est ou spécial et pour une affaire ou certaines affaires seulement, ou général et pour toutes les affaires du mandant.

Art. 1988. – Le mandat conçu en termes généraux n'embrasse que les actes d'administration.

Art. 1989 — MANDAT

S'il s'agit d'aliéner ou hypothéquer, ou de quelque autre acte de propriété, le mandat doit être exprès.

1) L'administrateur provisoire d'une succession peut ester en justice, même si ce pouvoir ne lui a pas été conféré, si l'introduction de l'action constitue un acte conservatoire et d'administration (Civ. 1re, 25 oct. 1972 : *Bull.* I, n. 217, p. 188).

2) Le fait de conférer à un tiers la gestion d'un immeuble n'implique nullement qu'on lui donne en même temps mandat de le vendre (Paris 2 oct. 1965 : *D.* 1966, 545. – V. en ce sens Civ. 1re, 17 janv. 1973 : *Bull.* I, n. 25, p. 23).

3) Lorsque le gage est constitué par un mandataire, celui-ci doit être muni d'un pouvoir spécial (Com. 14 juin 1948 : *J.C.P.* 48, II, 4534, note Becqué).

Art. 1989. – Le mandataire ne peut rien faire au-delà de ce qui est porté dans son mandat : le pouvoir de transiger ne renferme pas celui de compromettre.

1) Il résulte de l'article 1989 que l'objet du mandat doit être interprété restrictivement (Orléans 15 fév. 1973 : *J.C.P.* 73, IV, 254). Le mandat de passer un acte, fût-ce après procédure, n'implique pas nécessairement celui d'ester en justice sur la validité de cet acte (Soc. 3 fév. 1955 : *Bull.* IV, n. 94, p. 66). Le mandat légal de l'avoué ne comporte pas le pouvoir d'acquiescer (Civ. 3e, 17 oct. 1972 : *Bull.* III, n. 517, p. 377), ni celui de percevoir les fonds dus à son client, faute de prouver un mandat tacite en ce sens (Civ. 2e, 5 janv. 1972 : *Bull.* II, n. 3, p. 2). Le mandat exclusif de vendre ne confère pas au mandataire le pouvoir d'emprunter en nom du mandant (Orléans 14 juin 1973 : *J.C.P.* 74, IV, 56), ni celui de faire effectuer des travaux dans l'immeuble (Civ. 3e, 4 juil. 1972 : *Bull.* III, n. 443, p. 323).

2) La preuve de l'étendue du mandat peut être rapportée par tous moyens (Civ. 1re, 23 mai 1964 : *Gaz. Pal.* 1964, 2, 171).

Art. 1990 *(L. n. 65-570, 13 juil. 1965, art. 4 et 9, avec effet, à compter du 1er février 1966).*
– **Un mineur non émancipé peut être choisi pour mandataire ; mais le mandant n'aura d'action contre lui que d'après les règles générales relatives aux obligations des mineurs.**

1) Un mandat peut être donné à un incapable dont les actes accomplis pour le compte du mandant échappent aux causes de nullité qui vicieraient les mêmes actes accomplis par l'incapable pour son propre compte (Civ. 5 déc. 1933 : *D.H.* 1934, 49).

2) Sur l'interdiction faite aux mandataires de se rendre adjudicataires des biens qu'ils sont chargés de vendre, V. supra, art. 1596.

CHAPITRE II. – DES OBLIGATIONS DU MANDATAIRE

Art. 1991. – **Le mandataire est tenu d'accomplir le mandat tant qu'il en demeure chargé, et répond des dommages-intérêts qui pourraient résulter de son inexécution.**
Il est tenu de même d'achever la chose commencée au décès du mandant, s'il y a péril en la demeure.

Si le mandataire est, sauf cas fortuit, présumé en faute du seul fait de l'inexécution de son mandat, cette présomption ne saurait être étendue à l'hypothèse d'une mauvaise exécution de ce dernier. C'est donc sans interversion de la charge de la preuve que les juges du fond décident qu'il appartient alors au mandant d'établir les fautes de gestion par lui alléguées à l'encontre de son mandataire (Civ. 1re, 18 janv. 1989 : *Bull.* I, n. 26, p. 18 ; *D.* 1989, 302, note Larroumet ; *Rev. trim. dr. civ.* 1989, 558, obs. Jourdain, et 572, obs. Rémy).

Art. 1992. – **Le mandataire répond non seulement du dol, mais encore des fautes qu'il commet dans sa gestion.**

Néanmoins, la responsabilité relative aux fautes est appliquée moins rigoureusement à celui dont le mandat est gratuit qu'à celui qui reçoit un salaire.

1) Tout mandataire, salarié ou non, répond au regard de son mandant de l'inexécution de l'obligation qu'il a contractée et du préjudice qui en est résulté pour le mandant, l'inexécution de l'obligation faisant présumer la faute du mandataire, hors cas fortuit (Soc. 30 nov. 1945 : *D.* 1946, 155. – V. en ce sens Civ. 1re, 8 déc. 1965 : *Bull.* I, n. 686, p. 525). Engage sa responsabilité le mandataire gratuit chargé de placer des fonds qui fait preuve de la plus grande légèreté en consentant un prêt à une personne dont il ne pouvait ignorer les difficultés financières (Civ. 1re, 5 fév. 1975 : *D.* 1975, 410, note R.R.).

2) Si, aux termes de l'article 1992, alinéa 2, la responsabilité relative aux fautes est appliquée moins rigoureusement à celui dont le mandat est gratuit qu'à celui qui reçoit un salaire, cette disposition ne concerne que l'appréciation de la faute et non l'étendue de la réparation (Civ. 1re, 4 janv. 1980 : *Bull.* I, n. 11, p. 9).

3) Il y a faute pour le notaire à ne pas signaler immédiatement au mandant que la procuration qu'il a donnée n'est pas conforme aux prétentions qu'il a exprimées préalablement (Paris 18 mars 1985 : *J.C.P.* 87, II, 20732, note Dagot).

Art. 1993. – **Tout mandataire est tenu de rendre compte de sa gestion, et de faire raison au mandant de tout ce qu'il a reçu en vertu de sa procuration, quand même ce qu'il aurait reçu n'eût point été dû au mandant.**

1) Les dispositions générales et absolues de l'article 1993 s'appliquent à toutes choses et sommes reçues pour quelque cause que ce soit par le mandataire en sa qualité et dans l'accomplissement des actes où il est le représentant du mandant (Com. 15 nov. 1950 : *Bull.* III, n. 335, p. 238). Doivent être considérées comme reçues en vertu du mandat et non à l'occasion de l'exercice de ce mandat les sommes remises au mandataire pour le compte du mandant et dont il a, en son nom, donné décharge (Civ. 1re, 8 juil. 1975 : *D.* 1976, 315, note Gaury). Il est dès lors tenu de faire raison de la totalité de celles-ci audit mandant sauf si ce dernier a accepté expressément l'utilisation que le mandataire en a faite (même arrêt). Mais lorsque, par suite d'une erreur purement matérielle, le mandataire reçoit une somme supérieure à celle qu'il est chargé de toucher et qu'on entend lui verser, la réception de l'excédent a lieu non en vertu du mandat mais à l'occasion de l'exercice de ce mandat et par un fait qui, étant en dehors de ses prévisions, ne confère aucun droit au mandant sur la somme ainsi perçue (Civ. 24 juil. 1900 : *D.P.* 1905, 1, 261).

2) Le mandant pouvant toujours dispenser le mandataire de son obligation de rendre compte et cette dispense pouvant même être tacite, les juges du fond peuvent l'induire des circonstances de la cause en estimant souverainement que les liens qui unissaient les parties avaient pu rendre impossible ou même simplement inutile l'obtention d'un quitus formel par le mandataire (Civ. 1re, 12 nov. 1957 : *Bull.* I, n. 431, p. 348).

Art. 1994 — MANDAT

3) Constitue la reddition de comptes exigée par l'article 1993 l'acte sous seing privé par lequel les mandants reconnaissent avoir été intégralement réglés de toutes les sommes en provenance de la vente conclue le même jour, pour laquelle ils avaient donné mandat, et donnent pleine et entière décharge à leur mandataire (Civ. 1re, 18 janv. 1989 : J.C.P. 89, IV, 102).

Art. 1994. – **Le mandataire répond de celui qui s'est substitué dans la gestion : 1° quand il n'a pas reçu le pouvoir de se substituer quelqu'un ; 2° quand ce pouvoir lui a été conféré sans désignation d'une personne, et que celle dont il a fait choix était notoirement incapable ou insolvable.**
Dans tous les cas, le mandant peut agir directement contre la personne que le mandataire s'est substituée.

1) Lorsque la convention ne prévoit aucune possibilité de substitution et que la nature de la mission ne permet pas de la présumer, le mandataire ne peut se substituer un tiers (Civ. 1er, 26 nov. 1961 : Bull. I, n. 625, p. 495). Lorsque le mandat donné à un avoué ne lui confère pas le droit de se substituer un confrère, l'avoué auquel il remet les dossiers de son client après s'être démis de ses fonctions peut être désavoué par celui-ci (Req. 8 janv. 1912 : D.P. 1913, 1, 185, 2e esp.).

2) Il résulte de l'article 1994 que la substitution de mandataire sans autorisation du mandant a pour seul effet de rendre le mandataire initial responsable du fait de celui qu'il s'est substitué, contre lequel le mandant peut agir directement, mais que la responsabilité du mandataire substitué ne peut être engagée que s'il a commis une faute (Civ. 1re, 26 nov. 1981 : Bull. I, n. 355, p. 300).

3) Le substitué jouit d'une action personnelle et directe contre le mandant pour obtenir le remboursement de ses avances et frais et le paiement de la rétribution qui lui est due (Civ. 1re, 27 déc. 1960 : D. 1961, 491, note Bigot. – Com. 8 juil. 1986 : Bull. IV, n. 153, p. 130). Cette action peut être exercée que la substitution ait été ou non autorisée par le mandant (Com. 9 nov. 1987 : Bull. III, n. 233, p. 174).

Art. 1995. – **Quand il y a plusieurs fondés de pouvoir ou mandataires établis par le même acte, il n'y a de solidarité entre eux qu'autant qu'elle est exprimée.**

Art. 1996. – **Le mandataire doit l'intérêt des sommes qu'il a employées à son usage, à dater de cet emploi ; et de celles dont il est reliquataire, à compter du jour qu'il est mis en demeure.**

Le mandataire qui a encaissé le prix de titres appartenant à son mandant doit le restituer, mais s'il n'est pas justifié qu'il ait employé à son usage les sommes en provenant, il n'est tenu des intérêts qu'en qualité de reliquataire dans les conditions prévues par l'article 1996 (Civ. 1re, 19 avril 1961 : J.C.P. 61, IV, 82 ; Bull. I, n. 212, p. 166).

Art. 1997. – **Le mandataire qui a donné à la partie avec laquelle il contracte, en cette qualité, une suffisante connaissance de ses pouvoirs n'est tenu d'aucune garantie pour ce qui a été fait au-delà, s'il ne s'y est personnellement soumis.**

1) Le mandataire est responsable personnellement envers les tiers des délits et quasi-délits qu'il peut commettre soit spontanément soit même sur les instructions du mandant dans l'accomplissement de sa mission (Ch. mixte 26 mars 1971 : J.C.P. 71, II, 16762, note Lindon).

2) L'exécution des obligations contrac-

tuelles passées par un mandataire au nom et pour le compte de son mandant incombe à ce dernier seul (Civ. 2ᵉ, 21 janv. 1966 : *J.C.P.* 66, IV, 30 ; *Bull.* II, n. 99, p. 71), mais le mandataire qui traite en son propre nom avec un tiers devient le débiteur direct de ce dernier sauf son recours contre le mandant (Civ. 3ᵉ, 17 oct. 1972 : *J.C.P.* 72, IV, 272 ; *Bull.* III, n. 528, p. 384).

3) Le mandataire qui ne fait pas connaître suffisamment ses pouvoirs aux tiers est seulement tenu d'une obligation de faire qui n'est autre que celle du portéfort et dont l'inexécution se résout seulement en dommages-intérêts, sans qu'il puisse être considéré comme une caution tenue de l'engagement qu'il prend au nom du mandant et dont il ne saurait être tenu que s'il s'y est personnellement soumis (Dijon 19 mai 1931 : *D.H.* 1931, 405).

CHAPITRE III. – DES OBLIGATIONS DU MANDANT

Art. 1998. – **Le mandant est tenu d'exécuter les engagements contractés par le mandataire, conformément au pouvoir qui lui a été donné.**

Il n'est tenu de ce qui a pu être fait au-delà, qu'autant qu'il l'a ratifié expressément ou tacitement.

I. Obligation d'exécuter les engagements contractés par le mandataire

1) L'exécution des obligations contractuelles passées par un mandataire au nom et pour le compte de son mandant incombe à ce dernier seul (Civ. 2ᵉ, 21 janv. 1966 : *J.C.P.* 66, IV, 30 ; *Bull.* II, n. 99, p. 71. – Civ. 3ᵉ, 23 nov. 1988 : *J.C.P.* 89, IV, 30).

2) Le mandant n'est pas tenu, sauf ratification, de ce que le mandataire a fait au-delà du pouvoir qu'il a reçu (Civ. 3ᵉ, 4 juil. 1972 : *J.C.P.* 72, IV, 220 ; *Bull.* III, n. 443, p. 323).

3) Le mandant n'est pas tenu des engagements contractés par son mandataire à la suite d'un concert frauduleux entre lui et un tiers (Civ. 3ᵉ, 29 nov. 1972 : *J.C.P.* 73, IV, 75 ; *Bull.* III, n. 647, p. 476. V. en ce sens Req. 14 avril 1908 : *D.P.* 1908, I, 344. - Civ. 1ʳᵉ, 9 juin 1958 : *D.* 1958, somm 130)

4) Sur la nullité absolue de l'acte conclu par un mandataire sans pouvoir, v. Civ. 3ᵉ, 15 avril 1980 : *D.* 1981, I.R. 314, obs. Ghestin. V. cpdt Ass. plén. 28 mai 1982 : *D.* 1983, 117, concl. Cabannes

II. Mandat apparent

5) Le mandant peut être engagé sur le fondement d'un mandat apparent, même en l'absence d'une faute susceptible de lui être reprochée si la croyance du tiers à l'étendue des pouvoirs du mandataire est légitime, ce caractère supposant que les circonstances autorisaient le tiers à ne pas vérifier les limites exactes de ces pouvoirs (Cass. Ass. plén. 13 déc. 1962 : *J.C.P.* 63, II, 13105, note Esmein. – V. en ce sens Civ. 1ʳᵉ, 29 avril 1969 : *D.* 1970, 23, note Calais-Auloy, 2 arrêts ; *J.C.P.* 69, II, 15972, note Lindon, 1ʳᵉ et 2ᵉ esp. – Com. 29 avril 1970 : *J.C.P.* 71, II, 16694, note Mayer-Jack, 2 arrêts). Les juges du fond doivent caractériser ces circonstances (Com. 6 juin 1989 : *J.C.P.* 89, IV, 293).

6) Sur la notion de croyance légitime, v. J.L. Sourioux, *La croyance légitime* : *J.C.P.* 84, I, 3058.

7) Pour une application de la théorie du mandat apparent au notaire, v. Civ. 3ᵉ, 2 oct. 1974 : *J.C.P.* 76, II, 18247, note Thuillier. – Civ. 3ᵉ, 21 janv. 1981 : *Bull.* III, n.19, p.13.

8) Pour une application à une vente de biens ecclésiastiques, v. Civ. 3e, 20 avril 1988 : *J.C.P.* 89, II, 21229, ; note J. Monéger, cassant Bastia 20 déc. 1985 : *D.* 1987, 363, note crit. J. Monéger.

9) Pour d'autres applications de la théorie du mandat apparent, v. Com. 29 mars 1966 : *J.C.P.* 67, II, 15310, 1re esp. – Com. 26 janv. 1976 : *D.* 1976, I.R. 112. – Civ. 2e, 17 oct. 1979 : *Bull.* II, n. 242, p. 166. – Com. 8 juil. 1981 : *Bull.* IV, n. 315, p. 244. – Civ. 3e, 4 mai 1982 : *Bull.* III, n. 111, p. 78.

10) Sur la réticence de la jurisprudence à admettre l'application de la théorie dans les rapports des époux avec les tiers, v. Civ. 1re, 24 mars 1981 : *J.C.P.* 82, II, 19746, note Le Guidec.

III. Ratification

11) La ratification par le mandant des actes faits par le mandataire en dehors des pouvoirs à lui conférés résulte de tous actes, faits et circonstances qui manifestent de la part du mandant la volonté certaine de ratifier (Civ. 2 déc. 1935 : *D.H.* 1936, 52).

12) La ratification a un effet rétroactif qui remonte au jour de l'acte ratifié (Civ. 3e, 20 déc. 1971 : *Bull.* III, n. 645, p. 461).

13) Le fait que le mandataire qui dépasse son mandat déclare agir en son nom personnel ne s'oppose pas à ce que le mandant ratifie ses actes (Civ. 1re, 28 avril 1980 : *Bull.* I, n. 129, p. 105).

Art. 1999. – **Le mandant doit rembourser au mandataire les avances et frais que celui-ci a faits pour l'exécution du mandat, et lui payer ses salaires lorsqu'il en a été promis.**

S'il n'y a aucune faute imputable au mandataire, le mandant ne peut se dispenser de faire ces remboursements et paiements, lors même que l'affaire n'aurait pas réussi, ni faire réduire le montant des frais et avances sous le prétexte qu'ils pouvaient être moindres.

1) Si le mandant ne peut se dispenser de faire au mandataire les remboursements et paiements relatifs à l'exécution du mandat, c'est à la condition qu'il n'y ait aucune faute imputable audit mandataire (Com. 19 fév. 1958 : *Bull.* III, n. 83, p. 68. – Civ. 1re, 8 déc. 1976 : *D.* 1976, I.R., 138).

2) L'agent immobilier qui a servi d'intermédiaire a droit à la commission prévue dès lors que la vente est parfaite, peu important que le vendeur et l'acheteur ont décidé d'un commun accord de se dégager l'un et l'autre de la vente consentie (Civ. 1re, 16 oct. 1963 : *J.C.P.* 64, II, 13595), la clause selon laquelle la commission serait versée à la signature de l'acte authentique devant être interprétée comme constituant un terme et non une condition (même arrêt). Mais il en va autrement si les parties sont convenu que la signature de l'acte authentique concrétiserait la réalisation de la vente et déterminerait le paiement de la commission (Civ. 1re, 2 mars 1966 : *D.* 1966, 396). Jugé que la commission n'est pas due si la vente a été subordonnée à une condition suspensive qui ne s'est pas réalisée (Civ. 1re, 23 déc. 1968 : *D.* 1969, 235). Sur l'interdiction pour les personnes se livrant ou prêtant leur concours à certaines opérations sur les immeubles et les fonds de commerce de percevoir une rémunération avant que l'opération ait été effectivement conclue et constatée dans un seul acte contenant l'engagement des parties, V. L. n. 70-9 du 2 janv. 1970, art. 6, D. n. 72-678 du 20 juil. 1972, art. 74, Annexe.

3) Si le mandat, gratuit par nature, peut être rémunéré, le salaire du mandataire peut être réduit s'il est hors de proportion avec les diligences faites et les services rendus et si le mandant n'a pas été parfaitement informé tant de l'importance du service que de la valeur de la rémunération accordée (Com. 23 janv. 1962 : *Bull.* III, n. 52, p. 42. – V. en ce sens Civ. 1re, 7 mai 1969 : *Bull.* I, n. 172, p. 140). Mais les juges du fond ne peuvent réduire le montant de la commis-

MANDAT   Art. 2003

sion que le mandant a reconnu devoir au mandataire après la fin du mandat (Civ. 1re, 19 janv. 1970 : *Bull.* I, n. 23, p. 19. – V. aussi Civ. 1re, 14 janv. 1976 : *J.C.P.* 76, II, 18388).

4) Le mandataire a un droit de rétention sur les objets qui lui ont été confiés pour l'exécution de son mandat (Civ. 17 janv. 1866 : *D.P.* 1866, 1, 76. – V. en ce sens Angers 10 juil. 1934 : *D.H.* 1934, 531. – Colmar 30 janv. 1973 : *D.* 1973, Somm. 99). Mais il n'est investi par la loi en cette seule qualité d'aucun privilège pour le recouvrement des avances faites par lui, sauf s'il peut se prévaloir du privilège du conservateur prévu par l'article 2102-3° du Code civil (Civ. 21 janv. 1908 : *D.P.* 1910, 1, 161).

Art. 2000. – **Le mandant doit aussi indemniser le mandataire des pertes que celui-ci a essuyées à l'occasion de sa gestion, sans imprudence qui lui soit imputable.**

1) Pour une application en cas de redressements fiscaux mis en recouvrement contre le mandataire, v. Civ. 1re, 28 juin 1989 : *J.C.P.* 89, IV, 329.

2) L'article 2000 n'étant pas d'ordre public, les parties peuvent prévoir un forfait de 25 % pour le recouvrement des créances excluant tout autre versement par le mandant (Req. 9 fév. 1938 : *D.H.* 1938, 213).

Art. 2001. – **L'intérêt des avances faites par le mandataire lui est dû par le mandant, à dater du jour des avances constatées.**

1) La circonstance que les frais et débours du mandataire salarié ont été liquidés par les juges ne fait pas obstacle à l'application de l'article 2001 (Civ. 1re, 13 mai 1981 : *J.C.P.* 81, IV, 267 ; *Bull.* I, n. 164, p. 133).

2) Le salaire du mandataire ne constitue pas des avances au sens de l'article 2001 et ne produit d'intérêts que du jour de la demande formée par lui (Civ. 21 nov. 1893 : *D.P.* 1894, 1, 269).

Art. 2002. – **Lorsque le mandataire a été constitué par plusieurs personnes, pour une affaire commune, chacune d'elles est tenue solidairement envers lui de tous les effets du mandat.**

1) Les notaires ont une action solidaire pour le paiement de leurs frais et honoraires contre toutes les parties qui ont eu recours à leur ministère (Civ. 30 janv. 1889 : *D.P.* 1889, 1, 400).

2) Est légalement justifié l'arrêt qui condamne *in solidum* une société et son gérant de fait en paiement du coût de travaux commandés par le mandataire de celui-ci dès lors que la cour d'appel a retenu une ratification tacite par la société des initiatives dudit gérant et qu'il s'en déduit que l'un et l'autre étaient, en vertu de l'article 2002, solidairement tenus de la dette (Civ. 3e, 1er juil. 1971 : *Bull.* III, n. 436, p. 311).

CHAPITRE IV. – DES DIFFÉRENTES MANIÈRES DONT LE MANDAT FINIT

Art. 2003. – **Le mandat finit :**
Par la révocation du mandataire ;
Par la renonciation de celui-ci au mandat ;

Art. 2004 — MANDAT

Par la mort naturelle ou civile (*), la tutelle des majeurs ou la déconfiture, soit du mandant, soit du mandataire.

(*) *La mort civile a été abolie, L. 31 mai 1854.*

1) Le contrat conclu par un mandataire dépourvu de pouvoir à la suite du décès du mandant est nul de nullité absolue (Civ. 1re, 9 juin 1976 : *J.C.P.* 76, IV, 257 ; *Bull.* I, n. 213, p. 173). Mais l'article 2003 n'est que supplétif de la volonté des parties et cesse de s'appliquer lorsque telle est la volonté du mandant, cette volonté pouvant s'induire notamment de l'objet du mandat et du but pour lequel il a été donné (Paris 12 déc. 1967 : *D.* 1968, 269. – V. sur pourvoi Civ. 2e, 4 juin 1969 : *Bull.* II, n. 185, p. 134).

Toutefois, le mandat *post-mortem* ne peut transgresser les règles d'ordre public édictées en matière successorale (Civ. 1re, 28 juin 1988 : *Bull.* I, n. 209, p. 147 ; *J.C.P.* 89, II, 21366, note D. Martin ; *D.* 1989, 181, note Najjar ; *Rev. trim. dr. civ.* 1989, 116, obs. Patarin).

2) L'aliénation mentale du mandant ne met pas fin, à elle seule, au mandat en l'absence d'interdiction (Civ. 1re, 22 oct. 1963 : *J.C.P.* 63, IV, 162 ; *Bull.* I, n. 448, p. 382).

Art. 2004. – **Le mandant peut révoquer sa procuration quand bon lui semble, et contraindre, s'il y a lieu, le mandataire à lui remettre, soit l'écrit sous seing privé qui la contient, soit l'original de la procuration, si elle a été délivrée en brevet, soit l'expédition, s'il en a été gardé minute.**

I. Règles générales

1) Le mandat donné d'un commun accord par plusieurs indivisaires ne peut être révoqué par l'un d'eux sans l'accord des autres (Civ. 1re, 17 juil. 1973 : *Bull.* I, n. 247, p. 217).

2) Les restrictions apportées par le mandant aux pouvoirs qu'il avait précédemment accordés à son mandataire constituent une révocation partielle qui peut selon l'article 2004 intervenir au gré du mandant (Civ. 1re, 8 janv. 1969 : *Bull.* I, n. 7, p. 4).

3) Si le mandant peut révoquer le mandat gratuit de même que le mandat salarié quand bon lui semble, il peut renoncer à ce droit ou en soumettre l'exercice à des conditions déterminées (Req. 9 juil. 1885 : *D.P.* 1886, 1, 310). Jugé que s'agissant d'une donation d'une créance donnant mandat au donataire de recouvrer celle-ci, la procuration incluse dans l'acte est une condition de la donation, dès lors qu'elle permet au donataire de faire tous actes et introduire toutes actions en vue d'entrer en possession des biens qui constituaient l'objet même de la donation, et qu'elle participe donc à son caractère irrévocable (Civ. 1re, 17 juin 1959 : *Bull.* I, n. 302, p. 251).

4) Lorsque les parties ont entendu se lier par un mandat qui comporte un terme précis, elles ne peuvent, sans faute, en abréger unilatéralement et arbitrairement la durée, peu important à cet égard l'incertitude dudit terme. Tel est le cas spécialement d'un mandat salarié de mener à bonne fin la commercialisation d'appartements qui stipule qu'il doit cesser à la fin du mois suivant la dernière vente (Soc. 22 juin 1977 : *Bull.* V. n. 418, p. 329). Mais le pouvoir stipulé irrévocable donné par une partie à une autre de céder différents biens ne la prive pas du droit de disposer personnellement de ceux-ci en qualité de propriétaire (Civ. 1re, 16 juin 1970 : *D.* 1971, 261, note Aubert).

5) La révocation du mandat n'est opposable au mandataire qu'au jour où celui-ci a eu connaissance de la volonté du mandant et non au jour où cette volonté s'est exprimée (Civ. 3e, 28 fév. 1984 : *Bull.* III, n. 52, p. 39).

6) Le mandataire désigné par autorité de justice ne peut mettre fin lui-même à ses fonctions sans y avoir été expressément autorisé par une décision de l'autorité qui l'a désigné (Civ. 1re, 10 juin 1986 : *Bull.* I, n. 161, p. 162).

II. Mandat d'intérêt commun

7) La règle édictée par l'article 2004 selon laquelle le mandant peut révoquer sa procuration quand bon lui semble n'est pas applicable en cas de mandat donné dans l'intérêt commun du mandant et du mandataire, un tel mandat ne pouvant être révoqué que du consentement mutuel des parties ou pour une cause légitime reconnue en justice ou suivant les clauses et conditions spéciales du contrat (Com. 10 nov. 1959 : *J.C.P.* 60, II, 11509, note M.P., 2e esp. – V. en ce sens Com. 10 fév. 1975 : *J.C.P.* 75, IV, 113 ; *Bull.* IV, n. 39, p. 31). Mais la révocation d'un tel mandat, effectuée selon les formes prévues par la convention, n'est pas subordonnée à la preuve d'un préjudice causé au mandant (Civ. 1re, 7 juin 1989 : *J.C.P.* 89, IV, 293).

8) La stipulation d'un salaire ne suffit pas à faire considérer le mandat comme donné dans l'intérêt du mandataire (Civ. 1re, 13 juin 1966 : *Bull.* I, n. 359, p. 276).

9) Le mandat donné à un agent immobilier n'est pas un mandat d'intérêt commun (Civ. 1re, 14 mars 1984 ; *Bull.* I, n. 92, p. 76). Mais il en va autrement pour le mandat en exécution duquel le mandataire a constitué un réseau de clientèle et pour lequel il a été rétribué par une commission liée au chiffre d'affaires, les deux parties ayant le même intérêt : l'essor de l'entreprise (Civ. 3e, 18 mai 1989 : *J.C.P.* 89, IV, 267). Sur le mandat d'intérêt commun résultant du contrat de promotion immobilière, V. *supra,* art. 1831-1.

10) Est licite la clause prévoyant une faculté de résiliation réciproque sans indemnité du mandat d'intérêt commun (Com. 11 déc. 1973 : *J.C.P.* 74, IV, 34 ; *Bull.* IV, n. 358, p. 319).

11) L'exclusion de l'application du décret du 23 décembre 1958 relatif aux agents commerciaux n'écarte pas la possibilité de se prévaloir des effets différents attachés par le droit commun au mandat conclu dans l'intérêt commun du mandant et du mandataire (Com. 8 oct. 1969 : *D.* 1970, 143, 2e esp.). Sur le mandat d'intérêt commun résultant du contrat de promotion immobilière, V. *supra,* art. 1831-1.

Art. 2005. – **La révocation notifiée au seul mandataire ne peut être opposée aux tiers qui ont traité dans l'ignorance de cette révocation, sauf au mandant son recours contre le mandataire.**

V. pour une application Civ. 3e, 10 janv. 1984 : *Bull.* III, n. 7, p. 5.

Art. 2006. – **La constitution d'un nouveau mandataire pour la même affaire vaut révocation du premier, à compter du jour où elle a été notifiée à celui-ci.**

Art. 2007. – **Le mandataire peut renoncer au mandat, en notifiant au mandant sa renonciation.**
Néanmoins, si cette renonciation préjudicie au mandant, il devra en être indemnisé par le mandataire, à moins que celui-ci ne se trouve dans l'impossibilité de continuer le mandat sans en éprouver lui-même un préjudice considérable.

Le mandataire ne peut renoncer au mandat que sous la double condition de notifier sa renonciation au mandant et de montrer qu'il lui eût été impossible de continuer le mandat sans en éprouver lui-même un préjudice considérable (Req. 7 juil. 1870 :

Art. 2008 MANDAT

D.P. 1871, 1, 168). Mais jugé que le mandataire peut renoncer à assurer l'exécution d'un mandat gratuit sans avoir à notifier sa renonciation au mandant (Civ. 31 oct. 1923 : *Gaz. Pal.* 1923, 2, 760).

Art. 2008. — Si le mandataire ignore la mort du mandant ou l'une des autres causes qui font cesser le mandat, ce qu'il a fait dans cette ignorance est valide.

V. pour une application Paris 22 déc. 1956 : *D.* 1956, 295.

Art. 2009. — Dans les cas ci-dessus, les engagements du mandataire sont exécutés à l'égard des tiers qui sont de bonne foi.

Art. 2010. — En cas de mort du mandataire, ses héritiers doivent en donner avis au mandant, et pourvoir, en attendant, à ce que les circonstances exigent pour l'intérêt de celui-ci.

TITRE XIV. — DU CAUTIONNEMENT

V. SIMLER, *Le cautionnement*, Litec 1982.

CHAPITRE I. — DE LA NATURE ET DE L'ÉTENDUE DU CAUTIONNEMENT

Art. 2011. — Celui qui se rend caution d'une obligation se soumet envers le créancier à satisfaire à cette obligation, si le débiteur n'y satisfait pas lui-même.

1) Une lettre d'intention peut, selon ses termes, lorsqu'elle a été acceptée par son destinataire et eu égard à la commune intention des parties, constituer à la charge de celui qui l'a souscrite un engagement contractuel de faire ou de ne pas faire pouvant aller jusqu'à l'obligation d'assurer un résultat, même si elle ne constitue pas un cautionnement (Com. 21 déc. 1987 : *D.* 1989, 112, note Brill. — Paris 10 mars 1989 : *D.* 1989, 436, 4ᵉ esp. — V. I.Najjar, *L'autonomie de la lettre de confort* : *D.* 1989, Chron. 217.

2) Il résulte de l'article 2011 que celui qui est débiteur d'une obligation à titre principal ne peut être tenu de la même obligation comme caution (Com. 28 avril 1964 : *J.C.P.* 64, IV, 81 ; *Bull.* III, n. 215, p. 182. — V. en ce sens Com. 12 juil. 1976 : *J.C.P.* 76, IV, 299). Le cautionnement étant un contrat accessoire, la prescription de l'obligation de la caution ne commence à courir que du jour où l'obligation principale est devenue exigible (Com. 22 janv. 1979 : *Bull.* IV, n. 24, p. 19. — Civ. 1ʳᵉ, 20 juil. 1981 : *J.C.P.* 81, IV, 366 ; *Bull.* I, n. 266, p. 219), et la chose jugée contre le débiteur principal relativement à l'existence de la dette cautionnée est opposable à la caution (Civ. 1ʳᵉ, 29 mars 1978 : *Bull.* I, n. 125, p. 100). A défaut de stipulation contraire, la clause attributive de compétence contenue dans le contrat principal vaut également pour le cautionnement et la loi applicable au cautionnement est celle

CAUTIONNEMENT

qui régit l'obligation principale (Soc. 14 janv. 1976 : *J.C.P.* 76, IV, 77 ; *Bull.* V, n. 25, p. 21. – V. aussi Civ. 1re, 1er juil. 1981 : *J.C.P.* 81, IV, 338). Jugé cependant que la caution ne peut invoquer une clause compromissoire contenue dans le contrat principal auquel elle n'a pas été partie (Com. 22 nov. 1977 : *Bull.* IV, n. 273, p. 231).

3) Le cautionnement emporte obligation de la caution mais non dessaisissement immédiat et définitif d'un élément patrimonial et ne constitue donc pas un acte de disposition à titre gratuit tombant sous le coup de la prohibition édictée par l'article 1422 du Code civil (Civ. 1re, 21 nov. 1973 : *D.* 1975, 549, note Steinmetz. – V. en ce sens Civ. 1re, 11 juil. 1978 : *J.C.P.* 78, IV, 292 ; *Bull.* I, n. 264, p. 207). Mais a été annulé pour fraude l'engagement de caution souscrit par le mari seul, ce dernier s'étant prévalu à l'insu de son épouse, pour être agréé comme caution, de la propriété d'un bien commun assurant le logement de la famille dont il ne pouvait disposer sans l'accord écrit de son épouse (Civ. 1re, 21 juin 1978 : *D.* 1979, 479, note Chartier).

4) Si le cautionnement est par nature un contrat civil, il revêt un caractère commercial lorsque la caution a un intérêt personnel dans l'opération commerciale à l'occasion de laquelle il est intervenu (Com. 9 oct. 1978 : *J.C.P.* 78, IV, 340 ; *Bull.* IV, n. 214, p. 181).

5) Le cautionnement n'est pas caduc pour défaut de cause et ne cesse pas de produire effet lorsque le dirigeant social qui a cautionné la société cède la quasi-totalité de ses actions et quitte la fonction qu'il occupait au sein de la société (Com. 16 fév. 1977 : *J.C.P.* 79, II, 19154, note Simler. – V. aussi Civ. 1re, 4 juil. 1979 : *J.C.P.* 79, IV, 302 ; *Bull.* I, n. 200, p. 161. – Com. 14 nov. 1980 : *J.C.P.* 81, IV, 39 ; *Bull.* IV, n. 371, p. 299. – Com. 6 déc ; 1988 : *Bull.* IV, n. 334, p. 225), à moins qu'il ait fait de l'exercice de ses fonctions une condition de la convention (Com. 3 nov. 1988 : *J.C.P.* 89, IV, 3 ; *Bull.* IV, n. 283, p. 193 ; *D.* 1989, 185, 1re esp., note Aynès. V. aussi Com. 30 mai 1989 : *Bull.* IV, n. 166, p. 110). De même, le divorce est sans incidence sur le cautionnement consenti par un époux au profit de l'autre (Com. 24 juin 1969 : *J.C.P.* 70, II, 16221, note Prieur. – Com. 28 fév. 1977 : *J.C.P.* 77, IV, 110. – V. aussi Civ. 1re, 15 juil. 1981 : *Bull.* I, n. 255, p. 211).

6) L'acte de cautionnement doit être annulé pour erreur sur le motif principal et déterminant de l'engagement de caution lorsque la caution démontre qu'elle était, au moment de la signature, dans l'ignorance de la carence manifeste des époux cautionnés consécutive à la déclaration de faillite du mari (Civ. 1re, 1er mars 1972 : *D.* 1973, 733, note Malaurie, 1re esp. – V. aussi Civ. 1re, 19 mars 1985 : *J.C.P.* 86, II, 20659, note Bouteiller), ou, en cas de pluralité de cautions, dont l'une vient à disparaître à la suite d'une annulation, lorsque les autres démontrent qu'elles avaient fait du maintien de la totalité des cautions la condition déterminante de leur propre engagement (Civ. 1re, 2 mai 1989 : *Bull.* I, n. 175, p. 116). Mais jugé que des cautions personnelles ne peuvent être déliées de leur obligation pour erreur sur la solvabilité du débiteur que si elles démontrent qu'elles avaient fait de cette circonstance la condition de leur engagement (Civ. 1re, 25 oct. 1977 : *J.C.P.* 77, IV, 306 ; *Bull.* I, n. 388, p. 306. – Civ. 1re, 20 mars 1989 : *Bull.* I, n. 127, p. 83). Sur l'annulation pour erreur de l'engagement souscrit par des cautions « positivement illettrées », V. Civ. 1re, 25 mai 1964 : *Bull.* I, n. 269, p. 210.

7) Le dol ne peut entraîner la nullité du cautionnement que s'il émane de l'autre partie, le dol du débiteur principal étant sans influence sur la validité du cautionnement (Civ. 1re, 27 juin 1973 : *D.* 1973, 733, note Malaurie, 2e esp. – Civ. 1re, 20 mars 1989 : *Bull.* I, n. 127, p. 83. – Amiens 13 nov. 1975 : *J.C.P.* 78, II, 18938, note Simler).

Art. 2012 — CAUTIONNEMENT

8) La renonciation du créancier au cautionnement ne peut se déduire que d'actes manifestant sans équivoque la volonté de renoncer (Civ. 1re, 24 oct. 1979 : *J.C.P.* 80, II, 19344, note Parléani).

9) L'obligation résultant d'un cautionnement signé à titre personnel ne peut se confondre avec l'obligation de répondre des dettes sociales qui résulte de la qualité d'associé (Civ. 3e, 3 juil. 1979 : *J.C.P.* 80, II, 19384, note Dekeuwer-Defossez).

Art. 2012. – Le cautionnement ne peut exister que sur une obligation valable. On peut néanmoins cautionner une obligation, encore qu'elle pût être annulée par une exception purement personnelle à l'obligé ; par exemple, dans le cas de minorité.

1) Sur le principe que le cautionnement ne peut exister que sur une obligation valable, V. Com. 25 nov. 1980 : *J.C.P.* 81, IV, 56 ; *Bull.* IV, n. 394, p. 317.

2) Tant que les parties n'ont pas été remises en l'état antérieur à la conclusion de leur convention annulée, l'obligation de restituer inhérente au contrat de prêt demeure valable ; dès lors, le cautionnement en considération duquel le prêt a été consenti subsiste tant que cette obligation valable n'est pas éteinte (Com. 17 nov. 1982 : *J.C.P.* 84, II, 20216, note Delebecque et Mouly).

3) La caution peut invoquer le défaut de pouvoir du directeur de la société débitrice qui ne constitue pas une exception purement personnelle à la société (Civ. 1re, 20 oct. 1987 : *Bull.* I, n. 269, p. 195).

Art. 2013. – Le cautionnement ne peut excéder ce qui est dû par le débiteur, ni être contracté sous des conditions plus onéreuses.
Il peut être contracté pour une partie de la dette seulement, et sous des conditions moins onéreuses.
Le cautionnement qui excède la dette, ou qui est contracté sous des conditions plus onéreuses, n'est point nul : il est seulement réductible à la mesure de l'obligation principale.

1) Si le cautionnement ne garantit qu'une partie de la dette, il n'est éteint que lorsque cette dette est intégralement payée, les paiements partiels faits par le débiteur principal s'imputant d'abord, sauf convention contraire, sur la portion de dette non cautionnée (Com. 5 nov. 1968 : *D.* 1969, 314. – V. cependant T.G.I. Strasbourg 11 fév. 1972 : *D.* 1972, 680, note Puech).

2) Sur la possibilité pour la caution de subordonner son engagement à l'affectation à une fin déterminée des fonds remis au débiteur principal, V. Civ. 3e, 4 juil. 1968 : *Bull.* III, n. 320, p. 247. – Com. 7 fév. 1972 : *Bull.* IV, n. 46, p. 43. Sur l'obligation de surveillance du banquier prêteur dans cette hypothèse, V. T.G.I. Strasbourg 6 fév. 1978 : *D.* 1979, I.R., 360.

3) La caution ne peut promettre la capitalisation des intérêts lorsqu'elle n'est pas stipulée dans le contrat principal (Civ. 2 fév. 1886 : *D.P.* 1886, 1, 233, 2e esp.).

4) Viole l'article 2013 la cour d'appel qui décide qu'un particulier, qui s'était porté caution d'un emprunteur envers une banque, était tenu non seulement du paiement de la somme principale, mais également des intérêts de celle-ci, alors que le contrat d'ouverture de crédit avait prévu que les intérêts du prêt seraient à la charge d'un tiers (Civ. 1re, 2 mai 1989 : *J.C.P.* 89, IV, 246).

Art. 2014. – On peut se rendre caution sans ordre de celui pour lequel on s'oblige, et même à son insu.
On peut aussi se rendre caution, non seulement du débiteur principal, mais encore de celui qui l'a cautionné.

CAUTIONNEMENT — Art. 2015

Art. 2015. — Le cautionnement ne se présume point ; il doit être exprès, et on ne peut pas l'étendre au-delà des limites dans lesquelles il a été contracté.

1) Dénature les termes clairs et précis d'un acte de cautionnement qui ne comportait aucune limitation dans le temps de l'obligation de la caution la cour d'appel qui retient que l'intention des parties lors de l'établissement du prêt avait été de limiter l'engagement de la caution à la durée de son activité au sein de la société (Civ. 1re, 4 juil. 1979 : *J.C.P.* 79, IV, 302 ; *Bull.* I, n. 200, p. 161).

2) Lorsque la caution s'est engagée pour un temps déterminé, ce n'est pas étendre abusivement son engagement au-delà des limites dans lesquelles il a été souscrit que de le faire jouer pour une dette échue avant la date prévue, même si les poursuites sont engagées après cette date (Paris 28 nov. 1975 : *J.C.P.* 76, II, 18263, note Simler. – V. en ce sens Com. 16 juil. 1973 : *Bull.* IV, n. 244, p. 221 – Civ. 1re, 6 nov. 1985 : *Bull.* I, n. 288, p. 257).

3) Lorsque le cautionnement est consenti à un débiteur en sa qualité de gérant d'une société, les dettes contractées à titre personnel par ce gérant ne sont pas garanties (Civ. 1re, 20 déc. 1977 : *J.C.P.* 79, II, 19155, note Simler).

4) Le cautionnement ne se présumant pas et devant être exprès, doit être cassé l'arrêt qui déduit l'existence d'un cautionnement du fait de la présence de la prétendue caution aux côtés des parties contractantes (Civ. 1re, 24 avril 1968 : *D.* 1968, 358, note Voulet) ou qui déduit l'acceptation de sa qualité de caution par un dirigeant d'une société débitrice du seul silence conservé par celui-ci à une lettre du créancier lui rappelant qu'il s'était porté personnellement avaliste de la société débitrice (Com. 16 déc. 1981 : *J.C.P.* 82, IV, 88 ; *Bull.* IV, n. 447, p. 358). Mais le mot cautionnement n'a rien de sacramentel et celui qui entend s'engager personnellement peut très bien substituer à ce mot un terme équivalent et notamment le mot aval qui est certes impropre lorsqu'il est utilisé en dehors du droit cambiaire mais qui est suffisamment révélateur de la volonté des parties (Lyon 10 fév. 1976 : *D.* 1976, I.R., 290). Jugé que l'acte par lequel une personne s'engage à « prendre à sa charge le nantissement » d'un fonds de commerce et à rembourser le créancier exprime sans équivoque la volonté de se porter caution (Com. 11 déc. 1978 : *Bull.* IV, n. 302, p. 248).

5) La date n'est pas une formalité substantielle de l'engagement de caution. La recherche de sa réalité ne peut avoir pour intérêt que de déterminer le montant de la dette cautionnée dans la mesure où la garantie porterait sur une créance non encore existante au mo ment de la signature de l'acte de caution (Amiens 17 oct. 1974 : *Gaz. Pal.* 1975, 1, 321).

6) Un acte de cautionnement n'est valable que s'il comporte l'indication du débiteur de l'obligation garantie (Com. 22 janv. 1985 : *Bull.* IV, n. 29, p. 24).

7) Lorsque le montant de la somme que la caution s'est engagée à payer ne peut être chiffré au moment de l'établissement de l'acte, il s'agit d'un engagement indéterminé et, en ce cas, il résulte de la combinaison des articles 1326 et 2015 que l'acte juridique la constatant doit porter, écrite de la main de la caution, une mention exprimant sous une forme quelconque, mais de façon explicite et non équivoque, la connaissance qu'elle a de la nature et de l'étendue de l'obligation contractée (Civ. 1re, 4 mars 1986 : *D.* 1987, 342, 2e esp., note Aynès. V. en ce sens Civ. 1re, 20 juin 1978 : *J.C.P.* 78, IV, 264 ; *Bull.* I, n. 186, p. 186. V. cependant pour la caution donnée par les dirigeants de la société débitrice Com. 22 nov. 1988 : *Bull.* IV, n. 313, p. 210). Pour l'appréciation de ce caractère explicite, et non équivoque, il doit

être tenu compte non seulement des termes employés, mais également de la qualité, des fonctions et des connaissances de la caution, de ses relations avec le créancier et le débiteur, de l'obligation cautionnée, ainsi que de la nature et des caractéristiques de cette dernière (Civ. 1re, 4 mars 1986, préc. –V. en ce sens Com. 15 nov. 1988 : *J.C.P.* 89, IV, 20 ; *Bull.* IV, n. 310, p. 208 : *D.* 1990, 3, note P. Ancel. – Civ. 1re, 18 avril 1989 : *Bull.* I, n. 152, p. 100. – V. cependant, mettant l'accent sur l'analyse intrinsèque de l'acte de cautionnement, Civ. 1re, 7 mars 1989, 2 arrêts : *J.C.P.* 89, II, 21317, note D. Legeais ; *D.* 1989, Somm. 290, obs. Aynès).

8) La mention « Bon pour caution solidaire » n'est pas nécessairement suffisante pour répondre aux exigences des articles 1326 et 2015 (Civ. 1re, 22 fév. 1984 : *Bull.* I, n. 71, p. 58 ; *J.C.P.* 85, II, 20442, note Storck). Tel est le cas, s'agissant d'un engagement dont le montant n'est pas chiffré et devant s'appliquer à la garantie de paiements périodiques (Civ. 1re, 15 avril 1986 : *D.* 1987, 341, 1re esp., note Aynès. Comp. Civ. 1re, 19 avril 1983 : *J.C.P.* 83, II, 20122, note crit. Mouly et Delebecque). Mais il en va autrement si la caution ne conteste pas avoir eu connaissance de la portée de son engagement qui figurait au bas du contrat, lequel précisait le prix, le nombre de versements et les modalités de calcul (Civ. 1re, 1er oct. 1986 : *Bull.* I, n. 228, p. 218 ; *D.* 1987, 341, 2e esp., note Aynès), ou si la caution est le principal actionnaire de la société débitrice et est parfaitement au courant de la situation des engagements de cette société (Civ. 1re, 4 fév. 1986 : *D.* 1987, 342, 1re esp., note Aynès). Jugé que la loi ni la jurisprudence n'autorisent l'annulation d'une caution au seul motif qu'elle serait indéterminée et par là illimitée, que le corollaire de l'imprécision sur la durée de l'engagement est la faculté pour la caution d'y mettre fin à tout moment et que, pour le surplus, il faut et il suffit que l'engagement, faute d'être déterminé, soit déterminable. En l'espèce, la qualité d'associés des cautions leur permettait d'être parfaitement au fait des activités de la société garantie et de connaître le fonctionnement du compte courant, qu'il était superflu de décrire plus expressément ; d'autre part, l'intérêt personnel des garants et la limitation du montant de leurs engagements était de nature à circonscrire parfaitement le risque encouru par chacun d'eux. Dès lors, la nullité des cautionnements ne doit pas être prononcée (Dijon 3 oct. 1985 : *J.C.P.* 87, II, 20726, note Delebecque).

9) La validité de la clause selon laquelle le cautionnement ne se confond pas avec ceux que la caution a donnés précédemment au profit du même créancier en garantie des dettes contractées par le même débiteur principal n'est pas subordonnée à l'existence dans l'acte de cautionnement d'une mention manuscrite émanant de la caution (Com. 3 janv. 1989 : *J.C.P.* 89, IV, 79 ; *D.* 1989, Somm. 292, 2e esp., obs. Aynès ; *Bull.* IV, n. 2, p. 1). Il en va de même pour la stipulation de solidarité (Civ. 1re, 31 janv. 1989 : *J.C.P.* 89, IV, 117 ; *D.* 1989, Somm. 292, 1re esp., obs. Aynès ; *Bull.* I, n. 45, p. 29).

10) Les juges n'ont pas à rechercher si les clauses dactylographiées de l'acte étendent au paiement des frais l'engagement manuscrit de la caution portant sur le principal (Civ. 1re, 3 mai 1984 : *D.* 1984, I.R. 481 ; *Bull.* I, n. 147, p. 125). Doit être cassé l'arrêt qui fait prévaloir une clause imprimée sur la mention manuscrite (Civ. 1re, 16 juin 1987 : *Bull.* I, n. 195, p. 145).

11) Peut être relevé d'office le moyen tiré de ce que les juges du fond n'ont pas limité la condamnation des cautions au montant de l'engagement tel qu'il est exprimé par la mention écrite de sa main (Civ. 1re, 3 mars 1987 : *Bull.* I, n. 77, p. 58).

12) Il résulte de la combinaison des articles 1326 et 2015 que les exigences relatives à la mention manuscrite par la caution de son engagement ne constituent pas de simples règles de preuve, mais ont pour finalité la protection de la caution. Elles peuvent donc être sanctionnées par la nullité (Civ. 1re, 30 juin 1987 : *Bull.* I, n. 210, p. 155.
– V. cependant, tirant argument de ce que l'article 1326 ne s'applique pas lorsqu'il s'agit de prouver des actes de commerce à l'égard des commerçants, Com. 15 nov. 1988 : *Bull.* IV, n. 310, p. 208 ; *D.* 1990, 3, note P. Ancel. – Com. 6 déc. 1988 : *Bull.* IV, n. 335, p. 226). Pour la même raison, elles sont applicables au mandat sous seing privé de se rendre caution (Civ. 1re, 31 mai 1988 : *J.C.P.* 89, II, 21181, note Simler ; *D.* 1989, Somm. 289, obs. Aynès. – Civ. 1re, 22 nov. 1988 : *Bull.* I, n. 329, p. 223 ; *J.C.P.* 89, IV, 28).

13) Il résulte de l'article 2015 que, lorsque la caution s'est seulement obligée pour une somme déterminée en principal, son engagement ne s'étend pas aux intérêts et accessoires (Civ. 1re, 9 déc. 1986 : *Bull.* I, n. 287, p. 274). La mention manuscrite portée sur l'acte de caution doit préciser expressément le taux des intérêts (Civ. 1re, 10 mai 1988 : *D.* 1989, 442, note Urbain-Parléani).

14) Lorsque la caution a garanti le solde d'un compte-courant, il appartient aux juges de rechercher si le débit du solde provisoire existant au jour de la révocation du cautionnement n'a pas été effacé par les remises subséquentes et si le solde réclamé après clôture définitive ne résulte pas d'avances effectuées par le banquier postérieurement à la révocation (Com. 22 nov. 1972 : *Gaz. Pal.* 1973, 1, 213, note D. Martin. – Civ. 1re, 17 mai 1983 : *Bull.* I, n. 146, p. 128).

Art. 2016. – **Le cautionnement indéfini d'une obligation principale s'étend à tous les accessoires de la dette, même aux frais de la première demande, et à tous ceux postérieurs à la dénonciation qui en est faite à la caution.**

1) Le cautionnement qui garantit en termes généraux et indéfinis l'exécution d'un contrat s'étend à tous les accessoires de ce contrat et notamment aux dommages-intérêts que peut entraîner l'inexécution des obligations qui en découlent (Req. 20 mars 1922 : *D.P.* 1923, 1, 21). Mais doit être cassé l'arrêt qui condamne le vendeur d'un fonds de commerce, tenu solidairement de l'exécution du bail avec l'acquéreur, à payer l'indemnité due par ce dernier, demeuré dans les lieux après une décision d'expulsion. En effet, cette indemnité ne peut être considérée comme un accessoire de la dette au sens de l'article 2016 du Code civil et, n'étant due qu'en raison de la faute délictuelle résultant d'un maintien sans droit dans les lieux, ne se rattache pas au contrat de bail qui avait pris fin avec la résiliation (Civ. 3e, 14 nov. 1973 : *J.C.P.* 74, IV, 433 ; *Bull.* III, n. 579, p. 422. – *Contra* Paris 8 nov. 1975 : *J.C.P.* 78, II, 18908, note Simler. – V. aussi *supra*, art. 1740).

2) Les juges du fond peuvent décider dans l'exercice de leur pouvoir souverain que l'engagement de la caution s'étend à la clause pénale stipulée au contrat (Civ. 1re, 8 fév. 1977 : *J.C.P.* 79, II, 19095, note Jacquemont). Sur le droit pour la caution de demander la réduction judiciaire de la clause pénale, V. Civ. 1re, 24 juil. 1978 : *J.C.P.* 78, IV, 301 ; *Bull.* I, n. 280, p. 219.

Art. 2017. – **Les engagements des cautions passent à leurs héritiers, à l'exception de la *contrainte par corps* (*)si l'engagement était tel que la caution y fût obligée.**

1) L'article 2017 ne requiert pas pour son application que l'obligation de la caution soit exigible lors du décès de celle-ci (Com. 14 nov. 1966 : *D.* 1967, 198). L'engagement de la caution toujours en cours à son décès se trouve transmis de plein droit à sa

succession et, n'ayant pas été antérieurement dénoncé, il s'est poursuivi jusqu'à l'arrêté du compte courant et oblige donc les héritiers de la caution à rembourser au créancier la totalité du solde débiteur ainsi arrêté (Civ. 1re, 16 déc. 1969 : *Bull.* I, n. 396, p. 317. – V. en ce sens Amiens, 17 oct. 1974 : *Gaz. Pal.* 1975, 1, 321. – Com. 14 nov. 1980 : *Bull.* IV, n. 371, p. 299). Mais fait une exacte application de l'article 2017 la Cour d'appel qui rejette la demande d'un créancier envers les héritiers d'une caution décédée en relevant qu'aucune dette n'existait à la charge du débiteur principal au décès de la caution et que celle-ci, qui n'était pas tenue à cette date, ne pouvait transmettre d'engagements à ses héritiers pour des dettes nées postérieurement (Com. 29 juin 1982 : *J.C.P.* 82, IV, 321 ; *Bull.* IV, n. 258, p. 224 ; *D.* 1983, 360, note C. Mouly – V. en ce sens Civ. 1re, 3 juin 1986 : *J.C.P.* 86, II, 20666, concl. Gulphe ; *Defrénois* 1987, 81, note Piedelièvre).

2) Le dirigeant social qui s'est porté caution pour la société n'est pas tenu des dettes de celle-ci qui sont apparues après son décès, mais il l'est du montant de la position débitrice du compte courant existant à la date de son décès, sous réserve des remises postérieures ayant eu pour effet d'effacer ou de réduire ce montant, et par suite, ses héritiers sont tenus de son engagement (Com. 6 déc. 1988 : *Bull.* IV, n. 336, p. 226).

3) Toute clause ayant pour effet de mettre à la charge des héritiers d'une caution des dettes nées après le décès de leur auteur, et dont celui-ci n'était pas tenu de son vivant, constitue un pacte sur succession future (Com. 13 janv. 1987 : *Bull.* IV, n. 9, p. 6 ; *J.C.P.* 88, II, 20954, note de la Marnierre).

4) En cas de fusion de sociétés donnant lieu à la formation d'une personne morale nouvelle, l'obligation de la caution qui s'était engagée envers l'une des sociétés fusionnées n'est maintenue, pour la garantie des dettes postérieures à la fusion, que dans le cas d'une manifestation expresse de la caution de s'engager envers une nouvelle personne morale (Com. 20 janv. 1987 : *Bull.* IV, n. 20, p. 13 ; *J.C.P.* 87, II, 20844, note Germain. Comp. pour une scission Com. 22 janv. 1985 : *J.C.P.* 86, II, 20591, note Simler).

(*) V. L. du 22 juil. 1867 supprimant la contrainte par corps en matière civile et commerciale.

Art. 2018. – **Le débiteur obligé à fournir une caution doit en présenter une qui ait la capacité de contracter, qui ait un bien suffisant pour répondre de l'objet de l'obligation, et dont le domicile soit dans le ressort de la Cour d'appel où elle doit être donnée.**

1) Les dispositions de l'article 2018 qui déterminent les qualités que doit présenter la caution que le débiteur s'est engagé à fournir sont protectrices des seuls intérêts du créancier et ne peuvent être invoquées par la caution pour se soustraire à son engagement (Civ. 1re, 7 juin 1988 : *Bull.* I, n. 173, p. 120. V. en ce sens Colmar 12 et 15 fév. 1982 : *Juris-Data* n. 041910 et 041918).

2) La condition relative au domicile n'est pas applicable à la caution qui a fourni et consigné un nantissement en espèces (Req. 19 mai 1890 : *D.P.* 1891, 1, 370).

Art. 2019. – **La solvabilité d'une caution ne s'estime qu'eu égard à ses propriétés foncières, excepté en matière de commerce, ou lorsque la dette est modique.**
On n'a point égard aux immeubles litigieux, ou dont la discussion deviendrait trop difficile par l'éloignement de leur situation.

CAUTIONNEMENT — Art. 2022

Art. 2020. — **Lorsque la caution reçue par le créancier, volontairement ou en justice, est ensuite devenue insolvable, il doit en être donné une autre.**

Cette règle reçoit exception dans le cas seulement où la caution n'a été donnée qu'en vertu d'une convention par laquelle le créancier a exigé une telle personne pour caution.

La disposition de l'article 2020, al. 1er, conçue en termes généraux, n'est pas limitée aux cas où le débiteur est obligé à fournir une caution par la loi ou par une décision des tribunaux (Civ. 3e, 4 janv. 1983 : *J.C.P.* 83, IV, 86 ; *Bull.* III, n. 1, p. 1).

CHAPITRE II. – DE L'EFFET DU CAUTIONNEMENT

SECTION I. – DE L'EFFET DU CAUTIONNEMENT ENTRE LE CRÉANCIER ET LA CAUTION

Art. 2021. — **La caution n'est obligée envers le créancier à le payer qu'à défaut du débiteur, qui doit être préalablement discuté dans ses biens, à moins que la caution n'ait renoncé au bénéfice de discussion, ou à moins qu'elle ne se soit obligée solidairement avec le débiteur, auquel cas l'effet de son engagement se règle par les principes qui ont été établis pour les dettes solidaires.**

1) La déchéance du terme encourue par le débiteur principal ne s'étend pas à la caution (Civ. 1re, 20 déc. 1976 : *J.C.P.* 77, II, 18611, concl. Gulphe). Mais jugé qu'en renonçant au bénéfice de discussion, la caution accepte que la déchéance du terme encourue par le débiteur principal lui soit opposable (Orléans 20 juin 1983 : *Juris-Data* n. 043019).

2) Le bénéfice de discussion ne peut être invoqué lorsque l'insolvabilité du débiteur est notoire (Civ. 3e, 4 avril 1973 : *Bull* III, n. 258, p. 187. – V. en ce sens Com. 17 mars 1969 : *Bull.* IV, n. 96, p. 97). Il doit être refusé, faute d'indication des biens du débiteur, lorsque celui-ci est sans travail et sans domicile connu (Paris 5 nov. 1982 : *Juris-Data* n. 027931). Il n'est pas accordé à la caution réelle en l'absence de stipulation contraire (Civ. 1re, 6 mars 1979 : *J.C.P.* 79, II, 19140, concl. Gulphe).

3) Il résulte des articles 1285 et 2021 du Code civil que lorsque le créancier a accordé une remise conventionnelle à l'une des cautions solidaires, les cofidéjusseurs qui restent tenus ne peuvent être poursuivis que déduction faite de la part de la caution bénéficiaire de la remise (Civ. 1re, 18 mai 1978 : *J.C.P.* 78, IV, 218 ; *Bull.* I, n. 195, p. 157. – Civ. 1re, 11 juil. 1984 : *Bull.* I, n. 229, p. 193 ; *J.C.P.* 86, II, 20576, note Dumortier ; *Rev. trim. dr. civ.* 1985, 408, obs. Rémy), et il résulte de la combinaison des articles 2021 et 1281 qu'en l'absence de convention contraire, la novation opérée à l'égard de deux cautions solidaires libère leur cofidéjusseur (Civ. 1re, 11 janv. 1984 : *Bull.* I, n. 11, p. 10 ; *J.C.P.* 86, II, 20647, note Dumortier).

4) L'existence d'un cautionnement réel n'oblige pas la banque bénéficiaire de ce cautionnement à recourir contre les cautions réelles avant de mettre en jeu la garantie à elle consentie d'autre part par une caution personnelle (Com. 10 nov. 1981 : *D.* 1982, 417, note Agostini).

Art. 2022. — **Le créancier n'est obligé de discuter le débiteur principal que lorsque la caution le requiert, sur les premières poursuites dirigées contre elle.**

V. pour une application Soc. 29 mars 1960 : *Bull.* IV, n. 341, p. 264.

Art. 2023   CAUTIONNEMENT

Art. 2023. — La caution qui requiert la discussion doit indiquer au créancier les biens du débiteur principal et avancer les deniers suffisants pour faire la discussion.
Elle ne doit indiquer ni des biens du débiteur principal situés hors de l'arrondissement de la Cour d'appel du lieu où le paiement doit être fait, ni des biens litigieux, ni ceux hypothéqués à la dette qui ne sont plus en la possession du débiteur.

Les juges du fond peuvent déclarer la caution mal fondée à invoquer le bénéfice de discussion dès lors qu'ils relèvent que deux procédures de distribution par contribution des biens du débiteur avaient été ouvertes et que le créancier ne pouvait attendre l'issue de ces procédures longues et aléatoires alors surtout que l'échéance de la dette était passée depuis longtemps (Civ. 1re, 25 mai 1966 : *Bull.* I, n. 326, p. 248).

Art. 2024. — Toutes les fois que la caution a fait l'indication des biens autorisés par l'article précédent, et qu'elle a fourni les deniers suffisants pour la discussion, le créancier est, jusqu'à concurrence des biens indiqués, responsable, à l'égard de la caution, de l'insolvabilité du débiteur principal survenue par le défaut de poursuites.

Art. 2025. — Lorsque plusieurs personnes se sont rendues cautions d'un même débiteur pour une même dette, elles sont obligées chacune à toute la dette.

Art. 2026. — Néanmoins, chacune d'elles peut, à moins qu'elle n'ait renoncé au bénéfice de division, exiger que le créancier divise préalablement son action, et la réduise à la part et portion de chaque caution.
Lorsque, dans le temps où une des cautions a fait prononcer la division, il y en avait d'insolvables, cette caution est tenue proportionnellement, de ces insolvabilités ; mais elle ne peut plus être recherchée à raison des insolvabilités survenues depuis la division.

1) Le bénéfice de division n'est pas accordé à la caution réelle en l'absence de stipulation contraire (Civ. 1re, 6 mars 1979 : *J.C.P.* 79, II, 19140, concl. Gulphe).

2) Les cautions solidaires d'un même débiteur ne peuvent opposer au créancier qui les poursuit solidairement en paiement le bénéfice de division ; doit être cassé l'arrêt qui en a décidé autrement au motif que la solidarité existait seulement entre le débiteur et chaque caution (Civ. 1re, 27 juin 1984 : *Bull.* I, n. 213, p. 179 ; *J.C.P.* 86, II, 20689, note Dumortier).

Art. 2027. — Si le créancier a divisé lui-même et volontairement son action, il ne peut revenir contre cette division, quoiqu'il y eût, même antérieurement au temps où il l'a ainsi consentie, des cautions insolvables.

L'article 2027 est inapplicable en matière de cautionnement solidaire (Req. 7 juin 1882 : *D.P.* 1882, 1, 441, rapp. Lepelletier, note Aubry).

SECTION II. — DE L'EFFET DU CAUTIONNEMENT ENTRE LE DÉBITEUR ET LA CAUTION

Art. 2028. — La caution qui a payé a son recours contre le débiteur principal, soit que le cautionnement ait été donné au su ou à l'insu du débiteur.
Ce recours a lieu tant pour le principal que pour les intérêts et les frais ; néanmoins, la caution n'a de recours que pour les frais par elle faits depuis qu'elle a dénoncé au débiteur principal les poursuites dirigées contre elle.
Elle a aussi recours pour les dommages et intérêts, s'il y a lieu.

CAUTIONNEMENT — Art. 2029

1) La caution qui a payé ne fût-ce que partiellement le créancier puise dans l'article 2028 un droit personnel de recours contre le débiteur principal, droit indépendant de la subrogation qui lui est assurée par les articles 2029 et 1251 (Civ. 25 nov. 1891 : *D.P.* 1892, 1, 261). Jugé cependant qu'une société de caution mutuelle d'administrateurs de biens, qui a payé les créanciers du cabinet dans les limites de la garantie accordée, ne peut concourir avec ces mêmes créanciers, non intégralement désintéressés ; dès lors que cette intervention serait contraire à l'objet même de l'engagement de cette société créée en application de l'article 8 du décret du 25 mars 1965, en vue d'assurer le remboursement des sommes d'argent, effets ou valeurs reçus par ses adhérents (Civ. 1re, 28 juin 1977 : *J.C.P.* 79, II, 19045, note Guillot).

2) La caution peut renoncer dans le contrat à tout recours contre le débiteur principal et à toute subrogation dans les droits du créancier tant que ce dernier n'est pas intégralement désintéressé (Com. 19 déc. 1972 : *Bull.* IV, n. 338, p. 313).

3) Les intérêts pour lesquels le deuxième alinéa de l'article 2028 accorde une action aux cautions sont, non ceux payés par celles-ci au créancier et dont le remboursement leur est dû à titre principal dans le cadre de l'action subrogatoire, mais les intérêts des sommes versées pour le compte du débiteur principal à compter de ces versements. Ces intérêts constituent la réparation du préjudice causé à la caution qui a payé en raison du retard mis par le débiteur principal à lui rembourser le montant des versements effectuées pour son compte et sont calculés sur la base du taux de l'intérêt pendant la période considérée (Civ. 1re, 18 déc. 1978 : *J.C.P.* 79, IV, 70 ; *Bull.* I, n. 391, p. 304). Ils courent de plein droit en vertu de l'article 2028, alinéa 2 par exception à la règle de l'article 1153, alinéa 2 (Civ. 1re, 26 avril 1977 : *J.C.P.* 77, IV, 160 ; *Bull.* I, n. 187, p. 147).

4) Les juges du fond peuvent accorder des dommages-intérêts à la caution si les retards volontaires du débiteur principal entraînent pour elle des débours, des tracas et des frais irrépétibles (Civ. 1re, 18 déc. 1978 : *J.C.P.* 79, IV 70 ; *Bull.* I, n. 391, p. 304).

Art. 2029. — **La caution qui a payé la dette est subrogée à tous les droits qu'avait le créancier contre le débiteur.**

1) Sur le principe que la caution subrogée dispose de toutes les actions qui appartenaient au créancier et qui se rattachaient à la créance avant le paiement, V. Civ. 1re, 7 déc. 1983 : *Bull.* I, n. 291, p. 260.

2) Aux termes de l'article 2029, lorsqu'elle a cautionné l'un des débiteurs d'une dette solidaire, la caution qui paie le créancier est subrogée à tous les droits qu'avait ce dernier non seulement contre le débiteur cautionné mais encore contre les autres débiteurs solidaires (Com. 19 mars 1962 : *D.* 1962, 505).

3) La caution peut invoquer l'article 2029 contre les tiers détenteur (Req. 16 mars 1938 : *D.P.* 1939, 1, 41, note Voirin).

4) Sur le droit de préférence que peut invoquer le créancier contre la caution lorsqu'il n'a été payé qu'en partie, V.*supra*, art. 1252. Jugé que le privilège du Trésor est par sa nature exclusif de tout concours de la part de la caution qui, après avoir payé le montant de la dette cautionnée, voudrait agir comme subrogée pour s'attribuer une part des biens du redevable qui n'est pas entièrement libéré (Civ. 14 janv. 1888 : *D.P.* 1888, 1, 55. — *Contra* Bordeaux 27 fév. 1979 : *Rev. Banque* 1979, 536).

Art. 2030   CAUTIONNEMENT

Art. 2030. – Lorsqu'il y avait plusieurs débiteurs principaux solidaires d'une même dette, la caution qui les a tous cautionnés a, contre chacun d'eux, le recours pour la répétition du total de ce qu'elle a payé.

V. pour une application, Civ. 3e, 25 mai 1977 : *D.* 1977, I.R., 453.

Art. 2031. – La caution qui a payé une première fois n'a point de recours contre le débiteur principal qui a payé une seconde fois, lorsqu'elle ne l'a point averti du paiement par elle fait ; sauf son action en répétition contre le créancier.

Lorsque la caution aura payé sans être poursuivie et sans avoir averti le débiteur principal, elle n'aura point de recours contre lui dans le cas où, au moment du paiement, ce débiteur aurait eu des moyens pour faire déclarer la dette éteinte ; sauf son action en répétition contre le créancier.

Sur la responsabilité encourue par la caution qui paye malgré la mise en garde du débiteur principal et en l'absence de toute poursuite, V. Civ. 1re, 16 nov. 1971 : *Bull.* I, n. 288, p. 246.

Art. 2032. – **La caution, même avant d'avoir payé, peut agir contre le débiteur, pour être par lui indemnisée :**
1° **Lorsqu'elle est poursuivie en justice pour le paiement ;**
2° **Lorsque le débiteur a fait faillite ou est en déconfiture ;**
3° **Lorsque le débiteur s'est obligé de lui rapporter sa décharge dans un certain temps ;**
4° **Lorsque la dette est devenue exigible par l'échéance du terme sous lequel elle avait été contractée ;**
5° **Au bout de dix années, lorsque l'obligation principale n'a point de terme fixe d'échéance, à moins que l'obligation principale, telle qu'une tutelle, ne soit pas de nature à pouvoir être éteinte avant un temps déterminé.**

C. MOULY, *Les recours anticipés de la caution contre sa sous-caution* : *J.C.P.* 80, I, 2985.

1) La caution n'a aucun recours avant paiement contre un codébiteur solidaire du débiteur cautionné et ne dispose contre lui que du recours après paiement fondé sur la subrogation ou la gestion d'affaires (Com. 27 nov. 1978 : *Bull.* IV, n. 277, p. 228. V. en ce sens pour le recours de la caution contre la caution solidaire Com. 24 mars 1980 : *Bull.* IV, n. 141, p. 109. *Contra* Com. 16 nov. 1976 : *Bull.* IV, n. 289, p. 243).

2) Il appartient à la caution de s'assurer par ses propres moyens que les conditions de l'article 2032 lui ouvrant un droit de poursuite anticipé contre le débiteur sont remplies et le créancier n'est pas déchu de ses droits contre elle pour ne pas l'avoir renseignée spontanément à cet égard (Civ. 13 juin 1939 : *D.H.* 1939, 417. – V. aussi Com. 24 juin 1969 : *J.C.P.* 70, II, 16221, note Prieur). En accordant à la caution la faculté de produire au règlement judiciaire du débiteur, même d'avoir payé, l'article 2032-2° du Code civil suppose nécessairement que le créancier n'est pas tenu pour conserver ses droits contre la caution de se présenter lui-même à cette procédure (Com. 4 oct. 1972 : *Gaz. Pal.* 1973, 1, 143, note Martin, 1re esp. – V. en ce sens Civ. 1re, 4 juil. 1979 : *J.C.P.* 79, IV, 302 ; *Bull.* I, n. 200, p. 161. – Amiens 17 oct. 1974 : *Gaz. Pal.* 1975, 1, 321).

3) Il ne résulte de l'article 2032 aucune affectation spéciale des sommes à provenir du recours préventif exercé par la caution contre le débiteur principal tombé en faillite à la garantie du créancier bénéficiaire du

cautionnement (Civ. 10 janv. 1922 : *D.P.* 1922, 1, 145, note Percerou).

4) La caution sur les biens de laquelle une saisie-arrêt a été pratiquée peut appeler en garantie, avant paiement, le débiteur principal et pratiquer elle-même une saisie-arrêt sur un compte de celui-ci (Com. 1ᵉʳ fév. 1977 : *Bull.* IV, n. 33, p. 31).

5) Jugé que si la caution jouit d'un recours personnel contre le débiteur principal même avant d'avoir payé si celui-ci a fait faillite ou est en déconfiture, cette action, dès lors qu'elle s'exerce avant paiement, ne peut être dirigée contre les cofidéjusseurs et la caution de la société en règlement judiciaire ne peut agir avant paiement sur le fondement de l'article 2032-2° à l'encontre des associés qui n'étaient pas les débiteurs en faillite ou en déconfiture (Com. 3 mars 1981 : *J.C.P.* 81, IV, 176 ; *Bull.* IV, n. 117, p. 90).

6) Le créancier ne saurait invoquer l'article 2032 contre la caution, en détournant ainsi ce texte de sa finalité (Com. 19 juin 1984 : *Bull.* IV, n. 198, p. 165 ; *D.* 1985, 140, note A. Honorat ; *J.C.P.* 86, II, 20659, note Storck).

SECTION III. – DE L'EFFET DU CAUTIONNEMENT ENTRE LES COFIDÉJUSSEURS

Art. 2033. – **Lorsque plusieurs personnes ont cautionné un même débiteur pour une même dette, la caution qui a acquitté la dette a recours contre les autres cautions, chacune pour sa part et portion.**

Mais ce recours n'a lieu que lorsque la caution a payé dans l'un des cas énoncés en l'article précédent.

1) Au cas où plusieurs personnes s'obligent comme cautions solidaires d'une même dette, celle des cautions qui s'est trouvée contrainte d'acquitter la dette doit diviser son recours contre ses cofidéjusseurs, ne pouvant poursuivre chacun d'eux que pour sa part et portion (Civ. 13 juin 1939 : *D.H.* 1939, 417 ; Comp. le système suggéré par Poitiers 11 juin 1981 : *D.* 1982, 79, note Mestre). La répartition de la charge du paiement doit être faite entre les cautions proportionnellement à l'étendue de leurs engagements respectifs (Civ. 1ʳᵉ, 2 fév. 1982 : *Bull.* I, n. 55, p. 47 ; *J.C.P.* 82, II, 19825, note Simler).

2) Jugé qu'en présence des dispositions de l'article 2033 une cour d'appel peut disjoindre deux appels en garantie connexes formés par une caution solidaire contre deux de ses co-obligés (Com. 16 mars 1970 : *Bull.* IV, n. 100, p. 94).

3) Sur la charge de l'insolvabilité de certains des cofidéjusseurs, V. *supra*, art. 2026, al. 2.

4) L'article 2033 n'est pas d'ordre public et rien n'empêche une caution solidaire de renoncer à son bénéfice en s'engageant à n'exercer aucun recours contre les autres cautions (Lyon 13 oct. 1981 : *J.C.P.* 82, IV, 209).

5) L'article 2033 est inapplicable au recours de la caution contre sa sous-caution (Paris 18 mars 1982 : *Juris-Data* n. 028848).

CHAPITRE III. – DE L'EXTINCTION DU CAUTIONNEMENT

Art. 2034. – **L'obligation qui résulte du cautionnement s'éteint par les mêmes causes que les autres obligations.**

Art. 2035

1) Le cautionnement étant un contrat accessoire, la prescription de l'obligation qui en découle ne commence à courir que du jour où l'obligation principale est exigible (Com. 22 janv. 1979 : *Bull.* IV, n. 24, p. 19).

2) Si la caution reste tenue lors de la clôture du compte courant du solde débiteur existant au jour de la résiliation, c'est seulement dans la mesure où ce solde n'a pas été effacé par des remises effectuées par le débiteur postérieurement à la résiliation (Com. 22 nov. 1972 : *Gaz. Pal.* 1973, 1, 213, note Martin. – V. aussi Com. 30 mai 1978 : *J.C.P.* 80, II, 19325, note Simler, 1re esp. – Civ. 1re, 17 mai 1983 : *Bull.* I, n. 146, p. 128).

Art. 2035. – La confusion qui s'opère dans la personne du débiteur principal et de sa caution, lorsqu'ils deviennent héritiers l'un de l'autre, n'éteint point l'action du créancier contre celui qui s'est rendu caution de la caution.

Art. 2036. – La caution peut opposer au créancier toutes les exceptions qui appartiennent au débiteur principal, et qui sont inhérentes à la dette.
Mais elle ne peut opposer les exceptions qui sont purement personnelles au débiteur.

1) La caution est fondée à invoquer l'extinction de la dette résultant d'une transaction (Paris 30 oct. 1963 : *J.C.P.* 64, IV, 31). Il en est ainsi spécialement au cas de remise partielle de la dette consentie par le créancier, et en décider autrement reviendrait, contrairement au caractère accessoire du cautionnement, à admettre que la caution peut devoir plus que le débiteur principal (Amiens 25 avril 1973 : *J.C.P.* 73, IV, 433). Jugé que le fait pour une banque créancière de déclarer renoncer à toute action envers une société débitrice mise en liquidation des biens vaut remise de dette envers celle-ci et non pas seulement renonciation à produire laissant subsister sa créance contre ladite société et le créancier ne peut dès lors rien réclamer à la caution (Paris 18 mars 1975 : *Gaz. Pal.* 1975, 2, 667, note Giscard).

2) Sur l'imputation des paiements en cas de cautionnement partiel, V. *supra*, sous art. 2013. Le débiteur conserve en dépit du cautionnement la faculté prévue par l'article 1253 de décider de l'imputation de ses paiements (Civ. 1re, 14 oct. 1975 : *J.C.P.* 75, IV, 352 ; *Bull.* I, n. 268, p. 226), à moins que la caution n'établisse que l'imputation est le résultat d'un accord frauduleux à son égard (Civ. 1re, 22 mai 1973 : *J.C.P.* 73, II, 17572, note Dagot). A défaut d'une imputation conventionnelle, c'est la dette cautionnée qui doit être considérée comme acquittée (Civ. 1re, 29 oct. 1963 : *D.* 1964, 39).

3) Sur la libération de la caution résultant de la novation opérée à l'égard du débiteur principal, V. *supra*, art. 1281. La transformation de la société débitrice n'opère pas novation (Com. 8 nov. 1972 et 9 avril 1973 : *D.* 1973, 753, note Malaurie), pas plus que la fusion-absorption (Com. 17 oct. 1978 : *Bull.* IV, n. 231, p. 195. – V. aussi pour la scission Com. 11 déc. 1978 : *Bull.* IV, n. 304, p. 250). Jugé que le donneur d'aval par acte séparé reste tenu lorsque la lettre de change n'a été remplacée par une autre que pour opérer un report d'échéance (Com. 12 juin 1978 : *D.* 1978, I.R., 340 ; *Bull.* IV, n. 159, p. 137).

4) Sur la possibilité pour la caution de se prévaloir de l'inexécution par le prêteur de ses obligations contractuelles, V. Com. 30 nov. 1982 : *J.C.P.* 83, IV, 54 ; *Bull.* IV, n. 384, p. 321.

5) La caution, même solidaire, peut opposer au créancier la compensation (Civ. 1re, 1er juin 1983 : *D.* 1984, 152, note Aubert ; *Rev. trim. dr. civ.* 1984, 330, obs. Rémy).

6) Le droit de demander une suspension des poursuites en application des articles 7 et 9 de la loi du 7 janvier 1982, inhérent à

CAUTIONNEMENT   Art. 2037

la nature même de la dette du débiteur principal rapatrié, n'est pas purement personnel à ce débiteur principal (Civ. 1ʳᵉ, 4 nov. 1987 : *Bull.* I, n. 278, p. 201).
7) La caution qui peut opposer au créan-

cier toutes les exceptions qui sont inhérentes à la dette peut demander la résolution du contrat principal (Civ. 1ʳᵉ, 20 déc. 1988 : *Bull.* I, n. 368, p. 249 ; *D.* 1989, 166, note Aynès).

Art. 2037. – **La caution est déchargée, lorsque la subrogation aux droits, hypothèques et privilèges du créancier, ne peut plus, par le fait de ce créancier, s'opérer en faveur de la caution.** *(L. n. 84-148 du 1ᵉʳ mars 1984, art. 49)* **Toute clause contraire est réputée non écrite.**

S. BETANT-ROBET,*La décharge de la caution par application de l'article 2037 du Code civil* : Rev. trim. dr. civ. 1974, 309.

I. Personnes pouvant invoquer le bénéfice de l'article 2037

1) Le bénéfice de l'article 2037 peut être invoqué par la caution solidaire (Civ. 12 déc. 1898 : *S.* 1902, 1, 86. – Req. 30 juin 1942 : *D.A.* 1943, 21), le donneur d'aval (Req. 30 juin 1942, préc. – Paris 5 oct. 1966 : *D.S.* 1967, 115 ; *J.C.P.* 67, II, 15301, note Lescot), et la caution réelle (Civ. 1ʳᵉ, 23 nov. 1954 : *Bull.* I, n. 331, p. 279).

2) Le codébiteur solidaire ne peut se prévaloir des dispositions de l'article 2037 (Req. 24 juin 1914 : *D.P.* 1916, 1, 39), non plus que le tiers détenteur d'un immeuble hypothéqué par le débiteur lui-même (Civ. 18 déc. 1854 : *D.P.* 1855, 1, 34).

3) Pour une application de l'article 2037 en cas de confiscation par l'Etat algérien des biens d'un débiteur du Crédit Populaire d'Algérie, v. Civ. 1ʳᵉ, 14 fév. 1978 : *Rev. crit. dr. int. privé* 1980, 707, note P. Mayer.

II. Renonciation au bénéfice de l'article 2037

4) L'article 2037, modifié par l'article 49 de la loi du 1ᵉʳ mars 1984, qui ne présente aucun caractère interprétatif, n'est pas applicable aux cautionnements souscrits antérieurement à l'entrée en vigueur de cette loi (Civ. 1ʳᵉ, 25 mai 1987 : *Bull.* I, n. 163, p. 124. – Com. 10 janv. 1989 : *J.C.P.* 89, IV, 91 ; *Bull.* IV, n. 10, p. 6).

5) Jugé sous l'empire de la loi ancienne que la renonciation peut être implicite (Rouen 2ᵉ ch, 17 juin 1982 : *Juris-Data* n.042844)

6) Jugé sous l'empire de la loi ancienne que la renonciation de la caution au bénéfice de l'article 2037 ne cesse de produire effet qu'en cas de fraude , ourdie contre elle (Civ. 1ʳᵉ, 27 oct. 1969 : *J.C.P.* 69, IV, 288 ; *Bull.* I, n. 313, p. 249), et qu'elle ne saurait être déchargée en cas de négligence du créancier, même si celle-ci la prive de tout recours en raison de la prescription (Civ. 1ʳᵉ, 18 oct. 1978 : *J.C.P.* 78, IV, 348 ; *Bull.* I, n. 311, p. 239), dès lors qu'elle a, par sa renonciation, manifesté sa volonté de ne pas subordonner son consentement à l'existence de sûretés (Com. 9 juin 1980 : *Gaz. Pal.* 1980, 2, somm. 519, obs. A.P. ; *Bull.* IV, n. 243, p. 197), mais qu'elle renonce ainsi seulement à invoquer le dépérissement éventuel des sûretés dans l'avenir et non à se prévaloir de la nullité congénitale, pour erreur, dont le cautionnement est atteint par la faute du créancier à raison du défaut des formalités nécessaires à l'efficacité du gage (Com. 12 mars 1969 : *Bull.* IV, n. 91, p. 92).

7) Jugé sous l'empire de la loi ancienne que les juges du fond ne peuvent refuser de décharger la caution ayant renoncé au bénéfice de l'article 2037 sans répondre au moyen par lequel cette caution faisait valoir que la banque prêteuse avait commis des fautes graves en donnant mainlevée de l'hypothèque garantissant le prêt et en

consentant un nouveau prêt d'un montant presque deux fois supérieur à celui du premier, alors qu'elle savait que la société débitrice était en état de cessation des paiements, et en s'immisçant dans la gestion de cette société dont elle avait augmenté le passif pour réaliser des opérations financières (Civ. 1re, 16 oct. 1979 : *J.C.P.* 80, II, 19279, concl. Gulphe), mais que l'omission de l'inscription ou du renouvellement de l'inscription d'une hypothèque ou d'un gage ne peut constituer la faute lourde susceptible d'anéantir les effets de la renonciation (Com. 27 nov. 1984 : *Juris-Data* n.21480).

III. Droits, hypothèques et privilèges visés par l'article 2037

8) L'article 2037 est inapplicable en l'absence de tous droits, hypothèques ou privilèges auxquels la caution aurait pu être subrogée (Civ. 1re, 27 mars 1974 : *J.C.P.* 75, II, 18070, note Simler. – V. en ce sens Com. 10 avril 1967 : *Gaz. Pal.* 1967, 1, 310. – Civ. 1re, 21 mars 1984 : *Bull.* I, n. 111, p. 92).

9) Il résulte des dispositions des articles 2037 et 2039 que le créancier peut accorder plusieurs prorogations du terme primitivement stipulé en faveur du débiteur principal sans perdre son recours contre la caution, dès lors que celle-ci n'établit pas que, par son fait ou sa négligence, ce créancier lui a fait perdre le bénéfice de la subrogation (Civ. 1re, 16 fév. 1970 : *D.* 1970, 428.– V.en ce sens Civ. 31 juil. 1900 : *D.P.* 1901, I, 275). Sur l'application de l'article 2037 du Code civil au cas de simple négligence du créancier rendant impossible la subrogation de la caution, v. cependant Civ. 1re, 6 oct. 1971 : *D.* 1973, 316, note Ivainer. – Civ. 3e, 12 nov. 1974 : *J.C.P.* 75, II, 18182, note Simler. Sur la distinction entre le bénéfice de subrogation de l'article 2037 et la responsabilité du banquier pour brusque rupture de crédit, V. Com. 12 avril 1983 : *J.C.P.* 84, II, 20237, note Duclos.

10) En accordant à la caution la faculté de produire au règlement judiciaire du débiteur, même avant d'avoir payé, l'article 2032-2° du Code civil suppose nécessairement que le créancier n'est pas tenu, pour conserver ses droits contre la caution, de se présenter lui-même à ce règlement (Com. 4 oct. 1972 : *Gaz. Pal.* 1973, 1, 143, note Martin, 1re esp. – V. en ce sens Req. 29 avril 1891 : *D.P.* 1892, I, 220. – Com. 16 fév. 1983 : *J.C.P.* 83, IV, 136 ; *Bull.* IV, n. 68, p. – V. cependant, reconnaissant à une caution simple la possibilité d'opposer le défaut de production de la créance à la liquidation des biens de la société en s'appuyant sur les articles 2036 et 2037, Paris 18 mars 1981 : *Juris-Data* n. 025212).

11) La caution doit démontrer que les garanties existaient antérieurement au cautionnement (Civ. 1re, 5 oct. 1964 : *J.C.P.* 65, II, 13979), ou que le créancier s'était engagé à les prendre (Civ. 1re, 27 fév. 1968 : *J.C.P.* 68, IV, 35 ; *Bull.* I, n. 81, p. 64. – Civ. 1re, 8 oct. 1980 : *Bull.* I, n. 249, p. 199). Jugé que la caution peut invoquer l'article 2037 dès lors qu'elle pouvait normalement croire, au moment où elle s'est engagée, que le créancier prendrait les garanties que la loi attache sous certaines conditions à sa créance (Civ. 1re, 9 fév. 1970 : *Gaz. Pal.* 1970, 1, 201), ou qu'il userait de garanties prévues par la loi, comme l'opposition à la vente par le débiteur de son fonds de commerce (Com. 20 oct. 1980 : *Bull.* IV, n. 340, p. 274).

12) La caution ne peut reprocher au créancier de n'avoir pas pris d'hypothèque conservatoire (Com. 21 fév 1977 : *J.C.P.* 77, IV, 102 ; *Bull.* IV, n. 54, p. – Paris 12 fév 1982 : *Gaz. Pal.* 1982, 2, somm. 298).

IV. Fait du créancier

13) Pour des exemples de fautes commises par le créancier, v. Com. 27 juin 1967 : *Bull.* III, n. 263, p. 254 (remise des fonds à l'acquéreur du véhicule donné en gage). – Com. 7 oct. 1968 : *Bull.* IV, n. 252, p. 225 (créancier dispensant formellement le no-

taire de prendre les sûretés stipulées dans l'acte). – Com. 24 avril 1972 : *Bull.* IV, n. 116, p. 117 (mainlevée du gage).

14) Sur le cas de la faute partagée du débiteur et de la caution, v. Com. 20 janv. 1975 : *Bull.* IV, n. 16, p. 14.

15) La caution qui est en même temps dirigeant social de la société débitrice ne peut se voir reprocher le défaut de renouvellement d'une inscription hypothécaire (Com. 3 mars 1980 : *J.C.P.* 80, IV, 193 ; *Bull.* IV, n. 105, p. 82.– Com. 19 fév. 1985 : *D.* 1986, 11, note A. Honorat ; *Rev. Soc.* 1985, 866)

16) Ne donne pas de base légale à sa décision l'arrêt qui décharge une caution de ses obligations par application de l'article 2037, sans rechercher si la disparition du gage n'était pas due seulement au fait du créancier, mais n'avait pas aussi pour origine les négligences du débiteur principal (Com. 15 nov. 1988 : *J.C.P.* 89, IV, 20 ; *D.* 1989, Somm. 296, 1re esp., obs. Aynès. V. aussi Com. 3 nov. 1988 : *Bull.* IV, n. 283, p. 193).

17) La caution ne peut être déchargée lorsque la disparition du gage est le fait d'un tiers (Com. 10 fév. 1970 : *D.* 1970, 693).

V. Préjudice de la caution

18) La caution ne peut se prévaloir de l'article 2037 lorsque la négligence du créancier ne lui cause aucun préjudice (Req. 8 nov. 1896 : *D.P.* 97, 1, 569. – Civ. 3e, 3 déc. 1974 : *J.C.P.* 75, IV, 26 ; *Bull.* III, n. 451, p. 349).

19) La caution n'est déchargée qu'à concurrence de la valeur des droits pouvant lui être transmis par subrogation et dont elle a été privée par la faute du créancier (Civ. 1re, 24 fév. 1987 : *Bull.* I, n. 64, p. 46). Cette valeur doit s'apprécier à la date de l'exigibilité de l'obligation de la caution, c'est-à-dire à la date de la défaillance du débiteur principal (même arrêt).

Art. 2038. – **L'acceptation volontaire que le créancier a faite d'un immeuble ou d'un effet quelconque en paiement de la dette principale, décharge la caution, encore que le créancier vienne à en être évincé.**

La caution n'est, selon l'article 2038, déchargée de son engagement que si le créancier qui a été évincé a accepté de recevoir en paiement autre chose que ce qui était dû en vertu de la convention principale (Com. 20 oct. 1965 : *D.* 1966, 353, note Cabrillac). Jugé que la dation en paiement portant sur une créance irrécouvrable ne peut décharger la caution (Com. 28 nov. 1972 : *Bull.* IV, n. 309, p. 289).

Art. 2039. – **La simple prorogation de terme, accordée par le créancier au débiteur principal, ne décharge point la caution, qui peut, en ce cas, poursuivre le débiteur pour le forcer au paiement.**

1) La caution a le droit de payer le créancier au terme fixé initialement, nonobstant la prorogation de terme consentie par le créancier au débiteur (Caen 24 janv. 1887 : *D.P.* 1888, 2, 127), mais elle peut engager sa responsabilité si elle paye malgré la mise en garde du débiteur et en l'absence de toute poursuite (Civ. 1re, 16 nov. 1971 : *Bull.* I, n. 288, p. 246).

2) La caution qui n'a pas poursuivi le débiteur après la prorogation du terme reste tenue de ses obligations (Rennes 13 juin 1963 : *D.* 1964, Somm. 33).

3) Lorsque le contrat de cautionnement interdit au créancier d'accorder aucune prorogation de délai sans le consentement exprès et écrit de la caution et que le créancier accorde néanmoins de tels délais, la caution est déchargée (Civ. 1re, 14 mars 1979 : *J.C.P.* 79, IV, 174 ; *Bull.* I, n. 92,

Art. 2040 — CAUTIONNEMENT

p. 76). Mais l'attitude bienveillante du créancier qui n'a pas poursuivi le débiteur à première défaillance n'est pas nécessairement constitutive d'une prorogation volontaire de délai (Civ. 1re, 7 juin 1978 : *J.C.P.* 78, IV, 242 ; *Bull.* I, n. 220, p. 175. – V. cependant Dijon 17 mai 1974 : *J.C.P.* 76, II, 18222, note Dagot. – V. Dagot, *De la clause aux termes de laquelle le créancier ne peut consentir aucune prorogation de délai au débiteur sous peine de perdre tous ses recours contre la caution* : *J.C.P.* 73, I, 2577).

CHAPITRE IV. – DE LA CAUTION LÉGALE ET DE LA CAUTION JUDICIAIRE

Art. 2040. – Toutes les fois qu'une personne est obligée, par la loi ou par une condamnation, à fournir une caution, la caution offerte doit remplir les conditions prescrites par les articles 2018 et 2019.
Lorsqu'il s'agit d'un cautionnement judiciaire, la caution doit, en outre, être susceptible de contrainte par corps.

Art. 2041. – Celui qui ne peut pas trouver une caution, est reçu à donner à sa place un gage en nantissement suffisant.

La règle de l'article 2041 qui s'entend aussi de la faculté de constituer, le cas échéant, une hypothèque suffisante, s'applique à tous les cas où un texte spécial n'en a pas autrement ordonné, et il en est ainsi notamment pour l'usufruitier, la loi n'ayant édicté à cet égard aucune disposition contraire (Civ. 3 fév. 1897 : *D.P.* 1897, I, 601, note Planiol).

Art. 2042. – La caution judiciaire ne peut point demander la discussion du débiteur principal.

Art. 2043. – Celui qui a simplement cautionné la caution judiciaire, ne peut demander la discussion du débiteur principal et de la caution.

TITRE XV. – DES TRANSACTIONS

J.-P. CHAUCHARD, *La transaction dans l'indemnisation du préjudice corporel* : Rev. trim. dr. civ. 1989, 1.

Art. 2044. – La transaction est un contrat par lequel les parties terminent une contestation née, ou préviennent une contestation à naître.
Ce contrat doit être rédigé par écrit.

1) La transaction est l'acte correspondant à une contestation sérieuse existant entre les parties et par lequel celles-ci se sont consenti des concessions réciproques (Civ. 13 mars 1922 : *D.P.* 1925, 1, 139 ; Com. 22 nov. 1988 : *Bull.* IV, n. 320, p. 215) quelle que soit leur importance relative (Soc. 17 mars 1982 : *Bull.* V, n. 180, p. 133 ; *Defrénois* 1983, 407, obs. Vermelle).

2) La convention qui tend à prévenir une contestation à naître présente le caractère d'une transaction même si elle ne porte que sur certains faits pouvant donner lieu à contestation et ne comporte pas renonciation totale des parties à l'exercice de leurs droits (Civ. 1re, 12 juil. 1976 : *J.C.P.* 76, IV, 302 ; *Bull.* I, n. 262, p. 213). Il suffit que les éléments compris dans la transaction ne soient pas indissociables des autres (Civ. 2e, 8 nov. 1989 : *J.C.P.* 90, IV, 5).

3) Il n'y a pas de concessions réciproques si une partie abandonne ses droits pour une contrepartie si faible qu'elle est pratiquement inexistante (Civ. 1re, 4 mai 1976 : *J.C.P.* 76, IV, 209 ; *Bull.* I, n. 157, p. 124).

4) L'écrit prévu par l'article 2044 n'est pas exigé pour la validité du contrat de transaction (Civ. 1re, 18 mars 1986 : *Bull.* I, n. 74, p. 71). Celui-ci est soumis aux règles édictées par l'article 1347 du Code civil ; la preuve peut en être rapportée par témoins ou par présomptions lorsqu'il existe un commencement de preuve par écrit (Civ. 3e, 6 fév. 1973 : *J.C.P.* 73, IV, 115 ; *Bull.* III, n. 104, p. 75). Lorsqu'aucune contestation n'est soulevée sur l'existence même de la transaction, mais seulement sur sa nature et sa portée, la preuve est libre (Soc. 22 juin 1960 : *J.C.P.* 60, IV, 122 ; *Bull.* IV, n. 671, p. 520).

5) La quittance, établissant seulement l'exécution de ses obligations par l'assureur, partie à une transaction, n'est pas soumise aux exigences de l'article 1325 du Code civil (Civ. 1re, 9 janv. 1968 : *J.C.P.* 68, IV, 28 ; *Bull.* I, n. 12, p. 9).

6) S'il est vrai qu'en cas d'échec de négociations intentées avant le procès, la correspondance entre avocats revêt un caractère confidentiel, même en l'absence de mention inscrite sur les documents, ce caractère disparaît, malgré ces mentions, lorsqu'un accord est intervenu entre les parties avant le procès (Civ. 1re, 26 juin 1974 : *D.* 1975, 254, note Gaury).

Art. 2045. - **Pour transiger, il faut avoir la capacité de disposer des objets compris dans la transaction.**

Le tuteur ne peut transiger pour le mineur ou le majeur en tutelle que conformément à l'article 467, au titre *De la minorité, de la tutelle et de l'émancipation ;* et il ne peut transiger avec le mineur devenu majeur, sur le compte de tutelle, que conformément à l'article 472 au même titre.

Les communes et établissements publics ne peuvent transiger qu'avec l'autorisation expresse du Président de la République.

L'administrateur légal doit obtenir l'autorisation du juge des tutelles si l'acte, tout en se présentant comme une transaction, constitue une renonciation à un droit au sens de l'article 389-5, alinéa 3, du Code civil (Ch. mixte 29 janv. 1971 : *D.* 1971, 301, concl. Lindon, note Hauser et Abitbol).

Art. 2046. - **On peut transiger sur l'intérêt civil qui résulte d'un délit. La transaction n'empêche pas la poursuite du ministère public.**

Sur l'interdiction de transiger dans les matières d'ordre public, V. *supra*, sous art. 6.

Art. 2047. - **On peut ajouter à une transaction la stipulation d'une peine contre celui qui manquera de l'exécuter.**

Art. 2048. - **Les transactions se renferment dans leur objet : la renonciation qui y est faite à tous droits, actions et prétentions, ne s'entend que de ce qui est relatif au différend qui y a donné lieu.**

Art. 2049 TRANSACTIONS

Sur le principe que les termes d'une transaction doivent être interprétés restrictivement, V. Civ. 1re, 18 oct. 1960 : *Bull.* I, n. 440, p. 360.

Art. 2049. – Les transactions ne règlent que les différends qui s'y trouvent compris, soit que les parties aient manifesté leur intention par des expressions spéciales ou générales, soit que l'on reconnaisse cette intention par une suite nécessaire de ce qui est exprimé.

Art. 2050. – Si celui qui avait transigé sur un droit qu'il avait de son chef, acquiert ensuite un droit semblable du chef d'une autre personne, il n'est point, quant au droit nouvellement acquis, lié par la transaction antérieure.

Art. 2051. – La transaction faite par l'un des intéressés ne lie point les autres intéressés, et ne peut être opposée par eux.

1) Sauf intention contraire des parties, la transaction n'emporte pas novation et ne peut produire aucun effet à l'égard des personnes qui y sont restées étrangères (Civ. 1re, 25 fév. 1976 : *Bull.* I, n. 86, p. 71).

Les héritiers légitimes qui ont transigé avec les légataires universels ne sont pas moins recevables à demander contre les légataires particuliers étrangers à cette transaction la nullité du testament pour insanité d'esprit du testateur (Civ. 3 janv. 1883 : *D.P.* 1883, 1, 457).

2) Les codébiteurs solidaires peuvent invoquer une transaction conclue par l'un d'eux si elle leur permet d'améliorer leur situation (Civ. 1re, 27 oct. 1969 : *D.* 1970, 12).

3) Pour une application de l'article 2051 à la transaction faite par un coobligé, v. Com. 14 fév. 1989 : *Bull.* IV, n. 67, p. 44.

Art. 2052. – Les transactions ont, entre les parties, l'autorité de la chose jugée en dernier ressort.

Elles ne peuvent être attaquées pour cause d'erreur de droit, ni pour cause de lésion.

1) Sur l'admission de la rescision lorsque la transaction a pour objet de faire cesser l'indivision, V. *supra*, art. 888.

2) Il résulte des articles 1351 et 2052 que l'autorité de la chose jugée attachée à une transaction ayant réglé définitivement un préjudice est indissociable et opposable aux parties en cause dans toutes ses dispositions, aussi bien celle fixant le montant global du dommage à réparer que celle déterminant le capital représentatif des arrérages de la rente-invalidité échus et à échoir et le paiement de l'indemnité complémentaire (Civ. 2e, 14 fév. 1974 : *J.C.P.* 74, II, 17757, note R. Savatier). Mais les juges du fond peuvent décider que les diverses parties de la convention ne dépendent pas les unes des autres et que leur exécution peut être poursuivie divisément (Civ. 1re, 17 oct. 1962 : *Bull.* I, n. 429, p. 368).

3) Les transactions ayant entre les parties l'autorité de la chose jugée en dernier ressort, le pourvoi en cassation devient donc sans objet (Civ. 1re, 18 juil. 1977 : *Bull.* I, n. 340, p. 268).

Art. 2053. – Néanmoins, une transaction peut être rescindée, lorsqu'il y a erreur dans la personne ou sur l'objet de la contestation.

Elle peut l'être dans tous les cas où il y a dol ou violence.

TRANSACTIONS   Art. 2056

1) L'erreur porte sur l'objet de la contestation et la transaction doit être annulée lorsque, postérieurement à l'expertise ayant précédé cette transaction, de nouvelles malfaçons sont apparues (Civ. 3e, 24 mai 1978 : *Bull.* III, n. 221, p. 168). Doit également être annulée la transaction conclue par une partie qui a commis une erreur sur l'existence même de la créance invoquée par son cocontractant, alors que seul le montant de cette créance, fût-il forfaitairement fixé, était entré dans le champ des prévisions contractuelles (Civ. 1re, 13 déc. 1972 : *Gaz. Pal.* 1973, 1, 293, note A.P.). Il y a erreur sur l'objet de la contestation si elle porte sur le principe de la responsabilité, mais non sur les modalités de cette responsabilité, cette erreur n'étant pas substantielle (Toulouse 17 déc. 1954 : *D.* 1955, 122).

2) Si l'erreur sur l'importance du préjudice ne constitue pas une erreur sur l'objet de la transaction, il en est autrement de l'erreur sur l'existence de la lésion génératrice du dommage (Civ. 1re, 12 janv. 1970 : *J.C.P.* 70, IV, 57 ; *Bull.* I, n. 10, p. 7). Il y a erreur sur l'un des éléments essentiels de la transaction lorsqu'il résulte des certificats médicaux établis au moment de la transaction que l'intéressé, soigné jusqu'alors pour une affection déterminée, ne pouvait avoir en vue une affection révélée ultérieurement (Civ. 1re, 24 mai 1966 : *J.C.P.* 66, II, 14769, note R.L., 1re esp.). Mais il en va autrement lorsque les lésions corporelles alléguées ne sont que l'aggravation d'affections connues au moment de la transaction (Civ. 1re, 14 juin 1966 : *J.C.P.* 66, II, 14769, note R.L., 2e esp. – V. en ce sens Civ. 1re, 21 fév. 1979 : *Bull.* I, n. 72, p. 58).

3) Jugé que la victime d'un accident corporel a commis une erreur sur l'objet de la contestation en signant une quittance définitive après avoir été dédommagée de la perte de salaire, alors qu'elle n'a pu, compte tenu des circonstances, connaître les conséquences de l'accident autres qu'une simple perte de salaire (Civ. 1re, 10 juin 1986 : *Bull.* I, n. 164, p. 165).

Art. 2054. – Il y a également lieu à l'action en rescision contre une transaction, lorsqu'elle a été faite en exécution d'un titre nul, à moins que les parties n'aient expressément traité sur la nullité.

La rescision d'une transaction conclue en exécution d'un titre nul ne peut être demandée lorsque la nullité du titre est le résultat d'une erreur de droit (Com. 26 nov. 1957 : *Bull.* III, n. 326, p. 279.-V. en ce sens Req. 19 déc. 1865 : *D.P.* 1866, 1, 182).

Art. 2055. – La transaction faite sur pièces qui depuis ont été reconnues fausses est entièrement nulle.

Doit être annulée la transaction conclue sur la validité d'un testament que les héritiers prétendent entaché de captation et qui est reconnu faux par la suite (Req. 1er août 1877 : *D.P.* 1878, 1, 298), mais il en va autrement de celle conclue sur la base de calculs et de comptes erronés (Com. 13 fév. 1956 : *Bull.* III, n. 66, p. 56).

Art. 2056. – La transaction sur un procès terminé par un jugement passé en force de chose jugée, dont les parties ou l'une d'elles n'avaient point connaissance, est nulle. Si le jugement ignoré des parties était susceptible d'appel, la transaction sera valable.

Les droits reconnus par un jugement définitif peuvent cependant faire l'objet d'une transaction valable si la partie qui a obtenu cette décision préfère couper court par un arrangement amiable aux difficultés de fait que présenterait son exécution (Req. 12 nov. 1902 : *D.P.* 1902, 1, 566).

Art. 2057   TRANSACTIONS

Art. 2057. – Lorsque les parties ont transigé généralement sur toutes les affaires qu'elles pouvaient avoir ensemble, les titres qui leur étaient alors inconnus, et qui auraient été postérieurement découverts, ne sont point une cause de rescision, à moins qu'ils n'aient été retenus par le fait de l'une des parties.

Mais la transaction serait nulle si elle n'avait qu'un objet sur lequel il serait constaté, par des titres nouvellement découverts, que l'une des parties n'avait aucun droit.

Art. 2058. – L'erreur de calcul dans une transaction doit être réparée.

Les seules erreurs de calcul qui peuvent donner lieu à rectification sont celles commises dans les opérations arithmétiques faites soit par les parties en commun, soit par le tiers qu'elles ont chargé de préparer la transaction ou de traduire en chiffres les bases de transaction arrêtées entre elles (Req.

16 juin 1875 : *D.P.* 1877, 1, 71. V. en ce sens Com. 13 fév. 1956 : *Bull.* III, n. 66, p. 56). Tel n'est pas le cas de l'erreur portant sur l'existence de certains éléments de la créance objet de la transaction (Com. 27 oct. 1958 : *D.* 1958, 727).

TITRE XVI. – DU COMPROMIS
(intitulé modifié, L. n. 72-626 du 5 juil. 1972, art. 13)

V. Nouv. C. proc. civ., art. 1442 à 1507 (D. n. 81-500 du 12 mai 1981).

J. ROBERT, *La législation nouvelle sur l'arbitrage* : *D.* 1980, Chron. 189. – *L'arbitrage en matière internationale* : *D.* 1981, Chron. 209.

Art. 2059 *(L. n. 72-626 du 5 juil. 1972, art. 13).* – **Toutes personnes peuvent compromettre sur les droits dont elles ont la libre disposition.**

Art. 2060 *(L. n. 72-626 du 5 juil. 1972, art. 13).* – **On ne peut compromettre sur les questions d'état et de capacité des personnes, sur celles relatives au divorce et à la séparation de corps ou sur les contestations intéressant les collectivités publiques et les établissements publics et plus généralement dans toutes les matières qui intéressent l'ordre public.**
(Al. ajouté, L. n. 75-596 du 9 juil. 1975, art. 7) **Toutefois des catégories d'établissements publics à caractère industriel et commercial peuvent être autorisées par décret à compromettre.**

Le compromis n'est pas nul par cela seul que la convention à laquelle il a trait est soumise à certains égards à une réglementation présentant le caractère d'ordre public. Lorsque la nullité du contrat donne elle-même naissance à des litiges relatifs aux restitutions et dommages-intérêts sur lesquels il n'est pas interdit de compromettre,

la responsabilité éventuelle de l'une ou de l'autre des parties, dans la conclusion du contrat nul, en cas d'inexécution, ne met en œuvre aucune règle impérative d'ordre public et peut être soumise à des arbitres (Colmar 29 nov. 1968 : *J.C.P.* 70, II, 16246, note Oppetit et Level. – Comp. Paris 24 nov. 1955 : *J.C.P.* 56, II, 9079, note Motulsky).

GAGE   Art. 2073

Art. 2061 *(L. n. 72-626 du 5 juil. 1972, art. 13).* — **La clause compromissoire est nulle s'il n'est disposé autrement par la loi.**

1) Sur la validité de la clause compromissoire en matière commerciale, V. Code de l'organisation judiciaire, art. L. 411-2.

2) L'État, les collectivités territoriales et les établissements publics sont autorisés, dans les contrats qu'ils concluent conjointement avec des sociétés étrangères pour la réalisation d'opérations d'intérêt national, à souscrire des clauses compromissoires en vue du règlement, le cas échéant définitif, de litiges liés à l'application et l'interprétation de ces contrats *(L. n. 86-972 du 19 août 1986, art. 9).*

Art. 2062 à 2070. — *Demeurent abrogés par L. 22 juil. 1867.*

TITRE XVII. — DU NANTISSEMENT

Art. 2071. — **Le nantissement est un contrat par lequel un débiteur remet une chose à son créancier pour sûreté de la dette.**

1) Il y a nantissement et non dépôt lorsqu'une somme est versée à l'appui d'une promesse d'achat d'immeuble à un intermédiaire à titre de garantie, étant stipulé que passé un certain délai la promesse serait considérée comme nulle et les fonds restitués (Crim. 9 juil. 1953 : *D.* 1953, 556).

2) Le nantissement implique nécessairement la qualité de propriétaire (Civ. 1re, 8 janv. 1955 : *Bull.* I, n. 10, p. 10).

3) Il est de l'essence du contrat de nantissement que la chose donnée en gage soit mise en la possession du créancier ou d'un tiers convenu ; l'accomplissement de cette condition est nécessaire entre les parties elles-mêmes pour que le créancier puisse se prévaloir des effets du contrat à l'encontre de son débiteur (Civ. 18 mai 1898 : *D.P.* 1900, 1, 481, note Sarrut. — Com. 12 nov. 1958 : *J.C.P.* 58, IV, 177 ; *Bull.* III, n. 387, p. 327, 2 arrêts. — V. en ce sens Civ. 1re, 22 mars 1966 : *Bull.* I, n. 201, p. 154. — V. aussi *infra*, art. 2076). Sur les gages spéciaux sans dépossession, V. *J.-Cl. Civil*, art. 2084, Fasc. K et L.

Art. 2072. — **Le nantissement d'une chose mobilière s'appelle *gage*. Celui d'une chose immobilière s'appelle *antichrèse*.**

Ne saurait être compris dans un nantissement qui porte sur un ensemble mobilier un objet devenu immeuble par destination (Crim. 26 oct. 1960 : *J.C.P.* 60, IV, 166).

CHAPITRE I. — DU GAGE

Art. 2073. — **Le gage confère au créancier le droit de se faire payer sur la chose qui en est l'objet, par privilège et préférence aux autres créanciers.**

Art. 2074 — GAGE

1) Des obligations émises par une société mais non libérées ont une existence légale et peuvent être valablement données en nantissement (Civ. 14 nov. 1911 : *D.P.* 1912, I, 201, note Chéron). Il en va de même pour les parts d'une S.A.R.L. (Paris 10 oct. 1964 : *J.C.P.* 64, II, 13926, note J.R.) ; mais jugé qu'un tel nantissement, faute de répondre à l'exigence de dépossession, n'est pas opposable aux tiers (Rennes 6 janv. 1965 : *D.* 1966, 457, note Dalsace).

2) S'il est exact que des créances simplement éventuelles et dont l'existence est encore incertaine ne peuvent faire valablement l'objet d'une constitution de gage, une telle opération est possible alors que la créance n'existe pas encore mais qu'il y a une probabilité voisine de la certitude qu'elle existera (Douai 19 avril 1956 : *D.* 1956, 343).

3) Sur la possibilité de donner en gage des rentes sur l'État, V. Req. 26 juil. 1928 : *D.H.* 1928, 528.

4) Le créancier gagiste de bonne foi peut invoquer l'article 2279 pour résister à l'action en revendication du véritable propriétaire (Civ. 19 juin 1928 : *D.P.* 1929, 1, 45). Mais au cas où l'objet a été perdu ou volé, et l'article 2280 ne lui étant pas applicable, il ne peut exiger alors du propriétaire le remboursement des sommes prêtées (Civ. 11 mai 1898 : *D.P.* 1898, 1, 504).

5) Le droit de préférence du créancier gagiste qui ne peut invoquer le bénéfice du droit de rétention est primé par celui du Trésor (Com. 15 janv. 1957 : *J.C.P.* 57, II, 10006, note Becqué, 2e et 3e esp. – V. en ce sens pour le nantissement d'un fonds de commerce, Com. 26 oct. 1971 : *J.C.P.* 72, II, 17058, note Spitéri. Il est également primé par le privilège pour frais de conservation (Civ. 1re, 13 nov. 1962 : *J.C.P.* 63, II, 12976).

6) Le « gage-espèces » constitué au profit d'une banque en garantie d'avances consenties à une société cliente (sous la forme de prélèvements de sommes représentant un pourcentage de chaque effet remis à l'escompte) permet à la banque d'être préférée aux autres créanciers pour le montant de sa créance produite au passif de la liquidation des biens, même si la banque doit être colloquée à titre de créancier ordinaire pour le surplus dans le cas où le montant des sommes données en gage se révèle inférieur au montant de la créance garantie (Com. 29 mars 1989 : *D.* 1989, 457, note D. Martin).

Art. 2074 *(L. n. 80-525 du 12 juil. 1980).* – **Ce privilège n'a lieu à l'égard des tiers qu'autant qu'il y a un acte authentique ou sous seing privé, dûment enregistré, contenant la déclaration de la somme due, ainsi que l'espèce et la nature des biens donnés en gage, ou un état annexé de leurs qualité, poids et mesures.**

1) Aux termes de l'article 1328, l'acte sous seing privé constitutif du gage n'a date certaine, hors le cas de son enregistrement ou de la mort d'un signataires, que du jour où sa substance est constatée dans un acte public (Civ. 1re, 2 avril 1962 : *D.* 1963, Somm. 12 ; *Bull* I, n. 192, p. 169).

2) S'agissant des rapports entre parties à un contrat de gage, une cour d'appel n'a pas à faire application de l'article 2074 du Code civil (Civ. 1re, 25 mai 1976 : *J.C.P.* 76, IV, 239 ; *Bull.* I, n. 201, p. 160).

3) Dès lors que l'acte pour lequel un gage est constitué est un acte de commerce, ce gage, même consenti par un non-commerçant, se prouve conformément à l'article 109 du Code de commerce (Com. 11 juin 1974 : *Bull.* IV, n. 190, p. 153).

4) La mise en gage de titres au porteur obéit aux mêmes règles que celle des meubles corporels (Com. 25 fév. 1975 : *J.C.P.* 75, II, 18133 *bis*, note Bost et Stemmer).

GAGE Art. 2076

5) Sur les formalités prévues pour le gage spécial sur les véhicules automobiles à crédit, V. D. n. 53-968 du 30 sept. 1953, *infra*, sous art. 2084.

Art. 2075 *(L. n. 80-525 du 12 juil. 1980)*. – **Lorsque le gage s'établit sur des meubles incorporels, tels que les créances mobilières, l'acte authentique ou sous seing privé, dûment enregistré, est signifié au débiteur de la créance donnée en gage, ou accepté par lui dans un acte authentique.**

1) Dès lors que le nantissement a été accepté dans un acte authentique par le débiteur des droits donnés en gage, il n'y a pas lieu de procéder à la signification prévue à l'article 2075. Il n'importe à cet égard que le débiteur desdits droits soit également le bénéficiaire du nantissement (Com. 23 mai 1973 : *D.* 1973, 760).

2) Le débiteur de la créance donnée en gage à qui doit être faite la signification imposée par l'article 2075 doit s'entendre non seulement du débiteur proprement dit mais encore du dépositaire des deniers affectés à la créance (Douai 19 avril 1956 : *D.* 1956, 343).

3) La dation en gage de parts de S.A.R.L. ne peut être réalisée qu'en ayant recours aux formes particulières prévues par l'article 2075 pour la dation en gage des créances mobilières (Paris 10 oct. 1964 : *J.C.P.* 64, II, 13926, note J.R. – V. cependant Rennes 6 janv. 1965 : *D.* 1966, 457, note Dalsace). Mais la mise en gage de titres au porteur obéit aux mêmes règles que celle des meubles corporels (Com. 25 fév. 1975 : *J.C.P.* 75, II, 18133 *bis,* note Bost et Stemmer).

4) La constitution en gage d'actions nominatives est inopposable aux créanciers qui ont saisi-arrêté les actions gagées si elle n'a pas été mentionnée sur le registre des transferts tenu par la société émettrice (Com. 14 janv. 1975 : *Bull.* IV, n. 12, p. 10). Mais l'intéressé ne peut dans ses rapports avec la banque se prévaloir de ce défaut d'inscription pour contester la validité du gage qu'il a personnellement constitué entre les mains de ladite banque (Com. 6 mars 1968 : *Bull.* IV, n. 99, p. 86).

5) L'endossement pignoratif prévu par l'article 122 du Code de commerce déroge à l'égard de tous aux règles du droit commun en matière de transmission des créances ; il s'ensuit que le porteur bénéficiaire d'un endossement de garantie, quelle que fût la nature du prêt constituant la cause de cet endossement, peut exercer tous les droits de la lettre de change sans avoir à signifier les actes constitutifs des prêts conformément à l'article 2075 (Com. 26 janv. 1971 : *Bull.* IV, n. 24, p. 25).

6) Sur le nantissement de créances professionnelles par le client d'un établissement de crédit, V. L. n. 81-1 du 2 janvier. 1981 facilitant le crédit aux entreprises (*J.O.* 3 janv. ; *J.C.P.* 81, III, 50734) mod. L. n. 84-46 du 24 janv. 1984 (*J.C.P.* 84, III, 55250).

Art. 2075-1 *(L. n. 72-626 du 5 juil. 1972, art. 1er)*. – **Le dépôt ou la consignation de sommes, effets ou valeurs, ordonné judiciairement à titre de garantie ou à titre conservatoire, emporte affectation spéciale et privilège de l'article 2073.**

Art. 2076. – **Dans tous les cas, le privilège ne subsiste sur le gage qu'autant que ce gage a été mis et est resté en la possession du créancier, ou d'un tiers convenu entre les parties.**

J. Mestre, *Le gage des choses futures* : *D.* 1982, chron. 141.

Art. 2077   GAGE

1) Au cas où le gage porte sur une créance et où la tradition est matériellement impossible, la mise en possession est suffisamment réalisée par la signification au débiteur de la créance donnée en gage (Civ. 1re, 10 mai 1983 : *J.C.P.* 83, IV, 224 ; *Bull.* I, n. 141, p. 122. – V. en ce sens Douai 19 avril 1956 : *D.* 1956, 343. – Paris 10 oct. 1964 : *J.C.P.* 64, II, 13926, note J.R.).

2) Le gage peut être remis au créancier après la conclusion du contrat (Civ. 21 mars 1938 : *D.H.* 1938, 257).

3) Il est de l'essence du contrat que la mise en possession soit un fait apparent, d'une notoriété suffisante pour avertir les tiers que le débiteur est dessaisi et que l'objet engagé ne fait plus partie de son actif libre (Req. 23 mai 1927 : *S.* 1928, 1, 97, note Bourcart. – V. en ce sens Civ. 21 mars 1938 : *D.H.* 1938, 257. – Com. 3 nov. 1980 : *J.C.P.* 81, IV, 31 ; *Bull.* IV, n. 359, p. 289). Elle doit être réelle (Com. 6 avril 1960 : *Bull.* III, n. 147, p. 133) et permanente (Civ. 9 avril 1894 : *D.P.* 1894, 1, 409, note Boistel), mais jugé que le privilège doit être maintenu en cas de remise temporaire au débiteur des marchandises constituées en gage pour leur faire subir certains traitements (Req. 11 avril 1933 : *Gaz. Pal.* 1933, 2, 172).

4) La mise en possession du créancier ou du tiers consignataire est nécessaire entre les parties elles-mêmes pour que le créancier gagiste puisse se prévaloir des effets du contrat à l'encontre de son débiteur ou de son ayant cause (Com. 12 nov. 1958 : *J.C.P.* 58, IV, 177 ; *Bull.* III, n. 387, p. 327, arrêt n. 2).

5) Le nouveau propriétaire chez lequel un locataire est autorisé par justice à transporter son mobilier n'est pas un tiers convenu entre les parties au sens de l'article 2076 (Civ. 7 janv. 1919 : *D.P.* 1923, 1, 104).

Art. 2077. – Le gage peut être donné par un tiers pour le débiteur.

Art. 2078. – Le créancier ne peut, à défaut de paiement, disposer du gage ; sauf à lui à faire ordonner en justice que ce gage lui demeurera en paiement et jusqu'à due concurrence, d'après une estimation faite par experts, ou qu'il sera vendu aux enchères.
Toute clause qui autoriserait le créancier à s'approprier le gage ou à en disposer sans les formalités ci-dessus, est nulle.

1) Si l'article 93 du Code de commerce permet au créancier de faire procéder, huit jours après une simple signification au débiteur, à la vente publique des objets donnés en gage, ce texte ne vise que l'hypothèse où le créancier procède à la vente du gage et laisse à ce dernier la faculté, conformément aux dispositions de l'article 2078, de faire ordonner en justice que le gage lui demeurera acquis en paiement jusqu'à due concurrence d'après une estimation faite par experts (Com. 31 mai 1960 : *J.C.P.* 60, II, 11676, note Nectoux).

2) A défaut de disposition contraire, l'attribution judiciaire du gage est offerte au créancier titulaire d'un nantissement sur outillage et matériel qui ne poursuit pas la réalisation du bien grevé (Ass. plén. 26 oct. 1984 : *D.* 1985, 33, concl. Cabannes et note Derrida ; *J.C.P.* 85, II, 20342, Rapp. Viennois et note Corlay).

3) Il n'y a pacte commissoire prohibé par l'article 2078 que si c'est au moment où le nantissement est constitué pour la garantie d'un prêt qu'une clause du contrat autorise le créancier à s'approprier le gage et à en disposer sans les formalités légales (Civ. 1re, 17 nov. 1959 : *J.C.P.* 59, IV, 162 ; *Bull.* I, n. 480, p. 398. – V. en ce sens Civ. 3e, 14 janv. 1971 : *Bull.* III, n. 30, p. 19). Sur la nullité d'un pacte commissoire dissimulé sous le couvert d'une vente avec faculté de rachat, V. Com. 24 oct. 1956 : *Gaz. Pal.* 1957, 1, 128.

GAGE — Art. 2078

4) L'attribution judiciaire du gage en paiement ne constitue pas pour le créancier gagiste une obligation et les cautions ne peuvent reprocher à ce dernier d'avoir préféré la voie de la vente avec exercice du droit de préférence (Com. 3 nov. 1983 : *J.C.P.* 84, II, 20234, note Mestre ; *Rev. trim. dr. civ.* 1984, 526, obs. Rémy).

5) Le prêteur d'une somme d'argent qui a utilisé le véhicule remis en gage sans se l'être fait au préalable attribuer par une décision de justice ne peut être condamné à des dommages-intérêts qu'à la condition de caractériser le préjudice causé au débiteur (Civ. 1re, 31 janv. 1989 : *J.C.P.* 89, IV, 119).

Loi du 31 mars 1896 *(Bull. lois, 12ᵉ S., B. 1772, n. 30954)*
relative à la vente des objets abandonnés ou laissés en gage par les voyageurs aux aubergistes ou hôteliers

Art. 1ᵉʳ. — Les effets mobiliers apportés par le voyageur ayant logé chez un aubergiste, hôtelier ou logeur et par lui laissés en gage pour sûreté de sa dette, ou abandonnés au moment de son départ, peuvent être vendus dans les conditions et formes déterminées par les articles suivants.

Art. 2. — Le dépositaire pourra présenter au juge *du tribunal d'instance* du canton où les effets mobiliers ont été laissés en gage ou abandonnés une requête qui énoncera les faits, désignera les objets et leur valeur approximative.

L'ordonnance du juge, mis au bas de la requête, fixera le jour, l'heure, le lieu de la vente, qui ne pourra être faite que six mois après le départ constaté du voyageur.

Cette ordonnance fixera en outre la mise à prix des objets à vendre, commettra l'officier public qui devra y procéder et contiendra, s'il y a lieu, l'évaluation de la créance du requérant.

L'officier public chargé de la vente fera ouvrir en présence du dépositaire, les malles, paquets ou autres sous fermeture quelconque et dressera de son opération procès-verbal, qui sera communiqué au juge *du tribunal d'instance.*

En cas d'extrême urgence, le juge pourra autoriser la vente avant l'expiration du délai de six mois, et devra justifier, dans son ordonnance, des motifs de l'abréviation de ce délai.

Art. 3. — La vente sera annoncée huit jours à l'avance par affiches apposées dans les lieux indiqués par le juge qui pourra même autoriser la vente après une ou plusieurs annonces à son de trompe.

La publicité donnée à la vente sera constatée par une mention insérée au procès-verbal de vente.

Art. 4. — L'officier public commis par le juge préviendra huit jours à l'avance, par lettre recommandée, le voyageur des lieu, jour et heure de la vente, dans le cas où son domicile sera connu.

La vente aura lieu aux enchères et il y sera procédé tant en l'absence qu'en présence du déposant.

Art. 5. — Le propriétaire pourra s'opposer à la vente par exploit signifié au dépositaire. Cette opposition emportera de plein droit citation à comparaître à la première audience utile du juge *du tribunal d'instance* qui a autorisé la vente, nonobstant toute indication d'une audience ultérieure. Le juge devra statuer dans le plus bref délai.

Art. 2078 — GAGE

Art. 6. – Sur le produit de la vente, et après le prélèvement des frais, l'officier public payera la créance du dépositaire. Le surplus sera versé à la Caisse des dépôts et consignations, au nom du propriétaire, par l'officier public, qui ne dressera aucun procès-verbal du dépôt. Il en retirera récépissé ; ce récépissé lui vaudra décharge.

Si le produit de la vente est insuffisant pour couvrir les frais, le surplus sera payé par le dépositaire, sauf recours contre le déposant.

Le montant de la consignation en principal et intérêts sera acquis de plein droit au Trésor public, deux ans après le dépôt, s'il n'y a eu, dans l'intervalle, réclamation de la part du propriétaire, de ses représentants ou de ses créanciers.

Art. 7. – Les articles 624 et 625 du Code de procédure civile sont applicables aux ventes prévues par la présente loi.

Ces ventes seront faites conformément aux lois et règlements qui déterminent les attributions des officiers publics qui en seront chargés.

....

Loi du 31 décembre 1903 *(Bull. lois, 12ᵉ S., B. 2505, n. 43924)*
relative à la vente de certains objets abandonnés

Art. 1ᵉʳ *(D. n. 60-284 du 28 mars 1960, art. 1ᵉʳ ; L. n. 68-1248 du 31 déc. 1968, art. 1ᵉʳ et 2).* – Les objets mobiliers confiés à un professionnel pour être travaillés, façonnés, réparés ou nettoyés et qui n'auront pas été retirés dans le délai d'un an pourront être vendus dans les conditions et formes déterminées par les articles suivants.

S'il s'agit de véhicules automobiles, le délai prévu à l'alinéa précédent est réduit à six mois.

Art. 2 *(L. n. 68-1248 du 31 déc. 1968, art. 3).* – Le professionnel qui voudra user de cette faculté présentera au juge du tribunal d'instance du canton de son domicile une requête qui énoncera les faits et donnera pour chacun des objets la date de réception, la désignation, le prix de façon réclamé, le nom du propriétaire et le lieu où l'objet aura été confié.

L'ordonnance du juge, mise au bas de la requête et rendue après que le propriétaire aura été entendu ou appelé, s'il n'est autrement ordonné, fixera le jour, l'heure et le lieu de la vente, commettra l'officier public qui doit y procéder et contiendra, s'il y a lieu, l'évaluation de la créance du requérant.

Lorsque l'ordonnance n'aura pas été rendue en présence du propriétaire, l'officier public commis le préviendra huit jours francs à l'avance, par lettre recommandée, des lieu, jour et heure de la vente, dans le cas où son domicile sera connu.

Art. 3. – La vente aura lieu aux enchères publiques, elle sera annoncée huit jours à l'avance par affiches ordinaires apposées dans les lieux indiqués par le juge. La publicité donnée sera constatée par une mention insérée au procès-verbal de vente.

Art. 4 *(L. n. 68-1248 du 31 déc. 1968, art. 3).* – Le propriétaire pourra s'opposer à la vente par exploit signifié au professionnel. Cette opposition emportera de plein droit citation à comparaître à la première audience utile du juge du tribunal d'instance qui a autorisé la vente, nonobstant toute indication d'une audience ultérieure. Le juge du tribunal d'instance devra statuer dans le plus bref délai.

Art. 5 *(L. 7 mars 1905 ; L. n. 68-1248 du 31 déc. 1968, art. 3).* – Sur le produit de la vente et après le prélèvement des frais, l'officier public paiera la créance du professionnel.

GAGE — Art. 2082

Le surplus sera versé à la caisse des dépôts et consignations, au nom du propriétaire, par l'officier public, sans procès-verbal de dépôt. Il en retirera un récépissé qui lui vaudra décharge.

Si le produit de la vente est insuffisant pour couvrir les frais, le surplus sera payé par le professionnel, sauf recours contre le propriétaire.

Le montant de la consignation, en principal et intérêts, sera acquis de plein droit au Trésor public cinq ans après le dépôt, s'il n'y a eu dans l'intervalle réclamation de la part du propriétaire, de ses représentants ou de ses créanciers.

Art. 6. – Les articles 624 et 625 du Code de procédure civile seront applicables aux ventes prévues par la présente loi. Ces ventes seront faites conformément aux lois et règlements qui déterminent les attributions des officiers publics qui en seront chargés.

Art. 6 bis *(L. n. 68-1248 du 31 déc. 1968, art. 4)*. – Les dispositions de la présente loi sont également applicables :
– Aux objets mobiliers détenus par les officiers publics ou ministériels, soit en vue d'une vente publique non poursuivie, soit après leur adjudication ;
– Aux objets mobiliers déposés en garde-meuble ;
– Aux véhicules automobiles déposés dans un garage.

Si les objets ou véhicules automobiles sont déposés moyennant versement d'une redevance périodique, les délais prévus à l'article 1er ci-dessus courent de l'échéance du dernier terme impayé.

Art. 2079. – **Jusqu'à l'expropriation du débiteur, s'il y a lieu, il reste propriétaire du gage qui n'est, dans la main du créancier, qu'un dépôt assurant le privilège de celui-ci.**

Art. 2080. – **Le créancier répond, selon les règles établies au titre *Des contrats ou des obligations conventionnelles en général*, de la perte ou détérioration du gage qui serait survenue par sa négligence.**

De son côté, le débiteur doit tenir compte au créancier des dépenses utiles et nécessaires que celui-ci a faites pour la conservation du gage.

1) Les cautions ne peuvent reprocher au créancier gagiste d'avoir préféré à l'attribution judiciaire du gage la voie de la vente avec exercice du droit de préférence (Com. 3 nov. 1983 : *J.C.P.* 84, II, 20234, note Mestre ; *Rev. trim. dr. civ.* 1984, 526, obs. Rémy).

2) S'agissant de choses fongibles ou de denrées périssables, le créancier gagiste, s'il ne peut restituer le gage en nature, doit en régler la valeur au débiteur lorsque celui-ci l'a remboursé (Com. 3 déc. 1957 : *Gaz. Pal.* 1958, 1, 244).

Art. 2081. – **S'il s'agit d'une créance donnée en gage, et que cette créance porte intérêts, le créancier impute ces intérêts sur ceux qui peuvent lui être dus.**

Si la dette pour sûreté de laquelle la créance a été donnée en gage ne porte point elle-même intérêts, l'imputation se fait sur le capital de la dette.

Art. 2082. – **Le débiteur ne peut, à moins que le détenteur du gage n'en abuse, en réclamer la restitution qu'après avoir entièrement payé, tant en principal qu'intérêts et frais, la dette pour sûreté de laquelle le gage a été donné.**

S'il existait de la part du même débiteur, envers le même créancier, une autre dette contractée postérieurement à la mise en gage, et devenue exigible avant le paiement de la première dette, le créancier ne pourra être tenu de se dessaisir du gage avant d'être entièrement payé de l'une et de l'autre dette, lors même qu'il n'y aurait eu aucune stipulation pour affecter le gage au paiement de la seconde.

Art. 2083   GAGE

1) Lorsque deux dettes sont assorties de deux gages distincts, seul le premier alinéa de l'article 2082 est applicable et le créancier ne saurait donc prétendre, sur les bases de l'alinéa 2 du texte précité, bénéficier du droit de rétention sur le gage garantissant la première dette jusqu'au paiement de la seconde (Civ. 1re, 4 nov. 1968 : *J.C.P.* 69, IV, 3 ; *Bull.* I, n. 261, p. 199. – V. en ce sens Com. 26 mai 1975 : *Bull.* IV, n. 138, p. 115).

2) Sur le droit pour le syndic, en cas de liquidation judiciaire, de retirer le gage donné par le débiteur en remboursant la dette, V. L. n. 85-98 du 25 janv. 1985, art. 159. Dès lors que le créancier gagiste ne prend pas lui-même l'initiative de la vente, son droit de rétention se reporte sur le prix et il doit être payé par préférence à tout autre créancier privilégié ou non, y compris le Trésor (Com. 15 janv. 1957 : *J.C.P.* 57, II, 10006, note Becqué, 3 arrêts).

3) Le droit de rétention qu'invoque une société de crédit en sa qualité de gagiste et comme étant réputé, en vertu de l'alinéa 3 de l'article 2 du décret du 30 septembre 1953, avoir conservé la voiture en sa possession ne peut prévaloir contre celui du garagiste réparateur qui a la détention matérielle du véhicule (Com. 11 juin 1969 : *D.* 1970, 244, note Bihr).

Art. 2083. – **Le gage est indivisible nonobstant la divisibilité de la dette entre les héritiers du débiteur ou ceux du créancier.**

L'héritier du débiteur, qui a payé sa portion de la dette, ne peut demander la restitution de sa portion dans le gage, tant que la dette n'est pas entièrement acquittée.

Réciproquement, l'héritier du créancier, qui a reçu sa portion de la dette, ne peut remettre le gage au préjudice de ceux de ses cohéritiers qui ne sont pas payés.

Art. 2084. – **Les dispositions ci-dessus ne sont pas applicables ni aux matières de commerce, ni aux maisons de prêts sur gage autorisées, et à l'égard desquelles on suit les lois et règlements qui les concernent.**

V. L. 30 avril 1906 modifiant la loi du 18 juil. 1898 sur les warrants agricoles ; L. 17 mars 1909 relative à la vente et au nantissement des fonds de commerce ; L. 8 août 1913 relative au warrant hôtelier ; L. 21 avril 1932 créant des warrants pétroliers ; L. 12 sept. 1940 sur les fabrications de démarrage faisant l'objet de lettres d'agrément (warrant industriel) ; Ord. n. 45-1744 du 6 août 1945 relative aux magasins généraux, art. 20 et s. (warrants des magasins généraux) ; L. n. 51-59 du 18 janv. 1951 relative au nantissement de l'outillage et du matériel d'équipement ; Code de l'industrie cinématographique (D. n. 56-158 du 27 janv. 1956), art. 33 et s. (nantissement des films cinématographiques) ; Code des marchés publics (D. n. 64-729 du 17 juil. 1964), art. 187 et s.

Décret n. 53-968 du 30 septembre 1953 *(J.O.* 1er oct.*)*
relatif à la vente à crédit des véhicules automobiles

Art. 1er. – Tout contrat de vente à crédit ou de prêt destiné à l'achat de véhicules automobiles, de tracteurs agricoles, de cycles à moteurs et remorques tractées ou semi-portées assujettis à la déclaration de mise en circulation et à l'immatriculation doit faire l'objet d'un acte sous seing privé dans les conditions fixées à l'article 2074 du Code civil. L'enregistrement de cet acte sera fait au droit fixe conformément à l'article 1er de la loi du 29 décembre 1934 susvisée.

(D. n. 55-655 du 20 mai 1955, art. 1er) Toutefois, les véhicules automobiles ou engins ci-dessus circulant en France en franchise temporaire des droits de douane et immatriculés à ce titre dans les séries spéciales ne peuvent faire l'objet d'une inscription de gage dans les conditions prévues par le présent décret.

ANTICHRÈSE — Art. 2085

Art. 2. – Les vendeurs, cessionnaires de créance, escompteurs et prêteurs de deniers pour l'achat des véhicules ou engins visés à l'article 1er devront, pour conserver leur gage, en faire mention sur un registre spécial à souche qui sera ouvert à cet effet dans toutes les préfectures.
Cette mention rappellera la constitution de gage dont le véhicule ou l'engin est l'objet, le nom de l'acheteur et du créancier et la date de l'enregistrement du contrat.
La déclaration sera faite à la préfecture qui aura délivré la carte grise.
Un reçu de cette déclaration devra être délivré au créancier gagiste et ce reçu répétera littéralement la mention portée à la souche. Par la délivrance de ce reçu le créancier gagiste sera réputé avoir conservé la marchandise en sa possession.
Le créancier sera seul responsable de l'insuffisance ou de l'irrégularité de la déclaration.
La mention au registre prévu ci-dessus conserve le gage pendant cinq années à compter du jour de sa date ; elle peut être renouvelée une seule fois pour le même laps de temps avant l'expiration du délai *(D. n. 55-655 du 20 mai 1955, art. 2)*.Les mentions inscrites antérieurement à la mise en vigueur du présent décret conservent le gage jusqu'au 30 septembre 1958. Elles peuvent être renouvelées avant cette date, pour un délai de cinq ans.
La radiation de la mention peut être requise par le créancier ou le débiteur. Celui-ci devra justifier de l'extinction de la dette garantie ou produire l'acte donnant mainlevée de l'inscription. Le reçu qui sera délivré au requérant constatera que la mention se trouve désormais anéantie.

Art. 3. – La réalisation du gage se fera, quelle que soit la qualité du débiteur, conformément aux dispositions de l'article 93 du Code de commerce.

Art. 4 *(D. n. 55-655 du 20 mai 1955, art. 4)*. – Le texte des articles 1er, 2, 3 et 5 du présent décret sera imprimé sur les récépissés de déclaration de mise en circulation.

Art. 5 *(D. n. 55-655 du 20 mai 1955, art. 3)*. – Le gage constitué sur un véhicule automobile ou un engin visé à l'article premier du présent décret doit être déclaré dans les trois mois de la délivrance du récépissé de déclaration de mise en circulation. Le droit du créancier gagiste n'est opposable aux tiers qu'à dater de l'inscription de gage.
(L. n. 57-888 du 2 août 1957, art. 1er) Toutefois, le délai de trois mois fixé à l'alinéa précédent n'est pas applicable aux déclarations de gages effectuées par le Trésor public.

Art. 6. – Sont abrogés, sauf en ce qui est dit à l'article 1er *in fine* ci-dessus, la loi du 29 décembre 1934 facilitant l'acquisition de véhicules ou tracteurs automobiles, les articles 1er, 3, 4 et 5 de la loi du 2 novembre 1941 étendant le champ d'application de ladite loi du 29 décembre 1934 et la loi n. 49-1476 du 17 novembre 1949 complétant la même loi.

CHAPITRE II. – DE L'ANTICHRÈSE

Art. 2085. – **L'antichrèse ne s'établit que par écrit.**
Le créancier n'acquiert par ce contrat que la faculté de percevoir les fruits de l'immeuble, à la charge de les imputer annuellement sur les intérêts, s'il lui en est dû, et ensuite sur le capital de sa créance.

R. Tendler, *L'antichrèse, mythe ou réalité ?* : D. 1989, Chron. 143. -

F. Lejeune, *Une sûreté nouvelle : l'antichrèse-bail* : J. Not. 1986, 571.

Art. 2086 — ANTICHRÈSE

L'antichrèse suppose le dessaisissement du constituant et la remise de l'exploitation de l'immeuble au créancier (Nancy 8 juin 1977 : *J.C.P.* 78, II, 18847). Ne constitue pas un contrat d'antichrèse la convention par laquelle l'une des parties consent à l'autre une promesse de vente d'un immeuble sur lequel elle vient de lui conférer une hypothèque pour sûreté d'une créance (Civ. 1re, 25 mars 1957 : *Gaz. Pal.* 1957, 2, 24), ni la promesse de vente consentie par le débiteur d'une somme à lui prêtée avec stipulation que la vente ne pourrait se réaliser qu'en cas de remboursement de la dette et que le prix se compenserait alors avec la somme prêtée, le promettant s'interdisant de consentir des baux sur les locaux faisant l'objet de la vente mais continuant à percevoir les loyers (Civ. 1re, 26 déc. 1961 : *D.* 1962, 381, note Voirin, et, sur renvoi Orléans 30 oct. 1963 : *D.* 1964, Somm. 69, et, sur nouveau pourvoi, Civ. 1re, 22 mars 1966 : *J.C.P.* 66, IV, 70 ; *Bull.* I, n. 203, p. 155).

Art. 2086. — Le créancier est tenu, s'il n'en est autrement convenu, de payer les contributions et les charges annuelles de l'immeuble qu'il tient en antichrèse.

Il doit également, sous peine de dommages et intérêts, pourvoir à l'entretien et aux réparations utiles et nécessaires de l'immeuble, sauf à prélever sur les fruits toutes les dépenses relatives à ces divers objets.

Art. 2087. — Le débiteur ne peut, avant l'entier acquittement de la dette, réclamer la jouissance de l'immeuble qu'il a remis en antichrèse.

Mais le créancier qui veut se décharger des obligations exprimées en l'article précédent, peut toujours, à moins qu'il n'ait renoncé à ce droit, contraindre le débiteur à reprendre la jouissance de son immeuble.

Art. 2088. — Le créancier ne devient point propriétaire de l'immeuble, par le seul défaut de paiement au terme convenu ; toute clause contraire est nulle ; en ce cas, il peut poursuivre l'expropriation de son débiteur par les voies légales.

L'article 2088 ne peut être étendu sous prétexte d'analogie à des situations étrangères au contrat d'antichrèse (Civ. 1re, 22 mars 1966 : *J.C.P.* 66, IV, 70 ; *Bull.* I, n. 203, p. 155). V. les espèces rapportées *supra*, sous art. 2085.

Art. 2089. — Lorsque les parties ont stipulé que les fruits se compenseront avec les intérêts, ou totalement, ou jusqu'à une certaine concurrence, cette convention s'exécute comme toute autre qui n'est point prohibée par les lois.

Art. 2090. — Les dispositions des articles 2077 et 2083 s'appliquent à l'antichrèse comme au gage.

Art. 2091. — Tout ce qui est statué au présent chapitre ne préjudicie point aux droits que les tiers pourraient avoir sur le fonds de l'immeuble remis à titre d'antichrèse.

Si le créancier, muni à ce titre, a d'ailleurs, sur le fonds, des privilèges ou hypothèques légalement établis et conservés, il les exerce à son ordre et comme tout autre créancier.

Lorsque l'immeuble remis à titre d'antichrèse était grevé d'inscriptions hypothécaires antérieures, l'antichrésiste ne peut ni exercer un droit de rétention qui paralyserait l'effet desdites inscriptions ni soumettre la vente des immeubles détenus par lui à une condition produisant indirectement les mêmes effets (Req. 24 janv. 1872 : *D.P.* 1872, 1, 353. — V. en ce sens Paris 12 janv. 1895 : *D.P.* 1896, 2, 57, note Cézar-Bru).

PRIVILÈGES ET HYPOTHÈQUES Art. 2092-2

TITRE XVIII. – DES PRIVILÈGES ET HYPOTHÈQUES

CHAPITRE I. – DISPOSITIONS GÉNÉRALES

Art. 2092. – **Quiconque s'est obligé personnellement, est tenu de remplir son engagement sur tous ses biens mobiliers et immobiliers, présents et à venir.**

1) Sur la validité d'une limitation conventionnelle au droit de gage général, V. Civ. 1re, 15 fév. 1972 : *Bull.* I, n. 50, p. 44.

2) Sur la limitation légale visant les créances sur les rapatriés et les personnes dépossédées de leurs biens outre-mer, V. L. n. 70-632 du 15 juil. 1970, art. 49, *infra*, Annexe.

Art. 2092-1 *(L. n. 72-626 du 5 juil. 1972, art. 2)*. – **Les biens du débiteur peuvent être appréhendés alors même qu'ils seraient détenus par des tiers.**
L'appréhension s'opère selon les règles propres à la nature de chacun d'eux.

Art. 2092-2 *(L. n. 72-626 du 5 juil. 1972, art. 2)*. – **Ne peuvent être saisis :**
1° Les biens que la loi déclare insaisissables ;
2° Les provisions, sommes et pensions à caractère alimentaire, encore que le titre en vertu duquel elles sont dues ne les déclare pas insaisissables, si ce n'est pour aliments fournis à la partie saisie ;
3° Les biens disponibles déclarés insaisissables par le testateur ou le donateur, si ce n'est, avec la permission du juge et pour la portion qu'il détermine, par les créanciers postérieurs à l'acte de donation ou à l'ouverture du legs ;
4° Les biens mobiliers nécessaires à la vie et au travail du saisi et de sa famille si ce n'est pour paiement de leur prix, dans les limites fixées par le Code de procédure civile.
Les immeubles par destination ne peuvent être saisis indépendamment de l'immeuble que pour paiement de leur prix.

Code de procédure civile, art. 592 à 593-1

Art. 592 *(Remplacé, D. n. 77-273 du 24 mars 1977, art. 1er)*. – **Ne peuvent être saisis, en application de l'article 2092-2 (4°) du Code civil et, sous réserve des dispositions des articles 592-1 et 592-2, les biens mobiliers ci-après nécessaires à la vie et au travail du saisi et de sa famille :**
Les vêtements ;
La literie ;
Le linge de maison ;

Art. 2092-2 — PRIVILÈGES ET HYPOTHÈQUES

Les objets et produits nécessaires aux soins corporels et à l'entretien des lieux ;
Les denrées alimentaires ;
Les objets de ménage nécessaires à la conservation, à la préparation et à la consommation des aliments ;
Les appareils nécessaires au chauffage ;
Les tables et chaises permettant de prendre les repas en commun ;
Un meuble pour abriter les vêtements et linges et un meuble pour ranger les objets ménagers ;
Les objets nécessaires aux handicapés ;
Les livres et autres objets nécessaires à la poursuite des études ou à la formation professionnelle ;
Les objets d'enfants ;
Les souvenirs à caractère personnel ou familial ;
Les animaux d'appartement ou de garde ;
Deux vaches, ou douze chèvres ou brebis, au choix du saisi, ainsi qu'un porc et vingt-quatre animaux de basse-cour, avec les paille, fourrage, grains et autres denrées nécessaires à l'alimentation de ces animaux jusqu'à la récolte suivante ;
Les instruments de travail nécessaires à l'exercice personnel de l'activité professionnelle.

Art. 592-1 *(Ajouté, D. n. 77-273 du 24 mars 1977, art. 2).* – Toutefois, les objets énumérés à l'article précédent restent saisissables :
1° S'ils se trouvent dans un lieu autre que celui où le saisi demeure ou travaille habituellement ;
2° S'ils sont des biens de valeur, en raison notamment de leur importance, de leur matière, de leur rareté, de leur ancienneté ou de leur caractère luxueux ;
3° S'ils perdent leur caractère de nécessité en raison de leur nombre ou de leur quantité ;
4° S'ils constituent des éléments corporels d'un fonds de commerce.

Art. 592-2 *(Ajouté, D. n. 77-273 du 24 mars 1977, art. 2).* – Les objets énumérés à l'article 592 ne sont saisissables pour aucune créance, même de l'État, si ce n'est pour paiement des sommes dues à leur fabricant ou vendeur, ou à celui qui aura prêté pour les acheter, fabriquer ou réparer.

Art. 593 *(remplacé, D. n. 77-273 du 27 mars 1977, art. 3).* – Les difficultés d'application des articles 592 à 592-2 sont tranchées en référé par le juge du tribunal d'instance du lieu de la saisie sur le procès verbal que dresse l'huissier de justice spontanément ou à la demande du débiteur soit au moment de la saisie, soit sur observations ultérieures du saisi. Le saisi peut également assigner le créancier devant le même juge.
Dans tous les cas, la contestation n'est recevable que jusqu'à l'expiration d'un délai de huit jours à compter de la signification de la saisie.

Art. 593-1 *(ajouté, D. n. 77-273, du 24 mars 1977, art. 4).* – Le texte des articles 592, 592-1 et 593 sera reproduit, à peine de nullité, dans le procès-verbal de saisie.
Si le saisi est présent, le délai de huit jours lui sera rappelé verbalement par l'huissier de justice ; mention de l'accomplissement de cette formalité sera faite dans le procès-verbal.

Code du travail

Art. R. 145-1 *(D. n. 87-857 du 22 oct. 1987, art. 1er *).* – Les proportions dans lesquelles les rémunérations annuelles visées à l'article L. 145-1 du Code du travail sont saisissables ou cessibles sont fixées comme suit :

PRIVILÈGES ET HYPOTHÈQUES — Art. 2092-2

Au vingtième, sur la tranche : Francs
Inférieure ou égale à 15 000
Au dixième, sur la tranche :
Supérieure à 15 000
Inférieure ou égale à 30 000
Au cinquième, sur la tranche :
Supérieure à 30 000
Inférieure ou égale à 45 000
Au quart, sur la tranche :
Supérieure à 45 000
Inférieure ou égale à 60 000
Au tiers, sur la tranche :
Supérieure à 60 000
Inférieure ou égale à 75 000
Aux deux tiers, sur la tranche :
Supérieure à 75 000
Inférieure ou égale à 90 000
A la totalité sur la tranche :
Supérieure à 90 000

Les seuils déterminés ci-dessus sont augmentés d'un montant de 4 800 F par enfant à la charge du débiteur saisi ou du cédant, sur justification présentée par l'intéressé.

Pour l'application de l'alinéa précédent, est considéré comme enfant à charge tout enfant ouvrant droit aux prestations familiales, en application des articles L. 512-3 et L. 512-4 du code de la sécurité sociale, et se trouvant à la charge effective et permanente du débiteur saisi ou du cédant au sens de l'article L. 513-1 dudit code.

* Dispositions applicables aux rémunérations qui viendront à échoir à partir du premier jour du troisième mois suivant la publication du décret, même si elles ont fait l'objet d'une saisie-arrêt ou d'une cession notifiée avant cette date.

1) Le juge ne peut pas autoriser la saisie de biens insaisissables (Civ. 2ᵉ, 7 déc. 1988 : *Bull.* II, n. 247, p. 133).

2) L'insaisissabilité des rentes sur l'État a seulement pour objet d'interdire la saisie-arrêt sur ces rentes pratiquée entre les mains des agents du Trésor public, mais elle ne met aucun obstacle aux contrats librement consentis dont elles peuvent être l'objet et ne s'oppose pas notamment à ce qu'elles puissent valablement être données en gage ou en nantissement (Civ. 26 juil. 1928 : *D.H.* 1928, 528), ni à ce que les créanciers en fassent ordonner la réalisation à leur profit par justice (Civ. 23 nov. 1897 : *D.P.* 1898, 1, 39). Sur l'insaisissabilité des deniers de l'État, V. Civ. 2ᵉ, 16 déc. 1965 : *Gaz. Pal.* 1966, 1, 185.

3) La rédaction du paragraphe 2 de l'article 2092-2 nouveau du Code civil est beaucoup plus large que celle du paragraphe 2 de l'article 581 ancien du Code de procédure civile qu'elle remplace, ce qui justifie une interprétation extensive. Spécialement, l'emploi du mot « sommes » dans le nouveau texte oblige les juges à rechercher si, pour le débiteur saisi, les sommes saisies-arrêtées ont un caractère alimentaire. Le caractère alimentaire peut être reconnu, à concurrence de 1 500 F par mois, aux sommes perçues à titre de loyer par un propriétaire d'appartements qui, pour des raisons de santé, a cessé toute activité (Aix 14 mars 1973 : *D.* 1973, 569).

4) Jugé qu'il résulte de l'article 592-1 du Code de procédure civile que tout objet se

rattachant à une activité de loisirs, tenant au confort, à la décoration ou à l'esthétique d'une habitation, à l'amélioration des conditions d'existence, en un mot au superflu, non indispensable à la vie courante du saisi et de son entourage, peut faire l'objet d'une saisie (Riom 31 mars 1978 : *D.* 1978, 532, note Almairac).

5) La loi entend protéger non les entreprises ou activités importantes, mais le travail personnel du saisi (Aix 19 fév. 1982 : *J.C.P.* 84, II, 20174, note Prévault, saisie d'un matériel d'école).

6) Sur le cas où un compte courant, de dépôt ou d'avance, alimenté en tout ou partie par des rémunérations du travail, fait l'objet d'une saisie-arrêt, d'une opposition ou d'un avis à tiers détenteur, V. D. n. 81-359 du 9 avril 1981 portant application des dispositions de l'article 14-VI de la loi n. 72-1121 du 20 décembre 1972 : *J.O.* 17 avril ; *J.C.P.* 81, III, 51272.

7) Les indemnités allouées à un débiteur en liquidation des biens en réparation du préjudice corporel dont il a été victime par le fait d'un tiers ne font pas partie des biens exclus du droit de gage général des créanciers, dont le dessaisissement édicté au profit de la masse n'est qu'une application, et ils doivent donc être versés à la masse des créanciers (Ass. plén. 15 avril 1983 : *J.C.P.* 84, II, 20126, note Chartier). Ces créanciers peuvent également appréhender les sommes d'argent entrées dans le patrimoine du débiteur par l'exercice d'une des actions visées par l'article 1166 du Code civil (Civ. 2e, 23 nov. 1983 : *J.C.P.* 85, II, 20378, note Chartier).

8) La prestation compensatoire, si elle présente un caractère indemnitaire, présente aussi un caractère alimentaire et doit être déclarée insaisissable (Civ. 2e, 27 juin 1985 : *Bull.* II, n. 131, p. 86 ; *D.* 1986, 230, note Philippe).

9) Pour une application de la règle posée par l'article 592-1 du Code de procédure civile selon laquelle les instruments de travail restent saisissables s'ils sont des biens de valeur, V. Paris 10 août 1987 : *D.* 1987, 603, note Prévault (matériel de radiologie).

Loi du 12 juillet 1909 *(Bull. Lois, 1re S., B. 19, n. 602)*
sur la constitution d'un bien de famille insaisissable

TITRE I. – CONSTITUTION D'UN BIEN DE FAMILLE

Art. 1er. – Il peut être constitué, au profit de toute famille, un bien insaisissable qui portera le nom de famille.

Les étrangers ne pourront jouir des prérogatives de la présente loi qu'après avoir été autorisés, conformément à l'article 13 du Code civil, à établir leur domicile en France.

Art. 2 *(L. du 22 fév. 1931 ; D.-L. du 14 juin 1938 ; L. du 7 juil. 1948 ; L. du 12 mars 1953).*
– Le bien de famille pourra comprendre soit une maison ou portion divise de maison, soit à la fois une maison et des terres attenantes ou voisines occupées et exploitées par la famille, soit seulement des terres exploitées par la famille, soit une maison avec boutique ou atelier et le matériel ou outillage la garnissant, occupés et exploités par une famille d'artisans.

La valeur dudit bien, y compris celle des cheptels et immeubles par destination, ne devra pas, lors de sa fondation, dépasser 5 millions de francs (50 000 F) *(L. n. 53-183 du 12 mars 1953).*

Art. 3. – La constitution est faite :
Par le mari sur ses biens personnels, sur ceux de la communauté ou , avec le consentement de la femme, sur les biens qui appartiennent à celle-ci et dont il a l'administration ;

Par la femme, sans l'autorisation du mari ou de justice, sur les biens dont l'administration lui a été réservée ;
Par le survivant des époux ou l'époux divorcé, s'il existe des enfants mineurs, sur ses biens personnels ;
Par l'aïeul ou l'aïeule, suivant les distinctions ci-dessus, qui recueille ses petits-enfants orphelins de père et de mère, ou moralement abandonnés ;
Par le père ou la mère, sans descendants légitimes, d'un enfant naturel reconnu ou d'un enfant adopté.

Toute personne capable de disposer pourra constituer un bien de famille au profit d'une autre personne réunissant elle-même les conditions exigées par la loi pour pouvoir le continuer.

Art. 4 *(L. 14 mars 1928 ; D.-L. 14 juin 1938 ; L. 7 juil. 1948 ; L. 12 mars 1953).* – Le bien de famille ne peut être établi que sur un immeuble non indivis.
Il ne peut en être constitué plus d'un par famille.
Toutefois, lorsque le bien est d'une valeur inférieure à 5 millions de francs (50 000 F), il peut être porté à cette valeur au moyen d'acquisitions qui sont soumises aux mêmes conditions et formalités que la fondation.
Le bénéfice de la constitution du bien de famille reste acquis alors même que, par le seul fait de la plus-value postérieure à la constitution, le chiffre de 5 millions de francs (50 000 F) se trouverait dépassé *(L. n. 53-183 du 12 mars 1953).*

Art. 5. – La constitution du bien ne peut porter sur un immeuble grevé d'un privilège ou d'une hypothèque, soit conventionnelle, soit judiciaire, lorsque les créanciers ont pris inscription antérieurement à l'acte constitutif ou, au plus tard, dans le délai fixé à l'article 6 ci-après.
Les hypothèques légales, même inscrites avant l'expiration de ce délai, ne font pas obstacle à la constitution et conservent leur effet.
Celles qui prendraient naissance postérieurement pourront être valablement inscrites, mais l'exercice du droit de poursuite qu'elles confèrent sera suspendu jusqu'à la désaffectation du bien.

Art. 6. – La constitution du bien de famille résulte d'une déclaration reçue par un notaire, d'un testament ou d'une donation.
Cet acte contient la description détaillée de l'immeuble avec l'estimation de sa valeur, ainsi que les nom, prénoms, profession et domicile du constituant, et, s'il y a lieu, du bénéficiaire de la constitution.
Il reste affiché pendant deux mois par extrait sommaire et au moyen de placards manuscrits apposés sans procès-verbal d'huissier au tribunal d'instance et à la mairie de la commune où les biens sont situés.
Un avis est, en outre, inséré par deux fois, à quinze jours d'intervalle, dans un journal du département recevant les annonces légales.

Art. 7. – Jusqu'à l'expiration de ce délai de deux mois, pourront être inscrits tous privilèges et hypothèques garantissant des créances antérieures à la constitution du bien. Pendant ce même délai, les créanciers chirographaires seront admis à former, en l'étude du notaire rédacteur de l'acte, opposition à la constitution.

Art. 8. – A l'expiration du délai de deux mois, l'acte est soumis, avec toutes les pièces justificatives, à l'homologation du juge du tribunal d'instance.
Celui-ci ne donnera son homologation qu'après s'être assuré :

Art. 2092-2 — PRIVILÈGES ET HYPOTHÈQUES

1° Par les pièces produites, et s'il les juge insuffisantes, par un rapport d'expert, commis d'office, de la valeur des immeubles constituant le bien de famille ;
2° Qu'il n'existe ni privilège ni hypothèque autres que ceux visés à l'article 5 ;
3° Que mainlevée a été donnée de toutes les oppositions ;
4° Que les bâtiments sont assurés contre les risques de l'incendie.

Art. 9 *(Ord. n. 59-71 du 7 janv. 1959, art. 16-1).* – Dans le mois qui suivra son homologation, l'acte de constitution de bien sera, à peine de nullité, publié au bureau des hypothèques de la situation des immeubles.

TITRE II. – RÉGIME DU BIEN DE FAMILLE

Art. 10 *(Ord. n. 59-71 du 7 janv. 1959, art. 16-2).* – A partir de la publication, le bien de famille ainsi que ses fruits sont insaisissables, même en cas de faillite ou de règlement judiciaire ; il n'est fait exception qu'en faveur des créanciers antérieurs qui se sont conformés aux dispositions qui précèdent pour conserver l'exercice de leurs droits.

Il ne peut être hypothéqué, ni vendu à réméré.

Néanmoins, les fruits pourront être saisis pour le paiement :
1° Des dettes résultant de condamnation en matière criminelle, correctionnelle ou de simple police ;
2° Des impôts afférents au bien et des primes d'assurances contre l'incendie ;
3° Des dettes alimentaires.

Le propriétaire ne peut renoncer à l'insaisissabilité du bien de famille.

Art. 11. – Le propriétaire peut aliéner tout ou partie du bien de famille ou renoncer à la constitution. Mais, s'il est marié ou s'il a des enfants mineurs, l'aliénation ou la renonciation sera subordonnée, dans le premier cas, au consentement de la femme donné devant le juge du tribunal d'instance et, dans le second cas, à l'autorisation du conseil de famille, qui ne l'accordera que s'il estime l'opération avantageuse aux mineurs. Sa décision sera sans appel.

Art. 12. – En cas d'expropriation pour cause d'utilité publique, si l'un des époux est prédécédé et s'il existe des enfants mineurs, le juge du tribunal d'instance ordonnera les mesures de conservation et de remploi qu'il estimera nécessaires.

Art. 13. – Dans le cas de substitution volontaire d'un bien de famille à un autre, la constitution du premier bien est maintenue jusqu'à ce que la constitution du second soit définitive.

Art. 14. – En cas de destruction partielle ou totale du bien, l'indemnité d'assurance est versée à la Caisse des dépôts et consignations pour demeurer affectée à la reconstitution de ce bien et, pendant un an, à dater du paiement de l'indemnité, elle ne peut être l'objet d'aucune saisie, sans préjudice pourtant des dispositions de l'article 10 ci-dessus.

Les compagnies d'assurances ne sont, en aucun cas, garantes du défaut de remploi.

Art. 15 *(L. 14 mars 1928 ; D.-L. 14 juin 1938 ; L. 7 juil. 1948 ; L. 12 mars 1953).* – Il en sera de même pour l'indemnité allouée à la suite d'une expropriation pour cause d'utilité publique.

La femme pourra exiger l'emploi des indemnités d'assurances ou d'expropriation soit en immeubles, soit en rentes sur l'État français, à concurrence d'un maximum de 5 millions de francs (50 000 F) *(L. n. 53-183 du 12 mars 1953).*

Art. 16. – Le tribunal de grande instance statue, la femme est, en cas de prédécès de l'un des époux, le représentant légal des mineurs appelés, sur toutes les demandes relatives à la

PRIVILÈGES ET HYPOTHÈQUES — Art. 2092-2

validité de la constitution, de la renonciation à la constitution, de l'aliénation totale ou partielle du bien de famille.

L'affaire est jugée comme en matière sommaire.

La femme n'a besoin d'aucune autorisation pour poursuivre en justice l'exercice des droits que lui confère la présente loi.

Art. 17. – L'insaisissabilité subsiste même après la dissolution du mariage sans enfants au profit du survivant des époux s'il est propriétaire du bien.

Art. 18 *(L. 13 fév. 1937).* – L'insaisissabilité peut également se prolonger par l'effet du maintien de l'indivision prononcé dans les conditions et pour la durée ci-après déterminées.

Si le conjoint survivant est copropriétaire du bien et s'il l'habite au moment du décès, l'indivision peut, à sa demande, être maintenue pendant cinq ans à partir du décès et continuée ainsi de cinq ans en cinq ans jusqu'à son propre décès.

Si la disposition de l'alinéa précédent n'est point appliquée et si le défunt laisse des descendants, l'indivision peut être maintenue, à la demande du conjoint ou de l'un de ses descendants, pendant cinq ans à partir du décès.

Dans le cas où il se trouve des mineurs parmi les descendants, l'indivision peut être continuée jusqu'à la majorité du plus jeune, et, avec le consentement unanime des parties, prolongée durant les cinq années qui suivront cette majorité. Il peut être alloué, s'il y a lieu, une indemnité pour ajournement de partage aux héritiers qui sont ou qui deviennent majeurs et ne profitent pas de l'habitation.

Dans ces divers cas, le juge du tribunal d'instance prononce le maintien ou la continuation de l'indivision, après avis du conseil de famille, s'il y a lieu.

Il règle également, s'il y a lieu, après avis du conseil de famille, le montant de l'indemnité pour ajournement de partage.

Art. 19 *(L. 13 fév. 1937).* – Lors de la cessation de l'indivision, si elle a été maintenue, et dans le cas contraire lors du décès de l'auteur commun, chacun des héritiers et le conjoint survivant, s'il a un droit de copropriété, a la faculté de reprendre le bien de famille sur estimation. Lorsque plusieurs intéressés veulent user de cette faculté, la préférence est accordée d'abord à celui que le défunt a désigné, puis à l'époux s'il est copropriétaire. Toutes choses égales, la majorité des intéressés décide. À défaut de majorité, il est procédé par voie de tirage au sort.

En cas de divorce ou de séparation de corps, le conjoint en faveur duquel le divorce ou la séparation aura été prononcé pourra, s'il est copropriétaire de la maison, en obtenir l'attribution sur sa demande. Si le divorce ou la séparation de corps a été prononcé aux torts des deux époux, l'attribution du bien aura lieu, sur sa demande, au profit de celui des époux à qui aura été confiée la garde des enfants.

À défaut de ces éléments de préférence, si l'attribution est demandée par les deux époux, elle aura lieu par voie de tirage au sort.

Dans tous les cas envisagés aux deux alinéas qui précèdent, s'il y a contestation sur l'estimation du bien, cette estimation est faite par l'office agricole du département où le bien est situé et homologuée par le juge du tribunal d'instance. Si l'attribution du bien doit être faite par la majorité ou par le sort, les intéressés y procèdent sous la présidence du juge du tribunal d'instance qui dresse procès-verbal des opérations.

Art. 20. – Il est constitué auprès du ministre de l'agriculture un conseil supérieur de la petite propriété rurale auquel doivent être soumis tous les règlements à faire en vertu de la présente loi et, d'une façon générale, toutes les dispositions intéressant la petite propriété rurale.

Art. 2092-2 — PRIVILÈGES ET HYPOTHÈQUES

L'organisation et le fonctionnement de ce conseil seront fixés par le règlement d'administration publique prévu à l'article 21.

Art. 21. – Un règlement d'administration publique déterminera les mesures d'application de la présente loi*(V. D. 26 mars 1910).*

Décret du 26 mars 1910 *(Bull. Lois, 1re S., B. 30, n. 1382)* portant règlement d'administration publique pour l'exécution de la loi du 12 juillet 1909 sur la constitution d'un bien de famille insaisissable

TITRE Ier. – CONSTITUTION D'UN BIEN DE FAMILLE

Art. 1er. – L'acte de constitution d'un bien de famille, reçu par un notaire, contient :

1° Les nom, prénoms, date de naissance, profession, domicile, qualité de célibataire, marié ou veuf du constituant et, s'il y a lieu, du bénéficiaire.

Si le constituant est étranger, il joint à sa déclaration une copie sur papier libre du décret qui l'a admis, depuis moins de cinq ans, à fixer son domicile en France, copie certifiée conforme par le maire de sa commune ;

2° La désignation de l'immeuble par nom, nature, contenance approximative, avec référence aux numéros du cadastre, l'indication sommaire de l'origine de la propriété et l'estimation de sa valeur ;

3° L'état, avec estimation de leur valeur, des cheptels et des objets immeubles par destination affectés par le constituant au service et à l'exploitation du bien de famille.

Art. 2. – Lorsque la constitution du bien de famille résulte d'un testament et que cet acte ne contient pas les indications exigées par l'article 1er ci-dessus, le bénéficiaire est tenu de les produire dans une déclaration faite devant notaire dans le mois qui suit l'ouverture du testament.

Art. 3. – En cas de constitution d'un bien de famille dans un testament, si, dans le mois de l'ouverture de ce testament, l'héritier n'a pas procédé à l'affichage exigé par l'article 6 de la loi, le notaire dépositaire de l'acte est tenu d'y faire procéder.

Un nouveau délai d'un mois est imparti pour cet affichage.

Art. 4. – Lorsque la constitution d'un bien de famille est faite dans un contrat de mariage ou dans un acte de donation, les constituants ou les bénéficiaires sont tenus de procéder, dans les formes prescrites par l'article 6 de la loi, à l'affichage de la partie du contrat de mariage ou de l'acte de donation relative à la constitution du bien de famille.

Art. 5. – Les créanciers chirographaires, qui, aux termes de l'article 7 de la loi, ont le droit de s'opposer à la constitution du bien de famille, peuvent formuler leur opposition par simple déclaration devant le notaire rédacteur de l'acte, qui en fait mention en marge dudit acte. S'il s'agit d'un testament, l'opposition est constatée par acte spécial.

Art. 6. – À l'expiration du délai de deux mois fixé pour l'affichage par l'article 6 de la loi, le notaire soumet à l'homologation du juge du tribunal d'instance l'acte de constitution avec toutes les pièces justificatives, notamment le certificat du maire de la commune de la situation des biens attestant l'affichage, les exemplaires du journal d'annonces légales où a eu lieu l'insertion de l'avis exigé par l'article 6 de la loi, le certificat négatif d'inscriptions hypothécaires, la police d'assurance contre l'incendie et, soit un certificat attestant qu'il n'a été formé ou qu'il n'existe plus aucune opposition, soit la copie de celles qui ont été maintenues.

PRIVILÈGES ET HYPOTHÈQUES — Art. 2092-2

Art. 7. – L'expertise prévue par l'article 8 de la loi doit être confiée, autant que possible, à un habitant de la commune où les biens sont situés ou d'une commune voisine. Cet expert n'est pas tenu de prêter serment.

Art. 8. – Dans les huit jours qui suivent l'homologation par le juge du tribunal d'instance de l'acte de constitution du bien de famille, cette décision est notifiée au notaire par le greffier du tribunal d'instance, suivant les formes prescrites par l'article 12 du présent décret.

TITRE II. – RÉGIME DU BIEN DE FAMILLE

Art. 9. – Si des contestations s'élèvent tendant à faire déclarer irrégulière, soit la constitution du bien de famille, soit la renonciation à cette constitution, soit l'aliénation partielle ou totale du bien de famille, le tribunal de grande instance du lieu où sont situés les biens juge comme en matière sommaire. Le constituant ou bénéficiaire et son conjoint sont assignés par exploit séparé ; si l'un d'eux est prédécédé et s'il y a des enfants mineurs, le représentant légal de ceux-ci est mis en cause.

Extrait de ce jugement est mentionné, s'il modifie ou annule la constitution, au bureau des hypothèques, en marge de la décision homologuant l'acte de constitution du bien.

Art. 10. – Dans le cas prévu à l'article 18 de la loi, le conjoint survivant, le tuteur, un enfant majeur ou le conseil de famille, qui veut faire prononcer le maintien de l'indivision jusqu'à la majorité du plus jeune des enfants, en forme la demande par voie de déclaration au greffe du tribunal d'instance du canton où le bien est situé.

La déclaration contient :

1° Les nom, prénoms, âge, profession et domicile du requérant, et la qualité en laquelle il agit ;

2° Les nom, prénoms, profession et domicile du conjoint survivant et de chacun des héritiers, à titre universel, ainsi que de leurs représentants légaux.

Elle est signée par le requérant et contresignée par le greffier.

Art. 11. – Le conseil de famille, réuni conformément à l'article 406 du Code civil, est invité, par le juge du tribunal d'instance, à donner son avis sur le maintien de l'indivision et sur l'indemnité à allouer, s'il y a lieu, pour ajournement du partage, aux héritiers qui sont ou deviennent majeurs, et ne profitent pas de l'habitation.

Art. 12. – Le juge du tribunal d'instance convoque tous les intéressés, ou leurs représentants, par lettres recommandées expédiées par le greffier.

L'avis de réception de la poste est joint au dossier de l'affaire. Les délais et formes de la comparution sont fixés conformément aux articles 411 et 412 du Code civil.

Si l'un des intéressés est sans domicile ou résidence connue, le juge du tribunal d'instance, à la requête de la partie la plus diligente, lui nomme un mandataire spécial, à moins que le tribunal n'ait commis un notaire pour le représenter, par application de l'article 113 du Code civil.

Art. 13. – Si les parties sont d'avis de maintenir l'indivision, il leur en est donné acte par le juge du tribunal d'instance. Le pacte d'indivision ainsi réglé est définitif jusqu'à la majorité du plus jeune des enfants, sans qu'il soit besoin d'homologation.

En cas de désaccord, le juge du tribunal d'instance statue. Il en est de même en ce qui concerne l'indemnité pour ajournement de partage prévue à l'article 18 de la loi. À défaut d'entente entre les ayants droit, cette indemnité est fixée par le juge du tribunal d'instance, après expertise ordonnée par lui dans les formes fixées à l'article 7 ci-dessus.

Art. 2092-3 PRIVILÈGES ET HYPOTHÈQUES

Art. 14. – S'il n'y a pas de contestation sur la valeur du bien de famille et que toutes les parties soient présentes ou dûment averties, conformément à l'article 12 ci-dessus, le juge du tribunal d'instance prononce l'attribution du bien, sur sa demande, au profit du conjoint survivant, par application de l'article 19 de la loi.

Il est dressé procès-verbal de l'attribution, ainsi que des conventions relatives au paiement des soultes et autres conditions accessoires.

Art. 15. – En cas de contestation sur la valeur du bien, le juge du tribunal d'instance constate, en son procès-verbal, le désaccord des parties, sursoit à l'attribution et nomme un expert dans les conditions fixées à l'article 7 ci-dessus, pour faire l'estimation du bien de famille. Sur le rapport de l'expert, le juge du tribunal d'instance fixe lui-même, d'après les éléments de la cause, le prix de l'immeuble avant de procéder à son attribution.

....

Art. 2092-3 *(Ajouté avec effet à compter du 16 sept. 1972, L. n. 72-626 du 5 juil. 1972, art. 2 et 19).* **– Les biens saisis sont indisponibles.**

Les baux consentis par le saisi sont, quelle que soit leur durée, inopposables aux créanciers poursuivants.

Les mêmes règles sont applicables aux biens saisis, hypothéqués ou nantis à titre conservatoire.

LAFOND, *L'indisponibilité de l'immeuble grevé d'une inscription d'hypothèque judiciaire conservatoire* : *J.C.P.* 79, éd. N, I, 109.

1) L'indisponibilité des biens saisis n'emporte pas privilège pour le créancier saisissant au cas où les biens saisis ont été vendus (Com. 10 juil. 1984 : *Bull.* IV, n. 225, p. 188).

2) Depuis l'abrogation de l'article 56 du Code de procédure civile par l'article 16 de la loi du 5 juillet 1972, l'inscription provisoire d'hypothèque judiciaire n'a plus pour effet de créer, entre les mains du propriétaire grevé, une indisponibilité de celui-ci, qui, aux termes de l'article 2092-3 ajouté au Code civil par la même loi, ne résulte que de la saisie (Civ. 3e, 2 nov. 1983 : *J.C.P.* 85, II, 20354, note crit. Joly ; *Bull.* III, n. 212, p. 162).

Art. 2093. **– Les biens du débiteur sont le gage commun de ses créanciers ; et le prix s'en distribue entre eux par contribution, à moins qu'il n'y ait entre les créanciers des causes légitimes de préférence.**

Art. 2094. **– Les causes légitimes de préférence sont les privilèges et hypothèques.**

CHAPITRE II. – DES PRIVILÈGES

Art. 2095. **– Le privilège est un droit que la qualité de la créance donne à un créancier d'être préféré aux autres créanciers, même hypothécaires.**

1) Le privilège est une faveur concédée par la loi qui ne peut exister qu'autant qu'il a été formellement créé par le législateur (Req. 13 janv. 1937 : *Gaz. Pal.* 1937, 1, 512), les dispositions légales devant être interprétées restrictivement (Soc. 30 nov. 1951 : *D.* 1952, 121, note Voirin).

PRIVILÈGES Art. 2098

2) Les règles légales qui déterminent les conditions d'existence des hypothèques et des privilèges et leur opposabilité à la masse dans une faillite sont d'ordre public (Paris 30 avril 1957 : *Gaz. Pal.* 1957, 2, 29).

Art. 2096. – **Entre les créanciers privilégiés, la préférence se règle par les différentes qualités des privilèges.**

Sauf dérogations prévues par la loi, les privilèges spéciaux mobiliers l'emportent sur les privilèges généraux sur les meubles (Com. 25 oct. 1976 : *D.* 1977, 380, note Taisne).

Art. 2097. – **Les créanciers privilégiés qui sont dans le même rang, sont payés par concurrence.**

Art. 2098. – **Le privilège, à raison des droits du Trésor public et l'ordre dans lequel il s'exerce, sont réglés par les lois qui les concernent.**
Le Trésor public ne peut cependant obtenir de privilège au préjudice des droits antérieurement acquis à des tiers.

1) Il est de l'essence du privilège que son rang soit déterminé d'après la faveur attachée par la loi à la qualité de la créance qu'il garantit. Aucun texte ne dérogeant à ce principe à l'égard du Trésor public, son privilège ne doit donc pas être classé d'après la priorité du temps et ne peut être primé par ceux afférents à des créances nées avant la sienne, spécialement par le privilège du bailleur garantissant les loyers échus avant l'ouverture de l'exercice auquel les contributions directes sont afférentes (Civ. 27 juil. 1925 : *D.P.* 1927, 1, 110, concl. Lescouvé), ni par le privilège du créancier nanti inscrit avant la naissance de la créance du Trésor (Civ. 26 oct. 1926 : *D.H.* 1926, 548. V. cependant en matière de contributions indirectes Civ. 29 nov. 1934 : *D.H.* 1934, 556). Mais jugé que le Trésor public ne peut primer les créanciers bénéficiant du nantissement constitué sur le fonds de commerce par ses propriétaires antérieurs (Com. 15 avril 1975 : *J.C.P.* 75, II, 18177, note Stemmer et Bost ; *D.* 1975, 571, note Derrida).

2) La loi créant un privilège nouveau au profit du Trésor s'applique aux droits dus avant la loi qui l'a créé dès lors que les créanciers antérieurs du redevable ne justifient d'aucun droit acquis (Civ. 22 juil. 1936 : *D.H.* 1936, 490. – V. en ce sens Civ. 23 nov. 1938 : *D.H.* 1939, 50. – V. cependant pour le privilège de la sécurité sociale Com. 7 mai 1957 : *J.C.P.* 57, II, 10152, note A.P.). Mais le créancier nanti sur un fonds de commerce a un droit acquis à l'encontre du Trésor lorsqu'il a inscrit son privilège antérieurement à la promulgation de la loi nouvelle (Com. 24 nov. 1948 : *Gaz. Pal.* 1949, 1, 82).

3) Le contentieux du privilège du Trésor est de la compétence des tribunaux judiciaires (Trib. confl. 13 janv. 1936 : *D.P.* 1936, 3, 69, rapp. Pilon).

Code général des Impôts

Art. 1920. – 1. *(Mod., L. n. 84-1208 du 29 déc. 1984, art. 103-I)* Le privilège du Trésor en matière de contributions directes et taxes assimilées s'exerce avant tout autre sur les meubles et effets mobiliers appartenant aux redevables en quelque lieu qu'ils se trouvent. Ce privilège s'exerce, lorsqu'il n'existe pas d'hypothèques conventionnelles, sur tout le matériel servant à l'exploitation d'un établissement commercial, même lorsque ce matériel est réputé immeuble par application des dispositions de l'article 524-1 du Code civil.

Art. 2098 — PRIVILÈGES

2. Le privilège établi au 1 s'exerce en outre :
1° Pour la fraction de l'impôt sur les sociétés due à raison des revenus d'un immeuble, sur les récoltes, fruits, loyers et revenus de cet immeuble ;
2° Pour la taxe foncière sur les récoltes, fruits, loyers et revenus des biens immeubles sujets à la contribution.

3. Le privilège institué par les 1 et 2 peut être exercé pour le recouvrement des versements qui doivent être effectués par les contribuables en exécution de l'article 1664 avant la mise en recouvrement des rôles dans lesquels seront comprises les impositions en l'acquit desquelles les versements seront imputés et dès l'exigibilité des dits versements.

4. Le privilège institué par le 1 peut être exercé pour le recouvrement des acomptes qui doivent être versés en l'acquit de l'impôt sur les sociétés dans les conditions prévues par l'article 1668.

5. *(Ajouté, L. n. 73-1150 du, 27 déc. 1973 art. 22-1 ; codifié, D. n. 75-47 du 22 janv. 1975, art. 1er)* Le privilège peut être exercé pour le recouvrement de l'imposition forfaitaire annuelle des sociétés instituée par l'article 223 septies.

Art. 1921. — Transféré et modifié, Nouveau Code des Impôts, Livre des procédures fiscales, art. L. 265 *(D. n. 81-859 et 81-866 du 15 sept. 1981).* V. *infra.*

Art. 1922. — Transféré et modifié, Nouveau Code des Impôts, Livre des procédures fiscales, art. L. 262 *(mod. par L. de fin. rectificative pour 1981, n. 81-1179 du 31 déc. 1981, art. 8, II et III).* V. *infra.*

Art. 1923. — Le privilège attaché à l'impôt direct ne préjudicie pas aux autres droits que, comme tout créancier, le Trésor peut exercer sur les biens des contribuables.

Art. 1924 *(Mod. D. n. 81-866 du 15 sept. 1981).* — Les dispositions des articles 1920 et 1923 sont applicables aux taxes départementales et communales assimilées aux contributions directes ; toutefois le privilège créé au profit des taxes départementales prend rang immédiatement après celui du Trésor, et le privilège créé au profit des taxes communales, immédiatement après celui des taxes départementales.

Art. 1925 *(Mod. D. proc fisc. et D. n. 81-866, 15 sept. 1981, art. 1er).* — Le privilège prévu aux articles 1920 et 1924 sera réputé avoir été exercé sur le gage et sera conservé, quelle que soit l'époque de la réalisation de celui-ci, dès que ce gage aura été appréhendé par le moyen d'une saisie.
L'avis à tiers détenteur prévu à l'article L. 262 du livre des procédures fiscales a le même effet que la saisie à l'égard du privilège.

Art. 1926 *(Mod. L. n. 78-1240 du 29 déc. 1978, art. 24 et 49, codifié, D. n. 79-794 du 13 sept. 1979, art. 1er).* — Pour le recouvrement des taxes sur le chiffre d'affaires et des taxes assimilées, le Trésor a, sur les meubles et effets mobiliers appartenant aux redevables, en quelque lieu qu'ils se trouvent, un privilège qui a le même rang que celui de l'article 1920 et qui s'exerce concurremment avec ce dernier. *(3 dernières phrases supprimées, L. n. 84-1208 du 29 déc. 1984, art. 103-II).*
Le privilège s'exerce dans les conditions prévues à l'article 1920-1.
En cas de faillite, liquidation des biens ou règlement judiciaire, le privilège porte sur le montant du principal, augmenté des intérêts de retard afférents aux six mois précédant le jugement déclaratif. Toutes amendes encourues sont abandonnées.
Toutefois, les dispositions du présent article ne concernent pas le recouvrement des taxes susvisées à l'importation pour lesquelles il est fait application de l'article 379 du Code des douanes.

PRIVILÈGES Art. 2098

La remise en paiement d'obligations cautionnées, visée à l'article 1692, dernier alinéa, laisse subsister dans leur intégralité au profit de tous ceux qui les acquittent les privilèges et garanties accordés au Trésor par le présent article.

Art. 1926 bis *(Mod. D. proc fisc. et D. n. 81-866, 15 sept. 1981, art. 1er).* – Les dispositions de l'article 1925 sont étendues au privilège de l'article 1926 pour le recouvrement, par le comptable compétent, des taxes sur le chiffre d'affaires et des taxes assimilées.

Art 1927. – Pour le recouvrement des droits, taxes, redevances, soultes et autres impositions dont la perception lui est confiée, l'Administration a, sur les meubles et effets mobiliers des redevables, privilège et préférence à tous les créanciers, à l'exception des frais de justice, de ce qui est dû pour six mois de loyer seulement et sauf aussi la revendication dûment formée par le propriétaire des marchandises en nature qui sont encore sous balle et sous corde.

Pour la sûreté de ses créances, le service des alcools jouit, sur les meubles et effets mobiliers des débiteurs, d'un privilège de même rang.

Art. 1928 *(Modifié, L. fin. rect. n. 83-1159 du 24 déc. 1983, art. 16-II).* – Les fournisseurs de tabacs visés à l'article 565, les fabricants de spiritueux composés, de boissons à base de céréales, de produits médicamenteux et de parfumerie ainsi que les expéditeurs de boissons sont, en ce qui concerne les droits de fabrication, de consommation et de circulation, subrogés au privilège conféré à l'Administration par l'article 1927 pour le recouvrement des droits qu'ils ont payées pour le compte de leurs clients, sans toutefois que cette subrogation puisse préjudicier aux droits et privilèges de l'Administration.

Art. 1929. – 1. *(Al. modifié, D. proc fisc. et D. n. 81-866 du 15 sept. 1981, art. 1er)* Pour les recouvrements confiés au service des impôts en vertu de la présente codification, l'État a, lorsque les dispositions prévues aux articles 1920, 1923 à 1928 et aux articles L 262 à L 265 du livre des procédures fiscales ne leur sont pas applicables, un privilège sur tous les meubles et effets mobiliers des redevables.

Ce privilège s'exerce immédiatement après celui de l'impôt sur le chiffre d'affaires et des taxes instituées en remplacement de cet impôt.

....

Art. 1929 quater. – 1. Donnent lieu à publicité, dans les conditions prévues aux 2 à 5, les sommes restant dues à titre privilégié par des commerçants et personnes morales de droit privé, même non commerçantes, au titre de l'impôt sur le revenu, de l'impôt sur les bénéfices des sociétés et autres personnes morales, de la taxe sur les salaires, de la taxe professionnelle et des taxes annexes, des taxes sur le chiffre d'affaires et des taxes annexes et des contributions indirectes.

2. La publicité est faite à la diligence de l'Administration chargée du recouvrement.

3. L'inscription ne peut être requise, selon la nature de la créance, qu'à partir de la date à laquelle :

1° Le redevable a encouru une majoration pour défaut de paiement pour les impôts directs ;

2° Un titre exécutoire a été émis, pour les taxes sur le chiffre d'affaires et assimilées et les contributions indirectes.

4. *(Remplacé, L. n. 84-148 du 1er mars 1984, art 46 et 62)* La publicité est obligatoire lorsque les sommes dues par un redevable à un même poste comptable ou service assimilé et susceptibles d'être inscrites dépassent au dernier jour d'un trimestre civil un montant minimum déterminé par arrêté du ministre de l'économie et du ministre du budget pris après avis du garde des sceaux, ministre de la justice. Les sommes qui ne dépassent pas le montant minimum peuvent être également inscrites.

Art. 2098 — PRIVILÈGES

5. En cas de paiement avec subrogation, le subrogé aux droits du Trésor est tenu des obligations et formalités mises par le présent article à la charge de l'Administration, quel que soit le montant du paiement.

Si le paiement par le subrogé a lieu sans émission de titre exécutoire prévu au 3, l'inscription ne peut être requise que six mois au moins après le paiement.

6. *(L. n. 85-1403 du 30 déc. 1985, art. 13-II)* Les frais de l'inscription du privilège sont à la charge du Trésor.

7. En cas de règlement judiciaire ou de liquidation des biens du redevable, ou d'un tiers tenu légalement au paiement des sommes visées au 1, le Trésor ou son subrogé ne peut exercer son privilège pour les créances qui étaient soumises à titre obligatoire à la publicité prévue aux 1 à 5 et dont l'inscription n'a pas été régulièrement requise à l'encontre du redevable.

8. Les inscriptions prises en application des 1 à 5 se prescrivent par quatre ans, sauf renouvellement.

9. Les modalités d'application du présent article et notamment les formes et délais des inscriptions et de leur radiation sont fixées par un décret en Conseil d'État pris sur le rapport du ministre de l'économie et des finances et du garde des sceaux, ministre de la justice.

Art. 1929 *quinquies (Ajouté L. n. 72-1121 du 20 déc. 1972, art. 14 ; codifié, D. n. 73-741 du 26 juil. 1973, art. 1ᵉʳ).* – La publicité prévue à l'article 1929 quater conserve le privilège du Trésor sur l'ensemble des biens meubles du redevable sans qu'il soit nécessaire que lesdits biens aient été appréhendés au moyen de l'une des mesures prévues à l'article 1925.

Art. 1929 *sexies (Ajouté L. n. 81-1179 du 31 déc. 1981, art. 8).* – Le privilège qui s'exerce en matière de taxes sur le chiffre d'affaires, de droits d'enregistrement, de taxe de publicité foncière et de droits de timbre ainsi que de contributions indirectes est étendu dans les mêmes conditions et au même rang que les droits en principal à l'ensemble des majorations et pénalités d'assiette et de recouvrement appliquées à ces droits.

Nouveau code des impôts
Livre des procédures fiscales
Avis à tiers détenteur

Art. L. 262 *(Premier al. modifié, L. n. 81-1179, 31 déc. 1981, art. 8-II).* – Les dépositaires, détenteurs ou débiteurs de sommes appartenant ou devant revenir aux redevables d'impôts, de pénalités et de frais accessoires dont le recouvrement est garanti par le privilège du Trésor sont tenus, sur la demande qui leur en est faite sous forme d'avis à tiers détenteur notifié par le comptable chargé du recouvrement, de verser, au lieu et place des redevables, les fonds qu'ils détiennent ou qu'ils doivent, à concurrence des impositions dues par ces redevables.

Les dispositions du présent article s'appliquent également aux gérants, administrateurs, directeurs ou liquidateurs des sociétés pour les impositions dues par celles-ci.

Obligations des dépositaires publics de fonds

Art. L. 265. – Les huissiers de justice, commissaires-priseurs, notaires, séquestres et tous autres dépositaires publics de fonds ne peuvent les remettre aux héritiers, créanciers et autres personnes ayant droit de toucher les sommes séquestrées et déposées, qu'après avoir vérifié et justifié que les impôts directs dus par les personnes dont ils détiennent les fonds ont été payés.

Ces séquestres et dépositaires sont autorisés à payer directement les impositions qui se trouveraient dues avant de procéder à la délivrance des fonds qu'ils détiennent.

PRIVILÈGES   Art. 2101

Ces dispositions s'appliquent également aux liquidateurs de sociétés dissoutes, en ce qui concerne les impôts directs dus par ces sociétés.

Les obligations imposées aux personnes désignées au présent article s'étendent au règlement des acomptes provisionnels d'impôts sur le revenu, des acomptes d'impôt sur les sociétés, des acomptes de taxe professionnelle.

Code des douanes

Art. 379. – 1. – L'administration des douanes a, pour les droits, confiscation, amende, et restitution, privilège et préférence à tous créanciers sur les meubles et effets mobiliers des redevables, à l'exception des frais de justice et autres frais privilégiés, de ce qui est dû pour six mois de loyer seulement, et sauf aussi la revendication dûment formée par les propriétaires des marchandises en nature qui sont encore emballées.
....

Art. 380. – Les producteurs, importateurs, raffineurs, distributeurs, négociants en gros d'huiles minérales, dérivés et résidus, ainsi que les garagistes distributeurs et les détaillants en carburants bénéficient, pour le recouvrement de la partie de leur créance représentant les droits de douane et taxes de toute nature grevant les produits visés au tableau B de l'article 265, d'un privilège sur les biens meubles de leur débiteur qui prend rang immédiatement après celui que la loi accorde à l'administration des douanes, et avant celui qui est fondé sur le nantissement.

Art. 381. – 1. – Les commissionnaires en douane agréés qui ont acquitté pour un tiers des droits, des amendes, des taxes de toute nature dont la douane assure le recouvrement, sont subrogés au privilège de la douane, quelles que soient les modalités de recouvrement observées par eux à l'égard de ce tiers.
2. – Toutefois, cette subrogation ne peut, en aucun cas, être opposée aux administrations de l'État.

Voir *J.-Cl. Civil*, art. 2098, Fasc. D.

Art. 2099. – **Les privilèges peuvent être sur les meubles ou sur les immeubles.**

SECTION I. – DES PRIVILÈGES SUR LES MEUBLES

Art. 2100. – **Les privilèges sont ou généraux, ou particuliers sur certains meubles.**

§ 1er. – Des privilèges généraux sur les meubles

Art. 2101. – **Les créances privilégiées sur la généralité des meubles sont celles ci-après exprimées, et s'exercent dans l'ordre suivant :**
1° **Les frais de justice ;**
2° **Les frais funéraires :**
3° *(L. 30 nov. 1892)* **Les frais quelconques de la dernière maladie, quelle qu'en ait été la terminaison, concurremment entre ceux à qui ils sont dus ;**
4° *(Remplacé, L. n. 79-11 du 3 janv. 1979, art. 6 ; mod. L. n. 81-3 du 7 janv. 1981, art. 3)* **Sans préjudice de l'application éventuelle des dispositions des articles L. 143-10, L. 143-11, L. 742-6 et L. 751-15 du Code du travail :**

Art. 2101 — PRIVILÈGES

Les rémunérations des gens de service pour l'année échue et l'année courante ;
Le salaire différé résultant du contrat de travail institué par l'article 63 du décret du 29 juillet 1939 relatif à la famille et à la natalité françaises, pour l'année échue et l'année courante ;
(Al. aj. L. n. 89-1008 du 31 déc. 1989, art. 14-II) La créance du conjoint survivant instituée par l'article 14 de la loi n. 89-1008 du 31 décembre 1989 relative au développement des entreprises commerciales et à l'amélioration de leur environnement économique, juridique et social ;
(Al. mod., L. n. 89-488 du 10 juil. 1989, art. 6) Les rémunérations pour les six derniers mois des salariés, apprentis et l'indemnité due par l'employeur aux jeunes en stage d'initiation à la vie professionnelle, telle que prévue à l'article L. 980-11-1 du Code du travail ;
(Ord. n. 82-130 du 5 fév. 1982, art. 8-I) L'indemnité de fin de contrat prévue à l'article L. 122-3-4 du Code du travail et l'indemnité de précarité d'emploi prévue à l'article L. 124-4-4 du même code ;
(Al. mod., Ord. n. 82-130 du 5 fév. 1982, art. 8-II) L'indemnité due en raison de l'inobservation du délai-congé prévue à l'article L. 122-8 du Code du travail et l'indemnité compensatrice prévue à l'article L. 122-32-6 du même code ;
Les indemnités dues pour les congés payés ;
Les indemnités de licenciement dues en application des conventions collectives de travail, des accords collectifs d'établissement, des règlements de travail, des usages, des dispositions des articles L. 122-9, L. 122-32-6, L. 761-5 et L. 761-7 *(L. n. 90-9 du 2 janv. 1990, art. 6)* ainsi que l'indemnité prévue à l'article L. 321-6 du Code du travail pour la totalité de la portion inférieure ou égale au plafond visé à l'article L. 143-10 du Code du travail et pour le quart de la portion supérieure audit plafond ;
(Al. mod., Ord. n. 82-130 du 5 fév. 1982, art. 8-III) Les indemnités dues, le cas échéant, aux salariés, en application des articles L. 122-3-8 (2° al.), L. 122-14-4, L. 122-14-5 (2° al.), L. 122-32-7 et L. 122-32-9 du Code du travail.

5° *(L. n. 64-678 du 6 juil. 1964, art. 10-II)* Les fournitures de subsistances faites au débiteur et à sa famille pendant la dernière année et, pendant le même délai, les produits livrés par un producteur agricole dans le cadre d'un accord interprofessionnel à long terme homologué ; *(L. n. 80-502 du 4 juil. 1980, art. 8-IV)* ainsi que les sommes dues par tout contractant d'un exploitant agricole en application d'un contrat type homologué.

6° (*) *(L. 9 avril 1898, art. 23)* La créance de la victime de l'accident ou de ses ayants droit, relative aux frais médicaux, pharmaceutiques et funéraires, ainsi qu'aux indemnités allouées à la suite de l'incapacité temporaire de travail ;

7° (*) *(L. 11 mars 1932)* Les allocations dues aux ouvriers et employés par les caisses de compensation et autres institutions agréées pour le service des allocations familiales ou par les employeurs dispensés de l'affiliation à une telle institution en vertu de l'article 74 f du livre Ier du Code du travail ;

8° (*) Les créances des caisses de compensation et autres institutions agréées pour le service des allocations familiales à l'égard de leurs adhérents pour les cotisations que ceux-ci se sont engagés à leur verser en vue du paiement des allocations familiales et de la péréquation des charges résultant du versement desdites prestations.

(*) V. D. n. 56-1279 du 10 déc. 1956, Code de la sécurité sociale, art. L. 138.

PRIVILÈGES
Art. 2101

Code du travail

Art. L. 143-7 *(L. n. 73-623 du 10 juil. 1973, art. 2).* – La créance de salaires des salariés et apprentis est privilégiée sur les meubles et immeubles du débiteur dans les conditions prévues aux articles 2101-4° et 2104-2° du Code civil.

Art. L. 143-8. – Peuvent en outre faire valoir une action directe ou des privilèges spéciaux :

....

4° Les caisses de congé pour le paiement des cotisations qui leur sont dues en application des articles L. 223-16 et suivants et L. 731-1 et suivants. Ce privilège qui garantit le recouvrement desdites cotisations pendant un an à dater de leur exigibilité porte sur les biens meubles des débiteurs et prend rang immédiatement après celui des gens de service et celui des ouvriers établis par l'article 2104-4° (*) du Code civil. Les immeubles des débiteurs sont également grevés d'une hypothèque légale prenant rang à la date de son inscription ;

....

(*) *Malgré la lettre du texte, l'article visé ne peut être que l'article 2101-4°.*

Art. L. 143-9 *(L. n. 85-98 du 25 janv. 1985, art. 131).* – Sans préjudice des règles fixées aux articles 128 et 129 de la loi n. 85-98 du 25 janvier 1985 relative au redressement et à la liquidation judiciaires des entreprises, les créances résultant du contrat de travail ou du contrat d'apprentissage sont garanties dans les conditions fixées aux articles L. 143-10 à L. 143-11-9.

Art. L. 143-10 *(L. n. 73-1194 du 27 déc. 1973, art. 8 ; mod. L. n. 81-3 du 7 janv. 1981, art. 3 ; L. 85-98 du 25 janv. 1985, art. 131-III).* – Lorsqu'est ouverte une procédure de redressement judiciaire, les rémunérations de toute nature dues aux salariés et apprentis *(L. n. 90-9 du 2 janv. 1990, art. 3)* et l'indemnité mentionnée à l'article L. 980-11-1 due par l'employeur aux bénéficiaires d'un stage d'initiation à la vie professionnelle pour les soixante derniers jours de travail ou d'apprentissage doivent, déduction faite des acomptes déjà perçus, être payées, nonobstant l'existence de toute autre créance privilégiée, jusqu'à concurrence d'un plafond mensuel identique pour toutes les catégories de bénéficiaires.

Ce plafond est fixé par voie réglementaire sans pouvoir être inférieur à deux fois le plafond retenu pour le calcul des cotisations de sécurité sociale.

(3ᵉ al. mod. Ord. n. 82-130 du 5 fév. 1982, art. 4) Les rémunérations prévues au premier alinéa ci-dessus comprennent non seulement les salaires, appointements ou commissions proprement dites, mais encore tous les accessoires et notamment l'indemnité de fin de contrat mentionnée à l'article L. 122-3-5, l'indemnité pour inobservation du délai-congé mentionnée à l'article L. 122-8, l'indemnité compensatrice mentionnée à l'article L. 122-32-6 et l'indemnité de précarité d'emploi mentionnée à l'article L. 124-4-4.

Art. L. 143-11. – En outre *(L. n. 85-98 du 25 janv. 1985, art. 131-III)* lorsqu'est ouverte une procédure de redressement judicaire, les indemnités de congés payés prévues aux articles L. 223-11 à L. 223-15 et R. 223-2 doivent être payées nonobstant l'existence de toute autre créance privilégiée, jusqu'à concurrence d'un plafond identique à celui établi pour une période de trente jours de rémunération par l'article L. 143-9.

Art. L. 742-6 *(L. n. 73-623 du 10 juil. 1973, art. 12 ; D. n. 74-808 du 19 sept. 1974, art. 31-II).* – Les dispositions de l'article L. 143-10 sont applicables aux marins pour les rémunérations de toute nature dues au titre des quatre-vingt-dix derniers jours de travail ou de la période de paiement si celle-ci est d'une durée plus longue.

Art. 2101   PRIVILÈGES

Art. L. 751-15 *(L. n. 73-623 du 10 juil. 1973, art. 13).* – Les dispositions de l'article L. 143-10 sont applicables aux voyageurs, représentants et placiers régis par le présent code pour les rémunérations de toute nature dues au titre des quatre-vingt-dix jours de travail.

Art. D. 143-1 *(Remplacé avec effet à compter du 1er mars 1974, D. n. 74-237 du 13 mars 1974, art. 1er et 2).* – Le plafond mensuel prévu aux alinéas 1er et 2 de l'article L. 143-10 du Code du travail est fixé à deux fois le plafond retenu, par mois, pour le calcul des cotisations de sécurité sociale.

Loi n. 85-98 du 25 janvier 1985
relative au redressement et à la liquidation judiciaires des entreprises
....

Art. 40. – Les créances nées régulièrement après le jugement d'ouverture sont payées à leur échéance lorsque l'activité est poursuivie. En cas de cession totale ou de liquidation ou lorsqu'elles ne sont pas payées à l'échéance en cas de continuation, elles sont payées par priorité à toutes les autres créances, assorties ou non de privilèges ou sûretés, à l'exception des créances garanties par le privilège établi aux articles L. 143-10, L. 143-11, L. 742-6 et L. 751-15 du code du travail.

Leur paiement se fait dans l'ordre suivant :
1° Les créances de salaires dont le montant n'a pas été avancé en application des articles L. 143-11-1 à L. 143-11-3 du code du travail ;
2° Les frais de justice ;
3° Les prêts consentis par les établissements de crédit ainsi que les créances résultant de l'exécution des contrats poursuivis conformément aux dispositions de l'article 37 et dont le cocontractant accepte de recevoir un paiement différé ; ces prêts et délais de paiement sont autorisés par le juge-commissaire dans la limite nécessaire à la poursuite de l'activité pendant la période d'observation et font l'objet d'une publicité ;
4° Les sommes dont le montant a été avancé en application du 3° de l'article L. 143-11-1 du code du travail ;
5° Les autres créances, selon leur rang.

Art. 129. – Nonobstant l'existence de toute autre créance, les créances que garantit le privilège établi aux articles L. 143-10, L. 143-11, L. 742-6 et L. 751-15 du Code du travail doivent être payées par l'administrateur sur ordonnance du juge-commissaire, dans les dix jours du prononcé du jugement ouvrant la procédure de redressement judiciaire, si l'administrateur dispose des fonds nécessaires.

Toutefois, avant tout établissement du montant de ces créances, l'administrateur doit, avec l'autorisation du juge-commissaire et dans la mesure des fonds disponibles, verser immédiatement aux salariés, à titre provisionnel, une somme égale à un mois de salaire impayé, sur la base du dernier bulletin de salaire, et sans pouvoir dépasser le plafond visé à l'article L. 143-10 du Code du travail.

À défaut de disponibilités, les sommes dues en vertu des deux alinéas précédents doivent être acquittées sur les premières rentrées de fonds.

I. Super-privilège des salariés
1) Le salarié qui a travaillé un mois au cours des six derniers mois précédant le jugement déclaratif de liquidation des biens ou de règlement judiciaire est en droit de prétendre au bénéfice du super-privilège pour les salaires et indemnités afférentes à son temps de travail, encore que celui-ci n'ait pas immédiatement précédé le jugement déclaratif (Soc. 25 oct. 1972 : *D.* 1973, 218, note Lyon-Caen. V. en ce sens pour le privilège ordinaire des salariés Soc. 15 mars 1983 :

PRIVILÈGES Art. 2101

D. 1983, I.R. 342, obs. Honorat ; *Bull.* IV, n. 59, p. 12).

2) Le plafond mensuel prévu par l'article L. 143-10 du Code du travail étant identique pour toutes les catégories de bénéficiaires, il s'ensuit que les acomptes déjà perçus dont la déduction est prévue doivent venir en diminution dudit plafond pour ne pas rompre l'égalité entre salariés créanciers se prévalant de la même disposition et auxquels la loi a voulu assurer le seul règlement de la portion insaisissable et incessible de leur rémunération (Soc. 29 avril 1975 : *D.* 1975, 678, note F.D.).

3) La banque subrogée dans les droits des salariés pour avoir avancé les sommes permettant de payer les créances superprivilégiées ne peut prétendre être préférée au créancier gagiste invoquant le report de son droit de rétention sur le prix de vente des objets gagés (Orléans 9 déc. 1974 : *D.* 1975, 768, note Derrida). Mais le superprivilège des salariés prime le privilège du créancier nanti sur marchés de travaux publics (Com. 5 mai 1980 : *D.* 1980, 447, note A.H., 2ᵉ esp.). Jugé que l'hypothèque sur l'aéronef doit être préférée au superprivilège (T.G.I. Le Puy 21 nov. 1986 : *J.C.P.* 87, II, 20756, note J.-P. Le Gall).

4) Sur les modalités de paiement des créances garanties par le super-privilège des salariés, V. L. n. 85-98 du 25 janv. 1985, art. 129. Sur le régime d'assurance organisé pour garantir les salariés contre le risque de la cessation des paiements de l'employeur, V. C. travail, art. L. 143-11-1 à L. 143-11-9.

II. Privilège des frais de justice

5) Le privilège établi par l'article 2101-1º du Code civil pour les frais de justice s'étend à tous les frais faits dans l'intérêt commun des créanciers pour la conservation, la liquidation et la réalisation des biens du débiteur (Req. 1ᵉʳ avril 1890 : *D.P.* 1891, 1, 364, avances faites pour les besoins de la liquidation d'une société. – V. en ce sens Civ. 15 fév. 1938 : *D.H.* 1938, 177, frais de séquestre). Mais les honoraires d'un avocat ne sont pas des frais de justice au sens de l'article 2101 (Montpellier 13 déc. 1935 : *D.H.* 1936, 138), pas plus que les frais d'expertise comptable (Caen 12 avril 1973 : *D.* 1974, 499, note Sigalas. – *Contra* Nîmes 7 fév. 1973 : *D.* 1974, 224).

6) Le privilège des frais de justice ne peut être opposé à un créancier que lorsque les frais exposés lui ont profité (Com. 19 oct. 1970 : *Gaz. Pal.* 1971, 1, 72).

III. Privilège des frais funéraires

7) Les frais exposés à l'occasion des funérailles du défunt doivent être en relation avec sa position sociale et sa fortune apparente (Bordeaux 15 juil. 1903 : *D.P.* 1904, 2, 326).

8) Le privilège des frais funéraires ne s'exerce que sur les biens dépendant de la succession du défunt (Civ. 22 oct. 1946 : *J.C.P.* 46, II, 3350, note Becqué).

IV. Privilège des frais de dernière maladie

9) Le privilège institué par l'article 2101-3º a pour objet d'assurer au débiteur malade les soins que réclame son état. Si les frais d'entretien d'un aliéné dans un asile ne rentrent pas dans ceux prévus à cet article, les frais afférents aux traitements nécessités par son état pathologique, quel qu'il soit, ne sauraient être exclus, et il n'y a pas lieu de distinguer suivant qu'il s'agit d'un placement volontaire ou d'un placement ordonné par l'autorité publique (Civ. 21 mars 1938 : *D.H.* 1938, 354).

10) Le privilège ne peut être invoqué si les frais ont été faits pour des soins donnés aux membres de la famille du débiteur (Civ. 3 août 1897 : *D.P.* 1898, 1, 394).

V. Privilège des salariés

11) Les serviteurs attachés à une exploitation agricole peuvent, comme ceux qui sont attachés à la personne ou à la maison d'habitation, être qualifiés gens de service lorsqu'ils accomplissent les travaux de la campagne dans les liens de subordination qui

1113

caractérisent la domesticité (Civ. 14 déc. 1921 : *D.P.* 1925, 1, 104), mais le privilège de l'article 2101-4° ne peut être invoqué par ceux qui travaillent pour leur compte personnel et n'ont ni contrat de travail ni lien de subordination (Req. 27 mars 1933 : *D.H.* 1933, 284). Les auteurs, compositeurs et artistes bénéficient du privilège de l'article 2101-4° en vue du paiement des redevances qui leur sont dues pour les trois dernières années à l'occasion de la cession, de l'exploitation ou de l'utilisation de leurs œuvres, L. n. 57-298 du 11 mars 1957, art. 58, *infra*, Annexe.

12) Les frais de route mis à la charge de l'employeur ne sont pas privilégiés (Civ. 13 mai 1931 : *D.H.* 1931, 379), ni les dommages-intérêts ayant pour cause la rupture anticipée d'un contrat de travail à durée déterminée (Civ. 13 déc. 1938 : *D.H.* 1939, 33), ni les sommes dues au titre de la participation des salariés aux fruits de l'expansion des entreprises (Trib. com. Paris 15 juin 1975 : *Gaz. Pal.* 1975, 2, 752) ; V. cependant pour l'intéressement aux résultats de l'exploitation agricole perçu par l'associé d'exploitation, L. n. 73-650 du 13 juil. 1973, art. 6. Mais le pourcentage alloué à un cadre sur le chiffre d'affaires constitue un élément du salaire et est comme celui-ci assorti du privilège (Paris 29 nov. 1962 : *D.* 1963, 648, note Verdier).

13) Les textes ayant déclaré privilégiées les indemnités compensatrices de préavis et de congés payés ne mentionnent, pour ces créances, aucune condition restrictive de période, à la différence de ce qu'ils prescrivent pour les salaires, lesquels ne sont assortis d'un privilège que pour les six derniers mois, de sorte qu'il n'y a pas lieu d'ajouter à la loi, pour les indemnités dont s'agit, une restriction qu'elle ne comporte pas (Soc. 5 fév. 1969 : *J.C.P.* 69, IV, 70 ; *Bull.* V, n. 76, p. 64).

14) L'article 2101-4° vise les six derniers mois qui ont précédé l'ouverture de la faillite.

Lorsqu'il s'agit de l'exercice du privilège attaché aux salaires mensuels des employés, il y a lieu de rechercher uniquement la date à laquelle ils auraient dû être perçus et non celle à laquelle ils sont devenus exigibles par l'effet d'une décision de justice (Com. 16 janv. 1961 : *J.C.P.* 61, II, 12104, note Nectoux).

15) Sur le contrat de salaire différé, V. D.-L. 29 juil. 1939, art. 63 et s., *infra*, Annexe.

16) Sur les privilèges résultant de textes spéciaux et prenant rang concurremment avec celui établi par l'article 2101-4°, V. L. 27 déc. 1895, art. 4 (privilège des caisses de retraite, de secours ou de prévoyance fondées au profit des employés et ouvriers) ; C. sécurité sociale, art. L. 138 à L. 140-1 (privilèges des caisses de sécurité sociale). V. aussi D. 27 nov. 1946 portant organisation de la sécurité sociale dans les mines, art. 65 ; C. rural, art. 1033 (privilège des caisses de mutualité sociale agricole) ; C. aviation civile, art. L. 426-5 (privilège de la caisse de retraite du personnel navigant professionnel de l'aéronautique).

VI. Privilège pour fournitures de subsistances

17) Doivent être considérées comme créances privilégiées en vertu de l'article 2101-5° non seulement celles qui résultent de fournitures nécessaires à l'alimentation du débiteur et de sa famille mais aussi celles qui ont trait à des fournitures destinées au chauffage et à l'éclairage en tant qu'elles constituent des accessoires indispensables à la subsistance journalière du ménage (Civ. 11 avril 1933 : *D.H.* 1933, 297).

18) On ne saurait, du point de vue du privilège institué par l'article 2101-5°, établir aucune assimilation entre les frais nécessités par l'entretien et le séjour d'une personne dans un hôpital ou un asile et les fournitures de subsistance faites au débiteur ou à sa famille par les marchands ou maîtres de pension (Civ. 21 mars 1938 : *D.H.* 1938, 354).

PRIVILÈGES   Art. 2102

§ 2. – Des privilèges sur certains meubles

Art. 2102. – **Les créances privilégiées sur certains meubles sont :**
1° Les loyers et fermages des immeubles, sur les fruits de la récolte de l'année, et sur le prix de tout ce qui garnit la maison louée ou la ferme, et de tout ce qui sert à l'exploitation de la ferme : savoir, pour tout ce qui est échu, et pour tout ce qui est à échoir, si les baux sont authentiques, ou si, étant sous signatures privées, ils ont une date certaine ; et, dans ces deux cas, les autres créanciers ont le droit de relouer la maison ou la ferme pour le restant du bail, et de faire leur profit des baux ou fermages, à la charge, toutefois, de payer au propriétaire tout ce qui lui serait encore dû.

Et, à défaut de baux authentiques, ou lorsque, étant sous signature privée, ils n'ont pas une date certaine, pour une année à partir de l'expiration de l'année courante.

(L. 25 août 1948) Le même privilège a lieu pour les réparations locatives et pour tout ce qui concerne l'exécution du bail. Il a lieu également pour toute créance résultant, au profit du propriétaire ou bailleur, de l'occupation des lieux à quelque titre que ce soit.

(L. 24 mars 1936) Néanmoins, les sommes dues pour les semences, pour les engrais et amendements, pour les produits anticryptogamiques et insecticides, pour les produits destinés à la destruction des parasites végétaux et animaux nuisibles à l'agriculture, ou pour les frais de la récolte de l'année, seront payées sur le prix de la récolte, et celles dues pour ustensiles sur le prix de ces ustensiles, par préférence au propriétaire, dans l'un et l'autre cas.

Le propriétaire peut saisir les meubles qui garnissent sa maison ou sa ferme, lorsqu'ils ont été déplacés sans son consentement, et il conserve sur eux son privilège, pourvu qu'il ait fait la revendication ; savoir : lorsqu'il s'agit du mobilier qui garnissait une ferme, dans le délai de quarante jours ; et dans celui de quinzaine, s'il s'agit des meubles garnissant une maison.

2° La créance sur le gage dont le créancier est saisi ;
3° Les frais faits pour la conservation de la chose ;
4° Le prix d'effets mobiliers non payés, s'ils sont encore en la possession du débiteur, soit qu'il ait acheté à terme ou sans terme ;

Si la vente a été faite sans terme, le vendeur peut même revendiquer ces effets tant qu'ils sont en la possession de l'acheteur, et en empêcher la revente, pourvu que la revendication soit faite dans la huitaine de la livraison, et que les effets se trouvent dans le même état dans lequel cette livraison a été faite ;

Le privilège du vendeur ne s'exerce toutefois qu'après celui du propriétaire de la maison ou de la ferme, à moins qu'il ne soit prouvé que le propriétaire avait connaissance que les meubles et autres objets garnissant sa maison ou sa ferme n'appartenaient pas au locataire ;

Il n'est rien innové aux lois et usages du commerce sur la revendication ;
5° Les fournitures d'un aubergiste, sur les effets du voyageur qui ont été transportés dans son auberge ;
6° Les frais de voiture et les dépenses accessoires, sur la chose voiturée ;
7° Les créances résultant d'abus et prévarications commis par les fonctionnaires publics dans l'exercice de leur fonctions, sur les fonds de leur cautionnement, et sur les intérêts qui en peuvent être dus ;
8° *(L. 28 mai 1913)* Les créances nées d'un accident au profit des tiers lésés par cet accident ou de leurs ayants droit, sur l'indemnité dont l'assureur de la responsabilité civile se reconnaît ou a été judiciairement reconnu débiteur à raison de la convention d'assurance.

Art. 2102　　　　　　　　　　　　　　　　　　　　　PRIVILÈGES

Aucun paiement fait à l'assuré ne sera libératoire tant que les créanciers privilégiés n'auront pas été désintéressés.
9° *(L. 1ᵉʳ août 1941 ; L. 28 juin 1943)* Les créances nées du contrat de travail de l'auxiliaire salarié d'un travailleur à domicile répondant à la définition de l'article 33 du livre Iᵉʳ du Code du travail (*), sur les sommes dues à ce travailleur par les donneurs d'ouvrage.
(*) *C. trav., art. L. 721-1.*

Code du travail

Art. L. 143-8. – Peuvent en outre faire valoir une action directe ou des privilèges spéciaux :
....
2° Dans les conditions fixées à l'article 2102-1° et 3° du Code civil, les ouvriers qui ont travaillé soit à la récolte, soit à la fabrication ou à la réparation des ustensiles agricoles, soit à la conservation de la chose ;
3° Dans les conditions fixées à l'article 2102-9° du Code civil, les auxiliaires salariés des travailleurs à domicile répondant à la définition des articles L. 721-1 et L. 721-2 ;
....

I. Privilège du bailleur d'immeuble

1) Le privilège du bailleur d'immeuble porte sur tous les meubles garnissant la maison, même si ces meubles appartiennent à des tiers ; ceux-ci ne peuvent prétendre écarter les effets du privilège qu'en démontrant que le bailleur connaissait l'origine des meubles au moment de leur introduction dans l'immeuble (Civ. 1ʳᵉ, 12 mai 1969 : *D.* 1970, 43). La connaissance ultérieure par le bailleur du droit de propriété d'un tiers ne peut faire obstacle à l'exercice du privilège (Civ. 3ᵉ, 4 fév. 1976 : *J.C.P.* 76, IV, 107 ; *Bull.* III, n. 47, p. 36).

2) Le locataire qui sous-loue à un tiers en cédant à celui-ci les meubles le garnissant ne transmet la propriété de ces meubles qu'avec la charge du privilège du bailleur et ce dernier doit être colloqué sur le prix de vente non seulement pour les loyers dus par le sous-locataire mais aussi pour les loyers restant dus par le locataire principal (Civ. 20 fév. 1911 : *D.P.* 1912, 1, 425, note de Loynes).

3) Le bailleur d'une propriété non bâtie peut exercer son privilège sur le prix de vente du matériel et du bétail servant à l'exploitation du fonds dès lors que ceux-ci sont attachés à demeure à ce dernier et affectés à sa mise en valeur (Civ. 1ʳᵉ, 13 mars 1950 : *D.* 1950, 415).

4) Sur la limitation du privilège du bailleur quant aux créances garanties en cas de redressement judiciaire V. L. n. 85-98 du 25 janv. 1985, art. 39. Jugé, sous l'empire de la loi du 13 juillet 1967, que le privilège du bailleur pour le recouvrement des loyers échus avant le jugement déclaratif est toujours limité aux deux dernières années de location et ce, que le bail ait été résilié ou continué (Com. 9 janv. 1974 : *J.C.P.* 74, II, 17777, note Thuillier). Sur la limitation du privilège du bailleur d'un fonds rural, V. L. 19 fév. 1889, art. 1ᵉʳ.

5) Sur la saisie-gagerie pouvant être pratiquée par le propriétaire, V. C. proc. civ. (ancien), art. 819 et s. Jugé que toute créance assortie du privilège du bailleur autorise le recours à cette saisie, aussi bien toute créance résultant, au profit du propriétaire ou bailleur, de l'occupation des lieux, à quelque titre que ce soit, que les créances concernant l'exécution du bail (Civ. 1ʳᵉ, 31 mars 1965 : *Bull.* I, n. 235, p. 174).

6) Le privilège du bailleur d'immeuble et celui du créancier nanti sur un fonds de

commerce étant tous les deux fondés sur la notion que les créanciers titulaires se trouvent, soit expressément, soit tacitement, investis d'un droit de gage sur les biens qui en constituent l'assiette, la préférence à accorder à leurs titulaires respectifs doit être déterminée suivant la date à laquelle chacune d'elles a été rendue opposable aux tiers (Com. 14 fév. 1977 : *Bull.* IV, n. 43, p. 38).

7) Les créances de toute nature du syndicat à l'encontre de chaque copropriétaire sont garanties par le privilège prévu par l'article 2102-1º en faveur du bailleur, L. n. 65-557 du 10 juil. 1965 fixant le statut de la copropriété des immeubles bâtis, art. 19, al. 5, *infra,* Annexe.

II. Privilège du conservateur

8) Pour donner naissance au privilège prévu par l'article 2102-3º, il faut mais il suffit que les frais exposés aient eu pour résultat de profiter aux créanciers en prévenant la perte totale ou partielle de leur gage (Req. 12 juin 1939 : *D.H.* 1939, 453). Jugé qu'en exigeant que les frais faits pour la conservation de la chose aient été exposés non dans des conditions normales d'exploitation mais dans une circonstance exceptionnelle pour que le créancier bénéficie du privilège prévu à l'article 2102-3º, la Cour d'appel ajoute une condition que la loi ne contient pas et viole ainsi le texte (Com. 5 janv. 1981 : *Bull.* IV, n. 2, p. 2, cassant Rennes 28 mars 1979 : *J.C.P.* 80, éd. N, II, 200). Les fonds prêtés à un débiteur n'acquièrent le caractère de frais de conservation qu'autant qu'ils ont été réellement utilisés dans l'intérêt de l'ensemble des créanciers en empêchant la perte totale ou partielle de la chose (Com. 3 déc. 1952 : *D.* 1953, 75). Un garagiste ne saurait être privilégié pour des travaux ou fournitures constituant un apport en valeur au véhicule, tel que le remplacement de pièces cassées ou usagées, si ces frais, au moment où ils ont eu lieu, n'étaient ni urgents, ni nécessaires (Com. 16 mai 1966 : *D.* 1967, 139, note Bourdon).

Mais les honoraires d'avocat peuvent être privilégiés si l'intervention de l'avocat a été suivie d'une décision judiciaire favorable (Paris 6 déc. 1973 : *Gaz. Pal.* 1975, 1, 358.
– V. cependant Aix 21 déc. 1972 : *D.* 1973, 409, commissaire aux comptes. – Caen 12 avril 1973 : *D.* 1974, 499, note Sigalas, frais d'expertise comptable. – V. Thuillier, *Réflexions sur la notion de conservation dans le privilège du conservateur : J.C.P.* 68, I, 2167).

9) Dans l'impossibilité d'énumérer toutes les dépenses qui contribuent à la conservation d'une chose dans le patrimoine du débiteur, la loi n'a désigné ni les personnes ni la nature particulière des créances appelées à bénéficier du privilège et elle a laissé aux juges du fond le soin de déterminer dans chaque cas d'espèce les avances qui réunissent ces conditions (Civ. 14 fév. 1900 : *D.P.* 1900, 1, 175. – Req. 12 juin 1939 : *D.H.* 1939, 453). Ont pu être déclarées privilégiées dans la masse d'un armateur en liquidation des biens les créances concernant les frais d'installation et d'entretien des appareils de radiophonie du navire, ces installations étant nécessaires à l'obtention du permis de naviguer (Com. 9 oct. 1984 : *J.C.P.* 84, IV, 347). Le terme « frais » n'a de sens que pour le débiteur et il est donc sans intérêt que les soins donnés à un procès par l'avocat, et sa plaidoirie, ne constituent pas pour lui des frais (Lyon 28 nov. 1955 : *J.C.P.* 56, II, 9160).

10) Le privilège grève tous les meubles y compris les animaux (Civ. 14 fév. 1900 : *D.P.* 1900, 1, 175, vétérinaire). Mais il ne peut trouver application lorsque le droit de préférence dont se prévaut le créancier porte non sur un meuble déterminé mais sur l'ensemble du patrimoine du débiteur (Com. 18 juil. 1974 : *D.* 1975, 182, honoraires d'avocat. – V. en ce sens Rennes 28 mars 1979 : *J.C.P.* 80, éd. N, II, 200. – V. cependant Paris 6 déc. 1973 : *Gaz. Pal.* 1975, 1, 358). Le privilège ne peut porter que sur la chose conservée dans la mesure où celle-ci

Art. 2103 — PRIVILÈGES

garde son individualité et peut être identifiée (Com. 28 avril 1975 : *D.* 1975, Somm. 95).

11) Le privilège s'appliquant indépendamment de toute détention de la chose, doit être cassé l'arrêt qui décide que le réparateur d'un camion ne peut être privilégié que pour les réparations effectuées lors de la dernière remise du véhicule (Civ. 1re, 13 nov. 1962 : *J.C.P.* 63, II, 12976, note J.A.).

12) Le privilège du conservateur doit primer celui du créancier gagiste pour les frais qui ont permis la conservation de la chose postérieurement à la constitution du gage (Civ. 13 juil. 1913 : *D.P.* 1915, 1, 65, note de Loynes. – Civ. 1re, 13 nov. 1962 : *J.C.P.* 63, II, 12976, note J.A. – Com. 4 fév. 1980 : *Bull.* IV, n. 54, p. 42).

III. Privilège du vendeur de meubles

13) Sur le privilège du vendeur de fonds de commerce, V. L. 17 mars 1909 relative à la vente et au nantissement des fonds de commerce. V. aussi *J.-Cl. Civil,* art. 2102.

14) Sur les limites apportées au privilège et au droit de revendication du vendeur de meubles au cas où l'acquéreur fait l'objet d'une procédure de redressement judiciaire, V. L. n. 85-98 du 25 janvier 1985, art. 116 à 122.

15) L'article 2102 donne au vendeur d'effets mobiliers non payés le droit de se faire payer par préférence sur le prix en provenant lorsqu'il peut les saisir en la possession de son débiteur ou en arrêter le prix entre les mains des tiers, mais ne l'autorise pas à poursuivre le recouvrement de sa créance contre le tiers acquéreur de ces effets, même si ce tiers, au moment où il prend lesdits effets en paiement de sa propre créance, savait qu'une partie de leur prix était encore due (Civ. 19 fév. 1894 : *D.P.* 1894, 1, 413).

IV. Privilège des victimes d'accidents

16) Sur l'action directe du tiers lésé contre l'assureur, V. C. ass., art. L. 124-3, *infra,* Annexe.

V. Autres privilèges mobiliers spéciaux

17) Sur les privilèges sur les navires, V. L. n. 67-5 du 3 janv. 1967, art. 31 et s. ; sur les privilèges sur les bateaux de navigation intérieure, V. C. domaine public fluvial et navigation intérieure, art. 89 et s. ; sur les privilèges sur les aéronefs, V. C. aviation civile, art. L. 122-14 et s.

18) Sur le privilège du commissionnaire de transport, V. C. commerce, art. 95 ; sur le privilège des ouvriers et fournisseurs en matière de marchés de travaux publics, V. C. travail, art. L. 143-6 ; C. marchés publics, art. 194 et 195.

19) Sur le privilège spécial de la contribution foncière, V. C.G.I., art. 1920-2°, *supra* sous art. 2098.

SECTION II. – DES PRIVILÈGES SPÉCIAUX SUR LES IMMEUBLES
(Ord. n. 59-71 du 7 janv. 1959, art. 1er)

Art. 2103 *(D. n. 55-22 du 4 janv. 1955, art. 11 ; L. n. 61-1378 du 19 déc. 1961).* – **Les créanciers privilégiés sur les immeubles sont :**
1° Le vendeur, sur l'immeuble vendu, pour le paiement du prix ;
S'il y a plusieurs ventes successives dont le prix soit dû en tout ou en partie, le premier vendeur est préféré au second, le deuxième au troisième, et ainsi de suite ;
2° *(L. n. 71-579 du 16 juil. 1971, art. 47-1)* Même en l'absence de subrogation, ceux qui ont fourni les deniers pour l'acquisition d'un immeuble, pourvu qu'il soit authentiquement constaté, par l'acte d'emprunt, que la somme était destinée à cet emploi et, par la

PRIVILÈGES Art. 2103

quittance du vendeur, que ce paiement a été fait des deniers empruntés *(dispositions ayant un caractère interprétatif, art. 47-II)* ;

3° Les cohéritiers, sur les immeubles de la succession, pour la garantie des partages faits entre eux, et des soultes ou retours de lots ; pour la garantie des indemnités dues en application de l'article 866, les immeubles donnés ou légués sont assimilés aux immeubles de la succession ;

4° Les architectes, entrepreneurs, maçons et autres ouvriers employés pour édifier, reconstruire ou réparer des bâtiments, canaux ou autres ouvrages quelconques, pourvu néanmoins que, par un expert nommé d'office par le tribunal de grande instance dans le ressort duquel les bâtiments sont situés, il ait été dressé préalablement un procès-verbal, à l'effet de constater l'état des lieux relativement aux ouvrages que le propriétaire déclarera avoir dessein de faire, et que les ouvrages aient été, dans les six mois au plus de leur perfection, reçus par un expert également nommé d'office ;

Mais le montant du privilège ne peut excéder les valeurs constatées par le second procès-verbal, et il se réduit à la plus-value existante à l'époque de l'aliénation de l'immeuble et résultant des travaux qui y ont été faits ;

5° Ceux qui ont prêté les deniers, pour payer ou rembourser les ouvriers, jouissent du même privilège, pourvu que cet emploi soit authentiquement constaté par l'acte d'emprunt, et par la quittance des ouvriers, ainsi qu'il a été dit ci-dessus pour ceux qui ont prêté les deniers pour l'acquisition d'un immeuble ;

6° *(D. n. 55-22 du 4 janv. 1955)* Les créanciers et légataires d'une personne défunte, sur les immeubles de la succession, pour la garantie des droits qu'ils tiennent de l'article 878.

7° *(Aj., L. n. 84-595 du 12 juill. 1984, art. 35)* Les accédants à la propriété titulaires d'un contrat de location-accession régi par la loi n. 84-595 du 12 juillet 1984 définissant la location-accession à la propriété immobilière sur l'immeuble faisant l'objet du contrat, pour la garantie des droits qu'ils tiennent de ce contrat.

I. Privilège du vendeur d'immeuble

1) Le coéchangiste dispose du privilège du vendeur pour le paiement de la soulte (Req. 11 mai 1863 : *D.P.* 64, 1, 191).

2) Le privilège du vendeur d'immeuble est attaché par la loi à la créance en raison de sa nature et il prend naissance avec elle (Civ. 17 fév. 1947 : *J.C.P.* 47, II, 3475, note R.C.). L'inscription d'une hypothèque conventionnelle pour sûreté du paiement d'intérêts d'un prix de vente immobilière qui, sans elle, n'eussent été garantis par le privilège du vendeur que pour une période de trois années (C. civ., art. 2151), lorsqu'elle contient toutes les énonciations exigées par la loi pour l'inscription de la créance privilégiée elle-même en principal, révèle nécessairement aux tiers, et par elle seule, en même temps que la nature de cette créance, le privilège qui lui est inhérent (même arrêt).

3) Si le privilège institué au profit du vendeur d'immeuble peut s'étendre à des accessoires du prix, c'est à la condition que ces accessoires soient expressément mentionnés dans l'acte de vente (Req. 17 nov. 1936 : *D.H.* 1937, 86). L'évaluation de la créance garantie doit être mentionnée dans l'inscription du privilège (Com. 6 mars 1950 : *S.* 1950, 1, 164).

II. Privilège du prêteur de deniers pour l'acquisition d'un immeuble

4) Les formalités prescrites par l'article 2103-2 tendent seulement à certifier l'origine des deniers vis-à-vis des tiers. Le bénéficiaire de ce privilège n'est donc pas fondé à se plaindre d'une irrégularité qui ne lui a pas été opposée par les parties intéressées à s'en prévaloir (Civ. 3e, 18 fév. 1987 : *Bull.* III, n. 31, p. 18).

Art. 2104 — PRIVILÈGES

III. Privilège des copartageants

5) Le privilège des copartageants résulte de tout acte équivalant à partage faisant totalement cesser l'indivision en ce qui concerne les immeubles soumis à ce privilège, alors même que les parties n'auraient pas qualifié l'acte du nom de partage (Civ. 19 oct. 1903 : *D.P.* 1906, 1, 273, note de Loynes).

6) Le privilège du copartageant garantit les créances entre héritiers pour restitution de fruits perçus depuis le décès (Civ. 15 janv. 1896 : *D.P.* 1896, 1, 441, note de Loynes).

7) Le privilège établi sur les immeubles héréditaires par les articles 2103-3° et 2109 ne s'étend pas à la garantie due entre les héritiers pour le partage des biens d'une autre origine qui avaient été confondus avec ceux de la succession et partagés en même temps (Civ. 6 avril 1881 : *D.P.* 1881, 1, 358).

IV. Privilège des architectes et entrepreneurs

8) Le privilège est refusé pour les travaux faits avant la publication du procès-verbal constatant l'état primitif des lieux (Cass. Ch. réunies 31 janv. 1898 : *D.P.* 1898, 1, 233, concl. Manau et note de Loynes). – V. aussi Pau 18 nov. 1965 : *J.C.P.* 66, IV, 168). Mais il peut garantir la plus-value donnée à l'immeuble par les travaux postérieurs dès lors qu'une expertise permet de fixer l'état des lieux au moment de la publication (Civ. 1re, 24 mars 1953 : *S.* 1955, 1, 38).

9) S'agissant d'un marché indivisible portant sur la construction de plusieurs bâtiments formant un ensemble, il ne saurait être reproché aux entrepreneurs de n'avoir pas fait dresser un procès-verbal de réception des travaux pour chaque élément de ce marché (Civ. 1re, 24 mars 1953 : *S.* 1955, 1, 38).

V. Privilège du prêteur de deniers pour le financement de travaux immobiliers

10) A défaut de l'accomplissement des formalités de l'article 2103-5°, celui qui a avancé des fonds pour payer les travaux de construction ou de réparation d'un édifice ne jouit d'aucun privilège sur la plus-value procurée à l'immeuble et ne peut même pas exercer l'action *de in rem verso* fondée sur un enrichissement sans cause (Civ. 12 fév. 1923 : *D.P.* 1924, 1, 129, note Rouast).

VI. Privilège de la séparation des patrimoines

11) Lorsque des héritiers en état de règlement judiciaire ont accepté purement et simplement une succession, les créanciers de la succession peuvent inscrire le privilège prévu par l'article 2103-6° et cette inscription est opposable à la masse malgré la règle de l'arrêt du cours des inscriptions (Aix 24 oct. 1974 : *D.* 1975, Somm. 30).

SECTION III. – DES PRIVILÈGES GÉNÉRAUX SUR LES IMMEUBLES
(Ord. n. 59-71 du 7 janv. 1959, art. 1er)

Art. 2104 *(D. n. 55-22 du 4 janv. 1955, art. 12 ; D. n. 55-678 du 20 mai 1955, art. 1er ; Ord. n. 59-71 du 7 janv. 1959, art. 1er)*. – **Les créances privilégiées sur la généralité des immeubles sont :**
1° Les frais de justice ;
2° *(L. n. 79-11 du 3 janv. 1979, art. 5. Dispositions applicables aux contrats conclus après le 3 janv. 1979)* Sans préjudice de l'application éventuelle des dispositions des articles L. 143-10, L. 143-11, L. 742-6 et L. 751-15 du Code du travail :
Les rémunérations des gens de service pour l'année échue et l'année courante ;
Le salaire différé résultant du contrat de travail institué par l'article 63 du décret du 29 juillet 1939 relatif à la famille et à la natalité françaises, pour l'année échue et l'année courante ;

PRIVILÈGES — Art. 2105

(Al. aj. L. n. 89-1008 du 31 déc. 1989, art. 14-III) La créance du conjoint survivant instituée par l'article 14 de la loi n. 89-1008 du 31 décembre 1989 relative au développement des entreprises commerciales et à l'amélioration de leur environnement économique, juridique et social ;

(Al. mod., L. n. 89-488 du 10 juil. 1989, art. 6). **Les rémunérations pour les six derniers mois des salariés, apprentis et l'indemnité due par l'employeur aux jeunes en stage d'initiation à la vie professionnelle, telle que prévue à l'article L. 980-11-1 du Code du travail ;**

(Al. aj., Ord. n. 82-130 du 5 fév. 1982, art. 9-I) **L'indemnité de fin de contrat prévue à l'article L. 122-3-4 du Code du travail et l'indemnité de précarité d'emploi prévue à l'article L. 124-4-4 du même code ;**

(Al. mod., Ord. n. 82-130 du 5 fév. 1982, art. 9-II) **L'indemnité due en raison de l'inobservation du délai-congé prévue à l'article L. 122-8 du Code du travail et l'indemnité compensatrice prévue à l'article L. 122-32-6 du même code ;**

Les indemnités dues pour les congés payés ;

Les indemnités de licenciement dues en application des conventions collectives de travail, des accords collectifs d'établissement, des règlements de travail, des usages, des dispositions des articles L. 122-9, L. 122-32-6, L. 761-5 et L. 761-7 pour la totalité de la portion inférieure ou égale au plafond visé à l'article L. 143-10 du Code du travail et pour le quart de la portion supérieure audit plafond *(L. n. 81-3 du 7 janv. 1981, art. 2-VI)* ;

(Al. mod. Ord. n. 82-130 du 5 fév. 1982, art. 9-III) **Les indemnités dues, le cas échéant, aux salariés, en application des articles L. 122-3-8 (2ᵉ al.), L. 122-14-4, L. 122-14-5 (2ᵉ al.), L. 122-32-7 et L. 122-32-9 du Code du travail.**

1) Sur les privilèges du Trésor, V. *supra*, sous art. 2098.

2) Sur le privilège des frais de justice et le privilège des salariés, V. *supra*, sous art. 2101.

Art. 2105 *(D. n. 55-22 du 4 janv. 1955, art. 13)*. — **Lorsqu'à défaut de mobilier, les créanciers privilégiés énoncés en l'article précédent se présentent pour être payés sur le prix d'un immeuble en concurrence avec les autres créanciers privilégiés sur l'immeuble, ils priment ces derniers et exercent leurs droits dans l'ordre indiqué audit article.**

1) La règle de l'article 2105 assurant la priorité aux privilèges généraux sur les privilèges spéciaux immobiliers ne s'applique qu'au conflit entre les créanciers à privilège spécial d'un propriétaire antérieur et les créanciers à privilège général du propriétaire actuel (Civ. 1ʳᵉ, 20 mars 1956 : *D.* 1956, 374).

2) Le créancier titulaire d'un privilège général ne peut être déchu de son recours sur les immeubles que si les créanciers contestants établissent l'existence d'un mobilier suffisant et rapportent, à l'encontre du créancier privilégié, la preuve d'une fraude ou d'une négligence qui l'aurait privé d'une collocation utile sur ce mobilier (Civ. 24 fév. 1932 : *D.H.* 1932, 217. – Lyon 12 juin 1984 : *Gaz. Pal.* 1984, 2, 686, note Bejat et Lafarge. – Trib. Com. Dunkerque 11 janv. 1984 : *Gaz. Pal.* 1984, 1, 399, note Chartier).

3) L'article 2105 n'impose pas aux créanciers privilégiés énoncés à l'article 2104 et qui ont produit à la liquidation des biens d'agir dans un certain délai et au plus tard au moment de la répartition du prix de vente. Il suffit que les créanciers privilégiés existent, qu'ils ne trouvent pas de meubles suffisants dans l'actif du débiteur pour se désintéresser, et qu'au moment de l'ouverture de la procédure collective, l'actif comprenne un immeuble, même hypothéqué (Douai 10 juin 1986 : *Gaz. Pal.* 1987, 1, 280, note Bejat).

SECTION IV. — COMMENT SE CONSERVENT LES PRIVILÈGES

Art. 2106 *(D. n. 55-22 du 4 janv. 1955, art. 14).* — Entre les créanciers, les privilèges ne produisent d'effet à l'égard des immeubles qu'autant qu'ils sont rendus publics par une inscription à la conservation des hypothèques, de la manière déterminée par les articles suivants et par les articles 2146 et 2148.

Art. 2107 *(D. n. 55-22 du 4 janv. 1955, art. 14).* — Sont exceptées de la formalité de l'inscription les créances énumérées à l'article 2104.

Art. 2108 *(L. 2 mars 1918 ; D. n. 55-22 du 4 janv. 1955, art. 14).* — Le vendeur privilégié ou le prêteur qui a fourni les deniers pour l'acquisition d'un immeuble, conserve son privilège par une inscription qui doit être prise, à sa diligence, en la forme prévue aux articles 2146 et 2148, et dans le délai de deux mois à compter de l'acte de vente ; le privilège prend rang à la date dudit acte.

L'action résolutoire établie par l'article 1654 ne peut être exercée après l'extinction du privilège du vendeur, ou à défaut d'inscription de ce privilège dans le délai ci-dessus imparti, au préjudice des tiers qui ont acquis des droits sur l'immeuble du chef de l'acquéreur et qui les ont publiés.

1) Le prix de la vente dont le paiement est garanti par le privilège du vendeur consiste dans la somme d'argent que l'acquéreur s'oblige à payer (Civ. 3ᵉ, 17 mars 1981 : *Bull.* III, n. 56, p. 42).

2) Dès lors que le privilège d'un vendeur d'immeuble a fait l'objet d'une inscription l'ayant conservé pendant dix ans, ainsi que l'action résolutoire qui lui est liée en application de l'article 2108, alinéa 2, le tiers, devenu sous-acquéreur du bien à une date comprise dans la période décennale, ne peut utilement prétendre que, l'inscription n'ayant pas été renouvelée avant l'expiration décennale prévue par l'article 2154, la résolution de la vente prononcée contre le premier acquéreur cesserait de lui être opposable (Civ. 3ᵉ, 23 avril 1969 : *J.C.P.* 69, IV, 146 ; *Bull.* III, n. 321, p. 245).

3) Pour que, conformément à l'article 2108, le vendeur qui n'a pas inscrit son privilège dans les deux mois de l'acte de vente perde, vis-à-vis des tiers qui ont acquis des droits sur l'immeuble du chef de l'acquéreur et les ont publiés, le bénéfice de l'action résolutoire, il faut que l'exercice de celle-ci soit postérieur à la publication (Civ. 3ᵉ, 26 nov. 1970 : *J.C.P.* 71, IV, 5 ; *Bull.* III, n. 647, p. 470).

4) Même si le privilège du vendeur d'immeuble n'a pas été publié et se trouve perdu, l'action résolutoire peut cependant être exercée jusqu'à l'inscription de l'hypothèque légale de la masse des créanciers (Civ. 3ᵉ, 4 juin 1973 : *D.* 1973, 695, note Frank).

5) Aucune inscription du privilège prévu à l'article 2108 ne peut être prise à l'encontre des associations syndicales de remembrement (D. n. 55-564 du 20 mai 1955, art. 1ᵉʳ).

6) La masse des créanciers a la qualité de tiers par rapport au failli au sens de l'article 2108, alinéa 2 (Civ. 3ᵉ, 11 mars 1987 : *Bull.* III, n. 50, p. 30).

Art. 2108-1 *(L. n. 67-547 du 7 juil. 1967, art. 9).* — Dans le cas de vente d'un immeuble à construire conclue à terme conformément à l'article 1601-2, le privilège du vendeur ou celui du prêteur de deniers prend rang à la date de l'acte de vente si l'inscription est prise avant l'expiration d'un délai de deux mois à compter de la constatation par acte authentique de l'achèvement de l'immeuble.

PRIVILÈGES — Art. 2113

Art. 2109 (D. n. 55-22 du 4 janv. 1955, art. 14 ; L. n. 61-1378 du 19 déc. 1961, art. 6-II). – **Le cohéritier ou copartageant conserve son privilège sur les biens de chaque lot ou sur le bien licité pour les soulte et retour de lots ou pour le prix de la licitation, par l'inscription faite à sa diligence sur chacun des immeubles, en la forme prévue aux articles 2146 et 2148, et dans un délai de deux mois à dater de l'acte de partage ou de l'adjudication par licitation ou de l'acte fixant l'indemnité prévue par l'article 866 du présent code ; le privilège prend rang à la date dudit acte ou adjudication.**

En cas d'adjudication sur licitation, le délai de deux mois court à partir du jugement d'adjudication et non à compter du partage définitif de la succession, même si le cahier des charges comporte une clause d'attribution (Civ. 19 oct. 1903 : *D.P.* 1906, 1, 273, note de Loynes).

Art. 2110. – **Les architectes, entrepreneurs, maçons et autres ouvriers employés pour édifier, reconstruire ou réparer des bâtiments, canaux, ou autres ouvrages, et ceux qui ont, pour les payer et rembourser, prêté les deniers dont l'emploi a été constaté, conservent par la double inscription faite :**
1° Du procès-verbal qui constate l'état des lieux ;
2° Du procès-verbal de réception, leur privilège à la date de l'inscription du premier procès-verbal.

Il n'y a pas déchéance lorsque le procès-verbal de réception dressé dans les six mois suivant la fin des travaux n'a pas été inscrit dans ce délai (Bordeaux 21 mai 1952 : *J.C.P.* 52, IV, 160).

Art. 2111 (D. n. 55-22 du 4 janv. 1955, art. 14). – **Les créanciers et légataires d'une personne défunte conservent leur privilège par une inscription prise sur chacun des immeubles héréditaires, en la forme prévue aux articles 2146 et 2148, et dans les quatre mois de l'ouverture de la succession ; le privilège prend rang à la date de ladite ouverture.**

La séparation des patrimoines, en faisant cesser la confusion du patrimoine du défunt avec celui de l'héritier, ne confère au créancier qui l'a réclamée aucun privilège par rapport aux autres créanciers de la succession et, jusqu'à concurrence de la somme réservée par l'inscription, la répartition du prix des biens s'opère entre eux comme si tous s'étaient inscrits (Req. 10 avril 1906 : *D.P.* 1909, 1, 113).

Art. 2111-1 (L. n. 84-595 du 12 juill. 1984, art. 36). – **Les accédants à la propriété conservent leur privilège par une inscription prise à leur diligence sur l'immeuble faisant l'objet du contrat de location-accession, en la forme prévue aux articles 2146 et 2148 et dans un délai de deux mois à compter de la signature de ce contrat ; le privilège prend rang à la date dudit contrat.**

Art. 2112. – **Les cessionnaires de ces diverses créances privilégiées exercent tous les mêmes droits que les cédants en leurs lieu et place.**

1) V. L. n. 76-519 du 15 juin 1976 relative à certaines formes de transmission des créances, *supra*, sous art. 1701.

2) Sur la publicité de la transmission du privilège, V.*infra*, art. 2149.

Art. 2113 (D. n. 55-22 du 4 janv. 1955, art. 14). – **Les hypothèques inscrites sur les immeubles affectés à la garantie des créances privilégiées, pendant le délai accordé par**

Art. 2114 HYPOTHÈQUES

les articles 2108, 2109 et 2111 pour requérir l'inscription du privilège, ne peuvent préjudicier aux créanciers privilégiés.

Toutes créances privilégiées soumises à la formalité de l'inscription, à l'égard desquelles les conditions ci-dessus prescrites pour conserver le privilège n'ont pas été accomplies, ne cessent pas néanmoins d'être hypothécaires, mais l'hypothèque ne prend rang, à l'égard des tiers, que de la date des inscriptions.

CHAPITRE III. – DES HYPOTHÈQUES

Art. 2114. – L'hypothèque est un droit réel sur les immeubles affectés à l'acquittement d'une obligation.

Elle est, de sa nature, indivisible, et subsiste en entier sur tous les immeubles affectés, sur chacun et sur chaque portion de ces immeubles.

Elle les suit dans quelques mains qu'ils passent.

1) Le créancier hypothécaire est fondé à s'opposer aux actes qui auraient pour conséquence forcée la diminution de valeur de l'immeuble hypothéqué (Civ. 2 juin 1934 : *D.P.* 1935, 1, 65, note Fréjaville). Jugé que si le titulaire d'une sûreté immobilière doit supporter normalement la perception et l'aliénation des fruits qui n'entrent pas, lorsqu'ils sont détachés du sol, dans la valeur qui lui a été affectée en garantie, il en va autrement pour l'aliénation des produits qui affecte l'étendue de sa garantie puisque la valeur de l'immeuble s'en trouve dépréciée. En conséquence, il doit conserver son privilège sur l'indemnité d'arrachage de ceps de vigne (Bordeaux 19 juin 1986 : *D.* 1987, 295, note crit. Denis).

2) En vertu du principe de l'indivisibilité consacré par l'article 2114, le créancier dont l'hypothèque s'étend à plusieurs immeubles est en droit de choisir celui sur le prix duquel il veut être colloqué pour la totalité de sa créance, sans que les autres créanciers ayant sur le même bien des sûretés postérieures en rang puissent le contraindre à diviser sa demande de collocation pour la faire porter proportionnellement sur le prix de tous les immeubles qui lui sont affectés. Cette faculté d'option ne saurait être refusée que si elle était exercée frauduleusement ou sans intérêt légitime (Civ. 3e, 15 fév. 1972 : *D.* 1972, 463, note E.F.). Mais le créancier peut y renoncer (Civ. 19 déc. 1911 : *D.P.* 1913, 1, 505, note de Loynes. – V. aussi Paris 30 mai 1940 : *D.H.* 1940, 200).

Art. 2115. – L'hypothèque n'a lieu que dans les cas et suivant les formes autorisés par la loi.

Art. 2116. – Elle est ou légale, ou judiciaire, ou conventionnelle.

Art. 2117 *(D. n. 55-22 du 4 janv. 1955, art. 16).* –L'hypothèque légale est celle qui résulte de la loi.

L'hypothèque judiciaire est celle qui résulte des jugements.
L'hypothèque conventionnelle est celle qui résulte des conventions.

Art. 2118. – Sont seuls susceptibles d'hypothèques :
1° Les biens immobiliers qui sont dans le commerce, et leurs accessoires réputés immeubles ;

HYPOTHÈQUES Art. 2121

2° L'usufruit des mêmes biens et accessoires pendant le temps de sa durée.

1) Sur la distinction entre meubles et immeubles, V.*supra,* art. 517 et s.

2) Les biens frappés d'inaliénabilité ne sont pas susceptibles d'hypothèque (Civ. 3e, 29 juin 1983 : *Bull.* III, n. 152, p. 119).

Art. 2119. – Les meubles n'ont pas de suite par hypothèque.

Art. 2120. – Il n'est rien innové par le présent code aux dispositions des lois maritimes concernant les navires et bâtiments de mer.

1) Sur l'hypothèque maritime, V. L. n. 67-5 du 3 janv. 1967, art. 43 et s. : *J.O.* 4 janv. ; *J.C.P.* 67, III, 32616. – D. n. 67-967 du 27 oct. 1967, art. 13 et s. : *J.O.* 4 nov. ; *J.C.P.* 67, III, 33609.

2) Sur l'hypothèque fluviale, V. C. domaine public fluvial et navigation intérieure, art. 95 à 117, art. 132 à 135.

3) Sur l'hypothèque sur aéronefs, V. C. aviation civile, art. L. 122-1 et s. ; art. R. 122-1 et s. ; art. D. 122-1 et s.

SECTION I. – DES HYPOTHÈQUES LÉGALES

Art. 2121 *(L. n. 65-570 du 13 juil. 1965, art. 3).* **– Indépendamment des hypothèques légales résultant d'autres codes ou de lois particulières, les droits et créances auxquels l'hypothèque légale est attribuée sont :**
1° Ceux d'un époux, sur les biens de l'autre ;
2° Ceux des mineurs ou majeurs en tutelle, sur les biens du tuteur ou de l'administrateur légal ;
3° Ceux de l'État, des départements, des communes et des établissements publics, sur les biens des receveurs et administrateurs comptables ;
4° Ceux du légataire, sur les biens de la succession, en vertu de l'article 1017 ;
5° Ceux énoncés en l'article 2101, 2°, 3°, 5°, 6°, 7° et 8°.

Art. 2121 (1° et 2° anciens). – *1° Ceux des femmes mariées sur les biens de leur mari ; 2° Ceux des mineurs et interdits sur les biens de leur tuteur.*

1) En matière d'hypothèque légale, la femme de nationalité étrangère jouit en France de tous les droits dont dispose la femme française, à condition que la loi régissant les effets de son mariage ne s'y oppose pas (T.G.I. Seine 19 janv. 1966 : *J.C.P.* 67, II, 15015, note Brulliard. – V. en ce sens Trib. civ. Nantes 22 fév. 1955 : *J.C.P.* 55, II, 8586, note R. Savatier. – V. aussi Paris 16 oct. 1975 : *Rev. crit. dr. int. privé* 1976, 495, note Fadlallah).

2) Sur l'inscription de l'hypothèque légale prévue par l'article 2121-3°, V. D. n. 66-270 du 22 avril 1966, art. 4 (*J.O.* 4 mai ; *J.C.P.* 66, III, 31949).

3) Sur les règles particulières à l'hypothèque légale des époux et à l'hypothèque légale des personnes en tutelle, V. *infra,* art. 2135 et s.

4) L'hypothèque des personnes en tutelle ne s'applique pas à la tutelle des pupilles de l'État (C. famille et aide soc., art. 64, al. 6, réd. L. n. 84-422 du 6 juin 1984), ni à la tutelle des pupilles de la Nation lorsqu'elle est confiée au service départemental de l'office national des pupilles de la Nation (C. pensions mil., art. 474).

5) Les privilèges spéciaux ou généraux sur les immeubles autres que ceux visés aux

Art. 2122 — HYPOTHÈQUES

articles 2103 et 2104 sont transformés en hypothèques légales et sont soumis aux règles édictées pour ces dernières par le Code civil (D. n. 55-22 du 4 janv. 1955, art. 15, *infra* sous art. 2203).

6) Sur l'hypothèque légale du syndicat de copropriété, V. L. n. 65-557 du 10 juil. 1965, art. 19, *infra*, Annexe. Sur l'hypothèque légale en matière d'aide sociale, V. C. famille et aide soc., art. 148.

7) Sur l'hypothèque légale du Trésor pour le recouvrement des impositions de toute nature et amendes fiscales visées par l'article 1907 du C.G.I., V. C.G.I., art. 1929 *ter*; pour le recouvrement des droits de mutation par décès, V. C.G.I., art. 1929-2º; pour le remboursement des frais de justice en matière pénale, V. L. 5 sept. 1807; pour le recouvrement des amendes pénales, V. D.-L. 17 juin 1938, art. 3. Sur l'hypothèque légale de l'administration des Douanes, V. C. douanes, art. 379-2º et 3º.

Art. 2122 *(L. n. 65-570 du 13 juil. 1965, art. 3).* - Sous réserve tant des exceptions résultant du présent Code, d'autres Codes ou de lois particulières que du droit pour le débiteur de se prévaloir des dispositions des articles 2161 et suivants, le créancier bénéficiaire d'une hypothèque légale peut inscrire son droit sur tous les immeubles appartenant actuellement à son débiteur, sauf à se conformer aux dispositions de l'article 2146. Il peut, sous les mêmes réserves, prendre des inscriptions complémentaires sur les immeubles entrés, par la suite, dans le patrimoine de son débiteur.

SECTION II. — DES HYPOTHÈQUES JUDICIAIRES

Art. 2123 *(D. n. 55-22 du 4 janv. 1955, art. 18).* - L'hypothèque judiciaire résulte des jugements soit contradictoires, soit par défaut, définitifs ou provisoires, en faveur de celui qui les a obtenus.

Elle résulte également des décisions arbitrales revêtues de l'ordonnance judiciaire d'exécution, ainsi que des décisions judiciaires rendues en pays étrangers et déclarées exécutoires par un tribunal français.

Sous réserve du droit pour le débiteur de se prévaloir, soit en cours d'instance, soit à tout autre moment, des dispositions des articles 2161 et suivants, le créancier qui bénéficie d'une hypothèque judiciaire peut inscrire son droit sur tous les immeubles appartenant actuellement à son débiteur, sauf à se conformer aux dispositions de l'article 2146. Il peut, sous les mêmes réserves, prendre des inscriptions complémentaires sur les immeubles entrés par la suite dans le patrimoine de son débiteur.

1) Sur l'hypothèque judiciaire conservatoire, V. C. proc. civ., art. 54 et s. Aucun texte n'interdit à celui qu'une décision de justice au fond a déclaré créancier de requérir aussitôt une inscription définitive d'hypothèque judiciaire, cette inscription confirmant rétroactivement les effets d'une inscription provisoire antérieure (Civ. 3e, 15 mai 1974 : *J.C.P.* 75, II, 18156, note Thuillier).

2) Sur l'hypothèque résultant des jugements des tribunaux administratifs, V. C. tribunaux administratifs, art. L. 8.

3) Sur l'hypothèque judiciaire résultant des contraintes décernées par les directeurs des organismes de sécurité sociale, V. C. séc. soc., art. L. 167-1.

4) Le recouvrement par les comptables directs du Trésor des condamnations pécuniaires autres que les amendes et les frais de justice est garanti par l'hypothèque judiciaire instituée par l'article 2123, alinéa 1er (D. n. 64-1333 du 22 déc. 1964, art. 4, al. 2).

5) Le jugement qui homologue un partage peut donner lieu à inscription de l'hypo-

HYPOTHÈQUES   Art. 2126

thèque judiciaire quand il reconnaît à l'une des parties un droit de créance contre son copartageant (Civ. 7 fév. 1938 : *D.H.* 1938, 161).

6) Si la radiation d'une hypothèque judiciaire prise en vertu d'un jugement frappé d'appel peut être obtenue de la Cour qui infirme ce jugement, aucune mesure de ce genre ne peut être sollicitée, qu'il s'agisse de radiation ou même simplement de réduction, lorsque le jugement est confirmé (Req. 16 juin 1938 : *D.H.* 1938, 485. – V. en ce sens en cas d'opposition Civ. 4 août 1913 : *D.P.* 1917, 1, 121, note Cézar-Bru).

7) Sur le principe de la spécialité de l'hypothèque judiciaire, V. Civ. 3e, 25 oct. 1976 : *J.C.P.* 76, IV, 374 ; *Bull.* III, n. 368, p. 279. – Civ. 3e, 21 oct. 1980 : *Bull.* III, n. 160, p. 119 ; *J.C.P.* 81, éd. N, II, 57, note Stemmer ; *J. not.* 1981, 450, note J.V..

SECTION III. – DES HYPOTHÈQUES CONVENTIONNELLES

Art. 2124. – Les hypothèques conventionnelles ne peuvent être consenties que par ceux qui ont la capacité d'aliéner les immeubles qu'ils y soumettent.

1) L'hypothèque de la chose d'autrui est nulle de nullité absolue et ne saurait être validée par le fait que le constituant deviendrait ultérieurement propriétaire (Civ. 24 mai 1892 : *D.P.* 92, 1, 327). Mais la nullité du titre du propriétaire apparent, serait-elle d'ordre public, est sans influence sur la validité des aliénations ou constitutions d'hypothèques par lui consenties, dès lors que la cause de la nullité est demeurée et devait nécessairement être ignorée de tous (Civ. 1re, 3 avril 1963 : *J.C.P.* 64, II, 13502, note Mazeaud ; *D.* 1964, 306, note Calais-Auloy).

2) Sur l'interdiction des inscriptions après le jugement déclarant le redressement ou la liquidation judiciaire, V. L. n. 85-98 du 25 janv. 1985, art. 57.

Art. 2125 *(L. 31 déc. 1910).* **– Ceux qui n'ont sur l'immeuble qu'un droit suspendu par une condition, ou résoluble dans certains cas, ou sujet à rescision, ne peuvent consentir qu'une hypothèque soumise aux mêmes conditions ou à la même rescision, sauf en ce qui concerne l'hypothèque consentie par tous les copropriétaires d'un immeuble indivis, laquelle conservera exceptionnellement son effet, quel que soit ultérieurement le résultat de la licitation ou du partage.**

M. DAGOT, *L'hypothèque de l'immeuble indivis après la loi du 31 décembre 1976* : *J.C.P.* 80, I, 2994.

1) Lorsqu'un partage en nature d'un immeuble met fin à l'indivision par la constitution d'une copropriété comportant attribution aux coïndivisaires d'un nombre de lots, l'hypothèque inscrite sur les parts indivises continue à grever les lots divis de copropriété et dès lors que ceux attribués aux indivisaires correspondent exactement à leur part indivise, l'assiette de l'hypothèque ne change pas et le créancier n'a donc pas à constituer une nouvelle hypothèque ni à réitérer l'inscription (Civ. 3e, 21 oct. 1980 : *Bull.* III, n. 160, p. 119 ; *J.C.P.* 81, éd. N, II, 57, note Stemmer ; *J. not.* 1981, 450, note J.V.).

2) Un indivisaire peut hypothéquer seul le bien indivis (Civ. 3e, 29 nov. 1989 : *J.C.P.* 90, IV, 31).

Art. 2126. – Les biens des mineurs, des majeurs en tutelle et ceux des absents, tant que la possession n'en est déférée que provisoirement, ne peuvent être hypothéqués que pour les causes et dans les formes établies par la loi, ou en vertu de jugements.

Art. 2127   HYPOTHÈQUES

Art. 2127 (*). – L'hypothèque conventionnelle ne peut être consentie que par acte passé en forme authentique devant deux notaires ou devant un notaire et deux témoins.

(*) *La formule finale de l'article 2127 relative à la présence de deux notaires ou d'un notaire et de deux témoins est implicitement abrogée par l'article 9 de la loi du 25 ventôse an XI : V. supra, sous art. 1317.*

1) Il n'est pas nécessaire que l'acceptation du créancier soit formulée dans l'acte constitutif ni qu'elle soit faite par acte notarié (Req. 3 nov. 1903 : *D.P.* 1906, 1, 529).

2) Le mandat à l'effet de consentir une hypothèque doit être donné par acte notarié (Req. 19 janv. 1864 : *D.P.* 64, 1, 292) ; V. cependant pour l'hypothèque consentie sur les biens d'une société, *supra*, art. 1844-2.

3) Les notaires, tenus professionnellement d'éclairer les parties sur les conséquences de leurs actes, ne peuvent décliner le principe de leur responsabilité en alléguant qu'ils se sont bornés à donner la forme authentique aux déclarations reçues par eux. Par suite, dès lors que le notaire savait pertinemment que les débiteurs avaient épuisé tout crédit et qu'à brève échéance leurs créanciers seraient amenés à réaliser leur gage et qu'il a sciemment reproduit dans l'acte une fausse déclaration des emprunteurs sur l'inexistence d'autres hypothèques, sa responsabilité doit être retenue (Civ. 1re, 21 avril 1971 : *D.* 1971, 565, note Ghestin. – V. Ghestin, *La responsabilité individuelle et collective des notaires en raison de l'insuffisance des gages : D.* 1971, chron. 117).

4) L'article 2127, en ce qu'il exige la présence de deux notaires (ou d'un notaire et de deux témoins) est implicitement abrogé par l'article 9 de la loi du 25 ventôse An XI (réd. L. 12 août 1909, *supra*, sous art. 1317).

Art. 2128. – Les contrats passés en pays étranger ne peuvent donner d'hypothèque sur les biens de France, s'il n'y a des dispositions contraires à ce principe dans les lois politiques ou dans les traités.

Art. 2129 *(D. n. 55-22 du 4 janv. 1955, art. 19).* **– La constitution d'une hypothèque conventionnelle n'est valable que si le titre authentique constitutif de la créance ou un acte authentique postérieur déclare spécialement la nature et la situation de chacun des immeubles sur lesquels l'hypothèque est consentie, ainsi qu'il est dit à l'article 2146 ci-après.**

L'engagement de constituer une hypothèque, créateur d'une simple obligation de faire, n'est pas soumis aux conditions de validité exigées par l'article 2129 (Civ. 3e, 7 janv. 1987 : *Bull.* III, n. 4, p. 2).

Art. 2130 *(D. n. 55-22 du 4 janv. 1955, art. 19).* **– Les biens à venir ne peuvent pas être hypothéqués.**
Néanmoins, si les biens présents et libres sont insuffisants pour la sûreté de la créance, le débiteur peut, en reconnaissant cette insuffisance, consentir que chacun des biens qu'il acquerra par la suite y soit spécialement affecté au fur et à mesure des acquisitions.

T‍ANAGHO, *L'hypothèque de biens à venir :* Rev. trim. dr. civ. 1970, 441.

1) L'hypothèque sur les biens à venir est régulièrement constituée par cela seul que, à la date de l'acte constitutif, les biens présents du débiteur avaient été, dans les termes de l'article 2130, grevés d'hypothèque, alors même que cette dernière

HYPOTHÈQUES — Art. 2134

hypothèque disparaîtrait par l'effet d'une condition résolutoire (Civ. 11 mars 1895 : *D.P.* 1895, 1, 305, note Michel).

2) Si l'hypothèque de biens à venir frappe ces biens dès qu'ils sont entrés dans le patrimoine du débiteur, elle ne prend rang vis-à-vis des autres créanciers que du jour de son inscription (Req. 4 mars 1902 : *D.P.* 1902, 1, 214).

Art. 2131. - Pareillement, en cas que l'immeuble ou les immeubles présents, assujettis à l'hypothèque, eussent péri, ou éprouvé des dégradations, de manière qu'ils fussent devenus insuffisants pour la sûreté du créancier, celui-ci pourra ou poursuivre dès à présent son remboursement, ou obtenir un supplément d'hypothèque.

Art. 2132. - L'hypothèque conventionnelle n'est valable qu'autant que la somme pour laquelle elle est consentie est certaine et déterminée par l'acte : si la créance résultant de l'obligation est conditionnelle pour son existence, ou indéterminée dans sa valeur, le créancier ne pourra requérir l'inscription dont il sera parlé ci-après, que jusqu'à concurrence d'une valeur estimative par lui déclarée expressément, et que le débiteur aura droit de faire réduire, s'il y a lieu.

1) Si l'article 2132 n'exige pas en termes explicites la mention dans l'acte constitutif d'hypothèque de la cause de la créance garantie, il n'en est pas moins vrai qu'en vertu du principe de la spécialité de la créance hypothécaire, cette créance doit être déterminée expressément ou par voie de référence (Civ. 6 fév. 1939 : *D.P.* 1939, 1, 53, note Plassard. – V. aussi Montpellier 29 oct. 1952 : *D.* 1953, Somm. 31).

2) Sur la dérogation apportée aux articles 2132 et 2148-4° pour les hypothèques constituées pour la sûreté des prêts ou crédit revalorisables consentis par le Crédit foncier de France ou le Comptoir des entrepreneurs, V. C. constr. et habit., art. L. 315-28.

Art. 2133 *(D. n. 55-22 du 4 janv. 1955, art. 19).* **- L'hypothèque acquise s'étend à toutes les améliorations survenues à l'immeuble hypothéqué.**

Lorsqu'une personne possède un droit actuel lui permettant de construire à son profit sur le fonds d'autrui, elle peut constituer hypothèque sur les bâtiments dont la construction est commencée ou simplement projetée ; en cas de destruction des bâtiments, l'hypothèque est reportée de plein droit sur les nouvelles constructions édifiées au même emplacement.

1) L'hypothèque s'étend aux biens immobilisés par destination postérieurement à sa constitution (Civ. 1er mai 1906 : *D.P.* 1909, 1, 345).

2) En cas de réunion de l'usufruit à la nue-propriété, l'hypothèque qui ne grevait originairement que la nue-propriété s'étend à la pleine propriété (Nîmes 9 juil. 1934 : *Gaz. Pal.* 1934, 2, 676).

3) L'article 2133 n'est pas applicable aux biens nantis en application de la loi relative au nantissement de l'outillage et du matériel (L. n. 51-59 du 18 janv. 1951, art. 8, al. 2).

4) Sur l'application de l'article 2133, alinéa 2, aux hypothèques constituées avant le 1er janvier 1956, V. D. n. 55-22 du 4 janv. 1955, art. 45, *infra*, sous art. 2203.

SECTION IV. – DU RANG QUE LES HYPOTHÈQUES ONT ENTRE ELLES

Art. 2134 *(D. n. 55-22 du 4 janv. 1955, art. 20).* **– Entre les créanciers, l'hypothèque, soit légale, soit judiciaire, soit conventionnelle, n'a rang que du jour de l'inscription prise par le créancier à la conservation des hypothèques, dans la forme et de la manière prescrites par la loi.**

Art. 2135 — HYPOTHÈQUES

Lorsque plusieurs inscriptions sont requises le même jour relativement au même immeuble, celle qui est requise en vertu du titre portant la date la plus ancienne est réputée d'un rang antérieur, quel que soit l'ordre qui résulte du registre prévu à l'article 2200.

Dans le cas où le requérant est légalement dispensé de la représentation d'un titre, le rang de son inscription est réputé antérieur à celui de toute inscription d'hypothèque judiciaire ou conventionnelle requise le même jour.

Si plusieurs inscriptions sont prises le même jour relativement au même immeuble, soit en vertu de titres portant la même date, soit au profit de requérants légalement dispensés de la représentation d'un titre, les inscriptions viennent en concurrence quel que soit l'ordre du registre susvisé.

L'ordre de préférence entre les créanciers privilégiés ou hypothécaires et les porteurs de warrants, dans la mesure où ces derniers sont gagés sur des biens réputés immeubles, est déterminé par les dates auxquelles les titres respectifs ont été publiés, la publicité des warrants demeurant soumise aux lois spéciales qui les régissent.

1) Bien que s'analysant en une double subrogation dans l'hypothèque, la cession d'antériorité peut être antérieure à la constitution de l'hypothèque (Civ. 3e, 19 juin 1979 : *Bull.* III, n. 134, p. 101).

2) La cession d'antériorité convenue entre créanciers hypothécaires n'agit qu'entre eux sans pouvoir modifier les droits ou les obligations des autres créanciers ni du débiteur ou de ses co-obligés, ni des tiers ; elle n'opère donc que dans la limite de la plus faible des créances (Civ. 3e, 23 janv. 1973 : *D.* 1973, 427, note Franck ; *J.C.P.* 75, II, 18032, note Bez).

3) Sur l'attribution aux créanciers hypothécaires de l'indemnité d'assurance, V. C. ass., art. L. 121-13, al. 1er et 2, *infra*, Annexe.

4) Sur le concours entre le créancier hypothécaire ou privilégié et le porteur d'un warrant agricole lorsque les objets warrantés ont le caractère d'immeubles par nature ou par destination, V. L. 30 avril 1906 modifiant L. du 18 juil. 1898 sur les warrants agricoles, art. 12 ; V. aussi Civ. 3e, 28 janv. 1975 : *J.C.P.* 75, IV, 87 ; *Bull.* III, n. 34, p. 26 ; *Defrénois* 1975, 773, note Franck.

SECTION V. – DES RÈGLES PARTICULIÈRES A L'HYPOTHÈQUE LÉGALE DES ÉPOUX (*)
(L. n. 65-570 du 13 juil. 1965, art. 3)

(*) V. à la suite de la section V les articles 2135 à 2142 anciens dont les dispositions restent applicables aux mariages conclus avant l'entrée en vigueur de la L. n. 65-570 du 13 juil. 1965.

Loi n. 65-570 du 13 juillet 1965 *(J.O.* 14 juil. et rectif. 13 nov.*)*
portant réforme des régimes matrimoniaux

....

Art. 14. – Sans préjudice de l'application des articles 2136 à 2138 du Code civil, les femmes, dont le mariage a été célébré ou les conventions matrimoniales passées avant l'entrée en vigueur de la présente loi, continueront de jouir de l'hypothèque légale prévue à l'ancien article 2135 du même code, lors même qu'elle n'aurait pas encore été inscrite. Les inscriptions de cette hypothèque seront soumises aux dispositions des nouveaux articles 2139 et 2163 (al. 1 à 3) du Code civil.

Art. 2135. – *Abrogé, L. n. 85-1372 du 23 déc. 1985, art. 35.*

Ancien art. 2135 *(L. n. 65-570 du 13 juil. 1965, art. 3).* – Quel que soit le régime matrimonial, il est toujours permis aux époux de convenir dans le contrat de mariage que la femme aura la faculté d'inscrire son hypothèque légale sans intervention de justice.

HYPOTHÈQUES Art. 2137

En vertu de cette clause, l'inscription peut être prise avant le mariage pour la dot et les conventions matrimoniales, mais elle n'a d'effet que du jour de la célébration.

Elle peut encore être prise au cours du mariage ou, au plus tard, un an après sa dissolution, par la femme ou ses héritiers, pour la dot et les conventions matrimoniales, pour les successions échues à la femme, les donations ou legs qui lui sont faits, pour l'indemnité des dettes qu'elle a contractées avec son mari ou pour le remploi de ses propres aliénés, et, d'une manière générale, pour toute créance qu'elle acquiert contre son mari. En ce cas, l'inscription a effet de sa date, ainsi qu'il est dit à l'article 2134.

1) La réglementation nouvelle qui ne fait aucune distinction entre la femme et le mari est immédiatement applicable quelle que soit la date du mariage (Civ. 1re, 29 janv. 1975 : *Defrénois* 1975, 995, note Morin).

2) Doit être cassé l'arrêt qui décide que l'hypothèque légale de la femme mariée ne peut garantir le paiement des échéances futures d'une pension alimentaire allouée par le jugement prononçant la séparation de corps des époux, alors que la femme disposait d'un titre de créance lui conférant le droit de percevoir, au fur et à mesure de leur échéance, les arrérages à venir de sa pension (Civ. 1re, 25 juin 1974 : *J.C.P.* 74, IV, 295 ; *Bull.* I, n. 207, p. 179).

Art. 2136 *(L. n. 65-570 du 13 juil. 1965, art. 3).* – **Quand les époux ont stipulé la participation aux acquêts, la clause, sauf convention contraire, confère de plein droit à l'un et à l'autre la faculté d'inscrire l'hypothèque légale pour la sûreté de la créance de participation.**

L'inscription pourra être prise avant la dissolution du régime matrimonial, mais elle n'aura d'effet qu'à compter de cette dissolution et à condition que les immeubles sur lesquels elle porte existent à cette date dans le patrimoine de l'époux débiteur.

En cas de liquidation anticipée, l'inscription antérieure à sa date a effet du jour de celle-ci, l'inscription postérieure n'ayant effet que de sa date ainsi qu'il est dit à l'article 2134.

L'inscription pourra également être prise dans l'année qui suivra la dissolution du régime matrimonial ; elle aura alors effet de sa date.

Art. 2137 *(L. n. 85-1372 du 23 déc. 1985, art. 36).* – **Hors le cas de la participation aux acquêts, l'hypothèque légale ne peut être inscrite que par l'intervention de justice, ainsi qu'il est expliqué au présent article et à l'article suivant.**

Si l'un des époux introduit une demande en justice tendant à faire constater une créance contre son conjoint ou les héritiers de celui-ci, il peut, dès l'introduction de la demande, requérir une inscription provisoire de son hypothèque légale, en présentant l'original de l'assignation signifiée, ainsi qu'un certificat du greffier qui atteste que la juridiction est saisie de l'affaire. Le même droit lui appartient en cas de demande reconventionnelle, sur présentation d'une copie des conclusions.

(L. n. 65-570 du 13 juil. 1965, art. 3) L'inscription est valable trois ans et renouvelable. Elle est soumise aux règles des chapitres IV et suivants du présent titre.

Si la demande est admise, la décision est mentionnée, à la diligence de l'époux demandeur, en marge de l'inscription provisoire, à peine de nullité de cette inscription, dans le mois à dater du jour où elle est devenue définitive. Elle forme le titre d'une inscription définitive qui se substitue à l'inscription provisoire, et dont le rang est fixé à la date de celle-ci. Lorsque le montant du capital de la créance allouée et de ses accessoires excède celui des sommes que conserve l'inscription provisoire, l'excédent ne peut être conservé que par une inscription prise conformément aux dispositions de l'article 2148 et ayant effet de sa date, ainsi qu'il est dit à l'article 2134.

Art. 2138 HYPOTHÈQUES

Si la demande est entièrement rejetée, le tribunal, à la requête de l'époux défendeur, ordonne la radiation de l'inscription provisoire.

1) L'article 2137 peut être invoqué par des époux mariés avant le 1er février 1966 (Civ. 1re, 22 janv. 1980 : *D.* 1980, I.R., 294).

2) L'article 2137 ne fait pas obstacle à ce que, quand les conditions en sont remplies, l'époux demandeur recoure à une inscription conservatoire d'hypothèque judiciaire (Civ. 1re, 31 janv. 1984 : *Defrénois* 1984, 925, note Piedelièvre ; *J.C.P.* 85, II, 20362, note Boulanger).

3) Ne donne pas de base légale à sa décision l'arrêt qui se borne, pour ordonner la radiation de l'inscription de son hypothèque légale, à retenir que l'épouse ne prouve pas que sa créance n'est pas suffisamment garantie par les saisies conservatoires ordonnées à son profit (Civ. 2e, 16 oct. 1985 : *Bull.* II, n. 155, p. 102).

Art. 2138 *(L. n. 65-570 du 13 juil. 1965, art. 3).* – Pareillement si, pendant le mariage, il y a lieu de transférer d'un époux à l'autre l'administration de certains biens, par application de l'article 1426 ou de l'article 1429, le tribunal, soit dans le jugement même qui ordonne le transfert, soit dans un jugement postérieur, peut décider qu'une inscription de l'hypothèque légale sera prise sur les immeubles du conjoint qui aura la charge d'administrer. Dans l'affirmative, il fixe la somme pour laquelle il sera pris inscription et désigne les immeubles qui en seront grevés. Dans la négative, il peut, toutefois, décider que l'inscription de l'hypothèque sera remplacée par la constitution d'un gage, dont il détermine lui-même les conditions.

Si, par la suite, des circonstances nouvelles paraissent l'exiger, le tribunal peut toujours décider, par jugement, qu'il sera pris, soit une première inscription, soit des inscriptions complémentaires ou qu'un gage sera constitué.

Les inscriptions prévues par le présent article sont prises et renouvelées à la requête du ministère public.

V. D. 14 oct. 1955, art. 87-1° et 88, *infra*, sous art. 2203.

Art. 2139 *(L. n. 65-570 du 13 juil. 1965, art. 3).* – Quand l'hypothèque légale a été inscrite par application des articles 2136 ou 2137, et sauf clause expresse du contrat de mariage l'interdisant, l'époux bénéficiaire de l'inscription peut consentir, au profit des créanciers de l'autre époux ou de ses propres créanciers, une cession de son rang ou une subrogation dans les droits résultant de son inscription.

Il en est ainsi même en ce qui concerne l'hypothèque légale ou éventuellement l'hypothèque judiciaire, garantissant la pension alimentaire allouée ou susceptible d'être allouée à *(L. n. 85-1372 du 23 déc. 1985, art. 37)* un époux, pour lui ou pour ses enfants.

Si l'époux bénéficiaire de l'inscription, en refusant de consentir une cession de rang ou subrogation, empêche l'autre époux de faire une constitution d'hypothèque qu'exigerait l'intérêt de la famille ou s'il est hors d'état de manifester sa volonté, les juges pourront autoriser cette cession de rang ou subrogation aux conditions qu'ils estimeront nécessaires à la sauvegarde des droits de l'époux intéressé. Ils ont les mêmes pouvoirs lorsque le contrat de mariage comporte la clause visée au premier alinéa.

Art. 2140 *(L. n. 65-570 du 13 juil. 1965, art. 3).* – Quand l'hypothèque a été inscrite par application de l'article 2138, la cession de rang ou la subrogation ne peut résulter, pendant la durée du transfert d'administration, que d'un jugement du tribunal qui a ordonné ce transfert.

Dès la cessation du transfert d'administration, la cession de rang ou la subrogation peut être faite dans les conditions prévues à l'article 2139.

HYPOTHÈQUES   Art. 2142

Art. 2141 *(L. n. 65-570 du 13 juil. 1965, art. 3)*. – Les jugements pris en application des deux articles précédents sont rendus dans les formes réglées par le Code de procédure civile.

Sous réserve des dispositions de l'article 2137, l'hypothèque légale des époux est soumise, pour le renouvellement des inscriptions, aux règles de l'article 2154.

Art. 2142 *(L. n. 65-570 du 13 juil. 1965, art. 3)*. – Les dispositions des articles 2136 à 2141 sont portées à la connaissance des époux ou futurs époux dans les conditions fixées par un décret.

V. D. 14 oct. 1955, art. 86, *infra*, sous art. 2203.

Ancien art. 2135 *(D. n. 55-22 du 4 janv. 1955, art. 20)*. – *L'inscription de l'hypothèque légale de la femme mariée peut être prise avant le mariage pour la dot et les conventions matrimoniales, mais elle n'a d'effet que du jour de la célébration du mariage.*

Elle peut être prise au cours du mariage ou, au plus tard, un an après sa dissolution, par la femme ou ses héritiers, pour la dot et les conventions matrimoniales, pour les successions échues à la femme, les donations ou legs qui lui sont faits, pour l'indemnité des dettes qu'elle a contractées avec son mari ou pour le remploi de ses propres aliénés, et, d'une manière générale, pour toute créance qu'elle acquiert contre son mari. Dans les cas visés au présent alinéa, l'inscription n'a d'effet que de sa date, ainsi qu'il est dit à l'article 2134.

L'inscription prise au profit de la femme ou de ses héritiers doit être renouvelée conformément à l'article 2154.

Ancien art. 2136 *(D. n. 55-22 du 4 janv. 1955, art. 20)*. – *Les dispositions de l'article précédent sont portées à la connaissance de chacun des époux au moment du mariage, dans les conditions fixées par décret en Conseil d'État.*

Ancien art. 2137 *(D. n. 55-22 du 4 janv. 1955, art. 20)*. – *Si la femme introduit une demande en justice tendant à faire constater une créance contre le mari ou les héritiers de celui-ci, elle peut, dès l'introduction de la demande, requérir une inscription provisoire, valable trois ans, et renouvelable, de son hypothèque légale, sur présentation de l'original de l'exploit d'assignation signifié au mari, accompagné d'un certificat du greffier attestant l'inscription de l'affaire au registre visé à l'article 76 du Code de procédure civile.*

Le même droit lui est accordé en cas de demande reconventionnelle, sur présentation d'une copie des conclusions.

Les règles édictées par les chapitres IV et suivants du titre XVIII du livre troisième du Code civil sont applicables aux inscriptions provisoires.

En cas d'admission de la demande, la décision judiciaire est mentionnée à la diligence de la femme, en marge de l'inscription provisoire, à peine de nullité de celle-ci, dans le mois à dater du jour où elle est devenue définitive. Elle constitue le titre d'une inscription définitive qui se substitue à l'inscription provisoire et dont le rang est fixé à la date de cette dernière, dans la limite des sommes que conserve celle-ci.

Si la demande de la femme est totalement rejetée, le tribunal ordonne, à la requête du mari, la radiation de l'inscription provisoire.

Ancien art. 2138 *(D. n. 55-22 du 4 janv. 1955, art. 20)*. – *Il ne peut être convenu dans le contrat de mariage qu'il ne sera pris aucune inscription de l'hypothèque légale de la femme.*

Ancien art. 2139 *(D. n. 55-22 du 4 janv. 1955, art. 20)*. – *Quels que soient les conventions et les régimes matrimoniaux et sauf stipulation expresse du contrat de mariage, la femme peut consentir, au profit des prêteurs du mari, la cession de son rang ou la subrogation dans les droits résultant de son inscription.*

Art. 2143 HYPOTHÈQUES

Ancien art. 2140 *(D. n. 55-22 du 4 janv. 1955, art. 20)*. – *Il en est ainsi même en ce qui concerne l'hypothèque légale ou judiciaire garantissant la pension alimentaire allouée ou susceptible d'être allouée à la femme, pour elle ou pour ses enfants.*

Ancien art. 2141 *(D. n. 55-22 du 4 janv. 1955, art. 20)*. – *Si la femme refuse de céder son rang ou de consentir la subrogation dans les droits résultant de son inscription, pour rendre possible une constitution d'hypothèque que le mari doit réaliser dans l'intérêt de la famille, ou si elle est hors d'état de manifester sa volonté, le juge peut autoriser, aux conditions qu'il estime nécessaires à la sauvegarde des droits de l'épouse, la cession du rang ou la subrogation au profit du prêteur du mari.*

Ancien art. 2142 *(D. n. 55-22 du 4 janv. 1955, art. 20)*. – *Les jugements sur les demandes du mari formées en application de l'article précédent sont rendus dans les formes réglées par les articles 861 à 863 du Code de procédure civile.*

SECTION VI. – DES RÈGLES PARTICULIÈRES A L'HYPOTHÈQUE LÉGALE DES PERSONNES EN TUTELLE

Art. 2143 *(D. n. 55-22 du 4 janv. 1955, art. 20 ; Ord. n. 59-71 du 7 janv. 1959, art. 1er ; L. n. 64-1230 du 14 déc. 1964, art. 2)*. – À l'ouverture de toute tutelle, le conseil de famille, après avoir entendu le tuteur, décide si une inscription doit être requise sur les immeubles du tuteur. Dans l'affirmative, il fixe la somme pour laquelle il sera pris inscription et désigne les immeubles qui en seront grevés. Dans la négative, il peut, toutefois, décider que l'inscription de l'hypothèque sera remplacée par la constitution d'un gage, dont il détermine lui-même les conditions.

Au cours de la tutelle, le conseil de famille peut toujours ordonner, lorsque les intérêts du mineur ou du majeur en tutelle paraissent l'exiger, qu'il sera pris, soit une première inscription, soit des inscriptions complémentaires, ou qu'un gage sera constitué.

Dans les cas où il y a lieu à l'administration légale selon l'article 389, le juge des tutelles, statuant soit d'office, soit à la requête d'un parent ou allié ou du ministère public, peut pareillement décider qu'une inscription sera prise sur les immeubles de l'administrateur légal, ou que celui-ci devra constituer un gage.

Les inscriptions prévues par le présent article sont prises à la requête du greffier du juge des tutelles, et les frais en sont imputés au compte de la tutelle.

V. D. 14 oct. 1955, art. 87-2º et 88, *infra*, sous art. 2203.

Art. 2144 *(D. n. 55-22 du 4 janv. 1955, art. 20)*. – Le pupille, après sa majorité ou son émancipation, ou le majeur en tutelle, après la mainlevée de la tutelle des majeurs, peut requérir, dans le délai d'un an, l'inscription de son hypothèque légale ou une inscription complémentaire.

(Ord. n. 59-71 du 7 janv. 1959, art. 1er) Ce droit peut, en outre, être exercé par les héritiers du pupille ou du majeur en tutelle dans le même délai, et, au cas de décès de l'incapable avant cessation de la tutelle ou mainlevée de la tutelle des majeurs, dans l'année du décès.

Art. 2145 *(D. n. 55-22 du 4 janv. 1955, art. 20)*. – Pendant la minorité et la tutelle des majeurs, l'inscription prise en vertu de l'article 2143 doit être renouvelée, conformément à l'article 2154 du Code civil, par le greffier du tribunal d'instance.

PRIVILÈGES ET HYPOTHÈQUES — Art. 2147

CHAPITRE IV. – DU MODE DE L'INSCRIPTION DES PRIVILÈGES ET HYPOTHÈQUES

V. D. 14 oct. 1955, art. 54-1 à 67-2, 74 à 77-8, *infra*, sous art. 2203. – *J.-Cl. Civil* Annexes, V° Publicité foncière.

Sur le régime applicable dans les départements du Bas-Rhin, du Haut-Rhin et de la Moselle, V. L. 1er juin 1924, art. 36 à 64, *infra*, sous art. 2203.

Art. 2146 *(D. n. 55-22 du 4 janv. 1955, art. 21).* – **Sont inscrits au bureau des hypothèques de la situation des biens :**
1° Les privilèges sur les immeubles, sous réserve des seules exceptions visées à l'article 2107 ;
2° Les hypothèques légales, judiciaires, ou conventionnelles.
L'inscription qui n'est jamais faite d'office par le conservateur ne peut avoir lieu que pour une somme et sur des immeubles déterminés, dans les conditions fixées par l'article 2148.
En toute hypothèse, les immeubles sur lesquels l'inscription est requise doivent être individuellement désignés, avec indication de la commune où ils sont situés, à l'exclusion de toute désignation générale, même limitée, à une circonscription territoriale donnée.

1) L'inscription prise dans un lieu autre que celui où elle devait l'être est inopérante, la connaissance personnelle que les tiers ont obtenue d'une hypothèque ne pouvant suppléer à l'inscription, seul mode légal de publicité (Civ. 4 fév. 1918 : *S.* 1918-1919, 1, 47).

2) L'inscription peut être valablement opérée à la requête d'un tiers agissant comme un simple gérant d'affaires, sauf au débiteur sur le bien duquel l'inscription a été prise sans droit à en faire ordonner la radiation, le même droit appartenant à l'acquéreur qui a un intérêt légitime à obtenir la radiation d'une inscription nuisible par elle-même à son crédit (Civ. 6 juin 1952 : *D.* 1953, Somm. 43).

Art. 2147 *(D. n. 55-22 du 4 janv. 1955, art. 21 ; Ord. n. 59-71, du 7 janv. 1959, art. 1er).*
– Les créanciers privilégiés ou hypothécaires ne peuvent prendre utilement inscription sur le précédent propriétaire, à partir de la publication de la mutation opérée au profit d'un tiers. Nonobstant cette publication, le vendeur, le prêteur de deniers pour l'acquisition et le copartageant peuvent utilement inscrire, dans les délais prévus aux articles 2108 et 2109, les privilèges qui leur sont conférés par l'article 2103.
L'inscription ne produit aucun effet entre les créanciers d'une succession si elle n'a été faite par l'un d'eux que depuis le décès, dans le cas où la succession n'est acceptée que sous bénéfice d'inventaire ou est déclarée vacante. Toutefois, les privilèges reconnus au vendeur, au prêteur de deniers pour l'acquisition, au copartageant, ainsi qu'aux créanciers et légataires du défunt, peuvent être inscrits dans les délais prévus aux articles 2108, 2109 et 2111, nonobstant l'acceptation bénéficiaire ou la vacance de la succession.
En cas de saisie immobilière, de faillite ou de règlement judiciaire, l'inscription des privilèges et des hypothèques produit les effets réglés par les dispositions du Code de procédure civile et par celles sur la faillite et le règlement judiciaire.

M. DAGOT, *L'arrêt du cours des inscriptions hypothécaires* : *J.C.P.* 79, I, 2924.

1) Le bénéficiaire d'une promesse unilatérale ne peut opposer la mutation dont il se prévaut aux créanciers hypothécaires qui ont pris des inscriptions postérieurement à la publication de la promesse et à la levée d'option mais antérieurement à la publica-

Art. 2148 — PRIVILÈGES ET HYPOTHÈQUES

tion de l'acte authentique constatant la réalisation de la promesse de vente (Civ. 3e, 22 fév. 1977 : *Bull.* III, n. 91, p. 71).

2) L'article 2147, alinéa 2, est inopérant l'égard des créanciers autres que les créanciers du défunt, les seuls habiles, si cette disposition n'existait pas, à poursuivre les héritiers comme représentants du défunt pour obtenir une hypothèque judiciaire sur les biens de la succession (T.G.I. Saint-Brieuc 18 nov. 1959 : *J.C.P.* 60, II, 11597, note Bulté).

3) L'hypothèque légale de la sécurité sociale n'est soumise, jusqu'à survenance de l'un des événements prévus à l'article 2147 à aucun délai pour son inscription (Com. 16 juil. 1979 : *D.* 1980, 38, note Honorat).

4) Sur l'inopposabilité des inscriptions prises après le jugement prononçant le règlement judiciaire ou la liquidation des biens du débiteur, V. L. n. 67-563 du 13 juil. 1967, art. 33. Jugé que le jugement prononçant le règlement judiciaire produit ses effets dès la première heure du jour où il a été prononcé, de sorte que l'hypothèque inscrite le même jour est inopposable à la masse des créanciers (Com. 12 nov. 1979 : *Bull.* IV, n. 284, p. 226).

5) Commettent une faute les créanciers hypothécaires qui refusent d'autoriser la mainlevée d'hypothèques inscrites après la publication de la vente (Aix 25 nov. 1982 : *J.C.P.* 83, II, 20067, note Dagot).

Art. 2148 *(D. n. 55-22 du 4 janv. 1955, art. 22 ; L. n. 56-780 du 4 août 1956, art. 94-1° ; D. n. 59-89 du 7 janv. 1959, art. 13 ; Ord. n. 67-839 du 28 sept. 1967, art. 4).* – Pour que l'inscription soit opérée, le créancier représente, soit par lui-même, soit par un tiers, au conservateur des hypothèques l'original, une expédition authentique ou un extrait littéral du jugement ou de l'acte qui donne naissance au privilège ou à l'hypothèque. Peuvent être requises, toutefois, sans communication de titres, les inscriptions de séparations de patrimoine établies par l'article 2111 et les inscriptions d'hypothèques légales visées à l'article 2121, 1°, 2° et 3°.

Il y joint deux bordereaux signés et certifiés exactement collationnés ; un décret en Conseil d'État détermine les conditions de forme auxquelles le bordereau destiné à être conservé au bureau des hypothèques doit satisfaire, sous peine d'une amende de 2 000 à 20 000 francs (20 F à 200 F) au profit du Trésor, ainsi que le coût des formules à utiliser pour l'établir. Au cas où l'inscrivant ne se serait pas servi d'une formule réglementaire, le conservateur accepterait cependant le dépôt, sous réserve des dispositions de l'avant-dernier alinéa du présent article.

Chacun des bordereaux contient exclusivement, sous peine de rejet de la formalité ;

1° La désignation du créancier, du débiteur ou du propriétaire, si le débiteur n'est pas propriétaire de l'immeuble grevé, conformément au premier alinéa des articles 5 et 6 du décret du 4 janvier 1955 ;

2° L'élection de domicile, par le créancier, dans un lieu quelconque du ressort du tribunal de grande instance de la situation des biens ;

3° L'indication de la date et de la nature du titre, et de la cause de l'obligation garantie par le privilège ou l'hypothèque ; au cas où le requérant est légalement dispensé de la représentation d'un titre, les bordereaux énoncent la cause et la nature de la créance ;

4° L'indication du capital de la créance, de ses accessoires et de l'époque normale d'exigibilité ; en toute hypothèse, le requérant doit évaluer les rentes, prestations et droits indéterminés, éventuels ou conditionnels, sans préjudice de l'application des articles 2161 et suivants au profit du débiteur ; et si les droits sont éventuels ou conditionnels, il doit indiquer sommairement l'événement ou la condition dont dépend l'existence de la créance. Dans les cas où la créance est assortie d'une clause de réévaluation, l'inscription doit mentionner le montant originaire de la créance ainsi que la clause de réévaluation ;

PRIVILÈGES ET HYPOTHÈQUES Art. 2149

5° La désignation, conformément aux premier et troisième alinéas de l'article 7 du décret du 4 janvier 1955, de chacun des immeubles sur lesquels l'inscription est requise ;
6° L'indication de la date, du volume et du numéro sous lequel a été publié le titre de propriété du débiteur (ou du propriétaire, si le débiteur n'est pas propriétaire des immeubles grevés), lorsque ce titre est postérieur au 1er janvier 1956.

Le bordereau destiné à être conservé au bureau des hypothèques doit contenir, en outre, la mention de certification de l'identité des parties, prescrite par les articles 5 et 6 du décret du 4 janvier 1955.

Le dépôt est refusé à défaut de la mention visée à l'alinéa précédent, ou si les immeubles ne sont pas individuellement désignés, avec indication de la commune où ils sont situés.

Si le conservateur, après avoir accepté le dépôt, constate l'omission d'une des mentions prescrites par le présent article, ou une discordance entre, d'une part, les énonciations relatives à l'identité des parties ou à la désignation des immeubles contenues dans le bordereau, et, d'autre part, ces mêmes énonciations contenues dans les bordereaux ou titres déjà publiés depuis le 1er janvier 1956, la formalité est rejetée, à moins que le requérant ne régularise le bordereau ou qu'il ne produise les justifications établissant son exactitude, auxquels cas la formalité prend rang à la date de la remise du bordereau constatée au registre de dépôts.

La formalité est également rejetée, dans l'hypothèse visée au deuxième alinéa du présent article, si le requérant ne substitue pas un nouveau bordereau sur formule réglementaire au bordereau irrégulier en la forme.

Le décret prévu ci-dessus détermine les modalités du refus du dépôt ou du rejet de la formalité.

Sur l'inscription provisoire d'hypothèque judiciaire, V. C. proc. civ., art. 54.

Art. 2148-1 *(ajouté, L. n. 79-2 du 2 janv. 1979, art. 3)* (*). – Pour les besoins de leur inscription, les privilèges et hypothèques portant sur des lots dépendant d'un immeuble soumis au statut de la copropriété sont réputés ne pas grever la quote-part de parties communes comprise dans ces lots.

Néanmoins, les créanciers inscrits exercent leurs droits sur ladite quote-part prise dans sa consistance au moment de la mutation dont le prix forme l'objet de la distribution ; cette quote-part est tenue pour grevée des mêmes sûretés que les parties privatives et de ces seules sûretés.

(*) *V. L. n. 79-2 du 2 janv. 1979, art. 7 à 10 en ce qui concerne l'entrée en vigueur de ces dispositions.*

Art. 2149 *(D. n. 55-22 du 4 janv. 1955, art. 23)*. – Sont publiées par le conservateur, sous forme de mentions en marge des inscriptions existantes, les subrogations aux privilèges et hypothèques, mainlevées, réductions, cessions d'antériorité et transferts qui ont été consentis, prorogations de délais, changements de domicile et, d'une manière générale, toutes modifications, notamment dans la personne du créancier bénéficiaire de l'inscription qui n'ont pas pour effet d'aggraver la situation du débiteur.

Il en est de même pour les dispositions par acte entre vifs ou testamentaires, à charge de restitution, portant sur des créances privilégiées ou hypothécaires.

(D. n. 59-89 du 7 janv. 1959, art. 13) Les actes et décisions judiciaires constatant ces différentes conventions ou dispositions ainsi que les copies, extraits ou expéditions déposés au bureau des hypothèques en vue de l'exécution des mentions doivent contenir la

Art. 2150   PRIVILÈGES ET HYPOTHÈQUES

désignation des parties conformément au premier alinéa des articles 5 et 6 du décret du 4 janvier 1955. Cette désignation n'a pas à être certifiée.
En outre, au cas où la modification mentionnée ne porte que sur partie des immeubles grevés, lesdits immeubles doivent, sous peine de refus du dépôt, être individuellement désignés.

1) La publicité prévue par l'article 2149 alinéa 1er est obligatoire et nécessaire pour rendre les transmissions d'une hypothèque opposables aux tiers (Civ. 3e, 18 mars 1974 : *J.C.P.* 74, IV, 168 ; *Bull.* III, n. 126, 96. – Civ. 3e, 2 fév. 1982 : *D.* 1982, 306, note Franck. – V. cependant Com. 7 déc. 1981 : *Bull.* IV, n. 427, p. 340. – V. en ce sens pour les cessions d'antériorité, Civ. 3e, 20 nov. 1973 : *J.C.P.* 74, IV, 102, note J.A. ; *Bull.* III, n. 589, p. 429). Pour l'inopposabilité de la cession d'antériorité à la caution à défaut de publicité, V. Com. 6 janv. 1987 : *D.* 1987, 375, note crit. Aynès.

2) En matière de saisie immobilière, la quittance subrogative au profit du premier subrogé n'est pas opposable au second si elle n'a pas été publiée avant la procédure de subrogation engagée par celui-ci (Civ. 2e, 21 janv. 1987 : *Bull.* II, n. 23, p. 13).

3) La publication, par le créancier subrogé dans une hypothèque régulièrement publiée, du commandement à fin de saisie, comportant mention des titres exécutoires et des sûretés y rattachées, est équivalente à la formalité de la mention en marge (Civ. 3e, 15 fév. 1972 : *D.* 1972, 433, note Franck).

4) Toutes modifications, notamment dans la personne du créancier bénéficiaire d'une inscription hypothécaire, qui n'ont pas pour effet d'aggraver la situation du débiteur, sont publiées sous forme de mentions en marge des inscriptions existantes. Par suite, viole l'article 2149 l'arrêt qui rejette la demande de collocation du créancier hypothécaire au motif que les subrogations aux hypothèques initialement inscrites sont inopposables aux tiers pour avoir été publiées postérieurement à la publication du jugement d'adjudication, alors que les subrogations invoquées comportaient modification dans la personne du titulaire de l'inscription sans aggraver la situation du débiteur (Civ. 3e, 16 juil. 1987 : *Bull.* III, n. 145, p. 85).

Art. 2150 *(L. 1er mars 1918).* – **Le conservateur fait mention, sur le registre prescrit par l'article 2200 ci-après, du dépôt des bordereaux, et remet au requérant, tant le titre ou l'expédition du titre, que l'un des bordereaux, au pied duquel il mentionne la date du dépôt, le volume et le numéro sous lesquels le bordereau destiné aux archives a été classé.**
La date de l'inscription est déterminée par la mention portée sur le registre des dépôts.
Les bordereaux destinés aux archives seront reliés sans déplacement par les soins et aux frais des conservateurs.

Art. 2151 *(D. n. 59-89 du 7 janv. 1959, art. 13).* – **Le créancier privilégié dont le titre a été inscrit, ou le créancier hypothécaire inscrit pour un capital produisant intérêt et arrérages, a le droit d'être colloqué, pour trois années seulement, au même rang que le principal, sans préjudice des inscriptions particulières à prendre, portant hypothèque à compter de leur date, pour les intérêts et arrérages autres que ceux conservés par l'inscription primitive.**

1) La disposition de l'article 2151, qui limite à trois années les intérêts pour lesquels le créancier hypothécaire ou privilégié peut être colloqué au même rang que pour le principal, ne s'applique qu'aux intérêts de la créance spécialement garantie par l'inscription (Civ. 24 juil. 1905 : *D.P.* 1906, 1, 118).

2) L'article 2151 ne concerne que les intérêts échus antérieurement à la date à laquelle l'hypothèque a produit son effet légal, les intérêts échus après cette date étant garantis sans limitation de durée jusqu'au règlement définitif (Civ. 2ᵉ, 5 déc. 1984 : *Bull.* II, n. 186, p. 131).

3) L'inscription ne conserve que les intérêts simples et non les intérêts composés produits postérieurement à l'inscription originaire et dérivant d'une convention d'anatocisme. Ces intérêts composés doivent faire l'objet d'une inscription spéciale portant hypothèque à compter de sa date (Civ. 12 avril 1948 : *D.* 1948, 311).

4) Le seul effet de l'absence de mention de la variabilité du taux d'intérêt, en cas d'exigibilité anticipée du capital, est de ne permettre la conservation des intérêts que dans la limite du taux précisé dans le bordereau (Civ. 1ʳᵉ, 8 juin 1983 : *J.C.P.* 83, IV, 258 ; *Bull.* I, n. 171, p. 151).

Art. 2152 *(L. 1ᵉʳ mars 1918)*. – Il est loisible à celui qui a requis une inscription ainsi qu'à ses représentants ou cessionnaires par acte authentique de changer au bureau des hypothèques le domicile par lui élu dans cette inscription, à la charge d'en choisir et indiquer un autre dans le ressort du tribunal de grande instance de la situation des biens.

Art. 2153. – *Abrogé à compter du 1ᵉʳ janvier 1956, D. n. 55-22 du 4 janv. 1955, art. 46, infra sous art. 2203.*

Art. 2154 *(D. n. 55-22 du 4 janv. 1955, art. 24 ; Ord. n. 67-839 du 28 sept. 1967, art 1ᵉʳ)*.
– L'inscription conserve le privilège ou l'hypothèque jusqu'à la date que fixe le créancier en se conformant aux dispositions suivantes :
Si le principal de l'obligation garantie doit être acquitté à une ou plusieurs dates déterminées, la date extrême d'effet de l'inscription prise avant l'échéance ou la dernière échéance prévue est, au plus, postérieure de deux années à cette échéance sans toutefois que la durée de l'inscription puisse excéder trente-cinq années.
Si l'échéance ou la dernière échéance est indéterminée ou si elle est antérieure ou concomitante à l'inscription, la date extrême d'effet de cette inscription ne peut être postérieure de plus de dix années au jour de la formalité.
Lorsque l'obligation est telle qu'il puisse être fait application de l'un et de l'autre des deux alinéas précédents, le créancier peut requérir soit une inscription unique en garantie de la totalité de l'obligation jusqu'à la date la plus éloignée, soit une inscription distincte en garantie de chacun des objets de cette obligation jusqu'à une date déterminée conformément aux dispositions desdits alinéas. Il en est de même lorsque, le premier de ces alinéas étant seul applicable, les différents objets de l'obligation ne comportent pas les mêmes échéances ou dernières échéances.

Ordonnance n. 67-839 du 28 septembre 1967 *(J.O.29 sept.)*
tendant à favoriser le développement du crédit hypothécaire et modifiant certaines dispositions du Code civil relatives aux privilèges et hypothèques sur les immeubles.
....

Art. 9. – Les inscriptions de privilège ou d'hypothèque dispensées du renouvellement décennal, prises antérieurement au 1ᵉʳ janvier 1956 et non encore renouvelées en application des dispositions de l'article 5 du décret n. 55-1683 du 30 décembre 1955 à la date d'entrée en vigueur de la présente ordonnance, feront l'objet d'un renouvellement au fichier immobilier dans un délai et dans des conditions fixés par décret. A défaut de renouvellement, ces inscriptions n'auront pas d'effet au-delà de la date d'expiration dudit délai.

Art. 2154 — PRIVILÈGES ET HYPOTHÈQUES

Art. 10. – Lorsqu'elles ont été renouvelées postérieurement au 31 décembre 1955 sans que l'identité du propriétaire de l'immeuble grevé au jour de cette formalité ait été certifiée, les inscriptions de privilège ou d'hypothèque prises antérieurement au 1er janvier 1956, y compris celles qui étaient alors dispensées du renouvellement décennal, ne peuvent conserver leur effet au-delà d'une date qui sera fixée par un décret, si elles n'ont pas fait l'objet au plus tard à cette date d'un nouveau renouvellement dans des conditions déterminées par ce décret.

Art. 11. – Les renouvellements prévus aux articles 9 et 10 de la présente ordonnance ont lieu sans frais.

Art. 12. – 1. Les dispositions de la présente ordonnance entreront en vigueur le 1er janvier 1968.

Sans préjudice de l'application, le cas échéant, des dispositions de l'article 10 de la présente ordonnance, les formalités en instance de rejet au 1er janvier 1968 seront toutefois exécutées suivant les modalités et avec les effets fixés par les dispositions antérieures si le rejet n'est pas décidé ou si la décision de rejet est infirmée dans les conditions indiquées à l'article 26 du décret n. 55-22 du 4 janvier 1955.

2. Sous réserve des dispositions des articles 9 et 10 de la présente ordonnance, la durée de l'effet des inscriptions antérieures au 1er janvier 1968 demeure fixée, jusqu'à leur renouvellement postérieur à cette date, par les textes applicables au jour où elles ont été prises ou déjà renouvelées.

Lorsque, postérieurement au 1er janvier 1968, est mentionnée en marge d'une inscription antérieure la subrogation d'un créancier aux droits du bénéficiaire de ladite inscription, celle-ci continue d'être soumise, jusqu'à son renouvellement éventuel, à la péremption qui lui était applicable avant la mention de la subrogation.

Art. 13. – Des décrets fixeront en tant que de besoin les conditions d'application de la présente ordonnance.

Art. 14. – Les dispositions de la présente ordonnance ne sont pas applicables dans les départements du Bas-Rhin, du Haut-Rhin et de la Moselle.

V. D. 14 oct. 1955, art. 77-7 et 77-8, *infra* sous art. 2203.

Sur la conservation du rang antérieur des privilèges et hypothèques en cas de remembrement des exploitations rurales, V. Code rural, art. 31 ; D. n. 56-112 du 24 janv. 1956,

art. 1er, 5-2° et 6 (*J.C.P.* 56, III, 20824) ; V. pour le cas de rénovation urbaine, D. n. 59-730 du 15 juin 1959, art. 14 (*J.C.P.* 59, III, 24962) ; V. aussi pour le cas de remembrement réalisé par une association foncière urbaine, C. urb., art. L. 322-6.

Ancien art. 2154. – *Les inscriptions conservent l'hypothèque et le privilège pendant dix années à compter du jour de leur date : leur effet cesse si ces inscriptions n'ont pas été renouvelées avant l'expiration de ce délai, dans les conditions fixées par décret en Conseil d'État. Ce décret détermine notamment les énonciations que doivent contenir les bordereaux de renouvellement, ainsi que les modalités du refus de dépôt ou du rejet de la formalité.*

Le renouvellement est obligatoire, dans le cas où l'inscription du privilège ou de l'hypothèque a produit son effet légal, jusqu'au paiement ou à la consignation du prix.

En ce qui concerne les établissements bénéficiant d'une dispense légale de renouvellement en vertu d'un texte antérieur au décret du 4 janvier 1955, un règlement d'administration publique fixera, s'il y a lieu, la prolongation du délai de dix ans prévu à l'alinéa 1er du présent article, les mesures spéciales relatives aux inscriptions antérieures au 1er janvier 1956, ainsi que les conditions du renouvellement des inscriptions postérieures à cette date.

PRIVILÈGES ET HYPOTHÈQUES Art. 2154-3

V. D. n. 55-1683 du 30 déc. 1955 portant règlement d'administration publique pour l'application de l'art. 2154 (ancien) du C. civ. (J.C.P. 56, III, 20749 et 20865).

Art. 2154-1 (Ord. n. 67-839 du 28 sept. 1967, art. 2). –L'inscription cesse de produire effet si elle n'a pas été renouvelée au plus tard à la date visée au premier alinéa de l'article 2154. Chaque renouvellement est requis jusqu'à une date déterminée. Cette date est fixée comme il est dit à l'article 2154 en distinguant suivant que l'échéance ou la dernière échéance, même si elle résulte d'une prorogation de délai, est ou non déterminée et qu'elle est ou non postérieure au jour du renouvellement.

Le renouvellement est obligatoire, dans le cas où l'inscription a produit son effet légal, notamment en cas de réalisation du gage, jusqu'au paiement ou à la consignation du prix.

VION, *Jusqu'à quel moment les inscriptions hypothécaires doivent-elles être renouvelées ? : Defrénois* 1980, 929.

1) Si, en application des articles 2154 et 2154-1, le renouvellement de l'inscription provisoire d'une hypothèque judiciaire n'est plus nécessaire dans le cas où celle-ci a produit son effet légal, notamment en cas de réalisation du gage et après paiement ou consignation du prix, il n'en est pas de même, aux termes de l'art. 54 du C. proc. civ. (ancien), pour l'inscription définitive qui, sans exception, devra être prise dans les deux mois à dater du jour où la décision aura acquis l'autorité de la chose jugée (Civ. 3e, 17 juil. 1972 : D. 1972, 665, note Frank).

2) Doit être cassé l'arrêt qui décide qu'une inscription hypothécaire est devenue caduque faute de renouvellement, alors que si les juges constatent qu'à la suite de la réalisation du gage le droit du créancier avait été reporté de l'immeuble sur le prix et que l'inscription avait donc produit son effet légal antérieurement à l'expiration de sa validité, le paiement et la consignation prévus par l'article 2154-1 à partir desquels le renouvellement de l'inscription hypothécaire n'est plus obligatoire n'excluaient pas un paiement du prix d'adjudication conformément aux dispositions impératives du cahier des charges, lequel stipulait affectation spéciale aux paiements à faire aux créanciers (Civ. 3e, 8 janv. 1980 : D. 1980, 368, note Frank).

3) L'admission au passif de la liquidation des biens du débiteur ne dispense pas le créancier d'observer les règles imposées par la loi pour la conservation de son hypothèque (Com. 24 avril 1974 : D. 1975, 107).

4) La consignation quoique partielle libère l'adjudicataire de l'immeuble saisi à due concurrence et tient lieu à son égard de paiement (Civ. 3e, 29 juin 1983 : J.C.P. 83, IV, 289 ; Bull. III, n. 150, p. 117 ; D. 1984, 86, note Frank. – Civ. 3e, 11 mars 1987 : Bull. III, n. 47, p. 28).

Art. 2154-2 (Ord. n. 67-839 du 28 sept. 1967, art. 2). – Si l'un des délais de deux ans, dix ans et trente-cinq ans visés aux articles 2154 et 2154-1 n'a pas été respecté, l'inscription n'a pas d'effet au-delà de la date d'expiration de ce délai.

Art. 2154-3 (Ord. n. 67-839 du 28 sept. 1967, art 2). – Quand il a été pris inscription provisoire de l'hypothèque légale des époux ou d'hypothèque judiciaire, les dispositions des articles 2154 à 2154-2 s'appliquent à l'inscription définitive et à son renouvellement. La date retenue pour point de départ des délais est celle de l'inscription définitive ou de son renouvellement.

Art. 2155   PRIVILÈGES ET HYPOTHÈQUES

Art. 2155 *(D. n. 55-22 du 4 janv. 1955, art. 25)*. − S'il n'y a stipulation contraire, les frais des inscriptions, dont l'avance est faite par l'inscrivant, sont à la charge du débiteur, et les frais de la publicité de l'acte de vente, qui peut être requise par le vendeur en vue de l'inscription en temps utile de son privilège, sont à la charge de l'acquéreur.

Art. 2156 *(D. n. 59-89 du 7 janv. 1959, art. 13)*. − Les actions auxquelles les inscriptions peuvent donner lieu contre les créanciers seront intentées devant le tribunal compétent, par exploits faits à leur personne, ou au dernier des domiciles par eux élus sur les bordereaux d'inscription, et ce, nonobstant le décès, soit des créanciers, soit de ceux chez lesquels ils auront fait élection de domicile.

Décret n. 55-22 du 4 janvier 1955 (J.O. 7 janv.)
portant réforme de la publicité foncière

Art. 26 *(D. n. 59-89 du 7 janv. 1959, art. 6)*. − En cas de rejet d'une formalité de publicité par application des articles 2148, 2149 et 2154 nouveaux du Code civil, le recours de la partie intéressée contre la décision du conservateur des hypothèques est porté, dans les huit jours de la notification de cette décision, devant le président du tribunal de grande instance dans le ressort duquel sont situés les immeubles.
Il est statué comme en matière de référé.
L'ordonnance du président du tribunal de grande instance n'est pas susceptible d'exécution provisoire.
En cas d'exercice des voies de recours, il est statué par priorité et d'extrême urgence.
Dès que la décision du juge des référés est passée en force de chose jugée, la formalité litigieuse est, suivant le cas, soit définitivement rejetée, soit exécutée dans les conditions ordinaires, son effet remontant alors à la date du dépôt.

CHAPITRE V. − DE LA RADIATION ET RÉDUCTION DES INSCRIPTIONS

SECTION I. − DISPOSITIONS GÉNÉRALES
(D. n. 55-22 du 4 janv. 1955, art. 27)

Art. 2157. − **Les inscriptions sont rayées du consentement des parties intéressées et ayant capacité à cet effet, ou en vertu d'un jugement en dernier ressort ou passé en force de chose jugée.**

1) Si la mainlevée consentie après que la dette a été payée suppose la capacité de recevoir paiement, en revanche la mainlevée sans paiement exige que l'on soit capable de disposer d'un droit réel immobilier et d'y renoncer (Civ. 3ᵉ, 16 juil. 1975 : *D.* 1975, 593, note Frank).

2) L'article 2157 est étranger à l'institution de l'hypothèque judiciaire provisoire dont la constitution et la radiation sont réglementées par les art. 54 et 55 du C. proc. civ. (Civ. 3ᵉ, 21 nov. 1978 : *Bull.* III, n. 351, p. 269 ; *J.C.P.* 79, II, éd. N, 71, note Frémont).

3) Viole l'article 2157 le juge des référés qui déclare satisfactoire la consignation offerte par le débiteur et ordonne la radiation des hypothèques inscrites sur le bien affecté en garantie alors que cette mesure ne pouvait être prise que par le tribunal de grande instance (Civ. 1re, 9 mars 1977 : *Bull.* I, n. 128, p. 99).

4) Sur la mainlevée d'une inscription prise au profit d'un époux lorsque la créance pour la sûreté de laquelle l'hypothèque ou le privilège a été inscrit résulte d'un contrat auquel il avait consenti sans le concours de son conjoint, V. D. 14 oct. 1955, art. 59-1 (*infra,* sous art. 2203).

5) Viole l'article 2157 la cour d'appel qui a ordonné en référé la mainlevée d'une hypothèque judiciaire, alors qu'une telle mesure ne pouvait être prise que par le tribunal de grande instance (Civ. 2e, 24 avril 1989 : *J.C.P.* 89, IV, 240).

6) Sur la mainlevée de l'inscription hypothécaire garantissant une créance représentée par une copie exécutoire à ordre, V. L. n. 76-519 du 15 juin 1976, art. 10 et 11 (*supra,* sous art. 1707).

Art. 2158 *(D. n. 55-22 du 4 janv. 1955, art. 27 ; Ord. n. 67-839 du 28 sept. 1967, art. 5).*
– Dans l'un et l'autre cas, ceux qui requièrent la radiation déposent au bureau du conservateur l'expédition de l'acte authentique portant consentement, ou celle du jugement.

Aucune pièce justificative n'est exigée à l'appui de l'expédition de l'acte authentique en ce qui concerne les énonciations établissant l'état, la capacité et la qualité des parties, lorsque ces énonciations sont certifiées exactes dans l'acte par le notaire ou l'autorité administrative.

Si l'alinéa 2 de l'article 2158 dispose qu'aucune pièce justificative ne doit être exigée à l'appui de l'expédition de l'acte authentique, en ce qui concerne les énonciations établissant l'état, la capacité et la qualité des parties, lorsque ces énonciations sont certifiées exactes par le notaire, encore faut-il que lesdites énonciations puissent remplacer la production des justifications. Cet alinéa ne dispense pas le conservateur d'exercer son pouvoir de contrôle qui ne se limite pas à la régularité formelle de la mainlevée mais s'étend à sa validité au fond (Civ. 3e, 16 juil. 1975 : *D.* 1975, 593, note Frank).

Art. 2159. – La radiation non consentie est demandée au tribunal dans le ressort duquel l'inscription a été faite, si ce n'est lorsque cette inscription a eu lieu pour sûreté d'une condamnation éventuelle ou indéterminée, sur l'exécution ou liquidation de laquelle le débiteur et le créancier prétendu sont en instance ou doivent être jugés dans un autre tribunal ; auquel cas la demande en radiation doit y être portée ou renvoyée.

Cependant la convention faite par le créancier et le débiteur, de porter, en cas de contestation, la demande à un tribunal qu'ils auraient désigné, recevra son exécution entre eux.

Art. 2160. – La radiation doit être ordonnée par les tribunaux, lorsque l'inscription a été faite sans être fondée ni sur la loi, ni sur un titre, ou lorsqu'elle l'a été en vertu d'un titre soit irrégulier, soit éteint ou soldé, ou lorsque les droits de privilège ou d'hypothèque sont effacés par les voies légales.

Art. 2161 *(D. n. 55-22 du 4 janv. 1955, art. 27).* **– Lorsque les inscriptions prises en vertu des articles 2122 et 2123 sont excessives, le débiteur peut demander leur réduction en se conformant aux règles de compétence établies dans l'article 2159.**

Art. 2162 — PRIVILÈGES ET HYPOTHÈQUES

Sont réputées excessives les inscriptions qui grèvent plusieurs immeubles lorsque la valeur d'un seul ou de quelques-uns d'entre eux excède une somme égale au double du montant des créances en capital et accessoires légaux, augmenté du tiers de ce montant.

Art. 2162 *(D. n. 55-22 du 4 janv. 1955, art. 27)*. – Peuvent aussi être réduites comme excessives les inscriptions prises d'après l'évaluation faite par le créancier des créances conditionnelles, éventuelles ou indéterminées dont le montant n'a pas été réglé par la convention.

L'excès, dans ce cas, est arbitré par les juges d'après les circonstances, les probabilités et les présomptions de fait, de manière à concilier les droits du créancier avec l'intérêt du crédit à conserver au débiteur, sans préjudice des nouvelles inscriptions à prendre avec hypothèque du jour de leur date, lorsque l'événement aura porté les créances indéterminées à une somme plus forte.

Sur le pouvoir discrétionnaire des juges du fond pour décider la réduction, V. Civ. 3e, 21 fév. 1984 : *Bull.* III, n. 46, p. 35.

SECTION II. – DISPOSITIONS PARTICULIÈRES RELATIVES AUX HYPOTHÈQUES DES ÉPOUX ET DES PERSONNES EN TUTELLE

(D. n. 55-22 du 4 janv. 1955, art. 27 ; L. n. 65-570 du 13 juil. 1965, art. 3)

Art. 2163 – Quand l'hypothèque légale a été inscrite par application des articles 2136 ou 2137, et sauf clause expresse du contrat de mariage l'interdisant, l'époux bénéficiaire de l'inscription peut en donner mainlevée totale ou partielle.

Il en est ainsi même en ce qui concerne l'hypothèque légale, ou éventuellement l'hypothèque judiciaire, garantissant la pension alimentaire allouée ou susceptible d'être allouée à la femme, pour elle ou pour ses enfants.

Si l'époux bénéficiaire de l'inscription, en refusant de réduire son hypothèque ou d'en donner mainlevée, empêche l'autre époux de faire une constitution d'hypothèque ou une aliénation qu'exigerait l'intérêt de la famille ou, s'il est hors d'état de manifester sa volonté, les juges pourront autoriser cette réduction ou cette mainlevée aux conditions qu'ils estimeront nécessaires à la sauvegarde des droits de l'époux intéressé. Ils ont les mêmes pouvoirs lorsque le contrat de mariage comporte la clause visée au premier alinéa.

Quand l'hypothèque a été inscrite par application de l'article 2138, l'inscription ne peut être rayée ou réduite, pendant la durée du transfert d'administration, qu'en vertu d'un jugement du tribunal qui a ordonné le transfert.

Dès la cessation du transfert d'administration, la radiation ou la réduction peut être faite dans les conditions prévues aux alinéas 1 et 3 ci-dessus.

Art. 2163 ancien *(Dispositions antérieures à la L. n. 65-570 du 13 juil. 1965, restant applicables aux mariages conclus avant l'entrée en vigueur de ladite loi, D. n. 55-22 du 4 janv. 1955, art. 27).*
– Quels que soient les conventions et les régimes matrimoniaux, et sauf stipulation expresse du contrat de mariage, la femme peut donner mainlevée totale ou partielle de l'hypothèque légale ou judiciaire prise sur les immeubles du mari, même lorsque cette hypothèque garantit la pension alimentaire allouée ou susceptible de lui être allouée, pour elle ou pour ses enfants.

Si la femme refuse de réduire son hypothèque ou d'en donner mainlevée totale ou partielle, pour rendre possible une aliénation ou une constitution d'hypothèque que le mari doit réaliser

PRIVILÈGES ET HYPOTHÈQUES Art. 2167

dans l'intérêt de la famille, ou si elle est hors d'état de manifester sa volonté, le juge peut autoriser, aux conditions qu'il estime nécessaires à la sauvegarde des droits de l'épouse, soit la réduction, soit la mainlevée de l'hypothèque.

Art. 2164. – **Si la valeur des immeubles sur lesquels l'hypothèque du mineur ou du majeur en tutelle a été inscrite excède notablement ce qui est nécessaire pour garantir la gestion du tuteur, celui-ci peut demander au conseil de famille de réduire l'inscription aux immeubles suffisants.**

Il peut pareillement lui demander de réduire l'évaluation qui avait été faite de ses obligations envers le pupille.

L'administrateur légal peut, dans les mêmes cas, lorsqu'une inscription a été prise sur ses immeubles en vertu de l'article 2143, demander au juge des tutelles de la réduire, soit quant aux immeubles grevés, soit quant aux sommes garanties.

Le tuteur et l'administrateur légal peuvent en outre, s'il y a lieu, sous l'observation des mêmes conditions, demander la mainlevée totale de l'hypothèque.

La radiation partielle ou totale de l'hypothèque sera faite au vu d'un acte de mainlevée signé par un membre du conseil de famille ayant reçu délégation à cet effet, en ce qui concerne les immeubles du tuteur, et au vu d'une décision du juge des tutelles, en ce qui concerne les immeubles de l'administrateur légal.

Art. 2165. – **Les jugements sur les demandes d'un époux, d'un tuteur ou d'un administrateur légal dans les cas prévus aux articles précédents sont rendus dans les formes réglées au Code de procédure civile.**

Si le tribunal prononce la réduction de l'hypothèque à certains immeubles, les inscriptions prises sur tous les autres sont radiées.

Ancien art. 2165 *(dispositions antérieures à la L. n. 65-570 du 13 juil. 1965, restant applicables aux mariages conclus avant l'entrée en vigueur de ladite loi, D. n. 55-22 du 4 janv. 1955, art. 27).*
– Les jugements sur les demandes du mari ou du tuteur dans les cas prévus aux deux articles précédents sont rendus dans les formes réglées par les articles 861 à 863 du Code de procédure civile.
Si le tribunal prononce la réduction de l'hypothèque à certains immeubles, les inscriptions prisessur tous les autres sont radiées.

CHAPITRE VI. – DE L'EFFET DES PRIVILÈGES ET HYPOTHÈQUES CONTRE LES TIERS DÉTENTEURS

Art. 2166 *(Ord. n. 59-71 du 7 janv. 1959, art. 1er).* – **Les créanciers ayant privilège ou hypothèque inscrits sur un immeuble, le suivent en quelques mains qu'il passe, pour être colloqués et payés suivant l'ordre de leurs créances ou inscriptions.**

Sur la suspension des poursuites des créanciers titulaires d'une sûreté réelle en cas de règlement judiciaire ou de liquidation des biens, V. Com. 15 fév. 1977 : *D.* 1977, 237, note Honorat et note F.D.

Art. 2167. – **Si le tiers détenteur ne remplit pas les formalités qui seront ci-après établies pour purger sa propriété, il demeure, par l'effet seul des inscriptions, obligé comme**

Art. 2168 PRIVILÈGES ET HYPOTHÈQUES

détenteur à toutes les dettes hypothécaires, et jouit des termes et délais accordés au débiteur originaire.

Art. 2168. – Le tiers détenteur est tenu, dans le même cas, ou de payer tous les intérêts et capitaux exigibles, à quelque somme qu'ils puissent monter, ou de délaisser l'immeuble hypothéqué, sans aucune réserve.

L'article 2168, en disposant que le tiers détenteur doit payer tous les intérêts exigibles, n'entend mettre à sa charge que ceux qui peuvent lui être légitimement réclamés en cette qualité, c'est-à-dire ceux qui ont été réservés soit par l'inscription principale, à concurrence de trois années, soit par des inscriptions particulières (Paris 15 déc. 1927 : *D.H.* 1928, 157).

Art. 2169. – Faute par le tiers détenteur de satisfaire pleinement à l'une de ces obligations, chaque créancier hypothécaire a droit de faire vendre sur lui l'immeuble hypothéqué, *trente jours après commandement fait au débiteur originaire, et sommation faite au tiers détenteur de payer la dette exigible ou de délaisser l'héritage (ces dispositions finales sont abrogées à compter d'une date qui sera fixée par décret, D. n. 67-167 du 1ᵉʳ mars 1967, art. 23 et 25 ; V. infra, sous art. 2217).*

1) La sommation au tiers détenteur de payer ou de délaisser, prescrite par l'article 2169 comme formalité préalable à la saisie de l'immeuble hypothéqué, doit être précédée ou tout au moins accompagnée d'un commandement au débiteur originaire ; ces deux actes se complètent l'un l'autre et sont liés entre eux de telle sorte que la nullité de l'un réfléchit nécessairement sur l'autre en en paralysant les effets légaux (Civ. 17 mars 1886 : *D.P.* 86, 1, 340. – V. en ce sens Req. 25 nov. 1862 : *D.P.* 63, 1, 209).

2) La sommation prévue parr l'article 2169 ne constitue pas une formalité de procédure dont l'inobservation ne serait susceptible d'entraîner la nullité de la saisie immobilière que dans les conditions prévues par l'article 114 du Nouveau Code de procédure civile (Civ. 2ᵉ, 5 juil. 1982 : *J.C.P.* 82, IV, 332).

Art. 2170. – Néanmoins, le tiers détenteur qui n'est pas personnellement obligé à la dette, peut s'opposer à la vente de l'héritage hypothéqué qui lui a été transmis, s'il est demeuré d'autres immeubles hypothéqués à la même dette dans la possession du principal ou des principaux obligés, et en requérir la discussion préalable selon la forme réglée au titre *Du cautionnement ;* pendant cette discussion, il est sursis à la vente de l'héritage hypothéqué.

Art. 2171. – L'exception de discussion ne peut être opposée au créancier privilégié ou ayant hypothèque spéciale sur l'immeuble.

Art. 2172. – Quant au délaissement par hypothèque, il peut être fait par tous les tiers détenteurs qui ne sont pas personnellement obligés à la dette, et qui ont la capacité d'aliéner.

Art. 2173. – Il peut l'être même après que le tiers détenteur a reconnu l'obligation ou subi condamnation en cette qualité seulement : le délaissement n'empêche pas que jusqu'à l'adjudication, le tiers détenteur ne puisse reprendre l'immeuble en payant toute la dette et les frais.

PRIVILÈGES ET HYPOTHÈQUES — Art. 2180

Si l'article 2173 n'a fixé aucun délai pour le délaissement d'un immeuble hypothéqué, qui peut être effectué même après la saisie et jusqu'à l'adjudication, c'est à la condition qu'il ne soit pas intervenu un jugement condamnant personnellement le tiers détenteur au paiement de la créance hypothécaire du poursuivant (Civ. 6 nov. 1945 : D. 1946, 36).

Art. 2174. – Le délaissement par hypothèque se fait au greffe du tribunal de la situation des biens ; et il en est donné acte par ce tribunal.

Sur la pétition du plus diligent des intéressés, il est créé à l'immeuble délaissé un curateur sur lequel la vente de l'immeuble est poursuivie dans les formes prescrites pour les expropriations.

Art. 2175. – Les détériorations qui procèdent du fait ou de la négligence du tiers détenteur, au préjudice des créanciers hypothécaires ou privilégiés, donnent lieu contre lui à une action en indemnité ; mais il ne peut répéter ses impenses et améliorations que jusqu'à concurrence de la plus-value résultant de l'amélioration.

L'acquéreur d'un immeuble hypothéqué peut réclamer aux créanciers inscrits, après que son acquisition a été frappée de surenchère, la plus-value résultant de travaux indispensables à la consolidation et à la conservation de l'immeuble (Req. 27 janv. 1914 : D.P. 1916, 1, 97, note Cézar-Bru). Mais les juges du fond peuvent, en considérant l'imprudence dont il a fait preuve en exécutant des travaux importants avant que son titre fût devenu définitif, décider qu'il n'est en droit de récupérer sa créance que sur la différence existant entre le prix de la première adjudication et celui de la seconde, sans distinguer selon que la seconde sera ou non tranchée à son profit (même arrêt).

Art. 2176. – Les fruits de l'immeuble hypothéqué ne sont dus par le tiers détenteur qu'à compter du jour de la sommation de payer ou de délaisser, et, si les poursuites commencées ont été abandonnées pendant trois ans, à compter de la nouvelle sommation qui sera faite.

Art. 2177. – Les servitudes et droits réels que le tiers détenteur avait sur l'immeuble avant sa possession, renaissent après le délaissement ou après l'adjudication faite sur lui.

Ses créanciers personnels, après tous ceux qui sont inscrits sur les précédents propriétaires, exercent leur hypothèque à leur rang, sur le bien délaissé ou adjugé.

Art. 2178. – Le tiers détenteur qui a payé la dette hypothécaire, ou délaissé l'immeuble hypothéqué, ou subi l'expropriation de cet immeuble, a le recours en garantie, tel que de droit, contre le débiteur principal.

Le tiers détenteur a un recours en garantie même s'il s'est porté adjudicataire (Civ. 10 oct. 1897 : D.P. 98, 1, 13).

Art. 2179. – Le tiers détenteur qui veut purger sa propriété en payant le prix, observe les formalités qui sont établies dans le chapitre VIII du présent titre.

CHAPITRE VII. – DE L'EXTINCTION DES PRIVILÈGES ET HYPOTHÈQUES

Art. 2180. – Les privilèges et hypothèques s'éteignent :
1° Par l'extinction de l'obligation principale ;
2° Par la renonciation du créancier à l'hypothèque ;

Art. 2181   PRIVILÈGES ET HYPOTHÈQUES

3° Par l'accomplissement des formalités et conditions prescrites aux tiers détenteurs pour purger les biens par eux acquis ;
4° Par la prescription.
La prescription est acquise au débiteur, quant aux biens qui sont dans ses mains, par le temps fixé pour la prescription des actions qui donnent l'hypothèque ou le privilège.
(Ord. n. 59-71 du 7 janv. 1959, art. 1er) Quant aux biens qui sont dans la main d'un tiers détenteur, elle lui est acquise par le temps réglé pour la prescription de la propriété à son profit : dans le cas où la prescription suppose un titre, elle ne commence à courir que du jour où ce titre a été publié au bureau des hypothèques de la situation des immeubles.
Les inscriptions prises par le créancier n'interrompent pas le cours de la prescription établie par la loi en faveur du débiteur ou du tiers détenteur.

1) L'hypothèque est éteinte lorsqu'elle a produit son effet légal et que d'un droit sur la chose elle a été transformée en un droit sur le prix ; il en est ainsi notamment lorsque la créance qu'elle garantit est payée (Civ. 3e, 23 janv. 1973 : *D.* 1973, 427, note Frank ; *J.C.P.* 75, II, 18032, note Bez).

2) Sur le sort des privilèges et hypothèques en cas de novation, V. *supra* art. 1278 et s.

3) La renonciation au droit d'inscrire une hypothèque qui est, comme l'hypothèque judiciaire, dépourvue de tout effet légal à défaut de cette formalité peut être considérée par son auteur comme équivalant à une renonciation portant sur l'hypothèque elle-même (Civ. 15 juin 1926 : *D.P.* 1927, 1, 149, note H.L.).

4) L'article 2180 énumère limitativement les cas dans lesquels s'éteignent les hypothèques et ne figurent pas dans cette énumération les fautes commises par le créancier au profit de qui l'hypothèque a été constituée (Com. 2 juin 1980 : *Bull.* IV, n. 229, p. 186).

CHAPITRE VIII. – DU MODE DE PURGER LES PROPRIÉTÉS DES PRIVILÈGES ET HYPOTHÈQUES

Art. 2181 *(Ord. n. 59-71 du 7 janv. 1959, art. 1er).* – **Les contrats translatifs de la propriété d'immeubles ou droits réels immobiliers que les tiers détenteurs voudront purger de privilèges et hypothèques, seront publiés au bureau des hypothèques de la situation des biens, conformément aux lois et règlements concernant la publicité foncière.**

Art. 2182 *(Ord. n. 59-71 du 7 janv. 1959, art. 1er).* – **La simple publication au bureau des hypothèques des titres translatifs de propriété ne purge pas les hypothèques et privilèges établis sur l'immeuble.**
Le vendeur ne transmet à l'acquéreur que la propriété et les droits qu'il avait lui-même sur la chose vendue : il les transmet sous l'affectation des mêmes privilèges et hypothèques dont la chose vendue était grevée.

Art. 2183 *(Ord. n. 59-71 du 7 janv. 1959, art. 25).* – **Si le nouveau propriétaire veut se garantir de l'effet des poursuites autorisées dans le chapitre VI du présent titre, il est tenu, soit avant les poursuites, soit dans le mois, au plus tard, à compter de la première**

PRIVILÈGES ET HYPOTHÈQUES   Art. 2185

sommation qui lui est faite, de notifier aux créanciers, aux domiciles par eux élus dans leurs inscriptions :
1° Extrait de son titre, contenant seulement la date et la qualité de l'acte, le nom et la désignation précise du vendeur ou du donateur, la nature et la situation de la chose vendue ou donnée ; et, s'il s'agit d'un corps de biens, la dénomination générale seulement du domaine et des arrondissements dans lesquels il est situé, le prix et les charges faisant partie du prix de la vente, ou l'évaluation de la chose si elle a été donnée ;
2° Extrait de la publication de l'acte de vente ;
3° Un tableau sur trois colonnes, dont la première contiendra la date des hypothèques et celle des inscriptions ; la seconde, le nom des créanciers ; la troisième, le montant des créances inscrites.

1) Sur le droit pour l'héritier bénéficiaire qui s'est porté adjudicataire de l'immeuble de procéder à la purge, V. Cass. ch. réunies 12 janv. 1876 : *D.P.* 76, 1, 52.

2) La sommation de payer ou de délaisser faite au tiers détenteur de l'immeuble hypothéqué à l'effet de le mettre en demeure de purger est la même que celle qui doit lui être adressée, en vertu de l'article 2169, comme préliminaire de la saisie à poursuivre contre lui (Req. 25 nov. 1862 : *D.P.* 1863, 1, 209).

3) Les créanciers peuvent dispenser l'acquéreur des notifications (Req. 14 avril 1934 : *Gaz. Pal.* 1934, 2, 19).

4) Sur les règles spéciales relatives à la purge en matière d'acquisitions immobilières faites à l'amiable par l'Etat ou les établissements publics nationaux suivant les règles du droit civil, V. C. domaine, art. L. 10 et R. 9 ; V. aussi en ce qui concerne les communes et les établissements publics qui en dépendent. C. communes, art. R. 311-14.

5) Sur les règles applicables dans les départements du Bas-Rhin, du Haut-Rhin et de la Moselle, V. L. 1er juin 1924, art. 187 à 193.

Art. 2184. - L'acquéreur ou le donataire déclarera, par le même acte, qu'il est prêt à acquitter, sur-le-champ, les dettes et charges hypothécaires, jusqu'à concurrence seulement du prix, sans distinction de dettes exigibles ou non exigibles.

1) Les notifications faites aux créanciers inscrits par l'adjudicataire d'un immeuble hypothéqué doivent, conformément à l'article 2184, contenir l'offre d'affecter l'intégralité du prix de vente à l'acquittement des charges hypothécaires et cette obligation ne peut être modifiée par des stipulations particulières qui sont inopposables aux créanciers inscrits en tant qu'elles portent atteinte aux conditions légales auxquelles la faculté de purge se trouve subordonnée (Req. 7 nov. 1939 : *D.C.* 1941, 65, note Voirin).

2) L'engagement contracté par l'acquéreur du fait de l'offre et des notifications, n'ayant été pris par lui qu'en sa qualité de tiers détenteur, disparaît lorsque son titre d'acquisition est rétroactivement résolu (Civ. 13 juil. 1903 : *D.P.* 1905, 1, 393, note de Loynes).

Art. 2185. - Lorsque le nouveau propriétaire a fait cette notification dans le délai fixé, tout créancier dont le titre est inscrit, peut requérir la mise de l'immeuble aux enchères et adjudications publiques, à la charge :
1° Que cette réquisition sera signifiée au nouveau propriétaire dans quarante jours, au plus tard, de la notification faite à la requête de ce dernier, en y ajoutant deux jours par cinq myriamètres de distance entre le domicile élu et le domicile réel de chaque créancier requérant ;

Art. 2186 PRIVILÈGES ET HYPOTHÈQUES

2° Qu'elle contiendra soumission du requérant, de porter ou faire porter le prix à un dixième en sus de celui qui aura été stipulé dans le contrat, ou déclaré par le nouveau propriétaire ;
3° Que la même signification sera faite dans le même délai au précédent propriétaire, débiteur principal ;
4° Que l'original et les copies de ces exploits seront signés par le créancier requérant, ou par son fondé de procuration expresse, lequel, en ce cas, est tenu de donner copie de sa procuration ;
5° Qu'il offrira de donner caution jusqu'à concurrence du prix et des charges.
Le tout à peine de nullité.

Code de procédure civile, art. 832

Art. 832 *(L. 2 juin 1841)*. – Les notifications et réquisitions prescrites par les articles 2183 et 2185 du Code civil seront faites par un huissier commis à cet effet, sur simple requête, par le président du tribunal de grande instance de l'arrondissement où elles auront lieu ; elles contiendront constitution d'avoué *(avocat)* près le tribunal où la surenchère et l'ordre devront être portés.

L'acte de réquisition de mise aux enchères contiendra, avec l'offre et l'indication de la caution, assignation à trois jours devant le tribunal, pour la réception de cette caution, à laquelle il sera procédé comme en matière sommaire. Cette assignation sera notifiée au domicile de l'avoué *(avocat)* constitué ; il sera donné copie, en même temps, de l'acte de soumission de la caution et du dépôt au greffe des titres qui constatent sa solvabilité.

Dans le cas où le surenchérisseur donnerait un nantissement en argent ou en rente sur l'Etat, à défaut de caution, conformément à l'article 2041 du Code civil, il fera notifier, avec son assignation, copie de l'acte constatant la réalisation de ce nantissement.

Si la caution est rejetée, la surenchère sera déclarée nulle et l'acquéreur maintenu, à moins qu'il n'ait été fait d'autres surenchères par d'autres créanciers.

1) Le délai de quarante jours est de rigueur (Req. 28 mars 1928 : *D.H.* 1928, 286). Sur la computation et la majoration des délais, V. Nouv. C. proc. civ., art. 640 et s.

2) Le créancier inscrit peut exercer le droit de surenchère même si l'un des éléments du prix d'adjudication consiste dans l'obligation de servir une rente viagère et que cette rente est éteinte par le décès du créancier survenu depuis l'adjudication. Il y a lieu alors de faire la soumission de payer le dixième en sus du capital de ladite rente (Req. 6 juil. 1881 : *D.P.* 82, 1, 449, concl. Latour).

3) La faculté reconnue par l'article 2185 à tout créancier inscrit de requérir en cas de purge l'adjudication publique des immeubles affectés à sa créance constitue l'exercice du droit de suite dérivant de son hypothèque et ne peut s'exercer dès lors à l'égard des biens que cette hypothèque ne frappe pas (Civ. 6 nov. 1894 : *D.P.* 96, 1, 225).

Art. 2186. – A défaut, par les créanciers, d'avoir requis la mise aux enchères dans le délai et les formes prescrites, la valeur de l'immeuble demeure définitivement fixée au prix stipulé dans le contrat, ou déclaré par le nouveau propriétaire, lequel est, en conséquence, libéré de tout privilège et hypothèque, en payant ledit prix aux créanciers qui seront en ordre de recevoir, ou en le consignant.

PRIVILÈGES ET HYPOTHÈQUES Art. 2192

1) La purge n'est achevée qu'à partir du moment où l'acquéreur a payé ou consigné son prix (Civ. 15 fév. 1938 : *D.H.* 1938, 177). L'acquéreur peut consigner sans offres préalables ni au vendeur ni aux créanciers (Civ. 10 avril 1933 : *D.H.* 1933, 317). 2) Les intérêts du prix courent à compter de la sommation de payer ou de délaisser (Civ. 6 mars 1900 : *D.P.* 1902, 1, 305, note de Loynes).

Art. 2187. – En cas de revente sur enchères, elle aura lieu suivant les formes établies pour les expropriations forcées, à la diligence soit du créancier qui l'aura requise, soit du nouveau propriétaire.

Le poursuivant énoncera dans les affiches le prix stipulé dans le contrat, ou déclaré, et la somme en sus à laquelle le créancier s'est obligé de la porter ou faire porter.

Sur les formalités spéciales prévues pour la vente après surenchère sur aliénation volontaire, V. C. proc. civ., art. 836 à 838.

Art. 2188 *(Ord. n. 59-71 du 7 janv. 1959, art. 1ᵉʳ)*. **– L'adjudicataire est tenu, au-delà du prix de son adjudication, de restituer à l'acquéreur ou au donataire dépossédé les frais et loyaux coûts de son contrat, ceux de la publication au bureau des hypothèques, ceux de notification et ceux faits par lui pour parvenir à la revente.**

La surenchère, si elle anéantit rétroactivement le droit de l'adjudicataire et fait tomber les droits réels consentis par lui sur l'immeuble, est sans influence sur les actes de jouissance et d'administration accomplis sans fraude. Par suite, l'adjudicataire surenchéri conserve les fruits qu'il a perçus durant sa possession (Civ. 18 nov. 1924 : *D.P.* 1925, 1, 25, note Matter).

Art. 2189 *(Ord. n. 59-71 du 7 janv. 1959, art. 25)*. **– L'acquéreur ou le donataire qui conserve l'immeuble mis aux enchères, en se rendant dernier enchérisseur, n'est pas tenu de faire publier le jugement d'adjudication.**

Art. 2190. – Le désistement du créancier requérant la mise aux enchères ne peut, même quand le créancier paierait le montant de la soumission, empêcher l'adjudication publique, si ce n'est du consentement exprès de tous les autres créanciers hypothécaires.

Art. 2191. – L'acquéreur qui se sera rendu adjudicataire aura son recours tel que de droit contre le vendeur, pour le remboursement de ce qui excède le prix stipulé par son titre, et pour l'intérêt de cet excédent, à compter du jour de chaque paiement.

Le recours en garantie n'est pas fondé si l'éviction dont se plaint l'acquéreur est la conséquence de sa faute (Req. 30 déc. 1891 : *D.P.* 92, 1, 511).

Art. 2192. – Dans le cas où le titre du nouveau propriétaire comprendrait des immeubles et des meubles, ou plusieurs immeubles, les uns hypothéqués, les autres non hypothéqués, situés dans le même ou dans divers arrondissements de bureaux, aliénés pour un seul et même prix, ou pour des prix distincts et séparés, soumis ou non à la même exploitation, le prix de chaque immeuble frappé d'inscriptions particulières et séparées, sera déclaré dans la notification du nouveau propriétaire, par ventilation, s'il y a lieu, du prix total exprimé dans le titre.

Le créancier surenchérisseur ne pourra, en aucun cas, être contraint d'étendre sa soumission ni sur le mobilier, ni sur d'autres immeubles que ceux qui sont hypothéqués

Art. 2196   PRIVILÈGES ET HYPOTHÈQUES

à sa créance et situés dans le même arrondissement ; sauf le recours du nouveau propriétaire contre ses auteurs, pour l'indemnité du dommage qu'il éprouverait, soit de la division des objets de son acquisition, soit de celle des exploitations.

L'acquéreur de plusieurs immeubles aliénés pour un seul et même prix n'est tenu de déclarer le prix de chaque immeuble, par ventilation du prix total, que lorsqu'un ou plusieurs d'entre eux sont frappés d'inscriptions particulières et séparées qui ne grèvent pas les autres (Civ. 14 nov. 1894 : *D.P.* 96, 1, 517, note de Loynes).

CHAPITRE IX. – DU MODE DE PURGER LES HYPOTHÈQUES QUAND IL N'EXISTE PAS D'INSCRIPTION SUR LES BIENS DES MARIS ET DES TUTEURS

Art. 2193 à 2195. – *Ces articles ont cessé d'être applicables à compter du 1ᵉʳ janvier 1956, D. n. 55-22 du 4 janv. 1955, art. 46, sous réserve des dispositions transitoires prévues par l'article 38, alinéa 4 (V. infra sous art. 2203).*

CHAPITRE X. – DE LA PUBLICITÉ DES REGISTRES ET DE LA RESPONSABILITÉ DES CONSERVATEURS

Art. 2196 *(D. n. 55-22 du 4 janv. 1955, art. 8 ; Ord. n. 67-839 du 28 sept. 1967, art. 6).* – **Les conservateurs des hypothèques sont tenus de délivrer, à tous ceux qui le requièrent, copie ou extrait des documents, autres que les bordereaux d'inscription, déposés à leur bureau dans la limite des cinquante années précédant celle de la réquisition, et copie ou extrait des inscriptions subsistantes ou certificat qu'il n'existe aucun document ou inscription entrant dans le cadre de la réquisition.**

Ils sont également tenus de délivrer sur réquisition, dans un délai de dix jours, des copies ou extraits du fichier immobilier ou certificat qu'il n'existe aucune fiche entrant dans le cadre de la réquisition.

Art. 2197 *(D. n. 59-89 du 7 janv. 1959, art. 13).* – **Ils sont responsables du préjudice résultant :**

1° Du défaut de publication des actes et décisions judiciaires déposés à leurs bureaux, et des inscriptions requises, toutes les fois que ce défaut de publication ne résulte pas d'une décision de refus ou de rejet ;

2° De l'omission, dans les certificats qu'ils délivrent, d'une ou de plusieurs des inscriptions existantes, à moins, dans ce dernier cas, que l'erreur ne provînt de désignations insuffisantes ou inexactes qui ne pourraient leur être imputées.

Sur l'exonération du conservateur en cas de désignations insuffisantes ou inexactes, V. D. 4 janv. 1955, art. 9 et 41 ; D. 14 oct. 1955, art. 85-2-2° (*infra* sous art. 2203).

Art. 2198 *(D. n. 59-89 du 7 janv. 1959, art. 13 ; Ord. n. 67-839 du 28 sept. 1967, art. 7).* – **Lorsque le conservateur, délivrant un certificat au nouveau titulaire d'un droit visé à l'article 2181, omet une inscription de privilège ou d'hypothèque, le droit demeure dans**

les mains du nouveau titulaire, affranchi du privilège ou de l'hypothèque non révélé, pourvu que la délivrance du certificat ait été requise par l'intéressé en conséquence de la publication de son titre. Sans préjudice de son recours éventuel contre le conservateur, le créancier bénéficiaire de l'inscription omise ne perd pas le droit de se prévaloir du rang que cette inscription lui confère tant que le prix n'a pas été payé par l'acquéreur ou que l'intervention dans l'ordre ouvert entre les autres créanciers est autorisée.

Art. 2199 *(D. n. 59-89 du 7 janv. 1959, art. 13).* - En dehors des cas où ils sont fondés à refuser le dépôt ou à rejeter une formalité, conformément aux dispositions législatives ou réglementaires sur la publicité foncière, les conservateurs ne peuvent refuser ni retarder l'exécution d'une formalité ni la délivrance des documents régulièrement requis, sous peine des dommages et intérêts des parties ; à l'effet de quoi, procès-verbaux des refus ou retardements seront, à la diligence des requérants, dressés sur-le-champ, soit par un juge du tribunal d'instance, soit par un huissier audiencier du tribunal, soit par un autre huissier ou un notaire assisté de deux témoins.

MASOUNABE-PUYANNE, *La mise en cause du conservateur des hypothèques* : *J.C.P.* 62, éd. N, I, 1702.

1) Sur le principe que le conservateur ne peut refuser le dépôt d'un acte dont la publicité est requise ou rejeter la formalité que dans les cas limitativement énumérés par la loi, V. Civ. 3e, 14 mars 1968 *(J.C.P.* 68, II, 15536, note Bulté).

2) En vertu des articles 2197 et 2199 la responsabilité du conservateur des hypothèques est engagée conformément aux principes du droit commun toutes les fois qu'il commet dans l'exercice de ses fonctions une faute ou une négligence préjudiciable. Par suite, le procès-verbal visé par l'article 2199 du Code civil pour constater des redus ou des retardements n'est qu'une modalité de preuve et aucune mise en demeure n'est prévue lors d'une réquisition à fin de publicité pour mettre en jeu ladite responsabilité (Civ. 3e, 29 oct. 1969 : *J.C.P.* 69, IV, 289 ; *Bull.* III, n. 690, p. 519).

3) Sur la nécessité d'un lien de causalité entre la faute du conservateur et le dommage, V. Civ. 1re, 27 nov. 1963 *(J.C.P.* 64, II, éd. N, 13587, note Bulté ; *Bull.* I, n. 522, p. 438). Sur la responsabilité solidaire du conservateur et de l'officier ministériel rédacteur de l'acte en cas de faute commune, V. Civ. 2 janv. 1924 *(D.P.* 1924, 1, 14, 1re esp.).

4) Sur la possibilité d'appeler le conservateur en déclaration de jugement commun, V. Civ. 3e, 21 nov. 1978 *(Bull.* III, n. 351, p. 269 ; *J.C.P.* 79, II, éd. N, 71, note Frémont).

Art. 2200 *(D. n. 59-89 du 7 janv. 1959, art. 13).* - Les conservateurs seront tenus d'avoir un registre sur lequel ils inscriront, jour par jour, et par ordre numérique, les remises qui leur seront faites d'actes, décisions judiciaires, bordereaux et, généralement, de documents déposés en vue de l'exécution d'une formalité de publicité.

Ils ne pourront exécuter les formalités qu'à la date et dans l'ordre des remises qui leur auront été faites.

(D. n. 60-4 du 6 janv. 1960, art. 1er) Chaque année, une reproduction des registres clôturés pendant l'année précédente sera déposée sans frais au greffe d'un tribunal de grande instance ou d'un tribunal d'instance situés dans un arrondissement autre que celui où réside le conservateur.

(D. n. 55-22 du 4 janv. 1955, art. 50) Le tribunal au greffe duquel sera déposée la reproduction sera désigné par arrêté du ministre de la Justice.

Art. 2201 PRIVILÈGES ET HYPOTHÈQUES

Un décret déterminera les modalités d'application du présent article et, notamment, les procédés techniques susceptibles d'être employés pour l'établissement de la reproduction à déposer au greffe *(V. D. n. 55-1597 du 7 déc. 1955).*

Art. 2201 *(D. n. 59-89 du 7 janv. 1959, art. 13).* – Le registre tenu en exécution de l'article précédent est coté et paraphé à chaque page, par première et dernière, par le juge d'instance dans le ressort duquel le bureau est établi. Il est arrêté chaque jour.

Art. 2202 *(L. n. 46-2154 du 7 oct. 1946, art. 38 ; L. n. 56-780 du 4 août 1956, art. 94-1°).*
– Les conservateurs sont tenus de se conformer, dans l'exercice de leurs fonctions, à toutes les dispositions du présent chapitre, à peine d'une amende de 20 000 à 200 000 francs (200 F à 2 000 F) pour la première contravention, et de destitution pour la seconde ; sans préjudice des dommages et intérêts des parties, lesquels seront payés avant l'amende.

Art. 2203 *(L. n. 56-780 du 4 août 1956, art. 84-1° ; Ord. n. 59-71 du 7 janv. 1959, art. 1er).*
– Les mentions de dépôts sont faites sur le registre dont la tenue est prescrite par l'article 2200, de suite, sans aucun blanc ni interligne, à peine, contre le conservateur, de 40 000 à 400 000 francs (400 F à 4 000 F) d'amende, et des dommages et intérêts des parties, payables aussi par préférence à l'amende.

Décret n. 55-22 du 4 janvier 1955 *(J.O. 7 janv.)*
portant réforme de la publicité foncière

CHAPITRE Ier. – DISPOSITIONS GÉNÉRALES

Section I. – Création d'un fichier immobilier

Art. 1er. – Il est tenu, pour chaque commune, par les conservateurs des hypothèques, un fichier immobilier sur lequel, au fur et à mesure des dépôts, sont répertoriés, sous le nom de chaque propriétaire, et, en ce qui concerne les catégories d'immeubles définies par décret en Conseil d'État, par immeuble, des extraits des documents publiés, avec référence à leur classement dans les archives.

Le fichier immobilier présente, telle qu'elle résulte des documents publiés, la situation juridique actuelle des immeubles. Il comporte des fiches personnelles de propriétaires, des fiches parcellaires et, pour les immeubles mentionnés au décret prévu à l'alinéa précédent, des fiches d'immeubles.

Art. 2. – Aucune modification de la situation juridique d'un immeuble ne peut faire l'objet d'une mutation cadastrale, si l'acte ou la décision judiciaire constatant cette modification n'a pas été préalablement publié au fichier immobilier.

Art. 3. – Aucun acte ou décision judiciaire sujet à publicité dans un bureau des hypothèques ne peut être publié au fichier immobilier si le titre du disposant ou dernier titulaire n'a pas été préalablement publié, conformément aux dispositions du présent décret.
Il est fait exception à cette règle si le droit a été acquis sans titre, notamment par prescription ou accession, ou si le titre du disposant ou dernier titulaire est antérieur ou 1er janvier 1956.

PRIVILÈGES ET HYPOTHÈQUES — Art. 2203

Section II. – Mesures tendant à assurer l'exactitude du fichier immobilier

Art. 4 *(D. n. 59-89 du 7 janv. 1959, art. 1er).* – Tout acte sujet à publicité dans un bureau des hypothèques doit être dressé en la forme authentique. Toutefois, même lorsqu'ils ne sont pas dressés en la forme authentique, les procès-verbaux des délibérations des assemblées générales préalables ou consécutives à l'apport de biens ou droits immobiliers à une société ou par une société peuvent être publiés à la condition d'être annexés à un acte qui en constate le dépôt au rang des minutes d'un notaire.

Les actes reçus par les officiers publics ou ministériels étrangers et les décisions rendues par les juridictions étrangères ne peuvent être publiés ou constituer le titre d'une inscription de privilège ou d'hypothèque que s'ils ont été légalisés par un fonctionnaire qualifié du ministère français des affaires étrangères et déposés au rang des minutes d'un notaire français ou s'ils ont été rendus exécutoires en France. Ils doivent être accompagnés, s'ils sont rédigés en langue étrangère, d'une traduction en français, certifiée soit par le fonctionnaire susvisé, soit par un interprète habituellement commis par les tribunaux. Les expéditions, copies, extraits ou bordereaux déposés pour être conservés au bureau des hypothèques doivent, en outre, porter toutes les mentions exigées par les articles 5 à 7 du présent décret et les articles 2148 et 2154 nouveaux du Code civil.

Art. 5 *(D. n. 59-89 du 7 janv. 1959, art. 2).* – Tout acte ou décision judiciaire sujet à publicité dans un bureau des hypothèques doit contenir les nom, prénoms dans l'ordre de l'état civil, domicile, date et lieu de naissance et profession des parties, ainsi que le nom de leur conjoint.

Les nom, prénoms dans l'ordre de l'état civil, date et lieu de naissance des parties, le nom de leur conjoint, doivent être certifiés par un notaire, huissier de justice, avoué *(avocat)*, syndic de faillite, administrateur aux règlements judiciaires ou une autorité administrative, au pied de tout bordereau, extrait, expédition ou copie, déposé pour l'exécution de la formalité.

La faculté de certifier les indications de l'état civil peut être accordée par décret en Conseil d'État, pour les opérations les concernant, aux organismes de sécurité sociale ou d'allocations familiales et à certains organismes de crédit dont l'objet principal est de consentir des prêts hypothécaires.

En ce qui concerne les attestations après décès, l'état civil doit être indiqué et certifié pour le défunt et pour chacun des héritiers, successeurs irréguliers ou légataires.

Le certificat est établi, sous réserve des exceptions fixées par décret, au vu d'un extrait de l'acte de naissance ayant moins de six mois de date au jour de l'acte ou de la décision judiciaire.

Art. 6 *(D. n. 59-89 du 7 janv. 1959, art. 3).* – Tout acte ou décision judiciaire sujet à publicité dans un bureau des hypothèques doit contenir l'identification des sociétés, associations, syndicats et autres personnes morales, par leur dénomination, et indiquer, en outre, pour toutes les sociétés, leur forme juridique et leur siège social ; pour les sociétés commerciales, leur numéro d'immatriculation au registre du commerce ; pour les associations, leur siège, la date et le lieu de leur déclaration ; pour les syndicats, leur siège, la date et le lieu de dépôt de leurs statuts.

L'identification des sociétés, associations, syndicats et autres personnes morales est certifiée dans les conditions prévues aux alinéa 2 et 3 de l'article 5.

Le certificat est établi :

1° Pour les sociétés, associations, syndicats et autres personnes morales, dont le siège est en France métropolitaine ou dans les départements de la Guadeloupe, de la Guyane, de la Martinique ou de la Réunion, au vu de l'original, d'une expédition ou d'une copie collationnée de tout acte constatant la dénomination, la forme juridique ou le siège actuels de la personne morale ;

Art. 2203   PRIVILÈGES ET HYPOTHÈQUES

2° Pour les sociétés, associations, syndicats et autres personnes morales, dont le siège n'est pas en France métropolitaine ou dans les départements susvisés, au vu des mêmes documents délivrés ou certifiés par l'autorité administrative ou par l'agent diplomatique ou consulaire qui représente la République française au lieu du siège, accompagnés, s'ils sont rédigés en langue étrangère soit par l'agent diplomatique ou consulaire susvisé, soit par un interprète habituellement commis par les tribunaux.

Toutefois, en ce qui concerne les sociétés immatriculées ou réimmatriculées au registre du commerce postérieurement au 1er mars 1954, le certificat peut être établi au vu d'un extrait ou d'une copie dudit registre délivré dans les conditions prévues à l'article 23 du décret n. 54-37 du 6 janvier 1954 (*), et reproduisant, notamment, les mentions relatives à la dénomination, à la forme juridique ou au siège social, contenues dans l'acte constitutif et dans les actes modificatifs.

En toute hypothèse, le certificat énonce les documents au vu desquels il a été établi.

(*) V. D. n. 84-406 du 30 mai 1984, art. 67 et s.

Art. 7 (D. n. 59-89 du 7 janv. 1959, art. 4 ; D. n. 60-963 du 5 sept. 1960, art. 11). – Tout acte ou décision judiciaire sujet à publicité dans un bureau des hypothèques doit indiquer, pour chacun des immeubles qu'il concerne, la nature, la situation, la contenance et la désignation cadastrale (section, numéro du plan et lieudit). Le lieudit est remplacé par l'indication de la rue et du numéro pour les immeubles situés dans les parties agglomérées des communes urbaines.

Lorsqu'il réalise ou constate une division de la propriété du sol entraînant changement de limite, l'acte ou la décision doit désigner l'immeuble tel qu'il existait avant la division et chacun des nouveaux immeubles résultant de cette division, sauf en cas de lotissement effectué dans le cadre de la législation sur les lotissements ou s'il s'agit d'immeubles situés dans les communes où le cadastre n'est pas rénové. La constitution sur une fraction de parcelle d'un droit d'usufruit, d'un droit de superficie ou d'un bail emphytéotique est considérée comme un changement de limite de propriété.

Lorsque, sans réaliser ou constater une division de la propriété du sol entraînant changement de limite, il ne concerne qu'une ou plusieurs fractions d'un immeuble, l'acte ou la décision judiciaire doit comporter à la fois la désignation desdites fractions et celle de l'ensemble de l'immeuble. La désignation de la fraction est faite conformément à un état descriptif de division, ou, éventuellement, à un état modificatif, établi dans les conditions fixées par décret, et préalablement publié ; elle doit mentionner le numéro du lot dans lequel la fraction est comprise, et, sous réserve des exceptions prévues audit décret, la quote-part dans la propriété du sol afférente à ce lot. Les dispositions du présent alinéa ne sont pas applicables lorsque l'acte ou la décision concerne soit une servitude, soit un droit d'usage ou d'habitation, soit un bail de plus de douze années. Elles sont également sans application lorsque l'acte ou la décision entraîne la suppression de la division de l'immeuble.

Les mêmes indications doivent obligatoirement figurer dans tout bordereau, extrait, expédition ou copie, déposé en vue de l'exécution de la formalité.

S'il s'agit d'immeubles situés dans les communes où le cadastre a été rénové, et faisant l'objet d'une mutation par décès, d'un acte ou d'une décision judiciaire translatif, déclaratif ou constitutif d'un droit réel susceptible d'hypothèque, la désignation est faite conformément à un extrait cadastral ayant moins de trois mois de date, et, en cas de changement de limite, d'après les documents d'arpentage établis spécialement en vue de la conservation du cadastre. Cet extrait ou ces documents doivent être remis au conservateur des hypothèques à l'appui de la réquisition de la formalité.

PRIVILÈGES ET HYPOTHÈQUES   Art. 2203

Section III. - Obligations des conservateurs des hypothèques

Art. 8. - *V. C. civ., art. 2196.*

Art. 9 *(D. n. 59-89 du 7 janv. 1959, art. 5).* - Toute réquisition de copie, extrait ou certificat, déposée en application de l'article 2196 du Code civil doit comporter l'identification des personnes du chef desquelles les renseignements sont requis, savoir :

Pour les personnes physiques, les nom et prénoms dans l'ordre de l'état civil et les date et lieu de naissance ;

Pour les personnes morales, leur dénomination, ainsi que les autres éléments d'identification prévus au premier alinéa de l'article 6.

La réquisition se rapportant à un immeuble déterminé doit comporter la désignation individuelle dudit immeuble, telle qu'elle est définie par décret. Toutefois, les conservateurs sont fondés à accepter les réquisitions dans lesquelles certains des éléments de cette désignation feraient défaut ; dans ce cas, ils ne sont pas responsables des erreurs résultant de l'insuffisance de la désignation.

Les conservateurs sont tenus de délivrer les copies, extraits ou certificats du chef seulement des personnes physiques ou morales expressément dénommées dans la réquisition et, quand une réquisition se rapporte à un immeuble déterminé, seulement sur cet immeuble. Toute erreur dans l'orthographe des noms et prénoms ou l'énonciation des prénoms dans l'ordre de l'état civil et des date et lieu de naissance des personnes physiques, dans la désignation des personnes morales, ou dans la désignation des immeubles, dégage la responsabilité des conservateurs à raison des renseignements inexacts qu'ils peuvent être amenés à fournir au vu des documents publiés. Il en serait de même en cas de non-concordance entre les indications de ces documents et celles de la réquisition, bien que ces dernières fussent exactes.

Art. 10. - Les documents déposés dans les conservations depuis plus de cinquante ans et moins de cent ans sont versés dans des centres d'archives spéciaux, habilités à en délivrer des copies ou extraits suivant les modalités déterminées par un arrêté des ministres de la justice et de l'économie et des finances.

Les documents déposés dans les conservations depuis plus de cent ans sont obligatoirement versés, à Paris, aux archives nationales, et au chef-lieu de chaque département, aux archives départementales, dans les conditions fixées par le décret du 21 juillet 1936.

CHAPITRE II. - PUBLICITÉ DES PRIVILÈGES ET HYPOTHÈQUES

Section I. - Des privilèges

Art. 11 à 14. - *V. C. civ., art. 2103 à 2109, 2111, 2113.*

Art. 15. - Tous privilèges spéciaux ou généraux sur les immeubles autres que ceux visés aux articles 2103 et 2104 nouveaux du Code civil sont transformés en hypothèques légales et sont soumis aux règles édictées pour ces dernières par le Code civil et le présent décret, nonobstant toutes dispositions spéciales contraires.

Section II. - Des hypothèques

Art. 16 à 20. - *V. C. civ., art. 2117, 2122, 2123, 2129, 2130, 2133 à 2145.*

Art. 2203 — PRIVILÈGES ET HYPOTHÈQUES

Section III. – Du mode de l'inscription des privilèges et hypothèques

Art. 21 à 25. – *V. C. civ., art. 2146 à 2149, 2154 et 2155.*

Art. 26 *(D. n. 59-89 du 7 janv. 1959, art. 6).* – En cas de rejet d'une formalité de publicité par application des articles 2148, 2149 et 2154 nouveaux du Code civil, le recours de la partie intéressée contre la décision du conservateur des hypothèques est porté, dans les huit jours de la notification de cette décision, devant le président du tribunal de grande instance dans le ressort duquel sont situés les immeubles.

Il est statué comme en matière de référé.

L'ordonnance du président du tribunal de grande instance n'est pas susceptible d'exécution provisoire.

En cas d'exercice des voies de recours, il est statué par priorité et d'extrême urgence.

Dès que la décision du juge des référés est passée en force de chose jugée, la formalité litigieuse est, suivant le cas, soit définitivement rejetée, soit exécutée dans les conditions ordinaires, son effet remontant alors à la date du dépôt.

Section IV. – De la radiation et réduction des inscriptions

Art. 27. – *V. C. civ., art. 2158, 2161 à 2165.*

CHAPITRE III. – PUBLICITÉ DES DROITS SUR LES IMMEUBLES AUTRES QUE LES PRIVILÈGES ET HYPOTHÈQUES

Art. 28. – Sont obligatoirement publiés au bureau des hypothèques de la situation des immeubles :

1° Tous actes, même assortis d'une condition suspensive, et toutes décisions judiciaires, portant ou constatant entre vifs :

a) Mutation ou constitution de droits réels immobiliers autres que les privilèges et hypothèques, qui sont conservés suivant les modalités prévues au Code civil ;

b) Bail pour une durée de plus de douze années, et, même pour un bail de moindre durée, quittance ou cession d'une somme équivalente à trois années de loyers ou fermages non échus ;

2° Les actes entre vifs dressés distinctement pour constater des clauses d'inaliénabilité temporaire et toutes autres restrictions au droit de disposer, ainsi que des clauses susceptibles d'entraîner la résolution ou la révocation d'actes soumis à publicité en vertu du 1° ; de même, les décisions judiciaires constatant l'existence de telles clauses. *(D. n. 85-1388 du 27 déc. 1985, art. 186-I)* Les décisions judiciaires arrêtant ou modifiant le plan de continuation de l'entreprise rendues en application du chapitre II de la loi n. 85-98 du 25 janvier 1985 relative au redressement et à la liquidation judiciaires des entreprises qui prononcent dans les conditions de l'article 70 de la loi précitée l'inaliénabilité temporaire d'un bien immobilier appartenant au débiteur ;

3° Les attestations notariées établies en exécution de l'article 29 en vue de constater la transmission ou la constitution par décès de droits réels immobiliers ;

4° Les actes et décisions judiciaires, énumérées ci-après, lorsqu'ils portent sur des droits soumis à publicité en vertu du 1° ;

a) Les actes confirmatifs de conventions entachées de causes de nullité ou rescision ;

b) Les actes constatant l'accomplissement d'une condition suspensive ;

c) Les demandes en justice tendant à obtenir, et les actes et décisions constatant la résolution, la révocation, l'annulation ou la rescision d'une convention ou d'une disposition à cause de mort ;

PRIVILÈGES ET HYPOTHÈQUES — Art. 2203

d) Les décisions rejetant les demandes visées à l'alinéa précédent et les désistements d'action et d'instance ;
e) Les actes et décisions déclaratifs ;
5° Abrogé, L. n. 77-1447, du 28 déc. 1977, art. 6 ;
6° Les conventions d'indivision immobilière ;
7° La décision du tribunal donnant acte du délaissement hypothécaire, prévue à l'article 2174 du Code civil ;
8° Les actes qui interrompent la prescription acquisitive conformément aux articles 2244 et 2248 du Code civil, et les actes de renonciation à la prescription acquise ;
9° (D. n. 59-89 du 7 janv. 1959, art. 7) Les documents, dont la forme et le contenu seront fixés par décret, destinés à constater tout changement ou modification du nom ou des prénoms des personnes physiques, et les changements de dénomination, de forme juridique ou de siège des sociétés, associations, syndicats et autres personnes morales, lorsque ces changements intéressent des personnes physiques ou morales au nom desquelles une formalité de publicité a été faite depuis le 1er janvier 1956.

V. D. 14 oct. 1955, art. 70, infra.

Art. 29. – Dans les délais fixés à l'article 33, toute transmission ou constitution par décès de droits réels immobiliers doit être constatée par une attestation notariée indiquant obligatoirement si les successibles ou légataires ont accepté et précisant, éventuellement, les modalités de cette acceptation.

Une attestation rectificative doit, le cas échéant, être établie, notamment lorsque la dévolution est modifiée, ou que les successibles excercent ou modifient leur option postérieurement à la publicité de l'attestation notariée. Toutefois, la publication, au même bureau, d'un acte de disposition, par les successibles, dispense ces derniers de faire établir et publier une attestation rectificative.

Les clauses de restitution contenues dans les testaments et les restrictions au droit de disposer dont peuvent être affectées les transmissions par décès, ainsi que toutes les clauses susceptibles d'entraîner la révocation de ces dernières, doivent être reproduites littéralement dans l'attestation notariée relative aux immeubles grevés.

Il n'est pas établi d'attestation notariée si un acte de partage portant sur la totalité des immeubles héréditaires est dressé et publié dans les dix mois du décès.

Art. 30. – 1. Les actes et décisions judiciaires soumis à publicité par application du 1° de l'article 28 sont, s'ils n'ont pas été publiés, inopposables aux tiers qui, sur le même immeuble, ont acquis, du même auteur, des droits concurrents en vertu d'actes ou de décisions soumis à la même obligation de publicité et publiés, ou ont fait inscrire des privilèges ou des hypothèques.

Ils sont également inopposables, s'ils ont été publiés, lorsque les actes, décisions, privilèges ou hypothèques, invoqués par ces tiers, ont été antérieurement publiés.

Ne peuvent toutefois se prévaloir de cette disposition les tiers qui étaient eux-mêmes chargés de faire publier les droits concurrents, ou leurs ayants cause à titre universel.

Les ayants cause à titre particulier du titulaire d'un droit visé au 1° de l'article 28, qui ont publié l'acte ou la décision judiciaire constatant leur propre droit, ne peuvent se voir opposer les actes entre vifs dressés distinctement pour constater des clauses d'inaliénabilité temporaire et toutes autres restrictions au droit de disposer, ou les décisions judiciaires constatant de telles clauses, lorsque lesdits actes ou décisions ont été publiés postérieurement à la publicité donnée à leur propre droit.

Art. 2203 PRIVILÈGES ET HYPOTHÈQUES

La résolution ou la révocation, l'annulation ou la rescision d'un droit visé au 1° de l'article 28, lorsqu'elle produit un effet rétroactif, n'est opposable aux ayants cause à titre particulier du titulaire du droit anéanti que si la clause en vertu de laquelle elle est intervenue a été antérieurement publiée ou si la cause réside dans la loi.

2. Le défaut de publicité des actes de donation visés à l'article 939 du Code civil demeure opposable dans les conditions fixées par l'article 941 du même code.

3. A défaut de publicité, ne peuvent jamais être opposés aux tiers définis par le premier alinéa du 1 :

Les baux, pour une durée supérieure à douze ans ;
Les actes portant cession de loyers ou fermages non échus, pour une durée supérieure à trois ans.

4. Toute personne intéressée qui, ayant publié son propre droit, prouve qu'elle a subi un préjudice à raison soit du défaut de publication avant l'expiration du délai légal, soit de la publicité incomplète ou irrégulière d'un des actes visés aux 3° à 9° de l'article 28, peut demander des dommages et intérêts.

Toutefois, le légataire particulier de droits immobiliers peut, sous réserve de l'application des articles 1035 et suivants du Code civil, se prévaloir de la publication de l'attestation notariée à l'égard des ayants cause du défunt qui n'ont pas publié antérieurement les actes ou décisions judiciaires établissant, à leur profit, des droits concurrents.

Le légataire particulier écarté en vertu des articles 1035 et suivants du Code civil peut, dans le cas où la transmission qui le prive de l'objet du legs n'a pas été publiée, obtenir des dommages et intérêts s'il a lui-même publié son propre droit.

5. Les demandes tendant à faire prononcer la résolution, la révocation, l'annulation ou la rescision de droits résultant d'actes soumis à publicité ne sont recevables devant les tribunaux que si elles ont été elles-mêmes publiées conformément aux dispositions de l'article 28-4°, c, et s'il est justifié de cette publication par un certificat du conservateur ou la production d'une copie de la demande revêtue de la mention de publicité.

Art. 31. – 1. Dans le cas où plusieurs formalités de nature à produire des effets opposables aux tiers en vertu de l'article précédent sont requises le même jour relativement au même immeuble, celle qui est requise en vertu du titre dont la date est la plus ancienne est réputée d'un rang antérieur, quel que soit l'ordre du registre prévu à l'article 2200 du Code civil.

2. Lorsqu'une formalité obligatoire en vertu des 1° à 3° de l'article 28 est de nature à produire des effets opposables aux tiers en vertu de l'article précédent, et une inscription d'hypothèque, sont requises le même jour relativement au même immeuble, et que l'acte à publier et le titre de l'inscription portent la même date, l'inscription est réputée d'un rang antérieur, quel que soit l'ordre du registre susvisé.

3. Si des formalités concurrentes, obligatoires en vertu des 1° et 3° de l'article 28 et de nature à produire des effets opposables aux tiers en vertu de l'article précédent, sont requises le même jour et si les actes à publier portent la même date, les formalités sont réputées du même rang.

4. Lorsqu'une formalité de nature à produire des effets opposables aux tiers en vertu de l'article précédent, et la publicité d'un commandement valant saisie sont requises le même jour relativement au même immeuble, le rang des formalités est réglé, quel que soit l'ordre qui résulte du registre susvisé, d'après les dates, d'une part, du titre mentionné mentionné dans le commandement, d'autre part, du titre de la formalité concurrente ; lorsque les titres sont de la même date, la publicité du commandement valant saisie est réputée d'un rang préférable.

5. En toute hypothèse, l'inscription d'hypothèque requise par un créancier légalement dispensé de la représentation d'un titre est réputée d'un rang antérieur à celui de toute autre formalité requise le même jour.

PRIVILÈGES ET HYPOTHÈQUES   Art. 2203

Art. 32. – Les notaires, avoués *(avocats)*, huissiers *(D. n. 85-1388 du 27 déc. 1985, art. 186-II)*, greffiers et autorités administratives sont tenus de faire publier, dans les délais fixés à l'article 33, et indépendamment de la volonté des parties, les actes ou décisions judiciaires visés à l'article 28, 1°, 2° et 4° à 9° dressés par eux ou avec leur concours.

Les notaires sont tenus de faire publier les attestations visées à l'article 28, 3°, lorsqu'ils sont requis par les parties de les établir. Ils ont la même obligation lorsqu'ils sont requis d'établir un acte concernant la dévolution de tout ou partie d'une succession ; les successibles doivent, dans ce cas, fournir aux notaires tous renseignements et justifications utiles.

Art. 33. – Les délais d'accomplissement de la formalité sont fixés comme suit :
A. – Pour les attestations notariées, quatre mois à dater du jour où le notaire a été requis. La responsabilité des successibles peut être engagée, conformément au premier alinéa de l'article 30-4 si le notaire est requis plus de six mois après le décès, ou, dans les cas où un événement ultérieur modifie la dévolution de la succession, la masse héréditaire ou l'option des successibles, plus de six mois après cet événement.
B. – Pour les décisions judiciaires, trois mois du jour où elles sont devenues définitives, ce délai étant réduit à un mois, pour les décisions prononçant la résolution, la révocation, la nullité ou la rescision d'un acte de nature à être publié.
C. – Pour les autres actes, trois mois de leur date.

Toutefois, le délai est réduit à deux mois pour les actes et décisions en vertu desquels peut être requise l'inscription des privilèges prévus aux articles 2108 et 2109 du Code civil.

Au cas où la publicité doit être opérée dans deux ou plusieurs bureaux, les délais ci-dessus prévus sont prorogés d'un mois pour chaque bureau en sus du premier.

Sans préjudice des effets de droit pouvant résulter du défaut de publicité, l'inobservation des délais prescrits par le présent article est sanctionnée par une amende civile de 5 000 francs (50 F) à la charge des officiers publics ou ministériels visés à l'article 32, ou des successibles qui, n'ayant pas recouru au ministère d'un notaire, se sont abstenus de requérir un de ces officiers publics pour établir l'attestation après décès.

Art. 34 *(D. n. 59-89 du 7 janv. 1959, art. 8).* – 1. Nonobstant toutes dispositions spéciales contraires, la publicité requise en vertu des articles qui précèdent donne lieu obligatoirement au dépôt simultané, au bureau des hypothèques, de deux expéditions, extraits littéraux ou copies de l'acte ou de la décision judiciaire à publier.

L'un de ces documents est rendu au déposant, après avoir été revêtu par le conservateur d'une mention attestant l'exécution de la formalité.

L'autre, qui doit porter la mention de certification de l'identité des parties prescrite par les articles 5 et 6, est conservé au bureau des hypothèques ; un décret fixe les conditions de forme auxquelles ce document doit satisfaire, ainsi que le coût des formules à utiliser pour l'établir.

2. Le dépôt est refusé :
– Si l'expédition, extrait ou copie qui doit être conservé au bureau des hypothèques ne comporte pas la mention de certification de l'identité des parties ;
– Si les immeubles ne sont pas individuellement désignés, avec indication de la commune où ils sont situés ;
– En cas d'inobservation des prescriptions du décret prévu au dernier alinéa du 1 ;
– En cas de défaut de remise de l'extrait cadastral ou des documents d'arpentage visés au quatrième alinéa de l'article 7.

Art. 2203   PRIVILÈGES ET HYPOTHÈQUES

3. La formalité est rejetée si, après avoir accepté le dépôt, le conservateur constate :
a) Soit l'omission d'une des énonciations prescrites par les articles 5, 6 et 7, sous réserve du droit pour les intéressés de redresser les erreurs matérielles de l'expédition, extrait ou copie, par un document rectificatif prenant effet à la date de son dépôt ;
b) Soit une discordance entre, d'une part, les énonciations relatives à l'identification des parties ou à la désignation des immeubles contenues dans le document à publier, et, d'autre part, les énonciations correspondantes contenues dans les titres déjà publiés depuis le 1er janvier 1956, sauf justification de l'exactitude du document à publier.

Le recours éventuellement formé contre la décision de rejet du conservateur est soumis aux règles fixées par l'article 26.

4. Lorsqu'il est mentionné, dans un acte soumis à publicité, que celui-ci a dû être établi d'urgence avant réception des documents sur la base desquels il doit être procédé à la désignation des personnes et des immeubles, les erreurs ou omissions relatives à cette désignation peuvent être réparées, préalablement à la réquisition de formalité, au moyen soit d'une mention complémentaire apposée par le rédacteur de l'acte à la suite de la minute ou de l'original, soit d'une attestation établie par acte distinct lorsque l'acte a déjà été enregistré ; en ce qui concerne les actes d'huissier de justice, la mention peut être portée, par l'huissier ou par l'avoué *(avocat)* intéressé, sur les documents déposés au bureau des hypothèques.

5. Lorsqu'une décision judiciaire soumise à publicité a été rendue sans que les documents visés au 4 aient été communiqués à la juridiction, les erreurs ou omissions relatives à la désignation des personnes et des immeubles peuvent être préalablement à la réquisition de formalité, rectifiées ou réparées en vertu d'une ordonnance rendue sur requête par le président de la juridiction qui aura statué ou par son délégué, à la demande de la partie intéressée qui doit, à cet effet, communiquer les documents justificatifs. Le président peut, s'il l'estime nécessaire, renvoyer les parties à se pourvoir devant la juridiction.

Art. 35. – Sont publiés au bureau des hypothèques de la situation des immeubles et produisent, vis-à-vis des parties et des tiers, les effets prévus par les dispositions spéciales qui les régissent :
1° Le commandement valant saisie et les différents actes de procédure qui s'y rattachent ;
2° Les actes constitutifs du bien de famille insaisissable ;
3° *(L. n. 72-650 du 11 juil. 1972, art. 6-I et II)* Les ordonnances, les cessions amiables en matière d'expropriation pour cause d'utilité publique et les accords visés à l'article 6 *bis* de l'ordonnance n. 58-997 du 23 octobre 1958 portant réforme des règles relatives à l'expropriation pour cause d'utilité publique, quel que soit le montant de l'indemnité ;
4° Les procès-verbaux de réorganisation foncière ou de remembrement, les actes d'échange d'immeubles ruraux, les certificats de non-opposition et les ordonnances d'homologation ;
5° Les arrêtés pris en vue du remembrement préalable à la reconstruction ; les projets de remembrement amiable approuvés ;
6° Les règlements de copropriété des immeubles ou ensembles immobiliers ;
7° Les décisions de classement et de déclassement des monuments historiques et des sites ;
8° Les actes ou décisions judiciaires dont la publication est prescrite par les dispositions législatives particulières.

Les actes, décisions et dispositions énoncés ci-dessus, et les extraits, expéditions, ou copies déposés au bureau des hypothèques pour l'exécution de la formalité sont soumis aux règles générales édictées par le présent décret, notamment par les articles 4 à 7 et 32 à 34 concernant la forme des actes, l'identification des personnes et des biens, les délais et les modalités de la publicité. Toutefois, à titre transitoire, certaines modalités d'application pourront être fixées par décret en Conseil d'État.

PRIVILÈGES ET HYPOTHÈQUES —— Art. 2203

V. C. expropriation, art. L. 13-27.

Art. 36. – Sont également publiés pour l'information des usagers, au bureau des hypothèques de la situation des immeubles, par les soins de l'administration compétente, dans les conditions et limites, et sous réserve des exceptions, fixées par décret en Conseil d'État :

1° Les procès-verbaux établis par le service du cadastre, pour constater les changements intervenus dans la désignation des rues et des numéros d'immeubles, les constructions et démolitions affectant des immeubles inscrits au fichier immobilier et situés dans la partie agglomérée d'une commune urbaine, ainsi que les modifications provenant de décisions administratives ou d'événements naturels ;

2° Les limitations administratives au droit de propriété, et les dérogations à ces limitations.

Art. 37 *(D. n. 59-89 du 7 janv. 1959, art. 9).* – 1. Peuvent être publiées au bureau des hypothèques de la situation des immeubles qu'elles concernent, pour l'information des usagers :

1° Les promesses unilatérales de vente et les promesses unilatérales de bail de plus de douze ans ;

2° Les conventions relatives à l'exercice des servitudes légales ;

Les actes ou documents dont la publicité est prévue par le présent article et les extraits, expéditions ou copies déposés au bureau des hypothèques pour l'exécution de la formalité sont soumis aux règles générales édictées par le présent décret notamment par les articles 4 à 7 et 34 concernant la forme des actes, l'identification des personnes et des biens, et les modalités de la publicité.

2. Peuvent être publiés dans les mêmes conditions les documents énumérés ci-après auxquels sont annexés ou dans lesquels sont littéralement reproduits des actes soumis ou admis à publicité, quoique ces derniers n'aient pas été dressés en la forme authentique :

1° Demande en justice tendant à obtenir la réitération ou la réalisation en la forme authentique desdits actes ;

2° Procès-verbal notarié constatant le défaut ou le refus du cocontractant ou promettant de procéder auxdites réitération ou réalisation ;

3° Déclaration, par acte notarié, de la volonté du bénéficiaire de l'acte d'exiger lesdites réitération ou réalisation.

Les dispositions de l'article 30 sont applicables à compter du jour de la formalité, lorsque celle-ci suivie, dans un délai de trois ans, de la publication d'un acte authentique ou d'une décision judiciaire constatant la réitération ou la réalisation. En cas d'instance judiciaire, ce délai peut être prorogé par la publication d'une ou plusieurs ordonnances successives rendues à cet effet par le président du tribunal saisi.

CHAPITRE IV. – ENTRÉE EN VIGUEUR ET DISPOSITIONS TRANSITOIRES

Art. 38. – Les chapitres Ier, II et III du présent décret entreront en vigueur le 1er janvier 1956.

Leurs dispositions ne seront pas applicables aux actes authentiques intervenus, aux actes sous seings privés ayant acquis date certaine, aux décisions judiciaires devenues définitives et aux transmissions par décès opérées, avant le 1er janvier 1956. Ces actes, décisions et transmissions par décès seront régis, quant à l'obligation de la publicité et à leurs effets, par la législation antérieure. Toutefois, en ce qui concerne les ventes d'immeubles publiées à partir du 1er mars 1955, le privilège du vendeur ou du prêteur qui a fourni les deniers pour l'acquisition, prévu à l'article 2108 du Code civil, ne pourra être conservé, à partir de cette date, que par une inscription prise, sans aucune perception au profit du Trésor, à la diligence des parties, dans un délai de deux mois à compter de la date de l'acte de vente, le délai expirant uniformément

Art. 2203 — PRIVILÈGES ET HYPOTHÈQUES

le 30 avril 1955 pour tous les actes d'une date antérieure au 1er mars 1955. En outre, tout extrait, expédition ou copie déposé dans un bureau des hypothèques à partir du 1er janvier 1956 devra contenir les éléments d'identification des personnes et des immeubles exigés par les articles 5, 6 et 7, quelle que soit la date des actes, décisions ou transmissions par décès ; de même, tout bordereau déposé à partir de la même date devra être conforme aux dispositions des articles 2146, 2148 et 2154 nouveaux du Code civil.

(D. n. 59-89 du 7 janv. 1959, art. 10) Les privilèges, les hypothèques légales de la femme mariée et du mineur ou de l'interdit ainsi que les hypothèques judiciaires, inscrits antérieurement au 1er janvier 1956, seront soumis, quant à leurs effets, aux dispositions du Code civil antérieures au présent décret ou des lois spéciales les concernant ; en particulier, les hypothèques légales conserveront le rang qui leur est attribué par les dispositions de l'article 2135 du Code civil, dans son texte antérieur au présent décret. La transcription opérée avant le 1er mars 1955 ne conserve le privilège prévu à l'article 2108 du Code civil que pendant dix ans, à défaut de renouvellement de l'inscription d'office avant l'expiration de ce terme.

Les privilèges et les hypothèques légales dispensés d'inscription par la législation antérieure et non encore inscrits au 1er janvier 1956 devront, pour conserver le rang qui leur est attribué par cette législation, faire l'objet d'une inscription dans les formes prévues par l'article 2148 nouveau du Code civil, avant le 1er janvier 1957. Jusqu'à cette date, la purge des hypothèques existant sur les immeubles appartenant à des mains ou à des tuteurs pourra être faite conformément aux articles 2193 à 2195 du Code civil et aux dispositions du chapitre Ier du titre IV du décret du 28 février 1852. A compter du 1er janvier 1957, le présent décret sera applicable pour la conservation de tous les privilèges et hypothèques.

Art. 39. – Pendant une période dont l'expiration sera fixée par décret en Conseil d'État et dont la durée ne pourra être inférieure à cinq ans, la publicité au fichier immobilier pourra être volontairement requise, sans aucune perception au profit du Trésor, pour ceux des actes authentiques intervenus, des actes sous seings privés ayant acquis date certaine, des décisions judiciaires devenues définitives, des transmissions par décès opérées, avant le 1er janvier 1956 :
– Qui n'étaient pas soumis à la publicité sous le régime antérieur, mais y auraient été soumis ou admis en vertu du présent décret ;
– Qui, soumis à la publicité en vertu du présent décret, étaient déjà soumis sous le régime antérieur et ont été publiés sous ce régime.

Dans cette dernière hypothèse, la formalité prend rang à la date de la formalité primitive et produit les mêmes effets.

Le dépôt est refusé, ou la formalité rejetée, dans les conditions prévues à l'article 34.

Art. 40. – Par dérogation au dernier alinéa de l'article 7, la première formalité requise après le 1er janvier 1956 et portant sur un immeuble situé dans une commune à cadastre rénové, même si elle n'a pas pour objet de publier une mutation par décès, un acte ou une décision judiciaire translatif, déclaratif ou constitutif d'un droit réel susceptible d'hypothèque, donne lieu, sous peine de rejet dans les conditions prévues à l'article 34, à la remise au conservateur des hypothèques d'un extrait cadastral concernant l'immeuble intéressé.

Les dispositions de l'alinéa précédent ne sont pas applicables aux conventions visées à l'article 2149 nouveau du Code civil.

Art. 41. – Par dérogation aux dispositions de l'article 9, le conservateur peut, à titre exceptionnel, et seulement pendant une période dont l'expiration sera fixée par décret en Conseil d'État, accepter les réquisitions de copies, extraits, ou certificats, qui ne mentionneraient pas les date et lieu de naissance des personnes désignées.

PRIVILÈGES ET HYPOTHÈQUES   Art. 2203

Dans ce cas, le conservateur est fondé à exiger l'indication du nom du conjoint desdites personnes si celle-ci lui paraît indispensable pour les recherches. Même si cette indication est fournie, la désignation n'en demeure pas moins incomplète et, s'il en résulte une erreur ou une omission dans les certificats délivrés, elle est réputée désignation insuffisante au sens de l'article 2197 du Code civil.

Art. 42. – Les énonciations relatives à l'identification des personnes physiques ou morales prescrites par les articles 5 et 6 doivent être complétées, dans tout bordereau, extrait, copie, ou expédition, déposé au bureau des hypothèques, après le 1ᵉʳ janvier 1956, pour l'exécution de la première formalité intéressant celles de ces personnes qui sont ou deviennent titulaires d'un droit réel susceptible d'hypothèque, par l'indication, dûment certifiée, de leurs noms, prénoms, dénominations et sièges, pendant les cinquante années précédentes.

Un décret en Conseil d'État fixera la date à laquelle le présent article cessera d'être applicable.

Art. 43. – Les dispositions du premier alinéa de l'article 2196 nouveau du Code civil et celles de l'article 10 du présent décret sont respectivement applicables à la délivrance des copies ou extraits des documents déposés dans les conservations avant le 1ᵉʳ janvier 1956, et au versement de ces documents dans les centres d'archives spéciaux et aux archives nationales ou départementales.

Art. 44. – Les renonciation, cession ou subrogation consenties, au profit des tiers acquéreurs ou prêteurs, avant l'entrée en vigueur du décret du 14 juin 1938, modifiant l'article 2135 du Code civil, par une femme mariée bénéficiaire d'une hypothèque légale ou judiciaire garantissant la pension alimentaire judiciairement allouée, pour elle ou ses enfants, produiront tous les effets prévus à l'avant-dernier alinéa de l'article 2135 du Code civil dans son texte antérieur au présent décret, même si ces actes ne contiennent pas la renonciation expresse de la femme.

Il en sera de même en cas de concours de la femme à la vente.

Art. 45. – Les dispositions du deuxième alinéa de l'article 2133 nouveau du Code civil sont applicables à toutes les hypothèques, même constituées avant le 1ᵉʳ janvier 1956.

CHAPITRE V. – DISPOSITIONS DIVERSES

Art. 46. – 1. Cesseront d'être applicables à compter du 1ᵉʳ janvier 1956 :
– L'article 18 de la loi du 21 ventôse an VII relative à l'organisation de la conservation des hypothèques ;
– La loi du 23 mars 1855 sur la transcription en matière hypothécaire, et les divers textes qui l'ont complétée ou modifiée, notamment le décret du 30 octobre 1935, modifiant le régime de la transcription, et la loi du 24 mai 1951, organisant la publicité des insuffisances de prix ou d'évaluation constatées dans les actes soumis à la formalité de la transcription, sous réserve des dispositions du 2 du présent article :
– L'article 2153 du Code civil ;
– Les articles 2193 à 2195 du Code civil et le chapitre Iᵉʳ du titre IV du décret du 20 février 1852 sur les sociétés de crédit foncier, modifié par la loi du 10 juin 1853, sous réserve des dispositions transitoires prévues à l'alinéa 4 de l'article 38 du présent décret ;
– La loi du 3 septembre 1807 relative aux inscriptions hypothécaires en vertu de jugements rendus sur des demandes en reconnaissance d'obligations sous seing privé.

2. Les trois derniers alinéas de l'article 4 de la loi modifiée du 23 mars 1855 sont abrogés.

Art. 47. – Toute soumission constatant une insuffisance de prix ou d'évaluation de biens ou droits immobiliers est établie en triple exemplaire et, dans les trois mois de son acceptation, l'un des originaux est déposé au rang des minutes du notaire rédacteur de l'acte, sous peine d'une amende civile égale au vingtième de l'insuffisance reconnue, à la charge de la partie débitrice des droits.

Le dépôt est effectué à la suite de la minute de l'acte.

Art. 48.– 1. *(V. D. 14 juin 1938, art. 13, 14 et 15, C. ass., art. L. 327-1 à 327-4).*
2. *(Abrogé, L. n. 74-1078 du 21 déc. 1974, art. 7).*
3. Les dispositions du présent article entreront en vigueur le 1er janvier 1956.

Art. 49. – *V. C. proc. civ., art. 679.*

Art. 50. – *V. C. civ., art. 2200.*

Art. 50-1 *(D. n. 59-89 du 7 janv. 1959, art. 11).* – Lorsqu'il n'a pas été transcrit ou publié de document analogue à l'état descriptif de division d'un immeuble visé à l'alinéa 3 de l'article 7, tout intéressé peut requérir un notaire d'en établir un, en vue de la publication d'un acte ou d'une décision concernant une fraction dudit immeuble.

Les propriétaires ou leurs représentants sont tenus de communiquer au notaire tous actes ou documents nécessaires.

Si un ou plusieurs propriétaires contestent l'état descriptif ainsi établi, le notaire complète celui-ci, avant d'en requérir la publication, par un procès-verbal constatant les réserves des opposants.

Les dispositions qui précèdent sont applicables lorsque le document transcrit ou publié attribue un même numéro à plusieurs lots différents, ou lorsqu'une subdivision ou une réunion des lots désignés par ce document a été opérée sans qu'il ait été transcrit ou publié un document analogue à l'état modificatif visé à l'alinéa 3 de l'article 7.

Art. 50-2 *(D. n. 58-89 du 7 janv. 1959, art. 11).* – En ce qui concerne les formalités de publicité requises sans le concours du titulaire du droit, la désignation de la fraction d'immeuble intéressée est faite sur la base d'un procès-verbal descriptif, dressé par un huissier de justice et attribuant un numéro à ladite fraction, lorsque l'état descriptif de division ou un document analogue n'a pas été préalablement publié ou que sa publication n'est pas simultanément requise.

Il en est de même lorsque la fraction d'immeuble intéressée a été, postérieurement à la publication du document constatant le droit du requérant, soit divisée, soit réunie en tout ou en partie à un autre lot, sans qu'un acte modificatif de l'état de division ait été publié.

Dans le cas où le document à publier n'est pas un commandement pour valoir saisie, l'huissier de justice doit être commis par ordonnance sur requête rendue par le président du tribunal de grande instance de la situation de l'immeuble et peut instrumenter dans les conditions prévues au dernier alinéa de l'article 673 du Code de procédure civile.

Art. 50-3 *(D. n. 59-89 du 7 janv. 1959, art. 11).* – Pour les formalités de publicité requises sans le concours du titulaire du droit, le signataire du certificat d'identité peut se faire communiquer, par ledit titulaire ou par toute personne susceptible de les fournir, les documents nécessaires à l'établissement du certificat prévu aux articles 5 et 6 du décret du 4 janvier 1955 et, à défaut, les renseignements permettant d'obtenir lesdits documents.

Le signataire du certificat d'identité peut également obtenir les renseignements d'identité nécessaires à la rédaction dudit certificat des administrations, services ou établissements publics de l'État, des départements et des communes et des établissements nationalisés, sans que le secret administratif ou professionnel puisse lui être opposé.

PRIVILÈGES ET HYPOTHÈQUES   Art. 2203

En cas de saisie, l'huissier de justice doit énoncer au commandement les documents communiqués ou les renseignements recueillis.

Art. 51 *(D. n. 59-89 du 7 janv. 1959, art. 12).* – Des décrets pris sur le rapport du garde des sceaux, ministre de la justice, du ministre de l'économie et des finances, du ministre de l'agriculture, du ministre du travail, du ministre de l'équipement et du logement et du secrétaire d'État à l'économie et aux finances, déterminent les modalités d'application du présent décret et, notamment, des articles 1er à 3, 7, 28-9°, 29, 32, 34 à 36, 39 et 40, ainsi que les articles 2136, 2137, 2148 et 2154 nouveaux du Code civil.

Ils fixent en particulier :
– Les conditions d'application de l'article 2, en cas de modification des désignations cadastrales ou de changement de limite, et les modalités selon lesquelles les dispositions de l'article 816 du Code général des impôts devront être modifiées en vue de la conservation du cadastre ;
– Les justifications à produire en vue de l'application de l'article 3, ainsi que les conditions du refus du dépôt ou du rejet de la formalité ;
– La liste des organismes habilités à certifier l'identité des personnes physiques ou morales conformément aux articles 5 et 6 ;
– Les modalités du refus du dépôt ou du rejet de la formalité en application des articles 34, 39, 40 et 48 du présent décret et les articles 2148, 2149 et 2154 nouveaux du Code civil.
– Les éléments de la désignation individuelle des immeubles exigée par les articles 2146, dernier alinéa, 2148, cinquième alinéa, 2149, dernier alinéa, du Code civil et les articles 9, quatrième alinéa, et 34-2 du présent décret.
– Les règles spéciales régissant la publicité des actes, décisions et bordereaux concernant les droits sur les mines, en vue de la constitution d'un fichier des mines et, notamment, les cas de refus du dépôt et de rejet de la formalité.

Art. 52. – Il n'est pas dérogé aux dispositions du chapitre III de la loi du 1er juin 1924, régissant les droits sur les immeubles situés dans les départements du Haut-Rhin, du Bas-Rhin et de la Moselle.

....

Décret n. 55-1350 du 14 octobre 1955 *(J.O.15 oct.)*
pour l'application du décret n. 55-22 du 4 janvier 1955 portant réforme de la publicité foncière

TITRE Ier. – DU FICHIER IMMOBILIER

CHAPITRE Ier. – DISPOSITIONS APPLICABLES AUX IMMEUBLES SITUÉS DANS LES COMMUNES A CADASTRE RÉNOVÉ

Section I. – Composition et tenue du fichier

Art. 1er. – Le fichier immobilier, dont la tenue est prescrite, à compter du 1er janvier 1956, par l'article 1er du décret du 4 janvier 1955, se compose, pour chaque commune du ressort de la conservation des hypothèques :
– des fiches personnelles de propriétaire ;
– des fiches parcellaires.
En outre, des fiches d'immeubles sont tenues pour les immeubles urbains définis à l'article 2.

Art. 2203 PRIVILÈGES ET HYPOTHÈQUES

Art. 2 *(D. n. 70-512 du 12 juin 1970, art. 1ᵉʳ).* − 1. Sont considérés comme immeubles urbains tous immeubles situés dans les communes qui, avant l'entrée en vigueur de la loi du 10 juillet 1964, dépendaient du département de la Seine et dans les parties agglomérées, telles qu'elles résultent des tableaux de dénombrement de la population, des communes de plus de 10 000 habitants énumérées au tableau 3 annexé au décret n. 54-1088 du 30 octobre 1954 authentifiant les résultats du recensement du 10 mai 1954.

Ne cesseront pas d'être considérés comme urbains les immeubles situés dans des communes qui comptent plus de 10 000 habitants d'après les résultats du recensement du 10 mai 1954 et dont la population tombera au-dessous de ce chiffre d'après un nouveau décret de dénombrement.

Les immeubles situés dans les communes comptant moins de 10 000 habitants d'après les résultats du recensement du 10 mai 1954 et dont la population atteindra ce chiffre, d'après un nouveau décret de dénombrement, seront, à partir de l'entrée en vigueur de ce texte, considérés comme urbains.

2. Sont également considérés comme immeubles urbains, quelle que soit leur situation, les immeubles ou ensembles immobiliers qui font l'objet d'un lotissement, d'une division ou d'une copropriété dans le cadre, soit d'un cahier des charges établi par application des articles 89 *bis* ou 107 du Code de l'urbanisme et de l'habitation, soit d'un règlement de copropriété établi par application de la loi modifiée du 28 juin **1938** tendant à régler le statut des immeubles divisés par appartements (*).

3. Tous les autres immeubles sont considérés comme immeubles ruraux.

(*) *V. L. n. 65-557 du 10 juil. 1965, infra en annexe.*

Art. 3. − Les fiches sont conformes aux modèles annexés au présent décret. Toutefois, un arrêté du directeur général des impôts peut apporter des modifications à ces modèles pour tenir compte de la situation particulière de certaines communes.

(Deuxième al. remplacé, D. n. 79-643 du 24 juil. 1979, art. 5) Les fiches sont fournies par l'administration.

§ 1ᵉʳ. − Fiches personnelles de propriétaire

Art. 4. − 1. Il est établi, pour chaque propriétaire, une fiche personnelle par commune dans laquelle ce propriétaire possède des immeubles.

En cas d'indivision, une fiche personnelle est établie au nom de chacun des copropriétaires indivis.

(D. n. 59-90 du 7 janv. 1959, art. 4) Lorsqu'un immeuble est grevé d'un droit d'usufruit, d'emphytéose, d'usage, d'habitation, de superficie, ou fait l'objet d'un bail de plus de douze ans, des fiches personnelles sont établies, d'une part, au nom du nu-propriétaire ou du propriétaire, d'autre part, au nom de l'usufruitier, de l'emphytéose, de l'usager, du titulaire du droit d'habitation ou de superficie ou du preneur.

Une fiche personnelle n'est établie au nom du titulaire d'un droit sur un immeuble que si ce droit est actuel ou soumis à la réalisation d'une condition suspensive expressément stipulée dans un titre publié.

En cas d'usufruits successifs, seule est établie la fiche personnelle du premier usufruitier.

Il n'est pas établi de fiche personnelle au nom des propriétaires d'une fraction d'immeuble lorsque leur identité n'est pas certifiée et que le document à publier est établi à la requête du représentant de la collectivité des copropriétaires.

PRIVILÈGES ET HYPOTHÈQUES — Art. 2203

2. *(D. n. 67-1252 du 22 déc. 1967, art. 1er)* Il est créé une fiche personnelle lors de la première formalité de publicité opérée à partir du 1er janvier 1956, en exécution des articles 28, 35 à 37 et 39 du décret du 4 janvier 1955 ; une fiche est également créée si la première formalité est une inscription d'hypothèque ou de privilège ou une inscription prise en renouvellement.

Par exception, il n'est pas créé de fiche personnelle au nom des associations syndicales constituées en vertu des articles 23 à 26 de la loi modifiée des 11 octobre 1940 - 12 juillet 1941, pour annoter le transfert des immeubles dont les associations deviennent propriétaires de plein droit. Ceux-ci restent répertoriés sur les fiches personnelles des anciens propriétaires, qui sont annotées, au cadre A du tableau III, dans la colonne « Observations », d'une mention de référence à la date et au numéro de classement dans les archives de la liste prévue à l'article 43 de l'arrêté du 11 octobre 1946 ; s'il s'agit d'un immeuble urbain, l'annotation est faite au cadre A du tableau III de la fiche d'immeuble visée à l'article 10. Cette mention est radiée après l'annotation du transfert de propriété, en exécution de l'article 45 de l'arrêté précité, sur fiches personnelles des membres des associations syndicales et, le cas échéant, sur les fiches d'immeuble.

Art. 5 *(D. n. 59-90 du 7 janv. 1959, art. 4 ; D. n. 67-1252 du 22 déc. 1967, art. 1er-2 ; D. n. 73-313 du 14 mars 1973, art. 4-1).* – 1. Le conservateur mentionne :

– au tableau I, la liste des immeubles urbains, au sens de l'article 2 du présent décret, quelle que soit leur nature (terrains nus, bâtiments, appartements, etc.), chaque immeuble étant désigné par la section et le numéro du plan cadastral, le nom de la rue et le numéro, ou à défaut, le lieudit ; les formalités concernant les immeubles urbains sont répertoriées au tableau III des fiches d'immeuble prévues à l'article 10 ci-après :

– au tableau II, le détail des immeubles ruraux, au sens du même texte, chaque îlot de propriété ou parcelle – suivant le mode du numérotage du plan cadastral – étant désigné par la section et le numéro du plan cadastral et recevant un numéro d'ordre ;

– au tableau III, les formalités répertoriées concernant les immeubles ruraux avec, notamment, pour chacune d'elles, l'indication :

– de sa date et du numéro de classement dans les archives ;
– de la date des actes, décisions judiciaires ou documents, de la nature des conventions, clauses ou inscriptions publiées ;
– de l'officier public ou ministériel ou de l'autorité judiciaire ou administrative ;
– du montant en principal du prix, de l'évaluation ou de la soulte ;
– du montant de la créance et de l'ensemble des accessoires garantis, et, le cas échéant, du taux d'intérêt et de l'existence d'une clause de réévaluation ;
– de la date extrême d'exigibilité de la créance ;
– du domicile élu par le créancier ;
– de la date extrême d'effet de l'inscription.

Ne donnent lieu à aucune annotation les mentions portées, par application de l'article 2149 du Code civil, en marge des inscriptions prises avant le 1er janvier 1956, ainsi que les mentions portées en marge des copies de commandement valant saisie publiées avant la même date.

Dans le cadre B du tableau III, sont répertoriés les bordereaux, actes ou décisions relatifs à des privilèges, hypothèques (inscriptions, renouvellements, mentions), saisies, restrictions au droit de disposer, clauses résolutoires, demandes en justice, baux, servitudes passives, droits de superficie, d'usage, d'habitation, antichrèses et d'une manière générale, tous droits grevant les immeubles.

Dans le cadre A sont répertoriés tous les autres actes ou décisions judiciaires.

Art. 2203   PRIVILÈGES ET HYPOTHÈQUES

2. Les annotations concernant les immeubles ruraux énoncés, dans les documents déposés, comme acquis par les deux époux, sont portées, aux tableaux II et III de la fiche personnelle du mari, la fiche personnelle de la femme étant annotée d'un simple renvoi à celle du mari.

Les mêmes immeubles énoncés, dans les documents déposés, comme acquis par un seul des époux sont mentionnés exclusivement sur la fiche de l'époux intéressé.

Sous réserve de l'application éventuelle de l'article 34-3, les formalités ultérieures portant sur lesdits immeubles et concernant les deux époux ou l'un d'eux sont annotées sur les fiches personnelles où figurent, en vertu des deux alinéas précédents, les annotations relatives à l'acquisition.

S'il s'agit d'immeubles urbains, les annotations des acquisitions et des aliénations sont faites, tant sur les fiches personnelles (tableau I) des époux intéressés, selon les distinctions prévues en ce qui concerne les immeubles ruraux, que sur les fiches d'immeubles visés à l'article 10, ces dernières recevant également les annotations relatives aux autres formalités.

3. Les fiches personnelles créées, à l'occasion de la publication d'une attestation notariée après décès constatant la dévolution de biens indivis, au nom des différents successibles ou légataires, ou existant déjà à leur nom, comportent de simples renvois à la fiche du *de cujus* jusqu'à la publication d'un acte faisant cesser l'indivision. La fiche personnelle du *de cujus* est annotée des noms de tous les indivisaires et de la part revenant à chacun d'eux, lorsqu'elle est indiquée dans l'attestation.

4. Lorsqu'une formalité est requise du chef du bénéficiaire d'un droit éventuel, aux termes d'un document faisant expressément état dudit droit, l'annotation de la formalité est faite exclusivement sur la fiche du titulaire du droit actuel ou conditionnel, par application du quatrième alinéa du 1 de l'article 4 du présent décret.

Art. 6. – Lorsqu'il est établi plusieurs fiches personnelles au nom d'une même personne, ces fiches sont numérotées et portent une mention de référence entre elles ; elles sont classées ensemble, dans l'ordre chronologique de leur création, pour permettre de déterminer immédiatement la situation patrimoniale de chaque personne.

Dans le ressort de chaque conservation des hypothèques, les fiches personnelles préalablement groupées par personne, dans l'ordre croissant de leur numéro de création, font l'objet, pour les personnes physiques, d'un classement alphabétique, par noms patronymiques, dans les conditions fixées par arrêté du directeur général des impôts.

Les fiches établies au nom des personnes morales font l'objet d'un classement à part, selon les modalités fixées par le même arrêté.

Il est procédé périodiquement à l'apurement du fichier. A cet effet, les fiches personnelles sur lesquelles aucune annotation n'a été opérée depuis plus de cinquante ans sont extraites et classées à part.

Art. 7 *(D. n. 67-1252 du 22 déc. 1967, art. 1er-3)*. – A compter du 1er janvier 1956 il n'est plus porté d'annotation au registre dont la tenue est prescrite par l'article 18 de la loi du 21 ventôse an VII.

Les fiches personnelles de propriétaire sont créées même pour constater la publication d'un acte ou d'une décision judiciaire révélant une diminution du patrimoine (vente, expropriation, attestation notariée après décès, donation-partage, etc.).

§ 2. – Fiches parcellaires

Art. 8. – La fiche parcellaire fait apparaître pour chaque lot de propriété ou parcelle, la liste des mutations de propriété successives dont il a fait l'objet, par voie de référence aux documents publiés.

PRIVILÈGES ET HYPOTHÈQUES — Art. 2203

Toutefois, dans le cas où un îlot de propriété ou une parcelle a donné lieu à l'établissement d'une fiche d'immeuble, il n'est fait aucune référence aux documents publiés : un simple renvoi à ladite fiche est mentionné en regard du numéro du plan cadastral.

Art. 9. – Les fiches parcellaires sont classées dans une série distincte par commune, et, pour chaque commune, dans l'ordre alphabétique des sections et dans l'ordre croissant des numéros du plan cadastral.

§ 3. – Fiches d'immeuble

Art. 10 *(D. n. 59-90 du 7 janv. 1959, art. 4).* – Une fiche d'immeuble est établie pour chaque immeuble urbain et pour chaque fraction d'immeuble urbain au sens de l'article 2.

Le conservateur mentionne, indépendamment de la section et du numéro du plan cadastral, du nom de la rue et du numéro, ou, à défaut, du lieudit :
- au tableau I, la nature de l'immeuble et, pour les fractions d'immeuble, le numéro de lot que concerne la fiche, ainsi que les modifications apportées par la suite à sa consistance ;
- au tableau II, le lotissement ou la division, s'il y a lieu ;
- au tableau III, les formalités intéressant, suivant le cas, la totalité de l'immeuble, ou chaque lot ou appartement le composant, ce tableau étant utilisé, dans les conditions prévues à l'article 5 pour la fiche personnelle.

Art. 11. – En cas de division ultérieure d'un immeuble urbain en fractions divises – comportant ou non des fractions indivises – il est créé, au moment de l'attribution effective de chaque lot à un nouveau propriétaire et pour chacune des fractions divises, une fiche particulière sur laquelle sont portées les annotations concernant uniquement la fraction intéressée. Dans cette hypothèse, la fiche originaire, dite fiche générale, est annotée, au tableau II, du lotissement ou de la division, ainsi qu'il est indiqué à l'article 10, et au tableau III, de toutes les formalités intéressant l'ensemble de l'immeuble.

Par dérogation à l'alinéa précédent, en cas de partage en nature entre tous les membres d'une société régie par la loi modifiée du 28 juin 1938 de la totalité des appartements d'un immeuble urbain, les fiches particulières des fractions divises ne sont créées qu'à l'occasion de la première opération (vente, affectation, hypothécaire, etc.) concernant chacune desdites fractions.

Il est également créé des fiches particulières pour chaque fraction divise au fur et à mesure que les formalités sont répertoriées, s'il est constaté, à l'occasion de la publication opérée, à partir du 1er janvier 1956, d'un acte ou d'une décision judiciaire concernant l'une de ces fractions, qu'un immeuble urbain a été antérieurement divisé en copropriété. La fiche générale est créée en même temps que la première fiche particulière ; elle est annotée au tableau II, au fur et à mesure des aliénations ou attributions des lots en faisant l'objet et, au tableau III, de toutes les formalités requises postérieurement à sa création intéressant l'ensemble de l'immeuble, qu'il n'y a pas lieu de répertorier sur chaque fiche particulière.

V. L. n. 71-579 du 16 juil. 1971, art. 5 et s.

Art. 12. – Dans chaque conservation des hypothèques, les fiches d'immeuble sont classées dans une série distincte, par commune, selon les modalités fixées par arrêté du directeur général des impôts.

§ 4. – Forme et modalités des annotations

Art. 13 *(D. n. 67-1252 du 22 déc. 1967, art. 1er-4).* – Les fiches sont annotées de façon nette et lisible, à l'encre noire indélébile ; par exception, la date extrême d'effet des inscriptions de privilège ou d'hypothèque est indiquée à l'encre rouge indélébile.

Art. 2203   PRIVILÈGES ET HYPOTHÈQUES

Les annotations sont rédigées en une forme claire et brève.
L'usage de cachets ou composteurs est autorisé, ainsi que l'emploi des abréviations courantes.
Les traits doivent être tirés à la règle.
Les surcharges et grattages sont interdits.
Au tableau III des fiches personnelles de propriétaire et des fiches d'immeuble, une ligne est laissée en blanc entre chaque formalité.
Les annotations entachées d'erreurs imputables aux agents des conservations sont annulées, par rature à l'encre noire, dès la découverte des erreurs, et rétablies à la suite. L'annulation est émargée de la date de la rectification et de la signature ou du paraphe soit du conservateur, soit du chef de contrôle ou de l'agent en faisant fonction. Les copies du fichier immobilier délivrées en exécution du deuxième alinéa de l'article 2196 du Code civil ne doivent mentionner que les annotations rectifiées.

    Art. 14. – 1. Toute annotation, dans l'en-tête ou l'un des tableaux d'une fiche, qui perd son caractère d'actualité par suite de la publication postérieure d'un autre document ou par l'effet de la loi est soulignée par un trait à l'encre rouge ; le cas échéant, le motif est précisé dans la colonne « Observations ».
    2. Les immeubles inscrits aux tableau I et II des fiches personnelles sont soulignés à l'encre rouge, lorsqu'à la suite d'une mutation ils sont portés sur la fiche personnelle du nouveau propriétaire ; de même, sont soulignées à l'encre rouge les formalités annotées au tableau III des fiches personnelles de propriétaire ou des fiches d'immeuble qui ne présentent plus aucun intérêt pour apprécier la situation juridique actuelle d'un immeuble (inscriptions hypothécaires ou saisies radiées ou périmées, baux résiliés, etc.).

    Art. 15. – Le transfert d'un immeuble rural, au sens de l'article 2 du tableau II de la fiche personnelle de l'ancien propriétaire au tableau II de la fiche personnelle du nouveau propriétaire, s'accompagne du report sur cette dernière fiche des annotations, quelle que soit leur date, figurant aux cadres A et B du tableau III, relatives aux servitudes et de toutes les autres annotations remontant à moins de cinquante ans portées au cadre B dudit tableau III, relatives aux charges et restrictions, continuant à grever l'immeuble transféré ; de même, sont reportés les hypothèques et privilèges non périmés. Toutes les annotations reportées sont soulignées à l'encre rouge sur la fiche personnelle de l'ancien propriétaire.
    Lorsqu'une inscription d'hypothèque ou de privilège grève plusieurs immeubles et que certains d'entre eux, seulement, sont transférés sur une autre fiche personnelle, il est indiqué, dans la colonne « Observations », en regard de l'inscription, tant sur la fiche personnelle de l'ancien propriétaire que sur celle du nouveau propriétaire, la mention « Affecté avec d'autres immeubles ».

    Art. 16. – Les dispositions de l'article précédent sont applicables aux seuls droits, charges, restrictions, hypothèques ou privilèges ayant fait l'objet d'une publication à partir du 1er janvier 1956.

    Art. 16-1 *(Aj. D. n. 79-405 du 21 mai 1979, art. 13)*. – Les extinctions ou extensions de droits, prévues à l'article 6-1 de la loi n. 65-557 modifiée du 10 juillet 1965, sont publiées au fichier immobilier du seul fait de l'annotation des formalités qui les entraînent et de la mise à jour des fiches d'immeuble.
    Toutefois, en cas d'acquisition de parties communes entraînant changement de l'emprise de la copropriété, l'extension de droits prévue à l'alinéa 2 de l'article 6-1 susvisé est publiée sur le dépôt de deux expéditions de l'acte modificatif ou de l'acte distinct qui contient la déclaration,

par le syndic ou un créancier inscrit, que, le bien acquis étant libre de tous droits à la date de la mutation ou ayant été, par suite des formalités ou des événements relatés, libéré des droits dont il était l'objet, cette extension est réalisée.

En cas d'inexactitude de la déclaration en ce qui concerne l'inexistence de droits, la formalité est rejetée.

Section II. – Concordance du fichier immobilier et du cadastre

Art. 17. – La concordance du fichier immobilier et du cadastre, prévue à l'article 2 du décret du 4 janvier 1955, est assurée dans les conditions fixées aux articles 18 à 31, dont les dispositions sont applicables à compter du 1er janvier 1956, quelle que soit la date des actes, décisions ou transmissions par décès.

Art. 18. – *C.G.I., art. 860.*

Art. 19 *(D. n. 70-548 du 22 juin 1970, art. 4).* – En cas de changement de limite de propriété, le document d'arpentage établi spécialement en vue de la conservation du cadastre est annexé à l'extrait d'acte prévu à l'article 860 du Code général des impôts.

Art. 20 *(Premier al. abrogé, D. n. 70-548 du 22 juin 1970, art. 4).*
L'extrait d'acte modèle n. 1 remis au conservateur des hypothèques par application de l'article 860 du Code général des impôts constitue à la fois l'extrait d'acte prévu audit article et l'extrait cadastral dont la remise est prescrite par l'article 7 du décret du 4 janvier 1955 à l'appui de tout document déposé à la conservation des hypothèques en vue de publier une mutation par décès, un acte ou une décision judiciaire translatif, déclaratif, constitutif ou extinctif d'un droit de propriété, d'usufruit, d'emphytéose ou de superficie.

Art. 21 *(D. n. 59-90 du 7 janv. 1959, art. 5).* – 1. L'extrait cadastral prévu au dernier alinéa de l'article 7 du décret du 4 janvier 1955 est délivré par le service départemental du cadastre avant la rédaction définitive de tout titre sujet à publicité ou de toute attestation notariée.

Il doit avoir moins de trois mois de date au jour des actes ou attestations.

L'extrait remis à l'occasion de la publicité d'une décision judiciaire doit avoir moins de trois mois de date au jour de la demande en justice, ou du commandement publié pour valoir saisie.

En matière d'adjudication, l'extrait doit avoir moins de trois mois de date au jour du cahier des charges, si celui-ci est amiable, au jour de son dépôt, s'il est judiciaire.

2. L'extrait cadastral peut également être établi par les notaires, avoués *(avocats)* et autorités administratives, au vu, soit du livret cadastral, soit d'un extrait de la matrice cadastrale, à la condition que le livret ait été mis à jour ou que l'extrait ait été lui-même délivré par le service départemental du cadastre moins de trois mois avant la date de l'acte, de l'attestation, de la demande en justice, du cahier des charges – et, s'il est judiciaire, de son dépôt – ou du commandement publié pour valoir saisie, suivant la distinction faite au 1 du présent article.

Art. 22 *(D. n. 70-548 du 22 juin 1970, art. 4).* – L'extrait cadastral est complété, pour valoir extrait d'acte, par les notaires, huissiers, greffiers, avoués *(avocats)* et autorités administratives. Ceux-ci y portent notamment l'indication de la date et de la nature de l'acte, du prix ou de l'évaluation des immeubles – de la soulte, s'il y a lieu – du nom et de la qualité de l'officier public ou ministériel, ou de l'autorité administrative, ainsi que la désignation des parties conformément au premier alinéa des articles 5 et 6 du décret du 4 janvier 1955.

Art. 2203   PRIVILÈGES ET HYPOTHÈQUES

En ce qui concerne spécialement les actes et décisions judiciaires dressés par eux ou avec leur concours, les notaires, huissiers, greffiers, avoués *(avocats)* et autorités administratives rayent à l'encre rouge, sur la liste des îlots de propriété ou des parcelles, s'il y a lieu, ceux dont la mutation ou l'attribution primitivement projetée a été finalement différée et annotent l'extrait d'acte en conséquence.

A défaut de remise de l'extrait cadastral et, en cas de changement de limite de propriété, à défaut de remise du document d'arpentage, le dépôt est refusé.

Art. 23. – 1. Après avoir annoté la formalité requise au registre de dépôts prévu à l'article 2200 du Code civil, le conservateur des hypothèques s'assure que les énonciations relatives à la désignation des parties, inscrites par les notaires, avoués *(avocats)* et autorités administratives sur l'extrait modèle n. 1 concordent exactement avec les énonciations correspondantes figurant dans le document déposé. Il vérifie, en outre, la concordance exacte des énonciations relatives à la désignation des immeubles figurant, d'une part, dans l'extrait, d'autre part, dans le document déposé.

2. En cas de concordance, le conservateur se conforme aux prescriptions de l'article 34 du présent décret et, après avoir terminé l'exécution de la formalité, indique, dans le cadre prévu à cet effet sur l'extrait, la date, le volume et le numéro de la formalité.

3. En cas de discordance et sous réserve de l'application éventuelle de l'article 34 ci-après, le document déposé est néanmoins publié.

Si la différence constatée concerne la désignation des parties, elle est immédiatement signalée, par simple avis, à l'officier public ou ministériel ou à l'autorité administrative qui a complété l'extrait et qui dispose d'un délai de quinze jours à compter de la réception de l'avis, soit pour rectifier ledit extrait, soit pour déposer un document rectificatif prenant rang à la date de sa publication, selon que les énonciations erronées sont celles de l'extrait ou celles du document publié. Si aucune suite n'est donnée, dans le délai imparti, à l'avis du conservateur, les énonciations du document publié sont tenues pour seules valables et l'extrait, après mise en harmonie avec ce document, est adressé au service du cadastre dans les conditions prévues à l'article 24. Le document rectificatif déposé après le délai imparti doit être accompagné de l'avis du conservateur, annoté des indications exactes destinées à se substituer aux indications erronées que ce document a pour but de redresser. A défaut de remise de cet avis, un nouvel extrait d'acte (modèle n. 1) est exigé, sous la sanction prévue au dernier alinéa de l'article 22.

Lorsque la différence concerne la désignation des immeubles, elle est signalée au service du cadastre, lors de l'envoi périodique des extraits.

Art. 24. – Les extraits (modèle n. 1) conformes aux documents publiés sont transmis au service du cadastre, et versés aux archives de ce service, selon les modalités fixées par arrêté du directeur général des impôts.

Ceux de ces extraits dont les énonciations relatives à la désignation des immeubles ne sont pas conformes aux énonciations correspondantes des documents publiés sont transmis au service du cadastre dans une liasse spéciale, complétés des références à la date, au volume et au numéro de la formalité, et annotés des différences constatées.

Dans les cas où les énonciations inexactes sont celles du document publié, le service du cadastre signale les inexactitudes à l'officier public ou ministériel ou à l'autorité administrative qui a complété l'extrait, et qui dispose d'un délai d'un mois à compter de la réception de l'avis du service du cadastre pour déposer un document rectificatif prenant rang à la date de sa publication.

PRIVILÈGES ET HYPOTHÈQUES — Art. 2203

Ce document doit être accompagné de l'avis du service du cadastre annoté des indications exactes destinées à se substituer aux indications erronées que le document a pour objet de redresser.

A défaut de remise de cet avis, un nouvel extrait d'acte (modèle n. 1) est exigé, sous la sanction prévue au dernier alinéa de l'article 22.

Si un document rectificatif n'est pas déposé dans le délai d'un mois prévu au troisième alinéa du présent article, le service du cadastre effectue les mutations d'après les énonciations du document publié.

Art. 25. – Les mutations cadastrales constatant des modifications dans la situation juridique des immeubles ne peuvent être opérées qu'au vu des extraits (modèle n. 1) portant la date, le volume et le numéro de la formalité de publicité effectuée à la conservation des hypothèques et ne contenant aucune discordance avec les documents déposés en vue de la publicité immobilière.

Art. 26. – Les modifications apportées par le service du cadastre dans le numérotage des îlots de propriété ou des parcelles à la suite des changements que ce service est habilité à constater d'office en application de l'article 33 du décret n. 55-471 du 30 avril 1955 et concernant les îlots de propriété et les parcelles inscrits au fichier immobilier sont notifiées au conservateur des hypothèques dans la forme prévue à l'article 28.

Art. 27. – En cas de changement de limite de propriété, l'extrait cadastral remis au conservateur des hypothèques mentionne les désignations cadastrales des îlots de propriété ou des parcelles avant et après le changement de limite.

Le document d'arpentage y demeure annexé.

(D. n. 59-90 du 7 janv. 1959, art. 5) En cas de lotissement effectué dans le cadre des articles 89-1 et 107 du Code de l'urbanisme et de l'habitation, les désignations cadastrales de l'extrait sont limitées au lot qui fait l'objet de l'acte ou de la décision. Un numéro cadastral est attribué à chaque lot dès l'aliénation du premier lot, lorsque le document d'arpentage établi à l'occasion de cette aliénation constate la division de la tranche entière du lotissement dans laquelle les travaux de viabilité sont exécutés.

Il n'est pas exigé de document d'arpentage lors des aliénations ultérieures, si l'extrait d'acte est revêtu d'une mention du rédacteur de l'acte certifiant que le lot intéressé, tel qu'il résulte du document d'arpentage déjà produit, n'a subi aucune modification.

Art. 28. – Les notifications prescrites par l'article 36-1° du décret du 4 janvier 1955 et par l'article 36 du présent décret sont faites sous forme de procès-verbaux, dont le modèle et les conditions d'établissement sont arrêtés par le directeur général des impôts. Ces procès-verbaux sont certifiés par le service du cadastre, portés au registre de dépôts prévu à l'article 2200 du Code civil et annotés au fichier immobilier.

Art. 29. – Des règles spéciales sont fixées par arrêté du ministre de l'économie et des finances et des ministres intéressés pour assurer la concordance du fichier immobilier et du cadastre à la suite d'opérations de remembrement.

Art. 30. – 1. En exécution de l'article 40 du décret du 4 janvier 1955, un extrait cadastral est remis au conservateur des hypothèques à l'appui de la première formalité requise à partir du 1er janvier 1956, même lorsque cette première formalité n'a pas pour objet de publier une attestation après décès ou un acte ou décision translatif, déclaratif, constitutif ou extinctif de droit de propriété, d'usufruit, d'emphytéose ou de superficie.

Art. 2203 — PRIVILÈGES ET HYPOTHÈQUES

Il en est ainsi, notamment, en cas de publication de l'un des documents, actes ou décisions énumérés ci-après :
- bordereau d'inscription d'hypothèque ou de privilège, ou bordereau de renouvellement ;
- commandement valant saisie ;
- règlement de copropriété ;
- acte ou décision judiciaire portant ou constatant bail pour plus de douze années et, même pour un bail de moindre durée, quittance ou cession d'une somme équivalente à trois années de loyers ou fermages non échus ;
- acte ou décision judiciaire constituant ou constatant une servitude, un droit d'usage ou d'habitation ;
- acte ou décision judiciaire portant ou constatant promesse unilatérale de vente ou promesse unilatérale de bail de plus de douze ans ;
- acte ou décision judiciaire concernant l'exercice d'une servitude légale ;
- acte constitutif d'antichrèse ;
- acte ou décision judiciaire visé aux 2°, 4° a et b, 7° et 8° de l'article 28 du décret du 4 janvier 1955 ;
- demande en justice tendant à obtenir la résolution, la révocation, l'annulation ou la rescision d'une convention ou d'une disposition à cause de mort ; décision rejetant une telle demande ; désistement d'action ou d'instance ;
- convention d'indivision immobilière ;
- acte constitutif de bien de famille insaisissable ;
- décision de classement ou de déclassement de monument historique ou de site ;
- décision portant octroi de primes à la construction ;
- décision portant limitation administrative au droit de propriété ou dérogation à une limitation.

(D. n. 73-313 du 14 mars 1973, art. 9-2) L'extrait cadastral est conforme au modèle (n. 3) fixé par le directeur général des impôts.

2. En ce qui concerne spécialement les actes ou décisions relatifs à des servitudes réelles, l'extrait cadastral est produit tant pour le fonds servant que pour le fonds dominant.

3. Par dérogation à l'article 8, les fiches parcellaires sont annotées des mentions de référence à la formalité de publicité donnée à l'un des documents, actes ou décisions énumérés au 1 ci-dessus, si cette formalité est la première au sens de la présente disposition.

4. L'extrait cadastral, qui doit porter une mention de référence à l'article 40 du décret du 4 janvier 1955 et avoir moins de trois mois de date au jour de l'acte ou de la décision à publier ou au jour où la publicité est requise, est établi par le service du cadastre ou par un notaire, un avoué *(avocat)* ou une autorité administrative, selon les modalités prévues à l'article 21.

Dans ce dernier cas, la mise à jour du livret cadastral doit avoir été faite ou l'extrait de la matrice cadastrale doit avoir été délivré moins de trois mois avant la date de l'acte ou de la décision, ou celle de la publicité.

L'extrait (modèle n. 3) est produit à l'appui du document déposé à la conservation des hypothèques ; il est transmis au service du cadastre suivant les modalités fixées par le directeur général des impôts.

Lorsque l'extrait n'est pas annexé à ce document et qu'après avoir accepté le dépôt le conservateur constate qu'il s'agit de la première formalité depuis le 1er janvier 1956, il ne procède pas aux annotations sur le fichier immobilier et invite le signataire du certificat d'identité, dans le délai maximum d'un mois à compter du dépôt, à se faire délivrer et à remettre un extrait cadastral. Les dispositions des deuxième et troisième alinéas du 3 de l'article 34 du présent décret sont applicables.

PRIVILÈGES ET HYPOTHÈQUES   **Art. 2203**

Si, à l'expiration du délai d'un mois à compter de la notification faite par le conservateur, l'extrait ne lui a pas été remis, la formalité est rejetée suivant les modalités prévues aux deux derniers alinéas du 3 de l'article 34.

Art. 31. – Pour l'application du dernier alinéa de l'article 22 et du 4 de l'article 30, est assimilée au défaut de remise de l'extrait cadastral l'omission sur celui-ci d'un seul des immeubles figurant sur le document déposé, ou la remise d'un extrait remontant à plus de trois mois ou établi au vu d'un livret cadastral mis à jour depuis plus de trois mois, ou d'un extrait de la matrice cadastrale délivré depuis plus de trois mois.
(D. n. 59-90 du 7 janv. 1959, art. 5) Dans les cas visés au 4 et au 5 de l'article 34 du décret du 4 janvier 1955, le dépôt n'est pas refusé s'il est remis au conservateur un extrait conforme aux énonciations du document déposé.
En matière d'inscription d'hypothèque conventionnelle, il suffit que l'extrait ait moins de trois mois de date au jour de l'acte d'affectation.

Section III. – Effet relatif de la publicité

§ 1er. – Application de l'effet relatif

Art. 32. – 1. Sous réserve des dispositions de l'article 35 ci-après, aucune formalité de publicité ne peut être opérée dans un bureau des hypothèques à défaut de publicité préalable ou simultanée de l'acte, de la décision judiciaire ou de l'attestation de transmission par décès constatant le droit du disposant ou dernier titulaire.
Le disposant ou dernier titulaire, au sens de l'article 3 du décret du 4 janvier 1955 et de la présente section, s'entend de la personne dont le droit se trouve transféré, modifié, confirmé, grevé ou éteint – ou est susceptible de l'être – avec ou sans consentement, par la formalité dont la publicité est requise.
2. Pour permettre le contrôle de l'application du 1, et sous réserve des dispositions des articles 35 à 37, tout extrait, expédition ou copie et, conformément au troisième alinéa, 6°, de l'article 2148 du Code civil, tout bordereau déposé à un bureau des hypothèques à partir du 1er janvier 1956 doivent contenir les références (date, volume, numéro) de la formalité donnée au titre du disposant ou dernier titulaire du droit, ou à l'attestation notariée de transmission par décès à son profit.
Si ce titre, ou cette attestation, n'a pas encore été publié, le document déposé doit préciser que la publication en sera requise simultanément.

Art. 33. – Le dépôt de tout extrait, expédition ou copie est refusé en l'absence des mentions ou précisions prévues au 2 de l'article 32, ou si la publicité du titre ou de l'attestation n'est pas effectuée au plus tard en même temps que la formalité nouvelle. L'omission, dans un bordereau d'inscription, de la date, du volume et du numéro sous lequel a été publié le titre de propriété du débiteur grevé, entraîne le rejet de la formalité.

Art. 34. – 1. Lorsqu'il a accepté le dépôt et inscrit la formalité au registre prévu à l'article 2200 du Code civil, le conservateur :
– vérifie l'exactitude des références à la formalité antérieure ;
– s'assure de la concordance du document déposé et des documents publiés depuis le 1er janvier 1956, tels qu'ils sont répertoriés sur les fiches personnelles ou les fiches d'immeuble, en ce qui concerne :
  a) La désignation des parties ;

Art. 2203   PRIVILÈGES ET HYPOTHÈQUES

b) La qualité de disposant ou de dernier titulaire, au sens du 1 de l'article 32, de la personne indiquée comme telle dans le document déposé ;
c) (D. n. 79-643 du 24 juil. 1979, art. 1ᵉʳ-I) La désignation individuelle des immeubles ;
2. *(D. n. 67-1252 du 22 déc. 1967, art. 2)* Lorsqu'il ne relève ni inexactitude ni discordance et que, par ailleurs, le document déposé contient toutes les mentions exigées par les articles 2148 du Code civil, 5, 6 et 7 du décret du 4 janvier 1955, et 61 à 63 du présent décret, le conservateur termine l'exécution de la formalité.

Il n'y a pas discordance lorsque le titre de la personne indiquée comme disposant ou dernier titulaire, au sens du 1 de l'article 32, a cessé, postérieurement à sa publication au fichier immobilier, de produire tout ou partie de ses effets en raison d'un acte ou d'une décision judiciaire ultérieurement publié.

3. *(D. n. 59-90 du 7 janv. 1959, art. 6)* En cas d'inexactitude ou de discordance, ou à défaut de publication du titre du disposant ou de l'attestation de transmission par décès à son profit, le conservateur ne procède pas aux annotations sur le fichier immobilier, il notifie, dans le délai maximum d'un mois à compter du dépôt, les inexactitudes, discordances ou défaut de publication relevés au signataire du certificat d'identité porté au pied de tout bordereau, extrait, expédition ou copie conformément aux prescriptions des articles 5 et 6 du décret du 4 janvier 1955.

Les fiches personnelles de propriétaire ou les fiches d'immeuble, sur lesquelles la formalité aurait été immédiatement répertoriée si le dépôt eût été régulier, sont simplement annotées de la date et du numéro de classement du document déposé, avec la mention « Formalité en attente ».

Dans le cas où la notification prescrite ci-dessus n'est pas faite directement au signataire du certificat d'identité lui-même et n'est pas dûment reconnue par lui, elle doit faire l'objet d'une lettre recommandée avec demande d'avis de réception, adressée, au plus tard, le dernier jour du délai d'un mois à compter du dépôt, au domicile indiqué par ledit signataire dans le document déposé.

Avant l'expiration d'un délai d'un mois à compter de la date de la notification directe ou de celle de l'avis de réception ou de l'avis de refus de la lettre recommandée, il appartient au signataire du certificat d'identité :
– soit de compléter le bordereau d'inscription ;
– soit de représenter les pièces (notamment, titres antérieurs, extraits cadastraux, extraits d'actes de naissance) justifiant l'exactitude des références à la formalité antérieure, ou des énonciations relatives à la désignation des parties et des immeubles ; dans ce cas, le conservateur procède, dans les conditions ordinaires, à l'exécution de la formalité qui prend rang à la date du dépôt. Les erreurs figurant au fichier immobilier sont rectifiées dans les conditions prévues au dernier alinéa de l'article 13 du présent décret, si elles émanent du conservateur. Dans le cas contraire, elles sont redressées, à la diligence des parties, par le dépôt d'un nouveau document établi dans les formes légales et tendant à rectifier le document antérieurement publié entaché d'erreur : ce document consiste soit en un nouveau bordereau établi au vu du titre lui-même, d'un acte rectificatif ou, à défaut d'un acte de notoriété, soit en une expédition, un extrait littéral ou une copie de ces titres, acte rectificatif ou acte de notoriété. Toutes mentions utiles sont portées sur les fiches en vue de signaler les erreurs et rectifications ;
– soit de déposer un bordereau ou document rectificatif. Dans ce cas, la publicité du bordereau ou document originaire prend effet à la date du dépôt, pour toutes les énonciations non entachées d'erreurs, celle du bordereau ou document rectificatif prenant effet à la date de son propre dépôt.

Dans tous les cas où la formalité prend rang rétroactivement à la date du dépôt, la date où elle est effectivement exécutée est constatée par un enregistrement pour ordre au registre des dépôts.

PRIVILÈGES ET HYPOTHÈQUES   Art. 2203

Si, dans le délai d'un mois à compter de la notification, le signataire du certificat d'identité n'a pas réparé les omissions, produit les justifications ou déposé les documents rectificatifs ou si, même avant l'expiration de ce délai, il a informé le conservateur du refus ou de l'impossibilité de satisfaire à ces obligations, la formalité est rejetée sous les réserves prévues à l'article 74.

Mention du rejet est faite par le conservateur en regard de l'inscription du dépôt au registre de dépôts dans la colonne « Observations », ainsi que sur les fiches de propriétaire et d'immeuble.

La décision de rejet est notifiée dans les huit jours de l'expiration du délai imparti au signataire du certificat d'identité. La notification est effectuée, suivant la distinction prévue au troisième alinéa du 3 du présent article, soit directement, soit par lettre recommandée avec demande d'avis de réception, adressée au domicile indiqué dans le document déposé.

La date de notification directe, ou celle de l'avis de réception ou de l'avis de refus de la lettre recommandée, fixe le point de départ du délai de huit jours au cours duquel peut être formé le recours prévu à l'article 26 du décret du 4 janvier 1955.

§ 2. – Exceptions à l'effet relatif

Art. 35. – 1. Les dispositions de l'article 32 ne sont pas applicables :

1° Si le droit du disposant ou dernier titulaire a été acquis sans titre et, notamment, par prescription ou accession ou lorsque le droit de propriété s'est trouvé consolidé par le décès de l'usufruitier ; dans ces cas, le document déposé doit contenir une déclaration précisant le mode ou les conditions d'acquisition ou de consolidation du droit ;

2° *(D. n. 59-90 du 7 janv. 1959, art. 6)* Si le titre du disposant ou dernier titulaire, ou la transmission par décès à son profit, est antérieur au 1er janvier 1956 ; dans ce cas, le document déposé doit indiquer la nature du titre et contenir la déclaration que le titre ou la transmission par décès n'est pas postérieur au 1er janvier 1956 ; cette déclaration n'est pas exigée si le requérant est en mesure de porter sur le document déposé les mentions ou précisions prévues à l'article 32.

2. *(D. n. 59-90 du 7 janv. 1959, art. 6)* L'absence des déclarations prévues ci-dessus entraîne le refus du dépôt ou le rejet de la formalité suivant les distinctions faites à l'article 33.

§ 3. – Modalités spéciales d'application de l'effet relatif

Art. 36 *(D. n. 59-90 du 7 janv. 1959, art. 6)*. – 1. Lorsque l'acte ou la décision judiciaire, dont un extrait, expédition ou copie est déposé en vue de la publicité, n'a pas été dressé ou rendu avec le concours ou à la requête du dernier titulaire du droit et, notamment, en cas de saisie, demande en justice, expropriation, remembrements collectifs, les mentions ou déclarations prévues aux articles 32-2 et 35-1, sous peine de refus du dépôt, ne sont pas exigées.

Dans ces cas, le conservateur, après avoir inscrit la formalité au registre de dépôts, recherche si le titre ou l'attestation constatant le droit de la personne indiquée, dans le document déposé, comme disposant ou dernier titulaire, a été publié depuis le 1er janvier 1956. Il s'assure ensuite, conformément à l'article 34-1, de la concordance entre les énonciations du document déposé et celles des documents antérieurement publiés.

2. Lorsqu'il s'est assuré de la publication, au fichier immobilier, du titre du disposant ou dernier titulaire ou de l'attestation constatant son droit, qu'il n'en relève ni inexactitude, ni discordance, et que, par ailleurs, le document déposé contient toutes les mentions exigées par les articles 5, 6 et 7 du décret du 4 janvier 1955, le conservateur procède à l'exécution de la formalité.

Dans le cas contraire, il procède comme il est dit à l'article 34-3. Toutefois, pour l'appplication du présent article, lorsque le document déposé intéresse la pleine propriété d'un immeuble et

Art. 2203   PRIVILÈGES ET HYPOTHÈQUES

que, d'après les documents antérieurement répertoriés au fichier immobilier, le titulaire désigné ne possède que la nue-propriété, ce défaut de concordance n'entraîne pas le rejet de la formalité.

3. S'il ne retrouve pas la formalité donnée au titre du dernier titulaire tel qu'il est indiqué dans le document déposé, il invite le signataire du certificat d'identité, dans le délai d'un mois – ou de huit jours s'il s'agit d'une saisie – à compter du dépôt, dans les formes prévues à l'article 34-3, et selon le cas :

a) Soit à déclarer qu'à sa connaissance le titre ou le décès n'est pas postérieur au 1er janvier 1956, à moins qu'il puisse indiquer les références (date, volume, numéro) de la formalité de publicité donnée au titre ou à l'attestation ;

b) Soit, si le titre ou le décès est postérieur au 1er janvier 1956, à fournir les mentions de référence prévues au 2° de l'article 32 ou la déclaration prévue au 1-1° de l'article 35. Lorsque la publicité n'a pas été faite, le signataire du certificat d'identité peut :

Ou provoquer la publicité du titre du titulaire, ou de l'attestation de transmission par décès à son profit, en agissant contre le titulaire du droit ou ses ayants cause, ou contre l'officier public ou ministériel ou l'autorité administrative tenu de procéder à la publicité en vertu de l'article 32 du décret du 4 janvier 1955 ;

Ou produire un acte de notoriété ou un certificat délivré par un notaire ou un greffier, établissant que le droit du dernier titulaire résulte d'un acte ou d'une décision judiciaire non encore publié d'une transmission par décès n'ayant pas encore fait l'objet d'une attestation ; si, pour obtenir ce document, le signataire du certificat d'identité a besoin d'un acte ou certificat à délivrer au titulaire du droit – sur demande de celui-ci – par une autorité publique ou un officier public ou ministériel, il peut en demander lui-même la délivrance.

En même temps, le conservateur annote, dans les conditions prévues à l'article 34-3, les fiches personnelles ou d'immeuble – déjà existantes ou à créer.

Si, dans le délai d'un mois – ou de deux mois s'il s'agit d'une expropriation ou d'un remembrement collectif – à compter de l'avis donné au signataire du certificat d'identité, il n'a pas été satisfait à la demande du conservateur, ou si, même avant l'expiration de ce délai, le signataire du certificat d'identité l'a informé du refus ou de l'impossibilité de donner satisfaction à ladite demande, la formalité est rejetée sous les réserves prévues à l'article 74. Mention du rejet est faite au registre de dépôts, en regard de l'inscription du dépôt, dans la colonne « Observations », ainsi que sur les fiches de propriétaire et d'immeuble.

Les deux derniers alinéas de l'article 34-3 sont applicables.

S'il est donné satisfaction à sa demande, le conservateur procède dans les conditions ordinaires à l'exécution de la formalité, qui prend rang à la date du dépôt. L'exécution est constatée par un enregistrement pour ordre au registre de dépôts.

Toutefois, il sursoit à cette exécution s'il constate des inexactitudes dans les références à la formalité antérieure, ou s'il relève, dans le document à publier, des discordances soit avec le titre du dernier titulaire ou l'attestation de transmission par décès à son profit, soit avec l'acte de notoriété ou le certificat produit. Dans ces cas, il notifie au signataire du certificat d'identité dans le délai d'un mois – ou de huit jours s'il s'agit d'une saisie – à compter de la réception de sa réponse, les inexactitudes ou discordances relevées, la suite à donner à cette notification étant réglée suivant les dispositions des alinéas 4 et suivants du 3 de l'article 34.

4. Dans le cas où le titre de la personne indiquée, dans le document déposé, comme le dernier titulaire du droit n'a pas été publié au fichier immobilier, le conservateur peut néanmoins procéder immédiatement, sous réserve, le cas échéant, de l'application du dernier alinéa du 3 du présent article, à l'exécution de la formalité, si le requérant souscrit, au pied du document déposé, la déclaration visée au *a* du 3 ou produit, à l'appui de ce document, un acte de notoriété ou un certificat conformément au *b* dudit 3.

PRIVILÈGES ET HYPOTHÈQUES — Art. 2203

5. En cas de publication d'un commandement pour valoir saisie d'un immeuble dépendant d'une succession à l'encontre des successibles d'une personne décédée, ou du jugement d'adjudication ultérieur, la production de l'acte de notoriété ou le certificat prévu au 3-*b* du présent article n'est pas obligatoire, lorsque le document destiné à être conservé au bureau des hypothèques comporte seulement la mention de certification de l'identité du défunt.

Dans l'hypothèse visée à l'alinéa précédent, la formalité est considérée, pour les annotations au fichier et la délivrance des copies, extraits ou certificats, comme requise contre le défunt seul. Il en est de même pour les inscriptions de privilèges ou d'hypothèques légales ou judiciaires requises, sur un immeuble dépendant d'une succession, à l'encontre des successibles d'une personne décédée, lorsque l'attestation notariée de transmission par décès – ou le partage en tenant lieu, par application de l'article 29 (alinéa 4) du décret du 4 janvier 1955 –, n'a pas encore été publiée.

Art. 37. – En cas de saisie immobilière à l'encontre soit du débiteur, soit du tiers détenteur à qui est adressée la sommation de payer ou délaisser, soit de la caution réelle, propriétaire de l'immeuble saisi, les dispositions des 3 et 4 de l'article précédent sont applicables si les énonciations du commandement, ou de la sommation en tenant lieu, relatives à la désignation de la partie et de l'immeuble saisis, ne sont pas en concordance avec celles des documents publiés au fichier immobilier.

Lorsque, par application des dispositions qui précèdent, le conservateur ne peut procéder à la publicité et que d'autres commandements ou sommations sont ultérieurement présentés à la formalité pour valoir saisie du même immeuble à l'encontre de la même partie saisie, les notifications préalables au rejet sont effectuées distinctement pour chacun d'eux. Dès que la formalité peut être exécutée pour l'un d'eux, le conservateur procède, à l'égard de tous ceux pour lesquels le délai fixé au 3 de l'article 36 n'est pas encore expiré, comme il est prévu à l'article 680 du Code de procédure civile, en publiant celui dont le rang dans l'ordre du registre de dépôts est le plus ancien, et en mentionnant les autres en marge de la copie publiée.

(D. n. 59-90 du 7 janv. 1959, art. 6) Si, après le dépôt d'un ou plusieurs commandements ou sommations pour lesquels des notifications distinctes ont été effectuées préalablement au rejet, en exécution de l'alinéa précédent, un autre saisissant présente à la publication un commandement pour valoir saisie du même immeuble à l'encontre d'une autre partie saisie, le conservateur s'assure que le titre ou l'attestation notariée constatant le droit de la partie saisie indiquée dans le nouveau document déposé, a été publié depuis le 1ᵉʳ janvier 1956, et vérifie que les énonciations de ce document sont en concordance avec celles des documents publiés au fichier immobilier.

Dans l'affirmative, il publie ledit document. À partir de cette publication, les commandements ou sommations du chef de la même partie saisie, déposés antérieurement, mais dont la publication s'est trouvée retardée par les notifications préalables au rejet, en raison d'inexactitudes ou de discordances dans la désignation, sont mentionnés, en exécution de l'article 680 du Code de procédure civile, en marge de la copie du commandement ou de la sommation publiée, lorsqu'avant l'expiration du délai qui leur est imparti, le ou les premiers saisissants satisfont à l'une des obligations prévues au 3 de l'article 36.

Dans la négative, une nouvelle notification préalable au rejet est faite distinctement pour le nouveau commandement ou sommation déposé, ainsi que, éventuellement, pour tout autre commandement ou sommation du chef de la même partie saisie ultérieurement déposé.

Lorsque, un ou plusieurs saisissants s'étant conformés aux dispositions de l'article 36-3 ou de l'article 34-3, la publicité devient possible pour un ou plusieurs commandements ou sommations du chef de la même partie saisie, le conservateur procède à l'exécution de la formalité en se conformant, le cas échéant, au deuxième alinéa du présent article.

Art. 2203 — PRIVILÈGES ET HYPOTHÈQUES

Section IV. – Certificats d'identité. – Réquisitions. Copies. Extraits et certificats
(D. n. 67-1252 du 22 déc. 1967, art. 3)

§ 1er. – Certificats d'identité

Art. 38 (D. n. 59-90 du 7 janv. 1959, art. 2 ; D. n. 73-313 du 14 mars 1973, art. 10). – 1. Tout bordereau, extrait, expédition ou copie déposé, à partir du 1er janvier 1956, dans un bureau des hypothèques, en vue de l'exécution d'une formalité autre que l'une de celles prévues aux articles 70 et 85, doit porter une mention, signée par l'un des officiers publics ou ministériels ou auxiliaires de justice énumérés au deuxième alinéa de l'article 5 du décret du 4 janvier 1955 ou par l'une des autorités administratives énumérées au 2 du présent article, certifiant l'identité des parties.

Cette mention qui énonce, notamment, les nom, qualité et domicile du signataire, doit figurer au pied du document à conserver au bureau, à la suite du certificat de collationnement ; elle peut, toutefois, être placée à la fin de l'acte ou de la décision judiciaire reproduit. Une seule mention doit être portée lorsque plusieurs actes contenant chacun la désignation des mêmes parties sont publiés simultanément les uns à la suite des autres et font l'objet d'un certificat de collationnement unique.

Lorsque la mention ne reproduit pas les éléments de l'identification complète des parties, elle doit préciser les passages du document (page, alinéa, éventuellement, lignes) auxquels elle se réfère pour la désignation qui est à retenir par le conservateur pour l'annotation du fichier immobilier et l'application des articles 32 à 37. Cette précision est toutefois, inutile lorsque la désignation complète de toutes les parties figure en tête du document à publier.

A défaut de cette mention, le dépôt est refusé dans les conditions fixées à l'article 74-1 du présent décret. La formalité peut être rejetée, après acceptation du dépôt, lorsque le conservateur constate que les références de la mention sont inexactes, incomplètes ou imprécises.

2. Sont habilités à certifier l'identité des parties, en dehors des notaires, huissiers de justice, avoués, avocats, syndics chargés d'un règlement judiciaire ou d'une liquidation de biens :

– Les ministres, les préfets, les maires et, d'une manière générale, tous les autres représentants de la puissance publique aptes à dresser des actes d'autorité ou en la forme administrative, pour les actes dressés par eux ou avec leur concours, pour les inscriptions qu'ils requièrent et tous actes s'y rapportant ;

– Les magistrats du ministère public, l'agent judiciaire du Trésor, les agents des régies financières et des douanes ayant au moins le grade d'inspecteur adjoint, les comptables du Trésor et tous comptables publics, les agents de la caisse nationale de crédit agricole ayant au moins le grade de chef de bureau, les directeurs des services départementaux de la reconstruction et du logement, les greffiers du tribunal d'instance pour les inscriptions qu'ils requièrent et tous actes s'y rapportant.

3. Ont également la faculté de signer eux-mêmes les mentions de certification de l'identité des parties sur les bordereaux, extraits, expéditions ou copies déposés en vue de l'exécution d'une formalité intéressant leurs opérations propres, les représentants des organismes suivants :

– Organismes assurant, en tout ou partie, la gestion d'un régime légalement obligatoire d'assurance contre la maladie, la maternité, la vieillesse, l'invalidité, le décès, les accidents du travail et les maladies professionnelles, ou de prestations familiales, ainsi que les unions desdits organismes ;

– Crédit national ;
– Crédit foncier de France ;
– Sous-Comptoir des entrepreneurs ;
– Caisses de crédit agricole mutuel.

PRIVILÈGES ET HYPOTHÈQUES — Art. 2203

Pour bénéficier de cette faculté, les organismes intéressés notifient aux conservateurs les noms de leurs représentants habilités à signer les mentions de certification dans le ressort de chaque conservation et déposent un spécimen de leur signature.

A défaut de cette notification, les conservateurs sont fondés à exiger la certification dans les conditions prévues au deuxième alinéa de l'article 5 du décret du 4 janvier 1955.

4. La mention de certification d'identité indique obligatoirement le domicile du signataire, auquel le rejet doit être éventuellement notifié.

§ 2. – Réquisitions. Copies, extraits et certificats
(D. n. 67-1252 du 22 déc. 1967, art. 3-1)

Art. 38-1 *(D. n. 67-1252 du 22 déc. 1967, art. 3-2 ; D. n. 73-313 du 14 mars 1973, art. 1ᵉʳ).*
– Les conservateurs sont tenus de délivrer, à ceux qui le requièrent, copie ou extrait :
1° Des documents publiés en vertu des articles 28, 35 à 37 et 39 du décret du 4 janvier 1955, autres que les saisies non émargées de la mention de publication de l'adjudication ;
2° Des saisies en cours ;
3° Des inscriptions subsistantes ;
4° Des fiches personnelles de propriétaire ;
5° Des fiches d'immeubles ;
ou certificat qu'il n'existe aucun des documents, saisies, inscriptions ou fiches dont copie ou extrait est requis.

Les copies ou extraits de fiches doivent être délivrés dans les dix jours du dépôt de la réquisition.

Art. 39 *(D. n. 67-1252 du 22 déc. 1967, art. 3-2).* – Les réquisitions sont établies en double exemplaire à la machine à écrire sur un imprimé fourni par l'Administration, le second exemplaire étant obtenu par interposition de papier carbone.

Sous réserve de l'application du 1 de l'article 40, elles doivent comporter :
1° Tous les éléments d'identification, prévus à l'article 9 du décret du 4 janvier 1955, des personnes physiques ou morales du chef desquelles les renseignements sont requis ;
2° La désignation individuelle, conformément à l'article 76 du présent décret, des immeubles auxquels elles se rapportent.

Les noms patronymiques ou dénominations qui y sont indiqués doivent figurer en lettres majuscules d'imprimerie. Les prénoms sont portés en lettres minuscules.

Les réquisitions sont datées et signées par ceux qui les formulent.

Art. 40 *(D. n. 67-1252 du 22 déc. 1967, art. 3-2 ; D. n. 73-313 du 14 mars 1973, art. 1ᵉʳ).*
1. Les réquisitions peuvent être formulées :
1° Du chef d'une ou de plusieurs personnes individuellement désignées, sur tous immeubles dans le ressort de la conservation ;
2° Sur un ou plusieurs immeubles déterminés, sans indication de personnes.

2. Les réquisitions peuvent être limitées à certaines catégories de formalités (documents publiés en vertu des articles 28, 35 à 37 et 39 du décret du 4 janvier 1955, autres que les saisies non émargées de la mention de publication de l'adjudication ; saisies en cours ; inscriptions subsistantes) ou aux formalités accomplies pendant une période déterminée ou à telle formalité spécialement désignée par ses références (date, volume, numéro). Cette limitation s'impose au conservateur pour l'établissement des copies, extraits ou certificats.

Art. 2203 — PRIVILÈGES ET HYPOTHÈQUES

Les réquisitions sur un ou plusieurs immeubles déterminés peuvent, en outre, être limitées aux formalités ou, dans les conditions indiquées à l'alinéa précédent, à certaines formalités intervenues du chef d'une ou de plusieurs personnes individuellement désignées.

3. Les réquisitions d'inscriptions subsistantes ne peuvent être limitées à certaines catégories de privilèges ou d'hypothèques, ou aux inscriptions prises au profit de certaines catégories de personnes. Peuvent seulement être exclues d'une réquisition les inscriptions formellement désignées par leurs références (date, volume, numéro).

Art. 41 *(D. n. 67-1252 du 22 déc. 1967, art. 3-2).* – Dans la limite, prévue à l'article 2196, alinéa 1er, du Code civil, des cinquante années précédant celle de la réquisition et sous réserve des limitations autorisées au 2 de l'article 40 du présent décret :

1° Les réquisitions de copies, extraits ou certificats formulées du chef d'une personne désignée sur tous immeubles dans le ressort de la conservation donnent lieu à la délivrance de toutes les formalités intervenues sur ces immeubles du chef de ladite personne ;

2° Les réquisitions formulées sur un ou plusieurs immeubles déterminés sans indication de personnes donnent lieu exclusivement à la délivrance de toutes les formalités se rapportant à ces immeubles, quelles que soient la ou les personnes du chef desquelles ces formalités sont intervenues.

Dans la même limite et sous la même réserve, les réquisitions formulées sur un ou plusieurs immeubles déterminés, du chef d'une personne désignée, donnent lieu exclusivement à la délivrance des formalités concernant ces immeubles intervenues du chef de la personne désignée.

Lorsqu'une formalité est en instance de rejet par application des articles 34, 36 et 37, ou des textes se référant à ces dispositions, le conservateur la délivre avec la mention : « Formalité en attente ». Sur nouvelle réquisition spéciale, le conservateur délivre un certificat attestant soit que la formalité est toujours en attente, soit qu'elle est définitivement rejetée, soit qu'elle a été régularisée.

Par dérogation aux dispositions du 1° du premier alinéa et à celles du deuxième alinéa du présent article, ne sont pas délivrées les formalités intervenues du chef d'une personne désignée pour laquelle il n'est pas annoté de fiche personnelle par application des articles 5 (§ 4), 36 (§ 5) et 82 (§ 2).

Art. 42 *(D. n. 59-90 du 7 janv. 1959, art. 7 ; D. n. 67-1252 du 22 déc. 1967, art. 3-2 ; D. n. 73-313 du 14 mars 1973, art. 4-1).* – A moins que les parties n'en aient requis expressément une copie intégrale, les documents publiés ne sont délivrés que par extraits.

En ce qui concerne les inscriptions, les extraits indiquent :
La date, le volume et le numéro de la formalité ainsi que la date extrême d'effet de l'inscription ;
Le nom patronymique ou la dénomination du créancier et du débiteur ;
Le domicile élu ;
La désignation du titre de créance ;
Le cas échéant, le taux d'intérêt ;
La date extrême d'exigibilité ;
La somme totale conservée (principal de la créance et total des accessoires évalués) ;
La désignation individuelle, conformément à l'article 76, des immeubles grevés, au besoin par simple référence à la réquisition ;
Éventuellement, l'existence d'une clause de réévaluation, la date et l'analyse succincte des mentions marginales ainsi que les autres renseignements spécialement demandés par les requérants.

PRIVILÈGES ET HYPOTHÈQUES Art. 2203

Pour les autres formalités publiées, le conservateur se conforme aux indications de la réquisition.

A défaut d'indications, il se borne à relater dans les extraits :
La date, le volume et le numéro de classement du document à délivrer ;
La nature de l'opération juridique, telle qu'elle est indiquée dans ce document, et sa date ;
Le nom de l'officier public ou ministériel rédacteur, ou l'indication de l'autorité judiciaire ou administrative ;
Le nom patronymique ou la dénomination des parties ;
La désignation individuelle, conformément à l'article 76, des immeubles, au besoin par simple référence à la réquisition ;
Le prix ou l'évaluation des immeubles, s'il y a lieu.

Les extraits des saisies comportent l'indication de la date et l'analyse succincte des mentions marginales.

Art. 42-1 *(D. n. 66-356 du 8 juin 1966, art. 2 ; D. n. 73-313 du 14 mars 1973, art. 3-1).* –
I. – Lorsque le requérant demande la délivrance de renseignements hypothécaires sommaires, le conservateur fournit, suivant le cas, un certificat négatif ou un état sommaire comportant uniquement :
a) Pour les inscriptions de privilèges ou d'hypothèques :
La date, le volume et le numéro de la formalité ;
La désignation du titre de créance ;
Le montant initial en principal ainsi que, le cas échéant, la nature et la date des mentions marginales.
b) Pour les autres formalités :
Leur date, volume et numéro ;
La nature et la date de l'opération juridique publiée ainsi que, le cas échéant, pour les saisies, la nature et la date des mentions marginales ;
Le nom de l'officier public ou ministériel rédacteur, ou l'indication de l'autorité judiciaire ou administrative.

II. – Lorsque le requérant demande la délivrance d'urgence de renseignements hypothécaires, ceux-ci ne peuvent être fournis par le conservateur que dans la forme sommaire visée au I ci-dessus.

III. – Dans les cas prévus aux I et II ci-dessus, les copies ou extraits des documents publiés ne sont ultérieurement délivrés, dans les conditions fixées à l'article 42, que sur demande expresse formulée soit dans une réquisition déposée en même temps que la demande de renseignements urgents, soit dans une nouvelle réquisition déposée après réception de l'état sommaire des formalités publiées et contenant les références tant de la demande relative à cet état qu'aux seules formalités à délivrer (nature, date, volume et numéro).

Art. 43. – Les copies ou extraits des fiches de propriétaire ou d'immeuble comportent toutes les annotations de formalités visées par la réquisition, même si elles sont soulignées en rouge sur les fiches, conformément à l'article 14, à l'exception toutefois des annotations relatives aux inscriptions ou saisies périmées ou radiées.

(D. n. 66-356 du 8 juin 1966, art. 3) Les extraits sont limités à la copie des seules annotations relatives à certains immeubles (extraits de fiches de propriétaire) ou à certaines personnes (extrait de fiches d'immeuble) spécialement désignés. Ils peuvent l'être également à la copie des seuls tableaux I ou II des fiches de propriétaire ou du tableau II des fiches d'immeuble.

Les copies des diverses annotations de formalités portées sur les fiches de propriétaire ou d'immeuble sont considérées comme autant d'extraits de ces formalités engageant la responsabilité du conservateur.

Art. 2203   PRIVILÈGES ET HYPOTHÈQUES

Art. 44 *(D. n. 73-313 du 14 mars 1973, art. 3-2).* – Pour l'application des dispositions des articles 38-1 à 43 :
– Les inscriptions de privilège ou d'hypothèque sont réputées intervenues du chef des personnes qui, d'après les énonciations du fichier immobilier, y compris éventuellement les éléments extraits des bordereaux eux-mêmes, étaient propriétaires de l'immeuble grevé à la date à laquelle ces inscriptions ont été opérées ou renouvelées ; elles sont délivrées du chef de ces propriétaires avec les inscriptions successives prises en renouvellement et les mentions dont elles sont émargées ;
– Les inscriptions originaires de toute sûreté opérées à l'encontre d'un précédent propriétaire sont, en outre, délivrées de son chef ; les inscriptions provisoires et les inscriptions définitives de l'hypothèque légale des époux ou d'hypothèque judiciaire sont respectivement assimilées, en tant que de besoin, à des inscriptions originaires et à des inscriptions en renouvellement ;
– Sont en cours au sens des articles 38-1 (al. 1, 2°) et 40 (§ 2, al. 1) les saisies qui ne sont ni périmées, ni radiées, ni émargées de la mention de publication de l'adjudication.
(Complété, D. n. 79-405 du 21 mai 1979, art. 15) Lorsque des inscriptions de privilège ou d'hypothèque et des saisies grèvent des lots ayant fait l'objet de modifications visées à l'article 6-1 de la loi n. 65-557 du 10 juillet 1965, il est tenu compte, pour leur délivrance, de la consistance de ces lots au dernier jour de la période de certification.

Art. 44-1 *(D. n. 67-1252 du 22 déc. 1967, art. 3-2).* – En attendant que soient versés aux centres spéciaux d'archives prévus à l'article 10 du décret du 4 janvier 1955 les documents remontant à plus de cinquante ans, les conservateurs sont habilités à délivrer, à titre de simples renseignements n'engageant pas leur responsabilité, copie ou extrait de ces documents lorsqu'ils en sont spécialement requis.

CHAPITRE II. – DISPOSITIONS TRANSITOIRES APPLICABLES AUX IMMEUBLES SITUÉS DANS LES COMMUNES À ANCIEN CADASTRE, DANS LES COMMUNES NON ENCORE CADASTRÉES DES DÉPARTEMENTS D'OUTRE-MER ET SUR LE TERRITOIRE DE LA VILLE DE PARIS
(D. n. 59-90 du 7 janv. 1959, art. 4)

Section I. – Composition et tenue du fichier

Art. 45. – 1. Les dispositions des articles 2 à 15 du présent décret sont applicables dans les communes à ancien cadastre, sous les réserves suivantes :
1° *(D. n. 59-90 du 7 janv. 1959, art. 4)* Sont considérés comme immeubles urbains et donnent lieu à la création des fiches d'immeubles visées à l'article 10 les immeubles bâtis qui sont situés sur les voies régulièrement numérotées des parties agglomérées des communes de plus de 10 000 habitants énumérées au tableau 3 annexé au décret du 30 octobre 1954 et qui sont identifiés, dans les bordereaux, extraits, expéditions ou copies déposés, par l'indication de la rue et du numéro, conformément aux prescriptions du premier alinéa de l'article 7 du décret du 4 janvier 1955. Les voies régulièrement numérotées sont celles qui figurent sur les listes établies en exécution de l'article 89 ci-après.
2° La section, le numéro du plan cadastral et le lieudit ne sont pas indiqués au tableau 1 des fiches personnelles de propriétaire ; sur ces mêmes fiches, le tableau II n'est pas annoté ;
3° Il n'est pas créé de fiches parcellaires ;
4° Les dispositions des articles 14 et 15 ne seront mises en vigueur, pour les immeubles ruraux, qu'au fur et à mesure de la rénovation du cadastre et, seulement, en ce qui concerne l'article 15, pour les droits, charges, restrictions, hypothèques ou privilèges ayant fait l'objet d'une publication depuis la mise en service du cadastre rénové.

PRIVILÈGES ET HYPOTHÈQUES   Art. 2203

2. Dans les communes non encore cadastrées des départements d'outre-mer, le fichier immobilier est composé exclusivement des fiches personnelles qui remplacent, à compter du 1er janvier 1956, le registre dont la tenue est prescrite par l'article 18 de la loi du 21 ventôse an VII.

Ces fiches sont créées, établies, annotées et classées conformément aux prescriptions des articles 4 à 6 et 13 ; toutefois, seul le tableau III est annoté.

(Alinéas aj., D. n. 79-643 du 24 juil. 1979, art. 1er-II) Les autres dispositions de la section I du chapitre I, et notamment, dans les conditions fixées au 4° du 1 ci-dessus, celles des articles 14 et 15, seront mises en vigueur au fur et à mesure de l'établissement du cadastre.

Toutefois, seront considérés comme immeubles urbains, dès la date de mise en service du cadastre, tous les immeubles situés dans les communes de plus de 10 000 habitants. Pour l'application de cette disposition, la population prise en considération est celle qui résulte du dernier dénombrement antérieur à la date de la mise en service susvisée ; il est ou non tenu compte des recensements ultérieurs comme il est dit aux alinéas 2 et 3 de l'article 2.

3. *(D. n. 59-90 du 7 janv. 1959, art. 4)* Tous les immeubles situés sur le territoire de la ville de Paris sont considérés comme urbains ; ils doivent être identifiés, dans les bordereaux, extraits, expéditions ou copies déposés, par l'indication de la rue et du numéro.

Les dispositions des articles 3 à 7, 10 à 14 du présent décret sont applicables.

4. *(Aj., D. n. 79-405 du 21 mai 1979, art. 14)* Les dispositions de l'article 16-1 sont applicables aux immeubles urbains visés au présent article.

Elles sont également applicables aux immeubles ruraux visés au présent article, sous réserve de l'annotation, en pareil cas, des fiches personnelles de propriétaire. Toutefois, l'extension résultant de l'acquisition de parties communes entraînant changement de l'emprise de la copropriété n'est publiée que par le dépôt, selon le cas, de deux expéditions de l'acte visé au second alinéa de l'article 16-1 et contenant la désignation des titulaires de droit, ou de deux bordereaux complémentaires ; l'extinction ne l'est que par voie de radiation partielle spécialement requise.

Section II. – Concordance du fichier immobilier et du cadastre

Art. 46. – 1. (D. n. 59-90 du 7 janv. 1959, art. 5) Les dispositions de l'article 2 du décret du 4 janvier 1955 et des articles 19 à 31 du présent décret ne seront applicables :
– dans les communes à ancien cadastre, qu'à compter de la mise en service du cadastre rénové ;
– à Paris et dans les communes non encore cadastrées des départements d'outre-mer, qu'à compter de la mise en service du cadastre.

Jusqu'aux dates ci-dessus visées, ces communes sont régies par les dispositions des articles 18 et 47 à 50 du présent décret.

2. – *Abrogé D. n. 79-643 du 24 juil. 1979, art. 1.*

Art. 47 *(D. n. 59-90 du 7 janv. 1959, art. 5 ; D. n. 70-548 du 22 juin 1970, art. 4).* – L'extrait d'acte modèle n. 2 remis au conservateur des hypothèques, sous peine de refus du dépôt, par application de l'article 857 du Code général des impôts est rédigé intégralement par les notaires, huissiers, greffiers, avoués *(avocats)* et autorités administratives.

Art. 48. – Les extraits (modèle n. 2) sont complétés par la date, le volume et le numéro de la formalité à la conservation des hypothèques, après vérification de leur conformité avec les documents déposés.

Art. 2203 — PRIVILÈGES ET HYPOTHÈQUES

En cas de discordance, les différences sont signalées au rédacteur de l'extrait pour régularisation.

Les extraits conformes aux documents déposés ou régularisés sont transmis au service du cadastre, selon les modalités fixées par arrêté du directeur général des impôts.

Lorsqu'il relève une discordance concernant un immeuble urbain au sens du 1° du 1 de l'article 45 entre les énonciations des extraits d'acte (modèle n. 2) et les documents cadastraux, le service du cadastre provoque, le cas échéant, le dépôt d'un document rectificatif.

Art. 49 *(D. n. 59-90 du 7 janv. 1959, art. 5)*. — Les notifications prescrites par l'article 36-1° du décret du 4 janvier 1955 sont faites dans la forme prévue à l'article 28 ci-dessus, en ce qui concerne les changements intervenus dans la désignation des rues et des numéros d'immeubles affectant des immeubles urbains au sens des 1, 1°, et 3 de l'article 45 du présent décret.

Art. 50. — La première formalité visée à l'article 30 s'entend de la première formalité inscrite au fichier immobilier depuis la mise en service du cadastre rénové, pour les communes dont le cadastre sera rénové postérieurement au 31 décembre 1955.

Section III. — Effet relatif de la publicité

Art. 51 *(D. n. 59-90 du 7 janv. 1959, art. 6)*. — Les dispositions des articles 32 à 37 sont applicables sans modification aux immeubles urbains définis au 1° du 1 et au 3 de l'article 45 du présent décret.

(D. n. 85-760 du 18 juil. 1985, art. 1er-I) Dans les communes à ancien cadastre et lors de la première formalité intervenue après la rénovation du cadastre ou, à Paris, après son établissement, la désignation des immeubles urbains sera vérifiée, sous peine du rejet de la formalité, en ce qui concerne la dénomination de la voie et le numéro de l'immeuble dans cette voie.

(Al. aj., D. n. 79-643 du 24 juil. 1979, art. 1er-IV) La désignation des mêmes immeubles sera vérifiée, de même que le sera celle des immeubles urbains situés dans les départements d'outre-mer, conformément à l'article 34, en ce qui concerne la section et le numéro du plan cadastral : Dans les communes à ancien cadastre, après la rénovation, mais seulement entre les formalités accomplies depuis la mise en service du cadastre rénové ;

Dans les communes non encore cadastrées des départements d'outre-mer et à Paris, après l'établissement du cadastre, mais seulement entre les formalités accomplies depuis la mise en service de ce dernier.

Art. 52. — 1. Les règles fixées par les articles 32, 33 et 35 régissent les formalités intéressant les immeubles ruraux situés dans une commune à ancien cadastre et tous les immeubles situés dans les communes non encore cadastrées des départements d'outre-mer.

2. Pour ces mêmes formalités et par dérogation à l'article 34, le conservateur, lorsqu'il a accepté le dépôt et inscrit la formalité au registre prévu à l'article 2200 du Code civil :
— S'assure qu'une fiche personnelle existe au nom de la personne indiquée comme disposant ou dernier titulaire dans le document déposé et que la formalité antérieure est répertoriée sur cette fiche ;
— Vérifie l'exactitude des références à la formalité antérieure, portées sur ce document déposé ;
— Contrôle la concordance du document déposé et des documents publiés depuis le 1er janvier 1956 – tels qu'ils sont répertoriés sur les fiches personnelles – en ce qui concerne la désignation des parties.

Il n'est pas dérogé, pour le surplus, aux dispositions de l'article 34-3.

PRIVILÈGES ET HYPOTHÈQUES Art. 2203

3. Dans les cas visés aux articles 36 et 37 du présent décret, le conservateur, après avoir inscrit la formalité au registre de dépôts, recherche si la personne indiquée, dans le document déposé, comme titulaire du droit est inscrite au fichier immobilier et s'assure de la concordance entre les énonciations du document déposé et celles des documents antérieurement publiés concernant la désignation des parties.

Il n'est pas dérogé, pour le surplus, aux dispositions de l'article 36, 2 à 4, et de l'article 37.
4. *(Mod., D. n. 79-643 du 24 juil. 1979, art. 1er-V)* Après la rénovation ou l'établissement du cadastre dans les communes visées au 1 ci-dessus, la désignation des immeubles ruraux sera vérifiée, conformément à l'article 34, mais seulement entre les formalités accomplies depuis la mise en service du cadastre, rénové ou établi.

Section IV. – Certificats d'identité. – Réquisitions. – Copies. – Extraits et certificats
(D. n. 67-1252 du 22 déc. 1967, art. 4-1)

Art. 53 *(D. n. 59-90 du 7 janv. 1959, art. 7 ; D. n. 67-1252 du 22 déc. 1967, art. 4-2 et 3)*.
– Les dispositions des articles 38 à 44-1 sont applicables quelle que soit la situation des immeubles faisant l'objet de la formalité de publicité ou de la réquisition de copie, extrait ou certificat.

Toutefois, les réquisitions sur un ou plusieurs immeubles déterminés ne peuvent être formulées que du chef d'une ou de plusieurs personnes individuellement désignées. La faculté, prévue au 1 (2°) de l'article 40, de formuler une réquisition sans indication de personnes ne sera accordée pour les immeubles situés :
– dans les communes à ancien cadastre, qu'après la rénovation du cadastre et seulement pour les formalités publiées postérieurement à la mise en service du cadastre rénové ;
– dans les communes non encore cadastrées des départements d'outre-mer et à Paris, qu'après l'établissement du cadastre et seulement pour les formalités publiées postérieurement à la mise en service de ce dernier.

Dans le cas prévu au deuxième alinéa de l'article 41, le conservateur est fondé à délivrer toutes les formalités, intervenues du chef de la personne désignée, concernant tout ou partie de l'immeuble identifié par l'indication de la section et du numéro du plan cadastral et, le cas échéant, de la rue et du numéro portés dans la réquisition. Toutefois, si la réquisition ne porte que sur une fraction de cet immeuble différenciée par un numéro de lot attribué, soit en application de l'article 7, troisième alinéa, du décret du 4 janvier 1955, soit lors d'une opération de lotissement ou division, et figurant dans les documents publiés, seules sont délivrées les formalités concernant cette fraction.

Dans les extraits des formalités, la désignation des immeubles est complétée par l'indication de la contenance.

Section V. – Dispositions communes

Art. 54. – Pour l'application du chapitre Ier du présent titre, les parties de communes à cadastre non encore rénové ayant fait l'objet d'opérations de remembrement sont assimilées aux communes à cadastre rénové dès la publication du remembrement au fichier immobilier.

Dans les cas où sa remise est prescrite par l'une des dispositions de la section II, l'extrait cadastral, établi dans les conditions fixées à l'article 21, et complété, s'il y a lieu, ainsi qu'il est dit à l'article 22 pour valoir projet d'acte (modèle n. 1), est fourni au conservateur des hypothèques pour toutes les parcelles, sans distinction, des communes partiellement remembrées. Il précise les parcelles situées dans les parties non remembrées de ces communes ; pour ces parcelles, le conservateur se conforme aux prescriptions de l'article 48.

Art. 2203   PRIVILÈGES ET HYPOTHÈQUES

Art. 54 bis *(Aj., D. n. 79-643 du 24 juil. 1979, art. 3).* – Pour l'application du présent chapitre, la mise en service du cadastre établi dans les communes des départements d'outre-mer et à Paris est assimilée, en tant que de besoin, à celle du cadastre rénové.

TITRE II. – DE LA PUBLICITÉ DES DROITS SUR LES IMMEUBLES

CHAPITRE Ier. – PUBLICITÉ DES PRIVILÈGES ET DES HYPOTHÈQUES

Section I. – Inscription de privilège ou d'hypothèque
(D. n. 67-1252 du 22 déc. 1967, art. 5-1)

Art. 54-1 *(D. n. 67-1252 du 22 déc. 1967, art. 6).* – Chaque privilège ou hypothèque garantissant l'acquittement d'une obligation est inscrit, en application de l'article 2148 du Code civil, sur le dépôt d'un bordereau établi en deux exemplaires.

Le dépôt est refusé si le bordereau porte réquisition d'inscrire plusieurs sûretés ou même une seule sûreté au profit de plusieurs créanciers ou à l'encontre de plusieurs propriétaires.

Il est, toutefois, possible de requérir une inscription à l'aide d'un bordereau collectif au profit de plusieurs créanciers ou à l'encontre de plusieurs propriétaires lorsqu'il s'agit de créanciers solidaires ou de propriétaires débiteurs solidaires, dès lors qu'une seule date extrême d'effet est donnée à l'inscription en exécution de l'article 2154 du Code civil.

De même, lorsqu'il est convenu qu'une hypothèque unique garantira successivement le remboursement d'un crédit-relais, puis celui d'un prêt ou d'une ouverture de crédit destiné à permettre le désintéressement du premier créancier, la formalité peut être requise par le dépôt d'un bordereau commun aux deux créanciers ; dans ce cas, la date extrême d'effet de l'inscription unique est fixée en tenant compte de l'échéance ou de la dernière échéance prévue pour le désintéressement du second créancier.

En outre, un même bordereau peut porter réquisition d'inscrire plusieurs sûretés au profit d'un seul créancier et à l'encontre d'un seul propriétaire si ces sûretés garantissent l'acquittement d'une obligation unique, dès lors qu'une seule date extrême d'effet est donnée à l'inscription en exécution de l'article 2154 du Code civil.

Art. 55 *(D. n. 67-1252 du 22 déc. 1967, art. 7 ; D. n. 70-548 du 22 juin 1970, art. 14).* –
1. Le bordereau destiné à être conservé au bureau des hypothèques, pour opérer l'inscription d'un privilège ou d'une hypothèque, est seul obligatoirement rédigé sur une formule spéciale fournie par l'Administration.
2. Les bordereaux commencent obligatoirement par la réquisition suivante, portée en lettres majuscules d'imprimerie et précisant la nature de la sûreté : « INSCRIPTION DE PRIVILÈGE (OU D'HYPOTHÈQUE)... AYANT EFFET JUSQU'AU... EST REQUISE ». Ils indiquent, en outre, dans un cadre spécialement ménagé, si le principal de l'obligation garantie doit ou non être acquitté à une ou plusieurs dates déterminées postérieures à celle de la formalité.

Indépendamment de ces réquisition et indication, de la mention de certification de l'identité des parties, exigée par les articles 5 et 6 du décret du 4 janvier 1955, du certificat de collationnement et des précisions qui seraient imposées par des dispositions législatives ou réglementaires particulières, les bordereaux ne peuvent contenir, sous peine de rejet de la formalité, que les énonciations prévues au troisième alinéa de l'article 2148 du Code civil.

3. Si le signataire ne s'est servi, pour la rédaction d'aucun des deux bordereaux du modèle fourni par l'Administration, le conservateur doit néanmoins classer provisoirement l'un de ceux-ci à la place assignée par l'inscription au registre de dépôts. Mais, dans le mois au plus tard à compter de la date du dépôt, il invite le signataire, dans la forme prévue à l'article 34, 3, du

présent décret, à substituer au document irrégulier un bordereau réglementaire, dans le délai d'un mois à compter de la notification et sous peine du rejet prévu au deuxième alinéa de l'article 2148 du Code civil.

Après régularisation, le bordereau réglementaire prend la place du document irrégulier qui est retenu par le conservateur. La substitution est constatée par un enregistrement pour ordre au registre de dépôts.

4. *(Abrogé, D. n. 67-1252 du 22 déc. 1967, art. 7).*

Art. 56 *(D. n. 67-1252 du 22 déc. 1967, art. 7).* – 1. Le bordereau destiné à être conservé au bureau des hypothèques est établi comme il est dit aux paragraphes 2 et 4 de l'article 76-1.

2. En cas d'inobservation de la règle édictée au 1, le conservateur invite le signataire du certificat d'identité, dans la forme prévue à l'article 34 (§ 3), à déposer un nouveau bordereau correctement établi ou à régulariser le bordereau déposé, dans le délai d'un mois à compter de la notification, sous peine de rejet.

Art. 57 *(D. n. 73-313 du 14 mars 1973, art. 4-2).* – En exécution de l'article 2148, alinéa 3 (4°) du Code civil, les accessoires de la créance, même éventuels, dont la nature doit être sommairement indiquée, sont évalués par catégorie ou globalement et leur montant total est ajouté à celui du principal de la créance pour déterminer l'ensemble des sommes garanties.

L'évaluation des intérêts dont la loi conserve le rang n'est pas obligatoire.

Si la créance est assortie d'une clause de réévaluation, il est satisfait au vœu de la loi par la simple mention du capital originaire de la créance et l'indication de la clause de réévaluation*(D. n. 59-90 du 7 janv. 1959, art. 8).* De plus, la créance supplémentaire susceptible de résulter de la réévaluation doit figurer pour mémoire parmi les sommes pour sûreté desquelles l'inscription est requise.

À défaut de mention de leur taux, les intérêts conventionnels ne sont conservés que dans la limite du taux légal ; si leur taux est variable, seul doit être précisé, sous peine de rejet de la formalité, le quantum originaire, accompagné de l'indication « variabilité prévue à l'acte ».

Art. 57-1 *(D. n. 67-1252 du 22 déc. 1967, art. 8).* – Lorsque l'inscription de l'un des privilèges visés aux articles 2108 et 2109 du Code civil est requise en même temps que la publicité de l'acte ou de la décision judiciaire qui a donné naissance audit privilège, le requérant est dispensé de représenter ce titre à l'appui du bordereau d'inscription. Si l'inscription est requise postérieurement à la publication de l'acte ou de la décision judiciaire, le requérant est également dispensé de la représentation du titre à la condition que le bordereau précise les références (date, volume et numéro) de la formalité donnée à ce titre.

En cas d'adjudication sur saisie immobilière, l'inscription du privilège visé à l'article 2108 du Code civil peut être requise notamment par le débiteur saisi ou par tout créancier.

Section II. – Mentions en marge
(D. n. 67-1252 du 22 déc. 1967, art. 5-1)

Art. 58 – Les mentions en marge des inscriptions existantes, faites conformément à l'article 2149 du Code civil, comportent une analyse sommaire de l'acte à publier.

Elles sont datées et signées par le conservateur.

Art. 59 *(D. n. 66-596 du 5 août 1966, art. 1er).* – 1. L'époux au profit duquel une décision judiciaire devenue définitive a constaté une créance contre son conjoint ou les héritiers de celui-ci est tenu d'évaluer le capital de la créance allouée et ses accessoires, au pied de l'expédition

Art. 2203 — PRIVILÈGES ET HYPOTHÈQUES

déposée au bureau des hypothèques en vue de requérir, en application du quatrième alinéa de l'article 2137 du Code civil, la mention de ladite décision en marge de l'inscription provisoire. En aucun cas, cette évaluation ne peut excéder celle qui a été fournie dans le bordereau d'inscription provisoire.

2. La nullité de l'inscription provisoire, encourue en vertu du quatrième alinéa de l'article 2137 du Code civil, ne peut être opposée par le conservateur, qui, pour opérer la mention, n'a pas à se faire justifier du caractère définitif de la décision judiciaire.

Art. 59-1 *(D. n. 67-1252 du 22 déc. 1967, art. 9).* – La mainlevée d'une inscription prise au profit d'un époux est donnée par cet époux seul, même en l'absence de constatation de paiement, toutes les fois que la créance pour la sûreté de laquelle l'hypothèque ou le privilège a été inscrit résulte d'un contrat auquel il avait consenti sans le concours de son conjoint.

Pour la radiation de l'inscription, aucune pièce justificative du pouvoir qu'a l'époux de donner mainlevée seul n'est exigée quand il est certifié dans l'acte de mainlevée, que la créance résulte d'un tel contrat.

Art. 60 *(D. n. 59-90 du 7 janv. 1959, art. 8).* – 1. Lorsque l'acte constitutif d'une créance privilégiée ou hypothécaire constate expressément la création de billets ou effets négociables, représentatifs de cette créance, et qu'à défaut de clause contraire dans l'acte, l'endossement ou la tradition des billets ou effets emporte transmission de la garantie hypothécaire ou privilégiée, chaque billet ou effet doit être revêtu par le notaire rédacteur de l'acte constitutif de la créance d'une mention constatant qu'il a été créé en représentation de cette créance et qu'il bénéficie de la garantie y attachée.

Cette mention rappelle la date de l'acte constitutif de la créance, ainsi que le nom du notaire rédacteur et, dans le cas où la garantie privilégiée ou hypothécaire a été constituée par acte distinct, la date de cet acte et le nom du notaire qui l'a établi.

Si l'acte constitutif a prévu la création ultérieure de billets ou d'effets négociables représentatifs de la créance, dont l'endossement ou la tradition emporterait à défaut de clause contraire, dans l'acte constitutif de la créance, transmission de la garantie privilégiée ou hypothécaire, les parties peuvent requérir le notaire, lors de la création de chaque billet ou effet, de le revêtir de la mention prévue à l'alinéa précédent. Dans ce cas, la création des billets ou effets doit être relatée par le notaire en marge ou au pied de la minute et en marge de la grosse.

2. En cas de mainlevée, les formalités ci-dessus ont été accomplies les billets ou effets et, sauf le cas de perte de celle-ci déclarée dans l'acte, la grosse de l'acte constitutif de la créance sont revêtus par le notaire rédacteur de l'acte de mainlevée d'une mention de référence à ce dernier acte, qui relate lui-même l'apposition de cette mention. Le conservateur radie l'inscription sur la seule production de l'acte portant mainlevée par les porteurs ou bénéficiaires des endossements.

3. Si les formalités visées au troisième alinéa du 1 n'ont pas été accomplies, le créancier originaire révélé par l'inscription ou son cessionnaire régulièrement subrogé par l'acte authentique qui a fait mentionner son droit conformément à l'article 2149 du Code civil a seul droit de consentir la mainlevée de l'inscription. Il ne peut, toutefois, le faire si une opposition à la mainlevée existe au moment de celle-ci, entre les mains de l'officier public détenteur de la minute de l'acte constitutif de la créance.

Cette opposition peut être formée par tout porteur de billets ou effets, par tout bénéficiaire d'un endossement ou toute personne solidairement tenue au paiement, au moyen d'une notification par huissier. Elle est faite par lettre recommandée avec demande d'avis de réception, lorsque l'acte constitutif de la créance a été reçu par un consul ou vice-consul de France.

PRIVILÈGES ET HYPOTHÈQUES   Art. 2203

L'opposition contient, à peine de nullité, élection de domicile dans le ressort du tribunal de grande instance de la situation des biens ; l'identité de l'opposant est certifiée par un notaire, avoué *(avocat)* ou huissier. L'opposition n'a d'effet que pendant un an si elle n'est pas renouvelée. La mainlevée de l'opposition est donnée dans les mêmes formes que l'opposition.

Jusqu'à la péremption de l'opposition ou sa mainlevée amiable ou judiciaire, la mainlevée de l'inscription ne peut être consentie que par l'auteur de l'opposition, et sur justification qu'il est le bénéficiaire du droit hypothécaire, ou, conjointement, par l'auteur de l'opposition et le créancier originaire ou son cessionnaire régulièrement subrogé, si la subrogation a été réalisée par acte authentique et a été mentionnée en marge de l'inscription.

4. Dans les cas visés au 3 du présent article le droit d'établir l'acte de mainlevée n'appartient qu'à l'officier public détenteur de l'acte constitutif de la créance. Les énonciations de l'acte de mainlevée établissant que la grosse ou, en cas de perte de celle-ci, la minute ne constate pas la création effective de billets ou d'effets et qu'aucune opposition ne met obstacle à la mainlevée, dispensent le conservateur d'exiger d'autres justifications.

Section III. – Inscriptions en renouvellement
(D. n. 67-1252 du 22 déc. 1967, art. 5-1)

Art. 61 *(D. n. 67-1252 du 22 déc. 1967, art. 10)*. – 1. Pour opérer le renouvellement, prévu à l'article 2154-1 du Code civil, d'une inscription de privilège ou d'hypothèque, le créancier, qui n'a pas à représenter le titre au conservateur, dépose, au bureau de la situation des immeubles, soit par lui-même, soit par un tiers, deux bordereaux signés et certifiés exactement collationnés. Celui des deux bordereaux qui doit être conservé au bureau des hypothèques est établi conformément aux prescriptions 1 de l'article 56 du présent décret, sous la sanction prévue au 2 du même article ; il est seul obligatoirement rédigé sur une formule spéciale fournie par l'Administration.

(Deuxième al. supprimé, D. n. 70-548 du 22 juin 1970, art. 14).

Chacun des bordereaux commence obligatoirement par la réquisition suivante, portée en lettres majuscules d'imprimerie : « INSCRIPTION AYANT EFFET JUSQU'AU... EST REQUISE EN RENOUVELLEMENT DE... ». Il indique, en outre, dans un cadre spécialement ménagé, si le principal de l'obligation garantie doit ou non être acquitté à une ou plusieurs dates déterminées postérieures à celle de la formalité, notamment par suite d'une prorogation du délai fixé par l'acquittement de cette obligation.

Indépendamment de ces réquisition et indication et du certificat de collationnement, chaque bordereau ne peut contenir, sous peine de rejet de la formalité que la mention de la date, du volume et du numéro sous lequel a été opérée l'inscription à renouveler – et, s'il y a lieu, les mêmes mentions pour les inscriptions successives en renouvellement – avec l'indication de la date extrême d'effet portée, selon le cas, sur le bordereau originaire ou sur le dernier bordereau de renouvellement et le simple rappel du titre et des nom patronymique et prénoms ou dénomination des propriétaire grevé et créancier originaires.

2. Toutefois, en cas de changement dans la personne ou dans l'état civil du créancier, en cas de réduction de la créance ou de ses accessoires, de modification dans l'époque d'exigibilité, les bordereaux mentionnent, en outre :

a) Le créancier actuel, en énonçant sommairement les causes et titres en vertu desquels il est devenu titulaire de la créance ;

b) Le capital de la créance et ses accessoires conservés par l'inscription en renouvellement, ainsi que l'époque d'exigibilité, sauf dans l'hypothèse où ces changements ou modifications ont déjà été publiés sous forme de mentions en marge, conformément à l'article 2149 du Code civil.

3. De plus, si l'étendue du gage se trouve diminuée par l'inscription en renouvellement, les bordereaux contiennent la désignation actuelle de chacun des immeubles restant grevés.

Art. 62. – 1. À titre transitoire, le premier bordereau de renouvellement déposé à partir du 1er janvier 1956 pour renouveler une inscription prise avant cette date porte, en plus des autres énonciations prescrites par les 1 et 2 de l'article 61 :
 – La désignation actuelle de chacun des immeubles grevés par l'inscription en renouvellement :
 – Celle du propriétaire desdits immeubles à la date du renouvellement.

2. Quelle que soit la date de l'inscription primitive, lorsque le gage a été constitué par des immeubles ruraux, au sens de l'article 45-1-1°, situés dans une commune à ancien cadastre, les bordereaux successifs de renouvellement doivent, pour permettre l'annotation du fichier immobilier, désigner le propriétaire desdits immeubles à la date de chaque renouvellement.

Cette désignation est également exigée dans le premier bordereau déposé après la rénovation du cadastre qui doit, en outre, contenir la désignation actuelle des immeubles restant grevés.

Art. 63 *(D. n. 59-90 du 7 janv. 1959, art. 8)*. – 1. La désignation actuelle des immeubles, prévue aux articles 61 et 62, est faite conformément à l'article 7 du décret du 4 janvier 1955. S'il y a lieu, elle est complétée par un tableau indiquant les anciennes et les nouvelles désignations cadastrales après rénovation et établi au vu d'une table de correspondance délivrée par le service du cadastre.

2. Dans les cas prévus à l'article 62, un extrait cadastral est annexé, le cas échéant, à l'exemplaire du bordereau destiné à la conservation par application de l'article 40 du décret du 4 janvier 1955 et de l'article 30 du présent décret.

3. La désignation du propriétaire à la date du renouvellement, prévu au 1 et au 2 de l'article 62 est faite conformément au premier alinéa des articles 5 et 6 et, éventuellement, à l'article 42 du décret du 4 janvier 1955.

Elle est dûment certifiée.

Art. 64 *(D. n. 67-1252 du 22 déc. 1967, art. 11)*. – 1. Le dépôt est refusé :
1° Si le bordereau ne contient pas la mention de référence à la dernière inscription à renouveler ;
2° Si le renouvellement est requis après péremption de l'inscription à renouveler. Dans ce cas, le créancier peut requérir une nouvelle inscription prenant rang à sa date en se conformant aux prescriptions de l'article 2148 du Code civil ;
3° Si les immeubles ne sont pas individuellement désignés, avec indication de la commune où ils sont situés, dans les cas où la désignation détaillée est obligatoire ;
4° Si le bordereau ne contient pas l'identité complète du propriétaire actuel et la mention de certification de cette identité, dans les cas prévus à l'article 62.

2. Lorsque après avoir accepté le dépôt le conservateur constate l'omission ou l'inexactitude d'une des mentions prescrites, à titre obligatoire, par les articles 61 et 62, ou une discordance entre, d'une part les énonciations relatives à la désignation des parties ou des immeubles contenues dans le bordereau de renouvellement et, d'autre part, ces mêmes énonciations contenues dans les bordereaux ou les titres déjà publiés depuis le 1er janvier 1956 – tels qu'ils sont répertoriés sur les fiches personnelles ou les fiches d'immeuble – la formalité est rejetée, à moins que le requérant ne régularise le bordereau de renouvellement ou qu'il ne produise les justifications établissant son exactitude, auxquels cas la formalité prend rang à la date de la remise du bordereau constatée au registre de dépôts.

PRIVILÈGES ET HYPOTHÈQUES — Art. 2203

La formalité est également rejetée en cas d'inobservation des dispositions du 1 ou du 2 de l'article 63 ou si le bordereau n'est pas établi sur formule réglementaire.

3. Lorsque le bordereau de renouvellement n'a pas à comporter de certificat d'identité, il contient obligatoirement, sous peine de refus du dépôt, l'indication du nom et du domicile de la personne à laquelle le rejet doit éventuellement être notifié.

Art. 65. – Lorsqu'une inscription est prise partiellement en renouvellement d'une inscription antérieure et pour valoir, pour le surplus, inscription nouvelle, les dispositions de l'article 2148 du Code civil sont seules applicables.

Art. 66 *(D. n. 67-1252 du 22 déc. 1967, art. 11-3)*. – 1. Les renouvellements d'inscriptions sont annotés :

a) Si les immeubles grevés sont des immeubles ruraux, au cadre B du tableau III de la fiche personnelle du propriétaire, à la date du renouvellement ; le tableau II de ladite fiche est complété, s'il y a lieu ;

b) Si les immeubles grevés sont des immeubles urbains, au cadre B du tableau III des fiches d'immeubles ; s'il y a lieu, les immeubles sont portés au tableau I de la fiche personnelle du propriétaire à la date du renouvellement.

2. Les bordereaux des inscriptions sont, au moment du renouvellement, extraits des volumes où ils sont classés pour être reclassés avec le bordereau de l'inscription en renouvellement. Il en est de même, le cas échéant, des bordereaux des inscriptions successives en renouvellement.

Une feuille de référence indique, à l'ancien volume, le nouveau numéro de classement.

Lorsqu'il n'est pas possible de procéder comme il est dit au premier alinéa du présent 2, une reproduction du bordereau ou du registre des inscriptions est jointe au bordereau de l'inscription en renouvellement.

Section IV. – Dispositions communes
(D. n. 67-1252 du 22 déc. 1967, art. 5-1)

Art. 67 *(D. n. 67-1252 du 22 déc. 1967, art. 12)*. – 1. Pour l'application des dispositions des articles 2154 et 2154-1 du Code civil et des articles 55 et 61 du présent décret relatives à la durée de l'effet des inscriptions, le conservateur n'a en aucun cas à rechercher si les caractères de l'échéance ou de la dernière échéance ont été exactement déclarés.

Si la date extrême d'effet de l'inscription, fixée par le créancier, est postérieure à celle de l'expiration, suivant le cas, du délai de dix ans ou de celui de trente-cinq ans visés aux articles 2154 et 2154-1 du Code civil, la formalité est rejetée, à moins que le requérant ne régularise le bordereau d'inscription ou de renouvellement. La formalité est également rejetée si une omission ou une autre irrégularité est relevée par le conservateur en ce qui concerne les réquisition et indication prévues au 2 de l'article 55 et au 1 de l'article 61 et n'est pas réparée dans le délai imparti.

2. En cas de dépassement de l'un des délais de deux ans, dix ans ou trente-cinq ans, l'inscription opérée est périmée le lendemain, à zéro heure, de la date d'expiration du délai non respecté, si elle n'a pas été préalablement renouvelée. Lorsqu'il y a eu dépassement du délai de deux ans, une nouvelle date extrême d'effet de l'inscription, qui ne peut être postérieure à la date d'expiration de ce délai, peut être volontairement constatée dans un acte authentique signé par le créancier et par le débiteur ou par le seul créancier pour être mentionnée en marge de ladite inscription. La date d'expiration du même délai est constatée, s'il y a lieu, à la requête de tout intéressé, par une ordonnance du président du tribunal de grande instance dans le ressort

Art. 2203 — PRIVILÈGES ET HYPOTHÈQUES

duquel sont situés les immeubles grevés, rendue comme en matière de référé et non susceptible d'exécution provisoire ; la mention de cette date est faite, à la diligence du requérant, lorsque l'ordonnance est passée en force de chose jugée. Pour l'accomplissement des opérations qui lui incombent, et sous réserve des dispositions de l'alinéa suivant, le conservateur tient compte exclusivement de la date portée dans le bordereau tant qu'une autre date n'a pas été mentionnée en marge dans les conditions prévues au présent alinéa.

Le dépassement du délai de dix ans ou de celui de trente-cinq ans peut être réparé dans les conditions indiquées à l'alinéa précédent à l'initiative des parties. En outre, dès qu'il constate ce dépassement, le conservateur substitue d'office la date d'expiration du délai non respecté à la date fixée par le créancier ; la substitution, faite sur le bordereau et sur la fiche personnelle de propriétaire ou sur la fiche d'immeuble et accompagnée, s'il y a lieu, conformément au 1 de l'article 14, du soulignement de l'annotation, est notifiée au créancier, au domicile par lui élu dans l'inscription, par lettre recommandée, avec demande d'avis de réception.

Art. 67-1 *(D. n. 67-1252 du 22 déc. 1967, art. 12).* – Lorsqu'un renouvellement est requis, le conservateur vérifie immédiatement que la date extrême d'effet de l'inscription à renouveler, portée dans les bordereaux présentés, est en concordance avec celle figurant à la fiche personnelle de propriétaire ou à la fiche d'immeuble intéressée.

Art. 67-2 *(D. n. 67-1252 du 22 déc. 1967, art. 12).* – Sauf rectification simultanée du dépassement des délais visés au 2 de l'article 67, si un créancier en subroge un autre dans les droits qu'il tient d'une inscription de privilège ou d'hypothèque, cette inscription, émargée de la mention de la subrogation, continue de conserver le privilège ou l'hypothèque jusqu'à la date antérieurement indiquée.

De même, si le délai fixé pour l'acquittement de l'obligation garantie est prorogé, la mention de la prorogation en marge de l'inscription du privilège ou de l'hypothèque ne modifie pas la date extrême d'effet de cette inscription ; la durée de ladite inscription ne peut être prolongée que par un renouvellement requis conformément aux dispositions de l'article 2154-1 du Code civil.

CHAPITRE II. – PUBLICITÉ DES DROITS SUR LES IMMEUBLES AUTRES QUE LES PRIVILÈGES ET LES HYPOTHÈQUES
(D. n. 67-1252 du 22 déc. 1967, art. 5-2)

Art. 67-3 *(D. n. 67-1252 du 22 déc. 1967, art. 13).* – Pour opérer la publicité des actes ou décisions visés aux articles 28, 35 à 37 et 39 du décret du 4 janvier 1955, les parties ou l'une d'elles déposent, conformément au 1 de l'article 34 du même décret, au bureau des hypothèques de la situation des immeubles, soit par elles-mêmes, soit par un tiers, deux expéditions, extraits littéraux ou copies de l'acte ou de la décision à publier. Sous peine de refus du dépôt, l'expédition, extrait ou copie destiné à être conservé au bureau des hypothèques est rédigé sur une formule spéciale fournie par l'Administration.

Sous la même sanction, les documents déposés sont établis comme il est dit aux articles 76-1 et 76-2 et portent, indépendamment de la mention de certification de l'identité des parties exigée par les articles 5 et 6 du décret du 4 janvier 1955, un certificat attestant qu'ils ont été exactement collationnés et sont conformes à la minute ; lorsque les expéditions, extraits ou copies de plusieurs actes ou décisions formant le complément les uns des autres sont déposés en même temps, ils doivent faire l'objet d'un seul certificat de collationnement.

PRIVILÈGES ET HYPOTHÈQUES   Art. 2203

Art. 68 *(D. n. 67-1252 du 22 déc. 1967, art. 13-2).* – 1. Sont notamment établis conformément aux prescriptions des articles 67-3, 76-1 et 76-2 du présent décret, les expéditions, extraits littéraux ou copies destinés à être conservés au bureau des hypothèques :
- Des actes de l'autorité publique ;
- Des actes dressés en la forme administrative ;
- Des décisions judiciaires ;
- Des actes notariés ;
- Des actes de dépôt, aux minutes d'un notaire, d'un acte sous seings privés, par toutes les parties avec reconnaissance d'écritures et de signatures ;
- Des actes de dépôts en l'étude d'un notaire des actes reçus par les officiers publics ou ministériels étrangers.

 – Des actes de dépôt en l'étude d'un notaire des actes sous seings privés ayant acquis date certaine avant le 1er janvier 1956 et soumis à l'obligation du dépôt par l'article 2 de la loi du 23 mars 1855 modifié par l'article 2 du décret du 30 octobre 1935 ;
 – Des actes sous seings privés ayant acquis date certaine avant le 1er janvier 1956 et portant bail de plus de dix-huit années ou quittance ou cession d'une somme équivalente à trois annéesde loyers ou fermages non échus ;
 – Des demandes en justice tendant à obtenir la résolution, la révocation, l'annulation ou la rescision d'une convention ou d'une disposition à cause de mort antérieurement publiée ;
 – Des commandements publiés pour valoir saisie ;
 – Des citations en justice et des commandements interruptifs de prescription en vertu de l'article 2224 du Code civil.

2. Par application de l'article 4 du décret du 4 janvier 1955 et sous réserve des mesures transitoires prévues aux articles 84 et 85 du présent décret, les conventions ou dispositions contenues dans un acte sous seings privés ayant acquis date certaine postérieurement au 31 décembre 1955 ne peuvent être portées à la connaissance des tiers ou leur devenir opposables par leur publication au bureau des hypothèques que si elles sont constatées à nouveau dans un acte dressé en la forme authentique, le conservateur des hypothèques étant tenu de refuser le dépôt, toutes les fois que les actes dont la publicité est requise n'ont pas été dressés en cette forme.

3. Ne sont pas soumis à publicité :
- Les décisions judiciaires sur incident ;
- Les jugements préparatoires ou interlocutoires ;
- L'acte d'opposition ou d'appel ou le pourvoi en cassation dirigés contre une décision judiciaire rendue à la suite d'une demande en justice visée au 1.

Art. 68-1 *(D. n. 67-1252 du 22 déc. 1967, art. 13-3).* – Lorsqu'un acte ou une décision soumis à la publicité en exécution des articles 28, 35 à 37 et 39 du décret du 4 janvier 1955 comprend des immeubles ou des droits immobiliers situés dans le ressort de plusieurs bureaux, il est déposé, dans chaque bureau, un extrait comprenant seulement, sous peine de refus du dépôt, les immeubles ou les droits immobiliers qui l'intéressent.

Art. 68-2 *(D. n. 67-1252 du 22 déc. 1967, art. 13 3).* – Lorsque les extraits littéraux sont déposés au bureau des hypothèques, conformément au premier alinéa du 1 de l'article 34 du décret du 4 janvier 1955, pour opérer la publicité d'actes ou décisions judiciaires en vertu desquels peut être requise dans les deux mois de leur date, l'inscription des privilèges visés aux articles 2108 et 2109 du Code civil, ces extraits doivent préciser la nature et la date de l'acte ou de la décision, l'officier public ou ministériel ou l'autorité administrative qui a reçu l'acte ou l'autorité judiciaire qui a rendu la décision et reproduire littéralement :

Art. 2203   PRIVILÈGES ET HYPOTHÈQUES

1° Les énonciations desdits actes ou décisions relatives, notamment :
A l'état civil des parties et à la désignation complète des immeubles ;
Aux élections de domicile ;
A l'origine de propriété du chef soit des vendeurs, soit des copartageants ou colicitants et de leurs auteurs, ainsi que des précédents propriétaires au nom desquels des copies, extraits ou certificats sont requis, en même temps que la publicité ;
Aux conditions (prix, évaluation des lots, soultes, modalités de paiement, charges et intérêts, frais, entrée en jouissance, etc.) ;
Aux servitudes constituées par l'acte ou la décision ;
2° Lorsqu'il s'agit d'une adjudication, la teneur intégrale soit du jugement, soit du procès-verbal proprement dits.

Le cas échéant, il est mentionné dans l'extrait littéral que l'acte ou la décision judiciaire ne contient pas d'énonciations relatives à l'origine de propriété ou que celle-ci ne s'étend pas à tous les précédents propriétaires du chef desquels des copies, extraits ou certificats sont requis en même temps que la publicité.

Art. 69. – 1. L'attestation notariée, dont la publication est prescrite par les articles 28-3° et 29 du décret du 4 janvier 1955, doit mentionner, le cas échéant, le testament, la décision judiciaire ordonnant l'envoi en possession, l'acte de délivrance de legs ou la décision judiciaire statuant sur la demande en délivrance.

Si l'envoi en possession ou la délivrance du legs intervient postérieurement à la publication de l'attestation notariée, les successibles sont tenus de requérir l'établissement d'une attestation rectificative dans les six mois de la décision judiciaire ou de l'acte intervenu, mais seulement dans le cas où la dévolution héréditaire telle qu'elle est révélée par la première attestation se trouve modifiée.

2. Lorsque la dévolution des droits successoraux, la masse immobilière héréditaire ou les modalités de l'option, constatées dans une attestation précédemment publiée, viennent à être modifiées, les successibles sont tenus de publier une attestation rectificative.

Toutefois, il n'y a pas lieu à attestation rectificative, lorsque, après la publication d'une attestation mentionnant l'absence d'option ou l'acceptation sous bénéfice d'inventaire, il est publié, au même bureau, un acte impliquant acceptation pure et simple en vertu de l'article 778 du Code civil ou d'une décision judiciaire constatant l'existence d'un tel acte.

3. Le délai de six mois imparti aux héritiers, donataires ou légataires par l'article 33-A du décret du 4 janvier 1955 pour requérir l'établissement d'une attestation notariée court du jour du décès.

Toutefois, le point de départ est reporté :
– Pour les successibles non appelés au moment du décès ou appelés sous conditions suspensives, au jour de l'événement qui ouvre leurs droits ;
– Pour les attestations rectificatives visées au 2, au jour, soit de l'événement modifiant les droits des successibles ou la masse héréditaire, soit de l'exercice ou de la modification de l'option ;
– En cas de déclaration d'absence, au jour du jugement d'envoi en possession provisoire ;
– Pour une succession en déshérence, au jour du jugement d'envoi en possession définitif ;
– Dans les cas prévus aux articles 87 et 88 du Code civil, à la date du jugement déclaratif de décès.

4. Lorsqu'ils sont requis par l'un des successibles d'établir un acte de notoriété, un inventaire, un certificat de propriété ou tout autre acte concernant la dévolution d'une succession en totalité ou en partie, les notaires sont tenus d'informer le requérant de l'obligation, qui lui est imposée par l'article 29 du décret du 4 janvier 1955, de faire constater dans une attestation notariée toute transmission ou constitution par décès de droits réels immobiliers.

PRIVILÈGES ET HYPOTHÈQUES   Art. 2203

Il est interdit aux notaires d'établir un tel acte s'il ne leur est pas justifié que l'attestation notariée a été précédemment publiée ou si le requérant ne les charge pas, en même temps, d'établir ladite attestation.

5. Dans tous les cas où il a été établi une attestation notariée après décès, les héritiers, légataires et donataires peuvent se dispenser d'indiquer dans les formules de déclaration de succession le détail des immeubles transmis en annexant une copie de ladite attestation à laquelle ils se réfèrent expressément.

6. Les dispositions des articles 28-3° et 29 du décret du 4 janvier 1955 et celles du présent article s'appliquent :
– A l'usufruit légal accordé au conjoint survivant par l'article 767 du Code civil ;
– Aux transmissions de droits réels immobiliers, résultant de donations faites entre époux au profit du survivant, soit par contrat de mariage, soit pendant le mariage ;
– Aux attributions de droits réels immobiliers résultant, au profit du survivant des époux, des clauses d'un contrat de mariage assignant à chacun d'eux des parts inégales dans la communauté, conformément aux articles 1520 et suivants du Code civil.

Art. 70. – Sont publiés au bureau des hypothèques de la situation des immeubles, en exécution de l'article 28-9° du décret du 4 janvier 1995, les changements :
– Soit dans les noms ou prénoms des personnes physiques à la suite d'une procédure administrative ou en vertu de toute autre cause reconnue par la loi ;
– Soit dans les dénominations ou sièges de sociétés, associations, syndicats et autres personnes morales, survenus postérieurement à la première formalité exécutée à partir du 1er janvier 1956 et intéressant celles de ces personnes titulaires d'un droit réel susceptible d'hypothèque, d'un droit d'usage et d'habitation, ou d'un bail de plus de douze ans.

La publicité est assurée par le dépôt, dans les conditions prévues à l'article 34 du décret précité, de deux expéditions, extraits littéraux ou copies, certifiés conformes par un officier public ou ministériel ou une autorité administrative, des pièces justificatives des changements, celui des deux documents à conserver au bureau étant seul obligatoirement établi sur la formule spéciale.

Ces pièces justificatives peuvent être :
– Pour les personnes physiques, une expédition de l'acte de naissance faisant apparaître le changement de nom ou de prénom ;
– Pour les sociétés commerciales, l'extrait ou la copie de l'inscription au registre du commerce ;
– Pour les associations, l'extrait du *Journal officiel* publiant la déclaration de changement déposée à la sous-préfecture ou à la préfecture du siège ;
– Pour les syndicats, le récépissé de dépôt de la modification aux statuts ;
– Pour les autres personnes morales, tout acte authentique ou sous seing privé constatant le changement de dénomination ou de siège.

Le document déposé indique, sous peine de refus du dépôt, le nom et le domicile de la personne à laquelle le rejet de la formalité doit éventuellement être notifié.

Art. 71 *(D. n 59-90 du 7 janv. 1959, art. 3).* A. – 1. – L'état descriptif de division, prévu à l'article 7 du décret du 4 janvier 1955, peut être contenu soit dans un acte spécialement dressé à cet effet, soit dans un règlement de copropriété ou un cahier de charges concernant en outre, l'organisation de la gestion collective, soit dans tout autre acte ou décision judiciaire. Un seul état descriptif doit être établi lorsque plusieurs bâtiments ou groupes de bâtiments pouvant faire l'objet de copropriétés particulières sont édifiés sur un sol dont la propriété est placée globalement sous le régime de l'indivision forcée.

Art. 2203 — PRIVILÈGES ET HYPOTHÈQUES

L'état descriptif doit identifier l'immeuble auquel il s'applique, conformément aux prescriptions du premier alinéa dudit article 7, opérer une division en lots et attribuer un numéro à chaque lot.
(Troisième al. remplacé, D. n. 79-405 du 21 mai 1979, art. 1er) Un tel lot est formé par toute fraction d'immeuble sur laquelle s'exercent ou peuvent s'exercer des droits réels concurrents, y compris la quote-part des parties communes si elle existe et si elle est déterminée.

Constitue une fraction au sens de l'article 7 du décret du 4 janvier 1955 :

a) Pour les bâtiments, chaque local principal (appartement, boutique, local à usage commercial, professionnel ou industriel, etc.), et chaque local secondaire (chambre de service, cave, garage, grenier, etc.) ;

b) Pour les terrains non bâtis, chaque portion du terrain sur laquelle est réservé un droit réel privatif ou chaque portion destinée à faire l'objet d'une inscription ou d'une mention en marge d'une inscription ; dans ce dernier cas, le surplus de l'immeuble constitue également une fraction.

Chaque fraction doit être identifiée par son emplacement, lui-même déterminé par la description de sa situation dans l'immeuble ou par référence à un plan ou croquis annexé à la minute de l'acte ou de la décision judiciaire. Lorsque la fraction dont il s'agit est située dans un bâtiment sa situation est définie par l'indication de l'escalier, de l'étage, de l'emplacement dans l'étage et par l'indication du bâtiment dont fait partie le local décrit quand l'immeuble comprend plusieurs bâtiments.

Les lots font l'objet d'un numérotage continu dans une série unique à partir de l'unité. Lorsque l'immeuble est constitué par plusieurs bâtiments ou corps de bâtiments, les lots peuvent faire l'objet d'un numérotage continu dans des séries successives affectées à chacun d'eux à partir de nombres séparés par des intervalles convenables.

2. *(Premier al. remplacé, D. n. 79-405 du 21 mai 1979, art. 2)* L'état descriptif est résumé obligatoirement dans un tableau incorporé à l'acte lui-même ou annexé à celui-ci et comportant les colonnes suivantes dans la mesure de l'existence des éléments correspondants :
1. Numéro du lot, dans l'ordre croissant des numéros ;
2. Bâtiment ;
3. Escalier ;
4. Étage ;
5. Nature du lot ;
6. Quote-part des parties communes.

Ce tableau qui doit figurer sur l'extrait ou l'expédition déposé à la conservation des hypothèques, est reproduit par le conservateur, pour les immeubles urbains, au sens des articles 2 et 45 du présent décret au tableau II de la fiche d'immeuble conformément aux prescriptions de l'article 10.

B. – 1. – Toute modification, soit de l'immeuble auquel s'applique l'état descriptif, soit des lots, doit être constatée par un acte modificatif de l'état descriptif.

L'acte modificatif doit rectifier, suivant le cas, la désignation de l'ensemble de l'immeuble ou le numérotage des lots.

(Al. aj., D n. 79-405 du 21 mai 1979, art. 3) Si la modification résulte de l'acquisition de parties communes entraînant changement d'emprise, il n'y a pas lieu, lorsque la déclaration visée à l'alinéa 2 de l'article 16-1 du présent décret n'a pas été déposée ou s'est révélée inexacte, à création de lots particuliers sur les parties communes acquises pour le seul motif que ces dernières sont grevées de droits distincts ou ne sont grevées d'aucun droit.

(Troisième al. mod., D. n. 79-405 du 21 mai 1979, art. 4) Si la modification consiste en une subdivision d'un lot, l'acte modificatif attribue un numéro nouveau à chacune des parties du lot subdivisé, lesquelles forment autant de lots distincts. Toutefois, hors les cas où l'acte

PRIVILÈGES ET HYPOTHÈQUES Art. 2203

modificatif constate la réunion ou la division de copropriétés existantes, lorsque la modification ne porte que sur la quote-part des parties communes incluses dans les lots intéressés, il n'y a pas lieu à attribution d'un nouveau numéro.

La réunion de plusieurs lots pour former un lot nouveau ne peut donner lieu à la création d'un lot désigné par un seul numéro que si les lots réunis ne sont pas grevés lors de la publication de l'acte modificatif, de droits ou charges différents publiés au fichier immobilier.

Les numéros désignant les lots nouveaux sont pris à la suite des numéros existants dans la série unique ou dans l'une des séries successives.

(Complété, D. n. 79-405 du 21 mai 1979, art. 5) Cependant, dans les communes à cadastre rénové, lorsque l'acte modificatif constate la réunion ou la division de copropriétés existantes, le numérotage des lots de la ou des copropriétés nouvelles peut être fait dans une série unique à partir de l'unité ou dans des séries successives, comme il est dit au A-1 (dernier alinéa) du présent article, si l'acte modificatif fait apparaître un changement dans la désignation cadastrale des immeubles.

2. – *(Mod., D. n. 79-405 du 21 mai 1979, art. 6)* L'acte modificatif est résumé obligatoirement dans un tableau identique à celui prévu au 2 du A ci-dessus – mais limité aux lots modifiés, – et indiquant, en outre, dans une colonne complémentaire :

– en regard de chaque lot nouveau, les numéros des lots modifiés dont les lots nouveaux sont issus ;

– et en regard des lots modifiés, les numéros des lots nouveaux issus de la modification.

(Dernier al. remplacé, D. n. 79-405 du 21 mai 1979, art. 7) En cas de modification ne portant que sur la quote-part de parties communes comprises dans un lot de copropriété et ne donnant pas lieu à attribution d'un nouveau numéro, le tableau annexé à l'acte modificatif indique seulement, dans la colonne supplémentaire, la quote-part désormais comprise dans les lots modifiés.

En toute hypothèse, le tableau doit figurer dans l'extrait ou l'expédition déposé à la conservation.

C. – 1. – Lorsque la division de l'immeuble est antérieure à l'entrée en vigueur du décret n. 59-89 du 7 janvier 1959 et qu'il n'a pas été transcrit ou publié un document analogue à l'état descriptif de division permettant l'identification précise de chaque fraction par un numéro de lot, il doit être établi et publié, avant réquisition d'une nouvelle formalité, un état descriptif tenant compte de la division telle qu'elle résulte des documents antérieurement transcrits ou publiés, y compris ceux portant subdivision ou réunion des lots initialement constitués, même s'il n'a pas été fait de distinction entre les locaux principaux et secondaires.

(Mod. D. n. 79-405 du 21 mai 1979, art. 8) Un état descriptif de division doit également être établi et publié lorsque, dans le document analogue à l'état descriptif de division, le même numéro a été attribué à plusieurs lots différents : il est procédé à un nouveau numérotage, effectué dans les conditions prévues au dernier alinéa du A du présent article, sans toutefois utiliser aucun des numéros précédemment attribués et sans modifier la division résultant du document antérieurement transcrit ou publié.

(Mod. D. n. 79-405 du 21 mai 1979, art. 8) Lorsque le document analogue à l'état descriptif de division permet l'identification précise de chaque fraction de l'immeuble par un numéro de lots, mais qu'une subdivision ou une réunion de lots a été opérée sans qu'il ait été transcrit ou publié un document analogue à l'acte modificatif visé au B du présent article, un acte modificatif doit être établi et publié avant réquisition d'une nouvelle formalité concernant les lots modifiés.

2. – *(Mod. D. n. 79-405 du 21 mai 1979, art. 8)* Dans les cas prévus au 1 ci-dessus, la désignation des lots est résumée obligatoirement dans un tableau identique à celui dont

Art. 2203   PRIVILÈGES ET HYPOTHÈQUES

l'établissement est prescrit par le 2 du A et le 2 du B du présent article ; ce tableau rappelle, en outre, dans les colonnes supplémentaires, en regard de chaque lot, les nom et prénoms ou la dénomination du ou des propriétaires actuels, complétée par le numéro précédemment attribué dans le numérotage originaire toutes les fois que l'état descriptif de division y substitue un nouveau numérotage. L'identité des propriétaires actuels n'a pas à être certifiée.

D. – 1. – Une copie ou un extrait comportant au moins le tableau résumé, de l'état descriptif de division et de tout acte modificatif, destiné au service du cadastre, est remis au conservateur des hypothèques, en même temps que l'expédition déposée aux fins de publicité.

Le plan ou le croquis de l'immeuble et la division par lots, s'il en existe un, y est annexé.

2. – *(Mod. D. n. 79-405 du 21 mai 1979, art. 9)* Les numéros de lots résultant d'un état descriptif de division ou de tout document analogue transcrit ou publié, ainsi que la quote-part des parties communes incluse dans chaque lot, lorsque cette quote-part est déterminée, sont attribués de façon définitive, sous réserve de l'application des B et C du présent article.

(Deuxième al. remplacé, D. n. 79-405 du 21 mai 1979, art. 10) Ces éléments doivent être utilisés pour désigner les fractions d'immeubles dans tous les documents publiés à la conservation des hypothèques et dans les documents ou extraits cadastraux.

Toutefois, l'indication de la quote-part des parties communes n'a pas à figurer dans les commandements pour valoir saisie, les bordereaux d'inscription et les actes ou décisions à mentionner en marge d'une inscription. Si cette indication est cependant fournie, la publicité est censée ne pas être requise sur la quote-part.

3. – *(D. n. 60-963 du 5 sept. 1960, art. 12)* Sous réserve des dispositions de l'article 50-1 du décret modifié n. 55-22 du 4 janvier 1955, l'état descriptif de division est établi par tous les propriétaires ou copropriétaires de l'immeuble et l'acte modificatif est établi par les seuls propriétaires ou copropriétaires des fractions intéressées par la modification.

Le cas échéant, les frais d'établissement de ces actes sont à la charge de la collectivité des copropriétaires et recouvrés comme en matière de charges de copropriété.

4. – Dans les cas visés à l'article 50-2 du décret du 4 janvier 1955, le numéro attribué dans le procès-verbal descriptif dressé par huissier de justice est signifié au propriétaire ou au représentant de la collectivité des copropriétaires au lieu de l'immeuble. Il est obligatoirement repris, pour désigner ladite fraction, dans l'état descriptif de division, ultérieurement publié, et dans tous actes et décisions se rattachant à la procédure de saisie, y compris le jugement définitif d'adjudication.

E. – 1. – *(Mod., D. n. 79-405 du 21 mai 1979, art. 11)* Le dépôt de l'état descriptif de division et de tout acte modificatif est refusé en cas de contravention aux dispositions des A, B, C et D-1 du présent article.

Sous peine de refus du dépôt, tout extrait, expédition, copie ou bordereau déposé pour l'exécution d'une formalité concernant une fraction d'immeuble doit contenir en plus des références exigées par l'article 32-2 du présent décret :

– soit les références (date, volume, numéro) à la formalité donnée à l'acte contenant l'état descriptif de division ou au document analogue en tenant lieu et, éventuellement, aux actes modificatifs se rapportant aux fractions intéressées ;

– soit la déclaration que la publicité de ces documents en sera requise simultanément.

Le dépôt est également refusé, si la fraction intéressée n'est pas désignée par le numéro du lot dans lequel cette fraction est comprise.

2. – *(Mod., D. n. 79-405 du 21 mai 1979, art. 12)* La formalité est rejetée si, après avoir accepté le dépôt d'un document concernant une fraction d'immeuble, le conservateur constate :

– soit une discordance entre les références (date, volume, numéro) à la formalité donnée à l'un des actes visés au deuxième alinéa du 1 ci-dessus et celles contenues dans le document déposé ;

PRIVILÈGES ET HYPOTHÈQUES — Art. 2203

– soit une discordance dans la désignation des lots (numéro, éventuellement quote-part des parties communes), entre, d'une part, les énonciations contenues dans le document déposé et, d'autre part, les énonciations correspondantes contenues au tableau établi en exécution du A-2, du B-2 et du C-2 du présent article ;

– soit l'omission de l'indication de la quote-part des parties communes, dans le cas où cette indication est obligatoire en vertu du D-2 du présent article.

La même sanction est applicable lorsque le conservateur constate que l'état descriptif ou l'acte modificatif établi en exécution du C-1 du présent article ne tient pas compte de la division ou d'une modification antérieure des lots ou utilise des numéros précédemment attribués.

Art. 72 *(D. n. 59-90 du 7 janv. 1959, art. 1er).* – Lorsque, dans un acte authentique intervenu, une décision judiciaire devenue définitive, une attestation de décès survenu, un acte sous seings privés ayant acquis date certaine, avant le 1er janvier 1956, ou dans l'acte dressé spécialement pour constater son dépôt en l'étude d'un notaire, la désignation des parties et des immeubles n'est pas faite conformément aux prescriptions du premier alinéa des articles 5 et 6 et des trois premiers alinéas de l'article 7 du décret du 4 janvier 1955, l'expédition, l'extrait littéral ou la copie conservé au bureau doit, si la publication est requise à partir du 1er janvier 1956, être complété par cette désignation. Celle-ci doit figurer à la suite du certificat de collationnement et être établie par le signataire dudit certificat ou du certificat d'identité.

L'identité des parties est certifiée dans les conditions prévues aux articles 5 et 6 du décret précité, sous peine de refus du dépôt ; toutefois, pour les personnes physiques, l'extrait d'acte de naissance – dans les cas où une condition de date est exigée – ou l'extrait d'acte de mariage au vu duquel est certifiée leur identité doit avoir moins de six mois de date au jour où la publication est requise. En cas de changement de nom ou de prénoms pour les personnes physiques, de dénomination ou de siège, pour les personnes morales, pendant les cinquante années précédant celle de la publicité, l'extrait, expédition ou copie doit être complété comme il est indiqué à l'article 42 du décret du 4 janvier 1955.

(Mod. D. n. 79-643 du 24 juil. 1979, art. 5-II) Un extrait cadastral ayant moins de trois mois de date au jour où la publicité est requise est, sous peine de refus de la formalité, remis au conservateur, s'il s'agit d'immeubles situés dans une commune où le cadastre est rénové et faisant l'objet d'un acte ou d'une décision judiciaire translatif, déclaratif, constitutif ou extinctif d'un droit de propriété, d'usufruit, d'emphytéose ou de superficie. Si l'acte ou la décision judiciaire ne contient que les désignations cadastrales anciennes des immeubles, soit qu'il ait été dressé à une époque où le cadastre n'était pas encore rénové, soit qu'il n'ait pas été établi conformément aux prescriptions des articles 9 de la loi du 17 mars 1898 et 8 de la loi du 16 avril 1930, soit qu'il n'ait pas été soumis à ces prescriptions, l'extrait, expédition ou copie doit être complété par un tableau indiquant les anciennes et les nouvelles désignations cadastrales et établi au vu d'une table de correspondance délivrée par le service du cadastre. Le cas échéant, l'extrait cadastral énonce que la mutation cadastrale a été antérieurement opérée et qu'il n'y a pas lieu à rédaction de l'extrait sommaire prévu à l'article 860 du Code général des impôts.

L'extrait cadastral est établi par le service du cadastre ou par un notaire, un avoué *(avocat)* ou une autorité administrative, selon les modalités prévues à l'article 21. S'il est établi au vu du livret cadastral ou d'un extrait de la matrice cadastrale, la mise à jour du livret doit avoir été faite, ou l'extrait doit avoir été délivré, moins de trois mois avant la date de la publicité.

Art. 73. – Sont publiées au fichier immobilier, pour l'information des usagers, par application de l'article 36-2° du décret du 4 janvier 1955, les décisions administratives concernant des immeubles déterminés et tendant à limiter l'exercice du droit de propriété ou portant dérogation à des servitudes d'utilité publique.

Art. 2203   PRIVILÈGES ET HYPOTHÈQUES

Il en est ainsi notamment :
1° Des autorisations de lotissement délivrées en application de l'article 106 du Code de l'urbanisme et de l'habitation, ainsi que des arrêtés de permis de construire visés à l'article 89 *bis* du même code ;
2° Des arrêtés prononçant interdiction d'habiter pris en application de l'article 28 du Code de la santé publique ;
3° Des extraits de la délibération du conseil départemental d'hygiène prévu aux articles 38 et 39 du Code de la santé publique ; mention est faite au fichier immobilier de l'arrêté préfectoral visé à l'article 40 du même code ;
4° Des arrêtés de péril pris en application des articles 303 à 305 du Code de l'urbanisme et de l'habitation ;
5° Des arrêtés accordant le permis de construire à titre précaire par application des articles 93 à 97 du Code de l'urbanisme et de l'habitation ;
6° Des agréments donnés par le ministre de la reconstruction et du logement par application de l'article 3 du décret n. 55-36 du 5 janvier 1955 en vue de la création ou de l'extension d'établissements industriels ;
7° Des décrets de réservation pris en application de l'ordonnance n. 45-2715 du 2 novembre 1945 modifiée tendant à faciliter les opérations de regroupement des locaux administratifs ;
8° *(Supprimé, D. n. 59-90 du 7 janv. 1959, art. 9).*
9° Des extraits des arrêtés préfectoraux prévus à l'article 3 du décret du 30 octobre 1935 portant création des servitudes de visibilité sur les voies publiques ;
10° Des extraits des décrets prévus à l'article 1er du décret du 30 octobre 1935, portant création des servitudes à la charge des terrains nécessaires à l'amélioration des routes nationales ;
11° *(Remplacé, D. n. 82-1044 du 7 déc. 1982)* Des arrêtés prévus à l'alinéa 2 de l'article 4 de la loi n. 79-1150 du 29 décembre 1979 relative à la publicité, aux enseignes et préenseignes.
La publicité est assurée par le dépôt au bureau des hypothèques de la situation des immeubles intéressés, de deux ampliations ou copies certifiées conformes des décrets, arrêtés ou décisions, dont l'une est obligatoirement établie sur formule réglementaire pour être conservée et doit comporter la mention de certification de l'identité des parties.
Les documents déposés sont annotés au cadre B du tableau III des fiches personnelles de propriétaire ou des fiches d'immeuble.

V. C. constr. et hab., art. L. 511-1 et s. - C. urb., art. L. 423-1 à L. 423-5.

CHAPITRE III. – DISPOSITIONS COMMUNES AUX CHAPITRES I ET II

Section I. – Refus du dépôt et rejet de la formalité
(D. n. 67-1252 du 22 déc. 1967, art. 5-2)

Art. 74 *(D. n. 67-1252 du 22 déc. 1967, art. 14).* – 1. Dans les cas où il refuse le dépôt, par application, notamment, des articles 2148 et 2149 du Code civil, 34 (§ 2), 39, 48 (§ 2) du décret du 4 janvier 1955, 22, 31, 33, 35 (§ 2), 38 (§ 1), 64 (§ 1), 67-3 et 71 (§ E, 1) du présent décret, le conservateur, avant de rendre les documents déposés, appose sur l'un d'eux, dans la marge réservée aux annotations, une mention datée et signée indiquant succinctement la cause du refus.
2. Le rejet d'une formalité, prévu notamment aux articles 2148 du Code civil, 34 (§ 3), 39, 40 du décret du 4 janvier 1955, 30 (§ 4), 31, 33, 35 (§ 2), 38 (§ 1), 55 (§§ 2 et 3), 56 (§ 2), 61 (§ 1), 64 (§ 2), 67 (§ 1) et 71 (§ E, 2) du présent décret, est prononcé, et la régularisation intervient, selon les modalités fixées par le 3 de l'article 34 du présent décret.

PRIVILÈGES ET HYPOTHÈQUES — Art. 2203

Il ne peut être prononcé, pour la discordance dans la désignation des immeubles entre les énonciations du document déposé et celles des documents déjà publiés depuis le 1er janvier 1956 – tels qu'ils sont répertoriés sur les fiches personnelles ou les fiches d'immeuble – que si le document déposé concerne, soit un immeuble urbain au sens des articles 2 et 45-1-1°, soit un immeuble rural situé dans une commune dont le cadastre est rénové. S'il s'agit d'un immeuble rural situé dans une commune dont le cadastre a été rénové depuis le 1er janvier 1956, le rapprochement du document déposé est fait uniquement, avec les documents publiés au fichier immobilier depuis la mise en service du cadastre rénové.

3. En dehors des cas prévus au 2, les règles du rejet peuvent être appliquées par le conservateur lorsqu'après l'acceptation du dépôt, il apparaît, au moment de l'annotation de la formalité, que le dépôt aurait dû être refusé.

4. Dans tous les cas où la loi prescrit le refus du dépôt ou le rejet de la formalité, ceux-ci concernent l'ensemble de la formalité dont la publicité est requise, même si les omissions, inexactitudes ou discordances relevées intéressent seulement certaines des mentions ou des parties ou certains des immeubles énoncés dans le document à publier.

(Deuxième al. mod., D. n. 79-643 du 24 juil. 1979, art. 4) Toutefois, en matière d'expropriation pour cause d'utilité publique ou de remembrement opéré par les associations syndicales visées au 2 de l'article 4 du présent décret, le document déposé est considéré, pour l'application du rejet, comme comportant autant de formalités distinctes qu'il y a de propriétaires ou groupes de propriétaires indivis. Il peut, ainsi, donner lieu à des rejets partiels.

Il en est de même en cas d'adjudication par lots et de ventes distinctes réalisées par un seul et même acte ; dans ce cas, le document déposé est considéré comme comportant autant de formalités qu'il y a de lots adjugés ou de ventes distinctes.

D'autre part, dans le cas où un bordereau d'inscription ou la copie d'un commandement valant saisie contient des discordances dans la désignation de certains des immeubles grevés ou saisis avec les énonciations des documents antérieurement publiés, la formalité est acceptée pour les immeubles dont la désignation est conforme, le rejet n'étant prononcé que pour les autres immeubles, à défaut de justification de l'exactitude du bordereau ou de la copie du commandement dans le délai imparti. Le bordereau rectificatif ou le nouveau commandement ne prend effet qu'à la date de son dépôt pour les énonciations du document originaire entachées d'erreurs.

5. La procédure édictée par l'article 26 du décret du 4 janvier 1955 est celle prévue aux articles 807 et suivants du Code de procédure civile et 33 de la loi du 23 juillet 1947 *, sous la réserve, toutefois, que l'ordonnance du président du tribunal de grande instance statue au fond et n'est pas susceptible d'exécution provisoire.

* V. Nouv. C. proc. civ., art. 485 et s., 848 et s. – D. n. 67-1210 du 22 déc. 1967, art. 32 et s.

Section II. – Pièces justificatives de l'identité des parties,
Désignation individuelle des immeubles
(D. n. 67-1252 du 2 déc. 1967, art. 5-2)

Art. 75 *(Remplacé, D. n. 79-643 du 24 juil. 1979, art. 1er-VI)*. – 1. Les pièces justificatives susceptibles d'être utilisées pour établir l'identité des parties, en dehors de l'extrait d'acte de naissance ayant moins de six mois de date, visé au cinquième alinéa de l'article 5 du décret du 4 janvier 1955, sont indiquées au *a* et au *b* ci-après :

a) Le certificat d'identité est établi, pour les personnes nées hors de France métropolitaine ou des départements de la Guadeloupe, de la Guyane, de la Martinique, de la Réunion ou de Saint-Pierre-et-Miquelon :

Art. 2203 PRIVILÈGES ET HYPOTHÈQUES

Au vu d'un extrait de l'acte tenant lieu d'acte de naissance prévu aux articles 98 et 98-2 du Code civil, ayant moins de six mois de date au jour de l'acte ou de la décision judiciaire ;
En cas de mariage en France métropolitaine ou dans l'un des départements précités, au vu d'un extrait de l'acte de mariage ayant moins de six mois de date, au jour de l'acte ou de la décision judiciaire ;
En cas de naturalisation et à défaut de mariage en France métropolitaine ou dans l'un des départements précités, au vu d'un des documents administratifs constatant la naturalisation ;
Dans les autres cas, au vu d'un extrait de l'acte de naissance, quelle que soit la date, ou, en cas d'impossibilité, mentionnée dans ledit certificat, d'obtenir un extrait de l'acte de naissance, au vu d'un passeport, d'une carte d'identité ou d'un acte de notoriété. En outre, pour les formalités requises sans le concours du titulaire du droit, le certificat d'identité peut, en cas d'impossibilité, mentionnée dans ledit certificat, d'obtenir l'une des pièces justificatives ci-dessus prévues, être établie sur la foi des renseignements d'état civil recueillis en application de l'article 50-3 du décret du 4 janvier 1955 ou, à défaut, figurant dans les documents déjà transcrits ou publiés ou dans des actes ou décisions précédemment enregistrés.

Lorsqu'elle est rédigée en langue étrangère, la pièce justificative de l'identité est accompagnée, s'il y a lieu, d'une traduction certifiée par un interprète habituellement commis par les tribunaux.

Pour les personnes mentionnées ci-dessus, le certificat énonce les pièces ou les renseignements au vu desquels il a été établi.

b) Dans les cas où les extraits d'actes de l'état civil sont soumis à une condition de date, le délai de validité s'apprécie, pour les inscriptions d'hypothèques ou de privilèges, au jour où la publication est requise. Il en est de même pour les actes et conventions visés à l'article 37 du décret du 4 janvier 1955 et pour les actes à établir d'urgence visés à l'article 34 dudit décret, à la condition, en ce qui concerne ces derniers, que les motifs de l'urgence y soient mentionnés.

Pour les décisions judiciaires et les adjudications, le certificat peut être valablement établi au vu d'un extrait ayant moins de six mois de date au jour de la demande en justice, du cahier des charges, et, s'il est judiciaire, de son dépôt, ou du commandement valant saisie ou, en ce qui concerne les adjudicataires, au jour où la publication est requise.

2. Les dispositions de l'article 6, alinéa 3 (1°), du décret du 4 janvier 1955 relatives à la certification de l'identité des personnes morales sont applicables aux personnes morales dont le siège se trouve dans le département de Saint-Pierre-et-Miquelon.

Art. 76 *(D. n. 59-90 du 7 janv. 1959, art. 3 ; D. n. 67-1252 du 22 déc. 1967, art. 15).* – 1. Dans tous les cas où la désignation des immeubles, faite conformément aux prescriptions des articles 2146, dernier alinéa, 2148, troisième alinéa 5°, du Code civil, et 34 (§ 2), du décret du 4 janvier 1955, est complétée par une formule générale de désignation, la publication est censée requise uniquement pour les immeubles individuellement désignés.

Lorsqu'un acte ou une décision judiciaire soumis à publicité en exécution des articles 28, 35 à 37 et 39 du décret du 4 janvier 1955 contient des dispositions, la publicité n'est censée requise que pour les dispositions portant sur les biens immobiliers.

Si, dans un tel acte ou décision, des biens autres que des immeubles par nature ou des droits ne portant pas sur des immeubles par nature présentent le caractère immobilier, ce caractère doit être explicitement indiqué dans le document déposé. A défaut, la publicité n'est censée requise qu'en ce qui concerne les autres biens ou droits immobiliers compris dans le document.

2. *(D. n. 85-760 du 18 juil. 1985, art. 2)* La désignation individuelle des immeubles exigée, sous peine de refus du dépôt, par les articles 2148 cinquième alinéa, 2149, dernier alinéa, du Code civil, et 34 (§ 2), du décret du 4 janvier 1955, ainsi que par l'article 9, quatrième alinéa,

PRIVILÈGES ET HYPOTHÈQUES — Art. 2203

dudit décret doit comporter l'indication de la commune où ils sont situés, de la section et du numéro du plan cadastral.

Si le document déposé faisant l'objet d'un seul certificat de collationnement reproduit plusieurs fois la désignation des immeubles, seule est retenue, à défaut d'indication contraire expresse portée obligatoirement au pied du document, la désignation figurant la première dans ledit document, même s'il elle est contenue dans un acte préparatoire non soumis par lui-même à publicité, tel qu'un cahier des charges dont l'expédition précède celle du jugement d'adjudication.

Le conservateur retient cette désignation pour procéder aux annotations sur les fiches et pour effectuer tous rapprochements prescrits par les articles 23, 34, 36 et 37 soit avec l'extrait d'acte, soit avec les documents antérieurement publiés.

Section III. – Documents et registres
(D. n. 67-1252 du 22 déc. 1967, art. 5-2)

§ 1er. – Formules de publicité

Art. 76-1 *(D. n. 67-1252 du 22 déc. 1967, art. 16; D. n. 70-548 du 22 juin 1970, art. 14).*
– 1. Un arrêté du directeur général des impôts fixe les modèles des formules visées aux articles 55, § 1, 61, § 1, et 67-3, ainsi que la qualité et la couleur des papiers employés pour leur confection. Ces formules sont mises à la disposition des usagers dans les bureaux des hypothèques.

2. Les bordereaux, expéditions, extraits littéraux ou copies déposés doivent, dans tous les cas, être lisibles sans difficulté.

Ils sont établis à la machine à écrire, au moyen d'une encore noire indélébile. Ils peuvent aussi être imprimés en tout ou en partie. Exceptionnellement, ils peuvent être écrits à la main, à l'encre noire indélébile.

Si ces documents sont dactylographiés, les exemplaires destinés à être conservés au bureau des hypothèques doivent être obtenus par impression directe, sans interposition d'un papier encre ou papier carbone.

Les reproductions de tous les documents à l'aide des procédés agréés par le garde des sceaux, ministre de la justice, en application de l'article 4 du décret n. 52-1292 du 2 décembre 1952, sont autorisées, sous la réserve que les exemplaires destinés à être conservés au bureau des hypothèques portent une mention apposée, sous sa responsabilité, par l'officier public ou ministériel, l'autorité administrative ou judiciaire ou tout autre requérant, à l'aide éventuellement d'un cachet et accompagnée de son paraphe, mentionnant sommairement la dénomination commerciale de l'appareil et des fournitures utilisés, ainsi que la date de l'arrêté d'agrément desdits appareils et fournitures. La mention doit être apposée, s'il y a lieu, à la suite de chacune des parties d'un même document obtenues au moyen de procédés de reproduction différents.

L'apposition de cette mention dispense le conservateur de toute vérification en ce qui concerne l'agrément de l'appareil et des fournitures.

En toute hypothèse, le nom patronymique ou la dénomination des parties doit figurer en lettres majuscules d'imprimerie. Les prénoms sont portés en lettres minuscules.

3. Hors le cas où sont ménagés sur les formules des cadres à remplir conformément aux indications qui y figurent, les bordereaux, expéditions, extraits littéraux ou copies destinés à être conservés au bureau des hypothèques doivent comporter, au minimum :

1° Au recto de la page en tête, 43 lignes de 10,5 cm de longueur, s'ils sont établis à la machine à écrire ou imprimés, et 32 lignes de même longueur s'ils sont écrits à la main ;

2° Aux autres pages, 48 lignes de 15 cm de longueur, s'ils sont établis à la machine à écrire ou imprimés, et 37 lignes de même longueur s'ils sont écrits à la main.

Art. 2203   PRIVILÈGES ET HYPOTHÈQUES

Les titres et les fins d'alinéa sont comptés pour une ligne, quelle que soit leur longueur, ainsi que les interlignes ménagés pour faciliter la lecture.

    Dans les expéditions, extraits ou copies d'actes ou de décisions judiciaires soumis à publicité en exécution des articles 28, 35 à 37 et 39 du décret du 4 janvier 1955, les alinéas de la minute ou de l'original doivent être observés ; toutefois, il ne doit pas être laissé d'espaces sans texte, sauf d'une part, les intervalles normaux entre les paragraphes ou les alinéas et, d'autre part, pour les extraits, ceux qui sont nécessités par l'utilisation des procédés de reproduction agréés.

    4. *(Al. 1 et 2 remplacés, D. n. 79-643 du 24 juil. 1979, art. 6-1)* Dans tous les bordereaux, expéditions, extraits littéraux ou copies, chaque feuille est numérotée au recto en haut et à droite. Les surcharges et grattages sont interdits ; les erreurs sont rectifiées par les renvois.

    Les renvois sont numérotés et inscrits à la suite du texte du bordereau ou de l'expédition, extrait littéral ou copie de l'acte ou de la décision à publier. En aucun cas, ils ne peuvent être portés dans les marges qui sont exclusivement réservées aux annotations du conservateur et aux besoins de la reliure.

    (Mod., D. n. 79-643 du 24 juil. 1979, art. 6-II) Le certificat de collationnement indique les nom, prénoms, profession et domicile du ou des signataires du document déposé. Il précise le nombre de feuilles employées et contient le décompte ainsi que l'approbation des renvois et des mots rayés. La signature est toujours manuscrite ; celle d'un officier public est accompagnée de l'empreinte de son sceau.

    Art. 76-2 *(D. n. 67-1252 du 22 déc. 1967, art. 16 ; D. n. 70-548 du 22 juin 1970, art. 14).*
– 1. Dans les cas où ils usent de l'un des procédés agréés par le garde des sceaux, ministre de la justice, qui exigent l'emploi d'un papier spécialement préparé, les officiers publics ou ministériels ou les autorités administratives ou judiciaires sont dispensés d'utiliser les formules fournies par l'Administration, à la condition :

1° D'employer l'un des papiers agréés, d'une composition telle que les inscriptions manuscrites du conservateur puissent y être portées et d'un poids maximum de 56 grammes, pour les papiers à utiliser au recto seulement, et de 110 grammes, pour les papiers à utiliser sur les deux faces ;

2° De déposer, pour être conservée au bureau des hypothèques, une formule sur papier agréé strictement conforme au modèle fixé par arrêté du directeur général des impôts, notamment en ce qui concerne le format, la couleur, la présentation de l'en-tête et les dimensions des cadres et des marges, les perforations en marge des formules, destinées à leur enliassement étant effectuées en observant les espacements prévus au modèle.

    Ces papiers sont vendus exclusivement par les fabricants désignés par les arrêtés d'agrément. Ils sont soit filigranés dans la masse, soit revêtus, dans la marge gauche, d'un tampon à sec donnant une impression en relief. Le filigrane ou le tampon à sec doit indiquer le nom, la dénomination commerciale ou la marque déposée du fabricant ainsi que la (ou les) date des arrêtés d'agrément et contenir, suivant le cas, l'une des mentions : « utilisable au recto seulement » ou « utilisable au recto et au verso ».

    Les inscriptions portées dans le filigrane ou le tampon à sec engagent la responsabilité du fabricant et dispensent le conservateur de toute vérification en ce qui concerne l'agrément et le poids du papier.

    Outre ceux compris dans la liste publiée en annexe au décret abrogé n. 56-1183 du 15 novembre 1956, les fabricants dont les papiers entrent dans les prévisions du 1° du présent articles ont désignés par les arrêtés d'agrément pris, postérieurement à ladite publication, en exécution du décret n. 52-1292 du 2 décembre 1952 ; ces arrêtés indiquent expressément si les papiers agréés peuvent être utilisés au lieu et place des formules fournies par l'Administration.

PRIVILÈGES ET HYPOTHÈQUES   Art. 2203

2. *(D. n. 70-548, 22 juin 1970)* Sous réserve qu'il soit satisfait aux conditions et prescriptions du 1 du présent article, sont également dispensés d'utiliser les formules fournies par l'Administration, les officiers publics ou ministériels et les autorités administratives ou judiciaires qui effectuent des reproductions sur un papier de même qualité que celui desdites formules.

§ 2. – Classement des documents
(D. n. 67-1252 du 22 déc. 1967, art. 5-3)

Art. 77 *(D. n. 67-1252 du 22 déc. 1967, art. 17).* – Le conservateur inscrit en tête de chacun des documents destinés aux archives le numéro et la date de son dépôt.
(Mod., D. n. 79-643 du 24 juil. 1979, art. 4) Il classe ces documents, au fur et à mesure de leur dépôt, dans l'ordre de leur inscription au registre prévu à l'article 2200 du Code civil et les réunit en volumes, après avoir donné à chacun d'eux le numéro d'ordre correspondant à son classement. Celui-ci est effectué distinctement :
– pour les formules ou autres documents destinés à publier des actes ou décisions soumis à publicité en exécution des articles 28, 35 à 37 et 39 du décret du 4 janvier 1955, des volumes spéciaux pouvant être constitués, sur l'autorisation du directeur départemental de l'enregistrement, notamment, par les procès-verbaux ou arrêtés de remembrement ;
– pour les copies de commandements valant saisie ;
– pour les bordereaux des inscriptions qui doivent produire effet pendant dix années au plus ;
– pour les bordereaux des inscriptions qui doivent produire effet pendant plus de dix années.

Les documents classés provisoirement en attente en exécution du deuxième alinéa du 3 de l'article 34 du présent décret et des divers textes qui se réfèrent à cette disposition sont reclassés à leur ordre, lorsqu'ils prennent effet à la date de leur dépôt.

§ 3. – Centres spéciaux d'archives
(D. n. 67-1252 du 22 déc. 1967, art. 5-3)

Art. 77-1 *(D. n. 67-1252 du 22 déc. 1967, art. 18).* – Un arrêté pris par le ministre d'État chargé des affaires culturelles, par le garde des sceaux, ministre de la justice, et par le ministre de l'économie et des finances fixe la liste des centres d'archives spéciaux prévus à l'article 10 du décret du 4 janvier 1955, avec l'indication des départements rattachés à chacun d'eux, et détermine les conditions de fonctionnement de ces centres.

L'envoi aux centres spéciaux des différentes catégories de documents hypothécaires a lieu périodiquement aux dates fixées par le directeur général des impôts.

§ 4. – Reproduction des registres des dépôts
(D. n. 67-1252 du 22 déc. 1967, art. 5-3)

Art. 77-2 *(D. n. 67-1252 du 22 déc. 1967, art. 18).* – La reproduction du registre des dépôts, visée à l'article 2200 (alinéa 3) du Code civil est obtenue par microphotocopie sur pellicule standard de 35 millimètres.

Art. 77-3 *(D. n. 67-1252 du 22 déc. 1967, art. 19).* – 1. L'établissement des microfilms, tels qu'ils doivent être archivés, est effectué à la diligence de la direction générale des impôts (enregistrement).

Les opérations de prise de vues ont lieu chaque année, soit sur place, au siège des bureaux des hypothèques, soit aux chefs-lieux des départements, à des dates fixées par arrêté du directeur général des impôts.

Art. 2203 — PRIVILÈGES ET HYPOTHÈQUES

Sont microphotocopiés, lors de chaque opération, tous les registres clôturés depuis la date de l'opération précédente.

Les microfilms sont certifiés conformes aux originaux par le ou les agents assermentés ayant procédé à leur établissement.

2. L'envoi des microfilms, tels qu'ils doivent être archivés, aux greffes des tribunaux de grande instance ou des tribunaux d'instance désignés pour les recevoir est assuré par la direction générale des impôts (enregistrement). Il a lieu par poste, au moyen d'un paquet chargé.

Le jour même de la réception d'un microfilm, le greffier destinataire fait parvenir le récépissé au service expéditeur, par lettre recommandée.

Le tout a lieu sans frais.

3. Les microfilms sont gardés au greffe sous clef ; il est interdit au greffier d'en donner connaissance à toute autre personne qu'aux agents de la direction générale des impôts (enregistrement).

En cas de destruction d'un registre original, le microfilm est remis, contre récépissé, à la direction générale des impôts (enregistrement) en vue du tirage d'une copie. L'original du microfilm est ensuite renvoyé au greffier intéressé, tandis que la copie est adressée au conservateur des hypothèques, ou au responsable du centre d'archives qui détenait le volume original détruit.

En cas de destruction d'un microfilm déposé aux archives d'un greffe, il est établi un nouveau microfilm, à la diligence de la direction générale des impôts (enregistrement) sur requête adressée à celle-ci par le greffier intéressé.

L'envoi des microfilms et des récépissés est effectué dans les conditions prévues au 2 du présent article.

4. Toutes les dépenses auxquelles donnent lieu les opérations de microphotocopies sont imputées sur les crédits de fonctionnemant du ministère de l'économie et des finances (direction générale des impôts – enregistrement).

Art. 77-4 *(D. n. 67-1252 du 22 déc. 1967, art. 19)*. – Les dispositions des articles 77-2 et 77-3 du présent décret ne sont pas applicables aux départements de la Guadeloupe, de la Guyane, de la Martinique et de la Réunion.

Les conditions d'établissement d'une reproduction des registres des dépôts tenus dans les bureaux des hypothèques de ces départements sont fixées par arrêté du directeur général des impôts.

Art. 77-5 *(D. n. 67-1252 du 22 déc. 1967, art. 19)*. – Les doubles et les reproductions des registres visés aux articles 77-2 et 77-4 du présent décret, déposés avant la date de la publication du décret n. 60-4 du 6 janvier 1960 au greffe d'un tribunal de grande instance, peuvent être transférés au greffe d'un autre tribunal de grande instance ou d'un tribunal d'instance désigné par arrêté du garde des sceaux, ministre de la justice.

TITRE III. – DISPOSITIONS TRANSITOIRES ET DISPOSITIONS DIVERSES
(D. n. 67-1252 du 22 déc. 1967, art. 20)

CHAPITRE Ier. – DISPOSITIONS TRANSITOIRES

Section I. – Privilèges et hypothèques
(D. n. 67-1252 du 22 déc. 1967, art. 21)

§ 1er. – Bordereaux d'inscription et de renouvellement

Art. 77-6 *(D. n. 67-1252 du 22 déc. 1967, art. 21 ; D. n. 70-548 du 22 juin 1970, art. 14)*. – Sous réserve de ce qui est dit aux articles 77-7 et 77-8, les dispositions des articles 54-1, 55, 56, 61, 64 et 67 à 67-2, telles qu'elles résultent du décret n. 67-1252 du 22 décembre 1967, s'appliquent

PRIVILÈGES ET HYPOTHÈQUES   Art. 2203

à toutes les inscriptions et à tous les renouvellements requis à compter du 1er janvier 1968 alors même que ces formalités seraient motivées par un acte ou un fait juridique antérieur et qu'un délai, non encore expiré à cette date, serait accordé au créancier pour obtenir leur exécution.

Jusqu'à la mise en service des nouvelles formules de bordereaux prévues aux articles 55 (§ 1) et 61 (§ 1), les inscriptions et les renouvellements d'inscriptions sont requis par le dépôt de bordereaux, dûment aménagés, du format et des modèles en usage au 31 décembre 1967.

Sous peine de rejet, les créanciers doivent utiliser des formules de couleur blanche pour les inscriptions ou les renouvellements requis jusqu'à une date postérieure de dix années au plus au jour de la formalité et des formules de couleur bulle pour les autres inscriptions ou renouvellements ; toutefois, l'utilisation d'une formule couleur bulle est obligatoire si le renouvellement concerne une inscription régulièrement requise ou renouvelée par le dépôt d'une formule de cette dernière couleur. Sous la même sanction, les indications qui devraient figurer dans le cadre spécial que comporteront les nouvelles formules sont portées par les requérants en tête des bordereaux dans la partie supérieure du « Cadre réservé au conservateur » et séparées du reste de ce cadre par un trait, sous la forme : « l'échéance (ou « la dernière échéance ») est (ou « n'est pas) déterminée et future ».

L'utilisation des nouvelles formules spéciales deviendra obligatoire, sous peine de rejet de l'inscription, à la date indiquée par l'arrêté du directeur général des impôts fixant leurs caractéristiques.

§ 2. – Inscriptions renouvelées en application des articles 9 et 10 de l'ordonnance n. 67-839 du 28 septembre 1967

Art. 77-7 *(D. n. 67-1252 du 22 déc. 1967, art. 21).* – Doivent être renouvelées le 31 décembre 1971 au plus tard pour conserver leur effet au-delà de cette date :

1° Les inscriptions de privilège ou d'hypothèque dispensées du renouvellement décennal, prises antérieurement au 1er janvier 1956 et non encore renouvelées au 1er janvier 1968, en application des dispositions de l'article 5 du décret n. 55-1683 du 30 décembre 1955 ;

2° Les inscriptions de privilège ou d'hypothèque prises antérieurement au 1er janvier 1956, qui ont été renouvelées postérieurement au 31 décembre 1955 sans que l'identité du propriétaire de l'immeuble grevé au jour de cette formalité ait été certifiée, y compris celles qui étaient dispensées du renouvellement décennal avant le 1er janvier 1956.

Toutefois, les inscriptions qui, en vertu de la législation en vigueur au 31 décembre 1967, auraient été périmées avant le 1er janvier 1972 doivent être renouvelées dans les délais résultant de l'application de cette législation.

Art. 77-8 *(D. n. 67-1252 du 22 déc. 1967, art. 21).* – Les renouvellements visés à l'article 77-7 s'opèrent conformément aux dispositions des articles 61 à 66, les renouvellements visés au 2e dudit article 77-7 étant assimilés aux premiers renouvellements requis depuis le 1er janvier 1956 ; néanmoins, les bordereaux contiennent, dans tous les cas, l'indication du capital de la créance et de ses accessoires conservés par l'inscription en renouvellement avec évaluation des droits indéterminés, éventuels ou conditionnels.

Les renouvellements ultérieurs des inscriptions ainsi renouvelées sont soumis, à tous égards, aux dispositions du droit commun.

Section II. – Droits sur les immeubles autres que les privilèges et les hypothèques
(D. n. 67-1252 du 22 déc. 1967, art. 20 et 22)

Art. 78 *(D. n. 73-313 du 14 mars 1973, art. 5).* – Pour les actes, décisions et dispositions qui sont énoncés à l'article 35 du décret du 4 janvier 1955 et qui demeurent soumis aux règles

Art. 2203 PRIVILÈGES ET HYPOTHÈQUES

générales de ce décret, sont applicables, sauf indication contraire, jusqu'à une date qui sera fixée par un décret ultérieur, les dispositions transitoires figurant aux articles 79 à 85 du présent décret.

§ I. – Saisie immobilière

Art. 79. – La publication prescrite par l'article 674 du Code de procédure civile s'opère par le dépôt, à la conservation des hypothèques, de l'original du commandement et d'une copie établie, sans interposition de papier carbone, sur formule réglementaire et certifiée conforme par l'huissier.

Art. 80. – Sont publiés, sous forme de mention en marge de la copie du commandement valant saisie :

1° Le refus du conservateur de publier un autre commandement en application de l'article 680 du Code de procédure civile ;

2° Les sommations et significations au saisi et aux créanciers, prescrites par les articles 689, 703 et 748 a dudit code ;

3° Le jugement prorogeant le délai d'adjudication conformément à l'article 694 dudit code ;

4° Le jugement de conversion de saisie, conformément à l'article 748 dudit code ;

5° La formalité de publicité du jugement d'adjudication, conformément à l'article 716 dudit code ;

6° La radiation ;

7° D'une manière générale, les divers actes de la procédure se rattachant au commandement, tels que la subrogation dans les poursuites, le jugement prononçant la distraction de tout ou partie des immeubles saisis, etc.

Art. 80-1 *(D. n. 73-313 du 14 mars 1973, art. 6).* – Le renouvellement des saisies antérieures au 1er janvier 1956 et en cours au 16 septembre 1972 – prévu à l'article 4 de la loi n. 72-626 du 5 juillet 1972 – doit intervenir avant le 1er janvier 1974 pour que les commandements ou sommations à tiers détenteur et leur publication produisent effet au-delà du 31 décembre 1973.

Ce renouvellement, qui n'emporte jamais, par lui-même, prorogation du délai de trois ans fixé par l'article 694, alinéa 3, du Code de procédure civile, est refusé si, à la date à laquelle il est requis, la saisie est périmée.

Il s'opère par le dépôt d'une déclaration de renouvellement en deux exemplaires contenant, sous peine de refus :

La déclaration que le renouvellement est requis en application de l'article 4 de la loi précitée et du présent article ;

L'identité du créancier requérant ;

La date du commandement et les références de sa transcription (date, volume, numéro) ;

La désignation actuelle de chacun des immeubles saisis ;

L'identité du propriétaire des mêmes immeubles à la date du renouvellement ;

Un certificat attestant que les deux exemplaires ont été exactement collationnés et qu'ils sont conformes l'un à l'autre.

Sous la même sanction, les documents déposés doivent satisfaire aux règles prévues à l'article 63 (§§ 1 et 3) pour la désignation des immeubles ou de leur propriétaire et aux articles 76-1 et 76-2 pour l'établissement des expéditions, extraits ou copies.

Il est, en outre, fait application des articles 4 (§ 2, al. 1), 30 (§§ 1, 3 et 4), 31 (al. 1), 64 (§ 2, al. 1), 66, 71, 74, 75, 76 et 77. A cet effet, la déclaration de renouvellement est assimilée, en tant que de besoin, à un bordereau de renouvellement.

PRIVILÈGES ET HYPOTHÈQUES — Art. 2203

§ II. – Ordonnances d'expropriation pour cause d'utilité publique. Procès-verbaux de réorganisation foncière ou de remembrement rural. Arrêtés en vue du remembrement préalable à la reconstruction. Arrêtés de remembrement urbain *(D. n. 61-376 du 11 avril 1961, art. 39 ; D. n. 74-203 du 26 fév. 1974, art. 25-1)*

Art. 81 *(D. n. 59-90 du 7 janv. 1959, art. 2 ; D. n. 61-376 du 11 avril 1961, art. 39 ; D. n. 74-203 du 25 fév. 1974, art. 25-2 et 6-3).* – 1. La certification de l'identité des personnes physiques, exigée par l'article 5 du décret du 4 janvier 1955, est faite au vu d'un extrait d'acte de naissance délivré postérieurement :

– à l'arrêté préfectoral désignant le commissaire enquêteur ou la commission chargée de procéder à l'enquête parcellaire, en matière d'expropriation ;

– à l'arrêté préfectoral qui fixe les périmètres des opérations, en matière de réorganisation foncière ou de remembrement rural ;

– à l'arrêté constituant l'association syndicale, en matière de remembrement préalable à la reconstruction et à l'acte qui constitue, autorise ou institue l'association foncière, en matière de remembrement urbain préalable à la reconstruction.

Les cessions, échanges et remembrements amiables demeurent soumis, en ce qui concerne la certification de l'identité des parties, aux prescriptions de l'article 5 du décret précité.

2. Sont habilités à certifier l'identité des propriétaires, en dehors des officiers publics ou ministériels ou des auxiliaires de justice énumérés au deuxième alinéa de l'article 5 du décret du 4 janvier 1955 :

– les préfets ou les représentants de l'autorité expropriante ;
– les ingénieurs du génie rural et les présidents des commissions communales de réorganisation foncière ou de remembrement ;
– les commissaires au remembrement ;
– les présidents des associations foncières urbaines de remembrement.

Art. 82. – 1. Lorsque l'autorité administrative n'a pu identifier certaines des parties conformément aux articles 5 et 6 du décret du 4 janvier 1955, il est fait mention, au pied du document à publier, des parties dont l'identification au sens de ces dispositions n'a pu être établie.

Dans ce cas, par dérogation au 2 et au 3 de l'article 34 du décret précité, le conservateur des hypothèques ne peut refuser le dépôt ni rejeter la formalité pour défaut de la mention de certification de l'identité des parties ou pour omission des énonciations prescrites par les articles 5 et 6 dudit décret.

2. Il n'est pas établi de fiche personnelle au nom des parties lorsque celles-ci sont imparfaitement désignées et que le document déposé ne comporte pas le certificat d'identification en ce qui les concerne.

En matière de réorganisation foncière ou de remembrement rural, seule la fiche parcellaire est annotée, en regard des numéros des nouvelles parcelles attribuées, des références à la formalité donnée au procès-verbal, complétées par la mention « Réorganisation foncière ou remembrement – Attributaire non identifié ». Aucune formalité de publicité intéressant une de ces parcelles ne peut être ultérieurement requise avant le dépôt d'un nouveau document établi, dans les formes légales, au vu d'un acte de notoriété destiné à rectifier les annotations du fichier immobilier ; une copie sur papier libre de l'acte de notoriété est remise au conservateur pour être transmise au service du cadastre.

(Troisième al. aj., D. n. 79-643 du 24 juil. 1979, art. 4-III) Les mêmes dispositions sont applicables en cas de remembrement urbain. Toutefois, si l'immeuble transféré ou attribué entre dans les prévisions des 1 et 2 de l'article 2 du présent décret, la fiche parcellaire est annotée

Art. 2203 — PRIVILÈGES ET HYPOTHÈQUES

du renvoi prévu au second alinéa de l'article 8 et la mention « Remembrement – Attributaire non identifié » est portée sur la fiche d'immeuble existante ou créée.

Art. 83 *(D. n. 59-90 du 7 janv. 1959, art. 5).* – En cas d'expropriation pour cause d'utilité publique, l'extrait cadastral prévu au dernier alinéa de l'article 7 du décret du 4 janvier 1955 et délivré par le service départemental du cadastre doit avoir moins de trois mois de date au jour de l'arrêté de cessibilité ou de tout acte en tenant lieu ; il reste valable pour les cessions amiables, même s'il a plus de trois mois de date au jour de l'acte.

Si l'extrait est établi dans les conditions du 2 de l'article 21 du présent décret, le livret cadastral doit avoir été mis à jour, ou l'extrait de la matrice cadastrale doit avoir été délivré, moins de trois mois avant la date de l'arrêté de cessibilité ou de l'acte en tenant lieu.

§ III. – Échanges amiables d'immeubles ruraux
(D. n. 56-112 du 24 janv. 1956)

Art. 84 *(D. n. 65-713 du 16 août 1965, art. 7).* – Les dérogations à l'article 4 du décret du 4 janvier 1955, réglant la forme des actes, sont fixées en matière d'échange d'immeubles ruraux réalisés dans les conditions de l'article 37 du Code rural, par le décret n. 56-112 du 24 janvier 1956.

Pour ceux de ces échanges opérés en conformité de l'article 38 du code précité, l'extrait cadastral établi dans les conditions fixées à l'article 21 et complété ainsi qu'il est dit à l'article 22 du présent décret pour valoir extrait d'acte (modèle n. 1) doit avoir moins de trois mois de date au jour du dépôt du projet d'acte au secrétariat de la commission départementale.

§ IV. – Règlements de copropriété

Art. 85. – Lorsque le procès-verbal des délibérations de l'assemblée des copropriétaires prises conformément à l'article 9 de la loi modifiée du 28 juin 1938 pour compléter ou modifier le règlement de copropriété n'a pas été dressé en la forme authentique, une copie ou un extrait de ce procès-verbal, certifié conforme par le représentant de la collectivité des copropriétaires, est déposé au rang des minutes du notaire détenteur de la minute du règlement de copropriété ; la publication en est assurée par les soins dudit notaire.

L'acte de dépôt contient les références (date, volume, numéro) de la formalité donnée au règlement de copropriété, ainsi que la désignation de l'immeuble.
(Dernier al. abrogé, D. n. 59-90 du 7 janv. 1959, art. 3)

Section III. – Réquisitions. Copies, extraits et certificats
(D. n. 67-1252 du 22 déc. 1967, art. 20)

Art. 85-1 *(remplacé D. n. 81-79 du 26 janv. 1981, art. 1).* – 1. En ce qui concerne les formalités répertoriées au compte ouvert au nom des titulaires de droits au registre institué par l'article 18 de la loi 21 ventôse an VII, les conservateurs sont tenus de délivrer à ceux qui le requièrent, sur imprimé spécial fourni par l'administration :

1° Soit copie ou extrait :
Des actes transcrits, autres que les saisies non émargées de la mention de transcription ou de publication de l'adjudication ;
Des mentions opérées en vertu de l'article 4 de la loi du 23 mars 1855.

2° Soit certificat qu'il n'existe aucun des actes ou mentions entrant dans le cadre de la réquisition.

PRIVILÈGES ET HYPOTHÈQUES — Art. 2203

2. Les dispositions des articles 39 à 42-1 (I et III), 44-1 et 53 sont applicables à la délivrance des copies, extraits ou certificats entrant dans les prévisions du 1 ci-dessus, sous les réserves suivantes :

Les actes transcrits et les mentions cités au 1 du présent article constituent deux catégories de formalités au sens du premier alinéa du 2 de l'article 40.

Les réquisitions sur un ou plusieurs immeubles déterminés doivent être formulées du chef d'une ou plusieurs personnes individuellement désignées.

Pour être satisfaites les réquisitions de copie ou extrait des documents mentionnés au 1 doivent obligatoirement comporter l'indication des références (date, volume, numéro) de la formalité au bureau des hypothèques dans lequel la transcription ou la mention a été effectuée.

Lorsque ces références ne sont pas connues du requérant, celui-ci peut, au préalable, demander au conservateur des hypothèques la délivrance d'un relevé des formalités figurant au compte mentionné au 1 ci-dessus ouvert au nom de la ou des personnes individuellement désignées dans la demande spécialement établie à cet effet.

Le relevé établi par le conservateur indique exclusivement la nature des formalités ayant moins de cinquante ans de date ainsi que leurs références (date, volume, numéro) telles qu'elles figurent au registre visé au 1 ci-dessus.

S'il n'existe pas de compte ouvert au nom de la personne telle qu'elle a été dénommée, le conservateur est tenu de délivrer un certificat attestant qu'il n'existe pas de compte au nom de cette personne.

Art. 85-2 *(D. n. 67-1252 du 22 déc. 1967, art. 23 ; mod. D. n. 81-79 du 26 janv. 1981, art. 2).*
– 1. Le conservateur peut déférer aux réquisitions concernant les formalités répertoriées au compte ouvert au nom des titulaires de droits au registre institué par l'article 18 de la loi du 21 ventôse an VII dans les cas exceptionnels où il estime, après consultation du fichier immobilier, ou des archives antérieures, qu'il est en mesure d'identifier, sans ambiguïté possible, les personnes insuffisamment désignées : même si, sur sa demande, il a obtenu des requérants l'indication du nom du conjoint de ces personnes, il n'est pas tenu de déférer à la réquisition.

2. Les réquisitions ne comportant pas l'indication des date et lieu de naissance des personnes du chef desquelles elles sont formulées demeurent incomplètes, et sont réputées insuffisantes au sens de l'article 2197 du Code civil, par application du second alinéa de l'article 41 du décret du 4 janvier 1955.

Art. 85-3 *(D. n. 67-1252 du 22 déc. 1967, art. 23 ; D. n. 73-313 du 14 mars 1973, art. 8).*
– 1. Les dispositions de l'article 44 sont applicables aux inscriptions dont la délivrance est requise à compter du 1er janvier 1968 sous les réserves suivantes :

1° Les inscriptions de privilèges ou d'hypothèques opérées avant le 1er janvier 1956 sont réputées intervenues exclusivement du chef de la personne qui, d'après les énonciations du fichier immobilier, y compris éventuellement les éléments extraits des bordereaux eux-mêmes, était propriétaire de l'immeuble grevé à la date de chacun de leurs renouvellements audit fichier immobilier.

2° Jusqu'à leur renouvellement ou nouveau renouvellement opéré dans les conditions prévues à l'article 77-8, les inscriptions visées à l'article 77-7 et subsistantes continueront d'être délivrées conformément aux règles en vigueur au 31 décembre 1967.

3° Les inscriptions originaires de toute sûreté et les inscriptions définitives de l'hypothèque légale des époux ou d'hypothèque judiciaire opérées sur un immeuble rural situé dans une commune à ancien cadastre contre un précédent propriétaire ne sont pas réputées intervenues du chef du propriétaire de cet immeuble à la date de la formalité d'après les énonciations du fichier immobilier.

Art. 2203 — PRIVILÈGES ET HYPOTHÈQUES

2. La distinction faite entre les saisies par les articles 38-1 (al. 1, 1° et 2°) et 40 (§ 2, al. 1), tels qu'ils ont été modifiés par l'article 1er du décret n. 73-313 du 14 mars 1973, est applicable aux saisies dont la délivrance est requise postérieurement au 31 décembre 1973.
Pour leur délivrance requise à compter du renouvellement régi par l'article 80-1, les saisies visées à cet article sont réputées intervenues exclusivement du chef du propriétaire des immeubles saisis à la date dudit renouvellement.
Jusqu'à ce renouvellement, les mêmes saisies continuent d'être délivrées conformément aux règles en vigueur avant la publication du décret cité au premier alinéa du présent paragraphe.
3. *(Aj., D. n. 79-405 du 21 mai 1979, art. 16)* La portée des inscriptions de privilège ou d'hypothèque et des saisies grevant des lots ayant fait l'objet de modifications visées à l'article 6-1 de la loi n. 65-557 du 10 juillet 1965, telle qu'elle est fixée à l'article 44, n'est prise en considération que pour la délivrance des renseignements requis à compter de l'entrée en vigueur de la loi n. 79-2 du 2 janvier 1979 et, s'il s'agit d'immeubles ruraux situés dans une commune à ancien cadastre, sous les réserves exprimées au 4 de l'article 45.

Art. 85-4 *(D. n. 70-512 du 12 juin 1970, art. 2).* – 1. Lorsque le ressort d'un bureau des hypothèques est formé, en totalité ou en partie, de communes provenant de conservations dont la circonscription s'étendait sur des départements différents, le bureau compétent pour délivrer les renseignements portant sur la période antérieure au 1er janvier 1956 et concernant des immeubles situés dans ces communes est désigné par arrêté du ministre de l'économie et des finances.
2. Lorsque le ressort de bureaux des hypothèques ayant leur siège dans la même ville est formé de communes provenant de la circonscription d'une même conservation, un seul d'entre eux peut, à titre exceptionnel, être habilité par arrêté du ministre de l'économie et des finances à délivrer les renseignements portant sur la période antérieure au 1er janvier 1956 et concernant les immeubles situés dans les communes autres que celles comprises dans son ressort.
3. Pour obtenir la délivrance des renseignements visés aux 1 et 2 ci-dessus, le requérant dépose au bureau désigné à cet effet une réquisition, portant exclusivement sur la période et les immeubles concernés, établie conformément aux dispositions de l'article 39 du présent décret. Toutefois, la réquisition doit comporter les éléments d'identification des personnes physiques ou morales du chef desquelles les renseignements sont requis et de désignation des immeubles auxquels elle se rapporte tels qu'ils existaient avant le 1er janvier 1956, si des changements sont intervenus depuis cette date. À défaut, les énonciations de la réquisition sont réputées insuffisantes ou inexactes au sens de l'article 2197 du Code civil et la responsabilité du conservateur ne peut être engagée en raison des renseignements erronés fournis au vu des documents publiés pendant la période de certification.
(al. ajouté D. n. 81-79 du 26 janv. 1981) Les réquisitions doivent en outre comporter l'indication du bureau des hypothèques compétent au moment de l'exécution de la formalité dont extrait ou copie est requis. A cet effet, le relevé établi par le conservateur en application du cinquième alinéa du 2 de l'article 85-1 comporte l'indication de ce bureau.

Art. 85-4 bis *(D. n. 73-313 du 14 mars 1973, art. 11).* – Lorsque, du fait d'une fusion, le territoire d'une commune supprimée est détaché du ressort d'un bureau des hypothèques pour être incorporé à la circonscription de la conservation dont dépend la nouvelle commune, le bureau qui, avant la publication du procès-verbal du cadastre relatif à la fusion, comprenait la commune supprimée dans son ressort demeure compétent pour délivrer les renseignements concernant les immeubles situés sur le territoire de celle-ci pour la période antérieure au 1er janvier 1956.
La même compétence appartient au bureau des hypothèques dont le ressort est amputé d'une fraction de commune rattachée à une commune dépendant d'une autre conservation.

PRIVILÈGES ET HYPOTHÈQUES Art. 2203

La compétence qui appartient à ce bureau des hypothèques s'étend, en outre, jusqu'à la mise en service du cadastre rénové de la commune amputée d'une fraction de son territoire ou jusqu'à la publication du procès-verbal du cadastre relatif au rattachement selon que la rénovation est intervenue depuis le 1er janvier 1956 ou n'a pas encore été effectuée à la date de ladite publication.

Les dispositions du paragraphe 3 de l'article 85-4 sont applicables à la délivrance des renseignements visés au présent article.

Art. 85-4 ter *(D. n. 73-313 du 14 mars 1973, art. 11).* – Pour tenir compte de circonstances particulières résultant soit de fusions ou d'autres modifications des limites territoriales de communes antérieures à l'entrée en vigueur du décret n. 73-313 du 14 mars 1973, soit de l'existence d'archives hypothécaires communes à plusieurs conservations, des aménagements peuvent être apportés, à titre exceptionnel, aux règles de compétence fixées par les articles 85-4 et 85-4 *bis* ou conformément à leurs dispositions.

Ces aménagements résultent d'un arrêté du ministre de l'économie et des finances s'ils ont pour effet de restreindre la compétence du bureau des hypothèques de la situation des immeubles à la date des réquisitions de renseignements et, dans le cas contraire, d'un arrêté du directeur général des impôts.

Section IV. – Dispositions communes
(D. n. 67-1252 du 22 déc. 1967, art. 20)

Art. 85-5 *(D. n. 67-1252 du 22 déc. 1967, art. 24 ; D. n. 70-512 du 12 juin 1970 ; D. n. 73-313 du 14 mars 1973, art. 12).*– 1. Sans préjudice de ce qui est dit aux articles 77-6 et 85-3, les modifications apportées au présent décret par les articles 1er et 3 à 23 du décret n. 67-1252 du 22 décembre 1967 prennent effet à compter du 1er janvier 1968.

Dans tous les cas où les nouvelles dispositions du présent décret se réfèrent à un arrêté, les dispositions de l'arrêté en vigueur au 31 décembre 1967 demeurent applicables tant qu'un nouvel arrêté n'est pas intervenu.

2. *(D. n. 73-313 du 14 mars 1973, art. 12)* Sous réserve des dispositions de l'article 85-3, paragraphe 2, alinéa 1, les modifications apportées aux articles 42-1, 44, 57 et 85-3 (§ 1, 3°) du présent décret par le décret n. 73-313 du 14 mars 1973 prennent effet le premier jour du deuxième mois suivant la publication de ce dernier texte au *Journal officiel.*

Art. 85-6 *(D. n. 70-512 du 12 juin 1970, art. 3).* – À l'égard des actes, décisions judiciaires et bordereaux d'inscription déposés, dans les trois mois suivant sa création ou la modification de son ressort, à l'un des bureaux des hypothèques désignés par arrêté du ministre de l'économie et des finances, les délais impartis au conservateur, soit pour notifier une cause de rejet de la formalité, soit pour inviter le signataire du certificat d'identité à fournir la déclaration ou les références exigées en application de l'article 36-3 du présent décret, sont portés à trois mois.

Art. 85-7 *(D. n. 73-313 du 14 mars 1973, art. 11).* – La prolongation des délais prévus à l'article 85-6 s'applique également à l'égard des actes, décisions judiciaires et bordereaux d'inscription concernant les immeubles visés à l'article 85-4 *bis* et déposés dans les trois mois suivant la publication du procès-verbal du cadastre, relatif à la fusion ou au rattachement, au bureau des hypothèques dont le ressort comprend la nouvelle commune ou la commune à laquelle la portion de territoire a été rattachée.

Art. 2203 — PRIVILÈGES ET HYPOTHÈQUES

Art. 85-8 *(D. n. 73-313 du 14 mars 1973, art. 6).* – À compter du renouvellement au fichier immobilier des inscriptions ou saisies antérieures au 1er janvier 1956, les dispositions de l'article 5, paragraphe 1, alinéa 2, du présent décret cessent d'être applicables.

Art. 85-9 *(Aj. D. n. 79-643 du 24 juil. 1979, art. 2).* – Dans le département de Saint-Pierre-et-Miquelon, les dispositions réglementaires qui gouvernent les privilèges et hypothèques et la publicité foncière continuent d'être seules applicables jusqu'à la date de la mise en service du cadastre.

À compter de la date de la mise en service susvisée, les dispositions applicables dans ce département sont celles qui sont en vigueur dans les communes à cadastre rénové.

CHAPITRE II. – DISPOSITIONS DIVERSES

Art. 86 *(D. n. 66-596 du 5 août 1966, art. 1er).* – Le livret de famille remis lors de la célébration du mariage contient une analyse des dispositions des articles 2137 à 2141 du Code civil relatifs à l'hypothèque légale des époux.

Dans tous les cas où il est établi un contrat de mariage, le notaire donne lecture aux futurs époux de l'article 2135 et, s'il y a lieu, de l'article 2136 du Code civil. Mention de cette lecture est faite dans l'acte.

Art. 87 *(D. n. 66-596 du 5 août 1966, art. 1er).* – 1. La première inscription ou l'inscription complémentaire que le tribunal de grande instance a ordonné de prendre, en application de l'article 2138 du Code civil, sur les immeubles du conjoint doit être requise par le ministère public aussitôt après l'intervention du jugement.

2. Les inscriptions de l'hypothèque légale des personnes en tutelle doivent être requises par le greffier du juge des tutelles aussitôt après l'intervention de la décision du conseil de famille ou du juge prévue à l'article 2143 du Code civil.

Art. 88 *(D. n. 66-596 du 5 août 1966, art. 1er).* – Il est tenu au parquet près chaque tribunal de grande instance, pour les inscriptions visées au 1 de l'article précédent, et au greffe de chaque juge des tutelles pour les inscriptions visées au 2 du même article, un registre sur lequel sont portés :

Les inscriptions prises, selon le cas, par le ministère public ou le greffier, avec l'indication de la nature et de la date de la décision qui les a prescrites ;

Les nom, prénoms et domicile des époux, ou ceux des personnes en tutelle, de leurs représentants légaux et subrogés tuteurs.

La date des renouvellements à opérer et la mention de l'accomplissement de ces formalités ;
Les radiations totales ou partielles ainsi que la nature et la date des actes ou décisions judiciaires qui les justifient.

Art. 89. – 1. Pour les communes de plus de 10 000 habitants énumérées au tableau 3 annexé au décret n. 54-1088 du 30 octobre 1954 authentifiant les résultats du recensement du 10 mai 1954, autres que les communes du département de la Seine, la liste alphabétique des voies publiques et privées de la partie agglomérée existant au 1er décembre 1955 et dans lesquelles les immeubles ont été régulièrement numérotés sera notifiée, en double exemplaire, au plus tard le 31 décembre 1955, par chaque maire intéressé au service du cadastre.

À partir du 1er janvier 1956 et pour ces mêmes communes, le maire notifiera au service du cadastre les modifications apportées à la liste alphabétique des voies numérotées de la partie agglomérée, à la suite, notamment, soit du changement de dénomination d'une voie ancienne,

PRIVILÈGES ET HYPOTHÈQUES Art. 2203

soit de la création d'une voie nouvelle régulièrement numérotée. Cette notification sera faite, dans le mois de la date de la décision constatant ou approuvant les modifications, par l'envoi de deux copies de ladite décision.

Seront également notifiées, dans les mêmes formes et délais, les modifications apportées au numérotage des immeubles déjà numérotés.

Lorsque, à la suite d'un nouveau dénombrement de la population, de nouvelles communes seront classées comme comptant plus de 10 000 habitants, le maire notifiera au service du cadastre, dans les dix jours de l'entrée en vigueur du décret authentifiant les résultats du recensement, la liste alphabétique des voies publiques et privées de la partie agglomérée existant au 31 décembre de l'année du dénombrement et dans lesquelles les immeubles sont régulièrement numérotés. À compter du 1er janvier de l'année suivant celle du nouveau dénombrement, les notifications prescrites par les deuxième et troisième alinéas du présent article seront opérées dans le délai ci-dessus prévu.

2. *(D. n. 70-512 du 12 juin 1970, art. 1er)* Les dispositions des trois premiers alinéas du 1 sont applicables à toutes les communes qui, avant l'entrée en vigueur de la loi du 10 juillet 1964, dépendaient du département de la Seine et pour l'ensemble des voies publiques et privées de leur territoire.

Toutefois, en ce qui concerne la ville de Paris, les obligations incombant aux maires sont assumées par le préfet de Paris.

3. Le service départemental du cadastre adresse une copie des listes alphabétiques reçues des maires ou du préfet de Paris, au conservateur des hypothèques, pour que celui-ci les tienne à la dispositions des usagers. Il fait, en outre, publier à la conservation des hypothèques, dans la forme prévue à l'article 28 du présent décret, les modifications à ces listes et au numérotage des immeubles.

Art. 90 *(D. n. 67-1252 du 22 déc. 1967, art. 25)*. – Sont abrogées à compter du 1er janvier 1968 sans qu'il soit porté atteinte aux effets découlant de leur application antérieure à cette date :

Les décrets n. 55-1346 du 12 octobre 1955, 55-1597 modifié du 7 décembre 1955 et 56-1183 du 15 novembre 1956 ;

Les articles 2 et 3 du décret n. 60-4 du 6 janvier 1960 ;

Et, d'une manière générale, toutes dispositions contraires à celles du présent décret telles qu'elles résultent du décret n. 67-1252 du 22 décembre 1967.

Sont, dès avant la date susvisée, et demeurent abrogés :

Le décret du 29 mars 1918 et les divers textes qui l'ont complété ou modifié ;

Le deuxième alinéa de l'article 1er et l'article 5 du décret du 30 novembre 1920, relatif à la création d'un dépôt des papiers publics à la Guadeloupe ;

Le décret du 28 août 1921 modifié par le décret n. 52-1230 du 13 novembre 1952.

Loi du 1er juin 1924 *(J.O. 3 juin)*
mettant en vigueur la législation civile française dans les départements du Bas-Rhin, du Haut-Rhin et de la Moselle

....

Art. 36. – Les droits sur les immeubles situés dans les départements du Haut-Rhin, du Bas-Rhin et de la Moselle sont régis par les dispositions du présent chapitre.

Les seuls droits réels immobiliers sont ceux que prévoit la loi française ; toutefois, sont maintenus en vigueur les articles 1105, alinéa 1er, 1107 et 1108 du Code civil local et l'article

75 de la loi d'exécution du même code concernant les prestations foncières (Reallasten), sous réserve des modifications résultant de la présente loi.

Les règles concernant l'organisation, la constitution, la transmission et l'extinction des droits réels immobiliers et autres droits et actes soumis à publicité sont celles du Code civil et de la loi du 23 mars 1855 sur la transcription en matière hypothécaire, sauf les modifications ci-après.

Art. 37 *(Partiellement codifié, D. n. 78-329 du 16 mars 1978, art. 2. – V. C. org. jud., art. L. 911-4).* – Les trois livres fonciers (livre foncier définitif, livre foncier provisoire et livre de propriété) sont maintenus comme registres de publicité. Toute différence entre ces trois livres est supprimée ; ils portent la même désignation de « livre foncier » et sont tenus au tribunal cantonal de la situation des biens, selon les règles qui seront fixées par décret.

Art. 38. – Sont inscrits au livre foncier :

a) La propriété immobilière, quel que soit son mode d'acquisition, notamment aussi en cas d'attribution par voie de partage ;

b) La superficie, l'emphytéose, l'usufruit établi par la volonté de l'homme, l'usage, l'habitation, les servitudes foncières établies par le fait de l'homme, l'antichrèse et les prestations foncières ;

c) Les privilèges et les hypothèques ;

d) Le droit du locataire et du fermier en cas de bail d'une durée de plus de douze années ;

e) Le payement anticipé ou la cession d'une somme équivalant à trois années de loyers ou fermages non échus ;

f) Les restrictions au droit de disposer, insérées dans un acte d'aliénation ou découlant de tous autres actes, tels que promesses de vente, legs ou donation sous condition ou avec charge de restitution (art. 1048, 1049 du Code civil), droit de retour conventionnel (art. 951, 952 du Code civil), droit de réméré, ainsi que celles résultant de la saisie immobilière, de la déclaration de faillite, ou de toutes autres décisions judiciaires ;

g) Tout droit à la résolution d'un contrat synallagmatique ;

h) Le droit à la révocation d'une donation ;

i) Le droit au rapport en nature d'une donation (art. 859, 865 du Code civil).

Art. 39. – Une prénotation peut être inscrite avec le consentement des intéressés ou en vertu d'une décision judiciaire, dans le but d'assurer à l'un des droits énumérés à l'article précédent son rang d'inscription ou de garantir l'efficacité d'une rectification ultérieure.

Art. 40. – Jusqu'à leur inscription définitive ou provisoire (art. 39), les droits et restrictions visés à l'article 38 ne peuvent être opposés aux tiers qui ont des droits sur l'immeuble et qui les ont fait inscrire en se conformant aux lois. Ils ne prennent rang qu'à partir de leur inscription.

Toutefois, le défaut d'inscription dans le cas des articles 941 du Code civil (donations) et 1070 du même code (substitutions) demeure réglé par ces articles.

Les baux qui n'ont point été inscrits ne peuvent être opposés aux tiers pour une durée de plus de douze années. Les quittances ou cessions anticipées de loyers ou fermages ne peuvent être opposées que pour une somme inférieure à trois années.

Les privilèges et hypothèques prennent rang conformément aux dispositions spéciales ci-dessous.

Art. 41. – L'inscription d'un droit emporte présomption de l'existence de ce droit en la personne du titulaire ; la radiation d'un droit inscrit emporte présomption de son inexistence.

PRIVILÈGES ET HYPOTHÈQUES — Art. 2203

Art. 42. – Tout acte entre vifs, translatif ou déclaratif de propriété immobilière et tout acte entre vifs portant constitution ou transmission d'une servitude foncière ne peuvent faire l'objet d'une inscription que s'ils ont été dressés par-devant notaire.

L'acte souscrit sous une autre forme doit être suivi, à peine de nullité, d'un acte authentique, ou, en cas de refus de l'une des parties, d'une demande en justice, et cela dans les six mois qui suivent la passation de l'acte.

Sont assimilés aux actes notariés les actes émanant des tribunaux ou des autorités administratives, y compris l'administration des chemins de fer d'Alsace et de Lorraine.

Art. 43. – Les notaires, les greffiers et les autorités administratives sont tenus de faire inscrire, sans délai et indépendamment de la volonté des parties, les droits résultant d'actes dressés devant eux et visés à l'article précédent.

Ils ne sont tenus de faire inscrire les droits visés aux paragraphes *g*, *h* et *i* de l'article 38 que sur la demande expresse des parties.

Dans l'accomplissement des formalités de l'inscription, les notaires ont qualité pour représenter les parties contractantes et leurs ayants cause, sans pouvoir spécial de leur part. Ils sont tenus de prêter leur ministère, lorsqu'ils en sont requis.

Art. 44. – Le titulaire d'un des droits énoncés à l'article 38 ne peut être inscrit avant que le droit de son auteur immédiat n'ait été lui-même inscrit. Le titulaire d'un droit autre que la propriété ne peut être inscrit qu'après l'inscription du propriétaire.

Toutefois, le transfert ou l'extinction d'un droit inscrit au nom d'un titulaire défunt peuvent être inscrits sans inscription préalable de l'héritier.

Lorsqu'un immeuble n'est pas encore porté au livre foncier, la première inscription de la propriété se fait sans inscription préalable de l'auteur du titulaire actuel ; celui-ci doit prouver par un moyen quelconque, une possession commencée avant le 1er janvier 1900, non interrompue et à titre de propriétaire, en joignant, le cas échéant, à sa possession celle de son auteur.

Art. 45. – Les inscriptions sont faites dans l'ordre de la présentation des requêtes. Celles-ci sont portées sur un registre spécial au fur et à mesure de leur dépôt, et revêtues d'un numéro d'ordre. L'article 2147 du Code civil n'est pas mis en vigueur.

Lorsque des requêtes relatives au même immeuble sont déposées simultanément, elles ont rang égal. En cas de parité de rang, les privilèges du vendeur et du copartageant priment les droits inscrits du chef du nouveau propriétaire.

(Al. aj., L. n. 79-2 du 2 janv. 1979, art. 6) (*) Pour les besoins de leur publication, les ordonnances d'exécution forcée portant sur des lots dépendant d'un immeuble soumis au statut de la copropriété sont réputés ne pas porter sur la quote-part de parties communes comprise dans ces lots.

Néanmoins, les créanciers saisissants exercent leur droit sur ladite quote-part, prise dans sa consistance au moment de la mutation dont le prix forme l'objet de la distribution.

(*) V. L. n. 79-2 du 2 janv. 1979, art. 7 à 10 en ce qui concerne l'entrée en vigueur de ces dispositions.

Art. 46. – Le préposé au livre foncier vérifie si le droit, dont il s'agit, est susceptible d'être inscrit, si l'acte répond à la forme prescrite, si l'auteur du droit est lui-même inscrit conformément aux dispositions de l'article 44, et, enfin, si les parties sont capables et dûment représentées.

Il statue dans les conditions de la juridiction gracieuse du droit local.

L'État est responsable des fautes commises par le préposé dans l'exercice de ses fonctions, sauf son recours contre ce dernier. L'action en responsabilité est portée devant les tribunaux civils et doit l'être, à peine de forclusion, dans le délai d'un an à partir de la découverte du dommage ; elle se prescrit par trente ans à partir du jour où la faute a été commise.

Art. 47. – Les créances privilégiées sur les immeubles sont celles du droit français.

Les privilèges spéciaux ou généraux sur les immeubles situés dans les départements du Bas-Rhin, du Haut-Rhin et de la Moselle, à l'exception du privilège des frais de justice, ne se conservent que par l'inscription au livre foncier et prennent rang au jour de cette inscription. L'inscription n'est pas faite d'office.

Toutefois, en cas de faillite ou d'exécution forcée, le recouvrement des contributions directes et des taxes communales assimilées, dont est grevé l'immeuble, se fera sur le prix de l'immeuble par préférence aux autres créances, mêmes hypothécaires, dans les limites des privilèges établis par les lois françaises. Les créanciers visés aux articles 2101 et 2104 du Code civil et dans les lois additionnelles prennent rang, dans les mêmes conditions, entre les créanciers inscrits et les créanciers chirographaires.

Art. 47-1 *(Aj., L. n. 79-2 du 2 janv. 1979, art. 5)* (*). – Pour les besoins de leur inscription, les privilèges et hypothèques portant sur des lots dépendant d'un immeuble soumis au statut de la copropriété sont réputés ne pas grever la quote-part de parties communes comprise dans ces lots.

Néanmoins, les créanciers inscrits exercent leurs droits sur ladite quote-part prise dans sa consistance au moment de la mutation dont le prix forme l'objet de la distribution ; cette quote-part est tenue pour grevée des mêmes sûretés que les parties privatives et de ces seules sûretés.

(*) *V. L. n. 79-2 du 2 janv. 1979, art. 7 à 10, en ce qui concerne l'entrée en vigueur de ces dispositions.*

Art. 48. – L'inscription ne peut avoir lieu que pour une somme déterminée et sur des immeubles déterminés.

Si la créance est indéterminée, le chiffre en est évalué par le créancier en principal et accessoires, sans préjudice de l'application des articles 2163 et suivants du Code civil au profit du débiteur.

Art. 49. – Le privilège des architectes, entrepreneurs, maçons et autres ouvriers (art. 2110 du Code civil), ainsi que le privilège de plus-value institué par les lois du 16 septembre 1807 et 17 juillet 1856 concernant le dessèchement des marais et le drainage, prennent rang à la date de l'inscription du premier procès-verbal, et cela pour la somme fixée dans ce procès-verbal. Le procès-verbal de réception des travaux de dessèchement et de drainage doit cependant être reçu et inscrit dans les deux mois de la perfection de ces travaux.

Art. 50. – Le droit de séparation des patrimoines qui appartient aux créanciers et légataires est conservé par une prénotation (art. 39). Celle-ci peut être inscrite avant que l'héritier soit lui-même inscrit comme propriétaire, mais elle ne peut plus l'être après l'inscription du transfert de la propriété à un tiers.

Art. 51. – Les droits et créances auxquels l'hypothèque légale est attribuée sont ceux du droit français.

Art. 52. – Le paragraphe 2 de l'article 47 et l'article 48 sont également applicables aux hypothèques légales. L'inscription n'a jamais d'effet rétroactif.

PRIVILÈGES ET HYPOTHÈQUES   Art. 2203

Art. 53 à 56. – *Abrogés à compter du 1ᵉʳ février 1966, L. n. 65-570 du 13 juil. 1965, art. 8 et 9.*

Art. 57. – Dans le cas où le tuteur possède des immeubles dans les départements du Bas-Rhin, du Haut-Rhin et de la Moselle, l'hypothèque légale des mineurs et *majeurs en tutelle* est inscrite à la réquisition du juge du *tribunal d'instance* ou du juge cantonal compétent ; toutefois, en ce qui concerne les enfants naturels, dont l'état et la capacité sont régis par le Code civil, elle est inscrite à la requête du greffier du tribunal de *grande* instance.
Les frais de l'inscription sont à la charge du pupille.

Art. 58. – Les immeubles du tuteur devant être grevés de l'hypothèque légale au profit des mineurs et *majeurs en tutelle*, ainsi que la somme pour laquelle cette hypothèque légale doit être inscrite, sont fixés, selon leur compétence, par le tribunal des tutelles, le tribunal de *grande* instance ou par le conseil de famille, convoqué d'office ou sur requête du subrogé tuteur, d'un parent, allié ou créancier du pupille, ou du ministère public. Dans cette fixation, il doit être tenu compte des autres garanties fournies par le tuteur.
Le tribunal des tutelles, le tribunal de *grande* instance ou le conseil de famille peuvent décider qu'il soit sursis à l'inscription, s'il n'en résulte aucun préjudice possible pour le pupille.
Il doit être sursis à l'inscription, lorsque le tuteur fournit un nantissement jugé suffisant en espèces, rentes ou créances sur l'État, actions, obligations ou titres sur lesquels la Banque de France consent des avances.

Art. 59. – Tout notaire recevant un acte duquel il résulte que de nouveaux droits ou valeurs sont échus à un mineur ou à un *majeur en tutelle* doit en donner avis sans délai au juge du *tribunal d'instance*, au juge cantonal ou au greffe du tribunal de *grande* instance du lieu de la tutelle et lui faire parvenir, sous pli recommandé, un extrait de l'acte sur papier libre et sans frais ; cet envoi est mentionné en marge de la minute.

Art. 60. – Après l'expiration de la tutelle, si l'inscription n'a déjà été prise, le pupille peut faire inscrire son hypothèque légale pour la somme et sur les immeubles qu'il désignera. Sont applicables les dispositions de l'article 58.
Si l'inscription n'est pas prise dans l'année qui suit l'expiration de la tutelle, l'hypothèque légale est éteinte en ce qui concerne les immeubles situés dans les trois départements susvisés.

Art. 61. – Le jugement qui nomme un administrateur aux biens d'une personne placée dans un établissement d'aliénés (art. 34 de la loi du 30 juin 1838) détermine, en cas de constitution d'hypothèque sur ces biens, les immeubles situés dans les départements du Bas-Rhin, du Haut-Rhin et de la Moselle que l'hypothèque devra grever.
Il en est de même pour les hypothèques dont l'inscription pourrait être ordonnée sur les immeubles des tuteurs institués en vertu de la loi du 24 juillet 1889, en cas de déchéance de la puissance paternelle.

Art. 62. – L'hypothèque judiciaire ne résulte que de décisions exécutoires pour créances de sommes d'argent, les créances devant être liquidées en monnaie française.
La créance est inscrite pour la totalité sur les divers immeubles du débiteur, à moins que le créancier ne le requière autrement. L'hypothèque ne prend rang que du jour de son inscription.

Art. 63. – Les inscriptions conservent l'hypothèque et le privilège dans les conditions prévues à l'article 2154 du Code civil.

Art. 2204 — EXPROPRIATION FORCÉE

Toutefois, pour les hypothèques déjà inscrites, le délai de dix ans fixé par cet article ne commencera à courir qu'à partir de la mise en vigueur de la présente loi.

Art. 64. – La radiation d'une inscription a lieu, soit en vertu d'une mainlevée consentie sous forme authentique par le titulaire du droit inscrit ou son ayant droit et sur sa requête, soit en vertu d'une décision judiciaire.

La radiation d'une inscription concernant un droit, dont l'existence ou la durée est subordonnée à un événement à date incertaine survenant en la personne du titulaire de ce droit, a lieu également sur requête du propriétaire de l'immeuble grevé ou sur requête de tout autre intéressé, s'il est fait la preuve de cet événement par la production de pièces justificatives, notamment d'actes d'état civil. Le consentement du titulaire de l'inscription n'est pas nécessaire.

....

TITRE XIX DE L'EXPROPRIATION FORCÉE ET DES ORDRES ENTRE LES CRÉANCIERS

CHAPITRE I. – DE L'EXPROPRIATION FORCÉE

Art. 2204. – **Le créancier peut poursuivre l'expropriation : 1° des biens immobiliers et de leurs accessoires réputés immeubles appartenant en propriété à son débiteur ; 2° de l'usufruit appartenant au débiteur sur les biens de même nature.**

Sur les règles relatives à l'exécution forcée sur les biens immeubles dans les départements du Bas-Rhin, du Haut-Rhin et de la Moselle, V. L. 1er juin 1924, art. 141 à 170.

Art. 2204-1 *(L. n. 72-626 du 5 juil. 1972, art. 3).* – **Les poursuites et la vente forcée produisent à l'égard des parties et des tiers les effets déterminés par le Code de procédure civile.**

Art. 2205. – *Abrogé, L. n. 76-1286 du 31 déc. 1976, art. 17.*

Les articles 2206 à 2217 du Code civil et les articles 673 à 779 du Code de procédure civile sont abrogés et remplacés par le décret n. 67-167 du 1er mars 1967 dont un décret non encore paru fixera la date de mise en vigueur (art. 23 et 25). V. infra sous art. 2217.

Art. 2206. – **Les immeubles d'un mineur, même émancipé, ou d'un majeur en tutelle ne peuvent être mis en vente avant la discussion du mobilier.**

Art. 2207. – **La discussion du mobilier n'est pas requise avant l'expropriation des immeubles possédés par indivis entre un majeur et un mineur ou un majeur en tutelle interdit, si la dette leur est commune, ni dans le cas où les poursuites ont été commencées contre un majeur ou avant l'interdiction.**

EXPROPRIATION FORCÉE   Art. 2215

Art. 2208. – *Abrogé, L. n. 85-1372 du 23 déc. 1985, art. 53.*

Ancien art. 2208. – *L'expropriation des immeubles qui font partie de la communauté, se poursuit contre le mari débiteur, seul, quoique la femme soit obligée à la dette.*
Celle des immeubles de la femme qui ne sont point entrés en communauté se poursuit contre le mari et la femme, laquelle, au refus du mari de procéder avec elle, ou si le mari est mineur, peut être autorisée en justice.
En cas de minorité du mari et de la femme, ou de minorité de la femme seule, si son mari majeur refuse de procéder avec elle, il est nommé par le tribunal un tuteur à la femme, contre lequel la poursuite est exercée.

Art. 2209. – **Le créancier ne peut poursuivre la vente des immeubles qui ne lui sont pas hypothéqués, que dans le cas d'insuffisance des biens qui lui sont hypothéqués.**

Art. 2210. – **La vente forcée des biens situés dans différents arrondissements ne peut être provoquée que successivement, à moins qu'ils ne fassent partie d'une seule et même exploitation.**
Elle est suivie dans le tribunal dans le ressort duquel se trouve le chef-lieu de l'exploitation, ou à défaut de chef-lieu, la partie de biens qui présente le plus grand revenu, d'après la matrice du rôle.

V. L. 14 nov. 1808 relative à la saisie immobilière des biens d'un débiteur situés dans plusieurs arrondissements, abrogée par D. n. 67-167 du 1er mars 1967, art. 23 et 25, *infra*, sous art. 2217.

Art. 2211. – **Si les biens hypothéqués au créancier et les biens non hypothéqués, ou les biens situés dans divers arrondissements, font partie d'une seule et même exploitation, la vente des uns et des autres est poursuivie ensemble, si le débiteur le requiert ; et ventilation se fait du prix de l'adjudication, s'il y a lieu.**

Art. 2212. – **Si le débiteur justifie, par baux authentiques, que le revenu net et libre de ses immeubles pendant une année, suffit pour le paiement de la dette en capital, intérêts et frais, et s'il en offre la délégation au créancier, la poursuite peut être suspendue par les juges, sauf à être reprise s'il survient quelque opposition ou obstacle au paiement.**

Art. 2213. – **La vente forcée des immeubles ne peut être poursuivie qu'en vertu d'un titre authentique et exécutoire, pour une dette certaine et liquide. Si la dette est en espèces non liquidées, la poursuite est valable ; mais l'adjudication ne pourra être faite qu'après la liquidation.**

Art. 2214. – **Le cessionnaire d'un titre exécutoire ne peut poursuivre l'expropriation qu'après que la signification du transport a été faite au débiteur.**

Art. 2215. – **La poursuite peut avoir lieu en vertu d'un jugement provisoire ou définitif, exécutoire par provision, nonobstant appel ; mais l'adjudication ne peut se faire qu'après un jugement définitif en dernier ressort, ou passé en force de chose jugée.**
La poursuite ne peut s'exercer en vertu de jugements rendus par défaut durant le délai de l'opposition.

Art. 2216 EXPROPRIATION FORCÉE

L'article 2215 ne concerne que les jugements servant de base à la poursuite mais non pas les jugements rendus sur les incidents de la saisie (Civ. 2e, 20 fév. 1985 : *Bull.* II, n. 42, p. 30).

Art. 2216. – La poursuite ne peut être annulée sous prétexte que le créancier l'aurait commencée pour une somme plus forte que celle qui lui est due.

Art. 2217. – Toute poursuite en expropriation d'immeubles doit être précédée d'un commandement de payer fait, à la diligence et requête du créancier, à la personne du débiteur ou à son domicile, par le ministère d'un huissier.
(Alinéas insérés, L. n. 79-2 du 2 janv. 1979, art. 4) **Pour les besoins de leur publication, les commandements portant sur des lots dépendant d'un immeuble soumis au statut de la copropriété sont réputés ne pas porter sur la quote-part de parties communes comprise dans ces lots.**

Néanmoins, les créanciers saisissants exercent leur droit sur ladite quote-part, prise dans sa consistance au moment de la mutation dont le prix forme l'objet de la distribution.

Les formes du commandement et celles de la poursuite sur l'expropriation sont réglées par les lois sur la procédure.

Décret n. 67-167 du 1er mars 1967 *(J.O. 5 mars 1967)*
relatif à la saisie immobilière et à l'ordre

CHAPITRE Ier. – DE LA SAISIE IMMOBILIÈRE

Art. 1er. – La vente forcée d'immeubles ne peut être poursuivie qu'en vertu d'un titre exécutoire, pour une dette certaine et liquide.
La poursuite peut cependant avoir lieu en vertu d'un jugement exécutoire par provision ou pour une dette qui n'est pas liquide, mais il ne peut être procédé à l'adjudication qu'après un jugement définitif passé en force de chose jugée ou après la liquidation de la dette.

Art. 2. – La part indivise d'un cohéritier dans les immeubles d'une succession ne peut être mise en vente par ses créanciers personnels avant le partage ou la licitation qu'ils peuvent provoquer s'ils le jugent convenable, ou dans lesquels ils ont le droit d'intervenir conformément à l'article 882 du Code civil.

Art. 3. – Les immeubles d'une personne en tutelle ou sous administration légale ne peuvent être mis en vente avant la discussion du mobilier.
La discussion du mobilier n'est pas requise avant la vente forcée des immeubles possédés par indivis entre un majeur et une personne en tutelle ou sous administration légale si la dette leur est commune, ni dans le cas où les poursuites ont été commencées contre un majeur qui n'était pas en tutelle.

Art. 4. – La vente forcée des immeubles communs est poursuivie contre les deux époux.

Art. 5. – Le créancier ne peut poursuivre la vente des immeubles qui ne lui sont pas hypothéqués que dans le cas d'insuffisance des biens qui lui sont hypothéqués.
La vente forcée d'immeubles situés dans des ressorts de tribunaux de grande instance différents ne peut être poursuivie que successivement.
Toutefois, et sans préjudice des dispositions de l'alinéa 1er, elle peut être poursuivie simultanément :

EXPROPRIATION FORCÉE — Art. 2217

1° Lorsque les immeubles font partie d'une seule et même exploitation ;
2° Après autorisation du président du tribunal de grande instance, lorsque la valeur des immeubles situés dans un même ressort est inférieure au total des sommes dues tant au créancier saisissant qu'aux créanciers inscrits. L'autorisation peut concerner tout ou partie des biens.

Si les biens hypothéqués au créancier et les biens non hypothéqués, ou si les biens situés dans des ressorts de tribunaux de grande instance différents, font partie d'une seule et même exploitation, la vente des uns et des autres est poursuivie simultanément, si le débiteur le requiert. Il est alors fait, s'il y a lieu, ventilation du prix d'adjudication.

Art. 6. – Toute poursuite en vente forcée d'immeubles doit être précédée d'un commandement aux fins de saisie signifié au débiteur.

Pour recueillir les renseignements utiles à la rédaction du commandement, l'huissier de justice peut pénétrer dans les immeubles sur lesquels doit porter la saisie, avec, si besoin est, l'assistance de la force publique.

Le commandement vaut saisie des biens qui y sont désignés à partir de sa publication au bureau des hypothèques.

La publication de tout nouveau commandement concernant les mêmes biens du chef de la même partie saisie est refusée, à moins que ce commandement ne comprenne plus d'immeubles que le premier, auquel cas la publication a lieu pour les immeubles qui ne sont pas encore saisis.

Si un commandement n'a pas été déposé au bureau des hypothèques dans les trois mois de sa signature, puis effectivement publié, le créancier ne peut reprendre les poursuites qu'en le réitérant.

Art. 7. – Le saisi reste en possession jusqu'à la vente en qualité de séquestre judiciaire, à moins qu'il n'en soit autrement ordonné.

Toutefois, il ne peut, à partir du dépôt du commandement au bureau des hypothèques, faire aucune coupe de bois ni dégradation à peine de dommages-intérêts, sans préjudice des sanctions pénales, s'il y a lieu.

Tout créancier inscrit ou chirographaire muni d'un titre exécutoire peut être autorisé à faire procéder à la coupe et à la vente, en tout ou partie, des fruits pendants par racines ou par branches.

Art. 8. – Les fruits naturels et industriels recueillis postérieurement au dépôt du commandement au bureau des hypothèques, ou le prix qui en provient, sont immobilisés de plein droit pour être distribués avec le prix de l'immeuble, sauf l'effet d'une saisie antérieurement faite conformément aux articles 626 et suivants du Code de procédure civile. Toutefois, lorsqu'ils ont été payés antérieurement audit dépôt, ces fruits ne sont immobilisés au profit des créanciers que si la vente en a été faite en fraude de leurs droits.

Les loyers et fermages effectivement dus sont également immobilisés de plein droit à partir du dépôt du commandement pour être distribués avec le prix de l'immeuble, sauf l'effet d'une saisie antérieurement faite conformément aux articles 557 et suivants du Code de procédure civile ; ils s'acquièrent jour par jour. Les quittances anticipées ou cessions d'une somme équivalente à moins de trois années de loyers ou fermage non échue sont opposables aux créanciers si, données ou faites sans fraude, elles ont acquis date certaine avant le dépôt du commandement ; ces mêmes quittances ou cessions portant sur trois années ou plus de loyers ou fermages sont opposables au créancier chirographaire poursuivant dans les mêmes conditions qu'aux créanciers inscrits, la publication du commandement étant assimilée à l'inscription.

Si le saisi est resté en possession de ses biens, tout créancier inscrit ou chirographaire muni d'un titre exécutoire peut faire défense aux locataires et fermiers de se libérer entre ses mains.

Art. 2217   EXPROPRIATION FORCÉE

L'immobilisation prévue aux alinéas 1er et 2 et les effets de l'opposition faite en application de l'alinéa 3 profitent, à compter du dépôt au bureau des hypothèques d'un précédent commandement n'ayant pas encore fait l'objet d'une décision définitive de rejet, à tout saisissant dont le commandement est effectivement publié.

Art. 9. – La partie saisie ne peut, à peine de nullité, ni aliéner les immeubles saisis, ni les grever d'une hypothèque ou d'un autre droit réel.

Les aliénations et les constitutions de droits réels consentis avant le dépôt du commandement sont inopposables au créancier saisissant si elles ont été publiées après le commandement. Il en est de même des privilèges et des hypothèques nés avant ce dépôt mais inscrits postérieurement, sous réserve du droit pour le vendeur, le prêteur de deniers pour l'acquisition et le copartageant d'inscrire, dans les délais prévus aux articles 2108 et 2109 du Code civil, les privilèges qui leur sont conférés par l'article 2103 dudit code.

Néanmoins, l'aliénation ou les constitutions de droits réels visées aux alinéas précédents sont valables ou opposables au créancier saisissant si l'acquéreur, le titulaire du droit réel ou le saisi consigne, même sans avoir fait des offres réelles, une somme suffisante pour acquitter en principal, intérêts et frais, ce qui est dû aux créanciers inscrits ainsi qu'au saisissant et s'il leur signifie l'acte de consignation au plus tard huit jours avant l'audience des contestations. La somme ainsi consignée est affectée spécialement aux créanciers inscrits et au saisissant.

Art. 10. – Le saisi, le créancier saisissant ou tout créancier inscrit peut demander que l'adjudication soit faite aux enchères en justice ou devant notaire, sans autre formalité que celles prescrites pour les ventes d'immeubles appartenant à des mineurs. En l'absence de contestation de la part du créancier saisissant ou d'un créancier inscrit, la conversion est de droit si le saisi la demande ou l'accepte.

Art. 11. – Toutes les contestations relevant de la compétence des tribunaux de l'ordre judiciaire, formulées postérieurement à la signification du commandement, de quelque personne qu'elles émanent et quels que soient leur nature, leur objet ou leur cause, y compris les demandes de conversion et celles de délais formées en application de l'article 1244 du Code civil, sont soumises au tribunal de grande instance selon une procédure simplifiée.

Elles doivent, à peine de déchéance, être soulevées avant l'audience des contestations. Toutefois, les demandes fondées sur un fait ou un acte survenu ou relevé postérieurement à cette audience et celles tendant à faire prononcer la distraction de tout ou partie des biens saisis, la nullité de tout ou partie de la procédure suivie à l'audience des contestations ou la radiation de la saisie peuvent encore être présentées après l'audience des contestations mais seulement, et à peine de déchéance, jusqu'au huitième jour avant l'adjudication.

Il n'est pas dérogé aux règles de compétence et de procédure applicables aux contestations relatives à l'existence, à l'assiette, au montant ou à l'exigibilité des créances visées au Code général des impôts ou au Code des douanes.

Art. 12. – Les jugements rendus en matière de saisie immobilière ne sont pas susceptibles d'opposition.

Ils ne peuvent être frappés d'appel que lorsqu'ils statuent sur le principe même de la créance ou sur des moyens de fond tirés de l'incapacité de l'une des parties, de la propriété, de l'insaisissabilité ou de l'inaliénabilité des biens saisis.

Les arrêts ne sont pas susceptibles d'opposition.

EXPROPRIATION FORCÉE Art. 2217

Art. 13. – Si, lors de l'adjudication, aucune enchère n'est portée, le créancier poursuivant est déclaré adjudicataire pour la mise à prix, à moins qu'il ne demande la remise de l'adjudication à une autre audience sur une nouvelle mise à prix ou la conversion de la saisie sans modification de la mise à prix. La remise de l'adjudication est de droit. En l'absence de contestation de la part d'un créancier inscrit, la conversion est de droit si le saisi l'accepte.

En cas de remise, si aucune enchère n'est portée lors de la nouvelle adjudication, le poursuivant est déclaré adjudicataire pour la première mise à prix.

Art. 14. – Toute personne peut, dans les dix jours qui suivent l'adjudication, faire une surenchère pourvu qu'elle soit du dixième au moins du prix principal de la vente. Le délai de surenchère emporte forclusion.

La surenchère ne peut être rétractée. Les contestations auxquelles elle peut donner lieu doivent, à peine de déchéance, être soulevées avant l'audience au cours de laquelle sera fixée la date de la nouvelle adjudication.

Art. 15. – Faute par l'adjudicataire d'exécuter les clauses et conditions de l'adjudication, l'immeuble peut être vendu à sa folle enchère.

Art. 16. – Les avoués *(avocats)* ne peuvent enchérir ou surenchérir pour les membres du tribunal devant lequel se poursuit la vente, à peine de nullité de l'adjudication ou de la surenchère et de dommages-intérêts.

Ils ne peuvent sous les mêmes peines enchérir ou surenchérir pour le saisi ni pour les personnes notoirement insolvables.

L'avoué *(avocat)* poursuivant ne peut se rendre personnellement adjudicataire ou surenchérisseur à peine de nullité de l'adjudication ou de la surenchère et de dommages-intérêts envers toutes les parties.

Art. 17. – Le jugement d'adjudication ne transmet à l'adjudicataire d'autres droits à la propriété que ceux appartenant au saisi.

L'adjudicataire est tenu, à peine de folle enchère, de faire publier au bureau des hypothèques le jugement d'adjudication dans les deux mois de sa date. Cette publication purge l'immeuble de tout privilège ou hypothèque et chaque créancier n'a plus d'action que sur le prix.

La partie qui n'aurait pas exercé son action en résolution ou en folle enchère dans les conditions prévues à l'article 11 conserve le droit de faire valoir sa créance dans la distribution du prix.

L'adjudicataire doit, également à peine de folle enchère, payer ou consigner le prix de l'adjudication à la Caisse des dépôts et consignations dans les quatre mois du jugement d'adjudication.

Toutefois, s'il est créancier du saisi et susceptible d'être utilement colloqué, il n'est tenu de consigner que le montant du prix excédant sa créance.

Art. 18. – Les dispositions du présent chapitre sont applicables aux ventes d'immeubles effectuées à l'encontre du tiers détenteur en application de l'article 2169 du Code civil, sous les réserves prévues aux alinéas suivants.

Le commandement aux fins de saisie signifié au débiteur conformément à l'article 6 est dénoncé au tiers détenteur ; cette dénonciation comporte sommation de satisfaire à l'une des obligations visées à l'article 2168 du Code civil. Toutefois, si le tiers détenteur est connu du poursuivant avant la signification dudit commandement, celui-ci peut être remplacé par un commandement de payer signifié au débiteur et une sommation au tiers détenteur de satisfaire

Art. 2217   EXPROPRIATION FORCÉE

à l'une des obligations précitées ; il n'y a alors pas lieu à dénonciation au tiers détenteur du commandement de payer ni à publication de ce commandement au bureau des hypothèques.

À l'expiration du délai imparti pour payer ou délaisser, la vente forcée est poursuivie à l'encontre du tiers détenteur. Toutefois, en cas de délaissement, il est fait application de l'article 2174 du Code civil.

Pour recueillir les renseignements nécessaires, l'huissier de justice ne peut, en l'absence de titre exécutoire contre le tiers détenteur, pénétrer dans les lieux avec l'assistance de la force publique que s'il y a été autorisé par ordonnance rendue par le président du tribunal de grande instance.

Les dispositions des alinéas 3 à 5 de l'article 6 sont applicables à la dénonciation ou à la sommation, selon le cas.

La signification de la dénonciation ou de la sommation faite au tiers détenteur produit à son égard tous les effets attachés à la signification du commandement aux fins de saisie, faite au débiteur, et au dépôt de ce commandement.

Les aliénations et constitutions de droits réels visés à l'article 9, consenties avant la signification de la dénonciation ou de la sommation mais postérieurement à la signification du commandement aux fins de saisie, peuvent être annulées à la demande de tout créancier inscrit.

Il n'est pas dérogé aux dispositions de l'article 2175 du Code civil.

CHAPITRE II. – DE L'ORDRE

Art. 19. – Le règlement des ordres et les distributions par contributions sont faits par un juge du tribunal de grande instance dénommé juge des ordres.

Le délai imparti aux créanciers inscrits et au Trésor public pour produire leurs titres emporte déchéance, sous réserve des dispositions de l'alinéa 4 de l'article 20.

Toutes contestations, de quelque personne qu'elles émanent et quels que soient leur nature, leur objet ou leur cause, y compris celles relatives à la consignation du prix d'adjudication, doivent être formulées, à peine de déchéance, au plus tard à l'audience tenue à cet effet par le juge des ordres. Toutefois, le juge des ordres peut, même avant cette audience, enjoindre à l'adjudicataire de consigner à la Caisse des dépôts et consignations tout ou partie du prix retenu par lui en application de l'alinéa 5 de l'article 17.

L'adjudicataire qui a consigné la totalité du prix en application de l'alinéa précédent ou de l'alinéa 4 de l'article 17 peut, à tout moment, faire prononcer par le juge des ordres la validité de la consignation et la radiation des inscriptions hypothécaires avec maintien de leur effet sur le prix.

Art. 20. – Le juge des ordres règle l'ordre des créances et liquide les frais d'ordre ainsi que ceux d'hypothèques afférents à l'ordre ou qui en sont la conséquence. La radiation des inscriptions hypothécaires est ordonnée par le juge des ordres. Il est fait distraction, en faveur de l'adjudicataire, sur le montant de chaque bordereau des frais de radiation de l'inscription.

Les ordonnances du juge, hormis celles rendues en application de l'alinéa 4 de l'article 19, sont susceptibles d'appel.

L'opposition est irrecevable contre les ordonnances et arrêts rendus en matière d'ordre.

Les sommes excédant le montant des collocations sont remises au saisi ou au tiers détenteur selon le cas, sans préjudice des droits sur ces sommes des créanciers qui n'ont pas été colloqués par application de l'alinéa 2 de l'article 19 et des autres créanciers.

Art. 21. – Les frais, hormis ceux des contestations, sont avancés par le créancier poursuivant et colloqués par préférence à tous autres.

EXPROPRIATION FORCÉE   Art. 2218

Les frais des contestations ne peuvent être prélevés sur le prix de l'adjudication, à moins que la collocation rejetée d'office malgré une production suffisante soit rétablie sans avoir été contestée par aucun créancier. S'ils sont mis à la charge d'un créancier colloqué en rang utile, ils sont prélevés sur le montant de la collocation.

Le cours des intérêts et arrérages dus aux créanciers colloqués cesse à l'égard de la partie saisie à compter de la clôture de l'ordre.

CHAPITRE III. – DISPOSITIONS DIVERSES

Art. 22. – Le second alinéa de l'article 598 du Code de commerce est abrogé et remplacé par la disposition de caractère règlementaire suivante :

....

(V. C. com., art. 598)

Art. 23. – Dans l'article 2169 du Code civil, sont abrogés les mots « trente jours après commandement fait au débiteur originaire et sommation faite au tiers détenteur de payer la dette exigible ou de délaisser l'héritage ».

Sont également abrogées toutes dispositions contraires à celles du présent décret, et notamment les articles 2205 à 2217 du Code civil, les articles 673 à 779 du Code de procédure civile et la loi du 14 novembre 1808 relative à la saisie immobilière des biens d'un débiteur situés dans plusieurs arrondissements.

Art. 24. – Le présent décret ne pourra être modifié que par décret en Conseil d'État.

Art. 25. – Un décret fixera la date de mise en vigueur du présent décret.

Art. 26. – Le présent décret n'est pas applicable dans les départements du Bas-Rhin, du Haut-Rhin et de la Moselle.

CHAPITRE II. – DE L'ORDRE ET DE LA DISTRIBUTION DU PRIX ENTRE LES CRÉANCIERS

Art. 2218. – **L'ordre et la distribution du prix des immeubles et la manière d'y procéder, sont réglés par les lois sur la procédure.**

V. C. proc. civ., art. 749 à 779, abrogés par D. n. 67-167 du 1er mars 1967, art. 23 et 25, *supra* sous art. 2217.

Art. 2219   PRESCRIPTION ET POSSESSION

TITRE XX. – DE LA PRESCRIPTION ET DE LA POSSESSION
(intitulé mod. L. n. 75-596 du 9 juil. 1975, art. 5-1)

CHAPITRE I. – DISPOSITIONS GÉNÉRALES

Art. 2219. – **La prescription est un moyen d'acquérir ou de se libérer par un certain laps de temps, et sous les conditions déterminées par la loi.**

Art. 2220. – **On ne peut, d'avance, renoncer à la prescription : on peut renoncer à la prescription acquise.**

1) L'article 2220 ne prohibe pas les stipulations tendant à renfermer l'exercice de certaines actions dans des limites plus étroites que celles fixées par la loi française (Civ. 31 janv. 1950 : *D.* 1950, 261, note Lerebours-Pigeonnière ; *J.C.P.*, 50, II, 5541, note Weill).

2) L'article 2220 qui interdit de renoncer par avance à la prescription ne prohibe pas les accords conclus après la naissance de l'obligation et en cours de délai par lesquels les parties conviendraient de la suspension de ce délai (Civ. 1re, 13 mars 1968 : *J.C.P.* 69, II, 15903, note Prieur).

Art. 2221. – **La renonciation à la prescription est expresse ou tacite : la renonciation tacite résulte d'un fait qui suppose l'abandon du droit acquis.**

La renonciation à une prescription acquise n'est subordonnée dans sa forme à aucune condition substantielle et peut résulter de tout acte et de tout fait qui, implicitement ou explicitement, manifeste de la part du défendeur la volonté de renoncer (Civ. 9 nov. 1943 : *D.A.* 1944, 37). Les tribunaux sont investis à cet égard d'un souverain pouvoir d'appréciation (même arrêt). Jugé que la défense au fond ne saurait être considérée comme une renonciation tacite (Com. 1er mars 1971 : *J.C.P.* 71, IV, 101 ; *Bull.* IV, n. 64, p. 59, 1er arrêt). Jugé

aussi qu'une lettre proposant l'achat d'une bande de terrain litigieuse, écrite par les défendeurs à une action en revendication, n'emporte pas renonciation à leur droit de se prévaloir de la prescription acquisitive sur ce bien, dès lors que les propositions contenues dans cette lettre ont été faites à titre transactionnel et de conciliation avant toute action formelle en revendication de propriété et que les défendeurs n'étaient alors pas entièrement éclairés sur leurs droits (Civ. 3e, 18 mars 1978 : *Bull.* III, n. 123, p. 96).

Art. 2222. – **Celui qui ne peut aliéner ne peut renoncer à la prescription acquise.**

Art. 2223. – **Les juges ne peuvent pas suppléer d'office le moyen résultant de la prescription.**

1) Le moyen tiré de la prescription n'est pas d'ordre public même si le délai de prescription de l'action civile est fixé en référence à celui de la prescription de l'action publique (Civ. 2e, 5 mai 1971 : *D.* 1971, 470, note Huet. – Civ. 2e, 13 mars 1980 : *Bull.*

II, n. 59, p. 46). La règle de l'article 2223 doit recevoir application nonobstant l'article 125 du Nouveau Code de procédure civile qui fait obligation au juge de soulever d'office les fins de non-recevoir ayant un caractère d'ordre public (Civ. 1re, 9 déc. 1986 : *Bull.* I,

n. 293, p. 278 ; *J.C.P.* 87, II, 20862, note Bey).

2) Le juge ne peut appliquer une prescription plus courte que celle invoquée (Aix 12 mai 1964 : *Gaz. Pal.* 1964, 2, 405).

3) Il n'est pas nécessaire que le moyen tiré de la prescription soit proposé en termes formels, il suffit qu'il ressorte implicitement de la nature même de la demande et de l'ensemble des faits sur lesquels elle est fondée (Civ. 3 août 1870 : *D.P.* 70, 1, 358).

Art. 2224. – **La prescription peut être opposée en tout état de cause, même devant la cour d'appel, à moins que la partie qui n'aurait pas opposé le moyen de la prescription ne doive, par les circonstances, être présumée y avoir renoncé.**

Sur le principe que la prescription peut être opposée en tout état de cause, V. Civ. 2ᵉ, 10 juin 1960 : *J.C.P.* 60, II, 11803, mais le moyen ne peut être opposé pour la première fois devant la Cour de cassation (Civ. 2ᵉ, 7 mai 1969 : *Bull.* II, n. 141, p. 102).

Art. 2225. – **Les créanciers, ou toute autre personne ayant intérêt à ce que la prescription soit acquise, peuvent l'opposer, encore que le débiteur ou le propriétaire y renonce.**

1) La disposition de l'article 2225 qui permet au créancier, ou à toute autre personne ayant intérêt à ce que la prescription soit acquise, de l'opposer bien que le débiteur y renonce ne peut être invoquée qu'autant que cette renonciation était de nature à créer ou à augmenter l'insolvabilité dudit débiteur (Soc. 9 nov. 1950 : *Bull.* III, n. 830, p. 559).

2) L'article 2225 s'applique à toutes les prescriptions (Civ. 12 juil. 1880 : *D.P.* 81, 1, 437).

3) Le propriétaire d'un mur ne peut, en renonçant à la prescription acquisitive, transférer à son voisin toutes les charges qui résultent de la possession de ce mur (Aix 25 mars 1980 : *D.* 1983, I.R. 17, obs. Robert).

Art. 2226. – **On ne peut prescrire le domaine des choses qui ne sont point dans le commerce.**

1) Les biens soumis à une indivision forcée ne sont pas imprescriptibles (Civ. 1ʳᵉ, 10 juin 1964 : *Bull.* I, n. 310, p. 242).

2) Sur la prescriptibilité des actions relatives à la filiation, V. *supra* art. 311-7.

3) Le nom est imprescriptible (Req. 14 avril 1934 : *D.H.* 1934, 265). Mais le principe de l'immutabilité ne fait pas obstacle à ce que la possession prolongée d'un nom puisse en permettre l'acquisition dès lors que cette possession n'a pas été déloyale (Civ. 1ʳᵉ, 31 janv. 1978 : *J.C.P.* 79, II, 19035, note Nérac ; *D.* 1979, 182, note R. Savatier).

4) Le droit réel immobilier dont bénéficie le concessionnaire d'une sépulture s'étend par accession au monument construit sur la concession par un tiers. Il en résulte que le droit d'usage du monument, ainsi incorporé au droit du concessionnaire, est, comme ce droit, hors du commerce, et qu'il ne peut donc être acquis par prescription (Civ. 1ʳᵉ, 13 mai 1980 : *Bull.* I, n. 147, p. 119).

Loi du 31 décembre 1913 *(J.O.* 4 janv. 1914*)*
sur les monuments historiques

....

Art. 12. – Nul ne peut acquérir de droit par prescription sur un immeuble classé.
....

Art. 2227 PRESCRIPTION ET POSSESSION

Art. 18. – Tous les objets mobiliers classés sont imprescriptibles.

....

Loi du 2 mai 1930 *(J.O. 4 mai)*
ayant pour objet de réorganiser la protection des monuments naturels et des sites de caractère artistique, historique, scientifique, légendaire ou pittoresque

....

Art. 13. – Nul ne peut acquérir, par prescription, sur un monument naturel ou sur un site classé, de droit de nature à modifier son caractère ou changer l'aspect des lieux.

....

Art. 2227. – **L'État, les établissements publics et les communes sont soumis aux mêmes prescriptions que les particuliers, et peuvent également les opposer.**

1) Dès lors qu'une bande de terrain, qui n'a fait l'objet d'aucune décision de classement dans la voirie communale, n'a pas été incorporée au domaine public, cette parcelle est susceptible d'usucapion (Civ. 3e, 2 oct. 1975 : *J.C.P.* 75, IV, 338 ; *Bull.* III, n. 274, p. 208). Jugé que le lit d'un cours d'eau domanial abandonné par suite d'un événement naturel demeure propriété de l'État mais ne fait plus partie que de son domaine privé et devient donc aussitôt aliénable et prescriptible (Riom 30 janv. 1968 : *D.* 1969, 243, note Chavrier).

2) Le régime forestier s'opposant à l'établissement de droits d'usage par prescription, l'usucapion ne peut jouer au profit de revendiquants qui allèguent avoir exercé une possession sur des forêts administrées, surveillées et gardées par les préposés des Eaux et Forêts (Civ. 1re, 12 oct. 1965 : *Bull.* I, n. 533, p. 403).

3) Sur la prescription des créances sur l'État, les départements, les communes et les établissements publics, V. L. n. 68-1250 du 31 déc. 1968 (*J.O.* 3 janv. 1969 ; *J.C.P.* 69, III, 34958). – D. n. 81-174 du 23 fév. 1981(*J.O.* 25 fév. ; *J.C.P.* 81, III, 51032).

CHAPITRE II. – DE LA POSSESSION

Art. 2228. – **La possession est la détention ou la jouissance d'une chose ou d'un droit que nous tenons ou que nous exerçons par nous-mêmes, ou par un autre qui la tient ou qui l'exerce en notre nom.**

1) Viole l'article 2228 l'arrêt qui déclare qu'une association ne saurait prétendre avoir détenu une partie d'ouvrage inachevé (Civ. 3e, 8 déc. 1976 : *Bull.* III, n. 449, p. 341).

2) La possession légale utile pour prescrire, si elle se conserve par la seule intention, ne peut s'établir à l'origine que par des actes d'occupation réelle (Civ. 13 déc. 1948 : *D.* 1949, 72. – V. en ce sens Civ. 3e, 15 mars 1977 : *Bull.* III, n. 121, p. 94). Les juges du fond doivent relever les actes matériels de nature à caractériser la possession (Civ. 3e, 15 mars 1978 : *Bull.* III, n. 123, p. 96. – Civ. 3e, 27 avril 1983 : *Bull.* III, n. 98, p. 77). Jugé qu'à elle seule l'immersion de terres par les eaux d'un étang ne peut constituer, au sens des articles 2228 et 2229 du Code civil, une possession légale utile pour prescrire (Civ. 3e, 20 juin 1968 : *Bull.* III, n. 292, p. 225).

3) Le droit de copropriété peut s'acquérir par prescription (Civ. 1re, 16 avril 1959 : J.C.P. 59, IV, 62 ; Bull. I, n. 198 p. 167).

4) Celui qui passe sur un terrain enclavé en versant au propriétaire prétendu une indemnité n'exerce pas seulement un droit de passage, mais effectue des actes de possession pour le compte du bénéficiaire de la redevance (Civ. 3e, 12 déc. 1984 : Bull. III, n. 216, p. 169).

Art. 2229. – **Pour pouvoir prescrire, il faut une possession continue et non interrompue, paisible, publique, non équivoque, et à titre de propriétaire.**

1) Si la possession légale d'un fonds immobilier, quand elle a été une fois acquise au moyen d'actes matériels de détention ou de jouissance accomplies *animo domini*, peut se conserver par la seule intention du possesseur, c'est à la double condition qu'il n'y ait pas eu renonciation expresse ou tacite et que la possession ait été exercée dans toutes les occasions comme à tous les moments où elle devait l'être d'après la nature de la chose possédée, sans intervalles anormaux assez prolongés pour constituer des lacunes et rendre la possession discontinue (Civ. 11 janv. 1950 : D. 1950, 125, note Lenoan).

2) Doit être cassé l'arrêt qui, pour rejeter l'exception de prescription trentenaire invoquée par une partie, se fonde sur l'absence de possession paisible, alors qu'il n'est ni démontré ni même allégué que cette partie ait acquis ou gardé la possession des terres revendiquées au moyen de voies de fait accompagnées de violences matérielles ou morales qui seules pouvaient rendre non paisible la possession invoquée pour la prescription (Civ. 3e, 30 avril 1969 : Bull. III, n. 348, p. 267).

3) La possession pouvant conduire à la prescription acquisitive ne peut être tenue pour publique qu'à la condition de se manifester par des signes ostensibles de nature à la révéler à celui contre lequel on prescrit et provoquer au besoin sa contradiction, (Civ. 1re, 9 fév. 1955 : J.C.P. 55, IV, 41 ; Bull. I, n. 65, p. 61). Il suffit pour que le vice de clandestinité puisse être écarté que la possession ait été connue de la partie adverse (Civ. 1re, 7 juil. 1965 : Bull. I, n. 459, p. 344).

4) La possession n'est équivoque que si les actes du possesseur ne révèlent pas son intention de se conduire en propriétaire, et ce vice est sans relation avec la mauvaise foi, l'équivoque supposant le doute dans l'esprit des tiers mais non dans celui du possesseur (Civ. 1re, 13 juin 1963 : J.C.P. 63, IV, 103 ; Bull. I, n. 327, p. 268).

5) Les actes de possession accomplis par un coïndivisaire sont en principe équivoques à l'égard des autres, mais ils perdent ce caractère dès lors qu'ils démontrent l'intention de leur auteur de se comporter comme seul et unique propriétaire du bien indivis dont il établit avoir la possession exclusive (Civ. 3e, 6 juin 1974 : J.C.P. 74, IV, 271 ; Bull. III, n. 235, p. 179. – Civ. 1re, 17 avril 1985 : J.C.P. 85, II, 20464, concl. Gulphe, et, sur renvoi, Fort-de-France 3 avril 1987 : D. 1987, 568, note Breton. – Civ. 3e, 27 nov. 1985 : Bull. III, n. 158, p. 119 ; Rev. dr. imm. 1986, 345, obs. Bergel). Jugé que lorsque deux concubins ont toujours vécu ensemble dans un immeuble, la possession de celui qui a survécu à l'autre est équivoque (Civ. 1re 7 déc. 1977 : J.C.P. 78, IV, 47 ; Bull. I, n. 469, p. 372).

6) Les juges du fond sont souverains pour décider si la possession a un caractère équivoque ou si elle est exclusive (Civ. 3e, 23 avril 1969 : Bull. III, n. 320, p. 244). Ils peuvent apprécier les faits de possession autrement que ne l'avait fait la sentence antérieurement rendue au possessoire (Civ. 1re, 12 juil. 1954 : J.C.P. 54, 126 ; Bull. I, n. 241, p. 205).

Art. 2230 — POSSESSION

Art. 2230. — On est toujours présumé posséder pour soi, et à titre de propriétaire, s'il n'est prouvé qu'on a commencé à posséder pour un autre.

Les juges n'ont pas à caractériser spécialement l'élément intentionnel de la possession (Civ. 1re, 21 déc. 1964 : *Bull.* I, n. 589, p. 454).

Art. 2231. — Quand on a commencé à posséder pour autrui, on est toujours présumé posséder au même titre, s'il n'y a preuve du contraire.

Lorsque des mandataires ont opéré des retraits sur un livret de Caisse d'épargne à l'aide d'une procuration, ils détiennent les fonds pour un autre, et, suivant la présomption posée par l'article 2231, ils sont toujours réputés les détenir au même titre (Civ. 1re, 3 mars 1987 : *Bull.* I, n. 82, p. 61). V. pour d'autres applications Civ. 3e, 7 oct. 1975 : *Bull.* IV, n. 281, p. 213. — Civ. 3e, 13 fév. 1980 : *D.* 1980, I.R. 480.

Art. 2232. — Les actes de pure faculté et ceux de simple tolérance ne peuvent fonder ni possession ni prescription.

Les juges du fond sont souverains pour apprécier si les faits de possession invoqués constituent de simples actes de pure tolérance (Civ. 3e, 30 janv. 1973 : *Bull.* III, n. 88, p. 63).

Art. 2233. — Les actes de violence ne peuvent fonder non plus une possession capable d'opérer la prescription.
La possession utile ne commence que lorsque la violence a cessé.

Art. 2234. — Le possesseur actuel qui prouve avoir possédé anciennement, est présumé avoir possédé dans le temps intermédiaire, sauf la preuve contraire.

1) Dès lors qu'il n'est plus possesseur actuel, celui qui a possédé anciennement à plusieurs reprises distinctes ne peut invoquer l'article 2234 (Civ. 3e, 3 janv. 1969 : *J.C.P.* 69, II, 15935, note Goubeaux).

2) Le nu propriétaire possède par l'intermédiaire de l'usufruitier (Civ. 3e, 21 mars 1984 : *J.C.P.* 86, II, 20640, 1re esp., note de la Marnierre).

Art. 2235. — Pour compléter la prescription, on peut joindre à sa possession celle de son auteur, de quelque manière qu'on lui ait succédé, soit à titre universel ou particulier, soit à titre lucratif ou onéreux.

1) L'usufruit étant un droit réel, démembrement du droit de la propriété, le possesseur d'un tel droit peut joindre à la sienne la possession à titre de propriétaire de son auteur (Civ. 1re, 13 fév. 1963 : *Gaz. Pal.* 1963, 2, 82. — Civ. 3e, 21 mars 1984 : *Bull.* III, n. 78, p. 62 ; *D.* 1984, I.R. 425, obs. D. Martin).

2) À la différence du successeur particulier, l'héritier succède aux vices de la possession de son auteur (Civ. 1re, 16 juin 1971 : *D.* 1971, 566, note A.B.).

CHAPITRE III. — DES CAUSES QUI EMPÊCHENT LA PRESCRIPTION

Art. 2236. — Ceux qui possèdent pour autrui ne prescrivent jamais, par quelque laps de temps que ce soit.
Ainsi, le fermier, le dépositaire, l'usufruitier, et tous autres qui détiennent précairement la chose du propriétaire, ne peuvent la prescrire.

1) Si l'usufruitier peut être détenteur du droit réel d'usufruit, il résulte des termes de l'article 2236 qu'il n'est qu'un détenteur précaire à l'égard du droit de propriété et que le nu-propriétaire possède par son intermédiaire (Civ. 1re, 13 fév. 1963 : *Gaz. Pal.* 1963, 2, 82).

2) Sur l'acquisition par l'État des dépôts et avoirs en banque n'ayant fait l'objet de la part des ayants-droit d'aucune opération ou réclamation depuis trente ans, V. C. domaine, art. L. 27 ; pour les sommes déposées à la caisse des Dépôts et Consignations, V. L. 16 avril 1895, art. 43. Sur l'acquisition par le budget des postes et télécommunications du solde d'un compte courant postal sur lequel aucune opération n'a été faite depuis dix ans, V.C.P. et T., art. L. 109 et D. 520.

3) Sur la prescription trentenaire des sommes déposées dans les caisses d'épargne, V. C. caisses d'épargne, art. 18.

Art. 2237. – **Les héritiers de ceux qui tenaient la chose à quelqu'un des titres désignés par l'article précédent, ne peuvent non plus prescrire.**

Art. 2238. – **Néanmoins, les personnes énoncées dans les articles 2236 et 2237 peuvent prescrire, si le titre de leur possession se trouve interverti, soit par une cause venant d'un tiers, soit par la contradiction qu'elles ont opposée au droit du propriétaire.**

La contradiction, pour valoir interversion de titre et conduire à la prescription, doit s'adresser directement au propriétaire qui est ainsi mis en demeure de la contester. Des conclusions signifiées au cours d'une instance ne peuvent valoir interversion que si le propriétaire est représenté dans l'instance et reçoit la signification de ces conclusions (Req. 31 déc. 1924 : *D.H.* 1925, 41). Jugé que la construction d'une bergerie et la plantation d'arbres sur la parcelle litigieuse par le détenteur précaire n'est pas une contradiction suffisante (Civ. 1re, 25 janv. 1965 : *Bull.* I, n. 72, p. 54. – Pour d'autres applications, V. Civ. 1re, 15 fév. 1965 : *D.* 1965, 352. – 13 nov. 1970 : *J.C.P.* 72, II, 17077, note Ghestin).

Art. 2239. – **Ceux à qui les fermiers, dépositaires et autres détenteurs précaires ont transmis la chose par un titre translatif de propriété, peuvent la prescrire.**

Art. 2240. – **On ne peut pas prescrire contre son titre, en ce sens que l'on ne peut point se changer à soi-même la cause et le principe de sa possession.**

L'article 2240 est inapplicable à celui qui possède un bien sur lequel le titre ne lui donnait aucun droit (Civ. 3e, 2 déc. 1975 : *Bull.* III, n. 355, p. 270).

Art. 2241. – **On peut prescrire contre son titre, en ce sens que l'on prescrit la libération de l'obligation que l'on a contractée.**

CHAPITRE IV. – DES CAUSES QUI INTERROMPENT OU QUI SUSPENDENT LE COURS DE LA PRESCRIPTION

SECTION I. – DES CAUSES QUI INTERROMPENT LA PRESCRIPTION

Art. 2242. – **La prescription peut être interrompue ou naturellement ou civilement.**

Art. 2243   PRESCRIPTION

1) La prescription qui commence à courir après la cessation de l'interruption a les mêmes caractères et la même durée que l'ancienne, sauf novation (Req. 5 avril 1892 : *D.P.* 92, 1, 246. – Com. 20 juil. 1973 : *Bull.* IV, n. 263, p. 235. – Paris 26 janv. 1928 : *D.P.* 1928, 2, 172, note Holleaux).

2) Si en principe l'interruption de la prescription ne peut s'étendre d'une action à l'autre, il en est autrement lorsque les deux actions, bien qu'ayant des causes distinctes, tendent à un seul et même but, de telle sorte que la seconde soit virtuellement comprise dans la première. Tel est le cas pour la complainte et la réintégrande dès lors qu'elles ont pour objet commun la cessation du même trouble (Civ. 1re, 15 juin 1954 : *D.* 1954, 662. – V. aussi Soc. 27 nov. 1980 : *J.C.P.* 81, IV, 60 ; *Bull.* V, n. 864, p. 639).

Art. 2243. – Il y a interruption naturelle, lorsque le possesseur est privé, pendant plus d'un an, de la jouissance de la chose, soit par l'ancien propriétaire, soit même par un tiers.

V. pour une application au cas de travaux faits par un tiers, Civ. 1re, 3 déc. 1957 : *Bull.* I, n. 468, p. 379.

Art. 2244 *(modifié L. n. 85-677 du 5 juil. 1985, art. 37 et 47).* – Une citation en justice, même en référé, un commandement ou une saisie, signifiés à celui qu'on veut empêcher de prescrire, interrompent la prescription ainsi que les délais pour agir.

1) Il résulte de l'article 2244 qu'une citation en justice n'interrompt la prescription que si elle a été signifiée par le créancier lui-même au débiteur se prévalant de la prescription (Com. 14 nov. 1977 : *J.C.P.* 78, IV, 20 ; *Bull.* IV, n. 257, p. 219). La requête adressée aux fins de conciliation n'est donc pas interruptive de la prescription (Civ. 2e, 8 juin 1988 : *J.C.P.* 89, II, 21199, note Taisne). Jugé cependant que l'article 2244, sans exiger que l'acte interruptif soit porté à la connaissance du débiteur dans le délai de la prescription, entend seulement préciser qu'un tel acte doit s'adresser à celui qu'on veut empêcher de prescrire et non pas à un tiers. Viole cet article l'arrêt qui énonce que la demande d'arbitrage n'interrompt la prescription que si elle a été portée dans le délai à la connaissance du débiteur qui se prévaut de la prescription (Civ. 2e, 11 déc. 1985 : *J.C.P.* 86, II, 20677, note Taisne).

2) N'impliquant aucune contestation du droit de propriété, l'action en bornage ne peut constituer une citation en justice interrompant la prescription (Civ. 3e, 10 oct. 1978 : *Bull.* III, n. 308, p. 239. – Civ. 3e, 21 nov. 1984 : *J.C.P.* 85, IV, 42 ; *Bull.* III, n. 197, p. 152 ; *Rev. dr. imm.* 1985, 230, obs. Bergel).

3) L'effet interruptif d'une prescription quelconque résultant d'une action portée en justice dure aussi longtemps que l'instance elle-même et, en l'absence d'un désistement ou d'une demande de péremption, jusqu'à ce que le litige trouve sa solution (Civ. 3e, 10 juil. 1969 : *J.C.P.* 69, IV, 233 ; *Bull.* III, n. 573, p. 431. – V. en ce sens Soc. 16 juil. 1987 : *Bull.* V, n. 513, p. 325).

4) Sur l'effet interruptif du référé-provision dans le droit antérieur à la réforme du 5 juillet 1985, v. Civ. 1re, 6 juil. 1988 : *J.C.P.* 89, II, 21194, note Taisne.

Art. 2245. – La citation en conciliation devant le bureau de paix interrompt la prescription, du jour de sa date, lorsqu'elle est suivie d'une assignation en justice donnée dans les délais de droit.

Art. 2246. – La citation en justice, donnée même devant un juge incompétent, interrompt la prescription.

Art. 2248

1) La citation devant un juge incompétent interrompt la prescription sans qu'il y ait à distinguer entre l'incompétence relative et l'incompétence absolue (Crim. 13 mars 1967 : *Gaz. Pal.* 1967, 2, 24). Ne donne pas de base légale à sa décision l'arrêt qui, pour refuser de considérer comme cause d'interruption de la prescription la constitution de partie civile devant le juge d'instruction, se fonde sur l'incompétence des juridictions répressives pour statuer sur l'action en responsabilité contre le transporteur par air (Cass. ch. mixte 24 fév. 1978 : *Bull. ch. mixte*, n. 3, p. 3).

2) Si l'assignation en référé qui en principe n'a pas d'effet interruptif tend à faire reconnaître un droit soumis à prescription, elle entraîne les mêmes conséquences qu'une demande en justice portée devant un juge incompétent et, comme telle, est interruptive de prescription (Civ. 3e, 2 déc. 1975 : *J.C.P.* 76, IV, 112, note J.A.).

**Art. 2247. – Si l'assignation est nulle par défaut de forme,
Si le demandeur se désiste de sa demande,
S'il laisse périmer l'instance,
Ou si sa demande est rejetée,
L'interruption est regardée comme non avenue.**

1) Le désistement ne permet de considérer l'interruption comme non avenue dans le sens de l'article 2247 que lorsqu'il est pur et simple. Tel n'est pas le cas lorsqu'il ne se réfère qu'à l'instance et énonce en termes exprès que l'action sera reprise devant une autre juridiction (Req. 21 juil. 1903 : *D.P.* 1903, 1, 536).

2) Sur la péremption d'instance, V. Nouv. C. proc. civ., art. 386 et s.

3) L'assignation dont la caducité a été constatée n'a pu interrompre le cours de la prescription. La demande est donc irrecevable si la seconde assignation a été délivrée hors du délai légal (Ass. Plén. 3 avril 1987 : *J.C.P.* 87, II, 20792, concl. Cabannes).

4) La disposition de l'article 2247 est absolue et ne comporte aucune distinction entre le cas où la demande est définitivement rejetée par un moyen de fond et celui où elle est repoussée soit par un moyen de forme soit par une fin de non-recevoir qui laisse subsister le droit d'action (Civ. 1re, 16 fév. 1954 : *Gaz. Pal.* 1954, 1, 260. – Com. 21 avril 1980 : *Bull.* IV, n. 157, p. 122. – Civ. 3e, 20 déc. 1983 : *Bull.* III, n. 275, p. 209). Mais la demande ne peut être considérée comme rejetée si un jugement, bien que constatant l'existence d'une fin de non-recevoir, décide de surseoir à statuer en l'état (Civ. 3e, 22 mars 1983 : *J.C.P.* 83, IV, 182 ; *Bull.* III, n. 81, p. 64).

Art. 2248. – La prescription est interrompue par la reconnaissance que le débiteur ou le possesseur fait du droit de celui contre lequel il prescrivait.

1) L'article 2248 s'applique aux obligations civiles dérivant d'un délit aussi bien qu'à celles qui naissent des contrats ou quasi-contrats (Req. 3 juin 1893 : *D.P.* 1894, 1, 17, note Planiol).

2) La reconnaissance interruptive de prescription visée par l'article 2248 n'est soumise à aucune condition de forme et peut être contenue dans n'importe quel acte écrit dès lors que l'aveu que cet acte contient ne prête à aucune discussion (Civ. 1re, 25 janv. 1954 : *S.* 1954, 1, 199). L'article 2248 n'exige pas qu'elle ait lieu au cours d'une instance (Civ. 3e, 24 oct. 1984 : *J.C.P.* 85, IV, 6 ; *Bull.* III, n. 176, p. 137).

3) L'offre de payer à titre de transaction une certaine somme et les frais n'interrompt pas la prescription (Civ. 14 mai 1918 : *D.P.*

Art. 2249

1926, 1, 204, 1re esp.), mais jugé que l'aveu du constructeur sous forme de réserves acceptées ou d'exécution de travaux confortatifs ou toute autre reconnaissance de responsabilité interrompt le délai de garantie décennale (Colmar 10 janv. 1975 : *D.* 1977, 284, note Leneveu).

4) Les dispositions de l'article 108 du Code de commerce (contrat de transport) ne font pas obstacle à l'application de l'article 2248 (Com. 23 oct. 1967 : *D.* 1967, 671, note B.L.).

5) La reconnaissance précise et non équivoque entraîne, même partielle, pour la totalité de la créance l'effet interruptif de la prescription qui ne peut se fractionner (Civ. 3e, 24 oct. 1984 : *J.C.P.* 85, IV, 6).

Art. 2249. − **L'interpellation faite, conformément aux articles ci-dessus, à l'un des débiteurs solidaires, ou sa reconnaissance, interrompt la prescription contre tous les autres, même contre leurs héritiers.**
    L'interpellation faite à l'un des héritiers d'un débiteur solidaire ou la reconnaissance de cet héritier, n'interrompt pas la prescription à l'égard des autres cohéritiers, quand même la créance serait hypothécaire, si l'obligation n'est indivisible.
    Cette interpellation ou cette reconnaissance n'interrompt la prescription, à l'égard des autres codébiteurs, que pour la part dont cet héritier est tenu.
    Pour interrompre la prescription pour le tout, à l'égard des autres codébiteurs, il faut l'interpellation faite à tous les héritiers du débiteur décédé, ou la reconnaissance de tous ces héritiers.

1) Le paiement d'une partie de la dette par la caution solidaire interrompt la prescription à l'égard du débiteur principal, (Req. 23 juil. 1929 : *D.P.* 1931, 1, 73, note G. Holleaux).

2) Il résulte des termes de l'article 2249 que lorsque l'obligation est indivisible, l'interruption de la prescription faite par l'un des créanciers à l'égard de l'un des débiteurs profite à tous les créanciers ou nuit à tous les débiteurs. La matière de la rescision du partage pour cause de lésion, qui remet en question les droits de toutes les parties, est indivisible. Par suite, lorsqu'un copartageant agit en rescision contre un autre, il interrompt la prescription de l'article 1304 du Code civil à l'égard de tous les copartageants (Civ. 1re, 5 janv. 1966 : *J.C.P.* 66, II, 14592, note Voirin).

Art. 2250. − **L'interpellation faite au débiteur principal, ou sa reconnaissance, interrompt la prescription contre la caution.**

SECTION II. − DES CAUSES QUI SUSPENDENT LE COURS DE LA PRESCRIPTION

BUY, *Prescriptions de courte durée et suspension de la prescription* : *J.C.P.* 77, I, 2833.

Art. 2251. − **La prescription court contre toutes personnes, à moins qu'elles ne soient dans quelque exception établie par une loi.**

La prescription ne court pas contre celui qui est dans l'impossibilité absolue d'agir par suite d'un empêchement quelconque résultant soit de la loi, soit de la convention ou de la force majeure (Civ. 1re, 22 déc. 1959 : *J.C.P.* 60, II, 11494, note P.E.). Il en est ainsi vis-à-vis de l'héritier réservataire pour lequel la prescription ne peut courir que du jour de l'ouverture de la succession de son auteur puisque jusqu'à cette date il se trouvait sans

PRESCRIPTION Art. 2252

qualité pour accomplir des actes même seulement conservatoires (Paris 16 mars 1949 : *J.C.P.* 49, II, 4960, note Becqué). De même, la prescription de l'action récursoire se trouve suspendue tant que l'action principale n'a pas été intentée (Civ. 3ᵉ, 18 avril 1972 : *Bull.* III, n. 241, p. 172) (recours de l'entrepreneur contre le fabricant). – V. cependant en matière délictuelle Civ. 2ᵉ,

22 oct. 1975 (*J.C.P.* 77, II, 18517, note Chabas et Saluden). Mais l'impossibilité n'existe pas lorsqu'il est facile au revendiquant de connaître en temps utile le domicile du possesseur en dépit de la fausse indication de ce domicile portée dans la transcription du titre de celui-ci (Civ. 1ʳᵉ, 19 mai 1958 : *Bull.* I, n. 252, p. 199 ; *J.C.P.* 58, II, éd. N, 10886, note Bulté).

Art. 2252 *(L. n. 64-1230 du 14 déc. 1964, art. 2).* – **La prescription ne court pas contre les mineurs non émancipés et les majeurs en tutelle, sauf ce qui est dit à l'article 2278 et à l'exception des autres cas déterminés par la loi.**

Loi n. 74-631 du 5 juillet 1974
fixant à dix-huit ans l'âge de la majorité

....

Art. 20. – À titre transitoire, les prescriptions suspendues au bénéfice des mineurs par l'article 2252 du Code civil continueront à l'être jusqu'à l'expiration de l'année qui suivra l'entrée en vigueur de la présente loi toutes les fois que celle-ci doit avoir pour effet de faire acquérir au mineur sa majorité dans le courant de ladite année.

Toutefois, cette prorogation prend fin lorsque le bénéficiaire atteint l'âge de vingt et un ans.

....

1) La limitation conventionnelle de la prescription n'en modifie pas la nature. Dès lors, c'est à bon droit que le délai de prescription accordé aux adhérents d'une société mutualiste pour agir contre celle-ci est suspendu en cas de minorité du réclamant (Civ. 1ʳᵉ, 6 oct. 1976 : *D.* 1977, 25, note Gaury).

2) Le majeur n'est relevé par le mineur qu'en matière indivisible et l'état d'indivision d'un immeuble dépendant d'une succession ne crée aucun lien d'indivisibilité entre les cohéritiers (Civ. 1ʳᵉ, 13 juin 1963 : *J.C.P.* 63, IV, 103 ; *Bull.* I, n. 317, p. 268).

3) En matière d'usucapion, la suspension du mode d'acquisition par possession prolongée n'est susceptible d'être réalisée au profit d'un mineur que si celui-ci démontre que pendant le temps d'accomplissement de la prescription, lui-même ou ses auteurs pouvaient prétendre à l'exercice d'un droit réel sur la chose même au sujet de laquelle les parties étaient en litige, ce droit réel pouvant être fondé aussi bien sur un titre d'acquisition que sur des faits de possession suffisants pour conduire à la prescription (Civ. 1ʳᵉ, 12 oct. 1953 : *D.* 1954, 40).

4) Justifie légalement sa décision la Cour d'appel qui, pour refuser de considérer que le délai de prescription d'une action en dommages-intérêts pour internement abusif s'était trouvé suspendu pendant la durée de l'internement, a relevé qu'aucune disposition légale ne suspendait la prescription en faveur des internés non interdits et que le demandeur ne s'était prévalu d'aucune circonstance autre que celle de son internement (Civ. 1ʳᵉ, 17 oct. 1978 : *Bull.* I, n. 305, p. 235).

5) Si la convention de Varsovie du 12 octobre 1929, à laquelle renvoie l'article L. 322-3 du Code de l'aviation civile pour la détermination des règles de la responsabilité du transporteur aérien, prévoit que l'action en responsabilité doit être intentée à peine

de déchéance dans un délai de deux ans, il n'existe dans ces textes aucune disposition expresse selon laquelle, par dérogation aux principes du droit interne français, ce délai ne serait susceptible ni d'interruption ni de suspension ; par suite, le délai doit être suspendu pour cause de minorité (Cass. Ass. plén. 14 janv. 1977 : *J.C.P.* 79, II, 19059, rapp. de Lestang, note de Juglart et du Pontavice). Mais le délai de trois ans prévu par l'article 2279, al. 2, pendant lequel doit être engagée la demande en restitution de meuble, est un délai préfix qui n'est susceptible ni d'interruption ni de suspension (Crim. 30 oct. 1969 : *J.C.P.* 70, II, 16333, note Goubeaux ; *D.* 1970, 115. – Bordeaux 22 janv. 1974 : *D.* 1974, 542, note Rodière).

6) L'application de la loi étrangère qui prévoit que l'action en réparation d'un dommage causé par l'auteur d'un accident doit être exercée dans le délai qu'elle fixe ne fait pas obstacle, conformément à la conception française de l'ordre public international, à l'application de la règle générale fixée par l'article 2252 du Code civil selon laquelle la prescription ne court pas contre les mineurs non émancipés (Civ. 1re, 21 mars 1979 : *J.C.P.* 80, II, 19311, note Monéger).

7) Jugé avant la loi du 23 décembre 1980 modifiant l'article 10 du Code de procédure pénale qu'aucune disposition expresse ne déroge au principe de la suspension de l'action civile pendant la minorité lorsque cette action est exercée indépendamment de toute poursuite pénale (Civ. 2e, 28 avril 1980 : *J.C.P.* 80, IV, 261 ; *Bull.* II, n. 92, p. 66. – Civ. 2e, 11 juin 1980 : *Bull.* II, n. 138, p. 96).

Art. 2253. – Elle ne court point entre époux.

V. pour une application Civ. 1re, 3 juil. 1979 : *J.C.P.* 79, IV, 306 ; *Bull.* I, n. 99, p. 160.

Art. 2254. – La prescription court contre la femme mariée, encore qu'elle ne soit point séparée par contrat de mariage ou en justice, à l'égard des biens dont le mari a l'administration, sauf son recours contre le mari.

Art. 2255 et 2256. – *Abrogés, avec effet à compter du 1er février 1966, L. n. 65-570 du 13 juil. 1965, art. 23.*

Ancien art. 2255 (*). – *Néanmoins, elle ne court point, pendant le mariage, à l'égard de l'aliénation d'un fonds constitué selon le régime dotal, conformément à l'article 1561, au titre Du contrat de mariage et des droits respectifs des époux.*

Ancien art. 2256 (*). – *La prescription est pareillement suspendue pendant le mariage :*
1° Dans le cas où l'action de la femme ne pourrait être exercée qu'après une option à faire sur l'acceptation ou la renonciation à la communauté ;
2° Dans le cas où le mari, ayant vendu le bien propre de la femme sans son consentement, est garant de la vente, et dans tous les autres cas où l'action de la femme réfléchirait contre le mari.

(*) *Dispositions antérieures à L. n. 65-570 du 13 juil. 1965, restant applicables aux mariages conclus avant l'entrée en vigueur de ladite loi.*

Art. 2257. – La prescription ne court point :
À l'égard d'une créance qui dépend d'une condition, jusqu'à ce que la condition arrive ;
À l'égard d'une action en garantie, jusqu'à ce que l'éviction ait lieu ;
À l'égard d'une créance à jour fixe, jusqu'à ce que ce jour soit arrivé.

1) La règle de l'article 2257, aux termes de laquelle la prescription ne court point à l'égard d'une créance qui dépend d'une condition jusqu'à ce que la condition arrive, est générale et s'applique aux droits réels aussi bien qu'aux créances (Civ. 3e, 25 oct. 1968 : *J.C.P.* 68, IV, 191 ; *Bull.* III, n. 417, p. 317).

2) Le bénéficiaire d'un pacte de préférence étant dans l'impossibilité absolue d'exercer les droits qu'il tenait de la convention tant que le promettant ne lui avait pas fait connaître sa décision de vendre, doit être cassé pour violation de l'article 2257, l'arrêt qui déclare éteint par la prescription trentenaire le droit préférentiel conféré par un acte au motif que, s'agissant d'un droit actuel et non d'un droit conditionnel ou à terme, c'est au jour où ce droit est né, c'est-à-dire à la date de la convention que commence à courir ladite prescription (Civ. 1re, 22 déc. 1959 : *J.C.P.* 60, II, 11494, note P.E.).

3) Il résulte de l'article 2257 alinéa 4 que lorsqu'une dette est payable par termes successifs, la prescription se divise comme la dette elle-même et court contre chacune de ses parties à compter de son échéance (Soc. 13 déc. 1945 : *D.* 1946, 137).

Art. 2258. – **La prescription ne court pas contre l'héritier bénéficiaire, à l'égard des créances qu'il a contre la succession.**
Elle court contre une succession vacante, quoique non pourvue de curateur.

Art. 2259. – **Elle court encore pendant les trois mois pour faire inventaire, et les quarante jours pour délibérer.**

CHAPITRE V. – DU TEMPS REQUIS POUR PRESCRIRE

SECTION I. – DISPOSITIONS GÉNÉRALES

Art. 2260. – **La prescription se compte par jours et non par heures.**

Art. 2261. – **Elle est acquise lorsque le dernier jour du terme est accompli.**

Si, pour le calcul du délai de prescription, le jour du point de départ dudit délai ou *dies a quo* n'entre pas en ligne de compte, il n'en est pas de même du dernier jour du terme fixé ou *dies ad quem* qui est compris dans ledit délai à l'expiration duquel la prescription est acquise (Dijon 22 nov. 1926 : *D.H.* 1927, 59. – V. aussi Com. 8 mai 1972 :

J.C.P. 72, IV, 163 ; *Bull.* IV, n. 136, p. 137.
– Amiens 19 janv. 1960 : *D.* 1960, 482). Lorsque le délai est fixé par années ou par mois, le dernier jour du délai est celui qui porte le même quantième que le premier jour (Soc. 24 fév. 1961 : *Bull.* IV, n. 252, p. 199.
– Com. 8 mai 1972, préc.).

SECTION II. – DE LA PRESCRIPTION TRENTENAIRE

Art. 2262. – **Toutes les actions, tant réelles que personnelles, sont prescrites par trente ans, sans que celui qui allègue cette prescription soit obligé d'en rapporter un titre, ou qu'on puisse lui opposer l'exception déduite de la mauvaise foi.**

Art. 2263

1) Les dispositions qui restreignent la durée ordinaire de la prescription doivent être strictement limitées aux actions qu'elles concernent (Civ. 27 oct. 1924 : *D.P.* 1926, 1, 132). Sur l'application de la prescription trentenaire aux actions en nullité absolue, V. Civ. 1re, 26 janv. 1983 : *D.* 1983, 317, note Breton.

2) En application de l'article 2262, l'action en déclaration de simulation se prescrit par trente ans à compter du jour de l'acte argué de simulation (Civ. 1re, 9 nov. 1971 : *D.* 1972, 302).

3) L'article 2262 ne s'applique pas à l'action en revendication intentée par le propriétaire dépossédé de son immeuble, laquelle peut être exercée tant que le défendeur ne justifie pas être lui-même devenu propriétaire de l'immeuble revendiqué par une possession contraire réunissant tous les caractères exigés pour la prescription acquisitive (Req. 12 juil. 1905 : *D.P.* 1907, 1, 141, rapp. Potier). La prescription trentenaire ne peut pas non plus être opposée en matière de propriété littéraire ou artistique (Civ. 1re, 13 nov. 1973 : *Bull.* I, n. 302, p. 269).

4) La prescription trentenaire ne court contre une action que du jour où celle-ci peut être légalement exercée et une demande en paiement de dommages-intérêts fondée sur un quasi-délit n'est recevable qu'autant que le demandeur a éprouvé un dommage actuel (Civ. 11 déc. 1918 : *D.P.* 1923, 1, 96. – V. aussi *supra* art. 2257).

5) L'article 2262 ne s'applique pas aux exceptions opposées à la demande principale (Civ. 2 avril 1946 : *D.* 1946, 305. V. en ce sens pour l'action en nullité prévue par l'article 1427 du Code civil Civ. 1re, 8 déc. 1981 : *J.C.P.* 82, IV, 81 ; *Bull.* I, n. 366, p. 310, et pour l'action en nullité d'une reconnaissance d'enfant naturel, Civ. 1re, 21 déc. 1982 : *Bull.* I, n. 371, p. 319 ; *D.* 1983, I.R. 331, obs. Huet-Weiller).

6) La prescription est acquise lorsque la possession utile s'est prolongée pendant le temps requis compte tenu des causes qui en ont interrompu ou suspendu le cours. Viole l'article 2262 la Cour d'appel qui limite à la seule période de trente années précédant immédiatement l'action en justice le délai pendant lequel serait prise en considération, pour la prescription, la possession des terres en litige par le défendeur, lequel invoquait des faits d'occupation réelle par ses auteurs et par lui-même bien antérieurs à la date ainsi fixée (Civ. 3e, 30 avril 1969 : *Bull.* III, n. 348, p. 267).

Art. 2263. – Après vingt-huit ans de la date du dernier titre, le débiteur d'une rente peut être contraint à fournir à ses frais un titre nouvel à son créancier ou à ses ayants cause.

Art. 2264. – Les règles de la prescription sur d'autres objets que ceux mentionnés dans le présent titre, sont expliquées dans les titres qui leur sont propres.

SECTION III. – DE LA PRESCRIPTION PAR DIX ET VINGT ANS

Art. 2265. – Celui qui acquiert de bonne foi et par juste titre un immeuble en prescrit la propriété par dix ans, si le véritable propriétaire habite dans le ressort de la Cour d'appel dans l'étendue de laquelle l'immeuble est situé ; et par vingt ans, s'il est domicilié hors dudit ressort.

Ph. JESTAZ, *Prescription et possession en droit français des biens* : D. 1984, Chron. 27.

PRESCRIPTION — Art. 2266

1) Le juste titre dont l'article 2265 fait une condition d'application de la prescription acquisitive abrégée est celui qui, considéré en soi, serait de nature à transférer la propriété à la partie qui invoque la prescription (Civ. 3e, 29 fév. 1968 : *J.C.P.* 68, IV, 60 ; *Bull.* III, n. 83, p. 67). Il doit concerner exactement dans sa totalité le bien que le possesseur a entre les mains et qu'il entend prescrire (Civ. 3e, 26 nov. 1970 : *D.* 1971, 127). Le titre putatif étant impuissant à fonder l'usucapion décennale, l'acquéreur ne peut prescrire par dix ans la partie non mentionnée dans son titre (Civ. 1re, 6 nov. 1963 : *Bull.* I, n. 489, p. 409). L'acte revêtu d'une fausse signature ne peut constituer un juste titre au sens de l'article 2265 (Civ. 3e, 30 nov. 1982 : *Bull.* III, n. 237, p. 176).

2) Le juste titre doit avoir acquis date certaine opposable au revendiquant (Civ. 3e, 16 janv. 1969 : *D.* 1969, 453). Mais un acte de vente, bien que non publié, constitue un juste titre au sens de l'article 2265 (Civ. 1re, 19 mai 1958 : *Bull.* I, n. 252, p. 199 ; *J.C.P.* 58, II, éd. N, 10886, note Bulté. – Civ. 3e, 31 janv. 1984 : *D.* 1984, 396, note Aubert). La possession qui remplit les conditions exigées par la loi pour conduire à l'usucapion suffit à rendre le possesseur propriétaire, qu'il ait ou non acquis ses droits du même auteur que le revendiquant (Civ. 3e, 6 nov. 1975 : *J.C.P.* 77, II, 18609, note Dagot).

3) La bonne foi au regard de l'article 2265 consiste en la croyance de l'acquéreur, au moment de l'acquisition, de tenir la chose du véritable propriétaire (Civ. 3e, 18 janv. 1972 : *J.C.P.* 72, IV, 55 ; *Bull.* III, n. 39, p. 28. – V. en ce sens Req. 11 mai 1909 : *D.P.* 1909, 1, 312). Si la connaissance par l'acquéreur d'un immeuble d'un acte antérieur de disposition portant sur ce bien n'exclut pas nécessairement sa bonne foi, c'est à la condition qu'il ait cru que cet acte n'avait pas emporté transfert de propriété, soit parce qu'il était nul ou pour toute autre cause, ou que ses effets se trouvaient détruits par une convention postérieure ou tout autre motif (Rouen 18 juil. 1949 : *D.* 1952, 9, note Lebrun).

4) Pour calculer la durée de la prescription acquisitive abrégée, on doit s'attacher au domicile de celui contre lequel court cette prescription et non à sa résidence (Req. 16 déc. 1935 : *Gaz. Pal.* 1936, 1, 218).

5) Le délai de prescription de dix ou vingt ans ne court qu'autant que le véritable propriétaire n'a pas été dans l'impossibilité d'agir, tel, notamment, l'exproprié dont le terrain a été cédé à un tiers par l'expropriant et qui n'a pu le revendiquer avant d'être restitué dans ses droits par la cassation de l'ordonnance d'expropriation (Civ. 3e, 18 oct. 1977 : *J.C.P.* 77, IV, 303 ; *Bull.* III, n. 346, p. 261. – V. aussi *supra* sous art. 2251).

6) Le bénéfice de la prescription abrégée de l'article 2265 ne saurait être étendu aux donataires qui, en face d'un héritier réservataire, ne peuvent se prévaloir que de la prescription trentenaire de droit commun (Civ. 1re, 24 nov. 1982 : *Bull.* I, n. 340, p. 291).

7) Sur le principe que l'usucapion produit effet à l'égard de tous indépendamment de toute publicité, v. Civ. 3e, 13 nov. 1984 : *D.* 1985, 345, note Aubert ; *Rev. dr. imm.* 1985, 231, obs. Bergel.

Art. 2266. – Si le véritable propriétaire a eu son domicile en différents temps, dans le ressort et hors du ressort, il faut, pour compléter la prescription, ajouter à ce qui manque aux dix ans de présence, un nombre d'années d'absence double de celui qui manque pour compléter les dix ans de présence.

V. pour une application, Civ. 3e, 13 juin 1984 : *Bull.* III, n. 117, p. 93.

Art. 2267

Art. 2267. – Le titre nul par défaut de forme ne peut servir de base à la prescription de dix et vingt ans.

1) Un acte de vente, nul en tant qu'acte instrumentaire, peut revêtir tous les caractères d'un juste titre dès lors que la preuve est rapportée de l'accord de volonté des parties contractantes et de la réalité de l'opération qu'il constate (Civ. 1re, 24 juin 1958 : *J.C.P.* 58, IV, 117 ; *Bull.* I, n. 338, p. 271).

2) Une donation entre époux faite par personne interposée, nulle d'une nullité absolue, ne peut pas constituer un juste titre au sens de l'article 2265 (Paris 16 mars 1949 : *J.C.P.* 49, II, 4960, note Becqué).

Art. 2268. – La bonne foi est toujours présumée, et c'est à celui qui allègue la mauvaise foi à la prouver.

Art. 2269. – Il suffit que la bonne foi ait existé au moment de l'acquisition.

1) La connaissance que le possesseur a eue, lors de la prise de possession, des droits du revendiquant sur l'immeuble doit rester sans incidence sur l'appréciation de sa bonne foi dès lors qu'elle est postérieure à l'acquisition (Civ. 1re, 4 juil. 1962 : *D.* 1962, 570).

2) Lorsque le titre de l'acquéreur *a non domino* résulte d'un legs particulier, il faut entendre par moment de l'acquisition non le jour du décès du testateur où, par l'effet d'une fiction légale, se produira rétroactivement le transfert de propriété, mais le jour où en réalité l'acquisition du legs se consomme et devient définitive, c'est-à-dire celui où le légataire manifeste de façon certaine sa volonté d'accepter (Rouen 18 juil. 1949 : *D.* 1952, 9, note Lebrun).

Art. 2270 *(remplacé avec effet à compter du 1er janvier 1979, L. n. 78-12 du 4 janv. 1978, art. 3 et 14)* (*). – **Toute personne physique ou morale dont la responsabilité peut être engagée en vertu des articles 1792 à 1792-4 du présent code est déchargée des responsabilités et garanties pesant sur elle, en application des articles 1792 à 1792-2, après dix ans à compter de la réception des travaux ou, en application de l'article 1792-3, à l'expiration du délai visé à cet article.**

(*) *Dispositions applicables aux contrats relatifs aux chantiers dont la déclaration réglementaire d'ouverture aura été établie postérieurement au 1er janvier 1979, L. n. 78-12, du 4 janv. 1978, art. 14.*

Anc. art. 2270 *(L. n. 67-3 du 3 janv. 1967).* – *Les architectes, entrepreneurs et autres personnes liées au maître de l'ouvrage par un contrat de louage d'ouvrage sont déchargés de la garantie des ouvrages qu'ils ont faits ou dirigés après dix ans s'il s'agit de gros ouvrages, après deux ans pour les menus ouvrages.*

V. *supra*, art. 1792 et s.

1) Si lourdes qu'aient été les fautes reprochées à l'entrepreneur, elles constituent de manquements à ses obligations contractuelles ; par suite, ne donne pas de base légale à sa décision l'arrêt qui retient la responsabilité quasi délictuelle dudit entrepreneur et déclare que la prescription trentenaire serait seule applicable, sans relever à la charge de celui-ci une faute extérieure au contrat qui le liait au maître de l'ouvrage (Civ. 1re, 30 mai 1978 : *Bull.* I, n. 205, p. 164. – Civ. 3e, 9 mai 1979 : *D.* 1980, 414, note Espagnon. V. cependant en cas de faute dolosive Civ. 3e, 18 déc. 1972 : *D.* 1973, 272, note J. Mazeaud).

PRESCRIPTION
Art. 2272

- Civ. 3ᵉ, 5 janv. 1983 : *J.C.P.* 83, IV, 88. – Civ. 3ᵉ, 23 juil. 1986 : *Bull.* I, n. 129, p. 100).

2) L'action en garantie du maître de l'ouvrage condamné à réparer le préjudice d'un propriétaire voisin contre le bureau d'études qui a dirigé l'édification de l'immeuble est de nature délictuelle et n'est donc pas soumise à la prescription biennale (Civ. 3ᵉ, 21 fév. 1984 : *Bull.* III, n. 42, p. 32).

3) L'action intentée par l'entrepreneur principal contre le sous-traitant ne relève pas de l'article 2270 mais est soumise à la prescription trentenaire (Civ. 3ᵉ, 3 oct. 1985 : *J.C.P.* 86, II, 20601, note Bloch).

4) Le jour de réception des travaux ne doit pas être compris dans le délai de l'article 2270 (Civ. 3ᵉ, 8 janv. 1980 : *Bull.* III, n. 2, p. 2).

5) Après réparation des malfaçons, un nouveau délai de dix ans recommence à courir (Civ. 3ᵉ, 29 juin 1983 : *Bull.* III, n. 151, p. 118).

6) L'action en réparation de malfaçons exercée par l'acquéreur d'un immeuble contre le maître de l'ouvrage avant l'expiration du délai de garantie légale n'a pas pour effet de rendre recevable l'action récursoire intentée par celui-ci contre les constructeurs postérieurement à l'expiration de ce délai (Civ. 3ᵉ, 15 fév. 1989 : *J.C.P.* 89, IV, 141 ; *Bull.* III, n. 36, p. 20, 2 arrêts).

7) L'assignation au fond ne peut interrompre le délai de garantie décennale qu'en ce qui concerne les désordres qui y sont expressément désignés (Civ. 3ᵉ, 31 mai 1989 : *J.C.P.* 89, IV, 283 ; *Bull.* III, n. 122, p. 67).

Art. 2270-1 *(L. n. 85-677 du 5 juil. 1985, art. 38).* – **Les actions en responsabilité civile extracontractuelle se prescrivent par dix ans à compter de la manifestation du dommage ou de son aggravation.**

Loi n. 85-677 du 5 juillet 1985
tendant à l'amélioration de la situation des victimes d'accidents de la circulation et à l'accélération des procédures d'indemnisation

Art. 46. – La prescription prévue à l'article 38 en cours lors de l'entrée en vigueur de la présente loi sera acquise à l'expiration d'un délai de dix ans à compter de cette entrée en vigueur, à moins que la prescription telle qu'elle était fixée antérieurement ne soit acquise pendant ce délai.

SECTION IV. – DE QUELQUES PRESCRIPTIONS PARTICULIÈRES

Art. 2271 *(remplacé, L. n. 71-586 du 16 juil. 1971, art. 7-I).* – **L'action des maîtres et instituteurs des sciences et arts, pour les leçons qu'ils donnent au mois ;
Celle des hôteliers et traiteurs à raison du logement et de la nourriture qu'ils fournissent, se prescrivent par six mois.**

Art. 2272 *(remplacé, L. n. 71-586 du 16 juil. 1971, art. 7-II).* – **L'action des huissiers, pour le salaire des actes qu'ils signifient et des commissions qu'ils exécutent :
Celles des maîtres de pensions, pour le prix de pension de leurs élèves, et des autres maîtres, pour le prix de l'apprentissage, se prescrivent par un an.
L'action des médecins, chirurgiens, chirurgiens-dentistes, sages-femmes et pharmaciens, pour leurs visites, opérations et médicaments, se prescrit par deux ans.
L'action des marchands, pour les marchandises qu'ils vendent aux particuliers non marchands, se prescrit par deux ans.**

Art. 2273   PRESCRIPTION

1) Dans l'expression inexacte de *salaire*, la loi a entendu comprendre le coût des actes des huissiers, c'est-à-dire tout ce qui leur était dû soit pour déboursés, soit pour salaire (Req. 23 juin 1863 : *D.P.* 1863, 1, 344).

2) L'article 2272 qui instaure une prescription de deux ans concernant l'action des marchands pour les marchandises qu'ils vendent aux particuliers non marchands n'est pas applicable aux entrepreneurs, même lorsqu'ils ont fait accessoirement des fournitures (Civ. 1re, 16 juil. 1968 : *D.* 1968, 610). Elle n'est pas non plus applicable lorsque les fournitures ont été utilisées par l'acquéreur dans l'exercice de son activité professionnelle (Civ. 1re, 31 mai 1978 : *Bull.* I, n. 212, p. 168).

3) S'agissant des honoraires dus au médecin, il est permis de fixer le point de départ de la prescription au moment où le traitement a pris fin, mais il ne saurait en être de même quand le malade, atteint d'une affection de longue durée mais coupée par des périodes de rémission, n'a eu recours aux services du médecin qu'à des intervalles tels que les soins donnés constituaient en réalité des traitements distincts (Civ. 30 oct. 1936 : *J.C.P.* 37, II, 1, note Moreau).

4) La prescription biennale de l'article 2272 est applicable dès lors que les parties sont en compte d'une manière régulière (Civ. 1re, 24 juin 1986 : *Bull.* I, n. 181, p. 178).

5) Les courtes prescriptions de l'article 2272, reposant sur une présomption de paiement, doivent être écartées lorsqu'il ressort de l'aveu du débiteur qu'il n'a pas acquitté sa dette (Civ. 1re, 21 juin 1989 : *J.C.P.* 89, IV, 319).

Art. 2273. - **L'action des avoués (avocats) pour le paiement de leurs frais et salaires, se prescrit par deux ans, à compter du jugement des procès, ou de la conciliation des parties, ou depuis la révocation desdits avoués (avocats). À l'égard des affaires non terminées, ils ne peuvent former de demandes pour leurs frais et salaires qui remonteraient à plus de cinq ans.**

1) Sur la substitution de l'appellation avocat à celle d'avoué lorsque celle-ci désigne les avoués près les tribunaux de grande instance, V. L. n. 71-1130 du 31 déc. 1971 portant réforme de certaines professions judiciaires et juridiques, art. 76 dernier al. (*J.O.* 5 janv. 1972 ; *J.C.P.* 72, III, 38589).

2) La prescription de l'article 2273 ne s'applique pas aux déboursés et honoraires qui peuvent être dus à un avoué en dehors de son ministère comme mandataire ou *negotiorum gestor* (Civ. 30 oct. 1945 : *D.* 1946, 36).

Loi du 24 décembre 1897 *(Bull. lois 12° S., 1934, n. 33990)*
relative au recouvrement des frais dus aux notaires, avoués et huissiers
(abrogée en tant qu'elle concerne les avoués près les tribunaux de grande instance, avec effet à compter du 16 sept. 1972, L. n. 71-1130 du 31 déc. 1971, art. 76 et 79)

Art. 1er. - Le droit des notaires au paiement des sommes à eux dues pour les actes de leur ministère se prescrit pour cinq ans à partir de la date des actes. Pour les actes dont l'effet est subordonné au décès, tels que les testaments et les donations entre époux pendant le mariage, les cinq ans ne courront que du jour du décès de l'auteur de la disposition.
Il n'est innové, en ce qui concerne les huissiers et les avoués, aux dispositions édictées par les articles 2272 et 2273 du Code civil.
La prescription a lieu, quoiqu'il y ait eu continuation d'actes de leur ministère de la part des notaires, avoués et huissiers. Elle ne cesse de courir que lorsqu'il y a eu compte arrêté, reconnaissance, obligation ou signification de taxe, en conformité de l'article 4 ci-après.
Les articles 2275 et 2278 du Code civil sont applicables à ces prescriptions.

PRESCRIPTION   Art. 2275

Art. 2. – Les demandes en taxe et les actions en restitution de frais dus aux notaires, avoués et huissiers, pour les actes de leur ministère, se prescrivent par deux ans du jour du paiement ou du règlement par compte arrêté, reconnaissance ou obligation.

Art. 3. – *Abrogé D. n. 76-1237 du 28 déc. 1976, art. 2.*

Art. 4. – *Alinéas 1er à 6 abrogés, D. n. 75-1122 du 5 déc. 1975.*
(Septième al. mod. D. n. 75-1122 du 5 déc. 1975, art. 10 et 41) La signification de l'ordonnance de taxe, à la requête des notaires, avoués et huissiers, interrompt la prescription et fait courir les intérêts.

L'ordonnance de taxe vaut titre exécutoire ; elle emporte hypothèque judiciaire ; mais elle ne pourra être exécutée et l'inscription ne pourra être prise valablement qu'après l'expiration du délai d'opposition.

Art. 5. – Les mêmes règles s'appliquent aux frais, non liquidés par le jugement ou l'arrêt, réclamés par un avoué, distractionnaire des dépens, contre la partie adverse condamnée à les payer.
Toutefois, en ce cas :
1° et 2° abrogés, D. n. 76-1237 du 28 déc. 1976, art. 2.
3° L'ordonnance de taxe pourra être exécutée dès qu'elle aura été signifiée et l'inscription de l'hypothèque judiciaire pourra être valablement prise avant même la signification.
Troisième alinéa abrogé, D. n. 76-1237 du 28 déc. 1976, art. 2.
....

Art. 2274. – **La prescription dans les cas ci-dessus a lieu, quoiqu'il y ait eu continuation de fournitures, livraisons, services et travaux.**
Elle ne cesse de courir que lorsqu'il y a eu compte arrêté, cédule ou obligation, ou citation en justice non périmée.

1) Par les mots « compte arrêté, cédule ou citation en justice », la loi entend une reconnaissance par écrit avec fixation du chiffre de la dette (Civ. 7 mai 1906 : *D.P.* 1908, 1, 65. – Soc. 13 déc. 1945 : *D.* 1946, 137).

2) Les courtes prescriptions édictées par les articles 2271 et suivants reposent sur une présomption de paiement et visent les dettes que l'on n'a pas coutume de constater par un titre ; quand un titre émané du débiteur porte reconnaissance de la dette, on est en présence d'une dette ordinaire impayée à laquelle s'applique la prescription de trente ans (Civ. 16 mars 1937 : *J.C.P.* 37, II, 330, note Dallant). La reconnaissance par acte séparé qui a pour effet de substituer la prescription trentenaire à la prescription quinquennale ne peut résulter que d'un titre nouveau émané du débiteur et opérant novation (Req. 5 avril 1892 : *D.P.* 92, 1, 246).

Art. 2275. – **Néanmoins, ceux auxquels ces prescriptions seront opposées, peuvent déférer le serment à ceux qui les opposent, sur la question de savoir si la chose a été réellement payée.**
Ce serment pourra être déféré aux veuves et héritiers, ou aux tuteurs de ces derniers, s'ils sont mineurs, pour qu'ils aient à déclarer s'ils ne savent pas que la chose soit due.

1) Les prescriptions des articles 2271 et suivants sont fondées sur une présomption légale de paiement qui ne peut être combattue que par la délation du serment au débiteur prétendu (Soc. 24 mai 1967 : *J.C.P.* 67, IV, 103 ; *Bull.* IV, n. 421, p. 351. – V. en ce sens Civ. 22 avril 1891 : *D.P.* 91, 1, 416. – Civ. 14 mars 1951 : *D.* 1951, 332).

Art. 2276

Doit être cassée la décision qui écarte la prescription biennale de l'article 2272 en déclarant que la preuve du non-paiement est rapportée et en fondant cette opinion sur le serment supplétoire prêté par le créancier, admettant ainsi au profit du demandeur une preuve qui ne lui était pas réservée par la loi (Civ. 1re, 30 nov. 1955 : *D.* 1956, 115).

2) Les courtes prescriptions des articles 2271 et suivants peuvent, en dehors de la délation du serment, être détruites par un aveu contraire, exprès ou implicite, mais à condition que ce soit un aveu non équivoque (Soc. 24 mai 1967 : *J.C.P.* 67, IV, 103 ; *Bull.* IV, n. 421, p. 351). Les juges du fond ne sont pas tenus à l'emploi du terme « aveu » (Civ. 2e, 13 nov. 1974 : *Bull.* II, n. 296,

p. 245). Constitue un aveu implicite de non-paiement la contestation du principe même de la dette (Soc. 16 mars 1969 : *Bull.* V, n. 403, p. 330. – Rouen 8 mars 1957 : *D.* 1957, 761), ou de son montant (Soc. 6 déc. 1967 : *J.C.P.* 68, IV, 7 ; *Bull.* V, n. 763, p. 649). Mais l'indication que les sommes réclamées seraient frappées par la prescription, venant immédiatement après l'affirmation, sans aucune réserve, que rien n'est dû, ne peut être tenue pour un aveu implicite de la reconnaissance de la dette (Soc. 14 nov. 1963 : *J.C.P.* 63, IV, 171 ; *Bull.* IV, n. 784, p. 650).

3) Le serment est personnel au débiteur, hors le cas indiqué à l'article 2275, al. 2 (Civ. 12 juil. 1880 : *D.P.* 81, 1, 432).

Art. 2276 *(Remplacé, L. n. 71-538 du 7 juil. 1971, art. 1er).* – **Les juges ainsi que les personnes qui ont représenté ou assisté les parties sont déchargés des pièces cinq ans après le jugement ou la cessation de leur concours.**

Les huissiers de justice, après deux ans depuis l'exécution de la commission ou la signification des actes dont ils étaient chargés, en sont pareillement déchargés.

L'article 2276 n'institue une prescription de cinq ans que pour les actions en responsabilité à raison de la perte ou de la destruction de pièces, et il est inapplicable à une action tendant à demander compte à un avoué d'une somme d'argent reçue pour le compte de sa cliente (Civ. 1re, 19 oct. 1982 : *Bull.* I, n. 289, p. 248).

Art. 2277 *(Remplacé, L. n. 71-586 du 16 juil. 1971, art. 1er).* – **Se prescrivent par cinq ans les actions en paiement.**
Des salaires :
Des arrérages des rentes perpétuelles et viagères et de ceux des pensions alimentaires ;
Des loyers et fermages ;
Des intérêts des sommes prêtées,
et généralement de tout ce qui est payable par année ou à des termes périodiques plus courts.

1) La prescription relative aux salaires ne peut être opposée à un gérant de société (Com. 19 juil. 1965 : *D.* 1965, 666). Elle ne s'applique pas aux dommages-intérêts dus pour rupture abusive du contrat de travail (Soc. 5 juil. 1967 : *Bull.* IV, n. 567, p. 479).

2) L'article 2277 n'exige pas que les créances présentent un caractère de fixité (Civ. 3e, 18 juil. 1984 : *Bull.* III, n. 143, p. 111. – Soc. 11 déc. 1984 : *Rev. trim. dr. civ.* 1985, 582, obs. Mestre).

3) Les juges du fond refusent à bon droit d'appliquer la prescription quinquennale aux arrérages d'une pension alimentaire dès lors que l'arriéré de pension dû par un mari à sa femme se trouve capitalisé par les décisions de justice antérieures et ne répond pas à la condition de périodicité que présuppose l'application de l'article 2277 (Civ. 1re, 28 avril 1969 : *D.* 1969, 411). Les intérêts pour lesquels le troisième alinéa de l'article 2028 du Code civil accorde une action

cautions constituent la réparation du préjudice causé à la caution qui a payé en raison du retard mis par le débiteur principal à lui rembourser le montant des versements effectués pour son compte. Ils ne sont pas payables à des termes successifs et ne sont dès lors fondés sur aucune des causes visées à l'article 2277 (Civ. 1re, 18 déc. 1978 : *J.C.P.* 79, IV, 70 ; *Bull.* I, n. 391, p. 304). V. L. Topor, *La notion de créance à caractère périodique au sens de l'article 2277 du Code civil* : Rev. trim. dr. civ. *1986*, 1.

4) La prescription de l'article 2277 ne s'applique pas lorsque la créance, même périodique, dépend d'éléments qui ne sont pas connus du salarié. Il en est ainsi spécialement de la participation des travailleurs aux fruits de l'expansion de l'entreprise (Soc. 26 janv. 1989 : *J.C.P.* 89, IV, 112).

5) Sur la prescription quinquennale des redevances, droits et produits périodiques du domaine public ou privé de l'État recouvrés par le service des domaines, V. C. domaine, art. L. 48.

6) À la différence des courtes prescriptions visées aux articles 2271 et suivants, qui ne sont fondées que sur une présomption de paiement, la prescription de l'article 2277 est basée, de plus, sur la considération d'ordre public que constitue la protection du débiteur contre le danger résultant de l'accumulation des dettes (Soc. 8 janv. 1970 : *Bull.* V, n. 11, p. 7). Jugé que la prescription relative aux salaires met fin à toute contestation relative au paiement du salaire, qu'elle émane du salarié ou de l'employeur (Civ. 1re, 18 juin 1980 : *J.C.P.* 80, IV, 332 ; *Bull.* I, n. 193, p. 156).

7) Sur l'attribution à l'État du montant des coupons, intérêts ou dividendes atteints par la prescription quinquennale ou conventionnelle et afférents à des actions, parts de fondateur ou obligations négociables. V. C. domaine, art. L. 27-1°.

8) L'article 2277 s'applique aux actions en paiement des arrérages des rentes viagères, tandis que la prescription du droit à la rente est régie par l'article 2262 (Civ. 1re, 3 mai 1983 : *Bull.* I, n. 137, p. 119 ; *Defrénois* 1983, 1169, obs. Aubert).

Art. 2277-1. – *(L. n. 89-906 du 19 déc. 1989, art. 6).* – **L'action dirigée contre les personnes légalement habilitées à représenter ou à assister les parties en justice à raison de la responsabilité qu'elles encourent de ce fait se prescrit par dix ans à compter de la fin de leur mission.**

La prescription en cours lors de l'entrée en vigueur de la loi du 19 décembre 1989 sera acquise à l'expiration d'un délai de dix ans à compter de cette entrée en vigueur, à moins que la prescription telle qu'elle était fixée antérieurement ne soit acquise pendant ce délai (art. 7).

Art. 2278. – **Les prescriptions dont il s'agit dans les articles de la présente section, courent contre les mineurs et les majeurs en tutelle ; sauf leur recours contre leurs tuteurs.**

Art. 2279. – **En fait de meubles, la possession vaut titre.**
Néanmoins, celui qui a perdu ou auquel il a été volé une chose, peut la revendiquer pendant trois ans, à compter du jour de la perte ou du vol, contre celui dans les mains duquel il la trouve ; sauf à celui-ci son recours contre celui duquel il la tient.

I. Règles générales
1) La règle « en fait de meubles, possession vaut titre » ne s'applique qu'aux meubles corporels susceptibles de tradition manuelle (Com. 19 janv. 1960 : *J.C.P.* 60, IV, 34 ; *Bull.* III, n. 30, p. 25). Elle doit être écartée pour des objets mobiliers non individualisés ou des installations constituant des

immeubles par destination (même arrêt. V. en ce sens Req. 25 nov. 1929 : *D.H.* 1930, 3, espèces non individualisées). Elle est inapplicable aux meubles par anticipation, l'acquéreur de ceux-ci étant en mesure de vérifier la qualité du vendeur en consultant les titres de la propriété immobilière dont ces biens font partie jusqu'à la vente (Civ. 3e, 4 juil. 1968 : *Gaz. Pal.* 1968, 2, 298). L'article 2279 ne s'applique qu'aux meubles corporels individualisés, ce qui exclut les universalités mobilières, telles les souvenirs de famille, dont la propriété est indivise entre le possesseur et d'autres personnes (T.G.I. Paris 29 juin 1988 : *J.C.P.* 89, II, 21195, note Agostini).

2) Le domaine public étant inaliénable et imprescriptible, les objets mobiliers qui en font partie ne peuvent donner lieu à l'application, de l'article 2279 et peuvent être l'objet d'une revendication perpétuelle (Req. 17 juin 1896 : *D.P.* 97, 1, 257, note Guénée. – V. aussi Trib. corr. Montluçon 29 sept. 1965 : *D.* 1965, 774, note Delpech). Sur les objets mobiliers classés, V. L. 31 déc. 1913 sur les monuments historiques, art. 18 et 20.

3) L'article 2279 n'est pas applicable aux meubles incorporels (Civ. 26 janv. 1914 : *D.P.* 1914, 1, 112, fonds de commerce. – Cass. soc. 3 juil. 1953 : *Bull.* IV, n. 536, p. 386, droits locatifs). Il doit être étendu aux titres de créances dites au porteur qui se transmettent par simple tradition manuelle, mais non aux titres nominatifs dont la transmission est soumise à des règles particulières (Civ. 4 juil. 1876 : *D.P.* 77, 1, 33).

4) L'article 2279 n'établit une présomption de propriété en faveur du possesseur qu'autant que la possession dont il se prévaut est exercée à titre de propriétaire (Civ. 2e, 5 avril 1960 : *Bull.* II, n. 252, p. 171). Doit être cassé l'arrêt qui décide que les règles d'une chambre syndicale professionnelle ne peuvent faire échec aux dispositions de l'article 2279 du Code civil, sans rechercher si les usages professionnels invoqués pourraient recevoir application dans les rapports entre les parties et si ces usages ne prévoient pas qu'une remise d'objets précieux constitue un état de détention précaire par celui au bénéfice de qui elle intervient (Com. 25 fév. 1981 : *J.C.P.* 81, IV, 168 ; *Bull.* IV, n. 107, p. 82). Dès lors que les juges du fond ont constaté que la détention d'un objet par une personne résultait de ses fonctions salariées au service d'un tiers, ils ont nécessairement écarté la présomption légale de l'article 2279, laquelle implique l'existence d'une possession (Soc. 3 janv. 1964 : *Bull.* IV, n. 9, p. 7). Mais jugé que le créancier gagiste a sur les choses mobilières remises en gage un droit réel qui lui permet d'invoquer la maxime de l'article 2279 alinéa 1er quand il est de bonne foi et que son nantissement est régulier (Civ. 19 juin 1928 : *D.P.* 1929, 1, 45).

5) L'acquéreur qui restitue la chose au véritable propriétaire victime d'un abus de confiance perd la possession de cette chose et ne peut plus revendiquer le bénéfice de l'article 2279 (Civ. 1re, 5 oct. 1972 : *J.C.P.* 73, II, 17485, note Bénabent).

6) La possession n'est pas publique lorsque le possesseur refuse de dévoiler le lieu du dépôt de l'objet détenu (Aix 4 juin 1985 : *D.* 1989, 30, obs. Robert).

7) La possession du détenteur doit être non équivoque (Civ. 1re, 20 déc. 1955 : *J.C.P.* 56, II, 9455, note Weill). La communauté d'habitation ayant existé entre le détenteur de meubles et son ancienne concubine qui les revendique, sans rendre de plein droit équivoque la possession de ces choses, peut, jointe à d'autres circonstances, lui imprimer ce caractère et rendre par suite inapplicables les dispositions de l'article 2279 (Civ. 1re, 30 janv. 1957 : *Bull.* I, n. 50, p. 41. – V. en ce sens, dans les rapports entre époux, Civ. 1re, 2 mars 1976 : *D.* 1977, 253, note Donnier. – Civ. 1re, 4 avril 1984 : *Bull.* I, n. 130, p. 108. – V. cependant Civ. 1re, 13 fév. 1980 : *D.* 1980, 491, note A. Robert).

Lorsque le meuble a été acquis lors d'une vente aux enchères par une épouse séparée de biens avant le divorce, la possession de l'ex-mari est précaire et équivoque, et cette possession ainsi viciée se transmet à sa légataire universelle (Civ. 1re, 9 déc. 1986 : *Bull.* I, n. 291, p. 277).

8) L'article 2279 exige la bonne foi du possesseur (Civ. 1re, 13 janv. 1965 : *Bull.* I, n. 35, p. 26). La bonne foi, qui est présumée sauf preuve contraire, s'entend de la croyance pleine et entière où s'est trouvé le possesseur, au moment de son acquisition, des droits de son auteur à la propriété des biens qu'il a transmis. Le doute sur ce point est exclusif de la bonne foi (Civ. 1re, 23 mars 1965 : *Bull.* I, n. 206, p. 151. – Orléans 17 mars 1965 : *J.C.P.* 65, II, 14186, note Boursigot). Jugé que celui qui appréhende une épave est *ipso facto* dans la situation d'un possesseur de mauvaise foi (Civ. 6 nov. 1951 : *J.C.P.* 52, IV, 1 ; *Bull.* I, n. 288, p. 226).

9) La règle « en fait de meubles possession vaut titre » s'oppose à ce que le revendiquant soit admis à prouver son droit de propriété à l'encontre du possesseur de bonne foi (Req. 21 nov. 1927 : *D.P.* 1928, 1, 172, rapp. Bricout). Si l'article 2279 alinéa 1er ne met pas le possesseur d'objets mobiliers à l'abri d'une action en restitution lorsqu'il est personnellement obligé à restituer, il n'en subsiste pas moins pour le demandeur à une telle action la charge de faire la preuve du lien personnel sur lequel elle est fondée, et cela conformément aux règles du droit commun, à défaut de quoi le possesseur a titre pour conserver et détenir les meubles (Civ. 1re, 7 janv. 1955 : *J.C.P.* 55, IV, 22 ; *Bull.* I, n. 6, p. 6).

10) En matière de compte joint, la règle de l'article 2279 ne peut être invoquée que par celui des titulaires qui prélève en son nom personnel et à son profit, au moyen d'un chèque, une somme détenue sur le compte (Civ. 1re, 18 déc. 1985 : *Bull.* I, n. 358, p. 322. – Civ. 1re, 18 déc. 1985 : *Rev. trim. dr. civ.* 1987, 139, obs. Patarin).

11) La revendication contre le possesseur de mauvaise foi peut s'exercer sur toutes les catégories de choses, notamment sur les choses fongibles (Civ. 1re, 7 fév. 1989 : *Bull.* I, n. 57, p. 37).

II. Meubles perdus ou volés

12) Le terme de vol employé dans l'article 2279 doit être entendu dans l'acception même que ce mot reçoit en matière pénale (Paris 19 janv. 1933 : *D.H.* 1933, 185). Sur la nécessité de l'intention frauduleuse, V. Civ. 1re, 27 fév. 1980 : *D.* 1980, I.R. 419. L'article 2279, al. 2, est applicable en cas de vol même si l'auteur n'est pas punissable en vertu de l'article 380 du Code pénal (Paris 7 mars 1934 : *Gaz. Pal.* 1934, 1, 919), mais il en va autrement en cas d'acquittement (Paris 19 janv. 1933, préc). Les dispositions de l'article 2279 al. 2 sont limitatives et ne doivent pas, par voie d'analogie, être étendues à l'escroquerie (Civ. 19 juin 1928 : *D.P.* 1929, 1, 45), ni à l'abus de confiance (Civ. 6 juil. 1886 : *D.P.* 1887, 1, 25).

13) La perte de la chose peut résulter d'un cas de force majeure aussi bien que d'une négligence (Bordeaux 6 juin 1950 : *J.C.P.* 1950, IV, 167). Le dessaisissement involontaire et même forcé résultant d'un fait de guerre constitue le cas de perte prévu par l'article 2279, al. 2 (Civ. 13 fév. 1951 : *S.* 1951, 1, 199).

14) En vertu de l'article 2279 alinéa 2, la personne qui a perdu la chose est en droit de la revendiquer sans avoir à prouver sa propriété sur le meuble dont elle était possesseur de bonne foi (Civ. 21 mai 1951 : *D.* 1951, 507), ni à prouver que la possession de celui qui détient la chose est entachée de vice (Civ. 10 mai 1950 : *D.* 1950, 429).

15) Le délai de trois années prévu par l'article 2279 alinéa 2 présente le caractère d'un délai préfix qui commence à courir du jour de la perte ou du vol (Crim. 30 oct.

Art. 2280 PRESCRIPTION

1969 : *J.C.P.* 70, II, 16333, note Goubeaux ; *D.* 1970, 115. – V. en ce sens Bordeaux 22 janv. 1974 : *D.* 1974, 542, note Rodière). 16) Sur les règles applicables aux titres au porteur perdus ou volés, V. D. n. 56-27 du 11 janv. 1956 (*J.C.P.* 56, III, 20788). – V. aussi pour les titres émis par l'Etat D. n. 64-1183 du 27 nov. 1964 (*J.C.P.* 64, III, 30600. – *D.* n. 83-359 du 2 mai 1983, art. 23, al. 2).

Art. 2280. – **Si le possesseur actuel de la chose volée ou perdue l'a achetée dans une foire ou dans un marché, ou dans une vente publique, ou d'un marchand vendant des choses pareilles, le propriétaire originaire ne peut se la faire rendre qu'en remboursant au possesseur le prix qu'elle lui a coûté.**
(L. 11 juil. 1892) **Le bailleur qui revendique, en vertu de l'article 2102, les meubles déplacés sans son consentement et qui ont été achetés dans les mêmes conditions, doit également rembourser à l'acheteur le prix qu'ils lui ont coûté.**

1) La demande en remboursement du prix formée en vertu de l'article 2280 par l'acquéreur de la chose volée ou perdue suppose qu'il soit resté en possession de la chose (Civ. 1re, 22 fév. 1956 : *D.* 1956, 286. – V. en ce sens Paris 7 fév. 1950 : *D.* 1951, 456, note Lalou, 1re esp.).

2) Il ne suffit pas que l'acheteur ait cru ou même pu croire traiter avec un marchand de choses pareilles, il faut que celui-ci le soit en réalité (Poitiers 25 janv. 1938 : *D.H.* 1938, 190). Le terme de marchand est pris dans son sens propre de commerçant faisant sa profession d'acheter des marchandises en vue de les revendre ensuite à son profit, et non pas comme plus ou moins vaguement synonyme de commerçant en général, sans spécification de la nature exacte des actes de commerce accomplis (Paris 7 fév. 1950 : *D.* 1951, 456, note Lalou, 1re esp.). Jugé que le banquier, quand il négocie des bons du Trésor, est un marchand vendant des choses pareilles au sens de l'article 2280 (Paris 8 nov. 1946 : *J.C.P.* 46, II, 3358, note A.S.). Mais jugé en sens inverse pour un courtier en tableaux (Crim. 31 mars 1978 : *Gaz. Pal.* 1979, 1, 13) ou un brocanteur dont le magasin tenait du « bric-à-brac » (Pau 3 juil. 1979 : *D.* 1981, I.R. 232). Un garagiste radié du registre du commerce, mais qui a conservé son garage et qui utilise des tampons correspondant à son activité de commerçant en voitures neuves et d'occasion, peut être considéré comme un marchand vendant des choses pareilles (Civ. 1re, 22 nov. 1988 : *Bull.* I, n. 331, p. 224 ; *J.C.P.* 89, IV, 32).

3) Les dispositions des articles 2279 et 2280 s'appliquent si le possesseur actuel de la chose perdue ou volée l'a acquise, comme épave, de l'Administration des Domaines (Cass. civ. 1re, 23 oct. 1957 : *D.* 1957, 745).

4) Le propriétaire qui, pour se faire rendre une chose perdue ou volée, a dû rembourser au possesseur actuel le prix qu'elle lui a coûté ne saurait puiser dans les articles 2279, 2280 et 1251 du Code civil le principe d'une action en indemnité contre celui qui a cessé d'avoir la possession de la chose volée ou perdue. La seule action appartenant dans ce cas au propriétaire doit être fondée par application de l'article 1382 sur l'existence d'une faute commise par le défendeur (Civ. 11 fév. 1931 : *D.P.* 1931, 1, 129, note R. Savatier).

Art. 2281. – **Les prescriptions commencées à l'époque de la publication du présent titre seront réglées conformément aux lois anciennes.**
Néanmoins, les prescriptions alors commencées, et pour lesquelles il faudrait encore, suivant les anciennes lois, plus de trente ans à compter de la même époque, seront accomplies par ce laps de trente ans.

PRESCRIPTION Art. 2282

CHAPITRE VI. – DE LA PROTECTION POSSESSOIRE
(ajouté, L. n. 75-596 du 9 juil. 1975, art. 5-II)

Art. 2282. – **La possession est protégée, sans avoir égard au fond du droit, contre le trouble qui l'affecte ou la menace.**

La protection possessoire est pareillement accordée au détenteur contre tout autre que celui de qui il tient ses droits.

1) L'action en complainte ne peut être intentée par un particulier contre l'administration relativement à un bien du domaine public (Civ. 1re, 7 juil. 1954 : *D.* 1954, 661).

2) L'action en réintégrande, qui ne suppose pas une possession utile à prescrire, peut être engagée par celui qui exerce une détention matérielle paisible et publique sur un immeuble, quand bien même l'auteur de la voie de fait prétendrait que cet immeuble fait partie du domaine public (Civ. 1re, 6 avril 1960 : *D.* 1960, 457. – Civ. 1re, 21 oct. 1980 : *D.* 1981, I.R., 229). Il en irait toutefois autrement en cas de contrat comportant occupation du domaine public (Civ. 1re, 4 nov. 1986 : *Bull.* I, n. 251, p. 241).

3) En cas de voie de fait, l'action en réintégrande peut être exercée contre une personne morale de droit public (Civ. 1re, 7 juil. 1954, préc., n. 1), même si l'application d'un contrat administratif est en cause (Civ. 1re, 11 juil. 1984 : *Bull.* I, n. 227, p. 191 ; *D.* 1984, I.R. 423, obs. Robert), et même s'il s'agit de l'exécution d'un travail public (Civ. 1re, 15 avril 1986 : *D.* 1987, Somm. 11, obs. Robert. Comp. Civ. 3e, 10 juin 1981 : *Bull.* III, n. 111).

4) L'inexécution ou la violation d'une convention ne peut donner lieu à l'action possessoire (Civ. 3e, 28 nov. 1969 : *D.* 1970, 84, note E.F. – V. en ce sens pour le manquement aux stipulations d'une clause d'un règlement de copropriété, Civ. 3e, 22 juin 1976 : *D.* 1976, I.R., 265. – Civ. 3e, 10 juin 1980 : *D.* 1981, I.R., 230).

5) Les servitudes discontinues ou non apparentes peuvent bénéficier d'une protection possessoire dès lors que la possession est corroborée par un titre (Civ. 1re, 4 janv. 1961 : *J.C.P.* 61, II, 12021. V. en ce sens Civ. 13 mars 1889 : *D.P.* 1889, I, 379. – Civ. 3e, 16 fév. 1982 : *D.* 1984, I.R. 424, 2e esp., obs. Robert). Le titre doit permettre d'établir que l'intéressé a entendu exercer un droit et non user d'une simple tolérance (Civ. 1re, 14 oct. 1963 : *D.* 1964, 513, note Tallon. – Civ. 3e, 28 juin 1989 : *Bull.* III, n. 149, p. 82). Il peut consister dans un simple procès-verbal de bornage (Civ. 3e, 8 oct. 1985 : *D.* 1986, I.R. 404), ou prendre la forme d'un titre né de la destination du père de famille (Civ. 1re, 30 juin 1965 : *Bull.* I, n. 435, p. 322. – Civ. 3e, 18 janv. 1983 : *Bull.* III, n. 13, p. 10 ; *D.* 1984, I.R. 424, obs. Robert), ou même être un titre légal (Civ. 2e, 16 fév. 1982, préc.). En cas d'enclave, c'est le fait même de l'enclave qui constitue le titre permettant d'exercer l'action possessoire (Civ. 3e, 11 mai 1976 : *Bull.* III, n. 197, p. 154).

6) Les servitudes continues et apparentes peuvent être protégées par la réintégrande (Civ. 1re, 28 mai 1962 : *Bull.* I, n. 268, p. 239, qui affirme de façon générale que l'action peut être exercée par celui qui, détenant des ouvrages servant à l'exercice d'une servitude, en a été violemment dépossédé). Il en va différemment pour les servitudes discontinues ou non apparentes telles que les servitudes de passage (Civ. 28 oct. 1885 : *D.P.* 1886, I, 309. – Civ. 1re, 5 juil. 1961 :

Art. 2283 — PRESCRIPTION

Bull. I, n. 372, p. 297. – Civ. 3e, 20 oct. 1982 : *Juris-Data* n. 002329. V. cependant Civ. 3e, 2 mai 1979 : *Bull.* III, n. 93 ; *D.* 1979, I.R. 402, admettant que l'action en réintégrande soit exercée si le titulaire de la servitude discontinue et non apparente avait la détention matérielle et actuelle de la chose dont il a été dépossédé par voie de fait).

Art. 2283. – **Les actions possessoires sont ouvertes dans les conditions prévues par le Code de procédure civile à ceux qui possèdent ou détiennent paisiblement.**

V. *J.-Cl. Procédure civile,* V° Tribunal d'instance, Fasc. 364 à 367.

Nouveau Code de procédure civile (réd. D. n. 81-500 du 12 mai 1981)

Art. 1264. – Sous réserve du respect des règles concernant le domaine public, les actions possessoires sont ouvertes dans l'année du trouble à ceux qui, paisiblement, possèdent ou détiennent depuis au moins un an ; toutefois, l'action en réintégration contre l'auteur d'une voie de fait peut être exercée alors même que la victime de la dépossession possédait ou détenait depuis moins d'un an.

Art. 1265. – La protection possessoire et le fond du droit ne sont jamais cumulés.

Le juge peut toutefois examiner les titres à l'effet de vérifier si les conditions de la protection possessoire sont réunies.

Les mesures d'instruction ne peuvent porter sur le fond du droit.

Art. 1266. – Celui qui agit au fond n'est plus recevable à agir au possessoire.

Art. 1267. – Le défendeur au possessoire ne peut agir au fond qu'après avoir mis fin au trouble.

TEXTES ANNEXES

I. - TEXTES CODIFIÉS

CODE DE LA NATIONALITÉ FRANÇAISE

Complété et mod. par L.L. n. 73-42 du 9 janv. 1973 (J.O. 10 janv.), n. 74-631 du 5 juil. 1974 (J.O. 7 juil.), n. 76-1179 du 22 déc. 1976 (J.O. 23 déc.), n. 78-731 du 12 juil. 1978 (J.O. 13 juil.) et n. 78-753 du 17 juil. 1978 (J.O. 18 juil.).

TITRE I. - DISPOSITIONS GÉNÉRALES

Art. 1er. - La nationalité française est attribuée, s'acquiert ou se perd selon les dispositions fixées par le présent code, sous la réserve de l'application des traités et autres engagements internationaux de la France.

Art. 2. - *Abrogé.*

Art. 3. - Les lois nouvelles relatives à l'attribution de la nationalité d'origine s'appliquent aux personnes encore mineures à la date de leur entrée en vigueur, sans préjudicier aux droits acquis par des tiers et sans que la validité des actes passés antérieurement puisse être contestée pour cause de nationalité.

Les dispositions de l'alinéa précédent s'appliquent, à titre interprétatif, aux lois sur la nationalité d'origine qui ont été mises en vigueur après la promulgation du titre 1er du Code civil.

Art. 4. - L'acquisition et la perte de la nationalité française sont régies par la loi en vigueur au temps de l'acte ou du fait auquel la loi attache ces effets.

Les dispositions de l'alinéa qui précède règlent, à titre interprétatif, l'application dans le temps des lois sur la nationalité qui ont été en vigueur avant la promulgation du présent code.

Art. 5. - *Abrogé.*

Art. 6. - Au sens du présent code, l'expression « En France » s'entend du territoire métropolitain, des départements et des territoires d'outre-mer.

Art. 7. - *Abrogé.*

Code de la Nationalité

Art. 8. – Il est tenu compte pour la détermination, à toute époque, du territoire français, des modifications résultant des actes de l'autorité publique française pris en application de la Constitution et des lois, ainsi que des traités internationaux survenus antérieurement.

Art. 9 et 10. – *Abrogés.*

Art. 11. – Les effets sur la nationalité française des annexions et cessions de territoires sont réglés par les dispositions qui suivent, à défaut de stipulations conventionnelles.

Art. 12. – Les nationaux de l'État cédant, domiciliés dans les territoires annexés au jour du transfért de la souveraineté acquièrent la nationalité française, à moins qu'ils n'établissent effectivement leur domicile hors de ces territoires. Sous la même réserve, les nationaux français, domiciliés dans les territoires cédés au jour du transfert de la souveraineté perdent cette nationalité.

Art. 13. – Les effets sur la nationalité française de l'accession à l'indépendance d'anciens départements ou territoires d'outre-mer de la République sont déterminés au titre VII du présent code.

Art. 14. – Les dispositions de l'article 12 s'appliquent, à titre interprétatif, aux changements de nationalité consécutifs aux annexions et cessions de territoires résultant de traités antérieurs à la promulgation du présent code.

Toutefois, les personnes étrangères qui étaient domiciliées dans les territoires rétrocédés par la France, conformément au Traité de Paris du 30 mai 1814 et qui, à la suite de ce traité, ont transféré en France leur domicile, n'ont pu acquérir, de ce chef, la nationalité française que si elles se sont conformées aux dispositions de la loi du 14 octobre 1814. Les Français qui étaient nés hors des territoires rétrocédés et qui ont conservé leur domicile sur ces territoires n'ont pas perdu la nationalité française, par application du traité susvisé.

Art. 15. – Sans qu'il soit porté atteinte à l'interprétation donnée aux accords antérieurs, un changement de nationalité ne peut, en aucun cas, résulter d'une convention internationale si celle-ci ne le prévoit expressément.

Art. 16. – Lorsqu'un changement de nationalité est subordonné, dans les termes d'une convention internationale, à l'accomplissement d'un acte d'option, cet acte est déterminé dans sa forme par la loi de celui des pays contractants dans lequel il est institué.

TITRE II. – DE LA NATIONALITÉ FRANÇAISE D'ORIGINE

CHAPITRE I. – DES FRANÇAIS PAR FILIATION

Art. 17. – Est Français l'enfant, légitime ou naturel, dont l'un des parents au moins est Français.

Art. 18. – *Abrogé.*

Art. 19. – Toutefois, si un seul des parents est Français, l'enfant qui n'est pas né en France aura la faculté de répudier la qualité de Français dans les six mois précédant sa majorité.

Cette faculté se perd si le parent étranger ou apatride acquiert la nationalité française durant la minorité de l'enfant.

Art. 20. – *Abrogé.*

NATIONALITÉ — Code de la Nationalité

CHAPITRE II. – DES FRANÇAIS PAR LA NAISSANCE EN FRANCE

Art. 21. – Est Français l'enfant né en France de parents inconnus.

Toutefois, il sera réputé n'avoir jamais été Français si, au cours de sa minorité, sa filiation est établie à l'égard d'un étranger et s'il a, conformément à la loi nationale de son auteur, la nationalité de celui-ci.

Art. 21-1. – Est Français :
1° L'enfant né en France de parents apatrides ;
2° L'enfant né en France de parents étrangers et à qui n'est attribuée par les lois étrangères la nationalité d'aucun des deux parents.

Art. 22. – Est présumé né en France, l'enfant dont l'acte de naissance a été dressé conformément à l'article 58 du Code civil.

Art. 23. – Est Français l'enfant, légitime ou naturel, né en France lorsque l'un de ses parents au moins y est lui-même né.

Art. 24. – Toutefois, si un seul des parents est né en France, l'enfant, Français en vertu de l'article 23, aura la faculté de répudier cette qualité dans les six mois précédant sa majorité.
Cette faculté se perd si le parent né à l'étranger acquiert la nationalité française durant la minorité de l'enfant.

Art. 25. – *Abrogé.*

CHAPITRE III. – DISPOSITIONS COMMUNES

Art. 26. – L'enfant qui est Français en vertu des dispositions du présent titre est réputé avoir été Français dès sa naissance, même si l'existence des conditions requises par la loi pour l'attribution de la nationalité française n'est établie que postérieurement.
(L. n. 76-1179 du 22 déc. 1976, art. 14) La nationalité de l'enfant qui a fait l'objet d'une adoption plénière est déterminée selon les distinctions établies aux articles 17 et 19, 21-1, 23 et 24 ci-dessus.
Toutefois, l'établissement de la qualité de Français postérieurement à la naissance ne porte pas atteinte à la validité des actes antérieurement passés par l'intéressé ni aux droits antérieurement acquis à des tiers sur le fondement de la nationalité apparente de l'enfant.

Art. 27 et 28. – *Abrogés.*

Art. 29. – La filiation de l'enfant n'a d'effet sur la nationalité de celui-ci que si elle est établie durant sa minorité.

Art. 30 *(L. n. 74-631 du 5 juil. 1974, art. 6. I).* – Tout enfant mineur qui possède la faculté de répudier la nationalité française dans les cas visés au présent titre peut exercer cette faculté par déclaration souscrite conformément aux articles 101 et suivants.
Il peut renoncer à cette faculté dans les mêmes conditions.
Il doit être autorisé ou représenté dans les conditions prévues aux articles 53 et 54.

Art. 31. – Dans les cas visés à l'article précédent, nul ne peut répudier la nationalité française s'il ne prouve qu'il a par filiation la nationalité d'un pays étranger.

Code de la Nationalité NATIONALITÉ

Art. 32. – Le Français mineur qui contracte un engagement dans les armées françaises ou celui qui participe volontairement aux opérations de recensement en vue de l'accomplissement du service national perd la faculté de répudiation.

Art. 33. – Les dispositions contenues dans les articles 23 et 24 ne sont pas applicables aux enfants nés en France des agents diplomatiques ou des consuls de carrière de nationalité étrangère.

Ces enfants ont toutefois la faculté d'acquérir volontairement la qualité de Français conformément aux dispositions de l'article 52 ci-après.

TITRE III. – DE L'ACQUISITION DE LA NATIONALITÉ FRANÇAISE

CHAPITRE 1er. – DES MODES D'ACQUISITION DE LA NATIONALITÉ FRANÇAISE

Section I. – Acquisition de la nationalité française à raison de la filiation

Art. 34. – *Abrogé.*

Art. 35. – *Abrogé par L. n. 76-1179 du 22 déc. 1976, art. 14.*

Art. 36. – L'adoption simple n'exerce de plein droit aucun effet sur la nationalité de l'adopté.

Section II. – Acquisition de la nationalité française à raison du mariage

Art. 37. – Le mariage n'exerce de plein droit aucun effet sur la nationalité.

Art. 37-1 *(Remplacé, L. n. 84-341 du 7 mai 1984, art. 1er et 5).* – L'étranger ou l'apatride qui contracte mariage avec un conjoint de nationalité française peut, après un délai de six mois à compter du mariage, acquérir la nationalité française par déclaration à condition qu'à la date de cette déclaration la communauté de vie n'ait pas cessé entre les époux et que le conjoint français ait conservé sa nationalité.

La déclaration est faite dans les conditions prévues aux articles 101 et suivants, sur justification du dépôt de l'acte de mariage auprès de l'autorité administrative.

Art. 38. – Sous réserve des dispositions prévues aux articles 39 et 105, l'intéressé acquiert la nationalité française à la date à laquelle la déclaration a été souscrite.

Art. 39 *(Al. 1er mod., L. n. 84-341 du 7 mai 1984, art. 2).* – Le Gouvernement peut s'opposer, par décret en Conseil d'Etat, à l'acquisition de la nationalité française dans le délai d'un an à compter de la date prévue au deuxième alinéa de l'article 106 pour indignité ou défaut d'assimilation.

En cas d'opposition du Gouvernement, l'intéressé est réputé n'avoir jamais acquis la nationalité française.

Toutefois, la validité des actes passés entre la déclaration et le décret d'opposition ne pourra être contestée pour le motif que l'auteur n'a pu acquérir la nationalité française.

Art. 40. – L'époux étranger ou apatride qui a fait l'objet d'un arrêté d'expulsion ou d'un arrêté d'assignation à résidence non expressément rapporté dans les formes où il est intervenu est exclu du bénéfice de l'article 37-1.

Art. 41. – *Abrogé.*

NATIONALITÉ — Code de la Nationalité

Art. 42. – Le mariage déclaré nul par une décision émanant d'une juridiction française ou d'une juridiction étrangère dont l'autorité est reconnue en France ne rend pas caduque la déclaration prévue à l'article 37-1 au profit du conjoint qui l'a contracté de bonne foi.

Art. 43. – L'annulation du mariage n'a point d'effet sur la nationalité des enfants qui en sont issus.

Section III. – Acquisition de la nationalité française
à raison de la naissance et de la résidence en France

Art. 44. – Tout individu né en France de parents étrangers acquiert la nationalité française à sa majorité si, à cette date, il a en France sa résidence et s'il a eu *(L. n. 74-631 du 5 juill. 1974, art. 6)* « pendant les cinq années » qui précèdent sa résidence habituelle en France ou dans les territoires ou pays pour lesquels l'attribution ou l'acquisition de la nationalité française est, ou était, lors de sa résidence, régie par des dispositions spéciales.

Art. 45. – Dans l'année précédant sa majorité, le mineur a la faculté de déclarer, dans les conditions prévues aux articles 101 et suivants, qu'il décline la qualité de Français.
(L. n. 74-631 du 5 juill. 1974, art. 6) Il fait cette déclaration avec l'autorisation de celui ou de ceux qui exercent à son égard l'autorité parentale.

Art. 46. – Dans l'année précédant la majorité de l'intéressé le Gouvernement peut, par décret, s'opposer à l'acquisition de la nationalité française pour indignité ou pour défaut d'assimilation.

Art. 47. – L'étranger qui remplit les conditions prévues à l'article 44 pour acquérir la nationalité française ne peut décliner cette qualité que conformément aux dispositions de l'article 31 ci-dessus.
Il perd la faculté de décliner la qualité de Français s'il contracte un engagement dans les armées françaises ou si, sans opposer son extranéité, il participe volontairement aux opérations de recensement en vue de l'accomplissement du service national.

Art. 48. – Tout individu mineur né en France de parents étrangers, qui est régulièrement incorporé en qualité d'engagé ou en vue de l'accomplissement du service national actif, acquiert la nationalité française à la date de son incorporation.

Art. 49. – *Abrogé.*

Art. 50. – L'individu qui a fait l'objet d'un arrêté d'expulsion ou d'un arrêté d'assignation à résidence non expressément rapporté dans les formes où il est intervenu est exclu du bénéfice des dispositions contenues dans la présente section.

Art. 51. – Les dispositions de la présente section ne sont pas applicables aux enfants nés en France des agents diplomatiques et des consuls de carrière de nationalité étrangère. Ces enfants ont toutefois la faculté d'acquérir volontairement la qualité de Français conformément aux dispositions de l'article 52 ci-après.

Section IV. – Acquisition de la nationalité française par déclaration de nationalité

Art. 52 *(Ord. n. 59-64 du 7 janv. 1959).* – L'enfant mineur né en France de parents étrangers peut réclamer la nationalité française par déclaration dans les conditions prévues aux articles 101 et suivants du présent code si, au moment de sa déclaration, il a sa résidence en France

Code de la Nationalité NATIONALITÉ

et s'il a eu, depuis au moins cinq années, sa résidence habituelle en France ou dans les territoires ou pays pour lesquels l'attribution ou l'acquisition de la nationalité française est, ou était, lors de sa résidence, régie par des dispositions spéciales.

Art. 53 *(L. n. 74-631 du 5 juill. 1974, art. 6).* – La qualité de Français peut être réclamée à partir de dix-huit ans.

Le mineur âgé de seize ans peut également la réclamer avec l'autorisation de celui ou de ceux qui exercent à son égard l'autorité parentale.

Art. 54. – Si l'enfant est âgé de moins de seize ans, les personnes visées à l'alinéa 2 de l'article précédent peuvent déclarer qu'elles réclament, au nom du mineur, la qualité de Français, à condition toutefois que le gardien de l'enfant, s'il est étranger, ait lui-même depuis au moins cinq années sa résidence habituelle en France ou dans les territoires ou pays pour lesquels l'attribution ou l'acquisition de la nationalité française est, ou était, lors de sa résidence, régie par des dispositions spéciales.

Art. 55. – L'enfant qui a fait l'objet d'une adoption simple par une personne de nationalité française peut, jusqu'à sa majorité, déclarer, dans les conditions prévues aux articles 101 et suivants, qu'il réclame la qualité de Français, pourvu qu'à l'époque de sa déclaration il réside en France.

Peut, dans les mêmes conditions, réclamer la nationalité française :

1° L'enfant recueilli en France et élevé par une personne de nationalité française ou confié au service de l'aide sociale à l'enfance ;

2° L'enfant recueilli en France et élevé dans des conditions lui ayant permis de recevoir, pendant cinq années au moins, une formation française, soit par un organisme public, soit par un organisme privé présentant les caractères déterminés par un décret en Conseil d'État, soit par un étranger résidant en France depuis cinq ans au moins.

Le mineur est autorisé ou représenté, s'il y a lieu, dans les conditions prévues aux articles 53 et 54.

Art. 56. – Sous réserve des dispositions prévues aux articles 57 et 105, l'intéressé acquiert la nationalité française à la date à laquelle la déclaration a été souscrite.

Art. 57. – Le Gouvernement peut, par décret, s'opposer à l'acquisition de la nationalité française dans un délai de six mois pour indignité ou pour défaut d'assimilation.

Art. 57-1. – Peuvent réclamer la nationalité française par déclaration souscrite conformément aux articles 101 et suivants et dans les conditions prévues à l'article 57, les personnes qui ont joui, d'une façon constante, de la possession d'état de Français, pendant les dix années précédant leur déclaration.

Lorsque la validité des actes passés antérieurement à la déclaration était subordonnée à la possession de la nationalité française, cette validité ne peut être contestée pour le seul motif que le déclarant n'avait pas cette nationalité.

Art. 58. – L'individu qui a fait l'objet d'un arrêté d'expulsion ou d'un arrêté d'assignation à résidence non expressément rapporté dans les formes où il est intervenu est exclu du bénéfice des dispositions contenues dans la présente section.

Section V. – Acquisition de la nationalité française par décision de l'autorité publique

Art. 59. – L'acquisition de la nationalité française par décision de l'autorité publique résulte d'une naturalisation accordée par décret à la demande de l'étranger.

NATIONALITÉ — Code de la Nationalité

Art. 60. – *Abrogé.*

Art. 61. – Nul ne peut être naturalisé s'il n'a en France sa résidence au moment de la signature du décret de naturalisation.

Art. 62 *(Ord. n. 59-64 du 7 janv. 1959).* – Sous réserve des exceptions prévues aux articles 63 et 64, la naturalisation ne peut être accordée qu'à l'étranger justifiant d'une résidence habituelle en France ou dans les territoires ou pays pour lesquels l'attribution ou l'acquisition de la nationalité française est, ou était, lors de sa résidence, régie par des dispositions spéciales, pendant les cinq années qui précèdent le dépôt de sa demande.

Art. 63. – Le stage mentionné à l'article 62 est réduit à deux ans :

1° Pour l'étranger qui a accompli avec succès deux années d'études supérieures en vue d'acquérir un diplôme délivré par une université ou un établissement d'enseignement supérieur français ;

2° Pour celui qui a rendu ou qui peut rendre par ses capacités et ses talents des services importants à la France.

Art. 64. – Peut être naturalisé sans condition de stage :
1° *Abrogé par L. n. 74-631 du 5 juil. 1974 art. 6 ;*
2° Le conjoint et l'enfant majeur d'une personne qui acquiert la nationalité française ;
3° Le père ou la mère de trois enfants mineurs ;
4° L'étranger qui a effectivement accompli des services militaires dans une unité de l'armée française ou qui, en temps de guerre, a contracté un engagement volontaire dans les armées françaises ou alliées ;
5° Le ressortissant ou ancien ressortissant des territoires et États sur lesquels la France a exercé soit la souveraineté, soit un protectorat, un mandat ou une tutelle ;
6° L'étranger qui a rendu des services exceptionnels à la France ou celui dont la naturalisation présente pour la France un intérêt exceptionnel. Dans ce cas, le décret de naturalisation ne peut être accordé qu'après avis du Conseil d'État sur le rapport motivé du ministre compétent.

Art. 64-1. – Peut être naturalisée sans condition de stage la personne qui appartient à l'entité culturelle et linguistique française, lorsqu'elle est ressortissante des territoires ou États dont la langue officielle ou l'une des langues officielles est le français et lorsque le français est sa langue maternelle.

Art. 65. – L'étranger qui a fait l'objet d'un arrêté d'expulsion ou d'un arrêté d'assignation à résidence n'est susceptible d'être naturalisé que si cet arrêté a été rapporté dans les formes où il est intervenu.

La résidence en France pendant la durée de la mesure administrative susvisée n'est pas prise en considération dans le calcul du stage prévu aux articles 62 et 63.

Art. 66 *(L. n. 74-631 du 5 juil. 1974, art. 6).* – Nul ne peut être naturalisé s'il n'a attaint l'âge de dix-huit ans.

Art. 67. – *Abrogé par L. n. 74-632 du 5 juil. 1974 art. 6.*

Art. 68. – Nul ne peut être naturalisé s'il n'est pas de bonnes vie et mœurs ou s'il a fait l'objet de l'une des condamnations visées à l'article 79 du présent code.

Code de la Nationalité NATIONALITÉ

Les condamnations prononcées à l'étranger pourront toutefois ne pas être prises en considération ; en ce cas, le décret prononçant la naturalisation ne pourra être pris qu'après avis conforme du Conseil d'État.

Art. 69. – Nul ne peut être naturalisé s'il ne justifie de son assimilation à la communauté française, notamment par une connaissance suffisante, selon sa condition, de la langue française.

Art. 70. – *Abrogé.*

Art. 71. – Les conditions dans lesquelles s'effectuera le contrôle de l'assimilation et de l'état de santé de l'étranger en instance de naturalisation seront fixées par décret.

Art. 72 à 77. – *Abrogés.*

Section VI – Dispositions communes
à certains modes d'acquisition de la nationalité française

Art. 78. – Est assimilé à la résidence en France lorsque cette résidence constitue une condition de l'acquisition de la nationalité française :
1° Le séjour hors de France d'un étranger qui exerce une activité professionnelle publique ou privée pour le compte de l'État français ou d'un organisme dont l'activité présente un intérêt particulier pour l'économie ou la culture française ;
2° Le séjour dans les pays en union douanière avec la France qui sont désignés par décret ;
3° La présence hors de France, en temps de paix comme en temps de guerre, dans une formation régulière de l'armée française ou au titre du service national actif.
L'assimilation de résidence qui profite à l'un des époux s'étend à l'autre s'ils habitent effectivement ensemble.

Art. 79. – Nul ne peut acquérir la nationalité française s'il a fait l'objet soit d'une condamnation pour acte qualifié crime ou délit contre la sûreté de l'État, soit d'une condamnation non effacée par la réhabilitation pour fait qualifié crime, soit d'une condamnation non effacée par la réhabilitation à une peine de plus de six mois d'emprisonnement ou à une peine quelconque d'emprisonnement pour l'un des délits prévus aux articles 309, 311, 312, 314, 330, 331, 334 à 335-6 du code pénal et les délits de vol, escroquerie, abus de confiance, recel, chantage, extorsion de fonds, faux et usage de faux.

CHAPITRE II. – DES EFFETS DE L'ACQUISITION DE LA NATIONALITÉ FRANÇAISE

Art. 80 *(Remplacé L. n. 83-1046 du 8 déc. 1983, art. 1ᵉʳ).* – La personne qui a acquis la nationalité française jouit de tous les droits et est tenue à toutes les obligations attachés à la qualité de Français, à dater du jour de cette acquisition.

Art. 81 à 83. – *Abrogés, L. n. 83-1046 du 8 déc. 1983, art. 2.*

Art. 84. – L'enfant mineur de dix-huit ans, légitime, naturel ou ayant fait l'objet d'une adoption plénière, dont l'un des deux parents acquiert la nationalité française, devient Français de plein droit.

Art. 85. – Les dispositions de l'article précédent ne sont pas applicables à l'enfant marié.

NATIONALITÉ   Code de la Nationalité

Art. 86. – Est exclu du bénéfice de l'article 84, sans préjudice des dispositions des articles 65 et 79, l'individu qui a fait l'objet d'un décret d'opposition à l'acquisition de la nationalité française en application de l'article 57.

TITRE IV. – DE LA PERTE, DE LA DÉCHÉANCE ET DE LA RÉINTÉGRATION DANS LA NATIONALITÉ FRANÇAISE

CHAPITRE Ier. – DE LA PERTE DE LA NATIONALITÉ FRANÇAISE

Art. 87. – Toute personne majeure de nationalité française, résidant habituellement à l'étranger, qui acquiert volontairement une nationalité étrangère ne perd la nationalité française que si elle le déclare expressément, dans les conditions prévues aux articles 101 et suivants du présent code.

Art. 88. – La déclaration en vue de perdre la nationalité française peut être souscrite à partir du dépôt de la demande d'acquisition de la nationalité étrangère et, au plus tard, dans le délai d'un an à compter de la date de cette acquisition.

Art. 89. – Les Français de sexe masculin de moins de trente-cinq ans ne peuvent souscrire la déclaration prévue aux articles 87 et 88 ci-dessus que s'ils ont satisfait aux obligations de service actif imposées par le code du service national ou s'ils en ont été dispensés ou exemptés.

Art. 90. – Perd la nationalité française, le Français qui exerce la faculté de répudier cette qualité dans les cas prévus aux articles 19 et 24.

Art. 91. – Perd la nationalité française, le Français même mineur, qui, ayant une nationalité étrangère, est autorisé, sur sa demande, par le Gouvernement français, à perdre la qualité de Français. Cette autorisation est accordée par décret.
Le mineur doit, le cas échéant, être autorisé ou représenté dans les conditions prévues aux articles 53 et 54.

Art. 92. – *Abrogé, V. infra art. 97-1.*

Art. 93. – *Abrogé.*

Art. 94. – En cas de mariage avec un étranger, le conjoint français peut répudier la nationalité française selon les dispositions des articles 101 et suivants à la condition qu'il ait acquis la nationalité étrangère de son conjoint et que la résidence habituelle du ménage ait été fixée à l'étranger.
Toutefois, les Français de sexe masculin âgés de moins de trente-cinq ans ne pourront exercer cette faculté de répudiation que s'ils ont satisfait aux obligations du service actif imposées par le code du service national ou s'ils en ont été dispensés ou exemptés.

Art. 95. – La perte de la nationalité française peut être constatée par jugement lorsque l'intéressé, Français d'origine par filiation, n'en a point la possession d'état et n'a jamais eu sa résidence habituelle en France, si les ascendants, dont il tenait la nationalité française, n'ont eux-mêmes ni possession d'état de Français, ni résidence en France depuis un demi-siècle.
Le jugement détermine la date à laquelle la nationalité française a été perdue. Il peut décider que cette nationalité avait été perdue par les auteurs de l'intéressé et que ce dernier n'a jamais été Français.

Code de la Nationalité

Art. 96. – Le Français qui se comporte en fait comme le national d'un pays étranger peut, s'il a la nationalité de ce pays, être déclaré, par décret après avis conforme du Conseil d'État, avoir perdu la qualité de Français.
2ᵉ alinéa, abrogé L. n. 84-341 du 7 mai 1984, art. 3.

Art. 97. – Perd la nationalité française le Français qui, occupant un emploi dans une armée ou un service public étranger ou dans une organisation internationale dont la France ne fait pas partie ou plus généralement leur apportant son concours, n'a pas résigné son emploi ou cessé son concours nonobstant l'injonction qui lui en aura été faite par le Gouvernement.

L'intéressé sera, par décret en Conseil d'État, déclaré avoir perdu la nationalité française si, dans le délai fixé par l'injonction, délai qui ne peut être inférieur à quinze jours et supérieur à deux mois, il n'a pas mis fin à son activité.

Lorsque l'avis du Conseil d'État est défavorable, la mesure prévue à l'alinéa précédent ne peut être prise que par décret en conseil des ministres.

Art. 97-1. – La perte de la nationalité française prend effet :
1° Dans le cas prévu à l'article 87 à la date de l'acquisition de la nationalité étrangère ;
2° Dans le cas prévu aux articles 90 et 94 à la date de la déclaration ;
3° Dans le cas prévu aux articles 91, 96 et 97 à la date du décret ;
4° Dans les cas prévus à l'article 95 au jour fixé par le jugement.

CHAPITRE II. – DE LA RÉINTÉGRATION DANS LA NATIONALITÉ FRANÇAISE

Art. 97-2. – La réintégration dans la nationalité française des personnes qui établissent avoir possédé la qualité de Français résulte d'un décret ou d'une déclaration suivant les distinctions fixées aux articles ci-après.

Art. 97-3. – La réintégration par décret peut être obtenue à tout âge et sans condition de stage. Elle est soumise, pour le surplus, aux conditions et aux règles de la naturalisation.

Art. 97-4. – Les personnes qui, alors qu'elles étaient françaises d'origine, ont perdu leur nationalité à raison du mariage avec un étranger ou de l'acquisition par mesure individuelle d'une nationalité étrangère peuvent, sous réserve des dispositions des articles 58 et 79, être réintégrées par déclaration souscrite, en France ou à l'étranger, conformément aux articles 101 et suivants.

Elles doivent avoir conservé ou acquis avec la France des liens manifestes, notamment d'ordre culturel, professionnel, économique ou familial.

Art. 97-5. – Le Gouvernement peut, dans un délai de six mois, s'opposer, pour indignité, à la réintégration dans la nationalité française par déclaration.

Art. 97-6. – La réintégration par décret ou par déclaration produit effet à l'égard des enfants mineurs de dix-huit ans dans les conditions des articles 84 et suivants du présent code.

CHAPITRE III. – DE LA DÉCHÉANCE DE LA NATIONALITÉ FRANÇAISE

Art. 98. – L'individu qui a acquis la qualité de Français peut, par décret pris après avis conforme du Conseil d'État, être déchu de la nationalité française :
1° S'il est condamné pour un acte qualifié crime ou délit contre la sûreté de l'État ;
2° S'il est condamné pour un acte qualifié crime ou délit prévu et puni par les articles 109 à 131 du Code pénal ;

NATIONALITÉ — Code de la Nationalité

3° S'il est condamné pour s'être soustrait aux obligations résultant pour lui du code du service national ;

4° S'il s'est livré au profit d'un État étranger à des actes incompatibles avec la qualité de Français et préjudiciables aux intérêts de la France ;

5° S'il a été condamné en France ou à l'étranger pour un acte qualifié crime par la loi française et ayant entraîné une condamnation à une peine d'au moins cinq années d'emprisonnement.

Art. 99. – La déchéance n'est encourue que si les faits reprochés à l'intéressé et visés à l'article 98 se sont produits dans le délai de dix ans à compter de la date de l'acquisition de la nationalité française.

Elle ne peut être prononcée que dans le délai de dix ans à compter de la perpétration desdits faits.

Art. 100. – *Abrogé.*

TITRE V. – DES ACTES RELATIFS A L'ACQUISITION OU A LA PERTE DE LA NATIONALITÉ FRANÇAISE

CHAPITRE Ier. – DES DÉCLARATIONS DE NATIONALITÉ

Art. 101. – Les déclarations de nationalité sont reçues par le juge d'instance ou par les consuls suivant des formes déterminées par décret.

Art. 102 et 103. – *Abrogés.*

Art. 104. – Toute déclaration de nationalité doit, à peine de nullité, être enregistrée par le ministre chargé des naturalisations.

Art. 105. – Le ministre refuse d'enregistrer les déclarations qui ne satisfont point aux conditions légales. Sa décision motivée est notifiée au déclarant, qui peut la contester devant le tribunal de grande instance durant un délai de six mois.

La décision de refus d'enregistrement doit intervenir six mois au plus après la date à laquelle le récépissé de la déclaration a été délivré au déclarant au vu de la remise des pièces nécessaires à la preuve de la recevabilité de ladite déclaration.

Art. 106. – Lorsque le Gouvernement s'oppose, conformément aux articles 46, 57 et 97-5 à l'acquisition de la nationalité française, il est statué par décret pris après avis conforme du Conseil d'État.

Le délai d'opposition court à compter de la date du récépissé prévu à l'article 105, deuxième alinéa, ou, si l'enregistrement a été refusé, du jour où la décision judiciaire qui a admis la régularité de la déclaration est passée en force de chose jugée.

Art. 107. – A défaut de refus ou d'opposition dans les délais légaux, copie de la déclaration revêtue de la mention d'enregistrement est remise au déclarant.

La déclaration enregistrée peut encore être contestée par le ministère public ou par tout intéressé, à moins que l'enregistrement ne soit intervenu à la suite d'un jugement rendu en application de l'article 105, premier alinéa.

Art. 108 et 109. – *Abrogés.*

Code de la Nationalité

CHAPITRE II. – DES DÉCISIONS ADMINISTRATIVES

Art. 110. – La décision déclarant irrecevable une demande de naturalisation ou de réintégration par décret doit être motivée. La décision qui prononce le rejet d'une demande de naturalisation, de réintégration par décret ou d'autorisation de perdre la nationalité française n'exprime pas les motifs.

Art. 111. – Les décrets portant naturalisation ou réintégration, autorisation de perdre la nationalité française, perte ou déchéance de cette nationalité, sont pris et publiés dans des formes fixées par décret. Ils n'ont point d'effet rétroactif.

Art. 112. – Les décrets portant naturalisation ou réintégration peuvent être rapportés sur avis conforme du Conseil d'État dans le délai d'un an à compter de leur publication au *Journal officiel* si le requérant ne satisfait pas aux conditions légales ; si la décision a été obtenue par mensonge ou fraude, ces décrets peuvent être rapportés dans le délai de deux ans à partir de la découverte de la fraude.

Art. 112-1. – Les décrets qui portent perte pour l'une des causes prévues aux articles 96 et 97 ou déchéance de la nationalité française sont pris, l'intéressé entendu ou appelé à produire ses observations.

Art. 113. – Toute personne qui, moyennant une rétribution, une promesse ou un avantage quelconque, direct ou indirect, même non convenu à l'avance, aura offert, accepté de prêter ou prêté à un étranger en instance de naturalisation ou de réintégration son entremise auprès des administrations ou des pouvoirs publics en vue de lui faciliter l'obtention de la nationalité française sera punie, sans préjudice, le cas échéant, de l'application de peines plus fortes prévues par d'autres dispositions, d'un emprisonnement de six mois à deux ans ou d'une amende de 1 500 F à 150 000 F.

Art. 114. – Toute convention qui a pour objet de faciliter à un étranger, dans les termes de l'article précédent, l'obtention de la naturalisation ou de la réintégration dans la nationalité française est nulle et de nul effet comme contraire à l'ordre public et les sommes payées en exécution de cette convention pourront être répétées.
Tout décret rendu à la suite d'une convention de cette nature sera rapporté dans un délai d'un an à partir du jugement de condamnation prononcé conformément aux dispositions de l'article 113.

CHAPITRE III. – DES MENTIONS SUR LES REGISTRES DE L'ÉTAT CIVIL
(L. n. 78-731 du 12 juil. 1978, art. 9)

Art. 115. – Mention sera portée, en marge de l'acte de naissance, des actes administratifs et des déclarations ayant pour effet l'acquisition, la perte de la nationalité française ou la réintégration dans cette nationalité.
Il sera fait de même mention des décisions juridictionnelles ayant trait à cette nationalité.

Art. 116. – Les mentions relatives à la nationalité ne seront portées que sur les copies des actes de naissance ou des actes dressés pour tenir lieu de ces actes.

Art. 119 à 123. – *Abrogés.*

NATIONALITÉ — Code de la Nationalité

TITRE VI. – DU CONTENTIEUX DE LA NATIONALITÉ

CHAPITRE Ier. – DE LA COMPÉTENCE DES TRIBUNAUX JUDICIAIRES

Art. 124. – La juridiction civile de droit commun est seule compétente pour connaître des contestations sur la nationalité française ou étrangère des personnes physiques.

Les questions de nationalité sont préjudicielles devant toute autre juridiction de l'ordre administratif ou judiciaire à l'exception des juridictions répressives comportant un jury criminel.

Art. 125 à 127. – *Abrogés.*

CHAPITRE II. – DE LA PROCÉDURE DEVANT LES TRIBUNAUX JUDICIAIRES

Art. 128. – La procédure suivie en matière de nationalité, et notamment la communication au ministère de la justice des assignations, conclusions et voies de recours, est déterminée par le Code de procédure civile.

Art. 129. – Toute personne a le droit d'agir pour faire décider qu'elle a ou qu'elle n'a point la qualité de Français.

Le procureur de la République a le même droit à l'égard de toute personne. Il est défendeur nécessaire à toute action déclaratoire de nationalité. Il doit être mis en cause toutes les fois qu'une question de nationalité est posée à titre incident devant un tribunal habile à en connaître.

Art. 130. – *Abrogé.*

Art. 131. – Le procureur est tenu d'agir s'il en est requis par une administration publique ou par une tierce personne ayant soulevé l'exception de nationalité devant une juridiction qui a sursis à statuer en application de l'article 124. Le tiers requérant devra être mis en cause.

Art. 132 à 135. – *Abrogés.*

Art. 136. – Les jugements et arrêts rendus en matière de nationalité française par le juge de droit commun ont effet même à l'égard de ceux qui n'y ont été ni parties, ni représentés.

Tout intéressé est recevable cependant à les attaquer par la tierce opposition à la condition de mettre en cause le procureur de la République.

Art. 137. – *Abrogé.*

CHAPITRE III – DE LA PREUVE DE LA NATIONALITÉ DEVANT LES TRIBUNAUX JUDICIAIRES

Art. 138. – La charge de la preuve, en matière de nationalité française, incombe à celui dont la nationalité est en cause.

Toutefois, cette charge incombe à celui qui conteste la qualité de Français à un individu titulaire d'un certificat de nationalité française délivré conformément aux articles 149 et suivants.

Art. 139 à 141. – *Abrogés.*

Art. 142. – Lorsque la nationalité française est attribuée ou acquise autrement que par déclaration, naturalisation, réintégration ou annexion de territoires, la preuve ne peut être faite qu'en établissant l'existence de toutes les conditions requises par la loi.

Code de la Nationalité

NATIONALITÉ

Art. 143 *(L. n. 61-1408 du 22 déc. 1961).* – Néanmoins, lorsque la nationalité française ne peut avoir sa source que dans la filiation, elle est tenue pour établie, sauf la preuve contraire, si l'intéressé et celui de ses père et mère qui a été susceptible de la lui transmettre ont joui d'une façon constante de la possession d'état de Français.

Art. 144 *(L. n. 61-1408 du 22 déc. 1961).* – Lorsqu'un individu réside ou a résidé habituellement à l'étranger, où les ascendants dont il tient par filiation la nationalité sont demeurés fixés pendant plus d'un demi-siècle, cet individu ne sera pas admis à faire la preuve qu'il a, par filiation, la nationalité française si lui-même et celui de ses père et mère qui a été susceptible de la lui transmettre n'ont pas eu la possession d'état de Français.

Le tribunal devra, dans ce cas, constater la perte de la nationalité française dans les termes de l'article 95.

Art. 145 à 147. – *Abrogés.*

Art. 148. – En dehors des cas de perte ou de déchéance de la nationalité française, la preuve de l'extranéité d'un individu peut seulement être établie en démontrant que l'intéressé ne remplit aucune des conditions exigées par la loi pour avoir la qualité de Français.

CHAPITRE IV. – DES CERTIFICATS DE NATIONALITÉ FRANÇAISE

Art. 149. – Le juge de paix *(le juge d'instance)* a seul qualité pour délivrer un certificat de nationalité française à toute personne justifiant qu'elle a cette nationalité.

Art. 150. – Le certificat de nationalité indique en se référant aux titres II, III, IV et VII du présent code la disposition légale en vertu de laquelle l'intéressé a la qualité de Français ainsi que les documents qui ont permis de l'établir. Il fait foi jusqu'à preuve du contraire.

Pour l'établissement du certificat de nationalité, le juge d'instance pourra présumer, à défaut d'autres éléments, que les actes d'état civil dressés à l'étranger et qui sont produits devant lui emportent les effets que la loi française y aurait attachés.

Art. 151. – Lorsque le juge de paix *(le juge d'instance)* refuse de délivrer un certificat de nationalité, l'intéressé peut saisir le ministre de la justice, qui décide s'il y a lieu de procéder à cette délivrance.

TITRE VII. – DES EFFETS SUR LA NATIONALITÉ FRANÇAISE DES TRANSFERTS DE SOUVERAINETÉ RELATIFS À CERTAINS TERRITOIRES (*)

(*) *Pour les Comores et le territoire français des Afars et des Issas V. L. n. 75-560 du 3 juil. 1975, n. 75-1337 du 31 déc. 1975, n. 76-662 du 19 juil. 1976 et n. 77-625 du 20 juin 1977.*

Art. 152. – Les Français originaires du territoire de la République française, tel qu'il était constitué à la date du 28 juillet 1960, et qui étaient domiciliés au jour de son accession à l'indépendance sur le territoire d'un État qui avait eu antérieurement le statut de territoire d'outre-mer de la République française, ont conservé la nationalité française.

Il en est de même des conjoints, des veufs ou veuves et des descendants desdites personnes.

Art. 153. – Les personnes de nationalité française qui étaient domiciliées au jour de son accession à l'indépendance sur le territoire d'un État qui avait eu antérieurement le statut de territoire d'outre-mer de la République française et qui ne peuvent invoquer les dispositions de

NATIONALITÉ — Code de la Nationalité

l'article précédent peuvent, à la condition d'avoir établi au préalable leur domicile en France, être réintégrées, moyennant une déclaration souscrite après autorisation du ministre chargé des naturalisations.

Celle-ci peut être refusée pour indignité ou défaut d'assimilation.

Toutefois, l'autorisation ne sera pas exigée des personnes qui, antérieurement à la date d'accession à l'indépendance du territoire où elles étaient domiciliées, ont soit exercé des fonctions ou mandats publics, soit effectivement accompli des services militaires dans une unité de l'armée française ou, en temps de guerre, contracté un engagement dans les armées françaises ou alliées.

Art. 154. – Les Français de statut civil de droit commun domiciliés en Algérie à la date de l'annonce officielle des résultats du scrutin d'autodétermination conservent la nationalité française quelle que soit leur situation au regard de la nationalité algérienne.

Art. 155. – La nationalité française des personnes de statut civil de droit commun, née en Algérie avant le 22 juillet 1962, sera tenue pour établie, dans les conditions de l'article 143, si ces personnes ont joui de façon constante de la possession d'état de Français.

Art. 155-1. – Tout Français domicilié à la date de son indépendance sur le territoire d'un État qui avait eu antérieurement le statut de département ou de territoire d'outre-mer de la République, conserve de plein droit sa nationalité dès lors qu'aucune autre nationalité ne lui a été conférée par la loi de cet État.

Conservent également de plein droit la nationalité française les enfants des personnes bénéficiaires des dispositions de l'alinéa précédent, mineurs de dix-huit ans à la date de l'accession à l'indépendance du territoire où leurs parents étaient domiciliés.

Art. 156. – Les anciens membres du Parlement de la République, de l'Assemblée de l'Union française et du Conseil économique qui ont perdu la nationalité française et acquis une nationalité étrangère par l'effet d'une disposition générale peuvent être réintégrés dans la nationalité française par simple déclaration, lorsqu'ils ont établi leur domicile en France.

La même faculté est ouverte à leur conjoint, veuf ou veuve et à leurs enfants.

Art. 157. – Les déclarations de réintégration prévues au présent titre peuvent, sous réserve des dispositions des articles 58 et 79, être souscrites par les intéressés, conformément aux dispositions des articles 101 et suivants, dès qu'ils ont atteint l'âge de dix-huit ans ; elles ne peuvent l'être par représentation. Elles produisent effet à l'égard des enfants mineurs dans les conditions des articles 84 et suivants.

TITRE VIII. – DISPOSITIONS PARTICULIÈRES CONCERNANT LES TERRITOIRES D'OUTRE-MER

Art. 158. – Pour l'application du présent code dans les territoires d'outre-mer :
1° Les termes « tribunal de grande instance » sont chaque fois remplacés par les termes « tribunal de première instance » ;
2° Les délais pendant lesquels le Gouvernement peut s'opposer à l'acquisition de la nationalité française soit par mariage, soit en raison de la naissance et de la résidence en France, soit par déclaration de nationalité, conformément aux articles 39, 46, 57 et 97-5 du présent code, sont doublés.

Code de la Nationalité NATIONALITÉ

Art. 159. – Par dérogation à l'article 101 du présent code, la déclaration est reçue par le juge de paix et, à son défaut, par le président du tribunal de première instance ou le juge de section détachée et, lorsque l'organisation judiciaire de la circonscription ne comporte pas de magistrats de cet ordre, par les administrateurs, chefs de ces circonscriptions.

Art. 160. – Par dérogation à l'article 149 du présent code, le juge de paix et, à son défaut, le président du tribunal de première instance ou le juge de section détachée et, lorsque l'organisation judiciaire de la circonscription ne comporte pas de magistrats de cet ordre, les administrateurs, chefs de ces circonscriptions, ont seuls qualité pour délivrer un certificat de nationalité française à toute personne justifiant qu'elle a cette nationalité.

Art. 161. – Dans l'archipel des Comores, dans le territoire français des Afars et des Issas (*), et aux îles Wallis et Futuna, les articles 23, 24, 44, 45, 47 et 52 du présent code ne sont applicables qu'aux personnes dont l'un des parents au moins avait la nationalité française.

(*) V. L. n. 76-662 du 19 juil. 1976.

Loi n. 73-42 du 9 janvier 1973 (*J.O.* 10 janv.)
complétant et modifiant le code de la nationalité française et relative à certaines dispositions concernant la nationalité française

....

(les articles 1 à 21 de la présente loi sont incorporés au Code de la nationalité)

Art. 22. – Au sens de l'article 87 du Code de la nationalité française, tel qu'il résulte du texte en vigueur avant la promulgation de la présente loi, et sous réserve des décisions de justice passées en force de chose jugée, l'acquisition d'une nationalité étrangère doit s'entendre d'un acte positif ayant pour but principal l'acquisition de cette nationalité. La perte de la nationalité française ne peut résulter du non-usage d'une faculté de répudiation offerte par la loi du pays dont la nationalité est conférée à l'intéressé.

Art. 23. – Les articles 23 et 24 du Code de la nationalité française sont applicables à l'enfant né en France d'un parent né sur un territoire qui avait, au moment de la naissance de ce parent, le statut de colonie ou de territoire d'outre-mer de la République française.

Art. 24. – L'entrée en vigueur des dispositions de l'article 13 nouveau du Code de la nationalité ainsi que des dispositions de l'article 20 de la présente loi (titre VII du Code de la nationalité française) est reportée à l'expiration du sixième mois suivant la publication de la loi au *Journal officiel*. Pendant ce délai, les personnes concernées pourront se faire reconnaître la nationalité française par déclaration souscrite dans les conditions prévues par la loi n° 60-752 du 28 juillet 1960.

Les droits acquis, antérieurement à l'entrée en vigueur de la présente loi, par les personnes visées à l'article 153 nouveau du Code de la nationalité française, ne sont pas modifiés quelle que soit la situation de ces personnes après l'expiration du délai de six mois prévu à l'alinéa 1er du présent article.

Art. 25. – Acquièrent la nationalité française à l'entrée en vigueur de la présente loi, sauf si elles se trouvent dans l'une des situations prévues aux articles 50 et 79 du Code de la nationalité :

1° Les personnes majeures nées sur un territoire d'outre-mer autre que ceux visés à l'article 161 du Code de la nationalité, d'un parent qui lui-même y est né ;

NATIONALITÉ — Décret du 10 juillet 1973

2° Les personnes majeures nées sur un territoire d'outre-mer autre que ceux visés à l'article 161 du Code de la nationalité, et ayant leur résidence habituelle sur ce territoire depuis dix ans au moins.

Ces personnes peuvent décliner la nationalité française dans un délai d'un an à compter de l'entrée en vigueur de la présente loi, par déclaration souscrite conformément aux articles 101 à 107 et 159 du code de la nationalité.

Art. 26 *(L. n. 74-631 du 5 juil. 1974, art. 7)*. – Peut être naturalisé sans condition de stage :
1° *(Abrogé, L. n. 84-341 du 7 mai 1984, art. 4)* ;
2° L'enfant dont un parent a acquis la nationalité française avant l'entrée en vigueur de la présente loi, alors qu'il était mineur, s'il est, le cas échéant, autorisé ou représenté par celui ou ceux qui exercent à son égard l'autorité parentale.

Art. 27. – Seront considérées comme Français d'origine, pour l'application des dispositions du code de la nationalité française qui exigent la possession de la nationalité française à titre de nationalité d'origine :

Les personnes qui avaient acquis la nationalité française par réintégration de plein droit conformément au paragraphe I de l'annexe à la section V de la partie III du Traité de Versailles ;

Les personnes qui, ayant déjà acquis la nationalité française à une date antérieure au 11 novembre 1918, n'ont pas eu à se prévaloir de la réintégration de plein droit par application du texte précité.

Art. 28. – *Abrogation de divers textes.*

Art. 29. – *Dispositions incorporées dans la loi n. 72-964 du 25 octobre 1972 relative à la francisation des noms et prénoms.*

Art. 30. – A titre exceptionnel, les étrangers naturalisés depuis moins de cinq ans à la date d'expiration des délais d'inscription sur les listes électorales pour l'année 1973 peuvent demander leur inscription sur ces listes pendant un délai de trois mois à compter de la publication de la présente loi.

Ces inscriptions sont effectuées conformément aux procédures actuellement en vigueur en métropole ainsi que dans les départements et territoires d'outre-mer pour les inscriptions en dehors des périodes de révision.

Les personnes qui acquièrent la nationalité française en application de l'article 25 ci-dessus peuvent demander, à titre exceptionnel, leur inscription sur les listes électorales pour l'année 1973 pendant un délai de trois mois à compter de la publication de la présente loi.

Ces inscriptions effectuées conformément aux procédures actuellement en vigueur dans ces territoires pour les inscriptions en dehors des périodes de révision font perdre aux intéressés la faculté de décliner la nationalité française.

Décret n. 73-643 du 10 juillet 1973 *(J.O. 13 juil.)*

relatif aux formalités qui doivent être observées dans l'instruction des déclarations de nationalité, des demandes de naturalisation ou de réintégration, des demandes tendant à obtenir l'autorisation de perdre la qualité de Français, ainsi qu'aux décisions de perte et de déchéance de la nationalité française

TITRE I. – DES DÉCLARATIONS DE NATIONALITÉ

Art. 1ᵉʳ. – L'autorité compétente pour recevoir une déclaration de nationalité est celle de la résidence du déclarant.

Décret du 10 juillet 1973   NATIONALITÉ

Art. 2. – Les déclarations de nationalité sont dressées en double exemplaire. Lorsque le déclarant mineur doit justifier d'une autorisation, celle-ci est donnée dans la déclaration ; si la personne qui consent n'est pas présente l'autorisation est donnée par acte authentique devant le juge du tribunal d'instance de sa résidence, ou devant un notaire français, ou devant les agents diplomatiques ou consulaires français.

Art. 3. – Lorsque la ou les personnes exerçant l'autorité parentale sur plusieurs enfants mineurs souscrivent simultanément une déclaration en leur nom, un acte séparé doit être dressé en double exemplaire en ce qui concerne chacun des enfants.

Art. 4. – La déclaration mentionne :
1° L'autorité qui la reçoit ;
2° L'état civil et la résidence exacte du déclarant et, le cas échéant, du bénéficiaire de la déclaration et de la ou des personnes qui donnent leur autorisation ;
3° L'objet en vue duquel elle est souscrite et le texte applicable ;
4° Les pièces produites par le déclarant pour justifier que les conditions de recevabilité de la déclaration sont remplies.

Art. 5. – La déclaration est datée et signée du déclarant et de l'autorité qui la reçoit.
L'autorité qui reçoit la déclaration est tenue d'en remettre un récépissé daté au déclarant dès que celui-ci produit la totalité des pièces nécessaires à la preuve de la recevabilité de ladite déclaration. Mention de la délivrance de ce récépissé est portée sur chaque exemplaire.

Art. 6. – Le déclarant produit les actes de l'état civil nécessaires à la recevabilité de la déclaration.
Dans le cas où il est dans l'impossibilité de le faire, ces actes peuvent être suppléés par un acte de notoriété délivré conformément à l'article 71 du Code civil.
Les circonstances qui s'opposent à la production d'un ou plusieurs actes de l'état civil sont indiquées dans la déclaration.
En outre, le ministre chargé des naturalisations peut, préalablement à la souscription, dispenser l'intéressé de produire un acte de notoriété si tel document qui est en sa possession lui paraît suffisamment probant pour établir son identité.
Néanmoins, la naissance en France ne pourra être établie que par un acte de l'état civil.

Art. 7. – La preuve de la résidence en France, lorsque celle-ci constitue une condition de recevabilité de la déclaration, est rapportée par écrit ou commencement de preuve par écrit.
Il en est de même pour la preuve de la résidence habituelle à l'étranger lorsque celle-ci constitue une condition de la répudiation ou de la perte de la nationalité française.

Art. 8. – Lorsqu'une déclaration est souscrite en vue de répudier ou de décliner la nationalité française conformément aux articles 19, 24 et 45 du Code de la nationalité, le déclarant doit produire :
1° Un certificat délivré par les autorités du pays dont il est le national établissant qu'il a par filiation la nationalité de ce pays ainsi que les dispositions de la loi étrangère applicables ;
2° Le cas échéant, tout document émanant des autorités militaires françaises établissant qu'il n'a pas contracté d'engagement dans les armées françaises ni participé volontairement aux opérations de recensement en vue de l'accomplissement du service national.

NATIONALITÉ — Décret du 10 juillet 1973

Art. 9. – Dans le cas où une déclaration est souscrite en vue d'acquérir la nationalité française conformément aux articles 37-1, 57-1 du Code de la nationalité ou d'être réintégré dans cette nationalité, conformément aux articles 97-4 et 153 (1er al.) dudit code, le déclarant produit un extrait de casier judiciaire, ou, à défaut, un document équivalent délivré par une autorité judiciaire ou administrative compétente du pays dont il a la nationalité.

Art. 10. – Lorsqu'une déclaration est souscrite en vue d'acquérir la nationalité française ou d'être réintégré dans cette nationalité, l'autorité qui reçoit la déclaration demande un bulletin du casier judiciaire de l'intéressé et vérifie que celui-ci ne fait pas l'objet d'un arrêté d'expulsion ou d'assignation à résidence non expressément rapporté.

Art. 11 *(Remplacé, D. n. 84-785 du 16 août 1984, art. 1er).* – Lorsqu'une déclaration est souscrite en vue d'acquérir ou de recouvrer la nationalité française en application des articles 52, 54, 55, 57-1 et 97-4 du Code de la nationalité, l'autorité qui la reçoit procède à une enquête sur la moralité, le loyalisme et, le cas échéant, le degré d'assimilation du déclarant aux mœurs et usages de la France. Si la déclaration est souscrite au nom d'un mineur, l'autorité qui la reçoit recueille les mêmes renseignements en ce qui le concerne.

Lorsqu'un acte de mariage est déposé en vertu de l'article 37-1 du Code de la nationalité, l'autorité auprès de laquelle le dépôt est effectué procède à l'enquête précitée qui établit en outre si la communauté de vie n'a pas cessé entre les époux.

Art. 12. – Dans le cas de mariage entre une personne de nationalité étrangère et un conjoint français, le dépôt de l'acte de mariage est effectué à la préfecture du département dans lequel la déclaration doit être souscrite, ou auprès de la mission diplomatique ou consulaire française lorsqu'elle doit être souscrite à l'étranger.

(2e al. mod., D. n. 84-785 du 16 août 1984, art. 2) Lorsque la déclaration doit être souscrite dans un territoire d'outre-mer ou dans la collectivité territoriale de Mayotte, le dépôt est effectué auprès du représentant du Gouvernement.

Art. 13. – Le dépôt prévu à l'article précédent consiste en la remise par les conjoints, aux autorités désignées ci-dessus, d'une expédition soit de leur acte de mariage, soit, quand le mariage a été célébré à l'étranger, de l'acte transcrit dans un registre consulaire français. Il est délivré un récépissé qui fait foi de la date.

(2e al. abrogé, D. n. 84-785 du 16 août 1984, art. 3).

Le déclarant produit le récépissé de dépôt ou l'acte transcrit ainsi que les actes de l'état civil ou tous documents émanant des autorités françaises de nature à établir que son conjoint possédait la nationalité française à la date du mariage.

Art. 13-1 *(D. n. 84-785 du 16 août 1984, art. 4).* – Lorsqu'une déclaration est souscrite en vue d'acquérir la nationalité française en raison du mariage, les conjoints, ayant justifié de leur identité, attestent sur l'honneur devant l'autorité qui la reçoit que la communauté de vie n'a pas cessé entre eux et produisent tous documents corroborant cette affirmation.

Art. 14. – Dans le cas prévu aux articles 52 et 54 du Code de la nationalité, le déclarant doit en outre produire les pièces de nature à établir la recevabilité de la déclaration en ce qui concerne la résidence.

Art. 15. – Dans le cas de déclaration souscrite en vue d'acquérir la nationalité française conformément à l'article 55 du code de la nationalité, le déclarant doit justifier de la résidence en France de l'enfant et, le cas échéant, de la résidence habituelle en France pendant au moins cinq ans de la personne qui l'a recueilli et élevé si celle-ci est étrangère.

Décret du 10 juillet 1973 — NATIONALITÉ

Le déclarant doit en outre produire :

1° Lorsque la déclaration concerne l'enfant adoptif d'un Français, tous documents émanant des autorités françaises ou les actes de l'état civil de nature à établir que l'adoptant possédait la nationalité française à la date de l'adoption ainsi qu'une expédition du jugement ou de l'arrêt prononçant l'adoption. Si l'adoption a été réalisée à l'étranger, l'acte qui la constate doit faire l'objet au préalable d'une décision d'exequatur rendue en France ;

2° Lorsque le bénéficiaire de la déclaration est un mineur recueilli en France et élevé par une personne de nationalité française, tous documents émanant des autorités françaises ou les actes de l'état civil de nature à établir que cette personne possède la nationalité française ainsi qu'un certificat attestant que l'enfant a été recueilli en France et élevé par cette dernière ;

3° Lorsque le bénéficiaire est un enfant confié au service de l'aide sociale à l'enfance, tous documents administratifs, ou les expéditions des décisions de justice, indiquant à quel titre l'enfant a été confié à ce service ;

4° Lorsque la déclaration est souscrite en faveur d'un enfant recueilli en France et élevé dans les conditions lui ayant permis de recevoir une formation française, tous documents attestant que le mineur a été recueilli et élevé en France et qu'il a reçu une formation française pendant cinq ans au moins.

Art. 16. – Pour les déclarations souscrites en vue d'acquérir la nationalité française conformément à l'article 57-1 du code de la nationalité, le déclarant doit établir qu'il jouit de façon constante, depuis dix ans au moins, de la possession d'état de Français par la production de documents officiels tels que cartes d'identité ou d'électeur, passeports, pièces militaires, immatriculations dans les consulats de France.

Art. 17. – Lorsque une déclaration est souscrite en vue de perdre la nationalité française, le déclarant doit produire :

1° Un certificat délivré par les autorités du pays dont il a acquis la nationalité précisant la date et le mode d'acquisition de cette nationalité ou tout document, émanant des autorités étrangères compétentes, attestant du dépôt de sa demande d'acquisition de la nationalité de ce pays ;

2° Les documents justifiant qu'il réside habituellement à l'étranger.

Art. 18. – Les Français de sexe masculin de moins de trente-cinq ans ne peuvent souscrire la déclaration en vue de perdre la nationalité française que s'ils produisent un document délivré par les autorités militaires françaises justifiant qu'ils ont satisfait aux obligations de service actif imposées par le code du service national ou qu'ils en ont été dispensés ou exemptés.

Art. 19. – La personne de nationalité française qui, à la suite de son mariage avec un conjoint étranger, souscrit une déclaration en vue de répudier la nationalité française, doit produire :

1° Un certificat, délivré par les autorités du pays dont son conjoint est le ressortissant, établissant qu'elle a acquis la nationalité de ce pays et visant les dispositions de la loi étrangère applicables ;

2° Les documents justifiant que la résidence habituelle du ménage a été fixée à l'étranger ;

3° Lorsque le déclarant est un Français de sexe masculin de moins de trente-cinq ans, un document délivré par les autorités militaires françaises justifiant qu'il a satisfait aux obligations du service actif imposées par le code du service national ou qu'il en a été dispensé ou exempté.

NATIONALITÉ Décret du 10 juillet 1973

Art. 20. – Dans le cas de réintégration dans la nationalité française souscrite en application de l'article 97-4 du Code de la nationalité, le déclarant doit produire :
1° Tous documents émanant des autorités françaises ou les actes de l'état civil de nature à établir sa nationalité française de naissance ;
2° Un certificat établi par les autorités du pays dont il a acquis la nationalité précisant les dispositions de la loi étrangère en vertu desquelles cette nationalité a été acquise ;
3° Tous documents publics ou privés de nature à rapporter la preuve qu'il a conservé ou acquis avec la France des liens manifestes, notamment d'ordre culturel, professionnel, économique ou familial.

Art. 21. – Les personnes qui souscrivent la déclaration de réintégration dans la nationalité française prévue aux articles 153 ou 156 du Code de la nationalité doivent produire tous documents de nature à établir :
1° Qu'elles possédaient la nationalité française à la date de l'accession à l'indépendance du territoire d'outre-mer dans lequel elles étaient domiciliées ;
2° Qu'elles se sont vu conférer depuis cette date, par voie de disposition générale, la nationalité de l'un des nouveaux États ;
3° Qu'elles ont établi leur domicile en France.

Elles doivent également produire, le cas échéant, les documents officiels, émanant des autorités françaises, de nature à établir qu'elles ont soit exercé des fonctions ou mandats publics, soit effectivement accompli des services militaires dans une unité de l'armée française ou, en temps de guerre, contracté un engagement dans les armées françaises ou alliées. Dans la négative, elles sont invitées à établir, sur papier libre, une demande d'autorisation de souscrire ladite déclaration, demande qui est adressée au ministre chargé des naturalisations par l'autorité appelée à recevoir la déclaration, avec tous renseignements que cette autorité a pu recueillir sur la situation du déclarant. La déclaration n'est reçue qu'après notification de l'octroi de l'autorisation.

Art. 22. – Le dossier contenant les deux exemplaires de la déclaration, les pièces justificatives produites par le déclarant et le bulletin du casier judiciaire est adressé au ministre chargé des naturalisations aux fins d'enregistrement de la déclaration avec, le cas échéant, la demande de francisation du nom ou des prénoms ou d'attribution de prénom.

Lorsque le déclarant n'a pas remis la totalité des pièces nécessaires à la preuve de la recevabilité de la déclaration, le ministre chargé des naturalisations lui impartit un délai de trois mois pour compléter le dossier et l'avise que le délai prévu par la loi pour l'enregistrement de ladite déclaration ne commencera à courir qu'à compter de la remise de la dernière pièce manquante dont il sera délivré récépissé.

Art. 23. – Le ministre examine si les conditions de forme et de fond requises par la loi sont remplies. Dans la négative, il refuse l'enregistrement de la déclaration par une décision motivée qui est notifiée au déclarant dans le délai légal.

Le refus est notifié à l'adresse indiquée dans la déclaration par l'intermédiaire de l'autorité qui l'a reçue.

Art. 24. – Au cas où une déclaration en vue d'acquérir ou de recouvrer la nationalité française fait l'objet d'une opposition, notification en est adressée à l'intéressé, à l'adresse mentionnée dans la déclaration. A l'expiration du délai qui lui est imparti pour produire des pièces et mémoires, le dossier est transmis au Conseil d'État.

Décret du 10 juillet 1973 — NATIONALITÉ

Art. 25. – Lorsque la déclaration est enregistrée, mention est portée sur chacun des deux exemplaires. Le premier est adressé au déclarant par l'intermédiaire de l'autorité qui l'a reçue, l'autre conservé au ministère chargé des naturalisations.

Lorsque la personne qui acquiert ou recouvre la nationalité française a demandé soit la francisation de son nom ou de l'un de ses prénoms, soit l'attribution d'un prénom, le ministre chargé des naturalisations lui notifie la décision qui a été prise à cet effet postérieurement à l'acquisition de la nationalité française.

Art. 26. – La preuve d'une déclaration souscrite en vue d'acquérir, de répudier, de renoncer à répudier, de décliner, de perdre la nationalité française ou d'être réintégré dans cette nationalité résulte de la production d'un exemplaire enregistré, ou, à défaut, de la production d'une attestation constatant que la déclaration a été souscrite et enregistrée, qui peut être délivrée par le ministre chargé des naturalisations à la demande de l'intéressé, de son représentant légal, de ses parents et alliés ou des autorités publiques françaises.

Art. 27. – Dans le cas où la loi donne la faculté de souscrire une déclaration en vue de répudier la nationalité française, de décliner, de perdre ou de réintégrer la qualité de Français, la preuve qu'une telle déclaration n'a pas été souscrite ne peut résulter que d'une attestation délivrée par le ministre chargé des naturalisations à la demande de l'intéressé, de son représentant légal, de ses parents et alliés ou des autorités publiques françaises.

La possession d'état de Français fait présumer, jusqu'à preuve contraire, qu'aucune déclaration de répudiation n'a été souscrite lorsque celle-ci aurait pu l'être avant la mise en vigueur de la loi du 22 juillet 1893.

TITRE II. – DES DEMANDES DE NATURALISATION ET DE RÉINTÉGRATION

Art. 28. – Toute demande en vue d'obtenir la naturalisation ou la réintégration est adressée au ministre chargé des naturalisations. Elle est déposée à la préfecture du département où le postulant a établi sa résidence effective, à la préfecture de police dans la ville de Paris.

Les agents diplomatiques ou consulaires de la France à l'étranger ont qualité pour recevoir la demande si le postulant réside à l'étranger.

Lorsque le postulant réside dans un territoire d'outre-mer, la demande est reçue par l'autorité administrative dans la circonscription où l'intéressé est établi.

Art. 29. – Toute demande de naturalisation ou de réintégration fait l'objet d'une enquête à laquelle procède l'autorité chargée de la recevoir.

Cette enquête porte tant sur la moralité, la conduite et le loyalisme du postulant que sur l'intérêt que l'octroi de la faveur sollicitée présenterait au point de vue national.

Art. 30. – Le postulant produit les actes de l'état civil, les pièces et les titres qui lui sont réclamés, de nature :

1° A établir que sa demande est recevable dans les termes de la loi ;

2° A permettre au ministre chargé des naturalisations d'apprécier si la faveur sollicitée est justifiée au point de vue national, en raison notamment de la situation de famille, de la profession de l'intéressé, de la durée de son séjour en France et des renseignements fournis sur ses résidences antérieures à l'étranger ;

3° A établir dans les conditions prévues à l'article 9 ci-dessus qu'il n'a pas subi de condamnation à l'étranger.

Il peut être, le cas échéant, suppléé à la production des pièces de l'état civil dans les conditions prévues à l'article 6.

NATIONALITÉ Décret du 10 juillet 1973

Art. 31. - Le postulant et, le cas échéant, sa femme et ses enfants mineurs, âgés de quinze à dix-huit ans, dûment convoqués, comparaissent en personne devant l'autorité désignée par le préfet. Celle-ci constate dans un procès-verbal le degré de leur assimilation aux mœurs et aux usages de la France et de leur connaissance de la langue française.

Art. 32. - Dans chaque département, le préfet désigne les médecins ou médecins des hôpitaux et des dispensaires publics chargés d'examiner l'état de santé des postulants et de fournir un certificat à cet égard. Ce document doit obligatoirement spécifier si l'intéressé est exempt de toute infirmité et de tout vice de constitution, s'il n'est atteint de tuberculose, de maladie vénérienne, ni d'aucune affection mentale et s'il n'est pas toxicomane. Dans le cas où un examen révélerait l'existence d'une des maladies indiquées ci-dessus, un certificat délivré par un médecin spécialiste assermenté, désigné par l'administration, pourra être exigé.

Art. 33. - Dans les six mois du dépôt de la demande, le préfet transmet au ministère chargé des naturalisations les dossiers contenant obligatoirement, outre les pièces remises par le postulant :
1° Le bulletin n. 2 du casier judiciaire de l'intéressé et, le cas échéant, de son conjoint ;
2° Un rapport contenant le résultat de l'enquête prescrite à l'article 29 ;
3° Le ou les procès-verbaux sur l'assimilation ;
4° Les certificats médicaux ;
5° Son propre avis motivé, tant sur la recevabilité de la demande que sur la suite qu'elle paraît comporter.

Art. 34. - Lorsque le postulant réside à l'étranger, l'agent diplomatique ou consulaire qui reçoit la demande et procède à l'enquête rédige le rapport et formule l'avis motivé prévu à l'article précédent, après avoir annexé au dossier le procès-verbal sur l'assimilation, qu'il dresse lui-même dans les conditions de l'article 31, ainsi qu'un certificat médical établi par le médecin attaché au poste diplomatique ou consulaire ou, à défaut, par tout autre praticien.
Le dossier est transmis dans les six mois du dépôt de la demande au ministre chargé des naturalisations par l'intermédiaire du ministre des affaires étrangères qui joint son propre avis.

Art. 35. - Lorsque le postulant réside dans un territoire d'outre-mer, l'autorité qui reçoit la demande et procède à l'enquête transmet dans le même délai qu'à l'article précédent, avec son rapport motivé, le dossier au ministre chargé des naturalisations, par l'intermédiaire du représentant de l'État dans le territoire d'outre-mer et du ministre des départements d'outre-mer et territoires d'outre-mer qui joignent leur propre avis.
Le dossier doit comprendre un procès-verbal sur l'assimilation du postulant dressé dans les conditions visées à l'article 31 par l'autorité qui a reçu la demande et un certificat médical constatant son état de santé.

Art. 36. - Lorsque le postulant est sous les drapeaux, la demande est reçue par l'autorité militaire, qui la transmet dans les huit jours, accompagnée de son avis, à l'autorité administrative compétente pour procéder à l'enquête et constituer le dossier.

Art. 37. - Le ministre examine si les conditions requises par la loi sont remplies. Dans la négative il déclare la demande irrecevable. Cette décision motivée est notifiée à l'intéressé par l'autorité compétente.

Art. 38. - Lorsque la demande est recevable, le ministre chargé des naturalisations, après avoir procédé à tout complément d'enquête qu'il juge utile, propose s'il y a lieu la naturalisation ou la réintégration.

Décret du 10 juillet 1973 — NATIONALITÉ

Art. 39. – Si le ministre chargé des naturalisations estime qu'il n'y a pas lieu d'accorder la naturalisation ou la réintégration sollicitée, il prononce le rejet de la demande.
Il peut également en prononcer l'ajournement en imposant un délai ou des conditions. Ce délai une fois expiré ou ces conditions réalisées, il appartient au postulant, s'il le juge opportun, de formuler une nouvelle demande.
Ces décisions, non motivées, sont notifiées à l'intéressé.

Art. 40. – Les décrets portant naturalisation ou réintégration dans la nationalité française sont publiés au *Journal officiel* de la République française. Ils prennent effet à la date de leur signature sans toutefois qu'il soit porté atteinte à la validité des actes passés par l'intéressé ni aux droits acquis par des tiers antérieurement à la publication du décret sur le fondement de l'extranéité de l'impétrant.

Art. 41. – La preuve d'un décret de naturalisation ou de réintégration résulte de la production soit de l'ampliation de ce décret, soit d'un exemplaire du *Journal officiel* où le décret a été publié.
Lorsque ces pièces ne peuvent être produites, il peut y être suppléé par une attestation constatant l'existence du décret et délivrée par le ministre chargé des naturalisations, à la demande de tout requérant.

TITRE III. – DES DEMANDES TENDANT À OBTENIR L'AUTORISATION DE PERDRE LA QUALITÉ DE FRANÇAIS

Art. 42. – Toute demande en vue d'obtenir l'autorisation de perdre la qualité de Français est adressée au ministre chargé des naturalisations. Elle est déposée entre les mains de l'agent diplomatique ou consulaire de la France à l'étranger le plus proche de la résidence du postulant.
Lorsque le postulant réside en France, le préfet du département où il a établi sa résidence, le préfet de police dans la ville de Paris, ont qualité pour recevoir sa demande.
Lorsque le postulant réside dans un territoire d'outre-mer, la demande est reçue par l'autorité administrative dans la circonscription où l'intéressé est établi.

Art. 43. – La demande, les actes de l'état civil et les documents de nature à justifier que l'intéressé possède une nationalité étrangère sont adressés, accompagnés d'un rapport et d'un avis motivé, au ministre chargé des naturalisations par l'intermédiaire, le cas échéant, du ministre des affaires étrangères ou du ministre des départements et territoires d'outre-mer.

Art. 44. – Le ministre chargé des naturalisations propose, s'il y a lieu, d'autoriser le demandeur à perdre la qualité de Français.

Art. 45. – Si le ministre chargé des naturalisations estime qu'il n'y a pas lieu d'accorder l'autorisation de perdre la qualité de Français, il prononce le rejet de la demande par décision non motivée, notifiée à l'intéressé.

Art. 46. – Les décrets portant autorisation de perdre la nationalité française sont publiés au *Journal officiel* de la République française. Ils prennent effet à la date de leur signature sans toutefois qu'il soit porté atteinte à la validité des actes passés par l'intéressé ni aux droits acquis par des tiers antérieurement à la publication du décret sur le fondement de la nationalité française de l'impétrant.

ASSURANCES | **Code des Assurances**

TITRE IV. – DE LA PERTE ET DE LA DÉCHÉANCE DE LA NATIONALITÉ FRANÇAISE PAR DÉCISION DE L'AUTORITÉ PUBLIQUE

Art. 47. – Les décrets qui déclarent dans les cas prévus aux articles 96 et 97 du code de la nationalité française qu'un individu a perdu la nationalité française sont publiés au *Journal officiel* de la République française et produisent leurs effets dans les conditions visées à l'article 46 ci-dessus.

Art. 48. – Lorsque le Gouvernement décide de poursuivre la déchéance de la nationalité française à l'encontre d'un individu, la mesure envisagée est notifiée à la personne de l'intéressé ou à son domicile ; à défaut de domicile connu, cette mesure est publiée au *Journal officiel* de la République française.

L'intéressé a la faculté, dans le délai d'un mois à dater de l'insertion au *Journal officiel*, ou de la notification, d'adresser au ministre chargé des naturalisations des pièces et mémoires.

Art. 49. – Les décrets de déchéance sont publiés et produisent leurs effets dans les conditions visées à l'article 46 ci-dessus.

Art. 50. – Sont abrogés :
1° Le décret n. 45-2698 du 2 novembre 1945 ;
2° Le décret n. 59-682 du 5 mai 1959 à l'exception de l'article 3 ;
3° Le décret n. 62-1475 du 27 novembre 1962.

Art. 51. – Le garde des sceaux, ministre de la justice, le ministre des affaires étrangères, le ministre de l'intérieur, le ministre des armées, le ministre du travail, de l'emploi et de la population et le ministre des départements et territoires d'outre-mer sont chargés, chacun en ce qui le concerne, de l'exécution du présent décret, qui sera publié au *Journal officiel* de la République française.

CODE DES ASSURANCES

(extraits)

première partie (législative)

LIVRE Ier. – LE CONTRAT

TITRE Ier. – RÈGLES COMMUNES AUX ASSURANCES DE DOMMAGES NON MARITIMES ET AUX ASSURANCES DE PERSONNES

CHAPITRE Ier. – DISPOSITIONS GÉNÉRALES

Art. L. 111-1. – Les titres Ier, II et III du présent livre ne concernent que les assurances terrestres. Ils ne sont applicables ni aux assurances maritimes, ni aux assurances fluviales, ni aux réassurances conclues entre assureurs et réassureurs.

Code des Assurances ASSURANCES

Il n'est pas dérogé aux dispositions des lois et règlements relatifs à la caisse nationale de prévoyance ; aux sociétés à forme tontinière ; aux assurances contractées par les chefs d'entreprise, à raison de la responsabilité des accidents de travail survenus à leurs ouvriers et employés ; aux sociétés ou caisses d'assurances et de réassurances mutuelles agricoles.

Les opérations d'assurance-crédit ne sont pas régies par les titres mentionnés au premier alinéa.

Art. L. 111-2 *(mod. L. n. 81-5 du 7 janv. 1981, art. 30 et L. n. 82-600 du 13 juil. 1982, art. 9, mod. L. n. 89-1014 du 31 déc. 1989, art. 7)*. — Ne peuvent être modifiées par convention les prescriptions des titres Ier, II et III du présent livre, sauf celles qui donnent aux parties une simple faculté et qui sont contenues dans les articles L. 112-1, L. 112-5, L. 112-6, L. 113-10, L. 121-5 à L. 121-8, L. 121-12, L. 121-14, L. 122-1, L. 122-2, L. 122-6, L. 124-1, L. 124-2, L. 127-6, L. 132-1, L. 132-10, L. 132-15 et L. 132-19

Art. L. 111-3. — Dans tous les cas où l'assureur se réassure contre les risques qu'il a assurés, il reste seul responsable vis-à-vis de l'assuré.

Art. L. 111-4. — Dans les départements du Bas-Rhin, du Haut-Rhin et de la Moselle, il peut être dérogé à la loi locale du 30 mai 1908 sur le contrat d'assurance, maintenue en vigueur par l'article 66 de la loi du 1er juin 1924, dans les conditions prévues par l'article 10 de la loi du 24 juillet 1921 prévenant et réglant les conflits entre la loi française et la loi locale d'Alsace et Lorraine en matière de droit privé.

(Alinéa ajouté, L. n. 85-608, 11 juin 1985, art. 12). — L'assureur doit informer l'assuré par écrit, préalablement à la conclusion du contrat, que les parties peuvent, par une simple déclaration de leur volonté, le soustraire à l'application de la loi locale, sous réserve des dispositions impératives que celle-ci contient, et le soumettre au droit commun. Il doit également l'informer de la différence existant entre les deux législations au regard de la possibilité de résiliation périodique du contrat.

Art. L. 111-5 *(L. n. 81-5 du 7 janv. 1981, art. 26. — Mod. D. n. 85-863 du 2 août 1985, art. 1er, II)*. — Les dispositions des titres Ier, II et III du présent livre, à l'exclusion des articles L. 124-4, L. 125-1 à L. 125-6 et L. 132-29 à L. 132-31, sont applicables dans les territoires d'outre-mer et dans la collectivité territoriale de Mayotte.

Toutefois, dans l'hypothèse prévue par le dernier alinéa de l'article L. 132-22, le décret est remplacé par un arrêté du représentant du Gouvernement.

CHAPITRE II. — CONCLUSION ET PREUVE DU CONTRAT D'ASSURANCE
FORME ET TRANSMISSION DES POLICES

Art. L. 112-1. — L'assurance peut être contractée en vertu d'un mandat général ou spécial ou même sans mandat, pour le compte d'une personne déterminée. Dans ce dernier cas, l'assurance profite à la personne pour le compte de laquelle elle a été conclue, alors même que la ratification n'aurait lieu qu'après le sinistre.

L'assurance peut aussi être contractée pour le compte de qui il appartiendra. La clause vaut, tant comme assurance au profit du souscripteur du contrat que comme stipulation pour autrui au profit du bénéficiaire connu ou éventuel de ladite clause.

Le souscripteur d'une assurance contractée pour le compte de qui il appartiendra est seul tenu au paiement de la prime envers l'assureur ; les exceptions que l'assureur pourrait lui opposer sont également opposables au bénéficiaire du contrat, quel qu'il soit.

ASSURANCES   Code des Assurances

Art. L. 112-2. – *(Al. 1 à 3 aj., L. n. 89-1014 du 31 déc. 1989, art. 8).* L'assureur doit obligatoirement fournir une fiche d'information sur le prix et les garanties avant la conclusion du contrat.

Avant la conclusion du contrat, l'assureur remet à l'assuré un exemplaire du projet de contrat et de ses pièces annexes ou une notice d'information sur le contrat qui décrit précisément les garanties assorties des exclusions, ainsi que les obligations de l'assuré.

Un décret en Conseil d'Etat définit les moyens de constater la remise effective des documents mentionnés à l'alinéa précédent. Il détermine, en outre, les dérogations justifiées par la nature du contrat ou les circonstances de sa souscription.

La proposition d'assurance n'engage ni l'assuré, ni l'assureur ; seule la police ou la note de couverture constate leur engagement réciproque.

Est considérée comme acceptée la proposition, faite par lettre recommandée, de prolonger ou de modifier un contrat ou de remettre en vigueur un contrat suspendu, si l'assureur ne refuse pas cette proposition dans les dix jours après qu'elle lui est parvenue.

Les dispositions de l'alinéa précédent ne sont pas applicables aux assurances sur la vie.

Art. L. 112-3. – *(Al. remplacé, L. n. 89-1014 du 31 déc. 1989, art. 9)* Le contrat d'assurance est rédigé par écrit, en français, en caractères apparents.

(Al. aj., L. n. 89-1014 du 31 déc. 1989, art. 9) Lorsque, avant la conclusion du contrat, l'assureur a posé des questions par écrit à l'assuré, notamment par un formulaire de déclaration du risque ou par tout autre moyen, il ne peut se prévaloir du fait qu'une question exprimée en termes généraux n'a reçu qu'une réponse imprécise.

Toute addition ou modification au contrat d'assurance primitif doit être constatée par un avenant signé des parties.

Les présentes dispositions ne font pas obstacle à ce que, même avant la délivrance de la police ou de l'avenant, l'assureur et l'assuré ne soient engagés l'un à l'égard de l'autre par la remise d'une note de couverture.

Art. L. 112-4. – La police d'assurance est datée du jour où elle est établie. Elle indique :
– les noms et domiciles des parties contractantes ;
– la chose ou la personne assurée ;
– la nature des risques garantis ;
– le moment à partir duquel le risque est garanti et la durée de cette garantie ;
– le montant de cette garantie ;
– la prime ou la cotisation de l'assurance.

(dernier al. remplacé, L. n. 81-5 du 7 janv. 1981, art. 30) Les clauses des polices édictant des nullités, des déchéances ou des exclusions ne sont valables que si elles sont mentionnées en caractères très apparents.

Art. L. 112-5. – La police d'assurance peut être à personne dénommée, à ordre ou au porteur. Les polices à ordre se transmettent par voie d'endossement, même en blanc.

Le présent article n'est toutefois applicable aux contrats d'assurance sur la vie que dans les conditions prévues par l'article L. 132-6.

Art. L. 112-6. – L'assureur peut opposer au porteur de la police ou au tiers qui en invoque le bénéfice les exceptions opposables au souscripteur originaire.

Art. L. 112-7 *(L. n. 89-1014 du 31 déc. 1989, art. 3).* – Lorsqu'un contrat d'assurance est proposé en libre prestation de services au sens de l'article L.351-1, le souscripteur, avant la conclusion de tout engagement, est informé du nom de l'Etat membre des communautés européennes où est situé l'établissement de l'assureur avec lequel le contrat pourrait être conclu.

1285

Code des Assurances

Les informations mentionnées à l'alinéa précédent doivent figurer sur tous documents remis au souscripteur.

Le contrat ou la note de couverture doit indiquer l'adresse de l'établissement qui accorde la couverture ainsi que, le cas échéant, celle du siège social.

CHAPITRE III. – OBLIGATIONS DE L'ASSUREUR ET DE L'ASSURÉ

Art. L. 113-1 *(mod. L. n. 81-5 du 7 janv. 1981).* – Les pertes et les dommages occasionnés par des cas fortuits ou causés par la faute de l'assuré sont à la charge de l'assureur, sauf exclusion formelle et limitée contenue dans la police.

Toutefois, l'assureur ne répond pas des pertes et dommages provenant d'une faute intentionnelle ou dolosive de l'assuré.

Art. L. 113-2 *(L. n. 89-1014 du 31 déc. 1989, art. 10).* – L'assuré est obligé :

1° De payer la prime ou cotisation aux époques convenues ;

2° De répondre exactement aux questions posées par l'assureur, notamment dans le formulaire de déclaration du risque par lequel l'assureur l'interroge lors de la conclusion du contrat, sur les circonstances qui sont de nature à faire apprécier par l'assureur les risques qu'il prend en charge ;

3° De déclarer, en cours de contrat, les circonstances nouvelles qui ont pour conséquence soit d'aggraver les risques, soit d'en créer de nouveaux et rendent de ce fait inexactes ou caduques les réponses faites à l'assureur, notamment dans le formulaire mentionné au 2° ci-dessus ;

L'assuré doit, par lettre recommandée, déclarer ces circonstances à l'assureur dans un délai de quinze jours à partir du moment où il en a eu connaissance ;

4° De donner avis à l'assureur, dès qu'il en a eu connaissance et au plus tard dans le délai fixé par le contrat, de tout sinistre de nature à entraîner la garantie de l'assureur. Ce délai ne peut être inférieur à cinq jours ouvrés.

Ce délai minimal est ramené à deux jours ouvrés en cas de vol et à vingt-quatre heures en cas de mortalité du bétail.

Les délais ci-dessus peuvent être prolongés d'un commun accord entre les parties contractantes.

Lorsqu'elle est prévue par une clause du contrat, la déchéance pour déclaration tardive au regard des délais prévus au 3° et au 4° ci-dessus ne peut être opposée à l'assuré que si l'assureur établit que le retard dans la déclaration lui a causé un préjudice. Elle ne peut également être opposée dans tous les cas où le retard est dû à un cas fortuit ou de force majeure.

Les dispositions mentionnées aux 1°, 3° et 4° ci-dessus ne sont pas applicables aux assurances sur la vie.

Art. L. 113-3 *(mod. L. n. 81-5 du 7 janv. 1981).* – La prime est payable au domicile de l'assureur ou du mandataire désigné par lui à cet effet. Toutefois, la prime peut être payable au domicile de l'assuré ou à tout autre lieu convenu dans les cas et conditions limitativement fixés par décret en Conseil d'État.

A défaut de paiement d'une prime, ou d'une fraction de prime, dans les dix jours de son échéance, et indépendamment du droit pour l'assureur de poursuivre l'exécution du contrat en justice, la garantie ne peut être suspendue que trente jours après la mise en demeure de l'assuré. Au cas où la prime annuelle a été fractionnée, la suspension de la garantie, intervenue en cas de non-paiement d'une des fractions de prime, produit ses effets jusqu'à l'expiration de la période annuelle considérée. La prime ou fraction de prime est portable dans tous les cas, après la mise en demeure de l'assuré.

# ASSURANCES — Code des Assurances

L'assureur a le droit de résilier le contrat dix jours après l'expiration du délai de trente jours mentionné au deuxième alinéa du présent article.

Le contrat non résilié reprend pour l'avenir ses effets, à midi le lendemain du jour où ont été payés à l'assureur ou au mandataire désigné par lui à cet effet, la prime arriérée ou, en cas de fractionnement de la prime annuelle, les fractions de prime ayant fait l'objet de la mise en demeure et celles venues à échéance pendant la période de suspension ainsi que, éventuellement, les frais de poursuites et de recouvrement.

(cinquième al. remplacé, L. n. 81-5 du 7 janv. 1981, art. 31) Les dispositions des alinéas 2 à 4 du présent article ne sont pas applicables aux assurances sur la vie.

Art. L. 113-4 *(L. n. 89-1014 du 31 déc. 1989, art. 11).* – En cas de d'aggravation du risque en cours de contrat, telle que, si les circonstances nouvelles avaient été déclarées lors de la conclusion ou du renouvellement du contrat, l'assureur n'aurait pas contracté ou ne l'aurait fait que moyennant une prime plus élevée, l'assureur a la faculté soit de dénoncer le contrat, soit de proposer un nouveau montant de prime.

Dans le premier cas, la résiliation ne peut prendre effet que dix jours après notification et l'assureur doit alors rembourser à l'assuré la portion de prime ou de cotisation afférente à la période pendant laquelle le risque n'a pas couru. Dans le second cas, si l'assuré ne donne pas suite à la proposition de l'assureur ou s'il refuse expressément le nouveau montant, dans le délai de trente jours à compter de la proposition, l'assureur peut résilier le contrat au terme de ce délai, à condition d'avoir informé l'assuré de cette faculté, en la faisant figurer en caractères apparents dans la lettre de proposition.

Toutefois, l'assureur ne peut plus se prévaloir de l'aggravation des risques quand, après en avoir été informé de quelque manière que ce soit, il a manifesté son consentement au maintien de l'assurance, spécialement en continuant à recevoir les primes ou en payant, après un sinistre, une indemnité.

L'assuré a droit en cas de diminution du risque en cours de contrat à une diminution du montant de la prime. Si l'assureur n'y consent pas, l'assuré peut dénoncer le contrat. La résiliation prend alors effet trente jours après la dénonciation. L'assureur doit alors rembourser à l'assuré la portion de prime ou cotisation afférente à la période pendant laquelle le risque n'a pas couru.

L'assureur doit rappeler les dispositions du présent article à l'assuré, lorsque celui-ci l'informe soit d'une aggravation, soit d'une diminution de risques.

Les dispositions du présent article ne sont applicables ni aux assurances sur la vie, ni à l'assurance maladie lorsque l'état de santé de l'assuré se trouve modifié.

Art. L. 113-5 *(remplacé, L. n. 81-5 du 7 janv. 1981, art. 33-I).* – Lors de la réalisation du risque ou à l'échéance du contrat, l'assureur doit exécuter dans le délai convenu la prestation déterminée par le contrat et ne peut être tenu au-delà.

Art. L. 113-6 *(L. n. 89-1014 du 31 déc. 1989, art. 36-I).* – L'assurance subsiste en cas de redressement ou de liquidation judiciaire de l'assuré. L'administrateur ou le débiteur autorisé par le juge-commissaire ou le liquidateur selon le cas et l'assureur conservent le droit de résilier le contrat pendant un délai de trois mois à compter de la date du jugement de redressement ou de liquidation judiciaire. La portion de prime afférente au temps pendant lequel l'assureur ne couvre plus le risque est restituée au débiteur.

En cas de liquidation judiciaire d'une entreprise mentionnée à l'article L. 310-1, les contrats qu'elle détient dans son portefeuille sont soumis aux dispositions des articles L. 326-12 et L. 326-13, à compter de l'arrêté ou de la décision prononçant le retrait de l'agrément administratif.

Code des Assurances ASSURANCES

Art. L. 113-7 – *Abrogé, L. n. 89-1014 du 31 déc. 1989, art. 46.*

Art. L. 113-8. – Indépendamment des causes ordinaires de nullité, et sous réserve des dispositions de l'article L. 132-26, le contrat d'assurance est nul en cas de réticence ou de fausse déclaration intentionnelle de la part de l'assuré, quand cette réticence ou cette fausse déclaration change l'objet du risque ou en diminue l'opinion pour l'assureur, alors même que le risque omis ou dénaturé par l'assuré a été sans influence sur le sinistre.

Les primes payées demeurent alors acquises à l'assureur, qui a droit au paiement de toutes les primes échues à titre de dommages et intérêts.

(troisième al. ajouté, L. n. 81-5 du 7 janv. 1981, art. 32) Les dispositions du second alinéa du présent article ne sont pas applicables aux assurances sur la vie.

Art. L. 113-9. – L'omission ou la déclaration inexacte de la part de l'assuré dont la mauvaise foi n'est pas établie n'entraîne pas la nullité de l'assurance.

Si elle est constatée avant tout sinistre, l'assureur a le droit soit de maintenir le contrat, moyennant une augmentation de prime acceptée par l'assuré, soit de résilier le contrat dix jours après notification adressée à l'assuré par lettre recommandée, en restituant la portion de la prime payée pour le temps où l'assurance ne court plus.

Dans le cas où la constatation n'a lieu qu'après un sinistre, l'indemnité est réduite en proportion du taux des primes payées par rapport au taux des primes qui auraient été dues, si les risques avaient été complètement et exactement déclarés.

Art. L. 113-10. – Dans les assurances où la prime est décomptée soit en raison des salaires, soit d'après le nombre des personnes ou des choses faisant l'objet du contrat, il peut être stipulé que, pour toute erreur ou omission dans les déclarations servant de base à la fixation de la prime, l'assuré doit payer, outre le montant de la prime, une indemnité qui ne peut en aucun cas excéder 50 p. 100 de la prime omise.

Il peut être également stipulé que lorsque les erreurs ou omissions ont, par leur nature, leur importance ou leur répétition, un caractère frauduleux, l'assureur est en droit de répéter les sinistres payés, et ce indépendamment du paiement de l'indemnité ci-dessus prévue.

Art. L. 113-11. – Sont nulles :

1° Toutes clauses générales frappant de déchéance l'assuré en cas de violation des lois ou des règlements, à moins que cette violation ne constitue un crime ou un délit intentionnel ;

2° Toutes clauses frappant de déchéance l'assuré à raison de simple retard apporté par lui à la déclaration du sinistre aux autorités ou à des productions de pièces, sans préjudice du droit pour l'assureur de réclamer une indemnité proportionnelle au dommage que ce retard lui a causé.

Art. L. 113-12. – La durée du contrat et les conditions de résiliation sont fixées par la police. *(2°, 3° et 4° al. remplacés, L. n. 89-1014 du 31 déc. 1989, art. 12-I)* (*) Toutefois, l'assuré a le droit de résilier le contrat à l'expiration d'un délai d'un an, en envoyant une lettre recommandée à l'assureur au moins deux mois avant la date d'échéance. Ce droit appartient, dans les mêmes conditions, à l'assureur. Il peut être dérogé à cette règle pour les contrats individuels d'assurance maladie et pour la couverture des risques autres que ceux des particuliers. Le droit de résilier le contrat tous les ans doit être rappelé dans chaque police. Le délai de résiliation court à partir de la date figurant sur le cachet de la poste.

Les dispositions du présent article ne sont pas applicables aux assurances sur la vie.

(*) Dispositions applicables aux contrats en cours (art. 12-II)

Art. L. 113-13. – *Abrogé, L. n. 89-1014 du 31 déc. 1989, art. 46.*

ASSURANCES Code des Assurances

Art. L. 113-14 *(mod., L. n. 81-5 du 7 janv. 1981).* – Dans tous les cas où l'assuré a la faculté de demander la résiliation, il peut le faire à son choix, soit par une déclaration faite contre récépissé au siège social ou chez le représentant de l'assureur dans la localité, soit par acte extra-judiciaire, soit par lettre recommandée, soit par tout autre moyen indiqué dans la police.

Art. L. 113-15 *(mod., L. n. 81-5 du 7 janv. 1981).* – La durée du contrat doit être mentionnée en caractères très apparents dans la police.

La police doit également mentionner que la durée de la tacite reconduction ne peut en aucun cas être supérieure à une année.

Art. L. 113-16. – En cas de survenance d'un des événements suivants :
– changement de domicile ;
– changement de situation matrimoniale ;
– changement de régime matrimonial ;
– changement de profession ;
– retraite professionnelle ou cessation définitive d'activité profesionnelle,
le contrat d'assurance peut être résilié par chacune des parties lorsqu'il a pour objet la garantie de risques en relation directe avec la situation antérieure et qui ne se retrouvent pas dans la situation nouvelle.

La résiliation du contrat ne peut intervenir que dans les trois mois suivant la date de l'événement.

La résiliation prend effet un mois après que l'autre partie au contrat en a reçu notification.

L'assureur doit rembourser à l'assuré la partie de prime ou de cotisation correspondant à la période pendant laquelle le risque n'a pas couru, période calculée à compter de la date d'effet de la résiliation.

Il peut être stipulé le paiement d'une indemnité à l'assureur par l'assuré dans tous les cas de résiliation susmentionnés lorsqu'elle est le fait de l'assuré. Le paiement d'une indemnité doit, à peine de nullité, faire l'objet d'une clause expresse rédigée en caractères très apparents dans la police et rappelée aux conditions particulières de celle-ci. Ladite indemnité ne peut dépasser la moitié d'une prime ou d'une cotisation annuelle.

(Al. remplacé, L. n. 89-1014 du 31 déc. 1989, art. 13) Il ne peut être prévu le paiement d'une indemnité à l'assureur dans les cas de résiliation susmentionnés.

Un décret en Conseil d'État fixe les conditions d'application du présent article, et notamment la date qui, pour chacun des cas énumérés au premier alinéa, est retenue comme point de départ du délai de résiliation.

Art. 113-17 *(L. n. 89-1014 du 31 déc. 1989, art. 14).* – L'assureur qui prend la direction d'un procès intenté à l'assuré est censé aussi renoncer à toutes les exceptions dont il avait connaissance lorsqu'il a pris la direction du procès.

L'assuré n'encourt aucune déchéance ni aucune autre sanction du fait de son immixtion dans la direction du procès s'il avait intérêt à le faire.

CHAPITRE IV. – COMPÉTENCE ET PRESCRIPTION

Art. L. 114-1. – Toutes actions dérivant d'un contrat d'assurance sont prescrites par deux ans à compter de l'événement qui y donne naissance.

Toutefois, ce délai ne court :
1° En cas de réticence, omission, déclaration fausse ou inexacte sur le risque couru, que du jour où l'assureur en a eu connaissance ;

Code des Assurances

ASSURANCES

2° En cas de sinistre, que du jour où les intéressés en ont eu connaissance, s'ils prouvent qu'ils l'ont ignoré jusque-là.

Quand l'action de l'assuré contre l'assureur a pour cause le recours d'un tiers, le délai de la prescription ne court que du jour où ce tiers a exercé une action en justice contre l'assuré ou a été indemnisé par ce dernier.

(Al. aj., L. n. 89-1014 du 31 déc. 1989, art. 15) La prescription est portée à dix ans dans les contrats d'assurance sur la vie lorsque le bénéficiaire est une personne distincte du souscripteur et, dans les contrats d'assurance contre les accidents atteignant les personnes, lorsque les bénéficiaires sont les ayants droit de l'assuré décédé.

Art. L. 114-2. – *(Al. suppr., L. n. 89-1014 du 31 déc. 1989, art. 48-1°).*

(Al. mod., L. n. 89-1014 du 31 déc. 1989, art. 51) La prescription est interrompue par une des causes ordinaires d'interruption de la prescription et par la désignation d'experts à la suite d'un sinistre. L'interruption de la prescription de l'action peut, en outre, résulter de l'envoi d'une lettre recommandée avec accusé de réception adressée par l'assureur à l'assuré en ce qui concerne l'action en paiement de la prime et par l'assuré à l'assureur en ce qui concerne le règlement de l'indemnité.

TITRE II. – RÈGLES RELATIVES AUX ASSURANCES DE DOMMAGES NON MARITIMES

CHAPITRE Ier. – DISPOSITIONS GÉNÉRALES

Art. L. 121-1. – L'assurance relative aux biens est un contrat d'indemnité ; l'indemnité due par l'assureur à l'assuré ne peut pas dépasser le montant de la valeur de la chose assurée au moment du sinistre.

Il peut être stipulé que l'assuré reste obligatoirement son propre assureur pour une somme, ou une quotité déterminée, ou qu'il supporte une déduction fixée d'avance sur l'indemnité du sinistre.

Art. L. 121-2. – L'assureur est garant des pertes et dommages causés par des personnes dont l'assuré est civilement responsable en vertu de l'article 1384 du code civil, quelles que soient la nature et la gravité des fautes de ces personnes.

Art. L. 121-3. – Lorsqu'un contrat d'assurance a été consenti pour une somme supérieure à la valeur de la chose assurée, s'il y a eu dol ou fraude de l'une des parties, l'autre partie peut en demander la nullité et réclamer, en outre, des dommages et intérêts.

S'il n'y a eu ni dol ni fraude, le contrat est valable, mais seulement jusqu'à concurrence de la valeur réelle des objets assurés et l'assureur n'a pas droit aux primes pour l'excédent. Seules les primes échues lui restent définitivement acquises, ainsi que la prime de l'année courante quand elle est à terme échu.

Art. L. 121-4 *(mod. L. n. 82-600 du 13 juil. 1982, art. 8).* – Celui qui est assuré auprès de plusieurs assureurs par plusieurs polices, pour un même intérêt, contre un même risque, doit donner immédiatement à chaque assureur connaissance des autres assureurs.

L'assuré doit, lors de cette communication, faire connaître le nom de l'assureur avec lequel une autre assurance a été contractée et indiquer la somme assurée.

Quand plusieurs assurances contre un même risque sont contractées de manière dolosive ou frauduleuse, les sanctions prévues à l'article L. 121-3, premier alinéa, sont applicables.

ASSURANCES **Code des Assurances**

Quand elles sont contractées sans fraude, chacune d'elles produit ses effets dans les limites des garanties du contrat et dans le respect des dispositions de l'article L. 121-1, quelle que soit la date à laquelle l'assurance aura été souscrite. Dans ces limites, le bénéficiaire du contrat peut obtenir l'indemnisation de ses dommages en s'adressant à l'assureur de son choix.

Dans les rapports entre assureurs, la contribution de chacun d'eux est déterminée en appliquant au montant du dommage le rapport existant entre l'indemnité qu'il aurait versé s'il avait été seul et le montant cumulé des indemnités qui auraient été à la charge de chaque assureur s'il avait été seul.

Art. L. 121-5. – S'il résulte des estimations que la valeur de la chose assurée excède au jour du sinistre la somme garantie, l'assuré est considéré comme restant son propre assureur pour l'excédent, et supporte, en conséquence, une part proportionnelle du dommage, sauf convention contraire.

Art. L. 121-6. – Toute personne ayant intérêt à la conservation d'une chose peut la faire assurer. Tout intérêt direct ou indirect à la non-réalisation d'un risque peut faire l'objet d'une assurance.

Art. L. 121-7. – Les déchets, diminutions et pertes subies par la chose assurée et qui proviennent de son vice propre ne sont pas à la charge de l'assureur, sauf convention contraire.

Art. L. 121-8. – L'assureur ne répond pas, sauf convention contraire, des pertes et dommages occasionnés soit par la guerre étrangère, soit par la guerre civile, soit par des émeutes ou par des mouvements populaires.

Lorsque ces risques ne sont pas couverts par le contrat, l'assuré doit prouver que le sinistre résulte d'un fait autre que le fait de guerre étrangère ; il appartient à l'assureur de prouver que le sinistre résulte de la guerre civile, d'émeutes ou de mouvements populaires.

Art. L. 121-9. – En cas de perte totale de la chose assurée résultant d'un événement non prévu par la police, l'assurance prend fin de plein droit et l'assureur doit restituer à l'assuré la portion de la prime payée d'avance et afférente au temps pour lequel le risque n'est plus couru.

Art. L. 121-10. – En cas de décès de l'assuré ou d'aliénation de la chose assurée, l'assurance continue de plein droit au profit de l'héritier ou de l'acquéreur, à charge par celui-ci d'exécuter toutes les obligations dont l'assuré était tenu vis-à-vis de l'assureur en vertu du contrat.

Il est loisible, toutefois, soit à l'assureur, soit à l'héritier ou à l'acquéreur de résilier le contrat. L'assureur peut résilier le contrat dans un délai de trois mois à partir du jour où l'attributaire définitif des objets assurés a demandé le transfert de la police à son nom.

En cas d'aliénation de la chose assurée, celui qui aliène reste tenu vis-à-vis de l'assureur au paiement des primes échues, mais il est libéré, même comme garant des primes à échoir, à partir du moment où il a informé l'assureur de l'aliénation par lettre recommandée.

Lorsqu'il y a plusieurs héritiers ou plusieurs acquéreurs, si l'assurance continue, ils sont tenus solidairement du paiement des primes.

(Al. remplacé, L. n. 89-1014 du 31 déc. 1989, art. 13) Il ne peut être prévu le paiement d'une indemnité à l'assureur dans les cas de résiliation susmentionnés.

Les dispositions du présent article ne sont pas applicables en cas d'aliénation d'un véhicule terrestre à moteur.

Art. L. 121-11. – En cas d'aliénation d'un véhicule terrestre à moteur ou de ses remorques ou semi-remorques, et seulement en ce qui concerne le véhicule aliéné, le contrat d'assurance est suspendu de plein droit à partir du lendemain, à zéro heure, du jour de l'aliénation ; il peut être résilié, moyennant préavis de dix jours, par chacune des parties.

Code des Assurances

A défaut de remise en vigueur du contrat par accord des parties ou de résiliation par l'une d'elles, la résiliation intervient de plein droit à l'expiration d'un délai de six mois à compter de l'aliénation.
(3° al. remplacé, L. n. 81-5 du 7 janv. 1981, art. 34-I) L'assuré doit informer l'assureur, par lettre recommandée, de la date d'aliénation.
(4° et 5° al. remplacés, L. n. 89-1014 du 31 déc. 1989, art. 13) Il ne peut être prévu le paiement d'une indemnité à l'assureur dans les cas de résiliation susmentionnés.
(Complété in fine, L. n. 81-5 du 7 janv. 1981, art. 34-II) L'ensemble des dispositions du présent article est applicable en cas d'aliénation de navires ou de bateaux de plaisance quel que soit le mode de déplacement ou de propulsion utilisé.

Art. L. 121-12. – L'assureur qui a payé l'indemnité d'assurance est subrogé, jusqu'à concurrence de cette indemnité, dans les droits et actions de l'assuré contre les tiers qui, par leur fait, ont causé le dommage ayant donné lieu à la responsabilité de l'assureur.

L'assureur peut être déchargé, en tout ou en partie, de sa responsabilité envers l'assuré, quand la subrogation ne peut plus, par le fait de l'assuré, s'opérer en faveur de l'assureur.

Par dérogation aux dispositions précédentes, l'assureur n'a aucun recours contre les enfants, descendants, ascendants, alliés en ligne directe, préposés, employés, ouvriers ou domestiques, et généralement toute personne vivant habituellement au foyer de l'assuré, sauf le cas de malveillance commise par une de ces personnes.

L'assureur qui a payé l'indemnité d'assurance ne recouvre son action subrogatoire contre l'auteur du dommage, lorsque celui-ci est l'une des personnes énumérées par l'article L. 121-12, qu'en cas de malveillance dirigée contre l'assuré (Ass. plén. 13 nov. 1987 : *Bull.* n. 5, p. 5).

Art. L. 121-13. – Les indemnités dues par suite d'assurance contre l'incendie, contre la grêle, contre la mortalité du bétail, ou les autres risques, sont attribuées, sans qu'il y ait besoin de délégation expresse, aux créanciers privilégiés ou hypothécaires, suivant leur rang.

Néanmoins, les paiements faits de bonne foi avant opposition sont valables.

Il en est de même des indemnités dues en cas de sinistre par le locataire ou par le voisin, par application des articles 1733 et 1382 du Code civil.

En cas d'assurance du risque locatif ou du recours du voisin, l'assureur ne peut payer à un autre que le propriétaire de l'objet loué, le voisin ou le tiers subrogé à leurs droits, tout ou partie de la somme due, tant que lesdits propriétaire, voisin ou tiers subrogé n'ont pas été désintéressés des conséquences du sinistre, jusqu'à concurrence de ladite somme.

Art. L. 121-14. – L'assuré ne peut faire aucun délaissement des objets assurés, sauf convention contraire.

Art. L. 121-15. – L'assurance est nulle si, au moment du contrat, la chose assurée a déjà péri ou ne peut plus être exposée aux risques.

Les primes payées doivent être restituées à l'assuré, sous déduction des frais exposés par l'assureur, autres que ceux de commissions, lorsque ces derniers ont été récupérés contre l'agent ou le courtier.

Dans le cas mentionné au premier alinéa du présent article, la partie dont la mauvaise foi est prouvée doit à l'autre une somme double de la prime d'une année.

CHAPITRE II. – LES ASSURANCES CONTRE L'INCENDIE

Art. L. 122-1. – L'assureur contre l'incendie répond de tous dommages causés par conflagration, embrasement ou simple combustion. Toutefois, il ne répond pas, sauf convention contraire, de ceux occasionnés par la seule action de la chaleur ou par le contact direct et immédiat du feu ou d'une substance incandescente s'il n'y a eu ni incendie, ni commencement d'incendie susceptible de dégénérer en incendie véritable.

Art. L. 122-2. – Les dommages matériels résultant directement de l'incendie ou du commencement d'incendie sont seuls à la charge de l'assureur, sauf convention contraire.

Si, dans les trois mois à compter de la remise de l'état des pertes, l'expertise n'est pas terminée, l'assuré a le droit de faire courir les intérêts par sommation ; si elle n'est pas terminée dans les six mois, chacune des parties peut procéder judiciairement.

Art. L. 122-3. – Sont assimilés aux dommages matériels et directs les dommages matériels occasionnés aux objets compris dans l'assurance par les secours et par les mesures de sauvetage.

Art. L. 122-4 *(mod., L. n. 81-5 du 7 janv. 1981).* – L'assureur répond de la perte ou de la disparition des objets assurés survenue pendant l'incendie, à moins qu'il ne prouve que cette perte ou cette disparition est provenue d'un vol.

Art. L. 122-5. – L'assureur, conformément à l'article L. 121-7, ne répond pas des pertes et détériorations de la chose assurée provenant du vice propre ; mais il garantit les dommages d'incendie qui en sont la suite, à moins qu'il ne soit fondé à demander la nullité du contrat d'assurance par application de l'article L. 113-8, premier alinéa.

Art. L. 122-6. – Sauf convention contraire, l'assurance ne couvre pas les incendies directement occasionnés par les éruptions de volcan, les tremblements de terre et autres cataclysmes.

CHAPITRE III. – LES ASSURANCES CONTRE LA GRÊLE ET LA MORTALITÉ DU BÉTAIL

Art. L. 123-1 *(mod., L. n. 81-5 du 7 janv. 1981).* – En matière d'assurance contre la grêle, l'envoi de la déclaration de sinistre doit être effectué par l'assuré, sauf le cas fortuit ou de force majeure, et sauf prolongation contractuelle, dans les quatre jours de l'avènement du sinistre. En matière d'assurance contre la mortalité du bétail, ce délai est réduit à vingt-quatre heures, sous les mêmes réserves.

Art. L. 123-2. – Dans le cas mentionné à l'article L. 121-9, l'assureur ne peut réclamer la portion de prime correspondant au temps compris entre le jour de la perte et la date à laquelle aurait dû normalement avoir lieu l'enlèvement des récoltes, ou celle de la fin de la garantie fixée par le contrat, si cette dernière date est antérieure à celle de l'enlèvement normal des récoltes.

Art. L. 123-3. – Après l'aliénation soit de l'immeuble, soit des produits, la dénonciation du contrat faite par l'assureur à l'acquéreur ne prend effet qu'à l'expiration de l'année d'assurance en cours. Mais lorsque la prime est payable à terme, le vendeur est déchu du bénéfice du terme pour le paiement de la prime afférente à cette période.

Art. L. 123-4. – En matière d'assurance contre la mortalité du bétail, l'assurance, suspendue pour non-paiement de la prime, dans les conditions prévues à l'article L. 113-3, reprend ses effets au plus tard le dixième jour à midi, à compter du jour où la prime arriérée et, s'il y a lieu, les frais, ont été payés à l'assureur. Celui-ci peut exclure de sa garantie les sinistres consécutifs aux accidents et aux maladies survenus pendant la période de suspension de la garantie.

Code des Assurances ASSURANCES

CHAPITRE IV. – LES ASSURANCES DE RESPONSABILITÉ

Art. L. 124-1. – Dans les assurances de responsabilité, l'assureur n'est tenu que si, à la suite du fait dommageable prévu au contrat, une réclamation amiable ou judiciaire est faite à l'assuré par le tiers lésé.

Art. L. 124-2. – L'assureur peut stipuler qu'aucune reconnaissance de responsabilité, aucune transaction, intervenues en dehors de lui, ne lui sont opposables. L'aveu de la matérialité d'un fait ne peut être assimilé à la reconnaissance d'une responsabilité.

Art. L. 124-3. – L'assureur ne peut payer à un autre que le tiers lésé tout ou partie de la somme due par lui, tant que ce tiers n'a pas été désintéressé, jusqu'à concurrence de ladite somme, des conséquences pécuniaires du fait dommageable ayant entraîné la responsabilité de l'assuré.

Art. L. 124-4. – Dans le cas prévu par l'article L. 25-1 du Code de la route, comme il est dit à cet article, « l'assureur du propriétaire du véhicule est tenu de garantir dans les limites du contrat la réparation du dommage causé au tiers sauf recours, s'il y a lieu, contre la collectivité publique qui, par son fait, a causé le dommage ayant donné lieu à la responsabilité de l'assureur et sans qu'une majoration de prime puisse en résulter pour le propriétaire. Il est statué sur ce recours ainsi que sur toute action en responsabilité en cas de non-assurance du véhicule dans les conditions prévues par l'article 1er de la loi n. 57-1424 du 31 décembre 1957 ».

CHAPITRE V. – L'ASSURANCE DES RISQUES DE CATASTROPHES NATURELLES
(Ajouté, D. n. 85-863, 2 août 1985, art. 1er-I.)

Art. L. 125-1. – Les contrats d'assurance, souscrits par toute personne physique ou morale autre que l'État et garantissant les dommages d'incendie ou tous autres dommages à des biens situés en France, ainsi que les dommages aux corps de véhicules terrestres à moteur, ouvrent droit à la garantie de l'assuré contre les effets des catastrophes naturelles sur les biens faisant l'objet de tels contrats.

En outre, si l'assuré est couvert contre les pertes d'exploitation, cette garantie est étendue aux effets des catastrophes naturelles, dans les conditions prévues au contrat correspondant.

Sont considérés comme les effets des catastrophes naturelles, au sens du présent chapitre, les dommages matériels directs ayant eu pour cause déterminante l'intensité anormale d'un agent naturel, lorsque les mesures habituelles à prendre pour prévenir ces dommages n'ont pu empêcher leur survenance ou n'ont pu être prises.

L'état de catastrophe naturelle est constaté par arrêté interministériel.

Art. L. 125-2. – Les entreprises d'assurance doivent insérer dans les contrats mentionnés à l'article L. 125-1 une clause étendant leur garantie aux dommages visés au troisième alinéa dudit article.

La garantie ainsi instituée ne peut excepter aucun des biens mentionnés au contrat ni opérer d'autre abattement que ceux qui seront fixés dans les clauses types prévues à l'article L. 125-3.

Elle est couverte par une prime ou cotisation additionnelle, individualisée dans l'avis d'échéance du contrat visé à l'article L. 125-1 et calculée à partir d'un taux unique défini par arrêté pour chaque catégorie de contrat. Ce taux est appliqué au montant de la prime ou cotisation principale ou au montant des capitaux assurés, selon la catégorie de contrat.

Les indemnisations résultant de cette garantie doivent être attribuées aux assurés dans un délai de trois mois à compter de la date de remise de l'état estimatif des biens endommagés

ASSURANCES — Code des Assurances

ou des pertes subies, sans préjudice de dispositions contractuelles plus favorables, ou de la date de publication, lorsque celle-ci est postérieure, de la décision administrative constatant l'état de catastrophe naturelle.

Art. L. 125-3. – Les contrats mentionnés à l'article L. 125-1 sont réputés, nonobstant toute disposition contraire, contenir une telle clause.

Des clauses types réputées écrites dans ces contrats sont déterminées par arrêté.

Art. L. 125-4. – Les dispositions du présent chapitre ne sont pas applicables aux départements d'outre-mer.

Art. L. 125-5. – Sont exclus du champ d'application du présent chapitre les dommages causés aux récoltes non engrangées, aux cultures, aux sols et au cheptel vif hors bâtiment, dont l'indemnisation reste régie par les dispositions de la loi n. 64-706 du 10 juillet 1964 modifiée organisant un régime de garantie contre les calamités agricoles.

Sont exclus également du champ d'application du présent chapitre les dommages subis par les corps des véhicules aériens, maritimes, lacustres et fluviaux, ainsi que les marchandises transportées et les dommages mentionnés à l'article L. 242-1.

Les contrats d'assurance garantissant les dommages mentionnés aux alinéas précédents ne sont pas soumis au versement de la prime ou cotisation additionnelle.

Art. L. 125-6. – Dans les terrains classés inconstructibles par un plan d'exposition aux risques naturels prévisibles, défini par le premier alinéa de l'article 5-1 de la loi n. 82-600 du 13 juillet 1982, l'obligation prévue au premier alinéa de l'article L. 125-1 ne s'impose pas aux entreprises d'assurance à l'égard des biens et activités mentionnés à l'article L. 125-1, à l'exception, toutefois, des biens et des activités existant antérieurement à la publication de ce plan.

Cette obligation ne s'impose pas non plus aux entreprises d'assurance à l'égard des biens immobiliers construits et des activités exercées en violation des règles administratives en vigueur lors de leur mise en place et tendant à prévenir les dommages causés par une catastrophe naturelle.

Les entreprises d'assurance ne peuvent toutefois se soustraire à cette obligation que lors de la conclusion initiale ou du renouvellement du contrat.

A l'égard des biens et des activités situés dans les terrains couverts par un plan d'exposition, qui n'ont cependant pas été classés inconstructibles à ce titre, les entreprises d'assurance peuvent exceptionnellement déroger aux dispositions de l'article L. 125-2, deuxième alinéa, sur décision d'un bureau central de tarification, dont les conditions de constitution et les règles de fonctionnement sont fixées par décret en Conseil d'État.

A l'égard des biens et activités couverts par un plan d'exposition et implantés antérieurement à sa publication, la même possibilité de dérogation pourra être ouverte aux entreprises d'assurance lorsque le propriétaire ou l'exploitant ne se sera pas conformé dans un délai de cinq ans aux prescriptions visées au premier alinéa de l'article 5-1 de la loi n. 82-600 du 13 juillet 1982.

Le bureau central de tarification fixe des abattements spéciaux dont les montants maxima sont déterminés par arrêté, par catégorie de contrat.

Lorsqu'un assuré s'est vu refuser par trois entreprises d'assurance l'application des dispositions du présent chapitre, il peut saisir le bureau central de tarification, qui impose à l'une des entreprises d'assurance concernées, que choisit l'assuré, de le garantir contre les effets des catastrophes naturelles.

Code des Assurances ASSURANCES

Toute entreprise d'assurance ayant maintenu son refus de garantir un assuré dans les conditions fixées par le bureau central de tarification est considérée comme ne fonctionnant plus conformément à la réglementation en vigueur et encourt le retrait de l'agrément administratif prévu à l'article L. 321-1.

Est nulle toute clause des traités de réassurance tendant à exclure le risque de catastrophe naturelle de la garantie de réassurance en raison des conditions d'assurance fixées par le bureau central de tarification.

CHAPITRE VI. − L'ASSURANCE CONTRE LES ACTES DE TERRORISME
(Décret n. 88-260 du 18 mars 1988, art. 1er)

Section I. − Dommages corporels

Art. L. 126-1. − Les victimes d'actes de terrorisme commis sur le territoire national et les personnes de nationalité française ayant leur résidence habituelle en France, ou résidant habituellement hors de France et régulièrement immatriculées auprès des autorités consulaires, victimes à l'étranger d'un acte de terrorisme, sont indemnisées dans les conditions définies aux articles L. 422-1 à L. 422-3.

Section II. − Dommages matériels

Art. L. 126-2. − Les contrats d'assurance de biens ne peuvent exclure la garantie de l'assureur pour les dommages résultant d'actes de terrorisme ou d'attentats commis sur le territoire national. Toute clause contraire est réputée non écrite.
Un décret en Conseil d'État définit les modalités d'application du présent article.

CHAPITRE VII. − L'ASSURANCE DE PROTECTION JURIDIQUE
(Loi n. 89-1014 du 31 déc. 1989, art. 5)

Art. L. 127-1. − Est une opération d'assurance de protection juridique toute opération consistant, moyennant le paiement d'une prime ou d'une cotisation préalablement convenue, à prendre en charge des frais de procédure ou à fournir des services découlant de la couverture d'assurance, en cas de différend ou de litige opposant l'assuré à un tiers, en vue notamment de défendre ou représenter en demande l'assuré dans une procédure civile, pénale, administrative ou autre ou contre une réclamation dont il est l'objet ou d'obtenir réparation à l'amiable du dommage subi.

Art. L. 127-2. − L'assurance de protection juridique fait l'objet d'un contrat distinct de celui qui est établi pour les autres branches ou d'un chapitre distinct d'une police unique avec indication du contenu de l'assurance de protection juridique et de la prime correspondante.

Art. L. 127-3. − Tout contrat d'assurance de protection juridique stipule explicitement que, lorsqu'il est fait appel à un avocat ou à toute autre personne qualifiée par la législation ou la réglementation en vigueur pour défendre, représenter ou servir les intérêts de l'assuré, dans les circonstances prévues à l'article L. 127-1, l'assuré a la liberté de le choisir.
Le contrat stipule également que l'assuré a la liberté de choisir un avocat ou, s'il le préfère, une personne qualifiée pour l'assister, chaque fois que survient un conflit d'intérêt entre lui-même et l'assureur.
Aucune clause du contrat ne doit porter atteinte, dans les limites de la garantie, au libre choix ouvert à l'assuré par les deux alinéas précédents.

ASSURANCES   **Code des Assurances**

Art. L. 127-4. – Le contrat stipule qu'en cas de désaccord entre l'assureur et l'assuré au sujet de mesures à prendre pour régler un différend, cette difficulté peut être soumise à l'appréciation d'une tierce personne désignée d'un commun accord par les parties ou à défaut, par le président du tribunal de grande instance statuant en la forme des référés. Les frais exposés pour la mise en œuvre de cette faculté sont à la charge de l'assureur. Toutefois, le président du tribunal de grande instance, statuant en la forme des référés, peut en décider autrement lorsque l'assuré a mis en œuvre cette faculté dans des conditions abusives.

Si l'assuré a engagé à ses frais une procédure contentieuse et obtient une solution plus favorable que celle qui lui avait été proposée par l'assureur ou par la tierce personne mentionnée à l'alinéa précédent, l'assureur l'indemnise des frais exposés pour l'exercice de cette action, dans la limite du montant de la garantie.

Lorsque la procédure visée au premier alinéa de cet article est mise en œuvre, le délai de recours contentieux est suspendu pour toutes les instances juridictionnelles qui sont couvertes par la garantie d'assurance et que l'assuré est susceptible d'engager en demande, jusqu'à ce que la tierce personne chargée de proposer une solution en ait fait connaître la teneur.

Art. L. 127-5. – En cas de conflit d'intérêt entre l'assureur et l'assuré ou de désaccord quant au règlement du litige, l'assureur de protection juridique informe l'assuré du droit mentionné à l'article L. 127-3 et de la possibilité de recourir à la procédure mentionnée à l'article L. 127-4.

Art. L. 127-6. – Les dispositions du présent chapitre ne s'appliquent pas :

1° A l'assurance de protection juridique lorsque celle-ci concerne des litiges ou des risques qui résultent de l'utilisation de navires de mer ou sont en rapport avec cette utilisation ;

2° A l'activité de l'assureur de responsabilité civile pour la défense ou la représentation de son assuré dans toute procédure judiciaire ou administrative, lorqu'elle s'exerce en même temps dans l'intérêt de l'assureur.

Art. L. 127-7. – Les personnes qui ont à connaître des informations données par l'assuré pour les besoins de sa cause, dans le cadre d'un contrat d'assurance de protection juridique, sont tenues au secret professionnel, dans les conditions et sous les peines prévues à l'article 378 du Code pénal.

TITRE III. – RÈGLES RELATIVES AUX ASSURANCES DE PERSONNES

CHAPITRE I. – DISPOSITIONS GÉNÉRALES

Art. L. 131-1. – En matière d'assurance sur la vie et d'assurance contre les accidents atteignant les personnes, les sommes assurées sont fixées par le contrat.

(Al. supprimé, L. n. 89-1014 du 31 déc. 1989, art. 37-II).

(Al. mod., L. n. 89-1014 du 31 déc. 1989, art. 50). – En matière d'assurance sur la vie, et après accord de l'autorité administrative, le capital ou la rente garantis peuvent être exprimés en unités de compte constituées de valeurs mobilières ou d'actifs figurant sur une liste dressée par décret en Conseil d'État pris après avis de la Commission des opérations de bourse, et du conseil national de la consommation. Dans tous les cas, le contractant ou le bénéficiaire a la faculté d'opter entre le règlement en espèces et la remise des titres ou des parts. Toutefois, lorsque les unités de compte sont constituées par des titres ou des parts non négociables, le règlement ne peut être effectué qu'en espèces.

(Al. mod., L. n. 89-1014 du 31 déc. 1989, art. 37-II). – Le montant des sommes garanties par l'assureur lors de la résiliation du risque décès ne peut toutefois être inférieur à celui du capital ou de la rente garantis, calculé sur la base de la valeur de l'unité de compte à la date de prise d'effet du contrat ou, s'il y a lieu, de son dernier avenant.

Code des Assurances ASSURANCES

Art. L. 131-2. – Dans l'assurance de personnes, l'assureur, après paiement de la somme assurée, ne peut être subrogé aux droits du contractant ou du bénéficiaire contre des tiers à raison du sinistre.

Art. L. 131-3. – Lorsque les opérations définies à l'article 14 de la loi n. 72-6 du 3 janvier 1972 relative au démarchage financier et à des opérations d'assurance sont associées à des opérations d'assurance de personnes, l'exercice de la faculté de dénonciation prévue à l'article 21 de la même loi entraîne, pour l'assuré, la résiliation de la garantie. L'assuré a droit, le cas échéant, au remboursement de la prime ou du prorata de prime correspondant à la période non couverte par la garantie.

CHAPITRE II. – LES ASSURANCES SUR LA VIE

Section I. – Dispositions générales

Art. L. 132-1. – La vie d'une personne peut être assurée par elle-même ou par un tiers. *(Complété, L. n. 81-5 du 7 janv. 1981, art. 3)* Plusieurs personnes peuvent contracter une assurance réciproque sur la tête de chacune d'elles par un seul et même acte.

Art. L. 132-2 *(mod. L. n. 81-5 du 7 janv. 1981, art. 4).* – L'assurance en cas de décès contractée par un tiers sur la tête de l'assuré est nulle, si ce dernier n'y a pas donné son consentement par écrit avec indication du capital ou de la rente initialement garantis.

Le consentement de l'assuré doit, à peine de nullité, être donné par écrit, pour toute cession ou constitution de gage et pour transfert du bénéfice du contrat souscrit sur sa tête par un tiers.

Art. L. 132-3. – Il est défendu à toute personne de contracter une assurance en cas de décès sur la tête d'un mineur âgé de moins de douze ans, d'un majeur en tutelle, d'une personne placée dans un établissement psychiatrique d'hospitalisation.

Toute assurance contractée en violation de cette prohibition est nulle.

La nullité est prononcée sur la demande de l'assureur, du souscripteur de la police ou du représentant de l'incapable.

Les primes payées doivent être intégralement restituées.

L'assureur et le souscripteur sont en outre passibles, pour chaque assurance conclue sciemment en violation de cette interdiction, d'une amende de 360 à 18 000 F. L'article 463 du code pénal est applicable.

Ces dispositions ne mettent point obstacle dans l'assurance en cas de décès, au remboursement des primes payées en exécution d'un contrat d'assurance en cas de vie, souscrit sur la tête d'une des personnes mentionnées au premier alinéa ci-dessus.

Art. L. 132-4. – Une assurance en cas de décès ne peut être contractée par une autre personne sur la tête d'un mineur parvenu à l'âge de douze ans sans l'autorisation de celui de ses parents qui est investi de l'autorité parentale, de son tuteur ou de son curateur.

Cette autorisation ne dispense pas du consentement personnel de l'incapable.

A défaut de cette autorisation et de ce consentement, la nullité du contrat est prononcée à la demande de tout intéressé.

Art. L. 132-5 *(remplacé, L. n. 81-5 du 7 janv. 1981, art. 5).* – La police d'assurance sur la vie doit indiquer, outre les énonciations mentionnées dans l'article L. 112-4 :

1° Les nom, prénoms et date de naissance de celui ou de ceux sur la tête desquels repose l'opération ;

2° L'événement ou le terme duquel dépend l'exigibilité du capital ou de la rente garantis.

ASSURANCES — Code des Assurances

Art. L. 132-5-1 *(L. n. 81-5 du 7 janv. 1981, art. 22-I et II).* – Toute personne physique qui a signé une proposition d'assurance ou une police d'assurance a la faculté d'y renoncer par lettre recommandée avec demande d'avis de réception pendant le délai de trente jours à compter du premier versement.

(L. n. 85-608 du 11 juin 1985, art. 1er, I et V). – La proposition d'assurance ou la police d'assurance doit comprendre un modèle de lettre type destiné à faciliter l'exercice de cette faculté de renonciation. Elle doit indiquer notamment, pour les contrats qui en comportent, les valeurs de rachat au terme de chacune des six premières années au moins. L'assureur doit en outre remettre, contre récépissé, une note d'information comportant des indications précises et claires sur les dispositions essentielles du contrat, sur les conditions d'exercice de la faculté de renonciation, ainsi que sur le sort de la garantie décès en cas d'exercice de cette faculté de renonciation. Le défaut de remise des documents et informations énumérés au présent alinéa entraîne de plein droit la prorogation du délai prévu au premier alinéa jusqu'au trentième jour suivant la date de remise effective de ces documents. Un nouveau délai de trente jours court à compter de la date de réception de la police, lorsque celle-ci apporte des réserves ou des modifications essentielles à l'offre originelle, ou à compter de l'acceptation écrite, par le souscripteur, de ces réserves ou modifications.

(Mod. L. n. 85-608 du 11 juin 1985, art. 1er, II et V). – La renonciation entraîne la restitution par l'assureur de l'intégralité des sommes versées par le contractant, dans le délai maximal de trente jours à compter de la réception de la lettre recommandée. Au-delà de ce délai, les sommes non restituées produisent de plein droit intérêt au taux légal majoré de moitié durant deux mois, puis, à l'expiration de ce délai de deux mois, au double du taux légal.

(Al. Abrogé, L. n. 85-608 du 11 juin 1985, art. 1er, III et V).

(Al. aj., L. n. 85-608 du 11 juin 1985, art. 1er, IV et V). – Toutefois, les dispositions qui précèdent ne s'appliquent pas aux contrats d'une durée maximum de deux mois.

Art. L. 132-5-2 – *Abrogé, L. n. 85-608 du 11 juin 1985, art. 2.*

Art. L. 132-6. – La police d'assurance sur la vie peut être à ordre. Elle ne peut être au porteur. L'endossement d'une police d'assurance sur la vie à ordre doit, à peine de nullité, être daté, indiquer le nom du bénéficiaire de l'endossement et être signé de l'endosseur.

Art. L. 132-7 *(remplacé, L. n. 81-5 du 7 janv. 1981, art. 6).* – L'assurance en cas de décès est de nul effet si l'assuré se donne volontairement et consciemment la mort au cours des deux premières années du contrat.

Art. L. 132-8 *(remplacé, L. n. 81-5 du 7 janv. 1981, art. 7).* – Le capital ou la rente garantis peuvent être payables lors du décès de l'assuré à un ou plusieurs bénéficiaires déterminés.
Est considérée comme faite au profit de bénéficiaires déterminés la stipulation par laquelle le bénéfice de l'assurance est attribué à une ou plusieurs personnes qui, sans être nommément désignées, sont suffisamment définies dans cette stipulation pour pouvoir être identifiées au moment de l'exigibilité du capital ou de la rente garantis.
Est notamment considérée comme remplissant cette condition la désignation comme bénéficiaires des personnes suivantes :
– les enfants nés ou à naître du contractant, de l'assuré ou de toute autre personne désignée ;
– les héritiers ou ayants droit de l'assuré ou d'un bénéficiaire prédécédé.
L'assurance faite au profit du conjoint profite à la personne qui a cette qualité au moment de l'exigibilité.

Code des Assurances

ASSURANCES

Les héritiers, ainsi désignés, ont droit au bénéfice de l'assurance en proportion de leurs parts héréditaires. Ils conservent ce droit en cas de renonciation à la succession.

En l'absence de désignation d'un bénéficiaire dans la police ou à défaut d'acceptation par le bénéficiaire, le contractant a le droit de désigner un bénéficiaire ou de substituer un bénéficiaire à un autre. Cette désignation ou cette substitution ne peut être opérée, à peine de nullité, qu'avec l'accord de l'assuré, lorsque celui-ci n'est pas le contractant. Cette désignation ou cette substitution peut être réalisée soit par voie d'avenant au contrat, soit en remplissant les formalités édictées par l'article 1690 du Code civil, soit par endossement quand la police est à ordre, soit par voie testamentaire.

L'assurance faite au profit de la femme de l'assuré profite à la personne qu'il épouse même après la date du contrat. En cas de second mariage, le profit de cette stipulation appartient à la veuve.

Les enfants et descendants, les héritiers du contractant, ainsi désignés, ont droit au bénéfice de l'assurance en proportion de leurs parts héréditaires. Ils conservent ce droit en cas de renonciation à la succession.

En l'absence de désignation d'un bénéficiaire déterminé dans la police ou à défaut d'acceptation par le bénéficiaire désigné, le souscripteur de la police a le droit de désigner un bénéficiaire ou de substituer un bénéficiaire à un autre. Cette désignation ou cette substitution se fait soit par testament, soit entre vifs par voie d'avenant, ou en remplissant les formalités édictées par l'article 1690 du Code civil ou, quand la police est à ordre, par voie d'endossement.

Art. L. 132-9 *(modifié L. n. 81-5 du 7 janv. 1981, art. 8).* – La stipulation en vertu de laquelle le bénéfice de l'assurance est attribué à un bénéficiaire déterminé devient irrévocable par l'acceptation expresse ou tacite du bénéficiaire.

Tant que l'acceptation n'a point eu lieu, le droit de révoquer cette stipulation n'appartient qu'au stipulant et ne peut, en conséquence, être exercé de son vivant par ses créanciers ni par ses représentants légaux.

Ce droit de révocation ne peut être exercé, après la mort du stipulant, par ses héritiers, qu'après l'exigibilité de la somme assurée et au plus tôt trois mois après que le bénéficiaire de l'assurance a été mis en demeure par acte extrajudiciaire, d'avoir à déclarer s'il accepte.

Quatrième alinéa supprimé, L. n. 81-5 du 7 janv. 1981, art. 8.

L'attribution à titre gratuit du bénéfice d'une assurance sur la vie à une personne déterminée est présumée faite sous la condition de l'existence du bénéficiaire à l'époque de l'exigibilité du capital ou de la rente garantis, à moins que le contraire ne résulte des termes de la stipulation.

Art. L. 132-10. – La police d'assurance peut être donnée en gage soit par avenant, soit par endossement à titre de garantie, si elle est à ordre, soit par acte soumis aux formalités de l'article 2075 du Code civil.

Art. L. 132-11 *(modifié L. n. 81-5 du 7 janv. 1981, art. 9).* – Lorsque l'assurance en cas de décès a été conclue sans désignation d'un bénéficiaire, le capital ou la rente garantis font partie du patrimoine ou de la succession du contractant.

Art. L. 132-12 *(modifié L. n. 81-5 du 7 janv. 1981, art. 9).* – Le capital ou la rente stipulés payables lors du décès de l'assuré à un bénéficiaire déterminé ou à ses héritiers ne font pas partie de la succession de l'assuré. Le bénéficiaire, quelles que soient la forme et la date de sa désignation, est réputé y avoir eu seul droit à partir du jour du contrat, même si son acceptation est postérieure à la mort de l'assuré.

ASSURANCES

Le souscripteur d'un contrat d'assurance prévoyant le versement d'un capital à lui-même à une date donnée ou à sa femme s'il venait à décéder avant cette date, avait, un mois avant sa mort, demandé une avance maximale sur sa police et révoqué la désignation de son épouse comme bénéficiaire en lui susbtituant deux enfants mineurs. Jugé qu'il ne peut réclamer que

Code des Assurances

l'attribution de l'avance et que, par application de l'article L. 132-12 du Code des assurances, la créance sur la compagnie née en raison du décès a été acquise au seul profit des bénéficiaires désignés en dernier lieu (Ass. plén. 12 déc. 1986 : *J.C.P.* 87, II, 20760, concl. Cabannes et note Boyer ; *D.* 1987, 269, note Ghestin).

Art. L. 132-13 *(modifié L. n. 81-5 du 7 janv. 1981, art. 9).* – Le capital ou la rente payables au décès du contractant à un bénéficiaire déterminé ne sont soumises ni aux règles du rapport à succession, ni à celles de la réduction pour atteinte à la réserve des héritiers du contractant.

Ces règles ne s'appliquent pas non plus aux sommes versées par le contractant à titre de primes, à moins que celles-ci n'aient été manifestement exagérées eu égard à ses facultés.

Art. L. 132-14 *(modifié L. n. 81-5 du 7 janv. 1981, art. 9).* – Le capital ou la rente garantis au profit d'un bénéficiaire déterminé ne peuvent être réclamés par les créanciers du contractant. Ces derniers ont seulement droit au remboursement des primes, dans le cas indiqué par l'article L. 132-13, deuxième alinéa, en vertu soit de l'article 1167 du Code civil, soit des articles *(L. n. 85-98 du 25 janv. 1985, art. 221-II)* 107 et 108 de la loi n. 85-98 du 25 janvier 1985 relative au redressement et à la liquidation judiciaires des entreprises.

Art. L. 132-15 *(modifié. L. n. 81-5 du 7 janv. 1981, art. 10).* – Tout bénéficiaire peut, après avoir accepté la stipulation faite à son profit et si la cessibilité de ce droit a été expressément prévue ou avec le consentement du contractant et de l'assuré, transmettre lui-même le bénéfice du contrat, soit par une cession dans la forme de l'article 1690 du Code civil, soit, si la police est à ordre, par endossement.

Art. L. 132-16. – Le bénéfice de l'assurance contractée par un époux commun en biens en faveur de son conjoint, constitue un propre pour celui-ci.

Aucune récompense n'est due à la communauté en raison des primes payées par elle, sauf dans les cas spécifiés dans l'article L. 132-13, deuxième alinéa.

Art. L. 132-17 *(modifié L. n. 81-5 du 7 janv. 1981, art. 11 ; L. n. 85-98 du 25 janv. 1985, art. 221-III).* – Les articles 112 et 114 de la loi n. 85-98 du 25 janvier 1985 précitée concernant les droits du conjoint du débiteur en liquidation de biens ou en règlement judiciaire sont sans application en cas d'assurance sur la vie contractée par un commerçant au profit de son conjoint.

Art. L. 132-18 *(remplacé, L. n. 81-5 du 7 janv. 1981, art. 12).* – Dans le cas de réticence ou fausse déclaration mentionné à l'article L. 113-8, dans le cas où l'assuré s'est donné volontairement et consciemment la mort au cours du délai mentionné à l'article L. 132-7 ou lorsque le contrat exclut la garantie du décès en raison de la cause de celui-ci, l'assureur verse au contractant ou, en cas de décès de l'assuré, au bénéficiaire, une somme égale à la provision mathématique du contrat.

Art.L. 132-19. – Tout intéressé peut se substituer au contractant pour payer les primes.

Art. L. 132-20 *(L. n. 81-5 du 7 janv. 1981, art. 13-I et II).* – L'assureur n'a pas d'action pour exiger le paiement des primes.

Code des Assurances ASSURANCES

(Al. remplacé, L. n. 89-1014 du 31 déc. 1989, art. 52) Lorsqu'une prime ou fraction de prime n'est pas payée dans les dix jours de son échéance, l'assureur adresse au contractant une lettre recommandée par laquelle il l'informe qu'à l'expiration d'un délai de quarante jours à dater de l'envoi de cette lettre le défaut de paiement, à l'assureur ou au mandataire désigné par lui, de la prime ou fraction de prime échue ainsi que des primes éventuellement venues à échéance au cours dudit délai, entraîne soit la résiliation du contrat en cas d'inexistence ou d'insuffisance de la valeur de rachat, soit la réduction du contrat.

L'envoi de la lettre recommandée par l'assureur rend la prime portable dans tous les cas.

Art. L. 132-21 *(L. n. 85-608 du 11 juin 1985, art. 3)*. – Les modalités de calcul de la valeur de réduction et de la valeur de rachat sont déterminées par un règlement général mentionné dans la police et établi par l'assureur après accord de l'autorité administrative.

Dès la signature du contrat, l'assureur informe le contractant que ce règlement général est tenu à sa disposition sur sa demande. L'assureur doit communiquer au contractant, sur la demande de celui-ci, le texte du règlement général.

Dans la limite de la valeur de rachat, l'assureur peut consentir des avances au contractant.

L'assureur doit, à la demande du contractant, verser à celui-ci la valeur de rachat du contrat dans un délai qui ne peut excéder deux mois. Au-delà de ce délai, les sommes non versées produisent de plein droit intérêt au taux légal majoré de moitié durant deux mois, puis, à l'expiration de ce délai de deux mois, au double du taux légal.

Art. L. 132-22 *(L. n. 85-608 du 11 juin 1985, art. 4)*. – Pour les contrats souscrits ou transformés depuis le 1er janvier 1982, et aussi longtemps qu'ils donnent lieu à paiement de prime, l'assureur doit communiquer chaque année au contractant les montants respectifs de la valeur de rachat, de la valeur de réduction, des capitaux garantis et de la prime du contrat.

Ces montants ne peuvent tenir compte de participations bénéficiaires qui ne seraient pas attribuées à titre définitif.

L'assureur doit préciser en termes précis et clairs dans cette communication ce que signifient les opérations de rachat et de réduction et quelles sont leurs conséquences légales et contractuelles.

Pour les contrats ne donnant plus lieu à paiement de prime et pour les contrats souscrits ou transformés avant le 1er janvier 1982, les informations visées ci-dessus ne sont communiquées pour une année donnée qu'au contractant qui en fait la demande.

Le contrat doit faire référence à l'obligation d'information prévue aux alinéas précédents.

Art. L. 132-22-1 *(L. n. 85-608 du 11 juin 1985, art. 5)*. –L'indemnité maximale, en cas de rachat, susceptible d'être retenue par l'assureur est fixée par décret.

Art. L. 132-23 *(remplacé, L. n. 81-5 du 7 janv. 1981, art. 18-I)*. – Les assurances temporaires en cas de décès ainsi que les rentes viagères immédiates ou en cours de service ne peuvent comporter ni réduction ni rachat. Les assurances de capitaux de survie et de rente de survie, les assurances en cas de vie sans contre-assurance et les rentes viagères différées sans contre-assurance ne peuvent comporter de rachat.

(L. n. 85-608 du 11 juin 1985, art. 6). – Pour les autres assurances sur la vie, l'assureur ne peut refuser la réduction ou le rachat lorsque 15 p. 100 des primes ou cotisations prévues au contrat ont été versés. En tout état de cause, le droit à rachat ou à réduction est acquis lorsque au moins deux primes annuelles ont été payées.

L'assureur peut d'office substituer le rachat à la réduction si la valeur de rachat du contrat est inférieure à un montant fixé par décret.

ASSURANCES — Code des Assurances

Art. L. 132-24 *(remplacé, L. n. 81-5 du 7 janv. 1981, art. 19)*. – Le contrat d'assurance cesse d'avoir effet à l'égard du bénéficiaire qui a été condamné pour avoir donné volontairement la mort à l'assuré.

Le montant de la provision mathématique doit être versé par l'assureur au contractant ou à ses ayants cause à moins qu'ils ne soient condamnés comme auteurs ou complices du meurtre de l'assuré.

Si le bénéficiaire a tenté de donner la mort à l'assuré, le contractant a le droit de révoquer l'attribution du bénéfice de l'assurance, même si le bénéficiaire avait déjà accepté la stipulation faite à son profit.

Art. L. 132-25 *(remplacé, L. n. 81-5 du 7 janv. 1981, art. 20)*. – Lorsque l'assureur n'a pas eu connaissance de la désignation d'un bénéficiaire, par testament ou autrement, ou de l'acceptation d'un autre bénéficiaire ou de la révocation d'une désignation, le paiement du capital ou de la rente garantis fait à celui qui, sans cette désignation, cette acceptation ou cette révocation, y aurait eu droit, est libératoire pour l'assureur de bonne foi.

Art. L. 132-26 *(modifié L. n. 81-5 du 7 janv. 1981, art. 21)*. – L'erreur sur l'âge de l'assuré n'entraîne la nullité de l'assurance que lorsque son âge véritable se trouve en dehors des limites fixées pour la conclusion des contrats par les tarifs de l'assureur.

Dans tout autre cas, si, par suite d'une erreur de ce genre, la prime payée est inférieure à celle qui aurait dû être acquittée, le capital ou la rente garantis sont réduits en proportion de la prime perçue et de celle qui aurait correspondu à l'âge véritable de l'assuré. Si, au contraire, par suite d'une erreur sur l'âge de l'assuré, une prime trop forte a été payée, l'assureur est tenu de restituer la portion de prime qu'il a reçue en trop sans intérêt.

Art. L. 132-27. – *Abrogé, L. n. 81-5 du 7 janv. 1981, art. 29.*

Section II. – Les assurances populaires

Art. L. 132-28. – *Abrogé, L. n. 85-608 du 11 juin 1985, art. 7.*

Section III. – Participation des assurés aux bénéfices techniques et financiers

Art. L. 132-29. – Les entreprises d'assurance sur la vie doivent faire participer les assurés aux bénéfices techniques et financiers qu'elles réalisent, dans les conditions fixées par arrêté du ministre de l'économie et des finances.

Section IV. – Les assurances ayant pour objet l'acquisition d'immeubles au moyen de constitution de rentes viagères

Art. L. 132-30. – Les entreprises ayant pour objet l'acquisition d'immeubles au moyen de constitution de rentes viagères sont astreintes dans leur fonctionnement aux prescriptions ci-après.

Les crédirentiers conservent individuellement pour le service de leurs rentes, même à l'encontre de toute convention contraire, le privilège de l'article 2103, 1°, du code civil sur l'immeuble cédé. S'il existe des héritiers en ligne directe des crédirentiers, ces derniers ne peuvent traiter avec l'assureur qu'après y avoir été autorisés par jugement rendu en chambre du conseil sur simple requête.

L'estimation de la valeur actuelle, en pleine propriété, des immeubles cédés, est expressément stipulée aux contrats de rentes viagères et garantie sincère et véritable par un expert désigné par le tribunal de grande instance du ressort desdits immeubles. L'attestation de l'expert, suivie de sa signature, figure aux contrats.

Code des Assurances — ASSURANCES

Art. L. 132-31. – La nullité des contrats dans lesquels l'une des prescriptions de l'article L. 132-30 n'est pas observée peut être demandée par tout intéressé et par le ministère public.

....

TITRE IV. – LES ASSURANCES DE GROUPE

CHAPITRE UNIQUE

Art. L. 140-1 *(L. n. 89-1014 du 31 déc. 1989, art. 16).* – Est un contrat d'assurance de groupe le contrat souscrit par une personne morale ou un chef d'entreprise en vue de l'adhésion d'un ensemble de personnes répondant à des conditions définies au contrat, pour la couverture des risques dépendant de la durée de la vie humaine, des risques portant atteinte à l'intégrité physique de la personne ou liés à la maternité, des risques d'incapacité de travail ou d'invalidité ou du risque de chômage.

Les adhérents doivent avoir un lien de même nature avec le souscripteur.

Art. L. 140-2 *(L. n. 89-1014 du 31 déc. 1989, art. 16).* – Les sommes dues par l'adhérent au souscripteur au titre de l'assurance doivent lui être décomptées distinctement de celles qu'il peut lui devoir, par ailleurs, au titre d'un autre contrat.

Art. L. 140-3 *(L. n. 89-1014 du 31 déc. 1989, art. 16).* – Le souscripteur ne peut exclure un adhérent du bénéfice du contrat d'assurance de groupe que si le lien qui les unit est rompu ou si l'adhérent cesse de payer la prime.

L'exclusion ne peut intervenir qu'au terme d'un délai de quarante jours à compter de l'envoi, par le souscripteur, d'une lettre recommandée de mise en demeure. Cette lettre ne peut être envoyée que dix jours au plus tôt après la date à laquelle les sommes dues doivent être payées.

Lors de la mise en demeure, le souscripteur informe l'adhérent qu'à l'expiration du délai prévu à l'alinéa précédent, le défaut de paiement de la prime est susceptible d'entraîner son exclusion du contrat.

Cette exclusion ne peut faire obstacle, le cas échéant, au versement des prestations acquises en contrepartie des primes ou cotisations versées antérieurement par l'assuré.

Art. 140-4 *(L. n. 89-1014 du 31 déc. 1989, art. 16).* – Le souscripteur est tenu :
– de remettre à l'adhérent une notice établie par l'assureur qui définit les garanties et leurs modalités d'entrée en vigueur ainsi que les formalités à accomplir en cas de sinistre ;
– d'informer par écrit les adhérents des modifications qu'il est prévu, le cas échéant, d'apporter à leurs droits et obligations.

La preuve de la remise de la notice à l'adhérent et de l'information relative aux modifications contractuelles incombe au souscripteur.

L'adhérent peut dénoncer son adhésion en raison de ces modifications.

Toutefois, la faculté de dénonciation n'est pas offerte à l'adhérent lorsque le lien qui l'unit au souscripteur rend obligatoire l'adhésion du contrat.

Les assurances de groupe ayant pour objet la garantie de remboursement d'un emprunt et qui sont régies par des lois spéciales ne sont pas soumises aux dispositions du présent article.

Art. L. 140-5 *(inséré, L. n. 81-5 du 7 janv. 1981, art. 35).* – Par dérogation aux dispositions des articles L. 132-2 et L. 132-3, le représentant légal d'un majeur en tutelle peut adhérer au nom de celui-ci à un contrat d'assurance de groupe en cas de décès, conclu par l'exécution d'une convention de travail ou d'un accord d'entreprise.

....

ASSURANCES — Code des Assurances

TITRE VI. – DISPOSITIONS DIVERSES RELATIVES AUX CONTRATS D'ASSURANCE ET DE CAPITALISATION

Section V. – Effet sur les contrats d'assurance de la réquisition des biens et services

Art. L. 160-6. – La réquisition de la propriété de tout ou partie d'un bien mobilier entraîne de plein droit, dans la limite de la réquisition, la résiliation ou la réduction des contrats d'assurance relatifs à ce bien, à compter de la date de dépossession de celui-ci. Toutefois, l'assuré a le droit d'obtenir de l'assureur qu'à la résiliation soit substituée la simple suspension des effets du contrat en vue de le remettre ultérieurement en vigueur sur les mêmes risques ou sur les risques similaires.

La réquisition de l'usage de tout ou partie d'un bien mobilier ou immobilier entraîne, de plein droit, la suspension des effets des contrats d'assurance relatifs à ce bien, dans la limite de la réquisition, et dans la mesure de la responsabilité de l'État telle qu'elle est définie à l'article 20 de l'ordonnance n. 59-63 du 6 janvier 1959.

La suspension prévue aux alinéas précédents ne modifie ni la durée du contrat, ni les droits respectifs des parties quant à cette durée. Elle prend effet à la date de dépossession du bien. Le contrat suspendu reprend ses effets, de plein droit, à partir du jour de la restitution totale ou partielle du bien requis, s'il n'a pas antérieurement pris fin pour une cause légale ou conventionnelle ; l'assuré doit, par lettre recommandée, aviser l'assureur de cette restitution dans le délai d'un mois à partir du jour où il en a eu connaissance. Faute de notification dans ce délai, le contrat ne reprend ses effets qu'à partir du jour où l'assureur a reçu de l'assuré notification de la restitution.

Art. L. 160-7. – En cas de réquisition de services, au sens de l'article 2 de l'ordonnance n° 59-63 du 6 janvier 1959, ainsi que dans le cas de logement ou de cantonnement, les contrats d'assurance de dommages continuent leurs effets de plein droit, nonobstant toute clause contraire et sans que l'assureur puisse se prévaloir de l'article L. 113-4. L'assureur, subrogé dans les droits du prestataire, peut mettre en cause la responsabilité de l'État dans les limites fixées à l'article 20 de l'ordonnance précitée.

En cas de réquisition de services au sens de l'article 2 de l'ordonnance précitée, les contrats d'assurance de personnes continuent leurs effets de plein droit nonobstant toute clause contraire et sans que l'assureur puisse se prévaloir du droit de résiliation prévu à l'article L. 113-4. Lorsque l'État est responsable en application de l'article 20 de l'ordonnance précitée, l'assureur peut mettre en cause la responsabilité de l'État dans la mesure où l'aggravation du risque est imputable à la réquisition.

Art. L. 160-8. – Dans tous les cas autres que ceux prévus à l'article L. 160-7, l'assuré doit, par lettre recommandée et dans le délai d'un mois à partir du jour où il a eu connaissance de la dépossession, en aviser l'assureur en précisant les biens sur lesquels porte la réquisition. A défaut de notification dans ce délai, l'assureur a droit, à titre de dommages-intérêts, à la fraction de prime correspondant au temps écoulé entre la date à laquelle l'assuré a eu connaissance de la dépossession et la date à laquelle il en a avisé l'assureur.

En cas de résiliation, l'assureur doit, sous déduction éventuelle des dommages-intérêts prévus ci-dessus, restituer à l'assuré la portion de prime payée d'avance et afférente au temps où le risque n'est plus couru.

En cas de suspension, cette portion de prime est conservée par l'assureur au crédit de l'assuré et porte intérêt au taux des avances sur titres de la Banque de France à compter de la plus prochaine échéance.

Code des Assurances ASSURANCES

En cas de réduction, la fraction de prime payée en excédent est également conservée par l'assureur au crédit de l'assuré ; elle porte intérêt dans les mêmes conditions et s'impute de plein droit sur les primes à échoir.

Si le contrat suspendu, ou réduit, prend fin pendant la réquisition, la portion de prime payée en trop est restituée à l'assuré avec les intérêts. Toutefois, elle s'impute de plein droit sur la somme due par l'assuré qui, au cours de la réquisition, aura fait garantir d'autres risques par l'assureur.

Art. L. 160-9. – Comme il résulte de l'article 22 de l'ordonnance n. 59-63 du 6 janvier 1959, des règlements d'administration publique déterminent les conditions d'adaptation de la présente section aux départements et territoires d'outre-mer (*).

(*) V. D. n. 80-156 du 18 fév. 1980 (J.O. 22 fév.)

....

LIVRE II. – ASSURANCES OBLIGATOIRES

TITRE Iᵉʳ. – L'ASSURANCE DES VÉHICULES TERRESTRES À MOTEUR ET DE LEURS REMORQUES ET SEMI-REMORQUES

CHAPITRE Iᵉʳ. – L'OBLIGATION DE S'ASSURER

Section I. – Personnes assujetties

Art. L. 211-1 *(modifié L. n. 85-677 du 5 juil. 1985, art. 7 et 8 – L. n. 89-1014 du 31 déc. 1989, art. 50).* – Toute personne physique ou toute personne morale autre que l'État, dont la responsabilité civile peut être engagée en raison de dommages subis par des tiers résultant d'atteintes aux personnes ou aux biens dans la réalisation desquels un véhicule terrestre à moteur, ainsi que ses remorques ou semi-remorques, est impliqué, doit, pour faire circuler lesdits véhicules, être couverte par une assurance garantissant cette responsabilité, dans les conditions fixées par règlement d'administration publique.

Les contrats d'assurance couvrant la responsabilité mentionnée au premier alinéa du présent article doivent également couvrir la responsabilité civile de toute personne ayant la garde ou la conduite, même non autorisée, du véhicule, à l'exception des professionnels de la réparation, de la vente et du contrôle de l'automobile, ainsi que la responsabilité civile des passagers du véhicule objet de l'assurance.

L'assureur est subrogé dans les droits que possède le créancier de l'indemnité contre la personne responsable de l'accident lorsque la garde ou la conduite du véhicule a été obtenue contre le gré du propriétaire.

Ces contrats doivent être souscrits auprès d'une entreprise d'assurance agréée pour pratiquer les opérations d'assurance contre les accidents résultant de l'emploi de véhicules automobiles.

Art. L. 211-2. – Les dispositions de l'article L. 211-1 ne sont pas applicables aux dommages causés par les chemins de fer et les tramways.

Art. L. 211-3. – Des dérogations totales ou partielles à l'obligation d'assurance édictée à l'article L. 211-1 peuvent être accordées, par l'autorité administrative, aux collectivités publiques et aux entreprises ou organismes qui justifieront de garanties financières suffisantes.

… ASSURANCES — Code des Assurances

Section II. – Étendue de l'obligation d'assurance

Art. L. 211-4. – L'assurance prévue à l'article L. 211-1 doit comporter une garantie de la responsabilité civile s'étendant à l'ensemble des territoires des États membres de la Communauté économique européenne ainsi qu'aux territoires des États suivants : Saint-Siège, Saint-Marin, Monaco, Autriche, Finlande, Norvège, Suède, Suisse, Liechtenstein. Cette garantie, lorsqu'elle est appelée à jouer hors du territoire français, est accordée par l'assureur dans les limites et conditions prévues par la législation nationale de l'État sur le territoire duquel s'est produit le sinistre.

Cette assurance doit également comporter une garantie de la responsabilité civile en cas de sinistre survenant au cours du trajet reliant directement deux territoires où le traité instituant la Communauté économique européenne est applicable, lorsqu'il n'existe pas, pour le territoire parcouru, de bureau national d'assurance.

Dans ce cas, l'assureur n'est tenu de couvrir que les dommages dont peuvent être victimes les ressortissants des États mentionnés au premier alinéa du présent article, dans les conditions prévues par la législation nationale sur l'obligation d'assurance en vigueur dans l'État où le véhicule qui a causé l'accident a son stationnement habituel.

L'État où le véhicule a son stationnement habituel est soit l'État d'immatriculation du véhicule, soit, à défaut d'obligation d'immatriculation, l'État sur le territoire duquel est domiciliée la personne qui a la garde du véhicule.

Art. L. 211-5. – Le règlement d'administration publique mentionné à l'article L. 211-1 fixe les conditions d'application du présent titre, et notamment l'étendue de la garantie que doit comporter le contrat d'assurance, les modalités d'établissement et de validité des documents justificatifs prévus pour l'exercice du contrôle, ainsi que les obligations imparties aux utilisateurs de véhicules en circulation internationale munis d'une lettre de nationalité autre que la lettre française.

Tout contrat d'assurance souscrit par une personne assujettie à l'obligation instituée à l'article L. 211-1 est, nonobstant toutes clauses contraires, réputé comporter des garanties au moins équivalentes à celles fixées dans le règlement d'administration publique prévu à l'alinéa précédent.

Art. L. 211-6. – Est réputée non écrite toute clause stipulant la déchéance de la garantie de l'assuré en cas de condamnation pour conduite en état d'ivresse ou sous l'empire d'un état alcoolique.

Art. L. 211-7. – Les dispositions du présent titre ne portent pas atteinte aux prescriptions réglementaires en vigueur, dans la mesure où ces prescriptions concernent des risques différents ou imposent des obligations plus étendues.

Section III. – Franchises, exclusions de garantie et déchéances

Néant.

Section IV. – Contrôle de l'obligation d'assurance

Néant.

Section V. – Dispositions relatives à l'assurance des véhicules en circulation internationale et de certains autres véhicules

Néant.

Code des Assurances ASSURANCES

Section VI. – Procédures d'indemnisation
(D. n. 88-260 du 18 mars 1988, art. 2)

Art. L. 211-8. – Les dispositions de la présente section s'appliquent, même lorsqu'elles sont transportées en vertu d'un contrat, aux victimes d'un accident de la circulation dans lequel est impliqué un véhicule terrestre à moteur ainsi que ses remorques ou semi-remorques, à l'exception des chemins de fer et des tramways circulant sur des voies qui leur sont propres.

Art. L. 211-9. – L'assureur qui garantit la responsabilité civile du fait d'un véhicule terrestre à moteur est tenu de présenter dans un délai maximal de huit mois à compter de l'accident une offre d'indemnité à la victime qui a subi une atteinte à sa personne. En cas de décès de la victime, l'offre est faite à ses héritiers et, s'il y a lieu, à son conjoint.

Une offre doit aussi être faite aux autres victimes dans un délai de huit mois à compter de leur demande d'indemnisation.

L'offre comprend tous les éléments indemnisables du préjudice, y compris les éléments relatifs aux dommages aux biens lorsqu'ils n'ont pas fait l'objet d'un règlement préalable.

Elle peut avoir un caractère provisionnel lorsque l'assureur n'a pas, dans les trois mois de l'accident, été informé de la consolidation de l'état de la victime. L'offre définitive d'indemnisation doit alors être faite dans un délai de cinq mois suivant la date à laquelle l'assureur a été informé de cette consolidation.

En cas de pluralité de véhicules, et s'il y a plusieurs assureurs, l'offre est faite par l'assureur mandaté par les autres.

Les dispositions qui précèdent ne sont pas applicables aux victimes à qui l'accident n'a occasionné que des dommages aux biens.

Art. L. 211-10. – A l'occasion de sa première correspondance avec la victime, l'assureur est tenu, à peine de nullité relative de la transaction qui pourrait intervenir, d'informer la victime qu'elle peut obtenir de sa part, sur simple demande, la copie du procès-verbal d'enquête de police ou de gendarmerie et de lui rappeler qu'elle peut à son libre choix se faire assister d'un avocat et, en cas d'examen médical, d'un médecin.

Sous la même sanction, cette correspondance porte à la connaissance de la victime les dispositions du quatrième alinéa de l'article L. 211-9 et celles de l'article L. 211-12.

Art. L. 211-11. – Dès lors que l'assureur n'a pu, sans qu'il y ait faute de sa part, savoir que l'accident avait imposé des débours aux tiers payeurs visés à l'article 29 de la loi n. 85-677 du 5 juillet 1985 et à l'article L. 211-25, ceux-ci perdent tout droit à remboursement contre lui et contre l'auteur du dommage. Toutefois, l'assureur ne peut invoquer une telle ignorance à l'égard des organismes versant des prestations de sécurité sociale.

Dans tous les cas, le défaut de production des créances des tiers payeurs, dans un délai de quatre mois à compter de la demande émanant de l'assureur, entraîne déchéance de leurs droits à l'encontre de l'assureur et de l'auteur du dommage.

Dans le cas où la demande émanant de l'assureur ne mentionne pas la consolidation de l'état de la victime, les créances produites par les tiers payeurs peuvent avoir un caractère provisionnel.

Art. L. 211-12. – Lorsque, du fait de la victime, les tiers payeurs n'ont pu faire valoir leurs droits contre l'assureur, ils ont un recours contre la victime à concurrence de l'indemnité qu'elle a perçue de l'assureur au titre du même chef de préjudice et dans les limites prévues à l'article 31 de la loi n. 85-677 du 5 juillet 1985. Ils doivent agir dans un délai de deux ans à compter de la demande de versement des prestations.

ASSURANCES **Code des Assurances**

Art. L. 211-13. – Lorsque l'offre n'a pas été faite dans les délais impartis à l'article L. 211-9, le montant de l'indemnité offerte par l'assureur ou allouée par le juge à la victime produit intérêt de plein droit au double du taux de l'intérêt légal à compter de l'expiration du délai et jusqu'au jour de l'offre ou du jugement devenu définitif. Cette pénalité peut être réduite par le juge en raison de circonstances non imputables à l'assureur.

Art. L. 211-14. – Si le juge qui fixe l'indemnité estime que l'offre proposée par l'assureur était manifestement insuffisante, il condamne d'office l'assureur à verser au fonds de garantie prévu par l'article L. 421-1 une somme au plus égale à 15 p. 100 de l'indemnité allouée, sans préjudice des dommages et intérêts dus de ce fait à la victime.

Art. L. 211-15. – L'assureur doit soumettre au juge des tutelles ou au conseil de famille, compétents suivant les cas pour l'autoriser, tout projet de transaction concernant un mineur ou un majeur en tutelle. Il doit également donner avis sans formalité au juge des tutelles, quinze jours au moins à l'avance, du paiement du premier arrérage d'une rente ou de toute somme devant être versée à titre d'indemnité au représentant légal de la personne protégée.

Le paiement qui n'a pas été précédé de l'avis requis ou la transaction qui n'a pas été autorisée peut être annulé à la demande de tout intéressé ou du ministère public à l'exception de l'assureur.

Toute clause par laquelle le représentant légal se porte fort de la ratification par le mineur ou le majeur en tutelle de l'un des actes mentionnés à l'alinéa premier du présent article est nulle.

Art. L. 211-16. – La victime peut, par lettre recommandée avec demande d'avis de réception, dénoncer la transaction dans les quinze jours de sa conclusion.

Toute clause de la transaction par laquelle la victime abandonne son droit de dénonciation est nulle.

Les dispositions ci-dessus doivent être reproduites en caractères très apparents dans l'offre de transaction et dans la transaction à peine de nullité relative de cette dernière.

Art. L. 211-17. – Le paiement des sommes convenues doit intervenir dans un délai d'un mois après l'expiration du délai de dénonciation fixé à l'article L. 211-16. Dans le cas contraire, les sommes non versées produisent de plein droit intérêt au taux légal majoré de moitié durant deux mois, puis, à l'expiration de ces deux mois, au double du taux légal.

Art. L. 211-18. – En cas de condamnation résultant d'une décision de justice exécutoire, même par provision, le taux de l'intérêt légal est majoré de 50 p. 100 à l'expiration d'un délai de deux mois et il est doublé à l'expiration d'un délai de quatre mois à compter du jour de la décision de justice, lorsque celle-ci est contradictoire et, dans les autres cas, du jour de la notification de la décision.

Art. L. 211-19. – La victime peut, dans le délai prévu par l'article 2270-1 du Code civil, demander la réparation de l'aggravation du dommage qu'elle a subi à l'assureur qui a versé l'indemnité.

Art. L. 211-20. – Lorsque l'assureur invoque une exception de garantie légale ou contractuelle, il est tenu de satisfaire aux prescriptions des articles L. 211-9 à L. 211-17 pour le compte de qui il appartiendra ; la transaction intervenue pourra être contestée devant le juge par celui pour le compte de qui elle aura été faite, sans que soit remis en cause le montant des sommes allouées à la victime ou à ses ayants droit.

Code des Assurances   ASSURANCES

Art. L. 211-21. – Pour l'application des articles L. 211-9 à L. 211-17, l'État ainsi que les collectivités publiques, les entreprises ou organismes bénéficiant d'une exonération en vertu de l'article L. 211-2 ou ayant obtenu une dérogation à l'obligation d'assurance en vertu de l'article L. 211-3 sont assimilés à un assureur.

Art. L. 211-22. – Les dispositions des articles L. 211-9, L. 211-10 et L. 211-13 à L. 211-19 sont applicables au fonds de garantie contre les accidents de circulation et de chasse institué par l'article L. 421-1, dans ses rapports avec les victimes ou leurs ayants droit ; toutefois, les délais prévus à l'article L. 211-9 courent contre le fonds à compter du jour où celui-ci a reçu les éléments justifiant son intervention.
L'application des articles L. 211-13 et L. 211-14 ne fait pas obstacle aux dispositions particulières qui régissent les actions en justice contre le fonds. Lorsque le fonds de garantie est tenu aux intérêts prévus à l'article L. 211-14, ils sont versés au Trésor public.

Art. L. 211-23. – Sous le contrôle de l'autorité publique, une publication périodique rend compte des indemnités fixées par les jugements et les transactions.

Art. L. 211-24. – Un décret en Conseil d'État fixe les mesures nécessaires à l'application de la présente section. Il détermine notamment les causes de suspension ou de prorogation des délais mentionnés à l'article L. 211-9, ainsi que les informations réciproques que se doivent l'assureur, la victime et les tiers payeurs.

Art. L. 211-25. – Les deux premiers alinéas de l'article 33 de la loi n. 85-677 du 5 juillet 1985 sont applicables aux assureurs.
Lorsqu'il est prévu par contrat, le recours subrogatoire de l'assureur qui a versé à la victime une avance sur indemnité du fait de l'accident peut être exercé contre l'assureur de la personne tenue à réparation dans la limite du solde subsistant après paiements aux tiers visés à l'article 29 de la même loi du 5 juillet 1985. Il doit être exercé, s'il y a lieu, dans les délais impartis par la loi aux tiers payeurs pour produire leurs créances.

Section VII. – Pénalités

Art. L. 211-26 *(Al. 1er et 2 nouveaux, L. n. 85-1407 du 30 déc. 1985).* – Les amendes prononcées pour violation de l'obligation d'assurance prévue par l'article L. 211-1, y compris les amendes qu'une mesure de grâce aurait substituées à l'emprisonnement, sont affectées d'une majoration de 50 p. 100 perçue, lors de leur recouvrement, au profit du fonds de garantie institué par l'article L. 420-1.
Si la juridiction civile est saisie d'une contestation sérieuse, portant sur l'existence ou la validité de l'assurance, la juridiction pénale appelée à se prononcer sur les poursuites exercées pour violation de l'obligation d'assurance sursoit à statuer jusqu'à ce qu'il ait été jugé définitivement sur la contestation.
Les dispositions du présent article ne sont pas applicables lorsque l'assurance de la responsabilité civile concerne des véhicules ayant leur stationnement habituel au sens de l'article L. 211-4 sur le territoire d'un État membre de la Communauté économique européenne, à l'exclusion de la France, ou sur celui d'un des États suivants : Saint-Siège, Saint-Marin, Autriche, Finlande, Norvège, Suède, Suisse et Liechtenstein.

CHAPITRE II. – L'OBLIGATION D'ASSURER. LE BUREAU CENTRAL DE TARIFICATION

Art. L. 212-1. – Toute personne assujettie à l'obligation d'assurance qui, ayant sollicité la souscription d'un contrat auprès d'une entreprise d'assurance dont les statuts n'interdisent pas la prise en charge du risque en cause en raison de sa nature, se voit opposer un refus, peut saisir un bureau central de tarification dont les conditions de constitution et les règles de fonctionnement sont fixées par le règlement d'administration publique prévu à l'article L. 211-1.

Le bureau central de tarification a pour rôle exclusif de fixer le montant de la prime moyennant laquelle l'entreprise d'assurance intéressée est tenue de garantir le risque qui lui a été proposé.

Il peut, dans les conditions fixées par le règlement d'administration publique susmentionné, déterminer le montant d'une franchise qui reste à la charge de l'assuré.

Art. L. 212-2. – Est nulle toute clause des traités de réassurance tendant à exclure certains risques de la garantie de réassurance en raison de la tarification adoptée par le bureau central de tarification.

Art. L. 212-3. – Toute entreprise d'assurance qui maintient son refus de garantir un risque dont la prime a été fixée par le bureau central de tarification est considérée comme ne fonctionnant plus conformément à la réglementation en vigueur et encourt le retrait de l'agrément administratif prévu à l'article L. 321-1.

CHAPITRE III. – CONTRIBUTION AU PROFIT DE LA SÉCURITÉ SOCIALE

Art. L. 213-1. – Une cotisation est due par toute personne physique ou morale qui, soit en qualité d'employeur, soit en qualité d'affilié, cotise à un régime obligatoire d'assurance maladie ou bénéficie d'un tel régime en qualité d'ayant droit d'affilié et qui est soumise à l'obligation d'assurance en matière de circulation de véhicules terrestres à moteur instituée par l'article L. 211-1. Cette cotisation est perçue au profit des régimes obligatoires d'assurance maladie.

Cette cotisation est proportionnelle aux primes ou cotisations afférentes à l'assurance obligatoire en matière de circulation de véhicules terrestres à moteur instituée par l'article L. 211-1. Elle est recouvrée par les entreprises d'assurance, dans les mêmes conditions et en même temps que ces primes.

Les employeurs dispensés de l'obligation d'assurance en vertu de l'article L. 211-3 versent une cotisation forfaitaire calculée selon des modalités fixées par décret en Conseil d'État.

Il appartient aux personnes physiques ou morales qui ne cotisent pas soit en qualité d'employeur, soit en qualité d'affilié à un régime obligatoire d'assurance maladie ou qui ne bénéficient pas d'un tel régime en qualité d'ayants droit, d'en apporter la preuve par tous moyens et notamment par une déclaration aux organismes d'assurance auprès desquels elles ont souscrit des contrats en application de l'article L. 211-1 susmentionné.

Un décret en Conseil d'État fixe les modalités d'application du présent article et, notamment, le taux de la cotisation et les modalités de répartition du produit des cotisations entre les divers régimes obligatoires d'assurance maladie.

Art. L. 213-2. – Quiconque, pour apporter la preuve prévue à l'alinéa 4 de l'article L. 213-1, se rendra coupable de fraude ou de fausse déclaration, sera puni d'une amende de 1 000 F à 5 000 F.

CHAPITRE IV. – DISPOSITIONS PARTICULIÈRES AUX DÉPARTEMENTS ET TERRITOIRES D'OUTRE-MER

Section I. – Dispositions particulières aux départements d'outre-mer

Art. L. 214-1. – Des règlements d'administration publique fixent la date d'entrée en vigueur, ainsi que les modalités d'application ou d'adaptation des chapitres Ier et II aux départements d'outre-mer.

Code des Assurances

Section II. – Dispositions particulières aux territoires d'outre-mer

Art. L. 214-2 *(Al. mod. L. n. 89-1014 du 31 déc. 1989, art. 56).* – Le troisième alinéa de l'article L. 211-26 et les articles L. 212-1 à L. 212-3, sont applicables dans les territoires d'outre-mer et dans la collectivité territoriale de Mayotte.

Les dispositions précitées entrent en vigueur dans le territoire de Wallis et Futuna le premier jour du trimestre civil suivant la publication de l'arrêté rendant exécutoire la délibération édictant une obligation d'assurance de la responsabilité civile en matière de circulation automobile.

Les modalités d'application du présent article sont fixées par règlement d'administration publique.

TITRE II. – L'ASSURANCE DES ENGINS DE REMONTÉE MÉCANIQUE

CHAPITRE UNIQUE

Art. L. 220-1. – Toute personne physique ou morale autre que l'État, exploitant pour le transport des voyageurs, sous quelque régime juridique que ce soit, un chemin de fer funiculaire ou à crémaillère, un téléphérique, un remonte-pente ou tout autre engin de remontée mécanique utilisant des câbles porteurs ou tracteurs doit être couverte par une assurance garantissant sa responsabilité civile pour tous dommages causés par ce moyen de transport.

Art. L. 220-2. – *Abrogé, L. n. 89-1014 du 31 déc. 1989, art. 46.*

Art. L. 220-3. – Quiconque aura sciemment contrevenu aux dispositions de l'article L. 220-1 sera puni d'un emprisonnement de deux à six mois et d'une amende de 2 000 à 50 000 F ou de l'une de ces deux peines seulement.

Dès la constatation du défaut d'assurance, le préfet suspendra l'autorisation d'exploitation, jusqu'à ce que la situation soit régularisée.

Art. L. 220-4. – Aucune autorisation d'exploitation n'est accordée s'il n'est justifié de l'existence du contrat d'assurance mentionné à l'article L. 220-1.

Art. L. 220-5 *(Al. mod., L. n. 89-1014 du 31 déc. 1989, art. 53).* – Toute personne assujettie à l'obligation d'assurance qui n'a pu obtenir la souscription d'un contrat pour les risques mentionnés à l'article L. 220-1 auprès d'au moins trois des entreprises agréées dans la branche correspondante à ces risques peut saisir un bureau central de tarification dont les conditions de constitution et les règles de fonctionnement sont fixées par décret en Conseil d'Etat.

Le bureau central de tarification a pour rôle exclusif de fixer le montant de la prime moyennant laquelle les entreprises d'assurance auprès desquelles la souscription d'un contrat a été sollicitée, ainsi qu'il est dit à l'alinéa ci-dessus, sont tenues de garantir le risque qui leur a été proposé. Il peut, dans les conditions fixées par règlement d'administration publique, déterminer le montant d'une franchise qui reste à la charge de l'assuré.

Toute entreprise d'assurance ayant maintenu son refus de garantir un risque dont la prime a été fixée par le bureau central de tarification est considérée comme ne fonctionnant plus conformément à la réglementation en vigueur et encourt le retrait de l'agrément administratif prévu à l'article L. 321-1.

Est nulle toute clause des traités de réassurance tendant à exclure de la garantie de réassurance certains risques faisant l'objet de la présente section.

Art. L. 220-6 *(Al. mod., L. n. 89-1014 du 31 déc. 1989, art. 50).* – Un règlement d'administration publique fixe les conditions d'application du présent chapitre, et notamment la nature et l'étendue de la garantie que doit comporter le contrat d'assurance.

ASSURANCES   Code des Assurances

Art. L. 220-7. – Tout contrat d'assurance couvrant la responsabilité civile de l'exploitant d'un des moyens de transport mentionnés à l'article L. 220-1 est, nonobstant toute clause contraire, réputé comporter des garanties au moins équivalentes à celles fixées dans le règlement d'administration publique mentionné à l'article L. 220-6.

Art. L. 220-8. – Des règlements d'administration publique pris dans les conditions prévues par le décret n. 60-406 du 26 avril 1960 relatif à l'adaptation du régime législatif et de l'organisation administrative des départements de la Guadeloupe, de la Guyane, de la Martinique et de la Réunion, fixent pour ces départements la date d'entrée en vigueur et les modalités d'application et d'adaptation du présent chapitre.

TITRE III. – L'ASSURANCE DE LA RESPONSABILITÉ CIVILE DES CHASSEURS
CHAPITRE UNIQUE

Art. L. 230-1. – Conformément à l'article 366 bis du code rural, la demande de visa du permis de chasser présentée annuellement au préfet ou au maire doit être accompagnée par une attestation délivrée par une entreprise d'assurance, permettant de constater que la responsabilité civile du demandeur est garantie pour une somme illimitée et sans qu'aucune déchéance soit opposable aux victimes ou à leurs ayants droit, en raison des accidents corporels occasionnés par tout acte de chasse ou tout acte de destruction d'animaux nuisibles.

Comme il est dit au même article 366 bis :

« L'assurance devra aussi couvrir, dans les mêmes conditions, la responsabilité civile encourue par le chasseur du fait de ses chiens. Le permis cesse d'être valable, et il est retiré provisoirement par le préfet, si le contrat d'assurance est résilié ou si la garantie prévue au contrat est suspendue pour quelque cause que ce soit ; la résiliation du contrat ou la suspension de la garantie doivent être notifiées par l'entreprise d'assurance au préfet du département où l'assuré a son domicile. Un décret en Conseil d'État fixe les modalités d'application du présent alinéa.

« Tout contrat d'assurance couvrant la responsabilité civile des chasseurs est, nonobstant toute clause contraire, réputé comporter des garanties au moins équivalentes à celles qui sont fixées par l'alinéa ci-dessus. »

TITRE IV. – L'ASSURANCE DES TRAVAUX DE BATIMENT

Art. L. 241-1 à L. 243-8. – *V. sous art. 1799.*

LIVRE IV. – ORGANISATION ET RÉGIMES PARTICULIERS D'ASSURANCE

TITRE II. – LE FONDS DE GARANTIE

CHAPITRE Ier Intitulé modifié *(D. n. 88-260 du 18 mars 1988, art. 3)* – LE FONDS DE GARANTIE CONTRE LES ACCIDENTS DE CIRCULATION ET DE CHASSE

Section I. – Dispositions spéciales aux accidents de la circulation survenus en France métropolitaine et dans les départements d'outre-mer

Art. L. 421-1 *(L. n. 85-677 du 5 juill. 1985, art. 9).* – Il est institué un fonds de garantie chargé, lorsque le responsable des dommages demeure inconnu ou n'est pas assuré, sauf par l'effet

Code des Assurances ASSURANCES

d'une dérogation légale à l'obligation d'assurance, ou lorsque son assureur est totalement ou partiellement insolvable, d'indemniser les victimes des dommages résultant des atteintes à leur personne nés d'un accident dans lequel est impliqué un véhicule terrestre à moteur en circulation, ainsi que ses remorques ou semi-remorques, à l'exclusion des chemins de fer et des tramways circulant sur des voies qui leur sont propres. Le fonds de garantie paie les indemnités qui ne peuvent être prises en charge à aucun autre titre, allouées aux victimes ou à leurs ayants droit, lorsque l'accident ouvre droit à réparation. Les versements effectués au profit des victimes ou de leurs ayants droit et qui ne peuvent pas donner lieu à une action récursoire contre le responsable des dommages ne sont pas considérés comme une indemnisation à un autre titre.

Le fonds de garantie peut également prendre en charge, dans les conditions et limites fixées par un décret en Conseil d'État, les dommages aux biens nés d'un accident dans lequel est impliqué un véhicule défini à l'alinéa précédent, lorsque l'auteur identifié de ces dommages n'est pas assuré, sauf par l'effet d'une dérogation légale à l'obligation d'assurance, ou lorsque l'auteur étant inconnu, le conducteur du véhicule accidenté ou toute autre personne a subi un préjudice résultant d'une atteinte à sa personne.

Le fonds de garantie est également chargé, lorsque le responsable des dommages demeure inconnu ou n'est pas assuré, de payer, dans les conditions prévues au premier alinéa, les indemnités allouées aux victimes de dommages résultant des atteintes à leur personne ou à leurs ayants droit, lorsque ces dommages, ouvrant droit à réparation, ont été causés accidentellement par des personnes circulant sur le sol dans des lieux ouverts à la circulation publique.

Les indemnités doivent résulter soit d'une décision judiciaire exécutoire, soit d'une transaction ayant reçu l'assentiment du fonds de garantie.

Art. L. 421-2 *(Al mod., L. n. 89-1014 du 31 déc. 1989, art. 48-6°).* – Le fonds de garantie est doté de la personnalité civile. Il groupe obligatoirement toutes les sociétés ou assureurs agréés pour couvrir les risques de responsabilité civile résultant de l'emploi des véhicules.

Art. L. 421-3. – Le fonds de garantie est subrogé dans les droits que possède le créancier de l'indemnité contre la personne responsable de l'accident ou son assureur. Il a droit, en outre, à des intérêts calculés au taux légal en matière civile et à des frais de recouvrement.

(L. n. 85-677 du 5 juil. 1985, art. 10). – Lorsque le fonds de garantie transige avec la victime, cette transaction est opposable à l'auteur des dommages, sauf le droit pour celui-ci de contester devant le juge le montant des sommes qui lui sont réclamées du fait de cette transaction. Cette contestation ne peut avoir pour effet de remettre en cause le montant des indemnités allouées à la victime ou à ses ayants droit.

Art. L. 421-4. – Le fonds de garantie est alimenté par des contributions des entreprises d'assurance, des automobilistes assurés et des responsables d'accidents d'automobiles non bénéficiaires d'une assurance. Ces diverses contributions sont liquidées et recouvrées dans les conditions et sous les sanctions fixées par le règlement d'administration publique prévu à l'article L. 420-6.

Art. L. 421-5. – Le fonds de garantie peut intervenir même devant les juridictions répressives et même pour la première fois en cause d'appel, en vue notamment de contester le principe ou le montant de l'indemnité réclamée, dans toutes les instances engagées entre les victimes d'accidents ou leurs ayants droit, d'une part, les responsables ou leurs assureurs, d'autre part. Il intervient alors à titre principal et peut user de toutes les voies de recours ouvertes par la loi.

ASSURANCES   Code des Assurances

Art. L. 421-6. – *(Al. mod., L. n. 89-1014 du 31 déc. 1989, art. 50)* Un règlement d'administration publique fixe les conditions d'application des articles L. 420-1 à L. 420-5 et notamment les bases et modalités juridiques de détermination des indemnités pouvant être dues par le fonds de garantie, les personnes exclues du bénéfice du fonds, les obligations et droits respectifs, ou réciproques du fonds de garantie, de l'assureur, du responsable de l'accident, de la victime ou de ses ayants droit, les délais assignés pour l'exercice de ces droits ou la mise en jeu de ces obligations, les conditions de fonctionnement, d'intervention en justice du fonds de garantie, les conditions dans lesquelles il peut être exceptionnellement mis en cause, les modalités du contrôle exercé sur l'ensemble de la gestion du fonds par le ministre de l'économie et des finances, les taux et assiettes des contributions prévues à l'article L. 420-4.

Art. L. 421-7. – Lorsque l'auteur d'un accident n'est pas en mesure de justifier qu'il a été satisfait à l'obligation d'assurance instituée par l'article L. 211-1, la victime et le fonds de garantie sont fondés à se prévaloir des mesures conservatoires prévues aux articles 48 à 57 du code de procédure civile.

Toutefois, ces dispositions ne sont pas applicables lorsque l'assurance de la responsabilité civile concerne des véhicules ayant leur stationnement habituel au sens de l'article L. 211-1 sur le territoire d'un État membre de la Communauté économique européenne autre que la France, ou sur celui d'un des États suivants : Saint-Siège, Saint-Marin, Autriche, Finlande, Norvège, Suède, Suisse et Liechtenstein.

Section II. – Dispositions spéciales aux accidents de chasse survenus en France métropolitaine

Art. L. 421-8. – Comme il résulte de l'article 366 *ter* du code rural, le fonds de garantie institué par l'article L. 420-1 intervient pour l'indemnisation des dommages corporels occasionnés par tous actes de chasse ou de destruction des animaux nuisibles en France métropolitaine.

Section III. – Dispositions communes aux accidents d'automobile survenus en France métropolitaine et dans les départements d'outre-mer, et aux accidents de chasse survenus en France métropolitaine

Néant.

Section IV. – Organisation, fonctionnement et contrôle du fonds de garantie

Néant.

Section V. – Régime financier du fonds de garantie

Art. L. 421-8-1 *(L. n. 85-677 du 5 juil. 1985, art. 11)*. – Les délais prévus à l'article 3 de la loi n. 75-619 du 11 juillet 1975 relative au taux de l'intérêt légal ne courent à l'encontre du fonds de garantie qu'à compter du jour où celui-ci a reçu les éléments justifiant son intervention.

Section VI. – Rôle du fonds de garantie en cas de retrait d'agrément administratif d'une entreprise d'assurance automobile

Art. L. 421-9. – Lorsque le fonds de garantie, pour l'application de l'article L. 326-17, prend en charge, pour le compte de l'entreprise en liquidation, le règlement des dommages mentionnés à l'article L. 211-1, il ne peut exercer aucun recours contre les assurés ou souscripteurs de contrats

Code des Assurances

pour le recouvrement des indemnités qu'il a versées en application de l'article L. 326-17, mais il est subrogé, à concurrence du montant de ces indemnités, aux droits des victimes sur la liquidation de l'entreprise d'assurance ayant fait l'objet du retrait d'agrément.
(Al. suppr., L. n. 89-1014 du 31 déc. 1989, art. 48-7°)

Section VII. – Dispositions particulières aux départements d'outre-mer

Néant.

Section VIII. – Dispositions particulières aux territoires d'outre-mer

Art. L. 421-10. – Sont applicables à la Nouvelle-Calédonie, à la Polynésie française et à Saint-Pierre et Miquelon, les dispositions des articles L. 420-1 à L. 420-6 et L. 420-9.

Les amendes prononcées à l'encontre de quiconque a sciemment contrevenu à l'obligation d'assurance instituée par la réglementation locale, y compris les amendes qu'une mesure de grâce aurait substituées à l'emprisonnement, sont affectées d'une majoration de 50 p. 100 perçue lors de leur recouvrement au profit du fonds de garantie.

Les dispositions précitées entrent en vigueur, dans le territoire de Wallis et Futuna, le premier jour du trimestre civil suivant la publication de l'arrêté rendant exécutoire la délibération édictant une obligation d'assurance de la responsabilité civile en matière de circulation automobile.

Les modalités d'application du présent article sont fixées par règlement d'administration publique.

Section IX. – Dispositions particulières applicables aux accidents d'automobile survenus à l'étranger

Art. L. 421-11. – Le fonds de garantie est chargé de l'indemnisation des victimes d'accidents causés par les véhicules dont la circulation entraîne l'application d'une obligation d'assurance de la responsabilité civile et qui ont leur stationnement habituel en France métropolitaine ou à Monaco, lorsque ces accidents surviennent sur le territoire d'un des États membres de la Communauté économique européenne autres que la France, ainsi que sur le territoire d'un des Etats suivants : Saint-Siège, Saint-Marin, Autriche, Finlande, Norvège, Suède, Suisse et Liechtenstein.

L'État où le véhicule a son stationnement habituel est soit l'État d'immatriculation du véhicule, soit, à défaut d'obligation d'immatriculation, l'État sur le territoire duquel est domiciliée la personne qui a la garde du véhicule.

L'intervention du fonds de garantie est subordonnée aux conditions ci-après :
Le responsable des dommages ne doit pas disposer de la garantie d'assurance obligatoire de responsabilité civile ;
L'indemnisation des victimes est effectuée dans les conditions prévues par la législation nationale de l'État sur le territoire duquel s'est produit l'accident.

Art. L. 421-12. – Le fonds de garantie est également chargé de l'indemnisation des victimes lorsque l'accident causé par un véhicule mentionné à l'article L. 420-11 s'est produit pendant le trajet reliant directement deux territoires où le traité instituant la Communauté économique européenne est applicable.

L'intervention du fonds est, dans ce cas, subordonnée aux conditions prévues à l'article L. 420-11 ainsi qu'aux conditions suivantes :
– il doit n'exister pour le territoire parcouru aucun bureau national d'assurance ;

ASSURANCES — Code des Assurances

— les victimes doivent être ressortissantes d'un État membre de la Communauté économique européenne, ou d'un des États suivants : Saint-Siège, Monaco, Saint-Marin, Autriche, Finlande, Norvège, Suède, Suisse et Liechtenstein.

L'indemnisation des victimes est, dans ce cas, effectuée dans les conditions prévues par la législation nationale sur l'obligation d'assurance en vigueur dans l'État où le véhicule qui a causé l'accident a son stationnement habituel.

Art. L. 421-13. – Lorsqu'il intervient en vertu des articles L. 420-11 et L. 420-12, le fonds de garantie est subrogé dans les droits que possède le créancier de l'indemnité contre la personne responsable de l'accident.

Art. L. 421-14. – Un décret en Conseil d'État fixe les conditions d'application de la présente section, notamment les modalités selon lesquelles est constatée la réunion des conditions entraînant l'intervention du fonds de garantie, les modalités de versement de l'indemnité aux victimes par l'intermédiaire des bureaux nationaux d'assurance, ainsi que les modalités de l'exercice par le fonds de garantie du droit de subrogation prévu à l'article L. 420-13.

Un décret en Conseil d'État fixe les conditions d'adaptation de la présente section dans les départements d'outre-mer.

CHAPITRE II. – LE FONDS DE GARANTIE CONTRE LES ACTES DE TERRORISME
(D. n. 88-260 du 18 mars 1988, art. 3)

Art. L. 422-1. – La réparation intégrale des dommages corporels résultant des actes mentionnés à l'article L. 126-1 est assurée par l'intermédiaire du fonds de garantie contre les actes de terrorisme.

Ce fonds, doté de la personnalité civile, est alimenté par un prélèvement sur les contrats d'assurance de biens dans des conditions définies par décret en Conseil d'État, qui fixe en outre ses conditions de constitution et ses règles de fonctionnement.

Il est subrogé dans les droits que possède la victime contre la personne responsable du dommage.

Art. L. 422-2. – Le fonds de garantie est tenu, dans un délai d'un mois à compter de la demande qui lui est faite, de verser une ou plusieurs provisions à la victime qui a subi une atteinte à sa personne ou, en cas de décès de la victime, à ses ayants droit, sans préjudice du droit pour ces victimes de saisir le juge des référés.

Le fonds de garantie est tenu de présenter à toute victime une offre d'indemnisation dans un délai de trois mois à compter du jour où il reçoit de celle-ci la justification de ses préjudices. Cette disposition est également applicable en cas d'aggravation du dommage.

Les articles L. 211-15 à L. 211-18 sont applicables à ces offres d'indemnisation. Les offres tardives ou manifestement insuffisantes peuvent ouvrir droit à des dommages et intérêts au profit de la victime.

Art. L. 422-3. – En cas de litige, le juge civil, si les faits générateurs du dommage ont donné lieu à des poursuites pénales, n'est pas tenu de surseoir à statuer jusqu'à décision définitive de la juridiction répressive.

Les victimes des dommages disposent, dans le délai prévu à l'article 2270-1 du Code civil, du droit d'action en justice contre le fonds de garantie.

Code des Assurances ASSURANCES

deuxième partie (réglementaire)

LIVRE Ier. – LE CONTRAT

TITRE Ier. – RÈGLES COMMUNES AUX ASSURANCES DE DOMMAGES NON MARITIMES ET AUX ASSURANCES DE PERSONNES

CHAPITRE Ier. – DISPOSITIONS GÉNÉRALES

Art. R. 111-1. – Plusieurs risques différents, notamment par leur nature ou par leur taux, peuvent être assurés par une police unique. Plusieurs assureurs peuvent également s'engager par une police unique.

CHAPITRE II. – CONCLUSION ET PREUVE DU CONTRAT D'ASSURANCE. FORME ET TRANSMISSION DES POLICES

Art. R. 112-1. – Les polices d'assurance des entreprises mentionnées au 5° de l'article L. 310-1 doivent indiquer :
- la durée des engagements réciproques des parties ;
- les conditions de la tacite reconduction, si elle est stipulée ;
- les cas et conditions de prorogation ou de résiliation du contrat ou de cessation de ses effets ;
- les obligations de l'assuré, à la souscription du contrat et éventuellement en cours de contrat, en ce qui concerne la déclaration du risque et la déclaration des autres assurances couvrant les mêmes risques ;
- les conditions et modalités de la déclaration à faire en cas de sinistre ;
- le délai dans lequel les indemnités sont payées ;
- pour les assurances autres que les assurances contre les risques de responsabilité, la procédure et les principes relatifs à l'estimation des dommages en vue de la détermination du montant de l'indemnité.

Elles doivent rappeler les dispositions des titres Ier et II du livre Ier de la partie législative du présent code concernant la règle proportionnelle, lorsque celle-ci n'est pas inapplicable de plein droit ou écartée par une stipulation expresse, et la prescription des actions dérivant du contrat d'assurance.

Les polices des sociétés d'assurance à forme mutuelle et des sociétés mutuelles d'assurance doivent constater la remise à l'adhérent du texte entier des statuts de la société.

Les polices d'assurance contre les accidents du travail doivent rappeler les dispositions légales relatives aux déclarations d'accidents et aux pénalités pouvant être encourues à ce sujet par les employeurs.

CHAPITRE III. – OBLIGATIONS DE L'ASSUREUR ET DE L'ASSURÉ

Art. R. 113-1. – La mise en demeure prévue au deuxième alinéa de l'article L. 113-3 résulte de l'envoi d'une lettre recommandée, adressée à l'assuré, ou à la personne chargée du paiement des primes, à leur dernier domicile connu de l'assureur. Si ce domicile est situé hors de la France métropolitaine, la lettre recommandée est accompagnée d'une demande d'avis de réception. Cette lettre dont les frais d'établissement et d'envoi incombent à l'assureur, doit indiquer expressément qu'elle est envoyée à titre de mise en demeure, rappeler le montant et la date d'échéance de la prime et reproduire l'article L. 113-3.

ASSURANCES — Code des Assurances

Art. R. 113-2. – La résiliation du contrat, en application du troisième alinéa de l'article L. 113-3, peut être notifiée par l'assureur, soit dans la lettre recommandée de mise en demeure, soit dans une nouvelle lettre recommandée adressée à l'assuré. La résiliation ne prend effet que si la prime, ou fraction de prime, n'a pas été payée avant l'expiration du délai de quarante jours suivant l'envoi de la lettre recommandée de mise en demeure.

Toutefois, lorsqu'une nouvelle lettre recommandée est adressée à l'assuré après l'expiration de ce délai de quarante jours, la résiliation prend effet de la date d'envoi de cette nouvelle lettre, à condition que la prime ou fraction de prime n'ait pas été payée avant ladite lettre.

Art. R. 113-3. – Les délais fixés par l'article L. 113-3 et par l'article R. 113-2 ne sont pas augmentés à raison des distances ; toutefois, lorsque la mise en demeure doit être adressée dans un lieu situé hors de la France métropolitaine, le délai de trente jours fixé par le deuxième alinéa de l'article L. 113-3 ne court que du jour de la remise de la lettre recommandée, tel qu'il résulte des énonciations de l'avis de réception.

Art. R. 113-4. – A chaque échéance de prime, l'assureur est tenu d'aviser l'assuré, ou la personne chargée du paiement des primes, de la date de l'échéance et du montant de la somme dont il est redevable.

Art. R. 113-5. – Par dérogation au principe général posé au premier alinéa de l'article L. 113-3, la prime d'assurance est payable au domicile de l'assuré ou à tout autre lieu convenu lorsque la demande en est faite par un assuré, qui, par suite d'infirmité ou de vieillesse, n'est pas en mesure de se déplacer ou qui habite au-delà d'un rayon de trois kilomètres à partir d'une recette postale.

Art. R. 113-6. – Lorsqu'une partie entend résilier un contrat d'assurance en vertu de l'article L. 113-16, elle doit adresser à l'autre partie une lettre recommandée avec demande d'avis de réception, indiquant la nature et la date de l'événement qu'elle invoque et donnant toutes précisions de nature à établir que la résiliation est en relation directe avec ledit événement.

Art. R. 113-7. – La date à partir de laquelle le délai de résiliation est ouvert à l'assuré en raison de la survenance d'un des événements prévus à l'article L. 113-16 est celle à laquelle la situation nouvelle prend naissance.

Toutefois, en cas de retraite professionnelle ou de cessation définitive d'activité professionnelle, le point de départ du délai est le lendemain de la date à laquelle la situation antérieure prend fin.

Lorsque l'un quelconque des événements est constitué ou constaté par une décision juridictionnelle ou lorsqu'il ne peut en être déduit d'effets juridiques qu'après une homologation ou un exequatur, la date retenue est celle à laquelle cet acte juridictionnel est passé en force de chose jugée.

Art. R. 113-8. – La lettre de notification de l'assuré est accompagnée :
– en cas de mariage ou de décès, d'un extrait des actes de l'état civil ou d'une fiche d'état civil ;
– en cas de changement de régime matrimonial, d'une expédition ou d'un extrait de la décision juridictionnelle prononçant ou homologuant le changement et passée en force de chose jugée ou encore d'une attestation du notaire ayant reçu l'acte modificatif.

Art. R. 113-9. – Le délai au cours duquel le droit de résilier le contrat d'assurance est ouvert à l'assureur part du jour où il a reçu notification de l'événement par lettre recommandée avec demande d'avis de réception.

Code des Assurances

Art. R. 113-10. – Dans le cas où une police prévoit pour l'assureur la faculté de résilier le contrat après sinistre, la résiliation ne peut prendre effet qu'à l'expiration d'un délai d'un mois à dater de la notification à l'assuré. L'assureur qui, passé le délai d'un mois après qu'il a eu connaissance du sinistre, a accepté le paiement d'une prime ou cotisation ou d'une fraction de prime ou cotisation correspondant à une période d'assurance ayant débuté postérieurement au sinistre, ne peut plus se prévaloir de ce sinistre pour résilier le contrat.

Dans le cas prévu au premier alinéa ci-dessus, les polices doivent reconnaître à l'assuré le droit, dans le délai d'un mois de la notification de la résiliation de la police sinistrée, de résilier les autres contrats d'assurance qu'il peut avoir souscrits à l'assureur, la résiliation prenant effet un mois à dater de la notification à l'assureur.

La faculté de résiliation ouverte à l'assureur et à l'assuré, par application des deux précédents alinéas, comporte restitution par l'assureur des portions de primes ou cotisations afférentes à la période pour laquelle les risques ne sont plus garantis.

CHAPITRE IV. – COMPÉTENCE ET PRESCRIPTION

Art. R. 114-1. – Dans toutes les instances relatives à la fixation et au règlement des indemnités dues, le défendeur (assureur ou assuré) est assigné devant le tribunal du domicile de l'assuré, de quelque espèce d'assurance qu'il s'agisse, sauf en matière d'immeubles ou de meubles par nature, auquel cas le défendeur est assigné devant le tribunal de la situation des objets assurés.

Toutefois, s'il s'agit d'assurances contre les accidents de toute nature, l'assuré peut assigner l'assureur devant le tribunal du lieu où s'est produit le fait dommageable.

TITRE II. – RÈGLES RELATIVES AUX ASSURANCES DE DOMMAGES NON MARITIMES

CHAPITRE Ier. – DISPOSITIONS GÉNÉRALES

Néant.

CHAPITRE II. – LES ASSURANCES CONTRE L'INCENDIE

Néant.

CHAPITRE III. – LES ASSURANCES CONTRE LA GRÊLE ET LA MORTALITÉ DU BÉTAIL

Néant.

CHAPITRE IV. – LES ASSURANCES DE RESPONSABILITÉ

Art. R. 124-1. – Les polices d'assurance garantissant des risques de responsabilité civile doivent prévoir qu'en ce qui concerne cette garantie aucune déchéance motivée par un manquement de l'assuré à ses obligations commis postérieurement au sinistre ne sera opposable aux personnes lésées ou à leurs ayants droit. Elles ne doivent contenir aucune clause interdisant à l'assuré de mettre en cause son assureur ni de l'appeler en garantie à l'occasion d'un règlement de sinistre.

Les polices d'assurance contre les accidents du travail doivent spécifier que l'assureur ne peut opposer aucune déchéance aux victimes ou à leurs ayants droit.

Art. R. 124-2. – Les dépens résultant de toute poursuite en responsabilité dirigée contre l'assuré sont à la charge de l'assureur, sauf convention contraire.

ASSURANCES **Code des Assurances**

CHAPITRE V. – L'ASSURANCE DES RISQUES DE CATASTROPHES NATURELLES
(D. n. 85-864, 2 août 1985, art. 1er)

Art. R. 125-1 *(D. n. 85-864, 2 août 1985, art. 1er)*. – Le Bureau central de tarification institué par l'article L. 125-6 comprend un président et douze membres qui sont nommés par arrêté du ministre chargé de l'économie et des finances.

Le président est choisi, sur proposition du Conseil national des assurances, parmi les conseillers d'Etat, les conseillers à la Cour de cassation, les conseillers-maîtres à la Cour des comptes et les professeurs des disciplines juridiques des universités.

Six membres représentent les assurés. Ils sont nommés sur proposition des organismes mentionnés ci-après :

un par l'assemblée permanente des chambres de commerce et d'industrie ;
un par l'assemblée permanente des chambres de métiers ;
un par l'assemblée permanente des chambres d'agriculture ;
deux par le collège des consommateurs du Comité national de la consommation ;
un par l'union des associations familiales.

Cinq membres représentent les entreprises d'assurance opérant en France. Ils sont nommés sur proposition des organisations professionnelles représentatives à raison de :

trois par la fédération française des sociétés d'assurances ;
un par le groupement des sociétés d'assurances à caractère mutuel ;
un par la caisse centrale des mutuelles agricoles.

Des suppléants, en nombre égal, désignés dans les mêmes conditions, sont appelés à siéger toutes les fois, que le titulaire est empêché ou intéressé dans l'affaire qui doit être examinée.

Le président du conseil d'administration, directeur général de la caisse centrale de réassurance, ou son représentant est également membre de droit du bureau.

Art. R. 125-2 *(D. n. 85-864, 2 août 1985, art. 1er)*. – Les membres du Bureau central de tarification sont nommés pour une période de trois ans, renouvelable.

Un commissaire du gouvernement est placé auprès du Bureau central de tarification. Le commissaire du gouvernement et le commissaire du gouvernement adjoint, qui le supplée éventuellement, sont nommés par le ministre chargé de l'économie et des finances.

Art. R. 125-3 *(D. n. 85-864, 2 août 1985, art. 1er)*. – Les décisions du Bureau central de tarification sont prises à la majorité des membres présents. En cas de partage, la voix du président est prépondérante.

Le bureau central de tarification ne peut délibérer que si six au moins de ses membres sont présents.

L'absence simultanée d'un membre titulaire et de son suppléant au cours de deux séances consécutives du bureau ou de trois séances pendant une période de douze mois est considérée, sauf motif légitime apprécié par le ministre chargé de l'économie et des finances et après que les intéressés auront été invités à présenter leurs explications, comme une démission de ce membre et de ce suppléant, dont les postes devront être à nouveau pourvus dans les conditions prévues à l'article R. 125-1.

Art. R. 125-4 *(D. n. 85-864, 2 août 1985, art. 1er)*. – Dans le cas prévu au septième alinéa de l'article L. 125-6, le Bureau central de tarification peut être saisi par toute personne physique ou morale à qui trois entreprises d'assurance ont refusé l'application des articles L. 125-1 et L. 125-2, à l'occassion soit de la souscription d'un contrat nouveau, soit de la modification ou du renouvellement d'un contrat existant.

Code des Assurances ASSURANCES

Pour donner lieu à l'intervention du Bureau central de tarification, la proposition d'assurance doit être adressée par lettre recommandée avec demande d'avis de réception au siège social de l'entreprise française ou s'il s'agit d'une entreprise dont le siège social n'est pas établi sur le territoire français, à la succursale mentionnée aux articles R. 321-7 et R. 321-8.

Lorsqu'il s'agit de la souscription d'un contrat nouveau, le silence de l'assureur pendant plus de quinze jours après réception de la proposition d'assurance est considérée comme un refus implicite d'assurance portant sur les effets des catastrophes naturelles.

Lorsqu'il s'agit de la modification ou du renouvellement d'un contrat existant, il est fait application de l'article L. 112-2.

Art. R. 125-5 *(D. n. 85-864, 2 août 1985, art. 1er)*. – Le Bureau central de tarification est saisi par lettre recommandée avec demande d'avis de réception. Ne sont recevables que les demandes formulées pendant la période de quinze jours suivant le refus du dernier assureur sollicité.

Lorsqu'un assuré a fait usage du droit de résiliation prévu au deuxième alinéa de l'article R. 113-10, il ne peut, pendant le délai d'un an, saisir le Bureau central de tarification du refus opposé, par l'entreprise d'assurance qui le garantissait, à une proposition formulée en application du présent article.

Art. R. 125-6 *(D. n. 85-864, 2 août 1985, art. 1er)*. – L'assuré choisit celui des trois assureurs qui sera tenu de le garantir contre les risques des effets des catastrophes naturelles.

Le Bureau central de tarification notifie à l'assureur ainsi désigné la décision par laquelle il lui impose de garantir les risques des effets des catastrophes naturelles.

Art. R. 125-7 *(D. n. 85-864, 2 août 1985, art. 1er)*. – Dans les cas prévus aux quatrième et cinquième alinéas de l'article L. 125-6, l'entreprise d'assurance ne peut saisir le Bureau central de tarification aux fins d'apporter au contrat d'assurance une dérogation aux dispositions du second alinéa de l'article L. 125-2 qu'après avoir notifié cette proposition de dérogation à l'assuré par lettre recommandée avec avis de réception.

La saisine du bureau doit intervenir dans un délai de vingt et un jours à compter de la date de notification de la proposition de dérogation à l'assuré.

Art. R. 125-8 *(D. n. 85-864, 2 août 1985, art. 1er)*. – La dérogation peut porter soit sur l'exclusion d'un bien mentionné au contrat, soit sur le montant de la franchise qui en cas de sinistre demeure à la charge de l'assuré, soit sur l'un et l'autre de ces éléments du contrat. Le montant de la franchise objet de la dérogation peut être supérieur à celui mentionné dans les clauses types prévues à l'article L. 125-3 sans pouvoir excéder une limite fixée pour chaque catégorie de contrats par arrêté du ministre chargé de l'économie et des finances.

Pour l'application de l'alinéa précédent, les contrats sont rangés en quatre catégories énumérées ci-après :
dommages aux corps de véhicules terrestres à moteur ;
dommages aux biens à usage non professionnel ;
dommages aux biens à usage professionnel ;
pertes d'exploitation.

Le Bureau central de tarification peut accorder la dérogation sollicitée s'il estime, compte tenu des circonstances de l'espèce, que les risques concernés présentent une gravité exceptionnelle.

La décision du Bureau central de tarification est notifiée à l'assureur et à l'assuré.

Art. R. 125-9 *(D. n. 85-864, 2 août 1985, art. 1er)*. – La personne ou l'entreprise d'assurance qui sollicite l'intervention du bureau central de tarification ainsi que les assureurs concernés sont tenus de fournir au bureau tous éléments d'information nécessaires à l'instruction de la demande.

ASSURANCES Code des Assurances

Un arrêté du ministre chargé de l'économie et des finances détermine les modalités d'application de l'alinéa précédent.

Art. R. 125-10 *(D. n. 85-864, 2 août 1985, art. 1er)*. – Le commissaire du gouvernement possède un droit d'investigation permanente auprès du bureau central de tarification. Il assiste à toutes ses réunions et peut, à la suite d'une décision du bureau qui lui paraît critiquable, demander au bureau, soit immédiatement soit dans les cinq jours qui suivent la date de la décision, un nouvel examen de l'affaire dans le délai qu'il fixera.

Art. R. 125-11 *(D. n. 85-864, 2 août 1985, art. 1er)*. – Le bureau central de tarification établit son règlement intérieur qui est soumis, avant application, à l'approbation du ministre chargé de l'économie et des finances ; son secrétariat est assuré par la caisse centrale de réassurance.

CHAPITRE VI. – L'ASSURANCE CONTRE LES ACTES DE TERRORISME
(D. n. 88-261 du 18 mars 1988, art. 1er)

Section I. – Dommages corporels

Néant.

Section II. – Dommages matériels

Art. R. 126-1. – Les contrats d'assurance de biens mentionnés à l'article L. 126-2 sont ceux qui relèvent des opérations d'assurance figurant aux 3 à 9 de l'article R. 321-1 ou qui couvrent les pertes d'exploitation résultant des sinistres affectant les biens assurés.

Art. R. 126-2. – Les contrats d'assurance de biens ne peuvent stipuler, pour les dommages résultant d'actes de terrorisme ou d'attentats, de franchise ou de plafond autres que ceux qu'ils prévoient pour des dommages de même nature qui n'auraient pas pour origine un acte de terrorisme ou un attentat.

TITRE III. – RÈGLES RELATIVES AUX ASSURANCES DE PERSONNES

CHAPITRE 1er. – DISPOSITIONS GÉNÉRALES

Art. R. 131-1 *(D. n. 88-597 du 6 mai 1988, art. 1er)*. – En matière d'assurance sur la vie, les unités de compte visées à l'article L. 131-1 sont constituées par :
1° Les actions de sociétés d'investissement à capital variable et les parts de fonds communs de placement, mentionnées aux 3° et 9° de l'article R. 332-2 ;
2° Les parts de sociétés civiles à objet foncier et les parts ou les actions de sociétés immobilières, mentionnées aux 11° et 13° du même article.

CHAPITRE II. – LES ASSURANCES SUR LA VIE

Section I. – Dispositions générales

Art. R. 132-1 *(D. n. 85-1447, 30 déc. 1985, art. 2)*. – Pour tout contrat d'assurance sur la vie comportant une valeur de rachat, cette valeur de rachat est égale à la provision mathématique du contrat diminuée, éventuellement d'une indemnité qui ne peut dépasser 5 % de cette provision mathématique. Cette indemnité doit être nulle à l'issue d'une période de dix ans à compter de la date d'effet du contrat.

Code des Assurances

Art. R. 132-2 *(D. n. 85-1447, 30 déc. 1985, art. 3-I).* – L'assureur peut d'office substituer le rachat à la réduction si la valeur de rachat du contrat est inférieure à la moitié du montant brut mensuel du salaire minimum de croissance applicable en métropole, calculé sur la base de la durée légale hebdomadaire du travail, en vigueur au 1er juillet précédant la date à laquelle la réduction est demandée.

Section II. – Les assurances populaires

Néant.

Section III. – Participation des assurés aux bénéfices techniques et financiers

Néant.

Section IV. – Les assurances ayant pour objet l'acquisition d'immeubles au moyen de constitution de rentes viagères

Néant.

TITRE IV. – LES ASSURANCES DE GROUPE

CHAPITRE UNIQUE

Art. R. 140-1 – L'assurance de groupe est l'assurance d'un ensemble de personnes présentant des caractères communs et relevant des mêmes conditions techniques pour la couverture d'un ou plusieurs des risques suivants :
– risques qui dépendent de la durée de la vie humaine ;
– incapacité de travail résultant de maladie ou d'accident ;
– remboursement des frais médicaux, pharmaceutiques ou chirurgicaux sans qu'il puisse en résulter un profit pour l'intéressé et, éventuellement, versement d'une indemnité en cas de maternité.

L'assurance de groupe ne peut être souscrite que par un ou plusieurs chefs d'entreprise ou personnes morales publiques ou privées.

Art. R. 140-2 – Les assurances de groupe en cas de décès sont régies par les dispositions du présent titre.

L'assurance de groupe est dite à adhésion obligatoire lorsqu'elle satisfait aux conditions suivantes :

1° Être souscrite, soit par un ou plusieurs établissements, entreprises ou organismes ayant un objet principal autre que cette souscription, soit par une association ou une société mutualiste groupant des personnes obligées de contracter une assurance déterminée ;

2° Grouper 75 % au moins de l'effectif assurable ou 75 % au moins d'une fraction de celui-ci définie en fonction d'un critère objectif autre que l'âge, et notamment de la qualification, de l'ancienneté, du revenu professionnel ou de la classe ou catégorie de cotisations à un régime de retraite, du chiffre d'affaires ou de l'effectif des entreprises ou des salaires payés par elles ;

3° Prévoir un capital assuré calculé d'après un critère objectif qui doit être le même pour tous ;

4° Compter au moins vingt-cinq assurés. L'assureur peut, pour satisfaire à cette exigence, réunir plusieurs souscripteurs, l'ensemble des assurés présentés par chacun de ces souscripteurs remplissant les conditions mentionnées au 2° ;

5° Prévoir une clause subordonnant la mise en vigueur du contrat et ses renouvellements à la réalisation des conditions ci-dessus.

ASSURANCES   **Code des Assurances**

Art. R. 140-3. – L'assurance de groupe est dite à adhésion facultative lorsqu'une ou plusieurs des conditions prévues à l'article R. 140-2 ne sont pas satisfaites.

Dans ce cas, si l'effectif assurable du groupe considéré ne dépasse pas cent personnes, le nombre des assurés doit atteindre 75 % + +de cet effectif et au moins cinquante personnes ; si l'effectif est compris entre cent et mille personnes, le nombre des assurés doit atteindre 50 % de cet effectif et au moins soixante-quinze personnes ; si l'effectif est égal ou supérieur à mille personnes, le nombre des assurés doit atteindre au moins cinq cents personnes.

Art. R. 140-4. – Sauf en cas de réticence, omission ou déclaration fausse ou inexacte faite de mauvaise foi par l'assuré, celui-ci ne peut être éliminé de l'assurance contre son gré tant qu'il fait partie de l'effectif assurable du groupe et à la condition que la prime ait été payée.

Art. R. 140-5. – Le contrat ne peut prévoir la réduction du montant des garanties en raison des résultats constatés.

La police doit comporter une clause prévoyant que le souscripteur tient à la disposition des assurés une notice résumant d'une manière très précise leurs droits et obligations.

Art. R. 140-6. – Le mode de calcul de la prime globale doit être indiqué dans la police.

Le contrat peut prévoir l'attribution d'une participation aux bénéfices de mortalité effectivement constatés au cours d'une période écoulée. Est interdite toute autre clause ou convention ayant pour effet de réduire la prime par rapport au tarif visé.

Le contrat doit prévoir que la prime stipulée, ou à défaut une provision suffisante, sera payée d'avance. Les primes ou provisions s'appliquent à des périodes dont la durée est indiquée au contrat sans pouvoir dépasser un an.

Sauf justification produite par l'assureur et conduisant à une estimation différente, la provision doit, pour être réputée suffisante, être calculée, d'une part, en supposant que chaque assuré est garanti pour le capital moyen de la dernière période inventorielle pour le groupe ou, à défaut, pour le capital le plus élevé stipulé en faveur d'un assuré sans charge de famille et, d'autre part, en appliquant le taux de prime définitif de ladite période ou, à défaut, celui visé pour l'âge de quarante-cinq ans.

Une clause, mentionnée en caractères très apparents dans la police et dans la notice prévue au deuxième alinéa de l'article R. 140-5, prévoit que, dans le cas où il y aurait lieu à ajustement de la prime, celui-ci doit être effectué au plus tard dans les six mois qui suivent l'expiration de la période garantie. L'assureur ne peut renoncer au bénéfice de tout ou partie de cet ajustement sous quelque forme que ce soit.

Les contrats ne peuvent entrer en vigueur que le lendemain à midi du versement de la première prime ou provision. A défaut du paiement à l'échéance d'une prime ou provision suffisante, l'assureur doit, au plus tard six mois après l'échéance de la prime impayée, adresser au souscripteur la lettre recommandée prévue au deuxième alinéa de l'article L. 113-3.

Art. R. 140-7. – Est interdite la souscription ou l'exécution par un assureur d'un contrat d'assurance de groupe non conforme aux dispositions du présent titre ou qui comporterait des clauses particulières y dérogeant.

Les dispositions susmentionnées doivent être insérées dans les conditions générales soumises au visa du ministre de l'économie et des finances, conformément aux prescriptions du premier alinéa de l'article R. 310-6.

Art. R. 140-8. – Les dispositions du présent titre sont applicables dans les territoires de la Nouvelle-Calédonie, de la Polynésie française, de Saint-Pierre et Miquelon, des Terres australes et antarctiques françaises et de Wallis-et-Futuna.

Code des Assurances

ASSURANCES

TITRE VI. – DISPOSITIONS DIVERSES RELATIVES AUX CONTRATS D'ASSURANCE ET DE CAPITALISATION

CHAPITRE UNIQUE

Section V. – Effet sur les contrats d'assurance de la réquisition des biens et services

Art. R. 160-9. – L'assuré qui désire obtenir de l'assureur qu'à la résiliation du contrat d'assurance, prévue par l'article L. 160-6, soit substituée la simple suspension du contrat, doit en faire la demande à l'assureur, par lettre recommandée avec demande d'avis de réception, dans le délai d'un mois à partir du jour où il a eu connaissance de la dépossession.

Art. R. 160-10. – En cas de réquisition de services au sens de l'article 2 de l'ordonnance n. 59-63 du 6 janvier 1959, l'assureur de dommages, subrogé totalement ou partiellement dans les droits du prestataire, doit fournir, à l'appui de sa demande, tous éléments et documents lui ayant permis de déterminer l'indemnité allouée par ses soins à l'assuré.

Art. R. 160-11. – A défaut de notification faite conformément à l'article R. 160-9 et sous réserve de l'application des dispositions des alinéas 1 et 2 de l'article L. 160-8, la résiliation du contrat d'assurance prend effet à compter de la date de la dépossession du bien réquisitionné.

Art. R. 160-12. – En cas de réquisition de services, y compris le logement et le cantonnement, le prestataire dont les biens ont été endommagés doit, avant de réclamer une indemnité à l'État, s'adresser à l'assureur auprès duquel il a souscrit un contrat.

L'État ne peut être tenu à indemnisation directe vis-à-vis du prestataire que pour les dommages, ou partie des dommages, non couverts par une assurance ; le prestataire doit alors faire connaître le règlement intervenu avec son assureur et communiquer sa police à l'administration.

LIVRE II. – ASSURANCES OBLIGATOIRES

TITRE Iᵉʳ. – L'ASSURANCE DES VÉHICULES TERRESTRES À MOTEUR ET DE LEURS REMORQUES ET SEMI-REMORQUES

CHAPITRE Iᵉʳ. – L'OBLIGATION DE S'ASSURER

Section I. – Personnes assujetties

Art. R. 211-1. – Les dérogations prévues à l'article L. 211-3 sont accordées par arrêté du ministre de l'économie et des finances. S'il s'agit de collectivités publiques départementales ou communales, l'arrêté est pris conjointement par le ministre de l'économie et des finances et par le ministre de l'intérieur. S'il s'agit d'entreprises ou de groupements d'entreprises de transports publics, l'arrêté est pris conjointement par le ministre de l'économie et des finances et par le ministre chargé des transports.

Section II. – Étendue de l'obligation d'assurance

Art. R. 211-2 *(D. n. 86-21 du 7 janv. 1986, art. 1ᵉʳ)*. – Les contrats prévus à l'article L. 211-1 doivent couvrir, en plus de la responsabilité civile des personnes mentionnées à cet article, celle du souscripteur du contrat et du propriétaire du véhicule.

ASSURANCES — Code des Assurances

Art. R. 211-3 *(D n. 86-21 du 7 janv. 1986, art. 2)* – Les professionnels de la réparation, de la vente et du contrôle de l'automobile sont tenus de s'assurer pour leur propre responsabilité, celle des personnes travaillant dans leur exploitation, et celle des personnes ayant la garde ou la conduite du véhicule, ainsi que celle des passagers.

Cette obligation s'applique à la responsabilité civile que les personnes mentionnées au précédent alinéa peuvent encourir du fait des dommages causés aux tiers par les véhicules qui sont confiés au souscripteur du contrat en raison de ses fonctions et ceux qui sont utilisés dans le cadre de l'activité professionnelle du souscripteur du contrat.

Art. R. 211-4. – L'obligation d'assurance s'applique aux véhicules terrestres à moteur et à leurs remorques ou semi-remorques.

Par remorques ou semi-remorques, au sens du présent article, il faut entendre :
1° Les véhicules terrestres construits en vue d'être attelés à un véhicule terrestre à moteur et destinés au transport de personnes ou de choses ;
2° Tout appareil terrestre attelé à un véhicule terrestre à moteur.
(3ᵉ al. aj. D. n. 86-21 du 7 janv. 1986, art. 3). Sauf en cas de réticence ou de fausse déclaration intentionnelle, l'adjonction à un véhicule terrestre à moteur de petites remorques ou semi-remorques aux caractéristiques définies par arrêté conjoint du ministre chargé de l'économie et du ministre chargé des transports constitue, au sens des articles L. 113-4 et L. 113-9, une aggravation du risque couvert par le contrat garantissant ce véhicule.

Art. R. 211-5 *(modifié D. n. 86-21 du 7 janv. 1986, art. 4).* – L'obligation d'assurance s'applique à la réparation des dommages corporels ou matériels résultant :
1° Des accidents, incendies ou explosions causés par le véhicule, les accessoires et produits servant à son utilisation, les objets et substances qu'il transporte ;
2° De la chute de ces accessoires, objets, substances ou produits.

Art. R. 211-6. – Abrogé, *D. n. 83-482 du 9 juin 1983, art. 1ᵉʳ.*

Art. R. 211-7 *(modifié, D. n. 83-482 du 9 juin 1983, art. 2).* – L'assurance doit être souscrite pour une somme *(D. n. 86-21 du 7 janv. 1986, art. 5)* « d'au moins cinq millions de francs par victime de sinistre corporel », et d'au moins trois millions de francs par véhicule et par sinistre matériel, sans préjudice des dispositions de l'article L. 211-7.

Par dérogation aux dispositions de l'alinéa précédent, l'assurance doit être souscrite sans limitation de somme en ce qui concerne les véhicules pour la conduite desquels est exigée la possession d'un permis entrant dans l'une des catégories C, D ou E prévues à l'article R. 124 du code de la route.

Art. R. 211-8. – Par dérogation aux dispositions qui précèdent, l'obligation d'assurance ne s'applique pas à la réparation :
1° Des dommages subis :
a) Par la personne conduisant le véhicule ;
b) et *c)* Abrogés, *D. n. 83-482 du 9 juin 1983, art. 3.*
d) Pendant leur service, par les salariés ou préposés des assurés responsables des dommages ;
2° Abrogé, *D. n. 83-482 du 9 juin 1983, art. 3.*
3° *(Remplacé, D. n. 83-482 du 9 juin 1983, art. 3)* Des dommages ou de l'aggravation des dommages causés par des armes ou engins destinés à exploser par modification de structure du noyau de l'atome ou par tout combustible nucléaire, produit ou déchet radioactif ou par toute autre source de rayonnements ionisants et qui engagent la responsabilité exclusive d'un exploitant d'installation nucléaire ;

# Code des Assurances

4° *(Remplacé, D. n. 83-482 du 9 juin 1983, art. 3)* Des dommages atteignant les immeubles, choses ou animaux loués ou confiés au conducteur à n'importe quel titre ;

5° Des dommages causés aux marchandises et objets transportés, sauf en ce qui concerne la détérioration des vêtements des personnes transportées, lorsque celle-ci est l'accessoire d'un accident corporel.

Section III *(modifiée D. n. 86-21 du 7 janv. 1986 art. 6)*
Franchises, exclusions de garanties, déchéances et recours de l'assureur

Art. R. 211-9. – Nonobstant les dispositions de l'article R. 211-7, et compte tenu de celles de l'article R. 211-13, il peut être stipulé au contrat d'assurance que l'assuré conserve à sa charge une partie de l'indemnité due aux tiers lésés.

Art. R. 211-10. – Le contrat d'assurance peut, sans qu'il soit contrevenu aux dispositions de l'article L. 211-1, comporter des clauses prévoyant une exclusion de garantie dans les cas suivants :

1° Lorsque au moment du sinistre, le conducteur n'a pas l'âge requis ou ne possède pas les certificats, en état de validité, exigés par la réglementation en vigueur pour la conduite du véhicule, sauf en cas de vol, de violence ou d'utilisation du véhicule à l'insu de l'assuré ;

2° En ce qui concerne les dommages subis par les personnes transportées, lorsque le transport n'est pas effectué dans les conditions suffisantes de sécurité fixées par un arrêté conjoint du ministre de l'économie et des finances, du garde des sceaux, ministre de la justice, du ministre de l'intérieur, du ministre de la défense et du ministre chargé des transports.

En outre, le contrat peut comporter des clauses de déchéance non prohibées par la loi, sous réserve qu'elles soient insérées aux conditions générales et que la déchéance soit motivée par des faits postérieurs au sinistre.

(Al. Ajouté, D. n. 83-482 du 9 juin 1983, art. 4) L'exclusion prévue au 1° du premier alinéa du présent article ne peut être opposée au conducteur détenteur d'un certificat déclaré à l'assureur lors de la souscription ou du renouvellement du contrat, lorsque ce certificat est sans validité pour des raisons tenant au lieu ou à la durée de résidence de son titulaire *(aj. D. n. 86-21 du 7 janv. 1986, art. 7)* ou lorsque les conditions restrictives d'utilisation, autres que celles relatives aux catégories de véhicules, portées sur celui-ci n'ont pas été respectées.

Art. R. 211-11. – Sont valables, sans que la personne assujettie à l'obligation d'assurance soit dispensée de cette obligation dans les cas prévus ci-dessous, les clauses des contrats ayant pour objet d'exclure de la garantie la responsabilité encourue par l'assuré :

1° *(Remplacé, D. n. 83-482 du 9 juin 1983, art. 5)* Du fait des dommages causés par le véhicule lorsqu'il transporte des sources de rayonnements ionisants destinés à être utilisées hors d'une installation nucléaire, dès lors que lesdites sources auraient provoqué ou aggravé le sinistre ;

2° Du fait des dommages subis par les personnes transportées à titre onéreux, sauf en ce qui concerne les contrats souscrits par des transporteurs de personnes pour les véhicules servant à l'exercice de leur profession ;

3° Du fait des dommages causés par le véhicule, lorsqu'il transporte des matières inflammables, explosives, corrosives ou comburantes et à l'occasion desquels lesdites matières auraient provoqué ou aggravé le sinistre ; toutefois la non-assurance ne saurait être invoquée du chef de transports d'huiles, d'essences minérales ou de produits similaires, ne dépassant pas 500 kilogrammes ou 600 litres, y compris l'approvisionnement de carburant liquide ou gazeux nécessaire au moteur ;

ASSURANCES Code des Assurances

4° Du fait des dommages survenus au cours d'épreuves, courses, compétitions ou leurs essais, soumis par la réglementation en vigueur à l'autorisation préalable des pouvoirs publics.

Toute personne participant à l'une de ces épreuves, courses, compétitions ou essais en qualité de concurrent ou d'organisateur n'est réputée avoir satisfait aux prescriptions du présent titre que si sa responsabilité est garantie par une assurance, dans les conditions exigées par la réglementation applicable en la matière.

Art. R. 211-12. – Le contrat d'assurance, lorsqu'il comporte l'une des exclusions de garantie prévues à l'article R. 211-11, doit rappeler que si les limitations d'emploi qui justifient cette exclusion ne sont pas respectées, les peines prévues *(D. n. 86-1043 du 18 sept. 1986, art. 25)* par l'article R. 411-45 et la majoration prévue par l'art. L. 211-26, 1er alinéa seront encourues.

Art. R. 211-13. – Ne sont pas opposables aux victimes ou à leurs ayants droit :

1° La limitation de garantie prévue à l'article R. 211-9 et à l'article R. 212-7, sauf dans le cas où le sinistre n'ayant causé que des dégâts matériels, le montant de ceux-ci n'excède pas la somme fixée par arrêté du ministre de l'économie et des finances ;

2° Les déchéances, à l'exception de la suspension régulière de la garantie pour non-paiement de prime ;

3° La réduction de l'indemnité applicable conformément à l'article L. 113-9.

Dans les cas susmentionnés, l'assureur procède au paiement de l'indemnité pour le compte du responsable.

(Aj. D. n. 86-21 du 7 janv. 1986, art. 8) « 4° Les exclusions de garanties prévues aux articles R. 211-10 et R. 211-11 ».

Il peut exercer contre ce dernier une action en remboursement pour toutes les sommes qu'il a ainsi payées ou mises en réserve à sa place.

Art. R. 211-13-1 *(D. n. 86-21 du 7 janv. 1986, art. 9).* – Le contrat peut comporter une clause prévoyant une action en remboursement contre le conducteur responsable du sinistre, lorsque la garde ou la conduite a été obtenue contre le gré du propriétaire ou du locataire.

Section IV. – Contrôle de l'obligation d'assurance
§ I. – L'obligation d'assurance

Art. R. 211-14 *(Al. 1er, remplacé, D. n. 85-879 du 22 août 1985, art. 2).* – Tout conducteur d'un véhicule mentionné à l'article L. 211-1, sous peine d'une amende de 3 à 40 F, doit, dans les conditions prévues aux articles de la présente section, être en mesure de présenter un document faisant présumer que l'obligation d'assurance a été satisfaite ou que les conditions de l'article L. 211-3 sont applicables.

Cette présomption résulte de la production, aux fonctionnaires ou agents chargés de constater les infractions à la police de la circulation, d'un des documents dont les conditions d'établissement et de validité sont fixées par le règlement d'administration publique prévu à l'article L. 211-1.

A défaut d'un de ces documents, la justification est fournie aux autorités judiciaires par tous moyens.

(Al. 4, remplacé, D. n. 89-111 du 21 fév. 1989, art. 1er) Sera puni de la peine d'amende prévue pour les contraventions de deuxième classe tout conducteur d'un véhicule mentionné à l'article L. 211-1 et non soumis à l'obligation prévue à l'article R. 211-21-1 qui ne sera pas en mesure de présenter un des documents justificatifs prévus aux articles R. 211-15, R. 211-17 et au deuxième alinéa de l'article R. 211-18. Toutefois, ces dispositions ne sont pas applicables lorsque ce conducteur est passible de la sanction prévue à l'alinéa suivant.

Code des Assurances ASSURANCES

(Al. aj. D. n. 86-1043 du 18 sept. 1986, art. 26) Sera punie de la peine d'amende prévue pour les contraventions de la 4ᵉ classe toute personne qui, invitée à justifier dans un délai de cinq jours de la possession d'un des documents mentionnés à l'alinéa précédent, n'aura pas présenté ce document avant l'expiration de ce délai.

Les documents justificatifs prévus au présent article n'impliquent pas une obligation de garantie à la charge de l'assureur.

Les dispositions du présent article ne sont pas applicables aux conducteurs de véhicules ayant leur stationnement habituel, au sens de l'article L. 211-4, sur le territoire d'un des États membres de la Communauté économique européenne autres que la France ou sur le territoire de l'un des États suivants : Saint-Siège, Saint-Marin, Autriche, Finlande, Norvège, Suède, Suisse et Liechtenstein.

Art. R. 211-15. – Pour l'application de l'article R. 211-14, l'entreprise d'assurance doit délivrer, sans frais, un document justificatif pour chacun des véhicules couverts par la police.

Si la garantie du contrat s'applique à la fois à un véhicule à moteur et à ses remorques ou semi-remorques, un seul document justificatif peut être délivré, à la condition qu'il précise le type des remorques ou semi-remorques qui peuvent être utilisées avec le véhicule ainsi que, le cas échéant, leur numéro d'immatriculation.

Pour les contrats d'assurance concernant les personnes mentionnées à l'article R. 211-3, le document justificatif doit être délivré par l'entreprise d'assurance en autant d'exemplaires qu'il est prévu par le contrat.

Le document justificatif doit mentionner :
– la dénomination et l'adresse de l'entreprise d'assurance ;
– les nom, prénoms et adresse du souscripteur du contrat ;
– le numéro de la police d'assurance ;
– la période d'assurance correspondant à la prime ou portion de prime payée.

En outre, il doit préciser :
– dans le cas prévu au premier alinéa du présent article, les caractéristiques du véhicule, notamment son numéro d'immatriculation ou, à défaut et s'il y a lieu, le numéro du moteur ;
– dans le cas prévu au troisième alinéa du présent article, la profession du souscripteur.

Art. R. 211-16 *(modifié D. n. 85-879 du 22 août 1985, art. 4)*. – La présomption qu'il a été satisfait à l'obligation d'assurance est établie par le document justificatif pour la période mentionnée sur ce document. Toutefois, cette présomption subsiste un mois à compter de l'expiration de cette période.

Art. R. 211-17. – Le document justificatif mentionné à l'article R. 211-15 est délivré dans un délai maximal de quinze jours à compter de la souscription du contrat et renouvelé lors du paiement des primes ou portions de prime subséquentes.

(Al. 2, remplacé, D. n. 89-111 du 21 fév. 1989, art. 2) Faute d'établissement immédiat de ce document, l'entreprise d'assurance délivre sans frais, à la souscription du contrat ou en cours de contrat, une attestation provisoire qui établit la présomption d'assurance pendant la période qu'elle détermine, dont la durée ne peut excéder un mois.

(Al. ajouté, D. n. 85-879 du 22 août 1985, art. 6) Sera puni de la peine d'amende prévue pour les contraventions de deuxième classe tout assureur qui aura refusé de délivrer un des documents justificatifs mentionnés au présent article.

Cette attestation, qui est éventuellement établie en autant d'exemplaires que le document justificatif correspondant, doit mentionner :

— la dénomination et l'adresse de l'entreprise d'assurance ;
— les nom, prénoms et adresse du souscripteur du contrat ;
— la nature et le type du véhicule ou, en ce qui concerne les contrats d'assurance mentionnés à l'article R. 211-3, la profession du souscripteur ;
— la période pendant laquelle elle est valable.

La carte internationale d'assurance, dite « carte verte », délivrée par le bureau central français des sociétés d'assurances contre les accidents d'automobile, vaut comme document justificatif pendant sa période de validité. La présomption qu'il a été satisfait à l'obligation d'assurance, établie par la carte internationale d'assurance, subsiste *(D. n. 85-879 du 22 août 1985, art. 7)* un mois à compter de l'expiration de cette période.
(Al. aj., D. n. 89-111 du 21 fév. 1989, art. 3) La prolongation d'un mois de la présomption mentionnée à l'article R. 211-16 ne s'applique pas à l'attestation provisoire mentionnée au deuxième alinéa.

Art. R. 211-18 *(Al. remplacé, D. n. 89-111 du 21 fév. 1989, art. 4).* — Pour l'utilisation des véhicules appartenant à l'État ou mis à sa disposition, non couverts par un contrat d'assurance et n'ayant pas fait l'objet d'une immatriculation spéciale, il est établi une attestation de propriété par l'autorité administrative compétente.

Pour les véhicules bénéficiant d'une dérogation intervenue dans les conditions fixées à l'article L. 211-3, les attestations nécessaires sont délivrées par le ministre de l'intérieur pour les collectivités publiques, départementales ou communales, par le ministre chargé des transports pour les entreprises de transports publics, par le ministre de l'économie et des finances dans les autres cas.

Aucune attestation ne peut être délivrée par une autorité qui n'aurait pas reçu délégation à cet effet.

Art. R. 211-19. — Un arrêté conjoint du ministre de l'économie et des finances, du garde des sceaux, ministre de la justice, du ministre de l'intérieur, du ministre de la défense et du ministre chargé des transports fixe la forme en laquelle doivent être établis les documents prévus aux articles R. 211-15 et R. 211-18.

Art. R. 211-20. — En cas de perte ou de vol des documents prévus à la présente section, l'assureur ou l'autorité compétente en délivre un duplicata sur la simple demande de la personne au profit de qui le document original a été établi.

Art. R. 211-21. — Les véhicules immatriculés dans un département ou un territoire français d'outre-mer, ainsi que les véhicules non soumis à immatriculation dont le lieu de stationnement habituel est situé dans un de ces départements ou territoires, sont soumis aux dispositions de la présente section lorsqu'ils circulent en France métropolitaine.

Toutefois, en ce qui concerne ces véhicules, sont également admis, à titre de document justificatif, les documents prévus aux articles R. 211-22 et R. 211-23.

§ 2. Le certificat d'assurance
(D. n. 85-879 du 22 août 1985, art. 8)

Art. R. 211-21-1. *(D. n. 89-111 du 21 fév. 1989, art. 5).* — Tout souscripteur d'un contrat d'assurance prévu par l'article L. 211-1 doit apposer sur le véhicule automoteur assuré, dans les conditions fixées par un arrêté du ministre chargé de l'économie, le certificat d'assurance décrit aux articles R. 211-21-2 et R. 211-21-3, alinéa 2.

Code des Assurances ASSURANCES

Les dispositions de l'alinéa 1er sont applicables aux véhicules mentionnés au titre II du livre Ier du Code de la route, dès lors que leur poids total autorisé en charge est inférieur ou égal à 3,5 tonnes, ainsi qu'aux véhicules mentionnés aux titres IV et V du même livre. Elles ne sont pas applicables aux véhicules circulant avec un certificat et un numéro W définis à l'article R. 111-1 du Code de la route.

Art. R. 211-21-2. – Pour l'application de l'article R. 211-21-1, toute entreprise d'assurance agréée en France doit délivrer sans frais un certificat pour chacun des véhicules couverts par le contrat, à l'exception toutefois des remorques.

Le certificat doit mentionner :
a) La dénomination de l'entreprise d'assurance ;
b) Un numéro permettant l'identification du souscripteur ;
c) Le numéro d'immatriculation du véhicule ;
d) (Al remplacé, D. n. 89-111 du 21 fév. 1989, art. 6) Le numéro du moteur lorsque le véhicule n'est pas soumis à immatriculation ;
e) (Al remplacé, D. n. 89-111 du 21 fév. 1989, art. 6) Les dates de début et de fin de validité.

Par dérogation au deuxième alinéa, le certificat délivré aux personnes mentionnées à l'alinéa 1er de l'article R. 211-3 ne doit comporter que les indications *a, b* et *e* ainsi qu'en termes apparents le mot « Garage ».

Tout conducteur d'un véhicule sur lequel est apposé le certificat décrit à l'alinéa précédent doit en outre être en mesure de justifier aux autorités chargées du contrôle des documents justificatifs que la conduite du véhicule lui a été confiée par une des personnes mentionnées à l'alinéa 1er de l'article R. 211-3.

Art. R. 211-21-3 *(Al. remplacé, D. n. 89-111 du 21 fév. 1989, art. 7).* – Le certificat mentionné à l'article R. 211-21-2 est délivré par l'entreprise d'assurance dans un délai maximal de quinze jours à compter de la souscription du contrat et renouvelé lors du paiement des primes ou portions de primes subséquentes.

(Al. remplacé, D. n. 89-111 du 21 fév. 1989, art. 7) Faute d'établissement immédiat de ce document, l'entreprise d'assurance délivre, sans frais, à la souscription du contrat ou en cours de contrat, un certificat provisoire.

(Al. ajouté, D. n. 89-111 du 21 fév. 1989, art. 7) Les dates de validité portées sur le certificat et le certificat provisoire sont les mêmes que celles portées sur l'attestation et l'attestation provisoire.

En cas de perte ou de vol du certificat, l'assureur en délivre un double sur la demande justifiée du souscripteur du contrat.

Sera puni de la peine d'amende prévue pour les contraventions de deuxième classe tout assureur qui aura refusé de délivrer un certificat ou qui aura délivré un certificat non conforme aux dispositions fixées par le ministre de l'économie, des finances et du budget.

Art. R. 211-21-4. – La prolongation d'un mois de la présomption mentionnée à l'article R. 211-16 s'applique au certificat.

La prolongation d'un mois de la présomption mentionnée à l'article R. 211-16 ne s'applique pas au certificat provisoire.

Art. R. 211-21-5. – Sera puni de la peine d'amende prévue pour les contraventions de deuxième classe tout souscripteur d'un contrat d'assurance relatif à un véhicule mentionné à l'article R. 211-21-1 qui aura omis d'apposer sur le véhicule concerné le certificat prévu aux articles R. 211-21-2 et R. 211-21-3 ou aura apposé un certificat non valide.

ASSURANCES Code des Assurances

Art. R. 211-21-6. – Les dispositions des articles R. 211-21-1 à R. 211-21-5 ne sont pas applicables dans les cas mentionnés au dernier alinéa de l'article R. 211-14 et aux personnes mentionnées aux articles R. 211-22 et R. 211-23.

Art. R. 211-21-7. *(D. n. 89-111 du 21 fév. 1989, art. 8)* – Les véhicules visés au deuxième alinéa de l'article R. 211-21-1 utilisés par l'Etat ainsi que les véhicules appartenant à une collectivité bénéficiaire d'une dérogation à l'obligation d'assurance doivent être équipés, lorsqu'ils ne font pas l'objet d'une immatriculation spéciale, d'un certificat d'assurance spécifique dont les caractéristiques sont fixées par le ministre chargé de l'économie.

Section V. – Dispositions relatives à l'assurance des véhicules en circulation internationale et de certains autres véhicules

....

Section VI. – Procédures d'indemnisation
(D. n. 88-261 du 18 mars 1988, art. 2)

Art. R. 211-29. – Lorsque l'assureur qui garantit la responsabilité civile du fait d'un véhicule terrestre à moteur n'a pas été avisé de l'accident de la circulation dans le mois de l'accident, le délai prévu au premier alinéa de l'article 211-9 pour présenter une offre d'indemnité est suspendu à l'expiration du délai d'un mois jusqu'à la réception par l'assureur de cet avis.

Art. R. 211-30. – Lorsque la victime d'un accident de la circulation décède plus d'un mois après le jour de l'accident, le délai prévu à l'article L. 211-9 pour présenter une offre d'indemnité aux héritiers et, s'il y a lieu, au conjoint de la victime est prorogé du temps écoulé entre la date de l'accident et le jour du décès diminué d'un mois.

Art. R. 211-31. – Si, dans un délai de six semaines à compter de la présentation de la correspondance qui est prévue au premier alinéa de l'article L. 211-10 et par laquelle l'assureur demande les renseignements qui doivent lui être adressés conformément aux articles R. 211-37 ou R. 211-38, l'assureur n'a reçu aucune réponse ou qu'une réponse incomplète, le délai prévu au premier alinéa de l'article L. 211-9 est suspendu à compter de l'expiration du délai de six semaines et jusqu'à la réception de la lettre contenant les renseignements demandés.

Art. R. 211-32. – Si l'assureur n'a reçu aucune réponse ou qu'une réponse incomplète dans les six semaines de la présentation de la correspondance par laquelle, informé de la consolidation de l'état de la victime, il a demandé à cette dernière ceux des renseignements mentionnés à l'article R. 211-37 qui lui sont nécessaires pour présenter l'offre d'indemnité, le délai prévu au quatrième alinéa de l'article L. 211-9 est suspendu à compter de l'expiration du délai de six semaines jusqu'à la réception de la réponse contenant les renseignements demandés.

Art. R. 211-33. – Lorsque la victime, les héritiers ou le conjoint ne fournit qu'une partie des renseignements demandés par l'assureur dans sa correspondance et que la réponse ne permet pas, en raison de l'absence de renseignements suffisants, d'établir l'offre d'indemnité, l'assureur dispose d'un délai de quinze jours à compter de la réception de la réponse complète pour présenter à l'intéressé une nouvelle demande par laquelle il lui précise les renseignements qui font défaut.

Dans le cas où l'assureur n'a pas respecté ce délai, la suspension des délais prévus aux articles R. 211-31 et R. 211-32 cesse à l'expiration d'un délai de quinze jours à compter de la réception de la réponse incomplète, lorsque celle-ci est parvenue au-delà du délai de six semaines

Code des Assurances   ASSURANCES

mentionné aux mêmes articles ; lorsque la réponse incomplète est parvenue dans le délai de six semaines mentionné aux articles R. 211-31 et R. 211-32 et que l'assureur n'a pas demandé dans un délai de quinze jours à compter de sa réception les renseignements nécessaires, il n'y a pas lieu à suspension des délais prévus à l'article L. 211-9.

Art. R. 211-34. – Lorsque la victime ne se soumet pas à l'examen médical mentionné à l'article R. 211-43 ou lorsqu'elle élève une contestation sur le choix du médecin sans qu'un accord puisse intervenir avec l'assureur, la désignation, à la demande de l'assureur, d'un médecin à titre d'expert par le juge des référés proroge d'un mois le délai imparti à l'assureur pour présenter l'offre d'indemnité.

Art. R. 211-35. – Lorsque la victime demeure outre-mer ou à l'étranger, les délais qui lui sont impartis en vertu des articles R. 211-31 et R. 211-32 sont augmentés d'un mois. Le délai imparti à l'assureur pour présenter l'offre d'indemnité est prorogé de la même durée.

Lorsqu'un tiers payeur demeure outre-mer ou à l'étranger, les délais prévus à l'article L. 211-9 sont augmentés d'un mois.

Art. R. 211-36. – La computation des délais mentionnés à la présente section est faite conformément aux articles 641 et 642 du Nouveau Code de procédure civile.

Art. R. 211-37. – La victime est tenue, à la demande de l'assureur, de lui donner les renseignements ci-après :
1° Ses nom et prénoms ;
2° Ses date et lieu de naissance ;
3° Son activité professionnelle et l'adresse de son ou de ses employeurs ;
4° Le montant de ses revenus avec les justifications utiles ;
5° La description des atteintes à sa personne accompagnée d'une copie du certificat médical initial et autres pièces justificatives en cas de consolidation ;
6° La description des dommages causés à ses biens ;
7° Les noms, prénoms et adresses des personnes à charge au moment de l'accident ;
8° Son numéro d'immatriculation à la sécurité sociale et l'adresse de la caisse d'assurance maladie dont elle relève ;
9° La liste des tiers payeurs appelés à lui verser des prestations ;
10° Le lieu où les correspondances doivent être adressées.

Cette correspondance est accompagnée d'une notice relative à l'indemnisation des victimes d'accidents de la circulation dont le modèle est fixé par arrêté conjoint du garde des sceaux, ministre de la justice, du ministre chargé des assurances et du ministre chargé de la sécurité sociale.

Art. R. 211-38. – Lorsque l'offre d'indemnité doit être présentée aux héritiers de la victime, à son conjoint ou aux personnes mentionnées au deuxième alinéa de l'article L. 211-9, chacune de ces personnes est tenue, à la demande de l'assureur, de lui donner les renseignements ci-après :
1° Ses nom et prénoms ;
2° Ses date et lieu de naissance ;
3° Les nom et prénoms, date et lieu de naissance de la victime ;
4° Ses liens avec la victime ;
5° Son activité professionnelle et l'adresse de son ou de ses employeurs ;
6° Le montant de ses revenus avec les justifications utiles ;

ASSURANCES — Code des Assurances

7° La description de son préjudice, notamment les frais de toute nature qu'elle a exposés du fait de l'accident ;

8° Son numéro d'immatriculation à la sécurité sociale et l'adresse de la caisse d'assurance maladie dont elle relève ;

9° La liste des tiers payeurs appelés à lui verser des prestations ainsi que leurs adresses ;

10° Le lieu où les correspondances doivent être adressées.

A la demande de l'assureur, les mêmes personnes sont tenues de donner également ceux des renseignements mentionnés à l'article R. 211-37 qui sont nécessaires à l'établissement de l'offre.

Art. R. 211-39. – La correspondance adressée par l'assureur en application des articles R. 211-37 et R. 211-38 mentionne, outre les informations prévues à l'article L. 211-10, le nom de la personne chargée de suivre le dossier de l'accident. Elle rappelle à l'intéressé les conséquences d'un défaut de réponse ou d'une réponse incomplète. Elle indique que la copie du procès-verbal d'enquête de police ou de gendarmerie qu'il peut demander en vertu de l'article L. 211-10 lui sera délivrée sans frais.

Art. R. 211-40. – L'offre d'indemnité doit indiquer, outre les mentions exigées par l'article L. 211-16, l'évaluation de chaque chef de préjudice, les créances de chaque tiers payeur et les sommes qui reviennent au bénéficiaire. Elle est accompagnée de la copie des décomptes produits par les tiers payeurs.

L'offre précise, le cas échéant, les limitations ou exclusions d'indemnisation retenues par l'assureur, ainsi que leurs motifs. En cas d'exclusion d'indemnisation, l'assureur n'est pas tenu, dans sa notification, de fournir les indications et documents prévus au premier alinéa.

Art. R. 211-41. – La demande adressée par l'assureur à un tiers payeur en vue de la production de ses créances indique les nom, prénoms, adresse de la victime, son activité professionnelle et l'adresse de son ou de ses employeurs. Elle rappelle de manière très apparente les dispositions des articles L. 211-11 et L. 211-12. A défaut de ces indications, le délai de déchéance prévu au deuxième alinéa de l'article L. 211-11 ne court pas.

Art. R. 211-42. – Le tiers payeur indique à l'assureur pour chaque somme dont il demande le remboursement la disposition législative, réglementaire ou conventionnelle en vertu de laquelle cette somme est due à la victime.

Dans le cas prévu au troisième alinéa de l'article L. 211-11, les créances réclamées n'ont un caractère provisionnel que si le tiers payeur le précise expressément.

Art. R. 211-43. – En cas d'examen médical pratiqué en vue de l'offre d'indemnité mentionnée à l'article L. 211-9, l'assureur ou son mandataire avise la victime, quinze jours au moins avant l'examen, de l'identité et des titres du médecin chargé d'y procéder, de l'objet, de la date et du lieu de l'examen, ainsi que du nom de l'assureur pour le compte duquel il est fait. Il informe en même temps la victime qu'elle peut se faire assister d'un médecin de son choix.

Art. R. 211-44. – Dans un délai de vingt jours à compter de l'examen médical, le médecin adresse un exemplaire de son rapport à l'assureur, à la victime et, le cas échéant, au médecin qui a assisté celle-ci.

Section VII. – Pénalités

Art. R. 211-45 *(D. n. 86-1043 du 18 sept. 1986, art. 27).* – Sera punie des peines d'emprisonnement et d'amende prévues pour les contraventions de la 5ᵉ classe toute personne

Code des Assurances ASSURANCES

qui, contrevenant aux dispositions de l'article L. 211-1 du présent code, aura mis ou maintenu en circulation un véhicule terrestre à moteur ainsi que ses remorques ou semi-remorques sans être couverte par une assurance garantissant sa responsabilité civile.

En cas de récidive, les peines d'emprisonnement et d'amende prévues pour la récidive des contraventions de la 5ᵉ classe seront applicables.

CHAPITRE II. – L'OBLIGATION D'ASSURER. – LE BUREAU CENTRAL DE TARIFICATION

....

CHAPITRE III. – CONTRIBUTION AU PROFIT DE LA SECURITE SOCIALE

....

CHAPITRE IV. – DISPOSITIONS PARTICULIERES AUX DEPARTEMENTS ET TERRITOIRES D'OUTRE-MER

Section I. – Dispositions particulières aux départements d'outre-mer

Art. R. 214-1. – Les dispositions du présent titre sont applicables dans les départements de la Guadeloupe, de la Guyane, de la Martinique et de la Réunion, sous réserve des dispositions de la présente section.

Art. R. 214-2. – Les documents justificatifs prévus aux articles R. 211-15 à R. 211-21 ne sont exigibles, dans chacun des départements d'outre-mer, qu'en ce qui concerne les véhicules immatriculés dans ce département et les véhicules non soumis à immatriculation dont le lieu de stationnement habituel est situé dans ledit département.

Les dispositions du dernier alinéa de l'article R. 211-17 ne sont pas applicables dans les départements d'outre-mer.

Le contrôle de l'obligation d'assurance est exercé conformément aux dispositions des articles R. 211-15 à R. 211-21. Toutefois, l'attestation d'assurance délivrée en vertu du présent chapitre doit comporter une mention spécifiant que ladite attestation n'est valable que dans le département où elle a été délivrée.

Art. R. 214-3. – Les prescriptions de l'article L. 211-4 et des articles R. 211-22, R. 211-23, R. 211-25 et R. 211-26 ne sont pas applicables dans les départements d'outre-mer aux personnes résidant hors de ces départements qui y font pénétrer un véhicule immatriculé hors desdits départements ou un véhicule non soumis à immatriculation dont le lieu de stationnement habituel est situé hors de ces départements.

Pour les véhicules autres que ceux mentionnés à l'article R. 214-2, la justification de la souscription d'une assurance comportant des garanties au moins équivalentes à celles fixées par la section II du chapitre Iᵉʳ du présent titre peut être apportée par tous les moyens.

Art. R. 214-4. – Les attributions exercées par le ministre de l'intérieur en vertu de l'article R. 211-1 et de l'article R. 211-18 sont dévolues au ministre chargé des départements et territoires d'outre-mer.

Section II. – Dispositions particulières aux territoires d'outre-mer

Néant.

ASSURANCES — Code des Assurances

TITRE II. – L'ASSURANCE DES ENGINS DE REMONTEE MECANIQUE

CHAPITRE UNIQUE

Art. R. 220-1. – L'obligation d'assurance instituée par l'article L. 220-1 s'applique :
 a) Aux véhicules, cabines, sièges, sellettes et dispositifs de halage qui font partie des moyens de transport énumérés à l'article L. 220-1 et qui sont mis à la disposition du public ;
 b) Aux véhicules et engins de secours correspondants ;
 c) Aux installations destinées à la sustentation, à la traction, à la direction et au freinage des véhicules et engins mentionnés en a et b ci-dessus.
L'obligation d'assurance s'applique également aux ascenseurs lorsqu'ils sont l'accessoire des moyens de transport susmentionnés.

Art. R. 220-2. – L'assurance doit garantir la réparation, tant aux usagers de l'installation qu'à toute autre personne, des dommages corporels ou matériels résultant :
 1° Des accidents, incendies ou explosions causés par les matériels mentionnés à l'article R. 220-1, à l'occasion de leur exploitation, par les accessoires ou produits servant à cette exploitation et par les personnes, objets ou substances transportés ou halés ;
 2° De la chute de ces personnes, matériels, accessoires, produits, objets ou substances.

Art. R. 220-3. – Par dérogation aux dispositions qui précèdent, l'obligation d'assurance ne s'applique pas à la réparation :
 a) Des dommages causés à l'exploitant, à ses représentants s'il est une personne morale et, pendant leur service, aux salariés ou préposés de l'exploitant ainsi qu'au personnel des services de contrôle ;
 b) Des dommages résultant des effets directs ou indirects d'explosion, de dégagement de chaleur, d'irradiation provenant de transmutation de noyaux d'atomes ou de radioactivité, ainsi que des effets de radiations provoquées par l'accélération artificielle de particules ;
 c) Des dommages causés par les actes de terrorisme ou de sabotage commis dans le cadre d'actions concertées de terrorisme ou de sabotage ;
 d) Des dommages mentionnés aux articles L. 113-1 (2° al.) et L. 121-8.

Art. R. 220-4. – L'assurance doit être souscrite sans aucune limitation supérieure de somme en ce qui concerne les dommages corporels et pour une somme au moins égale à celle qui est fixée, pour chaque catégorie de moyens de transport, par arrêté conjoint du ministre de l'économie et des finances et du ministre chargé des transports en ce qui concerne les dommages matériels (*).
Le contrat ne peut contenir d'autres clauses de déchéance que celles fondées sur le manquement de l'assuré aux obligations postérieures aux sinistres prévues par le contrat.
 (*) V. art. A. 220-1 et A. 220-2.

Art. R. 220-5. – Nonobstant les dispositions des articles R. 220-2 et R. 220-4 et compte tenu de celles de l'article R. 220-6, il peut être stipulé au contrat d'assurance que l'assuré conserve à sa charge une partie de l'indemnité due aux personnes lésées.

Art. R. 220-6. – Ne sont pas opposables aux victimes ou à leurs ayants droit :
 1° La limitation de garantie prévue à l'article R. 220-5 et au deuxième alinéa de l'article R. 220-13, sauf dans le cas où, le sinistre n'ayant causé que des dégâts matériels, le montant de ceux-ci n'excède pas la somme fixée par arrêté du ministre de l'économie et des finances ;

Code des Assurances ASSURANCES

2° La réduction de l'indemnité applicable conformément à l'article L. 113-9.

Dans les deux cas mentionnés ci-dessus, l'assureur procède au paiement de l'indemnité pour le compte de l'assuré responsable. Il peut exercer contre ce dernier une action en remboursement pour toutes les sommes qu'il a ainsi payées ou mises en réserve à sa place.

Art. R. 220-7. – Un arrêté du ministre de l'économie et des finances fixe les clauses qui doivent être insérées dans les contrats d'assurance pour satisfaire aux prescriptions de la présente section (*).

(*) V. art. A. 220-3.

Art. R. 220-8. – L'assureur doit délivrer sans frais à l'assuré, dans un délai de quinze jours à compter de la demande qui lui en est faite, un document justificatif pour chacun des moyens de transport couverts par le contrat.

Ce document justificatif doit contenir les mentions fixées par arrêté conjoint du ministre de l'économie et des finances et du ministre chargé des transports (*).

Il doit être conservé à la station inférieure du moyen de transport et y être tenu à la disposition des agents de l'autorité publique.

Il n'implique qu'une présomption de garantie à la charge de l'assureur.

(*) V. art. A. 220-4.

TITRE III. – L'ASSURANCE DE LA RESPONSABILITE CIVILE DES CHASSEURS

CHAPITRE UNIQUE

Art. R. 230-1. – Comme il est dit à l'article 11 du décret n. 75-544 du 30 juin 1975 :

« Les contrats d'assurance garantissant la responsabilité civile des chasseurs dans les conditions prévues à l'article 366 bis-III du Code rural doivent, en ce qui concerne ce risque, comporter des garanties et conditions conformes ou au moins équivalentes à celles qui sont fixées par arrêté du ministre d'État, ministre de l'intérieur, du garde des sceaux, ministre de la justice, du ministre de l'économie et des finances et du ministre de la qualité de la vie.

« L'attestation prévue à l'article 366 bis-III du Code rural et dont la forme est fixée par un arrêté du ministre d'État, ministre de l'intérieur, du garde des sceaux, ministre de la justice, du ministre de l'économie et des finances et du ministre de la qualité de la vie, est remise aux assurés, sur demande de leur part, dans un délai de quinze jours à compter de la date de la demande.

« Le nom de l'entreprise d'assurance, l'adresse de son siège social et le numéro de la police sont mentionnés sur la demande de visa et sur le permis de chasser.

« En cas de résiliation du contrat d'assurance ou de suspension de la garantie, l'entreprise d'assurance est tenue d'informer le préfet du département du domicile de l'assuré ou, à Paris, le préfet de police, quinze jours au moins avant la date à laquelle la garantie cessera d'avoir effet.

« Dès réception de cette notification, le préfet prend les mesures nécessaires pour le retrait provisoire du permis. Celui-ci sera restitué soit après justification, par le demandeur, de la souscription d'un nouveau contrat ou de la cessation de la suspension de la garantie, soit après l'expiration de la durée de validation du visa. »

TITRE IV. – L'ASSURANCE DES TRAVAUX DE BATIMENT

ASSURANCES # Code des Assurances

LIVRE IV. – ORGANISATION ET RÉGIMES PARTICULIERS D'ASSURANCES

TITRE II. – LE FONDS DE GARANTIE

CHAPITRE Ier. – LE FONDS DE GARANTIE CONTRE LES ACCIDENTS DE CIRCULATION ET DE CHASSE
(D. n. 88-261 du 18 mars 1988, art. 4)

Section I. – Dispositions applicables aux accidents de la circulation
(mod. D. n. 86-452 du 14 mars 1986, art. 1er)

§ 1. Dispositions communes à l'indemnisation des dommages survenus en France métropolitaine et dans les départements d'outre-mer *(D. n. 86-452 du 14 mars 1986, art. 1er)* résultant d'atteintes à la personne et des dommages aux biens

Art. R. 421-1. – Sont prises en charge par le fonds de garantie, conformément aux dispositions de la présente section, les indemnités dues aux victimes d'accidents *(D. n. 86-452 du 14 mars 1986, art. 2)* mentionnés à l'article L. 420-1 ou à leurs ayants droit à la condition que ces accidents soient survenus en France métropolitaine ou dans les départements d'outre-mer.

Ne sont pas prises en charge par le fonds de garantie les indemnités dues aux victimes *(D. n. 86-452 du 14 mars 1986, art. 2)* accidents dans lesquels sont impliqués des véhicules terrestres à moteur ainsi que par les remorques ou semi-remorques de ces véhicules, ayant leur stationnement habituel sur le territoire d'un des États membres de la Communauté économique européenne autres que la France ou sur le territoire d'un des États suivants : Saint-Siège, Saint-Marin, Autriche, Finlande, Norvège, Suède, Suisse et Lichtenstein, sauf quand l'indemnisation de ces victimes n'incombe pas au bureau central français, pour leur totalité ou en partie.

Le bureau central français est le bureau national d'assurance constitué en France dans les conditions mentionnées au deuxième alinéa de l'article R. 211-22.

Les dispositions des articles R. 420-5 à R. 420-9 sont applicables aux refus de prise en charge opposés par le bureau central français.

§ 2. *(D. n. 86-452 du 14 mars 1986, art. 3)* Dispositions applicables à l'indemnisation des dommages résultant d'atteintes à la personne

Art. R. 421-2. – Sont exclus du bénéfice du fonds de garantie :

1° *(Remplacé, D. n. 83-482 du 9 juin 1983, art. 6)* Lorsque les dommages *(D. n. 86-452 du 14 mars 1986, art. 4)* sont nés d'un accident dans lequel est impliqué un véhicule terrestre à moteur, les dommages causés au conducteur ;

2° Lorsque les dommages ont été causés par un animal ou par une chose autre qu'un véhicule terrestre à moteur :

a) Le propriétaire ou la personne qui a la garde de l'animal ou de la chose au moment de l'accident ;

b) Le conjoint, les ascendants et descendants des personnes mentionnées au a ci-dessus et dont la responsabilité est engagée du fait de l'accident ainsi que les représentants légaux de la personne morale propriétaire de l'animal ou de la chose.

3° Dans les cas autres que ceux mentionnés au 1° et 2° ci-dessus l'auteur de l'accident, son conjoint, ses ascendants et descendants.

1339

Code des Assurances ASSURANCES

(D. n. 86-452 du 14 mars 1986, art. 4) En cas de vol du véhicule impliqué dans l'accident, de vol de l'animal ou de la chose qui a causé l'accident, sont également exclus du bénéfice du fonds de garantie les complices du vol et, d'une manière générale, toutes les personnes transportées dans le véhicule ou sur l'animal. Cette exclusion n'est applicable que si le fonds de garantie apporte la preuve de la connaissance du vol du véhicule ou de l'animal par les personnes transportées.

Toutefois, les personnes désignées au présent article peuvent invoquer la garantie du fonds lorsque l'accident a été causé en tout ou en partie par la circulation d'un tiers ou d'une chose ou d'un animal appartenant à un tiers ou sous sa garde et dans la mesure de sa responsabilité.

Art. R. 421-3. – Si l'auteur d'un accident corporel est inconnu, le procès-verbal ou le rapport dressé ou établi par les agents de la force publique et relatif à cet accident doit mentionner expressément cette circonstance.

Dans le cas où l'auteur est connu et sur les déclarations que celui-ci est tenu de faire, le même document indique obligatoirement si ledit auteur est assuré contre les accidents. Dans l'affirmative, il précise le nom et l'adresse de l'entreprise d'assurance ainsi que le numéro de la police.

Toute omission volontaire de déclaration ou fausse déclaration faite de mauvaise foi sera punie d'une amende *(D. n. 86-452 du 14 mars 1986, art. 5)* de l'amende prévue pour les contraventions de troisième classe.

Si un ou plusieurs des renseignements prévus au second alinéa sont ignorés de l'auteur de l'accident au moment de l'établissement du procès-verbal ou du rapport, cette circonstance est mentionnée ainsi que l'engagement qui doit avoir été pris par ledit auteur de faire parvenir ces renseignements sous huitaine. Dans ce cas, il est dressé ultérieurement un procès-verbal ou rapport complémentaire.

Un exemplaire de tout procès-verbal ou rapport relatif à un accident corporel causé par un auteur inconnu ou non assuré est transmis au fonds de garantie dans les dix jours de sa date par les autorités de police ou de gendarmerie.

Art. R. 421-4 *(D. n. 86-452 du 14 mars 1986, art. 6)*. – Lorsqu'un contrat d'assurance a été souscrit pour garantir les conséquences pécuniaires de la responsabilité civile de l'auteur de dommages résultant d'atteintes aux personnes nés d'un accident mentionné à l'article L. 420-1, le fonds de garantie ne peut être appelé, sauf insolvabilité de l'assureur, à payer l'indemnité allouée à la victime ou à ses ayants droit qu'en cas de nullité du contrat, de suspension du contrat ou de la garantie, de non-assurance ou d'assurance partielle, opposables à la victime ou à ses ayants droit.

Dans le cas où, par suite de l'insuffisance du montant de la garantie stipulée au contrat, une part de l'indemnité due à la victime ou à ses ayants droit pour les dommages ci-dessus mentionnés reste à la charge du responsable, l'assureur de ce dernier, après avoir recueilli en cas de règlement transactionnel l'accord du fonds de garantie, verse pour le compte de ce dernier le reliquat de l'indemnité et l'avise de ce versement.

Art. R. 421-5. – Lorsque l'assureur entend invoquer la nullité du contrat d'assurance, sa suspension ou la suspension de la garantie, une non-assurance ou une assurance partielle opposables à la victime ou à ses ayants droit, il doit, par lettre recommandée avec demande d'avis de réception, le déclarer au fonds de garantie et joindre à sa déclaration les pièces justificatives de son exception ; il doit en aviser en même temps et dans les mêmes formes la victime ou ses ayants droit en précisant *(D. n. 86-452 du 14 mars 1986, art. 7)* numéro du contrat.

ASSURANCES   Code des Assurances

Si l'assureur entend contester l'existence du contrat d'assurance, nonobstant la présentation par le responsable de l'accident du document justificatif mentionné à l'article R. 211-15, il doit, d'une part, le déclarer sans délai au fonds de garantie par lettre recommandée avec demande d'avis de réception et, d'autre part, en aviser en même temps et dans les mêmes formes la victime ou ses ayants droit.

Art. R. 421-6. – Si le fonds de garantie entend contester le bien-fondé d'une des exceptions mentionnées à l'article R. 420-5, invoquée par l'assureur, ou s'il n'est pas en mesure de prendre une décision définitive à ce sujet, il doit, dans un délai de trois mois à compter de la réception de la déclaration, en aviser l'assureur ainsi que la victime ou ses ayants droit. Il leur donne également son avis sur la recevabilité à son encontre d'une demande d'indemnisation de la victime ou de ses ayants droit pour le cas où l'exception invoquée par l'assureur serait reconnue fondée.

Art. R. 421-7. – Lorsque, dans l'hypothèse prévue à l'article R. 420-6 la demande d'indemnité est portée devant une juridiction autre qu'une juridiction répressive, la victime ou ses ayants droit doivent, en cas d'action dirigée soit contre l'assureur, soit contre le responsable, mettre en cause, suivant le cas, le responsable ou l'assureur.

Art. R. 421-8. – Si la demande d'indemnité a été portée devant une juridiction répressive ou si une transaction approuvée par le fonds de garantie est intervenue avec le responsable de l'accident, la victime ou ses ayants droit peuvent demander à l'assureur le paiement des sommes qui lui seraient versées par le fonds si le règlement était effectué par ce dernier, à la condition de justifier :

1° Que le fonds de garantie leur a fait connaître, conformément à l'article R. 420-6 :
a) Qu'il conteste le bien-fondé de l'exception invoquée par l'assureur ou qu'il n'est pas en mesure de prendre une décision définitive à ce sujet ;
b) Qu'en l'absence de garantie de l'assureur ils seraient admis à bénéficier de la garantie dudit fonds.

2° Que le montant de l'indemnité a été fixé par une décision de justice exécutoire opposable au fonds ou par une transaction approuvée par lui.

L'assureur est alors tenu de procéder au paiement des sommes susmentionnées pour le compte de qui il appartiendra. S'il n'exécute pas cette obligation, il peut y être contraint par une ordonnance rendue par le juge des référés à la requête de la victime ou de ses ayants droit.

Lorsque le bien-fondé de l'exception par lui opposée est reconnu soit par accord avec le fonds de garantie, soit judiciairement par une décision définitive opposable à cet organisme, cet assureur peut réclamer au fonds de garantie le remboursement des sommes qu'il a payées pour le compte de celui-ci après établissement de l'insolvabilité totale ou partielle du responsable dans les conditions prévues à l'article R. 420-13.

En cas d'instance judiciaire, pour rendre opposable au fonds de garantie la décision à intervenir, l'assureur doit lui adresser une copie de l'acte introductif d'instance.

Art. R. 421 9. Si la demande d'indemnité a été portée devant une juridiction civile dans les conditions prévues à l'article R. 420-7, la victime ou ses ayants droit peuvent, lorsque sont remplies les conditions mentionnées au 1° de l'article R. 420-8, demander à l'assureur le paiement des sommes qui leur ont été allouées en application des articles 515, 771 et 808 à 811 du nouveau code de procédure civile, et qui leur seraient versées par le fonds de garantie si le règlement était effectué par ce dernier.

Code des Assurances

(Al. ajouté, D. n. 83-482 du 9 juin 1983, art. 7) L'assureur est alors tenu de procéder au paiement des sommes susmentionnées pour le compte de qui il appartiendra. S'il n'exécute pas cette obligation, il peut y être contraint par une ordonnance rendue par le juge des référés à la requête de la victime ou de ses ayants droit.

Art. R. 421-10. – Le règlement intérieur mentionné à l'article R. 420-25 précise les obligations des entreprises d'assurance pour l'application des articles R. 420-4 et R. 420-9.

Art. R. 421-11 *(D. n. 86-452 du 14 mars 1986, art. 8)*. – Toute transaction ayant pour objet de fixer ou de régler les indemnités dues par les responsables non assurés de dommages résultant des atteintes à la personne nés d'un accident mentionné à l'article L. 420-1 doit être notifiée au fonds de garantie par le débiteur de l'indemnité dans un délai d'un mois par lettre recommandée avec demande d'avis de réception, sous peine de l'amende prévue pour les contraventions de troisième classe.

Art. R. 421-12. – Lorsque le responsable des dommages est inconnu, la demande des victimes ou de leurs ayants droit tendant à la réparation des dommages qui leur ont été causés doit être adressée au fonds de garantie dans le délai *(D. n. 86-452 du 14 mars 1986, art. 9)* de trois ans à compter de l'accident.

Lorsque le responsable des dommages est connu, la demande d'indemnité doit être adressée au fonds de garantie dans le délai d'un an à compter soit de la date de la transaction, soit de la date de la décision de justice passée en force de chose jugée.

En outre, les victimes ou leurs ayants droit doivent, dans le délai de *(D. n. 86-452 du 14 mars 1986, art. 9)* cinq ans à compter de l'accident :

a) Si le responsable est inconnu, avoir réalisé un accord avec le fonds de garantie ou exercé contre celui-ci l'action prévue à l'article R. 420-14 ;

b) Si le responsable est connu, avoir conclu une transaction avec celui-ci ou intenté contre lui une action en justice.

Les délais prévus aux alinéas précédents ne courent que du jour où les intéressés ont eu connaissance du dommage, s'ils prouvent qu'ils l'ont ignoré jusque-là.

Lorsque l'indemnité consiste dans le service d'une rente ou le paiement échelonné d'un capital, la demande d'indemnité doit être adressée au fonds de garantie dans le délai d'un an à compter de la date de l'échéance pour laquelle le débiteur n'a pas fait face à ses obligations.

Ces différents délais sont impartis à peine de forclusion, à moins que les intéressés ne prouvent qu'ils ont été dans l'impossibilité d'agir avant l'expiration desdits délais.

Art. R. 421-13 *(D. n. 86-452 du 14 mars 1986, art. 10)*. – Les victimes d'accidents ou leurs ayants droit doivent adresser au fonds de garantie leurs demandes d'indemnité par lettre recommandée avec demande d'avis de réception. A l'appui de leur demande, ils sont tenus de justifier :

1° Soit qu'ils sont français ;

– Soit qu'ils ont leur résidence principale sur le territoire de la République française ;

– Soit qu'ils sont ressortissants d'un Etat ayant conclu avec la France un accord de réciprocité et qu'ils remplissent les conditions fixées par cet accord ;

– Soit enfin, pour les accidents dans lesquels sont impliqués des véhicules définis à l'article R. 420-1, deuxième alinéa, qu'ils sont ressortissants d'un État membre de la Communauté économique européenne autre que la France, du Saint-Siège, de Saint-Marin ou de Monaco, ou qu'ils ont leur résidence principale dans un de ces États.

ASSURANCES — Code des Assurances

2° Que l'accident ouvre droit à réparation à leur profit dans les termes de la législation française sur la responsabilité civile et qu'il ne peut donner droit à indemnisation complète à aucun titre. Si la victime ou ses ayants droit peuvent prétendre à une indemnisation partielle à un autre titre, le fonds de garantie ne prend en charge que le complément. Pour permettre de déterminer le préjudice complémentaire de la victime ou de ses ayants droit, les tiers payeurs, définis par la loi n. 85-677 du 5 juillet 1985, doivent faire connaître au fonds de garantie le montant des versements effectués au profit de ceux-ci, au plus tard dans un délai de quatre mois à compter de la demande émanant du fonds.

Les réclamants doivent également justifier soit que le responsable de l'accident n'a pu être identifié, soit qu'il n'est pas assuré ou que son assureur est totalement ou partiellement insolvable après la fixation de l'indemnité par une transaction ou une décision de justice exécutoire.

L'insolvabilité de l'assureur résulte du retrait de l'agrément administratif.

Art. R. 421-14. – Les demandes d'indemnités doivent obligatoirement être accompagnées d'une expédition de la décision de justice intervenue ou d'une copie certifiée conforme de l'acte portant règlement transactionnel pour la fixation définitive de l'indemnité.

A défaut d'accord du fonds de garantie avec la victime ou ses ayants droit soit sur la transaction intervenue, soit sur la fixation de l'indemnité lorsque le responsable des dommages est inconnu ou lorsque la décision de justice invoquée est inopposable au fonds de garantie, soit sur l'existence des diverses conditions d'ouverture du droit à indemnité, la victime ou ses ayants droit saisissent, suivant le taux de la demande, le tribunal d'instance ou le tribunal de grande instance. Le litige peut être porté devant la juridiction du lieu où l'accident s'est produit.

En dehors de ces cas mentionnés à l'alinéa précédent et des contestations auxquelles peut donner lieu l'application des dispositions du dernier alinéa de l'article R. 420-15, le fonds de garantie ne peut être cité en justice par la victime ou ses ayants droit, notamment en déclaration de jugement commun pour l'application de l'article L. 420-1.

Art. R. 421-15. – Le fonds de garantie peut intervenir même devant les juridictions répressives et même pour la première fois en cause d'appel, en vue, notamment, de contester le principe ou le montant de l'indemnité réclamée, dans toutes les instances engagées entre les victimes d'accidents corporels ou leurs ayants droit, d'une part, les responsables ou leurs assureurs, d'autre part. Il intervient alors à titre principal et peut user de toutes les voies de recours ouvertes par la loi. En aucun cas, cette intervention ne peut motiver une condamnation conjointe ou solidaire du fonds de garantie et du responsable.

Sous réserve des dispositions du quatrième alinéa du présent article, la victime ou ses ayants droit doivent adresser sans délai au fonds de garantie, par lettre recommandée avec demande d'avis de réception, une copie de tout acte introductif d'instance ayant pour objet de saisir la juridiction compétente d'une demande d'indemnité dirigée contre un défendeur dont il n'est pas établi que la responsabilité civile est couverte par une assurance.

Tout acte introductif d'instance, dont une copie doit être adressée au fonds de garantie en application de l'alinéa précédent, doit contenir les précisions suivantes : date et lieu de l'accident, nature du véhicule ou agent ou instrument du dommage, autorité ayant dressé le procès-verbal ou le rapport mentionné à l'article R. 420-3, montant de la demande en ce qui concerne la réparation des *(D. n. 86-452 du 14 mars 1986, art. 11)* dommages résultant d'atteintes à la personne ou, à défaut, nature et gravité de ces dommages. Il doit, en outre, mentionner d'après les indications contenues dans le procès-verbal ou le rapport précité ou celles recueillies ultérieurement, notamment celles fournies par l'assureur en application du premier alinéa de l'article R. 420-5 :

Code des Assurances ASSURANCES

Soit que la responsabilité civile du défendeur n'est pas couverte par un contrat d'assurance ;
Soit que l'assureur, dont les nom et adresse doivent être précisés ainsi que le *(D. n. 86-452 du 14 mars 1986, art. 11)* numéro de contrat, entend contester sa garantie ou invoquer la limitation de celle-ci ;

Soit que le demandeur ne possède aucun des deux renseignements ci-dessus, les éléments lui permettant de douter de l'existence d'une assurance couvrant les dommages dont il est demandé réparation devant être mentionnés le cas échéant.

Les dispositions des deux alinéas qui précèdent ne sont pas applicables lorsque la demande d'indemnité est portée devant une juridiction répressive. Dans ce cas, la victime ou ses ayants droit doivent, dix jours au moins avant l'audience retenue pour les débats, aviser le fonds de garantie par lettre recommandée avec demande d'avis de réception de leur constitution de partie civile ou de l'éventualité de cette constitution. Cet avis doit mentionner, outre les diverses indications prévues au troisième alinéa du présent article, les nom, prénoms et adresse de l'auteur des dommages et, le cas échéant, du civilement responsable ainsi que la juridiction saisie de l'action publique et la date de l'audience.

Les notifications effectuées dans les conditions prévues aux alinéas précédents ont pour effet, même si le fonds de garantie n'est pas intervenu à l'instance, de rendre opposable à celui-ci la décision rendue sur la demande d'indemnité. Toute mention inexacte contenue dans les notifications est sanctionnée, en cas de mauvaise foi, par la déchéance du recours éventuel du demandeur contre le fonds de garantie.

Art. R. 421-16 *(D. n. 86-452 du 14 mars 1986, art. 12).* – Sans préjudice de l'exercice résultant de la subrogation légale du fonds de garantie dans les droits que possède le créancier de l'indemnité contre l'auteur de l'accident ou l'assureur, le fonds de garantie a le droit de réclamer également au débiteur de l'indemnité : d'une part, des intérêts qui sont calculés au taux légal depuis la date du paiement des indemnités lorsque celles-ci ont été fixées judiciairement, ou depuis la mise en demeure adressée par le fonds de garantie lorsque les indemnités ont été fixées par une transaction ; d'autre part, une allocation forfaitaire qui est destinée à couvrir les frais de recouvrement et dont le montant est fixé sur les bases que détermine un décret pris sur proposition du ministre chargé du budget.

Le cas échéant, le fonds de garantie recouvre également sur le débiteur de l'indemnité la contribution mentionnée au 2° de l'article R. 420-27.

(D. n. 86-452 du 14 mars 1986, art. 12). – Lorsque l'auteur des dommages entend user du droit de contestation prévu par l'article L. 420-3, il doit porter son action devant le tribunal compétent dans un délai de trois mois à compter de la mise en demeure de remboursement adressée par le fonds de garantie.

La mise en demeure prévue aux alinéas ci-dessus résulte de l'envoi par le fonds d'une lettre recommandée avec demande d'avis de réception.

Art. R. 421-17. – Sont interdites les conventions par lesquelles des intermédiaires se chargeraient, moyennant émoluments convenus au préalable, de faire obtenir aux victimes d'accidents corporels ou à leurs ayants droit une indemnisation du fonds de garantie.

Au cas d'inobservation de cette prohibition, il sera fait, s'il échet, application des dispositions de la loi du 3 avril 1942 proscrivant les pactes sur le règlement des indemnités dues aux victimes d'accidents dans les conditions prévues par la loi.

§ 3 *(D. n. 86-452 du 14 mars 1986, art. 13).* – Dispositions applicables à l'indemnisation
des dommages aux biens

Art. R. 421-18 *(D. n. 86-452 du 14 mars 1986, art. 14).* – 1. Les dommages aux biens pris en charge par le fonds de garantie en application du 2° alinéa de l'article R. 420-1 sont tous

ASSURANCES   **Code des Assurances**

ceux qui résultent d'un accident dans lequel est impliqué un véhicule terrestre à moteur en circulation, ainsi que ses remorques et semi-remorques, lorsque l'auteur des dommages est identifié.

Sont, dans ce cas, exclus du bénéfice du fonds de garantie les dommages subis par le véhicule impliqué dans l'accident ainsi que les dommages aux biens du conducteur de ce même véhicule.

Lorsque le véhicule impliqué dans l'accident a été volé, sont exclus du bénéfice du fonds de garantie les complices du vol et, d'une manière générale, toutes les personnes transportées dans le véhicule. Cette exclusion n'est applicable que si le fonds de garantie apporte la preuve de la connaissance du vol par les personnes transportées.

Lorsque l'auteur des dommages demeure inconnu, le fonds prend également en charge tous les dommages aux biens à condition que le conducteur du véhicule accidenté, ou toute autre personne, ait été victime d'une atteinte à sa personne ayant entraîné son décès, ou une hospitalisation d'au moins sept jours suivie d'une incapacité temporaire égale ou supérieure à un mois, ou une incapacité permanente partielle d'au moins 10 p. 100.

Toutefois, les personnes désignées au présent article peuvent invoquer la garantie du fonds lorsque l'accident a été causé par un autre véhicule terrestre à moteur, dans la mesure de la responsabilité de celui qui a la garde de ce véhicule.

Lorsqu'un contrat d'assurance a été souscrit pour garantir les conséquences pécuniaires de la responsabilité civile découlant de l'emploi du véhicule qui a causé les dommages matériels, le fonds de garantie ne peut être appelé à indemniser la victime ou ses ayants droit qu'en cas de nullité du contrat, de suspension du contrat ou de la garantie, de non-assurance ou d'assurance partielle, opposables à la victime ou à ses ayants droit ; l'assureur doit déclarer sans délai au fonds de garantie les accidents pour lesquels il entend invoquer une de ces exceptions. Il doit en aviser la victime ou ses ayants droit en précisant le numéro de la police.

2. Les dispositions des articles R. 420-13 à R. 420-16 sont applicables à l'indemnisation des dommages matériels.

3. Le fonds de garantie ne prend pas en charge les dommages matériels subis par l'État et par les collectivités publiques, entreprises et organismes bénéficiaires d'une dérogation à l'obligation d'assurance accordée en application de l'article L. 211-3.

Art. R. 421-19 *(mod., D. n. 86-452 du 14 mars 1986, art. 15).* – L'indemnisation des dommages aux biens par le fonds de garantie supporte un abattement de 2 000 F par victime et ne peut excéder la somme de trois millions de francs par événement.

Les espèces, valeurs mobilières et objets considérés comme précieux ne donnent pas lieu à indemnisation.

(D. n. 86-452 du 14 mars 1986, art. 15) L'indemnisation des dommages occasionnés à des effets personnels ne peut excéder 6 000 F par victime.

Art. R. 421-20 *(D. n. 86-452 du 14 mars 1986, art. 16).* – 1. Lorsque l'auteur des dommages est identifié, toute victime de dommages aux biens doit, sous peine de déchéance de ses droits à l'égard du fonds de garantie, adresser au fonds une déclaration accompagnée de l'état descriptif des dommages et des justifications relatives à l'identité de l'adversaire, à sa responsabilité et à l'absence ou à l'insuffisance d'assurance ou de garantie de la personne présumée responsable des dommages. Cette déclaration doit être adressée au fonds dans le délai de six mois à compter du jour où la victime a eu connaissance de l'absence ou de l'insuffisance de garantie de la personne présumée responsable des dommages, notamment par le refus de prise en charge du sinistre par l'assureur de cette personne et, au plus tard, dans le délai de douze mois à compter du jour de l'accident, sauf si la victime est en mesure de rapporter la preuve qu'ayant fait

Code des Assurances   ASSURANCES

elle-même ou par mandataire des diligences nécessaires pour obtenir la prise en charge de ses dommages par un assureur, il ne lui a pas été possible dans ce délai de douze mois de déterminer si une garantie d'assurance pouvait ou non jouer à son profit.

Toutefois, la déchéance prévue à l'alinéa précédent n'est pas opposable à la victime de l'accident qui a subi à la fois des dommages atteignant sa personne et ses biens ou encore lorsque l'auteur des dommages est inconnu.

Lorsque l'auteur des dommages est inconnu, toute victime de dommages aux biens doit, sous peine de déchéance de ses droits à l'égard du fonds de garantie, dans le délai de trois ans à compter de l'accident, faire une déclaration accompagnée de l'état descriptif des dommages et établir que les conditions prévues à l'article R. 420-18 sont réunies.

2. La demande d'indemnité doit être adressée au fonds de garantie dans le délai d'un an à compter soit de la date de la transaction, soit de la date de la décision de justice passée en force de chose jugée.

En outre, les victimes ou leurs ayants droit doivent, dans le délai de cinq ans à compter de l'accident, avoir conclu une transaction avec l'auteur de celui-ci ou intenté contre lui une action en justice ou, si l'auteur est inconnu, avoir réalisé un accord avec le fonds ou exercé contre celui-ci l'action prévue à l'article R. 420-14.

Les délais prévus aux deux alinéas précédents ne courent que du jour où les intéressés ont eu connaissance du dommage, s'ils prouvent qu'ils l'ont ignoré jusque-là.

Ces délais sont impartis à peine de forclusion, à moins que les intéressés ne prouvent qu'ils ont été dans l'impossibilité d'agir avant l'expiration de ces délais.

3. Les dispositions des articles R. 420-4 à R. 420-11 sont applicables à l'indemnisation de dommages aux biens de la victime d'un accident qui a subi également des dommages atteignant sa personne.

      Section II. – Dispositions applicables aux accidents de chasse
            (mod. D. n. 81-30 du 14 janv. 1981, art. 1er)

Art. R. 421-21. – Les indemnités dues en vertu des dispositions de l'article 366 ter du code rural aux victimes*(D. n. 86-542 du 14 mars 1986, art. 17)* d'accidents qui donnent naissance à des dommages résultant d'une atteinte à la personne ou à leurs ayants droit sont prises en charge par le fonds de garantie conformément aux dispositions de la présente section et à la condition que ces accidents soient survenus sur le territoire de la France métropolitaine et des départements d'outre-mer, à l'exception du département de la Guyane.

Art. R. 421-22 *(D. n. 86-542 du 14 mars 1986, art. 18).* – Est exclu du bénéfice du fonds de garantie l'auteur d'un accident de chasse ou de destruction des animaux nuisibles, sauf si celui-ci peut apporter la preuve que la responsabilité d'une autre personne est engagée. La garantie du fonds est acquise dans la mesure de cette responsabilité.

Art. R. 421-23 *(mod., D. n. 86-452 du 14 mars 1986, art. 19).* – Tout auteur d'un accident qui donne naissance à des dommages résultant d'atteintes à la personne survenu au cours d'un acte de chasse ou de destruction des animaux nuisibles doit présenter, le cas échéant, son permis et faire connaître à l'agent de la force publique qui dresse le procès-verbal ou établit le rapport de l'accident la ou les assurances autres que celles prévues par l'article 366 ter du code rural qui serait de nature à couvrir les dommages causés. Il doit également préciser le nom et l'adresse de la ou des entreprises d'assurances ainsi que le numéro du ou des contrats. Toute omission volontaire de déclaration ou fausse déclaration faite de mauvaise foi sera punie de l'amende prévue pour des contraventions de troisième classe.

Les renseignements résultant soit des mentions figurant sur le permis de chasser en vertu des dispositions du dernier alinéa de l'article 366 ter du code rural, soit de la déclaration prévue ci-dessus, doivent être obligatoirement indiqués sur le procès-verbal ou le rapport relatif à l'accident. Si un ou plusieurs des renseignements faisant l'objet de la déclaration prévue à l'alinéa précédent sont ignorés de l'auteur de l'accident au moment de l'établissement du procès-verbal ou du rapport, cette circonstance est mentionnée ainsi que l'engagement qui doit avoir été pris par ledit auteur de faire parvenir ces renseignements sous huitaine. Dans ce cas, il est dressé ultérieurement un procès-verbal ou un rapport complémentaire.

Si l'auteur d'un accident qui donne naissance à des dommages résultant d'atteintes à la personne est inconnu, le procès-verbal ou le rapport relatif à cet accident doit mentionner expressément cette circonstance.

Un exemplaire de tout procès-verbal ou rapport relatif à un accident corporel causé par un auteur inconnu ou non assuré est transmis au fonds de garantie dans les dix jours de sa date par les autorités de police ou de gendarmerie.

Art. R. 421-24. – Lorsqu'un contrat d'assurance a été souscrit pour garantir les conséquences pécuniaires de la responsabilité civile de l'auteur d'un accident résultant d'actes de chasse ou de destruction d'animaux nuisibles, les dispositions des articles R. 420-4 à R. 420-10 sont applicables aux droits et obligations du responsable, de la victime, de l'assureur et du fonds de garantie.

Les dispositions des articles R. 420-12 à R. 420-17 sont applicables à l'indemnisation par le fonds de garantie des *(D. n. 86-452 du 14 mars 1986, art. 20)* dommages de chasse résultant d'atteintes à la personne mentionnés à l'article 366 ter du code rural, étant précisé qu'en matière d'accidents de chasse l'interdiction de citation en justice mentionnée par l'article R. 420-14 s'applique aux citations pour l'application de l'article 366 ter du code rural et que, dans la même matière, le rapport mentionné au 3e alinéa de l'article R. 420-15 est celui qui est prévu par l'article R. 420-23.

Toutefois, le bénéfice du fonds n'est donné que lorsqu'il est justifié que la victime a la nationalité française ou a sa résidence principale sur le territoire de la République française ou est ressortissant d'un État ayant conclu avec la France un accord de réciprocité et remplit les conditions fixées par cet accord.

La contribution que le fonds peut recouvrer, le cas échéant, sur le débiteur de l'indemnité est, en matière de chasse, celle prévue au 2° de l'article R. 420-38.

Toute transaction ayant pour objet de fixer ou de régler les indemnités dues par les responsables non assurés d'accidents corporels de chasse ou de destruction des animaux nuisibles définis à l'article 366 ter du code rural doit être notifiée au fonds de garantie par le débiteur de l'indemnité dans un délai d'un mois par lettre recommandée avec demande d'avis de réception sous peine *(D. n. 86-452 du 14 mars 1986, art. 20)* de l'amende prévue pour les contraventions de troisième classe.

CHAPITRE II. – LE FONDS DE GARANTIE CONTRE LES ACTES DE TERRORISME
(D. n. 88-261 du 18 mars 1988, art. 4)

Art. R. 422-1 *(D. n. 89-800 du 27 oct. 1989, art. 1er).*– Le Fonds de garantie contre les actes de terrorisme, institué par l'article L. 422-1, est géré par un conseil d'administration qui comprend :

1° Un président nommé par arrêté conjoint du ministre chargé de l'économie et des finances et du garde des sceaux, ministre de la justice, parmi les membres en activité ou honoraires du Conseil d'Etat ayant au moins atteint le grade de conseiller d'Etat ou parmi les membres en

Code des Assurances

activité ou honoraires de la Cour de cassation ayant au moins atteint le grade de conseiller ou d'avocat général ;
2° Un représentant du ministre chargé de l'économie et des finances nommé par arrêté ;
3° Un représentant du ministre de la justice, nommé par arrêté ;
4° Un représentant du ministre de l'intérieur, nommé par arrêté ;
5° Un représentant du ministre chargé de la sécurité sociale, nommé par arrêté ;
6° Trois personnes ayant manifesté leur intérêt pour les victimes de terrorisme, nommées par arrêté conjoint du ministre chargé de l'économie et des finances, du ministre de la justice, du ministre de l'intérieur et du ministre chargé de la sécurité sociale ;
7° Un professionnel du secteur de l'assurance, nommé par arrêté du ministre chargé de l'économie et des finances.

Le président et les membres du conseil d'administration ont chacun un suppléant nommé dans les mêmes conditions.

Le président, les membres du conseil d'administration et les suppléants sont nommés pour une période de trois ans renouvelable.

En cas de vacance, un remplaçant est nommé dans les mêmes conditions que son prédécesseur pour la durée du mandat restant à courir.

Le conseil d'administration se réunit sur convocation de son président aussi souvent que l'intérêt des victimes d'actes de terrorisme l'exige et au moins une fois par trimestre.

Art. R. 422-2. – Les statuts du fonds de garantie sont approuvés par arrêté conjoint du garde des sceaux, ministre de la justice, et du ministre chargé des assurances.

Art. R. 422-3. – Le fonds de garantie est soumis au contrôle du ministre chargé des assurances qui nomme un commissaire du Gouvernement pour exercer en son nom un contrôle sur l'ensemble de la gestion du fonds. Le commissaire du Gouvernement peut assister à toutes les réunions du conseil d'administration. Il peut se faire présenter tous les livres et documents comptables.

Les décisions prises par le conseil d'administration ou par les autorités auxquelles il accorde délégation sont exécutoires dans un délai de quinze jours à dater de la décision si le commissaire du Gouvernement ne signifie pas soit qu'il approuve immédiatement, soit qu'il s'oppose à la décision. Toutefois, le délai ci-dessus est ramené à cinq jours en ce qui concerne les décisions ne comportant pas un engagement financier pour le fonds.

Art. R. 422-4. – Le fonds de garantie est alimenté par une contribution assise sur les primes ou cotisations des contrats d'assurance de biens souscrits auprès d'une entreprise ayant obtenu l'agrément prévu par l'article L. 321-1.

Cette contribution est recouvrée par les entreprises d'assurance suivant les mêmes règles, sous les mêmes garanties et sanctions que la taxe sur les conventions d'assurance. Elle est versée à la recette des impôts suivant les modalités prévues pour ladite taxe et reversée au fonds de garantie, déduction faite de 2 p. 100 pour frais d'assiette et de perception.

Le taux de la contribution est fixé, chaque année, par arrêté du ministre chargé des assurances.

Art. R. 422-5. – Les opérations effectuées par le fonds de garantie comprennent, en recettes, le produit de la contribution prévue à l'article R. 422-4, les indemnités obtenues des responsables, les revenus des fonds placés et les bénéfices sur remboursements et réalisation d'actifs. Elles comprennent, en dépenses, les indemnités et frais versés au titre des sinistres pris en charge, les frais de fonctionnement, de recours et de placement exposés et les pertes sur réalisation d'actifs.

Les avoirs disponibles du fonds de garantie font l'objet des placements mentionnés à l'article R. 332-2 suivant les limitations prévues aux articles R. 332-3 et R. 332-3-1. Toutefois, pour le calcul de ces limitations, le montant de chacune des catégories de placements est rapporté au montant des avoirs disponibles du fonds.

Art. R. 422-6 *(D. n. 89-800 du 27 oct. 1989, art. 2).–* Dès la survenance d'un acte de terrorisme, le Procureur de la République ou l'autorité diplomatique ou consulaire compétente informe sans délai le Fonds de garantie des circonstances de l'événement et de l'identité des victimes. En outre, toute personne qui s'estime victime d'un acte de terrorisme peut saisir directement le Fonds de garantie. Le Fonds de garantie assiste les victimes dans la constitution de leur dossier d'indemnisation.

Art. R. 422-7. – En cas d'examen médical pratiqué à la demande du fonds de garantie, celui-ci informe la victime quinze jours au moins avant la date de l'examen de l'identité et des titres du médecin chargé d'y procéder, de l'objet, de la date et du lieu de l'examen. Il lui fait savoir également qu'elle peut se faire assister d'un médecin de son choix.

Le rapport du médecin doit être adressé dans les vingt jours au fonds de garantie, à la victime et, le cas échéant, au médecin qui l'a assistée.

Art. R. 422-8 *(D. n. 89 800 du 27 oct. 1989, art. 3).* – L'offre d'indemnisation indique l'évaluation retenue par le Fonds pour chaque chef de préjudice et le montant des indemnités qui reviennent à la victime compte tenu des prestations énumérées à l'article 29 de la loi n. 85-677 du 5 juillet 1985 et des indemnités de toute nature reçues ou à recevoir d'autres débiteurs du chef du même préjudice. Elle est accompagnée, le cas échéant, de la copie des décomptes produits par les personnes ou organismes débiteurs de ces prestations ou indemnités. Elle comporte les mentions prévues par l'article L. 211-16.

II. - TEXTES NON CODIFIÉS

Voir J.-Cl. Civil, Annexes, V° Association.

Loi du 1er juillet 1901 (J.O. 2 juil.)
relative au contrat d'association

TITRE Ier

Art. 1er. – L'association est la convention par laquelle deux ou plusieurs personnes mettent en commun, d'une façon permanente, leurs connaissances ou leur activité dans un but autre que de partager des bénéfices. Elle est régie, quant à sa validité, par les principes généraux du droit applicables aux contrats et obligations.

Art. 2. – Les associations de personnes pourront se former librement sans autorisation et ni déclaration préalable, mais elles ne jouiront de la capacité juridique que si elles se sont conformées aux dispositions de l'article 5.

Art. 3. – Toute association fondée sur une cause ou en vue d'un objet illicite, contraire aux lois, aux bonnes mœurs, ou qui aurait pour but de porter atteinte à l'intégrité du territoire national et à la forme républicaine du Gouvernement, est nulle et de nul effet.

Art. 4. – Tout membre d'une association qui n'est pas formée pour un temps déterminé peut s'en retirer en tout temps, après paiement des cotisations échues et de l'année courante, nonobstant toute clause contraire.

Art. 5. – Toute association qui voudra obtenir la capacité juridique prévue par l'article 6 devra être rendue publique par les soins de ses fondateurs.
(L. n. 71-604 du 20 juil. 1971, art. 1er) La déclaration préalable en sera faite à la préfecture du département ou à la sous-préfecture de l'arrondissement où l'association aura son siège social. Elle fera connaître le titre et l'objet de l'association, le siège de ses établissements et les noms, professions *(L. n. 81-909 du 9 oct. 1981, art. 1er-I)* domiciles et nationalités de ceux qui, à un titre quelconque, sont chargés de son administration ou de sa direction. Deux exemplaires des statuts seront joints à la déclaration. Il sera donné récépissé de celle-ci dans le délai de cinq jours.
(Al. aj. L. n. 81-909 du 9 oct. 1981, art. 1er-II) Lorsque l'association aura son siège social à l'étranger, la déclaration préalable prévue à l'alinéa précédent sera faite à la préfecture du département où est situé le siège de son principal établissement.

Loi du 1ᵉʳ juillet 1901　　　　　　　　　　ASSOCIATIONS

L'association n'est rendue publique que par une insertion au *Journal officiel,* sur production de ce récépissé.

Les associations sont tenues de faire connaître, dans les trois mois, tous changements survenus dans leur administration ou direction, ainsi que toutes les modifications apportées à leurs statuts.

Ces modifications et changements ne sont opposables aux tiers qu'à partir du jour où ils auront été déclarés.

Les modifications et changements seront, en outre, consignés sur un registre spécial qui devra être présenté aux autorités administratives ou judiciaires chaque fois qu'elles en feront la demande.

Art. 6 *(L. n. 48-1001 du 23 juin 1948 ; L. n. 87-571 du 23 juil. 1987, art. 16).* – Toute association régulièrement déclarée peut, sans aucune autorisation spéciale, ester en justice, recevoir des dons manuels ainsi que des dons des établissements d'utilité publique, acquérir à titre onéreux, posséder et administrer, en dehors des subventions de l'État, des régions, des départements, des communes et de leurs établissements publics :

1° Les cotisations de ses membres ou les sommes au moyen desquelles ces cotisations ont été rédimées, ces sommes ne pouvant être supérieures à 100 F ;

2° Le local destiné à l'administration de l'association et à la réunion de ses membres ;

3° Les immeubles strictement nécessaires à l'accomplissement du but qu'elle se propose.

Les associations déclarées qui ont pour but exclusif l'assistance, la bienfaisance, la recherche scientifique ou médicale peuvent accepter les libéralités entre vifs ou testamentaires dans les conditions fixées par décret en Conseil d'État.

Lorsqu'une association donnera au produit d'une libéralité une affectation différente de celle en vue de laquelle elle aura été autorisée à l'accepter, l'acte d'autorisation pourra être rapporté par décret en Conseil d'État.

Art. 7 *(L. n. 71-604 du 20 juil. 1971, art. 2).* – En cas de nullité prévue par l'article 3, la dissolution de l'association est prononcée par le tribunal de grande instance, soit à la requête de tout intéressé, soit à la diligence du ministère public. Celui-ci peut assigner à jour fixe et le tribunal, sous les sanctions prévues à l'article 8, ordonner par provision et nonobstant toute voie de recours, la fermeture des locaux et l'interdiction de toute réunion des membres de l'association.

En cas d'infraction aux dispositions de l'article 5, la dissolution peut être prononcée à la requête de tout intéressé ou du ministère public.

Art. 8. – Seront punis d'une amende de 2 500 F à 5 000 F et, en cas de récidive, d'une amende double, ceux qui auront contrevenu aux dispositions de l'article 5.

Seront punis d'une amende de 60 F à 30 000 F et d'un emprisonnement de six jours à un an, les fondateurs, directeurs ou administrateurs de l'association qui se serait maintenue ou reconstituée illégalement après le jugement de dissolution.

Seront punies de la même peine toutes les personnes qui auront favorisé la réunion des membres de l'association dissoute, en consentant l'usage d'un local dont elles disposent.

Art. 9. – En cas de dissolution volontaire, statutaire ou prononcée par justice, les biens de l'association seront dévolus conformément aux statuts ou, à défaut de disposition statutaire, suivant les règles déterminées en assemblée générale.

ASSOCIATIONS — Loi du 1er juillet 1901

TITRE II

Art 10 *(L. n. 87-571 du 23 juil. 1987, art. 17-I).* – Les associations peuvent être reconnues d'utilité publique par décret en Conseil d'État à l'issue d'une période probatoire de fonctionnement d'une durée au moins égale à trois ans.

La reconnaissance d'utilité publique peut être retirée dans les mêmes formes.

La période probatoire de fonctionnement n'est toutefois pas exigée si les ressources prévisibles sur un délai de trois ans de l'association demandant cette reconnaissance sont de nature à assurer son équilibre financier.

Art. 11. – Ces associations peuvent faire tous les actes de la vie civile qui ne sont pas interdits par leurs statuts, mais elles ne peuvent posséder ou acquérir d'autres immeubles que ceux nécessaires au but qu'elles se proposent. *(L. n. 87-571 du 23 juil. 1987, art. 17-II).* Toutes les valeurs mobilières d'une association doivent être placées en titres nominatifs, en titres pour lesquels est établi le bordereau de références nominatives prévu à l'article 55 de la loi n. 87-416 du 17 juin 1987 sur l'épargne ou en valeurs admises par la Banque de France en garantie d'avances.

Elles peuvent recevoir des dons et des legs dans les conditions prévues par l'article 910 du code civil. Les immeubles compris dans un acte de donation ou dans une disposition testamentaire qui ne seraient pas nécessaires au fonctionnement de l'association sont aliénés dans les délais et la forme prescrits par le décret ou l'arrêté qui autorise l'acceptation de la libéralité ; le prix en est versé à la caisse de l'association. *(L. 2 juil. 1913, art. 2)* Cependant, elles peuvent acquérir, à titre onéreux ou à titre gratuit, des bois, forêts ou terrains à boiser.

Elles ne peuvent accepter une donation mobilière ou immobilière avec réserve d'usufruit au profit du donateur.

Art. 12. – *Abrogé par D. 12 avril 1939, art. 2.*

TITRE III

Art. 13 *(L. n. 42-505 du 8 avril 1942).* – Toute congrégation religieuse peut obtenir la reconnaissance légale par décret rendu sur avis conforme du Conseil d'État ; les dispositions relatives aux congrégations antérieurement autorisées leur sont applicables.

La reconnaissance légale pourra être accordée à tout nouvel établissement congréganiste en vertu d'un décret en Conseil d'État.

La dissolution de la congrégation ou la suppression de tout établissement ne peut être prononcée que par décret sur avis conforme du Conseil d'État.

Art. 14. – *Abrogé par L. 3 sept. 1940.*

Art. 15. – Toute congrégation religieuse tient un état de ses recettes et dépenses ; elle dresse chaque année le compte financier de l'année écoulée et l'état inventorié de ses biens, meubles et immeubles.

La liste complète de ses membres, mentionnant leur nom patronymique, ainsi que le nom sous lequel ils sont désignés dans la congrégation, leur nationalité, âge et lieu de naissance, la date de leur entrée, doit se trouver au siège de la congrégation.

Celle-ci est tenue de représenter sans déplacement, sur toute réquisition du préfet, à lui-même ou à son délégué, les comptes, états et listes ci-dessus indiqués.

Seront punis des peines portées au paragraphe 2 de l'article 8 les représentants ou directeurs d'une congrégation qui auront fait des communications mensongères ou refusé d'obtempérer aux réquisitions du préfet dans les cas prévus par le présent article.

Loi du 1er juillet 1901   ASSOCIATIONS

Art. 16. – *Abrogé par L. n. 42-505 du 8 avril 1942.*

Art. 17. – Sont nuls tous actes entre vifs ou testamentaires, à titre onéreux ou gratuit, accomplis soit directement, soit par personne interposée, ou toute autre voie indirecte, ayant pour objet de permettre aux associations légalement ou illégalement formées de se soustraire aux dispositions des articles 2, 6, 9, 11, 13, 14 et 16.

La nullité pourra être prononcée soit à la diligence du ministère public, soit à la requête de tout intéressé.

Art. 18. – Les congrégations existantes au moment de la promulgation de la présente loi, qui n'auraient pas été antérieurement autorisées ou reconnues, devront, dans le délai de trois mois, justifier qu'elles ont fait les diligences nécessaires pour se conformer à ses prescriptions.

A défaut de cette justification, elles sont réputées dissoutes de plein droit. Il en sera de même des congrégations auxquelles l'autorisation aura été refusée.

La liquidation des biens détenus par elles aura lieu en justice. Le tribunal, à la requête du ministère public, nommera, pour y procéder, un liquidateur qui aura pendant toute la durée de la liquidation tous les pouvoirs d'un administrateur séquestre.

(L. 17 juil. 1903) Le tribunal qui a nommé le liquidateur est seul compétent pour connaître, en matière civile, de toute action formée par le liquidateur ou contre lui.

Le liquidateur fera procéder à la vente des immeubles suivant les formes prescrites pour les ventes de biens de mineurs.

Le jugement ordonnant la liquidation sera rendu public dans la forme prescrite pour les annonces légales.

Les biens et valeurs appartenant aux membres de la congrégation antérieurement à leur entrée dans la congrégation, ou qui leur seraient échus depuis, soit par succession *ab intestat* en ligne directe ou collatérale, soit par donation ou legs en ligne directe, leur seront restitués.

Les dons et legs qui leur auraient été faits autrement qu'en ligne directe pourront être également revendiqués, mais à charge par les bénéficiaires de faire la preuve qu'ils n'ont pas été les personnes interposées prévues par l'article 17.

Les biens et valeurs acquis à titre gratuit et qui n'auraient pas été spécialement affectés par l'acte de libéralité à une œuvre d'assistance pourront être revendiqués par le donateur, ses héritiers ou ayants droit, ou par les héritiers ou ayants droit du testateur, sans qu'il puisse leur être opposé aucune prescription pour le temps écoulé avant le jugement prononçant la liquidation.

Si les biens et valeurs ont été donnés ou légués en vue non de gratifier les congréganistes, mais de pourvoir à une œuvre d'assistance, ils ne pourront être revendiqués qu'à charge de pourvoir à l'accomplissement du but assigné à la libéralité.

Toute action en reprise ou revendication devra, à peine de forclusion, être formée contre le liquidateur dans le délai de six mois à partir de la publication du jugement. Les jugements rendus contradictoirement avec le liquidateur, et ayant acquis l'autorité de la chose jugée, sont opposables à tous les intéressés.

Passé le délai de six mois, le liquidateur procédera à la vente en justice de tous les immeubles qui n'auraient pas été revendiqués ou qui ne seraient pas affectés à une œuvre d'assistance.

Le produit de la vente, ainsi que toutes les valeurs mobilières, sera déposé à la caisse des dépôts et consignations.

L'entretien des pauvres hospitalisés sera, jusqu'à l'achèvement de la liquidation, considéré comme frais privilégiés de liquidation.

S'il n'y a pas de contestation ou lorsque toutes les actions formées dans le délai prescrit auront été jugées, l'actif net est réparti entre les ayants droits.

SALAIRE DIFFÉRÉ — Décret du 29 juillet 1939

Le règlement d'administration publique visé par l'article 20 de la présente loi déterminera, sur l'actif resté libre après le prélèvement ci-dessus prévu, l'allocation, en capital ou sous forme de rente viagère, qui sera attribuée aux membres de la congrégation dissoute qui n'auraient pas de moyens d'existence assurés ou qui justifieraient avoir contribué à l'acquisition des valeurs mises en distribution par le produit de leur travail personnel.

Art. 19. – Les dispositions de l'article 463 du code pénal sont applicables aux délits prévus par la présente loi.

Art. 20. – Un règlement d'administration publique déterminera les mesures propres à assurer l'exécution de la présente loi.

Art. 21. – Sont abrogés les articles 291, 292, 293 du code pénal, ainsi que les dispositions de l'article 294 du même code relatives aux associations ; l'article 20 de l'ordonnance des 5-8 juillet 1820 ; la loi du 10 avril 1834 ; l'article 13 du décret du 28 juillet 1848 ; l'article 7 de la loi du 30 juin 1881 ; la loi du 14 mars 1872 ; le paragraphe 2, article 2, de la loi du 24 mai 1825 ; le décret du 31 janvier 1852 et, généralement, toutes les dispositions contraires à la présente loi.

Il n'est en rien dérogé pour l'avenir aux lois spéciales relatives aux syndicats professionnels, aux sociétés de commerce et aux sociétés de secours mutuels.

TITRE IV. – DES ASSOCIATIONS ÉTRANGÈRES
(abrogé, L. n. 81-909 du 9 oct. 1981, art. 2)

Art. 21 bis *(L. n. 81-909 du 9 oct. 1981, art. 3).* – La présente loi est applicable aux territoires d'outre-mer et à la collectivité territoriale de Mayotte.
V. D. 16 août 1901, mod. D. n. 81-404 du 24 avril 1981.

Décret du 29 juillet 1939 *(J.O. 30 juil.)*
relatif à la famille et à la natalité françaises

....

CHAPITRE III. – DISPOSITIONS SPÉCIALES À LA FAMILLE PAYSANNE

....

Section II. – Du contrat de travail à salaire différé

Art. 63 *(mod. L. n. 80-502 du 4 juil. 1980, art. 38).* – Les descendants d'un exploitant agricole, qui, âgés de plus de 18 ans, participent directement et effectivement à l'exploitation, sans être associés aux bénéfices ni aux pertes, et qui ne reçoivent pas de salaire en argent en contrepartie de leur collaboration, sont réputés légalement bénéficiaires d'un contrat de travail à salaire différé sans que la prise en compte de ce salaire pour la détermination des parts successorales puisse donner lieu au paiement d'une soulte à la charge des cohéritiers.

Le taux annuel du salaire sera égal, pour chacune des années de participation, à la valeur des deux tiers de la somme correspondant à 2 080 fois le taux du salaire minimum de croissance en vigueur, soit au jour du partage consécutif au décès de l'exploitant, soit au plus tard à la date du règlement de la créance, si ce règlement intervient du vivant de l'exploitant.

Le salaire à appliquer dans chaque cas est celui constaté par l'arrêté ministériel publié, soit avant le règlement de la créance si ce règlement intervient du vivant de l'exploitant, soit au cours de l'année civile pendant laquelle survient le décès de ce dernier.

Décret du 29 juillet 1939 — SALAIRE DIFFÉRÉ

Art. 64. – Le bénéfice du contrat de travail à salaire différé constitue pour le descendant de l'exploitant agricole un bien propre dont la dévolution, par dérogation aux règles du droit civil et nonobstant toutes conventions matrimoniales, est exclusivement réservée à ses enfants vivants ou représentés.

Cette transmission est dispensée de tout droit de mutation par décès.

Art. 65 *(mod. L. n. 80-502 du 4 juil. 1980, art. 38).* – Si le descendant est marié et si son conjoint participe également à l'exploitation dans les conditions mentionnées à l'article 63, chacun des époux sera réputé également bénéficiaire d'un contrat de travail à salaire différé au taux fixé au deuxième alinéa dudit article 63.

En cas de divorce ou de séparation de corps prononcé aux torts exclusifs de l'époux qui n'est pas le descendant de l'exploitant, ledit époux perdra le bénéfice des dispositions de l'alinéa précédent.

Art. 66 *(L. n. 60-808 du 5 août 1960, art. 10).* – En cas de prédécès du descendant marié, si celui-ci laisse de son mariage un ou plusieurs enfants âgés de moins de dix-huit ans, le conjoint survivant qui participe à l'exploitation dans les conditions fixées à l'article 63 bénéficie des droits visés audit article, jusqu'à ce que le plus jeune des enfants ait atteint sa dix-huitième année ou achevé les études poursuivies dans un établissement d'enseignement agricole.

Art. 67 *(L. n. 60-808 du 5 août 1960, art. 10).* – Le bénéficiaire d'un contrat de salaire différé exerce son droit de créance après le décès de l'exploitant et au cours du règlement de la succession ; cependant l'exploitant peut de son vivant remplir le bénéficiaire de ses droits de créance, notamment lors de la donation-partage à laquelle il procéderait.

Toutefois, le bénéficiaire des dispositions de la présente section, qui ne serait pas désintéressé par l'exploitant lors de la donation-partage comprenant la majeure partie des biens, et alors que ceux non distribués ne seraient plus suffisants pour le couvrir de ses droits, peut lors du partage exiger des donataires le paiement de son salaire.

Les droits de créance résultant de la présente section ne peuvent en aucun cas, et quelle que soit la durée de la collaboration apportée à l'exploitant, dépasser, pour chacun des ayants droit, la somme représentant le montant de la rémunération due pour une période de dix années, et calculée sur les bases fixées à l'article 63, alinéa 2.

Le paiement du salaire différé ou l'attribution faite au créancier, pour le remplir de ses droits de créance, ne donne lieu à la perception d'aucun droit d'enregistrement. Les délais et modalités de paiement sont fixés, s'il y a lieu, dans les conditions prévues à l'article 866 du Code civil.

Art. 68 *(L. n. 60-808 du 5 août 1960, art. 10).* – L'abandon de l'activité agricole par l'ascendant n'éteint pas les droits de créance du descendant qui a participé à l'exploitation.

2e al. supprimé, L. n. 80-502 du 4 juil. 1980, art. 38.

Les enfants et petits-enfants visés à l'article 66 sont privés desdits droits, s'ils n'ont jamais travaillé sur un fonds rural, à moins que, lors du règlement de la créance, de la donation-partage ou du décès de l'exploitant, ils ne se trouvent encore soumis à l'obligation scolaire ou ne poursuivent leurs études dans un établissement d'enseignement agricole.

Art. 69. – Les droits résultant de la présente section sont acquis aux bénéficiaires en raison de la collaboration apportée par eux au cours des cinq années qui ont précédé la publication du présent décret, et dans les conditions ci-dessus définies, pour toutes les successions non encore ouvertes à la date de cette publication.

PROPRIÉTÉ LITTÉRAIRE — Loi du 11 mars 1957

Des arrêtés du ministre de l'agriculture, pris dans les conditions prévues à l'article 63 dans un délai de six mois à compter de la publication du présent décret, constateront les salaires moyens pratiqués au cours des cinq années antérieures.

Art. 70. — La preuve de la participation à l'exploitation agricole dans les conditions ci-dessus définies pourra être apportée par tous moyens.

En vue de faciliter l'administration de cette preuve, les parties pourront effectuer chaque année une déclaration à la mairie, laquelle devra être visée par le maire qui en donnera récépissé.

Art. 71. — *Codifié, C. G. I. art. 762.*

Art. 72 *(L. n. 60-808 du 5 août 1960, art. 10).* — Les règles spéciales régissant le contrat de travail, ainsi que toutes les dispositions de la législation du travail, ne sont pas applicables dans les cas prévus par la présente section.

Art. 73 *(L. n. 60-808 du 5 août 1960, art. 10 ; L. n. 67-563 du 13 juil. 1967, art. 156 et 164).*

— Les droits de créance résultant du contrat de salaire différé sont garantis sur la généralité des meubles par le privilège inscrit à l'article 2101 (4°) du Code civil, sur la généralité des immeubles par le privilège inscrit à l'article 2104 (2°) du Code civil et sur les immeubles par une hypothèque légale.

Art. 74. — Les sommes attribuées à l'héritier au titre du contrat de salaire différé prévu par la présente section sont exemptes de l'impôt sur les traitements et salaires et de l'impôt général sur le revenu.

Loi n. 57-298 du 11 mars 1957 *(J.O. 14 mars et rectif. 19 avril)*
sur la propriété littéraire et artistique

Voir *J.-Cl. Civil,* Annexes, V^{is} *Propriété littéraire et artistique.*

TITRE Ier. — DES DROITS DES AUTEURS

Art. 1er. — L'auteur d'une œuvre de l'esprit jouit sur cette œuvre, du seul fait de sa création, d'un droit de propriété incorporelle exclusif et opposable à tous.

Ce droit comporte des attributs d'ordre intellectuel et moral, ainsi que des attributs d'ordre patrimonial, qui sont déterminés par la présente loi.

L'existence ou la conclusion d'un contrat de louage d'ouvrage ou de service par l'auteur d'une œuvre de l'esprit n'emporte aucune dérogation à la jouissance du droit reconnu par l'alinéa premier.

I. Nature du droit d'auteur

1) C'est à tort que les droits d'auteur et le monopole qu'ils confèrent sont désignés sous le nom de propriété ; loin de constituer une propriété comme celle que le Code civil a définie et organisée pour les biens meubles et immeubles, ils donnent seulement à ceux qui en sont investis le privilège exclusif d'une exploitation temporaire (Civ. 25 juil. 1887 : *D.P.* 88, I, 5, note Sarrut).

2) Le droit d'exploiter exclusivement les produits d'une œuvre littéraire ou artistique constitue un bien entrant dans le commerce et soumis dès lors, comme les produits qu'il engendre, aux règles du Code civil (Civ. 14 mai 1945 : *D.* 1945, 285, note Desbois. – Trib. civ. Seine 13 juil. 1955 : *J.C.P.* 56, II, 9043, et, sur pourvoi, Com. 25 fév. 1959 : *J.C.P.* 59, II, 11035), pour autant qu'elles sont compatibles avec la nature particulière

de ce droit (Civ. 14 mai 1945, préc.), et sous réserve par exemple du droit moral de l'auteur (Civ. 1re, 4 déc. 1956 : *Gaz. Pal.* 1957, 1, 56).

II. *Inappropriation des idées*

3) Sur le principe que l'idée appartient au domaine public et est donc de libre parcours, v. Trib. civ. Lyon 15 fév. 1896 : *Ann. propr. ind.* 1898, 55. – Trib. civ. Seine 7 juil. 1908 : *D.P.* 1910, II, 81, note Claro. – Trib. civ. Seine 19 déc. 1928 : *Ann. propr. ind.* 1929, 181. – Trib. civ. Nancy 24 janv. 1904 : *Ann. propr. ind.* 1904, 81. – Trib. civ. Seine 21 déc. 1933 : *Gaz. Pal.* 1934, 1, 615. – Trib. civ. Seine 17 oct. 1956 : *Gaz. Pal.* 1957, 2, 310. – Trib. civ. Seine 1er déc. 1958 : *D.* 1959, 131. – Paris 29 juil. 1977 : *Gaz. Pal.* 1978, 1, Somm. 123. – Paris 22 janv. 1982 : *R.I.D.A.* juil. 1982, 164 ; *Rev. trim. dr. com.* 1982, 431, obs. Françon, et, sur pourvoi, Civ. 1re, 8 nov. 1983 : *Bull.* I, n. 260, p. 233 ; *D.* 1985, I.R. 309, obs. Colombet. – V. en ce sens pour les idées publicitaires Com. 16 juin 1964 : *J.C.P.* 65, II, 14059. – Paris 22 avril 1969 : *J.C.P.* 70, II, 16148, note F. Greffe ; *D.* 1970, 214, note Mousseron. – T.G.I. Paris 4 nov. 1980 : *R.I.D.A.* janv. 1980, 177. – A. Françon, *La protection des créations publicitaires par le droit d'auteur : R.I.D.A.* janv. 1980, 3. Un artiste qui a conçu un projet d'emballage des arbres d'une avenue célèbre ne saurait revendiquer un monopole sur l'idée d'envelopper des arbres, spécialement tous ceux qui ont une frondaison en boule et sont alignés dans un jardin public ou un square (T.G.I. Paris 26 mai 1987 : *D.* 1988, Somm. 201, obs. Colombet). – Jugé cependant que la protection du droit d'auteur bénéficie à toute création constituant une production originale soit par la forme soit par le fond (Aix 13 janv. 1958 : *J.C.P.* 58, II, 10412 ; *D.* 1958, 142), ou encore que la qualité de coauteur peut être reconnue à celui qui s'est borné à fournir l'idée (Trib. com. Seine 8 oct. 1856 et Paris 29 juil. 1857 : *Ann. propr. ind.* 1857,

286. – Trib. civ. Seine 22 juin 1887 : *Ann. propr. ind.* 1887, 127. – Paris 9 nov. 1959 : *Rev. trim. dr. com.* 1961, 82, obs. Desbois), ou que l'idée de mettre en relief la pureté des lignes d'un pont et de ses lampadaires au moyen d'une toile et de cordages constitue une œuvre originale (Paris 13 mars 1986 : *D.* 1987, Somm. 150, obs. Colombet). Pour un exemple de protection indirecte d'une idée publicitaire, V. Versailles 6 fév. 1985 : *D.* 1986, I. R., 182, obs. Colombet.

4) La protection du droit d'auteur ne peut être acquise à l'idée de choisir la plate-forme d'un tramway comme lieu de scène (Trib. civ. Seine 1er août 1896 : *Ann. propr. ind.* 1897, 82), ni à l'invention d'un pas de danse (Paris 1er juil. 1967 : *Ann. propr. ind.* 1968, 249), ni plus généralement à un genre dans le domaine artistique (Colmar 29 juil. 1925 : *Ann. propr. ind.* 1927, 254. – Paris 1er avril 1957 : *Ann. propr. ind.* 1957, 340. – Paris 14 juin 1966 : *Ann. propr. ind.* 1966, 182. – Paris 9 mars 1967 : *D.* 1967, 664, note P. Greffe. – T.G.I. Paris, 6 janv. 1970 : *D.* 1970, Somm. 216. – Paris 6 janv. 1971 : *Ann. propr. ind.* 1971, 206), mais l'œuvre de l'esprit est légalement protégeable du moment que les idées exprimées, nouvelles ou non, sont modelées dans une forme portant le sceau de la personnalité de l'auteur (T.G.I. Paris 9 mars 1970 : *R.I.D.A.* oct. 1970, 100. – V. en ce sens Trib. corr. Seine 18 juin 1934 : *Gaz. Pal.* 1934, 2, 176. – Paris 22 fév. 1984 : *D.* 1984, I.R. 285, obs. Colombet). Jugé que l'interview d'un homme politique constitue une œuvre littéraire dont le journaliste dans toute la mesure où il a su, par l'empreinte d'une composition et d'un style personnels, imprimer à la pensée la forme originale qui la rend protégeable (T.G.I. Paris 6 juil. 1972 : *D.* 1972, 628, note Pactet).

5) La protection du droit d'auteur s'étend, au-delà de l'expression proprement dite, à la composition de l'œuvre (T.G.I. Paris 9 mars 1970 : *R.I.D.A.* oct. 1970, 100. – V. pour les applications Trib. civ. Seine 10 juil. 1912 et Paris 19 déc. 1913 : *Ann.*

PROPRIÉTÉ LITTÉRAIRE

Loi du 11 mars 1957

propr. ind. 1914, 202. – T.G.I. Seine 9 janv. 1962 : *R.I.D.A.* avril 1962, 135 ; *Rev. trim. dr. com.* 1962, 414, obs. Desbois. – T.G.I. Paris 25 avril 1968 : *D.* 1968, 740 ; *Rev. trim. dr. com.* 1970, 120, obs. Desbois.

6) Le véritable auteur d'une œuvre picturale n'est pas celui qui a fourni l'idée, mais le peintre qui a su lui donner forme et couleurs (Trib. civ. Seine 26 avril 1955 : *J.C.P.* 55, II, 8966. – T.G.I. Paris 21 janv. 1983 : *D.* 1984, I.R. 286, obs. Colombet). Jugé cependant que s'il est exact que le droit d'auteur s'applique à la composition et à l'expression d'une œuvre littéraire, il est tout aussi certain que la qualité de coauteur doit être reconnue à celui dont les souvenirs sont l'objet même de l'œuvre dont ils constituent la substance (Paris 9 nov. 1959 : *Rev. trim. dr. com.* 1961, 82, obs. Desbois. – V. aussi, reconnaissant la qualité de coauteur à un artiste ayant fait exécuter une œuvre par un élève sans avoir travaillé lui-même la matière, Civ. 1re, 13 nov. 1973 : *D.* 1974, 533, note Colombet. – Comp. admettant la même solution pour un peintre qui a fourni le thème général et s'est réservé la possibilité de corriger et d'approuver l'œuvre, T.G.I. Paris 21 janv. 1983, préc.). Doit être considéré comme un coauteur celui qui non seulement a apporté ses idées et ses connaissances en matière de théâtre et d'agencement scénique, mais encore a participé à la mise en forme du projet en assortissant ses suggestions de croquis (Civ. 1re, 18 déc. 1978 : *J.C.P.* 79, II, 19213, note Manigne ; *D.* 1980, 49, note Colombet).

7) L'auteur d'une méthode n'a pas le privilège d'en interdire l'usage au public et peut seulement être investi des droits d'auteur sur l'ouvrage publié (Paris 2 août 1870 : *D.* 1871, II, 16. – Besançon 10 mars 1886 : *Ann. propr. ind.* 1887, 98), à la condition toutefois que la forme ou la composition de cet ouvrage répondent à la condition d'originalité (Paris 13 déc. 1973 : *D.* 1974, Somm. 44, pour une méthode de gestion du budget familial. – T.G.I. Paris 10 juil. 1974 : *D.* 1975, Somm. 40, pour un recueil de recettes de cuisine. – Paris 21 fév. 1984 : *D.* 1984, I.R. 285, obs. Colombet, pour une méthode d'enseignement de la comptabilité). La loi du 11 mars 1957 n'accorde aux auteurs d'œuvres littéraires et artistiques un droit de propriété incorporelle exclusif que sur l'œuvre elle-même, à l'exclusion des méthodes ou des moyens commerciaux imaginés pour sa diffusion (Crim. 15 oct. 1969 : *D.* 1970, 15).

8) Si les idées sont de libre parcours, des circonstances particulières peuvent obliger certains tiers à ne pas révéler une idée qui leur a été confiée (Paris 8 juil. 1972 : *J.C.P.* 73, II, 17509, note Leloup, pour le thème d'une chanson. – Comp. dans le domaine technique, Com. 3 oct. 1978 : *Bull.* IV, n. 208, p. 176 ; *D.* 1980, 55, note Schmidt-Szalewski. – Rouen 13 janv. 1981 : *D.* 1983, 53, note A. Lucas).

9) L'action en concurrence déloyale a pour objet d'assurer la protection de celui qui ne peut se prévaloir d'un droit privatif (Com. 29 nov. 1960 : *Gaz. Pal.* 1961, 1, 152. – Com. 3 oct. 1978 : *Bull.* IV, n. 208, p. 176 ; *D.* 1980, 55, note Schmidt-Szalewski). S'il est loisible à tous de dresser ou de mettre à jour le plan d'une ville, il ne saurait être licite de copier le travail d'autrui, dans un but de lucre, en s'exemptant des préparations difficiles et onéreuses (Lyon 17 mars 1955 : *Ann. propr. ind.* 1955, 257, note Mathély, et, sur pourvoi, Civ. 1re, 26 nov. 1957 : *Ann. propr. ind.* 1958, 202). Commet une faute délictuelle la société qui s'approprie le fruit des recherches menées par un sous-traitant, même si les plans considérés ne donnent pas prise aux droits d'auteur (Rouen 13 janv. 1981 : *D.* 1983, 53, note A. Lucas). Si une idée ou une méthode d'enseignement n'est pas susceptible en elle-même d'une appropriation privative, son auteur, lorsqu'il en a fait application dans une émission radiophonique ou littéraire, est en droit d'exiger que des concurrents n'en fassent pas application sous une forme générale identique de

Loi du 11 mars 1957 — PROPRIÉTÉ LITTÉRAIRE

nature à créer une confusion entre les deux ouvrages (Paris 16 déc. 1957 : *Ann. propr. ind.* 1958, 208 ; *Rev. trim. dr. com.* 1959, 428, obs. Desbois).

III. Louage d'ouvrage ou de service

10) Sur le principe que l'auteur reste seul titulaire des droits d'auteur lorsque l'œuvre est créée dans le cadre d'un contrat de louage d'ouvrage (ou contrat de commande), V. Paris 8 mai 1964 : *J.C.P.* 65, II, 14407, 2e esp. – Paris 10 juin 1986 : *D.* 1987, Somm. 153, obs. Colombet. – T.G.I. Paris 4 fév. 1988, *R.I.D.A.* juil. 1988, 123. – V. cependant, admettant une cession implicite, Paris 30 nov. 1961 : *Rev. trim. dr. com.* 1963, 92, obs. Desbois. – V. aussi, décidant de façon générale qu'une personne morale est fondée à invoquer la loi du 11 mars 1957 en sa qualité de propriétaire des œuvres créées par ses salariés, Colmar, 1re ch., 11 fév. 1987, *S.A. Éts Les fils d'Emmanuel Lang c. S.A. Éts Steinheil-Dieterlen : Juris-Data* n. 048071). – Comp. T.G.I. Seine 2 nov. 1965 : *J.C.P.* 66, II, 14577, note Boursigot.

11) L'exigence d'une preuve écrite en cas de cession des attributs patrimoniaux du droit d'auteur ne cesse pas d'être requise dans les relations d'un employeur avec son salarié (Crim. 11 avril 1975 : *D.* 1975, 759, note Desbois. – V. en ce sens Crim. 30 janv. 1978 : *R.I.D.A.* janv. 1979, 156. – V. cependant, admettant la cession de plein droit à l'employeur, Aix 21 oct. 1965 : *J.C.P.* 66, II, 14657, note Boursigot ; *D.* 1966, 70, note P. Greffe).

12) Lorsque la création est de celles qui peuvent donner lieu à une rémunération forfaitaire, le forfait peut consister en un salaire (V. pour les photographes de presse Paris 17 mai 1969 : *D.* 1970, 702, 2e esp., note J.-F. P. – T.G.I. Paris 25 janv. 1973 : *Gaz. Pal.* 1973, 1, 412. – Civ. 1re, 20 déc. 1982 : *J.C.P.* 83, II, 20102, note Françon). Jugé que la possibilité du forfait, expressément visée par le législateur dans le cas des entreprises de presse, est implicitement réservée en toutes les hypothèses où l'œuvre fait l'exécution de la convention d'engagement (T.G.I. Paris, 29 juin 1971 : *R.I.D.A.* janv. 1972, 133 ; *Rev. trim. dr. com.* 1972, 906, obs. Desbois).

13) Sur l'attribution à l'employeur des droits d'auteur sur les logiciels créés par le salarié, V. L. n. 85-660 du 3 juillet 1985, art. 45, *infra*.

14) Dès lors que par une convention de louage d'ouvrage, dont l'exécution pendant quinze ans n'a donné lieu à aucune contestation, la régie Renault a confié à un auteur, moyennant rémunération de son temps de travail, la réalisation de dessins dont il savait dès l'origine qu'ils n'étaient commandés que pour être reproduits, les juges du fond peuvent décider que, dans une telle espèce, la facturation des objets livrés emporte nécessairement cession du droit de reproduction (Civ. 1re, 27 mai 1986 : *D.* 1987, Somm. 154, obs Colombet).

15) La cession des droits patrimoniaux de l'auteur sur son œuvre n'est pas nécessairement concomitante avec la commande qui peut lui être faite de cette œuvre, et l'existence d'une telle commande ne dépend pas de celle de la mention d'un prix (Civ. 1re, 24 fév. 1987 : *Bull.* I, n. 70, p. 51 ; *R.I.D.A.* juil. 1987, 186 ; *D.* 1988, 97, 1re esp., note Edelman).

Art. 2. – Les dispositions de la présente loi protègent les droits des auteurs sur toutes les œuvres de l'esprit, quels qu'en soient le genre, la forme d'expression, le mérite ou la destination.

1) Sur le principe que la protection du droit d'auteur est acquise indépendamment du mérite, V. Crim. 2 mai 1961 : *J.C.P.* 61, II, 12242. – Aix 21 oct. 1965 : *J.C.P.* 66, II, 14657. – C. Carreau, *Mérite et droit d'auteur* : *R.I.D.A.* juil. 1981, 3. Doit être cassé l'arrêt qui refuse la protection à des dessins humoristiques en tirant argument de

la banalité des réflexions prêtées aux animaux représentés et de l'indigence des légendes (Crim. 13 fév. 1969 : D. 1969, 323).

2) La protection légale étant indépendante de toute considération d'ordre esthétique ou artistique, doit être cassé l'arrêt qui a refusé la qualité d'œuvres de l'esprit à des dessins et montages audiovisuels réalisés à partir de plans d'usine en retenant que ces travaux procédaient de considérations purement techniques (Civ. 1re, 15 avril 1982 : *Bull.* I, n. 132, p. 117 ; *R.I.D.A.* oct. 1982, 159 ; *D.* 1983, I.R. 93, obs, Colombet. – V. en ce sens Crim. 22 juin 1967 : *D.* 1968, 241, note Costa).

3) La destination étant indifférente, les œuvres des arts appliqués peuvent donner prise au droit d'auteur (Com. 18 mars 1970 : *Bull.* IV, n. 108, p. 100, pour des papiers peints. – Crim. 9 oct. 1974 : *D.* 1974, I.R. 228 ; *J.C.P.* 76, II, 18311, note A.C., pour un décapsuleur. – Reims 5 nov. 1986 : *Juris-Data* n. 46002 pour des emballages), de même que des notices techniques (Trib. corr. Seine 2 fév. 1912 : *Ann. propr. ind.* 1912, 290), ou que le texte d'un brevet d'invention (Trib. corr. Paris, 17 janv. 1968 : *Gaz. Pal.* 1968, 1, 197 ; *Rev. trim. dr. com.* 1968, 1037, obs. Chavanne). Jugé cependant qu'une technique industrielle permettant d'obtenir un produit ne peut, même si elle n'est pas brevetable, bénéficier d'un droit de propriété artistique et qu'un parfum ne peut donc prétendre au bénéfice du droit d'auteur (Paris 3 juil. 1975 : *R.I.D.A.* janv. 1977, 108 ; *D.* 1976, Somm. 19), non plus qu'un catalogue reproduisant des objets industriels accompagnés de textes et de dessins présentant un caractère technique descriptif et nécessaire (Paris 8 nov. 1977 : *Gaz. Pal.* 1978, 1, Somm. 123).

4) De manière générale, la forme ne peut être exclue de la protection que si elle revêt un caractère purement fonctionnel (Com. 23 juin 1987 : *Bull.* IV, n. 156, p. 118 ; *J.C.P.* 87, IV, 304). La protection édictée par la loi du 11 mars 1957 suppose que l'auteur ait été animé, dans la conception de l'œuvre arguée de contrefaçon, du souci de donner à celle-ci une valeur nouvelle dans le domaine de l'agrément, et séparable du caractère fonctionnel de l'objet envisagé (Versailles 8 avril 1987 : *D.* 1988, Somm. 202, obs. Colombet). Jugé qu'un logo doit bénéficier de la protection de la loi du 11 mars 1957 dès lors que le graphisme n'est pas purement fonctionnel et utilitaire, mais original par rapport au graphisme antérieur et présentant un caractère esthétique et ornemental (Versailles 1re ch., 1re sect., 29 juin 1987, *Vasarely* c. *R.N.U.R.* : *Juris-Data* n. 044865).

5) L'article 2 interdit aux juges de subordonner la protection à des considérations d'ordre moral. Des films pornographiques, dès lors qu'ils ne constituent pas un étalage délibéré de violences et de perversions sexuelles dégradantes pour la personne humaine, doivent donc être considérés comme des œuvres de l'esprit protégeables (Crim. 6 mai 1986 : *D.* 1987, Somm. 151, obs. Colombet).

Art. 3. *(modifié L. n. 85-660 du 3 juil. 1985, art. 1er).* – Sont considérés notamment comme œuvres de l'esprit au sens de la présente loi : les livres, brochures et autres écrits littéraires, artistiques et scientifiques ; les conférences, allocutions, sermons, plaidoiries et autres œuvres de même nature ; les œuvres dramatiques ou dramatico-musicales ; les œuvres chorégraphiques, les numéros et tours de cirque, et les pantomimes dont la mise en œuvre est fixée par écrit ou autrement ; les compositions musicales avec ou sans paroles ; les œuvres cinématographiques et autres œuvres consistant dans des séquences animées d'images, sonorisées ou non, dénommées ensemble œuvres audiovisuelles ; les œuvres de dessin, de peinture, d'architecture, de sculpture, de gravure, de lithographie, les œuvres graphiques et typographiques ; les œuvres photographiques et celles réalisées à l'aide de techniques analogues à la photographie ; les

Loi du 11 mars 1957   PROPRIÉTÉ LITTÉRAIRE

œuvres des arts appliqués ; les illustrations, les cartes géographiques ; les plans, croquis et ouvrages plastiques relatifs à la géographie, à la topographie, à l'architecture ou aux sciences ; les logiciels, selon les modalités définies au titre V de la loi n. 85-660 du 3 juillet 1985 relative aux droits d'auteur et aux droits des artistes-interprètes, des producteurs de phonogrammes et de vidéogrammes et des entreprises de communication audiovisuelle.

I. Exigence d'originalité

1) Sur la définition subjective de l'originalité entendue comme la marque de l'empreinte de la personnalité du créateur, v. Trib. civ. Seine 12 janv. 1893 : *Ann. propr. ind.* 1893, 207. – Civ. 27 mai 1942 : *S.* 1942, 124. – Civ. 1re, 15 janv. 1974 : *D.* 1974, 267. – Paris 1er avril 1957 : *D.* 1957, 436. – T.G.I. Paris 9 mars 1970 : *R.I.D.A.* oct. 1970, 100. – T.G.I. Paris 21 janv. 1977 : *R.I.D.A.* avril 1977, 169. – T.G.I. Paris 27 avril 1984 : *R.I.D.A.* janv. 1985, 192. – V. cependant, confondant originalité et nouveauté, Com. 23 mars 1965 : *Bull.* III, n. 228, p. 202. – Douai 4 déc. 1964 : *Ann. propr. ind.* 1965, 218. – Paris 19 juin 1984 : *D.* 1985, I.R. 309, obs. Colombet. – Comp., ramenant l'exigence d'originalité à celle d'un effort intellectuel, Civ. 1re, 23 juin 1959 : *D.* 1959, 384. – Civ. 1re, 24 avril 1979 : *Bull.* I, n. 82, p. 76 ; *D.* 1979, I.R. 487. – V. encore définissant l'originalité comme la marque d'un apport intellectuel, Ass. Plén. 7 mars 1986, infra n. 23. -Civ. 1re, 2 mai 1989, infra n. 5).

2) Sur le pouvoir souverain des juges du fond pour déterminer l'existence de l'originalité, V. Req. 27 juin 1910 : *D.P.* 1910, I, 296. S'ils n'ont pas à porter de jugement de valeur sur l'œuvre, ils ont néanmoins pour mission de vérifier l'originalité (Civ. 1re, 6 mars 1979 : *J.C.P.* 79, IV, 169 ; *Bull.* I, n. 82, p. 67 ; *Rev. trim. dr. com.* 1979, 462, obs. Françon).

II. Œuvres littéraires

3) Pour des exemples d'œuvres scientifiques protégées par le droit d'auteur, V. Trib. civ. Seine 9 déc. 1893 : *D.P.* 1894, II, 262. – Trib. civ. Seine 17 mars 1905 : *D.P.* 1905, II, 366 (cours de professeurs d'université). – T.G.I. Seine 8 nov. 1966 : *J.C.P.* 67, IV, 28 (article scientifique). – Paris 17 mai 1975 : *Gaz. Pal.* 1977, 1, 15 (mémoire de doctorat). – Paris 21 fév. 1978 : *Ann. propr. ind.* 1979, 362 (ouvrage de droit social). – Civ. 1re, 8 nov. 1983 : *Bull.* I, n. 260, p. 233 ; *D.* 1985, I.R. 309, obs. Colombet (ouvrage médical). – Paris 21 fév. 1984 : *D.* 1984, I.R. 285, obs. Colombet (méthode d'enseignement de la comptabilité). Jugé que si les juristes puisent dans un fonds commun d'articles de code ou d'ouvrages doctrinaux, la présentation, la méthode d'exposition et l'agencement des chapitres des Juris-classeurs constituent une création originale (Trib. corr. Seine 6 juin 1966 : *J.C.P.* 66, II, 14893, note J.H.A. ; *Rev. trim. dr. com.* 1967, 1077, obs. Desbois).

4) Pour des exemples d'œuvres de caractère technique ou utilitaire protégées par le droit d'auteur, V. Crim. 27 nov. 1869 : *D.P.* 1870, I, 186 (almanach). – Req. 15 mai 1878 : *D.P.* 1879, I, 20 (tableaux synoptiques). – Trib. corr. Paris 17 janv. 1968 : *Gaz. Pal.* 1968, 1, 197 (texte d'un brevet d'invention). – Paris 13 déc. 1973 : *D.* 1974, Somm. 44 (méthode du budget familial). – Paris 2 mai 1975 : *J.C.P.* 79, II, 19110, note Leduc ; *R.I.D.A.* avril 1977, 138 (document publicitaire). – Civ. 1re, 21 mai 1975 : *Bull.* I, n. 171, p. 145 (barème de prix). – T.G.I. Paris 24 sept. 1976 : *R.I.D.A.* juil. 1977, 155 (Annuaire des maires de France). – Lyon 1er déc. 1976 : *Gaz. Pal.* 1977, 2, Somm. 275 (étalage). – Paris 4 mars 1982 : *D.* 1983, I.R. 93, obs. Colombet (catalogue d'articles pour chiens). – T.G.I. Grenoble (réf.) 9 mai 1984 : *D.* 1985, I.R. 309, obs. Colombet (enquête sur les prix). – Paris 14 avril 1986 : *D.* 1987, Somm. 152, obs. Colombet (Calendrier israëlite). – Paris 6 mai 1987 : *D.* 1987, I.R. 143 (guide d'une ville). Mais ne peuvent bénéficier de la protection légale un slogan publicitaire qui résulte d'un jeu de mots

élémentaire (Paris 5 mars 1959 : *J.C.P.* 59, II, 11291, note Plaisant ; *D.* 1959, 248, et, sur pourvoi Civ. 1re, 21 mai 1963 : *J.C.P.* 63, II, 13254 bis), un catalogue qui ne révèle aucun travail personnel de création (Civ. 1re, 15 janv. 1974 : *D.* 1974, 267), ou un ouvrage intitulé « le carnet du supporter de football » qui ne s'élève pas au rang de création intellectuelle (Crim. 2 juin 1982 : *Bull. crim.* n. 138 ; *D.* 1983, I.R. 89, obs. Colombet). Si des catalogues manifestent, de la part de l'éditeur, un effort de personnalité et de recherche, ils ne répondent pas pour autant à la condition d'originalité dès lors que la comparaison avec d'autres catalogues permet d'observer que se retrouvent dans plusieurs d'entre eux la disposition verticale des objets et l'emplacement des photographies par rapport au texte (Versailles, 13e ch, 11 fév. 1987 : *D.* 1988, Somm. 201, obs. crit. Colombet).

5) Un travail de compilation d'information n'est pas protégé en soi, et il appartient aux juges du fond de préciser en quoi la forme graphique de la compilation comporte un apport intellectuel caractérisant une création originale (Civ. 1re, 2 mai 1989 : *J.C.P.* 90, II, 21392, note A. Lucas).

6) Le droit d'auteur protège les articles de fond des journaux (Trib. civ. Seine 5 fév. 1954 : *Gaz. Pal.* 1954, 1, 182. – Trib. corr. Nice 25 nov. 1957 : *J.C.P.* 58, II, 10532), de même que les interviews (T.G.I. Paris 6 juil. 1972 : *D.* 1972, 628. – T.G.I. Paris 24 mars 1982 : *D.* 1983, I.R. 91, obs. Colombet). Les nouvelles ne peuvent en elles-mêmes faire l'objet d'une appropriation privée (Trib. com. Marseille 5 fév. 1906 : *D.P.* 1906, V, 61), mais le pillage des dépêches d'agences de presse peut être sanctionné sur le fondement de l'article 1382 du Code civil (Req. 23 mai 1900 : *D.P.* 1902, 405).

7) Les notes prises par un homme politique lors d'un entretien ou au cours d'une réunion présentent un caractère d'originalité (T.G.I. Paris 28 mai 1986 : *D.* 1987, Somm. 151, obs. Colombet).

8) Les cours du psychanalyste Lacan constituent des œuvres protégeables (T.G.I. Paris 11 déc. 1985 : *D.* 1987, Somm. 155, obs. Colombet).

9) Sont protégées au même titre que les œuvres écrites des œuvres orales telles que des sermons (Lyon 17 juil. 1845 : *D.* 1845, II, 128), des plaidoiries (Trib. civ. Seine 13 fév. 1952 : *D.* 1952, 245) ou des discours politiques (T.G.I. Paris 6 juil. 1972 : *D.* 1972, 628. – T.G.I. Paris 3 avril 1973 : *Gaz. Pal.* 1973, 2, 540, concl. Montanier). Sur la diffusion par la presse, à titre d'information d'actualité, des plaidoiries et des allocutions politiques, V. *infra,* art. 41.

III. Œuvres musicales

10) La musique se compose de trois éléments : la mélodie, l'harmonie et le rythme ; la combinaison du rythme et de la mélodie donne naissance au droit d'auteur (Trib. civ. Seine 31 oct. 1950 : *D.* 1950, 763). La mélodie est protégée en elle-même et la reprise de quatre mesures d'un opéra comique constitue une contrefaçon (C.E. 5 mai 1939 : *D.P.* 1939, III, 63, note P.-L. J.).

11) L'exigence d'originalité n'est pas satisfaite si l'œuvre musicale appartient au folklore (Civ. 1re, 23 oct. 1962 : *Bull.* I, n. 440, p. 377. – V. en ce sens Paris 16 déc. 1959 : *Ann. propr. ind.* 1961, 323. – Paris 30 nov. 1979 : *R.I.D.A.* janv. 1981, 150), à moins que l'auteur, à partir de cet emprunt, ne réalise une création personnelle (Civ. 1re, 1er juil. 1970 : *D.* 1970, 734, note Edelman ; *Rev. trim. dr. com.* 1971, 706, obs. Desbois).

12) L'enregistrement phonographique de chants d'oiseaux n'est pas une œuvre protégeable au sens du droit d'auteur nonobstant la multiplicité des prises de son et leur sélection ainsi que l'élimination des fréquences parasitaires, la mise en relief de certaines fréquences et la réalisation de

Loi du 11 mars 1957 — PROPRIÉTÉ LITTÉRAIRE

surimpressions (Paris 6 oct. 1979 : *D.* 1981, 190, note Plaisant ; *Rev. trim. dr. com.* 1980, 346, obs. Françon).

IV. Œuvres des arts plastiques

13) Sur le principe que la destination de l'œuvre n'a pas à être prise en compte, V. *supra*, art. 2. Pour des exemples de protection d'œuvres d'art appliqué, V. Crim. 30 mars 1938 : *D.H.* 1938, 324 (modèle de robe). – Crim. 30 oct. 1963 : *D.* 1964, 678, note Françon (panier à salade). – Crim. 9 oct. 1974 : *J.C.P.* 76, II, 18311, note A.C. ; *D.* 1974, I.R. 228 (décapsuleur). – Com. 16 fév. 1976 : *D.* 1976, I.R. 128 (pot de moutarde). – Paris 22 mai 1980 : *J.C.P.* 81, II, 19505, note Greffe (briquet). V. aussi la loi du 14 juillet 1909 sur les dessins et modèles.

14) L'empaquetage du Pont-Neuf constitue une œuvre de l'esprit originale (Paris 13 mars 1986 : *Gaz. Pal.* 1986, 1, 238).

15) La création d'un emballage pour œufs de caille constitue une œuvre originale rentrant dans le cadre de la loi du 11 mars 1957 lorsqu'elle a nécessité des études et projets préalables portant par exemple sur la conception et les proportions des dessins et les dosages des couleurs (Reims 5 nov. 1986 : *Juris-Data* n. 46002).

16) La maquette de la première page d'un journal peut constituer une création personnelle et originale (Civ. 1re, 4 mars 1986 : *Bull.* I, n. 54, p. 51).

17) Sur les œuvres d'architecture, V. M. Huet, *Architecture et droit d'auteur :* *R.I.D.A.* avril 1976, 3. La création de l'architecte n'est protégée que si elle est le fruit d'une conception intellectuelle hors série (Riom 26 mai 1966 : *D.* 1967, 171. – Pour un refus de protection opposé à un plan topographique en raison de l'absence d'originalité, V. Crim. 18 juin 1969 : *Gaz. Pal.* 1969, 2, Somm. 5 ; *R.I.D.A.* avril 1970, 142). Jugé que l'architecte n'est protégé par la loi qu'en tant qu'artiste créateur de formes et non en tant qu'ingénieur employant des procédés purement techniques (T.I. Nîmes 26 janv. 1971 : *J.C.P.* 71, II, 16767, note M.A.). Il peut s'opposer, non seulement à la reproduction des plans eux-mêmes, mais aussi à la reproduction de l'immeuble, par exemple par voie photographique (T.G.I. Draguignan (réf.) 16 mai 1972 : *R.I.D.A.* avril 1973, 177. – Paris 19 juin 1979 : *D.* 1981, I.R. 83, obs. Colombet).

18) Sur la protection des créations des industries saisonnières de l'habillement et de la parure, V. Loi du 12 mars 1952. Cette protection dure tant que le modèle conserve son originalité (Com. 12 mars 1958 : *S.* 1958, 265). Mais les créateurs intéressés peuvent aussi se prévaloir de la loi du 11 mars 1957 (Com. 13 nov. 1978 : *D.* 1979, 183, note Larère).

V. Œuvres audiovisuelles

19) Le metteur en scène peut prétendre au bénéfice du droit d'auteur (Crim. 12 fév. 1969 : *D.* 1969, 296. – Paris 8 juil. 1971 : *R.I.D.A.* janv. 1973, 134). V. J. Matthyssens, *Statut des metteurs en scène au regard du droit français de la propriété intellectuelle : Le droit d'auteur*, 1987, 347.

20) Sur la protection des interprètes et exécutants par les droits voisins du droit d'auteur, V. L. n. 85-660 du 3 juillet 1985, art. 15 et s., *infra*.

21) Les jeux vidéo peuvent bénéficier de la protection du droit d'auteur (Ass. plén. 7 mars 1986, 2 arrêts : *J.C.P.* 86, II, 20631, note Mousseron, Teyssié et Vivant : *D.* 1986, 405, concl. Cabannes et note Edelman ; *R.I.D.A.* juil. 1986, 136, note A. Lucas : *Rev. trim. dr. com.* 1986, 399, obs. Françon).

VI. Logiciels

22) Sur le régime spécifique de protection des logiciels, V. L. n. 85-660 du 3 juillet 1985, art. 45 et s., *infra*. V. commentaires M. Vivant : *J.C.P.* 85, I, 3208. – J. Huet :

D. 1985, chron. 261. – M. Vivant et A. Lucas : *J.C.P.* 86, éd. E, 15106.

23) Les juges du fond sont tenus de rechercher si les logiciels en cause répondent à l'exigence d'originalité. Dès lors qu'ils ont estimé que leur auteur avait fait preuve d'un effort personnalisé allant au-delà de la simple mise en œuvre d'une logique automatique et contraignante, ils ont ainsi retenu que les logiciels portaient la marque de son apport intellectuel et justifié leur décision (Ass. plén. 7 mars 1986, *Pachot* c. *Babolat Maillot Witt,* cité *supra*, n° 21). V. cependant, persistant à réputer original le logiciel en tant que genre, Paris 27 janv. 1987 : *D.* 1987, I.R. 37 ; *J.C.P.* 87, éd. E, I, 16607, n. 2, obs. M. Vivant et A. Lucas. Comp., assimilant originalité et activité inventive, Paris 5 mars 1987 : *J.C.P.* 87, éd. E, II, 14931, note Vincent).

Art. 4. – Les auteurs de traductions, d'adaptations, transformations ou arrangements des œuvres de l'esprit jouissent de la protection instituée par la présente loi, sans préjudice des droits de l'auteur de l'œuvre originale. Il en est de même des auteurs d'anthologies ou recueils d'œuvres diverses qui, par le choix et la disposition des matières, constituent des créations intellectuelles.

1) Pour un exemple de protection d'une orchestration, V. Paris 10 mars 1970 : *D.* 1971, 114, note P.L. (orchestration par Maurice Ravel des *Tableaux d'une exposition* de Moussorgsky).

2) Les ressemblances entre deux chansons peuvent tenir à la simplicité de la mélodie et à la source commune du rythme et donc être purement fortuites (Paris 25 avril 1972 : *R.I.D.A.* juil. 1972, 221. – T.G.I. Paris 30 juin 1976 : *R.I.D.A.* oct. 1976, 186).

3) L'article 4 laisse à l'écrivain le libre exercice de ses droits sur ses œuvres, même sur celles qui figurent dans l'anthologie qu'il a autorisée (Paris 11 déc. 1964 : *J.C.P.* 65, IV, 40).

4) Le droit d'auteur ne porte pas seulement sur les créations entièrement originales mais s'étend également aux ouvrages dont les éléments, bien qu'empruntés à des publications antérieures, ont été choisis avec discernement, disposés dans un ordre nouveau, revêtus d'une forme nouvelle et appropriés avec intelligence à un usage plus ou moins général (Crim. 27 nov. 1869 : *D.P.* 1870, I, 86. – V. en ce sens Crim. 18 mai 1938 : *Gaz. Pal.* 1938, 2, 311). Jugé que si les adresses et les renseignements contenus dans un annuaire sont en eux-mêmes du domaine public, le fait de les réunir en un ensemble ordonné et complet et de les classer en diverses nomenclatures comporte un travail important justifiant la protection du droit d'auteur (Paris 18 déc. 1924 : *D.H.* 1925, 30. – V. en ce sens Paris 19 juin 1984 : *D.* 1985, I.R. 309, obs. Colombet. – Paris 6 mai 1987 : *D.* 1987, I.R. 143. – *Contra* : Paris 2 avril 1896 : *Ann. propr. ind.* 1898, 62). Mais jugé que cette protection doit être refusée à un opuscule qui n'est pas qu'une simple compilation de renseignements connus (Com. 23 mars 1965 : *Bull.* III, n. 228, p. 202) ou à un ouvrage intitulé « le carnet du supporter de football » qui reprend des données du domaine public et reproduit des grilles de classement couramment utilisées dans la presse sportive (Crim. 2 juin 1982 : *Bull. crim.*, n. 138 ; *D.* 1983, I.R. 89, obs. Colombet. – V. aussi pour une compilation réunissant des connaissances prises dans le fonds commun des manuels Paris 29 nov. 1973 : *Gaz. Pal.* 1974, 1, 139).

5) L'annuaire médical et pharmaceutique donnant la liste de tous les laboratoires privés et publics reflète la personnalité de son auteur et constitue donc une œuvre originale (Paris, 4e ch. B, 27 nov. 1986 : *Juris-Data* n. 28715. V. en ce sens pour un guide regroupant des renseignements administratifs, Paris, 4e ch. A, 6 mai 1987 : *Juris-Data* n. 023971).

Loi du 11 mars 1957 — PROPRIÉTÉ LITTÉRAIRE

6) Le travail de rassemblement, de collection et de sélection de 28 photographies historiques concernant des personnages politiques des pays d'Europe de l'Est et de Chine justifie la protection du droit d'auteur (T.G.I. Paris 29 janv. 1986 : *R.I.D.A.* oct. 1986, 152).

7) Un dictionnaire bilingue pour le vocabulaire informatique peut constituer une œuvre originale (T.G.I. Paris 30 mars 1987 : *Cah. dr. auteur* 1988, 14).

Art. 5. – Le titre d'une œuvre de l'esprit, dès lors qu'il présente un caractère original, est protégé comme l'œuvre elle-même.

Nul ne peut, même si l'œuvre n'est plus protégée dans les termes des articles 21 et 22, utiliser ce titre pour individualiser une œuvre du même genre, dans des conditions susceptibles de provoquer une confusion.

1) Il n'est pas exigé que le titre d'une œuvre soit du même auteur que l'œuvre elle-même pour bénéficier de la protection du droit d'auteur (Paris 27 janv. 1984 : *D.* 1984, I.R. 285, obs. Colombet).

2) L'originalité a été reconnue aux titres suivants : *Paris-Canaille* (Paris 30 mai 1956 : *J.C.P.* 56, II, 9354, concl. Lindon). – *Les liaisons dangereuses* (Paris 4 avril 1960 : *J.C.P.* 60, II, 11569, concl. Combaldieu ; *D.* 1960, 535, note Desbois). – *Rififi à Amsterdam* (Paris 24 janv. 1970 : *Rev. trim. dr. com.* 1971, 94, obs. Desbois). – *L'affreux Jojo* (T.G.I. Paris 20 mai 1972 : *R.I.D.A.* janv. 1973, 144). – *Clochemerle* (Lyon 5 juil. 1979 : *J.C.P.* 81, II, 19590, note Plaisant). – *Paris pas cher* (T.G.I. Paris 7 mai 1987 : *Cah. dr. auteur* 1988, 15).

3) L'originalité a été déniée aux titres suivants : *La marche funèbre* (Paris 31 déc. 1933 : *Gaz. Pal.* 1933, 2, 947). – *Gueule d'amour* (Civ. 2 fév. 1937 : *D.P.* 1938, I, 97, note Desbois). – *J'aime les filles* (T.G.I. Paris 31 mai 1968 : *Gaz. Pal.* 1968, 2, 266). – *Monsieur Machin* (T.G.I. Paris 26 juin 1970 : *D.* 1971, Somm. 99). – *Doucement les basses* (T.G.I. Paris 15 juin 1972 : *R.I.D.A.* janv. 1973, 151). – *Parlez-moi de lui* (T.G.I. Paris 29 oct. 1975 : *R.I.D.A.* janv. 1976, 141). – *La bande à Bonnot* (Paris 24 avril 1976 : *R.I.D.A.* oct. 1976, 170). – *Le 6ᵉ continent* (Civ. 1re, 13 déc. 1978 : *R.I.D.A.* juil. 1979, 126). – *Tueur de flics* (T.G.I. Paris 27 mai 1982 : *D.* 1983, I.R. 510, obs. Colombet).

– *Soif d'aventures* (Paris 27 janv. 1984 : *D.* 1984, I.R. 285, obs. Colombet). – *Jeunes loups* (Civ. 1re, 13 nov. 1984 : *Bull.* I, n. 302, p. 257 ; *D.* 1985, I.R. 310, obs. Colombet). – *Bible de Jérusalem* (Paris 8 juil. 1986 : *D.* 1987, Somm. 152, obs. Colombet). – *La Gagne* (T.G.I. Paris 6 mai 1987 : *R.I.D.A.* oct. 1987, 213).

4) Si le titre d'un journal doit en principe, comme le nom commercial, être spécial et distinctif pour faire l'objet d'un droit privatif, une jurisprudence libérale concernant des usages anciens et établis a cependant admis que certains termes génériques utilisés comme titre d'une publication pouvaient valablement faire l'objet d'une appropriation au profit du premier utilisateur (Paris 22 déc. 1959 : *J.C.P.* 60, II, 11621, note R.P.).

5) Sur le principe qu'à défaut d'originalité, l'emploi fait en connaissance de cause par un tiers du titre d'un ouvrage peut donner lieu à réparation au titre de la concurrence déloyale, V. Civ. 2 fév. 1937 : *D.P.* 1938, I, 97, note Desbois. – Paris 9 juil. 1952 : *D.* 1952, 749, note Desbois. – Paris 8 juil. 1986, préc. n. 3. Jugé en un roman et l'œuvre cinématographique qu'il a inspirée ne procèdent pas des mêmes techniques et poursuivent des buts différents, ils n'en appartiennent pas moins au même genre quand, sous un titre rigoureusement identique, les images, les dialogues et les scènes du film illustrent le même texte, la même pensée et la même intrigue (Paris 14 avril

PROPRIÉTÉ LITTÉRAIRE — Loi du 11 mars 1957

1960 : *J.C.P.* 60, II, 11569, concl. Combaldieu ; *D.* 1960, 535, note Desbois). Jugé aussi que l'auteur d'un roman policier peut invoquer l'article 5 alinéa 2 contre le distributeur d'un film adapté d'un roman américain et portant le même titre, dès lors que le public est fondé à croire que le film est l'adaptation du roman français (T.G.I. Paris 27 mai 1982 : *D.* 1983, I.R. 510, obs. Colombet). Mais il n'y a aucune confusion possible entre un film documentaire culturel et une opération promotionnelle (Paris 27 janv. 1984 : *D.* 1984, I.R. 285, obs. Colombet).

6) Si le titre d'un journal ou d'une de ses articles est protégé comme l'œuvre elle-même, l'édition à des fins documentaires, par quelque moyen que ce soit, d'un index comportant la mention de ces titres en vue d'identifier les œuvres répertoriées ne porte pas atteinte au droit exclusif d'exploitation par l'auteur (Ass. Plén. 30 oct. 1987 : *J.C.P.* 88, II, 20932, rapp. Nicot et note Huet ; *D.* 1988, 21, concl. Cabannes ; *D.* 1988, Somm. 206, obs. Colombet ; *R.I.D.A.* janv. 1988, 78, concl. Cabannes ; *Rev. trim. dr. com.* 1988, 57 obs. Françon).

Art. 6. – L'auteur jouit du droit au respect de son nom, de sa qualité et de son œuvre. Ce droit est attaché à sa personne.
Il est perpétuel, inaliénable et imprescriptible.
Il est transmissible à cause de mort aux héritiers de l'auteur.
L'exercice peut en être conféré à un tiers en vertu de dispositions testamentaires.

I. Caractères du droit moral

1) Le droit moral étant d'ordre public, toute renonciation est nulle (Paris 20 janv. 1971 : *D.* 1971, 307, concl. Lecourtier). L'auteur ne peut se voir imposer par contrat un rythme de création lui retirant toute liberté (Aix 23 fév. 1965 : *D.* 1966, 166, note R. Savatier. – Paris 15 nov. 1966 : *D.* 1967, 284). Mais jugé que, sans préjudice des dispositions de l'article 32 de la loi du 11 mars 1957, le droit moral de l'auteur sur son œuvre ne préexiste pas à celle-ci et que l'auteur peut au préalable légalement consentir par convention à limiter sa liberté de création, et s'engager en particulier à obéir aux impératifs d'une commande faite à des fins publicitaires ou à rechercher, dans ce domaine ou dans un autre, l'accord de son cocontractant (Civ. 1re, 7 avril 1987 : *Bull.* I, n. 124, p. 93 ; *R.I.D.A.* oct. 1987, 197 ; *D.* 1988, 97, 2e esp., note Edelman).

2) Le droit moral du créateur salarié subsiste en cas de cession des droits patrimoniaux à l'employeur (Aix 21 oct. 1965 : *D.* 1966, 70, note P. Greffe ; *J.C.P.* 66, II, 14657, note Boursigot ; T.G.I. Paris 3 juil. 1969 : *D.* 1969, 702, 3e esp., note J.-F. P. ; *J.C.P.* 70, II, 16415, note Plaisant).

3) Le jeu de la prescription pénale ne saurait priver l'auteur de ses droits moraux et matériels sur son œuvre (Paris 11 janv. 1983 : *D.* 1983, I.R. 432).

4) L'auteur ne doit pas exercer son droit moral dans un but de vexation (Civ. 14 mai 1945 : *D.* 1945, 285, note Desbois). Jugé cependant que l'auteur d'une œuvre originale exerce de façon discrétionnaire son droit moral et qu'il ne peut donc en aucun cas être tenu de consentir à l'exploitation de l'œuvre dérivée (Civ. 1re, 5 juin 1984 : *Bull.* I, n. 184, p. 157).

5) Dès lors que l'œuvre a été édifiée au mépris des règles d'ordre public édictées tant par la législation sur la protection des sites que par le Code de l'urbanisme, le droit moral de l'auteur ne saurait faire échec à l'exécution des mesures prévues par la loi en vue de mettre fin aux conséquences des infractions pénales constatées (Crim. 3 juin 1986 : *D.* 1987, 301, note Edelman).

6) En raison du caractère perpétuel du droit moral, il faut entendre par héritiers au sens de l'article 6 non seulement les successeurs immédiats de l'auteur, mais également les propres héritiers de ceux-ci sans limita-

Loi du 11 mars 1957 — PROPRIÉTÉ LITTÉRAIRE

tion dans la suite des dévolutions à cause de mort (Paris 14 juin 1972 : *R.I.D.A.* oct. 1972, 135. – V. en ce sens Civ. 1re, 11 janv. 1989 : *J.C.P.* 89, II, 21378, 1re esp., note A. Lucas ; D. 1989, 308, 1re esp., note Edelman.

7) L'atteinte au seul droit moral de l'auteur constitue une contrefaçon (Paris 23 nov. 1982 : *D.* 1983, I.R. 152, obs. Colombet).

II. Droit au respect du nom

8) L'omission par l'éditeur de l'un des titres de l'auteur n'est pas un manquement au contrat (Trib. com. Seine 2 avril 1951 : *D.* 1951, 343), mais l'éditeur porte atteinte au droit moral de l'auteur qui use d'un pseudonyme en révélant contre sa volonté sa véritable identité (Paris 5 juil. 1979 : *D.* 1980, 580, concl. Lévy).

9) L'auteur d'une contribution à une œuvre collective jouit du droit moral défini par l'article 6. Il est donc fondé, notamment pour rétablir la vérité, à faire publiquement état de son rôle de créateur, la personne sous le nom de laquelle l'œuvre collective est divulguée étant seulement investie des droits de l'auteur en sa qualité de propriétaire (Civ. 1re, 15 avril 1986 : *Bull.* I, n. 89, p. 80).

10) Le traducteur a, comme l'auteur, un droit imprescriptible et inaliénable à voir figurer son nom sur l'édition de l'ouvrage (Paris 4e ch. A, 27 janv. 1987 : *Juris-Data* n. 21223).

11) L'auteur d'une illustration ne peut se plaindre de ce que sa signature ait été omise dès lors qu'il a lui-même omis de signer son œuvre et qu'il a attendu cinq ans pour manifester le désir de révéler sa paternité (Paris 22 janv. 1987 : *Cah. dr. auteur* janv. 1988, 16).

III. Droit au respect de l'œuvre

12) L'auteur a le pouvoir de s'opposer à toute correction ou modification susceptible d'altérer le caractère de son œuvre, mais il n'y a aucune atteinte au droit moral si les adjonctions n'ont pas pour conséquence de donner une idée inexacte de l'œuvre (Paris 11 mai 1965 : *D.* 1967, 555, note Françon, et, sur pourvoi, Civ. 1re, 5 mars 1968 : *D.* 1968, 382). De même l'adaptateur ne porte atteinte au droit moral de l'auteur de l'œuvre première qu'autant qu'il dénature l'esprit de cette œuvre (Paris 13 mai 1964 : *J.C.P.* 64, II, 13932, note Lyon-Caen, et, sur pourvoi, Civ. 1re, 22 nov. 1966 : *D.* 1967, 485, note Desbois. – V. en ce sens T.G.I. Paris, 8 mars 1968 : *D.* 1968, 742. – T.G.I. Paris 27 nov. 1985 : *R.I.D.A.* juil. 1986, 166, note Françon. – V. pour une dénaturation manifeste d'un roman dans une adaptation cinématographique, T.G.I. Paris 18 avril 1979 : *R.I.D.A.* oct. 1979, 175). Jugé que l'auteur qui a cédé ses droits d'adaptation sur un chapitre peut s'opposer à l'incorporation, faite maladroitement selon lui, d'autres passages (T.G.I. Paris 11 juil. 1984 : *R.I.D.A.* janv. 1985, 199).

13) Le droit moral donne à l'auteur de l'œuvre artistique la faculté de veiller à ce que son œuvre, qui constitue une unité, ne soit pas dénaturée ou mutilée (Civ. 1re, 6 juil. 1965 : *Gaz. Pal.* 1965, 2, 126). Le propriétaire d'une œuvre artistique (en l'espèce une fontaine située dans un centre commercial) qui la démolit très peu de temps après son achèvement à l'insu de l'artiste, et sans y être contraint par une circonstance de fait assimilable à un cas de force majeure, porte atteinte au droit moral de l'auteur (Paris 10 juil. 1975 : *D.* 1977, 342, note Colombet).

14) L'auteur d'une maquette originale d'après laquelle une construction monumentale est réalisée est titulaire d'un droit moral sur cette dernière dans la mesure où celle-ci tient son originalité de la maquette et réalise la conception de celle-ci (Civ. 1re, 8 janv. 1980 : *J.C.P.* 80, II, 19336, note Lindon ; *D.* 1980, 83, note Edelman. – V. sur renvoi, Versailles 8 juil. 1981 : *D.* 1982, I.R. 45, obs. Colombet).

15) La rétention ne peut en elle-même constituer une atteinte au respect dû à

PROPRIÉTÉ LITTÉRAIRE

Loi du 11 mars 1957

l'œuvre d'art (Civ. 1re, 4 juin 1971 : *D.* 1971, 489, concl. Lindon).

16) L'article 6 ne protège que les droits de propriété incorporelle de l'auteur, quelle que soit sa notoriété ou la valeur de son œuvre, et n'autorise pas les juges du fond à ordonner que les tableaux d'un artiste dont un marchand est propriétaire ne pourront être vendus que sous le contrôle d'un expert (Civ. 1re, 3 déc. 1968 : *D.* 1969, 73, concl. Lindon ; *Rev. trim. dr. com.* 1969, 498, obs. Desbois).

17) L'éditeur a le devoir d'assurer l'intégrité de l'œuvre qui lui est confiée, mais aussi celle de veiller de bonne foi et dans un climat de confiance réciproque à la protection du patrimoine moral et intellectuel de l'auteur et de l'image que celui-ci entend voir donner de lui-même au travers de son œuvre (T.G.I. Paris 15 fév. 1984 : *D.* 1984, I.R. 291, obs. Colombet). Il a donc le devoir de communiquer avant publication le manuscrit d'un critique qui dénigre l'ensemble de l'œuvre d'un écrivain (même jugement). Le droit d'agir peut s'exercer contre le sous-éditeur, cette possibilité procédant d'une stipulation pour autrui que la portée absolue du droit moral implique nécessairement dans tout sous-contrat d'édition (même jugement). La préface, dès lors qu'elle est définie comme une adjonction à une œuvre, modifie nécessairement celle-ci et ne peut, quel que soit son contenu, même s'il est élogieux ou neutre, être ajoutée à l'ouvrage sans l'assentiment de son auteur (T.G.I. Paris 25 nov. 1987 : *J.C.P.* 88, II, 21062, note Edelman).

18) Viole les articles 6 et 41 la Cour d'appel qui décide que des extraits d'articles de journaux cités dans un index constitué par des procédés informatiques donnent une idée toujours incomplète, et le plus souvent déformée, tant de chaque article que de l'ensemble du journal, alors que cet index était, par nature, exclusif d'un exposé complet du contenu de l'œuvre et qu'aucune erreur n'avait été relevée dans les citations (Ass. plén. 30 oct. 1987 : *J.C.P.* 88, II, 20932, rapp. Nicot et note Huet ; *Rev. trim. dr. com.* 1988, 57, obs. Françon ; *D.* 1988, 21, concl. Cabannes).

19) La modification d'un logo sans l'autorisation de son auteur porte atteinte à son droit moral (T.G.I. Paris 30 mars 1987 : *Cah. dr. auteur*, fév. 1988, p. 32). Mais jugé que l'auteur d'un logo qui a cédé tous ses droits patrimoniaux a permis la reproduction diversifiée et ne peut se prévaloir des modifications découlant des impératifs de la technique qui n'altèrent pas la nature et le caractère de l'œuvre (Versailles, 1re ch, 1re sect., 29 juin 1987, *Vasarely* c.*R.N.U.R.* : *Juris-Data* n. 044865).

20) Constitue une atteinte au droit moral, le fait pour une chaîne de télévision de faire figurer en permanence son logo sur les images d'un téléfilm (T.G.I. Paris, 1re ch, 29 juin 1988 : *Cah. dr. auteur*, juin 1988, p. 23). Sur le problème posé par les versions colorisées, v. Paris 6 juill. 1989 : *J.C.P.* 90, II, 21410, note Françon.

Art. 7. — L'œuvre est réputée créée, indépendamment de toute divulgation publique, du seul fait de la réalisation, même inachevée, de la conception de l'auteur.

1) Dès lors qu'un arrangement musical ne constitue qu'un projet et que son auteur peut ne pas en poursuivre la réalisation, le consentement de l'auteur de la chanson préexistante n'est pas requis (Civ. 1re, 17 nov. 1981 : *D.* 1983, I.R. 92, obs. crit. Colombet ; *Bull.* I, n. 339, p. 287). Mais lorsque les auteurs d'un projet d'émission ont sélec-

tionné les matériaux propres à concrétiser leur idée et qu'ils ont présenté le dessin général de celle-ci, il résulte du seul fait de cette réalisation, même inachevée, que leur œuvre est réputée créée et qu'ils sont fondés à invoquer l'entier bénéfice de la loi du 11 mars 1957 (T.G.I. Paris 14 déc. 1983 : *R.I.D.A.* avril 1984, 172 ; *D.* 1984, I.R. 287, obs. Colombet).

Loi du 11 mars 1957 — PROPRIÉTÉ LITTÉRAIRE

2) Même s'il est vrai que le modèle en plâtre ou en terre cuite est seul réalisé par le sculpteur personnellement, les épreuves en bronze en tirage limité coulées à partir de ce modèle, dont elles tiennent entièrement leur originalité, n'en doivent pas moins être considérées comme l'œuvre elle-même émanant de la main de l'artiste, de sorte que le droit de suite peut trouver à s'exercer même si le tirage d'épreuves en bronze est postérieur au décès du sculpteur (Civ. 1re, 18 mars 1986 : *Bull.* I, n. 71, p. 69 ; *J.C.P.* 87, II, 20723, concl. Gulphe).

Art. 8. – La qualité d'auteur appartient, sauf preuve contraire, à celui ou à ceux sous le nom de qui l'œuvre est divulguée.

1) En modelant une tête d'animal non par l'effet d'un simple surmoulage, mais en partant d'un graphisme, le graveur participe, dans une proportion peut-être modeste mais indéniable, à la réalisation de l'œuvre d'art (Paris 3 nov. 1956 : *Gaz. Pal.* 1956, 2, 324). Mais la personne qui fabrique l'objet n'a pas la qualité d'auteur si elle n'a fait qu'exécuter les instructions détaillées de l'artiste (Limoges 31 mai 1976 : *J.C.P.* 78, II, 18783, note Boursigot. – Paris 26 avril 1982 : *Gaz. Pal.* 1983, 1, Somm. 132).

2) Il résulte des articles 8, 9 et 13 de la loi du 11 mars 1957 qu'une personne morale ne peut être investie à titre originaire des droits de l'auteur que dans le cas où une œuvre collective, créée à son initiative, est divulguée sous son nom (Civ. 1re, 17 mars 1982 : *J.C.P.* 83, II, 20054, note Plaisant ; *D.* 1983, I.R. 89, obs. Colombet ; *Rev. trim. dr. com.* 1982, 428, obs. Françon, cassant Paris 22 mai 1980 : *D.* 1982, I.R. 41, obs. Colombet).

3) La preuve de la qualité d'auteur peut se faire par tous moyens (T.G.I. Paris 31 janv. 1970 : *D.* 1970, Som. 186. – T.G.I. Paris 14 mars 1975 : *R.I.D.A.* juil. 1975, 191). En cas de conflit entre deux auteurs possibles d'une même œuvre, l'action en revendication de la paternité n'a pas pour fondement le délit de contrefaçon et n'est donc pas soumise à la prescription triennale (Paris 11 janv. 1983 : *D.* 1983, I.R. 432).

Art. 9. – Est dite œuvre de collaboration, l'œuvre à la création de laquelle ont concouru plusieurs personnes physiques.

Est dite composite, l'œuvre nouvelle à laquelle est incorporée une œuvre préexistante sans la collaboration de l'auteur de cette dernière.

Est dite collective, l'œuvre créée sur l'initiative d'une personne physique ou morale qui l'édite, la publie et la divulgue sous sa direction et son nom et dans laquelle la contribution personnelle des divers auteurs participant à son élaboration se fond dans l'ensemble en vue duquel elle est conçue, sans qu'il soit possible d'attribuer à chacun d'eux un droit distinct sur l'ensemble réalisé.

I. Œuvres de collaboration

1) Sont coauteurs ceux qui dans une intimité spirituelle ont collaboré à l'œuvre commune et l'ont créée par leurs apports artistiques dans un art semblable ou différent (Paris 11 mai 1965 : *D.* 1967, 555, note Françon). Des airs de musique ne font pas un tout indivisible avec un vaudeville et leurs compositeurs n'ont pas la qualité de coauteurs (Crim. 4 fév. 1881 : *D.P.* 1881, I, 329, 3e esp.). De même, l'artiste qui a créé cinq aquarelles et quatre costumes sans participer à la création scénique n'est pas le coauteur d'une œuvre chorégraphique (Civ. 1re, 5 mars 1968 : *D.* 1968, 382). Mais le créateur littéraire qui a imaginé le scénario et les aventures d'un personnage de bandes dessinées et le créateur artistique qui a donné une forme graphique originale à ce personnage ont concouru à la création d'une œuvre de collaboration (Civ. 1re, 19 déc. 1983 : *Bull.* I, n. 304, p. 272).

2) La personne qui se prête à une interview filmée et consent à l'utilisation de son image et de ses propos dans une œuvre cinématographique ne peut prétendre à la qualité de coauteur faute d'avoir eu une initiative personnelle dans la conception intellectuelle de cette œuvre (T.G.I. Paris 10 juil. 1974 : *J.C.P.* 74, II, 17831, note Lindon), mais l'interviewé doit se voir reconnaître la qualité de coauteur dès lors que l'interview s'est présentée comme un dialogue dans lequel, de l'accord des deux parties, si l'intervieweur a eu le choix des questions, l'interviewé s'est expressément réservé de donner un tour personnel à l'expression de sa pensée (T.G.I. Paris 24 mars 1982 : *J.C.P.* 82, II, 19901, note Bonet).

3) Peut revendiquer la qualité de coauteur, au même titre que celui qui a préparé le manuscrit, la personne qui a effectué un travail de révision de la totalité d'un dictionnaire, veillant à la correction linguistique aussi bien qu'à la correspondance exacte des traductions (T.G.I. Paris 28 juin 1983 : *R.I.D.A.* oct. 1983, 251), ou le graveur qui ajoute quelque chose à la création originaire du dessinateur ou du peintre (Paris 3 nov. 1956 : *Gaz. Pal.* 1956, 2, 324), ou celui qui a contribué à la conception et à la réalisation d'un jeu de cartes mis en vente par une cartomancienne (Civ. 1re, 29 avril 1975 : *D.* 1975, Somm. 90), mais non celui qui s'est borné à exécuter les instructions détaillées de l'artiste (Limoges 31 mai 1976 : *J.C.P.* 78, II, 18783, note Boursigot).

4) Celui qui a procédé à une véritable transformation systématique et profonde d'un manuscrit, par voie d'innombrables suppressions, interversions, adjonctions et surtout substitutions de mots, phrases ou paragraphes a la qualité de coauteur (Paris 10 juin 1986 : *D.* 1987, Somm. 153, obs. Colombet ; *R.I.D.A.* juil. 1987, 193). Dès lors que la collaboration des coauteurs n'est pas accessoire, le contrôle effectué sur l'ensemble de l'ouvrage par celui qui se prétend auteur unique ne leur fait pas perdre leur qualité de coauteurs (Paris 4e ch. A, 4 mai 1987 : *Juris-Data* n. 023981).

5) Doit être considéré comme un coauteur le scénographe qui a collaboré à la réalisation d'un projet de théâtre torique non seulement en apportant ses idées et ses connaissances en matière de théâtre, mais encore en participant à la mise en forme du projet en assortissant ses suggestions de croquis (Civ. 1re, 18 déc. 1978 : *J.C.P.* 79, II, 19213, note Manigne ; *D.* 1980, 49, note Colombet). Jugé que la qualité de coauteur doit être reconnue à celui dont les souvenirs sont l'objet même de l'œuvre dont ils constituent la substance (Paris 9 nov. 1959 : *Rev. trim. dr. com.* 1961, 82, obs. Desbois. – V. aussi, reconnaissant cette qualité à un artiste ayant fait exécuter une œuvre par un élève sans avoir lui-même travaillé la matière, Civ. 1re, 13 nov. 1973 : *D.* 1974, 533, note Colombet. – Comp. admettant la même solution pour un peintre qui a fourni le thème général et s'est réservé la possibilité de corriger et d'approuver l'œuvre, T.G.I. Paris 21 janv. 1983 : *D.* 1984, I.R. 286, obs. Colombet).

6) Il ne peut y avoir œuvre de collaboration qu'en cas de concours de plusieurs personnes physiques (Paris 4e ch, 29 sept. 1987 : *Juris-Data* n. 025674).

II. Œuvres composites

7) Sur le principe qu'il y a œuvre composite et non œuvre de collaboration lorsqu'une œuvre préexistante est incorporée à une œuvre seconde sans participation de l'auteur de l'œuvre première, V. Paris 8 juin 1971 : *D.* 1972, 383, note Edelman ; *J.C.P.* 73, II, 17427, note Plaisant, et, sur pourvoi, Civ. 1re, 14 nov. 1973 : *Bull.* I, n. 390, p. 275 ; *Gaz. Pal.* 1974, 1, 94.

8) La réunion d'œuvres de collaboration dans un recueil regroupant des écrits connexes, mais sans concert intellectuel de

la totalité des auteurs ni fusion des travaux au stade final de l'utilisation, ne constitue pas globalement une œuvre de collaboration à défaut de ce concert, ni une œuvre collective à défaut de cette fusion, et caractérise donc une œuvre composite par choix et agencement d'apports antérieurs (T.G.I. Paris 29 juin 1971 : *R.I.D.A.* janv. 1972, 133 ; *Rev. trim. dr. com.* 1972, 906, obs. Desbois).

9) L'orchestration par Maurice Ravel des *Tableaux d'une exposition* de Moussorgsky constitue une œuvre composite (Paris 10 mars 1970 : *D.* 1971, 114, note P.L.).

III. Œuvres collectives

10) R. Sarraute, *Œuvres collectives et droit d'auteur* : *Gaz. Pal.* 1968, 1, Doctr. 83. – J. Cedras, *Les œuvres collectives en droit français* : *R.I.D.A.* oct. 1979, 3.

11) Il n'y a pas œuvre collective si la publication ne mentionne pas le nom de la personne ayant assuré la fédération des efforts (T.G.I. Paris 10 juin 1973 : *R.I.D.A.* oct. 1973, 208). L'anonymat des divers auteurs au regard de l'éventuel acheteur de l'ouvrage étant l'un des éléments constitutifs de la qualification juridique de l'œuvre collective, le traité scientifique publié sous le nom de plusieurs savants auxquels s'est adjoint l'éditeur est une œuvre de collaboration et non une œuvre collective (T.G.I. Paris 27 fév. 1968 : *D.* 1968, 375).

12) Une communauté d'inspiration et un concert entre les membres de l'équipe n'excluent pas nécessairement l'existence d'une œuvre collective (Civ. 1re, 21 oct. 1980 : *Bull.* I, n. 265, p. 211 ; *D.* 1981, I.R. 82, obs. Colombet). Mais les juges du fond ne peuvent conclure à l'existence d'une œuvre collective qu'en justifiant que les créateurs en cause ne peuvent se prévaloir de droits indivis sur l'ensemble de l'œuvre (Civ. 1re, 17 mai 1978 : *D.* 1978, 661, note Desbois. – V. en ce sens Civ. 1re, 6 nov. 1979 : *D.* 1981, I.R. 82, obs. Colombet). Ne donne pas de base légale à sa décision l'arrêt qui qualifie un canapé d'œuvre collective en retenant que la participation des dessinateurs est indissociable de la contribution d'un ébéniste et d'un tapissier alors qu'il ne résulte pas de ses énonciations que chacune de ces personnes ne pouvait pas se prévaloir de droits indivis sur l'ensemble de l'œuvre (Com. 7 avril 1987 : *Bull.* IV, n. 85, p. 64 ; *R.I.D.A.* juil. 1987, 192 ; *J.C.P.* 87, II, 20868, note Françon). Jugé cependant qu'un modèle de vêtement constituait une œuvre collective dès lors que les stylistes et modélistes ayant concouru à son élaboration étaient dans l'impossibilité de prétendre à un droit distinct (Paris 4e ch. A, 2 déc. 1986 : *Juris-Data* n. 28719), ou qu'une coupe de cheveux peut être créée de façon collective dès lors que plusieurs auteurs participent à son élaboration (Aix 11 juin 1987 : *Cah. dr. auteur*, janv. 1988, 23). Jugé qu'un ensemble d'articles publiés dans une revue constitue une œuvre collective dès lors que les contributions fragmentaires des participants se sont fondues dans l'ensemble en vue duquel l'œuvre a été conçue, les différents rédacteurs n'ayant eu aucune part dans l'aménagement de l'ensemble de l'œuvre et ne pouvant donc se prévaloir d'aucun droit indivis sur celle-ci (Paris 4 mars 1982 : *D.* 1983, I.R. 92, obs. Colombet. – Sur la nécessité d'une fusion des travaux, V. aussi T.G.I. Paris 29 juin 1971 : *R.I.D.A.* janv. 1972, 133 ; *Rev. trim. dr. com.* 1972, 906, obs. Desbois). Une traduction constitue une œuvre collective et non une œuvre de collaboration dès lors qu'il n'y a eu aucune concertation entre les traducteurs des différents chapitres (Paris 18 juil. 1985 : *D.* 1986, I. R., 182, obs. Colombet). Il ne saurait y avoir œuvre collective lorsque la dessinatrice, chargée de la création de dessins en vue de l'élaboration d'une collection de tapis, a exécuté sa mission en pleine liberté, sans qu'aucune directive ne lui soit donnée (Paris, 1re ch., 25 sept. 1987 : *D.* 1988, Somm. 205, obs. Colombet ; *R.I.D.A.* janv. 1988, 104).

PROPRIÉTÉ LITTÉRAIRE — Loi du 11 mars 1957

13) Sur le caractère d'œuvres collectives reconnu aux journaux et périodiques, V. T.G.I. Paris 14 mars 1978 : *R.I.D.A.* oct. 1978, 100. – Paris 2 juin 1981 : *Gaz. Pal.* 1982, 1, 22, note Plaisant.

14) Ont été considérées comme des œuvres collectives des encyclopédies (Paris 26 janv. 1970 : *D.* 1970, 294, concl. Lecourtier. – Civ. 1re, 24 mai 1976 : *D.* 1976, Somm. 80), un cours de navigation édité par le Centre nautique des Glénans et réalisé sous son contrôle (Civ. 1re, 1er juil. 1970 : *D.* 1970, 769, note Edelman ; *Rev. trim. dr.* com. 1971, 336, obs. Desbois), un recueil de recettes de cuisine (T.G.I. Paris 10 juil. 1974 : *D.* 1975, Somm. 40), une histoire de France en bandes dessinées (Paris 6 mars 1981 : *D.* 1982, I.R. 46, obs. Colombet ; *R.I.D.A.* juil. 1982, 152). Jugé qu'une exposition historique est une œuvre collective dès lors qu'une organisation en a pris l'initiative et que la création du catalogue servant de guide aux visiteurs s'est confondue avec les autres prestations dans l'ensemble que constitue l'exposition (Paris 8 juin 1983 : *D.* 1983, I.R. 511, obs. Colombet).

Art. 10. – L'œuvre de collaboration est la propriété commune des coauteurs.
Les coauteurs doivent exercer leurs droits d'un commun accord.
En cas de désaccord, il appartiendra à la juridiction civile de statuer.
Lorsque la participation de chacun des coauteurs relève de genres différents, chacun pourra, sauf convention contraire, exploiter séparément sa contribution personnelle, sans toutefois porter préjudice à l'exploitation de l'œuvre commune.

1) Sur le principe que tout acte d'exploitation de l'œuvre de collaboration exige le consentement de tous les coauteurs, V. T.G.I. Paris 20 sept. 1971 : *Gaz. Pal.* 1972, 1, 35. – Civ. 1re, 19 mai 1976 : *R.I.D.A.* janv. 1977, 104. – Civ. 1re, 19 déc. 1983 : *Bull.* I, n. 304, p. 272. – Civ. 1re, 4 oct. 1988 : *D.* 1989, 482, note Gautier. Ainsi, la résiliation du contrat d'édition doit intervenir d'un commun accord (Paris 16 déc. 1932 : *Gaz. Pal.* 1933, I, 368). L'article 10, alinéa 4 n'est pas applicable et tous les coauteurs doivent être consultés lorsque, sous couvert d'exploiter séparément sa contribution personnelle, l'un d'entre eux exploite en réalité l'ensemble de l'œuvre (Paris 11 déc. 1961 : *Rev. trim. dr. com.* 1962, 674, obs. Desbois). C'est à l'éditeur et au coauteur qui veulent exercer leurs droits sur une œuvre de collaboration qu'incombe l'obligation de signaler à l'autre coauteur l'initiative qu'ils comptent prendre et de rechercher à cet égard son accord (Civ. 1re, 30 janv. 1985 : *Bull.* I, n. 45, p. 42).

2) L'action en contrefaçon intentée par deux des coauteurs sur trois est irrecevable en tant qu'elle intéresse l'atteinte aux droits patrimoniaux, mais elle est recevable en ce qui concerne la violation du droit moral (T.G.I. Paris 19 mai 1987 : *Cah. dr. auteur* janv. 1988, 15).

3) L'article 10 qui attribue compétence à la juridiction civile pour statuer en cas de désaccord entre les coauteurs ne la dispense pas d'appliquer l'article 4 du Code de procédure pénale et de surseoir à statuer en attendant le résultat définitif de la procédure pénale ouverte sur la plainte d'un des coauteurs contre l'autre du chef de contrefaçon (Civ. 1re, 7 avril 1987 : *Bull.* I, n. 125, p. 94).

4) Si l'article 10 alinéa 3 donne au juge le pouvoir de trancher un conflit entre coauteurs, il ne saurait servir à justifier *a posteriori* l'initiative de tiers qui ont édité l'œuvre de collaboration sans demander le consentement des coauteurs ni solliciter une autorisation judiciaire (Amiens 17 avril 1978 : *D.* 1978, 557, note Desbois).

5) L'indivision proclamée entre coauteurs par l'article 10 a pour conséquence nécessaire l'égalité du partage des droits d'auteur,

Loi du 11 mars 1957 — PROPRIÉTÉ LITTÉRAIRE

faute de quoi les juges seraient conduits à apprécier le mérite des contributions, en violation de l'article 2 (T.G.I. Paris 27 fév. 1968 : *D.* 1968, 375).

Art. 11. – Les auteurs des œuvres pseudonymes et anonymes jouissent sur celles-ci des droits reconnus par l'article 1er.

Ils sont représentés dans l'exercice de ces droits par l'éditeur ou le publicateur originaire, tant qu'ils n'auront pas fait connaître leur identité civile et justifié de leur qualité.

La déclaration prévue à l'alinéa précédent pourra être faite par testament ; toutefois, seront maintenus les droits qui auraient pu être acquis par des tiers antérieurement.

Les dispositions des alinéas 2 et 3 ne sont pas applicables lorsque le pseudonyme adopté par l'auteur ne laisse aucun doute sur son identité civile.

1) Pour un exemple d'œuvre anonyme, V. T.G.I. Paris 13 nov. 1975 : *D.* 1976, Somm. 59.

2) Pour un exemple de pseudonyme transparent, V. T.G.I. Paris 9 juil. 1980 : *R.I.D.A.* oct. 1980, 147.

3) L'éditeur porte atteinte au droit moral de l'œuvre pseudonyme en révélant sa véritable identité (Paris 5 juil. 1979 : *D.* 1980, 580, concl. Lévy).

Art. 12. – L'œuvre composite est la propriété de l'auteur qui l'a réalisée, sous réserve des droits de l'auteur de l'œuvre préexistante.

1) L'auteur de l'œuvre originaire et l'auteur de l'œuvre dérivée ont sur cette dernière des droits concurrents (Civ. 1re, 22 juin 1959 : *D.* 1960, 129, note Desbois). C'est à l'auteur de l'œuvre composite qui veut exploiter sa création d'obtenir l'autorisation de l'auteur de l'œuvre préexistante, mais l'éditeur peut engager sa responsabilité pour défaut de précaution (T.G.I. Paris 8 mai 1969 : *D.* 1970, Somm. 7).

2) La rémunération de l'auteur de l'œuvre préexistante peut être convenue sous forme de participation aux profits de l'exploitation de l'œuvre dérivée, participation qui doit cesser, sauf stipulation contraire, au jour où l'œuvre préexistante sera tombée dans le domaine public (Paris 10 mars 1970 : *D.* 1971, 114).

3) Sur le droit au respect de l'œuvre première en cas d'adaptation, V. *supra,* sous art. 6.

4) Le consentement donné par l'auteur de l'œuvre préexistante à une adaptation au théâtre lyrique ne vaut pas pour une sous-adaptation cinématographique (Civ. 1re, 22 juin 1959 : *D.* 1960, 129, note Desbois). Le titulaire des droits pour une adaptation cinématographique ne peut autoriser la publication d'un récit dépassant l'analyse (Trib. civ. Lyon 8 juin 1950 : *D.* 1950, 750).

Art. 13. – L'œuvre collective est, sauf preuve contraire, la propriété de la personne physique ou morale sous le nom de laquelle elle est divulguée.

Cette personne est investie des droits de l'auteur.

1) En cas d'œuvre collective créée à l'initiative d'une personne morale, celle-ci est investie à titre originaire des droits d'auteur sans avoir à prouver sa qualité de cessionnaire des droits afférents aux diverses contributions ayant permis la réalisation de l'œuvre (Civ. 1re, 17 mars 1982 : *D.* 1982, 71, note Greffe ; *J.C.P.* 83, II, 20054, note Plaisant ; *Rev. trim. dr. com.* 1982, 428, obs. Françon).

2) La rémunération des auteurs ayant participé à l'œuvre collective peut être forfaitaire (Civ. 1re, 24 mai 1976 : *Bull.* I,

PROPRIÉTÉ LITTÉRAIRE — Loi du 11 mars 1957

n. 193, p. 154 ; D. 1976, Somm. 80. – V. en ce sens Paris 26 janv. 1970 : D. 1970, 294, concl. Lecourtier).

3) Les participants gardent leurs droits d'auteur sur leurs contributions (Paris 6 mars 1981 : D. 1982, I.R. 46, obs. Colombet, y compris leur droit moral (Civ. 1re, 15 avril 1986 : Bull. I, n. 89, p. 90). Si ce dernier se trouve limité par la nature collective de l'œuvre, l'exercice, par le responsable de la publication, de son droit d'apporter des modifications aux différentes contributions doit être justifié par la nécessaire harmonisation de l'œuvre considérée dans son ensemble (Civ. 1re, 8 oct. 1980 : Bull. I, n. 251, p. 201 ; D. 1981, I.R. 85, obs. Colombet ; Rev. trim. dr. com. 1981, 87, obs. Françon. – V. aussi Civ. 1re, 16 déc. 1986 : Bull. I, n. 305, p. 290 ; R.I.D.A. juil. 1987, 183 ; D. 1988, 173, note Edelman – Paris, 4e ch. B, 4 juin 1987 : Juris-Data n. 024042. Sur le maintien du droit moral de l'auteur de chaque contribution, V. Civ. 1re, 15 avril 1986 préc.

Art. 14. *(modifié L. n. 85-660 du 3 juil. 1985, art. 2).* – Ont la qualité d'auteur d'une œuvre audiovisuelle la ou les personnes physiques qui réalisent la création intellectuelle de cette œuvre.

Sont présumés, sauf preuve contraire, coauteurs d'une œuvre audiovisuelle réalisée en collaboration :

1° L'auteur du scénario ;

2° L'auteur de l'adaptation ;

3° L'auteur du texte parlé ;

4° L'auteur des compositions musicales avec ou sans paroles spécialement réalisées pour l'œuvre ;

5° Le réalisateur.

Lorsque l'œuvre audiovisuelle est tirée d'une œuvre ou d'un scénario préexistants encore protégés, les auteurs de l'œuvre originaire sont assimilés aux auteurs de l'œuvre nouvelle.

1) Sur le rôle principal du réalisateur, V. Paris 14 juin 1950 : D. 1951, 9, note Desbois. – Paris 20 janv. 1971 : D. 1971, 307, concl. Lecourtier. – T.G.I. Paris 13 mars 1973 : R.I.D.A. avril 1974, 92. La qualité de coauteur doit être reconnue au profit de l'auteur des dialogues préexistants utilisés par l'adaptateur (T.G.I. Paris 21 déc. 1972 : R.I.D.A. avril 1973, 191).

2) Le caractère limitatif de la présomption édictée par l'article 14 n'empêche pas d'autres spécialistes de se réclamer de la qualité d'auteur, mais c'est à la condition d'apporter la preuve de l'originalité de leur contribution à l'œuvre tout entière ; la condition n'est pas remplie par le directeur de la photographie qui n'est qu'un auxiliaire technique du réalisateur (Paris 2 nov. 1981 : D. 1983, I.R. 91, obs. Colombet), ni par celui dont le concours à une œuvre télévisuelle se réduit à une banale prestation de services techniques (Paris 4 mars 1987 : R.I.D.A. avril 1987, 71 ; D. 1988, Somm. 204, obs. Colombet).

3) Une affiche publicitaire réalisée à partir d'éléments provenant d'un film est une œuvre distincte du film. Dès lors, le contrefacteur ne saurait invoquer l'article 14 pour faire valoir que l'auteur de l'affiche serait coauteur de l'œuvre cinématographique et que s'appliquerait la présomption de cession de ses droits (Paris 18 mars 1987 : D. 1988, Somm. 209, obs. Colombet).

4) Sur la cession au producteur des droits des auteurs d'une œuvre audiovisuelle, V. *infra,* art. 63-1 et s.

5) Sur la protection des interprètes par les droits voisins du droit d'auteur, V. L. n. 85-660 du 3 juil. 1985, art. 15 et s.

Art. 15. *(modifié L. n. 85-660 du 3 juil. 1985, art. 2).* – Si l'un des auteurs refuse d'achever sa contribution à l'œuvre audiovisuelle ou se trouve dans l'impossibilité d'achever cette

1375

Loi du 11 mars 1957 — PROPRIÉTÉ LITTÉRAIRE

contribution par suite de force majeure, il ne pourra s'opposer à l'utilisation, en vue de l'achèvement de l'œuvre, de la partie de cette contribution déjà réalisée. Il aura, pour cette contribution, la qualité d'auteur et jouira des droits qui en découlent.

Sauf convention contraire, chacun des auteurs de l'œuvre audiovisuelle peut disposer librement de la partie de l'œuvre qui constitue sa contribution personnelle en vue de son exploitation dans un genre différent et dans les limites fixées par l'article 10.

Jugé avant l'entrée en vigueur de la loi de 1957 que l'auteur qui n'a pas achevé sa contribution conserve le droit de s'opposer à une dénaturation de la partie déjà réalisée sur la base de son droit moral (Civ. 1re, 13 avril 1959 : *D.* 1959, 325, note Lyon-Caen et Lavigne. – Comp. depuis l'entrée en vigueur de la loi Paris 20 janv. 1971 : *D.* 1971, 307, concl. Lecourtier).

Art. 16. *(modifié L. n. 85-660 du 3 juil. 1985, art. 3)*. – L'œuvre audiovisuelle est réputée achevée lorsque la version définitive a été établie d'un commun accord entre, d'une part, le réalisateur ou, éventuellement, les coauteurs et, d'autre part, le producteur.

Il est interdit de détruire la matrice de cette version.

Toute modification de cette version par addition, suppression ou changement d'un élément quelconque exige l'accord des personnes mentionnées au premier alinéa.

Tout transfert de l'œuvre audiovisuelle sur un autre type de support en vue d'un autre mode d'exploitation doit être précédé de la consultation du réalisateur.

Les droits propres des auteurs, tels qu'ils sont définis à l'article 6, ne peuvent être exercés par eux que sur l'œuvre audiovisuelle achevée.

1) Aucune disposition de la loi n'autorise le producteur à achever le film sans l'accord du réalisateur, hors les hypothèses envisagées par l'article 15 alinéa 1er (Paris 20 janv. 1971 : *D.* 1971, 307, concl. Lecourtier ; *Rev. trim. dr. com.* 1971, 1028, obs. Desbois).

2) La limitation du droit moral du coauteur résultant de l'article 16 trouve sa contrepartie dans l'obligation implicite faite au producteur, pour parvenir au « commun accord », de ne procéder à des modifications ou coupures de l'œuvre commandée qu'avec l'accord de son auteur ou tout au moins après avoir permis à ce dernier de défendre son apport et d'obtenir qu'il soit respecté dans la mesure compatible avec l'œuvre d'ensemble (Paris 2 déc. 1963 : *D.* 1964, 229, note G. L-C. ; *Rev. trim. dr. com.* 1964, 564, obs. Desbois).

3) Tant que se poursuit le travail de montage, il peut être apporté toutes modifications à l'œuvre cinématographique et la communication du scénario à des tiers ne saurait donc être ordonnée contre la volonté des auteurs (Paris 1er fév. 1984 : *D.* 1984, I.R. 288, obs. Colombet).

Art. 17 *(L. n. 85-660 du 3 juil. 1985, art. 4)*. – Le producteur de l'œuvre audiovisuelle est la personne physique ou morale qui prend l'initiative et la responsabilité de la réalisation de l'œuvre.

Jugé sous l'empire du droit antérieur à l'entrée en vigueur de la loi du 3 juillet 1985 que le fait de financer un court-métrage et d'être tenu informé des phases de son élaboration ne suffit pas à conférer la qualité de producteur, laquelle implique un rôle d'impulsion, de direction et de coordination (Paris 22 juil. 1981 : *D.* 1983, I.R. 94, obs. Colombet).

Art. 18 *(modifié L. n. 85-660 du 3 juil. 1985, art. 5)*. – Ont la qualité d'auteur d'une œuvre radiophonique la ou les personnes physiques qui assurent la création intellectuelle de cette œuvre.

Les dispositions de l'article 14, dernier alinéa, et de l'article 15 sont applicables aux œuvres radiophoniques.

PROPRIÉTÉ LITTÉRAIRE — Loi du 11 mars 1957

Art. 19 *(modifié L. n. 85-660 du 3 juil. 1985, art. 6)*. – L'auteur a seul le droit de divulguer son œuvre. Sous réserve des dispositions de l'article 63-1, il détermine le procédé de divulgation et fixe les conditions de celle-ci.

Après sa mort, le droit de divulgation de ses œuvres posthumes est exercé, leur vie durant, par le ou les exécuteurs testamentaires désignés par l'auteur. A leur défaut, ou après leur décès, et sauf volonté contraire de l'auteur, ce droit est exercé dans l'ordre suivant : par les descendants, par le conjoint contre lequel n'existe pas un jugement passé en force de chose jugée de séparation de corps ou qui n'a pas contracté un nouveau mariage, par les héritiers autres que les descendants qui recueillent tout ou partie de la succession et par les légataires universels ou donataires de l'universalité des biens à venir.

Ce droit peut s'exercer même après l'expiration du droit exclusif d'exploitation déterminé à l'article 21.

1) L'œuvre retirée du marché par l'auteur ne peut y être remise sans son consentement (Crim. 2 déc. 1964 : *Gaz. Pal.* 1965, 1, 290. – V. en ce sens, Paris 6 mars 1931 : *D.P.* 1931, II, 88, note Nast).

2) L'œuvre refusée par l'artiste de son vivant n'est pas entrée dans son patrimoine, mais l'héritière, à défaut de droit patrimonial, jouit du droit moral de s'opposer à la divulgation sous quelque forme que ce soit (Limoges 31 mai 1976 : *J.C.P.* 78, II, 18783, note Boursigot).

3) L'article 19 régit exclusivement la divulgation des œuvres posthumes et son application ne peut être étendue aux autres attributs du droit moral (Civ. 1re, 11 janv. 1989 : *J.C.P.* 89, II, 21378, 1re esp., note A. Lucas ; *D.* 1989, 308, 1re esp., note Edelman, cassant Paris 17 déc. 1986 : *J.C.P.* 87, II, 20899, note Edelman).

Art. 20 *(modifié L. n. 85-660 du 3 juil. 1985, art. 7)*. – En cas d'abus notoire dans l'usage ou le non-usage du droit de divulgation de la part des représentants de l'auteur décédé visés à l'article précédent, le tribunal de grande instance peut ordonner toute mesure appropriée. Il en est de même s'il y a conflit entre lesdits représentants, s'il n'y a pas d'ayant droit connu ou en cas de vacance ou de déshérence.

Le tribunal peut être saisi, notamment par le ministre chargé des affaires culturelles.

1) Le dépôt aux Archives nationales laisse aux personnes énumérées par l'article 19 le droit de se prononcer au sujet de la divulgation et ne justifie pas l'intervention du juge (Civ. 1re, 15 janv. 1969 : *D.* 1969, 746).

2) Toute personne ayant un intérêt légitime peut mettre en œuvre les mesures appropriées en cas d'abus notoire par les représentants de l'auteur décédé, notamment l'éditeur qui a eu avec l'auteur des relations d'amitié (T.G.I. Paris 1er déc. 1982 . *R.I.D.A.* janv. 1983, 165, note Gautier ; *D.* 1983, I.R. 94, obs. Colombet).

3) La notoriété visée par l'article 20 s'entend d'un fait évident dont la réalité échappe à toute discussion (T.G.I. Paris 1er déc. 1982, préc.).

4) Sur l'intervention des organismes de défense professionnels, V. *infra*, art. 65.

5) Sur la notion d'abus du non-usage des droits d'exploitation, V. Civ. 1re, 28 fév. 1989 : *D.* 1989, 557, note Durrande ; *R.I.D.A.* juil. 1989, 257, note Françon, cassant Versailles 3 mars 1987 : *D.* 1987, 382, note Edelman.

Art. 21. – L'auteur jouit, sa vie durant, du droit exclusif d'exploiter son œuvre sous quelque forme que ce soit et d'en tirer un profit pécuniaire. *(L. n. 85-660 du 3 juil. 1985, art. 8-I)* Toutefois, pour les compositions musicales avec ou sans paroles, cette durée est de soixante-dix années.

Loi du 11 mars 1957 — PROPRIÉTÉ LITTÉRAIRE

Au décès de l'auteur, ce droit persiste au bénéfice de ses ayants droit pendant l'année civile en cours et les cinquante années qui suivent.

Pour les œuvres de collaboration, l'année civile prise en considération est celle de la mort du dernier vivant des collaborateurs.

1) C. Colombet, *L'énigme de l'article 21, § 2, de la loi du 11 mars 1957* : D. 1987, chron. 145. – Th. Desurmont, *L'allongement de la durée de protection des œuvres musicales* : R.I.D.A. juil. 1986, 41.

2) Sur les prorogations de guerre, V. Lois du 3 février 1919 et du 21 septembre 1951.

Sur la prolongation de la durée normale de protection au profit de la Caisse nationale des Lettres (devenue Centre national des Lettres en 1973), supprimée pour l'avenir par l'article 22-III de la loi n. 75-1278 du 31 décembre 1975, V. Décret n. 56-1215 du 29 novembre 1956, art. 16, al. 2. Le bénéfice de la prorogation résultant de la loi du 21 septembre 1951 ne saurait être refusé à une société titulaire des droits de propriété artistique sur un modèle de flacon de parfum, au motif qu'elle les avait acquis d'une personne physique sous le nom de qui l'œuvre collective dont il s'agit avait été divulguée et que, seulement investie des droits de l'auteur, elle n'était pas elle-même l'auteur de cette œuvre, alors que les droits patrimoniaux avaientété transmis par cession et que ce sont bien ces droits qui ont été prorogés (Civ. 1re, 15 avril 1986 : *R.I.D.A.* oct. 1986, 146).

Art. 22. – Pour les œuvres pseudonymes ou collectives, la durée du droit exclusif est de cinquante années à compter du 1er janvier de l'année civile suivant celle de la publication. *(L. n. 85-660 du 3 juil. 1985, art. 8-II)* Toutefois, pour les compositions musicales avec ou sans paroles, cette durée est de soixante-dix années. La date de publication est déterminée par tout mode de preuve du droit commun, et notamment par le dépôt légal.

En cas de publication échelonnée d'une œuvre collective, le délai court à compter du 1er janvier de l'année civile qui suit la publication de chaque élément. Toutefois, si la publication est entièrement réalisée dans un délai de vingt ans à compter de la publication d'un premier élément, la durée du droit exclusif pour l'ensemble de l'œuvre prend fin seulement à l'expiration de la cinquantième année suivant celle de la publication du dernier élément.

En ce qui concerne les œuvres anonymes ou pseudonymes, si le ou les auteurs se sont fait connaître, la durée du droit d'exploitation est celle afférente à la catégorie de l'œuvre considérée, et la période de protection légale commence à courir dans les conditions prévues à l'article 21.

Art. 23. – Pour les œuvres posthumes, la durée du droit exclusif est de cinquante années à compter de la date de publication de l'œuvre. *(L. n. 85-660 du 3 juil. 1985, art. 8-III)* Toutefois, pour les compositions musicales avec ou sans paroles, cette durée est de soixante-dix années.

Le droit d'exploitation des œuvres posthumes appartient aux ayants droit de l'auteur si l'œuvre est divulguée au cours de la période prévue à l'article 21.

Si la divulgation est effectuée à l'expiration de cette période, il appartient aux propriétaires, par succession ou à d'autres titres, de l'œuvre, qui effectuent ou font effectuer la publication.

Les œuvres posthumes doivent faire l'objet d'une publication séparée, sauf dans le cas où elles ne constituent qu'un fragment d'une œuvre précédemment publiée. Elles ne peuvent être jointes à des œuvres du même auteur précédemment publiées que si les ayants droit de l'auteur jouissent encore sur celles-ci du droit d'exploitation.

Sur l'application de la prorogation de guerre résultant de la loi du 3 février 1919 à une œuvre posthume, V. Paris 10 mars 1970 : *Rev. trim. dr. com.* 1971, 100, obs. Desbois.

PROPRIÉTÉ LITTÉRAIRE — Loi du 11 mars 1957

Art. 24. - Pendant la période prévue à l'article 21, le conjoint survivant, contre lequel n'existe pas un jugement passé en force de chose jugée de séparation de corps, bénéficie, quel que soit le régime matrimonial et indépendamment des droits d'usufruit qu'il tient de l'article 767 du Code civil sur les autres biens de la succession, de l'usufruit du droit d'exploitation dont l'auteur n'aura pas disposé. Toutefois, si l'auteur laisse des héritiers à réserve, cet usufruit est réduit au profit des héritiers, suivant les proportions et distinctions établies par les articles 913 et 915 du Code civil.

Ce droit s'éteint au cas où le conjoint contracte un nouveau mariage.

Si les droits conférés à la veuve d'un auteur sont indépendants de son régime matrimonial et peuvent s'exercer concurremment avec ses droits successoraux, ils ont pour corollaire nécessaire l'obligation de payer, dans la mesure et en proportion de l'émolument qu'ils procurent, les dettes contractées par l'auteur défunt (Trib. civ. Seine 28 fév. 1900 : *D.P.* 1903, II, 489, note Boistel).

Art. 25.- Sous tous les régimes matrimoniaux et à peine de nullité de toutes clauses contraires portées au contrat de mariage, le droit de divulguer l'œuvre, de fixer les conditions de son exploitation et d'en défendre l'intégrité reste propre à l'époux auteur ou à celui des époux à qui de tels droits ont été transmis. Ce droit ne peut être apporté en dot, ni acquis par la communauté ou par une société d'acquêts.

Les produits pécuniaires provenant de l'exploitation d'une œuvre de l'esprit ou de la cession totale ou partielle du droit d'exploitation sont soumis aux règles applicables aux meubles, suivant le régime matrimonial adopté, uniquement lorsqu'ils ont été acquis pendant le mariage ; il en est de même des économies réalisées de ces chefs.

Les dispositions prévues à l'alinéa précédent ne s'appliquent pas lorsque le mariage a été célébré antérieurement à l'entrée en vigueur de la présente loi.

Les dispositions législatives relatives à la contribution des époux aux charges du ménage et aux biens réservés (*) de la femme mariée sont applicables aux produits pécuniaires visés à l'alinéa 2 du présent article.

(*) Les biens réservés ont été supprimés par la loi n. 85-1372 du 23 déc. 1985.

1) Sur l'inclusion des droits patrimoniaux dans la masse commune avant la loi du 11 mars 1957, V. Civ. 25 juin 1902 : *D.P.* 1903, I, 5, concl. Baudoin et note Colin. V. cependant, admettant le caractère propre du monopole lui-même dans le cas d'époux mariés avant l'entrée en vigueur de ladite loi, au motif que l'article 25 alinéa 3 ne renvoie qu'à l'alinéa 2, T.G.I. Paris 4 juin 1980 : *D.* 1982, I.R. 45, obs. Colombet, et Paris 22 avril 1982 : *D.* 1984, 397, note Ghestin.

2) Jugé sous l'empire du droit antérieur à la loi de 1957 que les œuvres d'art doivent être incorporées à la masse commune, même si elles n'ont pas été divulguées du vivant de l'artiste, dès lors que celui-ci n'a pas manifesté la volonté de les modifier ou de les détruire (Civ. 1re, 4 juin 1971 : *D.* 1971, 585, concl. Lindon ; *J.C.P.* 72, II, 17164, note Patarin ; *Rev. trim. dr. com.* 1972, 90, obs. Desbois, et, sur renvoi, Orléans 13 nov. 1975 : *J.C.P.* 76, II, 18365, note Boursigot).

3) Pour une application du principe que les produits pécuniaires provenant de l'exploitation d'une œuvre ne sont soumis au régime matrimonial que s'ils ont été acquis pendant le mariage, V. T.G.I. Bobigny 9 déc. 1986 : *R.I.D.A.* juil. 1987, 199.

4) N'est pas nulle la convention destinée à régler les conséquences d'un divorce et incluant dans l'actif de la communauté les droits acquis par le mari auprès de la Sacem jusqu'à l'assignation en divorce, une telle

Loi du 11 mars 1957 — PROPRIÉTÉ LITTÉRAIRE

inclusion n'étant pas contraire à l'article 25 de la loi du 11 mars 1957. Cette convention se présente comme une transaction et non comme une cession au sens de l'article 31 de la même loi (Paris, 1re ch. A, 1er mars 1988, *Gugliemi* c. *Tazartez* : *Juris-Data*, n. 020835).

TITRE II. – DE L'EXPLOITATION DES DROITS PATRIMONIAUX DE L'AUTEUR

Art. 26. – Le droit d'exploitation appartenant à l'auteur comprend :
– le droit de représentation ;
– le droit de reproduction.

Art. 27 *(L. n. 85-660 du 3 juil. 1985, art. 9).* – La représentation consiste dans la communication de l'œuvre au public par un procédé quelconque, et notamment :
– par récitation publique, exécution lyrique, représentation dramatique, présentation publique, projection publique et transmission dans un lieu public de l'œuvre télédiffusée ;
– par télédiffusion.
La télédiffusion s'entend de la diffusion par tout procédé de télécommunication de sons, d'images, de documents, de données et de messages de toute nature.
Est assimilée à une représentation l'émission d'une œuvre vers un satellite.

Art. 27 ancien. – *La représentation consiste dans la communication directe de l'œuvre au public, notamment par la voie de :*
Récitation publique ;
Exécution lyrique ;
Représentation dramatique ;
Présentation publique ;
Diffusion, par quelque procédé que ce soit, des paroles, des sons ou des images ;
Projection publique ;
Transmission de l'œuvre radiodiffusée par le moyen d'un haut-parleur et éventuellement d'un écran de radio-télévision placé dans un lieu public.

La diffusion par le disque constitue la représentation d'une œuvre de l'esprit au sens de l'article 27 (Civ. 1re, 10 fév. 1987 : *Bull.* IV, n. 49, p. 36. V. aussi T.G.I. Saumur 15 mai 1987 : *Gaz. Pal.* 1987, 2, 476). Jugé sous l'empire de l'article 27 ancien que l'hôtelier n'est pas tributaire du droit de représentation s'il se borne à installer dans les chambres des postes récepteurs (T.G.I. Seine 22 mars 1961 : *Gaz. Pal.* 1961, 1, 374, et Paris 20 juin 1962 : *Gaz. Pal.* 1962, 2, 190), ou même s'il capte les émissions dans un local inaccessible à la clientèle puis les transmet dans les chambres des clients (Civ. 1re, 23 nov. 1971 : *D.* 1972, 95, note R.L. ; *Rev. trim. dr. com.* 1972, 373), mais qu'il en va autrement s'il diffuse dans les chambres de la musique préalablement enregistrée (Paris 18 sept. 1974 : *R.I.D.A.* janv. 1975, p. 112 ; *D.* 1975, Somm. 87).

Art. 28. – La reproduction consiste dans la fixation matérielle de l'œuvre par tous procédés qui permettent de la communiquer au public d'une manière indirecte.
Elle peut s'effectuer notamment par imprimerie, dessin, gravure, photographie, moulage et tout procédé des arts graphiques et plastiques, enregistrement mécanique, cinématographique ou magnétique.
Pour les œuvres d'architecture, la reproduction consiste également dans l'exécution répétée d'un plan ou projet-type.

PROPRIÉTÉ LITTÉRAIRE   Loi du 11 mars 1957

1) Le fait de remettre dans le circuit commercial des films volontairement retirés du commerce et livrés à la destruction par leurs auteurs s'analyse comme une nouvelle édition de l'œuvre artistique (Paris 21 janv. 1963 : *J.C.P.* 63, II, 13235, note Delpech).

2) La perception d'honoraires n'empêche pas l'architecte de réclamer des dommages-intérêts pour l'utilisation sans son accord des plans qu'il a conçus (Civ. 1re, 12 nov. 1980 : *Bull.* I, n. 287, p. 229).

3) Une affiche publicitaire reproduisant une infime partie d'une fontaine monumentale ne constitue pas une reproduction même partielle dès lors que les éléments figurant sur l'affiche ne communiquent pas au public les traits caractéristiques originaux de l'œuvre (Civ. 1re, 16 juil. 1987 : *J.C.P.* 87, IV, 341 ; *Bull.* I, n. 225, p. 165).

4) Il y a contrefaçon lorsque l'œuvre architecturale est l'objet principal sinon unique d'une photographie, à l'exclusion du cadre qui l'entoure (Paris 19 juin 1979 : *D.* 1981, I.R. 83, obs. Colombet).

5) L'utilisation en connaissance de cause par un entrepreneur de plans contrefaits par un architecte constitue une contrefaçon au sens de la loi du 11 mars 1957 (Civ. 1re, 15 fév. 1977 : *D.* 1977, I.R. 247 ; *Bull.* I, n. 86, p. 66).

Art. 29. – La propriété incorporelle définie par l'article 1er est indépendante de la propriété de l'objet matériel.

L'acquéreur de cet objet n'est investi, du fait de cette acquisition, d'aucun des droits prévus par la présente loi, sauf dans les cas prévus par les dispositions de l'article 23, alinéas 2 et 3.

Ces droits subsistent en la personne de l'auteur ou de ses ayants droit qui, pourtant, ne pourront exiger du propriétaire de l'objet matériel la mise à leur disposition de cet objet pour l'exercice desdits droits. Néanmoins, en cas d'abus notoire du propriétaire empêchant l'exercice du droit de divulgation, le tribunal de grande instance pourra prendre toute mesure appropriée, conformément aux dispositions de l'article 20.

1) La loi du 9 avril 1910 aux termes de laquelle l'aliénation d'une œuvre d'art n'entraîne pas celle du droit de reproduction n'a pas de caractère interprétatif et n'a donc pas d'effet rétroactif (Crim. 19 mars 1926 : *D.P.* 1927, I, 25, note Nast. – Civ. 1re, 16 juin 1982 : *D.* 1983, I.R. 96, obs. Colombet).

2) Sur le principe que la propriété incorporelle est indépendante de la propriété de l'objet matériel, v. Civ. 1re, 20 déc. 1966 : *D.* 1967, 159 ; *Rev. trim. dr. com.* 1967, 774, obs. Desbois. – Civ. 1re, 11 oct. 1983 : *Bull.* I, n. 225, p. 201 ; *D.* 1984, I.R. 287, obs. Colombet. Jugé cependant que les juges du fond peuvent admettre que la facturation des objets livrés emporte nécessairement cession du droit de reproduction (Civ. 1re, 27 mai 1986 : *Bull.* I, n. 143, p. 143). La propriété littéraire n'étant pas susceptible de la possession matérielle ne peut être transmise au moyen d'un don manuel (Civ. 26 fév. 1919 : *S.* 1920, I, 203). Si le destinataire d'une lettre est propriétaire incontestable de l'élément matériel qu'elle comporte, il n'en a pas pour autant le droit de disposer à son gré de l'élément intellectuel, c'est-à-dire des thèses qui y sont développées, de la pensée de l'auteur et de son expression (Paris 16 fév. 1945 : *D.* 1945, 259).

3) Pas plus que tout autre vendeur, le producteur de disques ne peut modifier unilatéralement le droit de propriété de l'acquéreur sur l'objet matériel (Paris 2 mars 1979 : *J.C.P.* 80, II, 19351, note Plaisant).

4) L'article 29 n'est pas applicable aux marchés de prestations intellectuelles qui permettent à l'Administration d'utiliser, pour des fabrications ou des constructions, les résultats des études et des recherches confiées par elle à son cocontractant (C.E. 2 juil. 1982 : *R.I.D.A.* avril 1983, 172).

Loi du 11 mars 1957 — PROPRIÉTÉ LITTÉRAIRE

Art. 30. – Le droit de représentation et le droit de reproduction sont cessibles à titre gratuit ou à titre onéreux.
La cession du droit de représentation n'emporte pas celle du droit de reproduction.
La cession du droit de reproduction n'emporte pas celle du droit de représentation.
Lorsqu'un contrat comporte cession totale de l'un des deux droits visés au présent article, la portée en est limitée aux modes d'exploitation prévus au contrat.

1) La cession du droit de reproduction d'un emblème pour la publicité sous toutes ses formes ne contient aucune cession du droit de représentation de celui-ci, même à des fins publicitaires (Civ. 1re, 18 déc. 1979 : *J.C.P.* 80, II, 19307, concl. Gulphe).

2) Les juges du fond peuvent décider, par une interprétation souveraine du contrat relatif à l'exploitation d'un film, que le titulaire des droits n'a cédé que le droit de reproduction cinématographique et non le droit de reproduire le film sur bandes magnétiques (Civ. 1re, 29 juin 1982 : *D.* 1983, 33, note Edelman).

3) Un journaliste radiophonique qui n'a pas cédé à son employeur la totalité et l'exclusivité des droits de reproduction a toute latitude pour publier ses éditoriaux dans un recueil imprimé et est donc recevable à se plaindre de la reproduction de ses textes (Paris 5 juin 1975 : *D.* 1976, 74, note Lindon).

4) Des clichés photographiques cédés en vue de l'édition de cartes postales publicitaires ne peuvent servir à illustrer des prospectus et des annonces (Civ. 1re, 4 fév. 1975 : *D.* 1975, I.R. 94).

5) L'auteur peut céder à deux éditeurs ses droits sur les mêmes dessins, dès lors que les modes d'exploitation sont différents (avec et sans texte) et que les dessins eux-mêmes se présentent sous une forme différente quant au format, au contenu et au support (Civ. 1re, 3 mars 1982 : *D.* 1983, I.R. 98, obs. Colombet ; *Bull.* I, n. 98, p. 85).

6) L'auteur qui autorise la fabrication et la commercialisation du support matériel que constitue le disque peut limiter à l'usage privé l'audition par l'acquéreur de l'œuvre enregistrée. Cette limitation du mode d'exploitation, rappelée par une mention figurant sur une étiquette apposée sur chaque face du disque, est conforme aux dispositions de l'article 30 (T.G.I. Paris, réf., 31 août 1986 : *R.I.D.A.* janv. 1987, 259).

7) Dès lors que par une convention de louage d'ouvrage, dont l'exécution pendant quinze ans n'a donné lieu à aucune contestation, la régie Renault a confié à un auteur, moyennant rémunération de son temps de travail, la réalisation de dessins dont il savait dès l'origine qu'ils n'étaient commandés que pour être reproduits, les juges du fond peuvent décider que, dans une telle espèce, la facturation des objets livrés emporte nécessairement cession du droit de reproduction (Civ. 1re, 27 mai 1986 : *D.* 1987, Somm. 154, obs. Colombet).

Art. 31. – Les contrats de représentation, d'édition *(L. n. 85-660 du 3 juil. 1985, art. 10-I)* et de production audiovisuelle définis au titre III de la présente loi doivent être constatés par écrit. Il en est de même des autorisations gratuites d'exécution.
Dans tous les autres cas, les dispositions des articles 1341 à 1348 du Code civil sont applicables.
La transmission des droits de l'auteur est subordonnée à la condition que chacun des droits cédés fasse l'objet d'une mention distincte dans l'acte de cession et que le domaine d'exploitation des droits cédés soit délimité quant à son étendue et à sa destination, quant au lieu et quant à la durée.

PROPRIÉTÉ LITTÉRAIRE — Loi du 11 mars 1957

Lorsque des circonstances spéciales l'exigent, le contrat peut être valablement conclu par échange de télégrammes, à condition que le domaine d'exploitation des droits cédés soit délimité conformément aux termes du troisième alinéa du présent article.
(Complété, L. n. 85-660 du 3 juil. 1985, art. 10-II). Les cessions portant sur les droits d'adaptation audiovisuelle doivent faire l'objet d'un contrat écrit sur un document distinct du contrat relatif à l'édition proprement dite de l'œuvre imprimée.

Le bénéficiaire de la cession s'engage par ce contrat à rechercher une exploitation du droit cédé conformément aux usages de la profession et à verser à l'auteur, en cas d'adaptation, une rémunération proportionnelle aux recettes perçues.

1) Les articles 30 et 31 de la loi du 11 mars 1957 n'interdisent pas aux parties de stipuler la cession du droit de reproduire l'œuvre par procédé graphique aussi bien que par enregistrement sur disques et de prévoir une redevance globale s'appliquant à l'ensemble de cette cession (Civ. 1re, 4 janv. 1983 : *Bull.* I, n. 6, p. 4 ; *R.I.D.A.* oct. 1983, 241).

2) L'écrit visé par l'article 31, alinéa 1er, n'est pas requis pour la validité du contrat, mais seulement pour sa preuve, ce qui rend applicable l'article 109 du Code de commerce, et l'auteur peut donc prouver par tous moyens contre l'éditeur commerçant (Civ. 1re, 12 avril 1976 : *D.* 1976, I.R. 195).

3) La preuve de l'existence d'un contrat de cession de droit d'auteur ne peut résulter d'une lettre, dont le paragraphe principal est rédigé au conditionnel, qui constitue une simple offre de services d'un agent de publicité (Paris 2 mai 1975 : *J.C.P.* 79, II, 19110, 1er arrêt, note Leduc). Sur le pouvoir d'interprétation des juges du fond en cas d'ambiguïté des documents échangés entre l'auteur et l'éditeur, V. Civ. 1re, 18 fév. 1986 : *D.* 1987, Somm. 157, obs. Colombet.

4) Une lettre ne comportant pas de délimitation du droit de reproduction cédé quant à son étendue, sa destination, son lieu et sa durée ne répond pas aux prescriptions de l'article 31, alinéa 3 (Paris 25 fév. 1983 · *Gaz. Pal.* 1983, 2, Somm. 346. V. en ce sens Paris 28 nov. 1984 : *D.* 1985, I.R. 316, obs. Colombet).

5) Le revendeur d'éléments de construction « Lego » peut, à titre de démonstration, présenter des maquettes construites selon les instructions du catalogue du fabricant sans enfreindre le droit d'auteur. Le consentement de l'auteur pour une telle reproduction résulte nécessairement des relations commerciales existant entre les parties (Com. 1er déc. 1987 : *D.* 1987, I.R. 260).

6) L'autorisation donnée par la SACEM aux exploitants de discothèques d'étendre à une destination nouvelle le domaine d'exploitation du droit de reproduction cédé au nom des auteurs légitime en contrepartie la stipulation d'une redevance complémentaire au titre du droit de reproduction mécanique (Civ. 1re, 19 avril 1988 : *J.C.P.* 88, II, 21120, 3e esp., note Françon). V. T. Desurmont, *Le droit de l'auteur de contrôler la destination des exemplaires sur lesquels son œuvre se trouve reproduite* : *R.I.D.A.* oct. 1987, 3.

7) L'article 86 du traité C.E.E. doit être interprété en ce sens que les interdictions qu'il comporte ne s'appliquent pas au comportement d'une société nationale de gestion de droits d'auteur par le seul fait que celle-ci perçoit, en raison de l'exécution publique de supports de sons, une redevance dite droit complémentaire de reproduction mécanique, qui s'ajoute au droit de représentation, même lorsqu'un tel droit complémentaire n'est pas prévu dans l'État membre où ses supports ont été régulièrement mis sur le marché (C.J.C.E. 9 avril 1987 : *R.I.D.A.* juil. 1987, 168, note Delmoly ; *J.C.P.* 87, I, 3312, n° 32 et s., obs. Edelman).

8) C'est à l'éditeur de prouver que le forfait versé à un photographe pour des

photos destinées à un numéro hors série vaut également pour une réimpression du numéro (Paris, 4ᵉ ch. B, 15 mai 1987 : *Juris-Data* n. 24511 ; *Gaz. Pal.* 1987, 2, Somm. 311).

9) L'auteur qui cède le droit de reproduire son œuvre dans une affiche qui ne devait être vendue que pour la promotion du Festival du Marais ne s'est pas dépossédé de l'intégralité de ses droits patrimoniaux de reproduction et est donc fondé à s'opposer à la reproduction de son œuvre sans son autorisation par une autre société et à d'autres fins (Paris, 4ᵉ ch., 17 déc. 1986 : *Rev. int. dr. auteur*, avril 1988, 152). De même, le fait que des œuvres artistiques aient été confiées par leur auteur à une galerie ne permet pas à celle-ci d'autoriser la reproduction de ces œuvres en vue de leur incorporation dans une œuvre publicitaire (Paris, 4ᵉ ch. B, 10 mars 1988, *S.A. Burov* c. *Sacksick* : *Juris-Data*. n. 020809).

Art. 32. – Nonobstant la cession de son droit d'exploitation, l'auteur, même postérieurement à la publication de son œuvre, jouit d'un droit de repentir ou de retrait vis-à-vis du cessionnaire.
Il ne peut toutefois exercer ce droit qu'à charge d'indemniser préalablement le cessionnaire du préjudice que ce repentir ou ce retrait peut lui causer.
Lorsque, postérieurement à l'exercice du droit de repentir ou de retrait, l'auteur décide de faire publier son œuvre, il est tenu d'offrir par priorité ses droits d'exploitation au cessionnaire qu'il avait originairement choisi et aux conditions originairement déterminées.

1) L'auteur qui abandonne la rédaction d'un ouvrage après avoir pris connaissance de la dernière publication de son éditeur, en invoquant la clause de conscience naturelle pour tout écrivain, n'exerce pas un droit de repentir mais prend l'initiative d'une rupture unilatérale et fautive (Paris 7 avril 1978 : *D.* 1978, I.R. 303).

2) Sur l'incidence du droit de repentir de l'adaptateur d'une pièce de théâtre sur les relations contractuelles entre une actrice et la direction du théâtre, V. Soc. 8 mai 1980 : *Rev. trim. dr. com.* 1980, 549, obs. Françon.

3) Sur l'obligation d'indemnisation de l'auteur qui exerce son droit de repentir, V. Bordeaux 24 mai 1984 : *D.* 1986, I.R. 181, obs. Colombet.

Art. 33. – La cession globale des œuvres futures est nulle.

1) L'article 33 ne fait aucune distinction entre les œuvres dont le cédant est l'auteur et celles qu'il a lui-même acquises de leurs créateurs (Paris 6 mai 1980 : *R.I.D.A.* janv. 1981, 157 ; *Rev. trim. dr. com.* 1980, 551, obs. Françon).

2) La cession de ses œuvres futures par un peintre est licite dès lors qu'elle est limitée dans le temps et qu'elle ne s'accompagne pas d'exigences incompatibles avec le droit moral de l'artiste (Civ. 1ʳᵉ, 19 janv. 1970 : *D.* 1970, 483. – V. en ce sens Nîmes 4 juil. 1966 : *J.C.P.* 67, II, 14961, concl. Champeil. – Pour un exemple de cession portant atteinte à la personnalité de l'artiste, V. Paris 15 nov. 1966 : *Gaz. Pal.* 1967, 1, 17, note R. Sarraute).

3) L'article 33 n'est pas violé si la cession porte sur des histoires ayant le même personnage principal et si l'auteur peut cesser sa collaboration au journal qui publie ses histoires à la condition de livrer jusqu'à sa fin l'épisode en cours (Civ. 1ʳᵉ, 6 nov. 1979 : *D.* 1980, I.R. 207).

4) Ni la prévision d'une cession automatique des droits de propriété littéraire et artistique au fur et à mesure de l'exploitation ou du règlement éventuels des travaux, ni celle du transfert des seuls « engagements en cours » à un agent successeur, en particulier relativement à la recherche et à l'utilisation des espaces publicitaires, ne sont constitutifs de la cession globale d'œuvres futures interdite par l'article 33 (Civ. 1ʳᵉ,

PROPRIÉTÉ LITTÉRAIRE — Loi du 11 mars 1957

4 fév. 1986 : *Bull.* I, n. 12, p. 11) ; *J.C.P.* 87, I, 3312, n. 26, obs. Edelman, et II, 20872, note Plaisant.
5) L'accord de collaboration rédactionnelle par lequel un auteur est chargé de réécrire des ouvrages indéterminés s'analyse en une cession globale d'œuvre futures (Paris 10 juin 1986 : *R.I.D.A.* juil. 1987, 193.

Art. 34. – En ce qui concerne l'édition, est licite la stipulation par laquelle l'auteur s'engage à accorder un droit de préférence à un éditeur pour l'édition de ses œuvres futures de genres nettement déterminés.

Ce droit est limité pour chaque genre à cinq ouvrages nouveaux, à compter du jour de la signature du contrat d'édition conclu pour la première œuvre ou à la production de l'auteur réalisée dans un délai de cinq années à compter du même jour.

L'éditeur doit exercer le droit qui lui est reconnu en faisant connaître par écrit sa décision à l'auteur, dans le délai de trois mois à dater du jour de la remise par celui-ci de chaque manuscrit définitif.

Lorsque l'éditeur bénéficiant du droit de préférence aura refusé successivement deux ouvrages nouveaux présentés par l'auteur dans le genre déterminé au contrat, l'auteur pourra reprendre immédiatement et de plein droit sa liberté quand aux œuvres futures qu'il produira dans ce genre.

Il devra toutefois, au cas où il aurait reçu sur ces œuvres futures des avances du premier éditeur, effectuer préalablement le remboursement de celles-ci.

1) Est nulle la clause de préférence qui ne comporte aucune limitation quant à sa durée et quant au nombre d'ouvrages (Paris 26 sept. 1978 : *D.* 1980, 146, note Plaisant), ou celle qui ne contient aucune précision sur le genre (T.G.I. Paris 1er juil. 1971 : *Gaz. Pal.* 1971, 2, 703).

2) Il résulte de l'article 34 alinéa 1er que dans un contrat d'édition, le droit de préférence peut porter sur des œuvres futures de plusieurs genres déterminés et qu'il est limité à cinq ouvrages nouveaux pour chacun de ces genres (Paris 5 juil. 1979 : *D.* 1980, 580, concl. Lévy).

3) Le pacte de préférence qui se borne à viser les œuvres du genre « essai » est valable si la spécialisation de l'auteur permet de préciser la nature (historique) de ces essais (T.G.I. Paris 23 avril 1971 : *Rev. trim. dr. com.* 1971, 1017, obs. Desbois), mais l'expression « sciences humaines » est trop vague pour caractériser le genre (Civ. 1re, 5 fév. 1980 : *D.* 1980, I.R. 272).

4) Est illicite la stipulation de deux pactes de préférence dans deux contrats successifs (T.G.I. Paris 1er juil. 1971 : *Gaz. Pal.* 1971, 2, 703).

5) Le pacte de préférence est nul si l'auteur n'a pas la possibilité de reprendre sa liberté au cas où l'éditeur refuse successivement deux œuvres (Civ. 1re, 15 déc. 1975 : *D.* 1976, I.R. 85).

6) Engage sa responsabilité quasi-délictuelle celui qui conclut avec l'auteur en connaissance de cause une convention ayant pour effet la violation du pacte de préférence (Civ. 2e, 13 avril 1972 : *R.I.D.A.* oct. 1972, 134).

7) Pour une application de l'article 34 à une œuvre cinématographique, v. Paris, 28 nov. 1985 : *D.* 1986, I.R., 188, obs. Colombet.

Art. 35. – La cession par l'auteur de ses droits sur son œuvre peut être totale ou partielle. Elle doit comporter au profit de l'auteur la participation proportionnelle aux recettes provenant de la vente ou de l'exploitation.

Toutefois, la rémunération de l'auteur peut être évaluée forfaitairement dans les cas suivants :
1° La base de calcul de la participation proportionnelle ne peut être pratiquement déterminée ;
2° Les moyens de contrôler l'application de la participation font défaut ;

Loi du 11 mars 1957 — PROPRIÉTÉ LITTÉRAIRE

3° Les frais des opérations de calcul et de contrôle seraient hors de proportion avec les résultats à atteindre ;

4° La nature ou les conditions de l'exploitation rendent impossible l'application de la règle de la rémunération proportionnelle, soit que la contribution de l'auteur ne constitue pas l'un des éléments essentiels de la création intellectuelle de l'œuvre, soit que l'utilisation de l'œuvre ne présente qu'un caractère accessoire par rapport à l'objet exploité.

Est également licite la conversion entre les parties, à la demande de l'auteur, des droits provenant des contrats en vigueur en annuités forfaitaires pour des durées à déterminer entre les parties.

1) L'article 35 ne s'applique pas aux contrats conclus avant le 11 mars 1958 (Paris 21 mars 1965 : *Rev. trim. dr. com.* 1966, 342, obs. Desbois).

2) La participation de l'auteur aux recettes doit être calculée en fonction du prix de vente au public (Civ. 1re, 9 oct. 1984 : *D.* 1985, I.R. 316, obs. Colombet ; *R.I.D.A.* juil. 1985, 144). Sur la base de calcul consacrée par l'usage en matière de reproduction de documents publicitaires, V. Paris 22 oct. 1976 : *J.C.P.* 79, II, 19110, 2e arrêt, note Leduc.

3) Le contrat général de représentation consenti par la SACEM à un entrepreneur de spectacles par lequel cet entrepreneur se voit conférer la faculté d'user ou de ne pas user de son répertoire peut donner lieu à une redevance forfaitaire calculée indépendamment de l'utilisation effective du répertoire voire en dehors de toute utilisation (Civ. 1re, 16 avril 1985 : *Bull.* I, n. 116, p. 107).

Art. 36. – En ce qui concerne l'édition de librairie, la rémunération de l'auteur peut également faire l'objet d'une rémunération forfaitaire pour la première édition, avec l'accord formellement exprimé de l'auteur, dans les cas suivants :
Ouvrages scientifique ou technique ;
Anthologies et encyclopédies ;
Préfaces, annotations, introductions, présentations ;
Illustrations d'un ouvrage ;
Éditions de luxe à tirage limité ;
Livres de prières ;
A la demande du traducteur pour les traductions ;
Éditions populaires à bon marché ;
Albums bon marché pour enfants.
Peuvent également faire l'objet d'une rémunération forfaitaire les cessions de droits à ou par une personne ou une entreprise établie à l'étranger.

En ce qui concerne les œuvres de l'esprit publiées dans les journaux et recueils périodiques de tout ordre et par les agences de presse, la rémunération de l'auteur, lié à l'entreprise d'information par un contrat de louage d'ouvrage ou de service, peut également être fixée forfaitairement. Pour toutes les œuvres publiées ainsi dans un journal ou recueil périodique, l'auteur conserve, sauf stipulation contraire, le droit de les faire reproduire et de les exploiter, sous quelque forme que ce soit, pourvu que cette reproduction ou cette exploitation ne soit pas de nature à faire concurrence à ce journal ou à ce recueil périodique.

L'auteur seul a le droit de réunir ses articles et ses discours en recueil et de les publier ou d'en autoriser la publication sous cette forme.

1) La rémunération forfaitaire n'est possible en matière de traduction qu'à la demande du traducteur, et le simple accord de celui-ci ne suffit pas (T.G.I. Paris 21 juin 1973 : *R.I.D.A.* oct. 1973, 210).

2) L'article 36 est applicable aussi bien à la presse écrite qu'à la presse parlée (Paris 5 juin 1975 : *D.* 1976, 74, note Lindon).

3) La possibilité du forfait, expressément visée par l'article 36 dans le cas des entreprises de presse, est implicitement réservée en toutes les hypothèses identiques où l'œuvre est réalisée en exécution d'un contrat de travail (T.G.I. Paris 29 juin 1971 : *R.I.D.A.* janv. 1972, 133 ; *Rev. trim. dr. com.* 1972, 906, obs. Desbois).

4) Si, en vertu de l'article 36 alinéa 3 de la loi de 1957, la rémunération du photographe dont les œuvres sont destinées à être publiées dans un journal ou un recueil périodique, par l'entreprise d'information qui l'emploie, peut être fixée forfaitairement et consister en un salaire au lieu d'une participation proportionnelle, il n'en résulte pas que le droit de l'entreprise de reproduire et d'exploiter les photographies soit limité à une première publication ni qu'il prenne fin avec les relations contractuelles (Civ. 1re, 20 déc. 1982 : *J.C.P.* 83, II, 20102, note Françon).

5) L'article 36 ne prévoit pas que l'auteur puisse renoncer à son droit de réunir en recueils ses œuvres publiées dans les journaux, mais il peut le céder (Civ. 1re, 6 nov. 1979 : *D.* 1980, I.R. 207).

Art. 37. – En cas de cession du droit d'exploitation, lorsque l'auteur aura subi un préjudice de plus de sept douzièmes dû à une lésion ou à une prévision insuffisante des produits de l'œuvre, il pourra provoquer la revision des conditions de prix du contrat.
Cette demande ne pourra être formée que dans le cas où l'œuvre aura été cédée moyennant une rémunération forfaitaire.
La lésion sera appréciée en considération de l'ensemble de l'exploitation par le concessionnaire des œuvres de l'auteur qui se prétend lésé.

1) L'article 37 distingue expressément l'hypothèse de la lésion et celle de la prévision insuffisante des produits de l'œuvre. La lésion doit s'apprécier au moment de la conclusion du contrat et donc indépendamment du profit ultérieur du cessionnaire, par référence aux usages professionnels et en fonction des modalités d'exploitation de l'œuvre (Versailles 9 juin 1986 : *D.* 1987, Somm. 156, obs. Colombet ; *R.I.D.A.* janv. 1987, 243).

2) L'action en révision ne peut pas être exercée pour les contrats passés avant le 11 mars 1958 (Civ. 1re, 30 oct. 1967 : *D.* 1968, Somm. 25).

Art. 38. – La clause d'une cession qui tend à conférer le droit d'exploiter l'œuvre sous une forme non prévisible ou non prévue à la date du contrat doit être expresse et stipuler une participation corrélative aux profits d'exploitation.
V. supra, sous art. 30.

Art. 39. – En cas de cession partielle, l'ayant cause est substitué à l'auteur dans l'exercice des droits cédés, dans les conditions, les limites et pour la durée prévues au contrat, et à charge de rendre compte.

Art. 40. – Toute représentation ou reproduction intégrale ou partielle faite sans le consentement de l'auteur ou de ses ayants droit ou ayants cause est illicite.
Il en est de même pour la traduction, l'adaptation ou la transformation, l'arrangement ou la reproduction par un art ou un procédé quelconque.

1) Le droit de reproduction permet seulement à son titulaire d'exercer ses prérogatives d'ordre patrimonial sur tous les procédés par lesquels l'œuvre est communiquée

au public d'une manière indirecte, mais ne lui donne pas qualité pour contester en justice l'authenticité d'un tableau, une telle action relevant exclusivement du droit moral (Paris 17 déc. 1986 : *J.C.P.* 87, II, 20899, note Edelman).

2) Si le titre d'un journal ou d'un de ses articles est protégé comme l'œuvre elle-même, l'édition à des fins documentaires, par quelque moyen que ce soit, d'un index comportant la mention de ces titres en vue d'identifier les œuvres répertoriées ne porte pas atteinte au droit exclusif d'exploitation par l'auteur (Ass. plén. 30 oct. 1987 : *J.C.P.* 88, IV, 3 ; *D.* 1988, 21, concl. Cabannes).

3) Le revendeur d'éléments de construction « Lego » peut, à titre de démonstration, présenter des maquettes construites selon les instructions du catalogue du fabricant sans enfreindre le droit d'auteur. Le consentement de l'auteur pour une telle reproduction résulte nécessairement des relations commerciales existant entre les parties (Com. 1er déc. 1986 : *D.* 1987, I.R. 260).

4) Des affiches publicitaires reproduisant une photographie d'un modèle d'automobile contenant en arrière-plan une infime partie d'une fontaine monumentale ne constituent pas une reproduction, même partielle, de l'œuvre dès lors qu'elles ne communiquent pas au public les traits caractéristiques originaux de la fontaine (Civ. 1re, 16 juil. 1987 : *J.C.P.* 87, IV, 311 ; *Bull.* I, n. 225, p. 165).

Art. 41. – Lorsque l'œuvre a été divulguée, l'auteur ne peut interdire :
 1° Les représentations privées et gratuites effectuées exclusivement dans un cercle de famille ;
 2° Les copies ou reproductions strictement réservées à l'usage privé du copiste et non destinées à une utilisation collective, à l'exception des copies des œuvres d'art destinées à être utilisées pour des fins identiques à celles pour lesquelles l'œuvre originale a été crée ;
 3° Sous réserve que soient indiqués clairement le nom de l'auteur et la source :
  Les analyses et courtes citations justifiées par le caractère critique, polémique, pédagogique, scientifique ou d'information de l'œuvre à laquelle elles sont incorporées ;
  Les revues de presse ;
  La diffusion, même intégrale, par la voie de la presse ou de la *(L. n. 85-660 du 3 juil. 1985, art. 11)* télédiffusion, à titre d'information d'actualité, des discours destinés au public prononcés dans les assemblées politiques, administratives, judiciaires ou académiques, ainsi que dans les réunions publiques d'ordre politique et les cérémonies officielles ;
 4° La parodie, le pastiche et la caricature, compte tenu des lois du genre.

I. Représentation privée

1) La publicité de l'œuvre commence dès que se rompt l'intimité du cercle de famille ou d'amis constituant la réunion de personnes ayant des relations habituelles (Grenoble 28 fév. 1968 : *Rev. trim. dr. com.* 1968, 349, obs. Desbois. – V. en ce sens, Paris 13 mai 1970 : *Gaz. Pal.* 1970, 2, 46).

2) Une chambre d'hôtel constitue un lieu privé assimilable à une demeure personnelle (Paris 13 mai 1970 : *Gaz. Pal.* 1970, 2, 46. – V. cependant, Paris 18 sept. 1974 : *D.* 1975, Somm. 87).

3) Le fait qu'une boutique reste ouverte et que les passants aient pu entendre des passages de morceaux de musique enregistrés ne suffit pas à considérer que le commerçant organise une audition publique (Crim. 6 oct. 1955 : *J.C.P.* 56, II, 9418, note Plaisant). Mais la représentation ne peut être considérée comme effectuée à l'intérieur d'un cercle de famille si elle est offerte par une association à laquelle tout le monde peut adhérer (Civ. 1re, 14 juin 1972 : *D.* 1972, 659 ; *Rev. trim. dr. com.* 1973, 262, obs. Desbois).

PROPRIÉTÉ LITTÉRAIRE

Loi du 11 mars 1957

II. Reproduction à usage privé

4) Dans le cas d'une officine de photocopie en libre-service, le copiste au sens de l'article 41-2° de la loi du 11 mars 1957 est celui qui, détenant dans ses locaux le matériel nécessaire à la confection de photocopies, exploite ce matériel en le mettant à la disposition de ses clients (Civ. 1re, 7 mars 1984 : *Bull.* I, n. 90, p. 73 ; *R.I.D.A.* juil. 1984, 151 ; *Rev. trim. dr. com.* 1984, 677, obs. Françon). Mais jugé, s'agissant des photocopies délivrées par le C.N.R.S. aux chercheurs, que la qualité de copiste doit être reconnue à celui qui a choisi le contenu de la copie en fonction de l'usage que, seul, il sait devoir en faire (T.G.I. Paris 28 janv. 1974 : *J.C.P.* 75, II, 18163, 1re esp., note Françon ; *Rev. trim. dr. com.* 1974, 87, obs. Desbois).

III. Analyses et citations

5) Une analyse comporte un résumé servant de support à une discussion, faite par le rédacteur de l'article, des sources de l'auteur, du plan de l'œuvre et de ses éléments essentiels ainsi que de sa méthode d'exposition, étant généralement accompagnée d'un commentaire critique (T.G.I. Paris 25 avril 1968 : *Rev. trim. dr. com.* 1970, 120, obs. Desbois). Mais jugé que doit être cassé l'arrêt qui décide que des « résumés signalétiques » insérés dans un index ne peuvent tenir lieu de courtes citations permises sans le consentement de l'auteur en retenant que ces « résumés » ne sont pas incorporés dans une œuvre au sens de l'article 41, alors qu'il ressort de ses constatations que lesdits « résumés », constitués uniquement de courtes citations de l'œuvre ne dispensant pas le lecteur de recourir à celle-ci, étaient indissociables de la « section analytique » de la publication par le jeu de renvois figurant dans cette section, et que cet ensemble avait le caractère d'une œuvre d'information (Ass. Plén. 30 oct. 1987 : *J.C.P.* 88, II, 20932, rapp. Nicot et note Huet ; *D.* 1988, 21, concl. Cabannes ; *D.*

1988, Somm. 206, obs. Colombet ; *R.I.D.A.,* janv. 1988, 78, concl. Cabannes ; *Rev. trim. dr. com.* 1988, 57, obs. Françon).

6) Sur le principe que la citation doit être brève, V. Paris 15 juin 1901 : *D.P.* 1903, II, 273. Pour des abus du droit de citation, V. T.G.I. Paris 6 juil. 1972 : *D.* 1972, 628, note Pactet. – Paris 24 oct. 1984 : *D.* 1985, I.R. 312, obs. Colombet. La publication intégrale d'une partition musicale d'une chanson à succès ne saurait être couverte par le droit de citation alors que le défendeur pouvait étayer son commentaire désobligeant en se limitant à un extrait plus bref sans risquer d'en donner une idée fausse (T.G.I. Paris 6 juin 1986 : *R.I.D.A.* oct. 1986, 161).

7) La reproduction intégrale de dessins qui constituent en eux-mêmes des œuvres protégées ne peut bénéficier de l'exception de citation (Civ. 1re, 13 avril 1988 : *Bull.* I, n. 96, p. 65). Jugé en ce sens que chaque illustration étant en soi une œuvre, même si elle s'insère dans un ensemble tel qu'une bande dessinée, il s'ensuit que sa reproduction sous quelque forme que ce soit est reproduction intégrale qui, comme telle, ne répond pas à la condition de brièveté posée par l'article 41-3° (T.G.I. Paris 30 sept. 1983 : *D.* 1984, I.R. 289, obs. Colombet). Comp., à propos de prises de vue d'une œuvre artistique, Paris 13 mars 1986 : *D.* 1987, Somm. 150, obs. Colombet.

8) L'auteur qui publie deux pages de l'introduction de l'ouvrage dans un but publicitaire ne commet pas une contrefaçon pouvant motiver la résolution à ses torts du contrat d'édition (Civ. 1re, 10 fév. 1976 : *D.* 1976, I.R. 139).

9) La reproduction, dans la critique d'un spectacle de variétés, de la presque totalité du texte d'une chanson peut être considéré comme justifiée dès lors que la citation est révélatrice du style et de l'inspiration de la chanson litigieuse dont un extrait trop bref aurait risqué de donner une idée fausse (Civ. 1re, 22 mai 1979 : *D.* 1979, 632).

10) Il est de principe que les citations ne sont licites que si elles servent à étayer ou à éclairer une discussion, un développement ou une argumentation formant la matière de l'ouvrage lui-même (T.G.I. Paris 6 juil. 1972 : *D.* 1972, 628, note Pactet. – V. en ce sens Paris 15 juin 1901 : *D.P.* 1903, II, 273). Ce que la loi autorise, ce n'est pas le recueil de citations, sous la condition que celles-ci seraient accompagnées d'un commentaire, mais au contraire l'illustration par des citations, justifiées par leur incorporation à une œuvre citante (T.G.I. Paris 6 juil. 1972, préc.). V. cpdt Ass. Plén. 30 oct. 1987, préc. n. 5).

11) Viole les articles 6 et 41 la cour d'appel qui décide que des extraits d'articles de journaux cités dans un index constitué par des procédés informatiques donnent une idée toujours incomplète et le plus souvent déformées tant de chaque article que de l'ensemble du journal, alors que cet index était par nature exclusif d'un exposé complet du contenu de l'œuvre et qu'aucune erreur n'avait été relevée dans les citations (Ass. plén. 30 oct 1987 préc.).

IV. Revue de presse

12) La revue de presse suppose la présentation conjointe et par voie comparative de commentaires émanant de journalistes différents et concernant un même thème ou un même événement (Civ. 1re, 30 janv. 1978 : *D.* 1979, 583, note Le Calvez ; *Rev. trim. dr. com.* 1979, 456, obs. Françon). Il y a anthologie et non véritable revue de presse si le périodique se borne à disposer sans comparaison ni synthèse les matériaux glanés à travers certaines revues (Paris 25 mars 1982 : *D.* 1983, I.R. 97, obs. Colombet).

13) L'exception relative aux revues de presse ne joue pas pour la reproduction d'une composition littéraire de caractère non éphémère (T.G.I. Seine 17 juin 1964 : *J.C.P.* 64, II, 13787).

14) La revue de presse n'est licite qu'à la condition d'indiquer clairement ses sources (Paris 25 mars 1982 : *D.* 1983, I.R. 97, obs. Colombet).

V. Information d'actualité

15) La plaidoirie ayant constitué un élément des débats judiciaires, le public doit aussi le connaître et l'avocat qui est titulaire des droits d'auteur ne peut s'opposer à la reproduction (Paris 25 sept. 1956 : *J.C.P.* 56, II, 9560, note Lindon ; *D.* 1956, 633).

16) L'article 41-3° qui traite des discours destinés au public, prononcés dans les assemblées politiques ou administratives, ainsi que des réunions publiques d'ordre politique et les cérémonies officielles, n'exclut de la protection que la diffusion par la seule voie de la presse ou de la radio-diffusion et seulement à titre d'information d'actualité (T.G.I. Paris 6 juil. 1972 : *D.* 1972, 628, note Pactet, pour des discours du Général de Gaulle. – V. en ce sens au sujet de la gravure sur disques de discours de Malraux, T.G.I. Paris 3 avril 1973 : *Gaz. Pal.* 1973, 2, 540, concl. Montanier.– V. aussi T.G.I. Paris 28 mai 1986 : *D.* 1987, Somm. 151, obs. Colombet).

VI. Parodie, pastiche et caricature

17) Des dessins sans caractère humoristique ou parodique ne sont pas des pastiches ou des caricatures (Paris 17 oct. 1980 : *D.* 1982, I.R 42, obs. Colombet). Il n'y a de parodie que dans la mesure où l'auteur obtient un effet caricatural ou tout à fait étranger à l'œuvre originale, de telle sorte que tout risque de confusion soit exclu (T.G.I. Paris 9 janv. 1970 : *J.C.P.* 71, II, 16645, note Françon ; *Rev. trim. dr. com.* 1972, 383, obs. Desbois).

18) Il est dans les lois du genre de la parodie, qui se distingue en cela du pastiche, de permettre l'identification immédiate de l'œuvre parodiée, et dans celles de la caricature de se moquer d'un personnage par

l'intermédiaire de l'œuvre caricaturée dont il est l'auteur. Il ne saurait dès lors être interdit au chansonnier-imitateur, qui prend la voix de l'auteur-interprète d'une chanson et se livre en même temps à une parodie et à une caricature, de reproduire la musique originale de sorte que l'œuvre parodiée est immédiatement identifiée tandis que le travestissement des seules paroles suffit à réaliser celui de cette œuvre prise dans son ensemble et à empêcher toute confusion, ni de se moquer le cas échéant avec insolence des travers de celui qui est imité (Civ. 1re, 12 janv. 1988 : *D.* 1988, Somm. 207, obs. Colombet ; *D.* 1989, 1, note Gautier ; *Rev. trim. dr. com.* 1988, 227, obs. François). La parodie ne porte pas atteinte au droit moral de l'œuvre parodiée si la distance entre les deux œuvres est telle que tout risque d'assimilation des personnages et des thèmes est exclu (T.G.I. Paris 3 janv. 1978 : *D.* 1979, 99, note Desbois).

Art. 42. – Les auteurs d'œuvres graphiques et plastiques ont, nonobstant toute cession de l'œuvre originale, un droit inaliénable de participation au produit de toute vente de cette œuvre faite aux enchères publiques ou par l'intermédiaire d'un commerçant.

Après le décès de l'auteur, ce droit de suite subsiste au profit de ses héritiers et, pour l'usufruit prévu à l'article 24, de son conjoint, à l'exclusion de tous légataires et ayants cause, pendant l'année civile en cours et les cinquante années suivantes.

Le tarif du droit perçu est fixé uniformément à 3 p. 100 applicables seulement à partir d'un prix de vente de 100 F.

Ce droit est prélevé sur le prix de vente de chaque œuvre et sur le total du prix sans aucune déduction à la base.

Un règlement d'administration publique déterminera les conditions dans lesquelles les auteurs feront valoir à l'occasion des ventes prévues au premier alinéa les droits qui leur sont reconnus par les dispositions du présent article.

1) La règle de l'article 42 selon laquelle le droit de suite ne peut être inclus dans un legs n'est pas applicable aux successions ouvertes avant l'entrée en vigueur de la loi du 11 mars 1957 (Civ. 1re, 10 juin 1968 : *D.* 1968, 633, concl. Lindon ; *Rev. trim. dr. com.* 1969, 78, obs. Desbois).

2) Le terme héritiers s'entend des successeurs légaux de l'auteur dans l'ordre de la dévolution successorale, même en présence de dispositions testamentaires contraires (Civ. 1re, 9 fév. 1972 : *D.* 1972, 289, concl. et note Lindon ; *Rev. trim. dr. com.* 1973, 258, obs. Desbois, et, sur renvoi, Orléans 13 juin 1974 : *J.C.P.* 74, II, 17879, note Boursigot ; *D.* 1975, 194, note Lindon).

3) Le droit de suite se transmet aux héritiers de l'auteur, et, après eux, à leurs propres héritiers, à l'exclusion de tous légataires, de sorte que les seuls titulaires de ce droit sont les personnes qui se rattachent à l'artiste par une suite de dévolutions légales. L'article 42 n'établit aucune distinction entre les héritiers de l'auteur et les héritiers subséquents (Civ. 1re, 11 janv. 1989 : *J.C.P.* 89, II, 21378, 2e esp., note A. Lucas ; *D.* 1989, 308, 2e est, note Edelman).

TITRE III. DU CONTRAT DE REPRÉSENTATION ET DU CONTRAT D'ÉDITION

CHAPITRE Ier. – DU CONTRAT DE REPRÉSENTATION

Art. 43. – Le contrat de représentation est celui par lequel l'auteur d'une œuvre de l'esprit et ses ayants droit autorisent une personne physique ou morale à représenter ladite œuvre à des conditions qu'ils déterminent.

Loi du 11 mars 1957 — PROPRIÉTÉ LITTÉRAIRE

Est dit contrat général de représentation le contrat par lequel un organisme professionnel d'auteurs confère à un entrepreneur de spectacles la faculté de représenter, pendant la durée du contrat, les œuvres actuelles ou futures, constituant le répertoire dudit organisme aux conditions déterminées par l'auteur ou ses ayants droit.

Dans le cas prévu à l'alinéa précédent, il peut être dérogé aux dispositions de l'article 33.

1) La représentation implique seulement la présence d'un public et peut se faire par la voie du disque. Les auditions successives d'un disque sont alors autant de représentations de l'œuvre, et celui qui assure de telles auditions a la qualité d'entrepreneur de spectacles (Civ. 1re, 23 juin 1987, *Société générale de la Ferme « Drac Ouest »*. SACEM, inédit. V. aussi Crim. 18 nov. 1986 : *R.I.D.A.* avril 1989, 186. - Civ 1re, 10 fév. 1987 : *Bull.* I, n. 49, p. 36).

2) Le contrat général de représentation consenti par la SACEM à un entrepreneur de spectacles peut donner lieu à une redevance forfaitaire calculée indépendamment de l'utilisation effective du répertoire voire de toute utilisation (Civ. 1re, 16 avril 1985 : *Bull.* I, n. 116, p. 107.- Civ. 1re, 10 mars 1987 : *Bull.* I, n. 89, p. 67 ; *R.I.D.A.* juil. 1987, 188. V. aussi pour la S.A.C.D. T.G.I. Paris 28 janv. 1987 : *R.I.D.A.* avril 1987, 77).

3) La SACEM est une entreprise civile et les droits qu'elle gère sont de même nature (Civ. 1re, 10 fév. 1987 : *Bull.* I, n. 50, p. 37).

4) L'article 86 du traité C.E.E. doit être interprété en ce sens que les interdictions qu'il comporte ne s'appliquent pas au com-

portement d'une société nationale de gestion de droits d'auteur par le seul fait que celle-ci perçoit, en raison de l'exécution publique de supports de sons, une redevance dite droit complémentaire de reproduction mécanique, qui s'ajoute au droit de représentation, même lorsqu'un tel droit complémentaire n'est pas prévu dans l'État membre où ces supports ont été régulièrement mis sur le marché (C.J.C.E. 9 avril 1987 : *R.I.D.A.* juil. 1987, 168, note Delmoly ; *J.C.P.* 87, I, n. 3312, n. 32, obs. Edelman).

5) Les contrats de représentation réciproque conclus entre la SACEM et les sociétés étrangères ne tombent pas sous le coup de l'article 85 du traité créant la Communauté économique européenne (Civ. 1re, 3 déc. 1985 : *Bull.* I, n. 333, p. 298).

6) L'action en nullité du contrat général de représentation relève de la compétence de la juridiction civile (Com. 5 nov. 1985 : *Bull.* IV, n. 263, p. 221). Le juge des référés n'est pas compétent pour apprécier la validité d'un contrat général de représentation au regard de l'article 86 du même traité, et peut déclarer que l'obligation de l'exploitant d'une discothèque n'est pas sérieusement contestable (Civ. 1re, 10 fév. 1987 : *Bull.* I, n. 51, p. 37).

Art. 44. – Le contrat de représentation est conclu pour une durée limitée ou pour un nombre déterminé de communications au public.

Sauf stipulation expresse de droits exclusifs, il ne confère à l'entrepreneur de spectacles aucun monopole d'exploitation.

La validité des droits exclusifs accordés par un auteur dramatique ne peut excéder cinq années ; l'interruption des représentations au cours de deux années consécutives y met fin de plein droit.

L'entrepreneur de spectacles ne peut transférer le bénéfice de son contrat sans l'assentiment formel et donné par écrit de l'auteur ou de son représentant.

Art. 45 *(L. n. 85-660 du 3 juil. 1985, art. 12).* – Sauf stipulation contraire :

1. L'autorisation de télédiffuser une œuvre par voie hertzienne ne comprend pas la distribution par câble de cette télédiffusion, à moins qu'elle ne soit faite en simultané et intégralement par

PROPRIÉTÉ LITTÉRAIRE — Loi du 11 mars 1957

l'organisme bénéficiaire de cette autorisation et sans extension de la zone géographique contractuellement prévue ;

2. L'autorisation de télédiffuser l'œuvre ne vaut pas autorisation de communiquer la télédiffusion de cette œuvre dans un lieu accessible au public ;

3. L'autorisation de télédiffuser l'œuvre par voie hertzienne ne comprend pas son émission vers un satellite permettant la réception de cette œuvre par l'intermédiaire d'organismes tiers, à moins que les auteurs ou leurs ayants droit aient contractuellement autorisé ces organismes à communiquer l'œuvre au public ; dans ce cas, l'organisme d'émission est exonéré du paiement de toute rémunération.

Art. 46. – L'entrepreneur de spectacles est tenu de déclarer à l'auteur ou à ses représentants le programme exact des représentations ou exécutions publiques et de leur fournir un état justifié de ses recettes. Il doit acquitter aux échéances prévues, entre les mains de l'auteur ou de ses représentants, le montant des redevances stipulées.

Toutefois, les communes, pour l'organisation de leurs fêtes locales et publiques, et les sociétés d'éducation populaire, agréées par le ministre de l'éducation nationale, pour les séances organisées par elles dans le cadre de leur activité, doivent bénéficier d'une réduction de ces redevances.

Art. 47. – L'entrepreneur de spectacles doit assurer la représentation ou l'exécution publique dans des conditions techniques propres à garantir le respect des droits intellectuels et moraux de l'auteur.

CHAPITRE II. – DU CONTRAT D'ÉDITION

Art. 48. – Le contrat d'édition est le contrat par lequel l'auteur d'une œuvre de l'esprit ou ses ayants droit cèdent à des conditions déterminées à une personne appelée éditeur le droit de fabriquer ou de faire fabriquer en nombre des exemplaires de l'œuvre, à charge pour elle d'en assurer la publication et la diffusion.

1) Le contrat d'édition est nul si l'auteur a traité avec une entité dénommée « Groupe » dépourvue de la personnalité morale et donc incapable de contracter valablement (T.G.I. Paris 7 mars 1986 : *R.I.D.A.* janv. 1987, 252).

2) Viole l'article 1184 du Code civil la cour d'appel qui, après avoir prononcé la résolution d'un contrat d'édition aux torts de l'éditeur, le condamne à verser non pas des dommages-intérêts, mais la somme prévue à titre de droits d'auteur par le contrat (Civ. 1re, 6 fév. 1979 : *D.* 1979, I.R. 251).

3) Le contrat d'édition n'interdit pas à l'éditeur de publier des œuvres critiques, mais implique qu'il se garde de tout comportement propre à ruiner dans le public la crédibilité de l'auteur (T.G.I. Paris 15 fév. 1984 : *D.* 1984, I.R. 291, obs. Colombet ; *R.I.D.A.* avril 1984, 178).

Art. 49. – Ne constitue pas un contrat d'édition, au sens de l'article 48, le contrat dit : à compte d'auteur.

Par un tel contrat, l'auteur ou ses ayants droit versent à l'éditeur une rémunération convenue, à charge par ce dernier de fabriquer en nombre, dans la forme et suivant les modes d'expression déterminés au contrat, des exemplaires de l'œuvre et d'en assurer la publication et la diffusion.

Ce contrat constitue un louage d'ouvrage régi par la convention, les usages et les dispositions des articles 1787 et suivants du Code civil.

Loi du 11 mars 1957   PROPRIÉTÉ LITTÉRAIRE

1) Pour des exemples de contrat à compte d'auteur, V. Paris 14 avril 1976 : *Gaz. Pal.* 1976, 2, 706. – Rennes 12 mai 1976 : *D.* 1976, Somm. 85.

2) En l'absence de toute stipulation contractuelle sur le délai de publication, il faut se référer aux usages de la profession (Paris 15 juin 1983 : *D.* 1983, I.R. 513, obs. Colombet ; *R.I.D.A.* juil. 1984, 153). Ont ainsi été considérés comme normaux un délai de 8 mois (Paris 15 juin 1983, préc.) ou même de 17 mois (Paris 24 mai 1982 : *Gaz. Pal.* 1983, 1, Somm. 133).

Art. 50. – Ne constitue pas un contrat d'édition, au sens de l'article 48, le contrat dit : de compte à demi.

Par un tel contrat, l'auteur ou ses ayants droit chargent un éditeur de fabriquer, à ses frais et en nombre, des exemplaires de l'œuvre, dans la forme et suivant les modes d'expression déterminés au contrat, et d'en assurer la publication et la diffusion, moyennant l'engagement réciproquement contracté de partager les bénéfices et les pertes d'exploitation, dans la proportion prévue.

Ce contrat constitue une association en participation dans les termes des articles 42 et suivants du code de commerce (*) ; il est régi par la convention et les usages.

(*) V. C. civ., art. *1871 et s.*

Art. 51. – Le contrat d'édition doit indiquer le nombre minimum d'exemplaires constituant le premier tirage. Toutefois, cette obligation ne s'applique pas aux contrats prévoyant un minimum de droits d'auteur garantis par l'éditeur.

Si, aux termes de l'article 51, le contrat d'édition prévoyant un minimum de droits garantis par l'éditeur n'a pas à indiquer le nombre minimum d'exemplaires constituant le premier tirage, les parties peuvent en convenir autrement et fixer l'importance de ce premier tirage. En ce cas, l'éditeur ne peut se dispenser d'exécuter son engagement en alléguant avoir satisfait à la loi en garantissant à l'auteur un minimum de droits (Civ. 1re, 29 juin 1971 : *D.* 1971, Somm. 190).

Art. 52. – Le contrat peut prévoir soit une rémunération proportionnelle aux produits d'exploitation, soit, dans les cas prévus aux articles 35 et 36, une rémunération forfaitaire.

L'éditeur est tenu d'effectuer ou de faire effectuer la fabrication selon les conditions, dans la forme et suivant les modes d'expression prévus au contrat.

Les juges du fond peuvent décider que l'éditeur d'une œuvre musicale a contracté une obligation de résultat en s'engageant à diffuser l'œuvre par tous procédés (Civ. 1re, 29 juin 1971 : *D.* 1971, Somm. 190). Jugé que le changement de goût du public n'est pas en lui-même un événement imprévisible et irrésistible justifiant la non-réalisation des enregistrements prévus par la convention (Civ. 1re, 18 oct. 1977 : *D.* 1978, I.R. 67).

Art. 53. – Le consentement personnel et donné par écrit de l'auteur est obligatoire.

Sans préjudice des dispositions qui régissent les contrats passés par les mineurs et les interdits, le consentement est même exigé lorsqu'il s'agit d'un auteur légalement incapable, sauf si celui-ci est dans l'impossibilité physique de donner son consentement.

Les dispositions de l'alinéa précédent ne sont pas applicables lorsque le contrat d'édition est souscrit par les ayants droit de l'auteur.

1) Sur la nécessité d'un accord écrit de l'auteur, V. T.G.I. Paris 29 avril 1987 : *Cah. dr. auteur* 1988, 13.

2) Le fait que l'éditeur soit coauteur de l'œuvre est sans influence sur la nécessité de l'écrit (Civ. 1re, 20 nov. 1979 : *D.* 1981, I.R. 86, obs. Colombet).

PROPRIÉTÉ LITTÉRAIRE — Loi du 11 mars 1957

Art. 54. – L'auteur doit garantir à l'éditeur l'exercice paisible et, sauf convention contraire, exclusif du droit cédé.

Il est tenu de faire respecter ce droit et de le défendre contre toutes atteintes qui lui seraient portées.

1) Comp., fondant l'obligation de garantie du titulaire du droit d'adaptation sur l'article 1625 du Code civil, Civ. 1re, 27 mai 1986 : *D.* 1987, 209, note Gautier.

2) En cas de contrefaçon, la présomption de responsabilité qui pèse sur l'éditeur peut être écartée s'il a pu légitimement penser que le manuscrit était effectivement original (T.G.I. Paris 21 mars 1986 : *D.* 1987, Somm. 157, obs. Colombet).

3) L'éditeur qui a traité de mauvaise foi avec l'auteur en violation d'un contrat d'exclusivité engage sa responsabilité (Angers 3 mai 1950 : *D.* 1950, 585).

Art. 55. – L'auteur doit mettre l'éditeur en mesure de fabriquer et de diffuser les exemplaires de l'œuvre.

Il doit remettre à l'éditeur, dans le délai prévu au contrat, l'objet de l'édition en une forme qui permette la fabrication normale.

Sauf convention contraire ou impossibilités d'ordre technique, l'objet de l'édition fourni par l'auteur reste la propriété de celui-ci. L'éditeur en sera responsable pendant le délai d'un an après l'achèvement de la fabrication.

1) Celui qui a accepté de publier ses souvenirs mis en forme par une autre personne excède la faculté prévue par le contrat de modifier le manuscrit en rejetant totalement la rédaction (Paris 17 janv. 1977 : *Gaz. Pal.* 1977, 1, Somm. 211).

2) L'article 55 alinéa 3 n'opère pas un renversement de la charge de la preuve après l'expiration du délai d'un an, mais décharge l'éditeur de toute responsabilité pour perte de l'objet de l'édition lorsque ce délai est expiré (Civ. 1re, 29 mars 1973 : *J.C.P.* 74, II, 17617, note M.A.).

3) Pour une résiliation du contrat d'édition justifiée par le retard de l'auteur, V. Paris 25 fév. 1987 : *D.* 1987, Somm. 68. Pour une résolution, V. Toulouse 2e ch, 2 mars 1987 : *Juris-Data* n. 043321.

Art. 56. – L'éditeur doit fabriquer l'édition dans la forme convenue.

Il ne peut, sans l'autorisation écrite de l'auteur, apporter à l'œuvre aucune modification.

Il doit, sauf convention contraire, faire figurer sur chacun des exemplaires le nom, le pseudonyme ou la marque de l'auteur.

A défaut de convention spéciale, l'éditeur doit réaliser l'édition dans un délai fixé par les usages de la profession.

En cas de contrat à durée déterminée, les droits du cessionnaire s'éteignent de plein droit à l'expiration du délai, sans qu'il soit besoin de mise en demeure.

L'éditeur pourra toutefois procéder, pendant trois ans après cette expiration, à l'écoulement, au prix normal, des exemplaires restant en stock, à moins que l'auteur ne préfère acheter ces exemplaires moyennant un prix qui sera fixé à dire d'experts à défaut d'accord amiable, sans que cette faculté reconnue au premier éditeur interdise à l'auteur de faire procéder à une nouvelle édition dans un délai de trente mois.

1) L'éditeur qui confie la vente de l'ouvrage à des libraires à des prix soldés avant l'expiration du délai prévu par le contrat au-delà duquel il pouvait se défaire du stock, viole son obligation (Paris 6 fév. 1981 : *D.* 1982, I.R. 47, obs. Colombet).

2) L'éditeur est seul en droit de décider ou non d'un nouveau tirage, sauf si sa décision de ne pas réimprimer est motivée par sa volonté de paralyser la diffusion de l'ouvrage (Paris 12 fév. 1980 : *D.* 1982, I.R. 47, obs. Colombet).

3) L'éditeur n'a pas le droit d'ajouter sans autorisation une musique d'accompagnement à un film muet (Paris 29 avril 1959 : *D.* 1959, 402, note Lyon-Caen et Lavigne), ni d'ajouter une préface qui dénigre l'œuvre (Paris 7 juin 1982 : *D.* 1983, I.R. 97, obs. Colombet). Sur le droit du traducteur au respect de son œuvre V. T.G.I. Paris 25 sept. 1974 : *R.I.D.A.* janv. 1975, 135. En cas d'atteinte au droit moral, les ayants droit de l'auteur peuvent agir directement contre le sous-éditeur (T.G.I. Paris 15 fév. 1984 : *D.* 1984, I.R. 291, obs. Colombet).

4) La clause du contrat d'édition par laquelle l'éditeur se réserve le droit d'apprécier lors de la remise du manuscrit si celui-ci convient bien au public et aux buts visés doit être tenue pour nulle par application de l'article 1174 du Code civil comme soumettant l'engagement de l'éditeur à une condition purement potestative (T.G.I. Paris 8 avril 1987 : *R.I.D.A.* juil. 1987, 202).

5) Si le contrat prévoit l'édition d'un volume unique, la publication fractionnée en douze volumes porte atteinte au droit moral de l'auteur (T.G.I. Paris 5 juin 1987 : *Cah. dr. auteur* 1988, 14).

Art. 57. – L'éditeur est tenu d'assurer à l'œuvre une exploitation permanente et suivie et une diffusion commerciale, conformément aux usages de la profession.

1) L'obligation d'éditer, lorsqu'elle n'est pas assortie d'une obligation d'exclusivité, n'interdit pas à l'éditeur d'éditer un autre ouvrage sur le même sujet (Civ. 1re, 25 janv. 1970 : *D.* 1970, 281, note Breton ; *Rev. trim. dr. com.* 1970, 699, obs. Desbois).

2) L'article 57 n'impose pas à l'éditeur l'obligation d'assurer la publicité de l'ouvrage pendant toute la durée de son exploitation et ne lui interdit donc pas d'arrêter une campagne de promotion coûteuse face à l'insuccès de l'ouvrage (Paris 4e ch. A, 17 nov. 1986 : *Juris-Data* n. 28716). L'éditeur qui s'est engagé à assurer la publicité d'un ouvrage sur Télé-Luxembourg ne peut l'effectuer sur Télé-Monte-Carlo (Paris 24 mai 1982 : *Gaz. Pal.* 1983, 1, Somm. 133).

3) Sur l'obligation pour l'éditeur d'avoir des stocks lui permettant de répondre à toutes les demandes, V. T.G.I. Paris 10 nov. 1983 : *D.* 1985, I.R. 315, obs. Colombet. – Paris 7 mai 1985 : *R.I.D.A.* juil. 1985, 166.

4) Le prétendu doute de l'éditeur sur l'étendue des droits de l'auteur, lié à l'existence d'un tiers revendiquant la qualité de coauteur, ne fait pas disparaître l'obligation d'une exploitation permanente (Paris 4e ch. A, 17 nov. 1986 : *Juris-Data* n. 28710).

5) Le refus de l'éditeur de publier le deuxième tome d'un ouvrage en raison du prétendu insuccès du premier engage sa responsabilité (Paris 4e ch. A, 18 nov. 1986 : *Juris-Data* n. 28717).

Art. 58. – En vue du paiement des redevances qui leur sont dues pour les trois dernières années à l'occasion de la cession, de l'exploitation ou de l'utilisation de leurs œuvres, telles qu'elles sont définies à l'article 3 de la présente loi, les auteurs, compositeurs et artistes bénéficient du privilège prévu au paragraphe 4° de l'article 2101 et à l'article 2104 du Code civil.

1) En visant expressément et de façon générale les redevances qui sont dues à l'occasion de la cession, l'exploitation et l'utilisation des œuvres dans le domaine spécifique de la propriété littéraire et artistique, l'article 58 ne limite pas sa portée au

PROPRIÉTÉ LITTÉRAIRE — Loi du 11 mars 1957

seul cas des dettes éditoriales, mais l'a étendue à toutes les redevances d'origine contractuelle (Civ. 1re, 1er mars 1988 : *J.C.P.* 1988, IV, 105 ; *Bull.* I, n. 60, p. 39).

2) Le privilège de l'article 58 bénéficie au cessionnaire des droits d'auteur (Nancy 19 oct. 1964 : *J.C.P.* 65, II, 14050, note Delpech).

Art. 59. – L'éditeur est tenu de rendre compte.

L'auteur pourra, à défaut de modalités spéciales prévues au contrat, exiger au moins une fois l'an la production par l'éditeur d'un état mentionnant le nombre d'exemplaires fabriqués en cours d'exercice et précisant la date et l'importance des tirages et le nombre des exemplaires en stock.

Sauf usage ou conventions contraires, cet état mentionnera également le nombre des exemplaires vendus par l'éditeur, celui des exemplaires inutilisables ou détruits par cas fortuit ou force majeure, ainsi que le montant des redevances dues ou versées à l'auteur.

L'éditeur doit rendre compte quelle que soit la modicité des sommes en cause, mais il appartient aussi à l'auteur de demander des explications (Paris, 4e ch. B, 30 avril 1987 : *Juris-Data* n. 024040).

Art. 60. – L'éditeur est tenu de fournir à l'auteur toutes justifications propres à établir l'exactitude de ses comptes.

Faute par l'éditeur de fournir les justifications nécessaires, il y sera contraint par le tribunal, dans les termes de l'article 15 du code de commerce.

Art. 61 *(L. n. 85-98 du 25 janv. 1985, art. 232).* – Le redressement judiciaire de l'éditeur n'entraîne pas la résolution du contrat.

Lorsque l'activité est poursuivie en application des articles 31 et suivants de la loi n. 85-98 du 25 janvier 1985 relative au redressement et à la liquidation judiciaires des entreprises, toutes les obligations de l'éditeur à l'égard de l'auteur doivent être respectées.

En cas de cession de l'entreprise d'édition en application des articles 81 et suivants de la loi n. 85-98 du 25 janvier 1985 précitée, l'acquéreur est tenu des obligations du cédant.

Lorsque l'activité de l'entreprise a cessé depuis plus de trois mois ou lorsque la liquidation judiciaire est prononcée, l'auteur peut demander la résiliation du contrat.

Le liquidateur ne peut procéder à la vente en solde des exemplaires fabriqués ni à leur réalisation dans les conditions prévues aux articles 155 et 156 de la loi n. 85-98 du 25 janvier 1985 précitée que quinze jours après avoir averti l'auteur de son intention, par lettre recommandée avec demande d'accusé de réception.

L'auteur possède, sur tout ou partie des exemplaires, un droit de préemption. A défaut d'accord, le prix de rachat sera fixé à dire d'expert.

Art. 62. – L'éditeur ne peut transmettre, à titre gratuit ou onéreux, ou par voie d'apport en société, le bénéfice du contrat d'édition à des tiers, indépendamment de son fonds de commerce, sans avoir préalablement obtenu l'autorisation de l'auteur.

En cas d'aliénation du fonds de commerce, si celle-ci est de nature à compromettre gravement les intérêts matériels ou moraux de l'auteur, celui-ci est fondé à obtenir réparation même par voie de résiliation du contrat.

Lorsque le fonds de commerce d'édition était exploité en société ou dépendait d'une indivision, l'attribution du fonds à l'un des ex-associés ou à l'un des coïndivisaires, en conséquence de la liquidation ou du partage, ne sera, en aucun cas, considérée comme une cession.

1) La pratique consistant à faire traiter l'auteur avec une entité dénommée « Groupe » a pour effet de permettre à l'éditeur de tourner les dispositions de

Loi du 11 mars 1957 — PROPRIÉTÉ LITTÉRAIRE

l'article 62, toute société du « Groupe » pouvant se voir le cas échéant attribuer le contrat (T.G.I. Paris 7 mars 1986 : *R.I.D.A.* janv. 1987, 252).

2) En cas de cession du contrat à un tiers sans autorisation de l'auteur, celui-ci peut demander la résolution sur le fondement de l'article 1184 du Code civil (T.G.I. Paris 22 mai 1987 : *Cah. dr. auteur* 1988, 13).

3) Au cas de cession du fonds de commerce de l'éditeur, l'auteur ne peut obtenir la résiliation qu'en démontrant que cette cession est de nature à compromettre gravement ses intérêts matériels ou moraux, et cela même si le contrat d'édition précise que les droits cédés le sont exclusivement au premier éditeur qui ne peut les céder à son tour sans l'accord écrit de l'auteur (Paris 28 oct. 1982 : *D.* 1983, I.R. 513, obs. Colombet).

Art. 63. — Le contrat d'édition prend fin, indépendamment des cas prévus par le droit commun ou par les articles précédents, lorsque l'éditeur procède à la destruction totale des exemplaires.

La résiliation a lieu de plein droit lorsque, sur mise en demeure de l'auteur lui impartissant un délai convenable, l'éditeur n'a pas procédé à la publication de l'œuvre ou, en cas d'épuisement, à sa réédition.

L'édition est considérée comme épuisée si deux demandes de livraison d'exemplaires adressées à l'éditeur ne sont pas satisfaites dans les trois mois.

En cas de mort de l'auteur, si l'œuvre est inachevée, le contrat est résolu en ce qui concerne la partie de l'œuvre non terminée, sauf accord entre l'éditeur et les ayants droit de l'auteur.

La preuve que l'édition est épuisée doit résulter de demandes de livraison adressées à l'éditeur lui-même (T.G.I. Paris 10 nov. 1983 : *D.* 1985, I.R. 315, obs. Colombet).

CHAPITRE III. — DU CONTRAT DE PRODUCTION AUDIOVISUELLE
(L. n. 85-660 au 3 juil. 1985, art. 13)

Art. 63-1. — Le contrat qui lie le producteur aux auteurs d'une œuvre audiovisuelle, autres que l'auteur de la composition musicale avec ou sans paroles, emporte, sauf clause contraire et sans préjudice des droits reconnus à l'auteur par les dispositions du titre II ci-dessus, cession au profit du producteur des droits exclusifs d'exploitation de l'œuvre audiovisuelle.

Le contrat de production audiovisuelle n'emporte pas cession au producteur des droits graphiques et théâtraux sur l'œuvre.

Ce contrat prévoit la liste des éléments ayant servi à la réalisation de l'œuvre qui sont conservés ainsi que les modalités de cette conservation.

L'auteur d'une affiche de film ne peut être considéré comme coauteur de l'œuvre cinématographique et la présomption de cession des droits ne s'applique donc pas (Paris, 18 mars 1987 : *D.* 1988, Somm. 209, obs. Colombet ; *R.I.D.A.* oct. 1987, 208).

Art. 63-2. — La rémunération des auteurs est due pour chaque mode d'exploitation.

Sous réserve des dispositions de l'article 35, lorsque le public paie un prix pour recevoir communication d'une œuvre audiovisuelle déterminée et individualisable, la rémunération est proportionnelle à ce prix, compte tenu des tarifs dégressifs éventuels accordés par le distributeur à l'exploitant ; elle est versée aux auteurs par le producteur.

Art. 63-3. — Le producteur fournit, au moins une fois par an, à l'auteur et aux coauteurs un état des recettes provenant de l'exploitation de l'œuvre selon chaque mode d'exploitation.

À leur demande, il leur fournit toute justification propre à établir l'exactitude des comptes, notamment la copie des contrats par lesquels il cède à des tiers tout ou partie des droits dont il dispose.

PROPRIÉTÉ LITTÉRAIRE — **Loi du 11 mars 1957**

Art. 63-4. – L'auteur garantit au producteur l'exercice paisible des droits cédés.

Art. 63-5. – Le producteur est tenu d'assurer à l'œuvre audiovisuelle une exploitation conforme aux usages de la profession.

Art. 63-6. – En vue du paiement de la rémunération qui leur est due au titre de l'exploitation de l'œuvre audiovisuelle, les auteurs bénéficient du privilège institué au 4° de l'article 2101 et à l'article 2104 du Code civil.

Art. 63-7. – Le redressement judiciaire du producteur n'entraîne pas la résiliation du contrat de production audivisuelle.

Lorsque la réalisation ou l'exploitation de l'œuvre est continuée en application des articles 31 et suivants de la loi n. 85-98 du 25 janvier 1985 relative au redressement et à la liquidation judiciaires des entreprises, l'administrateur est tenu au respect de toutes les obligations du producteur, notamment à l'égard des coauteurs.

En cas de cession de tout ou partie de l'entreprise ou de liquidation, l'administrateur, le débiteur, le liquidateur, selon le cas, est tenu d'établir un lot distinct pour chaque œuvre audiovisuelle pouvant faire l'objet d'une cession ou d'une vente aux enchères. Il a l'obligation d'aviser, à peine de nullité, chacun des auteurs et des coproducteurs de l'œuvre par lettre recommandée, un mois avant toute décision sur la cession ou toute procédure de licitation. L'acquéreur est, de même, tenu aux obligations du cédant.

L'auteur et les coauteurs possèdent un droit de préemption sur l'œuvre, sauf si l'un des coproducteurs se déclare acquéreur. A défaut d'accord, le prix d'achat est fixé à dire d'expert.

Lorsque l'activité de l'entreprise a cessé depuis plus de trois mois ou lorsque la liquidation est prononcée, l'auteur et les coauteurs peuvent demander la résiliation du contrat de production audiovisuelle.

TITRE IV. – PROCÉDURE ET SANCTIONS

CHAPITRE Ier. – PROCÉDURE

Art. 64. – Toutes les contestations relatives à l'application des dispositions de la présente loi qui relèvent des juridictions de l'ordre judiciaire seront portées devant les tribunaux compétents, sans préjudice du droit pour la partie lésée de se pourvoir devant la juridiction répressive dans les termes du droit commun.

Les droits d'auteur ne relèvent pas, de par leur nature, de la compétence exclusive des tribunaux de l'ordre judiciaire, et l'article 64 de la loi du 11 mars 1957 n'a pas institué une dérogation aux principes régissant la répartition des compétences entre les deux ordres de juridiction (Civ. 1re, 19 fév. 1975 : J.C.P. 75, II, 18863, 1re esp., note Françon).

Art. 65. – Les contestations relatives à l'application de la présente loi sont soumises aux dispositions ci-après du présent chapitre.

Les organismes de défense professionnelle régulièrement constitués ont qualité pour ester en justice pour la défense des intérêts dont ils ont statutairement la charge.

1) Les organismes de défense professionnelle ne peuvent ester en justice que dans la limite des intérêts professionnels qu'ils ont, en tant que tels, mission de représenter (Civ. 1re, 6 déc. 1966, 2 arrêts : J.C.P. 67, II, 14937, concl. Lindon : D. 1967, 381, note Desbois). Est recevable l'intervention à l'instance de l'association professionnelle de

ns le cas
Loi du 11 mars 1957   PROPRIÉTÉ LITTÉRAIRE

défense des auteurs biographes dans le cas d'une action exercée par l'éditeur sur le fondement de l'article 20 (T.G.I. Paris 1er déc. 1982 : *R.I.D.A.* janv. 1983, 165, note P. Y. Gautier).

2) Les organismes d'auteurs tels que la SACEM ont le droit de demander la saisie-contrefaçon lorsque les œuvres appartenant à leur répertoire sont représentées sans leur consentement (Civ. 1re, 10 fév. 1987 : *Bull.* I, n. 49, p. 36).

Art. 66. – Les commissaires de police et, dans les lieux où il n'y a pas de commissaire de police, les juges d'instance sont tenus, à la demande de tout auteur d'une œuvre protégée par la présente loi ou de ses ayants droit, de saisir les exemplaires constituant une reproduction illicite de cette œuvre.

Si la saisie doit avoir pour effet de retarder ou de suspendre des représentations ou des exécutions publiques en cours ou déjà annoncées, une autorisation spéciale doit être obtenue du président du tribunal de grande instance, par ordonnance rendue sur requête.

Le président du tribunal de grande instance peut également, dans la même forme, ordonner :
La suspension de toute fabrication en cours tendant à la reproduction illicite d'une œuvre ;
La saisie, même en dehors des heures prévues par l'article 1037 du Code de procédure civile (*), des exemplaires constituant une reproduction illicite de l'œuvre, déjà fabriqués ou en cours de fabrication, des recettes réalisées, ainsi que des exemplaires illicitement utilisés ;
La saisie des recettes provenant de toute reproduction, représentation ou diffusion, par quelque moyen que ce soit, d'une œuvre de l'esprit, effectuée en violation des droits de l'auteur, visée à l'article 426 du Code pénal.

Le président du tribunal de grande instance peut, dans les ordonnances prévues ci-dessus, ordonner la constitution préalable par le saisissant d'un cautionnement convenable.

Les recettes pouvant être saisies s'entendent des bénéfices réalisés (Civ. 1re, 10 fév.

1987 : *Bull.* I, n. 49, p. 36, sol. impl.).
(*) *Nouv. C. proc. civ., art. 664.*

Art. 67. – Dans les trente jours de la date du procès-verbal de la saisie, prévue à l'alinéa premier de l'article 66, ou de la date de l'ordonnance prévue au même article, le saisi ou le tiers saisi peuvent demander au président du tribunal de grande instance de prononcer la mainlevée de la saisie ou d'en cantonner les effets, ou encore d'autoriser la reprise de la fabrication ou celle des représentations ou exécutions publiques, sous l'autorité d'un administrateur constitué séquestre, pour le compte de qui il appartiendra, des produits de cette fabrication ou de cette exploitation.

Le président du tribunal de grande instance statuant en référé peut, s'il fait droit à la demande du saisi ou du tiers saisi, ordonner à la charge du demandeur la consignation d'une somme affectée à la garantie des dommages et intérêts auxquels l'auteur pourrait prétendre.

Art. 68. – Faute par le saisissant de saisir la juridiction compétente dans les trente jours de la saisie, mainlevée de cette saisie pourra être ordonnée à la demande du saisi ou du tiers saisi par le président du tribunal, statuant en référé.

Art. 69. – Lorsque les produits d'exploitation revenant à l'auteur d'une œuvre de l'esprit auront fait l'objet d'une saisie-arrêt, le président du tribunal de grande instance pourra ordonner le versement à l'auteur, à titre alimentaire, d'une certaine somme ou d'une quotité déterminée des sommes saisies.

L'article 2 de la loi du 19 juillet 1957 instituant une limitation des saisies-arrêt en matière de droits d'auteur laisse subsister le principe de l'insaisissabilité des droits d'auteur à caractère alimentaire (T.G.I. Paris 4 mai 1982 : *D.* 1983, I.R. 432).

PROPRIÉTÉ LITTÉRAIRE Loi du 11 mars 1957

CHAPITRE II. - SANCTIONS

Art. 70 à 74. - *V. C. pénal, art. 425 à 429.*

1) Sur la présomption de mauvaise foi du contrefacteur, V. Civ. 1re, 25 mars 1957 : *Gaz. Pal.* 1957, 2, 154. - Crim. 24 janv. 1961 : *J.C.P.* 61, IV, 35. - Paris 8 oct. 1964 : *Gaz. Pal.* 1965, 1, 14.

2) En cas de contrefaçon, la présomption de responsabilité qui pèse sur l'éditeur peut être écartée s'il a pu légitimement penser que le manuscrit était effectivement original (T.G.I. Paris, 21 mars 1986 : *D.* 1987, Somm. 157, obs. Colombet).

3) Sur le principe que l'article 426 du Code pénal réprime aussi bien la diffusion que la reproduction de l'œuvre contrefaite, V. Crim. 27 mai 1986 : *R.I.D.A.* juil. 1987, 181.

Art. 75. - Outre les procès-verbaux des officiers ou agents de police judiciaire, la preuve de la matérialité d'une représentation, d'une exécution ou d'une diffusion quelconque, ainsi que celle de toute infraction aux dispositions de l'article 46, pourra résulter des constatations d'un agent désigné par les organismes professionnels d'auteurs, agréé par le ministre chargé des arts et des lettres et assermenté dans les conditions prévues par un règlement d'administration publique.

Art. 76. - Dans le cas d'infraction aux dispositions de l'article 42, l'acquéreur et les officiers ministériels pourront être condamnés solidairement, au profit des bénéficiaires du droit de suite, à des dommages-intérêts.

TITRE V. - DISPOSITIONS DIVERSES

Art. 77. - *Abrogations diverses.*

Art. 78. - *V. L. n. 52-300 du 12 mars 1952, art. 4, al. 1er.*

Art. 79. - Les dispositions de la présente loi entreront en vigueur à l'expiration d'un délai d'un an à compter de sa promulgation.

Des règlements d'administration publique détermineront les conditions d'application de la présente loi, notamment en ce qui concerne les articles 42 et 75.

Art. 80. - *Périmé (dispositions concernant l'Algérie).*

Art. 81. - La présente loi est applicable aux territoires d'outre-mer... à l'expiration du délai prévu à l'alinéa 1er de l'article 79. Un règlement d'administration publique en déterminera les conditions d'adaptation, notamment en ce qui concerne l'alinéa 4 de l'article 45 et compte tenu du statut personnel des populations intéressées.

Art. 82. - Un règlement d'administration publique déterminera les conditions d'adaptation aux départements d'outre-mer de l'alinéa 4 de l'article 45.

Loi n. 64-678 du 6 juillet 1964 *(J.O. 8 et rectif. 30 juil.)*
tendant à définir les principes et les modalités du régime contractuel en agriculture
....

Loi du 6 juillet 1964 — RÉGIME CONTRACTUEL

TITRE V. – DES CONTRATS D'INTÉGRATION (1)

Art. 17. – I. – Sont réputés contrats d'intégration tous contrats, accords ou conventions conclus entre un producteur agricole ou un groupe de producteurs et une ou plusieurs entreprises industrielles ou commerciales comportant obligation réciproque de fournitures de produits ou de services.

Sont également réputés contrats d'intégration les contrats, accords ou conventions séparés conclus par une ou plusieurs entreprises industrielles ou commerciales avec un même producteur agricole ou un même groupe de producteurs agricoles, et dont la réunion aboutit à l'obligation réciproque visée à l'alinéa précédent.

I bis *(L. n. 80-502, 4 juil. 1980, art. 8-I).* – Dans le domaine de l'élevage, sont réputés contrats d'intégration les contrats par lesquels le producteur s'engage envers une ou plusieurs entreprises à élever ou à engraisser des animaux, ou à produire des denrées d'origine animale, et à se conformer à des règles concernant la conduite de l'élevage, l'approvisionnement en moyens de production ou l'écoulement des produits finis.

II. – Les contrats de fournitures de produits ou de services nécessaires à la production agricole conclus entre un producteur agricole ou un groupe de producteurs et une ou plusieurs entreprises industrielles ou commerciales ne sont pas réputés contrats d'intégration s'ils ne comportent d'autre obligation pour le ou les producteurs agricoles que le paiement d'un prix mentionné au contrat.

Après homologation par le ministre de l'agriculture, ces contrats bénéficient des dispositions des titres Ier à IV de la présente loi.

Art. 18 *(L. n. 80-502, 4 juil. 1980, art. 8-II).* – Lorsque le nombre de contrats individuels d'intégration conclus entre des producteurs agricoles et une entreprise industrielle ou commerciale est supérieur à un nombre fixé par le ministre de l'agriculture, ou lorsque deux tiers au moins du nombre des producteurs liés par contrat individuel d'intégration à une même entreprise industrielle ou commerciale en font la demande, il sera substitué un contrat collectif conforme au contrat type prévu à l'article 18 bis ci-dessous.

Un exemplaire de ce contrat collectif sera remis à chaque producteur intéressé.

Art. 18 bis *(L. n. 80-502, 4 juil. 1980, art. 8-III).* – Un ou plusieurs contrats types fixent, par secteur de production, les obligations réciproques des parties en présence, et notamment les garanties minimales à accorder aux exploitants agricoles.

Le contrat type détermine notamment :
– le mode de fixation des prix entre les parties contractantes ;
– les délais de paiement au-delà desquels l'intérêt légal est dû au producteur sans qu'il y ait lieu à mise en demeure ;
– la durée du contrat, le volume et le cycle de production sous contrat ainsi que les indemnités dues par les parties en cas de non-respect des clauses.

Les clauses contraires aux prescriptions de la présente loi et notamment les clauses pénales ou résolutoires incluses dans les contrats visés à l'article 17 sont nulles. Les dispositions correspondantes du contrat type homologué leur sont substituées de plein droit.

Les contrats types sont homologués par arrêté du ministre de l'Agriculture après avis du conseil supérieur d'orientation de l'économie agricole et alimentaire. L'autorité compétente dispose d'un délai de trois mois à compter de la date de l'avis pour se prononcer sur la demande d'homologation. Si, après un avis favorable du conseil supérieur d'orientation de l'économie agricole et alimentaire, l'autorité compétente ne s'est pas prononcée au terme de ce délai, la demande est réputée acceptée.

(1) V. *D. n. 82-125, 2 fév. 1982.*

COPROPRIÉTÉ   **Loi du 10 juillet 1965**

Un an après sa promulgation, le contrat type est applicable à toutes les entreprises agricoles, industrielles et commerciales de la branche concernée.

Les relations entre les coopératives agricoles et leurs sociétaires ne sont pas régies par les dispositions du présent titre. Toutefois, lorsqu'elles concluent des contrats d'intégration avec des agriculteurs qui ne sont pas leurs sociétaires, les coopératives agricoles sont tenues par toutes les obligations prévues au présent titre.

Seules peuvent prétendre aux aides publiques à l'investissement, les entreprises justifiant de la conformité de leur politique contractuelle aux dispositions du présent article.

Art. 19. – Les contrats d'intégration conclus à titre individuel ou le contrat collectif doivent obligatoirement, à peine de nullité, fixer la nature, les prix et les qualités de fournitures réciproques de produits ou de services, le rapport entre les variations des prix de fournitures faites ou acquises par le producteur. Leurs clauses doivent également mentionner les conditions de durée, de renouvellement, de révision et de résiliation.

Sauf consentement écrit des parties, aucun contrat ne peut être renouvelé par tacite reconduction pour une période excédant un an.

L'adaptation régionale du contrat collectif prévu à l'article 18 sera faite dans les mêmes conditions, après avis des organisations professionnelles les plus représentatives de la région.

Art. 20. – Les contrats d'intégration en cours d'exécution devront être adaptés aux dispositions de la présente loi dans un délai ne devant pas dépasser six mois pour l'aviculture et un an pour les autres secteurs de production, sans attendre la publication de la liste prévue à l'article 1er, qui ne concerne pas ces contrats.

A défaut d'adaptation des contrats dans les délais susvisés, les producteurs agricoles seront déliés de leurs engagements.

Art. 21. – Tout contrat collectif d'intégration doit, pour être applicable, être homologué par le ministre de l'agriculture.

....

Loi n. 65-557 du 10 juillet 1965 (J.O. 11 juil.)
fixant le statut de la copropriété des immeubles bâtis
Modifiée par L. n. 85-1470 du 31 déc. 1985

CHAPITRE Ier. – DÉFINITION ET ORGANISATION DE LA COPROPRIÉTÉ

Art. 1er. – La présente loi régit tout immeuble bâti ou groupe d'immeubles bâtis dont la propriété est répartie, entre plusieurs personnes, par lots comprenant chacun une partie privative et une quote-part de parties communes.

A défaut de convention contraire créant une organisation différente, la présente loi est également applicable aux ensembles immobiliers qui, outre des terrains, des aménagements et des services communs, comportent des parcelles, bâties ou non, faisant l'objet de droits de propriété privatifs.

Art. 2. – Sont privatives les parties des bâtiments et des terrains réservées à l'usage exclusif d'un copropriétaire déterminé.

Les parties privatives sont la propriété exclusive de chaque copropriétaire.

Art. 3. – Sont communes les parties des bâtiments et des terrains affectées à l'usage ou à l'utilité de tous les copropriétaires ou de plusieurs d'entre eux.

Loi du 10 juillet 1965 — COPROPRIÉTÉ

Dans le silence ou la contradiction des titres, sont réputés parties communes :
- le sol, les cours, les parcs et jardins, les voies d'accès ;
- le gros œuvre des bâtiments, les éléments d'équipement commun, y compris les parties de canalisations y afférentes qui traversent des locaux privatifs ;
- les coffres, gaines et têtes de cheminées ;
- les locaux des services communs ;
- les passages et corridors.

Sont réputés droits accessoires aux parties communes dans le silence ou la contradiction des titres :
- le droit de surélever un bâtiment affecté à l'usage commun ou comportant plusieurs locaux qui constituent des parties privatives différentes, ou d'en affouiller le sol ;
- le droit d'édifier des bâtiments nouveaux dans des cours, parcs ou jardins constituant des parties communes ;
- le droit d'affouiller de tels cours, parcs ou jardins ;
- le droit de mitoyenneté afférent aux parties communes.

Art. 4. – Les parties communes sont l'objet d'une propriété indivise entre l'ensemble des copropriétaires ou certains d'entre eux seulement ; leur administration et leur jouissance sont organisées conformément aux dispositions de la présente loi.

Art. 5. – Dans le silence ou la contradiction des titres, la quote-part des parties communes afférente à chaque lot est proportionnelle à la valeur relative de chaque partie privative par rapport à l'ensemble des valeurs desdites parties, telles que ces valeurs résultent lors de l'établissement de la copropriété, de la consistance, de la superficie et de la situation des lots, sans égard à leur utilisation.

Art. 6. – Les parties communes et les droits qui leur sont accessoires ne peuvent faire l'objet, séparément des parties privatives, d'une action en partage ni d'une licitation forcée.

Art. 6-1 *(L. n. 79-2 du 2 janv. 1979).* – En cas de modification dans les quotes-parts des parties communes afférentes aux lots, quelle qu'en soit la cause, les droits soumis ou admis à publicité dont les lots sont l'objet s'éteignent sur les quotes-parts qui en sont détachées et s'étendent à celles qui y sont rattachées.

En cas de changement de l'emprise d'une copropriété résultant de l'aliénation volontaire ou forcée ou de l'acquisition de parties communes, les droits soumis ou admis à publicité, autres que les servitudes, dont les lots sont l'objet, s'éteignent sur le bien cédé et s'étendent au bien acquis.

Toutefois, l'extension prévue à l'alinéa précédent, qui s'opère avec le rang attaché à la publicité primitive, n'a lieu que par la publication au fichier immobilier de la déclaration faite par le syndic ou un créancier que le bien acquis est libre de tout droit de même nature au jour de la mutation ou qu'il est devenu libre de ces mêmes droits. L'inexactitude de cette déclaration entraîne le rejet de la formalité de publicité.

Art. 7. – Les cloisons ou murs, séparant des parties privatives et non compris dans le gros œuvre, sont présumés mitoyens entre les locaux qu'ils séparent.

Art. 8. – Un règlement conventionnel de copropriété, incluant ou non l'état descriptif de division, détermine la destination des parties tant privatives que communes, ainsi que les conditions de leur jouissance ; il fixe également, sous réserve des dispositions de la présente loi, les règles relatives à l'administration des parties communes.

COPROPRIÉTÉ   Loi du 10 juillet 1965

Le règlement de copropriété ne peut imposer aucune restriction aux droits des copropriétaires en dehors de celles qui seraient justifiées par la destination de l'immeuble, telle qu'elle est définie aux actes, par ses caractères ou sa situation.
(Complété, L. n. 85-1470 du 31 déc. 1985, art. 12-I) Toutefois, si les circonstances l'exigent et à condition que l'affectation, la consistance ou la jouissance des parties privatives comprises dans son lot n'en soient pas altérées de manière durable, aucun des copropriétaires ou de leurs ayants droit ne peut faire obstacle à l'exécution, même à l'intérieur de ses parties privatives, des travaux régulièrement et expressément décidés par l'assemblée générale en vertu des *e, g, h,* et *i* de l'article 25 et des articles 26-1 et 30.

Les travaux entraînant un accès aux parties privatives doivent être notifiés aux copropriétaires au moins huit jours avant le début de leur réalisation, sauf impératif de sécurité ou de conservation des biens.

Les copropriétaires qui subissent un préjudice par suite de l'exécution des travaux, en raison soit d'une diminution définitive de la valeur de leur lot, soit d'un trouble de jouissance grave, même s'il est temporaire, soit de dégradations, ont droit à une indemnité.

Cette indemnité, qui est à la charge de l'ensemble des copropriétaires, est répartie, s'agissant des travaux décidés dans les conditions prévues pour les *e, g, h* et *i* de l'article 25 et par les articles 26-1 et 30, en proportion de la participation de chacun au coût des travaux.

Art. 9. – Chaque copropriétaire dispose des parties privatives comprises dans son lot ; il use et jouit librement des parties privatives et des parties communes sous la condition de ne porter atteinte ni aux droits des autres copropriétaires ni à la destination de l'immeuble.

Art. 10. – Les copropriétaires sont tenus de participer aux charges entraînées par les services collectifs et les éléments d'équipement commun en fonction de l'utilité que ces services et éléments présentent à l'égard de chaque lot.

Ils sont tenus de participer aux charges relatives à la conservation, à l'entretien et à l'administration des parties communes proportionnellement aux valeurs relatives des parties privatives comprises dans leurs lots, telles que ces valeurs résultent des dispositions de l'article 5.

Le règlement de copropriété fixe la quote-part afférente à chaque lot dans chacune des catégories de charges.

Art. 11. – Sous réserve des dispositions de l'article 12 ci-dessous, la répartition des charges ne peut être modifiée qu'à l'unanimité des copropriétaires. Toutefois, lorsque des travaux ou des actes d'acquisition ou de disposition sont décidés par l'assemblée générale statuant à la majorité exigée par la loi, la modification de la répartition des charges ainsi rendue nécessaire peut être décidée par l'assemblée générale statuant à la même majorité.

En cas d'aliénation séparée d'une ou plusieurs fractions d'un lot, la répartition des charges entre ces fractions est, lorsqu'elle n'est pas fixée par le règlement de copropriété, soumise à l'approbation de l'assemblée générale statuant à la majorité prévue à l'article 24.

A défaut de décision de l'assemblée générale modifiant les bases de la répartition des charges dans les cas prévus aux alinéas précédents, tout copropriétaire pourra saisir le tribunal de grande instance de la situation de l'immeuble à l'effet de faire procéder à la nouvelle répartition rendue nécessaire.

Art. 12. – Dans les cinq ans de la publication du règlement de copropriété au fichier immobilier, chaque propriétaire peut poursuivre en justice la revision de la répartition des charges si la part correspondant à son lot est supérieure de plus d'un quart, ou si la part correspondant à celle d'un autre copropriétaire est inférieure de plus d'un quart, dans l'une ou l'autre des catégories

de charges, à celle qui résulterait d'une répartition conforme aux dispositions de l'article 10.
Si l'action est reconnue fondée, le tribunal procède à la nouvelle répartition des charges.
Cette action peut également être exercée par le propriétaire d'un lot avant l'expiration d'un délai de deux ans à compter de la première mutation à titre onéreux de ce lot intervenue depuis la publication du règlement de copropriété au fichier immobilier.

Art. 13. – Le règlement de copropriété et les modifications qui peuvent lui être apportées ne sont opposables aux ayants cause à titre particulier des copropriétaires qu'à dater de leur publication au fichier immobilier.

Art. 14. – La collectivité des copropriétaires est constituée en un syndicat qui a la personnalité civile.
Le syndicat peut revêtir la forme d'un syndicat coopératif régi par les dispositions de la présente loi. *(L. n. 85-1470 du 31 déc. 1985, art. 5 et 17)* Le règlement de copropriété doit expressément prévoir cette modalité de gestion.
Il établit, s'il y a lieu, et modifie le règlement de copropriété.
Il a pour objet la conservation de l'immeuble et l'administration des parties communes. Il est responsable des dommages causés aux copropriétaires ou aux tiers par le vice de construction ou le défaut d'entretien des parties communes, sans préjudice de toutes actions récursoires.

Art. 15. – Le syndicat a qualité pour agir en justice, tant en demandant qu'en défendant, même contre certains des copropriétaires ; il peut notamment agir, conjointement ou non avec un le plusieurs de ces derniers, en vue de la sauvegarde des droits afférents à l'immeuble.
Tout copropriétaire peut néanmoins exercer seul les actions concernant la propriété ou la jouissance de son lot, à charge d'en informer le syndic.

Art. 16. – Tous actes d'acquisition ou d'aliénation des parties communes ou de constitution de droits réels immobiliers au profit ou à la charge de ces dernières, à la condition qu'ils aient été décidés conformément aux dispositions des articles 6, 25 et 26, sont valablement passés par le syndicat lui-même et de son chef.
Le syndicat peut acquérir lui-même, à titre onéreux ou gratuit, des parties privatives sans que celles-ci perdent pour autant leur caractère privatif. Il peut les aliéner dans les conditions prévues à l'alinéa précédent. Il ne dispose pas de voix, en assemblée générale, au titre des parties privatives acquises par lui.

Art. 16-1 *(L. n. 79-2 du 2 janv. 1979)*. – Les sommes représentant le prix des parties communes cédées se divisent de plein droit entre les copropriétaires dans les lots desquels figuraient ces parties communes et proportionnellement à la quotité de ces parties afférentes à chaque lot.
La part du prix revenant à chaque copropriétaire lui est remise directement par le syndic et ce, nonobstant l'existence de toute sûreté grevant son lot.
Les présentes dispositions ne dérogent pas à celles de l'article L. 12-3 du code de l'expropriation pour cause d'utilité publique.

CHAPITRE II. – ADMINISTRATION DE LA COPROPRIÉTÉ

Art. 17. – Les décisions du syndicat sont prises en assemblée générale des copropriétaires ; leur exécution est confiée à un syndic placé éventuellement sous le contrôle d'un conseil syndical.
Dans les cas où, avant la réunion de la première assemblée générale, un syndic a été désigné par le règlement de copropriété ou par tout autre accord des parties, cette désignation doit être soumise à la ratification de cette première assemblée générale.

COPROPRIÉTÉ   **Loi du 10 juillet 1965**

A défaut de nomination, le syndic est désigné par le président du tribunal de grande instance saisi à la requête d'un ou plusieurs copropriétaires.

Dans le cas où l'administration de la copropriété est confiée à un syndicat coopératif, la constitution d'un conseil syndical est obligatoire et le syndic est élu par les membres de ce conseil et choisi parmi ceux-ci.

Art. 18. – Indépendamment des pouvoirs qui lui sont conférés par d'autres dispositions de la présente loi ou par une délibération spéciale de l'assemblée générale, le syndic est chargé, dans les conditions qui seront éventuellement définies par le règlement d'administration publique prévu à l'article 47 ci-dessous :

– d'assurer l'exécution des dispositions du règlement de copropriété et des délibérations de l'assemblée générale ;

– d'administrer l'immeuble, de pourvoir à sa conservation, à sa garde et à son entretien et, en cas d'urgence, de faire procéder de sa propre initiative à l'exécution de tous travaux nécessaires à la sauvegarde de celui-ci ;

– *(Al. 4 et 5 Aj. L. n. 85-1470 du 31 déc. 1985, art. 1er)* d'établir le budget prévisionnel du syndicat et de le soumettre au vote de l'assemblée générale et de tenir pour chaque syndicat une comptabilité séparée qui fait apparaître la position de chaque copropriétaire à l'égard du syndicat, ainsi que la situation de trésorerie du syndicat ;

– de soumettre au vote de l'assemblée générale, lors de sa première désignation et au moins tous les trois ans, la décision d'ouvrir ou non un compte bancaire ou postal séparé au nom du syndicat sur lequel seront versées toutes les sommes ou valeurs reçues par ce dernier. Cette décision est prise à la majorité mentionnée à l'article 25 de la présente loi. Le syndic dispose d'un délai de six mois pour exécuter la décision de l'assemblée générale lorsqu'elle a pour effet de modifier les modalités de dépôt des fonds du syndicat. Faute par le syndic de faire délibérer l'assemblée sur l'ouverture ou non d'un compte séparé dans les conditions ci-dessus définies, son mandat est nul de plein droit ; toutefois, les actes qu'il aurait passés avec les tiers de bonne foi demeurent valables ;

– de représenter le syndicat dans tous les actes civils et en justice dans les cas visés aux articles 15 et 16 ci-dessus, ainsi que pour la publication de l'état descriptif de division du règlement de copropriété ou des modifications apportées à ces actes, sans que soit nécessaire l'intervention de chaque copropriétaire à l'acte ou à la réquisition de publication.

Seul responsable de sa gestion, il ne peut se faire substituer. L'assemblée générale peut seule autoriser, à la majorité prévue par l'article 25, une délégation de pouvoir à une fin déterminée.

En cas d'empêchement du syndic pour quelque cause que ce soit ou en cas de carence de sa part à exercer les droits et actions du syndicat et à défaut de stipulation du règlement de copropriété, un administrateur provisoire peut être désigné par décision de justice.

Art. 18-1 *(L. n. 85-1470 du 31 déc. 1985, art. 2)*. – Pendant le délai s'écoulant entre la convocation de l'assemblée générale appelée à connaître des comptes et la tenue de celle-ci, les pièces justificatives des charges de copropriété, notamment les factures, les contrats de fourniture et d'exploitation en cours et leurs avenants ainsi que la quantité consommée et le prix unitaire ou forfaitaire de chacune des catégories de charges, sont tenues à la disposition de tous les copropriétaires par le syndic au moins un jour ouvré, selon des modalités définies par l'assemblée générale. Celle-ci peut décider que la consultation aura lieu un jour où le syndic reçoit le conseil syndical pour examiner les pièces mentionnées ci-dessus, tout copropriétaire pouvant alors se joindre au conseil syndical ; toutefois, tout copropriétaire ayant manifesté son opposition à cette procédure lors de l'assemblée générale pourra consulter individuellement les pièces le même jour.

Loi du 10 juillet 1965 — COPROPRIÉTÉ

Art. 18-2 *(L. n. 85-1470 du 31 déc. 1985, art. 3).* – En cas de changement de syndic, l'ancien syndic est tenu de remettre au nouveau syndic, dans le délai d'un mois à compter de la cessation de ses fonctions, la situation de trésorerie, la totalité des fonds immédiatement disponibles et l'ensemble des documents et archives du syndicat.

Dans le délai de deux mois suivant l'expiration du délai mentionné ci-dessus, l'ancien syndic est tenu de verser au nouveau syndic le solde des fonds disponibles après apurement des comptes, et de lui fournir l'état des comptes des copropriétaires ainsi que celui des comptes du syndicat.

Après mise en demeure restée infructueuse, le syndic nouvellement désigné ou le président du conseil syndical pourra demander au juge, statuant en référé, d'ordonner sous astreinte la remise des pièces et des fonds mentionnés aux deux premiers alinéas du présent article ainsi que le versement des intérêts dus à compter du jour de la mise en demeure.

Art. 19. – Les créances de toute nature du syndicat à l'encontre de chaque copropriétaire sont, qu'il s'agisse de provision ou de paiement définitif, garanties par une hypothèque légale sur son lot. L'hypothèque peut être inscrite soit après mise en demeure restée infructueuse d'avoir à payer une dette devenue exigible, soit dès que le copropriétaire invoque les dispositions de l'article 33 de la présente loi.

Le syndic a qualité pour faire inscrire cette hypothèque au profit du syndicat ; il peut valablement en consentir la mainlevée et requérir la radiation, en cas d'extinction de la dette, sans intervention de l'assemblée générale.

Le copropriétaire défaillant peut, même en cas d'instance au principal, sous condition d'une offre de paiement suffisante ou d'une garantie équivalente, demander mainlevée totale ou partielle au président du tribunal de grande instance statuant comme en matière de référé.

Aucune inscription ou inscription complémentaire ne peut être requise pour des créances exigibles depuis plus de cinq ans.

Les créances visées à l'alinéa 1er bénéficient, en outre, du privilège prévu par l'article 2102-1° du code civil en faveur du bailleur. Ce privilège porte sur tout ce qui garnit les lieux, sauf si ces derniers font l'objet d'une location non meublée.

Dans ce dernier cas, il est reporté sur les loyers dus par le locataire.

Art. 20. – Lors de la mutation à titre onéreux d'un lot, et si le vendeur n'a pas présenté au notaire un certificat du syndic ayant moins d'un mois de date, attestant qu'il est libre de toute obligation à l'égard du syndicat, avis de la mutation doit être donné au syndic de l'immeuble, par lettre recommandée avec avis de réception, à la diligence de l'acquéreur. Avant l'expiration d'un délai de huit jours à compter de la réception de cet avis, le syndic peut former, par domicile élu, par acte extrajudiciaire, opposition au versement des fonds pour obtenir le paiement des sommes restant dues par l'ancien propriétaire. Cette opposition, à peine de nullité, énoncera le montant et les causes de la créance et contiendra élection de domicile dans le ressort du tribunal de grande instance de la situation de l'immeuble. Aucun paiement ou transfert amiable ou judiciaire de tout ou partie du prix ne sera opposable au syndic ayant fait opposition dans ledit délai.

Art. 21 *(L. n. 85-1470 du 31 déc. 1985, art. 4).* – Dans tout syndicat de copropriétaires, un conseil syndical assiste le syndic et contrôle sa gestion.

En outre, il donne son avis au syndic ou à l'assemblée générale sur toutes questions concernant le syndicat, pour lesquelles il est consulté ou dont il se saisit lui-même. L'assemblée générale des copropriétaires, statuant à la majorité de l'article 25, arrête un montant des marchés et des contrats à partir duquel la consultation du conseil syndical est rendue obligatoire.

COPROPRIÉTÉ — Loi du 10 juillet 1965

Il peut prendre connaissance, et copie, à sa demande, et après en avoir donné avis au syndic, de toutes pièces ou documents, correspondances ou registres se rapportant à la gestion du syndic et, d'une manière générale, à l'administration de la copropriété.

Il reçoit, en outre, sur sa demande, communication de tout document intéressant le syndicat.

Les membres du conseil syndical sont désignés par l'assemblée générale parmi les copropriétaires, les associés dans le cas prévu par le premier alinéa de l'article 23 de la présente loi, les accédants ou les acquéreurs à terme mentionnés à l'article 41 de la loi n. 84-595 du 12 juillet 1984 définissant la location-accession à la propriété immobilière, leurs conjoints ou leurs représentants légaux. Lorsqu'une personne morale est nommée en qualité de membre du conseil syndical, elle peut s'y faire représenter, à défaut de son représentant légal ou statutaire, par un fondé de pouvoir spécialement habilité à cet effet.

Le syndic, son conjoint, ses ascendants ou descendants, ses préposés, même s'ils sont copropriétaires, associés ou acquéreurs à terme, ne peuvent être membres du conseil syndical.

Les dispositions du présent alinéa ne sont pas applicables aux syndicats coopératifs.

Le conseil syndical élit son président parmi ses membres.

Lorsque l'assemblée générale ne parvient pas, faute de candidature ou faute pour les candidats d'obtenir la majorité requise, à la désignation des membres du conseil syndical, le procès-verbal, qui en fait explicitement mention, est notifié, dans un délai d'un mois, à tous les copropriétaires.

Sauf dans le cas des syndicats coopératifs, l'assemblée générale peut décider par une délibération spéciale, à la majorité prévue par l'article 26, de ne pas instituer de conseil syndical. La décision contraire est prise à la majorité des voix de tous les copropriétaires.

A défaut de désignation par l'assemblée générale à la majorité requise, et sous réserve des dispositions de l'alinéa précédent, le juge, saisi par un ou plusieurs copropriétaires ou par le syndic, peut, avec l'acceptation des intéressés, désigner les membres du conseil syndical ; il peut également constater l'impossibilité d'instituer un conseil syndical.

Art. 22. – Le règlement de copropriété détermine les règles de fonctionnement et les pouvoirs des assemblées générales, sous réserve des dispositions du présent article, ainsi que de celles des articles 24 à 26 ci-dessous.

(L. n. 66-1006 du 28 déc. 1966, art. 3) Chaque copropriétaire dispose d'un nombre de voix correspondant à sa quote-part dans les parties communes. Toutefois, lorsqu'un copropriétaire possède une quote-part des parties communes supérieure à la moitié, le nombre de voix dont il dispose est réduit à la somme des voix des autres copropriétaires.

(Al. 3 Remplacé, L. n. 85-1470 du 31 déc. 1985, art. 6) Tout copropriétaire peut déléguer son droit de vote à un mandataire, que ce dernier soit ou non membre du syndicat. Chaque mandataire ne peut recevoir plus de trois délégations de vote. Toutefois, un mandataire peut recevoir plus de trois délégations de vote si le total des voix dont il dispose lui-même et de celles de ses mandants n'excède pas 5 p. 100 des voix du syndicat. Le mandataire peut, en outre, recevoir plus de trois délégations de vote s'il participe à l'assemblée générale d'un syndicat principal et si tous ses mandants appartiennent à un même syndicat secondaire.

Le syndic, son conjoint, et ses préposés ne peuvent présider l'assemblée ni recevoir mandat pour représenter un copropriétaire.

Art. 23. – Lorsque plusieurs lots sont attribués à des personnes qui ont constitué une société propriétaire de ces lots, chaque associé participe néanmoins à l'assemblée du syndicat et y dispose d'un nombre de voix égal à la quote-part dans les parties communes correspondant au lot dont il a la jouissance.

En cas d'indivision ou d'usufruit d'un lot, les intéressés doivent, sauf stipulation contraire du règlement de copropriété, être représentés par un mandataire commun qui sera, à défaut

Loi du 10 juillet 1965   COPROPRIÉTÉ

d'accord, désigné par le président du tribunal de grande instance à la requête de l'un d'entre eux ou du syndic.

Art. 24. – Les décisions de l'assemblée générale sont prises à la majorité des voix des copropriétaires présents ou représentés, s'il n'en est autrement ordonné par la loi.

Lorsque le règlement de copropriété met à la charge de certains copropriétaires seulement les dépenses d'entretien d'une partie de l'immeuble ou celles d'entretien et de fonctionnement d'un élément d'équipement, il peut être prévu par ledit règlement que ces propriétaires seuls prennent part au vote sur les décisions qui concernent ces dépenses. Chacun d'eux vote avec un nombre de voix proportionnel à sa participation auxdites dépenses.

Art. 25. – Ne sont adoptées qu'à la majorité des voix de tous les copropriétaires les décisions concernant :

a) Toute délégation du pouvoir de prendre l'une des décisions visées à l'article précédent ;

b) L'autorisation donnée à certains copropriétaires d'effectuer à leurs frais des travaux affectant les parties communes ou l'aspect extérieur de l'immeuble, et conformes à la destination de celui-ci ;

c) La désignation ou la révocation du ou des syndics et des membres du conseil syndical ;

d) Les conditions auxquelles sont réalisés les actes de disposition sur les parties communes ou sur des droit accessoires à ces parties communes, lorsque ces actes résultent d'obligations légales ou réglementaires telles que celles relatives à l'établissement de cours communes, d'autres servitudes ou à la cession de droits de mitoyenneté ;

e) Les modalités de réalisation et d'exécution des travaux rendus obligatoires en vertu de dispositions législatives ou réglementaires ;

f) La modification de la répartition des charges visées à l'alinéa 1er de l'article 10 ci-dessus rendue nécessaire par un changement de l'usage d'une ou plusieurs parties privatives ;

g) (Al. 8 à 10 Remplacés L. n. 85-1470 du 31 déc. 1985, art. 7-I) A moins qu'ils ne relèvent de la majorité prévue par l'article 24, les travaux d'économie d'énergie portant sur l'isolation thermique du bâtiment, le renouvellement de l'air, le système de chauffage et la production d'eau chaude.

Seuls sont concernés par la présente disposition les travaux amortissables sur une période inférieure à dix ans.

La nature de ces travaux, les modalités de leur amortissement, notamment celles relatives à la possibilité d'en garantir, contractuellement, la durée, sont déterminées par décret en Conseil d'État, après avis du comité consultatif de l'utilisation de l'énergie ;

h) (L. n. 85-1470 du 31 déc. 1985, art. 7-II) La pose dans les parties communes de canalisations, de gaines, et la réalisation des ouvrages, permettant d'assurer la mise en conformité des logements avec les normes de salubrité, de sécurité et d'équipement définies par les dispositions prises pour l'application de l'article 1er de la loi n. 67-561 du 12 juillet 1967 relative à l'amélioration de l'habitat ;

i) (L. n. 85-1470 du 31 déc. 1985, art. 7-III) A moins qu'ils ne relèvent de la majorité prévue par l'article 24, les travaux d'accessibilité aux personnes handicapées à mobilité réduite, sous réserve qu'ils n'affectent pas la structure de l'immeuble ou ses éléments d'équipement essentiels ;

j) (L. n. 85-1470 du 31 déc. 1985, art. 7-IV) L'installation ou l'adaptation d'une ou de plusieurs antennes collectives permettant de bénéficier d'une plus large ou d'une meilleure réception des émissions de radiodiffusion et de télévision.

A défaut de décision prise dans les conditions de majorité prévues au présent article, une nouvelle assemblée générale statue dans les conditions prévues à l'article 24.

COPROPRIÉTÉ   Loi du 10 juillet 1965

Art. 26. – Sont prises à la majorité des membres du syndicat représentant au moins les
(L. n. 85-1470 du 31 déc. 1985, art. 9-I) deux tiers des voix les décisions concernant :
   a) Les actes d'acquisition immobilière et les actes de disposition autres que ceux visés à
l'article 25 d ;
   b) La modification, ou éventuellement l'établissement, du règlement de copropriété dans la
mesure où il concerne la jouissance, l'usage et l'administration des parties communes ;
   c) Les travaux comportant transformation, addition ou amélioration, à l'exception de ceux visés
(L. n. 85-1470 du 31 déc. 1985, art. 9-II) aux e, g, h et i de l'article 25.

L'assemblée générale ne peut, à quelque majorité que ce soit, imposer à un copropriétaire
une modification à la destination de ses parties privatives ou aux modalités de leur jouissance,
telles qu'elles résultent du règlement de copropriété.

Elle ne peut, sauf à l'unanimité des voix de tous les copropriétaires, décider l'aliénation des
parties communes dont la conservation est nécessaire au respect de la destination de l'immeuble.

Art. 26-1 (L. n. 85-1470 du 31 déc. 1985, art. 10). – Par dérogation aux dispositions de
l'avant-dernier alinéa de l'article 26, l'assemblée générale peut décider, à la double majorité
qualifiée prévue au premier alinéa dudit article, les travaux à effectuer sur les parties communes
en vue d'améliorer la sécurité des personnes et des biens au moyen de dispositifs de fermeture
permettant d'organiser l'accès de l'immeuble.

Art. 26-2 (L. n. 85-1470 du 31 déc. 1985, art. 11). – Lorsque l'assemblée générale a décidé
d'installer un dispositif de fermeture prévu à l'article 26-1, elle détermine également, aux mêmes
conditions de majorité, les périodes de fermeture totale de l'immeuble compatibles avec l'exercice
d'une activité autorisée par le règlement de copropriété. La fermeture de l'immeuble en dehors
de ces périodes ne peut être décidée qu'à l'unanimité, sauf si le dispositif de fermeture permet
une ouverture à distance.

Art. 27. – Lorsque l'immeuble comporte plusieurs bâtiments, les copropriétaires dont les lots
composent l'un ou plusieurs de ces bâtiments peuvent, réunis en assemblée spéciale, décider
aux conditions de majorité prévues à l'article 25, la constitution entre eux d'un syndicat, dit
secondaire.

Ce syndicat a pour objet d'assurer la gestion, l'entretien et l'amélioration interne de ce ou
ces bâtiments, sous réserve des droits résultant pour les autres copropriétaires des dispositions
du règlement de copropriété. Cet objet peut être étendu avec l'accord de l'assemblée générale
de l'ensemble des copropriétaires statuant à la majorité prévue à l'article 24.

Le syndicat secondaire est doté de la personnalité civile. Il fonctionne dans les conditions
prévues par la présente loi. Il est représenté au conseil syndical du syndicat principal, s'il en
existe un.

Art. 28. – Lorsque l'immeuble comporte plusieurs bâtiments et que la division en propriété
du sol est possible, les copropriétaires dont les lots composent un ou plusieurs de ces bâtiments
peuvent, réunis en assemblée spéciale et statuant à la majorité prévue à l'article 25, demander
que le ou les bâtiments en question soient retirés de la copropriété initiale pour constituer une
copropriété séparée.

L'assemblée générale statue à la majorité prévue à l'article 25 sur la demande formulée par
l'assemblée spéciale.

Le règlement de copropriété relatif à l'ensemble immobilier reste applicable jusqu'à
l'établissement d'un nouveau règlement de copropriété par chacun des syndicats.

Loi du 10 juillet 1965   COPROPRIÉTÉ

Le syndicat initial ne peut être dissous tant qu'il existe des parties communes ou des ouvrages d'intérêt commun à l'ensemble des copropriétaires, à moins qu'il ne soit pourvu d'une autre manière à l'entretien, à la gestion et, éventuellement, à l'exécution de ces ouvrages, notamment par une association syndicale de propriétaires fonciers régie par la loi du 21 juin 1865.

Le transfert de propriété de ces éléments communs peut être décidé au profit de l'organisme qui en reprend la charge, par décision de l'assemblée générale statuant à la majorité prévue à l'article 25.

Art. 29. – Les sociétés de construction et les syndicats qui existent dans le cadre d'un même ensemble immobilier peuvent constituer entre eux des unions.

(Complété, L. n. 85-1470 du 31 déc. 1985, art. 8) Les syndicats coopératifs de copropriété et les syndicats dont le syndic est un copropriétaire peuvent, même s'ils n'appartiennent pas au même ensemble, constituer entre eux des unions ayant pour objet de créer et gérer des services destinés à faciliter leur gestion, ainsi que la vie sociale des copropriétés.

Chaque syndicat décide, parmi les services proposés par une union, ceux dont il veut bénéficier.

CHAPITRE III. – AMÉLIORATIONS, ADDITIONS DE LOCAUX PRIVATIFS ET EXERCICE DU DROIT DE SURÉLÉVATION

Art. 30. – L'assemblée générale des copropriétaires, statuant à la double majorité prévue à l'article 26, peut, à condition qu'elle soit conforme à la destination de l'immeuble, décider toute amélioration, telle que la transformation d'un ou de plusieurs éléments d'équipement existants, l'adjonction d'éléments nouveaux, l'aménagement de locaux affectés à l'usage commun ou la création de tels locaux.

Elle fixe alors, à la même majorité, la répartition du coût des travaux et de la charge des indemnités prévues à l'article 36 ci-après, en proportion des avantages qui résulteront des travaux envisagés pour chacun des copropriétaires, sauf à tenir compte de l'accord de certains d'entre eux pour supporter une part de dépenses plus élevée.

Elle fixe, à la même majorité, la répartition des dépenses de fonctionnement, d'entretien et de remplacement des parties communes ou des éléments transformés ou créés.

Lorsque l'assemblée générale refuse l'autorisation prévue à l'article 25 b, tout copropriétaire ou groupe de copropriétaires peut être autorisé par le tribunal de grande instance à exécuter, aux conditions fixées par le tribunal, tous travaux d'amélioration visés à l'alinéa 1er ci-dessus ; le tribunal fixe en outre les conditions dans lesquelles les autres copropriétaires pourront utiliser les installations ainsi réalisées. Lorsqu'il est possible d'en réserver l'usage à ceux des copropriétaires qui les ont exécutées, les autres copropriétaires ne pourront être autorisés à les utiliser qu'en versant leur quote-part du coût de ces installations, évalué à la date où cette faculté est exercée.

Art. 31. – Abrogé, *L. n. 85-1470 du 31 déc. 1985, art. 12-II.*

Art. 32. – Sous réserve des dispositions de l'article 34, la décision prise oblige les copropriétaires à participer, dans les proportions fixées par l'assemblée, au paiement des travaux, à la charge des indemnités prévues à l'article 36, ainsi qu'aux dépenses de fonctionnement, d'administration, d'entretien et de remplacement des parties communes ou des éléments transformés ou créés.

Art. 33. – La part du coût des travaux, des charges financières y afférentes, et des indemnités incombant aux copropriétaires qui n'ont pas donné leur accord à la décision prise peut n'être

COPROPRIÉTÉ — Loi du 10 juillet 1965

payée que par des annuités égales au dixième de cette part. Lorsque le syndicat n'a pas contracté d'emprunt en vue de la réalisation des travaux, les charges financières dues par les copropriétaires payant par annuités sont égales au taux légal d'intérêt en matière civile.

Toutefois, les sommes visées au précédent alinéa deviennent immédiatement exigibles lors de la première mutation entre vifs du lot de l'intéressé, même si cette mutation est réalisée par voie d'apport en société.

Les dispositions qui précèdent ne sont pas applicables lorsqu'il s'agit de travaux imposés par le respect d'obligations légales ou réglementaires.

Art. 34. – La décision prévue à l'article 30 n'est pas apposable au copropriétaire opposant qui a, dans le délai prévu à l'article 42, alinéa 2, saisi le tribunal de grande instance en vue de faire reconnaître que l'amélioration décidée présente un caractère somptuaire eu égard à l'état, aux caractéristiques et à la destination de l'immeuble.

Art. 35. – La surélévation ou la construction de bâtiment aux fins de créer de nouveaux locaux à usage privatif ne peut être réalisée par les soins du syndicat que si la décision en est prise à l'unanimité de ses membres.

La décision d'aliéner aux mêmes fins le droit de surélever un bâtiment existant exige, outre la majorité prévue à l'article 26, l'accord des copropriétaires de l'étage supérieur du bâtiment à surélever et, si l'immeuble comprend plusieurs bâtiments, la confirmation par une assemblée spéciale des copropriétaires des lots composant le bâtiment à surélever, statuant à la majorité indiquée ci-dessus.

Si le règlement de copropriété stipule une majorité supérieure pour prendre la décision prévue à l'alinéa précédent, cette clause ne peut être modifiée qu'à cette même majorité.

Art. 36 *(L. n. 85-1470 du 31 déc. 1985, art. 13).* – Les copropriétaires qui subissent, par suite de l'exécution des travaux de surélévation prévus à l'article 35, un préjudice répondant aux conditions fixées à l'article 9 ont droit à une indemnité. Celle-ci, qui est à la charge de l'ensemble des copropriétaires, est répartie selon la proportion initiale des droits de chacun dans les parties communes.

Art. 37. – Toute convention par laquelle un propriétaire ou un tiers se réserve l'exercice de l'un des droits accessoires visés à l'article 3 autre que le droit de mitoyenneté devient caduque si ce droit n'a pas été exercé dans les dix années qui suivent ladite convention.

Si la convention est antérieure à la est antérieure à la promulgation de la présente loi, le délai de dix ans court de ladite promulgation.

Avant l'expiration de ce délai, le syndicat peut, statuant à la majorité prévue à l'article 25, s'opposer à l'exercice de ce droit, sauf à en indemniser le titulaire dans le cas où ce dernier justifie que la réserve du droit comportait une contrepartie à sa charge.

Toute convention postérieure à la promulgation de la présente loi, et comportant réserve de l'un des droits visés ci-dessus, doit indiquer, à peine de nullité, l'importance et la consistance des locaux à construire et les modifications que leur exécution entraînerait dans les droits et charges des copropriétaires.

CHAPITRE IV. – RECONSTRUCTION

Art. 38. – En cas de destruction totale ou partielle, l'assemblée générale des copropriétaires dont les lots composent le bâtiment sinistré peut décider à la majorité des voix de ces copropriétaires, la reconstruction de ce bâtiment ou la remise en état de la partie endommagée.

Loi du 10 juillet 1965 — COPROPRIÉTÉ

Dans le cas où la destruction affecte moins de la moitié du bâtiment, la remise en état est obligatoire si la majorité des copropriétaires sinistrés la demande. Les copropriétaires qui participent à l'entretien des bâtiments ayant subi les dommages sont tenus de participer dans les mêmes proportions et suivant les mêmes règles aux dépenses des travaux.

Art. 39. – En cas d'amélioration ou d'addition par rapport à l'état antérieur au sinistre, les dispositions du chapitre III sont applicables.

Art. 40. – Les indemnités représentatives de l'immeuble détruit sont, sous réserve des droits des créanciers inscrits, affectées par priorité à la reconstruction.

Art. 41. – Si la décision est prise, dans les conditions prévues à l'article 38 ci-dessus, de ne pas remettre en état le bâtiment sinistré, il est procédé à la liquidation des droits dans la copropriété et à l'indemnisation de ceux des copropriétaires dont le lot n'est pas reconstitué.

CHAPITRE V. – DISPOSITIONS D'ORDRE GÉNÉRAL

Art. 42. – Sans préjudice de l'application des textes spéciaux fixant des délais plus courts, les actions personnelles nées de l'application de la présente loi entre des copropriétaires, ou entre un copropriétaire et le syndicat, se prescrivent par un délai de dix ans.

Les actions qui ont pour objet de contester les décisions des assemblées générales doivent, à peine de déchéance, être introduites par les copropriétaires opposants ou défaillants, dans un délai de deux mois à compter de la notification desdites décisions qui leur est faite à la diligence du syndic *(L. n. 85-1470 du 31 déc. 1985, art. 14)* dans un délai de deux mois à compter de la tenue de l'assemblée générale. Sauf en cas d'urgence, l'exécution par le syndic des travaux décidés par l'assemblée générale en application des articles 25 et 26 est suspendue jusqu'à l'expiration du délai mentionné à la première phrase du présent alinéa.

En cas de modification par l'assemblée générale des bases de répartition des charges dans les cas où cette faculté lui est reconnue par la présente loi, le tribunal de grande instance, saisi par un copropriétaire, dans le délai prévu ci-dessus, d'une contestation relative à cette modification, pourra, si l'action est reconnue fondée, procéder à la nouvelle répartition. Il en est de même en ce qui concerne les répartitions votées en application de l'article 30.

Art. 43 *(modifié L. n. 85-1470 du 31 déc. 1985, art. 15)*. – Toutes clauses contraires aux dispositions des articles 6 à 37, et celles du règlement d'administration publique prises pour leur application sont réputées non écrites.

(Al. Ajouté, L. n. 85-1470 du 31 déc. 1985, art. 16) Lorsque le juge, en application de l'alinéa premier du présent article, répute non écrite une clause relative à la répartition des charges, il procède à leur nouvelle répartition.

Art. 44. – Les associations syndicales existantes sont autorisées à se transformer en unions de syndicats coopératifs définies à l'article 29 ci-dessus sans que cette opération entraîne création d'une nouvelle personne morale.

Art. 45. – Pour les copropriétés antérieures à la date d'entrée en vigueur de la présente loi, l'action en revision de la répartition des charges prévue à l'article 12 ci-dessus est ouverte pendant un délai de deux ans à compter de l'entrée en vigueur de la présente loi.

Art. 46. – *Abrogé par L. n. 66-1006 du 28 déc. 1966, art. 1er.*

COPROPRIÉTÉ **Décret du 17 mars 1967**

Art. 47. – Un règlement d'administration publique fixera dans le délai de six mois suivant la promulgation de la loi les conditions de son application.
La présente loi est applicable dans les territoires d'outre-mer. Des règlements d'administration publique préciseront les modalités de son application dans ces territoires.

Art. 48. – Le chapitre II de la loi du 28 juin 1938 tendant à régler le statut de la copropriété des immeubles divisés par appartements est abrogé. L'article 664 du code civil demeure abrogé.

Décret n. 67-223 du 17 mars 1967 *(J.O. 22 mars rectif. 27 juin)*
portant règlement d'administration publique pour l'application de la loi n. 65-557 du 10 juillet 1965 fixant le statut de la copropriété des immeubles bâtis
Modifié par D. n. 73-748 du 26 juil. 1973 (J.O. 1er août) – D. n. 86-768 du 9 juin 1986 (J.O. 14 juin)

Section I. – Actes concourant à l'établissement et à l'organisation de la copropriété d'un immeuble bâti

Art. 1er. – Le règlement de copropriété mentionné par l'article 8 de la loi du 10 juillet 1965 susvisée comporte les stipulations relatives aux objets visés par l'alinéa 1er dudit article ainsi que l'état de répartition des charges prévu au dernier alinéa de l'article 10 de ladite loi.
Cet état définit les différentes catégories de charges et distingue celles afférentes à la conservation, à l'entretien et à l'administration de l'immeuble, celles relatives au fonctionnement et à l'entretien de chacun des éléments d'équipement communs et celles entraînées par chaque service collectif.
L'état de répartition des charges fixe, conformément aux dispositions de l'article 10 (al. 3) et, s'il y a lieu, de l'article 24 (al. 2) de la loi du 10 juillet 1965, la quote-part qui incombe à chaque lot dans chacune des catégories de charges ; à défaut, il indique les bases selon lesquelles la répartition est faite pour une ou plusieurs catégories de charges.

Art. 2. – Le règlement de copropriété peut également comporter :
1° L'état descriptif de division de l'immeuble, établi conformément aux dispositions de l'article 71 du décret n. 55-1350 du 14 octobre 1955 ;
2° La ou les conventions prévues à l'article 37 de la loi du 10 juillet 1965 et relatives à l'exercice de l'un des droits accessoires aux parties communes.

Art. 3. – Les règlements, états et conventions énumérés aux articles qui précèdent peuvent faire l'objet d'un acte conventionnel ou résulter d'un acte judiciaire, suivant le cas, ayant pour objet de réaliser, constater ou ordonner la division de la propriété d'un immeuble dans les conditions fixées par l'article 1er de la loi du 10 juillet 1965.
Si le règlement de copropriété comprend un état descriptif de division et les conventions visées à l'article 2 ci-dessus, il doit être rédigé de manière à éviter toute confusion entre ses différentes parties et les clauses particulières au règlement de copropriété doivent se distinguer nettement des autres.
Dans ce cas, seules les stipulations dont l'objet est précisé à l'article 1er du présent décret constituent le règlement de copropriété au sens et pour l'application de ladite loi.

Art. 4. – Tout acte conventionnel réalisant ou constatant le transfert de propriété d'un lot ou d'une fraction de lot, ou la constitution sur ces derniers d'un droit réel, doit mentionner

Décret du 17 mars 1967 — COPROPRIÉTÉ

expressément que l'acquéreur ou le titulaire du droit a eu préalablement connaissance, s'ils ont été publiés dans les conditions prévues par l'article 13 de la loi du 10 juillet 1965, du règlement de copropriété ainsi que des actes qui l'ont modifié.

Il en est de même en ce qui concerne l'état descriptif de division et des actes qui l'ont modifié, lorsqu'ils existent et ont été publiés.

Le règlement de copropriété, l'état descriptif de division et les actes qui les ont modifiés, même s'ils n'ont pas été publiés au fichier immobilier, s'imposent à l'acquéreur ou au titulaire du droit s'il est expressément constaté aux actes visés au présent article qu'il en a eu préalablement connaissance et qu'il a adhéré aux obligations qui en résultent.

Art. 5. – Pour l'application des dispositions de l'article 20 de la loi du 10 juillet 1965, il n'est tenu compte que des créances du syndicat effectivement liquides et exigibles à la date de la mutation.

Indépendamment de l'application des dispositions dudit article 20, le syndic adresse, avant l'établissement de l'un des actes visés au précédent article, au notaire chargé de recevoir l'acte, à la demande de ce dernier ou à celle du copropriétaire qui cède son droit, un état daté qui, en vue de l'information des parties, indique, d'une manière même approximative et sous réserve de l'apurement des comptes :

a) Les sommes qui correspondent à la quote-part du cédant :
Dans les charges dont le montant n'est pas encore liquidé ou devenu exigible à l'encontre du syndicat ;
Dans les charges qui résulteront d'une décision antérieurement prise par l'assemblée générale mais non encore exécutée.

b) Éventuellement, le solde des versements effectués par le cédant à titre d'avance ou de provision.

Art. 6. – Tout transfert de propriété d'un lot ou d'une fraction de lot, toute constitution sur ces derniers d'un droit d'usufruit, de nue-propriété, d'usage ou d'habitation, tout transfert de l'un de ces droits est notifié, sans délai, au syndic soit par les parties, soit par le notaire qui établit l'acte, soit par l'avoué *(avocat)* qui a obtenu la décision judiciaire, acte ou décision qui, suivant le cas, réalise, atteste, constate ce transfert ou cette constitution.

Cette notification comporte la désignation du lot ou de la fraction de lot intéressé ainsi que l'indication des nom, prénoms, domicile réel ou élu de l'acquéreur ou du titulaire de droit et, le cas échéant, du mandataire commun prévu à l'article 23 (al. 2) de la loi du 10 juillet 1965.

Section II. – Les assemblées générales de copropriétaires

Art. 7. – Dans tout syndicat de copropriété, il est tenu, au moins une fois chaque année, une assemblée générale des copropriétaires.

Sous réserve des dispositions prévues aux articles 8 (al. 2 et 3), 47 et 50 du présent décret, l'assemblée générale est convoquée par le syndic.

Art. 8. – La convocation de l'assemblée est de droit lorsqu'elle est demandée au syndic soit par le conseil syndical, s'il en existe un, soit par un ou plusieurs copropriétaires représentant au moins un quart des voix de tous les copropriétaires, à moins que le règlement de copropriété ne prévoie un nombre inférieur de voix. La demande, qui est notifiée au syndic, précise les questions dont l'inscription à l'ordre du jour de l'assemblée est demandée.

COPROPRIÉTÉ **Décret du 17 mars 1967**

Dans les cas prévus au précédent alinéa, l'assemblée générale des copropriétaires est valablement convoquée par le président du conseil syndical, s'il en existe un, après mise en demeure au syndic restée infructueuse pendant plus de huit jours.

Dans les mêmes cas, s'il n'existe pas de conseil syndical ou si les membres de ce conseil n'ont pas été désignés ou si le président de ce conseil ne procède pas à la convocation de l'assemblée, tout copropriétaire peut alors provoquer ladite convocation dans les conditions prévues à l'article 50 du présent décret.

Lorsque l'assemblée est convoquée en application du présent article, la convocation est notifiée au syndic.

Art. 9. – La convocation contient l'indication des lieu, date et heure de la réunion, ainsi que l'ordre du jour qui précise chacune des questions soumises à la délibération de l'assemblée.

A défaut de stipulation du règlement de copropriété ou de décision de l'assemblée générale, la personne qui convoque l'assemblée fixe le lieu et l'heure de la réunion *(D. n. 86-768 du 9 juin 1986, art. 1er)*. La convocation rappelle les modalités de consultation des pièces justificatives des charges telles qu'elles ont été arrêtées par l'assemblée générale en application de l'article 18-1 de la loi du 10 juillet 1965.

Sauf urgence, cette convocation est notifiée au moins quinze jours avant la date de la réunion, à moins que le règlement de copropriété n'ait prévu un délai plus long.

Sous réserve des stipulations du règlement de copropriété, l'assemblée générale est réunie dans la commune de la situation de l'immeuble.

Art. 10. – Dans les six jours de la convocation, un ou plusieurs copropriétaires ou le conseil syndical, s'il en existe un, notifient à la personne qui a convoqué l'assemblée les questions dont ils demandent l'inscription à l'ordre du jour. Ladite personne notifie aux membres de l'assemblée générale un état de ces questions cinq jours au moins avant la date de cette réunion.

Art. 11. – Sont notifiés au plus tard en même temps que l'ordre du jour :

(D. n. 86-768 du 9 juin 1986, art. 2). 1° Lorsque l'assemblée est appelée à approuver les comptes, le compte des recettes et des dépenses de l'exercice écoulé, un état des dettes et des créances et la situation de la trésorerie, ainsi que, s'il existe un compte bancaire ou postal séparé, le montant du solde de ce compte.

2° Le budget prévisionnel accompagné des documents prévus au 1° ci-dessus, lorsque l'assemblée est appelée à voter les crédits du prochain exercice ;

3° Le projet de règlement de copropriété, de l'état descriptif de division, de l'état de répartition des charges ou le projet de modification desdits actes, lorsque l'assemblée est appelée, suivant le cas, à établir ou à modifier ces actes, notamment s'il est fait application des articles 11 (al. 1er et 2), 25 *f*, 26 *b*, 27, 28 et 30 (al. 3) de la loi du 10 juillet 1965 ;

4° Les conditions essentielles du contrat proposé, lorsque l'assemblée est appelée à approuver ou à autoriser une transaction, un devis ou un marché pour la réalisation de travaux ou l'un des contrats visés aux article 25 *d* et 26 *a* de la loi du 10 juillet 1965 et aux articles 29 et 39 du présent décret ;

5° Le projet de résolution lorsque l'assemblée est appelée à statuer sur l'une des questions visées aux articles 18 (4e tiret de l'alinéa 1er at alinéa 2), 25 *a* et *b*, 30 (al. 1er et 2), 35 et 37 (al. 3 et 4) et 39 de la loi du 10 juillet 1965, ou à autoriser, s'il y a lieu, le syndic à introduire une demande en justice.

(D. n. 86-768 du 9 juin 1986, art. 2)

6° L'avis rendu par le conseil syndical lorsque sa consultation est obligatoire, en application du deuxième alinéa de l'article 21 de la loi du 10 juillet 1965.

Décret du 17 mars 1967 — COPROPRIÉTÉ

Art. 12. – Pour l'application de l'article 23 de la loi du 10 juillet 1965, chacun des associés reçoit notification des convocations ainsi que des documents visés au précédent article et il participe aux assemblées générales du syndicat dans les mêmes conditions que les copropriétaires.

A cet effet, le représentant légal de la société est tenu de communiquer, sans frais, au syndic ainsi que, le cas échéant, à toute personne habilitée à convoquer l'assemblée, et à la demande de ces derniers, les nom et domicile, réel ou élu, de chacun des associés. Il doit immédiatement informer le syndic de toute modification des renseignements ainsi communiqués.

A l'égard du syndicat, la qualité d'associé résulte suffisamment de la communication faite en application de l'alinéa qui précède.

La convocation de l'assemblée générale des copropriétaires est également notifiée au représentant légal de la société visée audit article 23 (al. 1er) ; ce dernier peut assister à la réunion avec voix consultative.

Art. 13. – L'assemblée ne délibère valablement que sur les questions inscrites à l'ordre du jour et dans la mesure où les notifications ont été faites conformément aux dispositions des articles 9 à 11 du présent décret.

Art. 14. – Il est tenu une feuille de présence qui indique les nom et domicile de chaque copropriétaire ou associé, et, le cas échéant, de son mandataire, ainsi que le nombre de voix dont il dispose, compte tenu, s'il y a lieu, des dispositions de l'article 22 (alinéas 2 et 3) modifié et de l'article 24 (al. 2) de la loi du 10 juillet 1965.

Cette feuille est émargée par chaque copropriétaire ou associé présent, ou par son mandataire. Elle est certifiée exacte par le président de l'assemblée.

Art. 15. – Au début de chaque réunion, l'assemblée générale désigne, sous réserve des dispositions de l'article 50 (al. 1er) du présent décret, son président et, le cas échéant, son bureau. Le syndic assure le secrétariat de la séance, sauf décision contraire de l'assemblée générale.

Art. 16. – Les majorités de voix exigées par les dispositions de la loi du 10 juillet 1965 pour le vote des décisions de l'assemblée générale et le nombre de voix prévu à l'article 8 (al. 1er) du présent décret sont calculés en tenant compte de la réduction résultant, s'il y a lieu, de l'application du deuxième alinéa de l'article 22 modifié de ladite loi.

Art. 17. – Il est établi un procès-verbal des délibérations de chaque assemblée, qui est signé par le président, par le secrétaire et par les membres du bureau s'il en a été constitué un.

Le procès-verbal comporte le texte de chaque délibération. Il indique le résultat de chaque vote et précise les noms des copropriétaires ou associés qui se sont opposés à la décision de l'assemblée, de ceux qui n'ont pas pris part au vote et de ceux qui se sont abstenus.

Sur la demande d'un ou plusieurs copropriétaires ou associés opposants, le procès-verbal mentionne les réserves éventuellement formulées par eux sur la régularité des délibérations.

Les procès-verbaux des séances sont inscrits, à la suite les uns des autres, sur un registre spécialement ouvert à cet effet.

Art. 18. – Le délai prévu à l'article 42 (al. 2) de la loi du 10 juillet 1965 pour contester les décisions de l'assemblée générale court à compter de la notification de la décision à chacun des copropriétaires opposants ou défaillants. Dans le cas prévu à l'article 23 (al. 1er) de la loi du 10 juillet 1965, cette notification est adressée au représentant légal de la société lorsqu'un ou plusieurs associés se sont opposés ou ont été défaillants.

COPROPRIÉTÉ   **Décret du 17 mars 1967**

La notification ci-dessus prévue doit mentionner les résultats du vote et reproduire le texte de l'article 42 (al. 2) de ladite loi.
En outre, dans le cas prévu à l'article 23 (al. 1er) de la loi du 10 juillet 1965, un extrait du procès-verbal de l'assemblée est notifié au représentant légal de la société propriétaire de lots, s'il n'a pas assisté à la réunion.

Art. 19. – Dans le cas prévu par l'article 25 (dernier al.) de la loi du 10 juillet 1965, lorsqu'à défaut de décision prise à la majorité définie audit article 25, une nouvelle assemblée générale doit être réunie pour statuer dans les conditions de majorité prévues par l'article 24 de la loi, et si l'ordre du jour de cette nouvelle assemblée ne porte que sur des questions déjà inscrites à l'ordre du jour de la précédente assemblée, le délai de convocation peut être réduit à huit jours et les notifications prévues à l'article 11 ci-dessus n'ont pas à être renouvelées.

Art. 20. – Il est procédé pour les assemblées spéciales des propriétaires des lots intéressés, prévues par les articles 27, 28, 35 (al. 2) et 38 de la loi du 10 juillet 1965, de la même manière que pour les assemblées générales des copropriétaires.

Art. 21. – Une délégation de pouvoir donnée, en application de l'article 25 a de la loi du 10 juillet 1965, par l'assemblée générale au syndic, au conseil syndical ou à toute autre personne ne peut porter que sur un acte ou une décision expressément déterminé.
Elle peut toutefois autoriser son bénéficiaire à décider de certaines dépenses jusqu'à un montant dont la délégation fixe le maximum.
Elle ne peut, en aucun cas, priver l'assemblée générale de son pouvoir de contrôle sur l'administration de l'immeuble et la gestion du syndic.
Il sera rendu compte à l'assemblée de l'exécution de la délégation.

Section III. – Le conseil syndical

Art. 22 *(D. n. 86-768 du 9 juin 1986, art. 4).* – A moins que le règlement de copropriété n'ait fixé les règles relatives à l'organisation et au fonctionnement du conseil syndical, ces règles sont fixées ou modifiées dans les conditions de majorité prévues à l'article 25 de la loi du 10 juillet 1965 par l'assemblée générale qui désigne les membres du conseil syndical.
Le mandat des membres du conseil syndical ne peut excéder trois années renouvelables.
Pour assurer la représentation prévue au dernier alinéa de l'article 27 de la loi du 10 juillet 1965, il est tenu compte, en cas de constitution d'un ou plusieurs syndicats secondaires, des dispositions de l'article 24 ci-après pour fixer le nombre des membres du conseil syndical du syndicat principal. Chaque syndicat secondaire dispose de plein droit d'un siège au moins à ce conseil.

Art. 23. – *(Abrogé, D. n. 86-768 du 9 juin 1986, art. 16).*

Art. 24. – Lorsqu'il existe un ou plusieurs syndicats secondaires, la représentation au conseil syndical du syndicat principal attribuée à un syndicat secondaire est proportionnelle à l'importance du ou des lots qui constituent ce syndicat secondaire par rapport à celle de l'ensemble des lots qui composent le syndicat principal.
Le ou les copropriétaires du ou des lots qui ne sont pas constitués en syndicat secondaire disposent ensemble, s'il y a lieu, des autres sièges au conseil syndical du syndicat principal.
En l'absence de stipulation particulière du règlement de copropriété du syndicat principal, les copropriétaires désignent leurs représentants au conseil syndical de ce syndicat au cours d'une

assemblée générale soit du syndicat secondaire, dans le cas prévu à l'alinéa 1er du présent article, soit du syndicat principal dans le cas prévu à l'alinéa précédent.

Art. 25. – Un ou plusieurs membres suppléants peuvent être désignés dans les mêmes conditions que les membres titulaires. En cas de cessation définitive des fonctions du membre titulaire, ils siègent au conseil syndical, à mesure des vacances, dans l'ordre de leur élection s'il y en a plusieurs, et jusqu'à la date d'expiration du mandat du membre titulaire qu'ils remplacent.

Dans tous les cas, le conseil syndical n'est plus régulièrement constitué si plus d'un quart des sièges devient vacant pour quelque cause que ce soit.

Art. 26 *(D. n. 86-768 du 9 juin 1986, art. 5).* – Le conseil syndical contrôle la gestion du syndic, notamment la comptabilité du syndicat, la répartition des dépenses, les conditions dans lesquelles sont passés et exécutés les marchés et tous autres contrats, ainsi que l'élaboration du budget prévisionnel dont il suit l'exécution.

Il peut recevoir d'autres missions ou délégations de l'assemblée générale dans les conditions prévues à l'article 25 *a* de la loi du 10 juillet 1965 et à l'article 21 du présent décret.

Un ou plusieurs membres du conseil syndical, habilités à cet effet par ce dernier, peuvent prendre connaissance et copie au bureau du syndic, ou au lieu arrêté en accord avec lui, des diverses catégories de documents mentionnés au troisième alinéa de l'article 21 de la loi du 10 juillet 1965.

Art. 27. – Les fonctions de président et de membre du conseil syndical ne donnent pas lieu à rémunération.

Le conseil syndical peut se faire assister par tout technicien de son choix.

Les honoraires de ces techniciens ainsi que les frais nécessités par le fonctionnement du conseil syndical constituent des dépenses d'administration. Ils sont payés par le syndic dans les conditions fixées par le règlement de copropriété éventuellement modifié ou complété par la décision de l'assemblée générale visée à l'article 22 du présent décret.

Section IV. – Le syndic
(mod. D. n. 86-768 du 9 juin 1986, art. 6)

Art. 28. – Sous réserve des dispositions de l'article L. 443-15-1 du code de la construction et de l'habitation et des stipulations particulières du règlement de copropriété, les fonctions de syndic peuvent être assumées par toute personne physique ou morale.

En dehors de l'hypothèse prévue par l'article L. 443-15-1 précité, la durée des fonctions du syndic ne peut excéder trois années. Toutefois, pendant le délai prévu à l'article 1792 du Code civil, elle ne peut dépasser une année lorsque le syndic, son conjoint, leurs commettants ou employeurs, leurs préposés, leurs parents ou alliés jusqu'au troisième degré inclus, ont, directement ou indirectement, à quelque titre que ce soit, même par personne interposée, participé à la construction de l'immeuble.

L'assemblée générale peut renouveler les fonctions du syndic dans les conditions fixées à l'article 25 de la loi du 10 juillet 1965 pour les durées prévues à l'alinéa précédent.

Art. 29. – Les conditions de la rémunération du syndic sous réserve, le cas échéant, de la réglementation y afférente ainsi que les modalités particulières d'exécution de son mandat sont fixées, dans le cadre de la loi du 10 juillet 1965 et du présent décret, par l'assemblée générale, à la majorité prévue par l'article 24 de cette loi.

COPROPRIÉTÉ — Décret du 17 mars 1967

(D. n. 86-768 du 9 juin 1986, art. 7). – La décision d'ouvrir un compte séparé est prise dans les conditions de majorité prévues à l'article 25 de la même loi.

Art. 30. – A l'occasion de l'exécution de sa mission, le syndic peut se faire représenter par l'un de ses préposés.

Art. 31. – Le syndic engage et congédie le personnel du syndicat et fixe les conditions de son travail suivant les usages locaux et les textes en vigueur.
L'assemblée générale a seule qualité pour fixer le nombre et la catégorie des emplois.

Art. 32. – Le syndic établit et tient à jour une liste de tous les copropriétaires avec l'indication des lots qui leur appartiennent, ainsi que de tous les titulaires des droits visés à l'article 6 ci-dessus ; il mentionne leur état civil ainsi que leur domicile réel ou élu.

Art. 33 *(mod. D. n. 86-768 du 9 juin 1986, art. 8)*. – Le syndic détient les archives du syndicat, notamment une expédition ou une copie des actes énumérés aux articles 1er à 3 ci-dessus, ainsi que toutes conventions, pièces, correspondances, plans, registres, documents et décisions de justice relatifs à l'immeuble et au syndicat. Il détient, en particulier, les registres contenant les procès-verbaux des assemblées générales des copropriétaires et les pièces annexes.
Il délivre des copies ou extraits, qu'il certifie conformes, de ces procès-verbaux.

Art. 34 *(D. n. 86-768 du 9 juin 1986, art. 9)*. – L'action visée au troisième alinéa de l'article 18-2 de la loi du 10 juillet 1965 peut être introduite après mise en demeure effectuée dans les formes prévues par l'article 63 du présent décret ou par acte d'huissier de justice, adressée à l'ancien syndic et restée infructueuse pendant un délai de huit jours. Elle est portée devant le président du tribunal de grande instance du lieu de situation de l'immeuble.

Art. 35. – Le syndic peut exiger le versement :
1° De l'avance de trésorerie permanente prévue au règlement de copropriété ;
2° Au début de chaque exercice, d'une provision qui, sous réserve des stipulations du règlement de copropriété ou, à défaut, des décisions de l'assemblée générale, ne peut excéder soit le quart du budget prévisionnel voté pour l'exercice considéré, soit la moitié de ce budget si le règlement de copropriété ne prévoit pas le versement d'une avance de trésorerie permanente ;
3° En cours d'exercice, soit d'une somme correspondant au remboursement des dépenses régulièrement engagées et effectivement acquittées, soit de provisions trimestrielles qui ne peuvent chacune excéder le quart du budget prévisionnel pour l'exercice considéré ;
4° De provisions spéciales destinées à permettre l'exécution de décisions de l'assemblée générale, comme celles de procéder à la réalisation des travaux prévus aux chapitres III et IV de la loi du 10 juillet 1965, dans les conditions fixées par décisions de ladite assemblée.
L'assemblée générale décide, s'il y a lieu, du mode de placement des fonds ainsi recueillis.

Art. 36. – Sauf stipulation contraire du règlement de copropriété, les sommes dues au titre du précédent article portent intérêt au profit du syndicat. Cet intérêt, fixé au taux légal en matière civile, est dû à compter de la mise en demeure adressée par le syndic au copropriétaire défaillant.

Art. 37. – Lorsqu'en cas d'urgence le syndic fait procéder, de sa propre initiative, à l'exécution de travaux nécessaires à la sauvegarde de l'immeuble, il en informe les copropriétaires et convoque immédiatement une assemblée générale.

Décret du 17 mars 1967 COPROPRIÉTÉ

Par dérogation aux dispositions de l'article 35 ci-dessus, il peut, dans ce cas, en vue de l'ouverture du chantier et de son premier approvisionnement, demander, sans délibération préalable de l'assemblée générale mais après avoir pris l'avis du conseil syndical, s'il en existe un, le versement d'une provision qui ne peut excéder le tiers du montant du devis estimatif des travaux.

Art. 38. – Dans le cas où l'immeuble est administré par un syndic qui n'est pas soumis aux dispositions *(D. n. 73-748 du 26 juil. 1973)* de la loi n. 70-9 du 2 janvier 1970 et des textes pris pour son application, toutes sommes ou valeurs reçues au nom et pour le compte du syndicat doivent être versées sans délai à un compte bancaire ou postal ouvert au nom du syndicat.

Le règlement de copropriété ou une décision de l'assemblée générale peut, le cas échéant, dans les conditions et sous réserve des garanties qu'il détermine, fixer le montant maximum des fonds que le syndic peut être autorisé à ne pas verser à ce compte.

Art. 39. – Toute convention entre le syndicat et le syndic, ses préposés, parents ou alliés jusqu'au troisième degré inclus, ou ceux de son conjoint au même degré, doit être spécialement autorisée par une décision de l'assemblée générale.

Il en est de même des conventions entre le syndicat et une entreprise dont les personnes ci-dessus visées sont propriétaires ou associés, ou dans lesquelles elles exercent les fonctions de gérant, d'administrateur ou de directeur, de salarié ou de préposé.

Section V. – Dispositions particulières aux syndicats coopératifs

Art. 40. – Outre les dispositions de la loi du 10 juillet 1965, les syndicats coopératifs de copropriétaires, dont la création est prévue à l'article 14 (alinéa 2) de cette loi, sont régis par les dispositions de la présente section et celles non contraires du présent décret.

Il en est ainsi pour les syndicats de copropriétaires pour lesquels le règlement de copropriété initial ou une délibération de l'assemblée générale prise dans les conditions fixées à l'article 26 de la loi du 10 juillet 1965 a expressément adopté la forme de syndicat coopératif.

Art. 41. – Dans un syndicat coopératif, le syndic est élu par le conseil syndical, à la majorité des membres qui le constituent, et il est choisi parmi eux. Il exerce, de plein droit, les fonctions de président du conseil syndical.

En outre, le conseil peut élire, dans les mêmes conditions, un vice-président qui supplée le syndic en cas d'empêchement de celui-ci.

Ils sont l'un et l'autre révocables dans les mêmes conditions.

En aucun cas, le syndic et le vice-président ne peuvent conserver ces fonctions après l'expiration de leur mandat de membre du conseil syndical.

Art. 42. – Le syndic et le conseil syndical peuvent se faire assister par tout technicien de leur choix dans les conditions prévues à l'article 27 ci-dessus.

La mission d'un technicien choisi par le syndic ne peut excéder la durée des fonctions de ce dernier, sauf renouvellement de ladite mission.

Section VI. – Les unions de syndicats de copropriétaires

Art. 43 *(D. n. 86-768 du 9 juin 1986, art. 10).* – Les unions de syndicats de copropriétaires, visées au premier alinéa de l'article 29 de la loi du 10 juillet 1965, sont des groupements dont l'objet est d'assurer la création, la gestion et l'entretien d'éléments d'équipement communs à

COPROPRIÉTÉ   **Décret du 17 mars 1967**

plusieurs syndicats, ainsi que la satisfaction d'intérêts communs auxdits syndicats. Ces unions, ainsi que celles qui sont constituées en application du deuxième alinéa de l'article 29 de la même loi, peuvent être propriétaires des biens nécessaires à leur objet. Les statuts de l'union déterminent les conditions de son fonctionnement sous réserve des dispositions de la présente section.

Les unions mentionnées au premier alinéa de l'article 29 de la loi du 10 juillet 1965 précitée peuvent recevoir l'adhésion de sociétés immobilières et de tous autres propriétaires dont les immeubles sont contigus ou voisins de ceux de ses membres.

Art. 44. – L'adhésion à une union est décidée par l'assemblée générale de chaque syndicat, à la majorité fixée par l'article 26 de la loi du 10 juillet 1965.

L'assemblée générale de l'union est constituée par les syndics des syndicats, les représentants légaux des sociétés et les propriétaires qui ont adhéré à l'union.

Les syndics participent à l'assemblée générale de l'union en qualité de mandataire du ou des syndicats qu'ils représentent.

Art. 45. – Les syndicats coopératifs visés à l'article 14 (al. 2) de la loi du 10 juillet 1965 peuvent adhérer à des unions coopératives auxquelles s'appliquent les dispositions de la présente section.

Des syndicats non coopératifs peuvent adhérer à des unions coopératives, avec l'accord de ces dernières, sans perdre de plein droit leur forme initiale.

Section VII. – Procédure

Art. 46 *(mod. D. n. 86-768 du 9 juin 1986, art. 11).* – A défaut de nomination du syndic par l'assemblée des copropriétaires dûment convoqués à cet effet, le président du tribunal de grande instance désigne le syndic par ordonnance sur requête d'un ou plusieurs copropriétaires ou sur requête d'un ou plusieurs membres du conseil syndical.

La même ordonnance fixe la mission du syndic et, sous réserve des dispositions du dernier alinéa du présent article, la durée de celle-ci ; la durée de cette mission peut être prorogée et il peut y être mis fin suivant la même procédure.

Indépendamment de missions particulières qui peuvent lui être confiées par l'ordonnance visée à l'alinéa 1er du présent article, le syndic ainsi désigné administre la copropriété dans les conditions prévues par les articles 18, 18-1 et 18-2 de la loi susvisée du 10 juillet 1965 et par le présent décret. Il doit notamment convoquer l'assemblée générale en vue de la désignation d'un syndic deux mois avant la fin de ses fonctions.

La mission du syndic désigné par le président du tribunal cesse de plein droit à compter de l'acceptation de son mandat par le syndic désigné par l'assemblée générale.

Art. 47 *(mod. D. n. 86-768 du 9 juin 1986, art. 11).* – Dans tous les cas, autres que celui prévu par le précédent article, où le syndicat est dépourvu de syndic, le président du tribunal de grande instance, statuant par ordonnance sur requête, à la demande de tout intéressé, désigne un administrateur provisoire de la copropriété qui est notamment chargé, dans les délais fixés par l'ordonnance, de se faire remettre les fonds et l'ensemble des documents et archives du syndicat et, sous réserve de l'application des dispositions de l'article 9 ci-dessus, de convoquer l'assemblée en vue de la désignation d'un syndic.

Les fonctions de cet administrateur provisoire cessent de plein droit à compter de l'acceptation de son mandat par le syndic désigné par l'assemblée générale.

Décret du 17 mars 1967 — COPROPRIÉTÉ

Art. 48 *(mod. D. n. 86-768 du 9 juin 1986, art. 13).* – A défaut de désignation dans les conditions prévues par les articles 21 de la loi du 10 juillet 1965 et au troisième alinéa de l'article 24 du présent décret, le président du tribunal de grande instance, sur requête du syndic ou d'un ou plusieurs copropriétaires, désigne par ordonnance les membres du conseil syndical.

S'il s'agit de désigner les membres du conseil syndical du syndicat principal, la requête peut être présentée aussi bien par le syndic du syndicat principal que par celui du syndicat secondaire.

L'ordonnance qui désigne les membres du conseil syndical fixe la durée de leurs fonctions.

Ces fonctions cessent de plein droit à compter de l'acceptation de leur mandat par les membres du conseil syndical désignés par l'assemblée générale.

Art. 49. – Sous réserve des dispositions des articles 8 et 50 du présent décret, dans les cas d'empêchement ou de carence du syndic visés à l'article 18 (al. 3) de la loi du 10 juillet 1965, le syndic en fonction peut être assigné par tout intéressé devant le président du tribunal de grande instance statuant en matière de référé en vue de la désignation d'un administrateur provisoire de la copropriété.

L'ordonnance fixe la durée de la mission de l'administrateur provisoire ; sauf si cette ordonnance la limite expressément à un ou plusieurs objets, la mission ainsi confiée est celle qui est définie par l'article 18 de la loi susvisée du 10 juillet 1965 et par le présent décret.

Sauf s'il y a urgence à faire procéder à l'exécution de certains travaux nécessaires à la sauvegarde de l'immeuble et au fonctionnement des services d'équipement commun, la demande ne sera recevable que s'il est justifié d'une mise en demeure adressée au syndic et demeurée infructueuse pendant plus de huit jours.

Art. 50. – Dans l'hypothèse prévue à l'article 8 (al. 3) ci-dessus, le président du tribunal de grande instance, statuant en matière de référé, peut, à la requête de tout copropriétaire, habiliter un copropriétaire ou un mandataire de justice à l'effet de convoquer l'assemblée générale. Dans ce cas, il peut charger ce mandataire de présider l'assemblée.

Une mise en demeure, restée infructueuse pendant plus de huit jours, faite au syndic et, le cas échéant, au président du conseil syndical, doit précéder l'assignation à peine d'irrecevabilité. Celle-ci est délivrée au syndic et, le cas échéant, au président du conseil syndical.

Art. 51. – Copie de toute assignation délivrée par un copropriétaire qui, en vertu de l'article 15 (al. 2) de la loi du 10 juillet 1965, exerce seul les actions concernant la propriété ou la jouissance de son lot, est adressée par l'huissier au syndic par lettre recommandée avec demande d'avis de réception.

Art. 52. – L'action en justice visée à l'article 12 de la loi du 10 juillet 1965 est intentée à l'encontre du syndicat lorsqu'elle est fondée sur le fait que la part, dans l'une ou l'autre des catégories de charges, incombant au lot du demandeur est supérieure de plus d'un quart à celle qui résulterait d'une répartition conforme à l'article 10 de cette loi.

Art. 53. – Si la part d'un copropriétaire est inférieure de plus d'un quart, dans l'une ou l'autre des catégories de charges, à celle qui résulterait d'une répartition conforme aux dispositions de l'article 10 de la loi du 10 juillet 1965, l'action en justice visée à l'article 12 de ladite loi est intentée à l'encontre de ce copropriétaire.

A peine d'irrecevabilité de l'action, le syndicat est appelé en cause.

Art. 54. – Chaque fois qu'une action en justice intentée contre le syndicat a pour objet ou peut avoir pour conséquence une revision de la répartition des charges, et indépendamment

COPROPRIÉTÉ — Décret du 17 mars 1967

du droit pour tout copropriétaire d'intervenir personnellement dans l'instance, le syndic ou tout copropriétaire peut, s'il existe des oppositions d'intérêts entre les copropriétaires qui ne sont pas demandeurs, présenter requête au président du tribunal de grande instance en vue de la désignation d'un mandataire *ad hoc*.

Dans ce cas, la signification des actes de procédure est valablement faite aux copropriétaires intervenants ainsi qu'au mandataire *ad hoc*.

Art. 55 *(D. n. 86-768 du 9 juin 1986, art. 14)*. – Le syndic ne peut agir en justice au nom du syndicat sans y avoir été autorisé par une décision de l'assemblée générale.

Une telle autorisation n'est pas nécessaire pour les actions en recouvrement de créance, la mise en œuvre des voies d'exécution forcée à l'exception de la saisie en vue de la vente d'un lot, les mesures conservatoires et les demandes qui relèvent des pouvoirs du juge des référés, ainsi que pour défendre aux actions intentées contre le syndicat.

Dans tous les cas, le syndic rend compte à la prochaine assemblée générale des actions introduites.

Art. 56. – Tout intéressé peut demander au président du tribunal de grande instance, statuant sur requête, de désigner un mandataire *ad hoc* pour ester en justice au nom du syndicat lorsque celui-ci est partie dans une instance relative à l'exécution de la construction de l'immeuble, aux garanties dues ou aux responsabilités encourues à cette occasion, si le syndic, son conjoint, leurs commettants ou employeurs, leurs préposés, leurs parents ou alliés jusqu'au troisième degré inclus ont, directement ou indirectement, à quelque titre que ce soit, même par personne interposée, participé à ladite construction.

Art. 57. – Lorsque le syndic s'est opposé, dans les conditions prévues à l'article 20 de la loi du 10 juillet 1965, au paiement du prix de vente d'un lot ou d'une fraction de lot, pour une créance inférieure au montant de ce prix, les effets de l'opposition ainsi formée peuvent être limités, par ordonnance du président du tribunal de grande instance statuant en référé, conformément aux dispositions de l'article 567 du code de procédure civile, au montant des sommes restant dues au syndicat par l'ancien propriétaire.

Art. 58. – Les dispositions des articles 819, 821, 824 et 825 du code de procédure civile sont applicables au recouvrement des créances visées à l'article 19 (al. 1er) de la loi du 10 juillet 1965 et à l'article 55 du présent décret.

Art. 59. – A l'occasion de tous litiges dont est saisie une juridiction et qui concernent le fonctionnement d'un syndicat ou dans lesquels le syndicat est partie, le syndic avise chaque copropriétaire de l'existence et de l'objet de l'instance.

Les actes de procédure concernant le syndicat des copropriétaires sont régulièrement signifiés, suivant les cas, au syndic ou à la requête de celui-ci.

(D. n. 86-768 du 9 juin 1986, art. 15). – Dans les cas prévus aux articles 46 à 48 ci-dessus, l'ordonnance est notifiée dans le mois de son prononcé, par le syndic ou l'administrateur provisoire désigné, à tous les copropriétaires qui peuvent en référer au président du tribunal de grande instance dans les quinze jours de cette notification.

Art. 60. – Nonobstant toutes dispositions contraires, toute demande formée par le syndicat à l'encontre d'un ou plusieurs copropriétaires, suivant la procédure d'injonction de payer, est portée devant la juridiction du lieu de la situation de l'immeuble.

Décret du 17 mars 1967 — COPROPRIÉTÉ

Art. 61. – Pour l'application de l'article 23 (al. 2) de la loi du 10 juillet 1965, le président du tribunal de grande instance statue, par ordonnance sur requête, lorsqu'en cas d'indivision ou d'usufruit la désignation d'un mandataire commun est demandée en justice.

Art. 62. – Tous les litiges nés de l'application de la loi du 10 juillet 1965 et du présent décret sont de la compétence de la juridiction du lieu de la situation de l'immeuble.

Section VIII. – Dispositions diverses

Art. 63. – Toutes les notifications et mises en demeure prévues par la loi du 10 juillet 1965 et par le présent décret, à l'exception de la mise en demeure visée à l'article 19 de ladite loi, sont valablement faites par lettre recommandée avec demande d'avis de réception.

Toutefois, la notification des convocations prévues au présent décret ainsi que celle de l'avis mentionné à l'article 59 ci-dessus peuvent valablement résulter d'une remise contre récépissé ou émargement.

Art. 64. – En vue de l'application de l'article précédent, chaque copropriétaire ou titulaire d'un droit d'usufruit ou de nue-propriété sur un lot ou une fraction de lot doit notifier au syndic son domicile réel ou élu soit en France métropolitaine si l'immeuble y est situé, soit dans le département ou le territoire d'outre-mer de la situation de l'immeuble.

Les notifications et mises en demeure prévues par l'article 63 du présent décret sont valablement faites au dernier domicile notifié au syndic.

Les notifications, mises en demeure ou significations intéressant le syndicat sont valablement faites au siège du syndicat ou au domicile du syndic.

Art. 65. – Le présent décret est applicable dans les territoires d'outre-mer, sous réserve des règles de procédure particulières à ces territoires.

Loi n. 70-9 du 2 janvier 1970 *(J.O. 4 janv.)*

réglementant les conditions d'exercice des activités relatives à certaines opérations portant sur les immeubles et les fonds de commerce (1)

TITRE 1er. – DES CONDITIONS D'ACCES A LA PROFESSION ET DE SON EXERCICE

Art. 1er. – Les dispositions de la présente loi s'appliquent aux personnes physiques ou morales qui d'une manière habituelle, se livrent ou prêtent leur concours, même à titre accessoire, aux opérations portant sur les biens d'autrui et relatives à :

1° l'achat, la vente, l'échange, la location ou sous-location en nu ou en meublé d'immeubles bâtis ou non bâtis ;
2° l'achat, la vente ou la location-gérance de fonds de commerce ;
3° la cession d'un cheptel mort ou vif ;
4° la souscription, l'achat, la vente d'actions ou de parts de sociétés immobilières donnant vocation à une attribution de locaux en jouissance ou en propriété ;
5° l'achat, la vente de parts sociales non négociables lorsque l'actif social comprend un immeuble ou un fonds de commerce ;
6° la gestion immobilière.

(1) *Dispositions non applicables aux avocats, D. n. 72-783, 25 août 1972, art. 50.*

AGENTS IMMOBILIERS — Loi du 2 janv. 1970

Art. 2. – Les dispositions de la présente loi ne sont pas applicables :
Aux membres des professions dont la liste sera fixée par décret, en considération du contrôle dont leur activité professionnelle fait l'objet ainsi que des garanties financières qu'ils offrent pour l'exercice de cette activité.

Aux personnes ou à leur conjoint qui, à titre non professionnel, se livrent ou prêtent leur concours à des opérations relatives à des biens sur lesquels elles ont des droits réels divis ou indivis ;

Aux personnes agissant pour le compte de leur conjoint, de parents en ordre successible, ou pour le compte de majeurs protégés ou de mineurs dans les conditions prévues aux titres X et XI du Code civil ;

Aux représentants légaux ou statutaires de sociétés de construction régies par la loi du 28 juin 1938 pour la réalisation des premières cessions des parts ou actions.

Art. 3. – Les activités visées à l'article 1er ne peuvent être exercées que par les personnes physiques ou morales titulaires d'une carte professionnelle, délivrée par le préfet, précisant celles des opérations qu'elles peuvent accomplir.

Cette carte ne peut être délivrée qu'aux personnes physiques qui satisfont aux conditions suivantes :
1° Justifier de leur aptitude professionnelle ;
2° Justifier d'une garantie financière suffisante résultant d'un cautionnement spécialement affecté au remboursement des fonds, effets ou valeurs déposés ou de l'engagement soit d'un organisme de garantie collective, soit d'un établissement bancaire ;
3° Contracter une assurance contre les conséquences pécuniaires de leur responsabilité civile professionnelle ;
4° Ne pas être frappées d'une des incapacités ou interdictions d'exercer définies au titre II ci-après.

La carte n'est délivrée aux personnes morales que si lesdites personnes satisfont aux conditions prévues aux 2° et 3° ci-dessus et que si leurs représentants légaux et statutaires satisfont aux conditions prévues aux 1° et 4° ci-dessus.

Les personnes qui assurent la direction de chaque établissement, succursale ou agence doivent également satisfaire aux 1° et 4° ci-dessus.

Art. 4. – Toute personne habilitée par un titulaire de la carte professionnelle à négocier, s'entremettre ou s'engager pour le compte de ce dernier justifie de sa qualité et de l'étendue de ses pouvoirs dans les conditions fixées par décret en Conseil d'État. Les dispositions du titre II de la présente loi lui sont applicables.

Art. 5. – Les personnes visées à l'article 1er qui reçoivent, détiennent des sommes d'argent, des biens, des effets ou des valeurs, ou en disposent, à quelque titre et de quelque manière que ce soit, à l'occasion des opérations spécifiées audit article, doivent respecter les conditions prévues par décret en Conseil d'État, notamment les formalités de tenue des registres et de délivrance de reçus, ainsi que les autres obligations découlant du mandat.

Art. 6. – Les conventions conclues avec les personnes visées à l'article 1er ci-dessus et relatives aux opérations qu'il mentionne, doivent être rédigées par écrit et préciser conformément aux dispositions d'un décret en Conseil d'État :
Les conditions dans lesquelles ces personnes sont autorisées à recevoir, verser ou remettre des sommes d'argent, biens, effets ou valeurs à l'occasion de l'opération dont il s'agit ;

Loi du 2 janv. 1970 — AGENTS IMMOBILIERS

Les modalités de la reddition de compte ;
Les conditions de détermination de la rémunération, ainsi que l'indication de la partie qui en aura la charge.

Les dispositions de l'article 1325 du Code civil leur sont applicables.

Aucun bien, effet, valeur, somme d'argent, représentatif de commissions, de frais de recherche, de démarche, de publicité ou d'entremise quelconque, n'est dû aux personnes indiquées à l'article 1er ou ne peut être exigé ou accepté par elles, avant qu'une des opérations visées audit article ait été effectivement conclue et constatée dans un seul acte écrit contenant l'engagement des parties.

Toutefois, lorsqu'un mandat est assorti d'une clause d'exclusivité ou d'une clause pénale ou lorsqu'il comporte une clause aux termes de laquelle une commission sera due par le mandant, même si l'opération est conclue sans les soins de l'intermédiaire, cette clause recevra application dans les conditions qui seront fixées par décret.

Art. 7. – Sont nulles les promesses et les conventions de toute nature relatives aux opérations visées à l'article 1er qui ne comportent pas une limitation de leurs effets dans le temps.

Art. 8. – L'obtention ou le renouvellement de la carte professionnelle donne lieu à la perception d'un droit de constitution et de tenue des dossiers dont le montant sera fixé par arrêté des ministres intéressés.

....

Loi n. 70-632 du 15 juillet 1970 (*J.O.* 17 juil.)
relative à une contribution nationale à l'indemnisation des Français dépossédés de biens situés dans un territoire antérieurement placé sous la souveraineté, le protectorat ou la tutelle de la France

....

TITRE IV. – DES CRÉANCES SUR LES RAPATRIÉS ET LES PERSONNES DÉPOSSÉDÉES DE LEURS BIENS OUTRE-MER

CHAPITRE I. – DES CRÉANCES VISÉES À L'ARTICLE 1er DE LA LOI DU 6 NOVEMBRE 1969

Art. 49 *(L. n. 78-1 du 2 janv. 1978, art. 5)*. – Les personnes physiques ou morales qui ont contracté ou à la charge de qui sont nées des obligations, quelles que soient la nature et la forme du titre qui les constate, afférentes à l'acquisition, la conservation, l'amélioration ou l'exploitation des biens qu'elles possédaient dans les territoires mentionnés aux articles 1er et 3 de la loi n. 61-1439 du 26 décembre 1961 et dont elles ont été dépossédées sans en avoir été indemnisées, ne peuvent être poursuivies en raison de ces obligations sur les biens qu'elles possèdent encore. Il en est de même pour les personnes physiques ou morales qui sont tenues aux obligations ci-dessus avec ou pour les débiteurs de ces obligations.

En ce qui concerne ces obligations :

1° Les dispositions insérées dans les contrats ou les décisions de justice prévoyant des résolutions de plein droit faute de paiement aux échéances fixées ;

2° Les clauses pénales tendant à assurer l'exécution d'une convention ou d'une décision de justice ;

3° Les déchéances légales encourues pour défaut de paiement de sommes dues en vertu de contrats ou de décisions de justice, cessent de produire effet.

RAPATRIÉS | **Loi du 15 juillet 1970**

Sous ces réserves, les droits du créancier subsistent tels qu'ils existaient au jour de la dépossession, nonobstant toute prescription, péremption, forclusion ou délai quelconque afférent à l'exercice ou à la conservation de ces droits.

Dans le cas où le débiteur des créances mentionnées au présent article bénéficie d'une indemnisation versée par l'État français en application de la présente loi, soit directement s'il s'agit d'une personne physique, soit en la personne de ses associés s'il s'agit d'une société, le créancier de nationalité française pourra faire valoir ses droits dans les limites et conditions ci-après fixées.

Les dispositions de l'alinéa 1er du présent article s'appliquent aux créanciers des personnes dépossédées qui ont été privés, du fait de la dépossession, des recours qu'ils auraient pu exercer sur les biens de leurs débiteurs, pour les obligations contractées dans les territoires visés à l'article 1er de la loi n. 61-1439 du 26 décembre 1961 envers les nationaux du pays dans lequel la dépossession a eu lieu. Pour bénéficier de ces dispositions, ces créanciers devront apporter la preuve que la valeur de leurs biens situés dans les territoires où a eu lieu la dépossession de leurs débiteurs, y compris le montant des créances sur des personnes dépossédées, est suffisante pour répondre de leurs engagements dans ces territoires.

Art. 50. – Le créancier doit, à peine de déchéance des droits prévus aux articles ci-après déclarer sa créance à l'agence nationale pour l'indemnisation dans un délai de six mois après la publication de la présente loi. Cette déclaration vaut opposition au paiement de l'indemnité dans les conditions déterminées par décret en Conseil d'État.

Art. 51. – Si le débiteur est une personne physique, les droits de chacun de ses créanciers sont réduits dans la proportion existant entre la valeur d'indemnisation de l'ensemble de ses biens indemnisables et le montant de l'indemnisation calculée conformément aux dispositions de l'article 41.

L'opposition prévue à l'article 50 ne peut produire effet qu'à l'égard de la fraction de l'indemnité qui subsiste après les déductions prévues aux articles 42 à 46. Elle confère aux créanciers opposants un droit de préférence par rapport à tous autres créanciers, nonobstant toute procédure de règlement judiciaire ou de liquidation des biens ouverte contre le débiteur.

Les droits des créanciers opposants sur la somme disponible sont réglés comme suit :
Pour les créances garanties par un privilège, une hypothèque ou un nantissement, les fractions recouvrables telles qu'elles sont calculées par application du premier alinéa du présent article, sont payées par préférence, suivant le rang de la sûreté, sur la fraction de l'indemnité correspondant aux biens grevés de cette sûreté. Cette fraction est déterminée par le rapport entre la valeur d'indemnisation des biens grevés de la sûreté et la valeur globale d'indemnisation des biens du débiteur.

Le solde éventuel de la fraction recouvrable des créances visées à l'alinéa précédent s'ajoute à la fraction recouvrable des créances chirographaires. Si l'indemnité ne suffit pas au règlement de ces fractions recouvrables des créances, les créanciers sont réglés en proportion de leurs droits.

Art. 52. – Lorsque le débiteur est une personne mariée sous un régime de communauté, les dettes afférentes à des biens communs sont réputées divisées par parts égales entre les deux époux.

Toutefois, les droits des créanciers sur l'indemnisation revenant à la femme sont limités à une fraction de l'indemnité égale à la proportion entre la valeur d'indemnisation de la part des biens communs de la femme et la valeur globale d'indemnisation des biens retenus pour le calcul de l'indemnité lui revenant.

Loi du 15 juillet 1970 — RAPATRIÉS

Art. 53. — Si le débiteur est une société dont certains associés sont admis au bénéfice de l'indemnisation, en raison des biens dont cette société a été dépossédée, ses dettes sont réputées divisées entre tous les associés en proportion de leurs droits dans la société.

Les dettes ainsi divisées sont, à l'égard de chaque associé, considérées comme des dettes personnelles, recouvrables dans les conditions fixées aux articles 51 et 52 sur l'indemnité accordée audit associé.

Toutefois, en ce qui concerne les associés des sociétés mentionnées à l'article 7, les droits des créanciers de la société sont limités à une fraction de cette indemnité égale à la proportion entre la valeur d'indemnisation des parts de chaque associé dans les biens sociaux et la valeur globale d'indemnisation des biens retenus pour le calcul de l'indemnité revenant à cet associé.

Lorsqu'une fraction des dettes d'une société est payée dans les conditions prévues au présent article, ce paiement est sans effet sur les rapports entre les associés, tant que la société n'a pas recouvré ses biens ou n'en a pas obtenu l'indemnisation.

Art. 54. — Les créanciers de rentes viagères constituées en contrepartie de l'aliénation d'un bien indemnisable au titre de la présente loi ne peuvent réclamer à leur débiteur que le paiement d'un capital. Ce capital est égal à la valeur capitalisée de la rente viagère, calculée à la date de suspension du paiement de cette rente, selon les barèmes fixés par décret en Conseil d'État par référence à ceux de la caisse nationale de prévoyance, et réduite dans la proportion fixée à l'article 51, premier alinéa. Ces créanciers font valoir leurs droits dans les conditions prévues audit article.

Art. 55 *(L. n. 78-1 du 2 janv. 1978, art. 18).* — Par dérogation aux dispositions de l'article 49, le créancier d'une obligation mentionnée audit article peut obtenir du juge l'autorisation de poursuivre son débiteur en exécution de cette obligation, s'il est établi que la situation du créancier est difficile et digne d'intérêt et que le débiteur est en état de faire face, en tout ou partie, à ses engagements.

Dans le cas où le juge autorise les poursuites, il précise les limites et conditions dans lesquelles elles pourront s'exercer.

Pour l'application du présent article, le juge dispose des pouvoirs prévus à l'article 3 de la loi n. 62-896 du 4 août 1962 relative à l'usage des documents fiscaux dans les relations de droit public et de droit privé.

Art. 56. — L'article 1er de la loi n. 69-992 du 6 novembre 1969 est abrogé.

CHAPITRE II. — DES CRÉANCES VISÉES À L'ARTICLE 2 DE LA LOI N. 69-992 DU 6 NOVEMBRE 1969

Art. 57. — L'exécution des obligations financières mentionnées à l'article 2 de la loi du 6 novembre 1969 demeure suspendue, pour les bénéficiaires de la présente loi, jusqu'à l'expiration des délais prévus à l'article 32 ci-dessus. Cette exécution demeurera suspendue, à l'égard de ces mêmes bénéficiaires, lorsqu'ils auront présenté une demande d'indemnisation, jusqu'à la date à laquelle l'indemnité aura été payée ou la demande rejetée par l'agence. A cette date, l'exécution des obligations financières mentionnées à l'article 2 de la loi du 6 novembre 1969 devra être reprise, quel que soit le montant de l'indemnité et nonobstant tout recours contre la décision fixant son montant, sous réserve des dispositions prévues à l'article 46 de la présente loi.

RAPATRIÉS — Loi du 15 juillet 1970

Dans le cas où, sur le recours exercé par le débiteur contre la décision statuant sur sa demande d'indemnité, cette décision est annulée ou modifiée par le juge, il est procédé à une révision des échéances de remboursement des obligations visées au premier alinéa du présent article. Ces échéances sont calculées de manière à ce que l'intéressé n'ait pas à supporter des charges supérieures à celles qui lui auraient incombé si la décision initiale de l'agence avait été conforme à celle rendue sur le recours.

Art. 58. – Les dispositions des articles 3, 4, 7 et 8 de la loi du 6 novembre 1969 cessent d'être applicables aux obligations mentionnées à l'article 2 de cette loi, à la date à laquelle ledit article 2 cesse lui-même de recevoir application.

CHAPITRE III. – DES AUTRES CRÉANCES

Art. 59. – La loi n. 63-1218 du 11 décembre 1963 modifiée est abrogée, sans qu'il soit porté atteinte aux décisions prises pour son application.

Art. 60 *(L. fin. n. 74-1129 du 30 déc. 1974 art. 68-1).* – Par dérogation à l'article 1244 du Code civil et à l'article 182 du Code de commerce, les juges pourront, compte tenu des facultés de paiement du débiteur et de la situation financière du créancier, accorder aux presonnes visées aux articles 1er et 3 de la loi n. 61-1439 du 26 décembre 1961, ainsi qu'aux personnes morales qui ont été dépossédées des biens qu'elles possédaient dans les territoires visés auxdits articles, des délais renouvelables n'excédant pas dix années au total, pour le paiement des obligations nées dans ces territoires avant le 31 mai 1981 *(L. n. 82-4 du 6 janv. 1982, art. 9)*, ou contractées avant cette même date en vue de leur installation en France, quelle que soit la forme du titre qui les constate, pour l'acquisition, la conservation, l'amélioration ou l'exploitation des biens servant à cette installation. Ces dispositions ne sont pas applicables aux prêts visés à l'article 46 ci-dessus.

Lorsque des délais ont été accordés au débiteur principal, ils bénéficient de plein droit aux personnes physiques ou morales qui sont tenues avec ou pour ce débiteur ; ces personnes peuvent, au cas où elles sont poursuivies directement, invoquer la situation du débiteur pour bénéficier des dispositions de l'alinéa précédent.

Les juges pourront, sur la demande du débiteur, procéder à un aménagement des échéances, à telles conditions d'intérêt qu'ils apprécieront.

Ils pourront également, à titre exceptionnel, et en considération de la situation respective des parties, accorder mainlevée ou radiation totale ou partielle des mesures conservatoires, inscriptions judiciaires ou conventionnelles et de toutes saisies moyennant, s'ils jugent à propos, la constitution de garanties affectées spécialement à la créance du saisissant.

Dans tous les cas d'urgence, les facultés prévues au présent article appartiennent, en tout état de cause, au juge des référés, même s'il y a instance pendante au principal.

Art. 60-1 *(L. fin. n. 74-1129 du 30 déc. 1974, art. 38-II).* – Les dispositions de l'article 60 ci-dessus sont également applicables aux sociétés dont 75 % ++au moins du capital social étaient détenus, lorsque les obligations prévues audit article ont été contractées, par des personnes visées aux articles 1er et 3 de la loi n. 61-1439 du 26 décembre 1961, à condition que cette même proportion du capital ait toujours été détenue et le soit encore par une ou plusieurs de celles de ces personnes qui composaient la société au moment où les obligations ont été contractées ou par leurs descendants ou héritiers.

Loi du 5 juillet 1972 — RAPATRIÉS

S'ils font droit, même partiellement, à la demande formée en application de l'article 60 par une de ces sociétés dont le capital est représenté par des titres au porteur, les juges ordonnent que ces titres soient mis sous la forme nominative.

Le paiement devient immédiatement exigible si, avant l'expiration des délais accordés par les juges, la société qui en a bénéficié cesse de remplir les conditions prévues aux alinéas précédents.

Art. 61 *(L. fin. n. 74-1129 du 30 déc. 1974, art. 68-III, a)*. – Les décisions précédemment intervenues en vertu de la loi n. 63-1218 du 11 décembre 1963 et celles qui interviendront en application des articles 60 et 60-1 ci-dessus, pourront être modifiées à la demande de toute partie intéressée en cas de changement dans la situation du débiteur.

(L. fin. n. 74-1129 du 30 déc. 1974, art. 68-III, b) Pour l'application des articles 60, 60-1 et du présent article, le tribunal dispose des pouvoirs prévus à l'article 3 de la loi n. 62-896 du 4 août 1962 relative à l'usage des documents fiscaux dans les relations de droit public et de droit privé.

....

Loi n. 72-626 du 5 juillet 1972 *(J.O. 9 juil.)*
instituant un juge de l'exécution et relative à la réforme de la procédure civile

....

TITRE II. – DE L'ASTREINTE EN MATIÈRE CIVILE

Art. 5. – Les tribunaux peuvent, même d'office, ordonner une astreinte pour assurer l'exécution de leurs décisions.

Art. 6. – L'astreinte est indépendante des dommages-intérêts. Elle est provisoire ou définitive. L'astreinte doit être considérée comme provisoire, à moins que le juge n'ait précisé son caractère définitif.

Art. 7 *(L. n. 75-596 du 9 juil. 1975, art. 1er)*. – Au cas d'inexécution totale ou partielle ou de retard dans l'exécution, le juge procède à la liquidation de l'astreinte.

Art. 8. – Sauf s'il est établi que l'inexécution de la décision judiciaire provient d'un cas fortuit ou de force majeure, le taux de l'astreinte définitive ne peut être modifié par le juge lors de sa liquidation.

Il appartient au juge de modérer ou de supprimer l'astreinte provisoire, même au cas d'inexécution constatée.

Décret n. 72-678 du 20 juillet 1972 *(J.O. 22 juil. et rectif. 6 sept.)*
fixant les conditions d'application de la loi n. 70-9 du 2 janvier 1970 réglementant les conditions d'exercice des activités relatives à certaines opérations portant sur les immeubles et les fonds de commerce

CHAPITRE Ier. – LA CARTE PROFESSIONNELLE

Art. 1er. – La carte professionnelle délivrée aux personnes qui exercent une des activités visées à l'article 1er (1° à 5°) de la loi susvisée du 2 janvier 1970 porte la mention « Transactions sur immeubles et fonds de commerce ».

AGENTS IMMOBILIERS — Décret du 20 juillet 1972

Celle qui est délivrée aux personnes qui exercent l'activité visée à l'article 1er (6°) de cette loi, porte la mention « Gestion immobilière ».

Lorsqu'une même personne physique ou morale se livre ou prête son concours à des opérations visées à l'un et à l'autre des deux alinéas précédents, il lui est délivré une carte professionnelle pour chacune de ces deux catégories d'activités.

Ces cartes sont conformes à un modèle établi par arrêté conjoint du garde des sceaux, ministre de la justice, du ministre de l'intérieur et du ministre de l'économie et des finances.

Art. 2. – La délivrance de la carte professionnelle est sollicitée par la personne physique ou par le ou les représentants légaux ou statutaires de la personne morale, qui se livre ou prête son concours aux opérations énumérées par l'article 1er de la loi susvisée du 2 janvier 1970. La demande précise la nature des opérations pour lesquelles la carte est demandée.

Lorsque la demande est faite par une personne physique, elle mentionne l'état civil, la profession, le domicile et le lieu de l'activité professionnelle de cette personne.

Lorsque la demande est présentée au nom d'une personne morale, elle indique la dénomination, la forme juridique, le siège, l'objet de la personne morale, ainsi que l'état civil, le domicile, la profession et la qualité du ou des représentants légaux ou statutaires.

La demande est présentée par la personne physique ou par le ou les représentants légaux ou statutaires de la personne morale ou, le cas échéant, par le locataire-gérant qui exerce ou envisage d'exercer l'activité considérée. Si la direction de l'entreprise est assumée par un préposé ou un gérant, mandataire ou salarié, la demande indique également, dans ce cas, l'état civil, la qualité, le domicile de cette personne qui doit, en outre, justifier qu'elle satisfait aux conditions prévues par l'article 3 (1° et 4°) de la loi susvisée du 2 janvier 1970, par les articles 3 (al. 2 et 3) et 16 du présent décret.

Art. 3. – La demande doit être accompagnée :
1° De la justification qu'il est satisfait par le ou les demandeurs aux conditions d'aptitude professionnelle spécifiées au chapitre II ci-après ;
2° De l'attestation de garantie financière suffisante délivrée dans les conditions prévues à l'article 37 ci-après ;
3° De l'attestation d'assurance contre les conséquences pécuniaires de la responsabilité civile professionnelle délivrée conformément à l'article 49 (al. 2) ;
4° Du paiement ou de la justification du paiement du droit prévu à l'article 8 de la loi susvisée du 2 janvier 1970 ;
5° D'un extrait du registre du commerce datant de moins d'un mois si l'entreprise est immatriculée à ce registre ou d'un double de la demande si elle doit y être immatriculée ;
6° Suivant les cas, d'une attestation délivrée par la banque qui a ouvert le compte prévu, soit par l'article 55, soit par l'article 59 du présent décret, avec l'indication du numéro de compte et de la succursale qui le tient, ou d'une attestation d'ouverture au nom de chaque mandant de comptes bancaires ou postaux prévus par l'article 71 ci-après ;
7° Le cas échéant, lorsque la demande tend à la délivrance de la carte prévue à l'article 1er (al. 1) du présent décret, de la déclaration sur l'honneur qu'il n'est reçu aucun fonds, effet ou valeur à l'occasion des opérations spécifiées par l'article 1er (1 à 5) de la loi susvisée du 2 janvier 1970.

L'absence d'incapacité ou d'interdiction d'exercer définie au titre II de la loi susvisée du 2 janvier 1970 est établie par un bulletin n. 2 du casier judiciaire qui est délivré à la demande du préfet.

Dans les cas prévus aux articles 14 et 15 de ladite loi, le demandeur produit les justifications de nature à établir qu'il peut recevoir la carte professionnelle.

Décret du 20 juillet 1972   AGENTS IMMOBILIERS

Art. 4. – Une liste des établissements, succursales, agences ou bureaux, qui dépendent du même déclarant est, s'il y a lieu, jointe à la demande.

Cette liste précise la dénomination et l'adresse de chaque établissement, succursale, agence ou bureau, même s'ils ne sont ouverts qu'à titre temporaire.

Le titulaire de la carte professionnelle, son ou ses représentants légaux ou statutaires, s'il s'agit d'une personne morale, avise immédiatement le préfet qui a délivré la carte, de tout changement d'adresse et de toute ouverture ou fermeture d'établissement, succursale, agence ou bureau.

Art. 5. – La carte professionnelle est délivrée par le préfet du département où le demandeur a le siège de ses activités et pour Paris par le préfet de police.

Elle est délivrée par le préfet de police aux personnes physiques ou morales de nationalité étrangère qui n'ont en France aucun établissement, succursale, agence ou bureau.

Art. 6. – Un dossier portant un numéro d'identification est ouvert à la préfecture au nom du ou des demandeurs.

Tout changement d'adresse du siège de l'activité doit être déclaré à la ou aux préfectures intéressées.

Une demande doit également être faite en cas de changement dans l'identité du ou des représentants légaux ou statutaires, dans la dénomination ou dans la forme de la personne morale. Une déclaration est faite en cas d'avenants à la garantie financière ou à l'assurance contre les conséquences pécuniaires de la responsabilité civile professionnelle. Il est alors délivré une nouvelle carte sur remise de l'ancienne.

Art. 7. – En cas de cessation de la garantie financière, de suspension, d'expiration ou de dénonciation du contrat d'assurance contre les conséquences pécuniaires de la responsabilité civile professionnelle, ainsi qu'en cas d'interdiction ou d'incapacité d'exercer, le titulaire de la carte professionnelle doit la restituer immédiatement à la préfecture qui l'a délivrée ; il est tenu, ainsi que toute personne qui en serait porteur, de la remettre sur la simple réquisition d'un agent de l'autorité publique.

Art. 8. – Une déclaration préalable d'activité est souscrite à la préfecture du département de situation, ou à la préfecture de police de Paris, pour chaque établissement, succursale, agence ou bureau visés à l'article 4 ci-dessus, par la personne qui en assume la direction.

Cette déclaration contient les renseignements mentionnés soit à l'alinéa 3, soit à l'alinéa 4 de l'article 2 ci-dessus, suivant les cas, ainsi que l'indication de la préfecture qui a délivré la carte professionnelle et le numéro de celle-ci.

Elle comporte également l'état civil, la qualité et le domicile personnel du déclarant.

Un dossier numéroté est ouvert pour chaque établissement, succursale, agence ou bureau, à la préfecture qui a reçu la déclaration.

Après justification, conformément aux dispositions des articles 3 (al. 2 et 3) et 16 du présent décret, de ce qu'il remplit les conditions prévues à l'article 3 (1° et 4°) de la loi du 2 janvier 1970, il est remis à la personne qui dirige l'établissement, la succursale, l'agence ou le bureau, un récépissé de déclaration conforme au modèle fixé par arrêté conjoint du garde des sceaux, ministre de la justice, du ministre de l'intérieur et du ministre de l'économie et des finances.

Tout changement d'adresse de l'établissement, de la succursale, de l'agence ou du bureau, ainsi que tout changement de la personne qui en assume la direction, donne lieu à déclaration à la ou aux préfectures intéressées. Après que sont apportées, s'il y a lieu, les justifications rappelées au précédent alinéa, il est délivré un nouveau récépissé sur remise de l'ancien.

AGENTS IMMOBILIERS — Décret du 20 juillet 1972

Toute personne qui détient ce récépissé de déclaration est tenue, lorsque les conditions mises à sa délivrance ne sont plus remplies, de restituer ce document sur la simple réquisition d'un agent de l'autorité publique.

Les dispositions prévues à l'article 4 ci-dessus et au présent article ne sont pas applicables aux services de gestion, implantés dans les ensembles immobiliers qui ne disposent d'aucune autonomie administrative et financière.

Art. 9. – Toute personne habilitée par un titulaire de la carte professionnelle à négocier, s'entremettre ou s'engager pour le compte de ce dernier, justifie de la qualité et de l'étendue de ses pouvoirs par la production d'une attestation conforme à un modèle déterminé par arrêté conjoint du garde des sceaux, ministre de la justice, du ministre de l'intérieur et du ministre de l'économie et des finances.

Cette attestation est délivrée par le titulaire de la carte professionnelle, après avoir été visée par le préfet compétent en vertu des dispositions de l'article 5 du présent décret. Les dispositions des deux derniers alinéas de l'article 3 ci-dessus sont applicables pour le visa de l'attestation par le préfet.

Toute personne qui détient une attestation est tenue de la restituer au titulaire de la carte professionnelle qui la lui a délivrée, dans les vingt-quatre heures de la demande qui en a été faite par lettre recommandée avec demande d'avis de réception.

Sur simple demande du préfet ou du procureur de la République formulée à cet effet, l'attestation doit être retirée.

En cas de non-restitution de cette attestation, le titulaire de la carte propfessionnelle doit en aviser aussitôt le procureur de la République, ainsi que le préfet.

Toute modification dans les énonciations de l'attestation donne lieu à délivrance d'un nouveau document sur remise de l'ancien.

Les nom et qualité du titulaire de l'attestation doivent être mentionnés dans les conventions visées à l'article 6 (alinéas 1 et 3) de la loi du 2 janvier 1970 susvisée lorsqu'il intervient dans leur conclusion, ainsi que sur les reçus de versements ou remises lorsqu'il en délivre.

Art. 10. – En cas de négociation, entremise, démarchage, versement de fonds, remise de titres ou effets, engagement ou convention, à l'occasion de l'une des opérations spécifiées à l'article 1er de la loi du 2 janvier 1970, toute personne intéressée peut exiger la présentation, suivant les cas, de la carte professionnelle, du récépissé de la déclaration d'activité ou de l'attestation prévue à l'article précédent.

CHAPITRE II. – L'APTITUDE PROFESSIONNELLE

Art. 11. – Pour obtenir l'une des cartes professionnelles prévues à l'article 1er du présent décret, sont regardées comme justifiant de l'aptitude professionnelle les personnes qui produisent :

a) Soit le diplôme délivré par l'État à l'issue du deuxième examen de la licence en droit ou en sciences économiques, ou un diplôme délivré par l'État sanctionnant des études juridiques, économiques ou commerciales, d'un niveau égal ou supérieur, ou un diplôme universitaire de technologie ou le brevet de technicien supérieur, pour les mêmes disciplines ;

b) Soit un diplôme sanctionnant des études supérieures juridiques, économiques ou commerciales, et délivré par un établissement reconnu par l'État et figurant sur une liste fixée par arrêté conjoint du garde des sceaux, ministre de la justice, et du ministre de l'éducation nationale ;

Décret du 20 juillet 1972 — AGENTS IMMOBILIERS

c) Soit l'un des diplômes suivants :
Diplôme d'aptitude professionnelle aux fonctions de notaire délivré par une chambre départementale de notaires ;
Diplôme d'aptitude de premier clerc de notaire ;
Diplôme de l'institut d'études économiques et juridiques appliquées à la construction et à l'habitation, option Vente et gestion d'immeubles ;
d) (D. n. 74-1179, 31 déc. 1974, art. 1er). Soit une attestation délivrée :
Par leur ordre respectif aux anciens notaires, aux anciens avoués près les cours d'appel, aux anciens huissiers de justice, aux anciens géomètres experts habilités à se livrer à l'administration de biens ;
Par le procureur de la République, aux anciens greffiers titulaires de charge, aux anciens avoués près les tribunaux de grande instance, aux anciens agréés près les tribunaux de commerce, aux anciens syndics et administrateurs judiciaires.

Art. 12. – Pour obtenir l'une des cartes professionnelles prévues à l'article 1er du présent décret, sont regardées comme justifiant de l'aptitude professionnelle requise les personnes qui remplissent les deux conditions suivantes :
1° Etre titulaire :
a) Soit du baccalauréat ou du baccalauréat de technicien ou d'un diplôme délivré par l'État et sanctionnant des études d'un niveau égal ou supérieur, ou du brevet de technicien ou de la capacité en droit ;
b) Soit de l'un des diplômes figurant sur une liste établie par un arrêté conjoint du garde des sceaux, ministre de la justice, et du ministre de l'éducation nationale et délivré par l'État ou par un établissement reconnu par l'État.
2° Avoir occupé pendant un an au moins pour les titulaires des diplômes visés au 1°-*a*, pendant deux ans au moins pour les titulaires des diplômes visés au 1°-*b*, l'un des emplois suivants :
Emploi dans des organismes d'habitations à loyer modéré ;
Emploi dans un établissement relevant d'un titulaire de la carte professionnelle sollicitée ;
Clerc de notaire, clerc d'avoué ou secrétaire d'agréé ;
Emploi public se rattachant à une activité relative aux transactions immobilières ou à la gestion immobilière.

Art. 13. – Sont regardées comme justifiant de l'aptitude professionnelle en vue de la délivrance de l'une des cartes prévues à l'article 1er du présent décret les personnes qui, ne pouvant produire les diplômes prévus à l'article 12 (1°), ont occupé pendant au moins quatre ans l'un des emplois ci-après :
Emploi de cadre dans un organisme d'habitations à loyer modéré ;
Emploi de cadre, affilié à la caisse de retraite et de prévoyance des cadres, dans un établissement relevant d'une personne titulaire de la carte professionnelle sollicitée ;
Clerc de notaire (2e catégorie) tel que défini par la convention collective nationale du notariat ;
Sous-principal clerc d'avoué ou d'agréé, tel que défini par la convention collective nationale réglant les rapports entre les avoués près le tribunal de grande instance et les avoués près la cour d'appel et leur personnel ;
Emploi public de la catégorie B dans une activité se rattachant aux transactions immobilières ou à la gestion immobilière.

Art. 14. – Sont regardées comme justifiant de l'aptitude professionnelle en vue de la délivrance de l'une des cartes prévues à l'article 1er du présent décret les personnes qui ont occupé, pendant

AGENTS IMMOBILIERS — Décret du 20 juillet 1972

au moins dix ans, l'un des emplois énumérés à l'article 12 (2°). Il n'est pas nécessaire que ladite occupation ait été continue et qu'elle ait porté, pendant la durée précitée, sur un emploi de la même catégorie.

Art. 15. – Pour être pris en considération, les emplois prévus aux articles 12, 13 et 14 doivent avoir été occupés d'une manière permanente en y consacrant tout le temps de la durée normale du travail exigée dans lesdits emplois.

Art. 16. – Les personnes qui, sans être titulaires de la carte professionnelle, assument la direction de l'entreprise, telles que les gérants, mandataires ou salariés, ou celle d'un établissement, d'une succursale, d'une agence ou d'un bureau, ont à justifier de leur aptitude professionnelle dans les conditions prévues à l'article 11 ou dans celles prévues aux articles 12 et 13, ou à l'article 14, avec un temps d'activité réduit de moitié.

CHAPITRE III. – LA GARANTIE FINANCIERE

Section I. – Dispositions particulières aux différents modes de garantie financière

Art. 17. – La garantie financière prévue par l'article 3 (alinéa 2 [2°]) de la loi susvisée du 2 janvier 1970 ne peut valablement résulter que :

D'un cautionnement déposé, par la personne visée à l'article 1er du présent décret, à la Caisse des dépôts et consignations, et spécialement affecté aux fins prévues par la loi susvisée ;
Ou d'un engagement écrit de caution pris *(D. n. 80-571 du 21 juil. 1980, art. 1er)* en tant qu'organisme de garantie collective, par une entreprise d'assurance agréée à cet effet ou par une société de caution mutuelle régie par les dispositions de la loi susvisée du 13 mars 1917 ;
Ou d'un engagement écrit de caution pris par une banque ou un établissement financier habilité à donner caution.

Art. 18 *(Le Conseil d'État statuant au contentieux a annulé cet article par Décis. n. 88813, 88814 et 88815, 27 nov. 1974 : J.O. 5 janv. 1975, p. 306).*

Art. 19. – Les sociétés de caution mutuelle sont constituées conformément aux dispositions de la loi susvisée du 13 mars 1917 et des textes qui l'ont complétée et modifiée.
Elles ont pour objet exclusif de garantir, dans les conditions prévues par la loi susvisée du 2 janvier 1970 et par le présent décret, les remboursements ou restitutions des versements ou remises visés à l'article 5 de ladite loi.
Elles sont agréées par la chambre syndicale des banques populaires.

Art. 20. – La chambre syndicale des banques populaires a la faculté de se faire représenter à toutes réunions de l'assemblée générale, du conseil d'administration, du comité de direction et du conseil de surveillance, et, d'une manière générale, à toutes les réunions où peuvent être prises des décisions engageant la société de caution mutuelle. A cet effet, elle reçoit toute convocation et ordre du jour dans les mêmes conditions de forme et de délai que les autres membres de ces conseils, comités ou assemblées. Elle peut provoquer leur réunion en séance spéciale en cas de besoin.
Elle peut se faire remettre ou communiquer tous éléments et renseignements qu'elle juge utiles à l'accomplissement de sa mission ou de nature à permettre le contrôle prévu par l'ordonnance susvisée du 20 juin 1945.

Décret du 20 juillet 1972 — AGENTS IMMOBILIERS

La chambre syndicale des banques populaires nomme un délégué permanent auprès de chaque société de caution mutuelle visée à l'article précédent. Un même délégué peut exercer ses fonctions auprès de plusieurs sociétés.

La participation de chacune des sociétés de caution mutuelle prévue au précédent article aux charges assumées par la chambre syndicale en raison de sa mission de surveillance et de contrôle, est fixée par une convention passée entre la chambre syndicale et la société intéressée.

Art. 21. – Les conditions de fonctionnement des sociétés de caution mutuelle visées à l'article 19, les conditions d'adhésion, de démission et de contrôle des associés, ainsi que celles relatives à la suspension et au retrait de la garantie, sont fixées par les statuts et par le règlement intérieur de chaque société de caution mutuelle ; ces conditions doivent être agréées par la chambre syndicale des banques populaires.

Toute modification aux conditions prévues à l'alinéa précédent doit être approuvée par cette chambre.

Art. 22 *(D. n. 80-571 du 21 juil. 1980, art. 2)*. – L'engagement d'un établissement bancaire, d'un établissement financier habilité à donner caution, ou d'une entreprise d'assurance agréée à cet effet prend la forme d'une caution donnée, dans des conditions prévues par le présent décret, par un établissement ayant son siège ou une succursale en France.

Pour l'application de l'alinéa précédent, les banques inscrites et les établissements financiers enregistrés par le conseil national du crédit installés dans la principauté de Monaco sont réputés avoir un domicile en France.

Cette caution résulte d'une convention écrite qui en fixe les conditions générales et notamment précise le montant de la garantie accordée, les conditions de rémunération, les modalités de contrôle comptable, ainsi que les contre-garanties éventuellement exigées par le garant.

Art. 23. – La garantie financière peut aussi résulter d'une consignation qui est déposée à un compte ouvert par la caisse des dépôts et consignations au nom de la personne visée à l'article 1er du présent décret et qui est spécialement affecté aux fins spécifiées par la loi susvisée du 2 janvier 1970.

Ce compte comprend deux sous-comptes :

Le premier sous-compte est exclusivement affecté au remboursement ou à la restitution des versements et remises définis par l'article 5 de la loi susvisée du 2 janvier 1970. Le montant de la consignation déposée à ce sous-compte doit toujours être au moins égal au montant de la garantie déterminé comme il est dit à la section II du présent chapitre.

Le deuxième sous-compte est exclusivement affecté au paiement de la publicité prévue aux articles 45 et 46, ainsi qu'à la rémunération de l'administrateur désigné dans les conditions prévues aux articles 41 et 47 ci-après. Le montant de la consignation déposée à ce sous-compte doit en permanence être au moins égal à une somme calculée suivant un barème fixé par arrêté du garde des sceaux, ministre de la justice, et du ministre de l'économie et des finances.

Il est procédé à une réévaluation annuelle des valeurs qui constituent en tout ou en partie la consignation.

Si le montant de la consignation devient inférieur au montant de la garantie ou aux indications du barème des frais, notamment par suite d'un paiement ou d'une réévaluation des valeurs, la caisse des dépôts et consignations invite immédiatement le titulaire du compte à en parfaire le montant. Faute d'effectuer le versement complémentaire dans un délai de trois jours francs à compter de la notification à personne ou à domicile, la garantie cesse de plein droit.

AGENTS IMMOBILIERS Décret du 20 juillet 1972

Art. 24. – Le dépôt prévu à l'article précédent ne peut être effectué qu'en espèces, en chèques certifiés par une banque, en titres, dont la liste, ainsi que le mode de calcul de la valeur retenue pour chaque catégorie de titres, sont fixés par arrêté conjoint du garde des sceaux, ministre de la justice, et du ministre de l'économie et des finances.

Un récépissé de dépôt est délivré par la Caisse des dépôts et consignations après versement des espèces, remise des chèques, dépôt des valeurs. Un récépissé est également délivré dans les mêmes conditions en cas de versement complémentaire destiné à parfaire le montant de la garantie après augmentation de ce montant, après réévaluation du dépôt ou de l'avance sur frais ou après paiement partiel.

Ces récépissés constatent la garantie pour le montant du dépôt qu'ils indiquent.

Art. 25. – Pendant le cours de la garantie, le montant de la consignation ne peut être versé qu'aux créanciers déterminés, comme il est dit à l'article 39, ou à leurs ayants droit, et dans les cas et conditions définis à la section III du présent chapitre.

En cas de cessation de la garantie, la consignation, sous réserve de la déduction des frais de publicité, peut être restituée au déposant ou à ses ayants droit, en l'absence de toute demande de paiement, à l'expiration des délais après accomplissement des formalités prévues à l'article 47 ci-après.

Si des réclamations ont été produites, la restitution tient compte des paiements auxquels elles ont pu donner lieu dans les conditions prévues à la section III du présent chapitre, ainsi que des frais occasionnés.

Section II. – La détermination de la garantie financière

Art. 26. – Lorsqu'une même personne physique ou morale se livre ou prête son concours à des opérations énumérées à l'article 1er de la loi susvisée du 2 janvier 1970, le montant de la garantie est déterminé d'une manière distincte pour chacune des deux catégories d'activités auxquelles correspondent les cartes professionnelles prévues à l'article 1er du présent décret.

Art. 27. – Une même personne physique ou morale ne peut placer l'ensemble des opérations relevant de chacune des catégories d'activités spécifiées à l'article 1er du présent décret que sous un seul mode de garantie résultant, soit d'une consignation déposée à la Caisse des dépôts et consignations, soit de l'engagement d'une société de caution mutuelle *(D. n. 80-571 du 21 juil. 1980, art. 3)* ou d'une entreprise d'assurance prises en tant qu'organismes de garantie collective, d'une banque ou d'un établissement financier.

Art. 28. – Le titulaire de la carte professionnelle ou la personne qui demande la délivrance de cette carte doit solliciter une garantie financière d'un montant au moins égal au montant maximal des fonds qu'il envisage de détenir.

Art. 29. – Le montant de la garantie financière fixée par la convention ne peut être inférieur au montant maximal des sommes dont le titulaire de la carte professionnelle demeure redevable à tout moment sur les versements et remises qui lui ont été faits à l'occasion des opérations mentionnées par l'article 1er de la loi susvisée du 2 janvier 1970.

Pour la détermination de ce montant, il ne peut être tenu compte que des règlements qui ont été régulièrement et effectivement opérés au profit ou pour le compte des personnes qui doivent en être les bénéficiaires définitifs.

Sauf circonstances particulières dûment justifiées, le montant de la garantie financière ne peut être inférieur au montant maximal des sommes détenues au cours de la précédente période de garantie, calculé conformément aux dispositions des deux précédents alinéas.

Décret du 20 juillet 1972 — AGENTS IMMOBILIERS

Art. 30. – Le montant de la garantie financière qui résulte d'un engagement de caution pris par une banque ou par un organisme de garantie collective ou d'une consignation déposée à la Caisse des dépôts et consignations doit être au moins égal à la somme de 500 000 francs.

Art. 31. – Le montant de la garantie est révisé à la fin de chaque période annuelle ou lors de circonstances exceptionnelles survenues en cours d'année.

Art. 32 *(D. n. 74-1179, 31 déc. 1974, art. 2).* – La garantie minimale prévue à l'article 30 ci-dessus n'est toutefois pas exigée au cours :

a) Des deux premières années d'application de la loi susvisée du 2 janvier 1970 ;

b) De la troisième année d'application de ladite loi pendant laquelle la garantie minimale est fixée à 250 000 F ;

c) De la quatrième année d'application de ladite loi pendant laquelle la garantie minimale est fixée à 350 000 F.

Toutefois, les dispositions des *a, b, c,* ci-dessus ne sont pas applicables aux personnes physiques et morales qui, à la date de publication du présent décret, bénéficient déjà d'une garantie au moins égale au minimum prévu audit article 30.

d) Des deux premières années d'exercice pour les personnes physiques ou morales qui commencent à exercer leurs activités après l'entrée en vigueur de la loi susvisée du 2 janvier 1970, à moins que, s'agissant d'une personne morale, l'un au moins de ses représentants ait déjà été soumis aux dispositions de cette loi.

Art. 33. – Dans les cas prévus à l'article 32, la révision en hausse du montant de la garantie est de droit, à la demande de chacune des parties, à l'expiration de chacune des périodes de trois mois au cours de la première année, et de chacune des périodes de six mois au cours de la deuxième année.

Le garant peut alors exiger que la personne garantie soit titulaire d'un compte fonctionnant dans les conditions prévues aux articles 59 et suivants du présent décret.

Art. 34 *(D. n. 74-1179, 31 déc. 1974, art. 3).* – Au cours des quatre première années d'application de la loi du 2 janvier 1970, les personnes physiques ou morales qui, à la date de publication du présent décret, bénéficient déjà d'une garantie au plus égale au minimum fixé par l'article 30 ci-dessus, ne peuvent obtenir une garantie d'un montant inférieur à celui qui leur était accordé à cette date.

Art. 35. – Lorsque le titulaire de la carte professionnelle prévue à l'article 1er (al. 1) du présent décret ou la personne qui en sollicite la délivrance a déclaré, dans sa demande, son intention de ne recevoir aucun fonds, effet ou valeur à l'occasion des opérations spécifiées par l'article 1er (1° à 5°) de la loi susvisée du 2 janvier 1970, le montant de la garantie, par dérogation aux dispositions des articles 30, 32 à 34 ci-dessus, ne peut être inférieur à 50 000 F.

Art. 36. – Sous réserve de l'application des dispositions du précédent article, le titulaire de la carte professionnelle ne peut recevoir ou accepter de versements et remises que dans la limite du montant de la garantie accordée.

Art. 37. – La Caisse des dépôts et consignations *(D. n. 80-571 du 21 juil. 1980, art. 4)*, la société de caution mutuelle, l'entreprise d'assurance ou l'établissement bancaire ou financier, suivant le cas, délivrent à la personne garantie une attestation conforme à un modèle établi par arrêté conjoint du garde des sceaux, ministre de la justice, du ministre de l'intérieur et du ministre de l'économie et des finances.

AGENTS IMMOBILIERS — Décret du 20 juillet 1972

Art. 38. – La caisse des dépôts et consignations ne peut délivrer l'attestation prévue à l'article précédent que sur production d'un relevé délivré par un expert comptable ou un comptable agréé, qui indique :

1° Lorsqu'il s'agit d'une personne morale demandant la carte « Transactions sur immeubles et fonds de commerce » : le montant maximal des fonds reçus à ce titre, au cours de l'année précédente, ainsi que le montant du chiffre d'affaires réalisé au cours de la même période ;

2° Lorsqu'il s'agit d'une personne demandant la carte « Gestion immobilière » : le montant total des fonds reçus ainsi que le montant maximal des fonds détenus au cours du même exercice.

Les personne visées au 1° ci-dessus doivent communiquer le registre répertoire prévu à l'article 51 ci-dessous, ainsi que le relevé intégral pour l'année écoulée du compte bancaire prévu, soit à l'article 55, soit à l'article 59.

Les personnes visées au 2° ci-dessus doivent communiquer le registre des mandats, prévu à l'article 65 ci-dessous, ainsi que le relevé intégral pour l'année écoulée des comptes prévus à l'article 71.

Pour la détermination des montants définis aux 1° et 2° ci-dessus, l'expert-comptable, le comptable agréé ou le garant tient compte, le cas échéant, des dispositions de l'article 29 (al. 1 et 2).

Section III. – La mise en œuvre de la garantie financière

Art. 39. – La garantie financière s'applique à toute créance ayant pour origine un versement ou une remise effectué à l'occasion d'une opération prévue, soit par le 1° à 5° ; soit par le 6° de l'article 1er de la loi susvisée du 2 janvier 1970, suivant que la garantie est accordée au titulaire d'une carte « Transactions sur immeubles et fonds de commerce » ou au titulaire d'une carte « Gestion immobilière ».

Elle joue sur les seules justifications que la créance soit certaine, liquide et exigible, et que la personne garantie soit défaillante sans que le garant puisse opposer au créancier le bénéfice de discussion.

En cas d'instance en justice, le demandeur doit aviser le consignataire ou le garant de l'assignation par lettre recommandée avec demande d'avis de réception.

Pour le consignataire ou le garant, la défaillance de la personne garantie peut résulter d'une sommation de payer suivie de refus ou demeurée sans effet, pendant un délai d'un mois à compter de la signification de la sommation faite à celle-ci.

Si le garant conteste l'existence des conditions d'ouverture du droit au paiement ou le montant de la créance, le créancier peut assigner directement le garant devant la juridiction compétente.

Art. 40. – Lorsque la garantie résulte d'une consignation, la caisse des dépôts et consignations informe immédiatement le préfet qui a délivré la carte professionnelle de toute demande en paiement, judiciaire ou non, qui lui est présentée.

La personne garantie pourra être considérée par la caisse des dépôts et consignations comme ayant acquiescé à la demande en paiement si, dans le délai d'un mois suivant la signification de la sommation, elle n'a pas judiciairement contesté la cause ou le montant de la demande ou rapporté une renonciation du demandeur.

Art. 41. – Le garant ou, lorsque la garantie résulte d'une consignation, le plus diligent des créanciers peut présenter requête au président du tribunal de grande instance aux fins de désignation d'un administrateur chargé de dresser l'état des créances, compte tenu des délais indiqués aux articles 42, 45 et 46.

Décret du 20 juillet 1972   AGENTS IMMOBILIERS

Art. 42. – Le paiement est effectué par le consignataire ou par le garant à l'expiration d'un délai de trois mois à compter de la présentation d'une demande écrite. En cas de cessation de la garantie avant l'expiration de ce délai, son point de départ est reporté à la date de publication de l'avis prévu à l'article 45.

Si plusieurs demandes sont reçues pendant ce délai, une répartition a lieu au marc le franc dans le cas où le montant total des demandes excéderait le montant de la garantie.

Toutefois, si la personne garantie est mise en état de règlement judiciaire ou de liquidation des biens pendant le délai fixé à l'alinéa 1er, le règlement des créances peut être différé jusqu'à l'arrêt de l'état des créances par le juge-commissaire, conformément à l'article 43 de la loi n. 67-563 du 13 juillet 1967.

Art. 43. – La société de caution mutuelle *(D. n. 80-571 du 21 juil. 1980, art. 5)*, l'entreprise d'assurance ou l'établissement bancaire ou financier dont la garantie a été mise en jeu est subrogé de plein droit dans tous les droits et actions du créancier désintéressé, ainsi qu'il est dit à l'article 2029 du Code civil, en ce qui concerne la dette de la personne garantie et dans la limite du remboursement ou de la restitution faite par lui.

Section IV. – Cessation de la garantie

Art. 44. – La garantie cesse en raison de la démission de l'adhérent d'une société de caution mutuelle, de la dénonciation du contrat de caution ou de l'expiration de ce contrat.

Elle cesse également en raison de la fermeture de l'établissement, du décès ou de la cessation d'activité de la personne garantie ou de la mise en location-gérance du fonds de commerce, si elle est possible.

En aucun cas, la garantie ne peut cesser avant l'expiration d'un délai de trois jours francs suivant la publication d'un avis dans deux journaux, dont un quotidien paraissant ou, à défaut, distribués dans le département où est situé le siège de l'entreprise à laquelle a été donnée la garantie, et, le cas échéant, les établissements, les succursales, les agences ou les bureaux qui en dépendent.

Ces publications produisent les effets prévus par l'article 45 (al. 3) ci-dessous, si elles satisfont également aux prescriptions de cet article.

Toutefois, en cas de décès, la garantie peut être prorogée, à titre exceptionnel et provisoire, pour une durée qui ne peut excéder un an, si la direction de l'entreprise est assumée, de convention expresse entre les parties, par une autre personne qui est titulaire de la carte professionnelle concernant la même catégorie d'activités et qui est garantie par le même garant.

Art. 45 – Dans les différents cas visés à l'article précédent, le garant est tenu d'informer immédiatement, par lettre recommandée avec demande d'avis de réception, les personnes ayant fait des versements ou des remises au titulaire de la carte professionnelle, et dont les noms et adresses figurent sur le registre répertoire prévu à l'article 51 ci-après.

En outre, une publication est faite à la diligence du garant, conformément aux dispositions du troisième alinéa du précédent article.

Toutes les créances visées à l'article 39 ci-dessus, qui ont pour origine un versement ou une remise fait antérieurement à la date de la cessation de la garantie restent couvertes par le garant, si elles sont produites par le créancier dans un délai de trois mois à compter de la date de la formalité prévue à l'alinéa 1er ci-dessus pour les personnes qu'elle concerne ou de la date prévue au troisième alinéa de l'article précédent pour les autres personnes. Ce délai ne court que si l'avis et les insertions mentionnent le délai de trois mois ouvert aux créanciers pour produire.

1442

AGENTS IMMOBILIERS — Décret du 20 juillet 1972

Art. 46. – Lorsque la cessation de garantie prévue à l'article 44 concerne un titulaire de la carte professionnelle « Gestion immobilière », le garant est alors tenu d'informer immédiatement, par lettre recommandée avec demande d'avis de réception, les personnes ayant donné mandat de gérer leurs immeubles et dont les noms et adresses figurent sur le registre des mandats prévu à l'article 65.

S'il s'agit d'un syndic de copropriété ou d'un gérant de société, le gérant est tenu d'informer, par lettre recommandée avec demande d'avis de réception, le président ou, à défaut, les membres du conseil syndical ou du conseil de surveillance, suivant le cas.

Le garant est tenu d'apposer ou de faire apposer une affiche informant de la cessation de garantie à la porte principale de l'immeuble ou de l'ensemble immobilier et, s'il échet, à la porte principale de chaque bâtiment dépendant du syndicat ou de la société.

En outre, les dispositions des alinéas 2 et 3 de l'article précédent sont applicables.

Art. 47. – La garantie, lorsqu'elle résulte d'une consignation, prend fin soit dans les conditions prévues à l'article 23, dernier alinéa, soit dans les conditions indiquées à l'article 44, alinéa 3.

La publicité prescrite aux trois précédents articles est alors accomplie par un administrateur désigné sur requête par le président du tribunal de grande instance ou par l'administrateur prévu à l'article 41 ci-dessus, s'il en a été désigné un. Les frais sont imputés sur la partie de la consignation affectée à cet effet et déposés au deuxième sous-compte.

Art. 48. – Le consignataire ou le garant, suivant le cas, informe immédiatement de la cessation de la garantie ou de la modification de son montant le préfet qui a délivré la carte professionnelle ainsi que l'établissement bancaire dans lequel est ouvert l'un des comptes prévus par les articles 55, 59 et 71.

CHAPITRE IV. – ASSURANCE DE LA RESPONSABILITÉ CIVILE PROFESSIONNELLE

Art. 49. – Les personnes visées à l'article 1er du présent décret doivent justifier qu'elles sont couvertes pour chaque établissement, succursale, agence ou bureau, contre les conséquences pécuniaires de la responsabilité civile professionnelle qu'elles peuvent encourir en raison de leurs activités, par un contrat souscrit par elles auprès d'une société d'assurances ou d'un assureur agréé en application du décret du 14 juin 1938.

Un arrêté conjoint du garde des sceaux, ministre de la justice, et du ministre de l'économie et des finances, fixe les conditions minimales que doit comporter ce contrat et la forme du document justificatif d'assurance qui devra être remis au préfet au moment de la demande de délivrance ou de renouvellement de la carte professionnelle.

Art. 50. – Toute suspension de garantie, dénonciation de la tacite reconduction ou résiliation du contrat d'assurance est portée sans délai par la société d'assurance ou l'assureur agréé à la connaissance du préfet qui a délivré la carte professionnelle.

CHAPITRE V. – OBLIGATIONS PARTICULIÈRES EN CAS DE RÉCEPTION, DÉTENTION OU DISPOSITION DE FONDS, EFFETS OU VALEURS PAR LES INTERMÉDIAIRES

Section I. – Registres-répertoires et reçus

Art. 51. – Tous les versements ou remises faits au titulaire de la carte « Transactions sur immeubles et fonds de commerce » doivent être immédiatement mentionnés sur un registre-répertoire dit « De la loi du 2 janvier 1970 » conforme au modèle fixé par arrêté conjoint du garde des sceaux, ministre de la justice, et du ministre de l'économie et des finances.

Décret du 20 juillet 1972   AGENTS IMMOBILIERS

Le registre-répertoire est, à l'avance, relié et coté sans discontinuité.

L'existence de ce registre ne dispense pas son titulaire de satisfaire, en ce qui concerne la tenue des autres livres ou registres, aux obligations auxquelles il est astreint en raison de sa qualité ou de la nature des opérations auxquelles il se livre.

Le registre-répertoire est tenu sous la responsabilité du titulaire de la carte professionnelle, ou de ses représentants légaux ou statutaires s'il s'agit d'une personne morale.

Indépendamment du registre-répertoire tenu par le titulaire de la carte professionnelle pour l'ensemble des activités correspondant à cette carte, il est tenu un registre-répertoire pour les versements ou remises particuliers à chaque établissement, succursale, agence ou bureau, sous la responsabilité de la personne qui la dirige.

Le garant peut demander, à tout moment, communication du registre-répertoire.

Art. 52. – Tous les versements ou remises doivent donner lieu à la délivrance d'un reçu. Ce reçu est conforme à un modèle fixé par arrêté conjoint du garde des sceaux, ministre de la justice, et du ministre de l'économie et des finances. Un double du reçu demeure dans un carnet de reçus.

Cet arrêté fixe également les mentions que le reçu devra contenir.

Le garant peut demander qu'un double de chaque reçu lui soit adressé.

Le titulaire du registre-répertoire peut, sous sa responsabilité et sous réserve des stipulations du contrat qui accorde la garantie, remettre des carnets de reçus à des personnes agissant pour son compte et titulaires du récépissé ou de l'attestation prévus aux articles 8 et 9 ci-dessus.

Le titulaire du registre-répertoire doit porter sur un état spécial la date de la mise en service de chaque carnet de reçus en précisant son numéro, ainsi que, le cas échéant, le nom, la qualité de son détenteur, ainsi que le numéro du récépissé ou de l'attestation.

Les versements ou remises reçus par ces personnes doivent être mentionnés sur le registre-répertoire de celui pour le compte duquel elles détiennent les carnets, dans les cinq jours francs de la délivrance du reçu.

Art. 53. – Les registres et documents visés aux articles 51 et 52 ci-dessus doivent être conservés pendant dix ans.

Art. 54. – La carte professionnelle « transactions sur immeubles et fonds de commerce » n'autorise pas son titulaire à recevoir à ce titre, même occasionnellement, des versements ou remises énumérés à l'article 64 ci-après, à l'occasion de la location ou de la sous-location en nu ou en meublé d'immeubles bâtis ou non bâtis, ni des redevances de location-gérance d'un fonds de commerce.

> Section II. – Obligations concernant les intermédiaires garantis par une société de caution mutuelle, une entreprise d'assurance, une banque ou un établissement financier

Art. 55. – Lorsque la garantie est donnée par *(D. n. 80-571 du 21 juil. 1980, art. 6)* une société de caution mutuelle, une entreprise d'assurance, une banque ou un établissement financier, le titulaire de la carte professionnelle prévue à l'article 1er (al. 1) du présent décret est tenu de faire ouvrir, à son nom, dans une banque, un compte qui est exclusivement affecté à la réception des versements ou remises visés à l'article 5 de la loi susvisée du 2 janvier 1970.

Il ne peut être ouvert qu'un seul compte de cette nature par titulaire de carte professionnelle.

Ce compte fonctionne exclusivement sous la signature du titulaire de la carte professionnelle, de son ou de ses représentants légaux ou statutaires, s'il s'agit d'une personne morale, et, le

AGENTS IMMOBILIERS — Décret du 20 juillet 1972

cas échéant, du gérant, mandataire ou salarié, et des préposés spécialement habilités à cet effet.

Le syndic, en cas de règlement judiciaire ou de liquidation de biens, ou un mandataire de justice, si le titulaire du compte est dans l'impossibilité de manifester sa volonté, peut opérer les retraits.

Il ne peut y avoir compensation ou convention de fusion entre ce compte et tout autre compte ouvert au nom de son titulaire dans la même banque.

Art. 56. – Tous les versements reçus par le titulaire de la carte professionnelle sont obligatoirement faits au moyen soit de chèques à l'ordre de la banque où le compte est ouvert et barrés, soit par virement de banque à banque, soit par mandats ou virements postaux à l'ordre de ladite banque, avec indication du numéro de compte.

Les effets, ainsi que les valeurs reçus par le titulaire du compte sont obligatoirement remis à l'établissement où est ouvert ce compte.

Les versements ou remises sont reçus dans les mêmes formes par les titulaires du récépissé de la déclaration ou de l'attestation prévus aux articles 8 et 9, au nom et pour le compte du titulaire de la carte professionnelle, et doivent également ête déposés dans les conditions prévues aux alinéas précédents.

Art. 57. – Les retraits du compte prévu à l'article 55 ne peuvent être faits que par virement de banque à banque ou à un compte de chèques postaux, ou par la délivrance d'un chèque bancaire à barrement ou encore, s'il s'agit de valeurs ou d'effets, par un récépissé de retrait.

Art. 58. – Dès la notification de la cessation de la garantie à l'établissement bancaire qui tient le compte, il ne peut être procédé à des retraits qu'avec l'ordre du garant.

Si le titulaire du compte refuse d'effectuer un retrait, la désignation d'un administrateur provisoire peut être demandée au président du tribunal de grande instance statuant en référé.

En cas de changement de garantie financière, les fonds provenant des opérations en cours au moment de la cessation de la garantie antérieure ne peuvent être transférés à un autre compte de même nature ou un compte spécial à rubriques prévu ci-après, suivant le cas, que s'ils sont pris en charge au titre de la nouvelle garantie.

Section III. – Obligations concernant les intermédiaires dont la garantie résulte d'une consignation

Art. 59. – Lorsque la garantie résulte d'une consignation la personne qui est titulaire de la carte professionnelle « transactions sur immeubles et fonds de commerce » est tenue de faire ouvrir un compte spécial à rubriques qui est exclusivement affecté à la réception des versements et remises visés à l'article 5 de la loi susvisée du 2 janvier 1970. Ce compte est ouvert dans une banque ou à la caisse des dépôts et consignations. Les versements et remises reçus par le titulaire de la carte à l'occasion des opérations visées à l'article 1er (1° à 5°) de la loi, sont obligatoirement déposés à ce compte dans les conditions suivantes.

Les versements sont obligatoirement faits au moyen, soit de chèques à l'ordre de l'établissement où le compte est ouvert et barrés, soit par virements de banque à banque, soit par mandats ou virements postaux à l'ordre dudit établissement.

Ces versements doivent mentionner l'opération à laquelle ils se rapportent, le nom de la personne qui y a procédé, et celui de la ou des personnes qui peuvent en être les bénéficiaires. Ils sont inscrits au compte sous une rubrique reprenant ces diverses mentions.

Les effets, ainsi que les valeurs reçus par le titulaire du compte sont obligatoirement placés au compte spécial à rubriques et leur dépôt est effectué à l'établissement dans les conditions prévues à l'alinéa précédent.

Décret du 20 juillet 1972 — AGENTS IMMOBILIERS

Lorsque les titulaires d'un récépissé de déclaration ou d'attestation prévus par les articles 8 et 9 agissent au nom et pour le compte de la personne qui est titulaire du compte spécial à rubriques, les versements et remises qu'ils reçoivent doivent être faits dans les formes prévues au présent article.

Art. 60. – Les retraits du compte spécial à rubriques ne peuvent être faits que par virements de banque à banque ou à un compte de chèques postaux, par la délivrance d'un chèque bancaire barré, ou encore, s'il s'agit de valeurs ou d'effets, par un récépissé de retrait.

Art. 61. – Le titulaire du compte peut disposer sous sa seule signature des sommes ou valeurs figurant à une rubrique du compte, mais seulement au profit :
1° D'un notaire ;
2° De la personne ayant procédé au versement ou à la remise ;
3° Des personnes désignées comme bénéficiaires lors de l'inscription au compte, à l'exception de lui-même ;
4° D'un séquestre judiciaire ou de créanciers des personnes propriétaires des fonds ou valeurs ;
5° De lui-même, à la condition qu'il justifie d'une créance née de la transmission d'un droit se rapportant à des opérations spécifiées à l'article 1er de la loi du 2 janvier 1970 (1° à 5° inclus).

Le syndic, en cas de règlement judiciaire ou de liquidation de biens, ou un mandataire de justice si le titulaire du compte est dans l'impossibilité de manifester sa volonté, peut opérer des retraits à la place du titulaire.

La justification de la qualité de créancier du vendeur d'un fonds de commerce peut suffisamment résulter pour la banque du caractère conjoint de l'ordre de disposition donné par le titulaire du compte et par le vendeur lui-même.

Art. 62. – Sauf instructions particulières du titulaire du compte spécial à rubriques, l'établissement détenteur des valeurs ou effets remis n'est pas tenu de surveiller les échéances de valeurs ou d'effets.

Les sommes provenant de l'encaissement de valeurs ou effets sont directement portées au crédit de la rubrique correspondant à l'opération.

L'établissement qui tient le compte est tenu de vérifier que les bénéficiaires des retraits figurent parmi les personnes énumérées à l'article 61 ci-dessus. Toute opposition ou saisie-arrêt visant des avoirs figurant à une rubrique du compte doit être obligatoirement pratiquée entre les mains du titulaire du compte.

Art. 63. – Dès la notification de la cessation de la garantie à l'établissement qui tient le compte, il ne peut être procédé à des retraits que par un administrateur désigné par le président du tribunal de grande instance sur simple requête.

En cas de changement de garantie financière, les fonds provenant des opérations en cours au moment de la cessation de la garantie antérieure ne peuvent être transférés à un compte prévu par l'article 55 que s'ils sont pris en charge au titre de la nouvelle garantie.

CHAPITRE VI. – DISPOSITIONS PARTICULIÈRES A LA GESTION IMMOBILIÈRE

Art. 64. – Le titulaire de la carte professionnelle « gestion immobilière » peut recevoir des sommes représentant des loyers, charges, indemnités d'occupation, prestations, cautionnements, avances sur travaux, et, plus généralement, tous biens, sommes ou valeurs dont la perception est la conséquence de l'administration des biens d'autrui.

AGENTS IMMOBILIERS — Décret du 20 juillet 1972

A moins que le titulaire de la carte professionnelle « gestion immobilière » représente la personne morale qu'il administre, notamment un syndicat de copropriétaires, une société ou une association, il doit détenir un mandat écrit qui précise l'étendue de ses pouvoirs et qui l'autorise expressément à recevoir des biens, sommes ou valeurs, à l'occasion de la gestion dont il est chargé.

Art. 65. – Le titulaire de la carte professionnelle « gestion immobilière », son ou ses représentants légaux ou statutaires, s'il s'agit d'une personne morale, doit tenir, sous sa responsabilité, un registre des mandats, conforme à un modèle fixé par arrêté conjoint du garde des sceaux, ministre de la justice, du ministre de l'intérieur et du ministre de l'économie et des finances, sur lequel les mandats prévus à l'article précédent sont mentionnés par ordre chronologique.

Le numéro d'inscription sur le registre des mandats est reporté sur celui des exemplaires du mandat qui reste en la possession du mandant.

Les décisions de toute nature qui confient au titulaire du registre des mandats la gestion d'un syndicat de copropriétaires, d'une société ou d'une association doivent être mentionnées à leur date sur le registre.

Ce registre est, à l'avance, coté sans discontinuité et relié.

En cas de cessation de garantie, ce registre est communiqué au garant ou à l'administrateur désigné.

Art. 66. – Le mandat précise les conditions de la reddition de comptes qui doit intervenir au moins tous les ans.

Le mandataire ne peut demander ni recevoir, directement ou indirectement, d'autres rémunérations, à l'occasion des opérations dont il est chargé, que celles dont les conditions de détermination sont précisées dans le mandat ou dans la décision de nomination, ni de personnes autres que celles qui y sont désignées.

Art. 67. – Les loyers payés d'avance entre les mains d'un mandataire, sous quelque forme et pour quelque cause que ce soit, à l'occasion d'un louage de choses, ne peuvent excéder une somme correspondant au montant du loyer afférent à la période de location lorsqu'elle n'excède pas trois mois. Pour les locations d'une durée supérieure à trois mois, les sommes ainsi payées ne peuvent dépasser un montant qui excède trois mois de loyers pour les locaux d'habitation, les locaux à usage professionnel et les locaux à usage professionnel et d'habitation, et six mois de loyers pour les locaux à usage commercial, industriel ou artisanal.

Les versements ou remises faits entre les mains d'un mandataire et correspondant à un cautionnement ou à un loyer payé d'avance ne peuvent être acceptés par le mandataire plus de trois mois avant l'entrée dans les lieux ou la remise des clés.

Avis des versements ou remises afférents à des locations nouvelles doit être donné au propriétaire ou au bailleur par lettre recommandée ou par un écrit remis contre un récépissé, au plus tard dans les huit jours de la remise des fonds.

Art. 68. – En ce qui concerne les locations dites saisonnières de locaux meublés, d'une durée maximale non renouvelable de 90 jours, les versements et remises faits au nom du mandataire ne peuvent être reçus par ce dernier plus de six mois avant le début de la location ni excéder en aucun cas, lorsqu'ils sont faits avant l'entrée dans les lieux, le quart du montant du loyer ; le versement du solde du loyer peut être exigé contre la remise des clés.

Avis de ces versements ou remises doit être donné au propriétaire ou au bailleur dans les conditions stipulées au mandat.

Décret du 20 juillet 1972 — AGENTS IMMOBILIERS

Art. 69. – Le titulaire de la carte professionnelle « gestion immobilière » peut recevoir des versements ou remises, autres que ceux mentionnés par l'article 64, et même un prix de vente, à l'occasion de l'une des opérations spécifiées à l'article 1er (1° à 5°) de la loi susvisée du 2 janvier 1970, mais seulement à titre occasionnel et sous les conditions suivantes :

1° Il doit gérer depuis plus de trois ans le bien qui est l'objet du contrat ;

2° Les fonds, biens, effets ou valeurs reçus ou détenus, dans ces conditions, doivent être compris dans le montant de la garantie financière, conformément aux dispositions de l'article 29 ci-dessus ;

3° Il doit avoir reçu un mandat spécial répondant aux conditions prévues aux articles 72 et suivants, à l'effet de procéder à l'opération dont s'agit ;

4° Les conséquences pécuniaires de la responsabilité civile professionnelle qui peut être encourue à cette occasion, doivent être couvertes, soit par la police relative aux activités de gestion immobilière, soit par une police spéciale ou complémentaire souscrite auprès d'une société d'assurance ou d'un assureur agréé en application du décret susvisé du 14 juin 1938.

Art. 70. – En cas de cessation de la garantie, la personne visée à l'article 1er (6°) de la loi du 2 janvier 1970, doit verser immédiatement les fonds, biens, effets ou valeurs qu'elle détient pour les mandants à un compte ouvert dans un établissement bancaire.

Les retraits du compte ouvert en application de l'alinéa premier ci-dessus sont opérés, avec l'accord du garant, sous la signature du titulaire du compte ou de la personne qui est habilitée par la loi à le représenter.

En cas de refus ou d'impossibilité d'opérer le versement ou les retraits prévus aux alinéas précédents, le garant peut demander, au juge des référés la désignation d'un administrateur.

Art. 71. – Lorsque la garantie résulte d'une consignation les versements ou remises mentionnés à l'article 64 doivent être faits à un compte ouvert, par une banque ou par la caisse des dépôts et consignations ou par un centre de chèques postaux, au nom de chaque mandant ou de chaque indivision.

Toutes les sommes ou valeurs reçues à l'occasion des opérations de gestion immobilière doivent être versées dans les trois jours francs à ce compte.

En cas de cessation de garantie, les retraits du compte ouvert en application de l'alinéa premier sont opérés sous la double signature du ou des mandants et du gestionnaire, ou, en cas d'impossibilité ou de refus de sa part, de la personne qui est habilitée par la loi à le représenter ou, le cas échéant, d'un administrateur désigné par ordonnance du président du tribunal de grande instance rendue sur requête.

CHAPITRE VII. – LES CONVENTIONS PRÉVUES PAR L'ARTICLE 6 (AL. 1) DE LA LOI DU 2 JANVIER 1970

Art. 72. – Le titulaire de la carte prévue à l'article 1er (al. 1) du présent décret ne peut négocier ou s'engager à l'occasion d'opérations spécifiées à l'article 1er (1° à 5°) de la loi susvisée du 2 janvier 1970, sans détenir un mandat écrit préalablement délivré à cet effet par l'une des parties.

Le mandat précise son objet et contient les indications prévues à l'article 73.

Lorsqu'il comporte l'autorisation de s'engager pour une opération déterminée, le mandat en fait expressément mention.

Tous les mandats sont mentionnés par ordre chronologique sur un registre des mandats conforme à un modèle fixé par arrêté conjoint du garde des sceaux, ministre de la justice, du ministre de l'intérieur et du ministre de l'économie et des finances.

AGENTS IMMOBILIERS **Décret du 20 juillet 1972**

Le numéro d'inscription sur le registre des mandats est reporté sur celui des exemplaires du mandat qui reste en la possession du mandant.
Ce registre est à l'avance coté sans discontinuité et relié.
Les mandats et le registre des mandats sont conservés pendant dix ans.

Art. 73. – Le titulaire de la carte professionnelle prévue à l'article 1er (al. 1) du présent décret, son ou ses représentants légaux ou statutaires, s'il s'agit s'une personne morale, qui doit recevoir le mandat prévu à l'article 72, ne peut demander, ni recevoir, directement ou indirectement, d'autre rémunération ou commission à l'occasion d'une opération spécifiée à l'article 1er (1° à 5°) de la loi susvisée du 2 janvier 1970 que celle dont les conditions de détermination sont précisées dans le mandat.

Le mandat doit préciser si cette rémunération est à la charge exclusive de l'une des parties à l'opération ou si elle est partagée. Dans ce dernier cas, les conditions et modalités de ce partage sont indiquées dans le mandat et reprises dans l'engagement des parties. Le montant de la rémunération ou de la commission, ainsi que l'indication de la ou des parties. Il en est de même, le cas échéant, des honoraires de rédaction d'actes et de séquestre.

Le titulaire de la carte ne peut demander, ni recevoir, directement ou indirectement, des commissions ou des rémunérations à l'occasion de cette opération d'une personne autre que celles mentionnées comme en ayant la charge dans le mandat et dans l'engagement des parties.

Art. 74. – Lorsque l'engagement des parties contient une clause de dédit ou une condition suspensive, l'opération ne peut être regardée comme effectivement conclue pour l'application du troisième alinéa de l'article 6 de la loi susvisée du 2 janvier 1970, s'il y a dédit ou tant que la faculté de dédit subsiste, ou tant que la condition suspensive n'est pas réalisée.

Art. 75. – Si le mandat prévoit une rémunération forfaitaire, celle-ci peut être modifiée lorsque le prix de vente ou de cession retenu par l'engagement des parties est différent du prix figurant dans le mandat.

Art. 76. – Le titulaire de la carte n'est autorisé à verser pour un montant maximal, à recevoir ou à détenir des fonds, biens, effets ou valeurs, ou à en disposer, à l'occasion d'une opération spécifiée à l'article 1er (1° à 5°) de la loi susvisée du 2 janvier 1970 que dans la mesure et dans les conditions précisées par une clause expresse du mandat, compte tenu des dispositions de cette loi et du présent décret.

Le mandat d'acheter ou de prendre à bail un bien non identifié ne doit contenir aucune clause fixant à l'avance le montant des dommages-intérêts ou du dédit éventuellement dû par la partie qui ne remplirait pas ses engagements.

Art. 77. – Le titulaire de la carte devra, dans le délai stipulé et, en tout cas, dans les huit jours de l'opération, informer son mandant de l'accomplissement du mandat de vendre ou d'acheter.

L'information est faite par lettre recommandée avec demande d'avis de réception ou par tout autre écrit remis contre récépissé ou émargement.

L'intermédiaire remet à son mandant, dans les mêmes conditions que celles prévues aux deux alinéas précédents, une copie de la quittance ou du reçu délivré.

Art. 78. – Lorsqu'un mandat est assorti d'une clause d'exclusivité ou d'une clause pénale, ou lorsqu'il comporte une clause aux termes de laquelle une commission sera due par le mandant, même si l'opération est conclue sans les soins de l'intermédiaire, cette clause ne peut recevoir

though
Décret du 20 juillet 1972 — AGENTS IMMOBILIERS

application que si elle résulte d'une stipulation expresse d'un mandat dont un exemplaire a été remis au mandant. Cette clause est mentionnée en caractères très apparents.

Passé un délai de trois mois à compter de sa signature, le mandat contenant une telle clause peut être dénoncé à tout moment par chacune des parties, à charge pour celle qui entend y mettre fin d'en aviser l'autre partie quinze jours au moins à l'avance par lettre recommandée avec demande d'avis de réception.

Toutefois, les dispositions du précédent alinéa ne s'appliquent pas lorsque le mandat est donné en vue de :

1° La vente d'immeubles par lots ;

2° La souscription ou la première cession d'actions ou de parts de société immobilière donnant vocation à une attribution de locaux en jouissance ou en propriété ;

3° La location, par fractions, de tout ou partie des locaux à usage commercial dépendant d'un même ensemble commercial.

Dans les trois cas prévus au précédent alinéa, le mandat doit néanmoins préciser les cas et conditions dans lesquelles il peut être dénoncé avant sa complète exécution lorsque l'opération porte en totalité sur un immeuble déjà achevé.

Art. 79. – Lorsque le titulaire de la carte professionnelle prévue à l'article 1er (al. 1) du présent décret reçoit un versement ou une remise à l'occasion d'une opération visée à l'article 1er de la loi susvisée du 2 janvier 1970, l'acte écrit contenant l'engagement des parties comporte l'indication du mode et du montant de la garantie et celle du garant ou du consignataire.

CHAPITRE VIII. – RENOUVELLEMENT DES CARTES PROFESSIONNELLES ET CONTRÔLE

Art. 80. – La carte professionnelle est valable un an.

Son renouvellement intervient sur présentation au préfet compétent, en vertu de l'article 5 ci-dessus, d'une demande écrite conforme aux dispositions de l'article 2.

Sont joints à cette demande :

1° Une attestation de garantie financière délivrée conformément aux dispositions de l'article 37 ci-dessus ;

2° Une attestation d'assurance contre les conséquences pécuniaires de la responsabilité civile professionnelle délivrée conformément aux dispositions de l'article 49 (al. 2) ;

3° La justification du paiement des droits prévus à l'article 8 de la loi susvisée du 2 janvier 1970 ;

4° Le cas échéant, lorsqu'il s'agit du renouvellement de la carte prévue à l'article 1er (al. 1) du présent décret, une déclaration sur l'honneur qu'il n'est reçu aucun fonds, effet ou valeur à l'occasion des opérations spécifiées par l'article 1er (1° à 5°) de la loi susvisée du 2 janvier 1970.

Le préfet vérifie, en se faisant délivrer un bulletin n. 2 du casier judiciaire, que le demandeur n'est pas frappé de l'une des interdictions ou incapacités d'exercer définies au titre II de la loi du 2 janvier 1970. Le demandeur produit, s'il y a lieu, les documents prévus à l'article 3 (dernier al.) du présent décret.

La nouvelle carte est délivrée sur remise de l'ancienne.

Art. 81. – Pour chaque département, le préfet fixe les dates auxquelles doivent être présentées les demandes de renouvellement de la carte professionnelle.

Art. 82. – La demande de renouvellement de la carte « transactions sur immeubles et fonds de commerce » est, en outre, accompagnée d'un arrêté de comptes certifié exact, afférent à

AGENTS IMMOBILIERS — Décret du 20 juillet 1972

la période écoulée depuis la première délivrance de la carte professionnelle et ensuite depuis le précédent arrêté de comptes.

Ce document indique le montant maximal des fonds, effets ou valeurs détenus au cours de cette période.

Ces sommes doivent toujours être au plus égales au montant de la garantie.

Cet arrêté de comptes est délivré par un expert-comptable, un comptable agréé ou par le garant.

Art. 83. – La demande de renouvellement de la carte « Gestion immobilière » est, en outre, accompagnée, lorsque la garantie est donnée (D. n. 80-571 du 21 juil. 1980, art. 8) par une société de caution mutuelle, une entreprise d'assurance, une banque ou un établissement financier, d'un arrêté de comptes faisant apparaître le montant maximal des fonds détenus depuis la première délivrance de la carte et ensuite depuis le précédent arrêté de comptes. Ce montant est au plus égal au montant de la garantie.

Cet arrêté est délivré par un expert-comptable, un comptable agréé ou par le garant.

Art. 84. – Lorsque la garantie résulte d'une consignation, la demande de renouvellement de la carte « Gestion immobilière » est accompagnée :

1° D'un état des mandats établi par le demandeur au vu du registre des mandats ;

2° Des attestations d'ouverture des comptes prévus à l'article 71 ci-dessus et délivrées par les établissements où ces comptes sont ouverts ;

3° D'un état faisant apparaître, depuis la première délivrance de la carte professionnelle et ensuite depuis la date du dernier état, pour chacun de ces comptes :
Le montant maximal des fonds détenus ;
Le solde de chacun de ces comptes à la date de l'état qui ne peut être antérieure de plus de quinze jours à la demande de renouvellement.

La récapitulation totale de ces montants, d'une part, et de ces soldes, d'autre part, doit être au plus égale au montant de la garantie.

L'état prévu au 3° ci-dessus peut être établi par le demandeur lorsqu'il comporte en annexe un document bancaire indiquant, pour chacun des comptes, le montant maximal des fonds détenus et le solde. Il peut aussi être établi par un établissement bancaire ou par un expert-comptable, ou un comptable agréé.

Art. 85. – Les documents bancaires mentionnés aux articles 81 à 84 ci-dessus doivent être délivrés dans les quinze jours suivant la réception de la demande qui en est faite.

Ils ne doivent pas être antérieurs de plus de quinze jours à la demande de renouvellement.

Art. 86. – Les fonctionnaires et les techniciens désignés à cet effet par le préfet ainsi que les garants peuvent, à tout moment, se faire communiquer tous les documents qu'ils estiment nécessaires à la vérification de la suffisance de la garantie.

Ils peuvent notamment se faire produire :

Par les titulaires de la carte « Transactions sur immeubles et fonds de commerce » : le registre-répertoire dit « de la loi du 2 janvier 1970 », les carnets de reçus, l'état spécial de mise en service de ces carnets, le registre des mandats, les conventions visées à l'article 6 (al. 1er) de la loi susvisée du 2 janvier 1970, les relevés du compte visé à l'article 55 du présent décret, ceux du compte spécial à rubriques, les copies des avis prévus aux articles 67 et 68 ci-dessus ;

Par les titulaires de la carte « Gestion immobilière » : le livre de caisse, les livres de banque et chèques postaux, le registre des mandats, les conventions visées à l'article 6 (al. 1er) de la

Décret du 20 juillet 1972 — AGENTS IMMOBILIERS

loi susvisée du 2 janvier 1970, les relevés des comptes bancaires ou postaux, et notamment ceux visés à l'article 71, les copies des documents constatant les redditions de comptes.

Les documents mentionnés à l'alinéa précédent doivent être conservés par les titulaires de la carte professionnelle pendant au moins dix ans.

CHAPITRE IX. – DISPOSITIONS TRANSITOIRES

....

CHAPITRE X. – DISPOSITIONS DIVERSES

Art. 92. – Les personnes visées à l'article 1er de la loi du 2 janvier 1970 doivent faire figurer sur tous documents, contrats et correspondance à usage professionnel :
Le numéro et le lieu de délivrance de la carte professionnelle ;
Le nom ou la raison sociale et l'adresse de l'entreprise ainsi que l'activité exercée ;
Le nom et l'adresse du garant.

Ces indications ne doivent être accompagnées d'aucune mention de nature à faire croire, d'une quelconque manière, à une assermentation, à une inscription, à une commission, à un accréditement, à un agrément ou à une habilitation.

Art. 93. – Le titulaire de la carte professionnelle est tenu d'apposer, en évidence, dans tous les lieux où est reçue la clientèle, une affiche indiquant :
Le numéro de la carte professionnelle ;
Le montant de la garantie ;
La dénomination et l'adresse du consignataire ou du garant.

S'il s'agit des personnes visées à l'article 1er (al. 1er), l'affiche indiquera, en outre, l'établissement bancaire et le numéro du compte où doivent être effectués les versements et remises ainsi que les modes obligatoires de versement. Elle reproduira les dispositions du premier alinéa de l'article 51 ci-dessus.

Art. 94. – Lorsque le titulaire de la carte « transactions sur immeubles et fonds de commerce » a souscrit la déclaration prévue aux articles 3 (al. 1er, 7°), 85 (al. 1er, 4°), les documents et affiches visés aux deux précédents articles indiquent que l'intéressé ne doit recevoir aucun fonds, effet ou valeur. En outre, dans ce cas, une affiche comportant cette mention doit être apposée, en évidence, dans la vitrine ou sur le panneau publicitaire extérieur, s'il en existe un.

Cette indication est portée en utilisant des caractères très apparents.

Art. 95. – Les dispositions réglementant les conditions d'exercice des activités relatives à certaines opérations portant sur les immeubles et les fonds de commerce ne sont pas applicables aux notaires, aux avoués, aux avocats, aux huissiers de justice, aux géomètres experts spécialement autorisés par l'ordre à gérer des immeubles, aux personnes physiques ou morales inscrites sur la liste des conseils juridiques prévue par la loi n. 71-1130 du 31 décembre 1971 portant réforme de certaines professions judiciaires ou juridiques, aux syndics et administrateurs judiciaires pour les opérations qu'ils sont régulièrement habilités à réaliser dans le cadre de la réglementation de leur profession.

Ces dispositions ne s'appliquent pas aux sociétés filiales de sociétés nationales ou d'entreprises publiques qui gèrent exclusivement les immeubles de ces sociétés ou entreprises, ni aux organismes collecteurs de la participation des employeurs à l'effort de construction dans la mesure où ces organismes gèrent les immeubles qu'ils ont construits. Elles ne s'appliquent pas

CONSOMMATEURS   Loi du 22 décembre 1972

non plus aux sociétés d'économie mixte dont l'État ou une collectivité locale détient au moins 35 % du capital social, ni aux organismes d'habitations à loyer modéré, ni aux sociétés visées au chapitre 1er du décret n. 65-1012 du 22 décembre 1965.

Les architectes inscrits à l'ordre sont dispensés de la production des justifications prévues au chapitre II, ainsi qu'aux articles 87 à 90 ci-dessus.

Loi n. 72-1137 du 22 décembre 1972 *(J.O. 23 déc.)*
relative à la protection des consommateurs
en matière de démarchage et de vente à domicile
Modifiée par L. n. 77-574 du 7 juin 1977 (J.O. 8 juin)

Art. 1er *(L. n. 89-421 du 23 juin 1989, art. 1er-I)*. – Est soumis aux dispositions de la présente loi quiconque pratique ou fait pratiquer le démarchage, au domicile d'une personne physique, à sa résidence ou à son lieu de travail, même à sa demande, afin de lui proposer l'achat, la vente, la location-vente ou la location avec option d'achat de biens ou la fourniture de services.

Est également soumis aux dispositions de la présente loi le démarchage dans les lieux non destinés à la commercialisation du bien ou du service proposé et notamment l'organisation par un commerçant ou à son profit de réunions ou d'excursions afin de réaliser les opérations définies à l'alinéa précédent.

Art. 2. – Les opérations visées dans l'article 1er doivent faire l'objet d'un contrat dont un exemplaire doit être remis au client au moment de la conclusion de ce contrat et comporter, à peine de nullité, les mentions suivantes :
Noms du fournisseur et du démarcheur ;
Adresse du fournisseur ;
Adresse du lieu de conclusion du contrat ;
Désignation précise de la nature et des caractéristiques des marchandises ou objets offerts ou des services proposés ;
Conditions d'exécution du contrat, notamment les modalités et le délai de livraison des marchandises ou objets, ou d'exécution de la prestation de services ;
Prix global à payer et modalités de paiement ; en cas de vente à tempérament ou de vente à crédit, les formes exigées par la réglementation sur la vente à crédit, ainsi que le taux nominal de l'intérêt et le taux effectif global de l'intérêt déterminé dans les conditions prévues à l'article 3 de la loi n. 66-1010 du 28 décembre 1966 sur l'usure ;
Faculté de renonciation prévue à l'article 3, ainsi que les conditions d'exercice de cette faculté et, de façon apparente, le texte intégral des articles 2, 3 et 4.
Le contrat doit comprendre un formulaire détachable destiné à faciliter l'exercice de la faculté de renonciation dans les conditions prévues à l'article 3. Un décret pris en Conseil d'État précisera les mentions devant figurer sur ce formulaire (*).
Le contrat ne peut comporter aucune clause attributive de compétence.
Tous les exemplaires du contrat doivent être signés et datés de la main même du client.
(*) V D n. 73-784 du 9 août 1973.

Art. 2 bis *(L. n. 89-421 du 23 juin 1989, art. 1er-II)*. – A la suite d'un démarchage par téléphone ou par tout moyen technique assimilable, le professionnel doit adresser au consommateur une confirmation de l'offre qu'il a faite. Le consommateur n'est engagé que par sa signature. Il bénéficie alors des dispositions prévues aux articles 1er et 3, paragraphe I, de la loi n.88-21 du 6 janvier 1988 relative aux opérations de télé-promotion avec offres de vente dites de « télé-achat ».

1453

Loi du 22 décembre 1972 — CONSOMMATEURS

Art. 3. – Dans les sept jours, jours fériés compris, à compter de la commande ou de l'engagement d'achat, le client a la faculté d'y renoncer par lettre recommandée avec accusé de réception. Toute clause du contrat par laquelle le client abandonne son droit de renoncer à sa commande ou à son engagement d'achat est nulle et non avenue.
(Al. aj., L. n. 89-421 du 23 juin 1989, art. 1er.III) – Le présent article ne s'applique pas aux contrats conclus dans les conditions prévues à l'article 2 bis.

Art. 4 *(L. n. 77-574 du 7 juin 1977, art. 39).* – Avant l'expiration du délai de réflexion prévu à l'article 3, nul ne peut exiger ou obtenir du client, directement ou indirectement, à quelque titre ni sous quelque forme que ce soit, une contrepartie quelconque ni aucun engagement, *(L. n. 89-421 du 23 juin 1989, art. 1er-IV)* ni effectuer des prestations de services de quelque nature que ce soit.

Art. 5. – Toute infraction aux dispositions des articles 2, 3 et 4 sera punie d'une peine d'emprisonnement de un mois à un an et d'une amende de 1 000 F à 15 000 F ou de l'une de ces deux peines seulement.

Art. 6. – Les dispositions de la loi n. 47-1635 du 30 août 1947 relative à l'assainissement des professions commerciales et industrielles sont applicables aux personnes qui effectuent des opérations de vente à domicile.
L'entreprise est civilement responsable des démarcheurs, même indépendants, qui agissent pour son compte.
A l'occasion des poursuites pénales exercées en application de la présente loi contre le vendeur, le prestataire de services ou le démarcheur, le client qui s'est constitué partie civile est recevable à demander devant la juridiction répressive une somme égale au montant des paiements effectués ou des effets souscrits, sans préjudice de tous dommages-intérêts.

Art. 7. – Quiconque aura abusé de la faiblesse ou de l'ignorance d'une personne pour lui faire souscrire, par le moyen de visites à domicile, des engagements au comptant ou à crédit sous quelque forme que ce soit sera puni d'un emprisonnement de un à cinq ans et d'une amende de 3 600 F à 36 000 F ou de l'une de ces deux peines seulement, lorsque les circonstances montrent que cette personne n'était pas en mesure d'apprécier la portée des engagements qu'elle prenait ou de déceler les ruses ou artifices déployés pour la convaincre à y souscrire, ou font apparaître qu'elle a été soumise à une contrainte.

Art. 8. – I. Ne sont pas soumises aux dispositions des articles 1er à 6 les activités pour lesquelles le démarchage fait l'objet d'une réglementation par un texte législatif particulier.
Ne sont pas soumis aux dispositions des articles 1er à 5 :
a) *(L. n. 89-421 du 23 juin 1989, art. 1er-V)* Les ventes à domicile de denrées ou de produits de consommation courante faites par des professionnels ou leurs préposés au cours de tournées fréquentes ou périodiques dans l'agglomération où est installé leur établissement ou dans son voisinage, ainsi que par les personnes titulaires de l'un des titres de circulation prévus par la loi n. 69-3 du 3 janvier 1969 relative à l'exercice des activités ambulantes et au régime applicable aux personnes circulant en France sans domicile ni résidence fixe ;
b) *(Abrogé L. n. 89-421 du 23 juin 1989, art. 1er-VI)*
c) La vente des produits provenant exclusivement de la fabrication ou de la production personnelle du démarcheur ou de sa famille ainsi que les prestations de services *(L. n. 89-421 du 23 juin 1989, art.1er-VI)* liées à une telle vente et effectuées immédiatement par eux-mêmes ;

LANGUE FRANCAISE   **Loi du 31 décembre 1975**

d) Le service après vente constitué par la fourniture d'articles, pièces détachées ou accessoires, se rapportant à l'utilisation du matériel principal ;

e) Les ventes, locations ou locations-ventes de marchandises ou objets ou les prestations de services lorsqu'elles sont proposées pour les besoins d'une exploitation agricole, industrielle ou commerciale ou d'une activité professionnelle.

II. – Il est interdit de se rendre au domicile d'une personne physique, à sa résidence ou à son lieu de travail pour proposer la vente, la location ou la location-vente de documents ou matériels quelconques tendant à répondre aux mêmes besoins que des prestations de services pour lesquelles le démarchage est prohibé en raison de son objet par un texte particulier.

Toute infraction aux dispositions de l'alinéa précédent entraîne, outre la nullité de la convention, l'application des sanctions prévues à l'article 5 de la présente loi.

Art. 9. – Des décrets pris en Conseil d'État pourront régler, en tant que de besoin, les modalités d'application de la présente loi qui entrera en vigueur le premier jour du sixième mois qui suivra sa promulgation.

Toutefois, jusqu'à l'expiration d'un délai de cinq ans à dater de la publication de la présente loi, les dispositions des articles 1er à 5 ne seront pas applicables aux ventes au comptant n'excédant pas un montant global de 150 F, effectuées par les propriétaires des objets proposés à la vente ou par les membres de leur famille, lorsque ces personnes sont titulaires, à la date du 1er décembre 1972, d'un titre de circulation prévu par la loi n. 69-3 du 3 janvier 1969.

Ces ventes donnent lieu à la délivrance d'un reçu daté et indiquant, outre le montant global de la vente, l'identité du vendeur, le numéro de son titre de circulation, ainsi que l'autorité qui l'a délivré.

Art. 10. – Les dispositions des articles 6 et 7 sont applicables dans les territoires de la Nouvelle-Calédonie, de la Polynésie française, de Saint-Pierre et Miquelon et des îles Wallis et Futuna.

Loi n. 73-42 du 9 janvier 1973
complétant et modifiant le code de la nationalité française
V. supra sous Code de la nationalité

Décret n. 73-643 du 10 juillet 1973
relatif aux formalités qui doivent être observées dans l'instruction des déclarations de nationalité, des demandes de naturalisation ou de réintégration, des demandes tendant à obtenir l'autorisation de perdre la qualité de Français ainsi qu'aux décisions de perte et de déchéance de la nationalité française
V. supra sous Code de la nationalité

Loi n. 75-1349 du 31 décembre 1975 *(J.O. 4 janv. 1976)*
relative à l'emploi de la langue française

Art. 1er. Dans la désignation, l'offre, la présentation, la publicité écrite ou parlée, le mode d'emploi ou d'utilisation, l'étendue et les conditions de garantie d'un bien ou d'un service, ainsi que les factures et quittances, l'emploi de la langue française est obligatoire. Le recours à tout terme étranger ou à toute expression étrangère est prohibé lorsqu'il existe une expression ou un terme approuvés dans les conditions prévues par le décret n. 72-19 du 7 janvier 1972 relatif à l'enrichissement de la langue française. Le texte français peut se compléter d'une ou plusieurs traductions en langue étrangère.

Loi du 31 décembre 1975 — LANGUE FRANCAISE

Les mêmes règles s'appliquent à toutes informations ou présentations de programmes de radiodiffusion et de télévision, sauf lorsqu'elles sont destinées expressément à un public étranger.

L'obligation et la prohibition imposées par les dispositions de l'alinéa 2 s'appliquent également aux certificats de qualité prévus à l'article 7 de la loi de finances n. 63-628 du 2 juillet 1963.

Art. 2. – Les dispositions de l'article 1er ne sont pas applicables à la dénomination des produits typiques et spécialités d'appellation étrangère connus du plus large public.

En outre, des décrets préciseront dans quelles conditions des dérogations pourront être apportées aux dispositions de l'article 1er lorsque leur application serait contraire aux engagements internationaux de la France.

Art. 3. – Les infractions aux dispositions de l'article 1er ci-dessus sont, sans préjudice des dispositions de l'article 8 de la loi susvisée du 2 juillet 1963, constatées et poursuivies comme en matière d'infractions à la loi du 1er août 1905 sur la répression des fraudes, et punies des peines prévues à l'article 13 de cette loi.

Art. 4. – L'article L. 121-1 du Code du travail est complété par les alinéas suivants :
« Toutefois, le contrat de travail constaté par écrit et à exécuter sur le territoire français est rédigé en français. Il ne peut contenir ni terme étranger ni expression étrangère lorsqu'il existe une expression ou un terme approuvés dans les conditions prévues par le décret n. 72-19 du 7 janvier 1972 relatif à l'enrichissement de la langue française.

« Lorsque l'emploi qui fait l'objet du contrat ne peut être désigné que par un terme étranger sans correspondant en français, le contrat de travail doit comporter une explication, en français, du terme étranger.

« Lorsque le salarié est étranger et le contrat constaté par écrit, une traduction du contrat est rédigée, à la demande du salarié, dans la langue de ce dernier ; les deux textes font également foi en justice. En cas de discordance entre les deux textes, seul le texte rédigé dans la langue du salarié étranger peut être invoqué contre ce dernier. »

Art. 5. – L'article L. 311-4 du Code du travail est complété par les dispositions suivantes :
« 3° Un texte rédigé en langue étrangère ou contenant des termes étrangers ou des expressions étrangères, lorsqu'il existe une expression ou un terme approuvés dans les conditions prévues par le décret n. 72-19 du 7 janvier 1972 relatif à l'enrichissement de la langue française.

« Lorsque l'emploi ou le travail offert ne peut être désigné que par un terme étranger sans correspondant en français, le texte français doit en comporter une description suffisamment détaillée pour ne pas induire en erreur au sens du paragraphe 2° ci-dessus.

« Les interdictions portées au 3° ci-dessus ne s'appliquent qu'aux services à exécuter sur le territoire français, quelle que soit la nationalité de l'auteur de l'offre ou de l'employeur, et alors même que la parfaite connaissance d'une langue étrangère serait une des conditions requises pour tenir l'emploi proposé. Toutefois, les directeurs de publications principalement rédigées en langues étrangères peuvent recevoir des offres d'emploi rédigées dans ces langues. En outre, les offres d'emploi expressément faites à l'intention de ressortissants étrangers peuvent être rédigées en langues étrangères. »

Art. 6. – Toute inscription apposée par des personnes utilisant, à quelque titre que ce soit, un bien appartenant à une collectivité publique, à un établissement public, à une entreprise publique ou à une entreprise concessionnaire d'un service public devra être rédigée en langue française. Le texte français peut se compléter d'une ou plusieurs traductions en langue étrangère.

PRÉLÈVEMENTS D'ORGANES Loi du 22 décembre 1976

Il ne peut contenir ni expression ni terme étrangers lorsqu'il existe une expression ou un terme approuvés dans les conditions prévues par le décret n. 72-19 du 7 janvier 1972 relatif à l'enrichissement de la langue française.

Dans les bâtiments et sur les terrains fréquentés par des étrangers, ainsi qu'à l'intérieur des véhicules de transport en commun qui peuvent être utilisés par des étrangers, toute inscription est rédigée en langue française et peut se compléter d'une ou plusieurs traductions en langue étrangère.

En cas d'inobservation des dispositions du présent article, la collectivité propriétaire du bien peut mettre l'utilisateur en demeure de faire cesser, à ses frais et dans le délai fixé par elle, l'irrégularité constatée.

L'usage du bien peut être retiré au contrevenant, même en l'absence de dispositions expresses dans la rédaction du contrat qu'il a souscrit, ou de l'autorisation qui lui a été accordée, si la mise en demeure n'a pas été suivie d'effet.

Art. 7. − L'octroi, par les collectivités et les établissements publics, des subventions de toute nature est subordonné à l'engagement pris par les bénéficiaires de respecter les dispositions de la présente loi.

Toute violation de cet engagement peut entraîner, après mise en demeure, la restitution de la subvention.

Art. 8. − Quels qu'en soient l'objet et les formes, les contrats conclus entre une collectivité ou un établissement publics et une personne quelconque doivent être rédigés en langue française.

Ils ne peuvent contenir ni expression ni terme étrangers lorsqu'il existe une expression ou un terme approuvés dans les conditions prévues par le décret n. 72-19 du 7 janvier 1972 relatif à l'enrichissement de la langue française.

Toutefois, les contrats conclus par une personne publique française avec un ou plusieurs contractants publics ou privés étrangers peuvent comporter, outre la rédaction en français, une rédaction en langue étrangère faisant foi au même titre que la rédaction en français.

Art. 9. − Les dispositions de la présente loi entreront en vigueur au jour de sa publication au *Journal officiel*, à l'exception des dispositions des articles 1er, 2 et 6 qui entreront en vigueur à l'expiration du douzième mois suivant cette publication.

Loi n. 76-1181 du 22 décembre 1976 *(J.O.* 23 déc.*)*
relative aux prélèvements d'organes

Art. 1er. − En vue d'une greffe ayant un but thérapeutique sur un être humain, un prélèvement peut être effectué sur une personne vivante majeure et jouissant de son intégrité mentale, y ayant librement et expressément consenti.

Si le donneur potentiel est un mineur, le prélèvement ne peut être effectué que s'il s'agit d'un frère ou d'une sœur du receveur. Dans ce cas, le prélèvement ne pourra être pratiqué qu'avec le consentement de son représentant légal et après autorisation donnée par un comité composé de trois experts au moins et comprenant deux médecins dont l'un doit justifier de vingt années d'exercice de la profession médicale. Ce comité se prononce après avoir examiné toutes les conséquences prévisibles du prélèvement tant au plan physique qu'au plan psychologique. Si l'avis du mineur peut être recueilli, son refus d'accepter le prélèvement sera toujours respecté.

Art. 2. − Des prélèvements peuvent être effectués à des fins thérapeutiques ou scientifiques sur le cadavre d'une personne n'ayant pas fait connaître de son vivant son refus d'un tel prélèvement.

Loi du 6 janvier 1978   INFORMATIQUE ET LIBERTÉS

Toutefois, s'il s'agit du cadavre d'un mineur ou d'un incapable, le prélèvement en vue d'une greffe ne peut être effectué qu'après autorisation de son représentant légal.

Art. 3. – Sans préjudice du remboursement de tous les frais qu'ils peuvent occasionner, les prélèvements visés aux articles précédents ne peuvent donner lieu à aucune contrepartie pécuniaire.

Art. 4. – Un décret en Conseil d'État détermine :
1° Les modalités selon lesquelles le donneur visé à l'article 1er, ou son représentant légal, est informé des conséquences éventuelles de sa décision et exprime son consentement ;
2° Les modalités selon lesquelles le refus ou l'autorisation visé à l'article 2 ci-dessus doit être exprimé ;
3° Les conditions que doivent remplir les établissements hospitaliers pour être autorisés à effectuer les prélèvements visés à l'article 2 et être inscrits sur une liste arrêtée *(L. n. 87-588 du 30 juil. 1987, art. 45)* par le représentant de l'État dans la région ;
4° Les procédures et les modalités selon lesquelles la mort doit être constatée (1).

Art. 5. – Les dispositions de la présente loi ne font pas obstacle à l'application des dispositions de la loi n. 49-890 du 7 juillet 1949 relative à la greffe de la cornée et de celles du chapitre unique du livre VI du Code de la santé publique relative à l'utilisation thérapeutique du sang humain, de son plasma et de leurs dérivés.

Loi n. 78-17 du 6 janvier 1978 *(J.O. 7 et rectif. 25 janv.)*
relative à l'informatique, aux fichiers et aux libertés
V. D. n. 85-1203 du 15 nov. 1985 portant publication de la convention pour la protection

des personnes à l'égard du traitement automatisé des données à caractère personnel, faite à Strasbourg le 28 janvier 1981 *(J.O. 20 nov.)*.

CHAPITRE Ier. – PRINCIPES ET DÉFINITIONS

Art. 1er. – L'informatique doit être au service de chaque citoyen. Son développement doit s'opérer dans le cadre de la coopération internationale. Elle ne doit porter atteinte ni à l'identité humaine, ni aux droits de l'homme, ni à la vie privée, ni aux libertés individuelles ou publiques.

Art. 2. – Aucune décision de justice impliquant une appréciation sur un comportement humain ne peut avoir pour fondement un traitement automatisé d'informations donnant une définition du profil ou de la personnalité de l'intéressé.

Aucune décision administrative ou privée impliquant une appréciation sur un comportement humain ne peut avoir pour seul fondement un traitement automatisé d'informations donnant une définition du profil ou de la personnalité de l'intéressé.

Art. 3. – Toute personne a le droit de connaître et de contester les informations et les raisonnements utilisés dans les traitements automatisés dont les résultats lui sont opposés.

Art. 4. – Sont réputées nominatives au sens de la présente loi les informations qui permettent, sous quelque forme que ce soit, directement ou non, l'identification des personnes physiques auxquelles elles s'appliquent, que le traitement soit effectué par une personne physique ou par une personne morale.

(1) *V. D. n. 78-501, 31 mars 1978, infra.*

INFORMATIQUE ET LIBERTÉS — Loi du 6 janvier 1978

Art. 5. – Est dénommé traitement automatisé d'informations nominatives au sens de la présente loi tout ensemble d'opérations réalisées par des moyens automatiques, relatif à la collecte, l'enregistrement, l'élaboration, la modification, la conservation et la destruction d'informations nominatives ainsi que tout ensemble d'opérations de même nature se rapportant à l'exploitation de fichiers ou bases de données et notamment les interconnexions ou rapprochements, consultations ou communications d'informations nominatives.

CHAPITRE II. – LA COMMISSION NATIONALE DE L'INFORMATIQUE ET DES LIBERTÉS

Art. 6. – Une commission nationale de l'informatique et des libertés est instituée. Elle est chargée de veiller au respect des dispositions de la présente loi, notamment en informant toutes les personnes concernées de leurs droits et obligations, en se concertant avec elles et en contrôlant les applications de l'informatique aux traitements des informations nominatives. La commission dispose à cet effet d'un pouvoir réglementaire, dans les cas prévus par la présente loi.

Art. 7. – Les crédits nécessaires à la commission nationale pour l'accomplissement de sa mission sont inscrits au budget du ministère de la justice. Les dispositions de la loi du 10 août 1922 relative au contrôle financier ne sont pas applicables à leur gestion. Les comptes de la commission sont présentés au contrôle de la Cour des comptes.

Toutefois, les frais entraînés par l'accomplissement de certaines des formalités visées aux articles 15, 16, 17 et 24 de la présente loi peuvent donner lieu à la perception de redevances.

Art. 8. – La commission nationale de l'informatique et des libertés est une autorité administrative indépendante.

Elle est composée de dix-sept membres nommés pour cinq ans ou pour la durée de leur mandat :

– deux députés et deux sénateurs élus, respectivement par l'Assemblée nationale et par le Sénat ;
– deux membres du Conseil économique et social, élus par cette assemblée ;
– deux membres ou anciens membres du Conseil d'État, dont l'un d'un grade au moins égal à celui de conseiller, élus par l'assemblée générale du Conseil d'État ;
– deux membres ou anciens membres de la Cour de cassation, dont l'un d'un grade au moins égal à celui de conseiller, élus par l'assemblée générale de la Cour de cassation ;
– deux membres ou anciens membres de la Cour des comptes, dont l'un d'un grade au moins égal à celui de conseiller-maître, élus par l'assemblée générale de la Cour des comptes ;
– deux personnes qualifiées pour leur connaissance des applications de l'informatique, nommées par décret sur proposition respectivement du président de l'Assemblée nationale et du président du Sénat ;
– trois personnalités désignées en raison de leur autorité et de leur compétence par décret en conseil des ministres.

La commission élit en son sein, pour cinq ans, un président et deux vice-présidents.
La commission établit son règlement intérieur.
En cas de partage des voix, celle du président est prépondérante.
Si, en cours de mandat, le président ou un membre de la commission cesse d'exercer ses fonctions, le mandat de son successeur est limité à la période restant à courir.
La qualité de membre de la commission est incompatible :
– avec celle de membre du Gouvernement ;

Loi du 6 janvier 1978 — INFORMATIQUE ET LIBERTÉS

– avec l'exercice de fonctions ou la détention de participation dans les entreprises concourant à la fabrication de matériel utilisé en informatique ou en télécommunication ou à la fourniture de services en informatique ou en télécommunication.

La commission apprécie dans chaque cas les incompatibilités qu'elle peut opposer à ses membres.

Sauf démission, il ne peut être mis fin aux fonctions de membre qu'en cas d'empêchement constaté par la commission dans les conditions qu'elle définit.

Art. 9. – Un commissaire du Gouvernement, désigné par le Premier ministre, siège auprès de la commission. Il peut, dans les dix jours d'une délibération, provoquer une seconde délibération.

Art. 10. – La commission dispose de services qui sont dirigés par le président ou, sur délégation, par un vice-président et placés sous son autorité.

La commission peut charger le président ou le vice-président délégué d'exercer ses attributions en ce qui concerne l'application des articles 16, 17 et 21 (4°, 5° et 6°).

Les agents de la commission nationale sont nommés par le président ou le vice-président délégué.

Art. 11. – La commission peut demander aux premiers présidents de cour d'appel ou aux présidents de tribunaux administratifs de déléguer un magistrat de leur ressort, éventuellement assisté d'experts, pour des missions d'investigation et de contrôle effectuées sous sa direction.

Art. 12. – Les membres et les agents de la commission sont astreints au secret professionnel pour les faits, actes ou renseignements dont ils ont pu avoir connaissance en raison de leurs fonctions, dans les conditions prévues à l'article 75 du Code pénal et, sous réserve de ce qui est nécessaire à l'établissement du rapport annuel prévu ci-après, à l'article 378 du Code pénal.

Art. 13. – Dans l'exercice de leurs attributions, les membres de la commission nationale de l'informatique et des libertés ne reçoivent d'instruction d'aucune autorité.

Les informaticiens appelés, soit à donner les renseignements à la commission, soit à témoigner devant elle, sont déliés en tant que de besoin de leur obligation de discrétion.

CHAPITRE III. – FORMALITÉS PRÉALABLES A LA MISE EN ŒUVRE DES TRAITEMENTS AUTOMATISÉS

Art. 14. – La commission nationale de l'informatique et des libertés veille à ce que les traitements automatisés, publics ou privés, d'informations nominatives, soient effectués conformément aux dispositions de la présente loi.

Art. 15. – Hormis les cas où ils doivent être autorisés par la loi, les traitements automatisés d'informations nominatives opérés pour le compte de l'État, d'un établissement public ou d'une collectivité territoriale, ou d'une personne morale de droit privé gérant un service public, sont décidés par un acte réglementaire pris après avis motivé de la commission nationale de l'informatique et des libertés.

Si l'avis de la commission est défavorable, il ne peut être passé outre que par un décret pris sur avis conforme du Conseil d'État ou, s'agissant d'une collectivité territoriale, en vertu d'une décision de son organe délibérant, approuvée par décret pris sur avis conforme du Conseil d'État.

Si, au terme d'un délai de deux mois renouvelable une seule fois sur décision du président, l'avis de la commission n'est pas notifié, il est réputé favorable.

INFORMATIQUE ET LIBERTÉS — Loi du 6 janvier 1978

Art. 16. – Les traitements automatisés d'informations nominatives effectués pour le compte de personnes autres que celles qui sont soumises aux dispositions de l'article 15 doivent, préalablement à leur mise en œuvre, faire l'objet d'une déclaration auprès de la commission nationale de l'informatique et des libertés.

Cette déclaration comporte l'engagement que le traitement satisfait aux exigences de la loi.

Dès qu'il a reçu le récépissé délivré sans délai par la commission, le demandeur peut mettre en œuvre le traitement. Il n'est exonéré d'aucune de ses responsabilités.

Art. 17. – Pour les catégories les plus courantes de traitements à caractère public ou privé, qui ne comportent manifestement pas d'atteinte à la vie privée ou aux libertés, la commission nationale de l'informatique et des libertés établit et publie des normes simplifiées inspirées des caractéristiques mentionnées à l'article 19.

Pour les traitements répondant à ces normes, seule une déclaration simplifiée de conformité à l'une de ces normes est déposée auprès de la commission. Sauf décision particulière de celle-ci, le récépissé de déclaration est délivré sans délai. Dès réception de ce récépissé, le demandeur peut mettre en œuvre le traitement. Il n'est exonéré d'aucune de ses responsabilités.

Art. 18. – L'utilisation du répertoire national d'identification des personnes physiques en vue d'effectuer des traitements nominatifs est autorisée par décret en Conseil d'État pris après avis de la commission.

Art. 19. – La demande d'avis ou la déclaration doit préciser :
– la personne qui présente la demande et celle qui a pouvoir de décider la création du traitement ou, si elle réside à l'étranger, son représentant en France ;
– les caractéristiques, la finalité et, s'il y a lieu, la dénomination du traitement ;
– le service ou les services chargés de mettre en œuvre celui-ci ;
– le service auprès duquel s'exerce le droit d'accès défini au chapitre V ci-dessous ainsi que les mesures prises pour faciliter l'exercice de ce droit ;
– les catégories de personnes qui, à raison de leurs fonctions ou pour les besoins du service, ont directement accès aux informations enregistrées ;
– les informations nominatives traitées, leur origine et la durée de leur conservation ainsi que leurs destinataires ou catégories de destinataires habilités à recevoir communication de ces informations ;
– les rapprochements, interconnexions ou toute autre forme de mise en relation de ces informations ainsi que leur cession à des tiers ;
– les dispositions prises pour assurer la sécurité des traitements et des informations et la garantie des secrets protégés par la loi ;
– si le traitement est destiné à l'expédition d'informations nominatives entre le territoire français et l'étranger sous quelque forme que ce soit, y compris lorsqu'il est l'objet d'opérations partiellement effectuées sur le territoire français à partir d'opérations antérieurement réalisées hors de France.

Toute modification aux mentions énumérées ci-dessus, ou toute suppression de traitement, est portée à la connaissance de la commission.

Peuvent ne pas comporter certaines des mentions énumérées ci-dessus les demandes d'avis relatives aux traitements automatisés d'informations nominatives intéressant la sûreté de l'État, la défense et la sécurité publique.

Art. 20. – L'acte réglementaire prévu pour les traitements régis par l'article 15 ci-dessus précise notamment :
– la dénomination et la finalité du traitement ;

Loi du 6 janvier 1978 — INFORMATIQUE ET LIBERTÉS

– le service auprès duquel s'exerce le droit d'accès défini au chapitre V ci-dessous ;
– les catégories d'informations nominatives enregistrées ainsi que les destinataires ou catégories de destinataires habilités à recevoir communication de ces informations.

Des décrets en Conseil d'État peuvent disposer que les actes réglementaires relatifs à certains traitements intéressant la sûreté de l'État, la défense et la sécurité publique ne seront pas publiés.

Art. 21. – Pour l'exercice de sa mission de contrôle, la commission :
1° Prend des décisions individuelles ou réglementaires dans les cas prévus par la présente loi ;
2° Peut, par décision particulière, charger un ou plusieurs de ses membres ou de ses agents, assistés, le cas échéant, d'experts, de procéder, à l'égard de tout traitement, à des vérifications sur place et de se faire communiquer tous renseignements et documents utiles à sa mission ;
3° Édicte, le cas échéant, des règlements types en vue d'assurer la sécurité des systèmes ; en cas de circonstances exceptionnelles, elle peut prescrire des mesures de sécurité pouvant aller jusqu'à la destruction des supports d'informations ;
4° Adresse aux intéressés des avertissements et dénonce au parquet les infractions dont elle a connaissance, conformément à l'article 40 du Code de procédure pénale ;
5° Veille à ce que les modalités de mise en œuvre du droit d'accès et de rectification indiquées dans les actes et déclarations prévus aux articles 15 et 16 n'entravent pas le libre exercice de ce droit ;
6° Reçoit les réclamations, pétitions et plaintes ;
7° Se tient informée des activités industrielles et de services qui concourent à la mise en œuvre de l'informatique.

Les ministres, autorités publiques, dirigeants d'entreprises, publiques ou privées, responsables de groupements divers et plus généralement les détenteurs ou utilisateurs de fichiers nominatifs ne peuvent s'opposer à l'action de la commission ou de ses membres pour quelque motif que ce soit et doivent au contraire prendre toutes mesures utiles afin de faciliter sa tâche.

Art. 22. – La commission met à la disposition du public la liste des traitements qui précise pour chacun d'eux :
– la loi ou l'acte réglementaire décidant de sa création ou la date de sa déclaration ;
– sa dénomination et sa finalité ;
– le service auprès duquel est exercé le droit d'accès prévu au chapitre V ci-dessous ;
– les catégories d'informations nominatives enregistrées ainsi que les destinataires ou catégories de destinataires habilités à recevoir communication de ces informations.

Sont tenus à la disposition du public, dans les conditions fixées par décret, les décisions, avis ou recommandations de la commission dont la connaissance est utile à l'application ou à l'interprétation de la présente loi.

Art. 23. – La commission présente chaque année au Président de la République et au Parlement un rapport rendant compte de l'exécution de sa mission. Ce rapport est publié.
Ce rapport décrira notamment les procédures et méthodes de travail suivies par la commission et contiendra en annexe toutes informations sur l'organisation de la commission et de ses services, propres à faciliter les relations du public avec celle-ci.

Art. 24. – Sur proposition ou après avis de la commission, la transmission entre le territoire français et l'étranger, sous quelque forme que ce soit, d'informations nominatives faisant l'objet de traitements automatisés régis par l'article 16 ci-dessus peut être soumise à autorisation préalable ou réglementée selon des modalités fixées par décret en Conseil d'État, en vue d'assurer le respect des principes posés par la présente loi.

INFORMATIQUE ET LIBERTÉS — Loi du 6 janvier 1978

CHAPITRE IV. — COLLECTE, ENREGISTREMENT ET CONSERVATION DES INFORMATIONS NOMINATIVES

Art. 25. — La collecte de données opérée par tout moyen frauduleux, déloyal ou illicite est interdite.

Art. 26. — Toute personne physique a le droit de s'opposer, pour des raisons légitimes, à ce que des informations nominatives la concernant fassent l'objet d'un traitement.
Ce droit ne s'applique pas aux traitements limitativement désignés dans l'acte réglementaire prévu à l'article 15.

Art. 27. — Les personnes auprès desquelles sont recueillies des informations nominatives doivent être informées ;
- du caractère obligatoire ou facultatif des réponses ;
- des conséquences à leur égard d'un défaut de réponse ;
- des personnes physiques ou morales destinataires des informations ;
- de l'existence d'un droit d'accès et de rectification.

Lorsque de telles informations sont recueillies par voie de questionnaires, ceux-ci doivent porter mention de ces prescriptions.

Ces dispositions ne s'appliquent pas à la collecte des informations nécessaires à la constatation des infractions.

Art. 28. — Sauf dispositions législatives contraires, les informations ne doivent pas être conservées sous une forme nominative au-delà de la durée prévue à la demande d'avis ou à la déclaration, à moins que leur conservation ne soit autorisée par la commission.

Art. 29. — Toute personne ordonnant ou effectuant un traitement d'informations nominatives s'engage de ce fait, vis-à-vis des personnes concernées, à prendre toutes précautions utiles afin de préserver la sécurité des informations et notamment d'empêcher qu'elles ne soient déformées, endommagées ou communiquées à des tiers non autorisés.

Art. 30. — Sauf dispositions législatives contraires, les juridictions et autorités publiques agissant dans le cadre de leurs attributions légales ainsi que, sur avis conforme de la commission nationale, les personnes morales gérant un service public peuvent seules procéder au traitement automatisé des informations nominatives concernant les infractions, condamnations ou mesures de sûreté.

Jusqu'à la mise en œuvre du fichier des conducteurs prévu par la loi n. 70-539 du 24 juin 1970, les entreprises d'assurances sont autorisées, sous le contrôle de la commission, à traiter elles-mêmes les informations mentionnées à l'article 5 de ladite loi et concernant les personnes visées au dernier alinéa dudit article.

Art. 31. — Il est interdit de mettre ou conserver en mémoire informatisée, sauf accord exprès de l'intéressé, des données nominatives qui, directement ou indirectement, font apparaître les origines raciales ou les opinions politiques, philosophiques ou religieuses ou les appartenances syndicales des personnes.

Toutefois, les églises et les groupements à caractère religieux, philosophique, politique ou syndical peuvent tenir registre de leurs membres ou de leurs correspondants sous forme automatisée. Aucun contrôle ne peut être exercé, de ce chef, à leur encontre.

Pour des motifs d'intérêt public, il peut aussi être fait exception à l'interdiction ci-dessus sur proposition ou avis conforme de la commission par décret en Conseil d'État.

Loi du 6 janvier 1978   INFORMATIQUE ET LIBERTÉS

Art. 32. – *(Abrogé, L. n. 88-227 du 11 mars 1988, art. 13-II).*

Art. 33. – Les dispositions des articles 24, 30 et 31 ne s'appliquent pas aux informations nominatives traitées par les organismes de la presse écrite ou audiovisuelle dans le cadre des lois qui les régissent et dans les cas où leur application aurait pour effet de limiter l'exercice de la liberté d'expression.

CHAPITRE V. – EXERCICE DU DROIT D'ACCÈS

Art. 34. – Toute personne justifiant de son identité a le droit d'interroger les services ou organismes chargés de mettre en œuvre les traitements automatisés dont la liste est accessible au public en application de l'article 22 ci-dessus en vue de savoir si ces traitements portent sur des informations nominatives la concernant et, le cas échéant, d'en obtenir communication.

Art. 35. – Le titulaire du droit d'accès peut obtenir communication des informations le concernant. La communication, en langage clair, doit être conforme au contenu des enregistrements.

Une copie est délivrée au titulaire du droit d'accès qui en fait la demande contre perception d'une redevance forfaitaire, variable selon la catégorie de traitement, dont le montant est fixé par décision de la commission et homologué par arrêté du ministre de l'économie et des finances (*).

Toutefois, la commission saisie contradictoirement par le responsable du fichier peut lui accorder :
– des délais de réponse ;
– l'autorisation de ne pas tenir compte de certaines demandes manifestement abusives par leur nombre, leur caractère répétitif ou systématique.

Lorsqu'il y a lieu de craindre la dissimulation ou la disparition des informations mentionnées au premier alinéa du présent article, et même avant l'exercice d'un recours juridictionnel, il peut être demandé au juge compétent que soient ordonnées toutes mesures de nature à éviter cette dissimulation ou cette disparition.

(*) *V. D. n. 82-525 du 16 juin 1982.*

Art. 36. – Le titulaire du droit d'accès peut exiger que soient rectifiées, complétées, clarifiées, mises à jour ou effacées les informations le concernant qui sont inexactes, incomplètes, équivoques, périmées ou dont la collecte, ou l'utilisation, la communication ou la conservation est interdite.

Lorsque l'intéressé en fait la demande, le service ou organisme concerné doit délivrer sans frais copie de l'enregistrement modifié.

En cas de contestation, la charge de la preuve incombe au service auprès duquel est exercé le droit d'accès sauf lorsqu'il est établi que les informations contestées ont été communiquées par la personne concernée ou avec son accord.

Lorsque le titulaire du droit d'accès obtient une modification de l'enregistrement, la redevance versée en application de l'article 35 est remboursée.

Art. 37. – Un fichier nominatif doit être complété ou corrigé même d'office lorsque l'organisme qui le tient acquiert connaissance de l'inexactitude ou du caractère incomplet d'une information nominative contenue dans ce fichier.

Art. 38. – Si une information a été transmise à un tiers, sa rectification ou son annulation doit être notifiée à ce tiers, sauf dispense accordée par la commission.

INFORMATIQUE ET LIBERTÉS — Loi du 6 janvier 1978

Art. 39. – En ce qui concerne les traitements intéressant la sûreté de l'État, la défense et la sécurité publique, la demande est adressée à la commission qui désigne l'un de ses membres appartenant ou ayant appartenu au Conseil d'État, à la Cour de cassation ou à la Cour des comptes pour mener toutes investigations utiles et faire procéder aux modifications nécessaires. Celui-ci peut se faire assister d'un agent de la commission.

Il est notifié au requérant qu'il a été procédé aux vérifications.

Art. 40. – Lorsque l'exercice du droit d'accès s'applique à des informations à caractère médical, celles-ci ne peuvent être communiquées à l'intéressé que par l'intermédiaire d'un médecin qu'il désigne à cet effet.

CHAPITRE VI. – DISPOSITIONS PÉNALES

Art. 41. – Sera puni d'un emprisonnement de six mois à trois ans et d'une amende de 2 000 à 200 000 francs, ou de l'une de ces deux peines seulement, quiconque aura procédé ou fait procéder à des traitements automatisés d'information nominative, sans qu'aient été publiés les actes réglementaires prévus à l'article 15 ou faites les déclarations prévues à l'article 16 ci-dessus.

En outre, le tribunal pourra ordonner l'insertion du jugement intégralement ou par extraits, dans un ou plusieurs journaux, et son affichage dans les conditions qu'il déterminera, aux frais du condamné.

Art. 42. – Sera puni d'un emprisonnement d'un à cinq ans et d'une amende de 20 000 francs à 2 000 000 de francs, ou de l'une de ces deux peines seulement, quiconque aura enregistré ou fait enregistrer, conservé ou fait conserver des informations nominatives en violation des dispositions des articles 25, 26 et 28 à 31.

En outre, le tribunal pourra ordonner l'insertion du jugement, intégralement ou par extraits, dans un ou plusieurs journaux, et son affichage dans les conditions qu'il déterminera, aux frais du condamné.

Art. 43. – Sera puni d'un emprisonnement de deux à six mois et d'une amende de 2 000 à 20 000 francs, ou de l'une de ces deux peines seulement, quiconque ayant recueilli, à l'occasion de leur enregistrement, de leur classement, de leur transmission ou de toute autre forme de traitement, des informations nominatives dont la divulgation aurait pour effet de porter atteinte à la réputation ou à la considération de la personne ou à l'intimité de la vie privée, aura, sans l'autorisation de l'intéressé, sciemment porté ces informations à la connaissance d'une personne qui n'a pas qualité pour les recevoir en vertu des dispositions de la présente loi ou d'autres dispositions législatives.

Sera puni d'une amende de 2 000 à 20 000 francs quiconque aura, par imprudence ou négligence, divulgué ou laissé divulguer des informations de la nature de celles mentionnées à l'alinéa précédent.

Art. 44. – Sera puni d'un emprisonnement d'un an à cinq ans et d'une amende de 20 000 à 2 000 000 de francs, quiconque, étant détenteur d'informations nominatives à l'occasion de leur enregistrement, de leur classement, de leur transmission ou de toute autre forme de traitement, les aura détournées de leur finalité telle qu'elle est définie dans l'acte réglementaire prévu à l'article 15 ci-dessus, ou dans les déclarations faites en application des articles 16 et 17 ou par une disposition législative.

Loi du 10 janvier 1978 — CONSOMMATEURS

CHAPITRE VII. – DISPOSITIONS DIVERSES

Art. 45. – Les dispositions des articles 25, 27, 29, 30, 31, 32 et 33 relatifs à la collecte, l'enregistrement et la conservation des informations nominatives sont applicables aux fichiers non automatisés ou mécanographiques autres que ceux dont l'usage relève du strict exercice du droit à la vie privée.

Le premier alinéa de l'article 26 est applicable aux mêmes fichiers, à l'exception des fichiers publics désignés par un acte réglementaire.

Toute personne justifiant de son identité a le droit d'interroger les services ou organismes qui détiennent des fichiers mentionnés au premier alinéa du présent article en vue de savoir si ces fichiers contiennent des informations nominatives la concernant. Le titulaire du droit d'accès a le droit d'obtenir communication de ces informations ; il peut exiger qu'il soit fait application des trois premiers alinéas de l'article 36 de la présente loi relatifs au droit de rectification. Les dispositions des articles 37, 38, 39 et 40 sont également applicables. Un décret en Conseil d'État fixe les conditions d'exercice du droit d'accès et de rectification ; ce décret peut prévoir la perception de redevances pour la délivrance de copies des informations communiquées.

Le Gouvernement, sur proposition de la commission nationale de l'informatique et des libertés, peut décider, par décret en Conseil d'État, que les autres dispositions de la présente loi peuvent, en totalité ou en partie, s'appliquer à un fichier ou à des catégories de fichiers non automatisés ou mécanographiques qui présentent, soit par eux-mêmes, soit par la combinaison de leur emploi avec celui d'un fichier informatisé, des dangers quant à la protection des libertés.

Art. 46. – Des décrets en Conseil d'État fixeront les modalités d'application de la présente loi. Ils devront être pris dans un délai de six mois à compter de sa promulgation (*).

Ces décrets détermineront les délais dans lesquels les dispositions de la présente loi entreront en vigueur. Ces délais ne pourront excéder deux ans à compter de la promulgation de ladite loi.

(*) V. D. n. 78-774 du 17 juil. 1978.

Art. 47. – La présente loi est applicable à Mayotte et aux territoires d'outre-mer.

Art. 48. – A titre transitoire, les traitements régis par l'article 15 ci-dessus et déjà créés, ne sont soumis qu'à une déclaration auprès de la commission nationale de l'informatique et des libertés dans les conditions prévues aux articles 16 et 17.

La commission peut toutefois, par décision spéciale, faire application des dispositions de l'article 15 et fixer le délai au terme duquel l'acte réglementant le traitement doit être pris.

A l'expiration d'un délai de deux ans à compter de la promulgation de la présente loi, tous les traitements régis par l'article 15 devront répondre aux prescriptions de cet article.

Loi n. 78-22 du 10 janvier 1978 (J.O. 11 janv.)
relative à l'information et à la protection des consommateurs dans le domaine de certaines opérations de crédit

Art. 1. – Au sens de la présente loi, est considérée comme :
– prêteur, toute personne qui consent les prêts, contrats ou crédits visés à l'article 2 ;
– emprunteur, l'autre partie aux mêmes opérations.

CONSOMMATEURS — Loi du 10 janvier 1978

Art. 2 *(L. n. 89-421 du 23 juin 1989, art. 2-I).* – Les dispositions de la présente loi s'appliquent à toute opération de crédit, ainsi qu'à son cautionnement éventuel, consentie à titre habituel par des personnes physiques ou morales, que ce soit à titre onéreux ou gratuit.

Pour l'application de la présente loi, la location-vente et la location avec option d'achat ainsi que les ventes ou prestations de services dont le paiement est échelonné ou différé sont assimilées à des opérations de crédit.

Art. 3. – Sont exclus du champ d'application de la présente loi :
– les prêts, contrats et opérations de crédit passés en la forme authentique ;
– ceux qui sont consentis pour une durée totale inférieure ou égale à trois mois, ainsi que ceux dont le montant est supérieur à une somme qui sera fixée par décret (*) ;
(*) *V. D. n. 88-293 du 25 mars 1988 (J.O. 31 mars)* – ceux qui sont destinés à financer les besoins d'une activité professionnelle, ainsi que les prêts aux personnes morales de droit public.

En sont également exclues les opérations de crédits portant sur des immeubles, notamment les opérations de crédit-bail immobilier et celles qui sont liées :
– à l'acquisition d'un immeuble en propriété ou en jouissance ;
– à la souscription ou à l'achat de parts ou d'actions de sociétés donnant vocation à une attribution en jouissance ou en propriété d'un immeuble ;
– *(L. n. 79-596 du 13 juil. 1979, art. 39-IV)* à des dépenses de construction, de réparation, d'amélioration ou d'entretien d'un immeuble lorsque le montant de ces dépenses est supérieur à un chiffre fixé par décret.

Art. 4 *(L. n. 89-421 du 23 juin 1989, art. 2-II).* – Toute publicité faite, reçue ou perçue en France qui, quel que soit son support, porte sur l'une des opérations de crédit visées à l'article 2 doit préciser l'identité du prêteur, la nature, l'objet et la durée de l'opération proposée ainsi que le coût total et, s'il y a lieu, le taux effectif global du crédit et les perceptions forfaitaires. Elle doit également préciser le montant, en francs, des remboursements par échéance ou, en cas d'impossibilité, le moyen de le déterminer. Ce montant inclut le coût de l'assurance lorsque celle-ci est obligatoire pour obtenir le financement et, le cas échéant, le coût des perceptions forfaitaires. Pour les opérations à durée déterminée, la publicité indique le nombre d'"échéances.

(L. n. 84-46 du 24 janv. 1984, art. 86.I). – Est interdite toute publicité hors des lieux de vente comportant la mention « crédit gratuit » *(L. n. 89-1010 du 31 déc. 1989, art. 21.)* ou proposant un avantage équivalent ou concernant la prise en charge totale ou partielle des frais de crédit par le vendeur. *(L. n. 88-15 du 5 janv. 1988, art. 51.I).* Est également interdite hors des lieux de vente toute publicité portant sur une opération de financement proposée pour l'acquisition ou la location avec option d'achat d'un bien de consommation d'une ou plusieurs marques, mais non d'une autre, et d'un taux inférieur au coût de refinancement pour les mêmes durées, tel que défini par le comité de réglementation bancaire.

(Al. aj., L.n. 89-1010 du 31 déc. 1989, art. 21-II) Est interdite hors des lieux de vente toute publicité promotionnelle relative aux opérations visées à l'article 2 de la présente loi proposant une période de franchise de paiement de loyers ou de remboursement des échéances du crédit supérieure à trois mois.

(Al. aj., L.n. 89-1010 du 31 déc. 1989, art. 21-II) Toute publicité sur les lieux de vente comportant la mention « crédit gratuit » ou proposant un avantage équivalent doit indiquer le montant de l'escompte consenti en cas de paiement comptant.

Art. 4-1 *(L. n. 88-15 du 5 janv. 1988, art. 51.II).* – Lorsqu'une opération de financement comporte une prise en charge totale ou partielle des frais au sens de l'article 4, le vendeur ne peut demander à l'acheteur à crédit ou au locataire une somme d'argent supérieure au prix le

1467

Loi du 10 janvier 1978   CONSOMMATEURS

plus bas effectivement pratiqué pour l'achat au comptant d'un article ou d'une prestation similaire, dans le même établissement de vente au détail, au cours des trente derniers jours précédant le début de la publicité ou d'offre. Le vendeur doit, en outre, proposer un prix pour paiement comptant inférieur à la somme proposée pour l'achat à crédit ou la location et calculé selon des modalités fixées par décret.

Art. 5 *(Al. 1er mod., L. n. 89-421 du 23 juin 1989, art. 2-III, Al. 1er remplacé. L. n. 89-1010 du 31 déc. 1989, art. 19).* – Les opérations de crédit visées à l'article 2 sont conclues dans les termes d'une offre préalable, remise en double exemplaire à l'emprunteur et, éventuellement, en un exemplaire aux cautions. La remise de l'offre oblige le prêteur à maintenir les conditions qu'elle indique pendant une durée minimale de quinze jours à compter de son émission.

Lorsqu'il s'agit d'une ouverture de crédit qui, assortie ou non de l'usage d'une carte de crédit, offre à son bénéficiaire la possibilité de disposer de façon fractionnée, aux dates de son choix, du montant du crédit consenti, l'offre préalable n'est obligatoire que pour le contrat initial. Elle précise que la durée du contrat est limitée à un an renouvelable et que le prêteur devra indiquer, trois mois avant l'échéance, les conditions de reconduction du contrat. Elle fixe également les modalités du remboursement, qui doit être échelonné, sauf volonté contraire du débiteur, des sommes restant dues dans le cas où le débiteur demande à ne plus bénéficier de son ouverture de crédit.

L'offre préalable mentionne l'identité des parties et, le cas échéant, des cautions. Elle précise le montant du crédit et éventuellement de ses fractions périodiquement disponibles, la nature, l'objet et les modalités du contrat, y compris, le cas échéant, les conditions d'une assurance, ainsi que le coût total ventilé du crédit et, s'il y a lieu, son taux effectif global ainsi que le total des perceptions forfaitaires demandées en sus des intérêts en ventilant celles correspondant aux frais de dossiers et celles correspondant aux frais par échéance. Elle rappelle les dispositions des articles 7 et 22, et les articles 9 à 17 et 19 à 21 et reproduit celles de l'article 27 de la présente loi. Elle indique, le cas échéant, le bien ou la prestation de services financé. *(L. n. 89-421 du 23 juin 1989, art. 2-I.)* Pour les opérations à durée déterminée, elle précise, pour chaque échéance, le coût de l'assurance et les perceptions forfaitaires éventuellement demandées, ainsi que l'échelonnement des remboursements ou, en cas d'impossibilité, le moyen de les déterminer. Lorsque l'offre préalable est assortie d'une proposition d'assurance, une notice doit être remise à l'emprunteur, qui comporte les extraits des conditions générales de l'assurance le concernant, notamment le nom et adresse de l'assureur, la durée, les risques couverts et ceux qui sont exclus.

(3e al. remplacé, L. n. 84-46 du 24 janv. 1984, art. 86-III) L'offre préalable est établie en application des conditions prévues aux *(mod., L. n. 89-1010 du 31 déc. 1989, art. 19-II.)* alinéas précédents selon l'un des modèles types fixés par le comité de la réglementation bancaire, après consultation du comité national de la consommation.

Art. 6. – Aucun vendeur ni prestataire de services ne peut, pour un même bien ou une même prestation de services, faire signer par un même client *(L. n. 89-421 du 23 juin 1989, art. 2.V)* une ou plusieurs offres préalables, visées aux articles 5 et 7, d'un montant total en capital supérieur à la valeur payable à crédit du bien acheté ou de la prestation de services fournie.
(Al. aj. L. n.89-421 du 23 juin 1989, art. 2-VI) Cette disposition ne s'applique pas aux offres préalables d'ouverture de crédit permanent définies au *(mod., L. n. 89-1010 du 31 déc. 1989, art. 19-III)* deuxième alinéa de l'article 5.

Art. 7. – Lorsque l'offre préalable ne comporte aucune clause selon laquelle le prêteur se réserve le droit d'agréer la personne de l'emprunteur, le contrat devient parfait dès l'acceptation de l'offre préalable par l'emprunteur. Toutefois l'emprunteur peut, dans un délai de sept jours

CONSOMMATEURS — **Loi du 10 janvier 1978**

à compter de son acceptation de l'offre, revenir sur son engagement. Pour permettre l'exercice de cette faculté de rétractation, un formulaire détachable est joint à l'offre préalable. L'exercice par l'emprunteur de sa faculté de rétractation ne peut donner lieu à enregistrement sur un fichier.

Lorsque l'offre préalable stipule que le prêteur se réserve le droit d'agréer la personne de l'emprunteur, le contrat accepté par l'emprunteur ne devient parfait qu'à la double condition que, dans ce même délai de sept jours, ledit emprunteur n'ait pas usé de la faculté de rétractation visée à l'alinéa précédent et que le prêteur ait fait connaître à l'emprunteur sa décision d'accorder le crédit. L'agrément de la personne de l'emprunteur est réputé refusé si, à l'expiration de ce délai, la décision d'accorder le crédit n'a pas été portée à la connaissance de l'intéressé. L'agrément de la personne de l'emprunteur parvenu à sa connaissance après l'expiration de ce délai reste néanmoins valable si celui-ci entend toujours bénéficier du crédit.

Tant que l'opération n'est pas définitivement conclue, aucun paiement, sous quelque forme et à quelque titre que ce soit, ne peut être fait par le prêteur à l'emprunteur ou pour le compte de celui-ci, ni par l'emprunteur au prêteur. Pendant ce même délai, l'emprunteur ne peut non plus faire, au titre de l'opération en cause, aucun dépôt au profit du prêteur ou pour le compte de celui-ci. Si une autorisation de prélèvement sur compte bancaire ou postal est signée par l'emprunteur, sa validité et sa prise d'effet sont subordonnées à celles du contrat de crédit.

Art. 7-1 *(L. n. 89-1010 du 31 déc. 1989, art. 19-IV).* – La personne physique qui s'engage par acte sous seing privé en qualité de caution pour l'une des opérations prévues à l'article 2 doit, à peine de nullité de son engagement, faire précéder sa signature de la mention manuscrite suivante, et uniquement de celle-ci :

En me portant caution de X..., dans la limite de la somme de... couvrant le paiement du principal, des intérêts et, le cas échéant, des pénalités ou intérêts de retard et pour la durée de... , je m'engage à rembourser au prêteur les sommes dues sur mes revenus et mes biens si X... n'y satisfait pas lui-même.

Art. 7-2 *(L. n. 89-1010 du 31 déc. 1989, art. 19-V).* – Lorsque le créancier demande un cautionnement solidaire, la personne physique qui se porte caution doit, à peine de nullité de son engagement, faire précéder sa signature de la mention manuscrite suivante :

En renonçant au bénéfice de discussion défini à l'article 2021 du Code civil et en m'obligeant solidairement avec X..., je m'engage à rembourser le créancier sans pouvoir exiger qu'il poursuive préalablement X...

Art. 7-3 *(L. n. 89-1010 du 31 déc. 1989, art. 19-V).* – Toute personne physique qui s'est portée caution à l'occasion d'une opération de crédit relevant de la présente loi doit être informée par l'établissement prêteur de la défaillance du débiteur principal dès le premier incident de paiement caractérisé susceptible d'inscription au fichier institué à l'article 23 de la loi n. 89-1010 du 31 décembre 1989 relative à la prévention et au règlement des difficultés liées au surendettement des particuliers et des familles. Si l'établissement prêteur ne se conforme pas à cette obligation, la caution ne saurait être tenue du paiement des pénalités ou intérêts de retard échus entre la date de ce premier incident et celle à laquelle elle en a été informée.

Art. 7-4 *(L. n. 89-1010 du 31 déc. 1989, art. 19-VI).* – Un établissement de crédit ne peut se prévaloir d'un contrat de cautionnement conclu par une personne physique dont l'engagement était, lors de sa conclusion, manifestement disproportionné à ses biens et revenus, à moins que le patrimoine de cette caution, au moment où celle-ci est appelée, ne lui permette de faire face à son obligation.

Loi du 10 janvier 1978 — CONSOMMATEURS

Art. 8. – L'exécution des obligations du débiteur peut être, notamment en cas de licenciement, suspendue par ordonnance du juge d'instance, *(L. n. 89-1010 du 31 déc. 1989, art. 13)* dans les conditions prévues à l'article 1244 du code civil. L'ordonnance peut décider que, durant le délai de grâce, les sommes dues ne produiront point intérêt.
(Al. aj., L. n. 89-1010 du 31 déc. 1989, art. 24) En outre, le juge peut déterminer dans son ordonnance les modalités de paiement des sommes qui seront exigibles au terme du délai de suspension, sans que le dernier versement puisse excéder de plus de deux ans le terme initialement prévu pour le remboursement du prêt ; il peut cependant surseoir à statuer sur ces modalités jusqu'au terme du délai de suspension.

Art. 9. – Lorsque l'offre préalable mentionne le bien ou la prestation de services financé, les obligations de l'emprunteur ne prennent effet qu'à compter de la livraison du bien ou de la fourniture de la prestation : en cas de contrat de vente ou de prestation de services à exécution successive, elles prennent effet à compter du début de la livraison ou de la fourniture et cessent en cas d'interruption de celle-ci. *(L. n. 89-421 du 23 juin 1989, art. 2.VII)* Le vendeur ou le prestataire de services doit conserver une copie de l'offre préalable remise à l'emprunteur et la présenter sur leur demande aux agents chargés du contrôle.
En cas de contestation sur l'exécution du contrat principal, le tribunal pourra, jusqu'à la solution du litige, suspendre l'exécution du contrat de crédit. Celui-ci est résolu ou annulé de plein droit lorsque le contrat en vue duquel il a été conclu est lui-même judiciairement résolu ou annulé.
Les dispositions de l'alinéa précédent ne seront applicables que si le prêteur est intervenu à l'instance ou s'il a été mis en cause par le vendeur ou l'emprunteur.

Art. 10. – Si la résolution judiciaire ou l'annulation du contrat principal survient du fait du vendeur, celui-ci pourra, à la demande du prêteur, être condamné à garantir l'emprunteur du remboursement du prêt, sans préjudice de dommages et intérêts vis-à-vis du prêteur et de l'emprunteur.

Art. 11. – Chaque fois que le paiement du prix sera acquitté, en tout ou en partie, à l'aide d'un crédit, et sous peine des sanctions prévues à l'article 24 de la présente loi, le contrat de vente ou de prestation de services doit le préciser. Aucun engagement ne peut valablement être contracté par l'acheteur à l'égard du vendeur tant qu'il n'a pas accepté l'offre préalable du prêteur. Lorsque cette condition n'est pas remplie, le vendeur ne peut recevoir aucun paiement, sous quelque forme que ce soit, ni aucun dépôt.

Art. 12. – Tant que le prêteur ne l'a pas avisé de l'octroi du crédit, et tant que l'emprunteur peut exercer sa faculté de rétractation, le vendeur n'est pas tenu d'accomplir son obligation de livraison ou de fourniture. Toutefois, lorsque par une demande expresse rédigée, datée et signée de sa main même, l'acheteur sollicite la livraison ou la fourniture immédiate du bien ou de la prestation de services, le délai de rétractation ouvert à l'emprunteur par l'article 7 expire à la date de la livraison ou de la fourniture, sans pouvoir ni excéder sept jours ni être inférieur à trois jours. Toute livraison ou fourniture anticipée est à la charge du vendeur qui en supporte tous les frais et risques.

Art. 13. – Le contrat de vente ou de prestation de services est résolu de plein droit, sans indemnité :
Si le prêteur n'a pas dans le délai de sept jours prévu à l'article 7, informé le vendeur de l'attribution du crédit ;
Si l'emprunteur a, dans les délais qui lui sont impartis, exercé son droit de rétractation.

CONSOMMATEURS Loi du 10 janvier 1978

Dans les deux cas, le vendeur ou le prestataire de services doit, sur simple demande, rembourser alors toute somme que l'acheteur aurait versée d'avance sur le prix. *(L. n. 89-421 du 23 juin 1989, art. 2-VIII)* A compter du huitième jour suivant la demande de remboursement, cette somme est productive d'intérêts de plein droit au taux légal majoré de moitié.

Le contrat n'est pas résolu, si, avant l'expiration du délai de sept jours prévu ci-dessus, l'acquéreur paie comptant.

Art. 14. – L'engagement préalable de payer comptant en cas de refus de prêt est nul de plein droit.

Art. 15 *(L. n. 89-421 du 23 juin 1989, art. 2-IX)*. – Le vendeur ou le prestataire de services ne peut recevoir, de la part de l'acheteur, aucun paiement sous quelque forme que ce soit, ni aucun dépôt, en sus de la partie du prix que l'acheteur a accepté de payer comptant, tant que le contrat relatif à l'opération de crédit n'est pas définitivement conclu.

Si une autorisation de prélèvement sur compte bancaire ou postal est signée par l'acquéreur, sa validité et sa prise d'effet sont subordonnées à celles du contrat de vente.

En cas de paiement d'une partie du prix au comptant, le vendeur ou prestataire de services doit remettre à l'acheteur un récépissé valant reçu et comportant la reproduction intégrale des dispositions de l'article 13.

Art. 16. – En cas de vente ou de démarchage à domicile, le délai de rétractation est de sept jours quelle que soit la date de livraison ou de fourniture du bien ou de la prestation de services. Aucun paiement comptant ne peut intervenir avant l'expiration de ce délai.

Art. 17. – Les dispositions de l'article 114 du code de commerce sont applicables aux lettres de change et billets à ordre souscrits ou avalisés par les emprunteurs même majeurs à l'occasion des opérations de crédits régies par la présente loi.

Art. 18. – Lorsqu'un acte de prêt, établi en application de l'article 5, est passible du droit de timbre de dimension, seul l'exemplaire conservé par le prêteur est soumis à ce droit.

Art. 19. – *(L. n. 89-421 du 23 juin 1989, art. 2-XI)* Si l'une des opérations de crédit visées à l'article 2 ci-dessus comporte une clause aux termes de laquelle, en cas de remboursement par anticipation, partiel ou total, du prêt, le prêteur sera en droit d'exiger une indemnité au titre des intérêts non encore échus, celle-ci pourra, sans préjudice de l'application de l'article 1152 du code civil, excéder un montant qui, dépendant de la durée restant à courir du contrat, sera fixé suivant un barème déterminé par décret (*).

(Al. aj., L. n. 89-421 du 23 juin 1989, art. 2-X) L'emprunteur peut toujours, à son initiative, rembourser par anticipation *(L. n. 89-1010 du 31 déc. 1989, art. 29-II)* sans indemnité, en partie ou en totalité, le crédit qui lui a été consenti. Toutefois, le prêteur peut refuser un remboursement partiel anticipé inférieur à un montant fixé par décret.

(Al. aj., L. n. 89-421 du 23 juin 1989, art. 2-X) Le premier alinéa ne s'applique pas aux contrats de location sauf si ces contrats prévoient que le titre de propriété sera finalement transféré au locataire.

(Al. supprimé, L. n. 89-1010 du 31 déc. 1989, art.29-II)

Art. 20. – En cas de défaillance de l'emprunteur, le prêteur pourra exiger le remboursement immédiat du capital restant dû, majoré des intérêts échus mais non payés. Jusqu'à la date du règlement effectif, les sommes restant dues produisent les intérêts de retard à un taux égal

1471

Loi du 10 janvier 1978 — CONSOMMATEURS

à celui du prêt. En outre, le prêteur pourra demander à l'emprunteur défaillant une indemnité qui, dépendant de la durée restant à courir du contrat et sans préjudice de l'application des *(L. n. 879-1010 du 31 déc. 1989, art. 19-VIII.)* articles 1152 et 1231 du code civil, sera fixée suivant un barème déterminé par décret (*).

Art. 21. – En cas de défaillance dans l'exécution, par l'emprunteur, d'un contrat de location assortie d'une promesse de vente ou d'un contrat de location-vente, le prêteur est en droit d'exiger, outre la restitution du bien et le paiement des loyers échus et non réglés, une indemnité qui, dépendant de la durée restant à courir du contrat et sans préjudice de l'application de l'article 1152 du code civil, sera fixée suivant un barème déterminé par décret (*).

(*) V. D. n. 78-373 du 17 mars 1978, art. 1er, supra sous art. 1152.

Art. 22. – Aucune indemnité ni aucun coût autres que ceux qui sont mentionnés aux articles 19 et 21 ne peuvent être mis à la charge de l'emprunteur dans les cas de remboursement par anticipation ou de défaillance prévus par ces articles.

Toutefois, le prêteur pourra réclamer à l'emprunteur, en cas de défaillance de celui-ci, le remboursement des frais taxables qui lui auront été occasionnés par cette défaillance, à l'exclusion de tout remboursement forfaitaire de frais de recouvrement.

Art. 22-1 *(L. n. 89-1010 du 31 déc. 1989, art. 27)*. – Tout vendeur, salarié ou non d'un organisme bancaire ou de crédit, ne peut, en aucun cas, être rémunéré en fonction du taux de crédit qu'il a fait contracter à l'acheteur d'un bien mobilier.

Art. 23. – Le prêteur qui accorde un crédit sans saisir l'emprunteur d'une offre préalable satisfaisant aux conditions fixées par l'article 5 de la présente loi est déchu du droit aux intérêts et l'emprunteur n'est tenu qu'au seul remboursement du capital suivant l'échéancier prévu. Les sommes perçues au titre des intérêts, qui sont productives d'intérêts au taux légal à compter du jour de leur versement, seront restituées par le prêteur ou imputées sur le capital restant dû.

Art. 24. – Le prêteur qui omet de respecter les formalités prescrites à l'article 5 et de prévoir un formulaire détachable dans l'offre de crédit, en application du premier alinéa de l'article 7, sera puni d'une amende de 2 000 F à 5 000 F (5 000 F à 10 000 F).

La même peine est applicable à l'annonceur pour le compte duquel est diffusée une publicité non conforme aux dispositions de l'article 4 ci-dessus. Si le contrevenant est une personne morale, la responsabilité incombe à ses dirigeants. La complicité est punissable dans les conditions du droit commun.

Le tribunal pourra également ordonner la publication du jugement et la rectification de la publicité aux frais du condamné ou l'une de ces deux peines seulement.

(Al. aj., L. n. 84-46 du 24 janv. 1984, art. 86-IV) Les peines prévues au premier alinéa du présent article sont également applicables au vendeur qui contrevient aux dispositions de l'article 4-1 de la présente loi.

B. BOULOC, *L'article 24 de la loi n. 78-22 du 10 janv. 1978 : délit ou contravention ?* Act. lég. Dalloz, 1989, 1.

Art. 25. – Le prêteur ou le vendeur qui, en infraction aux dispositions de l'article 7 (troisième alinéa) et de l'article 15, réclame ou reçoit de l'emprunteur ou de l'acheteur un paiement sous quelque forme que ce soit sera puni d'une amende de 2 000 F à 200 000 F. La même peine est applicable à celui qui fait signer des formules de prélèvements sur comptes bancaires ou postaux contenant des clauses contraires aux dispositions des alinéas susvisés.

CONSOMMATEURS **Loi du 10 janvier 1978**

Elle est également applicable à celui qui fait souscrire, ou accepter, ou avaliser par l'emprunteur ou l'acheteur des lettres de change ou des billets à ordre, à celui qui persiste indûment à ne pas payer les sommes visées au quatrième alinéa de l'article 13 et à celui qui en infraction aux dispositions de l'article 7 de la présente loi, enregistre ou fait enregistrer sur un fichier le nom des personnes usant de la faculté de rétractation ainsi qu'à celui qui fait signer par un même client plusieurs offres préalables d'un montant total en capital supérieur à la valeur payable à crédit du bien acheté ou de la prestation de services fournie.

Art. 26. – Les infractions aux dispositions de la présente loi sont constatées et poursuivies *(Ord. n. 86-1243 du 1er déc. 1986, art. 60.II)* dans les conditions fixées par les articles 45, premier alinéa, 46 et 47 de l'ordonnance n. 86-1243 du 1er décembre 1986 relative à la liberté des prix et de la concurrence.

Art. 27. – Le tribunal d'instance connaît des litiges nés de l'application de la présente loi. *(L. n. 89-421 du 23 juin 1989, art. 2-XII)* Les actions engagées devant lui doivent être formées dans les deux ans de l'événement qui leur a donné naissance, à peine de forclusion *(L. n. 89-1010 du 31 déc., art. 19-IX)*, y compris lorsqu'elles sont nées de contrats conclus antérieurement à l'entrée en vigueur de la loi n. 89-421 du 23 juin 1989 relative à l'information et à la protection des consommateurs ainsi qu'à diverses pratiques commerciales.
(Al. aj., L. n. 89-1010 du 31 déc. 1989, art. 19-X) Lorsque les modalités de règlement des échéances impayées ont fait l'objet d'um réaménagement ou d'un rééchelonnement, le point de départ du délai de forclusion est le premier incident non régularisé intervenu après le premier aménagement ou rééchelonnement conclu entre les intéressés ou après adoption d'un plan de règlement ou décision du juge survenue en application de loi n. 89-1010 du 31 décembre 1989 relative à la prévention et au règlement des difficultés liées au surendettement des particuliers et des familles.

1) Sont soumis aux dispositions de l'article 27 de la loi tous les litiges concernant les opérations de crédit qu'elle réglemente ; il en est ainsi, en particulier, du contentieux né de la défaillance de l'emprunteur (Civ. 1re, 9 déc. 1986 : *D.* 1988, 84 note Paire).

2) Le délai prévu par l'article 27 est un délai préfix (Bordeaux, 9 mars 1987 : *J.C.P.* 88, II, 21018, note G.N.).

3) La loi du 10 janvier 1978 ne s'applique pas au contrat de cautionnement qui est l'accessoire du prêt ; dès lors, l'article 27 qui ne joue que dans les rapports entre le prêteur et le débiteur principal ne peut recevoir application (Douai, 19 juin 1986 : *D.* 1988, 369, note crit. Taisne).

Art. 28. – Les dispositions de la présente loi sont d'ordre public.

Art. 29. – Les infractions aux dispositions des décrets visés au deuxième alinéa de l'article premier du décret n. 55-585 du 20 mai 1955 relatif aux ventes à crédit seront punies des peines prévues à l'article 25 de la présente loi et seront constatées et poursuivies *(Ord. n. 86-1243 du 1er déc. 1986, art. 60-II)* dans les conditions fixées par les articles 45, premier alinéa, 46 et 47 de l'ordonnance n. 86-1243 du 1er décembre 1986 relative à la liberté des prix et de la concurrence.

Art. 30. – Les conditions d'application de la présente loi sont fixées en tant que de besoin, par décrets en Conseil d'État.

Loi du 10 janvier 1978 — CONSOMMATEURS

Art. 31. – Les dispositions du 5° de l'article 37 de l'ordonnance n. 45-1483 du 30 juin 1945 relative aux prix sont abrogées.

Art. 32. – La présente loi entrera en vigueur le premier jour du sixième mois suivant celui de la publication au *Journal officiel* de la République française des décrets pris pour l'application de ses articles 19 à 21 et au plus tard le 1er juillet 1978.

Art. 33. – La présente loi est applicable dans les territoires d'outre-mer, sous réserve de la consultation de leurs assemblées territoriales, et à Mayotte.

Loi n. **78-23 du 10 janvier 1978** *(J.O.* 11 janv.*)*
sur la protection et l'information des consommateurs de produits et de services

CHAPITRE I. – MESURES RELATIVES À LA SANTÉ ET À LA SÉCURITÉ DES CONSOMMATEURS

Art. 1 à 5. – *Abrogés, L. n. 83-660 du 21 juil. 1983, art. 21.*

CHAPITRE II. – DE LA RÉPRESSION DES FRAUDES ET FALSIFICATIONS EN MATIÈRE DE PRODUITS OU DE SERVICES

Art. 6 à 21. – *Voir L. 1er août 1905 modifié sur les fraudes et falsifications en matière de produits ou de services.*

CHAPITRE III. – LA QUALIFICATION DES PRODUITS

....

CHAPITRE IV. – DE LA PROTECTION DES CONSOMMATEURS CONTRE LES CLAUSES ABUSIVES

Art. 35. – Dans les contrats conclus entre professionnels et non-professionnels ou consommateurs, peuvent être interdites, limitées ou réglementées, par des décrets en Conseil d'État pris après avis de la commission instituée par l'article 36 en distinguant éventuellement selon la nature des biens et des services concernés, les clauses relatives au caractère déterminé ou déterminable du prix ainsi qu'à son versement, à la consistance de la chose ou à sa livraison, à la charge des risques, à l'étendue des responsabilités et garanties, aux conditions d'exécution, de résiliation, résolution ou reconduction des conventions, lorsque de telles clauses apparaissent imposées aux non-professionnels ou consommateurs par un abus de la puissance économique de l'autre partie et confèrent à cette dernière un avantage excessif.

De telles clauses abusives, stipulées en contradiction avec les dispositions qui précèdent, sont réputées non écrites.

Ces dispositions sont applicables aux contrats quels que soient leur forme ou leur support. Il en est ainsi notamment des bons de commande, factures, bons de garantie, bordereaux ou bons de livraison, billets, tickets, contenant des stipulations ou des références à des conditions générales préétablies.

(Al. aj. L. n. 89-421 du 23 juin 1989, art. 3) Les professionnels vendeurs ou prestataires de services doivent remettre à toute personne intéressée qui en fait la demande un exemplaire des conventions qu'ils proposent habituellement.

Les décrets ci-dessus peuvent, en vue d'assurer l'information du contractant non professionnel ou consommateur, réglementer la présentation des écrits constatant les contrats visés au premier alinéa.

CONSOMMATEURS — Loi du 10 janvier 1978

1) Le contrat conclu entre un agent immobilier et l'installateur d'un système d'alarme échappe à la compétence professionnelle du premier, dont l'activité est étrangère à la technique très spéciale des systèmes d'alarme et qui, relativement au contenu du contrat en cause, était donc dans le même état d'ignorance que n'importe quel autre consommateur (Civ. 1re, 28 avril 1987 : J.C.P. 87, II, 20893, note Paisant ; D. 1987, Somm. 455, obs. Aubert ; D. 1988, 1, note Delebecque).

2) Est abusive, au sens de l'article 35 de la loi du 10 janvier 1978 la clause par laquelle le vendeur précise que les délais de livraison ne sont qu'indicatifs et que l'acheteur ne pourra obtenir la restitution des sommes versées que dans les 90 jours d'une mise en demeure restée sans effet (Civ. 1re, 16 juil 1987 : D. 1987, Somm. 457, obs. Aubert ; J.C.P. 88, II, 21001, note Paisant ; D. 1988, 49, note Calais-Auloy).

3) Jugé que l'article 35 de la loi du 10 janvier 1978 réserve désormais au seul pouvoir réglementaire l'appréciation du caractère abusif des clauses contenues dans les contrats entre professionnels et consommateurs, et la détermination des contrats dans lesquels leur insertion est prohibée ou réglementée (Paris 22 mai 1986 : D. 1986, 563, note Delebecque ; Rev. trim. dr. civ. 1987, 559, obs. Huet).

Art. 36. – Une commission des clauses abusives est instituée auprès du ministre chargé de la consommation.
Elle est composée des quinze membres suivants :
– un magistrat de l'ordre judiciaire, président ;
– deux magistrats de l'ordre judiciaire ou administratif ou membres du Conseil d'État ;
– trois représentants de l'administration, choisis en raison de leurs compétences ;
– trois jurisconsultes qualifiés en matière de droit ou de technique des contrats ;
– trois représentants des associations représentatives et agréées de défense des consommateurs ;
– trois représentants des professionnels.

Art. 37. – La commission connaît des modèles de conventions habituellement proposés par les professionnels à leurs contractants non professionnels ou consommateurs. Elle est chargée de rechercher si ces documents contiennent des clauses qui pourraient présenter un caractère abusif.
Elle peut être saisie à cet effet soit par le ministre chargé de la consommation, soit par les associations agréées de défense des consommateurs, soit par les professionnels intéressés. Elle peut également se saisir d'office.

Art. 38. – La commission recommande la suppression ou la modification des clauses qui présentent un caractère abusif. Le ministre chargé de la consommation peut, soit d'office, soit à la demande de la commission, rendre publiques ces recommandations, qui ne peuvent contenir aucune indication de nature à permettre l'identification de situations individuelles.
La commission établit chaque année un rapport de son activité et propose éventuellement les modifications législatives ou réglementaires qui lui paraissent souhaitables. Ce rapport est rendu public.

Décret du 24 mars 1978 — CONSOMMATEURS

Décret n. 78-464 du 24 mars 1978 *(J.O. 1ᵉʳ avril)*
portant application du chapitre IV de la loi n. 78-23 du 10 janvier 1978
sur la protection et l'information des consommateurs de produits
et de services

Art. 1. – Dans les contrats conclus entre des professionnels, d'une part, et, d'autre part, des non-professionnels ou des consommateurs, est interdite comme abusive au sens de l'alinéa 1ᵉʳ de l'article 35 de la loi susvisée la clause ayant pour objet ou pour effet de constater l'adhésion du non-professionnel ou consommateur à des stipulations contractuelles qui ne figurent pas sur l'écrit qu'il signe *(disposition annulée par le Conseil d'État arrêt du 3 déc. 1980 : J.C.P. 81, II, 19502, concl. Hagelsteen).*

Art. 2. – Dans les contrats de vente conclus entre des professionnels, d'une part, et, d'autre part, des non-professionnels ou des consommateurs, est interdite comme abusive au sens de l'alinéa 1ᵉʳ de l'article 35 de la loi susvisée la clause ayant pour objet ou pour effet de supprimer ou de réduire le droit à réparation du non-professionnel ou consommateur en cas de manquement par le professionnel à l'une quelconque de ses obligations.

1) Les dispositions de l'article 2 du décret du 24 mars 1978 s'appliquent aux relations contractuelles entre EDF et ses usagers (T.G.I. Angers 11 mars 1986 : *J.C.P.* 87, II, 20789, note crit. Gridel, et Angers 16 déc. 1987 : *Rev. trim. dr. civ.* 1989, 63, obs. Mestre).

2) La clause par laquelle un laboratoire de photographie décline toute responsabilité quant aux pertes de clichés ou autres accidents pouvant survenir pendant le transport et l'exécution des travaux de développement des pellicules, et limite les dédommagements éventuels au remboursement des éléments détériorés, n'est pas illicite, s'agissant d'un marché de travail à façon, et non d'une vente (Paris 22 mai 1986 : *D.* 1986, 563, note Delebecque ; *Rev. trim. dr. civ.* 1987, 559, obs. Huet). Mais jugé que la clause peut être considérée comme abusive dès lors que l'offre de traiter le film a été connue et acceptée du client, non pas au moment du dépôt du film pour son développement, mais au moment de l'achat du film, et que le prix global ne distingue pas entre le coût de la pellicule et le coût de son traitement, d'où il résulte que l'acte juridique présente, fût-ce de manière partielle, le caractère de vente (Civ. 1ʳᵉ, 25 janv. 1989 : *J.C.P.* 89, II, 21357, note Paisant ; *D.* 1989, 253, note Malaurie ; *Rev. trim. dr. civ.* 1989, 532, obs. Mestre, et 574, obs. Rémy).

Art. 3. – Dans les contrats conclus entre professionnels et non-professionnels ou consommateurs est interdite la clause ayant pour objet ou pour effet de réserver au professionnel le droit de modifier unilatéralement les caractéristiques du bien à livrer ou du service à rendre.
Toutefois, il peut être stipulé que le professionnel peut apporter des modifications liées à l'évolution technique, à condition qu'il n'en résulte ni augmentation de prix, ni altération de qualité et que la clause réserve au non-professionnel ou consommateur la possibilité de mentionner les caractéristiques auxquelles il subordonne son engagement.

Est abusive, et doit être réputée non écrite, comme conférant au vendeur un avantage excessif, la clause par laquelle le vendeur précise que les délais de livraison ne sont qu'indicatifs, qu'un retard ne peut constituer une cause de résiliation ni ouvrir droit à des dommages-intérêts, et que l'acheteur ne pourra obtenir la restitution des sommes versées que dans les 90 jours d'une mise en demeure restée sans effet (Civ. 1ʳᵉ, 16 juil. 1987 : *Bull.* I, n. 226, p. 166 ; *D.* 1987, Somm. 457, obs. Aubert).

CONSOMMATEURS — Décret du 24 mars 1978

Art. 4. – Dans les contrats conclus entre des professionnels d'une part, et, d'autre part, des non-professionnels ou des consommateurs, le professionnel ne peut garantir contractuellement la chose à livrer ou le service à rendre sans mentionner clairement que s'applique en tout état de cause, la garantie légale qui oblige le vendeur professionnel à garantir l'acheteur contre toutes les conséquences des défauts ou vices cachés de la chose vendue ou du service rendu.

Sera puni d'une amende de 1 000 F à 2 000 F tout professionnel qui aura inséré dans un contrat conclu avec un non-professionnel ou consommateur une clause établie en contravention aux dispositions de l'alinéa précédent.

Art. 5. – Le présent décret entrera en vigueur le premier jour du sixième mois suivant celui de sa publication au *Journal officiel* de la République française.

Décret n. 78-509 du 24 mars 1978 *(J.O.* 6 et rectif. 28 avril et 2 juil. 1978*)*
pris pour l'application des articles 5 et 12 de la loi n. 78-22 du 10 janvier 1978
relative à l'information et à la protection des consommateurs dans le domaine de certaines opérations de crédit

Art. 1er. – L'offre préalable de prêt prévue à l'article 5 de la loi susvisée du 10 janvier 1978 doit comporter les indications figurant dans celui des modèles types annexés au présent décret qui correspond à l'opération de crédit proposée.

Cet acte doit être présenté de manière claire et lisible. Il est rédigé en caractères dont la hauteur ne peut être inférieure à celle du corps huit.

Art. 2. – La formule d'acceptation de la caution ainsi que le formulaire détachable de rétractation prévu à l'article 7 de la loi susvisée du 10 janvier 1978 doivent être établis conformément aux modèles types joints en annexe.

Le formulaire détachable de rétractation ne peut comporter au verso aucune mention autre que le nom et l'adresse du prêteur.

Art. 3. – L'acheteur qui sollicite la livraison ou la fourniture immédiate du bien ou de la prestation de services en application de l'article 12 de la loi susvisée du 10 janvier 1978 doit apposer sur le contrat de vente une demande rédigée de sa main dans les termes suivants :

« Je demande à être livré immédiatement (ou à bénéficier immédiatement de la prestation de services).

« Je reconnais avoir été informé que cette demande a pour effet de réduire le délai légal de rétractation. Celui-ci expirera le jour de la livraison du bien (ou de l'exécution de la prestation), sans pouvoir être inférieur à trois jours ni supérieur à sept jours. »

Art. 4. – Le vendeur ou le prestataire de services qui fera souscrire lui-même ou par un préposé agissant pour son compte une demande de livraison ou de fourniture immédiate par l'acheteur, en méconnaissance des dispositions de l'article 3, sera puni d'une amende de 600 à 1 000 F. Celle-ci sera portée au double en cas de récidive.

(V. modèles types annexés : J.O. 6 et rectif. 28 avril et 2 juil. 1978)

Décret du 31 mars 1978 — PRÉLÈVEMENTS D'ORGANES

Décret n. 78-501 du 31 mars 1978 (J.O. 4 avril)
pris pour l'application de la loi du 22 décembre 1976 relative aux prélèvements d'organes

CHAPITRE 1er. — MODALITÉS SELON LESQUELLES LE DONNEUR VIVANT OU SON REPRÉSENTANT LÉGAL EST INFORMÉ DES CONSÉQUENCES ÉVENTUELLES DE SA DÉCISION ET EXPRIME SON CONSENTEMENT

Section 1. — Donneur majeur

Art. 1er. — Le donneur majeur, jouissant de son intégrité mentale, qui entend autoriser un prélèvement sur sa personne en vue d'une greffe, est informé des conséquences éventuelles de sa décision par le médecin responsable du service de l'établissement hospitalier dans lequel le prélèvement doit être effectué, ou par un médecin du même établissement désigné par ce responsable.

Cette information porte sur toutes les conséquences prévisibles d'ordre physique et psychologique du prélèvement ainsi que sur les répercussions éventuelles de ce prélèvement sur la vie personnelle, familiale ou professionnelle du donneur. Elle porte, en outre, sur les résultats qui peuvent être attendus de la greffe pour le receveur.

Art. 2. — Lorsque le prélèvement porte sur un organe non régénérable, le consentement du donneur est exprimé devant le président du tribunal de grande instance dans le ressort duquel le donneur a sa résidence ou devant le magistrat désigné par le président de ce tribunal. Le magistrat qui recueille le consentement du donneur s'assure au préalable que ce consentement est exprimé dans les conditions prévues par la loi et après qu'il a été satisfait aux prescriptions de l'article 1er ci-dessus. L'acte auquel donne lieu le consentement est dressé par écrit et signé par ce magistrat et par le donneur. Il est transmis au directeur de l'établissement hospitalier dans lequel le prélèvement doit être effectué. La minute en est conservée au greffe du tribunal.

Dans les autres cas de prélèvement, le consentement du donneur est constaté par un écrit signé par celui-ci et contresigné par un témoin désigné par lui. Cet écrit est transmis au directeur de l'établissement hospitalier qui en assure la conservation.

Dans tous les cas, le consentement du donneur peut être retiré à tout moment sans formalité.

Section II. — Donneur mineur

Art. 3. — Lorsque le donneur potentiel est un mineur, frère ou sœur du receveur, l'information de son représentant légal est faite dans les conditions prévues à l'article 1er.

Art. 4. — Le consentement du représentant légal est exprimé dans les conditions prévues à l'article 2 pour le donneur majeur.

Art. 5. — Lorsque le prélèvement porte sur un organe non régénérable, le comité prévu à l'article 1er, alinéa 2, de la loi susvisée du 22 décembre 1976, est composé dans chaque cas d'experts, en nombre impair, désignés par le ministre chargé de la santé, dont deux médecins choisis sur une liste établie par le conseil national de l'ordre des médecins.

Dans les autres cas de prélèvement, le comité est composé de trois experts désignés, pour chaque opération, par le préfet, dont deux médecins choisis sur une liste régionale établie par le conseil national des médecins.

En aucun cas, les médecins traitants du donneur et du receveur ne peuvent faire partie du comité.

Les fonctions de membre du comité d'experts sont gratuites.

PRÉLÈVEMENTS D'ORGANES — Décret du 31 mars 1978

Art. 6. – Le comité est saisi par le représentant légal dont le consentement a été recueilli au préalable dans les conditions visées à l'article 4.

Si le mineur est capable de s'exprimer, le comité procède ou fait procéder à son audition, en ayant soin de ménager sa sensibilité. Il l'informe ou le fait informer sous son contrôle des conséquences que le prélèvement est susceptible d'entraîner. Il peut le soumettre à tout examen utile.

Le comité reçoit les explications écrites ou orales du médecin qui doit procéder au prélèvement ou du médecin responsable du service dans lequel le prélèvement doit être effectué.

Il vérifie, le cas échéant, que le parent qui n'exerce pas l'autorité parentale, s'il est possible de se mettre en rapport avec lui, a été informé. Il recueille éventuellement ses observations.

Il procède à toutes les investigations et à toutes les consultations qu'il estime de nature à éclairer sa décision.

Il dresse un procès-verbal de ses diligences.

Art. 7. – Le comité ne peut délibérer valablement que si tous ses membres sont présents. Il statue à la majorité. Il ne peut autoriser un prélèvement sur un mineur qui a refusé de s'y soumettre.

Si le comité refuse d'autoriser un prélèvement, il ne motive pas son refus. S'il l'autorise, sa décision doit être motivée.

Le comité communique sa décision au représentant légal du mineur. S'il autorise le prélèvement, cette décision est, en outre, transmise au directeur de l'établissement hospitalier dans lequel le prélèvement doit être effectué.

CHAPITRE II. – MODALITÉS D'EXPRESSION DU REFUS OU DE L'AUTORISATION DE PROCÉDER AUX PRÉLÈVEMENTS APRÈS DÉCÈS

Art. 8. – La personne qui entend s'opposer à un prélèvement sur son cadavre peut exprimer son refus par tout moyen.

Le refus peut porter sur tout prélèvement ou être limité à certaines catégories de prélèvements.

Art. 9. – Toute personne admise dans un établissement autorisé à effectuer des prélèvements après décès, qui entend s'opposer à un prélèvement sur son cadavre, peut à tout moment consigner l'expression de son refus dans un registre. Si cette personne n'est pas en état de s'exprimer, est consignée dans ce registre toute indication recueillie sur sa personne, dans ses effets ou de toute autre provenance qui donne à penser qu'elle entend s'opposer à un prélèvement sur son cadavre.

Toutes les personnes pouvant témoigner qu'une personne hospitalisée a fait connaître qu'elle s'opposait à un prélèvement sur son cadavre, en particulier les membres de sa famille et ses proches, consignent leurs témoignages assortis des justifications nécessaires dans le registre mentionné à l'alinéa précédent. Elles doivent notamment préciser le mode d'expression du refus, les circonstances dans lesquelles il a été exprimé et, le cas échéant, sa portée.

Art. 10. – Avant de procéder à un prélèvement sur un cadavre, le médecin auquel incombe la responsabilité de ce prélèvement et qui n'a pas appris par d'autres voies que le défunt s'y était opposé de son vivant doit s'assurer que le refus de ce dernier n'a pas fait l'objet d'une inscription au registre mentionné à l'article 9.

Le médecin s'assure également que le défunt n'était ni mineur ni incapable.

Décret du 31 mars 1978 PRÉLÈVEMENTS D'ORGANES

Art. 11. – Si le défunt est un mineur ou un incapable, tout prélèvement sur son cadavre en vue d'une greffe est subordonné à l'autorisation écrite de son représentant légal. Cette autorisation est consignée dans le registre mentionné à l'article 9.

CHAPITRE III. – CONDITIONS ET PROCÉDURE D'AUTORISATION DES ÉTABLISSEMENTS EN VUE D'EFFECTUER DES PRÉLÈVEMENTS APRÈS DÉCÈS

Art. 12. – Les prélèvements mentionnés à l'article 2 de la loi susvisée du 22 décembre 1976 ne peuvent être effectués que dans des établissements comportant hospitalisation spécialement autorisés à cette fin dans les conditions prévues ci-après.

Art. 13. – Pour être autorisés à effectuer ces prélèvements, les établissements d'hospitalisation doivent disposer :

du personnel médical et des moyens techniques permettant de constater la mort dans les conditions prévues aux articles 20 et 21 ;

du personnel médical compétent pour effectuer les opérations de prélèvement pour lesquelles l'autorisation est sollicitée ;

d'un local de prélèvement ou d'une salle d'opération doté du matériel nécessaire à l'exécution de ces prélèvements ;

des moyens nécessaires à la conservation des corps ;

du personnel apte à effectuer la restauration tégumentaire.

Ils doivent également justifier d'une organisation et d'un fonctionnement de nature à assurer que les opérations que comportent les prélèvements sont exécutées de façon satisfaisante.

Des arrêtés du ministre chargé de la santé peuvent préciser, selon la nature des prélèvements, les qualifications professionnelles du personnel et les types de matériel dont doit disposer l'établissement.

Art. 14. – La demande d'autorisation est adressée au ministre chargé de la santé ; elle précise pour quelles fins l'autorisation est sollicitée et, s'il s'agit de fins thérapeutiques, la nature des prélèvements que l'établissement se propose d'effectuer.

Art. 15. – Le ministre chargé de la santé soumet la demande accompagnée du dossier à l'avis d'une commission présidée par un inspecteur général des affaires sociales et composée ainsi qu'il suit :

Le directeur général de la santé ou son représentant ;
Le directeur des hôpitaux ou son représentant ;
Le directeur de la sécurité sociale ou son représentant ;
Un directeur d'établissement hospitalier public ;
Un directeur d'établissement hospitalier privé ;
Six médecins.

Les directeurs d'établissement hospitalier et les médecins sont désignés pour trois ans par le ministre chargé de la santé. Pour les membres nommés à titre personnel, un suppléant est désigné dans les mêmes conditions.

La commission peut procéder ou faire procéder à toutes auditions, investigations ou vérifications de nature à éclairer l'avis qu'elle est appelée à donner.

Art. 16. – Le ministre chargé de la santé notifie sa décision au demandeur. En cas d'autorisation, celle-ci précise la nature des prélèvements autorisés et le but scientifique ou thérapeutique auxquels ils répondent.

L'autorisation peut être accordée pour une durée limitée.

EMPRUNTEURS Loi du 13 juillet 1979

Art. 17. – S'il estime que l'une des conditions prévues à l'article 13 n'est plus remplie, le ministre, ayant pris l'avis de la commission mentionnée à l'article 15, l'établissement hospitalier concerné ayant, au préalable, été mis en mesure de présenter ses observations, retire l'autorisation.

Le retrait d'autorisation peut être total ou partiel.

En cas d'urgence, le ministre prononce, sans formalité préalable, la suspension de l'autorisation.

Art. 18. – Le ministre chargé de la santé établit et tient à jour la liste des établissements autorisés à effectuer des prélèvements à des fins thérapeutiques ou à des fins scientifiques.

Art. 19. – A titre transitoire, le ministre chargé de la santé établit une liste des établissements provisoirement autorisés à effectuer les prélèvements prévus par le présent décret. L'autorisation provisoire est valable jusqu'à la décision du ministre accordant ou refusant l'autorisation en application des dispositions de ce décret et, au plus tard, jusqu'au 31 décembre 1979. L'autorisation provisoire peut être suspendue ou retirée sans formalité, sous la seule réserve que l'établissement doit être mis en mesure de présenter ses observations préalablement au retrait.

CHAPITRE IV. – MODALITÉS ET PROCÉDURE DE CONSTATATION DE LA MORT

Art. 20. – Aucun prélèvement à des fins thérapeutiques ou scientifiques ne peut être effectué sur un corps sans que la mort ait été préalablement constatée dans les conditions prévues à l'article 21 par deux médecins de l'établissement, dont l'un doit être un chef de service ou son remplaçant autorisé à cet effet.

En cas de prélèvement à des fins thérapeutiques, les médecins appartenant à l'équipe qui effectuera le prélèvement ou à celle qui procèdera à la greffe ne peuvent participer au constat.

Art. 21. – Le constat est fondé sur des preuves concordantes cliniques et paracliniques permettant aux praticiens de conclure à la mort du sujet.

Les procédés utilisés à cette fin doivent être reconnus valables par le ministre chargé de la santé après consultation de l'académie nationale de médecine et du conseil national de l'Ordre des médecins.

Les médecins établissent un procès-verbal précisant les procédés utilisés, les résultats obtenus, la date et l'heure de leurs constatations.

Art. 22. – Les médecins qui procèdent à un prélèvement à des fins thérapeutiques ou scientifiques établissent un compte rendu détaillé de leur intervention et de leurs constatations sur l'état du corps et des organes prélevés.

Si les circonstances ayant entouré la mort sont telles que, dans l'intérêt d'une preuve à apporter, le cadavre est susceptible d'être soumis à un examen médico-légal, le médecin qui a connaissance de ces circonstances doit s'abstenir de tout prélèvement qui rende aléatoire la preuve des causes du décès.

Loi n. 79-596 du 13 juillet 1979 *(J.O.* 14 juil.*)*
relative à l'information et à la protection des emprunteurs dans le domaine immobilier

CHAPITRE Ier

Art. 1er. – Les dispositions de la présente loi s'appliquent aux prêts, qui, quelle que soit leur qualification ou leur technique, sont consentis de manière habituelle par toute personne physique ou morale en vue de financer les opérations suivantes :

Loi du 13 juillet 1979 — EMPRUNTEURS

a) Pour les immeubles à usage d'habitation ou à usage professionnel et d'habitation :
– leur acquisition en propriété ou en jouissance ;
– la souscription ou l'achat de parts ou actions de sociétés donnant vocation à leur attribution en propriété ou en jouissance ;
– les dépenses relatives à leur construction, leur réparation, leur amélioration ou leur entretien lorsque le montant de ces dépenses est supérieur à celui fixé en exécution du dernier alinéa de l'article 3 de la loi n. 78-22 du 10 janvier 1978 relative à l'information et à la protection des consommateurs dans le domaine de certaines opérations de crédit :
b) L'achat de terrains destinés à la construction des immeubles mentionnés au a ci-dessus.

Art. 2. – Sont exclus du champ d'application de la présente loi des prêts consentis à des personnes morales de droit public et ceux destinés, sous quelque forme que ce soit, à financer une activité professionnelle et notamment celle des personnes physiques ou morales qui, à titre habituel, même accessoire à une autre activité, ou en vertu de leur objet social, procurent, sous quelque forme que ce soit, des immeubles ou fractions d'immeubles bâtis ou non, achevés ou non, collectifs ou individuels, en propriété ou en jouissance.
En sont également exclues les opérations de crédit différé régies par la loi n. 52-332 du 24 mars 1952 modifiée lorsqu'elles ne sont pas associées à un crédit d'anticipation.

Art. 3. – Au sens de la présente loi, est considéré comme :
– acquéreur, toute personne qui acquiert, souscrit ou commande au moyen des prêts mentionnés à l'article 1er,
– vendeur, l'autre partie à ces mêmes opérations.

Art. 4. – Toute publicité faite, reçue ou perçue en France, qui, quel que soit son support, porte sur l'un des prêts mentionnés à l'article 1er, doit préciser l'identité du prêteur, la nature et l'objet du prêt.
(Al. modifié, L. n. 89-1010 du 31 déc. 1989, art. 22-I) Si cette publicité comporte un ou plusieurs éléments chiffrés, elle doit préciser en outre la durée de l'opération proposée ainsi que le coût total et le taux effectif global du crédit.
Toutes les mentions obligatoires doivent être présentées de manière parfaitement lisible et compréhensible par le consommateur.
(Al. aj., L. n. 89-1010 du 31 déc. 1989, art. 22-II.) Tout document publicitaire ou tout document d'information remis à l'emprunteur et portant sur l'une des opérations visées à l'article 1er doit mentionner que l'emprunteur dispose d'un délai de réflexion de dix jours, que la vente est subordonnée à l'obtention du prêt et que si celui-ci n'est pas obtenu, le vendeur doit lui rembourser les sommes versées.
(Al. aj., L. n. 89-1010 du 31 déc. 1989, art. 22-II.) Est interdite toute publicité assimilant les mensualités de remboursement à des loyers ou faisant référence, pour le calcul des échéances, à des prestations sociales qui ne sont pas assurées pendant toute la durée du contrat.

Art. 5. – Pour les prêts mentionnés à l'article 1er de la présente loi, le prêteur est tenu de formuler par écrit une offre *(L. n. 89-1010 du 31 déc. 1989, art. 22-IX)* adressée gratuitement par voie postale à l'emprunteur éventuel ainsi qu'aux cautions déclarées par l'emprunteur lorsqu'il s'agit de personnes physiques.
Cette offre :
– mentionne l'identité des parties, et éventuellement des cautions déclarées ;
– précise la nature, l'objet, les modalités du prêt, notamment celles qui sont relatives aux dates et conditions de mise à disposition des fonds ainsi qu'à l'échéancier des amortissements ;

EMPRUNTEURS — Loi du 13 juillet 1979

- indique, outre le montant du crédit susceptible d'être consenti et, le cas échéant, celui de ses fractions périodiquement disponibles, son coût total, son taux défini conformément à l'article 3 modifié de la loi n. 66-1010 du 28 décembre 1966 relative à l'usure, ainsi que, s'il y a lieu, les modalités de l'indexation ;
- énonce, en donnant une évaluation de leur coût, les stipulations, les assurances et les sûretés réelles ou personnelles exigées, qui conditionnent la conclusion du prêt ;
- fait état des conditions requises pour un transfert éventuel du prêt à une tierce personne ;
- rappelle les dispositions de l'article 7.

(Al. aj., L. n. 89-1010 du 31 déc. 1989, art. 26) Toute modification des conditions d'obtention du prêt, notamment le montant ou le taux du crédit, donne lieu à la remise à l'emprunteur d'une nouvelle offre préalable.

(Al. aj., L. n. 89-1010 du 31 déc. 1989, art. 26) Toutefois, cette obligation n'est pas applicable aux prêts dont le taux d'intérêt est variable, dès lors qu'a été remise à l'emprunteur avec l'offre préalable une notice présentant les conditions et les modalités de variation du taux.

Art. 6. – Lorsque le prêteur offre à l'emprunteur ou exige de lui l'adhésion à un contrat d'assurance collective qu'il a souscrit en vue de garantir en cas de survenance d'un des risques que ce contrat définit, soit le remboursement total ou partiel du montant du prêt restant dû, soit le paiement de tout ou partie des échéances dudit prêt, les dispositions suivantes sont obligatoirement appliquées :
- au contrat de prêt est annexée une notice énumérant les risques garantis et précisant toutes les modalités de la mise en jeu de l'assurance ;
- toute modification apportée ultérieurement à la définition des risques garantis ou aux modalités de la mise en jeu de l'assurance est inopposable à l'emprunteur qui n'y a pas donné son acceptation ;
- lorsque l'assureur a subordonné sa garantie à l'agrément de la personne de l'assuré et que cet agrément n'est pas donné, le contrat de prêt est résolu de plein droit à la demande de l'emprunteur sans frais ni pénalité d'aucune sorte. Cette demande doit être présentée dans le délai d'un mois à compter de la notification du refus de l'agrément.

Art. 7 *(L. n. 89-1010 du 31 déc. 1989, art. 22-X)*. – L'envoi de l'offre oblige le prêteur à maintenir les conditions qu'elle indique pendant une durée minimale de trente jours à compter de sa réception par l'emprunteur.

L'offre est soumise à l'acceptation de l'emprunteur et des cautions, personnes physiques, déclarées. L'emprunteur et les cautions ne peuvent accepter l'offre que dix jours après qu'ils l'ont reçue. *(L. n. 89-1010 du 31 déc. 1989, art. 22-XI.)* L'acceptation de l'offre doit être donnée par lettre, le cachet de la poste faisant foi.

Art. 8. – Jusqu'à l'acceptation de l'offre par l'emprunteur, aucun versement, sous quelque forme que ce soit, ne peut, au titre de l'opération en cause, être fait par le prêteur à l'emprunteur, ou pour le compte de celui-ci, ni par l'emprunteur au prêteur. Jusqu'à cette acceptation, l'emprunteur ne peut, au même titre, faire aucun dépôt, souscrire ou avaliser aucun effet de commerce, ni signer aucun chèque. Si une autorisation de prélèvement sur compte bancaire ou postal est signée par l'emprunteur, sa validité et sa prise d'effet sont subordonnées à celle du contrat de crédit.

Art. 9. – L'offre est toujours acceptée sous la condition résolutoire de la non-conclusion, dans un délai de quatre mois à compter de son acceptation, du contrat pour lequel le prêt est demandé. Les parties peuvent convenir d'un délai plus long que celui défini à l'alinéa précédent.

Loi du 13 juillet 1979 — EMPRUNTEURS

Art. 9-1 *(L. n. 89-1010 du 31 déc. 1989, art. 22-III)*. – La personne physique qui s'engage par acte sous seing privé en qualité de caution pour l'une des opérations prévues à l'article 1er doit, à peine de nullité de son engagement, faire précéder sa signature de la mention manuscrite suivante, et uniquement de celle-ci :
En me portant caution de X... dans la limite de la somme de... couvrant le paiement du principal, des intérêts et, le cas échéant, des pénalités ou intérêts de retard et pour la durée de..., je m'engage à rembourser au prêteur les sommes dues sur mes revenus et mes biens si X... n'y satisfait pas lui-même.

Art. 9-2 *(L. n. 89-1010 du 31 déc. 1989, art. 22-IV)*. – Lorsque le créancier demande un cautionnement solidaire, la personne physique qui se porte caution doit, à peine de nullité de son engagement, faire précéder sa signature de la mention manuscrite suivante :
En renonçant au bénéfice de discussion défini à l'article 2021 du Code civil et en m'obligeant solidairement avec X..., je m'engage à rembourser le créancier sans pouvoir exiger qu'il poursuive préalablement X...

Art. 9-3 *(L. n. 89-1010 du 31 déc. 1989, art. 22-V)*. – Toute personne physique qui s'est portée caution à l'occasion d'une opération de crédit relevant de la présente loi doit être informée par l'établissement prêteur de la défaillance du débiteur principal dès le premier incident de paiement caractérisé susceptible d'inscription au fichier institué à l'article 23 de la loi n. 89-1010 du 31 décembre 1989 relative à la prévention et au règlement des difficultés liées au surendettement des particuliers et des familles. Si l'établissement prêteur ne se conforme pas à cette obligation, la caution ne saurait être tenue au paiement des pénalités ou intérêts de retard échus entre la date de ce premier incident et celle à laquelle elle en a été informée.

Art. 9-4 *(L. n. 89-1010 du 31 déc. 1989, art. 22-VI)*. – Un établissement de crédit ne peut se prévaloir d'un contrat de cautionnement conclu par une personne physique dont l'engagement était, lors de sa conclusion, manifestement disproportionné à ses biens et revenus, à moins que le patrimoine de cette caution, au moment où celle-ci est appelée, ne lui permette de faire face à son obligation.

Art. 10. – Lorsque l'emprunteur informe ses prêteurs qu'il recourt à plusieurs prêts pour la même opération, chaque prêt est conclu sous la condition suspensive de l'octroi de chacun des autres prêts. Cette disposition ne s'applique qu'aux prêts dont le montant est supérieur à 10 p. 100 du crédit total.

Art. 11. – Lorsque le contrat en vue duquel le prêt a été demandé n'est pas conclu dans le délai fixé en application de l'article 9, l'emprunteur est tenu de rembourser la totalité des sommes que le prêteur lui aurait déjà effectivement versées ou qu'il aurait versées pour son compte ainsi que les intérêts y afférents ; le prêteur ne peut retenir ou demander que des frais d'étude dont le montant maximum est fixé suivant un barème déterminé par décret.
Le montant de ces frais, ainsi que les conditions dans lesquelles ils sont perçus, doivent figurer distinctement dans l'offre.

Art. 12. – L'emprunteur peut toujours, à son initiative, rembourser par anticipation, en partie ou en totalité, les prêts régis par le présent chapitre. Le contrat de prêt peut interdire les remboursements égaux ou inférieurs à 10 p. 100 du montant initial du prêt, sauf s'il s'agit de son solde.

EMPRUNTEURS   **Loi du 13 juillet 1979**

Si le contrat de prêt comporte une clause aux termes de laquelle, en cas de remboursement par anticipation, le prêteur est en droit d'exiger une indemnité au titre des intérêts non encore échus, celle-ci ne peut, sans préjudice de l'application de l'article 1152 du code civil, excéder un montant qui, dépendant de la durée restant à courir du contrat, est fixé suivant un barème déterminé par décret (*).

(*) *V. D. n. 80-473 du 28 juin 1980, art. 2, supra sous art. 1152.*

Art. 13. – En cas de défaillance de l'emprunteur et lorsque le prêteur n'exige pas le remboursement immédiat du capital restant dû, il peut majorer, dans des limites fixées par décret, le taux d'intérêt que l'emprunteur aura à payer jusqu'à ce qu'il ait repris le cours normal des échéances contractuelles. Lorsque le prêteur est amené à demander la résolution du contrat, il peut exiger le remboursement immédiat du capital restant dû, ainsi que le paiement des intérêts échus. Jusqu'à la date du règlement effectif, les sommes restant dues produisent des intérêts de retard à un taux égal à celui du prêt. En outre, le prêteur peut demander à l'emprunteur défaillant une indemnité qui, sans préjudice de l'application des *(L. n. 89-1010 du 31 déc. 1989, art. 22-VII.)* articles 1152 et 1231 du Code civil, ne peut excéder un montant qui, dépendant de la durée restant à courir du contrat, est fixé, suivant un barème déterminé par décret (*).

(*) *V. D. n. 80-473 du 28 juin 1980, art. 3, supra sous art. 1152.*

Art. 14. – L'exécution des obligations du débiteur peut être, notamment en cas de licenciement, suspendue par ordonnance du juge *(L. n. 89-1010 du 31 déc. 1989, art. 14)* dans les conditions prévues à l'article 1244, alinéa 2, du code civil. L'ordonnance peut décider que, durant le délai de grâce, les échéances reportées ne produiront point intérêt.

(Al. aj., L. n. 89-1010 du 31 déc. 1989, art. 25) En outre, le juge peut déterminer dans son ordonnance les modalités de paiement des sommes qui seront exigibles au terme du délai de suspension, sans que le dernier versement puisse excéder de plus de deux ans le terme initialement prévu pour le remboursement du prêt ; il peut cependant surseoir à statuer sur ces modalités jusqu'au terme du délai de suspension.

Art. 15. – Aucune indemnité ni aucun coût autres que ceux qui sont mentionnés aux articles 12 et 13 ne peuvent être mis à la charge de l'emprunteur dans les cas de remboursement par anticipation ou de défaillance prévus par ces articles.

Toutefois, le prêteur pourra réclamer à l'emprunteur, en cas de défaillance de celui-ci, le remboursement, sur justification, des frais taxables qui lui auront été occasionnés par cette défaillance à l'exclusion de tout remboursement forfaitaire de frais de recouvrement.

CHAPITRE II

Art. 16. – L'acte écrit, y compris la promesse unilatérale de vente acceptée, ayant pour objet de constater l'une des opérations mentionnées à l'article 1er, doit indiquer si le prix sera payé directement ou indirectement, même en partie, avec ou sans l'aide d'un ou plusieurs prêts régis par le chapitre 1er de la présente loi.

Art. 17. – Lorsque l'acte mentionné à l'article 16 indique que le prix est payé, directement ou indirectement, même partiellement, à l'aide d'un ou plusieurs prêts régis par le chapitre 1er de la présente loi, cet acte est conclu sous la condition suspensive de l'obtention du ou des prêts qui en assument le financement. La durée de validité de cette condition suspensive ne pourra être inférieure à un mois à compter de la date de la signature de l'acte ou, s'il s'agit d'un acte sous seing privé soumis à peine de nullité à la formalité de l'enregistrement, à compter de la date de l'enregistrement.

Loi du 13 juillet 1979 — EMPRUNTEURS

Lorsque la condition suspensive prévue au premier alinéa du présent article n'est pas réalisée, toute somme versée d'avance par l'acquéreur à l'autre partie, ou pour le compte de cette dernière, est immédiatement et intégralement remboursable sans retenue ni indemnité à quelque titre que ce soit.
(Al. aj., L. n. 89-1010 du 31 déc. 1989, art. 22 VIII.) A compter du quinzième jour suivant la demande de remboursement, cette somme est productive d'intérêts au taux légal majoré de moitié.

Art. 18. – Lorsque l'acte mentionné à l'article 16 indique que le prix sera payé sans l'aide d'un ou plusieurs prêts, cet acte doit porter, de la main de l'acquéreur, une mention par laquelle celui-ci reconnaît avoir été informé que s'il recourt néanmoins à un prêt il ne peut se prévaloir de la présente loi.

En l'absence de l'indication prescrite à l'article 16 ou si la mention exigée au premier alinéa du présent article manque ou n'est pas de la main de l'acquéreur et si un prêt est néanmoins demandé, le contrat est considéré comme conclu sous la condition suspensive prévue à l'article 17.

Art. 19. – Pour les dépenses désignées au dernier alinéa du *a* de l'article 1er, et à défaut d'un contrat signé des deux parties, la condition suspensive prévue à l'article 17 ne pourra résulter que d'un avis donné par le maître de l'ouvrage par écrit avant tout commencement d'exécution des travaux indiquant qu'il entend en payer le prix directement ou indirectement, même en partie, avec l'aide d'un ou plusieurs prêts.

Art. 20. – Lorsqu'il est déclaré dans l'acte constatant le prêt que celui-ci est destiné à financer des ouvrages ou des travaux immobiliers au moyen d'un contrat de promotion, de construction, de maîtrise d'œuvre ou d'entreprise, le tribunal peut, en cas de contestation ou d'accidents affectant l'exécution des contrats et jusqu'à la solution du litige, suspendre l'exécution du contrat du prêt sans préjudice du droit éventuel du prêteur à l'indemnisation. Ces dispositions ne sont applicables que si le prêteur est intervenu à l'instance ou s'il a été mis en cause par l'une des parties.

Art. 21. – Les dispositions du présent chapitre ne sont pas applicables aux ventes par adjudication.

CHAPITRE III

Art. 22. – Sous réserve des dispositions du premier alinéa de l'article 2, les contrats de location-vente ou de location assortis d'une promesse de vente relatifs aux immeubles mentionnés au *a* de l'article 1er sont soumis à la présente loi, dans les conditions fixées au présent chapitre.

Art. 23. – Toute publicité faite, reçue ou perçue en France, qui, quel que soit son support, porte sur l'un des contrats régis par le présent chapitre, doit préciser l'identité du bailleur, la nature et l'objet du contrat.

Si cette publicité comporte un ou plusieurs éléments chiffrés, elle doit mentionner la durée du bail ainsi que le coût annuel et le coût total de l'opération.

Art. 24. – Pour les contrats régis par le présent chapitre, le bailleur est tenu de formuler par écrit une offre *(L. n. 89-1010 du 31 déc. 1989, art. 22-IX.)* adressée gratuitement par voie postale au preneur éventuel.

EMPRUNTEURS — Loi du 13 juillet 1979

Cette offre mentionne l'identité des parties. Elle précise la nature et l'objet du contrat ainsi que ses modalités, notamment en ce qui concerne les dates et conditions de mise à disposition du bien, le montant des versements initiaux et celui des loyers ainsi que les modalités éventuelles d'indexation. Elle rappelle, en outre, les dispositions de l'article 25.

Pour les contrats de location assortis d'une promesse de vente, elle fixe également :
- les conditions de levée de l'option et son coût décomposé entre, d'une part, la fraction des versements initiaux et des loyers prise en compte pour le paiement du prix et, d'autre part, la valeur résiduelle du bien compte tenu de l'incidence des clauses de révision éventuellement prévues au contrat ;
- les conditions et le coût de la non-réalisation de la vente.

Art. 25. – *(Al. 1er, mod. L. n. 89-1010 du 31 déc. 1989, art. 22-X.)* L'envoi de l'offre oblige le bailleur à maintenir les conditions qu'elle indique pendant une durée minimale de trente jours à compter de sa réception par le preneur.

L'offre est soumise à l'acceptation du preneur qui ne peut accepter l'offre que dix jours après qu'il l'a reçue. *(L. n. 89-1010 du 31 déc. 1989, art. 22-XI.)* L'acceptation de l'offre doit être donnée par lettre, le cachet de la poste faisant foi.

Art. 26. – Jusqu'à l'acceptation de l'offre, le preneur ne peut faire aucun dépôt, souscrire ou avaliser aucun effet de commerce, signer aucun chèque ni aucune autorisation de prélèvement sur compte bancaire ou postal au profit du bailleur ou pour le compte de celui-ci.

Art. 27. – En cas de défaillance du preneur dans l'exécution d'un contrat régi par le présent chapitre, le bailleur est en droit d'exiger, outre le paiement des loyers échus et non réglés, une indemnité qui, sans préjudice de l'application de l'article 1152 du code civil, ne peut excéder un montant dépendant de la durée restant à courir du contrat et fixé suivant un barème déterminé par décret (*).

En cas de location-vente, le bailleur ne peut exiger la remise du bien qu'après remboursement de la part des sommes versées correspondant à la valeur en capital de ce bien.

Aucune indemnité ni aucun coût autres que ceux qui sont mentionnés ci-dessus ne peuvent être mis à la charge du preneur. Toutefois, le bailleur pourra réclamer au preneur, en cas de défaillance de celui-ci, le remboursement sur justification des frais taxables qui lui auront été occasionnés par cette défaillance, à l'exclusion de tout remboursement forfaitaire de frais de recouvrement.

(*) V. D. n. 80-473 du 28 juin 1980, art. 4, supra sous art. 1152.

Art. 28. – En cas de location assortie d'une promesse de vente, l'acte constatant la levée de l'option est conclu sous la condition suspensive prévue à l'article 17.

Lorsque cette condition n'est pas réalisée, le bailleur est tenu de restituer toutes sommes versées par le preneur à l'exception des loyers et des frais de remise en état du bien.

(Al. aj., L. n. 89-1010 du 31 déc. 1989, art. 22 VIII.) A compter du quinzième jour suivant la demande de remboursement, cette somme est productive d'intérêts au taux légal majoré de moitié.

Art. 29. – Les dispositions de l'article 14 sont applicables aux contrats soumis aux dispositions du présent chapitre.

CHAPITRE IV

Art. 30. – L'annonceur pour le compte de qui est diffusée une publicité non conforme aux dispositions de l'article 4 ou de l'article 23 sera puni d'une amende de 2 000 à 200 000 F.

Loi du 13 juillet 1979 — EMPRUNTEURS

Les dispositions de l'article 44-II de la loi n. 73-1193 du 27 décembre 1973 sont applicables aux infractions relatives à la publicité relevées dans le cadre de la présente loi.

Art. 30 A. *(L. n. 89-1010 du 31 déc. 1989, art. 28)* – Tout vendeur, salarié ou non d'un organisme bancaire ou de crédit, ne peut, en aucun cas, être rémunéré en fonction du taux du crédit qu'il a fait contracter à l'acheteur d'un bien immobilier.

Art. 31. – Le prêteur ou le bailleur qui ne respecte pas l'une des obligations prévues à l'article 5, à l'article 11, deuxième alinéa, ou à l'article 24 sera puni d'une amende de 2 000 à 200 000 F.

Le prêteur qui fait souscrire par l'emprunteur ou les cautions déclarées, ou reçoit de leur part l'acceptation de l'offre sans que celle-ci comporte de date ou dans le cas où elle comporte une date fausse de nature à faire croire qu'elle a été donnée après l'expiration du délai de dix jours prescrit à l'article 7, sera puni d'une amende de 2 000 à 200 000 F.

La même peine sera applicable au bailleur qui fait souscrire par le preneur ou qui reçoit de sa part l'acceptation de l'offre sans que celle-ci comporte de date ou dans le cas où elle comporte une date fausse de nature à faire croire qu'elle a été donnée après l'expiration du délai de dix jours prescrit à l'article 25.

Dans les cas prévus aux alinéas précédents, le prêteur ou le bailleur pourra en outre être déchu du droit aux intérêts, en totalité ou dans la proportion fixée par le juge.

Art. 32. – Le prêteur ou le bailleur qui, en infraction aux dispositions de l'article 8 ou de l'article 26 accepte de recevoir de l'emprunteur ou du preneur, ou pour le compte d'un de ces derniers, un versement ou un dépôt, un chèque ou un effet de commerce souscrit, endossé ou avalisé à son profit, ou utilise une autorisation de prélèvement sur compte bancaire ou postal, sera puni d'une amende de 2 000 à 200 000 F.

Art. 33. – Le prêteur, en infraction aux dispositions du premier alinéa de l'article 11, ou le vendeur, en infraction aux dispositions de l'article 17, ou le bailleur, en infraction aux dispositions du dernier alinéa de l'article 28, qui ne restitue pas les sommes visées à ces articles sera puni d'une amende de 2 000 à 200 000 F.

La même peine sera applicable à celui qui réclame à l'emprunteur ou au preneur ou retient sur son compte des sommes supérieures à celles qu'il est autorisé à réclamer ou à retenir en application des dispositions de l'article 15 ou des deux derniers alinéas de l'article 27.

Art. 34. – Les infractions aux dispositions de la présente loi sont constatées et poursuivies dans les mêmes conditions que celles prévues par la loi n. 78-22 du 10 janvier 1978 relative à l'information et à la protection des consommateurs dans le domaine de certaines opérations de crédit.

Art. 34-1. *(L. n. 89-1010 du 31 déc. 1989, art. 22-XII.)* – Le tribunal d'instance connaît des actions nées de l'application des articles 14 et 29 de la présente loi.

CHAPITRE V

Art. 35. – Les dispositions de l'article 114 du code du commerce sont applicables aux lettres de change et billets à ordre souscrits ou avalisés par les emprunteurs même majeurs à l'occasion des opérations de crédit régies par le chapitre Ier de la présente loi.

Art. 36. – Les dispositions de la présente loi sont d'ordre public.

Art. 37. – Les conditions d'application de la présente loi seront fixées par décret en Conseil d'État. *(L. n. 84-46 du 24 janv. 1984, art. 87)* Toutefois le modèle de l'offre visée aux articles

LOCATION-ACCESSION — **Loi du 12 juillet 1984**

5 et 24 pourra, en tant que de besoin, être fixé par le comité de la réglementation bancaire.

La présente loi entrera en vigueur le premier jour du sixième mois suivant celui de la publication au *Journal officiel* de la République française du dernier décret pris pour son application et au plus tard le 1er juillet 1980.

En outre, un décret en Conseil d'État déterminera les conditions d'application de l'article 3 modifié de la loi n. 66-1010 du 28 décembre 1966 relative à l'usure.

Art. 38. - Le premier alinéa de l'article 3 de la loi n° 66-1010 du 28 décembre 1966 relative à l'usure, aux prêts d'argent et à certaines opérations de démarchage et de publicité est complété par les dispositions suivantes : *V. L. n. 66-1010 du 28 déc. 1966.*

Art. 39. - I. - *V. C. const. et hab., art. L. 261-11.*
II. - *V. C. const. et hab., art. L. 261-15, al. 4.*
III. - *V. C. const. et hab., art. L. 231-2.*
IV. - *V. L. 1. 78-22 du 10 janv. 1978, art. 3.*

Art. 40. - La présente loi est applicable dans les territoires d'outre-mer, sous réserve de la consultation de leurs assemblées territoriales, et à Mayotte.

Loi n. 84-595 du 12 juillet 1984 *(J.O. 13 juil. et rectif 21 juil.)*
définissant la location-accession à la propriété immobilière

CHAPITRE Ier. - DISPOSITIONS GÉNÉRALES

Art. 1er. - Est qualifié de location-accession et soumis aux dispositions de la présente loi le contrat par lequel un vendeur s'engage envers un accédant à lui transférer, par la manifestation ultérieure de sa volonté exprimée par lettre recommandée avec demande d'avis de réception et après une période de jouissance à titre onéreux, la propriété de tout ou partie d'un immeuble moyennant le paiement fractionné ou différé du prix de vente et le versement d'une redevance jusqu'à la date de levée de l'option.

La redevance est la contrepartie du droit de l'accédant à la jouissance du logement et de son droit personnel au transfert de propriété du bien.

Art. 2. - Les dispositions de la présente loi s'appliquent aux contrats de location-accession portant sur des immeubles à usage d'habitation ou à usage professionnel et d'habitation, achevés ou en construction à la date de la signature de la convention. Elle ne s'appliquent pas aux contrats prévus par le titre II et l'article 22 de la loi n° 71-579 du 16 juillet 1971 relative à diverses opérations de construction.

Art. 3. - Le contrat de location-accession peut-être précédé d'un contrat préliminaire par lequel, en contrepartie d'un dépôt de garantie effectué par l'accédant à un compte spécial, le vendeur s'engage à réserver à l'accédant un immeuble ou une partie d'immeuble.

Ce contrat doit comporter les indications essentielles prévues à l'article 5, sa durée maximale de validité et l'indication que les fonds déposés en garantie seront, à la signature du contrat, restitués à l'accédant ou imputés sur les premières redevances. Faute d'indication dans le contrat préliminaire, les fonds seront restitués à l'accédant.

Les fonds déposés en garantie ne peuvent excéder 2 p. cent du montant du prix de l'immeuble faisant l'objet du contrat. Ils sont indisponibles, incessibles et insaisissables jusqu'à la conclusion du contrat de location-accession. Ils sont restitués sans frais à l'accédant si le contrat n'est pas

Loi du 12 juillet 1984   LOCATION-ACCESSION

conclu au plus tard trois mois après la signature du contrat préliminaire si l'immeuble est achevé à la date de cette signature, ou dans les deux mois suivant l'achèvement de l'immeuble dans le cas contraire.

Est nulle toute promesse de location-accession.

Art. 4. – Le contrat de location-accession est conclu par acte authentique et publié au bureau des hypothèques.

Il est réputé emporter restriction au droit de disposer au sens et pour l'application du 2° de l'article 28 du décret n° 55-22 du 4 janvier 1955 portant réforme de la publicité foncière.

CHAPITRE II. – CONTENU DU CONTRAT DE LOCATION-ACCESSION

Art. 5. – Le contrat de location-accession doit préciser :

1° la description de l'immeuble ou de la partie d'immeuble faisant l'objet du contrat ainsi que, en annexes ou par référence à des documents déposés chez un notaire, les indications utiles relatives à la consistance et aux caractéristiques techniques de l'immeuble ;

2° le prix de vente du bien, les modalités de paiement ainsi que, le cas échéant, la faculté pour l'accédant de payer par anticipation tout ou partie du prix et les modalités de révision de celui-ci, s'il est révisable. Cette révision ne porte que sur la fraction du prix restant due après chaque versement de la redevance ;

3° l'intention de l'accédant de payer le prix, directement ou indirectement, même en partie, à l'exclusion du versement de la redevance, avec ou sans l'aide d'un ou plusieurs prêts régis par le chapitre premier de la loi n. 79-596 du 13 juillet 1979 relative à l'information et à la protection des emprunteurs dans le domaine immobilier ;

4° la date d'entrée en jouissance et le délai dans lequel l'accédant devra exercer la faculté qui lui est reconnue d'acquérir la propriété ainsi que les conditions de résiliation anticipée du contrat ;

5° le montant de la redevance mise à la charge de l'accédant, sa périodicité et, le cas échéant, les modalités de sa révision ;

6° les modalités d'imputation de la redevance sur le prix ;

7° les modalités de calcul des sommes visées à l'article 10 ainsi que des indemnités visées aux articles 11 et 13 ;

8° la nature de la garantie visée à l'article 14 et, s'il y a lieu, la raison sociale et l'adresse du garant ;

9° les catégories de charges incombant à l'accédant et une estimation de leur montant prévisionnel pour la première année d'exécution du contrat ;

10° l'absence de maintien de plein droit dans les lieux, en cas de résolution du contrat ou de non-levée de l'option ;

11° les références des contrats d'assurance souscrits en application des articles L. 241-1 et L. 242-1 du Code des assurances ainsi que les références des contrats d'assurance garantissant l'immeuble.

Art. 6. – I. – Lorsque le contrat est signé avant l'achèvement de l'immeuble il doit comporter la garantie d'achèvement de celui-ci.

Cette garantie, lorsqu'elle est donnée par un des organismes financiers mentionnés à l'article 15, prend la forme :

– soit d'une ouverture de crédit par laquelle celui qui la consent s'oblige à avancer au vendeur ou à payer pour son compte les sommes nécessaires à l'achèvement de l'immeuble ;

LOCATION-ACCESSION — Loi du 12 juillet 1984

– soit d'une convention de cautionnement aux termes de laquelle la caution s'oblige envers l'acquéreur, solidairement avec le vendeur, à payer les sommes nécessaires à l'achèvement de l'immeuble. Cette convention doit stipuler au profit de l'acquéreur le droit d'en exiger l'exécution.

La garantie d'achèvement peut résulter de la qualité du vendeur lorsque celui-ci remplit les conditions fixées par l'article 17.

La garantie d'achèvement prend fin à l'achèvement de l'immeuble.

II. – Lorsque le contrat est signé avant l'achèvement de l'immeuble, aucun versement ne peut être fait au titre de la partie de la redevance correspondant au droit de l'accédant à la jouissance du logement avant la date d'entrée en jouissance.

Art. 7. – La révision prévue aux 2° et 5° de l'article 5 ne peut excéder la variation de l'indice national mesurant le coût de la construction, établi suivant des éléments de calculs fixés par décret (*) et publié par l'Institut national de la statistique et des études économiques, entre celui publié au jour de la signature du contrat et, selon les cas, celui publié au jour de la levée de l'option ou au jour du versement de la redevance.

(*) *D. n. 85-487 du 3 mai 1985.*

Art. 8. – Un état des lieux est établi contradictoirement par les parties, lors de la remise des clés à l'accédant ou lors de la signature du contrat si l'accédant est déjà dans les lieux.

En cas de résiliation du contrat ou lorsque le transfert de propriété prévu au terme du contrat n'a pas lieu, un état des lieux doit être également établi contradictoirement lors de la restitution des clés au vendeur.

A défaut, et huit jours après mise en demeure restée sans effet, l'état des lieux est établi par huissier de justice à l'initiative de la partie la plus diligente, l'autre partie dûment appelée. Les frais sont supportés par moitié par les deux parties.

CHAPITRE III. – GARANTIES DES CONTRACTANTS

Section I. – Résiliation du contrat

Art. 9.– Lorsque le contrat de location-accession est résilié ou lorsque le transfert de propriété n'a pas lieu au terme convenu, l'occupant ne bénéficie, sauf convention contraire et sous réserve des dispositions figurant à l'article 5, d'aucun droit au maintien dans les lieux.

Il reste tenu du paiement des redevances échues et non réglées ainsi que des dépenses résultant des pertes et dégradations survenues pendant l'occupation et des frais dont le vendeur pourrait être tenu en ses lieu et place en application de l'article 28 ou du deuxième alinéa de l'article 32.

Art. 10. – Dans les cas visés à l'article 9, le vendeur doit restituer à l'accédant les sommes versées par ce dernier correspondant à la fraction de la redevance imputable sur le prix de l'immeuble. Lorsque le prix de vente est révisable, ces sommes sont révisées dans les mêmes conditions.

Elles doivent être restituées dans un délai maximum de trois mois à compter du départ de l'occupant, déduction faite, le cas échéant, des sommes restant dues au vendeur.

Art. 11. – Lorsque le contrat est résilié pour inexécution par l'accédant de ses obligations, le vendeur peut obtenir, sans préjudice des dispositions des articles 9 et 10, une indemnité qui ne peut dépasser 2 p. 100 du prix de l'immeuble objet du contrat.

Lorsque, du fait de l'accédant, le transfert de propriété n'a pas lieu au terme convenu pour une cause autre que celle visée à l'alinéa précédent, le vendeur peut obtenir, sans préjudice

1491

Loi du 12 juillet 1984 — LOCATION-ACCESSION

des dispositions des articles 9 et 10, une indemnité qui ne peut dépasser 1 p. 100 du prix de l'immeuble objet du contrat.

Toutefois, lorsque le contrat porte sur un immeuble ou une partie d'immeuble achevé depuis moins de cinq ans ou qui, dans les cinq ans de cet achèvement, n'a pas déjà fait l'objet d'une cession à titre onéreux à une personne n'intervenant pas en qualité de marchand de biens, l'indemnité visée aux deux alinéas précédents peut être fixée à 3 p. 100 à compter du 1er janvier de la cinquième année suivant celle de l'achèvement de l'immeuble ou de la partie de l'immeuble faisant l'objet du contrat.

Lorsqu'une telle majoration a été prévue au contrat dans les conditions définies à l'alinéa précédent, le contrat de location-accession est assimilé à une vente pure et simple pour l'application de la taxe sur la valeur ajoutée, à la date à compter de laquelle cette indemnité majorée est susceptible d'être demandée.

Dans ce cas, la taxe est assise sur le prix fixé au contrat pour la date visée à l'alinéa précédent sous réserve que la variation annuelle du prix fixé au contrat n'excède pas, à compter de cette date, celle de l'indice visé à l'article 7.

Art. 12. – Aucune indemnité autre que celle mentionnée à l'article précédent ne peut être mise à la charge de l'accédant. Toutefois, le vendeur pourra demander à l'accédant défaillant le remboursement sur justification des frais taxables qui lui auront été occasionnés par cette défaillance, à l'exclusion de tout remboursement forfaitaire de frais de recouvrement.

Art. 13. – Lorsque le contrat est résilié pour inéxecution par le vendeur de ses obligations, l'accédant est remboursé dans leur intégralité des sommes visées à l'article 10 et peut obtenir une indemnité qui ne peut être supérieure à 3 p. 100 du prix de l'immeuble objet du contrat.

L'accédant bénéficie d'un droit au maintien dans les lieux pour une durée qui ne peut être inférieure à trois mois à compter de la résiliation ou de la date prévue pour la levée de l'option. Le vendeur ne peut exiger la libération des locaux qu'après remboursement des sommes visées à l'article 10. L'indemnité d'occupation ne peut être supérieure au montant de la redevance diminué de la fraction imputable sur le prix de l'immeuble objet du contrat.

Art. 14. – Le remboursement par le vendeur des sommes visées à l'article 10 doit être garanti par un cautionnement, par le privilège de l'accédant ou par une garantie liée à la qualité du vendeur, dans les conditions prévues aux articles suivants.

Art. 15. – La garantie de remboursement peut revêtir la forme d'une convention de cautionnement aux termes de laquelle la caution s'oblige envers l'accédant, solidairement avec le vendeur, à rembourser les sommes visées à l'article 10. Cette garantie doit être donnée par une banque, un établissement financier habilité à délivrer des cautions ou à réaliser des opérations de financement immobilier, une entreprise d'assurance agréée à cet effet ou une société de caution mutuelle constituée conformément aux dispositions de la loi du 13 mars 1917 ayant pour objet l'organisation du crédit au petit et au moyen commerce, à la petite et à la moyenne industrie.

La liste des organismes financiers habilités à donner leur garantie est fixée par décret (*).

(*) D. n. 85-534 du 15 mai 1985.

Art. 16. – La garantie de remboursement peut également revêtir la forme du privilège du 7° de l'article 2103 du Code civil à la condition que les sommes correspondant au prix de l'immeuble payables avant le transfert de propriété n'excèdent pas 50 p. 100 de cette valeur et que ce privilège ne soit, à la date du contrat de location-accession, ni primé, ni en concurrence avec un autre privilège ou une hypothèque, dont les causes ne seraient pas éteintes à la même date.

Toutefois, si au plus tard à la date du contrat les créanciers privilégiés ou hypothécaires du vendeur consentent par acte authentique à céder leur rang à l'accédant, celui-ci est réputé venir en premier rang au sens du présent article, encore que les formalités de l'article 2149 du Code civil ne soient pas accomplies à la date du contrat.

Art. 17. – La garantie de remboursement résulte également de la qualité du vendeur lorsqu'il s'agit d'une société dans laquelle l'État ou une collectivité publique détient la majorité du capital social.

Il en est de même lorsque le vendeur est un organisme visé par l'article L. 411-2 du Code de la construction et de l'habitation, bénéficiant d'un agrément délivré par l'État à cet effet.

Art. 18. – Lorsque la redevance est employée au remboursement de créanciers privilégiés ou hypothécaires du vendeur, l'accédant n'est subrogé de plein droit dans leur sûreté que pour la partie de la redevance imputable sur le prix.

Section II. – Cession des droits et aliénation de l'immeuble

Art. 19. – L'accédant peut disposer, au bénéfice de tiers, mais pour leur totalité uniquement, des droits qu'il tient du contrat sauf opposition justifiée du vendeur, fondée sur des motifs sérieux et légitimes tels que l'insolvabilité du cessionnaire. Le vendeur peut également s'opposer à la cession lorsque l'acquéreur ne remplit pas les conditions exigées pour l'octroi des prêts ayant assuré le financement de la construction de l'immeuble.

Art. 20. – L'aliénation de l'immeuble substitue de plein droit le nouveau propriétaire dans les droits et obligations du vendeur.

Si la garantie de remboursement ne revêt pas la forme du privilège du 7° de l'article 2103 du code civil dans les conditions fixées à l'article 16, l'aliénation est subordonnée à la fourniture, par le nouveau propriétaire, de l'une des autres garanties prévues par la présente loi.

Section III. – Information et protection de l'accédant

Art. 21. – Les dispositions du chapitre III de la loi n. 79-596 du 13 juillet 1979 précitée ne sont pas applicables aux contrats de location-accession régis par la présente loi.

Art. 22. – Avant la signature du contrat de location-accession, le vendeur ne peut exiger ni accepter de l'accédant, au titre de la location-accession, aucun versement, aucun dépôt, aucune souscription ou acceptation d'effets de commerce, aucun chèque ou aucune autorisation de prélèvement sur compte bancaire ou postal au profit du vendeur ou pour le compte de celui-ci, à l'exception des sommes prévues à l'article 3.

Art. 23. – Le vendeur doit notifier à l'accédant, par lettre recommandée avec demande d'avis de réception, le projet de contrat de location-accession un mois au moins avant la date de sa signature. La notification oblige le vendeur à maintenir les conditions du projet de contrat jusqu'à cette date.

Le cas échéant, le règlement de copropriété ou le cahier des charges est joint au projet de contrat.

Art. 24. – Lorsque le contrat indique que l'accédant entend recourir à un ou plusieurs prêts régis par le chapitre Ier de la loi n. 79-596 du 13 juillet 1979 précitée, le transfert de propriété

Loi du 12 juillet 1984 — LOCATION-ACCESSION

est subordonné à la condition suspensive de l'obtention du ou des prêts qui en assurent le financement. Cette condition doit être réalisée à la date d'exigibilité du paiement.

La situation de l'accédant prise en considération par le ou les organismes prêteurs pour l'octroi de ces prêts s'apprécie soit à la date de la signature du contrat ou, s'il s'agit d'une cession visée à l'article 19, à la date de la cession, soit à la date de la levée de l'option lorsque la situation à cette date est plus favorable à l'accédant.

Un organisme prêteur peut néanmoins refuser l'octroi du ou des prêts pour des motifs sérieux et légitimes tels que l'insolvabilité de l'accédant.

Art. 25. – Lorsque le contrat de location-accession indique que le prix sera payé sans l'aide d'un ou plusieurs prêts, cet acte doit porter, de la main de l'accédant ou de son mandataire, une mention par laquelle celui-ci reconnaît avoir été informé que s'il recourt néanmoins à un prêt il ne peut se prévaloir des dispositions de l'article 24.

En l'absence de l'indication prescrite à l'article précédent ou si la mention exigée au premier alinéa du présent article manque ou n'est pas de la main de l'accédant ou de son mandataire, et si un prêt est néanmoins demandé, le transfert de propriété est subordonné à la condition suspensive prévue à l'article précédent.

Section IV. – Transfert de propriété

Art. 26. – Trois mois avant le terme prévu pour la levée de l'option, le vendeur doit, par lettre recommandée avec demande d'avis de réception, mettre l'accédant en demeure d'exercer dans le délai convenu la faculté qui lui est reconnue d'acquérir la propriété de l'immeuble faisant l'objet du contrat.

La mise en demeure indique à peine de nullité l'état des créances garanties par des inscriptions prises sur l'immeuble. Lorsque le montant de ces créances excède celui du prix restant dû par l'accédant, ce dernier peut renoncer à l'acquisition. Il bénéficie des dispositions de l'article 13.

Le paiement par anticipation de la totalité du prix entraîne également transfert de propriété.

Art. 27. – Le transfert de propriété est constaté par acte authentique. L'acte constatant le transfert de propriété emporte adhésion de l'accédant à toutes les organisations visées à l'article 33.

L'accédant est tenu de prendre les lieux dans l'état où ils se trouvent lors du transfert de propriété, sans préjudice, le cas échéant, du droit de mettre en œuvre les garanties liées à la construction de l'immeuble.

CHAPITRE IV. – OBLIGATIONS DES PARTIES EN MATIÈRE DE GESTION ET D'ENTRETIEN DE L'IMMEUBLE

Art. 28. – L'accédant est tenu des obligations principales suivantes :
– d'user de l'immeuble en bon père de famille et suivant la destination qui lui a été donnée par le contrat de location-accession ;
– de s'assurer pour les risques dont il répond en sa qualité d'occupant ;
– du paiement des charges annuelles telles que les contributions, taxes et impôts.

Avant le transfert de propriété, il ne peut permettre l'occupation à quelque titre que ce soit de l'immeuble objet du contrat sauf accord préalable et écrit du vendeur.

Art. 29. – Dès la date d'entrée en jouissance, l'entretien et les réparations de l'immeuble incombent à l'accédant.

LOCATION-ACCESSION   **Loi du 12 juillet 1984**

Toutefois, le vendeur conserve la charge des réparations relatives aux éléments porteurs concourant à la stabilité ou à la solidité du bâtiment ainsi qu'à tous autres éléments qui leur sont intégrés ou forment corps avec eux, et aux éléments qui assurent le clos, le couvert et l'étanchéité à l'exclusion de leurs parties mobiles.

Art. 30. – Le vendeur qui, avant la date de levée de l'option, est contraint de réaliser ou de participer au paiement de travaux d'amélioration d'un montant supérieur à 10 p. 100 du prix de l'immeuble, qui lui seraient imposés dans le cadre de la copropriété et porteraient sur un des éléments visés à l'article 29, peut proposer à l'accédant une modification correspondante des charges visées au 9° de l'article 5 ainsi qu'une réévaluation du prix de l'immeuble compensant la dépense qu'il a faite.

Cette réévaluation de prix ne peut excéder la dépense réellement effectuée éventuellement révisée dans les conditions prévues à l'article 7.

A défaut d'accord entre le vendeur et l'accédant, ce dernier peut mettre fin au contrat. Dans ce cas, les dispositions de l'article 11 ne sont pas applicables.

Art. 31. – A compter de la signature du contrat de location-accession, l'accédant peut, en cas de défaillance du vendeur, mettre en œuvre les garanties résultant des articles L. 241-1 et L. 242-1 du Code des assurances.

Il peut être autorisé par décision de justice rendue contradictoirement à exécuter les travaux et à percevoir les indemnités dues sur présentation des factures correspondantes.

Art. 32. – Pour l'application des dispositions de la loi n. 65-557 du 10 juillet 1965 fixant statut de la copropriété des immeubles bâtis, la signature d'un contrat de location-accession est assimilée à une mutation et l'accédant est subrogé dans les droits et obligations du vendeur, sous réserve des dispositions suivantes :
– le vendeur est tenu de garantir le paiement des charges incombant à l'accédant en application de l'article 29 de la présente loi et l'hypothèque légale, prévue à l'article 19 de la loi n. 65-557 du 10 juillet 1965 précitée, ne peut être inscrite qu'après mise en demeure restée infructueuse adressée par le syndic au vendeur :
– le vendeur dispose du droit de vote pour toutes les décisions de l'assemblée générale des copropriétaires concernant des réparations mises à sa charge en application de l'article 29 de la présente loi, ou portant sur un acte de disposition visé aux articles 26 ou 35 de la loi n. 65-557 du 10 juillet 1965 précitée. Il exerce également les actions qui ont pour objet de contester les décisions pour lesquelles il dispose du droit de vote ;
– chacune des deux parties au contrat de location-accession peut assister à l'assemblée générale des copropriétaires et y formuler toutes observations sur les questions pour lesquelles elle ne dispose pas du droit de vote.

Art. 33. – Pour l'application des dispositions régissant les immeubles ou groupes d'immeubles compris dans le périmètre d'une association syndicale prévue par la loi du 21 juin 1865 sur les associations syndicales, la signature d'un contrat de location-accession est assimilée à une mutation et l'accédant est subrogé dans les droits et obligations du vendeur au sein des organisations juridiques ayant pour objet de recevoir la propriété ou la gestion d'équipements communs dont bénéficie l'immeuble. Toutefois, le vendeur dispose du droit de vote à l'assemblée générale pour les décisions concernant des réparations mises à sa charge en application de l'article 29.

Chacune des deux parties au contrat de location-accession peut assister à l'assemblée générale et y formuler toutes observations sur les questions pour lesquelles elle ne dispose pas du droit de vote.

Loi du 3 juillet 1985 — DROITS D'AUTEUR

Art. 34. – L'hypothèque légale prévue à l'article L. 322-9, alinéa premier, du code de l'urbanisme, et portant sur un immeuble faisant l'objet d'un contrat de location-accession, ne peut être inscrite que dans les conditions prévues à l'article 32.

CHAPITRE V. – DISPOSITIONS DIVERSES

Art. 35. – *V. C. civ., art. 2103-7°.*

Art. 36. – *V. C. civ., art. 2111-1.*

Art. 37. – *V. C. urb., art. L. 211-2 et L. 212-2.*

Art. 38. – *V. L. n. 71-579 du 16 juill. 1971, art. 30 bis.*

Art. 39. – *V. C. constr. et habit., art. L. 351-2.*

Art. 40. – *V. C. constr. et habit., art. L. 351-3.*

Art. 41. – L'acquéreur visé par le troisième alinéa de l'article L. 261-10 du code de la construction et de l'habitation bénéficie dès la signature du contrat de vente à terme de droits identiques à ceux conférés à l'accédant par les articles 31 à 33 de la présente loi.

Pendant une durée d'un an à compter de la date de publication de la présente loi, et nonobstant toutes dispositions contraires, les parties peuvent modifier les contrats en cours en vue de les rendre conformes aux dispositions du présent article.

Art. 42. – A défaut de stipulations contraires, tous les droits et taxes du contrat de location-accession et de l'acte constatant le transfert de propriété sont à la charge de l'accédant.

Art. 43 – Toute publicité faite, reçue ou perçue en France qui, quel que soit son support, porte sur un contrat régi par la présente loi, doit préciser l'identité du vendeur, la nature et l'objet du contrat.

Art. 44. – Les modalités d'application de la présente loi seront définies, en tant que de besoin, par décret en Conseil d'État.

Loi n. 85-660 du 3 juillet 1985 *(J.O. 4 juil.)*
relative aux droits d'auteur et aux droits des artistes-interprètes, des producteurs de phonogrammes et de vidéogrammes et des entreprises de communication audiovisuelle

TITRE Ier. – DU DROIT D'AUTEUR

Art. 1er. – *V. L. n. 57-298 du 11 mars 1957, art. 3.*

Art. 2. – *V. L. n. 57-298 du 11 mars 1957, art. 14 et 15.*

Art. 3. – *V. L. n. 57-298 du 11 mars 1957, art. 16.*

Art. 4. – *V. L. n. 57-298 du 11 mars 1957, art. 17.*

Art. 5. – *V. L. n. 57-298 du 11 mars 1957, art. 18.*

DROITS D'AUTEUR — Loi du 3 juillet 1985

Art. 6. – V. L. n. 57-298 du 11 mars 1957, art. 19.
Art. 7. – V. L. n. 57-298 du 11 mars 1957, art. 20.
Art. 8. – V. L. n. 57-298 du 11 mars 1957, art. 21 à 23.
Art. 9. – V. L. n. 57-298 du 11 mars 1957, art. 27.
Art. 10. – V. L. n. 57-298 du 11 mars 1957, art. 31.
Art. 11. – V. L. n. 57-298 du 11 mars 1957, art. 41.
Art. 12. – V. L. n. 57-298 du 11 mars 1957, art. 45.
Art. 13. – V. L. n. 57-298 du 11 mars 1957, art. 63-1 à 63-7.

Art. 14. – Dans le cas d'une œuvre de commande utilisée pour la publicité, le contrat entre le producteur et l'auteur entraîne, sauf clause contraire, cession au producteur des droits d'exploitation de l'œuvre, dès lors que ce contrat précise la rémunération distincte due pour chaque mode d'exploitation de l'œuvre en fonction notamment de la zone géographique, de la durée de l'exploitation, de l'importance du tirage et de la nature du support.

Un accord entre les organisations représentatives d'auteurs et les organisations représentatives des producteurs en publicité fixe les éléments de base entrant dans la composition des rémunérations correspondant aux différentes utilisations des œuvres.

La durée de l'accord est comprise entre un et cinq ans.

Ses stipulations peuvent être rendues obligatoires pour l'ensemble des intéressés par décret.

A défaut d'accord conclu soit dans les neuf mois suivant la promulgation de la présente loi, soit à la date d'expiration du précédent accord, les bases des rémunérations visées au deuxième alinéa du présent article sont déterminées par une commission présidée par un magistrat de l'ordre judiciaire désigné par le premier président de la Cour de cassation et composée, en outre, d'un membre du Conseil d'État désigné par le vice-président du Conseil d'État, d'une personnalité qualifiée désignée par le ministre chargé de la culture et, en nombre égal, d'une part, de membres désignés par les organisations représentatives des auteurs et, d'autre part, de membres désignés par les organisations représentatives des producteurs en publicité (*).

Les organisations appelées à désigner les membres de la commission ainsi que le nombre ₫- personnes que chacune est appelée à désigner sont déterminés par arrêté du ministre chargé de la culture.

La commission se détermine à la majorité de ses membres présents. En cas de partage des voix, le président a voix prépondérante.

Les délibérations de la commission sont exécutoires si, dans un délai d'un mois, son président n'a pas demandé une seconde délibération.

Les décisions de la commission sont publiées au *Journal officiel* de la République française.

V. Commentaires J.-P. Oberthur : *R.I.D.A.* avril 1986, 7. – G. Bonet et X. Desjeux : *J.C.P.* 87, 1, 3283.

TITRE II. – DES DROITS VOISINS DU DROIT D'AUTEUR

Art. 15. – Les droits voisins ne portent pas atteinte aux droits des auteurs. En conséquence, aucune disposition du présent titre ne doit être interprétée de manière à limiter l'exercice du droit d'auteur par ses titulaires.

(*) V. *Décision du 23 fév. 1987*.

Loi du 3 juillet 1985   DROITS D'AUTEUR

Outre toute personne justifiant d'un intérêt pour agir, le ministre chargé de la culture peut saisir l'autorité judiciaire, notamment s'il n'y a pas d'ayant droit connu, ou en cas de vacance ou de déshérence.

Art. 16. – A l'exclusion de l'artiste de complément, considéré comme tel par les usages professionnels, l'artiste-interprète ou exécutant est la personne qui représente, chante, récite, déclame, joue ou exécute de toute autre manière une œuvre littéraire ou artistique, un numéro de variétés, de cirque ou de marionnettes.

Art. 17. – L'artiste-interprète a le droit au respect de son nom, de sa qualité et de son interprétation.

Ce droit inaliénable et imprescriptible est attaché à sa personne.

Il est transmissible à ses héritiers pour la protection de l'interprétation et de la mémoire du défunt.

Art. 18. – Sont soumises à l'autorisation écrite de l'artiste-interprète la fixation de sa prestation, sa reproduction et sa communication au public, ainsi que toute utilisation séparée du son et de l'image de la prestation lorsque celle-ci a été fixée à la fois pour le son et l'image.

Cette autorisation et les rémunérations auxquelles elle donne lieu sont régies par les dispositions des articles L. 762-1 et L. 762-2 du Code du travail, sous réserve des dispositions du quatrième alinéa de l'article 19 ci-dessous.

Art. 19. – La signature du contrat conclu entre un artiste-interprète et un producteur pour la réalisation d'une œuvre audiovisuelle vaut autorisation de fixer, reproduire et communiquer au public la prestation de l'artiste-interprète.

Ce contrat fixe une rémunération distincte pour chaque mode d'exploitation de l'œuvre.

Lorsque ni le contrat ni une convention collective ne mentionnent de rémunération pour un ou plusieurs modes d'exploitation, le niveau de celle-ci est fixé par référence à des barèmes établis par voie d'accords spécifiques conclus, dans chaque secteur d'activité, entre les organisations de salariés et d'employeurs représentatives de la profession.

Les dispositions de l'article L. 762-2 du Code du travail ne s'appliquent qu'à la fraction de la rémunération versée en application du contrat excédant les bases fixées par la convention collective ou l'accord spécifique.

Les contrats passés antérieurement à l'entrée en vigueur de la présente loi entre un artiste-interprète et un producteur d'œuvre audiovisuelle ou leurs cessionnaires sont soumis aux dispositions qui précèdent en ce qui concerne les modes d'exploitation qu'ils excluaient. La rémunération correspondante n'a pas le caractère de salaire. Ce droit à rémunération s'éteint au décès de l'artiste-interprète.

Art. 20. – Les stipulations des conventions ou accords visés à l'article précédent peuvent être rendues obligatoires à l'intérieur de chaque secteur d'activité pour l'ensemble des intéressés par arrêté du ministre compétent.

A défaut d'accord conclu dans les termes de l'article précédent, soit dans les six mois suivant l'entrée en vigueur du présent article, soit à la date d'expiration du précédent accord, les modes et les bases de rémunération des artistes-interprètes sont déterminés, pour chaque secteur d'activité, par une commission présidée par un magistrat de l'ordre judiciaire désigné par le premier président de la Cour de cassation et composée, en outre, d'un membre du Conseil d'État désigné par le vice-président du Conseil d'État, d'une personnalité qualifiée désignée par le

DROITS D'AUTEUR — Loi du 3 juillet 1985

ministre chargé de la culture et, en nombre égal, de représentants des organisations de salariés et de représentants des organisations d'employeurs (*).

La commission se détermine à la majorité des membres présents. En cas de partage des voix, le président a voix prépondérante.

La commission se prononce dans les trois mois suivant l'expiration du délai fixé au deuxième alinéa du présent article.

Sa décision a effet pour une durée de trois ans sauf accord des intéressés intervenu avant ce terme.

(*) V. Décision du 26 mars 1986.

Art. 21. – Le producteur de phonogrammes est la personne, physique ou morale, qui a l'initiative et la responsabilité de la première fixation d'une séquence de son.

L'autorisation du producteur de phonogrammes est requise avant toute reproduction, mise à la disposition du public par la vente, l'échange ou le louage, ou communication au public de son phonogramme autres que celles mentionnées à l'article suivant.

Art. 22. – Lorsqu'un phonogramme a été publié à des fins de commerce, l'artiste-interprète et le producteur ne peuvent s'opposer :

1° À sa communication directe dans un lieu public, dès lors qu'il n'est pas utilisé dans un spectacle ;

2° À sa radiodiffusion, non plus qu'à la distribution par câble simultanée et intégrale de cette radiodiffusion.

Ces utilisations des phonogrammes publiés à des fins de commerce, quel que soit le lieu de fixation de ces phonogrammes, ouvrent droit à rémunération au profit des artistes-interprètes et des producteurs.

Cette rémunération est versée par les personnes qui utilisent les phonogrammes publiés à des fins de commerce dans les conditions mentionnées aux 1° et 2° du présent article.

Elle est assise sur les recettes de l'exploitation ou, à défaut, évaluée forfaitairement dans les cas prévus à l'article 35 de la loi n. 57-298 du 11 mars 1957 précité.

Elle est répartie par moitié entre les artistes-interprètes et les producteurs de phonogrammes.

Art. 23. – Le barème de rémunération et les modalités de versement de la rémunération sont établis par des accords spécifiques à chaque branche d'activité entre les organisations représentatives des artistes-interprètes, des producteurs de phonogrammes et des personnes utilisant les phonogrammes dans les conditions prévues aux 1° et 2° de l'article 22.

Ces accords doivent préciser les modalités selon lesquelles les personnes utilisant les phonogrammes dans ces mêmes conditions s'acquittent de leur obligation de fournir aux sociétés de perception et de répartition des droits le programme exact des utilisations auxquelles elles procèdent et tous les éléments documentaires indispensables à la répartition des droits.

Les stipulations de ces accords peuvent être rendues obligatoires pour l'ensemble des intéressés par arrêté du ministre chargé de la culture.

La durée de ces accords est comprise entre un et cinq ans.

Art. 24. – A défaut d'accord dans les six mois de l'entrée en vigueur de la présente loi ou si aucun accord n'est intervenu à l'expiration du précédent accord, le barème de rémunération et les modalités de versement de la rémunération sont arrêtés par une commission présidée par un magistrat de l'ordre judiciaire désigné par le premier président de la Cour de cassation et composé, en outre, d'un membre du Conseil d'État désigné par le vice-président du Conseil

Loi du 3 juillet 1985 — DROITS D'AUTEUR

d'État, d'une personnalité qualifiée désignée par le ministre chargé de la culture et, en nombre égal, d'une part, de membres désignés par les organisations représentant les bénéficiaires du droit à rémunération, d'autre part, de membres désignés par les organisations représentant les personnes qui, dans la branche d'activité concernée, utilisent les phonogrammes dans les conditions prévues aux 1° et 2° de l'article 22 (*).

Les organisations appelées à désigner les membres de la commission ainsi que le nombre de personnes que chacune est appelée à désigner sont déterminés par arrêté du ministre chargé de la culture.

La commission se détermine à la majorité de ses membres présents. En cas de partage des voix, le président a voix prépondérante.

Les délibérations de la commission sont exécutoires si, dans un délai d'un mois, son président n'a pas demandé une seconde délibération.

Les décisions de la commission sont publiées au *Journal officiel* de la République française.

(*) V. *Décision du 9 septembre 1987*.

Art. 25. – La rémunération prévue à l'article 22 est perçue pour le compte des ayants droit et répartie entre ceux-ci par un ou plusieurs organismes mentionnés au titre IV de la présente loi.

Art. 26. – Le producteur de vidéogrammes est la personne, physique ou morale, qui a l'initiative et la responsabilité de la première fixation d'une séquence d'images sonorisée ou non.

L'autorisation du producteur de vidéogrammes est requise avant toute reproduction, mise à la disposition du public par la vente, l'échange ou le louage, ou communication au public de son vidéogramme.

Les droits reconnus au producteur d'un vidéogramme en vertu de l'alinéa précédent, les droits d'auteur et les droits des artistes-interprètes dont il disposerait sur l'œuvre fixée sur ce vidéogramme ne peuvent faire l'objet de cessions séparées.

Art. 27. – Sont soumises à l'autorisation de l'entreprise de communication audiovisuelle la reproduction de ses programmes, ainsi que leur mise à la disposition du public par vente, louage ou échange, leur télédiffusion et leur communication au public dans un lieu accessible à celui-ci moyennant paiement d'un droit d'entrée.

(L. n. 86-1067 du 30 sept. 1986, art. 95) Sont dénommés entreprises de communication audiovisuelle les organismes qui exploitent un service de communication audiovisuelle au sens de la loi n. 86-1067 du 30 septembre 1986 relative à la liberté de communication, quel que soit le régime applicable à ce service.

Art. 28. – Sous réserve des conventions internationales, les droits à rémunération reconnus par les dispositions des articles 22 et 32 sont répartis entre les auteurs, artistes-interprètes, producteurs de phonogrammes ou de vidéogrammes pour les phonogrammes et vidéogrammes fixés pour la première fois en France.

1) B. Edelman, *Une loi substantiellement internationale, La loi du 3 juillet 1985 sur les droits d'auteur et droits voisins* : Clunet 1987, 555. – A. Kerever, *La loi du 3 juillet 1985 et la protection des étrangers* : R.I.D.A. juil. 1987, 3.

2) V. L. n. 86-1300 du 23 déc. 1986 autorisant la ratification par la France de la Convention de Rome sur la protection des artistes interprètes ou exécutants, des producteurs de phonogrammes et des organismes de radiodiffusion.

DROITS D'AUTEUR Loi du 3 juillet 1985

3) Le traité C.E.E. est compris dans les conventions internationales visées à l'article 28 qui doit donc s'appliquer pour tous les phonogrammes fixés pour la première fois dans un Etat membre de la Communauté (Rép. question écrite n. 785/86 à la Commission des CE : *J.C.P.* 1987, I, 3312, Annexe 8).

Art. 29. – Les bénéficiaires des droits ouverts au présent titre ne peuvent interdire :
1° Les représentations privées et gratuites effectuées exclusivement dans un cercle de famille ;
2° Les reproductions strictement réservées à l'usage privé de la personne qui les réalise et non destinées à une utilisation collective ;
3° Sous réserve d'éléments suffisants d'identification de la source :
– les analyses et courtes citations justifiées par le caractère critique, polémique, pédagogique, scientifique ou d'information de l'œuvre à laquelle elles sont incorporées ;
– les revues de presse ;
– la diffusion, même intégrale, à titre d'information d'actualité, des discours destinés au public dans les assemblées politiques, administratives, judiciaires ou académiques, ainsi que dans les réunions publiques d'ordre politique et les cérémonies officielles ;
4° La parodie, le pastiche et la caricature, compte tenu des lois du genre.

Les artistes-interprètes ne peuvent interdire la reproduction et la communication publique de leur prestation si elle est accessoire à un événement constituant le sujet principal d'une séquence d'une œuvre ou d'un document audiovisuel.

Art. 30. – La durée des droits patrimoniaux objets du présent titre est de cinquante années à compter du 1er janvier de l'année civile suivant celle de la première communication au public, de l'interprétation de l'œuvre, de sa production ou des programmes visés à l'article 27 ci-dessus.

TITRE III. – DE LA RÉMUNÉRATION POUR COPIE PRIVÉE DES PHONOGRAMMES ET VIDÉOGRAMMES

Art. 31. – Les auteurs et les artistes-interprètes des œuvres fixées sur phonogrammes ou vidéogrammes, ainsi que les producteurs de ces phonogrammes ou vidéogrammes, ont droit à une rémunération au titre de la reproduction desdites œuvres réalisées dans les conditions mentionnées au 2° de l'article 41 de la loi n. 57-298 du 11 mars 1957 précitée et au 2° de l'article 29 de la présente loi.

Art. 32. – La rémunération pour copie privée est, dans les conditions ci-après définies, évaluée selon le mode forfaitaire prévu au deuxième alinéa de l'article 35 de la loi n. 57-298 du 11 mars 1957 précitée.
Elle est exonérée de la taxe sur la valeur ajoutée.

Art. 33. – La rémunération prévue au précédent article est versée par le fabricant ou l'importateur des supports d'enregistrement utilisables pour la reproduction à usage privé d'œuvres fixées sur des phonogrammes ou des vidéogrammes, lors de la mise en circulation en France de ces supports.
Le montant de la rémunération est fonction du type de support et de la durée d'enregistrement qu'il permet.

Art. 34. – Les types de support, les taux de rémunération et les modalités de versement de celle-ci sont déterminés par une commission présidée par un représentant de l'État et composée, en outre, pour moitié, de personnes désignées par les organisations représentant les bénéficiaires

Loi du 3 juillet 1985 — DROITS D'AUTEUR

du droit à rémunération, pour un quart, de personnes désignées par les organisations représentant les fabricants ou importateurs des supports mentionnés au premier alinéa du précédent article et, pour un quart, de personnes désignées par les organisations représentant les consommateurs (*).

Les organisations appelées à désigner les membres de la commission ainsi que le nombre de personnes que chacune est appelée à désigner sont déterminés par arrêté du ministre chargé de la culture.

La commission se détermine à la majorité de ses membres présents. En cas de partage des voix, le président a voix prépondérante.

Les délibérations de la commission sont exécutoires si, dans un délai d'un mois, son président n'a pas demandé une seconde délibération.

Les décisions de la commission sont publiées au *Journal officiel* de la République française (**).

(*) V. D. n. 86-28 du 3 janv. 1986.

(**) V. Décision du 30 juin 1986.

Art. 35. – La rémunération prévue à l'article 32 est perçue pour le compte des ayants droit par un ou plusieurs organismes mentionnés au titre IV de la présente loi.

Elle est répartie entre les ayants droit par les organismes mentionnés à l'alinéa précédent, à raison des reproductions privées dont chaque œuvre fait l'objet.

Art. 36. – La rémunération pour copie privée des phonogrammes bénéficie, pour moitié, aux auteurs, pour un quart, aux artistes-interprètes et, pour un quart, aux producteurs.

La rémunération pour copie privée des vidéogrammes bénéficie à parts égales aux auteurs, aux artistes-interprètes et aux producteurs.

Art. 37. – La rémunération pour copie privée donne lieu à remboursement lorsque le support d'enregistrement est acquis pour leur propre usage ou production par :

1° Les entreprises de communication audiovisuelle ;

2° Les producteurs de phonogrammes ou de vidéogrammes et les personnes qui assurent, pour le compte des producteurs de phonogrammes ou vidéogrammes, la reproduction de ceux-ci ;

3° Les personnes morales ou organismes, dont la liste est arrêtée par le ministre chargé de la culture, qui utilisent les supports d'enregistrement à des fins d'aide aux handicapés visuels ou auditifs.

TITRE IV. – DES SOCIÉTÉS DE PERCEPTION ET DE RÉPARTITION DES DROITS

Art. 38. – Les sociétés de perception et de répartition des droits d'auteur et des droits des artistes-interprètes et des producteurs de phonogrammes et de vidéogrammes sont constituées sous forme de sociétés civiles.

Les associés doivent être des auteurs, des artistes-interprètes, des producteurs de phonogrammes ou de vidéogrammes, des éditeurs, ou leurs ayants droit. Ces sociétés civiles régulièrement constituées ont qualité pour ester en justice pour la défense des droits dont elles ont statutairement la charge.

Les statuts des sociétés de perception et de répartition des droits doivent prévoir les conditions dans lesquelles les associations ayant un but d'intérêt général bénéficieront, pour leurs manifestations ne donnant pas lieu à entrée payante, d'une réduction sur le montant des droits d'auteur et des droits des artistes-interprètes et des producteurs de phonogrammes qu'elles auraient à verser.

DROITS D'AUTEUR — Loi du 3 juillet 1985

Les sociétés de perception et de répartition des droits doivent tenir à la disposition des utilisateurs éventuels le répertoire complet des auteurs et compositeurs français et étrangers qu'elles représentent.

Ces sociétés doivent utiliser, à des actions d'aide à la création, à la diffusion du spectacle vivant et à des actions de formation d'artistes, 50 % des sommes non répartissables perçues en application de l'article 22 ci-dessus et 25 % des sommes provenant de la rémunération pour copie privée.

La répartition des sommes correspondantes, qui ne peut bénéficier à un organisme unique, est soumise à un vote de l'assemblée générale de la société qui se prononce à la majorité des deux tiers. A défaut d'une telle majorité, une nouvelle assemblée générale, convoquée spécialement à cet effet, statue à la majorité simple.

L'utilisation de ces sommes fait l'objet, chaque année, d'un rapport spécial du commissaire aux comptes.

Art. 39. - I. - Les sociétés de perception et de répartition des droits sont tenues de nommer au moins un commissaire aux comptes et un suppléant choisis sur la liste mentionnée à l'article 219 de la loi n. 66-537 du 24 juillet 1966 sur les sociétés commerciales et qui exercent leurs fonctions dans les conditions prévues par ladite loi sous réserve des règles qui leur sont propres. Les dispositions de l'article 457 de la loi n. 66-537 du 24 juillet 1966 précitée sont applicables.

Les dispositions de l'article 29 de la loi n. 84-148 du 1er mars 1984 relative à la prévention et au règlement amiable des difficultés des entreprises sont applicables.

II. - Les projets de statuts et de règlements généraux des sociétés de perception et de répartition des droits sont adressés au ministre chargé de la culture.

Dans le mois de leur réception, le ministre peut saisir le tribunal de grande instance au cas où des motifs réels et sérieux s'opposeraient à la constitution d'une de ces sociétés.

Le tribunal apprécie la qualification professionnelle des fondateurs de ces sociétés, les moyens humains et matériels qu'ils proposent de mettre en œuvre pour assurer le recouvrement des droits et l'exploitation de leur répertoire.

III. - Tout associé a droit, dans les conditions et délais déterminés par décret, d'obtenir communication :

1° Des comptes annuels et de la liste des administrateurs ;

2° Des rapports du conseil d'administration et des commissaires aux comptes qui seront soumis à l'assemblée ;

3° Le cas échéant, du texte et de l'exposé des motifs des résolutions proposées, ainsi que des renseignements concernant les candidats au conseil d'administration ;

4° Du montant global, certifié exact par les commissaires aux comptes, des rémunérations versées aux personnes les mieux rémunérées, le nombre de ces personnes étant de dix ou de cinq selon que l'effectif excède ou non deux cents salariés.

IV. - Tout groupement d'associés représentant au moins un dixième du nombre de ceux-ci peut demander en justice la désignation d'un ou plusieurs experts chargés de présenter un rapport sur une ou plusieurs opérations de gestion.

Le ministère public et le comité d'entreprise sont habilités à agir aux mêmes fins.

Le rapport est adressé au demandeur, au ministère public, au comité d'entreprise, aux commissaires aux comptes et au conseil d'administration. Ce rapport est annexé à celui établi par les commissaires aux comptes en vue de la première assemblée générale ; il reçoit la même publicité.

Loi du 3 juillet 1985 — DROITS D'AUTEUR

Art. 40. – Sans préjudice des dispositions générales applicables aux sociétés civiles, la demande de dissolution d'une société de perception et de répartition des droits peut être présentée au tribunal par le ministre chargé de la culture.

En cas de violation de la loi, le tribunal peut interdire à une société d'exercer ses activités de recouvrement dans un secteur d'activité ou pour un mode d'exploitation.

Art. 41. – La société de perception et de répartition des droits communique ses comptes annuels au ministre chargé de la culture et porte à sa connaissance, deux mois au moins avant son examen par l'assemblée générale, tout projet de modification de ses statuts ou des règles de perception et de répartition des droits.

Elle adresse au ministre chargé de la culture, à la demande de celui-ci, tout document relatif à la perception et à la répartition des droits ainsi que la copie des conventions passées avec les tiers.

Le ministre chargé de la culture ou son représentant peut recueillir, sur pièces et sur place, les renseignements mentionnés au présent article.

Art. 42. – Les contrats conclus par les sociétés civiles d'auteurs ou de titulaires de droits voisins, en exécution de leur objet, avec les utilisateurs de tout ou partie de leur répertoire sont des actes civils.

Art 43. – Les sociétés de perception et de répartition des droits des producteurs de phonogrammes et de vidéogrammes et des artistes-interprètes ont la faculté, dans la limite des mandats qui leur sont donnés soit par tout ou partie des associés, soit par des organismes étrangers ayant le même objet, d'exercer collectivement les droits prévus aux articles 21 et 26 en concluant des contrats généraux d'intérêt commun avec les utilisateurs de phonogrammes ou de vidéogrammes dans le but d'améliorer la diffusion de ceux-ci ou de promouvoir le progrès technique ou économique.

Art. 44. – Les personnes morales régies actuellement par la loi du 1er juillet 1901 relative au contrat d'association et ayant pour objet la perception et la répartition des droits d'auteur peuvent transférer à une société civile de perception et de répartition des droits tout ou partie de leur patrimoine et en particulier les mandats qui leur ont été conférés par leurs adhérents, par simple délibération de l'assemblée générale extraordinaire de l'association. Ce transfert doit avoir lieu dans un délai maximum d'un an à compter de la promulgation de la présente loi. Les associations mentionnées au présent article pourront être associées de la société civile pendant une période maxima de deux ans à compter du transfert.

TITRE V. – DES LOGICIELS

Art. 45. – Sauf stipulation contraire, le logiciel créé par un ou plusieurs employés dans l'exercice de leurs fonctions appartient à l'employeur auquel sont dévolus tous les droits reconnus aux auteurs.

Toute contestation sur l'application du présent article est soumise au tribunal de grande instance du siège social de l'employeur.

Les dispositions du premier alinéa du présent article sont également applicables aux agents de l'État, des collectivités publiques et des établissements publics à caractère » administratif.

DROITS D'AUTEUR — Loi du 3 juillet 1985

1) Il importe qu'une partie du logiciel ait été effectuée au domicile de l'employé, celui-ci ayant une rémunération forfaitaire (Paris, 14ᵉ ch. B, 29 oct. 1987 : *Juris-Data* n. 026662).

2) Jugé sous l'empire du droit antérieur à la loi du 3 juillet 1985 que l'employé créateur des logiciels ne peut se voir reprocher d'avoir retiré brusquement à l'entreprise la disposition de programmes, dès lors qu'il n'a concédé aucun droit de reproduction ni d'utilisation. Son refus de rapporter lesdits programmes est légitime dans la mesure où l'employeur maintient sa prétention de se les approprier en écartant d'emblée toute discussion sur le principe et les modalités d'une cession à titre onéreux (Amiens 16 mai 1988 : *Expertises* juin 1988, p. 193, obs. A. Lucas).

Art. 46. – Sauf stipulation contraire, l'auteur ne peut s'opposer à l'adaptation du logiciel dans la limite des droits qu'il a cédés, ni exercer son droit de repentir ou de retrait.

Art. 47. – Par dérogation au 2° de l'article 41 de la loi n. 57-298 du 11 mars 1957 précitée, toute reproduction autre que l'établissement d'une copie de sauvegarde par l'utilisateur ainsi que toute utilisation d'un logiciel non expressément autorisée par l'auteur ou ses ayants droit, est passible des sanctions prévues par ladite loi.

Art. 48. – Les droits objets du présent titre s'éteignent à l'expiration d'une période de vingt-cinq années comptée de la date de la création du logiciel.

Art 49. – Le prix de cession des droits portant sur un logiciel peut être forfaitaire.

Art. 50. – En matière de logiciels, la saisie-contrefaçon est exécutée en vertu d'une ordonnance rendue sur requête par le président du tribunal de grande instance. Le président autorise, s'il y a lieu, la saisie réelle.
L'huissier instrumentaire ou le commissaire de police peut être assisté d'un expert désigné par le requérant.
A défaut d'assignation ou de citation dans la quinzaine de la saisie, la saisie-contrefaçon est nulle.
En outre, les commissaires de police sont tenus, à la demande de tout auteur d'un logiciel protégé par la présente loi ou de ses ayants droit, d'opérer une saisie-description du logiciel contrefaisant, saisie-description qui peut se concrétiser par une copie.

Art. 51. – Sous réserve des conventions internationales, les étrangers jouissent en France des droits reconnus par le présent titre, sous la condition que la loi de l'État dont ils sont les nationaux ou sur le territoire duquel ils ont leur domicile, leur siège social ou un établissement effectif accorde sa protection aux logiciels créés par les nationaux français et par les personnes ayant en France leur domicile ou un établissement effectif.

TITRE VI. – GARANTIES ET SANCTIONS

Art 52. – Les activités d'édition, de reproduction, de distribution, de vente, de location ou d'échange de vidéogrammes destinés à l'usage privé du public sont soumises au contrôle du Centre national de la cinématographie (*).

(*) *V. D. n. 88-697 du 9 mai 1988.*

Les personnes ayant pour activité d'éditer, de reproduire, de distribuer, de vendre, de louer ou d'échanger des vidéogrammes destinés à l'usage privé du public doivent *(L. n. 86-1067 du 30 sept. 1986, art. 72)* déclarer leur activité au Centre national de la cinématographie et tenir

Loi du 3 juillet 1985   DROITS D'AUTEUR

à jour des documents permettant d'établir l'origine et la destination des vidéogrammes ainsi que les recettes d'exploitation de ceux-ci. Les agents assermentés du Centre national de la cinématographie ont le droit d'obtenir communication de ces documents de caractère comptable ou extra-comptable.

Le défaut d'existence de ces documents, le refus de fourniture de renseignements, la fourniture de renseignements mensongers ainsi que les manœuvres tendant à permettre la dissimulation de l'origine ou de la destination des vidéogrammes et des recettes d'exploitation de ceux-ci sont sanctionnés par les peines et selon les modalités prévues par les dispositions de l'article 18 du code de l'industrie cinématographique.

Art. 53. – Outre les procès-verbaux des officiers ou agents de police judiciaire, la preuve de la matérialité de toute infraction aux dispositions de la présente loi peut résulter des constatations d'agents assermentés désignés par le Centre national de la cinématographie et par les sociétés mentionnées au titre IV. Ces agents sont agréés par le ministre chargé de la culture.

L'article 53 n'exclut pas d'autres moyens de preuve et notamment les constats d'huissier (T.G.I. Saint-Denis-de-la-Réunion, 9 sept. 1986 : *D*. 1987, 121, note Gavalda).

Art. 54. – La publicité des actes et conventions intervenus à l'occasion de la production, de la distribution, de la représentation ou de l'exploitation en France des œuvres audiovisuelles est assurée par leur inscription au registre prévu au titre III du code de l'industrie cinématographique.

Toutefois, le dépôt de titre prévu à l'article 32 du code précité est facultatif pour les œuvres audiovisuelles autres que cinématographiques.

Art. 55. – La communication indirecte au public, sous forme de vidéogrammes, d'une œuvre audiovisuelle donne lieu à la formalité du dépôt légal du vidéogramme dans les conditions prévues par la loi n. 43-341 du 21 juin 1943 modifiant le régime du dépôt légal.

Art. 56. – Il est inséré, après l'article 426 du Code pénal, un article 426-1 ainsi rédigé : « *Art. 426-1*. – Est punie d'un emprisonnement de trois mois à deux ans et d'une amende de 6 000 F à 120 000 F ou de l'une de ces deux peines seulement toute fixation, reproduction, communication ou mise à disposition du public, à titre onéreux ou gratuit, ou toute télédiffusion d'une prestation, d'un phonogramme, d'un vidéogramme ou d'un programme réalisée sans l'autorisation, lorsqu'elle est exigée, de l'artiste-interprète, du producteur de phonogrammes ou de vidéogrammes ou de l'entreprise de communication audiovisuelle.

Est punie des mêmes peines toute importation ou exportation de phonogrammes ou de vidéogrammes réalisée sans l'autorisation du producteur ou de l'artiste-interprète, lorsqu'elle est exigée.

Est puni de la peine d'amende prévue au premier alinéa le défaut de versement de la rémunération due à l'auteur, à l'artiste-interprète ou au producteur de phonogrammes ou de vidéogrammes au titre de la copie privée ou de la communication publique ainsi que de la télédiffusion des phonogrammes ».

Art. 57. – Les officiers de police judiciaire compétents peuvent procéder, dès la constatation des infractions prévues à l'article 426-1 du Code pénal, à la saisie des phonogrammes et vidéogrammes reproduits illicitement, des exemplaires et objets fabriqués ou importés illicitement et des matériels spécialement installés en vue de tels agissements.

RÈGLEMENT DES DETTES — Loi du 11 octobre 1985

Art. 58. – L'avant-dernier alinéa de l'article 425 du code pénal est ainsi rédigé :
« La contrefaçon en France d'ouvrages publiés en France ou à l'étranger est punie d'un emprisonnement de trois mois à deux ans et d'une amende de 6 000 F à 120 000 F ou de l'une de ces deux peines seulement ».

Art. 59. – Les deux premiers alinéas de l'article 427 du Code pénal sont ainsi rédigés :
« En cas de récidive des infractions définies aux trois précédents articles, les peines encourues seront portées au double.

En outre, le tribunal pourra ordonner, soit à titre définitif, soit à titre temporaire, pour une durée n'excédant pas cinq ans, la fermeture de l'établissement exploité par le condamné ».

Art. 60. – L'article 428 du code pénal est ainsi rédigé : « *Art. 428.* – Dans tous les cas prévus par les quatre articles précédents, le tribunal pourra prononcer la confiscation de tout ou partie des recettes procurées par l'infraction, ainsi que celle de tous les phonogrammes, vidéogrammes, objets et exemplaires contrefaisants ou reproduits illicitement et du matériel spécialement installé en vue de la réalisation du délit.

Il peut également ordonner, aux frais du condamné, l'affichage du jugement prononçant la condamnation dans les conditions et sous les peines prévues à l'article 51, ainsi que sa publication intégrale ou par extraits dans les journaux qu'il désigne, sans que les frais de cette publication puissent excéder le montant maximum de l'amende encourue ».

Art. 61. – *V. C. pénal, art. 429*

Art. 62. – *V. L. n. 82-652 du 29 juil. 1982, art. 97.*

Art. 63. – La présente loi est applicable à la collectivité territoriale de Mayotte et aux territoires d'outre-mer.

Art. 64. – Des décrets en Conseil d'État déterminent les conditions d'application de la présente loi.

Art. 65. – Il sera procédé, sous le nom de Code du droit d'auteur et de ses droits voisins, à la codification des textes de nature législative et réglementaire concernant cette matière par des décrets en Conseil d'État pris après avis de la commission supérieure chargée d'étudier la codification et la simplification des textes législatifs et réglementaires.

Ces décrets apporteront aux textes de nature législative les adaptations rendues nécessaires par le travail de codification, à l'exclusion de toute modification de fond.

Art. 66. – La présente loi entrera en vigueur le 1er janvier 1986. Toutefois, les dispositions des alinéas premier à troisième de l'article 19 et celles de l'article 20 entreront en vigueur dès la promulgation de la loi.

La présente loi sera exécutée comme loi de l'État.

Loi n. 85-1097 du 11 octobre 1985 *(J.O. 15 oct.)*
relative à la clause pénale et au règlement des dettes

Art. 1er à 3. – *V. C. Civ., art 1152 et 1231.*

Art. 4. – Est nulle de plein droit toute convention par laquelle un intermédiaire se charge ou se propose moyennant rémunération :

Loi du 6 janvier 1986 — ATTRIBUTION D'IMMEUBLES

— soit d'examiner la situation d'un débiteur en vue de l'établissement d'un plan de remboursement ;
— soit de rechercher pour le compte d'un débiteur l'obtention de délais de paiement ou d'une remise de dette.

Art. 5. — Tout intermédiaire qui aura perçu une somme d'argent à l'occasion de l'une des opérations mentionnées à l'article 4 sera puni d'un emprisonnement de trois mois à un an et d'une amende de 6 000 F à 200 000 F ou de l'une de ces deux peines seulement.

Le tribunal pourra en outre ordonner, aux frais du condamné, la publication intégrale ou par extrait du jugement dans les journaux qu'il fixe, sans que le coût de cette publication puisse excéder le montant de l'amende encourue.

Art. 6. — Les dispositions des articles 4 et 5 ne sont pas applicables :
— aux membres des professions juridiques et judiciaires réglementées ;
— aux personnes physiques ou morales qui se livrent aux opérations visées à l'article 4 dans le cadre de leur mission de conciliation instituée par la loi n. 84-148 du 1er mars 1984 relative à la prévention et au règlement amiable des difficultés des entreprises ;
— aux personnes physiques et morales désignées en application des articles 141 et 143 de la loi n. 85-98 du 25 janvier 1985 relative au redressement et à la liquidation judiciaires des entreprises qui se livrent aux opérations visées à l'article 4 de la présente loi ;
— aux personnes physiques mentionnées au deuxième alinéa de l'article 2 de la loi n. 85-99 du 25 janvier 1985 relative aux administrateurs judiciaires, mandataires-liquidateurs et experts en diagnostic d'entreprise, dans le cadre de la mission qui leur est confiée par une décision de justice.

Elles ne font pas obstacle aux dispositions législatives et réglementaires qui prévoient la représentation en justice.

Art. 7. — *C. Civ., art. 1244.*

Art. 8. — Les dispositions des articles 4 à 6 entreront en vigueur le 1er janvier 1986 et s'appliqueront alors aux contrats en cours ; à cette date, les dossiers des débiteurs devront leur être intégralement remis par les intermédiaires qui en avaient la charge.

Loi n. 86-18 du 6 janvier 1986 *(J.O. 8 janvier)*
relative aux sociétés d'attribution d'immeubles en jouissance à temps partagé

V. Commentaire C. Bosgiraud : *Rev. dr. imm.* 1986, 151.

CHAPITRE Ier. — DISPOSITIONS COMMUNES

Art. 1er. — Les sociétés constituées en vue de l'attribution, en totalité ou par fractions, d'immeubles à usage principal d'habitation ou par jouissance par périodes aux associés auxquels n'est accordé aucun droit de propriété ou autre droit réel en contrepartie de leurs apports, sont régies par les dispositions applicables aux sociétés sous réserve des dispositions de la présente loi.

L'objet de ces sociétés comprend la construction d'immeubles, l'acquisition d'immeubles ou de droits réels immobiliers, l'aménagement ou la restauration des immeubles acquis ou sur lesquels portent ces droits réels.

Il comprend aussi l'administration de ces immeubles, l'acquisition et la gestion de leurs éléments mobiliers conformes à la destination des immeubles. Il peut également s'étendre à

ATTRIBUTION D'IMMEUBLES — Loi du 6 janvier 1986

la fourniture des services, au fonctionnement des équipements collectifs nécessaires au logement ou à l'immeuble et de ceux conformes à la destination de ce dernier, qui lui sont directement rattachés.

Art. 2. – Les sociétés mentionnées à l'article 1er ne peuvent se porter caution.

Art. 3. – Les associés sont tenus, envers la société, de répondre aux appels de fonds nécessités par la construction, l'acquisition, l'aménagement ou la restauration de l'immeuble social en proportion de leurs droits dans le capital social et de participer aux charges dans les conditions prévues à l'article 9 de la présente loi.

Si un associé ne satisfait pas à ces obligations, il peut être fait application des deuxième, troisième et quatrième alinéas de l'article L. 212-4 du Code de la construction et de l'habitation.

L'associé défaillant ne peut prétendre, à compter de la décision de l'assemblée générale, ni entrer en jouissance de la fraction de l'immeuble à laquelle il a vocation, ni se maintenir dans cette jouissance.

Art. 4. – Par dérogation à l'article 1857 du Code civil, les associés des sociétés constituées sous la forme de société civile ne répondent des dettes sociales à l'égard des tiers qu'à concurrence de leurs apports.

Art. 5. – Le ou les gérants d'une société civile constituée aux fins prévues à l'article 1er de la présente loi sont nommés par une décision des associés représentant plus de la moitié des parts sociales nonobstant toutes dispositions contraires des statuts.

Art. 6. – Le ou les gérants d'une société civile constituée aux fins prévues à l'article 1er de la présente loi sont révocables par une décision des associés représentant plus de la moitié des parts sociales nonobstant toutes dispositions contraires des statuts.

Art. 7. – Est réputée non écrite toute clause des statuts prévoyant la désignation d'une personne physique ou morale autre que le représentant de la société pour assumer les missions prévues à l'article 1er de la présente loi.

Art. 8. – Un état descriptif de division délimite les diverses parties de l'immeuble social en distinguant celles qui sont communes de celles qui sont à usage privatif.

Les parts ou actions sont réparties entre les associés en fonction des caractéristiques du lot attribué à chacun d'eux, de la durée et de l'époque d'utilisation du local correspondant.

La valeur des droits de tous les associés est appréciée au jour de l'affectation aux lots des groupes de droits sociaux qui leur sont attachés.

Un tableau d'affectation des parts ou actions aux lots et par période est annexé à l'état descriptif de division.

Un règlement précise la destination de l'immeuble et de ses diverses parties et organise les modalités de l'utilisation des équipements collectifs.

Si un document publicitaire, quelle que soit sa forme, fait état d'un service mis à la disposition des associés et destiné à permettre l'échange de périodes de jouissance, la vente des actions ou parts sociales ou la location du lot qui leur est attaché, le règlement mentionne l'existence de ce service. En ce cas, tout acte de souscription ou de cession d'actions ou de parts sociales doit en faire état.

Le règlement indique, en outre, les conditions particulières dont peut être assorti ce service.

Loi du 6 janvier 1986 — ATTRIBUTION D'IMMEUBLES

Art. 9. – A moins qu'elles ne soient individualisées par les lois ou règlements en vigueur, un décret détermine, parmi les charges entraînées par les services collectifs, les éléments d'équipement et le fonctionnement de l'immeuble, les charges communes et les charges liées à l'occupation.

Les associés sont tenus de participer aux charges des deux catégories en fonction de la situation et de la consistance du local, de la durée et de l'époque de la période de jouissance.

Toutefois, lorsque le local sur lequel l'associé exerce son droit de jouissance n'est pas occupé, l'associé n'est pas tenu de participer aux charges de la deuxième catégorie pendant la période correspondante.

Ils sont tenus de participer aux charges relatives au fonctionnement de la société, à la conservation, à l'entretien et à l'administration des parties communes en proportion du nombre des parts ou actions qu'ils détiennent dans le capital social.

Le règlement fixe la quote-part qui incombe, dans chacune des catégories de charges, à chaque groupe particulier de parts ou actions défini en fonction de la situation du local, de la durée et de la période de jouissance.

A défaut, il indique les bases selon lesquelles la répartition est faite.

Art. 10. – Tout associé peut demander au tribunal de grande instance du lieu de situation de l'immeuble la révision, pour l'avenir, de la répartition des charges visées à l'article 9, si la part correspondant à son lot est supérieure de plus d'un quart ou si la part correspondant au lot d'un autre associé est inférieure de plus d'un quart, dans l'une ou l'autre catégorie de charges, à celle qui résulterait d'une répartition conforme aux dispositions de l'article 9. Si l'action est reconnue fondée, le tribunal procède à la nouvelle répartition des charges.

L'action en révision prévue à l'alinéa 1er ne peut être exercée que dans les cinq ans de l'adoption de l'état descriptif de division, du règlement et des dispositions corrélatives des statuts.

Art. 11. – L'état descriptif de division, le règlement et les dispositions corrélatives des statuts doivent être adoptés avant tout commencement des travaux de construction ou, en cas d'acquisition de l'immeuble existant avant toute entrée en jouissance des associés.

Art. 12. – Les sociétés prévues à l'article 1er qui ont pour objet la construction d'immeubles sont tenues de se conformer aux dispositions de l'article L. 212-10 du Code de la construction et de l'habitation en ce qu'il impose soit de conclure un contrat de promotion immobilière, soit de confier les opérations constitutives de la promotion immobilière à leur représentant légal ou statutaire.

Les mêmes obligations incombent aux sociétés prévues à l'article 1er qui ont pour objet l'acquisition d'immeubles en vue de l'aménagement ou de la restauration dès lors que le coût global des travaux excède 50 % du prix d'acquisition des immeubles.

Les sociétés prévues à l'article 1er qui ont pour objet l'acquisition d'immeubles à construire doivent conclure un contrat ou bénéficier d'une cession de contrat conforme aux dispositions des articles L. 261-10 et suivants du Code de la construction et de l'habitation. Si la vente a lieu sous la forme de vente en l'état futur d'achèvement, le contrat comporte la garantie d'achèvement prévue par l'article L. 261-11 du même code.

Art. 13. – La société, quelle qu'en soit la forme, peut exiger de chaque associé, en début d'exercice, le versement d'une provision au plus égale au montant des charges lui ayant été imparties lors de l'exercice précédent ou, s'il s'agit d'un nouvel associé, ayant été imputées à l'associé précédent au cours du dernier exercice écoulé, pour le même local, la même durée et la même période.

ATTRIBUTION D'IMMEUBLES — Loi du 6 janvier 1986

Le règlement peut prévoir, pour le premier exercice à compter de l'achèvement des opérations mentionnées à l'article 1er de la présente loi, le paiement d'avances sur charges.

Les associés se réunissent en assemblée générale au moins une fois par an. Lorsque, conjointement, des associés disposant au moins du cinquième des parts ou actions de la société le demandent, l'assemblée générale est réunie dans un délai de trois mois qui suit la date de cette demande.

Les associés peuvent toujours assister aux assemblées générales et y voter. Les votes par correspondance sont admis. L'avis de convocation à l'assemblée générale, qui doit mentionner les questions portées à l'ordre du jour, est adressé à tous les associés. Sans préjudice de ce qui est dit au premier alinéa de l'article 14, un associé peut se faire représenter à l'assemblée générale par toute personne physique ou morale même non associée. Toute clause contraire des statuts est réputée non écrite.

Dans les quinze jours précédant l'assemblée générale, tout associé peut demander à la société communication des comptes sociaux et consulter la liste des associés.

Art. 14. – Les statuts prévoient que chaque ensemble d'associés ayant un droit de jouissance pendant la même période peut, à la majorité, désigner un ou plusieurs associés de cet ensemble pour le représenter à l'assemblée générale. Chaque représentant peut avoir un ou plusieurs suppléants ayant également la qualité d'associé.

Les représentants de période et leurs suppléants sont désignés pour une durée maximum de trois ans, renouvelable ; ils ne peuvent se faire représenter.

Les dispositions du premier alinéa ne sont pas applicables aux décisions mentionnées aux deuxième et dernier alinéas de l'article 16.

Art. 15. – Chaque associé dispose d'un nombre de voix proportionnel au nombre de parts ou actions qu'il détient dans le capital social.

Toutefois, en ce qui concerne les décisions relatives aux charges mentionnées au premier alinéa de l'article 9, chaque associé dispose d'un nombre de voix proportionnel à sa participation aux charges.

En outre, lorsque le règlement met à la charge de certains associés seulement les dépenses d'entretien d'une partie de l'immeuble ou les dépenses d'entretien et de fonctionnement d'un élément d'équipement, seuls ces associés ou leurs représentants prennent part au vote sur les décisions qui concernent ces dépenses.

Dans tous les cas, chaque représentant de période ou son suppléant dispose d'un nombre de voix égal au total des voix des associés de la période qu'il représente, sous déduction des voix des associés présents ou représentés en application du quatrième alinéa de l'article 13.

Art. 16. – Les décisions de l'assemblée générale sont prises à la majorité des voix des associés présents ou représentés, sous réserve des alinéas suivants et des dispositions des articles 5 et 6 de la présente loi.

La majorité des deux tiers des voix des associés est requise pour la modification des statuts, pour l'établissement ou la modification du règlement, pour les décisions relatives à des actes de disposition affectant des biens immobiliers, pour la dissolution anticipée de la société, pour la fixation des modalités de sa liquidation et pour sa prorogation.

La majorité des deux tiers des voix des associés présents ou représentés est requise pour toutes les décisions relatives à des opérations telles que la transformation d'un ou de plusieurs éléments d'équipement existants, l'adjonction d'éléments nouveaux, l'aménagement ou la création de locaux à usage commun.

Loi du 6 janvier 1986 — ATTRIBUTION D'IMMEUBLES

Pour les décisions prévues aux deuxième et troisième alinéas, et par dérogation à l'alinéa 1er de l'article 15, l'ensemble des cessionnaires de parts ou actions d'une société d'attribution d'immeubles en jouissance à temps partagé ne peut disposer de moins de 40 p. 100 des voix.

La répartition entre les associés de leurs droits dans le capital, telle qu'elle est définie aux deuxième, troisième et quatrième alinéas de l'article 8, ne peut être modifiée qu'à la majorité des deux tiers des voix des associés. Cette modification doit avoir reçu l'accord de chacun des associés concernés.

Art. 17. — Le premier alinéa de l'article 23 de la loi n. 65-557 du 10 juillet 1965 fixant le statut de la copropriété des immeubles bâtis ne s'applique pas aux associés des sociétés régies par la présente loi, lorsque ces sociétés sont membres d'un syndicat de copropriété.

Lorsque les sociétés régies par la présente loi sont membres d'un tel syndicat, elles sont représentées à l'assemblée du syndicat par toute personne désignée par l'assemblée générale.

Art. 18. — Lorsque les dispositions applicables à la forme sociale choisie n'imposent pas la constitution d'un conseil d'administration ou d'un conseil de surveillance, il est institué un conseil de surveillance. Ce conseil est élu par l'assemblée générale parmi les associés. Les dirigeants sociaux, leur conjoint et leurs préposés ne peuvent en faire partie.

Le conseil de surveillance donne son avis aux dirigeants sociaux ou à l'assemblée générale sur toutes les questions concernant la société, pour lesquelles il est consulté ou dont il se saisit lui-même.

Il reçoit, sur sa demande, communication de tout document intéressant la société.

A défaut de dispositions imposant la nomination d'un commissaire aux comptes, le contrôle de la gestion doit être effectué chaque année par un technicien non associé désigné par l'assemblée à laquelle il rend compte de sa mission.

Art. 19. — Les dirigeants sociaux, leur conjoint et leurs préposés ainsi que toute personne physique ou morale les représentant directement ou indirectement ne peuvent ni être représentants de période, ni recevoir mandat pour représenter un associé.

Art. 20. — Toute souscription ou cession de parts ou actions doit faire l'objet d'un acte sous seing privé ou d'un acte notarié qui précise la nature des droits attachés à la part ou action et leur consistance, telles que celles-ci résultent de la localisation de l'immeuble et du local correspondant au lot, et la détermination de la période de jouissance attribuée.

S'il s'agit d'une cession, l'acte précité doit, en outre, préciser la situation comptable du cédant, attestée par la société, et, sauf si la cession a lieu à titre gratuit, le prix à payer au cédant.

L'acte de souscription ou de cession fait également mention du dépôt au rang des minutes d'un notaire soit du contrat de vente d'immeuble à construire, soit du contrat de promotion immobilière, de l'acte en tenant lieu ou de l'acte de cession de l'un de ces contrats.

Doivent être annexés à l'acte de souscription ou de cession les statuts de la société, l'état descriptif de division, le tableau d'affectation des parts ou actions, le règlement prévu à l'article 8, une note sommaire indiquant les caractéristiques techniques de l'immeuble et des locaux et, s'il y a lieu, le bilan du dernier exercice, le montant des charges afférentes à l'exercice précédent ou, à défaut, le montant prévisionnel de celles-ci et un inventaire des équipements et du mobilier. Cet acte peut se borner à faire référence à ces documents s'ils sont déposés au rang des minutes d'un notaire. En ce cas, une copie de ces documents est remise à l'associé et l'acte de souscription ou de cession doit mentionner cette communication.

ATTRIBUTION D'IMMEUBLES — Loi du 6 janvier 1986

Les dispositions du présent article ne s'appliquent pas s'il s'agit d'une souscription effectuée lors de la constitution de la société, sous réserve des dispositions propres à chaque société selon sa forme.

Art. 21. – Un état des lieux est établi contradictoirement par l'associé et le gérant de la société ou son représentant dûment désigné à cet effet, lors de la restitution du local au terme de la période de jouissance. L'associé nouvel occupant a, de plein droit, communication de cet état des lieux.

Art. 22. – Sauf entre associés, aucun contrat de cession de parts ou actions ne peut être conclu avant l'achèvement de l'immeuble, à moins que n'aient été fournies la garantie exigée en application du deuxième alinéa ci-après et la justification soit d'un contrat de vente d'immeuble à construire soumis aux articles L. 261-10 et suivants du Code de la construction et de l'habitation, soit d'un contrat de promotion immobilière ou de l'écrit en tenant lieu.

Sauf entre associés, toute cession volontaire de parts ou actions consentie avant l'achèvement doit comporter la justification d'une garantie destinée à assurer, en cas de défaillance d'un ou plusieurs associés, le règlement des appels de fonds nécessaires au paiement du prix d'acquisition des biens sociaux ou à la réalisation des travaux de construction, d'aménagement ou de restauration. Cette garantie est donnée par un établissement de crédit habilité à se porter caution ou à réaliser des opérations de financement immobilier, par une entreprise d'assurance agréée à cet effet ou par une société de caution mutuelle constituée conformément aux dispositions de la loi du 13 mars 1917 ayant pour objet l'organisation du crédit au petit et au moyen commerce, à la petite et à la moyenne industrie.

Lorsque l'associé cédant est un des organismes précités, il n'a pas à fournir cet engagement.

Les dispositions des premier et deuxième alinéas du présent article sont applicables aux souscriptions de parts ou d'actions effectuées avant l'achèvement de l'immeuble, à l'exception de celles qui ont lieu lors de la constitution de la société.

Le représentant de la société qui aura effectué une souscription de parts ou d'actions, ou l'associé qui aura consenti une cession de parts ou d'actions en violation du présent article, sera puni d'un emprisonnement de deux mois à deux ans et d'une amende de 6 000 F à 100 000 F ou de l'une de ces deux peines seulement.

Art. 23. – L'associé dispose du droit de louer ou de prêter le local qui lui est attribué en jouissance, pendant la période où il lui est attribué.

Toute clause contraire des statuts ou du règlement est réputée non écrite.

CHAPITRE II. – DISPOSITIONS PROPRES AUX SOCIÉTÉS COOPÉRATIVES D'ATTRIBUTION D'IMMEUBLES EN JOUISSANCE A TEMPS PARTAGÉ

Art. 24. – Lorsque la société d'attribution d'immeubles en jouissance à temps partagé revêt la forme coopérative, elle doit limiter son objet aux opérations concernant les immeubles compris dans un même programme, comportant une ou plusieurs tranches d'un ensemble immobilier.

Art. 25. – Le représentant légal ou statutaire de la société coopérative ne peut entreprendre chaque tranche du programme prévu par les statuts que lorsque les tranches précédentes sont souscrites à concurrence d'au moins 75 p. 100 et que si la souscription de toutes les parts ou actions correspondant aux lots compris dans l'ensemble du programme faisant l'objet d'une même autorisation de construire est garantie.

Loi du 6 janvier 1986   ATTRIBUTION D'IMMEUBLES

Cette garantie, qui consiste en l'engagement d'acquérir ou de faire acquérir les parts ou actions qui n'auraient pas été acquises un an après la date de l'acquisition de l'immeuble ou de la réception des ouvrages, ou en l'engagement de supporter ou de faire supporter jusqu'à la souscription toutes les dépenses, y compris les charges afférentes aux lots non souscrits qui pourraient être imputées aux associés, est donnée par un établissement de crédit habilité à se porter caution ou à réaliser des opérations de financement immobilier, une entreprise d'assurance agréée à l'effet de se porter caution, une société de caution mutuelle constituée conformément aux dispositions de la loi du 13 mars 1917 précitée.

La garantie visée à l'alinéa précédent peut également être consentie par un organisme agréé par l'État dans des conditions déterminées par un décret en Conseil d'État qui précise notamment les règles concernant la capacité de tels organismes à assumer l'engagement de garantie et la compétence et l'expérience professionnelle exigées de leurs dirigeants.

Ce décret fixe, en outre, les statuts types des organismes prévus à l'alinéa précédent, les modalités de leur intervention en garantie et de leur contrôle ainsi que les règles concernant le retrait de l'agrément auquel cette intervention est subordonnée.

Pour chacune de ces tranches, le commencement des travaux est subordonné à un pourcentage de souscription des parts ou des actions correspondant au moins à 50 p. 100 du coût de la tranche. Les souscriptions sont financées par les associés au moyen d'apports personnels ou de prêts et, le cas échéant, par la quote-part correspondante de l'emprunt éventuellement contracté à cette fin par la société.

Les dispositions prévues à l'alinéa premier de l'article L. 213-7 du Code de la construction et de l'habitation s'appliquent aux sociétés coopératives visées par le présent chapitre.

Art. 26. – La société coopérative qui procède à la construction d'immeubles est tenue de se conformer aux dispositions de l'article L. 213-6 du Code de la construction et de l'habitation.

Art. 27. – Lorsqu'un associé ne satisfait pas aux obligations auxquelles il est tenu envers la société, il peut être fait application des dispositions des deuxième, troisième, quatrième et cinquième alinéas de l'article L. 213-10 du Code de la construction et de l'habitation.

Jusqu'à l'achèvement de chaque tranche du programme mentionné à l'article 24 de la présente loi, la démission et l'exclusion d'un associé sont soumises aux dispositions de l'article L. 213-11 du code de la construction et de l'habitation.

Art. 28. – Par dérogation à l'article 9 de la loi n. 47-1775 du 10 septembre 1947 portant statut de la coopération, chaque associé d'une société coopérative dispose d'un nombre de voix proportionnel au nombre de parts ou actions :
a) En ce qui concerne les décisions à prendre pendant la période de construction ;
b) Une fois cette période terminée, en ce qui concerne les décisions relatives aux travaux visés au c de l'article 26 de la loi n. 65-557 du 10 juillet 1965 précitée.
En ce qui concerne les décisions relatives aux charges mentionnées au premier alinéa de l'article 9, chaque associé d'une société coopérative dispose d'un nombre de voix proportionnel à sa participation aux charges.

Art. 29. – Lorsque la société coopérative est constituée sous la forme de société civile, elle est administrée par un conseil de gérance composé de trois membres au moins nommés dans les conditions prévues par l'article 6 de la loi n. 47-1775 du 10 septembre 1947 précitée.

Par dérogation à l'article 8 de ladite loi, les premiers membres du conseil de gérance peuvent être désignés dans les statuts pour une durée ne pouvant pas excéder trois exercices.

CONSOMMATEURS Loi du 5 janvier 1988

Art. 30. – Les sociétés coopératives font procéder périodiquement à l'examen analytique de leur situation financière et de leur gestion dans les conditions prévues par l'article 29 de la loi n. 83-657 du 20 juillet 1983 relative au développement de certaines activités d'économie sociale.

CHAPITRE III. – DISPOSITIONS DIVERSES

Art. 31. – Toute personne qui, ayant reçu ou accepté un ou plusieurs versements, dépôts, souscriptions ou acceptations d'effets de commerce, chèques ou autorisations de prélèvements sur compte bancaire ou postal, à l'occasion de la formation ou de l'exécution d'un contrat de société soumis aux dispositions de la présente loi, aura détourné tout ou partie de ces sommes sera punie des peines prévues à l'article 408 du code pénal.

Art. 32. – V. C. constr. et hab., art. L. 241-3.

Art. 33. – Tout document constatant l'acquisition de parts ou d'actions de sociétés régies par la présente loi devra faire apparaître clairement que cette acquisition confère seulement la qualité d'associé et non celle de propriétaire de l'immeuble.

Dans toute publicité faite, reçue ou perçue en France, sous quelque forme que ce soit, concernant des opérations d'attribution, en totalité ou par fractions, d'immeubles à usage principal d'habitation en jouissance par périodes aux associés auxquels n'est accordé aucun droit de propriété ou autre droit réel sur les immeubles en contrepartie de leur apport, le recours à toute expression incluant le terme « propriétaire » pour qualifier la qualité des associés est interdit.

Art. 34. – Les sociétés déjà constituées à la date de la présente loi en vue des opérations prévues à l'article 1er devront mettre leurs statuts en conformité avec ses dispositions dans les deux ans de cette publication, dans les conditions prévues par les troisième et quatrième alinéas de l'article 499 de la loi n. 66-537 du 24 juillet 1966 sur les sociétés commerciales et sous peine des sanctions prévues par le premier alinéa de l'article 500 et par l'article 501 de ladite loi n. 66-537 du 24 juillet 1966. Toutefois, pour les sociétés de forme civile, la compétence attribuée au président du tribunal de commerce est dévolue au président du tribunal de grande instance.

Les dispositions de l'article 4 ne sont pas applicables aux dettes sociales antérieures à la mise en conformité des statuts.

Art. 35. – Les dispositions de l'article 1655 ter du Code général des impôts ne sont pas applicables aux sociétés dont les statuts sont établis en conformité avec les dispositions de la présente loi.

Art. 36. – La présente loi est applicable à la collectivité territoriale de Mayotte.
La présente loi sera exécutée comme loi de l'État.

Loi n. 88-14 du 5 janvier 1988 (*J.O.* 6 janv.)
relative aux actions en justice des associations agréées de consommateurs et
à l'information des consommateurs

J. CALAIS-AULOY, *Les actions en justice des associations de consommateurs* : *D.* 1988, chron. 193.
– G. VINEY, *Un pas vers l'assainissement des pratiques contractuelles : la loi du 5 janvier 1988 relative aux actions en justice des associations agréées de consommateurs* : *J.C.P.* 88, I, 3355.

Loi du 5 janvier 1988 — CONSOMMATEURS

Art. 1er. – Les associations régulièrement déclarées ayant pour objet statutaire explicite la défense des intérêts des consommateurs peuvent, si elles ont été agréées à cette fin, exercer les droits reconnus à la partie civile relativement aux faits portant un préjudice direct ou indirect à l'intérêt collectif des consommateurs.

Les unions d'associations familiales définies à l'article 2 du Code de la famille et de l'aide sociale sont dispensées de l'agrément pour agir en justice dans les conditions prévues au présent article.

Art. 2. – Un décret fixe les conditions dans lesquelles les associations de défense des consommateurs peuvent être agréées, après avis du ministère public, compte tenu de leur représentativité sur le plan national ou local, ainsi que les conditions de retrait de cet agrément (*).

L'agrément ne peut être accordé qu'aux associations indépendantes de toutes formes d'activités professionnelles. Toutefois, les associations émanant de sociétés coopératives de consommation, régies par la loi du 7 mai 1917 ayant pour objet l'organisation du crédit aux sociétés coopératives de consommation et ses textes subséquents, peuvent être agréées si elles satisfont par ailleurs aux conditions qui sont fixées par le décret susvisé.

(*) V. D. n. 88-586 du 6 mai 1988.

Art. 3. – Les associations de consommateurs mentionnées à l'article 1er et agissant dans les conditions précisées à cet article peuvent demander à la juridiction civile statuant sur l'action civile ou à la juridiction répressive statuant sur l'action civile d'ordonner au défendeur ou au prévenu, le cas échéant sous astreinte, toute mesure destinée à faire cesser des agissements illicites ou à supprimer dans le contrat ou le type de contrat proposé aux consommateurs une clause illicite.

Art. 4. – La juridiction répressive saisie dans les conditions de l'article 1er peut, après avoir déclaré le prévenu coupable, ajourner le prononcé de la peine en lui enjoignant, sous astreinte le cas échéant, de se conformer dans un délai fixé aux prescriptions qu'elle détermine et qui ont pour objet de faire cesser l'agissement illicite ou de supprimer dans le contrat ou le type de contrat proposé aux consommateurs une clause illicite.

Dans le cas où la juridiction répressive assortit l'ajournement d'une astreinte, elle doit en prévoir le taux et la date à compter de laquelle elle commencera à courir. L'ajournement, qui ne peut intervenir qu'une seule fois, peut être décidé même si le prévenu ne comparaît pas en personne. Le juge peut ordonner l'exécution provisoire de la décision d'injonction. A l'audience de renvoi, qui doit intervenir au plus tard dans le délai d'un an à compter de la décision d'ajournement, la juridiction statue sur la peine et liquide l'astreinte s'il y a lieu. Elle peut, le cas échéant, supprimer cette dernière ou en réduire le montant. L'astreinte est recouvrée par le comptable du Trésor comme une amende pénale. Elle peut donner lieu à contrainte par corps.

L'astreinte est de plein droit supprimée à chaque fois qu'il est établi que la personne concernée s'est conformée à une injonction sous astreinte prononcée par un autre juge répressif ayant ordonné de faire cesser une infraction identique à celle qui fonde les poursuites.

Art. 5. – Les associations mentionnées à l'article 1er peuvent intervenir devant les juridictions civiles et demander notamment l'application des mesures prévues à l'article 3, lorsque la demande initiale a pour objet la réparation d'un préjudice subi par un ou plusieurs consommateurs à raison de faits non constitutifs d'une infraction pénale.

Art. 6. – Les associations mentionnées à l'article 1er peuvent demander à la juridiction civile d'ordonner, le cas échéant sous astreinte, la suppression de clauses abusives dans les modèles de conventions habituellement proposés par les professionnels aux consommateurs.

EXPLOITATION AGRICOLE — Loi du 30 décembre 1988

Art. 7. – Le ministère public peut produire devant la juridiction saisie, nonobstant les dispositions législatives contraires, les procès-verbaux ou rapports d'enquête qu'il détient, dont la production est utile à la solution du litige.

Art. 8. – La juridiction saisie peut ordonner la diffusion par tous moyens appropriés de l'information au public du jugement rendu. Lorsqu'elle ordonne l'affichage de l'information en application du présent alinéa, il est procédé à celui-ci dans les conditions et sous les peines prévues par l'article 51 du Code pénal.

Cette diffusion a lieu aux frais de la partie qui succombe ou du condamné, ou de l'association qui s'est constituée partie civile lorsque les poursuites engagées à son initiative ont donné lieu à une décision de relaxe.

....

Loi n. 88-21 du 6 janvier 1988 *(J.O. 7 janv.)*
relative aux opérations de télé-promotion avec offre de vente dites de « télé-achat »

G. PAISANT, *La loi du 6 janvier 1988 sur les opérations de vente à distance et le « télé-achat »* : J.C.P. 88, I, 3350.

Art. 1er. – Pour toutes les opérations de vente à distance, l'acheteur d'un produit dispose d'un délai de sept jours francs à compter de la livraison de sa commande pour faire retour de ce produit au vendeur pour échange ou remboursement, sans pénalités à l'exception des frais de retour.

Art. 2. – Dans le mois qui suit la promulgation de la présente loi, la Commission nationale de la communication et des libertés fixe les règles de programmation des émissions consacrées en tout ou partie à la présentation ou à la promotion d'objets, de produits ou de services offerts directement à la vente par des services de radiodiffusion sonore et de télévision autorisés en vertu de la loi n. 86-1067 du 30 septembre 1986 relative à la liberté de communication(*).

(*) V. *Décision n. 88-36 du 4 fév. 1988* : *J.C.P. 88, III, 61207.*

Art. 3. – I. – Le refus du vendeur de changer ou de rembourser un produit retourné par l'acheteur dans les conditions visées à l'article 1er est constaté et poursuivi conformément aux dispositions du titre VI de l'ordonnance n. 86-1243 du 1er décembre 1986 relative à la liberté des prix et de la concurrence.

II. – Le dirigeant de droit ou de fait d'un service de radiodiffusion sonore ou de télévision défini à l'article 2 de la présente loi qui aura programmé et fait diffuser ou distribuer une émission en violation des règles fixées en vertu du même article sera puni d'une amende de 6 000 F à 500 000 F.

Dans le cas de récidive, l'auteur de l'infraction pourra être puni d'une amende de 100 000 F à 1 000 000 F.

Loi n. 88-1202 du 30 décembre 1988 *(J.O. 31 déc.)*
relative à l'adaptation de l'exploitation agricole à son environnement économique et social

Art. 1er. – La présente loi a pour objet d'aider l'exploitation agricole à s'adapter à son environnement économique et social, à mettre en œuvre un projet d'entreprise et à procurer à chaque personne active un revenu comparable à celui des autres activités économiques.

Loi du 30 décembre 1988 — EXPLOITATION AGRICOLE

CHAPITRE Ier. – DISPOSITIONS RELATIVES A L'EXPLOITATION AGRICOLE

Art. 2. – Sont réputées agricoles toutes les activités correspondant à la maîtrise et à l'exploitation d'un cycle biologique de caractère végétal ou animal et constituant une ou plusieurs étapes nécessaires au déroulement de ce cycle ainsi que les activités exercées par un exploitant agricole qui sont dans le prolongement de l'acte de production ou qui ont pour support l'exploitation.

Les activités agricoles ainsi définies ont un caractère civil.

Les activités énumérées à l'article 1144 du Code rural sont considérées comme agricoles pour la détermination des critères d'affiliation au régime d'assurance obligatoire des salariés agricoles contre les accidents du travail et les maladies professionnelles et pour les dispositions qui s'y rattachent.

Art. 3. – Toute personne physique ou morale exerçant à titre habituel des activités réputées agricoles au sens de l'article 2 doit être immatriculée, sur sa déclaration, à un registre de l'agriculture.

Cette formalité ne dispense pas, le cas échéant, de l'immatriculation au registre du commerce et des sociétés.

Un décret en Conseil d'État fixe les conditions d'application du présent article.

Art. 4 à 21. – Modifications diverses.

....

CHAPITRE II. – LE RÈGLEMENT AMIABLE, LE REDRESSEMENT
ET LA LIQUIDATION JUDICIAIRES DE L'EXPLOITATION AGRICOLE

Section I. – Le règlement amiable de l'exploitation agricole

Art. 22. – Il est institué une procédure de règlement amiable destinée à prévenir et à régler les difficultés financières des exploitations agricoles, dès qu'elles sont prévisibles ou dès leur apparition, notamment par la conclusion d'un accord amiable entre le débiteur et ses principaux créanciers.

Cette procédure, exclusive de celle prévue par la loi n. 84-148 du 1er mars 1984 relative à la prévention et au règlement amiable des difficultés des entreprises, est applicable à toute personne physique ou morale de droit privé exerçant une activité agricole au sens de l'article 2 de la présente loi.

Toutefois, les sociétés commerciales exerçant une activité agricole demeurent soumises à la loi n. 84-148 du 1er mars 1984 précitée.

Art. 23. – Les dirigeants des exploitations agricoles en difficulté ou leurs créanciers peuvent saisir le président du tribunal de grande instance dans le ressort duquel se trouve le siège de l'exploitation d'une demande tendant à la désignation d'un conciliateur.

Art. 24. – Le président du tribunal peut, nonobstant toute disposition législative ou réglementaire contraire, obtenir communication de tout renseignement lui permettant d'apprécier la situation économique et financière de l'exploitation agricole et ses perspectives de règlement. A cette fin, il peut également ordonner une expertise.

Art. 25. – Le président du tribunal nomme un conciliateur en lui fixant un délai pour l'accomplissement de sa mission ou rend une ordonnance de rejet.

CONSOMMATEURS   **Loi du 23 juin 1989**

Le conciliateur auquel sont communiquées les informations obtenues en application de l'article 24 a pour mission de favoriser le règlement de la situation financière de l'exploitation agricole par la conclusion d'un accord amiable entre le débiteur et ses principaux créanciers sur des délais de paiement ou des remises de dettes.

Art. 26. – Le président du tribunal qui nomme un conciliateur en application de l'article 25, peut également prononcer la suspension provisoire des poursuites pour un délai n'excédant pas deux mois.

Cette décision suspend ou interdit toute action en justice de la part de tous les créanciers dont la créance a son origine antérieurement à ladite décision et tendant :
 – à la condamnation du débiteur au paiement d'une somme d'argent ;
 – à la résolution d'un contrat pour défaut de paiement d'une somme d'argent.

Elle arrête ou interdit également toute voie d'exécution de la part de ces créanciers tant sur les meubles que sur les immeubles.

Les délais impartis à peine de déchéance ou de résolution des droits sont, en conséquence, suspendus.

Sauf autorisation du président du tribunal, la décision qui prononce la suspension provisoire des poursuites interdit au débiteur, à peine de nullité, de payer, en tout ou en partie, une créance quelconque née antérieurement à cette décision, ou de désintéresser les cautions qui acquitteraient des créances nées antérieurement, ainsi que de faire un acte de disposition étranger à la gestion normale de l'exploitation ou de consentir une hypothèque ou un nantissement.

Art. 27. – L'accord amiable conclu en présence du conciliateur entraîne la suspension, pendant la durée de son exécution, de toute action en justice et de toute poursuite individuelle, tant sur les meubles que sur les immeubles du débiteur, formée dans le but d'obtenir le paiement de créances qui font l'objet de l'accord.

L'accord fait également obstacle, pendant la durée de son exécution, à ce que des sûretés soient prises pour garantir le paiement de ces créances.

Les délais qui, à peine de déchéance ou de résolution des droits afférents aux créances mentionnées à l'alinéa précédent, étaient impartis aux créanciers, sont suspendus pendant la durée de l'accord.

Le conciliateur transmet au président du tribunal le compte rendu de sa mission.

Art. 28. – Toute personne qui est appelée au règlement amiable ou qui, par ses fonctions, en a connaissance, est tenue au secret professionnel dans les conditions et sous les peines prévues à l'article 378 du Code pénal.

....

V. D. n. 89-339 du 29 mai 1989

Loi n. 89-421 du 23 juin 1989
relative à l'information et à la protection des consommateurs ainsi qu'à diverses pratiques commerciales

Art. 1er. – I. – *V. L. n. 72-1137 du 22 déc. 1972, art. 1er.*

II. – *V. L. n. 72-1137 du 22 déc. 1972, art. 2 bis.*

III. – *V. L. n. 72-1137 du 22 déc. 1972, art. 3.*

Loi du 23 juin 1989   CONSOMMATEURS

IV. – *V. L. n. 72-1137 du 22 déc. 1972, art. 4.*

V. – *V. L. n. 72-1137 du 22 déc. 1972, art. 8, al. 3.*

VI. – *V. L. n. 72-1137 du 22 déc. 1972, art. 8, al 4.*

VII. – *V. L. n. 72-1137 du 22 déc. 1972, art. 8, al. 5.*

Art. 2. – I. – *V. L. n. 78-22 du 10 janv. 1978, art. 2.*

II. – *V. L. n. 78-22 du 10 janv. 1978, art. 4.*

III. – *V. L. n. 78-22 du 10 janv. 1978, art. 5, al. 1er.*

IV. – *V. L. n. 78-22 du 10 janv. 1978, art. 5, al. 2.*

V. – *V. L. n. 78-22 du 10 janv. 1978, art. 6.*

VI. – *V. L. n. 78-22 du 10 janv. 1978, art. 6.*

VII. – *V. L. n. 78-22 du 10 janv. 1978, art. 9, al. 1er.*

VIII. – *V. L. n. 78-22 du 10 janv. 1978, art. 13, al. 4.*

IX. – *V. L. n. 78-22 du 10 janv. 1978, art. 15.*

X. – *V. L. n. 78-22 du 10 janv. 1978, art. 19.*

XI. – *V. L. n. 78-22 du 10 janv. 1978, art. 19.*

XII. – *V. L. n. 78-22 du 10 janv. 1978, art. 27.*

Art. 3. – *V. L. n. 78-23 du 10 janv. 1978, art. 35, al. 3.*

Art. 4. – L'article 1er de la loi n. 53-1090 du 5 novembre 1953 interdisant les procédés de vente dits « à la boule de neige » est complété par un alinéa ainsi rédigé :

« Est également interdit le fait de proposer à une personne de collecter des adhésions ou de s'inscrire sur une liste en lui faisant espérer des gains financiers résultant d'une progression géométrique du nombre des personnes recrutées ou inscrites. »

Art. 5. – Les opérations publicitaires réalisées par voie d'écrit qui tendent à faire naître l'espérance d'un gain attribué à chacun des participants, quelles que soient les modalités de tirage au sort, ne peuvent être pratiquées que si elles n'imposent aux participants aucune contrepartie financière, ni dépense sous quelque forme que ce soit.

Le bulletin de participation à ces opérations doit être distinct de tout bon de commande de bien ou de service.

Les documents présentant l'opération publicitaire ne doivent pas être de nature à susciter la confusion avec un document administratif ou bancaire libellé au nom du destinataire ou avec une publication de la presse d'information.

Ils comportent un inventaire lisible des lots mis en jeu précisant, pour chacun d'eux, leur nature, leur nombre exact et leur valeur commerciale.

Ils doivent également reproduire la mention suivante : « Le règlement des opérations est adressé, à titre gratuit, à toute personne qui en fait la demande. » Ils précisent, en outre, l'adresse à laquelle peut être envoyée cette demande ainsi que le nom de l'officier ministériel auprès de qui ledit règlement a été déposé en application du septième alinéa du présent article.

CONSOMMATEURS — **Loi du 23 juin 1989**

Un décret en Conseil d'Etat précise, en tant que de besoin, les conditions de présentation des documents mentionnés au troisième alinéa.

Le règlement des opérations ainsi qu'un exemplaire des documents adressés au public doivent être déposés auprès d'un officier ministériel qui s'assure de leur régularité. Le règlement mentionné ci-dessus est adressé, à titre gratuit, à toute personne qui en fait la demande.

Seront punis d'une amende de 1 000 F à 250 000 F les organisateurs des opérations définies au premier alinéa qui n'auront pas respecté les conditions exigées ci-dessus. Le tribunal peut ordonner la publication de sa décision, aux frais du condamné, par tous moyens appropriés. En cas d'infraction particulièrement grave, il peut en ordonner l'envoi à toutes les personnes sollicitées par lesdites opérations. Lorsqu'il en ordonne l'affichage, il y est procédé dans les conditions et sous les peines prévues par l'article 51 du Code pénal.

Art. 6. – I. – L'offre de rencontres en vue de la réalisation d'un mariage ou d'une union stable, proposée par un professionnel, doit faire l'objet d'un contrat écrit, rédigé en caractères lisibles, dont un exemplaire est remis au cocontractant du professionnel au moment de sa conclusion.

Le contrat doit mentionner, à peine de nullité, le nom du professionnel, son adresse ou celle de son siège social, la nature des prestations fournies, ainsi que le montant et les modalités de paiement du prix. Est annexée au contrat l'indication des qualités de la personne recherchée par le cocontractant du professionnel.

Ces contrats sont établis pour une durée déterminée, qui ne peut être supérieure à un an ; ils ne peuvent être renouvelés par tacite reconduction. Ils prévoient une faculté de résiliation pour motif légitime au profit des deux parties.

II. – Dans un délai de sept jours à compter de la signature du contrat, le cocontractant du professionnel visé au paragraphe I peut revenir sur son engagement, sans être tenu au paiement d'une indemnité.

Avant l'expiration de ce délai, il ne peut être reçu de paiement ou de dépôt sous quelque forme que ce soit.

III. – Toute annonce personnalisée diffusée par l'intermédiaire d'un professionnel pour proposer des rencontres en vue de la réalisation d'un mariage ou d'une union stable doit comporter son nom, son adresse, ou celle de son siège social, ainsi que son numéro de téléphone. Lorsque plusieurs annonces sont diffusées par le même professionnel, son adresse peut ne figurer qu'une seule fois, à condition d'être parfaitement apparente.

Chaque annonce précise le sexe, l'âge, la situation familiale, le secteur d'activité professionnelle et la région de résidence de la personne concernée, ainsi que les qualités de la personne recherchée par elle.

Le professionnel doit pouvoir justifier de l'existence d'un accord de la personne présentée par l'annonce sur le contenu et la diffusion de celle-ci.

IV. – Un décret en Conseil d'Etat précise les conditions d'application du présent article, notamment les modalités de restitution des sommes versées en cas de résiliation du contrat.

V. – Sera puni des peines de l'article 405 du Code pénal, le professionnel qui, sous prétexte d'une présentation de candidats au mariage ou à une union stable, aura mis en présence ou fait communiquer des personnes dont l'une est rémunérée par elle, ou se trouve placée, directement ou indirectement, sous son autorité, ou n'a pas effectué de demande en vue de mariage ou d'une union stable. Sera puni des mêmes peines, le professionnel qui promet d'organiser des rencontres en vue de la réalisation d'un mariage ou d'une union stable avec une personne fictive.

Art. 7. – I. – La consignation et la déconsignation des emballages qui servent à la livraison et à la commercialisation de liquides alimentaires s'effectuent selon les principes suivants :

Loi du 23 juin 1989 — CONSOMMATEURS

- un même tarif de consignation est appliqué à tous les stades de la commercialisation pour un même type d'emballage ;
- un emballage consigné est obligatoirement admis à la déconsignation à son tarif de consignation.

II. – La liste des emballages non personnalisés admissibles à la consignation et les tarifs de consigne qui leur correspondent sont déterminés, à périodicité régulière, par une commission dite de la consignation composée de délégués des organismes représentatifs des propriétaires et des utilisateurs des emballages visés au paragraphe I, ainsi que de représentants des administrations concernées.

Ces listes et tarifs sont rendus obligatoires, en totalité ou en partie, par voie réglementaire.

Les prix des emballages personnalisés déterminés par leurs propriétaires doivent respecter l'une des catégories tarifaires fixées par la commission dite de la consignation.

III. – Les emballages destinés à la consignation portent la mention de leur consignation, apposée de manière lisible et durable, selon des modalités fixées par décret après avis de la commission de la consignation.

IV. – Un décret précise les conditions d'application du présent article, notamment les compétences et règles d'organisation et de fonctionnement de la commission de la consignation.

V. – La loi du 13 janvier 1938 tendant à rendre obligatoire la consignation des emballages en brasserie et en eaux gazeuses est abrogée.

....

Art. 10. – II. – Sont prorogés jusqu'au premier jour ouvrable suivant les délais qui expireraient normalement un samedi, un dimanche ou un jour férié ou chômé, fixés par les lois n. 71-556 du 12 juillet 1971, n. 72-1137 du 22 décembre 1972, n. 78-22 du 10 janvier 1978, n. 88-21 du 6 janvier 1988 précitées ainsi que celui prévu à l'article 6 de la présente loi.

Art. 11. – Après l'article 11 de la loi n. 88-14 du 5 janvier 1988 relative aux actions en justice des associations agréées de consommateurs et à l'information des consommateurs, il est inséré un article 12 ainsi rédigé :

« *Art. 12.* Les associations régulièrement déclarées ayant pour objet statutaire explicite la défense des investisseurs en valeurs mobilières ou en produits financiers peuvent, si elles ont été agréées à cette fin, agir en justice devant toutes les juridictions même par voie de constitution de partie civile, relativement aux faits portant un préjudice direct ou indirect à l'intérêt collectif des investisseurs ou de certaines catégories d'entre eux.

« Lorsqu'une pratique contraire aux dispositions législatives ou réglementaire est de nature à porter atteinte aux droits des épargnants, les associations d'actionnaires mentionnées à l'alinéa précédent peuvent demander en justice qu'il soit ordonné à la personne qui en est responsable de se conformer à ces dispositions, de mettre fin à l'irrégularité ou d'en supprimer les effets.

« La demande est portée devant le tribunal de grande instance du siège social de la société en cause qui statue en la forme des référés et dont la décision est exécutoire par provision. Le président du tribunal est compétent pour connaître des exceptions d'illégalité. Il peut prendre, même d'office, toute mesure conservatoire et prononcer, pour l'exécution de son ordonnance, une astreinte versée au Trésor public.

« Un décret fixe les conditions dans lesquelles ces associations pourront être agréées après avis du ministre public et de la Commission des opérations de bourse, compte tenu de leur représentativité sur le plan national ou local. »

ÉVOLUTION DES LOYERS   **Décret du 28 août 1989**

Art. 12. – I. – *V. L. n. 75-619 du 11 juil. 1975, art. 1er.*

II. – *V. L. n. 75-619 du 11 juil. 1975, art. 2, art. 7, al. 2 et 3.*

III. – Les dispositions des paragraphes I et II ci-dessus entrent en vigueur le 15 juillet 1989.

Art. 13. – Il est inséré, après l'article 11-6 de la loi du 1er août 1905 sur les fraudes et falsifications en matière de produits ou de services, un article 11-7 ainsi rédigé :

« *Art. 11-7.* – Les autorités qualifiées peuvent demander l'autorisation au président du tribunal de grande instance, ou au magistrat du siège qu'il délègue à cet effet, de consigner dans tous les lieux énumérés à l'article 4 et sur la voie publique, et dans l'attente des contrôles nécessaires, les marchandises suspectées d'être non conformes à la présente loi et aux textes pris pour son application, lorsque leur maintien sur le marché porte une atteinte grave et immédiate à la loyauté des transactions ou à l'intérêt des consommateurs.

« Il ne peut être procédé à cette consignation que sur autorisation du président de tribunal de grande instance dans le ressort duquel sont situés les lieux de détention des marchandises litigieuses.

« Ce magistrat est saisi sur requête par les autorités mentionnées au premier alinéa. Il statue dans les vingt-quatre heures.

« Le président du tribunal de grande instance vérifie que la demande de consignation qui lui est soumise est fondée ; cette demande comporte tous les éléments d'information de nature à justifier la mesure.

« La mesure de consignation ne peut excéder quinze jours. En cas de difficultés particulières liées à l'examen de la marchandise en cause, le tribunal de grande instance peut renouveler la mesure pour une même durée par une ordonnance motivée.

« Les marchandises consignées sont laissées à la garde de leur détenteur.

« Le président du tribunal de grande instance peut ordonner la mainlevée de la mesure de consignation à tout moment. Cette mainlevée est de droit dans tous les cas où les autorités habilitées ont constaté la conformité des marchandises consignées ou leur mise en conformité à la suite de l'engagement du responsable de leur première mise sur le marché ou de leur détenteur. »

Art. 14. – Les dispositions des paragraphes II et IV de l'article 2 et des articles 5 et 6 entrent en vigueur à l'expiration d'un délai de six mois suivant la publication de la présente loi.

Décret n. 89-590 du 28 août 1989 *(J. O. 29 août)*
relatif à l'évolution de certains loyers dans l'agglomération de Paris, pris en application de l'article 18 de la loi n. 89-462 du 6 juillet 1989 tendant à améliorer les rapports locatifs et portant modification de la loi n. 86-1290 du 23 décembre 1986.

ANNEXE
AGGLOMÉRATION DE PARIS

La ville de Paris

Dans le département de Seine-et-Marne, les communes suivantes :

Chelles	Combs-la-Ville
Pontault-Combault	Mitry-Mory
Champs-sur-Marne	Noisiel
Villeparisis	Torcy

Décret du 28 août 1989 — ÉVOLUTION DES LOYERS

Vaires-sur-Marne
Lésigny
Brou-sur-Chantereine
Courtry
Emerainville

Lognes
Croissy-Beaubourg
Servon
Collégien

Dans le département des Hauts-de-Seine, les communes suivantes :

Boulogne-Billancourt
Nanterre
Colombes
Asnières-sur-Seine
Neuilly-sur-Seine
Rueil-Malmaison
Courbevoie
Antony
Levallois-Perret
Meudon
Clamart
Clichy
Issy-les-Moulineaux
Gennevilliers
Sèvres
Sceaux
Garches
Bourg-la-Reine

Bagneux
Montrouge
Puteaux
Suresnes
Malakoff
Châtenay-Malabry
Saint-Cloud
Châtillon
Fontenay-aux-Roses
Villeneuve-la-Garenne
Bois-Colombes
Vanves
Le Plessis-Robinson
La Garenne-Colombes
Chaville
Ville-d'Avray
Vaucresson
Marnes-la-Coquette

Dans le département de la Seine-Saint-Denis, les communes suivantes :

Montreuil
Saint-Denis
Aulnay-sous-Bois
Aubervilliers
Drancy
Epinay-sur-Seine
Le Blanc-Mesnil
Bondy
Saint-Ouen
Pantin
Bobigny
Sevran
Noisy-le-Grand
Rosny-sous-Bois
Noisy-le-Sec
Stains
Gagny
La Courneuve
Livry-Gargan
Bagnolet

Neuilly-sur-Marne
Tremblay-lès-Gonesse
Villemomble
Romainville
Clichy-sous-Bois
Villepinte
Montfermeil
Pierrefitte-sur-Seine
Les Lilas
Les Pavillons-sous-Bois
Neuilly-Plaisance
Le Raincy
Le Pré-Saint-Gervais
Le Bourget
Villetaneuse
Dugny
L'Ile-Saint-Denis
Vaujours
Coubron
Gournay-sur-Marne

ÉVOLUTION DES LOYERS — Décret du 28 août 1989

Dans le département du Val-de-Marne, les communes suivantes :

Vitry-sur-Seine
Saint-Maur-des-Fossés
Champigny-sur-Marne
Créteil
Ivry-sur-Seine
Fontenay-sous-Bois
Villejuif
Maisons-Alfort
Vincennes
Orly
Sucy-en-Brie
Villiers-sur-Marne
Villeneuve-le-Roi
Charenton-le-Pont
Arcueil
Saint-Mandé
Le Kremlin-Bicêtre
Chennevières-sur-Marne
Joinville-le-Pont
Gentilly
Limeil-Brévannes
Chevilly-Larue
Bonneuil-sur-Marne
Le Plessis-Trévise

Alfortville
Choisy-le-Roi
L'Haÿ-les-Roses
Villeneuve-Saint-Georges
Le Perreux-sur-Marne
Thiais
Fresnes
Nogent-sur-Marne
Cachan
Boissy-Saint-Léger
Bry-sur-Marne
Valenton
La Queue-en-Brie
Saint-Maurice
Ormesson-sur-Marne
Villecresnes
Ablon-sur-Seine
Noiseau
Rungis
Santeny
Mandres-les-Roses
Périgny
Marolles-en-Brie

Dans le département de l'Essonne, les communes suivantes :

Massy
Corbeil-Essonnes
Savigny-sur-Orge
Sainte-Geneviève-des-Bois
Viry-Châtillon
Evry
Athis-Mons
Palaiseau
Les Ulis
Draveil
Grigny
Yerres
Ris-Orangis
Vigneux-sur-Seine
Brunoy
Montgeron
Morsang-sur-Orge
Saint-Michel-sur-Orge
Brétigny-sur-Orge
Longjumeau

Chilly-Mazarin
Courcouronnes
Egly
Marcoussis
Saint-Germain-lès-Corbeil
Wissous
Montlhéry
Lisses
Longpont-sur-Orge
Villemoisson-sur-Orge
La Ville-du-Bois
Linas
Bièvres
Saintry-sur-Seine
Villiers-sur-Orge
Saulx-les-Chartreux
Le Plessis-Pâté
Ollainville
Gif-sur-Yvette
Epinay-sous-Sénart

Décret du 28 août 1989 — ÉVOLUTION DES LOYERS

Orsay
Verrières-le-Buisson
Juvisy-sur-Orge
Mennecy
Morangis
Igny
Epinay-sur-Orge
Bondoufle
Arpajon
Bures-sur-Yvette
Villebon-sur-Yvette
Fleury-Mérogis
Crosne
Breuillet
Quincy-sous-Sénart
Paray-Vieille-Poste
Saint-Germain-lès-Arpajon
Soisy-sur-Seine

Boussy-Saint-Antoine
Villabé
Boissy-sous-Saint-Yon
Champlan
La Norville
Le Coudray-Montceaux
Ballainvilliers
Bruyères-le-Châtel
Leuville-sur-Orge
Saclay
Saint-Pierre-du-Perray
Vauhallan
Etiolles
Gometz-le-Châtel
Varennes-Jarcy
Breux-Jouy
Ormoy
Saint-Yon

Dans le département du Val-d'Oise, les communes suivantes :

Argenteuil
Sarcelles
Garges-lès-Gonesse
Franconville
Pontoise
Villiers-le-Bel
Ermont
Bezons
Gonesse
Eaubonne
Sannois
Taverny
Montmorency
Saint-Gratien
Herblay
Cergy
Saint-Ouen-l'Aumône
Deuil-la-Barre
Soisy-sous-Montmorency
Saint-Prix
Groslay
Bouffémont
Parmain
Ecouen
La Frette-sur-Seine
Mériel
Champagne-sur-Oise

Margency
Montlignon
Eragny
Cormeilles-en-Parisis
Montigny-lès-Cormeilles
Saint-Leu-la-Forêt
Domont
Osny
Arnouville-lès-Gonesse
Enghien-les-Bains
Saint-Brice-sous-Forêt
L'Isle-Adam
Montmagny
Beauchamp
Ezanville
Jouy-le-Moutier
Bessancourt
Méry-sur-Oise
Auvers-sur-Oise
Pierrelaye
Le Plessis-Bouchard
Frépillon
Butry-sur-Oise
Andilly
Nesles-la-Vallée
Valmondois
Neuville-sur-Oise

SURENDETTEMENT Loi du 31 décembre 1989

Villiers-Adam Bonneuil-en-France
Vauréal Piscop

Dans le département des Yvelines, les communes suivantes :

Versailles	Montesson
Sartrouville	Andrésy
Saint-Germain-en-Laye	Guyancourt
Poissy	Chanteloup-les-Vignes
Trappes	Carrières-sous-Poissy
Houilles	Bougival
Conflans-Saint-Honorine	Jouy-en-Josas
Chatou	Villepreux
Le Chesnay	Louveciennes
La Celle-Saint-Cloud	Croissy-sur-Seine
Plaisir	Magny-les-Hameaux
Maisons-Laffitte	La Verrière
Vélizy-Villacoublay	Le Mesnil-Saint-Denis
Elancourt	Le Mesnil-le-Roi
Maurepas	Voisins-le-Bretonneux
Le Vésinet	Saint-Rémy-lès-Chevreuse
Marly-le-Roi	Chambourcy
Le Pecq	Buc
Les Clayes-sous-Bois	Chevreuse
Achères	L'Etang-la-Ville
Saint-Cyr-l'Ecole	Rocquencourt
Viroflay	Orgeval
Montigny-le-Bretonneux	Coignières
Fontenay-le-Fleury	Jouars-Pontchartrain
Bois-d'Arcy	Le Port-Marly
Carrières-sur-Seine	Mareil-Marly
Maurecourt	Villiers-Saint-Frédéric
Fourqueux	Saint-Germain-de-la-Grange
Neauphle-le-Château	Le Tremblay-sur-Mauldre
Les Loges-en-Josas	Neauphle-le-Vieux

Loi n. 89-1010 du 31 décembre 1989
relative à la prévention et au règlement des difficultés liées au surendettement des particuliers et des familles

TITRE Ier. – DU REGLEMENT DES SITUATIONS DE SURENDETTEMENT DES PARTICULIERS

CHAPITRE Ier. - DU REGLEMENT AMIABLE

Art. 1er. – Il est institué une procédure de règlement amiable destinée, par l'élaboration d'un plan conventionnel approuvé par le débiteur et ses principaux créanciers, à régler la situation de surendettement des personnes physiques, caractérisée par l'impossibilité manifeste pour le

Loi du 31 décembre 1989 — SURENDETTEMENT

débiteur de bonne foi de faire face à l'ensemble de ses dettes non professionnelles exigibles et à échoir.

La procédure est engagée, à la demande du débiteur, devant une commission d'examen des situations de surendettement des particuliers instituée dans chaque département.

La commission informe de l'ouverture de la procédure le juge d'instance du lieu du domicile du débiteur.

Elle peut, en outre, saisir le juge d'instance aux fins de suspension des voies d'exécution qui seraient diligentées contre le débiteur.

La commission peut être également saisie par un juge dans les conditions prévues à l'article 11.

Art. 2. – Il est institué, dans chaque département, au moins une commission d'examen des situations de surendettement des particuliers.

La commission comprend le représentant de l'Etat dans le département, président, le trésorier-payeur général, vice-président, le représentant local de la Banque de France, qui en assure le secrétariat, ainsi que deux personnalités choisies par le représentant de l'Etat dans le département, l'une sur proposition de l'Association française des établissements de crédit et l'autre sur proposition des associations familiales ou de consommateurs.

La commission peut entendre toutes les personnes dont l'audition lui paraît utile.

Un décret en Conseil d'Etat (*) fixe les règles d'organisation et de fonctionnement de la commission. Il précise notamment les conditions dans lesquelles ses membres peuvent se faire représenter et celles dans lesquelles il peut être institué plus d'une commission dans le département.

(*) V. décret n. 90-175 du 21 fév. 1990, infra.

Art. 3. – La commission dresse l'état d'endettement du débiteur. Celui-ci est tenu de lui déclarer les éléments actifs et passifs de son patrimoine dont il a connaissance.

Nonobstant toute disposition contraire, elle peut obtenir communication, auprès des administrations publiques, des établissements de crédit, des organismes de sécurité et de prévoyance sociale ainsi que des services chargés de centraliser les risques bancaires et les incidents de paiement, de tout renseignement de nature à lui donner une exacte information sur la situation du débiteur, l'évolution possible de celle-ci et les procédures de conciliation amiables en cours.

Les collectivités territoriales et les organismes de sécurité sociale procèdent, à sa demande, à des enquêtes sociales.

Art. 4. – La commission s'efforce de concilier les parties en vue de l'élaboration d'un plan conventionnel de règlement.

Il est tenu compte de la connaissance que pouvait avoir chacun des prêteurs, lors de la conclusion des différents contrats, de la situation d'endettement du débiteur.

Le plan peut comporter des mesures de report ou de rééchelonnement des paiements des dettes, de remise des dettes, de réduction ou de suppression du taux d'intérêt, de consolidation, de création ou de substitution de garantie.

Le plan peut subordonner ces mesures à l'accomplissement par le débiteur d'actes propres à faciliter ou à garantir le paiement de la dette. Il peut également les subordonner à l'abstention par le débiteur d'actes qui aggraveraient son insolvabilité.

Le plan prévoit les modalités de son exécution.

SURENDETTEMENT — Loi du 31 décembre 1989

Art. 5. – Le tribunal d'instance est compétent pour connaître des recours dirigés contre les décisions prises par la commission sur la recevabilité des demandes d'ouverture d'une procédure amiable.

Art. 6. – Les parties peuvent être assistées devant la commission par toute personne de leur choix.

Art. 7. – Les membres de la commission, ainsi que toute personne qui participe à ses travaux ou est appelée au règlement amiable, sont tenus de ne pas divulguer à des tiers les informations dont ils ont eu connaissance dans le cadre de la procédure instituée par le présent chapitre, à peine des sanctions prévues à l'article 378 du Code pénal.

Art. 8. – La commission informe le juge d'instance du lieu du domicile du débiteur de la conclusion du plan conventionnel de règlement et des mesures qu'il comporte.

Art. 9. – Si la commission a estimé que le débiteur ne relève pas des dispositions de l'article 1er de la présente loi ou si, dans un délai de deux mois à compter de sa saisine, la commission n'a pas pu recueillir l'accord des intéressés sur un plan conventionnel de règlement ou si, pendant l'examen du dossier, un créancier engage ou poursuit une procédure d'exécution, les intéressés peuvent demander au juge d'instance d'ouvrir une procédure de redressement judiciaire civil. La commission lui transmet le dossier.

CHAPITRE II. – DU REDRESSEMENT JUDICIAIRE CIVIL

Art. 10. – Il est institué, devant le tribunal d'instance du domicile du débiteur, une procédure collective de redressement judiciaire civil des difficultés financières du débiteur qui se trouve dans la situation de surendettement caractérisée au premier alinéa de l'article 1er.

Elle est ouverte devant le tribunal d'instance dans les cas mentionnés à l'article 9 de la présente loi.

Elle peut l'être également à la demande d'un débiteur ou, d'office, par le tribunal d'instance ou à la demande d'un autre juge lorsqu'à l'occasion d'un litige ou d'une procédure d'exécution est constatée une situation de surendettement.

Art. 11. – Au vu des éléments déclarés par le débiteur et, le cas échéant, des informations qu'il aura recueillies, le juge ouvre la procédure.

Il peut faire publier un appel aux créanciers ; il s'assure du caractère certain, exigible et liquide des créances.

Nonobstant toute disposition contraire, il peut obtenir communication de tout renseignement lui permettant d'apprécier la situation du débiteur et l'évolution possible de celle-ci.

Si la situation du débiteur l'exige, le juge prononce la suspension provisoire des procédures d'exécution portant sur les dettes autres qu'alimentaires pour une durée n'excédant pas deux mois renouvelable une fois.

Sauf autorisation du juge, la décision qui prononce la suspension provisoire des procédures d'exécution interdit au débiteur d'avoir recours à un nouvel emprunt, de payer, en tout ou partie, une créance autre qu'alimentaire née antérieurement à cette décision, de désintéresser les cautions qui acquitteraient des créances nées antérieurement, de faire acte de disposition étranger à la gestion normale du patrimoine ; elle interdit aussi la prise de toute garantie ou sûreté.

Loi du 31 décembre 1989   SURENDETTEMENT

Le juge charge la commission instituée à l'article 1er de conduire une mission de conciliation dans les conditions définies au chapitre Ier du présent titre sauf si la commission préalablement saisie n'est pas parvenue à concilier les parties, si les chances de succès de cette mission sont irrémédiablement compromises ou si la situation du débiteur exige la mise en œuvre immédiate de mesures de redressement judiciaire civil.

La commission rend compte au juge de sa mission.

Art. 12. – Pour assurer le redressement, le juge d'instance peut reporter ou rééchelonner le paiement des dettes autres que fiscales, parafiscales ou envers les organismes de sécurité sociale, sans que le délai de report ou d'échelonnement puisse excéder cinq ans ou la moitié de la durée restant à courir des emprunts en cours.

Il peut décider que les paiements s'imputeront d'abord sur le capital ou que les échéances reportées ou rééchelonnées porteront intérêt à un taux réduit qui peut être inférieur au taux d'intérêt légal sur décision spéciale et motivée et si la situation du débiteur l'exige.

Il peut subordonner ces mesures à l'accomplissement par le débiteur d'actes propres à faciliter ou à garantir le paiement de la dette. Il peut également les subordonner à l'abstention, par le débiteur, d'actes qui aggraveraient son insolvabilité.

En cas de vente forcée du logement principal du débiteur, grevé d'une inscription bénéficiant à un établissement de crédit ayant fourni les sommes nécessaires à son acquisition, le juge d'instance peut, par décision spéciale et motivée, réduire le montant de la fraction des prêts immobiliers restant due aux établissements de crédit assortis d'un échelonnement calculé comme il est dit ci-dessus, soit compatible avec les ressources et les charges du débiteur. La même disposition est applicable en cas de vente amiable dont le principe, destiné à éviter une saisie immobilière, et les modalités, ont été arrêtés d'un commun accord entre le débiteur et l'établissement de crédit. En toute hypothèse, le bénéfice du présent alinéa ne peut être invoqué plus d'un an après la vente, à moins que dans ce délai la commission prévue à l'article 1er de la présente loi n'ait été saisie.

Pour l'application du présent article, le juge peut prendre en compte la connaissance que pouvait avoir chacun des prêteurs, lors de la conclusion des différents contrats, de la situation d'endettement du débiteur. Il peut également vérifier que le contrat de prêt a été consenti avec le sérieux qu'imposent les usages de la profession.

Art. 13. – V. L. n. 78-22 du 10 janv. 1978, art. 8.

Art. 14. – V. L. n. 79-596 du 13 juil. 1979, art. 14.

CHAPITRE III. – DISPOSITIONS COMMUNES

Art. 15. – Les créances des organismes de prévoyance ou de sécurité sociale peuvent faire l'objet de remises dans des conditions prévues par décret en Conseil d'Etat.

Art. 16. – Est déchue du bénéfice des dispositions du présent titre :

1° Toute personne qui aura sciemment fait de fausses déclarations ou remis des documents inexacts en vue d'obtenir le bénéfice des procédures de règlement amiable ou de redressement judiciaire ;

2° Toute personne qui, dans le même but, aura détourné ou dissimulé, ou tenté de détourner ou de dissimuler, tout ou partie de ses biens ;

3° Toute personne qui, sans l'accord de ses créanciers ou du juge, aura aggravé son endettement en souscrivant de nouveaux emprunts ou aura procédé à des actes de disposition

SURENDETTEMENT **Loi du 31 décembre 1989**

de son patrimoine pendant l'exécution du plan ou le déroulement des procédures de règlement amiable ou de redressement judiciaire.

Art. 17. – Les dispositions du titre Ier ne s'appliquent pas lorsque le débiteur relève des procédures instituées par les lois n. 84-148 du 1er mars 1984 relative à la prévention et au réglement amiable des difficultés des entreprises, n. 88-1202 du 30 décembre 1988 relative à l'adaptation de l'exploitation agricole à son environnement économique et social et n. 85-98 du 25 janvier 1985 relative au redressement et à la liquidation judiciaires des entreprises.

Ces mêmes dispositions ne font pas obstacle à l'application des articles 22, 23 et 24 de la loi du 1er juin 1924 portant introduction des lois commerciales françaises dans les départements du Haut-Rhin, du Bas-Rhin et de la Moselle.

Art. 18. – Les dispositions du présent titre sont applicables aux contrats en cours.

TITRE II. – DE LA PRÉVENTION DES SITUATIONS
DE SURENDETTEMENT DES PARTICULIERS

Art. 19. – I. – *V. L. n. 78-22 du 10 janv. 1978, art. 5, al. 1er.*

II. – *V. L. n. 78-22 du 10 janv. 1978, art. 5.*

III. – *V. L. n. 78-22 du 10 janv. 1978, art. 6.*

IV. – *V. L. n. 78-22 du 10 janv. 1978, art 7-1.*

V. – *V. L. n. 78-22 du 10 janv. 1978, art. 7-2.*

VI. – *V. L. n. 78-22 du 10 janv. 1978, art. 7-3.*

VII. – *V. L. n. 78-22 du 10 janv. 1978, art. 7-4.*

VIII. – *V. L. n. 78-22 du 10 janv. 1978, art. 20.*

IX. – *V. L. n. 78-22 du 10 janv. 1978, art. 27.*

X. – *V. L. n. 78-22 du 10 janv. 1978, art. 27.*

Art. 20. – Tout acte sous seing privé ayant pour objet l'acquisition ou la construction d'un immeuble neuf d'habitation, la souscription de parts donnant vocation à l'attribution en jouissance ou en propriété d'immeubles neufs d'habitation, les contrats préliminaires de ventes d'immeubles à construire ou de location-accession à la propriété immobilière, ne devient définitif qu'au terme d'un délai de sept jours pendant lequel l'acquéreur non professionnel a la faculté de se rétracter, chaque fois que la loi ne lui donne pas un délai plus long pour exercer cette faculté.

Lorsque le contrat définitif est précédé d'un contrat préliminaire, les dispositions ci-dessus ne s'appliquent qu'au contrat préliminaire.

L'acte est adressé par lettre recommandée avec demande d'avis de réception à l'acquéreur. Le délai de rétraction mentionné au premier alinéa court à compter de la réception de cette lettre par l'acquéreur. Celui-ci peut exercer sa faculté de rétractation avant l'expiration de ce délai par lettre recommandée avec demande d'avis de réception.

Art. 21. – I. – *V. L. n. 78-22 du 10 janv. 1978, art. 4, al. 2.*

II. – *V. L. n. 78-22 du 10 janv. 1978, art. 4.*

Loi du 31 décembre 1989 — SURENDETTEMENT

Art. 22. I. – *V. L. n. 79-596 du 13 juil. 1979, art. 4, al. 2.*
II. – *V. L. n. 79-596 du 13 juil. 1979, art. 4.*
III. – *V. L. n. 79-596 du 13 juil. 1979, art. 9-1.*
IV. – *V. L. n. 79-596 du 13 juil. 1979, art. 9-2.*
V. – *V. L. n. 79-596 du 13 juil. 1979, art. 9-3.*
VI. – *V. L. n. 79-596 du 13 juil. 1979, art. 9-4.*
VII. – *V. L. n. 79-596 du 13 juil. 1979, art. 13.*
VIII. – *V. L. n. 79-596 du 13 juil. 1979, art. 17 et 28.*
IX. – *V. L. n. 79-596 du 13 juil. 1979, art. 5, al. 1er, art. 24, al. 1er.*
X. – *V. L. n. 79-596 du 13 juil. 1979, art. 7, al. 1er, art. 25, al. 1er.*
XI. – *V. L. n. 79-596 du 13 juil. 1979, art. 7, al. 2, art. 25, al. 2.*
XII. – *V. L. n. 79-596 du 13 juil. 1979, art. 34-1.*

Art. 23. – Il est institué un fichier national recensant les informations sur les incidents de paiement caractérisés liés aux crédits accordés aux personnes physiques pour des besoins non professionnels. Ce fichier est géré par la Banque de France. Il est soumis aux dispositions de la loi n. 78-17 du 6 janvier 1978 relative à l'informatique, aux fichiers et aux libertés.

Les établissements de crédit visés par la loi n. 84-46 du 24 janvier 1984 relative à l'activité et au contrôle des établissements de crédit ainsi que les services financiers de la poste sont tenus de déclarer à la Banque de France les incidents visés à l'alinéa précédent.

Le fichier visé au premier alinéa recense également les mesures conventionnelles ou judiciaires mentionnées au titre Ier de la présente loi. Elles sont communiquées à la Banque de France soit par la commission mentionnée à l'article 1er de la présente loi soit par le greffe du tribunal d'instance.

La Banque de France est seule habilitée à centraliser les informations visées à l'alinéa précédent.

Les organismes professionnels ou organes centraux représentant les établissements visés au deuxième alinéa sont seuls autorisés à tenir des fichiers recensant des incidents de paiement.

La Banque de France est déliée du secret professionnel pour la diffusion, aux établissements de crédit et aux services financiers susvisés, des informations nominatives contenues dans le fichier.

Il est interdit à la Banque de France, aux établissements de crédit et aux services financiers de la poste de remettre à quiconque copie, sous quelque forme que ce soit, des informations contenues dans le fichier, même à l'intéressé lorsqu'il exerce son droit d'accès conformément à l'article 35 de la loi n. 78-17 du 6 janvier 1978 précitée, sous peine des sanctions prévues aux articles 43 et 44 de la même loi.

Un règlement du Comité de la réglementation bancaire, pris après avis de la Commission nationale de l'informatique et des libertés et du comité consultatif institué par l'article 59 de la loi n. 84-46 du 24 janvier 1984 précitée, fixe notamment les modalités de collecte, d'enregistrement, de conservation et de consultation de ces informations.

Dans les départements d'outre-mer, l'Institut d'émission des départements d'outre-mer exerce, en liaison avec la Banque de France, les attributions dévolues à celle-ci par le présent article.

SURENDETTEMENT — Décret du 21 février 1990

Art. 24. – *V. L. n. 78-22 du 10 janv. 1978, art. 8.*

Art. 25. – *V. L. n. 79-596 du 13 juil. 1979, art. 14.*

Art. 26. – *V. L. n. 79-596 du 13 juil. 1979, art. 5.*

Art. 27. – *V. L. n. 78-22 du 10 janv. 1978, art. 22-1.*

Art. 28. – *V. L. n. 79-596 du 13 juil. 1979, art. 30 A.*

Art. 29. – I. – 1° *V. L. n. 66-1010 du 28 déc. 1966, art. 1er, al. 1er.*
2° *V. L. n. 66-1010 du 28 déc. 1966, art. 1er, al. 3.*
3° *V. L. n. 66-1010 du 28 déc. 1966, art. 1er, al. 4.*
4° *V. L. n. 66-1010 du 28 déc. 1966, art. 2.*
5° *V. L. n. 66-1010 du 28 déc. 1966, art. 6.*
6° Ces dispositions entrent en vigueur à compter du 1er juillet 1990.
II. – 1° *V. L. n. 78-22 du 10 janv. 1978, art. 19, al. 1er.*
2° *V. L. n. 78-22 du 10 janv. 1978, art. 19, al. 1er.*
3° Les dispositions du présent paragraphe s'appliquent aux contrats conclus à compter de la publication de la présente loi.

Art. 30. – *V. L. n. 66-1010 du 28 déc. 1966, art. 11, al. 1er.*

Titre III – DISPOSITIONS DIVERSES

Art. 31. – Des décrets en Conseil d'Etat déterminent les conditions d'application de la présente loi.

Art. 32. – Les dispositions de la présente loi entreront en vigueur à compter du 1er mars 1990.

Art. 33. – Le Gouvernement présentera au Parlement, dans un délai de deux ans suivant la date de publication de la présente loi, un rapport sur son application.

Art. 34. – Les dispositions du deuxième alinéa de l'article 67 de la loi n. 89-18 du 13 janvier 1989 portant diverses mesures d'ordre social sont prorogées jusqu'au 31 décembre 1990.

Décret n. 90-175 du 21 février 1990

relatif à l'application du titre Ier de la loi n. 89-1010 du 31 décembre 1989
relative à la prévention et au règlement des difficultés liées au surendettement des
particuliers et des familles

Section I – Organisation et fonctionnement de la commission d'examen
des situations de surendettement des particuliers

Art. 1er. – Il peut être créé par arrêté préfectoral plus d'une commission par département lorsque la situation économique, sociale, géographique ou démographique du département l'exige. Cet arrêté fixe la compétence territoriale de chaque commission et son siège.
Le secrétariat est situé dans les locaux que la Banque de France désigne.

Art. 2. – Au sein de chaque commission le préfet peut se faire représenter par un membre du corps préfectoral ou un chef de service départemental des services extérieurs de l'Etat.

Décret du 21 février 1990 — SURENDETTEMENT

Le trésorier-payeur général peut se faire représenter par l'un de ses adjoints ayant au moins le grade d'inspecteur principal adjoint ou par un receveur particulier des finances.

En l'absence du préfet et du trésorier-payeur général, le représentant du préfet préside la commission.

Art. 3. – Le gouverneur de la Banque de France désigne les représentants locaux de cet établissement auprès de ces commissions ainsi que les personnes habilitées à les représenter.

Art. 4. – Pour chaque commission, le préfet nomme par arrêté, pour une durée d'un an renouvelable, une personnalité et son suppléant qu'il choisit sur une liste départementale, comprenant quatre noms, qui lui est transmise par l'association française des établissements de crédit ainsi qu'une personnalité et son suppléant proposés, dans les mêmes conditions, par les associations familiales ou de consommateurs siégeant au comité départemental de la consommation défini à l'article 34 du décret du 29 décembre 1986 susvisé.

S'il constate l'absence de l'une de ces personnalités et de son suppléant à trois séances consécutives de la commission, le préfet peut mettre fin à leur mandat avant l'expiration de la période d'un an. Il nomme alors une autre personnalité et un suppléant choisis sur la même liste.

Art. 5. – La commission ne peut valablement se réunir que si au moins quatre de ses cinq membres sont présents ou représentés. En cas de partage égal des voix, la voix du président est prépondérante.

Art. 6. – Dans les départements d'outre-mer et dans la collectivité territoriale de Saint-Pierre-et-Miquelon, le directeur d'agence de l'institut d'émission des départements d'outre-mer est membre de la commission aux lieu et place du représentant de la Banque de France. Le directeur d'agence peut se faire représenter par l'un de ses adjoints. Ses services assurent le secrétariat de la commission.

Section II. – Règlement amiable

Art. 7. – La commission compétente est celle du domicile du débiteur.

Art. 8. – La commission est saisie des demandes d'ouverture de procédure de règlement amiable par une déclaration signée du débiteur et remise ou adressée à son secrétariat. A peine d'irrecevabilité, la demande doit préciser le nom et l'adresse du débiteur, indiquer sa situation familiale, fournir un état sommaire de ses revenus et des éléments actifs et passifs de son patrimoine et indiquer le nom et l'adresse des créanciers. La commission informe le débiteur et les créanciers de sa saisine par lettre recommandée avec demande d'avis de réception.

Art. 9. – La commission est tenue d'examiner la recevabilité de la demande. Elle notifie sa décision au débiteur et aux créanciers par lettre recommandée avec demande d'avis de réception. La lettre indique que la décision peut faire l'objet d'un recours dans un délai de quinze jours à compter de la notification, par déclaration remise ou adressée par lettre recommandée avec demande d'avis de réception au secrétariat de la commission.

La déclaration indique les nom, prénoms, profession et adresse de l'auteur du recours ainsi que la décision attaquée. Le secrétariat de la commission adresse immédiatement copie de la déclaration au juge d'instance et lui transmet le dossier.

Le greffier notifie le jugement statuant sur le recours au débiteur et à ses créanciers par lettre

SURENDETTEMENT — Décret du 21 février 1990

recommandée avec demande d'avis de réception. Il en envoie copie par lettre simple à la commission en lui renvoyant le dossier.

Le jugement n'est pas susceptible d'appel.

Art. 10. – Lorsque la commission, en application des dispositions de l'article 1er de la loi du 31 décembre 1989 susvisée, demande la suspension des voies d'exécution diligentées contre le débiteur, elle adresse une lettre simple au greffe du tribunal d'instance du domicile du débiteur, quel que soit celui où est poursuivie la procédure d'exécution. La lettre, signée du président de la commission, indique les nom, prénoms, profession et adresse du débiteur et ceux des créanciers poursuivants ou, pour les personnes morales, leur dénomination et leur siège social.

A cette lettre sont annexés un relevé des éléments actifs et passifs du patrimoine du débiteur, l'état de son endettement et la liste des procédures d'exécution en cours.

Art. 11. – La décision du juge ordonnant la suspension des voies d'exécution mentionne la date de saisine de la commission.

L'ordonnance est notifiée aux créanciers poursuivants et aux agents chargés de l'exécution par lettre recommandée avec demande d'avis de réception. La notification indique que la décision peut être l'objet de la part des créanciers poursuivants d'une demande en rétractation formée par déclaration remise ou adressée au greffe du tribunal à laquelle est jointe une copie de la décision.

Une copie de la décision du juge qui ordonne la suspension ou, s'il y a lieu, de celle qui statue sur une demande en rétractation est adressée par le greffier, par lettre simple, à la commission qui en informe le débiteur. Le greffier avise également, par lettre simple, l'auteur d'une demande en rétractation de la décision rendue sur cette demande.

La suspension cesse de produire effet de plein droit à l'expiration d'un délai de trois mois à compter de la date de saisine de la commission à moins que le juge n'ait fixé dans son ordonnance un délai plus bref.

Le juge d'instance ne peut ordonner la suspension des voies d'exécution diligentées pour le recouvrement des dettes alimentaires.

L'ordonnance n'est pas susceptible d'appel.

Art. 12. – La commission peut demander à entendre le débiteur et les créanciers ou les faire entendre par un de ses membres. La convocation leur rappelle qu'ils peuvent être assistés par toute personne de leur choix.

Art. 13. – Si un plan conventionnel de règlement a pu être élaboré, il est signé et daté par les parties ; copie leur en est adressée, ainsi qu'au juge d'instance.

Art. 14. – Si la commission constate qu'il lui est impossible de recueillir l'accord des intéressés sur un plan conventionnel ou si l'accord n'a pu être recueilli dans le délai fixé à l'article 9 de la loi du 31 décembre 1989 susvisée, elle en avertit le débiteur et les créanciers par lettre recommandée avec demande d'avis de réception. Elle rappelle aux intéressés qu'ils peuvent saisir le juge en vue de l'ouverture d'une procédure de redressement judiciaire civil.

Section 3. – Redressement judiciaire civil

Art. 15. – Hors les cas où elle est ouverte d'office ou à la demande d'un autre juge, la procédure de redressement judiciaire civil est ouverte sur déclaration remise ou adressée au greffe du tribunal d'instance du domicile du débiteur.

Décret du 21 février 1990 — SURENDETTEMENT

La déclaration indique les nom, prénoms, profession et adresse du déclarant.

Lorsque la commission a été préalablement saisie, le greffier invite le secrétariat de celle-ci à lui transmettre le dossier. Dans le cas contraire, la déclaration remise par le débiteur doit, à peine d'irrecevabilité, préciser la situation familiale de celui-ci, fournir l'état de ses revenus et des éléments actifs et passifs de son patrimoine et indiquer le nom et l'adresse de ses créanciers.

Le greffier informe le débiteur et les créanciers de la décision prise sur l'ouverture de la procédure par lettre recommandée avec demande d'avis de réception.

Art. 16. – Le juge qui constate, à l'occasion d'un litige ou d'une procédure d'exécution dont il est saisi, une situation de surendettement caractérisé au sens de l'article 1er de la loi du 31 décembre 1989 susvisée en informe par tout moyen le tribunal d'instance du domicile du débiteur et lui transmet les éléments portés à sa connaissance sur cette situation. Il en fait mention au dossier.

La transmission ne dessaisit pas le juge.

Art. 17. – L'appel aux créanciers est publié à la diligence du greffier du tribunal d'instance dans un journal habilité à recevoir les annonces légales dans le département du domicile du débiteur.

L'appel précise dans quel délai les créanciers doivent, par lettre simple adressée au greffe du tribunal d'instance du domicile du débiteur, déclarer leurs créances.

A défaut d'accord entre les parties, le juge désigne la ou les parties qui supporte les frais de l'appel aux créanciers.

Art. 18. – Le juge informe par lettre simple la commission qu'il la charge d'une mission de conciliation en application des dispositions de l'article 11 de la loi du 31 décembre 1989 susvisée. Il joint à sa lettre une copie de la décision d'ouverture du redressement judiciaire civil. Il fournit à la commission les éléments en sa possession sur l'état des éléments actifs et passifs du patrimoine.

La commission informe de sa mission le débiteur et les créanciers par lettre simple.

Art. 19. – Les mesures prévues aux quatrième et cinquième alinéas de l'article 11 de la loi du 31 décembre 1989 susvisée et à l'article 12 de la même loi sont prises les parties entendues ou appelées. Elles leur sont notifiées par le greffe par lettre recommandée avec demande d'avis de réception.

Art. 20. – Sont exécutoires de plein droit, à titre provisoire, les décisions prises par le juge d'instance en application de titre Ier de la loi du 31 décembre 1989 susvisée et du présent décret.

L'appel et le pourvoi en cassation sont formés, instruits et jugés selon les règles de la procédure sans représentation obligatoire prévue aux articles 931 à 949 et 983 à 995 du Nouveau Code de procédure civile.

Art. 21. – V. C. proc. pén., art. R. 93.

INDEX ALPHABÉTIQUE

> Les nombres renvoient, sauf précision contraire, aux articles du Code civil.
> Les nombres précédés de l'abréviation « art. » renvoient aux articles d'un texte non codifié dans le Code civil.
> Les nombres précédés de l'abréviation « n. » renvoient aux développements qui suivent les articles du Code. Par ex. « sous 1351, n. 3 s. » renvoie aux numéros 3 et suivants des développements qui font suite à l'article 1351.
> Les mots en caractères gras correspondent à un rubrique principale de l'index alphabétique.

A

Abandon
– adoption, 350, 351.
– biens sans maître, 713.
– biens substitués, 1053.
– cession de biens, 1265 s.
– divorce, prestation compensatoire, 275.
– mitoyenneté, 656.
– objets abandonnés, vente, L. 31 mars 1896 et L. 31 déc. 1903, sous 2078.
– servitude, 699.
– succession, héritier bénéficiaire, 802.

Abandon de famille, autorité parentale, 373.
Abeilles, appropriation de l'essaim, sous 564.
Absence, 112 s.
– administration des biens du présumé absent, 113 s.
– communauté légale, dissolution, 1441.
– consentement au mariage d'un enfant mineur, 151.
– décès de l'absent, 119, 126.
– déclaration d'absence, 122 s.
– dispositions transitoires, L. n. 77-1447 du 28 déc. 1977, art. 6 s., sous 132.
– enquête, 124.
– fraude, déclaration d'absence, 131.
– jugement déclaratif d'absence, 127 s.
– mariage, dissolution, 128.
– partage, 116, 840.
– présomption d'absence, 112 s.
– présomption de paternité, 315.
– procuration laissée par l'absent, 121.
– réapparition, 92, 118, 126, 129.
– représentation du présumé absent, 113, 115, 116.
– succession, 725.

Abstention fautive, V. *Responsabilité délictuelle*.
Abus de droit, V. *Responsabilité délictuelle*.
Abus de jouissance
– jouissance légale, 384.
– usufruit, 618.

Acceptation
– cession de créance, 1690.
– communauté légale, 1453 s. anciens.
– divorce demandé par un époux et accepté par l'autre, 233 s.
– donation entre vifs, 932 s.
– dons et legs faits à l'État, aux com-

Acceptation/Acte authentique

munes et aux établissements publics, sous 910 (renvoi).
- offre, contrats, sous 1109, n. 4 s.
- offres réelles de paiement, 1257, 1261.
- stipulation pour autrui, 1121.
- successions, 774 s ; acceptation expresse ou tacite, 778 s. ; acceptation sous bénéfice d'inventaire, 793 s. ; mineurs et majeurs en tutelle, 461, 776.

Accession, 547 s.
- accession immobilière, 552 s.
- accession mobilière, 565 s.
- alluvions, 556 s., 596.
- animaux, 547, 564.
- atterrissements, 556, 560 s.
- avulsions, 559.
- communauté, biens propres, 1406.
- constructions, plantations et ouvrages, 553 s.
- fruits, 547 s.
- iles et îlots, 560 s.
- lit abandonné des fleuves et cours d'eau, 563.
- relais, 557.
- V. aussi *Location-accession*

Acceptation des risques, V. *Responsabilité délictuelle.*

Accessoires
- cautionnement, 2016.
- communauté, biens propres, 1406.
- créance, 1692.
- hypothèque, 2118.
- legs, 1018.
- vente, délivrance, 1615, transmission au sous-acquéreur, sous 1165, n. 9-10.

Accidents de chasse, V. *Chasse.*

Accidents de la circulation, L. n. 85-677 du 5 juil. 1985 (ci-après indiquée L.) ; sous 1384.
- assurance obligatoire, C. assurances, art. L. 211-1 s., R. 211-1 s., Annexe ; V. aussi fonds de garantie, offre d'indemnité.
- atteinte à la personne, indemnisation, L. art. 3 ; aggravation, C. assurances, art. L. 211-19, Annexe.
- atteintes aux biens, indemnisation, L. art. 5.
- dispositions transitoires, L. art. 46 s.

- examen médical, C. assurances, art. R. 211-43 et R. 211-44, Annexe.
- fait d'un tiers, L. art. 2.
- faute de la victime, L. art. 3, 5.
- faute du conducteur, L. art. 4, 5.
- fonds de garantie, C. assurances, art. L. 421-1 s., R. 421-1 s., Annexe.
- force majeure, L. art. 2.
- implication du véhicule, L. art. 1er.
- loi applicable, sous 1383, n. 84 (renvoi).
- offre d'indemnité, C. assurances, art. L. 211-9 s., art. R. 211-29 s., Annexe.
- préjudice par ricochet, L. art. 6.
- rentes, majoration, L. n. 74-1118 du 27 déc. 1974, sous 1983 ; remplacement par un capital, L. art. 44.
- tiers payeurs, recours, C. assurances, art. L. 211-11 et L. 211-12, art. R. 211-41 s., Annexe ; L. 28 s.
- transaction, C. assur., art. L. 211-10.

Accouchement
- déclaration de naissance, 55, 56.
- divorce, 261-2.
- preuve, 342.

Accroissement
- alluvions, 556 s., 596.
- clause d'accroissement, indivision, sous 815, n. 1.
- clause d'accroissement, pacte sur succession future, sous 1130, n. 3.
- communauté, biens propres, 1406.
- legs, 1044.

Achat
- achat à tempérament, solidarité entre époux, 220.
- capacité, 1594 s.

Acompte
- promesse de vente, 1589.
- V. *Arrhes.*

Acquêts
- communauté légale, 1401, 1402.
- participation aux acquêts, 1569 s.

Acquisition immobilière, L. n. 89-1010 du 31 déc. 1989, art. 20, ann.

Acquittement, V. *Autorité de la chose jugée.*

Acte authentique
- acte de suscription, testament mystique, 976 s.
- acte sujet à publicité foncière, D. n. 55-22 du 4 janv. 1955, art. 4, sous 2203.

Acte authentique/Acte de mariage

- agents diplomatiques et consulaires, sous 1317, n. 4 (renvoi).
- cession de créance, acceptation, 1690.
- conditions de validité, 1317.
- contrat de mariage, 1394, 1396, 1397.
- contre-lettre, 1321.
- copies, 1334, 1335.
- définition, 1317.
- divorce, convention de liquidation et de partage, 1450.
- donation, 931 s.
- donation-partage, 1075.
- force probante, 1318 s.
- hypothèque, constitution, 2127 ; mainlevée, 2158.
- incompétence ou incapacité de l'officier ministériel, 1318.
- inscription de faux, 1319.
- reconnaissance d'enfant naturel, 335.
- réfugiés et apatrides, sous 1317, n. 4 (renvoi).
- reproduction par les officiers publics et ministériels, D. n. 52-1292 du 2 déc. 1952, sous 1317.
- testament authentique, 971 s.
- vice de forme, 1318.

Acte confirmatif, 1338 ; V. aussi *Confirmation*.

Acte de décès, 78 s.
- déclaration à l'officier de l'état civil, 78.
- déclaration judiciaire de décès, 88 s.
- disparition, 88 s.
- enfants présentés sans vie, D. 4 juil. 1806, sous 79.
- exécution capitale, 83, 85.
- hôpitaux, 80.
- mention en marge de l'acte de naissance, 79.
- mort violente, 81, 82, 85.
- prisonnier, 84, 85.
- rectification, 99 s.
- transcription, 80, 91.
- voyage maritime, 86.

Actes de l'état civil, 34 s.
- acquisition de la nationalité française, 98 s.
- actes de décès, de mariage et de naissance, V. ces mots.
- acte dressé à l'étranger, 47, 48.

- agents diplomatiques et consulaires, D. n. 46-1917 du 19 août 1946, sous 54.
- altération, 51, 52.
- amende, officier de l'état civil, 50.
- copies, D. n. 62-921 du 3 août 1962, art. 9, sous 54.
- déclarations des comparants, 35.
- énonciations, 34, 35.
- erreurs ou omissions, 99 s.
- faux, 52.
- formalités, 38, 39.
- livret de famille, D. n. 53-914 du 26 sept. 1953 ; D. n. 74-449 du 15 mai 1974, sous 54.
- mandataire, 36.
- mentions marginales, 49.
- militaires et marins, 93 s., D. n. 65-422 du 1er juin 1965, art. 8 et 10, sous 54.
- officiers de l'état civil ; amendes, 50, 63 ; délégation, D. n. 62-921 du 3 août 1962, art. 6, sous 54.
- rectification, 99 s.
- réfugiés et apatrides, preuve, sous 46, n. 3.
- registres de l'état-civil, feuille volante, 52 ; inexistence ou perte, 46 ; militaires et marins, 95 s. ; responsabilité du dépositaire, 51 ; tenue, D. n. 62-921 du 3 août 1962, sous 54 ; vérification, 53.
- service central d'état civil, D. n. 65-422 du 1er juin 1965, sous 54.
- signature, 38, 39.
- témoins, 34, 37 s.
- titres nobiliaires, sous L. du 6 fructidor an II, n. 2.
- transcription, 49, D. n. 65-422 du 1er juin 1965, sous 54.

Acte de mariage, 63 s.
- acte de naissance, expédition, 70.
- acte de notoriété, 71, 72.
- certificat médical, 63.
- consentement familial, 73 s., 148 s.
- copies, D. n. 62-921 du 3 août 1962, art. 9, sous 54.
- énonciations, 76.
- mariage à l'étranger, 98-1 s., 170.
- mentions en marge de l'acte de naissance, 76.
- militaires et marins, 93 s.
- oppositions, 66 s., 172 s.

1539

Acte de mariage/Administration légale

- publication, 63 s., 166 s.
- rectification, 99 s.

Acte de naissance, 55 s.
- copie, D. n. 62-921 du 3 août 1962, art. 9, sous 54.
- déclaration, délai, 55 ; personnes tenues, 56.
- enfant trouvé, 58.
- énonciations, 57.
- militaires et marins, 93 s.
- nom et prénoms, 57.
- reconnaissance d'enfant naturel, 62, D. n. 65-422 du 1er juin 1965, art. 8, sous 54.
- rectification, 99 s.
- sexe, 57 ; rectification, sous 99 n. 2.
- voyage maritime, 59, D. n. 65-422 du 1er juin 1965, art. 7, sous 54.

Acte de notoriété
- filiation, possession d'état, 311-3.
- mariage, preuve, 71, 72.

Acte notarié, V. *Acte authentique.*
Acte recognitif, 1337 ; servitudes, 695.
Acte sous seing privé, 1322 s.
- copies, 1334, 1335.
- date certaine, 1328.
- écriture, désaveu, 1323, 1324.
- écriture du créancier en marge ou au dos du titre, 1332.
- enregistrement, C.G.I., art. 849, sous 1325.
- force probante, 1322.
- indication en lettres de la somme due, 1326.
- livres de commerce, 1329, 1330.
- originaux, 1325.
- registres et papiers domestiques, 1331.
- signature, désaveu, 1323, 1324.

Action à fins de subsides, 342 s.
Action civile
- associations de consommateurs, L. n. 88-14 du 5 janv. 1988, Annexe.
- prescription, 2270-1.
- transaction, 2046.
- transmission aux héritiers, sous 1383 n. 69.

Action de in rem verso, V. *Enrichissement sans cause.*
Action directe
- assurances, action de la victime contre l'assureur, C. assurances, art. L. 124-3, Annexe.
- bail, action du bailleur contre le sous-locataire, 1753.
- contrat d'entreprise, action des ouvriers contre le maître de l'ouvrage, 1798.
- mandat, action du mandant contre le mandataire substitué, 1994.
- sous-traitance, L. n. 75-1334 du 31 déc. 1975, art. 12 s., sous 1799.
- vice caché, action contre le fabricant, sous 1641, n. 5.

Action estimatoire, V. *Vente.*
Action oblique, 1166.
Action paulienne, 1167.
Action récursoire
- instituteur public, L. 5 avril 1937 sous 1384.
- obligation solidaire et in solidum, sous 1214.
- prescription, sous 2251.

Action rédhibitoire, V. *Vente.*
Action résolutoire, 1184.
Actions en justice
- acceptation tacite d'une succession, sous 779, n. 1.
- curateur à succession vacante, 813.
- interruption de la prescription, 2244 s.

Actions possessoires, 2282, 2283.
Adhésion, V. *Contrats.*
Administrateur judiciaire
- communauté légale, 1429.
- indivision, 815-6.
- succession ; acceptation bénéficiaire, sous 803.

Administration légale, 389 s.
- administrateur ad hoc, 389-3.
- administrateur légal, 389.
- adoption, 365.
- biens soumis à l'administration légale, 389-3.
- hypothèque légale des mineurs, 2121, 2143, 2164.
- jouissance légale, 382 s.
- représentation du mineur, 389-3.

Administration légale pure et simple
- cas d'ouverture, 389-1.
- pouvoirs de l'administrateur, 389-5.
- pouvoirs des époux à l'égard des tiers, 389-4.

Administration légale/Aléa

Administration légale sous contrôle judiciaire
- cas d'ouverture, 389-2, 392.
- divorce, 288, 389-2.
- pouvoirs de l'administrateur, 389-6.
- tutelle, ouverture, 391.

Adoption, 343 s.
- abandon, déclaration, 350.
- acte de naissance, adoption plénière, 354, D. n. 62-921 du 3 août 1962, art. 12, sous 54.
- âge de l'adoptant, 343-1 s.
- âge de l'adopté, adoption plénière, 345 ; adoption simple, 360.
- aliments, adoption simple, 367.
- conditions, adoption plénière, 343 s. ; adoption simple, 360 s.
- conflit de lois, sous 3, n. 26.
- consentement de l'adopté, adoption plénière, 345 ; adoption simple, 360.
- consentement des parents, 348 s.
- consentement du conseil de famille, 348-2, 349.
- décès de l'adoptant, 346.
- droit de retour de l'adoptant, adoption simple, 368-1.
- effets, adoption plénière, 355 s. ; adoption simple, 363 s.
- irrévocabilité de l'adoption plénière, 359.
- jugement, 353-1.
- mariage, consentement, adoption simple, 365 ; prohibition, adoption plénière, 356 ; adoption simple, 364, 366.
- nationalité, adoption plénière, C. nationalité, art. 26, Annexe ; adoption simple, C. nationalité, art. 36 et 55, Annexe.
- nom et prénoms de l'adopté, 357.
- placement en vue de l'adoption plénière, 351, 352.
- pupilles de l'État, 349.
- requête, 353.
- révocation de l'adoption simple, 370 s.
- tierce-opposition, 353-1.
- transcription, adoption plénière, 354 ; adoption simple, 362.

Adultère
- concubinage adultérin, préjudice résultant du décès du concubin, sous 1383, n. 7.

- divorce pour faute, sous 245, n. 1 et 2.
- enfants adultérins, droits successoraux, 759 s.

Aéronefs
- disparition, déclaration judiciaire de décès, 88 s.
- hypothèque, sous 2120, n. 3 (renvoi).
- privilège, sous 2102, n. 17 (renvoi).
- responsabilité du fait de choses, sous 1384, n. 6.

Affacturage, subrogation, sous 1250, n. 1.

Affectio societatis, société, sous 1832, n. 6 s.

Agence de publicité, obligation de moyens, sous 1147, n. 9.

Agence de voyages, obligation de moyens, sous 1147, n. 11.

Agent d'affaires, L. n. 70-9 du 2 janv. 1970 (indiqué ci-après L.) ; D. n. 72-678 du 20 juil. 1972 (ci-après désigné D.).
- assurance, D. art. 49 et 50.
- carte professionnelle, L. art. 1 à 10 ; D. art. 80 à 86.
- clause d'exclusivité, L. art. 6, D. art. 78.
- condition d'aptitude, D. art. 11 à 13.
- détention de fonds, D. art. 51 à 63.
- garantie, D. art. 17 à 48.
- gestion immobilière, D. art. 64 à 67.
- mandat obligatoire, D. art. 72 à 79.
- opérations sur immeubles et fonds de commerce réglementées, L. art. 1 ; forme, L. art. 6, 18 ; promesses, L. art. 7.

Agents diplomatiques et consulaires
- attributions en matière d'état civil, D. n. 46-1917 du 19 août 1946, sous 54.
- attributions notariales, sous 1317, n. 4 (renvoi).
- célébration d'un mariage à l'étranger, sous 170, n. 2 (renvoi).
- mariage des agents diplomatiques et consulaires, autorisation, D. n. 69-222 du 6 mars 1969, art. 68, sous 164.

Agent immobilier, V. *Agent d'affaires, Immeubles, Mandat*.

Agriculture, contrat d'intégration, L. n. 64-678 du 6 juillet 1964, Annexe.

Aléa
- contrats aléatoires, 1104, 1964 s.
- erreur sur les qualités substantielles, sous 1110 n. 5 s.

1541

Aléa/Antichrèse

- vente, lésion, 1674.

Algérie
- droits des ressortissants algériens, sous 11, n. 2.
- état civil des Français ayant vécu en Algérie, sous 48, n. 3 (renvoi).
- rapatriés, dettes, L. n. 70-632 du 15 juil. 1970, art. 49 s., Annexe.

Aliénation mentale
- altération des facultés mentales, divorce, 238 s. ; incapables majeurs, 490 s.
- démence, V. ce mot.

Aliments
- adoption simple, 367.
- « aliments n'arréragent pas », sous 208, n. 4 et 5.
- alliés, 206.
- ascendants, 205.
- avance, allocation de soutien familial, C. séc. soc., art. L. 581-2 s., sous 211.
- beaux-parents, 206.
- conflit de lois, sous 3, n. 27.
- conjoint survivant, 207-1.
- créancier, torts, 207.
- débiteur, décharge, 207, 209.
- divorce, 255, 281 s., 293 s.
- enfant, 203, 204, 293 s.
- enfant naturel, droit contre la succession, 915-2.
- époux, devoir de secours, 214.
- exécution en nature, 210, 211.
- faute du créancier, 207.
- hôpitaux et hospices, sous 205, n. 5 s. ; sous 208, n. 7.
- indexation, 208.
- insaisissabilité, 2092-2.
- lieu de paiement, 1247, paiement direct, L. n. 73-5 du 2 janv. 1973, art. 4, sous 211.
- majorité, sous 203, n. 3.
- paiement direct, L. n. 73-5 du 2 janv. 1973 ; D. n. 73-216 du 1er mars 1973, sous 211.
- prescription, 2277.
- quantum, 208.
- réciprocité, 207.
- recouvrement public, L. n. 75-618 du 11 juil. 1975 ; D. n. 75-1339 du 31 déc. 1975, sous 211 ; intervention des organismes débiteurs des prestations familiales, C. séc. soc., art. L. 581-1 s., art. R. 581-1 s. ; D. n. 86-1073 du 30 sept. 1986, sous 211.
- réduction, 209.
- refus, révocation des donations, 955.
- révision, V. décharge, réduction.
- séparation de corps, 303.
- subsides, filiation naturelle, 342-1.
- successions, conjoint survivant, 207-1 ; enfant naturel, 915-2.

Alliés
- aliments, 206.
- mariage, 161, 164.

Allocations familiales, V. *Prestations familiales.*
Alluvions, V. *Accession.*
Alsace-Lorraine, publicité foncière, L. 1er juin 1924, art. 36 s., sous 2203.
Altération des facultés mentales et corporelles, V. *Aliénation mentale, Démence, Divorce, Majeurs Incapables.*

Amélioration d'un bien
- biens indivis, 815-13.
- communauté légale, récompenses, 1469.
- immeuble hypothéqué, 2133.
- rapport à succession, rétention du bien, 862.
- usufruitier, 599.

Amende, V. *Actes de l'état civil, Bail à loyer.*
Anatocisme, 1154.
Analyse des sangs
- action à fins de subsides, 342-4.
- action en recherche de paternité naturelle, 340-1.

Animaux
- animaux domestiques, vente, vices cachés, sous 1641, n. 3.
- appropriation par accesion, 564.
- bail à cheptel, 1800 s.
- bail d'habitation, sous 1728, n. 1.
- gardien responsable, 1385.
- immeuble par destination, 522.
- prêt de consommation, 1894.

Annexe d'immeuble propre, communauté légale, 1475.
Antichrèse, 2085 s.
- compensation entre les fruits et les intérêts, 2089.
- créanciers, obligations, 2086.

Antichrèse/Assurances

- effets, 2085 s.
- forme, 2085.
- pacte commissoire, 2088.
- tiers ; droits, 2091.

Apatrides, V. *Étranger*.

Apparence
- mandat, sous 1998, n. 2.
- propriété, hypothèque de la chose d'autrui, sous 2124, n. 1 ; vente de la chose d'autrui, sous 1599, n. 3.

Apport en société
- apport en industrie, en nature, en numéraire, 1843-3.
- apport en jouissance, 1843-3.
- apport fictif, sous 1832, n. 1.
- libération, 1843-3.
- opposabilité, 1843-1.

Apprentissage
- frais, rapport à succession, 852.
- prix, prescription, 2272.
- responsabilité de l'artisan, 1384, al. 6 et 7.

Appui
- mitoyenneté, 662, 661.
- servitude, sous 640, n. 5 (renvoi).

Arbitrage
- compromis, 2059, 2060.
- prix de vente, fixation, 1592.
- sentence arbitrale, hypothèque judiciaire, 2123.

Arbres
- arbres mitoyens, 670.
- branches et racines, 673.
- distances des plantations, 671-672.
- meubles, 521.
- plantations, accession, 553 s.
- usufruit, 590 s. ; arbres fruitiers, 594 ; échalas, 593 ; futaie, 590 s. ; taillis, 590.

Architectes et entrepreneurs
- assurance des travaux de bâtiment, C. assurances, art. L. 241-1 s., sous 1799.
- décès, résiliation du contrat, 1795.
- marché à forfait, 1793, 1794.
- privilège, 2103-4°, inscription, 2110.
- responsabilité, 1792 s. ; prescription 2270 ; V. aussi *Contrat d'entreprise.*

Archives, juges, avocats et huissiers ; délai de conservation, 2276.

Arrérages, V. *Prescription, Rentes viagères.*

Arrêté de compte, 2274.

Arrhes, 1590.

Artisan
- accession mobilière, 570 s.
- conjoint collaborateur, consentement à certains actes, L. n. 82-596 du 10 juil. 1982, art. 2, sous 1424 ; mandat, même loi, art. 9, sous 1432 ; qualité d'associé, même loi, art. 20, sous 1832-2.
- entreprise artisanale, attribution préférentielle, 832.
- responsabilité du fait des apprentis, 1384, al. 6 et 7.

Artiste, V. *Propriété littéraire et artistique.*

Ascendants
- aliments, 205.
- donation, acceptation pour le mineur, 935.
- empêchement à mariage, 161.
- grands-parents, droit de visite et de correspondance, 371-4.
- mariage du mineur, consentement, 148 s. ; opposition, 173 s.
- successions, droits ab intestat, 746 s. ; représentation, 739 s. ; réserve, 914.

Assistance éducative, 375 s.

Association, L. 1er juil. 1901, Annexe (ci-après indiquée L.).
- capacité, L. art. 6, association reconnue d'utilité publique, L. art. 11.
- congrégation religieuse, L. art. 13 s.
- déclaration, L. art. 5.
- définition, L. art. 1er.
- dissolution, L. art. 7, dévolution des biens, L. art. 8.
- dons et legs, L. art. 6 ; association reconnue d'utilité publique, L. art. 11 ; tutelle administrative, 91.
- fondation, L. n. 87-571 du 23 juil. 1987, art. 18 s., sous 906.
- nullité, L. art. 4, 7.
- reconnaissance d'utilité publique, L. art. 10, 11.

Assurances, C. assurances, Annexe (ci-après indiqué C.).
- action directe, assurances de responsabilité, C. art. L. 124-3.
- aggravation des risques, C. art. L. 113-4.
- aliénation de la chose assurée, continuation du contrat, C. art. L. 121-10 ; aliénation d'un véhicule, C. art. L. 121-11.

1543

Assurances

- assurances contre la grêle et la mortalité du bétail, C. art. L. 123-1 s.
- assurances contre l'incendie, C. art. L. 122-1 s.
- assurances de dommages, C. art. L. 121-1 s.
- assurances de groupe, C. art. L. 140-1.
- assurances de personnes, règles générales, C. L. 131-1 s.
- assurances de responsabilité, C. art. L. 124-1 s.
- assurances des risques de catastrophes naturelles, C. art. L. 125-1 s.
- assurances obligatoires, C. art. L. 211-1 s., R. 211-1 s.
- assurances sur la vie, C. art. L. 132-1 s. ; conjoint bénéficiaire, C. art. L. 132-16, L. 132-17 ; désignation du bénéficiaire, C. art. L. 132-8 ; droit direct, C. art. L. 132-12 s. ; erreur sur l'âge de l'assuré, C. art. L. 132-26 ; rachat et réduction, C. art. L. 132-20 s. ; résiliation, C. art. L. 132-20 ; révocation, C. art. L. 132-9.
- automobiles, V. véhicules terrestres à moteur.
- bail à ferme, paiement des primes contre l'incendie, C. rural, art. L. 415-3, sous 1778.
- bail à loyer, obligation d'assurance, L. n. 86-1290 du 23 déc. 1986, art. 7, sous 1778.
- catastrophes naturelles, C. art. L. 125-1 s.
- chasse, assurance obligatoire, C. art. L. 230-1 ; art. R. 230-1.
- contrat d'assurance, règles générales, C. art. L. 111-1 s. ; R. 111-1 s.
- décès de l'assuré, assurances de dommages, C. art. L. 121-10.
- déchéances, caractères apparents, C. art. L. 112-4 ; clauses nulles, C. art. L. 113-11.
- dol, assurances de dommages, C. art. 121-3.
- droit direct du bénéficiaire, assurance sur la vie, C. art. L. 132-12 s.
- engins de remontée mécanique, assurance obligatoire, C. art. L. 220-1 s. ; art. R. 220-1 s.
- fausse déclaration, C. art. L. 113-8, L. 113-9.
- faute intentionnelle ou dolosive de l'assuré, C. art. L. 113-1.
- fonds de garantie, C. art. L. 421-s. ; art. R. 421-s.
- fraude, V. dol.
- indemnités subrogées, assurances de dommages, C. art. L. 121-13.
- nullité du contrat, C. art. L. 113-8 ; assurances de dommages, C. art. L. 121-15 ; assurances sur la vie, C. art. L. 132-3, L. 132-4, L. 132-7, L. 132-26.
- obligations de l'assuré, C. art. L. 113-2.
- omission, C. art. L. 113-8.
- police à ordre, C. art. L. 112-6 ; assurance sur la vie, C. art. L. 132-6.
- prescription des actions, C. art. L. 114-1, 114-2.
- redressement judiciaire de l'assuré, C. art. L. 113-6.
- renonciation de l'assuré sur la vie, délai de 30 jours, C. art. L. 132-5-1.
- réquisition des biens et services, C. art. L. 160-6 s.
- résiliation, C. art. L. 113-3, art. L. 113-12 s. ; C. art. R. 113-2, art. R. 113-3, art. R. 113-6 s.
- réticence, C. art. L. 113-8.
- subrogation de l'assureur, assurances de dommages, C. art. L. 121-12.
- suicide, assuré sur la vie, C. art. L. 132-7.
- tacite reconduction, C. art. L. 113-15.
- terrorisme, C. art. L. 126-1 et L. 126-2, art. R. 126-1 et R. 126-2.
- travaux de bâtiment, assurance obligatoire, C. art. L. 241-1 s., sous 1799.
- véhicules terrestres à moteur, assurance obligatoire, C. art. 211-1 s. ; art. R. 211-1 s. ; attestation, C. art. R. 211-1 s. ; carte verte, C. art. R. 211-17 ; certificat d'assurance, C. art. 211-21-1 s. ; circulation internationale, C. art. R. 211-22 s. ; contribution au profit de la sécurité sociale, C. art. L. 213-1 s. ; déchéances, C. art. R. 211-10, art. R. 211-13 ; exclusions de garantie, C. art. R. 211-10 s. ; franchises, C. Art. R. 211-9, art. R. 211-13.

Astreinte/Avocats et avoués

Astreinte, L. n. 72-626 du 5 juil. 1972, art. 5 et s., Annexe.
- bail, expulsion, L. n. 49-972 du 21 juil. 1949, sous 1778.
- obligation de faire, sous 1144 n. 1.

Attentats, V. *Terrorisme.*

Atterrissements, V. *Accession.*

Attribution anticipée, successions, enfant adultérin, 762 s.

Attribution de communauté, 1524, 1525.

Attribution d'immeubles en jouissance à temps partagé, V. *Sociétés d'attribution.*

Attribution éliminatoire, partage, 815.

Attribution préférentielle, 832 s.
- communauté légale, 1476.
- conjoint survivant et enfants issus du mariage, concours avec l'enfant adultérin, 761.
- société, 1844-9.

Aubaine, V. *Droit d'aubaine.*

Aubergistes et hôteliers
- dépôt nécessaire, responsabilité, 1952 s.
- objets abandonnés ou laissés en gage, L. 31 mars 1896 sous 2078.
- obligation de moyens, sous 1147, n. 12.
- prescription, 2271.
- privilège, 2102-5°.

Auteur, V. *Propriété littéraire et artistique.*

Automobile
- abandon, vente, L. du 31 déc. 1903, sous 2078.
- accident de la circulation, V, ces mots.
- assurance, V, ce mot.
- dépôt, contrat de garage, sous 1915, n. 8.
- fonds de garantie, V, ces mots.
- gage, D, n. 53-968 du 30 sept. 1953, sous 2084.

Autorité de la chose jugée, 1351.
- acquittement, sous 1351, n. 30.
- caractère relatif, sous 1351, n. 12 s.
- chose jugée au pénal, sous 1351 n. 23 s.
- conclusions, sous 1351, n. 8.
- dispositif, sous 1351, n. 8.
- étendue de la chose jugée, sous 1351, n. 8 s.
- fin de non recevoir, sous 1351, n. 7.
- identité de cause, sous 1351 n. 14 s.
- identité de parties, sous 1351 n. 12.
- identité d'objet, sous 1351 n. 13.

- jugements revêtus de l'autorité de la chose jugée, sous 1351 n. 1 s.
- motifs, sous 1351 n. 9.
- non-lieu, sous 1351 n. 24.
- ordonnances du J.M.E., sous 1351 n. 6.
- relaxe, sous 1351 n. 25.
- renonciation, sous 1351 n. 20 s.
- réserves, sous 1351 n. 19.

Autorité parentale, 371 s.
- administration légale, 382 s., 389 s.
- adoption simple, 365.
- assistance éducative, 375 s.
- biens de l'enfant, 382 s.
- conflit de lois, sous 3 n. 28.
- décès du père ou de la mère, 373-1.
- déchéance, 378 s.
- délégation, 376 s., consentement à adoption, 377-3.
- désaccord entre les parents, 372-1.
- divorce et séparation de corps, 288 s., 373-2.
- droits sur la personne de l'enfant, 371-2 s.
- enfant naturel, 374 s.
- grands parents, droit de visite et de correspondance, 371-4.
- jouissance légale, 382 s.
- retrait partiel, 379-1.
- tutelle, ouverture, 373-2 s., 374-1, 374-2.

Aval, V. *Cautionnement.*

Avancement d'hoirie, V. *Donations.*

Avantage indirect, V. *Rapport à succession.*

Avantages matrimoniaux
- divorce, 267 s.
- enfants d'un premier lit, 1527.
- nature juridique, 1527.

Aveu
- divorce, 235.
- erreur de droit, sous 1110, n. 17.
- paternité, sous 335, n. 2, 340.

Avion, V. *Aéronefs.*

Avocats et avoués
- archives, délai de conservation, 2276.
- faute, perte d'une chance, sous 1383, n. 25.
- honoraires, prescription, 2273 ; privilège de conservation, sous 2102, n. 8 ; privilège des frais de justice, sous 2101, n. 5.

1545

Avocats et avoués/Bail à ferme

- mandat ad litem, étendue, sous 1989, n. 1.
Ayants cause
- acte, force probante, 1319, 1322 s.
- contrat, effet, 1122, 1165.

B

Bac, 531.
Bagages
- dépôt hôtelier, 1952 s.
- transport, préjudice indemnisable, sous 1150, n. 1.
Bail, 1713 s.
- antenne réceptrice de radiodiffusion, sous 1728, n. 8.
- bail à cheptel, 1800 s.
- bail à complant, C. rural, art. L. 441-1 et s., sous 1778.
- bail à domaine congéable, C. rural, art. L. 431-1 et s., sous 1778.
- bail à ferme, V. ces mots.
- bail à loyer, V. ces mots.
- bail commercial, sous 1778 (renvoi).
- bail emphytéotique, C. rural, art. L. 451-1 et s., sous 1778.
- bail rural, C. rural, art. L. 411-1 et s., sous 1778.
- biens du mineur, baux consentis par le tuteur, 456.
- biens grevés d'usufruit, 595.
- biens indivis, 815-3.
- cas fortuit, perte de la chose, 1722.
- caution, étendue, 1740.
- cession, 1717.
- changement apporté à la forme de la chose louée par le bailleur, 1723 ; par le preneur, sous 1728, n. 4 s.
- commencement d'exécution, 1717.
- communauté légale, bail de biens communs, 1424.
- congé, délai, 1736.
- constructions et plantations, accession, sous 555, n. 2.
- décès, 1742.
- définition, 1709.
- dégradations, 1730, 1732, 1735.
- délivrance, 1719, 1720.
- destination du bien, 1728, 1729.

- divorce, attribution du droit au bail, 1751 ; concession à l'époux non propriétaire, 285-1.
- droit de préemption, bail d'habitation, L. n. 75-1351 du 31 déc. 1975, art. 10, sous 1778 ; bail rural, C. rural, art. L. 412-1 et s., sous 1778.
- entretien, bailleur, 1719 ; preneur, 1732, 1735.
- état des lieux, 1730, 1731.
- exploitation agricole, attribution préférentielle, 832, 832-2, 832-3.
- forme, 1714.
- garantie, troubles de jouissance, 1725 s. ; vices de la chose, 1721.
- garnissement, 1752.
- incendie, 1733, 1734.
- jouissance, abus, 1728, 1729.
- local d'habitation, divorce, 285-1 ; époux, droit au bail, 1751 ; expulsion, délai de grâce, sous 1244 n. 7 (renvoi).
- loyers, fruits civils, 584.
- métayage, C. rural, art. L. 417-1 et s., sous 1778.
- obligations du bailleur, 1719.
- obligations du preneur, 1728 s.
- perte de la chose louée, 1722, 1741.
- preuve, 1715, 1716.
- privilège du bailleur, 2102-1º.
- prix, preuve, 1716.
- réparations, durée, 1724 ; obligations du bailleur, 1720.
- résiliation, 1722, 1724, 1741 s.
- sous-location, 1717.
- tacite reconduction, 1738 s.
- terme, 1737.
- vente de la chose louée, 1743 s.
Bail à construction, C. const. et hab., art. L. 251-1 et s., art. R. 251-1 et s., sous 1778.
Bail à ferme, règles particulières, 1764 s ; C. rural (ci-après indiqué C.), art. L. 411-1 s., sous 1778.
- adhésion du preneur à une société, C. art. L. 411-37.
- adjudication, bail consenti par une personne morale de droit public, C. art. L. 411-15.
- apport du droit au bail, C. art. L. 411-38.
- bail à cheptel, 1800 s.

Bail à ferme/Bail à loyer

- bail à colonat partiaire, C. art. L. 417-1 s.
- bail à complant, C. art. L. 441-1 s.
- bail à domaine congéable, C. art. L. 431-1 s.
- bail à long terme, C. art. L. 416-1 s.
- bail emphytéotique, C. art. L. 451-1 s.
- bail entre copartageant, C. art. L. 412-14, L. 412-15.
- bail verbal, C. art. L. 411-4.
- bétail, 1766.
- biens soumis au régime forestier, C. art. L. 411-2.
- calamités agricoles, réduction d'impôts fonciers, C. art. L. 411-24.
- cas fortuit, 1772 s.; destruction des biens loués, C. art. L. 411-30.
- cession des fruits de l'exploitation, C. art. L. 411-1.
- cession du bail, C. art. L. 411-35, L. 411-36.
- chasse, C. art. L. 415-7.
- clause de reprise, renouvellement, C. art. L. 411-6.
- congé, 1775 ; C. art. L. 411-47 s.
- contrat de fermage général, nullité, C. art. L. 415-5.
- décès du preneur, C. art. L. 411-35.
- définition, 1711.
- destination agricole, changement, C. art. L. 411-32.
- droit de préemption, C. art. L. 412-1 s.
- droit de reprise, V, reprise.
- droit de renouvellement, C. art. L. 411-47 s. ; domaine de l'Etat, des départements, des communes ou des établissements publics, C. art. L. 415-11.
- durée du bail, 1774 ; C. art. L. 411-5 s.
- échange de parcelles par le preneur, C. art. L. 411-39.
- écrit, C. art. L. 411-4.
- état des lieux, C. art. L. 411-4.
- fermage, C. art. L. 411-11 s. ; prescription, 2277.
- fonds, contenance, 1765.
- forêts, V. biens soumis au régime forestier.
- grosses réparations, C. art. L. 415-3.
- haies, suppression par le preneur, C. art. L. 411-28
- impôt foncier, C. art. L. 415-3.
- indemnité au preneur sortant, C. art. L. 411-69 s.
- locations annuelles renouvelables, C. art. L. 411-40 s.
- loyer, V. fermage.
- nationalité, V. preneur de nationalité étrangère.
- obligations du preneur, 1766 s, 1777, 1778 ; plantations, C. art. L. 415-8 s.
- occupations précaires, C. art. L. 411-2.
- perte de la récolte, remise du prix, 1769 s.
- plantations, obligations du preneur, C. art. L. 415-8 s.
- preneur de nationalité étrangère, C. art. L. 413-1.
- primes d'assurance contre l'incendie, C. art. L. 415-3.
- prise en pension d'animaux, C. art. L. 411-1.
- prix, V. fermage.
- réparations locatives, C. art. L. 415-4.
- reprise, C. art. L. 411-6, L. 411-7, L. 411-57 s.
- résiliation, C. art. L. 411-30 s.
- sous-location, C. art. L. 411-35, L. 411-36.
- taxe foncière, C. art. L. 415-3.
- terme, 1774, 1775.
- travaux, C. art. L. 411-29, L. 411-73.
- ustensiles nécessaires à l'exploitation, 1766.

Bail à loyer, règles particulières, 1752 s., L. n. 48-1360 du 1er sept. 1948 (ci-après indiquée L. 48), L. n. 82-526 du 22 juin 1986, abrogée, à l'exception des articles 76, 78, 81, 82 (ci-après indiquée L. 82), L. n. 86-1290 du 23 déc. 1986 (ci-après indiquée, L. 86), sous 1778.
- abandon du domicile par le locataire, L. 82, art. 16 ; L. 86, art. 13.
- accord collectif, L. 82, art. 37 s., 51 s. ; L. 86, art. 42, 54.
- amélioration du confort, travaux, L. 48, art. 14 ; L. n. 64-1356 du 30 déc. 1964, art. 1er ; L. n. 67-561 du 12 juil. 1967 ; L. n. 75-1351 du 31 déc. 1975, art. 6, sous 1778.
- amendes, interdiction, L. 86, art. 4.

Bail à loyer

- associations de locataires, L. 82, art. 28 s. ; L. 86, art. 42, 44.
- assurance, L. 86, art. 4, 7.
- cautionnement, L. 48, art. 75 ; V. aussi dépôt de garantie.
- cession de bail, L. 48, art. 78 ; L. 82, art. 15 ; L. 86, art. 8 ; cession au profit d'une société civile professionnelle, L. n. 66-879 du 29 nov. 1966, art. 33, sous 1873.
- chambres de bonne, L. n. 54-781 du 2 août 1954, sous 1778.
- charges locatives, L. 48, art. 38 ; L. 82, art. 23, 24 ; L. 86, art. 18 ; D. n. 87-713 du 26 août 1987, sous 1778.
- clauses réputées non écrites, L. 82, art. 27 ; L. 86, art. 4.
- clause résolutoire, défaut d'assurance, L. 86, art. 7, 19 ; défaut de paiement, L. 86, art. 19.
- commission départementale de conciliation, L. 86, art. 24, 43.
- commission nationale de concertation, L. 86, art. 41 s.
- concubin notoire, continuation ou transfert du contrat, L. 86, art. 13.
- congé, L. 82, art. 17, 73 ; L. 86, art. 14 ; contrats en cours, L. 86, art. 22.
- conjoint, consentement, C. art. 411-68.
- contenu du contrat, L. 82, art. 3 ; L. 86, art. 3.
- contrats en cours, L. 86, art. 20 s.
- copropriété, L. 86, art. 3.
- cours et jardins, L. 48, art. 15, 36.
- curement des puits et fosses d'aisance, 1756.
- décès du locataire, L. 48, art. 9 bis ; L. 82, art. 16 ; L. 86, art. 13.
- définition, 1711.
- dégradations, L. 86, art. 7.
- délai de paiement, L. 86, art. 19.
- démolition, L. 48, art. 11, 13 s.
- dépôt de garantie, L. 82, art. 22 ; L. 86, art. 17.
- dispositions transitoires, L. 86, art. 20 s.
- divorce, L. 48, art. 5.
- domaine d'application, L. 48, art. 1er s. ; L. 82, art. 2 ; L. 86, art. 1er, 2.
- droit de préemption du locataire, L. n. 75-1351 du 31 déc. 1975, art. 10, sous 1778 ; L. 82, art. 11 ; L. 86, art. 22.
- droit au maintien dans les lieux, L. n. 48-1360 du 1er sept. 1948, art. 4 s.
- droit de reprise, L. 48, art. 18 s., 61 ; L. 82, art. 9 ; L. 86, art. 10, 22 ; chambres de bonne et pièces isolées, L. n. 54-781 du 2 août 1954, art. 2 s., sous 1778.
- durée, 1757 ; L. 48, art. 3 nonies ; L. 82, art. 4, 5 ; L. 86, art. 9, 10.
- écrit, L. 86, art. 3.
- état des lieux, L. 82, art. 21 ; L. 86, art. 3.
- étranger, sous 11, n. 4 (renvoi).
- expulsion, L. 48, art. 10 ; astreintes, L. n. 49-972 du 21 juill. 1949, sous 1778.
- garages, L. 48, art. 2 ; L. 86, art. 1er.
- habitations à loyer modéré, L. 86, art. 46, 54.
- indivision, L. 82, art. 12 ; L. 86, art. 12.
- intermédiaires, rémunération, L. 82, art. 65 ; L. 86, art. 5.
- jardins, V. cours et jardins.
- locations saisonnières, L. 82, art. 2 ; L. 86, art. 1er.
- locaux accessoires, L. 82, art. 2 ; L. 86, art. 1er.
- locaux meublés, L. 48, art. 43, 45 ; L. 86, art. 1er.
- locaux vacants, L. 86, art. 2, 25.
- logements conventionnés, L. 86, art. 48, 54.
- logements de fonction, L. 86, art. 1er.
- logements-foyers, L. 86, art. 1er.
- loyer, L. 48, art. 26 s., 63, 73 s. ; L. 82, art. 51 s. ; L. 86, art. 4, 7, 15 s.
- maintien dans les lieux, V. droit au maintien dans les lieux.
- meubles garnissant le local, 1752 ; V. aussi locaux meublés.
- normes de confort et d'habitabilité, L. 86, art. 25.
- obligations du bailleur, L. 82, art. 19 ; L. 86, art. 6.
- obligations du locataire, L. 82, art. 18 ; L. 86, art. 7.
- ordre public, L. 48, art. 87 ; L. 86, art. 1er.
- organisations de bailleurs, de gestionnaires et de locataires, représentativité, L. 86, art. 43.

Bail à loyer/Bonne foi

- personnes à charge, continuation ou transfert du contrat, L. 86, art. 13 ; droit au maintien dans les lieux, L. 48, art. 5 ; occupation suffisante, L. 48, art. 10.
- pièces isolées, L. n. 54-781 du 2 août 1954, sous 1778.
- quittance, L. 82, art. 20 ; L. 86, art. 16.
- référé, délai de paiement, L. 86, art. 19.
- règlement de copropriété, L. 86, art. 3.
- renouvellement, L. 82, art. 7 s. ; L. 86, art. 9.
- réparations locatives, 1757 s. ; L. 82, art. 18 ; L. 86, art. 7 ; D. n. 87-712 du 26 août 1987, sous 1778.
- reprise, V. droit de reprise.
- résidences secondaires, L. 86, art. 1er.
- résiliation, 1760, 1761 ; L. 48, art. 3 ter, 9, 9 bis, 41 ; L. 82, art. 9, 14, 26 ; L. 86, art. 11, 14 ; V. aussi clause résolutoire.
- sanctions, L. 48, art. 51 s. ; L. 82, art. 67 s.
- séparation de corps, L. 48, art. 5.
- sous-location, 1760, 1761 ; L. 48, art. 27, 39, 43, 45, 78 ; L. n. 66-879 du 29 nov. 1966, art. 33, sous 1873 ; L. 82, art. 15 ; L. 86, art. 8.
- tacite reconduction, 1759 ; L. 86, art. 9.
- taxes locatives, L. 48, art. 38.
- téléphone, L. 48, art. 72.
- transformations, L. 86, art. 7 ; V. aussi améliorations du confort.
- vente du logement, L. 82. art. 10, 11, 13 ; L. 86, art. 22.

Bail à nourriture, aliénation à fonds perdu, sous 918, n. 1.
Balcon, servitude de vue, 678.
Bandite, servitudes, sous 648, n. 2.
Bateaux, V. *Navires.*
Batelier, domicile, 102.
Bâtiments
- caractère immobilier, 518, 519.
- responsabilité du propriétaire, 1386.
- usufruit, perte, 624.

Bénéfice de discussion, cautionnement, 2021 s. ; caution judiciaire, 2042, 2043.
Bénéfice de division, cautionnement, 2026, 2027 ; obligation solidaire, 1203.
Bénéfice d'émolument, communauté légale, 1483 s.
Bénéfice d'inventaire, succession, 793 s.
Bénéfices
- indivision, 815-11.
- société, 1844-1.

Bien de famille, L. 12 juil. 1909, D. 26 mars 1910 sous 2092-2.
Biens, 516 s.
- biens communaux, 542.
- biens communs et biens propres, V. *Communauté légale.*
- biens vacants et sans maître, 539, 713.
- cession de biens, 1265 s.
- choses communes, 714.
- domaine public, 538 s.
- immeubles, 517 s.
- meubles, 527 s.

Biens réservés
- administration, 224 ancien, 1425 ancien.
- créanciers, droit de poursuite, 225 ancien.
- gains et salaires, 224 ancien.
- jouissance, 224 ancien.
- preuve, 224 ancien.
- V. aussi *Communauté légale.*

Bigamie
- chose jugée, sous 1351, n. 15.
- empêchement à mariage, 147.
- nullité du mariage, 184, 188 et 189.
- opposition du conjoint, 172.

Bijoux, V. *Cadeaux.*
Bio-éthique, sous 6, n. 10-11.
Bois, V. *Arbres, Coupes de bois, Forêts.*
Bon père de famille
- droit d'usage et d'habitation, 625.
- emprunteur, 1880.
- gérant d'affaires, 1374.
- responsabilité contractuelle, 1137.
- usufruitier, 601.

« **Bon pour** », 1326 ancien.
Bonne foi
- action paulienne, tiers acquéreur, sous 1167, n. 8.
- constructions et plantations sur le fonds d'autrui, 555.
- dettes ménagères, bonne foi du contractant, 220.
- exécution des contrats, 1134.
- majeurs incapables, lésion ou réduction, bonne foi du contractant, 491-2, 510-3.

Bonne foi/Cautionnement

- mariage putatif, 201.
- possession, acquisition des fruits, 549, 550 ; possession mobilière, 2279, 2280 ; prescription acquisitive, 2265, 2268, 2269.
  répétition de l'indu, 1378 s.
- vente, garantie des vices cachés, 1645, 1646.

Bonnes mœurs, 6.
- condition contraire aux bonnes mœurs, contrat, 1172 ; libéralités, 900.

Bordereaux d'inscription hypothécaire, 2148.

Bornage, 646.

Branches, empiétement, 673.

C

Cadeaux
- divorce, sous 267, n. 1.
- donations entre époux, sous 1096, n. 2.
- fiançailles, sous 1088.
- rapport à succession, 852.

Caducité
- assignation, prescription, sous 2247, n. 3.
- cautionnement, défaut de cause, sous 2011, n. 4.
- clause commerciale, 1392.
- divorce, demande conjointe, 231.
- donations faites par contrat de mariage, 1088, 1089.
- legs, incapacité du légataire, 1043 ; perte de la chose léguée, 1042 ; prédécès du légataire, 1039, 1040 ; répudiation, 1043.
- offre, sous 1109, n. 13 et 18.

Caisse des dépôts et consignations, sommes déposées, prescription, sous 2236, n. 2 (renvoi).

Canalisations
- servitude de passage, sous 682, n. 5.
- tuyaux, caractère immobilier, 523.

Capacité
- conflit de lois, sous 3, n. 8 s.
- contrat de mariage, 1398, 1399.
- contrats en général, 1123 s.
- donations et legs, 902 s. ; capacité de disposer, 903, 904, 907 ; capacité de recevoir, 906 s.
- époux, 216.
- exécuteur testamentaire, 1028, 1030.
- hypothèque, constitution, 2125 s. ; mainlevée, 2157.
- libéralités, V. *Donations, Legs.*
- mandataire, mineur, 1990.
- mineur émancipé, 481.
- paiement, 1238.
- testament mystique, témoins, 980 ; testateur, 978, 979.
- V. aussi : *Majeurs incapables, Mineurs, Tutelle.*

Capital
- divorce, contribution à l'entretien et à l'éducation des enfants, 294, 294-1 ; prestation compensatoire, 274 s. ; rupture de la vie commune, 285.
- mineur sous tutelle, emploi, 455.
- prêt à intérêt, imputations des intérêts, 1906 ; quittance, 1908.
- rente, exigibilité, 1908, 1913.

Capitalisation, intérêts, 1154.

Captation, succession, présomption, 909.

Carrières, usufruit, 598.

Carte nationale d'identité, D. n. 53-914 du 26 sept. 1953, sous 54.

Casinos, V. *Jeu.*

Catastrophes naturelles, assurance, C. assurances, art. L. 125-1 s., Annexe.

Cause
- absence de cause, contrats, 1131.
- cause étrangère, V. *Cas fortuit.*
- cause illicite ou immorale, contrats en général, 1131, 1133 ; donations et legs, 900.
- fausse cause, contrats, 1131.
- identité de cause, autorité de la chose jugée, 1351.
- lien de causalité, responsabilité délictuelle, sous 1383, n. 9 s.
- preuve, contrats, 1132.

Cautionnement, 2011 s.
- accessoires de la dette, 2016.
- aval, sous 2015, n. 4.
- bénéfice de cession d'actions, 2037.
- bénéfice de discussion, 2021 s. ; caution judiciaire, 2042, 2043.
- bénéfice de division, 2026, 2027.

Cautionnement/Charges

- caducité pour défaut de cause, sous 2011, n. 4.
- capacité, 2018.
- caution de caution, 2014.
- cautionnement commercial, sous 2011, n. 3.
- cautionnement indéfini, 2016.
- cautionnement judiciaire, 2040 s.
- cautionnement légal, 2040, 2041.
- cautionnement partiel, 2013.
- cautionnement solidaire, 2021.
- clause pénale, sous 2016, n. 2.
- cofidéjusseurs, V. ci-dessous, pluralité de cautions.
- compte-courant, sous 2015, n. 7.
- confusion, 2035.
- consentement, erreur, sous 2011, n. 5, 6.
- dation en paiement, 2038.
- décharge, 2037 s.
- déconfiture du débiteur, 2032.
- définition, 2011.
- durée, sous 2015, n. 2.
- effets, 2021 s.
- engagement indéterminé, sous 2015, n. 7, 8.
- étendue, 2013 s.
- exception de cession d'actions, 2037.
- exception de compensation, 1294.
- exceptions, opposabilité, 2036.
- extinction, 2034 s.
- faillite du débiteur, 2032.
- forme, 2015.
- fusion, sous 2017, n. 3.
- héritier bénéficiaire, 807.
- héritiers, transmission de l'engagement, 2017.
- imputation des paiements, 1253, sous 2036, n. 2.
- intérêts et accessoires, sous 2015, n. 7.
- mentions manuscrites, sous 2015, n. 7, 10, 11.
- pluralité de cautions, 2025 s., 2033.
- prescription, 2250.
- preuve, 2015.
- recours contre le débiteur, 2028 s.
- recours contre les autres cautions, 2033.
- solidarité entre cautions, 2025.
- solvabilité de la caution, 2018 s., 2026.
- solvabilité du débiteur, erreur de la caution, sous 2011, n. 5.
- subrogation, 2029, 2037.
- terme, déchéance, sous 2021, n. 1 ; prorogation, 2039.
- usufruitier, 601.

Cautionnement des fonctionnaires, 2102-7°.
Ceinture de sécurité, faute de la victime, sous 1384, n. 7.
Certificat de nationalité, V. *Nationalité*.
Certificat prénuptial, 63, 169.
Cession
- bail, 1717.
- bail, règles générales, 1717.
- bail à ferme, C. rural, art. L. 411-35, L. 411-36, sous 1778.
- bail à loyer, L. n. 48-1360 du 1er sept. 1948, art. 78 ; L. n. 66-879 du 29 nov. 1966, art. 33, sous 1873 ; L. n. 86-1290 du 23 déc. 1986, art. 8, sous 1778.
- clientèle, sous 1128, n. 2.
- contrat, sous 1689, n. 4 s.
- créance, V. *Cession de créance*.
- mitoyenneté, 660, 661.
- office ministériel, contre-lettre, C.G.I., art. 1840, sous 1321.
- V. aussi *Vente*.

Cession d'antériorité, sous 2134, n. 1
Cession de biens, 1265 s.
Cession de créance, Cession de créance 1689 s.
- acceptation, 1690.
- accessoires, 1692.
- compensation, 1295.
- conflit de lois, sous 3, n. 44.
- délivrance, 1689.
- droits litigieux, 1699 s.
- droits successifs, 780, 1696 s. ; lésion, 889.
- forme 1689 s., L. n. 76-519 du 15 juin 1976 sous 1701.
- garantie, 1693 s.
- remise du titre, 1689.
- signification, 1690, 1691.

Cession d'hérédité, 1696 s.
Charges
- antichrèse, 2086.
- donations et legs, acceptation pour le mineur sous tutelle, 463 ; révision, 900-2 s. ; révocation pour inexécution des charges, 953, 954, 956, 1046.

1551

Charges/Clause pénale

– donations par contrat de mariage, 1084 s.
– usufruit, 609.
– vente, charges non déclarées, 1626.
Charges du mariage, 214.
– divorce, rejet de la demande, 258.
– séparation de biens judiciaires, 1448, 1449.
Charges locatives, V. *Bail à loyer.*
Chasse
– accidents, assurance obligatoire, C. art. L. 230-1 ; art. R. 230-1 ; fonds de garantie, C. art. L. 421-1 s. ; R. 421-1 s.
– bail à ferme, droit de chasse du preneur, C. rural, art. L. 415-7 ; clauses de non-responsabilité, C. rural, art. L. 415-6.
– bail rural, C. rural, art. L. 415-6, sous 1778.
– gibier, 715.
– servitude, sous 637, n. 5 ; sous 686, n. 9.
Chef de l'Etat, V. *Président de la République.*
Chemin de halage, servitude, 556.
Chemin public, 538.
Cheptel, V. *Bail à cheptel.*
Chèque
– chèque sans provision, exception de jeu, sous 1965, n. 7.
– don manuel, sous 931, n. 5.
– paiement, sous 1243, n. 3, L. 22 oct. 1940, art. 1er ; L. n. 81-1160 du 30 déc. 1981, art. 96, sous 1243.
Chose d'autrui
– échange, 1704.
– legs, 1021.
– vente, 1599.
Choses hors commerce, 1128.
Chose jugée, V. *Autorité de la chose jugée.*
Choses perdues, 717.
Clandestinité, mariage, 165 s., 192, 193.
Clause abusive, 1147, n. 30 ; L. n. 78-23 du 10 janv. 1978 et D. n. 78-464 du 24 mars 1978, Annexe ; action des associations de consommateurs, L. n. 88-14 du 5 janv. 1988, art. 6, Annexe.
Clause commerciale, contrat de mariage, 1390 s.
Clause compromissoire, 2061 ; novation, sous 1271 n. 6.

Clause d'accroissement, V. *Accroissement.*
Clause d'attribution, partage, sous 887, n. 6.
Clause d'attribution de compétence, conflit de juridictions, sous 14, n. 12.
Clause d'attribution intégrale, communauté, 1524, 1525.
Clause d'échelle mobile, ord. n. 58-1374 du 30 déc. 1958, art. 79, sous 1243.
Clause d'exclusivité, V. *Agent d'affaires.*
Clauses exonératoires ou limitatives de responsabilité
– responsabilité contractuelle, sous 1147, n. 24 s.
– responsabilité délictuelle, sous 1383, n. 56.
Clause d'inaliénabilité, donations et legs, 900-1.
Clause d'indexation, V. *Clause d'échelle mobile.*
Clause d'unité d'administration, communauté, 1505 s anciens.
Clause d'usage, contrats, 1160.
Clause de dureté, dureté divorce, 240.
Clause de main commune, communauté, 1503.
Clause de non-concurrence
– servitude du fait de l'homme, sous 686, n. 5.
– transmission, sous 1165, n. 7, 8, 15.
– validité, sous 6, n. 8.
Clause de prélèvement, moyennant indemnité, communauté, 1511 s.
Clause de réciprocité, condition des étrangers, sous 11, n. 3, 4.
Clause de représentation mutuelle, communauté, 1504 ancien.
Clause de réserve de propriété, sous 1583, n. 4. ; revendication du tiers subrogé, sous 1250, n. 7.
Clause de viduité, donations et legs, sous 900, n. 1.
Clause léonine, société, 1844-1.
Clause monétaire, sous 1243, n. 7 s.
Clause pénale, 1226 s.
– cautionnement, sous 2016, n. 2.
– définition, 1226.
– héritiers du débiteur, 1232, 1233.
– mise en demeure, 1230.
– modification par le juge, 1152, 1231.
– nullité, 1227.

Clause résolutoire/Communauté légale

Clause résolutoire, sous 1184, n. 13 s.
Clerc de notaire, acte authentique, L. 25 ventôse du XI, art. 10, D. n. 71-941 du 26 nov. 1971, art. 12, sous 1317.
Clientèle, choses hors du commerce, sous 1128, n. 2.
Clôture
- clôture forcée, 663.
- droit de passage, 682.
- faculté, 647.
- mitoyenneté, 666, 667.

Club hippique, obligation de moyens, sous 1147, n. 7.
Codicille, V. *Testament.*
Coffre-fort, location, sous 1713, n. 1.
Cohabitation
- époux, confirmation du mariage nul, 181 ; devoir de cohabitation, 108, 215 ; dissolution de la communauté, report des effets, 1442 ; divorce, report des effets, 262-1.
- mineurs, responsabilité des parents, 1384, al. 4.

Collatéraux
- action en nullité du mariage, 187.
- empêchements à mariage, 162 s.
- opposition à mariage, 174.
- successions, droits ab intestat, 731 s., 750 s. ; représentation, 742.

Collectivité publique
- compromis d'arbitrage, 2060.
- transaction, 2045.

Colonat partiaire, V. *Métayage.*
Colonie de vacances, V. *Responsabilité délictuelle.*
Commencement de preuve par écrit, 1347 ; filiation, 323, 324, 341.
Commerçants
- contrat de mariage, 1394.
- mineur émancipé, 487.
- prescription, marchands, 2272.
- preuve, sous 1341, n. 8, 9.

Commettants, responsabilité du fait des préposés, 1384, al. 5.
Commodat, V. *Prêt à usage.*
Communauté conventionnelle, 1497 s.
- avantages matrimoniaux, V. ces mots.
- clause d'unité d'administration, 1505 s. anciens.
- clause de main commune, 1503.

- clause de prélèvement moyennant indemnité, 1511 s.
- clause de représentation mutuelle, 1504 ancien.
- communauté de meubles et acquêts, 1498 s.
- communauté universelle, 1526.
- préciput, 1515.
- stipulation de parts inégales, 1520 s.

Communauté légale, 1400 s.
- acquêts, 1401, 1402.
- administration des biens communs, 1421 s.
- administration des biens propres, 1428 s.
- attribution préférentielle, 1476.
- bénéfice d'émolument, 1483 s., 1486 s.
- biens propres, 1403 s.
- biens réservés, acquêts, 1401 ancien ; administration, 1425 ancien ; engagement, 1413, 1415, 1420 anciens.
- dissolution, causes, 1441 ; report des effets, 1442 ; séparation de biens judiciaires, 1443 s.
- divorce, convention de liquidation et partage, 1450, 1451.
- liquidation et partage, 1467 s.
- mandat, 1431.
- mandat tacite, 1432.
- passif, composition, 1409 s. ; contribution, 1485 s. ; obligation, 1482 s.
- recel de communauté, 1477.
- récompenses, cas, 1412 s., 1433 s. ; compte, 1468 ; évaluation, 1469 ; intérêts, 1473.
- remploi, anticipation, 1435 ; défaut, 1430 ancien ; preuve, 1434, 1435.
- reprises, 1467, 1472.

Communauté légale régime ancien, les articles cités sont ceux du Code civil dans sa rédaction antérieure à la loi du 13 juillet 1965, sous 1581.
- acceptation, 1454, 1455.
- actif, 1401 s.
- administration, 1421 s.
- aliments, veuve, 1465.
- bénéfice d'émolument, 1483.
- créances entre époux, 1478, 1479.
- deuil, frais, 1481.
- dissolution, 1441 s.

Communauté légale/Congrégation

- divertissement ou recel, 1460, 1477.
- dot à l'enfant commun, 1438, 1439.
- enfant d'un précédent mariage, 1496.
- inventaire, 1456, 1461.
- liquidation, 1468 s.
- partage, 1482 s.
- passif, 1409 s.
- préciput, 1515 s.
- prélèvement, 1470 s.
- récompenses, 1433 s., 1468, 1469 ; intérêts, 1473.
- renonciation, 1457 s., 1492 s.
- reprises, 1470 s.
- retrait d'indivision, 1408.
- revenus, 1401, 1403.

Commune, V. aussi *Collectivité publique*.
- biens communaux, 542.
- donations et legs, acceptation, sous 910 (renvoi).
- hypothèque légale, 2121.
- prescription, 2227.

Comourants, 720 s.

Compensation, 1289 s.
- antichrèse, compensation entre fruits et intérêts, 2089.
- caution, 1294.
- cession de créance, 1295.
- compensation judiciaire, sous 1291, n. 3.
- compensation légale, 1290.
- conditions, caractères des dettes, 1291.
- définition, 1289.
- effets, 1290.
- exceptions, 1293.
- participation aux acquêts, 1575.
- pluralité de dettes, imputation, 1297.
- tiers, 1298, 1299.

Compétence internationale, 14, 15.

Complainte, sous 2282, n. 1.

Complicité, tiers complice de la violation du contrat, sous 1147, n. 2.

Compromis d'arbitrage, 2059, 2060.

Compte courant, capitalisation des intérêts, sous 1154, n. 5 ; cautionnement du solde, sous 2015, n. 7.

Compte joint, V. *Solidarité*.

Comptes
- compte arrêté, prescription civile, 2274.
- comptes bancaires, époux, libre disposition, 221 ; prescription, sous 2236, n. 2.
- reddition des comptes ; exécution testamentaire, 1031 s. ; héritier bénéficiaire, 803 s. ; mandataire, 1993 ; tuteur, 469 s., 480.

Conception
- capacité successorale, 725.
- date, présomption, 311.
- filiation légitime, 312.

Concession funéraire, V. *Tombeaux*.

Concession immobilière, L. n. 67-1253 du 30 sept. 1967, art. 48 à 60, sous 1778.

Concubins, préjudice, droit à réparation, sous 1383, n. 34.
- donations et legs, cause immorale, sous 900, n. 3.
- filiation, action en recherche de paternité, 340.
- obligation naturelle, sous 1235, n. 4.
- préjudice, droit à réparation, sous 1383, n. 7.

Condition, 1168 s.
- accomplissement, 1175 s.
- acte conservatoire, 1180.
- caducité, 1176.
- condition casuelle, 1169.
- condition impossible, illicite ou immorale, donations et legs, 900 ; obligations, 1172.
- condition mixte, 1171.
- condition potestative, donations et legs, 944 ; obligations, 1170, 1174.
- condition résolutoire, 1183 s.
- condition suspensive, 1181 s.
- définition, 1168.
- effet rétroactif, 1179.
- vente, 1584.

Confirmation, 1338 s.
- acte confirmatif, 1338.
- confirmation tacite, 1338.
- donation, 1339, 1340.

Conflits de juridictions, 14, 15.

Conflits de lois, 3.
- divorce et séparation de corps, 310.
- filiation légitime et naturelle, 311-14 s.

Confusion, 1300, 1301.
- cautionnement, 2035.
- servitudes, 705.

Congé, V. *Bail*.

Congrégation, L. 1er juil. 1901, art. 13 s., Annexe.

Conjoint survivant/Construction

Conjoint survivant
- aliments, 207-1.
- régimes matrimoniaux ; clause d'attribution de biens propres, 1390 s. ; clause d'attribution de la communauté, 1524, 1525 ; clause de préciput, 1515 s. ; préciput légal, 1481 ; stipulation de parts inégales, 1520, 1521, 1525.
- séparation de corps, 301.
- succession, attribution préférentielle, 832 s. ; concours avec l'enfant adultérin, 759, 761 ; droits successoraux, 765 s. ; legs universel, envoi en possession, sous 1008, n. 1 ; maintien de l'indivision, 815-1.

Conseil
- obligation de moyens, sous 1147, n. 8.
- obligation du vendeur professionnel, sous 1604, n. 5.

Conseil de famille, 407 s.
- composition, 407 s.
- consentement à l'adoption, 348-2, 349 ; à l'émancipation, 478, 479 ; au mariage, 159.
- convocation, 410, 411.
- délibération, 412 s.
- hypothèque légale, inscription, 2143.
- opposition au mariage, 175.
- représentation des membres, 412.

Consentement
- adoption ; consentement de l'adopté, adoption plénière, 345 ; adoption simple, 360 ; consentement des parents, 348 s. ; consentement du conseil de famille, 348-2, 349.
- contrats, 1109 s.
- divorce ; demande acceptée, 233 s. ; demande conjointe, 230 s. ; divorce pour faute, transformation, 246.
- mariage ; ascendants, 148 s. ; conseil de famille, 159-1 ; époux, 146.
- V. aussi *Acceptation*.

Conservateur des hypothèques, responsabilité, 2196 s.

Conservation de la chose, privilège, 2102-3°.

Consignation
- consignation judiciaire, privilège, 2075-1.
- offres réelles de paiement, 1257 s.
- privilèges et hypothèques, 2154-1.

- retenue de garantie, marché à forfait, L. n. 71-584 du 16 juil. 1971, sous 1799.

Consolidation, usufruit, 617.

Consommateurs
- associations agréées, action civile, L. n. 88-14 du 5 janv. 1988, art. 6, Annexe.
- clauses abusives, L. n. 78-23 du 10 janv. 1978, art. 35 ; D. n. 78-464 du 24 mars 1978, Annexe.
- crédit, L. n. 78-22 du 10 janv. 1978, Annexe ; D. n. 78-373 du 17 mars 1978, sous 1152 ; D. n. 78-509 du 24 mars 1978, Annexe.
- démarchage à domicile, L. n. 72-1137 du 22 déc. 1972, Annexe.
- prêts immobiliers, L. n. 79-596 du 13 juil. 1979, Annexe ; D. n. 80-473 du 28 juin 1980, sous 1152.
- télé-promotion, offre de vente, L. n. 88-21 du 6 janv. 1988, Annexe.

Construction
- accession, 552 s.
- bail à construction, C. constr. et hab., art. L. 251-1 s., R. 251-1 s., sous 1778.
- bonne foi, 555.
- constructeur, notion, 1792-1.
- distances, 674.
- édification avec les matériaux d'autrui, 554.
- édification sur le terrain d'autrui, 555.
- édification sur le fonds hypothéqué, 2133.
- édification sur le fonds légué, 1019.
- garantie de bon fonctionnement, 1792-3.
- garantie décennale, 1792 s., 2270.
- maison individuelle, C. constr. et hab., art. L. 231-1 s., R. 231-1 s., sous 1831-5.
- marché à forfait, 1793, 1794.
- matériaux, caractère mobilier, 532.
- promotion immobilière, 1831-1 s.
- responsabilité du fait des bâtiments, 1386.
- vente d'immeubles à construire, 1601-1 s. ; C. constr. et hab., art. L. 261-10 s., R. 261-1 s., sous 1601-4.
- V. aussi *Architectes et entrepreneurs, Contrat d'entreprise, Immeuble, Mitoyenneté*.

Contestation/Contrats

Contestation
- filiation légitime, 322.
- paternité, 318 s.
- reconnaissance d'enfant naturel, 338, 339.

Contrainte, V. *Violence*.
Contrat à titre onéreux, 1106.
Contrat aléatoire, 1104, 1964.
Contrat commutatif, 1104.
Contrat d'adhésion
- interprétation, sous 1162, n. 2.
- clauses limitatives ou exonératrices de responsabilité, sous 1147, n. 27.
- consentement, sous 1109, n. 5.

Contrat d'édition, V. *Propriété littéraire et artistique*
Contrat d'entreprise, 1787 s.
- action directe des ouvriers, 1798.
- assurance des travaux du bâtiment, C. ass., art. L. 241-1 et s., sous 1799.
- constructeurs, 1792 s.
- décès de l'entrepreneur, 1795.
- fabricant, 1792-4.
- marché à forfait, 1793, 1794.
- perte de la chose, 1788 s.
- privilège des architectes et entrepreneurs, 2103-4º; inscription, 2110.
- réception, 1792-6.
- sous-traitance, L. n. 75-1334 du 31 déc. 1975, sous 1799.

Contrat de bienfaisance, 1105.
Contrat de bière, indétermination du prix, sous 1129.
Contrat de mariage, 1387 s.
- certificat de notaire, 1394.
- clause commerciale, 1390 s.
- contre-lettre, 1396.
- conventions prohibées, 1388, 1389.
- époux commerçant, 1394.
- forme, 1394.
- incapables majeurs, 1399.
- mentions marginales, 1445.
- mineurs, 1398.
- modifications antérieures au mariage, 1396.
- modifications postérieures au mariage, 1397.

Contrat de transport, voiturier, 1782 s.; privilège, 2102-5º.

Contrat de travail, 1780; salaire différé, D.-L. 29 juil. 1939, art. 63 et s., Annexe.
Contrat d'intégration, V. *Agriculture*.
Contrat synnallagmatique, 1102.
Contrat unilatéral, 1103.
Contrats
- acceptation, sous 1109, n. 13 s.
- bonnes mœurs, 6.
- capacité, 1123.
- cas fortuit, 1148.
- cause, 1131 s.
- classification, 1102 s.
- clause pénale, 1156, 1226 s.
- clause résolutoire, sous 1184, n. 9 s.
- condition, 1168 s.
- conflit de lois, sous 3, n. 41 s.
- consentement, 1109 s.
- définition, 1101.
- devoir de collaboration, sous 1134, n. 15.
- dol, 1116.
- effet relatif, 1165 s.
- effets entre les parties, 1134 s.
- exécution de bonne foi, 1134.
- force obligatoire, 1134.
- groupe de contrats, responsabilité, sous 1147, n. 21.
- inexécution, 1146 s.
- inexistence, sous 1110, n. 29.
- interprétation, 1156 s.
- lésion, 1118; mineur, 1305 s.
- mise en demeure, 1139, 1146.
- objet, 1126 s.
- offre, sous 1109, n. 7 s.
- opposabilité, sous 1165, n. 2.
- ordre public, 6.
- pourparlers, sous 1109, n. 7-8.
- promesse de porte-fort, 1120.
- résiliation pour inexécution, 1184.
- résiliation unilatérale, contrats à durée indéterminée, sous 1134, n. 12-13.
- réserves, sous 1109, n. 16-17.
- retard, 1147.
- silence, sous 1109, n. 14.
- stipulation pour autrui, 1121.
- télépromotion, V. *ce mot*.
- terme, 1185.
- tiers, 1165.
- validité, 1108.
- vices du consentement, 1109 s.

Contre-lettre/Décès

Contre-lettre, 1321 ; contrat de mariage, 1396.
Contribution aux charges du mariage, V. *Charges du mariage.*
Convention, V. *Contrats.*
Copartageant, privilège, 2103-3° ; inscription, 2109.
Copies
- actes authentiques et sous seing privé, 1334, 1335, 1348.
- actes de l'état civil, D. n. 62-921 du 3 août 1962, art. 9, sous 54.
- copie exécutoire à ordre, L. n. 76-519 du 15 juin 1976, sous 1701.

Copropriété, immeubles bâtis, L. n. 65-557 du 10 juillet 1965 (ci-après indiquée L.) ; D. n. 67-223 du 17 mars 1967 (ci-après indiqué D.), Annexe.
- charges, L. 10 s.
- cloisons, mitoyenneté, L. 7.
- hypothèque, 2125.
- murs, mitoyenneté, L. 7.
- parties communes, L. 3 s., 9.
- parties privatives, L. 2, 9.
- règlement de copropriété, L. 8, 10 s.
- servitude, sous 637, n. 6 ; sous 705, n. 2.
- syndic, L. 17 s.
- syndicat, L. 14 s.
- V. aussi *Indivision.*

Corps humain
- indisponibilité, sous 6, n. 10-11.
- responsabilité délictuelle, sous 1384, n. 7.

Correspondance, autorité parentale, 371-4.
Coupes de bois
- caractère mobilier, 521.
- vente, retirement, sous 1657, n. 2 (renvoi).
- usufruit, 590 s.

Cour commune, servitude, sous 674, n. 2.
Cours d'eau
- alluvions et relais, 556, 557, 596.
- avulsions, 559.
- domaine public, 538.
- droits des riverains, cours d'eau non domaniaux, 644.
- épaves fluviales, sous 717, n. 3.
- îles, îlots et atterrissements, 560 s.
- lit abandonné, 563.
- règlements d'eau, 645.

- servitude de halage et de marchepied, 556.

Créanciers
- action oblique, 1166.
- action paulienne, 1167.
- cession de créance, 1689 s. ; V. ces mots.
- droit de gage général, 2093.
- opposabilité des contrats, 1165.
- opposabilité des contre-lettres, 1321.
- opposition au partage, 882.
- solidarité, 1197 s.
- succession, séparation des patrimoines, 878 s.

Crédit, V. *Consommateurs.*
Crédit-bail, cause, sous 1131.
Curatelle, 488 s., 508 s.
- assistance du curateur, 510 s.
- causes, 508 s.
- cessation, 509.
- contrat de mariage, 1399.
- curatelle d'Etat, v. D. n. 74-930 du 6 nov. 1974, sous 433.
- curatelle vacante, sous 509-2.
- curateur, 509-1 s.
- divorce, procédure, 249 s.
- donation, 513.
- mariage, 514.
- ouverture et publicité, 509.
- signification, 510-2.
- successions, option héréditaire, 776.
- testament, 513.

D

Date certaine, acte sous-seing privé, 1328.
Dation en paiement
- action paulienne, sous 1167, n. 1.
- cautionnement, 2038.

Débauche, action à fins de subsides, 342-4.
Décès
- acte, 78 s.
- architecte, 1795.
- associé, 1870.
- comourants, 720 s.
- déposant, 1939.
- mandant, 1991, 2003.
- mandataire, 2003.
- signataire, 1328.
- usufruitier, 617.

Déchéance/Déshérence

Déchéance
- autorité parentale, 378 s.
- avantages matrimoniaux, divorce, 267.
- bénéfice d'inventaire, 801.
- faculté de renoncer à succession, 792.
- nationalité, V. ce mot.
 - quadriennale, sous 2227, n. 1 (renvoi).
- terme, 1188.
- usufruit, 618.

Déconfiture
- cautionnement, 2032.
- délégation, 1276.
- mandat, 2003.
- rente constituée, 1913.
- terme, déchéance, sous 1188, n. 2.
- vente, délivrance, 1613.

Dégustation, vente, 1587.

Délai, V. *Terme.*

Délai de grâce, 1244.

Délai de viduité, 228, 261.

Délaissement, immeuble hypothéqué, 2168, 2169, 2172 s.

Délégation de créance, 1275, 1276.

Délits ou quasi-délits
- conflit de lois, sous 3, n. 47 s.
- preuve, 1348.
- responsabilité, 1382 s. ; V. *Responsabilité délictuelle ou quasi-délictuelle.*

Délivrance
- cession de créance, 1689.
- legs à titre universel, 1011.
- legs particulier, 1014 s.
- legs universel, 1004 s.
- vente, 1604 s.

Démarchage
- prêt d'argent, réglementation, L. n. 66-1019 du 28 déc. 1966, art. 8 s.
- vente à domicile, L. n. 72-1137 du 22 déc. 1972, Annexe.

Démence
- actes autres que donations et testaments, 489, 489-1.
- donations et testaments, 901.
- responsabilité du dément, 489-2.
- V. aussi *Aliénation mentale.*

Démolition
- constructions sur le sol d'autrui, 555.
- réparation en nature, sous 1143, n. 1.

Dénégation d'écriture, 1324, 1325.

Déni de justice, 4.

Dénonciation
- dépôt, chose volée, 1938.
- non-dénonciation de meurtrier, indignité successorale, 727, 728.
- usurpations, usufruitier, 614.

Département
- compromis d'arbitrage, 2060.
- hypothèque légale, 2121-3º.

Dépôt, 1915 s.
- assurance, sous 1927, n. 2.
- bagages, dépôt hôtelier, 1952 s.
- capacité, constitution, 1925, 1926.
- chose volée, 1938 ; restitution, 1940, 1941.
- clauses d'irresponsabilité, sous 1928, n. 2.
- consentement, 1921.
- décès du déposant, restitution, 1939.
- définition, 1915.
- dépôt hôtelier, 1952 s.
- dépôt judiciaire, 1961 s.
- dépôt nécessaire, définition, 1949 ; preuve, 1950.
- dépôt volontaire, 1921 s.
- droit de rétention du dépositaire, 1948.
- force majeure, 1929, 1934.
- fruits de la chose, 1936.
- gratuité, 1917.
- indemnisation du dépositaire, 1947, 1948.
- non-usage de la chose, 1930.
- objet, choses mobilières, 1918.
- obligations, déposant, 1947 s. ; dépositaire, 1927 s.
- preuve, 1924 ; dépôt nécessaire, 1950.
- restitution, 1932 s.
- secret, 1931.
- séquestre, 1955 s.
- tradition, 1919.
- valeurs mobilières, restitution, sous 1932, n. 1.

Dépôt de garantie
- bail à loyer, L. n. 86-1290 du 23 déc. 1986, art. 17, sous 1778.
- vente d'immeuble à construire, contrat préliminaire, C. constr. et hab., art. L. 261-15 s., R. 261-27 s., sous 1601-4.

Désaveu de paternité, 312, 314, 316 s.

Déshérence, successions, 768 s.

Destination du père de famille/Divorce

Destination du père de famille, V. *Servitudes.*
Détention, possession, 2228, 2283 ; détention précaire, 2236.
Devis et marchés, 1787 s.
Dévolution successorale, généralités, 731 s.
Disparition, absence, 112 s. ; jugement déclaratif de décès, 88 s.
Disposition générale ou réglementaire, juge, interdiction, 5.
Disposition à titre gratuit
– acceptation, tutelle administrative en matière de dons et legs, sous 910 (renvoi).
– capacité de disposer, 901 s.
– capacité de recevoir, 902, 906 s.
– clause d'inaliénabilité, 900-1.
– condition impossible, illicite ou immorale, 900.
– condition potestative, 944.
– enfant naturel, 908, 908-1.
– interposition de personnes, 911.
– médecin, 909.
– mineur, 903, 904, 907.
– ministre du culte, 909.
– pauvres de la commune, 910.
– pharmacien, 909.
– quotité disponible, 913 s.
– réduction, 920 s. ; V. *Réduction des libéralités.*
– V. aussi *Donations, Legs, Testament.*
Dissolution
– communauté légale, 1441 s.
– société, 1844-7.
Distribution par contribution, 2093.
Divertissement, V. *Recel.*
Divorce, 229 s. Nouv. C. proc. civ., art. 1070 à 1148 (indiqué ci-après : N.C.P.C.).
– administration légale, 288, 389-2.
– altération des facultés mentales, 238, 249-4.
– attribution préférentielle, 1476.
– autorité parentale, 288 s., 373-2.
– avantages matrimoniaux, 267 s.
– aveu, sous 235, 259.
– cas, 229 s.
– clause de dureté, divorce pour rupture de la vie commune, 240.
– compétence, 247, N.C.P.C., art. 1070 et s.
– condamnation pénale, divorce pour faute, 243.
– conciliation, 251 s., N.C.P.C. art. 1108 et s.
– conflit de lois, 310, sous 3, n. 22 s.
– consentement, demande acceptée, 233 s. ; demande conjointe, 230 s. ; transformation du divorce pour faute, 246.
– conséquences, 260 s.
– convention sur les effets du divorce, 230, 232, 246 ; homologation, 278, 279 ; mesures provisoires, 253.
– conversion de la séparation de corps, 306 s., N.C.P.C., art. 1141 et s.
– date des effets, 260 s.
– débats, non-publicité, 248.
– délai de réflexion, demande conjointe, 231.
– délai de viduité, 261.
– demande, renseignements, N.C.P.C., art. 1075 ; substitution, N.C.P.C., art. 1076, 1077.
– demande reconventionnelle, divorce pour faute, 245 ; divorce pour rupture de la vie commune, 241.
– devoir de secours, cessation, 270 ; divorce pour rupture de la vie commune, 281 s.
– divorce pour faute, 242 s., N.C.P.C., art. 1128.
– divorce pour rupture de la vie commune, 237 s., N.C.P.C., art. 1123 et s.
– divorce sur demande acceptée, 233 s., N.C.P.C., art. 1129 et s.
– divorce sur demande conjointe, 230 s., N.C.P.C., art. 1089 et s.
– domicile, 108-1.
– dommages-intérêts, 266.
– donations, 267 s.
– droit au bail, attribution, 1751.
– droits du conjoint divorcé, perte, 265.
– enfants, 286 s. ; administration légale, 288, 389-2 ; autorité parentale, 288 s., 373-2 ; droit de visite, 256, 288 ; enfants majeurs, 295 ; enquête sociale, 287-1, N.C.P.C., art. 1078 et s. ; garde, 287 s. ; pension alimentaire, 288, 293 s.
– enquête sociale, 287-1, N.C.P.C., art. 1078 et s.
– faute, 242.
– fraude aux droits du conjoint, 262-2.

1559

Divorce/Donations

- incapables majeurs, 249 s.
- interdiction légale, 250.
- juge aux affaires matrimoniales, 247, N.C.P.C., art. 1074.
- jugement, publicité, N.C.P.C., art. 1081, 1082.
- logement familial, bail forcé, 285-1 ; droit au bail, attribution, 1751 ; mesures provisoires, 255.
- mesures provisoires, 253 s., N.C.P.C., art. 1117 et s.
- nom, 264.
- pension alimentaire, conjoint, 255, 282 s. ; enfants, 293 s.
- pension de réversion, 272.
- prestation compensatoire, 270 s.
- preuves, 259 s.
- procédure, 247 s., N.C.P.C., art. 1070 et s.
- provision ad litem, 255.
- réconciliation, divorce pour faute, 244.
- remariage des époux, 263.
- torts exclusifs, effets, 265 s., 280-1.
- torts partagés, 265, 267-1.
- voies de recours, N.C.P.C., art. 1120 et s.

Dol
- assurances de dommages, C. assurances, art. L. 121-3, Annexe.
- bon dol, sous 1116, n. 3.
- cautionnement, sous 2011, n. 7.
- contrats, consentement, 1116.
- dol incident, sous 1116, n. 9.
- faute dolosive, V. *Responsabilité contractuelle.*
- jeu, 1967.
- mensonge, sous 1116, n. 2.
- paiement, imputation, 1255.
- preuve, présomptions, 1353.
- responsabilité contractuelle, clauses limitatives, sous 1150, n. 5.
- réticence, sous 1116, n. 4 ; assurance, C. assurances, art. L. 113-8, Annexe.

Domaine de l'État
- biens vacants et sans maître, 539, 713.
- prescription acquisitive, 2227.
- successions en déshérence, 539, 768 s.
- successions vacantes, 811 s.

Domaine public, 537 s.
- meubles, possession, sous 2279, n. 2.

Domestiques
- domicile, 109.
- legs, 1023.
- privilège, 2101-4°.
- responsabilité des maîtres, 1384, al. 5.

Domicile, 102 s.
- batelier, 102.
- caution, 2018.
- changement, 103 s.
- définition, 102.
- divorce ou séparation de corps, 108-1.
- domestique, 109.
- domicile conjugal, 108, 108-1, 215.
- élection de domicile, 111.
- fonctionnaire, 106, 107.
- majeur en tutelle, 108-3.
- mineur non émancipé, 108-2.
- salarié, 109.
- siège social, société, 1837.
- succession, 110.

Dommage, V. *Responsabilité contractuelle, Responsabilité délictuelle.*

Dommages-intérêts
- divorce, 266.
- intérêts moratoires, 1153.
- obligation de faire ou de ne pas faire, 1142 s.
- responsabilité contractuelle, 1146 s.
- responsabilité délictuelle, 1382 s.

Don manuel, sous 944.

Donation-partage, 1075 s.
- actes séparés, 1076.
- biens présents, 1076.
- donation antérieure, incorporation, 1078-1 s.
- enfant non conçu, 1077-2.
- forme, 1075, 1076.
- imputation, 1077.
- lésion, 1075-1.
- réduction, 1077-1 s.
- soulte, 1075-2.

Donations, 893 s.
- acceptation, 932 s.
- avancement d'hoirie, imputation sur la réserve, 864, 1077 ; incorporation à la donation-partage, 1078-1 ; rapport, 843 s. ; V. *Rapport à succession.*
- biens à venir, nullité, 943.
- capacité, 901 s.
- charges, V. ce mot.

Donations/Droit de visite

- clause d'inaliénabilité, 900-1.
- condition impossible, illicite ou immorale, 900.
- condition potestative, 944.
- définition, 894.
- dessaisissement du donateur, 894.
- donation déguisée, rapport, sous 843, n. 3 ; V. aussi *Donations entre époux.*
- donation indirecte, rapport 843.
- droit de retour conventionnel, 951, 952.
- époux, V. *Donations entre époux.*
- état estimatif, 948.
- forme, 931 s.
- hospice, acceptation, 910, 937.
- insanité d'esprit, 901.
- irrévocabilité, 894.
- participation aux acquêts, 1577.
- publicité, 939 s.
- rapport, 843 s. ; V. *Rapport à succession.*
- réduction, 920 s. ; V. *Réduction des libéralités.*
- réserve d'usufruit, 949, 950.
- révocation, 953 s.
- transfert de propriété, 938.

Donations entre époux, 1091 s.
- biens présents et à venir, 1093.
- conflit de lois, sous 3, n. 18.
- changement de régime matrimonial, sous 1397, n. 3.
- divorce, 267 s.
- donation de deniers, 1099-1.
- donation par contrat de mariage, 1081 s. ; V. ces mots.
- donation déguisée, 1099.
- enfants d'un premier lit, 1098.
- exécution, communauté, 1480.
- forme, 1091-1092.
- interposition de personnes, 1099, 1100.
- mineur, 1095.
- quotité disponible, 1094 s., 1097.
- révocation, 1096.
- usufruit, conversion en rente viagère, 1094-2, 1097-1.

Donations par contrat de mariage, 1080 s.
- acceptation, 1087.
- biens présents et à venir, 1084, 1085.
- caducité, 1088-1089.
- dettes et charges, 1084 s.
- donateur, 1082.
- enfants à naître, 1081 s.
- réduction, 1090.

Dot
- communauté légale, enfant commun, 1438 s.
- régime dotal, 1540 s. anciens.

Douanes, privilèges, C. douanes, art. 379-1°, 380, 381, sous 2098.

Double original, 1325.

Droit au bail
- attribution préférentielle, 832.
- époux, local d'habitation, 1751.

Droit d'aubaine, L. 14 juil. 1819 sous 726.

Droit d'auteur, V. *Propriété littéraire et artistique.*

Droit de bandite, servitudes, sous 648, n. 2.

Droit de passage, servitude conventionnelle, 688 ; servitude légale, 682 s.

Droit de préemption
- bail à ferme, C. rural, art. L. 412-1 s.
- bail à loyer, L. n. 75-1351 du 31 déc. 1975, art. 10, sous 1778 ; L. n. 86-1290 du 23 déc. 1986, art. 22, sous 1778.
- bail d'habitation, L. n. 75-1351 du 31 déc. 1975, art. 10, sous 1778.
- bail rural, C. rural, art. L. 412-1 et s., sous 1778.
- indivision, 815-14 s.

Droit de préférence, gage, 2073 ; hypothèque, 2094, 2134 ; privilège, 2094 s.

Droit de reprise, V. *Bail à ferme, Bail à loyer.*

Droit de rétention
- antichrèse, 2087.
- dépositaire, 1948.
- gage, 2082.
- mandataire, sous 1999, n. 4.
- rapport à succession, 862.
- vente, délivrance, 1612, 1613 ; réméré, 1673.

Droit de retour conventionnel, donation, 951.

Droit de retour légal
- filiation adoptive, 368-1.
- succession, 747 (abrogé).

Droit de suite
- hypothèque, 2114, 2119.
- privilège immobilier, 2166.

Droit de visite
- autorité parentale, 371-4, 375-7.
- divorce, 256, 288.

- filiation, 311-13.
- grands-parents, 371-4.
- incapables majeurs, 490-3.

Droits civils, 7 s.
Droits de la personnalité, vie privée, 9.
Droits d'usage et d'habitation, 625 s.
Droits litigieux, cession, 1699 ; incapacité, 1597.
Droits successifs, cession, 1696 s. ; lésion, 889.
Droits voisins du droit d'auteur, V. *Propriété littéraire et artistique.*

E

Eaux
- cours d'eau, V. ces mots.
- eaux courantes, 644, 645.
- eaux de source, 641 s.
- eaux pluviales, 641.
- égout des toits, 681.
- règlements d'eau, 645.
- servitude d'écoulement, 640.
- sources, 642, 643.

Échange, 1702 s.
- bail rural, C. rural, art. L. 411-39, sous 1778.
- chose d'autrui, 1704.
- communauté légale, biens propres, 1407.
- définition, 1702.
- dissimulation, C.G.I., art. 1840, sous 1593.
- éviction, 1705.
- forme, 1703.
- lésion, 1706.
- soulte, communauté légale, 1407.

Échantillon
- tailles, 1333.
- vente, sous 1587, n. 5.

Échéance, V. *Terme.*

Écriture
- acte sous seing privé, désaveu, 1323, 1324 ; mentions de la main du créancier, 1332.
- testament, 970.

Édition, V. *Propriété littéraire et artistique.*

Éducation des enfants
- assistance éducative, 375 s.

- autorité parentale, 371 s. ; V. ces mots.
- conseil de famille, 449.
- divorce et séparation de corps, 286 s.
- frais d'éducation, rapport à succession, 852.
- parents, obligation d'entretien, 203, 204.
- tuteur, 450 s.

Égout des toits, servitude, 681.
Élagage, arbres mitoyens, sous 670, n. 4.
Élection de domicile, 111.
Élèves, responsabilité des instituteurs, 1384, al. 6.

Émancipation, 476 s.
- adoption, 481.
- âge, 477.
- capacité, 481.
- capacité de disposer, 907.
- compte d'administration ou de tutelle, 480.
- conseil de famille, 478, 479.
- effets, 481, 482.
- exercice du commerce, 487.
- forme, 477 s.
- mariage, 476 ; autorisation, 481.
- responsabilité des parents, 482.

Emphytéose, C. rural, art. L. 451-1 et s., sous 1778.
Empiétement, V. *Propriété.*
Emploi
- communauté légale, 1433 s.
- substitution, 1065 s.
- tutelle, capitaux, 455.

Employés, responsabilités des commettants, 1384, al. 5.
Employés de maison, V. *Domestiques.*
Emprunt
- administration légale, 389-5.
- époux, achats à tempérament, 220.
- tutelle, 457.
- V. aussi *Prêt.*

Enclave, servitude légale de passage, 682 s.
Enfants, V. *Autorité parentale, Éducation des enfants, Garde des enfants.*
Enfants trouvés, actes de l'état civil, 58.
Engagement perpétuel, nullité, sous 1134, n. 11.
Engins de remontée mécanique, assurance obligatoire, C. assurances, art. L. 220-1 s., R. 220-1 s., Annexe.

Engrais, immeubles par destination, 524 ; vente, lésion, sous 1674, n. 7 (renvoi).
Enlèvement, action en recherche de paternité, 340.
Enregistrement, acte sous seing privé, C.G.I., art. 849, sous 1325 ; date certaine, 1328.
Enrichissement sans cause, sous 1371.
Entrepreneurs, V. *Architectes et Entrepreneurs.*
Envoi en possession, État, 770 ; légataire universel, 1008.
Épaves, 717.
Époux, V. *Conjoint survivant, Donations entre époux, Mandat entre époux, Mariage.*
Équité, interprétation des contrats, 1135.
Erreur
 – actes de l'état civil, rectification, 99 s.
 – contrats, consentement, 1109 s.
 – mariage, 180, 181.
 – paiement, répétition de l'indu, 1376 s.
 – transaction, 2052, 2053.
Essai, vente, 1588.
Établissement public
 – compromis d'arbitrage, 2060.
 – donations, 910, 937.
 – transaction, 2045.
Étangs, alluvions et relais, 558.
État
 – dons et legs, acceptation, sous 910 (renvoi).
 – hypothèque légale, 2121.
 – prescription civile, 2227.
 – privilèges du Trésor, 2098.
 – successions en déshérence, 768 s.
 – successions vacantes, 811 s.
État civil, V. *Actes de l'état civil.*
État de nécessité, V. *Violence.*
État descriptif, participation aux acquêts, 1570, 1572.
État des lieux, bail, 1730, 1731.
État des personnes
 – compromis, 2060.
 – conflit de lois, sous 3, n. 8 s.
État estimatif, donation, 948.
Étrangers
 – condition, 11.
 – conflit de juridictions, 14, 15.
 – nom, francisation, L. n. 72-964 du 25 oct. 1972, sous 57.
 – réfugiés et apatrides, sous 11, n. 6 (renvoi).
Éviction, V. *Garantie*
Examen des sangs, V. *Analyse des sangs.*
Exécuteur testamentaire, 1025 s.
Exhaussement, mur mitoyen, 658 s.
Expertise
 – expertise sanguine, V. *Analyse des sangs.*
 – partage, estimation, 824, 825 ; lots, 834.
 – parts sociales, évaluation, 1843-4.
 – vente, prix, 1592.
Exploitation agricole
 – attribution préférentielle, 832 s.
 – contrat de travail à salaire différé, D.-L. 29 juil. 1939, art. 63 s., Annexe.
 – immeubles par destination, 522, 524.
 – indivision, 815-1.
 – mandat présumé entre époux, C. rural, art. 789-1, sous 1432.
 – règlement amiable, v. L. n. 88-1202 du 30 déc. 1988, Annexe.
Expropriation pour cause d'utilité publique, 545.
Expulsion, V. *Bail à loyer.*
 – locaux d'habitation, astreinte, L. n. 49-972 du 21 juil. 1949, sous 1778 ; délai de grâce, sous 1244, n. 7 (renvoi).

F

Fabricant
 – action directe du maître de l'ouvrage, sous 1792, n. 1.
 – construction, responsabilité, 1792-4.
Factoring, V. *Affacturage.*
Faillite
 – caution, recours anticipé, 2032.
 – contrat d'édition, L. n. 57-298 du 11 mars 1957, art. 61.
 – contrat de promotion immobilière, 1831-5.
 – créances privilégiées, 2098, 2101 s. ; C.G.I., art. 1920 s., sous 2098 ; C. trav., art. L. 143-7 s., art. D. 143-1 ; L. n. 85-98 du 25 janv. 1985, art. 40, 129.
 – déchéance du terme, 1188.
 – inscription hypothécaire, 2147.
 – rentes perpétuelles, exigibilité, 1913.

Faillite/Fonds de commerce

- société, dissolution, 1844-7.
- vente, délivrance, 1613.
- V. aussi *Redressement judiciaire*.

Fait d'autrui, responsabilité délictuelle, 1384.
Fait personnel, responsabilité délictuelle, 1382, 1383.
Famille
- direction, 213.
- intérêt de la famille, changement de régime matrimonial, 1397.
- résidence, 215.

Faute, V. *Responsabilité contractuelle, Responsabilité délictuelle.*
Faux, acte authentique, 1319.
Femme mariée
- biens réservés, 224 s.
- capacité, 216 s.
- contribution aux charges du mariage, 214.
- dettes ménagères, 220.
- domicile, 108.
- gains et salaires, 224.
- hypothèque légale, 2121.
- mandat, 218 ; V. *Mandat entre époux.*
- profession, 223.
- saisie immobilière, 2208.

Fenêtres, servitudes de vue, 675 s.
Fente successorale, 733, 734.
Fermage, V. *Bail à ferme.*
Fiançailles
- cadeaux, 1088.
- filiation, recherche de paternité, 340.
- preuve, impossibilité morale de se procurer un écrit, sous 1348, n. 2.

Fichier immobilier, D. n. 55-22 du 4 janv. 1955, art. 1 s., D. n. 55-1350 du 14 oct. 1955, art. 1 s., sous 2203.
Fidéicommis, V. *Substitutions.*
Fidélité conjugale, devoir, 212.
Filiation, 311 s.
- acte de notoriété, possession d'état, 311-3.
- actions relatives à la filiation, 311-4 s.
- autorité de la chose jugée, 311-10.
- compétence, 311-5.
- conflits de filiations, 311-12.
- conflits de lois, 311-14 s.
- enfant sans vie, 311-4.
- filiation légitime, 312 s. ; V. ces mots.
- filiation naturelle, 334 s., V. ces mots.
- possession d'état, 311-1 s.
- prescription des actions, 311-6, 311-7.
- présomptions, conception, 311.

Filiation adoptive, V. *Adoption.*
Filiation adultérine ou incestueuse, V. *Filiation naturelle.*
Filiation légitime, 312 s.
- absence du mari, 315.
- acte de naissance, 319.
- contestation de légitimité par les héritiers du mari, 316-1 s.
- contestation de paternité par la mère, 318 s. ; par le mari, 326 ; par les héritiers du mari, 327.
- désaveu de paternité, 312 s.
- légitimation, 329 s. ; par autorité de justice, 333 s. ; par mariage, 331 s.
- mariage putatif, 202.
- possession d'état, 320 s.
- présomption de paternité, 312 s.
- preuves, 319 s.
- réclamation d'état, 322.
- revendication d'enfant légitime, 328.
- supposition ou substitution d'enfant, 322-1.

Filiation naturelle
- action en recherche de maternité, 341.
- action en recherche de paternité, 340 s.
- donations et legs, 908 s., 1094 s.
- droits successoraux, 756 s.
- effets, 334 s.
- filiation adultérine ; droits de l'enfant, 334 ; droits successoraux, 759 s. ; libéralités, 908.
- filiation incestueuse, 334-10.
- nom, 334-1 s.
- reconnaissance, 335 s.
- subsides, 340-1, 342 s.

Fonctionnaires
- cautionnement, 2102-7°.
- domicile, 106, 107.

Fondations, legs, sous 906.
Fonds de commerce
- attribution préférentielle, 832.
- bail, usufruit, 595.
- conjoint collaborateur, consentement à certains actes, L. n. 82-596 du 10 juil. 1982, art. 2, sous 1424 ; mandat, même loi, art. 9, sous 1432 ; qualité d'associé, même loi, art. 20, sous 1832-2.

Fonds de commerce/Gage

- incapables, pouvoirs de l'administrateur ou du tuteur, 389-5, 457, 459.
- opérations réglementées, L. n. 70-9 du 2 janv. 1970 ; D. n. 72-678 du 20 juil. 1972, Annexe.
- régimes matrimoniaux, clause commerciale, 1390.
- vente, dissimulation du prix, C.G.I., art. 1840, sous 1321.

Fonds de garantie
- accidents de circulation et de chasse, C. assurances, art. L. 421-1 s. R. 421-1 s., Annexe.
- terrorisme, C. assurances, art. L. 422-1 s., R. 422-1 s., Annexe.

Forains, domicile, sous 102, n. 8 (renvoi).

Force majeure
- perte de la chose, V. ces mots.
- prescription, suspension, sous 2251.
- preuve, perte du titre écrit, 1348.
- responsabilité contractuelle, 1148.
- responsabilité délictuelle, sous 1384, n. 5 s.

Forêts
- droits d'usage, 636 (renvoi) ; V. *Arbres, Coupes de bois.*

Forfait
- contrat d'entreprise, 1793, 1794.
- droit d'auteur, rémunération, L. n. 57-298 du 11 mars 1957, art. 35, 36, Annexe ; logiciel, L. n. 85-660 du 3 juil. 1985, art. 49, Annexe.

Fossés, mitoyenneté, 666.

Fouilles, propriété, 552 ; trésor, 716.

Frais de conservation, privilège, **2102-3°**.

Frais de dernière maladie, privilège, 2101-3°.

Frais de justice, privilège, 2101-1°.

Frais et dépens
- bornage, 646.
- divorce pour rupture de la vie commune, Nouv. C. proc. civ., art. 1127, sous 310.
- indivision, 815-8.

Frais funéraires, privilège, 2101-2°.

Franc, nouveau franc, sous 1243, n. 4.

Fraude
- action paulienne, 1167.
- communauté légale, administration, 1421, 1426.
- divorce, aliénation, 262-2.

- fraude fiscale, contre-lettre, C.G.I., art. 1840, sous 1321.
- partage, 882.
- régime matrimonial, modification, 1397.
- séparation de biens judiciaire, 1447.

Frères et sœurs V. *Collatéraux.*

Fruits
- acquisition par accession, 547 s.
- antichrèse, 2085, 2089.
- caractère mobilier ou immobilier, 520.
- dépôt, restitution, 1936.
- droits d'usage et d'habitation, 630, 635.
- fruits civils, 584, 586.
- fruits naturels, 583, 585.
- hypothèques, tiers détenteur, 2176.
- indivision, 815-8, 815-10.
- legs, légataire à titre universel, sous 1011, n. 2 ; légataire particulier, 1014, 1015.
- rapport à succession, 856.
- séparation de biens, 1539, 1540.
- sûreté immobilière, sous 520.
- usufruit, 582 s.
- vente, délivrance, 1614.

Funérailles
- liberté, L. 15 nov. 1887, sous 900-8.
- privilège, frais funéraires, 2101-2°.

Fusion de sociétés, 1844-4.
- cautionnement, novation (non) sous 2036, n. 3.

Futaie, usufruit, 591, 592.

G

Gage
- automobiles, D. n. 53-968 du 30 sept. 1953, sous 2084.
- consignation judiciaire, 2075-1.
- créance, 2075, 2081.
- dépôt judiciaire, 2075-1.
- droit de gage général des créanciers, 2093.
- droit de rétention, 2082.
- effets, 2073.
- forme, 2074, 2075.
- indivisibilité, 2083.
- intérêts, 2081.
- mise en possession, 2076.

Gage/Héritiers

- pacte commissoire, 2078.
- privilège du gagiste, 2073.
- restitution, 2082.
- risques, 2080.

Garage
- dépôt, sous 1915, n. 8.
- privilège du conservateur, sous 2102, n. 8.
- véhicules abandonnés, vente, L. du 31 déc. 1903, sous 2078.

Garantie
- bail, éviction, 1725 s. ; vices de la chose, 1721.
- cession de créance, 1693 s.
- cession de droits successifs, 1696 s.
- contrat de garantie, V. D. n. 87-1045 du 22 décembre 1987, sous 1649.
- dot, 1440.
- échange, éviction, 1705.
- garantie biennale, construction, 1792-3.
- garantie décennale, construction, 1792 s., 2270.
- mandat, 1997.
- partage, 884 s.
- promotion immobilière, garantie d'exécution, C. constr. et habit., art. L. 222-3, art. R. 222-9 et s., sous 1831-5.
- vente, 1625 s. ; charges occultes, 1626, 1638 ; clauses de non-garantie, 1627 s. ; éviction, 1628 s. ; vices cachés, 1641 s.

Garde des enfants
- autorité parentale, 371-2 s.
- divorce et séparation de corps, 256, 287 s.

Gardien, V. *Responsabilité délictuelle*.

Généalogiste, révélation de succession, cause, sous 1131, n. 4.

Gens de maison, V. *Domestiques*.

Gérant
- indivision, 1873-5 s.
- société civile, 1846 s.
- tutelle, 499, 500.

Gestion d'affaires, 1372 s.
- époux, 219.
- indivision, 815-4.
- majeur sous sauvegarde de justice, 491-4.

Gestion de dettes, L. n. 85-1097 du 11 oct. 1985, Annexe.

Gestion immobilière, réglementation, D. n. 72-678 du 20 juil. 1972, art. 64 à 67.

Gibier, définition, sous 715.
Glace, immeuble par destination, 525.
Grands-Parents, V. *Ascendants*.
Grève, force majeure, sous 1148, n. 12.
Grosse, force probante, 1335 ; remise volontaire, 1283, 1284.
Grossesse, durée légale, filiation, 311 ; mariage, âge légal, 185.
G.A.E.C., sous 1873 (renvoi).
Groupements fonciers agricoles, sous 1873 (renvoi).

Guerre
- actes de l'état civil, militaires et marins, 93 s.
- force majeure, sous 1148, n. 2.

H

Habilitation judiciaire, régimes matrimoniaux, 219, 1426.
Habitation, droit d'habitation, 625 s.
Haies, distance des plantations, 671 s. ; mitoyenneté, 666 s.
Halage, servitude, 556.

Héritiers
- action en révocation des donations, 957.
- actions relatives à la filiation, 311-8 ; contestation de légitimité, 316-1, 316-2 ; contestation de paternité, 318-1 ; recherche de paternité, 340-3.
- ascendants, 746 s.
- attribution préférentielle, 832 s.
- cession de droits litigieux à un cohéritier, 1701.
- collatéraux, 750 s.
- comourants, 720 s.
- confirmation des donations, 1340.
- conjoint survivant, 765 s.
- enfant légitime, 745.
- enfant naturel, 756 s.
- État, 768 s.
- héritier bénéficiaire, 793 s.
- héritier réservataire, détermination, 913 s. ; réduction des libéralités, 920 s. ; V. ces mots.
- option héréditaire, 774 s.
- paiement des dettes de la succession, 870 s.

Héritiers/Impôts

- rapport à succession, 843 s. ; V. ces mots.
- représentation, 739 s.

Homologation
- divorce, convention, 232, 246, 278, 279.
- modification de régime matrimonial, 1397.
- partage, incapable, 389-5, 466.

Hôpitaux et hospices, V. *Aliments.*

Hospices, donations et legs, acceptation, 910, 937.

Hôtelier, V. *Aubergistes et hôteliers.*

Hôtels et restaurants, V. *Aubergistes et hôteliers.*

Huissiers de justice
- archives, délai de conservation, 2276.
- constats, authenticité, sous 1317, n. 2 ; divorce, vie privée, 259-2.
- honoraires, prescription, 2272.

Hypothèque, 2114 s.
- aéronefs, sous 2120, n. 3 (renvoi).
- bateaux de navigation intérieure, sous 2120, n. 2 (renvoi).
- biens susceptibles d'hypothèque, 2118, 2119.
- conservateur des hypothèques, responsabilité, 2196 s.
- définition, 2114.
- donation d'un immeuble hypothéqué, 939.
- droit de préférence, 2094, 2134.
- droit de suite, 2114, 2119.
- extinction, 2180.
- hypothèque conventionnelle, V. ces mots.
- hypothèque judiciaire, V. ces mots.
- hypothèque légale, V. ces mots.
- indivisibilité, 2114.
- inscription, 2146 s. ; V. *Inscription hypothécaire.*
- meubles, 2119.
- navires, sous 2120, n. 1 (renvoi).
- purge, 2181 s. ; V. ce mot.
- rang, 2134.
- tiers détenteur, 2166 s. ; V. ces mots.
- usufruit, 2118.

Hypothèque conventionnelle, 2124 s.
- améliorations, 2133.
- biens à venir, 2130.
- capacité, 2124 s. ; mandataires sociaux, 1844-2.

- construction sur le fonds d'autrui, 2133.
- définition, 2117.
- désignation des immeubles, 2129 s.
- droit conditionnel, 2125.
- forme, 2127.
- immeuble indivis, 2125.
- propriétaire apparent, sous 2124, n. 1.

Hypothèque judiciaire, 2123.

Hypothèque légale, 2121 s.
- assiette, 2122.
- époux, 2121, 2135 s. ; V. aussi *Inscription hypothécaire.*
- mineurs ou majeurs en tutelle, 2121, 2143 s. ; V. aussi *Inscription hypothécaire.*

I

Iles et îlots, V. *Accession.*

Image (droit à l'), sous 9, n. 11 s., 21.

Immeuble
- accession, 552 s.
- antichrèse, 2085 s.
- conflit de lois, 3.
- immeubles à construire, vente 1601-1 s.
- immeubles par destination, 522 s. ; saisie, 2092-2.
- immeubles par l'objet, 526.
- immeubles par nature, 518 s.
- jouissance à temps partagé, L. n. 86-18 du 6 janv. 1986, Annexe.
- opérations réglementées, L. n. 70-9 du 2 janv. 1970 ; D. n. 72-678 du 20 juil. 1972, Annexe.
- prescription acquisitive, V. *Prescription.*
- responsabilité du fait des bâtiments, 1386.
- V. aussi *Constructions.*

Impenses
- indivision, 815-13.
- récompenses, 1469.
- remboursement en cas d'éviction de l'acquéreur, 1634.

Impôts
- communauté légale, charge, sous 1409.
- débiteur d'aliments, déclarations fiscales, sous 208, n. 2.
- privilèges du Trésor, 2098.
- usufruit, 608.

Inaliénabilité/Inscription hypothécaire

Inaliénabilité
- bien de famille, L. 12 juil. 1909, D. 26 mars 1910, sous 2092-2.
- clauses d'inaliénabilité, donations et testaments, 900-1.
- domaine public, 537, 538.
- droits d'usage et d'habitation, 631.

Incapables majeurs, V. *Majeurs protégés.*

Incendie
- bail, 1733, 1734.
- communication, 1384, al. 2.

Inceste
- filiation incestueuse, 334-10.
- mariage, empêchement, 161.

Inconduite notoire
- mère, action en recherche de paternité, 340-1.
- séparation de biens judiciaire, 1443.
- tuteur, destitution, 444.

Incorporation, propriété, 712.

Indexation
- clauses d'échelle mobile, Ord. n. 58-1374 du 30 déc. 1958, art. 79, sous 1243.
- pensions alimentaires, 208 ; divorce, 294.
- prestation compensatoire, 276-1.
- soulte, 833-1.

Indignité successorale, 727 s.

Indivisibilité
- aveu, 1356.
- hypothèque, 2114.
- obligations, 1217 s. ; cas, 1217 s. ; effets, 1222 s. ; héritiers du créancier, 1224 ; héritiers du débiteur, 1223, 1225.

Indivision, 815 s.
- administration, 815-2 s.
- améliorations, 815-13.
- attribution éliminatoire, 815.
- bien de famille, L. 12 juil. 1909, art. 18, sous 2092-2.
- cessation, 815.
- cession de droits indivis, 815-14 s.
- créanciers, 815-17.
- droits des indivisaires, 815-9 s.
- durée, 815.
- hypothèque, 2125.
- indivision conventionnelle, 1873-1 s. ; V. ces mots.
- maintien, 815, 815-1.
- préemption, 815-14.
- saisie, 815-17.
- sursis au partage, 815.
- usufruit, 815-2, 815-18.

Indivision conventionnelle, 1873-1 s.
- administration, 1873-5 s.
- capacité, 1873-4.
- créanciers, 1873-15.
- durée, 1873-3.
- faculté d'acquisition ou d'attribution, 1873-13 s.
- forme, 1873-2.
- gérant, 1873-5 s.
- préemption, 1873-12.
- usufruitier, 1873-16 s.

Indu, V. *Répétition de l'indu.*

Informatique, libertés, L. n. 78-17 du 6 janv. 1978, Annexe.

Infraction pénale
- action civile, prescription, sous 1383, n. 80 ; sous 2223, n. 1.
- autorité de la chose jugée au pénal, sous 1351, n. 23 s.
- autorité parentale, déchéance, 378.
- cause immorale, répétition, sous 6, n. 14.
- interdiction légale, L. n. 68-5, 3 janv. 1968, art. 5, sous 514.
- responsabilité contractuelle, sous 1147, n. 19.

Ingérence maritale, communauté légale, 1420.

Ingratitude
- révocation des donations, 953, 955 s.
- révocation des legs, 1046, 1047.

Inhumation, délais, sous 78 (renvoi).

Injures graves
- divorce, 242.
- révocation des donations, 955.
- révocation des legs, 1047.

Insaisissabilité, biens insaisissables, 2092-2.

Insanité d'esprit, V. *Aliénation mentale, Démence.*

Inscription de faux, V. *Faux.*

Inscription hypothécaire 2146 s.
- arrêt du cours des inscriptions, 2147.
- bordereaux, 2148 s.
- compétence contentieuse, 2156.
- concours des créanciers de même date, 2134.

Inscription hypothécaire/Juge des tutelles

- conservateur, responsabilité, 2196 s.
- copies, 2196 s.
- durée, 2154 s.
- effets, 2166 s.
- époux, mainlevée et réduction, 2163, 2165.
- faillite, 2147.
- frais, 2155.
- immeuble soumis au statut de la copropriété, 2148-1.
- intérêts, 2151.
- lieu d'inscription, 2146.
- mainlevée, 2157, 2158, 2163 s.
- mention en marge, 2149.
- mineurs et majeurs en tutelle, mainlevée et réduction, 2164, 2165.
- publicité, 2196 s.
- radiation, 2157 s., 2163 s.
- réduction, 2161 s.
- registres, 2196 s.
- renouvellement, 2154 s.

Insémination artificielle
- contestation de paternité, sous 311-9, n. 2.
- désaveu de paternité, sous 312, n. 1.

Instituteurs, leçons, prescription, 2271 ; responsabilité, 1384, al. 6.

Institution contractuelle, V. *Donations par contrat de mariage.*

Institution d'héritier, V. *Legs.*

Intégration, V. *Agriculture.*

Interdiction légale, condamnés, L. n. 68-5, 3 janv. 1968, art. 5, sous 514.

Interprètes, droits voisins du droit d'auteur, L. n. 85-660 du 3 juil. 1985, art. 15 s.

Intérêts
- capitalisation, 1154.
- cautionnement, recours contre le débiteur, 2028.
- communauté, créances entre époux, 1479 ; récompenses, 1473.
- dot, 1440.
- hypothèque, inscription, 2151.
- imputation des paiements, 1254 ; gage, 2081.
- intérêt légal, L. n. 75-619, 11 juil. 1975, sous 1153.
- intérêt moratoire, 1153.
- legs particulier, 1014, 1015.
- mandat, avances du mandataire, 2001 ; sommes dues par le mandataire, 1996.
- prescription, 2277.
- prêt à intérêt, 1905 s.

Interposition de personnes
- disposition à titre gratuit, 911.
- donation entre époux, 1100.

Interprétation, contrats, 1156 s.

Interversion de titre, V. *Prescription.*

Inventaire
- communauté légale, bénéfice d'émolument, 1483.
- jouissance légale, déchéance, 386.
- partage, estimation des meubles, 825.
- participation aux acquêts, 1572.
- substitution, 1059 s.
- succession, acceptation sous bénéfice d'inventaire, 793 s. ; État, 769 ; exécution testamentaire, 1031, 1034 ; successions vacantes, 813, 814.
- tutelle, 451.
- usage et habitation, 626.
- usufruit, 600 ; donations entre époux, 1094-3.

Irrigation, eaux courantes, 644.

Ivresse, contrats, consentement, sous 1109, n. 2.

J

Jardins
- mur mitoyen, 653.
- servitude d'écoulement, 641.

Jeu, exception, 1965 s. ; interdiction de certains appareils, L. n. 83-628 du 12 juil. 1983, sous 1965.

Jouissance à temps partagé, immeubles, L. n. 86-18 du 6 janv. 1986, Annexe.

Jouissance légale, 382 s.

Jours, servitudes, 676, 677.

Juge
- achat de droits litigieux, 1597.
- décision réglementaire, 5.
- déni de justice, 4.

Juge aux affaires matrimoniales, 247, Nouv. C. proc. civ., art 1074, sous 310.

Juge des enfants, assistance éducative, 375-1.

Juge des tutelles
- absence, 112 s.
- administration légale, contrôle, 389-5 s.
- autorité parentale, contestation, 372-1.

Juge des tutelles/Location

- fonctions, 393 s.
- responsabilité, recours de l'Etat, 473.
- sauvegarde de justice, 490-1, 490-3, 491-1, 491-5.
- tutelle des majeurs, 490-1, 490-3, 493 s.

Jugement, disposition générale et réglementaire, 5.
Justice, concours, 10.

L

Lacs et étangs, alluvions et relais, 558.
Lais et relais de la mer, domaine public, 538.
Langue française, L. n. 75-1349 du 31 déc. 1975, Annexe.
Lapins de garenne
- immeubles par destination, 524.
- propriété, 564.

Légitimation, 329 s.
- légitimation par autorité de justice, 333 s.
- légitimation par mariage, 331 s.
- loi applicable, 311-16.

Légitime défense V. *Responsabilité délictuelle.*

Legs, 1002 s.
- accroissement, 1044, 1045.
- caducité, 1039 s.
- clause d'inaliénabilité, 900-1.
- communauté légale, biens acquis par legs, 1405 ; legs de biens communs, 1423.
- désignation du légataire, sous 1002, n. 1.
- exécuteur testamentaire, 1025 s.
- faculté d'élire, sous 1002, n. 2.
- legs à titre universel, 1010 s. ; définition, 1010 ; demande en délivrance, 1011 ; obligation au passif successoral, 1012 ; obligation aux legs particuliers, 1013.
- legs aux pauvres, 910.
- legs conjoint, 1044, 1045.
- legs de residuo, sous 896, n. 6.
- legs particulier, 1014 s. ; accessoires de la chose, 1018 ; chose d'autrui, 1021 ; définition, 1010 ; demande en délivrance, 1014 s. ; fruits et intérêts, 1014, 1015 ; domestiques, compensation avec les gages (non), 1023 ; hypothèque,

1017, 2121-4° ; obligation au passif, 1024.
- legs sous condition, 1040, 1041.
- legs universel, 1003 s. ; définition, 1003 ; demande en délivrance, 1004 s. ; envoi en possession, 1008 ; obligation au passif et aux legs, 1009 ; saisine, 1006.
- révocation 1035 s.

Lésion
- apport en société, sous 1832, n. 3.
- contrats, 1118, 1304 s.
- droits successifs, 889.
- majeurs, 1313.
- majeurs en curatelle, 510-3.
- majeurs en tutelle, 1312, 1314.
- majeurs sous sauvegarde de justice, 491-2.
- mineurs, 1305 s.
- partage, 887 s.
- transaction, 2052.
- vente d'engrais, sous 1674, n. 7 (renvoi)
- vente d'immeuble, 1674 s.

Lettres missives
- aveu de paternité, 340.
- divorce, preuve, 259-1.
- testament olographe, sous 970, n. 4.

Levée d'option, V. *Promesse unilatérale de vente.*
Libéralités, V. *Dispositions à titre gratuit.*
Licenciement, indemnité, privilèges des salariés, 2101-4°, 2104-2°.
Licitation, 1686 s.
- effet déclaratif, 883, 1476.
- partage judiciaire, 839.
- succession, tribunal compétent, 822 ; vente d'immeuble, 827.

Lien de causalité, V. *Responsabilité délictuelle.*
Liquidation des biens, V. *Faillite.*
Liquidation judiciaire, V. *Faillite.*
Lit des cours d'eau, V. *Cours d'eau.*
Livraison
- obligation de donner, 1136 s.
- vente, délivrance, 1604 s.

Livres de commerce, preuve, 1329, 1330.
Livret de famille, D. n. 53-914 du 26 sept. 1953 ; D. n. 74-449 du 15 mai 1974, sous 54.
Location, V. *Bail, Bail à ferme, Bail à loyer.*

Location-accession, L. n. 84-595 du 12 juil. 1984, Annexe.
Logement familial, divorce, 285-1 ; droit au bail, époux, 1751 ; mariage, 215.
Logiciels, V. *Propriété littéraire et artistique.*
Loi
– conflit de lois, 3.
– entrée en vigueur, 1.
– insuffisance ou obscurité, 4.
– loi de police et de sûreté, 3.
– non-rétroactivité, 2.
– promulgation et publication, 1.
Loteries, prohibition, sous 1965, n. 8 (renvoi).
Lotissement
– promesse de vente, 1589.
– servitudes, sous 686, n. 16.
Lots
– donation-partage, 1076 s.
– partage, 828, 831 s.
– V. aussi *Copropriété.*
Louage, V. *Bail.*
Louage d'ouvrage, V. *Contrat d'entreprise.*
Louage de services, V. *Contrat de travail.*

M

Maçon
– action directe, 1798.
– privilège, 2103, 2110.
Magistrat, V. *Juge.*
Mainlevée
– hypothèque, V. *Inscription hypothécaire.*
– opposition à mariage, 173, 174, 177 s.
Maison de prêt sur gage, 2084.
Maison individuelle, contrat de construction, C. constr. et hab., art. L. 231-1 s., R. 231-1 s., sous 1831-5.
Maîtres, responsabilité du fait des domestiques, 1384, al. 5.
Maître d'œuvre, V. *Architectes et entrepreneurs.*
Maître de l'ouvrage, V. *Contrat d'entreprise.*
Maîtres de pension, prescription, 2272.
Maîtres et instituteurs, prescription, 2271.
Majeurs protégés, 488 s.
– altération des facultés mentales ou corporelles, 490.

– curatelle, 508 s. ; V. ce mot.
– divorce, 249 s.
– domicile, tutelle, 108-3.
– logement, 490-2.
– sauvegarde de justice, 491 s. ; V. ces mots.
– traitement médical, 490-1.
– tutelle, 492 s. ; V. *Tutelle des majeurs.*
Majorité légale, 488.
Malades mentaux, V. *Aliénation mentale, Démence.*
Maladie
– constitution de rente viagère, 1975.
– contrat de travail, force majeure, sous 1148, n. 9.
– frais de dernière maladie, privilège, 2101-3°.
Mandat, 1984 s.
– acceptation, 1985.
– acceptation des donations, acte authentique, 933.
– agent d'affaires, V. ces mots.
– avances, 1999, 2001.
– capacité du mandataire, 1990, 2003.
– constitution d'hypothèque, acte authentique, sous 2127, n. 2.
– décès du mandant, 2003, 2008, 2009.
– décès du mandataire, 2003, 2010.
– déconfiture, 2003.
– définition, 1984.
– époux, V. *Mandat entre époux.*
– étendue, 1987, 1988.
– fin, 2003 s.
– forme, 1985.
– frais, 1999.
– gratuité, 1986.
– mandat ad litem, sous 1989, n. 1.
– mandat apparent, sous 1998, n. 2 ; preuve, sous 1985, n. 2.
– mandat d'intérêt commun, sous 2004, n. 4.
– mandat post mortem, sous 2003, n. 1.
– mandat tacite, 1985.
– mineur, 1990.
– obligations du mandant, 1998 s.
– obligations du mandataire, 1991 s.
– ratification, 1998.
– reddition de compte, 1993.
– renonciation, 2003, 2007.

Mandat/Mariage

- responsabilité du mandataire, 1991, 1992, 1997.
- révocation, 2003 s.
- solidarité entre mandants, 2002.
- solidarité entre mandataires, 1995.
- substitution de mandataire, 1994.

Mandat entre époux
- mandat exprès, 218 ; communauté légale, 1431 ; séparation de biens, 1539.
- mandat tacite ; communauté légale, 1432 ; séparation de biens, 1540.
- présomption de mandat, époux exploitant un fonds agricole, Code rural, art. 789-1, sous 1432.

Manège, obligation de moyens, sous 1147, n. 6.

Marchands, prescription, 2272.

Marché, V. *Contrat d'entreprise.*

Marchés publics
- nantissement, sous 2084 (renvoi).
- privilège, sous 2102, n. 18 (renvoi).

Marchepied, servitude, 556, 650.

Mariage, 144 s.
- acte de célébration, 194 s. ; V. aussi *Acte de mariage.*
- action en nullité, 180 s.
- adoption, empêchement à mariage, 356, 364, 366.
- âge, 144, 145.
- agents diplomatiques et consulaires, V. ces mots.
- alliance, dispense, 164 ; empêchement, 161 ; nullité, 184, 190.
- ascendants, consentement, 150 s. ; empêchements à mariage, 161.
- biens réservés, 224 s.
- bigamie, empêchement à mariage, 184 ; nullité, 188 s.
- capacité des époux, 216.
- célébration, 165 s. ; forme, 75 ; lieu, 74.
- certificat médical, 63 ; dispense, 169.
- clandestinité, amende, 192, 193 ; nullité, 191.
- collatéral, empêchement à mariage, 162 ; opposition, 174.
- communauté de vie entre époux, 215.
- comptes de dépôts et de titres, 221.
- conflits de lois, sous 3, n. 14 s.
- conseil de famille, consentement, 159, 160, 506 ; opposition, 175.
- consentement des époux, 146, 180.
- consentement familial, 148 s. ; défaut, 182, 183 ; père et mère décédés, 150 ; père et mère disparus, 160 ; père et mère vivants, 148 ; père ou mère décédé, 149.
- contribution aux charges du mariage, 214.
- délai de viduité, 228.
- dettes ménagères, 220.
- devoir de fidélité, de secours et d'assistance, 212.
- dispense, âge, 145 ; certificat médical, 169 ; parenté et alliance, 164 ; publications, 169.
- dissentiment familial ; ascendants, 150 ; constatation, 154, 155 ; notification, 154, 157 ; père et mère, 148.
- dissolution, 227.
- droits et devoirs des époux, 212 s.
- éducation des enfants, 213, 220.
- émancipation, 476, 481.
- empêchements, 144 s. ; action à fins de subsides, 342-7 ; adoption, 356, 364, 366 ; parenté et alliance, 161 s.
- enfant naturel, consentement familial, 158, 159.
- erreur, 180, 181.
- étranger, Ord. n. 45-2658 du 2 nov. 1945, art. 13, sous 164.
- Français à l'étranger, 170.
- gains et salaires, 224.
- habilitation judiciaire, 217, 219.
- impuberté, nullité, 184 s., 190.
- inceste, 161 s.
- intérêts de la famille, mesures urgentes, 220-1 s.
- logement familial, 215 ; droit au bail, 1751.
- majeur en curatelle, 514.
- majeur en tutelle, 506.
- mandat, V. *Mandat entre époux.*
- mariage à l'étranger, 170.
- mariage impossible, légitimation par autorité de justice, 333.
- mariage posthume, 171.
- mariage putatif, 201, 202.
- mariage simulé, sous 146, n. 4.
- meuble, présomption de pouvoir, 222.
- militaires et marins, publications, 96.
- ministère public ; action en nullité, 190 ;

Mariage/Mineurs

dispense, 145, 169 ; opposition, sous 174, n. 2.
- monogamie, 147.
- notification, 154, 157.
- nullité, 180 s.
- obligation alimentaire, 205 s.
- officier de l'état civil ; célébration, 165 ; incompétence, 191 ; responsabilité, 156, 157, 192.
- oppositions, 66 s., 172 s. ; appel, 178 ; causes, 174, 175 ; certificat de non-opposition, 69 ; collatéral, 174 ; conseil de famille, 175 ; dommages-intérêts, 179 ; effet, 68 ; énonciations, 176 ; forme, 66 ; mainlevée, 173, 174, 177 s. ; ministère public, 174 ; opposition au jugement, 179 ; péremption, 176 ; qualité de l'opposant, 172 s. ; signification, 66.
- parenté ; dispense, 164 ; empêchement, 161 s. ; nullité, 184, 190.
- possession d'état, 195 s.
- preuve, 194 s.
- procédure criminelle, 198 s.
- profession séparée de la femme, 223.
- promesse de mariage, recherche de paternité, 340.
- puberté, 144, 184 s., 190.
- publications ; défaut, 192 ; dispense, 169 ; durée, 64 ; énonciations, 63 ; lieu, 63, 166 ; mariage à l'étranger, 170 ; renouvellement, 65.
- remariage, 228.
- représentation d'un conjoint par l'autre, habilitation judiciaire, 219 ; mandat, 218.
- résidence de la famille, 215.
- solidarité, dettes ménagères, 220.
- usage et habitation, 632.
- V. aussi *Acte de mariage*, *Contrat de mariage*.

Marins, superprivilège des salariés, C. trav., art. L. 742-6, sous 2101. V. aussi militaires et marins.

Maternité
- filiation légitime, preuve, 319 s.
- filiation naturelle, action en recherche de maternité, 341.

Médecins
- clientèle, cession, sous 1128, n. 2.

- déclaration de naissance, 56.
- honoraires, prescription, 2272.
- incapables majeurs, curatelle, 511 ; traitement, 490-1 ; tutelle, 493-1, 496-2, 501, 506.
- incapacité de recevoir, 909.
- obligation de moyens, sous 1147, n. 3.
- secret professionnel, démence du testateur, sous 901, n. 2.

Médicaments, obligation de renseignement, sous 1383, n. 13.
Mensonge, V. *Dol.*
Mésintelligence, société, dissolution, 1844-7.
Métayage, C. rural, art. L. 417-1 et s., sous 1778.
Meubles, 527 s.
- accession mobilière, 565 s.
- communauté de meubles et d'acquêts, 1498 s.
- hypothèque, 2119.
- meubles meublants, 534 ; pouvoirs des époux, 215 ; usufruit, 589.
- meubles par anticipation, 520, 521.
- meubles par détermination de la loi, 529.
- meubles par nature, 528.
- partage, estimation, 825.
- perte ou vol, revendication, 2279, 2280.
- possession, 2279.
- successions, conflit de lois, sous 3, n. 29.
- vente ; biens grevés de substitution, 1062, 1065 ; exécution testamentaire, 1031 ; héritier bénéficiaire, 796, 805, 807 ; tutelle, 456, 457.

Meublés, V. *Bail à loyer.*
Militaires et marins
- actes de l'état civil, 93 s.
- testament aux armées, 981 s.
- testament au cours d'un voyage maritime, 988 s.

Mines
- propriétaires du sol, droits, 552.
- usufruit, 598.

Mineurs
- administration légale, 389 s. ; V. ces mots.
- assistance éducative, 375 s.
- autorité parentale, 371 s. ; V. ces mots.
- contrats, incapacité, 1124, 1125 ; rescision pour lésion, 1304 s.

Mineurs/Nationalité

- domicile, 108-2.
- donations, acceptation, 935 ; capacité de disposer, 903, 904 ; donations par contrat de mariage, 1095.
- émancipation, V. ce mot.
- exécution testamentaire, 1030, 1031.
- hypothèque légale, 2121, 2143 s.
- jouissance légale, 382 s.
- majorité, âge légal, 388.
- mandat, 1990.
- mariage, V. ce mot.
- prescription, suspension, 2252, 2278.
- responsabilité des parents, 1384, al. 4.
- successions, acceptation, 461, 462, 776.
- testament, 904, 907.
- tutelle, 393 s. ; V. ce mot.

Ministère public
- absence, 117.
- actes de l'état civil, déclaration judiciaire de décès, 88, 90, 92 ; rectification, 99.
- assistance éducative, 375-5, 375-6.
- autorité parentale, déchéance, 378-1.
- divorce, modification du droit de garde, 291.
- mariage, V. ce mot.
- nationalité, C. nationalité, art. 129, Annexe.
- successions vacantes, 812.

Ministres du culte, libéralités, incapacité de recevoir, 909.

Minorité, V. *Mineurs*.

Minutes, copies tirées sur la minute d'un acte, 1335.

Mise en demeure
- clause pénale, 1230.
- contrat de mariage, clause commerciale, 1392.
- intérêts moratoires, 1153.
- obligation de donner, 1138, 1139.
- perte de la chose, 1302 ; solidarité, 1205.
- responsabilité contractuelle, 1147.
- vente, intérêts du prix, 1652.

Mitoyenneté, 653 s.
- abandon, 656.
- acquisition, 661.
- arbres, 670 s.
- cession, 668.
- clôtures et fossés, 666 s.
- construction, 657, 662.
- exhaussement, 658 s.
- frais, 667.
- haies, 668 s.
- présomptions, 653, 654, 666.
- reconstruction, 655, 665.
- réparations, 655.

Mobilier, V. *Meubles*.

Monnaie de paiement, sous 1243, n. 5 s.

Monuments historiques et sites, imprescriptibilité, L. 31 déc. 1913, art. 12, L. 2 mai 1930, art. 13, sous 2226.

Mort pour la France
- acte de l'état civil, mention, sous 35, n. 2.
- nom, relèvement, L. 2 juil. 1923, sous 57.

Mort violente, acte de décès, 81 s., 85.

Moulins, immeubles, 519 ; meubles, 531.

Murs
- clôture forcée, 663.
- mitoyenneté, 653 s.
- usufruit, réparations, 605, 606.

N

Naissance, V. *Acte de naissance*.

Nantissement, 2071 s.
- antichrèse, 2085 s.
- définition, 2071.
- gage, 2073 s. ; V. ce mot.
- nantissements spéciaux, sous 2084 (renvoi).
- warrant, V. ce mot.

Nationalité, C. nationalité, Annexe, D. n. 73-643 du 10 juil. 1973, Annexe (dans cette rubrique le mot Code, sans précision, renvoie au Code de la nationalité et la lettre D. au décret de 1973).
- acquisition, Code 36 s. ; déclaration, Code 52 s., 101 s., D. 1 s. ; effets, Code 80 s. ; filiation, Code 36 ; lieu de naissance et résidence, Code 44 s. ; mariage, Code 37 s. ; naturalisation, Code 59 s., D. 28 s.
- adoption plénière, Code 26, al. 2, 84.
- adoption simple, Code 36, 55.
- certificat de nationalité, Code 149 s.

Nationalité/Obligation conditionnelle

- contentieux, Code 124 s.
- déchéance, Code 98, 99, D. 47 s.
- déclaration de nationalité, Code 52 s., 101 s., D. 1 s.
- état civil, Français par acquisition nés à l'étranger, C. civil 98 s. ; mentions relatives à la nationalité, Code 115, 116.
- nationalité d'origine, Code 17 s. ; filiation, Code 17, 19 ; lieu de naissance, Code 21 s.
- naturalisation ; conditions, Code 61 s. ; décisions, Code 110 s. ; incapacités, Code 81 s. ; procédure, D. 28 s.
- perte, Code 87 s., D. 17 s., 42 s.
- preuve, Code 138 s.
- procédure, Code 128 s.
- question préjudicielle, Code 124.
- réclamation, Code 52 s.
- réintégration ; conditions, Code 97-2 s. ; décrets, Code 110 s. ; procédure, D. 20, 21, 28 s.
- répudiation, Code 30 s.
- résidence en France, Code 78.
- territoires d'outre-mer, Code 158 s.
- transfert de souveraineté, Code 152 s.

Naturalisation, V. *Nationalité*.
Navires
- caractère mobilier, 531.
- disparition, déclaration judiciaire de décès, 88 s.
- hypothèque, sous 2120, n. 1 (renvoi).
- privilèges, sous 2102 (renvoi).
- responsabilité du fait des choses, sous 1384 n. 6.

Nemo auditur, sous 6, n. 14.
Nom
- acte de naissance, 57.
- adoption plénière, 357.
- adoption simple, 363.
- changement, L. 11 germinal an XI, L. 2 juil. 1923, L. n. 72-964 du 25 oct. 1972, sous 57.
- conflit de lois, sous 3, n. 28.
- divorce, 264.
- enfant naturel, 334-1 s.
- enfant trouvé, 58.
- francisation, L. n. 72-964 du 25 oct. 1972, sous 57.
- imprescriptibilité, L. 6 fructidor an II, sous 57.

- prénom, V. ce mot.
- séparation de corps, 300.
- substitution, 334-5.
- usage, L. n. 85-1372 du 23 déc. 1985, sous 57.

Non-lieu, autorité de la chose jugée, sous 1351, n. 14.
Non-rétroactivité des lois, 2.
Non usage
- droit de propriété, sous 2262, n. 3.
- servitudes, 706 s.

Notaires
- acte authentique, V. ces mots.
- honoraires, prescription, 2272.
- partage, 827, 828.
- responsabilité, insuffisance du gage, sous 2127, n. 3.

Novation, 1271 s.
- capacité, 1272.
- cas, 1271.
- caution, 1281.
- codébiteurs, 1281.
- délégation novatoire, 1275, 1276.
- forme, 1273, 1274, 1277.
- preuve, 1273.
- privilèges et hypothèques, 1278 s.

Nue-propriété, V. *Usufruit*.
Nullités
- contrats, capacité, 1123 s. ; cause, 6, 1131 s. ; consentement, 1109 s. ; objet, 1126 s. ; prescription, 1304.
- contre-lettres, fraude fiscale, C.G.I., art. 1840, sous 1321.
- mariage, 180 s. ; V. ce mot.
- ordre public, 6.
- sociétés, 1844-10 s.

O

Objet
- contrats, 1126 s.
- objet social, 1833, 1844-7, 1844-10.

Objets abandonnés, V. *Abandon*.
Obligation alimentaire, V. *Aliments*.
Obligation alternative, 1189 s.
Obligation à terme, 1185 s.
Obligation conditionnelle, 1168 s.
- condition résolutoire, 1183, 1184.
- condition suspensive, 1181, 1182.

Obligation de donner, 1136 s.
Obligation de faire ou de ne pas faire, 1142 s.
Obligations de moyens et de résultat, sous 1147 n. 1 s.
Obligation divisible, 1217, 1220, 1221.
Obligation indivisible, 1217 s.
– cas, 1217 s.
– effets, 1222 s.
– héritiers du créancier, 1224.
– héritiers du débiteur, 1223, 1225.
Obligation in solidum
– action récursoire, sous 1214.
– responsabilité civile, co-auteurs, sous 1383, n. 16.
– V. aussi *Solidarité*.
Obligation naturelle, 1235.
Obligation de non-concurrence, V. *Clause de non-concurrence*.
Obligation solidaire, V. *Solidarité*.
Œuvre d'art
– erreur sur l'authenticité, sous 1110, n. 9.
– vente, droit de suite, L. n. 57-298, 11 mars 1957, art. 42, Annexe.
– V. aussi *Propriété littéraire et artistique*.
Œuvres littéraires, V. *Propriété littéraire et artistique*.
Office ministériel, cession, contre-lettre, C.G.I., art. 1840, sous 1321.
Officiers de l'état civil, V. *Actes de l'état civil*.
Officiers de réserve, mention sur les actes de l'état civil, sous 34, n. 3.
Officiers de santé, libéralités, incapacité de recevoir, 909.
Offre
– caducité, sous 1109, n. 13 et 18.
– contrats, sous 1109, n. 4 s.
– révocation, sous 1109, n. 11-12.
– télépromotion, V. ce mot.
– validité, sous 1109, n. 7.
Offres réelles, paiement, 1257 s.
Oisiveté, incapables majeurs, 488.
Opposition
– opposition au mariage, V. *Mariage*.
– opposition au partage, 882.
– opposition d'intérêts, administration légale, 389-3 ; tutelle, 420.
Option héréditaire, 774 s.
Or, clauses monétaires, sous 1243, n. 7, 8.
Ordre entre créanciers, 2218.

Ordre public, 6.
Outillage
– immobilisation, 524.
– nantissement, sous 2084 (renvoi).

P

Pacage, servitude, 688.
Pacte commissoire
– antichrèse, 2088.
– gage, 2078.
Pacte de préférence
– droit d'auteur, contrat d'édition, L. n. 57-298, 11 mars 1957, art. 34, Annexe.
– Vente, sous 1589, n. 7-8.
Pacte sur succession future
– dérogations à la prohibition ; clause commerciale, 1389 s. ; continuation de la société, 1870 ; indivision, 1873-13 ; séparation de corps, 301.
– prohibition, 1130.
– renonciation, 791.
– vente, 1600.
Paiement, 1235 s.
– arrhes, vente, 1590.
– bonne foi, 1240.
– capacité, 1235 s.
– chèque, L. 22 oct. 1940, art. 1er ; L. n. 81-1160 du 30 déc. 1981, art. 96 ; sous 1243.
– chose de genre, 1246.
– consignation, 1257 s. ; acceptation, 1261 ; conditions, 1259 ; corps certain, 1264 ; frais, 1260 ; retrait, 1261 s. ; sommation, 1259, 1264.
– corps certain, 1245, 1264.
– dation en paiement, 1243.
– délai de grâce, 1244.
– dette de jeu, 1965.
– échelle mobile, Ord. n. 58-1376 du 30 déc. 1958, art. 79, sous 1243.
– frais, 1248.
– imputation, 1253 s.
– lieu, 1247.
– objet, 1243.
– offres réelles, 1257 s.
– opposition, 1242.
– paiement avec subrogation, 1249 s.

Paiement/Participation aux acquêts

- paiement de l'indu, 1235, 1376 s.
- paiement partiel, 1244.
- saisie, 1242.
- unité monétaire, sous 1243, n. 4.

Pailles, immeubles par destination, 524.

Papiers domestiques, preuve, 1331 ; filiation, 324.

Parenté
- degré, 735, 737, 738.
- ligne, 736 s.
- mariage, empêchements, 161 s.

Parents
- administration légale, V. ces mots.
- aliments, 205.
- assistance éducative, 375 s.
- autorité parentale, V. ces mots.
- donation, acceptation pour le mineur, 935.
- mariage du mineur, consentement, 148 s. ; opposition, 173 s.
- obligation d'entretien des enfants, 203, 204.
- responsabilité du fait des enfants mineurs, 1384, al. 4 et 7.

Pari, 1965 s.

Partage, 815 s.
- absents, 817, 840.
- action en partage, 815 s. ; tutelle, 465.
- action paulienne, 882, 1167.
- attribution préférentielle, 832 s.
- biens échus à la femme, 818.
- communauté, 1467 s.
- compétence, 822.
- comptes, 828.
- conjoint survivant, 815-1, 832 s.
- contestations, compétence, 822 ; lots, 835, 837 ; procédure, 823.
- créanciers, opposition, 882 ; scellés, 820, 821.
- effet déclaratif, 883.
- estimation, immeubles, 824 ; meubles, 825.
- éviction, 884, 885.
- expertise, estimation, 824, 825 ; lots, 834.
- fraude, 882.
- garantie, 884 s.
- incapables, action en partage, 465, 817 ; partage amiable, 389-5, 466 ; partage judiciaire, 838 ; scellés, 819 s.
- indivision, 815 s. ; V. ce mot.
- inventaire, estimation des meubles, 825.
- jouissance séparée, 816.
- juge-commissaire, 823, 828, 837.
- lésion, 887.
- licitation, 827, 839.
- lots, composition, 828, 831 s. ; tirage au sort, 834.
- masse partageable, 828 s.
- mineurs, V. ci-dessus *Incapables*.
- notaires, 827, 828, 837.
- nullité, 887, 892.
- opposition, 882.
- partage amiable, mineurs, 389-2, 466.
- partage judiciaire, 838.
- partage par souches, 836.
- partage provisionnel, 840 ; biens échus à la femme, 818 ; mineurs, 466.
- prélèvements, 830, 831.
- prescription, 816.
- prisée, 825.
- privilège du copartageant, 2103-3°.
- rapport, 829, 830 ; V. *Rapport à succession*.
- requête collective, 822 ; tutelle, 465.
- rescision pour lésion, 887 s.
- société, 1844-9.
- soulte, 833 ; attribution préférentielle, 832, 832-1 ; variation, 833-1.
- sursis au partage, 815, 815-1.
- vente de meubles, 826.

Partage d'ascendant, 1075 s.
- donation-partage, 1075 s. ; V. ce mot.
- testament-partage, 1079, 1080.

Participation aux acquêts, 1569 s.
- acquêts nets, 1569, 1575.
- clauses facultatives, 1581.
- créance de participation, 1575 s. ; incessibilité, 1569 ; recouvrement, 1577 ; règlement, 1576.
- créanciers des époux, 1576.
- définition, 1569.
- dissolution, 1572.
- état descriptif, 1570, 1572.
- héritiers, 1569.
- inventaire, 1572.
- liquidation, 1575 s.
- patrimoine final, 1572 s.
- patrimoine originaire, 1570, 1571.
- prescription, 1578.
- scellés, 1572.

1577

Passage/Prénom

Passage
- servitude conventionnelle, 688.
- servitude légale, enclave, 682 s.

Passif communautaire, communauté légale, 1409 s., 1482 s.

Passif successoral, 870 s.

Paternité, V. *Filiation légitime, Filiation naturelle.*

Patinoire, obligation de moyens, sous 1147, n. 6.

Pauvres de la commune, donations et legs, 910, 937.

Pêche, 715.

Pension alimentaire, V. *Aliments.*

Pension de réversion, divorce, 272.

Père et mère, V. *Parents.*

Personne morale
- société, immatriculation, 1842.
- usufruit, 619.

Perte d'une chance, V. *Responsabilité délictuelle.*

Perte de la chose
- bail, 1722, 1741.
- bail à cheptel, 1810, 1811, 1825, 1827.
- contrat d'entreprise, 1788 s.
- débiteurs solidaires, 1203.
- legs, caducité, 1042.
- meubles, revendication, 2279, 2280.
- obligations en général, 1302, 1303.
- prêt à usage, 1881 s.
- prêt de consommation, 1893.
- rapport à succession, 855.
- titre écrit, preuve, 1348.
- usufruit, 617, 623, 624.
- vente, nullité, 1601 ; risques, 1624.

Pétitoire, non-cumul avec le possessoire, Nouv. C. proc. civ., art. 1265, sous 2282.

Pharmacien, donations et legs, incapacité de recevoir, 909 ; prescription, 2272.

Photocopies, preuve, 1348.

Photographies, vie privée, sous 9, n. 4, 5.

Pigeons
- immeubles par destination, 524.
- propriété, 564.

Plantations
- accession, 552 s.
- distances légales, 671, 672.
- V. aussi *Arbres.*

Poisson
- immeubles par destination, 524.
- propriété, 564.

Pollicitation, V. *Offre.*

Porte-fort, 1120.

Possession, 2228 s.
- actes de tolérance, 2232.
- actes de violence, 2233.
- actions possessoires, 2282, 2283.
- caractères, 2228, 2229.
- conflit de lois, sous 3, n. 6.
- fruits, acquisition, 549, 550.
- jonction des possessions, 2235.
- meubles, 2279, 2280.
- partage, 816.
- possession intermédiaire, 2234.
- possession pour autrui, interversion de titre, 2238, 2240.
- prescription acquisitive de dix à vingt ans, 2265 s.
- présomption, 2230, 2231.

Possession d'état
- filiation, définition, 311-1 ; éléments, 311-2 ; filiation légitime, 320 s. ; légitimation par autorité de justice, 333 ; légitimation par mariage, 331-1 ; preuve, 311-3 ; recherche de maternité, 341 ; reconnaissance d'enfant naturel, 334-9, 337, 339.
- mariage, 195 s.
- nationalité, C. nationalité, art. 143, 144, Annexe.

Pourparlers, V. *Contrats.*

Préciput
- conjoint survivant, communauté conventionnelle, 1515 s.
- donation par préciput, dispense de rapport, 843, 844 ; imputation sur la quotité disponible, 919 ; incorporation dans la donation-partage, 1078-2.

Prédispositions pathologiques, préjudice, sous 1383, n. 11.

Préjudice, V. *Responsabilité contractuelle, Responsabilité délictuelle.*

Prélèvement
- communauté conventionnelle, clause de prélèvement, 1511 s.
- communauté légale, liquidation, 1470, 1471, 1474.
- successions, étranger, L. 14 juil. 1819, art. 2, sous 726.

Prénom
- acte de naissance, 57.

Prénom/Président de la République

- adoption plénière, 357.
- adoption simple, 363.
- changement, 57.
- enfants trouvés, 58.
- francisation, L. n. 72-964 du 25 oct. 1972, sous 57.

Préposé, responsabilité des commettants, 1384, al. 5.

Prescription, 2219 s.
- action civile, sous 1383, n. 18 ; sous 2223, n. 1.
- action en déclaration de simulation, sous 1321, n. 7.
- action en garantie, 2257.
- action en nullité relative, 1304.
- action en nullité du mariage, 181, 183, 185.
- action en révocation, donations, 957, 966 ; legs, 1047.
- actions relatives à la filiation, 311-7, 311-8.
- actions relatives à la tutelle, 475.
- apprentissage, 2272.
- architectes, responsabilité, 2270.
- arrêté de compte, 2274.
- aubergistes, 2271.
- avoués et avocats, 2273 ; archives, 2276.
- caisses d'épargne, dépôts, sous 2236, n. 3 (renvoi).
- caisse des dépôts et consignations, sous 2236, n. 2 (renvoi).
- calcul du délai, 2260, 2261.
- choses hors du commerce, 2226.
- communes, 2227.
- comptes bancaires, sous 2236, n. 2 (renvoi).
- conflit de lois, sous 3, n. 45, 50.
- courtes prescriptions, 2271 s.
- créance à terme, 2257.
- créance conditionnelle, 2257.
- définition, 2219.
- désistement d'instance, 2247.
- détenteur précaire, 2236 s.
- domaine public, V. ces mots.
- entrepreneur, 2270.
- époux, 2253.
- établissements publics, 2227.
- État, 2227.
- femme mariée, 2254.
- héritier bénéficiaire, 2258.
- hôtelier, 2271.
- huissier, 2272 ; archives, 2276.
- instituteur, 2271.
- intérêts, 2277.
- interruption, 2242 s.
- interversion de titre, 2238, 2240.
- juge, archives, 2276.
- juste titre, 2265.
- loyers et fermages, 2277.
- maître, leçons, 2271.
- maître de pension, 2272.
- majeur en tutelle, 2252, 2278.
- marchand, 2272.
- médecin, 2272.
- mineur, 2252, 2278.
- participation aux acquêts, action en liquidation, 1578.
- pension alimentaire, 2277.
- péremption d'instance, 2247.
- pharmacien, 2272.
- possession, 2228 s. ; V. ce mot.
- prescription acquisitive abrégée, 2267 s.
- prescription annale, 2272.
- prescription biennale, 2272.
- prescription de six mois, 2271.
- prescription décennale, 2265 s., 2270.
- prescription extinctive, 1304, 2262 s.
- prescription quinquennale, 2277.
- prescription trentenaire, 2262 s.
- renonciation, 2220 s.
- rente, arrérages, 2277.
- sage-femme, 2272.
- salaire, 2277.
- serment, 2275.
- servitudes, acquisition, 690 ; extinction, 706 s.
- successions, faculté d'accepter ou de répudier, 789, 790 ; héritier bénéficiaire, 2258 ; partage, 816 ; séparation des patrimoines, 880 ; succession vacante, 2258.
- suspension, 2251 s.
- titre nouveau, 2263
- traiteur, 2271.
- usucapion, 2219, 2262 s.
- usufruit, 617.
- vente, action en rescision, 1676.

Présents d'usage, V. Cadeaux.

Président de la République, autorisation à mariage, 164, 171.

Présomptions/Privilèges

Présomptions
- absence, 112 s.
- aveu, 1350.
- chose jugée, 1351.
- communauté, acquêts, 1402.
- comourants, 720 s.
- définition, 1349.
- filiation, 311 s.
- interposition de personnes, donations, 911, 1100.
- mandat entre époux, exploitation agricole, C. rural, art. 789-1, sous 1432.
- mitoyenneté, 653, 654, 666.
- présomptions légales, 1350 s.
- présomptions de fait, 1353.
- propriété, constructions et plantations, 553.
- remise de dette, remise du titre, 1283.

Prestation compensatoire, divorce, 270 s.

Prestations familiales, privilège, 2101-7º et 8º ; V. aussi *Sécurité sociale*.

Prêt à intérêt, 1905 s.
- licéité, 1905.
- présomption, quittance, 1908.
- prêt immobilier, information et protection des emprunteurs, L. n. 79-596 du 13 juil. 1979, Annexe.
- taux d'intérêt, 1907.
- usure, L. n. 66-1010 du 28 déc. 1966, sous 1914.

Prêt à usage, ou commodat, 1875 s.
- compensation, 1885.
- décès, 1879.
- défauts de la chose, 1891.
- définition, 1875.
- dépenses, 1886, 1890.
- détérioration, 1884.
- durée, 1888, 1889.
- gratuité, 1876.
- objet, 1878.
- obligations de l'emprunteur, 1880 s.
- obligations du prêteur, 1888 s.
- perte de la chose, 1881 s.
- propriété de la chose, 1877.
- solidarité 1887.
- usage de la chose, 1880, 1881, 1884, 1886.

Prêt de consommation, 1892 s.
- animaux, 1894.
- définition, 1892.
- durée, 1899 s.
- intérêts de retard, 1904.
- objet, 1894.
- obligations de l'emprunteur, 1902 s.
- obligations du prêteur, 1898 s.
- perte de la chose, 1893.
- propriété de la chose, 1893.
- remboursement, 1895, 1902 s.
- somme d'argent, 1895.

Prête-nom, 1134, n. 6 ; mandat, sous 1984, n. 5.

Prêtres, donations et legs, incapacité de recevoir, 909.

Preuve, 1315 s.
- acte authentique, 1317 s. ; V. ces mots.
- acte confirmatif, 1338.
- acte recognitif, 695, 1337.
- acte sous seing privé, 1322 s. ; V. ces mots.
- aveu extra-judiciaire, 1355.
- aveu judiciaire, 1356.
- charge de la preuve, 1315.
- commencement de preuve par écrit, 1347.
- contre-lettre, 1321.
- copies, 1334, 1335, 1348.
- divorce, 259 s.
- présomptions, 1349 s. ; V. ce mot.
- preuve littérale, 1317 s.
- preuve testimoniale, 1343 s.
- serment, 1357 s.
- tailles, échantillons, 1333.

Prisée, partage, meubles, 825.

Privilèges
- accidents, indemnité d'assurance, 2102-8º.
- accidents, du travail, 2101-6º.
- allocations familiales, 2101-7º et 8º.
- architecte, 2103-4º, inscription, 2110.
- aubergiste, 2102-5º.
- bailleur, 2102-1º.
- caisses de congé, cotisations, C. trav., art. L. 143-8-4º, sous 2101.
- cautionnement des fonctionnaires, 2102-7º.
- concours de privilèges, 2096, 2097.
- conservation de la chose, 2102-3º.
- copartageant, 2103-2º ; inscription, 2109.
- créancier gagiste, 2073 s.

Privilèges/Propriété littéraire et artistique

- définition, 2095.
- droit de préférence, 2094.
- droit de suite, privilèges immobiliers, 2166.
- engrais et semences, privilège du bailleur, 2102-1°.
- entrepreneur, 2103-4° ; inscription, 2110.
- extinction, 2180.
- fournitures de subsistance, 2101-5°.
- frais de dernière maladie, 2101-3°.
- frais de justice, 2101-1°, 2104-1°.
- frais funéraires, 2101-2°.
- gens de service, 2101-4°, 2104-2°.
- inscription et renouvellement, 2106 s., 2146 s.
- maçon, 2103-4° ; inscription, 2110.
- prêteur, acquisition d'immeuble, 2103-2° ; inscription, 2108, 2108-1° ; paiement des ouvriers, 2103-5°.
- privilèges généraux, meubles, 2101 ; meubles et immeubles, 2104, 2105.
- privilèges immobiliers, 2103 s. ; inscription, 2106 s., 2146 s.
- privilèges mobiliers, 2101, 2102.
- privilèges spéciaux, immeubles, 2103 ; meubles, 2102.
- rang des créanciers, 2096, 2097.
- salaire, 2101-4°, 2104-2° ; travailleurs à domicile, 2102-9°.
- sécurité sociale, sous 2101, n. 16 (renvoi).
- séparation des patrimoines, 2103-6° ; inscription, 2111.
- super-privilège des salariés, C. travail, art. L. 143-10, sous 2101.
- tiers détenteur, 2166 s.
- trésor public, 2098.
- vendeur d'immeuble, 2103-1° ; inscription, 2108, 2108-1.
- vendeur de meuble, 2102-4°.
- voiturier, 2102-6°.

Privilège de juridiction, conflits de juridiction, 14, 15.
Prix, détermination, 1129, 1592, 1593.
Procréation assistée, sous 6, n. 9.
Procuration, V. *Mandat.*
Prodigue, incapable majeur, 488, 508-1.
Produits, sûreté immobilière, sous 520.

Promesse de mariage, recherche de paternité, 340.
Promesse de porte-fort, 1120.
Promesse de vente
- arrhes, 1590.
- effets, 1589.
- lésion, 1675.
- lotissement, 1589.
- promesse post mortem, pacte sur sucession future, sous 1130, n. 4.
- promesse unilatérale, enregistrement, C.G.I., art. 1840-A, sous 1589.

Promotion immobilière, 1831-1 s.
Promulgation, V. *Loi.*
Propriété, 544 s., 711 s.
- abus de droit, sous 544, n. 3.
- accession 547 s. ; V. ce mot.
- acquisition, 711 s.
- biens vacants et sans maître, 539, 713.
- choses communes, 714.
- copropriété, immeubles bâtis, L. n. 65-557 du 10 juil. 1965 ; D. n. 67-223 du 17 mars 1967, Annexe.
- définition, 544.
- domaine public, 538 s.
- empiètement, sous 545, n. 2, sous 555, n. 4.
- épaves, 717.
- expropriation, 545.
- mitoyenneté, 653 s. ; V. ce mot.
- revendication, meubles perdus ou volés, 2279, 2280.
- sol et sous-sol, 552.
- trésor, 716.
- troubles de voisinage, sous 544, n. 4.

Propriété littéraire et artistique, Loi n. 57-298 du 11 mars 1957, indiquée ci-après L. 1957 – Loi n. 85-660 du 3 juillet 1985, indiquée ci-après L. 1985, Annexe.
- adaptations, L. 1957, art. 4 ; audiovisuelles, L. 1957, art. 31 ; logiciels, L. 1985, art. 46.
- analyses, L. 1957, art. 41 ; droits voisins, L. 1985, art. 29.
- anthologies, L. 1957, art. 4.
- architecture, L. 1957, art. 3.
- arrangements, L. 1957, art. 4.
- artiste-interprète ou exécutant, droits voisins, L. 1985, art. 15 s.
- auteur, qualité, L. 1957, art. 8.

Propriété littéraire et artistique

- autorisation gratuite d'exécution, L. 1957, art. 31.
- caricature, L. 1957, art. 41 ; droits voisins, L. 1985, art. 29.
- cession, L. 1957, art. 30, 31, 38 ; globale, L. 1957, art. 33 ; œuvre utilisée pour la publicité, L. 1985, art. 14 ; partielle, L. 1957, art. 39.
- citations, L. 1957, art. 41 ; droits voisins, L. 1985, art. 29.
- compilations, sous L. 1957, art. 4, n. 4.
- composition, sous L. 1957, art. 1er, n. 5-6.
- concurrence déloyale, sous L. 1957, art. 1er, n. 9.
- conjoint survivant, L. 1957, art. 24, 42.
- contrat à compte d'auteur, L. 1957, art. 49.
- contrat de compte à demi, L. 1957, art. 50.
- contrat d'édition, L. 1957, art. 31, 34, 36, 48 s.
- contrat de production audiovisuelle, L. 1957, art. 63-1 s. ; preuve, L. 1957, art. 31.
- contrat de représentation, L. 1957, art. 43 s. ; preuve, L. 1957, art. 31.
- contrefaçon, L. 1957, art. 40.
- copie privée, L. 1957, art. 41 ; droits voisins, L. 1985, art. 29 ; logiciels, L. 1985, art. 47 ; rémunération, L. 1985, art. 28, 31 s.
- dépôt légal, vidéogramme, L. 1985, art. 55.
- destination, L. 1957, art. 2.
- discours d'actualité, L. 1957, art. 41 ; droits voisins, L. 1985, art. 29.
- divulgation, V. *Droit de divulgation*.
- droit au nom, L. 1957, art. 6.
- droit au respect de l'œuvre, L. 1957, art. 6.
- droit de divulgation, L. 1957, art. 19, 20, 29.
- droit de préférence, édition, L. 1957, art. 34.
- droit de repentir, L. 1957, art. 32 ; logiciels, L. 1985, art. 46.
- droit de représentation, L. 1957, art. 26, 30.
- droit de reproduction, L. 1957, art. 27, 30.
- droit de retrait, L. 1957, art. 32 ; logiciels, L. 1985, art. 46.
- droit de suite, L. 1957, art. 42.
- droit d'exploitation, L. 1957, art. 26, 30.
- droit d'utilisation, logiciels, L. 1985, art. 45.
- droit moral, L. 1957, art. 6, 19, 20.
- droits voisins, L. 1985, art. 15 s.
- durée des droits patrimoniaux, L. 1957, art. 21 s. ; droits voisins, L. 1985, art. 30 ; logiciels, L. 1985, art. 48.
- édition, V. *Contrat d'édition*.
- entreprises de communication audiovisuelle, droits voisins, L. 1985, art. 27.
- exécuteur testamentaire, droit de divulgation, L. 1957, art. 19.
- forfait, V. *Rémunération forfaitaire*.
- forme d'expression, L. 1957, art. 2.
- genre, L. 1957, art. 2.
- héritiers, droit de divulgation, L. 1957, art. 19, 20 ; droit de suite, L. 1957, art. 42.
- idées, sous L. 1957, art. 1er, n. 3 s.
- jeux vidéo, sous L. 1957, art. 3, n. 15.
- journalistes, L. 1957, art. 36.
- lésion, L. 1957, art. 37.
- logiciels, L. 1957, art. 3 ; L. 1985, art. 45 s.
- louage de services, L. 1957, art. 1er ; logiciels, L. 1985, art. 45.
- louage d'ouvrage, L. 1957, art. 1er.
- mérite, L. 1957, art. 2.
- objet matériel, droits de l'acquéreur, L. 1957, art. 29.
- œuvres anonymes, L. 1957, art. 11, durée L. 1957, art. 22.
- œuvres audiovisuelles, L. 1957, art. 3, 14 s. ; artistes-interprètes, L. 1985, art. 19.
- œuvres collectives, L. 1957, art. 9, 13 ; durée, L. 1957, art. 22.
- œuvres composites, L. 1957, art. 9, 12.
- œuvres d'art, copies, L. 1957, art. 41 ; régimes matrimoniaux, sous L. 1957, art. 25, n. 2.
- œuvres de commande, v. Louage d'ouvrage, Publicité.
- œuvres de collaboration, L. 1957, art. 9, 10, 14.
- œuvres dérivées, v. Œuvres composites.

Propriété littéraire/Purge des privilèges

- œuvres des arts plastiques, sous L. 1957, art. 3, n. 10 s.
- œuvres futures, L. 1957, art. 32, 33.
- œuvres littéraires, sous L. 1957, art. 3, n. 3.
- œuvres musicales, sous L. 1957, art. 3, n. 7 s ; durée des droits, L. 1957, art. 21.
- œuvres orales, sous L. 1957, art. 3, n. 6.
- œuvres posthumes, divulgation, L. 1957, art. 19.
- œuvres pseudonymes, L. 1957, art. 11 ; durée des droits, L. 1957, art. 22.
- œuvres radiophoniques, L. 1957, art. 18.
- organismes de défense professionnelle, L. 1957, art. 43, 65, 75 ; v. aussi Sociétés de perception et de répartition.
- originalité, sous L. 1957, art. 3, n. 1 et 2.
- parodie, L. 1957, art. 41 ; droits voisins, L. 1985, art. 29.
- pastiche, L. 1957, art. 41 ; droits voisins, L. 1985, art. 29.
- phonogramme, L. 1985, art. 22 s., 31 s.
- photographies, L. 1957, art. 3.
- privilège des auteurs, compositeurs et artistes, L. 1957, art. 58.
- producteur, œuvre audiovisuelle, L. 1957, art. 17, L. 1985, art. 19 ; phonogramme, L. 1985, art. 21 s., 31 s. ; vidéogramme, L. 1985, art. 26 s., 31 s.
- prorogation des délais, sous L. 1957, art. 21.
- pseudonyme, V. *Œuvres pseudonymes.*
- publicité, œuvre de commande, L. 1985, art. 14.
- redressement judiciaire, éditeur, L. 1957, art. 61 ; producteur d'œuvres audiovisuelles, L. 1957, art. 63-7.
- rémunération forfaitaire, L. 1957, art. 35, 36 ; copie privée, L. 1965, art. 32 ; logiciels, L. 1985, art. 49.
- rémunération proportionnelle, L. 1957, art. 35.
- représentation, V. *Droit de représentation, Contrat de représentation.*
- représentation privée, L. 1957, art. 41, droits voisins, L. 1985, art. 29.
- reproduction, V. *Copie, Droit de reproduction.*
- revue de presse, L. 1957, art. 41 ; droits voisins, L. 1985, art. 29.
- saisie-arrêt, L. 1957, art. 69.
- saisie-contrefaçon, L. 1957, art. 66 s. ; logiciels, L. 1985, art. 50.
- sanctions, L. 1957, art. 70 s. ; L. 1985, art. 56 s.
- salariés, L. 1957, art. 1er ; logiciels, L. 1985, art. 45.
- sociétés de perception et de répartition, L. 1985, art. 25, 38 s.
- télédiffusion, L. 1957, art. 27, 41, 45.
- titres, L. 1957, art. 5.
- traductions, L. 1957, art. 4.
- transformations, L. 1957, art. 4.
- usufruit, conjoint survivant, L. 1957, art. 24.
- vidéogramme, L. 1985, art. 26, 31 s., 52, 55.

Provision ad litem, divorce, 255.
Pseudonyme
- étranger, sous 11, n. 3 (renvoi) ;
- femme mariée, divorce, sous 264, n. 1.
- œuvre pseudonyme, V. *Propriété littéraire et artistique.*

Puberté légale, mariage, 144, 145, 184.
Publicité
- bon dol, sous 1116, n. 3.
- jouissance d'immeuble à temps partagé, mentions interdites, L. n. 86-18, 6 janv. 1986, art. 33, Annexe.
- œuvre publicitaire, V. *Propriété littéraire et artistique.*
- prêts d'argent, réglementation, L. n. 66-1010, 28 déc. 1966, art. 10 s. sous 1914.
- télé-promotion, L. n. 88-21, 6 janv. 1988, Annexe.

Publicité des débats, divorce, 248.
Publicité foncière, D. n. 55-22 du 4 janv. 1955 ; D. n. 55-1350 du 14 oct. 1955, sous 2203.
- défaut de publications, donations, 941 ; substitutions, 1070 s.
- V. aussi *Inscription hypothécaire.*

Puisage, servitude, 688, 696.
Puits, construction, distance, 674 ; curage, bail 1756.
Pupille de l'État, tutelle, sous 433 (renvoi).
Pupille de la nation, tutelle, sous 433 (renvoi).
Purge des privilèges et hypothèques, 2181 s.
- effets, 2186.

Purge des privilèges/Redressement judiciaire

– frais, 2188.
– notifications, 2183 s.
– publication, actes translatifs de propriété, 2181 s. ; adjudication, 2189.
– surenchère, 2187 s.

Q

Quasi-contrats, 1371 s.
– enrichissement sans cause, sous 1371.
– gestion d'affaires, 1372 s.
– répétition de l'indu, 1376 s.
Quasi-délit, V. *Responsabilité délictuelle ou quasi-délictuelle.*
Quasi-usufruit, 587.
Quittance, V. *Bail à loyer.*
Quotité disponible
– ascendants, 914.
– calcul, 922.
– descendants, 913, 913-1, 915 s.
– dispense de rapport, 919.
– donation entre époux, 1094 s.
– enfant d'un précédent mariage, 1098.
– enfant naturel, 915 s., 1097, 1097-1.
– époux mineur, 1095.
– mineur de seize ans, testament, 904.
– préciput, 919.
– rentes viagères ou usufruit, 917, 918.

R

Rachat
– rente, 1911, 1912.
– vente à réméré, 1659 s.
Racines, empiétement, 673.
Rapatriés, dettes, L. n. 70-632 du 15 juil. 1970, art. 49 s. Annexe.
Rapport à succession, 843 s.
– améliorations, 861.
– associations avec le défunt, 854.
– avantage indirect, 853, 860.
– cas fortuit, 855.
– charges, 859.
– conventions avec le défunt, 853.
– créancier de la succession, 857.
– dégradations et détériorations, 863.
– dépenses, 861, 862.
– dettes, 851.
– dispense de rapport, 843 s.
– espèces, 869.
– établissement d'enfant, 851.
– évaluation du bien, 860.
– frais de nourriture, entretien, éducation, apprentissage, 852.
– fruits, 856.
– héritiers renonçants, 845.
– impenses, 861, 862.
– intérêts, 856.
– légataires, 857.
– perte du bien, 855.
– préciput, 843 s.
– présents d'usage, 852.
– rapport en moins prenant, 858, 860.
– rapport en nature, 858, 859, 861 s.
– rétention, 862.
– somme d'argent, 869.
Ratification
– gestion d'affaires, sous 1372, n. 10.
– mandat, 1998.
– promesse de porte-fort, 1120.
– V. aussi *Confirmation.*
Recel
– communauté légale, 1477.
– succession, bénéfice d'inventaire, 801 ; faculté de renoncer, 792.
Réception des ouvrages, 1792-6
Recherche de maternité, filiation naturelle, 341.
Recherche de paternité, filiation naturelle, 340 s.
Réclamation d'état, filiation légitime, 322.
Récoltes, caractère immobilier, 520 ; privilège de bailleur, 2102-1°.
Récompenses, V. *communauté légale.*
Réconciliation des époux
– divorce, fin de non-recevoir, 244.
– présomption de paternité, rétablissement, 313-2.
– séparation de corps, fin, 305.
Reconnaissance d'enfant naturel, 335 s.
Reconnaissance de dette
– acte sous seing privé, forme, 1326.
– prescription, interruption, 2248.
Redressement judiciaire
– assurance, continuation du contrat, C. assurances, art. L. 113-6, Annexe.

Redressement judiciaire/Rentes

- contrat d'édition, L. n. 57-298 du 11 mars 1957, art. 61, Annexe.

Redressement judiciaire civil, L. n. 89-1010 du 31 déc. 1989, art. 10 s., ann.

Réduction des libéralités, 920 s.
- avantages matrimoniaux, action en retranchement, 1527.
- bénéficiaires, 921.
- calcul, 922.
- donation-partage, 1077-2.
- donations par contrat de mariage, 1090.
- droits réels créés par le donataire, 929.
- fruits, 928.
- héritier réservataire, 924.
- legs, 920.
- libéralités à l'enfant adultérin, 908.
- ordre, 923 s.
- réduction en valeur, 866 s., 924.
- testament-partage, 1080.
- tiers détenteur, 930.

Réduction pour excès, majeurs incapables, 491-2, 510-3.

Réfugiés, V. *Etranger*.

Régime dotal, 1540 s., anciens.

Régime matrimonial primaire, 216 s. ; loi de police, sous 3, n. 3.

Régimes matrimoniaux, 1387 s.
- changement, 1397.
- communauté conventionnelle, 1497 s. ; V. ces mots.
- communauté légale, 1400 s. ; V. ces mots.
- contrat de mariage, 1387 s. ; V. ces mots.
- conflit de lois, sous 3, n. 35 s.
- participation aux acquêts, 1569 s. ; V. ces mots.
- séparation de biens, 1536 s. ; V. ces mots.

Registres de l'état civil, V. *Actes de l'état civil*.

Registres des commerçants, preuve, 1329, 1330.

Registres domestiques, V. *Papiers domestiques*.

Registre du commerce et des sociétés
- contrat de mariage, 1395.
- sociétés, immatriculation, 1842, D. n. 78-704 du 3 juil. 1978, sous 1873.

Registres hypothécaires, 2196 s.

Règlement de copropriété, L. n. 65-557 du 10 juil. 1965, art. 8 ; D. n. 67-223 du 17 mars 1967, art. 1er et s., Annexe.

Règlement de dettes, v. L. n. 85-1097 du 11 oct. 1985, Annexe.

Règlement judiciaire, V. *Liquidation des biens*.

Règlements d'eau, 645.

Réintégrande, sous 2282, n. 2 s.

Relais, accession, 557 ; domaine public, 538.

Relaxe, autorité de la chose jugée, sous 1351, n. 15, 16.

Remariage
- absence, 128.
- avantages matrimoniaux, 1527.
- délai de viduité, 228, 261.
- divorce, 261, 263, 283, 285-1.
- filiation, contestation de paternité, 318.
- quotité disponible enfants du premier lit, 1098.

Réméré, vente, 1659 s.

Remise de dette, 1282 s.
- caution, 1287, 1288.
- codébiteur, 1284, 1285.
- nantissement, 1286.
- remise de titre, 1282 s.

Remploi
- communauté légale, 1430 ancien, 1433 s.
- régime dotal, 1557 ancien.
- séparation de biens, 1541.
- tutelle, capitaux, 458.

Renonciation
- action en nullité, confirmation, 1338 s.
- action en révocation des donations, 965.
- action relatives à la filiation, 311-9.
- bénéfice d'inventaire, sous 800, n. 1.
- cautionnement, bénéfice de cession d'actions, sous 2037, n. 2 ; bénéfice de discussion, 2021 ; bénéfice de division, 2026.
- communauté, 1492 s. anciens.
- donation indirecte, sous 931, n. 14.
- hypothèque, 2180.
- prescription, 2220 s.
- succession, 784 s.

Rentes
- caractère mobilier, 529.
- divorce, prestation compensatoire, 276 s.
- prescription, 2277.
- rentes foncières, 530.
- rentes perpétuelles, 1911 s.

Rentes/Responsabilité délictuelle

- rentes viagères, 1968 s. ; V. ces mots.

Rentes viagères, 1968 s.
- constitution, 1968 s.
- effets, 1977 s.
- insaisissabilité, 1981.
- libéralités en rentes viagères, 917, 918, 1015.
- majoration, L. n. 49-420 du 25 mars 1949 sous 1983.
- nullité, 1974, 1975.
- prescription, 2277.
- remboursement du capital, 1979.
- réversibilité, 1973.
- successions, conversion d'usufruit, 767, 1094-2, 1097-1.
- taux, 1976.
- usufruit, 588.

Réparations locatives, V, Bail, Bail à ferme, Bail à loyer.

Répétition de l'indu, 1235, 1376 s.

Représentation
- administration légale, 389-3.
- aveu, sous 1354, n. 4.
- époux, habilitation judiciaire, 219.
- gestion d'affaires, 1372 s.
- mandat, 1984 s. ; V. ce mot.
- présumé absent, 113, 115, 116.
- propriété littéraire et artistique, L. n. 57-298 du 11 mars 1957, Annexe.
- solidarité, sous 1208 n. 1.
- successions, V. *Représentation successorale.*
- tutelle, 450.

Représentation successorale, 739 s.

Reprises, communauté légale, 1467, 1472.

Reproduction
- copie, preuve, 1348.
- propriété littéraire, et artistique, L. n. 57-298 du 11 mars 1957, Annexe.

Répudiation
- legs, 1043.
- nationalité, C. nationalité, art. 30 et s., Annexe.

Rescision pour lésion, V. *Lésion.*

Res nullius, garde, sous 1384, n. 14.

Réserve héréditaire, 913 s.
- V. aussi *Quotité disponible, Réduction des libéralités.*

Résidence
- mariage, lieu de célébration, 165 ; publication, 166.
- résidence familiale, choix, 215.
- résidence séparée des époux, 108-1 ; divorce, 255, 257, 258 ; présomption de paternité, 313.

Résiliation, V, Contrats.

Résolution, contrats, 1183, 1184.

Responsabilité contractuelle, 1146 s.
- clauses limitatives ou exonératrices, sous 1147, n. 22 s.
- faute dolosive, sous 1147, n. 31, 34 ; sous 1150, n. 5.
- faute lourde, sous 1147, n. 32-33 ; sous 1150, n. 5.
- force majeure, 1148.
- non-cumul avec responsabilité délictuelle, sous 1147, n. 14 s.
- obligations de moyens, et de résultat, sous 1147, n. 1, s.

Responsabilité délictuelle (et quasi-délictuelle), 1382 s.
- abstention, sous 1383, n. 4-5.
- abus de droit, sous 1383, n. 5 s.
- acceptation des risques, sous 1383, n. 17.
- accidents de chasse, sous 1383, n. 53, assurance, V. aussi *Assurances, Fonds de garantie.*
- accidents de la circulation, V. ces mots.
- action civile, sous 1383, n. 73, association de consommateurs, L. n. 86-14 du 5 janv. 1988, Annexe.
- animaux, 1385.
- apprentis, V. artisans.
- artisans, responsabilité du fait des apprentis, 1384, al. 6 et 7.
- bâtiments, 1386.
- cas fortuit, V. cause étrangère.
- cause étrangère, sous 1384, n. 20 s.
- chose jugée, sous 1383, n. 83-84.
- choses inanimées, 1384, al. 1.
- choses inertes, sous 1384, n. 4, 12.
- clauses exonératrices ou limitatives, sous 1383, n. 56.
- collision de véhicules, responsabilité des gardiens, sous 1384, n. 35.
- colonie de vacances, responsabilité de l'Etat, sous 1384, n. 66.

Responsabilité délictuelle/Rétroactivité

- commettants, responsabilité du fait des préposés, 1384, al. 5.
- communication d'incendie, 1384, al. 2.
- concubins, droit à réparation, sous 1383, n. 34.
- conducteur, notion, L, n. 85-677 du 5 juil. 1985, art. 4, sous 1384.
- conflit de lois, sous 3, n. 47 s.
- corps humain, sous 1384, n. 7.
- dément, 489-2, garde, sous 1384, n. 22.
- domestiques, V. maîtres.
- droits de critique, sous 1383, n. 18.
- éditeur, faute, sous 1383, n. 11.
- enfant, faute, sous 1383, n. 1 ; garde, sous 1384, n. 16.
- épave, préjudice matériel, sous 1383, n. 66.
- exonération, sous 1384, n. 20 s., partielle, sous 1384, n. 29.
- fait de la victime, sous 1384, n, 28 s.
- faute, sous 1383, n. 1 s.
- faute inexcusable de la victime, accident de la circulation, L. n. 85-677 du 5 juil. 1985, art. 3.
- fautes successives, sous 1383, n. 47.
- fonds de garantie, V. ces mots.
- force majeure, sous 1384, n. 20, 21, 24 s. ; accident de la circulation, L, n. 85-677 du 5 juil. 1985, art. 2
- garde, sous 1384, n. 13 s ; en commun, n. 19 ; structure et comportement, n. 18.
- héritiers, transmission de l'action, sous 1383, n. 69.
- immeuble, sous 1384, n. 1 ; V. aussi bâtiment.
- implication du véhicule, accident de la circulation, L. n. 85-677 du 5 juil. 1985, art. 1er, sous 1384.
- instituteurs, responsabilité du fait des élèves, 1384, al. 6 et 8.
- légitimes défense, sous 1383, n. 15.
- lien de causalité, sous 1383, n. 38 s.
- lien de préposition, sous 1384, n. 49 s.
- maîtres, responsabilité du fait des domestiques, 1384, al. 5.
- obligation in solidum, sous 1383, n. 76.
- ordre de l'autorité légitime, sous 1383, n. 14.
- parents, responsabilité du fait des enfants, 1384, al. 4 et 7.
- partage de responsabilité, opposabilité aux ayants droit, sous 1383, n. 72.
- perte de chance, sous 1383, n. 24 s., 52.
- préjudice, sous 1383, n. 21 s., aggravation, sous 1383, n. 68.
- préjudice éventuel, sous 1383, n. 22.
- préjudice moral, sous 1383, n. 35 s.
- préjudice par ricochet, sous 1383, n. 33 ; accident de la circulation, L. n. 85-677 du 5 juil. 1985, art. 6, sous 1384.
- prédispositions morbides, lien de causalité, sous 1383, n. 51.
- préposé, abus de fonctions, sous 1384, n. 58 ; gardien, sous 1384, n. 15 ; V. aussi lien de préposition.
- prescription, sous 1383, n. 80.
- rente, sous 1383, n, 65 ; accidents de la circulation, L. n. 74-1118 du 27 déc. 1974, sous 1983, L. n. 85-677 du 5 juil. 1985, art. 44.
- réparation en nature, sous 1383, n. 64.
- responsabilité collective, sous 1383, n. 53.
- rôle passif de la chose, sous 1384, n. 10.
- ski, sous 1384, n. 7.
- tempête, force majeure, sous 1384, n. 25.
- tiers payeurs, recours, sous 1383, n. 60, 71.
- terrorisme, V. *Assurances, Fonds de garantie.*
- verglas, force majeure, sous 1384, n. 24.
- vice de la chose, sous 1384, n., 21.
- vol, garde, sous 1384, n. 13.

Restaurant, V. *Aubergistes et hôteliers.*
Rétention, V. *Droit de rétention.*
Retenue de garantie, marché de travaux, L. n. 71-584 du 16 juil. 1971, sous 1799.
Réticence, V. *Dol.*
Rétractation
- consentement à adoption, 348-3.
- renonciation à succession, 790.
- serment, 1364.

Retrait litigieux, 1699 s.
Retrait successoral, 841 abrogé.
Retranchement, V. *Réduction des libéralités.*
Rétroactivité
- communauté légale, report des effets de la dissolution, 1442.
- condition, 1179.

Rétroactivité/Séparation de corps

- divorce, report des effets, 262-1.
- non-rétroactivité des lois, 2.

Revendication
- enfant légitime, 328.
- meubles perdus ou volés, 2279, 2280.

Révocation V. *Donations, Legs, Offre.*

Risques de la chose, obligation de donner, 1138, 1245, 1302 ; vente, 1585, 1624.

Ruches, immeubles par destination, 524.

S

Sages-femmes
- acte de naissance, 56.
- honoraires, prescription, 2272.

Saisie
- atteinte à la vie privée, sous 9, n. 7.
- biens, 2092-1 s.
- immeubles, 2204 s.

Saisine
- conjoint survivant, 724.
- exécution testamentaire, 1026, 1027.
- héritiers légitimes et naturels, 724.
- indivision, sous 815-9, n. 4.
- légataire universel, 1004, 1006.

Salaire
- cession, C. travail, art R. 145-1, sous 2092-2.
- époux, gains et salaires, 224.
- insaisissabilité, C. travail, art. R. 145-1, sous 2092-2.
- mandataire, 1999.
- prescription, 2277.
- privilèges, 2101-4°, 2104-2° ; travailleurs à domicile, 2102-9°.
- super-privilège, C. travail, art. L. 143-10, sous 2101.

Salaire différé, D.-L. 29 juil. 1939, art. 63 et s. Annexe.
- privilège, 2101-4°, 2104-2°.

Sauvegarde de justice, 488 s., 491 s.
- actes conservatoires, 491-4.
- causes, 491.
- divorce 249-3, 249-4.
- fin, 491-6.
- gestion d'affaires, 491-4.
- lésion, 491-2.
- mandat, 491-3, 491-5.
- ouverture, 491-1.

Scellés
- divorce, biens communs, 257.
- succession, 819 s. ; exécuteur testamentaire, 1031 ; succession vacante, 769.
- tutelle, 451.

Secret professionnel
- avocat, transaction, sous 2044, n. 4.
- médecins, démence, sous 901, n. 2.

Sécurité sociale
- contraintes, hypothèque judiciaire, sous 2123, n. 3 (renvoi).
- hypothèque légale, inscription, sous 2147, n. 3.
- pension alimentaire, recouvrement, C, séc. soc., art. L. 581-1 s., R. 581-1 s., sous 211.
- privilège, sous 2101, n. 16 (renvoi).
- recours contre le tiers responsable, L. n. 85-677, 5 juil. 1985, art. 28 s., sous 1384.
- répétition de l'indu, sous 1376, n. 4, 6.

Séduction dolosive, recherche de paternité, 340.

Semences
- immeubles par destination, 524.
- privilège mobilier spécial, 2102-1°.

Sentence arbitrale, hypothèque judiciaire, 2123.

Séparation de biens conventionnelle, 1536 s.
- administration, 1536.
- charges du mariage, 1537.
- clause de présomption de propriété, 1538.
- dettes, 1536.
- emploi ou remploi, défaut, 1541.
- gestion des biens du conjoint, 1539 s.
- mandat, 1539, 1540.
- partage, 1542.
- propriété, preuve, 1538.

Séparation de biens judiciaire, 1443 s.
- causes, 1443.
- charges du mariage, 1448-1449.
- créanciers, 1446, 1447.
- demande, publicité, 1445.
- effets, 1449.
- jugement, exécution, 1444 ; publicité, 1445.
- procédure, 1444.

Séparation de corps, 296 s., Nouv. C. proc. civ., art. 1141 et s., sous 310.
- causes, 296.

Séparation de corps/Silence

- conflit de lois, 310.
- conjoint survivant, droits, 301.
- conséquences, 299 s.
- conversion en divorce, 306 s., Nouv. C. proc. civ., art. 1141 et s., sous 310.
- devoir de cohabitation, fin, 299.
- devoir de secours, 303.
- droits successoraux, renonciation, 301.
- fin, 305 s.
- nom, 300.
- pension alimentaire, 303.
- procédure, 297, 298.
- réconciliation, 305.
- séparation de biens, 302, 305.

Séparation de fait
- communauté légale, report des effets de la dissolution, 1442.
- divorce, report des effets du jugement, 262-1.
- divorce pour rupture de la voie commune, 237.
- mariage, devoir de secours, sous 214, n. 2.

Séparation des patrimoines, successions, 878 s. ; privilège, 2103-6°, 2111.

Sépulture
- liberté des funérailles, L. 15 nov. 1887, sous art. 900-8.
- objet hors du commerce, sous 1128, n. 1, sous 2226, n. 4.

Séquestre 1955 s.
- séquestre conventionnel, 1956 s.
- séquestre judiciaire, 1961 s.
- usufruit, défaut de caution, 602.

Serment, 1357 s.
- paiement, prescription, 2275.
- serment décisoire, 1358
- serment déféré d'office, 1366 s.
- serment estimatoire, 1369.

Servitudes, 637 s.
- abandon du fonds servant, 699.
- acquisition, 690, 691.
- aggravation, 701, 702.
- aqueduc, sous n. 688, n. 3, 5.
- bornage, 646.
- caractère immobilier, 526.
- chemin de halage, 556.
- clause d'habitation bourgeoise, sous 686, n. 9.
- clôture, 647, 648, 663.
- confusion, 705.
- copropriété, sous 637, n. 6, sous 705, n. 2.
- définition, 637, sous 686.
- destination du père de famille, 692 s.
- distances des plantations, 671, 672.
- droit de chasse, étendue, sous 697 ; extension, sous 702, n. 3 s. ; qualification, sous 637, n. 5 ; sous 686, n. 8.
- droit de passage, sous.
- écoulement des eaux, 640.
- égout des toits, 681.
- extinction, 703 s.
- indivisibilité, 700.
- marchepied, 556, 650.
- mitoyenneté, 653 s. ; V. Ce mot.
- non-usage, 706 s.
- obligation personnelle, sous 686, n. 7.
- ouvrages, 697 s.
- prescription, 706 s.
- protection possessoire, sous 2282, n. 4, 5.
- servitudes apparentes et non apparentes, 689 ; continues et discontinues, 688 ; conventionnelles, 686 s. ; légales, 649 s. ; naturelles, 640 s. ; rurales et urbaines, 687.
- servitude collective, sous 637, n. 5.
- servitude de lotissement, sous 686, n. 15.
- servitude non altius tollendi, sous 637, n. 8.
- tour d'échelle, sous 682, n. 7 ; sous 691, n. 1.
- usage des eaux, 641 s.
- usufruit, 597.
- vaine pâture, 648.
- vente, servitude non déclarée, 1638.
- vues, 675 s.

Sexe, acte de naissance, 57 ; rectification, 99 s.

Siège social, société, 1837.

Signature
- acte authentique, sous 1317, n. 5.
- acte sous seing privé, désaveu, 1323, 1324.
- actes de l'état civil, 39.
- testament authentique, 973, 974 ; mystique, 976 s. ; olographe, 970.

Silence, contrats, sous 1109, n. 14.

Simulation/Stipulation pour autrui

Simulation, contre-lettre, 1321 ; mariage, sous 146, n. 4.
Ski, responsabilité délictuelle, sous 1384.
Société, 1832 s., D. n. 78-704 du 3 juil. 1978, sous 1873 (indiqué ci-après D.)
– actes accomplis avant l'immatriculation, 1843, D. art. 6.
– appel public à l'épargne, 1841.
– apports, 1832, 1843-1, 1843-3.
– clause léonine, 1844-1.
– constitution, régularisation, 1839, D. art. 4, 5 ; responsabilité, 1840.
– contribution aux pertes, 1844-1.
– décisions collectives, 1844.
– définition, 1832.
– dissolution, 1844-7 s.
– durée, 1838.
– époux, 1832-1.
– fin, 1844-7.
– fusion, 1844-4.
– hypothèque, 1844-2.
– immatriculation, 1842 s.
– liquidation, 1844-8, D. art. 9 s.
– loi française, application, 1837.
– nullité, 1844-10 s., D. art. 15 s.
– objet social, licéité, 1833.
– part sociale, indivision et usufruit, 1844.
– partage, 1844-9.
– participation aux bénéfices, 1844-1.
– personnalité morale, 1842.
– prorogation, 1844-6, D. art. 3, 17.
– publicité, D. art. 18 s.
– réunion des parts sociales en une seule main, 1844-5, D. art. 8.
– scission, 1844-4.
– siège social, 1837.
– statuts, 1835, D. art. 7 ; modification, 1836, 1840.
– transformation, 1844-3.
Société civile, 1845 s. ; D. n. 78-704 du 3 juil. 1978, art. 30 et s., sous 1873 (indiqué ci-après D.)
– action sociale, mise en cause de la société, D. art. 38.
– apport en industrie, 1845-1.
– capital social, 1845-1.
– caractère civil, 1845.
– certificats représentatifs de parts sociales, D. art. 34.
– cession de parts, 1861 s., D. art. 49 s.
– décès d'un associé, 1870, 1870-1.
– décisions collectives, 1852 s., D. art. 39 s.
– gérance, 1846 s., D. art. 35 s.
– information des associés, 1855, 1856, D. art. 41 s., 48.
– nantissement des parts sociales, 1866 s., D. art. 49 s.
– responsabilité des associés, 1857 s.
– retrait d'un associé, 1861.
– société civile professionnelle, L. n. 66-879 du 29 nov. 1966, sous 1873.
Société créée de fait, 1873.
Sociétés d'attribution, jouissance d'immeubles à temps partagé, partage L. n. 86-18, 6 janv. 1986, Annexe.
Sociétés de perception et de réparation des droits d'auteur et des droits voisins, L. n. 57-298, 11 mars 1957, art. 65 ; L. n. 85-660, juil. 1985, art. 25, 38 s., Annexe.
Société en participation, 1871 s.
Sol, V. *Propriété.*
Solidarité
– administration légale, 389-5.
– cautionnement, 2025, 2030.
– compte joint, sous 1202, n. 5.
– époux, dettes ménagères, 220.
– exécuteurs testamentaires, 1033.
– mandat, 1995, 2002.
– obligation in solidum, V. ces mots.
– solidarité active, 1197 s.
– solidarité passive, 1200 s.
Sommation de payer
– intérêts de retard, 1153.
– obligation de donner, 1139.
– vente, intérêts du prix, 1652.
Soulte, V. *Échange, Partage.*
Sous-location, V. *Bail, Bail à ferme, Bail à loyer.*
Sous-sol, propriété, 552.
Sous-traitance, L. n. 75-1334 du 31 déc. 1975, sous 1799.
Souterrain, propriété, 553.
Soutien familial, allocation, Code de la sécurité sociale, art. L. 581 s., sous 211.
Souvenirs de famille, sous 815, n. 4, sous 2279 n.
Statues, immeubles par destination, 525.
Stipulation pour autrui, 1121.

Subrogation/Télédiffusion

Subrogation, 1249 s.
– assurance, C. assurances, art. L. 121-12, L. 121-13, Annexe.
– cautionnement, 1252, 2029, 2037.
– communauté, biens propres, 1406 ; récompenses, 1469.
– paiement partiel, 1252.
– participation aux acquêts, 1571.
– rapport à succession, 860.
– réduction des libéralités, 922.
– responsabilité délictuelle, coauteurs, sous 1383, n. 77.
– subrogation conventionnelle, 1250.
– subrogation légale, 1251.
Subrogé tuteur, 420 s.
Subsides
– action à fin de subsides, 342 s.
– action en recherche de paternité, rejet, 340-7.
Substitutions
– prohibition, 896.
– substitutions permises, 1048 s. ; bénéficiaires, 1048 s. ; décès du grevé, 1051 ; déchéance du grevé, 1057 ; emploi des fonds, 1065 s. ; inventaire, 1058 s. ; publication, 1069 s. ; tuteur, 1055 s. ; vente des meubles, 1062 s.
Successions, 718 s.
– absence, présumé absent, 725.
– acceptation, 774 s. ; acceptation expresse ou tacite, 778 s. ; acceptation sous bénéfice d'inventaire, 793 s. ; mineurs et majeurs en tutelle, 461, 776.
– ascendants, 733 s., 746 s.
– bénéfice d'inventaire, 793 s.
– cession de droits successifs, 1696 s.
– collatéraux, 733 s., 750 s.
– comourants, 720 s.
– conflit de lois, sous 3, n. 29 s.
– conjoint survivant, 724, 759 s., 765 s.
– descendants, 745.
– dettes successorales, 870 s.
– dévolution successorale, 723, 731.
– divertissement, recel successoral, 792, 801.
– droit d'aubaine, L. 14 juil. 1819, sous 726.
– droit de retour, adoption, 368-1.
– enfant adultérin, 759 s.
– enfant légitime, 745.
– enfant naturel, 756 s.
– enfant non conçu ou non viable, 725.
– envoi en possession, État, 724, 770 ; légataire universel, 1008.
– État, 768 s.
– fente successorale, 733.
– indignité, 727 s.
– lieu d'ouverture, 110.
– pacte sur succession future, 791, 1130, 1600.
– partage, 815 s. ; V. ce mot.
– rapport à succession, 843 s. ; V. ces mots.
– recel successoral, 792, 801.
– renonciation, 784 s.
– représentation, 739 s. ; héritier renonçant, 787.
– saisine, 724, 1004 s.
– scellés, 819 s.
– séparation des patrimoines, 878 s., 2111.
– successions en deshérence, 768 s.
– successions vacantes 811 s. ; prescription, 2258.
Suicide
– assurance sur la vie, C. assurances, art. L. 113-15, Annexe.
– préjudice, lien de causalité, sous 1383, n. 50.
Superprivilège, salariés, C. trav., art. L. 143-10 sous 2101.
Surnom, L. 6 fructidor an II, art. 2, sous 57.
Surendettement, L. n. 89-1010 du 31 déc. 1989, ann.

T

Tableaux, immeubles par destination, 525.
Tacite reconduction
– assurance, C. assurances, art. L. 113-15, Annexe.
– bail, 1738 s., 1759.
Tailles, preuve, 1333.
Taillis, usufruit, 590.
Taux d'intérêt, V. *Intérêts.*
Taxes sur le chiffre d'affaires, privilège du Trésor, C.G.I., art. 1929, sous 2098.
Télé-achat, V. *Télé-promotion.*
Télédiffusion, V. *Propriété littéraire et artistique.*

1591

Téléphone/Trésor public

Téléphone, bail à loyer, L. n. 48-1360 du 1er sept. 1948, art. 72, sous 1778.
Télésiège, obligation de moyens, sous 1147, n. 5.
Télé-promotion, offre de vente, L. n. 88-21 du 6 janv. 1988, Annexe.
Témoin
 – actes de l'état civil, 37, 75.
 – preuve testimoniale, 1341 s.
 – testament authentique, 973 s. ; mystique, 976, 979, 980.
Temps partagé, immeubles, V. *Sociétés d'attribution.*
Terme, 1185 s.
Terrorisme, V. *Assurances, Fonds de garantie.*
Testament, 967 s.
 – caducité, 1039 s.
 – capacité de tester, 901 s. ; majeur en curatelle, 513 ; majeur en tutelle, 504.
 – codicille, sous 970, n. 9.
 – conflit de lois, sous 3, n. 31, 33.
 – définition, 895.
 – exécuteur testamentaire, 1025 s.
 – forme, 967 s.
 – lacération, sous 1035, n. 3.
 – militaires et marins, 981 s.
 – révocation, 1035 s.
 – testament à l'étranger, 999, 1000.
 – testament authentique, 971 s.
 – testament conjonctif, 968.
 – testament mystique, 976 s.
 – testament olographe, 970.
 – V. aussi *Legs.*
Testament-partage, 1075 s., 1079, 1080.
Tiers détenteur, privilèges et hypothèques, 2166 s.
Tiers payeurs, responsabilité délictuelle, sous 1383, n. 71.
Titre
 – acquisition d'une servitude, 690 s.
 – copie, 1334 s., 1348.
 – interversion de titre, prescription, 2238, 2240.
 – juste titre, prescription abrégée, 2265.
 – œuvre de l'esprit, V. *Propriété littéraire et artistique.*
 – titre authentique, V. *Acte authentique.*
 – titre de créance, mentions manuscrites, 1332 ; remise volontaire au débiteur, 1282 s.

Titres et valeurs mobilières
 – caractère mobilier, 529.
 – communauté, accroissement, 1406.
 – perte ou vol, titres au porteur, sous 2279, n. 13 (renvoi).
 – prêt, nature, sous 1874, n. 1 ; restitution, sous 1902.
 – tutelle, dépôt ou conversion des titres au porteur, 452 ; gestion, 454, 456 ; vente, 457, 459, 468.
Tombeaux, sous 1128, n. 1, tombeaux de famille, sous 815, n. 4.
Tradition
 – droits incorporels, vente, 1607 ; gage, sous 2076, n. 1.
 – obligation de livrer, 1139.
 – vente, délivrance, 1606, 1607.
Traiteurs, prescription, 2271.
Transaction, 2044 s.
 – autorité de la chose jugée, 2052.
 – capacité, 2045.
 – commune, 2045.
 – définition, 2044.
 – erreur, 2052, 2053, 2058.
 – établissements publics, 2045.
 – forme, 2044.
 – lésion, 2052.
 – nullité, 2055 s.
 – objet, 2048 s.
 – rescision, 2053 s. ; transaction après partage, 888.
 – tutelle, 467, 472, 2045.
 – vices du consentement, 2052, 2053.
Transport
 – clauses de non-responsabilité, sous 1147, n. 28, 33.
 – obligation de résultat, sous 1147, n. 4.
Transport de créance, V. *Cession de créance.*
Transports, V. *Contrat de transport.*
Transsexualisme, actes de l'état civil, sous 99.
Travailleurs à domicile, privilège, 2102-9º.
Travaux publics, actions possessoires, sous 2282, n. 3.
Tréfonds, propriété, 552.
Trésor, propriété, sous 552.
Trésor public
 – hypothèque légale, sous 2121, n. 7 (renvoi).
 – privilèges, 2098.

1592

Trésor public/Tuyaux

- subrogation, cautionnement, sous 1251, n. 3, sous 1252, n. 2.

Troubles de jouissance
- bail, 1725 s.
- vente, 1625 s.

Troubles de voisinage, sous 544, n. 4.

Trust, conflit de lois, sous 3, n. 31, 42.

Tutelle
- actes d'administration, 456.
- actes de disposition, 457 s.
- action en justice, 464.
- apport en société, 459.
- bail, 456.
- capitaux, dépôt, 453 ; emploi, 455 ; quittance, 453 ; remploi, 458.
- cas d'ouverture, 390, 391.
- compte de tutelle, 469 s.
- conflit de lois, sous 3, n. 13 (renvoi).
- conseil de famille, 407 s. ; V. ces mots.
- donation, acceptation, 463.
- emprunt, 457.
- enfant adopté, 365.
- enfant naturel, 390, 392.
- État, responsabilité, 473, 475.
- fonctionnement, 449 s.
- fonds de commerce, vente, 457, 459.
- hypothèque légale, 2121, 2143 s. ; mainlevée et réduction, 2164, 2165.
- immeuble, bail, 456 ; vente, 457, 459.
- inventaire, 451.
- juge des tutelles, 353 s.
- legs, acceptation, 463.
- majeurs, V. *Tutelle des majeurs*.
- mariage, opposition, 175.
- meubles, vente, 456, 457.
- partage, 465, 466.
- pupilles de l'État, sous 433 (renvoi).
- pupilles de la Nation, sous 433 (renvoi).
- scellés-levée, 451.
- subrogé-tuteur, désignation, 420, 423 ; destitution, 426, 443, 444, 447, 448 ; exclusions, 443, 444, 447, 448 ; excuses, 434, 437 s. ; fonctions, 420, 425 ; incapacité, 442 ; nomination d'un nouveau tuteur, 424 ; récusation, 445, 447, 448.
- succession, acceptation, 461, 462.
- titres au porteur, dépôt ou conversion, 452.
- transaction, 467, 472, 2045.
- tutelle dative, 404 s.
- tutelle d'État, 433.
- tutelle testamentaire, 397, 398.
- tuteur, 397 s., 427 s. ; acceptation, 432 ; charge personnelle, 418, 419 ; charge publique, 427 s. ; décharge de la fonction, 429 ; désignation, 397 s. ; destitution, 421, 443, 444, 446 s. ; dispenses, 428 ; exclusions, 443, 444, 446 s. ; incapacités, 442 ; pluralité de tuteurs, 417 ; pouvoirs, 450 s. ; récusation, 445 s. ; remplacement, 406, 424 ; responsabilité, 473, 475.
- valeurs mobilières, dépôt ou conversion, 452 ; gestion, 454, 456 ; vente, 457, 459, 468.
- vente, 456 s., 468.

Tutelle administrative, acceptation des dons et legs, 910.

Tutelle des majeurs, 488 s., 492 s.
- actes antérieurs à l'ouverture, annulation, 503.
- actes postérieurs à l'ouverture, nullité, 502.
- administration légale sous contrôle judiciaire, 497.
- administrateur spécial, 499.
- altération des facultés mentales ou corporelles, constatation, 493-1.
- capacité du majeur en tutelle, 501.
- causes, 492.
- conjoint, 496 s.
- conventions matrimoniales, 1399.
- domicile du majeur en tutelle, 108-3.
- donations, 505.
- fin de la tutelle, 507.
- gérant de la tutelle, 496-2, 499, 500.
- liste électorale, sous 501.
- mainlevée, 493-2, 507.
- mariage du majeur en tutelle, 506.
- médecin traitant, 493-1, 496-2, 501, 506.
- mineur émancipé, 494.
- organisation, 495 s.
- ouverture, 492 s., 498.
- publicité, 493-2.
- testament du majeur en tutelle, 504.
- tuteur, 496 s.

Tuyaux, caractère immobilier, 523.

Usage/Vente

U

Usage, droit d'usage, 625 s.
Usages
- bail, congé, 1762 ; réparations locatives, 1754 ; tacite reconduction, 1759.
- bail à ferme, obligations du fermier sortant, 1777.
- clôture forcée, 663.
- contrats, 1135, 1159, 1160.
- distances des constructions, 674.
- distances des plantations, 671.
- mineurs, incapacité, 389-3.
- usufruit, arbres, 590, 591, 593.

Usucapion, 2219, 2262 s.
Usufruit, 578 s.
- abus de jouissance, 618.
- alluvion, 596.
- améliorations, 599.
- animaux, 615, 616.
- arbres, 590 s.
- attribution préférentielle, conjoint survivant, 761.
- bail, 595.
- carrières, 598.
- cas fortuit, animaux, 615, 616.
- caution, 601 s.
- cession, 595.
- charges, 608 s.
- choses consomptibles, 587.
- conjoint survivant, attribution préférentielle, 761 ; usufruit légal, 767.
- consolidation, 617.
- coupes de bois, 590 s.
- croît des animaux, 583.
- décès de l'usufruitier, 617.
- définition, 578.
- dettes, 612.
- donations avec réserve d'usufruit, 949, 950.
- donations entre époux, conversion de l'usufruit en rente viagère, 1094-2, 1097-1.
- durée, 619, 620.
- état des lieux, 600.
- extinction, 617, 618.
- fruits, 582 s.
- hypothèque, 2118.
- immeuble, 526, 581.
- indivision, 815-2, 815-18, 1873-16 s.
- inventaire, 600.
- jouissance, 578.
- meuble, 581, 589.
- mines, 598.
- non-usage, 617.
- obligations de l'usufruitier, 600 s.
- perte de la chose, 615 s., 623, 624.
- prescription, 617.
- procès, 613.
- quasi-usufruit, 587.
- quotité disponible, 917, 918.
- renonciation, annulation, 622.
- rente viagère, 588.
- réparations, 605 s.
- saisie immobilière, 2204.
- servitudes, 597.
- somme d'argent, 587.
- sources, 579.
- substitutions, double libéralité en usufruit et en propriété, 899.
- trésor, 598.
- troupeau, 616.
- usurpation, 614.
- vente avec réserve d'usufruit, 918.
- vente de la chose sujette à usufruit, 621.

Usure, L. n. 66-1010 du 28 déc. 1966, sous 1914.

V

Vaine pâture, servitude, 648.
Valeurs mobilières, V. *Titres et valeurs mobilières.*
Véhicules, V. *Automobiles.*
Vente, 1582 s.
- action estimatoire et redhibitoire, 1644.
- animaux, vices redhibitoires, sous 1641, n. 3.
- arrhes, 1590.
- automobiles, vente à crédit, D. n. 53-968 du 30 sept. 1593, sous 2084.
- capacité, 1594 s.
- cession de créance, 1689 s. ; V. ces mots.
- chose d'autrui, 1599.
- choses hors du commerce, 1598.
- condition, 1584.
- contenance, 1616 s.

Vente/Warrant

- contre-lettre, C.G.I., art. 1840, sous 1321.
- définition, 1582.
- dégustation, 1587.
- délivrance, 1604 s.
- échantillons, sous 1587, n. 5.
- engrais, lésion, sous 1674, n. 7 (renvoi).
- époux, 1595.
- essai, 1588.
- éviction, garantie, 1626 s.
- faculté de rachat, 1659 s.
- forme, 1582.
- frais, 1593.
- garantie, 1625 s.
- garantie, contrat de garantie, D. n. 87-1045 du 22 déc. 1987, sous 1648.
- immeuble à construire, 1601-1 s., 1642-1, 1646-1.
- lésion, 1674 s.
- licitation, 1686 s.
- nullité et résolution, 1658.
- objets abandonnés, L. 31 mars 1896; L. 31 déc. 1903, sous 2078.
- obligations de l'acheteur, 1650; du vendeur, 1602 s.
- pacte sur succession future, 1600.
- perte de la chose vendue, 1601; risques, 1624.
- privilège du vendeur, immeuble, 2103-1°; meuble, 2102-4°.
- prix, détermination, 1591, 1592; dissimulation, C.G.I., art. 1840, sous 1321; paiement, 1650 s.
- promesse, 1589, 1590.
- réméré, 1659 s.
- rescision pour lésion, 1674 s.
- risques de la chose, 1585, 1624.
- service après vente, D. n. 87-1045 du 22 déc. 1987, sous 1649.
- servitudes, 1638.
- transfert de propriété, 1583.
- vente à domicile, L. n. 72-1137 du 22 déc. 1972, Annexe.
- vente au poids, au compte ou à la mesure, 1585.
- vente en bloc, 1586.
- vente entre époux, 1595.
- vices cachés, 1641 s.

Vices cachés
- bail, 1721.
- prêt à usage, 1891.
- vente, 1641 s.

Vices du consentement, contrats, 1109 s.

Vie privée, 9.
- actualité judiciaire, sous 9, n. 3.
- constats, divorce, 259-2.
- domicile, sous 9, n. 6.
- faits historiques, sous 9, n. 3.
- fortune, sous 9, n. 7.
- informatique, L. n. 78-17 du 6 janv. 1978, Annexe.
- œuvres de fiction, sous 9, n. 3.
- pratiques religieuses, sous 9, n. 8.
- sanctions, sous 9, n. 18.
- santé, sous 9, n. 5.
- vedettes du spectacles, sous 9, n. 15.
- vie professionnelle, sous 9, n. 2.
- vie sentimentale, sous 9, n. 4.

Vins, vente après dégustation, 1587.
Viol, recherche de paternité, 340.
Violation de domicile, constats, divorce, 259-2.

Violence
- contrats, 1111 s.
- crainte révérencielle, 1114.
- état de nécessité, sous 1112, n. 5.
- partage, 887.
- possession, vices, 2233.

Voie de fait, actions possessoires, sous 2282, n. 3.
Voiturier, 1782 s.; privilège, 2102-5°.
Vol
- bail, sous 1721, n. 2.
- dépôt, 1938; dépôt hôtelier, 1953, 1954.
- gardien de la chose, sous 1384, n. 13.

Vues, servitudes, 675 s.

W

Warrant, concours avec les créanciers hypothécaires, 2134.

TABLE CHRONOLOGIQUE

	PAGES
I.- TEXTES CODIFIES	
Code des assurances	
– art. L. 111-1 à L. 132-31, Annexe	1283
– art. L. 140-1, Annexe	1304
– art. L. 160-6 à L. 160-9, Annexe	1305
– art. L. 211-1 à L. 230-1, Annexe	1306
– art. L. 241-1 à L. 243-8, sous art. 1799	956
– art. L. 421-1 à L. 422-3, Annexe	1313
– art. R. 111-1 à R. 220-8, Annexe	1318
– art. R. 230-1, Annexe	1338
– art. R. 421-1 à R. 422-8, Annexe	1339
Code de la construction et de l'habitation	
– art. L. 221-6	964
– art. L. 222-1 à L. 222-7	964
– art. L. 231-1 à L. 231-3	966
– art. L. 251-1 à L. 251-9	936
– art. L. 261-10 à L. 261-19, L. 261-21, L. 261-22	746
– art. R. 111-24 à R. 111-28	945
– art. R. 222-1 à R. 222-14	967
– art. R. 231-1 à R.231-15	971
– art. R. 251-1 à R. 251-3	932
– art. R. 261-1 à R. 261-33	749
Code du domaine de l'État, art. L. 12 et L. 18, V. Loi 4 juillet 1984, art. 3, sous art. 900-8	426
Code des douanes, art. 379 à 381	1109
Code de la famille et de l'aide sociale, art. 209 bis	431
Code général des impôts	
– art. 849	600
– art. 1840	597
– art. 1840 A	738
– art. 1920 à 1929 sexies	1105
Nouveau Code des impôts, livre des procédures fiscales, art. L. 262, art. L. 265.	1108
Code de la nationalité française, art. 1er à 161	1259
Code pénal, art. 36	428
Code de procédure civile	
– art. 592 à 593-1	1095
– art. 832	1150
Nouveau Code de procédure civile	
– art. 1046 à 1056	82

Table chronologique

– art. 1062 à 1069	93
– art. 1070 à 1148	172
– art. 1150 et 1151	194
– art. 1152 et 1153	195
– art. 1154 à 1156	210
– art. 1157	71 et 183
– art. 1158 à 1178	221
– art. 1179 à 1210	234
– art. 1211 à 1231	256
– art. 1232 à 1263	277
– art. 1264 à 1267	1256
– art. 1282 à 1285	131
– art. 1304 à 1327	328
Code rural	
– art. 202 et 209	298
– art. 789-1 à 789-3	682
– art. L. 411-1 à L. 451-13	817
– art. L. 411-68	680 et 831
– art. L. 412-14 et L. 412-15	401
Code de la santé publique	
– art. L. 326-1	280
– art. L. 696, V. Loi 4 juillet 1984, art. 5	426
Code de la sécurité sociale	
– art. L. 581-1 à L. 581-10, sous art. 211	125
– art. R. 581-1 à R. 581-9, sous art. 211	127
Code du travail	
– art. L. 143-7	1111
– art. L. 143-8, 2° et 3°	1116
– art. L. 143-8, 4°	1111
– art. L. 143-9 à L. 143-11	1111
– art. L. 742-6	1111
– art. L. 751-15	1112
– art. R. 145-1	1096
– art. D. 143-1	1112

II.- TEXTES NON CODIFIÉS

An II – **Loi du 6 fructidor** portant qu'aucun citoyen ne pourra porter de nom ni de prénom autres que ceux exprimés dans son acte de naissance, sous art. 57	62
An XI – **Loi du 25 ventôse** contenant organisation du notariat, art 8 à 30 sous art. 1317	586
– **Loi du 11 germinal** relative aux prénoms et changements de noms sous art. 57	64
1806 – **Décret du 4 juillet** concernant les enfants présentés sans vie à l'officier de l'état civil, sous art. 79	73
1819 – **Loi du 14 juillet** relative à l'abolition du droit d'aubaine et de détraction,	

Table chronologique

1819 – art. 1er, V. C. civ., art. 726 et 912	349 et 433
– art. 1er et 2, sous art. 726	349
1832 – Loi du 16 avril, V. C. civ., art. 164	101
1835 – Loi du 13 mai, V. C. civ., art. 896	421
1841 – Loi du 2 juin, V. C. proc. civ., art. 832, sous art. 2185	1150
1849 – Loi du 11 mai, V. C. civ., art. 896	421
1850 – Loi du 10 juillet, V. C. civ., art. 75 et 76	72
1854 – Loi du 31 mai, V. C. civ., art. 22 à 33, 227, 617, 718, 719, 725, 1939, 1982, 2003	44
1867 – Loi du 22 juillet, V. C. civ., art. 2017, 2062 à 2070	1070
1868 – Loi du 2 août, V. C. civ., art. 1781	941
1881 – Loi du 20 août, V. C. civ., art. 666 à 673, 682 à 685	322
1883 – Loi du 5 janvier, V. C. civ., art. 1734	807
1887 – Loi du 15 novembre sur la liberté des funérailles, sous art. 900-8	427
1889 – Loi du 26 juin, V. C. civ., art. 7, 8, 10, 12, 13	33
1890 – Loi du 27 décembre, V. C. civ., art. 1780	941
1891 – Loi du 9 mars, V. C. civ., art. 205, 767	112
1892 – Loi du 11 juillet, V. C. civ., art. 2280	1254
1893 – Loi du 6 février, V. C. civ., art. 108	87
– Loi du 8 juin, V. C. civ., art. 48, 59 à 62, 80, 86 à 92, 94, 96, 97, 99, 101, 983, 984, 988 à 998	47
1895 – Loi du 5 mars, V. C. civ., art. 16	43
1896 – Loi du 25 mars, V. C. civ., art. 723, 724, 773	348
– Loi du 31 mars relative à la vente des objets abandonnés ou laissés en gage par les voyageurs aux aubergistes ou hôteliers, sous art. 2078	1089
– Loi du 20 juin, V. C. civ., art. 73, 151 à 153, 179	71
1897 – Loi du 17 août, V. C. civ., art. 49, 70, 76	47
– Loi du 7 décembre, V. C. civ., art. 37, 980	46
– Loi du 24 décembre relative aux recouvrements des frais dus aux notaires, avoués et huissiers, sous art. 2273	1248
1898 – Loi du 24 mars, V. C. civ., art. 843, 919	404
– Loi du 8 avril, V. C. civ., art. 563, 641 à 643	297
– Loi du 9 avril, V. C. civ., art. 2101	1110
1899 – Loi du 25 mars, V. C. civ., art. 1007	462
1900 – Loi du 7 avril, V. C. civ., art. 1904	1021
– Loi du 17 mai, V. C. civ., art. 981 et 982	457
1901 – Loi du 1er juillet relative au contrat d'association, Annexe	1351
– Loi du 29 novembre, V. C. civ., art. 170 et 171	102
1902 – Loi du 12 août, V. Loi du 25 ventôse an XI, art. 9, sous art. 1317	586
1903 – Loi du 21 juin, V. C. civ., art. 55	60

Table chronologique

1903	– Loi du 17 juillet, V. Loi du 1er juillet 1901, art. 18, Annexe	1354
	– Loi du 31 décembre relative à la vente de certains objets abandonnés, sous art. 2078	1090
1905	– Loi du 7 mars, V. Loi du 31 décembre 1903, art. 5, sous art. 2078	1090
1906	– Loi du 30 novembre, V. C. civ., art. 57	61
1907	– Loi du 21 juin, V. C. civ., art. 63 à 65, 74, 76, 148, 151, 152, 154 à 159, 165 à 170, 173, 192	69
1909	– Loi du 12 juillet sur la constitution d'un bien de famille insaisissable, sous art. 2092-2	1098
1910	– Décret du 26 mars portant règlement d'administration publique pour l'exécution de la loi du 12 juillet 1909, sous art. 2092-2	1102
	– Loi du 31 décembre, V. C. civ., art. 2125	1127
1913	– Loi du 10 mars, V. C. civ., art. 158 à 160	100
	– Loi du 28 mai, V. C. civ., art. 2102-8°	1115
	– Loi du 2 juillet, V. Loi du 1er juillet 1901, art. 11, Annexe .	1353
1914	– Loi du 1er juillet, V. C. civ., art. 162	101
1915	– Loi du 28 juillet, V. C. civ., art. 985 et 986	457
1916	– Loi du 28 octobre, V. C. civ., art. 904	429
1917	– Loi du 20 mars, V. C. civ., art. 480	261
	– Loi du 31 décembre, V. C. civ., art. 755	354
1918	– Loi du 1er mars, V. C. civ., art. 2150 et 2152	1138
	– Loi du 2 mars, V. C. civ., art. 2108	1122
1919	– Loi du 9 août, V. C. civ., art. 63, 64, 69, 73, 75, 76, 151, 154, 168, 173, 206, 228	69
	– Loi du 24 octobre, V. C. civ., art. 1775	816
	– Loi du 27 octobre, V. C. civ., art. 37	46
	– Loi du 20 novembre, V. C. civ., art. 55, 80, 92, 99 à 101, 171	60
1921	– Loi du 12 février, V. C. civ., art. 673	324
	– Loi du 15 décembre, V. C. civ., art. 817, 822	386
1922	– Loi du 28 février, V. C. civ., art. 73 et 95	71
	– Loi du 28 avril, V. C. civ., art. 76 et 151	72
	– Loi du 22 juillet, V. C. civ., art. 56	61
	– Loi du 28 octobre, V. C. civ., art. 34	44
	– Loi du 7 novembre, V. C. civ., art. 1384	641
	– Loi du 9 décembre, V. C. civ., art. 228	142
	– Loi du 20 décembre, V. C. civ., art. 93	76
1923	– Loi du 2 juillet perpétuant le nom des citoyens morts pour la patrie, sous art. 57	65
1924	– Loi du 7 février, V. C. Civ., art. 56, 57, 59, 78, 79, 86, 149, 151, 154, 155, 158, 160	61
	– Loi du 1er juin mettant en vigueur la législation civile française dans les départements du Bas-Rhin, du Haut-Rhin et de la Moselle, art. 36 à 64, sous art. 2203	1219

1599

Table chronologique

1924	– Loi du 11 décembre, V. C. civ., art. 93 et 157	76
1927	– Loi du 8 avril, V. C. civ., art. 63, 64, 67, 169, 176	69
	– Loi du 17 juillet, V. C. civ., art. 148, 150, 152, 154, 158 ...	98
	– Loi du 10 août, V. C. civ., art. 10, 12, 13, 17 à 21	36
1928	– Loi du 4 février, V. C. civ., art. 76 et 228	72
	– Loi du 14 mars, V. Loi du 12 juillet 1909, art. 4 et 15, sous art. 2092-2	1099
	– Loi du 15 mars, V. C. civ., art. 822	387
	– Loi du 1er avril, V. C. civ., art. 1341 à 1345	607
1929	– Loi du 11 juillet, V. C. civ., art. 70 et 71	70
	– Loi du 15 décembre, V. C. civ., art. 75	71
1930	– Loi du 2 mai ayant pour objet de réorganiser la protection des monuments naturels et des sites de caractère historique, scientifique, légendaire ou pittoresque, art. 13, sous art. 2227	1234
	– Loi du 30 juillet, V. C. civ., art. 1589	737
	– Loi du 3 décembre, V. C. civ. art. 755	354
1931	– Loi du 22 février, V. Loi du 12 juillet 1909, art. 2, sous art. 2092-2	1098
1932	– Loi du 13 février, V. C. civ., art. 76-5º	72
	– Loi du 10 mars, V. C. civ., art. 49	47
	– Loi du 11 mars, V. C. civ., art. 2101	1110
1933	– Loi du 2 février, V. C. civ., art. 70, 75, 148, 151, 154, 155, 158, 174	70
	– Loi du 19 février, V. C. civ., art. 184 et 228	106
	– Loi du 15 mars, V. C. civ., art. 176 à 178	104
1934	– Loi du 4 février, V. C. civ., art. 155 et 157	100
1936	– Loi du 24 mars, V. C. civ., art. 2102	1115
	– Loi du 25 mars, V. C. civ., art. 1244	564
	– Loi du 20 août, V. C. civ., art. 1244	564
1937	– Loi du 13 février, V. Loi du 12 juillet 1909, art. 18 et 19, sous art. 2092-2	1101
	– Loi du 5 avril modifiant les règles de preuve en ce qui concerne la responsabilité des instituteurs, sous art. 1384	641
1938	– Décret-Loi du 14 juin, V. Loi du 12 juillet 1909, art. 2, 4 et 15, sous art. 2092-2	1098
	– Décret-loi du 17 juin, V. C. civ., art. 822, 827, 832	387
	– Loi du 28 juin, V. C. art. 664	322
	– Loi du 12 novembre, V. C. civ., art. 102	84
1939	– Loi du 19 juin V. C. civ., art. 817 et 822	386
	– Décret du 29 juillet relatif à la famille et à la natalité françaises	
	– art. 63 à 74, Annexe	1355
	– art. 108, V. C. civ., art. 57	61
	– art. 109, V. C. civ., art. 62	68
	– Décret-Loi du 9 septembre ayant pour objet de permettre en temps de guerre le mariage par procuration des militaires et marins présents sous les drapeaux, sous art. 97	77

Table chronologique

1940 – Loi du 5 mars, V. Décret-Loi du 9 septembre 1939, art. 1er, 4 à 6, sous art. 97 77
– Loi du 22 octobre relative aux règlements par chèques et virements, art. 1er, sous art. 1243 560
– Loi du 20 novembre confiant à l'administration de l'enregistrement la gestion des successions non réclamées et la curatelle des successions vacantes, sous art. 814 370

1941 – Loi du 25 janvier, V. Décret-Loi du 9 septembre 1939, art. 1er, sous art. 97 78
– Loi du 9 juin, V. C. civ., art. 1805, 1810, 1817, 1821, 1822, 1825 à 1827 959
– Loi du 1er août, V. C. civ., art. 2102-9° 1116
– Loi du 5 octobre, V. C. civ., art. 1810, 1825, 1827 960
– Loi du 2 novembre, V. Décret-Loi du 9 septembre 1939, art. 7, sous art. 97 79

1942 – Loi du 8 avril, V. Loi du 1er juillet 1901, art. 13, Annexe .. 1354
– Loi du 15 juillet, V. C. civ., art. 1775 et 1776 816
– Loi du 23 juillet, V. C. civ., art. 141 97
– Loi du 22 septembre, V. C. civ., art. 75, 212 à 215 71
– Loi du 16 décembre, V. C. civ., art. 63 69

1943 – Loi du 28 juin, V. C. civ., art. 2102-9° 1116
– Loi du 29 juillet 1943, V. C. civ., art. 169 102
– Loi du 4 septembre, V. C. civ., art. 1744, 1748, 1749, 1776 . 811

1944 – Loi du 17 avril, V. C. civ., art. 1776 816

1945 – Ordonnance du 29 mars, V. C. civ., art. 79 73
– Décret du 14 avril, V. Décret-Loi du 9 septembre 1939, art. 7, sous art. 97 79
– Ordonnance du 17 octobre, V. C. civ., art. 1714, 1719, 1743, 1744, 1748, 1749, 1763, 1776 795
– Ordonnance du 30 octobre, V. C. civ., art. 87 à 92 75
– Ordonnance n. 45-2720 du 2 novembre, V. C. civ., art. 63 et 169 69

1946 – Loi du 13 avril, V. C. civ., art. 1714, 1719, 1743, 1763 795
– Loi du 30 avril, V. C. civ., art. 90 75
– Décret n. 46-1917 du 19 août sur les attributions des agents diplomatiques et consulaires en matière d'état civil, sous art. 54 49
– Loi n. 46-2154 du 7 octobre, V. C. civ., art. 50, 68, 192, 2202 48

1948 – Loi du 21 février, V. C. civ., art. 1341 à 1345 607
– Loi n. 48-1001 du 23 juin, V. Loi du 1er juillet 1901, art. 6, Annexe 1352
– Loi du 7 juillet, V. Loi du 12 juillet 1909, art. 2, 4 et 15, sous art. 2092-2 1098
– Loi du 25 août, V. C. civ., art. 2102 1115

Table chronologique

1948 – Loi n. 48-1360 du 1er septembre portant modification et codification de la législation relative aux rapports des bailleurs et locataires ou occupants de locaux d'habitation ou à usage professionnel et instituant des allocations de logement, sous art. 1778	851
1949 – Loi n. 49-420 du 25 mars révisant certaines rentes viagères constituées entre particuliers, sous art. 1983	1046
– Loi n. 49-507 du 14 avril, V. Loi du 1er septembre 1948, art. 6, 26, 32 et 36, sous art. 1778	854
– Loi n. 49-945 du 16 juillet, V. Loi du 1er septembre 1948, art. 6 et 10, sous art. 1778	855
– Loi n. 49-972 du 21 juillet donnant le caractère comminatoire aux astreintes fixées par les tribunaux en matière d'expulsion et en limitant le montant, sous art. 1778	876
– Loi du 28 novembre, V. C. civ., art. 1675	780
1950 – Loi du 8 décembre, V. C. civ., art. 971 à 974, 976, 977, 979, 980, 1007	454
1951 – Loi n. 51-598 du 24 mai, V. Loi du 1er septembre 1948, art. 40, sous art. 1778	868
– Loi n. 51-1393 du 5 décembre tendant à réglementer la pratique des arrhes en matière de ventes mobilières, sous art. 1590	740
1952 – Loi n. 52-26 du 7 janvier, V. C. civ., art. 90	75
– Loi n. 52-870 du 22 juillet, V. Loi du 25 mars 1949, art. 1er, 3 à 4 ter, 8, sous art. 1983	1046
– Décret n. 52-1292 du 2 décembre portant R.A.P. pour l'emploi, par les officiers publics et ministériels, des procédés de reproduction des actes, sous art. 1317	587
1953 – Loi n. 53-183 du 12 mars, V. Loi du 12 juillet 1909, art. 2, 4 et 15, sous art. 2092-2	1098
– Loi n. 53-286 du 4 avril, V. Loi du 1er septembre 1948, art. 20, sous art. 1778	861
– Décret n. 53-700 du 9 août, V. Loi du 1er septembre 1948, art. 4, 10, 13, 18, 42, sous art. 1778	853
– Décret n. 53-914 du 26 septembre portant simplification des formalités administratives, sous art. 54	51
– Décret n. 53-968 du 30 septembre relatif à la vente à crédit des véhicules automobiles, sous art. 2084	1092
– Loi n. 53-1333 du 31 décembre, V. Loi du 1er septembre 1948, art. 72, sous art. 1778	874
1954 – Loi n. 54-781 du 2 août tendant à rendre à l'habitation les pièces isolées, louées accessoirement à un appartement et non habitées, sous art. 1778	876
1955 – Décret n. 55-22 du 4 janvier portant réforme de la publicité foncière, sous art. 2203	1154
– Décret n. 55-655 du 20 mai, V. Décret du 30 septembre 1953, art. 1, 2, 4 et 5, sous art. 2084	1093
– Décret n. 55-678 du 20 mai, V. C. civ., art. 2104	1120

Table chronologique

1955 – Décret n. 55-1350 du 14 octobre pour l'application du décret du 4 janvier 1955 portant réforme de la publicité foncière, sous art. 2203	1167
– Décret n. 55-1391 du 24 octobre 1955, V. C. civ., art. 55 ...	60
– Loi n. 55-1465 du 12 novembre, V. C. civ. art. 57	61
1956 – Décret n. 56-112 du 24 janvier, V. Décret du 14 octobre 1955, art. 84, sous art. 2203	1214
– Loi n. 56-780 du 4 août, V. C. civ., art. 50, 63, 2148, 2202, 2203	48
1957 – Loi n. 57-133 du 8 février, V. Loi du 2 juillet 1923, art. 1er, sous art. 57	65
– Loi n. 57-298 du 11 mars sur la propriété littéraire et artistique, Annexe	1357
– Loi n. 57-379 du 26 mars, V. C. civ., art. 733, 753, 754	351
– Loi n. 57-775 du 11 juillet, V. Loi du 25 mars 1949, art. 2, 4 ter, sous art. 1983	1048
– Loi n. 57-888 du 2 août, V. Décret du 30 septembre 1953, art. 5, sous art. 2084	1093
– Loi n. 57-1218 du 20 novembre, V. C. pénal, art. 36, sous art. 902	428
– Loi n. 57-1232 du 28 novembre relative, d'une part, aux actes de l'état civil dressés par l'autorité militaire et à la rectification de certains actes de l'état civil, d'autre part, au mariage sans comparution personnelle des personnes participant au maintien de l'ordre hors de France métropolitaine, sous art. 97	77
1958 – Ordonnance n. 58-779 du 23 août	
– art. 1er, V. C. civ., art. 38, 58, 87 à 93, 99, 100, 101, 166	46
– art. 2, V. C. civ., art. 75	71
– art. 4, V. C. civ., art. 80, 87 à 93	74
– art. 6, V. Loi du 11 germinal an XI, art. 8	65
– Constitution du 4 octobre, V. C. civ., art. 1er	17
– Ordonnance n. 58-923 du 7 octobre, V. C. civ., art. 102	84
– Ordonnance n. 58-1007 du 24 octobre, V. C. civ., art. 770 et 814	359
– Ordonnance n. 58-1298 du 23 décembre, V. C. civ., art. 1247	565
– Ordonnance n. 58-1307 du 23 décembre, V. C. civ., art. 723, 724, 731, 768 à 772	348
– Ordonnance n. 58-1374 du 30 décembre portant loi de finances pour 1959, art. 79, sous art. 1243	560
1959 – Ordonnance n. 59-64 du 7 janvier, V. Code de la nationalité, art. 52 et 62, Annexe	1263
– Ordonnance n. 59-71 du 7 janvier	
– art. 1er, V. C. civ., art. 75, 76, 958, 1069, 1673, 2103, 2104, 2143, 2147, 2166, 2180 à 2182, 2188, 2203	71

Table chronologique

1959 – – art. 16, V. Loi du 12 juillet 1909, art. 9 et 10, sous art. 2092-2 1100
 – art. 25, V. C. civ., art. 939 à 942, 1070 à 1073, 2183, 2189 443
 – **Décret n. 59-89 du 7 janvier**
  – art. 1er à 5, V. Décret du 4 janvier 1955, art. 4 à 9, sous art. 2203 1155
  – art. 6, V. Décret du 4 janvier 1955, art. 26, sous art. 2203 1158
  – art. 7, V. Décret du 4 janvier 1955, art. 28, sous art. 2203 1159
  – art. 8, V. Décret du 4 janvier 1955, art. 34, sous art. 2203 1161
  – art. 9, V. Décret du 4 janvier 1955, art. 37, sous art. 2203 1163
  – art. 10, V. Décret du 4 janvier 1955, art. 38, sous art. 2203 1164
  – art. 11 et 12, V. Décret du 4 janvier 1955, art. 50-1 à 51, sous art. 2203 1166
  – art. 13, V. C. civ., art. 2148, 2149, 2151, 2156, 2197 à 2201 1136
 – **Décret n. 59-90 du 7 janvier**
  – art. 1er, V. Décret du 14 octobre 1955, art. 72, sous art. 2203 1203
  – art. 2, V. Décret du 14 octobre 1955, art. 38 et 81 1182
  – art. 3, V. Décret du 14 octobre 1955, art. 76 1206
  – art. 4, V. Décret du 14 octobre 1955, art. 4, 5, 10, 45 ... 1168
  – art. 5, V. Décret du 14 octobre 1955, art. 21, 27, 31, 46, 47, 49, 83, sous art. 2203 1173
  – art. 6, V. Décret du 14 octobre 1955, art. 34 à 37, 51 ... 1178
  – art. 7, V. Décret du 14 octobre 1955, art. 42 et 53 1184
  – art. 8, V. Décret du 14 octobre 1955, art. 60 et 63 1192
 – **Ordonnance n. 59-246 du 4 février**, V. Ordonnance n. 58-1374 du 30 décembre 1958, art. 79, sous art. 1243 561
 – **Décret n. 59-1060 du 10 septembre**, art. 1er, V. Loi du 1er septembre 1948, art. 34 bis, sous art. 1778 866
 – **Loi n. 59-1583 du 31 décembre**, art. 23, V. C. civ., art. 171 103
1960 – **Décret n. 60-4 du 6 janvier 1960**, V. C. civ., art. 2200 1153
 – **Décret n. 60-284 du 28 mars**, art. 1er, V. Loi du 31 décembre 1903, art. 1er, sous art. 2078 1090
 – **Décret n. 60-285 du 28 mars**, V. C. civ., art. 77 72
 – **Loi n. 60-464 du 17 mai 1960**, art. 1er, V. C. civ., art. 548, 549, 554, 555, 566, 570 à 572, 574, 576, 587, 616, 658, 660, 661 . 291

Table chronologique

1960 – Ordonnance n. 60-529 du 4 juin, V. C. pénal, art. 36, sous art. 902 428
– Loi n. 60-808 du 5 août, art. 10, V. Décret du 29 juillet 1939, art. 66 et s., Annexe 1356
– Décret n. 60-963 du 5 septembre
  – art. 11, V. Décret du 4 janvier 1955, art. 7, sous art. 2203 1156
  – art. 12, V. Décret du 14 octobre 1955, art. 71, sous art. 2203 1202
– Décret n. 60-1057 du 1er octobre, art. 1er, V. Loi du 1er septembre 1948, art. 32 bis, sous art. 1778 865
– Décret n. 60-1265 du 25 novembre relatif aux modes de calcul du délai de 3 jours prévu à l'article 55 du Code civil, sous art. 55 61

1961 – Décret n. 61-376 du 11 avril, art. 39, V. Décret du 14 octobre 1955, art. 81, sous art. 2203 1213
– Loi n. 61-1378 du 19 décembre 1961, art. 2 à 6, V. C. civ., art. 832, 832-1, 2103, 2109 394
– Loi n. 61-1408 du 22 décembre, V. C. nationalité, art. 143 et 144 1272

1962 – Décret n. 62-840 du 19 juillet relatif à la protection maternelle et infantile, art. 6-1, sous art. 63 69
– Décret n. 62-921 du 3 août modifiant certaines règles relatives aux actes de l'état civil, sous art. 54 52
– Loi n. 62-902 du 4 août
  – art. 1er à 3, V. Loi du 1er septembre 1948, art. 2 et 3, sous art. 1778 851
  – art. 4 et 5, V. Loi du 1er septembre 1948, art. 3 ter et 3 quater, sous art. 1778 852
  – art. 6 à 8, V. Loi du 1er septembre 1948, art. 4 à 6, sous art. 1778 853
  – art. 9, V. Loi du 1er septembre 1948, art. 1778 855
  – art. 10, V. Loi du 1er septembre 1948, art. 9 et 46, sous art. 1778 855
  – art. 11, V. Loi du 1er septembre 1948, art. 9 bis, sous art. 1778 857
  – art. 13, V. Loi du 1er septembre 1948, art. 15, sous art. 1778 857
  – art. 14, V. Loi du 1er septembre 1948, art. 22 bis, sous art. 1778 858
  – art. 15, V. Loi du 1er septembre 1948, art. 40, sous art. 1778 859
  – art. 19, V. C. civ., art. 1751 812
– Loi n. 62-903 du 4 août, art. 7, V. Loi du 1er septembre 1948, art. 12, sous art. 1778 857
– Décret n. 62-1019 du 24 août, art. 1er, V. Loi du 1er septembre 1948, art. 34, sous art. 1778 866

Table chronologique

1962 – Décret n. **62-1044 du 27 août**	
– art. 1er, V. Loi du 1er septembre 1948, art. 37, sous art. 1778	867
– art. 2, V. Loi du 1er septembre 1948, art. 44, sous art. 1778	869
– art. 3, V. Loi du 1er septembre 1948, art. 75, sous art. 1778	874
1963 – Loi de finances n. **63-156 du 23 février**, art. 56, V. Loi du 25 mars 1949, art. 2 bis, sous art. 1983	1048
– Loi de finances n. **63-628 du 2 juillet**, art. 15, V. Loi du 25 mars 1949, art. 3, 4 bis et 4 ter, sous art. 1983	1049
1963 – Loi n. **63-699 du 13 juillet** augmentant la quotité disponible entre époux	
– art. 1er, V. C. civ., art. 1094 ancien	482
– art. 2, V. C. civ., art. 1098 ancien	485
– art. 3, V. C. civ., art. 767	357
– art. 4, sous art. 1243	561
– Loi n. **63-758 du 30 juillet**, V. C. civ., art. 75	71
– Loi n. **63-1092 du 6 novembre**, V. C. civ., art. 1973	1042
1964 – Loi n. **64-663 du 2 juillet**, art. 2, V. Loi du 25 mars 1949, art. 4, sous art. 1983	1050
– Loi n. **64-678 du 6 juillet** tendant à définir les principes et les modalités du régime contractuel en agriculture, art. 17 à 21, Annexe	1401
– Loi n. **64-1230 du 14 décembre** portant modification des dispositions du Code civil relatives à la tutelle et à l'émancipation, sous art. 475	258
– Loi de finances n. **64-1278 du 23 décembre**	
– art. 7, V. Loi du 1er septembre 1948, art. 14, sous art. 1778	858
– Décret n. **64-1354 du 30 décembre**, V. Loi du 1er septembre 1948, art. 31 et 34, sous art. 1778	864
– Décret n. **64-1356 du 30 décembre** portant application de l'article 14 de la loi du 1er septembre 1948, sous art. 1778	859
1965 – Décret n. **65-422 du 1er juin 1965**, portant création d'un service central d'état civil au ministère des Affaires étrangères, sous art. 54	55
– Décret n. **65-483 du 26 juin**	
– art. 1er, V. Loi du 1er septembre 1948, art. 26, sous art. 1778	863
– art. 2, V. Loi du 1er septembre 1948, art. 31, sous art. 1778	864
– Décret n. **65-484 du 26 juin**, art. 2, V. Loi du 1er septembre 1948, art. 38, sous art. 1778	867
– Loi n. **65-557 du 10 juillet**, fixant le statut de la copropriété des immeubles bâtis, Annexe	1403
– Loi n. **65-570 du 13 juillet**, portant réforme des régimes matrimoniaux, sous art. 1581	707

Table chronologique

1965 – Décret n. 65-713 du 16 août, art. 7, V. Décret du 14 octobre 1955, art. 84, sous art. 2203	1214
– Décret n. 65-961 du 5 novembre pris pour l'application de certains articles du Code civil et relatif au dépôt et à la gestion des fonds et des valeurs mobilières des mineurs, sous art. 475	260
– Loi n. 65-995 du 26 novembre, V. Loi du 13 juillet 1965, art. 11, sous art. 1581	708
1966 – Décret n. 66-130 du 4 mars relatif aux interventions de justice quant aux droits des époux, à la séparation de biens et autres changements de régime matrimonial, aux renonciations à la succession et aux baux passés par les usufruitiers, art. 7, sous art. 1581	720
– Décret n. 66-356 du 8 juin	
– art. 2, V. Décret du 14 octobre 1955, art. 42-1, sous art. 2203	1185
– art. 3, V. Décret du 14 octobre 1955, art. 43, sous art. 2203	1185
– Loi n. 66-359 du 9 juin, V. C. civ., art. 75	71
– Décret n. 66-428 du 24 juin, art. 1er, V. Loi du 1er septembre 1948, art. 27, sous art. 1778	863
– Loi n. 66-498 du 11 juillet, art. 1er, V. Loi du 1er septembre 1948, art. 22 bis, sous art. 1778	862
– Loi n. 66-500 du 11 juillet portant réforme de l'adoption, sous art. 370-2	220
– Décret n. 66-596 du 5 août, art. 1er, V. Décret du 14 octobre 1955, art. 59, 86 à 88	1191
– Loi n. 66-861 du 22 novembre, V. Loi du 13 juillet 1965, art. 17, sous art. 1581	709
– Loi n. 66-879 du 29 novembre relative aux sociétés civiles professionnelles, sous art. 1873	1002
– Loi n. 66-1006 du 28 décembre, V. Loi du 10 juillet 1965, art. 22, Annexe	1409
– Loi n. 66-1010 du 28 décembre relative à l'usure, aux prêts d'argent et à certaines opérations de démarchage et de publicité, sous art. 1914	1023
– Loi n. 66-1012 du 28 décembre	
– art. 1er, V. C. civ., art. 1007	462
– art. 2, V. Loi du 25 ventôse an XI, art. 9, sous art. 1317	586
– Loi n. 67-3 du 3 janvier 1967	
– art. 1er, V. C. civ., art. 1601-1 à 1601-4	745
– art. 4, V. C. civ., art. 1779	941
1967 – Décret n. 67-167 du 1er mars relatif à la saisie immobilière et à l'ordre, V. C. civ., art. 2169, 2206 à 2217	1146
– Décret n. 67-223 du 17 mars portant R.A.P. pour l'application de la loi du 10 juillet 1965 fixant le statut de la copropriété des immeubles bâtis, Annexe	1415

Table chronologique

1967 – **Loi n. 67-547 du 7 juillet**
  – art. 2, V. C. civ., art. 1601-1 745
  – art. 3, V. C. civ., art. 1601-2 745
  – art. 4, V. C. civ., art. 1601-4 745
  – art. 5, V. C. civ., art. 1642-1 767
  – art. 8, V. C. civ., art. 1648 769
  – art. 9, V. C. civ., art. 2108-1 1122
– **Loi n. 67-561 du 12 juillet** relative à l'amélioration de l'habitat, sous art. 1778 877
– **Loi n. 67-563 du 13 juillet**, art. 156 et 164, V. Décret du 29 juillet 1939, art. 73 1357
– **Ordonnance n. 67-839 du 28 septembre** tendant à favoriser le développement du crédit hypothécaire et modifiant certaines dispositions du Code civil relatives aux privilèges et hypothèques sur les immeubles 1139
  – art. 1er, V. C. civ., art. 2154 1139
  – art. 2, V. C. civ., art. 2154-1 à 2154-3 1141
  – art. 4, V. C. civ., art. 2148 1136
  – art. 5, V. C. civ., art. 2158 1143
  – art. 6, V. C. civ., art. 2196 1152
  – art. 7, V. C. civ., art. 2198 1152
  – art. 9 à 14, sous art. 2154 1139
– **Décret n. 67-914 du 16 octobre**, art. 6, V. C. civ., art. 89 .. 75
– **Décret n. 67-1252 du 22 décembre**
  – art. 1er, V. Décret du 14 octobre 1955, art. 4, 5, 7, 13, sous art. 2203 1169
  – art. 3, V. Décret du 14 octobre 1955, art. 38-1 à 42, 44-1, sous art. 2203 1183
  – art. 4, V. Décret du 14 octobre 1955, art. 53, sous art. 2203 1189
  – art. 6, V. Décret du 14 octobre 1955, art. 54-1 1190
  – art. 7, V. Décret du 14 octobre 1955, art. 55 et 56 1190
  – art. 8, V. Décret du 14 octobre 1955, art. 57-1 1191
  – art. 9, V. Décret du 14 octobre 1955, art. 59-1 1192
  – art. 10, V. Décret du 14 octobre 1955, art. 61 1193
  – art. 11, V. Décret du 14 octobre 1955, art. 64, 66 1194
  – art. 12, V. Décret du 14 octobre 1955, art. 67 à 67-2 1195
  – art. 13, V. Décret du 14 octobre 1955, art. 67-3 à 68-2 .. 1196
  – art. 14, V. Décret du 14 octobre 1955, art. 74 1204
  – art. 15, V. Décret du 14 octobre 1955, art. 76 1206
  – art. 16, V. Décret du 14 octobre 1955, art. 76-1 et 76-2 .. 1207
  – art. 17, V. Décret du 14 octobre 1955, art. 77 1209
  – art. 18, V. Décret du 14 octobre 1955, art. 77-1 et 77-2 .. 1209
  – art. 19, V. Décret du 14 octobre 1955, art. 77-3 à 77-5 .. 1209
  – art. 21, V. Décret du 14 octobre 1955, art. 77-6 à 77-8 .. 1210
  – art. 23, V. Décret du 14 octobre 1955, art. 85-2 et 85-3 .. 1215
  – art. 24, V. Décret du 14 octobre 1955, art. 85-5 1217

Table chronologique

1967 – – art. 25, V. Décret du 14 octobre 1955, art. 90	1219
– Loi n. 67-1179 du 28 décembre, art. 1er, V. C. civ., art. 1099-1	487
– Loi d'orientation foncière n. 67-1253 du 30 décembre	
– art. 35, V. C. civ., art. 678 et 679	326
– art. 36, V. C. civ., art. 682	327
– art. 48 à 60, sous art. 1778	938
1968 – Loi n. 68-5 du 3 janvier portant réforme du droit des incapables majeurs, sous art. 514	275
– **Décret n. 68-148 du 15 février**	
– art. 1er, V. Décret du 3 août 1962, art. 2, sous art. 54 ...	53
– art. 2, V. Décret du 3 août 1962, art. 3	53
– art. 3 à 6, V. Décret du 3 août 1962, art. 8 à 11	54
– art. 7 et 8, V. Décret du 3 août 1962, art. 12 et 13	55
– Décret n. 68-856 du 2 octobre, V. Décret du 3 août 1962, art. 10, 11 et 11-I, sous art. 54	54
– Décret n. 68-976 du 9 novembre, V. Loi du 1er septembre 1948, art. 14, 14 bis, 72 et 73	858
– Loi n. 68-1248 du 31 décembre, art. 1er à 4, V. Loi du 31 décembre 1903, art. 1er, 2, 4, 5 et 6 bis, sous art. 2078 .	1090
1969 – Loi n. 69-2 du 3 janvier	
– art. 1er à 4, V. Loi du 2 août 1954, art. 1er, 2, 4 et 7, sous art. 1778	876
– art. 7, V. Loi du 1er septembre 1948, art. 4, sous art. 1778	854
– art. 8, V. Loi du 1er septembre 1948, art. 78	875
– Loi n. 69-3 du 3 janvier, art. 13 et 14, V. C. civ., art. 102	
– Décret n. 69-59 du 13 janvier, art. 1er, V. Loi du 1er septembre 1948, art. 38, sous art. 1778	867
– Décret n. 69-195 du 15 février pris pour l'application de l'article 499 du Code civil	270
– Décret n. 69-222 du 6 mars relatif au statut particulier des agents diplomatiques et consulaires, art. 68 à 71, sous art. 164	101
– Décret n. 69-1125 du 11 décembre, art. 1er à 3, V. Décret du 1er juin 1965, art. 2 à 4, sous art. 55	55
1970 – Loi n. 70-9 du 2 janvier réglementant les conditions d'exercice des activités relatives à certaines opérations portant sur les immeubles et les fonds de commerce, Annexe	1426
– Arrêté du 4 mars portant application de l'article 3 du décret du 15 février 1969 relatif aux émoluments dus par les incapables majeurs aux gérants de tutelles, sous art. 499	270
– Loi n. 70-459 du 4 juin relative à l'autorité parentale, sous art. 387	233
– Décret n. 70-512 du 12 juin, art. 1er à 3, V. Décret du 14 octobre 1955, art. 2, 85-4, 85-6, 89, sous art. 2203	1168
– Décret n. 70-548 du 22 juin, art. 4, V. Décret du 14 octobre 1955, art. 22, sous art. 2203	1173
– Loi n. 70-598 du 9 juillet	
– art. 1er, V. Loi du 1er septembre 1948, art. 1er, sous art. 1778	851

Table chronologique

1970	– art. 2, V. Loi du 1er septembre 1948, art. 1er bis	851
	– art. 3, V. Loi du 1er septembre 1948, art. 1er ter	851
	– art. 6, V. Loi du 1er septembre 1948, art. 5	854
	– art. 7, V. Loi du 1er septembre 1948, art. 22	862
	– art. 8, V. Loi du 1er septembre 1948, art. 31	864
	– **Loi n. 70-612 du 10 juillet 1970**, art. 23, V. Loi du 1er septembre 1948, art. 10	855
	– **Loi n. 70-632 du 15 juillet** relative à une contribution nationale à l'indemnisation des Français dépossédés de biens situés dans un territoire antérieurement placé sous la souveraineté, le protectorat ou la tutelle de la France, art. 49 à 61, Annexe .	1428
	– **Loi n. 70-643 du 17 juillet**, art. 22, V. C. civ., art. 9	33
	– **Décret n. 70-645 du 17 juillet**, V. Loi du 1er septembre 1948, art. 38	867
	– **Loi n. 70-1266 du 23 décembre**, art. 1er, V. C. civ., art. 145	97
1971	– **Arrêté du 8 janvier**, V. Arrêté du 4 mars 1970, art. 3, sous art. 499	270
	– **Loi n. 71-407 du 3 juin**, V. C. civ., art. 476	261
	– **Loi n. 71-494 du 25 juin**, V. C. civ., art. 685-1	330
	– **Loi n. 71-523 du 3 juillet** modifiant certaines dispositions du Code civil relatives aux rapports à succession, à la réduction des libéralités excédant la quotité disponible et à la nullité, à la rescision pour lésion et à la réduction dans les partages d'ascendants, sous art. 892	419
	– **Loi n. 71-579 du 16 juillet**	
	– art. 32, V. C. civ., art. 1831-1 à 1831-5	962
	– art. 46, V. C. civ., art. 1279	576
	– art. 47, V. C. civ., art. 2103-2°	1118
	– **Loi n. 71-584 du 16 juillet** tendant à réglementer les retenues de garantie en matière de marchés de travaux définis par l'article 1779-3° du Code civil, sous art. 1799	953
	– **Loi n. 71-586 du 16 juillet**, art. 1er et 7, V. C. civ., art. 2271, 2272, 2277	1247
	– **Loi n. 71-604 du 20 juillet**, art. 1er et 2, V. Loi du 1er juillet 1901, art. 5 et 7, Annexe	1351
	– **Décret n. 71-873 du 22 octobre**, V. Décret du 19 août 1946, art. 1er, sous art. 54	47
	– **Arrêté du 2 novembre** relatif à l'administration provisoire et à la curatelle des successions vacantes, sous art. 814	370
	– **Arrêté du 12 novembre** portant application de la loi du 3 janvier 1968 portant réforme du droit des incapables majeurs, sous art. 514	281
	– **Décret n. 71-941 du 26 novembre** relatif aux actes établis par les notaires, sous art. 1317	588
	– **Décret n. 71-942 du 26 novembre** relatif aux créations, transferts et suppressions d'offices de notaires, à la compétence d'instrumentation et à la résidence des notaires, à la garde et à	

Table chronologique

la transmission des minutes et registres professionnels des notaires, art. 8 à 16, sous art. 1317	593
1972 – Loi n. 72-3 du 3 janvier sur la filiation, sous art. 342-8	207
– Loi n. 72-6 du 3 janvier, art. 24 et 26, V. Loi du 28 décembre 1966, art. 9 et 11	1025
– Décret n. 72-214 du 22 mars, art. 1er, V. Décret du 26 septembre 1953, art. 1er à 3, 5	51
1972 – Décret n. 72-284 du 11 avril, V. Décret du 15 février 1969, art. 2, sous art. 499	270
– Loi n. 72-626 du 5 juillet instituant un juge de l'exécution et relatif à la réforme de la procédure civile	1432
– art. 1er, V. C. civ., art. 2075-1	1087
– art. 2, V. C. civ., art. 2092-1 à 2092-3	1095
– art. 3, V. C. civ., art. 2204-1	1224
– art. 5 à 8, Annexe	1432
– art. 12, V. C. civ., art. 10	36
– art. 13, V. C. civ., art. 2059 à 2061	1084
– Loi n. 72-649 du 11 juillet, art. 21 et 22, V. C., art. 1831-1 et 1831-3	962
– Loi n. 72-650 du 11 juillet, art. 6, V. Décret du 4 janvier 1955, art. 35, sous art. 2203	1162
– Loi n. 72-662 du 13 juillet portant statut général des militaires, art. 14, sous art. 164	101
– Décret n. 72-678 du 20 juillet fixant les conditions d'application de la loi n. 70-9 du 2 janvier 1970 réglementant les conditions d'exercice des activités relatives à certaines opérations portant sur les immeubles et les fonds de commerce, Annexe	1432
– Décret n. 72-753 du 9 août pris pour l'application des articles 762 à 764 du Code civil	
– art. 1 et 2, sous art. 763-2	356
– art. 3, sous art. 1094-3	484
– Décret n. 72-789 du 28 août	
– art. 8, V. Loi du 1er septembre 1948, art. 46, sous art. 1778	869
– Loi n. 72-964 du 25 octobre relative à la francisation des noms et prénoms des personnes qui acquièrent ou recouvrent la nationalité française, sous art. 57	66
– Loi n. 72-1137 du 22 décembre relative à la protection des consommateurs en matière de démarchage et de vente à domicile, Annexe	1453
– Loi n. 72-1151 du 23 décembre	
– art. 1er à 3, V. Loi du 29 novembre 1966, art. 2 à 3, sous art. 1873	993
– art. 4, V. Loi du 29 novembre 1966, art. 5	993
– art. 5, V. Loi du 29 novembre 1966, art. 8	994
– art. 6, V. Loi du 29 novembre 1966, art. 10	994

Table chronologique

1972 – – art. 7 et 8, V. Loi du 29 novembre 1966, art, 13 et 14 ...	995
– art. 9, V. Loi du 29 novembre 1966, art. 19	995
– art. 10, V. Loi du 29 novembre 1966, art. 24	996
– art. 11, V. Loi du 29 novembre 1966, art. 26	997
– art. 12, V. Loi du 29 novembre 1966, art. 36	998
– art. 13, V. Loi du 29 novembre 1966, art. 38	998
– Loi n. 72-1166 du 23 décembre, V. Loi du 16 juillet 1971, art. 4, sous art. 1799	953
1973 – Loi n. 73-5 du 2 janvier relative au paiement direct de la pension alimentaire, sous art. 211	116
– Loi n. 73-42 du 9 janvier complétant et modifiant le Code de la nationalité française et relative à certaines dispositions concernant la nationalité française, Annexe	1455
– Décret n. 73-216 du 1er mars pris pour l'application de la loi du 2 janvier 1973 relative au paiement direct de la pension alimentaire, sous art. 211	118
– Décret n. 73-313 du 14 mars, V. Décret du 14 octobre 1955, sous art. 2203	1169
– Loi n. 73-546 du 25 juin, V. Loi du 25 ventôse, an XI, art. 10 et 23, sous art. 1317	586
– Loi n. 73-603 du 5 juillet, V. Loi du 3 janvier 1972, art. 18, sous art. 342-8	209
– Loi n. 73-623 du 10 juillet, V. Code du travail, art. L. 143-7, L. 742-6 et L. 751-15, sous art. 2101	1111
– Décret n. 73-643 du 10 juillet relatif aux formalités qui doivent être observées dans l'instruction des déclarations de nationalité, des demandes de naturalisation ou de réintégration, des demandes tendant à obtenir l'autorisation de perdre la qualité de Français, ainsi qu'aux décisions de perte et de déchéance de la nationalité française, Annexe	1455
– Décret n. 73-748 du 26 juillet, V. Décret n. 67-223 du 17 mars 1967, art. 38, Annexe	1422
– Loi n. 73-1141 du 24 décembre, V. C. civ., art. 1952 à 1954	1035
– Loi n. 73-1150 du 27 décembre, art. 22, V. C.G.I., art. 1920, sous art. 2098	1106
– Loi n. 73-1194 du 27 décembre, V. C. trav., art. L. 143-10, sous art. 2101	1111
– Loi n. 73-1202 du 28 décembre, V. Décret n. 71-941 du 26 novembre 1971, art. 11	594
1974 – Décret n. 74-203 du 26 février, art. 25, V. Décret du 14 octobre 1955, art. 81, sous art. 2203	1213
– Décret n. 74-237 du 13 mars, V. C. trav., art. D. 143-1, sous art. 2101	1112
– Décret n. 74-449 du 15 mai relatif au livret de famille, sous art. 54	58
– Décret n. 74-450 du 15 mai, art. 1er, V. Décret du 26 septembre 1953, art. 6, sous art. 54	52
– Loi n. 74-631 du 5 juillet portant à 18 ans l'âge de la majorité	

Table chronologique

1974 – – art. 1er, V. C. civ., art. 388, 488	238
– art. 4, V. C. civ., art. 476 à 478	261
– art. 5, V. C. civ., art. 377, 377-1, 384, 410, 470	230
– art. 6, V. C. nationalité, art. 44, 45, 53 et 66	1263
– art. 7, V. Loi du 9 janvier 1973, art. 26	1275
– art. 8, V. Loi du 25 octobre 1972, art. 7	66
– art. 9, V. C. civ., art. 487, 1308	262
– art. 11, 19, 24, 27 et 29, sous art. 490-3	265
– **Décret n. 74-808 du 19 septembre**, V. C. trav., art. L. 742-6, sous art. 2101	1111
– **Décret n. 74-930 du 6 novembre** portant organisation de la tutelle d'Etat et de la curatelle d'Etat	246
– **Loi n. 74-1118 du 27 décembre** relative à la revalorisation de certaines rentes allouées en réparation du préjudice causé par un véhicule terrestre à moteur et portant diverses dispositions d'ordre civil, sous art. 1983	1053
– **Loi de finances n. 74-1129 du 30 décembre**, art. 38 et 68, V. Loi du 15 juillet 1970, art. 60, 60-1 et 61	1431
1975 – **Décret n. 75-47 du 22 janvier**, V. C.G.I., art. 1920, sous art. 2098	1105
– **Loi n. 75-596 du 9 juillet**	
– art. 1er, V. Loi du 5 juillet 1972, art. 7, Annexe	1434
– art. 3, V. C. civ., art. 1347	609
– art. 5, V. C. civ., art. 2282 et 2283	1255
– art. 6, V. C. civ., art. 16	43
– art. 7, V. C. civ., art. 2060	1084
– **Loi n. 75-597 du 9 juillet**, art. 1er et 2, V. C. civ., art. 1152, 1231	524
– **Loi n. 75-601 du 10 juillet**, art. 6, V. Loi du 28 décembre 1966, art. 11, sous art. 1914	1025
– **Loi n. 75-617 du 11 juillet** portant réforme du divorce, sous art. 310	171
– **Loi n. 75-618 du 11 juillet** relative au recouvrement public des pensions alimentaires, sous art. 211	119
– **Loi n. 75-619 du 11 juillet** relative au taux de l'intérêt légal, sous art. 1153-1	528
– **Décret n. 75-1122 du 5 décembre**	
– art. 1er, V. C. civ., art. 111	88
– art. 10, V. Loi du 24 décembre 1897, art. 4, sous art. 2273	1249
– **Loi n. 75-1334 du 31 décembre** relative à la sous-traitance, sous art. 1799	953
– **Décret n. 75-1339 du 31 décembre** relatif aux modalités d'application de la loi du 11 juillet 1975 relative au recouvrement public des pensions alimentaires, sous art. 211	122
– **Loi n. 75-1349 du 31 décembre** relative à l'emploi de la langue française, Annexe	1455

Table chronologique

1975 – **Loi n. 75-1351 du 31 décembre** relative à la protection des occupants de locaux à usage d'habitation	
– art. 1er, V. Loi du 1er septembre 1948, art. 4, sous art. 1778	853
– art. 2 à 5, V. Loi du 1er septembre 1948, art. 13 à 13 quater	857
– art. 6 et 10, sous art. 1778	879
– art. 7, V. Loi du 1er septembre 1948, art. 14	858
– art. 8, V. Loi du 1er septembre 1948, art. 59 bis	871
– art. 11, V. Loi du 12 juillet 1967, art. 2, sous art. 1778	877
1976 – **Loi n. 76-519 du 15 juin** relative à certaines formes de transmission des créances, sous art. 1701	789
– **Loi n. 76-615 du 9 juillet**, art. 1er et 2, V. Loi du 1er septembre 1948, art. 13 bis et 22 bis, sous art. 1778	857
– **Décret n. 76-944 du 15 octobre**, art. 1er, V. Décret du 25 novembre 1960, art. 1er, sous art. 55	61
– **Loi n. 76-1036 du 15 novembre** complétant les dispositions transitoires de la loi du 3 janvier 1972 sur la filiation, sous art. 342-8	209
– **Loi n. 76-1179 du 22 décembre**	
– art. 1er à 7, V. C. civ., art. 343 à 346	210
– art. 8, V. C. civ., art. 350	213
– art. 9, V. C. civ., art. 353	215
– art. 10, V. C. civ., art. 356	216
– art. 11, V. C. civ., art. 361	217
– art. 12, V. C. civ., art. 366	218
– art. 14, V. C. nationalité, art. 26, Annexe	1261
– **Loi n. 76-1181 du 22 décembre** relative aux prélèvements d'organes, Annexe	1457
– **Loi n. 76-1285 du 31 décembre**, art. 68, V. Loi du 1er septembre 1948, art. 14 et 59 bis et Loi du 12 juillet 1967, art. 2, sous art. 1778	858
– **Loi n. 76-1286 du 31 décembre** relative à l'organisation de l'indivision,	
– art. 1er à 3, V. C. civ., art. 815 à 815-18	373
– art. 4 à 15, V. C. civ., art. 1873-1 à 1873-18	1011
– art. 17, V. C. civ., art. 2205	1224
– art. 18, V. C. civ., art. 883	414
– art. 19, sous art. 1873-18	1014
1977 – **Décret n. 77-207 du 3 mars**, art. 1er et 2, V. Décret du 3 août 1962, art. 1er et 6, sous art. 54	52
– **Décret n. 77-273 du 24 mars**, V. C. proc. civ., art. 592 à 593-1, sous art. 2092-2	1095
– **Loi n. 77-574 du 7 juin**, art. 39, V. Loi du 22 décembre 1972, art. 4, Annexe	1454

Table chronologique

1977 – **Loi n. 77-1447 du 28 décembre** portant réforme du titre IV du livre premier du Code civil : Des absents	
– art. 1er, V. C. civ., art. 112 à 132	89
– art. 2, V. C. civ., art. 92, art. 6 à 11	76
– art. 3, V. C. civ., art. 725	349
– art. 4, V. C. civ., art. 840	403
– art. 5, V. C. civ., art. 1441	685
– art. 6 à 11, sous art. 132	92
– **Loi n. 77-1456 du 29 décembre**, V. C. civ., art. 342, 342-6..	205
– **Loi n. 77-1457 du 29 décembre**, art. 10, V. Ordonnance du 30 décembre 1958, art. 79, sous art. 1243	561
1978 – **Loi n. 78-1 du 2 janvier**, art. 5 et 18, V. Loi du 15 juillet 1970, art. 49 et 55	1428
– **Loi n. 78-9 du 4 janvier**, modifiant le titre IX du livre III du Code civil, sous art. 1873	992
– **Loi n. 78-17 du 6 janvier** relative à l'informatique, aux fichiers et aux libertés, Annexe	1458
– **Loi n. 78-22 du 10 janvier** relative à l'information et à la protection des consommateurs dans le domaine de certaines opérations de crédit, Annexe	1466
– **Loi n. 78-23 du 10 janvier** sur la protection et l'information des consommateurs de produits et de services, art. 35 à 38, Annexe..	1474
– **Décret n. 78-373 du 17 mars** pris pour l'application des articles 19 à 21 de la loi n. 78-22 du 10 janvier 1978, sous art. 1152	525
– **Décret n. 78-396 du 17 mars**, art. 1er, V. Décret du 19 juillet 1962, art. 6-1, sous art. 63	69
– **Décret n. 78-464 du 24 mars** portant application du chapitre IV de la loi n. 78-23 du 10 janvier 1978 sur la protection et l'information des consommateurs de produits et de services, Annexe..	1476
– **Décret n. 78-509 du 24 mars** pris pour l'application des articles 5 et 12 de la loi n. 78-22 du 10 janvier 1978 relative à l'information et à la protection des consommateurs dans le domaine de certaines opérations de crédit, Annexe	1477
– **Décret n. 78-501 du 31 mars** pris pour l'application de la loi du 22 décembre 1976 relative aux prélèvements d'organes, Annexe..	1478
– **Loi n. 78-627 du 10 juin**	
– art. 1er, V. C. civ., art. 815	378
– art. 2, V. C. civ., art. 815-15	384
– art. 3, V. C. civ., art. 1873-4	1012
– art. 4, V. C. civ., art. 1873-13	1013
– **Décret n. 78-704 du 3 juillet** relatif à l'application de la loi n. 78-9 du 4 janvier 1978 modifiant le titre IX du livre III du Code civil, sous art. 1873	993

Table chronologique

1978 – **Loi n. 78-731 du 12 juillet**
 – art. 1er, V. C. civ., art. 98 à 98-4 80
 – art. 7, V. C. civ., art. 99-1 84
 – art. 9, V. C. nationalité, art. 115 et 116 1270
 – **Loi n. 78-753 du 17 juillet**, art. 64, V. C. civ., art. 1844-2 .. 981

1979 – **Loi n. 79-2 du 2 janvier**
 – art. 1er et 2, V. Loi du 10 juillet 1965, art. 6-1 et 16-1, Annexe... 1404
 – art. 3, V. C. civ., art. 2148-1 1137
 – art. 4, V. C. civ., art. 2217 1225
 – art. 5 et 6, V. Loi du 1er juin 1924, art. 45 et 47-1, sous art. 2203 1221
 – **Loi n. 79-11 du 3 janvier**
 – art. 5, V. C. civ., art. 2104-2° 1120
 – art. 6, V. C. civ. art. 2101-4° 1109
 – **Loi n. 79-17 du 3 janvier**, art. 9, V. C. constr. et hab., art. L. 251-5 et L. 251-8, sous art. 1778 937
 – **Loi n. 79-405 du 21 mai**
 – art. 1er à 12, V. Décret du 14 octobre 1955, art. 71, sous art. 2203 1199
 – art. 13, V. Décret du 14 octobre 1955, art. 16-1 1172
 – art. 14, V. Décret du 14 octobre 1955, art. 45 1187
 – art. 15, V. Décret du 14 octobre 1955, art. 44 1186
 – art. 16, V. Décret du 14 octobre 1955, art. 85-3 1215
 – **Loi n. 79-596 du 13 juillet** relative à l'information et à la protection des emprunteurs dans le domaine immobilier, Annexe.. 1480
 – **Décret n. 79-643 du 24 juillet**
 – art. 1er, V. Décret du 14 octobre 1955, art. 34, 45, 51, 52, 75, sous art. 2203 1177
 – art. 2, V. Décret du 14 octobre 1955, art. 85-8 1218
 – art. 3, V. Décret du 14 octobre 1955, art. 54 bis 1190
 – art. 4, V. Décret du 14 octobre 1955, art. 74, 77, 82 1204
 – art. 5, V. Décret du 14 octobre 1955, art. 3, 72 1168
 – art. 6, V. Décret du 14 octobre 1955, art. 76-1 1208
 – **Décret n. 79-1120 du 19 décembre**, art. 2, V. Décret n. 71-942 du 26 novembre 1971, art. 14, sous art. 1317 594

1980 – **Décret n. 80-301 du 22 avril**
 – art. 3 à 5, V. C. constr. et hab., art. R. 222-8, R. 222-9 et R. 222-11, sous art. 1831-5 969
 – art. 8, V. C. constr. et hab., art. R. 261-17, sous art. 1601-4... 752
 – **Décret n. 80-308 du 25 avril** portant application des articles 98 à 98-4 et 99-1 du Code civil relatif à l'état civil des personnes nées à l'étranger qui acquièrent ou recouvrent la nationalité française et des articles 115 et 116 du Code de la nationalité

Table chronologique

relatif aux mentions intéressant la nationalité portée en marge des actes de naissance, sous art. 98-4	80
1980 – Décret n. 80-473 du 28 juin fixant les barèmes prévus aux articles... 12, 13 et 27 de la loi du 13 juillet 1979, art. 2 à 4, sous art. 1152	527
– **Loi d'orientation agricole n. 80-502 du 4 juillet**	
– art. 8, V. C. civ., art. 2101-5	1110
– art. 22, V. C. rural, art. 789-1 à 789-3, sous 1432 ; art. 411-68, sous art. 1425	682
– art. 30, V. C. civ., art. 832-2 et 832-3	399
– art. 31, V. C. civ., art. 832-4	401
– art. 32, sous art. 832-4	401
– art. 34, V. C. rural, art. L. 412-14 et L. 412-15, sous art. 832-3	401
– art. 35, V. C. civ., art. 832	394
– art. 36, V. C. civ., art. 815	373
– art. 37, V. C. civ., art. 832-1	399
– art. 38, V. Décret du 29 juillet 1939, art. 63 et 65, Annexe	1355
– Loi n. 80-525 du 12 juillet, V. C. civ., art. 1326, 1327, 1341 à 1345, 1348, 1923, 1924, 1950, 1985, 2074, 2075	600
– Décret n. 80-533 du 15 juillet pris pour l'application de l'article 1341 du Code civil	607
– Décret n. 80-566 du 16 juillet, V. C. constr. et hab., art. R. 261-24, sous art. 1601-4	753
1981 – Loi n. 81-1 du 2 janvier, art. 7, V. Loi n. 75-1334 du 31 décembre 1975, art. 13-1, sous art. 1799	955
– Loi n. 81-3 du 7 janvier, art. 2 et 3, V. C. civ., art. 2101 et 2104 ; V. C. trav., art. L. 143-10, sous art. 2101	1109
– Loi n. 81-5 du 7 janvier, V. C. assurances, art. L. 111-2, L. 111-5, L. 112-4, L. 113-1, L. 113-3, L. 113-5, L. 113-7, L. 113-8, L. 113-14, L. 113-15, L. 121-11, L. 122-4, 123-1, L. 131-1, L. 132-1, L. 132-4, L. 132-5, L. 132-5-1, L. 132-11 s., L. 132-17, L. 132-18, L. 132-20, L. 132-23 s., L. 140-1, Annexe	1284
– Décret n. 81-79 du 26 janvier, art. 1 à 3, V. Décret du 14 octobre 1955, art. 85-1, 85-2 et 85-4, sous art. 2203	1214
– Décret n. 81-500 du 12 mai, art. 1er, V. C. civ., art. 99, 101, 1259	82
– Décret n. 81-866 du 15 septembre, art. 1er, V. C.G.I., art. 1924, 1925, 1926 bis, 1929, sous art. 2098	1106
– Loi n. 81-909 du 9 octobre, art. 1er et 3, V. Loi du 1er juillet 1901, art. 5 et 21 bis, Annexe	1351
– Loi n. 81-1162 du 30 décembre, art. 1er, V. C. civ., art. 1844-5	981

Table chronologique

1981 – **Loi de finances n. 81-1179 du 31 décembre**, art. 8, V. C.G.I., art. 1929 sexies; Nouveau Code des impôts, Livre des procédures fiscales, art. L. 262, sous art. 2098	1108
1982 – **Loi n. 82-4 du 6 janvier**, art. 9, V. Loi du 15 juillet 1970, art. 60	1431
– **Ordonnance n. 82-130 du 5 février**	
– art. 4, V. C. trav., art. L. 143-10, sous art. 2101	1111
– art. 8 et 9, V. C. civ., art. 2101 et 2104	1110
– **Loi n. 82-526 du 22 juin** relative aux droits et obligations des locataires et des bailleurs (Abrogée, à l'exception des art. 76, 78, 81 et 82)	
– art. 76, sous art. 1778	901
– art. 78, V. Loi du 1er septembre 1948, art. 27, sous art. 1778	863
– art. 81 et 82, V. Loi n. 75-1351 du 31 décembre 1975, art. 10, sous art. 1778	879
– **Loi n. 82-536 du 25 juin**, V. C. civ., art. 334-8	197
– **Loi n. 82-596 du 10 juillet** relative aux conjoints d'artisans et de commerçants travaillant dans l'entreprise familiale	
– art. 2, sous art. 1424	678
– art. 5.I, V. C. civ., art. 832	395
– art. 5.II, sous art. 832	395
– art. 9, sous art. 1432	683
– art. 12 et 13, V. C. civ., art. 1832-1 et 1832-2	976
– art. 14, V. C. civ., art. 1843-2	979
– art. 15, V. C. civ., art. 1845-1	986
– art. 20, sous art. 1832	976
– **Loi n. 82-600 du 13 juillet**	
– art. 8, V. C. assurances, art. L. 121-4, Annexe	1290
– art. 9, V. C. assurances, art. L. 111-2	1284
– **Décret n. 82-1044 du 7 décembre**, V. Décret du 14 octobre 1955, art. 73-11°, sous art. 2203	1204
1983 – **Arrêté du 14 février**, V. Arrêté du 4 mars 1970, art. 2, sous art. 499	270
– **Décret n. 83-212 du 16 mars**, V. C. rural, art. L. 411-1 et s., sous art. 1778	817
– **Loi n. 83-440 du 2 juin**, art. 8, V. C. constr. et habit., art. L. 251-9, sous art. 1778	938
– **Décret n. 83-482 du 9 juin**	
– art. 1er à 3, V. C. assurances, art. R. 211-6 à R. 211-8, Annexe	1327
– art. 4 et 5, V. C. assurances, art. R. 211-10 et R. 211-11	1328
– art. 6, V. C. assurances, art. R. 421-2	1339
– art. 7, V. C. assurances, art. R. 421-9	1341
– **Loi n. 83-610 du 8 juillet**, art. 47, V. Loi du 28 décembre 1966, art. 9, sous art. 1914	1025

Table chronologique

1983 – Loi n. 83-628 du 12 juillet interdisant certains appareils de jeux, art. 1er, sous art. 1965	1039
– Loi n. 83-1046 du 8 décembre, art. 1er, V. C. nationalité, art. 80, Annexe	1266
– Loi de finances rectificative n. 83-1159 du 24 décembre, art. 16-II, V. C.G.I., art. 1928, sous art. 2098	1107
1984 – Loi n. 84-46 du 24 janvier	
– art. 63, V. Loi du 31 décembre 1975, art. 13-1, sous art. 1799	955
– art. 86, V. Loi du 10 janvier 1978, art. 5 et 24, Annexe	1468
– art. 87, V. Loi du 13 juillet 1979, art. 37, Annexe	1488
– art. 92, V. Loi du 28 décembre 1966, art. 18-1, sous art. 1914	1027
– art. 93, V. Loi du 11 juillet 1975, art. 7, sous art. 1153-1	529
– Loi n. 84-148 du 1er mars	
– art. 46 et 62, V. C.G.I., art. 1929 quater, sous art. 2098	1107
– art. 49, V. C. civil, art. 2037	1077
– Loi n. 84-341 du 7 mai	
– art. 1er et 5, V. C. nationalité, art. 37-1, Annexe	1262
– art. 2, V. C. nationalité, art. 39	1262
– art. 3, V. C. nationalité, art. 96	1268
– art. 4, V. Loi du 9 janvier 1973, art. 26, Annexe	1455
– Décret n. 84-406 du 30 mai, art. 47, V. Décret n. 78-704 du 3 juillet 1978, art. 55, sous art. 1873	1001
– Loi n. 84-512 du 29 juin, art. 8, V. C. civ., art. 524 et 564	285
– Loi n. 84-562 du 4 juillet, permettant la révision des conditions et charges apposées à certaines libéralités, sous art. 900-8	426
– Loi n. 84-595 du 12 juillet, définissant la location-accession à la propriété immobilière, Annexe	1489
– Loi n. 84-601 du 13 juillet	
– art. 1er, V. C. constr. et hab., art. L. 231-1 et L. 231-1-2, sous art. 1831-5	966
– art. 2, V. C. constr. et hab., art. L. 261-11-1, sous art. 1601-4	747
– Décret n. 84-618 du 13 juillet	
– art. 21, V. art. 1080-1, sous art. 310	174
– art. 22, V. art. 1084, sous art. 310	174
– art. 23, V. art. 1122, sous art. 310	179
– art. 24, V. art. 1160, sous art. 370-2	221
– art. 25, V. art. 1161, sous art. 370-2	222
– art. 26, V. art. 1163, sous art. 370-2	222
– art. 27, V. art. 1168, sous art. 370-2	222
– art. 28, V. art. 1215, sous art. 475	256

Table chronologique

1984 – – art. 29, V. art. 1222, sous art. 475	257
– art. 30, V. art. 1256, sous art. 514	280
– **Loi n. 84-741 du 1er août**	
– art. 11, V. C. rural, art. L. 411-1, sous art. 1778	817
– art. 12, V. C. rural, art. L. 411-3	818
– art. 13, V. C. rural, art. L. 415-10	840
– art. 14, V. C. rural, art. L. 411-4	818
– art. 15, V. C. rural, art. L. 411-29	822
– art. 16, V. C. rural, art. L. 411-39	825
– art. 17, V. C. rural, art. L. 411-73	832
– art. 18 et 19, V. C. rural, art. L. 411-71	831
– art. 20, V. C. rural, art. L. 411-59	829
– art. 21, V. C. rural, art. L. 411-6	819
– art. 22 et 23, V. C. rural, art. L. 411-58	828
– art. 25, V. C. rural, art. L. 417-11	843
– art. 26, V. Code rural, art. L. 416-8	842
– **Décret n. 84-785 du 16 août**, V. Décret du 10 juillet 1973, art. 11 à 13-1, Annexe	1277
– **Décret n. 84-943 du 19 octobre**, relatif à la publicité des actions en révision prévues par les articles 900-2 à 900-5 du Code civil, sous art. 900-8	427
– **Décret n. 84-1152 du 21 décembre**, art. 1er, V. Décret du 5 novembre 1965, art. 1er, sous art. 475	260
– **Loi n. 84-1171 du 22 décembre**, art. 6, V. Loi du 2 janvier 1973, art. 6, sous art. 211	117
– **Loi de finances n. 84-1208 du 29 décembre**, art. 103, V. C.G.I., art. 1920 et 1926, sous art. 2098	1105
1985 – **Loi n. 85-30 du 9 janvier**	
– art. 29-IV, V. Loi n. 72-12 du 3 janv. 1972, art. 10 bis, sous 815-3	378
– art. 37, V. C. rural, art. L. 411-15, sous art. 1778	820
– art. 57, v. Loi n. 82-596 du 10 juillet 1982, art. 5-I, sous art. 832	395
– **Loi n. 85-98 du 25 janvier**, relative au redressement et à la liquidation judiciaire des entreprises	
– art. 40 et 129, sous art. 2101	1112
– art. 131, V. C. trav., art. L. 143-9 à L. 143-11, sous art. 2101	1111
– art. 217, V. C. civ., art. 1188	545
– art. 221, V. C. assurances, art. L. 132-14 et L. 132-17, Annexe	1301
– art. 232, V. Loi du 11 mars 1957, art. 61, Annexe	1397
– **Décret n. 85-193 du 7 février**, art. 1er et 2, V. Décret du 6 novembre 1974, art. 12 à 12-3, sous art. 433	247
– **Décret n. 85-371 du 27 mars**, art. 1er, V. Décret du 65-961 du 5 novembre 1965, art. 1er, sous art. 475	260
– **Décret n. 85-375 du 27 mars**, art. 3, V. décret n. 69-222, du 6 mars 1969, art. 68, sous art. 164	101

Table chronologique

- **1985 – Loi n. 85-608 du 11 juin**
  - art. 1er et 2, V. C. assurances, art. L. 132-5-1 et L. 132-5-2, Annexe 1299
  - art. 3 à 6, V. C. assurances, art. L. 132-21 à L. 132-23 .. 1302
  - art. 7, V. C. assurances, art. L. 132-28 1303
- **Loi n. 85-660 du 3 juillet** relative aux droits d'auteurs et aux droits des artistes-interprètes, des producteurs de phonogrammes et de vidéogrammes et des entreprises de communication audiovisuelle, Annexe 1496
- **Loi n. 85-677 du 5 juillet** tendant à l'amélioration de la situation des victimes d'accidents de la circulation et à l'accélération des procédures d'indemnisation, sous art. 1384 652
- **Loi n. 85-697 du 11 juillet** relative à l'entreprise unipersonnelle à responsabilité limitée et à l'exploitation agricole à responsabilité limitée 1009
  - art. 1er, V. C. civ., art. 1832 974
  - art. 11 à 17, sous art. 1873 1009
- **Loi n. 85-729 du 18 juillet**, art. 35, V. Loi du 1er septembre 1948, art. 3, sous art. 1778 852
- **Décret n. 85-760 du 18 juillet** art. 1er et 2, V. Décret n. 55-1350 du 14 octobre 1955, art. 51 et 76, sous art. 2203 1188
- **Décret n. 85-828 du 29 juillet** art. 1er et 2, V. C. constr. et hab., art. R. 261-15 et R. 261-26, sous art. 1601-4 751
- **Décret n. 85-829 du 29 juillet**, art. 1er et 2, V. C. constr. et hab., art. R. 231-4 et R. 231-5, sous art. 1831-5 971
- **Décret n. 85-863 du 2 août**, art. 1er, V. C. assurances, art. L. 111-5, L. 125-1 à L. 125-6, Annexe 1284
- **Décret n. 85-879 du 22 août**
  - art. 2 et 3, V. C. assurances, art. R. 211-14, Annexe 1329
  - art. 4, V. C. assurances, art. R. 211-16 1330
  - art. 5, 6 et 7, V. C. assurances, art. R. 211-17 1330
  - art. 8 et 9, V. C. assurances, art. R. 211-21-1 à R. 211-21-6 1331
- **Loi n. 85-1097 du 11 octobre** relative à la clause pénale et au règlement des dettes, Annexe 1507
- **Décret n. 85-1330 du 17 décembre**
  - art. 16, V. Nouv. C. proc. civ., art. 1048-1 et 1048-2, sous art. 99 82
  - art. 17, V. Nouv. C. proc. civ., art. 1050, sous art. 99 ... 82
  - art. 18, V. Nouv. C. proc. civ., art. 1075-1, sous art. 310 173
  - art. 19, V. Nouv. C. proc. civ., art. 1076-1, sous art. 310 173
  - art. 20, V. Nouv. C. proc. civ., art. 1231-1 et 1231-2, sous art. 475 258
- **Loi n. 85-1372 du 23 décembre** relative à l'égalité des époux dans les régimes matrimoniaux et des parents dans la gestion des biens des enfants mineurs
  - art. 1er, V. C. civ., art. 218 136
  - art. 2 et 3, V. C. civ., art. 220 et 221 137
  - art. 4 à 6, V. C. civ., art. 223 à 225 140

Table chronologique

1985 – – art. 8, V. C. civ., art. 1401	668
– art. 9, V. C. civ., art. 1409	671
– art. 10, V. C. civ., art. 1411	672
– art. 11, V. C. civ., art. 1413 à 1415	672
– art. 12 à 15, V. C. civ., art. 1418 à 1427	675
– art. 16, V. C. civ., art. 1430 et 1434	682
– art. 17, V. C. civ., art. 1435 et 1436	684
– art. 18, V. C. civ., art. 1439	685
– art. 19, V. C. civ., art. 1442	685
– art. 20, V. C. civ., art. 262-1	154
– art. 22, V. C. civ., art. 1449	688
– art. 23, V. C. civ., art. 1469	689
– art. 24, V. C. civ., art. 1471 à 1473	691
– art. 25, V. C. civ., art. 1479	694
– art. 27 et 28, V. C. civ., art. 1482 et 1483	694
– art. 29 et 30, V. C. civ., art. 1502 et 1503	697
– art. 31, V. C. civ., art. 1518	699
– art. 32, V. C. civ., art. 1543	703
– art. 33, V. C. civ., art. 1570, 1571, 1573, 1574, 1577	704
– art. 34, V. C. civ., art. 1578	706
– art. 35, V. C. civ., art. 1595 et 2135	742
– art. 36, V. C. civ., art. 2137	1131
– art. 37, V. C. civ., art. 2139	1132
– art. 40, V. C. civ., art. 383, 389 à 389-2	232
– art. 41 et 42, V. C. civ., art. 389-4 et 389-5	240
– art. 43, sous art. 57	63
– art. 44, V. C. civ., art. 264-1	156
– art. 45, V. C. civ., art. 305	170
– art. 46 à 48, V. C. civ., art. 818 à 821	385
– art. 49, V. C. civ., art. 942	444
– art. 50, V. C. civ., art. 1832-1	976
– art. 51, V. C. civ., art. 1873-6	1012
– art. 52, V. C. civ., art. 1940 et 1941	1033
– art. 53, V. C. civ., art. 2208	1225
– art. 56 à 62, sous art. 1581	710
– **Décret n. 85-1388 du 27 décembre,** art. 186, V. Décret n. 55-22 du 4 janvier 1955, art. 28 et 32, sous art. 2203	1158
– **Loi n. 85-1403 du 30 décembre,** art. 13, V. C.G.I., art. 1929 quater, sous art. 2098	1107
– **Loi n. 85-1407 du 30 décembre,** V. C. assurances, art. L. 211-26, Annexe	1310
– **Loi n. 85-1470 du 31 décembre,** V. Loi n. 65-557 du 10 juillet 1965, art. 8, 14, 18 à 18-2, 21, 22, 25 à 26-2, 29,36, 42, 43	1406
1986 – **Loi n. 86-12 du 6 janvier,** art. 9, V. L. n. 48-1360 du 1er septembre 1948, art. 18 à 20, sous art. 1778	859
– **Loi n. 86-13 du 6 janvier,** art. 13, V. L. n. 75-1334 du 31 décembre 1975, art. 14-1, sous art. 1799	955

Table chronologique

1986 – Décret n. 86-15 du 6 janvier pris pour l'application de la loi n. 85-677 du 5 juillet 1985, sous art. 1384, art. 15 et 18 659
- Loi n. 86-18 du 6 janvier relative aux sociétés d'attribution d'immeuble en jouissance à temps partagé, Annexe 1508
- Loi n. 86-19 du 6 janvier 1986, art. 20, V. C. rural, art. L. 411-65, sous art. 1778 830
- Décret n. 86-21 du 7 janvier
  - art. 1er à 4, V. C. assurances, art. R. 211-2 à R. 211-5, Annexe 1326
  - art. 5, V. C. assurances, art. R. 211-7 1327
  - art. 7, V. C. assurances, art. R. 211-10 1328
  - art. 8 et 9, V. C. assurances, art. R. 211-13 et R. 211-13-1 1329
- Décret n. 86-452 du 14 mars
  - art. 1er à 7, V. C. assurances, art. R. 421-1 à R. 421-5, Annexe 1339
  - art. 8 à 10, V. C. assurances, art. R. 421-11 à R. 421-13 . 1342
  - art. 11 à 20, V. C. assurances, art. R. 421-15 à R. 421-24 1343
- Décret n. 86-728 du 29 avril
  - art. 14 à 17, V. D. n. 71-942 du 26 novembre 1971, art. 8 à 10, et 12, sous art. 1317 593
- Décret n. 86-768 du 9 juin, V. D. n. 67-223 du 17 mars 1967, Annexe 1415
- Décret n. 86-913 du 30 juillet, art. 1er, V. D. n. 65-961 du 5 novembre 1965, art. 8, sous art. 475 261
- Décret n. 86-939 du 30 juillet, art. 1er et 2, V. Nouv. C. proc. civ., art. 1199-1 et 1200-1, sous art. 387 237
- Décret n. 86-951 du 30 juillet
  - art. 2, V. Nouv. C. proc. civ., art. 1304 à 1327, sous art. 823 388
  - art. 3 et 4, V. Nouv. C. proc. civ., art. 1233 et 1234, sous art. 514 277
- Loi n. 86-1020 du 9 septembre relative à la lutte contre le terrorisme et aux atteintes à la sûreté de l'État
  - art. 9 et 10, sous art. 1384 659
- Loi n. 86-1019 du 9 septembre, art. 15.IV. Loi n. 83-628 du 12 juillet 1983, art. 1er, sous art. 1965 1039
- Décret n. 86-1043 du 18 septembre, art. 25 à 27, V. Code des assurances, art. R. 211-12, R. 211-14 et R. 211-29, Annexe . 1329
- Loi n. 86-1067 du 30 septembre, art. 72 et 95, V. Loi n. 85-660 du 3 juillet 1985, art. 27 et 52, Annexe 1500
- Décret n. 86-1073 du 30 septembre relatif à l'intervention des organismes débiteurs des prestations familiales pour le recouvrement des créances alimentaires impayées, art. 1er à 8, sous art. 211 128

Table chronologique

1986 – Loi n. 86-1290 du 23 décembre tendant à favoriser l'investissement locatif, l'accession à la propriété de logements sociaux et le développement de l'offre foncière, sous art. 1778	902
– Loi fin. n. 86-1317 du 30 décembre, art. 27, V. C.G.I., art. 790, sous art. 1075	476
1987 – Décret n. 87-149 du 6 mars fixant les conditions minimales de confort et d'habitabilité auxquelles doivent répondre les locaux mis en location, sous art. 1778	916
– Loi n. 87-306 du 5 mai 1987, art., 1er, V. Loi n. 83-628 du 12 juillet 1983, art. 1er, sous art. 1965.	1039
– Décret n. 87-344 du 21 mai, art. 1er, V. Décret n. 78-373 du 17 mars 1978, art. 3, sous art. 1152	525
– Décret n. 87-362 du 2 juin, art. 1er, V. Décret du 26 septembre 1953, art. 6, sous art. 54	52
– Loi n. 87-498 du 6 juillet modifiant le deuxième alinéa de l'article 815-5 du Code civil relatif à la vente d'un bien grevé d'usufruit	378
– Loi n. 87-570 du 22 juillet sur l'exercice de l'autorité parentale	
– art. 1er, V. C. civ., art. 247	149
– art. 2, V. C. civ., art. 256	152
– art. 3, V. C. civ. art. 258	152
– art. 4, V. C. civ., art. 285-1	164
– art. 5 à 10, V. C. civ., art. 287 à 290	165
– art. 11, V. C. civ., art. 293	167
– art. 12, V. C. civ., art. 294-1	168
– art. 13, V. C. civ., art. 333-5	194
– art. 14 à 19, V. C. civ., art. 373-1 à 374-1	225
– art. 20, V. C. civ., art. 375	227
– art. 21, V. C. civ., art. 375-3	228
– art. 22, V. C. civ., art. 375-4	228
– art. 23, V. C. civ., art. 375-6	229
– art. 24, V. C. civ., art. 376-1	229
– art. 25, V. C. civ., art. 380	232
– Décret n. 87-578 du 22 juillet	
– art. 1er, V. Nouv. C. proc. civ., art. 1072, sous art. 310 ..	173
– art. 2 et 3, V. Nouv. C. proc. civ., art. 1078	174
– art. 4, V. Nouv. C. proc. civ., art. 1080	174
– art. 5, V. Nouv. C. proc. civ., art. 1115	178
– art. 6 à 8, V. Nouv. C. proc. civ., art. 1180-1 à 1182, sous art. 387	234
– art. 9 et 10, V. Nouv. C. proc. civ., art. 1185 et 1186 ...	235
– art. 11, V. Nouv. C. proc. civ., art. 1207	238
– art. 12, V. Nouv. C. proc. civ., art. 1084, 1099 et 1122, sous art. 310	174
– art. 13, V. Nouv. C. proc. civ., art. 1187, 1188, 1190 à 1192, sous art. 387	236

Table chronologique

1987 – – art. 14, V. Nouv. C. proc. civ., art. 1183, 1184, 1189	235
– **Loi n. 87-571 du 23 juillet 1987** sur le développement du mécénat	
– art. 18 à 20, sous art. 906	429
– art. 23, sous art. 920	437
– **Décret n. 87-637 du 5 août 1987** pris pour l'application de l'article 1414 du Code civil	673
– **Décret n. 87-712 du 26 août** pris en application de l'article 7 de la loi n. 86-1290 du 23 décembre 1986 et relatif aux réparations locatives, sous art. 1778	905
– **Décret n. 87-713 du 26 août** pris en application de l'article 18 de la loi n. 86-1290 du 23 décembre 1986 et fixant la liste des charges récupérables, sous art. 1778	907
– **Décret n. 87-714 du 26 août** relatif au remboursement, en application de l'article 32 de la loi n. 86-1290 du 23 décembre 1986, du coût des travaux d'amélioration réalisés par le locataire, sous art. 1778	911
– **Décret n. 87-857 du 22 octobre**, art. 1er, V. C. trav., art. R. 145-1, sous art. 2092-2	1096
– **Décret n. 87-1045 du 22 décembre** relatif à la présentation des écrits constatant les contrats de garantie et de service après vente, sous art. 1649	771
1988 – **Loi n. 88-14 du 5 janvier 1988** relative aux actions en justice des associations agréées de consommateurs et à l'information des consommateurs, Annexe	1515
– **Loi n. 88-15 du 5 janvier 1988** relative au développement et à la transmission des entreprises	
– art. 2, V. C. civ., art. 1844-5 et 1844-8	981
– art. 3, V. C. civ., art. 1844-7	982
– art. 42, V. C. civ., art. 1075 et 1078-1	475
– art. 51, V. Loi n. 78-22 du 10 janvier 1978, art. 4 et 4-1, Annexe	1467
– **Loi n. 88-21 du 6 janvier** relative aux opérations de télépromotion avec offre de vente dites de « télé-achat », Annexe	1517
– **Décret n. 88-260 du 18 mars**	
– art. 1er, V. C. assurances, art. L. 126-1 et L. 126-2	1296
– art. 2, V. C. assurances, art. L. 211-8 à 211-25	1308
– art. 3, V. C. assurances, art. L. 422-1 à L. 422-3	1317
– **Décret n. 88-261 du 18 mars**	
– art. 1er, V. C. assurances, art. R. 126-1 et R. 126-2	1323
– art. 2, V. C. assurances, art. R. 211-29 à R. 211-44	1333
– art. 4, V. C. assurances, art. R. 421-1 à R. 422-8	1339
– **Décret n. 88-418 du 22 avril**, art. 3, V. Décret n. 78-704 du 3 juillet 1978, art. 8	994
– **Décret n. 88-597 du 6 mai**, V. C. assurances, art. R. 131-1 .	1323
– **Décret n. 88-762 du 17 juin 1988**	
– art. 1er, V. Décret n. 74-930 du 6 novembre 1974	246

Table chronologique

1988 – – art. 2, V. Décret n. 74-930 du 6 novembre 1974, art. 8 .. 247
 – art. 3, V. Décret n. 74-930 du 6 novembre 1974, art. 12 et 12-3 247
 – art. 4, V. Décret n. 74-930 du 6 novembre 1974, art. 14 . 248
– **Décret n. 88-815 du 12 juillet**, art. 6, V. Décret n. 71-942 du 26 novembre 1971, art. 10 593
– **Loi n. 88-1149 du 23 décembre**
 – art. 80, V. Loi du 22 octobre 1940, art. 1er 560
– **Loi n. 88-1202 du 30 décembre** relative à l'adaptation de l'exploitation agricole à son environnement économique et social 1517
 – art. 1 à 3, Annexe 1517
 – art. 7 et 8, V. L. n. 85-697 du 11 juil. 1975, art. 12 et 14 (sous 1873) 1009
 – art. 10 et 11, V. C. rural, art. L. 411-11 819
 – art. 12, V. C. rural, art. L. 411-73 833
 – art. 13, V. C. rural, art. L. 417-11 843
 – art. 14, V. C. rural, art. L. 411-6 et L. 411-58 818
 – art. 15, V. C. rural, art. L. 411-35 823
 – art. 16, V. C. rural, art. L. 411-37 824
 – art. 17, V. C. rural, art. L. 412-5 835
 – art. 18, V. C. rural, art. L. 441-1 847
 – art. 19, V. C. rural, art. L. 412-8 836
 – art. 22 à 28, Annexe 1518

1989 – **Loi n. 89-18 du 13 janvier** portant diverses mesures d'ordre social, art. 3 et 4, V. Loi n. 86-1290 du 23 décembre 1986, art. 21 et 31 908
– **Décret n. 89-98 du 15 février** portant application des articles 21, 30 et 31 de la loi n. 86-1290 du 23 décembre 1986 modifiée (sous 1778) 923
– **Loi n. 89-421 du 23 juin** relative à l'information et à la protection des consommateurs ainsi qu'à diverses pratiques commerciales.
 – art. 1er, V. Loi n. 72-1137 du 22 décembre 1972, art. 1er, 2 bis, 3, 4, 8, Annexe 1453
 – art. 2, V. Loi n. 78-22 du 10 janvier 1978, art. 2, 4 à 6, 9, 13, 15, 19, 27, Annexe 1467
 – art. 3, V. Loi n. 78-23 du 10 janvier 1978, art. 35, Annexe 1474
 – art. 4 à 7, Annexe 1467
 – art. 10-II, Annexe 1522
 – art. 11, V. Loi n. 88-14 du 5 janvier 1988, art. 12, Annexe 1522
 – art. 12, V. Loi n. 75-619 du 11 juillet 1975, art. 1er (sous 1153-1) 528
– **Loi n. 89-462 du 6 juillet 1989** tendant à améliorer les rapports locatifs et portant modification de la loi n. 86-1290 du 23 décembre 1986, sous art. 1778 924
– **Loi n. 89-487 du 10 juillet**
 – art. 11, V. C. civ., art. 375-3 228
 – art. 12, V. C. civ., art. 433 246

Table chronologique

1989 – Loi n. 89-488 du 10 juillet, art. 6, V. C. civil, art. 2101-4° et 2104-2° 1110
- Décret n. 89-511 du 20 juillet
  - art. 30, V. Nouv. C. proc. civ., art. 1082 (sous 310) 174
  - art. 31, V. Nouv. C. proc. civ., art. 1140 (sous 310) 180
  - art. 32, V. Nouv. C. proc. civ., art. 1152 (sous 334-2) 195
- Décret n. 89-590 du 28 août relatif à l'évolution de certains loyers dans l'agglomération de Paris, pris en application de l'article 18 de la loi n. 89-462 du 6 juillet 1989 tendant à améliorer les rapports locatifs et portant modification de la loi n. 86-1290 du 23 décembre 1986 (sous 1778) 1523
- Arrêté du 22 septembre 1989 pris pour l'application de l'article 12 du décret n. 74-930 du 6 novembre 1974 modifié portant organisation de la tutelle d'État et de la curatelle d'État prévue à l'article 433 du Code civil (sous 433) 247
- Décret n. 89-700 du 26 septembre, V.C. constr. et hab., art. R.231-6, 231-8, 231-10, 231-11 (sous 1831) 972
- Décret n. 89-800 du 27 octobre 1989, V. C. assurances, art. R.422-1, R.422-6 et 422-8, Annexe 1347
- Loi fin. n. 89-935 du 29 décembre
  - art. 49, V. Loi du 25 mars 1949 (sous 1983) 1051
  - art. 107 (sous 1243) 580
- Loi n. 89-1008 du 31 décembre relative au développement des entreprises commerciales et artisanales et à l'amélioration de leur environnement économique, juridique et social : art. 14.II, V. C. civil, art. 2101-4° et 2104-2° 1109
- Loi n. 89-1010 du 31 décembre relative à la prévention et au règlement des difficultés liées au surendettement des particuliers et des familles.
  - art. 1er à 12, Annexe 1527
  - art. 13, V. Loi n. 78-22 du 10 janvier 1978, art. 8, Annexe 1470
  - art. 14, V. Loi n. 79-596 du 13 juillet 1979, art. 14, Annexe 1485
  - art. 15 à 18, Annexe 1530
  - art. 19, V. Loi n. 78-22 du 10 janvier 1978, art. 5 et s., 20, 27, Annexe 1468
  - art. 20, Annexe 1531
  - art. 21, V. Loi n. 78-22 du 10 janvier 1978, art. 4, Annexe 1467
  - art. 22, V. Loi n. 79-596 du 13 juillet 1979, art. 4, 5, 9-1 et s., 17, 28, 34-1, Annexe 1482
  - art. 23, Annexe 1532
  - art. 24, V. Loi n. 78-22 du 10 janvier 1978, art. 8, Annexe 1470
  - art. 25, V. Loi n. 79-596 du 13 juillet 1979, art. 14, Annexe 1485
  - art. 26, V. Loi n. 79-596 du 13 juillet 1979, art. 5, Annexe 1482
  - art. 27, V. Loi n. 78-22 du 10 janvier 1978, art. 22-1, Annexe 1472
  - art. 28, V. Loi n. 79-596 du 13 juillet 1979, art. 30 A, Annexe 1489
  - art. 29, V. Loi n. 66-1010 du 28 déc. 1966, art. 1er (sous 1914) 1023
  - art. 31 à 34, Annexe 1533

Table chronologique

1989 – **Loi n. 89-1014 du 31 décembre**
- art. 3, V. C. assurances, art. L.112-7, Annexe 1285
- art. 5, V. C. assurances, art. L.127-1 à L.127-7 1296
- art. 7, V. C. assurances, art. L.111-2 1284
- art. 8, V. C. assurances, art. L.112-2 1285
- art. 9, V. C. assurances, art. L.112-3 1285
- art. 10, V. C. assurances, art. L.113-2 1286
- art. 11, V. C. assurances, art. L.113-4 1287
- art. 12, V. C. assurances, art. L.113-12 1288
- art. 13, V. C. assurances, art. L.113-16, L.121-10 et L.121-11 1288
- art. 14, V. C. assurances, art. L.113-17 1289
- art. 15, V. C. assurances, art. L.114-1 1289
- art. 16, V. C. assurances, art. L.140-1 à L.140-5 ... 1304
- art. 47, V. C. assurances, art. L.242-1 et L.243-1 (sous 1799) 956
- art. 48, V. C. assurances, art. L.421-2 1314
- art. 50, V. C. assurances, art. L.131-1, L.211-1, L.220-6 1297
- art. 51, V. C. assurances, art. L.114-2 1290
- art. 53, V. C. assurances, art. L.220-5 1312
- art. 56, V. C. assurances, art. L.214-2 1312

1990 – **Loi n. 90-9 du 2 janvier**
- art. 3, V. C. trav., art. L.143-10 (sous 2101) 1111
- art. 6, V. C. civ., art. 2101-4° et 2104-2° 1110
– **Loi n. 90-88 du 23 janvier**
- art. 37, V. C. rural, art. L.411-75 (sous 1778) 834
- art. 38, V. C. rural, art. L.411-76 834
- art. 41, V. C. rural, art. L.411-30 822
- art. 42, V. C. rural, art. L.411-46 826
- art. 43, V. C. rural, art. L.411-64 829
– **Décret n. 90-175 du 21 février** relatif à l'application du titre Ier de la loi n. 89-1010 du 31 décembre 1989 relative à la prévention et au règlement des difficultés liées au surendettement des particuliers et des familles, art. 1er à 20, Annexe 1533
– **Loi n. 90-449 du 31 mai**
- art. 23, V. Loi n. 89-462 du 6 juillet 1989, art. 15, sous art. 1778 929
- art. 27, V. Loi n. 89-462 du 6 juillet 1989, art. 24 . 933

Achevé d'imprimer par Maury-Imprimeur S.A.
45330 MALESHERBES

Dépôt légal : juillet 1990
N° d'imprimeur : D90/30069 C